Villiams & Wilkins • LA LEY

Y • Facts & Comp

Systems • CT Corporation

• UCC Direct Services

spen Publishers • LA LEY

• Kluwer • Luchterhand

ecial Directivos • CCH

g EINS • Wolter Noordho

k • Digital Spirit • LA LEY

XAVIER O'CALLAGHAN
Magistrado del Tribunal Supremo. Catedrático de Derecho Civil

CÓDIGO CIVIL

COMENTADO Y CON JURISPRUDENCIA

LA LEY
grupo Wolters Kluwer

Director General de LA LEY: Alberto Larrondo Ilundain
Director de Publicaciones: José Ignacio San Román Hernández
Coordinación editorial: Gloria Hernández Catalán
César Abella Fernández
Diseño de cubierta: Raquel Fernández Cestero

1.ª edición: junio 1996.
2.ª edición: septiembre 2001.
Reimpresión: julio 2002.
3.ª edición: enero 2003.
4.ª edición: mayo 2004.
Reimpresión: abril 2005.
5.ª edición: septiembre 2006.
6.ª edición: octubre 2008.
7.ª edición: julio 2012.

Edita: LA LEY
Edificio La LEY
C/ Collado Mediano, 9
28230 - Las Rozas (Madrid)
Tel.: 902 42 00 10 - Fax: 902 42 00 12
http://www.laley.es

ISBN: 978-84-9020-052-0
Depósito Legal: M-21242-2012
Printed in Spain
Impreso por Wolters Kluwer España, S.A.

CÓDIGO CIVIL

COMENTADO Y CON JURISPRUDENCIA

SUMARIO

REAL DECRETO 24 JULIO 1889
CÓDIGO CIVIL

TÍTULO PRELIMINAR
De las normas jurídicas, su aplicación y eficacia

CAPÍTULO PRIMERO
FUENTES DEL DERECHO

Artículo 1

1. Las fuentes del ordenamiento jurídico español son la ley, la costumbre y los principios generales del derecho.

2. Carecerán de validez las disposiciones que contradigan otra de rango superior.

3. La costumbre sólo regirá en defecto de ley aplicable, siempre que no sea contraria a la moral o al orden público y que resulte probada.

Los usos jurídicos que no sean meramente interpretativos de una declaración de voluntad tendrán la consideración de costumbre.

4. Los principios generales del derecho se aplicarán en defecto de ley o costumbre, sin perjuicio de su carácter informador del ordenamiento jurídico.

5. Las normas jurídicas contenidas en los tratados internacionales no serán de aplicación directa en España en tanto no hayan pasado a formar parte del ordenamiento interno mediante la publicación íntegra en el «Boletín Oficial del Estado».

6. La jurisprudencia complementará el ordenamiento jurídico con la doctrina que, de modo reiterado, establezca el Tribunal Supremo al interpretar y aplicar la ley, la costumbre y los principios generales del derecho.

7. Los Jueces y Tribunales tienen el deber inexcusable de resolver en todo caso los asuntos de que conozcan, ateniéndose al sistema de fuentes establecido.

COMENTARIO

1.- El artículo primero del C.C. según redacción que le dio el Decreto 1836/1974, de 31 mayo, conforme a la Ley 3/1973, de 17 marzo, de bases, que redactó todo el título preliminar, pretende regular las fuentes del Derecho. Se distingue fuente material y fuente formal. La primera es la fuerza o poder social con facultad normativa creadora, es decir, los elementos que contribuyen a la creación del derecho; responde a la pregunta ¿quién tiene poder para crear reglas con valor de norma jurídica? La segunda es la forma externa de manifestarse el Derecho positivo, la forma de exteriorización de la norma, el medio de establecerla; responde a la pregunta ¿en qué forma se establece la norma jurídica?

La fuente material del Derecho es el pueblo que ostenta la soberanía nacional (art. 1.2 de la Constitución) a través del poder legislativo del Estado, que radica en las Cortes Generales (arts. 66 y ss. de la Constitución): crea las leyes; fuente formal. También el pueblo no en el sentido nacional sino local, es fuente material del Derecho, cuando éste se manifiesta, como fuente formal, en la costumbre. Del conjunto del Ordenamiento se deducen los principios generales del Derecho, nacidos, pues, indirectamente, también del espíritu del pueblo.

A las fuentes formales se dedica el primer párrafo del presente artículo. Se debe poner en conexión con el art. 149.1.8 de la Constitución que dispone que la determinación de las fuentes del Derecho, con respeto a las normas de Derecho foral o especial, es de competencia exclusiva del estado, poder legislativo central.

Sin embargo, este primer párrafo del art. 1 no es exactamente cierto.

Hoy, las fuentes formales del Derecho no son sólo la ley, costumbre y principios generales, sino que está por encima la Constitución (que es una ley, pero tan especial, con valor normativo distinto, alegación diferente y con valor superior a la Ley que se aparta del concepto de ley) y los Tratados internacionales (con valor superior a la ley, por mor del art. 96 de la Constitución) y el Derecho comunitario (también con leyes, pero también Directivas y con valor superior a la Ley).

Así que las fuentes del Derecho, aunque diga otra cosa el art. 1 del C.C., son: primero, la *Constitución* con valor de supra ley, que, tal como dice el art. 5 de la Ley Orgánica del Poder Judicial de 1 julio 1985, es la norma suprema del ordenamiento jurídico; toda otra norma, inferior, que vaya contra ella, podrá dar lugar a un recurso o una cuestión de inconstitucionalidad; segundo, los *Tratados internacionales* que, según el art. 96 de la Constitución, sus disposiciones sólo podrán ser derogadas, modificadas o suspendidas en la forma prevista en los propios tratados o de acuerdo con las normas generales del Derecho internacional; es decir, están por encima de la ley, que no los puede derogar ni modificar; tercero, *Reglamentos* de la Unión Europea, que tienen primacía sobre las leyes nacionales, cuyo concepto coincide con el clásico de ley, pues es la norma que deriva del poder legislativo (el Consejo) de la Unión Europea, y las *Directivas*, siempre que tengan una regulación concreta que puede ser directamente aplicable y no haya sido dictada la norma adecuada de desarrollo por el poder legislativo español; cuarto, la *Ley*, ley orgánica u ordinaria, Decreto legislativo o Decreto-ley, ley estatal o ley de la Comunidad Autónoma, todas con su competencia propia; quinto, la *costumbre*; sexto, los *principios generales del derecho*.

2.- El segundo apartado de este artículo 1 se refiere al principio de jerarquía. Coexistiendo varias fuentes formales del Derecho es preciso respetar este principio, es decir, la primacía y su subordinación respectiva que, de acuerdo con su rango, determina su eficacia. Esta jerarquía normativa se deduce del art. 9, apartado 1, de la Constitución, al ordenar que *los ciudadanos y los poderes públicos están sujetos a la Constitución y al resto del ordenamiento jurídico.* El art. 6 de la Ley Orgánica del Poder Judicial de 1 de julio de 1985 ordena que *los Jueces y Tribunales no aplicarán los Reglamentos o cualquier otra disposición contraria a la Constitución, a la ley o al principio de jerarquía normativa.*

La jerarquía normativa es la que se ha expuesto en el apartado anterior: Constitución, Tratados, Derecho comunitario, ley, costumbre, principios generales.

3.- La costumbre es la forma espontánea y popular de la creación del Derecho; es la norma que procede del uso social. El uso jurídico es el que se adopta en una relación jurídica; éste no se identifica totalmente con la costumbre, aunque tiene la misma consideración como fuente del Derecho. Distinto es el uso interpretativo, que sirve para conocer o interpretar la voluntad de un sujeto de un acto jurídico que carece de valor de fuente del Derecho y tiene el valor interpretativo que le da el art. 1287. La costumbre y el uso jurídico tienen valor de fuente formal del Derecho, pero con jerarquía subordinada a las anteriores. *Sólo regirá en defecto de ley*, dice este apartado del art. 1. Hay que añadir, que regirá sólo por debajo de la Constitución, de Tratados, de Reglamento o Directiva comunitaria y de ley.

Este artículo dice que la costumbre debe resultar *probada*. Lo que no es verdaderamente cierto. La costumbre se basa en hechos y éstos, en principio, deben ser probados al Juez (*da mihi factum, dabo tibi iuris*); pero, al tiempo, es fuente del derecho y como tal, el Juez debe aplicarla siempre (*iura novit curia*). En combinación de ambos principios, como conclusión, la parte que alega una costumbre debe probarla, pues el Juez o Tribunal no tiene el deber de conocerla; pero si la conoce, puede aplicarla de oficio, sin necesidad de prueba; incluso puede averiguarla de oficio.

4.- Los principios generales del Derecho son los que derivan de la Justicia tal como lo concibe nuestro Ordenamiento jurídico y los acogidos por el mismo que se deducen de él. Su función y su valor es doble: por una parte, aplicación directa en defecto de ley o costumbre, como fuente subsidiaria, teniendo en cuenta también que la Constitución, los Tratados y el Derecho comunitario están por delante de aquéllos; por otra parte, aplicación permanente, indirecta, a través de las demás fuentes del Derecho, por su carácter informador del Ordenamiento jurídico.

5.- A la vista del Convenio de Viena sobre el Derecho de los Tratados, de 23 de mayo de 1969, y del Convenio de Viena sobre los Tratados celebrados entre organizaciones internacionales y Estados y entre organizaciones internacionales entre sí, de 21 de marzo de 1986, se puede definir el Tratado Internacional como el acuerdo internacional celebrado por escrito entre Estados, entre organizaciones internacionales y Estados, o entre organizaciones internacionales, regido por el Derecho internacional, ya conste en un instrumento público o en varios, cualquiera que sea su denominación particular.

El Tratado forma parte integrante del Derecho: es fuente formal y ocupa el segundo lugar jerárquico, tras la Constitución. Para formar parte del Derecho y ser fuente formal es preciso que, tras su celebración, haya sido ratificado y se haya publicado en el Boletín Oficial del Estado.

Sobre el *ius tractatum*, el art. 97 de la Constitución dispone que el Gobierno dirige la política exterior (además de la interior) y el 149.1.3 añade que el Estado tiene competencia exclusiva sobre relaciones internacionales.

El Tratado de adhesión de España a la Comunidad europea de 12 de junio de 1985 incorporó todo el acervo comunitario, es decir, toda la normativa comunitaria en bloque vigente en aquel momento, al Derecho español, con efecto directo, aplicabilidad inmediata y con carácter de primacía, preferencia sobre el Derecho interno.

6.- La jurisprudencia, en sentido material, es el conjunto de sentencias del Tribunal Supremo por las que se revela el modo uniforme de aplicar el Derecho; en sentido formal, es el criterio constante y uniforme de aplicar el Derecho mostrado en las sentencias del Tribunal Supremo. Es jurisprudencia sólo la proveniente del Tribunal Supremo, no la de los demás Tribunales y Juzgados, ni de otros centros, como la Dirección General de los Registros y Notariado (pese a su alto valor doctrinal) o el Tribunal Constitucional (sin perjuicio de su valor vinculante, que establece el art. 5 de la Ley Orgánica del Poder Judicial). Es preciso que la doctrina sea reiterada, en el sentido de que provenga de dos o más sentencias; una sola no es jurisprudencia. Y es también necesario que la doctrina haya sido establecida como fundamento del fallo, no incidentalmente *obiter dicta*.

En virtud de lo dispuesto en la Ley Orgánica del Poder Judicial de 1 de julio de 1985 (art. 73.1.a), la Sala de lo Civil y Penal del Tribunal Superior de Justicia de aquellas Comunidades que tienen Derecho civil propio conoce los recursos de casación que se fundan en la infracción de las normas de su Derecho foral. En consecuencia, también de los que se fundan en la jurisprudencia recaída sobre tales normas forales. Por ello puede hablarse de una *jurisprudencia foral* que es la constituida por la doctrina o criterio constante y uniforme de aplicar el respectivo Derecho foral, mostrado en las sentencias de las Salas de lo Civil y Penal de los Tribunales Superiores de Justicia de las Comunidades Autónomas que gozan de Derecho civil propio o foral.

La jurisprudencia no es fuente del Derecho: no crea norma, no produce Derecho positivo, no es un modo de manifestarse o exteriorizarse el Derecho; no es vinculante; sin perjuicio de la importancia práctica que pueda tener y que ha llevado a decir que «la ley reina y la jurisprudencia gobierna». Este artículo 1 no configura a la jurisprudencia como fuente del Derecho ni la considera como tal la Constitución, cuyo art. 117 dispone que los órganos jurisdiccionales están sometidos únicamente al imperio de la ley.

Sin embargo, la jurisprudencia complementa el ordenamiento jurídico, en el sentido de que aplica e interpreta las verdaderas fuentes, con unidad de criterio, matiza la práctica del Derecho elaborando el Derecho vivo y su infracción permite interponer el recurso de casación.

7.- El sistema de fuentes formales se considera suficiente como tal sistema. Las posibles lagunas lo son de la ley, pero no del Derecho, y toda aparente insuficiencia es cubierta por los principios generales del Derecho y la analogía. De ello se deriva el deber inexcusable de los órganos jurisdiccionales de resolver todo asunto de que conozca, según el sistema de fuentes, cuya resolución deberá ser motivada, según el art. 120.3 de la Constitución, y, de no serlo, estima el Tribunal Constitucional que atenta al derecho fundamental del ciudadano de obtener la tutela judicial efectiva que consagra el art. 24.1 de la Constitución.

JURISPRUDENCIA

Derecho Comunitario:

«como dice la sentencia del Tribunal de Justicia de 14 de julio de 1994 "es jurisprudencia reiterada del Tribunal de Justicia, a partir de la S 26 de febrero de 1986, Marshall (152/84), ap. 48, que una Directiva no puede, por sí sola, crear obligaciones a cargo de un particular y que una disposición de una Directiva no puede, por consiguiente, ser invocada, en su calidad de tal, contra dicha persona"; no habiéndose traspuesto por el Estado al derecho interno la citada Directiva al tiempo de iniciarse el litigio, no puede aplicarse la misma para regular las relaciones entre particulares y, menos aún, por razón de analogía como se pretende en el recurso». (22 octubre 1996, LA LEY 10806/1997)

«Centrada ya la cuestión, hay que partir de una base indudable, pero que debe ser repetida todas las veces que sean necesarias, como es la de decir la obligatoria aplicabilidad como derecho interno de España el derecho de la CEE, todo ello en base a la Ley Orgánica 10/1985 de adhesión de España al Tratado, eficacia que también encuentra su base en los artículos 93 y 94 de la Constitución Española, así como del artículo 1.5 del Código Civil». (23 diciembre 2004, rec. 2228/1998)

Derecho Extranjero:

«Dado que por los recurrentes se dice desconocer esta Doctrina, conviene recordar el contenido de las siguientes resoluciones de esta Sala: Las de 11 May. 1989 y de 3 Mar. 1997 que consideran al Derecho extranjero como cuestión de hecho que, por tanto, corresponde alegar y probar a la parte que lo invoca. Las de 9 Nov. 1984 y 10 Mar. 1993, que afirman que

los órganos judiciales tienen la facultad, pero no la obligación de colaborar a la determinación del contenido del Derecho extranjero en su caso invocado, con los medios de averiguación que consideren necesarios. Finalmente, la S 31 Dic. 1994, que ha establecido la necesaria distinción entre las normas de conflicto (que se limitan a indicar cuál es el Derecho material aplicable a una relación jurídica controvertida) las cuales según el párrafo primero del art. 12 del CC deben ser observadas de oficio, y el propio Derecho material, al que no se refiere dicho precepto y que en ningún caso puede ser determinado por el Tribunal. A tenor de esta Doctrina, la norma de conflicto de obligada observancia sería la contenida en el art. 9.8 del CC, expresamente citado en el recurso, que somete la sucesión por causa de muerte a la Ley nacional del causante en el momento de su fallecimiento, cualquiera que sea la naturaleza de los bienes y el país en que se encuentren». (5 marzo 2002, LA LEY 3516/2002)

«Para que el derecho extranjero pueda ser aplicado en el proceso, su vigencia y contenido han de quedar probados (sentencias de 11 de mayo de 1989, 7 de septiembre de 1990, 23 de marzo de 1994, 25 de enero de 1999, entre otras muchas). Se trata de una consecuencia de que al Tribunal y a las partes no se les pueda exigir conocerlo, a diferencia de lo que sucede con el derecho español, conforme a la regla iura novit curia *(artículos 1.7 y 6.1 del Código Civil). Y si el derecho extranjero no se equipara a la* lex fori *en cuanto al conocimiento que de él debe tener el Tribunal, sucede lo mismo, en orden a la introducción en el proceso, como material del mismo, con los llamados hechos procesales, esto es, los integrantes del supuesto descrito en la norma cuya aplicación pretenden las partes. En efecto, los hechos están regidos por la regla de aportación de parte* (quod non est in actis non est in mundo), *mientras que, en nuestro ordenamiento, el Tribunal está facultado para valerse de cuantos medios de averiguación estime necesarios para la aplicación del derecho extranjero (artículo 12.6.2 del Código Civil, redacción anterior a la Ley 1/2000, de 7 de enero, de Enjuiciamiento Civil, que era la vigente al interponerse la demanda, y artículo 281.2 de esta última Ley), lo que significa tanto como que debe aplicarlo si es que lo conoce y, al fin, que de hecho la aportación de parte sólo sea necesaria para suplir aquella información. Por otro lado, la norma jurídica extranjera viene designada por la de conflicto del foro, que pertenece al ordenamiento que el Tribunal debe aplicar de oficio (artículo 12.6 del Código Civil). Como consecuencia, el derecho extranjero no tiene que ser alegado en el proceso por las partes para que el Juez deba tener en cuenta la designación que de él efectúa la norma de conflicto, por más que ello sea para darle el tratamiento procesal que corresponda. Lo que han de alegar las partes son hechos que, por la concurrencia de elementos extranjeros, se subsuman bajo la previsión de la norma de conflicto. Basta con tal alegación para que, como efecto de dicha norma, se considere que el litigio debe resolverse según el derecho extranjero en la misma designado».* (10 junio 2005, rec. 4787/1998)

«ha de recordarse lo razonado por la sentencia de esta Sala de 27 diciembre 2006 que, reiterada por la de 4 julio 2007, se pronuncia en los siguientes términos: "... el derecho extranjero es una cuestión de hecho, y es necesario acreditar y probar la exacta entidad del derecho vigente, su alcance y autorizada interpretación, pues de otro modo, cuando no le sea posible al Tribunal español fundamentar con seguridad absoluta la aplicación del Derecho extranjero, habrá de juzgar y fallar según el Derecho patrio, de acuerdo con el artículo 12.6 II del Código civil (texto entonces vigente), cuyo inciso final y la interpretación en base a jurisprudencia consolidada (sic). *Lo que no puede ser confundido con la aplicación de oficio de la norma de conflicto, además de que la jurisprudencia ha declarado que quien invoca el Derecho extranjero ha de acreditar en juicio la existencia de la legislación que solicita, la vigencia de la misma y su aplicación al caso litigioso, y la facultad que se concede al juez en el artículo 12.6 II, inciso final (texto hoy derogado por la Ley 1/2000 de 7 de enero) no constituye una obligación"».* (30 abril 2008, LA LEY 31940/2008)

Carecen de validez las disposiciones que contradigan otra de rango superior:

«las disposiciones que contradigan una de rango superior carecen de validez, pero lo que no puede aceptarse es que la Orden Ministerial que se dice aplicada "contra legem conculque el sistema de normas establecido"». (6 noviembre 1992, LA LEY 131/1994)

Costumbre:

«costumbre sólo aplicable como tal fuente, en ausencia de normativa legal». (14 noviembre 1986, LA LEY 256-1/1987)

Caso de *overbooking*:

«el Código Civil, aparte de exigir que la costumbre se pruebe suficientemente (sentencias, entre otras, de 28 de julio de 1982), sólo acude a ella "en defecto de ley aplicable (artículo 1.3)"». (2 abril 1993, LA LEY 671-5/1993)

«El uso negocial supone la existencia de una conducta repetida y uniforme en el mundo de proceder de los negocios, que, no siendo interpretativa, el art. 1.3 del Título Preliminar del Código Civil la considera como costumbre, luego hay que probarla por quien la alega». (16 noviembre 1994, LA LEY 512/1996)

Principios generales del derecho:

«solamente pueden ser citados con éxito a falta de normas legales o consuetudinarias». (12 mayo 1992 LA LEY 3275/1992)

«la aplicación de los principios generales del Derecho, en cuanto reconocidos por la jurisprudencia sólo es posible, en el ordenamiento jurídico español, como fuente subsidiaria de segundo grado (en defecto de la Ley o costumbre)». (5 junio 1992, A. C. 1051/1992)

Principio de los actos propios:

«el principio general de derecho que veda ir contra los propios actos (nemo potest contra proprium actum venire), como límite al ejercicio de un derecho subjetivo o de una facultad, cuyo apoyo legal se encuentra en el art. 7.1 del Código Civil que acoge la exigencia de la buena fe en el comportamiento jurídico, y con base en el que se impone un deber de coherencia en el tráfico sin que sea dable defraudar la confianza que fundadamente se crea en los demás, precisa para su aplicación la observancia de un comportamiento (hechos, actos) con plena conciencia de crear, definir, fijar, modificar, extinguir o esclarecer una determinada situación jurídica, para lo cual es insoslayable el carácter concluyente e indubitado, con plena significación inequívoca del mismo, de tal modo que entre la conducta anterior y la pretensión actual exista una incompatibilidad o contradicción, en el sentido que, de buena fe, hubiera de atribuirse a la conducta anterior; y esta doctrina (recogida en numerosas sentencias de la Sala, como las de 27 Ene. y 24 Jun. 1996; 16 Feb., 19 May. y 23 Jul. 1998; 30 Ene., 3 Feb., 30 Mar. y 9 Jul. 1999) no es de aplicación cuando la significación de los precedentes fácticos que se invocan tiene carácter ambiguo o inconcreto (SS 23 Jul. 1997 y 9 Jul. 1999), o carecen de la transcendencia que se pretende para producir el cambio jurídico». (9 mayo 2000, LA LEY 87618/2000) (doctrina reiterada literalmente en la de 21 mayo 2001, LA LEY 4654/2001)

«En segundo lugar, la doctrina que veda ir contra los propios actos se refiere a actos idóneos para revelar una vinculación jurídica. Como dice, por todas, la S 25 Oct. 2000, la regla nemine licet adversus sua facta venire tiene su fundamento en la buena fe y en la protección de la confianza que la conducta produce; han de ser, por ende, tales actos vinculantes, causantes de estado y definidores de una situación jurídica de su autor y que vayan encaminados a crear, modificar o extinguir algún derecho y no han de ser ambiguos sino

revestidos de solemnidad. En el motivo no se expresa ningún acto atribuible a la actora que revista el carácter anterior, pues el poder fue revocado, y el haber ejercitado la acción poco antes de haberse producido la prescripción no tiene idoneidad al efecto, aparte de que es la recurrente la que afirma que el plazo de prescripción de la acción ejercitada en la demanda es el de cuatro años, y no el tribunal, y que, por otro lado, la complejidad del asunto y la labor de recabar datos explican más que sobradamente el tiempo tomado por la parte demandante para demandar. Por consiguiente, no existió el consentimiento o aceptación alegado, ni explícito, ni por actos concluyentes e inequívocos como exige la jurisprudencia (SS 14 Jun. 1963, 18 Feb. 1987, 22 Feb. 1997)». (22 octubre 2002, LA LEY 8008/2002)

«no puede venirse contra los propios actos, negando todo efecto jurídico a la conducta contraria posterior, todo en base a la confianza que un acto o conducta de una persona debe producir en otra. En conclusión, como dice doctrina científica moderna, esta doctrina de los actos propios no ejerce su influencia en el área del negocio jurídico, sino que tiene sustantividad propia, asentada en el principio de la buena fe. Resumiendo y como conclusión, se ha de decir que esta técnica exige que los actos de una persona que pueden tener relevancia en el campo jurídico marcan los realizados en un devenir, lo que significa que en ningún caso pueden contradecir a los anteriores provocando una situación de incertidumbre que desconcierta a terceros afectados por los mismos y que rompe el principio de buena fe determinado en el artículo 7-1 del Código Civil». (16 febrero 2005, rec. 3141/1998; Doctrina reiterada literalmente por la de 16 enero 2006, rec. 1542/1999)

«La doctrina sobre la eficacia de los actos propios aparece plasmada, además de en las que cita el recurso, en numerosas resoluciones de esta Sala y puede resumirse, con la reciente sentencia de 26 de enero de 2006, en el sentido de que "la aplicación de la doctrina que veda ir contra los propios actos, la cual, con fundamento en el principio de la buena fe (art. 7.1 CC) y protección de la confianza creada por la apariencia, impone un deber de coherencia y autolimita la libertad de actuar cuando se han creado expectativas razonables (SS 27 septiembre, 14 y 28 octubre 2005, entre otras). El acto propio supone la expresión inequívoca de una voluntad en orden a la configuración de una relación o situación de derecho inalterable, causando estado respecto de terceros (SS 8 febrero y 13, 20 y 28 octubre 2005, entre las más recientes), e impide un comportamiento contradictorio (SS 16 febrero y 14 octubre 2005), pero para que se produzca tal efecto jurídico en relación con una acción ejercitada es preciso que los actos invocados tengan 'una significación y eficacia jurídica contraria a dicha acción' (S 8 noviembre 2005 y las que cita)". Es cierto que en determinadas escrituras otorgadas, en que eran parte los propios demandados, la familia Inocencio, se hizo constar que las fincas estaban libres de cargas, sin expresa mención a gravámenes, lo que de por sí no implica la inexistencia de servidumbre, pero en ningún caso cabe atribuir a tal expresión la significación y voluntad de proceder a la extinción de la servidumbre constituida, como se afirma en la formulación del recurso, por renuncia del titular del predio dominante o redención convenida por los titulares de ambos predios (artículo 546, apartados 5.º y 6.º del Código Civil) con inequívoca voluntad de proceder de tal modo». (17 octubre 2006, LA LEY 119531/2006)

«Como ha dicho esta Sala en diversas sentencias, "El principio del derecho que prohíbe ir contra los actos propios encuentra apoyo legal en el artículo 7.1 del Código civil y está actualmente sancionado en el artículo 111-8 de la Ley Primera del Código civil de Cataluña. La jurisprudencia sobre este principio es muy abundante. Como resumen, se deben citar los requisitos que se han venido exigiendo para que pueda aplicarse este principio general, que son: a) que el acto que se pretenda combatir haya sido adoptado y realizado libremente; b) que exista un nexo causal entre el acto realizado y la incompatibilidad posterior; c) que el acto sea concluyente e indubitado, por ser "expresión de un consentimiento dirigido a crear, modificar y extinguir algún derecho generando una situación desacorde con la posterior conducta del sujeto" (sentencias de 21 de febrero de 1997; 16 febrero 1998; 9 mayo

2000; 21 mayo 2001; 22 octubre 2002 y 13 marzo 2003, entre muchas otras). Significa, en definitiva, que quien crea en una persona una confianza en una determinada situación aparente e induce por ello a otra persona a obrar en un determinado sentido, sobre la base en la que ha confiado, no puede además pretender que aquella situación era ficticia y que lo que debe prevalecer es la situación real (STS de 21 abril 2006)"». (2 octubre 2007, LA LEY 146084/2007)

«Afirma la sentencia de esta Sala de 9 de abril de 2007 que "los actos contra los que no es lícito actuar han sido perfilados como aquellos que 'causan estado definiendo inalterablemente la situación jurídica de su autor' (STS 18 de febrero y 10 de octubre de 1988, 8 de abril de 1991) o que 'vinculan y configuran inalterablemente la situación jurídica de su autor' (SSTS 7 de abril y 10 de junio de 1994) o, al menos, como 'actos inequívocos, en el sentido de crear, definir, fijar, modificar, extinguir o esclarecer sin duda alguna una determinada situación jurídica afectante a su autor' (SSTS 18 de enero de 1990, 5 de marzo de 1991, 4 de junio y 30 de diciembre de 1992, 25 de julio y 25 de noviembre de 2000, 27 de febrero, 16 de abril y 24 de mayo de 2001, etc.) o 'inequívocos y definitivos' (SSTS 30 de septiembre de 1996, 5 de julio de 2002, etc.)"; y añade que "respecto de tales actos se ha de haber producido una incompatibilidad o una contradicción según el sentido que de buena fe hubiera de atribuirse a la conducta precedente, pues el principio o doctrina de los propios actos, o venire contra factum se acoge en el artículo 7.1 del Código Civil como *una exigencia derivada de la buena fe que impone un deber de confianza en el tráfico y prohíbe defraudar la confianza que fundadamente se crea en los demás (SSTS 28 de enero y 9 de mayo de 2000, 7 de mayo de 2001, 25 de enero de 2002, etc.)».* (31 octubre 2007, LA LEY 170562/2007)

«La doctrina de los actos propios no guarda relación con el artículo 1282 del Código Civil, que se dice infringido, pues éste contiene una norma de hermenéutica contractual que tiende simplemente a facilitar la averiguación de la intención de los contratantes mediante la consideración de sus actos coetáneos y posteriores al contrato. Se trata, por el contrario, de una doctrina de elaboración y desarrollo jurisprudencial que encuentra su fundamento en el principio de la buena fe (artículo 7.1 Código Civil) y en la protección de la confianza creada por la apariencia, que impone un deber de coherencia y limita la libertad de actuar cuando se han creado unas expectativas razonables, pues el comportamiento supone en tal caso la expresión inequívoca de una determinada voluntad en referencia a una relación jurídica o situación de hecho, que impide la admisión como legítimo de un posterior comportamiento contradictorio (sentencias de esta Sala de 14 y 28 octubre 2005, y 26 enero 2006, entre otras muchas)». (23 enero 2008, rec. 5641/2000, LA LEY 452/2008)

«El principio de los actos propios implica una actuación "con plena conciencia de crear, definir, fijar, modificar, extinguir o esclarecer una determinada situación jurídica, para lo cual es insoslayable el carácter concluyente e indubitado, con plena significación inequívoca del mismo, de tal modo que entre la conducta anterior y la pretensión actual exista una incompatibilidad o contradicción..." así se expresan las sentencias de 9 de mayo de 2000 y 21 de mayo de 2001. Y añade la de 22 de octubre de 2002 que "la doctrina que veda ir contra los propios actos se refiere a actos idóneos para revelar una vinculación jurídica". A su vez, precisan las de 16 de febrero de 2005 y 16 de enero de 2006 que "no ejerce su influencia en el área del negocio jurídico, sino que tiene sustantividad propia, asentada en el principio de la buena fe". "Significa, en definitiva —concluye la sentencia de 2 de octubre de 2007— que quien crea en una persona una confianza en una determinada situación aparente e induce por ello a otra persona a obrar en un determinado sentido, sobre la base en la que ha confiado, no puede además pretender que aquella situación era ficticia y que lo que debe prevalecer es la situación real"». (19 febrero 2010, rec. 2129/2005, LA LEY 2363/2010)

«entra este motivo en la doctrina de los actos propios, que tanta jurisprudencia ha provocado y cuya aplicación, en orden a la creación de un derecho o a la producción de una

vinculación jurídica, debe ser muy segura y ciertamente cautelosa. "Actuaciones que por su trascendencia integran convención y causan estado, dice la sentencia de 19 de mayo 1998", "aquéllos cuya realización vaya encaminada a crear, modificar o extinguir algún derecho... y ha de ser concluyente e indubitado y de carácter inequívoco" añade la de 3 de febrero de 1999, "precisa para su aplicación la observancia de un comportamiento (hechos, actos) con plena conciencia de crear, definir, fijar, modificar, extinguir o esclarecer una determinada situación jurídica", expresan las de 9 de mayo de 2000 y 21 de mayo de 2001, "actos idóneos para relevar una vinculación jurídica" precisa la de 22 de octubre de 2002; "no ejerce influencia en el área del negocio jurídico"... exige que los actos de una persona que pueden tener relevancia en el campo jurídico marcan los realizados en un devenir, lo que significa que en ningún caso pueden contradecir a los anteriores provocando una situación de incertidumbre que desconcierta a terceros afectados por los mismos y que rompe el principio de buena fe determinado en el artículo 7.1 del Código civil dicen las sentencias de 16 de febrero de 2005 y 16 de enero de 2006. Cuya doctrina, con parecidas palabras, se reitera en las sentencias de 17 de 2006 que recoge una extensa cita de sentencias anteriores, de 2 de octubre de 2007 que "el acto sea concluyente e indubitado", de 31 de octubre de 2007: "actos inequívocos y definitivos" y 19 de febrero de 2010». (1 julio 2011, rec. 509/2007, LA LEY 111559/2011)

Principio *alterum non laedere:*

«Todo ciudadano tiene la obligación de no causar daño a otro con sus acciones u omisiones, sin que tal obligación requiera pronunciamiento judicial alguno, al constituir el alterum non laedere un principio general de derecho, como basamento de la ordenada y pacífica convivencia social, con proclamación legislativa en todas las ramas del ordenamiento jurídico (público y privado); y por lo que al ámbito civil se refiere, se consagra en los arts. 1101 y 1902 CC, según se trate, respectivamente, de la responsabilidad contractual o de la extracontractual o aquiliana, cuya aplicación por los tribunales de justicia exige ineludiblemente, aparte de otros requisitos, la existencia o producción real y efectiva de un daño, determinado o determinable». (20 mayo 1996, LA LEY 5508/1996)

Principio *iura novit curia:*

«los Tribunales pueden y deben aplicar las normas que correctamente sean las aplicables al caso debatido ("iura novit curia"), aunque no sean las invocadas por las partes, siempre, claro es, que respeten y no modifiquen la "causa petendi" (relato histórico) que sirve de soporte fáctico a la pretensiones deducidas» (20 junio 1992, LA LEY 3336/1992)

Tratados internacionales:

«La interdependencia de las relaciones jurídicas en un ámbito superador de fronteras entre Estados ha venido a consagrar la realidad de una verdadera Comunidad jurídica supranacional asentada en Tratados y Convenios internacionales, de modo que el Derecho de cada país no puede ya concebirse como simple resultante de parciales actividades legislativas de los Estados, sino que sobre la base del principio de solidaridad e interdependencia en las relaciones internacionales se ha venido a reconocer y a configurar una nueva concepción de la idea de soberanía asentada en las ideas de integración y acatamiento de principios y normas de ámbito supranacional. Tal es, en realidad, el fundamento justificador y básico del Capítulo Tercero del Título III de la vigente Constitución española (artículos 93 a 96, ambos inclusive) que, dando reconocimiento a los Tratados y Convenios internacionales, los incorpora al Ordenamiento interno una vez que, válidamente celebradas, hayan sido publicados íntegramente en el Boletín Oficial del Estado (artículos 96.1 de la Constitución y 1.5 del Código Civil). Frente a la antigua doctrina dominante entre los internacionalistas clásicos que sostenían el criterio de que los Tratados y Convenios internacionales no eran

en sí mismos fuente creadora de Derecho interno, sino una regla solamente vinculante entre los Estados signatarios que para dotarla de fuerza de obligar respecto de sus ciudadanos necesitaban del acto jurídico interno adecuado (Ley, Real-Decreto, etc...), la práctica de las más intensas y coordinadas relaciones internacionales y la consagración plena de Organizaciones supranacionales ha llevado a ese reconocimiento de la aplicación entre los Estados signatarios como Derecho interno, una vez cumplidas las formalidades». (22 mayo 1989, LA LEY 653-JF/0000)

Concepto y función de la jurisprudencia:

«Para que la jurisprudencia cumpla su función complementaria es necesario que posea los siguientes requisitos, según doctrina constante del TS: Una cierta dosis de estabilidad de los criterios o doctrinas, manifestada en la reiteración de su utilización o aplicación. Es necesario que los criterios o doctrinas hayan sido utilizados como razón básica para adoptar la decisión ("ratio decidendi"). No tienen, por consiguiente, valor de jurisprudencia las afirmaciones que el TS puede haber hecho con carácter incidental o como argumentaciones subsidiarias o a mayor abundamiento ("obiter dicta")». (16 mayo 2003, LA LEY 2038/2003)

«siendo jurisprudencia la que como tal se identifica en el art. 1.6 del Código Civil , es decir la doctrina reiterada de esta Sala sobre una determinada cuestión, y el concepto "jurisprudencia de las Audiencias Provinciales" de la LEC de 2000 sólo habrá de considerarse casacionalmente relevante cuando resulte "contradictoria"». (1 octubre 2008, rec. 2411/2002, LA LEY 148028/2008)

La jurisprudencia no la forma una sola sentencia, sino dos o más, siempre, necesariamente, del Tribunal Supremo:

«es doctrina jurisprudencial absolutamente asentada y lógica la necesidad de citarse dos o más sentencias de la Sala Primera del TS como requisito insoslayable para poder fundamentar una infracción de doctrina legal». (18 mayo 2000, LA LEY 7805/2000)

«Para que la jurisprudencia o doctrinal legal pueda servir de fundamento a un motivo de casación civil es exigible que se citen al menos dos sentencias de esta Sala 1.ª (o una, cuando se trata de jurisprudencia creada en virtud de recurso en interés de la ley, o por cambio debidamente motivado) en las que se resuelvan casos similares al objeto de enjuiciamiento en el proceso al que se refiere el recurso de casación. Es preciso que la doctrina que se estima infringida haya constituido ratio decidendi de las resoluciones que se indican para los casos que en ellas se resuelven, es necesario que las sentencias sean expresivas de un criterio uniforme y reiterado, y es absolutamente indispensable que haya coincidencia o armonía sustancial entre los casos resueltos por las sentencias invocadas y el objeto del juicio, lo que implica una analogía entre los supuestos de hecho y entre las normas jurídicas a las que está asociada la creación de la doctrina legal de que se trata. Con arreglo a esta doctrina carece de consistencia la invocación de doctrinas genéricas que no son expresivas de una solución singular en relación con el caso litigioso». (19 mayo 2000, LA LEY 8235/2000)

«la alegación de la jurisprudencia como infringida ha de ser reiterada, como señalaron al respecto las añejas sentencias de esta Sala de 25 Mar. 1976 y 15 Feb. 1982. Si bien el cauce casacional utilizado, del núm. 4.º del art. 1692 permite aducir la infracción de la jurisprudencia aplicable a la resolución de las cuestiones debatidas y el art. 1.6 CC atribuye al TS la función de interpretar y aplicar las leyes, creando de un modo reiterado doctrina jurisprudencial complementadora del ordenamiento jurídico, tratándose propiamente, no de una disposición o norma, sino más bien de unos criterios de aplicabilidad consustanciales con el ejercicio de la función y la independencia propia de los Tribunales, como recogió la sentencia de 3 Ene. 1990 señalando las SS 25 Jun. 1994 y 24 Mar. 1995 que la propia juris-

prudencia viene exigiendo para su invocación la cita al menos de dos sentencias de esta Sala comprensivas de la misma doctrina». (26 octubre 2000, LA LEY 145828/2001)

«no basta con invocar el criterio de una sola sentencia, sino que por el contrario es imprescindible, al desprenderse así del art. 1.6 CC, la cita de dos o más sentencias de esta Sala cuya doctrina sea coincidente y verse, además, sobre un caso similar al objeto de recurso». (6 abril 2001, LA LEY 4616/2001)

«una sola sentencia no forma jurisprudencia (SS 23 Jun. 1990, 14 Jun. 1991, 16 Dic. 1992, 17 Jul. 1996), que es considerada por el art. 1.6 del CC como complemento del ordenamiento jurídico en el sentido de aplicar e interpretar las leyes con unidad de criterio, de fundamentar un recurso de casación, y de elaborar el Derecho vivo actualizando la ley, evolucionando en su realización práctica y constituyendo, en fin, la forma viva del derecho». (31 mayo 2001, LA LEY 5835/2001)

«la función de la jurisprudencia es complementar el ordenamiento jurídico con la doctrina que, de modo reiterado, establezca el Tribunal Supremo al interpretar y aplicar la ley, la costumbre y los principios generales del derecho (art. 6.6 CC), los cuales (tres) integran las fuentes del ordenamiento jurídico según el art. 1.1 CC». (17 febrero 2005, rec. 5211/2000)

La doctrina de la D.G.R. y N. no forma jurisprudencia:

«Habría que dilucidar cuál es la autoridad que se ha de dar a las Resoluciones de la citada Dirección General, y en este sentido, las sentencias de 22 de abril de 1987 y 15 de marzo de 1991 establecieron que si bien la doctrina de las mismas no es propiamente jurisprudencial, dado el carácter administrativo del Centro que resuelve, sin embargo es usual concederlas una reconocida autoridad y sobre todo en los casos en que ninguna otra doctrina o norma se aducen en contra de la opinión fundada de dicho Centro». (29 enero 1996, LA LEY 569/1997)

«tal doctrina, pese a su reconocido prestigio, ni es norma del ordenamiento jurídico, ni es jurisprudencia en el sentido contemplado por el art. 1.6 CC». (2 diciembre 1998, LA LEY 2370/2000)

«la doctrina de aquella Dirección General no es jurisprudencia, no entra en el concepto del artículo 1.6 del Código civil y no es alegable en un motivo de casación, por más que se le deba reconocer su alto valor jurídico y, dice la sentencia de 29 de enero de 1996, es usual concederle una reconocida autoridad, en lo que insiste la de 2 de diciembre». (4 junio 2009, rec. 2586/2004, LA LEY 104370/2009)

Jurisprudencia y deber inexcusable de resolver: la primera sentencia sobre transexualidad:

«el art. 92 de la Ley (de Registro civil) ha de complementarse por vía jurisprudencial teniendo en cuenta los demás preceptos de la misma y de su Reglamento referentes a la inscripción referida al sexo y sus posibles modificaciones y rectificaciones para, por vía de analogía de derecho y arbitrándola por el cauce establecido en el art. 1, apartados 6 y 7, del Código Civil». (2 julio 1987, LA LEY 12423-JF/0000 y 691/1987)

Deber inexcusable de juzgar:

«El ap. 7 del art. 1 del CC consigna el deber inexcusable de los jueces y tribunales de resolver en todo caso los asuntos que conozcan, atendiéndose al sistema de fuentes establecido. El mandato legal proscribe por lo tanto toda decisión judicial no asentada en el sistema de fuentes, pero no ha de olvidarse los supuestos de autointegración y heterointegración del ordenamiento jurídico, tarea que en sí misma no es más que, en sentido formal, una

aplicación del Derecho, pero que hasta cierto punto pueden detectarse en ellas matices de creación, naturalmente, dentro de la fuente de Derecho de la que proceda partir, una vez seleccionada debidamente». (16 mayo 2003, LA LEY 2038/2003)

«el derecho a la tutela judicial efectiva incluye el derecho a que la resolución sobre el fondo del asunto esté suficientemente motivada, tal como establece el artículo 120.3 CE. La motivación ha de ser congruente y razonable, porque ha de responder a lo pedido y ha de basarse en cánones de interpretación y aplicación de las leyes que estén de acuerdo con el sistema de fuentes establecido (artículo 1.7 CC) aunque esta Sala ha venido repitiendo que no es necesario que exista una respuesta exhaustiva». (21 febrero 2007, LA LEY 4502/2007)

«concepto de tutela judicial efectiva debe encuadrarse la obligación ineludible de que las resoluciones judiciales se diriman a tenor del contenido concreto de la norma y según el sistema de fuentes predeterminado (artículo 1.7 del Código Civil), con la finalidad de que el ciudadano conozca en todo momento y con la debida certeza cuál va a ser el contenido de los preceptos aplicables». (15 enero 2009, rec. 1555/2002, LA LEY 580/2009)

CONCORDANCIAS

Véase:

— arts. 2.2, 548, 570, 587, 590, 591, 1.255, 1.258, 1.271, 1.287, 1.328, 1.496, 1.520, 1.555.2.º, 1.574, 1.578, 1.599, 1.695.2.º, 1.750, 1.924.2.º B) y 1.976 de este Código.

— Constitución Española: arts. 9, 63.2, 93 a 96, 149.1.8.º, 161.1 a), 162 y 164.

— L.O. 2/1979, 3 octubre («*B.O.E.*», 5 octubre), del Tribunal Constitucional: arts. 2.1, 31 a 34, 40.2 y 76 a 78.

Texto vigente según D. 1836/1974, 31 mayo («*B.O.E.*», 9 julio), por el que se sanciona con fuerza de Ley el texto articulado del título preliminar del Código Civil.

Artículo 2

1. Las leyes entrarán en vigor a los veinte días de su completa publicación en el *«Boletín Oficial del Estado»*, si en ellas no se dispone otra cosa.

2. Las leyes sólo se derogan por otras posteriores. La derogación tendrá el alcance que expresamente se disponga y se extenderá siempre a todo aquello que en la ley nueva, sobre la misma materia, sea incompatible con la anterior. Por la simple derogación de una ley no recobran vigencia las que ésta hubiere derogado.

3. Las leyes no tendrán efecto retroactivo si no dispusieren lo contrario.

COMENTARIO

1.- El artículo 2 trata de los límites de la ley en el tiempo o, lo que es lo mismo, el tiempo en el derecho objetivo. El apartado primero se refiere a la entrada en vigor. Esta es el inicio de la vigencia de una ley. El sistema que prevé el Código es de vigencia aplazada y simultánea: la ley se publica en el B.O.E. y al cabo de veinte días de vacatio legis entra en vigor simultáneamente en todo el territorio nacional. Estos veinte días son naturales, no se computa el primero (aquel en que aparece en el B.O.E.) pero sí el último.

Esta misma norma prevé que la propia ley disponga otra cosa. Y aunque en el Código parece que se presenta como excepcional, en la práctica es frecuente. Se hace en una doble opción: o bien la ley dispone que entre en vigor antes (el mismo día o al día siguiente de su publicación en el B.O.E.) o bien dispone que entre en vigor más tarde (por ejemplo, el 1 de enero siguiente, como ha hecho la vigente L.A.U.).

Este primer apartado del art. 2, además del extremo relativo al tiempo, es el que recoge en el Código el *principio de publicación formal de las leyes*; es decir, el principio de que toda norma debe ser publicada en un diario o boletín oficial y público para que pueda llegar a conocimiento de todo ciudadano.

Este principio no sólo se refiere a las leyes, sino a toda norma jurídica, como Decreto, Orden, etc. Afecta no sólo a las normas del Estado, sino también a las de cualquier Comunidad Autónoma, aunque en éstas el boletín no es el oficial del Estado, sino el oficial de la propia Comunidad; se publicará también en el B.O.E. (no siempre: ha habido reformas importantes de la Compilación del Derecho de Vizcaya y Álava que no se han publicado en el B.O.E.; la Compilación vigente de Cataluña no se publicó en el B.O.E. por ser un Decreto Legislativo que aprobó el texto refundido) pero el principio de publicación formal se cumple cuando se publica en el Boletín Oficial de la Comunidad. Las normas de Derecho comunitario cumplen este principio al publicarse en el Diario Oficial de la Comunidad Europea (D.O.C.E.) y no se publican en el B.O.E.

2.- El apartado segundo se refiere al *término de vigencia de la ley*. Puede ocurrir que una ley termine su vigencia por causas intrínsecas, es decir, que la propia ley prevea su terminación, como son los casos de las leyes temporales, leyes de emergencia o leyes contingentes.

Pero lo normal es que termina la vigencia de la ley por la causa extrínseca de su derogación por una ley posterior, de la misma o superior jerarquía normativa.

La derogación puede ser *expresa* cuando explícitamente extingue la vigencia de la ley anterior, o *tácita* cuando da una regulación nueva, sobre la misma materia, incompatible con la de la ley anterior. Una y otra pueden ser *total*, cuando deroga totalmente la ley anterior, o *parcial*, cuando la deroga en parte.

Si posteriormente se deroga una ley que derogaba otra anterior, ésta no recobra su vigencia a no ser (sería un caso insólito) que la nueva lo disponga expresamente.

3.- El apartado tercero, relativo al derecho transitorio, proclama el principio de *irretroactividad de las leyes*. En la expresión «leyes» hay que comprender las demás normas jurídicas (Decretos, Órdenes, etc.).

La irretroactividad es, pues, la regla general que se aplicará si la ley no dispone otra cosa. Por tanto, esta regla general de irretroactividad va dirigida al jurista que aplica e interpreta la ley, pero no al legislador, que puede disponer lo contrario. El legislador está limitado, en cuanto a la retroactividad que puede ordenar, por el art. 9.3 de la Constitución, que no la permite en leyes que sean sancionadoras o restrictivas de derechos.

Si se establece la retroactividad, puede hacerse *de grado mínimo*, en que la ley nueva se aplica a los efectos de la relación creada bajo la antigua que se produzcan después de su entrada en vigor; *de grado medio*, que se aplica a los efectos de la relación jurídica creada bajo la ley antigua, no sólo a los que se produzcan después de su entrada en vigor, sino también los producidos antes, pero aun no consumados; *de grado máximo*, la ley nueva se aplica, incluso, a los efectos producidos y consumados bajo la vigencia de la ley antigua, que se declaren ineficaces y tienen que volver a producirse según la ley nueva.

Además de las leyes que excepcionalmente dispongan su propia retroactividad, hay tipos de leyes que tienen efecto retroactivo aunque no lo digan expresamente, pero se deduce del sentido y finalidad de la misma. Son los casos de leyes interpretativas, disposiciones complementarias, leyes que condenan situaciones que pueden estar ya constituidas (como la Ley de

Usura) y leyes que establezcan un régimen general y uniforme (como la propiedad horizontal o podría serlo la multipropiedad).

JURISPRUDENCIA

Derogación: en general

«facultad reconocida legalmente, toda vez de la virtualidad del artículo 2.2 del Código Civil en cuanto al principio de derogación de las normas, el fundamento de seguridad jurídica del artículo 9.3 de la Constitución y la doctrina del Tribunal Constitucional en este particular, así como la regla de la tutela judicial efectiva para la resolución de los pleitos "secundum legem", y de acuerdo con el sistema de fuentes establecido (artículo 1.7 del Código Civil), sin que la interpretación sociológica permita la derogación de una norma que pretende proteger al inquilino, objetivo al que responde el repetido artículo 53». (15 enero 2009, rec. 1555/2002, LA LEY 580/2009)

«El nuevo precepto legal, con independencia de las diversas cuestiones que pueda sugerir cuya exégesis no corresponde aquí efectuar, suscita ahora dos consideraciones relevantes para el juicio jurisdiccional. Por un lado releva al Tribunal de tener que unificar la doctrina jurisprudencial existente, porque es el propio legislador el que ha establecido la norma a seguir, y la segunda, que, al tener la norma valor aclaratorio o interpretativo, debe atribuírsele efecto retroactivo, porque si bien el art. 2.3 CC dispone que las leyes no tendrán efecto retroactivo si no dispusieren lo contrario, la regla "tempus regit actum" que recoge tiene diversas excepciones y entre ellas cuando se trate de "normas interpretativas o aclaratorias" [SS. 22 de octubre de 1.990, 6 de marzo de 1.991, (LA LEY 105-JF/0000) 9 de abril de 1.992, (LA LEY 2771-JF/0000) 24 de noviembre de 2.006 (LA LEY 144981/2006) y 20 de abril de 2.009, (LA LEY 40406/2009) entre otras]». (18 noviembre 2009, rec. 1646/2005, LA LEY 223137/2009)

Derogación tácita:

«La condición de entidades de crédito de las Cajas de Ahorro viene reconocida por sus normas reguladoras, así el Real Decreto de 27 de agosto de 1977, cuyo artículo 20 autoriza a las Cajas de Ahorro a realizar las mismas operaciones que las autorizadas a la Banca privada, sin otras limitaciones que las vigentes para esta última, y el artículo 1.º del Real Decreto Legislativo 1298/1986, de 28 de julio, de Adaptación del Derecho vigente en materia de entidades de crédito al de las Comunidades Europeas, que las incluye expresamente entre tales entidades crediticias; por ello, ante esta condición de las Cajas de Ahorro, es patente la derogación de los artículos citados como vulnerados en el encabezamiento del motivo, pues se contraponen no sólo a las normas que regulan el mercado financiero, sino también a los artículos 14 y 38 de la Constitución, al propiciar una desigualdad de las Cajas con respecto al resto de las entidades financieras». (29 septiembre 2005, rec. 1183/1999)

«Lo que establece el artículo 2.2 del Código Civil es que la derogación, además de aquello a lo que expresamente se refiera, se extiende a cuanto en la ley nueva, sobre la misma materia, sea incompatible con la anterior. En este caso no existe tal incompatibilidad pues el proceso de ejecución hipotecaria está regulado especialmente en la Ley Hipotecaria y su normativa se aparta en algunos aspectos del proceso general de apremio de la Ley de Enjuiciamiento Civil, por lo que cabe entender la subsistencia en el mismo de la posibilidad de ceder el remate como expresión de una diferencia de régimen. Lo que no cabe es pretender subsanar un hipotético olvido del legislador sustituyendo sus decisiones cuando, como ya se ha manifestado, no existe incompatibilidad en la subsistencia de dos distintas regulaciones. A este respecto cabe afirmar que, por lo común, la ley general no deroga tácitamente a la

ley especial contraria pues la existencia, o subsistencia, de una excepción no es incompatible con la de una regla general (legi speciali per generalem non derogatur), *por lo que sólo una clara incompatibilidad entre la norma antigua de carácter especial y la nueva de carácter general, inexistente en el presente caso, habría de llevar a entender que se ha producido la derogación de la primera».* (18 febrero 2008, LA LEY 20902/2008)

Irretroactividad:

«La vulneración del principio constitucional de seguridad jurídica e irretroactividad ha sido interpretada de forma restrictiva por la doctrina del Tribunal Constitucional, que ha considerado, en la sentencia 27/1981, de 20 de julio, que el artículo. 9.3 CE "alude a los derechos fundamentales del título I", interpretación confirmada por otras sentencias posteriores (STC 6/1983, de 4 febrero, 159/1990, de 4 de octubre y 173/1996, de 31 de octubre), doctrina que resume la STC 104/2000, de 13 de abril en el sentido que en el artículo 9.3 CE "la restricción de los derechos individuales ha de equipararse a la idea de sanción, por lo cual el límite de dicho artículo hay que considerarlo como referido a las limitaciones introducidas en el ámbito de derechos fundamentales y de las libertades pública"». (25 octubre 2005, rec. 1218/1999)

«Como ya declaró esta Sala en su sentencia de 14 de noviembre de 2002 (recurso n.º 1092/97) el siniestro tuvo lugar antes de la publicación de la Ley 30/1995, de 8 de noviembre, de Ordenación y Supervisión de los Seguros Privados, cuya disposición adicional 6.ª fue la que modificó el artículo 20 de la Ley del Contrato de Seguro de 1980, y dicha Ley 30/1995 no establecía su retroactividad ni contenía ninguna disposición transitoria al respecto, por lo que habría de estarse a la regla general del artículo 2.3 del Código Civil, solución igualmente adoptada por la sentencia de 7 de febrero de 2001 (recurso n.º 347/96). En consecuencia, producido el fallecimiento del asegurado en el concreto caso examinado el 19 de marzo de 1995 y habiendo surgido por tanto la obligación indemnizatoria de la aseguradora antes de la entrada en vigor de la Ley 30/95, el régimen aplicable era el del artículo 20 de la Ley del Contrato de Seguro en su redacción originaria». (13 diciembre 2005, rec. 1617/1999)

«En vista del principio de irretroactividad recogido en el artículo 2.3 del Código civil, entendiendo que la responsabilidad de los administradores es una suerte de "pena civil" cuya retroactividad ha de ser excluida por mor del artículo 9.3 de la Constitución, que se ha de aplicar a las normas sancionadoras con penalidad civil o privación de derechos (Sentencia de 15 de julio de 1997; LA LEY JURIS. 7801/1997) más tarde decidió aplicar esta responsabilidad a una situación que, generada con anterioridad, continuaba produciéndose a la entrada en vigor del TRLSA (Sentencia de 2 de julio de 1999; LA LEY JURIS. 8662/1999)». (9 enero 2006, rec. 2048/1999)

«El principio de irretroactividad de las leyes consagrado en el art. 9.3 de la Constitución concierne sólo a las sancionadoras no favorables y a las restrictivas de derechos individuales, restricción que ha de equipararse a la idea de sanción, por lo cual, el límite de dicho artículo hay que considerarlo como referido a las limitaciones introducidas en el ámbito de los derechos fundamentales y de las libertades públicas (del Título I de la Constitución) o en la esfera general de protección de la persona (SSTC 13 de abril de 2000 y 7 de junio de 2001), y nada de ello sucede en el caso que se plantea en el motivo. Fuera de la perspectiva contemplada en el párrafo anterior, la vulneración del principio de irretroactividad de las leyes, salvo que dispusieran lo contrario, debe fundamentarse en el art. 2.3 del Código Civil, lo que en el caso no se hace». (17 noviembre 2006, LA LEY 144987/2006)

«El art. 2.3 del Código Civil establece el principio de irretroactividad de las leyes si no dispusieren lo contrario; nuestro ordenamiento positivo se inspira en el principio tempus regit actum *o de irretroactividad, en cuya virtud cada relación jurídica se disciplina por las*

normas rectoras al tiempo de su creación, sin que venga permitido alterarla por preceptos ulteriores a menos que ofrezcan inequívoco carácter retroactivo (sentencia de 3 de junio de 1995)». (24 noviembre 2006, LA LEY 144981/2006. En el mismo sentido, 30 junio 2010, rec. 1337/2006, LA LEY 114020/2010 y 22 julio 2010, rec. 385/2006, LA LEY 157533/2010).

Sobre la filiación: retroactividad de grado máximo:

«el principio de igualdad ante la ley sin discriminación alguna por razón de nacimiento que proclama el artículo 14 de dicho texto fundamental rige desde la entrada en vigor de la Constitución el 29 de diciembre de 1978, y, por tanto, los preceptos del Código Civil que trataban desigualmente a los hijos matrimoniales y extramatrimoniales, por estar basados en principios discriminatorios por razón de origen, quedaron sin eficacia por imperativo de la disposición derogatoria 3 de dicha Norma fundamental, que declara expresamente derogadas cuantas disposiciones se opongan a lo en ella establecido por inconstitucionalidad sobrevenida». (10 febrero 1986, LA LEY 480/1986)

«toda la materia referida a la determinación, prueba y efectos de la filiación regulados en la citada Ley 11/1981, al resultar favorable para los hijos, viene a concedérsele unos efectos de retroactividad de grado máximo, expresamente sancionada en la disposición transitoria, y perfectamente acomodada al art. 14 y a los principios constitucionales en esta materia». (20 junio 1988, LA LEY 10769-R/1988)

Derecho al honor:

«la demanda de protección del honor amparada en la L 1/1982 no puede ser acogida, porque dicha Ley, carente de disposiciones de derecho transitorio, no es aplicable a actos realizados antes de su vigencia». (28 noviembre 1995, LA LEY 9961/1996)

CONCORDANCIAS

Véase:
— arts. 1.2, 4.2 y Disposiciones Transitorias de este Código.
— Constitución Española: arts. 9.3, 93 y 96.

Texto vigente según D. 1836/1974, 31 mayo («*B.O.E.*», 9 julio), por el que se sanciona con fuerza de Ley el texto articulado del título preliminar del Código Civil.

CAPÍTULO II
APLICACIÓN DE LAS NORMAS JURÍDICAS

Artículo 3

1. Las normas se interpretarán según el sentido propio de sus palabras, en relación con el contexto, los antecedentes históricos y legislativos y la realidad social del tiempo en que han de ser aplicadas atendiendo fundamentalmente al espíritu y finalidad de aquéllas.

2. La equidad habrá de ponderarse en la aplicación de las normas, si bien las resoluciones de los Tribunales sólo podrán descansar de manera exclusiva en ella cuando la ley expresamente lo permita.

COMENTARIO

1.- El primer párrafo del presente artículo se refiere a la interpretación de la norma jurídica. Es la averiguación y comprensión del sentido y alcance de la misma. Y en este tema, enuncia los distintos medios o elementos para ello. Se pueden distinguir dos esenciales elementos: el gramatical y el lógico. El gramatical es el primero de que se debe partir para llegar a penetrar el sentido; se parte de las palabras para llegar al espíritu. A él se refiere el primer inciso de este artículo. Es erróneo el antiguo aforismo in claris non fit interpretatio, ya que incluso para saber si es claro el texto, hay que interpretarlo. Es preciso conocer el sentido gramatical de las palabras y el significado técnico-jurídico, que a veces coinciden, pero no siempre. Y partiendo de este elemento, débese pasar a los siguientes. El elemento lógico implica el razonamiento y reglas lógicas para penetrar el sentido de la norma, el espíritu, como dice este artículo. Y el elemento lógico comprende los demás subelementos. En primer lugar el elemento sistemático, al que se refiere este artículo: en relación con el contexto...; se debe tomar en cuenta el resto de la normativa, cuya norma se pretende interpretar, y también todo el conjunto normativo; incluso es esencial para la interpretación evolutiva, ya que a medida que cambia el conjunto global legislativo tendrá distinta interpretación una norma concreta. En segundo lugar, el elemento histórico, los antecedentes históricos y legislativos que menciona este artículo, aunque el intérprete debe saber distinguir cuándo la norma es consecuencia de una evolución o significa una ruptura con el régimen jurídico anterior; en este elemento, se tienen en cuenta los más o menos remotos antecedentes, la occassio legis o circunstancia concreta que ha dado lugar a la norma, los trabajos preparatorios, las discusiones parlamentarias, etc. El elemento teleológico tiene en cuenta la finalidad de la norma, como dice el último inciso del apartado 1; se busca el sentido que mejor responda a la misma. El elemento sociológico tiene especial importancia: analiza la realidad social del tiempo en que han de ser aplicadas, teniendo en cuenta la vida real inmersa en la sociedad, evitando que las normas vayan contra la realidad social del tiempo actual, que puede ser muy diferente de la del tiempo en que se dictaron aquéllas: es el elemento que más ha contribuido a la evolución en la interpretación y aplicación de las normas.

2.- La equidad es la adecuación, movida por la benignidad, de la norma general a las particularidades del caso concreto al que ha de aplicarse. Es el «elemento tendente a lograr una aplicación de las normas, sensible a las particularidades de los casos», tal como dice la Exposición de motivos del Decreto de 31 de mayo de 1974 que, al redactar de nuevo todo el título preliminar del C.C., introdujo la equidad formalmente en el ordenamiento. La aplicación equitativa de la norma no altera el sentido atribuido a ésta por los medios de interpretación; la equidad interviene en la fase posterior a la interpretación, actúa en la fase final de la aplicación del derecho.

La equidad no es fuente del derecho, no crea normas, si bien se añade, se superpone, en la aplicación de las normas y la adecua al caso particular. Se aplica directamente tan sólo en el supuesto en que una norma se remita a la equidad.

JURISPRUDENCIA

«El motivo está erróneamente estructurado, ya que el art. 3.1 Cód. Civ., aisladamente considerado, no puede servir de base a un motivo casacional, necesariamente ha de ser puesto en relación con la norma respecto a la que se haya inaplicado en su interpretación». (20 marzo 2007, LA LEY 8966/2007)

Sobre la realidad social:

«La interpretación que ha de ser considerada como más acorde con la realidad social actual contraria a limitar al causante sus facultades de disposición sucesoria (artículo 3 del Código Civil) y con la jurisprudencia de esta Sala, que sostiene la necesidad de que la institución sea objeto de una consideración restrictiva». (13 marzo 2008, LA LEY 20903/2008)

«la doctrina científica y jurisprudencial sostienen que la colocación de aparatos sin necesidad de obras de perforación, no se considera como alteración de elementos comunes, pues, en el supuesto contrario, se impediría el uso y disfrute de los adelantos técnicos en todos los edificios no preparados para dicho particular, que no es la interpretación correcta que acepta la sociedad, habida cuenta de la actuación generalizada de los comuneros sobre esta materia en nuestro país, por lo que corresponde acudir a la realidad social impuesta en el artículo 3.1 del Código Civil». (22 octubre 2008, rec. 245/2003, LA LEY 152132/2008)

«la interpretación de las normas conforme a su espíritu y finalidad (artículo 3 del Código Civil) lleva también a considerar que la causa resolutoria del artículo 114-1.ª de la Ley de Arrendamientos Urbanos de 1964 ha de comprender actualmente el impago...». (15 junio 2009, rec. 2320/2004, LA LEY 99156/2009)

Sobre la equidad:

«Respecto a la primera cuestión, la que se refiere a la equidad, en las relaciones contractuales, quiere decir un justo equilibrio, que sea justo para ambas partes contratantes, ya sea entre el causante del daño y el dañado, en una relación de equilibrio entre los intereses en peligro de difícil medición, de ahí que en muchos preceptos legales se utilice la equidad como una situación de libre arbitrio judicial, imposible de revisar en un recurso extraordinario como es el de casación. El precepto que se dice violado del CC (art. 3.2), hace referencia a dos supuestos diferentes, la equidad como ponderación en la aplicación de la norma, no en vano se encuentra comprendido en el precepto que tiene por fin la interpretación de las normas; en segundo lugar, se refiere a otros casos, en que la equidad es fundamento mismo de la decisión, juicios de equidad, que no se permite en nuestro derecho, salvo en los específicos casos previstos en la ley, en el que no se encuentra el supuesto de autos, por lo que ha de desestimarse el motivo en el aspecto que se refiere a la equidad, por no estar permitido el juicio de equidad, como lo tiene declarado la doctrina de esta Sala en SS 12 Jun. 1990, 22 Ene. 1991, 5 y 14 May. 1993 y 10 Dic. 1997, en la que se dice que el art. 3.2 del CC, solo autoriza que las resoluciones de los Tribunales pueda descansar de una manera exclusiva en la equidad cuando la ley expresamente lo permita, teniendo esta Sala declarado de manera reiterada y uniforme que el principio de la equidad, que es supletorio de la aplicación de las leyes, y, por tanto, solo de eficacia aplicativa ante la existencia de vacío legal, no es aplicable en hipótesis en que los textos legales se deduzca con claridad una resolución de los puntos del litigio. Por otra parte, y en lo que se refiere al primer aspecto de la equidad,

la ponderación de la aplicación de la norma, en este supuesto, se puede afectar a la interpretación del art. 1103 ya citado, que por referirse a una cuestión que cae de lleno en el arbitrio judicial, no es revisable en el presente recurso extraordinario de casación como se ha expuesto más arriba». (23 diciembre 2002, LA LEY 827/2003)

«El artículo 3.2 del Código Civil establece que la equidad habrá de ponderarse en la aplicación de las normas, si bien las resoluciones de los tribunales sólo podrán descansar de manera exclusiva en ella cuando la Ley expresamente lo permita. La Sentencia del Tribunal Supremo de 29 de diciembre de 1998 declara que la equidad, a la que se refiere dicha norma, no puede fundamentar una resolución, a no ser que la propia Ley se remita expresamente a ella (lo que no es el presente caso), por lo que sólo en tal supuesto cabría la alegación como motivo de casación. (Sentencias de 12 de junio de 1990, 22 de enero de 1991, 8 de octubre de 1992, 5 de mayo y 14 de mayo de 1993). Las Sentencias de 5 de mayo, 14 de mayo y 6 de julio de 1993 declaran que no es, en nuestro Ordenamiento positivo, la equidad sino un criterio general en que deberá ponderarse la aplicación de las normas, pero sin que tal elemento de interpretación y dulcificación del derecho por la ética pueda fundar, por sí sólo, una resolución judicial, ya que el propio precepto legal citado en el motivo textualmente prohíbe que las resoluciones de los tribunales "puedan descansar de manera exclusiva en ella, salvo cuando la Ley expresamente lo permita". La discutida figura de la aequitas incorporada por vez primera en forma directa y nominativa a nuestro Código Civil por la reforma en él introducida por la Ley 3/1973, de 17 de marzo, aparece como una forma, procedimiento, o, si se prefiere, elemento de interpretación a la vez que corrector de la generalidad de la Ley, función o actividad que el citado precepto y número encomiendan a los tribunales, razón por la cual el criterio mantenido tanto en la primera como en la segunda instancia en orden a dicho aspecto ha de prevalecer, no pudiendo tener acceso a la casación más que cuando fuere arbitrario o desorbitado, lo que en modo alguno acontece en el presente supuesto (Sentencias del Tribunal Supremo de 9 de mayo de 1983 y 22 de junio de 1984)». (26 febrero 2004, rec. 1190/1998)

«el artículo 3.2 del mismo código invita a los tribunales a la consideración de criterios de equidad en la aplicación de las normas, si bien impide que la resolución pueda estar basada exclusivamente en ella salvo en los casos en que la ley expresamente lo permita». (31 octubre 2008, rec. 980/2003, LA LEY 164124/2008)

«la equidad, que ha de ser ponderada en la interpretación de las normas, no sirve de soporte exclusivo de las resoluciones judiciales sin que la Ley lo permita expresamente. Así lo establece el artículo 3, apartado 2, del Código Civil —que, según queda dicho, utilizamos con síntesis de los preceptos invocados en los motivos del recurso de la demandada —y la jurisprudencia sentencias de 8 de julio y 30 de diciembre de 1.993, 11 de mayo de 1.994, 3 de febrero, 28 de junio y 27 de noviembre de 1.995, 10 de diciembre de 1.997, 25 de mayo de 2.001, 20 de diciembre de 2.002, 28 de julio y 7 de diciembre de 2.006, 29 de octubre de 2.007, entre otras muchas—». (22 julio 2009, rec. 312/2005, LA LEY 125230/2009)

CONCORDANCIAS

Véase arts. 1.154 y 1.690 de este Código.

Texto vigente según D. 1836/1974, 31 mayo («*B.O.E.*», 9 julio), por el que se sanciona con fuerza de Ley el texto articulado del título preliminar del Código Civil.

Artículo 4

1. Procederá la aplicación analógica de las normas cuando éstas no contemplen un supuesto específico, pero regulen otro semejante entre los que se aprecie identidad de razón.

2. Las leyes penales, las excepcionales y las de ámbito temporal no se aplicarán a supuestos ni en momentos distintos de los comprendidos expresamente en ellas.

3. Las disposiciones de este Código se aplicarán como supletorias en las materias regidas por otras leyes.

COMENTARIO

1.- La laguna del Derecho, como espacio vacío de Derecho, no es admitido en el ordenamiento jurídico; el art. 1.7 impone al órgano jurisdiccional el deber inexcusable de resolver los asuntos de que conozca. Lo que sí hay son lagunas de la ley, en los casos en que para una determinada relación jurídica, el ordenamiento positivo no tiene norma alguna. La analogía es el instrumento jurídico para llevar las lagunas de la ley. Es la aplicación de la ley a los casos en ella no previstos, pero semejantes a los previstos. Hay dos clases de analogía: la analogía legis parte de una disposición concreta de la ley que se aplica a un caso no previsto, pero con igualdad jurídica esencial. La analogía iuris parte de un conjunto de leyes, de la que extrae un principio inspirador y lo aplica al caso no regulado. Por tanto, la analogía no es otra cosa que un medio de aplicación de los principios generales del Derecho. Se extrae de otra ley o de un conjunto de leyes, el principio general que se aplicará al caso contemplado.

2.- El presente artículo, en su apartado 2, excluye la analogía a ciertas leyes. En primer lugar, a las leyes penales no se les puede aplicar la analogía, pero deben entenderse incluidas también en esta exclusión las leyes sancionadoras en general, como las civiles o administrativas que impongan sanciones, en el sentido de que establecen pérdida de derechos. En segundo lugar, las llamadas leyes excepcionales tampoco admiten la aplicación de la analogía; se trata de normas que derogan derecho general o que desarrollan principios contrarios a la normativa general, que no cabe que se apliquen, por semejanza (analogía) a otras situaciones que no estén específicamente previstas. En tercer lugar, tampoco las leyes temporales, que no son más que un supuesto de las leyes excepcionales y, por tanto, no pueden aplicarse más que a los supuestos específicamente previstos dentro de su ámbito temporal.

3.- Ha sido tradicional la norma que señala la subsidiariedad del Código Civil en todas las demás normas jurídicas. Esto es cierto, pero sólo en parte. Cabe la subsidiariedad que proclama el apartado 3 de este artículo en aquellas normas que por su naturaleza lo permitan: así, no es pensable en materias jurídicas tan opuestas como el Derecho penal o en aquellos derechos que tienen su propia normativa subsidiaria, como los Derechos forales, salvo en remisiones expresas o en temas no regulados.

En realidad, este precepto es expresión de la idea de que el Derecho civil es el Derecho común, el tronco del que las demás partes del derecho son ramas desgajadas y de que el núcleo esencial del derecho civil se halla en el Código Civil.

Lo que sí es claro es que el C.C. es la norma subsidiaria en las demás normas de Derecho civil contenidas en leyes ajenas, como las de propiedad industrial e intelectual, hipotecaria, de registro civil, etc.

JURISPRUDENCIA

«La analogía consiste en aplicar a un supuesto no regulado una norma prevista para otro con el que aquel guarda semejanza (artículo 4.1 del Código Civil). En las Sentencias de 10 de mayo de 1996 y 21 de noviembre de 2000 se condicionó la aplicación del método analógico a la existencia de una verdadera laguna legal y a la similitud jurídica esencial

entre el caso que se pretende resolver y el ya regulado, esto es, una identidad de razón entre ambos». (28 junio 2004, rec. 2268/1998)

«la llamada analogía iuris, que actúa a través de la indagación del principio que inspira la norma, para proyectarlo sobre el caso, pues no cabe duda del valor integrador de los principios generales del derecho (artículo 1.1 y 4, del Código civil) ni de que, a través del sistema de integración previsto en general para los contratos por el artículo 1258 CC, cabe considerar que las leyes aplicables han de ser no solo las susceptibles de proyección directa, sino las que regulen supuestos que presenten identidad de razón. La laguna no se produce en la regulación contractual, que este caso, como en todos, es perfecta y completa en cuanto las partes quieran, debiendo en lo no previsto aplicarse los mecanismos de integración, sino en las normas que son llamadas a la regulación del supuesto ... A la carencia específica de regulación normativa como presupuesto de la aplicación analógica se refieren las SSTS de 7 de enero de 1981 y de 13 de octubre de 1998 (LA LEY 9604/1998). La jurisprudencia ha recogido el sentido de la Exposición de Motivos del Decreto Legislativo de 31 de mayo de 1974 cuando enfatizaba que la analogía "no presupone la falta absoluta de una norma, sino la no previsión por la misma de un supuesto determinado, defecto o insuficiencia que se salva si la razón derivada del fundamento de la norma y de los supuestos expresamente configurados es extensible por consideraciones de identidad o similitud al supuesto no previsto" [SSTS 20 de febrero de 1989, 13 de junio de 2003 (LA LEY 2422/2003), 21 de noviembre de 2000 (LA LEY 257/2001), etc.]». (22 junio 2007, LA LEY 132446/2007)

«En el artículo 4.3 del Código Civil se viene a establecer un sistema de supletoriedad no limitado exclusivamente a la legislación especial, sino a cualquier Ley que deba ser completada. En esto consiste básicamente la supletoriedad, pero ésta no debe nunca tener lugar cuando existen previsiones en la ley a suplir sobre su sistema de integración. Estos tienen preferencia, puesto que responden al sistema previsto de forma coherente en la propia ley; por tanto, sólo cuando de ninguna otra forma pueda solucionarse el problema planteado deberá recurrirse al Código Civil en su conjunto, es decir teniendo en cuenta también el sistema de fuentes establecido en el artículo 1 del Código Civil». (12 septiembre 2008, rec. 979/2002, LA LEY 137734/2008)

«La analogía legis, en cuanto medio de integración de las lagunas existentes en el ordenamiento jurídico a consecuencia de su fuerza de expansión lógica, presupone que entre el caso regulado, del que se toma la norma, y el que no lo está y al que aquella va a ser aplicada, exista una semejanza que permita advertir una identidad de razón o "eadem ratio decidendi" que justifique vincular la consecuencia jurídica a un supuesto de hecho que no es aquel para el que el legislador la ha establecido». (15 octubre 2008, rec. 1834/2002, LA LEY 152128/2008)

«esta Sala —cfr. Sentencias de 12 de septiembre de 2005, de Pleno, y 19 de octubre de 2006, y tras ellas, la de fecha 8 de mayo de 2008, en recurso de casación 1428/2001— ha acudido al mecanismo de la analogía "iuris" para extraer, por inducción, un principio inspirador con arreglo al cual se pueda resolver la cuestión consistente en cuáles han de ser las consecuencias económicas derivadas del cese de la convivencia "more uxorio", presupuesta la ausencia de norma específica legal y la falta de pacto, expreso o tácito, establecido por los miembros de la pareja. De esta forma, se ha buscado y encontrado fundamento a la compensación del conviviente que ha visto empeorada su situación económica a resultas de la ruptura de la relación en la figura del enriquecimiento injusto, ampliamente considerado, y gravitando en torno a la denominada "pérdida de oportunidad", que sería —como explica la sentencia de 12 de septiembre de 2005— "el factor de soporte que vendría de algún modo a sustituir al concepto de "empeoramiento" que ha de calificar el desequilibrio». (30 octubre 2008, rec. 1058/2006, LA LEY 226007/2008)

«La cuestión de la aplicación analógica a los contratos de concesión y de distribución de las reglas del contrato de agencia ha sido una cuestión que ha venido ocupando de forma intermitente a esta Sala, que no ha negado dicha posibilidad por lo que se refiere a la compensación por clientela establecida para la solución de las relaciones en los contratos de agencia, aunque rechaza su aplicación de forma automática, porque debe probarse la concurrencia de la identidad de razón necesaria para la aplicación analógica. Así, como resumen de esta jurisprudencia, entre otras, la sentencia de 20 julio 2007». (4 marzo 2009, rec. 535/2004, LA LEY 4664/2009)

«El Art. 4.1 CC establece un sistema para integrar las lagunas que presenta un texto legal, sistema que se basa en un argumento de probabilidad que tiene su fundamento en una razón de semejanza, no de igualdad, de modo que dada una norma que predica una determinada calificación normativa de un objeto, se debe extraer el significado, que comprenda también aquellos sujetos que no están estrecha ni literalmente incluidos, pero presentan con los previstos una semejanza, asumida como relevante en orden a la identidad de las situaciones. La regla del art. 4.1 CC es, por tanto, instrumental, por lo que debe citarse como infringida acompañada de la norma que debería haberse aplicado dada la semejanza entre las situaciones, regulada y no regulada. Y aquí solo se cita como infringido el art. 1.1 CC, que establece las fuentes del ordenamiento jurídico, pero no se aporta la disposición concreta que, a juicio del recurrente debería haberse aplicado». (16 junio 2011, rec. 10/2008, LA LEY 83098/2011)

CONCORDANCIAS

Véase:
— Disposiciones Transitorias de este Código.
— Constitución Española: art. 9.3.
— Código de Comercio: arts. 2.1 y 50.
Texto vigente según D. 1836/1974, 31 mayo («*B.O.E.*», 9 julio), por el que se sanciona con fuerza de Ley el texto articulado del título preliminar del Código Civil.

Artículo 5

1. Siempre que no se establezca otra cosa, en los plazos señalados por días, a contar de uno determinado, quedará éste excluido del cómputo, el cual deberá empezar en el día siguiente; y si los plazos estuvieren fijados por meses o años, se computarán de fecha a fecha. Cuando en el mes del vencimiento no hubiera día equivalente al inicial del cómputo, se entenderá que el plazo expira el último del mes.

2. En el cómputo civil de los plazos no se excluyen los días inhábiles.

COMENTARIO

1.- El tiempo es un hecho jurídico natural en el que no interviene la voluntad del hombre (no es, pues, acto jurídico) que, como tal, produce efectos jurídicos. Los produce en muy diversos órdenes: en la aplicación de normas (vacatio legis, derecho transitorio), en la capacidad de obrar (mayoría de edad), en el derecho de obligaciones y en el de sucesiones (cuando la obligación o la institución es a plazo), en los derechos reales (prior tempore, potior iure) y en la prescripción y caducidad.

El art. 5 se ocupa del *cómputo del tiempo*, con un carácter meramente supletorio, aplicable a falta de pacto o de norma específica.

El cómputo puede ser *fijo*, si se determina con relación a un momento concreto del calendario, o *móvil*, si se determina con relación a otro momento (como en la mayoría de edad, que se computa a contar del momento del nacimiento). A su vez, el móvil puede ser *natural*, en que se mide de momento a momento; o bien *civil*, en que se toman en cuenta los días completos y no las fracciones menores. Este último es la regla general, tal como se desprende de este propio art. 5.

Añade que el *día inicial* no se incluye en el cómputo y se empieza a contar desde el siguiente; siempre, claro es, que no se establezca otra cosa: es un supuesto de ello el cómputo para la mayoría de edad, según el art. 315, cuyo párrafo segundo establece que el día del nacimiento se incluye completo en aquel cómputo. El *día final* se incluye en el cómputo, quedando por entero dentro del tiempo y debe haber transcurrido el día final por entero, para integrarlo en el cómputo.

Si en el cómputo civil se fija el tiempo *por meses* o *por años*, se computarán de fecha a fecha y si en el mes del nacimiento no existe tal fecha (por ejemplo el 30 de febrero) se entiende que el cómputo termina en el último día de dicho mes.

2.- En el cómputo civil *por días* se pueden incluir todos los días, incluso festivos o inhábiles, o tan sólo los hábiles: en el primer caso, se denomina cómputo *continuo* y en el segundo, cómputo *útil*. El cómputo continuo es la regla general en Derecho civil: no se excluyen los días inhábiles y si el día final es inhábil y no puede realizarse un determinado acto, deberá realizarse el día anterior. Ello no significa que en las demás ramas del derecho el cómputo es el útil, sino que la regla general supletoria es la del cómputo continuo de este art. 5 y leyes distintas pueden establecer otro. Así, en los plazos procesales: según el art. 185 de la Ley Orgánica del Poder Judicial de 1 julio 1985, «los plazos procesales se computarán con arreglo a lo dispuesto en el C.c. En los señalados por días quedarán excluidos los inhábiles».

JURISPRUDENCIA

«Se trata por lo demás de un plazo que ha de contarse de fecha a fecha, de acuerdo con el artículo 5.1 CC, opera por el mero paso del tiempo y no es susceptible de interrupción (Sentencias de 26 de abril de 2000, 2 de julio de 2002, 11 de noviembre de 2004, 17 de julio de 2005). Se produjo, pues, un ejercicio intempestivo de la acción de nulidad». (20 noviembre 2006, LA LEY 144993/2006)

«la regla general, de honda raigambre histórica, de dies a quo non computatur in termino, *consagrada en el art. 5.1 del Código Civil que dispone que "en los plazos señalados por días, a contar de uno determinado, quedará éste excluido del cómputo, el cual deberá empezar en el día siguiente", y el principio relativo a que en caso de duda debe seguirse el criterio interpretativo más favorable al ejercicio de los derechos».* (4 julio 2007, LA LEY 79499/2007)

«diferenciación existente entre los plazos civiles, cuyo cómputo debe efectuarse conforme a lo dispuesto en el artículo 5 del Código Civil (para los plazos fijados por meses, como es el caso ahora controvertido, se computarán de fecha a fecha, sin excluir en ningún caso los inhábiles), de los procesales, los que atañen al tracto de esta naturaleza, los únicos para los que resulta aplicable la especialidad prevista en el artículo 185 de la Ley Orgánica del Poder Judicial —que tras remitirse con carácter general al artículo 5 del Código Civil dispone que en los plazos señalados por días quedan excluidos los inhábiles y si el último día de plazo fuere inhábil, se entenderá prorrogado al primer día hábil siguiente—, así como la previsión contenida en el artículo 135.1 de la Ley de Enjuiciamiento Civil 1/2000... ... sólo ofrecen carácter procesal los que tengan su origen o punto de partida en una actuación

de igual clase (notificación, citación, emplazamiento o requerimiento), pero no cuando se asigna el plazo para el ejercicio de una acción». (22 enero 2009, rec. 1213/2004, LA LEY 98/2009. En el mismo sentido, 29 abril 2009, rec. 511/2004, LA LEY 49548/2009)

«el Pleno de esta Sala, en sentencia de 29 de abril de 2009 (recurso conjunto de casación y extraordinario por infracción procesal número 511/2004), considera adecuado presentar la demanda el primer día hábil siguiente a aquel en el que finaliza el plazo para el ejercicio del derecho de retracto porque una interpretación razonable de la norma y de los intereses en juego no puede originar como resultado final un efecto contrario al derecho fundamental a obtener la tutela judicial efectiva de los Jueces y Tribunales en el ejercicio de los derechos e intereses legítimos, desde el momento en que se privaría al titular de un derecho, como el de retracto, a disponer de la totalidad del plazo concedido por la Ley, incluso aunque se arbitraran mecanismos organizativos distintos de acceso a los órganos judiciales (inexistentes en la actualidad, puesto que los Juzgados no permanecen abiertos durante las veinticuatro horas del día, y no es posible la presentación de escritos ante el Juzgado que presta servicio de guardia), pues siempre dispondría de la facultad de agotarlo en su integridad, y de esta facultad no puede ser privado por las normas procesales u orgánicas que imposibilitan el pleno ejercicio de la acción ante los órganos judiciales». (28 julio 2010, rec. 1688/2006, LA LEY 148056/2010. Doctrina reiterada por 11 julio 2011, rec. 1247/2008, LA LEY 111575/2011)

CONCORDANCIAS

Véase:
— Código de Comercio: art. 60.
— Ley 19/1985, 16 julio («*B.O.E.*», 19 julio), Cambiaria y del Cheque: arts. 41, 42, 90 y 91.

Texto vigente según D. 1836/1974, 31 mayo («*B.O.E.*», 9 julio), por el que se sanciona con fuerza de Ley el texto articulado del título preliminar del Código Civil.

CAPÍTULO III
EFICACIA GENERAL DE LAS NORMAS JURÍDICAS

Artículo 6

1. La ignorancia de las leyes no excusa de su cumplimiento.

El error de derecho producirá únicamente aquellos efectos que las leyes determinen.

2. La exclusión voluntaria de la ley aplicable y la renuncia a los derechos en ella reconocidos sólo serán válidas cuando no contraríen el interés o el orden público ni perjudiquen a terceros.

3. Los actos contrarios a las normas imperativas y a las prohibitivas son nulos de pleno derecho, salvo que en ellas se establezca un efecto distinto para el caso de contravención.

4. Los actos realizados al amparo del texto de una norma que persigan un resultado prohibido por el ordenamiento jurídico, o contrario a él, se considerarán ejecutados en fraude de ley y no impedirán la debida aplicación de la norma que se hubiere tratado de eludir.

COMENTARIO

1.- La eficacia de las leyes es su obligatoriedad general: las leyes deben ser observadas, respetadas y cumplidas por la generalidad de los ciudadanos; el art. 9.1 de la Constitución dispone que «los ciudadanos y los poderes públicos están sujetos a la Constitución y al resto del Ordenamiento jurídico». Su ignorancia es irrelevante para su obligatoriedad, lo que expresa este artículo, en su apartado primero.

En principio, puede afirmarse lo mismo respecto del *error de derecho*: mientras la ignorancia es desconocer la ley, el error es tener una noción falsa sobre ella.

El párrafo segundo dispone que éste «producirá únicamente aquellos efectos que las leyes determinen», confusa norma que ha de entenderse en el sentido de que la norma produce efecto, pese a que el interesado la ignore o tenga un conocimiento equivocado de ella. Sin embargo, si por razón de un error de derecho, una persona celebra un negocio jurídico, podrá alegar este error para anular el negocio por vicio de la voluntad, si bien en ningún caso podrá evitar la aplicación de la ley.

2.- La *exclusión voluntaria de la ley*, llamada también renuncia de la ley, es válida siempre que se trate de una norma dispositiva, que permita ser excluida, sustituida o modificada por las partes en aras al principio de autonomía de la voluntad; nunca cabe la exclusión si se trata de norma imperativa o prohibitiva (*ius cogens*) sustraída a la disponibilidad o autonomía de las partes. No siempre es fácil distinguir uno u otro tipo de norma.

La *renuncia de derechos* es un negocio jurídico unilateral por el que el sujeto hace dejación de un derecho, que ha entrado ya en su esfera jurídica (renuncia *abdicativa*) o que todavía no ha entrado (renuncia *preventiva*): en la primera se halla la de los derechos subjetivos de que es titular (de un derecho de crédito, etc.) y en la segunda, de los derechos a que se tiene derecho (la repudiación de la herencia, renuncia a adquirir la herencia, en virtud del *ius delationis*).

Tanto la renuncia de la ley como la de derechos tiene, como límites, que no perjudique el interés o el orden público ni perjudique a tercero, es decir, que esté uno u otro en la esfera de total disponibilidad del sujeto.

3.- La nulidad del negocio jurídico se produce en el caso de que éste contradiga una norma imperativa o prohibitiva. Por tanto, hay que tener en cuenta que la norma no sea dispositiva, sino de derecho cogente —imperativa o prohibitiva— sustraída a la disponibilidad de los sujetos del negocio jurídico; y, además, que esté en contradicción con aquélla, no sólo una simple disconformidad.

La nulidad produce una privación total de la eficacia del acto o negocio jurídico, y con efecto inmediato, es decir, *ipso iure*, aplicable de oficio, con efecto general, *erga omnes* y efecto definitivo, que implica no ser confirmable ni sanable por prescripción, ya que es imprescriptible.

Tan sólo en casos excepcionales puede darse la nulidad *parcial*, que sólo afecta a una parte del negocio jurídico. También excepcionalmente puede darse la *conversión* del negocio nulo, medio jurídico para evitar la ineficacia del mismo, al quedar estimado como negocio válido de tipo diferente. A ello se refiere el último inciso del apartado 3. Es el caso que contempla el art. 715 C.c. y en otros en que declara la nulidad de una cláusula o estipulación, manteniendo la validez del negocio jurídico, como hacen los arts. 729, 1328, etc., y el art. 83 sobre cláusulas abusivas del Real Decreto Legislativo 1/2007, de 16 de noviembre, por el que se aprueba el texto refundido de la ley general para la defensa de los consumidores y usuarios y otras leyes complementarias.

4.- El *fraude de ley* es también el caso del acto jurídico que va contra norma imperativa o prohibitiva, pero lo hace de forma indirecta.

Es el acto o actos realizados al amparo del texto de una norma, que es la llamada ley de cobertura, pero que persiguen un resultado prohibido por la ley o contrario a la misma. Los actos van contra la finalidad de la ley defraudada.

En caso de fraude de ley, se aplica la sanción correspondiente a la violación de la ley defraudada, que, si ésta es imperativa o prohibitiva, la sanción será la de nulidad del acto.

Además, la Ley Orgánica del Poder Judicial, en su art. 11.2 añade una importante norma que permite incluso una aplicación de oficio: «los Juzgados y Tribunales rechazarán fundadamente las peticiones, incidentes y excepciones que se formulen con manifiesto abuso de derecho o entrañen fraude de ley o procesal».

JURISPRUDENCIA

Sobre la renuncia:

«El art. 6.2 del CC y la jurisprudencia que lo interpreta refiere el alcance de la renuncia de derechos en cuanto afecta a facultades que se presupone han entrado en la titularidad del renunciante, y es precisamente lo que origina el derecho subjetivo y no puede confundirse con la mutus disensus o contraria voluntad (S 17 Nov. 1984)». (11 octubre 2001, LA LEY 182/2003)

«Según reiterada jurisprudencia de esta Sala (sentencias, entre otras de 26 Sep. 1983, 16 Oct. 1987 y 5 May. 1989), la renuncia supone una declaración de voluntad, recepticia o no (según los casos y supuestos en que se produzca), dirigida al abandono o dejación de un beneficio, cosa, derecho, expectativa o posición jurídica, o, según S 4 May. 1976, la renuncia

es manifestación de voluntad que lleva a cabo el titular de un derecho por cuya virtud hace dejación del mismo sin transmitirlo a otra persona. Asimismo ha de tenerse en cuenta que, si bien la renuncia ha de ser clara, terminante e inequívoca, el ordenamiento jurídico, concretamente el art. 6.2 del CC que la regula, no la sujeta a una forma especial, por lo que puede producirse de forma tácita o implícita». (30 octubre 2001, LA LEY 174/2003)

«La jurisprudencia de esta Sala es reiterada y uniforme en declarar que las renuncias no se presumen; que han de resultar de manifestaciones expresas a tal fin, o de actos o conductas que de modo inequívoco, necesario e indudable lleven a la afirmación de que ha existido una renuncia. La mayor o menor tardanza en el ejercicio de una acción dentro del plazo legal concedido no es por sí misma, sin ninguna otra circunstancia concurrente, sinónima de aquel acto o conducta al que no hemos referido». (25 noviembre 2002, LA LEY 142/2003)

«la renuncia se llevó a cabo por el perjudicado; no es una transacción, como contrato por el que las partes solucionan una controversia jurídica mediante recíprocas concesiones (artículo 1809 del Código civil) sino una renuncia, como negocio jurídico unilateral (pese a que el renunciante reciba algo a cambio) por el que el titular de un derecho subjetivo hace dejación del mismo. Aquel perjudicado pudo renunciar a su derecho a percibir indemnización por los daños que había sufrido, pero no pudo hacerlo por los daños que todavía no habían aparecido. No había entrado en su disponibilidad lo que todavía no existía, el daño no aparecido. La renuncia, como dejación del derecho subjetivo, no alcanzó ni podía alcanzar el derecho subjetivo a percibir indemnización por los daños futuros, que no se podían conocer. Por tanto, no hay error en la renuncia: renunció a lo que tenía derecho (derecho subjetivo) que eran los daños presentes, ni faltó consentimiento alguno. Lo que sí es cierto es que no renunció a lo que no existía, no pudo renunciar a un derecho subjetivo que no había nacido a la vida jurídica, ni podía conocer que se produciría más tarde. Este mismo supuesto fue contemplado por la sentencia de 23 de febrero de 1995 (LA LEY 3274/1995)». (23 noviembre 2007, LA LEY 185038/2007)

«es reiteradísima la jurisprudencia que afirma que no cabe la renuncia tácita, que es lo que verdaderamente funda la sentencia recurrida la desestimación de la mayor parte del pedimento de la demanda. Así, la sentencia de 30 de octubre de 2001 reitera que la renuncia ha de ser "clara, terminante e inequívoca" lo que reafirma la de 25 de noviembre de 2002 al decir, citando numerosas sentencias anteriores, que "las renuncias no se presumen" sino que "han de resultar de manifestaciones expresas a tal fin..." y, en relación al caso presente, añade que "la mayor o menor tardanza en el ejercicio de una acción dentro del plazo legal concedido no es por sí misma, sin ninguna otra circunstancia concurrente, sinónima de..." renuncia». (3 diciembre 2007, LA LEY 193569/2007)

«La renuncia de derechos es un negocio jurídico de carácter unilateral que se asienta en la declaración de voluntad —expresa o tácita— del titular del derecho por la cual abdica del mismo y consiente que salga de su patrimonio. En este sentido la doctrina de esta Sala, como recuerda la sentencia de 27 febrero 2007, entre otras, es clara en el sentido de negar que pueda apoyarse en actos que no sean inequívocamente expresivos de ella (sentencias de 5 marzo 1991 y 19 diciembre 1997)». (26 mayo 2009, rec. 1122/2004, LA LEY 92017/2009)

Sobre la nulidad:

«La ejecución de un hecho —contrato de donación en escritura pública— que es calificado en sentencia firme como delito doloso es nulo desde el principio, en estricta aplicación del artículo 1275: la causa debe ser lícita; es ilícita —como dispone esta norma— la que es contraria a la ley —como el caso extremo de ser delictiva— y el contrato con causa ilícita es nulo, en aplicación del artículo 6.3. Como ya decía la sentencia de 13 de marzo de 1997, la ilicitud causal que prevé el artículo 1275, conforme a reiterada doctrina jurisprudencial,

supone la concurrencia de causa, pero resulta viciada por oponerse a las leyes o a la moral en su conjunto, cualesquiera que sean los medios empleados para lograr tal finalidad, elevándose el móvil a la categoría de causa en sentido jurídico, ya que aquél imprime a la voluntad la dirección finalista ilícita y reprobable del convenio (SS de 8-2-1963, 2-10-1972, 22-11-1979, 14-3 y 11-12-1986), descansando a su vez la ilicitud de la causa en la finalidad negocial inmoral o ilegal común a todas las partes (SS de 22-12-1981 y 24-7- 1993)». (27 marzo 2007, LA LEY 10713/2007)

«La circunstancia de que el bien objeto de un contrato no pueda ser transmitido sino en determinadas condiciones —en el caso, con la autorización administrativa— no convierte a aquel en ilícito objeto de contratación. Esa sanción se reserva para los casos de extracomercialidad absoluta o intrínseca. Ello, claro está, no impide que el contrato sea nulo por una razón distinta; así, por infringir una norma prohibitiva —artículos 6.3 y 1255 del Código Civil— o por ser ilícita su causa —artículo 1275 del Código Civil—. Ni tampoco que el comportamiento merezca otro tipo de sanción, sea penal o administrativa. La sentencia de 23 de mayo de 1997 —en relación con la venta, sin la necesaria autorización administrativa, de un inmueble de que era concesionaria con acceso a la propiedad la vendedora— declaró que "contrariamente a lo sostenido en el recurso, la finca de autos no está fuera del comercio", así como que debía tenerse en cuenta que "la actora recurrente ostentaba sobre la finca de autos unos determinados derechos, que fue los que transmitió al comprador, y que el hecho de que para que tal transmisión tenga plenos efectos se requiera autorización administrativa no convierte en nula la compraventa civil realizada sin la obtención de la indicada autorización, sin perjuicio de los efectos que en el campo de lo administrativo se puedan derivar de su falta". Esa doctrina se contiene, entre otras, en la sentencia de 7 de julio de 1.981 —"... sin que la violación de los preceptos administrativos que se dice cometida... pueda producir otra consecuencia que la puesta en marcha de los mecanismos correctores reglamentariamente establecidos..."—, así como en la de 25 de septiembre de 2006 —en un supuesto de realización de cesiones no autorizadas de una concesión administrativa con acceso a la propiedad de un lote formado por parcela y vivienda adjudicada por el Instituto Nacional de Reforma y Desarrollo Agrario— en la que se recordó que "en caso de incumplimiento de requisitos de carácter administrativo, la jurisprudencia de esta Sala admite que el acto o contrato celebrado por los particulares en sentido contrario a una disposición de esta naturaleza puede ser compatible con el mantenimiento de los efectos económicos del mismo entre las partes interesadas, cuando estos sean susceptibles de ser considerados como integrantes de un sustrato independiente del cumplimiento de la norma administrativa"». (27 septiembre 2007, LA LEY 139731/2007)

«la sentencia de 25 de septiembre de 2006 (recurso n.º 4815/99), citando las de 18 de junio de 2002 y 27 de febrero de 2004, declara en relación con el art. 6.3 CC, de un lado, que "el juzgador debe analizar la índole y finalidad de la norma legal contrariada y la naturaleza, móviles, circunstancias y efectos previsibles de los actos realizados, para concluir con la declaración de la validez del acto contrario a la ley si la levedad del caso lo permite, reservando la sanción de nulidad para los supuestos en que concurran trascendentales razones que hagan patente el carácter del acto gravemente contrario a la Ley, la moral o el orden público"; de otro, con cita de la STS 24-4-96, que "cuando la normativa administrativa resulta incompatible con el contenido y efectos del negocio jurídico, deben aplicarse las pertinentes consecuencias sobre su ineficacia o invalidez"; y también, que a la nulidad no es obstáculo el que la prohibición administrativa no tenga carácter absoluto. La sentencia de 30 de noviembre de 2006 (recurso n.º 5670/00), citando las de 31-5-05, 2-4-02 y 26-7-00, declara que la ilicitud administrativa puede comportar la nulidad civil del contrato que incurra en la misma. Y la muy reciente sentencia de 27 de septiembre último (recurso n.º 3712/00) ratifica la doctrina general de la de 25 de septiembre de 2006 aunque en el caso no declara nula la cesión de aprovechamiento de una emisora de radio privada sin autorización

por tener ésta un carácter reglado y no constar que la adquirente no reuniera los requisitos legales a que se vinculaba tal autorización». (31 octubre 2007, LA LEY 179978/2007)

«no puede desligarse, a su vez, de considerar que una interpretación del art. 6.3 del Código Civil que llevara hasta sus últimas consecuencias lógicas la exclusión de la nulidad civil por la sanción administrativa conduciría al absurdo de mantener la eficacia civil de los negocios jurídicos constitutivos de delito por prever el ordenamiento jurídico para el caso de contravención un efecto tan enérgico como la pena misma, y ello comportaría de hecho dejar sin efecto el régimen del propio Código Civil sobre la ilicitud del objeto o de la causa de los contratos (arts. 1271 párrafo tercero, 1275 y 1305)». (10 octubre 2008, rec. 5707/2000, LA LEY 148020/2008)

«es doctrina jurisprudencial emanada de sentencias de esta Sala, la que determina que la nulidad de los contratos a los que se refiere el artículo 1 de la Ley de 1908 , es la radical ya que no admite convalidación sanatoria en cuanto queda fuera de la disponibilidad de las partes y como consecuencia de ello, si la convención inicial que aparece en el contrato en cuestión es radicalmente nula, la novación no puede operar su consolidación por prohibirlo así expresamente el artículo 1208 del Código Civil en relación al artículo 6.3 de dicho Cuerpo legal, por lo que cabe, por tanto, decir, con frase jurídicamente aceptada, que en estos casos la novación opera en vacío, al carecer del imprescindible sustento que dicha figura exige, representado por la obligación primitiva que se pretende novar —por todas las sentencias de 26 de octubre de 1959 y 30 de diciembre de 1.987—». (20 noviembre 2008, rec. 2280/2002, LA LEY 184730/2008)

«sobre la posibilidad de declarar de oficio la nulidad de negocios jurídicos sin haberla pedido ninguna de las partes, es cierto que tal posibilidad se admite por la jurisprudencia de esta Sala con base en el art. 6.3 CC (así, SSTS 3-12-01, 17-1-00, 18-2-97 y 15-12-93); pero no lo es menos que la misma jurisprudencia exhorta a la prudencia y moderación de los tribunales tanto a la hora de ejercer dicha facultad como a la de declarar la nulidad total en vez de la solamente parcial (p. ej. SSTS 10-4-07, 22-7-97 y 22-3-65), pues la sanción de nulidad debe reservarse para los casos en que concurran trascendentales razones que hagan patente el carácter del acto gravemente contrario a la ley, la moral o el orden público (SSTS 25-9-06)». (30 junio 2009, rec. 369/2005, LA LEY 125214/2009)

«La sentencia de 9 octubre 2007, con cita de otras, ha declarado que "Por lo que atañe a la jurisprudencia de esta Sala, la sentencia de 25 de septiembre de 2006, citando las de 18 de junio de 2002 y 27 de febrero de 2004, declara en relación con el art. 6.3, de un lado, que 'el juzgador debe analizar la índole y finalidad de la norma legal contrariada y la naturaleza, móviles, circunstancias y efectos previsibles de los actos realizados, para concluir con la declaración de la validez del acto contrario a la Ley si la levedad del caso lo permite, reservando la sanción de nulidad para los supuestos en que concurran trascendentales razones que hagan patente el carácter del acto gravemente contrario a la Ley, la moral o el orden público'; de otro, con cita de la STS 24-4-96 , que 'cuando la normativa administrativa resulta incompatible con el contenido y efectos del negocio jurídico, deben aplicarse las pertinentes consecuencias sobre su ineficacia o invalidez'; y también, que a la nulidad no es obstáculo el que la prohibición administrativa no tenga carácter absoluto. La sentencia de 30 de noviembre de 2006 (recurso núm. 5.670/00), citando las de 31-5-05, 2-4-02 y 26-7-00, declara que la ilicitud administrativa puede comportar la nulidad civil del contrato que incurra en la misma. Y la muy reciente sentencia de 27 de septiembre último (recurso núm. 3712/00) ratifica la doctrina general de la de 25 de septiembre de 2006, [...]". Asimismo la sentencia de 22 diciembre 2009 señala que "No es aceptable la afirmación de la parte recurrente en el sentido de que la infracción de normas administrativas no puede dar lugar a la nulidad de un contrato, pues esta Sala, en aplicación del artículo 6.3 CC , invocado como infringido, tiene declarado que cuando, analizando la índole y finalidad de la norma

legal contrariada y la naturaleza, móviles, circunstancias y efectos previsibles de los actos realizados, la normativa administrativa resulta incompatible con el contenido y efectos del negocio jurídico deben aplicarse las pertinentes consecuencias sobre su ineficacia o invalidez (STS de 25 de septiembre de 2006) y no es obstáculo a la nulidad que la prohibición administrativa no tenga carácter absoluto (STS de 31 de octubre de 2007)"». (11 junio 2010, rec. 1331/2006, LA LEY 86134/2010)

«Esta Sala, en la jurisprudencia actual contempla los supuestos de infracción directa de una norma administrativa y ha reiterado que, siendo norma imperativa o prohibitiva, acarrea sanción de nulidad que contempla el artículo 6.3 del Código civil. Así, la sentencia 21 de diciembre 2005, "con referencia al cumplimiento de las normas sobre régimen administrativo de las farmacias, declara que en el negocio de farmacia hay de distinguir, como dice la STS de 14 de mayo de 2003, los elementos no patrimoniales a los que se aplica el régimen de traspaso y autorización administrativa, que, según la STS de 17 de octubre de 1987, está integrado por normas administrativas que se limitan a regular la titularidad de aquella índole de las licencias para farmacia, de la faceta constituida por la denominada base económica de la farmacia, que comprende el local de negocio en el que se asienta físicamente, las existencias, la clientela, el derecho de traspaso y demás elementos físicos económicos que configuran la actividad negocial de la farmacia. Sin embargo, cuando la normativa administrativa resulta incompatible con el contenido y efectos del negocio jurídico, deben aplicarse las pertinentes consecuencias sobre su ineficacia o invalidez". Lo que reitera la de 25 de septiembre de 2006 que se refiere a un acto de división de concesión administrativa en contra directamente de lo dispuesto en la ley y dice así: "se opone de manera directa al mandato de no ceder o dividir la concesión administrativa que establecía la LRYDA con la finalidad instrumental de garantizar el cultivo personal (art. 25.3 y 30.b LRYDA) y de evitar la excesiva fragmentación de las explotaciones que se han beneficiado de una acción administrativa de fomento para hacer posible su cultivo de acuerdo con criterios técnico-económicos apropiados (art. 2.a LRYDA) y en condiciones adecuadas de trabajo y rentabilidad (art. 2.c LRYDA), razones por sí suficientes para poner de manifiesto la trascendencia que el cumplimiento de estas disposiciones lleva consigo. A ello no es obstáculo que dicha prohibición no tenía carácter absoluto, sino que se establecía la posibilidad de que pudiera ser dejada sin efecto mediante una autorización administrativa (art. 28.1 y 2, y 31.2 , redacción originaria, LRYDA, y art. 35, sustituido por el régimen introducido por las leyes 49/1981 y 19/1995, que estableció la indivisibilidad de las unidades mínimas de cultivo con carácter general), puesto que resulta obvio que, en tanto no se obtuviese la expresada autorización, la realización de la división del lote tropezaba frontalmente con la expresada norma". La sentencia de 10 de octubre de 2008 reiterada por la de 10 de abril de 2010, ambas relativas a la infracción administrativa en relación con los juegos de suerte, envite o azar, aplica la nulidad absoluta contemplada en el artículo 6.3 del Código civil en caso de violación de la norma administrativa prohibitiva contenida en el artículo 10 del Real Decreto 444/1977, de 11 de marzo». (7 octubre 2011, rec. 504/2011, LA LEY 195737/2011)

Sobre la nulidad parcial:

«no cabe ignorar el carácter social imperante en esta esfera, donde la limitación imperativa del precio, se corresponde con importantes beneficios a constructores, promotores y propietarios, lo que hace que se restrinja, con preceptos de carácter necesario, el juego de la autonomía de la voluntad; hasta el punto que su contravención por los intervinientes en un negocio jurídico de compraventa de una vivienda del aludido carácter, determina la nulidad del pacto por el que se señaló un precio superior al fijado en la cédula de calificación definitiva, nulidad parcial que no lleva consigo la nulidad total de la compraventa, puesto que esto redundaría en beneficio del vendedor, obligado sólo a la devolución de las cantidades indebidamente percibidas». (15 febrero 1991, LA LEY 2779/1992)

«nulidad parcial de un contrato de compraventa cuando se deja ineficaz la adquisición de parte de los inmuebles objeto del contrato y se declara su subsistencia parcial para otro inmueble cuando, como en el caso debatido, concurren los elementos esenciales para la existencia del contrato y siempre que el negocio sea divisible, de tal suerte que una vez separada la parte nula queda un resto que pueda subsistir como negocio independiente». (23 junio 1992, LA LEY 3400/1992)

«la nulidad parcial se predica de aquellos contratos (o actos jurídicos) en que algún pacto resulte contrario a la ley (o a los Estatutos, en el presente caso) siempre que conste además que se habría concertado aun sin la parte nula; lo que reitera literalmente la sentencia de 17 de octubre de 1987; insiste la de 22 de abril de 1988 en la compatibilidad en un acto o contrato de pactos válidos y pactos nulos sin que la nulidad trascienda a la totalidad del negocio; concepto que es reiterado en las Ss. 15 de febrero de 1991 y 23 de junio de 1992». (18 marzo 1998, LA LEY 4201/1998)

Cambio de doctrina jurisprudencial; se rechaza la nulidad parcial de las compraventas de viviendas de protección oficial por precio superior al autorizado y se declaran totalmente válidas:

«En definitiva puede afirmarse que no infringe precepto alguno la sentencia de la Audiencia en cuanto desestima la reconvención a cuyo través se solicita la nulidad de la compraventa; que no es inexistente el contrato pues en él se dan todos los requisitos de validez, pero como el consentimiento se da por el concurso de la oferta y la aceptación sobre la cosa y el precio, sólo existirá este consentimiento en tanto en cuanto se admita que tuvo como causa la percepción del precio pactado, y como llegar a otra conclusión comporta dejar al arbitrio de este concreto comprador el contenido del contrato, se infringe el citado artículo 1256 o se infringe el artículo 1281 por no tener en cuenta la voluntad manifestada, verdadera intención de los contratantes. Por ello son de estimar los motivos 3.º y 6.º, en los que se denuncia la infracción de tales preceptos, y procede la casación de la sentencia porque no se puede por vía judicial alterar el contenido sustancial de los contratos tal como fueron pactados, y si bien es cierto que cabe declarar la nulidad de alguna cláusula o de parte de ella, eso solamente se admite cuando la cláusula no es esencial, y el precio lo es. En el caso de autos, en que aún no ha habido consumación por faltar la tradición, procede desestimar la demanda en cuanto solicita la alteración de precio y pide la entrega de la cosa mediante pago de 1.346.863 pesetas en lugar de las pactadas, que son las que se han de pagar; sin que ello entrañe ruptura esencial con la jurisprudencial anterior, pues las sentencias no fueron dictadas en casos como el presente en que no estaba consumado el contrato, ambas partes conocían su objeto y no consta que ninguno de ellos se viera compelido a aceptar algo no querido». (3 septiembre 1992, LA LEY 1063-5/1993)

En idéntico sentido: 14 octubre 1992, LA LEY 13450/1993; 16 diciembre 1993, LA LEY 13168/1994; 21 febrero 1994, LA LEY 437/1994.

Sobre fraude de ley:

«El art. 6.4 del Código Civil establece que los actos realizados al amparo del texto de una norma que persigan un resultado prohibido por el ordenamiento jurídico, o contrario a él, se considerarán ejecutados en fraude de ley y no impedirán la debida aplicación de la norma que se hubiere tratado de eludir. Como reitera la jurisprudencia, el fraude de ley requiere como elemento esencial, un acto o serie de actos que, pese a su apariencia de legalidad, violen el contenido ético de los preceptos en que se amparan, ya se tenga o no conciencia de burlar la ley (SS, entre otras, 17 abril 1997, 3 febrero 1998, 21 diciembre 2000). Se caracteriza (SS, entre otras, 4 noviembre 1994, 23 enero 1999, 27 mayo 2001, 13 junio 2003) por la presencia de dos normas: la conocida, denominada de "cobertura", que es a la que se

acoge quien intenta el fraude, y la que a través de ésta se pretende eludir, que es la norma denominada "eludible o soslayable", amén de que ha de perseguir un determinado resultado contrario a lo ordenado o prohibido imperativamente (SS 27 marzo 2001 y 30 septiembre 2002). Es claro, que no se requiere la intención, o conciencia, o idea dirigida a burlar la ley (SS 17 abril 1997, 3 febrero 1998 y otras), pero es preciso que la ley en que se ampara el acto presuntamente fraudulento no le proteja suficientemente (S 23 febrero 1993) y que la actuación se encamine a la producción del resultado contrario o prohibido por una norma tenida como fundamental en la materia, y tal resultado se manifieste de forma notoria e inequívocamente». (28 enero 2005, rec. 3579/1998)

«debe recordarse el concepto de fraude a la ley contenido en el artículo 6.4 CC, que establece que "los actos realizados al amparo del texto de una norma que persigan un resultado prohibido por el ordenamiento jurídico, o contrario a él, se considerarán ejecutados en fraude de ley y no impedirán la debida aplicación de la norma que se hubiere tratado de eludir". Esta Sala se ha pronunciado abundantemente en relación al fraude y ha considerado en la sentencia de 21 diciembre 2000 que "es sinónimo de daño o perjuicio conseguido mediante un medio o mecanismo utilizado a tal fin, valiendo tanto como subterfugio o ardid [...] e implica en el fondo un acto contra legem *por eludir las reglas del derecho, pero sin un enfrentamiento frontal, sino al revés, buscando unas aparentes normas de cobertura",* de *manera que "requiere como elementos esenciales una serie de actos que pese a su apariencia de legalidad, violen el contenido ético de los preceptos en que se amparan ya se tenga o no conciencia de burlar la ley". El fraude requiere la concurrencia de dos normas: "la de 'cobertura', que es a la que se acoge quien intenta el fraude, y la que a través de éste y en forma fraudulenta se pretende eludir", de modo que "se reputa fraudulenta la sumisión a una norma llevada a cabo con el propósito de obtener un resultado prohibido o contrario al ordenamiento jurídico" (sentencia de 17 octubre 2002, así como las de 17 enero 2001 y 13 junio 2003, entre otras)».* (31 octubre 2006, LA LEY 129039/2006)

«La sentencia de esta Sala de 9 de marzo de 2006 (LA LEY 11149/2006) con cita de la de 28 enero 2005 (LA LEY 10960/2005) viene a recoger la doctrina jurisprudencial sobre la interpretación del artículo 6.4 del Código Civil en los siguientes términos: el fraude de ley requiere como elemento esencial un acto o serie de actos que, pese a su apariencia de legalidad, violan el contenido ético de los preceptos en que se amparan, ya se tenga o no conciencia de burlar la Ley (sentencias, entre otras, de 17 de abril de 1997, 3 de febrero de 1998, 21 de diciembre de 2000). Se caracteriza (sentencias, entre otras, de 4 de noviembre de 1994, 23 de enero de 1999, 27 de mayo de 2001, 13 de junio de 2003) por la presencia de dos normas: la conocida, denominada 'de cobertura', que es a la que se acoge quien intenta el fraude, y la que a través de ésta se pretende eludir, que es la norma denominada 'eludible o soslayable', amén que ha de perseguir un resultado contrario a lo ordenado o prohibido imperativamente (sentencia de 27 de marzo de 2001 y 30 de septiembre de 2002). Es claro que no se requiere la intención, o conciencia, o idea dirigida a burlar la ley (sentencias de 17 de abril de 1997, 3 de febrero de 1998 y otras), pero es preciso que la Ley en que se ampara el acto presuntamente fraudulento no le proteja suficientemente (sentencia de 23 de febrero de 1993) y que la actuación se encamine a la producción de un resultado contrario o prohibido por una norma tenida como fundamental en la materia, y tal resultado se manifieste de forma notoria e inequívocamente (sentencias de 4 de noviembre de 1982 y 30 de junio de 1993)». (18 marzo 2008, LA LEY 31918/2008. Doctrina reiterada por la de 29 diciembre 2011, rec. 2125/20085)

«El fraude de ley requiere como elemento esencial (sentencias de 28 enero 2005, 9 marzo 2006 y 18 marzo 2008) un acto o serie de actos que, pese a su apariencia de legalidad, violan el contenido de los preceptos en que se amparan, ya se tenga o no conciencia de burlar la Ley (sentencias, entre otras, de 17 de abril de 1997, 3 de febrero de 1998, 21 de diciembre de 2000). Se caracteriza (sentencias, entre otras, de 4 de noviembre de 1994,

23 de enero de 1999, 27 de mayo de 2001 y 13 de junio de 2003) por la presencia de dos normas: la conocida, denominada "de cobertura", que es a la que se acoge quien intenta el fraude, y la que a través de ésta se pretende eludir, que es la norma denominada "eludible o soslayable", amén que ha de perseguir un resultado contrario a lo ordenado o prohibido imperativamente (sentencia de 27 de marzo de 2001 y 30 de septiembre de 2002). Es claro, que no se requiere la intención, o conciencia, o idea dirigida a burlar la ley (sentencias de 17 de abril de 1997, 3 de febrero de 1998 y otras), pero es preciso que la ley en que se ampara el acto presuntamente fraudulento no le proteja suficientemente (sentencia de 23 de febrero de 1993) y que la actuación se encamine a la producción de un resultado contrario o prohibido por una norma tenida como fundamental en la materia, y tal resultado se manifieste de forma notoria e inequívocamente (sentencias de 4 de noviembre de 1982 y 30 de junio de 1993)».
(12 diciembre 2011, rec. 1827/2008, LA LEY 247069/2011)

CONCORDANCIAS

Véase:

— arts. 12.4, 79, 395, 433, 440, 513.4.º, 546.5.º, 576,647, 833, 888 a 890, 910, 970, 988 y ss., 1.081, 1.116, 1.164, 1.188, 1.266, 1.290 a 1.299, 1.300 a 1.314, 1.476, 1.477, 1.705, 1.706, 1.732, 1.736, 1.737, 1.815, 1.884, 1.895, 1.935 y 1.936 de este Código.

— Ley 49/2003, 26 noviembre, de Arrendamientos Rústicos («*B.O.E.*», 27 noviembre): art. 8.

— Ley 29/1994, 24 noviembre («*B.O.E.*», 25 noviembre), de Arrendamientos Urbanos: art. 6.

— L.O. 6/1985, 1 julio («*B.O.E.*», 2 julio), del Poder Judicial: art. 11.2

Texto vigente según D. 1836/1974, 31 mayo («*B.O.E.*», 9 julio), por el que se sanciona con fuerza de Ley el texto articulado del título preliminar del Código Civil.

Artículo 7

1. Los derechos deberán ejercitarse conforme a las exigencias de la buena fe.

2. La ley no ampara el abuso del derecho o el ejercicio antisocial del mismo. Todo acto u omisión que por la intención de su autor, por su objeto o por las circunstancias en que se realice sobrepase manifiestamente los límites normales del ejercicio de un derecho, con daño para tercero, dará lugar a la correspondiente indemnización y a la adopción de las medidas judiciales o administrativas que impidan la persistencia en el abuso.

COMENTARIO

1.- El apartado primero del art. 7 proclama, con carácter general, el principio de la buena fe. Lo cual responde a la mens legislatoris del título preliminar, en su redacción vigente (Ley 3/1973, de 17 marzo y Decreto 1836/1974, de 31 mayo) que plasmó en normas jurídicas, conceptos y principios que anteriormente se aplicaban por creación doctrinal y doctrina jurisprudencial. Tales son los de equidad, abuso del derecho, realidad social, fraude de ley. En todo caso, es como si se pretendiese moralizar el mundo del Derecho.

Como principio general, tiene valor de tal, en el concepto y aplicabilidad que se ha comentado en el art. 1. Responde al principio que ya plasmaba desde siempre en el derecho de obligaciones el art. 1258 y en derechos reales, múltiples artículos del C.c. y el trascendental art. 34 de la Ley Hipotecaria.

Sobre el concepto de buena fe, se discute si tiene un sentido objetivo o un sentido subjetivo, polémica que comenzó en Alemania en el siglo XIX. Cuya polémica pertenece más bien a la Filosofía del Derecho. En el Derecho positivo, se aúnan ambos sentidos y nunca la jurisprudencia se ha inclinado decididamente por uno o por otro.

2.- Como derivación del principio anterior, o consecuencia, o, por lo menos, en relación con el mismo, se proclama en el apartado segundo la proscripción del abuso del derecho. Éste se puede definir en un doble aspecto: subjetivo, como ejercicio del derecho, con intención de dañar o sin verdadero interés en ejercitarlo; objetivo, como ejercicio anormal del derecho, de modo contrario a los fines económico-sociales del mismo.

El abuso del derecho tiene antiguos precedentes, pero en Derecho español fue una creación doctrinal (doctrina española que traspuso la doctrina francesa sobre este tema) y, posteriormente, una creación jurisprudencial (a partir de la sentencia de 14 febrero 1944). La jurisprudencia exigía tres elementos: primero, uso de un derecho objetivo y externamente legal; segundo, daño a un interés no protegido por una específica norma jurídica; tercero, inmoralidad o antisocialidad de este daño, manifestada en un aspecto subjetivo u objetivo.

En la redacción vigente del título preliminar, se recoge por primera vez en el derecho positivo español el abuso del derecho. Parte de un concepto disyuntivo, que aúna el aspecto subjetivo («intención de su autor»), el aspecto objetivo («por su objeto») y el circunstancial («por las circunstancias en que se realice») en su idea esencial: el sobrepasar manifiestamente los límites normales del ejercicio del derecho.

Sus elementos, tal como se derivan de este apartado segundo del art. 7, son: primero, acción u omisión, es decir, conducta humana positiva o negativa; segundo, daño para tercero, que el tercero no está obligado a sufrir; tercero, extralimitación en el ejercicio del derecho, lo que viene determinado por el criterio subjetivo, el objetivo y el circunstancial. Y, como efecto, nace la obligación de reparar el daño causado, al amparo de lo dispuesto en el art. 1902 del C.c.

La Ley Orgánica del Poder Judicial, de 1 julio 1985, acoge el abuso del derecho en su art. 11.2 que dispone que «los Juzgados y Tribunales rechazarán fundadamente las peticiones, incidentes y excepciones que se formulen con manifiesto abuso del derecho...». Lo que implica que si un órgano jurisdiccional advierte el abuso del derecho, directamente, sin el análisis de los elementos, puede aplicar sus efectos.

Tales efectos son: primero, ineficacia del acto: el acto abusivo no produce efectos; segundo, indemnización: el daño causado por el acto abusivo es presupuesto de la obligación de reparar; tercero, medidas judiciales o administrativas para evitar la persistencia del abuso, con lo que no sólo se reprime y se indemniza el daño causado sino que también se previene el futuro.

Si bien en la doctrina se ha discutido si es lo mismo abuso del derecho y *ejercicio antisocial del mismo*, debe entenderse que ambas expresiones tienen idéntico significado, pueden tener diversos matices pero carecen de una auténtica diferenciación.

JURISPRUDENCIA

Sobre el ejercicio de buena fe de los derechos:

«El principio de buena fe consagrado por el artículo 7.1 CC constituye, según la jurisprudencia (por todas, SSTS de 20 de junio de 2006 y 4 de julio de 2006), una noción que se refiere al ejercicio de los derechos y al cumplimiento de las obligaciones de acuerdo con la conciencia subjetiva orientada objetivamente por los valores de probidad y lealtad en las relaciones de convivencia acordes con la conciencia social y debe ser contrastado de acuerdo con las circunstancias de cada caso». (20 junio 2011, rec. 1520/2007, LA LEY 111558/2011)

«"venire contra factum proprium non valet", de elaboración y desarrollo jurisprudencial, constituye una manifestación del principio de buena fe que, como límite al ejercicio de los derechos subjetivos, impone el artículo 7 del Código Civil, de tal forma que "protege la confianza creada por la apariencia, que impone un deber de coherencia y limita la libertad de actuar cuando se han creado unas expectativas razonables, pues el comportamiento supone en tal caso la expresión inequívoca de una determinada voluntad en referencia a una relación jurídica o situación de hecho que impide la admisión como legítimo de un posterior comportamiento contradictorio"». (18 octubre 2011, rec. 1344/2007, LA LEY 236058/2011)

«El art. 7.1 CC establece que "los derechos deben ejercitarse conforme a las exigencias de la buena fe". La buena fe ha sido interpretada como principio general o como cláusula abierta, aunque en definitiva debe considerarse como un principio positivizado que impone deberes a los titulares de los derechos. En el art. 7.1 CC se recoge uno de los aspectos principales de las consecuencias de la buena fe y comporta determinar lo que deba entenderse por retraso desleal en el ejercicio del derecho. Se enuncia diciendo que "un derecho subjetivo o una pretensión no pueden ejercitarse cuando el titular no se ha preocupado durante mucho tiempo de hacerlos valer y ha dado lugar, con su actitud omisiva, a que el adversario de la pretensión pueda esperar objetivamente que ya no se ejercitará el derecho". En el derecho alemán surge la figura de la Verwirkung en cuya virtud resulta inadmisible que el derecho se ejerza con un retraso objetivamente desleal. Esta figura debe ajustarse a las tradicionales del derecho privado que se ocupan también, en cierto sentido, del aspecto del ejercicio retrasado y muy especialmente con la prescripción extintiva y la renuncia tácita. La doctrina indica que la figura del retraso desleal se distingue de la prescripción porque, si bien en ambas se requiere que el derecho no se haya ejercido durante un largo tiempo, en el ejercicio retrasado se requiere, además, que la conducta sea desleal, de modo que haya creado una confianza en el deudor, de que el titular del derecho no lo ejercería como ha ocurrido en este caso. Por otra parte, la renuncia tácita requiere de una conducta cuya interpretación permita llegar a la conclusión de que el derecho se ha renunciado». (12 diciembre 2011, rec. 1830/2008, LA LEY 246218/2011)

Sobre el abuso del derecho:

«Es doctrina jurisprudencial que, para la declaración de existencia de abuso de derecho, resulta necesario que en las premisas de hecho establecidas por la sentencia recurrida se manifieste el abuso en las circunstancias que lo determinan (SS 26 Abr. 1976 y 14 Jul. 1992), así como que su apreciación exige que la base fáctica ponga de manifiesto las circunstancias objetivas (anormalidad en el ejercicio) y las subjetivas (voluntad de perjudicar o ausencia de interés legítimo), según la S 30 May. 1998». (28 mayo 2002, LA LEY 6527/2002)

«Esta Sala tiene declarado, entre otras, en S 6 Feb. 1999, que la construcción jurídica del abuso de derecho exige como requisitos esenciales los siguientes: a) una actuación aparentemente correcta que indique una extralimitación y que, por ello, la ley la debe privar de protección; b) que esta actuación produzca efectos dañinos; y c) que dicha acción produzca una reacción del sujeto pasivo concretada en que pueda plantear una pretensión de cesación y de indemnización; y, asimismo, ha sentado que el abuso de derecho ha de quedar claramente manifestado, tanto por la convergencia de circunstancias subjetivas e intencionales de perjudicar o falta de interés serio y legítimo, como de las objetivas de producción de un perjuicio injustificado (aparte de otras, TS SS de 5 Abr. 1993, 2 Dic. 1994 y 19 Oct. 1995)». (14 mayo 2002, LA LEY 5895/2002)

«Tampoco se aprecia abuso del derecho que contempla y proscribe la misma LAU en su art. 9, aplicado generalmente en protección al arrendatario y el CC en su art. 7.2. El abuso del derecho es un límite al derecho subjetivo (lo destaca la S 6 Feb. 1999) y se considera, en un sentido subjetivo, como ejercicio del derecho con intención de dañar o sin verdadero

interés en ejercitarlo o, en un sentido objetivo, como ejercicio anormal del derecho, de modo contrario a los fines económicos-sociales del mismo. Destaca, reiteradamente, la jurisprudencia de esta Sala, el carácter excepcional de la doctrina del abuso del derecho como remedio extraordinario: S 2 Dic. 1994, 11 Abr. 1995, 15 Mar. 1996, 6 Feb. 1999. Con todo lo dicho, no se aprecia el más mínimo atisbo de abuso del derecho, en que una hija recibe de su padre la cesión del derecho arrendaticio». (13 junio 2003, LA LEY 13060/2003)

«El abuso del derecho se halla regulado en el art. 7.2 del Código Civil, en el que se establece que la ley no ampara el abuso del derecho o el ejercicio antisocial del mismo, y añade que todo acto u omisión que por la intención de su autor, por su objeto o por las circunstancias que se realice sobrepase manifiestamente los límites normales del ejercicio de un derecho, con daño para tercero, dará lugar a la correspondiente indemnización... La doctrina jurisprudencial exige para su apreciación como elementos esenciales: a) el uso de un derecho objetivo y externamente legal; b) daño a un interés no protegido por una específica prerrogativa jurídica, y c) la inmoralidad o antisocialidad de ese daño, manifestada en forma subjetiva (ejercicio del derecho con intención de dañar, o sin verdadero interés en ejercitarlo —ausencia de interés legítimo—), o en forma objetiva (ejercicio anormal del derecho, de modo contrario a los fines económico-sociales del mismo) —Sentencias, entre otras, 21 diciembre 2000, 16 mayo y 12 julio 2001, 2 julio 2002, 13 junio 2003, entre otras—; sin que quepa invocar la sanción cuando el exceso pernicioso en el ejercicio del derecho esté garantizada por precepto legal —Sentencia 2 julio 2002, que cita 28 abril 1976 y 14 julio 1992—. Para la apreciación concreta del abuso del derecho es precisa una base fáctica que proclame las circunstancias objetivas y subjetivas [antes expuestas] (SS 3 noviembre 1990, 30 mayo 1998, 18 julio 2000, 28 junio y 12 julio 2001, 28 mayo y 2 julio 2002». (28 enero 2005, rec. 3579/1998)

«el ejercicio de un derecho, como el de retracto, único tema tratado en el presente caso, no puede ser calificado como de abuso del derecho tal como se desprende de los hechos, de la norma y de la jurisprudencia, que ha precisado y delimitado con mucho detalle sus presupuestos: sentencias de 6 de febrero de 1999, 21 de diciembre de 2000, 28 de junio de 2001, 28 de mayo de 2002, 14 de mayo de 2002, 13 de junio de 2003». (27 octubre 2006, LA LEY 119538/2006)

«El abuso del derecho es un límite intrínseco del derecho subjetivo (lo destacan las sentencias de 6 de febrero de 1999 y de 21 de diciembre de 2000) que tuvo una creación doctrinal, fue recogido por la jurisprudencia (a partir de la sentencia de 14 de febrero de 1944) y proclamado por el Código civil en su redacción del título preliminar por Decreto de 31 de mayo de 1974, artículo 7.2 y por el artículo 11.2 de la Ley Orgánica del Poder Judicial. La esencia del concepto es el sobrepasar manifiestamente los límites normales del ejercicio de un derecho, conforme dice el Código civil, que es lo mismo que extralimitación. Concepto que ha reiterado la jurisprudencia (sentencias de 14 de mayo de 2002, 28 de enero de 2005, entre otras muchas, anteriores). El abuso del derecho se advierte en el presente caso. Todos los hermanos tienen derecho a ocupar vivienda en las fincas de la sociedad y sólo a doña Julia se le niega el derecho; uno o varios de ellos viven efectivamente allí e incluso trabajadores y empleados y a ella se le impide. Lo que es importante: ninguna razón se expresa para motivar el desalojo, ni en el requerimiento, ni en el acta de la Junta de accionistas, ni en la propia demanda, ni a lo largo del proceso». (21 septiembre 2007, LA LEY 132447/2007)

«El abuso de derecho, que proscribe el artículo 7 del Código Civil, viene determinado por la circunstancia subjetiva de ausencia de finalidad seria y legítima y la objetiva de exceso en el ejercicio del derecho y así lo declaran las sentencias de esta Sala de 14 octubre 2004 y 8 mayo 2006, entre otras muchas, al precisar que "el abuso del derecho ha de quedar claramente manifestado, tanto por la convergencia de circunstancias subjetivas e intencionales de perjudicar o falta de interés serio y legítimo, como de las objetivas de producción de un

perjuicio injustificado"; siendo así que en el caso presente la demandante se ha limitado a ejercer los derechos que la ley le concede en su condición de comunera y la alegación de haber sido infringido el artículo 7 del Código Civil solo se explica desde la parcial e interesada posición del demandado». (14 diciembre 2007, LA LEY 202398/2007)

«La doctrina del abuso del derecho, que tiene carácter excepcional según la jurisprudencia, no es aplicable en supuestos en los que la actuación controvertida está cubierta por un precepto legal conforme al apotegma jurídico qui iure suo utitur neminem laedit (quien ejercita su derecho no daña a nadie), recogido en el Derecho Romano (Leyes 55 y 155, párrafo 1.º, del Título XVII, Libro L, del Digesto) y por las Partidas (regla 14, Título XXXIV, Partida VII). En palabras de la SSTS de 1 de febrero de 2006 y 15 de noviembre de 2010 se sustenta en la existencia de unos límites de orden moral, teleológico y social que pesan sobre el ejercicio de los derechos, y como institución de equidad, exige para poder ser apreciado, una actuación aparentemente correcta que, no obstante, representa en realidad una extralimitación a la que la ley no concede protección alguna, generando efectos negativos (los más corrientes daños y perjuicios), al resultar patente la circunstancia subjetiva de ausencia de finalidad seria y legítima, así como la objetiva de exceso en el ejercicio del derecho (SSTS de 8 de julio de 1986, 12 de noviembre de 1988, 11 de mayo de 1991 y 25 de septiembre de 1996); exigiendo su apreciación, en palabras de la STS de 18 de julio de 2000, una base fáctica que proclame las circunstancias objetivas (anormalidad en el ejercicio) y subjetivas (voluntad de perjudicar o ausencia de interés legítimo), o dicho de otro modo, que el acto o actos cuestionados sean contrarios al fin práctico que la norma defraudada persigue y supongan, en consecuencia, su violación efectiva, y b) que la norma en que el acto pretende apoyarse (de cobertura) no vaya dirigida, expresa y directamente, a protegerlo, bien por no constituir el supuesto normal, bien por ser el referido un medio de vulneración de otras normas, bien por ir dirigido a perjudicar a otros, aparte de ser preciso, según reiterada jurisprudencia, que haya de manifestarse notoria e inequívocamente la producción de un resultado contrario o prohibido por otra norma tenida por fundamental en la regulación de la materia». (7 junio 2011, rec. 1591/2007, LA LEY 98648/2011)

«La doctrina del abuso de Derecho, en palabras de la STS de 1 de febrero de 2006 (RC n.º. 1820/2000), se sustenta en la existencia de unos límites de orden moral, teleológico y social que pesan sobre el ejercicio de los derechos, y como institución de equidad, exige para poder ser apreciada, una actuación aparentemente correcta que, no obstante, representa en realidad una extralimitación a la que la ley no concede protección alguna, generando efectos negativos (los más corrientes daños y perjuicios), al resultar patente la circunstancia subjetiva de ausencia de finalidad seria y legítima, así como la objetiva de exceso en el ejercicio del derecho exigiendo su apreciación, una base fáctica que proclame las circunstancias objetivas (anormalidad en el ejercicio) y subjetivas (voluntad de perjudicar o ausencia de interés legítimo)». (27 junio 2011, rec. 166/2008, LA LEY 119741/2011)

«Como señala la sentencia de esta Sala de 20 de junio de 2008 "En cuanto al abuso del derecho se debe destacar, con la Sentencia de 21 de septiembre de 2007, que constituye un límite al derecho subjetivo, y de ahí su carácter de remedio extraordinario, su índole excepcional y su alcance singularmente restrictivo. Sólo procede invocarlo y, consiguientemente, apreciarlo, como institución de equidad, cuando el derecho se ejercita con intención bien definida de causar daño a otro o utilizándolo de modo anormal o contradictor de la armónica convivencia social. Su apreciación exige, pues, que la base fáctica ponga de manifiesto las circunstancias objetivas (anormalidad en el ejercicio) y las subjetivas (voluntad de perjudicar o ausencia de interés legítimo) que caracterizan su existencia, que viene determinada por la circunstancia subjetiva de ausencia de finalidad seria y legítima en el ejercicio del derecho, y por la objetiva de exceso en su ejercicio (Sentencia de 14 de diciembre de 2007, que cita las de 14 de octubre de 2004 y 8 de mayo de 2006 , entre las más recientes)"». (22 junio 2010, rec. 1664/2006, LA LEY 114022/2010)

Sobre el abuso del derecho en materia procesal:

«... la posible exigencia de responsabilidad civil frente a quien inicia unas actuaciones judiciales contra otro que, a consecuencia de las mismas sufre un perjuicio, sin que quien reclamó frente a él obtenga una respuesta judicial estimatoria. La fundamentación de tal pretensión se ha hecho recaer en unos casos en la disposición contenida en el artículo 1902 del Código Civil, que define con carácter general la llamada responsabilidad extracontractual o "aquiliana", y en otros en el artículo 7.2 del mismo código, que se refiere al abuso del derecho o al ejercicio antisocial del mismo, bien aisladamente o en conjunción con la invocación del artículo 11.2 de la Ley Orgánica del Poder Judicial, según el cual los Juzgados y Tribunales han de rechazar fundadamente las peticiones, incidentes y excepciones que se formulen con manifiesto abuso de derecho o entrañen fraude de ley o procesal. La reciente sentencia de 29 de diciembre de 2004, tras aludir a esta doble fundamentación, se pronuncia en el sentido de considerar más adecuada la segunda y, por tanto, el ejercicio de la acción en el ámbito del abuso del derecho o ejercicio antisocial del mismo. Así, tras referirse a supuestos en que la cuestión se abordó únicamente en relación con el artículo 1902 del Código Civil (sentencias de 4 de julio de 1972, 5 de diciembre de 1980, 5 de noviembre de 1982, 5 de junio de 1995 y 4 de diciembre de 1996), así como a otros en que el tema se trató mediante la consideración conjunta de los artículos 7.2 y 1902 del mismo código (sentencias de 17 de marzo y 23 de noviembre de 1984), viene a afirmar que "en otros casos, con más adecuado fundamento, la responsabilidad se examinó a la luz de la doctrina del abuso de derecho y, desde que se aprobó el texto articulado del título preliminar del Código Civil, a la del artículo 7.2 de dicho Código, que elevó aquélla a norma legal (Sentencias de 28 de noviembre de 1967, 2 de junio de 1981, 27 de mayo de 1988 y 31 de enero de 1992)"; tesis que encuentra su fundamento esencial en el hecho de que la "acción u omisión" generadora de la culpa aquiliana ha de ser objetivamente ilícita, aunque también en el aspecto subjetivo ha de ir acompañada de la culpa o negligencia de su autor, mientras que en el caso de la iniciación de actuaciones judiciales no cabe hablar de una ilicitud objetiva, si bien la ilicitud puede venir dada por la intención de su autor, por su objeto o por las circunstancias en que se realice, según expresa el propio artículo 7.2 del Código Civil». (21 diciembre 2005, rec. 1820/1999)

«En relación con la posible responsabilidad civil derivada de la desestimación de una acción de interdicto, se ha declarado que el solo hecho de la desestimación de una demanda no hace nacer inevitablemente el derecho a la indemnización de daños y perjuicios sufridos por el titular de la obra paralizada, ya que el derecho a la tutela judicial efectiva no se condiciona a la estimación de la petición. La posible exigencia de responsabilidad en relación con la interposición de demandas judiciales deriva de que el derecho de todo ciudadano a la tutela judicial efectiva —artículo 24 CE—, que incluye, además del acceso a los tribunales, la elección de la vía judicial más conveniente, no es absoluto, pues la regla qui iure suo utitur neminem laedit [quien hace uso de su derecho no daña a nadie] no significa que no esté sometido a límites institucionales ni, por ello, que se ampare su ejercicio abusivo (STC 160/1991, de 18 de julio, y STS de 29 de diciembre de 2004) (8 julio 2010, rec. 1987/2006)». (8 julio 2010, rec. 1987/2006, LA LEY 157546/2010)

«El principio de la buena fe no sólo se refiere a la relación obligacional (artículo 1258 del Código Civil), sino también a toda relación jurídica (artículo 7.1 del Código Civil) como principio general del derecho o cláusula general en la que se apoya la confianza de los demás. Así, se infringe la buena fe quien con el ejercicio de un derecho se pone en desacuerdo con su propia conducta anterior, en la cual confían las demás. Siendo un principio general del derecho, se ha reflejado explícitamente en la normativa procesal. El artículo 247 de la Ley de Enjuiciamiento Civil lo dice claramente: Los intervinientes en todo tipo de procesos deberán ajustarse en sus actuaciones a las reglas de la buena fe. La Ley Orgánica del Poder Judicial en su artículo 11.1 proclama el respeto a las reglas de la buena fe y en el

apartado 2 dispone que Los Juzgados y Tribunales rechazarán fundamentalmente las peticiones, incidentes y excepciones que se formulen con manifiesto abuso de derecho o entrañen fraude de ley o procesal. Y más referido al caso de autos, la sentencia de 10 de mayo de 2004 declara que: "una elemental regla de autorresponsabilidad que impide que se trate de obtener un resultado favorable de un acto irregular, cuando la irregularidad es atribuible a quien reclama resultar favorecido (allegans propiam turpitudinem non auditur)"». (17 septiembre 2010, rec. 2138/2006, LA LEY 171459/2010)

«la buena fe "impone que un derecho subjetivo o una pretensión no puede ejercitarse cuando su titular no solo no se ha preocupado durante mucho tiempo de hacerlos valer, sino que incluso ha dado lugar con su actitud omisiva a que el adversario de la pretensión pueda esperar objetivamente que el derecho ya no se ejercitará". O como señala el art. I.-1:103 (2) del DCFR (Draf of Common Frame of Reference), "en particular, resulta contrario a la buena fe que una parte actúe de forma inconsecuente con sus previas declaraciones o conducta, en perjuicio de la otra parte que había confiado en ellas" (trad. propia). Es decir, lo que se sanciona en el art. 7 CC es una conducta contradictoria del titular del derecho, que ha hecho que la otra parte confiara en la apariencia creada por dicha actuación. Se considera que son características de esta situación de retraso desleal (Verwirkung): a) el transcurso de un periodo de tiempo sin ejercitar el derecho; b) la omisión del ejercicio; c) creación de una confianza legítima en la otra parte de que no se ejercitará. En este sentido, la jurisprudencia de esta Sala se ha pronunciado en temas directamente relacionados con esta cuestión, si bien en la mayoría de las sentencias se produce una remisión bien a la doctrina de los actos propios (SS por ejemplo, 16 febrero 2005, 8 marzo y 12 abril 2006, entre otras), bien a la doctrina del abuso del derecho (entre otras, SSTS 17 junio 1988, 21 diciembre 2000 y todas las allí citadas)». (3 diciembre 2010, rec. 437/2007, LA LEY 213871/2010)

«En relación con la posible responsabilidad civil derivada de la desestimación de una acción de interdicto, se ha declarado que el solo hecho de la desestimación de una demanda no hace nacer inevitablemente el derecho a la indemnización de daños y perjuicios sufridos por el titular de la obra paralizada, ya que el derecho a la tutela judicial efectiva no se condiciona a la estimación de la petición. La posible exigencia de responsabilidad en relación con la interposición de demandas judiciales deriva de que el derecho de todo ciudadano a la tutela judicial efectiva - -, que incluye, además del acceso a los tribunales, la elección de la vía judicial más conveniente, no es absoluto, pues la regla qui iure suo utitur neminem laedit [quien hace uso de su derecho no daña a nadie] no significa que no esté sometido a límites institucionales ni, por ello, que se ampare su ejercicio abusivo (STC 160/1991, de 18 de julio, 32/1986, de 21 de febrero, y STS de 29 de diciembre de 2004)». (26 mayo 2011, rec. 744/2008, LA LEY 182903/2011)

«Esta Sala ha tenido ocasión de pronunciarse en diversas sentencias acerca de la concurrencia del abuso en el ejercicio de acciones ante los tribunales. 1.ª La regla general consiste en que quien usa de su derecho, no ocasiona daño (qui iure sui utitur neminen laedit), aunque no obtenga una solución positiva a su demanda. Esta regla está relacionada con el derecho constitucional a la tutela judicial, de modo que esta Sala ha manifestado en diversas ocasiones que el abuso del derecho en relación al proceso debe ser cuidadosamente examinado para no coartar el ejercicio de acciones (STS 905/2007 y las sentencias allí citadas, así como las SSTS 1229/2004, de 29 diciembre y 769/2010, de 3 diciembre). 2.ª Sin embargo, no se excluye la posibilidad de que se pueda producir un uso abusivo del proceso, que ocasione daños que deben ser objeto de reparación, teniendo en cuenta que algunas veces los litigantes perjudicados han utilizado para fundar sus demandas el art. 1902 CC y otras el art. 7.2 CC, que es el que se considera más adecuado en la STS 1229/2004, de 29 diciembre. 3.ª En cualquier caso deben concurrir los requisitos que se han exigido para que se constate la concurrencia de abuso o ejercicio desleal. Como afirma la STS 769/2010, de 3 diciembre, "Se considera que son características de esta situación de retraso desleal (Verwirkung): a)

el transcurso de un periodo de tiempo sin ejercitar el derecho; b) la omisión del ejercicio; c) creación de una confianza legítima en la otra parte de que no se ejercitará. En este sentido, la jurisprudencia de esta Sala se ha pronunciado en temas directamente relacionados con esta cuestión, si bien en la mayoría de las sentencias se produce una remisión bien a la doctrina de los actos propios (SS por ejemplo, 16 febrero 2005, 8 marzo y 12 abril 2006, entre otras), bien a la doctrina del abuso del derecho (entre otras, SSTS 17 junio 1988, 21 diciembre 2000 y todas las allí citadas)". Y la STS 905/2007 dice que "la concurrencia del abuso o de la mala fe en la interposición del litigio debe probarse por el demandante (en cierto sentido, la sentencia de 21 diciembre 2005) [...]. Por lo tanto, para que exista daño que genere una obligación de indemnizar, quien litiga debe hacerlo de forma temeraria o caprichosa (STS de 6 julio 1990), o bien de forma abusiva (SSTS 17 marzo 1992 y 2 febrero 2001)". 4.ª Para que concurra este abuso o ejercicio desleal debe actuarse o bien de forma dolosa o bien con manifiesta negligencia, entendiendo la STS 905/2007, que "la parte que las inició haya actuado dolosamente o cuando menos con manifiesta negligencia por no haberse asegurado el alcance de la acción ejercitada", lo que significa la intención de dañar no existirá "cuando sin traspasar los límites de la equidad y buena fe se pone en marcha el mecanismo judicial con sus consecuencias ejecutivas para hacer valer una atribución que el actor estima corresponderle, por oponerse a ello la máxima qui iure sui utitur neminem laedit salvo, claro esta, que el Tribunal sentenciador hubiera declarado su culpabilidad estimando la inexistencia de justa causa litigantis [...]"». (12 diciembre 2011, rec. 1830/2008, LA LEY 246218/2011)

CONCORDANCIAS

Véase L.O. 6/1985, 1 julio (*«B.O.E.»*, 2 julio), del Poder Judicial: arts. 11.1 y 437.1.

Texto vigente según D. 1836/1974, 31 mayo (*«B.O.E.»*, 9 julio), por el que se sanciona con fuerza de Ley el texto articulado del título preliminar del Código Civil.

CAPÍTULO IV
NORMAS DE DERECHO INTERNACIONAL PRIVADO

Artículo 8

Las leyes penales, las de policía y las de seguridad pública obligan a todos los que se hallen en territorio español.

COMENTARIO

Los arts. 8 al 12 contienen normas de Derecho internacional, ajenas al tronco común que es el Derecho civil. En el primero de ellos, se plasma la territorialidad de ciertas leyes, que tienen un carácter absoluto e imperativo y que son expresión del principio de soberanía del Estado.

Las *leyes penales*, las *de policía* y las *de seguridad pública* son las que se aplican inexcusablemente en territorio español. A éstas se añaden las leyes *laborales* que, hace ya más de medio siglo, la jurisprudencia incluía dentro de las de policía y hoy se consideran normas de orden público laboral.

JURISPRUDENCIA

«La determinación, abierta o cerrada, de los medios de que se pueden valer los litigantes para demostrar el tema necesitado de prueba, en este caso la realidad y la cuantía de los daños y perjuicios causados por el incumplimiento de un contrato, y la valoración de los mismos en la fase final del procedimiento probatorio, constituyen materia sometida a las normas sobre la prueba, en cuanto actividad procesal que desarrollan las partes con el Tribunal para convencer al mismo de la verdad de una afirmación controvertida. En consecuencia, las normas que regulan las referidas materias (medios admisibles para demostrar la realidad del daño y valoración judicial de los mismos) son de naturaleza procesal, con independencia de que tengan su sede en textos de otra naturaleza (así, en nuestro Código Civil, hasta la Ley de Enjuiciamiento Civil 1/2000, de 7 de enero). Y, ello sentado, son las leyes procesales españolas las únicas aplicables a las actuaciones que se sustancien en territorio español, tal como disponía el aplicable artículo 8.2 del Código Civil y hoy establece el artículo 3, en relación con los artículos 281, 299, 326 y 348, de la vigente Ley de Enjuiciamiento Civil 1/2.000, de 7 de enero». (8 abril 2005, rec. 4261/1998)

CONCORDANCIAS

Véase Constitución Española: art. 13.

Texto vigente según Ley 1/2000, de 7 de enero, de Enjuiciamiento Civil, por la que se derogó el apartado segundo de este artículo (*«B.O.E.»,* 8 enero).

Artículo 9

1. La ley personal correspondiente a las personas físicas es la determinada por su nacionalidad. Dicha ley regirá la capacidad y el estado civil, los derechos y deberes de familia y la sucesión por causa de muerte.

El cambio de ley personal no afectará a la mayoría de edad adquirida de conformidad con la ley personal anterior.

2. Los efectos del matrimonio se regirán por la ley personal común de los cónyuges al tiempo de contraerlo; en defecto de esta ley, por la ley personal o de la residencia habitual de cualquiera de ellos, elegida por ambos en documento auténtico otorgado antes de la celebración del matrimonio; a falta de esta elección, por la ley de la residencia habitual común inmediatamente posterior a la celebración, y, a falta de dicha residencia, por la del lugar de celebración del matrimonio.

La nulidad, la separación y el divorcio se regirán por la ley que determina el artículo 107.

Apartado redactado por LO 11/2003, 29 septiembre.

3. Los pactos o capitulaciones por los que se estipule, modifique o sustituya el régimen económico del matrimonio serán válidos cuando sean conformes bien a la ley que rija los efectos del matrimonio, bien a la ley de la nacionalidad o de la residencia habitual de cualquiera de las partes al tiempo del otorgamiento.

4. El carácter y contenido de la filiación, incluida la adoptiva y las relaciones paterno-filiales, se regirán por la Ley personal del hijo y si no pudiera determinarse ésta, se estará a la de la residencia habitual del hijo.

Apartado redactado por LO 1/1996, 15 enero, de Protección Jurídica del Menor.

5. La adopción internacional se regirá por las normas contenidas en la Ley de Adopción Internacional. Igualmente, las adopciones constituidas por autoridades extranjeras surtirán efecto en España con arreglo a las disposiciones de la citada Ley de Adopción Internacional.

6. La tutela y las demás instituciones de protección del incapaz se regularán por la ley nacional de éste. Sin embargo, las medidas provisionales o urgentes de protección se regirán por la ley de su residencia habitual.

Las formalidades de constitución de la tutela y demás instituciones de protección en que intervengan autoridades judiciales o administrativas españolas se sustanciarán, en todo caso, con arreglo a la ley española.

Será aplicable la ley española para tomar las medidas de carácter protector y educativo respecto de los menores o incapaces abandonados que se hallen en territorio español.

7. El derecho a la prestación de alimentos entre parientes habrá de regularse por la ley nacional común del alimentista y del alimentante. No obstante, se aplicará la ley de la residencia habitual de la persona que los reclame cuando ésta no pueda obtenerlos de acuerdo con la ley nacional común. En defecto de ambas leyes, o cuando ninguna de ellas permita la obtención de alimentos, se aplicará la ley interna de la autoridad que conoce de la reclamación.

En caso de cambio de la nacionalidad común o de la residencia habitual del alimentista, la nueva ley se aplicará a partir del momento del cambio.

8. La sucesión por causa de muerte se regirá por la ley nacional del causante en el momento de su fallecimiento, cualesquiera que sean la naturaleza de los bienes y el país donde se encuentren. Sin embargo, las disposiciones hechas en testamento y los pactos sucesorios ordenados conforme a la ley nacional del testador o del disponente en el momento de su otorgamiento conservarán su validez aunque sea otra la ley que rija la sucesión, si bien las legítimas se ajustarán, en su caso, a esta última. Los derechos que

por ministerio de la ley se atribuyan al cónyuge supérstite se regirán por la misma ley que regule los efectos del matrimonio, a salvo siempre las legítimas de los descendientes.

9. A los efectos de este capítulo, respecto de las situaciones de doble nacionalidad previstas en las leyes españolas se estará a lo que determinen los tratados internacionales, y, si nada estableciesen, será preferida la nacionalidad coincidente con la última residencia habitual y, en su defecto, la última adquirida.

Prevalecerá en todo caso la nacionalidad española del que ostente además otra no prevista en nuestras leyes o en los tratados internacionales. Si ostentare dos o más nacionalidades y ninguna de ellas fuera la española se estará a lo que establece el apartado siguiente.

10. Se considerará como ley personal de los que carecieren de nacionalidad o la tuvieren indeterminada, la ley del lugar de su residencia habitual.

11. La ley personal correspondiente a las personas jurídicas es la determinada por su nacionalidad y regirá en todo lo relativo a capacidad, constitución, representación, funcionamiento, transformación, disolución y extinción.

En la fusión de sociedades de distinta nacionalidad se tendrán en cuenta las respectivas leyes personales.

COMENTARIO

El art. 9 fue objeto de nueva redacción, en varios de sus apartados, por la Ley 11/1990, de 15 de octubre, sobre reforma del C.c. en aplicación del principio de no discriminación por razón de sexo, evitando que la ley nacional del marido se imponga sobre la de la mujer. Asimismo, la Ley Orgánica 1/1996, de 15 de enero, de protección jurídica del menor, ha alterado ligeramente el art. 9.4 y el art. 9.5 añadiendo el último párrafo y la Ley 18/1999, 18 mayo, ha añadido un párrafo final al apartado quinto. Todo esto último ha quedado eliminado por la nueva redacción de este apartado 5.º dada por la Ley de Adopción Internacional de 28 diciembre de 2007.

La doctrina internacionalista destaca que la norma del apartado primero tiene un alcance de principio general en la reglamentación de la ley aplicable a las materias clásicamente incluidas en la noción de estatuto personal; incluso la considera también como una norma de contenido tan amplio que la convierte en regla subsidiaria de normas concretas que imponen un regla distinta, como puede ser en extremos específicos de derecho de familia y sucesiones.

Los demás apartados analizan y dan las reglas en puntos concretos de derecho de familia, en su aspecto personal, aspecto patrimonial, aspecto de filiación y de adopción, la tutela, alimentos; y derecho de sucesiones.

Los últimos apartados prevén el caso de doble nacionalidad, el de apatridia y la ley personal de las personas jurídicas.

JURISPRUDENCIA

Sobre la ley personal:

«Ante esas vicisitudes cronológicas, la aplicación de los vigentes artículos citados en el recurso, en especial el 9.1 CC, derivan en la terminante sanción de que la aplicación de su

Ley Personal de esa persona física es la correspondiente a su nacionalidad, la cual habilitará su capacidad y estado civil y los derechos y deberes de familia en la sucesión por causa de muerte; y hasta rigen tanto el apartado 2.º de ese precepto en cuanto al régimen de la Ley nacional y, sobre todo, el apartado 3.º, respecto a su proyección de esa Ley a sus relaciones patrimoniales en el matrimonio». (2 diciembre 2004, rec. 3054/1998).

Sobre la filiación:

«El art. 9 CC efectivamente dice que tanto el carácter como el contenido de la filiación (cabe comprender lo mismo la matrimonial que la no matrimonial) se regirán por la ley personal del hijo, que, conforme al párrafo primero, es la determinada por la nacionalidad y en este caso la madre como la hija ostentan la francesa, al atender, en principio, que el nacimiento de ésta se inscribió en el Registro municipal del Distrito 20 de París. Desde esta óptica literal el establecimiento de la filiación que se discute llevaría a hacer aplicable el CC francés, como la ley nacional de la hija nacida (art. 12.1 CC). Sin embargo, las circunstancias del pleito imponen la adecuada interpretación efectiva del precepto, sin olvidar que no da la espalda al interés del hijo, que debe entenderse incorporado a la norma como principio esencial y básico, lo que impone que su aplicación debe hacerse en la dirección que marca necesariamente el favor filii. El propio derecho material del foro permite aplicar en concretos supuestos la ley nacional y prescindir de la extranjera. Esto ocurre en el caso que nos ocupa, pues la nacionalidad francesa de la hija no actúa como cerrada y que necesariamente se impone como única, sino a medio de primera o provisional nacionalidad, ya que, conforme al art. 17.1 a), son españoles de origen los nacidos de padre o madre españoles». (22 marzo 2000, LA LEY 227168/2000)

«El motivo primero del recurso —al amparo del artículo 1692.4 de la Ley de Enjuiciamiento Civil por infracción del artículo 24.1 de la Constitución, por aplicación indebida del artículo 9.4 del Código Civil, en relación con los artículos 12.1, 2, 5 y 6 del mismo Cuerpo Legal, por cuanto que, según acusa, la sentencia impugnada ha aplicado la Ley material española para decidir acerca de la reclamación de filiación extramatrimonial planteada por la madre, de nacionalidad estadounidense, que afirma haber tenido un hijo, inscrito en el Registro Civil de Rota (Cádiz), del demandado, de su misma nacionalidad, sin embargo ha invertido lo dispuesto en el citado artículo 9.4 para aplicar la legislación española, cuando del propio precepto se desprende claramente que será la legislación personal del hijo, esto es, la de los Estados Unidos de Norteamérica, la atinente al caso, con lo que queda vedada la aplicación de nuestra legislación y doctrina jurisprudencial sobre dicho particular, toda vez que no existe indeterminación de la Ley aplicable, pues la actora es norteamericana, el hijo, que nació en el Hospital Militar de la Base Naval de Rota, también goza de la misma nacionalidad, de manera que serán los Tribunales españoles competentes para conocer y determinar la filiación siempre que se les presente y acredite la ley extranjera que deberán aplicar, y que aquí es la norteamericana, y en ningún momento del proceso se procuró por la demandante la prueba de ese derecho— se desestima porque la Ley material aplicable en el caso que nos ocupa es la relativa a la nacionalidad que ostentan los intervinientes en el proceso; en este sentido, el artículo 9.1 del Código Civil llama a la Ley personal de las personas físicas para regir, entre otras materias, las concernientes al estado civil, que, igualmente, es aplicable al "carácter y contenido de la filiación" (artículo 9.4 del Código Civil), y, en atención a que, como resulta de la propia sentencia, el hijo cuya filiación se reclama tiene la nacionalidad de la madre según se deduce del artículo 17 del Código Civil —el ius soli no es título de adquisición originaria salvo en los supuestos del artículo 17.1, apartados b), c) y d)—, habrá de concluirse que la cuestión de fondo habría de ser resuelta conforme a la Ley norteamericana que correspondiere, sin embargo, al no haberse aportado por ninguna de las partes, como era necesario, la prueba de la existencia, contenido y vigencia de la referida Ley extranjera, procede resolver la cuestión debatida conforme a las normas de nuestro

propio ordenamiento jurídico, con seguimiento de la reiterada línea jurisprudencial que se contiene, entre otras, en las SSTS de 11 de mayo de 1989, 7 de septiembre de 1990, 13 de diciembre de 2000 y 5 de marzo de 2002». (2 julio 2004, rec. 2382/1998)

Sobre la tutela:

«como consecuencia, de que los aspectos sustantivos de la meritada institución habrían de regirse por la ley holandesa, habida cuenta de la nacionalidad de la menor en cuestión y del contenido de las normas de derecho internacional privado contenidas en nuestro Código, capítulo IV del título preliminar, en especial, las incardinadas en los números 1 y 6 del artículo 9, precepto aludido en el motivo con el guarismo 8, sin duda, por error involuntario; sin embargo, sus aspectos procesales, entendiendo por ellos cuantos pudieren referirse a los requisitos y formalidades a observar para configurar y dar vida a esa tutela, quedarían supeditadas a la ley española, conforme se dispone en los artículos 8.2 y 9.6, párrafo segundo, del Código, y así viene a reconocerse por el recurrente». (21 junio 1991, LA LEY 14216-R/1991)

Sobre la sucesión *mortis causa:*

«Siendo la causante de nacionalidad italiana, se aplica el Código Civil italiano de 1942, de cuya aplicación no hay duda conforme al artículo 9.1 del Código Civil y media aquiescencia por ambas partes, aunque en un principio se había discutido, y cuya normativa se halla acreditada en la instancia. La cuestión que ha llegado a casación es la sucesión que le corresponde al demandante y recurrente D. Vicenzo P., teniendo en cuenta que la causante, su esposa, falleció quedando ineficaz su institución de heredero, ya que la heredera había premuerto y permaneciendo válido el legado en pago de legítima». (13 octubre 2005, rec. 5193/1999)

«hay que partir de la norma de derecho internacional sita en el artículo 9.1 del Código Civil que dispone que la ley personal correspondiente a las personas físicas es la determinada por su nacionalidad y que dicha ley rige, entre otros extremos, la sucesión por causa de muerte, norma a la que se refiere la sentencia de esta Sala de 2 de diciembre de 2004. En consecuencia, al presente caso es aplicable el Derecho alemán, ya que de tal nacionalidad es el causante de la herencia cuyos testamentos se discuten y deben aplicarse al B.G.B. (Bürgerliches Gesetzbuch = Código Civil) que contempla el testamento mancomunado en los § 2265 a 2273». (8 octubre 2010, rec. 313/2007, LA LEY 171472/2010)

Sobre la persona jurídica:

«la determinación de la ley aplicable a los representantes legales imperada de manera general por el artículo 10.11 del Código Civil, se concreta, de modo específico, en el caso de las personas jurídicas, mediante la aplicación de la "lex societatis", de acuerdo con lo dispuesto por el artículo 9.11 del referido texto legal por cuanto que la necesidad de que la persona jurídica opere en el tráfico jurídico por medio de personas físicas que actúen como órganos sociales lleva a la denominada doctrinalmente representación orgánica, que es la regida por la última norma citada». (19 febrero 1993, LA LEY 1106/1993).

Sobre doble nacionalidad y apatridia:

«nos hallamos ante una situación de hecho de larga duración que debe ser de algún modo resuelta. Sería absurdo, como antes se ha reseñado, considerar que el interesado después de tal ostentación durante un periodo tan dilatado de tiempo se concluyese que es apátrida por haber perdido una y otra nacionalidad. El Código Civil entre sus normas de conflicto y desde el año 1974, en su artículo 9.9 regula específicamente dicha posibilidad, que si bien no

es querida, tampoco es ignorada por el legislador para regular situaciones en las cuales una persona ostenta de hecho, esto es, sin ningún tratado internacional de cobertura, dos o más nacionalidades a la vez, esto es, que es considerado como nacional en más de un Estado». (10 julio 2009, rec. 258/2005, LA LEY 125067/2009)

CONCORDANCIAS

Véase:
— arts. 28, 108 a 141, 154 a 171, 172.1 y 215 a 313 de este Código.
Constitución Española: art. 11.3.
— Ley 9/1984, 26 marzo («*B.O.E.*», 27 marzo), reguladora del derecho de asilo y de la condición de refugiado, modificada por Ley 9/1994, 19 mayo («*B.O.E.*», 23 mayo).
— Apartado 4 modificado por Ley 21/1987, 11 noviembre («*B.O.E.*», 17 noviembre)
Apartados 2, 3, 5 y 8 modificados por Ley 11/1990, 15 octubre («*B.O.E.*», 18 octubre).
Texto vigente según D. 1836/1974, 31 mayo («*B.O.E.*», 9 julio), por el que se sanciona con fuerza de Ley el texto articulado del título preliminar del Código Civil.
—Apartado 5 con nueva redacción dada por Ley 54/2007, de 28 diciembre, de Adopción Internacional.

Artículo 10

1. La posesión, la propiedad y los demás derechos sobre bienes inmuebles, así como su publicidad, se regirán por la ley del lugar donde se hallen.

La misma ley será aplicable a los bienes muebles.

A los efectos de la constitución o cesión de derechos sobre bienes en tránsito, éstos se considerarán situados en el lugar de su expedición, salvo que el remitente y el destinatario hayan convenido, expresa o tácitamente, que se consideren situados en el lugar de su destino.

2. Los buques, las aeronaves y los medios de transporte por ferrocarril, así como todos los derechos que se constituyan sobre ellos, quedarán sometidos a la ley del lugar de su abanderamiento, matrícula o registro. Los automóviles y otros medios de transporte por carretera quedarán sometidos a la ley del lugar donde se hallen.

3. La emisión de los títulos-valores se atendrá a la ley del lugar en que se produzca.

4. Los derechos de propiedad intelectual e industrial se protegerán dentro del territorio español de acuerdo con la ley española, sin perjuicio de lo establecido por los convenios y tratados internacionales en los que España sea parte.

5. Se aplicará a las obligaciones contractuales la ley a que las partes se hayan sometido expresamente, siempre que tenga alguna conexión con el negocio de que se trate; en su defecto, la ley nacional común a las partes; a falta de ella, la de la residencia habitual común, y, en último término, la ley del lugar de celebración del contrato.

No obstante lo dispuesto en el párrafo anterior, a falta de sometimiento expreso, se aplicará a los contratos relativos a bienes inmuebles la ley del lugar donde estén sitos, y a las compraventas de muebles corporales realizadas en establecimientos mercantiles, la ley del lugar en que éstos radiquen.

Téngase en cuenta el Convenio (CEE) n.º 92/529/CEE, sobre ley aplicable a las obligaciones contractuales, abierto a la firma en Roma el 19 de junio de 1980 («D.O.C.E.», 18 noviembre 1992).

6. A las obligaciones derivadas del contrato de trabajo, en defecto de sometimiento expreso de las partes y sin perjuicio de lo dispuesto en el apartado 1 del artículo 8.º, les será de aplicación la ley del lugar donde se presten los servicios.

7. Las donaciones se regirán, en todo caso, por la ley nacional del donante.

8. Serán válidos, a efectos del ordenamiento jurídico español, los contratos onerosos celebrados en España por extranjero incapaz según su ley nacional, si la causa de la incapacidad no estuviese reconocida en la legislación española. Esta regla no se aplicará a los contratos relativos a inmuebles situados en el extranjero.

9. Las obligaciones no contractuales se regirán por la ley del lugar donde hubiere ocurrido el hecho de que deriven.

La gestión de negocios se regulará por la ley del lugar donde el gestor realice la principal actividad.

En el enriquecimiento sin causa se aplicará la ley en virtud de la cual se produjo la transferencia del valor patrimonial en favor del enriquecido.

10. La ley reguladora de una obligación se extiende a los requisitos del cumplimiento y a las consecuencias del incumplimiento, así como a su extinción. Sin embargo, se aplicará la ley del lugar de cumplimiento a las modalidades de la ejecución que requieran intervención judicial o administrativa.

11. A la representación legal se aplicará la ley reguladora de la relación jurídica de la que nacen las facultades del representante, y a la voluntaria, de no mediar sometimiento expreso, la ley del país en donde se ejerciten las facultades conferidas.

COMENTARIO

Es un artículo de contenido muy heterogéneo, pero que pretende, como idea común, dar las normas de conflicto correspondientes a varias materias.

A los derechos reales se refieren los apartados 1, 2 y 4. Establece un criterio único, para determinar la ley aplicable a los derechos reales sobre cosas muebles o inmuebles, que es la *lex rei sitae*, lugar de situación de las mismas. Sin embargo, no deja de haber excepciones en estos mismos textos.

El apartado 3 se refiere a los títulos valores, pero tan sólo en un aspecto, que es el de su emisión, sin alcanzar otros, que pueden ser de mayor importancia, incluso.

Los apartados 5 al 10 tratan de las normas de conflicto en Derecho de obligaciones. El apartado 5 es la norma básica en materia de ley aplicable a los contratos internacionales, con alcance general. Quedan fuera los contratos de trabajo, de que trata el apartado 6. Las donaciones tienen regla propia, en el apartado 7, que alcanza también a las donaciones *propter nuptias* y entre cónyuges. El apartado 8 se refiere a la capacidad del sujeto del contrato y es una excepción respecto a la regla general de que la capacidad se rige por la ley nacional; la doctrina internacionalista destaca el fundamento del precepto, que es el interés nacional, a fin de proteger la seguridad del tráfico jurídico y proteger al ciudadano nacional frente a una posible incapacidad de un ciudadano extranjero, el cual parece capaz según la ley nacional, pero es incapaz según su ley propia. El apartado 9 da unas últimas normas de conflicto aplicables a obligaciones no contractuales: a la mal llamada responsabilidad extracontractual (que realmente es obligación nacida de acto ilícito), a la que aplica la *lex loci delicti* y a los mal llamados cuasi-contratos. Por último, el apartado 10 es una aclaración relativa a las obligaciones contractuales y extracontractuales, delimitando los efectos que la *lex loci executionis* puede tener sobre la dinámica de la obligación.

El apartado 11 dispone la norma aplicable a la representación, voluntaria o legal.

JURISPRUDENCIA

Sobre las obligaciones contractuales:

«según el artículo 10.5 de nuestro Código Civil se aplicarán a las obligaciones contractuales la ley a que las partes se hayan sometido expresamente, no obstante lo cual, a falta de sometimiento expreso (que es el caso de autos) se aplicará la ley del lugar donde estén sitos a los contratos relativos a bienes inmuebles». (1 marzo 1993, LA LEY 546-5/1993)

«De acuerdo con la norma de conflicto española (artículos 10.5.10 del Código Civil), aplicable de oficio (artículo 12.6 del Código Civil), la ley reguladora del contrato de sociedad celebrado por D. Ángel Daniel y D. Inocencio es la chilena, como el primero afirmó en la demanda (en concreto los artículos 2053 a 2115 del Código Civil de Chile). Mientras que la Ley aplicable al contrato de seguro de transporte y a su liquidación es la española». (25 octubre 2005, rec. 4262/1999)

Sobre la representación:

«la determinación de la ley aplicable a los representantes legales imperada de manera general por el artículo 10.11 del Código Civil, se concreta, de modo específico, en el caso de las personas jurídicas, mediante la aplicación de la "lex societatis", de acuerdo con lo dispuesto por el artículo 9.11 del referido texto legal por cuanto que la necesidad de que la persona jurídica opere en el tráfico jurídico por medio de personas físicas que actúen como órganos sociales lleva a la denominada doctrinalmente representación orgánica, que es la regida por la última norma citada». (19 febrero 1993, LA LEY 1106/1993)

CONCORDANCIAS

Véase:
— Ley 19/1985, 16 julio («*B.O.E.*», 19 julio), Cambiaria y del Cheque: arts. 98 a 105 y 162 a 167. Texto vigente según Decreto 1836/1974, 31 mayo («*B.O.E.*», 9 julio).

Artículo 11

1. Las formas y solemnidades de los contratos, testamentos y demás actos jurídicos se regirán por la ley del país en que se otorguen. No obstante, serán también válidos los celebrados con las formas y solemnidades exigidas por la ley aplicable a su contenido, así como los celebrados conforme a la ley personal del disponente o la común de los otorgantes. Igualmente serán válidos los actos y contratos relativos a bienes inmuebles otorgados con arreglo a las formas y solemnidades del lugar en que éstos radiquen.

Si tales actos fueren otorgados a bordo de buques o aeronaves durante su navegación, se entenderán celebrados en el país de su abanderamiento, matrícula o registro. Los navíos y las aeronaves militares se consideran como parte del territorio del Estado a que pertenezcan.

2. Si la ley reguladora del contenido de los actos y contratos exigiere para su validez una determinada forma o solemnidad, será siempre aplicada, incluso en el caso de otorgarse aquéllos en el extranjero.

3. Será de aplicación la ley española a los contratos, testamentos y demás actos jurídicos autorizados por funcionarios diplomáticos o consulares de España en el extranjero.

COMENTARIO

Este artículo constituye la norma general de Derecho Internacional Privado sobre la forma y las solemnidades de los actos y negocios jurídicos. La idea que preside es la de favorecer la validez en cuanto a la forma del acto o negocio, el favor negotii. La norma expresa, en primer lugar, el principio locus regit actum; en segundo lugar, el acto o negocio jurídico es válido si se ha celebrado con arreglo a las formalidades exigidas por la ley aplicable a su contenido, en tercer lugar, también se atribuye validez al acto o negocio celebrado bajo la forma establecida por la ley personal del sujeto disponente o común a ambos sujetos; en cuarto lugar, también se atribuye validez a los contratos relativos a cosas inmuebles, que cumplen la forma establecida por la ley del lugar en que están sitos.

El apartado 2 establece una excepción, en el caso de que la ley exija una forma determinada, *ad solemnitatem* y como elemento esencial, para un determinado acto o contrato: en tal caso, deberá cumplirse siempre, en todo caso, pese a que la *lex loci actus* disponga otra cosa.

Y el apartado 3 también hace una excepción a la regla *locus regit actum* en el sentido de que los actos y contratos que, siendo competente para autorizar, autorice el funcionario diplomático o consular de España en el extranjero, se regirá su forma por la ley española.

JURISPRUDENCIA

Sobre la forma:

«el artículo 11, párrafo 1.º, del mismo Código, reconoce la validez a los contratos no acomodados a la forma y solemnidades del lugar donde se otorgan si cumplen, como sucede en el supuesto de autos, las formalidades exigidas por el Derecho español». (1 marzo 1993, LA LEY 546-5/1993)

«el art. 11.1 CC, inspirado en el principio favor negotii, establece que "las formas y solemnidades de los contratos, testamentos y demás actos jurídicos se regirán por la ley del país en que se otorguen" (locus regit actum) y, por tanto, no es aplicable al caso la legislación española, de donde resulta que el poder otorgado ante Notario de La Haya (Países Bajos) habiendo comparecido don Mark S.C., en su calidad de "Procuratiehouder/European Manager" de R.B.A., dando fe el Notario de que "se halla completamente apoderado para representar a R.B.A. en juicio", no ofrece duda en cuanto a su legalidad ya que no se ha demostrado la existencia de defecto formal alguno atendida la legislación holandesa». (10 julio 1996, LA LEY 7824/1996)

CONCORDANCIAS

Véase:
— arts. 49, 732 a 736 y 1.012 de este Código.
— Ley 19/1985, 16 julio (*«B.O.E.»*, 19 julio), Cambiaria y del Cheque: arts. 98 a 105 y 162 a 167.
Texto vigente según Decreto 1836/1974, 31 mayo (*«B.O.E.»*, 9 julio).

Artículo 12

1. La calificación para determinar la norma de conflicto aplicable se hará siempre con arreglo a la ley española.

2. La remisión al derecho extranjero se entenderá hecha a su ley material, sin tener en cuenta el reenvío que sus normas de conflicto puedan hacer a otra ley que no sea la española.

3. En ningún caso tendrá aplicación la ley extranjera cuando resulte contraria al orden público.

4. Se considerará como fraude de ley la utilización de una norma de conflicto con el fin de eludir una ley imperativa española.

5. Cuando una norma de conflicto remita a la legislación de un Estado en el que coexistan diferentes sistemas legislativos, la determinación del que sea aplicable entre ellos se hará conforme a la legislación de dicho Estado.

6. Los Tribunales y autoridades aplicarán de oficio las normas de conflicto del derecho español.

COMENTARIO

Se establecen en este artículo normas para la aplicación de las normas de conflicto.

En primer lugar, y como punto de partida, la calificación para determinarlas se debe hacer regir por la ley española (apartado 1), la cual será aplicada de oficio por el órgano jurisdiccional (apartado 6, primer párrafo). Si hay remisión, según la norma de conflicto española, a un Derecho extranjero, no incluye el reenvío (salvo al Derecho español) que impongan sus normas de conflicto propias (apartado 2).

No puede aplicarse una norma de Derecho extranjero cuando sea contraria al orden público español (apartado 3). A su vez, si el Derecho extranjero tiene —como ocurre en España— diversos sistemas legislativos, la remisión que haga a aquél la norma de conflicto española, no entra en qué sistema legislativo se aplicará, sino que se resolverá por las normas propias (Derecho interregional) del derecho extranjero (apartado 5).

El art. 6.4 prescribe en nuestro Derecho el fraude de ley. No una ampliación de tal concepto, sino que una aclaración del mismo, se halla en el presente artículo que declara incluible en el mismo «la utilización de una norma de conflicto con el fin de eludir una ley imperativa española».

JURISPRUDENCIA

«Por otro lado, la norma jurídica extranjera viene designada por la de conflicto del foro, que pertenece al ordenamiento que el Tribunal debe aplicar de oficio (artículo 12.6 del Código Civil)». (10 junio 2005, rec. 4787/1998)

«La materia de que se trata no es dispositiva, y por consiguiente no es aceptable que las partes puedan vincular al Tribunal respecto de que ha habido unos efectos sustanciales en el mercado español sin base alguna para ello, por lo que la falta del presupuesto normativo del precepto es apreciable de oficio (art. 12.6 CC)». (18 octubre 2010, rec. 2033/2006, LA LEY 175894/2010)

«La norma jurídica extranjera viene designada por la de conflicto del foro, que pertenece al ordenamiento que el Tribunal debe aplicar de oficio (artículo 12.6 del Código Civil). Como consecuencia el derecho extranjero no tiene que ser alegado en el proceso por las partes para que el Juez deba tener en cuenta la designación que de él efectúa la norma de conflicto, por más que ello sea para darle el tratamiento procesal que corresponda. Lo que han de alegar las partes son hechos que, por la concurrencia de elementos extranjeros, se subsuman bajo la previsión de esta norma. Basta con tal alegación para que, como efecto de dicha norma, se considere que el litigio debe resolverse según el derecho extranjero en la misma designado (STS 10 de junio de 2005)». (23 marzo 2010, rec. 1759/2005) (LA LEY 104024/2010). Doctrina reiterada por la de 1 abril 2011, rec. 1900/2007 (LA LEY 14242/2011).

«Ello sentado, al sancionar el artículo 12, apartado 3, del Código Civil el efecto negativo del orden público —dispone que en ningún caso tendrá aplicación la ley extranjera cuando resulte contraria a él—, no es de extrañar que el Tribunal Supremo haya aplicado dicha cláusula defensiva para negar eficacia en España a actos o normas por las que, por medio de expropiaciones, socializaciones o nacionalizaciones, otros Estados han llegado a la privación de la propiedad privada sin cumplir las garantías esenciales, exigibles según nuestro ordenamiento. Así, en la sentencia de 25 de septiembre 1.992 , declaró que "nuestros Tribunales de la jurisdicción ordinaria civil no pueden ni deben inmiscuirse en temas como los aquí planteados en cuanto se refiere a su proyección normativa en el país de origen, pero sí han de velar por que los actos ejecutados en España por quienes con arreglo a la Ley de origen..., tienen titularidad para ello, no puedan ser descalificados y anulados en virtud de normas jurídicas emanadas si de un Estado soberano, pero cuya finalidad y hasta su estructura y filosofía que las anima chocan frontalmente con la carta magna española"». (30 diciembre 2010, rec. 929/2007, LA LEY 249231/2010)

CONCORDANCIAS

Texto vigente según Ley 1/2000, de 7 enero, de Enjuiciamiento Civil, por la que se suprime el segundo párrafo del apartado seis de este artículo (*«B.O.E.»,* 8 enero).

CAPÍTULO V
ÁMBITO DE APLICACIÓN DE LOS REGÍMENES JURÍDICOS CIVILES COEXISTENTES EN EL TERRITORIO NACIONAL

Artículo 13

1. Las disposiciones de este título preliminar, en cuanto determinan los efectos de las leyes y las reglas generales para su aplicación, así como las del título IV del libro I, con excepción de las normas de este último relativas al régimen económico matrimonial, tendrán aplicación general y directa en toda España.

2. En lo demás y con pleno respeto a los derechos especiales o forales de las provincias o territorios en que están vigentes, regirá el Código Civil como derecho supletorio, en defecto del que lo sea en cada una de aquéllas, según sus normas especiales.

COMENTARIO

1.- Este artículo contempla el ámbito de aplicación de los regímenes jurídicos civiles coexistentes en el territorio español. El primer apartado impone la aplicación directa del título preliminar del C.c. a todo el territorio español, con dos matices: primero, que esta aplicación directa es de aquellas normas que se refieren a los efectos de las leyes y las reglas generales para su aplicación, esencialmente los capítulos segundo y tercero (arts. 3 a 7), aunque los arts. 8 y ss. tendrán aplicación como Derecho interregional. Este mismo primer apartado impone asimismo la aplicación directa a todo el territorio español del sistema matrimonial, con excepción del régimen económico-matrimonial, que es, precisamente, y juntamente con el derecho sucesorio, el puntal de los Derechos forales.

Esta norma debe ponerse en relación con la del art. 149.1.8 de la Constitución, que establece la competencia legislativa del Estado respecto al Derecho civil, aunque con respeto al Derecho foral o especial de aquellas Comunidades Autónomas que lo tengan; asimismo dispone, como excepción (es decir, excepción a la excepción) la aplicación directa a todo el territorio español de normas civiles cuya competencia legislativa se atribuye al Estado (es decir, al poder legislativo central) y, entre otras, son las relativas a la aplicación y eficacia de las normas civiles, al sistema matrimonial (coincidente con este art. 13.1) y añade, también entre otras, las normas sobre conflictos de leyes (también en el título preliminar del C.c.).

2.- El apartado 2 atribuye al C.c. la función de derecho supletorio del que lo sea en cada territorio de Derecho foral. Por tanto, salvo los supuestos del primer apartado, el Derecho preferente en las Comunidades de Derecho foral es éste, que incluye su propio Derecho supletorio, y en defecto de todo él (incluso del derecho supletorio) se aplica el C.c. Tiene, pues, éste, un valor supletorio de último grado, fuera de las materias a que se refiere en el apartado 1, con respecto al Derecho foral o especial.

CONCORDANCIAS

Véase:
— Constitución Española: art. 149.1.8.º.
Texto vigente según Decreto 1836/1974, 31 mayo (*«B.O.E.»,* 9 julio).

Artículo 14

1. La sujeción al derecho civil común o al especial o foral se determina por la vecindad civil.

2. Tienen vecindad civil en territorio de derecho común, o en uno de los de derecho especial o foral, los nacidos de padres que tengan tal vecindad.

Por la adopción, el adoptado no emancipado adquiere la vecindad civil de los adoptantes.

3. Si al nacer el hijo, o al ser adoptado, los padres tuvieren distinta vecindad civil, el hijo tendrá la que corresponda a aquél de los dos respecto del cual la filiación haya sido determinada antes; en su defecto, tendrá la del lugar del nacimiento, y, en último término, la vecindad de derecho común.

Sin embargo, los padres, o el que de ellos ejerza o le haya sido atribuida la patria potestad, podrán atribuir al hijo la vecindad civil de cualquiera de ellos en tanto no transcurran los seis meses siguientes al nacimiento o a la adopción.

La privación o suspensión en el ejercicio de la patria potestad, o el cambio de vecindad de los padres, no afectarán a la vecindad civil de los hijos.

En todo caso el hijo desde que cumpla catorce años y hasta que transcurra un año después de su emancipación podrá optar bien por la vecindad civil del lugar de su nacimiento, bien por la última vecindad de cualquiera de sus padres. Si no estuviera emancipado, habrá de ser asistido en la opción por el representante legal.

4. El matrimonio no altera la vecindad civil. No obstante, cualquiera de los cónyuges no separados, ya sea legalmente o de hecho, podrá, en todo momento, optar por la vecindad civil del otro.

5. La vecindad civil se adquiere:

1.º Por residencia continuada durante dos años, siempre que el interesado manifieste ser esa su voluntad.

2.º Por residencia continuada de diez años, sin declaración en contrario durante este plazo.

Ambas declaraciones se harán constar en el Registro Civil y no necesitan ser reiteradas.

6. En caso de duda prevalecerá la vecindad civil que corresponda al lugar del nacimiento.

COMENTARIO

En el territorio nacional español coexisten una serie de legislaciones civiles distintas, de ámbito infranacional. La pertenencia al territorio que determina esta legislación civil propia es la vecindad civil.

La vecindad civil implica, pues, una relación entre la persona y el Ordenamiento civil del territorio de que se trate. Así, el artículo 14.1 dispone que la «sujeción al Derecho civil común o al especial o foral se determina por la vecindad civil».

En efecto, en España coexiste un Derecho civil que es llamado *común* (Código civil) y unos Derechos civiles con aplicación a territorios concretos que son llamados *especiales o forales*. La vecindad civil determina la aplicación de uno o de otros. A la vecindad civil se refieren los artículos 14, 15 y 16; el primero y el tercero redactados por Ley de 15 de octubre de 1990 y el segundo por Ley de 17 de diciembre de 1990.

La vecindad civil es un estado civil, como lo es la nacionalidad, consistente, como se ha dicho, en la *pertenencia a un territorio, que determina la legislación civil aplicable.*

El territorio y la vecindad civil determinan la legislación civil, por lo que este concepto —estado civil— es independiente y distinto de la vecindad administrativa política que se refiere a las Comunidades Autónomas en los Estatutos de Autonomía y que determinan los derechos políticos, no los civiles.

Por razón de la filiación, se adquiere —realmente, se atribuye— originariamente la vecindad civil que tienen los padres: artículo 14.2: «tiene vecindad civil en territorio de derecho común, o en uno de los de derecho especial o foral, los nacidos de padres que tengan tal vecindad».

Se trata de filiación por naturaleza —matrimonial o extramatrimonial— y si es adoptiva, se adquiere sólo si se adopta a un menor no emancipado según añade el mismo 14.2.

Se plantea problema si los *padres tuvieran distinta vecindad civil*. La solución la prevé el artículo 14.3 y es doble. En primer lugar, ambos o el que sea titular de la patria potestad puede *atribuir al hijo la vecindad civil de cualquiera de ellos*, con un breve plazo de caducidad: en los *seis meses siguientes al nacimiento o a la adopción*. En segundo lugar, si no se ha hecho lo anterior en el plazo indicado, se establece un triple criterio de subsidiariedad: primero: el hijo tendrá la vecindad civil de aquel respecto del cual *la filiación haya sido determinada antes*; segundo: en su defecto (lo normal es que la filiación se determine simultáneamente a padre y madre), tendrá *la del lugar del nacimiento*; tercero: en último término (caso infrecuente que no se dé el primero y no conste el lugar de nacimiento), la *vecindad de derecho común.*

Por último, se prevé expresamente la ausencia de efectos de la privación o suspensión de la patria potestad o el cambio de vecindad de los padres respecto a la vecindad civil: penúltimo párrafo del artículo 14.3: «la privación o suspensión en el ejercicio de la patria potestad, o el cambio de vecindad de los padres, no afectarán a la vecindad civil de los hijos».

Se prevén dos supuestos de adquisición derivativa de la vecindad civil: por opción y por residencia.

Hay dos casos de *opción*:

Primero. El hijo que puede optar por la *vecindad civil del lugar de su nacimiento o por la última vecindad de cualquiera de sus padres*. Se le marca un plazo muy concreto: desde que *cumpla catorce años y hasta que transcurra un año después de su emancipación* o mayoría de edad. El Código se refiere sólo a la emancipación, no a la mayoría de edad; lo cual es producto del error de entender que la mayoría de edad es una causa de emancipación, como dice el artículo 314; si ejerce la opción antes de estar emancipado o de alcanzar la mayoría de edad, precisa el complemento de capacidad («asistido» dice el texto legal) de su representante legal.

Segundo. El *cónyuge* puede *optar por la vecindad civil del otro*, si ésta es distinta. Así lo dispone el artículo 14.4 tras declarar que *el matrimonio no altera la vecindad civil.*

Con lo cual se elimina el *ius comunicatio* del matrimonio en materia de vecindad civil, pero se concede la opción, que la unifica en el seno del matrimonio.

La adquisición por *residencia* se produce en dos casos (art. 14.5):

Primero. *Por residencia continuada durante dos años* (es decir, a partir de que resida dos años), *siempre que el interesado manifieste ser ésta su voluntad.* Esta manifestación se hará constar en el Registro civil y no necesita ser reiterada.

Segundo. *Por residencia continuada de diez años, sin declaración en contrario durante ese plazo*, que también se hará en el Registro civil y no necesita ser reiterada. Es el caso más frecuente de adquisición derivativa de una vecindad civil, pues en la práctica es insólito que la persona que cambia de domicilio y va a otro territorio con distinta vecindad en el mismo haga la declaración de conservación de su vecindad civil anterior.

JURISPRUDENCIA

Sobre la adquisición por residencia:

«Trasladada la respectiva unidad familiar, en que con sus progenitores estaban integrados demandante y demandada por la que a cada uno correspondía, desde territorio sometido a legislación civil común, cual era la provincia de Córdoba, a territorio con derecho civil propio, como es Cataluña, uno y otra de aquéllos adquirieron por transcurso del tiempo y ministerio de la ley al no contradecir las previsiones de ésta al respecto la vecindad civil catalana como resultaba en aquella época de lo dispuesto en el art. 15 CC y habiendo llegado el demandante a la mayoría de edad en el año de 1961 y la demandada en el año de 1962, por disposición del entonces vigente art. 320 del expresado Código que la fijaba en los veintiún años cumplidos ni uno ni otra habían obtenido antes emancipación, sin que en ese tiempo anterior ni aún en el de después, hasta la presentación de la demanda rectora de autos, con aquella residencia permanente, continuada y estable en Cataluña, rechazasen tal vecindad, contrajeron matrimonio canónico entre sí el 8 Nov. 1964 sin otorgar capitulaciones matrimoniales que rigiesen los efectos económicos de su matrimonio que, por lo mismo, quedaba, desde ese mismo momento, sujeto al régimen de separación de bienes según disponía el art. 7 de la Compilación del Derecho Civil Especial de Cataluña promulgada por la L 40/1960 de 21 Jul., siguiendo la tradición jurídica del territorio que antes había tratado de recoger la Tercera Recopilación de las Constituciones de Cataluña publicada en 1704». (28 enero 2000, LA LEY 54/2001)

«El Art. 14.4 CC, redactado de acuerdo con el Decreto 1836/1974, de 31 de mayo y que no fue reformado hasta la ley 11/1990, decía: "la mujer casada seguirá la condición del marido". Se trataba, por tanto, de una norma preconstitucional que contenía una flagrante lesión del derecho a la igualdad de los cónyuges, cuando establecía un trato discriminatorio entre el marido y la mujer, dado que imponía a ésta una vecindad civil, independientemente de su voluntad, de forma que los sucesivos cambios que experimentara la del marido la iban a afectar a ella, tanto si deseaba adquirirla como si no. Ya hemos citado antes la STC 39/2002, que declaró la inconstitucionalidad sobrevenida y, por tanto, la derogación, del Art. 9.2 CC, por ser contrario al principio de igualdad, señalando dicha sentencia que dicha norma "[...]representa una explícita interdicción de determinadas diferencias históricamente muy arraigadas y que han situado, tanto por la acción de los poderes públicos, como por la práctica social, a sectores de la población en posiciones, no sólo desventajosas, sino contrarias a la dignidad de la persona reconocida en el Art. 10.1 CE", entre las cuales, evidentemente, se encuentra el sexo como criterio de diferenciación

jurídica, que en este supuesto se une el de la igualdad en el matrimonio». (14 septiembre 2009, rec. 664/2004, LA LEY 171920/2009)

CONCORDANCIAS

Véase:

— Ley del Registro Civil, 8 junio 1957 (*«B.O.E.»*, 10 junio): arts. 64, 65 y 68.

— Reglamento del Registro Civil, aprobado por Decreto de 14 de noviembre de 1958 (*«B.O.E.»*, 11 diciembre): arts. 225 a 229, 231, 236 y 237.

Texto vigente según Ley 11/1990, 15 octubre (*«B.O.E.»*, 18 octubre). Anterior texto según Decreto 1836/1974, 31 mayo (*«B.O.E.»*, 9 julio).

Artículo 15

1. El extranjero que adquiera la nacionalidad española deberá optar, al inscribir la adquisición de la nacionalidad, por cualquiera de las vecindades siguientes:

a) La correspondiente al lugar de residencia.

b) La del lugar de nacimiento.

c) La última vecindad de cualquiera de sus progenitores o adoptantes.

d) La del cónyuge.

Esta declaración de opción se formulará, atendiendo a la capacidad del interesado para adquirir la nacionalidad, por el propio optante, por sí o asistido de su representante legal, o por este último. Cuando la adquisición de la nacionalidad se haga por declaración o a petición del representante legal, la autorización necesaria deberá determinar la vecindad civil por la que se ha de optar.

2. El extranjero que adquiera la nacionalidad por carta de naturaleza tendrá la vecindad civil que el Real Decreto de concesión determine, teniendo en cuenta la opción de aquél, de acuerdo con lo que dispone el apartado anterior u otras circunstancias que concurran en el peticionario.

3. La recuperación de la nacionalidad española lleva consigo la de aquella vecindad civil que ostentara el interesado al tiempo de su pérdida.

4. La dependencia personal respecto a una comarca o localidad con especialidad civil propia o distinta, dentro de la legislación especial o foral del territorio correspondiente, se regirá por las disposiciones de este artículo y las del anterior.

COMENTARIO

El extranjero que adquiera la nacionalidad española por cualquier otra causa —dispone el art. 15.1— deberá optar, al inscribir la adquisición de la nacionalidad, por la vecindad: 1.º correspondiente al lugar de residencia, 2.º del lugar de nacimiento, 3.º la última de cualquiera de sus progenitores o adoptantes, 4.º del cónyuge. La opción la hará el propio interesado, si está emancipado o es mayor de edad; asistido de su representante legal (complemento de capacidad) si es mayor de catorce años; el representante legal, con autorización del encargado del Registro civil, previo dictamen del Ministerio Fiscal, si es menor de catorce años o está incapacitado total (art. 15.1, último párrafo, en relación con el art. 21.3) y aquella autorización deberán determinar la vecindad civil por la que quiere optar.

JURISPRUDENCIA

«En el problema, sin duda ha de subrayarse que no es posible limitar el contenido imperativo del repetido art. 14.3 CC, hoy 15.5.º.2, con una norma de carácter reglamentario que cercena por así decir, un posibilismo actuatorio como es, el acceso a una vecindad, precisamente, por razón de la vecindad en los términos establecidos por el derecho sustantivo... debiendo al respecto mantenerse la tesis recogida por la susodicha S 20 Feb. 1995 (frente a la sostenida en la única precedente de 23 Mar. 1992) en donde establece, naturalmente, la superior consistencia del criterio del CC, sobre la limitación reglamentaria, se decía entonces: "... Las respectivas lecturas del desarrollo argumental del motivo y de la exposición razonada contenida en el fundamento de Derecho 4.º de la sentencia recurrida, permiten apreciar el mantenimiento de tesis contrarias entre sí, caracterizada la de aquel en que el mero transcurso de los diez años opera ipso iure en punto a la adquisición de la vecindad civil, y la del Tribunal a quo, en que el cómputo de dicho plazo acontezca durante la mayoría de edad, sobre cuya cuestión la doctrina se ha pronunciado de manera contradictoria". La tesis de la sentencia, atendiendo a las reflexiones formuladas en el citado fundamento, parece apoyarse de manera sustancial en la dicción del párr. 2.º del art. 225 RRC: "En el plazo de los diez años no se computa el tiempo en que el interesado no pueda legalmente regir su persona"; pero esta norma no deja de estar en pugna, en principio, con la prevenida en el art. 15.3.1.º y 2.º del mismo, en su actual redacción por la L 11/1990, de 15 Oct., en cuanto que a su tenor el transcurso de los diez años confiere ope legis la adquisición de la vecindad, salvo declaración en contrario, y de aquí que resulta oportuno conceder a la tesis del motivo una superior consistencia que a la defendida por el Tribunal a quo...». (21 septiembre 2000, LA LEY 2152/2002)

CONCORDANCIAS

Texto vigente según Ley 18/1990, de 17 de diciembre (*«B.O.E.»,* 18 diciembre). Anterior texto según Decreto 1836/1974, 31 mayo (*«B.O.E.»,* 9 julio).

Artículo 16

1. Los conflictos de leyes que puedan surgir por la coexistencia de distintas legislaciones civiles en el territorio nacional se resolverán según las normas contenidas en el capítulo IV con las siguientes particularidades:

1.º Será ley personal la determinada por la vecindad civil.

2.º No será aplicable lo dispuesto en los apartados 1, 2 y 3 del artículo 12 sobre calificación, remisión y orden público.

2. El derecho de viudedad regulado en la Compilación aragonesa corresponde a los cónyuges sometidos al régimen económico matrimonial de dicha Compilación, aunque después cambie su vecindad civil, con exclusión en este caso de la legítima que establezca la ley sucesoria.

El derecho expectante de viudedad no podrá oponerse al adquirente a título oneroso y de buena fe de los bienes que no radiquen en territorio donde se reconozca tal derecho, si el contrato se hubiera celebrado fuera de dicho territorio, sin haber hecho constar el régimen económico matrimonial del transmitente.

El usufructo vidual corresponde también al cónyuge supérstite cuando el premuerto tuviese vecindad civil aragonesa en el momento de su muerte.

3. Los efectos del matrimonio entre españoles se regularán por la ley española que resulte aplicable según los criterios del artículo 9 y, en su defecto, por el Código Civil.

En este último caso se aplicará el régimen de separación de bienes del Código Civil si conforme a una y otra ley personal de los contrayentes hubiera de regir un sistema de separación.

COMENTARIO

1.- Este artículo va dedicado al Derecho interregional privado y su apartado 1 contiene una remisión general al Derecho internacional privado, por más que no sean dos ordenamientos de absoluta semejanza. Por ello, dispone a continuación dos especialidades: la sustitución de la nacionalidad como ley personal, por la vecindad civil y la no aplicación de las disposiciones referentes a la calificación, la remisión o reenvío y el orden público.

2.- El apartado 2 se refiere al Derecho interregional relativo a una institución concreta, el derecho de viudedad de la legislación aragonesa, en el caso de que se produzca en los cónyuges cambio de la vecindad civil. En tal caso, se mantiene este derecho. Con ello, una doctrina que va mantenida de siempre por la doctrina aragonesa que lo consideraba como derecho familiar y no sucesorio.

Sin embargo, este derecho no puede oponerse al adquirente a título oneroso de bienes inmuebles que están sometidos a este derecho de viudedad, cuando ignora de buena fe la existencia de tal derecho.

Se requiere, pues, para la protección del adquirente: que éste sea a título oneroso y de buena fe, que los inmuebles no estén sitos en Aragón, que el contrato se haya celebrado fuera de Aragón, y que en éste no se haya hecho constar el régimen económico-matrimonial del transmitente.

Se añade en el párrafo tercero de este apartado, la concesión al cónyuge viudo del usufructo viudal, cuando el cónyuge premuerto (actualmente ya cabe la posibilidad de que los cónyuges tengan distinta vecindad civil) tenía vecindad civil aragonesa en el momento de la muerte.

3.- Por último, el apartado 3 contempla el supuesto de qué ley hay que aplicar a los efectos del matrimonio de diversa vecindad civil, cuando ni el matrimonio se ha celebrado en España, ni han fijado en ella su residencia, ni han elegido la ley española aplicable, según el art. 9.2. Cuando no se puedan aplicar las normas del art. 9, se aplica sin más el C.c. y dentro de éste se impone el régimen de separación de bienes, cuando conforme a una u otra ley personal de los contrayentes tuviera que regir un sistema de separación.

CONCORDANCIAS

Véase Constitución Española: art. 149.1.8.º.

Texto vigente según Ley 11/1990, 15 octubre (*«B.O.E.»*, 18 octubre). Anterior texto según Decreto 1836/1974, 31 mayo (*«B.O.E.»*, 9 julio).

LIBRO PRIMERO
DE LAS PERSONAS

TÍTULO PRIMERO
De los españoles y extranjeros

Artículo 17

1. Son españoles de origen:

a) Los nacidos de padre o madre españoles.

b) Los nacidos en España de padres extranjeros si, al menos, uno de ellos, hubiera nacido también en España. Se exceptúan los hijos de funcionario diplomático o consular acreditado en España.

c) Los nacidos en España de padres extranjeros, si ambos carecieren de nacionalidad o si la legislación de ninguno de ellos atribuye al hijo una nacionalidad.

d) Los nacidos en España cuya filiación no resulte determinada. A estos efectos, se presumen nacidos en territorio español los menores de edad cuyo primer lugar conocido de estancia sea territorio español.

2. La filiación o el nacimiento en España, cuya determinación se produzca después de los dieciocho años de edad, no son por sí solos causa de adquisición de la nacionalidad española. El interesado tiene entonces derecho a optar por la nacionalidad española de origen en el plazo de dos años a contar desde aquella determinación.

COMENTARIO

1.- En el campo del Derecho civil, se ha definido la nacionalidad como la cualidad de pertenecer a la comunidad nacional, organizada en forma de Estado. Por una parte, es un título para formar parte de la comunidad nacional y de la organización del Estado (es el aspecto público de la nacionalidad). Por otra parte, es la cualidad de la persona en cuanto perteneciente a la comunidad (es el aspecto privado de la nacionalidad): es el estado civil de miembro de la comunidad nacional.

2.- La adquisición originaria es la que se produce en el momento mismo del nacimiento; más que adquisición, es una atribución de la nacionalidad por el hecho del nacimiento, que se produce automáticamente, sin declaraciones de voluntad ni especiales requisitos. Se contrapone a la derivativa, que implica un cambio de nacionalidad en momento posterior al nacimiento, es una adquisición por un hecho o unas circunstancias posteriores al nacimiento.

El art. 11.2 de la Constitución dispone que ningún español de origen podrá ser privado de su nacionalidad.

El art. 17.1 contempla los supuestos de nacionalidad española de origen, *iure sanguinis* e *iure soli.*

Iure sanguinis, se atribuye originariamente la nacionalidad española a los nacidos de padre o madre españoles. Están en plan de igualdad el padre y la madre. Su filiación es por naturaleza; a la adoptiva se refiere el art. 19; es indiferente que sea matrimonial o extramatrimonial. No importa el lugar del nacimiento, sea territorio español o no.

Iure soli, se atribuye originariamente la nacionalidad a los nacidos en España en los tres casos que enumera el art. 17.1, apartados b), c) y d): segunda generación de extranjeros nacidos en España, excepto los hijos de funcionarios diplomáticos o consulares; hijos de apátridas; *vis atractiva* del *iure soli* cuando no se pueda determinar la nacionalidad por ningún otro criterio.

3.- Todo lo anterior se aplica siempre que la filiación o el nacimiento se produzca antes de que cumpla 18 años. Si se produce después, podrá, si lo desea, adquirir la nacionalidad española por opción, aunque con la ficción de que es español de origen. La opción se ajustará a los requisitos que establece el art. 20.

JURISPRUDENCIA

«El CC establece en el art. 18 el concepto de consolidación de la nacionalidad, por la posesión y utilización continuada de ésta, de acuerdo con el cumplimiento de determinados requisitos (L 18/1990 de 17 Dic.). Responde tal precepto a consideraciones que enlazan con la "posesión de estado" que pertenece a la parte general del Derecho civil, especialmente en relación con el derecho de las personas. Exige tal precepto un "título inscrito en el Registro Civil", no obstante su posterior anulación. Tal título, en el caso que nos ocupa, es la condición de "español indígena", nacido en territorio, a la sazón, considerado español, conforme resulta del art. 17.1 d) CC, de acuerdo con una interpretación que está en la raíz del precepto, favorecedor del ius soli, para concluir con los sistemas de apatridia. Si el territorio de marras, calificado como español, fue luego considerado no español, según las disposiciones que se dejaron mencionadas, ello no significa que al amparo de la calificación, bajo la que se desarrollaron o tuvieron ocurrencia los hechos determinantes del título, no se produjera una apariencia legitimadora, pese a la anulación posterior de la razón jurídica sustentadora. Como afirma la doctrina, "si se llega a demostrar que quien estaba beneficiándose de la nacionalidad española iure sanguinis o iure soli, no era, en realidad español" (en este caso supondría que no tenía la plena nacionalidad), al ser nulo el título de atribución respectivo, no parece justo que la eficacia retroactiva de la nulidad (recogida expresis verbis en la Ley descolonizadora) se lleve a sus últimas consecuencias en materia de nacionalidad». (28 octubre 1998, LA LEY 9362/1998)

CONCORDANCIAS

Véase:
— art. 9.10 de este Código.
— Véase arts. 9.6 y 112 de este Código.
— arts. 9.6, 9.10, 24, 112, 115 a 119 y 120 a 126 de este Código.
— Constitución Española: art. 11.2.

Texto vigente según Ley 18/1990, de 17 de diciembre (*«B.O.E.»*, 18 diciembre). Anteriores textos según Ley 15 julio 1954 (*«B.O.E.»*, 16 julio) y Ley 51/1982, 13 julio (*«B.O.E.»*, 30 julio).

Artículo 18

La posesión y utilización continuada de la nacionalidad española durante diez años, con buena fe y basada en un título inscrito en el Registro Civil, es causa de consolidación de la nacionalidad, aunque se anule el título que la originó.

COMENTARIO

Se incluye en el Código una nueva causa de adquisición de la nacionalidad, sin precedentes en nuestro Derecho, consistente en la consolidación de una situación de hecho de posesión de status de nacional español, en base a un título que se declara nulo (y siempre con buena fe). Es decir, no se consolida una nacionalidad, sino que se adquiere ésta, como reconocimiento —consolidación— de la situación de hecho anterior.

Es un caso de adquisición de la nacionalidad derivativa, pues no se trata de la consolidación de la misma, sino la de una situación de hecho, que era posesión de nacionalidad, en base a título nulo, pero no nacionalidad legítima.

Precisamente por ello, su fundamento es que no parece justo que la eficacia retroactiva de la nulidad se lleve a sus últimas consecuencias en materia de nacionalidad; se aplica, pues, al que, siendo español *iure sanguinis* o *iure soli*, no es en realidad español al ser nulo el título de atribución o de adquisición que le dio la nacionalidad.

El interesado tiene que mantener *la posesión y utilización continuada de la nacionalidad española durante diez años*, lo que implica una actitud activa del mismo, respecto de la nacionalidad española poseída: comportarse como español, ejerciendo derechos y deberes derivados de su cualidad de español. Lo cual puede inferirse del uso del DNI o pasaporte español, de la participación en procesos electorales, del desempeño de cargos públicos o de otros actos exclusivamente reservados a los españoles. El interesado tiene que tener también *buena fe*, que es la creencia de ser verdaderamente español (punto de vista positivo) o la ignorancia de basarse en un título nulo (punto de vista negativo), la cual se presume, salvo prueba en contrario (presunción de buena fe, que puede considerarse como principio general del Derecho). El *título* en que se basaba la supuesta nacionalidad y que después es declarado nulo ha de estar inscrito en el Registro civil; no es preciso que se trate de una inscripción específica de la nacionalidad española, sino de cualquier título que haya dado lugar a la misma (por ejemplo, la inscripción de nacimiento de hijo de español y, tras el ejercicio de una acción de filiación, se declara que es hijo de extranjeros). También puede ser el título inscrito por adquisición derivativa (opción, naturalización) que se declara nulo por falsedad, ocultación o fraude (art. 25.2.º).

CONCORDANCIAS

Texto vigente según Ley 18/1990, de 17 de diciembre (*«B.O.E.»*, 18 diciembre). Anteriores textos según Ley 15 julio 1954 (*«B.O.E.»*, 16 julio) y Ley 51/1982, 13 julio (*«B.O.E.»*, 30 julio).

Artículo 19

1. El extranjero menor de dieciocho años adoptado por un español adquiere, desde la adopción, la nacionalidad española de origen.

2. Si el adoptado es mayor de dieciocho años, podrá optar por la nacionalidad española de origen en el plazo de dos años a partir de la constitución de la adopción.

COMENTARIO

En este artículo se contemplan dos casos en que se declara adquisición originaria —con la consecuencia de la aplicación de lo previsto en el art. 11.2 de la Constitución— que verdaderamente es derivativa, pues no se atribuye en el momento del nacimiento, sino en un momento posterior.

El primero de ellos es la adopción de un extranjero menor de 18 años por un español, que adquiere, «desde la adopción», la nacionalidad española «de origen».

El segundo es la adopción de un mayor de 18 años por español, que puede adquirir la nacionalidad española «de origen» por opción, para la que tiene el plazo de caducidad de dos años, a contar desde la constitución de la adopción.

Se deberán cumplir todos los requisitos que establece el art. 20 para el ejercicio de la opción.

CONCORDANCIAS

Véase:
— arts. 175 a 180 de este Código.
— Constitución Española: art. 11.1.
Texto vigente según Ley 18/1990, de 17 diciembre (*«B.O.E.»*, 18 diciembre). Anteriores textos según Ley 15 julio 1954 (*«B.O.E.»*, 16 julio); Ley 14/1975, 2 mayo (*«B.O.E.»*, 5 mayo); Real Decreto-Ley 33/1978, 16 noviembre (*«B.O.E.»*, 17 noviembre); y Ley 51/1982, 13 julio (*«B.O.E.»*, 30 julio).

Artículo 20

1. Tienen derecho a optar por la nacionalidad española:

a) Las personas que estén o hayan estado sujetas a la patria potestad de un español.

b) Aquellas cuyo padre o madre hubiera sido originariamente español y nacido en España.

c) Las que se hallen comprendidas en el segundo apartado de los artículos 17 y 19.

2. La declaración de opción se formulará:

a) Por el representante legal del optante, menor de catorce años o incapacitado. En este caso, la opción requiere autorización del encargado del Registro Civil del domicilio del declarante, previo dictamen del Ministerio Fiscal. Dicha autorización se concederá en interés del menor o incapaz.

b) Por el propio interesado, asistido por su representante legal, cuando aquél sea mayor de catorce años o cuando, aun estando incapacitado, así lo permita la sentencia de incapacitación.

c) Por el interesado, por sí solo, si está emancipado o es mayor de dieciocho años. La opción caducará a los veinte años de edad, pero si el optante no estuviera emancipado según su ley personal al llegar a los dieciocho años, el plazo para optar se prolongará hasta que transcurran dos años desde la emancipación.

d) Por el interesado, por sí solo, dentro de los dos años siguientes a la recuperación de la plena capacidad. Se exceptúa el caso en que haya caducado el derecho de opción conforme al párrafo c).

3. No obstante lo dispuesto en el apartado anterior, el ejercicio del derecho de opción previsto en el apartado 1.b) de este artículo no estará sujeto a límite alguno de edad.

COMENTARIO

1.- La adquisición derivativa de la nacionalidad es la que se produce en un momento posterior al nacimiento. Se da, por tanto, un cambio en la nacionalidad anterior.

Los supuestos de adquisición derivativa que prevé el Código Civil son: por adopción (artículo 19); por opción, en los cuatro casos que contempla este artículo 20; por naturalización, que puede ser por carta de naturaleza (artículo 21) o por residencia (artículos 21.2.º y 22); y por consolidación (artículo 18).

2.- La opción es una facultad que tiene el extranjero que reúna ciertos requisitos para adquirir la nacionalidad española mediante una declaración de voluntad. Es un privilegio o beneficio excepcional otorgado por la ley al extranjero. Éste no tiene un derecho subjetivo, sino que es una facultad que le otorga la ley, en ciertos casos, para adquirir la nacionalidad española mediante su declaración de voluntad, de querer gozar de la cualidad de español. Ésta deberá reunir los requisitos de validez que impone el Código Civil.

Los casos de personas que pueden adquirir nacionalidad española por opción son:

• primero: la que está o haya estado sujeta a la patria potestad de un español; la patria potestad puede mantenerse o no cuando se ejercita la opción; en el caso del extranjero que adquiere la nacionalidad española, sus hijos bajo patria potestad no la adquieren automáticamente, sino que podrán hacerlo por ejercicio de esa opción;

• segundo: la persona cuya filiación o nacimiento en España (casos del artículo 17.1) se produce después de los 18 años (artículo 17.2 al que se remite este artículo);

• tercero: extranjero mayor de 18 años adoptado por un español (artículo 19.2 al que se remite también este artículo 20);

• cuarto: aquella cuyo padre o madre hubiera sido originariamente español y nacido en España; éste es un caso nuevo, introducido por la Ley 36/2002, de 8 de octubre, de modificación del Código Civil en materia de nacionalidad; responde a una política de generosidad hacia el emigrante —en este supuesto, hijo del emigrante— o, en general, de aquellos que por una legislación obsoleta perdían la nacionalidad española: es el caso de la española que al casarse con extranjero perdía su nacionalidad; o, en general, de tantos que habiendo perdido la nacionalidad en tiempos pasados, sus hijos pueden ahora optar por la española. Lo que es importante es que esta opción la puede ejercitar sin límite alguno de edad.

3.- La declaración de opción la formula el propio interesado si está emancipado o si es mayor de edad, o si, habiendo estado incapacitado, ha recuperado la capacidad. Pero la opción le caduca a los veinte años de edad, con una excepción en el caso de la emancipación y de la mayoría de edad: si con arreglo a su ley personal no estuviera emancipado o no fuera mayor de edad a los dieciocho años, la caducidad se produce a los dos años a contar de la emancipación o de la mayoría de edad.

Si el interesado es menor de edad pero mayor de catorce años o incapacitado parcial cuya sentencia lo permite, formulará él mismo la opción, pero con el complemento de capacidad de su representante legal.

Si es menor de catorce años o incapacitado, lo formulará su representante legal, con autorización del Encargado del Registro civil del domicilio de éste, previo dictamen del Ministerio Fiscal. La autorización se concederá en interés del menor o incapacitado.

A todo lo anterior se añade una excepción en beneficio de los que se hallan en el caso de tener padre o madre español de origen nacido en España: éstos no están sujetos a límite alguno de edad. Ciertamente, si hubieran estado sujetos a los mismos límites de edad que los demás casos, éste sería inoperante.

Los requisitos para la validez de la opción se enumeran en el art. 23.

CONCORDANCIAS

Véase:
— Ley del Registro Civil, de 8 junio 1957 (*«B.O.E.»*, 10 junio): art. 46.
— Reglamento del Registro Civil, de 14 noviembre 1958 (*«B.O.E.»*, 11 diciembre): arts. 226, 227 y 230.
Texto vigente según Ley 36/2002, 8 octubre (*«B.O.E.»*, 9 octubre). Anteriores textos según Ley 15 julio 1954 (*«B.O.E.»*, 16 julio); Ley 14/1975, 2 mayo (*«B.O.E.»*, 5 mayo); Ley 51/1982, 13 julio (*«B.O.E.»*, 30 julio) y Ley 18/1990, 17 diciembre (*«B.O.E.»*, 18 diciembre).

Artículo 21

1. La nacionalidad española se adquiere por carta de naturaleza, otorgada discrecionalmente mediante Real Decreto, cuando en el interesado concurran circunstancias excepcionales.

Véase R.D. 39/1996, 19 enero, sobre concesión de la nacionalidad española a los combatientes de las Brigadas Internacionales en la guerra civil española.

2. La nacionalidad española también se adquiere por residencia en España, en las condiciones que señala el artículo siguiente y mediante la concesión otorgada por el Ministro de Justicia, que podrá denegarla por motivos razonados de orden público o interés nacional.

3. En uno y otro caso la solicitud podrá formularla:

a) El interesado emancipado o mayor de dieciocho años.

b) El mayor de catorce años asistido por su representante legal.

c) El representante legal del menor de catorce años.

d) El representante legal del incapacitado o el incapacitado, por sí solo o debidamente asistido, según resulte de la sentencia de incapacitación.

En este caso y en el anterior, el representante legal sólo podrá formular la solicitud si previamente ha obtenido autorización conforme a lo previsto en la letra a) del apartado 2 del artículo anterior.

4. Las concesiones por carta de naturaleza o por residencia caducan a los ciento ochenta días siguientes a su notificación, si en este plazo no comparece el interesado ante funcionario competente para cumplir los requisitos del artículo 23.

COMENTARIO

1.- El art. 21 regula los aspectos de Derecho civil relativos a las dos formas más típicas de la adquisición derivativa de la nacionalidad por concesión: la carta de naturaleza y la residencia.

La *carta de naturaleza* es la concesión discrecional de la nacionalidad española a un extranjero en quien concurren circunstancias excepcionales. Es un acto unilateral de soberanía, respecto al que la solicitud del extranjero es simple *conditio iuris*. La Administración decide la excepcionalidad de las circunstancias del extranjero, con poder discrecional, sin que éste tenga derecho subjetivo a la concesión. No es admisible, en principio, que se pueda acudir a la vía judicial para impugnar la denegación de la nacionalidad española por carta de naturaleza. Sí es admisible la impugnación en los casos de ilegalidad manifiesta de la concesión o cuando se ha obtenido mediante alegaciones falsas o con ocultación de datos relevantes.

Se tramita el expediente, iniciado por solicitud del interesado, por el Ministerio de Justicia, según la legislación del Registro civil. Se resuelve por Real Decreto; éste determinará la vecindad civil, según prevé el art. 15.2.

2.- La concesión de la nacionalidad española por *residencia* es la forma más frecuente de adquisición derivativa de la nacionalidad. Es la concesión de la nacionalidad española a un extranjero por su residencia en España, durante el plazo fijado. La residencia no produce por sí misma la nacionalidad, sino que concede la facultad de obtenerla, siempre que se cumplan los plazos previstos y los demás requisitos.

La adquisición de la nacionalidad española por residencia se produce por concesión otorgada por el Ministerio de Justicia. Se tramita el expediente por el registro civil del domicilio del interesado, aplicándose la legislación del Registro civil. El Ministerio concederá o denegará la adquisición de la nacionalidad. La denegación podrá hacerse si no concurren los requisitos de residencia o por motivos razonados de orden público o interés nacional. Cabe acudir a la vía judicial, como prevé el art. 22.5.

3.- Tanto la adquisición de la nacionalidad por carta de naturaleza como por residencia se obtienen por resolución del Ministerio de Justicia, previo expediente en el Registro civil, que se inicia a solicitud del interesado. Esta solicitud, dispone el art. 21.3, la formula el propio interesado si es *mayor de edad* o está *emancipado*; si es menor, pero *mayor de catorce años*, necesita el complemento de capacidad (*asistido*, dice el texto legal) de su representante legal; si es *menor de catorce años*, la formula su representante legal, con autorización del encargado del Registro civil de su domicilio, previo dictamen del Ministerio Fiscal, cuya autorización se concederá en interés del menor; si está *incapacitado*, la formula, según lo que haya resuelto la sentencia de incapacitación, el propio interesado, o éste con complemento de capacidad, o su representante legal, con la autorización antes mencionada.

4.- La concesión de la nacionalidad española por carta de naturaleza o por residencia da lugar a un derecho del interesado a adquirir tal nacionalidad. Pero este derecho tiene un breve *plazo de caducidad*, que es de ciento ochenta días, a contar de la notificación de la concesión, en cuyo plazo el interesado comparecerá ante el Encargado del Registro civil y cumplirá los requisitos que establece el art. 23.

CONCORDANCIAS

Véase:
— Ley del Registro Civil, de 8 junio 1957 (*«B.O.E.»*, 10 junio): arts. 63 y ss.
— Reglamento del Registro Civil, 14 noviembre 1958 (*«B.O.E.»*, 11 diciembre): arts. 223 y ss.

— RD 39/1996, 19 enero. (*«B.O.E.»,* 5 marzo), concesión nacionalidad española a las combatientes de las Brigadas Internacionales en la guerra civil española.

Texto vigente según Ley 18/1990, de 17 de diciembre (*«B.O.E.»,* 18 diciembre). Anteriores textos según Ley 15 julio 1954 (*«B.O.E.»,* 16 julio); Ley 14/1975, 2 mayo (*«B.O.E.»,* 5 mayo) y Ley 51/1982, 13 julio (*«B.O.E.»,* 30 julio).

Artículo 22

1. Para la concesión de la nacionalidad por residencia se requiere que ésta haya durado diez años. Serán suficientes cinco años para los que hayan obtenido la condición de refugiado y dos años cuando se trate de nacionales de origen de países iberoamericanos, Andorra, Filipinas, Guinea Ecuatorial o Portugal o de sefardíes.

2. Bastará el tiempo de residencia de un año para:

a) El que haya nacido en territorio español.

b) El que no haya ejercitado oportunamente la facultad de optar.

c) El que haya estado sujeto legalmente a la tutela, guarda o acogimiento de un ciudadano o institución españoles durante dos años consecutivos, incluso si continuare en esta situación en el momento de la solicitud.

d) El que al tiempo de la solicitud llevare un año casado con español o española y no estuviere separado legalmente o de hecho.

e) El viudo o viuda de española o español, si a la muerte del cónyuge no existiera separación legal o de hecho.

f) El nacido fuera de España de padre o madre, abuelo o abuela, que originariamente hubieran sido españoles.

3. En todos los casos, la residencia habrá de ser legal, continuada e inmediatamente anterior a la petición.

A los efectos de lo previsto en el párrafo d) del apartado anterior, se entenderá que tiene residencia legal en España el cónyuge que conviva con funcionario diplomático o consular español acreditado en el extranjero.

4. El interesado deberá justificar, en el expediente regulado por la legislación del Registro Civil, buena conducta cívica y suficiente grado de integración en la sociedad española.

5. La concesión o denegación de la nacionalidad por residencia deja a salvo la vía judicial contencioso-administrativa.

COMENTARIO

1.- Este art. 22 señala los plazos para adquirir la nacionalidad española por residencia. Son los siguientes:

Primero. *Diez años,* sin más requisitos.

Segundo. *Cinco años,* para los que hayan obtenido la condición de refugiado.

Tercero. *Dos años,* cuando se trate de nacionales de origen de países iberoamericanos, Andorra, Filipinas, Guinea Ecuatorial o de sefardíes.

Cuarto. *Un año,* en los casos siguientes: a) si ha nacido en territorio español; b) si no ha ejercitado oportunamente la facultad de optar; c) si ha estado sujeto a tutela, guarda o acogimiento de español, durante dos años; d) el casado con español o española, al menos desde hace un año, no separado legalmente o de hecho (en cuyo caso, se entiende que tiene residencia en España el cónyuge que conviva con funcionario diplomático o consular español acreditado en el extranjero, dispone el art. 22.3); e) el viudo o viuda de española o español si no estuviera separado legalmente o de hecho a su muerte; f) el nacido fuera de España de padre o madre que originariamente hubieran sido españoles.

La Ley 36/2002, de 8 de octubre, de modificación del Código Civil en materia de nacionalidad, añade un supuesto más. Se exige el breve plazo de un año, no sólo (apartado F) al nacido fuera de España de padre o madre originariamente, sino también —es importante— de *abuelo o abuela* que originariamente hubieran sido españoles. Con lo cual se amplía, con un criterio de generosidad, la adquisición por residencia, a nietos de emigrantes o de todos aquellos que, por legislaciones pretéritas, perdieron en su día la nacionalidad española.

La *residencia,* añade el art. 22.3, *habrá de ser legal, continuada e inmediatamente anterior a la petición.* Es lógica la necesidad de que el plazo de residencia sea continuado o inmediatamente anterior. También la residencia debe ser legal (lo que no significa «domicilio legal» en el sentido del art. 40 del Código Civil o de la Ley de Enjuiciamiento Civil), lo que significa que no sirve la residencia de hecho en España (indocumentados, clandestinos, etc.), sino que se precisa que el extranjero residente tenga autorización de residencia o permiso de residencia o posea el documento especial si se trata de refugiado.

2.- En el expediente tramitado por el Registro civil, el interesado debe justificar buena conducta cívica y suficiente grado de integración en la sociedad española.

3.- Se prevé, por último, que la concesión o denegación de la nacionalidad por residencia permite que se acceda a la vía judicial contencioso-administrativa para impugnar una u otra.

JURISPRUDENCIA

«(residencia continuada) presupone la presencia real o física del interesado en territorio español y, además, que la misma sea continuada o, lo que es igual, ininterrumpida, durante el tiempo legalmente exigido (en este caso concreto, diez años), aunque, como más adelante se matizará, la interrupción no podrá entenderse producida por la incidencia de cortos, ocasionales y justificados viajes o salidas al extranjero.» (19 septiembre 1988, LA LEY 153968-JF/0000)

CONCORDANCIAS

Véase:
— Ley del Registro Civil, de 8 junio 1957 (*«B.O.E.»*, 10 junio): art. 63.
— Reglamento del Registro Civil, de 14 noviembre 1958 (*«B.O.E.»*, 11 diciembre): arts. 220 a 224.
Texto vigente según Ley 36/2002, 8 octubre (*«B.O.E.»*, 9 octubre). Anteriores textos según Ley 15 julio 1954 (*«B.O.E.»*, 16 julio); Ley 14/1975, 2 mayo (*«B.O.E.»*, 5 mayo); Ley 51/1982, 13 julio (*«B.O.E.»*, 30 julio) y Ley 18/1990, 17 diciembre (*«B.O.E.»*, 18 diciembre).

Artículo 23

Son requisitos comunes para la validez de la adquisición de la nacionalidad española por opción, carta de naturaleza o residencia:

a) Que el mayor de catorce años y capaz para prestar una declaración por sí jure o prometa fidelidad al Rey y obediencia a la Constitución y a las leyes.

b) Que la misma persona declare que renuncia a su anterior nacionalidad. Quedan a salvo de este requisito los naturales de países mencionados en el apartado 1 del artículo 24.

c) Que la adquisición se inscriba en el Registro Civil español.

COMENTARIO

1.- La adquisición de la nacionalidad española por concesión —por carta de naturaleza y por residencia— requiere requisitos relativos a la solicitud del interesado, que establece el art. 21.3 y requisitos que son también comunes a la adquisición por opción, que enumera este art. 23. Son requisitos ad solemnitatem, es decir, constitutivos de la adquisición de la nacionalidad.

2.- En primer lugar, si es mayor de catorce años y capaz de prestar una declaración por sí mismo, juramento o promesa de fidelidad al Rey y obediencia a la Constitución y a las leyes. Si la solicitud de nacionalidad la ha formulado el representante legal de un menor de catorce años o de un incapacitado, no se hará este juramento o promesa; tampoco hay que esperar a que llegue a la mayoría de edad o recupere la nacionalidad. Simplemente, no se hará el juramento o promesa, que son declaraciones personalísimas. En segundo lugar, renuncia a su anterior nacionalidad, salvo si es nacional de países iberoamericanos, Andorra, Filipinas, Guinea Ecuatorial y Portugal; tampoco cabe, conceptualmente, si es apátrida. En tercer lugar, que se inscriba la adquisición en el Registro civil.

3.- No hay que olvidar el breve plazo de caducidad que impone el art. 21.4.

CONCORDANCIAS

Véase:

— Reglamento del Registro Civil, de 14 noviembre 1958 (*«B.O.E.»*, 11 diciembre): arts. 220 a 224 y 226 a 230.

Texto vigente según Ley 36/2002, 8 octubre (*«B.O.E.»*, 9 octubre). Anteriores textos según Ley 15 julio 1954 (*«B.O.E.»*, 16 julio); Ley 14/1975, 2 mayo (*«B.O.E.»*, 5 mayo); Ley 51/1982, 13 julio (*«B.O.E.»*, 30 julio) y Ley 18/1990, 17 diciembre (*«B.O.E.»*, 18 diciembre).

Artículo 24

1. Pierden la nacionalidad española los emancipados que, residiendo habitualmente en el extranjero, adquieran voluntariamente otra nacionalidad o utilicen exclusivamente la nacionalidad extranjera que tuvieran atribuida antes de la emancipación. La pérdida se producirá una vez que transcurran tres años, a contar, respectivamente, desde la adquisición de la nacionalidad extranjera o desde la emancipación. No obstante, los interesados podrán evitar la pérdida si dentro del plazo indicado declaran su voluntad de conservar la nacionalidad española al encargado del Registro Civil.

La adquisición de la nacionalidad de países iberoamericanos, Andorra, Filipinas, Guinea Ecuatorial o Portugal no es bastante para producir, conforme a este apartado, la pérdida de la nacionalidad española de origen.

2. En todo caso, pierden la nacionalidad española los españoles emancipados que renuncien expresamente a ella, si tienen otra nacionalidad y residen habitualmente en el extranjero.

3. Los que habiendo nacido y residiendo en el extranjero ostenten la nacionalidad española por ser hijos de padre o madre españoles, también nacidos en el extranjero, cuando las leyes del país donde residan les atribuyan la nacionalidad del mismo, perderán, en todo caso, la nacionalidad española si no declaran su voluntad de conservarla ante el encargado del Registro Civil en el plazo de tres años, a contar desde su mayoría de edad o emancipación.

4. No se pierde la nacionalidad española, en virtud de lo dispuesto en este precepto, si España se hallare en guerra.

COMENTARIO

1.- Se contemplan en este artículo cuatro casos de pérdida voluntaria de la nacionalidad española, lo que es distinto a la pérdida forzosa que corresponde al concepto de privación de la nacionalidad y a esta última, no a la primera, se aplica el art. 11.2 de la Constitución que no permite la privación al español de origen. Los cuatro casos referidos son los siguientes:

Primero.- *Adquisición voluntaria de otra nacionalidad,* por una persona, española, emancipada (que incluye, impropiamente, la mayoría de edad) lo que no alcanza el caso de que la legislación extranjera le atribuya directamente la suya, sin declaración del interesado, por *ius soli,* matrimonio, etc.

Segundo.- *Utilización exclusiva de la nacionalidad extranjera* que tuviera atribuida antes de su emancipación (o mayoría de edad).

En uno y otro caso, la emancipación y la mayoría de edad viene establecida por la ley española, en aplicación del art. 9.1 del Código Civil, ya que se está refiriendo a un español que pierde su nacionalidad, pero como todavía es español se aplica la ley española respecto a su capacidad. También en uno y otro caso se exige que residan en el extranjero.

La pérdida se produce una vez hayan transcurrido tres años desde la adquisición de la nacionalidad extranjera o desde la emancipación o mayoría de edad. Sin embargo, hay dos excepciones:

Primera: No se produce la pérdida si la adquisición es de la nacionalidad de países iberoamericanos, Andorra, Filipinas, Guinea Ecuatorial y Portugal.

Segunda: Si el interesado hace la declaración ante el Encargado del Registro Civil de su voluntad de conservar la nacionalidad española, dentro de aquel plazo de tres años. Es una novedad, de CONSERVACION de nacionalidad, que ha introducido la Ley 36/2002, de 8 de octubre, de modificación del Código Civil en materia de nacionalidad.

Tercero.- *Renuncia expresa a la nacionalidad española,* siempre que tengan otra nacionalidad (para evitar la apatridia), esté emancipado (o mayor de edad) y que resida habitualmente en el extranjero (para evitar fraude).

Cuarto.- *Segunda generación de españoles, nacida en el extranjero.* La Ley 36/2002, de 8 de octubre, ha introducido un caso de pérdida de nacionalidad, con la posibilidad de conservación. Pierde la nacionalidad española el que ha nacido y reside en el extranjero y le ha sido atribuida esta nacionalidad extranjera, y son hijos de padre o madre españoles también nacidos en tal país. No la pierden si hacen declaración de conservación: en el plazo de tres años, a contar desde su mayoría de edad o emancipación, declaran su voluntad de conservar la nacionalidad española ante el Encargado del Registro Civil.

2.- En los cuatro casos anteriores se excluye la pérdida de la nacionalidad española, si España se halla en guerra.

CONCORDANCIAS

Véase:
— Constitución Española: art. 11.1.
— Ley del Registro Civil, de 8 junio 1957 («*B.O.E.*», 10 junio): art. 67.
— Reglamento del Registro Civil, de 14 noviembre 1958 («*B.O.E.*», 11 diciembre): arts. 232 y 233.
Texto vigente según Ley 36/2002, 8 octubre («*B.O.E.*», 9 octubre). Anteriores textos según Ley 15 julio 1954 («*B.O.E.*», 16 julio); Ley 14/1975, 2 mayo («*B.O.E.*», 5 mayo); Ley 51/1982, 13 julio («*B.O.E.*», 30 julio) y Ley 18/1990, 17 diciembre («*B.O.E.*», 18 diciembre).

Artículo 25

1. Los españoles que no lo sean de origen perderán la nacionalidad:

a) Cuando durante un período de tres años utilicen exclusivamente la nacionalidad a la que hubieran declarado renunciar al adquirir la nacionalidad española.

b) Cuando entren voluntariamente al servicio de las armas o ejerzan cargo político en un Estado extranjero contra la prohibición expresa del Gobierno.

2. La sentencia firme que declare que el interesado ha incurrido en falsedad, ocultación o fraude en la adquisición de la nacionalidad española produce la nulidad de tal adquisición, si bien no se derivarán de ella efectos perjudiciales para terceros de buena fe. La acción de nulidad deberá ejercitarse por el Ministerio Fiscal de oficio o en virtud de denuncia, dentro del plazo de quince años.

COMENTARIO

Este artículo contempla la pérdida forzosa, como sanción, de la nacionalidad española. Es el concepto de privación, que se aplica únicamente al que adquirió la nacionalidad española de tipo derivativa; no al español de origen, ya que no lo permite el artículo 11.2 de la Constitución Española ni lo prevé este artículo 25.

Tales casos son exclusivamente tres:

Primero. Cuando el que ha adquirido la nacionalidad española y ha renunciado a la que tenía, siga utilizando ésta exclusivamente durante un período de tres años. En la adquisición de la nacionalidad española por opción o naturalización (por carta de naturaleza o por residencia) se exige la renuncia a la nacionalidad que tenía. Si, pese a ello, la sigue utilizando exclusivamente, se contempla como un supuesto de fraude de ley o bien como una simulación de adquisición de nacionalidad, que en una u otra calificación, se debe declarar ineficaz y así se hace en este precepto, precisamente introducido por la Ley 36/2002, de 8 de octubre, de modificación del Código Civil en materia de nacionalidad.

Segundo. Cuando el español, no de origen, entra voluntariamente al servicio de las armas o ejerza cargo político en un Estado extranjero contra la prohibición expresa del Gobierno. Se trata de servicio de armas o de cargo político; antes se decía cargo «público» y la Ley del

2002 lo sustituyó por la expresión cargo «político», que es más adecuada y precisa. La prohibición expresa puede ser antes o durante el servicio de armas o el ejercicio del cargo político; el momento de la prohibición produce *ipso iure* la pérdida de la nacionalidad española, tanto si se inicia uno u otro contra ella o si se continúa tras la misma.

Tercero. Cuando por sentencia firme se declara que el adquirente de la nacionalidad española ha incurrido en falsedad, ocultación o fraude en su adquisición. Se trata de adquisición derivada. Da lugar a la pérdida de la nacionalidad, por cuanto se produce la nulidad de la adquisición. No se derivan efectos perjudiciales para terceros de buena fe. La legitimación activa para el ejercicio de esta acción de nulidad, le corresponde en exclusiva al Ministerio Fiscal, de oficio o por denuncia de un particular. Esta acción tiene un plazo de caducidad de quince años.

CONCORDANCIAS

Véase:
— Constitución Española: art. 11.1.
— Ley del Registro Civil, de 8 junio 1957 («*B.O.E.*», 10 junio): art. 67.
— Reglamento del Registro Civil, de 14 noviembre 1958 («*B.O.E.*», 11 diciembre): arts. 232 y 233.

Texto vigente según Ley 36/2002, 8 octubre («*B.O.E.*», 9 octubre). Anteriores textos según Ley 15 julio 1954 («*B.O.E.*», 16 julio); Ley 14/1975, 2 mayo («*B.O.E.*», 5 mayo); Ley 51/1982, 13 julio («*B.O.E.*», 30 julio) y Ley 18/1990, 17 diciembre («*B.O.E.*», 18 diciembre).

Artículo 26

1. Quien haya perdido la nacionalidad española podrá recuperarla cumpliendo los siguientes requisitos:

a) Ser residente legal en España. Este requisito no será de aplicación a los emigrantes ni a los hijos de emigrantes. En los demás casos podrá ser dispensado por el Ministro de Justicia cuando concurran circunstancias excepcionales.

b) Declarar ante el encargado del Registro Civil su voluntad de recuperar la nacionalidad española.

c) Inscribir la recuperación en el Registro Civil.

2. No podrán recuperar o adquirir, en su caso, la nacionalidad española sin previa habilitación concedida discrecionalmente por el Gobierno, los que se encuentren incursos en cualquiera de los supuestos previstos en el artículo anterior.

COMENTARIO

1.- La recuperación de la nacionalidad es la facultad que tiene aquél que perdió la española, para recobrarla. Se basa en dos presupuestos: el haber sido español y la voluntad de cambiar de estado, haciéndose de nuevo español. Antiguamente se explicaba la recuperación por la fuerza latente que siempre mantiene la nacionalidad de origen, en relación con las causas que produjeron su pérdida, que funcionan como obstáculos a su natural eficacia; removida la causa, renace la anterior nacionalidad originaria. Actualmente no se mantiene la misma concepción y se regula la recuperación tanto de la nacionalidad de origen, como de la adquirida derivativamente.

2.- Este artículo 26 regula la recuperación sin distinguir cómo la había adquirido en su día (de origen o derivativa) ni cómo la había perdido (voluntaria o forzosamente, aunque en este último caso se exige un requisito adicional).

Para recuperar la nacionalidad española se exigen estos requisitos:

Primero.- *Ser residente legal en España*. De este requisito puede dispensar el Ministro de Justicia. Y no se exige si el interesado es emigrante o hijo de emigrante.

Segundo.- *Declarar ante el encargado del Registro Civil su voluntad de recuperar la nacionalidad española.*

Tercero.- *Inscribir la recuperación en el Registro Civil.*

3.- En caso de que la nacionalidad se hubiera perdido de forma forzosa, es decir, como sanción, lo que constituye el concepto de privación, se exige un requisito más: la *habilitación concedida discrecionalmente por el Gobierno.*

JURISPRUDENCIA

«los requisitos exigidos en dicho precepto, es decir, declaración de la voluntad de recuperar la nacionalidad española ante el encargado del Registro Civil de su residencia, inscripción en el Registro Civil, y renuncia a la nacionalidad extranjera que hubiere ostentado... a partir de cuya fecha empieza a producir efectos la recuperación de la nacionalidad, como ha declarado la sentencia de esta Sala de 22 de febrero de 1960 al aplicar a la recuperación lo dispuesto en el art. 330 del Código Civil respecto a las naturalizaciones; sin que a ello obste el no haberse inscrito en el Registro Civil la pérdida de la nacionalidad española por doña Raquel ya que, en este caso, la inscripción no es constitutiva a tenor del art. 67 de la Ley de Registro Civil que establece que "la pérdida de la nacionalidad se produce siempre de pleno derecho, pero debe ser inscrita", por lo que al aceptar voluntariamente otra nacionalidad se pierde de forma automática la española.» (19 julio 1989, LA LEY 12209-R/1989).

CONCORDANCIAS

Véase Reglamento del Registro Civil, de 14 noviembre 1958 (*«B.O.E.»,* 11 diciembre): arts. 228 y ss. Texto vigente según Ley 36/2002, 8 octubre (*«B.O.E.»*, 9 octubre).

Artículo 27

Los extranjeros gozan en España de los mismos derechos civiles que los españoles, salvo lo dispuesto en las leyes especiales y en los Tratados.

COMENTARIO

1.- El extranjero es la persona que no tiene el estado civil de español; carece de la nacionalidad española porque tiene otra nacionalidad o porque no tiene ninguna, que es el caso del apátrida. En el ámbito del Derecho privado, el Ordenamiento jurídico español adopta el sistema de equiparación o igualdad entre españoles y extranjeros, en este art. 27.

El sentido de esta norma no es de equiparación o igualdad absoluta. Únicamente se trata de rechazar la corriente jurídica, que negaba o restringía la capacidad jurídica o de obrar del extranjero. Establece, pues, una igualdad formal. Y, efectivamente, desde el punto de vista de la capacidad genérica del Derecho privado, el Código Civil no hace diferencia entre nacional o extranjero.

2.- A pesar de este principio de equiparación o igualdad, se producen importantes diferencias relativas al extranjero, respecto al español, esencialmente en tres situaciones.

Primera. La capacidad y el estado civil, los derechos y deberes de familia y los de su sucesión *mortis causa* la determina su ley nacional, según dispone el art. 9.1.

Segunda. Leyes especiales, a que se remite el art. 27, en cuanto puedan imponer *restricciones o limitaciones* al ejercicio de sus derechos a los extranjeros. Se refieren esencialmente a adquisiciones de bienes sitos en España (inversiones de extranjeros o adquisición por éstos de ciertas fincas rústicas) o a determinados contratos (con el Estado, de seguros, etc.). Asimismo, algunas leyes especiales aplican el *principio de reciprocidad* a las relaciones jurídicas que regulan, estableciendo la reciprocidad legislativa con el país a que pertenezca el extranjero (así la Ley de Arrendamientos Rústicos, en su art. 14.2 redactado por Ley de 28 de febrero de 1991, establece la reciprocidad, salvo si se trata de nacionales de la Unión Europea).

Tercera. *Tratados internacionales* que necesitan para su vigencia en España la publicación en el *Boletín Oficial del Estado*, pero a partir de este momento sus normas son preferentes a las nacionales. Pueden ser bilaterales o multilaterales, según sean convenidas con otro Estado o con un conjunto. Son frecuentes sus normas sobre capacidad para ciertos actos. Los Tratados pueden alterar la igualdad general que proclama el art. 27, pero no hay normas generales de todos, sino que ha de analizarse el contenido de cada uno para cada caso concreto.

CONCORDANCIAS

Véase:

— Constitución Española: art. 13.

— L.O. 4/2000, 11 enero, sobre derechos y libertades de los extranjeros en España y su integración social («*B.O.E.*», 12 enero)

Texto vigente según Ley 15 julio 1954 («*B.O.E.*», 16 julio).

Artículo 28

Las corporaciones, fundaciones y asociaciones, reconocidas por la ley y domiciliadas en España, gozarán de la nacionalidad española, siempre que tengan el concepto de personas jurídicas con arreglo a las disposiciones del presente Código.

Las asociaciones domiciliadas en el extranjero tendrán en España la consideración y los derechos que determinen los tratados o leyes especiales.

COMENTARIO

1.- El concepto de nacionalidad está ligado, intrínsecamente, a la persona física. Sin embargo, en toda persona jurídica existe un sustrato de personas físicas y, por otra parte, al Derecho le conviene regular las personas jurídicas y, como punto de partida, establecer la relación entre las mismas y un Estado determinado. Lo cual significa atribuirles una nacionalidad. Así, se conocerá qué normas de qué Estado regulan su constitución, su funcionamiento y su extinción.

2.- El criterio que sigue el Código es doble. Son españolas las personas jurídicas: primero, por el domicilio: es española la persona jurídica domiciliada en España; segunda, por la constitución: además, es preciso que esté constituida según el Ordenamiento español.

CONCORDANCIAS

Véase:

— arts. 9.11, 35 a 39 y 41 de este Código.

— Real Decreto legislativo 1/2010, de 2 julio, por el que se aprueba el texto refundido de la Ley de sociedades de capital.

TÍTULO II
Del nacimiento y la extinción de la personalidad civil

CAPÍTULO PRIMERO
DE LAS PERSONAS NATURALES

Artículo 29

El nacimiento determina la personalidad; pero el concebido se tiene por nacido para todos los efectos que le sean favorables, siempre que nazca con las condiciones que expresa el artículo siguiente.

COMENTARIO

1.- La personalidad es la cualidad inherente a la persona como tal: es la condición de persona; es una situación jurídica subjetiva, una cualidad reconocida por el Derecho al ser humano (persona física) y a ciertas organizaciones humanas (personas jurídicas).

La *persona* es el ser humano y al ser humano —individual, persona física, o colectivo, persona jurídica— el Derecho lo considera como sujeto de derecho, es decir, sujeto de la relación jurídica y sujeto del derecho subjetivo y del deber jurídico. Persona es el ser humano, sujeto de derecho; personalidad es la cualidad de persona; por tanto, personalidad es la aptitud para ser sujeto de relaciones jurídicas.

Con lo cual, el concepto de personalidad es coincidente con el de *capacidad jurídica*, que es la aptitud para ser titular de derechos subjetivos y de deberes jurídicos; o, en otras palabras, la idoneidad para ser sujeto de relaciones jurídicas. Por más que la personalidad y capacidad jurídica son conceptos coincidentes, no puede obviarse que la personalidad es emanación jurídica de la persona y la capacidad le es atribuida por el ordenamiento jurídico. La personalidad es presupuesto e implica la capacidad jurídica. Toda persona, por el hecho de serlo, tiene capacidad jurídica; la tiene desde el comienzo hasta el fin de su personalidad. Por tanto, todo ser humano y las personas jurídicas.

2.- En la persona física, el comienzo de la personalidad, es decir, la adquisición de la cualidad de persona o de la capacidad jurídica, se produce por el *nacimiento*. El Código Civil ha prescindido de la teoría de la concepción (comienza la personalidad en este momento) y de la teoría de la viabilidad (adquiere la personalidad la criatura viable, que es la que nace viva, sin vicio orgánico o funcional que le imposibilite para continuar su existencia independiente) y sigue la teoría del nacimiento, como dice este art. 29 en su primer inciso y desarrolla el artículo siguiente, al concretar qué entiende por nacido.

3.- Aunque sea el nacimiento el momento que determina el comienzo de la personalidad, el Derecho protege al *nasciturus*, ser concebido pero aún no nacido. Este art. 29, en su segundo inciso, así lo declara y lo condiciona a que se produzca el nacimiento con los requisitos que prevé el artículo siguiente. Se produce una situación de pendencia, en la que no se concede al concebido la personalidad (que sólo se atribuye con el nacimiento), por lo que el derecho que es favorable al concebido permanece en situación de pendencia y decide su adquisición el momento del nacimiento: si nace con los requisitos del art. 30, se produce la adquisición, teniéndole por nacido desde la concepción; en caso contrario, el derecho no sufre alteración, ya que no lo llega a adquirir nunca el concebido que no ha nacido.

Se trata de una protección condicional, que sólo se da si llega a nacer con los requisitos del art. 30, y relativa, que sólo se extiende a lo favorable.

Se entiende que son efectos favorables la adquisición de derechos o de cualquier otra ventaja jurídica, aunque con ellos se asuman las obligaciones y gravámenes que los acompañan (una servidumbre predial o una hipoteca junto a la adquisición de la propiedad de la finca, por ejemplo); es decir, «*los efectos que le sean favorables*» no pueden aislarse de los desfavorables: cada situación jurídica es unitaria y no puede separarse la favorable de la desfavorable; si, como un todo, es favorable, se aplicará el art. 29.

Dos concretos efectos favorables son contemplados en el Código civil que son los más generales e importantes: donación y sucesión: 1.º) donaciones hechas a concebidos (art. 627); 2.º) sucesión *mortis causa* a la que es llamado un concebido (arts. 959 y ss.) que provoca la suspensión de la partición; igualmente 3.º), todo caso en que son nombrados beneficiarios «los hijos» debe incluirse al *nasciturus*.

4.- Esta proclamación de que el nacimiento determina la personalidad debe relacionarse hoy con el art. 10 de la Constitución que recoge el valor esencial de la persona, al destacar como fundamento del orden establecido la dignidad de la persona y el libre desarrollo de la personalidad.

En relación con ello, pueden considerarse incluidos aquí los *derechos de la personalidad.* Aquellos aspectos o manifestaciones inherentes a la persona y especialmente trascendentes, que son protegidos por el Derecho y tenidos como derechos subjetivos: poder que el ordenamiento jurídico concede a la persona, para la autoprotección de los intereses más inherentes a la misma, en sus aspectos material y moral.

Los concretos derechos de la personalidad son: el derecho a la vida y a la integridad física, el derecho a la libertad, el derecho al honor, intimidad e imagen (regulados específicamente por la Ley Orgánica 1/1982, de 5 mayo), derecho a la identidad personal (nombre, apellidos y pseudónimo); el derecho moral de autor, que a veces se ha mantenido que es un derecho de la personalidad, no se puede considerar como tal, ya que no es inherente a toda persona humana, aunque sí es un derecho reconocido por la Ley de Propiedad Intelectual (art. 14), texto refundido aprobado por Real Decreto legislativo 1/1996, de 12 abril.

JURISPRUDENCIA

Sobre la presunción de la capacidad de obrar:

«a la aludida menor no se le puede negar la personalidad, pues la tiene, si bien le falta capacidad para comparecer en juicio y el hecho de haber comparecido la procuradora a través de poder otorgado por quien lo tenía de su madre, que en ejercicio de la patria potestad podía comparecer a nombre de la misma, en modo alguno significa un defecto originador de indefensión en la otra parte, sino un simple defecto formal que debe entenderse subsanable y subsanado con la posterior actuación de la madre que en momento alguno negó tal representación». (10 marzo 1998, LA LEY 2876/1998)

«La parte recurrente parte de la base de que desde el instante mismo que la compraventa fue realizada ante notario por la propia vendedora, la capacidad de la misma alcanza un valor de presunción iuris tantum. Sobre esta cuestión, desde luego, hay que estar en total acuerdo, según doctrina jurisprudencial de esta Sala (Ss. 11 de abril de 1898 hasta la S 7 de octubre de 1982). Además no se puede olvidar que los juicios del notario sobre la realidad de hechos no sensibles como es el del juicio de capacidad mental del otorgante, la prueba de contrario para destruir tal presunción iuris tantum no deberá dejar margen racional de duda, puesto que la adveración del fedatario autorizante reviste especial relevancia de certidumbre (S 7 de octubre de 1982). Y la referida presunción de la capacidad de la compradora, queda totalmente enervada en la presente litis, con la prueba pericial y testifical, desde el instante mismo en que quedó comprobado que la misma presentaba una psicosis confusional, que alteraba tanto las facultades afectivas, como las intelectivas y las volitivas». (4 mayo 1998, LA LEY 5385/1998)

Sobre la transexualidad:

2 julio 1987, LA LEY 12423-JF/0000. 15 julio 1988, LA LEY 3278-JF/0000. 3 marzo 1989, LA LEY 153535-JF/0000. 19 abril 1991, LA LEY 2010-JF/0000.

«En otro orden de cosas, de la lectura de las sentencias de esta Sala que cita la recurrente se llega a la conclusión de que en los supuestos a que las mismas se referían los demandantes (todos ellos con sexo cromosómico masculino) habían completado el proceso quirúrgico de reasignación de sexo, en su caso indicado, logrando la adecuación del fenotipo personal al sexo al que sentían pertenecer, a fin de poner remedio al trastorno de identidad de género que sufrían. Así, la S 2 Jul. 1987, concedía el cambio de la indicación de sexo a un varón teniendo en cuenta que había extirpado y suprimido sus caracteres primarios y secundarios y presentaba vagina artificial reconstruida con piel del escroto. En parecidos términos, la S 15 Jul. 1988 llegaba a análoga decisión respecto a otro varón cuya apariencia femenina calificaba de completa, por haber suprimido quirúrgicamente los atributos de su sexo genético o cromosómico. La de 3 Mar. 1989, consideraba relevante, a los mismos efectos, al hecho de que el actor no tenía ni pene ni escroto, habiéndosele vaciado las bolsas de sus testículos que habían sido invaginadas en la cavidad abdominal y presentaba vagina artificial con introito vulvar de dos centímetros, extensible, y profundidad de diez centímetros. Igualmente la de 19 Abr. 1991 tomaba en consideración que el recurrente se había sometido a operación quirúrgica de vaginoplastia, presentando unos labios mayores cuya separación revela introito vaginal, con neovagina de fondo ciego de unos seis centímetros.» (6 septiembre 2002, LA LEY 7678/2002)

CONCORDANCIAS

Véase arts. 627 y 959 a 967 de este Código.

Artículo 30

La personalidad se adquiere en el momento del nacimiento con vida, una vez producido el entero desprendimiento del seno materno.

COMENTARIO

1.- El texto de este artículo ha sido redactado por la Ley del Registro civil de 21 julio 2011, derogando aquél del Código civil de 1889, que reproducía el del Proyecto de 1851, que imponía la teoría de la viabilidad.

Según ésta, se exigía para la admisión de la personalidad no sólo el nacimiento, sino que la criatura (a la que llamaba «feto») naciera viva y la vida se le prolongara, al menos, veinticuatro horas.

2.- El texto vigente acepta, como se venía propugnando por toda la doctrina, la teoría del nacimiento. Una vez se haya producido la completa separación de la criatura del claustro materno, que es la ruptura del cordón umbilical, comienza la personalidad para el nuevo ser. En este instante tiene la capacidad jurídica que implica la aptitud para ser titular de derechos y obligaciones, sin perjuicio de la capacidad de obrar, aptitud para ejercerlas, que la obtendrá en la mayoría de edad.

CONCORDANCIAS

Texto vigente por Ley 20/2011, de 21 julio, de Registro Civil, disposición final tercera, en relación a la disposición final décima hasta la entrada en vigor de esta nueva ley del Registro civil, que será a los tres años desde su publicación en el BOE (22 julio 2011) conforme a la disposición final décima. Téngase en cuenta que esta misma dispone que la modificación del Código civil entra en vigor al día siguiente.

Hasta entonces, véase:

— Ley del Registro Civil, de 8 junio 1957 (*«B.O.E.»*, 10 junio): arts. 40 a 46.

— Reglamento del Registro Civil, de 14 noviembre 1958 (*«B.O.E.»*, 11 diciembre): arts. 165 a 174.

Artículo 31

La prioridad del nacimiento, en el caso de partos dobles, da al primer nacido los derechos que la ley reconozca al primogénito.

COMENTARIO

En caso de partos dobles o múltiples surge el problema de saber cuál de los nacidos tendrá los derechos inherentes a la primogenitura. Antiguamente se sostuvo que el último nacido era el concebido primero y, por tanto, el mayor. La importancia dada al nacimiento ha hecho que nuestro Código Civil decida la cuestión en el art. 31. Esta regla, por analogía, se aplica al caso de partos múltiples. Con lo cual sigue fiel esta regla al principio de que el nacimiento determina la personalidad y, por tanto, el primero de los nacimientos implica que fue antes el comienzo de la personalidad, y, por tanto, el mayor, el llamado primogénito (aunque etimológicamente esta palabra significa primer concebido).

Este art. 31 concede al primer nacido los derechos *que la ley reconoce al primogénito*, lo que debe entenderse en el sentido de que es el mayor, el primogénito, a todos los efectos, no sólo legales, sino también voluntarios (como cuando se nombra heredero al «mayor de mis hijos»).

CONCORDANCIAS

Véase:

— art. 184.2.º y 4.º de este Código.

— Reglamento del Registro Civil, de 14 noviembre 1958 (*«B.O.E.»*, 11 diciembre): art. 170.1.º.

Artículo 32

La personalidad civil se extingue por la muerte de las personas.

COMENTARIO

En la historia del Derecho se enumeran diversas causas por las que perdía la personalidad: la atimia, en el Derecho griego; la capitis deminutio maxima, en Roma; la pérdida de la paz, entre los germanos; más modernamente, la muerte civil y la llamada muerte del claustro. En el Derecho español se desechó pronto la muerte civil, que no parece haber tenido arraigo en las costumbres y la situación del religioso no se consideró tampoco causa de verdadera pérdida de la personalidad civil.

Siguiendo la tradición jurídica, el Código Civil, en su art. 32, dispone que la *personalidad civil se extingue por la muerte de las personas*, lo que significa que es la única causa de extinción que admite y reconoce.

Son importantes dos extremos: la constancia del hecho de la muerte de la persona y, en segundo lugar, pues ello puede tener gran importancia práctica, fijar el momento de la muerte; de ahí la regulación cuidadosa de los asientos del fallecimiento en el Registro civil y la importancia de las llamadas cuestiones de premoriencia y conmoriencia.

JURISPRUDENCIA

«Aunque los artículos 4 y 5 de la Ley 1/1982, de 5 de mayo, legitiman a la persona designada en el testamento o a determinados parientes para el ejercicio de las acciones de protección civil del honor, la intimidad o la imagen de una persona fallecida, es lo cierto que la personalidad se extingue con la muerte (artículo 32 del Código Civil). Ni siquiera el heredero es en nuestro sistema un continuador de la personalidad del difunto. Por ello, como declaró la Sentencia del Tribunal Constitucional 231/1988, de 2 de diciembre, muerta la persona y extinguida su personalidad, desaparece el mismo objeto de la protección constitucional.

III. Lo dicho, sin embargo, no impide que la demandante, como cónyuge viudo, sea titular del derecho a la intimidad familiar (artículo 18.1 de la Constitución Española y Sentencia 231/1988, antes mencionada) referido o proyectado sobre el cadáver de su marido». (2 julio 2004, rec. 3129/2000)

CONCORDANCIAS

Véase:
— arts. 193 a 197 de este Código.
— Ley del Registro Civil, de 8 junio 1957 (*«B.O.E.»*, 10 junio): arts. 81 a 87.
— Reglamento del Registro Civil, de 14 noviembre 1958 (*«B.O.E.»*, 11 diciembre): arts. 273 a 282.
Texto vigente según Ley 13/1983, 24 octubre (*«B.O.E.»*, 26 octubre).

Artículo 33

Si se duda, entre dos o más personas llamadas a sucederse, quién de ellas ha muerto primero, el que sostenga la muerte anterior de una o de otra, debe probarla; a falta de prueba, se presumen muertas al mismo tiempo y no tiene lugar la transmisión de derechos de uno a otro.

COMENTARIO

En el caso de que varias personas hayan perecido con ocasión de un mismo acontecimiento, puede ser incierto el momento preciso de la muerte de cada una, del que dependa la posibilidad de que se realice entre ellas una sucesión hereditaria.

En el Derecho romano existían unas presunciones basadas en la edad, que determinaban quién se presumía muerto antes. Se desenvolvieron en el tiempo por la multiplicidad de casos posibles y el Código de Napoleón acogió una serie que se basaba en la mayor o menor resistencia orgánica, teniendo en cuenta la edad y el sexo. Sin embargo, tales presunciones son injustificadas porque en semejantes casos el momento de la muerte depende no tanto de la resistencia orgánica como del azar o de la situación particular de las personas, es decir, de la accidentalidad del hecho.

El legislador ha resuelto estas cuestiones en el art. 33 del Código civil. Su ámbito de aplicación se extiende a todo caso de duda sobre la relación de supervivencia entre dos personas fallecidas; lo mismo si fallecieron en un mismo accidente que si murieron en lugares o situaciones distintas; sea que se ignore el momento de la muerte de ambos o sólo de una de ellas. La duda a que se refiere el precepto es la incertidumbre invencible; la prueba de la sucesión de los fallecimientos puede hacerse por cualquiera de los medios permitidos por el Derecho; pero no se admiten las meras conjeturas, la verosimilitud o el cálculo de probabilidades.

Con ello adopta nuestro Código la *teoría de la conmoriencia*, que más que una presunción aparece como una ficción, porque la muerte simultánea de varias personas es casi imposible. Aunque en realidad esta norma no es más que la aplicación a este caso especial de la *doctrina de la carga de la prueba*, en virtud de la cual quien reclama un derecho fundado en un determinado hecho (en este caso, la premoriencia de uno u otro) está obligado a probar el hecho.

JURISPRUDENCIA

«la aludida presunción de conmoriencia no puede ser sustituida por la propugnada de premoriencia porque no lo permite la tremenda violencia del choque y el incendio subsiguiente del vehículo con cremación de ambos cuerpos». (10 marzo 1998, LA LEY 2876/1998)

CONCORDANCIAS

Véase art. 327 de este Código.

Artículo 34

Respecto a la presunción de muerte del ausente y sus efectos, se estará a lo dispuesto en el título VIII de este libro.

COMENTARIO

A la muerte, como causa de extinción de la personalidad, se asimila la declaración de fallecimiento regulada en los arts. 193 y ss. a la que se remite el presente artículo.

Implica una presunción de muerte (art. 195) que produce la disolución del matrimonio (art. 85), la apertura de la sucesión *mortis causa* (art. 196) y otros efectos.

CONCORDANCIAS

Véase arts. 193 a 197 de este Código.

CAPÍTULO II
DE LAS PERSONAS JURÍDICAS

Artículo 35

Son personas jurídicas:

1.º Las corporaciones, asociaciones y fundaciones de interés público reconocidas por la ley.

Su personalidad empieza desde el instante mismo en que, con arreglo a derecho, hubiesen quedado válidamente constituidas.

2.º Las asociaciones de interés particular, sean civiles, mercantiles o industriales, a las que la ley conceda personalidad propia, independiente de la de cada uno de los asociados.

COMENTARIO

1.- El título II de este libro primero del código civil es destinado a la regulación general de la personalidad y, por ello, el capítulo primero lo ha destinado a la persona física y el capítulo segundo, que empieza con este art. 35, a la persona jurídica. Ésta es una organización humana que persigue un determinado fin y a la que el derecho le reconoce la personalidad.

La Constitución Española reconoce el derecho de asociación en el art. 22 y el de fundación para fines de interés general en el art. 34.

El Código Civil contiene una mínima y básica normativa que es desarrollada por multitud de leyes relativas a asociaciones, sociedades mercantiles y fundaciones.

La práctica ha dado una extensión inconmensurable a las personas jurídicas —esencialmente las mercantiles— hasta el punto de llegar a un crecimiento desbordado que ha deformado su concepto y función y, lo que empezó siendo una figura jurídica para ayudar a los intereses humanos, se ha llevado, en numerosas ocasiones, a utilizar como medio para burlar la aplicación de la ley y, esencialmente, del principio de responsabilidad universal que proclama el art. 1911 del C.c.

Para evitar tales desviaciones y abusos ha nacido y desarrollado en la jurisprudencia la doctrina del «levantamiento del velo» que viene de la anglosajona, *«disregard»* (correr el velo) y de la germana *«durchgriff»* (penetración a través de). Se entra en el interior de la persona jurídica («a través e ella») para descubrir («levantando el velo») lo que hay realmente en su interior; así, no pueden unas personas físicas ocultarse tras la jurídica para eludir la responsabilidad patrimonial propia; la separación de patrimonio entre la persona física y la jurídica no es oponible a terceros, cuando media mala fe; la figura de la persona jurídica no ampara un fraude de ley ni permite un uso antisocial del derecho.

2.- El presente artículo hace la distinción de las personas jurídicas en asociaciones y fundaciones.

La asociación es una *organización formada por un grupo de personas;* éstas deciden su funcionamiento y su actuación; son soberanos de la misma; su esencia es, pues, la pluralidad de personas, *universitas personarum.*

La fundación es una *organización creada (fundada) por una persona (el fundador) para cumplir un fin de interés general impuesto por ésta, para lo cual le ha dotado de medios económicos adecuados;* es la voluntad del fundador la decisiva para la organización, funcionamiento y actuación; las personas que rigen la fundación no son soberanos de la misma; sino que deben cumplir el fin ordenado, con la organización que ha creado el fundador y con los medios que fueron dotados por éste: son servidores de la fundación. Su esencia radica en los medios adecuados para el fin, *universitas bonorum.* Siempre serán de interés público o general (arts. 34 de la Constitución y 35.1 del Código Civil).

Las corporaciones no son un tercer tipo de personas jurídicas, sino que son asociaciones con la particularidad de haber sido *creadas o reconocidas expresamente por ley, que les otorga su concreta capacidad;* sin embargo, el resto de asociaciones se crean por negocio jurídico; así lo expresa el art. 37: *la capacidad civil de las corporaciones se regulará por las leyes que las hayan creado o reconocido;* son normalmente públicas y, de ser privadas, de interés general.

A su vez, dentro de las asociaciones se distinguen las asociaciones *stricto sensu* que pueden perseguir cualquier fin (de interés público o de interés privado) que puede ser de lucro o no (cultural, recreativo, etc.) y las sociedades civiles (art. 1655 del Código Civil) o mercantiles (Código de Comercio y Leyes de Sociedades Anónimas y de Sociedades de Responsabilidad Limitada), que persiguen fin de lucro; las sociedades, pues, son una especie dentro del género de las asociaciones.

3.- También en este artículo se prevé el nacimiento de la persona jurídica, en el sentido de la adquisición de la personalidad, de la misma forma que el art. 29 lo prevé para la persona física. De los dos sistemas de adquisición de la personalidad, el de concesión (por un órgano del Estado) y el de atribución (por el Derecho) o libre constitución, éste es el seguido en el Derecho español que proclama la propia Constitución, arts. 22 y 34, como derecho de ciudadano, aclarando (en el apartado 3 del art. 22) que la exigencia de inscripción, cuando sea precisa, no es un tipo de concesión, sino un requisito más (como el de la escritura pública en las sociedades mercantiles) que exige el Derecho y «a los solos efectos de publicidad», aunque —qué duda cabe— la inscripción llevará consigo un control de que se reúnen los requisitos que exige el Derecho (así, la inscripción en el Registro de asociaciones o en el Registro mercantil).

El art. 35, número 1, del Código Civil proclama el mismo principio respecto a las personas jurídicas de interés público: *su personalidad empieza desde el instante mismo en que, con arreglo a derecho hubieren quedado válidamente constituidas;* y en el número 2.º, respecto a las de interés privado, lo reitera: *a las que la ley conceda personalidad propia.*

Es, pues, el Derecho, la ley, quien atribuye la personalidad o capacidad jurídica, al concurrir los presupuestos de su constitución, que no serán otra cosa que el negocio jurídico constitutivo. Lo importante es que no concede la personalidad un órgano del Estado. Así, la Ley de asociaciones de 22 de marzo de 2002 dispone que se constituye por acuerdo —es decir, negocio jurídico—, que se formaliza en el acta fundacional (artículo 5). Lo mismo, las sociedades civiles (artículo 1669, *a sensu contrario)* y mercantiles (Código de comercio, Ley de sociedades anónimas y Ley de sociedades de responsabilidad limitada). Igualmente, la Ley de fundaciones, de 26 de diciembre de 2002, prevé su constitución por negocio jurídico *inter vivos* o *mortis causa* (artículo 9).

JURISPRUDENCIA

Sobre la personalidad jurídica de las personas jurídicas:

«el Ordenamiento jurídico español concibe a las sociedades civiles y mercantiles regulares como personas jurídicas por sí, con independencia de las personas físicas de los socios que la integran; es contrato de creación de persona jurídica atribuida al ente social. Así resulta sin duda alguna de los artículos 35, número dos, y 36 del Código Civil y del artículo 1669 del mismo Código, que considera excepcional que la sociedad no tenga personalidad jurídica. Por tanto, no puede confundirse la actuación de la sociedad, como ente independiente de los socios, con la particular de cada uno de los socios, y así cuando el artículo 38, p. 1, del Código Civil faculta a las sociedades para adquirir y poseer bienes de toda clase y contraer obligaciones y ejercitar acciones civiles o criminales, es indudable que no se refiere a las personas físicas de los que las forman. En conclusión, un acto de autorización concedida a la sociedad como personalidad jurídica autónoma». (31 mayo 1994, LA LEY 716/1994)

«difícilmente pudo otorgar tal autorización una persona jurídica aún no nacida a la vida del derecho. La misma parte reconoce que la inscripción registral de las sociedades anónimas es constitutiva, de tal forma que su propia existencia está subordinada a este requisito; siendo ésta precisamente la razón de ser del precepto que la parte recurrente cita como infringido, ya que la subordinación de la validez de los contratos a una ratificación efectuada con posterioridad a la inscripción, carecería de sentido si la sociedad pudiera válidamente autorizarlos antes de ser inscrita. Se puede por tanto resumir, que las personas físicas o jurídicas inexistentes no pueden autorizar acto jurídico alguno». (15 julio 1996, LA LEY 8635/1996)

Sobre la doctrina del levantamiento del velo de la persona jurídica:

«en ciertos casos y circunstancias, es permisible penetrar en el substratum personal de las entidades o sociedades a las que la ley confiere personalidad jurídica propia, con el fin de evitar que al socaire de esa ficción o forma legal de respeto obligado, por supuesto, en la normalidad de los casos, se puedan perjudicar ya intereses privados o públicos, o bien ser utilizada como vehículo de fraude». (31 enero 2000, LA LEY 218146/2000)

«la doctrina jurisprudencial del «levantamiento del velo» se aplica, cuando consta probado que la sociedad, en cuestión, carece de funcionamiento real e independiente respecto de la otra persona que la controla, con lo que se convierte en simple instrumento de otra u otros para actuar en el tráfico mercantil sin voluntad, ni personalidad propia. Debe considerarse además, que, como resulta de la sentencia del TS de 31 Ene. 2000, que reitera las de 25 Oct. 1997 y 30 May. 1998, la citada doctrina jurisprudencial tiene aplicación limitada, pues lo normal es el obligado respeto a la forma legal, aunque excepcionalmente, cuando se evidencia que la forma esconde una ficción, quepa penetrar en el sustrato personal de dichas entidades o sociedades, para evitar el perjuicio a terceros y su utilización como vehículo de fraude». (11 octubre 2000, LA LEY 2994/2002)

«reiterada doctrina de esta Sala acerca de la necesidad de levantar el velo de la persona jurídica cuando su creación persigue finalidades fraudulentas. Cabe entonces desconocer el hermetismo y aislamiento de la personalidad jurídica de la sociedad respecto de la de sus elementos personales componentes». (22 noviembre 2000, LA LEY 969/2002)

«doctrina del denominado levantamiento del velo de la persona jurídica, expresión adaptada de la palabra anglosajona disregard y de la germana Durchgrift, cuya función es desvelar verdaderas situaciones en orden a la personalidad para evitar ficciones fraudulentas, como señaló la S 28 May. 1984 y ha repetido la de 15 Oct. 1997 más recientemente, y también por otras muchas —ad exemplum, de 16 Jul. y 24 Sep. 1987, 5 Oct. 1988, 20 Jun. y 12 Nov. 1991 y

12 Feb. 1993—. La idea central y básica consiste en que no cabe la alegación de separación de patrimonios de la persona jurídica cuando tal separación resulta una ficción, que pretende un fin fraudulento, como el incumplimiento contractual o aparentar insolvencia». (22 noviembre 2000, LA LEY 941/2002)

«La doctrina jurisprudencial angloamericana creó la figura de la teoría del levantamiento del velo —lifting the veil— que desembocaba en la acción de rasgar el velo —piercing the veil—, con la finalidad de deshacer lo ficticio e irrumpir en la realidad, todo ello con el fin de evitar el fraude a terceros, que se realizaba a través de la ingeniería societaria que permite la estructura de la sociedad anónima, y cuya posibilidad de efectos era casi ilimitada, lo que a veces llevaba, entre otros, a las consecuencias dañinas de simular la constitución de una sociedad para eludir o hacer prevalecer ciertos derechos». (5 abril 2001, LA LEY 4612/2001)

«El tercero, que pone en relación los dos anteriores, es atinente al levantamiento del velo de la persona jurídica, al efecto de descubrir lo que está debajo y ver quien verdaderamente es y al objeto de evitar el fraude de ley o el abuso del derecho en perjuicio de tercero. La S 15 Oct. 1997, entre otras muchas, incluso posteriores que la reiteran, expresa que la doctrina del llamado levantamiento del velo de la persona jurídica, expresión que es adaptación de la anglosajona Disregard y de la germana Durchgriff, tiene como función evitar el abuso de una pura fórmula jurídica y desvela las verdaderas situaciones en orden a la personalidad, para evitar ficciones fraudulentas, tal como dice la S 28 May. 1984, verdaderamente emblemática en esta cuestión y que ha sido seguida, incluso a veces con literalidad, por las SS 16 Jul. 1987, 24 Sep. 1987, 5 Oct. e 1988, 20 Jun. 1991, 12 Nov. 1991, 12 Feb. 1993. La idea básica es que no cabe la alegación de la separación de patrimonios de la persona jurídica por razón de tener personalidad jurídica, cuando tal separación es, en la realidad, una ficción que pretende obtener un fin fraudulento, como incumplir un contrato, eludir la responsabilidad contractual o extracontractual, aparentar insolvencia, etc. Tal como dice la S 3 Jun. 1991 se proscribe la prevalencia de la personalidad jurídica que se ha creado si con ello se comete un fraude de ley o se perjudican derechos de terceros; lo que reiteran las de 16 Mar. 1992, 24 Abr. 1992, 16 Feb. 1994, y la de 8 Abr. 1996». (18 abril 2001, LA LEY 5183/2001)

«La doctrina denominada del levantamiento del velo de las personas jurídicas, que viene siendo objeto de un minucioso examen por las sentencias de esta Sala (entre las más recientes cabe citar las de 17 Oct. y 22 Nov. —dos— de 2000 y 5 y 7 Abr. y 8 May. 2001), permite penetrar en el sustrato de las sociedades para percibir su auténtica realidad y poder así averiguar si la autonomía patrimonial consustancial a la personalidad jurídica es o no utilizada como una ficción con un fin fraudulento o abusivo con el propósito de perjudicar a tercero, lo que abre un gran abanico de posibilidades como el incumplimiento contractual, aparentar insolvencia, sustraer bienes de la ejecución forzosa, soslayar o hacer prevalecer ciertos derechos o eludir la responsabilidad contractual o extracontractual. En aplicación de la doctrina tiene declarado esta Sala (entre otras, SS 11 Oct. 1999 y 22 Nov. 2000) que no cabe sostener la prevalencia de la personalidad jurídica o la separación de patrimonios cuando, como ocurre en el caso, se da una confusión de personalidades y patrimonios, e inexistencia de independencia entre aquéllas, hallándonos en realidad ante una mera configuración formal de dos sociedades que no son otra cosa que el desdoblamiento de una persona con fines fraudulentos, rompiendo el principio de buena fe negocial (S 5 Abr. 2001)». (16 octubre 2001, LA LEY 561/2003)

«nada tiene que ver ello con la doctrina del "levantamiento del velo" de la persona jurídica. El que se cargase a la sociedad por su administrador gastos que eran del matrimonio y no sociales (construcción de un chalet, pago de estudios de la hija, adquisición de algunos vehículos) no revela más que una administración social irregular del patrimonio social, no que la sociedad era un ente ficticio. Antes de su crisis, la sociedad pagaba de su patrimonio las deudas sociales, no se ha demostrado que lo fuese el personal de los cónyuges». (14 julio 2004, rec. 2608/1998)

«Es cierto, como recuerda la sentencia de 29 de julio de 2005, que, en ocasiones, la jurisprudencia ha evitado sancionar determinadas consecuencias que, no obstante resultar inadmisibles en nuestro sistema jurídico, quedarían amparadas por una concepción hermética de la personalidad de las sociedades (normalmente, pero no únicamente, de capital), mediante el recurso a la técnica de penetrar, según los descriptivos términos de la sentencia de 28 de mayo de 1984, en su substratum personal, con el fin de evitar que, al socaire de esa ficción o forma legal,... se puedan perjudicar ya intereses privados o públicos o bien ser utilizada como camino del fraude (artículo 6.4 del Código Civil), con posibilidad de que los Jueces puedan penetrar en el interior de esas personas cuando sea preciso para evitar el abuso de esa independencia (artículo 7.2 del Código Civil) en daño ajeno o de los derechos de los demás (artículo 10 de la Constitución Española) o contra el interés de los socios, es decir, de un mal uso de su personalidad, en un ejercicio antisocial». (14 septiembre 2006, LA LEY 103050/2006)

«más allá de la apariencia o cobertura formal de la sociedad, que en este caso es un simple instrumento (Sentencias de 25 de octubre de 1997, 30 de octubre de 1999, 31 de enero de 2000, etc.) actúa una persona física en el tráfico, de modo que la separación de patrimonios que, por razón de la personalidad jurídica de la sociedad cabe alegar (y de hecho ha venido a amparar la decisión en primera instancia) es, en realidad, una ficción (pues aparecen confundidos los patrimonios, como se dice en la Sentencia de 30 de octubre de 1999 o se descubre la inconsistencia de la personalidad jurídica en el caso, Sentencia de 16 de marzo de 1992) con cuya ficción se pretende obtener un fin fraudulento, como sería eludir la responsabilidad contractual (Sentencias de 3 de junio de 1991, 16 de marzo de 1992, 8 de abril y 31 de octubre de 1996, 10 de febrero y 24 de marzo de 1997, 22 de julio de 1998, 18 de abril y 8 de mayo de 2001, 21 de mayo de 2002, entre otras)». (29 septiembre 2006, LA LEY 112207/2006)

«como ha dicho esta Sala en la reciente Sentencia de 29 de junio de 2006, la doctrina del levantamiento del velo "trata de evitar que el abuso de la personalidad jurídica pueda perjudicar intereses públicos o privados, causar daño ajeno o burlar los derechos de los demás (Sentencias, entre otras, de 17 de diciembre de 2002, 22 y 25 de abril de 2003, 6 de abril de 2005, 10 de febrero de 2006)". Y —sigue diciendo la Sentencia señalada— "se trata, en todo caso, de evitar que se utilice la personalidad jurídica societaria como un medio o instrumento defraudatorio, o con un fin fraudulento (Sentencias de 17 de octubre de 2000, 3 de junio y 19 de septiembre de 2004, 16 de marzo y 30 de mayo de 2005)". Pero dicho fin fraudulento se produce, entre otros supuestos, "cuando se trata de eludir responsabilidades personales (Sentencias de 28 de marzo de 2000, 14 de abril de 2004, 20 de junio de 2005, 24 de mayo de 2006) y entre ellas el pago de deudas (Sentencias de 19 de mayo de 2003, 27 de octubre de 2004, etc.)". Sin perjuicio de que la indicada doctrina, "de uso excepcional, deba ser objeto de uso ponderado y restringido (Sentencias de 4 de octubre de 2002, 11 de septiembre de 2003, etc.)"». (22 febrero 2007, LA LEY 8958/2007)

«la Sentencia recurrida entiende y aplica correctamente la doctrina del "levantamiento del velo" y tal como ha sido perfilada por la jurisprudencia de esta Sala, no sólo en las sentencias que cita, sino en las que sucesivamente se han ido produciendo, desde la que se calificó de "histórica" (STS 28 de mayo de 1984) a las que han ido estableciendo el "levantamiento del velo" como medio para llevar a efecto la llamada "comunicación de responsabilidad" entre una persona jurídica y sus miembros o entre dos personas jurídicas (SSTS 24 y 31 de mayo de 1994, 21 de julio y 10 de noviembre de 1995, 13 de diciembre de 1996, en la que precisamente se señala que los casos en que cabe apreciar el levantamiento del velo constituyen numerus apertus, *7 de abril de 1997, 22 de julio de 1998, 17 de octubre de 2000, 18 de abril y 8 de mayo de 2001, 21 de mayo y 24 de junio de 2002, hasta las más recientes de 1 de diciembre de 2006, 30 de marzo de 2007, etc.). Entre las más recientes, la Sentencia de 29 de junio de 2006, no obstante señalar que la aplicación de la doctrina del levantamiento del velo es de aplicación excepcional, conforme con lo que ya señalaban las SSTS de 4 de octubre de 2002 y 11 de septiembre de 2003, resume la doctrina jurisprudencial, poniendo de relieve los siguientes extre-*

mos: (a) La doctrina del levantamiento del velo trata de evitar que el abuso de la personalidad jurídica pueda perjudicar intereses públicos o privados, causar daño o burlar los derechos de los demás (SSTS 17 de diciembre de 2002, 22 y 25 de abril de 2003, 6 de abril de 2005, 10 de febrero de 2006); (b) Se trata, en todo caso, de evitar que se utilice la personalidad jurídica de una sociedad como un medio o instrumento defraudatorio, o con un fin fraudulento (SSTS 17 de octubre de 2000, 3 de junio y 19 de septiembre de 2004, 16 de marzo y 30 de mayo de 2005); (c) Se produce dicho fin fraudulento, entre otros supuestos, cuando se trata de eludir responsabilidades personales (SSTS 28 de marzo de 2000, 14 de abril de 2004, 20 de junio de 2005, 24 de mayo de 2006), y entre ellas el pago de deudas (SSTS 19 de mayo de 2003, 27 de octubre de 2004)». (29 octubre 2007, LA LEY 179984/2007)

«La doctrina del levantamiento del velo de la persona jurídica ha tenido total aceptación en doctrina y jurisprudencia. La idea esencial se conecta con la doctrina del abuso del derecho en el sentido de que no que es admisible jurídicamente, al objeto de evitar el abuso de la pura fórmula jurídica (es decir, abuso del derecho), la separación del patrimonio de una persona jurídica —la entidad concreta— del de otra, física o jurídica —titular de las acciones o participaciones— cuando en realidad son la misma persona, para conseguir un fin fraudulento, como es el total incumplimiento de una obligación de pago. En tal caso, no se admite que una persona se oculte tras otra para no cumplir y se rechaza la separación de patrimonios de una sociedad, de la que se oculta tras ella: se levanta el velo. Es de especial claridad la reciente sentencia de esta Sala de 3 de junio de 2004 y las numerosas que cita». (30 octubre 2007, LA LEY 170357/2007)

«La doctrina del levantamiento del velo tiene como presupuesto la actuación de uno o varias personas físicas bajo la apariencia formal o la cobertura legal de una persona jurídica, una sociedad (STS 18 mayo 2006); la constatación de la falsedad de la apariencia de una persona jurídica, por tratarse de una situación no pública, resulta siempre compleja y para llegar a precisar si nos hallamos ante una persona jurídica usada para fines distintos de los propios de la personalidad, deben utilizarse los indicios que permitan llegar a la conclusión de que se ha producido un fraude o un abuso de la personalidad, de modo que "[s]olamente está justificada en aquellos supuestos en que aparezca evidente que se ha utilizado, con fines fraudulentos, una confusión de personalidades y de patrimonios entre una persona física y una persona jurídica" (STS de 27 diciembre 1997). La sentencia de 19 abril 2006, con cita de la de 29 julio 2005, señala que esta técnica se utiliza para "[e]vitar que al socaire de esa ficción o forma legal, se puedan perjudicar intereses privados o públicos o pueda utilizarse aquélla [la sociedad] como camino de fraude (artículo 6.4 CC) con posibilidad de que los jueces puedan penetrar en el interior de esas personas cuando sea necesario para evitar el abuso de esa independencia (artículo 7.2 CC) en daño ajeno o de los derechos de los demás [...]"». (30 noviembre 2007, LA LEY 193566/2007)

CONCORDANCIAS

Véase:

— art. 1669 de este Código.

— Código de Comercio: arts. 17, 24, 116, 118 y 119.

— Constitución Española: arts. 6, 7, 22, 28, 36, 137, 140 y 141.

— Ley Orgánica 1/2002, 22 marzo, de Asociaciones («*B.O.E.*», 26 marzo).

— Sobre reconocimiento por el Estado español de la personalidad jurídica civil de la Iglesia Católica, Ordenes, Congregaciones, Asociaciones y otras entidades y fundaciones religiosas: art. I.1.3 y 4 del Acuerdo entre el Estado Español y la Santa Sede sobre asuntos jurídicos, de 3 enero 1979 (*«B.O.E.»,* 15 diciembre).

— R.D.-Leg. 1564/1989, 22 diciembre.

— Ley 30/1994, 24 noviembre (*«B.O.E.»,* 25 noviembre), de Fundaciones y de Incentivos Fiscales: arts. 1 y 3.

— Real Decreto legislativo 1/2010, de 2 julio, por el que se aprueba el texto refundido de la Ley de sociedades de capital.

Artículo 36

Las asociaciones a que se refiere el número 2.º del artículo anterior se regirán por las disposiciones relativas al contrato de sociedad, según la naturaleza de éste.

COMENTARIO

1.- Las personas jurídicas pueden ser públicas y privadas. Las primeras son las encuadradas en la organización estatal formando parte de la misma: son el Estado, Comunidades Autónomas, provincias, municipios y entidades u organismos pertenecientes al estado o autónomos, pertenecientes al Derecho público. Las segundas son las ajenas a la organización estatal, que, a su vez, se distinguen en las de interés público, que son corporaciones, asociaciones y fundaciones (número 1.º del art. 35), y de interés privado (número 2.º) que son sólo asociaciones, ya que no caben corporaciones ni fundaciones de interés particular.

2.- Respecto a las asociaciones de interés privado, el art. 36 hace una remisión en bloque a la normativa del contrato de sociedad.

Lo cual hay que matizarlo, ya que en el tiempo del Código Civil, no había otra cosa que precisamente la normativa del contrato de sociedad en el Código Civil y la del Código de Comercio. Hoy debe entenderse la remisión en el sentido de que las asociaciones *sensu stricto* se regulan por su específica normativa, las asociaciones de tipo sociedad civil por los arts. 1665 y siguientes del Código civil y las sociedades mercantiles por las normas del Código de comercio o de leyes especiales

CONCORDANCIAS

Véase:
— arts. 1665 a 1708 de este Código.
— Código de Comercio: arts. 116 y ss.
— Ley 27/1999, 16 julio (*«B.O.E.»,* 17 julio), de Cooperativas: art. 1
— Ley 4/1999, 24 marzo (*«B.O.E.»,* 25 marzo), de Sociedades Laborales.
— Real Decreto legislativo 1/2010, de 2 julio, por el que se aprueba el texto refundido de la Ley de sociedades de capital.

Artículo 37

La capacidad civil de las corporaciones se regulará por las leyes que las hayan creado o reconocido; la de las asociaciones por sus estatutos, y la de las fundaciones por las reglas de su institución, debidamente aprobadas por disposición administrativa, cuando este requisito fuere necesario.

COMENTARIO

1.- Este art. 37 se refiere a la capacidad de obrar de las personas jurídicas (y el 38, a la capacidad jurídica).

Según el tipo de persona jurídica, serán las leyes, los estatutos o las reglas, como dice este artículo, las que rigen el sistema concreto de ejercer la capacidad de obrar.

2.- En general o en abstracto, la persona jurídica tiene capacidad de obrar, lo que significa la aptitud para ejercer los derechos y obligaciones de que es titular. Y el ejercicio de los derechos lo tiene que hacer a través de una persona física, que es un órgano de la jurídica. Es claro el símil con la persona física, la cual actúa por medio de un órgano, como es la boca o la mano.

Es *órgano* de la persona jurídica aquel ser humano cuya voluntad se estima como voluntad de aquélla; *forma parte integrante de la persona jurídica*; está integrado en su estructura misma; recibe su carácter de la misma organización o estructura; su posición es monista; no actúa en nombre de la persona jurídica, sino que es ésta misma actuando (presidente de una asociación, gerente de una sociedad, etc.).

Distinto es el caso del *representante; éste tiene poder de representación* otorgado por la persona jurídica; ésta, a su vez, le ha otorgado dicho poder a través de un órgano (el presidente o el gerente, ante Notario, otorga poder al representante, por ejemplo a un Procurador de los Tribunales); el representante está fuera de la persona jurídica; actúa en nombre y por cuenta de la misma; su posición es dualista; actúa en nombre y por cuenta de la persona jurídica y su acto es eficaz para ésta en virtud del poder de representación.

JURISPRUDENCIA

«Las asociaciones tienen en nuestro Derecho plena capacidad de obrar (STS 31 de marzo de 2006), como ahora dice el artículo 5.2 LO 1/2002, pero ya se deducía con claridad de la legislación anterior, que se regulará por sus Estatutos (artículo 37 del Código civil) con el contenido que señala el artículo 38 del Código civil: adquirir y poseer toda clase de bienes, contraer obligaciones y ejercitar acciones civiles y criminales, conforme a las leyes y reglas de su constitución. Para ejercitar la capacidad y derechos que les confiere el ordenamiento jurídico, necesitan de personas físicas que actúen por ellas y tales personas pueden, como decía la STS de 30 de diciembre de 1975, estar vinculadas a un cargo que les permita esa actuación por virtud de lo dispuesto en la Ley o en los Estatutos, en cuyo caso la voluntad de esos órganos vale como voluntad de las personas jurídica asociación, o pueden tales órganos conferir su representación a otras personas ajenas a la entidad o incluso a personas de ésta que se encuentran vinculadas permanentemente para una actuación más o menos subalterna —representantes voluntarios—. Estos dos distintos modos de actuación los permite nuestro ordenamiento, pero ha de haber siempre un órgano de representación que gestione y represente los intereses de la asociación, de acuerdo con las disposiciones y directrices de la Asamblea General (como dice, ahora, el artículo 11.4 LO 1/2002). En todo caso, rige en la materia el principio de autoorganización y autorregulación, para desarrollo de las previsiones de los artículos 22 y 53 de la Constitución, por lo que se desplaza hacia los Estatutos, respetando los límites legales, la facultad de organizar y determinar el funcionamiento interno de la asociación sin injerencias públicas (SSTC 218/1988; 104/1999; 56/1995; 133/2006, entre otras; SSTS 20 de junio de 2002, 4 de septiembre de 2006, 7 de noviembre de 2008, etc.), de modo que los Estatutos contienen las reglas a que se han de ajustar la asociaciones para operar en el tráfico a través de las personas físicas que son sus representantes legales o voluntarios, con amplio juego de la autonomía de la asociación de que se trate, que ahora permite el artículo 7.1.h) LO 1/2002, pero antes ya se encontraba en el artículo 10.2 del Decreto 1440/1965, de 20 de mayo, o en los artículos 164 a 165 del Reglamento Notarial».
(5 junio 2009, rec. 2261/2004, LA LEY 167300/2009)

Artículo 38

Las personas jurídicas pueden adquirir y poseer bienes de todas clases, así como contraer obligaciones y ejercitar acciones civiles o criminales, conforme a las leyes y reglas de su constitución.

La Iglesia se regirá en este punto por lo concordado entre ambas potestades, y los establecimientos de instrucción y beneficencia por lo que dispongan las leyes especiales.

COMENTARIO

1.- El art. 38 se refiere a la capacidad jurídica, siguiendo el sistema ultra vires, de capacidad general, por el que la persona jurídica tiene capacidad, en principio, para todas las relaciones jurídicas (en contraposición al sistema de especialidad, en que tiene capacidad jurídica delimitada por el objeto de la persona jurídica).

2.- Así, la *persona jurídica* tiene nacionalidad y domicilio; no le será aplicable la normativa de la ausencia e incapacitación.

En materia de *Derecho de obligaciones*, dice, expresamente el art. 38 que pueden *contraer obligaciones*, tanto como sujetos activos como pasivos, y concretamente del art. 625 se desprende que pueden aceptar donaciones.

En materia de *derechos reales*, el mismo art. 38 dice que: *las personas jurídicas pueden adquirir y poseer bienes de todas clases*, cuya inscripción en el Registro de la Propiedad permite expresamente el art. 2, número 6.º, de la Ley Hipotecaria. Existe una especialidad en el derecho de usufructo, naturalmente vitalicio, que si el usufructuario es persona jurídica, se extingue por la extinción de la misma o, como máximo, a los treinta años, según dispone el artículo 515. No caben *relaciones familiares* en la persona jurídica, a pesar de lo cual se prevé que una entidad pública sea el tutor (art. 239), e incluso pueden ser tutores personas jurídicas sin finalidad lucrativa y entre cuyos fines figure la protección de menores e incapacitados (art. 242). Tampoco en el *Derecho de sucesiones* la persona jurídica puede ser causante de una sucesión, ya que no es equiparable ni produce los mismos efectos la muerte de la persona física que la extinción de la jurídica, pero sí puede ser causahabiente: puede suceder (art. 745, 2.º a *sensu contrario*) y (aunque esto se refiere a capacidad de obrar) aceptar la herencia (ex art. 992, primer párrafo, y expresamente, art. 993), aunque para repudiarla necesita aprobación judicial con audiencia de Ministerio Fiscal (art. 993, segundo inciso) y el art. 22 de la ley 50/2002, de 26 diciembre, de fundaciones, dispone que la aceptación de herencias por las mismas se entenderá hecha siempre a beneficio de inventario y la aceptación de un legado modal y la repudiación de una herencia o legado se comunicará por el Patronato al Protectorado y éste le puede exigir responsabilidad, si procede. Por último, puede la persona jurídica hacer valer sus derechos frente a los órganos jurisdiccionales, como expresa el art. 38: *ejercitar acciones civiles o criminales*, lo que se extiende a toda reclamación o actuación administrativa.

3.- También se reconoce a la persona jurídica la responsabilidad contractual y extracontractual. El presente art. 38 establece la capacidad jurídica en materia de derecho de obligaciones (... *contraer obligaciones*) y ésta implica que la persona jurídica responde de su incumplimiento, *responsabilidad contractual*. Asimismo, si se dan los supuestos del art. 1902, contrae una obligación derivada de acto ilícito (art. 1093) que entra en el marco del derecho de obligaciones, respecto de la que tiene, como se ha dicho, capacidad jurídica, que es la llamada *responsabilidad extracontractual o aquiliana*; respecto a esta última, el artículo 1903 se interpreta entendiendo responsable sin perjuicio del derecho a repetir contra la persona física que actuó culpablemente (art. 1904).

JURISPRUDENCIA

Sobre la responsabilidad civil de la persona jurídica:

«en el orden puramente civil o de Derecho privado, es lo cierto que no existe una teoría general sobre la autoría o participación en los actos ilícitos civiles; pero cuando de responsabilidad de una persona jurídica se trata, son valederas, en esencia, las mismas connotaciones que se han indicado anteriormente para la supuesta autoría penal de las sociedades, desplazando la misma sobre el gerente o representante legal de la entidad y sin perjuicio, claro está, de asumir la propia persona jurídica la responsabilidad patrimonial». (29 abril 1988, LA LEY 104461-NS/0000)

Sobre la personalidad de los entes religiosos:

«el artículo 38, párrafo 2, del Código Civil manda atenerse a la legislación concordada entre la Iglesia Católica y el Estado español, y esta legislación, Concordato a la sazón vigente de 27 de agosto de 1953 (artículo IV, apartado 2), reconoce personalidad jurídica y plena capacidad de adquirir, poseer y administrar toda clase de bienes a las entidades, entre otras, Congregaciones religiosas e Institutos seculares de perfección cristiana que sean erigidas o aprobadas después del Concordato por las autoridades eclesiásticas competentes, con la sola condición de que el Decreto de erección sea comunicado oficialmente por escrito a las autoridades competentes del Estado... esta comunicación del Ministerio de Justicia no es constitutiva de la personalidad, sino meramente administrativa o de control estatal de estas instituciones, sin que la Cofradía haya de soportar perjuicio alguno por el retraso de la Autoridad Ministerial en acusar recibo de su comunicación. Significa un medio de prueba de la erección canónica, pero no sustituye a ésta, ni elimina el efecto de que la entidad se constituya en la fecha de la aprobación por la Autoridad eclesiástica competente». (28 noviembre 1986, LA LEY 98442-NS/0000).

CONCORDANCIAS

Véase:

— arts. 242, 251, 254, 515, 744, 745.2.º, 746, 748, 956 a 958, 993, 994 y 1.812 de este Código.

— L.O. 6/1985, 1 de julio, del Poder Judicial (*«B.O.E.»*, 2 julio): art. 7.3.

— Acuerdo entre el Estado español y la Santa Sede sobre asuntos jurídicos, de 3 de enero de 1979 (*«B.O.E.»*, 15 diciembre).

— Constitución Española: art. 16.3.

Artículo 39

Si por haber expirado el plazo durante el cual funcionaban legalmente, o por haber realizado el fin para el cual se constituyeron, o por ser ya imposible aplicar a éste la actividad y los medios de que disponían, dejasen de funcionar las corporaciones, asociaciones y fundaciones, se dará a sus bienes la aplicación que las leyes, o los estatutos, o las cláusulas fundacionales, les hubiesen en esta previsión asignado. Si nada se hubiere establecido previamente, se aplicarán esos bienes a la realización de fines análogos, en interés de la región, provincia o Municipio que principalmente debieran recoger los beneficios de las instituciones extinguidas.

COMENTARIO

1.- De la misma manera (siempre como símil) que la muerte es el fin de la capacidad jurídica de la persona física (art. 32 del Código Civil) y hay diversas causas de la muerte, la extinción de la persona jurídica, es decir, el fin de su capacidad jurídica es su disolución, que el art. 39 refiere a su actividad, al expresar que dejasen de funcionar las corporaciones, asociaciones y fundaciones.

Las causas de extinción comunes a toda persona jurídica las enumera el primer inciso de dicho art. 39, concretándolas al plazo, finalidad e imposibilidad: *si (1.º) por haber expirado el plazo durante el cual funcionaba legalmente, o (2.º) por haber realizado el fin para el cual se constituyeron, o (3.º) por ser ya imposible aplicar a éste la actividad y los medios de que disponían...*

2.- A estas causas comunes hay que añadir el *acuerdo de disolución* de las personas jurídicas tipo asociación; también la *desaparición de todos los miembros* en la asociación. Además, serán causas especiales de extinción las *previstas por las normas* concretas que regulan cada tipo de persona jurídica, o las *enumeradas por los estatutos o reglas de funcionamiento* de cada una.

Cuando concurre una causa de extinción no significa —en principio— que se produzca la extinción automática e inmediata de la persona jurídica, sino que ésta queda en liquidación durante la cual se mantiene su capacidad jurídica.

El destino del patrimonio de la persona jurídica extinguida viene señalado por los estatutos o reglas de funcionamiento o por la ley, que lo prevé expresamente en el caso de sociedades que será el reparto entre sus miembros. El segundo inciso del art. 39 así lo dispone.

3.- El art. 31 de la Ley de fundaciones de 26 diciembre 2002 prevé las causas de extinción y el art. 33 la liquidación y el destino de los bienes, con lo que queda sin aplicación la presente norma del Código Civil.

CONCORDANCIAS

Véase:
— art. 1666 de este Código.
— Código de Comercio: arts. 218 a 237.
— Ley de Asociaciones, de 22 de marzo 2002.
— Ley de fundaciones 50/2002, de 26 diciembre.

TÍTULO III
Del domicilio

Artículo 40

Para el ejercicio de los derechos y el cumplimiento de las obligaciones civiles, el domicilio de las personas naturales es el lugar de su residencia habitual, y en su caso, el que determine la Ley de Enjuiciamiento Civil.

El domicilio de los diplomáticos residentes por razón de su cargo en el extranjero, que gocen del derecho de extraterritorialidad, será el último que hubieren tenido en territorio español.

COMENTARIO

1.- Define este artículo el domicilio de la persona física como el lugar de su residencia habitual; el de la persona jurídica se refiere el artículo siguiente. Este es el domicilio real que se integra por un elemento material, la residencia que es el hecho de residir en un lugar, y un elemento espiritual la habitualidad, que se caracteriza por ser la normal y presumible para un futuro próximo.

2.- El *domicilio legal* es el impuesto como domicilio por una norma legal, prescindiendo de la residencia habitual. Se prevé en el segundo párrafo de este art. 40, el de los diplomáticos que, de estar en el extranjero, su domicilio en España será el último que aquí hayan tenido.

Sin embargo, si en la realidad no coinciden el domicilio real y el legal, prevalece aquél sobre éste.

3.- El *domicilio electivo*, aunque no se contemple explícitamente en el Código Civil y no sea un verdadero domicilio, es el lugar que eligen las personas para localizar («domiciliar») ciertos actos jurídicos, como la consumación de un contrato (art. 1171 C.c.), realización de una hipoteca (art. 130 L.H.) o la determinación de la competencia judicial («sumisión», art. 54 y ss. L.E.C.). No es un domicilio, ni altera el domicilio, sino que simplemente deroga los efectos del mismo, respecto a una determinada relación jurídica.

4.- La trascendencia del domicilio es muy amplia, a efectos de derecho material y de derecho procesal, aunque este art. 40 sólo se refiera al ejercicio de los derechos (término ciertamente muy general) y al cumplimiento de las obligaciones.

El domicilio no afecta a la capacidad de la persona ni es un estado civil. Su prolongación en determinadas comunidades y con ciertos requisitos puede dar lugar a un cambio de la vecindad civil, como prevé el art. 14.5 C.c.

JURISPRUDENCIA

«identificándose el lugar de «residencia habitual» con el «domicilio civil» por mor del artículo 40 del Código, siendo independientes de la vecindad administrativa o la inscripción en el padrón municipal, como ha reiterado la jurisprudencia del Tribunal Supremo, habiendo llegado a distinguir la sentencia de 2 de julio de 1926, junto al domicilio civil, el administrativo, el procesal, el foral y el internacional». (15 noviembre 1991, LA LEY 728/1992)

«El concepto de «domicilio» no es precisamente uno de los mejor delimitados en nuestro derecho positivo tanto sustantivo como procesal y como consecuencia de ello, tampoco en nuestra doctrina lo mismo científica que jurisprudencial, habida cuenta el empleo por el legislador de términos tan conexos aun cuando no exactamente coincidentes como son el de «domicilio» y «residencia», no siempre suficientemente precisados tampoco por nuestra jurisprudencia que suele acudir en estos casos para intentar una mejor delimitación, a términos tan reales a la vez que de estancia-permanencia como es el de «la habitualidad» para determinar el domicilio. Por otra parte, a estas dificultades delimitativo-conceptuales contribuye también el hecho de que el propio legislador nos sitúe ante unas tan diversas manifestaciones del mismo como son el legal, el electivo, el real y el habitual. Mas al margen de lo indicado, es lo cierto que en principio en cualesquiera de sus manifestaciones el derecho a su inviolabilidad viene determinado en el art. 18.2 C.E... «domicilio constitucional» en cuanto elaborado por el Tribunal Constitucional con base en el derecho fundamental de su inviolabilidad que aparece plasmado en el art. 18.2 C.E., el cual, cuando se contempla desde el punto de vista de la persona física, como aquí acontece, «tiene como finalidad principal el respeto a un ámbito de vida privada y familiar» (Sentencia 110/1984, de 26 de noviembre), razón por la cual lo protegido a través de este derecho es, más que el mero o estricto espacio físico en sí mismo considerado, lo que en él hay de emanación de la persona (Sentencia 22/1984, de 17 de febrero). Se trata, por tanto, de un concepto de domicilio de mayor amplitud que el jurídico-privado y el jurídico-administrativo (vide misma sentencia), mas es preciso tener en cuenta a este respecto, que esa mayor amplitud del «domicilio constitucional» requiere precisamente por razón de ser emanación o complemento de la tutela de la vida privada y familiar, una cierta delimitación, representada por la circunstancia de que en ese espacio material que constituye el domicilio constitucionalmente considerado, se desarrolle o desenvuelva lo que viene denominándose a estos efectos «esfera de la privaticidad personal y/o familiar». A su vez y como complemento de lo indicado debe manifestarse, que tanto la doctrina científica constitucionalista como la emanada del Tribunal Constitucional, vienen señalando como requisitos tipificadores del domicilio protegido por el texto Constitucional, además de la existencia de ese espacio cerrado, que en el presente supuesto es evidente existía, que el mismo venga destinado al desenvolvimiento de la vida privada y en su caso familiar de la persona a la que el mismo pertenece; así, entre las escasas resoluciones que sobre el domicilio como derecho constitucional y su protección ha dictado el T.C. se encuentra la ya citada Sentencia 22/1984, de 17 de febrero, en la cual se nos dice que a través del art. 18.2 C.E., de lo que se trata es de proteger fundamentalmente lo que en ese espacio físico que es el domicilio «hay de emanación de la persona y de la esfera privada de ella»; o la núm. 110/1984, de 26 de noviembre, también citada, que argumentalmente mantiene análogo criterio; o el Auto núm. 171/1989, de 3 de abril, que delimita el domicilio a los efectos de su inviolabilidad como «el espacio en el cual el individuo vive sin estar sujeto necesariamente a los usos y convenciones sociales y ejerce su libertad más íntima, protegiéndose no sólo el espacio físico en sí considerado sino también lo que en él hay de emanación de la persona y de esfera privada de ella». (30 diciembre 1992, LA LEY 1010/1994)

CONCORDANCIAS

Véase:
— art. 70 de este Código.

Artículo 41

Cuando ni la ley que las haya creado o reconocido, ni los estatutos o las reglas de fundación fijaren el domicilio de las personas jurídicas, se entenderá que lo tienen en el lugar en que se halle establecida su representación legal, o donde ejerzan las principales funciones de su instituto.

COMENTARIO

El artículo anterior se refería al domicilio de la persona física; éste, al de la persona jurídica. Y si en aquél tenía trascendencia, más aún la tiene en la persona jurídica, con todas las consecuencias jurídicas, sociales y económicas que comporta.

El criterio para determinar su domicilio es, en primer lugar, el que haya determinado en el momento de la atribución de su personalidad, la ley que la creó, los estatutos o las reglas de la fundación; en segundo lugar, a falta del criterio anterior, el domicilio es el lugar en que se halla establecida su representación legal, es decir, donde está situada su dirección o administración; en tercer lugar, el domicilio de la persona jurídica es el lugar donde ejerce sus principales funciones, es decir, donde desarrolla su principal actividad.

CONCORDANCIAS

Véase:
— art. 28 de este Código.
— Ley de Sociedades Anónimas, de 22 diciembre 1989 («*B.O.E.*», 27 diciembre): arts. 6.9 e), 109, 150 y 285.1 a).
— Ley de Sociedades de Responsabilidad Limitada, de 23 marzo 1995 («*B.O.E.*», 24 marzo): art. 7.
— Ley Cambiaria y del Cheque, de 16 de julio de 1985 («*B.O.E.*», 19 julio): art. 92.
— Ley 27/1999, 16 julio, de Cooperativas («*B.O.E.*», 17 julio).

TÍTULO IV
Del matrimonio

CAPÍTULO PRIMERO
DE LA PROMESA DE MATRIMONIO

Artículo 42

La promesa de matrimonio no produce obligación de contraerlo ni de cumplir lo que se hubiere estipulado para el supuesto de su no celebración.

No se admitirá a trámite la demanda en que se pretenda su cumplimiento.

Texto vigente según Ley 30/1981, 7 julio (*«B.O.E.»,* 20 julio).

COMENTARIO

1.- La promesa de matrimonio, conocida también con el nombre de esponsales, es el compromiso o la promesa bilateral de contraer matrimonio. Tal promesa no produce obligación de contraer matrimonio, sino tan sólo, si se da un incumplimiento injustificado, la de indemnizar, según prevé el art. 43.

2.- La promesa de matrimonio no produce obligación de contraer matrimonio: se salvaguarda el principio de libertad en el consentimiento matrimonial. Tampoco produce la obligación de cumplir lo que se hubiere estipulado para el caso de no contraer matrimonio; si no existe la obligación principal, que es la de contraer matrimonio, tampoco pueden mantenerse las accesorias.

Por último, una norma procesal: no se admite la demanda en que se pretenda su cumplimiento; lo cual no significa que tras el proceso adecuado debe dictarse sentencia desestimatoria de la demanda en que se pretenda que el demandado o demandada contraiga matrimonio. Significa otra cosa: una demanda, en proceso civil, debe admitirse a trámite, sin perjuicio de que la sentencia, en su día, sea estimatoria o desestimatoria. Una sola salvedad se contempla, con carácter general, en nuestro ordenamiento procesal: el art. 11.2 de la Ley Orgánica 6/1985, de 1 de julio, del Poder Judicial prevé que se rechace una demanda que entrañe fraude de ley o procesal. También, como caso excepcional, el segundo párrafo de este art. 42 ordena que ni siquiera se admita a trámite la demanda que se formule con la pretensión de que el demandado o demandada contraiga matrimonio, en cumplimiento de su promesa de matrimonio.

JURISPRUDENCIA

«los daños y perjuicios que se reclaman en ejercicio de una acción de resarcimiento por convivencia al modo uxorio, en la que intervino promesa de matrimonio, tienen su origen en la imprevisión de ambos convivientes que debieron establecer con claridad los derechos y deberes recíprocos, aun en caso de ruptura de la convivencia, aunque nunca para el supuesto

de la no celebración del matrimonio, que constituye, según el Derecho, cláusula nula (art. 42 CC). Especialmente negligente se muestra, en este caso, la conducta del hombre, que indujo con su promesa a establecer la convivencia, sin reparar en las consecuencias que podía acarrearle a la mujer el abandono de su hogar y de sus medios de vida, con el consiguiente empobrecimiento que dada su situación se produciría si, como ocurrió, aquella convivencia tuviese fin, aunque tampoco esté exenta de culpa la actora, que debió ponderar los efectos de sus actos si la promesa no se cumplía». (16 diciembre 1996, LA LEY 1099/1998).

Artículo 43

El incumplimiento sin causa de la promesa cierta de matrimonio hecha por persona mayor de edad o por menor emancipado sólo producirá la obligación de resarcir a la otra parte de los gastos hechos y las obligaciones contraídas en consideración al matrimonio prometido.

Esta acción caducará al año contado desde el día de la negativa a la celebración del matrimonio.

COMENTARIO

1.- El artículo anterior establecía que la promesa de matrimonio no produce obligación de contraerlo. El presente establece la obligación de indemnizar si se da un presupuesto y si concurre un requisito objetivo y otro subjetivo.

El presupuesto es el incumplimiento sin causa, como dice este art. 43, pero que debe entenderse que es sin causa justa. Si se incumple la promesa pero con causa justa, no hay obligación de indemnizar. El concepto de causa justa no puede darse en abstracto, sino habrá que analizar cada caso, en relación con la realidad social en que se mueve la pareja que ha prometido matrimonio.

El requisito objetivo es la certeza de la promesa, «promesa cierta de matrimonio» dice el texto legal. Pueden serlo tanto las mutuas declaraciones expresas, como derivarse de su conducta, como la tramitación del expediente previo, regalos de boda, etc. El requisito subjetivo es que la persona que incumple tenga capacidad de obrar, por ser mayor de edad o emancipado.

2.- El contenido de la indemnización se concreta en el resarcimiento de los gastos que la otra parte ha hecho o de las obligaciones que ha contraído, por razón de aquel matrimonio prometido.

Si los gastos u obligaciones no los ha hecho la otra parte sino un tercero (por ejemplo, el padre o madre de la novia o novio), no podrá acogerse a esta norma, sino que deberá acudir a la obligación de indemnizar que contempla el art. 1902 C.c.

3.- La obligación de indemnizar que contempla este art. 43 tiene un breve plazo de caducidad: un año, cuyo cómputo comienza el día del incumplimiento, es decir, como expresa el texto legal, «desde el día de la negativa a la celebración del matrimonio».

JURISPRUDENCIA

«No cabe, tampoco en este orden, apoyarse en el art. 43 CC para basar la condena al uso y disfrute durante dos años de la vivienda familiar propiedad del recurrente, pues tal inter-

pretación supondría forzar los límites del expresado precepto, cuya ratio no presupone la convivencia como un hecho anticipado al matrimonio, sino que la contempla implícitamente como un hecho futuro». (16 diciembre 1996, LA LEY 1099/1998)

CONCORDANCIAS

Véase arts. 1.107, 1.334, 1.342 y 1.968 de este Código.
Texto vigente según Ley 30/1981, 7 julio (*«B.O.E.»,* 20 julio).

CAPÍTULO II
DE LOS REQUISITOS DEL MATRIMONIO

Artículo 44

El hombre y la mujer tienen derecho a contraer matrimonio conforme a las disposiciones de este Código.

El matrimonio tendrá los mismos requisitos y efectos cuando ambos contrayentes sean del mismo o de diferente sexo.

COMENTARIO

1.- El art. 32.1 de la Constitución proclama el ius connubii que es recogido literalmente en el presente artículo del Código Civil: en aquél se añade el principio de igualdad y en éste la remisión a las disposiciones del propio Código.

2.- Reconocido como principio el derecho a contraer matrimonio, no se define éste pero su concepto se deduce de la propia normativa. Se ha considerado que es el acto constitutivo, el estado constituido y las personas que lo integran. Propiamente, el matrimonio es un negocio jurídico, no un contrato, por el que un hombre y una mujer declaran su voluntad de constituir una celebración estable de convivencia plena.

También de la normativa sobre el matrimonio se desprenden los caracteres del mismo. Son los siguientes; primero, unidad y bisexualidad, en el sentido de que el ordenamiento sólo contempla el matrimonio entre un solo hombre y una sola mujer, prescindiendo de otras posibles relaciones de hecho, aunque éstas estén reguladas por el Derecho, pero no como matrimonio; segundo, estabilidad, sin perjuicio de que se establecen ciertas causas de suspensión y de disolución, que no afectan al carácter de matrimonio estable (sí afectan al carácter —que no lo tiene— de matrimonio perpetuo); tercero, finalidad de plena comunidad de vida, que se desdobla en los fines o aspectos de la misma: unión física y espiritual, convivencia, fundación de una nueva familia en su sentido nuclear, formada por los cónyuges y, en su caso, hijos.

3.- Este artículo se remite «a las disposiciones de este Código» lo cual hace distinguir el matrimonio civil, el religioso y el de hecho.

El matrimonio civil es el regulado con detalle en el propio C.c. Pero no sólo eso: es el único que admite nuestro Derecho; es decir, el código contiene una normativa de «su» matrimonio, el civil, y ésta se aplica en todo caso y para todo matrimonio.

Lo anterior tiene una sola salvedad: la forma.

En cuanto a ésta, se permite que se celebre en una forma religiosa, de acuerdo con la religión de los contrayentes, católica o no. Pero los requisitos personales y materiales serán los del C.c., así como las situaciones de crisis (nulidad, separación y divorcio).

Y el matrimonio de hecho es la unión estable, no basada en la normativa legal, sino como simple relación de hecho. No es una situación ilegal, sino alegal: es decir, no va contra la ley, sino que está fuera de la ley. Tiene una antiquísima tradición histórica. Puede producir, como cualquier otra situación de hecho, efectos jurídicos durante la unión (así respecto a la filiación) y después de su disolución. Algunas recientes leyes la contemplan expresamente, como la de 11 de noviembre 1987 que modificó el C.c. en materia de adopción (cuya disposición adicional 3 la permite al matrimonio de hecho) y la de 24 de noviembre de 1994 de Arrendamientos Urbanos, que incluso extiende el concepto a lo que no se puede llamar «matrimonio» de hecho («cualquiera que sea su orientación sexual» dice en varios artículos, tras referirse a la relación afectiva análoga a la conyugal).

JURISPRUDENCIA

«La siguiente reforma tiene lugar por la Ley 30/1981 de 7 de julio, que modela la redacción actualmente vigente. Como se puede apreciar los matrimonios civiles sí que estaban contemplados en nuestra legislación, a lo menos desde hace más de un siglo. El matrimonio contraído civilmente por el recurrente en Francia en el año 1959, no consta que haya sido declarado nulo por falta de alguno de los requisitos que en aquellas fechas se exigían en España, luego hay que entenderlo como válido.» (6 noviembre 1992, LA LEY 15868-R/1994)

Sobre el matrimonio de hecho:

«Ante la realidad de la doctrina y la ausencia de la legislación, ha sido la jurisprudencia la que se ha ocupado con detenimiento de este tema, resolviendo los casos concretos que han llegado a la jurisdicción, prácticamente siempre en relación con la disolución o ruptura de la convivencia por razón de muerte o de voluntad unilateral. Se ha referido a la misma como familia natural (S 29 Oct. 1997), situación de hecho con trascendencia jurídica (S 10 Mar. 1998), realidad ajurídica, con efectos jurídicos (S 27 Mar. 2001), realidad social admitida por la doctrina del TC y la jurisprudencia del TS (S 5 Jul. 2001). Ha destacado que carece de normativa específica, pero no constituye un vacío legal (SS 28 May. 1992 y 29 Oct. 1997) lo que se resume así: La convivencia more uxorio, entendida como una relación a semejanza de la matrimonial, sin haber recibido sanción legal, no está regulada legalmente, ni tampoco prohibida por el Derecho: es ajurídica, pero no antijurídica; carece de normativa legal, pero produce o puede producir una serie de efectos que tienen trascendencia jurídica y deben ser resueltos con arreglo al sistema de fuentes del Derecho. La idea no es tanto el pensar en un complejo orgánico normativo —hoy por hoy inexistente— sino en evitar que la relación de hecho pueda producir un perjuicio no tolerable en Derecho a una de las partes, es decir, la protección a la persona que quede perjudicada por una situación de hecho con trascendencia jurídica. Lo que, respecto a la normativa, ha declarado reiteradamente esta Sala es que no es aplicable a la unión de hecho la regulación del régimen económico-matrimonial (SS 21 Oct. 1992, 27 May. 1994, 20 Oct. 1994, 24 Nov. 1994, 30 Dic. 1994, 4 Mar. 1997). Aplicando los principios generales del Derecho, ha declarado la atribución de vivienda familiar a la conviviente más débil (S 10 Mar. 1998) y, recientemente, ha aplicado por analogía la norma de la pensión compensatoria del art. 97 CC (SS 5 Jul. 2001 y 16 Jul. 2002). En definitiva, no se acepta la igualdad o asimilación al matrimonio, sino que se trata de proteger a la parte que ha quedado perjudicado por razón de la convivencia y se pretende evitar el perjuicio injusto para el más débil (SS 10 Mar. 1998, cuyo párrafo ha sido transcrito y 27 Mar. 2001). Ante dicha cuestión, la jurisprudencia de esta Sala ha tenido en cuenta caso por caso y a la especialidad de cada uno le ha aplicado la norma más adecuada para la solución más justa. Salvo en escasísimos supuestos en que no se ha estimado la demanda, por no ser aplicable la normativa (S 24 Nov. 1994) o por negar todo tipo de comunidad (S 22 Ene. 2001), la ruptura por decisión unilateral no ha sido admitida como causante de un perjuicio injusto para la parte más débil (en todos los casos, ésta era la mujer), sino que se le ha reparado acudiendo a distintas soluciones: estimando que se ha producido una responsabilidad extracontractual (S 16 Dic. 1996), o un enriquecimiento injusto (SS 11 Dic. 1992 y 27 Mar. 2001), o concediendo una pensión compensatoria (SS 5 Jul. 2001 y 16 Jul. 2002) o apreciando la existencia de una comunidad de bienes (SS 18 May. 1992 y 29 Oct. 1997).» (17 enero 2003, LA LEY 740/2003)

«Ante todo sobre el tema de las consecuencias de la disolución por voluntad unilateral de uno de los convivientes more uxorio o unión de hecho, hay que traer a colación la doctrina pacífica y consolidada derivada de las sentencias de esta Sala, que puede plasmarse de la siguiente manera: tras una larga convivencia, no puede quedar una de las partes en situación absolutamente desfavorable respecto a la otra, en el sentido de que todos los bienes hayan sido formalmente adquiridos por uno solo, como si el otro no hubiera colaborado con su atención personal y colaboración en trabajo fuera o dentro de casa». (5 febrero 2004, rec. 423/1998)

«Ha sido reiterada la jurisprudencia que ha estimado la demanda de la conviviente more uxorio frente al conviviente que reclama una parte de los bienes adquiridos durante el periodo de convivencia, que están bajo la titularidad del demandado. Este caso es el inverso: durante el periodo de convivencia, se adquiere un bien por mitad pro indiviso de los dos —la vivienda común— y, tras la ruptura, uno de ellos pretende que se declare su exclusiva propiedad; la sentencia recurrida estima su demanda, por entender que la verdadera voluntad era que fuera él el único adquirente, lo cual es absurdo, pues en el negocio bilateral ella nunca tuvo esta voluntad, y por estimar la falta de causa porque ella "no aportó en su compra su parte correspondiente" e ignora que una convivencia es no sólo una comunidad económica, sino además una comunidad de vida y las aportaciones personales de la convivencia —además de tener un indiscutible valor económico (así, artículo 103, medida 3.ª, segundo párrafo)— no pueden obviarse al determinar la propiedad de una cosa común». (14 mayo 2004, rec. 1880/1998)

«La jurisprudencia ha mantenido que tal convivencia carece de normativa específica, pero no constituye un vacío legal (sentencias de 18 de mayo de 1992, 29 de octubre de 1997, 10 de marzo de 1998, 17 de enero de 2003), no siendo aplicable la normativa del régimen económico-matrimonial (sentencias de 30 de diciembre de 1994, 4 de marzo de 1997, 17 de enero de 2003); ha negado la existencia de una comunidad (sentencias de 21 de octubre de 1992 y 22 de enero de 2001) y ha apreciado, analizando cada caso concreto, al cesar la convivencia, una responsabilidad extracontractual (sentencia de 16 de diciembre de 1996), enriquecimiento injusto (sentencias de 11 de diciembre de 1992 y 27 de marzo de 2001), pensión compensatoria (sentencias de 5 de julio de 2001 y 16 de julio de 2002), el principio general de evitar perjuicios a la parte más débil de la relación (sentencia de 17 de enero de 2003) y ha apreciado comunidad (sentencias de 18 de mayo de 1992, sociedad irregular de naturaleza mercantil, y 29 de octubre de 1997)». (27 mayo 2004, rec. 2112/1998)

«En relación con la atribución del uso de la vivienda familiar tras la ruptura de la convivencia more uxorio y ante la falta de una regulación legal de estas uniones, dice la sentencia de esta Sala de 10 de marzo de 1998 que "es preciso acudir a los principios generales del derecho, última fuente formal del sistema de fuentes en el ordenamiento jurídico, como dispone el art. 1.1 del Código Civil y matiza el apartado cuarto del mismo artículo", y añade "y el principio general ha sido ya apuntado y no es otro que el de protección al conviviente perjudicado por la situación de hecho". Si esto es así con relación al conviviente, con mayor razón ha de aplicarse este principio general cuando se trata de la protección de los intereses de los hijos menores de edad». (7 julio 2004, rec. 1159/1999)

«La falta de una normativa positiva concreta para los casos de extinción de la unión more uxorio ha dado lugar a una jurisprudencia disímil, salvo en la admisibilidad general de los pactos expresos, o tácitos (falta concludentia), con acogimiento de soluciones de comunidad de bienes (ad ex sentencia 4 junio 1998) o de sociedad irregular [ad ex sentencias 18 mayo 1992 (LA LEY JURIS. 3041-JF/0000), 18 febrero 1993 (LA LEY JURIS. 510-5/1993), 18 marzo 1995 (LA LEY JURIS. 16736-R/1995)], que ha efectuado un notorio esfuerzo para proporcionar remedio jurídico a las peculiaridades casuísticas, lo que ha dado lugar a diversas soluciones, no necesariamente reñidas entre sí. Y en tal sentido, dejando a un lado admisiones hipotéticas

[sentencias 27 mayo (LA LEY JURIS. 27292-JF/0000), 20 octubre (LA LEY JURIS. 139/1995) y 24 noviembre 1994 (LA LEY JURIS. 27349-JF/0000)], son de destacar las sentencias de 13 de junio de 1986 (LA LEY JURIS. 7899-R/1986), que aplica el principio de la buena fe y la sanción del abuso del derecho, en sintonía con una interpretación acorde con la realidad social; 11 de diciembre de 1992 (LA LEY JURIS. 13908/1992), que aplicó la doctrina del enriquecimiento injusto; 16 de diciembre de 1996 (LA LEY JURIS. 952/1997), indemnización de daños y perjuicios del art. 1902 CC, en atención a que hubo promesa de matrimonio; y aplicación analógica del art. 96 en relación con el 4.º.1, ambos del Código Civil, por lo que respecta al uso de la vivienda familiar; 10 de marzo de 1998 (LA LEY JURIS. 2318/1998), principio de protección del conviviente más débil, que también se menciona en la de 27 de marzo de 2001 (LA LEY JURIS. 4615/2001), y se ratifica en la de 17 de enero de 2003 (LA LEY JURIS. 740/2003); 27 de marzo de 2001 (LA LEY JURIS. 4615/2001), que alude a las doctrinas del enriquecimiento injusto, aplicación analógica de pensión compensatoria del art. 97 CC y principio de protección del conviviente perjudicado; y 5 de julio de 2001 (LA LEY JURIS. 6094/2001) y 16 de julio de 2001, sobre aplicación analógica del art. 97 CC.

En conclusión y como epítome, se puede decir que en el criterio jurisprudencial de la Sala Primera del Tribunal Supremo en materia de compensación económica no pactada en la ruptura de las parejas de hecho, se puede constatar que la técnica más utilizada es la de la doctrina del enriquecimiento injusto, seguida por la de protección del conviviente más perjudicado por la situación de hecho, más tarde la de la aplicación analógica del artículo 97 del Código Civil, y por la de la teoría de la responsabilidad civil extracontractual, y por último la de disolución de la sociedad civil irregular o comunidad de bienes». (12 septiembre 2005, rec. 980/2002)

«la convivencia de hecho no comporta per se la creación de una comunidad de bienes, del tipo que sea. Por ello, esta Sala entiende que la unión de hecho se rige fundamentalmente por la voluntad de los convivientes (sentencia de 12 de septiembre de 2005). 2.º En consecuencia, es posible que por la voluntad de los convivientes, se cree un sistema de comunicación de bienes parecido a cualquiera de los admitidos para el matrimonio o bien se utilicen otras fórmulas para hacer comunes todos o algunos de los bienes que se adquieran durante la convivencia. Es también posible crear comunidades sobre bienes determinados». (26 enero 2006, rec. 2340/1999)

«la misma doctrina jurisprudencial, en línea con la del Tribunal Constitucional, se ha preocupado de precisar que la unión de hecho es una institución que nada tiene que ver con el matrimonio —sentencias de 12 de septiembre de 2005 y de 19 de octubre de 2006, y sentencias del Tribunal Constitucional 184/90 y 222/92, por todas—, aunque una y otra se sitúen dentro del derecho de familia. Aun más: hoy en día —como dice la sentencia de 12 de septiembre de 2005—, con la existencia del matrimonio homosexual y el divorcio unilateral, se puede proclamar que la unión de hecho está formada por personas que no quieren, en absoluto, contraer matrimonio con sus consecuencias. Es, pues, esa diferencia entre la unión de hecho y el matrimonio, y la voluntad de eludir las consecuencias derivadas del vínculo matrimonial que se encuentra ínsita en la convivencia "more uxorio", la que explica el rechazo que desde la jurisprudencia se proclama de la aplicación por "analogía legis" de las normas propias del matrimonio, entre las que se encuentran las relativas al régimen económico matrimonial; lo que no empece a que puedan éstas, y, en general, las reguladoras de la disolución de comunidades de bienes o de patrimonios comunes, ser aplicadas, bien por pacto expreso, bien por la vía de la "analogía iuris" —como un mecanismo de obtención y de aplicación de los principios inspiradores del ordenamiento a partir de un conjunto de preceptos y su aplicación al caso no regulado—, cuando por "facta concludentia" se evidencie la inequívoca voluntad de los convivientes de formar un patrimonio común (Sentencias de 22 de febrero y de 19 de octubre de 2006), pues los bienes adquiridos durante la convivencia no se hacen, por ese mero hecho, comunes a los convivientes, sino que pertenecen a quien los ha adquirido, salvo que, de forma expresa o por medio de hechos concluyentes, se evidencie

el carácter común de los mismos (Sentencia de 8 de mayo de 2008)». (30 octubre 2008, rec. 1058/2006, LA LEY 226007/2008)

«Acerca del concepto no hay discusión: es la convivencia con análoga afectividad a la matrimonial, sin la celebración formal del matrimonio, que no es antijurídica, sino extrajurídica y produce o puede producir efectos personales, económicos o de filiación. Lo que ha sido mantenido por la jurisprudencia es la no aplicación de la normativa sobre el matrimonio, la apreciación de una comunidad de bienes siempre que se deduzca de la voluntad de los convivientes y la protección a la parte más débil de la relación evitando injustos perjuicios. La sentencia que se cita en el recurso, de 17 de enero de 2003, contempla el caso de una larga convivencia, tras la que se reconoce a la mujer una parte de los bienes que se habían adquirido durante la vida en común». (4 febrero 2010, rec. 1345/2005, LA LEY 865/2010)

«La sentencia de 8 mayo 2008 dice que "[...] no puede aplicarse por analogía la regulación establecida para el régimen económico matrimonial porque al no haber matrimonio, no hay régimen (Sentencia de 27 mayo 1998). La consecuencia de la exclusión del matrimonio es, precisamente, la exclusión del régimen. A pesar de ello, en los casos de la disolución de la convivencia de hecho, no se impone la sociedad de gananciales, sino que se deduce de los hechos que se declaran probados que hubo una voluntad de constituir una comunidad, sobre bienes concretos o sobre una pluralidad de los mismos" y en ello están de acuerdo las sentencias de esta Sala de 22 febrero y 19 octubre 2006, que exigen el pacto, expreso o tácito, para considerar constituida una comunidad de bienes». (7 julio 2010, rec. 1811/2006, LA LEY 109995/2010)

«El primer problema previo a resolver consiste en la respuesta a la pregunta de si puede aplicarse por analogía la norma del art. 96 CC, ya que ésta se refiere a la disolución del matrimonio por divorcio y el divorcio/separación solo tiene lugar cuando se trata de matrimonios. Es cierto que en la regulación de la convivencia del hijo con sus padres cuando estén separados no existe una atribución del uso de la vivienda (art. 159 CC), pero las reglas de los arts. 156.5 y 159 CC no contradicen, sino que confirman lo que se establece en el art. 92 CC, por lo que la relación de analogía entre ambas situaciones existe, de acuerdo con lo establecido en el art. 4 CC». (1 abril 2011, rec. 1456/2008, LA LEY 14453/2011)

CONCORDANCIAS

Véase:
— Constitución Española: arts. 14, 32 y 57.4.
Texto vigente según Ley 30/1981, 7 julio (*«B.O.E.»,* 20 julio).

Artículo 45

No hay matrimonio sin consentimiento matrimonial.

La condición, término o modo del consentimiento se tendrá por no puesta.

COMENTARIO

1.- El requisito material del matrimonio, como negocio jurídico, es el *consentimiento*, concordancia de las dos declaraciones de voluntad, de ambos contrayentes, de querer contraer matrimonio.

Refleja el principio consensual, esencial en el matrimonio, con una larga tradición que viene del Derecho canónico y recogió el Código civil francés, por el que pasó al español, que lo ha mantenido, como no podía ser menos, tras las grandes reformas del Derecho de familia motivadas por la vigencia de la Constitución.

2.- El consentimiento no puede ser limitado ni condicionado, tal como expresa el segundo párrafo del presente art. 45. El negocio jurídico de matrimonio es un negocio puro, es decir, que no admite ninguno de los mal llamados elementos accesorios, condición, término o modo, que no son sino limitaciones a la eficacia del negocio jurídico.

La sanción que establece el presente artículo, caso de establecerse condición, término o modo, no es de nulidad del negocio jurídico de matrimonio, sino nulidad parcial: tan sólo nulidad de la condición, término o modo que se han añadido al negocio jurídico de matrimonio. El problema que se plantea es que el contrayente o contrayentes que impusieron una condición, término o modo y se les ha anulado acaso querían el matrimonio sin él, por lo que puede resultar que no hubo consentimiento matrimonial sobre aquel matrimonio sin la condición, término o modo que querían.

CONCORDANCIAS

Véase:
— arts. 73.1.º, 4.º y 5.º y 1116 de este Código.
Texto vigente según Ley 30/1981, 7 julio (*«B.O.E.»,* 20 julio). Anterior texto según Ley 24 abril 1958 (*«B.O.E.»,* 25 abril).

Artículo 46

No pueden contraer matrimonio:

1.º Los menores de edad no emancipados.

2.º Los que estén ligados con vínculo matrimonial.

COMENTARIO

1.- Los requisitos para contraer matrimonio se formulaban en el Derecho canónico de manera negativa (circunstancias que constituían obstáculo para la validez del matrimonio canónico) que afectaban a las personas de los contrayentes, a su consentimiento y a la forma de celebración. Tales requisitos negativos —aquellas circunstancias— eran conocidos con el nombre de impedimentos que se distinguían en dirimentes (que provocan la invalidez) e impedientes (la licitud); absolutos (que afectaban a toda persona) y relativos (a personas concretas); privados o públicos (según admitan prueba en el fuero externo). La doctrina canónica de los impedimentos ha influido decisivamente en la redacción del Código Civil.

Sin embargo, a pesar de su formulación negativa, se pueden enunciar como requisitos positivos, distinguiéndose los personales, el material (que es el consentimiento) y el formal (la forma de celebración). A su vez, los anteriores pueden distinguirse en no dispensables o dispensables; también en definitivos o convalidables.

2.- Entre los requisitos personales se hallan la edad y la libertad, contempladas en este art. 46. El de la *edad* —emancipado o mayor de edad— si falta, puede ser dispensado, como prevé el artículo siguientes, y puede ser convalidado, como prevé el art. 75, segundo párrafo, segundo inciso. El de *libertad* significa que los contrayentes no estén unidos, en matrimonio vigente, con otra persona. Este requisito no cabe, si falta, ser dispensado ni convalidado. Si el matrimonio anterior es nulo, se precisa sentencia de nulidad. Si ha sido objeto de separación conyugal, sigue provocando la falta de este requisito. Si se disuelve —por muerte, declaración de fallecimiento o divorcio— ya ha dejado de existir el vínculo matrimonial y el cónyuge de tal matrimonio disuelto tiene el requisito de la libertad.

CONCORDANCIAS

Véase:
— arts. 48, 73.2.º, 75, 88.2, 314.2, 316, 319 y 320 de este Código.
— Constitución Española: art. 32.2.º.
Texto vigente según Ley 30/1981, 7 julio (*«B.O.E.»,* 20 julio). Anterior texto según Ley 24 abril 1958 (*«B.O.E.»,* 25 abril).

Artículo 47

Tampoco pueden contraer matrimonio entre sí:

1.º Los parientes en línea recta por consanguinidad o adopción.

2.º Los colaterales por consanguinidad hasta el tercer grado.

3.º Los condenados como autores o cómplices de la muerte dolosa del cónyuge de cualquiera de ellos.

COMENTARIO

1.- Los requisitos de parentesco y de crimen son los demás requisitos personales del matrimonio.

El *parentesco* que es obstáculo (impedimento, dirían los canonistas) al matrimonio es el de línea recta, en cualquier grado, por consanguinidad o adopción, sin alcanzar el parentesco por afinidad y sin que quepa dispensa. Es obstáculo también (en el mismo sentido de que faltaría el requisito) el parentesco colateral, siempre que sea por consanguinidad (no por afinidad o por adopción) y tan sólo hasta el tercer grado; es dispensable, según el artículo siguiente, sólo en el grado tercero.

2.- El *crimen*, como obstáculo (o impedimento) al matrimonio, es la condena como autores o cómplices de la muerte dolosa del cónyuge de cualquiera de ellos. La expresión «condenados» presupone un proceso penal en que se ha dictado sentencia, que es firme y que condena a los dos contrayentes. Estos deben ser condenados como intervinientes en la realización del hecho, en concepto de autores (directos, por inducción o por cooperación necesaria) o de cómplices; no como encubridores. El hecho que ha motivado la condena ha de ser la muerte del cónyuge de cualquiera de ellos, lo cual excluye las condenas por delito frustrado o por tentativa de delito, que no llegan a la muerte, e incluyen cualquier tipo delictivo en que se halle la muerte de una persona, el cónyuge de uno de ellos en este caso. Pero dicha muerte ha de ser, además, dolosa lo que excluye el amplio supuesto de imprudencia.

El crimen puede ser dispensado, según prevé el artículo siguiente.

CONCORDANCIAS

Véase:
— arts. 48 y 178 de este Código.
— Constitución Española: art. 32.2.
Texto vigente según Ley 30/1981, 7 julio (*«B.O.E.»*, 20 julio). Anterior texto según Ley 24 abril 1958 (*«B.O.E.»*, 25 abril).

Artículo 48

El Ministro de Justicia puede dispensar, a instancia de parte, el impedimento de muerte dolosa del cónyuge anterior.

El Juez de Primera Instancia podrá dispensar, con justa causa y a instancia de parte, los impedimentos del grado tercero entre colaterales y de edad a partir de los catorce años. En los expedientes de dispensa de edad deberán ser oídos el menor y sus padres o guardadores.

La dispensa ulterior convalida, desde su celebración, el matrimonio cuya nulidad no haya sido instada judicialmente por alguna de las partes.

COMENTARIO

1.- El presente artículo regula la dispensa que es factible ante la falta de alguno de los requisitos que han sido enumerados. No cabe dispensa por la falta del requisito de ligamen. Cabe dispensa por la falta de los requisitos de edad y de parentesco, pero dentro de cierto ámbito. Cabe siempre dispensa por el crimen. Todas ellas tienen, sin embargo, distinto régimen.

2.- En cuanto al requisito de edad; cabe dispensa, pero sólo si el contrayente o contrayentes superaban la de catorce años; la concede el Juez de 1.ª instancia, en cuyo expediente deben ser oídos (simple audiencia, no consentimiento) los padres o guardadores de este menor que pretende la dispensa para contraer matrimonio. Debe iniciarse a instancia de parte. Es precisa una justa causa, para la dispensa.

En cuanto al requisito de parentesco, sólo cabe dispensa en línea colateral y en el tercer grado (tío/tía - sobrina/sobrino). Por tanto, el parentesco no dispensable es el de línea recta y el colateral en segundo grado (hermanos). Como en el de edad, la dispensa la otorga el Juez de 1.ª instancia, en expediente incoado a instancia de parte y mediando justa causa.

3.- El tercer párrafo del presente artículo prevé la posibilidad de la dispensa ulterior al matrimonio. La competencia y los trámites son los mismo; sólo hay que advertir que en el de edad, no cabe si alguno o los dos contrayentes, en el momento de celebrarse el matrimonio, tenía menos de catorce años.

La dispensa ulterior tiene efecto retroactivo, en el sentido, como dice el texto legal, que «convalida, desde su celebración, el matrimonio». No cabe esta dispensa ulterior si la nulidad ha sido «instada judicialmente por alguna de las partes»; la dispensa siempre ha de instarse por la parte (art. 48); la nulidad también es a instancia de parte (arts. 74 y ss.) Son dos partes distintas: la primera (para la dispensa) son sólo los contrayentes; la segunda (para la nulidad) son los cónyuges y otras personas. No cabe dispensa ulterior a la celebración del matrimonio, si se ha incoado el proceso por acción de nulidad.

CONCORDANCIAS

Véase:

— Ley del Registro Civil, de 8 junio 1957 (*«B.O.E.»*, 10 junio): art. 74.

— Reglamento del Registro Civil, de 14 noviembre 1958 (*«B.O.E.»*, 11 diciembre): arts. 240, 246, 247, 257 y 260 a 262.

Texto vigente según Ley 30/1981, 7 julio (*«B.O.E.»,* 20 julio). Anterior texto según Ley 24 abril 1958 (*«B.O.E.»,* 25 abril).

CAPÍTULO III
DE LA FORMA DE CELEBRACIÓN DEL MATRIMONIO

SECCIÓN PRIMERA
Disposiciones generales

Artículo 49

Cualquier español podrá contraer matrimonio dentro o fuera de España:

1.º Ante el Juez, Alcalde o funcionario señalado por este Código.

2.º En la forma religiosa legalmente prevista.

También podrá contraer matrimonio fuera de España con arreglo a la forma establecida por la ley del lugar de celebración.

COMENTARIO

1.- El matrimonio que se regula en el Código Civil y se admite, con sus elementos y requisitos, es el matrimonio civil. Este, sin embargo, puede celebrarse bajo forma civil o bajo forma religiosa.

La forma es la exteriorización solemne del consentimiento matrimonial. El matrimonio es un negocio jurídico formal o solemne, en el sentido de que la forma es un elemento del mismo y su falta puede llegar a provocar la nulidad o más bien la inexistencia (art. 73.3.º).

2.- Se prevé en este artículo la forma civil y la forma religiosa. La civil se emplea cuando se celebra ante la autoridad civil: la forma se desarrolla en los artículos siguientes, especialmente el 58, pero este artículo 49 determina la anterioridad competente, que es el Juez, el Alcalde u otro funcionario, tal como se concreta en el art. 51. Ambos artículos (y otros, concordantes) han sido modificados por la Ley 35/1994, de 23 diciembre, en el único sentido de añadir, como Autoridad competente para autorizar el matrimonio en forma civil, al Alcalde. La forma religiosa es la «legalmente prevista», dice el texto legal, lo que significa que es la religión por la que contraen matrimonio la que determina su forma, tal como ratifica el art. 59.

Por último, se permite en el último párrafo la aplicación de la *lex loci* para el matrimonio que se celebra en el extranjero. Aunque también puede observarse la forma del Código Civil, ante el funcionario diplomático o consular, según previene el art. 51, número 3.º.

JURISPRUDENCIA

«se debe afirmar que el referido matrimonio, que siempre hay que estimar por razones obvias como de naturaleza civil, se ha de calificar como nulo de una manera absoluta, puesto que fue contraído exclusivamente ante las autoridades civiles uruguayas, lo que contradice abiertamente con lo dispuesto en los arts. 100 y 101.4 CC entonces vigentes, y con lo dispuesto en los actuales arts. 49.1 y 51 del referido cuerpo legal, que exigen la intervención de un funcionario diplomático o consular encargado del Registro Civil en el extranjero, que

hará las veces de juez municipal según la anterior normativa, o de funcionario señalado». (25 noviembre 1999, LA LEY 158263/2000)

CONCORDANCIAS

Véase:
— arts. 11 y 51 a 60 de este Código.
— Constitución Española: art. 32.1.
— Instrucción de la D.G.R. y N., de 9 enero 1995 (*«B.O.E.»*, 25 enero), sobre el expediente previo al matrimonio cuando uno de los contrayentes está domiciliado en el extranjero. Publicado en A.C.L. 73/95.
— Instrucción de la D.G.R. y N., de 26 enero 1995 (*«B.O.E.»*, 10 febrero), sobre autorización del matrimonio civil por los Alcaldes. Publicado en A.C.L. 123/95.
Texto vigente según Ley 35/1994, 23 diciembre (*«B.O.E.»*, 24 diciembre). Anteriores textos según Ley 24 abril 1958 (*«B.O.E.»*, 25 abril) y Ley 30/1981, 7 julio (*«B.O.E.»*, 20 julio).

Artículo 50

Si ambos contrayentes son extranjeros, podrá celebrarse el matrimonio en España con arreglo a la forma prescrita para los españoles o cumpliendo la establecida por la ley personal de cualquiera de ellos.

COMENTARIO

1.- Regula el caso del matrimonio de extranjeros en España y reconoce su validez tanto si se acogen a su ley personal como si siguen la lex loci.

2.- Pueden, efectivamente, celebrar el matrimonio «con arreglo a la forma prescrita para los españoles»: lo cual significa que los requisitos personales y materiales serán los que correspondan según la ley personal de cada uno de los extranjeros contrayentes (art. 9.1) y la forma será la prevista en la ley española —*lex loci*— que es la prevista en los arts. 49 y concordantes del Código Civil; por tanto, forma civil o forma religiosa.

3.- Asimismo, dos extranjeros pueden contraer matrimonio con arreglo a su ley nacional, cumpliendo la forma «establecida por la ley personal de cualquiera de ellos». Por tanto, según su religión, siempre que su ley nacional admita la forma religiosa, o bien, matrimonio consular ante el funcionario diplomático o consular del Estado del que es ciudadano con la forma que impone su legislación.

4.- Para la aplicación de esta norma se requiere que las dos contrayentes sean extranjeros, «ambos contrayentes» dice el texto legal. Es decir, que ninguno de los contrayentes sea de nacionalidad española.

Pueden ser dos extranjeros de distinta nacionalidad, los cuales deberán tener en cuenta sus respectivas legislaciones para comprobar si admiten la validez del matrimonio celebrado según la forma o que opten, en España, al amparo de esta norma del art. 50.

CONCORDANCIAS

Véase:
— art. 9.1 de este Código.
— Instrucción de la D.G.R. y N., de 9 enero 1995 (*«B.O.E.»*, 25 enero), sobre el expediente previo al matrimonio cuando uno de los contrayentes está domiciliado en el extranjero. Publicado en A.C.L. 73/95.
Texto vigente según Ley 30/1981, 7 julio (*«B.O.E.»*, 20 julio). Anterior texto según Ley 24 abril 1958 (*«B.O.E.»*, 25 abril).

SECCIÓN SEGUNDA
De la celebración ante el Juez, Alcalde o funcionario que haga sus veces

Artículo 51

Será competente para autorizar el matrimonio:

1.º El Juez encargado del Registro Civil y el Alcalde del municipio donde se celebre el matrimonio o concejal en quien éste delegue.

2.º En los municipios en que no resida dicho Juez, el delegado designado reglamentariamente.

3.º El funcionario diplomático o consular encargado del Registro Civil en el extranjero.

COMENTARIO

1.- El art. 49, número 1.º, se refiere al matrimonio celebrado en forma civil, señalando la autoridad competente para autorizarlo, lo que desarrolla este art. 51, ambos según redacción dada por la Ley 35/1994, de 23 diciembre. La competencia es la funcional, a la territorial se refiere el art. 57, también redactado por la misma Ley, siempre con el único objeto de añadir al Alcalde entre las autoridades competentes para autorizar el matrimonio en forma civil.

2.- Las autoridades competentes son: en primer lugar, el Juez Encargado del Registro civil, que es como la autoridad natural ante quien debe celebrarse, cuya acta de matrimonio es la propia inscripción; en segundo lugar, el Alcalde del municipio donde se celebre (el art. 57 declara quién es el que tiene competencia territorial y permite la delegación); en tercer lugar, un Concejal del Ayuntamiento en quien delegue el Alcalde para este menester o para un matrimonio concreto; en cuarto lugar, en los municipios donde no haya Juzgado de 1.ª Instancia (que es el Encargado del Registro civil) el delegado designado reglamentariamente, que será el Juez de Paz o el Alcalde, a elección de los contrayentes (art. 239 del Reglamento del Registro civil); en quinto lugar, si se celebra en el extranjero y no se contrae según la *lex loci* (que prevé el último párrafo del art. 49), el funcionario competente es el diplomático o consular encargado del Registro civil en el extranjero.

JURISPRUDENCIA

«se debe afirmar que el referido matrimonio, que siempre hay que estimar por razones obvias como de naturaleza civil, se ha de calificar como nulo de una manera absoluta, puesto que fue contraído exclusivamente ante las autoridades civiles uruguayas, lo que contradice abiertamente con lo dispuesto en los arts. 100 y 101.4 CC entonces vigentes, y con lo dispuesto en los actuales arts. 49.1 y 51 del referido cuerpo legal, que exigen la intervención de un funcionario diplomático o consular encargado del Registro Civil en el extranjero, que hará las veces de juez municipal según la anterior normativa, o de funcionario señalado». (25 noviembre 1999, LA LEY 158263/2000)

CONCORDANCIAS

Véase:
— art. 11.3 de este Código.
— Ley del Registro Civil, de 8 junio 1957 (*«B.O.E.»*, 10 junio): arts. 15 a 22.
— Reglamento del Registro Civil, de 14 noviembre 1958 (*«B.O.E.»*, 11 diciembre): arts. 66 a 79, 238 y 239.

Texto vigente según Ley 35/1994, 23 diciembre (*«B.O.E.»*, 24 diciembre). Anterior texto según Ley 30/1981, 7 julio (*«B.O.E.»*, 20 julio).

Artículo 52

Podrá autorizar el matrimonio del que se halle en peligro de muerte:

1.º El Juez encargado del Registro Civil, el delegado o el Alcalde, aunque los contrayentes no residan en la circunscripción respectiva.

2.º En defecto del Juez, y respecto de los militares en campaña, el Oficial o Jefe superior inmediato.

3.º Respecto de los matrimonios que se celebren a bordo de nave o aeronave, el Capitán o Comandante de la misma.

Este matrimonio no requerirá para su autorización la previa formación de expediente, pero sí la presencia, en su celebración, de dos testigos mayores de edad, salvo imposibilidad acreditada.

COMENTARIO

1.- Siempre se ha previsto una forma simplificada del matrimonio que deba celebrarse con urgencia por razón del peligro de muerte de uno de los dos contrayentes, de la misma manera que siempre se ha regulado un testamento especial en peligro de muerte. El presupuesto para esta forma excepcional de matrimonio es el peligro de muerte: es decir, situación tal que la muerte pueda considerarse próxima según examen racional de las circunstancias.

El matrimonio en peligro de muerte implica una importante reducción de trámites y formalidades. El artículo 52 lo prevé, dando normas excepcionales sobre competencia, expediente previo y forma de celebración.

2.- En cuanto a la competencia, puede autorizarlo el Encargado del Registro civil, su delegado o el Alcalde, aunque no residan allí los contrayentes; o si son militares en campaña, en defecto de Juez, el Oficial o Jefe superior inmediato; o si son pasajeros o tripulantes de nave o aeronave, el Capitán o Comandante de la misma.

En cuanto al expediente, no se requiere que se tramite, aunque el que autorice el matrimonio puede hacer las comprobaciones que estime oportunas, lo cual será preciso realizar, para inscribirlo, como ordena el art. 65.

En cuanto a la forma, será la ordinaria, aunque pueden faltar los dos testigos mayores de edad si media imposibilidad acreditada de que concurran.

CONCORDANCIAS

Véase:

— art. 73.3 de este Código.

— Ley del Registro Civil, de 8 junio 1957 (*«B.O.E.»*, 10 junio): arts. 72 y 80.

— Reglamento del Registro Civil, de 14 noviembre 1958 (*«B.O.E.»*, 11 diciembre): arts. 231, 253 y 256.1.º.

— Instrucción de 26 enero 1995 (*«B.O.E.»*, 10 febrero), de la D.G.R. y del N., sobre autorización del matrimonio civil por los Alcaldes. Publicado en A.C.L. 123/95.

Texto vigente según Ley 35/1994, de 23 diciembre (*«B.O.E.»*, 24 diciembre). Anterior texto según Ley 30/1981, 7 julio (*«B.O.E.»*, 20 julio).

Artículo 53

La validez del matrimonio no quedará afectada por la incompetencia o falta de nombramiento legítimo del Juez, Alcalde o funcionario que lo autorice, siempre que al menos uno de los cónyuges hubiera procedido de buena fe y aquéllos ejercieran sus funciones públicamente.

COMENTARIO

1.- Al tratar del art. 49 se ha dicho que el matrimonio es un negocio jurídico formal o solemne y que la falta de forma puede llegar a provocar su nulidad o más bien su inexistencia en el caso extremo que prevé el art. 73.3.º. Pero el principio de favor matrimonii inspira el presente art. 53.

El matrimonio es válido pese a que el Juez, Alcalde o funcionario que lo autorice no sea competente o falte su nombramiento legítimo. La competencia se refiere tanto a la funcional como a la territorial, teniendo en cuenta los requisitos que se exigen.

2.- Los requisitos son dos. El primero se refiere a los contrayentes: que por lo menos uno haya procedido de buena fe, que significa que ignoraba la incompetencia o falta de nombramiento legítimo del Juez, Alcalde o funcionario. El segundo se refiere a la autoridad o funcionario: que ejerza sus funciones públicamente, en el sentido de que aparezca y ejerza notoriamente como tal.

3.- Concurriendo ambos requisitos el matrimonio es válido aunque el Juez, Alcalde (o Concejal) o funcionario carezca de competencia funcional o territorial. Carece de competencia funcional el que se presenta como Juez, Alcalde o funcionario y no es tal, sino otro que lo suplanta y, por lo menos, uno de los cónyuges lo ignora, Carece de competencia territorial, el que según el art. 57 no es competente, pero también lo ignora, por lo menos, uno de los cónyuges. La misma validez se proclama si cualquiera de ellos carece de nombramiento legítimo. Así, el que no ha sido nombrado o tomado posesión de su cargo y ya autoriza el matrimonio o ha cesado y, pese a ello, lo autoriza; o quien no ha sido delegado y aparece como si hubiese recibido la delegación.

Con este precepto, se mantiene la validez del matrimonio con el defecto de forma y con ello se evita que los contrayentes puedan exigir que el Juez, Alcalde o funcionario les acredite que son tales y que están en el ejercicio de las funciones. Se mantiene la validez del matrimonio, sin perjuicio de las sanciones disciplinarias o incluso penales en que hayan podido incurrir la autoridad o el funcionario.

CONCORDANCIAS

Véase arts. 73.3 y 78 de este Código.

Texto vigente según Ley 35/1994, de 23 diciembre (*«B.O.E.»*, 24 diciembre). Anterior texto según Ley 30/1981, 7 julio (*«B.O.E.»*, 20 julio).

Artículo 54

Cuando concurra causa grave suficientemente probada, el Ministro de Justicia podrá autorizar el matrimonio secreto. En este caso, el expediente se tramitará reservadamente, sin la publicación de edictos o proclamas.

COMENTARIO

1.- El matrimonio secreto es el matrimonio que se celebra sin los requisitos ordinarios de publicidad.

Se puede celebrar tal matrimonio si existe causa grave. No se precisa que se entiende como tal, sino que se exige que sea probada y se apreciará discrecionalmente y con prudencia; tan sólo si se tiene muy en cuenta la discreción y la prudencia se puede mantener esta forma excepcional del matrimonio, que, ciertamente, no tiene razón de ser actualmente y se puede evitar que se celebre en fraude de ley o en perjuicio de tercero.

Para la apreciación de que concurre una causa, que es grave y que ha sido suficientemente probada, se instruye expediente en el Registro civil del domicilio de cualquiera de los contrayentes, se eleva a la Dirección General de los Registros y del Notariado y se resuelve, a propuesta del Director General, por el Ministerio de Justicia.

2.- La única especialidad del matrimonio secreto es que el expediente previo se tramita *reservadamente* y no se publican edictos o proclamas. La celebración sigue la forma ordinaria. La inscripción en el Registro civil tiene la especialidad que prevé el art. 64.

CONCORDANCIAS

Véase:
— art. 64 de este Código.
— Ley del Registro Civil, de 8 junio 1957 (*«B.O.E.»*, 10 junio): arts. 72, 78 y 79.
— Reglamento del Registro Civil, de 14 noviembre 1958 (*«B.O.E.»*, 11 diciembre): arts. 260 y 261.
Texto vigente según Ley 30/1981, 7 julio (*«B.O.E.»*, 20 julio).

Artículo 55

Podrá autorizarse en el expediente matrimonial que el contrayente que no resida en el distrito o demarcación del Juez, Alcalde o funcionario autorizante celebre el matrimonio por apoderado a quien haya concedido poder especial en forma auténtica, pero siempre será necesaria la asistencia personal del otro contrayente.

En el poder se determinará la persona con quien ha de celebrarse el matrimonio, con expresión de las circunstancias personales precisas para establecer su identidad.

El poder se extinguirá por la revocación del poderdante, por la renuncia del apoderado o por la muerte de cualquiera de ellos. En caso de revocación por el poderdante bastará su manifestación en forma auténtica antes de la celebración del matrimonio. La revocación se notificará de inmediato al Juez, Alcalde o funcionario autorizante.

COMENTARIO

1.- Se prevé el matrimonio por apoderado. No se trata de un auténtico representante, que declara su voluntad en nombre y por cuenta del representado, sino más bien de un nuntius que se limita a transmitir la voluntad ya declarada del pseudo-representado.

El Juez, Alcalde o funcionario encargado del Registro civil donde no resida el contrayente puede autorizar, en el expediente previo, que el matrimonio se celebre por este tipo de representante, por *apoderado*, dice este artículo 55.

2.- El poder debe ser especial lo que —concreta el segundo párrafo— significa que en él *se determinará la persona con quien ha de celebrarse el matrimonio, con expresión de las circunstancias personales precisas para establecer su identidad.* Es decir, no cabe un poder para casarse, sino que debe ser un poder para casarse con tal exacta persona.

El poder debe otorgarse *en forma auténtica*: notarial o ante un Cónsul de España en el extranjero.

Será necesaria la asistencia personal del otro contrayente, y así, el Juez o funcionario autorizante preguntará, de acuerdo con el art. 58, al contrayente presente y al representante si su representado consiente en contraer matrimonio y si efectivamente lo contraen.

3.- El poder se extingue por:

1.º) *revocación del poderdante*, bastando que se manifieste en forma auténtica antes de la celebración del matrimonio; se notificará de inmediato al Juez o funcionario autorizante. 2.º.) *Renuncia del apoderado.* 3.º) *Muerte de cualquiera de ellos.*

CONCORDANCIAS

Véase:
— arts. 1732 a 1739 de este Código.
— Reglamento del Registro Civil, de 14 noviembre 1958 («*B.O.E.*», 11 diciembre): art. 258.2.º.
— Instrucción de la D.G.R. y del N. de 9 enero 1995 («*B.O.E.*», 25 enero), sobre expediente previo al matrimonio cuando uno de los contrayentes está domiciliado en el extranjero.
Texto vigente según Ley 35/1994, 23 diciembre («*B.O.E.*», 24 diciembre), de modificación del Código Civil en materia de autorización del matrimonio civil por los Alcaldes.

Artículo 56

Quienes deseen contraer matrimonio acreditarán previamente, en expediente tramitado conforme a la legislación del Registro Civil, que reúnen los requisitos de capacidad establecidos en este Código.

Si alguno de los contrayentes estuviere afectado por deficiencias o anomalías psíquicas, se exigirá dictamen médico sobre su aptitud para prestar el consentimiento.

COMENTARIO

1.- Antes de la celebración se tramita un expediente en el Registro civil ante cuyo Juez encargado del mismo se celebrará. Su finalidad es comprobar que concurren los requisitos del matrimonio, en la medida de lo posible, por contacto directo del Juez con los contrayentes, por las pruebas que se practican y por la información pública del proyectado matrimonio a través de edictos o proclamas.

El artículo 56 lo ordena, en su primer párrafo. Pero dicho expediente no forma parte de la celebración del matrimonio, ni tiene valor relativo a su validez, ni su falta provoca la nulidad del mismo. La existencia o la ausencia de algún requisito del matrimonio es lo que afectará a su validez, háyase o no tramitado el expediente, háyase o no acreditado o denunciado el requisito o su defecto, en el mismo. El art. 65 dispone que si no se ha tramitado el expediente previo, *el Juez o funcionario encargado del Registro, antes de practicar la inscripción, deberá comprobar si concurren los requisitos legales para su celebración.*

Se inicia con un escrito de los contrayentes en que expresan sus datos personales, que reúnen los requisitos del matrimonio, sus domicilios en el último bienio; proponen pruebas para comprobación de los requisitos, especialmente la de disolución de anteriores matrimonios; manifestarán qué Registro civil eligen si los contrayentes viven en distintos partidos.

Tras el anterior escrito inicial, una vez ratificados los contrayentes en el mismo, el encargado del Registro civil oye a ambos reservadamente y por separado, practica pruebas propuestas o de oficio y publica los edictos o proclamas, en los lugares del domicilio de los contrayentes en los dos últimos años, todo ello para acreditar la concurrencia de los requisitos del matrimonio: si alguna persona tiene conocimiento de la falta de un requisito, está obligada a denunciarlo al encargado del Registro.

Se instruyen dos expedientes si los domicilios de los dos contrayentes pertenecen a distintos partidos. El que resuelve el expediente es el elegido para autorizar el matrimonio: el otro le remite simplemente el que ha instruido. Se resuelve por auto. Todo ello está regulado en los artículos 238 a 254 del Reglamento del Registro civil, según redacción dada por el Real Decreto de 29 de agosto de 1986.

2.- El párrafo segundo del presente artículo se refiere al requisito de *aptitud mental* de los contrayentes. Este no está incluido en el Código Civil expresamente como requisito del matrimonio pero esto no quiere decir que no lo sea.

El Código civil sí exige el consentimiento como requisito material básico (art. 45.1 y 73.1), el consentimiento precisa conciencia y voluntad y éstos faltarán si el contrayente carece de aptitud mental.

En consecuencia, si el Juez encargado del Registro civil advierte que un futuro contrayente presenta una anomalía o deficiencia psíquica y, en todo caso si está incapacitado judicialmente, exigirá dictamen médico. Este será tenido en cuenta en el Auto que resuelva el expediente, admitiendo el proyectado matrimonio si reúne el requisito de aptitud mental y negándolo si carece de él.

CONCORDANCIAS

Véase:

— arts. 1732 a 1739 de este Código.

— Reglamento del Registro Civil, de 14 noviembre 1958 («*B.O.E.*», 11 diciembre): art. 258.2.º.

— Instrucción de la D.G.R. y del N. de 9 enero 1995 («*B.O.E.*», 25 enero), sobre expediente previo al matrimonio cuando uno de los contrayentes está domiciliado en el extranjero. Publicado en A.C.L. 73/95.

Texto vigente según Ley 35/1994, de 23 diciembre («*B.O.E.*», 24 diciembre). Anterior texto según Ley 30/1981, 7 julio («*B.O.E.*», 20 julio).

Artículo 57

El matrimonio deberá celebrarse ante el Juez, Alcalde o funcionario correspondiente al domicilio de cualquiera de los contrayentes y dos testigos mayores de edad.

La prestación del consentimiento podrá también realizarse, por delegación del instructor del expediente, bien a petición de los contrayentes o bien de oficio, ante Juez, Alcalde o funcionario de otra población distinta.

COMENTARIO

1.- Ante todo prevé este artículo la forma más esencial, la autorización por el Juez, Alcalde (o Concejal) o funcionario correspondiente y la presencia de dos testigos mayores de edad. Es elemento esencial, cuya falta puede dar lugar a la nulidad, más bien inexistencia del negocio jurídico, según el art. 73, número 3.º, con la salvedad del art. 53.

2.- Prevé asimismo la competencia territorial de la autoridad o funcionario. Es el del domicilio de cualquiera de los contrayentes, el que elijan por declaración ante los Encargados del Registro civil que instruyen los expedientes de uno y otro de los contrayentes que tienen domicilios en distintos partidos judiciales.

3.- Como salvedad de la competencia territorial se permite que la autoridad o funcionario no sea el del domicilio de cualquiera de los contrayentes, sino otro de distinta población —que tenga competencia funcional (es decir, que sea Juez, Alcalde, Concejal o Juez de Paz)— por delegación del Encargado del Registro civil que instruye el expediente.

CONCORDANCIAS

Véase:
— arts. 49.1.º y 73.3.º de este Código.
— Reglamento del Registro Civil, de 14 noviembre 1958 (*«B.O.E.»*, 11 diciembre): arts. 238 y 250.
— Instrucción de 26 enero 1995 (*«B.O.E.»*, 10 febrero), de la D.G.R. y del N., sobre autorización del matrimonio civil por los Alcaldes. Publicado en A.C.L. 123/95.

Texto vigente según Ley 35/1994, de 23 diciembre (*«B.O.E.»*, 24 diciembre). Anteriores textos según Ley 14/1975, 2 mayo (*«B.O.E.»*, 5 mayo) y Ley 30/1981, 7 julio (*«B.O.E.»*, 20 julio).

Artículo 58

El Juez, Alcalde o funcionario, después de leídos los artículos 66, 67 y 68, preguntará a cada uno de los contrayentes si consienten en contraer matrimonio con el otro y si efectivamente lo contraen en dicho acto y, respondiendo ambos afirmativamente, declarará que los mismos quedan unidos en matrimonio y extenderá la inscripción o el acta correspondiente.

COMENTARIO

Este artículo regula la forma del matrimonio, en su sentido más estricto de forma o solemnidad o rito o ceremonia o celebración. Ante el Juez, Alcalde (o Concejal) o funcionario, que sea competente funcional y territorialmente, según disponen los artículos anteriores y dos testigos mayores de edad transcurren las siguientes fases:

Primera. La autoridad o funcionario lee los arts. 66, 67 y 68 que disponen la igualdad entre los cónyuges y los efectos personales del matrimonio.

Segunda. Pregunta la misma autoridad o funcionario a los contrayentes, a cada uno, uno después del otro, si consienten en contraer matrimonio con el otro y si efectivamente lo contraen en dicho acto. Es el consentimiento, elemento esencial del matrimonio (arts. 45.1.º y 73.1.º).

Tercera. Ambos cónyuges responden afirmativamente. En este instante, el negocio jurídico de matrimonio queda perfeccionado.

Cuarta. La autoridad o funcionario declara que los contrayentes quedan unidos en matrimonio. No tiene el sentido de que «los casa», sino que los declara «casados». La perfección del negocio jurídico se ha producido por la emisión del consentimiento de los cónyuges y la autoridad o funcionario así lo declara.

Quinta. La autoridad o funcionario levanta acta y si es el mismo Juez Encargado del Registro civil del domicilio de uno de los contrayentes, el acta es la misma inscripción.

CONCORDANCIAS

Véase:
— arts. 45, 61 y 62 de este Código.
— Reglamento del Registro Civil, de 14 noviembre 1958 (*«B.O.E.»*, 11 diciembre): art. 225.
Texto vigente según Ley 35/1994, de 23 diciembre (*«B.O.E.»*, 24 diciembre). Anteriores textos según Ley 14/1975, 2 mayo (*«B.O.E.»*, 5 mayo), y Ley 30/1981, 7 julio (*«B.O.E.»*, 20 julio).

SECCIÓN TERCERA
De la celebración en forma religiosa

Artículo 59

El consentimiento matrimonial podrá prestarse en la forma prevista por una confesión religiosa inscrita, en los términos acordados con el Estado o, en su defecto, autorizados por la legislación de éste.

COMENTARIO

1.- El sistema matrimonial español, actualmente, tras las grandes reformas del Código Civil de 1981, es de matrimonio civil, aunque se admite no sólo la forma civil, regulada en los artículos anteriores (51 a 58), sino también la forma religiosa, prevista en el presente artículo y en el siguiente.

2.- La forma religiosa que se admite es, en primer lugar, la correspondiente a la Religión Católica, en virtud del Acuerdo de 3 de enero de 1979 (por tanto, anterior a la vigencia de este artículo, que fue redactado por Ley 30/1981, de 7 de julio) entre el Estado español y la Santa Sede, sobre asuntos jurídicos; es el matrimonio canónico.

En segundo lugar, se admite la forma religiosa correspondiente a una Religión inscrita en el Registro de entidades religiosas, que se lleva en el Ministerio de Justicia. Lo cual se hará, en primer lugar, en los términos que prevean en el Acuerdo celebrado con la confesión religiosa concreta: así, Ley 24/1992, de 10 de noviembre, por la que se aprueba el Acuerdo de cooperación del Estado con la Federación de entidades religiosas evangélicas de España; Ley 25/1992, de la misma fecha 10 de noviembre, que aprueba igual Acuerdo con la Federación de comunidades israelitas de España; Ley 26/1992, de la misma fecha, que aprueba igual Acuerdo con la comisión islámica de España.

En tercer lugar, en defecto de Acuerdo, se hará de conformidad con la legislación nacional, es decir, ley española que reconozca efectos civiles al matrimonio religioso celebrado según las normas propias de una determinada Religión, con la que no ha mediado un Acuerdo (quizá, por ejemplo, por ser tan minoritaria que ofrezca dificultades o imposibilidad de llegar al Acuerdo).

CONCORDANCIAS

Véase:
— art. 63 de este Código.
— Acuerdo entre el Estado español y la Santa Sede sobre asuntos jurídicos, de 3 de enero de 1979 (*«B.O.E.»*, 15 diciembre): art. VI.
— R.D. 142/1981, de 9 de enero (*«B.O.E.»*, 31 enero), sobre organización y funcionamiento del Registro de Entidades Religiosas.
Texto vigente según Ley 30/1981, 7 julio (*«B.O.E.»*, 20 julio). Anterior texto según Ley 14/1975, 2 mayo (*«B.O.E.»*, 5 mayo).

Artículo 60

El matrimonio celebrado según las normas del Derecho canónico o en cualquiera de las formas religiosas previstas en el artículo anterior produce efectos civiles. Para el pleno reconocimiento de los mismos se estará a lo dispuesto en el capítulo siguiente.

COMENTARIO

1.- El presente artículo es continuación o complemento del anterior. El art. 59 permite que el matrimonio se celebre en forma religiosa, según la Religión Católica u otra inscrita. El art. 60 declara que tiene eficacia civil tal matrimonio celebrado en forma religiosa.

Por tanto, insiste en la idea de que en nuestro Ordenamiento se regula y admite un solo matrimonio civil, respecto al que se establecen todos los requisitos personales y materiales y sus efectos y sus crisis; y prevé dos formas, la civil, que asimismo regula, y la religiosa, sea la Religión Católica u otra, a la que asimismo otorga eficacia.

2.- Para el pleno reconocimiento de los efectos civiles, es precisa la inscripción del matrimonio celebrado en forma religiosa, en el Registro civil. Lo cual no se diferencia del matrimonio celebrado en forma civil; por ello, el segundo párrafo del presente art. 60 se remite a la normativa sobre inscripción del matrimonio en el Registro civil, contenida a partir del artículo siguiente.

CONCORDANCIAS

Véase cánones 19 a 192, 1.012 a 1.043 y 1.960 del Código de Derecho Canónico.
Texto vigente según Ley 30/1981, 7 julio (*«B.O.E.»*, 20 julio). Anterior texto según Ley 14/1975, 2 mayo (*«B.O.E.»*, 5 mayo).

CAPÍTULO IV
DE LA INSCRIPCIÓN DEL MATRIMONIO EN EL REGISTRO CIVIL

Artículo 61

El matrimonio produce efectos civiles desde su celebración.

Para el pleno reconocimiento de los mismos será necesaria su inscripción en el Registro Civil.

El matrimonio no inscrito no perjudicará los derechos adquiridos de buena fe por terceras personas.

COMENTARIO

1.- El artículo 61 establece que el matrimonio produce efectos civiles desde su celebración, tanto si es civil como religioso (lo que dispone expresamente para este último el art. 60). En consecuencia, desde el momento de la celebración de un matrimonio, éste despliega sus efectos personales, sus efectos económicos, especialmente los atinentes al régimen económico-matrimonial, y sus efectos en orden a la filiación, que será matrimonial.

Al estado le interesa que quede *constancia fehaciente de los matrimonios* celebrados en cualquiera de sus formas, por lo que arbitra un sistema de prueba constituido por el servicio público del Registro civil. La inscripción es un *medio de prueba*; más aún, un medio privilegiado de prueba que sirve para proveer a los contrayentes de un título de legitimación que servirá para actuar en el tráfico los derechos y deberes conyugales de un modo normal y habitual. Además, cumple la *función genérica de publicidad* respecto de terceras personas, y es el medio de impedir la celebración de múltiples matrimonios por un mismo sujeto sin estar disuelto el vínculo anterior.

2.- Así, el matrimonio produce la eficacia en todos los campos del Derecho, no sólo el Derecho civil, desde que se perfecciona como negocio jurídico, que es el momento de su celebración.

La inscripción en el Registro civil, que el párrafo segundo de este artículo dice que es necesaria «para el pleno reconocimiento» de su eficacia, ciertamente no añade ningún efecto más, por más que el Código parece decir lo contrario. La inscripción no es más que un título de legitimación y un medio de prueba del matrimonio.

3.- El tercer párrafo es una norma negativa con un sentido que recuerda la Ley Hipotecaria. Dispone que el matrimonio no inscrito no perjudica los derechos adquiridos por tercero de buena fe: ¿qué derechos? Parece que se puede referir tan sólo a derechos sobre cosas no inscritas en ningún Registro (el de la Propiedad, esencialmente) ya que éste tiene prevalencia, respecto a cosas, sobre el civil; quizá se refiere a que el tercero que, de buena fe, contrate con persona que aparece como soltero, siendo así que es casado con matrimonio no inscrito, aquel tercero (¿consultará el Registro civil?) no puede verse perjudicado por resultar el otro contratante ser casado. De hecho, ha admitido la más autorizada doctrina que la protección que esta norma brinda al tercero es excepcional y no funciona en la vida real.

CONCORDANCIAS

Véase:
— Ley del Registro Civil, de 8 junio 1957 («*B.O.E.*», 10 junio): arts. 69 a 81.
— Reglamento del Registro Civil, de 14 noviembre 1958 («*B.O.E.*», 11 diciembre): arts. 255 a 258.
Texto vigente según Ley 30/1981, 7 julio («*B.O.E.*», 20 julio). Anterior texto según Ley 14/1975, 2 mayo («*B.O.E.*», 5 mayo).

Artículo 62

El Juez, Alcalde o funcionario ante quien se celebre el matrimonio extenderá, inmediatamente después de celebrado, la inscripción o el acta correspondiente con su firma y la de los contrayentes y testigos.

Asimismo, practicada la inscripción o extendida el acta, el Juez, Alcalde o funcionario entregará a cada uno de los contrayentes documento acreditativo de la celebración del matrimonio.

COMENTARIO

1.- El presente artículo regula la práctica de la inscripción en el Registro civil del matrimonio celebrado en forma civil. Son dos supuestos. Si el matrimonio lo celebra el Juez Encargado del Registro civil (o el Juez de Paz delegado del Encargado) extiende la inscripción inmediatamente, que es la propia acta. Si es otro el autorizante, extiende el acta y la remite al Registro civil competente para su inscripción.

2.- El párrafo segundo es una norma vacía de contenido. Cuando se inscribe el matrimonio se entrega a los contrayentes el Libro de Familia, según la legislación del Registro civil, pero no un «documento acreditativo de la celebración del matrimonio», que no tiene sentido ni objeto ni razón de ser, ni puede sustituir a dicho Libro de familia.

CONCORDANCIAS

Véase Reglamento del Registro Civil, de 14 noviembre 1958 («*B.O.E.*», 11 diciembre): art. 255.
Texto vigente según Ley 35/1994, de 23 diciembre («*B.O.E.*», 24 diciembre). Anteriores textos según Ley 14/1975, 2 mayo («*B.O.E.*», 5 mayo), y Ley 30/1981, 7 julio («*B.O.E.*», 20 julio).

Artículo 63

La inscripción del matrimonio celebrado en España en forma religiosa se practicará con la simple presentación de la certificación de la Iglesia o confesión respectiva, que habrá de expresar las circunstancias exigidas por la legislación del Registro Civil.

Se denegará la práctica del asiento cuando de los documentos presentados o de los asientos del Registro conste que el matrimonio no reúne los requisitos que para su validez se exigen en este título.

COMENTARIO

1.- El presente artículo regula la práctica de la inscripción en el Registro civil del matrimonio celebrado en forma religiosa, sea Religión Católica (matrimonio canónico) u otra, inscrita (como exige el art. 59). La persona adecuada de la Religión correspondiente, emite el certificado de que se ha celebrado el matrimonio religioso, con las circunstancias que exige la legislación del Registro civil. Tal certificado lo remite directamente al Registro civil competente o bien lo entrega a los contrayentes y éstos lo presentan en el Registro civil.

2.- El Encargado del Registro civil competente, a la vista del certificado anterior, inscribe el matrimonio religioso. Pero denegará la inscripción, como ordena este artículo en su párrafo segundo, «cuando de los documentos presentados o de los asientos del Registro conste que el matrimonio no reúne los requisitos que para su validez se exigen en este título». Lo cual da sentido al sistema matrimonial español que es el de matrimonio civil, único, admitiéndose dos formas de celebración, la civil y la religiosa; pero la normativa del matrimonio siempre es la del Código Civil y si no se ha cumplido en un matrimonio celebrado en forma religiosa, el Encargado denegará la inscripción.

Lo anterior es claro según el texto de este artículo, pero no lo es si se pone en relación con el Acuerdo con la Santa Sede sobre asuntos jurídicos de 3 de enero de 1979, artículo VI, apartado 1, que atribuye a la Iglesia católica la normativa sobre el matrimonio canónico y el art. 96 de la Constitución establece la primacía del Tratado internacional sobre la legislación nacional.

CONCORDANCIAS

Véase:
— arts. 49, 59 y 60 de este Código.
— Reglamento del Registro Civil, de 14 noviembre 1958 (*«B.O.E.»*, 11 diciembre): art. 256.
Texto vigente según Ley 30/1981, 7 julio (*«B.O.E.»,* 20 julio). Anterior texto según Ley 14/1975, 2 mayo (*«B.O.E.»,* 5 mayo).

Artículo 64

Para el reconocimiento del matrimonio secreto basta su inscripción en el libro especial del Registro Civil Central, pero no perjudicará los derechos adquiridos de buena fe por terceras personas sino desde su publicación en el Registro Civil ordinario.

COMENTARIO

1.- El art. 54 trata del matrimonio secreto; éste, de su inscripción. En aquel artículo se expresa quién y cómo puede autorizarse y su único efecto consistente en la tramitación reservada del expediente previo, con ausencia de edictos y proclamas. En este artículo, se añade un efecto más, no relativo al matrimonio, sino a su inscripción.

El matrimonio secreto no se inscribe en el Registro civil competente, sino que el acta del mismo se remite original, inmediata y reservadamente, al Registro Civil Central, donde se inscribe en el Libro de matrimonios secretos.

2.- El segundo párrafo de este artículo añade que hasta que no se inscriba en el Registro civil ordinario, el matrimonio secreto inscrito en el Registro civil central «no perjudicará los derechos adquiridos de buena fe por terceras personas». Tiene un sentido análogo a la disposición del tercer párrafo del art. 61: el matrimonio secreto es válido y tiene eficacia, como tal matrimonio, desde su celebración; un tercero, de buena fe, no puede verse perjudicado, por ser casado (en matrimonio secreto) aquél con el que tiene una relación jurídica, sin que el tercero lo sepa.

CONCORDANCIAS

Véase:
— Ley del Registro Civil, de 8 junio 1957 (*«B.O.E.»*, 10 junio): art. 70.2.º.
— Reglamento del Registro Civil, de 14 noviembre 1958 (*«B.O.E.»*, 11 diciembre): arts. 256, 260 y 261.
— R.D. 644/1990, 18 mayo (*«B.O.E.»*, 29 mayo), sobre normas relativas al Registro Civil Central.
Texto vigente según Ley 30/1981, 7 julio (*«B.O.E.»*, 20 julio). Anterior texto según Ley 14/1975, 2 mayo (*«B.O.E.»*, 5 mayo).

Artículo 65

Salvo lo dispuesto en el artículo 63, en todos los demás casos en que el matrimonio se hubiere celebrado sin haberse tramitado el correspondiente expediente, el Juez o funcionario encargado del Registro, antes de practicar la inscripción, deberá comprobar si concurren los requisitos legales para su celebración.

COMENTARIO

Este artículo tiene carácter residual: en todo caso en que se ha celebrado un matrimonio, en el que no hay expediente previo y no hay inscripción, es inscribible en el Registro civil, pero para su inscripción el Encargado del mismo «deberá» comprobar si concurren los requisitos legales para su celebración.

Pretende, pues, que ningún matrimonio que sea realmente válido, quede sin inscribir. Pero será preciso comprobar esta validez. Para su práctica, se aplicará la legislación del Registro civil.

CONCORDANCIAS

Véase:
— Reglamento del Registro Civil, de 14 noviembre 1958 (*«B.O.E.»*, 11 diciembre): art. 257.
— Instrucción de la D.G.R. y del N. de 9 enero 1995 (*«B.O.E.»*, 25 enero), sobre expediente previo al matrimonio cuando uno de los contrayentes está domiciliado en el extranjero.
Texto vigente según Ley 30/1981, 7 julio (*«B.O.E.»*, 20 julio). Anterior texto según Ley 14/1975, 2 mayo (*«B.O.E.»*, 5 mayo).

CAPÍTULO V
DE LOS DERECHOS Y DEBERES DE LOS CÓNYUGES

Artículo 66

Los cónyuges son iguales en derechos y deberes.

COMENTARIO

1.- El principio de igualdad de hombre y mujer que proclaman los arts. 14 y 32 de la Constitución, tiene su expresión en este artículo del C.c. Se había observado que puede parecer redundante, ya que bastaba que la ley tratara a marido y mujer de manera igualitaria, para que no hiciera falta expresar que son iguales. Sin embargo, esta norma tiene el valor (como otras redactadas por Ley 30/1981, de 7 julio) de contraposición al régimen jurídico anterior, en que, bajo el peso de una tradición de siglos, la mujer estaba sometida al hombre, social y jurídicamente.

2.- La igualdad se refleja en las relaciones personales de los cónyuges (no hay autoridad marital), en las relaciones patrimoniales (no hay predominio del marido en la gestión de bienes comunes) y en las relaciones filiales (la patria potestad es conjunta).

3.- Tanto este artículo como los dos siguientes son leídos a los contrayentes por el Juez o Alcalde o funcionario autorizante del matrimonio, tal como establece el art. 58.

JURISPRUDENCIA

«el matrimonio no limita la capacidad jurídica de los esposos, que ambos pueden obligarse individualmente y responder con sus respectivos bienes.» (20 enero 1989, LA LEY 379-1/1989)

CONCORDANCIAS

Véase:
— arts. 1328 y 1375 de este Código.
— Constitución Española: arts. 14 y 32.
Texto vigente según Ley 30/1981, 7 julio (*«B.O.E.»*, 20 julio). Anterior texto según Ley 14/1975, 2 mayo (*«B.O.E.»*, 5 mayo).

Artículo 67

Los cónyuges deben respetarse y ayudarse mutuamente y actuar en interés de la familia.

COMENTARIO

1.- Este artículo comprende dos aspectos. Uno forma parte de los derechos y deberes recíprocos entre los cónyuges: es el respeto y ayuda mutuos, que enlaza con el de socorro mutuo del artículo siguiente. Como tales derechos y deberes recíprocos, constituyen los efectos personales del matrimonio. Son de imposible cumplimiento forzoso en caso de infracción de los mismos, sino que únicamente podría dar lugar a la separación o divorcio, como grave sanción al incumplimiento. El otro aspecto es el principio de actuación en interés de la familia, también efecto personal del matrimonio. Este artículo, con el anterior y el siguiente, es leído en la celebración del matrimonio, tal como establece el art. 58.

2.- El respeto y ayuda y socorro mutuos integran el primero y fundamental derecho y deber recíproco entre los cónyuges.

El respeto alcanza a toda norma de conducta entre los cónyuges, cuyo trato recíproco y frente a terceros debe ser presidida por la idea de respeto mutuo, idea que no tiene sentido jurídico estricto, sino antes bien gramatical o, mejor aún, social: es el concepto que da la sociedad, en una determinada época (concepto tan cambiante), lo que determina el significado jurídico de la palabra respeto.

La ayuda y socorro mutuo no son, en el fondo, sino expresión del derecho-deber de respeto. Un mínimo de respeto al cónyuge llevará al otro a ayudarle y socorrerle: sobre el significado de ambos términos conviene precisar dos puntos. En primer lugar, por más que se quiera, a veces, darle un sentido moral a la ayuda y otro físico o económico al socorro, ambos tienen el doble significado físico y moral: los cónyuges se deben ayuda en sus necesidades físicas de salud o enfermedad o económicas y morales frente a problemas de la vida personal o profesional de uno u otra: asimismo, el socorro mutuo implica el apoyo tanto físico y moral. En segundo lugar, la ayuda y socorro se deben, no en casos extremos o de grave necesidad o ni siquiera de simple necesidad, sino en todo momento, en situaciones anormales de necesidad y en situaciones normales a los largo del *status* matrimonial.

3.- El principio de actuación en interés de la familia es un principio programático que inspira la normativa concreta del matrimonio y de su eficacia, como en el domicilio, régimen económico del matrimonio, patria potestad, etc., y puede tener importancia como principio general al tratar de solucionar cuestiones concretas planteadas que no tengan una regulación específica.

Tiene un aspecto negativo —abstenerse de aquellos actos en que el interés familiar puede resultar menoscabado— y un aspecto positivo, el deber de obrar en interés de la familia, entendida ésta como una familia concreta y no como ente distinto de los individuos que la componen, sino como interés común que comprende el interés de los hijos, el del cónyuge que actúa y el del otro cónyuge.

CONCORDANCIAS

Véase arts. 82.1.º, 143.1.º y 154 de este Código.

Texto vigente según Ley 30/1981, 7 julio (*«B.O.E.»*, 20 julio). Anterior texto según Ley 24 abril 1958 (*«B.O.E.»*, 25 abril).

Artículo 68

Los cónyuges están obligados a vivir juntos, guardarse fidelidad y socorrerse mutuamente. Deberán, además, compartir las responsabilidades domésticas y el cuidado y atención de ascendientes y descendientes y otras personas dependientes a su cargo.

COMENTARIO

1.- El presente artículo establece los derechos y deberes recíprocos de convivencia y fidelidad. El de socorro mutuo se engloba en el de respeto y ayuda, que ha sido tratado al comentar el artículo anterior.

Este, junto a los dos artículos anteriores, es leído en la celebración del matrimonio civil, según establece el art. 58.

2.- Este deber de convivencia es algo más que el mero vivir juntos. Implica un *animus* y un *corpus*. El *corpus* es la convivencia física, el *ius cohabitationis* de que habla la doctrina canónica. El *animus* es el aspecto moral de la convivencia, que no se rompe por un alejamiento por razón de trabajo (así, el emigrante) o de enfermedad (internamiento en un hospital).

3.- El deber de fidelidad en sentido estricto implica el de abstenerse de toda relación sexual con tercera persona de uno u otro sexo. En un sentido amplio alcanza a toda conducta que pueda entenderse atentatoria a la dignidad del otro cónyuge, aún sin llegar a la plena relación sexual, según la conciencia social imperante. Es norma programática, sin posibilidad de sanción normativa.

JURISPRUDENCIA

«Aparte de confundir la obligación de alimentos con el deber de socorro mutuo que impone recíprocamente a los cónyuges el art. 68 del CC, siendo aquélla sólo aplicable al caso de crisis matrimonial, tampoco advierte la parte recurrente que la obligación derivada del contrato de vitalicio tiene su carácter aleatorio derivado precisamente de desconocer su duración, que es el de la vida humana. El hecho de contraer matrimonio no extinguió la obligación de cuidados y servicios, sino que ésta existió desde aquél, por dos títulos, el legal y el convencional y este último podría renacer en su aplicación, en todo caso de crisis matrimonial.» (18 enero 2001, LA LEY 3253/2001)

«el carácter familiar de la prestación alimenticia hace que ésta se extinga cuando los cónyuges han obtenido el divorcio, aunque se mantiene mientras subsiste el vínculo matrimonial, a pesar de que se haya producido la separación, porque en este caso perdura aun la obligación de socorro, establecida en el Art. 68 CC, que desaparece al disolverse el matrimonio por el divorcio». (10 octubre 2008, rec. 1923/2002, LA LEY 175926/2008)

CONCORDANCIAS

Véase:
— arts. 82.1.º, 5.º y 6.º, 86.1.º a 4.º, 98, 102.1.º, 143 y 144 de este Código.
— Texto vigente según Ley 30/1981, 7 julio (*«B.O.E.»*, 20 julio). Anteriores textos según Ley 24 abril 1958 (*«B.O.E.»*, 25 abril) y Ley 14/1975, 2 mayo (*«B.O.E.»*, 5 mayo).

Artículo 69

Se presume, salvo prueba en contrario, que los cónyuges viven juntos.

COMENTARIO

1.- Tras la proclamación, en el artículo anterior, del derecho-deber de convivencia de los cónyuges, éste establece la presunción iuris tantum de convivencia. Esta se destruye cuando la situación legal se opone a ella (así, tramitación y resolución de nulidad, separación y divorcio) o cuando se prueba lo contrario.

2.- Tiene importancia esta presunción en todos los casos en que se supone una convivencia, que se presume en el matrimonio, pero no fuera de él. No hay que olvidar que esta presunción no se aplica al matrimonio de hecho y, por tanto, cuando una norma atribuye a éste derechos que también concede al matrimonio pero que suponen una convivencia (por ejemplo, en la L.A.U.), habrá que probarla en la unión de hecho, pero no en el matrimonio por razón de la presunción del presente artículo.

CONCORDANCIAS

Véase arts. 82.1.º a 5.º, 83, 86.3.º, 87, 102.1.º y 105 de este Código.
Texto vigente según Ley 30/1981, 7 julio (*«B.O.E.»,* 20 julio).

Artículo 70

Los cónyuges fijarán de común acuerdo el domicilio conyugal y, en caso de discrepancia, resolverá el Juez, teniendo en cuenta el interés de la familia.

COMENTARIO

1.- El derecho-deber de convivencia se cumple, en principio en el domicilio conyugal. La base física de éste es la vivienda conyugal o familiar, con regulación específica en el art. 1320 y, en caso de crisis, en el art. 96.

2.- El domicilio es fijado por los cónyuges de común acuerdo; a falta de éste, ninguno tiene prevalencia para determinarlo, por lo que la única solución es la decisión judicial; dura solución, ya que si los cónyuges tienen que acudir a la vía judicial para «solucionar» su falta de acuerdo para decidir el domicilio, puede imaginarse fácilmente que tal matrimonio ha entrado en crisis.

CONCORDANCIAS

Texto vigente según Ley 30/1981, 7 julio (*«B.O.E.»,* 20 julio). Anterior texto según Ley 24 abril 1958 (*«B.O.E.»,* 25 abril).

Artículo 71

Ninguno de los cónyuges puede atribuirse la representación del otro sin que le hubiere sido conferida.

COMENTARIO

1.- Este artículo es redundante y superfluo: es evidente que nadie, sea o no cónyuge de otro, tiene la representación de otro, a no ser que le venga atribuida por ley (representación legal) o por apoderamiento (representación voluntaria).

Sin embargo, la importancia de esta norma es por su valor de contraste. Se corta rotundamente con la antigua tradición de que el marido era el representante legal de la esposa, a la que, en realidad, el ordenamiento la trataba como una incapacitada desde que contraía matrimonio, no tanto por la imaginaria debilidad de la mujer (la mujer mayor de edad soltera tenía capacidad de obrar plena) sino por la impuesta supremacía del marido (la mujer, al casarse, perdía su capacidad de obrar plena, por más que la doctrina intentaba disfrazarlo o disimularlo). Este art. 71 es expresión del principio de igualdad del art. 66.

2.- Todo lo anterior es sin perjuicio de que un cónyuge —marido o mujer— sea el representante legal del otro, si se le atribuye expresamente por ley dicha representación legal, como podría darse en caso de incapacitación o ausencia; o bien que sea representante voluntario del otro, en el caso de que éste le haya conferido poder de representación en virtud de un negocio jurídico de apoderamiento.

JURISPRUDENCIA

«tema discutido sobre la validez del contrato, mediante la alegada vulneración de los artículos 71 y 1259 del Código Civil. La parte recurrente parece olvidar, en relación con la supuesta falta de concordancia consensual de los cónyuges, que la sentencia recurrida establece con fuerza de hechos probados que, posteriormente, en fecha 9 de octubre de 1989 en ese mismo documento se añade un escrito, según el cual el matrimonio Luis Miguel y señora Esther, por un lado, y el vendedor señor Blas, por otro, dan por firme la opción de compra, entregando la cantidad de dos millones ciento cincuenta mil pesetas (2.150.000 ptas.) y agregando que las condiciones de compra son las descritas en la cláusula segunda del contrato, que es la que especifica la forma de pago del precio». (5 mayo 2005, rec. 4628/1998)

CONCORDANCIAS

Véase arts. 102.2.º y 1259 de este Código.

Texto vigente según Ley 30/1981, 7 julio (*«B.O.E.»*, 20 julio). Anterior texto según Ley 24 abril 1958 (*«B.O.E.»*, 25 abril).

Artículo 72

Derogado por Ley 30/1981, 7 julio *(«B.O.E.»*, 20 julio).

CAPÍTULO VI
DE LA NULIDAD DEL MATRIMONIO

Artículo 73

Es nulo cualquiera que sea la forma de su celebración:

1.º El matrimonio celebrado sin consentimiento matrimonial.

2.º El matrimonio celebrado entre las personas a que se refieren los artículos 46 y 47, salvo los casos de dispensa conforme al artículo 48.

3.º El que se contraiga sin la intervención del Juez, Alcalde o funcionario ante quien deba celebrarse, o sin la de los testigos.

4.º El celebrado por error en la identidad de la persona del otro contrayente o en aquellas cualidades personales que, por su entidad, hubieren sido determinantes de la prestación del consentimiento.

5.º El contraído por coacción o miedo grave.

COMENTARIO

1.- A partir del presente artículo se regula la nulidad del matrimonio. La nulidad es la total ineficacia del matrimonio declarada judicialmente, por causa coetánea a su celebración (esencialmente consistente en la falta de alguno de sus requisitos) y con efecto retroactivo a tal momento. En los casos de nulidad hay —y hubo desde el primer momento— una inexistencia del vínculo, de la situación o status matrimonial, ya que el negocio jurídico bilateral constitutivo del mismo no tuvo eficacia. Aunque tuvo una apariencia externa y, como tal, se debe judicialmente dejar sin efecto declarando que nunca la tuvo. Fundamentalmente, la nulidad viene determinada por la ausencia o el defecto de alguno de los requisitos personales, material o formal del matrimonio. El efecto de la nulidad se produce sólo judicialmente por el ejercicio de la acción de nulidad. La sentencia declara que el negocio jurídico de matrimonio fue nulo —totalmente ineficaz— y produce la desaparición del vínculo matrimonial no sólo en el futuro, sino también en el pasado retroactivamente al momento de la celebración, ya que se declara que el matrimonio nunca ha existido, que sólo hubo una mera apariencia de tal: efecto ex tunc.

2.- El número primero de dicho artículo declara la nulidad del matrimonio en que falta el requisito material, el *consentimiento*, lo que debe ponerse en relación con el art. 45, párrafo primero. El consentimiento presupone la conciencia y la voluntad.

Sin *conciencia* se dará cuando el contrayente o los contrayentes, como sujetos del negocio jurídico bilateral del matrimonio, carezcan de la inteligencia o conocimiento mínimos adecuados; lo que será por causa de hipnotismo, embriaguez, influencia de drogas o estupefacientes o por locura (falta de aptitud mental). Esta última, si se da en el momento de la perfección del negocio jurídico —en el instante del consentimiento, concurso de las dos declaraciones de voluntad— es supuesto claro de nulidad, pero conviene destacar que lo que provoca la nulidad es la locura o falta de aptitud mental al tiempo del consentimiento: por lo que no importa que esté o no declarada la incapacitación, ya que incapacitado o no, puede consentir válidamente en intervalo lúcido. El art. 56, párrafo 2.º, prevé un dictamen médico sobre la aptitud mental en el expediente previo, a efectos de prevenir nulidades, pero haya o no dictamen, sea éste positivo o negativo, el matrimonio será nulo si el consentimiento fue prestado en estado de locura y válido en caso contrario.

Sin voluntad de contraer matrimonio, son la causa de simulación absoluta (no cabe la simulación relativa) en que los cónyuges no quieren el matrimonio, aunque aparentemente declare quererlo. También la reserva mental, en que uno de los contrayentes, sin conocimiento del otro, no quiere el matrimonio: la seguridad del estado civil, que es indisponible, la protección a la buena fe del tercero (el otro contrayente y los posibles hijos), su trascendencia jurídica *erga omnes*, no permiten que una de las partes pueda apoyarse en que su declaración externa, que fue voluntaria, era conscientemente disconforme con su voluntad interna.

3.- El número segundo enuncia la nulidad por *ineptitud* (menor edad), *ligamen* (matrimonio vigente de uno de los contrayentes con tercera persona), *parentesco* (en línea recta; y colateral hasta el tercer grado) y *crimen* (responsables de la muerte del cónyuge de uno de los contrayentes), con remisión a lo dispuesto en los arts. 46 y 47, sin perjuicio de la dispensa, en el caso de que ésta quepa, que prevé el art. 48.

4.- El número tercero contempla el *defecto de forma*, pero sólo la forma básica, que es la falta de la persona autorizante y la de los dos testigos y aun ello con la salvedad que establece el art. 78.

5.- Los números cuarto y quinto imponen la nulidad por vicios del consentimiento: *error*, *coacción* o *miedo grave*, con la convalidación que prevé el art. 76.

El error como causa de nulidad, es *in persona*, caso insólito, sería error obstativo (se casa con una persona creyendo que es otra) e *in qualitate*, cualidades de la persona de entidad objetiva y al mismo tiempo subjetiva, determinantes del matrimonio del concreto contrayente, lo que puede ser de difícil prueba y, en numerosos casos, deducible de la propia entidad objetiva (impotencia, homosexualidad, religión distinta de la que decía tener, etc.).

JURISPRUDENCIA

«no es posible entender, por lo general, que la cualidad de la fidelidad en los contrayentes pudiera determinar, en caso de su inexistencia, el error en la cualidad personal a que se refiere el art. 73.4 CC, como causa determinante de la nulidad del matrimonio, pues, en efecto, se reitera que, al margen de ese acervo de ideas o creencias e incluso bajo un modelo de arraigo social ético-estético que se tenga al respecto, hoy no es defendible afectar a una cualidad personal determinante de la dación del consentimiento, el hecho de que éste se prestó bajo la confianza o condición de que anteriormente a la celebración del matrimonio el otro contrayente había observado esa exigencia de fidelidad, generalmente entendida como indemnidad en la vida sexual con persona distinta a la del futuro consorte». (20 febrero 1997, LA LEY 2255/1997)

«la causa de nulidad matrimonial por existencia de un vínculo matrimonial no disuelto (artículo 73.2.º en relación con el 46.2.º ambos del Código Civil) es de nulidad radical o absoluta (Sentencia de 7 de marzo de 1972) por lo que, al no prever la Ley ningún efecto distinto, la acción para hacerla valer es imprescriptible, y por consiguiente no sanable por el transcurso del tiempo (Sentencias de 23 de julio de 1993, 8 de marzo de 1994 y 5 de junio de 2000)». (17 noviembre 2005, rec. 4415/2000)

«La patología descrita —depresión grave en la que el pensamiento nihilista o las ideas de ruina o incapacidad imposibilitan la gestión de los propios intereses—, se encuentra catalogada junto a las demencias, oligofrenias, psicosis endógenas (esquizofrénicas o maniacodepresivas), alcoholismo y otras toxicomanías como categoría sindronómica que cuando

persiste, es potencialmente tributaria de la incapacitación; pues, es apta para impedir al sujeto gobernarse por sí mismo, es decir, le pueden impedir que actúe de acuerdo con los principios del funcionamiento social del marco en que se encuentra, por hallarse afectada su inteligencia y voluntad.

Pues bien, en nuestro caso aparece probado que el demandante en el momento de contraer matrimonio se hallaba aquejado por enfermedad apta para producir su falta de capacidad, y en plena crisis de tal enfermedad, teniendo en tal fecha sensiblemente reducida su capacidad de conocer y de querer con pensamientos negativos e ideas autodestructivas aptas para abocarle a tomar decisiones contrarias a sus intereses, como acto subconsciente de agresividad autodirigida, y habiéndose revelado entre sus angustias el temor y la indecisión ante el próximo enlace matrimonial, la conclusión lógica es que el demandante en el momento de contraer matrimonio prestó su consentimiento teniendo gravemente afectada su inteligencia y voluntad como consecuencia de su enfermedad y no podía por ello conocer y querer el acto que estaba realizando, pues en tal momento sobrepasaba su capacidad». (21 noviembre 2005, rec 5030/2000)

CONCORDANCIAS

Véase:

— arts. 45, 51, 52, 59, 75, 76, 78, y 1.265 a 1.270 de este Código.

— Ley 30/1981, de 7 de julio (*«B.O.E.»*, 20 julio), por la que se modifica la regulación del matrimonio en el Código Civil y se determina el procedimiento a seguir en las causas de nulidad, separación y divorcio.

Artículo 74

La acción para pedir la nulidad del matrimonio corresponde a los cónyuges, al Ministerio Fiscal y a cualquier persona que tenga interés directo y legítimo en ella, salvo lo dispuesto en los artículos siguientes.

COMENTARIO

1.- La nulidad, por las distintas causas enumeradas en el artículo anterior, tan sólo puede ser efectiva al ser declarada judicialmente. Es preciso, pues, ejercitar la *acción de nulidad* y, tras un proceso, llegar a sentencia. Al declarar ésta la nulidad, se produce con efecto retroactivo, *ex tunc*, al momento de contraer matrimonio, a salvo el caso el matrimonio putativo que prevé el art. 79.

La acción no es pública. Es cuasi pública y, en ciertos supuestos, privada. Lo que tiene trascendencia a efectos de legitimación activa.

2.- Como norma general, este art. 74 declara la acción de nulidad cuasi pública y atribuye la *legitimación activa*, en primer lugar, como no podía ser menos, a los cónyuges; en segundo lugar, Ministerio Fiscal; en tercer lugar, a la persona que tenga interés directo y legítimo, tanto moral como material o económico, lo que no se puede determinar con criterios generales, sino que habrá que analizar cada caso concreto.

JURISPRUDENCIA

«los tutores están legitimados para ejercitar la acción de divorcio en nombre de una persona incapacitada, siempre que por sus condiciones, no pueda actuar por sí misma. Esta solución no es extravagante en el ordenamiento español, ya que el Código civil legitima al

Ministerio Fiscal y "a cualquier persona que tenga interés directo y legítimo" en la acción para pedir la declaración de nulidad de un determinado matrimonio (art. 74 CC, así como a padres, tutores, guardadores y Ministerio Fiscal cuando la acción tenga por objeto pedir la nulidad de un matrimonio por falta de edad (art. 75 CC). La representación legal del tutor le impone el deber de ingerencia en la esfera jurídica del incapaz cuando sea necesario para obtener su protección, si bien no libremente, sino con las limitaciones que derivan de la naturaleza de función que tiene la tutela y por ello el ejercicio de la acción de divorcio por parte de los tutores debe responder a las mismas reglas que rigen la representación legal por las siguientes razones». (21 septiembre 2011, rec. 1491/2008, LA LEY 182904/2011)

CONCORDANCIAS

Véase arts. 1300 a 1302 de este Código.
Texto vigente según Ley 30/1981, 7 julio (*«B.O.E.»*, 20 julio). Anterior texto según Ley 24 abril 1958 (*«B.O.E.»*, 25 abril).

Artículo 75

Si la causa de nulidad fuere la falta de edad, mientras el contrayente sea menor sólo podrá ejercitar la acción cualquiera de sus padres, tutores o guardadores y, en todo caso, el Ministerio Fiscal.

Al llegar a la mayoría de edad sólo podrá ejercitar la acción el contrayente menor, salvo que los cónyuges hubieren vivido juntos durante un año después de alcanzada aquélla.

COMENTARIO

1.- La acción de nulidad es privada en el caso de que la causa de ésta sea la menor edad, es decir, la de ser uno o los dos contrayentes menores de edad no emancipados que se han casado sin dispensa.

Mientras se mantenga su minoría de edad, la *legitimación activa* la tienen sólo los padres, tutores y, en general, los guardadores y, en todo caso, el Ministerio Fiscal. Cuando lleguen a la mayoría de edad, sólo tienen legitimación activa para la acción de nulidad, el propio o los propios cónyuges que se habían casado siendo menores no emancipados y sin dispensa.

2.- El segundo inciso del segundo párrafo del presente artículo establece una norma excepcional en la nulidad. El matrimonio nulo por minoría de edad se *convalida* por la convivencia durante un año después que hayan alcanzado la mayoría de edad.

CONCORDANCIAS

Véase arts. 46, 162, 215 y ss. y 1300 y ss. de este Código.
Texto vigente según Ley 30/1981, 7 julio (*«B.O.E.»*, 20 julio). Anterior texto según Ley 24 abril 1958 (*«B.O.E.»*, 25 abril).

Artículo 76

En los casos de error, coacción o miedo grave solamente podrá ejercitar la acción de nulidad el cónyuge que hubiera sufrido el vicio.

Caduca la acción y se convalida el matrimonio si los cónyuges hubieran vivido juntos durante un año después de desvanecido el error o de haber cesado la fuerza o la causa del miedo.

COMENTARIO

1.- La acción de nulidad es también privada, como en el caso del artículo anterior, cuando la causa de nulidad es un vicio del consentimiento; error, coacción o miedo grave.

La *legitimación activa* se atribuye sólo a la víctima del vicio: el que ha sufrido el error, la coacción o el miedo.

2.- Se establece, en el segundo párrafo, la *convalidación* del matrimonio, a base de declarar la caducidad de la acción en el plazo de un año, a contar del momento en que cesa el vicio: se desvanece el error, cesa la coacción o concluye la causa que provocó el miedo.

CONCORDANCIAS

Texto vigente según Ley 30/1981, 7 julio (*«B.O.E.»,* 20 julio). Anterior texto según Ley 24 abril 1958 (*«B.O.E.»,* 25 abril).

Artículo 77

Derogado por Ley 30/1981, 7 julio (*«B.O.E.»,* 20 julio).

Artículo 78

El Juez no acordará la nulidad de un matrimonio por defecto de forma, si al menos uno de los cónyuges lo contrajo de buena fe, salvo lo dispuesto en el número 3 del artículo 73.

COMENTARIO

El matrimonio es un negocio jurídico formal o solemne. En puridad de principios, cualquier defecto de forma daría lugar a su nulidad. Sin embargo, este precepto, en relación con el número tercero del art. 73, establece que, si al menos un cónyuge obró de buena fe, el matrimonio es válido, aun con defecto de forma; salvo si este defecto consiste en la falta del autorizante o de los testigos, en cuyo caso es nulo.

En realidad, es una norma vacía de contenido, pues el art. 73, número tercero, tan sólo impone la nulidad en el caso de este último defecto y cualquier otro, según tal precepto, no da lugar a la nulidad.

CONCORDANCIAS

Véase art. 53 de este Código.
Texto vigente según Ley 30/1981, 7 julio (*«B.O.E.»,* 20 julio). Anterior texto según Ley 24 abril 1958 (*«B.O.E.»,* 25 abril).

Artículo 79

La declaración de nulidad del matrimonio no invalidará los efectos ya producidos respecto de los hijos y del contrayente o contrayentes de buena fe. La buena fe se presume.

COMENTARIO

1.- Aunque la declaración de nulidad produce efectos retroactivos —ex tunc— al momento de la celebración del negocio jurídico del matrimonio declarado nulo puede darse el caso de que el matrimonio nulo produzca, o más bien se mantenga la producción de efectos, o, en otras palabras, que la retroactividad no alcance a ciertos efectos ya producidos. El legislador se ve en la necesidad de compatibilizar la nulidad del negocio jurídico de matrimonio con algunos efectos del status producido por aquél. En este sentido se habla de matrimonio putativo, como aquel matrimonio declarado nulo del que se mantienen algunos efectos producidos; no es, por tanto, que sea considerado válido, sino que siendo nulo se mantienen algunos de sus efectos; es un matrimonio nulo que se reputa válido para determinados efectos ya producidos.

2.- El art. 79 prevé el *matrimonio putativo.* No se declara válido el matrimonio; se parte de que es nulo y, a pesar de ello, se mantienen efectos producidos; es decir, no se da la retroactividad de la declaración de nulidad respecto a ciertos efectos.

Para que exista matrimonio putativo, son precisos ciertos requisitos: un matrimonio aparente; la declaración de nulidad; buena fe en los cónyuges o en uno de ellos (sin que sea requisito respecto a los hijos).

3.- Los efectos del matrimonio putativo, aunque ya se han apuntado al dar su concepto, se pueden concretar en la expresión del art. 79: *no invalidará los efectos ya producidos* desde la celebración del matrimonio hasta la declaración de nulidad; se dan tres supuestos: 1.º) matrimonio contraído de buena fe por ambos cónyuges: produce efectos civiles respecto de ambos y de los hijos; 2.º) contraído de buena fe por uno solo de los cónyuges; sólo produce efectos civiles respecto al mismo y a los hijos; 3.º) contraído de mala fe: sólo tiene efectos respecto de los hijos.

JURISPRUDENCIA

«se debe afirmar que el referido matrimonio, que siempre hay que estimar por razones obvias como de naturaleza civil, se ha de calificar como nulo de una manera absoluta, puesto que fue contraído exclusivamente ante las autoridades civiles uruguayas, lo que contradice abiertamente con lo dispuesto en los arts. 100 y 101.4 CC entonces vigentes, y con lo dispuesto en los actuales arts. 49.1 y 51 del referido cuerpo legal, que exigen la intervención de un funcionario diplomático o consular encargado del Registro Civil en el extranjero, que hará las veces de juez municipal según la anterior normativa, o de funcionario señalado. Ahora bien dicho matrimonio fue contraído con absoluta buena fe, ya que la misma se presume, y en la presente contienda no se ha comprobado lo contrario, con lo que se cumple lo dispuesto en el antiguo art. 69 CC. Como consecuencia lógica de lo anteriormente proclamado y también con arreglo al mencionado precepto vigente para lo acaecido, hay que proclamar que dicho matrimonio nulo a los efectos del ordenamiento jurídico español, como ha sido contraído de buena fe, ha de producir efectos civiles entre los cónyuges y, en todo caso, respecto a los hijos». (25 noviembre 1999, LA LEY 158263/2000)

CONCORDANCIAS

Véase art. 98 de este Código.

Texto vigente según Ley 30/1981, 7 julio (*«B.O.E.»*, 20 julio). Anterior texto según Ley 24 abril 1958 (*«B.O.E.»*, 25 abril).

Artículo 80

Las resoluciones dictadas por los Tribunales eclesiásticos sobre nulidad de matrimonio canónico o las decisiones pontificias sobre matrimonio rato y no consumado tendrán eficacia en el orden civil, a solicitud de cualquiera de las partes, si se declaran ajustados al Derecho del Estado en resolución dictada por el Juez civil competente conforme a las condiciones a las que se refiere el artículo 954 de la Ley de Enjuiciamiento Civil.

COMENTARIO

1.- El art. 80 del Código contempla la posibilidad de reconocer eficacia civil a las resoluciones canónicas de nulidad y disolución matrimonial que se declaren ajustadas al Derecho del Estado por el juez civil conforme a las condiciones del art. 954 de la antigua Ley de Enjuiciamiento Civil, artículo aún hoy vigente en virtud de la disposición derogatoria 1.3.ª de la LEC 1/2000, de 7 de enero.

La posibilidad de homologación o reconocimiento civil de las resoluciones matrimoniales canónicas recogida en este artículo tiene su fundamento en el art. VI del Acuerdo sobre Asuntos Jurídicos entre la Santa Sede y el Estado Español, de 3 de enero de 1979, que alcanza únicamente a las sentencias canónicas declarativas de la nulidad matrimonial y a las resoluciones pontificias de disolución del matrimonio rato y no consumado; cualquier otra resolución eclesiástica o cualquier disposición accesoria de la sentencia de nulidad quedará excluida del reconocimiento de eficacia civil.

A diferencia de lo que ocurría con anterioridad al Acuerdo de 1979, en la actualidad las resoluciones canónicas de nulidad y disolución no tienen una eficacia automática en el orden estatal, sino que, para obtener dicha eficacia, necesitan una resolución del juez civil que las declare ajustadas al Derecho del Estado. Conforme ha destacado la jurisprudencia, este ajuste al Derecho del Estado no puede ser interpretado como identidad entre los causales canónicos y civiles de nulidad como requisito para la homologación (inaplicable en el caso de la disolución por no consumación), ni exige un control de fondo por parte del juez civil de la sentencia canónica. Por el contrario, se trata de una especie de exequatur de sentencias extranjeras, como indica la referencia del art. 80 a las «condiciones» —no «requisitos», de imposible aplicación a las sentencias canónicas— del art. 954 de la antigua LEC. Este juicio de homologación se tramitará conforme al procedimiento específico regulado en el art. 778 de la vigente LEC.

Los requisitos para esta homologación son básicamente dos:

a) el cumplimiento de las condiciones formales del art. 954 de la antigua LEC: autenticidad de la resolución canónica, y que no haya sido dictada en rebeldía;

b) la comprobación de la licitud de esta sentencia, es decir, de su no colisión con el orden público interno, ni con los principios generales del ordenamiento español.

Respecto a la condición del art. 954.2 de la antigua LEC de que la resolución canónica no haya sido dictada en rebeldía, este requisito ha venido siendo interpretado constantemente por la jurisprudencia en el sentido de evitar la llamada rebeldía involuntaria o a la fuerza, de modo que al juez civil correspondería verificar que se ha respetado el derecho de defensa y de audiencia de las partes en el proceso canónico. Se observan, sin embargo, ciertas diferencias de fondo en la reciente jurisprudencia del Tribunal Supremo a la hora de interpretar la posible fuerza obstativa de la llamada rebeldía por convicción o por interés: la sentencia del Tribunal Supremo de 27 de junio de 2002 introdujo un significativo giro en la interpretación de este requisito, al afirmar que también la rebeldía voluntaria de la parte, aunque la misma sea debida a convicción o incluso a interés, impediría el reconocimiento de eficacia civil de la resolución canónica, en base a los principios de aconfesionalidad del Estado y de libertad religiosa del art. 16 de la Constitución. No obstante, la sentencia del Tribunal Supremo de 24 de octubre de 2007 matiza esa doctrina y reitera la constante jurisprudencia relativa a la falta de fuerza obstativa de la rebeldía por conveniencia, puntualizando que la ausencia voluntaria de una de las partes del proceso canónico sólo impedirá el reconocimiento civil de la resolución eclesiástica cuando dicha ausencia se base en motivos de conciencia o religiosos que afecten a la libertad religiosa o ideológica del sujeto y que, tras un juicio de ponderación entre los diversos derechos en juego, exijan y justifiquen el no reconocimiento de efectos civiles a la resolución canónica. Se evita, de este modo, que pueda, en perjuicio de la parte legítimamente solicitante de la eficacia, impedirse el reconocimiento de resoluciones canónicas en base a la ausencia del demandado en aquellos casos en que éste no haya manifestado en modo alguno —ni en el proceso canónico, ni en el civil de reconocimiento— sentirse perjudicado por dicha resolución.

2.- La ejecución civil de la resolución eclesiástica que se declare ajustada al Derecho del Estado se regirá por las disposiciones referentes a la ejecución de las resoluciones judiciales de nulidad o disolución, respectivamente. Una vez declarada por el juez civil español ajustada al Derecho del Estado, la resolución canónica podrá surtir efectos también en los demás Estados miembros de la Unión Europea, a tenor de los Reglamentos comunitarios 44/2001, del Consejo de 22 de diciembre de 2000 y 2201/2003, del Consejo de 27 de noviembre de 2003.

3.- En cuanto al procedimiento a seguir para el reconocimiento de eficacia civil de la resolución canónica, viene regulado en el art. 778 de la vigente LEC, que ha derogado la anterior regulación contenida en la Disposición Adicional 2.ª de la Ley 30/1981, de 7 de julio.

Desaparece de este modo cualquier referencia a la jurisdicción voluntaria, quedando estos procedimientos encuadrados dentro de los procesos típicos de familia de la LEC vigente.

La demanda de ajuste al Derecho del Estado podrá ser interpuesta por cualquiera de las partes (art. 80 Código Civil y art. 778 LEC). El actual art. 778 establece dos procedimientos diversos a seguir en estos procesos, siendo el criterio delimitador no la oposición o acuerdo de las partes respecto a la homologación, sino que la petición de eficacia civil de la resolución canónica vaya acompañada de solicitud de adopción o modificación de medidas o, por el contrario, tenga por objeto única y exclusivamente dicho reconocimiento.

En el primer caso, si la petición de reconocimiento de eficacia civil de las resoluciones canónicas va acompañada de la solicitud de medidas complementarias a dicha homologación, ambas peticiones se sustanciarán conjuntamente, siguiendo el procedimiento previsto en el art. 770, a tenor de la remisión contenida en el art. 778.2. Podrán, por consiguiente, solicitarse y discutirse, en un único proceso, aquellas medidas cuya adopción pueda ser complementaria a la pretendida eficacia civil de la resolución canónica, fundamentalmente la declarativa de la nulidad, como serían la determinación de la buena o mala fe de los cónyuges, así como los efectos de la misma de cara a la posible indemnización del art. 98 del Código Civil; la pervivencia o supresión de la pensión compensatoria tras la homologación de la nulidad canónica; el reconocimiento al cónyuge de buena fe de la posibilidad de, en la liquidación del régimen económico matrimonial, aplicar las reglas del régimen de participación con las modificaciones del art. 95 del Código Civil; etc.

Si, por el contrario, las partes no proponen medidas, sino únicamente la obtención de reconocimiento civil para la resolución eclesiástica, se seguirá el procedimiento establecido en el art. 778.1, de modo que, una vez recibida la demanda, «el tribunal dará audiencia por plazo de diez días al otro cónyuge y al Ministerio Fiscal y resolverá por medio de auto lo que resulte procedente sobre la eficacia en el orden civil de la resolución o decisión eclesiástica».

En el comentario de este artículo ha colaborado CARMEN PEÑA GARCÍA, Profesora Propia de la Universidad Pontificia Comillas de Madrid y Defensora del Vínculo del Tribunal Metropolitano de Madrid.

JURISPRUDENCIA

«En consonancia con lo dicho, no cabe obviar aquella declaración de sentencia canónica ajustada al Derecho del Estado. Se mantiene, en definitiva, lo establecido por esta Sala, en S 1 Jul. 1994: «la eficacia en el orden civil de las sentencias canónicas dependen exclusivamente, sin mayores cortapisas, de la superación de un juicio de homologación que se ciñe a dos extremos concretos: a) autenticidad de la sentencia firme, esto es, comprobación o verificación de su validez extrínseca o, en otras palabras, que el documento es veraz y no falso o falsificado, y b) adecuación de la sentencia (en su contenido) al Derecho del Estado, lo cual comporta un examen de fondo que sólo se extiende a constatar si las declaraciones de la sentencia, conforme al Derecho canónico, no están en contradicción con los conceptos jurídicos y disposiciones equiparables o análogas del Derecho estatal, de manera que no se vea perjudicado o alterado el sistema de libertades públicas y derechos fundamentales del ciudadano español. Al margen de estas verificaciones el juicio de homologación no debe extenderse a hacer nuevos pronunciamientos que desvirtuarían su naturaleza y excederían del cometido que tiene atribuido por ley. Consecuentemente, ninguna declaración complementaria tenía que realizar la resolución que otorga eficacia civil a la sentencia canónica distinta de las que hizo reconociendo que la sentencia canónica se ajustaba al Derecho del Estado». Esta doctrina no empece la contenida en la TS S 24 Sep. 1991, conforme a la cual «es conveniente tener en cuenta que, si bien es imperativa la aplicación del procedimiento previsto en el Acuerdo de 1979 para ejecutar la sentencia canónica en el pleito de nulidad matrimonial entre el recurrente y la recurrida, entre ambos media una sentencia firme de divorcio de fecha anterior a la primera, pronunciada sin oposición del recurrente a la disolución del vínculo y mandada ejecutar, además, por el órgano judicial civil competente, por lo que habrá de respetarse en cuanto a los efectos civiles de aquella nulidad canónica por mandato del ap. 1 del art. 18 de la vigente LOPJ». En realidad, corresponde al juez de la ejecución determinar, según las peticiones de las partes y el ámbito objetivo de la misma ejecutoria, el alcance concreto de los efectos dimanantes del juicio de homologación, sin que se desvirtúen los derivados de sentencias firmes anteriores, dictadas por la jurisdicción civil sobre la crisis matrimonial en cuestión.» (5 marzo 2001, LA LEY 3234/2001)

«A este marco, como disponen el art. 80 del CC y el art. 954 de la LEC, ha de traerse, para su posible homologación y cumplimiento, la sentencia canónica cuya eficacia civil se interesa, siguiendo en ello las pautas marcadas por esta Sala en S 1 Jul. 1994, sin hacer nuevos pronunciamientos después de haber comprobado que aquélla no se opone a los principios constitucionales y a los principios rectores del matrimonio, de acuerdo con los principios jurídicos de nuestro ordenamiento. A estos efectos ha de tenerse muy presente que la sentencia que aquí se recurre en casación establece —sin que su aserto se contradiga eficazmente— que la resolución canónica declara nulo el matrimonio canónico contraído por los aquí litigantes al haber apreciado defecto en el consentimiento prestado por el esposo a causa de su incapacidad para asumir las obligaciones esenciales del matrimonio por causas de naturaleza psíquica —lo que no se niega en el escrito de recurso aunque se trate de restarle eficacia en el orden civil a la nulidad por ello declarada—, conforme a lo entonces

pretendido por la ahora recurrente aquí, destacándose en la misma sentencia que se recurre que la que así resuelve es ejecutoria auténtica, que ha sido dictada en ejercicio de una acción personal, como es evidente, y sin haberse producido rebeldía de parte en el procedimiento. La pretensión —como de nulidad de matrimonio por consentimiento prestado sin capacidad para asumir las obligaciones esenciales del mismo— es lícita en España como lo muestra su acogimiento en el núm. 1.º del art. 73 del CC que comprende el consentimiento inválido por causa de incapacidad impeditiva para asumir el contenido que le es esencial, sin que a la homologación que lleve a esa apreciación pueda exigirse coincidencia absoluta, porque si la similitud es posible y bastante no tiene por qué producirse aquella otra a causa de la diversidad de los correspondientes ordenamientos en relación que, sin embargo, no se hacen contradictorios.» (8 marzo 2001, LA LEY 4238/2001)

«Efectivamente, para resolver la presente cuestión, consistente en dar eficacia civil con los efectos oportunos una sentencia canónica de nulidad de matrimonio; hay que partir de una base incuestionable como es la aconfesionalidad del Estado Español, principio establecido en el artículo 16.2 de la Constitución Española que no hace otra cosa que recoger lo proclamado en el artículo 18 de la Declaración Universal de Derechos Humanos de la ONU, de 10 Dic. 1948, que proclama la libertad religiosa de una manera absoluta. Pues bien, partiendo de la base que una cosa es reconocer a la Iglesia Católica las atribuciones propias de una jurisdicción en materia matrimonial, como se establece en el Acuerdo entre el Estado Español y la Santa Sede de 3 Ene. 1979, y otra, muy distinta, dar eficacia incuestionable en el orden civil de las resoluciones dictadas por los Tribunales eclesiásticos sobre nulidad de matrimonio canónico, pues para este último supuesto será preciso, sin excepción alguna, que dicha resolución canónica sea conforme a las condiciones a que se refiere el artículo 954 de la Ley de Enjuiciamiento Civil de 1881. Ya que la cooperación del Estado con la Iglesia Canónica no implica automatismo en el reconocimiento de las resoluciones dictadas por los Tribunales eclesiásticos [Sentencia del Tribunal Constitucional 66/1982, de 12 Dic.]. Por otra parte, ya centrando la cuestión, es preciso resaltar que el mencionado artículo 954 exige, entre otras condiciones, para la eficacia de sentencias dictadas por Tribunales extranjeros, que las mismas no hayan sido dictadas en rebeldía. Y si bien en el Derecho procesal canónico no existe el término rebeldía, utilizándose en cambio el de ausencia, sin embargo la igualdad de alcance de ambos términos debe ser absoluta. Ahora bien, en el presente caso la parte ahora recurrida, en el proceso canónico, estuvo ausente-rebelde, como se desprende del parágrafo 9 de la sentencia del Tribunal eclesiástico, de fecha 18 Dic. 1989, cuando en él se dice: "la esposa no compareció en ningún momento del proceso", frase tajante que no puede ser desvirtuada por la ritual o de estilo plasmada en el encabezamiento de la misma, que afirma, "sometida ella a la jurisdicción del Tribunal" —se refiere a la esposa—, y si esa declaración se proclamó contra su voluntad (por no haber sido citada o emplazada en forma) o por afán propio (por principios ideológicos o por conveniencia), significaría, siempre y en todos los casos, que la resolución canónica que recaiga en el mismo no le puede afectar a efectos civiles, puesto que la misma fue dictada en rebeldía —artículo 954.2 de la Ley de Enjuiciamiento Civil—. Ya que en el primer caso —no voluntariedad— le debe amparar el principio de tutela judicial efectiva del artículo 24 de la Constitución Española; y en el segundo —voluntariedad— le ampara el principio, que ya se dijo que iba a ser la tesis rectora en el estudio de este motivo, la de la libertad religiosa establecida en el artículo 16 de dicho Texto, y sobre todo el de la aconfesionalidad del Estado. Ya que podrá estar de acuerdo una persona en someterse a una contienda judicial matrimonial dentro del cauce procesal canónico, y así atenerse a todas las consecuencias que se deriven de la resolución que se dicte. Pero lo que no se puede es obligar a nadie a que se atenga a las consecuencias de una resolución canónica, cuando voluntariamente no quiere someterse al proceso canónico matrimonial de la que la misma es consecuencia, ya sea por sus convicciones o, incluso, por su interés». (27 junio 2002, rec. 12/1997)

«La rebeldía voluntaria y el reconocimiento de efectos civiles de las resoluciones eclesiásticas. A) El artículo 80 CC, al regular la eficacia civil de las resoluciones dictadas por los Tribunales eclesiásticos sobre nulidad de matrimonio canónico o las decisiones pontificias sobre matrimonio rato y no consumado se remite a las condiciones a que se refiere el artículo 954 LEC 1881. El art. 954.2.º LEC 1881, declarado vigente por la disposición derogatoria única, 1.3.ª, LEC 2000, establece, como una de las circunstancias que debe reunir la sentencia dictada por un tribunal extranjero para tener fuerza en España, la de "que no haya sido dictada en rebeldía". Esta Sala, con carácter general, ha perfilado una doctrina jurisprudencial en relación con el expresado requisito. Ha contemplado específicamente los casos en que la falta de presencia del demandado es involuntaria, por no haber sido debidamente citado y emplazado con arreglo a las normas que regulan el proceso o por haberlo sido de manera irregular o con tiempo insuficiente para preparar su defensa, y ha declarado que esta modalidad de rebeldía, por cuanto obedece a un impedimento para el adecuado respeto de los derechos de defensa, es la única que constituye un obstáculo para el reconocimiento de la sentencia extranjera. Este supuesto ha sido distinguido de los casos en que el demandado no comparece voluntariamente, ya sea porque no reconoce la competencia del Juez de origen, ya sea porque no le conviene o, simplemente, porque deja transcurrir los plazos para la personación (AATS, entre otros, de 25 de febrero de 1985, 28 de mayo de 1985, 7 de abril de 1998, 13 de junio de 1988, 1 de junio de 1993, 28 de octubre de 1997, 23 de diciembre de 1997, 17 de febrero de 1998, 2 de febrero de 1999, 22 de junio de 1999, 7 de septiembre de 1999, 28 de septiembre de 1999, 16 de mayo de 2000, 19 de septiembre de 2000, 3 de octubre de 2000, 10 de noviembre de 2002). Esta doctrina ha sido considerada conforme a la Constitución por la STC 43/1986, de 15 de abril. Posteriormente, la distinción entre rebeldía voluntaria e involuntaria ha sido expresamente consagrada por reglamentos comunitarios directamente aplicables por los jueces nacionales y que disponen de la fuerza vinculante que les otorga el principio de supremacía sobre el Ordenamiento interno. Los principios recogidos en estos reglamentos comunitarios deben ser tenidos en cuenta por su valor hermenéutico, aun cuando dichas normas no sean aplicables por razones temporales al objeto de este proceso. El Reglamento 44/2001/CE, de 22 de diciembre, aun cuando excluye de su ámbito de aplicación el estado y la capacidad de las personas físicas y los regímenes matrimoniales, establece, entre otras circunstancias, que no se reconocerán las resoluciones dictadas en un Estado miembro en los demás Estados miembros "cuando se dictaren en rebeldía del demandado, si no se hubiere entregado al mismo la cédula de emplazamiento o documento equivalente de forma tal y con tiempo suficiente para que pudiera defenderse, a menos que no hubiera recurrido contra dicha resolución cuando hubiera podido hacerlo" (art. 44.2]). En el ámbito al que se refiere el objeto de este proceso (aunque no resulte aplicable al mismo por razones temporales), el Reglamento 2201/2003/CE, aplicable, entre otras, a las materias civiles relativas al divorcio, la separación judicial y la nulidad matrimonial, expresa que tales resoluciones no se reconocerán (artículo 22.b]) "si, habiéndose dictado en rebeldía del demandado, no se hubiere notificado o trasladado al mismo escrito de demanda o un documento equivalente de forma tal y con la suficiente antelación para que el demandado pueda organizar su defensa, a menos que conceda de forma inequívoca que el demandado ha aceptado la resolución". Según el artículo 63 del expresado Reglamento, éste resulta aplicable al "Acuerdo de 3 de enero de 1979 entre la Santa Sede y España sobre asuntos jurídicos". B) Resulta, pues, indudable que la interpretación restrictiva de la rebeldía como obstáculo al reconocimiento de una sentencia extranjera, ceñida a los casos en que ésta ha tenido lugar con carácter involuntario, está en relación con la protección del derecho al proceso debido y, en nuestra Constitución, con el derecho la tutela judicial efectiva y con el principio de la seguridad jurídica en el ámbito internacional; ha sido introducida por la jurisprudencia en la interpretación del artículo 954 LEC 1881; es aceptada por la jurisprudencia constitucional; y deriva hoy de reglamentos comunitarios que se imponen sobre el Derecho interno y, aun cuando no son aplicables al caso enjuiciado, deben servir para orientar su interpretación. Uno de los mencionados reglamentos, en efecto, no es aplicable al

objeto de este proceso y el otro entró en vigor con posterioridad a las resoluciones eclesiásticas. Sin embargo, dichas normas comunitarias expresan sin duda un principio que va más allá de su ámbito de aplicación y debe ser aceptado en el Derecho interno, de conformidad con la Constitución y la jurisprudencia interpretativa, dada la conexión que guarda con los principios de protección del derecho a la tutela judicial efectiva y seguridad jurídica en el ámbito internacional, según ponen de relieve las resoluciones jurisprudenciales antes reseñadas que establecen dicha interpretación con carácter general. C) La asimilación de las sentencias eclesiásticas a las extranjeras impone al juez que las homologa actuar conforme al principio de plena jurisdicción del juez español para decidir acerca de los efectos civiles de las sentencias eclesiásticas, reconocido por el Tribunal Constitucional. El Tribunal Constitucional, en efecto, ha reconocido la plenitud jurisdiccional de los Jueces y Tribunales en el orden civil, en cuanto exigencia derivada del derecho a la tutela judicial que se califica por la nota de la efectividad (art. 24.1 CE), y ha afirmado que los efectos civiles de las resoluciones eclesiásticas, regulados por la Ley civil, son de la exclusiva competencia de los Jueces y Tribunales civiles, como consecuencia de los principios de aconfesionalidad del Estado (art. 16.3 CE) y de exclusividad jurisdiccional (art. 117.3 CE) (SSTC 1/1981, de 26 de enero, 6/1997, de 13 de enero, FJ 6, y 38/2007, de 15 de febrero, FJ 7). Este principio permite al juez civil rechazar el reconocimiento de efectos civiles a las resoluciones canónicas de nulidad cuando advierte, entre otras circunstancias, que la petición de reconocimiento de efectos civiles se verifica con abuso del derecho o fraude procesal o, en definitiva, se funda en causas contrarias al orden público estatal (art. 22, letra a del Reglamento 2201/2003/CE y artículo 954.3.ª LEC 1881) o las resoluciones cuya eficacia se pretende resultan "inconciliables con otra dictada en un litigio entre las mismas partes en el Estado miembro requerido" (artículo 22, letra d, del Reglamento 2201/2003 /CE) o, en suma, concurre cualquier otra circunstancia que anuda a dicho reconocimiento la existencia de una vulneración del derecho a la tutela judicial efectiva o de otro derecho fundamental. Puede resultar, como defiende el Ministerio Fiscal, invocando la sentencia de esta Sala de 27 de junio de 2002, que obligar a una persona a someterse a una jurisdicción confesional, como es la eclesiástica, en contra de sus convicciones religiosas, vulnere el derecho a la libertad ideológica y religiosa (art. 16 CE) o de libertad de conciencia, pensamiento y religión (arts. 18 DUDH, 18 PIDCP y 9 CEDH). La libertad de conciencia supone no solamente el derecho a formar libremente la propia conciencia, sino también a obrar de manera conforme a los imperativos de la misma (STC 15/1982, de 23 de abril). Los derechos fundamentales son directamente aplicables y la objeción de conciencia forma parte del contenido del derecho fundamental a la libertad ideológica y religiosa (STC 53/1985 y 160/1987). Sin embargo — en conexión con la jurisprudencia de esta Sala sobre la interpretación del artículo 954.2.º LEC 1881—, la existencia de un Reglamento comunitario, directamente aplicable en los Estados miembros de la Unión, que impone la necesidad de restringir el concepto de rebeldía a la que tiene lugar con carácter voluntario, como causa obstativa al reconocimiento de una resolución eclesiástica amparada el Acuerdo entre España y la Santa Sede sobre Asuntos Jurídicos de 1979 y en el art. 80 CC, impide considerar dicha rebeldía con carácter abstracto y general como impeditiva del reconocimiento de efectos civiles de las resoluciones eclesiásticas e impone una matización en la doctrina de la sentencia invocada por el Ministerio Fiscal como fundamento de su recurso, la cual fue dictada con anterioridad a la promulgación de las normas comunitarias. D) Con carácter general, el Tribunal Constitucional ha declarado que el derecho a la libertad ideológica reconocido en el art. 16 CE no resulta por sí solo suficiente para eximir a los ciudadanos por motivos de conciencia del cumplimiento de deberes legalmente establecidos (SSTC 15/1982, 101/1983, 160/1987, 161/1987, 321/1994, 55/1996 y ATC 1227/1988). La libertad ideológica, como ocurre con los restantes derechos fundamentales, no es un derecho absoluto. Para apreciar que la libertad ideológica y religiosa justifica el incumplimiento de la carga de comparecer ante los tribunales eclesiásticos y, con ello, impide reconocer efectos civiles a la resolución dictada, como excepción a lo que establecen las normas de rango legal aplicables en el Derecho interno, es menester valorar las circunstancias que concurren en cada caso para examinar si se ha alegado de manera razonable la existencia de unas convicciones de la persona que hagan incompatible la comparecencia ante el tribunal eclesiástico con su libertad ideológica o religiosa, y valorar su trascendencia teniendo en cuenta la afectación concreta del derecho, los efectos negativos que conlleva la omisión de la carga de comparecer y la ponderación de estas circunstancias frente a los restantes valores y derechos constitucionales que puedan estar en juego (dado que los límites de la libertad religiosa radican en la protección del derecho de los demás al ejercicio de sus libertades públicas y derechos fundamentales, así como la salvaguarda de la seguridad, de la salud y de la moralidad públicas: arts. 16.1 CE y 3.1 LOLR, o en "los que le imponen el respeto a los derechos fundamentales ajenos y otros bienes jurídicos protegidos constitucionalmente": SSTC 141/2000, de 29 de mayo, FJ 4; 154/2002, de 18 de julio, FJ 7 y 296/2005, FJ 4), entre los que figura el derecho a la tutela judicial efectiva inherente al reconocimiento de la eficacia de sentencias eclesiásticas si se reconoce por el Ordenamiento interno (STC 66/1982, de 10 de diciembre), teniendo en cuenta, entre otras circunstancias, que la persona que ha contraído matrimonio canónico parece haber aceptado, en principio, los postulados confesionales que esta forma de contraer matrimonio supone, entre los cuales figura la jurisdicción de los tribunales eclesiásticos, cuyos efectos civiles son reconocidos con determinados límites por el Estado, para decidir acerca de la nulidad y de la separación, circunstancia que, obviamente, no excluye la posibilidad de una mutación de dichas convicciones en la persona afectada que pueda ser relevante para justificar su incomparecencia ante dichos tribunales. Resulta, así, que la doctrina fijada en la sentencia que acabamos de referirnos no puede tener, con arreglo al contexto normativo que procede tomar en consideración, una aplicación abstracta, sino que su aplicación debe quedar reservada a los supuestos en que el juicio de ponderación tras la alegación de las convicciones religiosas o ideológicas que se estiman relevantes para justificar la incomparecencia concluya en la existencia de una afectación del derecho a la libertad ideológica o religiosa no justificada por la prevalencia de otros derechos o intereses protegidos por la Constitución. E) No es este el caso que se plantea el supuesto cuyo enjuiciamiento se somete a esta Sala. Esta Sala advierte que la Audiencia Provincial, junto con los restantes requisitos impuestos por el art. 954 LEC 1881, examina con plena jurisdicción el alcance de la resolución dictada por los tribunales eclesiásticos, observando que la causa de la nulidad pronunciada es análoga a otra recogida en nuestro Código civil y, en consecuencia, no puede considerarse contraria al orden público; y que examina, asimismo, detalladamente las circunstancias en que ha tenido lugar el emplazamiento de la persona que no ha comparecido ante los tribunales eclesiásticos, para deducir razonablemente que su rebeldía es voluntaria. Por otra parte, no aparece que se haya alegado en ningún momento que el reconocimiento de la resolución canónica se haya solicitado con carácter abusivo o fraudulento ni que la resolución dictada sea inconciliable con una resolución de la jurisdicción civil de carácter interno; y no se advierte que la parte que pudiera resultar afectada haya invocado en ningún momento que la comparecencia ante el tribunal eclesiástico afecte a su libertad ideológica o religiosa; antes bien, en el proceso de reconocimiento de efectos civiles a las resoluciones canónicas ni siquiera compareció para formular alegaciones, ni lo ha hecho en este recurso de casación». (24 octubre 2007, LA LEY 216811/2007)

CONCORDANCIAS

Véase Acuerdo entre el Estado español y la Santa Sede sobre asuntos jurídicos, de 3 de enero de 1979 (*«B.O.E.»*, 15 diciembre): art. VI.

Texto vigente según Ley 30/1981, 7 julio (*«B.O.E.»*, 20 julio). Anterior texto según Ley 24 abril 1958 (*«B.O.E.»*, 25 abril).

CAPÍTULO VII
DE LA SEPARACIÓN

Artículo 81

Se decretará judicialmente la separación, cualquiera que sea la forma de celebración del matrimonio:

1.º A petición de ambos cónyuges o de uno con el consentimiento del otro, una vez transcurridos tres meses desde la celebración del matrimonio. A la demanda se acompañará una propuesta de convenio regulador redactada conforme al artículo 90 de este Código.

2.º A petición de uno solo de los cónyuges, una vez transcurridos tres meses desde la celebración del matrimonio. No será preciso el transcurso de este plazo para la interposición de la demanda cuando se acredite la existencia de un riesgo para la vida, la integridad física, la libertad, la integridad moral o la libertad e indemnidad sexual del cónyuge demandante o de los hijos de ambos o de cualquiera de los miembros del matrimonio.

A la demanda se acompañará propuesta fundada de las medidas que hayan de regular los efectos derivados de la separación.

COMENTARIO

1.- La separación no provoca la ineficacia total y permanente del matrimonio (disolución), como ocurre con el divorcio, sino una ineficacia parcial y temporal. La ineficacia parcial viene dada porque no desaparece el vínculo matrimonial, la relación jurídica nacida del matrimonio; el status, el estado civil de casados permanece, a pesar de la separación. El casado separado no puede contraer nuevo matrimonio, continúa estando ligado con vínculo matrimonial (art. 46.2). La ineficacia temporal se refiere a que por el transcurso del tiempo, el matrimonio objeto de separación, o bien quedará definitivamente ineficaz (disuelto) por muerte o declaración de fallecimiento de uno de los cónyuges, o por el divorcio (art. 85) o bien volverá a su plena eficacia por la reconciliación (art. 84).

Por ello, se puede decir que la separación produce la *suspensión de los efectos del matrimonio*. Pero ni el matrimonio, como tal, desaparece, ni los efectos se extinguen para siempre. La separación únicamente se produce (como el divorcio) por el ejercicio de una acción, el trámite de un proceso y por una sentencia que tendrá carácter constitutivo. Es decir, sólo cabe —a efectos legales— la *separación judicial*, separación constituida por sentencia, llamada también *separación legal*.

2.- En el número primero se contempla la *separación consensual*, producida por mutuo consentimiento; éste no da lugar por sí mismo a la separación, pero sí a una resolución judicial que decreta la separación. Son precisos tres requisitos: el mutuo consentimiento; el plazo de un año desde la celebración del matrimonio; la propuesta de convenio. No es precisa la concurrencia de causa concreta alguna. La intervención judicial (y del Ministerio Fiscal si hay hijos menores de edad o incapacitados) se reduce a la aprobación y homologación del acuerdo incluyendo el convenio.

3.- En el número segundo se contempla la *separación causal*. Es la que se produce, en virtud de resolución judicial, a petición de uno de los cónyuges cuando el otro ha incurrido en una de las causas legales de separación, previstas en el artículo siguiente, al que se remite.

CONCORDANCIAS

Texto vigente según Ley 30/1981, 7 julio (*«B.O.E.»*, 20 julio). Anterior texto según Ley 24 abril 1958 (*«B.O.E.»*, 25 abril).

Artículo 82

Derogado por Ley 15/2005, de 8 julio *(«B.O.E.»* 9 julio).

Artículo 83

La sentencia de separación produce la suspensión de la vida común de los casados, y cesa la posibilidad de vincular bienes del otro cónyuge en el ejercicio de la potestad doméstica.

COMENTARIO

Los efectos de la separación son efectos de la sentencia, lo cual tiene carácter constitutivo. Son efectos en las relaciones personales y en las relaciones patrimoniales.

En las relaciones personales produce la suspensión de la vida común de los cónyuges. Se suspende (no cesa) el deber de convivencia; continúa el deber de fidelidad (aunque la infidelidad no producirá el efecto jurídico del art. 82.1) y el de socorro mutuo (puede darse deuda alimenticia). Se dan otros efectos indirectos: no hay presunción de paternidad (art. 116), la patria potestad deviene individual (art. 156), el cónyuge pierde la legítima (art. 834) y el derecho a suceder *ab intestato* (art. 945).

En las relaciones patrimoniales queda suspendida la potestad doméstica, cesando la posibilidad de vincular los bienes del otro cónyuge. Además, produce la disolución del régimen económico-matrimonial (arts. 95 y 1392.3.º, respecto al de gananciales).

CONCORDANCIAS

Véase arts. 116, 156, 159, 320 y 945 de este Código.
Texto vigente según Ley 30/1981, 7 julio (*«B.O.E.»*, 20 julio).

Artículo 84

La reconciliación pone término al procedimiento de separación y deja sin efecto ulterior lo resuelto en él, pero ambos cónyuges separadamente deberán ponerlo en conocimiento del Juez que entienda o haya entendido en el litigio.

Ello no obstante, mediante resolución judicial, serán mantenidas o modificadas las medidas adoptadas en relación con los hijos, cuando exista causa que lo justifique.

COMENTARIO

1.- La separación no produce la disolución del matrimonio, sino tan sólo la suspensión de sus efectos, no todos. Pero el vínculo permanece. En consecuencia, el matrimonio objeto de separación queda en una situación latente: se disolverá por muerte, declaración de fallecimiento o divorcio, o bien se reanudarán sus efectos por medio de la reconciliación.

La reconciliación supone la reanudación de la convivencia conyugal por parte de los cónyuges separados, con ánimo de que cese la situación jurídica de separación y sus efectos; es decir, que se despliegue nuevamente la total eficacia del subsistente matrimonio. Se reanuda, pues, por la reconciliación, la eficacia del matrimonio.

La reconciliación no es negocio jurídico formal o solemne: es válida cualquiera que sea la forma en que se haya realizado. Únicamente se exige, como requisito de eficacia, que se ponga en conocimiento del Juez competente para el proceso, que lo terminará o dejará sin efecto, sin que dicho Juez tenga ninguna actuación o decisión propia. No se requiere tampoco especial capacidad para el negocio jurídico de reconciliación: basta que los cónyuges, mayores o menores, hayan contraído matrimonio, el que es objeto de la separación. Es acto personalísimo.

2.- La reconciliación, durante la sustanciación del proceso, impide que se dicte la sentencia que produce los efectos de la separación. Se dejarán sin efecto las medidas que se hayan tomado en este período interino, pero no se puede hablar de que se deja sin efecto la separación, pues ésta no se ha producido; la provoca la sentencia, solamente ésta, que es constitutiva.

La reconciliación, decretada ya la separación por sentencia, la deja sin efecto en el siguiente sentido: en cuanto a los efectos personales, se levanta la suspensión de la vida en común de los casados (art. 83) y se reanuda la total eficacia del matrimonio. En cuanto a los efectos económicos, la separación produjo la disolución del régimen económico matrimonial (art. 95) y su sustitución por el de separación de bienes (art. 1435.3.º) (si el régimen del matrimonio era ya el de separación, continúa ésta). Este régimen de separación continúa tras la reconciliación (art. 1443), sin perjuicio de que los cónyuges reconciliados pacten nuevas capitulaciones matrimoniales e instituyan el mismo régimen anterior (art. 1444) u otro distinto.

En cuanto a los hijos, prevé el segundo párrafo del art. 84 que el Juez puede mantener las medidas que se hubieran adoptado en favor de los hijos, cuando así lo aconseje la causa de separación.

CONCORDANCIAS

Véase art. 88 de este Código.

Texto vigente según Ley 30/1981, 7 julio (*«B.O.E.»*, 20 julio). Anterior texto según Ley 22/1978, 26 mayo (*«B.O.E.»*, 30 mayo).

CAPÍTULO VIII
DE LA DISOLUCIÓN DEL MATRIMONIO

Artículo 85

El matrimonio se disuelve, sea cual fuere la forma y el tiempo de su celebración, por la muerte o la declaración de fallecimiento de uno de los cónyuges y por el divorcio.

COMENTARIO

1.- La disolución del matrimonio es la cesación definitiva de la eficacia del mismo. El presente artículo establece tres causas, como numerus clausus. Se aplica la normativa de la disolución, no sólo al matrimonio civil regulado en el Código, sino a todo el matrimonio —sea civil o religioso— y no sólo al celebrado a partir de la entrada en vigor de esta norma (redactada por Ley 30/1981, de 7 julio) sino también a los celebrados con anterioridad.

2.- Las causas de disolución son la muerte, la declaración de fallecimiento y el divorcio.

La muerte extingue la personalidad (art. 32) y necesariamente extingue —disuelve— la relación jurídica matrimonial. Asimismo, por equiparación a la muerte, la extingue la declaración de fallecimiento de uno de los cónyuges; una vez declarado judicialmente el fallecimiento, cesa total y definitivamente la eficacia del matrimonio, éste queda extinguido. Y si el declarado fallecido resulta estar vivo y regresa, su matrimonio ya está disuelto y tendrá que aceptar tanto su nuevo *status* como el de su cónyuge, que puede permanecer como viudo, o casado con tercera persona, o bien, incluso, si quieren reanudar su vida conyugal, deberán contraer de nuevo el matrimonio.

El divorcio produce también la ineficacia total y definitiva del matrimonio por causa posterior a su celebración, que es decretada —tal ineficacia— por sentencia judicial, que es constitutiva: constituye a los cónyuges en el estado civil de divorciados, produciendo la ineficacia del matrimonio a partir del momento de la sentencia, *ex nunc*.

JURISPRUDENCIA

«resulta acreditado que en dicha fecha, en que se produjo la entrega, la causante de las actoras Sra. Francisca ya había fallecido y por tanto se había disuelto la sociedad de gananciales que mantenía con el Sr. Luis Enrique (artículos 85 y 1392-1 del Código Civil) por lo que el derecho real de propiedad sobre el inmueble nunca se integró en la referida sociedad». (12 noviembre 2007, LA LEY 179988/2007)

CONCORDANCIAS

Véase:
— arts. 193 a 197 de este Código.
— Constitución Española: art. 32.2.
Texto vigente según Ley 30/1981, 7 julio (*«B.O.E.»*, 20 julio).

Artículo 86

Se decretará judicialmente el divorcio, cualquiera que sea la forma de celebración del matrimonio, a petición de uno solo de los cónyuges, de ambos o de uno con el consentimiento del otro, cuando concurran los requisitos y circunstancias exigidos en el artículo 81.

COMENTARIO

La Ley 15/2005, de 8 julio, por la que se modifica el Código Civil en materia de separación y divorcio, ha cambiado —al igual que en la separación— profundamente la concepción del divorcio. Anteriormente, se enumeraban (precisamente en este artículo) las causas, que, salvo una excepción, pasaban por la separación previa. Actualmente, como dice la Exposición de motivos de aquella Ley, se consagra el «derecho a no continuar casado» que no se hace depender de la demostración de la concurrencia de causa alguna; «se admite la disolución del matrimonio por divorcio sin necesidad de la previa separación de hecho o judicial»; y, en definitiva, «la separación y el divorcio se conciben como dos opciones, a las que las partes pueden acudir para solucionar las vicisitudes de su vida en común».

Así, este artículo contempla el divorcio como causa de disolución del matrimonio, que puede instarse bilateralmente, por ambos cónyuges o uno con el consentimiento del otro, o unilateralmente, por uno solo; siempre sin necesidad de alegar causa alguna.

Por remisión al art. 81, la demanda de divorcio sólo se puede presentar tras el plazo mínimo de tres meses desde la celebración del matrimonio, a no ser que concurran circunstancias excepcionales, y se deberá acompañar de la propuesta de convenio regulador si es bilateral o de propuesta de medidas si es unilateral.

JURISPRUDENCIA

«El principal argumento para afrontar la primera de las cuestiones planteadas es considerar que si bien, como regla general, los efectos de la separación se consolidan con el divorcio, no necesariamente debe ocurrir así, porque el divorcio es una situación nueva que puede dar lugar a unos efectos distintos a la separación, derivados de su propia naturaleza extintiva del matrimonio, tal como establece el art. 86 CC. El divorcio es distinto de la separación y por ello pueden replantearse todas las medidas tomadas en la primera, entre ellas, la de la pensión compensatoria. La ley ha previsto un procedimiento de modificación de medidas para los casos en que la situación de base que ha solucionado la crisis matrimonial no haya cambiado; por ello, con mayor razón, puede plantearse una modificación en el procedimiento de divorcio, puesto que se trata de una nueva situación que exigirá nuevas soluciones. Por ello se va a exigir que se pida la ratificación de las anteriores medidas, ya que de otro modo, deberían plantearse de nuevo todas y cada una de ellas. En conclusión, el divorcio constituye una nueva y distinta solución que será definitiva desde el momento de la firmeza de la sentencia, que en este aspecto es constitutiva y por ello, todos sus efectos se van a producir desde la firmeza de la sentencia de divorcio (STS y las allí citadas, entre otras)». (23 noviembre 2011, rec. 757/2010, LA LEY 228517/2011)

CONCORDANCIAS

Véanse: arts. 81 y 90 de este Código.
Texto vigente según Ley 15/2005, de 8 julio («*B.O.E.*» 9 julio).

Artículo 87

...

Derogado por Ley 15/2005, de 8 julio (*«B.O.E.»* 9 julio).

Artículo 88

La acción de divorcio se extingue por la muerte de cualquiera de los cónyuges y por su reconciliación, que deberá ser expresa cuando se produzca después de interpuesta la demanda.

La reconciliación posterior al divorcio no produce efectos legales, si bien los divorciados podrán contraer entre sí nuevo matrimonio.

COMENTARIO

La acción es *personalísima*, por lo que se *extingue por la muerte de cualquiera de los cónyuges*, tal como dice el artículo 88, lo que tiene la explicación de que el matrimonio se extingue por la muerte, y una vez, extinguido, no cabe ejercitar una acción que pretende la extinción por divorcio: sería querer extinguir (por divorcio) un matrimonio ya extinguido (por muerte).

También se extingue la acción de divorcio por *renuncia o desistimiento* del demandante o por *reconciliación* que implica una renuncia tácita a la acción, artículo 88: *La acción de divorcio se extingue por su reconciliación* (de los cónyuges), *que deberá ser expresa cuando se produzca después de interpuesta la demanda.* Como tal reconciliación deberá ser bilateral. Acto unilateral es la renuncia o desistimiento.

La reconciliación, si es anterior a la iniciación de la acción de divorcio, impide que esta nazca, porque no habría el requisito de cese efectivo de convivencia, Si es posterior a la sentencia que da lugar a la acción de divorcio, el matrimonio ya se ha extinguido, en cuyo caso —añade el segundo párrafo del art. 88— *la reconciliación posterior al divorcio no produce efectos legales, si bien los divorciados podrán contraer entre sí nuevo matrimonio.*

CONCORDANCIAS

Véase arts. 84, 85 y 87 de este Código.
Texto vigente según Ley 30/1981, 7 julio (*«B.O.E.»*, 20 julio).

Artículo 89

La disolución del matrimonio por divorcio sólo podrá tener lugar por sentencia que así lo declare y producirá efectos a partir de su firmeza. No perjudicará a terceros de buena fe sino a partir de su inscripción en el Registro Civil.

COMENTARIO

Dado que el divorcio sólo se produce —se constituye— por sentencia, tras el ejercicio de la acción en proceso judicial —sentencia constitutiva—, los efectos del divorcio se reconducen a los efectos de la sentencia firme de divorcio, lo que establece el primer inciso del art.

89: *La disolución del matrimonio por divorcio sólo podrá tener lugar por sentencia que así lo declare y producirá efectos a partir de su firmeza.*

Los efectos, pues, de la sentencia de divorcio se concretan en efectos en relación: al matrimonio propiamente dicho, a los efectos personales del matrimonio, a los efectos económicos y a los efectos relativos a la filiación.

En relación al matrimonio: produce la extinción total de sus eficacia —disolución— como extinción del *status* producido por el negocio jurídico matrimonial (art. 85): los cónyuges dejan de serlo, pueden volver a contraer nuevo matrimonio (dejan de estar ligados con vínculo matrimonial, art. 46.2.º), incluso matrimonio entre sí (segundo párrafo del artículo 88).

Respecto a la eficacia personal, desaparece el deber de respeto, ayuda mutua, actuación en interés de la familia (art. 67), y asimismo se han extinguido los deberes de vivir juntos, guardarse fidelidad y socorrerse mutuamente (art. 68), si bien, respecto al socorro mutuo, puede subsistir la pensión del art. 97 en base al desequilibrio económico.

La eficacia patrimonial del matrimonio también se extingue: se produce la disolución del régimen económico-matrimonial, tal como dispone el artículo 95 y el 1392, 1.º, respecto al régimen de gananciales.

En el régimen sucesorio —sucesión forzosa e intestada— los cónyuges han dejado de serlo, y como tales no tienen ningún derecho sucesorio.

Respecto a la filiación, los hijos habidos son matrimoniales y, según dispone el artículo 92, el divorcio no exime a los padres de sus obligaciones para con los hijos.

El efecto del divorcio —contra lo que ocurre con la nulidad— no es retroactivo, es *ex nunc* a partir de la sentencia firme que lo declare. Así lo dice expresamente el artículo 89: *Producirá efectos a partir de su firmeza.* Sin embargo, *erga omnes*, el segundo inciso del art. 89 añade: *No perjudicará a terceros de buena fe, sino a partir de su inscripción en el Registro civil.*

CONCORDANCIAS

Véase:
— arts. 90 a 101 de este Código.
— Ley del Registro Civil, de 8 junio 1957 (*«B.O.E.»*, 10 junio): art. 76.
— Reglamento del Registro Civil, de 14 noviembre 1958 (*«B.O.E.»*, 11 diciembre): arts. 263 a 265.
Texto vigente según por Ley 30/1981, 7 julio (*«B.O.E.»*, 20 julio).

CAPÍTULO IX
DE LOS EFECTOS COMUNES A LA NULIDAD, SEPARACIÓN Y DIVORCIO

Artículo 90

El convenio regulador a que se refieren los artículos 81 y 86 de este Código deberá contener, al menos, los siguientes extremos:

A) El cuidado de los hijos sujetos a la patria potestad de ambos, el ejercicio de ésta y, en su caso, el régimen de comunicación y estancia de los hijos con el progenitor que no viva habitualmente con ellos.

B) Si se considera necesario, el régimen de visitas y comunicación de los nietos con sus abuelos, teniendo en cuenta, siempre, el interés de aquéllos.

C) La atribución del uso de la vivienda y ajuar familiar.

D) La contribución a las cargas del matrimonio y alimentos, así como sus bases de actualización y garantías en su caso.

E) La liquidación, cuando proceda, del régimen económico del matrimonio.

F) La pensión que conforme al artículo 97 correspondiere satisfacer, en su caso, a uno de los cónyuges.

Los acuerdos de los cónyuges, adoptados para regular las consecuencias de la nulidad, separación o divorcio serán aprobados por el juez, salvo si son dañosos para los hijos o gravemente perjudiciales para uno de los cónyuges. Si las partes proponen un régimen de visitas y comunicación de los nietos con los abuelos, el juez podrá aprobarlo previa audiencia de los abuelos en la que éstos presten su consentimiento. La denegación de los acuerdos habrá de hacerse mediante resolución motivada y en este caso los cónyuges deben someter a la consideración del juez nueva propuesta para su aprobación, si procede. Desde la aprobación judicial, podrán hacerse efectivos por la vía de apremio.

Las medidas que el Juez adopte en defecto de acuerdo, o las convenidas por los cónyuges, podrán ser modificadas judicialmente o por nuevo convenio cuando se alteren sustancialmente las circunstancias.

El Juez podrá establecer las garantías reales o personales que requiera el cumplimiento del convenio.

COMENTARIO

1.- Además de los efectos que son propios de la nulidad, separación o divorcio, hay una serie de efectos comunes a todos y otros efectos que son comunes, no de la sentencia de nulidad, separación o divorcio, sino del proceso en trámite. Son: Primero. Las medidas previas a la interposición de la demanda de nulidad, divorcio o separación. Segundo. Las medidas provisionales durante la sustanciación del proceso. Tercero. Los efectos o medidas definitivas, comunes de las sentencias de nulidad, divorcio o separación.

Todas las medidas anteriores tienen, esencialmente, la misma sistemática: las referentes a los hijos, la vivienda y ajuar doméstico, a la contribución a las cargas familiares y alimentos, al régimen económico matrimonial y a la pensión de uno u otro de los cónyuges.

2.- Tanto la separación como el divorcio que se han formulado de forma bilateral (por ambos cónyuges o uno con el consentimiento del otro) llevan consigo la necesidad de presentar la propuesta de convenio regulador, tal como exige el art. 81,1.º para la separación y el 86, por remisión al anterior, para el divorcio. Aunque en todo caso, en todo momento, aun en un proceso de separación o divorcio unilateral, los cónyuges pueden presentar una propuesta de convenio. Así, en el bilateral, *deben,* y en el unilateral, *pueden.*

El convenio regular debe contener, como contenido mínimo, los extremos que enumera este artículo y que son los siguientes:

1.º) Respecto a los hijos menores o incapacitados sujetos a la patria potestad de ambos cónyuges: su *cuidado, ejercicio de la patria potestad y régimen de comunicación y estancia con el progenitor que no viva habitualmente con ellos.* Se trata del ejercicio de la patria potestad y del régimen de visitas.

La Ley 42/2003, de 21 noviembre, de modificación del Código Civil y de la Ley de Enjuiciamiento Civil en materia de relaciones familiares de los nietos con los abuelos, ha añadido el apartado B y ha modificado el antepenúltimo párrafo, previendo un posible, no imperativo («si se considera necesario», dice el texto legal), régimen de visitas y comunicación de los nietos con los abuelos.

2.º) Respecto a vivienda y ajuar doméstico: *La atribución del uso de la vivienda y ajuar familiar.*

3.º) Cargas y alimentos: *La contribución a las cargas del matrimonio y alimentos, así como sus bases de actualización y garantía, en su caso.* Las cargas del matrimonio comprenden el global sostenimiento de la familia en el sentido del número 1.º del art. 1362, que comprenden, por tanto, los gastos de alimentos en su amplio sentido. Asimismo, se prevén bases de actualización, necesarias en una época de constante devaluación de la moneda. Por último, garantías en evitación de posibles incumplimientos.

4.º) Régimen económico matrimonial: *La liquidación, cuando proceda, del régimen económico del matrimonio.* Procede liquidar el régimen económico matrimonial cuando ha recaído la sentencia de nulidad, divorcio o separación y el régimen sea de comunidad.

5.º) Pensión de un cónyuge: *La pensión que, conforme al art. 97, correspondiera satisfacer, en su caso, a uno de los cónyuges.*

3.- Este convenio deberá ser *aprobado por el Juez*, tal como ordena el propio art. 90, verdadera homologación judicial de un acuerdo privado. El Juez: 1.º) lo aprobará, o 2.º) lo denegará por resolución motivada si va contra normas imperativas o prohibitivas o no cumple el contenido que exige este artículo o si es dañoso para los hijos o gravemente perjudicial para uno de los cónyuges, o 3.º) cabe una aprobación parcial, denegando algunos extremos por los motivos expresados. En caso de denegación, los cónyuges propondrán nuevo convenio. Si no llega a aprobarse ninguno, se aplicarán las medidas judiciales que regulan los arts. 91 y ss.

Asimismo, añade el último párrafo del art. 90, el Juez podrá establecer las *garantías reales o personales* para el cumplimiento del convenio, aunque la garantía de las cargas matrimoniales ya las preveía al tratar de éstas (apartado C del art. 90).

JURISPRUDENCIA

Convenio aprobado judicialmente:

«El referido Convenio representa un efectivo negocio, pero de naturaleza mixta, al intervenir en su perfección y consolidación la autoridad judicial, que no desplaza su naturaleza contractual, como parcela de privatización en el Derecho de Familia y no está sujeto a formalidades rigurosas, bastando que contenga los mínimos, que enumera el art. 90 CC, siendo predominante la voluntad concorde de los cónyuges, con lo que lo acordado alcanza situación de irrevocabilidad, salvo que se produzca su modificación judicial, cuando legalmente proceda, por lo que, en consecuencia, una vez homologado el Convenio en otro caso carecería de eficacia procesal, los aspectos patrimoniales no contemplados en el mismo y que sean compatibles, pueden ser objeto de convenios posteriores, que no precisan aprobación judicial, lo que aquí concurre, al haber fijado de conformidad el pasivo pendiente de liquidación, y ningún precepto impide reclamarlo al otro ex-cónyuge que resulte deudor del mismo». (23 diciembre 1998, LA LEY 3280/2000)

«Partiendo del supuesto de que el referido convenio regulador, pactado de mutuo acuerdo entre ambos cónyuges, fue aprobado íntegramente, no sólo por la sentencia de separación matrimonial, sino también, posteriormente, por la que decretó el divorcio de ambos cónyuges, y teniendo en cuenta, por otro lado, que dicho convenio regulador, en el que se atribuye a la esposa el uso de la vivienda familiar (véase su estipulación quinta, que ha sido transcrita literalmente en el ap. 1.º del FJ 1.º de esta resolución), continúa plenamente vigente». (3 mayo 1999, LA LEY 5361/1999)

«Los beneficiarios cuentan con acción para exigir su cumplimiento, a partir de la aceptación comunicada, que en este caso se ha producido, por ser titulares del derecho hacia ellos derivado y no ser simplemente destinatarios de una prestación, pues su derecho se funda y resulta contenido en el acuerdo llevado a cabo por sus padres (SS de 3 Feb. 1983, 9 Abr. 1985, 6 Mar. 1989 y 26 Abr. 1993), y que consistía en acceder a la titularidad dominical de una vivienda para cada uno de los recurrentes, por carecer de la misma, acuerdo que en línea de moralidad se acomoda a lo relativamente querido por los padres al adoptarlo, lo que, en su condición de promitentes, quedaron definitivamente obligados a su cumplimiento.» (31 mayo 2001, LA LEY 6050/2001)

Convenio no aprobado judicialmente:

«La cuestión jurídica esencial que se plantea es la naturaleza jurídica del convenio regulador, en las situaciones de crisis matrimonial, contemplado y previsto su contenido mínimo en el art. 90 CC, que no ha obtenido la aprobación judicial. En principio, debe ser considerado como un negocio jurídico de derecho de familia, expresión del principio de autonomía privada que, como tal convenio regulador, requiere la aprobación judicial, como conditio iuris, determinante de su eficacia jurídica. Deben, por ello, distinguirse tres supuestos: en primer lugar, el convenio, en principio y en abstracto, es un negocio jurídico de derecho de familia; en segundo lugar, el convenio regulador aprobado judicialmente queda integrado en la resolución judicial, con toda la eficacia procesal que ello conlleva; en tercer lugar, el convenio que no ha llegado a ser aprobado judicialmente, tiene la eficacia correspondiente a todo negocio jurídico, tanto más si contiene una parte ajena al contenido mínimo que prevé el art. 90 CC. La S 25 de junio de 1987 declara expresamente que se atribuye trascendencia normativa a los pactos de regulación de las relaciones económicas entre los cónyuges, para los tiempos posteriores a la separación matrimonial; la de 26 de enero de 1993 añade que la aprobación judicial del convenio regulador no despoja a éste del carácter de negocio jurídico que tiene, como manifestación del modo de autorregulación de sus intereses querido por las partes... no es el convenio regulador que contempla el art. 90 CC y al que se refieren

los arts. 81 y 86: le falta la aprobación judicial, conditio iuris de su eficacia. Es un negocio jurídico de derecho de familia. No está inmerso en el proceso de separación conyugal, que se tramitó como contencioso, aunque en éste se alude al mismo». (22 abril 1997, LA LEY 6125/1997; doctrina reiterada por 19 diciembre 1997, LA LEY 1117/1999)

«la Ley 7 Jul. 1981 ha supuesto un amplio reconocimiento de la autonomía privada de los cónyuges para regular los efectos de la separación y el divorcio, con la limitación que resulta de lo indisponible de algunas de las cuestiones afectadas por la separación o el divorcio, cuestiones entre las que no se encuentran las económicas o patrimoniales entre los cónyuges; los convenios así establecidos tienen un carácter contractualista por lo que en ellos han de concurrir los requisitos que, con carácter general, establece el Código Civil para toda clase de contratos en el art. 1261, siendo la aprobación judicial que establece el art. 90 del Código un requisito o conditio iuris de eficacia del convenio regulador, no de su validez, y atributiva de fuerza ejecutiva al quedar integrado en la sentencia. Ahora bien, ello no impide que al margen del convenio regulador, los cónyuges establezcan los pactos que estimen convenientes, siempre dentro de los límites de lo disponible, para completar o modificar lo establecido en el convenio aportado con la petición de separación o divorcio, ya se haga de forma simultánea, pero con referencia al convenio, a la suscripción de éste o posteriormente, haya sido aprobado o no el convenio judicialmente; tales acuerdos, que si bien no podrán hacerse valer frente a terceros, son vinculantes para las partes siempre que concurran en ellos los requisitos esenciales para su validez, al haber sido adoptados por los cónyuges en el libre ejercicio de su facultad de autorregulación de las relaciones derivadas de su separación matrimonial, y no concurriendo ninguna de las limitaciones que al principio de libertad de contratación establece el art. 1255 CC, pues como dice la sentencia de 22 Abr. 1997 «no hay obstáculo para su validez como negocio jurídico, en el que concurrió el consentimiento, el objeto y la causa y no hay ningún motivo de invalidez. No lo hay tampoco para su eficacia, pues si carece de aprobación judicial, ello le ha impedido ser incorporado al proceso y producir eficacia procesal, pero no la pierde como negocio jurídico».» (21 diciembre 1998, LA LEY 3213/2000)

«Esta Sala comparte la apreciación finalista del documento de 15 Dic. 1987 efectuada por la sentencia recurrida, en el sentido de que el mismo no se generó como propuesta de convenio regulador para presentar en proceso matrimonial, ni quedó supeditado o condicionado en su eficacia a la homologación judicial. Y asimismo comparte la doctrina que recoge en relación con dichos acuerdos, pues los cónyuges, en contemplación de las situaciones de crisis matrimonial (separación, o divorcio), en ejercicio de su autonomía privada (art. 1255 CC), pueden celebrar convenios sobre cuestiones susceptibles de libre disposición, entre las que se encuentran las económicas o patrimoniales. Estos acuerdos, auténticos negocios jurídicos de derecho de familia (S 22 Abr. 1997), tienen carácter contractual, por lo que para su validez han de concurrir los requisitos estructurales establecidos por la ley con carácter general (art. 1261 CC), además del cumplimiento de las formalidades especiales exigidas por la ley con carácter ad solemnitatem o ad sustantiam para determinados actos de disposición. Se trata de una manifestación del libre ejercicio de la facultad de autorregulación de las relaciones privadas, reconocida por la Jurisprudencia (sentencias, entre otras, de 26 Ene. 1993, 7 Mar. 1995, 22 Abr. y 19 Dic. 1997 y 27 Ene. y 21 Dic. 1998) y la doctrina registral (resoluciones de la DGRyN de 31 Mar. y 10 Nov. 1995 y 1 Sep. 1998), que no está condicionada en su validez y fuerza vinculante inter-partes a la aprobación y homologación judicial.» (15 febrero 2002, LA LEY 4526/2002)

CONCORDANCIAS

Véanse: arts. 92 a 97, 101, 103, 142, 146, 159 y 170 del Código Civil.
Texto vigente según Ley 30/1981, de 7 julio (*«B.O.E.»* 20 julio).

Modificado por Ley 42/2003, de 21 noviembre («*B.O.E.*» 22 noviembre).
Modificado por Ley 15/2005, de 8 julio («*B.O.E.*» 9 julio).

Artículo 91

En las sentencias de nulidad, separación o divorcio, o en ejecución de las mismas, el Juez, en defecto de acuerdo de los cónyuges o en caso de no aprobación del mismo, determinará conforme a lo establecido en los artículos siguientes las medidas que hayan de sustituir a las ya adoptadas con anterioridad en relación con los hijos, la vivienda familiar, las cargas del matrimonio, liquidación del régimen económico y las cautelas o garantías respectivas, estableciendo las que procedan si para alguno de estos conceptos no se hubiera adoptado ninguna. Estas medidas podrán ser modificadas cuando se alteren sustancialmente las circunstancias.

COMENTARIO

En defecto de convenio (porque no se presentó o no se aprobó), el Juez, en la sentencia de nulidad, separación o divorcio, o bien en la ejecución de sentencia, establece una serie de medidas llamadas definitivas que pueden ser las mismas que se habían adoptado como medidas previas o como provisionales o pueden ser éstas modificadas o pueden ser totalmente nuevas. Así lo expresa el presente artículo 91, que es desarrollado en los artículos siguientes, a los cuales se remite. Prevé expresamente la posibilidad, para el Juez, de que imponga cautelas o garantías. Asimismo, se prevé que estas medidas (precisamente llamadas definitivas) puedan ser modificadas cuando se alteren las circunstancias de hecho.

JURISPRUDENCIA

«Aquí sucede que la sentencia de divorcio está huérfana de toda decisión sobre la liquidación del régimen económico (artículo 91 del Código Civil), y el Juzgado de Familia número cinco de Málaga procedió a la integración, liquidación y partición del haber conyugal en tanto hubo conformidad de las partes, pero ante la oposición promovida por la recurrente, la Audiencia Territorial de Granada declaró nulas las actuaciones ejecutorias de dicho Juzgado de Familia, remitiendo a las partes a la tramitación del juicio ordinario correspondiente, ya que la oposición de uno de los interesados convirtió en contencioso la cuestión de la liquidación y partición de los gananciales, que no agota el tema del debate, pues también se planteó controversia sobre liquidación de rentas percibidas por la sociedad de gananciales, razones que determinan la competencia funcional del Juzgado de Primera Instancia número quince de Málaga, a lo que cabe añadir, como declara la sentencia de 25 de noviembre de 1996, que se hace necesaria la aplicación del principio de conservación de las actuaciones y evitar peregrinaje a los litigantes, cumpliéndose el principio constitucional de tutela judicial efectiva toda vez que en el actual procedimiento dispusieron las partes de cuantos medios de defensa autoriza la Ley». (23 noviembre 2006, LA LEY 145000/2006)

«Los arts. 90 y 91 CC imponen a los cónyuges en los casos de cese de la convivencia por divorcio o separación la obligación de contribuir a las cargas del matrimonio, concepto abierto que por ello mismo ha sido objeto de diversas interpretaciones por la jurisprudencia. A esta dificultad se une la cuestión relacionada con la atribución del uso de la vivienda familiar a los hijos y al progenitor que con ellos se quede, la inclusión de la habitación entre los conceptos que engloban los alimentos (Art.142.1 CC) y el régimen de bienes que rige la economía del matrimonio, de acuerdo con cuya reglamentación se ha adquirido el inmueble que constituye la vivienda familiar. En este conjunto de temas, se debe primar el factor de protección a los hijos, al que responde la regla de la atribución del uso de la vivienda y que

ha producido como resultado, no deseable en general, dejar de lado las reglas del régimen de bienes que rigen la forma de su adquisición constante matrimonio para fijar la atención en los demás problemas. De acuerdo con este planteamiento, que responde a las actuales tendencias en derecho de familia, se debe distinguir entre lo que se considera carga del matrimonio, según los Arts. 90, D) y 91 CC y la obligación de pago del préstamo hipotecario, que corresponde a la sociedad de gananciales y va ligado a la adquisición de la propiedad del bien... ... En consecuencia de los anteriores razonamientos, la Sala formula la siguiente doctrina: el pago de las cuotas correspondientes a la hipoteca contratada por ambos cónyuges para la adquisición de la propiedad del inmueble destinado a vivienda familiar constituye una deuda de la sociedad de gananciales y como tal, queda incluida en el art. 1362, 2.º CC y no constituye carga del matrimonio a los efectos de lo dispuesto en los arts. 90». (28 marzo 2011, rec. 2177/2007, LA LEY 9109/2011)

CONCORDANCIAS

Véase art. 106 de este Código.
Texto vigente según Ley 30/1981, 7 julio (*«B.O.E.»*, 20 julio).

Artículo 92

1. La separación, la nulidad y el divorcio no eximen a los padres de sus obligaciones para con los hijos.

2. El Juez, cuando deba adoptar cualquier medida sobre la custodia, el cuidado y la educación de los hijos menores, velará por el cumplimiento de su derecho a ser oídos.

3. En la sentencia se acordará la privación de la patria potestad cuando en el proceso se revele causa para ello.

4. Los padres podrán acordar en el convenio regulador o el Juez podrá decidir, en beneficio de los hijos, que la patria potestad sea ejercida total o parcialmente por unos de los cónyuges.

5. Se acordará el ejercicio compartido de la guarda y custodia de los hijos cuando así lo soliciten los padres en la propuesta de convenio regulador o cuando ambos lleguen a este acuerdo en el transcurso del procedimiento. El Juez, al acordar la guarda conjunta y tras fundamentar su resolución, adoptará las cautelas procedentes para el eficaz cumplimiento del régimen de guarda establecido, procurando no separar a los hermanos.

6. En todo caso, antes de acordar el régimen de guarda y custodia, el Juez deberá recabar informe del Ministerio Fiscal, y oír a los menores que tengan suficiente juicio cuando se estime necesario de oficio o a petición del Fiscal, partes o miembros del Equipo Técnico Judicial, o del propio menor, valorar las alegaciones de las partes vertidas en la comparecencia y la prueba practicada en ella, y la relación que los padres mantengan entre sí y con sus hijos para determinar su idoneidad con el régimen de guarda.

7. No procederá la guarda conjunta cuando cualquiera de los padres esté incurso en un proceso penal iniciado por atentar contra la vida, la integridad física, la libertad, la integridad moral o la libertad e indemnidad sexual del otro cónyuge o de los hijos que convivan con ambos. Tampoco procederá cuando el Juez advierta, de las alegaciones de las partes y las pruebas practicadas, la existencia de indicios fundados de violencia doméstica.

8. Excepcionalmente, aun cuando no se den los supuestos del apartado cinco de este artículo, el Juez, a instancia de una de las partes, con informe favorable del Ministerio Fiscal, podrá acordar la guarda y custodia compartida fundamentándola en que sólo de esta forma se protege adecuadamente el interés superior del menor.

9. El Juez, antes de adoptar alguna de las decisiones a que se refieren los apartados anteriores, de oficio o a instancia de parte, podrá recabar dictamen de especialistas debidamente cualificados, relativo a la idoneidad del modo de ejercicio de la patria potestad y del régimen de custodia de los menores.

COMENTARIO

Éste y los dos artículos siguientes prevén el contenido de la sentencia de nulidad, separación o divorcio respecto a los hijos. Las medidas están inspiradas en el favor filii, a fin de que los hijos se vean perjudicados lo mínimo.

El Juez las acuerda con un amplio margen de discrecionalidad. El apartado 9 de este artículo le permite que, de oficio o a instancia de parte, reciba dictamen de especialistas. Y el apartado 2 le obliga a velar por el cumplimiento del derecho de los hijos menores a ser oídos respecto a las medidas sobre su custodia, cuidado y educación.

Como principio se establece algo que es obvio. La nulidad, separación o divorcio no eximen a los padres de sus obligaciones para con los hijos (apartado 1).

Sobre la *patria potestad*, se contempla (en el apartado 3) el supuesto más grave. En la sentencia se puede acordar, si se revela causa para ello, la *privación* de la patria potestad, lo que también está previsto en el art. 170. Si la privación se impone a los dos padres, se deberá proveer de tutor o, en su caso, de acogimiento y adopción y si sólo afecta a uno de ellos, el otro *ipso iure* tendrá la patria potestad en exclusiva.

Manteniendo la patria potestad en ambos cónyuges, su *ejercicio* puede atribuirse total o parcialmente a uno de ellos (apartado 4) o darse el ejercicio *compartido*, como guarda conjunta, a petición de ambos en la propuesta de convenio regulador o en un acuerdo durante el curso del proceso (apartado 5) o por decisión del Juez, excepcionalmente, a instancia de una de las partes y con informe favorable del Ministerio Fiscal (apartado 8). No procede este ejercicio compartido si uno de los dos padres está incurso en proceso penal por atentar contra la vida, la integridad física, la libertad, la integridad moral o indemnidad sexual del otro cónyuge o de los hijos que convivan; ni tampoco, si se advierte la existencia de indicios de violencia doméstica (apartado 7).

JURISPRUDENCIA

«la normativa relativa al interés del menor tiene características de orden público, por lo que debe ser observada necesariamente por los jueces y tribunales en las decisiones que se tomen en relación a los menores, como se afirma en la STC 141/2000, de 29 mayo, que lo califica como "estatuto jurídico indisponible de los menores de edad dentro del territorio nacional", destacando como relevantes a estos efectos la Convención de las Naciones Unidas sobre los Derechos del Niño, de 1989, ratificada por España en 1990, la Carta europea de los Derechos del Niño del Parlamento Europeo (Resolución A 3-0172/92, de 8 julio) y la Ley Orgánica 1/1996, de Protección Jurídica del Menor. (Asimismo SSTC, 298/1993, 187/1996 y, así como el ATC 28/2001, de 1 febrero)... ... La nueva regulación de la guarda y custodia compartida en el artículo 92 CC después de la reforma producida por la ley 15/2005 permite al juez acordarla en dos supuestos: a) cuando sea pedida por ambos pro-

genitores (párrafo 5), y b) cuando a pesar de no existir esta circunstancia, se acuerde para proteger el interés del menor de forma más eficaz (párrafo 8). En cualquier caso, se debe recabar informe del Ministerio Fiscal, que debe ser favorable en el supuesto previsto en el pr. 8, se debe oír a los menores cuando tengan suficiente juicio, así como tener en cuenta el informe de los equipos técnicos relativos a "la idoneidad del modo de ejercicio de la patria potestad y del régimen de custodia" (artículo. 92.9 CC). Esta normativa debe completarse con lo establecido en el artículo 91 CC, que permite al Juez una amplia facultad para decidir cuál debe ser la solución adecuada a la vista de las pruebas que obran en su poder, de modo que en los procedimientos judiciales sobre menores no rige el principio dispositivo, tal como se afirma en la Exposición de Motivos de la vigente Ley de Enjuiciamiento civil y regula el artículo 752.1,2 LECiv. Además en relación con la guarda y custodia compartida, el artículo 92.6 CC establece que el juez debe "valorar las alegaciones de las partes vertidas en la comparecencia y la prueba practicada en ella, y la relación que los padres mantengan entre sí y con sus hijos para determinar su idoneidad con el régimen de guarda"». (28 septiembre 2009, rec. 200/2006, LA LEY 184085/2009)

«En la apreciación de los elementos que van a permitir al juez adoptar la medida de la guarda y custodia compartida, cuando no exista acuerdo de los progenitores, tienen una importancia decisiva los informes técnicos que el Juez puede pedir de acuerdo con lo que dispone el art. 92.9 CC. En el caso de que figuren estos informes, el juez debe valorarlos para formarse su opinión sobre la conveniencia o no de que se adopte esta medida, o bien cualquier otra siempre en beneficio del menor, como ha venido recordando esta Sala en sentencias de 1 y 8 octubre y 11 marzo 2010 y 28 septiembre 2009». (7 abril 2011, rec. 1580/2008, LA LEY 14425/2011. En el mismo sentido y con las mismas palabras, 21 julio 2011, rec. 338/2009, LA LEY 119737/2011)

«este sistema está concebido en el art. 92 CC como una forma de protección del interés de los menores cuando sus progenitores no conviven, no como un sistema de premio o castigo al cónyuge por su actitud en el ejercicio de la guarda (SSTS 496/2011, de 7 julio; 84/2011, de 21 febrero y 94/2010, de 11 marzo)». (18 noviembre 2011, rec. 1728/2009, LA LEY 241446/2011)

CONCORDANCIAS

Véase arts. 154 a 171 de este Código.
Redactado de nuevo por Ley 15/2005, 8 julio (*«B.O.E.»*, 9 julio).

Artículo 93

El Juez, en todo caso, determinará la contribución de cada progenitor para satisfacer los alimentos y adoptará las medidas convenientes para asegurar la efectividad y acomodación de las prestaciones a las circunstancias económicas y necesidades de los hijos en cada momento.

Si convivieran en el domicilio familiar hijos mayores de edad o emancipados que carecieran de ingresos propios, el Juez, en la misma resolución, fijará los alimentos que sean debidos conforme a los artículos 142 y siguientes de este Código.

COMENTARIO

1.- Si en el artículo anterior se decía que la nulidad, separación y divorcio no eliminan a los padres de sus obligaciones para con los hijos, este artículo desarrolla este principio respecto a los alimentos. Lo cual es evidente: el matrimonio queda ineficaz por la nulidad, separación o divorcio, pero ello no afecta a la filiación.

2.- En consecuencia, en la sentencia o en ejecución de la misma, el Juez fija alimentos en favor de los hijos, según prevé el párrafo primero. Incluso en favor de hijos mayores de edad o emancipados que convivan en el domicilio familiar y carezcan de ingresos propios, según añade el párrafo segundo.

La medida de tales alimentos es: si el hijo es menor o incapacitado, queda integrada en el conjunto y amplitud que la tiene dentro de la patria potestad; si es emancipado o mayor, se fija según la normativa general de los alimentos (arts. 142 y ss).

JURISPRUDENCIA

«Del art. 93.2 CC emerge un indudable interés del cónyuge con quien conviven los hijos mayores de edad necesitados de alimentos a que, en la sentencia que pone fin al proceso matrimonial, se establezca la contribución del otro progenitor a la satisfacción de esas necesidades alimenticias de los hijos. Por consecuencia de la ruptura matrimonial el núcleo familiar se escinde, surgiendo una o dos familias monoparentales compuestas por cada progenitor y los hijos que con él quedan conviviendo, sean o no mayores de edad; en esas familias monoparentales, las funciones de dirección y organización de la vida familiar en todos sus aspectos corresponde al progenitor, que si ha de contribuir a satisfacer los alimentos de los hijos mayores de edad que con él conviven, tiene un interés legítimo, jurídicamente digno de protección, a demandar del otro progenitor su contribución a esos alimentos de los hijos mayores. No puede olvidarse que la posibilidad que establece el art. 93, párr. 2.º CC de adoptar en la sentencia que recaiga en estos procedimientos matrimoniales, medidas atinentes a los alimentos de los hijos mayores de edad se fundamenta, no en el indudable derecho de esos hijos a exigirlos de sus padres, sino en la situación de convivencia en que se hallan respecto a uno de los progenitores, convivencia que no puede entenderse como el simple hecho de morar en la misma vivienda, sino que se trata de una convivencia familiar en el más estricto sentido del término con lo que la misma comporta entre las personas que la integran. De todo lo expuesto se concluye que el cónyuge con el cual conviven hijos mayores de edad que se encuentran en la situación de necesidad a que se refiere el art. 93, párr. 2.º CC, se halla legitimado para demandar del otro progenitor la contribución de éste a los alimentos de aquellos hijos, en los procesos matrimoniales entre los comunes progenitores». (24 abril 2000, LA LEY 86247/2000)

«Por lo expuesto y en atención al art. 93.2 no se hace necesario acudir a otro proceso declarativo, en lo que se equivoca la sentencia recurrida, ya que dicho precepto cabe ser aplicado a los hijos nacidos de uniones de hecho, en cumplimiento del mandato del art. 39.3 de la Constitución, en relación al 108 del CC. El deber de los padres de alimentarlos no lo evita las relaciones más o menos deterioradas o en situación de ruptura que puedan mantener los mismos. No se puede dejar de lado la Consulta 1/1992, de 13 Feb., de la Fiscalía General del Estado, que destaca que el derecho de los hijos a la prestación alimenticia subsiste después de la mayoría de edad, si permanece situación de necesidad no imputable al alimentado y llega a la conclusión de que en los supuestos en los que el descendiente sea mayor de edad al tiempo de iniciarse el procedimiento y en la demanda o contestación se hubiese solicitado a su favor una pensión alimenticia, pueden comparecer en los autos y mostrar su conformidad con la cantidad solicitada o bien otorgar poder «apud acta» al progenitor y en el caso de entender que la cantidad debe ser superior es cuando el hijo deberá acudir al juicio declarativo ordinario de alimentos. Recientemente esta Sala ha dictado la S 24 Abr. del año en curso, en la que declara que del art. 93.2 del CC emerge un indudable

interés del progenitor con el que conviven los hijos matrimoniales mayores de edad necesitados de alimentos». (30 diciembre 2000, LA LEY 1267/2001)

«El artículo 93 del Código Civil no puede considerarse infringido en la situación a que este litigio responde. En la sentencia de separación sólo se imponía al padre la obligación de pagar una pensión alimenticia a sus hijos, lo que debe entenderse mientras éstos fuesen menores de edad, puesto que no se prevé en la sentencia el supuesto que daría lugar a la aplicación del segundo párrafo del artículo 93 del Código civil que permite al juez fijar o a los cónyuges acordar en el convenio regulador, las cantidades que se deberían a los mayores que convivieran y carezcan de ingresos propios. Esta es una norma que evita litigios posteriores, pero que no puede aplicarse en este caso porque no se ha probado que se haya producido el supuesto de hecho de la misma. Y ello teniendo en cuenta, además, que el hijo dejó de necesitar los alimentos cuando se incorporó al ejército como soldado profesional, momento en que cesó la obligación del padre». (28 noviembre 2007, LA LEY 193556/2007)

CONCORDANCIAS

Véase arts. 103.3, 142, 146, 147, 154, 156, 158, 1.318, 1.362.1.º y 1.438 de este Código.

Texto vigente según Ley 30/1981, 7 julio (*«B.O.E.»,* 20 julio). Párrafo segundo introducido por Ley 11/1990, 15 octubre (*«B.O.E.»,* 18 octubre)

Artículo 94

El progenitor que no tenga consigo a los hijos menores o incapacitados gozará del derecho de visitarlos, comunicar con ellos y tenerlos en su compañía. El Juez determinará el tiempo, modo y lugar del ejercicio de este derecho, que podrá limitar o suspender si se dieren graves circunstancias que así lo aconsejen o se incumplieren grave o reiteradamente los deberes impuestos por la resolución judicial.

Igualmente podrá determinar, previa audiencia de los padres y de los abuelos, que deberán prestar su consentimiento, el derecho de comunicación y visita de los nietos con los abuelos, conforme al artículo 160 de este Código, teniendo siempre presente el interés del menor.

COMENTARIO

1. Este artículo contempla el régimen de visitas. Al declararse la nulidad o la separación o constituirse el divorcio, termina la convivencia conyugal y si hay hijos comunes, uno de los cónyuges o ex-cónyuges tiene la custodia; por tanto, el otro quedará privado de ella, pero se le concede el derecho a visitarlos «y comunicar con ellos y tenerlos en su compañía» dice el texto legal.

Sobre el derecho de visita, que da más problemática práctica que teórica, el Código atribuye una amplísima discrecionalidad al Juez. Este es el que determina el tiempo, modo y lugar de las visitas. Tiene el poder de limitarlo o incluso suspenderlo, aunque para tal limitación o suspensión, el Código exige que medien graves circunstancias o que se dé un grave o reiterado incumplimiento de los deberes impuestos por la resolución judicial.

2. La Ley 42/2003, de 21 noviembre, que establece las relaciones familiares de los nietos con los abuelos, ha añadido el segundo párrafo. La normativa de las medidas definitivas que se contemplan en este capítulo son relativas a las crisis matrimoniales; el régimen de visitas que regula el primer párrafo se aplica a los cónyuges; el párrafo segundo, a los abuelos, que pueden verse gravemente afectados en sus relaciones con los nietos, por la separación de su

hijo/a. Así se contempla la posibilidad —sólo posibilidad, no imperativa— de que el Juez, igualmente con amplia discrecionalidad, establezca un sistema de visitas de los abuelos con los nietos. Impone: una norma de procedimiento: audiencia de los padres y de los propios abuelos (que deberán prestar consentimiento, lo cual es evidente, ya que nunca el Juez actuará de oficio); una norma de principio: el interés del menor; y una norma de remisión: el art. 160 que establece el régimen de visitas de abuelo/nieto con carácter general y no sólo para crisis matrimonial.

JURISPRUDENCIA

«El derecho de visitas debe estar subordinado al interés y beneficio del menor y este sentido proteccionista se manifiesta bien claramente expresado en la Convención de los Derechos del Niño de Naciones Unidas, de 20 de noviembre de 1989, en cuanto que su artículo 9, en relación con el 3, permite a los Tribunales decretar la separación del menor de sus padres, cuando, conforme a la Ley y procedimientos aplicables, tal separación sea necesaria, en interés superior del niño (Sentencia de 12-2-1992), y en este sentido la Ley Orgánica de 15 de enero de 1996, de Protección Jurídica del Menor, sienta como principio general la primacía del interés como superior de los menores sobre cualquier otro interés legítimo que pudiera concurrir (arts. 2 y 11-2-a), aplicable por tanto al régimen de visitas, al ser el inspirador de las relaciones personales con los menores y ha de ser respetado por todos los poderes públicos, padres, familiares y ciudadanos y sobre todo por los juzgadores, de manera que han de adoptarse aquellas medidas que sean más adecuadas a la edad del menor, evitando que pueda ser manipulado o sujeto de actuaciones reprobables, pues progresivamente, con el transcurso de los años, se encontrará en condiciones de decidir lo que pueda más convenirle para su integración tanto familiar como social. El derecho de visitas ha de ceder ante los supuestos de presentarse peligro concreto y real para la salud física, psíquica o moral del menor (Sentencias de 30-4-1991, 19-10-1992, 22-5 y 21-7-1993) y en este sentido se ha pronunciado el Parlamento Europeo el 17 de noviembre de 1992, aunque con referencia a los divorcios de parejas europeas que no tuviesen la misma nacionalidad, para establecer que el derecho de visitas ha de suspenderse cuando se pone con elevada probabilidad directa y seriamente en peligro la salud del hijo en todas sus dimensiones, y lo mismo si existe una resolución incompatible ya ejecutable al respecto. Aquí tenemos una sentencia firme penal condenatoria que vincula a la Jurisdicción Civil en cuanto a los hechos declarados probados (Sentencias de 26-9-1994, 28-3-1996 y 31-10-1998) y los mismos ponen bien de manifiesto la conducta agresiva y violenta del padre hacia el hijo y con ello el peligro que para éste puede suponer mantener relaciones personales en los actuales momentos, al concurrir tanto graves circunstancias como justas causas para poder decretar la suspensión del derecho de visita, respecto a lo cual los juzgadores gozan de amplias facultades discrecionales, que aquí no se establece con carácter definitivo para dejar abierta su modificación según las circunstancias futuras concurrentes». (21 noviembre 2005, rec. 5030/2000)

CONCORDANCIAS

Véase arts. 160 y 161 de este Código.
Texto vigente según Ley 30/1981, 7 julio (*«B.O.E.»*, 20 julio).
Segundo párrafo añadido por Ley 42/2003, 21 noviembre (*«B.O.E.»*, 22 noviembre).

Artículo 95

La sentencia firme producirá, respecto de los bienes del matrimonio, la disolución del régimen económico matrimonial.

Si la sentencia de nulidad declara la mala fe de uno sólo de los cónyuges, el que hubiere obrado de buena fe podrá optar por aplicar en la liquidación del régimen económico matrimonial las disposiciones relativas al régimen de participación y el de mala fe no tendrá derecho a participar en las ganancias obtenidas por su consorte.

COMENTARIO

1.- El presente artículo se refiere al régimen económico matrimonial. No hay matrimonio sin régimen económico; tampoco hay régimen sin matrimonio. Por tanto, cuando desaparece la eficacia de éste, por la sentencia de nulidad, separación o divorcio, se produce la *disolución del régimen económico matrimonial* (primer párrafo).

Si se trata de nulidad y divorcio, se disuelve y liquida el régimen, sin que exista uno nuevo, porque ya no existe el matrimonio: si se trata de separación, se constituye el régimen de separación de bienes (artículo 1453.3.º), manteniéndose éste si hay reconciliación (art. 1443).

2.- En los mismos términos que el art. 1395, el párrafo segundo prevé el caso de sentencia de nulidad en que declara la mala fe de uno solo de los cónyuges, el de buena fe puede optar por aplicar las normas del régimen de partición, en cuyo caso el de mala fe no tendrá derecho a participar en las ganancias de su cónyuge: es decir, en la práctica sería una liquidación de gananciales en que sólo percibiría la parte de los gananciales de su cónyuge (participación) el de buena fe.

JURISPRUDENCIA

«Al establecer el art. 95 del Código Civil, en su párrafo primero, que "la sentencia firme producirá, respecto de los bienes del matrimonio, la disolución del régimen económico matrimonial"; se está refiriendo al concepto que de "sentencias firmes" da el art. 369 de la Ley de Enjuiciamiento Civil de 1881 al considerar como tales "cuando no quepa contra ellas recurso alguno ordinario ni extraordinario, ya por su naturaleza, ya por haber sido consentidas por las partes", o, como dice el art. 207.2 de la Ley 1/2000, de 7 de enero, "son resoluciones firmes aquellas contra las que las que no cabe recurso alguno bien por no preverlo la ley, bien porque, estando previsto, ha transcurrido el plazo legalmente fijado sin que ninguna de las partes lo haya presentado"». (30 enero 2004, rec. 645/1998)

«En el presente litigio no ha ocurrido ninguno de los supuestos previstos por la ley para que deba tenerse como fecha de la extinción del régimen un momento distinto del establecido en el artículo 95.1 CC, es decir, no ha existido una separación libremente consentida por los cónyuges, porque se ha iniciado el procedimiento contencioso, cuyas consecuencias sobre la liquidación del régimen ahora se ventilan, y tampoco se ha determinado cuál ha sido el contenido del auto de medidas provisionales que a tenor de lo dispuesto en el artículo 103.4.º CC, no estableció esta cesación, ya que fue la sentencia de separación de 16 de junio de 1997 la que determinó la extinción del régimen matrimonial y se remitió a la ejecución de la sentencia para la liquidación». (27 febrero 2007, LA LEY 6581/2007)

«Devino firme, por tanto, la declaración de disolución del régimen como consecuencia de la separación (art. 95 CC) y a partir de aquel momento los bienes adquiridos por cualquiera de los cónyuges no gozaban de la presunción de ganancialidad del art. 1361 CC. Por ello, la esposa demandante y ahora recurrida debería haber probado que los bienes cuya ganancialidad reclama fueron adquiridos con dinero ganancial y al no haberlo hecho, corresponde declarar privativos del marido los apartamentos cuya ganancialidad se reclama (SSTS 20

enero 2004, 27 febrero 2007, 18 marzo y 28 mayo 2008)». (17 marzo 2010, rec. 864/2006, LA LEY 8717/2010)

CONCORDANCIAS

Véase arts. 78, 79, 98, 1392, 1395, 1411, 1417 a 1.434 de este Código.
Texto vigente según Ley 30/1981, 7 julio (*«B.O.E.»*, 20 julio).

Artículo 96

En defecto de acuerdo de los cónyuges aprobado por el Juez, el uso de la vivienda familiar y de los objetos de uso ordinario en ella corresponde a los hijos y al cónyuge en cuya compañía queden.

Cuando algunos de los hijos queden en la compañía de uno y los restantes en la del otro, el Juez resolverá lo procedente.

No habiendo hijos, podrá acordarse que el uso de tales bienes, por el tiempo que prudencialmente se fije, corresponda al cónyuge no titular, siempre que, atendidas las circunstancias, lo hicieran aconsejable y su interés fuera el más necesitado de protección.

Para disponer de la vivienda y bienes indicados cuyo uso corresponda al cónyuge no titular se requerirá el consentimiento de ambas partes o, en su caso, autorización judicial.

COMENTARIO

1.- Terminada la convivencia tras la sentencia (o incluso desde antes: medidas previas o provisionales) es preciso que en ésta se determine cuál de los cónyuges o ex-cónyuges queda en posesión de la que fue vivienda conyugal y del ajuar doméstico.

El Código dispone que se determinará, en primer lugar, por acuerdo de los cónyuges, aprobado por el Juez: en convenio regulador o, si no lo hay, en acuerdo específico *ad hoc* para este punto. En segundo lugar y, a falta de acuerdo, se establece un triple criterio: primero, se atribuye a los hijos y al cónyuge en cuya compañía queden; segundo, si los hijos quedan separados, unos en compañía del padre y otros con la madre, decidirá el Juez discrecionalmente; tercero, si no hay hijos, se puede acordar que el cónyuge no titular (como propietario, como titular de un derecho real de uso o como arrendatario) quede en posesión de la vivienda y ajuar familiar, «por el tiempo que prudencialmente se fije», cuando concurran circunstancias que lo hagan aconsejable y su interés fuera el más necesitado de protección.

2.- Cuando el uso de la vivienda y el ajuar familiar se atribuyen al cónyuge que es titular de la vivienda, coincide titularidad y posesión. El que era propietario o usufructuario o arrendatario continuará con la posesión. Si la vivienda era bien ganancial y tras la disolución y liquidación de la comunidad de gananciales queda como copropiedad *pro indiviso* de ambos, será poseedor del todo y titular de la mitad. Lo mismo, si la vivienda era un bien privativo propiedad de ambos cónyuges que puede darse en un matrimonio en régimen de gananciales (caso un tanto insólito) o en matrimonio en régimen de separación de bienes (que puede ser frecuente). Si la vivienda se poseía por los cónyuges en precario (caso de que los padres de uno de los cónyuges, la dejan a éstos, en precario) no podrá atribuirse la posesión a ninguno de los cónyuges, por falta de un derecho en que ésta se pueda apoyar: continuará el precario mientras el titular del derecho quiera, en posesión de quien quiera.

Cuando el uso de la vivienda y el ajuar familiar se atribuye a quien no es titular (es decir, a quien no era propietario, ni titular de derecho real ni arrendatario) se separa titularidad y posesión. Esta corresponde a quien se le ha atribuido el uso, en la sentencia, como medida llamada definitiva. Este uso, si el otro cónyuge es propietario, copropietario o titular de derecho real de la vivienda, llamado *derecho de ocupación* tiene naturaleza de derecho real (lo cual no se acepta unánimemente por la doctrina) y es inscribible en el Registro de la Propiedad. Si el otro cónyuge era arrendatario, la Ley de Arrendamientos Urbanos, Ley 29/1994, de 24 noviembre, prevé esta situación es su art. 15 en el sentido de que el «cónyuge no arrendatario podrá continuar en el uso de la vivienda...» como cesionario del contrato de arrendamiento urbano, cesión de contrato acordada por acuerdo de las partes o decisión judicial, en base a lo dispuesto en este artículo 96.

3.- El cónyuge titular (o cotitular, respecto a la mitad indivisa del derecho de propiedad u otro real) a quien no se le ha concedido la posesión de la vivienda, queda fuera de ésta, no conservando más que su titularidad desnuda de facultades de aprovechamiento, que en un momento futuro podrá recuperar, volviendo a tener la titularidad plena cuando se extinga este derecho de ocupación.

Al perder la posesión de la vivienda, podrá retirar de la misma la parte del ajuar doméstico que sea de su uso personal o de su propiedad exclusiva.

Su titularidad, de la que ha sido privado de la facultad de aprovechamiento, no lo ha sido de su facultad de disposición. Podrá disponer de aquella titularidad, pero siempre deberá ser respetado por el adquirente el derecho de ocupación que le ha sido atribuido. Asimismo, si es copropietario, podrá ejercer la acción de división de cosa común, aunque igualmente se mantendrá dicho derecho de ocupación.

4.- El último párrafo de este art. 96 establece una norma que está en consonancia con lo dispuesto en el art. 1320. La disposición de la vivienda familiar y del ajuar doméstico («objetos de uso ordinario en ella») cuya posesión está atribuida al cónyuge no titular requiere, no sólo la declaración de voluntad del cónyuge titular o del cónyuge con el derecho de ocupación, sino la declaración conjunta de ambos, «el consentimiento de ambas partes» dice el texto legal, o, en su defecto y si procede, autorización judicial.

JURISPRUDENCIA

«El mandato judicial atributivo del uso no puede dejarse de lado, ni tampoco actúa como prohibitivo de la cesación y división de la comunidad, y es la disposición de la vivienda la que resulta condicionada por el uso judicial, ya se considere el uso como derecho o carga real o dotado de proyección eficaz erga omnes, pues esta situación ha de mantenerse indemne en tanto subsistan los presupuestos que determinaron su atribución, en este caso al cónyuge cotitular. La jurisprudencia de esta Sala así lo ha entendido (SS 22 Sep. 1988, 11 Dic. 1992, 20 May. 1993, 16 Dic. 1995 y 16 Feb. 1998). Se ha de distinguir el supuesto contemplado en el número cuarto del art. 96 CC, que refiere a vivienda ocupada por cónyuge no titular, del supuesto, que corresponde a este pleito, en el que la vivienda resulta de la propiedad común de los ex cónyuges, al que ha de aplicarse el art. 400 CC, pero respetando la ocupación judicial decretada y mantenida.» (28 marzo 2003, LA LEY 9288/2003) (doctrina reiterada en la sentencia de 27 junio 2007, rec. 3124/2000, LA LEY 60913/2007).

«Esta Sala ha afirmado reiteradamente que la venta en pública subasta no puede alterar el derecho de uso concedido a uno de los cónyuges en sentencia de separación o de divorcio. La jurisprudencia ha venido proclamando la compatibilidad entre la división y cesación de la comunidad y el derecho de uso, consecuencia de la existencia de una situación jurídica

tutelada legalmente y así ya la sentencia de 14 julio 1994 decía que subsistiendo la situación producida por el divorcio que determinó la atribución del derecho de uso de la vivienda conyugal a la esposa, debía mantenerse la "indemnidad de la ocupación de la vivienda en tanto dure la temporalidad del disfrute" (ver asimismo SSTS de 22 abril 2004 y 6 junio 2007, entre otras). El derecho de uso que ostenta D.ª Trinidad sobre el inmueble ganancial proviene de la sentencia firme de divorcio donde se reconoce. Esta atribución no se ha alterado ni se ha cambiado y no se debe reiterar mientras no se pronuncie una nueva decisión judicial en trámite de modificación de medidas y relativa a este derecho y ello con independencia de que se proceda a la venta del citado inmueble en pública subasta, si a ello hubiere lugar». (27 noviembre 2007, LA LEY 193555/2007)

«se mantiene el derecho de uso sobre la vivienda a pesar de la división de la cosa común; la persona a quien dicho uso se atribuyó en la sentencia de separación o divorcio tiene un título que puede oponer a los terceros adquirentes mientras subsista la situación que dio lugar a la atribución de dicho uso (SSTS de 2-12-1992, 14-7 y 18-10-1994, 16-12-1995, 3-5-1999, 26-4-2002, 28-3-2003 y 27-11-2007, entre otras)». (3 diciembre 2008, rec. 1463/2003, LA LEY 193659/2008)

«La jurisprudencia de esta Sala, no obstante, ha experimentado vacilaciones en cuanto a la determinación de la naturaleza del derecho de uso de la vivienda atribuido por sentencia y en cuanto a los efectos del mismo. En algunos casos se ha calificado a este derecho como un derecho de eficacia real oponible a terceros (SSTS 13 de diciembre de 1991, RC n.º 2987/1991, 18 de octubre de 1994, RC n.º 1817/1991), y se ha afirmado que la protección de la vivienda familiar frente a terceros se produce con un ámbito objetivo equivalente al del derecho que la familia tiene al uso, incluyendo en este concepto el derecho privativo del cónyuge a quien se priva del uso. De esta suerte, se ha estimado en alguna ocasión que en el supuesto de pertenencia de la vivienda como bien privativo a uno de los cónyuges, de pertenencia al patrimonio ganancial o de titularidad en régimen de comunidad en favor de ambos cónyuges, la reclamación de un tercero, aunque haya adquirido la finca en pública subasta a raíz de la división de la comunidad, no determina la extinción del derecho de uso, consecuencia de una situación jurídica tutelada legalmente (SSTS 11 de noviembre de 1992, 14 de julio de 1994, 22 de abril de 2004, 6 de junio de 2007 y 27 de noviembre de 2007, RC n.º 4615/2000) y que en las situaciones en las cuales existe una relación contractual que justifica la posesión por parte de uno de los cónyuges, deben aplicarse, frente a la reclamación del tercero, los efectos que el CC atribuya al expresado contrato, que puede ser el de comodato, caracterizado por la cesión gratuita de la cosa por un tiempo determinado o para un uso concreto y determinado (SSTS 2 de octubre de 2008 y 30 de octubre de 2008, RC n.º 2771/04)... ...el derecho de uso a la vivienda familiar concedido mediante sentencia no es un derecho real, sino un derecho de carácter familiar, cuya titularidad corresponde en todo caso al cónyuge a quien se le atribuye la custodia o a aquel que se estima, no habiendo hijos, que ostenta un interés más necesitado de protección (así se ha estimado en la RDGRN de 14 de mayo de 2009). Desde el punto de vista patrimonial, el derecho al uso de la vivienda concedido mediante sentencia judicial a un cónyuge no titular no impone más restricciones que la limitación de disponer impuesta al otro cónyuge, la cual se cifra en la necesidad de obtener el consentimiento del cónyuge titular del derecho de uso (o, en su defecto, autorización judicial) para cualesquiera actos que puedan ser calificados como actos de disposición de la vivienda. Esta limitación es oponible a terceros y por ello es inscribible en el Registro de la Propiedad (RDGRN de 10 de octubre de 2008)». (14 enero 2010, rec. 5806/2000, LA LEY 21048/2010)

«cuando el hijo no precisa de la vivienda familiar, por encontrarse satisfechas sus necesidades de habitación a través de otros medios, como ocurre en el caso presente, en que la madre ha adquirido una nueva vivienda que ostenta en copropiedad con la nueva pareja con la que convive, no puede pretenderse una especie de reserva de la que fue vivienda familiar

durante el matrimonio para poder usarla en el hipotético caso en que no fuese posible el uso de la vivienda en la que ahora el hijo convive con la titular de su guarda y custodia». (29 marzo 2011, rec. 141/2008, LA LEY 9107/2011)

«Esta doctrina se ha formulado ya en la sentencia de 1 de abril de 2011, que aunque referida a la atribución del uso al hijo de una pareja no casada, es plenamente aplicable a este supuesto. Debe reiterarse, por tanto, la doctrina declarada en dicha sentencia, que es aplicable a los casos de separación/divorcio de parejas casadas. Dicha doctrina, que se repite, establece que la atribución del uso de la vivienda familiar a los hijos menores de edad es una manifestación del principio del interés del menor, que no puede ser limitada por el Juez, salvo lo establecido en el Art. 96 CC». (14 abril 2011, rec. 2176/2008, LA LEY 52203/2011. En el mismo sentido, 21 junio 2011, rec. 1766/2008, LA LEY 90854/2011)

«Que la prestación alimenticia y de habitación a favor del hijo mayor aparezca desvinculada del derecho a usar la vivienda familiar mientras sea menor de edad, se traduce en que, una vez alcanzada la mayoría de edad, la subsistencia de la necesidad de habitación del hijo no resulte factor determinante para adjudicarle el uso de aquella, puesto que dicha necesidad del mayor de edad habrá de ser satisfecha a la luz de los artículos 142 y siguientes del CC, en el entendimiento de que la decisión del hijo mayor sobre con cuál de los padres quiere convivir, no puede considerarse como si el hijo mayor de edad ostentase algún derecho de uso sobre la vivienda familiar... ...la atribución del uso de la vivienda familiar ha de hacerse al margen de lo dicho sobre los alimentos que reciba el hijo o los hijos mayores, y por tanto, única y exclusivamente a tenor, no del párrafo 1.º sino del párrafo 3.º del artículo 96 CC, según el cual "No habiendo hijos, podrá acordarse que el uso de tales bienes"». (5 septiembre 2011, rec. 1755/2008, LA LEY 189049/2011)

«Esta Sala ha decidido el caso planteado en este litigio en las SSTS 221/2011, de 1 abril, 236/2011, de 14 de abril, y 451/2011, de 21 junio. La STS 221/2011, de 1 abril, sentó la siguiente doctrina: la atribución del uso de la vivienda familiar a los hijos menores de edad es una manifestación del principio del interés del menor, que no puede ser limitada por el Juez, salvo lo establecido en el Art. 96 CC, doctrina que se ha reiterado en la STS de 236/2011, de 14 abril. Es por ello que se reproduce la doctrina de las citadas sentencias, que dice que: "El art. 96 CC establece que en defecto de acuerdo, el uso de la vivienda familiar corresponde a los hijos y al cónyuge en cuya compañía queden. Esta es una regla taxativa, que no permite interpretaciones temporales limitadoras. Incluso el pacto de los progenitores deberá ser examinado por el juez para evitar que se pueda producir este perjuicio"». (30 septiembre 2011, rec. 1819/2010, LA LEY 186204/2011)

CONCORDANCIAS

Véase arts. 103.2.º, 1.320, 1.406 y 1.407 de este Código.
Texto vigente según Ley 30/1981, 7 julio (*«B.O.E.»*, 20 julio).

Artículo 97

El cónyuge al que la separación o el divorcio produzca un desequilibrio económico en relación con la posición del otro, que implique un empeoramiento en su situación anterior en el matrimonio, tendrá derecho a una compensación que podrá consistir en una pensión temporal o por tiempo indefinido, o en una prestación única, según se determine en el convenio regulador o en la sentencia.

A falta de acuerdo de los cónyuges, el Juez, en sentencia, determinará su importe teniendo en cuenta las siguientes circunstancias:

1.ª Los acuerdos a que hubieran llegado los cónyuges.

2.ª La edad y el estado de salud.

3.ª La cualificación profesional y las probabilidades de acceso a un empleo.

4.ª La dedicación pasada y futura a la familia.

5.ª La colaboración con su trabajo en las actividades mercantiles, industriales o profesionales del otro cónyuge.

6.ª La duración del matrimonio y de la convivencia conyugal.

7.ª La pérdida eventual de un derecho de pensión.

8.ª El caudal y los medios económicos y las necesidades de uno y otro cónyuge.

9.ª Cualquier otra circunstancia relevante.

En la resolución judicial se fijarán las bases para actualizar la pensión y las garantías para su efectividad.

COMENTARIO

La presente norma prevé la situación económica en la que puede quedar uno de los cónyuges, como perjudicado, tras la sentencia de separación y divorcio (si es de nulidad, la contempla el artículo siguiente).

El concepto de perjuicio lo contempla esta norma: es el desequilibrio económico que sufre uno de los cónyuges en relación con la posición del otro, que implique un empeoramiento en su situación anterior en el matrimonio.

El cónyuge que sufre tal desequilibrio tendrá derecho a una *compensación*. Ésta puede consistir en una pensión por tiempo indefinido, una pensión temporal o una prestación única.

El tipo de compensación y la cuantía se determinan por los cónyuges en el convenio regulador o en acuerdo *ad hoc* o por el Juez en la sentencia.

Si es por acuerdo, no hay problema. A falta de acuerdo, el Juez la determinará en la sentencia. Para ello, deberá tener en cuenta ciertas circunstancias, como acuerdos entre los cónyuges, edad y estado de salud, cualificación profesional, dedicación a la familia, colaboración profesional con el otro cónyuge, duración del matrimonio, posible pérdida de un derecho de pensión, caudal y medios económicos y necesidades de uno y otro cónyuge y, en definitiva, cualquier circunstancia relevante.

Tiene interés destacar que no se trata de una pensión de alimentos, sino de una *compensación*, no alimenticia, sino debida al desequilibrio económico, que consistirá o no en una pensión y se determinará no según los criterios para la fijación de la cuantía alimenticia, aunque uno de los criterios (el de la circunstancia octava) se corresponde, como es lógico, con el criterio esencial para la fijación de aquélla.

Se impone en el último párrafo, al Juez (no se contempla para el convenio o acuerdo) que en la resolución judicial se fijen, primero, las bases para actualizar la pensión si se ha ordenado ésta (y no una prestación única), y segundo, las garantías para la efectividad de la pensión o incluso de la prestación única, si no se ha satisfecho al contado.

JURISPRUDENCIA

«La doctrina sentada por esta Sala Primera sobre la posibilidad de limitar temporalmente la pensión compensatoria se expresa en los siguientes términos, en la sentencia de 10 de febrero de 2005, Recurso de Casación 1876/2002, luego citada por la de 28 de abril de 2005: "La problemática objeto de enjuiciamiento es la consecuencia de los avatares sufridos por la figura de la pensión compensatoria (desde su introducción en el año 1.981) y la incidencia de diversos factores, sobre todo sociales —y singularmente la condición de la mujer en el matrimonio y en el acceso al mundo laboral—, que han dado lugar a un importante cambio de opinión en la doctrina científica y la práctica forense, y una notoria evolución de la jurisprudencia de las Audiencias, que, si bien en un principio se mantuvieron fieles a la opinión claramente dominante de que la pensión debía ser vitalicia, sin embargo, singularmente, a partir de los años 90, comenzaron a mostrarse favorables a la temporalización —unas veces, en circunstancias excepcionales; y otras, con mayor flexibilidad—, hasta el punto de que en la actualidad tal corriente favorable es claramente mayoritaria... ...Del precepto se deduce que la pensión compensatoria tiene una finalidad reequilibradora. Responde a un presupuesto básico: el efectivo desequilibrio económico, producido con motivo de la separación o el divorcio (no es la nulidad matrimonial), en uno de los cónyuges, que implica un empeoramiento económico en relación con la situación existente constante matrimonio. Como se afirma en la doctrina, el presupuesto esencial estriba en la desigualdad que resulta de la confrontación entre las condiciones económicas de cada uno, antes y después de la ruptura. No hay que probar la existencia de necesidad —el cónyuge más desfavorecido en la ruptura de la relación puede ser acreedor de la pensión aunque tenga medios suficientes para mantenerse por sí mismo—, pero sí ha de probarse que se ha sufrido un empeoramiento en su situación económica en relación a la que disfrutaba en el matrimonio y respecto a la posición que disfruta el otro cónyuge. Pero tampoco se trata de equiparar económicamente los patrimonios, porque no significa paridad o igualdad absoluto entre dos patrimonios... ... Por consiguiente la normativa legal no configura, con carácter necesario, la pensión como un derecho de duración indefinida —vitalicio—. Por otro lado, el contexto social permite y el sentir social apoya una solución favorable a la pensión temporal, por lo que la misma cuenta con un soporte relevante en una interpretación del art. 97 CC adecuada a la realidad social actual, prevista como elemento interpretativo de las normas en el art. 3.1 CC, con arreglo al que "se interpretarán según el sentido propio de sus palabras en relación con... ... y la realidad social del tiempo en que han de ser aplicadas, atendiendo fundamentalmente al espíritu y finalidad de aquellas"... ...De la doctrina expuesta cabe concluir, sin el menor atisbo de duda, que al amparo de la normativa vigente antes de la reforma de 2005 era también posible establecer límites temporales a la pensión compensatoria, toda vez que el silencio legal existente hasta esa fecha no debe interpretarse en el sentido de que hubiera una expresa prohibición al respecto. Ahora bien, de esa misma doctrina se desprende también que la temporalidad no es imperativa, y que su admisión exige que con ello no se resienta la función reequilibradora, condición que obliga al órgano judicial, a la hora de optar por fijar un límite temporal, a atender a las específicas circunstancias del caso». (9 octubre 2008, rec. 516/2005, LA LEY 148008/2008. En el mismo sentido, literalmente, 14 octubre 2008, rec. 726/2005, LA LEY 152130/2008, 17 octubre 2008, rec. 531/2005, LA LEY 158323/2008, 21 noviembre 2008, rec. 411/2004, LA LEY 176076/2008, 10 marzo 2009, rec. 1541/2003, LA LEY 8747/2009. Doctrina que también se reitera en 28 abril 2010, rec. 707/2006, LA LEY 49079/2010, 14 febrero 2011, rec. 523/2008, LA LEY 2161/2011, 27 junio 2011, rec. 599/2009, LA LEY 111552/2011)

«La finalidad de la pensión compensatoria no es subvenir las necesidades del cónyuge, sino compensar razonablemente el desequilibrio que la separación o el divorcio produzcan en uno de los cónyuges y así se ha dicho que el presupuesto esencial para que nazca el derecho a obtener la pensión estriba en "la desigualdad que resulta de la confrontación entre

las condiciones económicas de que gozaba cada uno antes y después de la ruptura"». (5 noviembre 2008, rec. 962/2002, LA LEY 169518/2008)

«Los criterios que esta Sala ha ido consolidando en la interpretación del artículo 97 CC son los siguientes: a) la pensión no es un mecanismo indemnizatorio (10-3) y b) la pensión compensatoria no constituye un mecanismo equilibrador de patrimonios de los cónyuges (SSTS de 10 febrero 2005, 5 noviembre 2008 y 10 marzo 2009). Se puede resumir la doctrina de esta Sala en argumentos de la sentencia de 10 febrero 2005: "La pensión compensatoria es, pues, una prestación económica a favor de un esposo y a cargo del otro tras la separación o divorcio del matrimonio, cuyo reconocimiento exige básicamente la existencia de una situación de desequilibrio o desigualdad económica entre los cónyuges o ex cónyuges, —que ha de ser apreciado al tiempo en que acontezca la ruptura de la convivencia conyugal y que debe traer causa de la misma—, y el empeoramiento del que queda con menos recursos respecto de la situación económica disfrutada durante el matrimonio. Su naturaleza compensatoria del desequilibrio la aparta de la finalidad puramente indemnizatoria (entre otras razones, porque el artículo 97 del Código Civil no contempla la culpabilidad del esposo deudor como una de las incidencias determinantes de su fijación), y del carácter estrictamente alimenticio que tendría si la prestación viniera determinada por la situación de necesidad en que se encontrara el cónyuge perceptor, lo que hace que esta Sala haya admitido la compatibilidad de la pensión alimenticia y de la compensatoria [Sentencia de 2 de diciembre de 1987 (LA LEY 53987-JF/0000): '... todo ello con independencia de la facultad de pedir alimentos si se cumplen los requisitos legales como derecho concurrente (arts. 142 y ss. CC)'].[...]"». (19 enero 2010, rec. 52/2006, LA LEY 1539/2010. Doctrina reiterada en 14 abril 2011, rec. 701/2007, LA LEY 227647/2011)

«Los alimentos y la pensión compensatoria obedecen a finalidades y causas distintas: así como los alimentos tienen como objetivo solucionar el estado de necesidad de quien los acredita, la pensión compensatoria obedece a otras razones, cuales son las de compensar el desequilibrio que pueda producirse como consecuencia de la ruptura matrimonial. De este modo, se ha reconocido que para reclamar la pensión compensatoria no se requiere la prueba de la necesidad (SSTS de 17 octubre y 21 noviembre 2008, entre otras). Es por ello que la pensión por alimentos acordada en el procedimiento de separación no puede sustituirse por una pensión compensatoria, ya que ambas instituciones obedecen a causas distintas». (9 febrero 2010, rec. 501/2006, LA LEY 1535/2010)

«La cuestión de fondo, atinente a la función que cumplen las circunstancias contempladas en el artículo 97 CC, ante la posibilidad de que se entiendan como determinantes de la existencia o no de desequilibrio y, por ende, de pensión, o simplemente como parámetros para valorar la cuantía de la pensión ya determinada, fue abordada por vez primera por esta Sala en STS de Pleno de 19 de enero de 2010, RC n.º 52/2006. Esta sentencia concluye que las circunstancias contenidas en el artículo 97.2 CC tienen una doble función: la de actuar como elementos integrantes del desequilibrio, en tanto en cuanto sea posible según la naturaleza de cada una de las circunstancias, y, una vez determinada la concurrencia del mismo, la de actuar como elementos que permitirán fijar la cuantía de la pensión. Y a tenor de dicho criterio, que acaba con la posición dispar mantenida hasta ese momento por las Audiencias Provinciales, se fija como doctrina jurisprudencial que "para determinar la existencia de desequilibrio económico generador de la pensión compensatoria debe tenerse en cuenta básicamente y entre otros parámetros, la dedicación a la familia y la colaboración con las actividades del otro cónyuge, el régimen de bienes a que ha estado sujeto el patrimonio de los cónyuges en tanto que va a compensar determinados desequilibrios y su situación anterior al matrimonio"». (4 noviembre 2010, rec. 514/2007, LA LEY 231765/2010)

«Esta Sala ha dicho reiteradamente que el desequilibrio debe computarse en el momento de la crisis matrimonial; por tanto, no es posible utilizar la media del nivel de vida a lo largo

de los años del matrimonio. 3.ª Respecto a la cantidad, también se ha dicho reiteradamente que la pensión compensatoria no es un sistema de equilibrio de patrimonios de los cónyuges, ni de los ingresos que cada uno obtenga de sus respectivos sueldos o pensiones». (3 noviembre 2011, rec. 1025/2008, LA LEY 218020/2011)

«Se ha dicho repetidamente por esta Sala que la pensión compensatoria está concebida en la ley como un medio para evitar el desequilibrio producido en uno de los cónyuges por la separación o el divorcio, pero ello no implica que sea un medio para lograr la igualación entre los cónyuges (STS 864/2010, de 19 enero, entre otras). Debe comprobarse si este desequilibrio sigue manteniéndose, o bien, en los casos en que sea aplicable el art 100 CC, si han desaparecido las circunstancias que lo motivaron y por tanto, desaparece la razón de ser de la pensión. En el presente supuesto, se ha probado la actividad laboral de la Sra. María Purificación, que mantiene un nivel de vida suficiente y adecuado y que, si bien no es igual al de su esposo, ello no significa que deba serle equiparada, ya que el principio de dignidad contenido en el art. 10 CE debe servir de argumento para justificar la independencia económica de los cónyuges una vez extinguido el matrimonio, a salvo los casos previstos en el art. 97 CC». (25 noviembre 2011, rec. 943/2010, LA LEY 228955/2011)

CONCORDANCIAS

Véase:
— arts. 98, 142 a 147, 1.344, 1.392 a 1.410 y 1.438 de este Código.
— Ley 30/1981, de 7 de julio (*«B.O.E.»*, 20 julio), por la que se modifica la regulación del matrimonio en el Código Civil y se determina el procedimiento a seguir en las causas de nulidad, separación y divorcio, Disposición Adicional 10.ª.
Texto vigente según Ley 30/1981, 7 julio (*«B.O.E.»*, 20 julio).

Artículo 98

El cónyuge de buena fe cuyo matrimonio haya sido declarado nulo tendrá derecho a una indemnización si ha existido convivencia conyugal, atendidas las circunstancias previstas en el artículo 97.

COMENTARIO

1.- En la sentencia de separación o divorcio se establece, si procede, la pensión compensatoria, que prevé el artículo anterior. Pero si la sentencia es de nulidad, no se estima aceptable una pensión en base a un matrimonio que nunca existió, aunque la apariencia se destruye en la sentencia. Por ello, este artículo prevé la indemnización, en la sentencia de nulidad y con ciertos presupuestos.

Tales presupuestos son dos: primero, que el cónyuge que la reclame sea de buena fe, es decir, no haya producido la nulidad ni conociera tal nulidad producida o no por el otro; segundo, que haya existido convivencia conyugal, por la razón de suponer que el fundamento de la indemnización es la convivencia no matrimonial, creyendo de buena fe que era matrimonial (discutible fundamento).

2.- La indemnización se fija, con el mismo criterio orientativo más que imperativo, atendiendo a las circunstancias que para la pensión compensatoria fija el artículo anterior. En todo caso, si hubiera acuerdo entre los aparentes cónyuges, prevalecería éste.

Esta indemnización forma parte, junto con el derecho que le atribuye el segundo párrafo del art. 95 (y el 1395) de la compensación económica a que tiene derecho el cónyuge de buena fe en un matrimonio que es declarado nulo. No ha de probar daño material o moral, sino que basta la concurrencia de los presupuestos. En el fondo, son expresión (no contenido intrínseco) del matrimonio putativo que prevé el art. 79.

JURISPRUDENCIA

«La indemnización que dicho artículo 98 del Código Civil reconoce no es de naturaleza alimenticia, ni tampoco se corresponde a la pensión compensatoria que refiere el precepto 97 de aquel cuerpo legal, sino que más bien se trata de en cierto sentido una equitativa reparación económica equilibradora de los amplios y variados desajustes que pueda ocasionar la nulidad de un matrimonio por la extinción de un proyecto común de vida de los esposos afectados, que no ha ido consolidándose en los años de convivencia, hasta producir su desaparición.» (10 marzo 1992, LA LEY 2345-JF/0000)

«el referido procedimiento incidental era el que correspondía a la pretensión litigiosa, la indemnización prevenida en el artículo 98 del Código Civil, ya que la misma se encuentra comprendida dentro de los títulos y libros antes indicados y no tiene asignado procedimiento especial alguno.» (23 febrero 1993, LA LEY 523-5/1993)

CONCORDANCIAS

Véase arts. 78 y 79 de este Código.
Texto vigente según Ley 30/1981, 7 julio (*«B.O.E.»,* 20 julio).

Artículo 99

En cualquier momento podrá convenirse la sustitución de la pensión fijada judicialmente conforme al artículo 97 por la constitución de una renta vitalicia, el usufructo de determinados bienes o la entrega de un capital en bienes o en dinero.

COMENTARIO

1.- El pago de una pensión puede ser gravoso para el deudor, no satisfactorio para el acreedor y con complicaciones para ambos. Este art. 99 prevé la posibilidad de eliminar la pensión, sustituyéndola por otro derecho.

Ante todo, la sustitución tan sólo es posible si hay acuerdo entre las partes, los aparentes cónyuges: *podrá convenirse*, dice el texto legal. Tiene interés de que lo dispuesto en sentencia, puede ser alterado por común acuerdo de las partes.

2.- La sustitución de la pensión se puede hacer por: primero, la constitución de una renta vitalicia, celebrando el contrato como tal; segundo, la constitución de un derecho real de usufructo sobre determinados bienes, usufructo que el Código dice que sea necesariamente vitalicio y que no puede serlo; tercero, la propiedad sobre determinados bienes; cuarto una cantidad de dinero.

CONCORDANCIAS

Véase arts. 467 a 552 y 1.802 a 1.808 de este Código.
Texto vigente según Ley 30/1981, 7 julio (*«B.O.E.»,* 20 julio).

Artículo 100

Fijada la pensión y las bases de su actualización en la sentencia de separación o de divorcio, sólo podrá ser modificada por alteraciones sustanciales en la fortuna de uno u otro cónyuge.

COMENTARIO

El art. 97, al contemplar la pensión compensatoria en las sentencias de separación y divorcio (no en la de nulidad) preveía en su último párrafo la fijación de bases para actualizarla: son las cláusulas de estabilización que evitan que el acreedor de una obligación pecuniaria se perjudique injustamente, en beneficio del deudor, por la devaluación monetaria.

Fijadas tales bases para actualizar la pensión y a pesar de ellas, todavía cabe la *modificación de la pensión* cuando se altera el básico presupuesto de la misma, que es el desequilibrio económico; es decir, si se altera la capacidad económica («fortuna» dice el texto legal) del acreedor, que la aumenta, o del deudor, que la disminuye, siempre que tal alteración sea sustancial, tal como exige esta norma.

JURISPRUDENCIA

«debiendo aplicar la Sala la doctrina actual que ha sido dictada para unificar doctrina contradictoria de las Audiencias Provinciales, en virtud de lo dispuesto en el art. 477.2,3 LEC, debe declararse que la posterior adjudicación a D.ª María Rosario de bienes gananciales en exclusiva por un valor superior a los 4 millones de euros determina la concurrencia de una alteración sustancial en su fortuna, porque a partir del momento de la adjudicación ostenta la titularidad exclusiva de los bienes adjudicados, lo que le va a permitir una gestión independiente. Por ello es también adecuado que se acuerde una pensión temporal». (24 noviembre 2011, rec. 567/2010, LA LEY 242715/2011)

CONCORDANCIAS

Véase arts. 90, 91, 146 y 147 de este Código.
Texto vigente según Ley 30/1981, 7 julio (*«B.O.E.»,* 20 julio).

Artículo 101

El derecho a la pensión se extingue por el cese de la causa que lo motivó, por contraer el acreedor nuevo matrimonio o por vivir maritalmente con otra persona.

El derecho a la pensión no se extingue por el solo hecho de la muerte del deudor. No obstante, los herederos de éste podrán solicitar del Juez la reducción o supresión de aquélla, si el caudal hereditario no pudiera satisfacer las necesidades de la deuda o afectara a sus derechos en la legítima.

COMENTARIO

1.- Son varios los artículos que contemplan la pensión compensatoria fijada en las sentencias de separación y divorcio. En éste, prevé la extinción por tres causas.

En primer lugar, por el cese de la causa que motivó la pensión lo que se refiere esencialmente a que desaparezca el desequilibrio económico, porque el deudor viene a peor fortuna o el acreedor a mejor; o bien, el caso de que se haya fijado una pensión por un tiempo determinado y haya transcurrido éste.

En segundo lugar, por contraer el acreedor nuevo matrimonio, uno de cuyos efectos personales, la ayuda y el socorro mutuos (arts. 67 y 68) hacen superflua la pensión.

En tercer lugar, por la convivencia del acreedor de la pensión con otra persona, lo que se refiere al concepto de matrimonio de hecho, no a otra relación, que ha sido recogido en modernos textos legales, como la Ley de 11 de noviembre de 1987 que reforma el C.c. en materia de adopción (disposición adicional tercera) y la Ley de Arrendamientos Urbanos de 24 noviembre 1994.

2.- Sin embargo, la muerte del deudor no extingue la pensión compensatoria, sino que se transmite a los herederos. Sí se extingue, evidentemente, por la muerte del acreedor.

Aquellos herederos deberán pagar la pensión compensatoria al acreedor. Podrá darse la extinción de la misma o, por lo menos, la resolución, si se perjudica la legítima (el Código considera superior el principio de intangibilidad de la legítima al derecho a la pensión) o no es suficiente el caudal hereditario para satisfacer la pensión (el código no considera aplicable a este caso el principio de responsabilidad *ultra vires*).

JURISPRUDENCIA

«Las condiciones que llevaron al nacimiento del derecho a la pensión compensatoria pueden cambiar a lo largo del tiempo. Cuando ello ocurra, el obligado al pago de la pensión podrá pedir que se modifique esta medida, pero para ello deberá probar que las causas que dieron lugar a su nacimiento han dejado de existir, total o parcialmente. El simple paso del tiempo no constituye una causa de extinción de la pensión, salvo que se haya pactado a plazo o bien se haya impuesto judicialmente de forma temporal». (27 octubre 2011, rec. 1022/2008, LA LEY 218016/2011)

«punto relativo a si el deudor de la pensión que ha consentido que se establezca, conociendo la concurrencia de la causa en el procedimiento de la separación, puede pedir que se extinga en el momento del divorcio. Si aplicáramos la teoría del consentimiento, esta Sala debería llegar a la misma solución que la sentencia dictada en primera instancia, por aplicación de la doctrina de los actos propios, derivada del principio de buena fe. Pero si consideramos, como esta Sala entiende, que el divorcio es una situación nueva en la que deben fijarse los efectos correspondientes, debemos concluir que, como ha efectuado la sentencia recurrida, es posible alegar la causa ya concurrente, por la característica constitutiva del divorcio. Pero esta nueva situación solo será efectiva desde la sentencia de divorcio y, por tanto, no puede ser retroactiva al momento de la demanda». (23 noviembre 2011, rec. 757/2010, LA LEY 228517/2011)

CONCORDANCIAS

Véase arts. 806 a 822, 834, 835, 855 y 945 de este Código.
Texto vigente según Ley 30/1981, 7 julio (*«B.O.E.»*, 20 julio).

CAPÍTULO X
DE LAS MEDIDAS PROVISIONALES POR DEMANDA DE NULIDAD, SEPARACIÓN Y DIVORCIO

Artículo 102

Admitida la demanda de nulidad, separación o divorcio, se producen, por ministerio de la Ley, los efectos siguientes:

1.º Los cónyuges podrán vivir separados y cesa la presunción de convivencia conyugal.

2.º Quedan revocados los consentimientos y poderes que cualquiera de los cónyuges hubiera otorgado al otro.

Asimismo, salvo pacto en contrario, cesa la posibilidad de vincular los bienes privativos del otro cónyuge en el ejercicio de la potestad doméstica.

A estos efectos, cualquiera de las partes podrá instar la oportuna anotación en el Registro Civil y, en su caso, en los de la Propiedad y Mercantil.

COMENTARIO

1.- Los artículos anteriores regulaban las medidas que, por acuerdo de las partes (convenio regulador) o por decisión judicial se imponen en las sentencias de nulidad, separación o divorcio, que son llamadas un tanto impropiamente «medidas definitivas». Los arts. 102 y 103 establecen las llamadas «medidas provisionales» que se adoptan o pueden adoptar por la admisión de la demanda de nulidad, separación o divorcio. Todas ellas tienen un carácter meramente transitorio, ya que se mantienen hasta la sentencia, en la que se adoptan las definitivas; sin embargo, en la práctica es frecuente que la sentencia ratifique las medidas provisionales y lo que empezó como provisional quede como definitivo.

El art. 102 enumera unas medidas que se imponen «por ministerio de la ley» cuando es admitida a trámite la demanda; por tanto, *ope legis*, sin necesidad de que se pida por las partes y ni siquiera que se acuerde explícitamente por el Juez y sin importar cuál de los cónyuges haya formulado la demanda o si lo ha hecho un tercero legitimado para ello.

2.- Las concretas medidas las enumera dicho artículo.

Primera, la cesación del deber de convivencia (art. 68), lo que no es imperativo, ya que el texto legal dice «podrán vivir separados», y si se plantean problemas entre los cónyuges, entrará en juego la medida segunda del artículo siguiente sobre la vivienda conyugal; cesa también la presunción de convivencia.

Segunda, quedan automáticamente revocados consentimientos y poderes que uno haya otorgado al otro; por tanto, se revoca el poder de representación y el consentimiento para actos de administración y disposición de bienes comunes; esta medida tiene la particularidad de que no es transitoria, sino totalmente definitiva tal como establece el segundo párrafo del art. 106; así, en caso de que se desista de la acción de nulidad, separación o divorcio, o se desestime la demanda o medie reconciliación, aquellos poderes y consentimientos quedaron revocados y, si quieren mantenerlos, deberán otorgar otros nuevos.

Tercera, cesación de la posibilidad de vincular bienes privativos del otro cónyuge; lo que no significa otra cosa que la extinción de la potestad doméstica (ésta no puede pensarse sin aquel carácter); cabe pacto en contrario, un tanto incomprensible en la práctica.

Por último, se prevé la publicidad de la existencia del proceso, por la anotación de la demanda en el Registro civil en todo caso y en el de la Propiedad y el Mercantil, en cuanto la demanda pueda afectar a bienes inmuebles inscritos en el primero o a derechos obrantes en el segundo.

CONCORDANCIAS

Véase arts. 69, 71, 83, 89 y 106 de este Código.
Texto vigente según Ley 30/1981, 7 julio (*«B.O.E.»,* 20 julio).

Artículo 103

Admitida la demanda, el Juez, a falta de acuerdo de ambos cónyuges aprobado judicialmente, adoptará, con audiencia de éstos, las medidas siguientes:

1.ª Determinar, en interés de los hijos, con cuál de los cónyuges han de quedar los sujetos a la patria potestad de ambos y tomar las disposiciones apropiadas de acuerdo con lo establecido en este Código y, en particular, la forma en que el cónyuge que no ejerza la guarda y custodia de los hijos podrá cumplir el deber de velar por éstos y el tiempo, modo y lugar en que podrá comunicar con ellos y tenerlos en su compañía.

Excepcionalmente, los hijos podrán ser encomendados a los abuelos, parientes u otras personas que así lo consintieren y, de no haberlos, a una institución idónea, confiriéndoseles las funciones tutelares que ejercerán bajo la autoridad del juez. Cuando exista riesgo de sustracción del menor por alguno de los cónyuges o por terceras personas podrán adoptarse las medidas necesarias y, en particular, las siguientes:

a) Prohibición de salida del territorio nacional, salvo autorización judicial previa.

b) Prohibición de expedición del pasaporte al menor o retirada del mismo si ya se hubiere expedido.

c) Sometimiento a autorización judicial previa de cualquier cambio de domicilio del menor.

2.ª Determinar, teniendo en cuenta el interés familiar más necesitado de protección, cuál de los cónyuges ha de continuar en el uso de la vivienda familiar y asimismo, previo inventario, los bienes y objetos del ajuar que continúan en ésta y los que se ha de llevar el otro cónyuge, así como también las medidas cautelares convenientes para conservar el derecho de cada uno.

3.ª Fijar la contribución de cada cónyuge a las cargas del matrimonio, incluidas si procede las *litis expensas*, establecer las bases para la actualización de cantidades y disponer las garantías, depósitos, retenciones u otras medidas cautelares convenientes, a fin de asegurar la efectividad de lo que por estos conceptos un cónyuge haya de abonar al otro.

Se considerará contribución a dichas cargas el trabajo que uno de los cónyuges dedicará a la atención de los hijos comunes sujetos a patria potestad.

4.ª Señalar, atendidas las circunstancias, los bienes gananciales o comunes que, previo inventario, se hayan de entregar a uno u otro cónyuge y las reglas que deban observar en la administración y disposición, así como en la obligatoria rendición de cuentas sobre los bienes comunes o parte de ellos que reciban y los que adquieran en lo sucesivo.

5.ª Determinar, en su caso, el régimen de administración y disposición de aquellos bienes privativos que por capitulaciones o escritura pública estuvieran especialmente afectados a las cargas del matrimonio.

COMENTARIO

1.- En las medidas provisionales propias de la admisión de la demanda de nulidad, separación o divorcio, el artículo anterior establece unas que se imponen ipso iure. Este enumera una serie que se pueden solicitar por uno o por los dos cónyuges y se corresponden, esencialmente, a las medidas llamadas definitivas previstas y desarrolladas con más detalle en los artículos anteriores.

Tales medidas se pueden solicitar o no; caso de solicitarse, puede haber acuerdo de las partes en el convenio regulador o acuerdo *ad hoc* sobre todas o algunas. A falta de acuerdo, resuelve el Juez.

2.- Tales medidas provisionales se refieren a los aspectos de la vida familiar que se ven afectados por la falta de convivencia de los cónyuges.

Primera, los *hijos comunes* menores o incapacitados: se determinará cual de los cónyuges tiene su custodia, o ejercita unilateralmente la patria potestad o se le atribuye ésta en exclusiva; a su vez, respecto al cónyuge que quede apartado de ellos, se determinará el modo de cumplir el deber de velar por ellos y el derecho de visitas. Se prevé, incluso, que los hijos queden bajo custodia de los abuelos (éstos, están incluidos aquí desde la Ley 42/2003, de 21 noviembre, de modificación del Código Civil y LEC en materia de relaciones familiares de los nietos con los abuelos), parientes u otras personas o, a falta de cualquiera de éstos, de una institución, bajo la figura de acogimiento que contempla el art. 172.

También excepcionalmente, para caso de riesgo de sustracción, se prevén unas medidas adicionales que ha introducido la Ley Orgánica 9/2002, de 10 de diciembre, de modificación de la Ley Orgánica 10/1995, de 23 de noviembre, del Código penal y del Código Civil, sobre sustracción de menores. El presupuesto de aplicación de tales medidas es el *riesgo de sustracción del menor,* sea por uno de los cónyuges entre los que se sigue el proceso de nulidad, separación o divorcio, sea por tercera persona; es un presupuesto objetivo, no basta el simple temor o sospecha subjetiva. Las concretas medidas que se prevén son las que el Juez considere *necesarias* y, *en particular:* primera: *prohibición de salida del territorio nacional, salvo autorización judicial previa;* segunda: *prohibición de expedición del pasaporte al menor o retirada del mismo si ya se hubiere expedido;* tercera: *sometimiento a autorización judicial previa de cualquier cambio de domicilio del menor*. Lo que no es clara es la concreta eficacia de las mismas: así, la sanción al menor si quebrantan la primera; la utilización del simple D.N.I. para acceder a una gran parte de países europeos, respecto a la segunda; la sanción y la persona a quien deba imponerse si el propio menor o su guardador cambia de domicilio.

Segunda, la *vivienda* y el *ajuar familiar:* es una medida de gran importancia como definitiva (art. 96) pero como provisional, es la atribución del uso u ocupación, de modo provisional a uno de los cónyuges, el *más necesitado de protección,* y manteniéndose tanto la vigencia del art. 1320, como la titularidad real o personal de uno o de los dos cónyuges, sobre la misma. Por otra parte, el cónyuge que sale de la misma, se llevará, bajo inventario, los bienes y objetos de su uso personal, levantándose asimismo inventario de los que quedan en la vivienda. Asimismo, el Juez podrá adoptar medidas cautelares respecto a la vivienda y para protección de los derechos que sobre ella tengan los cónyuges, como puede ser la anotación de la demanda y de la medida, en el Registro de la Propiedad o la notificación al arrendador de la situación.

Tercera, *cargas del matrimonio:* al persistir, todavía, el matrimonio, no cabe hablar de alimentos, pero sí de cargas, entre las que se contará el concepto amplio de *alimentos* para cónyuge e hijos que carezcan de capacidad económica. Se mantienen las *litis expensas* a los efectos de poder litigar. Se introduce como novedad la posibilidad de fijar bases de actualización. Se prevé, por último, un amplio arbitrio para medidas cautelares. Como criterio de cómputo, añade la regla de que la labor o el trabajo del hogar se considera retribución a las cargas.

Cuarta, los *bienes gananciales o comunes:* se determinará qué bienes y a qué cónyuge se atribuye su posesión, bajo inventario, y las reglas para su administración y disposición, y rendición de cuentas. No hay tal medida si el régimen es de separación o participación y en él no hay bienes comunes. No hay que olvidar que la admisión de la demanda no implica la disolución del régimen económico matrimonial, que se produce por sentencia.

Quinta, *bienes privativos:* respecto a los bienes privativos que se hallen en un régimen de gananciales o todos, en el de separación o participación, y estén afectados a las cargas del matrimonio por capitulaciones o escritura pública, se determina su régimen de administración y disposición.

JURISPRUDENCIA

«El derecho de los padres que no ejerzan la patria potestad a relacionarse con sus hijos menores está regulado en el artículo 160 del Código Civil (el 92, que ha sido el invocado por la recurrente, hace lo propio al contemplar uno de los efectos comunes a la nulidad, separación y divorcio). Establece el artículo 9.3 de la Convención sobre los derechos del niño, de 20 de noviembre de 1989 (ratificado el 30 de noviembre de 1990, BOE de 31 de diciembre de 1990) que los Estados partes respetarán el derecho del niño que esté separado de uno o de los dos padres a mantener relaciones personales y contacto directo con ambos de modo regular, salvo si ello es contrario a su interés superior. Como recuerda la Sentencia de 17 de septiembre de 1996, el interés del menor constituye principio inspirador de todo lo relacionado con él y vincula al Juzgador, a todos los poderes públicos e, incluso, a los padres y ciudadanos, de manera que han de adoptarse aquellas medidas que sean más adecuadas a su edad y circunstancias, para ir construyendo progresivamente el control acerca de su situación personal y proyección de futuro, evitando siempre que pueda ser manipulado y buscando, por el contrario, su formación integral y su integración familiar y social». (12 julio 2004)

«Las medidas que pueden acordarse previa petición de los cónyuges y, en su defecto, por el Juez, que son las contenidas en el artículo 103 CC, estableciendo el artículo 104 CC que "el cónyuge que se proponga demandar la nulidad, separación o divorcio de su matrimonio puede solicitar los efectos y medidas a que se refieren los dos artículos anteriores". Entre estas, el artículo 103.4 CC permite al Juez "señalar atendidas las circunstancias, los bienes gananciales o comunes que, previo inventario, se hayan de entregar a uno u otro cónyuge y las reglas que se han de observar en la administración y disposición, así como en la obligatoria rendición de cuentas sobre los bienes comunes o parte de ellos que se reciban y los que adquieran en lo sucesivo". Por tanto, esta regla no determina la extinción del régimen de gananciales, sino que lo que en realidad señala es su continuación, a pesar de la interpo-

sición de una demanda de separación y está destinada a proteger los intereses del cónyuge que no tenga la administración de estos bienes, pero no más». (27 febrero 2007, LA LEY 6581/2007)

CONCORDANCIAS

Véanse:

— arts. 90, 92, 97.4.º, 154, 159, 160, 172, 215 a 285, 1318 a 1320, 1375 a 1391, 1412, 1413, 1437 a 1441 y 1443 de este Código.

Modificado por Ley Orgánica 9/2002, de 10 diciembre, de modificación del Código Penal y del Código Civil sobre sustracción de menores.

Modificado por Ley 42/2003, de 21 noviembre, de modificación del Código Civil en materia de relaciones familiares de los nietos con los abuelos.

Modificado por Ley 15/2005, de 8 julio, por la que se modifican el Código Civil y Ley de Enjuiciamiento Civil en materia de separación y divorcio.

Artículo 104

El cónyuge que se proponga demandar la nulidad, separación o divorcio de su matrimonio puede solicitar los efectos y medidas a que se refieren los dos artículos anteriores.

Estos efectos y medidas sólo subsistirán si, dentro de los treinta días siguientes a contar desde que fueron inicialmente adoptados, se presenta la demanda ante el Juez o Tribunal competente.

COMENTARIO

1.- Los artículos precedentes prevén medidas que recaen (art. 102) o pueden recaer (art. 103) como provisionales cuando es admitida a trámite la demanda de nulidad, separación o divorcio. Los anteriores a éstos prevén las medidas definitivas que se dictan en la sentencia. Este art. 104 lo que prevé es unas medidas previas a la interposición de la demanda, que puede solicitar el cónyuge que tenga intención de formularla y al objeto, en principio, de salvaguardar su dignidad ante la tensión que puede producir la demanda o que ya existe en los momentos precedentes a ésta.

2.- Tales medidas son las mismas que se tomaban o se podían tomar por la admisión de la demanda. Sin embargo, en éstas, como medidas previas, no se da ninguna con carácter automático o *ipso iure*, sino que todas o algunas se solicitan por el cónyuge y se acuerdan por el Juez, tanto las que enumera el art. 102 como las del 103.

3.- El plazo de caducidad es muy breve, son treinta días. Si en este plazo no se presenta la demanda de nulidad, separación o divorcio, quedan caducadas y, por tanto, sin efecto, automáticamente, desde el trigésimo primer día. Si se presenta la demanda, «subsisten» pero en el sentido de que no caducan a los treinta días, pero en la admisión de la demanda se sustituyen por las medidas provisionales o bien, se pueden mantener aquellas medidas previas como provisionales o bien, incluso, como tales, pueden ser denegadas por el Juez. En todo caso, pues, como medidas previas caducan a los treinta días, sin demanda o con la admisión de ésta, si la hay, aunque en este último caso pueden sustituirse por provisionales o convertirse en provisionales.

JURISPRUDENCIA

(Véase la sentencia de 27 febrero 2007 que se menciona en el artículo anterior)

CONCORDANCIAS

Texto vigente según Ley 30/1981, 7 julio (*«B.O.E.»*, 20 julio). Anterior texto según Ley 24 abril 1958 (*«B.O.E.»*, 25 abril).

Artículo 105

No incumple el deber de convivencia el cónyuge que sale del domicilio conyugal por una causa razonable y en el plazo de treinta días presenta la demanda o solicitud a que refieren los artículos anteriores.

COMENTARIO

1.- Como medida asimilable a la previa, aunque no idéntica, y como previsión a un futuro inmediato en el que sea preciso preservar la dignidad de un cónyuge, y asegurar su libertad, se permite o legaliza el abandono del hogar familiar, en el sentido de que no incumple el deber de convivencia a los efectos civiles (causa de separación) y penales (delito de abandono de familia).

2.- Requiere, para ello, dos presupuestos. Uno, previo, que concurra una causa razonable, lo que tiene un significado más amplio y flexible que causa legal de nulidad, separación o divorcio. Otro, posterior, que en treinta días presente, o bien la solicitud de medidas previas propiamente dichas, del art. 104, o bien la demanda de nulidad, separación o divorcio.

CONCORDANCIAS

Véase art. 68 de este Código.
Texto vigente según Ley 30/1981, 7 julio (*«B.O.E.»*, 20 julio). Anterior texto según Ley 24 abril 1958 (*«B.O.E.»*, 25 abril).

Artículo 106

Los efectos y medidas previstos en este capítulo terminan, en todo caso, cuando sean sustituidos por los de la sentencia estimatoria o se ponga fin al procedimiento de otro modo.

La revocación de consentimientos y poderes se entiende definitiva.

COMENTARIO

1.- Se establece la extinción de las medidas provisionales (arts. 102 y 103) o de las previas mantenidas como provisionales (art. 104), es decir, de las que se toman por la admisión de la demanda.

Se extinguen cuando se dicta sentencia estimatoria de la demanda de nulidad, separación o divorcio. Y se extinguen porque quedan necesariamente, por imperativo legal (arts. 90 y ss.) sustituidas por las medidas llamadas definitivas que se establecen en sentencia. La cual puede ratificar las provisionales expresa o fácticamente, si nada dice sobre ellas y se mantienen las mismas circunstancias fácticas.

Si la sentencia es desestimatoria se extinguen sin más, reanudándose la eficacia normal del matrimonio.

Si se pone fin al procedimiento *de otro modo*, como dice el texto legal, las medidas se extinguen también. Lo cual puede ocurrir por varios motivos: por muerte de uno de los cónyuges, que terminan el ejercicio de la acción, que tienen carácter personalísimo; o por renuncia, o desistimiento o por la reconciliación, casos en que reaparece la eficacia normal del matrimonio.

2.- Una excepción se produce en todos los supuestos de extinción de las medidas provisionales. La admisión de la demanda provoca la revocación del poder de representación que un cónyuge hubiera otorgado al otro o del consentimiento para administrar o disponer bienes comunes; tal revocación tienen carácter de definitiva. En consecuencia, si tales medidas se extinguen, aquella revocación no queda sin efecto. Los poderes o consentimiento fueron revocados y revocados ya están definitivamente. Por tanto, si hay reconciliación, o desistimiento, o renuncia, o sentencia desestimatoria y los cónyuges reanudan la eficacia matrimonial, si quieren, deberán otorgar nuevo poder de representación o dar nuevo consentimiento para administrar o disponer, pero aquél que había sido revocado, no subsistirá más. Si se dicta sentencia estimatoria, no precisará ninguna referencia a tales poderes o consentimientos porque ya quedaron revocados.

JURISPRUDENCIA

«no significa que las medidas provisionales cesen con la terminación del proceso, en el sentido de terminar con el derecho a la percepción de alimentos, sino que una interpretación muy extendida en la práctica, hace permanecer estas medidas, hasta que se modifiquen por otras nuevas, mientras subsista su razón de ser y esta interpretación, ha sido consagrada en el art. 106 del vigente Código Civil.» (10 noviembre 1987, LA LEY 110015-NS/0000).

CONCORDANCIAS

Texto vigente según Ley 30/1981, 7 julio (*«B.O.E.»*, 20 julio). Anterior texto según Ley 24 abril 1958 (*«B.O.E.»*, 25 abril).

CAPÍTULO XI
LEY APLICABLE A LA NULIDAD, LA SEPARACIÓN Y EL DIVORCIO

Artículo 107

1. La nulidad del matrimonio y sus efectos se determinarán de conformidad con la ley aplicable a su celebración.

2. La separación y el divorcio se regirán por la ley nacional común de los cónyuges en el momento de la presentación de la demanda; a falta de nacionalidad común, por la ley de la residencia habitual común del matrimonio en dicho momento y, en defecto de ésta, por la ley de la última residencia habitual común del matrimonio si uno de los cónyuges aún reside habitualmente en dicho Estado.

En todo caso, se aplicará la ley española cuando uno de los cónyuges sea español o resida habitualmente en España:

a) Si no resultara aplicable ninguna de las leyes anteriormente mencionadas.

b) Si en la demanda presentada ante tribunal español la separación o el divorcio se pide por ambos cónyuges o por uno con el consentimiento del otro.

c) Si las leyes indicadas en el párrafo primero de este apartado no reconocieran la separación o el divorcio o lo hicieran de forma discriminatoria o contraria al orden público.

COMENTARIO

1.- El último de los artículos del título IV dedicado al matrimonio, es una norma de Derecho internacional privado que se halla bajo la rúbrica «Ley aplicable a la nulidad, la separación y el divorcio», rúbrica y texto legal redactados por la Ley Orgánica 11/2003, de 29 de septiembre, de medidas concretas en materia de seguridad ciudadana, violencia doméstica e integración social de los extranjeros, ley que sólo en un sentido muy parcial modifica el Código Civil, «para (dice la Exposición de motivos) solventar los problemas que encuentran ciertas mujeres extranjeras, fundamentalmente de origen musulmán, que solicitan la separación o el divorcio».

2.- La nulidad se rige por la ley aplicable al matrimonio en el momento de su celebración.

La separación y el divorcio tienen prevista su ley aplicable, como norma de Derecho internacional privado, con criterios de subsidiariedad: primero, ley nacional común; segundo, ley del domicilio conyugal, si uno de los cónyuges reside en España. Lo que tiene trascendencia es la siguiente norma, que «en todo caso, se aplicará la ley española», si uno de los cónyuges es «español o reside habitualmente en España» (esto último es lo más trascendente): primero, si no se puede aplicar ninguno de estos criterios; segundo, si la separación o divorcio se solicita de común acuerdo; tercero, si la ley aplicable según los criterios expuestos no admiten la separación o divorcio o lo hacen en forma discriminatoria o contraria al orden público. Es decir, en la práctica, aquellas legislaciones (como la musulmana, que se menciona en la exposición de motivos) que prevén el repudio por el esposo y niegan la posibilidad de pedir la separación o divorcio a la mujer, no podrán aplicarse en España, sino que, presentada la demanda ante un juez español, éste aplicará nuestro Código civil.

CONCORDANCIAS

Véase:
— art. 9.2 de este Código.
— Ley Enjuiciamiento Civil de 1881: arts. 951 a 958.
Texto vigente según Ley Orgánica 11/2003, 29 septiembre (*«B.O.E.»,* 30 septiembre).

TÍTULO V
De la paternidad y filiación

CAPÍTULO PRIMERO
DE LA FILIACIÓN Y SUS EFECTOS

Artículo 108

La filiación puede tener lugar por naturaleza y por adopción. La filiación por naturaleza puede ser matrimonial y no matrimonial. Es matrimonial cuando el padre y la madre están casados entre sí.

La filiación matrimonial y la no matrimonial, así como la adoptiva, surten los mismos efectos, conforme a las disposiciones de este Código.

COMENTARIO

1.- El presente art. 108 es el primero del título destinado a la filiación. No la define, ni tiene una ley que definir las instituciones; da su clasificación y proclama el principio de igualdad. La filiación es la relación biológica entre los padres y los hijos que han generado, y también jurídica, al ser reconocida y aceptada por el Derecho.

La filiación es, en principio, una relación biológica y jurídica: al vínculo de sangre se une la relación jurídica (caso normal del matrimonio que tiene un hijo, o la pareja no casada que reconoce al hijo que han tenido, que es de la madre y del padre); puede darse la relación biológica pero no jurídica (caso del hombre o la mujer que tienen un hijo extramatrimonial, al que no reconocen); y puede darse la relación jurídica que no sea biológica (caso del matrimonio que tiene un hijo pero no ha sido generado por el marido; caso del reconocimiento de complacencia).

2.- Clasifica este artículo la filiación en dos tipos; por naturaleza y por adopción. Por naturaleza la subdivide en matrimonial y extramatrimonial.

La filiación matrimonial es la procedente de padres que están casados entre sí. El matrimonio debe existir en el momento del nacimiento, sin importar que existiera al tiempo de la concepción; incluso puede ser posterior al nacimiento y «matrimonializa» al hijo nacido antes. La maternidad de la mujer casada no plantea problemas. La paternidad del hombre casado con la anterior se determina, en principio, por el juego de las presunciones de los arts. 116 y ss.

La filiación extramatrimonial es la procedente de padres que no han contraído matrimonio entre sí. No se determina nunca por la ley, sino por voluntad de los padres o de uno solo de ellos o por resolución judicial (art. 120).

La filiación adoptiva es una relación jurídica, no biológica; procede de un acto de autoridad (resolución judicial) que constituye dicha filiación entre adoptante y adoptado.

3.- La filiación da lugar a uno de los estados civiles; *status filii*, condición de hijo, en sus diferentes clases, aunque en la legislación actual tenga el mismo tratamiento jurídico; por ello ya no cabe hablar de estado civil de hijo matrimonial o extramatrimonial o adoptivo, sino simplemente de un único estado civil, el *status filii.*

La Constitución, en sus arts. 14 y 39, proclama el principio de igualdad de las personas, haciendo abstracción del tipo de filiación. Y como consecuencia del principio constitucional, este art. 108, segundo párrafo, declara que los distintos tipos de filiación «surten los mismos efectos».

JURISPRUDENCIA

Principio de igualdad:

«con la promulgación de la Constitución, quedaron iguales ante la ley los hijos matrimoniales, antes llamados legítimos; los extramatrimoniales, que si eran ilegítimos no tenían otro derecho que el de alimentos, a tenor del artículo 139, y, por tanto, este derecho se extinguía con la muerte del alimentante; y los entonces llamados naturales, que sólo en los supuestos del artículo 137, podían reclamar su filiación tras la muerte del padre. El régimen de la filiación en el Código Civil fue modificado por la Constitución. Para adaptar el Código a la Norma Suprema, se promulgó la Ley 11 de 13 de mayo de 1981 y su disposición transitoria séptima establece que las nuevas acciones de filiación que se otorgan a todos los hijos, sin excepción, se aplicarán a partir de la entrada en vigor de esta Ley. De su texto, surgió la duda sobre el régimen de filiación aplicable al período intermedio entre la vigencia de la Constitución y la Ley de 1981, duda que se disipó ya en la sentencia del Tribunal Constitucional de 20 de diciembre de 1982, que entendió que la Disposición Derogatoria Tercera, dio fin al régimen desigual del Código Civil, de acuerdo con los artículos de la Constitución (artículos 14 y 39)». (28 julio 1995, LA LEY 14692/1995)

«la Constitución afectó al régimen de la filiación del Código civil al suprimir la diferencia jurídica entre los hijos por razón de su nacimiento, al prohibir toda discriminación entre ellos (art. 14). Es evidente que no puede hablarse entonces de «situaciones consolidadas» a fin de mantener a los hijos ilegítimos en esta categoría durante toda su vida, por el hecho de que su progenitor hubiese fallecido antes de la entrada en vigor de la Constitución. Por el contrario, desde ese momento, y por virtud de su Disposición Derogatoria 3.ª, no podían sufrir ninguna discriminación en sus derechos frente a los hijos matrimoniales, han salido, en otras palabras, de la situación lamentable en que los colocaban unas arcaicas concepciones sociales sobre las que se basaban los viejos preceptos del Código Civil». (19 mayo 1997, LA LEY 6972/1997)

«En tal momento, la legislación vigente es el CC reformado por imperativo de la Constitución de 1978. Así, el art. 14 consagra el principio de igualdad ante la ley, no permitiendo discriminación por razón de nacimiento, lo que reitera el art. 39 al declarar la protección integral de los hijos, iguales éstos ante la ley con independencia de su filiación y recoge el segundo párrafo del art. 108 del CC: la filiación matrimonial y la no matrimonial, así como la adoptiva, surten los mismos efectos. No debe, pues, hacerse discriminación contra un hijo adoptivo y así lo entendió esta Sala que, en S 6 Feb. 1997, negó la revocación de donación por supervivencia de hijos, por razón de que el donante ya tenía un hijo, que era adoptivo.» (28 junio 2002, LA LEY 6190/2002).

«Pocas dudas pueden, en consecuencia, abrigarse, sobre la interpretación que debe darse al concepto de "hijos o descendientes legítimos" que se emplea en la disposición testa-

mentaria controvertida para evitar las consecuencias de una interpretación discriminatoria por razón de filiación que, a falta de una determinación expresa, no puede considerarse que constituya la verdadera intención de testador y por ello adquiere relevancia en relación con el derecho constitucional de igualdad. Al no haberlo entendido así la sentencia de instancia —que mantiene el criterio de atenerse a una interpretación de la expresión utilizada por el testador, con el valor jurídico restrictivo que tenía en el momento en que fue emitida, al margen de las concepciones sociales y de su evolución y, con ello, de la intención presunta del testador— no se atiene a esta interpretación y, por ende, incurre en las infracciones legales que se le reprochan ... A partir de la modificación legislativa del régimen de filiación, entre otras consecuencias, la jurisprudencia ha sido constante en la equiparación de las referencias genéricas a los hijos o descendientes legítimos efectuadas en actos o contratos de disposición gratuita inter vivos o mortis causa *o con efectos sucesorios como comprensivas de los hijos adoptivos, con la importante distinción de fundarse en la necesidad de evitar la vulneración de principio de igualdad en la aplicación de la ley, cuando la referencia se contiene en un texto legal, o en el hallazgo de la intención presunta del testador o donante, cuando se trata de una disposición testamentaria o de liberalidad: a) La STS de 6 de febrero de 1997 parte de la absoluta equiparación de los hijos adoptivos a los que no tienen esta condición a efectos de la revocación de las donaciones por supervivencia de hijos afirmando que, fundada esta revocabilidad de la donación en el interés de la familia del donante, este concepto antes de la Constitución era muy restringido y alcanzaba a muy poco más de la familia legítima; desde la vigencia de la Constitución y tras la consecuente reforma del Código Civil por Ley 11/1981, de 13 mayo, el concepto de familia incluye a todos los hijos, sin discriminación por razón de su filiación, incluyendo los adoptivos sin posibilidad de distinción o discriminación. b) La STS de 22 de junio de 2002, en un supuesto que guarda gran similitud con el aquí examinado, ante el concepto de "descendientes legítimos", utilizado para definir a los fideicomisarios en una sustitución fideicomisaria condicional, considera que no puede aplicarse al concepto de descendientes legítimos la interpretación literal que resulta del texto de la donación, sino la interpretación que debe darse al concepto de hijo, en el año en que debe aplicarse, 1990, en que se cumple la condición y se purifica la sustitución fideicomisaria».* (29 septiembre 2006, LA LEY 110172/2006)

CONCORDANCIAS

Véase:
— arts. 172 a 180 de este Código.
— Constitución Española: arts. 14 y 39.
— Ley 14/2006, de 26 mayo, sobre técnicas de reproducción humana asistida («*B.O.E.*», 27 mayo).
Artículo redactado por LO 1/1996, 15 enero, de Protección Jurídica del Menor.

Artículo 109

La filiación determina los apellidos con arreglo a lo dispuesto en la Ley.

Si la filiación está determinada por ambas líneas, el padre y la madre de común acuerdo podrán decidir el orden de transmisión de su respectivo primer apellido antes de la inscripción registral. Si no se ejercita esta opción, regirá lo dispuesto en la ley.

El orden de apellidos inscrito para el mayor de los hijos regirá en las inscripciones de nacimiento posteriores de sus hermanos del mismo vínculo.

El hijo, al alcanzar la mayor edad, podrá solicitar que se altere el orden de los apellidos.

COMENTARIO

1. La filiación determina los apellidos de la persona, que corresponden al derecho de la personalidad de ésta, derecho a la identidad personal. El Código Civil se remite a la legislación del Registro civil.

Cuando la filiación está determinada y es matrimonial, el apellido primero es el primero del padre y el apellido segundo, el primero de la madre. Si es extramatrimonial, lo mismo, si están determinados el padre y la madre; si está determinado solamente el padre, son los dos apellidos de éste por el mismo orden; si está determinada sólo la madre, serán los apellidos de ésta por el mismo orden o, a su solicitud se invierte el orden. Si la filiación no está determinada, el Encargado del Registro civil impone unos apellidos, a efectos de identificación, de uso corriente, estando prohibido el de «Expósito» u otro que indique su origen.

Sin embargo, según una modificación de este artículo por Ley de 5 de noviembre de 1999, los padres —si la filiación de ambos está determinada— pueden decidir de común acuerdo un orden distinto de los apellidos. En todo caso, el orden de los apellidos que tenga el hijo mayor deberá ser seguido por los restantes hijos, para evitar que hermanos tengan distintos apellidos.

2. Los apellidos pueden ser cambiados. En primer lugar, si la filiación se determina en un momento posterior al nacimiento (por un reconocimiento, por acción de filiación, por adopción) se impondrán los apellidos que correspondan a la misma.

En segundo lugar, el cambio de apellidos por expediente gubernativo, según la legislación del Registro Civil.

Y, en tercer lugar, una posibilidad de cambio de apellidos que recoge el propio Código Civil y es una novedad que introdujo la Ley de 13 de mayo de 1981. El propio interesado, el hijo, al llegar a la mayoría de edad, puede solicitar mediante declaración ante el Encargado del Registro Civil, que se invierta el orden de sus apellidos y así queda, en caso más normal, como su primero, el primero de la madre y como segundo el primero del padre; o bien, simplemente, que se invierta el orden de los que tenía por filiación extramatrimonial o desconocida. No se establece plazo para el ejercicio de esta facultad: así, en cualquier momento puede alterar el orden de sus apellidos, a partir de que llegue a la mayoría de edad; lo que no puede es volver a hacerlo más tarde, recuperando el orden primitivo.

3. Una excepción a los apellidos se halla en el art. 111.

CONCORDANCIAS

Véase:
— Ley del Registro Civil, de 8 junio 1957 («*B.O.E.*», 10 junio): arts. 53 a 62.
— Reglamento del Registro Civil, de 14 noviembre 1958 («*B.O.E.*», 11 diciembre): arts. 192 y ss.
Texto vigente según Ley 40/1999, 5 noviembre («*B.O.E.*», 6 noviembre). Anterior texto según Ley 11/1981, 13 mayo («*B.O.E.*», 19 mayo).

Artículo 110

El padre y la madre, aunque no ostenten la patria potestad, están obligados a velar por los hijos menores y a prestarles alimentos.

COMENTARIO

1.- El art. 39 de la Constitución proclama la protección integral de los hijos y el deber de los padres de prestarles «asistencia de todo orden», concepto vago, impreciso, pero muy amplio. Como reflejo de esta norma constitucional, este art. 110 impone a los padres respecto a los hijos menores, tanto si se integra en la patria potestad como si carecen de ella, primero, el deber de alimentos, en el sentido más amplio que prevén los arts. 142 y ss. y, segundo, el deber de velar por ellos, en un sentido aún más amplio, que comprende los aspectos físicos de la persona (que comprende los alimentos) y morales.

2.- Tanto si no hay patria potestad, como si se aplica la norma sancionadora del art. 111 se mantiene para los padres este deber de alimentos y de velar por los hijos menores.

JURISPRUDENCIA

«esta Sala, a raíz de la Sentencia de 5 de octubre de 1993 , partiendo de que la propia norma constitucional (artículo 39.2) "distingue entre la asistencia debida a los hijos 'durante su minoría de edad y en los demás casos que legalmente proceda'", ha seguido el criterio de considerar que el tratamiento jurídico de los alimentos del hijo menor de edad "presenta una marcada preferencia" respecto al régimen regulador de los alimentos entre parientes (Título VI del Libro Primero del Código Civil) aunque también ha dicho que ello no conlleva que se tenga que descartar de modo absoluto la aplicación de las normas de este último a los menores. Tal preferencia encuentra justificación en que la obligación de dar sustento a los hijos menores es un deber incardinado en la patria potestad, derivado de la relación paterno-filial (artículo 110 del Código Civil), resultando de ello que la prestación alimenticia a los hijos menores no ha de verse afectada "por las limitaciones propias del régimen legal de alimentos entre parientes que, en lo que se refiere a los hijos, constituye una normativa en gran parte sólo adecuada al caso de los hijos mayores de edad o emancipados". La consecuencia de lo anterior no puede ser otra que la subsistencia de la obligación de prestar alimentos a hijos menores de manera incondicional aún en el caso de que el hijo tenga sus necesidades cubiertas por sus propios medios, y así debe entenderse la doctrina que se dice vulnerada, que descarta que las limitaciones propias del régimen legal de alimentos entre parientes —entre las que se encuentran sin duda las causas de cesación de la prestación alimenticia previstas en el artículo 152 C.C.— sean causa de cesación de la prestación debida al hijo menor, precisamente por derivar el derecho del menor directamente del hecho de la generación». (24 octubre 2008, rec. 2698/2004, LA LEY 158334/2008)

CONCORDANCIAS

Véase:
— arts. 92, 93, 103.1.º, 111, 142, 143, 154, 169, 170, 178 y 1.362 de este Código.
— Constitución Española: art. 39.3.
Texto vigente según Ley 11/1981, 13 mayo (*«B.O.E.»,* 19 mayo).

Artículo 111

Quedará excluido de la patria potestad y demás funciones tuitivas y no ostentará derechos por ministerio de la Ley respecto del hijo o de sus descendientes, o en sus herencias, el progenitor:

1.º Cuando haya sido condenado a causa de las relaciones a que obedezca la generación, según sentencia penal firme.

2.º Cuando la filiación haya sido judicialmente determinada contra su oposición.

En ambos supuestos el hijo no ostentará el apellido del progenitor en cuestión más que si lo solicita él mismo o su representante legal.

Dejarán de producir efecto estas restricciones por determinación del representante legal del hijo aprobada judicialmente, o por voluntad del propio hijo una vez alcanzada la plena capacidad.

Quedarán siempre a salvo las obligaciones de velar por los hijos y prestarles alimentos.

COMENTARIO

1.- Este artículo prevé unos supuestos de sanción legal por conducta del padre o madre relativa a la filiación, que excluye una serie de efectos de la misma, relativos a los derechos del padre o madre, no a los deberes ni a los derechos de los hijos.

Los presupuestos de dicha sanción legal son: haber sido condenado en sentencia penal por delito que haya producido precisamente este hijo (ejemplo más típico: haber sido condenado por violación, de la que nace un hijo) o haber sido declarada la filiación en sentencia civil tras un proceso en que se opuso a la demanda (el texto legal dice «contra su oposición»; debe decir: «con su oposición»). En síntesis, se puede decir que los casos de exclusión representan una sanción a la conducta del padre o madre y, al tiempo, una desconfianza hacia la futura conducta del mismo. Son consecuencia de la imposición de la paternidad *sin* su voluntad, por condena penal, o *contra* su voluntad, por sentencia civil con su oposición.

2.- Los efectos que lleva consigo la sanción legal son: privación de la patria potestad «y demás funciones tuitivas» (como pudiera ser una posible tutela, curatela o el nombramiento de defensor judicial); eliminación de todo derecho que por ley pudiera tener sobre la persona, los bienes o la herencia (forzosa o intestada, no en la testada) del hijo; no imposición a éste de su apellido o apellidos.

La privación de estos derechos no elimina el deber del padre o madre a quien afecta la sanción legal de cumplir los deberes a que se refiere el artículo anterior: deber de alimentos y de velar por los hijos.

La sanción legal puede quedar sin efecto si así lo decide el propio hijo a quien afecta, que tenga plena capacidad de obrar (mayor de edad, no incapacitado) o si carece de ella, su representante legal pero, en este caso, precisa aprobación judicial. En especial, este artículo prevé que tanto el hijo como su representante pueden levantar la sanción legal de que no ostente el apellido o apellidos del padre/madre a quien afecta la prohibición.

JURISPRUDENCIA

«En principio, cuando está determinada legalmente la filiación paterna y materna, el hijo tiene como primer apellido el primero del padre y como segundo el primero de los apellidos de la madre. Ahora bien, esa regla tiene una excepción cuando la filiación paterna ha sido judicialmente determinada contra la oposición del progenitor, es este caso, como el de la sentencia penal firme en que el hijo no ostentará el apellido del progenitor en cuestión más que si lo solicita él mismo o su representante legal. (Resolución de la Dirección General de los Registros y del Notariado de 5 de octubre de 1996). Excluir de la patria potestad a quien no la ejerció por no ser padre declarado del menor, no equivale a privarle de la patria potes-

tad, concepto que comporta haberla ejercitado incurriendo en causa suficiente. La exclusión del ejercicio de la patria potestad se impone por ministerio de la ley no por sentencia y se produce cuando el padre biológico no acepta su paternidad (Sentencia del Tribunal Supremo de 2 de Febrero de 1999)». (24 junio 2004, rec. 2573/1998)

«Junto a la privación de la patria potestad fundada en el incumplimiento de los deberes inherentes a la misma (art. 170 del Código Civil), el art. 111.2 de este texto legal excluye de la patria potestad del progenitor cuando la filiación ha sido judicialmente determinada contra su oposición, exclusión que, como dice la sentencia de 2 de febrero de 1999, se impone por ministerio de la ley, no por sentencia, y que "se produce —dice esta sentencia— cuando el padre biológico no acepta su paternidad, no busca salir de dudas extrajudicialmente, y demandado no se allana a la pretensión, bien que, como no podrá ser de otro modo, acepta la decisión judicial tras seguir el proceso", matizando la sentencia de 10 de julio de 2001 que "esta liberación así impuesta sólo puede darse cuando a la determinación de la filiación se haya producido oposición del progenitor, oposición que ha de ser frente a lo que es evidente y al final resulta demostrado y ha de ser firme, sin poder identificarla con el derecho de defensa que a nadie puede negarse dentro de unos parámetros fundados seriamente». (7 julio 2004, rec. 3344/1998). Doctrina que se reproduce en la sentencia de 12 noviembre 2008, rec. 813/2005 (LA LEY 169533/2008)

CONCORDANCIAS

Véase arts. 110, 113, 115, 120 y 170 de este Código.
Texto vigente según Ley 11/1981, 13 mayo (*«B.O.E.»,* 19 mayo).

CAPÍTULO II
DE LA DETERMINACIÓN Y PRUEBA DE LA FILIACIÓN

SECCIÓN PRIMERA
Disposiciones generales

Artículo 112

La filiación produce sus efectos desde que tiene lugar. Su determinación legal tiene efectos retroactivos siempre que la retroactividad sea compatible con la naturaleza de aquéllos y la Ley no dispusiere lo contrario.

En todo caso, conservarán su validez los actos otorgados, en nombre del hijo menor o incapaz, por su representante legal, antes de que la filiación hubiere sido determinada.

COMENTARIO

1.- Al comentar el art. 108, el primero de los relativos a la filiación, se ha destacado que ésta es una relación biológica y jurídica y que al vínculo de sangre se une una relación jurídica. Determinada la filiación jurídicamente, sus efectos jurídicos se producen desde que tuvo lugar física, biológicamente. Este es el sentido del primer inciso de este art. 112: la filiación produce sus efectos jurídicos desde el nacimiento. Consecuencia de ello es la retroactividad de todos los efectos en los casos en que la filiación es determinada con posterioridad al nacimiento. Es decir, destaca la naturaleza declarativa, no constitutiva, de la determinación de la filiación, a que se refieren los artículos siguientes y, esencialmente, los arts. 115 relativo a la filiación matrimonial y el 120 relativo a la extramatrimonial.

2.- Sin embargo, esta retroactividad tiene su límite en la naturaleza de los efectos, que pueden ser de imposible retroactividad (así efectos ya producidos y consumados) o que ésta esté excluida por la ley (así, disposiciones transitorias 7 y 8 de la Ley 11/1981, de 13 mayo).

3.- También como excepción a la retroactividad, el segundo párrafo mantiene la validez de los actos o negocios jurídicos que el que aparecía como representante legal (así, el padre/madre que ejercía la patria potestad) realizó en nombre del hijo menor de edad o incapacitado, antes de que se determinase su filiación.

Por tanto, el padre o madre actúa como titular de la patria potestad (es el caso más típico) y más tarde, se determina la filiación declarándose que el padre o madre o los dos son otras personas. Si se aplicara la retroactividad plenamente, los actos del que se ha declarado que no era padre/madre ni, por tanto, tenía la patria potestad, serían inválidos. Pero expresamente se mantiene su validez.

«Es ineficaz por incurrir directamente en el supuesto que prevé el artículo 113, párrafo segundo, del Código civil al disponer que no será eficaz la determinación de una filiación en tanto resulte acreditada otra contradictoria; no cabe reconocer a una persona que tiene legalmente un status filii incompatible con el reconocimiento que se pretende hacer; el reconocimiento sólo es posible si previamente se impugna la filiación contradictoria y se deja judicialmente sin efecto. La niña —ahora mayor de edad— es hija matrimonial y así consta en el Registro Civil, sin que judicialmente se haya dejado sin efecto tal filiación: por ello, el reconocimiento es ineficaz». (22 junio 2006, rec. 4275/2000).

CONCORDANCIAS

Véase:
— art. 180.4.
— Ley 11/1981, de 13 de mayo, de modificación del Código Civil en materia de filiación, patria potestad y régimen económico del matrimonio («*B.O.E.*», 19 mayo), Disposiciones Transitorias 1.ª a 11.ª.
Texto vigente según Ley 11/1981, 13 mayo («*B.O.E.*», 19 mayo).

Artículo 113

La filiación se acredita por la inscripción en el Registro Civil, por el documento o sentencia que la determina legalmente, por la presunción de paternidad matrimonial y, a falta de los medios anteriores, por la posesión de estado. Para la admisión de pruebas distintas a la inscripción se estará a lo dispuesto en la Ley de Registro Civil.

No será eficaz la determinación de una filiación en tanto resulte acreditada otra contradictoria.

COMENTARIO

1.- Se enumeran en este artículo una serie de medios de prueba, no para determinar la filiación, sino para acreditar, en principio y mientras no se pruebe lo contrario, la filiación ya determinada.

2.- Tales medios son los siguientes:

Primero. *Por la inscripción en el Registro civil.* Proporciona título probatorio preferente, crea un título de estado respecto a la filiación que se ha hecho constar en tal inscripción, haciendo prueba de la misma. Tal inscripción en lo que se refiere a la filiación, puede ser objeto de rectificación *conforme a la L.R.C.,* como dice el art. 114, o bien como resultado de las *acciones de impugnación*, o bien como efecto de ser contradictoria con los hechos probados de una sentencia penal.

Segundo. *Por el documento o sentencia que la determina legalmente.* Si se acredita la filiación matrimonial, se refiere a la sentencia del número 2.º del art. 115; si se acredita la extramatrimonial, se refiere al documento que plasma el reconocimiento (num. 1.º del art. 120) o la resolución o sentencia que la determina (núms. 2.º y 3.º del art. 120). En todo caso, cuando el documento o sentencia se inscribió en el Registro civil, el medio de prueba es el registral, preferente, expresado en el apartado anterior.

Tercero. *Por la presunción de paternidad matrimonial.* Este medio lo enumera el art. 113 y por ello se cita, pero no es tal, sino que la presunción de paternidad determina la filiación matrimonial.

Cuarto. *A falta de los medios anteriores, por la posesión de estado.* La posesión de estado, como medio subsidiario a todos los anteriores, no es definido por el Código civil, pero tradicionalmente se ha interpretado, y así lo ha hecho reiteradamente la Jurisprudencia, como el conjunto de tres elementos: *nomen, tractatus y fama.* El *nomen* es la atribución del nombre del padre o madre o ambos a hijo: el *tractatus* es el elemento esencial, la situación de hecho permanente, constante e ininterrumpida que consiste en una manifestación de paternidad o maternidad a base del mantenimiento, educación y colocación del hijo como tal hijo en relación con el padre o madre, cuya situación de hecho ha de venir directamente del padre, madre o ambos; la *fama* implica que los actos o situaciones de hecho ha de ser ostensible, pública y notoria.

3.- Como excepción a todo lo anterior, no cabe una acreditación que sea contradictoria con otra anteriormente determinada.

JURISPRUDENCIA

«El art. 113 CC consagra, entre los medios de acreditación de la filiación y consiguientemente de la correspondiente paternidad, el de la presunción a través del matrimonio de los progenitores requiere para ello de la maternidad de la esposa, que aquí no se ha cuestionado, y de la acreditación de vigencia del matrimonio, que se reconoce expresamente que era el marido y padre desarrollan los arts. 116 y 117 del mismo Código al establecer la presunción por el nacimiento después de los ciento ochenta días de contraído el matrimonio de los que se tienen por progenitores y antes de los trescientos siguientes a la disolución del vínculo o a la separación legal o de hecho de dichos cónyuges». (21 julio 2000, LA LEY 10305/2000)

«Es ineficaz por incurrir directamente en el supuesto que prevé el artículo 113, párrafo segundo, del Código civil al disponer que no será eficaz la determinación de una filiación en tanto resulte acreditada otra contradictoria; no cabe reconocer a una persona que tiene legalmente un status filii incompatible con el reconocimiento que se pretende hacer; el reconocimiento sólo es posible si previamente se impugna la filiación contradictoria y se deja judicialmente sin efecto. La niña —ahora mayor de edad— es hija matrimonial y así consta en el Registro Civil, sin que judicialmente se haya dejado sin efecto tal filiación: por ello, el reconocimiento es ineficaz». (22 junio 2006, rec. 4275/2000).

CONCORDANCIAS

Véase:
— arts. 115, 134, 139 y 327 de este Código.
— Ley del Registro Civil, de 8 junio 1957 (*«B.O.E.»*, 10 junio): arts. 41, 47 y ss.
— Reglamento del Registro Civil, de 14 noviembre 1958 (*«B.O.E.»*, 11 diciembre): arts. 165 a 191 y 314.
Texto vigente según Ley 11/1981, 13 mayo (*«B.O.E.»*, 19 mayo).

Artículo 114

Los asientos de filiación podrán ser rectificados conforme a la Ley de Registro Civil, sin perjuicio de lo especialmente dispuesto en el presente título sobre acciones de impugnación.

Podrán también rectificarse en cualquier momento los asientos que resulten contradictorios con los hechos que una sentencia penal declare probados.

COMENTARIO

Siendo el Registro civil el primero de los medios de acreditación de la filiación, puede contener errores cuya corrección, por demás obvia, prevé el art. 114. Pueden corregirse: primero, según la legislación del Registro civil; segundo, por sentencia dictada en proceso civil, seguido por una acción de filiación; tercero, por contradicción con los hechos que una sentencia penal declare probados.

CONCORDANCIAS

Véase:
— arts. 131 y 141 de este Código.

— Ley del Registro Civil, de 8 junio 1957 («*B.O.E.*», 10 junio): arts. 92 a 97.
— Reglamento del Registro Civil, de 14 noviembre 1958 («*B.O.E.*», 11 diciembre): arts. 293 y ss. y 341 y ss.
Texto vigente según Ley 11/1981, 13 mayo («*B.O.E.*», 19 mayo).

SECCIÓN SEGUNDA
De la determinación de la filiación matrimonial

Artículo 115

La filiación matrimonial materna y paterna quedará determinada legalmente:

1.º Por la inscripción del nacimiento junto con la del matrimonio de los padres.

2.º Por sentencia firme.

COMENTARIO

La determinación de la filiación matrimonial queda hecha por, primero, el juego de presunciones de paternidad, segundo, por el ejercicio de una acción de filiación.

Primero, el caso normal: la filiación matrimonial se determina partiendo de la inscripción del matrimonio en que la mujer casada ha tenido el hijo que certifica el facultativo que ha asistido al parto y la aplicación de las presunciones que aparecen en los artículos siguientes acredita la paternidad; aparecen, pues, los tres requisitos de la filiación matrimonial: matrimonio de los padres (por inscripción en el propio Registro civil); maternidad de la mujer casada, por el certificado; y paternidad del marido de ésta, por las presunciones.

Segundo, el caso excepcional: la filiación matrimonial es ciertamente insólito que se determine por sentencia dictada en el ejercicio de una acción de filiación; pero, evidentemente es posible, algún caso se conoce y se aplicará la normativa sobre las acciones de filiación del Código civil y de la LEC.

Nada excluye que se determine la filiación matrimonial «por sentencia firme» dictada en proceso penal, pero, en principio y salvo que se imagine un caso impensable, de laboratorio, no cabe que una sentencia penal determine una filiación matrimonial.

CONCORDANCIAS

Véase:
— Ley del Registro Civil, de 8 junio 1957 («*B.O.E.*», 10 junio): art. 42.
— Reglamento del Registro Civil, de 14 noviembre 1958 («*B.O.E.*», 11 diciembre): arts. 183 y 184.
— Ley 11/1981, de 13 de mayo, de modificación del Código Civil en materia de filiación, patria potestad y régimen económico del matrimonio («*B.O.E.*», 19 mayo), Disposición Transitoria 7.ª.
Texto vigente según Ley 11/1981, 13 mayo («*B.O.E.*», 19 mayo).

Artículo 116

Se presumen hijos del marido los nacidos después de la celebración del matrimonio y antes de los trescientos días siguientes a su disolución o a la separación legal o de hecho de los cónyuges.

COMENTARIO

1.- A partir de este artículo, el Código establece las *presunciones de paternidad*. El primero, 116, es la presunción general, en el caso que es considerado como normal; el segundo, es la presunción atenuada; el tercero, 118, es la negativa de la presunción; el cuarto y último, 119, tampoco es presunción, sino matrimonialización.

2.- La presunción alcanza a todo hijo, en principio, nacido en matrimonio, siendo indiferente el momento de la concepción, anterior o durante él. Es la presunción de paternidad del marido de la madre, unidos en matrimonio entre sí. Parte el Código del plazo mínimo y máximo de gestación de 180 y 300 días, respectivamente. Si nace dentro de los 180 días primeros del matrimonio, esta presunción general queda atenuada por la del artículo 117. Si nace después de los 300 días de separado o disuelto el matrimonio, no se aplica la presunción (art. 118).

En todo caso, es una presunción *iuris tantum*, basada en los deberes de convivencia y de fidelidad (arts. 68 y 69) que son efecto personal del matrimonio, que admite prueba en contrario: puede probarse que el hijo no es del marido por medio de las acciones de investigación y de impugnación de la paternidad y, además, puede probarse también que el nacido después de los 300 días de disuelto o separado el matrimonio es del marido a pesar del transcurso de este plazo (sin perjuicio de que, en este caso, quepa aplicar el art. 118).

JURISPRUDENCIA

«Toda la acción indemnizatoria del paciente al que se le ha practicado la vasectomía, tiene como base el que sea el padre de la criatura que su esposa ha engendrado. En situaciones de normalidad, la presunción de paternidad del artículo 116 del Código Civil es suficiente para atribuirla, pero para un caso de vasectomía en que, en principio, no cabe la paternidad, aquella presunción no basta para fundamentar la acción indemnizatoria por razón de la misma. Así lo estableció la sentencia, ya citada, de 11 de febrero de 1997 en estos términos literales: "la paternidad no es materia disponible sobre la que quepa su fijación probatoria por medio de admisión o confesión en cuanto responde al principio de verdad en la procreación. Tampoco cabe que la paternidad la funde el órgano jurisdiccional, tratándose, como ocurre en el caso, de un matrimonio, en el régimen de presunciones establecido en el Código Civil, especialmente en su artículo 116. Sin duda que estas presunciones que responden al conocimiento que transmiten reglas y máximas de experiencias seculares y que resguardan el ámbito de la intimidad del matrimonio y su estabilidad familiar, parten del hecho de la normalidad presumida de los cónyuges como sujetos aptos para la reproducción, no sólo, por tanto, porque tengan capacidad de copulación sino también en cuanto se considera gozan de potencia generatriz. Al ponerse en litigio la fertilidad o infertilidad del sujeto, con resultado posiblemente perjudicial para un tercero, si se demuestra el resultado defectuoso, los presupuestos de aquellas presunciones ceden, pues, de otro modo, quedaría en muchos casos, indefenso el demandado que, además, carece de legitimación para la impugnación de la filiación legítima. En consecuencia, la lógica interna de los hechos que se debaten exige en buena hermenéutica una decadencia de aquellas presunciones y la necesidad de probar como hecho constitutivo de la pretensión la paternidad». (29 octubre 2004, rec. 2883/1998)

CONCORDANCIAS

Véase:
— arts. 83, 136 y 139.
— Ley 11/1981, de 13 de mayo, de este Código, de modificación del Código Civil en materia de filiación, patria potestad y régimen económico del matrimonio (*«B.O.E.»*, 19 mayo), Disposición Transitoria 1.ª.

— Ley del Registro Civil, de 8 junio 1957 (*«B.O.E.»*, 10 junio): art. 48.
— Reglamento del Registro Civil, de 14 noviembre 1958 (*«B.O.E.»*, 11 diciembre): arts. 183 y 314.
Texto vigente según Ley 11/1981, 13 mayo (*«B.O.E.»*, 19 mayo).

Artículo 117

Nacido el hijo dentro de los ciento ochenta días siguientes a la celebración del matrimonio, podrá el marido destruir la presunción mediante declaración auténtica en contrario formalizada dentro de los seis meses siguientes al conocimiento del parto. Se exceptúan los casos en que hubiere reconocido la paternidad expresa o tácitamente o hubiese conocido el embarazo de la mujer con anterioridad a la celebración del matrimonio, salvo que, en este último supuesto, la declaración auténtica se hubiera formalizado, con el consentimiento de ambos, antes del matrimonio o después del mismo, dentro de los seis meses siguientes al nacimiento del hijo.

COMENTARIO

1.- Establece este artículo una presunción atenuada de paternidad del hijo nacido en los primeros 180 días.

La presunción de paternidad del marido alcanza a los hijos nacidos en los primeros 180 días de celebrado el matrimonio, en que la concepción se ha producido antes de contraerse. Pero no es una presunción tan general como la del artículo 116, sino atenuada, aunque tampoco se trata de una legitimación o matrimonialización, sino que el hijo es plenamente matrimonial, pero con posibilidad por parte del marido de desconocer e invalidar la presunción de su paternidad por simple declaración en contrario. Dispone, en efecto, el artículo 117 que *nacido el hijo dentro de los ciento ochenta días siguientes a la celebración del matrimonio podrá el marido destruir la presunción (del art. 116) mediante declaración auténtica en contrario, formalizada dentro de los seis meses siguientes al conocimiento del parto.*

Por *declaración auténtica... formalizada...* debe entenderse la que reúne los requisitos de fehaciencia suficientes para poder afectar al estado civil del hijo. Así, esencialmente, la declaración o comparecencia ante el encargado del Registro civil o notarial o judicial que, en todo caso, se inscribirá en el Registro civil marginalmente a la inscripción del nacimiento del hijo al que se refiera. Debe realizarse en los seis meses siguientes al conocimiento del parto. Dicha declaración en contrario no tiene naturaleza de impugnación de filiación matrimonial, sino simplemente de desconocimiento de su paternidad y, por tanto, al *destruir la presunción*, como dice el artículo 117, elimina la filiación matrimonial del hijo que desconoce ser suyo.

2.- A este desconocimiento de la paternidad se formula una excepción: si el padre, antes del parto, ha reconocido expresa o tácitamente la paternidad del hijo, no puede luego desconocerla. Añade, en este sentido, el art. 117 que *se exceptúan (de la posibilidad del desconocimiento anterior) los casos en que hubiere reconocido la paternidad expresa o tácitamente o hubiese conocido el embarazo de la mujer con anterioridad a la celebración del matrimonio.*

Sobre reconocimiento expreso no hay problema, si bien no se trata del reconocimiento formal de la filiación extramatrimonial, sino de que el padre ha expresado que el hijo —que luego nace en los primeros 180 días de su matrimonio— es suyo. El reconocimiento tácito puede darse de muy diversas maneras: el festejo con amigos o parientes, la actuación frente a organismos de sanidad o de seguro para el próximo parto de «su» hijo, etc. El conocimiento del embarazo puede probarse de cualquier forma, incluso por el hecho de que, antes del matrimonio, sea notoriamente visible en la mujer, por ejemplo.

3.- Hay todavía una excepción a la excepción: si el marido no puede desconocer la paternidad del hijo nacido en los primeros 180 días del matrimonio, por razón de haber conocido el embarazo de la mujer, sí (excepción a la excepción) puede desconocerla —último inciso del artículo 117— por medio de una *declaración auténtica de desconocimiento de la paternidad que se hubiera formalizado, con el consentimiento de ambos, antes del matrimonio o después del mismo, dentro de los seis meses siguientes al nacimiento del hijo.*

CONCORDANCIAS

Véase Reglamento del Registro Civil, de 14 noviembre 1958 (*«B.O.E.»,* 11 diciembre): arts. 184 y 314.
Texto vigente según Ley 11/1981, 13 mayo (*«B.O.E.»,* 19 mayo).

Artículo 118

Aun faltando la presunción de paternidad del marido por causa de la separación legal o de hecho de los cónyuges, podrá inscribirse la filiación como matrimonial si concurre el consentimiento de ambos.

COMENTARIO

Una vez separados judicialmente o de hecho los cónyuges, no cabe aplicar la presunción de paternidad del hijo nacido después de 300 días. Se presume que ha sido concebido tras el matrimonio y, por tanto, no por el marido. Para acreditar que, a pesar de ello, el hijo es del marido y, en consecuencia, matrimonial, será preciso ejercitar las acciones pertinentes de reclamación de la filiación matrimonial.

Sin embargo, en caso de separación judicial o de hecho, el matrimonio sigue vigente, aunque falte el deber de convivencia y si ambos cónyuges lo declaran conjuntamente, el hijo nacido después de los 300 días de su separación será matrimonial. Así lo prevé el artículo 118.

Lo cual no puede ocurrir si se ha producido no una separación, sino una disolución del matrimonio ya que si el hijo nace después de 300 días de la disolución, falta el presupuesto básico que es el matrimonio, de la filiación matrimonial. Sin perjuicio de que si el hijo es verdaderamente del marido y nació —tras largo embarazo— después de 300 días de disuelto el matrimonio, pueda probarse que es del marido —y, por tanto, matrimonial— por medio de las acciones de reclamación de la filiación matrimonial.

CONCORDANCIAS

Véase art. 138 de este Código.
Texto vigente según Ley 11/1981, 13 mayo (*«B.O.E.»,* 19 mayo).

Artículo 119

La filiación adquiere el carácter de matrimonial desde la fecha del matrimonio de los progenitores cuando éste tenga lugar con posterioridad al nacimiento del hijo siempre que el hecho de la filiación quede determinado legalmente conforme a lo dispuesto en la sección siguiente.

Lo establecido en el párrafo anterior aprovechará, en su caso, a los descendientes del hijo fallecido.

COMENTARIO

Establece este artículo la matrimonialización del hijo nacido extramatrimonial que se produce cuando los padres contraen matrimonio entre sí, después del nacimiento de aquél, teniendo en cuenta que esto sólo podrá darse si la filiación del hijo está determinada como extramatrimonial, cuando los padres contraen matrimonio, o bien se determina posteriormente; es decir, los padres pueden haber reconocido al hijo y luego contraer matrimonio, o también pueden contraer matrimonio y posteriormente reconocer a un hijo extramatrimonial que habían tenido antes.

El artículo 108 dice que el hijo es *matrimonial cuando el padre y la madre están casados entre sí*, sin especificar el momento de la concepción, que puede haberse hecho antes del matrimonio. Pero también puede producirse antes del matrimonio el propio nacimiento: en tal caso, el hijo nacerá extramatrimonial, pero si posteriormente los padres contraen matrimonio, aquel hijo devendrá automáticamente matrimonial. Necesariamente, sin embargo, deberá constar que tal hijo es extramatrimonial de ambos cónyuges. Se trata —podría decirse— de una matrimonialización del hijo extramatrimonial.

Se prevé incluso que si el matrimonio de los padres se celebra cuando el hijo extramatrimonial ha fallecido, se produce como una matrimonialización del hijo fallecido que había nacido extramatrimonial, lo que no le puede afectar a él, pero sí aprovechará a sus descendientes.

JURISPRUDENCIA

«En el presente caso la situación del hijo en cuestión ha devenido en matrimonial, por ello la parte actora y ahora recurrente tenía que haber ejercitado la acción de impugnación de reconocimiento del artículo 119 del Código civil, y no la de reconocimiento de complacencia del artículo 120.1 de dicho Cuerpo legal». (12 julio 2004, rec. 354/2000)

CONCORDANCIAS

Texto vigente según Ley 11/1981, 13 mayo (*«B.O.E.»*, 19 mayo).

SECCIÓN TERCERA
De la determinación de la filiación no matrimonial

Artículo 120

La filiación no matrimonial quedará determinada legalmente:

1.º Por el reconocimiento ante el encargado del Registro Civil, en testamento o en otro documento público.

2.º Por resolución recaída en expediente tramitado con arreglo a la legislación del Registro Civil.

3.º Por sentencia firme.

4.º Respecto de la madre, cuando se haga constar la filiación materna en la inscripción de nacimiento practicada dentro de plazo, de acuerdo con lo dispuesto en la Ley de Registro Civil.

COMENTARIO

1.- La filiación extramatrimonial es la procedente de padres que no han contraído matrimonio entre sí. No se determina nunca por la ley, sino por voluntad de los padres o de uno solo de ellos mediante acto jurídico o por resolución judicial.

2.- El presente art. 120 enumera los *medios de determinación de la filiación extramatrimonial.*

Primero. El reconocimiento es un acto jurídico por el que una persona confiesa ser el padre de otra, lo que determina la filiación extramatrimonial de ésta. Es un acto jurídico voluntario, expreso y solemne, personalísimo, unilateral, irrevocable, puro y constitutivo del *status filii*. La forma, solemne, es opcionalmente triple: por declaración del padre o de la madre ante el Encargado del Registro civil; en testamento, de cualquier clase y es irrevocable el reconocimiento aunque se revoque el testamento (art. 741); en otro documento público.

Segundo. Por resolución recaída en expediente según la legislación del Registro civil, que no es una declaración judicial de filiación, sino una resolución que la determina por unas pruebas, siempre que no haya oposición del Ministerio Fiscal o de parte interesada; tales pruebas: escrito indubitado del padre o madre, posesión de estado, y, respecto a la madre, prueba del parto y de la identidad del hijo (art. 49 Ley del Registro Civil).

Tercero. Por sentencia firme, recaída en proceso civil seguido por el ejercicio de una acción de filiación. Y también por sentencia penal, cuya sentencia debe ser condenatoria y la determinación de la filiación es un pronunciamiento accesorio de la condena; si es absolutoria, no contendrá determinación de la filiación, pero cabe el ejercicio de la acción de filiación en proceso civil.

Cuarto. Respecto a la madre, conforme a la legislación del Registro civil. Se inscribe el nacimiento del hijo, con determinación de la madre; si ésta es extramatrimonial, se le notifica y ella puede desconocer tal filiación (art. 47 de la Ley del Registro Civil).

CONCORDANCIAS

Véase:
— arts. 114, 121 a 124, 126, 134, 138, 714 y 1.216 de este Código.
— Ley 11/1981, de 13 de mayo, de modificación del Código Civil de filiación, patria potestad y régimen económico del matrimonio (*«B.O.E.»*, 19 mayo), Disposiciones Transitorias 5.ª y 6.ª.
— Ley del Registro Civil, de 8 de junio 1957 (*«B.O.E.»*, 10 junio): arts. 47 a 50 y 97.
— Reglamento del Registro Civil, de 14 noviembre 1958 (*«B.O.E.»*, 11 diciembre): arts. 185 a 190 y 341.
— Reglamento Notarial, de 2 de junio de 1944 (*«B.O.E.»*, 7 julio): arts. 124, 741 y 754.
Texto vigente según Ley 11/1981, 13 mayo (*«B.O.E.»*, 19 mayo).

Artículo 121

El reconocimiento otorgado por los incapaces o por quienes no puedan contraer matrimonio por razón de edad necesitará para su validez aprobación judicial con audiencia del Ministerio Fiscal.

COMENTARIO

La persona que reconoce —sujeto activo del reconocimiento, medio de determinación de la filiación extramatrimonial— tiene que tener capacidad de obrar. A ello se refiere el presente artículo que se expresa de un modo que ha provocado cierta confusión.

La persona con capacidad de obrar es la mayor de edad o la emancipada, aunque éste la tiene restringida; la cual es la que se exige para contraer matrimonio (art. 46.1.º: no pueden contraer matrimonio los menores de edad no emancipados). Por tanto, de este art. 121 se desprende que para reconocer es preciso capacidad de obrar. En consecuencia, el que no tenga capacidad de obrar por ser menor de edad no emancipado, no puede reconocer, ni lo puede hacer por él su representante legal ya que es un acto personalísimo, sino que, para que sea válido, lo hará él, con aprobación judicial con audiencia del Ministerio Fiscal. Pese a que la confusa redacción ha provocado dudas, debe entenderse que es indiferente que el menor tenga más o menos de 14 años o que haya obtenido o no dispensa para contraer matrimonio (art. 48). Lo único claro es que no puede casarse el menor no emancipado y éste es el que no puede reconocer más que con autorización judicial.

El incapacitado (al que este artículo llama impropiamente «incapaz») al carecer de capacidad de obrar, tampoco puede reconocer, más que con autorización judicial, con audiencia del Ministerio Fiscal. Hay que precisar que el incapacitado, necesariamente por sentencia (art. 199) tendrá la capacidad privada totalmente o sólo restringida, según la haya constituido la sentencia (art. 760.1 LEC), por lo que no podrá reconocer si este aspecto estaba incluido en la sentencia o si ésta es general (simplemente, priva de la capacidad) no lo ha excluido.

CONCORDANCIAS

Véase:

— arts. 154.2, 162 y 1200 de este Código.

— Ley 11/1981, de 13 de mayo, de modificación del Código Civil en materia de filiación, patria potestad y régimen económico del matrimonio (*«B.O.E.»*, 19 mayo): Disposición Transitoria 10.ª.

Texto vigente según Ley 11/1981, 13 mayo (*«B.O.E.»*, 19 mayo).

Artículo 122

Cuando un progenitor hiciere el reconocimiento separadamente, no podrá manifestar en él la identidad del otro a no ser que esté ya determinada legalmente.

COMENTARIO

1.- Uno de los caracteres del reconocimiento es el ser unilateral, en el sentido de que tiene un solo sujeto, el que reconoce, padre o madre; si ambos reconocen conjuntamente, son dos reconocimientos, actos jurídicos, unilaterales. Lo cual implica el subcarácter de independiente, en el sentido de que cada reconocimiento, incluso si padre y madre lo hacen conjuntamente, es un acto aislado del otro.

Lo cual conduce a la norma del presente artículo que exige el *secreto de la identidad del otro progenitor*. Es decir, cuando el padre o la madre reconoce a su hijo extramatrimonial, no puede revelar la identidad de la persona con quien lo ha tenido. Lo cual tiene dos evidentes excepciones: si tal identidad ya estaba determinada o si el reconocimiento se hace conjuntamente.

2.- Lo anterior conduce al problema del reconocimiento de un *nasciturus*. En principio, cabe hacerlo en base al principio del efecto favorable que establece el art. 29, segundo inciso, ya que debe estimarse favorable la constitución del *status filii*. El escollo está en la prohibición de este art. 122. Si reconoce la madre, no hay problema, pues el reconocimiento se refiere al hijo que lleva en el vientre. Pero si pretende reconocer el padre, podrá hacerlo sólo en dos casos: si la madre ya ha reconocido antes y, por tanto, ya está determinada legalmente, o si reconoce conjuntamente con la madre; es decir, en los dos casos que constituyen excepciones a la norma de no revelar la identidad del otro progenitor. Pero fuera de ambos casos, el padre no puede revelar la identidad de la madre y por ello no puede reconocer a un *nasciturus* que es sólo identificable en relación con su madre.

CONCORDANCIAS

Véase:
— arts. 113 y 120 de este Código.
— Ley del Registro Civil, de 8 junio 1957 (*«B.O.E.»*, 10 junio): art. 47.
— Reglamento del Registro Civil, de 14 noviembre 1958 (*«B.O.E.»*, 11 diciembre): art. 181.
Texto vigente según Ley 11/1981, 13 mayo (*«B.O.E.»,* 19 mayo).

Artículo 123

El reconocimiento de un hijo mayor de edad no producirá efectos sin su consentimiento expreso o tácito.

COMENTARIO

1.- Al reconocimiento de un mayor de edad es preciso un requisito de eficacia, conditio iuris, que es el consentimiento del propio hijo interesado. Tal consentimiento puede ser expreso o tácito; el expreso no requiere forma determinada. Este reconocimiento se refiere al mayor de edad, no emancipado; es válido desde que se realiza, pero no tiene eficacia jurídica más que cuando recae el consentimiento de tal hijo (es decir, se cumpla la conditio iuris).

2.- Caso de que el mayor negara dicho consentimiento, el padre o madre podría acudir a la acción de reclamación de la filiación extramatrimonial.

CONCORDANCIAS

Véase:
— art. 137 de este Código.
— Reglamento del Registro Civil, de 14 noviembre 1958 (*«B.O.E.»*, 11 diciembre): art. 187.
Texto vigente según Ley 11/1981, 13 mayo (*«B.O.E.»,* 19 mayo).

Artículo 124

La eficacia del reconocimiento del menor o incapaz requerirá el consentimiento expreso de su representante legal o la aprobación judicial con audiencia del Ministerio Fiscal y del progenitor legalmente conocido.

No será necesario el consentimiento o la aprobación si el reconocimiento se hubiere efectuado en testamento o dentro del plazo establecido para practicar la inscripción del nacimiento. La inscripción de paternidad así practicada podrá suspenderse a simple petición de la madre durante el año siguiente al nacimiento. Si el padre solicitara la

confirmación de la inscripción, será necesaria la aprobación judicial con audiencia del Ministerio Fiscal.

COMENTARIO

1.- Si el reconocimiento se refería a un mayor de edad, el artículo anterior imponía como requisito de eficacia el consentimiento del mismo. Este artículo impone un consentimiento, respecto al menor de edad y al incapacitado a quien la sentencia de incapacitación alcance este aspecto personalísimo. El consentimiento deberá ser expreso y lo dará el representante legal del menor o del incapacitado (caso más frecuente: reconoce el padre y la madre había reconocido antes y por tanto ya es la única titular de la patria potestad que, como tal, deberá dar este consentimiento). En caso de que no exista representante legal o sea de difícil o imposible localización, o el representante legal niegue el consentimiento se podrá acudir al Juez de 1.ª Instancia, para que dé la aprobación judicial, para lo que se precisa audiencia del Ministerio Fiscal y del otro progenitor si está determinado legalmente.

2.- El segundo párrafo de este art. 124 establece una excepción al requisito de eficacia anterior. No se precisa cuando el reconocimiento se hace en testamento o en el plazo ordinario para la inscripción del nacimiento.

En el caso del testamento es inscribible el reconocimiento en el Registro civil sin necesidad de consentimiento y aprobación, cuando se acredite la defunción del reconocedor. En el caso de la inscripción del nacimiento en el plazo ordinario (excepción a la necesidad de consentimiento o aprobación judicial), tiene una excepción (a la excepción): si es el padre el que ha hecho el reconocimiento (y, por tanto, sin consentimiento ni aprobación judicial), la madre puede suspenderlo, por simple petición de la misma, en el plazo de caducidad de un año a contar del nacimiento. Y si entonces el padre insiste en su reconocimiento, pese a la negativa de la madre, podrá solicitar aprobación judicial, con audiencia del Ministerio Fiscal.

3.- En todo caso, como ocurría con la falta de consentimiento del mayor de edad, se podrá ejercitar la acción de reclamación de la filiación extramatrimonial en el supuesto de que no medie consentimiento ni aprobación judicial.

CONCORDANCIAS

Véase:
— arts. 137, 138 y 140 de este Código.
— Ley 11/1981, de 13 de mayo, de modificación del Código Civil en materia de filiación, patria potestad y régimen económico del matrimonio (*«B.O.E.»*, 19 mayo): Disposición Transitoria 10.ª.
— Reglamento del Registro Civil, de 14 noviembre 1958 (*«B.O.E.»*, 11 diciembre): art. 188.
Texto vigente según Ley 11/1981, 13 mayo (*«B.O.E.»*, 19 mayo).

Artículo 125

Cuando los progenitores del menor o incapaz fueren hermanos o consanguíneos en línea recta, legalmente determinada la filiación respecto de uno, sólo podrá quedar determinada legalmente respecto del otro, previa autorización judicial que se otorgará, con audiencia del Ministerio Fiscal, cuando convenga al menor o incapaz.

Alcanzada por éste la plena capacidad, podrá, mediante declaración auténtica invalidar esta última determinación si no la hubiere consentido.

COMENTARIO

1.- El presente artículo se aplica al caso de hijos incestuosos y en concreto, a la determinación de la filiación respecto de uno de los padres que fueran parientes consanguíneos en línea recta o hermanos entre sí. Sea la determinación de la filiación por reconocimiento o por cualquier otro medio del art. 120. Siempre que el hijo sea menor de edad o emancipado; si es mayor de edad, es decir, con capacidad de obrar, sea preciso su consentimiento para ser reconocido, según el art. 123, sea o no hijo incestuoso, y si se trata de otro medio de determinación de su filiación, sí se aplicará este art. 123.

Será preciso, como requisito de eficacia de la determinación de esta filiación incestuosa, la aprobación judicial, que se otorgará con audiencia del Ministerio Fiscal; se establece el criterio judicial para otorgarse: «cuando convenga al menor o incapaz» (quiere decir «incapacitado»).

2.- El segundo párrafo atribuye al hijo incestuoso una facultad personalísima que le permite alterar su *status filii*. Si cuando le fue determinada su filiación incestuosa él no la consintió (como sería el caso del art. 123), aunque haya habido autorización judicial, puede invalidar tal determinación, es decir, dejarla sin efecto, a partir de que alcance la mayoría de edad o cese su incapacitación, es decir, desde que tenga capacidad de obrar, sin que se establezca plazo (lo cual no es bueno para la seguridad jurídica). La deberá invalidar mediante declaración auténtica, que consiste, esencialmente, en escritura pública o en declaración ante el Encargado del Registro civil.

CONCORDANCIAS

Véase:

— Reglamento del Registro Civil, de 14 noviembre 1958 (*«B.O.E.»*, 11 diciembre): art. 188.

— Ley 11/1981, de 13 de mayo, de modificación del Código Civil en materia de filiación, patria potestad y régimen económico del matrimonio (*«B.O.E.»*, 19 mayo): Disposición Transitoria 10.ª.

Texto vigente según Ley 11/1981, 13 mayo (*«B.O.E.»*, 19 mayo).

Artículo 126

El reconocimiento del ya fallecido sólo surtirá efecto si lo consintieren sus descendientes por sí o por sus representantes legales.

COMENTARIO

Prevé el presente artículo el reconocimiento del hijo fallecido. En principio, puede ser reconocido, pero son precisos varios presupuestos. En primer lugar, que tenga hijos o descendientes; si carece de ellos, no cabe tal reconocimiento, que carecería de sentido (a no ser que tuviera la finalidad fraudulenta de adquirir su herencia). En segundo lugar, tales hijos o descendientes del hijo que se pretende reconocer post mortem deben dar su consentimiento a dicho reconocimiento; si lo niegan, éste no llega a tener validez, no es un mero requisito de eficacia, sino un presupuesto de su validez; si lo niegan, no cabe autorización judicial, que no prevé el Código. En tercer lugar, este reconocimiento lo pueden dar los hijos o descendientes por sí o bien, si son menores o incapacitados lo pueden dar sus respectivos representantes legales, sin que tampoco esté prevista y una aprobación judicial. En cuarto lugar, si son varios los hijos o descendientes, pueden consentir, todos conjuntamente o separadamente, simultánea o sucesivamente; pueden consentir todos o algunos en cuyo caso el reconocimiento será válido pero sólo producirá efecto en relación con éstos, sin que llegue a afectar a los descendientes que no han consentido.

CONCORDANCIAS

Véase art. 176.3 de este Código.
Texto vigente según Ley 11/1981, 13 mayo (*«B.O.E.»,* 19 mayo).

CAPÍTULO III
DE LAS ACCIONES DE FILIACIÓN

SECCIÓN PRIMERA
Disposiciones generales

Artículo 127

Derogado por Ley 1/2000, de 7 de enero («*B.O.E.*», 8 enero), Ley de Enjuiciamiento Civil.

Artículo 128

Derogado por Ley 1/2000, de 7 de enero («*B.O.E.*», 8 enero), Ley de Enjuiciamiento Civil.

Artículo 129

Derogado por Ley 1/2000, de 7 de enero («*B.O.E.*», 8 enero), Ley de Enjuiciamiento Civil.

Artículo 130

Derogado por Ley 1/2000, de 7 de enero («*B.O.E.*», 8 enero), Ley de Enjuiciamiento Civil.

SECCIÓN SEGUNDA
De la reclamación

Artículo 131

Cualquier persona con interés legítimo tiene acción para que se declare la filiación manifestada por la constante posesión de estado.

Se exceptúa el supuesto en que la filiación que se reclame contradiga otra legalmente determinada.

COMENTARIO

1.- El Código trata conjuntamente en la misma sección del capítulo dedicado a las acciones de filiación, de la de reclamación de la filiación matrimonial y de la filiación extramatrimonial, sin olvidar que esta última es la acción de investigación de la paternidad propiamente dicha, la más frecuente en la práctica.

El presente artículo se refiere al supuesto de que el hijo tenga posesión de estado de hijo matrimonial o extramatrimonial respecto al padre o madre a quien se demanda para que se declare tal filiación.

La posesión de estado ya venía referida en el art. 113. Tiene trascendencia en las acciones de filiación, a los efectos de legitimación activa (como en este artículo 31), de la caducidad y de la prueba (art. 767.3 LEC).

2.- La acción de reclamación tiene por objeto determinar la filiación de una determinada persona respecto al padre o madre, sea dentro del matrimonio, sea extramatrimonial. Si el hijo goza de posesión de estado de tal hijo, y por tanto se pretende hacer coincidir la filiación reclamada con la poseída, tiene legitimación activa «cualquier persona con interés legítimo», lo que debe incluir a los propios interesados (padres e hijo) o sus herederos o todo el que pueda acreditar un interés aceptable, material o moral.

3.- La acción que prevé este artículo es poco o nada frecuente; no es pensable una acción de reclamación de la filiación matrimonial con posesión de estado; sí lo es si la filiación es extramatrimonial, aunque en la práctica no se da.

El segundo párrafo de este mismo art. 131 declara como excepción al caso de que se reclame una filiación que «contradiga otra legalmente determinada». Lo que tiene dos consecuencias. En primer lugar, que si está determinada una filiación, no se puede reclamar simplemente otra, sino que se tiene que impugnar ésta al mismo tiempo, lo que prevé el art. 134, primer párrafo, lo cual no se permite si tal filiación está determinada por sentencia firme, como dispone el segundo párrafo del mismo art. 134. En segundo lugar, que si se añade la acción de impugnación, la legitimación activa, como excepción, no la tiene «cualquier persona con interés legítimo» sino la que la tenga en dicha acción de impugnación.

JURISPRUDENCIA

«La primera cuestión, la prescriptibilidad de la acción de reclamación de la filiación extramatrimonial: haya o no posesión de estado, la acción es imprescriptible. La doctrina científica es unánime y la jurisprudencia no ha tenido ocasión de pronunciarse, quizá por su obviedad. Hay que pensar que el art. 131 del CC se refiere a la acción de reclamación de la filiación, manifestada por la posesión de estado, sea matrimonial o extramatrimonial. No tendría sentido que fuera imprescriptible la acción de reclamación de filiación matrimonial o extramatrimonial (art. 132 y 133) cuando no hay posesión de estado y fuera prescriptible si lo hay. El art. 131 atribuye la acción a cualquier persona con interés legítimo y mientras haya tal interés, habrá acción, sin someterse a plazo de prescripción. Por último, del art. 1936 del CC se desprende el principio de que no cabe prescripción en aquellos derechos indisponibles, como los relativos al estado civil de las personas, que sí tienen, cuando lo determina la ley, plazo de caducidad. Es preciso salir al paso de una afirmación que se hace en el recurso interpuesto por D. Higinio R. Interpretando el art. 479 de la LEC en su originaria redacción, la jurisprudencia había mantenido en la prescripción extintiva que el acto de conciliación sólo lo interrumpía en el caso (aplicando el art. 1947 del CC sobre la usucapión) de que se presentara la demanda en el plazo de dos meses, criterio que cambió la S 7 Jul. 1983 reiterada por la de 9 Dic. 1983 y otras posteriores, en las que se mantuvo unánimemente que la conciliación era acto interruptivo de la prescripción extintiva en todo caso. Hoy, tras la reforma de la LEC operada por L 6 Ago. 1984, no hay duda: el momento de la presentación de la petición de conciliación interrumpe la prescripción.» (9 julio 2002, LA LEY 7169/2002)

«En este caso, la demandante ejercitó la acción de declaración de filiación del vigente artículo 131 CC. Una norma ex novo, apenas sin correspondencia en el Derecho comparado, que legitima a terceros portadores de un interés legítimo para pedir se declare una filiación determinada por la constante posesión de estado. Como resulta de una interpretación sistemática, el régimen de las acciones de reclamación de la filiación —en esa línea se pronuncia la sentencia recurrida— diferencia entre las acciones que corresponden a los presuntos hijos o presuntos progenitores (artículos 132, 133, 134 CC) y las que se atribuyen a otras personas. Respecto de los primeros, y salvo el supuesto de sucesión prevista en el artículo 132, párrafo 2.º CC, la acción de reclamación es intransmisible mortis causa. En cuanto a los

terceros, el artículo 131 CC conforma la acción de declaración de filiación —o de reconocimiento de filiación— atendiendo a la concurrencia conjunta de dos requisitos o elementos constitutivos; interés legítimo y posesión de estado». (16 marzo 2005, rec. 2988/2002)

CONCORDANCIAS

Véase:
— art. 113 y 484.2.º de este Código.
— Ley del Registro Civil, de 8 junio 1957 (*«B.O.E.»*, 10 junio): art. 50.
Texto vigente según Ley 11/1981, 13 mayo (*«B.O.E.»*, 19 mayo).

Artículo 132

A falta de la correspondiente posesión de estado, la acción de reclamación de la filiación matrimonial, que es imprescriptible, corresponde al padre, a la madre o al hijo.

Si el hijo falleciere antes de que alcanzase plena capacidad, o durante el año siguiente al descubrimiento de las pruebas en que se haya de fundar la demanda, su acción corresponde a sus herederos por el tiempo que faltare para completar dichos plazos.

COMENTARIO

1.- Así como el artículo anterior se refería a las acciones de reclamación, sea de filiación matrimonial, sea de filiación extramatrimonial, habiendo posesión de estado, este art. 132 se refiere a la *acción de reclamación de la filiación matrimonial cuando no hay posesión de estado*, también muy poco frecuente.

Atribuye la legitimación activa al padre, a la madre y al hijo; sólo a ellos, sin perjuicio de que respecto a este último se aplique el art. 767.2 LEC y de que a todos ellos se pueda aplicar el art. 765.1 LEC.

2.- Esta acción es imprescriptible; las personas con legitimación activa la podrán ejercitar durante toda su vida. Pero si no la han ejercitado, no podrán hacerlo sus herederos; si la ha ejercitado y durante el proceso, muere, sus herederos podrán continuar la acción (art. 765.1 LEC).

Hay una excepción: si es el hijo el que muere sin haber ejercitado esta acción de filiación, y la muerte se produce antes de cuatro años desde que alcanzó la capacidad de obrar o antes de un año desde que descubrió las pruebas, la acción la pueden ejercitar sus herederos durante el plazo de caducidad del tiempo que faltare para el transcurso de los mencionados tér-minos.

CONCORDANCIAS

Véase:
— arts. 1.930 y 1.932 de este Código.
— arts. 765.1 y 767.2 LEC.
Texto vigente según Ley 11/1981, 13 mayo (*«B.O.E.»*, 19 mayo).

Artículo 133

La acción de reclamación de filiación no matrimonial, cuando falte la respectiva posesión de estado, corresponde al hijo durante toda su vida.

Si el hijo falleciere antes de transcurrir cuatro años desde que alcanzare plena capacidad, o durante el año siguiente al descubrimiento de las pruebas en que se funde la demanda, su acción corresponde a sus herederos por el tiempo que faltare para completar dichos plazos.

COMENTARIO

1.- Se refiere este artículo a la acción de reclamación de la filiación extramatrimonial cuando no hay posesión de estado, que es la propiamente dicha acción de investigación de la paternidad; es el caso más frecuente en la práctica; la inmensa mayoría de la doctrina jurisprudencial sobre las acciones de filiación se ha dictado en relación con ésta, especialmente sobre la prueba en general y la biológica en particular. Atribuye la legitimación activa al hijo.

Sin embargo, la jurisprudencia la ha extendido al padre o madre; especialmente, cuando uno u otro ejercita al mismo tiempo una acción de impugnación de la filiación que aparecería determinada. Esta legitimación del hijo y por extensión jurisprudencial, del padre y de la madre. En la práctica, el caso más usual es que ejercite la acción la madre, como titular única de la patria potestad sobre su hijo menor de edad extramatrimonial, frente al padre.

Las sentencias del Tribunal Constitucional 273/2005, de 27 octubre y 52/2006, de 16 febrero, han declarado inconstitucional el primer párrafo de este artículo en cuanto impide al progenitor no matrimonial la reclamación de la filiación en los casos de inexistencia de posesión de estado.

2.- Esta acción es imprescriptible. Este art. 133 dice expresamente que corresponde al hijo «durante toda su vida», lo que hay que extender al padre o madre. Si el legitimado activamente muere sin haber ejercitado esta acción, nadie lo podrá hacer. Si muere habiéndose iniciado ya el proceso, podrán continuarlo sus herederos (art. 765.1 LEC).

Hay la misma excepción que el artículo anterior preveía para la acción de reclamación de la filiación matrimonial sin posesión de estado. Si el hijo (no otro legitimado activamente) muere sin haber ejercitado esta acción y antes de cuatro años desde que llegó a la capacidad o antes de un año desde que se descubrieron las pruebas, la acción la pueden ejercitar sus herederos durante el plazo de caducidad del tiempo que falte para el transcurso de los términos señalados.

JURISPRUDENCIA

Sobre la legitimación de la madre:

No es dudoso que el precepto legal civil sustantivo mencionado incluye la acción de reclamación tanto a favor del hijo como del progenitor, en este supuesto la madre, sin hacer distinción ni exclusión alguna en casos como el ahora debatido, sin perjuicio de lo dispuesto en el párr. 1.º del art. 133 para que, durante toda su vida pueda el hijo reclamar su filiación no matrimonial... El problema, no reside tanto en una cuestión de cese de la representación legal por mayoría de los hijos, como en una prórroga de la legitimación, en virtud del principio de la perpetuatio legitimationis (TS S de 15 Mar. 1991), que consta, además, no era contraria al interés de los hijos, sino por el contrario, coincidente». (22 marzo 1999, LA LEY 3551/1999; en el mismo sentido, 11 mayo 1999, LA LEY 76803/1999)

Sobre la legitimación del padre, es reconocida por sentencias 5 noviembre 1987, LA LEY 9953-R/1988; 10 marzo 1988, LA LEY 101950-NS/0000; 30 junio 1988, LA LEY 152530-

JF/0000; 3 diciembre 1988, LA LEY 1736-JF/0000; 5 febrero 1990, LA LEY 297-1/1990; 23 febrero 1990, LA LEY 344-1/1990; 24 junio 1996, LA LEY 7758/1996; 1 abril 1997, LA LEY 4155/1997; 28 mayo 1997, LA LEY 7337/1997; 30 marzo 1998, LA LEY 3672/1998; 19 mayo 1998, LA LEY 5425/1998.

«La jurisprudencia más reciente de esta Sala, consolidó el reajuste interpretativo de los arts. 131, 133 y 134 que ya habían iniciado las SS 5 Nov. 1987, 22 Mar. 1988, 19 Ene. y 23 Feb. 1990 y 8 Jul. 1991 para llegar a la doctrina contenida en las últimas SS 24 Jun. 1996, 30 Mar. 1998 y 19 May. 1998, que establecen y reconocen la legitimación del padre en los casos de filiación no matrimonial, al superarse la literalidad del art. 133 del CC que atribuye sólo legitimación al hijo, para decidirse por una interpretación más flexible, la que resulta más acomodada a los principios y filosofía de la institución de la filiación, como a su finalidad y toda vez que el art. 134 del CC legitima, en todo caso, al progenitor para impugnar la filiación contradictoria, también le está habilitando para que pueda ejercitar la acción de reclamación de filiación extramatrimonial. Tal legitimación ha de ser entendida no sólo para el proceso, sino también para la titularidad de la acción de defensa de un interés protegible». (20 junio 2000, LA LEY 8811/2000; en el mismo sentido, 2 octubre 2000, LA LEY 2176/2002) (y también, 1 febrero 2002).

«Sobre la cuestión planteada en el recurso existe ya doctrina constante y reiterada de esta Sala que, pese a la literalidad del párrafo primero del art. 133 CC, reconoce al padre biológico legitimación para reclamar la filiación no matrimonial aunque falte la posesión de estado. No ha infringido el párrafo primero del art. 133 CC en relación con el art. 39.2 de la Constitución, ni desde luego la jurisprudencia (motivo primero), porque de lo razonado anteriormente se desprende que dicho precepto constitucional es precisamente uno de los más importantes fundamentos de la doctrina consolidada de esta Sala; tampoco se infringe el art. 134 CC en relación con el párrafo primero de su art. 133 (motivo segundo) porque asimismo se desprende de lo expuesto en el fundamento jurídico anterior que la relación entre ambos preceptos constituye otro de los fundamentos de la jurisprudencia de esta Sala para reconocer legitimación al progenitor biológico para reclamar la paternidad extramatrimonial pese a faltar la posesión de estado; y tampoco se infringen los aps. 2, 1 y 4 del art. 39 de la Constitución ni el art. 24 de la misma (motivos tercero y cuarto, numerado quinto en el recurso), porque igualmente resulta de la jurisprudencia de esta Sala que como más beneficioso para el menor se considera la determinación de su paternidad, máxime cuando en este caso resulta que el demandante inicial falleció después de interpuesta la demanda y no se derivarían ya para el menor los perjuicios que de la personalidad conflictiva de aquél se predican en el recurso.» (22 marzo 2002, LA LEY 5511/2002) (en el mismo sentido, 14 diciembre 2005).

«esta Sala tiene declarado que el padre biológico tiene legitimación para reclamar la filiación no matrimonial aunque falte la posesión de estado, y frente a una mera versión literalista de los artículos 133 y 134 del Código Civil, que taxativamente cierra la posibilidad de ejercicio de la acción de filiación matrimonial cuando falte la respectiva posesión de estado, en cuyo caso, exclusivamente, correspondería al hijo durante toda su vida, la jurisprudencia ha optado por una interpretación flexible, que resulta más acomodada a los principios y la filosofía de la institución de la filiación, y así, toda vez que el artículo 134 legitima, en todo caso, al progenitor para impugnar la filiación contradictoria, también está habilitado para que pueda ejercitar la acción de reclamación de filiación extramatrimonial (STS de 23 de marzo de 2002). Por demás, conviene traer a colación la STC número 273/2005, de 27 de octubre, la cual con relación a la cuestión de inconstitucionalidad promovida por la Sección Primera de la Audiencia Provincial de Ciudad Real respecto al párrafo primero del artículo 133 del Código Civil, en cuanto restringe al hijo la legitimación para reclamar la filiación no matrimonial cuando no exista posición de estado, ha declarado que, cuando falta el presupuesto de la posesión de estado, el artículo 133 del Código Civil sólo otorga la legitimación

al hijo durante toda su vida y, bajo determinadas condiciones, también a sus herederos, mas no —en la literalidad del precepto— al progenitor, de manera que se ha primado así el interés del hijo, dotándolo de los instrumentos necesarios para el establecimiento de la verdad biológica que hagan efectivo el mandato del constituyente de impedir la existencia de discriminaciones por razón de nacimiento y que permitan obtener el cumplimiento por parte de los padres de sus deberes respecto de los hijos menores, en especial, el de prestarles la asistencia precisa durante su minoría de edad y en los demás casos en que legalmente proceda (art. 39.3 CE); al mismo tiempo, y en conexión con el favor filii, el legislador ha dado mayor relevancia a la seguridad familiar, evitando que puedan llevarse a los Tribunales pretensiones abusivas carentes del respaldo de una situación fáctica que les otorgue un fundamento cierto». (2 febrero 2006, rec. 1094/2001)

CONCORDANCIAS

Texto vigente según Ley 11/1981, 13 mayo (*«B.O.E.»*, 19 mayo).

Artículo 134

El ejercicio de la acción de reclamación, conforme a los artículos anteriores, por el hijo o el progenitor, permitirá en todo caso la impugnación de la filiación contradictoria.

COMENTARIO

1.- El principio general en las acciones de filiación es el de que no se puede determinar una en tanto resulte acreditada otra contradictoria (art. 113). Pero lo que sí puede hacerse es reclamar judicialmente una filiación y si va contra otra ya determinada, impugnan ésta.

2.- Así, el art. 134 prevé que al ejercitar la acción de reclamación de la filiación, matrimonial o extramatrimonial, que contradiga otra determinada legalmente, puede ejercitarse, como accesoria, la de impugnación de esta última. No se trata de acumulación de las dos acciones, de reclamación y de impugnación, sino de la primera, que lleva como accesoria la segunda. Lo cual tiene trascendencia al efecto del régimen jurídico, que es el de la primera, al que se subordina el de la segunda.

JURISPRUDENCIA

«cabe concluir que, en la interpretación jurisprudencial, es en efecto correcto que se haya ejercitado la acción de reclamación sin deducir expressis verbis una pretensión de impugnación de la paternidad establecida, ya que se trataría de una pretensión accesoria, implícita en la acción principal de reclamación que se ejercita, aunque también es claro que ello no supone, en absoluto, que el Tribunal de instancia no pronuncie, con expresa y clara indicación, una condena a tener por impugnada la filiación establecida, ordenando lo procedente para su rectificación en el Registro Civil, como exige la coherencia del sistema, y en especial el invocado artículo 50 de la Ley del Registro Civil». (22 noviembre 2005, rec. 438/2001)

CONCORDANCIAS

Véase:
— arts. 113 y 131 de este Código.
— Ley del Registro Civil, de 8 de junio (*«B.O.E.»*, 10 junio): art. 50.

— Ley 11/1981, de 13 de mayo, de modificación del Código Civil en materia de filiación, patria potestad y régimen económico del matrimonio (*«B.O.E.»*, 19 mayo), Disposición Transitoria 6.ª.
Texto vigente según Ley 1/2000, 7 enero, de Enjuiciamiento Civil (*«B.O.E.»*, 8 enero).

Artículo 135

Derogado por Ley 1/2000, 7 enero (*«B.OE.»* 8 enero), Ley de Enjuiciamiento Civil.

SECCIÓN TERCERA
De la impugnación

Artículo 136

El marido podrá ejercitar la acción de impugnación de la paternidad en el plazo de un año contado desde la inscripción de la filiación en el Registro Civil. Sin embargo, el plazo no correrá mientras el marido ignore el nacimiento.

Si el marido falleciere antes de transcurrir el plazo señalado en el párrafo anterior, la acción corresponde a cada heredero por el tiempo que faltare para completar dicho plazo.

Fallecido el marido sin conocer el nacimiento, el año se contará desde que lo conozca el heredero.

COMENTARIO

1.- El tercer requisito de la filiación matrimonial, la paternidad del marido, se determina a base de presunciones. Pero tales presunciones pueden no responder a la realidad biológica, en cuyo caso puede el padre impugnar aquella paternidad que le fue determinada por las presunciones. Para probar la no paternidad del marido se podrá utilizar —como prevé el art. 127— toda clase de prueba (así, la no convivencia con la madre a pesar del matrimonio, la impotencia generandi) incluidas las biológicas (que podrán probar que la paternidad no es de él o fue de un tercero).

2.- La legitimación activa va íntimamente ligada a los plazos de caducidad establecidos en el Código. En primer lugar, como es lógico, tiene legitimación el *marido* —art. 136— supuesto padre, con un breve plazo de caducidad: *un año* desde la inscripción de la filiación en el Registro civil, o si el marido ignoraba el nacimiento (y, por tanto, ignoró la inscripción) desde que lo supo, y si no se inscribió (aunque nada dice el artículo 136), también desde que supo del nacimiento. También tienen legitimación activa los *herederos del marido* —añade el segundo párrafo del mismo art. 136— si éste muere antes de que transcurra el anterior plazo de caducidad, plazo que se mantiene y, por tanto, los herederos tan sólo pueden ejercer la acción en el tiempo que falta para contemplarlo; los herederos tienen, por último, legitimación activa si el marido fallece sin conocer el nacimiento, corriendo entonces el plazo de caducidad desde que lo conozcan aquéllos (tercer párrafo del art. 136).

3.- Hay que advertir que los plazos antedichos ya no se pueden aplicar sin más. Las sentencias del Tribunal Constitucional 138/2005, de 26 de mayo y 156/2005, de 9 de junio, han declarado inconstitucional el párrafo 1.º de este artículo en cuanto comporta que el plazo para el ejercicio de la acción de impugnación de la paternidad matrimonial empiece a correr aunque el marido ignore no ser el progenitor biológico de quien ha sido inscrito como hijo suyo en el Registro Civil.

JURISPRUDENCIA

«Como expresa la sentencia y se pronuncia el Ministerio Fiscal, la reglamentación del CC sobre legitimación para el ejercicio de acciones de impugnación de la filiación aparece inspirada por el principio de que la investigación de la verdad biológica debe resultar atemperado por la necesidad de preservar la paz familiar y la intimidad de las relaciones matrimoniales, de tal forma que se establece un sistema en el que la legitimación activa para impugnar una filiación matrimonial aparece mucho más restringida que aquella que se fija para impugnar una filiación no matrimonial, en cuyo caso es también más limitada si media posesión de estado (arts. 136 a 141 del CC). La doctrina aclara que el régimen de las acciones de reclamación de filiación y de impugnación del reconocimiento (cuando haya quedado determinada así la filiación) y de impugnación de la paternidad en la etapa extramatrimonial es el de las acciones de la filiación de esta clase. En cambio, la impugnación de la filiación (ya determinada), después del matrimonio de los padres, es el de la filiación matrimonial. Por el matrimonio de los padres, el estado de filiación de los hijos habidos antes cambia de régimen y se cumple la prevención del art. 119 de que el hecho de la filiación quede determinado legalmente con el hecho del subsiguiente reconocimiento. Este reconocimiento deja sin efecto la indeterminación de la filiación no matrimonial por interpretación «a contrario sensu» de la resolución de la Dirección General de los Registros de 22 Ene. 1988.» (28 noviembre 2002, LA LEY 598/2003)

«Es doctrina constante emanada de modernas sentencias de esta Sala, la que determina la exigencia de que el ejercicio de la acción de impugnación de la filiación se haga en el plazo que marca el art. 136 del CC, en íntima vinculación con el art. 116 de dicho cuerpo legal y la presunción que en el mismo se establece (S.S. de 22 Dic. 1993, 20 Jun. 1996, y por todas la de 30 Sep. 2000). Las precedentes consideraciones llevan a concluir que en la sentencia recurrida no se produjo ninguna interpretación errónea acerca de los arts. 136, 138 y 141 del CC, ni, tampoco, una inaplicación del ap. 3 del art. 6 del mismo texto legal, en cuanto que la inscripción registral de la filiación, amparada en una presunción legal, como es la del art. 116, es plenamente válida y eficaz en tanto no se accione contra ella por la vía impugnatoria prevenida en el art. 136, acción ésta que se encuentra condicionada a su ejercicio dentro del plazo señalado en dicho precepto —un año contado desde la inscripción de la filiación en el Registro Civil— plazo que es de caducidad por razones obvias de seguridad jurídica en las relaciones paternofiliales, y es por eso, por lo que en la meritada sentencia se estimó sobradamente transcurrido el plazo en cuestión al momento de entablarse la demanda, debido a que el hijo menor tenía ya cinco años y dieciséis el mayor, habiendo sido inscritos desde su nacimiento.» (26 junio 2003, LA LEY 12970/2003)

«La sentencia del Tribunal Constitucional 138/2005, de 26 de mayo, estimando una cuestión de tal clase, declaró inconstitucional el párrafo primero del art. 136 del Código Civil, en la redacción dada por la Ley 11/1981, de 13 de mayo, en cuanto comporta que el plazo para el ejercicio de la acción de impugnación de la paternidad matrimonial empiece a correr aunque el marido ignore no ser el progenitor biológico de quien ha sido inscrito como hijo suyo en el Registro Civil (en el mismo sentido la sentencia 156/2005, de 9 de junio)». (23 noviembre 2005, rec. 1411/2000)

Acción de impugnación de la paternidad marital, acumulada a la de reclamación de paternidad extramatrimonial: *vid.* sentencias relacionadas en el art. 134.

CONCORDANCIAS

Véase:
— arts. 117, 661 y 1969 de este Código.
— Ley 11/1981, de 13 de mayo, de modificación del Código Civil en materia de filiación, patria potestad y régimen económico del matrimonio (*«B.O.E.»*, 19 mayo), Disposición Transitoria 4.ª.
Texto vigente según Ley 11/1981, 13 mayo (*«B.O.E.»*, 19 mayo).

Artículo 137

La paternidad podrá ser impugnada por el hijo durante el año siguiente a la inscripción de la filiación. Si fuere menor o incapaz, el plazo contará desde que alcance la mayoría de edad o la plena capacidad legal.

El ejercicio de la acción, en interés del hijo que sea menor o incapacitado, corresponde, asimismo, durante el año siguiente a la inscripción de la filiación, a la madre que ostente la patria potestad o al Ministerio Fiscal.

Si falta en las relaciones familiares la posesión de estado de filiación matrimonial, la demanda podrá ser interpuesta en cualquier tiempo por el hijo o sus herederos.

COMENTARIO

La legitimación activa corresponde también, en segundo lugar, como dispone el artículo 137, al propio hijo, cuyo plazo de caducidad es también de un año, desde la inscripción de la filiación, pero si es menor o está incapacitado, o bien ejerce la acción la madre que ostente la patria potestad o el Ministerio Fiscal (aplicación del art. art. 765.1 LEC) o bien la ejerce el propio hijo cuando sea capaz, contándose el año desde que adquiera la mayoría de edad o la capacidad. El hijo o sus herederos que pueden ejercitar dicha acción, sin plazo de caducidad, si falta la posesión de estado de filiación matrimonial.

JURISPRUDENCIA

«No se aplica el plazo de caducidad del artículo 137 cuando se ejercitan acumuladamente las acciones de reclamación y de impugnación: así, las sentencias de 28 de noviembre de 1992 y de 16 de diciembre de 1994». (17 junio 2004, rec. 752/1999)

CONCORDANCIAS

Véase arts. 132, 154 y 162 de este Código.
Texto vigente según Ley 11/1981, 13 mayo (*«B.O.E.»*, 19 mayo).

Artículo 138

Los reconocimientos que determinen conforme a la Ley una filiación matrimonial podrán ser impugnados por vicio de consentimiento conforme a lo dispuesto en el artículo 141. La impugnación de la paternidad por otras causas se atendrá a las normas contenidas en esta sección.

COMENTARIO

1.- El primer inciso de este artículo se aplica a todo reconocimiento en este sentido amplio que da lugar a filiación matrimonial; tanto el reconocimiento a que se refiere el art. 117, como el que va implícito en el consentimiento del art. 118, como el formal del art. 120.1.º que da lugar a la matrimonialización que prevé el art. 119.

En todos estos reconocimientos, si ha habido un vicio del consentimiento puede ejercitarse la acción de anulabilidad que prevé el art. 141, al que se remite.

2.- El segundo inciso se remite al régimen de las acciones de filiación para impugnar la paternidad matrimonial, por otras causas.

JURISPRUDENCIA

«Según dispone el artículo 138 del Código Civil, tratándose de una filiación matrimonial determinada por el reconocimiento (el formal, que regula el artículo 120.1.º, el expreso o tácito, a que se refiere el artículo 117, y el implícito en el consentimiento para la inscripción de la filiación como matrimonial, que contempla el artículo 118), cabe una impugnación del título de determinación, por existencia de vicio en la formación o exteriorización de la voluntad, mediante la llamada acción declarativa negativa que regulan los artículos 138 y 141, y una impugnación por causas distintas, entre ellas, la inexistencia de una realidad biológica (mediante una acción de impugnación en sentido estricto), que regulan el mismo artículo 138 y, por remisión, las normas contenidas en la sección y capítulo terceros del título quinto del libro primero del Código Civil, entre otras, la del artículo 136». (5 julio 2004, rec. 2303/1998)

«si como parece más correcto, según los hechos de la demanda y desde su propio planteamiento, la cuestión se encuadrara en el inciso primero del art. 138 CC, la solución seguiría siendo idéntica por su remisión al art. 141 del mismo Cuerpo legal, como entendió la sentencia de 10 de febrero de 1997 (recurso n.º 708/93). Y es que, al fin y a la postre, lo que late en la demanda, y tal vez de ahí su confusionismo, es un intento de revocar el reconocimiento y en definitiva de disponer así del estado civil, lo cual, además de no estar permitido por la ley como se desprende del art. 741 CC, es rotundamente rechazado por esta Sala en su sentencia de 26 de marzo de 2001 (recurso n.º 638/96), mereciendo citarse igualmente la de 26 de noviembre de 2001 (recurso n.º 2380/96) en cuanto calificó de matrimonial la filiación determinada por reconocimiento otorgado el mismo día del matrimonio con la madre, descartando en consecuencia la aplicabilidad del plazo de cuatro años establecido en el art. 140 CC ». (14 julio 2004, rec. 2576/2000)

CONCORDANCIAS

Véase arts. 108, 117 a 119, 141 y 1.265 a 1.270 de este Código.
Texto vigente según Ley 11/1981, 13 mayo (*«B.O.E.»*, 19 mayo).

Artículo 139

La mujer podrá ejercitar la acción de impugnación de su maternidad justificando la suposición del parto o no ser cierta la identidad del hijo.

COMENTARIO

En la filiación matrimonial, es preciso: la maternidad de la mujer casada, el matrimonio de los padres y la paternidad del marido de la madre. Este art. 139 se refiere a la maternidad matrimonial, pues la extramatrimonial está contemplada en los artículos anteriores. La madre, para impugnar su maternidad del hijo matrimonial, puede probar que no hubo tal maternidad de tal hijo, es decir, como dispone el art. 139, justificando la suposición del parto o no ser cierta la identidad del hijo, pudiendo emplear toda clase de pruebas, incluidas las biológicas (art. 767.2 LEC) para acreditar que aquél no es su hijo.

La legitimación activa es indudable que la tiene la madre, a quien se refiere el artículo 139, pero también la tienen los demás sujetos de la relación de filiación: así, el padre y el propio hijo.

La acción se dirigirá contra (legitimación pasiva) los demás sujetos de la relación de filiación matrimonial y, en todo caso, el Ministerio Fiscal, a no ser que sea actor (así, en aplicación del art. 765.1 LEC).

CONCORDANCIAS

Véase:
— arts. 108 y 960 de este Código.
— arts. 765.1 y 767.2 LEC.
Texto vigente según Ley 11/1981, 13 mayo (*«B.O.E.»,* 19 mayo).

Artículo 140

Cuando falte en las relaciones familiares la posesión de estado, la filiación paterna o materna no matrimonial podrá ser impugnada por aquellos a quienes perjudique.

Cuando exista posesión de estado, la acción de impugnación corresponderá a quien aparece como hijo o progenitor y a quienes por la filiación puedan resultar afectados en su calidad de herederos forzosos. La acción caducará pasados cuatro años desde que el hijo, una vez inscrita la filiación, goce de la posesión de estado correspondiente.

Los hijos tendrán en todo caso acción durante un año después de haber llegado a la plena capacidad.

COMENTARIO

1.- Hasta ahora se ha tratado de las acciones de impugnación de la filiación —maternidad o paternidad— matrimonial. Pero igualmente cabe impugnar una filiación extramatrimonial, a no se que esté determinada por sentencia firme, con fuerza de cosa juzgada.

Su función es acreditar la no paternidad o no maternidad de una filiación extramatrimonial, utilizando —una vez más, art. 767.2 LEC— *toda clase de pruebas, incluidas las biológicas*. Se distingue, para la legitimación y caducidad, según exista o no posesión de estado que no es comparable a la posesión de estado del hijo matrimonial, que se halla en una familia, pero sí lo es en relación con el padre o la madre o ambos que como hijo extramatrimonial lo tienen.

Si existe posesión de estado —art. 140, segundo párrafo— tiene legitimación activa el *padre o madre, el hijo y quienes por filiación puedan resultar afectados en su calidad de herederos forzosos* (quiere decir legitimarios).

2.- La acción caduca a los cuatro años a partir de que concurra un doble requisito: inscripción de la filiación y posesión de estado. Si el actor es el hijo, no le caduca la acción hasta un año después de haber llegado a su plena capacidad (art. 140, tercer párrafo).

Si falta la posesión de estado, tiene legitimación activa, según el primer párrafo del art. 140, *aquellos a quienes perjudique*, entendiéndose como perjuicio no sólo el económico, sino también el moral. No se establece plazo de caducidad; es acción imprescriptible.

JURISPRUDENCIA

«artículo 140 del Código civil en lo relativo a la caducidad de la acción de impugnación de la filiación. La recurrente olvida que el actor interpuso en su día dos acciones: la de reclamación de la filiación y la de impugnación de la filiación contradictoria. Se trata de una acción mixta que "debe quedar sometida al régimen de la acción de reclamación", porque la finalidad de esta última es la de determinar la filiación, a la que se opone, de manera formal, la que consta en el Registro civil, y por ello debe ser impugnada, tal como establece el artículo 113.2 del Código civil. Por ello esta Sala ha considerado que la acción de impugnación es accesoria, instrumental e inevitable cuando se reclama una filiación que contradice la inscrita. Esta doctrina es unánime en la jurisprudencia de esta Sala, como puede comprobarse en las sentencias de 3 de junio de 1988, 20 de diciembre de 1991, 17 de marzo de 1995, 13 de junio y 9 de julio de 2002, entre otras. Todo ello lleva a la conclusión de que al ser la acción de reclamación imprescriptible por tratarse de una acción de estado, no se le puede aplicar el plazo de caducidad del artículo 140 del Código civil para las acciones de impugnación ejercitadas de forma aislada». (14 diciembre 2005, rec. 5625/2000)

Sobre el reconocimiento de complacencia:

«Lo que deja expuesto autoriza a que el artículo 140, al referirse expresamente a la filiación no matrimonial, se está proyectando a los hijos nacidos sin que los padres se hubieran casado, como a los nacidos antes del matrimonio y no resultan hijos biológicos, como aquí sucede, no obstante el matrimonio de la madre progenitora y padre no progenitor, incluyéndose en el concepto de progenitor a quien formalmente figura como tal, ya lo sea por reconocimiento o por otro título, salvo si recae por sentencia judicial firme y la acción impugnatoria no se basa en defecto formal o vicio del consentimiento, ya que en concreto lo que ha de tenerse en cuenta es el dato objetivo de la realidad biológica y su prevalencia o no respecto a la filiación normal». (27 mayo 2004, rec. 2002/1998, LA LEY 13004/2004)

«la acción ejercitada, la del art. 140 se está refiriendo a un reconocimiento extrínsecamente correcto, pero inexacto, en cuanto su autor no es realmente el progenitor del reconocido. El actor no impugna el reconocimiento, no dice que el mismo esté viciado de error, violencia o intimidación, sino impugna la filiación. Por ello, no puede aducirse como infringido por inaplicación el artículo 141. La pretensión del actor se ha dirigido exclusivamente a demostrar la inexactitud de la filiación y de la falta de presupuesto fáctico de paternidad, en suma, en la falta de veracidad de la filiación. No impugna ni combate el reconocimiento en sí, que no niega, sino la filiación determinada por dicho acto». (4 junio 2004, rec. 2338/1998, LA LEY 13021/2004)

«La lectura de lo dispuesto en los artículos 138, 140 y 141 del Código Civil, puestos en relación con los artículos 115, 118, 119 y 120, permite diferenciar los dos cauces impugna-

torios, en atención a su diferente objeto y a su diferente causa o motivo de impugnación, que en un caso recae sobre el acto del reconocimiento determinante de la filiación, por vicios del consentimiento, y en otro, sobre la filiación determinada por el reconocimiento. Si la posibilidad de impugnar la filiación matrimonial por causas distintas al reconocimiento inválido por estar viciado el consentimiento —y, en concreto, por falta de veracidad biológica— se desprende con facilidad del artículo 138 del Código Civil, del mismo modo la impugnación de la filiación no matrimonial determinada por reconocimiento, con fundamento en la falta de ajuste a la realidad biológica, tiene cómoda cabida en el artículo 140, que por otra parte no excluye la impugnación del acto del reconocimiento por vicio de consentimiento regulada en el artículo 141, como ésta no excluye la anterior». (29 octubre 2008, rec. 1414/2003, LA LEY 164123/2008)

«es posible utilizar la vía del art. 140 CC, en cuyo caso, el plazo de caducidad para el ejercicio de la acción es de 4 años y no se puede acusar a la sentencia recurrida de no haber entrado en el fondo del asunto porque ha apreciado la caducidad... ...La impugnación de la filiación no matrimonial determinada por el reconocimiento, con fundamento en la falta de ajuste a la realidad biológica, tiene cómoda cabida en el art. 140 CC, que por otra parte no excluye la posibilidad de impugnar por vicio del consentimiento, como han dicho las sentencias de 29 octubre y 5 diciembre 2008». (29 noviembre 2010, rec. 1064/2007, LA LEY 204555/2010)

«1. El reconocimiento de hijo extramatrimonial, prescindiendo de que sea un reconocimiento de complacencia, está sometido a la normativa general de todo reconocimiento, como medio de determinación de la filiación extramatrimonial (artículo 120. 1.º CC), y dentro del mismo, a la acción de impugnación que contempla el artículo 140 CC. 2. Esta acción es distinta de la que contempla el artículo 141 CC, que es la acción de impugnación, no de la filiación en sí misma considerada, sino del reconocimiento, que lleva consigo necesariamente la de la filiación, y se ejerce con fundamento en la existencia de un vicio de la voluntad: error, violencia e intimidación —sin que se mencione el dolo el precepto, aunque este no es otra cosa que el error provocado— con la breve caducidad de un año. 3. La acción de impugnación derivada del artículo 141 CC no tiene como fin poner en entredicho determinadas situaciones que, por el transcurso del tiempo, pueden entenderse como situaciones sociales o familiares consolidadas, por haber alcanzado permanencia y general reconocimiento, en las que debe prevalecer el principio de seguridad jurídica y el carácter indisponible del estado civil. Sin embargo, nada obsta al ejercicio de la acción de impugnación durante el plazo de caducidad de cuatro años establecido con carácter general para la impugnación de la filiación ordinaria. En este sentido se pronunció la STS de 29 de noviembre de 2010, RC n.º 1064 / 2007, la cual, partiendo de la posibilidad de utilizar la vía del artículo 140 CC para la impugnación de la filiación paterna extramatrimonial, determinada por un reconocimiento de complacencia, apreció la caducidad de la acción por el transcurso del plazo de cuatro años. Atendiendo a lo expuesto, esta Sala fija la siguiente doctrina: la acción de impugnación de la filiación extramatrimonial, determinada por un reconocimiento de complacencia, puede ejercitarse por quien ha efectuado dicho reconocimiento, al amparo del artículo 140 CC, dentro de los cuatro años siguientes a la fecha del reconocimiento». (4 julio 2011, rec. 385/2007, LA LEY 165555/2011)

CONCORDANCIAS

Véase:
— arts. 113, 131 a 133 de este Código.
— art. 767.2 LEC.
Texto vigente según Ley 11/1981, 13 mayo (*«B.O.E.»*, 19 mayo).

Artículo 141

La acción de impugnación del reconocimiento realizado mediante error, violencia o intimidación corresponde a quien lo hubiere otorgado. La acción caducará al año del reconocimiento o desde que cesó el vicio de consentimiento, y podrá ser ejercitada o continuada por los herederos de aquél, si hubiere fallecido antes de transcurrir el año.

COMENTARIO

1.- Trata este artículo de la anulabilidad del reconocimiento formal del art. 120.1.º; anulabilidad que se motiva por vicios de la voluntad: error, que incluye el dolo que da lugar a error; violencia o intimidación, que realmente son el mismo concepto. No es una acción de filiación. Se contempla la anulabilidad del reconocimiento por razón de que su autor sufrió un vicio de la voluntad, sin que tenga trascendencia el que sea o no padre o madre del hijo reconocido.

Así, si triunfa esta acción, se anula el reconocimiento y era verdaderamente padre o madre, el hijo podrá iniciar una acción de reclamación de la paternidad o maternidad. Por el contrario, no prosperará esta acción si no prueba que hubo el vicio, pese a que quede claro que no es el padre o madre; en cuyo caso, tras fracasar en su acción de anulación del reconocimiento, podrá ejercer una acción de impugnación de la filiación.

Es independiente, pues, esta acción, de las acciones de filiación, que buscan la verdad material en el tema de la filiación. En ésta se permite anular el reconocimiento por vicio de la voluntad, no por la verdad de la filiación.

2.- Corresponde la legitimación activa al sujeto activo del reconocimiento.

Se establece un breve plazo de caducidad —un año— a contar desde que cesó el error, la violencia o la intimidación o desde el propio reconocimiento.

Si antes de que transcurra este plazo fallece, sus herederos podrán ejercitar la acción (lo que no ocurría con las acciones de filiación) o bien si ya la había iniciado, podrán continuarla (lo que sí ocurría también con las acciones de filiación).

JURISPRUDENCIA

«La acción que se ejercita en los presentes autos no es la prevista en el art. 136, sino la de impugnación del reconocimiento por quien lo ha otorgado, que se regula en el art. 141, respecto a la cual ha de tenerse en cuenta que, como ha declarado la sentencia de esta Sala de 27 Oct. 1993 —citada por el Ministerio Fiscal en su fundamentado escrito de impugnación del recurso— el aludido reconocimiento de la paternidad tiene los caracteres de un acto unilateral personalísimo, formal y sobre todo irrevocable (art. 741 del CC), que únicamente pierde su fuerza legal si se acredita que se ha incurrido en vicio de la voluntad al realizarlo. A su vez, la S 10 Feb. 1997 precisa que la irrevocabilidad del acto a que nos referimos obedece a exigencias de la seguridad del estado civil de las personas, dado que los cambios de voluntad del reconocedor son incompatibles con las condiciones de permanencia de todo estado civil. Sin embargo, como señala el mencionado art. 141, el reconocimiento realizado pierde su fuerza legal si se acredita que se ha incurrido en vicio de la voluntad (error, dolo, violencia o intimidación) al otorgarlo». (26 marzo 2001, LA LEY 50732/2001)

«en el presente caso al padre no se le reclama la paternidad biológica, sino que se solicita dejar sin efecto la paternidad por subsiguiente matrimonio, ya que se ejercita la acción del

artículo 141 del Código civil, lo cual carece de base pues el titular de la paternidad no sufrió error, ni violencia, ni intimidación, y además la misma ha sido esgrimida habiendo transcurrido el año de caducidad que determina dicho artículo». (9 julio 2004, rec. 3212/2000)

(Vid. También la sentencias relacionadas en el artículo 140 sobre el reconocimiento de complacencia, de 27 mayo 2004, 4 junio 2004, 29 octubre 2008, 29 noviembre 2010, 4 julio 2011).

CONCORDANCIAS

Véase nota al art. 138 y arts. 1301 y ss. de este Código.
Texto vigente según Ley 11/1981, 13 mayo (*«B.O.E.»,* 19 mayo).

TÍTULO VI
De los alimentos entre parientes

Artículo 142

Se entiende por alimentos todo lo que es indispensable para el sustento, habitación, vestido y asistencia médica.

Los alimentos comprenden también la educación e instrucción del alimentista mientras sea menor de edad y aún después cuando no haya terminado su formación por causa que no le sea imputable.

Entre los alimentos se incluirán los gastos de embarazo y parto, en cuanto no estén cubiertos de otro modo.

COMENTARIO

1.- En el matrimonio, en la patria potestad y en la tutela se ha hecho referencia a los alimentos, inmersos dentro de los deberes que se derivan de cada una de tales instituciones. Pero los alimentos pueden tener una entidad independiente y producirse como obligación entre determinados parientes y en ciertas circunstancias.

Con la palabra *alimentos* se designan todos aquellos *medios necesarios para la subsistencia de una persona*, no sólo los relativos a la comida (alimentación), sino a los de la vida, que comprenden, incluso, los de educación.

La *prestación de alimentos* es, en consecuencia, la *satisfacción por una persona a favor de otra de los medios necesarios para la subsistencia de ésta.*

La deuda alimenticia es la obligación que tiene una persona *—por ley o por negocio jurídico* inter vivos *o por testamento—* de una prestación de alimentos a otra.

2.- El primer párrafo se refiere a la subsistencia propiamente dicha: alimentación (como «sustento», en expresión del texto legal, no como alimentos en concepto jurídico), habitación (en el sentido de vivir bajo techado), vestido (como ropa normal o de abrigo) y asistencia médica (que no esté cubierta por seguro obligatorio o de otra clase).

3.- Dice el párrafo 2.º: *Los alimentos comprenden también la educación e instrucción del alimentista mientras sea menor de edad y aun después, cuando no haya terminado su formación por causa que no le sea imputable*; previsión lógica esta última, pues todo estudio de nivel superior no podrá ser concluido en la minoría de edad, antes bien, lo frecuente es que comience a los dieciocho años; por tanto, los alimentos comprenden siempre en la minoría de edad, la educación e instrucción, y en la mayoría de edad, sólo cuando no la ha terminado, no por su culpa.

4.- El tercer párrafo quizá es superfluo porque el embarazo y parto entran dentro del concepto de asistencia médica prevista con carácter general en el primer párrafo. Dispone que *entre los alimentos se incluirán los gastos de embarazo y parto, en cuanto no estén cubiertos de otro modo*; la última expresión se refiere a que esté cubierto por el seguro obligatorio, o por un seguro privado o Mutualidad, casos en que no podrá exigirse al alimentista que los pague en la medicina privada.

5.- Al concepto de alimentos deben añadirse los gastos funerarios, tal como dispone el segundo párrafo del art. 1894.

JURISPRUDENCIA

«a tenor de lo dispuesto en el art. 3.1 del CC, que determina que las normas se interpretarán atendiendo a la realidad social del tiempo en que han de ser aplicadas, no cabe la menor duda que no hay base suficiente para que siga vigente tal obligación alimenticia. Se dice lo anterior porque dos personas, graduadas universitariamente, con plena capacidad física y mental y que superan los treinta años de edad, no se encuentran, hoy por hoy, y dentro de una sociedad moderna y de oportunidades, en una situación que se pueda definir de necesidad, que les pueda hacer acreedores a una prestación alimentaria; lo contrario sería favorecer una situación pasiva de lucha por la vida, que podría llegar a suponer un «parasitismo social». (1 marzo 2001, LA LEY 3552/2001)

CONCORDANCIAS

Véase:
— art. 9.7 de este Código.
— Constitución Española: art. 39.3.
—Artículos 1791 y ss. C.C. añadidos por Ley 41/2003 de 18 de noviembre.
Texto vigente según Ley 11/1981, 13 mayo (*«B.O.E.»*, 19 mayo).

Artículo 143

Están obligados recíprocamente a darse alimentos en toda la extensión que señala el artículo precedente:

1.º Los cónyuges.

2.º Los ascendientes y descendientes.

Los hermanos sólo se deben los auxilios necesarios para la vida, cuando los necesiten por cualquier causa que no sea imputable al alimentista, y se extenderán en su caso a los que precisen para su educación.

COMENTARIO

1.- A partir de este artículo se regula la deuda alimentaria entre parientes: obligación impuesta por la ley a determinadas personas de prestar medios necesarios para su subsistencia, a su cónyuge o determinados parientes. Los presupuestos de la misma son: primero, vínculo conyugal o de parentesco; segundo, estado de necesidad en el alimentista; tercero, posibilidad económica del alimentante.

2.- El primero de los presupuestos, vínculo conyugal o de parentesco, lo señala el art. 143 como obligación con carácter de reciprocidad en el sentido de que las personas obligadas a dar alimentos —alimentantes— son las mismas que pueden exigirlos —alimentistas— según concurran en una u otra los presupuestos; no tiene el sentido de obligación recíproca, como una clase de las obligaciones a las que puede aplicarse la resolución del art. 1124 y otros efectos.

Los cónyuges, ascendientes y descendientes pueden ser alimentantes o alimentistas de la obligación de alimentos en su concepto de alimentos propiamente dichos o amplios; los hermanos entre sí sólo pueden serlo en el concepto de alimentos restringidos que son sólo los auxilios necesarios para la vida, comprendiendo la educación, siempre que la causa no sea imputable al alimentista.

3.- Los cónyuges, en situación normal de convivencia, no se deben alimentos pues se hallan dentro del deber de socorro mutuo (art. 68). Sí nace esta obligación en las medidas provisionales en los procesos de nulidad, separación o divorcio. No existe tras la sentencia de nulidad, separación o divorcio, sin perjuicio de la indemnización o pensión compensatoria que se fije en la misma.

En los casos de separación de hecho se da obligación de alimentos y había recaído abundante jurisprudencia, especialmente en la época anterior a 1981 en que no existía divorcio, la separación era eclesiástica si el matrimonio había sido (como prácticamente siempre) canónico, no había ninguna facilidad para la separación legal y ante los inconvenientes de ésta se acudía a la de hecho. Si la separación de hecho ha sido mutuamente aceptada, existe obligación de alimentos (aunque fácilmente se habrá pactado y se aplicará el art. 153). Si no ha habido tal acuerdo, el que provocó la separación no tiene derecho a alimentos y sí lo tiene el que la sufrió (el «abandonado»).

4.- La *deuda alimenticia de los ascendientes respecto de sus descendientes*, cuando son menores de edad no emancipados queda inmersa en la función de la patria potestad, cuyo artículo 154, número 1.º, incluye expresamente los alimentos como integrantes de aquélla. Siendo menores emancipados, puede darse derecho de alimentos frente a sus padres o ascendientes. Y, por último, siendo mayores de edad, puede darse también la deuda alimenticia si concurren los presupuestos, aunque la educación e instrucción del descendiente alimentista sólo entrará si no ha terminado su formación por causa que no le sea imputable, tal como dispone el art. 142, segundo párrafo.

En todo caso, no hay que olvidar que los ascendientes alimentantes son tanto los padres como los ulteriores ascendientes; sin perjuicio, claro está, del orden de preferencia para prestarlos que marca el artículo 144.

En cuanto a la *deuda alimenticia de los descendientes respecto a sus ascendientes*, tampoco se reduce a hijos respecto a sus padres, sino que alcanza a todos los ascendientes. Aplicándose también el orden de preferencia del artículo 144.

5.- Los hermanos son recíprocamente sujetos de la obligación de alimentos, aunque ésta está limitada objetiva y subjetivamente.

Objetivamente, por cuanto su objeto no son alimentos propiamente dichos, civiles o amplios, que prevé el artículo 142, sino —como expresa el último párrafo del art. 143— los *auxilios necesarios para la vida*, que se extienden a los que precisen para su educación, es decir, los alimentos llamados restringidos. Subjetivamente, pues únicamente se deben a los hermanos alimentistas *cuando los necesitan por cualquier causa que no sea imputable al alimentista.*

JURISPRUDENCIA

«Producido el divorcio dejan de ser cónyuges, desaparece la razón legal de alimentos, por esta causa, y la sentencia de alimentos pierde su eficacia, viniendo a regular la nueva

situación el Derecho matrimonial y la sentencia de divorcio que a su amparo se dicta». (23 septiembre 1996, LA LEY 9040/1997)

«Y lo que no se puede pretender es realizar un modelo de vida propio y con arreglo a unos principios de conducta, que atacan y contradicen a los de un entorno familiar y social, y seguir obteniendo las ventajas de acogimiento y económicas de dicho entorno, que se rechaza. Pero además de todo lo anterior, hay que determinar las necesidades reales de la ahora parte recurrente; y en la presente litis dicha parte no ha probado que su nueva vida esté desasistida del sustento diario, alojamiento, vestido, asistencia médica y, en determinados supuestos, de la instrucción cultural y profesional; y sobre todo no ha probado una incapacidad permanente, total y parcial, para realizar trabajos retribuidos, sean de tipo intelectual o manual. Y para que surja con todos sus efectos dicha deuda alimenticia han de darse determinadas circunstancias como son reveses de fortuna, siniestros imprevisibles, enfermedades graves, imposibilidad de trabajar...». 23 febrero 2000, LA LEY 57105/2000)

CONCORDANCIAS

Véase:
— arts. 269 y 275 de este Código.
— Constitución Española: art. 39.3.
Texto vigente según Ley 11/1981, 13 mayo (*«B.O.E.»,* 19 mayo).

Artículo 144

La reclamación de alimentos cuando proceda y sean dos o más los obligados a prestarlos se hará por el orden siguiente:

1.º Al cónyuge.

2.º A los descendientes de grado más próximo.

3.º A los ascendientes, también de grado más próximo.

4.º A los hermanos, pero estando obligados en último lugar los que sólo sean uterinos o consanguíneos.

Entre los descendientes y ascendientes se regulará la gradación por el orden en que sean llamados a la sucesión legítima de la persona que tenga derecho a los alimentos.

COMENTARIO

1.- Los obligados a prestar alimentos según el artículo anterior pueden ser más de uno y muchos más (piénsese en el hombre casado, que le viven sus padres y abuelos, tiene hijos y tiene hermanos). Ante la pluralidad de alimentantes, el Código no ordena que la obligación alimenticia recaiga sobre todos ellos, sino que establece un orden de preferencia.

Si dentro del mismo orden hay varias personas, se aplicará el art. 145, primer párrafo: es obligación mancomunada de todos ellos.

2.- El orden es el siguiente: en primer lugar, los cónyuges, en segundo lugar, los descendientes de grado más próximo; en tercer lugar, los ascendientes de grado más próximo; entre los descendientes y los ascendientes el orden es aquel en que sean llamados a la sucesión intestada del alimentista; en cuarto lugar, hermanos de doble vínculo; en quinto lugar, hermanos de vínculo sencillo.

3.- Esta sucesión ordenada de alimentantes se aplicará cuando falte uno de los grupos: si no hay cónyuge, descendiente; si no los hay, ascendientes y así sucesivamente. Pero no sólo en tal caso. También si en una de las personas o grupos no concurren los presupuestos (esencialmente, carece de posibilidad económica para sufragar los alimentos) el alimentista puede pasar a la persona o grupo siguiente. Pero no es necesario que el alimentista dirija la reclamación o interponga la demanda de alimentos contra el preferente y cuando se acredite su imposibilidad económica dirigirse el siguiente; por el contrario, basta que dirija la reclamación o la acción contra el que estime que reúne los presupuestos, y no haya uno preferente que también los tenga.

JURISPRUDENCIA

«La interpretación efectuada, en la Sentencia recurrida, del referido artículo 144, es la correcta, ya que la obligación legal de alimentos, en cuanto a su contenido, se normatiza en el artículo 142 del Código Civil, y en concreto a los sujetos, recíprocos, de la prestación, en el 143 siguiente (Sentencia de 2 de diciembre de 1983). Y si bien el citado precepto 144, establece el orden de prestación, no es de recibo, dejar al margen y menos ignorar, dicho orden, previsto para cuando concurran varios obligados; y, dados los fundamentos y motivos que determinan subjetivamente la obligación alimenticia, y según reiterada jurisprudencia de este Tribunal (Sentencias de 5 de abril de 1902, 10 de enero de 1906, 27 de abril de 1911, 24 de noviembre de 1920, 6 de junio de 1917, 30 de abril de 1923 y 20 de junio de 1959), no impone efectivamente a los acreedores alimentarios, la sujeción estricta a la numeración que el artículo contiene, sino que la reclamación la pueden promover contra cualquiera de las personas que menciona la referida norma, puesto que otra interpretación sería contraria a los fines de concreción y economía de los procesos, por el gravamen que representaría, tener que sostener litigios sucesivos y eliminatorios, para llegar a determinar el sujeto pasivo, que, por sus recursos económicos, pudiera levantar y atender la carga alimenticia». (13 abril 1991, LA LEY 2070-JF/0000)

«En consecuencia, de ordinario es necesario demandar conjuntamente a todos y cada uno de los alimentantes obligados, y cada uno de ellos sólo pagará la parte proporcional que le corresponda; esto no empece para que no sea obligatorio demandar al obligado que notoria y justificadamente no se encuentre en situación de contribuir, supuesto en el que la deuda se concentrará en los demás». (12 abril 1994, LA LEY 13868/1994)

CONCORDANCIAS

Véase:
— arts. 90, 93, 97, 98 y 930 a 942 de este Código.
Texto vigente según Ley 11/1981, 13 mayo (*«B.O.E.»,* 19 mayo).

Artículo 145

Cuando recaiga sobre dos o más personas la obligación de dar alimentos, se repartirá entre ellas el pago de la pensión en cantidad proporcional a su caudal respectivo.

Sin embargo, en caso de urgente necesidad y por circunstancias especiales, podrá el Juez obligar a una sola de ellas a que los preste provisionalmente, sin perjuicio de su derecho a reclamar de los demás obligados la parte que les corresponda.

Cuando dos o más alimentistas reclamaren a la vez alimentos de una misma persona obligada legalmente a darlos, y ésta no tuviere fortuna bastante para atender a todos, se guardará el orden establecido en el artículo anterior, a no ser que los alimentistas concurrentes fuesen el cónyuge y un hijo sujeto a la patria potestad, en cuyo caso éste será preferido a aquél.

COMENTARIO

1.- El artículo anterior establece el orden de preferencia entre una posible pluralidad de alimentantes. Este artículo, en su párrafo primero, prevé el caso de que exista efectivamente una pluralidad de alimentantes directamente obligados a satisfacer la deuda alimenticia: padre y madre, los hijos, los abuelos, etc., en quienes, aplicando el artículo anterior, resultan deudores.

Se establece que la obligación alimenticia es mancomunada y la cuantía que corresponde a cada deudor no es igualitaria, sino proporcional a la posibilidad económica de cada uno.

2.- En caso de urgencia «y por circunstancias especiales» como dice el texto legal aunque no se vislumbra otra circunstancia especial que no sea la necesidad urgente, se prevé en el párrafo segundo una solidaridad provisional. Cualquiera de los alimentantes puede ser obligado de inmediato a cumplir la obligación de alimentos, sin perjuicio de que reclame su parte a los demás obligados.

3.- El tercer párrafo prevé el supuesto inverso a los párrafos y al artículo anterior. Se trata de que haya una *pluralidad de alimentistas*. Si son varios los alimentistas que reclaman alimentos al mismo alimentante, éste los satisfará a todos, si tiene posibilidad económica para ello. Pero si no la tiene, el orden de preferencia lo señala este párrafo que se remite al art. 144. Hay una excepción; si los alimentistas son el cónyuge y un hijo bajo patria potestad, éste tiene preferencia sobre aquél.

JURISPRUDENCIA

«Conviene puntualizar que la obligación de prestar alimentos está configurada en el Código como mancomunada y divisible, pues el artículo 145 determina, que cuando recaiga sobre dos o más personas esta obligación, se repartirá entre ellos, pero no por partes iguales, sino en cantidad proporcional a sus caudales respectivos. No es por tanto una deuda de carácter solidario, al no tener expresamente reconocida esta naturaleza, y ser principio general el de no presumirse tal condición. Este carácter no solidario se ve reforzado con el contenido del párrafo 2.º del artículo 145 citado, según el cual no se permite entender que el alimentista pueda dirigirse, en todo caso, contra cualquiera de las obligadas para exigirle el pago de la pensión». (12 abril 1994, LA LEY 13868/1994)

CONCORDANCIAS

Véase art. 1.137 de este Código.

Artículo 146

La cuantía de los alimentos será proporcionada al caudal o medios de quien los da y a las necesidades de quien los recibe.

COMENTARIO

El segundo y tercero de los presupuestos de la obligación de alimentos (el primero es el vínculo conyugal o de parentesco) son la necesidad del alimentista y la posibilidad económica del alimentante, Estos son los determinantes de la cuantía de los alimentos, con el criterio de la proporcionalidad.

Por una parte deben ser proporcionados a las necesidades del alimentista, en el sentido amplio del concepto de alimentos, pero referidos a la persona misma del alimentista y no a las que pueda tener a su cargo que pueden tener su propio derecho de alimentos frente a las personas que corresponda, que reúnan sus respectivos presupuestos.

Por otra parte, deben ser proporcionados a las posibilidades económicas del alimentante, «caudal o medios», dice el texto legal. Lo que comprende, también en un sentido amplio, el capital, rentas de capital, el producto de su trabajo e incluso la capacidad económica.

Finalmente, ambos presupuestos se relacionan entre sí; la proporcionalidad es respecto a la necesidad en su relación con la posibilidad económica, de alimentista y alimentante, respectivamente.

JURISPRUDENCIA

«Uno de los presupuestos de la obligación legal de alimentos es la necesidad del alimentista, en el sentido de que el mismo no está en condiciones de proveer por sí mismo a su propia subsistencia. Los artículos 146 y 148 del Código civil resalta este presupuesto al mencionar expresamente las necesidades y el artículo 152.3, al incluir entre los casos de extinción la falta de tal necesidad. Por ello, quien las reclama ha de probar la desasistencia y la necesidad, tal como destaca la sentencia de esta Sala de 23 de febrero de 2000. (LA LEY 5702/2000). Esto es lo ocurrido en el presente caso; la demandante no ha probado —realmente, ni siquiera lo ha alegado— que la madre tuviera derecho a alimentos, por su situación de necesidad». (15 septiembre 2006, LA LEY 103069/2006)

Véase la sentencia de 1 marzo 2001 (LA LEY 3552/2001) que se halla en el art. 142.

CONCORDANCIAS

Véase arts. 142 y 152.2.º y 3.º de este Código.
Texto vigente según Ley 11/1981, 13 mayo (*«B.O.E.»,* 19 mayo).

Artículo 147

Los alimentos, en los casos a que se refiere el artículo anterior, se reducirán o aumentarán proporcionalmente según el aumento o disminución que sufran las necesidades del alimentista y la fortuna del que hubiere de satisfacerlos.

COMENTARIO

1.- La cuantía de los alimentos, determinada según lo dispuesto en el artículo anterior, no es inmutable. Tanto si se ha determinado de común acuerdo o por resolución judicial, sea cualquiera el procedimiento, puede variar si varían los presupuestos, es decir, la necesidad de alimentista o la posibilidad económica de alimentante.

2.- La referencia que hace este art. 147 a «los casos a que se refiere el artículo anterior» está vacía de contenido. No hay remisión, porque no hay tales «casos». El artículo anterior determina la cuantía, sin más; y este artículo declara su mutabilidad. La remisión es un simple error: no se modificó este artículo cuando se modificó el anterior por Ley 11/1981, de 13 de mayo; éste se refería antes a los «casos» de cuatro números del art. 143, pero ahora ya no tiene tal referencia, ya no se establece la cuantía en ciertos «casos» y por tanto nada significa la remisión a «casos», del presente art. 147.

CONCORDANCIAS

Véase arts. 90, 91, 93, 152.2.º y 3.º de este Código.

Artículo 148

La obligación de dar alimentos será exigible desde que los necesitare, para subsistir, la persona que tenga derecho a percibirlos; pero no se abonarán sino desde la fecha en que se interponga la demanda.

Se verificará el pago por meses anticipados, y, cuando fallezca el alimentista, sus herederos no estarán obligados a devolver lo que éste hubiese recibido anticipadamente.

El Juez, a petición del alimentista o del Ministerio Fiscal, ordenará con urgencia las medidas cautelares oportunas para asegurar los anticipos que haga una Entidad pública u otra persona y proveer a las futuras necesidades.

COMENTARIO

1.- Establece este artículo el nacimiento de la obligación de alimentos, que se produce cuando concurren los presupuestos de la misma: vínculo conyugal o de parentesco, necesidad de alimentista y posibilidad económica del alimentante. A partir de este momento, es exigible el cumplimiento de la obligación.

Sin embargo, se establece una excepción a las reglas generales de cumplimiento de las obligaciones. Si se exige judicialmente, no se puede reclamar la deuda pendiente hasta el momento, sino que sólo se exigirán desde aquel en que se interponga la demanda.

2.- Nacida y, en su caso, exigido el cumplimiento de la obligación de alimentos, se cumple ésta por meses anticipados. Cuando fallece el alimentista, se extingue la obligación de alimentos; si fallece el día primero de mes, no habría problema; pero si ocurre en el transcurso del mes, al haberse satisfecho por meses anticipados, en pura teoría debería devolverse la parte correspondiente a los días en que ya se había extinguido la obligación. Por razones más prácticas que teóricas, se establece que los herederos del alimentista fallecido no deberán devolver la parte percibida anticipadamente correspondiente a los días en que ya había fallecido.

3.- El tercer párrafo prevé unas medidas cautelares que se pueden acordar judicialmente, a instancia del alimentista o del Ministerio Fiscal, para asegurar anticipos o prestaciones que haga un tercero, sea entidad pública o un particular, sin perjuicio de que posteriormente los pueda reclamar el verdadero alimentante; o bien, para proveer a las futuras necesidades. En el fondo, lo que se prevé es que el Juez puede tomar medidas cautelares para garantizar el cumplimiento de la obligación de alimentos.

JURISPRUDENCIA

«Tal obligación depende de la necesidad del alimentista y no existe cuando el alimentista puede ejercer un oficio, profesión o industria. No es suficiente el informe de la Guardia Civil relativo a que es soltero y carece de toda clase de recursos económicos, de ingresos y de patrimonio propio dependiendo económicamente a todos los efectos de su madre. El motivo, que ha sido apoyado por el Ministerio Fiscal en su informe, debe ser acogido, mucho más cuando el referido informe de la Guardia Civil afirma que madre e hijo trabajan en una explotación ganadera. Como ha recogido la sentencia de esta Sala de 23 de febrero de 2000, quien reclama alimentos ha de probar que está desasistido del sustento diario, alojamiento, vestido, asistencia médica y en determinados supuestos, de la instrucción cultural y profesional y que se halla en una situación de incapacidad total o parcial para realizar trabajos retributivos sean de tipo intelectual o manual». (30 junio 2004, rec. 5011/1999)

«a la obligación de abonar alimentos a los hijos es aplicable el artículo 148 del Código Civil... ...Pero lo que realmente plantea dudas es la aplicación de tal precepto a las sucesivas resoluciones que pueden modificar los pronunciamientos anteriores una vez fijada la pensión de alimentos, bien por la estimación de un recurso o por una modificación posterior, como ocurre en este supuesto, que varía el progenitor obligado al pago. Sobre tal cuestión sería de aplicación lo dispuesto en el artículo 106 del Código Civil». (3 octubre 2008, rec. 2727/2004, LA LEY 148029/2008)

«en materia de alimentos, el Art. 148 CC contiene una norma distinta, que si bien evita los efectos retroactivos de la obligación de prestar alimentos al momento en que se produce la necesidad, establece que los alimentos "no se abonarán sino desde la fecha en que se interponga la demanda". Esta regla se refiere únicamente a la petición de los alimentos, puesto que como afirma la STS 328/1995, de 8 abril , una cosa es que se haya reconocido la relación jurídica de que derivan los alimentos y otra que estos se soliciten en tiempo y forma con fijación de la pensión, los plazos de abono de los mismos y la forma de hacerlos efectivos... ....Debe aplicarse a la reclamación de alimentos por hijos menores de edad en situaciones de crisis del matrimonio o de la pareja no casada la regla contenida en el Art. 148.1 CC, de modo que, en caso de reclamación judicial, dichos alimentos deben prestarse por el progenitor deudor desde el momento de la interposición de la demanda». (14 junio 2011, rec. 1027/2009, LA LEY 83083/2011)

CONCORDANCIAS

Véase art. 880 de este Código.
Texto vigente según Ley 11/1981, 13 mayo (*«B.O.E.»*, 19 mayo).

Artículo 149

El obligado a prestar alimentos podrá, a su elección, satisfacerlos, o pagando la pensión que se fije, o recibiendo y manteniendo en su propia casa al que tiene derecho a ellos.

Esta elección no será posible en cuanto contradiga la situación de convivencia determinada para el alimentista por las normas aplicables o por resolución judicial. También podrá ser rechazada cuando concurra justa causa o perjudique el interés del alimentista menor de edad.

COMENTARIO

1.- El cumplimiento de la obligación de alimentos admite dos formas, con las que se satisface el interés del acreedor, el alimentista: la prestación en forma civil o la llamada prestación natural. La primera es el pago en dinero —obligación pecuniaria— de la pensión que se haya fijado. La segunda consiste, según dice el texto legal, «recibiendo y manteniendo en su propia casa» el alimentante al alimentista.

2.- La opción entre una y otra forma corresponde al alimentante. El código no establecía ninguna excepción, pero los Juzgados, Tribunales y la Jurisprudencia, sí habían admitido que no cabía opción y la obligación de alimentos debía prestarse en forma civil, en los casos en que material o jurídicamente no era posible o aconsejable o razonable. Casos posibles, entre otros muchos que se han dado o se pueden dar: cuando hay una enemistad o incompatibilidad manifiesta, que se ha acreditado en el propio proceso de alimentos (del hijo contra el padre, por ejemplo); cuando se priva del ejercicio de la patria potestad (del hijo menor que tiene derecho de alimentos frente a su abuelo y aquél está bajo patria potestad de la madre); en las medidas provisionales del proceso de nulidad; separación o divorcio; etc.

La Ley Orgánica 1/1996, de 15 de enero, de protección jurídica del menor, ha añadido un párrafo a este artículo previendo precisamente este supuesto. Así, dispone que no cabe opción y los alimentos deben prestarse en forma civil, cuando la prestación natural (en la casa del alimentante) contradiga la situación de convivencia que está determinada legalmente o por resolución judicial (caso de separación, divorcio o nulidad) o cuando concurra justa causa o cuando perjudique el interés del alimentista menor de edad.

JURISPRUDENCIA

«ese derecho de opción en el modo de prestar los alimentos que el precepto autoriza, no puede ser tan absoluto que limite el amplio examen que los Tribunales han de efectuar de los datos concurrentes en cada caso, hallándose subordinado a la condición de que no exista estorbo alguno, ni legal ni moral, para que el alimentista pueda ser trasladado a casa del alimentante (sentencia de 12 de febrero de 1982, que ratifica criterio ya mantenido por las de 8 de marzo de 1952, 21 de diciembre de 1953 y otras), y como bien argumenta el Tribunal «a quo» los antecedentes que concurren en el caso, esto es, la separación de hecho consentida por ambas partes, "resultan incompatibles con dicha facultad optativa"». (25 noviembre 1985, LA LEY 8422-R/1987)

CONCORDANCIAS

Véase:
— arts. 93 y 103.3 de este Código.
— Ley Enjuiciamiento Civil: arts. 1.916 y 1.918.
Texto vigente según LO 1/1996, 15 enero, de Protección Jurídica del Menor («*B.O.E.*», 17 enero)

Artículo 150

La obligación de suministrar alimentos cesa con la muerte del obligado, aunque los prestase en cumplimiento de una sentencia firme.

COMENTARIO

1.- La deuda de alimentos tiene el carácter de personalísima y es intransmisible. Por ello, la muerte del alimentante extingue la obligación de alimentos. No se transmite a sus herederos. El Código añade que esto ocurre «aunque los prestase en cumplimiento de una sentencia firme», lo cual es una simple redundancia, es algo evidente, ya que una obligación existe desde que se constituyó, esté o no declarada en sentencia firme.

2.- Es una extinción relativa, no desaparece la obligación sino respecto al alimentante: así, tras la muerte del alimentante, el alimentista puede exigir alimentos a los herederos del mismo, no como tales, sino tan sólo si les une vínculos de parentesco y se dan los presupuestos, con lo que se constituye una obligación de alimentos nueva. También puede ocurrir que haya una pluralidad de alimentantes, y al fallecer uno se extingue su deuda, pero continúa con los demás y, aplicando el art. 145, primer párrafo, la obligación seguirá afectando a los restantes en proporción a su respectiva posibilidad económica, sin reducirse respecto al alimentista.

JURISPRUDENCIA

«El inicial motivo alega inaplicación del art. 150 del Código Civil y entiende que la obligación de prestar alimentos a los hijos reconocidos en la sentencia recurrida, había cesado al ocurrir el fallecimiento del Sr. David. El motivo perece inexcusablemente, porque la sentencia a quo se ha limitado a señalar como periodo de la prestación de alimentos el comprendido entre el 19 de octubre de 1995, fecha de la demanda, y el 19 de julio de 1996, fecha de fallecimiento del demandado y obligado al pago de alimentos en su condición de padre biológico de los actores. Se trata de un periodo ya devengado y no satisfecho. Se confunde el motivo, pues no se transmite a los herederos del demandado la obligación de pagar alimentos, sino pagar una deuda concretada en tiempo y cantidad en su condición de heredero del obligado». (28 junio 2004, rec. 360/2000)

CONCORDANCIAS

Véase arts. 152.1.º y 1.966.1.º de este Código.

Artículo 151

No es renunciable ni transmisible a un tercero el derecho a los alimentos. Tampoco pueden compensarse con lo que el alimentista deba al que ha de prestarlos.

Pero podrán compensarse y renunciarse las pensiones alimenticias atrasadas, y transmitirse a título oneroso o gratuito el derecho a demandarlas.

COMENTARIO

1.- La obligación de alimentos es personalísima y, en consecuencia, indisponible. No es transmisible, como tal obligación, ni la deuda por el alimentante ni el derecho de crédito por el alimentista. Ni éste puede renunciar a su derecho a los alimentos. Ni tal derecho puede ser objeto de compensación con un crédito del alimentante.

2.- Distinto a lo anterior es la cantidad que por pensión alimenticia, en base a la obligación ya constituida, tiene derecho a percibir del alimentista: éstas sí pueden renunciarse y extinguirse por otros medios, como la compensación.

Lo mismo ocurre con la transmisión del crédito o de la deuda, reuniendo todos los requisitos que establece el Código Civil; que es posible; respecto a este derecho a percibir la cantidad objeto de la obligación.

CONCORDANCIAS

Véase arts. 6.2.º, 1.200 y 1.814 de este Código.

Artículo 152

Cesará también la obligación de dar alimentos:

1.º Por muerte del alimentista.

2.º Cuando la fortuna del obligado a darlos se hubiere reducido hasta el punto de no poder satisfacerlos sin desatender sus propias necesidades y las de su familia.

3.º Cuando el alimentista pueda ejercer un oficio, profesión o industria, o haya adquirido un destino o mejorado de fortuna, de suerte que no le sea necesaria la pensión alimenticia para su subsistencia.

4.º Cuando el alimentista, sea o no heredero forzoso, hubiese cometido alguna falta de las que dan lugar a la desheredación.

5.º Cuando el alimentista sea descendiente del obligado a dar alimentos, y la necesidad de aquél provenga de mala conducta o de falta de aplicación al trabajo, mientras subsista esta causa.

COMENTARIO

1.- Aparte del caso del art. 150, extinción de la obligación de alimentos por muerte del alimentante, extinción relativa que no afecta a la obligación en sí, sino tan sólo respecto al alimentante, se enumeran en el art. 152 los casos de extinción absoluta del derecho de alimentos. Este se extingue, absolutamente, lo que no quiere siempre decir definitivamente, ya que nada impide que la obligación ya extinguida pueda volver a constituirse, siempre que sea posible, claro (que no lo es, evidentemente, en el caso del número 1.º).

2.- Los casos son: la muerte del alimentista (num. 1.º), causa de extinción absoluta y definitiva; desaparición del presupuesto de la obligación de alimentos (números 2.º y 3.º), tanto porque deja de tener necesidades el alimentista (por haber adquirido capital, obtenido trabajo, o posibilidad de trabajar), como porque deja de tener posibilidades económicas el alimentante; en este último caso, podría constituirse una obligación nueva con otro alimentante, como ocurría con el caso de extinción por muerte del alimentante; por mala conducta del alimentista, como sanción legal; es el supuesto que prevén los números 4.º y 5.º del artículo 152: sea o no legitimario, si *hubiese cometido alguna falta de las que dan lugar a la desheredación* y siempre que sea descendiente del alimentante, la *necesidad de aquél* (el alimentista) *provenga de mala conducta o de falta de aplicación al trabajo*, lo que produce la extinción de la deuda alimenticia o sólo la suspensión si su conducta deja de ser mala o más tarde tiene aplicación al trabajo (*mientras subsista esta causa*, prevé dicho num. 5.º).

JURISPRUDENCIA

«El artículo 152, 3.ª del Código Civil que se cita como infringido establece un supuesto en el que cesa la obligación de prestar alimentos, cuando pueda ejercer un oficio o una profesión, "de suerte que no le sea necesaria la pensión alimenticia para su subsistencia". Lo que viene a decir la recurrente es que al haber cesado en su profesión, la de soldado profesional, debería haberse aplicado esta disposición interpretándola a contrario, es decir, que

tiene derecho a la pensión alimenticia porque no ha mejorado de fortuna y vuelve a necesitar los alimentos. Es cierto que cuando ello sucede, se restablece el derecho de alimentos y es lo que pretende decir la recurrente, pero entonces será el propio interesado quien ostentará la acción correspondiente para reclamar, de quien esté obligado según la ley, el pago de una nueva pensión por tratarse, como ocurre en este litigio, de un mayor de edad». (28 noviembre 2007, LA LEY 193556/2007)

«la obligación de dar sustento a los hijos menores es un deber incardinado en la patria potestad, derivado de la relación paterno-filial (artículo 110 del Código Civil), resultando de ello que la prestación alimenticia a los hijos menores no ha de verse afectada "por las limitaciones propias del régimen legal de alimentos entre parientes que, en lo que se refiere a los hijos, constituye una normativa en gran parte sólo adecuada al caso de los hijos mayores de edad o emancipados". La consecuencia de lo anterior no puede ser otra que la subsistencia de la obligación de prestar alimentos a hijos menores de manera incondicional aún en el caso de que el hijo tenga sus necesidades cubiertas por sus propios medios, y así debe entenderse la doctrina que se dice vulnerada, que descarta que las limitaciones propias del régimen legal de alimentos entre parientes —entre las que se encuentran sin duda las causas de cesación de la prestación alimenticia previstas en el artículo 152 C.C.— sean causa de cesación de la prestación debida al hijo menor, precisamente por derivar el derecho del menor directamente del hecho de la generación... ...cuando el menor, como es el caso, tiene ingresos propios, estimados, según las circunstancias del caso, de entidad suficiente para subvenir completamente sus necesidades de alimentación, vestido, alojamiento y educación, nada obsta a que la prestación alimenticia pueda, no cesar, pero sí suspenderse en su percepción». (24 octubre 2008, rec. 2698/2004, LA LEY 158334/2008)

CONCORDANCIAS

Véase arts. 852 a 855 de este Código.

Artículo 153

Las disposiciones que preceden son aplicables a los demás casos en que por este Código, por testamento o por pacto se tenga derecho a alimentos, salvo lo pactado, lo ordenado por el testador o lo dispuesto por la ley para el caso especial de que se trate.

COMENTARIO

El último artículo de los destinados a regular la obligación de alimentos, dispone la subsidiariedad de la normatividad precedente respecto a toda obligación de alimentos. Esta puede estar dispuesta por ley (así, los debidos a la viuda encinta; arts. 964), por testamento (así, legado de alimentos: art. 879) o por negocio jurídico inter vivos (al amparo del principio de autonomía de la voluntad: art. 1255).

La ley, el testamento o el pacto establecerán las disposiciones pertinentes, pero en lo no previsto, regirá la normativa del Código civil sobre la obligación de alimentos de los art. 142 y ss. Regirá en lo no previsto y en lo que sea compatible con la obligación constituida.

Téngase en cuenta que por Ley 41/2003, de 18 noviembre, de protección patrimonial de las personas con discapacidad, ha añadido en el Código Civil, arts. 1791 a 1797, el contrato de alimentos; es el derecho de alimentos procedente de contrato, es decir, por pacto.

JURISPRUDENCIA

«los cónyuges pueden pactar un contrato de alimentos en el convenio regulador, que tendrá las características del Art. 153 CC , es decir, se tratará de alimentos voluntarios, que pueden ser onerosos, en cuyo caso se regirán por lo dispuesto en el Art. 1791 CC, o gratuitos, como ocurre en este caso. El pacto de alimentos debe incluirse en esta categoría porque los contratantes no tienen ya un derecho legal a reclamárselos al haber cesado su cualidad de cónyuges. Nada obsta a que el convenio regulador de separación regule de forma voluntaria los efectos económicos del divorcio, siempre y cuando las circunstancias lo permitan». (4 noviembre 2011, rec. 1722/2008, LA LEY 208022/2011)

TÍTULO VII
De las relaciones paterno-filiales

CAPÍTULO PRIMERO
DISPOSICIONES GENERALES

Artículo 154

Los hijos no emancipados están bajo la potestad de los padres.

La patria potestad se ejercerá siempre en beneficio de los hijos, de acuerdo con su personalidad, y con respeto a su integridad física y psicológica.

Esta potestad comprende los siguientes deberes y facultades:

1. Velar por ellos, tenerlos en su compañía, alimentarlos, educarlos y procurarles una formación integral.

2. Representarlos y administrar sus bienes.

Si los hijos tuvieren suficiente juicio deberán ser oídos siempre antes de adoptar decisiones que les afecten.

Los padres podrán, en el ejercicio de su potestad, recabar el auxilio de la autoridad.

COMENTARIO

1.- Uno de los efectos de la filiación es la patria potestad. El menor de edad carece de capacidad de obrar y será el titular o titulares de la patria potestad quienes actuarán en el mundo jurídico en su nombre, como sus representantes legales; el menor de edad emancipado necesitará para ciertos negocios jurídicos un complemento de capacidad, que se lo darán los anteriores titulares de la patria potestad. A falta de ellos, actuará el tutor en el primer caso y el curador en el segundo.

Pero no sólo la patria potestad cubre las necesidades jurídicas del menor, sino también sus aspectos personales y patrimoniales. Por ello se define, por la más moderna doctrina, como el poder global que la ley otorga a los padres sobre los hijos.

La patria potestad tiene la naturaleza de función, en el sentido de que se concede a su titular unos derechos para cumplir unos deberes. Se inspira en el principio de *favor filii*, tal como dice el segundo párrafo: «se ejercerá siempre en beneficio de los hijos», lo que es concorde con lo dispuesto en el art. 39.3 de la Constitución y en la Ley Orgánica 1/1996, de 10 de enero, de Protección Jurídica del Menor. Y la Ley 54/2007, de 28 de diciembre, de Adopción Internacional, ha añadido que la patria potestad debe ejercerse siempre con respeto a la integridad física y psicológica del hijo.

2.- Los sujetos de la patria potestad son el activo, los titulares de la misma, y el pasivo, los hijos. Son sujetos activos los padres, ambos conjuntamente, o sólo uno de ellos si sólo uno está determinado (uno solo ha reconocido al hijo extramatrimonial, por ejemplo) o sólo uno existe (porque el otro ha muerto, por ejemplo). La patria potestad corresponde a los *progenitores*, sean padre y madre biológicos o adoptivos o por inseminación artificial o dos padres, adoptivos, o dos madres, adoptivas o por inseminación artificial.

Son sujetos pasivos los hijos matrimoniales, extramatrimoniales y adoptivos, que sean menores de edad no emancipados, o bien mayores sometidos a la patria potestad prorrogada o rehabilitada. La emancipación extingue la patria potestad, sin perjuicio de que el padre/madre siga complementando la capacidad restringida del menor emancipado, cuando sea preciso según el art. 323.

3.- Las concretas funciones de la patria potestad son: velar por los hijos, que más que una concreta función es como la medida y hasta la actitud que debe informar el cumplimiento de los demás deberes, siempre «en beneficio de los hijos, de acuerdo con su personalidad»; tenerlos en su compañía, como deber independiente, de convivencia, y medio de cumplir los demás; alimentarlos, aunque el deber de alimentos no tiene autonomía propia, pero sí puede tenerla en caso de que falte la convivencia (por nulidad, separación o divorcio o simple falta de convivencia en caso de filiación extramatrimonial); educarles y procurarles una formación integral, lo que en realidad se integra en el amplio concepto de alimentos. Asimismo, incluye la función de representación legal y de administración de los bienes, de los hijos que se desarrolla en los artículos siguientes.

4.- En todo lo anterior hay que tener en cuenta que no sólo en la normativa de la patria potestad del Código Civil se regula ésta, ya que es importante, entre otras, la regulación que se halla en la normativa de la nulidad, separación y divorcio.

5.- En el ejercicio de la función de la patria potestad se añaden dos normas que ocupan los dos últimos párrafos. En primer lugar, en toda decisión que pueda afectar al hijo, los sujetos activos (padre/madre) deben consultar al pasivo (hijo) antes de tomarla; tiene dos presupuestos; que la decisión le afecte, sea de carácter personal o de carácter patrimonial y que el hijo tenga suficiente juicio; ninguna precisión general o *a priori* se puede hacer, sino caso por caso habrá que analizar si le afecta y si tiene suficiente juicio, lo que en la práctica es mucho más sencillo que en teoría. En segundo lugar, para ayuda, al objeto de cumplir la función de la patria potestad, el sujeto activo (progenitores) puede recabar el auxilio de la autoridad (el ejemplo más frecuente es en el caso del menor que se fuga de casa).

JURISPRUDENCIA

«La patria potestad de la prole actúa como derecho inherente de la paternidad y maternidad y en nuestro ámbito tiene indudable carácter de función tutelar que la configura como institución en favor de los hijos, así lo dice el referido art. 154, y lo tiene declarado la jurisprudencia desde antiguo (SS 28 Oct. 1891, 25 Jun. 1923, 3 Mar. 1950, 18 Feb. 1969 y 9 Mar. 1984), así como las más recientes (SS 23 Jul. 1987, 30 Abr. 1991, 18 Oct. 1996 y 5 Mar. 1998)» (9 julio 2002, LA LEY 306/2003)

«Es deber de los padres el de velar por sus hijos sujetos a la patria potestad (art. 154.1.º del Código Civil), deber que no cesa por la atribución de la guarda y custodia al otro padre en proceso matrimonial; por ello, la adopción por el progenitor separado de sus hijos de medidas dirigidas a comprobar que estos hijos se encuentren correctamente atendidos por aquél a cuya guarda y custodia han sido confiados, medidas como son las aquí controvertidas, encuentran plena justificación ya que, en otro caso, el padre o madre separado de sus

hijos se vería imposibilitado de cumplir con ese deber impuesto por la patria potestad». (2 julio 2004, rec. 2600/1998)

«Debe tenerse en cuenta la reiterada jurisprudencia de la Sala que concibe la institución de la patria potestad en beneficio de los hijos (sentencia del TS de 18 de noviembre de 1996). Consecuentemente, si como resulta de la prueba practicada el interés de la menor se satisface de mejor modo en su actual ámbito familiar, debe prevalecer este interés sobre un ejercicio a fortiori de la patria potestad, dándose, como se dan, los incumplimientos graves de los deberes inherentes de la misma (23 de febrero de 1999)». (12 julio 2004, rec. 2600/1998)

«Cabe señalar que tanto la Constitución —artículo 39— como el conjunto normativo que regula las relaciones paterno filiales —especialmente artículo 154 del Código civil— reconoce a los progenitores un amplio campo de libertad en el ejercicio de su función de patria potestad en que no cabe un dirigismo, por parte de los poderes públicos, cuya intervención —sin perjuicio de sus deberes de prestación— está limitada a los supuestos en que en el ejercicio de la función se lesione o ponga en peligro al menor, lo que explica el carácter y sentido de la intervención judicial sobre los acuerdos a que hayan llegado los progenitores en sus crisis matrimoniales o de rupturas de relaciones de otra índole, en que estén implicados sus hijos menores». (14 febrero 2005, rec. 3331/1998)

«La institución de la patria potestad viene concedida legalmente en beneficio de los hijos y requiere por parte de los padres el cumplimiento de los deberes prevenidos en el artículo 154 del Código Civil, pero en atención al sentido y significación de la misma, su privación, sea temporal, parcial o total, requiere, de manera ineludible, la inobservancia de aquellos deberes de modo constante, grave y peligroso para el beneficiario y destinatario de la patria potestad, el hijo, en definitiva, lo cual supone la necesaria remisión al resultado de la prueba practicada». (10 noviembre 2005, rec. 1540/1999)

CONCORDANCIAS

Véanse:
— arts. 82.1.º y 2.º, 92, 222, 267 a 269, 286 y 303 de este Código.
— Constitución Española: art. 39.3.
— Ley de Demarcación y Planta Judicial, de 28 de diciembre de 1988 (*«B.O.E.»* 30 diciembre): arts. 3.1, 18, 19, 46, 47 y 61.
— Ley de Enjuiciamiento Civil de 1881: arts. 1910 a 1918.
— Ley Orgánica 6/1985, de 1 julio, del Poder Judicial (*«B.O.E.»* 2 julio): arts. 96 y 97.
Artículo redactado por la Ley 54/2007, de 28 diciembre, de Adopción Internacional (*«B.O.E»*, de 29 diciembre)

Artículo 155

Los hijos deben:

1.º Obedecer a sus padres mientras permanezcan bajo su potestad, y respetarles siempre.

2.º Contribuir equitativamente, según sus posibilidades, al levantamiento de las cargas de la familia mientras convivan con ella.

COMENTARIO

1.- Deber de obediencia y respeto: como deber moral que la ley eleva a jurídico, el artículo 155 impone a los hijos —número 1.º— el deber de obedecer a sus padres mientras permanezcan bajo su potestad y respetarles siempre.

El deber de obediencia se deriva de la patria potestad; el de respeto, sin embargo, es inherente a la filiación y, por tanto, existe aun después de extinguida la patria potestad.

La obediencia alcanza a los actos propios de la convivencia y de la educación y formación del hijo (art. 154.1.º), siempre con el límite de que la orden se encuentre dentro de la licitud. No habrá deber de obediencia cuando el acto o la conducta sea ilícita y cuando no tenga la finalidad de cumplir los deberes de los padres para con los hijos, siempre en su beneficio (como dice el segundo párrafo del art. 154), ya que sería ilícito según la normativa civil de la patria potestad.

Este doble deber es uno más de los del Derecho de familia que no tiene coercibilidad directa, sino sólo indirecta: difícilmente cabrá una imposición directa, aunque los padres puedan recabar el auxilio de la autoridad (art. 154, último párrafo); como sanción indirecta, podría darse en casos extremos desheredación, indignidad para suceder o infracción penal.

2.- Asimismo se prevé en el número 2.º el deber de los hijos de *contribuir al levantamiento de cargas familiares*; es un deber más relativo al contenido patrimonial de la patria potestad que al contenido personal.

CONCORDANCIAS

Véase arts. 165 y 268.1.º de este Código.
Texto vigente según Ley 11/1981, 13 mayo (*«B.O.E.»,* 19 mayo).

Artículo 156

La patria potestad se ejercerá conjuntamente por ambos progenitores o por uno solo con el consentimiento expreso o tácito del otro. Serán válidos los actos que realice uno de ellos conforme al uso social y a las circunstancias o en situaciones de urgente necesidad.

En caso de desacuerdo, cualquiera de los dos podrá acudir al Juez, quien, después de oír a ambos y al hijo si tuviera suficiente juicio y, en todo caso, si fuera mayor de doce años, atribuirá sin ulterior recurso la facultad de decidir al padre o a la madre. Si los desacuerdos fueran reiterados o concurriera cualquier otra causa que entorpezca gravemente el ejercicio de la patria potestad, podrá atribuirla total o parcialmente a uno de los padres o distribuir entre ellos sus funciones. Esta medida tendrá vigencia durante el plazo que se fije, que no podrá nunca exceder de dos años.

En los supuestos de los párrafos anteriores, respecto de terceros de buena fe, se presumirá que cada uno de los progenitores actúa en el ejercicio ordinario de la patria potestad con el consentimiento del otro.

En defecto o por ausencia, incapacidad o imposibilidad de uno de los padres, la patria potestad será ejercida exclusivamente por el otro.

Si los padres viven separados, la patria potestad se ejercerá por aquel con quien el hijo conviva. Sin embargo, el Juez, a solicitud fundada del otro progenitor, podrá, en interés del hijo, atribuir al solicitante la patria potestad para que la ejerza conjuntamente con el otro progenitor o distribuir entre el padre y la madre las funciones inherentes a su ejercicio.

COMENTARIO

1.- La patria potestad es atribuida a ambos padres, que la ejercerán conjuntamente o, lo que es lo mismo, uno con consentimiento del otro. Respecto a terceros de buena fe, se presume que la actuación de uno es con el consentimiento del otro.

2.- La patria potestad la tiene uno solo de los padres, cuando existe uno solo, como es el caso de muerte de uno de ellos o de determinación legal de uno solo en la filiación extramatrimonial o de que hay uno solo en la filiación adoptiva; o bien, cuando a uno se le ha privado de la patria potestad.

3.- La patria potestad se ejerce por uno solo, en los casos de urgente necesidad; de ausencia, incapacidad o imposibilidad de uno de los padres; de actuación conforme al uso social y a las circunstancias del caso; y en caso de no convivencia de los padres, se ejerce por aquel de los padres con quien conviva, si bien el Juez podrá tomar especiales disposiciones que prevé el último párrafo, lo cual se aplica en la separación de hecho en el matrimonio o en la filiación extramatrimonial, ya que en la nulidad, separación o divorcio están previstas medidas en relación con los hijos menores.

4.- Se prevé expresamente el desacuerdo que se puede distinguir en simple o reiterado.

1.º) Es *desacuerdo simple* cuando se produce sobre un único asunto: lo resuelve el Juez, tras oír a los padres y al hijo si tuviera suficiente juicio (en todo caso si es mayor de doce años), cuyo Juez no decide por sí, sino que atribuye la *facultad de decidir al padre o a la madre*, según dispone el artículo 156, segundo párrafo, primer inciso.

2.º) Es *desacuerdo reiterado* cuando se produce en forma repetida o constante sobre varios asuntos: también lo resuelve el Juez, pero en forma no concreta para cada uno de los casos, sino de forma estable durante el plazo que se fije, nunca superior a dos años, con una de estas tres soluciones: a) atribuyendo totalmente el ejercicio de la patria potestad a uno de los padres; b) atribuyéndolo parcialmente —por ejemplo, en los asuntos en que se producen desacuerdos— a uno de los padres; c) distribuyendo entre ellos las funciones. Todo ello según dispone el segundo inciso del segundo párrafo del mismo artículo 156.

CONCORDANCIAS

Véase:
— arts. 90 a 94, 103, 159 y 161 de este Código.
— Ley 11/1981, de 13 de mayo, de modificación del Código Civil en materia de filiación, patria potestad y régimen económico del matrimonio (*«B.O.E.»*, 19 mayo), Disposición Transitoria 10.ª.
Texto vigente según Ley 11/1981, 13 mayo (*«B.O.E.»,* 19 mayo).

Artículo 157

El menor no emancipado ejercerá la patria potestad sobre sus hijos con la asistencia de sus padres y, a falta de ambos, de su tutor; en casos de desacuerdo o imposibilidad, con la del Juez.

COMENTARIO

Se plantea el problema de que el titular de la patria potestad sea menor no emancipado; se refiere a la filiación extramatrimonial, pues si fuera matrimonial, los padres estarían emancipados por matrimonio.

Este artículo intenta solucionar el problema. Así, el menor sujeto a patria potestad o tutela, no emancipado, tiene un hijo extramatrimonial (porque si fuera matrimonial, aquel menor estaría ya emancipado por matrimonio): es titular de la patria potestad e igualmente la ejerce, pero para tal ejercicio precisa del *complemento de capacidad* consistente en la asistencia o consentimiento de sus *padres* o de su *tutor*; si se produce un desacuerdo entre el menor titular de la patria potestad y sus padres o tutor, o éstos no pueden darle consentimiento (por motivo de estar muy lejos, o estar internado en hospital, o estar, a su vez, incapacitado, etc.) es el Juez el que dará —si procede— el consentimiento o asistencia, como complemento de capacidad.

CONCORDANCIAS

Texto vigente según Ley 11/1981, 13 mayo (*«B.O.E.»,* 19 mayo).

Artículo 158

El Juez, de oficio o a instancia del propio hijo, de cualquier pariente o del Ministerio Fiscal, dictará:

1. Las medidas convenientes para asegurar la prestación de alimentos y proveer a las futuras necesidades del hijo, en caso de incumplimiento de este deber, por sus padres.

2. Las disposiciones apropiadas a fin de evitar a los hijos perturbaciones dañosas en los casos de cambio de titular de la potestad de guarda.

3. Las medidas necesarias para evitar la sustracción de los hijos menores por alguno de los progenitores o por terceras personas y, en particular, las siguientes:

a) Prohibición de salida del territorio nacional, salvo autorización judicial previa.

b) Prohibición de expedición del pasaporte al menor o retirada del mismo si ya se hubiere expedido.

c) Sometimiento a autorización judicial previa de cualquier cambio de domicilio del menor.

4. En general, las demás disposiciones que considere oportunas, a fin de apartar al menor de un peligro o de evitarle perjuicios.

Todas estas medidas podrán adoptarse dentro de cualquier proceso civil o penal o bien en un procedimiento de jurisdicción voluntaria.

COMENTARIO

1.- La intervención judicial en el ejercicio de la patria potestad es una posibilidad que se recoge en diversos artículos del Código Civil para casos concretos. Con un criterio general, en beneficio de la persona del hijo menor o incapacitado sujeto a patria potestad, se prevé en el presente artículo.

La legitimación se establece con un criterio muy amplio: la tienen, para interesar la intervención judicial, el propio hijo, cualquier pariente sin límite de grado y el Ministerio Fiscal; sin perjuicio de que el Juez pueda actuar de oficio.

El procedimiento es el de jurisdicción voluntaria, si estas medidas se acuerdan de forma autónoma. Pero se prevé que, de forma accesoria, se adopten dentro de cualquier proceso civil o penal.

2.- La posible intervención del Juez es amplísima. Con un carácter general, puede acordar *las disposiciones que considere oportunas, a fin de apartar al menor de un peligro o de evitarle perjuicios,* sean materiales o morales, lo cual tiene realmente una amplitud general inmersa (número cuarto). Además, pensando en concretos extremos, se contempla el deber de alimentos: el Juez puede tomar las *medidas convenientes para asegurar la prestación de alimentos*, como *proveer las futuras necesidades del hijo, en caso de incumplimiento de este deber por sus padres* (número primero). Asimismo, en el caso concreto de cambio de la titularidad de la patria potestad (o la tutela o cualquier tipo de función cautelar), el Juez puede tomar *las disposiciones apropiadas a fin de evitar a los hijos perturbaciones dañosas* (número segundo). Por último (añadido por la Ley Orgánica 9/2002, de 10 de diciembre, de modificación de la Ley Orgánica 10/1995, de 23 de noviembre, del Código Penal y del Código Civil, sobre sustracción de menores), en el caso, también concreto, que se vislumbre un peligro objetivo de que se produzca la sustracción de menores, se contemplan unas medidas análogas a las que se habían previsto en el artículo 103 del Código Civil (añadidas por la misma Ley) con el mismo problema de su eficacia real; tales medidas que puede tomar el Juez son, en primer lugar, las que considere *necesarias* y *en particular:* primera: *la prohibición de salida del territorio nacional, salvo autorización judicial previa* aunque no dice la sanción que se le impondrá al menor; segunda: *prohibición de expedición del pasaporte al menor o retirada del mismo si ya se hubiere expedido*, aunque no se hace referencia al D.N.I., válido para acceder a tantos países europeos; tercera: *sometimiento a autorización judicial previa de cualquier cambio de domicilio del menor*, aunque tampoco se expresa que sanción se impone en caso de incumplimiento y a quién se le impone, si al propio menor o a su guardador, o a ambos.

JURISPRUDENCIA

«el Tribunal de instancia ha hecho uso de las facultades concedidas al juez en el art. 158 del CC, a instancia de los parientes de la menor, en especial las que se refieren a la adopción de las medidas contenidas en los núms. 1.º y 3.º del referido artículo, debido a las circunstancias vividas por la menor a consecuencia de la inestabilidad que padece su madre a quien ésta atribuía la patria potestad y la guarda y custodia, como consecuencia del accidente de tráfico, y sus relaciones con su pareja, que han hecho más difíciles las relaciones de Felisa con sus padres en cuyo domicilio vivía con su hija, medidas éstas que pueden adoptarse, y que siempre tienen un carácter temporal, mientras se mantengan vivas las circunstancias que aconsejaron su adopción, sin perjuicio de que la madre mantenga la patria potestad sobre la hija, de cuya custodia y guarda se encargan, no obstante, los abuelos maternos; este carácter de temporalidad se desprende del texto de la fundamentación de la de la sentencia, aunque después no haya tenido un exacto reflejo en el fallo, hecho éste que carece de transcendencia en cuanto que la mayor parte de estas medidas que se refieren a las relaciones personales entre los miembros de la familia después de una separación matrimonial o un divorcio, son revisables si cambian las circunstancias de hecho que se tuvieron en cuenta para su fijación» (29 marzo 2001, LA LEY 3255/2001)

«En la adopción de las medidas a tomar respecto de los hijos menores de edad, sean matrimoniales o no matrimoniales, es preponderante el interés de los hijos, cuya protección se encomienda al juzgador y así se establece en el art. 158 del Código Civil, al facultar al Juez para que, de oficio, adopte las medidas en él contempladas, e, igualmente, en el art.

91 se impone al Juez la obligación de adoptar las medidas pertinentes, a falta de acuerdo entre los cónyuges, principio que es aplicable fuera de los procesos matrimoniales». (7 julio 2004, rec. 1159/1999)

CONCORDANCIAS

Véase:
— arts. 92 y 148 de este Código.
— Ley Enjuiciamiento Civil de 1881: arts. 1.910 a 1.918.
— Ley 11/1981, de 13 de mayo, de modificación del Código Civil en materia de filiación, patria potestad y régimen económico del matrimonio (*«B.O.E.»*, 19 mayo), Disposición Transitoria 10.ª.
Artículo redactado por Ley Orgánica 9/2002, 10 diciembre (*«B.O.E.»*, 11 diciembre).

Artículo 159

Si los padres viven separados y no decidieren de común acuerdo, el Juez decidirá, siempre en beneficio de los hijos, al cuidado de qué progenitor quedarán los hijos menores de edad. El Juez oirá, antes de tomar esta medida, a los hijos que tuvieran suficiente juicio y, en todo caso, a los que fueran mayores de doce años.

COMENTARIO

Aparte del tema del ejercicio de la patria potestad previsto en el último párrafo del art. 156 cuando los padres viven separados, que se atribuye a aquel con quien el hijo conviva, se contempla precisamente con cuál de ellos debe convivir.

El artículo 159 prevé el caso de matrimonio en separación de hecho (pues si fuera judicial, el Juez decidiría quién tiene los hijos en su compañía) o de padres no casados que no viven juntos, en cuyos casos, si *no decidieren de común acuerdo* cuál de ellos tenga a los hijos en su compañía, *el Juez decidirá... al cuidado de qué progenitor quedarán los hijos y las hijas menores de edad*; dispone expresamente que el criterio que debe guiar al Juez para decidirlo es el beneficio de los hijos y exige que, antes, oiga a los mismos si son mayores de doce años o, aunque sean menores, si tienen suficiente juicio.

JURISPRUDENCIA

«En estos supuestos a lo que ha de atenderse es al mayor beneficio del menor, al que, en los casos de crisis y separación de sus padres, se les coloca en una posición difícil de optar por uno u otro, por lo que, a falta de acuerdo común, la Ley traspasa al juez la siempre difícil solución de decidir cuál de los progenitores ha de asumir el cuidado y custodia (art. 159). En este caso la decisión del Tribunal de Instancia resulta la correcta, y conforme al factum declarado probado y demás circunstancias concurrentes, ya que el favor filii es el que tiene que presidir las relaciones con los padres y como dice la S 27 Mar. 2001, es el interés de los hijos el que debe prevalecer, incluso por encima del de sus progenitores» (9 julio 2003, LA LEY 2569/2003)

CONCORDANCIAS

Véase arts. 90 a 103 de este Código.
Texto vigente según Ley 11/1990, 15 octubre (*«B.O.E.»*, 18 octubre). Anterior texto según Ley 11/1981, 13 mayo (*«B.O.E.»*, 19 mayo).

Artículo 160

Los progenitores, aunque no ejerzan la patria potestad, tienen el derecho de relacionarse con sus hijos menores, excepto con los adoptados por otro o conforme a lo dispuesto en resolución judicial.

No podrán impedirse sin justa causa las relaciones personales del hijo con sus abuelos y otros parientes y allegados.

En caso de oposición, el juez, a petición del menor, abuelos, parientes o allegados, resolverá atendidas las circunstancias. Especialmente deberá asegurar que las medidas que se puedan fijar, para favorecer las relaciones entre abuelos y nietos, no faculten la infracción de las resoluciones judiciales que restrinjan o suspendan las relaciones de los menores con alguno de sus progenitores.

COMENTARIO

1.- Las relaciones personales derivadas de la filiación se contemplan y protegen por el Derecho. Si existe la patria potestad quedan inmersas en ésta. Si no existe, se mantienen igualmente.

Tanto en un caso como en otro, si los padres en la filiación matrimonial o extramatrimonial no conviven, el hijo menor vivirá con uno o con otro, aplicándose el art. 159. Si ha habido proceso de nulidad, separación o divorcio, el Juez habrá resuelto —en medidas provisionales o definitivas— el régimen de visitas. En todo caso, incluso careciendo uno de los padres de la patria potestad o del ejercicio de la misma, tiene *derecho a relacionarse con sus hijos menores*.

2.- La excepción al ejercicio de este derecho lo constituye la adopción del menor por otra persona que rompe las relaciones con su familia biológica y el padre/madre ya no pueden pretender una relación personal.

También puede eliminarse tal relación por resolución judicial, si bien el Código no expresa, ni siquiera *ad exemplum*, las causas para ello, que serán siempre en beneficio del hijo o para evitarle perjuicios.

3.- Los párrafos segundo y tercero de este artículo han sido redactados de nuevo por la Ley 42/2003, de 21 noviembre, de modificación del C.C. y L.E.C. en materia de relaciones familiares de los nietos con los abuelos. Por ello, inciden especialmente en todas las relaciones y contemplan la protección jurisdiccional en caso de que se impidan. En primer lugar, se proclama el artículo, que se formula en forma negativa, de los abuelos y otros allegados, de relacionarse con el nieto o pariente, menor de edad. En segundo lugar, se declara la protección jurisdiccional de este artículo: si hay oposición, resolverá el juez lo que se estime más adecuado, teniendo siempre presente el *favor filii.* Se añade una norma de previsión de futuro, dictada por las enseñanzas de la experiencia: que la resolución judicial sobre las relaciones de abuelos con nietos no dé lugar a que se infrinjan otras resoluciones que restrinjan o suspendan las relaciones con el padre o la madre.

4.- El ejercicio de esta relación se hará de común acuerdo entre las partes, es decir, la persona que tenga la patria potestad o la tutela o la guarda del menor y el padre o pariente o allegado. Pero si no hay acuerdo, a petición de cualquiera de ellos, el Juez resolverá «atendidas las circunstancias», dispone el tercer párrafo.

Asimismo, resuelve el Juez, «atendidas las circunstancias» en caso de oposición al mismo derecho de relación; puede haber circunstancias que aconsejen evitar o limitar extraordinariamente el derecho de relación.

JURISPRUDENCIA

«art. 160 en cuanto establece el derecho del padre o de la madre a relacionarse con sus hijos, aunque no ejerzan la patria potestad. Resulta precepto imperativo al declarar que no podrán impedirse las relaciones personales sin justa causa y, al tiempo, en caso de conflicto, se autoriza a los jueces a resolver lo más conveniente, atendiendo a las circunstancias» (9 julio 2002, LA LEY 306/2003)

«A su vez el artículo 160 contempla el supuesto bien concreto de que el padre o la madre no ejerzan la patria potestad, para reconocerles el derecho a relacionarse con sus hijos, lo que podrá impedirse si concurren justas causas. El derecho de visitas debe estar subordinado al interés y beneficio del menor y este sentido proteccionista se manifiesta bien claramente expresado en la Convención de los Derechos del Niño de Naciones Unidas, de 20 de noviembre de 1989, en cuanto que su artículo 9, en relación con el 3, permite a los Tribunales decretar la separación del menor de sus padres, cuando, conforme a la Ley y procedimientos aplicables, tal separación sea necesaria, en interés superior del niño (Sentencia de 12-2-1992), y en este sentido la Ley Orgánica de 15 de enero de 1996, de Protección Jurídica del Menor, sienta como principio general la primacía del interés como superior de los menores sobre cualquier otro interés legítimo que pudiera concurrir (arts. 2 y 11.2.a), aplicable por tanto al régimen de visitas, al ser el inspirador de las relaciones personales con los menores y ha de ser respetado por todos los poderes públicos, padres, familiares y ciudadanos y sobre todo por los juzgadores, de manera que han de adoptarse aquellas medidas que sean más adecuadas a la edad del menor, evitando que pueda ser manipulado o sujeto de actuaciones reprobables, pues progresivamente, con el transcurso de los años, se encontrará en condiciones de decidir lo que pueda convenirle más para su integración tanto familiar como social. El derecho de visitas ha de ceder ante los supuestos de presentarse peligro concreto y real para la salud física, psíquica o moral del menor (Sentencias de 30-4-1991, 19-10-1992, 22-5 y 21-7-1993) y en este sentido se ha pronunciado el Parlamento Europeo el 17 de noviembre de 1992, aunque con referencia a los divorcios de parejas europeas que no tuviesen la misma nacionalidad, para establecer que el derecho de visitas ha de suspenderse cuando se pone con elevada probabilidad directa y seriamente en peligro la salud del hijo en todas sus dimensiones y lo mismo si existe una resolución incompatible ya ejecutable al respecto». (21 noviembre 2005, rec. 5030/2000)

«se llega a la conclusión que la base de nuestra decisión debe ser no un hipotético derecho de la compañera de la madre biológica, sino un derecho efectivo que tiene el menor de relacionarse con aquellas personas con las que le une una relación afectiva y por ello debe entenderse aplicable al supuesto que nos ocupa el artículo 160. 2 CC, que establece que "no podrán impedirse sin justa causa las relaciones personales del hijo con sus abuelos y otros parientes y allegados". Esta norma debe aplicarse a este tipo de relaciones por las siguientes razones: 1.ª El concepto de allegado se ajusta a la relación que D.ª Zaida mantiene con el niño. De acuerdo con la definición del Diccionario de la RAE, allegado, "dicho de una persona: cercana o próxima a otra en parentesco, amistad, trato o confianza". 2.ª En aplicación del art. 160.2 CC, el juez está autorizado para tomar cualquiera de las medidas que están enumeradas en el art 158 CC, que integra el art. 162 CC en cuanto determina el tipo de prevenciones que pueden adoptarse en estos casos». (12 mayo 2011, rec. 1334/2008, LA LEY 52207/2011)

Relaciones personales entre abuelos y nieto:

«el art. 160 en el párrafo segundo del CC el derecho de los menores a comunicarse con otros parientes y allegados lo supedita a que no exista justa causa que impida esas comunicaciones, es por lo tanto la cuestión nuclear del juicio la acreditación de la existencia de esas causas, prueba que corresponde a la parte demandada, esto es al padre que ostenta la patria potestad y es el que se niega al mantenimiento de las comunicaciones con los parientes. Hay que poner de manifiesto el carácter siempre enriquecedor de las relaciones abuelos y nietas, que no pueden ni deben limitarse a las pertenecientes a una sola línea, en este supuesto la paterna, y más cuando como se dice en la sentencia del Juzgado de Primera Instancia, la relación de los actores, los familiares maternos con las niñas no han sufrido un deterioro directo, sino indirecto por motivos ajenos a su recíproca comunicación». (20 septiembre 2002, LA LEY 7868/2002) (Criterio mantenido por la de 11 noviembre 2005).

«El art. 160 CC establecía en su párrafo segundo (redacción por Ley 21/1987, de 11 de noviembre) que "no podrán impedirse sin justa causa las relaciones personales entre el hijo y otros parientes allegados". No suscitaba polémica la apreciación de que entre los parientes se comprendían los abuelos, e incluso con un carácter privilegiado, y, quizás por esto —para resaltar tal aspecto—, y a pesar de no haber lugar a la duda, la Ley 42 de 2003, de 21 de noviembre, incluyó expresamente, junto a "y otros parientes y allegados", a los abuelos (como ya lo habían hecho otros Códigos, como el de Familia de Cataluña —art. 135, Ley 9/1998, de 15 de julio—, el Code Civil Francés —art. 371.4, debido a las Leyes 4 de junio de 1970 y 22 de enero de 1993—, o el BGB —§ 1685, redactado por Ley 1 de julio de 1998—). Resulta de interés el comentario anterior, porque, si bien la expresión "relaciones personales" que empleaba, y sigue empleando el precepto, adolece de una evidente vaguedad, y se presta el debate, sin embargo, habida cuenta lo dicho, permite una evidente flexibilidad al Juez para emitir un juicio prudente y ponderado, en atención a las circunstancias del caso, y siempre claro está teniendo en cuenta el interés superior del menor, que constituye un principio rector de la actuación de los poderes públicos cuando se resuelven cuestiones que afectan al mismo (art. 3.1 de la Convención de Naciones Unidas sobre los derechos del niño, de 20 de noviembre de 1989, ratificada por España el 30 de noviembre de 1990; art. 2 Ley Orgánica 1/1996, de 15 de enero, de Protección Jurídica del Menor; SSTC 124/2002, de 20 de mayo, y 221/2002, de 25 de noviembre). Con arreglo a lo expuesto, los abuelos ocupan una situación respecto de los nietos de carácter singular, y, sin perjuicio de tener en cuenta las circunstancias específicas del supuesto que determinan que aquella pueda presentarse con múltiples aspectos y matices, en principio no cabe reducir la "relación personal" a un mero contacto durante un breve tiempo como pretende la parte recurrente, y nada impide que pueda comprender "pernoctar en casa o pasar una temporada" con los mismos». (28 junio 2004, rec. 899/1999)

«a) Que las relaciones entre el padre y los parientes de su mujer no deben influir en la concesión del régimen de visitas (S. 20 de septiembre de 2002, núm. 858). b) Los abuelos ocupan una situación respecto de los nietos de carácter singular y, sin perjuicio de tener en cuenta las circunstancias específicas del supuesto que determinan que aquélla pueda presentarse con múltiples aspectos y matices, en principio no cabe reducir la relación personal a un mero contacto durante un breve tiempo... ... c) Rige en la materia un criterio de evidente flexibilidad en orden a que el Juez pueda emitir un juicio prudente y ponderado, en atención a las particularidades del caso, el cual deberá tener siempre como guía fundamental el interés superior del menor (S. 28 de junio de 2004)... ...no cabe desconocer el legítimo derecho de los abuelos a tener un estrecho contacto personal con quien les une una relación de parentesco tan próximo que justifica un especial afecto». (27 julio 2009, rec. 543/2005, LA LEY 167180/2009)

«esta Sala, en su jurisprudencia, parte de la regla de que no es posible impedir el derecho de los nietos al contacto con sus abuelos, únicamente por la falta de entendimiento de éstos con los progenitores, sea porque se hayan separado, sea porque, como ocurre en el presente

caso, las relaciones sea inexistentes aunque se mantienen los vínculos entre los progenitores. Esta es la línea que preside la resolución de los casos planteados en las *SSTS 576/2009, de 27 julio, 632/2004, de 28 junio; 904/2005, de 11 noviembre, y 858/2002 de 20 septiembre... ... El Art. 160.2 CC a contrario sensu permite denegar las relaciones del nieto con sus abuelos cuando concurra justa causa, que no define y que debe examinarse en cada uno de los casos que se deban enjuiciar... ... hay que concluir que en la sentencia recurrida no se ha tenido en cuenta lo que constituye el verdadero núcleo de la cuestión, es decir, el interés del menor, porque la causa alegada solo de manera indirecta e hipotética puede afectar a los menores. Procede, en consecuencia, reconocer el derecho del nieto a relacionarse con su abuela, ahora recurrente».* (20 octubre 2011, rec. 825/2009, LA LEY 194731/2011)

CONCORDANCIAS

Véanse arts. 178 a 180 de este Código.
Modificado el primer párrafo por la Ley 13/2005, de 1 de julio (*«B.O.E.»* 2 de julio).

Artículo 161

Tratándose del menor acogido, el derecho que a sus padres, abuelos y demás parientes corresponde para visitarle y relacionarse con él, podrá ser regulado o suspendido por el juez, atendidas las circunstancias y el interés del menor.

COMENTARIO

1. El artículo 161 debe ser puesto en relación con los artículos 172 y siguientes y en concreto, con el artículo 173 cuyo contenido detalla los efectos y la constitución de la figura del acogimiento.

Sin perjuicio de la remisión al comentario del artículo 173 C.C. deben observarse las siguientes premisas, respecto al presente art. 161:

Primera. La privación de la patria potestad conlleva la exclusión para los padres de todas aquellas funciones tuitivas que recoge el artículo 154 C.c. (velar por los hijos, alimentarles, educarles, representarles...) así como de todos aquellos derechos que por ministerio de la Ley ostentasen respecto de sus hijos y de sus descendientes. Dicha privación se lleva a cabo sin perjuicio de quedar a salvo la obligación para los padres de velar por sus hijos y de alimentarles (artículo 170 en relación con los artículos 110 y 111 C.C.).

Segunda. El acogimiento del menor puede constituirse bien con el mantenimiento de la patria potestad de los padres o del tutor en su caso, bien con la extinción de estas facultades mediante la asunción por parte del Estado de la tutela sobre el menor hallado desamparado (artículo 172 en sus puntos 1 y 2 C.c.).

2. Partiendo de estas premisas, cabe concluir:

Primero. El presente artículo hace alusión a un acogimiento constituido sobre un menor cuya patria potestad siguen ostentando sus padres, habida cuenta de que se les concede el derecho a visitarle y relacionarse con él, derecho que no ostentarían en el supuesto de que hubiesen sido privados de la patria potestad. En efecto, muy distinta es la obligación de velar por los hijos y alimentarles, que el derecho a visitarles y relacionarse con ellos.

Segundo. Si bien no se hace referencia, el derecho que asiste a los padres para visitar y relacionarse con el menor en acogimiento podría ejercerse también por el tutor que no hubiese sido retirado de su cargo.

Tercero. Por ampliación que hace la ley 42/2003, de 21 noviembre, de modificación del C.C. y de L.E.C. en materia de relaciones familiares de los nietos con los abuelos, se prevé también que se regule o suspenda por el juez en régimen de visitas que responde al derecho de visitarse y relacionarse, para el abuelo y demás parientes.

Cuarto. El derecho a relacionarse y a visitar al menor acogido puede ser objeto de regulación o suspensión por parte del Juez, sin perjuicio de que el acogimiento se haya constituido con o sin la intervención de la Autoridad judicial.

Quinto. Este derecho se encuentra siempre pendiente de la consecución del principio que prima en toda la legislación sobre menores —el principio del interés del menor—. En este sentido, caso de que se considere perjudicial para el restablecimiento del menor en el medio familiar acogedor, las visitas de sus padres biológicos, el Juez puede ordenar, con independencia de que éstos mantengan la patria potestad sobre el menor, que dichas visitas se practiquen en ciertas fechas, horas y lugares determinados o bien se suspendan definitivamente. Igualmente lo puede hacer respecto a las visitas de los abuelos y demás parientes.

CONCORDANCIAS

Véase:
— arts. 90 a 94 de este Código.
— Ley 11/1981, de 13 de mayo, de modificación del Código Civil en materia de filiación, patria potestad y régimen económico del matrimonio (*«B.O.E.»*, 19 mayo), Disposición Transitoria 10.ª.
Texto vigente según Ley 42/2003, 21 noviembre (*«B-O.E.»* 22 noviembre).

CAPÍTULO II
DE LA REPRESENTACIÓN LEGAL DE LOS HIJOS

Artículo 162

Los padres que ostenten la patria potestad tienen la representación legal de sus hijos menores no emancipados.

Se exceptúan:

1.º Los actos relativos a derechos de la personalidad u otros que el hijo, de acuerdo con las Leyes y con sus condiciones de madurez, pueda realizar por sí mismo.

2.º Aquellos en que exista conflicto de intereses entre los padres y el hijo.

3.º Los relativos a bienes que estén excluidos de la administración de los padres.

Para celebrar contratos que obliguen al hijo a realizar prestaciones personales se requiere el previo consentimiento de éste si tuviere suficiente juicio, sin perjuicio de lo establecido en el artículo 158.

COMENTARIO

1.- La patria potestad contempla, entre sus funciones, la representación legal del sujeto pasivo, hijos menores no emancipados (o bien, hijos incapacitados en caso de patria potestad prorrogada o rehabilitada).

2.- Están fuera del ámbito de la representación:

Primero. *Los actos relativos a derechos de la personalidad.* Son inherentes al sujeto y están fuera de la representación legal. Los del honor, intimidad e imagen, cuya protección se halla en la Ley Orgánica de 5 de mayo de 1982, tiene prevista en esta Ley la disposición (no de tales derechos, que son indisponibles) de algún aspecto del mismo (el más usual de disponer es del derecho a la imagen). Su artículo 2,2 prevé el consentimiento del titular del derecho (que elimina la protección legal) y el artículo 3,1, contempla el consentimiento de los menores e incapacitados: lo deberán prestar *ellos mismos si sus condiciones de madurez lo permiten*, lo cual se pone en relación con el inciso siguiente de este primer número del art. 162. Si no pueden darlo, por carecer de aquellas condiciones mínimas, el consentimiento lo da su presentante legal, titular de la patria potestad (o tutor, en su caso) y lo debe comunicar al Ministerio Fiscal; si éste se opone, resolverá el Juez.

Segundo. *Los actos que el hijo, de acuerdo con las leyes y con sus condiciones de madurez, pueda realizar por sí mismo.* Se refiere a dos tipos de derechos: aquellos derechos personalísimos que no admiten representación y, por ello, o los hace el propio menor si puede jurídica (lo permite la ley) y físicamente (por sus condiciones de madurez), o no los hace nadie; por otra parte, se refiere a aquellos derechos que puede realizar el menor por sí mismo, sin necesidad de representación legal, como otorgar testamento a partir de los catorce años (artículo 663), contraer matrimonio con dispensa a partir de los catorce años (artículo 48), adquirir la posesión (art. 443), aceptar donaciones puras (arts. 625 y 626), etc.

Tercero. *Los relativos a bienes que estén excluidos de la administración de los padres* (art. 162.3.º), que son los que enumera el artículo 164 atinente al contenido patrimonial de la patria potestad.

Cuarto. Es una representación limitada, en que el representante legal necesita el consentimiento del representado, siempre que tenga suficiente juicio; lo dispone el último párrafo del artículo 162: *para celebrar contratos que obliguen al hijo a realizar prestaciones personales se requiere el previo consentimiento de éste si tuviera juicio, sin perjuicio* de que el Juez pueda establecer medidas cautelares en protección del menor sometido a la patria potestad, para evitarle perjuicio, al amparo de lo dispuesto en el art. 158.

Quinto. Oposición de intereses entre el representante legal, titular de la patria potestad y el representado, hijo menor sometido a ella, artículo 162.2.º: *Conflicto de intereses entre los padres y el hijo.*

JURISPRUDENCIA

Sobre el conflicto de intereses ver la jurisprudencia del artículo siguiente.

CONCORDANCIAS

Véase arts. 163 y 164 de este Código.
Texto vigente según Ley 11/1981, 13 mayo (*«B.O.E.»*, 19 mayo).

Artículo 163

Siempre que en algún asunto el padre y la madre tengan un interés opuesto al de sus hijos no emancipados, se nombrará a éstos un defensor que los represente en juicio y fuera de él. Se procederá también a este nombramiento cuando los padres tengan un interés opuesto al del hijo menor emancipado cuya capacidad deban completar.

Si el conflicto de intereses existiera sólo con uno de los progenitores, corresponde al otro por Ley y sin necesidad de especial nombramiento representar al menor o completar su capacidad.

COMENTARIO

1.- El artículo anterior exceptuaba de la representación legal a los titulares de la patria potestad cuando existe conflicto de intereses con el hijo. En la patria potestad conjunta, si el conflicto existe con el padre o la madre solamente, no con los dos, la representación recaerá ipso iure en exclusiva en el titular con el que no existe el conflicto. Si el conflicto existe con los dos o con el único padre/madre determinado (viudo o único que ha reconocido, etc.) se debe nombrar un defensor judicial para el caso concreto en que existe el conflicto.

El conflicto de intereses puede darse no sólo en el caso de patria potestad sobre menores no emancipados (o incapacitados con patria potestad prorrogada o rehabilitada) en el que hay representación legal, sino también, aunque no haya ésta, cuando el menor emancipado precisa de complemento de capacidad para ciertos negocios jurídicos y el conflicto de intereses se da en uno de éstos.

2.- El concepto de conflicto de intereses es difícil darlo en teoría y fácil de verlo en la práctica. Se produce cuando los intereses o derechos de uno (titular o titulares de la patria potestad) y otro (el hijo) son contrarios u opuestos en un asunto determinado. Un ejemplo frecuente se produce cuando muere el padre habiendo instituido heredero al cónyuge viudo y legado al hijo lo que por legítima le corresponda: la madre, como cónyuge viudo es heredera testamentaria y debe satisfacer la legítima al hijo; como única titular de la patria potestad del hijo menor, deberá percibir y aceptar la legítima: es claro el conflicto de intereses.

3.- Se nombra defensor judicial en expediente de jurisdicción voluntaria: es el *defensor judicial* que prevé el art. 299,1.º y, según dispone el artículo 300, será la persona que nombre el Juez, que nombrará *a quien estime más idóneo para el cargo.*

JURISPRUDENCIA

«El artículo 163 del Código Civil constituye el desarrollo del artículo 162.2; la representación legal de los padres en relación a sus hijos sometidos a la patria potestad queda excluida cuando en la realización de uno o varios actos se compruebe la existencia de conflicto de intereses que puede poner en peligro el interés del hijo al que representan. Una vez acreditado este extremo el Juez procederá al nombramiento de un Defensor que represente al menor en juicio y fuera de él. El nombramiento de Defensor Judicial opera siempre en situaciones concretas; siempre que en algún asunto tengan un interés opuesto al del hijo no enmancipado y el Defensor Judicial se nombra para el acto concreto en el que hay conflicto de intereses». (30 junio 2004, rec. 1793/1999; repetido por la sentencia de 9 de julio 2004)

«no resultaba en el caso aplicable el artículo 163 del Código Civil (que cumple similar función de defensa del incapaz a la del artículo erróneamente invocado en el motivo), ya que, como señala la sentencia de 17 de mayo de 2004, el que los intereses de padres e hijos sean distintos no implica incompatibilidad entre ellos, pues es posible que todos concurran y sea admisible una defensa conjunta. Doctrina de plena validez en el caso». (1 septiembre 2006, LA LEY 99330/2006)

«el recurso ha de ser estimado, singularmente por la infracción de los artículos 163 del Código Civil (sobre la necesidad de nombramiento de un defensor judicial), referido en el motivo primero; 1057, párrafo tercero, del mismo código (sobre la necesidad de intervención del defensor judicial de los menores para la práctica del inventario), a que alude el motivo tercero; y 1060 del mismo código, sobre la necesidad de aprobación judicial de la partición efectuada incluso en el supuesto de intervención del defensor judicial». (8 junio 2011, rec. 295/2008, LA LEY 83092/2011)

CONCORDANCIAS

Véase:
— arts. 299 a 302 de este Código.
— Ley Enjuiciamiento Civil de 1881: arts. 1.853 a 1.860, 1.994 y 1.995.
Artículo redactado por LO 1/1996, 15 enero, de Protección Jurídica del Menor.

CAPÍTULO III
DE LOS BIENES DE LOS HIJOS Y DE SU ADMINISTRACIÓN

Artículo 164

Los padres administrarán los bienes de los hijos con la misma diligencia que los suyos propios, cumpliendo las obligaciones generales de todo administrador y las especiales establecidas en la Ley Hipotecaria.

Se exceptúan de la administración paterna:

1.º Los bienes adquiridos por título gratuito cuando el disponente lo hubiere ordenado de manera expresa. Se cumplirá estrictamente la voluntad de éste sobre la administración de estos bienes y destino de sus frutos.

2.º Los adquiridos por sucesión en que uno o ambos de los que ejerzan la patria potestad hubieran sido justamente desheredados o no hubieran podido heredar por causa de indignidad, que serán administrados por la persona designada por el causante y, en su defecto y sucesivamente, por el otro progenitor o por un administrador judicial especialmente nombrado.

3.º Los que el hijo mayor de dieciséis años hubiera adquirido con su trabajo o industria. Los actos de administración ordinaria serán realizados por el hijo, que necesitará el consentimiento de los padres para los que excedan de ella.

COMENTARIO

1.- Al carecer los hijos bajo patria potestad de capacidad de obrar, la facultad de administrar sus bienes corresponde a los titulares de la patria potestad o al titular único (si el otro ha sido privado o la ha perdido o no está determinada legalmente su filiación) o a aquel de los titulares que tenga el ejercicio unipersonal de la misma. Lo dispone el número 2.º del art. 154 y el primer párrafo del art. 164.

2.- El mismo artículo 164 establece unas excepciones a esta facultad de administración:

Primera. *Los bienes adquiridos por título gratuito cuando el disponente lo hubiere ordenado de manera expresa.* Pero no basta la orden negativa de tal disponente: no sólo debe haber prohibido que la administración la tengan los titulares de la patria potestad, sino que ha de haber ordenado quién la debe tener; así, añade el artículo 164.1.º, *que se cumplirá estrictamente la voluntad de éste sobre la administración de estos bienes y destino de sus frutos.*

Segunda. *Los adquiridos por sucesión en que el padre, la madre o ambos hubieran sido justamente desheredados o no hubieran podido heredar por causa de indignidad.* En cuyo caso, la administración corresponde —añade el num. 2.º del art. 164—: 1.º) a la *persona designada por el causante y, en su defecto y sucesivamente*; 2.º) *por el otro progenitor, o* 3.º) *por un administrador judicial especialmente nombrado.*

Tercera. *Los que el hijo mayor de dieciséis años hubiere adquirido con su trabajo o industria* (art. 164.3.º) el administrador lo será el propio hijo bajo patria potestad, pero para realizar actos de administración extraordinaria necesitará el consentimiento de los titulares de la patria potestad. No habría representación legal si este hijo de dieciséis años estuviera emancipado, pues se habría extinguido la patria potestad (artículo 169,2.º), ni tampoco si viviera independientemente con consentimiento de los padres, pues se le reputaría emancipado (art. 319): se trata del que vive con los padres y gana dinero con su trabajo o industria.

JURISPRUDENCIA

«El deber general de administración que se impone a los padres no opera en los tres supuestos señalados en el art. 164 CC, referente el primero a los bienes adquiridos a título gratuito (herencia, legado o donación) cuando el disponente así lo ha establecido.

Se trata de respetar la voluntad del causante, que se cumplirá estrictamente sobre la administración y los frutos. Para que tenga lugar la restricción deberá ser clara la intención de exclusión de la administración de los padres respecto a los bienes de que se trata, y ha de señalarse la persona que, en su lugar, debe realizar dicha actividad, cuyos presupuestos se han producido en el supuesto debatido». (6 octubre 2005, rec. 748/1999)

CONCORDANCIAS

Véase:
— art. 1810 de este Código.
— Ley Enjuiciamiento Civil de 1881: arts. 2.011 a 2.030.
— Ley Hipotecaria, de 8 febrero 1946 (*«B.O.E.»*, 29 mayo): arts. 168.3.º, 190 y 191.
— Reglamento Hipotecario, de 14 febrero 1947 (*«B.O.E.»*, 16 abril): arts. 266 y 267.
— Real Decreto-Legislativo 1/1995, de 24 marzo (*«B.O.E.»* 29 marzo), Ley del Estatuto de los Trabajadores: arts. 6 y 7.

Texto vigente según Ley 21/1987, 11 noviembre (*«B.O.E.»,* 17 noviembre). Anterior texto según Ley 11/1981, 13 mayo (*«B.O.E.»,* 19 mayo).

Artículo 165

Pertenecen siempre al hijo no emancipado los frutos de sus bienes, así como todo lo que adquiera con su trabajo o industria.

No obstante, los padres podrán destinar los del menor que viva con ambos o con uno solo de ellos, en la parte que le corresponda, al levantamiento de las cargas familiares, y no estarán obligados a rendir cuentas de lo que hubiesen consumido en tales atenciones.

Con este fin se entregarán a los padres, en la medida adecuada, los frutos de los bienes que ellos no administren. Se exceptúan los frutos de los bienes a que se refieren los números 1 y 2 del artículo anterior y los de aquellos donados o dejados a los hijos especialmente para su educación o carrera, pero si los padres carecieren de medios podrán pedir al Juez que se les entregue la parte que en equidad proceda.

COMENTARIO

1.- El hijo que se encuentra bajo patria potestad no tiene capacidad de obrar, pero sí tiene capacidad jurídica: por ello, será titular del derecho de propiedad y el titular de los demás derechos que haya adquirido a título oneroso o gratuito o por su trabajo o industria.

2.- *Pertenecen siempre al hijo no emancipado* (es decir, bajo patria potestad) *los frutos de sus bienes*, dice el primer inciso del primer párrafo del art. 165, con lo que se suprime el usufructo de los bienes que tenía, antes de la reforma de 1981, el titular de la patria potestad.

3.- Sin embargo, los hijos deben *contribuir al levantamiento de las cargas de la familia mientras convivan con ella* (convivencia, tenerlos en su compañía, que impone el art. 154.1.º, mientras están bajo la patria potestad), como establece el art. 155.2.º, y el art. 165, segundo párrafo, recalca y repite.

4.- Incluso respecto a los bienes de los cuales los titulares de la patria potestad carecen de su administración, pueden destinar parte de sus frutos, «en la medida adecuada» al levantamiento de las cargas familiares.

Se exceptúan de ello, los frutos de los bienes de que los padres carecen de la administración por hallarse en los dos primeros casos del artículo anterior y de los que hubiesen sido declarados o legados a los hijos para su educación o carrera.

Como excepción a la excepción, en los tres supuestos anteriores, si los padres carecen de medios económicos, pueden solicitar al Juez que les entregue parte de los frutos de tales bienes que «en equidad» considere adecuada. Es de los pocos casos que la ley permite al Juez resolver en equidad, tal como prevé el art. 3.2

CONCORDANCIAS

Véase art. 155.2.º de este Código.

Texto vigente según Ley 21/1987, 11 noviembre (*«B.O.E.»,* 17 noviembre). Anterior texto según Ley 11/1981, 13 mayo (*«B.O.E.»,* 19 mayo).

Artículo 166

Los padres no podrán renunciar a los derechos de que los hijos sean titulares ni enajenar o gravar sus bienes inmuebles, establecimientos mercantiles o industriales, objetos preciosos y valores mobiliarios, salvo el derecho de suscripción preferente de acciones, sino por causas justificadas de utilidad o necesidad y previa la autorización del Juez del domicilio, con audiencia del Ministerio Fiscal.

Los padres deberán recabar autorización judicial para repudiar la herencia o legado deferidos al hijo. Si el Juez denegase la autorización, la herencia sólo podrá ser aceptada a beneficio de inventario.

Párrafo segundo redactado por LO 1/1996, 15 enero, de Protección Jurídica del Menor.

No será necesaria autorización judicial si el menor hubiese cumplido dieciséis años y consintiere en documento público, ni para la enajenación de valores mobiliarios siempre que su importe se reinvierta en bienes o valores seguros.

COMENTARIO

1.- Al carecer el hijo, menor de edad o incapacitado, de capacidad de obrar, no tiene, evidentemente, poder de disposición sobre los bienes o derechos de que sea titular. La tiene el titular o titulares de la patria potestad. Lo cual no lo dice expresamente el Código, sino que el art. 166 establece las limitaciones de este poder de disposición de los titulares de la patria potestad.

2.- Las limitaciones consisten en que para la validez de ciertos actos de disposición es necesaria la autorización judicial. Son los siguientes:

Primero. La renuncia de derechos de que el hijo bajo patria potestad sea titular; para ello, este artículo exige autorización judicial, con intervención del Ministerio Fiscal, y «por causas justificadas de utilidad o necesidad». Se incluye la renuncia preventiva, como es la adquisición de la herencia o legado que ha sido deferida al hijo menor; si el Juez deniega la autorización, la herencia sólo podrá ser aceptada a beneficio de inventario.

Segundo. La disposición («enajenar o gravar», dice este artículo) de bienes inmuebles, establecimientos mercantiles o industriales, objetos preciosos (que son aquellos que objetivamente tienen mucho valor o elevado coste) y valores mobiliarios. También se exige la autorización judicial, con intervención del Ministerio Fiscal, «por causas justificadas de utilidad o necesidad».

3.- Como excepciones a las anteriores limitaciones se hallan tres casos, en que no hace falta la autorización judicial. En primer lugar, el derecho de suscripción preferente de acciones; aunque ciertamente no es un acto de disposición de valores mobiliarios; sí sería acto de disposición la del propio derecho de suscripción preferente, para lo que no necesitaría autorización judicial; quizá puede considerarse renuncia la decisión de no suscribir la suscripción preferente de acciones, que en todo caso tampoco precisa autorización judicial. En segundo lugar, la disposición de valores mobiliarios, siempre que su importe se reinvierta en bienes y valores seguros. En tercer lugar, con carácter muy general, el caso de que el acto de disposición haya sido autorizado o consentido por el propio menor, siempre que éste sea mayor de dieciséis años y siempre que lo haya consentido en documento público.

4.- No es claro cuál es la sanción de los actos de disposición realizados por los titulares de la patria potestad, sin autorización judicial cuando ésta es necesaria según este artículo. Debe desecharse la tesis de nulidad absoluta, pues no cabe bajo el art. 6.3 ya que no hay un acto directamente contrario a norma imperativa o prohibitiva. Debe entenderse que es un acto anulable, por asimilación al acto que realiza una persona (aquí, el titular de la patria potestad) sin capacidad para ello.

JURISPRUDENCIA

«El artículo 166 CC exige que para la disposición de los actos del menor concurra la autorización judicial, pero nada impide otorgar un contrato que la exija antes de obtenerla, o bien mientras se están efectuando las gestiones para conseguirla. Cuando ello ocurra, el contrato se entenderá sometido a una condición suspensiva consistente en la obtención de la autorización, aunque, como en el caso que nos ocupa, dicha condición se configurara por las partes como resolutoria, lo que nada les impedía hacer». (16 febrero 2010, rec. 161/2006, LA LEY 2359/2010)

«La falta de concreción del art. 166 CC acerca del tipo de ineficacia que debe atribuirse a los actos realizados por el representante legal sin la autorización judicial exigida en el propio artículo, obliga a plantear cuál es el fin de protección que busca el ordenamiento jurídico cuando exige dicha autorización. En definitiva, se trata de integrar el art. 166 CC, con lo que dispone el artículo 1259.1 CC, cuando dice que ninguno puede contratar a nombre de otro [...] sin que tenga por la ley su representación legal... ... El acto realizado con falta de poder, es decir, sin los requisitos exigidos en el artículo 166 CC constituye un contrato o un negocio jurídico incompleto, que mantiene una eficacia provisional, estando pendiente de la eficacia definitiva que se produzca la ratificación del afectado, que puede ser expresa o tácita. Por tanto, no se trata de un supuesto de nulidad absoluta, que no podría ser objeto de convalidación, sino de un contrato que aún no ha logrado su carácter definitivo al faltarle la condición de la autorización judicial exigida legalmente, que deberá ser suplida por la ratificación del propio interesado, de acuerdo con lo dispuesto en el art. 1259.2 CC,

de modo que no siendo ratificado, el acto será inexistente». (22 abril 2010, rec. 483/2006, LA LEY 49066/2010. Doctrina reiterada por la de 8 julio 2010, rec. 1871/2006, LA LEY 157550/2010)

CONCORDANCIAS

Véase:
— arts. 6.3, 271 a 273, 992, 1.010, 1.291, 1.300 y 1.810 de este Código.
— Ley Enjuiciamiento Civil de 1881: arts. 2.011 y ss..
— Ley Hipotecaria, de 8 febrero 1946 (*«B.O.E.»*, 29 mayo): arts. 168, 190 y 191.
— Ley 11/1981, de 13 de mayo, de modificación del Código Civil en materia de filiación, patria potestad y régimen económico del matrimonio (*«B.O.E.»*, 19 mayo), Disposición Transitoria 10.ª.
Texto vigente según Ley 11/1981, 13 mayo (*«B.O.E.»*, 19 mayo). Anterior texto según Ley 24 abril 1958 (*«B.O.E.»*, 25 abril).

Artículo 167

Cuando la administración de los padres ponga en peligro el patrimonio del hijo, el Juez, a petición del propio hijo, del Ministerio Fiscal o de cualquier pariente del menor, podrá adoptar las providencias que estime necesarias para la seguridad y recaudo de los bienes, exigir caución o fianza para la continuación en la administración o incluso nombrar un Administrador.

COMENTARIO

El Código prevé la posibilidad de que por los titulares de la patria potestad se dé una mala administración, entendida en un sentido amplio que comprende la disposición; da un concepto muy general de mala administración, simplemente dice el artículo 167 que ponga en peligro el patrimonio del hijo, en cuyo caso concede al Juez un amplio arbitrio: podrá: 1.º) adoptar las providencias que estime necesarias para la seguridad y recaudo de los bienes, o 2.º) exigir caución o fianza para la continuación en la administración, o 3.º) incluso nombrar un administrador.

Es decir, puede llegarse a que se prive a los titulares de la patria potestad, del contenido patrimonial de la misma.

El Juez no actuará de oficio, sino *a petición del propio hijo, del Ministerio Fiscal o de cualquier pariente del menor.*

CONCORDANCIAS

Texto vigente según Ley 11/1981, 13 mayo (*«B.O.E.»*, 19 mayo).

Artículo 168

Al término de la patria potestad podrán los hijos exigir a los padres la rendición de cuentas de la administración que ejercieron sobre sus bienes hasta entonces. La acción para exigir el cumplimiento de esta obligación prescribirá a los tres años.

En caso de pérdida o deterioro de los bienes por dolo o culpa grave, responderán los padres de los daños y perjuicios sufridos.

COMENTARIO

Como última norma relativa al contenido patrimonial de la patria potestad, el artículo 168 establece la rendición de cuentas que el hijo puede exigir a los padres al extinguirse la patria potestad, relativa a la administración de sus bienes, entendida en sentido amplio comprensiva de los actos de disposición.

Rendición de cuentas que es consecuencia de la naturaleza de función que tiene la patria potestad: los padres tienen no ya el derecho, sino el derecho-deber de administrar correcta y adecuadamente el patrimonio del hijo.

Su posible responsabilidad será conjunta —por tanto, de carácter solidario—, por ser conjunta la patria potestad, siempre que no se haya ejercido unilateralmente por uno solo, que sería el único responsable. Como supuesto específico de responsabilidad, el segundo párrafo del art. 168 incluye los daños y perjuicios en caso de pérdida o deterioro de los bienes por dolo o culpa grave.

La rendición de cuentas se podrá exigir por el propio hijo al extinguirse la patria potestad (art. 168, *in initio*) o por el nuevo administrador, cuando se prive de la administración (supuesto del art. 167); en todo caso, la acción para exigirla tiene el plazo de caducidad de tres años (último inciso del primer párrafo del art. 168).

No se da rendición de cuentas del destino que dan los padres a los frutos de bienes del hijo o a los que adquiera con su trabajo o industria, para el levantamiento de cargas familiares, tal como dispone el artículo 165.

CONCORDANCIAS

Véase arts. 279 y ss., 1.101 a 1.104 de este Código.

Texto vigente según Ley 11/1981, 13 mayo (*«B.O.E.»*, 19 mayo). Anteriores textos según Ley 24 abril 1958 (*«B.O.E.»*, 25 abril) y Real Decreto-Ley 33/1978, 16 noviembre (*«B.O.E.»*, 17 noviembre).

CAPÍTULO IV
DE LA EXTINCIÓN DE LA PATRIA POTESTAD

Artículo 169

La patria potestad se acaba:

1.º Por la muerte o la declaración de fallecimiento de los padres o del hijo.

2.º Por la emancipación.

3.º Por la adopción del hijo.

COMENTARIO

1.- La extinción implica la desaparición absoluta, a todos los efectos, de la patria potestad (así, por muerte, mayoría de edad o emancipación del hijo) o desaparición relativa, sólo respecto a uno de los cónyuges (cuyo supérstite la conserva como titular único), o respecto a los dos, pero continuándola un tercero (como en la adopción); o bien desaparece totalmente, pero se constituye la tutela (muerte o incapacitación de ambos padres).

2.- Las causas de extinción de la patria potestad son:

Primero, la pérdida de la capacidad jurídica de ambos padres, o del único titular de la patria potestad, que únicamente se produce por muerte o declaración de fallecimiento de los mismos, o de la capacidad de obrar, por su incapacitación, siempre que ésta alcance a la patria potestad; al hijo menor o incapacitado, en tal caso, habrá que nombrarle tutor, que supla su carencia de patria potestad.

Segundo, por la pérdida de la capacidad jurídica (muerte o declaración de fallecimiento) del hijo que está bajo la patria potestad.

Tercero, el número segundo de este artículo 169 incluye como causa de extinción la emancipación del hijo, incurriendo en el mismo error que el artículo 314, el cual dispone que la emancipación tiene lugar, entre otras causas, «por la mayor edad»: no es así, la mayor edad no es una emancipación sino un estado civil distinto con efectos más amplios (art. 322 frente a los 323 y 324); por tanto, debe entenderse que la patria potestad se extingue por la mayor edad y por la emancipación, aunque en esta última los anteriores titulares de la patria potestad (es decir, los padres) deben complementar la capacidad restringida del hijo emancipado en ciertos negocios jurídicos (que prevén los arts. 323 y 324).

Cuarto, por la adopción del hijo, en que ciertamente lo que hay es un cambio en la patria potestad; se produce la extinción de la patria potestad actual y la constitución de la nueva patria potestad respecto a los padres o al padre o madre adoptantes, siempre que se trate, evidentemente, del caso normal del hijo adoptado menor de edad o emancipado.

Quinto, por la privación de la patria potestad, en los casos que prevé el art. 170. En tal caso, si la privación alcanza a ambos padres o al único titular de la patria potestad, habrá que nombrar tutor al hijo menor de edad o emancipado.

CONCORDANCIAS

Véase arts. 32, 175, 193 a 197, 314, 316 y ss. de este Código.
Texto vigente según Ley 11/1981, 13 mayo (*«B.O.E.»,* 19 mayo).

Artículo 170

El padre o la madre podrán ser privados total o parcialmente de su potestad por sentencia fundada en el incumplimiento de los deberes inherentes a la misma o dictada en causa criminal o matrimonial.

Los Tribunales podrán, en beneficio e interés del hijo, acordar la recuperación de la patria potestad cuando hubiere cesado la causa que motivó la privación.

COMENTARIO

1.- No es lo mismo privación de la patria potestad que extinción, aunque aquélla comporta ésta, y será preciso nombrar tutor al hijo menor o incapacitado, a cuyos padres o al único que era titular de la patria potestad se le haya privado de ésta; si sólo se le priva a uno de ellos, la patria potestad recaerá ipso iure, en exclusiva, en el otro.

La privación no se puede producir más que por sentencia judicial, aunque este artículo no expone las causas, salvo una de carácter general.

2.- En primer lugar, se puede privar de la patria potestad, por sentencia dictada en proceso declarativo ordinario (sin perjuicio de las medidas que prevé el art. 158), fundada, dice el texto de este artículo 170, «en el incumplimiento de los deberes inherentes a la misma», expresión amplia que engloba todo incumplimiento y todo deber, que en el proceso se acredite que merece la sanción de privación de la patria potestad.

En segundo lugar, por sentencia dictada en proceso penal. No se hace indicación expresa alguna. Se trata de que en el proceso se advierten causas que justifican la privación de la patria potestad, la que se acuerda en el propio fallo.

En tercer lugar, por sentencia dictada en proceso matrimonial de nulidad, separación o divorcio. Se trata de privación de la patria potestad acordada en sentencia, no en ejecución de la misma ni en las medidas previas o provisionales. Así lo prevé el art. 92, tercer párrafo. Ni en tal norma ni en el presente art. 170 se expresan causas, simplemente se dice en aquélla que se privará «cuando en el proceso se revele causa para ello». Se puede privar a uno y quedar como titular el otro; o bien privarla a los dos o al único titular en que habrá que nombrar tutor.

Distinto de lo anterior es el caso de que no se priva de la patria potestad, sino que se atribuye a uno solo de los cónyuges el ejercicio de la misma.

3.- Si la privación tan sólo se puede producir por sentencia judicial, también la *recuperación* sólo se da por sentencia, tras un proceso declarativo destinado a ello, requiriéndose dos presupuestos que deberán acreditarse en el proceso: primero, que haya cesado la causa que motivó la privación; segundo, que la recuperación sea en beneficio o interés del hijo.

JURISPRUDENCIA

«se puede producir la privación de la patria potestad por tres cauces o vías diferentes: a) Por sentencia dictada en causa criminal, en que en determinadas clases de infracciones

punibles puede decretarse. En el CP figuran entre las penas privativas de derechos, la inhabilitación especial de los derechos de patria potestad (art. 39.b) que según el art. 46 «priva al penado de los derechos inherentes» a la patria potestad y que se aplica para las agresiones sexuales, abusos sexuales y otros delitos contra la libertad sexual (art. 192.2), para la suposición de parte, la ocultación o entrega a terceros de un hijo para alterar o modificar la filiación y la sustitución de un niño por otra (art. 220.4), la entrega de un hijo a otra persona, eludiendo los procedimientos de guarda, acogimiento o adopción (art. 222.1), en abandono de familia (art. 226.1), abandono de menores o incapaces (art. 233.1) en los casos en que la Autoridad Gubernativa tenga conocimiento de que un menor de edad o incapaz se halle en estado de prostitución, sea o no con su voluntad, pero con anuencia de las personas que ejerzan sobre él autoridad familiar (Disp. adic. 2.ª). b) Por sentencia dictada en causa matrimonial de separación, nulidad o divorcio en cuya sentencia podrá acordarse la privación de la patria potestad cuando en el proceso se revele causa para ello (art. 92.3 CC). c) Por sentencia civil dictada en juicio de menor cuantía.» (art. 484.2 de la LEC). (3 mayo 2001, LA LEY 4289/2001)

«La protección a cargo de la familia, que impone la condición de menor, conforme declara el art. 24 del Pacto Internacional de Derechos Civiles y Políticos (Nueva York, 19 Dic. 1966) y que refiere el art. 39.3 de la Constitución, en su vertiente obligatoria de derecho-función, llevó al legislador a la procura de un ejercicio correcto de la patria potestad, y evitar que pudiera resultar contrario a los intereses de los hijos, por ello el art. 170 CC establece que se pueda privar total o parcialmente de su potestad a los progenitores mediante sentencia civil, que ha de fundarse en incumplimiento de los deberes inherentes a la misma, lo que ha de presentarse plenamente probado (S 6 Jul. 1996). Se trata de una declaración genérica al no precisar el Código las conductas determinantes de tal sanción, por lo que los Tribunales, en cada caso concreto, han de decidir el alcance de los incumplimientos, midiendo su gravedad y también su reiteración.» (9 julio 2002, LA LEY 306/2003)

«la desestructuración familiar y las actitudes de desidia, negligencia y apatía de los recurrentes en orden al cuidado de sus hijas, así como las particulares necesidades de estimulación y control de hábitos de higiene y alimentación de las mismas son las razones que han aconsejado en su momento la suspensión de la guarda paterna y la prolongación de esta medida cautelar finalmente suavizada por la resolución de apelación, en espera de una evolución todavía más positiva que la hasta aquel momento registrada.» (23 septiembre 2002, LA LEY 686/2004)

«El artículo 170 del Código Civil vincula al incumplimiento de los deberes que integran el contenido de la patria potestad la privación total o parcial de la misma, respecto del padre o madre incumplidor. Dicha privación, sin embargo, no constituye una consecuencia necesaria o inevitable del incumplimiento, sino sólo posible, en función de las circunstancias concurrentes en cada caso y siempre en beneficio del menor (Sentencia de 31 de diciembre de 1996). Ese carácter discrecional de la medida, que reduce el ámbito del control casacional de su aplicación por los Tribunales de instancia (Sentencias de 11 de octubre de 1991, 20 de enero de 1993 y 5 de marzo de 1998), no es, sin embargo, absoluto ya que la norma establece unos límites que la decisión ha de respetar. De un lado, la medida ha de adoptarse en beneficio de los hijos. Así lo establece el artículo 39.2 de la Constitución Española, en cuanto impone a los poderes públicos una actuación que asegure la protección integral de aquellos. Lo propio hacen los artículos del Código Civil 154, en cuanto exige un ejercicio de la patria potestad en interés de los mismos, y 170.2, que condiciona la recuperación de la patria potestad al beneficio de ellos. De otro lado, la privación de la patria potestad, total o parcial, no constituye una sanción perpetua, sino condicionada (tampoco necesariamente) a la persistencia de la causa que la motivó, como establece el artículo 170.2 del Código Civil al regular la recuperación de aquella». (12 julio 2004, rec. 4793/1999)

«la recuperación de la patria potestad, cuando se ha privado de ella, sólo puede acordarse "cuando hubiere cesado la causa que motivó la privación" (artículo 170.2 del Código Civil), lo que implica mayor seguridad para el cumplimiento si se priva al progenitor de la patria potestad, dado que, si realmente tiene interés en cumplir sus deberes para con la niña, cumplirá, y, de no ser así, parece ajustarse al interés de ésta que no ostente la patria potestad». (11 octubre 2004, rec. 5226/1999)

CONCORDANCIAS

Véase arts. 111.1.º y 154 de este Código.
Texto vigente según Ley 11/1981, 13 mayo (*«B.O.E.»*, 19 mayo).

Artículo 171

La patria potestad sobre los hijos que hubieran sido incapacitados, quedará prorrogada por ministerio de la Ley al llegar aquéllos a la mayor edad. Si el hijo mayor de edad soltero que viviere en compañía de sus padres o de cualquiera de ellos fuere incapacitado, se rehabilitará la patria potestad, que será ejercida por quien correspondiere si el hijo fuese menor de edad. La patria potestad prorrogada en cualquiera de estas dos formas se ejercerá con sujeción a lo especialmente dispuesto en la resolución de incapacitación y subsidiariamente en las reglas del presente título.

La patria potestad prorrogada terminará:

1.º Por la muerte o declaración de fallecimiento de ambos padres o del hijo.

2.º Por la adopción del hijo.

3.º Por haberse declarado la cesación de la incapacidad.

4.º Por haber contraído matrimonio el incapacitado.

Si al cesar la patria potestad prorrogada subsistiere el estado de incapacitación, se constituirá la tutela o curatela, según proceda.

COMENTARIO

1.- El sujeto pasivo de la patria potestad no sólo puede serlo el hijo menor no emancipado, sino también el hijo mayor de edad incapacitado. Se trata de la incapacitación total que priva al sujeto de toda su capacidad de obrar, con lo cual le coloca en la misma situación que el menor. Contempla el supuesto de que se haya incapacitado a un menor de edad (que aunque parece un contrasentido, permite el art. 201) o bien se incapacite a un mayor que sigue viviendo soltero, con sus padres; se prorroga o rehabilita la patria potestad.

2.- La patria potestad sobre incapacitados *quedará prorrogada por ministerio de la ley al llegar aquéllos a la mayor edad* dice este art. 171. Prevé, pues, que haya sido incapacitado siendo menor de edad y al llegar a la mayoría no se constituye tutela, sino que se prorroga la patria potestad.

En el caso de rehabilitación, el hijo mayor de edad que sea soltero y que viviere en compañía de sus padres (lo que debe entenderse en amplio sentido, comprensivo también si está en un establecimiento mental) o de cualquiera de ellos, y entonces es incapacitado, *se rehabilitará la patria potestad.*

3.- Los titulares de la patria potestad prorrogada son los mismos que lo eran siendo menor el hijo: no se ha extinguido, sino que continúa, *quedará prorrogada, por ministerio de la ley*, dice el artículo 171.

En la rehabilitación de la patria potestad, serán *titulares y será ejercida* —dice también el art. 171— *por quien correspondiere* (titularidad y ejercicio) *si el hijo fuere menor de edad.*

4.- El efecto de la patria potestad prorrogada o rehabilitada es el mismo que la normal. Sin embargo, sufrirá las variaciones, limitaciones, ámbito o particularidades que haya previsto específicamente para el caso concreto, la resolución judicial de incapacitación. Esta posibilidad de graduación de la incapacitación y, en consecuencia, de la patria potestad, la prevé expresamente el último inciso del primer párrafo: *se ejercerá con sujeción a lo especialmente dispuesto en la resolución de incapacitación y, subsidiariamente, en las reglas del presente título.*

5.- Prevé, por último, el mismo artículo 171, las causas de extinción de esta patria potestad prorrogada o rehabilitada, que esencialmente coinciden con la extinción de la patria potestad normal.

1.º) *Por la muerte o declaración de fallecimiento de ambos padres o del hijo.* Coincide con el número 1.º del art. 169. En caso de muerte de ambos padres, se constituye la tutela (último párrafo, 171).

2.º) *Por la adopción del hijo.* Coincide con el número 3.º, del artículo 169, pasando la patria potestad al adoptante.

3.º) *Por haberse declarado la cesación de la incapacidad.* Esta sí es una específica causa de extinción, acorde con la función de la continuación de la patria potestad.

4.º) *Por haber contraído matrimonio el incapacitado.* Siempre que su estado mental le permita prestar el consentimiento matrimonial.

Si al extinguirse esta patria potestad prorrogada o rehabilitada, el hijo sigue estando incapacitado total o parcialmente, se constituye tutela (si es incapacitado total) o curatela (si lo es parcial).

JURISPRUDENCIA

«Debe indicarse que el contenido del art. 171, sobre la rehabilitación de la patria-potestad por la declaración de la incapacitación, no puede entenderse en su aplicación, al haberse dispuesto ya judicialmente, en la minoría de edad, sobre ella, sino en la misma forma en que ya se decidió, sin poderse acudir, en estos casos, al art. 156.5.º». (2 julio 2004, rec. 4495/1999)

CONCORDANCIAS

Véase arts. 201, 222, 234 y 276 a 278 de este Código.
Artículo redactado por LO 1/1996, 15 enero, de Protección Jurídica del Menor.

CAPÍTULO V
DE LA ADOPCIÓN Y OTRAS FORMAS DE PROTECCIÓN DE MENORES

SECCIÓN PRIMERA
De la guarda y acogimiento de menores

Artículo 172

1. La entidad pública a la que, en el respectivo territorio, esté encomendada la protección de los menores, cuando constate que un menor se encuentra en situación de desamparo, tiene por ministerio de la Ley la tutela del mismo y deberá adoptar las medidas de protección necesarias para su guarda, poniéndolo en conocimiento del Ministerio Fiscal, y notificando en legal forma a los padres, tutores o guardadores, en un plazo de cuarenta y ocho horas. Siempre que sea posible, en el momento de la notificación se les informará de forma presencial y de modo claro y comprensible de las causas que dieron lugar a la intervención de la Administración y de los posibles efectos de la decisión adoptada.

Se considera como situación de desamparo la que se produce de hecho a causa del incumplimiento, o del imposible o inadecuado ejercicio de los deberes de protección establecidos por las leyes para la guarda de los menores, cuando éstos queden privados de la necesaria asistencia moral o material.

La asunción de la tutela atribuida a la entidad pública lleva consigo la suspensión de la patria potestad o de la tutela ordinaria. No obstante, serán válidos los actos de contenido patrimonial que realicen los padres o tutores en representación del menor y que sean beneficiosos para él.

2. Cuando los padres o tutores, por circunstancias graves, no puedan cuidar al menor, podrán solicitar de la entidad pública competente que ésta asuma su guarda durante el tiempo necesario.

La entrega de la guarda se hará constar por escrito dejando constancia de que los padres o tutores han sido informados de las responsabilidades que siguen manteniendo respecto del hijo, así como de la forma en que dicha guarda va a ejercerse por la Administración.

Cualquier variación posterior de la forma de ejercicio será fundamentada y comunicada a aquéllos y al Ministerio Fiscal.

Asimismo, se asumirá la guarda por la entidad pública cuando así lo acuerde el Juez en los casos en que legalmente proceda.

3. La guarda asumida a solicitud de los padres o tutores o como función de la tutela por ministerio de la ley, se realizará mediante el acogimiento familiar o el acogimiento residencial. El acogimiento familiar se realizará por la persona o personas que determine la Entidad Pública. El acogimiento residencial se ejercerá por el Director del centro donde se ha acogido al menor.

Los padres o tutores del menor podrán oponerse en el plazo de dos meses a la resolución administrativa que disponga el acogimiento cuando consideren que la modalidad acordada no es la más conveniente para el menor o si existieran dentro del círculo familiar otras personas más idóneas a las designadas.

4. Se buscará siempre el interés del menor y se procurará, cuando no sea contrario a ese interés, su reinserción en la propia familia y que la guarda de los hermanos se confíe a una misma institución o persona.

5. Si surgieren problemas graves de convivencia entre el menor y la persona o personas a quien hubiere sido confiado en guarda, aquél o persona interesada podrá solicitar la remoción de ésta.

6. Las resoluciones que aprecien el desamparo y declaren la asunción de la tutela por ministerio de la ley serán recurribles ante la jurisdicción civil en el plazo y condiciones determinados en la Ley de Enjuiciamiento Civil, sin necesidad de reclamación administrativa previa.

7. Durante el plazo de dos años desde la notificación de la resolución administrativa por la que se declare el desamparo, los padres que continúen ostentando la patria potestad pero la tengan suspendida conforme a lo previsto en el número 1 de este artículo, están legitimados para solicitar que cese la suspensión y quede revocada la declaración de desamparo del menor, si por cambio de las circunstancias que la motivaron entienden que se encuentran en condiciones de asumir nuevamente la patria potestad.

Igualmente están legitimados durante el mismo plazo para oponerse a las decisiones que se adopten respecto a la protección del menor.

Pasado dicho plazo decaerá su derecho de solicitud u oposición a las decisiones o medidas que se adopten para la protección del menor. No obstante, podrán facilitar información a la entidad pública y al Ministerio Fiscal sobre cualquier cambio de las circunstancias que dieron lugar a la declaración de desamparo.

8. La entidad pública, de oficio, o a instancia del Ministerio Fiscal o de persona o entidad interesada, podrá en todo momento revocar la declaración de desamparo y decidir la vuelta del menor con su familia si no se encuentra integrado de forma estable en otra familia o si entiende que es lo más adecuado en interés del menor. Dicha decisión se notificará al Ministerio Fiscal.

COMENTARIO

1.- Desde que la Ley 21/87 de 11 de noviembre modificara el Código Civil introduciendo dos regímenes de guarda y protección de menores —*la tutela ex lege y la guarda legal*—, los cambios que ha sufrido la redacción de este artículo merced a la Ley Orgánica 1/96 de 15 de enero y a la reciente Ley 54/2007 de 28 de diciembre, conservan las líneas esenciales de ambos regímenes de guarda y protección del menor, si bien introduce mayores y más concretas pautas que dan respuesta a necesidades y circunstancias que la práctica y el tiempo han ido poniendo de manifiesto.

2.- Desde el momento en que la Entidad Pública constata que un menor se encuentra en situación de desamparo, nace la tutela del Estado, con la importante consecuencia de la suspensión de la potestad o de la tutela ordinaria que se estuviese ejerciendo sobre el menor. El desamparo se produce, tal como contempla este precepto, cuando aquellas personas que tengan potestad sobre el menor —la Ley no habla exclusivamente de los padres o tutores sino que se refiere de forma objetiva a quienes ejerzan la guarda de los menores— le dejen privado de la necesaria asistencia moral o material como consecuencia del incumplimiento o del imposible o inadecuado ejercicio del deber de protección al menor. Con carácter de urgencia, la Entidad Pública, como tutora de ese menor desamparado, debe tomar las medidas de protección que estime convenientes y necesarias para la guarda del menor. Estas, aunque dependiendo de los casos, en la generalidad de los mismos, se traducirán en una separación física del menor del entorno que ha provocado su desamparo y en su guarda en un centro habilitado para dichas funciones. Procede, igualmente, la Entidad Pública a informar al Ministerio Fiscal del nacimiento de esta tutela así como de las medidas que para la guarda del menor se han adoptado con carácter de urgencia. Por último, procede la Entidad Pública a poner en conocimiento de los padres, tutores o guardadores —responsables o no del desamparo— la medida adoptada así como las causas que dieron lugar a su adopción y a sus posibles consecuencias. En este sentido, se producen dos importantes conclusiones: Primero.- El deber de información expresamente recogido en este artículo es una de las novedades que introduce la ley 1/96 de 15 de enero. Su importancia radica en anular todos aquellos posibles argumentos de indefensión que podían argüir los titulares de la patria potestad o de la tutela ante la decisión unilateral de la Entidad Pública de asumir la tutela del menor sin proceder a informarles con carácter de urgencia. Si bien la meritada información se llevaba a cabo en la práctica, la redacción del artículo 172 conforme a la ley 21/87 de 11 de noviembre no recogía en la teoría la obligación de proporcionársela. Segundo.- La plasmación en el artículo 172 del derecho que asiste a quienes se encuentren perjudicados de recurrir ante la jurisdicción civil las resoluciones que aprecien el desamparo y declaren la asunción de la tutela, sin que sea preciso acudir previamente a la vía administrativa. Si ya de esta forma se disipaban todas las posibles dudas que la falta de concreción legal provocaba conforme a la redacción anterior del artículo 172 y que tan acérrimamente criticó la doctrina, con mayor motivo se disipan al introducir la Ley 54/2007 un pequeño añadido al apartado 6 remitiéndose a los plazos y condiciones establecidos en la Ley de Enjuiciamiento Civil (véase artículos 779 y 780 LEC también modificados por la Ley 54/2007). No podemos olvidar que pese a ser una entidad Pública la que asume la protección de los menores, tales facultades derivan de la Legislación civil con lo que deben ser los Órganos jurisdiccionales civiles los que asuman la función revisora de la previa actuación administrativa.

3.- Interesa destacar los siguientes puntos: 1.º El sujeto activo del desamparo, es decir, el que lo provoca, no tiene que ser necesariamente el titular de la patria potestad o de la tutela del menor, sino que puede tratarse de un acogedor o un guardador. 2.º El sujeto pasivo es siempre un menor: el legislador considera al mayor de edad capaz de autogobierno por lo que no cabe suponer que pudiera quedar desamparado. 3.º El desamparo implica un quebrantamiento del deber de protección que se deriva de la Ley respecto a los menores. Este quebrantamiento no requiere ser de extrema intensidad o quedar acreditado de alguna forma puesto que el precepto configura esta situación cuando se produce «de hecho». 4.º La causa del desamparo se deriva o bien de un incumplimiento voluntario o involuntario del deber de protección, o bien de un imposible o inadecuado ejercicio de este deber, imposibilidad o inadecuación que pueden deberse a motivos ajenos o no a la propia voluntad del causante del desamparo (enfermedad, muerte, malos tratos, abandono, incumplimiento del deber de alimentos…). 5.º La consecuencia del desamparo implica que el menor haya quedado privado de la necesaria asistencia moral o material, dependiendo de cada caso concreto la determinación de si el menor la ha sufrido o no. El titular de la tutela es el Estado a través de las entidades públicas a las que, en el respectivo territorio, esté encomendada la protección de los menores. Este punto debe ponerse en relación con la Disposición Adicional Primera de la Ley 21/87 de 11 de noviembre, que determina quiénes son estas personas jurídicas, denominadas entidades públicas: organismos del Estado, de las Comunidades Autónomas o de las Entidades Locales, así como instituciones colaboradoras de integración familiar habilitadas para tales funciones.

4.- Este precepto establece igualmente otro régimen de protección de menores: *la guarda legal.* Esta guarda se produce a causa de un «semi desamparo», es decir, la causa del mismo se deriva igualmente de un incumplimiento o de un imposible o inadecuado ejercicio de los deberes de protección, con la diferencia de que los causantes de tal carencia y desprotección en el menor acuden a la entidad pública, con objeto de que se remedie esta situación. En este caso, el organismo público no asumirá la tutela del menor sino simplemente su guarda, con lo que no se suspenderá la patria potestad o la tutela ordinaria ejercida sobre el menor. Únicamente podrá la entidad pública asumir la guarda del menor cuando la falta de asistencia esté justificada por la existencia de una enfermedad o de otras circunstancias graves acaecidas sobre quienes tienen potestad sobre el menor —padres, tutores, acogedores, guardadores...— o cuando lo acuerde la Autoridad Judicial.

5.- Una vez asumida la tutela o la guarda legal, el organismo público tiene una mera guarda sobre el menor, es decir, lo separa de su medio familiar en el que se ha visto privado o carente de la debida protección y lo ingresa en un centro o establecimiento al efecto hasta adoptar medidas al respecto. En la adopción de tal medida debe imperar el principio del interés del menor y de tratarse de la guarda de dos hermanos, se procurará que su acogimiento se lleve a cabo por una misma familia o en un mismo centro.

El ejercicio de la tutela o de la guarda legal por parte del organismo público puede llevarse a cabo:

Primero.- Mediante la mera guarda —también denominada acogimiento residencial— del menor en un centro, casa o establecimiento de menores cuyo ejercicio queda encomendado al director de la casa en que el menor sea internado.

Segundo.- Mediante la medida del acogimiento familiar encomendando a las personas designadas para tal función, que se verá en el comentario al artículo siguiente.

6.- Los apartados 7 y 8 introducidos al texto de este artículo por parte de la Ley 54/2007 establecen pautas temporales para la impugnación de las resoluciones administrativas de protección de menores, pautas que, anteriormente, sólo recogía la jurisdicción procesal y que deberían sobrar en virtud de la remisión que recoge el apartado 3 de este mismo precepto, si no fuera porque los plazos de la norma sustantiva civil difieren de los de la norma procesal. Durante dos años se faculta a los padres cuya patria potestad ha quedado suspendida a solicitar la revocación de la declaración de desamparo, ello sin perjuicio de la impugnación que eventualmente efectuaran cuando dicha declaración se les notificó (tres meses).

El legislador considera, por lo tanto, que el plazo de dos años es suficiente para que se produzca el cambio de aquellas circunstancias que motivaran en su día la declaración de desamparo y se les permita ahora asumir íntegramente la patria potestad que tenían suspendida.

El tenor literal del precepto parece ofrecer una lectura restrictiva: pasado dicho plazo de dos años parece que decae el derecho de los padres a solicitar el cese de la suspensión y/o a oponerse a esta declaración si bien podríamos entender, no sin dejar de señalar aquí una cierta contradicción por parte del Legislador, que la posibilidad de facilitar información a la entidad pública y al Ministerio Fiscal sobre cualquier cambio de sus circunstancias deja una puerta abierta a que dicha revocación se produzca aun superados los cómputos temporales, lo que corrobora el apartado 8 de este mismo precepto al permitir que la entidad pública, de oficio o a instancia de entidad o persona interesada (¿pueden ser los padres?) pueda revocar la declaración de desamparo sometiendo tal decisión a dos condiciones: la falta de integración en otra familia o el interés del menor. ¿Acaso no será beneficioso para el interés del menor la reintegración en su familia superadas las causas y circunstancias de los progenitores que provocaron el desamparo aun cuando hayan transcurrido más de dos años desde la notificación de esta resolución? En cuestiones como ésta, la casuística dirigida al interés del menor debe prevalecer sobre la seguridad jurídica que requiere el establecimiento de unos plazos.

Desde este artículo hasta el 180 ha colaborado en su comentario VICTORIA RUIZ DE VELASCO y MARTÍNEZ DE ERCILLA. Doctora en Derecho, Abogado.

JURISPRUDENCIA

«esta Sala sienta la doctrina de que es procedente que el juez, al examinar la impugnación de la declaración de desamparo por la Administración interpuesta al amparo del artículo 172.6 CC, contemple el cambio de circunstancias producido con posterioridad al momento en que se produjo la declaración con el fin de determinar si los padres se encuentran en condiciones de asumir nuevamente la patria potestad... ...El principio de reinserción en la propia familia que, junto con el interés del menor, aparece recogido en el artículo 172.4 CC como uno de los principios que rigen en materia de protección de menores desamparados, está proclamado en la Declaración de la Asamblea General de las Naciones Unidas de 3 de diciembre de 1986 y en el artículo 9 de la Convención de las Naciones Unidas sobre los Derechos del Niño de 20 de noviembre de 1989, ratificada por España el día 30 de noviembre de 1990, y ha sido reconocido, en relación con los derechos de los padres biológicos, por el TC a partir de la STS 298/1993, de 18 de octubre. Estos principios, considerados en abstracto, constituyen principios de fin o directrices, en cuanto no establecen mandatos genéricos por razón del objeto, sino por razón del fin. En consecuencia, ninguno de ellos impone soluciones determinadas, sino que deben aplicarse mediante una técnica de adecuación a los fines impuestos, que debe aplicarse con criterios de prospección o exploración de las posibilidades futuras de conseguirlos. En suma, su cumplimiento exige atender a la consecución del interés del menor, mediante la adopción de las soluciones que, por una parte, le sean más beneficiosas y, por otra, que permitan la reinserción en la propia familia. Desde este punto de vista, se advierte la superior jerarquía que el legislador atribuye al deber de perseguir el interés del menor, pues la directriz sobre el interés del menor se formula con un sintagma de carácter absoluto ("se buscará siempre"), mientras que la directriz sobre la reinserción familiar se formula con carácter relativo ("se procurará")». (31 julio 2009, rec. 247/2007, LA LEY 184099/2009. Doctrina reiterada por la de 21 febrero 2011, rec. 1186/2008, LA LEY 1229/2011)

CONCORDANCIAS

Véase:
— arts. 90, 103, 169 a 171, 173.3.º, 177.2.º, 215 a 222, 229, 239, 240, 303 a 306 y 321 de este Código.
— Constitución Española: arts. 39 y 41.
— Ley 21/1987, de 11 de noviembre (*«B.O.E.»*, 17 noviembre), Disposición Adicional 1.ª.1.
Artículo redactado por LO 1/1996, 15 enero, de Protección Jurídica del Menor.
—Parcialmente modificado por la Ley 54/2007, de 28 diciembre, de Adopción Internacional, (*«B.O.E»*, de 29 diciembre)
Anteriores textos según Ley 24 abril 1958 (*«B.O.E.»*, 25 abril); Ley 7/1970, 4 julio (*«B.O.E.»*, 7 julio) y Ley 11/1981, 13 mayo (*«B.O.E.»*, 19 mayo).

Artículo 173

1. El acogimiento familiar produce la plena participación del menor en la vida de familia e impone a quien lo recibe las obligaciones de velar por él, tenerlo en su compañía, alimentarlo, educarlo y procurarle una formación integral.

Este acogimiento se podrá ejercer por la persona o personas que sustituyan al núcleo familiar del menor o por responsable del hogar funcional.

2. El acogimiento se formalizará por escrito, con el consentimiento de la entidad pública, tenga o no la tutela o la guarda, de las personas que reciban al menor y de éste

si tuviera doce años cumplidos. Cuando fueran conocidos los padres que no estuvieran privados de la patria potestad, o el tutor, será necesario también que presten o hayan prestado su consentimiento, salvo que se trate de un acogimiento familiar provisional a que hace referencia el apartado 3 de este artículo.

El documento de formalización del acogimiento familiar, a que se refiere el párrafo anterior, incluirá los siguientes extremos:

1.º Los consentimientos necesarios.

2.º Modalidad del acogimiento y duración prevista para el mismo.

3.º Los derechos y deberes de cada una de las partes, y en particular:

a) La periodicidad de las visitas por parte de la familia del menor acogido.

b) El sistema de cobertura por parte de la entidad pública o de otros responsables civiles de los daños que sufra el menor o de los que pueda causar a terceros.

c) La asunción de los gastos de manutención, educación y atención sanitaria.

4.º El contenido del seguimiento que, en función de la finalidad del acogimiento, vaya a realizar la entidad pública, y el compromiso de colaboración de la familia acogedora al mismo.

5.º La compensación económica que, en su caso, vayan a recibir los acogedores.

6.º Si los acogedores actúan con carácter profesionalizado o si el acogimiento se realiza en un hogar funcional, se señalará expresamente.

7.º Informe de los servicios de atención a menores.

Dicho documento se remitirá al Ministerio Fiscal.

3. Si los padres o el tutor no consienten o se oponen al mismo, el acogimiento sólo podrá ser acordado por el Juez, en interés del menor, conforme a los trámites de la Ley de Enjuiciamiento Civil. La propuesta de la entidad pública contendrá los mismos extremos referidos en el número anterior.

No obstante, la entidad pública podrá acordar en interés del menor, un acogimiento familiar provisional, que subsistirá hasta tanto se produzca resolución judicial.

La entidad pública, una vez realizadas las diligencias oportunas, y concluido el expediente, deberá presentar la propuesta al Juez de manera inmediata y, en todo caso, en el plazo máximo de quince días.

4. El acogimiento del menor cesará:

1.º Por decisión judicial.

2.º Por decisión de las personas que lo tienen acogido, previa comunicación de éstas a la entidad pública.

3.º A petición del tutor o de los padres que tengan la patria potestad y reclamen su compañía.

4.º Por decisión de la entidad pública que tenga la tutela o guarda del menor, cuando lo considere necesario para salvaguardar el interés de éste oídos los acogedores.

Será precisa resolución judicial de cesación cuando el acogimiento haya sido dispuesto por el Juez.

5. Todas las actuaciones de formalización y cesación del acogimiento se practicarán con la obligada reserva.

COMENTARIO

1.- Recientemente modificado conforme a la Ley Orgánica 1/96 de 15 de enero, de protección jurídica del menor el contenido del art. 173 se dedica única y exclusivamente a la figura del acogimiento familiar, entendida como aquella forma de ejercer la guarda a través de una o varias personas que reciben al menor en su medio familiar hasta que mejore su situación familiar de origen o hasta que, finalmente se adopte una medida de carácter definitivo. El acogimiento es, por propia definición, una medida transitoria, aunque puede prolongarse en el tiempo y convertirse en una medida definitiva. Su fin aboca en una reincorporación del menor en su núcleo familiar de origen o en la adopción del mismo por los mismos acogedores o por otros adoptantes. El menor internado en un centro o establecimiento al efecto, bien por hallarse bajo tutela estatal, bien únicamente bajo guarda legal, es recibido con plena incorporación en un medio familiar extraño pero adecuado a sus propias exigencias; medio familiar compuesto por aquellas personas que desean adoptar un menor o por aquellas personas que, dedicadas a tal labor —ya sea de forma remunerada o no— no desean adoptarle, pero sí ofrecerle un entorno adecuado hasta que su situación se normalice.

2.- Las obligaciones del acogedor son idénticas a aquellas que la Ley contempla para los titulares de la patria potestad. Basta con comparar el art. 154 con el 173.1 C.c.

Con tal equiparación, el legislador ha querido configurar una relación acogedor-acogido similar a la relación que une a padres e hijos.

3.- El apartado 2 del art. 173 contempla la forma de constitución del acogimiento, y debe ponerse en correlación con los artículos 1828 y siguientes de la Ley de Enjuiciamiento Civil de 1881, vigente según la disposición derrogatoria única 1, 1.ª, párrafo primero, de la Ley de Enjuiciamiento Civil 1/2000, de 7 de enero.

Las formas de constitución del acogimiento pueden dividirse en dos grupos: acogimiento administrativo, formalizado a través de la Entidad Pública: y acogimiento judicial que se constituye por resolución judicial, exigiéndose únicamente que se acuda al mismo cuando no consintieran o se opusieran al mismo los padres o tutor no privados respectivamente de la patria potestad o tutela sobre el menor.

En efecto, la Ley prescribe que, cuando el menor sigue sujeto a la patria potestad de sus padres o a la tutela de su tutor originario, es decir, cuando la Entidad Pública ejerce únicamente la guarda legal sobre el menor sin asumir su tutela, el acogimiento administrativo sólo podrá formalizarse con el consentimiento de tales personas, consentimiento cuya omisión provocaría la nulidad del acto. En caso contrario, sólo podrá acordarse conforme a un procedimiento judicial.

Introduce la Ley 1/96 de 15 de enero, de protección jurídica del menor, una nueva subcategoría de constitución del acogimiento: el denominado acogimiento provisional que podrá acordarse por la Entidad Pública siempre que, prevaleciendo el interés del menor y habida cuenta la oposición o la falta de consentimiento de los padres o del tutor a la adopción de tal medida, se esté pendiente de la resolución judicial que constituya el acogimiento.

Todo acogimiento requiere para su formalización un documento en el que se recojan no solamente los consentimientos requeridos sino también extremos tales como la modalidad del acogimiento, su duración, los derechos y deberes de cada una de las partes, el carácter remunerado del mismo... La anterior redacción del artículo 173 conforme a la reforma que introdujo la Ley 21/87 de 11 de noviembre no recogía con tanta exactitud los extremos a incluir en el documento de formalización del acogimiento por lo que era labor legislativa de rango inferior —decretos, órdenes...— el completar y cubrir este vacío.

4.- El artículo 173 prevé asimismo las causas de extinción del acogimiento, causas de las que se deduce el carácter de transitoriedad de la figura. Agrupadas en cuatro apartados, las causas de extinción del acogimiento se refieren a los sujetos implicados en el mismo y a la propia Autoridad Judicial. Puede cesar el acogimiento, por decisión de los acogedores, si bien tienen obligación de comunicar previamente la decisión a la entidad pública; por petición —no siempre concedida— de los padres o tutores que mantengan respectivamente la patria potestad o tutela ordinaria sobre el menor y reclamen la compañía del mismo. Por decisión judicial es evidente que en las dos primeras causas de extinción, se está en presencia de un acogimiento administrativo, es decir, formalizado a través de la Entidad Pública puesto que aquel acogimiento constituido por resolución judicial únicamente podrá cesar por la misma vía. La última causa de extinción del acogimiento consiste en la decisión de la Entidad Pública que tenga la tutela o la guarda legal sobre el menor, de que tal medida cese, previa audiencia de los acogedores y siempre que dicha extinción sea precisa en la salvaguarda del interés del menor acogido.

CONCORDANCIAS

Véase:
— arts. 154 y 161 de este Código.
— Ley Enjuiciamiento Civil de 1881: arts. 1.828 y ss.
— Reglamento del Registro Civil, de 14 noviembre 1958 (*«B.O.E.»*, 11 diciembre): art. 21.2.º.
Artículo redactado por LO 1/1996, 15 enero, de Protección Jurídica del Menor.
Anteriores textos según Ley 24 abril 1958 (*«B.O.E.»*, 25 abril); Ley 7/1970, 4 julio (*«B.O.E.»*, 7 julio) y Ley 11/1981, 13 mayo (*«B.O.E.»*, 19 mayo).

Artículo 173 bis

El acogimiento familiar, podrá adoptar las siguientes modalidades atendiendo a su finalidad:

1. Acogimiento familiar simple, que tendrá carácter transitorio, bien porque de la situación del menor se prevea la reinserción de éste en su propia familia bien en tanto se adopte una medida de protección que revista un carácter más estable.

2. Acogimiento familiar permanente, cuando la edad u otras circunstancias del menor y su familia así lo aconsejen y así lo informen los servicios de atención al menor. En tal supuesto, la entidad pública podrá solicitar del Juez que atribuya a los acogedores aquellas facultades de la tutela que faciliten el desempeño de sus responsabilidades, atendiendo en todo caso al interés superior del menor.

3. Acogimiento familiar preadoptivo, que se formalizará por la entidad pública cuando ésta eleve la propuesta de adopción del menor, informada por los servicios de atención al menor, ante la autoridad judicial, siempre que los acogedores reúnan los

requisitos necesarios para adoptar, hayan sido seleccionados y hayan prestado ante la entidad pública su consentimiento a la adopción y se encuentre el menor en situación jurídica adecuada para su adopción.

La entidad pública podrá formalizar, asimismo, un acogimiento familiar preadoptivo cuando considere, con anterioridad a la presentación de la propuesta de adopción, que fuera necesario establecer un período de adaptación del menor a la familia.

Este período será lo más breve posible y, en todo caso, no podrá exceder del plazo de un año.

COMENTARIO

1. La Disposición final séptima de la Ley Orgánica 1/96 de 15 de enero, de protección jurídica del menor, introduce en el Código Civil un nuevo artículo con el número 173 bis. Su contenido se centra en la figura del acogimiento de tipo familiar, entendiéndose por tal aquella guarda que ejercen una persona o personas que, con carácter remunerado o no, incorporan al menor en un núcleo familiar con las obligaciones propias de los titulares de la patria potestad.

A diferencia del artículo anterior, que contempla diferentes modalidades de acogimiento atendiendo a su forma de constitución, la novedad de este artículo recae en que introduce diferentes modalidades de acogimiento atendiendo a las finalidades que tal medida de protección persiga, según las circunstancias concretas de cada caso. Si bien la Exposición de Motivos de la Ley 21/87 de 11 de noviembre, que modificó el Código Civil en materia de adopción, sugería la importancia de la figura, llamando la atención sobre el acogimiento preadoptivo, con gran implantación en el Derecho comparado, su normativa no contemplaba específicamente diferentes clases de acogimiento, como se contempla en este artículo.

2. Como primera modalidad se prevé el acogimiento familiar simple, entendiéndose por tal aquel que implique una medida de protección de carácter transitorio, bien porque la situación del menor esté pendiente de mejorarse y se prevea su reinserción en su núcleo familiar de origen, bien porque constituya una medida temporal en tanto se adopte una solución de carácter más estable.

La segunda modalidad abarca el acogimiento familiar permanente, modalidad de acogimiento que supone una plena ruptura con su concepto tradicional de medida de carácter esencialmente transitorio. La permanencia del acogimiento debe estar firmemente aconsejada por las circunstancias personales del menor y de su familia natural. Frente a la anterior legislación que otorga a la familia acogedora una autonomía limitada frente al amplio margen de actuación que se concedía a los titulares de otras medidas de protección, con la presente regulación se amplía la autonomía de la familia acogedora respecto a las funciones derivadas del cuidado del menor, mediante la atribución por el Juez de aquellas facultades, que, equiparables a las de la tutela, faciliten el correcto desempeño de sus funciones y responsabilidades.

La tercera modalidad contempla el acogimiento preadoptivo, entendiéndose por tal, aquel período de tiempo previo a la constitución de la adopción, una vez presentada ya por la entidad pública la propuesta de adopción favorable a dichos acogedores o con anterioridad a elevar dicha propuesta ante la Autoridad Judicial por considerar la necesidad de establecer un período de adaptación previo —que no podrá exceder del plazo de un año— entre el menor y su futura familia acogedora. Contempla, por tanto, el acogimiento preadoptivo dos subtipos bien diferenciados:

El primero es el período previo a la adopción hasta que recaiga resolución de constitución de la misma, ya elevada la propuesta de la Entidad Pública ante la Autoridad Judicial en la que, sin perjuicio de los restantes datos a incluir —que contempla el artículo 173 para la formalización del acogimiento—, se declare la idoneidad de los acogedores como los adoptantes electos, se incluya su consentimiento a la adopción —que deberán naturalmente ratificar en presencia del Juez —art. 177.1— y se determine que el menor se encuentra en situación jurídica adecuada para su adopción.

El segundo es el período a la adopción hasta que la entidad pública determine la conveniencia de aprobar la adopción del menor acogido y en su consecuencia elevar la propuesta favorable ante la Autoridad Judicial. Reafirmado por el principio de seguridad jurídica, el objetivo de este acogimiento radica en sopesar los resultados de un período de adaptación del menor en ese entorno familiar que podrá convertirse en el propio, antes de aprobar —sin que posteriormente deba lamentarse— una medida como es la adopción de carácter irrevocable. Este período de adopción será lo más breve posible, pudiendo prolongarse un máximo de un año.

CONCORDANCIAS

Artículo introducido por LO 1/1996, 15 enero, de Protección Jurídica del Menor.

Artículo 174

1. Incumbe al Fiscal la superior vigilancia de la tutela, acogimiento o guarda de los menores a que se refiere esta Sección.

2. A tal fin, la entidad pública le dará noticia inmediata de los nuevos ingresos de menores y le remitirá copia de las resoluciones administrativas y de los escritos de formalización relativos a la constitución, variación y cesación de las tutelas, guardas y acogimientos. Igualmente le dará cuenta de cualquier novedad de interés en las circunstancias del menor.

El Fiscal habrá de comprobar, al menos semestralmente, la situación del menor, y promoverá ante el Juez las medidas de protección que estime necesarias.

Párrafo redactado por LO 1/1996, 15 enero, de Protección Jurídica del Menor.

3. La vigilancia del Ministerio Fiscal no eximirá a la entidad pública de su responsabilidad para con el menor y de su obligación de poner en conocimiento del Ministerio Fiscal las anomalías que observe.

COMENTARIO

1.- El importante papel que desempeña la Administración Pública en materia de protección de los menores, se ve paliado por el presente artículo 174 que introduce la participación del Ministerio Fiscal como superior vigilante de la actuación realizada por la Administración, como respuesta al sometimiento de la intervención administrativa al control jurisdiccional.

La Ley 50/1981 de 30 de diciembre por la que se regula el Estatuto Orgánico del Ministerio Fiscal contempla en su articulado las funciones propias del Ministerio Fiscal entre las que se halla la de «... formar parte de aquellos organismos tutelares que tengan por objeto la protección y defensa de menores...» (art. 3.7) para lo cual se le permite «visitar en cualquier momento los centros y establecimientos..., examinar los expedientes de los internos y recabar cuanta información estime conveniente» (art. 4.2). A pesar de que la función de superior vigilancia que atribuye el artículo 174 al Ministerio Fiscal pudiera hallarse subsumida en el articulado que compone su Estatuto, lo cierto es que este artículo del Código Civil viene a ampliarla puesto que extiende su cobertura a organismos que sin ser específicamente «tutelares» —la guarda legal y el acogimiento— sí requieren una superior vigilancia.

2.- La tarea de superior vigilancia atribuida al Ministerio Fiscal puede concretarse en una serie de funciones específicas:

Primera. En primer lugar, vigilar significa velar, atender y controlar. Con ello se quiere expresar que el Ministerio Fiscal no tiene funciones resolutorias sino controladoras que le permiten revisar aquellas decisiones tomadas y practicadas por la Administración, ejercer un papel de intermediario entre ésta y el control judicial y sobre todo, llevar a cabo un seguimiento de los menores con objeto de adoptar las medidas protectoras pertinentes a sus intereses o de remediar las que, ya en práctica, no logran que el interés del menor quede suficientemente protegido.

Segunda. La superior vigilancia del Ministerio Fiscal sólo podrá ser ejercitada con la plena colaboración de la entidad pública. Con tal finalidad, la entidad pública debe dar noticia inmediata al Ministerio Fiscal de los nuevos ingresos de menores en los centros o establecimientos destinados al efecto.

Asimismo, la entidad pública debe remitir copia de las resoluciones administrativas y de los escritos de formalización de la constitución, variación y cesación de cualesquiera regímenes de guarda (tutela, guarda y acogimiento). Cuando se trate de un acogimiento administrativo, sin oposición de los padres no privados de la patria potestad o del tutor, el Ministerio Fiscal deberá recibir copia por parte de la entidad del escrito de formalización del acogimiento en el que consten todos aquellos consentimientos necesarios.

Si por el contrario, existe oposición a tal acogimiento, éste puede ser acordado por el Juez y promovido bien por el Ministerio Fiscal bien por la entidad pública correspondiente. De esta forma, se trate de un acogimiento administrativo o judicial, todas las actuaciones se practicarán con la intervención del Ministerio Fiscal (artículos 173.2 *in fine* C.c. y 1825 LEC).

Tercera. La verdadera vigilancia se materializa en un seguimiento continuo —al menos semestral— de la situación de los menores. Para ello, el Estatuto le legitima a visitar en cualquier momento los centros o establecimientos en que se encuentren los menores, lo que le permitirá un seguimiento más próximo y real.

Asimismo, para asegurar su efectivo cumplimiento, la entidad pública deberá poner en conocimiento del Ministerio Fiscal las anomalías que observe. Con ello, se confirma la vigilancia constante que debe mantener la entidad pública y que conlleva un deber de información continuo y tenaz —no únicamente de los ingresos sino durante toda su vigencia— de la situación de los menores bajo tutela o guarda.

La vigilancia del Ministerio Fiscal está calificada de «superior». Ello implica la presencia de dos escalas o niveles de graduación dentro de la vigilancia encomendada tanto a la entidad pública como al Ministerio Fiscal. La responsabilidad por las funciones encomendadas al Ministerio Fiscal no exime de la responsabilidad atribuida a la Administración.

CONCORDANCIAS

Véase:
— arts. 161, 222, 229, 232, 239 y 321 de este Código.

— Ley 21/1987, de 11 de noviembre (*«B.O.E.»*, 17 noviembre), Disposiciones Adicionales 1.ª y 2.ª.
Texto vigente según Ley 21/1987, 11 noviembre (*«B.O.E.»*, 17 noviembre). Anteriores textos según Ley 24 abril 1958 (*«B.O.E.»*, 25 abril); Ley 7/1970, 4 julio (*«B.O.E.»*, 7 julio) y Ley 11/1981, 13 mayo (*«B.O.E.»*, 19 mayo).

SECCIÓN SEGUNDA
De la adopción

Artículo 175

1. La adopción requiere que el adoptante sea mayor de veinticinco años. En la adopción por ambos cónyuges basta que uno de ellos haya alcanzado dicha edad. En todo caso, el adoptante habrá de tener, por lo menos, catorce años más que el adoptado.

2. Únicamente podrán ser adoptados los menores no emancipados. Por excepción, será posible la adopción de un mayor de edad o de un menor emancipado cuando, inmediatamente antes de la emancipación, hubiere existido una situación no interrumpida de acogimiento o convivencia, iniciada antes de que el adoptando hubiere cumplido los catorce años.

3. No puede adoptarse:

1.º A un descendiente.

2.º A un pariente en segundo grado de la línea colateral por consanguinidad o afinidad.

3.º A un pupilo por su tutor hasta que haya sido aprobada definitivamente la cuenta general justificada de la tutela.

4. Nadie puede ser adoptado por más de una persona, salvo que la adopción se realice conjunta o sucesivamente por ambos cónyuges. El matrimonio celebrado con posterioridad a la adopción permite al cónyuge la adopción de los hijos de su consorte. En caso de muerte del adoptante, o cuando el adoptante sufra la exclusión prevista en el artículo 179, es posible una nueva adopción del adoptado.

COMENTARIO

1.- Constituye el art. 175.1 una excepción a la regla que establece la plena capacidad de obrar para aquella persona que haya alcanzado la mayoría de edad, puesto que se requiere que el adoptante sea mayor de veinticinco años. En el supuesto de que se trate de una adopción conjunta —únicamente factible por dos personas unidas por matrimonio de hecho o de derecho—, basta con que uno de ellos haya alcanzado la edad requerida.

A diferencia del adoptante, silencio absoluto guarda la Ley respecto a una edad mínima en el adoptando. No obstante, sí prevé el legislador en principio, una edad máxima en el adoptando, al menos con una regla de carácter general. En este sentido, comienza el segundo párrafo de este artículo 175 disponiendo que «únicamente podrán ser adoptados los menores no emancipados». Este límite en el adoptando se debe al propio fundamento de la institución adoptiva como medida de protección de menores, protección que, evidentemente, no requiere, al menos ante la Ley, el ya emancipado o el mayor de edad. Sin embargo, contempla la Ley la aptitud de un mayor de edad o de un menor emancipado para ser adoptado, sobre la base de una convivencia pasada cuyos frutos han sido tan positivos que conducen a la conveniencia de que se constituya tal vínculo jurídico. El legislador establece como requisitos para tal adopción, el que hubiese existido entre adoptante y adoptando una situación de convivencia o una situación de acogimiento, durante un tiempo y una forma determinados. Respecto a la duración, se requiere que la situación de convivencia o de acogimiento haya comenzado antes de que el adoptando hubiera cumplido los catorce años, prolongándose hasta su emancipación o hasta su mayoría de edad, según los casos. En lo que concierne a la forma de la situación de convivencia o de acogimiento, se exige que, aparte de los requisitos que deberá cumplir en función a la situación que les una —si es acogimiento, deberá observarse lo que prevé el art. 173.1, por ejemplo— ésta no sufra interrupciones durante su vigencia.

Por último, en lo que concierne a las edades respectivas, es preciso que exista entre adoptante y adoptando una diferencia de años mínima, establecida en catorce años. Tal exigencia es necesaria si se parte del principio de que la adopción imita a la naturaleza humana y no sería lógico que jurídicamente, se permitiera algo que naturalmente no fuera posible. Esta exigencia alcanza a ambos adoptantes si se trata de una adopción conjunta, lo que se deduce de la propia terminología utilizada por el legislador; la expresión «en todo caso» no deja dudas al respecto.

2.- Dispone el tercer apartado una serie de prohibiciones: las que encierran los puntos 1.º y 2.º se basan en el vínculo de parentesco que no puede darse entre los sujetos de la adopción; la que contiene el tercer punto se basa en función al cargo del adoptante y no específicamente una prohibición sino el establecimiento de una condición cuyo incumplimiento hará imposible la adopción entre tutor y pupilo.

En primer lugar, se prohíbe la adopción de descendientes. Esta prohibición se fundamenta en la falta de sentido de tal adopción, una vez equiparadas legalmente las filiaciones con la reforma del Código Civil producida por Ley de 13 de mayo de 1981 (art. 108 Cc). Por otro lado, la prohibición alcanza a los descendientes, por lo que tampoco podrá adoptar un abuelo a sus nietos, sin perjuicio de que puedan establecerse otros mecanismos protectores caso de que la situación del menor lo requiera.

En segundo lugar, se prohíbe la adopción de un pariente en segundo grado de la línea colateral por consanguinidad o afinidad. Respecto al parentesco por consanguinidad, es lógica la prohibición de que un hermano adopte a otro hermano puesto que no sería lícito que dos hermanos se convirtieran en padre e hijo. Llama la atención, sin embargo, la mención del cuñado.

Por último se establece una prohibición de tipo condicional: no podrá el tutor adoptar a su pupilo hasta que haya sido aprobada definitivamente la cuenta justificativa de la tutela. Con esta prohibición se pretende evitar que el tutor pueda eludir su obligación de rendir cuentas ante la autoridad judicial de su gestión realizada durante la tutela como establece el art. 279 Cc.

3.- Contempla el art. 175.4 la posibilidad de adopciones simultáneas y sucesivas. En lo que concierne a las primeras, únicamente cabe la adopción dual en el caso de que los adoptantes estén unidos por matrimonio de derecho o por matrimonio de hecho, esta última posibilidad se prevé en la Disposición Adicional Tercera de la Ley 21/87 de 11 noviembre, que reformó el Código Civil en materia de adopción por la que las referencias a la Ley respecto a la capacidad de los cónyuges adoptantes debe extenderse a aquellas parejas unidas de forma permanente por una relación afectiva análoga a la conyugal.

Fuera de estas parejas de hecho o de derecho, no cabe la adopción por más de una persona.

Cabe asimismo que se produzcan adopciones sucesivas bien porque primero adopte uno de los cónyuges y después el otro; bien porque un adoptante o los dos hayan fallecido y se produzca una nueva adopción; bien porque uno de los adoptantes o ambos, hayan perdido las funciones tuitivas que les corresponden con la adopción, a tenor de lo que establece el art. 179.

JURISPRUDENCIA

«el instituto de la adopción se encuentra inspirado en el interés del menor, al ser el más digno de protección, y debe evitarse que puedan perjudicarse las puras situaciones humanas y afectivas que deben informar las relaciones paterno-filiales, por lo que es preciso examinar las circunstancias específicas de cada caso concreto para poder llegar a una solución justa y estable, especialmente para el menor, declaraciones éstas que se recogen en la sentencia de 20 de abril de 1987, no así, en la de 12 de noviembre de 1988, y, desde luego, los intereses del menor deben prevalecer en la adopción». (18 junio 1998, LA LEY 6930/1998)

CONCORDANCIAS

Véase arts. 314 y ss. y 279 de este Código.
Texto vigente según Ley 21/1987, 11 noviembre (*«B.O.E.»,* 17 noviembre). Anteriores textos según Ley 24 abril 1958 (*«B.O.E.»,* 25 abril) y Ley 7/1970, 4 julio (*«B.O.E.»,* 7 julio).

Artículo 176

1. La adopción se constituye por resolución judicial, que tendrá en cuenta siempre el interés del adoptando y la idoneidad del adoptante o adoptantes para el ejercicio de la patria potestad.

2. Para iniciar el expediente de adopción es necesaria la propuesta previa de la entidad pública a favor del adoptante o adoptantes que dicha entidad pública haya declarado idóneos para el ejercicio de la patria potestad. La declaración de idoneidad podrá ser previa a la propuesta.

No obstante, no se requiere propuesta cuando en el adoptando concurra alguna de las circunstancias siguientes:

1.ª Ser huérfano y pariente del adoptante en tercer grado por consanguinidad o afinidad.

2.ª Ser hijo del consorte del adoptante.

3.ª Llevar más de un año acogido legalmente bajo la medida de un acogimiento preadoptivo o haber estado bajo su tutela por el mismo tiempo.

4.ª Ser mayor de edad o menor emancipado.

3. En los tres primeros supuestos del apartado anterior podrá constituirse la adopción, aunque el adoptante hubiere fallecido, si éste hubiese prestado ya ante el Juez su consentimiento. Los efectos de la resolución judicial en este caso se retrotraerán a la fecha de prestación de tal consentimiento.

COMENTARIO

1.- Con el artículo 176 se supera la polémica doctrinal en torno al momento de perfección de la adopción. Suprimida la etapa notarial del procedimiento de constitución de la adopción, se disipan las dudas respecto a si el momento de perfección se alcanza con la emisión de las declaraciones de voluntad de las partes ante el Juez o bien ante el Notario o bien con la propia autorización judicial. El actual art. 176.1 aclara toda controversia: «la adopción se constituye por resolución judicial»; la adopción se constituye mediante la resolución judicial que dicte el Juez competente ante el que se desarrolla el procedimiento que, a tenor de los artículos 1829 a 1832 de la Ley de Enjuiciamiento Civil, es el de jurisdicción voluntaria, vigente según la disposición derogatoria única 1, 1.ª, párrafo primero, de la Ley de Enjuiciamiento Civil 1/2000, de 7 de enero. Se está, pues, en presencia de un acto de autoridad que, si bien sufre la confluencia de aspectos privados y al tiempo públicos, se perfecciona por resolución judicial, que reviste la forma de Auto y que puede ser recurrido mediante recurso de apelación en ambos efectos.

2.- Para iniciar el expediente de adopción, la Ley requiere una propuesta de la entidad pública cuyo contenido versa esencialmente sobre la situación de las personas del o de los adoptantes y del adoptando así como sobre la conveniencia de esta adopción como medida de protección del menor. Se persigue esencialmente —y así deberá constar en el expediente— el beneficio del adoptando y la idoneidad del adoptante, entendiéndose por tal, aquel adoptante capaz de ejercer correctamente las funciones inherentes a la patria potestad.

Esta propuesta es necesaria como regla general para la constitución de toda adopción. El estudio de su contenido requiere poner este artículo en correlación con el art. 1829 de la L.E.C. que enumera los datos que expresamente deberá contener la propuesta de la entidad, a saber, las condiciones personales, familiares y sociales de los adoptantes, sus medios de vida, sus relaciones con el adoptando... entre otros.

3.- No obstante, la Ley prevé cuatro supuestos que como *numerus clausus* a los que exime del requisito previo de la propuesta de la entidad pública para la iniciación del expediente. Los cuatro supuestos excepcionales implican la existencia de una relación previa entre el adoptante y el adoptando; bien se trate de una relación de parentesco por consanguinidad o afinidad (num. 1.º); bien se trate de una relación afectiva que derive del nexo conyugal entre el adoptante y el progenitor del adoptando (num. 2.º); bien se deba a una relación derivada del cargo de tutor o de acogedor preadoptivo (num. 3.º); bien implique la existencia de una convivencia anterior habida cuenta de los requisitos que establece el art. 175.2 para la adopción del mayor de edad o del menor emancipado (num. 4.º). Estas cuatro excepciones conllevan el necesario conocimiento previo entre el adoptando y el adoptante, lo que justifica la falta de intervención de la entidad pública tal y como ocurre en aquellos supuestos en que los sujetos implicados —adoptando y adoptante— son dos personas extrañas.

Dado que en estos cuatro supuestos, no se requiere la intervención de las entidades públicas en la emisión de su propuesta de selección, estas adopciones son denominadas adopciones directas. Su constitución procesal es idéntica, debiendo formular el adoptante en su solicitud directa al Juez todas aquellas indicaciones y datos que se expresan en las propuestas previas de las entidades y que recoge el art. 1829 L.E.C. El Juez podrá auxiliarse para fundamentar su resolución de cuantas pruebas, documentos, informes y datos requiera siempre y cuando los considere oportunos para motivar la concesión o la denegación de la adopción.

4.- El evento de la muerte del adoptante durante el procedimiento de jurisdicción voluntaria en el que se realizan consentimientos, asentimientos y audiencias y la resolución judicial que constituye o deniega el vínculo adoptivo, no extingue la adopción siempre que la relación entre adoptante y adoptando pueda subsumirse en alguno de los tres primeros supuestos excepcionales comentados. Y siempre que el adoptante hubiera prestado el consentimiento ante el Juez, la resolución judicial que constituye la adopción, se retrotrae a este momento de prestación del consentimiento.

CONCORDANCIAS

Véase:
Ley Enjuiciamiento Civil de 1.881: arts. 1.829 y ss..
Artículo reformado por Ley 24 abril 1958 (*«B.O.E.»,* 25 abril), Ley 7/1970, 4 julio (*«B.O.E.»,* 7 julio), Ley 11/1981, 13 mayo (*«B.O.E.»,* 19 mayo). Derogado por Ley 30/1981, 7 julio (*«B.O.E.»,* 20 julio). Vuelto a promulgar con el texto dado por Ley 11/1981, 13 mayo, según dispone la Ley 13/1983, 24 octubre (*«B.O.E.»,* 26 octubre). Nueva redacción por Ley 21/1987, 11 noviembre (*«B.O.E.»,* 17 noviembre.
Artículo redactado por LO 1/1996, 15 enero, de Protección Jurídica del Menor.

Artículo 177

1. Habrán de consentir la adopción, en presencia del Juez, el adoptante o adoptantes y el adoptando mayor de doce años.

2. Deberán asentir a la adopción en la forma establecida en la Ley de Enjuiciamiento Civil:

1.º El cónyuge del adoptante, salvo que medie separación legal por sentencia firme o separación de hecho por mutuo acuerdo que conste fehacientemente.

2.º Los padres del adoptando que no se hallare emancipado, a menos que estuvieran privados de la patria potestad por sentencia firme o incursos en causa legal para tal privación. Esta situación sólo podrá apreciarse en procedimiento judicial contradictorio, el cual podrá tramitarse como dispone el artículo 1827 de la Ley de Enjuiciamiento Civil.

No será necesario el asentimiento cuando los que deban prestarlo se encuentren imposibilitados para ello, imposibilidad que se apreciará motivadamente en la resolución judicial que constituya la adopción.

El asentimiento de la madre no podrá prestarse hasta que hayan transcurrido treinta días desde el parto.

3. Deberán ser simplemente oídos por el Juez:

1.º Los padres que no hayan sido privados de la patria potestad, cuando su asentimiento no sea necesario para la adopción.

2.º El tutor y, en su caso, el guardador o guardadores.

3.º El adoptando menor de doce años, si tuviere suficiente juicio.

4.º La entidad pública, a fin de apreciar la idoneidad del adoptante, cuando el adoptando lleve más de un año acogido legalmente por aquél.

COMENTARIO

1.- Este artículo guarda relación con los artículos 1825 a 1831 de la Ley de Enjuiciamiento Civil, artículos todos ellos cuyo contenido regula específicamente la etapa constitutiva de la adopción.

La propia redacción del artículo 177 estructura el contenido del precepto tres bloques bien diferenciados, con arreglo a las distintas manifestaciones de voluntad a emitir y las distintas personas obligadas a ello.

2.- Tanto el adoptante como el adoptando mayor de doce años deben manifestar ante el Juez su consentimiento a la constitución de la adopción. Por consentimiento debe entenderse aquella declaración de voluntad por la que las personas obligadas a emitirlo manifiestan su deseo por adoptar a esa persona concreta —en el caso del adoptante— y su deseo por ser adoptado por esa persona concreta —para el caso del adoptando—. La terminología utilizada por el legislador así como el empleo del verbo en tiempo imperativo («habrán de consentir») implican que la emisión de los consentimientos es un elemento esencial de toda adopción.

La exigencia de que el adoptando mayor de doce años manifieste su voluntad a la constitución de la adopción supone una nueva prueba evidente de la importancia que la regulación otorga al adoptando, máxime cuando una decisión como es la de consentir a la adopción va a involucrar necesariamente todo su futuro.

3.- Por asentimiento debe entenderse aquella manifestación de voluntad por la que las personas que la emiten se declaran a favor o en contra del acto que se sustancia. Su participación en el procedimiento de la adopción se limita a aceptar o denegar un acto que no les implica tan directa y sustancialmente como a los verdaderos partícipes —adoptante y adoptando—.

Deben prestar su asentimiento a la adopción:

1.º) El cónyuge del adoptante salvo que medie separación legal por sentencia firme o separación de hecho por mutuo acuerdo que conste fehacientemente. No se está en presencia de aquel supuesto de adopción del hijo del cónyuge-progenitor, sino en presencia de aquella adopción en la que uno de los miembros del matrimonio no adopta, bien porque no quiere, bien porque no puede: de ahí que su asentimiento a la misma no sea preciso si media una separación legal o separación de hecho por mutuo acuerdo.

2.º) Los padres del adoptando, a menos que estén privados de la patria potestad o se encuentren incursos en causa para su privación o que el hijo se hallare emancipado. Son varias las críticas que se han formulado en contra de la parca participación que se les concede en el procedimiento de adopción. A la posibilidad de que el adoptando se halle emancipado —entiéndase menor emancipado y mayor de edad— debe añadirse la posibilidad de que se encuentren incursos en causa de privación de la patria potestad sobre el adoptando, lo que, definitivamente, y aun a pesar de no haber recaído sentencia privativa de tal patria potestad, suprime su manifestación de voluntad a tal adopción reduciéndose su participación a una mera audiencia. Lo que se hubiera convertido en una verdadera indefensión viene a paliarse a través de un precepto procesal disponiendo que en caso de que los padres citados sólo para audiencia, comparecieren alegando que es necesario su asentimiento, ventilará ante el mismo Juez que estuviere conociendo de la adopción, por los trámites del juicio verbal.

Tampoco será necesario el asentimiento cuando las personas obligadas a emitirlo se encuentren imposibilitadas para ello. El extenso número de supuestos que pueden subsumirse dentro del término «imposibilidad» conduce a preguntarse hasta qué punto queda salvaguardado el derecho del cónyuge del adoptante y de los padres del adoptando a prestar su asentimiento a la adopción. Por ello, tales supuestos deben restringirse al máximo, reduciéndose a situaciones tales como enfermedades o deficiencias persistentes que impidan manifestar una voluntad lúcida o supuestos de ausencias declaradas; todo ello sin perjuicio de que tales situaciones de «imposibilidad» consten especialmente motivadas en la resolución judicial que constituya la adopción.

Concretamente respecto a la madre biológica, establece que el asentimiento de la madre no podrá prestarse hasta que hayan transcurrido treinta días desde el parto. Este plazo de tiempo se justifica fácilmente en la lógica cautela que obliga a que transcurra el período de recuperación posparto no sólo desde la perspectiva física sino también y más importante psíquica que permita adverar de cierta forma que la decisión tomada por la madre ha podido ser calibrada detenidamente.

4.- Contempla el art. 177 una serie de personas a las que no se les pide consentir o asentir a la adopción; únicamente se les llama para que manifiesten su opinión a favor o en contra respecto a la constitución del vínculo adoptivo que se sustancia, con el único objetivo de que el Juez pueda formarse una opinión más completa respecto a la decisión que finalmente vaya a adoptar. El trámite de audiencia, si bien es el de menor importancia de cuantos se sustancian en el procedimiento es de obligatorio cumplimiento, exigiéndose, a pesar de que el Juez no quede vinculado por lo que resulte de la audiencia de las personas citadas.

En lo que se refiere a la forma de prestación de tales declaraciones, la Ley no deja lugar a dudas: mediante la comparecencia ante el propio Juez, durante el procedimiento.

Llamados para ser oídos, contempla el art. 177.3 a las siguientes personas:

1.º Los padres que no hayan sido privados de la patria potestad, cuando su asentimiento no sea necesario para la adopción.

2.º El tutor y, en su caso, el guardador o guardadores.

3.º El adoptando menor de doce años si tuviere suficiente juicio.

4.º La entidad pública, a fin de apreciar la idoneidad del adoptante, cuando el adoptando lleve más de un año acogido por aquél.

Por lo que concierne a los padres, deben entenderse aquéllos cuya privación procede de sentencia en un procedimiento judicial de privación de patria potestad. Por ello, no cabe incluir en tal supuesto a los padres cuya pérdida de la patria potestad se debe a la emancipación o mayoría de edad del adoptando.

La mera participación del tutor en el trámite de audiencia se debe al actual sistema de tutela en la regulación civil que ha ido paulatinamente disminuyendo la importancia de la figura. Dentro del concepto guardador pudiera subsumirse tanto aquella persona que ejerciera una guarda de hecho —art. 303 y ss.— como una guarda legal, entendiéndose ésta como la que se lleva a cabo por el director de la Casa o Establecimiento en que el menor está internado, e incluso por las personas que ejercieren tal guarda a través del acogimiento de tipo familiar.

JURISPRUDENCIA

«el último párrafo del art. 177.2 concretamente el cuarto, dispone imperativamente que «el asentimiento de la madre no podrá prestarse hasta que hayan transcurrido 30 días desde el parto». El sentido de este precepto es meridiano. No existe viabilidad alguna de que el asentimiento a la adopción pueda ser prestado con antelación al parto, y ni siquiera en el período de 30 días computados desde el parto, ya que necesariamente debe manifestarse una vez transcurrido ese tiempo, es decir, el día 311; y nunca con anterioridad al momento del parto. Desde esta interpretación, nuestra conclusión resulta unívoca: el asentimiento que D.ª María V. M. prestó en 24 Sep. 1991 ante la Delegación Provincial de Asuntos Sociales de Jaén resulta radicalmente nulo por su patente contradicción con una norma imperativa, consignada en el último párrafo del art. 177.2 CC. Las razones de esta cautela legal, se

explican por la necesidad de garantizar la concurrencia plena de las facultades esenciales de libertad y conciencia en la madre biológica, para calibrar y ponderar detenida y serenamente la abdicación del ejercicio de su maternidad con la cesión en adopción del niño». (21 septiembre 1999, LA LEY 10540/2000)

«auténtico «calvario» que este proceso ha supuesto para la actora, debido, en su mayor medida, a la actuación negligente de los órganos administrativos de dicha institución, que, primeramente, recogieron, en forma anticipada y extemporánea (antes del parto, en vez de hacerlo una vez transcurridos 30 días desde el parto como dispone el art. 177.2.º del CC), el asentimiento de la actora a la hora de renunciar a darle su filiación a la niña que iba a dar a luz, y, posteriormente, ya dentro del proceso adoptaron una actitud obstruccionista incompatible con el art. 39.2 de la CE, como tuvo ocasión de señalar nuestro TS.» (9 julio 2001, LA LEY 5026/2001)

CONCORDANCIAS

Véase:
Ley Enjuiciamiento Civil de 1881: arts. 1.829 y ss.
Anteriores textos según Ley 24 abril 1958 (*«B.O.E.»,* 25 abril); Ley 7/1970, 4 julio (*«B.O.E.»,* 7 julio), y Ley 11/1981, 13 mayo (*«B.O.E.»,* 19 mayo). Fue redactado posteriormente por Ley 21/1987, 11 noviembre (*«B.O.E.»,* 17 noviembre).
Artículo redactado por LO 1/1996, 15 enero, de Protección Jurídica del Menor.

Artículo 178

1. La adopción produce la extinción de los vínculos jurídicos entre el adoptado y su familia anterior.

2. Por excepción subsistirán los vínculos jurídicos con la familia del progenitor que, según el caso, corresponda:

1.º Cuando el adoptado sea hijo del cónyuge del adoptante, aunque el consorte hubiere fallecido.

2.º Cuando sólo uno de los progenitores haya sido legalmente determinado, siempre que tal efecto hubiere sido solicitado por el adoptante, el adoptado mayor de doce años y el progenitor cuyo vínculo haya de persistir.

3. Lo establecido en los apartados anteriores se entiende sin perjuicio de lo dispuesto sobre impedimentos matrimoniales.

COMENTARIO

1.- Comienza el artículo 178 con un principio de carácter general que recoge el efecto más inmediato y sin duda más importante tras la constitución del vínculo adoptivo: la extinción de los vínculos jurídicos entre el adoptado y su familia anterior interpretado a sensu contrario este principio implica que se produce la plena vinculación jurídica del adoptado con su familia adoptiva, vinculación que alcanza no solamente a las personas del adoptado y adoptante sino también a las familias de ambos. De esta forma, por ejemplo, el adoptado se convierte en nieto de los padres de su adoptante y sus hijos en sus biznietos. Así, como consecuencia de la constitución del vínculo adoptivo y de la nueva filiación nace la titularidad y el ejercicio inmediato de la patria potestad sobre el adoptado menor no emancipado; surge un vínculo jurídico de parentesco que se extiende, tanto a la familia adoptiva como a la que surja de la descendencia del adoptado: se determina un derecho de apellidos: surge el derecho de alimentos y aparecen los derechos sucesorios.

Consecuencia de ello, los miembros integrantes de la familia anterior pierden toda conexión jurídica con el adoptado, desapareciendo todo tipo de derechos y deberes que pudieran subsistir hasta la constitución de la adopción: se extingue todo vínculo de filiación y de parentesco: desaparece el derecho de alimentos entre parientes; se pierde el derecho de apellidos; se extingue la patria potestad caso de que el adoptado fuera menor de edad no emancipado y se suprime todo tipo de derecho sucesorio tanto forzoso como intestado.

Con la consecución de este principio, se dejan atrás reminiscencias legislativas que no alcanzaban a igualar la filiación adoptiva con la filiación natural, manteniendo constantemente al adoptado con arreglo a la clase de adopción que se hubiese constituido en una situación híbrida y desconcertante respecto a ciertos vínculos que se mantenían subsistentes con su familia de origen y otros que, por el contrario, desaparecían.

2.- Sin embargo, a pesar de este principio de carácter general, lo que no puede obviarse es que entre el adoptado y su familia anterior existe una relación biológica. De esta forma es lógico que el legislador haya previsto que esta ruptura del adoptado con su familia anterior se produzca sin perjuicio de los llamados impedimentos matrimoniales y que conllevan la prohibición para contraer matrimonio a aquellos parientes unidos en línea recta por consanguinidad o adopción y a los colaterales por consanguinidad hasta el tercer grado (art. 47.1.º y 2.º C.c.).

El mayor problema reside en que la adopción se produce con la mayor de las reservas y el adoptado, desconociendo sus orígenes biológicos (incluso en muchos supuestos, su propia condición de hijo adoptivo) ignora, evidentemente, la existencia de tales impedimentos.

3.- La regla de la ruptura de los vínculos jurídicos del adoptado respecto a su familia anterior sufre dos excepciones que contempla el art. 178 y cuyo fundamento se basa esencialmente en razones de índole afectiva y sentimental. De esta forma, se prevé que subsistirán los vínculos jurídicos con la familia materna o paterna:

Primero. Cuando el adoptado sea hijo del cónyuge del adoptante, aunque el consorte hubiere fallecido. Se trata éste de un supuesto previsto en el art. 176.2 por el que cabe constituirse la adopción de manera directa, sin que sea necesaria la propuesta previa de la entidad pública, entre otras razones porque posiblemente el adoptado no haya ingresado jamás en tal centro.

Segundo. Cuando sólo uno de los progenitores haya sido legalmente determinado y el adoptante sea persona de distinto sexo. En este caso, se desconoce la filiación respecto a uno de los progenitores y sólo está determinado respecto al otro, de distinto sexo que el adoptante. De resultado similar al del punto anterior, no se produce la extinción de los vínculos existentes con el progenitor cuya filiación está determinada, sino que la nueva vinculación jurídica se une a la ya existente y derivada de la relación por naturaleza.

Sin embargo, habida cuenta de su importancia, esta subsistencia se produce única y exclusivamente si así lo solicitan los interesados: el adoptado —siempre que fuere mayor de doce años—, el adoptante y el progenitor cuyo vínculo se pretende mantener.

JURISPRUDENCIA

«la equiparación de la filiación entre los nacidos dentro y fuera del matrimonio, que estableció por razones constitucionales la Ley 11/1981 mediante la modificación del CC, se

extendió por esta Ley a los hijos adoptivos estableciendo un criterio de identidad o igualación y esto llevaba consigo, como lógica consecuencia, la extinción de los vínculos jurídicos entre el adoptante y la familia biológica —salvo los limitados efectos previstos por la Ley, necesitados de una interpretación restrictiva— y, consiguientemente, la de los derechos hereditarios que aquel pudiera ostentar respecto de ésta». (18 septiembre 2006, LA LEY 110171/2006)

CONCORDANCIAS

Véase arts. 46 a 48 y 160 de este Código.

Texto vigente según Ley 21/1987, 11 noviembre (*«B.O.E.»*, 17 noviembre). Anteriores textos según Ley 24 abril 1958 (*«B.O.E.»*, 25 abril); Ley 7/1970, 4 julio (*«B.O.E.»*, 7 julio), y Ley 11/1981, 13 mayo (*«B.O.E.»*, 19 mayo).

Artículo 179

1. El Juez, a petición del Ministerio Fiscal, del adoptado o de su representante legal, acordará que el adoptante que hubiere incurrido en causa de privación de la patria potestad, quede excluido de las funciones tuitivas y de los derechos que por Ley le correspondan respecto del adoptado o sus descendientes, o en sus herencias.

2. Una vez alcanzada la plena capacidad, la exclusión sólo podrá ser pedida por el adoptado, dentro de los dos años siguientes.

3. Dejarán de producir efecto estas restricciones por determinación del propio hijo una vez alcanzada la plena capacidad.

COMENTARIO

1.- Como efecto de carácter inmediato, la adopción supone la atribución de la patria potestad sobre el menor adoptado. Por ello, de la misma forma que el titular de la patria potestad derivada de la filiación natural puede ser privado de su ejercicio por aquellas causas que contempla el art. 170, el titular de la patria potestad derivada de la filiación adoptiva puede ser igualmente sujeto de tal privación. El hecho de ser padre o madre adoptante no le exime del cumplimiento de los deberes inherentes a la patria potestad.

2.- La incursión en causa de *privación de la patria potestad* conlleva consecuencias de mayor importancia que la pérdida de tales funciones; de ahí que incluso se pueda solicitar una vez alcanzada la mayoría de edad del adoptado y en su consecuencia extinguida la patria potestad. Implica para el adoptante la pérdida de las funciones tuitivas, es decir, proteccionista, sobre su hijo adoptado así como de todos aquellos derechos que, por Ley le corresponderían respecto del adoptado o sus descendientes (alimentos, derechos sucesorios tanto en sucesión forzosa como intestada). Si bien dentro de tal categoría hubieran quedado incluidos los derechos sucesorios, es evidente que el legislador ha querido hacer hincapié en dicha pérdida habida cuenta de la repetición («o en sus herencias»). La exclusión de tales derechos se produce respecto del padre privado de patria potestad, no respecto del adoptado quien sí mantiene sus derechos en este sentido.

3.- Los legitimados activamente para solicitar la exclusión de tales derechos en el adoptante están expresamente determinados: el Ministerio Fiscal, el propio adoptado menor de edad o su representante legal.

En el supuesto de que el adoptado haya alcanzado la plena capacidad de obrar (mayoría de edad) sólo él quedará legitimado activamente para tal solicitud y siempre dentro de los límites del plazo de dos años desde aquel momento.

4.- Habida cuenta de tratarse del propio perjudicado, sólo el hijo adoptado queda legitimado, una vez alcanzada su mayoría de edad, para redimir a su adoptante del incumplimiento de los deberes inherentes a su propia condición. Si bien nada establece este artículo es de suponer que si la exclusión de los derechos del adoptante tuvo que ser adoptada mediante resolución judicial, lo mismo debe ocurrir respecto a su recuperación.

5.- La importancia de esta «sanción» para el adoptante alcanza su mayor grado cuando el contenido del art. 179 se pone en correlación con el art. 175.4 que contempla la posibilidad de que sea posible constituir una nueva adopción cuando el adoptante sufra esta exclusión. Lo que comienza como una privación de la titularidad de la patria potestad puede convertirse en la extinción de la filiación adoptiva por una nueva adopción.

CONCORDANCIAS

Véase:
— arts. 154, 162, 170, 172, 180.3, 315, 806 y 807 de este Código.
— Ley 21/1987, de 11 de noviembre (*«B.O.E.»*, 17 noviembre), Disposición Adicional 2.ª.
Texto vigente según Ley 21/1987, 11 noviembre (*«B.O.E.»,* 17 noviembre). Anteriores textos según Ley 24 abril 1958 (*«B.O.E.»,* 25 abril); Ley 7/1970, 4 julio (*«B.O.E.»,* 7 julio), y Ley 11/1981, 13 mayo (*«B.O.E.»,* 19 mayo).

Artículo 180

1. La adopción es irrevocable.

2. El juez acordará la extinción de la adopción a petición del padre o de la madre que, sin culpa suya, no hubieren intervenido en el expediente en los términos expresados en el artículo 177. Será también necesario que la demanda se interponga dentro de los dos años siguientes a la adopción y que la extinción solicitada no perjudique gravemente al menor.

3. La extinción de la adopción no es causa de pérdida de la nacionalidad ni de la vecindad civil adquiridas, ni alcanza a los efectos patrimoniales anteriormente producidos.

4. La determinación de la filiación que por naturaleza corresponda al adoptado no afecta a la adopción.

5. Las personas adoptadas, alcanzada la mayoría de edad o durante su minoría de edad representadas por sus padres, tendrán derecho a conocer los datos sobre sus orígenes biológicos. Las Entidades Públicas españolas de protección de menores, previa notificación a las personas afectadas, prestarán a través de sus servicios especializados el asesoramiento y la ayuda que precisen los solicitantes para hacer efectivo este derecho.

COMENTARIO

1.- El artículo 180 proclama como principio la *irrevocabilidad de la adopción* en un intento por salvaguardar toda adopción y la importancia de sus efectos, de las distintas conductas y cambios de voluntades que los partícipes con posterioridad al procedimiento pueden adoptar.

La irrevocabilidad de la adopción se manifiesta igualmente en que no afecta a la filiación adoptiva la determinación posterior de la filiación por naturaleza.

2.- Partiendo del principio de irrevocabilidad de la adopción, ésta puede extinguirse única y exclusivamente en los siguientes supuestos:

Primero. Mediante resolución judicial dictada como resultado del ejercicio de una acción de impugnación. Los únicos legitimados en el ejercicio de tal acción de impugnación son el padre o la madre que sin culpa no hubieren sido partícipes en el expediente de adopción con arreglo a lo establecido para su intervención en el art. 177. La acción se encuentra sometida a dos importantes condiciones. La primera de carácter objetivo obliga a que el ejercicio de la acción no se interponga con posterioridad al plazo de dos años desde la adopción. De esta forma, el legislador establece la caducidad de la acción por el plazo de dos años los cuales deberán empezar a contarse desde la fecha del auto de constitución de la adopción.

La segunda condición de carácter subjetivo, consiste en una nueva manifestación del principio del interés del adoptado y obliga a que la extinción solicitada con arreglo a la acción de impugnación no perjudique gravemente al adoptado.

Segundo. Mediante resolución judicial dictada como resultado del ejercicio de la acción que recoge el art. 179, en virtud de la cual el adoptante que hubiere incurrido encausa de privación de la patria potestad, puede quedar excluidos de las funciones tuitivas y demás derechos que por la Ley le correspondieran respecto del adoptado o de sus descendientes. Recaída resolución de tal exclusión de funciones y derechos para el adoptante, dispone el art. 175.4 CC. Que sería posible una nueva adopción del adoptado.

Tercero.- Por muerte del adoptante, cabe constituirse una nueva adopción. La muerte no produce la extinción de la adopción ni mucho menos de la filiación adoptiva: sería la nueva adopción la que provocaría tal extinción y en su consecuencia la constitución de una nueva filiación adoptiva.

3.- Habida cuenta que con la constitución de la adopción se adquiere nueva filiación y en su consecuencia efectos tales como derechos sucesorios, de apellidos, de nacionalidad…, la extinción de la misma no supone, tal y como destaca el presente artículo, la pérdida del estado civil de adoptado adquirida de sus adoptantes, así como derechos de carácter patrimonial, respecto a actos de adquisición de administración y de disposición patrimoniales que se produjeron durante la vigencia de la filiación adoptiva.

En cuanto a los efectos de carácter personal, es evidente que no rige el mismo principio de irretroactividad habida cuenta que una vez extinguida la adopción, tanto el adoptado y su descendencia como el adoptante y sus parientes, pierden vinculación filial, parental, de apellidos, derechos sucesorios…, es decir, se produce lo que contempla el primer punto del art. 178: la extinción de los vínculos jurídicos entre el adoptado y su familia anterior con independencia de que ésta sea familia adoptiva o natural.

4.- El derecho a la confidencialidad de datos entra en directo conflicto con el derecho a conocer los orígenes biológicos que ostenta la persona adoptada y que nuestro Legislador le reconoce expresamente introduciendo en el artículo 180 el apartado 5 en virtud de la ley 54/2007. Véase que prima el derecho del adoptado sobre el de sus progenitores biológicos e incluso sobre el de sus adoptantes a permanecer aquéllos en el anonimato, pudiendo entender que éstos y aquéllos son aquellas personas afectadas a las que sólo se les notifica sin tener que recabar necesariamente su aprobación a tales actuaciones informativas. Con ello se respeta por excelencia el derecho a la identidad biológica que en casos concretos —enfermedades hereditarias, por ejemplo— debería vislumbrarse no sólo como un derecho sino como una necesidad.

CONCORDANCIAS

Véase:
— arts. 15 y 19 de este Código.
— Ley Enjuiciamiento Civil de 1881: art. 63.16.º.
— Ley 21/1987, de 11 de noviembre (*«B.O.E.»*, 17 noviembre), Disposición Adicional 2.ª.
Texto vigente según Ley 21/1987, 11 noviembre (*«B.O.E.»*, 17 noviembre). Anteriores textos según Ley 24 abril 1958 (*«B.O.E.»*, 25 abril); Ley 7/1970, 4 julio (*«B.O.E.»*, 7 julio) y Ley 11/1981, 13 mayo (*«B.O.E.»*, 19 mayo).
— Apartado 5 añadido por la Ley 54/2007, de 28 diciembre, de Adopción Internacional (*«B.O.E»*, de 29 diciembre).

TÍTULO VIII
De la ausencia

CAPÍTULO PRIMERO
DECLARACIÓN DE LA AUSENCIA Y SUS EFECTOS

Artículo 181

En todo caso, desaparecida una persona de su domicilio o del lugar de su última residencia, sin haberse tenido en ella más noticias, podrá el Juez, a instancia de parte interesada o del Ministerio Fiscal, nombrar un defensor que ampare y represente al desaparecido en juicio o en los negocios que no admitan demora sin perjuicio grave. Se exceptúan los casos en que aquél estuviese legítimamente representado o voluntariamente conforme al artículo 183.

El cónyuge presente mayor de edad no separado legalmente, será el representante y defensor nato del desaparecido; y por su falta, el pariente más próximo hasta el cuarto grado, también mayor de edad. En defecto de parientes, no presencia de los mismos o urgencia notoria, el Juez nombrará persona solvente y de buenos antecedentes, previa audiencia del Ministerio Fiscal.

También podrá adoptar, según su prudente arbitrio, las providencias necesarias a la conservación del patrimonio.

COMENTARIO

1.- El Código Civil regula la ausencia a partir de este artículo y distingue tres situaciones que va de una menor a una mayor incertidumbre, que son independientes entre sí; las medidas provisionales, la ausencia declarada y la declaración de fallecimiento.

Aunque, en principio, no haya dudas sobre su existencia, pero sí sobre su paradero, se prevén, en el artículo 181, *medidas provisionales* cuando una persona desaparece de su domicilio o del lugar de su última residencia, sin tener representación legal (por ser menor o incapacitado) o voluntaria y sin tenerse en ella más noticias y existan juicio o negocios que no admitan demora sin perjuicio grave.

2.- Los presupuestos para acordarse estas medidas provisionales, son los siguientes:

Primero. *Desaparición de una persona de su domicilio o del lugar de su última residencia, sin haberse tenido en ella más noticias*. No se exige plazo, pero se debe dar un lapso suficiente de tiempo, el normal de desaparición sin noticias, para que pueda darse el concepto mismo de desaparición (no se habla de «desaparecido» respecto al que está escasísimo tiempo sin que nada se sepa de él). Es el presupuesto básico del que se parte.

Segundo. *Necesidad de actuar en juicio o en negocios que no admitan demora sin perjuicio grave*, cuya necesidad no se produce si el juicio o los negocios son atendidos por un *representante legal* o voluntario que tenga el desaparecido.

Tercero. *Instancia de parte interesada o del Ministerio Fiscal y resolución judicial*. No cabe, pues, actuación de oficio. Se sigue un expediente de jurisdicción voluntaria (art. 2031 de la L.E.C.).

3.- Dándose los presupuestos, se nombra un defensor. No es el defensor judicial que regula los artículos 299 y ss. que están previstos para menores o incapacitados, sino una especie de administrador del patrimonio del desaparecido en asuntos urgentes. Su función se limita a éstos, coincidiendo con el segundo de los presupuestos enumerados (artículo 181, primer párrafo): *juicio o negocios que no admitan demora sin perjuicio grave*. Pero también (art. 181, tercer párrafo) tiene una función más amplia: *adoptar, según su prudente arbitrio, las providencias necesarias a la conservación del patrimonio*.

Será nombrado *defensor*: 1.º) *el cónyuge* presente mayor de edad no separado legalmente; 2.º) *pariente* más próximo hasta el cuarto grado, mayor de edad [el artículo 2033 de la L.E.C. detalla el orden de los parientes, debiendo prescindir —por imperio de la Constitución— de la preferencia por sexo o filiación; si es hermano o pariente más lejano, su actuación requiere autorización previa y aprobación posterior judicial]; 3.º) *persona solvente y de buenos antecedentes* (con autorización y aprobación judicial en su actuación), previa audiencia del Ministerio Fiscal (art. 181, segundo párrafo).

CONCORDANCIAS

Véase:
— art. 40 de este Código.
— Ley Enjuiciamiento Civil de 1881: arts. 2.031, 2.037 y 2.046.
Texto vigente según Ley 8 septiembre 1939 («*B.O.E.*», 1 octubre), de modificación del Título VIII, Libro I del Código Civil.

Artículo 182

Tiene la obligación de promover e instar la declaración de ausencia legal, sin orden de preferencia:

Primero. El cónyuge del ausente no separado legalmente.

Segundo. Los parientes consanguíneos hasta el cuarto grado.

Tercero. El Ministerio Fiscal de oficio o a virtud de denuncia.

Podrá, también, pedir dicha declaración cualquier persona que racionalmente estime tener sobre los bienes del desaparecido algún derecho ejercitable en vida del mismo o dependiente de su muerte.

COMENTARIO

1.- La ausencia declarada o (a la inversa) declaración judicial de ausencia o (más precisamente) ausencia legal, es consecuencia de la necesidad de proveer de modo estable la desaparición de una persona, cuando ésta es algo más que una mera falta de noticias; al darse unos requisitos —referidos al tiempo de la desaparición— procede la ausencia declarada o legal o declaración de ausencia, que es producida por una resolución judicial. En efecto, cuando se da la desaparición y los requisitos —situación de hecho, ausencia de hecho— unas personas deben y otras pueden, pedir la declaración de ausencia —ausencia declarada o legal— que se declara por resolución judicial.

2.- Los sujetos activos de la ausencia declarada son o bien personas que tienen el deber jurídico de instar la declaración de ausencia o bien personas que tienen la facultad de instarla.

Tienen el *deber* de instar la declaración de ausencia (art. 182, primer párrafo): 1.º El *cónyuge* del ausente no separado legalmente, 2.º Los *parientes* consanguíneos hasta el cuarto grado. 3.º El *Ministerio Fiscal* de oficio o a virtud de denuncia.

Tiene *la facultad de instarla* (art. 182.2.º): *cualquier persona* con interés legítimo *(literalmente: ...* que racionalmente estime tener sobre los bienes del desaparecido algún derecho ejercitable en vida del mismo o dependiente de su muerte).

CONCORDANCIAS

Véase Ley Enjuiciamiento Civil de 1881: arts. 2.038 a 2.041.

Texto vigente según Ley 8 septiembre 1939 («*B.O.E.*», 1 octubre), de modificación del Título VIII, Libro I del Código Civil.

Artículo 183

Se considerará en situación de ausencia legal al desaparecido de su domicilio o de su última residencia:

Primero. Pasado un año desde las últimas noticias o a falta de éstas desde su desaparición, si no hubiese dejado apoderado con facultades de administración de todos sus bienes.

Segundo. Pasados tres años, si hubiese dejado encomendada por apoderamiento la administración de todos sus bienes.

La muerte o renuncia justificada del mandatario, o la caducidad del mandato, determina la ausencia legal, si al producirse aquéllas se ignorase el paradero del desaparecido y hubiere transcurrido un año desde que se tuvieron las últimas noticias, y, en su defecto, desde su desaparición. Inscrita en el Registro Central la declaración de ausencia, quedan extinguidos de derecho todos los mandatos generales o especiales otorgados por el ausente.

COMENTARIO

1.- Los requisitos para la declaración, es decir, para que se produzca la ausencia declarada son: Primero. Desaparición de su domicilio o de su última residencia (art. 183, primer inciso). Segundo. Transcurso de un plazo de tiempo (art. 183, primer párrafo): a) Paso de un año desde las últimas noticias o, a falta de éstas, desde su desaparición, si no hubiese dejado representante con facultades de administración de todos sus bienes. b) Paso de tres años, si hubiese nombrado tal apoderado; aun habiéndolo nombrado, si muere o renuncia el mandatario o caduca el mandato y ha pasado un año, se da por cumplido este requisito del tiempo (art. 183, 2.º párrafo).

2.- El plazo de un año o de tres se computa desde la emisión de las noticias (si bien se ha discutido y alguna opinión ha mantenido que era desde la recepción) o desde la desaparición.

Si el desaparecido ha dejado representante con facultad de administración de su patrimonio y el poder de representación se extingue después de un año de las últimas noticias o de la desaparición, puede ser ya declarado ausente.

3.- Hay que advertir una serie de imprecisiones técnico-jurídicas: cuando este artículo habla de «apoderamiento» y de «mandato», quiere decir poder de representación; cuando habla de «muerte o renuncia justificada del mandatario o la caducidad del mandato», quiere decir, extinción, por cualquier causa, de la representación: cuando en el inicio del primer párrafo y en el segundo, dice que se «considerarán en situación de ausencia legal» y «determina la ausencia legal» no es así, sino que concurren los requisitos para que, a instancia de parte legitimada (art. 182), el Juez declare la ausencia legal y nombre un representante.

4.- El último inciso del segundo párrafo de este artículo, enuncia un extremo relativo a un efecto accesorio de la ausencia legal, que es la extinción de todo poder de representación y mandato que hubiera otorgado el ausente.

CONCORDANCIAS

Véase:
— arts. 1.709, 1.713, 1.732 y 1.736 a 1.739 de este Código.
— Ley Hipotecaria, de 8 febrero 1946 («*B.O.E.*», 29 mayo): art. 2.4.
— Ley del Registro Civil, de 8 junio 1957 («*B.O.E.*», 10 junio): arts. 1.6.5.º, 88 y 89.
— Reglamento Hipotecario, de 14 febrero 1947 («*B.O.E.*», 16 abril): art. 89.
Texto vigente según Ley 8 septiembre 1939 («*B.O.E.*», 1 octubre), de modificación del Título VIII, Libro I del Código Civil.

Artículo 184

Salvo motivo grave apreciado por el Juez corresponde la representación del declarado ausente, la pesquisa de su persona, la protección y administración de sus bienes y el cumplimiento de sus obligaciones:

1.º Al cónyuge presente mayor de edad no separado legalmente o de hecho.

2.º Al hijo mayor de edad; si hubiese varios, serán preferidos los que convivían con el ausente y el mayor al menor.

3.º Al ascendiente más próximo de menos edad de una u otra línea.

4.º A los hermanos mayores de edad que hayan convivido familiarmente con el ausente con preferencia del mayor sobre el menor.

En defecto de las personas expresadas, corresponde en toda su extensión a la persona solvente de buenos antecedentes que el Juez, oído el Ministerio Fiscal designe a su prudente arbitrio.

COMENTARIO

1.- Por las graves consecuencias que puede producir la situación de ausencia en el patrimonio, el efecto esencial de su declaración es el nombramiento de un representante legal en el propio auto en el que se declara la ausencia se nombra el representante (art. 2039 de la L.E.C.).

Este es el *representante legal*, determinado por la ley, que fija también sus funciones, concretadas esencialmente en el patrimonio del ausente, muy semejante al tutor —también representante legal— que se nombra sólo para los bienes del tutelado (lo que permite el art. 236.1.º).

2.- El artículo 184 determina el orden de signación del representante, *salvo motivo grave apreciado por el Juez*; es el siguiente: 1.º *cónyuge* presente mayor de edad no separado legalmente o de hecho. 2.º *hijo* mayor de edad; con preferencia del que convivía con el ausente y del mayor al menor. 3.º *ascendiente* más próximo, de menor edad. 4.º *hermanos* mayores de edad, que hayan convivido con el ausente. 5.º *persona solvente y de buenos antecedentes* (es el llamado representante dativo).

3.- En el primer inciso de este artículo se expresan las funciones esenciales del representante, que se detallan en el artículo siguiente. La única de carácter personal es la pesquisa de la persona del ausente; y de carácter muy general y amplio, la de proteger y administrar sus bienes y cumplir sus obligaciones.

CONCORDANCIAS

Véase:

— Ley Enjuiciamiento Civil de 1881: arts. 2.033, 2.039 y 2.049.

— Ley del Registro Civil, de 8 junio 1957 (*«B.O.E.»*, 10 junio): art. 89.

Texto vigente según Ley 11/1981, 13 mayo (*«B.O.E.»*, 19 mayo). Anterior texto según Ley 24 abril 1958 (*«B.O.E.»*, 25 abril).

Artículo 185

El representante del declarado ausente quedará atenido a las obligaciones siguientes:

Primero. Inventariar los bienes muebles y describir los inmuebles de su representado.

Segundo. Prestar la garantía que el Juez prudencialmente fije. Quedan exceptuados los comprendidos en los números uno, dos y tres del artículo precedente.

Tercero. Conservar y defender el patrimonio del ausente y obtener de sus bienes los rendimientos normales de que fueran susceptibles.

Cuarto. Ajustarse a las normas que en orden a la posesión y administración de los bienes del ausente se establecen en la Ley procesal civil.

Serán aplicables a los representantes dativos del ausente, en cuanto se adapten a su especial representación, los preceptos que regulan el ejercicio de la tutela y las causas de inhabilidad, remoción y excusa de los tutores.

COMENTARIO

1.- En el párrafo primero se expresan las funciones del representante legal del ausente. La esencial es la de conservar y defender el patrimonio del ausente, obteniendo los rendimientos normales; guarda relación o es simple concreción de lo expresado en el primer inciso del artículo anterior; debe realizarse ajustándose a las normas que al efecto se establecen en la Ley de Enjuiciamiento Civil.

Como garantía de la función anterior, debe inventariar los bienes muebles y describir los inmuebles. Si es hermano del ausente o persona solvente, debe, además, prestar la garantía que el Juez le fije: es decir, que ésta no se exige al representante que sea cónyuge, hijo o ascendiente.

2.- Por otra parte, el representante dativo (la persona solvente) tiene las mismas funciones de todo representante, pero, además, se le aplican, en cuanto, sea adaptable a su función, las normas que regulan el ejercicio de la tutela y las causas de inhabilidad, remoción y excusa de los tutores.

Todas estas normas sobre el representante dativo responden a la misma idea que preside la normativa de la tutela, que es la desconfianza. Se parte de la confianza a los demás representantes del ausente (al igual que se parte de la confianza en la patria potestad) y se llega a la desconfianza al representante dativo (como al tutor), al que se le exigen garantías, se le impone el control judicial y se le imponen causas de inhabilidad, excusa y remoción.

CONCORDANCIAS

Véase:
— arts. 241 a 258 de este Código.
— Ley Enjuiciamiento Civil de 1881: arts. 2.045 y 2.046.
— Párrafo segundo redactado por LO 1/1996, 15 enero, de Protección Jurídica del Menor.

Artículo 186

Los representantes legítimos del declarado ausente comprendidos en los números primero, segundo y tercero del artículo 184 disfrutarán de la posesión temporal del patrimonio del ausente y harán suyos los productos líquidos en la cuantía que el Juez señale, habida consideración al importe de los frutos, rentas y aprovechamientos, número de hijos del ausente y obligaciones alimenticias para con los mismos, cuidados y actuaciones que la representación requiera, afecciones que graven al patrimonio y demás circunstancias de la propia índole.

Los representantes legítimos comprendidos en el número cuarto del expresado artículo disfrutarán, también, de la posesión temporal y harán suyos los frutos, rentas y aprovechamientos en la cuantía que el Juez señale, sin que en ningún caso puedan retener más de los dos tercios de los productos líquidos, reservándose el tercio restante para el ausente, o, en su caso, para sus herederos o causahabientes.

Los poseedores temporales de los bienes del ausente no podrán venderlos, gravarlos, hipotecarlos o darlos en prenda, sino en caso de necesidad o utilidad evidente reconocida y declarada por el Juez, quien, al autorizar dichos actos, determinará el empleo de la cantidad obtenida.

COMENTARIO

1.- La posesión temporal es una posesión que se atribuye a todos los representantes del ausente, excepto al dativo (la persona solvente, no pariente del ausente); afecta a todo el patrimonio del ausente; es una posesión en nombre de otro (el ausente), no en concepto de dueño y, por tanto, no idónea para la usucapión (del representante, pero sí del ausente).

2.- Se determina una retribución por la función de representante. Su cuantía la fija el Juez, teniendo en cuenta los datos que expresa el primer párrafo. Si el representante es hermano, esta cuantía no puede ser superior a los dos tercios de los productos líquidos. Al representante dativo no se le determina retribución. Los beneficios que no queden para el representante, serán para el ausente, si vuelve, o, en otro caso, para sus herederos o causahabientes.

3.- El acto de disposición que quiera realizar el representante, poseedor temporal (si no tiene posesión temporal como el representante dativo, no hay caso) precisa autorización del Juez, al cual se deberá acreditar la necesidad o utilidad y determinará el empleo de la cantidad obtenida.

El acto de disposición del representante sin autorización es inválido, pero no es claro su grado su invalidez. Puede asimilarse al caso del representante sin poder de representación, ya que la representación del ausente no alcanza al acto de disposición no autorizado. Y en tal caso, hay inexistencia del acto, por falta de consentimiento, elemento esencial del negocio jurídico (ni dio el consentimiento el representado, ni lo pudo dar el representante carente de poder de disposición); inexistencia que en numerosas ocasiones se identifica con nulidad absoluta, tanto por parte de la doctrina como por la jurisprudencia.

CONCORDANCIAS

Véase Ley Enjuiciamiento Civil de 1881: art. 2.046.
Texto vigente según Ley 8 septiembre 1939 («*B.O.E.*», 1 octubre), de modificación del Título VIII, Libro I del Código Civil.

Artículo 187

Si durante el disfrute de la posesión temporal o del ejercicio de la representación dativa alguno probase su derecho preferente a dicha posesión, será excluido el poseedor actual, pero aquél no tendrá derecho a los productos sino a partir del día de la presentación de la demanda.

Si apareciese el ausente, deberá restituírsele su patrimonio, pero no los productos percibidos, salvo mala fe interviniente, en cuyo caso la restitución comprenderá también los frutos percibidos y los debidos percibir a contar del día en que aquélla se produjo, según la declaración judicial.

COMENTARIO

1.- Se puede dar el caso de que el representante, tenga o no la posesión temporal del patrimonio del ausente, cese en su cargo, por acreditar otra persona su preferencia en ostentarlo con arreglo al orden que establece el art. 184.

Además, como evidente consecuencia, si tenía la posesión temporal del patrimonio del ausente (que la tiene todo representante del ausente, menos el dativo) la entregará al nuevo representante. Este no tendrá derecho a los productos del mismo, sino desde el día de la reclamación extrajudicial o, si acude al proceso, desde el día de la presentación de la demanda.

2.- Cesa la situación de ausencia y, por tanto, la representación en el momento en que aparece el ausente. Si el representante tenía la posesión temporal de su patrimonio, se lo restituirá. Si éste tenía buena fe, no le devolverá los productos percibidos. Pero si tenía mala fe, le devolverá los percibidos y los debidos percibir, a contra desde que se inició su posesión temporal o desde que empezó su mala fe. La buena o mala fe consiste en el conocimiento por el representante de la existencia o paradero del ausente.

CONCORDANCIAS

Véase:
— arts. 433 a 435 y 451 a 466 de este Código.
— Ley Enjuiciamiento Civil: art. 2043.

Artículo 188

Si en el transcurso de la posesión temporal o del ejercicio de la representación dativa se probase la muerte del declarado ausente, se abrirá la sucesión en beneficio de los que en el momento del fallecimiento fuesen sus sucesores voluntarios o legítimos, debiendo el poseedor temporal hacerles entrega del patrimonio del difunto, pero reteniendo, como suyos, los productos recibidos en la cuantía señalada.

Si se presentase un tercero acreditando por documento fehaciente haber adquirido, por compra u otro título, bienes al ausente, cesará la representación respecto de dichos bienes, que quedarán a disposición de sus legítimos titulares.

COMENTARIO

1.- La situación de ausencia cesa por la muerte del ausente. Esto es evidente. Además, lo que es también evidente, debe acreditarse. En tal caso, el patrimonio del ausente sigue el destino que corresponde a todo patrimonio de un fallecido. Lo adquiere el heredero, sea testamentario (sin perjuicio de los legados dispuestos en el testamento) o intestado.

En el caso de que el representante legal tuviera la posesión temporal del patrimonio del ausente (todo representante legal menos el dativo) se lo entregará al heredero, testado o intestado, que haya aceptado la herencia. Desde luego, los frutos percibidos como retribución, los hará suyos y no deberá entregarlos al heredero.

Lo anterior es todo tan obvio que se aplicaría aunque no existiere esta norma. Se puede considerar vacía de contenido, no por inaplicable, sino por evidente. Sin embargo, no expresa algo que también lo es: se aplica lo anterior no sólo en caso de muerte, sino también en el de la declaración de fallecimiento, aplicándose lo dispuesto en el art. 196.

2.- Si durante la situación de ausencia se presentase un tercero acreditando por documento fehaciente haber adquirido bienes del ausente (lo que significa, evidentemente, que está vivo), no cesa la ausencia, sino que simplemente se le entregarán tales bienes a su adquirente, saliendo del patrimonio del ausente (art. 188.2.º, que dice con imprecisión terminológica: *cesará la representación respecto de dichos bienes*).

CONCORDANCIAS

Véase:
— arts. 657, 659 y 661 de este Código.
— Ley Enjuiciamiento Civil de 1881: art. 2044.

Artículo 189

El cónyuge del ausente tendrá derecho a la separación de bienes.

COMENTARIO

1.- La declaración de ausencia produce efectos en las relaciones familiares, que se establecen expresamente o no en la normativa de la separación, de la patria potestad o del régimen de gananciales.

El cónyuge del que ha sido declarado ausente, es, en principio, su representante legal y tendrá la administración y disposición de los bienes gananciales tal como establece el art. 1387, con las limitaciones que prevé el 1389. Pero, además, puede solicitar del Juez la extinción de la comunidad de gananciales, según el art. 1393, caso primero, o del régimen de participación, según el art. 1415, lo que dará lugar al régimen de separación de bienes, según el art. 1435, número tercero.

2.- Este es el sentido del presente artículo, que reproduce una norma que se halla en los artículos correspondientes del régimen económico-matrimonial. También, por la misma razón, podría reproducir normas de la separación conyugal o de la filiación, etc.

Expresa que el cónyuge del ausente tiene derecho a la separación de bienes. Es decir, que si en su matrimonio rige un régimen de comunidad, firme la declaración judicial de ausencia, podrá pedir al Juez que le decrete su extinción y se pasará al régimen de separación, tras la liquidación y adjudicación de bienes del anterior.

CONCORDANCIAS

Véase arts. 1.393.1.º, 1.415 y 1.435.3.º de este Código.

Texto vigente según Ley 11/1981, 13 mayo (*«B.O.E.»*, 19 mayo). Anterior texto según Ley 14/1975, 2 mayo (*«B.O.E.»*, 5 mayo).

Artículo 190

Para reclamar un derecho en nombre de la persona constituida en ausencia, es preciso probar que esta persona existía en el tiempo en que era necesaria su existencia para adquirirlo.

COMENTARIO

1.- Se refiere este artículo a los llamados derechos eventuales del ausente, que son los que pueda adquirir mientras está en situación de ausencia. Esta es una incertidumbre sobre dónde y cómo y si está (existe, está vivo) el ausente. Para adquirir un derecho es preciso que exista el sujeto. Por tanto, para que se admita una adquisición de derechos por el ausente y su representante legal pueda reclamarlo, debe probarse la existencia (capacidad jurídica) del ausente, en el momento de la adquisición.

2.- Se trata de un expresión o concreción legal de la doctrina de la carga de la prueba; semejante a la norma del art. 33; en ambos casos, ante una situación de duda, el que mantenga una postura determinada (en este caso, la existencia del ausente) debe probarla (más bien, procesalmente: sufre las consecuencias de la falta de la prueba, si no la consigue).

En principio, parece (y así se ha mantenido) que es una excepción o una contradicción con el art. 195. Pero la más moderna doctrina estima que no hay contradicción ya que este último artículo no afecta a la ausencia, sino que establece la cesación de ésta por la declaración de fallecimiento y, *a sensu contrario*, la presunción de muerte en la declaración de fallecimiento.

CONCORDANCIAS

Véase arts. 982, 991 y 1.006 de este Código.
Texto vigente según Ley 8 septiembre 1939 («*B.O.E.*», 1 octubre), de modificación del Título VIII, Libro I del Código Civil.

Artículo 191

Sin perjuicio de lo dispuesto en el artículo anterior, abierta una sucesión a la que estuviere llamado un ausente, acrecerá la parte de éste a sus coherederos, al no haber persona con derecho propio para reclamarla. Los unos y los otros, en su caso, deberán hacer, con intervención del Ministerio Fiscal, inventario de dichos bienes, los cuales reservarán hasta la declaración del fallecimiento.

COMENTARIO

1.- Como excepción de lo dispuesto en el artículo anterior, se concreta el caso del derecho eventual del ausente con relación a la adquisición de una herencia. Si se prueba que existía en el momento de la delación, podrá aceptarla su representante legal y engrosar su patrimonio.

Pero si nada se prueba (que será el caso normal) el presente artículo dispone que la herencia la adquirirá (por su aceptación, tras la delación) la persona con derecho propio para ello, que será —si lo hay— el sustituto vulgar, y a falta de éste, se dará —si concurren sus requisitos— el derecho de acrecer, y si no hay coherederos o no concurren los requisitos del derecho de acrecer, la adquirirán los herederos *abintestato*.

2.- En todo caso, el adquirente de la herencia o de la cuota de la misma, a que era llamado el ausente (sustituto vulgar, coheredero con derecho de acrecer, heredero intestado) deberá hacer inventario de la misma. No la adquirirá definitivamente hasta que se acredite la muerte del ausente o se haga declaración de fallecimiento. El inventario se hará con intervención del Ministerio Fiscal.

Aunque el Código emplee la expresión «reservarán», no se trata de una reserva en el sentido de las reservas —ordinaria o vidual y lineal o troncal— que se contemplan en el Código.

CONCORDANCIAS

Véase:
— arts. 981 a 987, 991 y 1.006 de este Código.
— Reglamento Hipotecario, de 14 febrero 1947 («*B.O.E.*», 16 abril): art. 89.2.º. Texto vigente según Ley 8 septiembre 1939 («*B.O.E.*», 1 octubre), de modificación del Título VIII, Libro I del Código Civil.

Artículo 192

Lo dispuesto en el artículo anterior se entiende sin perjuicio de las acciones de petición de herencia u otros derechos que competan al ausente, sus representantes o causahabientes. Estos derechos no se extinguirán sino por el transcurso del tiempo fijado para la prescripción. En la inscripción que se haga en el Registro de los bienes inmuebles que acrezcan a los coherederos, se expresará la circunstancia de quedar sujetos a lo que dispone este artículo y el anterior.

COMENTARIO

1.- Este artículo 192 desarrolla el 190 y complementa el 191. Lo que se dispone es que todo derecho que corresponda al ausente, se podrá ejercitar cumpliendo lo previsto en el 190 y pese a la previsión del art. 191; entre estos derechos se halla la acción de petición de herencia. Lo podrá ejercitar el propio ausente o su representante legal o su causahabiente.

Tales derechos se extinguirán por la prescripción, lo que es evidente. Se destaca porque es más que posible que ocurra, por la aplicación del 190.

2.- Los derechos que según el art. 191 adquieran otras personas (sustituto, coheredero, heredero intestado), si recaen sobre inmuebles, se inscriben en el Registro de la Propiedad haciendo constar que pertenecen, de momento, al ausente; por lo menos hasta que se acredite su muerte, o se declare su fallecimiento o prescriba su derecho.

CONCORDANCIAS

Véase arts. 185, 1.052 y 1.291.2.º de este Código. Texto vigente según Ley 8 septiembre 1939 (*«B.O.E.»,* 1 octubre), de modificación del Título VIII, Libro I del Código Civil.

CAPÍTULO II
DE LA DECLARACIÓN DE FALLECIMIENTO

Artículo 193

Procede la declaración de fallecimiento:

Primero. Transcurridos diez años desde las últimas noticias habidas del ausente, o, a falta de éstas, desde su desaparición.

Segundo. Pasados cinco años desde las últimas noticias o, en defecto de éstas, desde su desaparición, si al expirar dicho plazo hubiere cumplido el ausente setenta y cinco años.

Los plazos expresados se computarán desde la expiración del año natural en que se tuvieron las últimas noticias, o, en su defecto, del en que ocurriera la desaparición.

Tercero. Cumplido un año, contado de fecha a fecha, de un riesgo inminente de muerte por causa de violencia contra la vida, en que una persona se hubiese encontrado sin haberse tenido, con posterioridad a la violencia, noticias suyas. En caso de siniestro este plazo será de tres meses.

Se presume la violencia si en una subversión de orden político o social hubiese desaparecido una persona sin volverse a tener noticias suyas durante el tiempo expresado, siempre que hayan pasado seis meses desde la cesación de la subversión.

COMENTARIO

1.- Una persona que ha desaparecido y no se tiene de ella noticias, aparte e independientemente de que se hubieran podido tomar medidas provisionales o haya podido ser declarado ausente, puede ser declarado judicialmente fallecido tras el transcurso de un largo plazo o de un plazo menor si desapareció en circunstancias especialmente peligrosas. La declaración de fallecimiento es, pues, la resolución judicial por la que se declara la muerte de una persona desaparecida.

Es independiente de la declaración de ausencia; puede declararse el fallecimiento tras la ausencia o sin haberse nunca declarado ésta.

La declaración de fallecimiento produce, en principio, los mismos efectos que la muerte: extinción de la personalidad (art. 32). Sin embargo, no puede sustraerse a la idea de provisionalidad, o de presunción de muerte, ya que sus efectos no son tan absolutos y definitivos como éstos y siempre cabe la posibilidad de que reaparezca.

2.- Los requisitos varían en los dos supuestos que prevé el Código Civil, artículos 193 y 194: o bien (primer supuesto), desaparición y transcurso de un largo plazo (de diez o cinco años), o bien (segundo supuesto) desaparición de circunstancias de riesgo y transcurso de un breve plazo (de un año o tres meses en caso de siniestro).

En todo caso estos requisitos son la base para que pueda solicitarse la declaración de fallecimiento.

Primer supuesto. Transcurso de *diez años* —o de *cinco* si el desaparecido ha cumplido setenta y cinco años— desde la desaparición o últimas noticias, a contar desde el momento de la desaparición o de la expiración del año natural en que se tuvieron las últimas noticias (art. 193, primer párrafo).

Segundo supuesto. Transcurrido *un año desde un riesgo*, que puede ser en primer lugar, *riesgo inminente de muerte*, en que una persona se encontró sin haberse tenido más noticias; riesgo que se presume cuando han pasado seis meses desde una subversión política o social en la que desapareció la persona (art. 193, segundo párrafo) o bien, tres meses en caso de siniestro.

CONCORDANCIAS

Véase:
— Ley Enjuiciamiento Civil de 1881: arts. 2.042 a 2.044.
— Ley del Registro Civil, de 8 junio 1957 («*B.O.E.*», 10 junio): arts. 1.6.º, 5, 46 y 81.
— Reglamento Hipotecario de 14 febrero 1947 («*B.O.E.*», 16 abril): art. 2.4.
— Reglamento del Registro Civil, de 14 noviembre 1958 («*B.O.E.*», 11 diciembre): arts. 273 y ss. Texto vigente según Ley 4/2000, 7 enero («*B.O.E.*», 10 enero).

Artículo 194

Procede también la declaración de fallecimiento:

Primero. De los que perteneciendo a un contingente armado o unidos a él en calidad de funcionarios auxiliares voluntarios, o en funciones informativas, hayan tomado parte en operaciones de campaña y desaparecido en ellas luego que hayan transcurrido dos años, contados desde la fecha del tratado de paz, y en caso de no haberse concertado, desde la declaración oficial del fin de la guerra.

Segundo. De los que se encuentren a bordo de una nave naufragada o desaparecidos por inmersión en el mar, si hubiesen transcurrido tres meses desde la comprobación del naufragio o de la desaparición sin haberse tenido noticias de aquéllos.

Se presume ocurrido el naufragio si el buque no llega a su destino; o si, careciendo de punto fijo de arribo, no retornase, luego que en cualquiera de los casos hayan transcurrido seis meses contados desde las últimas noticias recibidas o, por falta de éstas, desde la fecha de salida de la nave del puerto inicial del viaje.

Tercero. De los que se encuentren a bordo de una aeronave siniestrada, si hubiesen transcurrido tres meses desde la comprobación del siniestro, sin haberse tenido noticias de aquéllos, o, en caso de haberse encontrado restos humanos, no hubiesen podido ser identificados.

Se presume el siniestro si en viaje sobre mares, zonas desérticas o inhabitadas, transcurriesen seis meses contados desde las últimas noticias de las personas o de la aeronave, y en su defecto, desde la fecha de inicio del viaje. Si éste se hiciese por etapas, el plazo indicado se computará desde el punto de despegue del que se recibieron las últimas noticias.

COMENTARIO

En el artículo anterior se fijaban los requisitos para la declaración de fallecimiento y se distinguían dos supuestos; el segundo de ellos, breve plazo de un año, incluía el riesgo inminente de muerte y no incluye tres casos más, que enuncia el artículo 194.

Estos tres casos son: primero: dos años, en el de participación en operaciones de campaña, a contar del tratado de paz o de la declaración oficial del fin de la guerra; segundo: tres meses, en el de naufragio de nave, a contar desde la comprobación del mismo o a contar de que hayan transcurridos seis meses desde las últimas noticias del buque (presunción de naufragio); tercero: tres meses, en el de accidente aéreo, a contar desde la comprobación del siniestro o a contar del transcurso de seis meses desde las últimas noticias del avión (presunción de siniestro).

CONCORDANCIAS

Véase nota al artículo anterior.
Texto vigente según Ley 4/2000, 7 enero (*«B.O.E.»,* 10 enero).

Artículo 195

Por la declaración de fallecimiento cesa la situación de ausencia legal, pero mientras dicha declaración no se produzca, se presume que el ausente ha vivido hasta el momento en que deba reputársele fallecido, salvo investigaciones en contrario.

Toda declaración de fallecimiento expresará la fecha a partir de la cual se entienda sucedida la muerte, con arreglo a lo preceptuado en los artículos precedentes, salvo prueba en contrario.

COMENTARIO

1.- La declaración de fallecimiento produce la cesación de la situación de ausencia, en el caso de que ésta se haya declarado. Aunque puede darse la declaración de fallecimiento, sin una ausencia previa. Ambas situaciones son independientes.

El auto que declara el fallecimiento de una persona produce el efecto básico en principio semejante a la muerte *—extinción de la personalidad— cesando las relaciones jurídicas que se extinguen por la muerte* (usufructo, artículo 513.1.º; uso y habitación, artículo 529; sociedad, artículo 1700.3.º; mandato, artículo 1732, 3.º, etc.), aunque sin sustraerse a la idea de presunción. El artículo 195 *presume que el ausente ha vivido hasta el momento en que deba reputársele fallecido, salvo investigaciones en contrario*; de lo que se deduce la presunción de muerte del declarado fallecido, salvo prueba en contrario, en la que abunda el párrafo segundo al referirse *a la fecha a partir de la cual se entiende sucedida la muerte... salvo prueba en contrario.*

2.- Por tanto, para este efecto básico, y para los demás que son consecuencia de éste, es preciso la expresión de la fecha en la que se le reputa fallecido, como exige el artículo 195, párrafo 2.º.

La fecha determina:

— En el primer supuesto: fecha en que acaba el plazo de diez o de cinco años.

— En el segundo supuesto: fecha del riesgo (1.º, del riesgo inminente de muerte; 2.º, de la operación de campaña; 3.º, del naufragio o accidente aéreo), o bien fecha final del período que presuma el anterior riesgo (1.º, último día de los seis meses desde la cesación de la subversión en que la persona se encontró; 2.º, último día de los tres años de la última comunicación del buque o aeronave).

CONCORDANCIAS

Véase:
— arts. 85, 169, 171 y 191 de este Código.
— Ley Enjuiciamiento Civil de 1881: art. 2.044
— Reglamento del Registro Civil, de 14 noviembre 1958 («*B.O.E.*», 10 junio): art. 179.1.º.
Texto vigente según Ley 30/1981, 7 julio («*B.O.E.*», 20 julio).

Artículo 196

Firme la declaración de fallecimiento del ausente, se abrirá la sucesión en los bienes del mismo, procediéndose a su adjudicación por los trámites de los juicios de testamentaría o abintestato, según los casos, o extrajudicialmente.

Los herederos no podrán disponer a título gratuito hasta cinco años después de la declaración del fallecimiento.

Hasta que transcurra este mismo plazo no serán entregados los legados, si los hubiese, ni tendrán derecho a exigirlos los legatarios, salvo las mandas piadosas en sufragio del alma del testador o los legados en favor de Instituciones de beneficencia.

Será obligación ineludible de los sucesores, aunque por tratarse de uno solo no fuese necesaria partición, la de formar notarialmente un inventario detallado de los bienes muebles y una descripción de los inmuebles.

COMENTARIO

1.- La declaración de fallecimiento, como la muerte, produce la apertura de la sucesión, si bien tampoco en este efecto puede sustraerse a la nota de provisionalidad que le caracteriza.

Por lo cual, producida la apertura de la sucesión, tras la delación y la aceptación adquieren la herencia los herederos y se entregan los legados, tal como expresa el párrafo 1.º, del artículo 196.

2.- En cuanto a los herederos, se limita en cinco años el poder de disposición gratuito según el mismo artículo 196, párrafo 2.º; *los herederos no podrán disponer a título gratuito hasta cinco años después de la declaración del fallecimiento.*

En cuanto a los legatarios, se retrasa su adquisición de los legados, como establece el párrafo 3.º del artículo 196; hasta que transcurra este mismo plazo (de cinco años, del párrafo anterior) no serán entregados los legados, si los hubiese, ni tendrán derecho a exigirlos los legatarios, salvo las mandas piadosas en sufragio del alma del testador o los legados en favor de Instituciones de beneficencia.

3.- Insistiendo en la idea de que el legislador no puede sustraerse a la concepción de la declaración de fallecimiento como presunción y pensando en que puede producirse el regreso del «fallecido», el código exige que herederos y/o legatarios levanten un inventario de los bienes muebles e inmuebles. Este art. 196 exige que el inventario se forme notarialmente; sin embargo, es suficiente el judicial, cuando se ha hecho en el juicio de testamentaría o *abintestato* a que se refiere el párrafo primero; no se cumple esta exigencia legal si se hace en documento privado.

CONCORDANCIAS

Véanse arts. 191, 657 y 1.054 de este Código.
Texto vigente según Ley 8 septiembre 1939 («*B.O.E.*», 1 octubre), de modificación del Título VIII, Libro I del Código Civil.

Artículo 197

Si después de la declaración de fallecimiento se presentase el ausente o se probara su existencia, recobrará sus bienes en el estado en que se encuentren y tendrá derecho al precio de los que se hubieran vendido, o a los bienes que con este precio se hayan adquirido, pero no podrá reclamar de sus sucesores rentas, frutos ni productos obtenidos con los bienes de su sucesión, sino desde el día de su presencia o de la declaración de no haber muerto.

COMENTARIO

1.- Si reaparece el declarado fallecido o se prueba su existencia, se debe proceder a la revocación de la declaración de fallecimiento. En el mismo expediente de jurisdicción voluntaria se dicta auto por el que se deja sin efecto aquella declaración (art. 2043 L.E.C.).

2.- La revocación implica la recuperación de su patrimonio por el que había sido declarado fallecido. Habrá menos problemas si no han transcurrido cinco años, por la aplicación de los párrafos segundo y tercero. En todo caso, se le entregarán sus bienes en el estado en que se encuentren o el precio que hubieren recibido o los bienes que los hubieran sustituido. Se entiende, por tanto, que los que deben devolverle los bienes son los sucesores universales o singulares, no los terceros.

Sin embargo, los productos, rentas o beneficios de los bienes no se entregarán sino los obtenidos a partir de la fecha en que se presentó o, si no se ha presentado, de la resolución de revocación de la declaración de fallecimiento.

CONCORDANCIAS

Véase:
— Ley Enjuiciamiento Civil de 1881: art. 2.043.
— Reglamento del Registro Civil, de 14 noviembre 1958 («*B.O.E.*», 11 diciembre): art. 179.
Texto vigente según Ley 8 septiembre 1939 («*B.O.E.*», 1 octubre), de modificación del Título VIII, Libro I del Código Civil.

CAPÍTULO III
DEL REGISTRO CENTRAL DE AUSENTES

Artículo 198

En el Registro central y público de ausentes se hará constar:

1.º Las declaraciones judiciales de ausencia legal.

2.º Las declaraciones judiciales de fallecimiento.

3.º Las representaciones legítimas y dativas acordadas judicialmente y la extinción de las mismas.

4.º Mención circunstanciada del lugar, fecha, otorgantes y Notario autorizante de los inventarios de bienes muebles, y descripción de inmuebles que en este título se ordenan.

5.º Mención circunstanciada del auto de concesión y del lugar, fecha, otorgantes y Notario autorizante de las escrituras de transmisiones y gravámenes que con licencia judicial efectúen los representantes legítimos o dativos de los ausentes; y

6.º Mención circunstanciada del lugar, fecha, otorgantes y Notario autorizante de la escritura de descripción o inventario de los bienes, así como de las escrituras de partición y adjudicación realizadas a virtud de la declaración de fallecimiento o de las actas de protocolización de los cuadernos particionales en sus respectivos casos.

CONCORDANCIAS

El Registro Central de ausentes ha quedado incorporado al Registro Civil, en virtud de lo dispuesto en la disposición final primera de la Ley de Registro Civil de 8 de junio de 1957. Hay que tener en cuenta que esta ley ha sido derogada por la ley 20/2011 de 21 de julio del Registro Civil (BOE de 22 de julio), aunque su entrada en vigor es a los tres años de su publicación en el BOE, tal como ordena la disposición final décima.

Texto según Ley 8 septiembre 1939 («*B.O.E.*», 1 octubre), de modificación del Título VIII, Libro I del Código Civil.

TÍTULO IX
De la incapacitación

Artículo 199

Nadie puede ser declarado incapaz, sino por sentencia judicial en virtud de las causas establecidas en la Ley.

COMENTARIO

1. La incapacitación, regulada en los artículos 199 y ss. del Código Civil, es la privación de la capacidad de obrar a una persona física, en principio capaz, por sentencia, por causas fijadas en la Ley. El primer extremo, privación de la capacidad de obrar, es la esencia del concepto. La persona no nace o se hace incapacitado, sino que se le priva su natural capacidad de obrar. Queda incólume su capacidad jurídica; no existe la muerte civil por la que antiguamente se extinguía la personalidad por ciertas graves causas, y así lo proclama el artículo 32 del Código Civil, que sólo prevé tal extinción por causa de muerte.

Esta privación de la capacidad de obrar puede ser total o parcial, ésta no con pérdida de la capacidad, sino con capacidad restringida, precisando complemento de capacidad del curador; en este supuesto se halla el pródigo, que es un incapacitado al que se fija una serie de actos para los que precisa dicho complemento. Fuera de este caso, al incapacitado se le ha privado —carece— de su capacidad de obrar, sometido y representado por los padres (en el caso de patria potestad prorrogada o rehabilitada) o por el tutor.

2. Esta privación de la capacidad de obrar la sufre *una persona física en principio capaz.* No cabe el concepto de incapacitación en las personas jurídicas, aunque pueden hallarse —especialmente las de Derecho público— en situaciones parecidas (de la misma firma que no cabe el concepto jurídico de su muerte, aunque la disolución es su concepto equivalente).

La persona física a que afecta la incapacitación es persona con capacidad de obrar. Precisamente la incapacitación significa la privación total o parcial de ésta. Pero hay que decir «*en principio*» porque permite la Ley (art. 201) un supuesto —la incapacitación de un menor— en el que se le priva de la capacidad de obrar a una persona que por ser menor de edad todavía no la tenía; teóricamente, la previsión del artículo 201 es un contrasentido: no se puede privar la capacidad a quien no la tiene; prácticamente, responde a una situación lógica: el menor cuyos padres o tutor (únicos que pueden promover la incapacitación, según dispone el artículo 757.4 LEC) advierten que carece de capacidad mental, irreversiblemente, tienen la posibilidad de promover y conseguir la incapacitación, que les permitirá prorrogar la patria potestad, como prevé el artículo 171, o la tutela, como también y a su ejemplo, prevé el artículo 278.

Esta privación de la capacidad de obrar a persona física en principio capaz —siguiendo los extremos del concepto dado— sólo cabe hacerse, como dice el artículo 199, *por sentencia judicial.* La expresión «judicial» es una redundancia, pues no hay más sentencias que las judiciales (existen resoluciones o Decretos administrativos, pero no sentencias).

Es, pues, la *sentencia* el punto central y clave de todo el concepto.

El último punto del concepto se refiere a esta última: la privación de capacidad por sentencia sólo cabe, como proclama el artículo 199, *en virtud de las causas establecidas en la Ley*. La garantía al ser humano es, pues, doble: una sentencia dictada en proceso declarativo ordinario y unas causas concretas.

JURISPRUDENCIA

«El aspecto civil es atinente al concepto de la incapacitación, como privación de la capacidad de obrar de la persona física, estado civil que tan sólo se constituye por sentencia, como dice el artículo 199 del Código civil y destacan las sentencias de 31 de diciembre de 1991 y 31 de octubre de 1994 y por las causas establecidas por ley, que, como concreta el artículo 200, son las enfermedades o deficiencias persistentes de carácter físico o psíquico que impiden a la persona gobernarse por sí misma, enfermedad que ha de ser constante, entendida como permanencia hacia el futuro, como dice la sentencia de 19 de febrero de 1996 y en el mismo sentido, matizando el concepto, la de 26 de julio de 1999; en todo caso, supone la carencia de aptitud para autogobernarse, como dice textualmente la sentencia citada de 31 de diciembre de 1991 y reitera la de 9 de mayo de 2002». (11 junio 2004, rec. 2857/1998)

«Al ser la capacidad de las personas físicas un atributo de la personalidad (S 19 de mayo de 1998), trasunto del principio de la dignidad de la persona (S 16 de septiembre de 1999), rige la presunción legal de su existencia e integridad, de modo que su restricción y control queda sujeto a las siguientes exigencias: la declaración de incapacitación de una persona sólo puede acordarse por sentencia judicial en virtud de las causas establecidas en la ley (art. 199 CC); observancia de las garantías fundamentales del procedimiento de incapacitación; cumplida demostración de la deficiencia y su alcance (SS 28 de junio de 1990; 19 de mayo de 1998 —pruebas concluyentes y rotundas, dado que se priva a la persona de su libertad de disposición subjetiva y patrimonial—; 16 de septiembre de 1999 —la situación de inidoneidad debe quedar claramente acreditada y correctamente valorada—); adecuación de la restricción y control, en su extensión y límites, al grado de inidoneidad (pues no debe extenderse más de lo necesario: S 26 de julio de 1999), en armonía con el principio básico que debe inspirar la materia de protección del presunto incapaz; y la aplicación de un criterio restringido (S 16 de septiembre de 1999) en la determinación del ámbito de la restricción». (30 junio 2004, rec. 2898/1999)

«distinción entre incapacidad natural, a consecuencia de que el sujeto se encuentre en una situación física o psíquica que elimine su entendimiento y voluntad y le impida entender y querer el acto que realiza, e incapacidad resultante del estado civil de incapacitado.

Los artículos 199 y siguientes del Código Civil se refieren a la segunda, esto es, a la reducción de la capacidad de obrar, en la medida que en cada caso se determine (artículo 210 del Código Civil), por la concurrencia de alguna de las causas establecidas en la Ley (artículos 199 y 200 del Código Civil), mediante una Sentencia judicial que la declare (artículo 199 del Código Civil) y constituya, así, un estado civil nuevo, el de incapacitado. Desde ese momento, los contratos que realice el sujeto, si entran en el ámbito de la restricción, serán anulables (artículos 1263.2 y 1301 del Código Civil). Sin embargo, el que una persona no haya sido incapacitada no significa que sean válidos los actos que realice sin la capacidad natural precisa en cada caso. En particular, no cabe considerar existente una declaración de voluntad contractual (de cuya coincidencia plena con la de la otra parte sobre cosa y precio nace el contrato de compraventa: artículos 1258, 1262 y 1450 del Código Civil), cuando falte en el declarante la razón natural, ya que dicha carencia excluye la voluntad negocial e impide que lo hecho valga como declaración (la Sentencia de 4 de abril de 1984 precisa que la incapacidad mental determina que el negocio sea radicalmente nulo o inexistente por falta de un requisito esencial y que esa inexistencia es perpetua e insubsanable). Claro está que, al presumirse la capacidad del no incapacitado, la falta de capacidad natural debe probarse cumplidamente». (19 noviembre 2004, rec. 1511/2000)

«el sistema de protección establecido en el Código civil sigue vigente, aunque con la lectura que se propone: 1.º Que se tenga siempre en cuenta que el incapaz sigue siendo titular de sus derechos fundamentales y que la incapacitación es sólo una forma de protección. Esta es la única posible interpretación del artículo 200 CC y del artículo 760.1 LEC. 2.º La incapacitación no es una medida discriminatoria porque la situación merecedora de la protección tiene características específicas y propias. Estamos hablando de una persona cuyas facultades intelectivas y volitivas no le permiten ejercer sus derechos como persona porque le impiden autogobernarse. Por tanto no se trata de un sistema de protección de la familia, sino única y exclusivamente de la persona afectada». (29 abril 2009, rec. 1259/2006, LA LEY 49525/2009)

CONCORDANCIAS

Véase:
— arts. 200, 201, 222 y 286 de este Código.
— Constitución Española: art. 9.3.
— Ley Enjuiciamiento Civil de 1881: art. 1.853.
— Ley del Registro Civil, de 8 junio 1957 (*«B.O.E.»*, 10 junio): arts. 88 a 91.
— Reglamento del Registro Civil, de 14 noviembre 1958 (*«B.O.E.»*, 11 diciembre): arts. 283 a 299.
— Convención de Nueva York de 13 diciembre 2006 sobre protección de las personas con falta de capacidad.
Texto vigente según Ley 13/1983, 24 octubre (*«B.O.E.»*, 26 octubre).

Artículo 200

Son causas de incapacitación las enfermedades o deficiencias persistentes de carácter físico o psíquico, que impidan a la persona gobernarse por sí misma.

COMENTARIO

Se expresan en este artículo las causas por las que puede llegarse a dictar sentencia de incapacitación. No se enumeran casuísticamente, lo que es un acierto, pero se concretan suficientemente. El legislador, como jurista, no se ha comprometido en posiciones médicas, pero ha perfilado perfectamente el concepto jurídico en dos ideas; la persistencia y la imposibilidad de gobernarse por sí mismo.

En efecto, el texto legal comienza distinguiendo *enfermedades o deficiencias* sin pronunciarse si determinados casos (la sordomudez congénita, por ejemplo, o la oligofrenia) es una u otra; tampoco se pronuncia si son *de carácter físico o psíquico* (valen los anteriores ejemplos); pero en todo caso, enfermedad o deficiencia física o psíquica, debe ser *persistente e impedir que la persona que la sufra pueda gobernarse por sí misma.* No cabe, pues, incapacitar por un ataque o situación aguda, sino por algo persistente (un alcoholismo, no una simple borrachera; una locura, no un ataque de epilepsia) y debe ser de entidad tal que el sujeto no pueda gobernarse, en el sentido de no poder actuar por sí mismo en el mundo jurídico, no poder física o mentalmente realizar actos o negocios jurídicos con mínimas garantías de que con conciencia y voluntad, de que realiza los actos libre y conscientemente.

JURISPRUDENCIA

«Todo lo cual lleva a dicha persona, según informe forense "a sufrir una patología que no es de suficiente entidad como para que alguien le ayudase en las cuestiones concernientes a su salud, pero que en su actuación social no impide que conozca el alcance de sus actos por perjudiciales que sean, pero que no puede evitarlos, razón que se traduce, entre otras, en una falta de control sobre su economía" (sic). Dicho esto, es lógico que deba acogerse la tesis de la sentencia recurrida, que determina que la persona cuya incapacitación se pide es capaz de regir su persona e incapaz para cualquier tipo de administración de sus bienes, en los que necesitará la actuación tutelar. Con todo ello, además, se cumplimentan los requisitos que la doctrina jurisprudencial de esta Sala exige para una declaración de incapacidad, ya que el sujeto en cuestión padece una enfermedad psicofísica constante con proyección de permanencia hacia el futuro con efectos graves sobre su capacidad volitiva y de decisión —en este caso sobre la administración de sus bienes—». (25 marzo 2004, rec. 763/1998)

«se declara probada la "enorme limitación que los efectos de dicha enfermedad, demencia senil, produce en la capacidad..." de la que ha sido incapacitada; detalla con minuciosidad la prueba y hacen, ambas sentencias de instancia, una alusión a los enfrentamientos personales y económicos de los hijos de la incapacitada, lo que no se plantea como fundamento del fallo. Por tanto, el motivo se desestima porque se ha cumplido con precisión el artículo 200 del Código civil, se ha razonado la aplicación de la norma y se ha declarado probada la situación fáctica que es presupuesto de la misma». (11 junio 2004, rec. 2857/1998)

«Se aprecia en el sujeto —aparte de una importante carencia de instrucción que exige un remedio de culturización adecuado— un retraso mental discreto que precisa se complemente, integre y asista en el aspecto patrimonial mediante la institución intermedia de la curatela (art. 287 CC, SS 24 de mayo y 31 de diciembre de 1991). Nos hallamos ante un caso de incapacidad atenuada, en que habida cuenta que el grado de discernimiento del sujeto excluye la apreciación de inhabilidad para gobernarse totalmente por sí mismo, ni afecta en medida importante, se hace innecesario establecer la tutela, bastando la protección de apoyo en el ámbito en que incide realmente la deficiencia, que es el relativo a los bienes». (30 junio 2004, rec. 2898/1999)

«el artículo 200 del Código Civil requiere que tal enfermedad o deficiencia "impida a la persona gobernarse por sí misma"; el autogobierno se concibe como la idoneidad de la persona para administrar sus intereses, intereses que comprenden no sólo los materiales, sino también los morales y, por ende, la guarda de la propia persona, o, como dice un autor, "el gobierno de sí mismo por sí mismo significa la adopción de decisiones y la realización de actos concernientes a su propia esfera jurídica tanto en el plano estricto de la personalidad como en el plano económico o patrimonial". Desde el punto de vista médico se dice que el autogobierno tiene tres dimensiones o intensidades, la patrimonial (autonomía e independencia en la actividad socioeconómica), la adaptativa e interpersonal (entendiendo por tal la capacidad de afrontar los problemas de la vida diaria en la forma y manera que sería de esperar para su edad y contexto sociocultural) y la personal (en el sentido de desplazarse eficazmente dentro de su entorno, mantener una existencia independiente en relación con las necesidades físicas más inmediatas, incluyendo alimentación, higiene y autocuidado)». (14 julio 2004, rec. 584/2000)

«Las causas de incapacidad están concebidas en nuestro derecho, a partir de la reforma de 1983, como abiertas, de modo que, a diferencia con lo que ocurría en la antigua redacción del Código civil, no existe una lista, sino que el Art. 200 CC establece que "son causas de incapacitación las enfermedades o deficiencias de carácter físico o psíquico que impidan a la persona gobernarse por sí misma". Es evidente que el Art. 322 CC establece una presunción de capacidad que se aplica a toda persona mayor de edad, que sólo desaparece cuando se prueba la concurrencia de una enfermedad de carácter persistente que permita concluir que aquella persona no se halla en situación de regir su persona, admi-

nistrar sus bienes y cumplir con las restantes funciones de una persona media. Así se ha venido considerando por la jurisprudencia de esta Sala en sentencias de 19 mayo 1998, 26 julio 1999, 20 noviembre 2002, 14 julio 2004; como afirma la sentencia de 28 julio 1998, "[...] para que se incapacite a una persona no es sólo suficiente que padezca una enfermedad persistente de carácter físico o psíquico [...] lo que verdaderamente sobresale es la concurrencia del segundo requisito, o sea, que el trastorno tanto sea permanente como que oscile en intensidad, impida gobernarse a la afectada por sí misma"». (29 abril 2009, rec. 1259/2006, LA LEY 49525/2009)

CONCORDANCIAS

Texto vigente según Ley 13/1983, 24 octubre (*«B.O.E.»,* 26 octubre), de reforma del Código Civil en materia de tutela.

Artículo 201

Los menores de edad podrán ser incapacitados cuando concurra en ellos causa de incapacitación y se prevea razonablemente que la misma persistirá después de la mayoría de edad.

COMENTARIO

1.- Se prevé la incapacitación del menor de edad. Puede parecer un contrasentido, pues en principio no se puede privar de la capacidad de obrar a quien no la tiene, como es el caso del menor de edad. Pero tiene la explicación práctica de que un menor que claramente sufre una causa de incapacitación no es preciso esperar a que llegue a la mayoría de edad para declararlo como tal.

Se requiere que efectivamente sufra una enfermedad o deficiencia, física o psíquica que le impida, en el presente y en el futuro, gobernarse por sí mismo. Además, se requiere que se prevea razonablemente que persistirá después de la mayoría de edad, lo cual no significa otra cosa que el dictamen médico expresa que efectivamente persistirá; sin perjuicio, claro está, de un posible error médico o de un avance de la ciencia que cure lo que antes se estimaba incurable. Por eso dice el texto legal, «razonablemente». Además, no hay que olvidar que la incapacitación puede dejarse sin efecto.

2.- Este supuesto debe ponerse en relación con el art. 757.4 LEC que restringe extraordinariamente la legitimación activa para iniciar el proceso de incapacitación y con el 171 que regula la patria potestad prorrogada (además de la rehabilitada). En efecto, el menor sometido a la patria potestad que es incapacitado, al llegar a la mayoría de edad continuará bajo ésta, sin que se le constituya tutela; lo cual tiene importancia, pues el Código trata a la patria potestad con un criterio de confianza, mientras a la tutela lo hace con desconfianza.

El menor de edad que es incapacitado, seguirá siendo incapaz, por ser menor de edad. Y cuando llegue a la mayoría de edad, devendrá automáticamente, incapacitado, con todas sus consecuencias: su extensión la determina la sentencia, puede modificarse o dejarse sin efecto, etc.

CONCORDANCIAS

Véase:

— art. 315 de este Código.
— art. 757.4 LEC.
Texto vigente según Ley 13/1983, 24 octubre (*«B.O.E.»,* 26 octubre).

Artículo 202

Derogado por Ley 1/2000, 7 enero («*B.O.E.*», 8 enero), Ley de Enjuiciamiento Civil.

Artículo 203

Derogado por Ley 1/2000, 7 enero («*B.O.E.*», 8 enero), Ley de Enjuiciamiento Civil.

Artículo 204

Derogado por Ley 1/2000, 7 enero («*B.O.E.*», 8 enero), Ley de Enjuiciamiento Civil.

Artículo 205

Derogado por Ley 1/2000, 7 enero («*B.O.E.*», 8 enero), Ley de Enjuiciamiento Civil.

Artículo 206

Derogado por Ley 1/2000, 7 enero («*B.O.E.*», 8 enero), Ley de Enjuiciamiento Civil.

Artículo 207

Derogado por Ley 1/2000, 7 enero («*B.O.E.*», 8 enero), Ley de Enjuiciamiento Civil.

Artículo 208

Derogado por Ley 1/2000, 7 enero («*B.O.E.*», 8 enero), Ley de Enjuiciamiento Civil.

Artículo 209

Derogado por Ley 1/2000, 7 enero («*B.O.E.*», 8 enero), Ley de Enjuiciamiento Civil.

Artículo 210

Derogado por Ley 1/2000, 7 enero («*B.O.E.*», 8 enero), Ley de Enjuiciamiento Civil.

Artículo 211

Derogado por Ley 1/2000, 7 enero («*B.O.E.*», 8 enero), Ley de Enjuiciamiento Civil.

Artículo 212

Derogado por Ley 1/2000, 7 enero («*B.O.E.*», 8 enero), Ley de Enjuiciamiento Civil.

Artículo 213

Derogado por Ley 1/2000, 7 enero («*B.O.E.*», 8 enero), Ley de Enjuiciamiento Civil.

Artículo 214

Derogado por Ley 1/2000, 7 enero («*B.O.E.*», 8 enero), Ley de Enjuiciamiento Civil.

TÍTULO X
De la tutela, de la curatela y de la guarda de los menores o incapacitados

CAPÍTULO PRIMERO
DISPOSICIONES GENERALES

Artículo 215

La guarda y protección de la persona y bienes o solamente de la persona o de los bienes de los menores o incapacitados, se realizará, en los casos que proceda, mediante:

1.º La tutela.

2.º La curatela.

3.º El defensor judicial.

COMENTARIO

1.- La función tutelar, en general y en sentido amplio, que engloba a distintas instituciones de guarda, es paralela a la patria potestad: tiene la misma finalidad y cumple el mismo objetivo, aunque con la importante diferencia de que mientras la ley confía en la patria potestad y le da un amplio margen de libre arbitrio, no lo hace plenamente en las instituciones tutelares y las somete a control judicial. Se puede decir que la función tutelar es subsidiaria a la patria potestad (respecto a menores) y semejante a la misma (respecto a incapacitados).

2.- Esencialmente, su misión es velar (personalmente) y representar o complementar la capacidad (jurídicamente) de un menor o incapacitado.

La persona mayor de edad con capacidad de obrar plena rige su persona y bienes por sí misma y actúa en la vida jurídica personalmente, si bien puede actuar otro en su nombre por razón de haberle conferido poder de representación (voluntaria).

El menor de edad, falto de capacidad de obrar, precisa que otro actúe siempre en el mundo jurídico en su nombre, que será su representante legal, que, al tiempo velará por su persona y bienes: éste será el titular de la patria potestad y, subsidiariamente —a falta de padre y madre— *el tutor*. Asimismo, el incapacitado será siempre representado por el *tutor* a no ser que se dé la patria potestad prorrogada o rehabilitada (del artículo 171).

Al menor emancipado, al pródigo o al parcialmente incapacitado que no necesitan que se les represente, sino simplemente un complemento de capacidad, se lo otorgará el *curador*.

En el caso de oposición de intereses o de vacío provisional en la tutela o curatela, el *defensor judicial* actúa provisionalmente y en tales casos, como si fuera un tutor o un curador, representando y velando o completando su capacidad al menor o incapacitado.

Por último, la realidad presenta situaciones de *guarda de hecho* —una especie de tutela de hecho— que, haciendo las veces de tutela, produce ciertos efectos legales.

CONCORDANCIAS

Véase arts. 222 a 299 a 302 de este Código.
Texto vigente según Ley 13/1983, 24 octubre (*«B.O.E.»,* 26 octubre).

Artículo 216

Las funciones tutelares constituyen un deber, se ejercerán en beneficio del tutelado y estarán bajo la salvaguarda de la autoridad judicial.

Las medidas y disposiciones previstas en el artículo 158 de este Código podrán ser acordadas también por el Juez, de oficio o a instancia de cualquier interesado, en todos los supuestos de tutela o guarda, de hecho o de derecho, de menores e incapaces, en cuanto lo requiera el interés de éstos.

Segundo párrafo introducido por LO 1/1996, 15 enero, de Protección Jurídica del Menor.

COMENTARIO

1.- La naturaleza jurídica de la tutela, en sentido amplio, comprensiva de distintas instituciones de guarda (tutor, curador, defensor judicial) es de función, es decir, se concede un poder, unos derechos, para cumplir unos deberes. El artículo 216 dice, en su primer inciso, que las funciones tutelares constituyen un deber, se ejercerán en beneficio del tutelado. Tiene una finalidad tuitiva y protectora, se da en interés no del que la ejerce, sino del sometido a ella, siendo su contenido un conjunto de derechos y deberes dirigidos a la realización de esta función.

2.- Cuando este artículo expresa que las funciones tutelares están bajo la salvaguarda de la autoridad judicial, se está refiriendo al control y a la protección judicial de la tutela. La normativa del Código Civil sobre la tutela (así como sobre la incapacitación) está redactada por Ley 13/1983, de 24 de octubre, que instaura (más bien reinstaura, pues vuelve al sistema anterior al Código Civil) el sistema de tutela de autoridad, en contraposición al sistema de tutela de familia, que era el del Código Civil por influencia del Código de Napoleón.

La *tutela de familia* se organiza de modo que las instituciones tutelares, los órganos y el control pertenecen a la familia del sujeto a tutela, aunque la autoridad judicial u órganos administrativos tengan intervención. La *tutela de autoridad* implica que el tutor, que puede ser, y lo será normalmente, un miembro de su familia, queda bajo vigilancia, control y supervisión de la autoridad judicial o de un organismo administrativo. En síntesis, la función tutelar se encomienda o al Estado, que la cumple de diversas formas, bien a través de determinados autoridades, bien mediante organismos especializados, o al grupo de familia al que pertenece el sujeto a la institución tutelar: en el primer caso se habla de *tutela de autoridad*; en el segundo, de *tutela de familia.*

3.- Este sistema de tutela de autoridad no significa que sea la autoridad (judicial) quien haga las veces de tutor y directamente y por propia iniciativa cuide de la persona y bienes del pupilo, sino que el Código prevé las figuras de tutor, curador o defensor que tienen la iniciativa y cuidan —en sus respectivos campos— de la persona y bienes del sujeto, pero bajo control judicial.

El Juez interviene y controla las instituciones de guarda en tres órdenes: como *función directa*, en la constitución; como *función indirecta*, en el ejercicio, y como *función decisoria*, en la rendición de cuentas.

4.- El art. 158 prevé una serie de medidas de protección del menor sometido a la patria potestad. El segundo párrafo del presente artículo (introducido por Ley Orgánica 1/1996, de 15 de enero, de protección jurídica del menor) se remite a las mismas. Las puede adoptar el Juez, de oficio o a instancia de cualquier interesado, y en todo supuesto incardinado en la función tutelar en el más amplio sentido: «tutela o guarda, de hecho o de derecho» dice el texto legal, relativo a menores o incapacitados, y, siempre y en todo caso, en interés de los mismos.

JURISPRUDENCIA

«1.ª Debe aplicarse lo dispuesto en el art. 216.1 CC, que es la norma general que rige, en cualquier caso, la actuación de los tutores, porque "las funciones tutelares constituyen un deber, se ejercerán en beneficio del tutelado y estarán bajo la salvaguarda de la autoridad judicial". Por ello, el art. 271 CC exige autorización judicial para entablar cualquier tipo de demanda. 2.ª En segundo lugar, el ejercicio de esta acción debe obedecer a los intereses del incapaz, por lo que debe justificarse que la actuación se lleva a cabo en interés del incapaz, tal como concluyó, en una legislación distinta, la STC 311/2000. 3.ª Hay que tener en cuenta que en los procedimientos de derecho de familia en los que son parte menores e incapaces se requiere la actuación del Ministerio Fiscal, que deberá velar por sus intereses, con lo que se garantiza que las acciones de los tutores no sean caprichosas o arbitrarias». (21 septiembre 2011, rec. 1491/2008, LA LEY 182904/2011)

CONCORDANCIAS

Véase arts. 232, 233 y 269 de este Código.
Texto vigente según Ley 13/1983, 24 octubre (*«B.O.E.»*, 26 octubre).

Artículo 217

Sólo se admitirá la excusa de los cargos tutelares en los supuestos legalmente previstos.

COMENTARIO

Como consecuencia de la naturaleza jurídica de función (poder que se concede para cumplir un deber) los cargos tutelares no pueden ser objeto de renuncia o abandono. El abandono es material; la renuncia es jurídica.

La excusa a un cargo tutelar equivale a la renuncia al mismo. Pero no se admite, más que por causas y por el procedimiento que prevé el Código, tal como proclama este artículo con carácter general y desarrollan los artículos posteriores.

Al regular la tutela el art. 251 expone la causa y los siguientes prevén el procedimiento. A su vez, el art. 291, en la curatela se remite a las excusas de la tutela y el 301 hace lo mismo para el defensor judicial. La causa aceptable para la excusa de cualquier cargo tutelar, es que éste «resulte excesivamente gravoso» para el que ha sido nombrado. Es una causa no concreta; se enumeran anteriormente otras causas, éstas concretas, pero no son más que *ad exemplum*.

CONCORDANCIAS

Véase arts. 251 a 258 de este Código.
Texto vigente según Ley 13/1983, 24 octubre (*«B.O.E.»*, 26 octubre).

Artículo 218

Las resoluciones judiciales sobre los cargos tutelares y de curatela habrán de inscribirse en el Registro Civil.

Dichas resoluciones no serán oponibles a terceros mientras no se hayan practicado las oportunas inscripciones.

COMENTARIO

1.- El artículo 755 LEC establece la obligatoriedad de la inscripción en el Registro civil de las sentencias que constituyen la incapacitación o que la modifican o la dejan sin efecto. Y el presente artículo añade la de las resoluciones sobre las cargas tutelares.

2.- Las resoluciones judiciales no serán sentencias, sino, en principio, autos. Son las que constituyen o modifican o se refieren en algún aspecto a las cargos tutelares, como la remoción, o excusa, etc. Pero no se refiere a todo cargo tutelar, sino sólo al tutor o al curador. Este art. 218 emplea la expresión «cargos tutelares» en sentido estricto (no en el amplio sentido del art. 217 que se refiere a todos) referido sólo al tutor, en contraposición al curador, que lo menciona a continuación. Así, lo que se inscribe en el Registro civil es toda resolución judicial relativa al tutor y al curador. No, la relativa al defensor judicial, el cual tampoco tendría mucho sentido su inscripción, pues es nombrado para un caso concreto, del que dará cuenta al Juez de su actuación.

3.- La inscripción en el Registro civil no es constitutiva; es declarativa. Es obligatoria y, además, se practica de oficio tal como impone el art. 219.

Inscrita, tiene eficacia legitimadora y probatoria. No inscrita, no es oponible a tercero; éste podrá desconocer el cargo de tutor o curador, cuya resolución por el que le nombra no ha sido inscrita en el Registro; a la inversa, podrá desconocer que este tutor o curador que está actuando ya ha cesado (por remoción o excusa), es otro el tutor o curador, pero no hay inscripción de resolución alguna sobre ello.

CONCORDANCIAS

Véase:
— art. 325 de este Código.
— art. 755 LEC.
— Ley del Registro Civil, de 8 junio 1957 («*B.O.E.*», 10 junio): arts. 88 a 91.
Texto vigente según Ley 13/1983, 24 octubre (*«B.O.E.»*, 26 octubre).

Artículo 219

La inscripción de las resoluciones a que se refiere el artículo anterior, se practicará en virtud de la comunicación que la Autoridad judicial deberá remitir sin dilación al Encargado del Registro Civil.

COMENTARIO

Este artículo complemento del anterior y un tanto redundante (porque prácticamente repite la idea del anterior) y fuera de lugar (no es propio del Código Civil entrar en estos detalles gubernativos). Pero destaca tres puntos.

En primer lugar, la inscripción de las resoluciones *se practicará*: insiste en el deber que establece el artículo anterior.

En segundo lugar, este deber se impone al Juez que dicta la resolución, de tal forma que, de oficio, remitirá *comunicación* al Encargado del Registro civil.

En tercer lugar, todo ello lo hará *sin dilación*; es decir, dictada la resolución, el Juez, de forma inmediata, debe remitir la comunicación al Registro civil; un retraso que causara algún perjuicio, podría dar lugar a responsabilidad del Juez.

CONCORDANCIAS

Véase Reglamento del Registro Civil, de 14 noviembre 1958 («*B.O.E.*», 11 diciembre): art. 289.
Texto vigente según Ley 13/1983, 24 octubre («*B.O.E.*», 26 octubre).

Artículo 220

La persona que en el ejercicio de una función tutelar sufra daños y perjuicios sin culpa por su parte, tendrá derecho a la indemnización de éstos con cargo a los bienes del tutelado, de no poder obtener por otro medio su resarcimiento.

COMENTARIO

1.- El tutor puede tener fijada una retribución; o puede no tenerla, como no la tienen el curador ni el defensor judicial. Aparte de ella, se prevé una indemnización de daños y perjuicios, con cargo al patrimonio del tutelado. En todo caso, el principio es que el cargo tutelar cumple un deber, pero debe quedar indemne en su propio patrimonio.

2.- Para que el cargo tutelar tenga derecho a la indemnización, son precisos varios presupuestos. En primer lugar, que sufra y acredite los perjuicios; en segundo lugar, un doble nexo causal, positivo, entre el desempeño del cargo tutelar y el perjuicio y negativo, que no lo haya entre una conducta culposa de quien ejerce el cargo tutelar y el perjuicio; en tercer lugar, la subsidiariedad, que no se pueda obtener el resarcimiento por otro medio que el de la indemnización a cargo del patrimonio del tutelado.

CONCORDANCIAS

Véase art. 1902 de este Código.
Texto vigente según Ley 13/1983, 24 octubre («*B.O.E.*», 26 octubre). Anteriores textos según Ley 24 abril 1958 («*B.O.E.*», 25 abril) y Ley 11/1981, 13 mayo («*B.O.E.*», 19 mayo).

Artículo 221

Se prohíbe a quien desempeñe algún cargo tutelar:

1.º Recibir liberalidades del tutelado o de sus causahabientes, mientras que no se haya aprobado definitivamente su gestión.

2.º Representar al tutelado cuando en el mismo acto intervenga en nombre propio o de un tercero y existiera conflicto de intereses.

3.º Adquirir por título oneroso bienes del tutelado o transmitirle por su parte bienes por igual título.

COMENTARIO

1.- En el contrato oneroso de más importancia económica y jurídica, la compraventa, se prohíbe al tutor adquirir por compra bienes del tutelado (art. 1459.1.º) pero esta norma, hoy, está sustituida por unas prohibiciones mucho más amplias contenidas en este artículo 221 y con un fundamento común y una sanción unitaria.

La amplitud viene dada porque no sólo afecta al tutor, sino también a los demás cargos tutelares y no sólo alcanza a la adquisición por compra, sino a toda adquisición onerosa o gratuita y a toda transmisión onerosa y además a la representación en conflicto de intereses. El fundamento es, en todo caso, el conflicto de intereses. La sanción es la nulidad absoluta, de pleno derecho, que contempla el artículo 6.3.

2.- Las concretas prohibiciones son, en primer lugar, la de recibir bienes o derechos por contrato a título gratuito de la persona sometida a tutela, curatela o defensor judicial, y también de su causahabiente; cuya prohibición se mantiene no sólo mientras dura la tutela o el cargo de defensor judicial, sino hasta que se aprueben las cuentas del primero, la gestión del segundo o hasta que simplemente cese el curador (que no tiene aprobación de su gestión).

En segundo lugar, se prohíbe la actuación del cargo tutelar como representante en caso de conflicto de intereses. El tutor, si advierte un caso de conflicto de intereses, debe pedir el nombramiento de un defensor judicial. Si se trata de una tutela plural (nombramiento de dos o más tutores) y el conflicto se da con todos ellos, se aplicará lo dicho; pero si el conflicto es con uno solo de los tutores, éste dejará de ser representante para este caso y la representación legal lo ostentará el otro tutor en quien no concurre el conflicto de intereses, tal como prevé el art. 237 bis. conflicto de intereses, tal como prevé el art. 237 bis. Al curador también es aplicable dicha prohibición. El efecto de la prohibición es que será nulo el negocio jurídico realizado por el cargo tutelar en este caso. En realidad, lo que viene a quedar como nulo. El efecto de la prohibición es que será nulo el negocio jurídico realizado por el cargo tutelar en este caso. En realidad, lo que viene a quedar como nulo es el autocontrato.

En tercer lugar, la adquisición o transmisión, a título oneroso, de bienes del tutelado. Con lo que son nulos los negocios jurídicos onerosos por los que el tutor, curador o defensor judicial adquiere o transmite bienes al tutelado.

CONCORDANCIAS

Véase:
— art. 267, 279, 1.459.1.º de este Código.
— Texto vigente según Ley 13/1983, 24 octubre (*«B.O.E.»*, 26 octubre).

CAPÍTULO II
DE LA TUTELA

SECCIÓN PRIMERA
De la tutela en general

Artículo 222

Estarán sujetos a tutela:

1.º Los menores no emancipados que no estén bajo la patria potestad.

2.º Los incapacitados, cuando la sentencia lo haya establecido.

3.º Los sujetos a la patria potestad prorrogada, al cesar ésta, salvo que proceda la curatela.

4.º Los menores que se hallen en situación de desamparo.

COMENTARIO

Contempla este artículo las personas sujetas a tutela.

En primer lugar, *los menores no emancipados que no estén bajo patria potestad* (art. 222,1.º). En todo caso de que un menor no emancipado carezca de patria potestad, se constituirá tutela; es, pues, ésta, supletoria de aquélla. Tutela que será plena, comprendiendo todos los derechos y obligaciones, tanto respecto a la persona como a los bienes del pupilo.

En segundo lugar, *los incapacitados*, éstos en dos casos: 1.º) los incapacitados, *sujetos a la patria potestad prorrogada, al cesar ésta* (art. 222.3.º), lo que preveía ya el último párrafo del artículo 171 (*si al cesar la patria potestad prorrogada subsistiere el estado de incapacitación, se constituirá la tutela*) y se produce tan sólo en caso de muerte o declaración de fallecimiento de ambos padres; y 2.º) *los incapacitados, cuando la sentencia lo haya establecido* (art. 222.2.º), ya que, efectivamente, el artículo 760.1 LEC establece que la sentencia que declara la incapacitación determina su extensión y el régimen de tutela, es decir, que el incapacitado puede quedar bajo tutela, en amplitud mayor o menor, sobre la persona y bienes o sólo sobre aquélla o sobre éstos, o bajo curatela; la incapacitación que prevé el Código —art. 200— se basa en las incapacidades o deficiencias físicas o psíquicas. Esta tutela se adaptará al grado de incapacitación que haya decretado la resolución judicial, como dispone el citado artículo 760.1 LEC.

En tercer lugar, *los menores que se hallen en situación de desamparo* (artículo 222.4.º, apartado introducido por Ley 11 de noviembre de 1987, que modificó el Código Civil en materia de adopción).

CONCORDANCIAS

Véase:
— arts. 154, 171, 199 y 286 de este Código.
— art. 760.1 LEC.
Texto vigente según Ley 21/1987, 11 noviembre (*«B.O.E.»,* 17 noviembre). Anterior texto según Ley 13/1983, 24 octubre (*«B.O.E.»,* 26 octubre).

Artículo 223

Los padres podrán, en testamento o documento público notarial nombrar tutor, establecer órganos de fiscalización de la tutela, así como designar las personas que hayan de integrarlos, u ordenar cualquier otra disposición sobre la persona o bienes de sus hijos menores o incapacitados.

Asimismo, cualquier persona con la capacidad de obrar suficiente, en previsión de ser incapacitada judicialmente en el futuro, podrá en documento público notarial adoptar cualquier disposición relativa a su propia persona o bienes, incluida la designación de tutor.

Los documentos públicos a que se refiere el presente artículo se comunicarán de oficio por el notario autorizante al Registro Civil, para su indicación en la inscripción de nacimiento del interesado.

En los procedimientos de incapacitación, el juez recabará certificación del Registro Civil y, en su caso, del registro de actos de última voluntad, a efectos de comprobar la existencia de las disposiciones a las que se refiere este artículo.

COMENTARIO

1.- Siguiendo el sistema de tutela de autoridad, este artículo es una concesión a la autonomía privada que, a su vez, reproduce el num. 4.º del artículo 234. Precisamente porque no deja de ser excepcional esta autonomía o facultad familiar, el Código le dedica cuatro artículos, del 223 al 226, cuando podría limitarse a expresarlo aquel mencionado num. 4.º del art. 234.

Lo que permite el presente artículo es que los padres (que no estén privados de la patria potestad: art. 226) puedan nombrar tutor. Aunque no lo diga expresamente, también pueden nombrar curador, ya que al nombramiento de éste se le aplican las reglas del tutor (art. 291). No pueden nombrar defensor judicial, que es designado por el Juez (art. 300). Pueden nombrar también órganos de fiscalización de la tutela y personas que los integren: esto, en principio, parece una norma aplicable sin problemas, pero no lo es si se recuerda que la tutela es de autoridad y el órgano de control es el Juez; por tanto, los padres no pueden sustituir, con su fiscalización preordenada, el control judicial; sí lo pueden completar (por ejemplo, controlando la administración ordinaria; o bien, dar normas sobre el tipo de educación). También pueden ordenar cuestiones sobre la persona o bienes, pero como lo anterior: no pueden sustituir la dirección y el control de la autoridad judicial, pero sí completarla (por ejemplo, instrucciones sobre inversiones económicas, pero no sobre autorización a actos dispositivos; o previsiones sobre tratamientos médicos, pero no autorizar internamientos ya que la autorización de éstos corresponde al Juez: art. 271.1.º).

2.- Estos nombramientos referidos deben hacerse en testamento o documento público notarial. Si es en testamento, puede ser de cualquier clase y si es revocado, pierde toda eficacia el nombramiento (aunque se ha mantenido lo contrario, que es irrevocable y se aplica el art. 741; pero es absurdo pensar que un nombramiento de tutor u otros cargos hecho por los padres les vincule y sea irrevocable cuando tantos cambios se dan en las personas y en las vidas). El documento notarial es, en principio, la escritura pública.

3.- Estos nombramientos de tutor u otros cargos tutelares se hacen por los padres respecto a sus hijos que están bajo su patria potestad, por lo cual no es precisa tutela. Los nombramientos se hacen para el caso en que, faltando los padres (en principio, por muerte) sea necesaria la tutela o, en su caso, curatela. Este artículo lo prevé expresamente para el hijo menor de edad y para el hijo incapacitado. Debe incluirse también el hijo ni menor ni incapacitado (un mayor de edad) al que los padres han previsto su futura incapacitación.

4.- Este artículo debe relacionarse con otros posteriores: el nombramiento que prevé vincula, relativamente, al Juez (art. 224); lo pueden hacer los padres que no estén privados de la patria potestad (art. 226); si no lo hacen en el mismo sentido, resolverá el Juez (art. 225). Especialmente tiene relación con el art. 234: este nombramiento hecho por los padres ocupa el cuarto puesto en el orden de nombramiento de tutor, en defecto de cónyuge y de padres (esto último es obvio: si hay padres, son ellos antes que el que han nombrando ellos; siempre que no haya patria potestad).

5.- Conviene precisar un punto que queda más claro en el artículo siguiente. Por más que en la terminología de este artículo y de otros, se hable de nombramiento de tutor y otros cargos por los padres, éstos no hacen nombramiento alguno. Designan personas, pero el nombramiento lo hace el Juez, que incluso puede prescindir de ellas (art. 224). En el actual sistema de tutela de autoridad, la constitución de la tutela y el nombramiento de cargos tutelares es de exclusiva competencia judicial, aunque debe tener en cuenta lo dispuesto en el presente artículo, los siguientes y otros, como el art. 234, de los que también puede prescindir (art. 234, último párrafo).

6.- La Ley 41/2003, de 18 noviembre, de protección patrimonial de las personas con discapacidad, ha introducido en el ordenamiento jurídico algo de extraordinaria importancia que es la *autotutela*. Dicha ley ha añadido el párrafo segundo, que prevé que una persona —con capacidad de obrar, evidentemente— pueda designarse tutor o adoptar cualquier otra disposición sobre su persona o bienes, en previsión de que en el futuro sea incapacitada. Puede pensarse que es una previsión de futuro un tanto insólita y un mucho pesimista, pero la realidad enseña que se dan situaciones en que se hace más que probable tal situación, como aquel que advierte que está cayendo en una progresiva e inevitable demencia senil. Se exige un elemento formal, como presupuesto de su validez, que es, como en el caso de los padres, que tal disposición sea en documento público notarial, escritura pública.

7.- Con relación al documento público que otorguen tanto los padres como el propio interesado, la misma ley ha añadido dos párrafos más a este artículo, que son de indudable trascendencia práctica. El notario, ante el cual se otorgue, lo comunica al Registro civil donde se practica inscripción marginal en la de nacimiento. A su vez, en todo proceso de incapacitación, el juez comprobará si se ha designado tutor u otorgado otras disposiciones por los padres, mediante notificación del Registro de actos de última voluntad, por si se hizo por ellos en testamento y mediante certificación del Registro civil, por si se hizo en documento público notarial por dichos padres o por el interesado.

CONCORDANCIAS

Texto vigente según Ley 41/2003, 18 noviembre (*«B.O.E.»,* 19 noviembre). Texto anterior, según Ley 13/1983, 24 octubre (*«B.O.E.»,* 26 octubre).

Texto vigente según Ley 13/1983, 24 octubre (*«B.O.E.»,* 26 octubre).

Artículo 224

Las disposiciones aludidas en el artículo anterior vincularán al Juez, al constituir la tutela, salvo que el beneficio del menor o incapacitado exija otra cosa, en cuyo caso lo hará mediante decisión motivada.

COMENTARIO

1.- El nombramiento de un cargo tutelar por los padres al hijo, en testamento o escritura pública, que prevé el artículo anterior, lo contempla este artículo al expresar: «... vincularán al Juez», pero añade: «salvo que...». Es decir, por una parte expresa que vincula al Juez aquel nombramiento al constituir la tutela, en el sentido de que no es nombrado por los padres, sino que lo designan los padres y lo nombra el Juez, único que puede constituir la tutela y hacer el nombramiento de cargos tutelares. Pero, por otra parte, al añadir que aquella vinculación queda eliminada si el Juez estima, por resolución (el texto legal la llama incorrectamente «decisión») motivada, «que el beneficio del menor o incapacitado exija otra cosa», esta norma queda prácticamente vacía de contenido. Quizá lo único que se salva es que el Juez puede discrecionalmente prescindir del nombramiento de los padres, «en beneficio del menor o incapacitado», pero no arbitrariamente: por ello se le exige resolución motivada, lo cual está en correlación con el último párrafo del art. 234.

2.- Lo que queda claro es que los padres no hacen ningún nombramiento. Simplemente, designan un tutor o cargos tutelares, pero quien constituye la tutela y hace el nombramiento es el Juez.

CONCORDANCIAS

Véase arts. 216, 234 y 235 de este Código.
Texto vigente según Ley 13/1983, 24 octubre (*«B.O.E.»,* 26 octubre).

Artículo 225

Cuando existieren disposiciones en testamento o documento público notarial del padre y de la madre, se aplicarán unas y otras conjuntamente en cuanto fueran compatibles. De no serlo, se adoptarán por el Juez, en decisión motivada, las que considere más convenientes para el tutelado.

COMENTARIO

1.- Puede ocurrir que de los padres de un menor o incapacitado, tan sólo uno de ellos designe cargos tutelares en testamento o en escritura pública. Tendrá la validez y eficacia que prevén los artículos anteriores, sin que tenga trascendencia que muera antes o después del otro que nada dispuso. Lo mismo se aplica si tan sólo está determinado uno de los padres.

Si los dos padres designan tutor u otros cargos tutelares, pueden hacerlo conjuntamente en la misma escritura pública o cada uno en su testamento pero con idéntico contenido. No se plantea ningún problema; tendrá la eficacia que le reconocen los artículos anteriores.

2.- El problema se plantea cuando los padres hacen, uno y otra, disposiciones distintas en orden a designar tutor y otros cargos que prevé el art. 223. Se contemplan dos supuestos.

El primero: si son compatibles (por ejemplo, el padre designa tutor y la madre un órgano de fiscalización) se aplican conjuntamente.

El segundo: si no son compatibles, el Juez resuelve y respeta las designaciones en la forma más conveniente para el tutelado, como dice este artículo, lo que significa, como dice el artículo anterior, en beneficio del mismo; lo cual lo deberá hacer en resolución (no decisión, que es término procesal incorrecto) motivada.

Esta resolución judicial motivada, cuando las disposiciones de los padres no son compatibles, se corresponden a la misma idea que preside el art. 224 y que recoge también el último párrafo del art. 234. En el segundo, no hace sino aplicar a este extremo, como tantos otros, el sistema de tutela de autoridad y recuerda el hecho de que los padres no nombran nada sino que designan cargos que, si el Juez estima que son en beneficio del menor, los nombra él.

CONCORDANCIAS

Véase arts. 156 y 216 de este Código.
Texto vigente según Ley 13/1983, 24 octubre (*«B.O.E.»*, 26 octubre). Anteriores textos según Ley 14/1975, 2 mayo (*«B.O.E.»*, 5 mayo) y Ley 11/1981, 13 mayo (*«B.O.E.»*, 19 mayo).

Artículo 226

Serán ineficaces las disposiciones hechas en testamento o documento público notarial sobre la tutela si, en el momento de adoptarlas, el disponente hubiese sido privado de la patria potestad.

COMENTARIO

Habiendo patria potestad, no hay tutela. Lo que prevén los artículos anteriores es que los padres titulares de la patria potestad designen tutor u otros cargos tutelares, que nombrará el Juez, si es en beneficio del menor (art. 224) en el momento en que sea precisa constituir la tutela y nombrar tutor.

En lógica consecuencia, si los padres o uno de ellos, están privados de la patria potestad no pueden designar tutor ni cargos tutelares. Es lo que dispone el presente artículo. La suspensión se incluye ya que es una privación temporal. Sin embargo, no comprende el caso en que el ejercicio de la patria potestad (no está) esté atribuida a uno solo de los padres, en los casos de nulidad, separación y divorcio.

CONCORDANCIAS

Véase art. 170 de este Código.
Texto vigente según Ley 13/1983, 24 octubre (*«B.O.E.»*, 26 octubre).

Artículo 227

El que disponga de bienes a título gratuito en favor de un menor o incapacitado, podrá establecer las reglas de administración de los mismos y designar la persona o personas que hayan de ejercitarla. Las funciones no conferidas al administrador corresponden al tutor.

COMENTARIO

1.- Cualquier persona puede disponer de bienes a título gratuito inter vivos o mortis causa a favor de un menor o incapacitado. Si éste está bajo patria potestad, su administración corresponderá a los titulares de ésta. Si está bajo tutela, corresponderá al tutor. Sin embargo, el disponente puede establecer, como le permite este artículo, excepcionalmente, que la administración de los bienes por él dispuestos a título gratuito, corresponda a una persona con unas reglas que él ha ordenado.

No se trata de un tutor sino de todo lo contrario. El disponente ha sustraído de la tutela el bien o conjunto de bienes (se ha llegado a decir, exageradamente, que se trata de un patrimonio separado) de que él ha dispuesto gratuitamente a favor del tutelado. El administrador de los mismos no es tutor, ni tutor o cotutor restringido a tales bienes, sino administrador ajeno a la tutela.

2.- Las funciones que el disponente no ha previsto para el administrador corresponden al tutor. Tal administrador deberá seguir las reglas que el disponente haya ordenado. La administración comprende la ordinaria y la extraordinaria, pero no alcanza la disposición de los bienes. Esta sólo la tiene el tutor, con el control judicial que establecen los arts. 271 y 272.

3.- Por otra parte, el Juez no tiene para estos bienes, el control que para el conjunto del patrimonio del tutelado establece el Código en relación con el tutor. Ya se ha dicho que es un bien o conjunto de bienes sustraídos a la tutela.

CONCORDANCIAS

Véase art. 164.1.º de este Código.
Texto vigente según Ley 13/1983, 24 octubre (*«B.O.E.»,* 26 octubre). Anterior texto según Ley 11/1981, 13 mayo (*«B.O.E.»,* 19 mayo).

Artículo 228

Si el Ministerio Fiscal o el Juez competente tuvieren conocimiento de que existe en el territorio de su jurisdicción alguna persona que deba ser sometida a tutela, pedirá el primero y dispondrá el segundo, incluso de oficio, la constitución de la tutela.

COMENTARIO

La constitución de la tutela y el nombramiento de tutor es judicial, de acuerdo con el sistema de tutela de autoridad que rige en el Código, desde la Ley 13/1983, de 24 octubre.

Por consiguiente, si el Juez competente para constituir la tutela tiene conocimiento de que existe un menor o incapacitado, que no está bajo patria potestad y por tanto, precisa de tutela, la constituirá de oficio, en el caso de que nadie la inste.

Por otra parte si es el Fiscal el que tiene tal conocimiento, será él quien debe instarla.

CONCORDANCIAS

Texto vigente según Ley 13/1983, 24 octubre (*«B.O.E.»,* 26 octubre).

Artículo 229

Estarán obligados a promover la constitución de la tutela, desde el momento en que conocieran el hecho que la motivare, los parientes llamados a ella y la persona bajo cuya guarda se encuentre el menor o incapacitado y, si no lo hicieren serán responsables solidarios de la indemnización de los daños y perjuicios causados.

COMENTARIO

1.- En relación con el artículo anterior, que prevé que el Ministerio Fiscal inste la constitución de la tutela y el Juez la constituya de oficio, cuando no hay nadie que la inste, el presente artículo impone el deber de promover la constitución de tutela (presente el escrito que inicie el expediente de jurisdicción voluntaria) a los parientes y a los guardadores del menor o incapacitado que carezcan de patria potestad.

No se especifica la clase o el grado de parentesco. Se entiende que es cualquier pariente que tenga una mayor o menor relación con el menor o incapacitado que le permita conocer la situación que precise la constitución de la tutela. Tampoco especifica el tipo de «persona bajo cuya guarda se encuentre el menor o incapacitado» con lo que abarca al simple guardador o persona con la que se halle materialmente y el que tenga una guarda legal, como el Director de un establecimiento en el que se encuentre.

2.- En el supuesto de que la falta de constitución de la tutela cause daños y perjuicios al tutelado, los parientes y los guardadores son responsables de los mismos. Es una responsabilidad objetiva, sin que se trate de buscar culpabilidad sino que su dejación ha provocado los daños y perjuicios. Es claro en el guardador material, pero los parientes no son todos (hasta grados lejanísimos) sino sólo aquéllos que han tenido un contacto y relación personal suficiente para conocer el hecho que motiva la tutela, como dice este artículo, al principio.

Si la obligación de indemnizar daños y perjuicios alcanza a varias personas, es obligación solidaria.

CONCORDANCIAS

Véase arts. 174, 234, 1.137 y ss. y 1.902 de este Código.

Texto vigente según Ley 21/1987, 11 noviembre (*«B.O.E.»,* 17 noviembre). Anteriores textos según Ley 14/1975, 2 mayo (*«B.O.E.»,* 5 mayo); Ley 11/1981, 13 mayo (*«B.O.E.»,* 19 mayo) y Ley 13/1983, 24 octubre (*«B.O.E.»,* 26 octubre).

Artículo 230

Cualquier persona podrá poner en conocimiento del Ministerio Fiscal o de la autoridad judicial el hecho determinante de la tutela.

COMENTARIO

Aparte del deber que impone a ciertas personas el artículo anterior, este artículo 230 prevé una facultad de cualquier persona, no de promover la tutela, pero sí la de poner el hecho que la motiva en conocimiento del Ministerio Fiscal o del Juez, el primero para que la inste y el segundo para que la constituya de oficio, tal como ordena el art. 228.

CONCORDANCIAS

Texto vigente según Ley 13/1983, 24 octubre (*«B.O.E.»*, 26 octubre).

Artículo 231

El Juez constituirá la tutela previa audiencia de los parientes más próximos, de las personas que considere oportuno, y, en todo caso, del tutelado si tuviera suficiente juicio y siempre si fuera mayor de doce años.

COMENTARIO

1.- La constitución de la tutela, tal como está regulada en el Código Civil como sistema de tutela de autoridad, no significa otra cosa que el nombramiento de tutor, pues no hay otros órganos.

La constitución es siempre judicial, es decir, será la autoridad judicial la que proveerá al nombramiento de tutor y, dada posesión al mismo, comenzará el ejercicio de la tutela.

2.- Como trámite inmediatamente previo a la constitución de la tutela, exige este artículo que el Juez cumpla tres trámites.

El primero, audiencia de los parientes más próximos. El texto legal es ciertamente ambiguo, pero no hay que olvidar la amplia discrecionalidad que tiene el Juez para resolver sobre el fondo y, por tanto, la audiencia de los parientes la tiene que recabar el Juez, pero a quiénes va a oír queda bajo su amplia discrecionalidad, pudiendo llamar a parientes allegados o a parientes de grado más próximo.

El segundo, audiencia de personas que el Juez considere oportuno y que por su relación con el presunto tutelado (de vecindad, de amistad, etc.) puedan arrojar luz sobre la tutela.

El tercero, audiencia del propio presunto tutelado en dos supuestos: en primer lugar, si tuviera suficiente juicio, lo cual es evidente pues si carece de él, en nada podrá ayudar al Juez; en segundo lugar, «siempre si fuera mayor de doce años», lo cual es lógico si se trata de tutela de un menor y es un error si se trata de la de un incapacitado, pues en éste nada tiene que ver que tenga o no doce años y, en la práctica, no se cumple ni puede cumplirse este precepto cuando el Juez constituye la tutela de un subnormal profundo que tiene más de doce años y es físicamente imposible toda clase de «audiencia».

CONCORDANCIAS

Véase art. 154 de este Código.
Texto vigente según Ley 13/1983, 24 octubre (*«B.O.E.»,* 26 octubre).

Artículo 232

La tutela se ejercerá bajo la vigilancia del Ministerio Fiscal, que actuará de oficio o a instancia de cualquier interesado.

En cualquier momento podrá exigir del tutor que le informe sobre la situación del menor o del incapacitado y del estado de la administración de la tutela.

COMENTARIO

1.- El artículo 174.1 decía que «incumbe al Fiscal la superior vigilancia de la tutela...» y en consonancia con ello, el presente artículo 232 dispone que «la tutela se ejercitará bajo la vigilancia del Ministerio Fiscal». Ambos preceptos han sido redactados según la Ley 21/1987, de 11 noviembre, que modificó el Código Civil en materia de adopción.

Dicha ley dio nueva normativa a la adopción, incluyendo el art. 174, pero en la tutela cambió el 232. El resultado es que crea una distorsión en la normativa de la tutela. Esta sigue hoy (desde la Ley 13/1983, de 24 octubre) el sistema de la tutela de autoridad, que es la judicial. Desde el principio (art. 216) se coloca al Juez como la autoridad suprema de la tutela. El no la ejerce, pero nombra, vigila y, en su caso, remueve el que la ejerce. El Fiscal ejerce la vigilancia de la tutela (lo que es una distorsión) además (no en vez) del Juez.

2.- Así, en definitiva, la tutela se ejerce bajo el control vigilancia y la autoridad del Juez. Y, además, según este artículo, bajo la vigilancia del Ministerio Fiscal.

La actuación de éste es directa, de oficio, o a instancia de cualquier persona que tenga un interés legítimo en la tutela, directo o indirecto, material o moral.

Su actuación no podrá ser inmediata sobre el tutor, sino que instará lo que proceda ante el Juez, que sí es la superior autoridad en la tutela. Lo que le permite expresamente este artículo es exigir información al tutor sobre la persona y el patrimonio del tutelado.

CONCORDANCIAS

Véase art. 174.1.º de este Código.

Texto vigente según Ley 21/1987, 11 noviembre (*«B.O.E.»,* 17 noviembre). Anterior texto según Ley 13/1983, 24 octubre (*«B.O.E.»,* 26 octubre).

Artículo 233

El Juez podrá establecer, en la resolución por la que se constituya la tutela o en otra posterior, las medidas de vigilancia y control que estime oportunas en beneficio del tutelado. Asimismo podrá en cualquier momento exigir del tutor que informe sobre la situación del menor o del incapacitado y del estado de la administración.

COMENTARIO

1.- Este artículo parece contradictorio con el anterior, éste redactado según Ley de Adopción 21/1987, de 11 noviembre y aquél redactado según Ley de incapacitación y tutela 13/1983, de 24 octubre. El resultado de la contradicción es que la tutela que sin duda está bajo la suprema autoridad y control del Juez (sistema de tutela de autoridad), guarda en su ejercicio bajo vigilancia del Ministerio Fiscal, según el artículo anterior, y del Juez, según éste y otros muchísimos (prácticamente todos) artículos de la tutela.

2.- Concretamente, este artículo permite al Juez establecer medidas de vigilancia y control específicos, además del general control que le atribuye la Ley. Medidas respecto a la persona o respecto al patrimonio del tutelado, que se dejan a la discrecionalidad del Juez según las circunstancias de cada caso. En todo caso, deben imponerse en beneficio del tutelado. Pueden establecerse tanto en la resolución inicial que constituye la tutela como en una resolución *ad hoc* posterior.

Este mismo artículo permite específicamente al Juez que pueda exigir (como establece el artículo anterior para el Fiscal) información al tutor sobre la persona y el patrimonio del tutelado.

CONCORDANCIAS

Véase arts. 216 y 232 de este Código.
Texto vigente según Ley 13/1983, 24 octubre (*«B.O.E.»*, 26 octubre).

SECCIÓN SEGUNDA
De la delación de la tutela y del nombramiento del tutor

Artículo 234

Para el nombramiento de tutor se preferirá:

1.º Al designado por el propio tutelado, conforme al párrafo segundo del artículo 223.

2.º Al cónyuge que conviva con el tutelado.

Número redactado por LO 1/1996, 15 enero, de Protección Jurídica del Menor.

3.º A los padres.

4.º A la persona o personas designadas por éstos en sus disposiciones de última voluntad.

5.º Al descendiente, ascendiente o hermano que designe el Juez.

Excepcionalmente, el Juez, en resolución motivada, podrá alterar el orden del párrafo anterior o prescindir de todas las personas en él mencionadas, si el beneficio del menor o del incapacitado así lo exigiere.

Se considera beneficiosa para el menor la integración en la vida de familia del tutor.

Ultimo párrafo introducido por LO 1/1996, 15 enero, de Protección Jurídica del Menor.

COMENTARIO

1.- Según el texto legal sobre la tutela, Código Civil redactado por la Ley 13/1983, de 24 de octubre, que instaura el sistema de tutela de autoridad, el Juez constituye la tutela y nombra al tutor, en la misma resolución. El artículo 231 dice que previamente el Juez debe recabar unas determinadas audiencias. El presente artículo dice a quién se nombra tutor. Parece que no hay ningún artículo sobre la constitución de la tutela. Es este mismo, que prevé el nombramiento de tutor como integrante (y en la misma resolución) de la constitución de la tutela.

2.- Este artículo establece el orden de preferencia en el nombramiento de tutor, aunque hay que tener en cuenta que su último párrafo permite alterar o prescindir de tal orden. En consecuencia, es un orden meramente indicativo y sometido a la discrecionalidad del Juez, aunque bajo el criterio del beneficio (o más propiamente, interés) del menor o incapacitado sometido a la tutela.

Tal orden es el siguiente:

Primero, la persona designada por el propio interesado, expresión de la autotutela, que ha introducido en el art. 223 la Ley de protección patrimonial de las personas con discapacidad, de 18 noviembre 2003.

Segundo, el cónyuge que conviva con el tutelado, con lo que no hará sino mantener los deberes de convivencia, ayuda y socorro mutuos que establecen los arts. 67 y 68.

Tercero, los padres, siempre que no se prorrogue o rehabilite la patria potestad.

Cuarto, la persona designada por los padres, de acuerdo con lo previsto en el art. 223, en testamento (único supuesto al que se refiere este artículo 234.3.º) o en escritura pública (a que se refiere el artículo 223); se prevé la posibilidad de que designen persona «o personas» admitiendo la pluralidad de tutores, lo que desarrolla el art. 236.4.º.

Quinto, descendiente, ascendiente o hermano, que designe el Juez, sin especial preferencia ni orden.

CONCORDANCIAS

Véase arts. 67, 68, 82.4.º, 171, 223 a 226, 314.2.º y 316 de este Código.

Texto vigente según Ley 13/1983, 24 octubre (*«B.O.E.»,* 26 octubre). Modificado por Ley Orgánica 1/1996, 15 enero y Ley 45/2003, 18 noviembre.

Artículo 235

En defecto de las personas mencionadas en el artículo anterior, el Juez designará tutor a quien, por sus relaciones con el tutelado y en beneficio de éste, considere más idóneo.

COMENTARIO

1.- Este artículo permite al Juez que nombre a quien «considere más idóneo» sin orden ni preferencia ni más requisitos; se pueden considerar dos supuestos: primero, que el Juez prescinda de todas las personas que enumera el artículo anterior, tal como le permite el último párrafo del mismo; segundo, que no haya ninguna de las personas que enumera el artículo anterior, único supuesto que contempla específicamente este artículo 235.

2.- El primero de los supuestos tiene su apoyo en el último párrafo del artículo anterior. El Juez ha dictado resolución motivada y, en beneficio del menor o incapacitado cuya tutela constituye, ha prescindido de las personas que enumera el artículo anterior.

El segundo de los supuestos que prevé este artículo 235 es que no hay ninguna de las personas enumeradas en el artículo anterior.

3.- El tutor a quien nombrará el Juez, dice el presente artículo, que será aquel que «por sus relaciones con el tutelado y en beneficio de éste, considere más idóneo». Será, pues, cualquier persona, siempre que tenga alguna relación con el tutelado y que su nombramiento sea beneficioso para él. Esto último es esencial, por lo menos el que se prevea que sea un beneficio, y si resulta lo contrario, se le removerá de su cargo. Las relaciones con el tutelado no es requisito esencial, ya que si no hay nadie que las tenga y ante una tutela que le sea beneficiosa, se nombrará a persona idónea aunque no haya tales relaciones.

JURISPRUDENCIA

«Conocida es la ampliación que, en relación con la facultad de Organo Jurisdiccional en la institución tutelar, ha supuesto la última reforma operada en el título correspondiente del Código Civil, orientándose la nueva regulación en un aumento de la intervención judicial en beneficio del declarado incapaz; y siguiendo esta línea de control están redactados, tanto el último inciso del artículo 234, como el espíritu del 235, ambos del Código Civil, cuando se refieren al nombramiento o designación de la persona del tutor, siendo el concepto de "beneficio del incapacitado" el que debe presidir tal designación, posponiéndose otras preferencias de tipo familiar». (22 julio 1993, LA LEY 73/1995).

CONCORDANCIAS

Véase arts. 154 y 251 de este Código.
Texto vigente según Ley 13/1983, 24 octubre (*«B.O.E.»,* 26 octubre).

Artículo 236

La tutela se ejercerá por un solo tutor, salvo:

1.º Cuando por concurrir circunstancias especiales en la persona del tutelado o de su patrimonio, convenga separar como cargos distintos el de tutor de la persona y el de los bienes, cada uno de los cuales actuará independientemente en el ámbito de su competencia, si bien las decisiones que conciernan a ambos deberán tomarlas conjuntamente.

2.º Cuando la tutela corresponda al padre y a la madre será ejercida por ambos conjuntamente de modo análogo a la patria potestad.

3.º Si se designa a alguna persona tutor de los hijos de su hermano y se considera conveniente que el cónyuge del tutor ejerza también la tutela.

4.º Cuando el Juez nombre tutores a las personas que los padres del tutelado hayan designado en testamento o documento público notarial para ejercer la tutela conjuntamente.

COMENTARIO

1.- En la tutela se sigue el principio de tutela unipersonal, al estimarse que es preferible controlar y responsabilizar a un solo tutor que a varios y que, al no darse el vínculo de paternidad/maternidad, es mejor un solo tutor para el menor o incapacitado. Así lo proclama el primer inciso de este artículo.

2.- Sin embargo, se prevé el tutor pluripersonal en varios casos excepcionales.

Primero. Cuando el Juez, que es quien constituye la tutela nombrando el tutor, estime que concurren especiales circunstancias en la persona y patrimonio del tutelado y que conviene al tutelado que se nombre un tutor para la persona y otro para el patrimonio. Cada uno actúa por separado, pero lo harán conjuntamente si alguna decisión afecta a la persona y al patrimonio.

Segundo. Cuando son los padres los que son nombrados tutores, siempre, claro está, que no sean titulares de la patria potestad; lo cual no ocurrirá nunca en la tutela de los menores, pero sí puede darse en la del incapacitado mayor de edad cuya patria potestad no se haya prorrogado o rehabilitado.

Tercero. Cuando es nombrado tutor el tío o tía (hermano o hermana del padre o madre del tutelado) que está casado y el Juez estima conveniente que sea cotutor su cónyuge.

Cuarto. Cuando se nombra tutores a los que han designado los padres del tutelado o el propio interesado como autotutela, tal como prevén los art. 223 y 234, 1.º y 4.º y uno u otro han designado varios tutores.

CONCORDANCIAS

Véase arts. 154 y ss. 233, 235 y 237 de este Código.
Texto vigente según Ley 13/1983, 24 octubre (*«B.O.E.»,* 26 octubre).

Artículo 237

En el caso del número 4.º del artículo anterior, si el testador lo hubiere dispuesto de modo expreso, y en el caso del número 2.º, si los padres lo solicitaran, podrá el Juez, al efectuar el nombramiento de tutores, resolver que éstos puedan ejercitar las facultades de la tutela con carácter solidario.

De no mediar tal clase de nombramiento, en todos los demás casos, y sin perjuicio de lo dispuesto en los números 1 y 2, las facultades de la tutela encomendadas a varios tutores habrán de ser ejercitadas por éstos conjuntamente, pero valdrá lo que se haga con el acuerdo del mayor número. A falta de tal acuerdo, el Juez, después de oír a los tutores y al tutelado si tuviere suficiente juicio, resolverá sin ulterior recurso lo que estime conveniente. Para el caso de que los desacuerdos fueran reiterados y entorpeciesen gravemente el ejercicio de la tutela, podrá el Juez reorganizar su funcionamiento e incluso proveer de nuevo tutor.

COMENTARIO

1.- El ejercicio de la tutela, en los casos de pluralidad de tutores que contempla el artículo anterior puede llevarse a cabo de tres formas: conjuntamente (que a veces se llama también, impropiamente, mancomunadamente), con especificación de funciones y solidariamente.

2.- Conjuntamente es el ejercicio normal de la tutela por varios tutores. Actuarán de consuno, de común acuerdo. Si son dos los tutores, el acuerdo serán unánime; si son más de dos (caso ciertamente insólito) los acuerdos se tomarán por mayoría.

En caso de falta de acuerdo, resuelve el Juez lo que estime más conveniente para el tutelado, previa audiencia de los tutores y del tutelado si tuviere suficiente juicio. En caso de desacuerdos reiterados que entorpecen gravemente el ejercicio de la tutela, el Juez puede «reorganizar su funcionamiento e incluso proveer de nuevo tutor»: con esta frase, el Código reitera el sistema de tutela de autoridad y el principio del beneficio del tutelado; podrá el Juez remover uno o varios tutores, nombrar otro u otros, nombrar para el futuro un solo tutor (uno de los anteriores o uno nuevo) removiendo los que sean precisos.

3.- Tutores varios con especificación de funciones es el supuesto que contempla el número primero del artículo anterior: uno para la persona y otro para el patrimonio del tutelado, aunque si alguna decisión afecta a ambos extremos, deberá tomarse conjuntamente.

4.- El ejercicio solidario, en que cada uno de los tutores puede tomar las decisiones por sí solo, cabe en dos supuestos en que el Juez lo acuerde así al hacer su nombramiento. El primero es el de los padres que son tutores (art. 236.2.º) y así lo solicitan. El segundo, el de los tutores designados por los padres (art. 236.4.º) en que así lo hubieran dispuesto.

CONCORDANCIAS

Véase art. 156 de este Código.
Texto vigente según Ley 13/1983, 24 octubre (*«B.O.E.»*, 26 octubre). Anteriores textos según Ley 24 abril 1958 (*«B.O.E.»*, 25 abril), y Ley 14/1975, 2 mayo (*«B.O.E.»*, 5 mayo).

Artículo 237 bis

Si los tutores tuvieren sus facultades atribuidas conjuntamente y hubiere incompatibilidad u oposición de intereses en alguno de ellos para un acto o contrato, podrá éste ser realizado por el otro tutor, o, de ser varios, por los demás en forma conjunta.

COMENTARIO

El artículo 221, número 2.º, prohíbe al tutor representar al tutelado en caso de conflicto de intereses; el 299, número 1.º, prevé el nombramiento de defensor judicial en caso de conflicto de intereses. El presente artículo 237 bis (que podía perfectamente ser el último párrafo del artículo anterior) aplica el caso del conflicto de intereses (o incompatibilidad, que es lo mismo) a la tutela plural: si el conflicto se da con todos los tutores, será preciso el nombramiento de defensor judicial, pero si sólo se da con uno de ellos, el acto o negocio jurídico con el que se produce conflicto, será realizado por el otro tutor o tutores en quienes no se da el conflicto.

CONCORDANCIAS

Véase arts. 163 y 221.2.º de este Código.

Artículo 238

En los casos de que por cualquier causa cese alguno de los tutores, la tutela subsistirá con los restantes a no ser que al hacer el nombramiento se hubiera dispuesto otra cosa de modo expreso.

COMENTARIO

En la tutela con pluralidad de tutores, puede el Juez, al constituir aquélla y hacer el nombramiento de éstos, prever el supuesto de que uno de los tutores cese, por cualquiera que sea la causa (muerte, remoción, etc.).

Si nada se ha previsto, dispone este artículo que continúe con los restantes. Sin embargo, esto no parece aplicable al caso de tutores con especificación de funciones (art. 236.1.º), en que si cesa uno será preciso el nombramiento de otro que ocupe su puesto y ejerza la función que tenía encomendada.

CONCORDANCIAS

Véase arts. 233, 236 y 250 de este Código.
Texto vigente según Ley 13/1983, 24 octubre (*«B.O.E.»*, 26 octubre).

Artículo 239

La tutela de los menores desamparados corresponde por Ley a la entidad a que se refiere el artículo 172.

Se procederá, sin embargo, al nombramiento de tutor conforme a las reglas ordinarias, cuando existan personas que, por sus relaciones con el menor o por otras circunstancias, puedan asumir la tutela con beneficio para éste.

La entidad pública a la que, en el respectivo territorio, esté encomendada la tutela de los incapaces cuando ninguna de las personas recogidas en el artículo 234 sea nombrado tutor, asumirá por ministerio de la ley la tutela del incapaz o cuando éste se encuentre en situación de desamparo. Se considera como situación de desamparo la que se produce de hecho a causa del incumplimiento o del imposible o inadecuado ejercicio de los deberes que le incumben de conformidad a las leyes, cuando éstos queden privados de la necesaria asistencia moral o material.

COMENTARIO

El contenido de este artículo se remite en su integridad a lo establecido en el art. 172 del Código Civil. De la necesaria correlación entre ambos preceptos, se derivan las siguientes conclusiones:

1.º) El último párrafo, añadido por la Ley 41/2003, de 18 noviembre, de protección patrimonial de las personas con discapacidad, prevé el supuesto, que teóricamente puede ser excepcional pero no lo es en la práctica, de que no aparezca persona alguna de las previstas como posibles tutores en el art. 234, ni tampoco —aunque no lo diga el texto legal— ninguna persona que sea idónea para desempeñar el cargo de tutor. En tal caso y también para el caso de que el incapacitado se halle en situación de desamparo —que define el último inciso de este párrafo— la tutela será asumida por la entidad pública a la que en el respectivo territorio esté encomendada la de los incapaces.

2.º) Que existen conceptual y normativamente dos tipos de tutela. La tutela estatal o *ex lege* asumida por el Estado y la tutela ordinaria asumida y ejercida por aquella persona designada y nombrada tutor por la Autoridad Judicial a tenor de la normativa recogida en el presente capítulo.

3.º) Que prima el nombramiento de un tutor ordinario sobre la tutela ejercida por el Estado. Ello conlleva que, cuando sea posible, se preferirá nombrar tutor del menor desamparado, con anterioridad a que la tutela sea asumida por la entidad pública correspondiente, a aquella persona que, por sus relaciones con el menor, pueda asumir tales funciones con la idea de que suponga un mayor beneficio para el menor que el ingreso de éste en un centro consagrado al efecto o que la toma de medidas tales como un acogimiento o directamente su adopción. Por relaciones o circunstancias cabe entender no solamente el parentesco que pueda unir al menor con el tutor, sino también nexos de amistad, de conocimiento por cualquier motivo, etc.

4.º) Rige el principio del beneficio del menor, principio que sin ser una novedad en el presente artículo, se configura como uno de los pilares que sustenta la normativa civil y procesal sobre protección de menores y en concreto sobre instituciones como la adopción, la guarda y el acogimiento.

El comentario de este artículo ha sido redactado en colaboración con VICTORIA RUIZ DE VELASCO Y MARTÍNEZ DE ERCILLA. Doctora en Derecho, Abogado.

CONCORDANCIAS

Véase Disposición Adicional 1.ª de la citada Ley 21/1987.
Texto vigente según Ley 21/1987, 11 noviembre (*«B.O.E.»,* 17 noviembre), de modificación de determinados artículos del Código Civil y de la Ley de Enjuiciamiento Civil en materia de adopción. Tercer párrafo añadido por Ley 41/2003, 18 noviembre (*«B.O.E.»,* 19 noviembre).

Artículo 240

Si hubiere que designar tutor para varios hermanos, el juez procurará que el nombramiento recaiga en una misma persona.

COMENTARIO

Con un criterio más humano que jurídico, el presente artículo da un consejo al Juez; si hay que constituir la tutela para varios hermanos, procurará nombrar un solo tutor para todos ellos. Desde luego, esta admonición al Juez sólo será atendible si es posible y si es beneficioso.

Se comprende fácilmente que no se trata de una norma jurídica, ya que le faltan los caracteres de imperatividad y de coercibilidad propios de toda norma. Es una admonición, consejo o advertencia, simplemente.

CONCORDANCIAS

Véase arts. 92 y 172.4.º de este Código.
Texto vigente según Ley 21/1987, 11 noviembre (*«B.O.E.»,* 17 noviembre). Anterior texto según Ley 13/1983, 24 octubre (*«B.O.E.»,* 26 octubre).

Artículo 241

Podrán ser tutores todas las personas que se encuentren en el pleno ejercicio de sus derechos civiles y en quienes no concurra alguna de las causas de inhabilidad establecidas en los artículos siguientes.

COMENTARIO

1.- No se establece una capacidad especial para ser tutor, sino simplemente la capacidad de obrar plena, sin restricción alguna: podrán serlo, dice el artículo 241, todas las personas que se encuentren en el pleno ejercicio de sus derechos civiles; por tanto, los mayores de edad, sin que baste ser menor emancipado, pues éste no tiene plenitud de su capacidad de obrar, y que no estén incapacitados.

2.- Además, para ser tutor, se exige que no esté incurso en una de las causas de incapacidad especial que enumera el Código en los arts. 243, 244 y 245, que este artículo llama «causas de inhabilidad», lo que se denomina también «idoneidad» para ser tutor.

CONCORDANCIAS

Véase arts. 35, 37, 38, 172, 216 y 322 de este Código.
Texto vigente según Ley 13/1983, 24 octubre (*«B.O.E.»,* 26 octubre).

Artículo 242

Podrán ser también tutores las personas jurídicas que no tengan finalidad lucrativa y entre cuyos fines figure la protección de menores e incapacitados.

COMENTARIO

1.- El artículo anterior exige capacidad de obrar plena para ser tutor. Esta capacidad también la tienen las personas jurídicas. El presente artículo les reconoce su capacidad para ser tutores, pero exige dos requisitos adicionales: el primero, que no tengan fines de lucro, como pueden ser las asociaciones, no las sociedades civiles o mercantiles, y personas jurídicas públicas o eclesiásticas que no persigan lucro; el segundo, que entre sus fines figure la protección de menores o incapacitados, lo que debe entenderse con un criterio amplio, bastando un genérico fin benéfico o asistencial.

2.- El nombramiento de la persona jurídica como tutor, requerirá la aplicación del último párrafo del art. 234 o del art. 235, es decir, que el Juez prescinda o no existan las personas que se enumeran en el art. 234 como preferentes tutores.

JURISPRUDENCIA

«La institución designada para desempeñar la tutela, la más idónea según el artículo 242 del Código Civil; pues habida cuenta de la necesidad ineludible de ingresar a doña Narcisa en una clínica Geriátrica o Psiquiátrica, de cuyas características y régimen debe ser especialista la institución 8 «Asociación de Enfermos Mentales», sería esta Clínica elegida, y la institución que desempeña la tutela, las encargadas de regir y cuidar la persona de la incapacitada; quedando únicamente para completar la función tutelar, la protección y administración de sus bienes, reducidos éstos al cobro de una pensión, que necesariamente debe aplicarse a cubrir los gastos de la estancia en la clínica, y al resto de sus necesidades personales; misión que puede desempeñar perfectamente el tutor designado». (22 julio 1993, LA LEY 73/1995).

CONCORDANCIAS

Véase arts. 35, 37, 38 y 172 de este Código.
Texto vigente según Ley 13/1983, 24 octubre (*«B.O.E.»*, 26 octubre).

Artículo 243

No pueden ser tutores:

1.º Los que estuvieran privados o suspendidos en el ejercicio de la patria potestad o total o parcialmente de los derechos de guarda y educación, por resolución judicial.

2.º Los que hubieren sido legalmente removidos de una tutela anterior.

3.º Los condenados a cualquier pena privativa de libertad, mientras están cumpliendo la condena.

4.º Los condenados por cualquier delito que haga suponer fundadamente que no desempeñarán bien la tutela.

COMENTARIO

1.- El Código, en este artículo y los dos siguientes, enumera una lista de las causas de incapacidad especial del tutor, fundadas en que se trata de personas sin una dignidad o moralidad que le hacen sospechoso de no actuar con el cuidado y condiciones que requiere la función que se le encomienda, de tanta trascendencia en la persona y en el patrimonio del tutelado.

2.- Las concretas causas se pueden clasificar en cuatro grupos, según la razón de las mismas: por inmoralidad, por desconfianza, por imposibilidad y por prohibición paterna; todas ellas contenidas y mezcladas en los arts. 243, 244 y 245.

Por razón de inmoralidad, no pueden ser tutores: los privados o suspendidos de la patria potestad o de su ejercicio o de los derechos de guarda y educación, por resolución judicial; los removidos de una tutela anterior; los condenados por delito que haga suponer fundadamente que no desempeñaran bien la tutela. Por razón de imposibilidad: los que estén cumpliendo pena privativa de libertad.

CONCORDANCIAS

Véase art. 170, 246 a 250 de este Código.
Texto vigente según Ley 13/1983, 24 octubre (*«B.O.E.»*, 26 octubre).

Artículo 244

Tampoco pueden ser tutores:

1.º Las personas en quienes concurra imposibilidad absoluta de hecho.

2.º Los que tuvieren enemistad manifiesta con el menor o incapacitado.

3.º Las personas de mala conducta o que no tuvieren manera de vivir conocida.

4.º Los que tuvieren importantes conflictos de intereses con el menor o incapacitado, mantengan con él pleito o actuaciones sobre el estado civil o sobre la titularidad de los bienes, o los que le adeudaren sumas de consideración.

5.º Los quebrados y concursados no rehabilitados, salvo que la tutela lo sea solamente de la persona.

COMENTARIO

El presente artículo es una continuación del anterior; sigue enumerando causas de incapacidad especial para ser tutor.

Por razón de desconfianza, no pueden ser tutores: las personas de mala conducta o sin manera de vivir conocida; los que tuvieren enemistad manifiesta con el menor o incapacitado; los que tuvieran grave oposición de intereses con el menor o incapacitado; los quebrados y concursados no rehabilitados (a no ser que la tutela lo sea sólo de la persona, no del patrimonio). Por razón de imposibilidad: las personas en quienes concurra imposibilidad absoluta de hecho (física o psíquica).

CONCORDANCIAS

Véase art. 246 de este Código.
Texto vigente según Ley 13/1983, 24 octubre (*«B.O.E.»*, 26 octubre). Anteriores textos según Ley 24 abril 1958 (*«B.O.E.»*, 25 abril) y Ley 14/1975, 2 mayo (*«B.O.E.»*, 5 mayo).

Artículo 245

Tampoco pueden ser tutores los excluidos expresamente por el padre o por la madre en sus disposiciones en testamento o documento notarial, salvo que el Juez, en resolución motivada, estime otra cosa en beneficio del menor o del incapacitado.

COMENTARIO

1.- La última causa de incapacidad especial es por prohibición paterna. De la misma forma que el art. 233 permite a los padres designar tutor en su testamento o en escritura pública, este art. 245 les permite excluir de ser tutor a cierta o ciertas personas, que será una verdadera incapacidad especial.

2.- Pero, así como el art. 224 permite al Juez prescindir de la designación de tutor hecha por los padres, también este art. 245 le permite ignorar aquella incapacidad especial y nombrar tutor a quien fue excluido por los padres, en resolución motivada y en beneficio del menor o incapacitado.

CONCORDANCIAS

Véase arts. 216, 223 y 224 de este Código.
Texto vigente según Ley 13/1983, 24 octubre (*«B.O.E.»*, 26 octubre).

Artículo 246

Las causas de inhabilidad contempladas en los artículos 243.4.º y 244.4.º no se aplicarán a los tutores designados en las disposiciones de última voluntad de los padres cuando fueron conocidas por éstos en el momento de hacer la designación, salvo que el Juez, en resolución motivada, disponga otra cosa en beneficio del menor o del incapacitado.

COMENTARIO

1.- También, como el artículo anterior, el presente es una consecuencia de la cierta autonomía que se concede a los padres en la tutela, que prevé el art. 223, con el correctivo del 224. Si los padres designan tutor a persona en quien concurra la causa de incapacidad especial del art. 243.4.º (condenados por delito que hace suponer su inmoralidad) o del art. 244.4.º (oposición de intereses, que provoca la desconfianza), sabiendo que concurre tal causa, la designación será válida y no se aplicará la incapacidad especial. El texto legal se refiere sólo a las «disposiciones de última voluntad de los padres» como el acto jurídico en el que se pueden eliminar aquellas incapacidades especiales, pero teniendo en cuenta que la designación de tutor en el 223 cabe tanto en testamento como en «documento público notarial», la referencia del presente artículo 246 a las disposiciones de última voluntad debe extenderse también, con interpretación extensiva correctora, a las escrituras públicas.

2.- Sin embargo, siempre presente el sistema de tutela de autoridad y el principio del beneficio del menor o incapacitado, el Juez puede entender que es aplicable tal causa y, por tanto, el designado por los padres como tutor tiene esta incapacidad especial, en resolución motivada. Lo cual lo expresa el último inciso de este artículo 246 y aunque no lo dijera, el Juez podía hacer lo mismo en base a lo dispuesto en el art. 224.

CONCORDANCIAS

Véase arts. 216 y 233 a 226 de este Código.
Texto vigente según Ley 13/1983, 24 octubre («*B.O.E.*», 26 octubre), de reforma del Código Civil en materia de tutela.

Artículo 247

Serán removidos de la tutela los que después de deferida incurran en causa legal de inhabilidad, o se conduzcan mal en el desempeño de la tutela, por incumplimiento de los deberes propios del cargo o por notoria ineptitud de su ejercicio, o cuando surgieran problemas de convivencia graves y continuados.

COMENTARIO

La remoción de la tutela es la privación del cargo producida por la concurrencia de una causa posterior a la constitución de la tutela y al nombramiento de tutor, que incapacita a éste para la continuación del desempeño de la función.

Las causas de remoción se reducen a tres —tal como expresa este artículo 247— de carácter muy amplio, que son: 1.º) alguna *causa de incapacidad que hayan sobrevenido* al tutor, con posterioridad a su nombramiento: puede recordarse que también la excusa puede alegarse en el nombramiento o después; la incapacidad se aprecia por el Juez y evita el nombramiento o la advierte posteriormente y es una causa de remoción; 2.º) *conducirse mal en el desempeño de la tutela* del modo que sea, aunque el artículo 247 enumera —no más que *ad exemplum*— los supuestos de *incumplimiento de los deberes propios del cargo o por notoria ineptitud de su ejercicio*; 3.º) el que surjan *problemas de convivencia* que, según dice el texto legal (último inciso introducido por la Ley Orgánica 1/1996, de 15 de enero, de protección jurídica del menor), deben ser graves y continuados.

CONCORDANCIAS

Véase arts. 243 a 246 y 269 de este Código.
Artículo redactado por LO 1/1996, 15 enero, de Protección Jurídica del Menor.

Artículo 248

El Juez, de oficio o a solicitud del Ministerio Fiscal, del tutelado o de otra persona interesada, decretará la remoción del tutor, previa audiencia de éste si, citado, compareciere. Asimismo, se dará audiencia al tutelado si tuviere suficiente juicio.

COMENTARIO

1.- El procedimiento (de jurisdicción voluntaria, que si hay oposición se convierte en contencioso) para la remoción se inicia a petición de parte interesada, con un interés material o moral, entre la que se halla el propio tutelado, o a solicitud del Ministerio Fiscal, que ejerce la vigilancia de la tutela según el art. 232, o de oficio por el Juez, que responde claramente al sistema de tutela de autoridad, ya que el Juez no ejerce la tutela, pero nombra al tutor o lo remueve, si entiende, en este último caso, que se conduce mal.

2.- El Juez examinará los datos, estado del tutelado, cuentas de la tutela, que estime conveniente. Este artículo le exige que practique audiencia del tutor que pretende remover «si, citado, compareciere» y dé audiencia al tutelado, si tuviere suficiente juicio. Tras lo cual dictará resolución acordando o no la remoción.

CONCORDANCIAS

Véase:
— arts. 232 y 233 de este Código.
— Ley Enjuiciamiento Civil de 1881: art. 1.879.
Artículo redactado por LO 1/1996, 15 enero, de Protección Jurídica del Menor.

Artículo 249

Durante la tramitación del procedimiento de remoción, podrá el Juez suspender en sus funciones al tutor y nombrar al tutelado un defensor judicial.

COMENTARIO

Prevé este artículo una medida cautelar perfectamente acorde con el sistema. No sería aceptable que, mientras dura el procedimiento para la remoción de un tutor, éste —que se estima que se conduce mal en el ejercicio de la tutela— continuase en su ejercicio. Por ello, el Juez puede acordar la suspensión del mismo. Mientras tanto, el Juez nombrará un defensor judicial al tutelado, caso inculpable en el número 2.º del art. 299.

CONCORDANCIAS

Véase arts. 216 y 299 a 302 de este Código.
Texto vigente según Ley 13/1983, 24 octubre (*«B.O.E.»*, 26 octubre).

Artículo 250

Declarada judicialmente la remoción, se procederá al nombramiento de nuevo tutor en la forma establecida en este Código.

COMENTARIO

1.- Una vez tramitado el procedimiento de remoción y dictada resolución en la que se acuerda, el tutor cesa. En consecuencia, el Juez nombrará nuevo tutor.

Si había tomado la medida cautelar del artículo anterior y representaba al tutelado un defensor judicial, continuará éste hasta el nombramiento del nuevo tutor. Si no lo había tomado y el tutor seguía como tal, cesa por la remoción, en cuyo caso se aplicará el art. 299 bis y será el Fiscal quien represente al menor o incapacitado.

2.- Todo ello, en el caso normal de tutela por un solo tutor. Si fuera plural, se aplicaría el art. 238.

CONCORDANCIAS

Véase arts. 234 y 235 de este Código.
Texto vigente según Ley 13/1983, 24 octubre (*«B.O.E.»,* 26 octubre).

Artículo 251

Será excusable el desempeño de la tutela cuando por razones de edad, enfermedad, ocupaciones personales o profesionales, por falta de vínculos de cualquier clase entre tutor y tutelado o por cualquier otra causa, resulte excesivamente gravoso el ejercicio del cargo.

Las personas jurídicas podrán excusarse cuando carezcan de medios suficientes para el adecuado desempeño de la tutela.

COMENTARIO

1.- Partiendo de que la naturaleza jurídica de la tutela es de función —facultades para cumplir deberes— se considera la tutela como un cargo que atribuye la ley y que, en principio, no es renunciable, aunque se prevén unas excusas, que son como dispensas para el ejercicio de la función. El artículo 216 comienza diciendo que las funciones tutelares constituyen un deber y añade el artículo 217 que sólo se admitirá la excusa de los cargos tutelares en los supuestos legalmente previstos.

Las excusas son concebidas con un criterio muy flexible, aunque sometidas a la apreciación discrecional del Juez. Se pueden resumir en una sola idea: que el ejercicio de la tutela *resulte excesivamente gravoso*, como expresa el artículo 251, el cual enumera una serie de supuestos, sin más valor que a título de ejemplo (ya que termina diciendo; *o por cualquier otra causa, resulte excesivamente gravoso el ejercicio del cargo*): edad, enfermedad, ocupaciones personales o profesionales, falta de vínculos entre tutor y tutelado.

2.- Las anteriores se refieren, lógicamente, a las personas físicas. Las jurídicas sólo pueden excusarse *cuando carezcan de medios suficientes para el adecuado desempeño de la tutela*, tal como prevé el segundo párrafo del artículo 251 y responde a la misma idea de que la tutela le resultara excesivamente gravosa.

CONCORDANCIAS

Véase arts. 217, 220, 235 y 242 de este Código.
Texto vigente según Ley 13/1983, 24 octubre (*«B.O.E.»,* 26 octubre).

Artículo 252

El interesado que alegue causa de excusa deberá hacerlo dentro del plazo de quince días a contar desde que tuviera conocimiento del nombramiento.

COMENTARIO

1.- La excusa, para ser apreciada como tal por el Juez, debe ser alegada en el plazo de quince días (computando según el art. 5 del Código Civil) a contar desde que tuvo conocimiento de su nombramiento de tutor.

Se puede plantear el problema si, más tarde, sabe de la existencia de la causa de la excusa. Si no sabía que aquella circunstancia de hecho era motivo de excusa, pero sí conocía la existencia de tal circunstancia, no podrá alegarla (art. 6.1). Si lo que no sabía era que existía tal circunstancia, sí podrá alegarla posteriormente.

2.- Si la causa de la excusa sobreviene más tarde, se aplicará el artículo siguiente.

Se aplicará la sanción que prevé el art. 257 al tutor designado en testamento que se excuse de la tutela.

CONCORDANCIAS

Texto vigente según Ley 13/1983, 24 octubre (*«B.O.E.»*, 26 octubre).

Artículo 253

El tutor podrá excusarse de continuar ejerciendo la tutela, siempre que hubiera persona de parecidas condiciones para sustituirle, cuando durante el desempeño de aquélla le sobrevenga cualquiera de los motivos de excusa contemplados en el artículo 251.

COMENTARIO

En el supuesto de causa de excusa sobrevenida durante el ejercicio de la tutela, el tutor lo podrá alegar cuando concurra, pero el presente artículo exige como requisito que haya «persona de parecidas condiciones para sustituirle». ¿Y si no la hay?. El Código no da solución. ¿Tendrá que seguir ejerciendo la tutela aquel tutor que sufre una causa de excusa, incluso abrumadora (grave enfermedad, un destino en país inhóspito, etc.)? Con el sistema de tutela de autoridad, hoy vigente, será el Juez el que, si no puede aceptar la excusa, sí puede remover el tutor que se conduce mal (porque no puede hacerlo mejor) en el desempeño de la tutela y, removido el tutor, nombrar a otro y si no hay «persona de parecidas condiciones», nombrar a quien considere más idóneo (art. 235).

CONCORDANCIAS

Véase art. 217 de este Código.
Texto vigente según Ley 13/1983, 24 octubre (*«B.O.E.»*, 26 octubre).

Artículo 254

Lo dispuesto en el artículo anterior no se aplicará a la tutela encomendada a las personas jurídicas.

COMENTARIO

La persona jurídica puede excusarse de la tutela si carece de medios adecuados para su ejercicio (art. 251, párrafo 2.º), alegando la causa en el plazo de quince días a contar desde que tuvo conocimiento de su nombramiento como tutor (art. 252). El presente artículo le veda la alegación de aquella causa, sobrevenida durante el ejercicio de la tutela. ¿Y si realmente le sobreviene a la persona jurídica una carencia de medios durante tal ejercicio? La solución, como en el artículo anterior, es la remoción de su tutela.

CONCORDANCIAS

Véase art. 242 de este Código.
Texto vigente según Ley 13/1983, 24 octubre (*«B.O.E.»*, 26 octubre).

Artículo 255

Si la causa de excusa fuera sobrevenida, podrá ser alegada en cualquier momento.

COMENTARIO

Este artículo se ha de poner en relación con los anteriores. Si la excusa inicial ha de alegarse en el plazo de quince días, a contar del conocimiento del nombramiento de tutor, por el contrario, si la causa es sobrevenida, la podrá alegar en cualquier momento.

CONCORDANCIAS

Texto vigente según Ley 13/1983, 24 octubre (*«B.O.E.»*, 26 octubre).

Artículo 256

Mientras se resuelva acerca de la excusa, el que la haya propuesto estará obligado a ejercer la función.

No haciéndolo así, el Juez nombrará un defensor que le sustituya, quedando el sustituido responsable de todos los gastos ocasionados por la excusa si ésta fuera rechazada.

COMENTARIO

1.- El presente artículo parte de una declaración de principio: mientras el Juez resuelve aceptar o no la excusa, el tutor tiene el deber (más que obligación: art. 216) de ejercer la función. Pero hay que distinguir: si se trata de excusa inicial propuesta en tiempo oportuno (art. 252) el Juez no parece (aunque el Código no lo diga) que le deba dar posesión y, por tanto, mientras se resuelve, seguirá el status quo anterior a la tutela, aplicándose, en su caso, el artículo 299 bis; si se trata de excusa sobrevenida (art. 255) el tutor tiene el deber de seguir ejerciendo como tal.

2.- No haciéndolo así, dice el texto legal, el Juez nombrará un defensor judicial. El «no hacerlo así» significa no sólo el abandono de la tutela sino también el conducirse mal en su ejercicio, ya que no cabe en este último caso una remoción, cuyo trámite es más duradero que el de aceptar o no la excusa.

En tal caso, si además se rechaza la excusa, el tutor es responsable de todos los gastos ocasionados por la excusa, lo que incluye aquellos que se han producido por el abandono o el mal desempeño de la tutela.

CONCORDANCIAS

Véase arts. 220 y 247 de este Código.
Texto vigente según Ley 13/1983, 24 octubre (*«B.O.E.»*, 26 octubre).

Artículo 257

El tutor designado en testamento que se excuse de la tutela al tiempo de su delación perderá lo que, en consideración al nombramiento, le hubiere dejado el testador.

COMENTARIO

1.- El artículo 223 permite a los padres que designen tutor en testamento o en escritura pública, lo que asimismo contempla el artículo 234,3.º, que sólo se refiere al testamento. Siempre supeditado a que el Juez, efectivamente y cumpliendo lo dispuesto en el artículo 234, nombre tutor al designado como tal por los padres, de acuerdo con el sistema de tutela de autoridad.

Si los padres, en su testamento, hubieren «dejado» (dice el texto legal) algo a dicha persona designada tutor, en concepto de herencia o legado, «en consideración al nombramiento», «lo perderán» (dice también el texto legal) lo que significa que es una causa de indignidad para suceder, si se excusan de la tutela al tiempo de su nombramiento, lo que no comprende el caso de excusa sobrevenida.

2.- Esta causa de indignidad funciona, pues, si el legado o la herencia se ha hecho en consideración al nombramiento de tutor. Se aplica si se excusa al tiempo del nombramiento, no si la excusa es sobrevenida, ni si hay una remoción posterior. No se aplica, si el tutor no es nombrado por el Juez, por la causa que sea, sin que se hubiera excusado.

El presente artículo se refiere al tutor designado en testamento, pero con una interpretación extensiva correctora, se aplica igualmente a si fue designado en escritura pública por los padres, que en testamento le han nombrado heredero o legatario en consideración a su nombramiento.

CONCORDANCIAS

Véase art. 797 de este Código.
Texto vigente según Ley 13/1983, 24 octubre («*B.O.E.*», 26 octubre).

Artículo 258

Admitida la excusa se procederá al nombramiento de nuevo tutor.

COMENTARIO

El Juez podrá admitir o no la excusa que ha formulado el tutor. Si no la admite, le dará posesión del cargo (en caso de que fuera una excusa inicial) o seguirá ejerciendo la tutela (en caso de que fuera sobrevenida). Si la admite, no toma posesión el nombrado y excusado o cesa el que ya había ejercido y se produce al nombramiento de nuevo tutor, siguiendo las normas generales sobre ello.

CONCORDANCIAS

Véase arts. 234 y 235 de este Código.
Texto vigente según Ley 13/1983, 24 octubre («*B.O.E.*», 26 octubre).

SECCIÓN TERCERA
Del ejercicio de la tutela

Artículo 259

La Autoridad judicial dará posesión de su cargo al tutor nombrado.

COMENTARIO

1.- La constitución de la tutela, como se deduce de artículos anteriores, no es otra cosa que el nombramiento de tutor por el Juez. Y una vez nombrado, el propio Juez le da posesión de su cargo.

En la legislación anterior (Código Civil anterior a 1983) se distinguía la tutela testamentaria (tutor, protutor y consejo de familia designados en testamento), la legítima (a falta de la anterior, el Código enumeraba quién la desempeñaba) y la dativa (tutor nombrado por el consejo de familia).

Según la ley vigente, no cabe ya hablar de tal distinción: toda la tutela se puede considerar, no ya legítima —designados los cargos por la ley—, sino *judicial*: es la autoridad judicial la que constituye la tutela, designando y nombrando al tutor; aunque el Código señala unas personas e incluso un orden (arts. 223, 234 y 239), el Juez lo puede alterar por resolución motivada, llegando incluso a poder nombrar a un extraño (art. 235).

2.- La posesión se hará por comparecencia ante el Juez, extendiendo el Secretario acta de la misma. A partir de este momento cumplirá todos los deberes que le imponen como tutor, partiendo de que, como dice el art. 216, la función tutelar constituye un deber.

CONCORDANCIAS

Texto vigente según Ley 13/1983, 24 octubre (*«B.O.E.»,* 26 octubre).

Artículo 260

El Juez podrá exigir al tutor la constitución de fianza que asegure el cumplimiento de sus obligaciones y determinará la modalidad y cuantía de la misma.

No obstante, la entidad pública que asuma la tutela de un menor por ministerio de la Ley o la desempeñe por resolución judicial no precisará prestar fianza.

COMENTARIO

1.- La fianza, el inventario y el depósito son las garantías previas para el buen desempeño del cargo de tutor. La fianza no es una garantía imprescindible sino simplemente facultativa para el Juez; tal como dice este artículo 260, «el Juez podrá exigir al tutor la constitución de fianza...». Sabio precepto, pues en la práctica se dan casos en que es lógica la prestación de una fianza, pero en tantos otros, más numerosos, en que el nombrado tutor presta un servicio ético y humanitario, además de ser un deber jurídico (art. 216), hace impensable que, encima, se le exija fianza.

El objeto de la misma es «que asegure el cumplimiento de sus obligaciones»; se trata de deberes, no de obligaciones (relación acreedor-deudor) en sentido técnico-jurídico de esta palabra. Puede referirse no sólo a la tutela del aspecto patrimonial del tutelado, sino al conjunto de la misma, personal y patrimonial.

Queda excluida del deber de prestar fianza la entidad pública que sea tutora, por ministerio de la ley o por resolución judicial, tal como dispone el segundo párrafo de este artículo (añadido por la Ley Orgánica 1/1996, de 15 de enero, de protección jurídica del menor)

2.- El Juez determina la modalidad y la cuantía. No se limita o se excluye modalidad alguna, por lo que puede ser una fianza personal o una garantía real, pignoraticia o hipotecaria. La expresión «fianza» ha de ser entendida en el sentido amplio de la palabra, no en el estricto de contrato de fianza; el artículo siguiente no emplea la palabra fianza, sino «garantía». La cuantía dependerá del caso concreto, e incluso puede ser modificable, según dispone el artículo siguiente.

CONCORDANCIAS

Véase:
— arts. 1.833 a 1.849 de este Código.
— Ley Enjuiciamiento Civil de 1881: arts. 1.865 a 1.867.
— Ley Hipotecaria, de 8 febrero 1946 («*B.O.E.*», 29 mayo): arts. 168.4.º y 192.
— Reglamento Hipotecario, de 14 febrero de 1947 («*B.O.E.*», 16 abril): arts. 268 y 269.
Texto vigente según Ley 13/1983, 24 octubre («*B.O.E.*», 26 octubre).
— Segundo párrafo introducido por LO 1/1996, 15 enero, de Protección Jurídica del Menor.

Artículo 261

También podrá el Juez, en cualquier momento y con justa causa, dejar sin efecto o modificar en todo o en parte la garantía que se hubiese prestado.

COMENTARIO

1.- Siendo la fianza discrecional para el Juez, así como su modalidad y cuantía, es lógica consecuencia la disposición de este artículo 261 que prevé su posible modificación en el curso del ejercicio de la tutela.

Tal modificación la puede acordar el Juez, con la discrecionalidad con que podría imponerla, pero con la especialidad de que debe constar una justa causa; por tanto no es la misma que el artículo anterior, sino que lo decidirá por resolución motivada basándose en la justa causa.

Lo puede decidir «en cualquier momento», durante el ejercicio de la tutela.

2.- Se puede modificar la garantía (que el artículo anterior llama fianza) en su modalidad y en su cuantía, en todo o en parte. E incluso se puede dejar sin efecto.

CONCORDANCIAS

Véase art. 233 de este Código.
Texto vigente según Ley 13/1983, 24 octubre («*B.O.E.*», 26 octubre).

Artículo 262

El tutor está obligado a hacer inventario de los bienes del tutelado dentro del plazo de sesenta días, a contar de aquél en que hubiera tomado posesión de su cargo.

COMENTARIO

1.- La garantía previa de hacer inventario es necesaria, no potestativa de imponerla el Juez. Sin embargo, afecta sólo a la tutela que se extienda al patrimonio del tutelado y, en consecuencia, no se impone esta garantía si la tutela es sólo personal, no patrimonial (como prevé el artículo 236.1.º) o si el tutelado carece totalmente de bienes.

2.- El inventario debe ser comprensivo del activo y del pasivo de todos los derechos y bienes del tutelado y de las deudas (si son frente al tutor, se aplica el art. 266). El plazo para hacerlo es de noventa días a contar desde que comenzó el tutor el ejercicio del cargo, es decir, desde que tomó posesión.

CONCORDANCIAS

Véase arts. 215 y 247 de este Código.
Texto vigente según Ley 13/1983, 24 octubre (*«B.O.E.»,* 26 octubre).

Artículo 263

La Autoridad judicial podrá prorrogar este plazo en resolución motivada si concurriere causa para ello.

COMENTARIO

1.- El plazo para formar inventario lo marca el artículo anterior, pero no es inexorable y pueden darse circunstancias en las personas del tutor o del tutelado o en los bienes de éste, que aconsejen un plazo superior. Por ello, el presente artículo prevé que el Juez pueda prorrogarlo, siempre que haya causa para ello y lo decida en resolución motivada.

2.- Sobre el plazo de la prórroga, nada dispone el Código. Así como el artículo anterior ponía un plazo exacto (sesenta días), éste nada dice, lo cual se explica porque exige una causa y una resolución motivada, lo que evitará plazos ridículos o excesivos o exagerados.

CONCORDANCIAS

Texto vigente según Ley 13/1983, 24 octubre (*«B.O.E.»,* 26 octubre).

Artículo 264

El inventario se formará judicialmente con intervención del Ministerio Fiscal y con citación de las personas que el Juez estime conveniente.

COMENTARIO

1.- El inventario ha de formarse judicialmente, es decir, con intervención del Juez, asistencia del Secretario e intervención, asimismo, del Ministerio Fiscal. También pueden intervenir —y serán citadas para ello— las personas que el Juez estime conveniente: el Código no da norma ni pauta alguna, pero si la constitución de la tutela es judicial, es lógico que también esto lo decida el Juez; pueden ser las personas que han promovido la tutela o tengan relación personal con el tutelado o la tengan con su patrimonio.

2.- Esta formación del inventario, judicial, con intervención del Ministerio Fiscal y de ciertas personas, tiene la función de conseguir un inventario completo y exacto.

CONCORDANCIAS

Véase arts. 232 y 233 de este Código.
Texto vigente según Ley 13/1983, 24 octubre (*«B.O.E.»*, 26 octubre).

Artículo 265

El dinero, alhajas, objetos preciosos y valores mobiliarios o documentos que, a juicio de la Autoridad judicial, no deban quedar en poder del tutor serán depositados en un establecimiento destinado a este efecto.

Los gastos que las anteriores medidas ocasionen correrán a cargo de los bienes del tutelado.

COMENTARIO

1.- Prevé el artículo 265 que el Juez ordene que algunos bienes —dinero, alhajas, objetos preciosos y valores mobiliarios o documentos— no deban quedar en posesión del tutor, en cuyo caso serán depositados en un establecimiento destinado a este efecto (dinero en la Caja General de Depósitos o en una inversión de deuda pública o en libreta en Caja o Banco absolutamente solvente; joyas en una caja fuerte de un Banco o en el Banco de España; cuadros en un museo público; documentos, en una Notaría).

2.- Es una garantía en beneficio del tutelado. Por ello, queda al prudente arbitrio del Juez: «a juicio de la autoridad judicial», dice el texto legal; siempre que considere que tales bienes no deben quedar en la posesión del tutor.

3.- Se prevé, por último, que los gastos que se ocasionen por tales depósitos, sean a cargo del patrimonio del tutelado.

CONCORDANCIAS

Texto vigente según Ley 13/1983, 24 octubre (*«B.O.E.»*, 26 octubre).

Artículo 266

El tutor que no incluya en el inventario los créditos que tenga contra el tutelado, se entenderá que los renuncia.

COMENTARIO

El conflicto de intereses entre tutor y tutelado puede ser causa de incapacidad especial del tutor (art. 244.4.º) y se prohíbe que el tutor intervenga en un acto en que se produzca (art. 221.2.º). Un crédito que tenga el tutor contra el tutelado produce conflicto de intereses: el presente artículo impone una medida precautoria, que consiste en que lo debe incluir en el inventario. Si no lo incluye, establece una fuerte sanción: «se entenderá que los renuncia», lo cual no es una presunción, sino que impone la Ley la extinción del crédito.

CONCORDANCIAS

Texto vigente según Ley 13/1983, 24 octubre (*«B.O.E.»*, 26 octubre).

Artículo 267

El tutor es el representante del menor o incapacitado salvo para aquellos actos que pueda realizar por sí solo, ya sea por disposición expresa de la Ley o de la sentencia de incapacitación.

COMENTARIO

1.- La persona física que carece de capacidad de obrar precisa de que otra le represente y actúe en su nombre; es la representación legal. Carece de capacidad de obrar el menor de edad no emancipado y el incapacitado total (el incapacitado parcial puede tener curatela). Son representantes legales (salvo excepciones, como el caso del art. 299 bis) los titulares de la patria potestad y el tutor. El tutor es, pues, el representante legal de la persona sometida a tutela. Es una norma general y los artículos posteriores van concretando actos concretos.

2.- Dicha representación legal tiene excepciones. El presente artículo no las enumera ni tiene por qué enumerarlas. Simplemente, expresa la excepción y la engloba en dos grupos; los actos que el tutelado puede realizar por sí mismo, por disposición expresa de la Ley, como puede ser otorgar testamento a partir de los catorce años o en intervalo lúcido, y los que puede realizar porque así lo ha dispuesto, en caso de incapacitación, la sentencia, que según el art. 760.1 LEC, fija la extensión de la misma.

CONCORDANCIAS

Véase art. 162 de este Código.
Texto vigente según Ley 13/1983, 24 octubre (*«B.O.E.»*, 26 octubre).

Artículo 268

Los tutores ejercerán su cargo de acuerdo con la personalidad de sus pupilos, respetando su integridad física y psicológica.

Cuando sea necesario para el ejercicio de la tutela podrán recabar el auxilio de la autoridad.

COMENTARIO

1.- En paralelismo con la patria potestad (arts. 154 y 155), el presente artículo se refiere al aspecto personal de la tutela. La inspiración y el principio general es el beneficio del tutelado que proclama el art. 216 y el favor filii que expresa el art. 39 de la Constitución.

También en consonancia con la patria potestad la Ley 54/2007, de 28 diciembre, de Adopción Internacional, ha suprimido la posibilidad de que el tutor pueda corregir a los menores razonable y moderadamente.

2.- En su lugar, la tutela deberá ser ejercida por el tutor de acuerdo con la personalidad del sujeto a tutela y con respeto a su integridad física y psicológica.

Se mantiene la posibilidad de que el tutor recabe el auxilio de la autoridad, cuando sea necesario para el ejercicio de la tutela.

CONCORDANCIAS

Véase arts. 154 y 155.1.º de este Código.
Texto vigente según Ley 13/1983, 24 octubre (*«B.O.E.»,* 26 octubre).
Texto redactado de nuevo por la Ley 54/2007, 28 diciembre, de Adopción Internacional (*«B.O.E»*, 29 diciembre 2007).

Artículo 269

El tutor está obligado a velar por el tutelado y, en particular:

1.º A procurarle alimentos.

2.º A educar al menor y procurarle una formación integral.

3.º A promover la adquisición o recuperación de la capacidad del tutelado y su mejor inserción en la sociedad.

4.º A informar al Juez anualmente sobre la situación del menor o incapacitado y rendirle cuenta anual de su administración.

COMENTARIO

1.- El presente artículo recoge una serie de deberes concretos del tutor respecto al tutelado, esencialmente es el aspecto personal (salvo el de rendir cuenta anual de la administración de bienes, que es patrimonial), bajo el concepto general de velar por el tutelado, coincidiendo con el art. 154.1.º relativo a la patria potestad. Es un concepto amplio, que abarca el cuidado material y la atención moral del menor o incapacitado.

2.- Se relacionan deberes concretos como expresión o concreción del general de velar por el menor o incapacitado sometido a tutela. Primero: procurarle alimentos, que no debe entenderse como deber legal de alimentos que regulan los artículos 142 y ss. entre los que no se cuentan los del tutor a tutelado, sino que ha de considerarse un deber no autónomo sino incluido dentro del de velar por el tutelado, en beneficio del mismo; tales alimentos serán a cargo del patrimonio del tutelado y, si carece de él o es insuficiente, a cargo del propio tutor. Esto, en principio, pero si el tutelado tiene parientes con obligación legal de alimentarle, según el artículo 143 del Código civil, entra en juego la normativa de alimentos y el tutor, en nombre y representación (legal) del tutelado, les podrá reclamar que cumplan la obligación de alimentos; un ejemplo lo aclara: un anciano con demencia senil es incapacitado y se nombra tutora a su hija soltera, pero tiene otros muchos hijos, ante lo cual es indudable que la tutora podrá exigir a sus hermanos que cumplan, todos ellos (artículo 145), su obligación de prestar alimentos al padre incapacitado. Segundo: educación y formación del menor o incapacitado, aunque el texto legal se refiere sólo al menor; es la educación y formación que merece al menor o incapacitado, adecuada a sus circunstancias personales y sociales. Tercero: promover que el incapacitado (en ésta no alcanza al menor) adquiera o recupere su capacidad y se le procure su reinserción social. Cuarto: informar anualmente al Juez, sobre el aspecto personal del tutelado y sobre el aspecto patrimonial (cuenta anual de su administración), sin perjuicio de que tanto el Juez (art. 233) como el Ministerio Fiscal (art. 232) le pueden exigir en cualquier momento que informe sobre uno y otro aspecto.

CONCORDANCIAS

Véase:
— art. 154 de este Código.
— Texto vigente según Ley 13/1983, 24 octubre (*«B.O.E.»,* 26 octubre).

Artículo 270

El tutor único y, en su caso, el de los bienes es el administrador legal del patrimonio de los tutelados y está obligado a ejercer dicha administración con la diligencia de un buen padre de familia.

COMENTARIO

1.- El artículo 267 dispone la representación legal del tutor respecto al tutelado. Los dos artículos siguientes se refieren al aspecto personal de la tutela. El presente artículo 270 dispone que el tutor es el administrador del patrimonio del tutelado.

Se trata del tutor, único o normal, y del tutor relativo sólo al patrimonio según prevé el número primero del art. 236.

Así como el Código trata con favor y regula bajo el prisma de la confianza, la patria potestad, por el contrario la tutela es tratada y regulada con disfavor y desconfianza. La administración de los bienes del menor o incapacitado se encomienda al tutor, su representante legal, pero los actos que exceden de la administración ordinaria (es decir: los de administración extraordinaria y los de disposición) precisan de autorización judicial. Se puede decir que el tutor es el administrador, con el concepto más estricto de esta palabra y, en cuanto va un poco más allá, precisa autorización judicial.

2.- Se le exige que ejerza dicha administración «con la diligencia de un buen padre de familia», concepto genérico que el Código emplea con mucha frecuencia y significa el cuidado y atención en hacer una cosa, en un grado medio, objetivamente aceptable. Como curiosidad, la reciente Ley 30/1994, de 24 noviembre, de Fundaciones, en su art. 15 dispone que el desempeño de su cargo por los patronos, deberá ser «con la diligencia de un representante leal».

CONCORDANCIAS

Véase art. 1.104 de este Código.
Texto vigente según Ley 13/1983, 24 octubre (*«B.O.E.»,* 26 octubre).

Artículo 271

El tutor necesita autorización judicial:

1.º Para internar al tutelado en un establecimiento de salud mental o de educación o formación especial.

2.º Para enajenar o gravar bienes inmuebles, establecimientos mercantiles o industriales, objetos preciosos y valores mobiliarios de los menores o incapacitados, o celebrar contratos o realizar actos que tengan carácter dispositivo y sean susceptibles de inscripción. Se exceptúa la venta del derecho de suscripción preferente de acciones.

3.º Para renunciar derechos, así como transigir o someter a arbitraje cuestiones en que el tutelado estuviese interesado.

4.º Para aceptar sin beneficio de inventario cualquier herencia, o para repudiar ésta o las liberalidades.

5.º Para hacer gastos extraordinarios en los bienes.

6.º Para entablar demanda en nombre de los sujetos a tutela, salvo en los asuntos urgentes o de escasa cuantía.

7.º Para ceder bienes en arrendamiento por tiempo superior a seis años.

8.º Para dar y tomar dinero a préstamo.

9.º Para disponer a título gratuito de bienes o derechos del tutelado.

10.º Para ceder a terceros los créditos que el tutelado tenga contra él, o adquirir a título oneroso los créditos de terceros contra el tutelado.

COMENTARIO

1.- Al comentar el artículo anterior, se ha mencionado el escaso ámbito que tiene la función del tutor, al menos con autonomía. Tiene la representación legal del tutelado (art. 267), el cuidado de su persona y la administración de sus bienes (art. 270) pero cualquier acto que sea un tanto trascendente para la persona o el patrimonio, requiere autorización judicial.

Si no se obtiene la autorización judicial, la sanción civil es muy discutible: la jurisprudencia (en la aplicación del tema análogo del art. 166) se inclina por la anulabilidad.

2.- En los casos concretos que enumera este artículo, el primero es el único que se refiere al aspecto personal de la tutela. Precisa el tutor autorización judicial para internar al tutelado en un establecimiento de salud mental o de educación o formación especial. No se trata de un internado en colegio corriente, sino «mental» o «especial». Esta autorización judicial al tutelado excluye la aplicación del artículo 763 LEC ya que el Juez autoriza, el Fiscal interviene, se recaban los informes necesarios y el sujeto ya está bajo tutela, por lo que no tiene sentido repetir los trámites.

3.- Los dos números siguientes exigen autorización judicial para ciertos actos dispositivos: todo acto de disposición de inmuebles, establecimientos mercantiles o industriales, objetos preciosos y valores mobiliarios (excepto la venta del derecho de suscripción preferente de acciones); todo acto o contrato susceptible de inscripción, sin que se señale dónde, por lo que debe entenderse en todo Registro (no simplemente administrativo) como el de Propiedad, Mercantil, de Venta a plazos de bienes muebles, de hipoteca mobiliaria, de Propiedad Industrial o Propiedad Intelectual; la renuncia a todo derecho, sin distinción, del tutelado; y el compromiso o la transacción de cuestiones del mismo.

4.- Los actos de administración extraordinaria que precisan autorización judicial, son: la aceptación pura y simple de una herencia, si bien la aceptación a beneficio de inventario no exige la autorización judicial: los gastos extraordinarios en los bienes; el ejercicio de una acción judicial, es decir, como expresa el texto legal, entablar demanda en nombre del tutelado, con la excepción de si se trata de un asunto urgente o de escasa cuantía; el contrato de arrendamiento, como arrendador, que sea superior a seis años; el contrato de préstamo-mutuo de dinero, como prestamista o como prestatario; la cesión de un crédito (como cedente) que el tutelado tenga contra el tutor; la adquisición de un crédito (como cesionario) a título oneroso que tenga un tercero contra el tutelado.

5.- Los actos de disposición que precisan autorización judicial, son: todo acto de disposición a título gratuito de cualquier bien o derecho del tutelado; la repudiación de una herencia o legado y la no aceptación de todo acto a título gratuito.

JURISPRUDENCIA

«En el motivo segundo se denuncia la infracción del artículo 271.6 del Código Civil, a cuyo tenor el tutor necesita autorización judicial para entablar demanda en nombre de los sujetos a tutela, salvo en asuntos urgentes de escasa cuantía. Sostienen las recurrentes que, sin concurrir la excepción que la referida norma señala, se había permitido la interposición de una demanda ausente la necesaria autorización judicial. El recurso tampoco puede ser estimado por este motivo, ya que, como se ha indicado, la demandante no estaba sujeta a tutela, sino bajo la potestad de sus padres, a quienes correspondía la representación legal (artículo 162 del Código Civil)». (1 septiembre 2006, LA LEY 99330/2006)

«La autorización judicial no es un complemento de capacidad como ocurre en la emancipación o en la curatela, sino que es un elemento del acto de disposición, puesto que los padres solos no lo ostentan. Y todo ello, para obtener la protección de los intereses del menor. "El acto realizado con falta de poder, es decir, sin los requisitos exigidos en el artículo 166 CC constituye un contrato o un negocio jurídico incompleto, que mantiene una eficacia provisional, estando pendiente de la eficacia definitiva que se produzca la ratificación del afectado, que puede ser expresa o tácita. Por tanto, no se trata de un supuesto de nulidad absoluta, que no podría ser objeto de convalidación, sino de un contrato que aún no ha logrado su carácter definitivo al faltarle la condición de la autorización judicial exigida legalmente, que deberá ser suplida por la ratificación del propio interesado, de acuerdo con lo dispuesto en el art. 1259.2 CC, de modo que no siéndolo, el acto será inexistente"... ...Esta doctrina debe aplicarse también a los casos de actuación del tutor sin autorización judicial, porque obedece a la misma finalidad que la ya explicada en relación a los padres titulares de la patria potestad. En efecto, el art. 271 CC enuncia los actos que el tutor no puede llevar a cabo sin autorización judicial». (8 julio 2010, rec. 1871/2006, LA LEY 157550/2010)

«El derecho a la tutela judicial efectiva permite ejercer las acciones cuya titularidad corresponde al incapacitado por medio del representante legal, tal como establece el art. 271,6 CC, que atribuye a los tutores la legitimación "para entablar demanda en nombre de los sujetos a tutela", siempre con autorización judicial, que no se requerirá "en los asuntos urgentes o de escasa cuantía". Esta norma no distingue la naturaleza de la acción que se está ejerciendo en nombre de la persona incapacitada, y así están también incluidas en el art. 271, 6 CC las acciones para pedir el divorcio y la separación. La tutela judicial efectiva queda protegida por este medio y la tradicional teoría académica acerca de los derechos personalísimos no puede aplicarse». (21 septiembre 2011, rec. 1491/2008, LA LEY 182904/2011)

CONCORDANCIAS

Véase:
— arts. 166, 1.052 y 1.811 de este Código.
— Ley de Enjuiciamiento Civil de 1881: arts. 63.23 y 2011 a 2030.
— Artículo redactado por LO 1/1996, 15 enero, de Protección Jurídica del Menor.

Artículo 272

No necesitarán autorización judicial la partición de herencia ni la división de cosa común realizadas por el tutor, pero una vez practicadas requerirán aprobación judicial.

COMENTARIO

La partición de la herencia y la división de la cosa común son considerados actos dispositivos. Este artículo (redactado por la Ley Orgánica 1/1996, de 15 de enero, de protección jurídica del menor) dispone expresamente que no requiere autorización judicial ni una ni otra. Sin embargo, una vez practicadas, sí exigen aprobación judicial.

CONCORDANCIAS

Artículo redactado por LO 1/1996, 15 enero, de Protección Jurídica del Menor.

Artículo 273

Antes de autorizar o aprobar cualquiera de los actos comprendidos en los dos artículos anteriores, el Juez oirá al Ministerio Fiscal y al tutelado, si fuese mayor de doce años o lo considera oportuno, y recabará los informes que le sean solicitados o estime pertinentes.

COMENTARIO

1.- Los actos para cuya eficacia el tutor precisa autorización o aprobación judicial son enumerados en los dos artículos precedentes. El art. 271 enumera casos en que se precisa autorización judicial y el 272, casos de aprobación judicial.

El presente artículo establece tres *requisitos para que el Juez autorice o apruebe tales actos*, «comprendidos en los dos artículos anteriores» dice el texto legal.

2.- Cualquiera de los requisitos son: primero, audiencia del Ministerio Fiscal; segundo, audiencia del propio tutelado si éste tiene más de doce años o, aunque tenga menos, si lo considera oportuno; sin embargo, por más que lo ordene la ley, no podrá darse esta audiencia si el incapacitado es mayor de doce años, pero sufre tal incapacidad que es físicamente imposible la audiencia (caso, por ejemplo, del subnormal profundo); tercero, informes o dictámenes periciales que sean solicitados al Juez por el tutor o por el Ministerio Fiscal o por persona interesada, o que éste, de oficio, estime pertinentes; tales son los informes médicos en caso de internamiento (art. 271.1.º) o dictámenes periciales sobre valor o precio de bienes que se dispongan (art. 271.2.º y otros).

3.- No se prevé expediente concreto para la autorización o aprobación judicial. Esta se dará en el propio expediente de la tutela o ejecución de la sentencia de incapacitación, en él se practicarán las audiencias y los informes y el Juez dictará Auto dando o negando la autorización o aprobación, que será apelable en ambos efectos ante la Audiencia Provincial.

CONCORDANCIAS

Artículo redactado por LO 1/1996, 15 enero, de Protección Jurídica del Menor.

Artículo 274

El tutor tiene derecho a una retribución, siempre que el patrimonio del tutelado lo permita. Corresponde al Juez fijar su importe y el modo de percibirlo, para lo cual tendrá en cuenta el trabajo a realizar y el valor y la rentabilidad de los bienes, procurando en lo posible que la cuantía de la retribución no baje del 4 por ciento ni exceda del 20 por ciento del rendimiento líquido de los bienes.

COMENTARIO

Dentro del contenido patrimonial, debe incluirse un hipotético derecho a una retribución (es una máxima romana: lucrum facere ex tutela non debet) que tiene el tutor y que prevé el artículo 274. Esta retribución la fija —siempre que el patrimonio del tutelado lo permita— el Juez, teniendo en cuenta el trabajo del tutor y el valor y responsabilidad del patrimonio del tutelado, procurando que oscile entre el 4 por 100 y el 20 por 100 del rendimiento líquido del mismo. En caso de tutor nombrado en testamento por los padres, pueden éstos —según prevé el artículo 275— disponer que el tutor haga suyos los frutos de los bienes del tutelado a cambio de prestarle los alimentos (aunque el Juez, en resolución motivada, puede dejar sin efecto tal disposición). Por último, aunque no con carácter de retribución, prevé el artículo 220 que el tutor que sufra daños y perjuicios sin culpa por su parte tiene derecho a ser indemnizado con cargo al patrimonio del tutelado, si bien sólo subsidiariamente a cualquier otra solución, es decir, si no puede obtener por otro medio su resarcimiento.

CONCORDANCIAS

Véase:
— art. 220 de este Código.
— Ley Enjuiciamiento Civil de 1881: arts. 1.862 a 1.864.
Texto vigente según Ley 13/1983, 24 octubre (*«B.O.E.»,* 26 octubre).

Artículo 275

Sólo los padres, y en sus disposiciones de última voluntad, podrán establecer que el tutor haga suyos los frutos de los bienes del tutelado a cambio de prestarle los alimentos, salvo que el Juez, en resolución motivada, disponga otra cosa.

COMENTARIO

1.- El artículo 233 permite a los padres designar, en testamento o en escritura pública, un tutor para sus hijos menores o incapacitados, que nombrarán el Juez (art. 224 y 234.3.º). El artículo 274 prevé la hipotética retribución al tutor. Aparte o además de esta última, aquellos padres pueden establecer que el tutor haga suyos los frutos de los bienes del tutelado y, en compensación, suministre los alimentos al mismo. Lo pueden establecer los padres, sólo ellos, en testamento, «disposiciones de última voluntad» dice este artículo, sin referirse al «documento público notarial» si bien, en interpretación extensiva correctora (como también ocurre con el artículo 246), también se puede establecer en éste (escritura pública).

2.- El Juez no puede establecer por sí, esta previsión de que el tutor haga suyos los frutos a cambio de prestar alimentos; tan sólo puede establecer la retribución, como prevé el artículo anterior. Sin embargo, pese a que lo hayan establecido los padres, el Juez puede eliminar, modificar o reducir su previsión, «en resolución motivada» dispone este artículo, insistiendo así en el sistema de tutela de autoridad que recoge el Código Civil.

CONCORDANCIAS

Texto vigente según Ley 13/1983, 24 octubre (*«B.O.E.»*, 26 octubre).

SECCIÓN CUARTA
De la extinción de la tutela y de la rendición final de cuentas

Artículo 276

La tutela se extingue:

1.º Cuando el menor de edad cumple los dieciocho años, a menos que con anterioridad hubiera sido judicialmente incapacitado.

2.º Por la adopción del tutelado menor de edad.

3.º Por fallecimiento de la persona sometida a tutela.

4.º Por la concesión al menor del beneficio de la mayor edad.

COMENTARIO

1.- La duración de la tutela es coincidente con el mantenimiento de la minoría de edad o de la incapacitación del menor o incapacitado. Sin perjuicio de que un concreto tutor pueda ser removido o excusarse y ser nombrado otro, en que la tutela continúa. Es decir, la tutela dura mientras se mantiene la situación de minoría de edad o incapacitación que dio lugar a la misma.

Las causas de extinción se enumeran en este artículo y en el siguiente, aunque no es una enumeración exhaustiva; puede personarse, por ejemplo, en la emancipación por matrimonio.

2.- Las causas que se enumeran en este artículo son las siguientes: primera, por llegar el menor de edad a la mayoría de edad o serle concedido el beneficio de la mayor edad, que es equivalente a la emancipación cuando el menor está no bajo patria potestad sino bajo tutela (números 1.º y 4.º); la referencia que se hace en el número primero a que «con anterioridad hubiera sido judicialmente incapacitado» tiene su explicación en el artículo 278; la segunda, por la sustitución de la tutela por la patria potestad de un adoptante o adoptantes (número 2.º) aunque el texto legal sólo hace referencia a la adopción del tutelado «menor de edad», hay que entender que también la adopción del tutelado incapacitado provoca la extinción de la tutela, que se sustituye por la patria potestad; tercera, por el fallecimiento del tutelado, extinción de su personalidad (art. 32) y, por ende, de toda relación jurídica, a lo que se asimila la declaración de fallecimiento del mismo.

CONCORDANCIAS

Véase arts. 172 a 180, 183 a 197, 286.2.º y 321 de este Código.
Texto vigente según Ley 13/1983, 24 octubre (*«B.O.E.»*, 26 octubre).

Artículo 277

También se extingue la tutela:

1.º Cuando habiéndose originado por privación o suspensión de la patria potestad, el titular de ésta la recupere.

2.º Al dictarse la resolución judicial que ponga fin a la incapacitación o que modifique la sentencia de incapacitación en virtud de la cual se sustituye la tutela por la curatela.

COMENTARIO

1.- Continúa este artículo la enumeración no exhaustiva de las «causas de extinción de la tutela», que había comenzado el artículo anterior y realmente podrían estar todas las causas en un solo artículo.

2.- Son las siguientes; primera: por sustitución de la tutela por la patria potestad, cuando ésta se recupere por los padres que habían sido privados de ella o suspendido su ejercicio (número 1.º); por cesación o modificación judicial de la incapacitación (por resolución dictada al amparo de lo dispuesto en el artículo 212) que suprima la tutela o bien sustituya por la curatela (número 2.º).

CONCORDANCIAS

Véase art. 170, 287 de este Código.
Texto vigente según Ley 13/1983, 24 octubre (*«B.O.E.»,* 26 octubre).

Artículo 278

Continuará el tutor en el ejercicio de su cargo si el menor sujeto a tutela hubiese sido incapacitado antes de la mayoría de edad, conforme a lo dispuesto en la sentencia de incapacitación.

COMENTARIO

El artículo 201 prevé la posibilidad de que sea incapacitado un menor de edad, que tan sólo pueden solicitar, según el art. 757.4 LEC, quienes ejerzan la patria potestad o la tutela. Si está bajo patria potestad, se prorrogará, según dispone el art. 171. Y si está bajo tutela, ésta se prorrogará igualmente según dispone este artículo 278.

El artículo 276, número primero, disponía que la tutela se extingue cuando el tutelado alcanza la mayoría de edad «a menos que con anterioridad hubiera sido judicialmente incapacitado» y este artículo 278 lo desarrolla en el sentido de que en tal caso, «continuará el tutor en el ejercicio de su cargo», es decir, se produce la prórroga de la tutela, al ejemplo de la prórroga de la patria potestad, siempre según lo que haya dispuesto la sentencia de incapacitación.

CONCORDANCIAS

Véase arts. 201 y 276.1.º de este Código.
Texto vigente según Ley 13/1983, 24 octubre (*«B.O.E.»,* 26 octubre). Anterior texto según Real Decreto-Ley 33/1978, 16 noviembre (*«B.O.E.»,* 17 noviembre).

Artículo 279

El tutor al cesar en sus funciones deberá rendir la cuenta general justificada de su administración ante la Autoridad judicial en el plazo de tres meses, prorrogables por el tiempo que fuere necesario si concurre justa causa.

La acción para exigir la rendición de esta cuenta prescribe a los cinco años, contados desde la terminación del plazo establecido para efectuarlo.

COMENTARIO

1.- Partiendo de que la ley mira con desconfianza la tutela, al contrario de la patria potestad a la que contempla con confianza, se impone al tutor el deber de rendir cuentas de su gestión, que hará anualmente al Juez, según establece el art. 269.4.º, sin perjuicio de que el Fiscal (art. 232) y el propio Juez (art. 233) le pueden exigir en cualquier momento que informe sobre el estado de la administración. Además, al terminar el ejercicio de su cargo, el tutor «deberá rendir la cuenta general justificada de su administración».

Esta rendición de cuentas la debe hacer el tutor no sólo cuando se extinga la tutela, sino en cualquier caso en que cese en sus funciones, aunque la tutela continúe, como serían los supuestos de remoción, excusa aceptada, etc.

2.- La rendición de cuentas recae sobre toda la gestión patrimonial de la tutela («administración» dice el texto legal), como comprobación de que el tutor ha ejercido la administración del patrimonio del tutelado «con la diligencia de un buen padre de familia» como expresa el art. 270.

La rendición de la cuenta general se hace ante el Juez ante el que se sigue el expediente de la tutela, sea o no el mismo que la inició.

3.- El plazo en el que debe presentar la rendición de la cuenta general es de tres meses a contar desde la cesación del tutor o la extinción de la tutela. Este plazo lo puede prorrogar el Juez, si concurre justa causa; no se indica cuál pueda ser ésta, aunque puede pensarse que puede tener carácter subjetivo, por circunstancias personales del tutor, o carácter objetivo, por razón de la propia cuenta general (de largo tiempo de tutela, de gran volumen económico, etc.). El tiempo de esta prórroga no lo fija el Código, será el que el Juez estime prudencialmente suficiente; en su caso, nada impide que conceda una segunda prórroga, siempre que concurre justa causa.

4.- El segundo párrafo de este artículo parece que sólo esté estableciendo un plazo de prescripción, pero no es así; pone tal plazo para la acción para exigir la rendición de la cuenta, con lo que da carta de naturaleza a dicha acción.

Esta rendición de la cuenta general por el tutor no la puede pedir directamente el Juez, sino que el Código dice que existe una acción (la cual prescribe, añade), como acción cuyo ejercicio corresponde a los particulares. La podrá ejercer el nuevo tutor, si no se extinguió la tutela, sino que cesó el anterior tutor; también los herederos del tutelado, si se extinguió la tutela por fallecimiento de éste; o el propio tutelado si se extinguió por llegar éste a la mayoría de edad u obtener la habilitación de edad o cesar su incapacitación; o los titulares de la patria potestad, si los padres la han recuperado o se ha producido una adopción.

Esta acción prescribe a los cinco años, a contar desde la terminación del plazo de tres meses que tenía para efectuarla o de la prórroga, si se le concedió.

Sin embargo, pese a lo dicho de que la acción es privada, y no la puede ejercitar, evidentemente, el Juez, tanto éste como el Ministerio Fiscal pueden, con el sistema de tutela de autoridad, exigir del tutor informes y cuentas (arts. 232 y 233) «en cualquier momento» y este momento, qué duda cabe, también puede ser el final del ejercicio de un tutor o la extinción de la tutela. Por tanto, la acción que contempla específicamente este artículo 279 no la ejerce el Juez, pero puede llegar al mismo resultado exigiendo la cuenta que en cualquier momento puede exigir.

CONCORDANCIAS

Véase arts. 165, 168, 1.720, 1.930, 1.961 y 1.966 de este Código.
Texto vigente según Ley 13/1983, 24 octubre (*«B.O.E.»*, 26 octubre).

Artículo 280

Antes de resolver sobre la aprobación de la cuenta, el Juez oirá al nuevo tutor o, en su caso, al curador o al defensor judicial, y a la persona que hubiera estado sometida a tutela o a sus herederos.

COMENTARIO

1.- La rendición de cuentas se hace al propio Juez ante el que se tramita el expediente de tutela. La hace el tutor que cesa, o el único o último tutor en la tutela que se extingue.

2.- Presentada al Juez la rendición de cuentas, se impone al Juez ciertas audiencias: al nuevo tutor si ha habido cese del anterior, sin extinción de la tutela; al curador, si se ha extinguido la tutela, pero se ha constituido curatela (caso del art. 277.2.º); al defensor judicial, en el supuesto de que cese un tutor y el Juez lo nombre, como prevé el art. 299.2.º; a la persona que «hubiera estado sometida a tutela», es decir, no a la que sigue estando bajo tutela (que no se ha extinguido) pero con nuevo tutor, sino al que estuvo bajo una tutela que se ha extinguido; y a los herederos del tutelado, cuando la tutela se extinguió por su fallecimiento.

Este artículo no exige audiencia a más personas, ni prevé que el Juez pueda oír a quien estime conveniente, pero aplicando lo dispuesto en el art. 216 (la salvaguarda de la autoridad judicial), podrá ampliar las audiencias a las personas que entienda que es necesario o conveniente oírlas.

3.- Si algunas de las personas a las que se ha prestado audiencia, se opone a la aprobación de cuentas, se hará contencioso el expediente y se seguirá procedimiento declarativo ordinario, que será el de menor cuantía.

En otro caso, el Juez aprobará o no la cuenta general de la administración, por Auto, que es apelable en ambos efectos.

CONCORDANCIAS

Texto vigente según Ley 13/1983, 24 octubre (*«B.O.E.»*, 26 octubre).

Artículo 281

Los gastos necesarios de la rendición de cuentas, serán a cargo del que estuvo sometido a tutela.

COMENTARIO

Los gastos necesarios de la rendición de cuentas corren a cargo del patrimonio del tutelado, regla lógica y clara, cuya claridad se empaña en el único extremo de qué hay que entender por gastos «necesarios». Son aquellos que se han tenido que hacer para la rendición de cuentas y que no son debidos a una falta de diligencia del tutor, ya que éste tuvo que llevar a cabo la administración «con la diligencia de un buen padre de familia», como expresa el art. 270. En caso de duda, resolverá el Juez, quien en el propio Auto aprobando las cuentas, puede determinar cuáles han sido gastos necesarios a cuenta del tutelado y cuáles innecesarios a cuenta del tutor. Si no se aprueba la tutela, parece claro que todos los gastos serán a cargo del tutor.

CONCORDANCIAS

Texto vigente según Ley 13/1983, 24 octubre (*«B.O.E.»,* 26 octubre).

Artículo 282

El saldo de la cuenta general devengará interés legal, a favor o en contra del tutor.

COMENTARIO

1.- Una vez rendida la cuenta general de la administración de la tutela, éste arrojará un saldo a favor del tutor o a favor del tutelado (un saldo de cero es prácticamente imposible). Este saldo, valorado en dinero, se entregará al tutor o al tutelado, según corresponda. Pero desde que se apruebe la cuenta general hasta la entrega devengará el interés legal, con la salvedad que establece el artículo siguiente si es a favor del tutor (que exige requerimiento de pago del tutelado).

2.- El interés legal será el determinado en la Ley de Presupuestos generales del Estado, tal como dispone la Ley 24/1984, de 29 de junio, sobre modificación del tipo de interés legal del dinero, modificada por Ley 13/1994, de 1 de junio, de autonomía del Banco de España.

El interés ejecutorio que establece el art. 576 L.E.C., que es el interés legal incrementado en dos puntos, se aplicará, cuando sea preciso el ejercicio de una acción judicial para reclamar este saldo, desde la sentencia hasta el efectivo pago.

CONCORDANCIAS

Texto vigente según Ley 13/1983, 24 octubre (*«B.O.E.»,* 26 octubre).

Artículo 283

Si el saldo es a favor del tutor, devengará interés legal desde que el que estuvo sometido a tutela sea requerido para el pago, previa entrega de sus bienes.

COMENTARIO

1.- Cuando el saldo es a favor del tutor, el tutelado deberá pagárselo, pero sólo devenga el interés legal que impone el artículo anterior, desde que es requerido para su pago.

2.- Sin embargo, para ello es preciso que, previamente, el tutor haya hecho entrega de los bienes del tutelado, a éste.

CONCORDANCIAS

Texto vigente según Ley 13/1983, 24 octubre (*«B.O.E.»*, 26 octubre).

Artículo 284

Si es en contra del tutor, devengará interés legal desde la aprobación de la cuenta.

COMENTARIO

En contraposición a la regla favorable al tutelado, del artículo anterior, este artículo establece que cuando el saldo es a favor del tutelado, devenga el interés legal desde que se aprueba la rendición de cuentas, sin necesidad de previo requerimiento.

CONCORDANCIAS

Texto vigente según Ley 13/1983, 24 octubre (*«B.O.E.»*, 26 octubre).

Artículo 285

La aprobación judicial no impedirá el ejercicio de las acciones que recíprocamente puedan asistir al tutor y al tutelado o a sus causahabientes por razón de la tutela.

COMENTARIO

La aprobación judicial de las cuentas que presentó el tutor, no impide que tanto el propio tutor (supuesto difícil en la práctica) como el tutelado o los herederos de uno u otro, ejerciten las acciones pertinentes en defensa de sus derechos.

Aquella aprobación judicial no cierra la vía a cualquier acción, que puede ser sobre la propio administración, o sobre perjuicios que se hayan sufrido, o sobre la declaración de ineficacia de aquellos actos que pudo haber realizado el tutor sin autorización judicial en los casos en que ésta era precisa, o sobre la rescisión que prevé el art. 1291.1.º. No hay que olvidar que la rendición de cuentas es una operación contable que no prejuzga la correcta o la económicamente adecuada administración del patrimonio. Y la aprobación judicial que puede impedir que el que se sienta perjudicado, reclame los perjuicios que ha sufrido por aquella actuación patrimonial o administración cuya cuenta ha sido aprobada.

CONCORDANCIAS

Texto vigente según Ley 13/1983, 24 octubre (*«B.O.E.»*, 26 octubre).

CAPÍTULO III
DE LA CURATELA

SECCIÓN PRIMERA
Disposiciones generales

Artículo 286

Están sujetos a curatela:

1.º Los emancipados cuyos padres fallecieren o quedaran impedidos para el ejercicio de la asistencia prevenida por la Ley.

2.º Los que obtuvieren el beneficio de la mayor edad.

3.º Los declarados pródigos.

COMENTARIO

1.- La curatela es la institución y el curador la persona que complementa la capacidad del sujeto a la misma, que no la tiene plena.

Es, pues, una institución de menor trascendencia que el tutor; no cuida de la persona sujeta a la misma, no le representa ni cuida de su patrimonio, sino simplemente complementa su capacidad, pues si bien no es un incapaz como el menor ni incapacitado total, precisa para ciertos actos jurídicos un complemento de capacidad —autorización— que si tuviera padres se lo darían éstos (si fuera menor emancipado) y si no los tiene o está incapacitado se constituye una curatela en vez de una tutela.

2.- Ya se ha apuntado que el sometido a curatela no es el incapaz o el incapacitado total, sino aquella persona que tiene capacidad de obrar, pero no plena (menores emancipados) o está incapacitado, pero no totalmente.

Concretamente:

Primero. Los menores *emancipados* que carezcan de padres (físicamente, por haber fallecido o jurídicamente por haber sido privados de la patria potestad) o habilitados de edad (menores sujetos a tutela que han sido judicialmente emancipados) (art. 286, núms. 1.º y 2.º), que tienen capacidad de obrar, pero hay una serie de actos que no pueden realizar por sí solos, sino que precisan complemento de capacidad.

Segundo. Los declarados pródigos (núm. 3.º) cuyo concepto es: personas que por su conducta habitual desordenada ponen injustificadamente en peligro su patrimonio.

CONCORDANCIAS

Véase arts. 276.8.º, 297 y 321 de este Código.
Texto vigente según Ley 13/1983, 24 octubre (*«B.O.E.»,* 26 octubre).

Artículo 287

Igualmente procede la curatela para las personas a quienes la sentencia de incapacitación o, en su caso, la resolución judicial que la modifique coloquen bajo esta forma de protección en atención a su grado de discernimiento.

COMENTARIO

El supuesto tercero (además de los que enumera el artículo anterior) de personas sometidas a curatela son los incapacitados, cuya sentencia de incapacitación o resolución judicial que la modifique no hayan decretado su incapacidad total (art. 287), sino una serie de actos que precisen el complemento de capacidad del curador (arts. 289 y 290), ya que la sentencia o resolución modificativa determina la extensión y límites de la incapacidad y el régimen de tutela o curatela (arts. 760 y 761 LEC).

JURISPRUDENCIA

«La incapacitación que como estado y situación que puede afectar a doña Ana María P. E. no ha de ser reputada con plenitud de efectos, es decir como incapacidad total, sino más bien como de tipo medio o atenuada que impone la necesidad de que la defectuosa personalidad de dicha recurrente en razón al retraso mental discreto que padece y consiguiente graduación de discernimiento se complemente, integre y asista sin necesidad de recurrir a la tutela mediante la institución intermedia de la curatela que la reforma del Código Civil llevada a cabo por Ley de 24 de octubre de 1983, vino en cierto sentido a resucitar y rescatar». (31 diciembre 1991, LA LEY 7580/1992).

«Aplicando la doctrina anterior al caso de autos, a la vista de la realidad fáctica de la persona del presunto incapaz y de la prueba practicada, se aprecia en el sujeto —aparte de una importante carencia de instrucción que exige un remedio de culturización adecuado— un retraso mental discreto que precisa se complemente, integre y asista en el aspecto patrimonial mediante la institución intermedia de la curatela (art. 287 CC, SS 24 de mayo y 31 de diciembre de 1991). Nos hallamos ante un caso de incapacidad atenuada, en que habida cuenta que el grado de discernimiento del sujeto excluye la apreciación de inhabilidad para gobernarse totalmente por sí mismo, ni afecta en medida importante, se hace innecesario establecer la tutela, bastando la protección de apoyo en el ámbito en que incide realmente la deficiencia, que es el relativo a los bienes». (30 junio 2004, rec. 2898/1999)

CONCORDANCIAS

Véase art. 277.2.º de este Código.
Texto vigente según Ley 13/1983, 24 octubre (*«B.O.E.»,* 26 octubre).

Artículo 288

En los casos del artículo 286, la curatela no tendrá otro objeto que la intervención del curador en los actos que los menores o pródigos no puedan realizar por sí solos.

COMENTARIO

1.- Este artículo y los dos siguientes se refieren a la función del curador y al ejercicio de la curatela. El curador no tiene otro contenido que el dar el complemento de capacidad —llámese intervención, asistencia o autorización— a aquellos actos jurídicos que el sometido a curatela no puede realizar válidamente por sí solo.

Este complemento de capacidad lo llama *intervención* el artículo 288 al referirse a los *actos que los menores* emancipados o habilitados de edad a los *pródigos no puedan realizar por sí solos*. Tales actos son los que enumera el Código Civil que los emancipados no pueden realizar por sí solos o que la sentencia declarando la prodigalidad haya enumerado.

El artículo 289 llama *asistencia* a este complemento de capacidad que debe dar el curador a los actos que el *incapacitado parcial* no puede realizar por sí solo, que serán aquellos que haya determinado expresamente la sentencia de incapacitación (art. 289) o si ésta no los ha determinado serán —dice el art. 290— aquellos actos de especial trascendencia para realizar los cuales el tutor necesita autorización judicial (que enumeran los arts. 271 y 272).

En uno y otro caso, el curador recibirá la petición del sometido a curatela de que le dé el complemento de capacidad —intervención, asistencia— para un determinado acto que quiera realizar y sea de los que no puede realizar por sí solo. Por tanto, la iniciativa no la tiene el curador, sino el sometido a curatela. El curador, si estima que el acto es útil, dará el complemento de capacidad, *autorizando* fehacientemente el acto.

De no darse tal autorización, porque no se le ha pedido o porque habiéndosele pedido, no se le ha concedido, si el sometido a curatela realiza igualmente, a pesar de ello, el acto, éste será *anulable* —como dispone el art. 293— bajo el régimen de anulabilidad de los artículos 1301 y siguientes.

2.- En todo caso, el ejercicio de la función del curador no es arbitraria, sino —como establece con carácter general el art. 216— está *bajo la salvaguarda de la autoridad judicial*, por lo que sus decisiones podrán impugnarse ante el Juez, aunque tal posibilidad no lo prevea expresamente el Código.

Por último, en relación al ejercicio de la función del curador, le son aplicables a éste las *prohibiciones* que para el tutor establece el artículo 221, en actos a título gratuito: recibir liberalidades del sometido a curatela; en actos a título oneroso: adquirir o transmitirle bienes; en su actuación jurídica: autorizarle actos en que intervenga el mismo curador y exista conflicto de intereses.

JURISPRUDENCIA

«El curador no suple la voluntad del afectado, sino que la refuerza, controla y encauza, complementando su deficiente capacidad, por lo que su función no viene a ser de representación, sino más bien de asistencia y protección en el concurso que presta su apoyo e intervención para aquellos actos que haya de realizar el incapaz y estén especificados en la sentencia, los que no tienen que ser precisamente de naturaleza exclusivamente patrimonial, o, en otro caso, ha de entenderse que se extiende a los mismos actos en que los tutores precisen previa autorización judicial, conforme dispone el artículo 290, en relación al 271 y 272 todos ellos del Código Civil». (31 diciembre 1991, LA LEY 7580/1992).

CONCORDANCIAS

Texto vigente según Ley 13/1983, 24 octubre (*«B.O.E.»*, 26 octubre).

Artículo 289

La curatela de los incapacitados tendrá por objeto la asistencia del curador para aquellos actos que expresamente imponga la sentencia que la haya establecido.

COMENTARIO

El artículo no hace, en el fondo, más que reproducir el anterior aplicándolo al caso de que la persona sometida a curatela sea un incapacitado, según prevé el art. 287.

El curador, según el presente artículo, complementa la capacidad («asistencia» le llama el texto legal) del incapacitado, en los actos en los que precise tal complemento, tal como venga expresado en la sentencia de incapacitación o aplicando el artículo siguiente (art. 290).

JURISPRUDENCIA

«la curatela, que es una institución de guarda de la persona a la que se nombra un asistente en atención a su grado de discernimiento, para que pueda realizar determinados tipos de actos, de acuerdo con lo dispuesto en el Art. 289 CC; la curatela es un órgano estable, pero de actuación intermitente que se caracteriza porque la función no consiste en la representación de quien está sometido a ella, sino completar la capacidad de quien la posee, pero necesita un plus para la realización de determinados actos. La diferencia se encuentra entonces en que el sometido a tutela carece de capacidad y por ello la medida de protección es la representación, mientras que el sometido a curatela es capaz, pero requiere de un complemento de capacidad». (29 abril 2009, rec. 1259/2006, LA LEY 49525/2009)

CONCORDANCIAS

Texto vigente según Ley 13/1983, 24 octubre (*«B.O.E.»,* 26 octubre).

Artículo 290

Si la sentencia de incapacitación no hubiese especificado los actos en que deba ser necesaria la intervención del curador, se entenderá que ésta se extiende a los mismos actos en que los tutores necesitan, según este Código, autorización judicial.

COMENTARIO

Este artículo es continuación del anterior. El curador complementa la capacidad del incapacitado en aquellos actos que lo requieran, que son los que ha determinado la sentencia de incapacitación (que fija su extensión y límites) si ésta no los ha determinado, tales actos son los mismos para los que el tutor necesita autorización judicial (arts. 271 y 272).

CONCORDANCIAS

Véase arts. 271 a 273 de este Código.
Texto vigente según Ley 13/1983, 24 octubre (*«B.O.E.»,* 26 octubre).

Artículo 291

Son aplicables a los curadores las normas sobre nombramiento, inhabilidad, excusa y remoción de los tutores.

No podrán ser curadores los quebrados y concursados no rehabilitados.

COMENTARIO

1.- En vez de regular para la curatela una serie de extremos que son como la tutela, el presente artículo se remite a la normativa de ésta en lo relativo a nombramiento, que es judicial, con ciertos órdenes de preferencia (con la excepción del art. 292) no vinculantes para el Juez (arts. 234 y 235), aplicándose asimismo la constitución de oficio, obligación de promoverla y facultad de poner el supuesto en conocimiento del Juez (arts. 228, 229 y 230) en los casos en que sea precisa, que no lo es siempre, la curatela; asimismo, las incapacidades especiales (inhabilidad las llama el texto legal) son los de la tutela; y también, la excusa y remoción, en cuanto a las causas y al trámite, tienen la misma normativa que la curatela, por remisión de ésta.

2.- Se añade una causa de incapacidad especial, la de quebrado y concursado no rehabilitado.

CONCORDANCIAS

Véase arts. 234 a 258 de este Código.
Texto vigente según Ley 13/1983, 24 octubre (*«B.O.E.»*, 26 octubre).

Artículo 292

Si el sometido a curatela hubiese estado con anterioridad bajo tutela, desempeñará el cargo de curador el mismo que hubiese sido su tutor, a menos que el Juez disponga otra cosa.

COMENTARIO

1.- Sobre el nombramiento de curador, en que se rige por remisión (art. 291) la normativa de la tutela, el presente artículo establece una excepción. Si existía una tutela previa y es preciso una curatela (por ejemplo, si se modifica su incapacitación, como prevé el art. 287 o el menor obtiene el beneficio de la mayor edad) es nombrado curador la misma persona que había sido tutor.

Sin ser lo mismo, recuerda el caso del menor de edad sometido a patria potestad que si es emancipado, precisa el complemento de capacidad de sus padres (los anteriores titulares de la patria potestad) para ciertos actos.

2.- El sistema de tutela de autoridad se manifiesta en toda la normativa de las funciones tutelares (art. 216). En este punto, el Juez puede estimar que no procede o no conviene que el anterior tutor sea el actual curador y disponer «otra cosa», como dice este artículo, *in fine*.

CONCORDANCIAS

Texto vigente según Ley 13/1983, 24 octubre (*«B.O.E.»*, 26 octubre).

Artículo 293

Los actos jurídicos realizados sin la intervención del curador, cuando ésta sea preceptiva, serán anulables a instancia del propio curador o de la persona sujeta a curatela, de acuerdo con los artículos 1301 y siguientes de este Código.

COMENTARIO

1.- El negocio jurídico que de algún modo contraviene la norma jurídica es un negocio irregular que sufre una sanción que puede ser de muy diversos tipos. Si consiste en la privación de los efectos que le son propios, estamos en presencia de la ineficacia. Esta puede consistir en invalidez o ineficacia stricto sensu. La invalidez viene dada por una causa intrínseca al negocio, es una ineficacia estructural; la ineficacia en sentido estricto se produce por razones extrínsecas, es una eficacia funcional.

La invalidez, a su vez, puede ser: por *inexistencia*, cuando le falta un elemento esencial al negocio jurídico; *nulidad*, cuando contraviene norma imperativa o prohibitiva y *anulabilidad* cuando el negocio jurídico adolece de falta de capacidad del sujeto o de un vicio de la voluntad (error, dolo, violencia o intimidación). La anulabilidad implica que el negocio despliega su eficacia, pero no está bajo la posibilidad de una acción de anulación que le puede eliminar la eficacia.

2.- El presente artículo 293 declara que los negocios jurídicos (expresión más correcta que «actos jurídicos» que emplea el texto legal) que realice el sometido a curatela, sin el complemento de capacidad del curador (al que este artículo llama «sin la intervención»), serán *anulables*. Caen, pues, bajo sanción de invalidez por anulabilidad, por defecto de capacidad, ya que ésta la tienen no suprimida sino restringida por edad (emancipación o beneficio de mayor edad) o por incapacitación parcial (prodigalidad u otra causa).

3.- Consecuencia de ello es que el negocio jurídico despliega su eficacia, pero puede ejercer la acción de anulación el que tenga legitimación activa, y la tiene —según este art. 293— el curador y el sometido a curatela (no el que contrató con él: art. 1302). La acción caduca a los cuatro años «desde que salieren de la tutela», curatela en este caso, según dispone el art. 1301 al que se remite el 293; lo que significa que mientras dure la curatela pueden ejercer la acción el curador y el sujeto a curatela y cuando ésta se extinga, tendrán cuatro años a partir de este momento.

La acción de anulabilidad, si se ejerce y prospera, anula el negocio jurídico, retroactivamente, *ex tunc*. Si no se ejerce y pasa el plazo de caducidad, el negocio jurídico queda convalidado. O bien, puede ser confirmado por el curador o por el sujeto a curatela cuando adquiera la capacidad plena y se extinga.

JURISPRUDENCIA

«La invalidez de tales actos, hechos sin la autorización o intervención o consentimiento, es decir, sin el complemento de capacidad del curador, viene determinada por lo dispuesto en el art. 293, en el sentido de que son anulables. Distinto es el caso del negocio de disposición a título gratuito a favor del curador, que cae bajo el imperio de la norma prohibitiva del art. 221.1, referido a todo cargo tutelar, que es de nulidad absoluta ipso iure, como establece el art. 6.3 CC». (23 diciembre 1997, LA LEY 714/1999)

CONCORDANCIAS

Texto vigente según Ley 13/1983, 24 octubre (*«B.O.E.»*, 26 octubre).

SECCIÓN SEGUNDA
De la curatela en casos de prodigalidad

Artículo 294

Derogado por Ley 1/2000, 7 enero (*«B.O.E.»,* 8 enero), Ley de Enjuiciamiento Civil.

Artículo 295

Derogado por Ley 1/2000, 7 enero (*«B.O.E.»,* 8 enero), Ley de Enjuiciamiento Civil.

Artículo 296

Derogado por Ley 1/2000, 7 enero (*«B.O.E.»,* 8 enero), Ley de Enjuiciamiento Civil.

Artículo 297

Los actos del declarado pródigo anteriores a la demanda de prodigalidad no podrán ser atacados por esta causa.

COMENTARIO

La sentencia que constituye el estado civil de incapacitado parcial —prodigalidad— como constitutiva produce efectos ex nunc, es irretroactiva. Por tanto, la validez de los actos del pródigo es la siguiente:

a) *Anteriores a la demanda de prodigalidad.* La incapacitación no les alcanza, y, por tanto, son *válidos*, lo que dice expresamente el artículo 297: *los actos del declarado pródigo anteriores a la demanda de prodigalidad no podrán ser atacados por esta causa.*

b) *Entre la demanda y la sentencia de prodigalidad.* Los actos realizados en este período tienen el mismo régimen que los celebrados tras la sentencia, como se deduce a *sensu contrario* del mismo artículo 297: *son anulables.*

c) *Tras la sentencia de prodigalidad (incapacitación parcial).*

Los actos que el pródigo realice tras la sentencia que sean de los que no tienen capacidad, es decir, de los determinados en la sentencia que necesitan el complemento de capacidad, son actos *anulables*, tal como dice el artículo 293, para todo acto del sometido a curatela (con capacidad restringida) que no tenga el complemento de capacidad.

JURISPRUDENCIA

Concepto de prodigalidad:

«El concepto de prodigalidad emana de actuación meramente arbitraria y caprichosa, reveladora de una propensión a gastos inútiles, con un espíritu desordenado, desconocimiento útil del capital, en irracional complacencia, significativo de disipación y derroche en supeditación a satisfacción de necesidades artificiales, con el consiguiente ánimo meramente «dilacerando et dissipando» en «disipare bona», consistente en gastos, y despilfarrar

y realizar injustificadas enajenaciones, de modo que se ponga injustificadamente en peligro la conservación del patrimonio, con un continuado descuido en la administración garante de una conducta creadora de un peligro para el patrimonio, socialmente condenable por su injustificación.» (2 enero 1990, LA LEY 12721-R/1990).

«Es común sentir de la doctrina entender como pródigo a aquel que malgasta su caudal con ligereza, tanto por la cuantía de los dispendios como por el destino específico u objeto a que los destina, poniendo en peligro su patrimonio y los alimentos de sus deudos.» (8 marzo 1991, LA LEY 13773-R/1991).

Legitimación activa:

«Los principios en que se inspiró la reforma del 294 del Código Civil y la doctrina más autorizada, postula la tesis de que sólo están legitimadas las personas que se citan en el precepto, que perciban alimentos del presunto pródigo o se encuentren en situación de reclamárselos; pero esta situación ha de ser actual, en el sentido de que se haya hecho valer la petición en cualquiera de las formas que arbitra el derecho, pero nunca para proteger una expectativa.» (22 mayo 1990, LA LEY 21129-JF/0000).

CONCORDANCIAS

Texto vigente según Ley 13/1983, 24 octubre (*«B.O.E.»,* 26 octubre).

Artículo 298

Derogado por Ley 1/2000, 7 enero (*«B.O.E.»,* 8 enero), Ley de Enjuiciamiento Civil.

CAPÍTULO IV
DEL DEFENSOR JUDICIAL

Artículo 299

Se nombrará un defensor judicial que represente y ampare los intereses de quienes se hallen en alguno de los siguientes supuestos:

1.º Cuando en algún asunto exista conflicto de intereses entre los menores o incapacitados y sus representantes legales o el curador. En el caso de tutela conjunta ejercida por ambos padres, si el conflicto de intereses existiere sólo con uno de ellos, corresponderá al otro por ley, y sin necesidad de especial nombramiento, representar y amparar al menor o incapacitado.

2.º En el supuesto de que, por cualquier causa, el tutor o el curador no desempeñare sus funciones, hasta que cese la causa determinante o se designe otra persona para desempeñar el cargo.

3.º En todos los demás casos previstos en este Código.

COMENTARIO

1.- El Código no permite que un menor o incapacitado se encuentre falto de alguien que le represente y le ampare. Por ello, se prevé que si nadie ejerce —por la causa que fuere— la tutela o curatela (y hay que pensar que si falla la patria potestad, será preciso constituir tutela) o bien hay oposición de intereses, se nombra un defensor judicial que represente y ampare los intereses —como dice el inicio del art. 299— del menor o incapacitado que carece de tutor o curador.

El concepto y función del defensor judicial se resume, pues, en el sentido de que es la *persona que representa y ampara temporal y provisionalmente a un menor o incapacitado, supletoriamente* (falta de patria potestad y de tutela u oposición de intereses), *al tutor y curador.*

2.- El artículo 299 regula el defensor judicial con el concepto que se ha dado y previendo los casos en que procede su nombramiento, que coinciden con la función apuntada.

Tales casos son los siguientes:

Primero. Cuando, *por cualquier causa, el tutor o el curador no desempeñe sus funciones (art. 299.2.º)*. Cualquier causa que puede ser voluntaria, como el que por desidia o mala fe deje de ocuparse del menor o incapacitado, o involuntaria, como una enfermedad o un largo viaje, del tutor o curador, que impida atenderle.

Segundo. *Cuando en algún asunto exista conflicto de intereses* entre tutor o curador y los intereses del menor o incapacitado sujeto a tutela o curatela (art. 299.1.º). Si el conflicto se produce en forma permanente o en asuntos de especial trascendencia, no se dará el nombramiento de defensor judicial, sino que será una causa de incapacidad especial (causa 4, del art. 244) o, en su caso, si se produce en el ejercicio de la tutela o curatela, de remoción (art. 247 en relación con la anterior). Si la tutela es ejercida conjuntamente por dos tutores se nombrará defensor judicial si el conflicto se plantea con los dos, pero si es con uno solo de ellos, no habrá defensor judicial, sino que será el otro cotutor —el que no tiene el conflicto— quien representará al pupilo en este asunto concreto, tal como prevé el segundo inciso del mismo número 1.º del artículo 299 y también el artículo 237 bis.

También en el caso previsto en el artículo 163 se nombra el defensor judicial. No la persona que menciona dicho artículo en su tercer párrafo, que se remite a una tutela legítima ya desaparecida, sino al regulado en el presente capítulo, único defensor judicial, que ha derogado tácitamente aquel párrafo.

Tercero. *En todos los demás casos previstos en este Código* (artículo 299.3.º). Uno de estos casos es el del artículo 249, que prevé el nombramiento de un defensor judicial mientras se tramita el procedimiento de remoción de tutor (o curador). Y el que prevé el art. 758 LEC para defender al demandado como presunto incapaz o pródigo, si no se persona por sí mismo ni le defiende el Ministerio Fiscal. Asimismo, el caso previsto en el art. 256, segundo párrafo; mientras no se resuelve acerca de la excusa sobrevenida, alegada por el tutor, debe continuar ejerciendo la función, pero si no lo hace, se nombra defensor judicial.

JURISPRUDENCIA

«Siendo deber de los padres ejercer la patria potestad en beneficio de los hijos sujetos a ella (artículo 154 del Código Civil), la excepción que, para el concreto ejercicio de la representación que la norma les atribuye, significa la actuación del defensor judicial ha de estar justificada por la inutilidad de aquella para cumplir, en el caso concreto, el antes mencionado fin». (17 mayo 2004, rec. 1835/1998)

«son contrarios los intereses de la madre demandada, que no quiere establecer en ningún caso la realidad que sea procedente sobre la paternidad, con los del hijo, tanto desde el punto de vista de su persona, como del orden público del estado civil, y si hubiera sido demandado el hijo menor de edad, conforme a lo previsto en el artículo 299.1 del Código Civil, era necesario el nombramiento de un defensor judicial que le representara y amparase sus intereses». (9 julio 2004, rec. 4621/1999)

CONCORDANCIAS

Véase arts. 163, 181, 221, 224, 249 y 256 de este Código.
Texto vigente según Ley 13/1983, 24 octubre (*«B.O.E.»,* 26 octubre).

Artículo 299 bis

Cuando se tenga conocimiento de que una persona debe ser sometida a tutela y en tanto no recaiga resolución judicial que ponga fin al procedimiento, asumirá su representación y defensa el Ministerio Fiscal. En tal caso, cuando además del cuidado de la persona hubiera de procederse al de los bienes, el Juez podrá designar un administrador, de los mismos, quien deberá rendirle cuentas de su gestión una vez concluida.

COMENTARIO

1.- El artículo 222 enumera quiénes están sujetos a tutela; artículos posteriores (229 y ss.) quiénes deben promover el expediente para constituir la tutela; el art. 231, un trámite obligatorio para el Juez; éste nombrará al tutor según cierto orden y preferencias (arts. 234 y ss.) y, por fin, el Juez le dará posesión de su cargo (art. 259). Todo ello lleva un tiempo y en éste (a este tiempo se refiere la frase del presente art. 299 bis: «cuando se tenga conocimiento de que una persona debe ser sometida a tutela y en tanto no recaiga resolución judicial que ponga fin al procedimiento») la representación legal del futuro tutelado y, por tanto, su defensa, la tiene el Ministerio Fiscal. No es un tutor, es un cargo público que asume temporalmente funciones análogas a las del tutor.

Sus funciones alcanzan al contenido personal y patrimonial de la representación y defensa del menor o incapacitado. En aquellos actos en que el tutor precisa autorización judicial, que señalan los arts. 271 y 272, también la precisará el Fiscal.

2.- Sin embargo, el contenido patrimonial puede ser apartado de la representación del Ministerio Fiscal y conflicto por el Juez a un *administrador*. Este no es tutor ni defensor judicial. Tal como dice este artículo es mero administrador, sin que la administración alcance a actos dispositivos. Una vez terminada su función, por toma de posesión del tutor, debe rendir cuenta de su administración al Juez.

CONCORDANCIAS

Texto vigente según Ley 13/1983, 24 octubre (*«B.O.E.»,* 26 octubre).

Artículo 300

El Juez, en procedimiento de jurisdicción voluntaria, de oficio o a petición del Ministerio Fiscal, del propio menor o de cualquier persona capaz de comparecer en juicio, nombrará defensor a quien estime más idóneo para el cargo.

COMENTARIO

El nombramiento de defensor judicial lo hace el Juez y —como dispone el art. 300— nombra a quien estime más idóneo para el cargo: cualquier persona, pues, sin necesidad de que sea pariente o allegado del sujeto a tutela o curatela.

Tal nombramiento se lleva a cabo *en procedimiento de jurisdicción voluntaria* —como ordena el mismo art. 300—, que se inicia de oficio o a petición del Ministerio Fiscal, del propio menor o de cualquier persona capaz de comparecer en juicio

CONCORDANCIAS

Artículo redactado por LO 1/1996, 15 enero, de Protección Jurídica del Menor.

Artículo 301

Serán aplicables al defensor judicial las causas de inhabilidad, excusas y remoción de los tutores y curadores.

COMENTARIO

Las normas que el Código establece sobre incapacidad especial, remoción y excusa del tutor son generales. Así, se aplican al curador (art. 291) y al defensor judicial (este art. 301). A éste no le incluye la normativa del nombramiento del tutor, pues se nombra a quien el Juez «estime más idóneo para el cargo» sin los requisitos y preferencias que se establecen para el tutor.

CONCORDANCIAS

Véase art. 291 de este Código.
Texto vigente según Ley 13/1983, 24 octubre (*«B.O.E.»,* 26 octubre).

Artículo 302

El defensor judicial tendrá las atribuciones que le haya concedido el Juez al que deberá rendir cuentas de su gestión una vez concluida.

COMENTARIO

1.- El cargo de defensor judicial es temporal y provisional y supletorio al tutor o curador; lo importante es destacar que el defensor vela por la persona y bienes del menor o incapacitado en igual forma que el tutor o curador, pero para un asunto concreto (caso de conflicto de intereses) o para un tiempo concreto (falta de tutor o curador) o para el caso previsto en la ley.

No puede señalarse un contenido general de la función del defensor judicial. Este se concreta a «las atribuciones que le haya concedido el Juez» y serán las que éste prevea por razón del conflicto de intereses, de falta de tutor o curador, o del caso previsto en la ley.

2.- Una vez ha desempeñado tales atribuciones que le ha conferido el Juez, el defensor judicial le rendirá cuentas de su gestión.

CONCORDANCIAS

Texto vigente según Ley 13/1983, 24 octubre (*«B.O.E.»,* 26 octubre).

CAPÍTULO V
DE LA GUARDA DE HECHO

Artículo 303

Sin perjuicio de lo dispuesto en los artículos 203 y 228, cuando la Autoridad judicial tenga conocimiento de la existencia de un guardador de hecho podrá requerirle para que informe de la situación de la persona y los bienes del menor o del presunto incapaz y de su actuación en relación con los mismos, pudiendo establecer asimismo las medidas de control y vigilancia que considere oportunas.

COMENTARIO

1.- Es una realidad constante el supuesto de ejercicio de hecho de un derecho, pero esta realidad se da con especial frecuencia precisamente en la tutela, en que hay tantos casos de un menor o incapacitado sin patria potestad en que nadie se preocupa de constituir la tutela (piénsese en aquellos que carecen de patrimonio y no quiere nadie entrar en gastos de tramitación ni ser nombrado tutor).

Atendiendo a esta realidad fáctica, el Código regula —tras la reforma de la Ley de 24 de octubre de 1983— la tutela de hechos, con el nombre (pues realmente no es una tutela) de *guarda de hecho*, en tres artículos: 303, 304 y 306).

Parte el Código de la obligación de promover la declaración de incapacitación, impuesta en el artículo 757 LEC, y el deber de constituir la tutela, del artículo 228, y si a pesar de ello existe un *guardador de hecho* de un menor o incapacitado, prevé el artículo 303 que el Juez pueda —queda al arbitrio judicial— requerirle para que le informe de su gestión e imponerle medidas de control y vigilancia.

Lo cual no excluye la inmediata aplicación de los mencionados artículos 203 y 228; es decir, que se promoverá la incapacitación del sujeto a la guarda, si se trata de un posible incapacitado y no de un menor y se constituirá la tutela. Mientras tanto, se le nombrará un administrador (supuesto del art. 299 bis) que podrá serlo el propio guardador de hecho, si es persona idónea para el cargo, que cuidará de los bienes, y el Ministerio Fiscal asumirá su representación y defensa (art. 299 bis).

Por tanto, lo que es importante destacar es que la regulación de la guarda de hecho es esencialmente *a posteriori*. Prevé que existe y regula lo que sucedió: informe sobre la persona y bienes, medidas de contabilidad de indemnización de daños y perjuicios (art. 306). Pero no regula la institución hacia el futuro, pues este futuro del menor o incapacitado no queda bajo el cuidado del guardador, sino del tutor que deberá ser nombrado, y hasta que lo sea, de un administrador y del Fiscal (artículo 299 bis).

2.- Sobre el ejercicio de la guarda de hecho, ninguna norma lo regula en forma directa y expresa, pues sólo se prevé la actuación judicial *a posteriori*, como se ha dicho. Se puede distinguir: principio general de actuación en el ejercicio de la guarda e intervención judicial.

Principio general de actuación. El guardador de hecho, como principio general, debe actuar con buena fe y con la diligencia propia de un buen padre de familia. Hay que tener en cuenta que, en su día, el Juez (artículo 303) puede requerirle para que le informe sobre su actuación.

Tanto si se asimila, por analogía, la guarda de hecho a la tutela propiamente dicha, como a un mandato tácito, como a una gestión de negocios ajenos, el guardador deberá actuar, en su ejercicio, en beneficio del guardado (art. 216), administrando su patrimonio con la diligencia de un buen padre de familia (art. 270), haciendo todo lo que según la naturaleza de los negocios, haría un buen padre de familia (art. 1719), cuidando los mismos con dicha diligencia (art. 1889) y respondiendo de los perjuicios que, por su culpa, haya sufrido el guardado menor o incapaz.

Intervención judicial. El Juez, cuando tiene conocimiento de que existe un caso de guarda legal, *podrá* —según arbitrio judicial— requerir al guardador de hecho —como prevé el art. 303— *para que informe de la situación de la persona* (contenido personal) *y los bienes* (contenido patrimonial) *del menor o del presunto incapaz y de su actuación* (ejercido hasta ese momento) *en relación con los mismos.*

Además, puede —también según arbitrio judicial— *establecer asimismo las medidas de control y vigilancia que considere oportunas.* Cuyo control y vigilancia se refiere a hechos pasados, a la actuación anterior del guardador.

En este momento, conociendo de la existencia de una guarda de hecho, el Juez —como se ha apuntado— iniciará el trámite de incapacitación si procede (art. 762.1 LEC), constituirá la tutela (art. 228) nombrando hasta la designación de tutor un administrador que cuida de los bienes y el Ministerio Fiscal cuidará de la persona (art. 299 bis).

JURISPRUDENCIA

«la institución de la tutela "temporal" no se encuentra recogida en nuestro ordenamiento jurídico, aunque pudiera tener alguna semejanza con la "guarda de hecho" que regula el Código Civil en sus artículos 303 y siguientes y con el "acogimiento" de que hablan los artículos 172 y 173 del dicho texto legal.» (21 junio 1991, LA LEY 14216-R/1991).

CONCORDANCIAS

Texto vigente según Ley 13/1983, 24 octubre (*«B.O.E.»,* 26 octubre).

Artículo 304

Los actos realizados por el guardador de hecho en interés del menor o presunto incapaz no podrán ser impugnados si redundan en su utilidad.

COMENTARIO

En cuanto a los efectos de la guarda de hecho, no se regulan en el Código más que unos limitados patrimoniales, quedando los personales fuera de toda previsión legal.

Los actos realizados por el guardador de hecho en interés del menor o presunto incapaz pueden haber resultado beneficiosos o perjudiciales para el mismo. Si son beneficiosos, tal como dispone el art. 304, no podrán ser impugnados si redundan en su utilidad. Si son perjudiciales, *a sensu contrario* del mismo artículo 304, sí podrán ser impugnados, y lo serán en base al artículo 1259, en virtud del cual los actos realizados por un pseudorepresentante sin poder ni representación legal serán inexistentes.

JURISPRUDENCIA

«La acción ejercitada por culpa extracontractual con base en los artículos 1902 y 1903 del Código Civil por la recurrida lo es en nombre propio, a la vez que como guardadora de hecho de su hijo incapacitado aunque sea mayor de edad, y por tanto está legitimado para ese ejercicio el que se considere perjudicado y no puede negarse que la madre de un incapacitado aunque no esté declarado judicialmente como tal se halla afectada de una dolorosa situación anímica permanente, que puede generar no sólo daños morales sino también materiales, y en la suma pedida puede incluirse una parte del «pecunia doloris» que le corresponde por derecho propio. b) Pero, además, en cuanto a los daños que personalmente afectan al lesionado por el accidente objeto de la litis, la madre como guardadora de hecho está legitimada para reclamar la indemnización correspondiente, prescindiendo de si la patria potestad que tuvo sobre el hijo cuando era menor de edad se halla o no prorrogada, de forma que para la cuestión ahora planteada y por lo que se expone a continuación es indiferente la norma del artículo 171 invocado como infringido. c) Y es así porque se ha probado que se trata de un incapacitado perjudicado, situación de hecho no negada por ninguna de las partes, que no tiene capacidad procesal o capacidad de obrar para defenderse por sí, y ante esta situación indubitada el artículo 304 del Código Civil convalida los actos realizados por la madre como guardadora de hecho en beneficio de su hijo incapacitado, actos que según el mismo precepto «no podrán ser impugnados si redundan en su utilidad». (8 febrero 1994, LA LEY 13741/1994).

CONCORDANCIAS

Texto vigente según Ley 13/1983, 24 octubre (*«B.O.E.»,* 26 octubre).

Artículo 305

Derogado por Ley 13/1983, 24 octubre (*«B.O.E.»,* 26 octubre).

Artículo 306

Será aplicable al guardador de hecho lo dispuesto en el artículo 220 respecto del tutor.

COMENTARIO

Si el guardador de hecho ha sufrido daños y perjuicios sin culpa de su parte, tendrá derecho a la indemnización de éstos, con cargo a los bienes del guardado menor o presunto incapaz, si no puede obtener por otro medio su resarcimiento, tal como dispone el artículo 220, al que se remite y declara aplicable el artículo 306.

Si ha sido el guardado el que ha sufrido perjuicios, en virtud de los principios generales de actuación, responderá de los mismos el guardador de hecho.

CONCORDANCIAS

Texto vigente según Ley 13/1983, 24 octubre (*«B.O.E.»,* 26 octubre).

Artículo 307

Derogado por Ley 13/1983, 24 octubre (*«B.O.E.»,* 26 octubre).

Artículo 308

Derogado por Ley 13/1983, 24 octubre («*B.O.E.*», 26 octubre).

Artículo 309

Derogado por Ley 13/1983, 24 octubre («*B.O.E.*», 26 octubre).

Artículo 310

Derogado por Ley 13/1983, 24 octubre («*B.O.E.*», 26 octubre).

Artículo 311

Derogado por Ley 13/1983, 24 octubre («*B.O.E.*», 26 octubre).

Artículo 312

Derogado por Ley 13/1983, 24 octubre («*B.O.E.*», 26 octubre).

Artículo 313

Derogado por Ley 13/1983, 24 octubre («*B.O.E.*», 26 octubre).

TÍTULO XI
De la mayor edad y de la emancipación

Artículo 314

La emancipación tiene lugar:

1.º Por la mayor edad.

2.º Por el matrimonio del menor.

3.º Por concesión de los que ejerzan la patria potestad.

4.º Por concesión judicial.

COMENTARIO

1.- El presente artículo declara cuándo tiene lugar la emancipación. Sin embargo, en el número primero incluye la mayoría de edad, que no es emancipación: la mayor edad, a que se refiere el art. 315, produce la capacidad de obrar plena; la emancipación, la capacidad de obrar restringida, es decir, el emancipado, actúa por sí mismo y realiza él actos jurídicos, pero para algunos —que enumera el Código Civil según las distintas clases de emancipación— necesita un complemento de capacidad —que la ley llama «asentimiento», «autorización» o «consentimiento»— para su plena validez (que si les falta, serán anulables: vid, expresamente en la curatela, art. 293).

La emancipación provoca la *extinción de la patria potestad* (como dice expresamente el artículo 169.2.º) o *de la tutela* (art. 276.4.º teniendo en cuenta que la emancipación del menor bajo tutela se llama «beneficio de mayor edad»: art. 321). Sin embargo, a pesar de que se haya extinguido la patria potestad o la tutela, cuando el emancipado necesite el *complemento de capacidad* para ciertos actos jurídicos, se lo darán los anteriores titulares de la patria potestad (sus padres, si no hubieran estado privados o suspendidos de ella) o un curador, nombrado al efecto (art. 286.1.º y 2.º) (o sea, no el ex tutor, sino un curador nuevo) (salvo el caso especial de la emancipación por matrimonio que prevé el artículo 324).

2.- Las causas de emancipación que enumera este artículo son, en primer lugar, la *mayor edad*, que ya se ha dicho que no produce la emancipación, sino que la mayoría de edad implica la capacidad de obrar plena. En segundo lugar, el *matrimonio*, que la produce *ipso iure*, automáticamente, y prevén los arts. 316 y 324. En tercer lugar, por *concesión de los titulares de la patria potestad*, que desarrollan los arts. 317 y 323. En cuarto lugar, por *concesión judicial*, que regula el art. 320 y también por concesión judicial, se concede la emancipación llamada *beneficio de la mayor edad* (art. 321). Además, no se contempla en este artículo la *emancipación tácita* que regula el art. 319.

CONCORDANCIAS

Véase arts. 315 a 317, 320 y 321 de este Código.
Texto vigente según Ley 11/1981, 13 mayo (*«B.O.E.»*, 19 mayo).

Artículo 315

La mayor edad empieza a los dieciocho años cumplidos.

Para el cómputo de los años de la mayoría de edad se incluirá completo el día del nacimiento.

COMENTARIO

1.- El Código Civil —todos los Códigos modernos— en aras a la seguridad del tráfico jurídico, fija un momento concreto, teniendo en cuenta el normal desenvolvimiento mental, a partir del cual le declara mayor de edad y le atribuye la capacidad plena.

Esta edad se fija en el artículo 315: *la mayor edad empieza a los dieciocho años cumplidos*, de conformidad con el art. 12 de la Constitución.

2.- Se sigue el cómputo no natural (de momento a momento), sino civil, por días completos según la norma general del artículo 5 del Código Civil, aunque incluyendo el día del nacimiento (especialidad respecto al art. 5): artículo 315: *Para el cómputo de los años de la mayoría de edad se incluirá completo el día del nacimiento.*

3.- Los dieciocho años de edad producen el *estado civil de mayoría de edad* y, por ende, la *capacidad de obrar plena.*

No es una emancipación, que implica una capacidad restringida, a pesar de que el artículo 314 lo diga e incluya la mayoría de edad como una de las clases de emancipación. Lo que es erróneo: a pesar de que su efecto extintivo de la patria potestad es el mismo, la mayoría de edad y la emancipación son dos estados distintos.

JURISPRUDENCIA

«la regulación de la minoría de edad, en cuanto mera limitación de la capacidad de obrar, se basa en la existencia de dicha capacidad y en la necesidad de integrarla para proteger al menor, lo que justifica que el Juzgado de Primera Instancia declarase que, por haber sido la demanda válidamente admitida, no era necesario, a tales efectos, repetir su interposición, pese a que en ella constaba que quien aparecía como demandante era la menor, y no sus padres, que, al personarse en las actuaciones, aceptaron **ex post** *como propia la actuación de su hija».* (1 septiembre 2006, LA LEY 99330/2006)

CONCORDANCIAS

Véase Constitución Española. art. 12.

Texto vigente según Ley 11/1981, 13 mayo (*«B.O.E.»,* 19 mayo). Anterior texto según Ley 14/1975, 2 mayo (*«B.O.E.»,* 5 mayo).

Artículo 316

El matrimonio produce de derecho la emancipación.

COMENTARIO

1.- El matrimonio produce ipso iure la emancipación, automáticamente; el artículo 316 así lo expresa: El matrimonio produce de derecho la emancipación. Se referirá al caso del menor que contrae matrimonio con dispensa de edad (art. 48, segundo párrafo) o sin dispensa, pero que nadie ejercita la acción de nulidad (art. 75).

2.- Los efectos de esta clase de emancipación, es decir, la capacidad restringida que comporta, la señala el artículo 324.

CONCORDANCIAS

Texto vigente según Ley 11/1981, 13 mayo (*«B.O.E.»*, 19 mayo).

Artículo 317

Para que tenga lugar la emancipación por concesión de quienes ejerzan la patria potestad se requiere que el menor tenga dieciséis años cumplidos y que la consienta. Esta emancipación se otorgará por escritura pública o por comparecencia ante el Juez encargado del Registro.

COMENTARIO

1.- Se contempla en este artículo la emancipación por concesión de los titulares de la patria potestad, el hijo que se halla bajo la misma que no ha alcanzado la mayoría de edad. Es un negocio jurídico de Derecho de familia.

Tal concesión la hacen los padres, titulares de la patria potestad, conjuntamente o, lo que viene a ser lo mismo, uno con consentimiento del otro. Si sólo es uno el titular, él solo: son los casos en que uno de los padres ha fallecido, o uno solo es el determinado legalmente, o a uno se le ha privado o suspendido la patria potestad. Si sólo uno ejerce la patria potestad y el otro conserva la misma pero no el ejercicio, no puede conceder aquél la emancipación, sino que hará falta igualmente el concurso de ambos.

2.- Se enumeran los requisitos para tal clase de emancipación. Como requisito subjetivo, que el hijo tenga dieciséis años cumplidos. Como requisito de eficacia, que el hijo la consienta, lo que no convierte el negocio jurídico en bilateral, sino que es un requisito de eficacia del mismo. Como requisito formal, que se otorgue en escritura pública o por comparecencia ante el Juez encargado del Registro civil.

3.- Los efectos, es decir, la capacidad restringida del menor emancipado por concesión se contempla en el art. 323.

El artículo 318 añade el deber de inscripción de esta emancipación en el Registro civil.

CONCORDANCIAS

Véase Reglamento del Registro Civil, de 14 noviembre 1958 (*«B.O.E.»*, 11 diciembre): art. 176.
Texto vigente según Ley 11/1981, 13 mayo (*«B.O.E.»*, 19 mayo).

Artículo 318

La concesión de emancipación habrá de inscribirse en el Registro Civil, no produciendo entre tanto efectos contra terceros.

Concedida la emancipación no podrá ser revocada.

COMENTARIO

1.- En el artículo anterior se establece como requisito formal de la emancipación por concesión de los titulares de la patria potestad la escritura pública o la comparecencia ante el Juez encargado del Registro civil. Este artículo 318 establece el requisito de publicidad consistente en la inscripción en el Registro civil: éste no es elemento constitutivo, a diferencia de aquél. La falta de inscripción tiene como consecuencia que la emancipación, ya válida y perfecta, no produce efectos contra terceros.

2.- El segundo párrafo del presente artículo establece la *irrevocabilidad* de la emancipación. Por su colocación sistemática parece referirse sólo a la emancipación por concesión de los titulares de la patria potestad, pero es también irrevocable, en todo caso, toda clase de emancipación. Parece una excepción la tácita (que no es verdadera emancipación), contemplada en el art. 319, pero realmente lo que permite éste es que se revoque el consentimiento para la vida independiente del hijo menor de edad y ésta es la que produce aquella emancipación tácita.

CONCORDANCIAS

Véase:
— Ley del Registro Civil, de 8 junio 1957 (*«B.O.E.»*, 10 junio): art. 46.
— Reglamento del Registro Civil, de 14 noviembre 1958 (*«B.O.E.»*, 11 diciembre): art. 176.
Texto vigente según Ley 11/1981, 13 mayo (*«B.O.E.»,* 19 mayo). Anterior texto según Real Decreto-Ley 33/1978, 16 noviembre (*«B.O.E.»,* 17 noviembre).

Artículo 319

Se reputará para todos los efectos como emancipado al hijo mayor de dieciséis años que con el consentimiento de los padres viviere independientemente de éstos. Los padres podrán revocar este consentimiento.

COMENTARIO

1.- La llamada emancipación tácita se refiere al caso del mayor de dieciséis años que vive con independencia de sus padres, titulares de la patria potestad, con consentimiento de éstos. No es una verdadera emancipación, no extingue la patria potestad, pero se le amplía la capacidad de obrar, de la que carecía al ser menor de edad, en el sentido de que «se reputará para todos los efectos como emancipado».

2.- Los requisitos son, pues, el subjetivo de que el menor haya cumplido dieciséis años, el objetivo, de que haga vida independiente, económica y social y de que tenga el consentimiento para ello de sus padres titulares de la patria potestad y no se exige requisito formal alguno.

3.- El efecto es la ampliación de capacidad «como emancipado»; es decir, no es emancipado ni se ha extinguido la patria potestad, pero su capacidad es como la del emancipado, aplicándosele el art. 323.

4.- Es revocable, no la emancipación, ya que no hay verdadera emancipación, sino el consentimiento para la vida independiente, requisito para esta ampliación de la capacidad.

CONCORDANCIAS

Texto vigente según Ley 11/1981, 13 mayo (*«B.O.E.»,* 19 mayo).

Artículo 320

El Juez podrá conceder la emancipación de los hijos mayores de dieciséis años si éstos la pidieren y previa audiencia de los padres.

1.º Cuando quien ejerce la patria potestad contrajere nupcias o conviviere maritalmente con persona distinta del otro progenitor.

2.º Cuando los padres vivieren separados.

3.º Cuando concurra cualquier causa que entorpezca gravemente el ejercicio de la patria potestad.

COMENTARIO

1.- La emancipación por concesión judicial, a que se refería el art. 314, número 4.º, es la que concede el Juez, no por negocio jurídico, sino por acto de autoridad, a instancia del hijo y si concurre alguna de las causas, acreditada en expediente de jurisdicción voluntaria.

El Juez, pues, no actúa de oficio, sino a instancia del hijo que sea *mayor de dieciséis años*, con *audiencia de los padres*.

2.- Las causas por la que el Juez puede conceder esta emancipación las enumera el presente artículo 320 y son: primera; cuando el que ejerce la patria potestad contrae matrimonio de derecho de hecho («conviviere maritalmente») con persona que no es el otro progenitor; no se habla de titularidad de patria potestad, sino de ejercicio, y no se habla de motivación, sino de cualquier origen: porque uno solo de los padres está determinado legalmente, o uno de ellos ha fallecido, o ha habido nulidad, separación o divorcio; segunda: cuando los padres viven separados, sean extramatrimoniales o matrimoniales, se trate de separación de hecho o de nulidad, separación o divorcio; tercera: por causa que entorpezca gravemente el ejercicio de la patria potestad, causa abierta a todo supuesto de entorpecimiento físico (lejanía, enfermedad) o moral (mala conducta, vicio).

CONCORDANCIAS

Véase Reglamento del Registro Civil, de 14 noviembre 1958 (*«B.O.E.»,* 11 diciembre): art. 176.

Texto vigente según Ley 11/1981, 13 mayo (*«B.O.E.»,* 19 mayo). Anteriores textos según Ley 31/1972, 22 julio (*«B.O.E.»,* 24 julio) y Real Decreto-Ley 33/1978, 16 noviembre (*«B.O.E.»,* 17 noviembre).

Artículo 321

También podrá el Juez, previo informe del Ministerio Fiscal, conceder el beneficio de la mayor edad al sujeto a tutela mayor de dieciséis años que lo solicitare.

COMENTARIO

Igualmente, por concesión judicial se concede la emancipación, llamada beneficio de la mayor edad (art. 321), al menor que no se halla bajo patria potestad, sino bajo tutela, sea mayor de dieciséis años y lo solicitara al Juez que la concede en expediente de jurisdicción voluntaria, informando el Ministerio Fiscal, con lo que se extingue la tutela, el menor es emancipado y precisará curatela para aquellos actos que necesiten complemento de capacidad.

CONCORDANCIAS

Véase arts. 276.4.º y 286.2.º de este Código.

Texto vigente según Ley 21/1987, 11 noviembre (*«B.O.E.»*, 17 noviembre). Anteriores textos según Ley 20 diciembre 1952 (*«B.O.E.»*, 22 diciembre), Ley 31/1972, 22 julio (*«B.O.E.»*, 24 julio) y Ley 11/1981, 13 mayo (*«B.O.E.»*, 19 mayo).

Artículo 322

El mayor de edad es capaz para todos los actos de la vida civil, salvo las excepciones establecidas en casos especiales por este Código.

COMENTARIO

1.- El grado superior de la capacidad de obrar, es la capacidad sin más paliativos, o con la expresión plena. Es la plenitud de la capacidad de obrar. Se halla en este grado el mayor de edad, artículo 322; El mayor de edad es capaz para todos los actos de la vida civil. Lo que implica que el capaz actúa por sí mismo en el ámbito jurídico, ejercita personalmente los derechos y las obligaciones de que es titular. Puede —lo que es expresión de su capacidad— ejercitarlas a través de otro por medio del instituto de la representación voluntaria.

2.- La capacidad es un concepto absoluto, lo que ya tiene en cuenta el propio artículo 322 (... *salvo las excepciones establecidas en casos especiales por este Código*). Hay actos que la ley no considera apropiado que puede ejercitarlos el capaz, como sería normal, desde que adquiera la capacidad, es decir, desde que cumpla los dieciocho años. Un claro ejemplo es el de la adopción, que no basta la capacidad sino que exige la edad de veinticinco años.

JURISPRUDENCIA

«Es evidente que el Art. 322 CC establece una presunción de capacidad que se aplica a toda persona mayor de edad, que sólo desaparece cuando se prueba la concurrencia de una enfermedad de carácter persistente que permita concluir que aquella persona no se halla en situación de regir su persona, administrar sus bienes y cumplir con las restantes funciones de una persona media. Así se ha venido considerando por la jurisprudencia de esta Sala en sentencias de 19 mayo 1998, 26 julio 1999, 20 noviembre 2002, 14 julio 2004; como afirma la sentencia de 28 julio 1998, "[...] para que se incapacite a una persona no es sólo suficiente que padezca una enfermedad persistente de carácter físico o psíquico [...] lo que verdaderamente sobresale es la concurrencia del segundo requisito, o sea, que el trastorno tanto sea permanente como que oscile en intensidad impida gobernarse a la afectada por sí misma"». (29 abril 2009, rec. 1259/2006, LA LEY 49525/2009)

CONCORDANCIAS

Texto vigente según Ley 11/1981, 13 mayo (*«B.O.E.»*, 19 mayo).

Artículo 323

La emancipación habilita al menor para regir su persona y bienes como si fuera mayor, pero hasta que llegue a la mayor edad no podrá el emancipado tomar dinero a préstamo, gravar o enajenar bienes inmuebles y establecimientos mercantiles o industriales u objetos de extraordinario valor sin consentimiento de sus padres y, a falta de ambos, sin el de su curador.

El menor emancipado podrá por sí solo comparecer en juicio.

Lo dispuesto en este artículo es aplicable también al menor que hubiere obtenido judicialmente el beneficio de la mayor edad.

COMENTARIO

1.- El grado intermedio de la capacidad es la capacidad restringida. Significa la aptitud de ejercicio de los propios derechos y obligaciones, pero con el adicional requisito habilitante de un complemento de capacidad, para ciertos actos, denominado consentimiento, autorización, asentimiento o expresiones parecidas. Se hallan en este grado tres tipos de personas: el menor emancipado, el pródigo y el incapacitado parcial y también el caso especial del menor que va a contraer matrimonio respecto a capitulaciones (art. 1329) o donaciones (artículo 1338).

En todo caso, el que se halla con capacidad restringida *actúa por sí mismo* en el mundo jurídico (como el capaz), ejercita personalmente sus derechos y obligaciones (no tiene, en ningún caso, representante legal que actúe en su nombre) pero para algunos actos jurídicos precisa *complemento de capacidad.* Quien otorga este complemento es el anterior o anteriores titulares de la patria potestad (o sea, los padres, pero en ningún caso si se les hubiera privado o suspendido la patria potestad) o el curador, al que se le atribuye específicamente esta función respecto a ciertos actos de los capaces restringidos (que enumeran los artículos 286 y 287).

El *emancipado* en sus diversas clases, incluyendo la llamada *habilitación* o *beneficio de la mayor edad*, produce la extinción de la patria potestad (art. 169.2.º) o de la tutela (art. 276.4.º) y la adquisición de una capacidad restringida: tiene plena capacidad para la mayoría de actos y negocios jurídicos y para algunos actos precisa el complemento de capacidad que es otorgado por los padres anteriores titulares de la patria potestad (arts. 323 y 324, aunque este último plantea el caso especial de no necesidad del complemento cuando disponen de un bien ganancial ambos cónyuges, siendo uno emancipado por el propio matrimonio y el otro mayor de edad), o, a falta de éstos, del curador (art. 286, 1.º y 2.º) respecto a los actos que el emancipado no pueda realizar por sí solo (art. 288).

2.- El presente artículo 323 contempla la capacidad restringida del menor emancipado. Tiene capacidad de obrar en su esfera personal y patrimonial («para regir su persona y bienes»). Precisa del complemento de capacidad para ciertos actos: recibir dinero a préstamo, como prestatario y disponer de bienes inmuebles, establecimientos mercantiles o industriales y de bienes muebles de extraordinario valor. No precisa de complemento de capacidad para comparecer a juicio. El siguiente artículo establece la especial capacidad para el caso de emancipación por matrimonio.

El complemento de capacidad lo conceden los padres, anteriores titulares de la patria potestad y, en defecto de éstos, el curador (art. 286, 1.º y 2.º).

CONCORDANCIAS

Artículo redactado por LO 1/1996, 15 enero, de Protección Jurídica del Menor. Anterior redacción por Ley 11/1981, 13 mayo (*«B.O.E.»*, 19 mayo) y Real Decreto-Ley 33/1978, 16 noviembre (*«B.O.E.»*, 17 noviembre).

Artículo 324

Para que el casado menor de edad pueda enajenar o gravar bienes inmuebles, establecimientos mercantiles u objetos de extraordinario valor que sean comunes, basta si es mayor el otro cónyuge, el consentimiento de los dos, si también es menor, se necesitará, además, el de los padres o curadores de uno y otro.

COMENTARIO

1.- El menor de edad, siempre que tenga catorce años, puede contraer matrimonio con dispensa del Juez de 1.ª Instancia (art. 48). Si carece de dispensa, el matrimonio es nulo (art. 46.1.º, en relación con el 73.2) aunque convalidable (art. 75).

El matrimonio del menor con dispensa (no, si es sin dispensa, ya que es nulo) produce la emancipación, según disponen los artículos 314.2.º y 316.

2.- La *capacidad del menor emancipado por matrimonio* es la general que establece el artículo 323, capacidad restringida, en el sentido de que para ciertos actos precisa el complemento de capacidad de los padres o del curador.

3.- Pero esta regla general no se aplica cuando se trata de un acto de disposición de bienes comunes. Es decir, primero, que se trate de un acto de disposición total o parcial («enajenar o gravar» dice el texto legal); segundo, que recaiga sobre bien inmueble, establecimiento mercantil u objeto de extraordinario valor; tercero, que sea común, lo que significa que forma parte de los bienes integrantes de la comunidad de gananciales o de otro régimen económico-matrimonial de comunidad; no se refiere al caso de una cosa que, en un régimen de separación, pertenezca *pro indiviso* a ambos cónyuges.

4.- El régimen de capacidad restringida del emancipado por matrimonio en el acto de disposición de tales bienes comunes es el siguiente, que se divide en dos supuestos. Primero, si el otro cónyuge es mayor de edad: se exige, no el complemento de capacidad de éste, sino el consentimiento conjunto de ambos. Segundo, si el otro también es menor de edad y, por tanto, emancipado por matrimonio, es preciso, no sólo el consentimiento de ambos cónyuges, sino además el complemento de capacidad de los padres anteriores titulares de la patria potestad y en su defecto, de los curadores, de uno y de otro cónyuge.

CONCORDANCIAS

Véase arts. 271, 272, 1.322 y 1.377 de este Código.
Artículo redactado por LO 1/1996, 15 enero, de Protección Jurídica del Menor.

TÍTULO XII
Del Registro del estado civil

Artículo 325

Los actos concernientes al estado civil de las personas se harán constar en el Registro destinado a este efecto.

COMENTARIO

1. Debido a la importancia y trascendencia individual (sin olvidar el carácter de indisponibilidad) y social (con su eficacia erga omnes) del estado civil, existe una institución destinada a constatar los hechos que le afectan: es el Registro civil también llamado en el Código Civil (arts. 325 y ss.) Registro del estado civil.

El Registro civil puede ser considerado como una oficina administrativa, como un conjunto de libros o como una institución jurídica. Desde este punto de vista el concepto es: *institución a cuyo cargo se halla la publicidad de los hechos que afectan al estado civil de las personas y de otros que determina la ley* (medianamente relacionados con el estado civil); coopera, en ciertos casos, a la constitución de tales actos y proporciona títulos de legitimación de estado civil. De cuyo concepto se derivan las tres funciones esenciales del Registro civil: primera: *la constancia y publicidad de los hechos concernientes al estado civil* (art. 325 del Código Civil) y aquellos otros que determina la ley (art. 1, primer párrafo, de la L.R.C.), los cuales —estos últimos— están más o menos relacionados con el estado civil (por ejemplo, declaración de concurso, quiebra o suspensión de pagos); segunda: *la cooperación a la constitución de ciertos actos relativos al estado civil* [por ejemplo, en la adquisición de la nacionalidad por opción, carta de naturaleza, o residencia, artículo 23.c) del Código Civil]; tercera: la más propia, la *elaboración de títulos de legitimación*, verdadera investidura oficial del estado civil.

2. Estos artículos destinados al Registro Civil han sido derogados por la ley 20/2011 de 21 de julio del Registro Civil (BOE de 22 de julio del 2011). Si bien la ley y por tanto la derogación entra en vigor a los tres años de su publicación en el BOE. Por tanto se mantiene el texto de los artículos y los comentarios ya que todavía están vigentes.

CONCORDANCIAS

Véase:
— Ley del Registro Civil, de 8 junio 1957 (*«B.O.E.»*, 10 junio): art. 1.
— Instrucción de 27 de octubre de 2011, conjunta de la Dirección General de los Registros y del Notariado y la Dirección General de Modernización de la Administración de Justicia, sobre el nuevo modelo organizativo del Registro Civil Central.

Artículo 326

El Registro del estado civil comprenderá las inscripciones o anotaciones de nacimientos, matrimonios, emancipaciones, reconocimientos y legitimaciones, defunciones,

naturalizaciones y vecindad, y estará a cargo de los Jueces municipales u otros funcionarios del orden civil en España y de los Agentes consulares o diplomáticos en el extranjero.

COMENTARIO

No todos los hechos que se inscriben en el Registro civil son atinentes al estado civil ni todo el estado civil se inscribe sólo en el Registro civil. En éste se inscriben, en principio y esencialmente, los hechos que afectan al estado civil, los cuales se inscriben expresamente (por ejemplo, una incapacitación o una recuperación de la nacionalidad) o se deducen de otra inscripción (por ejemplo, la mayoría de edad no se inscribe, sino que se desprende de la inscripción de nacimiento, en la que consta la fecha; la nacionalidad y la vecindad civil originaria se desprenden de la filiación inscrita).

El artículo 325 del Código Civil, expresa con un carácter general cuáles son los hechos inscribibles: *los actos concernientes al estado civil de las personas se harán constar en el Registro destinado a este efecto y desarrolla este artículo 326.* El artículo 1 de la L.R.C. en su primer párrafo, sigue el mismo sistema: *en el Registro civil se inscribirán los hechos concernientes al estado civil de las personas y aquellos otros que determina la ley.* A continuación hace una enumeración de los hechos inscribibles, que pretenden ser exhaustivos, pero en la propia ley y reglamento se añaden hechos no enumerados en este artículo 1.º (títulos nobiliarios o dignidades: artículo 135 del R.R.C.; divorcio, nulidad o separación: artículo 263 del R.R.C.; adopción: artículo 46 de la L.R.C.).

La enumeración de los hechos inscribibles puede hacerse siguiendo la del propio Registro civil que divide las inscripciones en principales y marginales, que dan lugar, las primeras, a las secciones del Registro (artículo 33 de la L.R.C.). Son éstas las de nacimiento, matrimonio, defunción y la primera de cada tutela o representación legal (artículo 130 R.R.C.).

Primera inscripción principal: la de nacimiento. Determina el comienzo de la personalidad (el art. 40 de la L.R.C. se remite al artículo 30 del Código Civil). En la propia inscripción se hace constar la fecha y lugar de nacimiento, que determinará la *mayoría de edad, el nombre y apellidos, la filiación,* que determina la *patria potestad.*

Como inscripciones *marginales* a la de nacimiento (art. 46 de la L.R.C.) se inscriben la *emancipación o habilitación de edad, la incapacitación* (art. 755 LEC), *la declaración de concurso,* la declaración de *ausencia* y la de *fallecimiento*, los cambios de *nacionalidad* (adquisición derivativa, recuperación, de alguien que ha nacido en España) y *vecindad civil* (que no sea automática como la residencia de diez años, por ejemplo; así, la declaración de conservación del artículo 14, 5.º, 2.º) suspensión o privación de la *patria potestad, la adopción.*

En la inscripción de nacimiento se pone *nota marginal* de referencia a las de matrimonio, defunción y tutela o representación legal; a su vez, en éstas se pondrá nota marginal de referencia a la de nacimiento (art. 39 de la L.R.C.). Asimismo, se indica en la inscripción del nacimiento el caso de la autotutela (art. 227 del Código Civil modificado por el art. 9 de la Ley de protección patrimonial de las personas con discapacidad, 41/2003 de 18 de noviembre).

Segunda inscripción principal; la de matrimonio. En el matrimonio civil celebrado ante el propio Encargado del Registro civil competente (que es el del lugar de celebración) el acta de matrimonio es la propia inscripción, que se extiende directamente en el libro correspondiente (arts. 73 de la L.R.C. y 225 del R.R.C). Si el matrimonio civil se celebra ante otro Juez o

Alcalde o funcionario o se trata de un matrimonio religioso, se inscribe el matrimonio por un documento acreditativo o certificación de que se ha celebrado (arts. 62 y 63 del Código Civil). La inscripción del matrimonio no es constitutiva pero sí es necesaria para el pleno reconocimiento de sus efectos civiles (art. 61 del Código Civil).

Como inscripciones *marginales* a la de matrimonio, se inscriben los siguientes hechos: las resoluciones judiciales sobre *nulidad, separación y divorcio* (arts. 76 de la L.R.C. y 263 del R.R.C.), e indicación del *régimen económico matrimonial* que se pacte en capitulaciones matrimoniales o alteración de aquél (art. 77 de la L.R.C. y art. 1333 del Código Civil).

Tercera inscripción principal: la defunción. Es la inscripción del hecho que pone fin a la personalidad (art. 32 del Código Civil) (artículos 81 y ss. de la L.R.C.).

Cuarta inscripción principal: tutela y representaciones legales. Es hecho inscribible el organismo tutelar y las demás representaciones legales y sus modificaciones (art. 88 de la L.R.C.), lo que confirma el artículo 218 del Código Civil que ordena inscribir las resoluciones judiciales sobre los *cargos tutelares* (de tutor y curador) por comunicación directa —añade el 219— de la autoridad judicial al Encargado del Registro civil.

Además de la inscripción de la tutela, se inscribe la de *defensor del desaparecido y representación del ausente.* No así la correspondiente a la *patria potestad*, que se deduce de la filiación —inscrita en la de nacimiento—; sus modificaciones (suspensión o pérdida) son objeto de inscripción marginal en la de nacimiento.

Tal como dispone la Ley 41/2003, de 18 de noviembre, de protección patrimonial de las personas con discapacidad, la representación legal del patrimonio protegido se hace constar en el Registro Civil (art. 8 en relación con el 5.7) como tal representación legal.

CONCORDANCIAS

Véase:
— Ley del Registro Civil, de 8 junio 1957 (*«B.O.E.»*, 10 junio): arts. 9 a 14.
— Reglamento del Registro Civil, de 14 noviembre 1958 (*«B.O.E.»*, 11 diciembre): arts. 41 a 65.
— CC art. 227.
— Ley 41/2003, de 18 noviembre, arts. 8 y 9.

Artículo 327

Las actas del Registro serán la prueba del estado civil, la cual sólo podrá ser suplida por otras en el caso de que no hayan existido aquéllas o hubiesen desaparecido los libros del Registro, o cuando ante los Tribunales se suscite contienda.

COMENTARIO

No se puede comprender el concepto del Registro civil, sin dar una visión de su valor, es decir, de la eficacia jurídica de sus inscripciones, haciendo abstracción de los demás asientos registrales.

Por regla general, las inscripciones son *declarativas* respecto al estado civil: es decir, el nacimiento, el matrimonio, la mayoría de edad, la muerte, etc., afectan al estado civil, estén o no inscritas en el Registro civil; éste declara tales hechos. En ciertos casos, la inscripción es *constitutiva* en el sentido de que el acto relativo al estado civil no tiene eficacia alguna, mientras no se inscriba; así ocurre con la inscripción de la adquisición de la nacionalidad por opción, carta de naturaleza y residencia [art. 23.c) del Código Civil] y de recuperación de la nacionalidad [art. 26.1.º.c), del Código Civil] y la autorización del cambio de nombre o apellidos (art. 62 de la L.R.C.).

En todo caso, el valor de la inscripción —o lo que es lo mismo, la función esencial del Registro civil— *es la constatación y prueba del estado civil*, constituyendo el *título de legitimación de éste*. Así, dice el artículo 327 del Código Civil: «las actas del registro serán la prueba del estado civil la cual sólo podrá ser suplida por otras en el caso de que no hayan existido aquéllas o hubiesen desaparecido los libros del Registro, o cuando ante los Tribunales se suscite contienda». Y en el mismo sentido, el artículo 2 de la L.R.C. dispone: «El Registro civil constituye la prueba de los hechos inscritos. Sólo en los casos de falta de inscripción o en los que no fuere posible certificar el asiendo se admitirán otros medios de prueba; pero en el primer supuesto será requisito indispensable para su admisión que, previa o simultáneamente, se haya instado la inscripción omitida o la reconstitución del asiento».

Las inscripciones en el Registro civil constituyen, pues, la *prueba de los hechos inscritos*: son un medio de prueba legal, hacen fe de los hechos y actos inatacable, es decir, reflejan la verdad oficial, pero no poseen un valor inatacable, o crean una presunción *iuris et de iure*, sino presunción *iuris tantum*; se permite la impugnación de los hechos inscritos, siempre que a la vez (como exige el artículo 3 de la L.R.C.) se inste la rectificación del asiento correspondiente.

Pero, además lo inscrito en el Registro civil, es un *título de legitimación* que habilita al interesado para el ejercicio de los derechos inherentes al estado civil que en el mismo constan.

CONCORDANCIAS

Véase:
— Ley del Registro Civil, de 8 junio 1957 («*B.O.E.*», 10 junio): arts. 2 y 92 a 97.
— Reglamento del Registro Civil, de 14 noviembre 1958 («*B.O.E.*», 11 diciembre): arts. 293 y ss.

Artículo 328

No será necesaria la presentación del recién nacido al funcionario encargado del Registro para la inscripción del nacimiento, bastando la declaración de la persona obligada a hacerla. Esta declaración comprenderá todas las circunstancias exigidas por la ley; y será firmada por su autor, o por dos testigos a su ruego, si no pudiere firmar.

COMENTARIO

Lo dispuesto en este artículo, si pudo tener aplicación en la época en que se promulgó el Código Civil ya no tiene hoy trascendencia. La inscripción del nacimiento se regula con detalle en la Ley y el Reglamento del Registro civil, por lo que puede considerarse el presente artículo vacío de contenido.

CONCORDANCIAS

Véase:
— Ley del Registro Civil, de 8 junio 1957 («*B.O.E.*», 10 junio): arts. 40 a 45.
— Reglamento del Registro Civil, de 14 noviembre 1958 («*B.O.E.*», 11 diciembre): arts. 165 y ss.

Artículo 329

En los matrimonios canónicos será obligación de los contrayentes facilitar al funcionario representante del Estado que asista a su celebración todos los datos necesarios para su inscripción en el Registro civil. Exceptúanse los relativos a las amonestaciones, los impedimentos y su dispensa, los cuales no se harán constar en la inscripción.

COMENTARIO

Este artículo puede considerarse, no ya vacío de contenido como el anterior, sino derogado. Derogación tácita operada por la nueva regulación de la inscripción del matrimonio religioso prevista en el Código Civil según redacción por Ley 30/1981, de 7 julio.

CONCORDANCIAS

Véase:
— arts. 60, 61 y 63 a 65 de este Código.
— Ley del Registro Civil, de 8 junio 1957 (*«B.O.E.»*, 10 junio): arts. 69 a 80.
— Reglamento del Registro Civil, de 14 noviembre 1958 (*«B.O.E.»*, 11 diciembre): arts. 238 y ss.

Artículo 330

No tendrán efecto alguno legal las naturalizaciones mientras no aparezcan inscritas en el Registro, cualquiera que sea la prueba con que se acrediten y la fecha en que hubiesen sido concedidas.

COMENTARIO

Esta norma debe entenderse en el sentido de que aquellas adquisiciones de nacionalidad, no sólo por naturalización, que exigen la inscripción de la misma en el Registro civil como elemento esencial constitutivo (que son casos excepcionales), su falta provocará su ineficacia total («no tendrán efecto legal alguno...»).

CONCORDANCIAS

Véase:
— arts. 19 a 22 de este Código.
— Ley del Registro Civil, de 8 junio 1957 (*«B.O.E.»*, 10 junio): arts. 63 a 68.
— Reglamento del Registro Civil, de 14 noviembre 1958 (*«B.O.E.»*, 11 diciembre): arts. 220 a 237.

Artículo 331

Los Jueces municipales y los de primera instancia, en su caso, podrán corregir las infracciones de lo dispuesto sobre el Registro civil, que no constituyan delito o falta, con multa de 20 a 100 pesetas.

COMENTARIO

Este artículo está derogado —derogación tácita— por el art. 14 de la Ley de Registro civil de 8 junio 1957 desarrollado por el Reglamento de 14 noviembre 1958.

CONCORDANCIAS

Véase:
— Ley del Registro Civil, de 8 junio 1957 (*«B.O.E.»*, 10 junio): art. 14.
— Reglamento del Registro Civil, de 14 noviembre 1958 (*«B.O.E.»*, 11 diciembre): art. 65.

Artículo 332

Continuará rigiendo la ley de 17 de junio de 1870, en cuanto no esté modificada por los artículos precedentes.

COMENTARIO

1.- Este artículo, de pura remisión a la Ley de Registro Civil no es ya a la de 17 junio 1870, vigente al tiempo de promulgación del Código Civil, sino a la vigente hoy, de 8 de junio 1957. Ya no tiene sentido la previsión «en cuanto no esté modificada», ya que la actual ley es posterior al Código.

2.- La Ley de 1870, promulgada como provisional, ha tenido una vigencia cercana al siglo. Incluso sus principios básicos se han mantenido en la legislación posterior, vigente hoy: la función de encargado del Registro civil está encomendada a la autoridad judicial, aunque su dirección la detenta la Dirección General de Registros y del Notariado, del Ministerio de Justicia; hay tres clases de Registros: municipal, consular y central; se sigue el sistema de folio personal, a partir de la inscripción de nacimiento, como si se tratase de registro particulares para cada persona; se divide el registro en secciones.

La vigente Ley del Registro Civil fue promulgada el 8 de junio de 1957 y su Reglamento el 14 noviembre de 1958, entrando ambos en vigor el 1 de enero de 1959. Deroga toda la normativa registral anterior, salvo los escasos artículos del Código Civil.

Ha sufrido algunas modificaciones de escasa importancia. Pero sí se ha visto afectada por la promulgación de la Constitución de 1978 y por las reformas del Código Civil especialmente en Derecho de familia (en 1981, 1983 y 1987) y en nacionalidad y vecindad civil (15 octubre de 1990 y 17 diciembre de 1990). También la Ley Orgánica del Poder Judicial de 1 de julio 1985 tiene importancia al atribuir a los Jueces de Primera Instancia, la función de Encargado del Registro civil, y por delegación de éstos, a los de Paz (art. 86).

CONCORDANCIAS

Véase Ley 8 junio 1957, del Registro Civil (*«B.O.E.»*, 10 junio).

LIBRO SEGUNDO
DE LOS BIENES, DE LA PROPIEDAD Y DE SUS MODIFICACIONES

TÍTULO PRIMERO
De la clasificación de los bienes

DISPOSICIÓN PRELIMINAR

Artículo 333

Todas las cosas que son o pueden ser objeto de apropiación se consideran como bienes muebles o inmuebles.

COMENTARIO

1.- En el derecho subjetivo se distingue el sujeto, el contenido y el objeto. El objeto es aquello sobre el que recae el poder en que consiste el derecho subjetivo. A veces se identifica objeto del derecho subjetivo y el bien, pero no es así, ya que una conducta de una persona (por ejemplo, la prestación en una obligación) no es un bien. Este es todo elemento patrimonial activo. Cosa es el objeto material, o equiparado por el Derecho a objeto material, como las llamadas propiedad intelectual o industrial, y se incluyen las cosas etéreas como la electricidad o el gas. Por tanto, el objeto del derecho es el género; bien, la especie; la cosa, la subespecie.

Sin embargo, muchos artículos del Código Civil identifican y consideran sinónimo *cosa* y *bien*, como el presente y los siguientes.

2.- Al *bien* y a la *cosa*, como sinónimos, este artículo los define por su característica de «ser objeto de apropiación», lo que es correcto en el sentido de que si una cosa no puede ser objeto de apropiación o, lo que es lo mismo, de derecho, no tiene el concepto de *cosa*; el aire, el mar, el sol y las estrellas. Sí son cosas, las de dominio público o las *res sacrae*, que pertenecen las primeras al Estado (y además, destinadas al servicio público) y las segundas a una entidad religiosa (y además, destinadas al culto).

3.- Todas las cosas, termina diciendo este artículo, son *muebles* o *inmuebles*, lo que es cierto, aunque olvida o pasa por alto que todas las cosas pueden ser también de un tipo u otro según todas las clasificaciones que se hacen de las mismas.

La distinción entre bienes muebles e inmuebles es tratada en los artículos siguientes.

JURISPRUDENCIA

«la distinción entre bienes muebles e inmuebles, de poco predicamento entre los autores contemporáneos, está desacreditada como se desprende de la lectura comparada de los

arts. 334 del Código Civil y 111 de la Ley Hipotecaria y preceptos de la Ley de Hipoteca Mobiliaria, de cuya lectura se obtiene la conclusión de que ciertas cosas (maquinaria, herramientas, etc.) pueden incardinarse en ambas categorías de cosas» (20 junio 1989, LA LEY 679-1/1989).

CONCORDANCIAS

Véase arts. 334, 335, 336, 346, 347 y 437 de este Código.

CAPÍTULO PRIMERO
DE LOS BIENES INMUEBLES

Artículo 334

Son bienes inmuebles:

1.º Las tierras, edificios, caminos y construcciones de todo género adheridas al suelo.

2.º Los árboles y plantas y los frutos pendientes, mientras estuvieren unidos a la tierra o formaren parte integrante de un inmueble.

3.º Todo lo que esté unido a un inmueble de una manera fija, de suerte que no pueda separarse de él sin quebrantamiento de la materia o deterioro del objeto.

4.º Las estatuas, relieves, pinturas u otros objetos de uso u ornamentación, colocados en edificios o heredades por el dueño del inmueble en tal forma que revele el propósito de unirlos de un modo permanente al fundo.

5.º Las máquinas, vasos, instrumentos o utensilios destinados por el propietario de la finca a la industria o explotación que se realice en un edificio o heredad, y que directamente concurran a satisfacer las necesidades de la explotación misma.

6.º Los viveros de animales, palomares, colmenas, estanques de peces o criaderos análogos, cuando el propietario los haya colocado o los conserve con el propósito de mantenerlos unidos a la finca o formando parte de ella de un modo permanente.

7.º Los abonos destinados al cultivo de una heredad, que estén en las tierras donde hayan de utilizarse.

8.º Las minas, canteras y escoriales, mientras su materia permanece unida al yacimiento, y las aguas vivas o estancadas.

9.º Los diques y construcciones que, aun cuando sean flotantes, estén destinados por su objeto y condiciones a permanecer en un punto fijo de un río, lago o costa.

10.º Las concesiones administrativas de obras públicas y las servidumbres y demás derechos reales sobre bienes inmuebles.

COMENTARIO

1.- Es cosa inmueble la que no puede desplazarse sin menoscabo de su naturaleza o que está incorporada o que está destinada o que guarda analogía con la primera. Así, se distinguen cosas inmuebles por naturaleza, por incorporación, por destino y por analogía.

El presente artículo, con notoria imprecisión, hace una enumeración descriptiva de cosas inmuebles.

2.- Los inmuebles *por naturaleza* y *por incorporación* son el suelo y todo lo que le está incorporado, mientras lo está, natural o artificialmente. En este artículo 334 se incluyen en este tipo los números 1.º, 2.º, 3.º y 8.º.

Los inmuebles *por destino* son cosas que, siendo muebles por naturaleza, están al servicio o son anejas a un inmueble por naturaleza. En este tipo se incluyen los números 4.º, 5.º, 6.º, 7.º y 9.º.

Los inmuebles *por analogía* no son cosas, pero el Código asimila a cosas inmuebles aquellos derechos que recaen sobre cosa inmuebles. Así lo hace el número 10.º de este artículo.

JURISPRUDENCIA

Número 3.º:

«Los bienes muebles colocados por la arrendataria en el local para la explotación del negocio, con consentimiento de la arrendataria, se incorporan al mismo si no pueden separarse sin quebranto de la materia o deterioro del objeto (art. 334.3.º CC). Es cierto que el arrendador se enriquece, pero para evitarlo debieron las partes estipular lo perteneciente en el contrato de arrendamiento. Si no lo hicieron, no se puede impedir la aplicación de los artículos 1573 y 487 del Código Civil (sentencias de 13 de diciembre de 1993 y 14 de noviembre de 2000)». (3 enero 2006, rec. 1891/1999)

«los bienes titularidad de la recurrente, aunque indispensables para la actividad o explotación que se ejercita en el inmueble, no lo son para la formación de éste, y por lo tanto hay que colegir que se trata de bienes muebles con arreglo a los artículos 334.3.º y 335 del Código civil. Todo ello es cierto e inútil para el fallo, por lo tanto un mero obiter dicta, no ratio decidendi *del mismo, que es contra lo único que cabe el recurso de casación. Dicha* ratio, *según el fundamento citado, consiste en la imposibilidad de aplicar el régimen de la accesión de cosas muebles, al hecho de que la propiedad del bien inmueble pertenece a una persona jurídica distinta de la que es titular del negocio hotelero en él instalado. Y ello lo resuelve la sentencia de modo negativo con todo acierto».* (10 octubre 2006, LA LEY 110225/2006)

Número 5.º:

«El art. 334.5.º CC se refiere a las máquinas que el propietario de la finca destine a la industria o explotación que se realice en el edificio y que directamente concurran a satisfacer las necesidades de la explotación misma, atribuyéndoles naturaleza de bienes inmuebles en razón a su destino; es decir, que el CC resulta expeditivo al calificar estos muebles en razón de su afección a un inmueble, sin especificar fecha de incorporación y circunstancias de la misma». (7 abril 2001, LA LEY 3856/2001)

Número 8.º:

«esa autorización se concedió gratuitamente, por lo que debió constar en escritura pública. La sentencia de esta Sala declaró en la sentencia de 27 de junio de 1992 (LA LEY JURIS. 3421/1992): "El alumbrador de aguas en finca de dominio privado —no olvidando que los hechos acaecieron antes de la promulgación de la Ley de 2-8-1985— para hacerlo quien no es propietario del predio donde se alumbraron precisa del consentimiento del dueño, en cuyo supuesto la autorización se hace gratuita u onerosamente y es patente que para el caso de ser graciable ha de constar esa voluntad en forma expresa y en escritura pública si es que el alumbrador extraño quiere ostentar título sobre las aguas afloradas, como en el caso que aquí nos ocupa, pues dada la naturaleza de esas aguas como bien inmueble a tenor del art. 334.8.º del Código Civil, para su validez y eficacia jurídica ha de cumplirse con el requisito exigido por el art. 633 del mismo Cuerpo legal"». (29 marzo 2004, rec. 1346/1998)

CONCORDANCIAS

Véase:
— arts. 10, 346, 347, 358 a 373, 407 a 427, 1.874 y 1.963 de este Código.
— Ley Hipotecaria, de 8 febrero 1946 («*B.O.E.*», 29 mayo): arts. 1, 2, 20, 42, 45 y 106 a 120.

CAPÍTULO II
DE LOS BIENES MUEBLES

Artículo 335

Se reputan bienes muebles los susceptibles de apropiación no comprendidos en el capítulo anterior, y en general todos los que se pueden transportar de un punto a otro sin menoscabo de la cosa inmueble a que estuvieren unidos.

COMENTARIO

1.- Es cosa mueble la que puede desplazarse sin menoscabo de su naturaleza. También se distinguen por naturaleza y por analogía.

— Muebles *por naturaleza.* Son, como define el artículo 335, los que se pueden transportar de un punto a otro sin menoscabo de la cosa inmuebles a que estuvieren unidas, y, si no están unidas a ninguna, sin menoscabo de su propia naturaleza; así, un cuadro, una botella, y también cualquier animal ya que la categoría de semovientes no es acogida por el Ordenamiento.

— Muebles *por analogía.* Son, en primer lugar, aquellas cosas inmateriales (como una obra literaria, o un invento, objeto de la llamada propiedad intelectual e industrial) y las que carecen de tangibilidad (como la electricidad) y, en segundo lugar —como ocurría en los inmuebles por analogía—, los derechos patrimoniales que no recaen sobre cosa inmueble, tanto los de crédito como los reales sobre muebles, comprendiendo los títulos-valores, que plasman créditos.

2.- La frase inicial de este artículo tiene sentido gramatical, pero carece de sentido jurídico. Las cosas muebles que se definen en este artículo (y en el siguiente) evidentemente no están comprendidas en el capítulo anterior, capítulo que contiene el solo art. 334.

JURISPRUDENCIA

«no puede afirmarse que la azulejería en cuestión constituya un elemento constructivo del edificio que sólo pueda separarse de éste mediante su demolición. Se trata de un elemento de ornamentación que, dada la forma en que estaba adherido o fijado a las paredes de la habitación que recubría, podía ser desmontado sin deterioro del mismo ni de las paredes. Si bien mientras permanecieron unidos los azulejos a las paredes constituían un bien inmueble, ese carácter lo perdieron cuando las propietarias del edificio vendieron el conjunto de azulejos al Estado y decidieron su separación de las paredes que revestían». (30 marzo 2000, LA LEY 70328/2000)

CONCORDANCIAS

Véase arts. 10.1, 185, 266, 346, 347, 375 a 383, 449, 461, 464, 610, 615 a 617, 632, 1.463, 1.761, 1.786, 1.791, 1.864, 1.955, 1.956 y 1.962 de este Código.

Artículo 336

Tienen también la consideración de cosas muebles las rentas o pensiones, sean vitalicias o hereditarias, afectas a una persona o familia, siempre que no graven con carga

real una cosa inmueble, los oficios enajenados, los contratos sobre servicios públicos y las cédulas y títulos representativos de préstamos hipotecarios.

COMENTARIO

1.- Este artículo se refiere a cosas muebles por analogía, mencionadas en el comentario al artículo anterior. Se trata de derechos que tienen la consideración legal de cosa mueble, a efectos, especialmente, de su transmisión.

2.- En primer lugar, las rentas o pensiones que no graven con carga real una cosa inmueble.

En segundo lugar, los oficios enajenados. Esta inclusión está vacía de contenido, ya que actualmente el oficio enajenado no existe. Se puede decir que ha sufrido una derogación tácita por la legislación administrativa.

En tercer lugar, los contratos o concesiones administrativas sobre servicios públicos. Son contratos administrativos. Si lo fueran sobre obras públicas serían inmuebles por analogía, según el número 10.º del artículo anterior.

En cuarto lugar, los títulos representativos de préstamos hipotecarios. Se trata del documento o título-valor que incorpora el crédito garantizado con hipoteca. La hipoteca recae sobre un inmueble, pero el título que representa el crédito hipotecario es mueble, a efectos, especialmente, de transmisión.

Artículo 337

Los bienes muebles son fungibles o no fungibles.

A la primera especie pertenecen aquellos de que no puede hacerse el uso adecuado a su naturaleza sin que se consuman; a la segunda especie corresponden los demás.

COMENTARIO

1.- Este artículo contiene un error, reconocido por toda la doctrina. Las cosas pueden ser fungibles o no fungibles y pueden ser consumibles o no consumibles: este artículo confunde ambas clasificaciones y define a las fungibles como consumibles y a las no fungibles como no consumibles; son conceptos distintos que no deben mezclarse, por más que en la práctica, muchas, aunque no todas, cosas fungibles son consumibles. El Código, en sucesivos artículos, sigue empleando el término de «cosa fungible» para referirse a la consumible.

2.- *Cosa fungible* son las sustituibles entre sí; es decir, consideradas por su masa cuantitativa; por tanto, se determinan por su número, peso, medida o por otros datos generales (así, monedas o billetes de banco, frutas, carbón, etc.).

Cosas no fungibles son las no sustituibles; están determinadas por sus cualidades individuales (el cuadro de «Las Meninas», el manuscrito original de una partitura).

La fungibilidad es una cualidad objetiva, sin perjuicio de que subjetivamente su poseedor trate a una cosa no fungible como fungible, o viceversa; así, una persona puede guardar románticamente el primer billete de banco que ganó con su trabajo; al revés, uno puede comprar tres cuadros —cualesquiera— de Picasso.

3.- *Cosa consumible* es aquella de utilidad simple que permite un solo uso. Lo cual será por causa de que al usarse se destruye (alimento, leña) o se inutiliza (papel) o se pierde su titularidad (dinero) o se transforma (lana con que se hace un jersey). El artículo 337 la define, aunque llamándola equivocadamente «bien fungible», que corresponde a otra clasificación: aquellos de que no puede hacerse el uso adecuado a su naturaleza sin que se consuman.

Cosa no consumible es aquella que permite un uso continuado (un anillo de oro, por ejemplo). El artículo 337 se refiere a ellas por exclusión: las demás, dice.

Se habla también de cosa deteriorable en el sentido de aquellas que, aunque permitan un uso continuado, se van destruyendo o inutilizando gradualmente, «deteriorando». No es categoría independiente, sino que deben incluirse dentro de las no consumibles, ya que bien pocas cosas hay que no se deterioren por el uso más o menos largo (desde un bolígrafo hasta una casa, o los zapatos o los vestidos, etc.).

Esta clasificación es objetiva, es decir, una cosa será consumible o no consumible con arreglo a su naturaleza, como dice el artículo 337, prescindiendo del destino subjetivo que le dé su poseedor: así un litro de vino es consumible aunque el dueño guarde una botella como ornato (el museo de Perico Chicote está formado por cosas consumibles); y, a la inversa, un cuadro es no consumible, aunque el dueño lo utilice para hacer fuego.

CONCORDANCIAS

Véase arts. 481, 482, 1448, 1452, 1545 y 1754 de este Código.

CAPÍTULO III
DE LOS BIENES SEGÚN LAS PERSONAS A QUE PERTENECEN

Artículo 338

Los bienes son de dominio público o de propiedad privada.

COMENTARIO

1. Por razón de su titularidad, las cosas pueden pertenecer al Estado o personas jurídicas públicas o a particulares.

Todas las cosas que pertenecen a los particulares —personas físicas o personas jurídicas privadas— son cosas de propiedad privada, como dice el artículo 345, y están sometidas al régimen común de Derecho privado.

Las cosas que pertenecen al Estado o a otras personas jurídicas públicas pueden ser de propiedad privada, como expresan los artículos 340 y 343, sometidas también al Derecho privado sin especialidad alguna, o de dominio público.

Son cosas de dominio público aquellas que: 1.º) pertenecen al Estado u otras personas jurídicas públicas, y 2.º) están destinadas al uso público, que es el aprovechamiento general, o a un servicio público, que es la afección a una función pública. Los artículos 339, relativo al Estado, y 344, relativo a otras personas jurídicas públicas, así califican las cosas de dominio público, enumerando una serie de supuestos. Asimismo, el artículo 132 de la Constitución enumera específicamente algunas cosas de dominio público del Estado; además de las que determine la ley: zona marítimo-terrestre, playas, mar litoral, recursos naturales de la zona económica y la plataforma continental.

2. Las cosas de dominio público quedan fuera del Derecho privado y se rigen por los principios de inalienabilidad, imprescriptibilidad e inembargabilidad, como dice el mismo artículo 132.1.º de la Constitución y también destaca la Jurisprudencia. Cabe, sin embargo, su desafectación (que prevé el mismo artículo 132) que implica la adquisición del carácter de cosa de propiedad privada.

Especiales problemas se han planteado en terrenos de la zona marítimo-terrestre, que son constitucionalmente de dominio público y, sin embargo, se ha planteado el caso de que, antes de la Constitución, constara o incluso se declarara en sentencia, que eran de propiedad privada lo que ha dado lugar a copiosa jurisprudencia (que se recoge en la jurisprudencia que se relaciona en el artículo siguiente).

Artículo 339

Son bienes de dominio público:

1.º Los destinados al uso público, como los caminos, canales, ríos, torrentes, puertos y puentes construidos por el Estado, las riberas, playas, radas y otros análogos.

2.º Los que pertenecen privativamente al Estado, sin ser de uso común, y están destinados a algún servicio público o al fomento de la riqueza nacional, como las mura-

llas, fortalezas y demás obras de defensa del territorio, y las minas, mientras que no se otorgue su concesión.

COMENTARIO

En este artículo se enumeran las cosas de dominio público (el Código sigue identificando «cosa» con «bien») de forma que permite dar el concepto de las mismas, que se ha hecho en el comentario del artículo anterior.

JURISPRUDENCIA

En general:

«Las fincas nunca fueron propiedad de RENFE ni, por tanto, pueden reclamar una nulidad de contrato que dé lugar como consecuencia a la declaración de su titularidad como bienes de dominio público. Por otra parte, las fincas nunca fueron destinadas a un uso o servicio público (artículo 339.1.º del Código civil)». (3 noviembre 2009, rec. 351/2005, LA LEY 212158/2009)

«como se deduce de lo dispuesto por el artículo 339 del Código Civil , son bienes de dominio público los destinados al uso o al servicio público y ello requiere no sólo una afectación formal sino, por el contrario, una adscripción efectiva que lógicamente, por su propia naturaleza, comporta la atribución a dichos bienes de un carácter inalienable e imprescriptible por razón del destino al interés general que le es propio, de modo que no existiendo —como se ha acreditado en el caso— tal afectación material del terreno litigioso, los bienes han de ser considerados como patrimoniales o de propiedad privada perteneciente al Estado, en cuyo caso cabe que un tercero acceda a la propiedad de los mismos mediante el instituto de la prescripción adquisitiva o usucapión». (30 diciembre 2010, rec. 484/2007, LA LEY 236945/2010)

Zona marítimo terrestre:

Destacan el carácter de dominio público de la zona marítimo-terrestre, las siguientes sentencias: 26 abril 1986 (LA LEY 1871/1986; 22 julio 1986 (LA LEY 3936/1986); 6 octubre 1986 (LA LEY 9632-R/1987); 14 octubre 1986 (LA LEY 198-1/1987); 10 noviembre 1986 (LA LEY 9953-R/1988); 17 junio 1987 (LA LEY 12369-JF/0000); 25 junio 1987 (LA LEY 12398-JF/0000); 17 julio 1987 (LA LEY 12485-JF/0000); 6 julio 1988 (LA LEY 3765-JF/0000); 12 noviembre 1988 (LA LEY 129054-NS/0000); 7 julio 1989 (LA LEY 124217-NS/0000); 20 enero 1993 (LA LEY 426-5/1993); 10 junio 1996 (LA LEY 7805/1996). Véanse también las de 8 junio 2001 (LA LEY 4658/2001) y 22 marzo 2002 (LA LEY 4154/2002).

«Esta Sala tiene declarado, en S 22 Mar. 2002, que el art. 132.2 de la Constitución, al señalar que son bienes de dominio público estatal los que determine la ley y, en todo caso, la zona marítimo-terrestre, las playas, el mar territorial y los recursos naturales de la zona económica y la plataforma continental, no contiene una expresa excepción de los derechos adquiridos legítimamente por particulares. La derogación ad futurum que el precepto constitucional implica en su ap. 1 (La ley regulará el régimen jurídico de los bienes de dominio público y de los comunales, inspirándose en los principios de inalienalidad, imprescriptibilidad e inembargabilidad, así como su desafectación), así como la regulación de la Ley del Patrimonio del Estado y del Patrimonio Nacional, en cuanto a su administración, defensa y conservación (art. 132.3), no significa que en caso como el presente en que el Estado enajene legítimamente tales bienes a adquirentes de buena fe, vayan ahora a ser expropiados sin la correspondiente indemnización, porque ello conculcaría el art. 33.3 de la Constitución. La

doctrina del principal intérprete del Texto Fundamental, el TC, tiene declarado al respecto que la garantía expropiatoria como garantía patrimonial tiene su reconocimiento constitucional en el art. 33.3, cuando precisa que la privación de bienes y derechos está condicionada, para su regularidad constitucional, a que se lleve a cabo mediante la correspondiente indemnización y de conformidad con lo dispuesto en las leyes —TC S 111/1983, de 2 Dic.— y asimismo reconoce un concepto amplio respecto al posible objeto de la expropiación —STC 108/1986, de 29 Jul.—». (7 mayo 2002, LA LEY 5884/2002)

«la presunción de demanialidad de los terrenos ha quedado desvirtuada por aludido resultado probatorio, a partir del cual opera en toda su dimensión el principio de legitimación registral establecido en el artículo 38.1 de la Ley Hipotecaria y las consecuencias que, de cara a declarar la titularidad de la actora sobre la finca litigiosa, se derivan del mismo, última ratio *del pronunciamiento que declara el dominio privado y la titularidad de la demandante que constituye el objeto de la pretensión principal que se ha deducido en este procedimiento. Si los terrenos no revisten las características físicas del dominio público marítimo-terrestre, y por tal razón han quedado excluidos del deslinde administrativo de costas, en modo alguno cabe afirmar que la sentencia recurrida, al declarar el dominio privado y la titularidad dominical de la actora, ha infringido el artículo 132.2 de la Constitución y el artículo 339.1 del Código Civil». (*13 septiembre 2007, LA LEY 139722/2007)

Sepulturas y cementerios:

«Es doctrina común que en la regulación de las sepulturas conviven derechos privados y disposiciones de derecho público dada la singularidad y naturaleza de esta clase de bienes, pues al lado de la propiedad privada de los nichos o panteones situados dentro de un cementerio municipal adquiridos por los particulares y que indiscutiblemente están sometidos al derecho civil y al conocimiento de los Tribunales del orden civil, existe una innegable competencia que en el orden administrativo corresponde a los Ayuntamientos para organizar y dirigir un servicio público». (25 octubre 1993, LA LEY 9578/1994)

CONCORDANCIAS

Véase:

— Constitución Española: art. 132.

— Ley 33/2003, 3 noviembre, del Patrimonio de las Administraciones Públicas (*«B.O.E.»,* 4 noviembre): arts. 65 a 72.

— Ley del Patrimonio del Estado, de 15 abril 1964 (*«B.O.E.»,* 23 abril): arts. 113 a 128.

— Ley de Costas, de 28 julio 1988 (*«B.O.E.»,* 29 julio): art. 1.

— Ley 27/1992, de 24 noviembre, de Puertos del Estado y de la Marina Mercante (*«B.O.E.»,* 25 noviembre): art. 2.

— Ley 34/1998, 7 octubre, del sector de hidrocarburos (*«B.O.E.»*, 8 octubre) - Ley de Minas, de 21 de julio de 1973 (*«B.O.E.»,* 24 de julio): art. 1.

— Reglamento del Patrimonio del Estado, de 5 noviembre 1964 (*«B.O.E.»,* 17 noviembre): arts. 214 a 229.

Artículo 340

Todos los demás bienes pertenecientes al Estado, en que no concurran las circunstancias expresadas en el artículo anterior, tienen el carácter de propiedad privada.

COMENTARIO

1.- Hace referencia este artículo a las cosas de propiedad privada cuya titularidad la ostentan personas jurídicas públicas: Estado, Comunidades Autónomas, Entidades locales, Organismos autónomos. Y son de propiedad privada porque les falta el elemento del destino al uso o servicio público; puede ocurrir que siempre lo fueran o que, habiendo sido de dominio público, hayan sido desafectadas al mismo y calificadas de propiedad privada.

2.- Su adquisición, posesión y transmisión se rigen por las normas comunes de Derecho privado, si bien con importantes alteraciones impuestas por leyes administrativas, como es de inembargabilidad de los bienes patrimoniales (es decir, cosas de propiedad privada) de la Administración.

CONCORDANCIAS

Véase:
— Constitución Española: art. 132.
— Ley 33/2003, 3 noviembre, del Patrimonio de las Administraciones Públicas (*«B.O.E.»*, 4 noviembre): arts. 65 a 72.
— Reglamento del Patrimonio del Estado, de 5 noviembre 1964, (*«B.O.E.»*, 17 noviembre): arts. 214 a 229.
— Ley de Costas, de 28 julio 1988 (*«B.O.E.»*, 29 julio): art. 1.
— Ley 27/1992, de 24 noviembre, de Puertos del Estado y de la Marina Mercante (*«B.O.E.»*, 25 noviembre): art. 2.
— Ley 34/1998, de 7 octubre, del sector de hidrocarburos (*«B.O.E.»*, 8 octubre): art. 1.
— Ley de Minas, de 21 de julio de 1973 (*«B.O.E.»*, 24 de julio): art. 1.

Artículo 341

Los bienes de dominio público, cuando dejen de estar destinados al uso general o a las necesidades de la defensa del territorio, pasan a formar parte de los bienes de propiedad del Estado.

COMENTARIO

1.- Este artículo, simplemente, expone que la cosa de dominio público pasa a ser de propiedad privada, por desafectación, cuando siguiendo de propiedad de la persona jurídica pública, pierde el elemento del uso o servicio público. A ello se ha hecho referencia en el comentario al artículo anterior.

Así, el último inciso que dice «pasan a formar parte de los bienes de propiedad del Estado», debe decir, «pasar a formar parte de las cosas de propiedad privada del Estado o demás personas jurídicas públicas».

2.- A este extremo hace referencia el último inciso del artículo 132.1.º de la Constitución: «La Ley regulará el régimen jurídico de los bienes de dominio público y de los comunales, inspirándose en los principios de inalienabilidad, imprescriptibilidad e inembargabilidad, así como su *desafectación*».

JURISPRUDENCIA

«Este artículo 341 del Código Civil al establecer que los bienes de dominio público cuando dejen de estar destinados al uso general o a las necesidades de la defensa del territorio pasan a formar parte de los bienes propiedad del Estado, permite entender que por cesar su uso común se produce el cambio del régimen jurídico de los bienes del Estado, incluso de los contenidos en el artículo 339 del Código Civil, donde se detallan los conocidos como dominio público por naturaleza, enunciados «ad exemplum» pero caracterizados todos sólo por la nota común de su destino al uso público, puesto que nuestro Código desconoce la denominación de bienes de dominio público por naturaleza.» (4 junio 1991, LA LEY 943-JF/0000).

CONCORDANCIAS

Véase:

— Ley 33/2003, 3 noviembre, del Patrimonio de las Administraciones Públicas (*«B.O.E.»,* 4 noviembre): arts. 69 a 72.

— Reglamento del Patrimonio del Estado, de 5 de noviembre de 1964 (*«B.O.E.»*, 17 noviembre): arts. 221 a 224.

Artículo 342

Los bienes del Patrimonio Real se rigen por su ley especial; y, en lo que en ella no se halle previsto, por las disposiciones generales que sobre la propiedad particular se establecen en este Código.

COMENTARIO

1.- Los bienes del Patrimonio Real, hoy no tienen una ley especial, sino que forman parte del Patrimonio Nacional, son de titularidad del Estado y están adscritos al servicio del Rey y de la familia real. Se rigen, por tanto por la Ley del Patrimonio Nacional de 16 de junio de 1982 y Reglamento de 18 marzo 1987.

2.- En lo no previsto por esta Ley, se aplica la normativa del Código Civil, el derecho de propiedad, tanto porque lo dispone este artículo 342, como por la aplicación de la norma general del artículo 4.3.

CONCORDANCIAS

Véase:

— Constitución Española: art. 13.2.

— Ley 33/2003, 3 noviembre, del Patrimonio de las Administraciones Públicas (*«B.O.E.»*, 4 noviembre): art. 2.

— Reglamento del Patrimonio Nacional, de 18 marzo 1987 (*«B.O.E.»*, 13 abril).

Artículo 343

Los bienes de las provincias y de los pueblos se dividen en bienes de uso público y bienes patrimoniales.

COMENTARIO

Por más que la redacción de este artículo puede parecer confusa, su interpretación correcta no es otra que la de aplicación del concepto de cosas de dominio público y su distinción con cosas de propiedad privada, a las cosas que no son del Estado sino de las demás personas públicas. La referencia a «bienes de uso público» debe entenderse que se extiende también a las cosas destinadas a un servicio público.

CONCORDANCIAS

Véase:

— Ley de Régimen Local, aprobada por RD. Legislativo 781/1986, de 18 de abril (*«B.O.E.»*, 22 abril): arts. 74 a 87.

— Reglamento de Bienes de las Entidades Locales, de 13 de junio de 1986 (*«B.O.E.»*, 7 julio).

Artículo 344

Son bienes de uso público, en las provincias y los pueblos, los caminos provinciales y los vecinales, las playas, calles, fuentes y aguas públicas, los paseos y las obras públicas de servicio general, costeadas por los mismos pueblos o provincias.

Todos los demás bienes que unos y otras posean, son patrimoniales y se regirán por las disposiciones de este Código, salvo lo dispuesto en leyes especiales.

COMENTARIO

Este artículo es trasunto del 339. Se enumeran cosas de dominio público, de forma que permite inducir el concepto. Y se distinguen con las cosas de propiedad privada.

El sujeto al que hace referencia no es el Estado sino entidades provinciales y locales, pero el concepto de cosa de dominio público no se altera, en contraposición a la de propiedad privada, sin importar que sea del Estado o de las demás personas jurídicas públicas, como Comunidades Autónomas, Entidades locales y organismos autónomos.

CONCORDANCIAS

Véase nota al artículo anterior.

Artículo 345

Son bienes de propiedad privada, además de los patrimoniales del Estado, de la Provincia y del Municipio, los pertenecientes a particulares individual o colectivamente.

COMENTARIO

El Estado puede tener la titularidad de cosas de dominio público y de cosas de propiedad privada. El particular tan sólo puede ser titular de cosas de propiedad privada, nunca de cosas de dominio público.

DISPOSICIONES COMUNES A LOS TRES CAPÍTULOS ANTERIORES

Artículo 346

Cuando por disposición de la Ley, o por declaración individual, se use la expresión de cosas o bienes inmuebles, o de cosas o bienes muebles, se entenderán comprendidas en ella, respectivamente, los enumerados en el capítulo 1.º y en el capítulo 2.º.

Cuando se use tan sólo la palabra *«muebles»* no se entenderán comprendidos el dinero, los créditos, efectos de comercio, valores, alhajas, colecciones científicas o artísticas, libros, medallas, armas, ropas de vestir, caballerías o carruajes y sus arreos, granos, caldos y mercancías, ni otras cosas que no tengan por principal destino amueblar o alhajar las habitaciones, salvo el caso en que del contexto de la ley o de la disposición individual resulte claramente lo contrario.

COMENTARIO

1.- Los artículos 1281 y ss. y el 675 dan normas de interpretación del negocio jurídico *inter vivos* y del *mortis causa*, respectivamente. Este artículo 346 da una *norma de interpretación* de las expresiones *muebles* o *inmuebles*, siempre que no resulte otra cosa de la voluntad de los sujetos, como dice el último inciso del segundo párrafo, aplicable, no sólo en el caso de este segundo párrafo, sino en todo caso.

2.- El primer párrafo dispone que las expresiones de «cosas o bienes inmuebles» o «cosas o bienes muebles» deben interpretarse en sentido técnico-jurídico, es decir, en el sentido que expresan los artículos 334 y los artículos 335 a 337 respectivamente.

3.- El segundo párrafo dispone que la expresión «muebles» debe entenderse en un sentido más gramatical o vulgar que jurídico, es decir, como cosas que su destino sea «amueblar o alhajar las habitaciones» sin comprender aquellas cosas muebles que, siendo tales en sentido jurídico (que se enumeran *ad exemplum*: dinero, créditos, etc.) no lo son en el sentido coloquial.

Artículo 347

Cuando en venta, legado, donación u otra disposición en que se haga referencia a cosas muebles o inmuebles, se transmita su posesión o propiedad con todo lo que en ellas se halle, no se entenderán comprendidos en la transmisión el metálico, valores, créditos y acciones cuyos documentos se hallen en la cosa transmitida, a no ser que conste claramente la voluntad de extender la transmisión a tales valores y derechos.

COMENTARIO

Como en el artículo anterior, en éste se contiene una norma de interpretación de la voluntad de los sujetos en los negocios jurídicos transmisivos de derechos («venta, legado, donación u otra disposición», dice el texto legal). Norma de interpretación que, como en el artículo anterior, está subordinada a la verdadera voluntad de las partes, debidamente interpretada.

Dispone que un negocio jurídico que transmite la propiedad o posesión de cosas inmuebles o muebles, «con todo lo que en ellas se halle», no comprende «metálico, valores, créditos y acciones cuyos documentos se hallen en la cosa transmitida». Es decir, la norma de interpretación dispone que cuando se transmite una cosa, no se incluye en ésta el dinero o títulos-valores o documento que representa un valor monetario, a no ser que se haya querido.

JURISPRUDENCIA

«El art. 347 del CC es una norma de carácter interpretativo de los negocios jurídicos traslativos del dominio de bienes muebles o inmuebles, aplicable en defecto de manifestación expresa de la voluntad de las partes, en relación con los bienes muebles y títulos representativos de créditos o acciones que han de ser excluidos del acto transmisivo, siendo presupuesto de su aplicación que en la venta, legado, donación u otra disposición, se transmita su posesión o propiedad con todo lo que en ellas se halle». (28 julio 2001, LA LEY 10035/2003)

CONCORDANCIAS

Véase arts. 449 y 1097 de este Código.

TÍTULO II
De la propiedad

CAPÍTULO PRIMERO
DE LA PROPIEDAD EN GENERAL

Artículo 348

La propiedad es el derecho de gozar y disponer de una cosa, sin más limitaciones que las establecidas en las leyes.

El propietario tiene acción contra el tenedor y el poseedor de la cosa para reivindicarla.

COMENTARIO

1.- Los autores clásicos habían definido el derecho de propiedad desde el punto de vista de su contenido, enumerando las facultades que lo integran, lo que ha inspirado la redacción del primer párrafo de este artículo. Pero no puede admitirse este tipo de definición. El derecho de propiedad no es una suma de facultades, sino un poder unitario del que sus facultades son manifestaciones del mismo. En este sentido se define como el más amplio poder de dominación que el ordenamiento jurídico permite tener sobre las cosas.

La definición que da el código es objeto de crítica desde un doble punto de vista: uno, técnico, porque no se debe definir la propiedad como suma de facultades o poderes, con referencia al contenido, descomponiendo éste en concretas facultades, ya que es un poder unitario del que aquéllas son meras manifestaciones; otro, político, por cuanto el precepto expresa una idea antisocial —excesivamente liberal— del poder absoluto sobre la cosa. Quizá el fallo principal del Código civil sea el de definir —sin importar cómo— la propiedad, pues la ley debe regularla y atribuirle un contenido, dejando para la doctrina la labor de definir.

Pese a las críticas, debe reconocerse que el concepto del derecho de propiedad en el Código civil no hace sino reconocer que es el más amplio poder que el Ordenamiento público o privado reconoce sobre la cosa, aun a base de una fórmula descriptiva: es un concepto amplio y adaptable a cualquier ordenamiento que restrinja o conceda un gran margen al poder del propietario; el concepto sólo quedará perfilado al examinar las limitaciones que imponga el Ordenamiento. Su fórmula descriptiva es asimismo muy general: en sentido positivo, comprende los actos materiales (aprovechamiento: goce o consumo) y los actos jurídicos (administración y disposición) y en sentido negativo destaca la exclusión de los demás en la relación del sujeto con el objeto del derecho de propiedad. Facultades que en realidad son expresión o manifestaciones del poder unitario, señorío global, en que la propiedad consiste.

El artículo 33.1 de la Constitución dice que «se reconoce el derecho a la propiedad privada...» y añade el apartado siguiente que su función social delimita su contenido. La Constitución, pues, proclama el derecho de propiedad privada, y deja para las leyes la delimitación de su contenido, en base a la función social. No lo incluye en la sección dedicada a los derechos fundamentales (aunque la rúbrica del título sea «de los derechos y deberes fundamentales») sino en la sección destinada a tratar «de los derechos y deberes de los ciudadanos», con lo que parece matizar su carácter más contingente.

2.- El segundo inciso del primer párrafo de este artículo 348 se refiere a las «limitaciones» de la propiedad, pero hay que distinguir límites y limitaciones. Los *límites* son la frontera, el punto normal hasta donde llega el poder del propietario, o sea, el régimen ordinario de restricciones a que está sometido el poder; no hace falta un acto especial para imponerlo, ni hay que probarlo, ni se inscribe en el Registro de la Propiedad, sino que basta invocar la norma de que deriva. Las *limitaciones*, por el contrario, procedentes de diversas causas, reducen en casos singulares, el poder que normalmente (dentro de los límites) tiene el propietario sobre la cosa; es preciso establecerlas por un acto jurídico y han de ser probadas, pues en otro caso la propiedad se presume libre.

La terminología usada por la ley, e incluso por la jurisprudencia y doctrina antigua, es confusa y poco precisa: se emplea el término de servidumbres para designar límites de la propiedad, se confunde la expresión límite con limitación, y se emplea esta última equivocadamente.

Este artículo 348 reconoce que el derecho de propiedad tiene limitaciones, a las que hay que añadir, los límites, «por disposición legal». Pero no puede entenderse que el único límite de la propiedad sea el establecido por una disposición legal, ya que el derecho de propiedad no puede entenderse como un medio para la actuación ilimitada del individuo, sino que responde a un fin racional y por ello tiene unos límites intrínsecos, derivados de la propia naturaleza de la propiedad, que se reconocen sin disposición legal expresa.

Todo ello con independencia de las limitaciones que sobre la propiedad imponga el mismo propietario por su propia voluntad, que esencialmente son los derechos reales limitados, las servidumbres administrativas y las prohibiciones de disponer. Partiendo pues de que del artículo 348 y de los propios conceptos de derecho subjetivo y de derecho de propiedad, se hace la inicial clasificación de límites y limitaciones en el sentido dado.

Los límites pueden ser institucionales, en interés privado o en interés público.

Los límites institucionales se derivan de la propia naturaleza del derecho de propiedad, aun sin disposición legal concreta, son: 1.º) de carácter positivo: abuso del derecho y actos de emulación, y 2.º) de carácter negativo: *ius usus inocui*.

Los límites de interés privado son: 1.º) las relaciones de vecindad, 2.º) la medianería y 3.º) los derechos de tanteo y retracto legales.

Los límites de interés público, más de Derecho público que de Derecho privado, vienen dados: 1.º) por razón de las personas: los relativos a extranjeros; 2.º) por razón del objeto: referentes a las riberas de los ríos y al patrimonio artístico nacional, y 3.º) por razón del destino o actividad: defensa nacional, protección del medio ambiente, comunicaciones públicas (carreteras, vías férreas, aéreas), conducción de energía eléctrica, zona marítimo-terrestre y urbanismo.

Las limitaciones restringen el poder que tiene el propietario, en el caso concreto que sufre la limitación. Son esencialmente, en primer lugar, los derechos reales (salvo los establecidos directamente por la ley, como los retractos legales, que son límites) sobre cosa ajena; en segundo lugar, las llamadas servidumbres legales o administrativas, consistentes en la sujeción parcial de la cosa a alguna utilización o uso en beneficio de la Comunidad; en tercer lugar, las llamadas prohibiciones de disponer, que consisten en ciertas restricciones que pueden establecerse a la libre disponibilidad de la cosa por su dueño, que puede ser de carácter total o parcial y tener origen legal, judicial o administrativo y voluntario.

3.- El segundo párrafo del artículo 348 se refiere a la protección del derecho de propiedad, al expresar, con carácter de principio, que el propietario tiene acción contra el tenedor y el poseedor de la cosa para reivindicarla. Este texto legal no tiene una expresión feliz, ya que puede ser calificado de insuficiente y de inexacto: insuficiente, porque no se refiere a todas las acciones que nacen del dominio; inexacto, porque la referencia a la acción reivindicatoria, que acaso no era necesaria, parece omitir o excluir otras acciones, que indudablemente están incluidas en el contenido del derecho de propiedad.

JURISPRUDENCIA

«La función social (TC SS 26 Mar. 1987, 29 Nov. 1989, 4 Jul. 1991, 26 Oct. 1995, 20 Mar. 1997 y TS SS 29 Sep. y 31 Dic. 1989, 5 Mar. 1991, 15 Dic. 1992, 29 Ene. 1999, entre otras) contribuye a configurar el régimen normal y ordinario de la propiedad privada (derecho constitucional —art. 33.1 CE, aunque no fundamental —S 2 Jul. 1998—) mediante una serie de manifestaciones (límites) —de génesis legal (art. 33.2 CE) y no precisadas de acto constitutivo—. Y asimismo fundamenta las limitaciones legales, y dentro de ellas las servidumbres forzosas, de carácter obligatorio y con una ratio de necesidad, aunque precisadas de acto constitutivo concreto (que puede ser convencional). Las relaciones de vecindad, con naturaleza de límites o de limitaciones legales, se peculiarizan, aparte de su finalidad específica, por la nota de la reciprocidad». (19 julio 2002, LA LEY 326/2003)

«el derecho de propiedad, según se desprende de lo dispuesto por el artículo 348 del Código Civil, presenta como caracteres propios ser un derecho: a) unitario; b) general y abstracto, en cuanto comporta la existencia de facultades indeterminadas sobre la cosa pues abarca todas las que no hayan sido excluidas, sin que consista en una mera suma de facultades (sentencia de 2 de octubre de 1975); c) elástico, ya que, en caso de existir algún derecho real que la limite, la facultad que el mismo comporta la recupera el propietario cuando dicho derecho real se extingue (sentencia de 27 de junio de 1991); d) exclusivo, pues permite excluir del goce a los demás incluso si su uso es inocuo, y e) perpetuo, pues dura mientras exista el objeto (sentencia de 20 de mayo de 1993)». (24 octubre 2005, rec. 1111/1999)

«es lo cierto que la Audiencia (fundamento de derecho quinto) niega precisamente que ese requisito de la identificación se haya cumplido por el demandante y razona en el sentido de que la acción entablada fracasa "por la patente insuficiencia en la determinación de su objeto, desde la observación más elemental de las variaciones de titulación y alteraciones en la determinación de los inmuebles afectados...". La identificación de la cosa es cuestión de hecho y, como tal, reservada a los órganos de instancia sin posible acceso a la casación, salvo en los supuestos en que se combata por el medio adecuado la valoración de la prueba de la que se sirvió la Audiencia para obtener sus conclusiones, lo que aquí no se ha hecho. La sentencia de 22 enero 2003 recuerda "la reiterada doctrina de esta Sala, según la cual la cuestión de la identificación del objeto reivindicado pertenece a la soberanía de los órganos de instancia, por lo que ha de mantenerse la apreciación que sobre el particular hagan, salvo error de Derecho en la apreciación de las pruebas, que se denuncia y explique (SS 9 julio 1996, 5 junio 2000, 27 noviembre 2000, entre otras". Igual doctrina se contiene en las sentencias de 24 mayo 2003 y 15 diciembre 2005, entre las más recientes». (2 octubre 2006, LA LEY 110178/2006)

Prohibición de disponer:

«La prohibición de disponer, como limitación al derecho de propiedad en su facultad de disposición, tan sólo cabe ser impuesta convencionalmente en acto a título gratuito; si se establece en acto a título oneroso no tendrá otro carácter que el obligacional, sin constituir una limitación al derecho de propiedad que prive a su titular del poder de disposición (así, S 26 Jul. 1993)». (17 enero 2001, LA LEY 1991/2001)

«El recurrente invoca la interpretación restringida que ha de tener toda prohibición de disponer. Efectivamente, así se ha de operar para determinar su alcance y extensión, pero no para anularla cuando respeta el límite temporal del art. 785.2.º CC. Se dice que no consta la razón o motivo por el que se establece la prohibición, pero ello no es exigido por el CC, que no siguió en este punto el derecho histórico». (11 diciembre 2001, LA LEY 37309/2002)

Acción reivindicatoria:

«es doctrina jurisprudencial que no ha de confiarse a un necesario juicio de deslinde la determinación de la finca (S 13 Oct. 1976, por todas), si es condición sine qua non la identidad inequívoca de la finca a reivindicar, lo que comprendería que la finca se determine sobre el terreno por sus cuatro puntos cardinales, debiendo éstos concretarse con toda precisión, y siendo este requisito identificativo esencial para que pueda prosperar cualquiera de las acciones que se derivan del art. 348 CC (SS 16 Jul. 1990, 5 Mar. 1991 y 1 Dic. 1993, entre otras muchas)». (25 mayo 2000, LA LEY 7813/2000) (Doctrina reiterada por la sentencia de 14 noviembre 2006, LA LEY 135250/2006)

«el ejercicio de la acción reivindicatoria exige la prueba del dominio por el demandante; el demandado puede alegar y probar su derecho a poseer, que en el presente caso es, nada menos, que su derecho de propiedad que dice haber adquirido del propio demandante. No tiene sentido mantener que al ejercitar la acción reivindicatoria el demandante tiene que incluir en su demanda, como petición principal, la nulidad del título que invoca el demandado. Ello, en primer lugar, porque no puede saber qué invoca el demandado hasta que conteste la demanda y, en segundo lugar, porque si niega todo derecho a poseer del demandado, ninguna petición de nulidad procede». (13 marzo 2002, LA LEY 6252/2002)

«Se combate la desestimación de la acción reivindicatoria, porque, tal como declaran las sentencias de instancia, no se ha probado el título de dominio, presupuesto esencial de aquella acción. La valoración de la prueba no es objeto de casación, al igual que no se permite hacer supuesto de la cuestión. Y esto es lo que se pretende en estos motivos; las sentencias de instancia niegan el carácter de título a una simple fotocopia, que no ha sido adverada, sino todo lo contrario». (27 septiembre 2002, LA LEY 95/2004)

«jurisprudencia de esta Sala, que determina los requisitos que, de acuerdo con el art. 348 CC, regulador de la "acción reivindicatoria" del dominio, son necesarios para su prosperabilidad, poniendo su acento en el relativo a la "identificación" de las fincas, por cuanto que se exige que tal identificación debe de ser total y sin dudas». (7 mayo 2004, rec. 1836/1998)

«La jurisprudencia tiene declarado que la identificación de las fincas ha de concurrir de forma totalmente evidenciada para que no ofrezca duda alguna a las que se reivindican, debiendo fijarse con la debida precisión su cabida, situación y linderos, y con la cumplida probanza que son las que se refieren los títulos y los demás medios probatorios en los que los actores fundan su derecho y tal identificación exige un juicio comparativo entre la finca real y la titular (sentencias de 5-3-1991, 25-11-1991, 26-11-1992, 4-11-1993, 11-6-1993, 6-5-1994, 28-3-1996 y 1-4-1996». (17 marzo 2005, rec. 4177/1998) (Doctrina reiterada por la sentencia de 14 noviembre 2006, LA LEY 135250/2006)

«"la identificación de la finca (segundo de los requisitos jurisprudencialmente exigidos para el éxito de toda acción reivindicatoria junto a la legitimidad del título de dominio de la finca y detentación de ésta por el demandado sin título) impone al reivindicante la carga de probar que aquel bien inmueble del que se dice ostentar su dominio se corresponde, efectivamente, en perfecta identidad, con lo descrito en el título legitimador" (sentencia del Tribunal Supremo de 25 de noviembre de 1991, entre otras)». (21 noviembre 2005, rec. 1078/1999)

«para impugnar la apreciación fáctica expuesta no son idóneos los artículos del enunciado, ya que el 348 CC, aparte de plantearse en su versión genérica que no es dable en casación, no se infringe cuando en virtud de la prueba no se reconoce la titularidad dominical; y el 38 LH atribuye al titular inscrito una presunción de dominio, pero se trata de una presunción iuris tantum, *y que, por lo tanto —como sucede en el caso—, puede ser desvirtuada por la prueba en sentido distinto de la contraparte, tal y como ha reiterado de forma pacífica la doctrina de esta Sala».* (5 noviembre 2007, LA LEY 170563/2007)

«Esta es condición sine qua non (como dicen las sentencias de 25 de mayo de 2000 y 14 de noviembre de 2006) para el éxito de la acción reivindicatoria; presupuesto esencial (sentencia 27 de septiembre de 2002), total y sin dudas (sentencias de 7 de mayo de 2004), sin que ofrezca duda alguna (sentencias de 17 de marzo de 2005 y 14 de noviembre de 2006). Es de destacar que se trata de una cuestión de hecho, que pertenece a la soberanía de los órganos de instancia (sentencias de 22 de enero de 2003, 15 de diciembre de 2005, 2 de octubre de 2006). La Audiencia Provincial en su sentencia objeto de este recurso de casación declara "sostener la precisa acreditación del requisito de la identidad de la finca objeto de reivindicación, dándose así cumplimiento al presupuesto de la identificación"». (5 noviembre 2009, rec. 1292/2005, LA LEY 217906/2009)

Acción declarativa:

«se la considera acción declarativa de dominio, que es, como así se expresa también, la que tiene por objeto simplemente la declaración del derecho propiedad, como acción meramente declarativa, que carece del requisito de ser poseedor el demandado y del efecto de condenar a éste al reintegro de la cosa objeto de la acción: en este sentido, sentencias, entre otras, de 14 Mar. 1989, 21 May. 1990 y 10 Jul. 1992». (17 enero 2001, LA LEY 1991/2001)

«Por otra parte, la adquisición, en virtud de la ejecución hipotecaria, de las fincas por los demandados (en 1992) se produce cuando éstas ya habían sido adquiridas por los demandantes (en 1989). Podría ser una adquisición a non domino mantenida por mor del principio de fe pública registral que proclama el art. 34 de la LH. Pero, como se ha dicho, no puede aplicarse porque los mismos tenían conocimiento y así consta, desde antes (desde 1990) del embargo que dio lugar a la adquisición por los demandantes. Con lo que la solución que da la sentencia de la Audiencia Provincial infringe el art. 34 de la LH». (31 mayo 2002, LA LEY 6192/2002)

«No obstante los términos en que aparece redactado el artículo 348.2.º del Código Civil, "el propietario tiene acción contra el tenedor y poseedor de la cosa para reivindicarla", la doctrina y la jurisprudencia consideran incluida la acción declarativa del dominio en el artículo 348 del Código Civil. La sentencia de 24 de marzo de 1992 dice que: "desde el punto de vista jurídico y jurisprudencial, la acción declarativa del dominio, al igual que la reivindicatoria, se destina a la protección del derecho de propiedad, tratando de obtener una mera declaración constatación de la propiedad que no exige que el demandado sea poseedor y le basta con la declaración de que el actor es propietario de la cosa" (sentencias del Tribunal Supremo de 21 de febrero de 1941 y 3 de mayo de 1944); no se trata de recuperar la posesión (sentencias de 22 de octubre de 1968 y 12 de junio de 1976); y la sentencia de 14 de octubre de 1991 afirma que: "según muy reiterada jurisprudencia (la acción declarativa

de dominio) no requiere que el demandado sea poseedor, siendo suficiente que contravenga en forma efectiva el derecho de propiedad, pues dicha acción tiene como finalidad obtener la declaración de que el demandante es propietario de la cosa, acallando a la parte contraria que discute ese derecho o se lo atribuye" (sentencias, entre otras, de 2 de abril de 1979 y 14 de marzo de 1989). (3 junio 2004, rec. 2208/1998)

«la acción declarativa de dominio que la doctrina jurisprudencial de esta Sala radica en el artículo 348 del Código Civil —distinguiéndola de la acción reivindicatoria— y que ejercita tanto la parte actora como la demandada al reconvenir, recae sobre un objeto en el que las partes coinciden en líneas generales, puesto que están de acuerdo que dicha demandada es propietaria de una finca enclavada en la de la propiedad de la parte actora, y que además existe una servidumbre de paso a favor de la finca de la parte demandada-reconviniente. Con ello dichas partes concuerdan en la existencia de título suficiente como primer requisito exigible para el éxito en el ejercicio de tal acción. Ahora bien, en lo que no existe acuerdo es en la perfecta identificación de las fincas en cuestión tanto en su superficie como en su contenido, siendo este el segundo y último requisito necesario en tal acción declarativa de dominio». (30 diciembre 2004, rec. 3123/1998)

«Acción declarativa de dominio. Ha sido la acción ejercitada por la sociedad demandante, cuyo objeto es la declaración del derecho de propiedad, como acción meramente declarativa (sentencia de 23 de marzo de 2001) amparado en el artículo 348, párrafo segundo, del código civil, aunque no lo diga expresamente (sentencia de 3 de junio de 2004). Los requisitos de esta acción son los mismos que los de la acción reivindicatoria, salvo, claro es, la posesión actual por parte del demandado (sentencia de 17 de enero de 2001). Son presupuestos, pues, de la acción, primero, la acreditación del título de propiedad por parte del demandante, por lo cual no es preciso que el demandado pruebe su derecho sino simplemente que aquél no acredite el suyo y, segundo, la identificación, como cosa señalada y reconocida e identidad, como la misma que es objeto de la demanda, "tanto en su superficie como en su contenido" (dice la sentencia de 30 de diciembre de 2004), cuya "carga de probar que aquel bien inmueble del que se dice ostentar su dominio se corresponde efectivamente, en perfecta identidad, con lo descrito en el título legitimador" (sentencia de 21 de noviembre de 2005)». (30 junio 2011, rec. 431/2007, LA LEY 111566/2011)

Multipropiedad:

«todo él consiste en querer eludir la muy clara fundamentación de la sentencia recurrida que, con base en la diferente naturaleza que puede presentar la denominada «multipropiedad», atribuyendo al titular un derecho que puede ser tanto real como personal, según los casos, entiende que en este caso los títulos aportados por los demandantes, consistentes en compra de acciones que llevan consigo el disfrute de unas viviendas durante una o varias semanas al año intercambiables, atribuyen derechos de carácter puramente personal, lo que impide estimar la tercería». (12 febrero 1998, LA LEY 3099/1998; en el mismo sentido, 12 febrero 1998, LA LEY 3097/1998; 12 febrero 1998, LA LEY 3165/1998; y 12 febrero 1998, LA LEY 3164/1998)

CONCORDANCIAS

Véase:
— arts. 350, 353 a 383, 464, 552 a 594 y 1.955 de este Código.
— Código de Comercio: art. 85.
— Constitución Española: art. 33.
— Ley Enjuiciamiento Civil de 1881: arts. 2061 a 2070.
— Ley Hipotecaria, de 8 febrero 1946 (*«B.O.E.»*, 29 mayo): arts. 26, 27 y 38.

Artículo 349

Nadie podrá ser privado de su propiedad sino por Autoridad competente y por causa justificada de utilidad pública, previa siempre la correspondiente indemnización.

Si no precediere este requisito, los Jueces ampararán y, en su caso, reintegrarán en la posesión al expropiado.

COMENTARIO

Este artículo se refiere esencialmente a la expropiación forzosa. El art. 33.3 de la Constitución establece que «nadie podrá ser privado de sus bienes y derechos sino por causa justificada de utilidad pública o interés social, mediante la correspondiente indemnización y de conformidad con lo dispuesto por las leyes». Al texto del Código Civil se ha añadido el concepto de interés social, que ya había incluido la legislación administrativa.

Este artículo tiene un valor meramente de principio, que está desarrollado y regulado específicamente y con detalle por leyes administrativas, no sólo la de Expropiación Forzosa.

JURISPRUDENCIA

«Dispone el art. 5.1.º de la Ley Orgánica del Poder Judicial que "la Constitución es la norma suprema del ordenamiento jurídico, y vincula a todos los jueces y tribunales, quienes interpretarán y aplicarán las leyes y los reglamentos según los preceptos y principios constitucionales, conforme a la interpretación de los mismos que resulte de las resoluciones dictadas por el Tribunal Constitucional en todo tipo de procesos"; en cumplimiento de este mandato, esta Sala ha de tener en cuenta para la resolución del recurso la sentencia 149/1991, de 4 de julio, del Tribunal Constitucional resolviendo los diversos recursos de inconstitucionalidad interpuestos por distintos Jueces y Tribunales contra la Ley 22/1988, de 28 de julio, de Costas. Refiriéndose a la cuestión relativa a si la eliminación de los derechos de propiedad existentes sobre los terrenos que la Constitución incorpora al dominio público puede ser considerada como privación de tales bienes y haya de dar lugar, por consiguiente a una indemnización, cuestión que atañe al respecto de la garantía expropiatoria que la propia Constitución reconoce, dice el Tribunal Constitucional que "esta eliminación de titularidades privadas sobre terrenos incluidos en el dominio público sobre la ribera del mar no puede ser considerada, desde el punto de vista constitucional, como una decisión arbitraria o carente de justificación, pues cuando menos es la forma más simple y directa de poner en práctica una decisión ya adoptada por la Constitución misma, de manera que si de expropiación ha de hablarse es aquélla la que establece la causa expropiandi"; y en cuanto a la existencia de indemnización, afirma el Tribunal Constitucional en referida sentencia "que no cabe hablar de inexistencia de indemnización es cosa evidente. Si la expropiación se opera precisamente por la transformación de la propiedad en concesión, el valor económico de ésta no puede ser entendido sino como compensación determinada ope legis, por la privación del título dominical. La relación entre expropiación y conversión del título, de una parte, y la naturaleza compensatoria de la concesión que se otorga, de la otra, no aparecería tal vez con absoluta nitidez en la propia Ley, que daba a los propietarios el plazo de un año para solicitar dicha conversión y no ofrecía solución alguna para el supuesto de que se dejará transcurrir ese plazo sin cursar la solicitud. El desarrollo reglamentario de esa norma (Disposición Transitoria primera 2 del Reglamento General) al ordenar a la Administración que de oficio se otorgue la concesión cuando se hubiere agotado el plazo para solicitarla, vino a llenar esa laguna e hizo patente que se trata, en efecto, no de una libre opción, sino de una decisión expropiatoria en la que es la misma Ley la que fija el quantum de la indemnización", y agrega que "la conversión del título que faculta para la ocupación del dominio público es, simultáneamente, un acto de privación de derechos y una compensación por tal privación, la vulneración del primero de los artículos mencionados (se refiere al art. 33.3 de la Constitución, aclaramos) solo puede entenderse producida por la insuficiencia de la indemnización"». (10 junio 2004, rec. 2736/2000)

CONCORDANCIAS

Véase:
— Constitución Española: art. 33.3.
— Ley de Expropiación Forzosa, de 16 de diciembre de 1954 (*«B.O.E.»*, 17 diciembre): arts. 1 a 8.
— Reglamento de Expropiación Forzosa, de 26 de abril de 1957 (*«B.O.E.»*, 20 junio): arts. 1 a 9.

Artículo 350

El propietario de un terreno es dueño de su superficie y de lo que está debajo de ella, y puede hacer en él las obras, plantaciones y excavaciones que le convengan, salvas las servidumbres, y con sujeción a lo dispuesto en las leyes sobre Minas y Aguas y en los reglamentos de policía.

COMENTARIO

1.- Si el objeto de la propiedad es una cosa mueble, no presenta el problema el precisar hasta dónde alcanza el poder del propietario: extendiéndose sobre la cosa entera, llega hasta los límites de ésta, sin que pueda pensarse que la propiedad de la cosa mueble se extienda al lugar en que esté situada ni el espacio por encima de ella.

Sin embargo, si la cosa es inmueble, si bien tampoco hay duda de que la propiedad se extienda a toda ella, se plantea el problema de si se extiende asimismo a lo que está debajo (subsuelo) y al espacio que está arriba (vuelo). Igualmente, plantea o ha planteado cuestiones la extensión horizontal del derecho de propiedad sobre cosa inmueble.

2.- En sentido vertical los jurisconsultos romanos reconocían al propietario la facultad de utilización del espacio aéreo que se halla sobre su fundo, y del subsuelo, bajo él. Los romanistas medievales emplearon una fórmula (iniciada, al parecer, por Cino de Pistoia) mucho más absoluta: el poder del propietario se extendía *usque ad sidera et usque ad inferos*. Cuya fórmula no planteaba dificultades en una época en la que no se podía alcanzar una altura considerable ni practicar galerías muy profundas. En el siglo pasado surgieron los primeros conflictos en materia de utilización del espacio aéreo y del subsuelo, y tuvo general aceptación la teoría de Ihering que, en base a las mismas fuentes romanas, mantuvo que la propiedad sólo se extiende hasta donde llega el interés práctico del propietario.

En cuanto al vuelo, el propietario del suelo tiene la facultad de utilización exclusiva del espacio situado sobre el mismo (vuelo), como se deduce de este artículo «... puede hacer obras, plantaciones...». Tiene dos límites: por una parte, el límite hasta el que permita la normativa —esencialmente administrativa— vigente (... con sujeción a lo dispuesto en ... los reglamentos de policía, dice el artículo 359); por otra parte, hasta el límite al que alcance el interés del propietario.

En cuanto al subsuelo la propiedad del inmueble comprende el subsuelo: el artículo 350 la extiende a lo que está debajo de ella, y el propietario puede utilizarlo y excluir intromisiones extrañas... puede hacer en él las obras, plantaciones y excavaciones que le convengan. El límite hasta donde se extiende el poder del propietario respecto al subsuelo viene determinado, en primer lugar, por la legislación, especialmente la relativa a minas y aguas, y, en segundo lugar, por el interés a donde llega el del propietario; en este sentido, puede utilizar el subsuelo sin límite alguno (sin perjuicio de la legislación minera, de aguas u otra) y puede impedir intromisiones de otros hasta donde alcance el interés normal como propietario, por lo que no podrá impedir las que se realicen a tal profundidad que carezca de interés en prohibirlas.

3.- En sentido horizontal, es el cierre de fincas y el deslinde y amojonamiento, que se contemplan en los artículos 388 y 384 y ss. respectivamente.

JURISPRUDENCIA

«Al estudiar el derecho de propiedad se ha reconocido, desde siempre, que su extensión en caso de inmueble no se limita al suelo propiamente dicho, sino que alcanza al vuelo lo que está encima y al subsuelo lo que está debajo siendo muy conocida, aunque no es aplicable absolutamente hoy en día (el poder del propietario, según la concepción actual, se extiende hasta donde llegue su interés) aquel aforismo procedente de la doctrina romanista medieval de que el poder del propietario se extiende usque ad sidera et usque ad inferos. El derecho sobre el vuelo puede entenderse como una parte del derecho de propiedad, como hace la S 9 de julio de 1988 (la S 11 de noviembre de 1919 dijo que del art. 350 se deduce que el propietario del suelo lo es también del vuelo) o como un derecho real que recae en cosa ajena, como hace la de 24 de diciembre de 1991. En todo caso, el derecho de propiedad se extiende al vuelo y si éste está desgajado del anterior, el vuelo queda configurado como derecho real inscribible en el Registro de la Propiedad, como dice la citada S 9 de julio de 1988». (23 junio 1998, LA LEY 7521/1998)

«De aquí debe deducirse que cuando existan diversos copropietarios, todos ellos estarán beneficiados por la norma que se acaba de reproducir, es decir, que serán propietarios de la superficie y de lo que está bajo ella. No puede admitirse, en consecuencia, que cuando cada uno de los comuneros tenga una actividad económica diferenciada, como ocurre en el presente caso, se produzca una especie de división en razón de las utilidades económicas que la cosa proporciona a cada uno de ellos». (12 noviembre 2009, rec. 1454/2005, LA LEY 212150/2009)

CONCORDANCIAS

Véase:
— arts. 426, 427, 530 y ss. de este Código.
— Real Decreto Legislativo 1/2001, 20 julio, por el que se aprueba el texto refundido de la Ley de Aguas (*«B.O.E.»*, 24 julio): arts. 2 a), 12, 47, 48, 54.2 y 73.
— Ley 34/1998, 7 octubre del Sector de Hidrocarburos (*«B.O.E.»*, 8 octubre): art. 1.
— Ley de Minas, de 21 de julio de 1973 (*«B.O.E.»*, 24 julio): art. 2.

Artículo 351

El tesoro oculto pertenece al dueño del terreno en que se hallare.

Sin embargo, cuando fuere hecho el descubrimiento en propiedad ajena, o del Estado, y por casualidad, la mitad se aplicará al descubridor.

Si los efectos descubiertos fueren interesantes para las Ciencias o las Artes, podrá el Estado adquirirlos por su justo precio, que se distribuirá en conformidad a lo declarado.

COMENTARIO

1.- La ocupación es el más típico modo originario de adquirir la propiedad. Es la aprehensión material o toma de posesión de una cosa sin dueño o con dueño ignorado, con ánimo de adquirir su propiedad. Dentro de la ocupación se halla el tesoro a que se refiere el art. 614, artículo que se remite a este artículo 351 que prevé su normativa. A su vez, el artículo 352 da el concepto de tesoro.

2.- El tesoro una vez aprehendido materialmente, es adquirido por ocupación, en la forma que regula el artículo 351, por su toma de posesión, por el que lo descubrió y aprehendió. El dueño del terreno adquiere la mitad del tesoro, como adquisición *ex lege, ipso iure*. Por tanto, si se descubre el tesoro en terreno propio, lo adquiere por entero. Así:

Primero. Si el tesoro no se descubre por casualidad, sino por obras con las que se busca expresamente, lo adquiere el dueño de terreno (primer párrafo), sin perjuicio de los pactos que éste hubiere realizado.

Segundo. Si se descubre por casualidad, la mitad corresponde al ocupante y la mitad al dueño del terreno —particular o Estado— formándose una copropiedad (párrafo segundo, en relación con el artículo 614, que destaca la «casualidad»): si el descubridor es el dueño del terreno, lo adquiere totalmente.

Tercero. El Estado tiene un derecho preferente para adquirir los tesoros, si éstos fueren interesantes para las ciencias o las artes, pagando su valor a los que tengan derecho (tercer párrafo).

JURISPRUDENCIA

«es preciso determinar a quién corresponderá, tras su descubrimiento, dicha pertenencia o propiedad, prescribiéndose por nuestro C.c. el haz de soluciones de su repetido art. 351: En primer lugar, pertenecerá al dueño del terreno en que se hallare (la antigua sentencia del T.S. de 8-10-1902 así lo reconocía pudiendo hablarse también de tesoro cuando el mismo se encuentra en otro lugar, v.g. en un mueble); en segundo lugar, cuando su descubrimiento fuese hecho en propiedad ajena, o del Estado y por casualidad, la mitad se aplicará al descubridor: que sigue el hito histórico de Las Partidas: «la mitad era del que fallase por aventura, non lo buscando el a sabiendas», con lo que se viene a establecer una suerte de copropiedad entre tales adjudicatarios del dominio sobre las cosas encontradas, según la sentencia de la Sala 2.ª del T.S. de 24 de enero de 1977; y, finalmente, no puede olvidarse cuando aparezca el protagonismo del Estado, aparte del inciso visto de que el terreno sea de su propiedad, habrá de estarse a la preferencia que le marca el último párrafo de repetido art. 351 y a la normativa de desarrollo... el requisito de «por casualidad» alude a que no se estará en el supuesto de hecho si el tesoro es descubierto por aquellos a quienes el propietario del tesoro se les encargó el tener que hallarlo (por relación de trabajo o arrendamiento) pues entonces le correspondería el mismo al dueño del terreno, sin perjuicio de la contraprestación pactada con los halladores)». (30 enero 1990, LA LEY 26-JF/0000)

CONCORDANCIAS

Véase:
— arts. 610 a 614 de este Código.
— Ley de Expropiación Forzosa, de 16 de diciembre de 1954 (*«B.O.E.»*, 17 diciembre): arts. 76 a 84.
— Ley del Patrimonio Histórico Español, de 25 de junio de 1985 (*«B.O.E.»*, 29 junio): arts. 41.3 y 44.
— Reglamento de Expropiación Forzosa, de 26 de abril de 1957 (*«B.O.E.»*, 20 junio): arts. 92 a 96.

Artículo 352

Se entiende por tesoro, para los efectos de la ley, el depósito oculto e ignorado de dinero, alhajas u otros objetos preciosos, cuya legítima pertenencia no conste.

COMENTARIO

Este artículo define el tesoro de cuya definición se desprenden sus elementos: 1.º cosa mueble; 2.º, valiosa; 3.º, ignorada; 4.º, de propiedad desconocida; estos dos últimos elementos normalmente implican que la cosa es antigua o fue depositada antiguamente; aparte de la ambigüedad del concepto «antiguo», no se trata de un elemento específico, sino que el hecho de que la existencia de la cosa sea ignorada y de propiedad desconocida coinciden con frecuencia con que es antigua.

JURISPRUDENCIA

«iter de la configuración jurídica-positiva del denominado «tesoro oculto», arranca de las fuentes romanas, en las que se acuñó la secular definición conceptual de Paulo («Vetus quaedam depositio pecuniae cuius no extat memoria, ut iam dominum non habeat») *trasunto, pues, de la actual definición legal del art. 352 del C.C. (es claro que el C.C. lo contempla como uno de los «modos de adquirir la propiedad» de su L. II e, incluso, se regula dentro del T.II «De la propiedad»... sus notas más características; a saber, ocultación e ignorancia o que el depósito de los objetos del tesoro, sea desconocido y esté escondido, si bien este ocultamiento es consustancial en la idea de que si no lo estuviera, alguien se habría apoderado del mismo; como se ha dicho ha desaparecido la nota de la «antigüedad» en nuestro derecho positivo... y, por último, además de su «condición mobiliaria», en cuanto a la no pertenencia (en S. 27-6-88 se decía al punto: «para que dicha conceptuación (de tesoro oculto) pueda ser atribuida a un depósito oculto e ignorado de dinero, alhajas y otros objetos preciosos es requisito ineludible que no tenga propietario conocido («inhallabilidad» del dueño), como ya exigía la ley 45, título 28, de la partida 3 ... no sólo como es obvio, cuando sea desconocida en absoluto la identidad del dueño originario que efectuó o por cuya orden se realizó la ocultación, sino también cuando, aun siendo conocida la identidad del mismo, la excesiva lejanía en el tiempo haga prácticamente imposible, a través de las intermedias transmisiones hereditarias que hayan podido producirse, venir en conocimiento de quiénes sean los sucesores del referido dueño originario y, por ende, legítimos propietarios actuales.»* (30 enero 1990, LA LEY 26-JF/0000)

CONCORDANCIAS

Véase arts. 610 y 614 a 616 de este Código.

CAPÍTULO II
DEL DERECHO DE ACCESIÓN

DISPOSICIÓN GENERAL

Artículo 353

La propiedad de los bienes da derecho por accesión a todo lo que ellos producen, o se les une o incorpora, natural o artificialmente.

COMENTARIO

1.- El Código civil incluye en la accesión dos figuras distintas: 1.º la facultad del propietario de hacer suyos los frutos de la cosa y 2.º el derecho del mismo de hacer suya una cosa ajena que se ha unido a la propia formando un todo inseparable. A ambas se refiere el artículo 353: «la propiedad de los bienes da derecho por accesión: 1.º a todo lo que ellos producen, 2.º o se les une o incorpora, natural o artificialmente.

La primera, es denominada accesión por producción o accesión discreta. Es expresión de las facultades del derecho de propiedad, facultad de disfrute, ius fruendi, dentro de la facultad de aprovechamiento, percibir, hacer suyos los frutos de la cosa, que desarrollan los artículos 354 y 357.

La segunda, es denominada accesión por incorporación o accesión continua. Es un modo de adquirir la propiedad, que recae sobre la cosa unida o incorporada.

2.- Este artículo recoge dos conceptos distintos. La llamada *accesión discreta* no es verdadera accesión, sino una facultad del dominio. La llamada *accesión continua* es la verdadera accesión, es un modo de adquirir la propiedad, recayendo sobre lo que se une o incorpora o la cosa principal inseparablemente; se adquiere la propiedad sobre el todo resultante de la unión o incorporación.

JURISPRUDENCIA

«el donatario a quien se le aplica la reversión, debe devolver lo donado, sin tener derecho a exigir una liquidación posesoria ni, mucho menos, una aplicación del artículo 361 del Código civil. En todo caso, la aplicación lo será del principio superficies solo cedit que proclama el artículo 353 del Código civil con carácter general, a favor del donante». (27 enero 2011, rec. 665/2007, LA LEY 1009/2011)

CONCORDANCIAS

Véase arts. 479 y 1877 de este Código.

SECCIÓN PRIMERA
Del derecho de accesión respecto al producto de los bienes

Artículo 354

Pertenecen al propietario:

1.º Los frutos naturales.

2.º Los frutos industriales.

3.º Los frutos civiles.

COMENTARIO

1.- Es fruto todo producto o utilidad que constituye el rendimiento de la cosa conforme a su destino económico y sin alteración de su sustancia. El concepto de fruto implica el concepto de cosa: el fruto es una cosa nueva que, como tal, corresponde al titular de la cosa que lo ha producido.

Corresponde el fruto, como se ha apuntado, al titular de la cosa que lo ha producido. esta titularidad puede ser de muy diversos tipos, bastando que dé derecho a ellas, como titularidad del derecho de propiedad, del de usufructo, del de uso. En general, pues, al poseedor. El Código civil regula la atribución de los frutos al tratar de la posesión, en los artículos 451 y ss. y también en otras instituciones en las que se da el concepto de frutos.

El Código civil no introduce en el concepto de frutos el de la *plusvalía* que puede tener una importancia económica muy superior a aquéllos. Así, que tenga o no la consideración de frutos reviste importancia decisiva, en la liquidación de regímenes económico-matrimoniales: la plusvalía no merece el concepto de fruto en el de gananciales y sí, por el contrario, en el de participación.

Por tanto, cuando este artículo dice que los frutos *pertenecen al propietario*, quiere significar que pertenecen *al titular* (propietario, usufructuario... en general, al poseedor) de la cosa que los produce. Es muy frecuente que el Código se refiera al propietario —titular del derecho de propiedad— para significar realmente al titular de un derecho, sea de propiedad, sea otro derecho.

2.- A continuación, este artículo enumera las clases de frutos, cuya definición da el siguiente.

CONCORDANCIAS

Véase arts. 451, 471, 524, 1554.1.º, 1.632 y 1.881 de este Código.

Artículo 355

Son frutos naturales las producciones espontáneas de la tierra, y las crías y demás productos de los animales.

Son frutos industriales los que producen los predios de cualquiera especie a beneficio del cultivo o del trabajo.

Son frutos civiles el alquiler de los edificios, el precio del arrendamiento de tierras y el importe de las rentas perpetuas, vitalicias u otras análogas.

COMENTARIO

1.- Fruto natural es el producido por una cosa fructífera, que puede ser producción espontánea (fruto natural en sentido estricto) o por intervención del hombre, por cultivo o trabajo (fruto industrial).

El artículo 355 se refiere al fruto natural en sentido estricto en su primer párrafo: son frutos naturales las producciones espontáneas de la tienta y las crías y demás productos de los animales: y al fruto natural en su variante de fruto industrial en su segundo párrafo: son frutos industriales los que producen los predios de cualquier especie a beneficio del cultivo o del trabajo.

2.- *Fruto civil* es el producido por razón de una relación jurídica constituida sobre la cosa. Los frutos civiles provienen de que el titular de la cosa la ha hecho objeto de una relación jurídica, por lo que se ha transmitido a otro la facultad de usarla y disfrutarla y en compensación a tal transmisión recibe una cantidad de dinero, que son los frutos civiles de aquella cosa.

A lo mismo se refiere, más como ejemplo que como definición, el tercer párrafo del artículo 355; son frutos civiles el alquiler de los edificios, el precio del arrendamiento de tierras y el importe de las rentas perpetuas, vitalicias u otras análogas.

Artículo 356

El que percibe los frutos tiene la obligación de abonar los gastos hechos por un tercero para su producción, recolección y conservación.

COMENTARIO

En correspondencia con la adquisición de los frutos por quien sea titular de la cosa que las produce éste debe abonar los gastos que haya hecho un tercero para llegar a aquella adquisición: «para su producción, recolección y conservación» dice el texto legal. No hay cuestión y no se aplica este artículo si, como será el caso normal, el que ha hecho tales gastos ha sido el propio titular de la cosa productora de los frutos.

CONCORDANCIAS

Véase arts. 361 y ss., 472, 1.922.6.º y 1.926.3.º de este Código.

Artículo 357

No se reputan frutos naturales, o industriales, sino los que están manifiestos o nacidos.

Respecto a los animales, basta que estén en el vientre de su madre, aunque no hayan nacido.

COMENTARIO

1.- Se habla a veces, en la doctrina, de los llamados frutos no aparentes, que son los no nacidos, que no muestran todavía su existencia, en contraposición a los aparentes, nacidos o existentes. Pero, precisando el concepto, hay que considerar que los llamados no aparentes no son ni siquiera frutos; éstos lo son sólo los aparentes y así lo acepta el Código en su artículo 357; no se reputan frutos naturales, o industriales, sino lo que están manifiestos o nacidos; respecto a los animales, basta que estén en el vientre de su madre, aunque no hayan nacido.

2.- Por tanto, sólo aceptando los aparentes, únicos frutos, se dividen, atendiendo a su situación, en pendientes y percibidos.

Frutos pendientes son los que no separados de la cosa fructífera, adheridos a ella, aunque ya perceptibles (así, la manzana unida al árbol, el trigo sin segar, el feto en el vientre de la hembra). Mientras el fruto está pendiente forma parte de la cosa fructífera.

Frutos percibidos son los ya separados de la cosa fructífera, que han pasado a ser cosa nueva y, por ende, han sido atribuidos al titular, percibidos por éste.

SECCIÓN SEGUNDA

Del derecho de accesión respecto a los bienes inmuebles

Artículo 358

Lo edificado, plantado o sembrado en predios ajenos, y las mejoras o reparaciones hechas en ellos, pertenecen al dueño de los mismos con sujeción a lo que se dispone en los artículos siguientes.

COMENTARIO

1.- La accesión continua, accesión propiamente dicha se divide en accesión natural, cuando la unión o incorporación se ha producido por un hecho de la naturaleza, ajeno a la voluntad del hombre (aluvión, avulsión, mutación de cauce, formación de isla) y accesión artificial, que se produce por un acto voluntario del hombre. Esta última puede ser en bienes inmuebles y de cosas muebles.

La accesión continua artificial en bienes inmuebles parte del principio *superficies solo cedit*, fundado en que el suelo es la cosa principal y el derecho de propiedad sobre el mismo se extiende a lo construido o sembrado en él, y está plasmado en el presente artículo 358.

2.- Sin embargo, actualmente este principio tiene tales excepciones que se ha llegado a decir que constituye un anacronismo. Así ocurre con el derecho de superficie y la propiedad horizontal, como más típicos casos.

Este propio artículo 358 termina diciendo «con sujeción a lo que se dispone en los artículos siguientes» que dan la regulación, con los matices, excepciones e indemnizaciones, distinguiendo si hay buena o mala fe, de la accesión continua artificial en bienes inmuebles.

3.- Una excepción al principio *superficies solo cedit* lo constituye la *accesión invertida.*

La accesión invertida significa, en principio, que se produce la figura de la accesión (continua) quebrándose el principio de *superficies solo cedit*, es decir, que se estima el terreno como lo accesorio que es adquirido, por accesión, por el dueño de lo construido.

Se produce sólo en los casos de construcción extralimitada: el dueño de un terreno construye en él, pero invade parcialmente el terreno limítrofe; la construcción queda en parte en terreno propio y en parte en terreno ajeno.

Este supuesto no ha sido contemplado específicamente por el Código civil y debe resolverse aplicando las mismas reglas de la accesión (así, si la construcción extralimitada ha sido hecha de mala fe) o aplicando los principios generales del Derecho (si hubo buena fe).

Mala fe. Si el constructor y dueño del terreno, que se extralimitó al invadir parcialmente el terreno vecino, lo hizo de mala fe, el dueño del terreno invadido puede optar, aplicando estrictamente lo dispuesto en los artículos 361 y 363 entre que le sea pagado el valor del terreno que le ha sido invadido o que sea demolido lo construido en éste, y, en una u otra opción, que se le satisfaga indemnización por los daños y perjuicios que haya sufrido.

Buena fe. Si el constructor actuó de buena fe, se da auténtica laguna legal, que debe ser resuelta por los principios generales del Derecho; así lo ha hecho el Tribunal Supremo, manteniendo una doctrina jurisprudencial que hoy está ya suficientemente clara y sobradamente reiterada para considerar resuelto el problema que dio lugar a abundante doctrina y sigue produciendo numerosa jurisprudencia. La idea esencial es que la construcción no debe ser demolida ni dividida y el todo indivisible pertenece, por accesión, incluyendo el terreno parcialmente invadido, al constructor, que construyó en su terreno e invadió parcialmente al vecino, es decir, dueño de la construcción extralimitada, si bien indemnizará a éste.

JURISPRUDENCIA

«El principio que rige en materia de accesión es el de superficies solo cedit: el suelo (que incluye el subsuelo) es la cosa principal y el derecho de propiedad sobre el mismo se extiende a lo construido (como puede ser locales y garaje en sótanos) en él; así lo recoge el art. 358 CC: lo edificado (estos locales y garaje en sótano)... en predios ajenos... pertenecen al dueño de los mismos... y los artículos siguientes desarrollan este principio, previendo una indemnización, según buena o mala fe, a favor de quien pierde lo construido y a cargo de quien lo adquiere por accesión, a fin de evitar un enriquecimiento injusto. Los arts. 361 a 364 contemplan el supuesto que atañe al presente caso: la construcción de locales y garaje por Sancar, Promociones y Construcciones, S.L., con capital y materiales propios en suelo (mejor dicho, en subsuelo) ajeno. Sancar construyó con mala fe, conociendo que el subsuelo no era ya de su propiedad, pues ya había vendido las viviendas de los bloques y había constituido éstos en propiedad horizontal, siendo evidente que el suelo y subsuelo es elemento común y pertenece a los propietarios, como propiedad inherente a su propiedad individual (art. 396 CC). A su vez, los propietarios de las viviendas en propiedad horizontal las habían adquirido antes de la construcción de los locales y garaje en los sótanos de sus propias viviendas, por lo que es indiscutible que tal construcción se hizo a su vista, ciencia y paciencia, sin oponerse, ya que no consta oposición alguna en

el tiempo en que se hacía, y el art. 364 CC califica esta situación como de mala fe. Por tanto, débese entender que unos y otra propietarios del subsuelo y constructora actuaron, jurídicamente, con mala fe. El citado art. 364 dispone que si en ambos ha habido mala fe, los derechos de uno y otro serán los mismos que tendrían si hubiesen procedido ambos de buena fe». (16 junio 1998, LA LEY 6699/1998)

«El art. 358 contiene una declaración genérica al atribuir la propiedad de lo edificado en predio ajeno al dueño del mismo superficies solo cedit, pero no la decreta de forma absoluta, sino sujeta a lo dispuesto en los artículos siguientes, con lo que se autoriza a tener en cuenta el art. 361, ya que la presunción legal que sienta el 359 cabe ser destruida por prueba en contra». (19 julio 1999, LA LEY 10967/1999)

CONCORDANCIAS

Véase:
— art. 1.877 de este Código.
— Ley Hipotecaria, de 8 febrero 1946 («*B.O.E.*», 29 mayo): arts. 109 y ss.

Artículo 359

Todas las obras, siembras y plantaciones se presumen hechas por el propietario y a su costa, mientras no se pruebe lo contrario.

COMENTARIO

1.- En base a que la situación normal es que cuando se construye o siembra lo hace el propietario con materiales propios, el artículo 359 proclama, como principio y con carácter de presunción iuris tantum, que todas las obras, siembras o plantaciones se presumen hechas por el propietario y a su costa, mientras no se pruebe lo contrario. Por tanto, se deberá probar, para que puedan aplicarse las normas de accesión, que la construcción o siembra no la hizo el propietario o no la hizo con materiales propios.

2.- Es, pues, un supuesto de *no accesión* en que no se aplica su normativa, sino la general del derecho de propiedad, debe entenderse relativa a todo derecho que, como el usufructo, etc., conceden al titular la posesión de la cosa inmueble.

JURISPRUDENCIA

«el principio superficie solo cedit, que consagra el artículo citado, es una manifestación de la fuerza expansiva de la propiedad del suelo, el cual opera a modo de una presunción iuris tantum, de manera que la atribución de lo edificado al propietario del terreno sobre el que se ha construido, tiene lugar a salvo de prueba en contrario, por lo que el onus probandi, en virtud de dicha regla especial probatoria, corresponde al que pretenda la titularidad de lo construido». (1 febrero 2000, LA LEY 81/2001)

CONCORDANCIAS

Véase:
— Ley Hipotecaria, de 8 febrero 1946 («*B.O.E.*», 29 mayo): art. 208.
— Reglamento Hipotecario, de 14 febrero 1947 («*B.O.E.*», 16 abril): art. 308.

Artículo 360

El propietario del suelo que hiciere en él, por sí o por otro, plantaciones, construcciones u obras con materiales ajenos, debe abonar su valor; y, si hubiere obrado de mala fe, estará además obligado al resarcimiento de daños y perjuicios. El dueño de los materiales tendrá derecho a retirarlos sólo en el caso de que pueda hacerlo sin menoscabo de la obra construida, o sin que por ello perezcan las plantaciones, construcciones u obras ejecutadas.

COMENTARIO

1.- Contempla este artículo la accesión artificial en bienes inmuebles —accesión industrial inmobiliaria— consistente en la incorporación en suelo propio de materiales ajenos. Dice su inicio: «el propietario del suelo que hiciere en él, por sí o por otro, plantaciones, construcciones u obras con materiales ajenos...». Como tantas veces, la referencia al propietario debe extenderse al titular de un derecho que le otorga la posesión del inmueble.

2.- Ante todo, hay que observar que esta incorporación ha de ser inseparable y que prevalece el derecho de propiedad de los materiales por parte de su dueño. Por ello, no hay accesión si éstos se pueden separar. Así, el segundo inciso de este artículo prevé que el dueño de los materiales puede retirarlos si con ello no causa menoscabo a la obra construida ni perece la plantación, construcción u obra.

3.- Subsidiariamente, si no cabe la retirada de los materiales, el propietario o poseedor del inmueble que ha hecho la plantación, construcción u obra los hace suyos. Si ha obrado de buena fe, deberá abonar al dueño de los materiales, su valor. Si ha obrado de mala fe, le abonará éste y además le resarcirá de los daños y perjuicios que haya sufrido.

JURISPRUDENCIA

«la accesión artificial definida en el artículo 360 del mismo cuerpo legal atiende tan sólo a normar tan peculiar forma de adquirir el dominio para el supuesto de ausencia de una convención al respecto en orden a la ejecución de la obra que motiva dicha accesión artificial» (20 septiembre 1989, LA LEY 3339/1990).

CONCORDANCIAS

Véase arts. 1.101, 1.106 y 1.107 de este Código.

Artículo 361

El dueño del terreno en que se edificare, sembrare o plantare de buena fe, tendrá derecho a hacer suya la obra, siembra o plantación, previa la indemnización establecida en los artículos 453 y 454, o a obligar al que fabricó o plantó a pagarle el precio del terreno, y al que sembró, la renta correspondiente.

COMENTARIO

1.- Este artículo (y los siguientes) contempla la accesión industrial inmobiliaria, consistente en la incorporación de materiales propios en suelo ajeno. Es el supuesto que más problemas prácticos plantea y más jurisprudencia ha producido. Es el caso del que edifica, siembra o planta con materiales propios, lo hace en terreno ajeno; en principio, se produce accesión del propietario del suelo al todo resultante por el principio de superficies solo cedit, del artículo 358, pero en la normativa concreta tiene especial importancia, como no podía ser menos, la buena o mala fe.

2.- Si el que edifica, siembra o planta en suelo ajeno actúa *con buena fe* el dueño del terreno, por accesión, tendrá derecho —dispone el art. 361— a hacer suya la obra, siembra o plantación, pero deberá pagar la indemnización prevista en general para el poseedor de buena fe (arts. 453 y 454), o bien evitará la accesión, pues le concede el mismo artículo 361 derecho a obligar al que fabricó o plantó a pagarle el precio del terreno, y al que sembró, la renta correspondiente, es decir, una compraventa o un arrendamiento del terreno.

JURISPRUDENCIA

«es fundamental tener en cuenta la declaración de la sentencia recurrida, cuando manifiesta que la adquisición por accesión que se contiene en la opción del suplico de la demanda respecto del edificio construido, exige la previa declaración de la propiedad de lo edificado y esta cuestión fue resuelta en el anterior juicio. En efecto, la sentencia dictada en primera instancia de fecha 7 de junio de 1991, confirmada por la de la Sección Segunda de esta Audiencia Provincial de fecha 13 de abril de 1992, afirma en el fundamento jurídico tercero, entre otras, que "no se consideraba demostrada la propiedad de la obra por parte de las hijas, hoy actoras", y congruentemente el fallo de la sentencia desestima la pretensión relativa a la declaración de propiedad de la obra a su favor». (29 junio 2005, rec. 246/1999)

«aplicación del que denominan derecho de retención del artículo 361 del Código civil. Más que derecho de retención, lo que contempla este artículo es una opción relativa a la accesión continua artificial en bienes inmuebles, cuando se construye (aparte del caso de siembra o plantación) en suelo ajeno; el propietario de éste, por razón del principio superficies solo cedit que consagra el artículo 358 hace suya la construcción, pagando indemnización, pero tiene la opción de evitar la accesión (y tener que pagar la indemnización) exigiendo al que construyó que le pague el precio del terreno, a modo de compraventa del mismo. No es el caso de autos, de aquí que el motivo se desestime. El caso presente no es una accesión al que aplicar el artículo 361, sino una construcción por una serie de comuneros que eran propietarios de un inmueble arruinado y que pactaron una nueva edificación, unas cuotas y una concreción de viviendas. Esta litis no se resuelve por las normas de la accesión, sino por las relaciones entre comuneros, quedando fuera de este litigio la posible reclamación de lo debido por razón de aquella construcción». (21 septiembre 2011, rec. 1244/2008, LA LEY 183868/2011)

Accesión invertida:

«La doctrina jurisprudencial, por todas S 22 Mar. 1996, ha precisado los requisitos que han de concurrir para que se dé la accesión invertida y ha señalado como tales; a) que quien la pretenda sea titular de lo edificado; b) que el edificio se haya construido en suelo o que en parte pertenece al edificante y en parte es propiedad ajena; c) que las dos partes del suelo formen con el edificio un todo indivisible; d) que el edificio unido al suelo del edificante tenga una importancia y valor superior al del suelo invadido; y e) que el edificante haya procedido de buena fe». (14 octubre 2002, LA LEY 10535/2003)

«la accesión invertida no se produce si la invasión del fundo ha sido total, o sea, del ciento por ciento, pero tal criterio no es aplicable al caso, pues, según resulta de los hechos probados, la desgraciada actuación urbanística del Ayuntamiento fue la que permitió a los propietarios beneficiarios y demandados el reparto del suelo ajeno, entre ellos, que indivi-

dualmente fue parcial, no total, aunque el resultado final fuera de ocupación por distintos sujetos de todo el terreno». (28 noviembre 2005, rec. 1003/1999)

«Como señaló la sentencia de esta Sala de 23 de julio de 1991, se rechaza "la rígida aplicación de la materia relativa a las construcciones en suelo ajeno con materiales propios y de buena fe, acogiendo la denominada accesión invertida y constituyendo un cuerpo de doctrina que arranca de la sentencia de 31 de mayo de 1949 y continúa con las de 16 de marzo de 1959, 2 de julio de 1960, 17 de junio de 1961, 26 de febrero y 17 de junio de 1971, 23 de octubre de 1973, 10 de diciembre de 1980, 15 de junio y 30 de noviembre de 1981, y 1 y 29 de junio de 1984, siendo el invariable supuesto de aplicación de esta doctrina el identificable a través de los tres siguientes rasgos: que la construcción o edificación invada terreno aledaño, que esa inmisión se efectúa de buena fe, siendo indispensable que el propietario que sufra la invasión no se haya opuesto a su ejecución oportunamente, y que con la edificación resulten un todo indivisible el terreno ocupado y lo edificado sobre él, por el valor desproporcionadamente superior de lo construido en contraste con el terreno ocupado o invadido". Pero resulta lógico entender que el presupuesto previo para la aplicación de tal doctrina implica la declaración de dominio de quien reclama sobre el terreno de su propiedad que afirma haber sido invadido y, por tanto, la exigencia de los requisitos propios de la acción declarativa de que se trata entre los que se cuenta, como requisito común a la acción reivindicatoria, la adecuada identificación de la finca. La sentencia de esta Sala de 5 febrero 1999 establece que "es doctrina reiterada de esta Sala, cuya notoriedad excusa la cita pormenorizada de las resoluciones en que se contiene, la de que la identificación de la finca ha de hacerse de forma que no ofrezca duda cuál sea la que se reclama, fijando con la debida precisión su cabida, situación y linderos, y demostrando con cumplida probanza, que el predio reclamado es aquel al que se refieren los títulos y demás medios probatorios en los que el actor funde su derecho, identificación que exige un juicio comparativo entre la finca real contemplada y la que consta en los títulos, lo que como cuestión de hecho, es de la soberana apreciación del Tribunal de instancia». (16 octubre 2006, LA LEY 119523/2006)

«Se da supuesto no igual pero sí análogo al que contempla la sentencia de esta Sala de 16 de junio de 1998, en que, entre otras cuestiones se da una construcción en suelo ajeno (el subsuelo de una comunidad de propietarios) de mala fe, pero a la vista, ciencia y paciencia de los propietarios, con lo que se aplica la norma de la accesión de buena fe (artículo 361) y se concede a éstos la opción de hacer suya la obra, previa la indemnización prevista en los artículos 453 y 454 o bien de que se les pague el precio del terreno, opción e indemnización o precio a determinar en ejecución de sentencia. Esta es la posición correcta. Se dan los presupuestos de la accesión inmobiliaria de buena fe que contempla el artículo 361 del Código civil en virtud de la cual la demandante, propietaria del terreno, no tienen el derecho de recuperar íntegramente y sin más la posesión del terreno, como interesa en la demanda, sino menos: tiene, o bien el derecho a recuperar la posesión con lo construido, indemnizado conforme a ley, o bien a que se le pague el precio del terreno, opción que interesa a su vez la Comunidad demandada en su contestación a la demanda». (15 diciembre 2006, LA LEY 150036/2006)

«Es cierto que el correcto ejercicio procesal de los derechos que para el constructor de buena fe en terreno ajeno dimanan de lo dispuesto en el artículo 361 del Código Civil debería llevar a plantear la demanda en términos de condena a la parte demandada —titular del terreno— a ejercitar la opción prevista en dicha norma; pero también lo es que, como ya se ha adelantado, instada una de tales posibilidades por el actor en el proceso n.° 242/97, anteriormente referido, y desestimada la demanda al no conformarse con ella los demandados, queda abierto al demandante el ejercicio de la acción que sostiene en el presente pleito a efectos de que tenga lugar la segunda. Lo contrario significaría vaciar de contenido la norma del artículo 361 del Código Civil y la total negativa del derecho que de la misma dimana para el constructor de buena fe, por lo que ninguna infracción se ha producido por

la sentencia en tal sentido y el motivo ha de ser desestimado». (30 enero 2007, LA LEY 1476/2007)

«comporta el reconocimiento de un derecho de opción a favor del dueño del terreno en uno u otro sentido que, si se dieran los presupuestos necesarios para ello, podría haber permitido al hoy recurrente ejercer frente a la parte demandante la oportuna acción para exigirle el ejercicio de tal opción, lo que no se ha efectuado en el presente caso. Lo que no permite la indicada norma es que, al amparo de la misma y alegando simplemente la concurrencia de buena fe en la edificación, se pueda impedir la entrega material de la finca a quien por título de compra en subasta judicial la ha adquirido». (29 octubre 2007, LA LEY 170352/2007)

«el art. 361 no otorga derecho al dominus soli *para reclamar ningún daño originado por la construcción de buena fe por tercero en su terreno, únicamente la opción que contiene, seguramente por creer que ello es suficiente para la defensa de su propiedad. Sólo en el supuesto en que opere la accesión invertida, que supone una invasión parcial del terreno ajeno por la construcción y de buena fe, obliga al que construyó no sólo al pago del valor del terreno ocupado sino también a la indemnización reparadora de los daños y perjuicios, comprensivos del menoscabo patrimonial que representa la porción ocupada sobre el resto de la finca a causa de la segregación producida, por imperativo del art. 1901 Cód . civ. (sentencias de 29 de julio de 1994 y 12 de diciembre de 1995)».* (12 febrero 2008, LA LEY 26026/2008)

«La accesión invertida no puede darse, como pretende el motivo, partiendo de que todo el suelo es elemento común por haberlo dispuesto así los propietarios al constituir la propiedad horizontal y de que las normas de la accesión en bienes inmuebles no resultan adecuadas en un régimen, como el de la Propiedad Horizontal, regulado por una normativa específica en cuanto al contenido y alcance de los derechos sobre los elementos privativos y comunes a partir de los cuales se da solución a un conflicto que tiene como supuesto de hecho el que las obras realizadas no respetan lo autorizado en la licencia ni que tampoco se ajustan a lo estipulado en los estatutos con evidente incidencia en el título constitutivo, por lo que su realización precisaba del consentimiento unánime de la Junta de Propietarios. Consentimiento del que prescinde el recurrente que no atendió a los distintos requerimientos de la comunidad en razón de la extralimitación en la construcción del nuevo chalet, que tampoco presentó un compromiso de solución, y que no ha impugnado los acuerdos; circunstancias todas ellas que impedirían la apreciación de la accesión invertida invocada en el motivo». (5 julio 2010, rec. 1833/2006, LA LEY 109997/2010)

Artículo 362

El que edifica, planta o siembra de mala fe en terreno ajeno, pierde lo edificado, plantado o sembrado, sin derecho a indemnización.

COMENTARIO

1.- Este artículo y el siguiente prevén el supuesto de accesión por incorporación de materiales propios (edifica, planta o siembra) al suelo ajeno, habiendo mala fe del dueño de aquéllos, que hace la incorporación.

El propietario del suelo (o titular de otro derecho que le atribuye la posesión del mismo) tiene opción a permitir la accesión o a evitarla, a costa, en todo caso, del que incorporó los materiales.

2.- La primera opción la contempla este artículo 362: el propietario del suelo acepta la accesión, según el principio *superficies solo cedit*, adquiere el todo resultante, sin indemnización alguna y aquel que incorporó de mala fe los materiales, «pierde lo edificado, plantado o sembrado».

JURISPRUDENCIA

«resulta hecho notorio que el estanque fue levantado con anterioridad al procedimiento de menor cuantía de deslinde, es decir, cuando las fincas no habían sido objeto de delimitación judicial, y ambos litigantes se consideraban ser los propietarios del bien disputado (artículo 1950 y 7 del Código Civil), por lo que la sentencia del Juzgado con toda corrección no aplicó el artículo 362, sino el 361 (edificación de buena fe), en loable sentido de justicia y teniendo en cuenta ponderadas razones de economía procesal. Para zanjar de una vez la cuestión otorgó al demandante la opción de indemnizar el importe de la obra o que el demandado le pague el precio del terreno ocupado por el estanque del pleito». (15 junio 2004, rec. 2295/1998)

«Pedía en ella principalmente la declaración de que la titular del chalet unifamiliar construido por el demandado recae en la propietaria de la misma, en aplicación del art. 362 Código Civil. Subsidiariamente que se declarase la obligación del demandado de abonarle "el precio del terreno, no el que tuviera cuando se hizo la edificación, sino en el que pericialmente se le atribuya en el momento actual". Es claro que no se señaló el de la ejecución de la sentencia ni ningún otro, sino "el actual", y la actualidad no puede sino referirse al momento de la interposición de la demanda. Por su propia naturaleza, la "actualidad" es contradictoria con el futuro. Tampoco se pidió ninguna actualización del precio hasta que se pagase. Por ello la sentencia recurrida, al señalar la fecha de la interposición de la demanda, se atuvo exactamente a lo solicitado». (17 noviembre 2004, rec. 4518/1998)

CONCORDANCIAS

Véase art. 455 de este Código.

Artículo 363

El dueño del terreno en que se haya edificado, plantado o sembrado con mala fe puede exigir la demolición de la obra o que se arranque la plantación y siembra, reponiendo las cosas a su estado primitivo a costa del que edificó, plantó o sembró.

COMENTARIO

Como continuación del artículo anterior, la segunda opción del propietario o poseedor del suelo puede evitar la accesión exigiendo la demolición de la obra o que se arranque la plantación o siembra y reponer «las cosas», es decir, el suelo, a su estado primitivo. Todo ello se hará a costa de la persona que utilizó los materiales propios (edificó, plantó o sembró) en el suelo ajeno.

Artículo 364

Cuando haya habido mala fe, no sólo por parte del que edifica, siembra o planta en terreno ajeno, sino también por parte del dueño de éste, los derechos de uno y otro serán los mismos que tendrían si hubiesen procedido ambos de buena fe.

Se entiende haber mala fe por parte del dueño siempre que el hecho se hubiere ejecutado a su vista, ciencia y paciencia, sin oponerse.

COMENTARIO

Continúa este artículo el caso de los dos artículos anteriores, en que una persona incorpora materiales propios (edifica, planta o siembra) con mala fe, en terreno ajeno pero además, el propietario o dueño del mismo también tiene mala fe; la mala fe de éste consiste en que se ejecuta la edificación, plantación o siembra «a su vista, ciencia y paciencia, sin oponerse», como especifica el segundo párrafo.

En tal caso, la respectiva mala fe de uno y de otro se compensa y se aplica la regla del art. 361 en que ambos tenían buena fe.

JURISPRUDENCIA

«...construyó con mala fe, conociendo que el subsuelo no era ya de su propiedad, pues ya había vendido las viviendas de los bloques y había constituido éstos en propiedad horizontal, siendo evidente que el suelo y subsuelo es elemento común y pertenece a los propietarios, como propiedad inherente a su propiedad individual (art. 396 CC). A su vez, los propietarios de las viviendas en propiedad horizontal las habían adquirido antes de la construcción de los locales y garaje en los sótanos de sus propias viviendas, por lo que es indiscutible que tal construcción se hizo a su vista, ciencia y paciencia, sin oponerse, ya que no consta oposición alguna en el tiempo en que se hacía, y el art. 364 CC califica esta situación como de mala fe. Por tanto, débese entender que unos y otra propietarios del subsuelo y constructora actuaron, jurídicamente, con mala fe. El citado art. 364 dispone que si en ambos ha habido mala fe, los derechos de uno y otro serán los mismos que tendrían si hubiesen procedido ambos de buena fe». (16 junio 1998, LA LEY 6699/1998)

«la norma contenida en el artículo 364 del Código Civil que, al referirse a la mala fe concurrente del constructor y del dueño del terreno, dice que "se entiende haber mala fe por parte del dueño siempre que el hecho se hubiere ejecutado a su vista, ciencia y paciencia, sin oponerse", lo que necesariamente implica que la construcción que genera derechos para el constructor de buena fe se ha de llevar a cabo una vez adquirida la propiedad por aquel del que se pretende la indemnización por la obra construida, pues en caso contrario éste carecerá de legitimación pasiva ad causam *para soportar dicha acción».* (28 febrero 2007, LA LEY 6569/2007)

Artículo 365

Si los materiales, plantas o semillas pertenecen a un tercero que no ha procedido de mala fe, el dueño del terreno deberá responder de su valor subsidiariamente y en el solo caso de que el que los empleó no tenga bienes con que pagar.

No tendrá lugar esta disposición si el propietario usa del derecho que le concede el Artículo 363.

COMENTARIO

El caso que contempla este artículo es más complicado. Es la accesión industrial inmobiliaria, en que se incorporan en suelo ajeno, materiales ajenos; es decir, los materiales con los que se edificó, sembró o plantó son de un tercero.

Si no hay accesión, como el caso de la demolición o separación del artículo 363 (al que se remite el segundo párrafo del artículo 365), la única cuestión que se plantea es que el derecho a indemnización, en base al artículo 1902, lo tendrá el tercero, dueño de los materiales, contra quien los utilizó indebidamente.

Si hay accesión y el tercero, dueño de los materiales, no procedió de mala fe, el artículo 365 dispone que será indemnizado por el que utilizó dichos materiales y, si carece de bienes, subsidiariamente, el dueño del terreno, artículo 365.

Artículo 366

Pertenece a los dueños de las heredades confinantes con las riberas de los ríos el acrecentamiento que aquéllas reciben paulatinamente por efecto de la corriente de las aguas.

COMENTARIO

Desde este artículo hasta el 374 se regula la accesión continua natural en bienes inmuebles. El primer supuesto es el aluvión que es definido como el acrecentamiento que aquéllas (las heredades confinantes con las riberas de los ríos) reciben paulatinamente por efecto de la corriente de las aguas. Este acrecentamiento —aluvión, ius alluviorum del Derecho romano— por accesión pertenece a los dueños de las heredades confinantes con las riberas de los ríos, según el mismo artículo 366, ya que realmente se ha producido un todo nuevo o inseparable cuya división sería antieconómica y antijurídica y, por ello, corresponde la propiedad del todo resultante al propietario del predio ribereño que, a su vez, sufre las posibles desventajas o peligros de su proximidad al río.

CONCORDANCIAS

Véase Real Decreto Legislativo 1/2001, 20 julio, por el que se aprueba el texto refundido de la Ley de Aguas (*«B.O.E.»*, 24 julio).

Artículo 367

Los dueños de las heredades confinantes con estanques o lagunas no adquieren el terreno descubierto por la disminución natural de las aguas, ni pierden el que éstas inundan en las crecidas extraordinarias.

COMENTARIO

No se da aluvión cuando no se produce este acrecentamiento, sino que simplemente queda al descubierto parte del álveo o se inunda parte de la finca, colindante con estanque o laguna, lo que expresa el art. 367: los dueños de las heredades confinantes con estanques o lagunas no adquieren el terreno descubierto por la disminución natural de las aguas, ni pierden el que éstas inundan en las crecidas extraordinarias; tiene la misma regulación si la finca es colindante con ríos, arroyos y demás corrientes, que decrecen su caudal dejando al descubierto el álveo o inundan una finca.

CONCORDANCIAS

Véase Real Decreto Legislativo 1/2001, 20 julio, por el que se aprueba el texto refundido de la Ley de Aguas (*«B.O.E.»*, 24 julio).

Artículo 368

Cuando la corriente de un río, arroyo o torrente segrega de una heredad de su ribera una porción conocida de terreno y lo transporta a otra heredad, el dueño de la finca a que pertenecía la parte segregada conserva la propiedad de ésta.

COMENTARIO

Este artículo contempla la avulsión. Esta no es consecuencia de una obra paulatina de las aguas, sino de la violencia de éstas. Se produce adquisición de la propiedad por accesión, en su forma de avulsión, únicamente cuando la fuerza de las aguas de un río, torrente, arroyo u otras corrientes añade a la finca ribereña una porción no conocida o no identificable de tierra (art. 368, a sensu contrario) o ramas, brozas o leñas o árboles arrancados y transportados cuyo primitivo propietario no los reclama en el plazo de caducidad de un mes (artículo 369).

El mencionado artículo 368 excluye la accesión en caso porción conocida de terreno, es decir, no hay accesión, sino una clara delimitación de propiedades.

CONCORDANCIAS

Véase Real Decreto Legislativo 1/2001, 20 julio, por el que se aprueba el texto refundido de la Ley de Aguas (*«B.O.E.»*, 24 julio).

Artículo 369

Los árboles arrancados y transportados por la corriente de las aguas pertenecen al propietario del terreno adonde vayan a parar, si no lo reclaman dentro de un mes los antiguos dueños. Si éstos lo reclaman, deberán abonar los gastos ocasionados en recogerlos o ponerlos en lugar seguro.

COMENTARIO

Como se ha indicado en el comentario al artículo anterior, hay accesión en su tipo de avulsión si la corriente de las aguas arrancan árboles, los transporta a otra finca y el dueño de aquéllas no las reclama en el plazo de caducidad de un mes.

No hay accesión si los reclaman, en cuyo caso deben abonar los gastos ocasionados en recuperarlos.

CONCORDANCIAS

Véase Real Decreto Legislativo 1/2001, 20 julio, por el que se aprueba el texto refundido de la Ley de Aguas (*«B.O.E.»*, 24 julio).

Artículo 370

Los cauces de los ríos, que quedan abandonados por variar naturalmente el curso de las aguas, pertenecen a los dueños de los terrenos ribereños en toda la longitud respectiva a cada uno. Si el cauce abandonado separaba heredades de distintos dueños, la nueva línea divisoria correrá equidistante de unas y otras.

COMENTARIO

Este artículo y el 372 se refiere a la mutación de cauce. En ésta hay dos cuestiones: el cauce antiguo abandonado por el agua y el cauce nuevo ocupado por la misma.

Los cauces antiguos, si eran de dominio público (de ríos u otra corriente de dominio público), que quedan abandonados por variar naturalmente el curso de las aguas —dispone el artículo 370—, pertenecen a los dueños de los terrenos ribereños en toda la longitud respectiva de cada uno; si el cauce abandonado separaba heredades de distintos dueños, la nueva línea divisoria correrá equidistante de unas y otras.

Si el cauce era de propiedad privada y el agua lo abandona, el dominio no varía, sigue perteneciendo al propietario.

JURISPRUDENCIA

«art. 370 del Código Civil, incluyendo en su ámbito por analogía, no sólo el abandono de cauce sino la mera variación o alteración del mismo por el cambio natural del curso de las aguas, lo que da lugar a que los dueños de los terrenos ribereños se atribuyan las partes del cauce dejadas libres por la corriente de las aguas en la longitud respectiva a cada uno, o, como se ha solicitado, en la prolongación ortogonal de los predios afectados.» (6 octubre 1987, LA LEY 12631-JF/0000).

CONCORDANCIAS

Véase Real Decreto Legislativo 1/2001, 20 julio, por el que se aprueba el texto refundido de la Ley de Aguas (*«B.O.E.»*, 24 julio).

Artículo 371

Las islas que se forman en los mares adyacentes a las costas de España y en los ríos navegables y flotables, pertenecen al Estado.

COMENTARIO

El supuesto de accesión por formación de isla tiene tres subcasos, en que sólo el segundo (art. 373) es de accesión.

El primero es el de formación de isla en el mar territorial y en ríos navegables, respecto a los que dispone este artículo que pertenecen al Estado.

CONCORDANCIAS

Véase Ley de Costas, de 28 de julio de 1988 (*«B.O.E.»*, 29 julio): art. 5.

Artículo 372

Cuando en un río navegable y flotable, variando naturalmente de dirección, se abre un nuevo cauce en heredad privada, este cauce entrará en el dominio público. El dueño de la heredad lo recobrará siempre que las aguas vuelvan a dejarlo en seco, ya naturalmente, ya por trabajos legalmente autorizados al efecto.

COMENTARIO

El art. 370 contemplaba el supuesto de mutación de cauce refiriéndose al cauce antiguo. Este contempla el cauce nuevo, ocupado por el agua y lo declara de dominio público. Sin embargo, si algún día este nuevo cauce queda seco, naturalmente o por obra del hombre, su antiguo propietario recobrará la propiedad.

CONCORDANCIAS

Véase Real Decreto Legislativo 1/2001, 20 julio, por el que se aprueba el texto refundido de la Ley de Aguas (*«B.O.E.»*, 24 julio).

Artículo 373

Las islas que por sucesiva acumulación de arrastres superiores se van formando en los ríos, pertenecen a los dueños de las márgenes u orillas más cercanas a cada una, o a los de ambas márgenes si la isla se hallase en medio del río, dividiéndose entonces longitudinalmente por mitad. Si una sola isla así formada distase de una margen más que de otra, será por completo dueño de ella el de la margen más cercana.

COMENTARIO

El supuesto de accesión por formación de isla tiene tres subcasos, tal como se ha dicho al comentar el art. 371, que regula el primero, que no es accesión. Este art. 373 regula el segundo subcaso, el único que es de verdadera accesión: la formación de isla en ríos, por sucesiva acumulación de arrastres superiores, que es adquirida por accesión por los propietarios de los terrenos ribereños. Se dispone que pertenece al propietario del terreno ribereño del que esté más cerca; y si está exactamente en medio del río, se divide longitudinalmente por mitad y cada parte es adquirida por el dueño del terreno ribereño.

CONCORDANCIAS

Véase Real Decreto Legislativo 1/2001, 20 julio, por el que se aprueba el texto refundido de la Ley de Aguas (*«B.O.E.»*, 24 julio).

Artículo 374

Cuando se divide en brazos la corriente del río, dejando aislada una heredad o parte de ella, el dueño de la misma conserva su propiedad. Igualmente la conserva si queda separada de la heredad por la corriente una porción de terreno.

COMENTARIO

El tercer subcaso, continuando los que preveían los arts. 371 y 373 es el del presente artículo que no es propiamente formación de isla, sino división de un río en brazos, en que no hay accesión, sino que se mantiene incólume la anterior propiedad aunque materialmente mermada por la corriente de agua.

Se trata de una corriente de un río que se divide en brazos o si la corriente separa una porción de terreno: el dueño del terreno «conserva su propiedad», expresa este artículo (como no podía ser menos, puede añadirse).

SECCIÓN TERCERA
Del derecho de accesión respecto a los bienes muebles

Artículo 375

Cuando dos cosas muebles, pertenecientes a distintos dueños, se unen de tal manera que vienen a formar una sola sin que intervenga mala fe, el propietario de la principal adquiere la accesoria, indemnizando su valor al anterior dueño.

COMENTARIO

1.- Los artículos anteriores regulaban la accesión inmobiliaria, que se produce entre cosas inmuebles. Desde este artículo hasta el 383 se contempla la accesión mobiliaria, que se produce entre cosas muebles: adjunción, conmixtión y especificación.

La *adjunción* está regulada con casuismo en este artículo 375 y hasta el 380. El principio en el que se inspira es *accesorium sequitur principale*, siempre partiendo de que se ha formado una unidad indivisible. Así, si cabe separabilidad de los elementos, no hay accesión; si no es posible, media restitución o indemnización. En todo caso, es prevalente la voluntad de las partes y, subsidiariamente, se aplica la normativa del Código, con unas reglas un tanto arcaicas, que se han llegado a calificar de «complejas e inútiles».

2.- El concepto de adjunción lo da este artículo: dos cosas muebles, pertenecientes a distintos dueños, se unen de tal manera que vienen a formar una sola.

Si esta unión se produce de buena fe, este artículo da la regla (si hubo mala fe, la contempla el art. 379): el propietario de la cosa principal adquiere —por accesión— no ya la accesoria sino el todo resultante y debe indemnizar del valor de la accesoria a su dueño. Los artículos siguientes dan las normas sobre el concepto de cosa principal.

Artículo 376

Se reputa principal, entre dos cosas incorporadas, aquélla a que se ha unido otra por adorno, o para su uso o perfección.

COMENTARIO

Siendo la regla en la adjunción, con buena fe, la de que el propietario de la cosa principal adquiere la propiedad del todo, cosa única, resultante, es importante saber qué es cosa principal y cuál es la accesoria.

Este artículo y el siguiente definen la *cosa principal* con criterios subsidiarios. El primero dice que es principal la cosa «a que se ha unido otra por adorno, o para su uso o perfección». Es un dato objetivo, la relación de cosa principal a accesoria es la de subordinación o dependencia.

Si no se puede aplicar este criterio, se aplicará el del artículo siguiente.

Artículo 377

Si no puede determinarse por la regla del artículo anterior cuál de las dos cosas incorporadas es la principal, se reputará tal el objeto de más valor, y entre dos objetos de igual valor, el de mayor volumen.

En la pintura y escultura, en los escritos, impresos, grabados y litografías, se considerará accesoria la tabla, el metal, la piedra, el lienzo, el papel o el pergamino.

COMENTARIO

1.- Subsidiariamente a la regla del artículo anterior, este artículo da un segundo concepto de cosa principal, decisiva para la determinación de la propiedad de la cosa resultante por adjunción (art. 375).

Es principal la cosa demás valor y si son de igual valor, la de más volumen.

2.- El segundo párrafo da una norma aclaratoria que parece más aplicable a la especificación que a la adjunción. En pintura, escultura y escritura, es principal el trabajo y accesoria la cosa sobre la que aquél recae. Es la prevalencia del *corpus misticum* sobre el *corpus mechanicum*. Es principal la obra realizada por el autor y accesoria la materia.

Artículo 378

Cuando las cosas unidas pueden separarse sin detrimento, los dueños respectivos pueden exigir la separación.

Sin embargo, cuando la cosa unida para el uso, embellecimiento o perfección de otra, es mucho más preciosa que la cosa principal, el dueño de aquélla puede exigir su separación, aunque sufra algún detrimento la otra a que se incorporó.

COMENTARIO

1.- No se produce accesión si no se da el concepto de la misma, es decir, no viene a formar una sola cosa porque las que se han unido pueden separarse, artículo 378, párrafo 1.º. cuando las cosas unidas pueden separarse sin detrimento, los dueños respectivos pueden exigir la separación.

2.- Tampoco hay accesión si la separación se produce con daño de la cosa principal en el caso de que la cosa accesoria sea «mucho más preciosa que la cosa principal» como dispone el segundo párrafo, ya que el propietario de la misma puede exigir su separación, aunque sufra detrimento la principal, siempre, claro está, que tal separación sea físicamente posible.

Sobre qué significa cosa «mucho más preciosa que la cosa principal», no se pueden dar reglas generales, sino que deberá apreciarse en cada caso. Es la excepción a la regla general: cosa accesoria que, pese a serlo según el concepto del art. 376, es «mucho más preciosa» que la principal a que se unió por adorno o para su uso o perfección.

Artículo 379

Cuando el dueño de la cosa accesoria ha hecho su incorporación de mala fe, pierde la cosa incorporada y tiene la obligación de indemnizar al propietario de la principal los perjuicios que haya sufrido.

Si el que ha procedido de mala fe es el dueño de la cosa principal, el que lo sea de la accesoria tendrá derecho a optar entre que aquél le pague su valor o que la cosa de su pertenencia se separe, aunque para ello haya que destruir la principal; y en ambos casos, además, habrá lugar a la indemnización de daños y perjuicios.

Si cualquiera de los dueños ha hecho la incorporación a vista, ciencia y paciencia y sin oposición del otro, se determinarán los derechos respectivos en la forma dispuesta para el caso de haber obrado de buena fe.

COMENTARIO

1.- Contempla este artículo la adjunción con mala fe, distinguiendo si la mala fe concurre en el dueño de la cosa accesoria o en el de la cosa principal.

Si se produce la adjunción con mala fe del dueño de la cosa accesoria, éste pierde la cosa (accesoria) incorporada y tiene (además) la obligación de indemnizar al propietario de la principal los perjuicios que haya sufrido, según establece el primer párrafo del artículo 379.

Si se produce como mala fe del dueño de la cosa principal, el dueño de la accesoria puede optar: que aquel le pague su valor, perdiéndola, por accesión, a favor de la principal, o que la cosa (accesoria) de su pertenencia se separe, aunque para ello haya de destruir la principal, evitando así la accesión; y en ambos casos, además, habrá lugar a la indemnización de daños y perjuicios: todo ello según el segundo párrafo del artículo 379.

2.- En caso de mala fe de ambos, se compensan tal como preveía el art. 364 para otro tipo de accesión. En cuyo caso se aplicará la regla de que la adjunción se haya producido con buena fe. Considera mala fe compensatoria cuando se «ha hecho la incorporación a vista, ciencia y paciencia y sin oposición del otro».

CONCORDANCIAS

Véase art. 364 de este Código.

Artículo 380

Siempre que el dueño de la materia empleada sin su consentimiento tenga derecho a indemnización, puede exigir que ésta consista en la entrega de una cosa igual en especie y valor, y en todas sus circunstancias, a la empleada, o bien en el precio de ella, según tasación pericial.

COMENTARIO

Da este artículo un concepto aclaratorio de la indemnización en los casos en que ésta proceda en la adjunción. El que tiene derecho a ella por razón de haber perdido la cosa accesoria tiene opción: o bien exigir la entrega de otra cosa análoga («igual en especie y valor, y en todas sus circunstancias, a la empleada»), o bien su precio, según tasación pericial (a falta, naturalmente, de acuerdo).

Artículo 381

Si por voluntad de sus dueños se mezclan dos cosas de igual o diferente especie o si la mezcla se verifica por casualidad, y en este último caso las cosas no son separables sin detrimento, cada propietario adquirirá un derecho proporcional a la parte que le corresponda atendido el valor de las cosas mezcladas o confundidas.

COMENTARIO

Este artículo está indisolublemente unido al siguiente que dan la normativa de la conmixtión.

La conmixtión o mezcla, como la llama el artículo 381, es la unión de varias cosas de tal modo que éstas ya ni se distinguen ni pueden separarse (se mezclan varios líquidos o sacos de grano, etc.).

Se produce accesión tan sólo en el caso de que el dueño de una de las cosas las haya mezclado con mala fe: perderá la cosa de su pertenencia mezclada o confundida (adquiriendo el dueño de la otra cosa el todo resultante por accesión), además de quedar obligado a la indemnización de los perjuicios causados al dueño de la cosa con que hizo la mezcla; párrafo segundo del art. 382.

No hay accesión si la mezcla se hace por voluntad de los dueños, por casualidad (art. 381) o por voluntad de uno solo con buena fe (artículo 382, primer párrafo): se constituye una copropiedad, en la que cada propietario adquirirá un derecho proporcional a la parte que le corresponda atendido el valor de las cosas mezcladas o confundidas: artículo 381.

JURISPRUDENCIA

«El motivo se desestima porque el artículo 381 del Código civil, situado en el Capítulo 2.º del Título 1.º del Libro 2.º, es aplicable a la accesión respecto de los muebles, y no hay texto legal que permita hacer extensiva la regulación antedicha a la situación fáctica descrita anteriormente, en la que falta ante todo el requisito legal de la unión de cosas muebles». (10 octubre 2006, LA LEY 110225/2006)

Artículo 382

Si por voluntad de uno solo, pero con buena fe, se mezclan o confunden dos cosas de igual o diferente especie, los derechos de los propietarios se determinarán por lo dispuesto en el artículo anterior.

Si el que hizo la mezcla o confusión obró de mala fe, perderá la cosa de su pertenencia mezclada o confundida, además de quedar obligado a la indemnización de los perjuicios causados al dueño de la cosa con que hizo la mezcla.

COMENTARIO

Como se dijo al comentar el artículo anterior, éste contempla la normativa de la conmixtión. El primer párrafo la excluye, cuando hay buena fe, remitiéndose al artículo anterior. El segundo párrafo contempla el único caso de conmixtión: cuando la mezcla se hace con mala fe, el que la ha hecho pierde su cosa y debe indemnizar daños y perjuicios. En consecuencia, el dueño de la cosa a la que ésta se ha mezclado, adquiere por accesión el todo resultante.

Artículo 383

El que de buena fe empleó materia ajena en todo o en parte para formar una obra de nueva especie, hará suya la obra, indemnizando el valor de la materia al dueño de ésta.

Si ésta es más preciosa que la obra en que se empleó o superior en valor, el dueño de ella podrá, a su elección, quedarse con la nueva especie, previa indemnización del valor de la obra, o pedir indemnización de la materia.

Si en la formación de la nueva especie intervino mala fe, el dueño de la materia tiene el derecho de quedarse con la obra sin pagar nada al autor, o de exigir de éste que le indemnice el valor de la materia y los perjuicios que se le hayan seguido.

COMENTARIO

La especificación la define el artículo 383 como el empleo de materia ajena en todo o en parte para formar una obra de nueva especie. Es la unión del trabajo (de uno) a la materia (de otro): tiene lugar cuando una persona actúa con su trabajo o su esfuerzo sobre una cosa y la convierte o transforma en otra esencialmente distinta; su característica es, pues, la mutación de la especie. La regulación en el Código civil se halla en el artículo 383, distinguiendo si el especificante (el que emplea materia ajena para hacer la cosa nueva) obró de buena o mala fe. Si obró de buena fe: hará suya la obra, indemnizando el valor de la materia al dueño de ésta (primer párrafo). Hay una variedad (segundo párrafo) en el caso de que la materia sea más preciosa o superior en valor a la obra; el dueño de la materia puede o bien aceptar la solución anterior, la ordinaria: pedir indemnización de la materia, o bien imponer la solución contraria: quedarse con la nueva especie, previa indemnización del valor de la obra.

Si obra con mala fe (tercer párrafo): El dueño de la materia tiene el derecho o bien de quedarse con la obra sin pagar nada al autor, o bien exigir de éste que le indemnice el valor de la materia y los perjuicios que se le hayan seguido.

CAPÍTULO III
DEL DESLINDE Y AMOJONAMIENTO

Artículo 384

Todo propietario tiene derecho a deslindar su propiedad, con citación de los dueños de los predios colindantes.

La misma facultad corresponderá a los que tengan derechos reales.

COMENTARIO

1.- El deslinde y amojonamiento se puede estudiar como una de las facultades del dominio —la de exclusión— o desde el punto de vista de la extensión en sentido horizontal del derecho de propiedad o —cuando se pretende judicialmente por el ejercicio de una acción— como un aspecto de la protección del derecho de propiedad.

La facultad de deslinde está reconocida en el artículo 384, que consiste en la operación de marcar los límites entre dos o varias fincas: la acción de deslinde requiere que haya confusión de límites de forma que no se tenga conocimiento exacto de los mismos, y no es viable si las fincas están perfectamente identificadas y delimitadas.

2.- Se distingue el deslinde del amojonamiento: este último es la operación de marcar con hitos o mojones los límites de una finca, no habiendo duda de cuáles sean éstos, o bien si se han fijado por medio del deslinde. El deslinde se puede practicar en forma privada o extrajudicial, que tiene naturaleza contractual, o judicialmente por expediente de jurisdicción voluntaria, en el que si hay oposición se sobresee y deberá seguirse un proceso declarativo.

3.- El deslinde y el amojonamiento requieren la titularidad real del inmueble. Lo pueden practicar no sólo el propietario, como titular del derecho real de propiedad, sino también el titular de cualquier otro derecho real. No se va a obtener una decisión sobre el derecho y su extensión, sino que se elimina una situación de hecho, de incertidumbre.

Por ello, es preciso citar a los dueños de los predios colindantes. No a los simples titulares de derecho real (como el usufructo) o personal (como el arrendamiento) que les confiere la posesión, sino al titular del derecho de propiedad, pues es a ésta a la que puede afectar definitivamente el deslinde.

El trámite procesal se halla en los artículos 2061 y ss. de la L.E.C. Es de destacar que la oposición del dueño de predio colindante impide el deslinde en su parte (que puede ser de todo el inmueble) (art. 2070).

4.- El deslinde no es un derecho subjetivo, sino una facultad del derecho de propiedad. Por ello, la facultad de deslindar es imprescriptible, tal como dispone el art. 1965.

JURISPRUDENCIA

«Desde la sentencia de 24 de diciembre de 1927 se ha venido planteando a esta Sala el problema de la distinción entre las acciones de deslinde y reivindicatoria, especialmente en aquellos casos en que en realidad y bajo la apariencia de un deslinde, se estaba ejerciendo una auténtica reivindicación. En esta sentencia se sentó una doctrina interpretativa del artículo 384 Código civil, diciendo que "el presente litigio es de deslinde de propiedades,

puesto que versa sobre la fijación del lindero que debe separar las dos fincas rústicas limítrofes de los litigantes, cuya mutua propiedad está reconocida por los mismos y en el que tan solo se pide el reconocimiento del dominio respecto al trozo del monte que el demandado posee y el actor pretende que se le adjudique en el presente deslinde". Esta interpretación ha marcado las resoluciones de las sentencias posteriores, debiendo destacarse, entre las más recientes, las de 18 de abril de 1984, 16 de octubre y 18 de diciembre de 1990, 27 de enero de 1995 y 10 de febrero de 1997. Se trata, por tanto, de dos acciones compatibles, que pueden ejercitarse de forma separada o conjuntamente... Desde la sentencia de 24 de diciembre de 1927 se ha venido planteando a esta Sala el problema de la distinción entre las acciones de deslinde y reivindicatoria, especialmente en aquellos casos en que en realidad y bajo la apariencia de un deslinde, se estaba ejerciendo una auténtica reivindicación. En esta sentencia se sentó una doctrina interpretativa del artículo 384 Código Civil, diciendo que "el presente litigio es de deslinde de propiedades, puesto que versa sobre la fijación del lindero que debe separar las dos fincas rústicas limítrofes de los litigantes, cuya mutua propiedad está reconocida por los mismos y en el que tan solo se pide el reconocimiento del dominio respecto al trozo del monte que el demandado posee y el actor pretende que se le adjudique en el presente deslinde". Esta interpretación ha marcado las resoluciones de las sentencias posteriores, debiendo destacarse, entre las más recientes, las de 18 de abril de 1984, 16 de octubre y 18 de diciembre de 1990, 27 de enero de 1995 y 10 de febrero de 1997. Se trata, por tanto, de dos acciones compatibles, que pueden ejercitarse de forma separada o conjuntamente». (16 noviembre 2005, rec. 1399/99)

«Es en estos casos cuando, suscitada controversia, se impone la necesidad del deslinde según el derecho que a todo propietario atribuye el artículo 384 del Código Civil, pues la acción de deslinde resulta procedente cuando los límites de los terrenos estén confundidos de forma tal que no se pueda tener conocimiento exacto de la línea perimetral de cada propiedad, tendiendo a poner claridad en una linde incierta (sentencia de 30 junio 1973, 27 mayo 1974, 27 abril 1981, 14 octubre 1991); incertidumbre que, en el caso de la segregación, nace de la propia fijación de linderos efectuada en el contrato al quedar alguno de ellos como incierto, sin que la procedencia, e incluso la necesidad del deslinde, quede desvirtuada por el hecho de que el comprador haya efectuado una delimitación unilateral mediante cerramiento de lo que entiende que le corresponde, pues tal actuación no puede ser por sí definidora de su derecho». (29 septiembre 2009, rec. 1417/2005, LA LEY 184086/2009)

«Como afirma la sentencia de esta Sala de 10 de febrero de 1997, cuya doctrina recoge la más reciente de 25 junio2007, la acción reivindicatoria tiene objetivos distintos de la de deslinde y sus diferencias las ha establecido la jurisprudencia (entre otras, sentencias de 11 de julio de 1988 y 27 de enero de 1995) siendo así que el deslinde excluye contienda sobre la propiedad; la misma sentencia razona en el sentido de que "...no desvirtúa la naturaleza de la acción de deslinde, el hecho de que su práctica y consiguiente amojonamiento de las fincas en confrontación, represente componer físicamente las mismas, al delimitarlas material y externamente mediante el trazado de línea perimetral divisoria, precisándose de esta forma los derechos que corresponden a los titulares interesados, sin que ello suponga el ejercicio de acción reivindicatoria alguna, pues no se pidió en el supuesto de autos la recuperación de un cuerpo cierto y perfectamente identificado, sino que la parte demandada dejara de poseer los terrenos de la propiedad del actor como consecuencia y resultado del deslinde postulado, lo que es inherente al acto delimitador de propiedad en cuanto fija su colindancia discrepante". En definitiva, cuando se solicita el deslinde se está interesando igualmente que, una vez delimitadas las fincas, lo que corresponda al actor en virtud de tal delimitación quede bajo su posesión y se le reconozca la propiedad sobre tal extensión de terreno, lo que ciertamente puede comportar un cambio posesorio, pero ello es consecuencia propia del deslinde y en forma alguna requiere una expresa reivindicación inicial que en todo caso sería inconcreta y supeditada al resultado de aquél». (14 octubre 2009, rec. 1008/2005, LA LEY 191974/2009)

«El artículo 384 CC viene a sentar el derecho de todo propietario a obtener el deslinde de su finca mediante la correspondiente acción que habilita para solicitar la delimitación exacta de su propiedad inmobiliaria por medio de la determinación de la línea perimetral de cada uno de los predios limítrofes. Es una acción que presenta caracteres propios, aun cuando pueda ir o no unida a una reivindicatoria, y presupone confusión de límites o linderos de las fincas, no procediendo cuando los linderos están claramente identificados; y que, obviamente, interesa a los propietarios de fincas que están en linde incierta o discutida y no a los demás. Por tanto es la confusión real de linderos o, lo que es lo mismo, la inexistencia de datos físicos delimitadores de las fincas la que hace necesario del deslinde, sin que pueda confundirse la existencia real de linderos con la afirmación de alguna de las partes interesadas en el sentido de precisar por dónde deben discurrir los mismos según su tesis». (14 mayo 2010, rec. 1209/2006, LA LEY 55544/2010)

«cuando se ejerce la acción de deslinde únicamente incumbe a la parte demandante la carga de acreditar la existencia de la confusión de linderos entre las fincas de ambas partes pues precisamente el deslinde tiene como finalidad trazar la línea perimetral que ha de separar las propiedades con la consiguiente atribución del terreno resultante a una u otra. Además, el artículo 387 del Código Civil, como los anteriores 385 y 386, no contiene una acción autónoma para la pretensión de práctica del deslinde, sino que, junto con estos últimos, precisa la forma en que el deslinde ha de llevarse a cabo y, en consecuencia, la eventual invocación de dichas normas no pasa a integrarse en la "causa petendi" y las mismas han de ser aplicadas incluso de oficio por el tribunal en el caso de no haber sido invocadas». (21 noviembre 2011, rec. 1908/2008, LA LEY 236051/2011)

CONCORDANCIAS

Véase art. 1.965 de este Código.

Artículo 385

El deslinde se hará en conformidad con los títulos de cada propietario y, a falta de títulos suficientes, por lo que resultare de la posesión en que estuvieren los colindantes.

COMENTARIO

Este artículo y los dos siguientes dan unos criterios para verificar el deslinde, aunque hay que recordar que si hay oposición del colindante, ya no puede realizarse, por lo menos en la parte que limita con éste. El criterio principal para practicar el deslinde se halla en el contenido de los títulos de los propietarios de los predios colindantes. En defecto de titular o si su contenido no despeja las dudas, el criterio será la posesión «en que estuvieren los colindantes».

JURISPRUDENCIA

«ni los títulos ni la inscripción registral garantizan la extensión superficial de las fincas —pues ello queda fuera del principio de exactitud registral a que se refiere el artículo 38 de la Ley Hipotecaria— lo que no es óbice para que el propio Código Civil (artículo 385) disponga que el deslinde se hará, en principio, de conformidad con los títulos de cada propietario». (18 mayo 2011, rec. 528/2008, LA LEY 62801/2011)

Artículo 386

Si los títulos no determinasen el límite o área perteneciente a cada propietario y la cuestión no pudiera resolverse por la posesión o por otro medio de prueba, el deslinde se hará distribuyendo el terreno objeto de la contienda en partes iguales.

COMENTARIO

1.- Este artículo da una norma subsidiaria a lo dispuesto en el artículo anterior. En éste se daban dos criterios (título y en su defecto posesión) para deslindar fincas colindantes. En el siguiente —386— se añade que si no puede hacerse ni por los títulos, ni por la posesión, «o por otro medio de prueba» (lo que implica un añadido a lo dispuesto en el artículo anterior) se distribuye el terreno que se discute, por partes iguales. Solución, pues, salomónica, que puede evitar un proceso civil contencioso.

2.- Este artículo parece asimilar «límite» a «área», lo que es distinto, pero en el deslinde coinciden en la aplicación práctica: «límite» es el término, fin o lindero y «área» es la extensión superficial. En deslinde se fijan los linderos y, como consecuencia queda fijada la extensión de la finca.

Artículo 387

Si los títulos de los colindantes indicasen un espacio mayor o menor del que comprende la totalidad del terreno, el aumento o la falta se distribuirá proporcionalmente.

COMENTARIO

Este artículo funciona como un segundo párrafo del anterior, aunque concretado a los «títulos». Si éstos indican un espacio mayor o menor del que comprende la totalidad del terreno, la solución es distinta de la del artículo anterior: el aumento o la falta se distribuyen proporcionalmente.

El art. 385 partía, para el deslinde y, en su caso, el amojonamiento, del *título* y, en su defecto, de la *posesión*. El art. 386 añade que también puede utilizarse *otro medio de prueba*. Este art. 387 para el efecto de distribuir proporcionalmente el aumento o la falta de terreno, se refiere sólo al *título*, ya que, ciertamente, este caso no podría darse con la *posesión* ni con *otro medio de prueba*.

JURISPRUDENCIA

«La norma trata de ofrecer remedio a situaciones en las cuales las descripciones cartulares se encuentran afectadas por un error, al designar como superficie de las fincas una cabida distinta a la que ofrece el terreno en su conjunto en cuanto a su realidad física. El motivo se estima porque la finca matriz descrita en el Registro de la Propiedad con sus linderos y con una extensión de ocho áreas, y cincuenta y seis hectáreas, es decir, 856 metros cuadrados, en la realidad mide 668,55 metros cuadrados, según resulta del informe del Arquitecto que se acompañó a la demanda, en el que se ratificó durante el procedimiento y no fue contradicho por prueba alguna. Si se realizó una primera segregación de una finca de 162 metros cuadrados, que linda al norte con el resto de la finca matriz, y de otra segunda de 88,35 metros cuadrados, que linda también al norte con la finca matriz, la realidad del terreno no permite ubicar la totalidad de las superficies de aquellas fincas según sus títulos,

toda vez que existía un defecto de cabida en la finca matriz de 187,45 metros cuadrados, que ha de afectar tanto a las segregaciones como a la matriz. La situación fáctica lleva en sí una confusión de linderos, porque los de las fincas segregadas, que han formado una sola unidad, llevados al terreno tal y como constan en las escrituras disminuyen la finca matriz en la realidad, provocando una zona de roces y conflictos entre ambos propietarios. Los linderos de la primera deben llegar a unos puntos en que comiencen los linderos de la segunda. De lo contrario, éstos, contada la superficie según los títulos de las fincas unidas, invadirían la matriz, lo mismo que, con el mismo cómputo, los de ésta invadirían también los de aquélla. En suma, una confusión de linderos entre ambas fincas, que no tienen los que debían en la realidad». (30 enero 2007, LA LEY 1042/2007)

CAPÍTULO IV
DEL DERECHO DE CERRAR LAS FINCAS RÚSTICAS

Artículo 388

Todo propietario podrá cerrar o cercar sus heredades por medio de paredes, zanjas, setos vivos o muertos, o de cualquiera otro modo, sin perjuicio de las servidumbres constituidas sobre las mismas.

COMENTARIO

1.- La extensión del derecho de propiedad en sentido vertical se ha analizado en el comentario al art. 350, que se refiere al vuelo y al subsuelo. La extensión del derecho de propiedad en sentido horizontal, además de venir referido en los arts. 384 a 387, es el contenido específico de este art. 388, que prevé el cierre de fincas.

2.- Antes de la Revolución francesa, los propietarios de fincas rústicas debían dejarlas abiertas, tanto para el ejercicio de la caza por el señor o el rey, como para los rebaños de corporaciones de ganaderos, de señores, de los vecinos, etc. La Revolución autoriza el cierre de fincas sin perjuicio de que se constituyan derechos de servidumbre.

En España, las Cortes de Cádiz promulgaron el Decreto de 11 de junio de 1813, que declaró cerradas y acotadas todas las fincas de propiedad particular, lo que ha sido recogido en el vigente artículo 388 del C.c. *(todo propietario podrá cerrar sus heredades...)* sin perjuicio de los derechos de servidumbre que hubiere constituido *(art. 388, in fine)* o de las necesarias licencias municipales que exige la legislación administrativa.

El cierre de fincas viene referido a las rústicas, si bien nunca cupo duda de su posibilidad en las urbanas.

JURISPRUDENCIA

«Interesó igualmente la parte demandante la declaración de su derecho a cercar a su costa el camino "con alambre de espino y estacas a todo lo largo del mismo por ambos linderos o, alternativa y subsidiariamente, que dicho camino podrá ser pavimentado con asfalto o cemento". La razón de dicha pretensión viene dada por la naturaleza de las explotaciones que se llevan a cabo en uno y otro predio, ya que el de la parte demandante está dedicado al cultivo del manzano para posterior elaboración de sidra, mientras que el de la parte demandada se dedica a la explotación pecuaria con presencia de ganado vacuno que, al transitar sobre el camino, da lugar a que el mismo quede afectado por excrementos con el consiguiente peligro de su traslado al predio dominante al adherirse a las ruedas de los vehículos utilizados. No obstante, la pretensión dirigida a cercar el camino en toda su extensión para evitar el paso del ganado por el mismo resultaría excesivamente gravosa para el predio sirviente que, en tal caso, quedaría dividido en dos porciones separadas y sin comunicación, lo que resulta contrario a la consideración restrictiva que merece cualquier limitación de la propiedad e implicaría algo muy similar a una expropiación forzosa en interés particular, lo que no es admisible en nuestro ordenamiento jurídico. De ahí que deba acogerse, para armonizar los intereses de una y otra parte, la petición subsidiaria en orden a que el actor pueda a su costa pavimentar el camino con asfalto o cemento. Ello sin perjuicio del derecho del titular del predio sirviente, como reiteradamente reclamó en su escrito de contestación a la demanda, a cerrar mediante trancas abatibles ambos extremos del camino para evitar la

fuga del ganado e incluso la posibilidad de que el mismo pudiera causar daños en el predio dominante». (15 febrero 2007, LA LEY 2400/2007)

CONCORDANCIAS

Véase:
— arts. 560, 571 y ss. y 591 a 593 de este Código.
— Ley 49/2003, 26 noviembre, de Arrendamientos Rústicos (*«B.O.E.»*, 27 noviembre): art. 20.2.

CAPÍTULO V
DE LOS EDIFICIOS RUINOSOS Y DE LOS ÁRBOLES QUE AMENAZAN CAERSE

Artículo 389

Si un edificio, pared, columna o cualquiera otra construcción amenazase ruina, el propietario estará obligado a su demolición, o a ejecutar las obras necesarias para evitar su caída.

Si no lo verificare el propietario de la obra ruinosa, la Autoridad podrá hacerla demoler a costa del mismo.

COMENTARIO

1.- La norma de este artículo debe ponerse en relación con el art. 1907 C.c. que prevé la responsabilidad por los daños que se causen por la ruina de un edificio.

Dispone una carga para el propietario de una obra («edificio, pared, columna o cualquier otra construcción...» dice el texto legal) ruinosa; la carga consiste en un opción: ejecutar las obras necesarias para evitar la ruina total; o bien demolerlas.

2.- En caso de que el propietario no ejecute ninguna de las dos opciones, la autoridad podría hacerla demoler. La autoridad será judicial si se ha ejercitado el interdicto de obra ruinosa u otro proceso. Será administrativa en aplicación de la legislación administrativa, especialmente si la obra se halla en suelo urbano.

CONCORDANCIAS

Véase

— Ley 29/1994, 24 noviembre, de Arrendamientos Urbanos (*«B.O.E.»*, 25 noviembre): Disposición Adicional 8.ª.

— Ley 6/1998, 13 abril, sobre régimen del suelo y valoraciones (*«B.O.E.»,* 14 abril).

Artículo 390

Cuando algún árbol corpulento amenazare caerse de modo que pueda causar perjuicios a una finca ajena o a los transeúntes por una vía pública o particular, el dueño del árbol está obligado a arrancarlo y retirarlo; y si no lo verificare, se hará a su costa por mandato de la Autoridad.

COMENTARIO

1.- Contempla este artículo lo dispuesto en el artículo anterior, aunque referido a un árbol y con efectos distintos.

Se impone al propietario de la finca en la que se halle un *árbol completo* en estado de ruina («amenazase ruina») que pueda causar perjuicios a una finca ajena o daños a seres humanos, la carga de arrancarlo y retirarlo. No se prevé la posibilidad de que ejecute obras para evitar su caída, como se contempla en el artículo anterior para el caso de edificios u otras obras. Pero, evidentemente, si las hace ya no será un árbol en estado de ruina que amenaza caerse y pueda causar daños.

2.- Si no evita la ruina ni arranca el árbol, lo puede ordenar la autoridad judicial o administrativa.

Artículo 391

En los casos de los dos artículos anteriores, si el edificio o árbol se cayere, se estará a lo dispuesto en los artículos 1907 y 1908.

COMENTARIO

Como consecuencia de los artículos anteriores, si no se toman las medidas que en ellos se prevén y se produce la ruina total («se cayere» dice el texto legal») causando daños, se aplica lo dispuesto en los arts. 1907 y 1908 que regulan la llamada responsabilidad extracontractual o, más propiamente, la obligación nacida de acto ilícito.

TÍTULO III
De la comunidad de bienes

Artículo 392

Hay comunidad cuando la propiedad de una cosa o de un derecho pertenece pro indiviso a varias personas.

A falta de contratos, o de disposiciones especiales, se regirá la comunidad por las prescripciones de este título.

COMENTARIO

1.- El titular de un derecho puede ser una persona individual o una pluralidad de personas, en este último caso, se da la cotitularidad. Con referencia a los derechos reales, el titular del derecho de propiedad o de cualquier otro derecho real puede ser igualmente uno o varios y en este último caso se habla de comunidad de bienes o derechos, que si el derecho es de propiedad se denomina copropiedad. Esto es lo que quiere decir, aunque lo diga mal, el primer párrafo del art. 392; no existe «propiedad de un derecho» sino titularidad del mismo y la «propiedad de una cosa» no es sino la titularidad del derecho de propiedad; debidamente interpretada, esta norma dispone simplemente que se produce comunidad de bienes y derechos cuando hay pluralidad de sujetos sobre el mismo derecho, sea éste el derecho de propiedad o cualquier otro derecho.

2.- En los derechos reales —de propiedad o cualquier otro— se distinguen tres clases de comunidad, la *romana,* la *germánica* y la *pro diviso.*

La *comunidad romana* implica una cotitularidad —varios sujetos sobre el mismo objeto— en que no tiene cada titular una parte concreta de la cosa o derecho, sino que todos tienen la cotitularidad sobre toda la cosa *pro indiviso*; es decir, cada *cotitular tiene una cuota o parte alícuota de la cosa o derecho*: dicha cuota es *disponible y renunciable*; puede en todo momento, *pedir la división física de la cosa o derecho (actio communi dividundo).*

Esta comunidad, única posible en el Derecho romano, responde a la concepción individualista de éste, que era siempre enemigo de toda idea de comunidad; por ello, se concibe la comunidad como una situación transitoria, que puede desaparecer por el ejercicio de la acción de división y, mientras tanto, cada comunero tiene el poder exclusivo e independiente de su propia cuota, este tipo de comunidad es la regulada en los arts. 392 y ss.

La comunidad germánica, o *zur gesamten Hand*, significa que la cosa es íntegramente de todos los comuneros; éstos tienen conjuntamente la cotitularidad de la misma cosa o derecho: en consecuencia, no hay división de cuotas *de las que cada uno pueda disponer (si bien sí hay participación abstracta con efectos en el momento de la división,* quotenteilung) ni puede un comunero exigir la división de la cosa o derecho; por el contrario, la disposición de la cosa o la división de la misma debe hacerse conjuntamente por todos los comuneros.

Esta clase de comunidad, típica del Derecho germánico, responde a la concepción comunitaria de este Derecho que parte de la idea de que el derecho corresponde conjuntamente, como un todo indivisible, al grupo o comunidad. Nuestro Derecho, no la regula orgánicamente, pero hay algunos supuestos que se pueden considerar de este tipo, tales como la comunidad de gananciales, la comunidad hereditaria, la comunidad formada por una compraventa con pacto de sobrevivencia en Derecho catalán y los montes vecinales en mano común (Ley de 11 de noviembre de 1980).

Se llama comunidad pro diviso o propiedad dividida a situaciones en las que se produce una distribución —verdadera división— de las facultades del dominio, aunque esta división puede hacerse de diversas formas, que dan lugar a subtipos de copropiedad pro diviso.

a) División jurídica. Los copropietarios son titulares del derecho de propiedad al mismo tiempo, sobre toda la cosa y con distintas facultades jurídicas. El caso más claro en el Código civil es el de la enfiteusis (aunque no todos los autores están conformes en que la enfiteusis sea un dominio dividido). Mientras el enfiteuta o dueño útil tiene el uso y disfrute de la finca, el dueño directo tiene, sobre la finca y con acción real, el derecho a percibir un canon —además de otros derechos— y ambos con el poder de disposición de su propio derecho de propiedad: sobre la finca, pero concretado a las facultades que le corresponden.

b) División material. Se distribuyen entre los copropietarios las facultades materiales sobre la misma cosa. Todas ellas tienen el derecho de propiedad sobre la cosa, normalmente una finca rústica, pero el uso y disfrute —el aprovechamiento— se divide; así en un monte, por ejemplo, uno aprovecha los productos forestales, otro la parte cultivable, otro los pastos, etc.

c) División temporal. La cosa —normalmente finca urbana— es propiedad de varios sujetos copropietarios y, entre ellos, se distribuyen —dividen— el aprovechamiento íntegro de la cosa por períodos de tiempo. Por ejemplo, el chalet o apartamento de montaña lo utilizan tres copropietarios por semanas; la casa o apartamento de playa lo usan por meses los distintos copropietarios. Es la llamada multipropiedad, aunque la Ley española 42/1998, de 15 de diciembre, elimina este nombre y la considera un derecho real limitado.

3.- El régimen legal de la comunidad viene establecido en el segundo párrafo del art. 392; en primer lugar, se regulará por lo establecido por los interesados («contratos», dice dicha norma); en segundo lugar, por las disposiciones especiales de la concreta comunidad, si las hay; y en tercer lugar, por las normas generales que a la comunidad de bienes y derechos en general dedican estos artículos 392 y ss.

JURISPRUDENCIA

«La propiedad horizontal no es un tipo común de comunidad de bienes —copropiedad romana pro indiviso regulada en los arts. 392 y ss. CC—, sino un supuesto de coexistencia de propiedad privada de los elementos privativos y comunidad, inseparable de la anterior, sobre los elementos comunes. Es el único que es contemplado en el ordenamiento español, en la Ley de Propiedad Horizontal de 21 de julio de 1960. Es decir, ante la realidad de un edificio, o de un complejo urbanístico, o de un centro comercial u otros casos de igual o mayor complejidad, en que coexistan elementos privativos y comunes, tan sólo es posible acogerse a la Ley de Propiedad Horizontal para sancionar tal coexistencia y regular sus complejas relaciones de derechos y deberes, toma de acuerdos y participación en los gastos. Así, en un principio, dicha ley supuso un avance ciertamente importante en la sociedad y en el derecho, pero es inexorable el paso del tiempo y la verdad de aquel aforismo «el tiempo

no está quieto y la norma jurídica, por así decir, le acompaña», traducción literal de die Zeit steht nicht still, und die Rechtsnorm geht sozusagen, lo cual se refleja en el art. 3.1 CC cuando incluye como elemento de interpretación de la ley la realidad social. La propiedad horizontal era concebida en un principio como un edificio en que sus viviendas y locales pertenecían en propiedad privada a diversos sujetos, que eran copropietarios de los elementos comunes. Pero este fácil concepto se va complicando cuando llega a extremos en que no hay comunidad de vida, sino tan sólo comunidad de intereses económicos». (30 mayo 1997, LA LEY 7221/1997)

«la comunidad ordinaria de los arts. 392 y ss. CC no puede acordar limitaciones al derecho de propiedad de terceros». (17 junio 1998, LA LEY 7555/1998)

«El art. 392 CC se refiere tanto a la propiedad como a otros derechos, lo que autoriza a que se puedan tener en comunidad no sólo bienes y derechos reales, sino también créditos comunidad de acreedores con derecho a partes iguales, que es la del caso que nos ocupa, y no cabe confundirla con comunidad de ganancias. Esta comunidad queda sometida a las normas de las obligaciones mancomunadas y solidarias, que el Código Civil regula en su art. 1137 y ss., y si bien resulta más adecuada cuando se trate de créditos mancomunados». (14 noviembre 1998, LA LEY 3093/2000)

«si la comunidad de bienes surge en virtud de un contrato expreso (es decir si no se trata de una comunidad incidental, que surge ex lege, como la comunidad hereditaria, p. ej.) la primera ley aplicable a esa comunidad la constituyen los pactos contractuales; la segunda, las disposiciones especiales, si las hay y la tercera (y subsidiaria) los arts. 392 y ss. CC». (1 marzo 1999, LA LEY 39008/1999)

«Se contienen en dicha norma los dos caracteres fundamentales de la comunidad de bienes: a) Su naturaleza incidental o transitoria; y b) La inexistencia de vínculo, a falta de pacto entre los particulares, por el cual los comuneros se encuentren obligados a permanecer en la comunidad. El Código Civil, inspirado en el carácter no definitivo, poco rentable y desfavorable con el que concibe la situación de comunidad, concede al comunero una acción para exigir que se divida la cosa común». (1 abril 2009, rec. 1056/2004, LA LEY 30351/2009. Doctrina reiterada por la sentencia de 30 noviembre 2010, rec. 1027/2007, LA LEY 208813/2010)

De saldo de cuenta corriente:

«La doctrina jurisprudencial que resume la S 5 Jul. 1999, es que las cuentas corrientes «expresan siempre una disponibilidad de fondos a favor de quienes figuran como titulares de las mismas contra el Banco que las retiene y el nuevo hecho de su apertura con titulares plurales no determina por sí un necesario condominio sobre los saldos, que viene precisado por las relaciones internas que median entre los titulares bancarios conjuntos y más concretamente por la originaria pertenencia de los fondos...». (7 febrero 2003, LA LEY 39028/2003)

La normativa de este artículo y los siguientes sobre comunidad de bienes se aplica a la sociedad irregular; sobre ésta *vid.* la jurisprudencia relacionada en los arts. 1665 y 1669.

CONCORDANCIAS

Véase arts. 450, 490, 531, 597, 600 a 603, 1.513 a 1.516, 1.522, 1.524, 1.618, 1.619, 1.699 y 1.674 de este Código.

Artículo 393

El concurso de los partícipes, tanto en los beneficios como en las cargas, será proporcional a sus respectivas cuotas.

Se presumirán iguales, mientras no se pruebe lo contrario, las porciones correspondientes a los partícipes en la comunidad.

COMENTARIO

1.- El primer párrafo establece que la cuota de participación en beneficios y en cargas es proporcional a la cuota de propiedad (o de titularidad, más bien, del derecho real). Los beneficios consisten en los frutos naturales y civiles y todas las ventajas que pueda producir el derecho objeto de comunidad (así, derecho de suscripción preferente de nuevas acciones en una sociedad anónima); no se incluye el uso, ya que éste se contempla en forma distinta en el art. 394.

Las cargas son todos los gastos que causa el derecho en comunidad: de conservación, de mejora, impuestos, etc.

Tanto los beneficios como las cargas corresponden a los comuneros —copropietarios si el derecho real es el de propiedad o cotitulares del derecho real de que se trate— en el sentido de que se repartirán los primeros y cubrirán los segundos, en proporción a sus respectivas cuotas. En el comentario al artículo anterior se ha dicho que la comunidad que regula el C.c. en estos artículos es la romana y en ésta es esencial la cuota de propiedad o parte alícuota de la cosa o derecho de cada comunero; esta cuota es la que determina su parte en los beneficios y en las cargas.

2.- Las cuotas de los distintos comuneros quedan determinadas en el momento de la constitución de la comunidad, sin perjuicio de variaciones posteriores.

El segundo párrafo establece una presunción *iuris tantum*: se presume que las cuotas son iguales, a no ser que se pruebe que son distintas y en qué cuantía.

JURISPRUDENCIA

«el Código es terminante en el art. 393 cuando establece el concurso de los partícipes, tanto en los beneficios como en las cargas de la cosa en común, en proporción a sus respectivas cuotas; incluso el siguiente art. 394 (citado en el motivo) se orienta en el mismo sentido, de no permitir el uso exclusivo de la cosa en común por uno de los partícipes; la solución contraria no sólo es ilegal, sino que choca con el sentido de la justicia». (2 octubre 1996, LA LEY 10101/1997)

«El pago de las cargas y gravámenes que pesaban sobre los bienes en comunidad no son actos de disposición, que necesiten de la unanimidad de todos los copropietarios, sino de administración, y cabe exigir su reintegro con apoyatura tanto en el artículo 393, como en el artículo 395, ambos del Código Civil». (29 diciembre 2009, rec. 1045/2005, LA LEY 254305/2009)

CONCORDANCIAS

Véase Reglamento Hipotecario, de 14 febrero 1947 (*«B.O.E.»*, 16 abril): arts. 54 y 217.

Artículo 394

Cada partícipe podrá servirse de las cosas comunes, siempre que disponga de ellas conforme a su destino y de manera que no perjudique el interés de la comunidad, ni impida a los copartícipes utilizarlas según su derecho.

COMENTARIO

1.- Este artículo prevé la posesión y el uso de la cosa o derecho común, por todos los cotitulares. En principio es solidario, en el sentido de que cada cotitular puede poseer y usar el derecho, con ciertas exigencias. Si este uso solidario plantea problemas o dificultades, será preciso, aplicando el criterio del artículo anterior, distribuirlo atendiendo a la proporcionalidad con la cuota de cada uno.

2.- En todo caso, la posesión y el uso por un cotitular está sujeto a tres exigencias que expresa este artículo: que se use la cosa conforme a su destino; que no perjudique el interés de la comunidad; que no impida a los demás utilizarla según su derecho.

JURISPRUDENCIA

«El artículo 394 dispone que cada partícipe podrá servirse de las cosas comunes, siempre que disponga de ellas conforme a su destino y de manera que no perjudique el interés de la comunidad, ni impida a los copartícipes utilizarlas según su derecho; contempla la posesión y el uso de la cosa común, por todos los copropietarios, uso que es solidario y que, en principio, si se plantean problemas se hará atendiendo a la proporción de la cuota de cada uno: a ello se refieren, aunque no son casos idénticos, las sentencias de 20 de mayo de 1996, 2 de octubre de 1996 y 30 de abril de 1999. La sentencia de 18 de febrero de 1987, que se cita en el recurso no resuelve el problema que aquí se plantea ya que dice algo evidente: "la utilización de la finca por uno solo de los partícipes en la comunidad hereditaria, excluyendo el goce o uso de los demás es ilegítimo, infringe el artículo 394 e impide la aplicación de las reglas contenidas en el artículo 398"». (7 mayo 2007, LA LEY 20297/2007)

«el derecho así concedido no puede hacerse extensivo a supuestos distintos al previsto en su texto: usar o utilizar las cosas comunes, razón por la cual no tiene aplicación cuando se trata de realizar obras en elementos comunes, las cuales, conforme a la regulación contenida en la Ley de Propiedad Horizontal, exigen la autorización de la comunidad, por cuanto suponen una directa afección a estos elementos y gravan el inmueble con una servidumbre». (28 noviembre 2008, rec. 750/2004, LA LEY 184736/2008)

«el artículo 394 que autoriza a cada partícipe a servirse de las cosas comunes, siempre que disponga de ellas conforme a su destino y de manera que no perjudique el interés de la comunidad, ni impida a los copartícipes utilizarlas según su derecho. Las obras realizadas consistentes, entre otras cosas, en la colocación de una red de tuberías, no son precisamente de escasa entidad y suponen más que uso ordinario de los elementos comunes, disponer en beneficio propio de una parte sustancial del mismo en detrimento de otros copropietarios o de la propia comunidad que no podrá en el futuro tener la libre disposición del espacio ocupado por uno de ellos». (13 junio 2011, rec. 948/2008, LA LEY 90859/2011)

Sobre la comparecencia en juicio de un miembro de la comunidad y los efectos de la sentencia: *vid.* jurisprudencia del art. 398.

Artículo 395

Todo copropietario tendrá derecho para obligar a los partícipes a contribuir a los gastos de conservación de la cosa o derecho común. Sólo podrá eximirse de esta obligación el que renuncie a la parte que le pertenece en el dominio.

COMENTARIO

1.- El art. 393 expresa que las cargas de la comunidad deben ser satisfechas por los comuneros en proporción (como los beneficios) a sus cuotas. Una de las cargas son los gastos de conservación. Por lo cual, este artículo 395 dispone que cualquier cotitular (de derecho de propiedad, es decir, copropietario, o de otro derecho real) puede exigir a los demás cotitulares que contribuyan, en proporción a sus cuotas, a los gastos de conservación. Pero esta norma tiene un significado más: el que cualquier cotitular puede decidir hacer gastos de conservación y obligar a los demás a participar en su pago.

2.- El segundo párrafo añade que puede «eximirse de esta obligación», lo que no es realmente así, sino que si el cotitular renuncia a su parte (su parte en el dominio o en cualquier otro derecho real) deja de serlo y no tiene que participar ni en beneficios ni en cargas ni, por tanto, en gastos de conservación. La renuncia a su parte le libera pues, de la obligación de participar en los gastos de conservación.

La renuncia a su parte por un cotitular produce el efecto de que esta parte acrece a los demás cotitulares que la adquieren en proporción, también, a sus respectivas cuotas.

JURISPRUDENCIA

«el pago hecho por la actora-reconvenida en ningún caso fue un acto de disposición de la cosa común necesitado de la unanimidad de los comuneros, sino un acto de conservación encuadrable en el art. 395 CC que en modo alguno impedía a la hoy recurrente dividir la cosa común porque, antes al contrario, le permitía eximirse de pagar su parte proporcional renunciando a le parte que le pertenecía en el dominio». (13 abril 2011, rec. 1798/2007, LA LEY 14450/2011)

CONCORDANCIAS

Véase arts. 544 y 575 de este Código.

Artículo 396

Los diferentes pisos o locales de un edificio o las partes de ellos susceptibles de aprovechamiento independiente por tener salida propia a un elemento común de aquél o a la vía pública, podrán ser objeto de propiedad separada, que llevará inherente un derecho de copropiedad sobre los elementos comunes del edificio, que son todos los necesarios para su adecuado uso y disfrute, tales como el suelo, vuelo, cimentaciones y cubiertas; elementos estructurales y, entre ellos, los pilares, vigas, forzados y muros de carga; las fachadas, con los revestimientos exteriores de terrazas, balcones y ventanas, incluyendo su imagen o configuración, los elementos de cierre que las conforman y sus revestimientos exteriores; el portal, las escaleras, porterías, corredores, pasos, muros, fosos, patios, pozos y los recintos destinados a ascensores, depósitos, contadores, telefonías o a otros servicios o instalaciones comunes, incluso aquellos que fueren de uso privativo; los ascensores y las instalaciones, conducciones y canalizaciones para el desagüe y para el

suministro de agua, gas o electricidad, incluso las de aprovechamiento de energía solar; las de agua caliente sanitaria, calefacción, aire acondicionado, ventilación o evacuación de humos; las de detección y prevención de incendios; las de portero electrónico y otras de seguridad del edificio, así como las de antenas colectivas y demás instalaciones para los servicios audiovisuales o de telecomunicación, todas ellas hasta la entrada al espacio privativo; las servidumbres y cualesquiera otros elementos materiales o jurídicos que por su naturaleza o destino resulten indivisibles.

Las partes en copropiedad no son en ningún caso susceptibles de división y sólo podrán ser enajenadas, gravadas o embargadas juntamente con la parte determinada privativa de la que son anejo inseparable.

En caso de enajenación de un piso o local, los dueños de los demás, por este solo título, no tendrán derecho de tanteo ni de retracto.

Esta forma de propiedad se rige por las disposiciones legales especiales y, en lo que las mismas permitan, por la voluntad de los interesados.

COMENTARIO

1.- Prevé este artículo la propiedad horizontal, como norma general, necesariamente sujeta a la legislación especial, como expresa su último párrafo. La propiedad horizontal consiste en que en un edificio, sus diferentes pisos y locales pertenecen en propiedad a diferentes personas, que tienen la propiedad exclusiva de los mismos y son copropietarios de los elementos comunes.

El régimen de la propiedad horizontal es: en primer lugar, este art. 396 y la Ley de Propiedad Horizontal de 21 julio 1960, normas de carácter imperativo; en segundo lugar, los Estatutos de propiedad horizontal que se dictan en cada caso por el constituyente de la misma o por los copropietarios, en tercer lugar, por las normas generales del C.c. sobre propiedad y sobre copropiedad.

2.- A los elementos privativos se refiere el primer inciso del primer párrafo, como habitáculos (piso, local o parte de uno u otro) independientes. Son objeto de propiedad exclusiva de cada titular, no copropiedad. Si dispone de los mismos los demás copropietarios no tienen tanteo ni retracto.

Los elementos comunes son los necesarios para el adecuado uso y disfrute de los anteriores, tal como define y enumera *ad exemplum* el segundo inciso del primer párrafo. Cada propietario de piso o local es, a su vez, copropietario de los elementos comunes, copropiedad inherente e inseparable de aquella propiedad del elemento privativo. En consecuencia, los poseerá conjuntamente y sólo podrá disponer de ellos juntamente e inseparablemente con los privativos; disposición que este artículo enumera: enajenación, gravamen, embargo. Además, los elementos comunes copropiedad de todos, no pueden ser objeto de división.

JURISPRUDENCIA

Conceptos generales:

«al no cumplir lo relativo a la adecuación de estatutos al nuevo régimen, por carecer originariamente de ellos y no elaborarlos ex novo, es evidente que de conformidad con lo dispuesto en el art. 396.IV C.C., dicha Comunidad de propietarios se rige exclusivamente por lo dispuesto en la vigente ley de P.H., siendo de aplicación a la misma sus disposiciones

en toda su amplitud y respecto de todos sus problemas, habida cuenta que al promulgarse la misma no se hizo uso, cual queda indicado, de lo dispuesto en la Disposición Transitoria primera de la misma». (15 marzo 1994, LA LEY 13852/1994)

«este tipo de construcción, frecuente en la localidad de Robledillo de Gata, en donde la configuración del terreno hace posible muchas veces el acceso directo desde la calle a las plantas distintas de un mismo edificio, no se halla sujeto al régimen de propiedad horizontal, por tratarse de edificaciones totalmente diferentes, cuyo único elemento común es el constituir el suelo de una construcción el vuelo de la otra, dando lugar a la figura que el Tribunal Supremo conoce con el nombre de medianería horizontal, y a la que no se puede pretender someter obligatoriamente al complejo régimen de la propiedad horizontal, cuando sólo pueden invocarse las relaciones propias de buena vecindad». (14 abril 2005, rec. 4390/1998)

«infracción del artículo 396 del CC y 3 de la Ley de Propiedad Horizontal, junto con la jurisprudencia que los interpreta, porque la sentencia determina que el patio es privativo puesto que los demandados adquirieron una vivienda a través de escritura pública con la distribución, superficie y linderos que en la misma constan y conforme a los datos obrantes en el Registro de la Propiedad, sin que en dichas escrituras se reconociese el patio como común. El motivo se desestima. Es cierto que en la escritura se describen como elementos comunes aquellos que no se hallan configurados como privativos. Ocurre, sin embargo, que la vivienda para la que reclama la cuota de propiedad del patio pertenece a un edificio diferente al que se dividió horizontalmente y lo que se pretende es que se aplique el régimen de propiedad horizontal conjuntamente a una de las dos viviendas que lo integran y a una tercera construida con posterioridad y que no pertenece al edificio declarado y construido en la escritura otorgada el día de 3 de agosto de 1985, lo que no es posible». (7 noviembre 2007, LA LEY 179982/2007)

Naturaleza:

«El título constitutivo de la propiedad horizontal se otorga por el único propietario del edificio, como negocio jurídico unilateral, cuyo sujeto es dicho propietario único, o bien se otorga por los copropietarios, si los hay, como negocio jurídico plurilateral (o acto de conjunto, «Gesamtakte», en la doctrina alemana). Lo mismo, en caso de modificación del título. Todo ello viene establecido por el art. 5 LPH, cuyo párr. 2.º dispone claramente los sujetos: o el propietario único del edificio, como sujeto del negocio jurídico unilateral, o todos los copropietarios, sujetos del negocio jurídico plurilateral; además del laudo o resolución judicial. La confusa referencia «al iniciar su venta por pisos» no alcanza al simple contrato sino al mismo como acto dispositivo (título) que transmite efectivamente el piso o local (con el modo)». (30 marzo 1999, LA LEY 4570/1999)

«Hay dos maneras de crear ese título constitutivo, una, por el promotor vendedor constructor del edificio mientras fuese propietario único del mismo el caso más corriente; y otra, por todos los propietarios de los pisos y locales en que el edificio estuviere dividido. El tema, en la presente «litis», se refiere al segundo caso, y en ello hay que afirmar que al otorgamiento del título constitutivo han de acudir todos los propietarios ya existentes que ostenten facultades dominicales en el supuesto discutido, aunque, incluso, lo fuesen en virtud de documento privado de compraventa, y así se infiere de las sentencias de esta Sala de 25 Feb. 1987 y de 6 Nov. 1992, entre otras». (30 marzo 1999, LA LEY 3758/1999)

Elementos comunes:

«Los muros son siempre elementos comunes, según el artículo 396 del propio Código Civil, se trate de paredes maestras o de sustentación, o sean paredes divisorias o de separación, en cuanto a la función de las segundas es la de delimitadora del espacio correspon-

diente al edificio, marcando el perímetro con relación a otro distinto, por lo cual aunque el muro demolido por el recurrente para poner en comunicación los locales de negocio de su propiedad integrados en dos fincas urbanas bien diferenciadas no era verdaderamente una pared de carga, sí constituía un elemento de cierre y delimitación con la casa vecina, por lo que no podía ser derruido sin la indispensable concurrencia de la unánime voluntad de los propietarios. Así se pronuncia la Sentencia del Tribunal Supremo de 10 de octubre de 1980, de indudable interés para su aplicación al actual caso. Y en parecidos términos se pronuncian las sentencias de 22 de octubre de 1993 y 10 de diciembre de 1984». (30 enero 2004, rec. 642/1998)

«dentro del vocablo "muros" (que expresamente mencionaba el artículo 396 del Código Civil en su redacción vigente en el momento en que se interpuso la demanda) han de entenderse comprendidos no solo las paredes maestras, sino también los paramentos horizontales que forman parte de la estructura y esqueleto, metálico o de cemento, que sustenta la edificación.

El carácter de elemento común de los forjados (que actualmente se hace constar en el precepto mencionado, según la reforma introducida por Ley 8/1999, de 6 de abril), nunca ha sido puesto en duda». (15 junio 2005, rec. 89/1999)

«serán parte del inmueble todos los servicios y elementos comunes con que cuente realmente el edificio, no designados como privativos, se mencionen o no específicamente en el artículo 396 del Código Civil, y no cabe negar su existencia, pues bastará con probar que los mismos aparecen así desde el principio, o posteriormente por acuerdo válido de la Junta de Propietarios». (11 febrero 2009, rec. 231/2003, LA LEY 3315/2009)

«Para determinar el carácter común o privativo del sótano habrá de estarse en primer y preferente lugar a lo establecido en el título constitutivo, que en este concreto supuesto se encuentra integrado en la escritura de división y constitución del edificio en régimen de propiedad horizontal. En la primitiva redacción del Código Civil en el artículo 396 se incluía a los sótanos como elemento común, pero ha sido objeto de supresión por la modificación operada por la Ley de 21 de julio de 1960, sobre Propiedad Horizontal, que los excluyó, y su calificación conceptual como elemento del edificio es privativa cuando no figura en el título constitutivo del régimen de propiedad horizontal; es decir, los sótanos no tienen la consideración de elemento común por sí mismos y sí la de anejo de las partes privativas, mas sin que ello implique imposibilidad de que los mismos puedan merecer la consideración de "elemento común", dado que ni el artículo 396 del Código Civil ni el 3 de la Ley de Propiedad Horizontal hacen una descripción cerrada y por lo tanto exclusiva de ellos en este régimen y sí meramente enunciativa, por lo cual puede perfectamente ser modificada por la voluntad de los propietarios de cada inmueble, siempre que el acuerdo se adopte por unanimidad (SSTS 15 de marzo 1985; 30 de junio 2003, y las que cita). Esta posibilidad de que un elemento en principio común pueda ser desafectado de tal calificación comunitaria convirtiéndose en privado, puede operarse en la Ley de Propiedad Horizontal cuando así se ha constatado en el título constitutivo (STS 22 de diciembre 1994), y frente a cualquier otra circunstancia que pudiera ser tenida en cuenta a la hora de determinar si cierto departamento de un inmueble constituye o no un elemento común, o, por el contrario, debe ser entendido como un bien privativo, prevalece, por encima de todas ellas, aquello que queda reflejado en el título constitutivo de la Propiedad Horizontal de una forma completa y suficiente (STS 17 de diciembre 1997)». (22 junio 2009, rec. 2440/2004, LA LEY 104371/2009)

«La declaración como doctrina jurisprudencial de que, dentro de lo que se denomina "estructura" del inmueble, se incluye todo lo que forma parte de la armadura de fábrica de la edificación, como los forjados, y la posibilidad de que cualquier propietario pueda verificar modificaciones en ella es contraria a la Ley de Propiedad Horizontal (artículos 7.1 y 12),

y también al principio básico de la copropiedad, por lo que requiere la autorización unánime de la Junta de Propietarios». (17 febrero 2010, rec. 1958/2005, LA LEY 3985/2010)

«Es reiterada la doctrina de esta Sala que declara que si bien la descripción, no de numerus clausus [número cerrado], sino enunciativa que el artículo 396 del CC hace de los elementos comunes no es, en la totalidad de su enunciación, de ius cogens [derecho necesario], sino de ius dispositivum [derecho dispositivo], lo que permite que bien en el originario título constitutivo del edificio en régimen de propiedad horizontal, bien por acuerdo unánime posterior de la comunidad pueda atribuirse carácter de privativos (desafectación) a ciertos elementos comunes que no siéndolo por naturaleza o esenciales, como el suelo, las cimentaciones, los muros, las escaleras, lo sean solo por destino o accesorios, como los patios interiores, las terrazas a nivel o cubiertas de partes del edificio, etc. (sentencias de 31 de enero y 15 de marzo de 1985, 27 de febrero de 1987, 5 de junio y 18 de julio de 1989, 30 de junio de 2003, 22 de enero de 2007 y 22 de junio de 2009), mientras ello no se produzca (desafectación en el propio título constitutivo o por acuerdo unánime posterior de la Comunidad) ha de mantenerse la calificación legal que, como comunes, les corresponde también a los elementos de la segunda clase expresada». (21 junio 2011, rec. 287/2008, LA LEY 186194/2011)

Actuación en juicio:

«Los vicios constructivos denunciados se extienden a todo el edificio, incluyendo los elementos comunes, habiendo declarado la jurisprudencia de esta Sala que las facultades representativas del presidente también se extienden a la defensa de intereses relacionados con elementos privativos, cuando los propietarios los autorizan para ello, pues de esta manera se evitan procesos con innumerables personas, a todos los cuales puede representar el presidente de la comunidad (Ss. 2-10-1992, 22-10 y 9-11-1993 y 10-5-1995). Como puntualiza la sentencia de 3-3-1993, los presidentes están investidos de mandato suficiente para la defensa en juicio y fuera de él de los intereses complejos de toda la comunidad, lo que se excluye si se da una oposición expresa y formal, que mermaría el alcance amplio del mandato representativo presidencial». (22 noviembre 1997, LA LEY 11477/1998)

«es de aplicación al caso la Ley de Propiedad Horizontal, en el texto anterior a la reforma operada por Ley 8/1999, de 6 de abril. Bajo la vigencia de la LPH, en su primitiva redacción, la jurisprudencia, si bien señaló el carácter orgánico de la representación que concedía al Presidente el artículo 12, no llegó a concebir que la organización colectiva de propietarios diera lugar a una persona jurídica perfecta, pues se admitió la legitimación de los propietarios incluso para reclamar en defensa de intereses generales [SSTS 8 de noviembre de 1995 (LA LEY 17176-R/1995), 14 de junio de 1999, 14 de mayo de 2007 (LA LEY 23112/2007), etc.] y se caracterizó la figura o institución por razón de la inseparabilidad entre el derecho singular y exclusivo de propiedad sobre la parte privativa y la participación en la titularidad en los elementos, pertenencias y servicios comunes [SSTS 30 de mayo de 1997 (LA LEY 7221/1997), 1 de marzo de 2001, etc.; Resoluciones de la Dirección General de Registros y del Notariado de 28 de febrero de 2000, 26 de septiembre de 2002, 4 de junio de 2003, etc.], de modo que se acentuaban los rasgos de privaticidad e independencia del derecho sobre las partes o elementos susceptibles de propiedad separada». (22 octubre 2007, LA LEY 180022/2007)

CONCORDANCIAS

Véase Ley de Propiedad Horizontal, de 21 de julio de 1960 (*«B.O.E.»*, 23 julio): arts. 5 y 6.

Texto vigente según Ley 8/1999, de 6 abril (*«B.O.E.»*, 8 abril). Anterior texto según Ley 49/1960, 21 julio (*«B.O.E.»*, 23 julio).

Artículo 397

Ninguno de los condueños podrá, sin consentimiento de los demás, hacer alteraciones en la cosa común, aunque de ellas pudieran resultar ventajas para todos.

COMENTARIO

1.- Este artículo, pese a sus términos que parecen estrictos («condueños», «alteraciones») se refiere a toda alteración material o jurídica que el comunero cotitular de un derecho (de propiedad u otro derecho real) quiera hacer sobre la cosa objeto de tal derecho.

2.- En las *alteraciones materiales* sobre la cosa, se requiere unanimidad de todos los cotitulares. Son los actos materiales que afectan a la sustancia de la cosa o innovaciones que modifiquen su destino; no son alteraciones, lo que se haga para conservación de la cosa.

3.- También es precisa la unanimidad para las *alteraciones jurídicas*, que son los actos que van más allá de la administración (ésta, prevista en el art. 398) que recaen sobre el derecho que se tiene en comunidad (si el acto de disposición recae sobre la cuota, se aplica el art. 399). Son, pues, los actos de disposición, como la enajenación onerosa, la transmisión gratuita, el gravamen, la constitución de una servidumbre (que prevé expresamente el art. 597) o la de otro derecho real limitativo.

JURISPRUDENCIA

«El art. 397 del CC dispone que para actos materiales de alteración o para actos jurídicos de disposición, de una cosa en copropiedad, es decir, para los actos que vayan más allá de la administración y supongan una disposición o alteración de la cosa objeto de copropiedad, es precisa la unanimidad de todos los codueños. Sin que pueda mantenerse la validez parcial respecto a la parte de los que han dispuesto, si ha faltado la unanimidad. Lo anterior ha sido indiscutido en la doctrina y reiteradamente mantenido por la jurisprudencia. Es especialmente clara y trata un caso muy semejante al presente la S 19 Dic. 1985, que dice literalmente: La enajenación de la cosa común como cosa propia supone, en una alteración de la misma prevista en el art. 397 del código sustantivo, de añeja tradición (SS de 17 Jun. 1927, 9 Feb. 1954, 10 Oct. 1956, 8 Abr. 1965, 20 y 21 Feb. 1969, 25 Abr. 1970 y 14 Dic. 1973), ya que tanto la jurisprudencia como la doctrina dominante estiman que esa alteración no sólo es alusiva a actos materiales, sino a aquellos que tienen repercusión jurídica, pues el art. 397 no distingue y es el que marca precisamente con el siguiente art. 398 la frontera de los actos de mera administración y de los que tienen mayor entidad, para cada uno de los cuales se marca, respectivamente, el régimen de simple mayoría o el de unanimidad.» (13 noviembre 2001, LA LEY 4774/2002)

«La doctrina jurisprudencial expuesta lleva a la estimación del motivo, pues si bien las demandantes en reconvención dicen actuar en su propio nombre y en beneficio de la herencia indivisa de doña Eugenia y de las demás comunidades, consta en autos que dos de los comuneros han manifestado su voluntad de cumplir el contrato, otorgando escritura de venta de sus participaciones. Es de tener en cuenta que la finca objeto del contrato de compraventa se vendió como un todo, fijándose un precio unitario, sin especificación de las participaciones proindiviso que correspondían a cada comunero ni la parte del precio que había de recibir cada uno de ellos, por lo que no cabe, como se hace en la sentencia recurrida, resolver el contrato en cuanto a las participaciones indivisas de las reconvinientes, dejándolo subsistente en cuanto a las demás participaciones. Se rompe así la unidad esencial del contrato celebrado como un todo y no como distintas compraventas de las participaciones indivisas correspondientes a cada comunero. Dado que la situación de comunidad no desaparece con

la venta de la cosa común sino que subsiste en relación con las incidencias a que pueda dar lugar el contrato, las divergencias entre los comuneros acerca del cumplimiento o resolución del mismo habrán de ser ventiladas entre ellos de acuerdo con las normas que rigen la comunidad ordinaria de bienes». (10 octubre 2006, LA LEY 110224/2006)

«El artículo 397 dispone que ninguno de los condueños podrá, sin consentimiento de los demás, hacer alteraciones en la cosa común, aunque de ella pudieran resultar ventajas para todos; las alteraciones materiales a que se refiere tal norma son aquellos actos que afectan a la sustancia de la cosa o innovaciones que modifiquen su destino. La calificación jurídica que hace la sentencia de instancia es correcta, ya que la instalación de un motor y de unas tuberías los considera la sentencia de instancia e igualmente esta Sala, que implica alterar el pozo-noria, que no puede hacerse sin el consentimiento de los demás copropietarios: ciertamente, como se dice en el recurso, puede ser útil para el recurrente tal instalación, pero aunque así sea y aunque incluso sea útil para los demás, no cabe sin el acuerdo unánime de todos los copropietarios. Tal como dice la sentencia de esta Sala, a mayor abundamiento, de 9 de marzo de 1993 la apreciación del término "alteración de la cosa" es puramente una cuestión de hecho que pertenece a la soberanía del Tribunal de instancia». (7 mayo 2007, LA LEY 20297/2007)

«La sentencia añade a lo anterior que la legitimada para el ejercicio de la acción confesoria de servidumbre pretendida en la demanda sería el titular de dicha servidumbre, el dueño del predio dominante, que en el caso sería el conjunto de los propietarios de la Comunidad, dueños en proporción a sus respectivas cuotas de participación en los elementos comunes del edificio, entre los que desde luego se encuentra el sistema de evacuación de las aguas fecales, y no individualmente cada uno de los propietarios de elementos privativos, y copropietarios o comuneros en cuanto a los elementos comunes, ya que para cualquier alteración de la cosa común, y la existencia y constitución de una servidumbre, cuya constancia en el título constitutivo no se ha justificado, se precisa el consentimiento de todos los condueños (artículo 397 del Código Civil)... el ejercicio de la acción confesoria requiere el consentimiento unánime de los copropietarios conforme a los artículos 397, 594 y 597 del Código Civil, ya que, en el presente caso, la constitución o reconocimiento de la servidumbre de desagüe implica la alteración de la cosa común, y ello porque la pretendida servidumbre no ha sido un acto tolerado en su principio y posteriormente es ilegal, de manera que el éxito de la acción llevaría aparejada obligatoriamente la modificación del título constitutivo de la Comunidad, como aprecia la sentencia recurrida». (14 mayo 2007, LA LEY 23112/2007)

«La venta, como negocio jurídico de disposición o alteración jurídica, de una cosa común, está prohibida por el artículo 397 del Código civil y no cabe incardinarla en el supuesto de venta de cosa ajena, sino que se hace como propia y en perjuicio directo de los copropietarios, con sanción de nulidad absoluta como han afirmado sentencias de esta Sala, como la de 26 de febrero de 1982 y la de 13 de noviembre de 2001 que cita otras muchas anteriores. Esto, como primer apartado, se relaciona con el segundo, que defiende la validez de la venta de la cuota parte del vendedor de la que sí era propietario: lo que no es aceptable porque vendió la cosa como un todo, sin poder ahora dividirse». (9 octubre 2008, rec. 3636/2001, LA LEY 148015/2008. Doctrina reiterada por la sentencia de 3 junio 2009, rec. 2562/2004, LA LEY 112706/2009)

CONCORDANCIAS

Véase Ley de Propiedad Horizontal, de 21 de julio de 1960 (*«B.O.E.»*, 23 julio): art. 7.

Artículo 398

Para la administración y mejor disfrute de la cosa común serán obligatorios los acuerdos de la mayoría de los partícipes.

No habrá mayoría sino cuando el acuerdo esté tomado por los partícipes que representan la mayor cantidad de los intereses que constituyan el objeto de la comunidad.

Si no resultare mayoría, o el acuerdo de ésta fuere gravemente perjudicial a los interesados en la cosa común, el Juez proveerá, a instancia de parte, lo que corresponda, incluso nombrar un Administrador.

Cuando parte de la cosa perteneciere privadamente a un partícipe o a algunos de ellos, y otra fuere común, sólo a ésta será aplicable la disposición anterior.

COMENTARIO

1.- La administración de la comunidad («y mejor disfrute», añade el texto legal, lo que no tiene especial significado), en defecto de pacto (siempre preferente, según el art. 392), se lleva por sistema de mayoría. Cuya mayoría no es la de personas cotitulares sino mayoría de cuotas.

La administración como contrapuesta a disposición (a la que se refiere el art. 397) está a su vez, en la comunidad de derechos, limitada por lo dispuesto en los artículos anteriores, como el 393 respecto a la participación, el 394 respecto a la posesión y el 395 respecto a la conservación.

2.- Subsidiariamente al régimen de mayoría, se establece un recurso a la autoridad judicial en dos casos, que prevé el tercer párrafo del mismo artículo 398; si no resultare mayoría suficiente para adoptar un acuerdo, o bien éste fuere gravemente perjudicial; en uno u otro caso, el Juez proveerá, a instancia de parte, lo que corresponda, incluso nombrar un administrador.

3.- El último párrafo establece una norma que, ciertamente, sobra, por evidente. Si una cosa (o derecho) corresponde su titularidad una parte a una persona individual y otra parte a una comunidad sólo a esta parte se le aplica la normativa del Código sobre la comunidad de bienes y derechos. Aunque, a su vez, si parte de una cosa es privativa y parte es común (objeto de comunidad) en ella ya hay comunidad, cuyos dos comuneros son una persona individual por un lado y una pluralidad por otro. Distinto es el caso de propiedad horizontal, al que no se aplica este artículo, en que hay elementos privativos y elementos comunes, inherente e inseparables, todo con normativa especial.

4.- Aunque no sea propiamente una cuestión atinente a la administración, débese tratar de la defensa judicial. Cualquier de los copropietarios puede comparecer en juicio, ejercitar acciones y oponer excepciones, en defensa no sólo de su cuota, sino de toda la comunidad. Este ejercicio procesal de los derechos fundados en la copropiedad es lo que la doctrina procesalista conoce como «legitimación por sustitución».

El efecto es que la sentencia favorable aprovechará a todos los comuneros y la adversa no perjudica sino al comunero que compareció en juicio, sin perjuicio de que pueda plantearse, si es demandado, el supuesto de litisconsorcio pasivo necesario.

JURISPRUDENCIA

«es indudable que la situación existente es la correspondiente a la de una comunidad de bienes, y, en cuanto tal, cualquiera de los partícipes o copropietarios se encuentra facultado para actuar y realizar actos que redunden en beneficio de la comunidad, siempre y cuando no afecten o supongan actos de disposición». (11 junio 1998, LA LEY 6924/1998)

«Disuelta, pero no liquidada, la sociedad de gananciales, se constituye entre los cónyuges una comunidad de bienes, la comunidad posganancial, sujeta a las normas que rigen la comunidad ordinaria de bienes, arts. 392 y siguientes del Código Civil. Es doctrina reiterada de esta Sala, en interpretación del art. 394 del Código Civil, la de que cualquiera de los comuneros puede ejercitar acciones en beneficio de la comunidad, siempre que no se demuestre una actuación en beneficio exclusivo del actor (Sentencias, entre otras, de 6 de junio de 1997, 3 de marzo de 1998 y 7 de diciembre de 1999)». (13 diciembre 2006, LA LEY 150016/2006)

CONCORDANCIAS

Véase Ley Propiedad Horizontal, de 21 de julio de 1960 (*«B.O.E.»*, 23 julio): arts. 12 y 16.

Artículo 399

Todo condueño tendrá la plena propiedad de su parte y la de los frutos y utilidades que le correspondan, pudiendo en su consecuencia enajenarla, cederla o hipotecarla, y aun sustituir otro en su aprovechamiento, salvo si se tratare de derechos personales. Pero el efecto de la enajenación o de la hipoteca con relación a los condueños estará limitado a la porción que se le adjudique en la división al cesar la comunidad.

COMENTARIO

1.- El derecho que tiene cada copropietario sobre su cuota es, en principio, independiente y exclusivo. Tiene la plena propiedad, dice el art. 399 (que a continuación se refiere a la de los frutos y utilidades de la cosa común, que tiene la propiedad de los que le correspondan por razón de la cuota).

Por tanto, tiene la libre disposición de dicha cuota: añade el mismo art. 399... pudiendo, en su consecuencia, enajenarla, cederla o hipotecarla, por tanto, disposición total o parcial. O bien, según dice el art. 399, sustituir otro en su aprovechamiento que puede configurarse de dos maneras: cediendo a otro el derecho a percibir los frutos que corresponden al copropietario cedente, lo que constituye una mera relación obligatoria entre ambos, o constituyendo un usufructo sobre la cuota propia, que admite el art. 490, que concede al usufructuario no sólo el derecho a percibir los frutos, sino también la posibilidad de ejercitar las facultades que corresponden al propietario con referencia a la administración y gobierno de la cosa.

2.- Sin embargo, no cabe disposición ni cesión «si se tratare de derechos personales», lo que afecta a los de uso y habitación, que son indisponibles (art. 525) e incluso a la vivienda familiar (art. 1320 y, en su caso, 96).

3.- El adquirente de la cuota de que ha dispuesto su titular, el comunero, entra, a su vez, en la comunidad de derecho de propiedad (copropiedad) o de otro derecho real. Y cuando la comunidad se extinga, a este comunero (que fue adquirente de una cuota) se le adjudicará, como a cualquier otro comunero, una concreta parte del derecho sobre el que tendrá titularidad plena. El caso más frecuente de comunidad, que es la que recae sobre el derecho de propiedad —copropiedad— el copropietario que adquirió la cuota, se traducirá en propiedad plena de la parte de la cosa que se le adjudica al extinguirse la copropiedad. Este es el sentido del segundo inciso del presente artículo.

JURISPRUDENCIA

«En relación con los arts. 394 y 399 CC, es de decir que regulan aspectos concretos de la comunidad de bienes, como son los que conciernen al servicio y disposición de la cosa común, con las limitaciones de no perjudicar el interés comunitario, y a las facultades conferidas al condueño y derivadas de la plena propiedad de su parte, pero esos preceptos no autorizan, ni imponen de por sí ninguna obligación indemnizatoria para los supuestos de una ocupación en demasía en torno al uso y disfrute de lo poseído en común, y, en todo caso, es de reiterar lo manifestado en el precedente fundamento acerca de que en el supuesto de autos no existió justificación para exigir una reparación cuantitativa por el hecho material de una mayor ocupación por el otro matrimonio copartícipe». (20 mayo 1996, LA LEY 16228/1996)

«pretender que un comunero no puede ser desalojado del uso de la cosa común, habiéndose acordado por mayoría comunal tal desalojo, no deja de ser una afirmación ilógica y carente de todo sentido, como proclama la sentencia de esta Sala de 18 Feb. 1987, que dice que la utilización de una finca por uno solo de los partícipes de la comunidad hereditaria, excluyendo el goce de los demás, infringe el art. 394 CC e impide la aplicación de las reglas contenidas en el art. 398 del mismo Código. Pero, sobre todo, decir que la operación particional de una herencia no es título suficiente para ejercitar la referida acción de desalojo, es ignorar lo que significa la comunidad hereditaria repartida idealmente entre todos los herederos». (30 abril 1999, LA LEY 5357/1999)

CONCORDANCIAS

Véase:
— arts. 490, 597 y 1.522 de este Código.
— Ley Hipotecaria, de 8 febrero 1946 (*«B.O.E.»*, 29 mayo): art. 107.11.
— Reglamento Hipotecario, de 14 febrero 1947 (*«B.O.E.»*, 16 abril): arts. 216 a 218.

Artículo 400

Ningún copropietario estará obligado a permanecer en la comunidad. Cada uno de ellos podrá pedir en cualquier tiempo que se divida la cosa común.

Esto no obstante, será válido el pacto de conservar la cosa indivisa por tiempo determinado, que no exceda de diez años. Este plazo podrá prorrogarse por nueva convención.

COMENTARIO

1.- La copropiedad se extingue por las causas comunes de extinción de la propiedad (abandono, destrucción de la cosa, usucapión por un tercero, etc.) y por la consolidación o reunión de todas las demás cuotas en un solo copropietario. Pero la causa típica es la división de la cosa común.

Su precedente se halla en la *actio communi dividundo*, del Derecho romano. En éste, como contrario siempre a la idea de la comunidad, se mantenía el principio de ULPIANO, *nemo invitus compellitur ad communionem* (nadie, contra su voluntad, puede ser forzado a la copropiedad).

Con esta misma idea romana, el Código civil, que regula la copropiedad como una forma de comunidad romana, *pro indiviso*, establece la facultad de división de la cosa común, como causa de extinción de aquélla, en el artículo 440, párrafo primero.

No es un derecho subjetivo, sino una facultad inherente al derecho de propiedad cuando éste tiene pluralidad de titulares; es uno de las llamados *res merae facultatis*; por ello, es irrenunciable e imprescriptible mientras se mantenga el derecho de propiedad. Se considera *un acto de disposición,* con todas las consecuencias sobre capacidad, poder de disposición, etc.

2.- El párrafo segundo del art. 400 admite la posibilidad de un pacto de exclusión de la división, pacto que deberá ser celebrado por todos los copropietarios por unanimidad, pero que no cabe ser indefinido, ni perpetuo, de acuerdo con la irrenunciabilidad de la división: «... será válido el pacto de conservar la cosa indivisa por tiempo determinado, que no exceda de diez años», dispone el segundo párrafo del art. 400. Permite asimismo prorrogar esta exclusión de la división, por nueva convención, siempre con la misma unanimidad y el mismo plazo máximo de diez años.

Además del pacto, puede excluirse la división por un acto unilateral de donante y también del testador, como prevé, expresamente, respecto a éste, el art. 1051.

3.- El Código trata de la *actio communi dividundo* en relación con la copropiedad, es decir, con la cotitularidad del derecho de propiedad, que es el caso normal, pero toda esta normativa se aplica también a la cotitularidad de cualquier otro derecho real.

JURISPRUDENCIA

«Dice la sentencia de esta Sala de 27 Dic. 1999 que aun cuando es cierto que la S 22 Sep. 1988 recoge el criterio aludido en la instancia, esta doctrina ha sido rectificada por la de las SS 22 Dic. 1992, 20 Mar. 1993, 14 Jul. 1994 y 16 Dic. 1995, con arreglo a las que, si bien el titular dominical puede pedir la división de la cosa común mediante el ejercicio de la acción procesal, la cesación de la comunidad no afecta a la subsistencia del derecho de uso (cualquiera que sea su naturaleza) que corresponde al otro cotitular, ex-cónyuge en virtud de sentencia de divorcio. Por tanto, el derecho de uso se mantiene indemne y una eventual venta de la cosa en subasta pública debe garantizar la subsistencia de aquella medida, lo que sólo puede ser modificado por la voluntad de los interesados, o por decisión judicial adoptada por el órgano jurisdiccional competente en relación con el proceso matrimonial en que se acordó.» (26 abril 2002, LA LEY 5521/2002)

«el demandado D. Emilio hizo suyo el importe del precio por razón de la expropiación de una finca que era propiedad, en condominio romano, del mismo y de los demandantes, sus hermanos, D. Luis y D. Juan Pablo, por terceras partes iguales. Por tanto, siendo el dinero una cosa esencialmente divisible y siendo esencial la actio communi dividundo, estos últimos pueden exigir al primero las dos terceras partes de aquella cantidad de dinero, en virtud de lo dispuesto en el artículo 400 del Código Civil y, asimismo, habiendo percibido aquel precio en virtud de mandato representativo, también es aplicable el artículo 1720 que le obliga a abonar a sus hermanos, mandantes, la parte que les corresponde, además de los intereses que le impone el artículo 1724 del mismo código». (1 junio 2005, rec. 4756/1998)

«La sentencia recurrida es absolutamente concordante con la jurisprudencia de esta Sala, que mantiene la posibilidad del ejercicio de la acción de división a pesar de la existencia y vigencia del uso atribuido a los hijos o al cónyuge. En este punto, la Sala ha compaginado los derechos del copropietario a pedir la división, de acuerdo con lo dispuesto en el artículo 400 CC y el mantenimiento de los derechos derivados del artículo 96 CC, de manera que la sentencia de 8 mayo 2006 afirma que [...] "la doctrina reiterada de esta Sala al abordar supuestos análogos al presente sostiene la posibilidad de ejercicio de la acción de división, si bien garantizando la continuidad del derechode uso que pudiera corresponder en exclusiva a uno de los partícipes". Así la sentencia de 27 de diciembre de 1999, citando en igual sentido las anteriores de 5 de junio de 1989, 6 de junio de 1997 y 8 de marzo de 1999, afirma que "la acción de división de la comunidad representa un derecho indiscutible e incondicional para cualquier copropietario, de tal naturaleza que su ejercicio no está sometido a circunstancia obstativa alguna, salvo el pacto de conservar la cosa indivisa por tiempo no superior a diez años, por lo que los demás comuneros no pueden impedir el uso del derecho a separarse, que corresponde a cualquiera de ellos, ni el ejercicio de la acción procesal al respecto. En el caso de que en virtud de un derecho de usufructo o de uso esté atribuida la utilización de la cosa común sólo a uno de los cotitulares, ello supone la exclusión de los demás respecto de dicho uso o disfrute, pero no les priva de la posibilidad de pedir la división de la cosa". La misma sentencia añade posteriormente, con cita de las de 22 de diciembre de 1992, 20 de mayo de 1993, 14 de julio de 1994 y 16 de diciembre de 1995, que "si bien el cotitular dominical puede pedir la división de la cosa común mediante el ejercicio de la acción procesal, la cesación de la comunidad no afecta a la subsistencia del derecho de uso (cualquiera que sea su naturaleza) que corresponde al otro cotitular, ex-cónyuge, en virtud de la sentencia de divorcio. Por lo tanto, el derecho de uso se mantiene indemne (...) y una eventual venta de la cosa en subasta pública debe garantizar la subsistencia de aquella medida, que sólo puede ser modificada por la voluntad de los interesados, o por decisión judicial adoptada por el órgano jurisdiccional competente en relación con el proceso matrimonial en que se acordó". En igual sentido se ha pronunciado esta Sala en sentencia más reciente de 28 de marzo de 2003». (27 junio 2007, LA LEY 60913/2007)

«Según destacada doctrina científica, a los efectos de la división material, no interviene la normativa de la propiedad horizontal y no aparece inconveniente alguno para que el dueño de un piso o local separe materialmente su propiedad, coloque tabiques y distribuya su uso; igualmente, cabe que se vendan partes "pro indiviso", incluso con coeficiente interno, asignación de la utilización de una zona concreta y destino definido, esto es, con el establecimiento de unas reglas propias no afectantes a la Comunidad, y la sola exigencia de no modificar ni dividir la cuota de propiedad precisada en el Título, ni que se afecte con obras o servicios a elementos comunes. La división jurídica presenta una cuestión diferente, pues si la pretensión del titular es la de que un piso o local pase a ser dos, tres o más, con desaparición de la cuota de propiedad inicial y asignación de otras diferentes, aunque sea con la suma de lo mismo, se necesita del acuerdo unánime de la Junta de Propietarios, ya que se considera que existe modificación del Título». (19 diciembre 2008, rec. 389/2004, LA LEY 189387/2008)

«La llamada actio communi dividundo proveniente directamente del Derecho romano regido por el principio de nemo invitus compellitur ad communionem está recogida en el artículo 400 del Código civil que permite a todo copropietario pedir la división de la cosa común, como facultad imprescriptible del derecho de propiedad, res merae facultatis. El ejercicio de esta acción es la exigencia coactiva de la división, cuando no se ha conseguido por acuerdo de los interesados o "por árbitros o amigables componedores", como dice el artículo 402. La práctica de la división, cuando queda sometida al ejercicio de la acción, queda al buen sentido de la decisión judicial —discrecional, que no arbitraria— a la luz de

la prueba practicada, especialmente la pericial y a la vista de las pretensiones de las partes». (26 mayo 2011, rec. 942/2008, LA LEY 71525/2011)

CONCORDANCIAS

Véase:
— arts. 271.4.º y 1.965 de este Código.
— Ley de Propiedad Horizontal, de 21 de julio de 1960 («*B.O.E.*», 23 julio): art. 21.

Artículo 401

Sin embargo de lo dispuesto en el artículo anterior, los copropietarios no podrán exigir la división de la cosa común, cuando de hacerla resulte inservible para el uso a que se destina.

Si se tratare de un edificio cuyas características lo permitan, a solicitud de cualquiera de los comuneros, la división podrá realizarse mediante la adjudicación de pisos o locales independientes, con sus elementos comunes anejos, en la forma prevista por el Artículo 396.

COMENTARIO

1.- Cuando la cosa objeto del derecho que es una cotitularidad, sea divisible, se practicará la división material de la misma: se adjudicará una parte o porción de ella a cada uno de los cotitulares.

Si la cosa es un edificio que puede dividirse en propiedad horizontal, su división material consistirá en ello, en la constitución de propiedad horizontal, adjudicándose a los cotitulares pisos o locales en propiedad exclusiva, teniendo inherentes los elementos comunes, tal como establecen el art. 396 C.c. y la Ley de Propiedad horizontal.

2.-Si la cosa es indivisible no cabe la división material pero sí la **división económica** que prevé el artículo 404. La cosa es indivisible cuando lo es por sí misma, físicamente (por ejemplo, cualquier semoviente vivo), o cuando resultaría inservible para el uso a que se destina (por ejemplo, un anillo) a cuyo caso se refiere este artículo 401, primer párrafo, o cuando desmerezca mucho por su división, como prevé el artículo 1062 por remisión del 406 (por ejemplo, un libro en varios tomos) o cuya división acarree gastos excesivos (por ejemplo, una vivienda) lo que ha sido añadido por la jurisprudencia.

JURISPRUDENCIA

«las apreciaciones sobre la divisibilidad o indivisibilidad en tal aspecto no es un hecho, sino un concepto valorativo deducible de unos hechos —S 11 de junio de 1976—, dependiendo de unos hechos —S 11 de junio de 1976—, dependiendo la consideración de tal circunstancia no sólo de indivisibilidad real, sino también en el de indivisibilidad jurídica, configurada ésta por resultar inservible la cosa para el uso a que se destina —S 25 de noviembre de 1932—, bien a su anormal desmerecimiento si se produce la división —S 17 de marzo de 1921—, ora la originación de un gasto considerable a los partícipes —S 14 de junio de 1895— (en este sentido, S 7 de marzo de 1985)». (13 julio 1996, LA LEY 7768/1996)

«el artículo 401 CC, que, según la doctrina dominante, parece referirse al supuesto en que no cabe la actio communi dividendo *porque concurren dos presupuestos: la inservibi-*

lidad para el uso a que se la destina y la imposibilidad de que pueda tener lugar la venta pública. Del mismo modo que, contra lo que se ha afirmado en las sentencias de instancia en el presente procedimiento, si se ha postulado la división material, y la cosa es indivisible, el juzgador puede acordar la venta en pública subasta, de conformidad con lo establecido en el artículo 404 CC, sin que ello implique incongruencia (SSTS 26 de febrero y 30 de marzo de 1981, 6 de junio de 1983, 19 de junio de 2000, 22 de julio de 2002, etc.)». (10 enero 2008, LA LEY 55/2008)

División en propiedad horizontal:

«Dice la S 26 de septiembre de 1990 que "uno de los modos o formas a través de los cuales puede cristalizar tal facultad divisoria o extintiva de la comunidad, cuando el bien comunitario sea un edificio en régimen de propiedad horizontal, conforme autoriza el párrafo segundo del art. 401 del citado Código, pero dicho peculiar modo de extinción comunitaria para poder desplegar la finalidad a que está llamado, exige: a) Que las características del edificio lo permitan, lo que ha de entenderse tanto desde el punto de vista meramente estructural o arquitectónico sin tener que acudir a la realización de importantes y sustanciales obras, cuanto desde las perspectivas de las adjudicaciones de pisos o locales independientes que hayan de hacerse a cada uno de los condueños, en función de sus respectivas cuotas o participaciones indivisas y para el pago de las mismas"; exige el art. 401, párrafo 2.º, para que pueda acudirse a esta forma de extinción de la comunidad ordinaria y su sustitución por un régimen de propiedad que "se tratare de un edificio cuyas características lo permitan", como reiteran las Ss. 8 de octubre de 1982 y 10 de noviembre de 1995, en la que se puntualiza "o sea que originariamente se dé tal circunstancia", circunstancias a las que, por otra parte, se refiere el art. 396 CC cuando señala las características de los inmuebles para poder quedar sometidos al régimen de propiedad horizontal diciendo que "los diferentes pisos o locales de un edificio o las partes de ellos susceptibles de aprovechamiento independiente por tener salida propia a un elemento común de aquél o a la vía pública".» (13 julio 1996, LA LEY 7768/1996)

«Caracterizado el régimen del art. 396 CC por la propiedad separada de los diferentes pisos o locales de un edificio, que a su vez lleva inherente un derecho de copropiedad sobre los elementos comunes; por la indivisibilidad de las partes en copropiedad, de las que sólo se puede disponer con la parte determinada privativa de la que son anejo inseparable; y en fin, por la carencia de derecho de tanteo o retracto por parte de los dueños de un piso o local cuando se enajene cualquier otro piso o local, el párrafo segundo del art. 401 CC exige, de un lado, que medie solicitud de cualquiera de los comuneros y, de otro, que las características del edificio permitan la división mediante adjudicación de pisos o locales independientes. Sobre este segundo requisito la doctrina científica, coincidiendo en este punto con la jurisprudencia, entiende que a su vez comporta el de la semejanza de los lotes, a fin de evitar los suplementos a metálico por las diferencias de valor.» (1 marzo 2001, LA LEY 3550/2001)

«el Código Civil, el cual únicamente contempla expresamente un supuesto en que la división puede ser parcial dejando subsistentes determinadas partes en comunidad, cual es el previsto en el párrafo segundo del artículo 401 aplicable a la división de un edificio que, por sus características, permita la adjudicación de pisos o locales independientes "con sus elementos comunes anejos" en la forma prevista por el artículo 396 del Código Civil. Fuera de tal supuesto, que no es el de autos, cualquier división material de carácter parcial que no comprenda la totalidad del bien, sino sólo una parte mayor o menor del mismo con subsistencia de partes en comunidad, podrá acordarse por la concurrente voluntad de los partícipes pero no podrá ser impuesto por unos contra la voluntad de los otros mediante el ejercicio de la acción divisoria». (30 abril 2009, rec. 2165/2004, LA LEY 58190/2009)

Vid. la jurisprudencia relacionada en el artículo 404 sobre la indivisibilidad, especialmente las sentencias de 22 julio 2002 y 7 de julio de 2006.

CONCORDANCIAS

Texto vigente según Ley 49/1960, 21 julio (*«B.O.E.»*, 23 julio).

Artículo 402

La división de la cosa común podrá hacerse por los interesados, o por árbitros o amigables componedores nombrados a voluntad de los partícipes.

En el caso de verificarse por árbitros o amigables componedores, deberán formar partes proporcionales al derecho de cada uno, evitando en cuanto sea posible los suplementos a metálico.

COMENTARIO

1.- El modo de practicar la división es por los mismos copropietarios, por árbitros o por ejercicio de acción judicial: el primero y el segundo lo prevé este art. 402; el tercero se deduce del art. 400 que establece la actio communi dividundo.

2.- La división por los copropietarios. *Actuarán de común acuerdo, por unanimidad. Es el llamado contrato divisorio, no regulado expresamente por el Código civil, que se limita a preverlo en el artículo 402, primer inciso, y, por tanto, se atendrá a la autonomía de la voluntad y las normas subsidiarias (art. 406) de la partición de la herencia.*

3.- La división por árbitros. Se refiere a los mismos también el art. 402, que serán nombrados por los copropietarios y deberán formar partes proporcionales a la cuota de cada uno, evitando los suplementos a metálico. No se trata de los árbitros que regula la Ley de arbitraje, a no ser que se promueva litigio y los copropietarios acudan al arbitraje de esta Ley evitando el proceso judicial.

JURISPRUDENCIA

«se contempla la práctica de la división de la cosa común en forma judicial y en ejecución de sentencia, obvio es que a tal trámite procesal tan sólo se llegará si uno o ambos de los litigantes lo solicitan, y que nada impide que, en el supuesto de que ambos coincidan en llevar a cabo de manera voluntaria y extrajudicial la práctica de tal división, el acuerdo que adopten será válido y obligatorio para ambos, sin que llegue a ser precisa la apertura del trámite de ejecución judicial de la sentencia». (10 mayo 1994, LA LEY 648/1994)

«según el art. 1058 CC «... si los herederos fueren mayores y tuvieren la libre administración de sus bienes, podrán distribuir la herencia (o hacer la división) de la manera que tengan por conveniente», estableciendo la jurisprudencia que tal supuesto constituye un acto equivalente a un contrato... la referencia a árbitros o amigables componedores, en estos supuestos de comunidad de bienes a liquidar, no han de regirse por la Ley de 22 de diciembre de 1953 forzosamente (hoy Ley 36/1988, de 5 de diciembre), sino a voluntad de los interesados, pues el cometido de esos árbitros es simple trasunto del que está confiado a los contadores partidores en la herencia». (15 febrero 1996, LA LEY 3468/1996)

CONCORDANCIAS

Véase Ley 60/2003, 23 diciembre, de Arbitraje *(«B.O.E.»,* 26 diciembre).

Artículo 403

Los acreedores o cesionarios de los partícipes podrán concurrir a la división de la cosa común y oponerse a la que se verifique sin su concurso. Pero no podrán impugnar la división consumada, excepto en caso de fraude, o en el de haberse verificado no obstante la oposición formalmente interpuesta para impedirla, y salvo siempre los derechos del deudor o del cedente para sostener su validez.

COMENTARIO

1.- Se establece el derecho a concurrir a la división de la cosa común de acreedores y cesionarios de los comuneros. La concurrencia es la simple asistencia a las operaciones de división, para su control y conocimiento de sus detalles y resultado. Tienen tal derecho, en primer lugar, los acreedores de uno o varios o todos los comuneros. En segundo lugar, los cesionarios: no se entiende por «cesionarios» los adquirentes de la cuota de un comunero, pues en tal caso sería un nuevo comunero que participaría directamente y como tal en la división; significa que ha adquirido algún derecho sobre la cuota del comunero, como un usufructo, una hipoteca, etc.

Tales acreedores y cesionarios tienen derecho a concurrir a la división y pueden oponerse a que se haga sin concurrencia.

2.- Si los acreedores y cesionarios han concurrido a la división, pueden aprobarla o bien pueden impugnarla en caso de fraude, tal como se expresa en el segundo inciso de este artículo. Lo mismo, en caso de que no hayan concurrido, pero no ha habido oposición a la división hecha sin su concurrencia.

Si acreedores y cesionarios se han opuesto formalmente a que se haga sin su concurrencia y, pese a ello, se ha hecho, pueden impugnar la división; en tal caso, invirtiéndose la carga de la prueba, los comuneros que sean deudores o cedentes de aquel acreedor o cesionario que impugna la división, pueden alegar y probar («sostener» dice el texto legal) la validez de la misma.

JURISPRUDENCIA

«en su primer párrafo, se articula una posibilidad de que los acreedores concurran a la división y oponerse a la que se realice sin su concurso, lo que conlleva a que se les tenga que notificar esa conducta en pos de la división, y, en el caso de autos, en efecto, se intentó como se ha repetido, notificar al supuesto acreedor —al margen de que la Sala no acredite la realidad de su crédito— la demanda litigiosa, sin obtener, por lo expuesto, el resultado notificador. Y, asimismo, en cuanto al segundo párrafo, es claro que, siempre ese acreedor podría impugnar la división declarada, antes de su consumación si se acredita el supuesto de fraude en la misma, posibilidad, pues, que está aún viva para ese acreedor». (7 abril 2004, rec. 1429/1998)

«el papel que tienen los acreedores de los copropietarios es, ante todo, que carecen de legitimación activa para pedir la división y que no pueden llevarla a cabo ellos mismos. El derecho que les reconoce el artículo 403 del Código civil es triple. La concurrencia, la

oposición y la impugnación, en relación con la división. Concretando la primera, conocida doctrinalmente como "facultad de inspección" no va más allá de la concurrencia a la misma, para comprobar que la división se hace de una manera correcta, sin que se produzca fraude; es una intervención potestativa, sin que participen en la división propiamente dicha, pudiendo manifestar sus opiniones pero sin llegar a la partición directa como si se tratara de un comunero más. Distinto es el tema de la oposición, para salvaguardar los derechos de los acreedores, que se da en un momento anterior a la división, para garantizar los derechos de los acreedores (y cesionarios), como dijo la sentencia de 31 de diciembre de 1985. Y en un momento posterior puede darse la impugnación de la división de la cosa común, por razón de fraude de los acreedores, como acción personal en la que el acreedor actúa iure propio, como advirtió la sentencia de 26 de abril de 1962, y por razón de haberse realizado una oposición de manera formal para impedirla; impugnación, en todo caso, que deja a salvo los derechos del copropietario para mantener la validez de la misma». (28 enero 2011, rec. 984/2007, LA LEY 1010/2011)

Artículo 404

Cuando la cosa fuere esencialmente indivisible, y los condueños no convinieren en que se adjudique a uno de ellos indemnizando a los demás, se venderá y repartirá su precio.

COMENTARIO

1.- El art. 400 prevé el derecho de todo comunero a pedir la división de la cosa o derecho común. Cuya división se hará materialmente. Pero si la cosa, de dividirse, resultaría inservible (art. 404, que dice redundantemente «esencialmente indivisible») no cabe la división material, pero sí la división económica.

2.- La división económica se practica con un doble criterio: el primero, es la adquisición («adjudicación») de la cosa o derecho por uno de los comuneros, el cual pagará a los demás la cantidad que a éstos les corresponda por sus cuotas; el segundo, subsidiario al anterior, es la venta a tercero y el reparto del precio obtenido entre los comuneros, en proporción a sus cuotas. La adquisición de la cosa por uno de los comuneros puede hacerse mediante subasta entre ellos. La venta a tercero puede hacerse sin necesidad de subasta. Si estas formas fracasan, en último lugar, por aplicación del artículo 1062, al que se remite el 406, se venderá en pública subasta y se repartirá el precio, a petición de uno de los comuneros.

JURISPRUDENCIA

«La doctrina jurisprudencial sobre el concepto de indivisibilidad jurídica es pacífica, habiendo declarado numerosas sentencias (entre las que cabe citar las de 7 de marzo de 1985, 13 de julio de 1996 y 12 de marzo de 2004) que la misma puede obedecer, bien a resultar [caso de división] inservible la cosa para el uso a que se destina, bien un anormal desmerecimiento, ora a la originación del gasto considerable a los partícipes ... La divisibilidad de una comunidad no está en función del interés y apreciación subjetiva de una parte, que no puede pretender un criterio de divisibilidad que no consta dé respuesta de igualdad objetiva a las respectivas cuotas. De ahí que, ante la falta de acuerdo de los interesados, sea ajustada a derecho la decisión judicial por la que se ordena que la división tenga lugar mediante venta en pública subasta con admisión de licitadores extraños, repartiéndose el precio entre los copartícipes en proporción a su haber en la indivisión». (3 febrero 2005, rec. 3544/1998)

«Aplicación de lo dispuesto en el art. 404 Código Civil, que ordena la subasta si los comuneros no convienen en adjudicar la cosa indivisible a uno de ellos indemnizando a los demás, dado que la cosa objeto del litigio era indivisible de acuerdo a la legalidad urbanística cuando se ejercitó la acción de división». (3 octubre 2005, rec. 689/1999)

«Según la interpretación que parece mejor fundada, la división, para el Código civil, no significa solamente división material, sino que comprende la división en sentido jurídico, por lo que la indivisibilidad puede resultar de que la cosa, en caso de división, quede inservible para el uso a que se la destina, o bien porque produzca un anormal desmerecimiento, o bien ocasione un gasto considerable (SSTS 7 de marzo de 1985, 13 de julio de 1996, 12 de marzo de 2004, 7 de julio de 2006, etc.). No existen distintas acciones de división según que las cosas sean o no divisibles, y por esta razón el artículo 401, párrafo primero, no puede ser interpretado en el sentido de que excluye un tipo de acción de división pero deja subsistentes otros, puesto que no hay más que una acción de división. El artículo 401 I, enlazado con el artículo 400, ha de ser entendido como exclusión de la acción de división. Por ello, si es posible la división que prevé el artículo 401 II CC, no puede ser aplicado, ni menos en conexión con el artículo 404 CC, precepto que por su origen histórico (artículo 2183 del antiguo Código civil portugués) ha de ser entendido como previsión de lo que se ha de hacer cuando no puede practicarse una división material o in natura, *a lo que se ha de añadir la previsión del artículo 1062 CC, traído a causa por el artículo 406 CC, sobre el desmerecimiento; en tanto que el artículo 401 I CC excluye, sencillamente, la acción división, pues, como han dicho las SSTS de 19 de junio de 2000 y 22 de julio de 2002, a falta de convenio el juzgador ha de examinar si la cosa es divisible o indivisible, entendiéndose que se da esta hipótesis no sólo cuando no sea divisible desde la perspectiva material, según criterios económicos y sociales, sino también cuando desmerezca mucho por la división, en cuyo supuesto se comprende también la inservibilidad (artículos 404, 406 y 1062 CC), quedando excluido de tal invocación el artículo 401 CC, que, según la doctrina dominante, parece referirse al supuesto en que no cabe la* actio communi dividendo *porque concurren dos presupuestos: la inservibilidad para el uso a que se la destina y la imposibilidad de que pueda tener lugar la venta pública. Del mismo modo que, contra lo que se ha afirmado en las sentencias de instancia en el presente procedimiento, si se ha postulado la división material, y la cosa es indivisible, el juzgador puede acordar la venta en pública subasta, de conformidad con lo establecido en el artículo 404 CC, sin que ello implique incongruencia (SSTS 26 de febrero y 30 de marzo de 1981, 6 de junio de 1983, 19 de junio de 2000, 22 de julio de 2002, etc.)».* (10 enero 2008, LA LEY 55/2008. Doctrina reiterada por la sentencia de 27 marzo 2009, rec. 72/2006, LA LEY 254316/2009, y 15 diciembre 2009, rec. 72/2006, LA LEY 254316/2009)

«ante la falta de acuerdo entre los comuneros para dividir el objeto del condominio compensando económicamente a uno de ellos, la única solución posible es la venta, pues como señala la sentencia de 3 de febrero de 2005, ya citada, "la divisibilidad de una comunidad no está en función del interés y apreciación subjetiva de una parte, que no puede pretender un criterio de divisibilidad que no conste dé respuesta de igualdad objetiva a las respectivas cuotas", de suerte que ante la falta de acuerdo de los interesados es ajustada a derecho la decisión judicial que ordena la división en pública subasta porque los tribunales no pueden imponer soluciones que requieren el acuerdo de las partes, razón esta última contenida también en las sentencias de 7 de julio de 2006». (29 marzo 2010, rec. 1073/2006, LA LEY 12421/2010. Doctrina reiterada por la de 11 abril 2011, rec. 2144/2007, LA LEY 14439/2011)

«La jurisprudencia aplicable al presente caso no es la representada por las sentencias citadas en el motivo sino la que, con base en lo que dispone el art. 404 C , que supedita al convenio entre los comuneros la adjudicación de la cosa indivisible a uno de ellos indemnizando a los demás, considera como fórmula procedente para poner fin a la comunidad, en cuanto derecho que puede ser ejercitado por cualquier comunero en todo momento, la venta de los bienes con reparto del precio entre los comuneros en proporción a sus

cuotas, ya que el dato determinante de la forma de poner fin a la comunidad no puede ser la conveniencia o interés particular de uno o varios de los comuneros (SSTS 17-11-03 en rec. 1646/98, 12-3-04 en rec. 1379/98, 30-11-04 en rec. 3350/98, 3-2-05 en rec. 3544/98, 1-4-09 en rec. 1056/04, 29-3-10 en rec. 1073/06 y 11-4-11 en rec. 2144/07), todo ello sin perjuicio, claro está, de que la venta en pública subasta pueda quedar descartada por no quererla ninguno de los condueños (STS 5-11-01 en rec. 2152/96)». (3 mayo 2011, rec. 1461/2008, LA LEY 44718/2011)

Vid. también sentencias relacionadas en el artículo 401.

CONCORDANCIAS

Véase arts. 821, 822, 1.062 y 1.513 de este Código.

Artículo 405

La división de una cosa común no perjudicará a tercero, el cual conservará los derechos de hipoteca, servidumbre u otros derechos reales que le pertenecieran antes de hacer la partición. Conservarán igualmente su fuerza, no obstante la división, los derechos personales que pertenezcan a un tercero contra la comunidad.

COMENTARIO

1.- El efecto de la división de la cosa o derecho común frente a los comuneros, es la atribución de un derecho concreto y en exclusiva a cada uno de ellos. Si la comunidad —caso más frecuente— recae sobre un derecho de propiedad, la copropiedad de la cosa común deviene en propiedad exclusiva de parte de la cosa a cada uno de los copropietarios.

2.- El presente artículo contempla el efecto de la división de la cosa (derecho de la propiedad) u otro derecho real, respecto a terceros. El principio es que no les perjudica.

Si el derecho es personal (por ejemplo, un arrendamiento, un comodato, etc.) se mantiene incólume. El texto legal es «derechos personales que pertenezcan a un tercero contra la comunidad», pero no hay que olvidar que la comunidad carece de personalidad jurídica y debe entenderse que se refiere a derechos que el tercero tiene frente a los comuneros, respecto a la cosa o derecho común.

Si el derecho que tiene el tercero es derecho real sobre la cosa común, también se mantiene incólume tras la división.

CONCORDANCIAS

Véase:
— arts. 490, 534, 535, 1.618 y 1.619 de este Código.
— Ley Hipotecaria, de 8 febrero 1946 (*«B.O.E.»*, 29 mayo): art. 123.

Artículo 406

Serán aplicables a la división entre los partícipes en la comunidad las reglas concernientes a la división de la herencia.

COMENTARIO

La división de la cosa o derecho común no tiene abundancia de normas ni casuismo normativo. Por ello, en este artículo se hace una remisión a las normas de la división de la herencia. Pero hay que hacer varias precisiones: en primer lugar, que la remisión es en lo que se refiere a la división, no a reglas adyacentes a la misma; en segundo lugar, que no alcanza la remisión a aquellas normas que, afectando a la división, se refieren exclusivamente a la hereditaria; en tercer lugar, que es una remisión de derecho material y no incluye las normas procesales (que son especiales, abundantes y complicadas) sobre la división o partición de la herencia.

JURISPRUDENCIA

«Esta Sala ha considerado plenamente aplicable al supuesto de división de cosa común la norma contenida en el artículo 1062 del Código Civil, por la remisión que a las reglas propias de la división de la herencia realiza el artículo 406, de modo que basta que uno solo de los partícipes solicite la venta en pública subasta con admisión de licitadores extraños para que así haya de acordarse, pues en tal caso resulta claro que falta el acuerdo de adjudicación a uno de ellos a calidad de abonar a los otros el exceso en dinero. Dicha solución es además la más beneficiosa para los propios intereses de la comunidad en orden a obtener un precio superior por el bien de propiedad común, permitiendo que en la subasta a celebrar participen, junto con los propios comuneros, licitadores extraños; sin que pueda obligarse a ningún partícipe a aceptar la adjudicación a uno del bien por una cantidad determinada, percibiendo su parte, cuando su voluntad es la de que se subaste para obtener el mayor precio posible». (14 diciembre 2007, LA LEY 202398/2007)

«El artículo 406 se remite a las reglas concernientes a la división de la herencia para la división de la cosa común —actio communi dividundo— (a lo que se refiere expresamente la sentencia de 14 de diciembre de 2007) y es el artículo 1061 el que proclama el principio de igualdad entre los partícipes de la comunidad en el sentido, como antes se ha apuntado, de que no se trata de una igualdad matemática o absoluta, tal como resume la sentencia de 16 de enero de 2008». (26 mayo 2011, rec. 942/2008, LA LEY 71525/2011)

CONCORDANCIAS

Véase arts. 1.051 a 1.081 de este Código.

TÍTULO IV
De algunas propiedades especiales

CAPÍTULO PRIMERO
DE LAS AGUAS

SECCIÓN PRIMERA
Del dominio de las aguas

Artículo 407

Son de dominio público:

1.º Los ríos y sus cauces naturales.

2.º Las aguas continuas o discontinuas de manantiales y arroyos que corran por sus cauces naturales, y estos mismos cauces.

3.º Las aguas que nazcan continua o discontinuamente en terrenos del mismo dominio público.

4.º Los lagos y lagunas formados por la naturaleza en terrenos públicos y sus álveos.

5.º Las aguas pluviales que discurran por barrancos o ramblas, cuyo cauce sea también del dominio público.

6.º Las aguas subterráneas que existan en terrenos públicos.

7.º Las aguas halladas en la zona de trabajos de obras públicas, aunque se ejecuten por concesionario.

8.º Las aguas que nazcan continua o discontinuamente en predios de particulares, del Estado, de la provincia o de los pueblos, desde que salgan de dichos predios.

9.º Los sobrantes de las fuentes, cloacas y establecimientos públicos.

COMENTARIO

1.- El derecho que recae sobre la masa de agua estancada o corriente no es un verdadero derecho de propiedad, pero, en ciertos casos y en mayor o menor medida, contiene unas facultades que se han denominado propiedad especial.

El agua marítima no es una cosa en sentido jurídico: la territorialidad es cosa de dominio público, tal como dispone el art. 132,2.º, de la Constitución; Ley de Costas de 28 de julio de 1988, y a ella se refiere la Ley de Puertos del Estado y de la Marina Mercante (Ley de 24 noviembre 1992).

El agua terrestre es considerada por el Código civil como cosa inmueble, es el art. 334, núm. 8.º; las aguas vivas o estancadas. Desde la Ley de Aguas de 2 agosto de 1985 todas las aguas terrestres son de dominio público (art. 1, apartado 2.º). Las aguas minerales y termales son reguladas por la Ley de Minas y consideradas como tales (art. 1, apartado 4.º) y, por tanto, también de dominio público.

2.- El régimen jurídico de las aguas terrestres se halla en la Ley de Aguas, texto refundido aprobado por Real Decreto legislativo 1/2001, de 20 julio, que deroga la anterior Ley de Aguas, de 1985, la que, a su vez, derogó los artículos del Código civil, 407 a 425, «en cuanto se opongan a lo establecido en la presente ley» (de 1985). Y tanto la vigente de 2001 como la de 1985 dispone que «en todo lo que no esté expresamente regulado por esta Ley, se estaría a lo dispuesto por el C.C.»

El C.c. prevé abiertamente el dominio privado de las aguas. La Ley de Aguas parte del principio de que las aguas son de dominio público. A su vez, las disposiciones transitorias prevén la continuación del sistema anterior —del C.c. y de la anterior Ley de Aguas de 13 de junio 1879— durante largos años, en determinados casos.

En consecuencia, la normativa del C.c. o está derogada, si se opone a la vigente Ley de Aguas, o está recogida en la misma, si no se opone o queda algún fragmento vigente, pero perfectamente inútil. Es decir, en materia de aguas, no interesa acudir a estos artículos del C.c. sino a la legislación especial de aguas, comenzando por su Ley. Y, como supletorio de todo ello, se aplica el C.c. pero no en el sentido de normas concretas, sino en el general que expresa el art. 4.3 del Código y que reproduce la disposición final 1 de la Ley de Aguas.

3.- Por tanto, huelga todo comentario a estos artículos del C.c. que se refieren a las aguas. Sería un comentario fragmentario, obsoleto y fuera de lugar en una materia que ya ha quedado legalmente fuera del código. Los artículos de éste, como se ha dicho o están derogados o están reproducidos o están desarrollados por la Ley de Aguas o son ya inútiles.

«El Abogado del Estado, en la representación que ostenta del mismo formuló, en su día demanda, a la que se adhirió la Junta de Comunidades de Castilla-La Mancha, ejercitando acción declarativa de dominio con la esencial pretensión de que se declarara de dominio público perteneciente al Estado e integrado en el dominio público hidráulico, el paraje denominado LAGUNAS DE RUIDERA, las aguas situadas en el mismo y su curso de comunicación comprendiendo los terrenos cubiertos por las mismas, es decir, la pretensión de un pronunciamiento sobre la caracterización jurídica de las denominadas LAGUNAS DE RUIDERA como pertenecientes al demanio de carácter natural...... *el artículo 407 del mismo código considera de dominio público los ríos y sus cauces naturales y el hecho declarado probado, que esta Sala comparte, es que las LAGUNAS DE RUIDERA forman parte del río Guadiana»*. (18 junio 2009, rec. 1478/2004, LA LEY 104379/2009)

CONCORDANCIAS

Véase Real Decreto Legislativo 1/2001, de 20 julio (*«B.O.E.»*, 24 julio).

Artículo 408

Son de dominio privado:

1.º Las aguas continuas o discontinuas que nazcan en predios de dominio privado, mientras discurran por ellos.

2.º Los lagos y lagunas y sus álveos, formados por la naturaleza en dichos predios.

3.º Las aguas subterráneas que se hallen en éstos.

4.º Las aguas pluviales que en los mismos caigan, mientras no traspasen sus linderos.

5.º Los cauces de aguas corrientes, continuas o discontinuas, formados por aguas pluviales, y los de los arroyos que atraviesen fincas que no sean de dominio público.

En toda acequia o acueducto, el agua, el cauce, los cajeros y las márgenes serán considerados como parte integrante de la heredad o edificio a que vayan destinadas las aguas. Los dueños de los predios, por los cuales o por cuyos linderos pase el acueducto, no podrán alegar dominio sobre él, ni derecho al aprovechamiento de su cauce o márgenes, a no fundarse en títulos de propiedad expresivos del derecho o dominio que reclamen.

COMENTARIO

Véase el comentario del art. 407.

JURISPRUDENCIA

«si el terreno y por tanto las referidas aguas resultaron afectadas por la mencionada expropiación, claro es que cualquiera que fuese la titularidad dominical que sobre uno y otras hubieran tenido las demandantes, ahora recurrentes, queda desplazada al patrimonio del Excmo. Ayuntamiento de Ciudad Real en favor de que se produjo la expropiación, no teniendo las expropiadas más derecho, como certeramente considera la sentencia dictada en fase procesal de primera instancia, que el de la recepción del justiprecio asignado al valor de los referidos bienes expropiados». (22 noviembre 1990, LA LEY 2602/1992)

CONCORDANCIAS

Véase Real Decreto Legislativo 1/2001, 20 julio, por el que se aprueba el texto refundido de la Ley de Aguas (*«B.O.E.»*, 24 julio): arts. 5, 8, 10, 11 y 49.

SECCIÓN SEGUNDA

Del aprovechamiento de las aguas públicas

Artículo 409

El aprovechamiento de las aguas públicas se adquiere:

1.º Por concesión administrativa.

2.º Por prescripción de veinte años.

Los límites de los derechos y obligaciones de estos aprovechamientos serán los que resulten, en el primer caso, de los términos de la concesión, y en el segundo, del modo y forma en que se haya usado de las aguas.

COMENTARIO

Véase el comentario del art. 407.

JURISPRUDENCIA

«El artículo 407.1 y 2 del Código Civil dice que son aguas públicas los ríos y sus cauces naturales, y las aguas continuas o discontinuas de manantiales y arroyos que corran por sus cauces naturales y estos mismos cauces. El artículo 50 de la nueva Ley prescribe que el derecho al uso privativo, sea o no consuntivo del dominio público hidráulico, se adquiere por disposición legal o por concesión administrativa. Y según el párrafo 2.º del citado precepto «no podrá adquirirse por prescripción el derecho al uso privativo del dominio hidráulico». Pero este nuevo régimen jurídico respeta en cierto modo los derechos adquiridos bajo el régimen anterior, incluso por prescripción de veinte años que permitía el artículo 409 del Código Civil, y determina que sus titulares podrán legalizar el aprovechamiento mediante acta de notoriedad». (28 septiembre 1993, LA LEY 151/1995)

CONCORDANCIAS

Véase Real Decreto Legislativo 1/2001, 20 julio, por el que se aprueba el texto refundido de la Ley de Aguas (*«B.O.E.»*, 24 julio): arts. 50, 52, 54, 59 a 66, 77 y 78.

— R.D. 849/1986, 11 abril (*«B.O.E.»*, 30 abril), por el que se aprueba el Reglamento del Dominio Público Hidráulico: arts. 93 a 197.

Artículo 410

Toda concesión de aprovechamiento de aguas se entiende sin perjuicio de tercero.

COMENTARIO

Véase el comentario del art. 407.

CONCORDANCIAS

Véase Real Decreto Legislativo 1/2001, 20 julio, por el que se aprueba el texto refundido de la Ley de Aguas (*«B.O.E.»*, 24 julio): art. 61.1.

Artículo 411

El derecho al aprovechamiento de aguas públicas se extingue por la caducidad de la concesión y por el no uso durante veinte años.

COMENTARIO

Véase el comentario del art. 407.

JURISPRUDENCIA

«es evidente que ese art. 411 CC, tras la vigente Ley de Aguas, está extinguido, por expresa derogación de su Disposición Derogatoria primera... ese no uso de dicho aprovechamiento durante esos últimos años determina auténticamente el mecanismo de caducidad del art. 64.2 L 2 de agosto de 1985, pues esa sanción de caducidad será lo que compete acordar a los Tribunales, cuando se acredite que existe ése no uso al haberse interrumpido la explotación

durante tres años consecutivos, sin que se pueda, en su caso, aducir que esa interrupción no sea imputable al titular, porque, no habiendo constancia en contrario, es evidente que sólo a la parte interesada (esto es, a la parte actora) ha de atribuirse el grado de voluntariedad precisa para que por propia dejación o renuncia fáctica de sus derechos no haya utilizado el aprovechamiento correspondiente». (1 septiembre 1997, LA LEY 9734/1997)

CONCORDANCIAS

Véase Real Decreto Legislativo 1/2001, 20 julio, por el que se aprueba el texto refundido de la Ley de Aguas (*«B.O.E.»*, 24 julio): art. 61.1.

SECCIÓN TERCERA
Del aprovechamiento de las aguas de dominio privado

Artículo 412

El dueño de un predio en que nace un manantial o arroyo, continuo o discontinuo, puede aprovechar sus aguas mientras discurran por él; pero las sobrantes entran en la condición de públicas, y su aprovechamiento se rige por la Ley especial de Aguas.

COMENTARIO

Véase el comentario del art. 407.

CONCORDANCIAS

Véase Real Decreto Legislativo 1/2001, 20 julio, por el que se aprueba el texto refundido de la Ley de Aguas (*«B.O.E.»*, 24 julio): art. 61.1.

Artículo 413

El dominio privado de los álveos de aguas pluviales no autoriza para hacer labores u obras que varíen su curso en perjuicio de tercero, ni tampoco aquellas cuya destrucción, por la fuerza de las avenidas, pueda causarlo.

COMENTARIO

Véase el comentario del art. 407.

CONCORDANCIAS

Véase Real Decreto Legislativo 1/2001, 20 julio, por el que se aprueba el texto refundido de la Ley de Aguas (*«B.O.E.»*, 24 julio): art. 61.1.

Artículo 414

Nadie puede penetrar en propiedad privada para buscar aguas o usar de ellas sin licencia de los propietarios.

COMENTARIO

Véase el comentario del art. 407.

CONCORDANCIAS

Véase Real Decreto Legislativo 1/2001, 20 julio, por el que se aprueba el texto refundido de la Ley de Aguas (*«B.O.E.»*, 24 julio): art. 61.1.

Artículo 415

El dominio del dueño de un predio sobre las aguas que nacen en él no perjudica los derechos que legítimamente hayan podido adquirir a su aprovechamiento los de los predios inferiores.

COMENTARIO

Véase el comentario del art. 407.

CONCORDANCIAS

Véase Real Decreto Legislativo 1/2001, 20 julio, por el que se aprueba el texto refundido de la Ley de Aguas (*«B.O.E.»*, 24 julio): art. 61.1.

Artículo 416

Todo dueño de un predio tiene la facultad de construir dentro de su propiedad depósitos para conservar las aguas pluviales, con tal que no cause perjuicio al público ni a tercero.

COMENTARIO

Véase el comentario del art. 407.

SECCIÓN CUARTA
De las aguas subterráneas

Artículo 417

Sólo el propietario de un predio u otra persona con su licencia puede investigar en él aguas subterráneas.

La investigación de aguas subterráneas en terrenos de dominio público sólo puede hacerse con licencia administrativa.

COMENTARIO

Véase el comentario del art. 407.

Artículo 418

Las aguas alumbradas conforme a la Ley especial de Aguas pertenecen al que las alumbró.

COMENTARIO

Véase el comentario del art. 407.

CONCORDANCIAS

Véase Real Decreto Legislativo 1/2001, 20 julio, por el que se aprueba el texto refundido de la Ley de Aguas (*«B.O.E.»*, 24 julio): art. 61.1.

Artículo 419

Si el dueño de aguas alumbradas las dejare abandonadas a su curso natural, serán de dominio público.

COMENTARIO

Véase el comentario del art. 407.

SECCIÓN QUINTA
Disposiciones generales

Artículo 420

El dueño de un predio en que existan obras defensivas para contener el agua, o que por la variación de su curso sea necesario construirlas de nuevo, está obligado, a su elección, a hacer los reparos o construcciones necesarias o a tolerar que, sin perjuicio suyo, las hagan los dueños de los predios que experimenten o estén manifiestamente expuestos a experimentar daños.

COMENTARIO

Véase el comentario del art. 407.

CONCORDANCIAS

Véase Real Decreto Legislativo 1/2001, 20 julio, por el que se aprueba el texto refundido de la Ley de Aguas (*«B.O.E.»*, 24 julio): art. 61.1.

Artículo 421

Lo dispuesto en el artículo anterior es aplicable al caso en que sea necesario desembarazar algún predio de las materias cuya acumulación o caída impida el curso de las aguas con daño o peligro de tercero.

COMENTARIO

Véase el comentario del art. 407.

Artículo 422

Todos los propietarios que participen del beneficio proveniente de las obras de que tratan los dos artículos anteriores, están obligados a contribuir a los gastos de su ejecución en proporción a su interés. Los que por su culpa hubiesen ocasionado el daño serán responsables de los gastos.

COMENTARIO

Véase el comentario del art. 407.

CONCORDANCIAS

Véase Real Decreto Legislativo 1/2001, 20 julio, por el que se aprueba el texto refundido de la Ley de Aguas (*«B.O.E.»*, 24 julio): art. 61.1.

Artículo 423

La propiedad y uso de las aguas pertenecientes a corporaciones o particulares están sujetos a la Ley de Expropiación por causa de utilidad pública.

COMENTARIO

Véase el comentario del art. 407.

CONCORDANCIAS

Véase:

Véase Real Decreto Legislativo 1/2001, 20 julio, por el que se aprueba el texto refundido de la Ley de Aguas (*«B.O.E.»*, 24 julio): art. 61.1.

— Ley de Expropiación Forzosa, de 16 de diciembre de 1954 (*«B.O.E.»*, 17 diciembre): arts. 9 a 58.

Artículo 424

Las disposiciones de este título no perjudican los derechos adquiridos con anterioridad, ni tampoco al dominio privado que tienen los propietarios de aguas, de acequias, fuentes o manantiales, en virtud del cual las aprovechan, venden o permutan como propiedad particular.

COMENTARIO

Véase el comentario del art. 407.

CONCORDANCIAS

Véase Real Decreto Legislativo 1/2001, 20 julio, por el que se aprueba el texto refundido de la Ley de Aguas (*«B.O.E.»*, 24 julio): art. 61.1.

Artículo 425

En todo lo que no esté expresamente prevenido por las disposiciones de este capítulo se estará a lo mandado por la Ley especial de Aguas.

COMENTARIO

1.- Véase el comentario del art. 407.

2.- Esta norma, actualmente, no sólo está derogada sino que, además, hoy es la contraria: se aplica, en primer lugar, la Ley de Aguas, Real Decreto Legislativo 1/2001, de 20 julio, que aprueba su texto refundido y, en su defecto, se aplica con carácter general y según lo dispuesto en el art. 4.3 C.c., las normas del Código.

CAPÍTULO II
DE LOS MINERALES

Artículo 426

Todo español o extranjero podrá hacer libremente en terreno de dominio público calicatas o excavaciones que no excedan de diez metros de extensión en longitud o profundidad con objeto de descubrir minerales, pero deberá dar aviso previamente a la Autoridad local. En terrenos de propiedad privada no se podrán abrir calicatas sin que preceda permiso del dueño o del que le represente.

COMENTARIO

1.- Las minas, yacimientos mineros o recursos geológicos, constituyen el material que puede ser objeto de explotación o aprovechamiento y que no coinciden, en cuanto a la propiedad, con la del suelo o subsuelo en que se encuentran. Los derechos que una persona —sea o no propietario del suelo— tiene respecto a la explotación o aprovechamiento de la mina, aunque no es verdadero derecho de propiedad, se conoce con el nombre de propiedad especial.

Las minas, mientras su materia permanece unida al yacimiento son cosas inmuebles y así lo dice el art. 334 número 8. Una vez separados los minerales, son cosa mueble.

Según el sistema jurídico español, coincidente con el europeo, atribuye la propiedad de las minas al Estado, como dominio público; la explotación o aprovechamiento puede cederla el Estado a particulares. La legislación vigente la constituye la *Ley de minas de 21 de julio de 1973*, modificada por la Ley de 5 de noviembre de 1980 y completada por abundante legislación administrativa.

2.- La explotación o aprovechamiento de las minas lo puede llevar a cabo directamente el Estado o cederlo a los particulares. El presente artículo tiene un mero carácter residual, referente sólo a excavaciones o calicatas de escasa importancia, en terrenos de dominio público, con previo aviso a la autoridad local, o en terrenos de propiedad privada, con permiso del propietario («o del que le represente» dice el texto legal, lo cual es obvio, pues siempre el titular de un derecho puede actuar por medio de un representante).

CONCORDANCIAS

Véase Reglamento General para el Régimen de la Minería, de 25 de agosto de 1978 (*«B.O.E.»*, 11 y 12 de diciembre): art. 1.4.

Artículo 427

Los límites del derecho mencionado en el artículo anterior, las formalidades previas y condiciones para su ejercicio, la designación de las materias que deben considerarse como minerales, y la determinación de los derechos que corresponden al dueño del suelo y a los descubridores de los minerales en el caso de concesión, se regirán por la Ley especial de Minería.

COMENTARIO

Este artículo es una remisión en bloque, en materia de minas, a la legislación especial, que la regula con detalle y es más administrativa que civil. La Ley de Minas es de 21 de julio de 1973, modificada por Ley de 5 de noviembre de 1980 y completada por multitud de normas administrativas.

CAPÍTULO III
DE LA PROPIEDAD INTELECTUAL

Artículo 428

El autor de una obra literaria, científica o artística, tiene el derecho de explotarla y disponer de ella a su voluntad.

COMENTARIO

1.- La propiedad intelectual es el poder que el Ordenamiento jurídico atribuye al autor sobre la obra literaria, científica o artística que ha producido. Este poder es, por una parte, patrimonial, consistente en lo económico de que goza; por otra parte, es personal o moral, relativo a los intereses intelectuales o morales sobre su obra.

El art. 428 del Código civil establece que el autor de una obra literaria, científica y artística tiene el derecho de explotarla y disponer de ella a su voluntad. La Ley de Propiedad Intelectual texto refundido de 12 de abril de 1996, completa este parcial concepto legal al prever también el poder moral del titular de la propiedad intelectual.

Este derecho patrimonial y moral sobre la obra de la inteligencia, como creación ideal, se concibe como *propiedad especial*. Sin embargo, sobre el ejemplar concreto del libro o sobre el disco, como cosa corporal que es, recae un derecho de propiedad ordinario. *Corpus misticum* es la creación intelectual y el *corpus mechanicum* su soporte material.

2.- El presente artículo parece referirse sólo al derecho patrimonial del autor, pero no hay duda que se reconoce asimismo su derecho moral.

JURISPRUDENCIA

Derecho moral de autor:

«El autor se reservó en el contrato el derecho de dominio sobre los originales de las piezas de escultura entregadas para reproducción y explotación de ésta. Estos originales constituyen obras artísticas respecto de las que el autor tiene un derecho moral, reconocido en el art. 14.4 de la Ley de Propiedad Intelectual (disposición aplicable con carácter retroactivo, en virtud de disp. trans. 4.ª de la propia L 22/1987, de 11 Nov. y sexto del vigente Texto Refundido aprobado por RDLeg. 1/1996, de 12 Abr.; S 8 Nov. 1995)». (28 enero 2000, LA LEY 238945/2000)

«no hay violación de los núms. 3.º y 4.º del art. 14 de la L 22/1987, por inaplicación de los mismos en la sentencia recurrida, ya que se refieren a derechos de los conocidos como morales, que se reconocen al autor de una obra fotográfica pero no a los de meras fotografías que exclusivamente se refieren a derechos de orden patrimonial» (31 diciembre 2002, LA LEY 952/2003)

Derecho económico de autor:

«De la aplicación conjunta de los arts. 17; 20.2, c), d), e) y f); 36; 87; 88; 115; 122.1 y 131 del Texto Refundido de la Ley de Propiedad Intelectual 1/996, de 12 Abr., cabe deducir que la retransmisión por cable por una determinada entidad de programas emitidos o transmitidos por un ente distinto precisa, además de la autorización del ente titular de la

emisión o transmisión, la del productor de la obra o grabación audiovisual o fonográfica, por cuanto que la emisión o transmisión son actos de comunicación pública independientes de la retransmisión por cable y la autorización para la emisión del programa no comprende implícitamente la de la retransmisión» (2 diciembre 2002, LA LEY 646/2003)

«Si bien en sentencia de esta Sala de fecha 24 Sep. 2002 se excluyó de la obligación del pago de derechos de autor la comunicación a través de los televisores instalados en las habitaciones de los hoteles con apoyo en la sentencia del TC de 17 Ene. 2002 que declaró inconstitucional el art. 557 de la LECrim. que vino a considerar las habitaciones hoteleras como domicilios a efectos constitucionales, ha de tenerse en cuenta el ámbito estrictamente penal a que se contrae dicha resolución constitucional que en nada altera el carácter de servicio prestado a sus clientes por los establecimientos hoteleros al instalar en sus habitaciones aparatos televisores, servicio que lógicamente repercute en el precio de las estancias en esas habitaciones, siendo el beneficio que reporta a la empresa hotelera la prestación de ese servicio individualizado el que justifica la exigencia de los derechos que ahora se reclaman. Por ello no procede seguir manteniendo el criterio sustentado en la S 24 Sep. 2002.» (31 enero 2003, LA LEY 1823/2003)

«la implantación de la "remuneración" tiene una relevancia civil, jurídicamente hablando, y en base a ello, se produce la "protesta» sobre el sistema implantado, protesta que viene iniciada por el "intervencionismo" en su regulación y exigencia por parte del Ministerio de Cultura. Existen al respecto numerosas Sentencias de la Sala de lo Contencioso- Administrativo de este TS que resaltan esta calificación jurídica, las que hacen perfectamente el deslinde entre la doble competencia jurisdiccional en la materia, según los aspectos del sistema a los que afecte el planteamiento jurídico, pudiendo citarse por todas la S de 10 de febrero de 1997 (LA LEY JURIS. 1564/1997) según la que debe afirmarse la "naturaleza no `parafiscal'" de la remuneración compensatoria, al faltar en ésta el carácter contributivo, su destino a la financiación de gastos públicos o necesidades colectivas, que sería necesario para la afirmación contraria. Se trata (como se preocupa de resaltar el art. 25 de la Ley 22/1987, de 11 de noviembre, de propiedad Intelectual, en la redacción dada al mismo por la Ley 20/1992) de una obligación de naturaleza jurídico-civil, dirigida a compensar, anualmente, los derechos de propiedad intelectual, de naturaleza jurídico-privada por tanto, dejados de percibir por razón de la reproducción para uso privado del copista que la Ley permite sin autorización del autor (art. 31.2.º), es decir, a compensar una ganancia dejada de obtener, de la que son acreedores los autores de obras ...; cuyo importe puede incluso fijarse mediante convenio pactado ... por los deudores (o, en su caso, a través de las asociaciones constituidas por ellos para la defensa de sus derechos o intereses) y las correspondientes Entidades de Gestión de los acreedores o la persona jurídica en la que éstas se hayan podido agrupar para negociar el Convenio y realizar el cobro y distribución de la remuneración; es más, en ausencia de pago voluntario, su importe, tanto si es fijado mediante Convenio o, en su defecto, mediante la resolución del Mediador, no se hace efectivo a través de vía de apremio alguna, sino en sede jurisdiccional civil». (25 octubre 2005, rec. 2650/2001)

CONCORDANCIAS

Véase Real Decreto Legislativo 1/1996, de 12 de abril, por el que se aprueba el texto refundido de la Ley de Propiedad Intelectual («B.O.E., 22 abril).

Artículo 429

La Ley sobre propiedad intelectual determina las personas a quienes pertenece ese derecho, la forma de su ejercicio y el tiempo de su duración. En casos no previstos ni

resueltos por dicha ley especial se aplicarán las reglas generales establecidas en este Código sobre la propiedad.

COMENTARIO

1.- El presente artículo hace una remisión completa de toda la materia de la propiedad intelectual a la legislación especial que hoy está constituida por el texto refundido aprobado por Real Decreto Legislativo 1/1996, de 12 de abril.

Esta tiene en cuenta la normativa de la Unión Europea, establece un régimen jurídico unitario y sistemático e intenta reforzar los derechos que corresponden a sus titulares. No sólo es una norma civil, sino que contiene una específica normativa procesal con unas medidas cautelares y una parte de Derecho administrativo: organiza el Registro de la Propiedad Intelectual, el uso de símbolos.

A esta norma hay que añadir una serie de convenios internacionales ratificados por España. *Convenio de Berna* de 9 de septiembre de 1886, que creó la *Unión Internacional para la Protección de Obras Literarias y Artísticas*, revisado en Berlín en 1908; en Roma, en 1928; en Bruselas, en 1948, y en París, en 24 julio de 1971; *Convenio Universal de Ginebra*, de 6 septiembre de 1952, sobre derechos de autor, revisado en París el 24 de julio de 1971; *Convenio de Estocolmo*, que establece, en 14 de julio de 1967, la *Organización Mundial de la Propiedad Intelectual*.

2.- El segundo inciso de este artículo dispone la aplicación subsidiaria de las normas del Código sobre el derecho de propiedad. Pero ha de completarse con lo dispuesto con carácter general en el art. 4.3 y es toda la normativa del C.c. la que se aplica en lo no dispuesto por la legislación especial de propiedad intelectual.

TÍTULO V
De la posesión

CAPÍTULO PRIMERO
DE LA POSESIÓN Y SUS ESPECIES

Artículo 430

Posesión natural es la tenencia de una cosa o el disfrute de un derecho por una persona. Posesión civil es esa misma tenencia o disfrute unidos a la intención de haber la cosa o derecho como suyos.

COMENTARIO

1.- Sobre el concepto de la posesión, no hay unanimidad ni en la legislación (en la que se mezclan influencias distintas, como la romana, la germánica y la canónica), ni en la doctrina (cada autor mantiene su propio concepto), ni en jurisprudencia (que carece de doctrina uniforme).

Como concepto más claro y adaptado a nuestro código, que ha dado ALBALADEJO, es la distinción entre posesión *como poder de hecho* y *como poder jurídico*. La primera es el señorío o poder de hecho sobre una cosa, la dominación fáctica de ésta; la posesión es el hecho mismo de este poder; se protege el poder, aun siendo de hecho, concediéndole efectos jurídicos. La segunda es el poder o, más bien, los efectos que concede la ley a determinadas situaciones que no son de poder de hecho de una persona sobre una cosa, pero producen esencialmente iguales efectos que éste. Es, por tanto, un poder o señorío, no de hecho, sino que lo concede la ley: poder jurídico.

2.- En el Derecho Romano se distinguían tres tipos de posesión: la simple tenencia de la cosa, llamada *possessio naturalis*, sin especial protección jurídica. El poder de hecho sobre la cosa protegido por los interdictos y que devenía propiedad a través de la usucapión, la *possessio civilis*, aunque estos dos últimos se llamaron, desde Justiniano, *possessio civilis*.

Como derivación directa de la clasificación romana, este art. 430 parte de la misma distinción. Puede parecer, a simple vista, que la *posesión natural* es la basada en la naturaleza de las cosas, sin consecuencias jurídicas, y la *civil* es la protegida por el Derecho civil. Pero no es así. Tanto una como otra tienen efectos jurídicos y protección interdictal. Por tanto, es una distinción, hoy, inútil y, en realidad es la misma que se contempla en el art. 432 como posesión en concepto o no de titular.

JURISPRUDENCIA

«La condición de miembro de la organización societaria es susceptible de ser poseída con el ejercicio duradero de los derechos corporativos que la integran —artículos 430 a 432 y 437 del Código Civil—. Por ello, el socio titular de las acciones pignoradas, pese a no

detentar los documentos, es un poseedor de los derechos que incorporan. Lo que trasladado al caso significa que, pese a no poseer inmediatamente los títulos, los sucesivos vendedores de las acciones conservaban de hecho la condición de socios, la cual pudieron y quisieron transmitir al ser documentadas públicamente una y otra venta». (17 noviembre 2008, rec. 290/2003, LA LEY 175918/2008)

Posesión mediata e inmediata:

«debe recordarse la distinción entre posesión mediata e inmediata, importada de la doctrina alemana y aceptada por la española y por la jurisprudencia, en sentencias, entre otras más antiguas, de 29 de mayo y 8 de junio de 1990. La posesión inmediata se tiene directamente, sin mediador posesorio. La posesión mediata se tiene a través de la posesión de otro; hay desdoblamiento de posesiones: el mediato tiene la posesión como poder jurídico y el inmediato como poder de hecho. Por tanto, la posesión mediata es la que se ostenta o tiene a través de otra posesión correspondiente a persona distinta con la que el poseedor mediato mantiene una relación de donde surge la dualidad o pluralidad posesoria». (10 julio 1997, LA LEY 8188/1997)

Servidor de la posesión:

«dado el sistema operativo para la venta de las participaciones verdaderos títulos valor atípicos, el menor hijo del recurrente había sido encargado única y exclusivamente para la venta o devolución de las participaciones sobrantes, así como de la entrega del dinero obtenido al venderlas, siendo únicamente estimable su postura como la de un servidor de la posesión de dichas participaciones, cuya propiedad pertenecía a la sociedad que distribuía, vendiéndolas, dichas participaciones, no pudiendo entrar en juego otra interpretación del vínculo contractual que unía a las partes ni la situación posesoria del menor en cuanto a las participaciones». (29 mayo 1998, LA LEY 7044/1998)

Sobre la acción publiciana:

«configurar a la acción publiciana como una de las facetas de la reivindicatoria que permite al actor probar su mejor título que puede derivarse de la mera posesión, reclamando la cosa de quien la posea con menos derecho... amparada, como la reivindicatoria en el párrafo 2.º del art. 348 del Código Civil; lo cual significa que conectada con la acción reivindicatoria, de la que vendría a ser como una subespecie, se presenta como excepción basada en razones de utilidad (conviene no olvidar que los antiguos prácticos la llamaban «actio in rem utilis» frente a la reivindicatoria que era «actio in rem directa») a la regla general de la reivindicación no ya en cuanto a los efectos (se ha dicho que significaba una reivindicación menor) pero sí en cuanto a sus requisitos, porque la atenuación del rigor probatorio antes aludida, no supone supresión... requisitos exigidos para el supuesto excepcional de la acción publiciana, en la tesis de la admisibilidad de la figura, son fundamentalmente, que se trate de una posesión exclusiva, de buena fe, con justo título y en concepto de dueño, ejercitada frente a un poseedor de inferior derecho»... mientras la reivindicatoria es acción que compete al titular dominical no poseedor contra quien posee sin serlo, la publiciana, por ir dirigida a la tutela posesiva, corresponde al poseedor, contra el mero detentador, mas no contra quien sea propietario». (12 mayo 1992, LA LEY 3060-JF/0000)

«las acciones ejercitadas, dimanantes del dominio o del presumible mejor derecho a la posesión frente a los demandados, por ser acciones reales, quiérese decir que precisan de un soporte físico que como tal, racionalmente, están delimitados en el espacio y ello en función asimismo de la vinculación, detentación o posesión que dichos demandados, individualmente, ostenten o digan ostentar sobre ese soporte físico». (30 mayo 1992, LA LEY 3297/1992)

Artículo 431

La posesión se ejerce en las cosas o en los derechos por la misma persona que los tiene y los disfruta, o por otra en su nombre.

COMENTARIO

1.- Este artículo recoge la distinción entre posesión en nombre propio y posesión en nombre ajeno. En la primera, el poseedor actúa por sí y para sí tanto si es poseedor en concepto de titular como si es poseedor en concepto diferente. En la segunda, el poseedor reconoce que actúa como representante o instrumento de la posesión del titular y es éste es el que tiene el poder o señorío sobre la cosa.

2.- La posesión *inmediata* y *mediata* es una distinción que algún autor ha entendido que se deriva de este artículo 431, aunque la mayoría advierte que está en el B.G.B., no en el Código español, aunque se admite conceptual (por toda la doctrina) y prácticamente (por la jurisprudencia).

La posesión inmediata se tiene directamente, sin mediador posesorio. La posesión mediata se tiene a través de la posesión de otro. Hay desdoblamiento de posesiones: el inmediato tiene la posesión como poder de hecho, el mediato la tiene como poder jurídico. En consecuencia de ello, la posesión mediata supone una relación jurídica entre los poseedores mediato e inmediato, por la que el segundo (inmediato, mediador posesorio) deriva la posesión del primero. Por ello, en caso de posesión mediata-inmediata, el mediador posesorio (poseedor inmediato) nunca podrá poseer en concepto de titular. La posesión mediata es susceptible de varios grados: así, arrendador, subarrendador, subarrendatario; todos, menos el último, serán poseedores mediatos.

3.- Distinto de las distinciones anteriores es el caso del llamado *servidor de la posesión*, concepto de origen germánico.

Ejerce el poder, pero no es poseedor ni, por tanto, recae sobre él efecto alguno de la posesión; por el contrario, hay un único poseedor que ejerce la posesión mediante un servidor de ésta: una sola posesión que se ejercita mediante (no la posesión de otro, que sería inmediata) la actuación del servidor y, por tanto, los efectos y la protección de la posesión únicamente la recibe el único poseedor, no el servidor de la posesión. El servidor es un instrumento posesorio, el ejecutor material del señorío posesorio del poseedor. El poseedor y el servidor de la posesión están unidos por una relación jurídica —no necesariamente de Derecho civil— o social, de autoridad y subordinación. Así, son servidores de la posesión (y no poseedores): el soldado respecto a las armas, el obrero respecto a la máquina, el funcionario respecto al dinero que recibe perteneciente al Tesoro público.

CONCORDANCIAS

Véase arts. 439 y 444 de este Código.

Artículo 432

La posesión en los bienes y derechos puede tenerse en uno de dos conceptos: o en el de dueño, o en el de tenedor de la cosa o derecho para conservarlos o disfrutarlos, perteneciendo el dominio a otra persona.

COMENTARIO

1.- Plasma este artículo la distinción entre posesión en concepto de titular y posesión en concepto de no titular. El texto legal emplea la expresión «en concepto de dueño» pero debe entenderse que no sólo es en concepto de titular del derecho real de propiedad («dueño») sino también en concepto de titular de cualquier otro derecho real. Esta distinción coincide con la del art. 430, como se ha dicho en el comentario de éste.

Poseedor *en concepto de titular* es el que posee pero reconociendo que pertenece a otra persona (por ejemplo, la del arrendatario o la del precarista).

2.- El poseedor en concepto de tenedor no puede cambiar el concepto en que posee, internamente, y pasar a poseer, por sí solo, en concepto de titular, ni viceversa (el arrendatario, poseedor en concepto de tenedor, no puede, un día, decidir por sí solo poseer en concepto de dueño). Para que se produzca un cambio en el concepto, se requiere que el poseedor se comporte externamente como poseedor en el concepto nuevo (según el mismo ejemplo, el arrendatario deja de pagar el alquiler, satisface los impuestos de propiedad, etc.).

JURISPRUDENCIA

«Si según el artículo 432 del Código Civil la posesión en los bienes y derechos puede tenerse en concepto de dueño o en el de tenedor de la cosa o derecho para conservados o disfrutarlos, perteneciendo el dominio a otra persona, es claro que cuando se constituye un usufructo no es el usufructuario, sino el propietario, llamado así y no nudo propietario en las normas del Código Civil sobre el usufructo (p. ej., arts. 489, 490 y 491), quien sigue poseyendo la cosa a título de dueño o como titular del dominio, ya que la posesión del usufructuario, a los hipotéticos efectos de una adquisición por usucapión, lo sería del propio derecho real de usufructo». (5 mayo 2005, rec. 4285/1998)

«Como recuerda la sentencia de esta sala de 17 mayo 2002 (Rec. 1201/98), la jurisprudencia viene reiterando que el requisito de la posesión en concepto de dueño no es un concepto puramente subjetivo o intencional (Sentencias 20 noviembre 1964, 6 octubre 1975, 16 mayo 1983, 19 junio 1984, 5 diciembre 1986, 10 abril y 17 julio 1990, 14 marzo 1991, 28 junio 1993, 6 y 18 octubre 1994, 25 octubre 1995, 7 y 10 febrero 1997 y 16 noviembre 1999) por lo que no basta la pura motivación volitiva (Sentencias 6 octubre 1975 y 25 octubre 1995) representada por el ánimo de tener la cosa para sí, sino que es preciso, además, el elemento objetivo o causal (SS. 20 noviembre 1964 y 18 octubre 1994) consistente en la existencia de "actos inequívocos, con clara manifestación externa en el tráfico" (Sentencia 3 octubre 1962, 16 mayo 1983, 29 febrero 1992, 3 julio 1993, 18 octubre y 30 diciembre 1994 y 7 febrero 1997), "realización de actos que solo el propietario puede por sí realizar" (S. 3 junio 1993); "actuar y presentarse en el mundo exterior como efectivo dueño y propietario de la cosa sobre la que se proyectan los actos posesorios" (S. 30 diciembre 1994)». (30 diciembre 2010, rec. 484/2007, LA LEY 236945/2010)

CONCORDANCIAS

Véase arts. 444, 447, 448, 463 y 1.492 de este Código.

Artículo 433

Se reputa poseedor de buena fe al que ignora que en su título o modo de adquirir exista vicio que lo invalide.

Se reputa poseedor de mala fe al que se halla en el caso contrario.

COMENTARIO

1.- Se denomina posesión justa a la que es conforme a derecho, posee quien tiene derecho a poseer; posesión injusta es la que se tiene sin el correspondiente derecho a poseer.

A su vez, la posesión injusta puede ser de buena o mala fe, cuyo art. 433 centra en la ignorancia del vicio que la hace injusta y el art. 1950 en la creencia que es posesión justa. Viene a ser lo mismo, visto desde distintos ángulos. El *poseedor de buena fe* cree que la posesión es justa, porque (tal como dice este art. 433) ignora el vicio que la hace injusta. Y *poseedor de mala fe* es el que sabe que su posesión es injusta, porque sabe que existe el vicio.

2.- La posesión de buena o mala fe, cuyos conceptos da este artículo, se complementa en los artículos siguientes: la presunción de buena fe del art. 434, la continuidad en el art. 435 y su presunción del art. 436.

JURISPRUDENCIA

«si bien es criterio generalizado en la doctrina de esta Sala que la existencia o inexistencia de buena fe es cuestión de hecho y, por tanto, de la libre apreciación del juzgador de instancia, ello ha de entenderse en concordancia con la igualmente uniforme doctrina jurisprudencial que proclama que la buena fe (o, en su caso, la mala fe) es también un concepto jurídico que se apoya en la valoración de una conducta deducida de unos hechos, cuya valoración jurídica puede ser sometida a esta revisión casacional (SS 5 Jul. 1990, 22 Oct. 1991, 8 Jun. 1992, 7 May. y 9 Oct. 1993, 9 Oct. 1997, 5 Jun. 1999, entre otras muchas)». (17 julio 1999, LA LEY 11563/1999)

«la buena fe forma parte de la normalidad de las cosas (quod plerumque accidit), o tiene la consideración de condición general en contraposición a las condiciones específicas de existencia de los negocios o relaciones jurídicas, que constituyen pautas de singular interés para configurar la distribución del onus probandi». (6 junio 2002, LA LEY 6537/2002)

CONCORDANCIAS

Véase arts. 434 a 436, 451 a 457, 1.950 y 1.951 de este Código.

Artículo 434

La buena fe se presume siempre, y al que afirma la mala fe de un poseedor corresponde la prueba.

COMENTARIO

Es un principio general de todo el Derecho civil la presunción de la buena fe. El presente artículo la plasma en el tema de la posesión. Esta se presume de buena fe, presunción iuris tantum, que permite prueba en contrario.

JURISPRUDENCIA

«El mecanismo se opera así: supuesto que según la clásica doctrina en dicha materia consagrada por los arts. 434 y concordantes del CC, mientras que la buena fe se presume la mala es preciso probarla, o existe la primera o surge la segunda, lo que se traduce en que no acreditada según la sentencia impugnada la mala fe en ninguna de las dos partes, aparece ineludiblemente la buena fe». (22 octubre 1993, LA LEY 13435/1994)

«La buena fe, ya como elemento de un supuesto de hecho normativo, ya como principio general (norma jurídica completa), y ora en su perspectiva subjetiva de situación psicológica de creencia o ignorancia, o estado de conocimiento, (con que se manifiesta en el campo de los derechos reales, arts. 451 y ss., 433, 1473 y 1950 CC y 34 LH), ora en la objetiva de conducta ética o comportamiento honrado, justo y leal (aplicable en sede de obligaciones y con relación al principio general en el ejercicio de los derechos, arts. 7 y 1258 CC), no necesita ser probada, de tal modo que corresponde la prueba a quien sostenga su inexistencia. Y ello es así porque, aparte la previsión legislativa concreta para determinadas regulaciones jurídicas, como las del art. 434 CC para la posesión —se habla entonces de presunción legal iuris tantum; o, en purismo procesal, de regla especial de la carga de la prueba—, se entiende con carácter general que la mala fe constituye un hecho impeditivo del nacimiento del derecho que, por consiguiente, incumbe probarlo a quien lo afirma.» (6 junio 2002, LA LEY 6537/2002)

Artículo 435

La posesión adquirida de buena fe no pierde este carácter sino en el caso y desde el momento en que existan actos que acrediten que el poseedor no ignora que posee la cosa indebidamente.

COMENTARIO

1.- Para que la posesión sea de buena fe no sólo ha de comenzar de buena fe (en Derecho romano bastaba la buena fe inicial para que se calificara de posesión de buena fe), sino que ha de mantenerse siempre (como ocurría en el Derecho canónico, que ha influido en nuestro Código civil en este punto). Por tanto, es posesión de buena fe mientras se tenga tal buena fe, y deviene posesión de mala fe cuando se desvanece el error que sustentaba la buena fe.

2.- Así lo dispone el art. 435 con una fórmula negativa («no pierde este carácter») y con mantenimiento del concepto negativo de buena fe que daba el art. 433 («... que el poseedor no ignora que posee la cosa indebidamente»).

Es decir, el concepto de buena fe se debe mantener para que la posesión sea de buena fe. Desde el momento en que la pierde el poseedor, éste lo será de mala fe, lo cual se puede acreditar en el mismo momento o más tarde (por ejemplo, cuando se termine la posesión y se liquide el estado posesorio) partiendo del instante en que perdió la buena fe (el texto legal dice: «existan actos...» pero con actos o no, basta la prueba de mala fe: por ejemplo, se acredita que alguien le contó al poseedor que su posesión era injusta y éste, precisamente, no ejecuta acto alguno que pueda traslucir su mala fe).

Artículo 436

Se presume que la posesión se sigue disfrutando en el mismo concepto en que se adquirió, mientras no se pruebe lo contrario.

COMENTARIO

1.- Se distinguen diversas clases («especies» le llama el título de este capítulo del C.c.) de posesión; las más importantes, por la trascendencia de sus efectos, son la posesión en concepto de titular o de no titular y la posesión de buena o de mala fe. Refiriéndose a todas las clases de posesión que, en su conjunto, marcan la categoría o concepto de la misma, este art. 436 establece la continuidad de la posesión y el concepto como presunción *iuris tantum*: dispone, en efecto, que «se sigue disfrutando» y «en el mismo concepto».

2.- El que se sigue «disfrutando» no es otra cosa que la presunción de que se mantiene la posesión; es algo atinente a la conservación de la misma. Si se adquiere, se presume que se conserva. Al tiempo, se presume que se conserva en el mismo concepto (esencialmente, en concepto o no de titular y de buena o mala fe).

La presunción es *iuris tantum*; cabe prueba en contra de que se conserva la posesión y de que se mantiene en el mismo concepto.

JURISPRUDENCIA

«La ley presume que la posesión se sigue disfrutando en el mismo concepto en que se adquirió (artículo 436 del Código Civil) mientras no se pruebe lo contrario, y no basta el mero cambio de intención en el poseedor para modificar el concepto en que se posee conforme al principio nemo sibi ipse causam possessionis mutare potest. *Para que se produzca la* interversio possessionis *es preciso también que se transforme el título o causa de adquisición de la posesión como ocurre en los supuestos de la llamada* traditio brevi manu *y el constituto posesorio, sin que baste en los supuestos de arrendamiento el simple fallecimiento del arrendador». (*18 septiembre 2007, LA LEY 132458/2007)

«En virtud del principio llamado de inercia posesoria, el art. 436 CC establece la presunción iuris tantum [solo del derecho, es decir, susceptible de prueba en contrario] de que el poseedor continúa siéndolo por el mismo concepto en virtud del cual adquirió la posesión. Cabe, en consecuencia, la llamada inversión o interversión posesoria, en virtud de la cual el poseedor por otro concepto puede pasar a serlo en concepto de dueño. Al margen de los supuestos en que esta inversión del concepto posesorio tiene lugar mediante sentencia o mediante un negocio jurídico bilateral entre el poseedor y un tercero que opera una mutación del título posesorio (v. gr., en los casos de traditio brevi manu [tradición o entrega de corto alcance cuando el ya poseedor por otro título adquiere la propiedad de la cosa] y constitutum possesorium [convenio posesorio en virtud del cual el propietario pierde la propiedad pero continúa poseyendo la cosa por otro título]), en el caso examinado se plantea el supuesto de inversión del concepto posesorio por contradictio [contradicción] u oposición al poseedor en concepto de dueño llevada a cabo mediante actos realizados por quien poseía en concepto distinto». (28 noviembre 2008, rec. 527/2001, LA LEY 189347/2008)

Artículo 437

Sólo pueden ser objeto de posesión las cosas y derechos que sean susceptibles de apropiación.

COMENTARIO

1.- Pueden ser objeto de posesión las cosas apropiables, susceptibles de estar sujetas a la voluntad del hombre, es decir, sometibles a derechos, privados patrimoniales. Por tanto, susceptibles de tráfico privado. Así, no cabrá posesión sobre cosas extra commercium.

La posesión de una cosa corporal supone la de sus elementos y partes integrantes. No cabe la posesión de éstas, separada de la posesión de la cosa, más que en el caso de que pueda ejercitarse un señorío de hecho autónomo.

Mayor problema plantea la posesión de cosas incorporales, como las llamadas propiedad intelectual e industrial. Muy diversas opiniones se han dado pero es muy difícil concretar en teoría qué manifestaciones son o no poseíbles. Por lo que puede decirse, en principio, que puede ser objeto de posesión en cuanto cabe tener sobre ellas un señorío o poder de hecho.

2.- Procedente del Derecho romano, aunque no empleada directamente en él, se distinguen la *possessio rei* —posesión de cosas— de la *quasipossesio o posesión de los derechos*, como objeto de la posesión, a que se refiere el art. 437 cuando dice que también *pueden ser objeto de posesión... los derechos que sean susceptibles de apropiación*; también el art. 430 incluye en la posesión el disfrute de un derecho por una persona. La posesión de derechos no puede entenderse como poder o señorío de hecho sobre los mismos, sino el tener de hecho el poder en que el derecho consiste, tener de hecho el poder que corresponde a un derecho, que viene a ser, en definitiva, el poder de hecho sobre el objeto del derecho, en el sentido de que el objeto quede sometido de forma duradera al poseedor (piénsese en la posesión de un derecho de usufructo, por ejemplo).

3.- Ante la cuestión de los derechos como objeto de la posesión, se plantea la pregunta de qué derechos son poseíbles.

A la vista del art. 437 se puede afirmar que lo son los derechos privados patrimoniales, que sean susceptibles de ejercicio reiterado.

Por tanto, en primer lugar, los derechos reales de ejercicio duradero: propiedad, usufructo, uso, habitación, servidumbre, censos, superficie, prenda, anticresis.

En segundo lugar, los derechos de obligación también de ejercicio reiterado, no de tracto único, como el arrendamiento, la renta vitalicia, el mutuo con interés, el comodato, el depósito. Lo que se basa en que el Código civil (así, arts. 430 y 437) no distingue entre la clase de derechos, que exige solamente que sean apropiables. Sin embargo, gran parte de la doctrina mantiene que sólo son poseíbles los derechos reales. No son poseíbles los derechos de la personalidad ni los de familia.

CONCORDANCIAS

Véase arts. 431 y 1.936 de este Código.

CAPÍTULO II
DE LA ADQUISICIÓN DE LA POSESIÓN

Artículo 438

La posesión se adquiere por la ocupación material de la cosa o derecho poseído, o por el hecho de quedar éstos sujetos a la acción de nuestra voluntad, o por los actos propios y formalidades legales establecidas para adquirir tal derecho.

COMENTARIO

1.- Este artículo trata de hacer una enumeración de los modos de adquirir la posesión. Es un caso de técnica defectuosa y confusa del Código civil en materia de posesión. En su primer inciso alude a la ocupación que, según la letra del Código civil puede referirse tanto a las cosas como a los derechos y hablar de ocupación de los derechos es hablar de una figura inconcebible e inadmisible. En su segundo inciso habla del hecho de quedar éstos (las cosas y los derechos) sujetos a la acción de nuestra voluntad, expresión que no aclara muy bien a qué hipótesis se refiere, si a toda adquisición derivativa, a una adquisición voluntaria o a una toma de posesión meramente simbólica (como la traditio brevi manu). El inciso tercero alude a los actos propios y formalidades legales para adquirir tal derecho, que es una remisión vacua a qué habrá que entender como modos de adquirir la posesión.

2.- Se ha dado la siguiente clasificación: 1.º) una adquisición originaria de la posesión, que se produce con la ocupación; 2.º) una adquisición derivativa de la posesión, que se produce por *traditio*; 3.º) una adquisición de la posesión por ministerio de la ley, y 4.º) una adquisición judicial de la posesión.

1.º) La ocupación material es un modo de adquirir la posesión. Si la cosa es *nullius,* el ocupante adquiere la posesión y la propiedad (arts. 609 y 610 del Código civil), y si la cosa no es *nulluis,* el adquirente o el ocupante adquiere la posesión, sin perjuicio del derecho que tiene el anterior poseedor que puede ejercitar las acciones interdictales.

2.º) El segundo modo de adquirir la posesión es la *traditio.* La *traditio* es una constitución del adquirente en poseedor realizada con el consentimiento del poseedor anterior. Puede ser por una material ocupación o puede ser el hecho de quedar la cosa sometida a la acción de nuestra voluntad.

3.º) El tercero de los modos de adquirir la posesión es la llamada adquisición por ministerio de la ley, que se produce cuando sin necesidad de aprehensión material o simbólica, la ley atribuye a una persona la condición de poseedor. Es el caso de la llamada «posesión civilísima» que el Código civil regula en el art. 440.

4.º) Cabe hablar, por último, de una adquisición judicial de la posesión. En nuestro derecho positivo vigente existen dos procedimientos que tienen por objeto producir una adquisición judicial de la posesión: 1.º) el llamado interdicto de adquirir (art. 250.1,3.º L.E.C., en que es necesario que nadie posea a título de dueño o de usufructuario los bienes cuya posesión se solicita y que con la demanda se presente copia fehaciente de la disposición testamentaria del causante cuyos bienes sean objeto de interdicto o declaración de herederos *ab intestato*, en su caso. 2.º) El expediente de jurisdicción voluntaria de posesión judicial, que regulan los arts. 2056 y ss. de la L.E.C: de 1881, que se mantiene vigente en este punto, se puede decretar la posesión judicial de una finca que no haya adquirido por título hereditario.

JURISPRUDENCIA

«Para que se produzca la adquisición de la propiedad, el Código civil admite algunos sistemas no materiales de traspaso posesorio, tal como se establece en los arts. 438 y 1462, 163 y 1464 CC, de modo que lo que debe cumplirse es la exigencia del art. 1462 CC de que la cosa "se ponga en poder y posesión del comprador", regla coincidente con la del art. 438 CC, que admite que se ha adquirido la posesión cuando la cosa o derecho queden sometidos a la acción de la voluntad de quien adquiere la posesión. Este esquema inicial debe completarse con otro elemento: deben coincidir la voluntad de quien entrega y la de quien recibe, de modo que el efecto traslativo de la entrega solamente tiene lugar cuando ambas concuerdan». (13 noviembre 2009, rec. 552/2005, LA LEY 226647/2009)

CONCORDANCIAS

Véase:
— arts. 450, 610 y 1462 de este Código.
— Ley Enjuiciamiento Civil de 1881: arts. 2.050 a 2.060.

Artículo 439

Puede adquirirse la posesión por la misma persona que va a disfrutarla, por su representante legal, por su mandatario y por un tercero sin mandato alguno; pero en este último caso no se entenderá adquirida la posesión hasta que la persona en cuyo nombre se haya verificado el acto posesorio lo ratifique.

COMENTARIO

El artículo 439 enumera distintas personas que pueden adquirir la posesión:

Primero. Por la misma persona que va a disfrutarla, es decir, adquisición personal y directa por el propio sujeto.

Segundo. Por su representante legal, en el caso de menor o incapacitado que carece de capacidad de obrar.

Tercero. Por un representante voluntario, que el Código llama por su mandatario; una persona actúa por cuenta y en interés del adquirente, sujeto de la posesión, en nombre de éste (representación directa) o en nombre propio (representación llamada indirecta): los efectos de la adquisición —y, por tanto, de la posesión así adquirida— recaen en la persona del representado, verdadero sujeto de la posesión.

Cuarto. Por un tercero sin mandato alguno: quiere decir, por un representante sin poder, pseudorepresentante, pero sólo se produce la adquisición de la posesión para el pseudorepresentado en el caso de que éste lo ratifique, como dispone el último inciso de este mismo art. 439, en concordancia con la norma general del art. 1259.

Artículo 440

La posesión de los bienes hereditarios se entiende transmitida al heredero sin interrupción y desde el momento de la muerte del causante, en el caso de que llegue a adirse la herencia.

El que válidamente repudia una herencia se entiende que no la ha poseído en ningún momento.

COMENTARIO

1.- La llamada posesión civilísima es la acogida en este art. 440. Parece que fue BALDO quien por primera vez empleó la expresión posesión civilísima, como aquella caracterizada por nacer sin necesidad de aprehensión material. Este concepto fue generalizado por la doctrina española a partir del siglo XVI y recogido en la Ley 45 de Toro. Aunque en Derecho romano se daba una transmisión de la posesión mortis causa, mediante la toma de posesión de los bienes por el heredero, real o ficticia, realmente la doctrina de la posesión civilísima tiene origen germánico, cuyo Derecho atribuía al heredero la posesión automática de los bienes de la herencia por la Gewere ideal (llamada saisine en el derecho francés): la Gewere de los bienes del difunto se prolongaba, por ministerio de la ley, en el heredero.

Doctrina y jurisprudencia han dado una interpretación germanista a esta norma: el heredero, por ministerio de la ley, *ope legis*, de forma automática en el momento de la muerte del causante adquiere la posesión como poder jurídico: puede adquirir la posesión como poder de hecho, mediante el interdicto de adquirir (arts. 1633 y ss.) puede utilizar todo el sistema de protección posesoria y une su posesión a la del causante, sin interrupción, a efectos de usucapión. Es preciso, sin embargo, que llegue a adquirir la herencia, mediante la aceptación. Se aplica al heredero, no al legatario.

2.- Por el contrario, quien repudia la herencia —dispone el segundo párrafo, en correlación el primero— no la ha poseído en ningún momento, también por disposición de la ley.

JURISPRUDENCIA

«el justo título lo constituye no sólo el testamento de D. José R. G., que ni es nulo, ni fue revocado, sino también, la adquisición de los bienes hereditarios, en virtud de la posesión civilísima establecida en el art. 440 CC abierta la sucesión, aceptada la herencia, y transcurrido el tiempo determinado por el art. 1957 para la prescripción de inmuebles entre presentes, con posesión ejercida de forma pública, pacífica e ininterrumpida a título de dueño». (22 febrero 2000, LA LEY 5781/2000)

«procedimiento encaminado a proporcionar a quien tiene un título hereditario la posesión de los bienes que le corresponden en la herencia en virtud del ius possidendi que dicho título le confiere, pudiendo de este modo hacer notoria la posesión civilísima que adquiere el heredero en virtud de lo dispuesto en el artículo 440 del Código Civil, que declara transmitida a él ipso iure la posesión de dichos bienes sin interrupción y desde el momento de la muerte del causante. Por ello el heredero no ha de acudir a este medio procesal de convertir la investidura legal del artículo 440 del Código Civil en investidura real más que cuando sea preciso hacer patente su realidad posesoria frente a terceros o poseedores inmediatos, pues si ello no es necesario el heredero puede tomar por sí la posesión de los bienes hereditarios siempre que no estén poseídos por nadie». (21 octubre 2008, rec. 2780/2002, LA LEY 152125/2008)

CONCORDANCIAS

Véase arts. 450, 657, 661, 882, 883, 885, 989 y 1.016 de este Código.

Artículo 441

En ningún caso puede adquirirse violentamente la posesión mientras exista un poseedor que se oponga a ello. El que se crea con acción o derecho para privar a otro de la tenencia de una cosa, siempre que el tenedor resista la entrega, deberá solicitar el auxilio de la Autoridad competente.

COMENTARIO

1.- Poniendo en relación este artículo con el 444 se estima que es posesión injusta la posesión violenta, clandestina o meramente tolerada; posesión justa es la adquirida legítimamente, sin los vicios de violencia, clandestinidad o tolerancia.

En consecuencia: la posesión injusta no inicia el plazo de tiempo de posesión hábil para usucapir; el poseedor despojado conserva la posesión como poder jurídico (al menos, durante un año), gozando de la protección posesoria, especialmente de los interdictos; el poseedor injusto tiene posesión viciosa, limitada (injusta), pero posesión.

2.- En consonancia con la interdicción de la posesión adquirida violentamente, el segundo inciso añade que el poseedor que se vea privado ilegítimamente de la cosa o derecho poseído o el no-poseedor que tenga derecho a poseer, si no recibe voluntariamente la cosa o derecho que pretende, no puede adquirirla violentamente, sino que tiene que acudir a la acción judicial.

CONCORDANCIAS

Véase:
— arts. 444 a 446, 885 y 1.941 de este Código.

Artículo 442

El que suceda por título hereditario no sufrirá las consecuencias de una posesión viciosa de su causante, si no se demuestra que tenía conocimiento de los vicios que la afectaban; pero los efectos de la posesión de buena fe no le aprovecharán sino desde la fecha de la muerte del causante.

COMENTARIO

1.- El artículo 440 contempla la posesión civilísima; el 435 presume iuris tantum la continuación de la posesión de buena fe. El presente artículo 442 combina ambos preceptos y dispone que el sucesor mortis causa que adquiere la posesión a título de herencia (y en el presente caso es extensible al legado) y él tiene buena fe, será poseedor de buena fe a partir de la apertura de la sucesión (muerte del causante), pese a que el causante tuviera mala fe.

2.- El texto legal es un tanto enrevesado, aunque inteligible. «El que suceda por título hereditario...» es decir, el heredero, lo que se extiende al legatario; «no sufrirá las consecuencias de una posesión viciosa de su causante...»: quiere decir, que no continuará la mala fe («viciosa» debe entenderse como posesión injusta y de mala fe) de su causante; siempre, naturalmente, que él tenga buena fe «si no se demuestra que tenía conocimiento de los vicios que le afectaban); sin embargo, la posesión de buena fe no existirá como tal (de buena fe) sino desde la apertura de la sucesión: es lo que dice el texto legal al expresar que «los efectos de la posesión de buena fe no le aprovecharán sino desde la fecha de la muerte del causante».

Y a la inversa lo mismo, aunque no lo diga este artículo: el causante poseedor de buena fe transmite la posesión a su heredero o legatario y éste sabe que la posesión era injusta. No continuará la posesión de buena fe de aquél sino que será, desde la apertura de la sucesión, poseedor de mala fe.

No hay problema si el causante y el causahabiente, ambos, poseen de buena fe. La posesión de buena fe sigue de uno a otro.

3.- Lo decisivo, pues, es la buena o mala fe individual del poseedor, tanto causante como causahabiente. El primero lo será según dispone el art. 433. El segundo, si coincide con la del causante, será continuador de la de éste en el mismo concepto. Pero si no coincide (es decir, el causante tenía buena fe y el causahabiente mala o viceversa) el heredero o legatario tendrán su buena o mala fe, distinta de la del causante, desde la muerte (apertura de la sucesión) de éste.

CONCORDANCIAS

Véase arts. 433, 434, 659, 661 y 1.960 de este Código.

Artículo 443

Los menores y los incapacitados pueden adquirir la posesión de las cosas; pero necesitan de la asistencia de sus representantes legítimos para usar de los derechos que de la posesión nazcan a su favor.

COMENTARIO

1.- Este artículo da una amplia regla relativa a la capacidad de adquirir la posesión, no exigiendo para ello la capacidad de obrar plena, aunque con la restricción (que no expresa el artículo) de que no sea por medio de un negocio jurídico para el que no tenga capacidad el menor o incapacitado.

No se exige, pues, una específica capacidad de obrar, aunque hace falta la mínima capacidad natural de entender y querer, para que el objeto de la posesión quede sometido realmente al poder de voluntad del sujeto.

2.- Sin embargo, añade el segundo inciso, que «necesitan de la asistencia de sus representantes legítimos para usar de los derechos que de la posesión nazcan a su favor». Para actos materiales, el menor o incapacitado puede ejercer la posesión por sí mismo. Pero para actos jurídicos derivados de la posesión, el menor o incapacitado no precisa «asistencia», sino la representación legal de sus padres o tutor.

Artículo 444

Los actos meramente tolerados y los ejecutados clandestinamente y sin conocimiento del poseedor de una cosa, o con violencia, no afectan a la posesión.

COMENTARIO

1.- Los artículos 441 y 444 están relacionados entre sí; aquél veda la adquisición de la posesión por violencia (es la posesión injusta); éste se refiere, no a la adquisición, sino al mantenimiento de la posesión. Y establece que no le afectan, es decir, son intrascendentes los actos tolerados, clandestinos y violentos. Por tanto, tales actos no alteran la posesión del poseedor.

Sin embargo, si tales actos llegan al despojo, el poseedor continuará con la posesión de derecho, pero si se mantiene durante un año, perderá la posesión según dispone el art. 460.4.º.

2.- Actos «meramente tolerados» significa que el poseedor los consiente, pero con conciencia de que no alteran su posesión. Los permite, pero sin transmitir la posesión ni alguno de los derechos o facultades que tiene sobre la cosa o derecho poseído.

Actos «ejecutados clandestinamente y sin conocimiento del poseedor» son los ajenos a la voluntad y hasta al conocimiento del poseedor.

Actos «con violencia» son los ejecutados por la fuerza y contra la voluntad del poseedor.

JURISPRUDENCIA

«no puede confundirse "animus spoliandi" con conciencia de ilegalidad pues la intención de despojo se presume siempre, mientras no se demuestre lo contrario, de modo que si los actos denunciados, y probados en el proceso, fueran objetivamente constitutivos del despojo posesorio, poco ha de importar cuál sea la intención del agente al protagonizarlos, ya que la antijuricidad del hecho no se elimina con la simple alegación de estar en la creencia de que se ejerce un derecho, siendo el ánimo elemento definitorio tan sólo en aquellos supuestos de actuaciones ocasionales o equívocas que, incidiendo en el normal disfrute de la posesión ajena, puedan dar o no lugar a la prestación de la tutela posesoria según la finalidad con la que se llevan a cabo». (1 marzo 2011, rec. 1571/2007, LA LEY 3692/2011)

CONCORDANCIAS

Véanse arts. 466, 1.741 a 1.752, 1.941 y 1.942 de este Código.

Artículo 445

La posesión, como hecho, no puede reconocerse en dos personalidades distintas, fuera de los casos de indivisión. Si surgiere contienda sobre el hecho de la posesión, será preferido el poseedor actual; si resultaren dos poseedores, el más antiguo; si las fechas de las posesiones fueren las mismas, el que presente título; y, si todas estas condiciones fuesen iguales, se constituirá en depósito o guarda judicial la cosa, mientras se decide sobre su posesión o propiedad por los trámites correspondientes.

COMENTARIO

1.- La posesión exclusiva la tiene una sola persona, física o jurídica, sobre un solo objeto. Hay coposesión cuando varias personas la tienen conjuntamente sobre un mismo objeto.

2.- Prevé el segundo inciso de este artículo el caso de que se plantee problema o «contienda» sobre la posesión como poder de hecho, siempre sin perjuicio de que, en proceso, se determine quién tiene el derecho a poseer. Por tanto, da reglas para solucionar quien debe tener el poder de hecho de la posesión: primero, el poseedor actual; segundo, el más antiguo; tercero, el que tenga título que le dé derecho a poseer. Si ninguna de estas reglas se da, la cosa quedará depositada judicialmente y se resolverá no sobre el poder de hecho de la posesión, sino sobre el derecho a poseer.

CAPÍTULO III
DE LOS EFECTOS DE LA POSESIÓN

Artículo 446

Todo poseedor tiene derecho a ser respetado en su posesión; y, si fuere inquietado en ella, deberá ser amparado o restituido en dicha posesión por los medios que las leyes de procedimiento establecen.

COMENTARIO

1.- La protección del estado posesorio se halla en este artículo 446, que, con su expresión de inquietación comprende la máxima, que es el despojo, y toda perturbación.

El Derecho protege la posesión, por sí misma, contra cualquier perturbación o despojo que sufra el poseedor, aun cuando se tenga mejor derecho, que podrá hacer prevalecer frente al poseedor, pero nunca por medio de una perturbación o despojo. En términos procesales: el poseedor goza de las acciones posesorias y el titular del derecho real (por ejemplo, el propietario; que puede no ser el poseedor) tiene las acciones correspondientes a su derecho, que podrá hacer valer en un proceso declarativo ordinario.

Las acciones posesorias más típicas son los interdictos. En Derecho romano existía la llamada acción publiciana, cuya subsistencia actual es discutible. Cabe un mínimo de autodefensa por el poseedor. Se pueden considerar como acciones que también protegen la posesión, la acción de desahucio por precario y la acción del art. 41 de la L.H. Por último, debe hacerse alusión a la acción penal en cuanto puede dar lugar a una protección posesoria, por vía de la responsabilidad civil derivada de la penal.

2.- La protección posesoria en la nueva LEC se halla prevista en el art. 250.1.a a partir del número 2.º, sin emplear la expresión de «interdicto».

CONCORDANCIAS

Véase arts. 349 y 441 de este Código.

Artículo 447

Sólo la posesión que se adquiere y se disfruta en concepto de dueño puede servir de título para adquirir el dominio.

COMENTARIO

1.- En este artículo, con su expresión de «posesión que se adquiere y se disfruta en concepto de dueño», se refiere simplemente a la posesión que, en un momento, se tiene en concepto de titular, definida en el art. 432 y referenciada en el 430. Se trata de posesión en concepto de titular, sea titular del derecho de propiedad («en concepto de dueño») sea titular de cualquier otro derecho real poseíble.

2.- El efecto es que sólo la posesión en este concepto de titular del derecho es apta para dar lugar a la adquisición de este derecho (si es que no era verdaderamente titular, el poseedor). Así, sólo con la posesión en concepto de titular, el poseedor se convertirá en titular verdadero por la usucapión (además de otros presupuestos); sólo el poseedor en concepto de titular de un derecho y como tal, podrá transmitir este derecho por tradición (modo; además del título); sólo como poseedor en concepto de propietario, el aprehensor hará suya la cosa (propiedad) por ocupación.

JURISPRUDENCIA

«En cuanto al requisito de que la posesión sea "en concepto de dueño", la sentencia de 7 de febrero de 1997 recoge la doctrina jurisprudencial al respecto: La sentencia de 14 de marzo de 1991 expresa: es doctrina de esta Sala la que como dice de manera expresa el art. 447 del Código Civil y reitera el 1941, solo la posesión que se adquiere y disfruta en concepto de dueño puede servir de título para adquirir el dominio, y tan terminantes son estos preceptos que el Tribunal Supremo al aplicarlos hubo de declarar que tanto la prescripción ordinaria como la extraordinaria no pueden tener lugar en armonía con el art. 1941 sin la base de una posesión continuada durante todo el tiempo necesario para prescribir en concepto de dueño (sentencias de 17 de febrero de 1894, 27 de noviembre de 1923, 24 de diciembre de 1928, 29 de enero de 1953 y 4 de julio de 1963); que la posesión en concepto de dueño, como requisito esencial básico, tanto de la usucapión ordinaria como de la extraordinaria, no es un concepto puramente subjetivo o intencional, ya que el poseedor por mera tenencia o por título personal, reconociendo el dominio en otra persona, no puede adquirir por prescripción, aunque quiera dejar de poseer en un concepto y pasar al animus domini (sentencia de 19 de junio de 1984) ... la de 3 de junio de 1993 reitera que la posesión en concepto de dueño ha de basarse en actos inequívocos, con clara manifestación externa en el tráfico, sin que baste la mera tenencia material, sino que a ella se añadirá la intención de haber la cosa como suya, y concluye la de 18 de octubre de 1994 que no es suficiente la intención (aspecto subjetivo) para poseer en concepto de dueño, sino que se requiere un elemento causal o precedente objetivo que revele que el poseedor no es mero detentador». (29 abril 2005, rec. 4508/1998)

«habiéndose declarado en la instancia la posesión en concepto de dueño, basándose en un material probatorio que no ha sido combatido, es claro que los demandantes poseen en concepto de dueño (artículo 447 del Código civil) durante largo tiempo, prescindiendo de que en su antiguo origen no lo fueron, pero sí ahora, destruyéndose la presunción de que se sigue poseyendo en el mismo concepto en que se adquirió (artículo 436). Tampoco aparece infracción de la normativa de la usucapión, poseer en concepto de dueño (artículo 1941) y no por tolerancia (artículo 1942) por el tiempo de la usucapión inmobiliaria extraordinaria (artículo 1959)». (10 mayo 2007, LA LEY 20324/2007)

«la adquisición por usucapión, sea ordinaria o extraordinaria, al estar fundada en la posesión pública en concepto de dueño, no es compatible con situaciones de incertidumbre acerca precisamente de quién posee en tal concepto». (5 febrero 2010, rec. 109/2006, LA LEY 1541/2010)

CONCORDANCIAS

Véase arts. 1.940 y ss. de este Código.

Artículo 448

El poseedor en concepto de dueño tiene a su favor la presunción legal de que posee con justo título, y no se le puede obligar a exhibirlo.

COMENTARIO

1.- El artículo 448 establece que el poseedor en concepto de dueño tiene a su favor la presunción legal de que posee con justo título y no se le puede obligar a exhibirlo. Lo cual significa que al poseedor en concepto de titular del derecho (no sólo del derecho de propiedad) se le presume que es titular de tal derecho: no sólo hay una exoneración de la exhibición del título, sino que existe una presunción de titularidad, a favor del poseedor actual (no puede alegar esta presunción un poseedor antiguo, diciendo que poseyó tiempo ha). Cuya presunción puede hacerse valer tanto por vía de acción como de excepción. En todo caso, como presunción iuris tantum, admite prueba en contrario.

2.- La doctrina que ha estudiado con especial detalle este artículo, advierte que ha tenido más importancia histórica que actual (se liberó a los señores territoriales del deber de exhibir sus títulos de posesión) y tiene más interés teórico que práctico; advierte asimismo que tiene más alcance sobre la carga de la prueba, que sobre el concepto de presunción.

3.- Parece una radical contradicción con el art. 1954, tal como se analiza al comentar éste.

JURISPRUDENCIA

«el art. 448 CC, que se halla en contradicción con el art. 1954 del mismo Cuerpo Legal, solamente puede ser tenido en cuenta cuando el actor reivindicante no ha probado su titularidad dominical del bien reivindicado, en cuyo supuesto, efectivamente, el demandado (poseedor en concepto de dueño) no se halla obligado, a virtud de dicha presunción, a probar su título adquisitivo del mismo, pero cuando el actor reivindicante prueba el hecho constitutivo de la acción reivindicatoria por él ejercitada, que es el supuesto aquí contemplado, pues el demandante ha probado ser el propietario de la vivienda litigiosa, adquirida mediante escritura pública de compraventa de fecha 4 Abr. 1961, inscrita a su nombre en el Registro de la Propiedad, mediante inscripción registral actualmente vigente, en dicho supuesto, decimos, el demandado se encuentra obligado a probar el hecho extintivo de la acción contra él ejercitada, sin que le exima de ello la presunción establecida en el art. 448 CC». (22 mayo 1999, LA LEY 6975/1999)

CONCORDANCIAS

Véase arts. 464 y 1.952 a 1.954 de este Código.

Artículo 449

La posesión de una cosa raíz supone la de los muebles y objetos que se hallen dentro de ella, mientras no conste o se acredite que deben ser excluidos.

COMENTARIO

1.- Este artículo establece otra presunción iuris tantum relativa a cosas muebles. Cosa «raíz» es cosa inmueble. Esta presunción puede considerarse como un efecto especial de la posesión de inmuebles, reflejo de su fuerza atractiva, como también se manifiesta en la accesión. El concepto de «muebles y objetos» es el de aquellas cosas muebles que se hallan físicamente dentro de la cosa inmueble. En todo caso, se admite la prueba en contrario («mientras no conste o se acredite que deben ser excluidos»).

2.- Tal presunción se aplica al poseedor inmediato. Es el caso frecuente del arrendatario en que es a él, como poseedor inmediato, a quien se refiere la posesión de las cosas muebles contenidas en la cosa inmueble (vivienda o local) arrendada.

JURISPRUDENCIA

«La presunción posesoria que, de los muebles y objetos que se hallen dentro de una cosa inmueble o raíz, establece el artículo 449 del Código Civil en favor del poseedor de la esta última, aparte de estar obviamente referida, en primer lugar y salvo prueba en contrario, al poseedor inmediato de la cosa raíz, no puede en modo alguno considerarse establecida únicamente en función de la titularidad dominical de la cosa inmueble, pues ésta puede ser poseída, con posesión inmediata, por un tercero en concepto distinto del de dueño (artículo 432 del Código Civil), lo que entrañará la existencia simultánea de un poseedor mediato de tal cosa inmueble (el propietario de la misma) y, sin embargo, el referido tercero puede poseer, al mismo tiempo, en concepto de dueño, los muebles existentes dentro de aquélla... ... artículo 449 del Código Civil es totalmente inidóneo, por sí solo, para poder considerar establecida, en favor del propietario de una cosa inmueble, una presunción de titularidad dominical de los bienes muebles existentes dentro de ella, cuando la misma se halla poseída, con posesión inmediata, por un tercero en concepto distinto del dueño, pues como ya se ha dicho, el referido tercero puede ser, y normalmente lo es (piénsese en el arrendatario de la cosa inmueble) el propietario de dichos muebles». (29 mayo 1990, LA LEY 13043-R/1990 y en idéntico sentido 8 junio 1990, LA LEY 13130-R/1990)

«la específica doctrina de esta Sala sobre el art. 449 CC en su aplicación a las tercerías de dominio sobre bienes muebles no permite sentar esa conclusión, porque como razona la sentencia de 27 de junio de 2003 (recurso n.º 3397/97), siguiendo el criterio de la de 1 de marzo de 2001 (recurso n.º 200/01) que a su vez citaba otras tres sentencias anteriores, aquel precepto no se refiere a la titularidad dominical sino a la posesión inmediata de una cosa raíz que presume la de los muebles y objetos que se hallen dentro de ella, pero siempre con el concepto de presunción posesoria». (13 mayo 2005, rec. 4543/1998)

CONCORDANCIAS

Véase arts. 346 y 347 de este Código.

Artículo 450

Cada uno de los partícipes de una cosa que se posea en común, se entenderá que ha poseído exclusivamente la parte que al dividirse le cupiere durante todo el tiempo que duró la indivisión. La interrupción en la posesión del todo o parte de una cosa poseída en común perjudicará por igual a todos.

COMENTARIO

1.- El artículo 445 contempla el supuesto de la coposesión. Este art. 450 desarrolla dos efectos de la misma; tiene indudable conexión, por responder al mismo principio, con el art. 1933.

El primero, contenido en el primer inciso, es consecuencia asimismo de la división material de la cosa en coposesión y su consiguiente adjudicación de una parte a cada uno. Dispone que el adjudicatario tras la división, de parte de cosa coposeída, la ha poseído durante todo el tiempo que duró la coposesión («exclusivamente» añade el texto legal, lo que carece de trascendencia jurídica). En consecuencia, el adjudicatario puede computar para la usucapión, todo el tiempo que ha durado la coposesión.

2.- El segundo inciso responde a la misma idea, y se refiere al alcance a los coposeedores de la interrupción de la posesión. Si la posesión de la cosa o derecho coposeído sufre interrupción, ésta perjudica a todos los coposeedores. Y en el mismo sentido, cualquier acto que interrumpe la usucapión de la cosa o derecho coposeído, alcanza a todos los coposeedores y, desde luego, a aquel a quien, tras la división, le sea adjudicada la cosa o parte de ella.

CONCORDANCIAS

Véase arts. 1.933 de este Código.

Artículo 451

El poseedor de buena fe hace suyos los frutos percibidos mientras no sea interrumpida legalmente la posesión.

Se entienden percibidos los frutos naturales e industriales desde que se alzan o separan.

Los frutos civiles se consideran producidos por días, y pertenecen al poseedor de buena fe en esa proporción.

COMENTARIO

1.- Los efectos de la posesión no son siempre comunes, sino que influye la clase de posesión y otros hechos que acompañan a la misma (por ejemplo, el tiempo unido a cierta posesión produce el efecto de adquirir la propiedad por usucapión).

En los arts. 451 a 458 se prevén los efectos de la posesión considerada en sí misma (prescindiendo de si el poseedor es propietario o usufructuario, o usuario, o habitacionista; o comodatario, o arrendatario, etc.) distinguiendo si el poseedor es de buena o mala fe y aplicándola a los frutos, gastos y pérdida o deterioro de la cosa poseída.

La clasificación general es la siguiente: poseedor de buena fe, respecto a frutos (arts. 451 y 452), gastos (arts. 453 y 454, en relación con los arts. 456 y 458), pérdida o deterioro (art. 457); poseedor de mala fe, respecto a frutos (art. 455), gastos (arts. 453 y 455) y pérdida o deterioro (art. 457).

Todo ello se refiere a los efectos generales de la posesión; sin embargo, en la doctrina muchas veces se ha tratado como efectos al cesar la posesión y como liquidación del estado posesorio. Ciertamente en este último caso es cuando tienen más aplicación práctica estos artículos, pero su contenido es relativo a los efectos de la posesión en general y en todo caso, no sólo cuando cesa. Por otra parte, estas normas son de aplicación a otros muchos casos, por expresa remisión de otros artículos.

2.- Este artículo 451 concreta *los efectos de la posesión de buena fe respecto a los frutos*. Tales efectos consisten en que el poseedor, mientras tienen la posesión y mientras tiene buena fe, adquiere la propiedad de los frutos naturales e industriales que perciba («desde que se alzan o separan») y de los frutos civiles que se produzcan («por días»).

JURISPRUDENCIA

«El art. 451 C.C. sólo dice en su párrafo 1.º que el poseedor de buena fe hace suyos los frutos percibidos, mientras no sea interrumpida legalmente la posesión, no que a partir de esta interrupción sea un poseedor de mala fe. Cierto que el Código Civil no regula específicamente la cuestión del trato que debe recibir en la liquidación del estado posesorio cuando es vencido en el juicio, pero debe deducirse de la premisa de que no es un poseedor de mala fe y, por tanto, no debe recibir el tratamiento del art. 455, salvo, naturalmente, que la sentencia que le condene a restituir la posesión lo considere como tal por otras causas distintas de la mera interrupción legal de la posesión por demanda (art. 1945 C.C.). No puede ser valorado por el mismo rasero el que se defiende procesalmente de una demanda que cree injustificada y el que retiene indebidamente una posesión que sabe que no le corresponde, y mucho más, como en este caso, en que la Audiencia cree en la buena fe del poseedor de un modo expreso hasta el momento del emplazamiento para contestar a la demanda. De aquella premisa y del art. 451, párrafo 1.º, se sostiene que debe restituir únicamente los frutos percibidos durante la sustanciación del pleito, no los que el actor victorioso pudiera haber percibido (a los que se refiere el art. 455 C.C.), habida cuenta, además, de que no puede deducirse la mala fe por el hecho de dictarse una sentencia que pone fin al estado posesorio (sentencia de 28 de febrero de 1968). Si se tratase a un poseedor que es demandado y pierde el pleito como un poseedor de mala fe, se establecería una coacción inadmisible de naturaleza psíquica en el ejercicio de los derechos de que se crea asistido». (12 diciembre 1994, LA LEY 7113/1996)

«el poseedor de buena fe hace suyos los frutos percibidos (artículo 451 CC) por razón de la buena fe posesoria, pero el que siga o no haciéndolos suyos, tras la interrupción de la posesión por su citación judicial (artículo 1945), dependerá del resultado del proceso, ya que si tal posesión del demandado ha de continuar según lo resuelto en el litigio lógicamente continuará en la percepción legítima de los frutos; pero si, a consecuencia del proceso, la pierde, no podrá hacer suyos los frutos producidos tras la citación judicial». (15 octubre 2009, rec. 1143/2005, LA LEY 196256/2009)

CONCORDANCIAS

Véase arts. 354 a 357, 433 a 435 y 1.945 de este Código.

Artículo 452

Si al tiempo en que cesare la buena fe se hallaren pendientes algunos frutos naturales o industriales, tendrá el poseedor derecho a los gastos que hubiese hecho para su producción, y además a la parte del producto líquido de la cosecha proporcional al tiempo de su posesión.

Las cargas se prorratearán del mismo modo entre los dos poseedores.

El propietario de la cosa puede, si quiere, conceder al poseedor de buena fe la facultad de concluir el cultivo y la recolección de los frutos pendientes, como indemnización de la parte de gastos de cultivo y del producto líquido que le pertenece; el poseedor de buena fe que por cualquier motivo no quiera aceptar esta concesión, perderá el derecho a ser indemnizado de otro modo.

COMENTARIO

1.- Como continuación del artículo anterior y en relación con el poseedor de buena fe, se prevé que tanto respecto a los frutos naturales como civiles, si cesa la posesión o la buena fe y hay frutos pendientes, el poseedor tiene derecho a la parte proporcional al tiempo que duró su posesión, según prevé el primer párrafo del art. 452 y, añade el tercer párrafo, que el nuevo poseedor puede conceder al antiguo —el que ha perdido la posesión— la facultad de concluir el cultivo y recolección de los frutos pendientes, y si éste no acepta, pierde todo derecho.

2.- En cuanto a los gastos hechos en la cosa productora de los frutos y en la misma producción de éstos y en cuanto a las cargas, que son las obligaciones anejas a la cosa que ha cumplido el poseedor, éste tiene derecho a ser indemnizado por su valor, computando tales gastos y cargas que cumplió mientras tuvo la posesión y la buena fe. Los gastos, sólo los de cultivo, quedan dentro de la opción que concede al nuevo poseedor el último párrafo de este artículo.

Artículo 453

Los gastos necesarios se abonan a todo poseedor; pero sólo el de buena fe podrá retener la cosa hasta que se le satisfagan.

Los gastos útiles se abonan al poseedor de buena fe con el mismo derecho de retención, pudiendo optar el que le hubiese vencido en su posesión por satisfacer el importe de los gastos, o por abonar el aumento de valor que por ellos haya adquirido la cosa.

COMENTARIO

1.- El poseedor de buena o de mala fe tiene derecho a los gastos necesarios hechos en la cosa poseída. Por gasto necesario se entiende aquel que se hace para conservación y mantenimiento de la cosa. Si la cosa es fructífera, los gastos para la propia producción de frutos se pueden considerar gastos necesarios (a fin de que la cosa cumpla su función, producir frutos) o gastos a deducir del producto bruto de los frutos.

El poseedor de buena fe tiene *derecho de retención* sobre la cosa poseída hasta que se le paguen los gastos necesarios. No lo tiene el poseedor de mala fe.

2.- En cuanto a los *gastos útiles* tiene derecho a ser reembolsado de los mismos, el poseedor de buena fe, que además tiene el *derecho de retención*, como en el caso de gastos necesarios. El poseedor de mala fe no tiene derecho a tales gastos útiles. Por gasto útil se entiende aquel que se hace en la cosa, en beneficio económico de la misma, como aumentar su rentabilidad, utilidad, productividad, o bien le aumenta el valor.

El nuevo poseedor que debería reembolsar al anterior poseedor de buena fe (que tiene, además derecho de retención) los gastos útiles que ha hecho en la cosa poseída, puede optar entre tal reembolso o bien abonarle el aumento de valor que ha tenido la cosa, precisamente por razón de aquellos gastos útiles.

JURISPRUDENCIA

«El poseedor de buena fe varió por tanto el destino económico de las cosas y desde esta perspectiva debe enjuiciarse la función económica de la misma, disponiendo el art. 453 del Código Civil que "los gastos necesarios se abonan a todo poseedor, pero sólo el de buena fe podrá retener la cosa hasta que se le satisfagan", teniendo también ese derecho de retención el poseedor de buena fe en cuanto al abono de los gastos útiles o mejoras. Pues bien, es un hecho evidente que las obras ejecutadas en la Masía tienen el carácter que se demanda de

mejoras útiles y de acondicionamiento, ya que, de conformidad con lo estipulado verbalmente por las partes, se hicieron para transformar lo que la sentencia califica de "destartalado local" en un restaurante en pleno funcionamiento y como tal redundan en utilidad de la propiedad, que incorpora a la finca un instrumento nuevo y provechoso de explotación que sin duda va a aumentar su utilidad y rendimiento económico más allá del que obtenía con la simple explotación agraria una vez que la recupere, de tal forma que si no fuese indemnizado se produciría una situación de enriquecimiento injusto en perjuicio de quien acometió dichos gastos ...Consecuencia de todo ello es el derecho a retener la finca hasta tanto no se le abone el importe de la indemnización acordada en la sentencia recurrida, como también autoriza el art. 453 del Código Civil, puesto que concurre la doble circunstancia de la buena fe declarada y de unos gastos determinables que condicionan el ejercicio de tal derecho». (25 octubre 2005, rec. 883/1999)

«conforme a lo dispuesto en este último artículo el dueño del terreno hace suya la obra previa la indemnización establecida en los artículos 453 y 454 y en forma alguna puede considerarse que el valor intrínseco de la obra, que la sentencia ha tenido en cuenta para fijar la indemnización, es un gasto útil sino que integra un gasto necesario pues sin él la propia obra no existiría, por lo que en cuanto a tal gasto no existe la facultad de opción del dueño del terreno que le atribuye el párrafo segundo del artículo 453 del Código Civil en orden a satisfacer el importe de los gastos o abonar el mayor valor que por ellos haya adquirido la cosa». (30 enero 2007, LA LEY 1476/2007)

«No hay ninguna duda que el artículo 453 CC resulta aplicable al caso sometido a la consideración de esta Sala en este recurso. Como afirma la sentencia de 20 junio 1992 (LA LEY 3336/1992) esta disposición "se refiere a aquellas situaciones en que un propietario no poseedor (y, en general, quien tenga mejor derecho a poseer) recupera la posesión detentada por un tercero, en cuyo caso es indudable que éste (el poseedor que cesa en la posesión), si lo ha sido de buena fe, tiene derecho a ser reintegrado de los gastos necesarios y útiles hechos en la cosa poseída (en la forma y con las garantías que el precepto establece)". Esta cuestión no ha sido puesta en duda en el presente litigio; lo que sí se discute es el concepto de gasto reembolsable al poseedor vencido en la posesión, es decir, si éste incluye sólo cantidades efectivamente desembolsadas por el poseedor, o bien es suficiente que el poseedor de buena fe haya contraído la deuda con un tercero para que nazca el derecho a ser reintegrado por el nuevo poseedor. Al efecto, debemos concretar el concepto de gastos, como realiza, además con buen criterio, la sentencia recurrida. Por gastos hay que entender todos aquellos desembolsos pecuniarios hechos por el poseedor, independientemente de que ello haya ocasionado o no un aumento de valor en los bienes poseídos. Este concepto se desprende de la propia redacción del artículo 453 CC, cuando en su segundo párrafo, permite al poseedor retener la cosa hasta que se le hayan abonado los gastos útiles que haya efectuado, en la misma línea en que el artículo 1600 CC permite la retención de quien ha ejecutado una obra en cosa mueble». (30 abril 2007, LA LEY 17283/2007)

«en la disposición del artículo 453. II del Código civil, que ordena restituir los gastos útiles al poseedor, pero sólo al de buena fe, por cuya razón no parece inspirada en la restitución del enriquecimiento sin causa, pues en tal caso, como ha señalado el sector doctrinal antes aludido, se restituiría el valor invertido por cualquier poseedor, sino en la misma protección de la buena fe con que se ha actuado». (25 junio 2009, rec. 2267/2004, LA LEY 177104/2009)

CONCORDANCIAS

Véase arts. 487, 502, 522, 1.600, 1.730, 1.747, 1.780 y 1.866 de este Código.

Artículo 454

Los gastos de puro lujo o mero recreo no son abonables al poseedor de buena fe; pero podrá llevarse los adornos con que hubiese embellecido la cosa principal si no sufriere deterioro, y si el sucesor en la posesión no prefiere abonar el importe de lo gastado.

COMENTARIO

1.- Ni el poseedor de buena fe ni el de mala fe tienen derecho a ser reembolsados de los llamados «gastos de puro lujo o mero recreo», que son aquellos que sirven para embellecer la cosa principal o para adornarla (en realidad, es lo mismo).

2.- No tiene el poseedor, ni el de buena ni el de mala fe, derecho a ser reembolsado de tales gastos. Sin embargo, cuando cese en la posesión puede llevarse los adornos o cosas en que aquellos gastos se hubieran invertido (es decir: el objeto de los gastos de puro lujo o mero recreo) siempre que la cosa poseída no sufra deterioro por ello; pero en tal caso, tal como prevé el último inciso de este artículo para el poseedor de buena fe, el nuevo poseedor puede evitar que se lleve los adornos u objetos, abonándole el importe de tales gastos de puro lujo o mero recreo.

Artículo 455

El poseedor de mala fe abonará los frutos percibidos y los que el poseedor legítimo hubiera podido percibir, y sólo tendrá derecho a ser reintegrado de los gastos necesarios hechos para la conservación de la cosa. Los gastos hechos en mejoras de lujo y recreo no se abonarán al poseedor de mala fe; pero podrá éste llevarse los objetos en que esos gastos se hayan invertido, siempre que la cosa no sufra deterioro, y el poseedor legítimo no prefiera quedarse con ellos abonando el valor que tengan en el momento de entrar en la posesión.

COMENTARIO

1.- Este artículo se refiere a la posesión de mala fe y regula los efectos respecto a los frutos y a los gastos.

Como principio, el poseedor de mala fe no tiene derecho a ningún fruto. Por tanto, si cesa en su posesión, no sólo no percibe ninguno, sino que —tanto naturales como civiles— tiene que abonar al nuevo poseedor los frutos que hubo ya percibido mientras tuvo la posesión y además los que hubiera podido percibir, según dispone el primer inciso del art. 455. Por aplicación del art. 356 tiene derecho a ser reintegrado de los gastos de producción de los frutos.

2.- En cuanto a los gastos, el poseedor de mala fe tiene derecho a que le sean abonados los necesarios, pero carece del derecho de retención (que sí tiene el de buena fe): art. 453, primer párrafo, y artículo 455.

No tiene derecho a ser indemnizado de los gastos útiles que hubiera hecho en la cosa.

En cuanto a los gastos de puro lujo o mero recreo no tiene derecho tampoco a indemnización alguna (tampoco lo tenía el de buena fe) y (como éste) podrá llevarse las mejoras objeto de tales gastos, si la cosa no sufre deterioro, pero el nuevo poseedor, puede optar por quedárselas abonando su valor actual: art. 455, segundo inciso.

JURISPRUDENCIA

«Conforme a lo dispuesto en el artículo 455 CC, el poseedor de mala fe viene obligado a abonar los frutos percibidos y todos aquellos que el poseedor legítimo hubiera podido percibir. Como señalan las sentencias de esta Sala en las que la parte recurrente sustenta su interés casacional, la determinación del término inicial para el cómputo de los intereses debe quedar fijada en el momento en el que se inició la posesión de mala fe, esto es desde el momento que el arrendatario, conocedor de que el contrato de arrendamiento había finalizado, se mantuvo en la posesión del inmueble, obligando al arrendador a iniciar actuaciones judiciales a fin de recuperar la posesión». (10 noviembre 2010, rec. 700/2005, LA LEY 244477/2010)

CONCORDANCIAS

Véase arts. 362 a 364 de este Código.

Artículo 456

Las mejoras provenientes de la naturaleza o del tiempo ceden siempre en beneficio del que haya vencido en la posesión.

COMENTARIO

En los artículos anteriores, una de las cuestiones es la atribución de las mejoras y el derecho a percibir el importe de los gastos invertidos en aquéllos. Este artículo dispone —con una redacción que parece clara, pero que ha de leerse en sentido opuesto— que toda mejora que ha sido producida por la naturaleza o por el tiempo (o por ambos simultáneamente, como el crecimiento de los árboles) no puede, evidentemente, ser imputada a gasto alguno a que el poseedor pueda tener derecho. En consecuencia —y esto es lo que dice literalmente este artículo— se aprovecha el nuevo poseedor, sin tener que indemnizar al anterior, durante cuya posesión se han producido las mejoras naturales.

Artículo 457

El poseedor de buena fe no responde del deterioro o pérdida de la cosa poseída, fuera de los casos en que se justifique haber procedido con dolo. El poseedor de mala fe responde del deterioro o pérdida en todo caso, y aun de los ocasionados por fuerza mayor cuando maliciosamente haya retrasado la entrega de la cosa a su poseedor legítimo.

COMENTARIO

1.- Así, como artículos anteriores se referían a la posesión de buena o mala fe y sus efectos respecto a los frutos o gastos, este artículo trata del tema de la pérdida o deterioro, también con la misma distinción de buena o mala fe.

2.- El poseedor de buena fe responde de la pérdida o deterioro de la cosa poseída en el caso —sólo— de que la haya causado *dolosamente*: art. 457, primer inciso.

Así, si pierde la posesión y el nuevo poseedor no puede adquirir la cosa por haberse perdido o la adquiere deteriorada, podrá exigir al antiguo poseedor de buena fe que la indemnice sólo si ha obrado con dolo.

3.- El poseedor de mala fe, responde de la pérdida o deterioro de la cosa poseída, en todo caso, dispone el segundo inciso del art. 457, que añade que incluso responde en caso de fuerza mayor cuando maliciosamente haya retrasado la entrega de la cosa a su poseedor legítimo.

CONCORDANCIAS

Véase art. 1.096 de este Código.

Artículo 458

El que obtenga la posesión no está obligado a abonar mejoras que hayan dejado de existir al adquirir la cosa.

COMENTARIO

Este artículo es comparable al 456. En los artículos anteriores se establece la atribución de las mejoras y el derecho a percibir el importe de los gastos invertidos en aquéllos. De la misma forma que el art. 456 dispone que no hay derecho a tal percepción en caso de mejoras producidas por la naturaleza o por el tiempo, tampoco lo hay si las mejoras no existen en el momento en que debe procederse al abono, como es el caso de que cese la posesión del actual poseedor y uno nuevo («el que obtenga la posesión») adquiera la posesión y se deban aplicar en tal momento los artículos anteriores sobre los efectos de la posesión (es la liquidación del estado posesorio).

Artículo 459

El poseedor actual que demuestre su posesión en época anterior, se presume que ha poseído también durante el tiempo intermedio, mientras no se pruebe lo contrario.

COMENTARIO

1.- Es la presunción posesoria del tiempo intermedio. El poseedor que acredita, primero, la posesión en este momento y, segundo, la posesión en un momento anterior, se presume la posesión durante el tiempo intermedio entre uno y otro momento.

Lo anterior es aplicable al caso de que se acredite, no la posesión actual, sino una posesión en un momento ya pasado y en otro momento anterior a éste: se presume la posesión en el tiempo intermedio.

2.- Esta presunción coincide con la que, con carácter aplicado a la usucapión, establece el art. 1960, núm. 2.º.

3.- En todo caso, se trata de una presunción *iuris tantum*. Si se prueba que el poseedor no posee (primero) en el momento presente o bien no poseyó (segundo) en un momento anterior, se destruyen las bases fácticas en que se apoya la presunción. Prueba contraria a ésta, es el caso en que se demuestra que, pese a la prueba de la posesión actual y de la anterior, durante el tiempo intermedio no se poseyó en todo o en parte.

Artículo 460

El poseedor puede perder su posesión:

1.º Por abandono de la cosa.

2.º Por cesión hecha a otro por título oneroso o gratuito.

3.º Por destrucción o pérdida total de la cosa, o por quedar ésta fuera del comercio.

4.º Por la posesión de otro, aun contra la voluntad del antiguo poseedor, si la nueva posesión hubiese durado más de un año.

COMENTARIO

El artículo 460 enumera no exhaustivamente las causas de pérdida de la posesión, distinguiendo las voluntarias de las involuntarias, enlazando con los antiguos conceptos de corpus y animus y englobando la posesión como poder de hecho y como poder jurídico.

Son las siguientes causas:

De carácter voluntario:

Primera. Por abandono de la cosa, dejación voluntaria de la cosa poseída.

Segunda. Por cesión hecha a otro por título oneroso o gratuito: es también una dejación de la posesión, pero en favor de otra persona; es una verdadera transferencia de la posesión, una desposesión para que inmediatamente otro se posesione de la cosa: extinción de la posesión antigua y el nacimiento de otra posesión nueva: dos posesiones distintas. Cuya cesión puede ser por título oneroso o gratuito.

De carácter involuntario:

Primera. Por destrucción o pérdida total de la cosa, o por quedar ésta fuera del comercio. Por falta de la base física de la posesión, se pierde ésta cuando se destruye o extingue el objeto de la misma, prescindiendo de que se haya producido voluntaria o involuntariamente, ya que la pérdida de la posesión se da por hecho objetivo de la destrucción de la cosa. Cuya destrucción puede ser física, que deberá ser total, de toda la cosa, o jurídica, por devenir la cosa *extra commercium*.

Segunda. Por la posesión de otro, aun contra la voluntad del antiguo poseedor, si la nueva posesión hubiese durado más de un año: no se refiere este caso al de posesión de otro, cedida voluntariamente, pues sería el caso del número 2.º de este artículo 460. Se refiere a que una persona posea la cosa contra o sin la voluntad del poseedor actual y tal posesión se prolongue un año y un día (más de un año), lo que procede de la Gewere germánica en que se conservaba la Gewere ideal del despojado durante un año y un día y concuerda con la prescripción de la acción interdictal para recobrar o retener la posesión que el artículo 1968, 1.º, fija en un año.

CONCORDANCIAS

Véase art. 348 de este Código.

Artículo 461

La posesión de la cosa mueble no se entiende perdida mientras se halle bajo el poder del poseedor, aunque éste ignore accidentalmente su paradero.

COMENTARIO

1.- La posesión de la cosa mueble tiene un tratamiento jurídico especial en numerosos casos (el más importante es el art. 464). En el presente artículo se prevé que no se pierde «mientras se halle bajo el poder del poseedor»; se está refiriendo al poder fáctico, como poder de hecho sobre la cosa, que es el señorío efectivo sobre la misma, para lo cual el contrato físico o la tenencia material es a veces insuficiente e innecesaria; insuficiente en el sentido de que hay contactos corporales entre persona y cosa que no son tal poder (como el que enciende un cigarrillo con el mechero que otro le acaba de dejar, o la silla que ocupa una visita); innecesario, en el sentido de que se tiene posesión como poder de hecho, aunque no tenga la tenencia física.

2.- La posesión de la cosa mueble se mantiene aunque no se tenga la tenencia física sobre la misma e incluso aunque se ignore accidentalmente su paradero, siempre que la cosa «se halle bajo el poder del poseedor», poder que se entiende en un sentido amplio, como el poder general, abstracto y exclusivo que una persona tiene, por ejemplo, sobre su casa y lo que en ella se contiene y, aunque no sepa dónde está una concreta cosa mueble que normalmente está en ella, se mantiene su posesión.

Artículo 462

La posesión de las cosas inmuebles y de los derechos reales no se entiende perdida, ni transmitida para los efectos de la prescripción en perjuicio de tercero, sino con sujeción a lo dispuesto en la Ley Hipotecaria.

COMENTARIO

Este artículo se refiere a la usucapión contra tabulas, es decir, la usucapión contra el titular inscrito en el Registro de la Propiedad, que reúna las condiciones del tercero hipotecario del art. 34 de la Ley Hipotecaria.

No hace sino una remisión al art. 36 de la misma L.H. que contempla el principio de limitación de la usucapión *contra tabulas*, estableciendo los requisitos para que el titular registral no sea afectado por la prescripción.

CONCORDANCIAS

Véase:
— art. 1949 de este Código.
— Ley Hipotecaria, de 8 febrero 1946 («*B.O.E.*», 29 mayo): arts. 32, 35, 36, 38 y 76.

Artículo 463

Los actos relativos a la posesión, ejecutados o consentidos por el que posee una cosa ajena como mero tenedor para disfrutarla o retenerla en cualquier concepto, no obligan ni perjudican al dueño, a no ser que éste hubiese otorgado a aquél facultades expresas para ejecutarlos o los ratificare con posterioridad.

COMENTARIO

Hace referencia este artículo a la distinción entre poseedor en concepto de titular (cuando, como tantas veces, el texto legal dice «en concepto de dueño» quiere significar en concepto de titular del derecho de propiedad o de cualquier otro derecho real que admita posesión) y en concepto de no titular. Los actos posesorios no afectan a éste, a no ser que los haya ejecutado con poder de representación del mismo o que éste los ratifique.

CONCORDANCIAS

Véase art. 432 de este Código.

Artículo 464

La posesión de los bienes muebles, adquirida de buena fe, equivale al título. Sin embargo, el que hubiese perdido una cosa mueble o hubiese sido privado de ella ilegalmente, podrá reivindicarla de quien la posea.

Si el poseedor de la cosa mueble perdida o sustraída la hubiese adquirido de buena fe en venta pública, no podrá el propietario obtener la restitución sin reembolsar el precio dado por ella.

Tampoco podrá el dueño de cosas empeñadas en los Montes de Piedad establecidos con autorización del Gobierno obtener la restitución, cualquiera que sea la persona que la hubiese empeñado, sin reintegrar antes al Establecimiento la cantidad del empeño y los intereses vencidos.

En cuanto a las adquiridas en Bolsa, feria o mercado, o de un comerciante legalmente establecido y dedicado habitualmente al tráfico de objetos análogos, se estará a lo que dispone el Código de Comercio.

COMENTARIO

1.- El Derecho romano, que nunca llegó a admitir la posibilidad de la adquisición a non domino, partía de los principios básicos: *nemo plus iura ad alium transfere potest quam ipse habet* (nadie puede transmitir a otro más derechos que los que él mismo tiene) y *ubi rem mea invenio ibi vindico* (dondequiera que se encuentre mi cosa, allí la reivindico), sin que se hiciera distinción entre bienes muebles e inmuebles.

En el Derecho germánico se distinguía el supuesto de bien inmueble y el de mueble, y en éste se diferenciaba si se había perdido la posesión voluntaria o involuntariamente. La reivindicación de bienes muebles sólo cabía ilimitadamente si su titular había perdido la posesión por extravío, hurto o robo, pero si la había dado voluntariamente a otro, sólo tenía acción personal contra él, pero no podía reivindicarla frente a un tercero; lo que se expresaba en dos principios: *Wo du deine laube gelassen hast, da sollts du ihn suchen* (allí donde hayas puesto la confianza, allí has de buscarla), y *Hand wahre Hand* (que la mano guarde la mano).

2.- Los principios germánicos informaron claramente el Derecho consuetudinario francés, aunque posteriormente —hacia el siglo XIII— la recepción del Derecho romano consagró el principio opuesto de reivindicación ilimitada tanto de inmuebles como de muebles. Pero, más tarde —hacia el siglo XVIII—, en aras a la seguridad del tráfico jurídico, se volvió al sistema germánico y se proclamó la regla de *possession vaut titre* en los bienes muebles, que recogió el art. 2279 del Código civil francés. Cuyo sistema germánico sanciona los artículos 932 y ss. del B.G.B. y, rotundamente, el art. 1153 del Código civil italiano de 1942.

3.- En el Derecho histórico español, la tradición jurídica —en este punto— fue romana. Sin embargo, al redactarse el Código civil se introduce el art. 464 por influencia directa —y casi traducción literal— del Código francés.

El primer párrafo de dicho artículo 464 dice textualmente: la posesión de los bienes muebles, adquirida de buena fe, equivale al título. Sin embargo, el que hubiese perdido una cosa mueble o hubiese sido privado de ella ilegalmente, podrá reivindicarla de quien la posea.

Muchísima bibliografía hay sobre este tema y muy encontradas posiciones doctrinales sobre su interpretación, que fundamentalmente se resumen en dos teorías:

Primera teoría, llamada romanista. Entiende, que se presume un título de posesión que, a través de la usucapión, puede devenir derecho de propiedad. Es simplemente, pues, una presunción de justo título, para la usucapión; el texto del artículo 464 no va más allá. Si se admite que presumiera un título de propiedad, no tendría aplicación el art. 1955 («el dominio de los bienes muebles se prescribe por la posesión no interrumpida de tres años con buena fe»): el título a que se refiere el art. 464 es la base de la usucapión que, por ello, ya no lo necesita exigir el artículo 1955.

Segunda teoría, llamada germanista. Se establece en el artículo 464 un título de propiedad, que consagra el principio germánico de irreivindicabilidad de los bienes muebles, salvo los casos de pérdida o privación ilegal: es decir, a la inversa, la adquisición *a non domino* (como el art. 34 de la L.H. respecto a los inmuebles). Es, pues, un título de propiedad a favor del adquirente de buena fe de la posesión que sólo quiebra en los casos en que el anterior poseedor ha perdido la cosa mueble o ha sido privado de ella ilegalmente; por tanto, en todo caso, contra su voluntad. Y no obsta a esta teoría la aplicación del art. 1955 que entrará en juego cuando precisamente, el poseedor perdió o fue privado ilegalmente de la cosa mueble.

Esta segunda teoría, germanista, puede considerarse la más acertada, pues sigue la línea que procede del Derecho germánico y del Código Napoleón y es más acorde con el texto literal y más conforme con el criterio que para los inmuebles sigue el art. 34 de la Ley Hipotecaria; también la jurisprudencia más reciente se inclina por esta teoría.

4.- Así, por tanto, según esta tesis germanista, el primer inciso del primer párrafo del art. 464 («la posesión de los bienes muebles, adquirida de buena fe, equivale a título») consagra la adquisición a *non domino* de bienes muebles por el poseedor de buena fe. Pero si el verdadero propietario perdió la posesión, no voluntariamente, sino por extravío, hurto o robo (segundo inciso del primer párrafo del art. 464: «Sin embargo, el que hubiere perdido una cosa muebles o hubiese sido privado de ella ilegalmente, podrá reivindicarla de quien la posea») la acción reivindicatoria podrá prosperar, aunque la cosa mueble se halle en poder de un poseedor de buena fe. Si el verdadero propietario entregó la cosa mueble voluntariamente (en comodato, depósito, arrendamiento, contrato transmisivo anulable o con falta de poder de disposición, etc.) podrá reivindicar la cosa al contratante, pero no a un tercero que hubiese adquirido la posesión, de buena fe, de dicha cosa mueble (que el propietario no perdió ni fue privado ilegalmente, sino que entregó voluntariamente). El fundamento de esta teoría es la protección al que ha confiado en una situación de apariencia, para dar seguridad al tráfico jurídico: no se priva de un derecho de propiedad en beneficio de un poseedor de buena fe, sino que, ante un conflicto de intereses igualmente legítimos, se protege la adquisición *a non domino* por el poseedor de buena fe, frente al derecho del antiguo *domino*, que se considera extinguido.

5.- El resto del artículo 464 da normas especiales para casos de reivindicación mobiliaria:

El poseedor de cosa perdida o privada ilegalmente, si el poseedor actual la adquirió de buena fe en venta pública, no tendrá aquél la restitución sin reembolsarle el precio.

Si fue empeñada en el Monte de Piedad, no tendrá la restitución sin reintegrar la cantidad del empeño y los intereses vencidos.

Se remite al Código de Comercio en la adquisición de cosa mueble en Bolsa, feria, mercado o de un comerciante.

JURISPRUDENCIA

«en el artículo 464, que protege al adquirente de buena fe, diciendo que su posesión equivale al título. La más reciente jurisprudencia de esta Sala interpreta que la equivalencia significa titularidad dominical (sentencia de 26 de junio de 1984); que se sienta la regla de irreivindicabilidad de la cosa mueble cuya posesión se haya adquirido de buena fe, por lo que el inciso primero del párrafo primero del art. 464 del Código Civil se refiere a título de dominio (sentencia de 3 de marzo de 1980); que atendiendo a la interpretación germanista que, aunque no en una línea pacífica y uniforme, predomina en la jurisprudencia, la equivalencia entre posesión y título es igual a título de dominio, que hace a las cosas irreivindicables (sentencia de 15 de febrero de 1990)... impedido la consumación de la adquisición (art. 1533 LEC). Además, al verbo «sustraer» del párrafo segundo del art. 464 del Código Civil, que concreta la expresión «privación ilegal» del párrafo antecedente, ha de dársele un sentido restrictivo en consonancia con la regla general de irreivindicabilidad que contiene, según se ha expuesto con anterioridad, y que queda circunscrito a los casos de hurto y de robo». (25 febrero 1992, LA LEY 2996/1992)

«Aun admitiendo que el contenido de la expresión privación ilegal es más amplio que el de su precedente legal el término vol del Código francés, y, por tanto, que no comprende sólo el hurto y el robo, sino que se extiende a figuras propias del abuso de confianza (sentencia del TS de 19 Jun. 1945), lo que no es posible es apoyarse en una simplificación mutilada de los hechos que se establecen como probados y que concretan el supuesto depósito, con explicación suficiente sobre la finalidad del mismo, vinculada a un contrato de mandato de venta. En consecuencia, la demandada, titular de la galería de arte, estaba autorizada por el demandante para vender directamente la obra, y aunque entre los mismos convinieran un precio, ello afecta a la relación jurídica entre ellos constituida, mas no se extiende al comprador de la obra que desconoce los pactos o acuerdos a los que hubieran podido llegar. La entrega a la titular de la galería del certificado de autenticidad de la obra es otro elemento de la calificación del documento, revelador de la intención de las partes de proceder a la venta del cuadro. Finalmente, la documentación aportada a las actuaciones demuestra que en la práctica comercial las galerías de arte actúan como intermediarios en la venta de obras de arte, estando plenamente legitimadas para la expedición de los títulos que justifican la adquisición de las obras. El art. 2 del CCom. remite a los usos del comercio observados generalmente en cada plaza para regular los actos de comercio, y del conjunto del material

probatorio inequívocamente se desprende que la galería de arte desarrolla esa actividad». (22 enero 2002, LA LEY 17801/2002)

«la doctrina sobre el artículo 34 de la Ley Hipotecaria: éste salva el defecto de titularidad o de poder de disposición del transmitente titular registral, consagrando para los bienes inmuebles en aras de la seguridad jurídica que proporciona el Registro de la Propiedad la adquisición a non domino *que para los bienes muebles proclama el artículo 464 del Código civil».* (20 marzo 2007, LA LEY 8953/2007)

CONCORDANCIAS

Véase:
— arts. 436, 448, 450, 1.950 y 1.956 de este Código.
— Código de Comercio: arts. 85 y 324.

Artículo 465

Los animales fieros sólo se poseen mientras se hallen en nuestro poder; los domesticados o amansados se asimilan a los mansos o domésticos, si conservan la costumbre de volver a la casa del poseedor.

COMENTARIO

Parece que el Código civil remite la regulación de los animales amansados o domesticados al régimen que dice establece para los mansos o domésticos. Sin embargo, nada dice el Código civil a este respecto porque no hay tal norma. El Código civil sólo prevé lo relativo a los amansados o domesticados en el artículo 612 (ocupación) y cuyo propietario de tales animales amansados los puede reclamar dentro de veinte días a contar de su ocupación por otro, pues pasado este plazo pertenece al que los cogió, pero no antes de transcurrir los veinte días.

Se puede, por tanto, conservar la posesión de los animales amansados o domesticados siempre que mantengan su costumbre de volver a la casa del dueño (*consuetudo revertendi*) si nadie los ha tomado; o bien, en el caso de que alguien los tenga (los posea), antes de que pasen veinte días si el poseedor los reclama.

CONCORDANCIAS

Véase arts. 612 y 613 de este Código.

Artículo 466

El que recupera, conforme a derecho, la posesión indebidamente perdida, se entiende para todos los efectos que puedan redundar en su beneficio que la ha disfrutado sin interrupción.

COMENTARIO

Establece este artículo una norma en consonancia con el art. 459 pero que este último consiste en una presunción y el art. 466 en una ficción. Se trata de la recuperación conforme a derecho de una posesión que se había perdido contra derecho; no imputa el título, el motivo ni el medio; lo que interesa es que en el tiempo intermedio, se establece la ficción de que se ha poseído.

CONCORDANCIAS

Véase arts. 444, 459 y 1.942 a 1.946 de este Código.

TÍTULO VI
Del usufructo, del uso y de la habitación

CAPÍTULO PRIMERO
DEL USUFRUCTO

SECCIÓN PRIMERA
Del usufructo en general

Artículo 467

El usufructo da derecho a disfrutar los bienes ajenos con la obligación de conservar su forma y sustancia, a no ser que el título de su constitución o la ley autoricen otra cosa.

COMENTARIO

1.- Los derechos reales en cosa ajena (respetando el derecho de propiedad sobre la misma) o limitados (en contraposición con el de propiedad) o limitativos (que limitan el de propiedad) tienen varias clasificaciones. La más amplia es la de derechos de goce y disfrute y el más importante de éstos es el de usufructo.

La más clásica y repetida definición de usufructo viene del Derecho romano; es la de PAULO: *ius alienis rebus utendi fruendi salva rerum substancia*. Modernamente, la más acertada la de ALBALADEJO: *derecho real a disfrutar completamente una cosa ajena, sin alterar su modo de ser*. El C.c. lo define en este art. 467: el derecho subjetivo en que consiste el usufructo es, pues, según las definiciones doctrinales y la legal, el uso y disfrute de una cosa ajena: uso o aprovechamiento directo (por sí mismo) o indirecto (por otro, constituyendo derechos personales, como un arrendamiento), el *ius utendi*, y el disfrute o percepción de los frutos naturales o civiles que la cosa usufructuada produce, el *ius fruendi*.

2.- El usufructo tiene tal derecho, pero no puede alterar el modo de ser de la cosa ajena usufructuada; el artículo 467 dice: «con la obligación» de conservar su forma y sustancia, aunque no se trata de una obligación en el sentido propio correspondiente al Derecho de obligaciones (relación entre acreedor y deudor), sino que el derecho del usufructuario no alcanza a alterar el modo de ser, la forma y sustancia de la cosa: no puede, pues, alterar la forma de la cosa, perjudicándola, ni destruirla o consumirla.

3.- El usufructuario puede disponer de su derecho de usufructo, pero debe conservar y no puede disponer de la cosa usufructuada ya que no es el propietario de la misma. Sin embargo, el propio art. 467 prevé que «el título de su constitución o la ley autoricen otra cosa». Los sujetos, en el título de constitución, o la ley, en los llamados usufructos especiales, pueden desvirtuar parcialmente el concepto del usufructo ordinario y, especialmente, en cuanto al deber de conservar y la falta del poder de disposición. El más característico de los usufructos en que se ha introducido una alteración sustancial por los sujetos que lo constituyen es el usufructo con facultad de disponer, en que tal alteración consiste en que el usufructuario puede disponer en todo o en parte de la propia cosa usufructuada (o de cosas contenidas en el patrimonio usufructuado), lo que se da con frecuencia en usufructos de tipo familiar y sucesorio, normalmente previendo que se pueda disponer a título oneroso y en caso de necesidad. El régimen jurídico de este usufructo vendrá establecido por su título de constitución y, en lo que no venga determinado en el mismo, se aplicará la normativa general, manteniéndose las obligaciones y derechos de usufructuario y nudo propietario; las cosas no dispuestas seguirán, por tanto, propiedad del nudo propietario; la concesión de la facultad de disposición al usufructuario, como excepcional, deberá interpretarse restrictivamente.

JURISPRUDENCIA

Usufructo: deber de conservar la forma y sustancia:

«la obligación de conservar la "forma y sustancia" de la cosa usufructuada no puede asimilarse a la de la simple restitución de tal "forma y sustancia" sino que requiere un respeto permanente por parte del usufructuario a dicha obligación durante todo el tiempo que disfrute de su derecho por lo que no bastará que, para el momento final de entrega de la posesión al propietario, se restablezca la forma y sustancia, que se ha hecho desaparecer vigente el usufructo... ...Esa constante obligación de conservación de la forma y sustancia ha de permitir, en una correcta interpretación del artículo 467 del Código Civil, que la acción indemnizatoria pueda ejercitarse por el propietario perjudicado incluso bajo la vigencia del usufructo, interesando que el resarcimiento se produzca por todo el tiempo durante el cual la cosa haya variado por la actuación del usufructuario y tal variación suponga un perjuicio». (20 julio 2010, rec. 2083/2006, LA LEY 114032/2010)

Usufructo con facultad de disponer:

«Resulta evidente que la cláusula testamentaria litigiosa recoge un supuesto normal de usufructo de disposición, figura jurídica borrosa (Res. DG 6 Dic. 1929), discutida y discutible (un sector doctrinal sigue negando su posibilidad dogmática y legal, e incluso que sea necesaria), que se caracteriza por facultar al usufructuario para enajenar entre vivos los bienes objeto del usufructo en caso de necesidad, de tal modo que si no se ejercita total o parcialmente el derecho de disposición, una vez extinguido el usufructo se entregan a las personas que habían ostentado la nuda propiedad, y consolidado el dominio pleno por virtud de dicha extinción, los bienes de que no se dispuso. La Jurisprudencia (SS, entre otras, 22 Mar. 1890, 19 Nov. 1898, 10 Jul. 1903, 14 Abr. 1905, 1 Oct. 1919, 5 Mar. 1926, 1 Feb. 1927, 9 Jun. 1948, 28 May. 1954, 24 Feb. 1959, 19 Ene. y 17 May. 1962, 9 Dic. 1970, 14 Oct. y 23 Nov. 1971, 9 Oct. 1986, 4 May. 1987, 2 Jul. 1991) y la doctrina de la Dirección General de los Registros (resoluciones, entre otras, de 23 Jul. 1905, 29 Nov. 1911, 12 Ene. 1917, 22 Feb. 1933, 9 Mar. 1942, 8 Feb. 1950) vienen reconociendo la posibilidad jurídica del usufructo de disposición, o con facultad de disposición, que suele suscitar numerosas cuestiones (diferencias con el fideicomiso de residuo; condición de heredero o de legatario; simulación, etc.), si bien en el presente juicio el problema se limita a la apreciación de la «necesidad». La redacción de la cláusula es similar a la de otros casos (que sólo a la usufructuaria corresponde apreciar, en S 17 May. 1962; sin que tenga que justificarla ante nadie, basta sólo que el usufructuario lo manifieste, en S 9 Dic. 1970; sin que tenga que justificar ante nadie dicha necesidad, en S 23 Nov. 1971; bastando alegarla, sin prueba, ni justificación alguna, en S 9 Oct. 1986) y sensiblemente igual a las contempladas en la R 22 Feb. 1933 y S 4 May. 1987 (en que se deja la apreciación «a la conciencia») y S 2 Jul. 1991 («a su solo juicio»). Esta remisión a la conciencia, al margen en cualquier caso de la hermenéutica testamentaria del supuesto concreto, podría acaso interpretarse sobre la base de distinguir entre la creación de la situación de necesidad (con amplia libertad) y su real existencia dentro de dicha situación (que ha de probarse). De cualquiera manera que sea, lo que no cabe entender es que

se pueda operar como si no hubiera la exigencia de la necesidad. Esta es una restricción o limitación ineluctable (SS 9 Oct. 1986, 4 May. 1987, 2 Jul. 1991). La Jurisprudencia se ha inclinado por entender que la denuncia del acto dispositivo por falta de necesidad puede operar, aparte de las hipótesis de simulación, por la vía del ejercicio abusivo del derecho (art. 7 CC) o del dolo o mala fe, de tal manera que, si falta la causa jurídica lícita (de la necesidad), se produce una burla antijurídica de los legítimos intereses de los nudos propietarios. Y en esta línea se atribuye la carga de la prueba, como hecho constitutivo de la acción, y porque además de otro modo «supondría imponerle una restricción con la que el causante no ha querido gravarle» (S 9 Oct. 1986), a los nudos propietarios, doctrina general que no obsta a matizaciones en relación con las hipótesis singulares». (3 marzo 2000, LA LEY 3499/2001)

«la expresión «con facultad de disponer libremente por actos inter vivos hace referencia al acto dispositivo en sí válido desde la sola voluntad de la otorgante sin necesidad de contar con el concurso de ninguna otra, como sería la de aquella nuda propietaria de una parte del objeto (SS 10 Jul. 1903 y 14 Abr. 1905) y la expresión «si lo necesitare» hace referencia a la facultad de disponer y a su causa, haya o no obligación de justificarla la necesidad, como estado carencial, está siempre presente aquí para justificar, aunque sea sólo desde la apreciación de quien en ese estado o de ese simple concepto se vale, que se vaya a realizar o se haya realizado el acto dispositivo con sólo la voluntad de hacer sin ninguna otra sumisión». (9 marzo 2000, LA LEY 1335/2001)

«El usufructo con facultad de disponer contiene una esencial alteración del usufructo ordinario, que prevé explícitamente el artículo 467 del Código civil, alteración que consiste en que el usufructuario puede disponer en todo o en parte de la cosa usufructuada o de cosas contenidas en el patrimonio usufructuado, que se da con frecuencia en usufructos sucesorios, normalmente previendo que se disponga a título honoroso (sic) en caso de necesidad apreciada en conciencia y sin necesidad de justificación ...la usufructuaria puede efectivamente disponer, apreciando libremente la necesidad, sin tener que justificarla. Pero si se prueba la mala fe, el abuso del derecho o el ánimo de perjudicar a los nudos propietarios, aquella disposición puede ser declarada nula. Esto ocurrió en el caso contemplado en la sentencia de esta Sala, de 24 de febrero de 1959, en que se apreció abuso de derecho en supuesto de venta "con el solo fin o móvil de privar al actor de su herencia" y también en la de 4 de mayo de 1987 que declaró simulado, con simulación absoluta el contrato de compraventa y por ello, nulo de pleno derecho». (6 abril 2006, rec. 2560/1999)

CONCORDANCIAS

Véase:
— arts. 487 y 489 de este Código.
— Ley Hipotecaria, de 8 febrero 1946 (*«B.O.E.»*, 29 mayo): art. 2.2.

Artículo 468

El usufructo se constituye por la ley, por la voluntad de los particulares manifestada en actos entre vivos o en última voluntad, y por prescripción.

COMENTARIO

1.- La constitución del usufructo, según dispone este artículo puede producirse por voluntad de las partes, por ley y por prescripción, en el sentido de prescripción adquisitiva o usucapión. Por ello, se distinguen los usufructos voluntarios, los legales y los constituidos por usucapión.

2.- El usufructo voluntario es el constituido por negocio jurídico *mortis causa*, o *inter vivos*, éste a título gratuito (como la donación) o a título oneroso (como compraventa, permuta), pudiendo hacerse como transmisión (se transmite la nuda propiedad a uno y el usufructo a otro) o como reserva (se transmite la propiedad, pero el transmitente se reserva, constituyéndolo, el usufructo o, a la inversa, se constituye el usufructo pero el constituyente sigue con la nuda propiedad). La capacidad será la correspondiente al negocio jurídico constituyente, teniendo en cuenta que es de disposición.

El usufructo legal es el que corresponde al cónyuge viudo como legítima, que prevé el art. 807, núm. 3 y regular los artículos 834 y ss. El usufructo, por último, como derecho real poseíble, se puede constituir por usucapión, aplicando las reglas de ésta.

JURISPRUDENCIA

«la constitución del derecho real de usufructo no exige necesariamente el otorgamiento de escritura pública, dada la autorización amplia que concede el artículo 1278 del Código Civil, por lo que su constitución y conforme al artículo 468, cabe por acuerdo entre los interesados». (21 diciembre 2006, LA LEY 154735/2006)

CONCORDANCIAS

Véase arts. 99, 640, 787, 820.3.º y 834 a 840 de este Código.

Artículo 469

Podrá constituirse el usufructo en todo o parte de los frutos de la cosa, a favor de una o varias personas, simultánea o sucesivamente, y en todo caso desde o hasta cierto día, puramente o bajo condición. También puede constituirse sobre un derecho, siempre que no sea personalísimo o intransmisible.

COMENTARIO

1.- Este artículo expone, bajo la fórmula de la permisividad, unas clasificaciones del derecho real de usufructo, un tanto desordenadas, asistemáticas y con un carácter no exhaustivo. Son las siguientes: Total o parcial, según alcance a la totalidad de los frutos de la cosa usufructuada o sólo a una parte de ellos. Distinta, pero relacionada con ella, es la distinción entre usufructo singular que recae sobre una o varias cosas concretas y universal que recae sobre un patrimonio. Unipersonal es aquel en que el usufructuario es una sola persona y pluripersonal, cuando lo son varias y éste, a su vez, puede ser simultáneo, varios cousufructuarios al tiempo (se aplicará el art. 521) o sucesivo, con el límite que para las sustituciones fideicomisarias establece el art. 781.

Puede ser el usufructo *puro*, que no está sometido a término ni a condición, en cuyo caso, si el usufructuario es persona física, será, en principio, vitalicio y si es persona jurídica se aplicará el art. 515; o bien, puede ser *a término* inicial o final; o bien sometido a *condición* suspensiva o resolutoria. Por último, se prevé expresamente el *usufructo de derechos* siempre que no sean personalísimos o intransmisibles; sean derechos reales o derechos de crédito.

2.- Su construcción jurídica se reconduce al tema de los derechos sobre derechos. La doctrina más moderna entiende que en un usufructo sobre derechos no se crea un nuevo derecho, sino que los sujetos aparecen con titularidad conjunta que recae sobre el mismo objeto del derecho, titularidad limitada por la relación usufructuaria existente entre ellos: no es que el derecho pase a ser objeto del derecho de usufructo, sino que el objeto de aquél pasa a ser objeto de éste, creándose una división de facultades sobre el mismo objeto del derecho. El usufructuario adquiere los beneficios o utilidades que le reporta el derecho usufructuado.

CONCORDANCIAS

Véase arts. 475, 481 y ss., 506, 510, 521, 781, 787 y 987 de este Código.

Artículo 470

Los derechos y las obligaciones del usufructuario serán los que determine el título constitutivo del usufructo; en su defecto, o por insuficiencia de éste, se observarán las disposiciones contenidas en las dos secciones siguientes.

COMENTARIO

1.- El art. 468 trata de la constitución del usufructo, distinguiendo el voluntario, el legal y el constituido por usucapión. Este art. 470 se refiere en primer lugar al voluntario, constituido por negocio jurídico inter vivos o mortis causa y dispone su contenido. Éste será el que se determine en el título y en lo que no prevea («por insuficiencia de éste») se aplicará la normativa de los artículos siguientes que regulan los derechos y las obligaciones del usufructuario. Si el usufructo no es voluntario, sino legal, se aplicará directamente la normativa del Código, ya que se constituye por disposición de la ley, no hay título y en tal caso («en su defecto») se aplica dicha normativa. Si el usufructo se constituye por usucapión, tampoco hay título y, en principio, se aplicará igualmente, como en el legal, la normativa del Código sobre derechos y obligaciones del usufructuario; pero hay un importante matiz: el usufructo adquirido por usucapión por el usufructuario, vendrá determinado por la posesión que, con los demás requisitos, ha dado lugar a la adquisición de tal derecho; si tal posesión no presenta ninguna particularidad —que será el caso normal— se aplicará la norma de este art. 470.

SECCIÓN SEGUNDA
De los derechos del usufructuario

Artículo 471

El usufructuario tendrá derecho a percibir todos los frutos naturales, industriales y civiles, de los bienes usufructuados. Respecto de los tesoros que se hallaren en la finca será considerado como extraño.

COMENTARIO

1.- Como típico derecho real en cosa ajena, de goce o disfrute, el primero y básico de los derechos del titular del derecho de usufructo —usufructuario— es el de aprovechamiento de la cosa usufructuada; el cual queda fuera de las facultades del propietario que, por ello, es llamado nudo propietario. Tal aprovechamiento implica la posesión de la cosa usufructuada y conlleva el uso de la misma (ius utendi) y el disfrute (ius fruendi); por tanto, adquiere la propiedad de los frutos («naturales, industriales y civiles» dice el texto legal) de la cosa usufructuada.

2.- El tesoro no es un fruto de la cosa. Por lo cual, el segundo inciso de este artículo establece que respecto al mismo, que se halle en la finca «será considerado como extraño». Así, los derechos que el art. 351 concede sobre el tesoro al propietario del terreno, corresponden al mismo, pese a que esté usufructuado. En el caso de que sea el usufructuario el que descubriere el tesoro, tendrá el derecho que le reconoce dicho artículo, como tal descubridor, no como usufructuario.

JURISPRUDENCIA

«a tenor de los artículos 471 y 474 del Código Civil, donde se atribuyen al usufructuario, es decir, a la demandante cuya cualidad de tal no se ha negado por el recurrente, los frutos de toda clase que produzcan los bienes usufructuados, durante el tiempo en que naturalmente subsista el usufructo, y tratándose de un inmueble destinado a viviendas es evidente que produce frutos civiles consistentes en los equivalentes al importe de su valor en renta». (21 abril 1987, LA LEY 2498/1987)

CONCORDANCIAS

Véase arts. 351, 352, 355, 357 y 474 de este Código.

Artículo 472

Los frutos naturales o industriales, pendientes al tiempo de comenzar el usufructo, pertenecen al usufructuario.

Los pendientes al tiempo de extinguirse el usufructo, pertenecen al propietario.

En los precedentes casos, el usufructuario, al comenzar el usufructo, no tiene obligación de abonar al propietario ninguno de los gastos hechos; pero el propietario está obligado a abonar al fin del usufructo, con el producto de los frutos pendientes, los gastos ordinarios de cultivo, simientes y otros semejantes, hechos por el usufructuario.

Lo dispuesto en este artículo no perjudica los derechos de tercero, adquiridos al comenzar o terminar el usufructo.

COMENTARIO

1.- Mientras este artículo se refiere a los frutos naturales (naturales en sentido estricto e industriales), el 474 se refiere a los civiles. Unos y otros los adquiere el usufructuario, pero es preciso la distribución de los mismos cuando están pendientes.

2.- Los frutos pendientes *cuando comienza el usufructo* pertenecen al usufructuario. Este no tiene que abonar al propietario (nudo propietario) gasto que hubiera hecho en relación con tales frutos. Los frutos pendientes *cuando se extingue el usufructo*, pertenecen al propietario. Este tiene que abonar al usufructuario los gastos hechos para la producción de los mismos, con el producto de aquellos frutos pendientes.

3.- Si existe una relación jurídica de un tercero con la cosa usufructuada (por ejemplo, un arrendatario o un subusufructo) éste tendrá los derechos que le correspondan por su propia relación, prescindiendo de los derechos que tenga el usufructuario o el nudo propietario, con relación a los frutos pendientes.

CONCORDANCIAS

Véase art. 356 de este Código.

Artículo 473

Si el usufructuario hubiere arrendado las tierras o heredades dadas en usufructo y acabare éste antes de terminar el arriendo, sólo percibirán él o sus herederos y sucesores la parte proporcional de la renta que debiere pagar el arrendatario.

COMENTARIO

Este artículo debe ponerse en relación con el 480 y, a su vez, con los 472 y 474. Cuando, en su inicio, menciona el arrendamiento de «tierras o heredades» objeto del usufructo, está claro que se refiere a un arrendamiento de finca rústica, previsto en el último inciso del art. 480 y regulado por la Ley de Arrendamientos Rústicos. Si termina el usufructo y continúa el arrendamiento, percibirá el usufructuario el precio o renta del mismo proporcionalmente al tiempo en que existió el arrendamiento vigente el usufructo. Lo que se corresponde a lo previsto en el art. 474 ya que el precio o renta es fruto civil. Y si el usufructuario ha muerto (que será el caso normal de extinción del usufructo por muerte del usufructuario) lo percibirán sus causahabientes (herederos o legatarios).

CONCORDANCIAS

Véase:
— art. 480 de este Código.
— Ley 49/2003, 26 noviembre, de Arrendamientos Rústicos (*«B.O.E.»*, 27 noviembre): art. 10.

Artículo 474

Los frutos civiles se entienden percibidos día por día, y pertenecen al usufructuario en proporción al tiempo que dure el usufructo.

COMENTARIO

El art. 472 se refiere a los frutos naturales pendientes. El presente art. 474 se refiere a los frutos civiles, los cuales se computan día a día y corresponden al usufructuario mientras dura el usufructo. Si éste se extingue y los frutos civiles están pendientes, sino que corresponden al usufructuario en proporción al tiempo del usufructo.

JURISPRUDENCIA

«a tenor de los artículos 471 y 474 del Código Civil, donde se atribuyen al usufructuario, es decir, a la demandante cuya cualidad de tal no se ha negado por el recurrente, los frutos de toda clase que produzcan los bienes usufructuados, durante el tiempo en que naturalmente subsista el usufructo, y tratándose de un inmueble destinado a viviendas es evidente que

produce frutos civiles consistentes en los equivalentes al importe de su valor en renta». (21 abril 1987, LA LEY 2498/1987)

CONCORDANCIAS

Véase arts. 355 y 451 de este Código.

Artículo 475

Si el usufructo se constituye sobre el derecho a percibir una renta o una pensión periódica, bien consista en metálico, bien en frutos, o los intereses de obligaciones o títulos al portador, se considerará cada vencimiento como productos o frutos de aquel derecho.

Si consistiere en el goce de los beneficios que diese una participación en una explotación industrial o mercantil cuyo reparto no tuviese vencimiento fijo, tendrán aquéllos la misma consideración.

En uno y otro caso se repartirán como frutos civiles, y se aplicarán en la forma que previene el artículo anterior.

COMENTARIO

1.- Este artículo está previendo un usufructo sobre derechos de crédito, que permite al usufructuario percibir los beneficios sin alcanzar el capital. Por otra parte, es una aplicación de la norma general del artículo anterior, al considerar que los rendimientos o beneficios de derechos de crédito son frutos civiles y se computan como tales.

2.- Se establecen que son *frutos* y que son frutos *civiles*, los rendimientos de: primero, de una renta o pensión periódica, que la más típica es la procedente de un contrato de renta vitalicia; segundo, los consistentes en intereses de una obligación; tercero, los intereses de «títulos al portador», que comprende cualquier tipo de título valor; cuarto, los rendimientos o beneficios procedentes de una participación en una empresa, lo que incluye el usufructo de acciones.

Artículo 476

No corresponden al usufructuario de un predio en que existen minas los productos de las denunciadas, concedidas o que se hallen en laboreo al principiar el usufructo, a no ser que expresamente se le concedan en el título constitutivo de éste, o que sea universal.

Podrá, sin embargo, el usufructuario extraer piedras, cal y yeso de las canteras para reparaciones u obras que estuviere obligado a hacer o que fueren necesarias.

COMENTARIO

1.- Si bien se había discutido su posibilidad por pensar que el mineral es cosa y fruto al mismo tiempo, hoy se entiende que el mineral que se extrae de la mina es fruto de ésta y, por tanto, cabe usufructo sobre la misma. El Código civil contempla el usufructo sobre la finca en que existe una mina.

2.- Concede en todo caso al usufructuario la facultad de extraer piedras, cal y yeso de las canteras para reparaciones u obras que estuviese obligado a hacer o que fueren necesarias (art. 476, segundo párrafo). Igualmente tiene el derecho de denunciar y obtener la concesión de las (minas) que existan en los predios usufructuados, en la forma y condiciones que la misma ley (de minas) establece (art. 478). A continuación, el Código distingue los derechos que sobre la mina tiene el usufructuario de un predio donde ésta se encuentre, según el usufructo sea voluntario o legal. Si es voluntario, no corresponden al usufructuario de un predio en que existen minas los productos de las denunciadas, concedidas o que se hallen en laboreo al principiar el usufructo, a no ser que expresamente se le concedan en el título constitutivo de éste, o que sea universal (art. 476, primer párrafo). Es decir, el usufructo voluntario de una finca en la que se halla la mina, no comprende el de ésta, a no ser que así se haya previsto en el título constitutivo (recuérdese el art. 470). Sí lo comprende si el usufructo voluntario es universal y el caso del usufructo legal, a que se refiere el artículo siguiente.

Artículo 477

Sin embargo, de lo dispuesto en el artículo anterior, en el usufructo legal podrá el usufructuario explotar las minas denunciadas, concedidas o en laboreo, existentes en el predio, haciendo suya la mitad de las utilidades que resulten después de rebajar los gastos, que satisfará por mitad con el propietario.

COMENTARIO

1.- Este artículo es continuación del anterior, o más bien, del primer párrafo del artículo anterior. Se decía en éste que el usufructo voluntario singular de una finca, no comprende (a no ser que se incluya en el título) las minas en explotación que en la misma se hallen. Sí se comprenden en los casos de usufructo universal o de usufructo legal.

2.- Si el usufructo es legal, este art. 477 dispone que comprende las minas en explotación y que la participación del usufructuario es el cincuenta por ciento (el otro corresponde al nudo propietario) del beneficio neto que produzcan las minas.

Artículo 478

La calidad de usufructuario no priva al que la tiene del derecho que a todos concede la Ley de Minas para denunciar y obtener la concesión de las que existan en los predios usufructuados, en la forma y condiciones que la misma ley establece.

COMENTARIO

En el artículo 476 se establece que el usufructo voluntario singular sobre una finca no alcanza a la explotación de las minas que en ésta se hallen (sí la comprende el usufructo voluntario universal y el usufructo legal). Este artículo no quiere que aquella norma se interprete tan ampliamente que no tan siquiera pueda el usufructuario denunciar o explotar como concesionario la mina, que se halle en su finca usufructuada, de acuerdo con la legislación de minas. Es decir, el usufructuario tiene el mismo derecho que cualquier otro ciudadano, con relación a las minas que se hallen en la finca usufructuada.

CONCORDANCIAS

Véase Ley de Minas, de 21 de julio de 1973 (*«B.O.E.»*, 24 julio).

Artículo 479

El usufructuario tendrá el derecho de disfrutar del aumento que reciba por accesión la cosa usufructuada, de las servidumbres que tenga a su favor, y en general de todos los beneficios inherentes a la misma.

COMENTARIO

1.- El art. 471 establece el derecho esencial del usufructuario de aprovechamiento de la cosa usufructuada. Este art. 479 matiza aquella norma en el sentido de que el aprovechamiento alcanza al total de la cosa y, además, a todo aquello que la aumente o beneficie.

2.- Así, el usufructuario tiene el aprovechamiento de la cosa usufructuada y: primero, el aumento que ésta reciba por *accesión*, cualquiera que sea el tipo de ésta; segundo, de las *servidumbres* prediales, en las que la finca usufructuada sea predio dominante; tercero, de los *beneficios* inherentes a la cosa usufructuada, cuyo caso más típico es el derecho a la caza y pesca que corresponderán al usufructuario (no al nudo propietario) de la finca usufructuada.

Artículo 480

Podrá el usufructuario aprovechar por sí mismo la cosa usufructuada, arrendarla a otro y enajenar su derecho de usufructo, aunque sea a título gratuito, pero todos los contratos que celebre como tal usufructuario se resolverán al fin del usufructo, salvo el arrendamiento de las fincas rústicas, el cual se considerará subsistente durante el año agrícola.

COMENTARIO

1.- Este artículo se refiere a la disponibilidad por el usufructuario, del derecho de usufructo y se refiere a tres extremos: la no disposición o aprovechamiento personal, la disposición del aprovechamiento y la disposición del derecho real de usufructo.

2.- En primer lugar, contempla el supuesto —que obviamente permite («podrá el usufructuario...»)— de que el usufructuario aproveche por sí mismo la cosa usufructuada, aprovechamiento que prevé el art. 471 y que matiza el 479. Pero no obliga a que el aprovechamiento sea necesariamente por el usufructuario, constituyéndose como derecho personalísimo.

3.- En segundo lugar, prevé y también permite la disposición por el usufructuario del aprovechamiento de la cosa usufructuada. La disposición típica del aprovechamiento se lleva a cabo mediante el arrendamiento de la cosa usufructuada. Sin embargo, por el principio de que nadie puede transmitir más de lo que tiene (*nemo plus iuris ad alium transferre potest, quam ipse habet*), el negocio dispositivo del aprovechamiento —así, el arrendamiento— se extinguirá cuando se extinga el usufructo. En los arrendamientos urbanos no hay ninguna excepción a este principio, según la vigente Ley 29/1994, de 24 de noviembre de arrendamientos urbanos; el art. 13.2 prevé expresamente que el otorgado por usufructuario se extinguirá al término del derecho del usufructo, lo cual concuerda con este artículo 480 y con el 513.6.º. Sin embargo, los arrendamientos rústicos otorgados por el usufructuario no se extinguirán al término del usufructo, sino que subsistirán durante el año agrícola, lo cual lo impide el último inciso de este artículo y durante el año agrícola, lo cual lo impide el último inciso de este artículo y concuerda con el art. 10 de la Ley 49/2003, de 26 noviembre, de arrendamientos rústicos.

4.- En tercer lugar, prevé la disponibilidad del propio derecho real de usufructo, a título oneroso o gratuito, total (la propia transmisión) o parcial (como la hipoteca que contempla el art. 107, 1.º de la Ley hipotecaria), teniendo en cuenta que cuando el usufructo se extinga, su extinción alcanzará al adquirente del mismo, total, o al adquirente de un derecho limitado (como la hipoteca, el art. 107.1.º L.H.).

JURISPRUDENCIA

«todo arrendamiento se extingue por resolución del derecho del arrendador, ocurriendo así con el otorgado por el usufructuario al finalizar su usufructo (art. 480) y en la norma general contenida en el art. 1571 del Cc., si bien ya las sentencias de 23 de abril de 1942 y 9 de enero de 1948 señalaron que este artículo no es aplicable a los arrendamientos regidos por la legislación especial de arrendamientos urbanos y rústicos». (9 junio 1990, LA LEY 52-JF/0000)

«Según el referido artículo 480 los contratos de arrendamiento, que el usufructo celebre como tal se resuelven al fin del usufructo, regla general, que salvo las especialidades que luego se consideraran, no está condicionada por el carácter temporal o vitalicio del usufructo, más allá de la propia duración del derecho real en cuestión, ni por la transmisibilidad o intransmisibilidad de éste, conforme al adagio «donde la ley no distingue, el intérprete no debe distinguir», pues es designio común de la norma, en beneficio del nudo propietario, que la relación arrendaticia sólo perdure, mientras subsista el usufructo, de manera, que extinguido el derecho de usufructo se extingue el derecho del arrendatario... ... La única excepción que, con significado de prórroga legal, fundada en razones de equidad, permite la naturaleza especial del contrato arrendaticio sobre finca rústica, es la extensión de la subsistencia del contrato, durante el año agrícola en curso, pese a la ocurrencia del evento que ocasiona la extinción del usufructo». (20 diciembre 1991, LA LEY 343-5/1993)

«no se contempla extinción del contrato de arrendamiento como consecuencia forzosa del fallecimiento del arrendador usufructuario, sino la posibilidad de resolverse el contrato por parte de quien adquiera el usufructo de la cosa arrendada». (23 febrero 1995, LA LEY 3269/1995)

CONCORDANCIAS

Véase:
— Ley de Arrendamientos Rústicos, de 31 diciembre 1980 (*«B.O.E.»*, 30 enero 1981): art. 13.
— Ley Hipotecaria, de 8 febrero 1946 (*«B.O.E.»*, 29 mayo): arts. 107 y 108.

Artículo 481

Si el usufructo comprendiera cosas que sin consumirse se deteriorasen poco a poco por el uso, el usufructuario tendrá derecho a servirse de ellas empleándolas según su destino, y no estará obligado a restituirlas al concluir el usufructo sino en el estado en que se encuentren; pero con la obligación de indemnizar al propietario del deterioro que hubieran sufrido por su dolo o negligencia.

COMENTARIO

1.- El artículo siguiente trata como usufructo especial el de cosa consumible. Este se refiere al usufructo de cosa deteriorable; no es un usufructo especial, sino que se aplican las normas generales del usufructo.

Así, el usufructuario tendrá la posesión de la cosa deteriorable, con el derecho de aprovechamiento. Usará la cosa según su destino, lo que no significa otra cosa que un uso normal, ordinario, conforme con propia cosa. Al término del usufructo, le será restituida al nudo propietario, «en el estado en que se encuentre».

2.- Si el usufructuario ha usado la cosa y la ha dañado, con dolo o con culpa, responderá de este daño frente al propietario.

CONCORDANCIAS

Véase arts. 497, 500 y 1.101 de este Código.

Artículo 482

Si el usufructo comprendiera cosas que no se puedan usar sin consumirlas, el usufructuario tendrá derecho a servirse de ellas con la obligación de pagar el importe de su avalúo al terminar el usufructo, si se hubiesen dado estimadas. Cuando no se hubiesen estimado, tendrá el derecho de restituirlas en igual cantidad y calidad, o pagar su precio corriente al tiempo de cesar el usufructo.

COMENTARIO

1.- El usufructo de cosa consumible («cosas que no se pueden usar sin consumirlas» las define el texto legal) es un usufructo especial, en el sentido de que se aparta del concepto y normativa ordinaria. El usufructuario tiene la posesión y el aprovechamiento de ella y, por tanto, la destruirá por su uso; al extinguirse el usufructo le será restituido al propietario otro tanto de su especie y calidad o bien su valor.

Por tanto, el usufructuario de cosa consumible adquiere la propiedad de ésta y el nudo propietario es un acreedor del anterior.

2.- Si cuando se constituyó el usufructo de cosa consumible, se valoró ésta, al extinguirse le será restituido tal valor. Lo cual, actualmente, no es lógico por la depreciación monetaria; si se valora hoy una cosa consumible y se extingue el usufructo transcurridos diez años (por ejemplo), este valor ya no será acorde con la realidad actual; ciertamente, nada impide que se fije un valor y se sujete a una cláusula de estabilización.

Si cuando se constituye el usufructo no se valora la cosa consumible, al extinguirse aquél, el usufructuario tiene opción entre restituir otra «en igual cantidad y calidad» o bien, pagar su valor al tiempo de dicha extinción.

Artículo 483

El usufructuario de viñas, olivares u otros árboles o arbustos podrá aprovecharse de los pies muertos, y aun de los tronchados o arrancados por accidente, con la obligación de reemplazarlos por otros.

COMENTARIO

1.- Es considerado como usufructo especial el de plantación y montes. Este artículo y el siguiente se refiere al de finca que contiene viñas, olivares y otros árboles o arbustos y el 485, al de montes. En todos ellos, el usufructuario tiene derecho a hacer suyos los frutos y los rendimientos activos, netos, que produzca la plantación o el monte; por tanto, se mantiene la esencia del usufructo de conservar sus substancia, su modo de ser; se contempla el usufructo como de cosa en su conjunto, en su total.

2.- El usufructuario tiene el aprovechamiento, que prevé en general, el art. 471 y hace suyos los frutos que producen la viña, los olivos o los árboles o arbustos.

Además, como prevé específicamente este art. 483, hace suyos los pies muertos y los tronchados o arrancados por accidente, pero debe reemplazarlos por otros, con lo que se mantiene el conjunto, la sustancia, de la finca que contiene tales plantaciones.

Artículo 484

Si, a consecuencia de un siniestro o caso extraordinario, las viñas, olivares u otros árboles o arbustos hubieran desaparecido en número tan considerable que no fuese posible o resultase demasiado gravosa la reposición, el usufructuario podrá dejar los pies muertos, caídos o tronchados a disposición del propietario, y exigir de éste que los retire y deje el suelo expedito.

COMENTARIO

Se prevé en este artículo una norma específica respecto al artículo anterior. Es el caso de que en la finca se produce un siniestro extraordinario, éste produce la pérdida de las viñas, olivares, árboles o arbustos en número tan considerable que resulta imposible o demasiado gravosa la reposición.

En tal caso, el usufructuario puede continuar el usufructo aplicando el artículo anterior (reponiéndolos) o puede, según prevé este artículo, dejar las plantas perdidas a disposición del nudo propietario y exigir a éste que las retire y deje el suelo expedito. El usufructo continuará sobre éste, aunque no puede el usufructuario hacer nuevas y distintas plantaciones y variar el modo de ser de la finca.

CONCORDANCIAS

Véase art. 1.105 de este Código.

Artículo 485

El usufructuario de un monte disfrutará todos los aprovechamientos que pueda éste producir según su naturaleza.

Siendo el monte tallar o de maderas de construcción, podrá el usufructuario hacer en él las talas o las cortas ordinarias que solía hacer el dueño, y en su defecto las hará acomodándose en el modo, porción y épocas, a la costumbre del lugar.

En todo caso hará las talas o las cortas de modo que no perjudiquen a la conservación de la finca.

En los viveros de árboles podrá el usufructuario hacer la entresaca necesaria para que los que queden puedan desarrollarse convenientemente.

Fuera de lo establecido en los párrafos anteriores, el usufructuario no podrá cortar árboles por el pie como no sea para reponer o mejorar alguna de las cosas usufructuadas, y en este caso hará saber previamente al propietario la necesidad de la obra.

COMENTARIO

1.- En el usufructo de montes se contempla el supuesto general y se dan reglas específicas para ciertos tipos.

2.- La regla general es que el usufructuario tiene el derecho de aprovechamiento, en general, respetando la sustancia del monte (párrafo primero). Puede hacer talas que no perjudiquen la conservación de la finca (párrafo tercero). No puede hacer talas, en montes no moderables, que no sean para reponer o mejorar la finca, dando previamente aviso al nudo propietario, sobre la necesidad de la obra (párrafo último).

3.- Si el monte es maderero («monte tallar o de maderas de construcción»), el derecho de aprovechamiento del usufructuario consiste en hacer las talas ordinarias, según el criterio de lo que solía hacer el nudo propietario o según la costumbre del lugar.

4.- Si el monte es un vivero de árboles, el aprovechamiento consiste en hacer la entresaca corriente, la necesaria para que el bosque se desarrolle convenientemente.

CONCORDANCIAS

Véase art. 467 de este Código.

Artículo 486

El usufructuario de una acción para reclamar un predio o derecho real, o un bien mueble, tiene derecho a ejercitarla y obligar al propietario de la acción a que le ceda para este fin su representación y le facilite los elementos de prueba de que disponga. Si por consecuencia del ejercicio de la acción adquiriese la cosa reclamada, el usufructo se limitará a sólo los frutos, quedando el dominio para el propietario.

COMENTARIO

1.- Contempla este artículo el usufructo de una acción, caso difícilmente comprensible, a no ser que se piense que normalmente se hallará integrada dentro de un usufructo universal. Se trata del usufructo de una acción para reclamar un derecho real y si la misma prospera, devendrá usufructo del derecho real obtenido. La acción es de las llamadas acciones reales y tiene por objeto reclamar un predio o un bien mueble (por tanto, acción reivindicatoria) o para reclamar un derecho real (otro usufructo, un derecho de servidumbre, etc.).

El usufructuario de la acción podrá ejercitarla como tal y, para ello, el verdadero titular —que es el nudo propietario— le dará su representación tal como dice este artículo, pero verdaderamente no hay representación ni el usufructuario actúa como representante, sino que es un caso de sustitución procesal. Los medios de prueba de que interesa valerse el usufructuario, puede que los tenga el nudo propietario, en cuyo caso se los podrá exigir.

2.- Si la acción prospera y se obtiene la cosa o derecho reclamado, el usufructo recaerá sobre ello (usufructo de acción deviene usufructo de cosa o derecho), quedando la propiedad para el nudo propietario, tal como expresa el segundo inciso de este artículo.

CONCORDANCIAS

Véase art. 470 de este Código.

Artículo 487

El usufructuario podrá hacer en los bienes objeto del usufructo las mejoras útiles o de recreo que tuviere por conveniente, con tal que no altere su forma o su sustancia; pero no tendrá por ello derecho a indemnización. Podrá, no obstante, retirar dichas mejoras, si fuere posible hacerlo sin detrimento de los bienes.

COMENTARIO

1.- La normativa del usufructo se aparta totalmente de la normativa de la posesión (arts. 453 y ss.) respecto a los gastos que ha hecho el que posee la cosa (el usufructuario la posee), sean necesarias, útiles o de puro lujo o de mero recreo.

Los *gastos necesarios* forman parte de la conservación de la cosa usufructuada y debe hacerlos el usufructuario (art. 500). Los gastos que han producido *mejoras útiles* o *de puro lujo o mero recreo*, no tiene el usufructuario el deber, pero sí puede hacerlos, siempre que no altere el modo de ser de la cosa usufructuada («su forma o su sustancia», dice el texto legal).

2.- Si las hace, no tiene derecho a ninguna indemnización. Sí tiene derecho a llevarse las mejoras útiles o de recreo, si con ello no causa daño a la cosa usufructuada. También tiene el derecho que le reconoce el artículo siguiente.

JURISPRUDENCIA

«Al ser de aplicación el art. 487 CC también lo es el siguiente, que permite al usufructuario la compensación de las mejoras con los desperfectos o perjuicios en sentido amplio, y esto es lo que por otra vía deductiva ha efectuado el Tribunal a quo, incluyendo también los daños morales». (13 octubre 1995, LA LEY 8973/1996)

CONCORDANCIAS

Véase art. 454 de este Código.

Artículo 488

El usufructuario podrá compensar los desperfectos de los bienes con las mejoras que en ellos hubiese hecho.

COMENTARIO

1.- Se establece en este artículo una facultad del usufructuario de compensar los desperfectos con las mejoras. Ante todo, hay que precisar que es una facultad del usufructuario («... podrá...» dice este artículo) que, si la ejercita, deberá soportar el nudo propietario.

En segundo lugar, no es una compensación en el preciso sentido técnico-jurídico de la palabra, de deudas recíprocas y homogéneas (arts. 1195 y ss.) ya que no lo son y, además, al no tener el usufructuario un verdadero derecho de crédito para percibir el importe de las mejoras (que le niega el art. 487) no cabe compensación con las deudas que tendría por los desperfectos. Compensación en el sentido de que se contrapesan recíprocamente las cantidades en que se valoran los desperfectos y las mejoras.

2.- La compensación alcanza a las mejoras útiles y de puro lujo o mero recreo (a que se refiere el art. 487), sean o no retirables por el usufructuario (facultad de éste, también reconocida en el art. 487) por un lado, y por el otro, a los desperfectos de que deba responder el usufructuario, que son los causados por su culpa (o incluso las causadas por caso fortuito, si se ha pactado que deba responder de ellos el usufructuario) o por dolo. Respecto a estos últimos responde el usufructuario pero no serían compensables con las mejoras (aplicando la doctrina del abuso del derecho) si el usufructuario los ha causado con el único propósito de compensarlas con las mejoras y evitar así que se aproveche de ellas el nudo propietario.

CONCORDANCIAS

Véase arts. 1.195 y ss. de este Código.

Artículo 489

El propietario de bienes en que otro tenga el usufructo, podrá enajenarlos, pero no alterar su forma ni sustancia, ni hacer en ellos nada que perjudique al usufructuario.

COMENTARIO

1.- En el título y capítulo dedicado al derecho de usufructo, la sección segunda lleva como título «de los derechos del usufructuario» y dentro de ella, se halla este artículo 489 dedicado a reconocer el poder de disposición del nudo propietario sobre la cosa usufructuada; por tanto, su colocación sistemática es un claro error, pues no se puede considerar como un derecho del usufructuario.

2.- El nudo propietario tiene el *derecho de propiedad*, con todas sus facultades, salvo la de aprovechamiento, que corresponde al usufructuario. Por tanto, podrá, respetando el derecho de usufructo, disponer total o parcialmente de su derecho de (nuda) propiedad (art. 489) y hacer obras, mejoras o plantaciones (art. 503).

El nudo propietario, pues, conserva el poder de disposición que le corresponde como propietario, sobre la cosa usufructuada («en que otro tenga el usufructo», dice el texto legal).

3.- Este poder de disposición del nudo-propietario tiene límites: el primero es que no puede alterar la forma y la sustancia (es decir, su modo de ser) de la cosa usufructuada; de lo contrario, se dañaría el mismo derecho real del usufructo, lo cual responde al principio de que nadie puede transmitir más de lo que tiene, principio aplicable también al usufructuario (art. 480) y tiene concordancia con lo dispuesto en el art. 595.

JURISPRUDENCIA

«Una cosa es la tolerancia en compartir la vivienda con familiares y, con mayor razón, si son los más próximos, y otra que esta situación genere por sí derechos arrendaticios a favor los acogidos aunque sean los propietarios del bien usufructuado, ya que el derecho de usufructo otorga a su titular, en comparación con otros derechos reales similares, como los de uso y habitación, amplias facultades de goce y disfrute, que puede muy bien compartir, pero el derecho permanece íntegro y no por ello queda restringido o limitado, hasta el punto de que los nudos propietarios quedan prácticamente excluidos del disfrute, si se tiene en cuenta el art. 489 CC». (30 mayo 2000, LA LEY 7753/2000)

«El artículo 489 no es precepto aplicable cuando no se actúa ninguna acción de indemnización, sino la real de carácter restitutorio. Cierto que la actora solicitó también una condena a indemnizar, pero (según el punto 3.º de la "súplica" de su demanda) con carácter subsidiario a la restitutoria, y en la cantidad necesaria para devolver la finca a su estado primitivo. No se pide en razón de los daños ocasionados a la cosa usufructuada, sino sólo su restitución en los términos en que debe efectuarla el usufructuario a la extinción del usufructo. Por otra parte, el artículo 498 no elimina las obligaciones que tiene el usufructuario al que se ha cedido onerosamente el usufructo con el nudo propietario, sino que refuerza la protección de éste permitiéndole actuar también contra el usufructuario cedente. Así lo reclama la aptitud de dicho derecho para ser cedido, reconocida en el artículo 480. No se refiere el precepto a ninguna cesión de su ejercicio, pero permaneciendo la titularidad en poder del cedente». (27 noviembre 2006, LA LEY 145017/2006)

CONCORDANCIAS

Véase arts. 467, 503 y 595 de este Código.

Artículo 490

El usufructuario de parte de una cosa poseída en común ejercerá todos los derechos que correspondan al propietario de ella referentes a la administración y a la percepción de frutos o intereses. Si cesare la comunidad por dividirse la cosa poseída en común, corresponderá al usufructuario el usufructo de la parte que se adjudicare al propietario o condueño.

COMENTARIO

1.- Prevé este artículo el caso de usufructo de cuota. Una cosa se halla en copropiedad (arts. 392 y ss.) y la de uno de los copropietarios está usufructuada; es decir, una cuota pertenece a un copropietario en nuda propiedad y a un usufructuario en usufructo.

2.- Este usufructuario es el que tiene los derechos económicos y personales que derivan de la copropiedad; ocupa, en ésta, el puesto del nudo propietario. Como derechos económicos, le corresponde el aprovechamiento («percepción de frutos o intereses» dice el texto legal) y, respetando las reglas de la copropiedad, la posesión de la cosa objeto de la copropiedad y del usufructo. Como derechos personales, le corresponde la posición del nudo propietario en toda toma de acuerdos sobre administración de la comunidad.

3.- Distinto es el supuesto de la *actio communi dividundo*. Esta acción, prevista en el art. 400, corresponde exclusivamente al nudo propietario, único que puede exigir la división de la cosa común y único que tiene el derecho de participar e intervenir en tal división.

Una vez practicada la división, una parte de la cosa que era común es adjudicada al nudo propietario, y sobre esta parte recae el usufructo. Así lo dispone el segundo inciso de este artículo.

JURISPRUDENCIA

«el supuesto de hecho que dicho precepto contempla es el de la comunidad que existe cuando la propiedad de una cosa o de un derecho pertenece pro indiviso a varias personas o sea el de la comunidad de bienes que tiene su específica regulación en los artículos 392 y siguientes del Código Civil y no el de la comunidad hereditaria que sólo atribuye al heredero un derecho abstracto que no se individualiza ni concreta hasta que la partición de la herencia se verifica». (1 julio 1988, LA LEY 789-1/1989)

CONCORDANCIAS

Véase arts. 399 y ss. de este Código.

SECCIÓN TERCERA
De las obligaciones del usufructuario

Artículo 491

El usufructuario, antes de entrar en el goce de los bienes, está obligado:

1.º A formar, con citación del propietario o de su legítimo representante, inventario de todos ellos, haciendo tasar los muebles y describiendo el estado de los inmuebles.

2.º A prestar fianza, comprometiéndose a cumplir las obligaciones que le correspondan con arreglo a esta sección.

COMENTARIO

1.- En la sección anterior, el código trataba de los derechos del usufructuario. En ésta trata de las obligaciones que derivan, esencialmente, del respeto al derecho del nudo propietario; se distinguen en anteriores al ejercicio mismo del derecho de usufructo, es decir, anteriores a entrar en posesión de la cosa usufructuada, coetáneas al ejercicio, durante la posesión de la cosa y posteriores, tras la extinción del usufructo, con el cese de la posesión.

En este artículo se enumeran las dos *obligaciones previas al ejercicio del derecho de usufructo*, el inventario y la fianza, que desarrollan los artículos siguientes, hasta el 496.

2.- La primera de las obligaciones es la de formar *inventario*. Cuya obligación se aplica al usufructo universal o, por lo menos, al singular que recae sobre una serie de objetos, pero que carece de sentido cuando su objeto es una cosa o derecho concreto. En dicho usufructo universal o con múltiple objeto, dice el texto legal que se tasarán los muebles y se describirán el estado de los inmuebles, lo que significa simplemente que el inventario se hará completo, enumerando, describiendo y valorando todas las cosas y derechos.

Se hará con intervención de las partes —nudo propietairo y usufructuario— o de sus representantes, voluntarios o legales (en caso de que alguno sea menor o incapacitado), aunque el texto legal sólo se refiere al propietario («con citación del propietario...»).

No expresa la forma de practicarse; puede ser cualquiera: judicial, en proceso ordinario (así, en el caso de que se haya exigido judicialmente) o en jurisdicción voluntaria; o extrajudicialmente, ante notario o en forma exclusivamente privada entre las partes.

3.- La segunda de las obligaciones es la prestación de *fianza*. Añade el texto legal: «comprometiéndose a cumplir las obligaciones», pero no existe obligación de comprometerse unida a la de fianza, sino que las obligaciones se tienen que cumplir por imperativo legal. La fianza no tiene el sentido técnico-jurídico de contrato de fianza, sino que significa garantía del cumplimiento de las obligaciones.

Admite todas las formas de garantía reconocidas por el Derecho; hipoteca, prenda o el propio contrato de fianza. Incluso garantías atípicas que pacten las partes.

JURISPRUDENCIA

«La formación del inventario como obligación impuesta al usufructuario antes de entrar en el goce de los bienes usufructuados, supone un usufructo constituido (artículo 491, número 1.º del Código Civil); b) Consiguientemente, la confección de dicho inventario no es un requisito previo sino que pude cumplirse tanto en el momento de constituirse el usufructo como después». (4 octubre 1989, LA LEY 13359-R/1991)

«El artículo 491 del Código Civil dispone que el usufructuario, antes de entrar en el goce de los bienes, ha de dar cumplimiento a una obligación doble: por un lado, la de formar inventario, con citación del propietario o de su legítimo representante, haciendo tasar los bienes muebles y describiendo el estado de los inmuebles; y, por otro, la de prestar fianza, comprometiéndose a cumplir las obligaciones que le corresponden como tal usufructuario. El hecho de que en el momento de constitución del usufructo no se exigiera por el nudo propietario el cumplimiento de tales obligaciones no implica la dispensa de las mismas en los términos a que se refiere el artículo 493 del Código Civil, pero una vez que las circunstancias han cambiado y la nuda propiedad ha pasado, como ocurre en el caso, a tercera persona —la hoy actora doña Esther— la exigencia por ésta de que se dé cumplimiento a tales obligaciones no ha de implicar una mayor carga para la usufructuaria que la que habría representado la prestación de la fianza antes de entrar en posesión de los bienes, momento que es el determinante según el propio Código Civil para la fijación de su cuantía, que lógicamente ha de referirse al valor de los bienes en dicho momento». (4 julio 2006, rec. 4191/1999)

CONCORDANCIAS

Véase arts. 467 y 470 de este Código.

Artículo 492

La disposición contenida en el número segundo del precedente artículo no es aplicable al vendedor o donante que se hubiere reservado el usufructo de los bienes vendidos o donados, ni a los padres usufructuarios de los bienes de los hijos, ni al cónyuge sobreviviente respecto de la cuota legal usufructuaria si no contrajeren los padres o el cónyuge ulterior matrimonio.

COMENTARIO

1.- Se dispone la exención de la obligación de prestar fianza en tres supuestos:

Primero. En los usufructos constituidos por vía de retención en la compraventa y donación. El vendedor y el donante que transmiten la nuda propiedad pero se reservan el usufructo, quedan exentos de esta obligación de fianza.

Segundo. En los usufructos de los padres sobre los bienes de los hijos. El usufructo legal del titular de la patria potestad sobre los bienes propiedad de su hijo, ha desaparecido del código tras la reforma operada por la Ley 11/1981, de 13 de mayo. Por lo cual, esta exención se aplica al caso de un usufructo voluntario que se constituye a favor de los padres sobre bienes propiedad de sus hijos, sean mayores o menores de edad, siendo, pues, independiente de la patria potestad.

Esta exención cesa —y deberá prestarse la fianza— si el padre o madre usufructuario contraen nuevo matrimonio, posterior al momento en que se constituyó el usufructo.

Tercero. En el usufructo legal del cónyuge viudo. La legítima del cónyuge viudo sobre la herencia del cónyuge difunto es variable, en usufructo y la percibe en todo caso (art. 807.3.º y 834 y ss.). Es el único usufructo legal que se mantiene en el C.c. actualmente. El cónyuge usufructuario está exento de la obligación de prestar fianza.

Esta exención cesa si el cónyuge viudo contrae ulterior matrimonio.

2.- Se trata de una exención de la obligación de prestar fianza, por disposición de ley. El artículo siguiente contempla la exención del inventario y fianza, por voluntad de la parte.

CONCORDANCIAS

Véase Ley Hipotecaria, de 8 febrero 1946 (*«B.O.E.»*, 29 mayo): art. 1.68.3.º.

Texto vigente según Ley 11/1981, 13 mayo (*«B.O.E.»,* 19 mayo). Anterior texto según Ley 24 abril 1958 (*«B.O.E.»,* 25 abril).

Artículo 493

El usufructuario, cualquiera que sea el título del usufructo, podrá ser dispensado de la obligación de hacer inventario o de prestar fianza, cuando de ello no resultare perjuicio a nadie.

COMENTARIO

1.- La norma del art. 491 que establece las obligaciones previas del usufructo, es de derecho dispositivo, derogable por voluntad de las partes. Por tanto, usufructuario y nudo propietario pueden pactar la exención de las obligaciones de formar inventario y de prestar fianza.

El art. 492 preveía la exención legal de la fianza; éste prevé la *exención voluntaria de inventario y fianza.*

2.- Dicha exención la califica este artículo de «dispensa» al usufructuario, lo que significa que se trata de un acto unilateral del constituyente del usufructo, que elimina aquellas obligaciones; o bien, del nudo propietario en cuyo caso tiene la naturaleza de renuncia, ya que ambas obligaciones del usufructuario se corresponde a derechos del nudo propietario a los que éste puede renunciar.

En todo caso, es preciso que tal exención de la obligación de formar inventario o de la de prestar fianza no produzcan perjuicio a nadie.

Artículo 494

No prestando el usufructuario la fianza en los casos en que deba darla, podrá el propietario exigir que los inmuebles se pongan en administración, que los muebles se vendan, que los efectos públicos, títulos de crédito nominativos o al portador se conviertan en inscripciones o se depositen en un Banco o establecimiento público, y que los capitales o sumas en metálico y el precio de la enajenación de los bienes muebles se inviertan en valores seguros.

El interés del precio de las cosas muebles y de los efectos públicos y valores, y los productos de los bienes puestos en administración, pertenecen al usufructuario.

También podrá el propietario, si lo prefiere, mientras el usufructuario no preste fianza o quede dispensado de ella, retener en su poder los bienes del usufructo en calidad de administrador, y con la obligación de entregar al usufructuario su producto líquido, deducida la suma que por dicha administración se convenga o judicialmente se le señale.

COMENTARIO

1.- En relación con la obligación previa de prestar fianza (art. 491.2.º), si el usufructuario no la cumple o la cumple mal, el nudo propietario o el constituyente del usufructo (que puede ser distinto) pueden exigir judicialmente su cumplimiento en forma específica.

El nudo propietario, a su vez, puede también aplicar la *sanción* que en caso de tal incumplimiento prevé este artículo. Lo cual es facultativo para aquél: «podrá...» dice el texto legal. Tiene dos opciones, la que prevén los dos primeros párrafos y la que prevé el tercero.

2.- En primer lugar, «podrá el propietario, si lo prefiere...» (dice el tercer párrafo) ser él el administrador de sus propios bienes, cuyo usufructuario no preste ni sea dispensado de la fianza. Como tal, tendrá la posesión de los bienes objeto del usufructo, pero no tiene el aprovechamiento sino que es administrador; es decir, se mantiene los derechos del usufructuario; para ello, el nudo propietario, como administrador, le entregará los frutos, «el producto líquido» del objeto del usufructo.

Como administrador, tendrá derecho a una retribución que se determinará de común acuerdo o se fijará judicialmente. Tal retribución la deducirá directamente del producto líquido de los bienes usufructuados.

3.- Si el nudo propietario no prefiere la solución anterior, se establece en los dos primeros párrafos que podrá, evitando que los bienes usufructuados entren en posesión del usufructuario, exigir unas medidas según el tipo de tales bienes.

— Si son inmuebles: que se pongan en administración de un tercero, el cual entregará al usufructuario los frutos de los mismos.

— Si son muebles, que se vendan y que su importe se invierta en valores seguros, cuyo rendimiento pertenecerá al usufructuario.

— Si son efectos públicos o títulos de crédito: que se conviertan en inscripciones de la Deuda Pública o se depositen en un Banco o establecimiento público, y sus rendimientos serán para el usufructuario.

— Si es dinero en metálico: que se invierta en valores seguros, cuyo interés o rendimientos pertenecen al usufructuario.

CONCORDANCIAS

Véase art. 507 de este Código.

Artículo 495

Si el usufructuario que no haya prestado fianza reclamare, bajo caución juratoria, la entrega de los muebles necesarios para su uso, y que se le asigne habitación para él y su familia en una casa comprendida en el usufructo, podrá el Juez acceder a esta petición, consultadas las circunstancias del caso.

Lo mismo se entenderá respecto de los instrumentos, herramientas y demás bienes muebles necesarios para la industria a que se dedique.

Si no quisiere el propietario que se vendan algunos muebles por su mérito artístico o porque tengan un precio de afección, podrá exigir que se le entreguen, afianzando el abono del interés legal del valor en tasación.

COMENTARIO

1.- Establece este artículo una doble excepción al artículo anterior: la primera, contenida en los dos primeros párrafos, relativa al usufructuario; la segunda, en el párrafo tercero, se refiere al nudo propietario.

2.- La primera excepción, es relativa al usufructuario que ha incumplido su obligación de prestar fianza y que según el artículo anterior, no entra en la posesión de los bienes objeto del usufructo. Puede reclamar del Juez que éste acuerde, atendidas las circunstancias del caso, que se le entreguen bienes que le sean necesarios, muebles para su uso, habitación para él y su familia (que no constituye el típico derecho de habitación contemplado en el Código) y objetos necesarios para el ejercicio de su «industria» (expresión del texto legal) que comprende su profesión, oficio o actividad económica en general. Todos estos bienes que reclama como necesarios deben estar entre los bienes objeto del usufructo.

3.- La segunda excepción es relativa al nudo propietario, cuyo usufructuario no ha cumplido la obligación de prestar fianza y por tanto, según dispone el artículo anterior, los bienes muebles se venderán, si lo pide el nudo propietario. Este, al pedirlo, puede también pedir esta excepción, que consiste en evitar que se vendan bienes muebles de valor artístico o que tengan un valor de afección; que se le entreguen a él, el cual abonará al usufructuario como fruto que le corresponde el interés legal de su valor, cuyo abono deberá garantizar con cualquier medio: hipoteca, prenda, contrato de fianza u otro que pacten.

Artículo 496

Prestada la fianza por el usufructuario, tendrá derecho a todos los productos desde el día en que, conforme al título constitutivo del usufructo, debió comenzar a percibirlos.

COMENTARIO

1.- Guarda relación esta norma con el art. 491.2.º, que establece la obligación del usufructuario de prestar fianza y con el art. 471 que establece el derecho de aprovechamiento de los bienes usufructuados.

Cuando se constituye el usufructo comienza el derecho del usufructuario a percibir los frutos. Se le dará posesión de los bienes cuando preste la fianza (si no la presta, se aplicará el art. 494).

2.- Cuando preste la fianza, aunque sea con retraso, percibirá los frutos desde el día en que se constituyó el usufructo o desde el que se determinó en el título constitutivo (si se constituyó bajo condición o a término). Este es el significado de este precepto, que es verdaderamente inútil.

Artículo 497

El usufructuario deberá cuidar las cosas dadas en usufructo como un buen padre de familia.

COMENTARIO

Hasta el artículo anterior, el Código ha regulado las obligaciones del usufructuario anteriores a entrar en posesión del objeto del usufructo. este artículo se refiere a una obligación coetánea al ejercicio del usufructo: la de cuidar las cosas usufructuadas como un buen padre de familia.

Es una obligación general, con carácter de principio, que también el código impone en otras materias. Se refiere al uso correcto y adecuado, conforme con todas las circunstancias, de las cosas o derechos que constituyen el objeto del usufructo. Responde, en consecuencia, de los daños que sufrieren por dolo o culpa.

CONCORDANCIAS

Véase arts. 520 y 1.104 de este Código.

Artículo 498

El usufructuario que enajenare o diere en arrendamiento su derecho de usufructo, será responsable del menoscabo que sufran las cosas usufructuadas por culpa o negligencia de la persona que le sustituya.

COMENTARIO

1.- El art. 480 permite la disposición del derecho de usufructo y la disposición del aprovechamiento del mismo, cuyo caso más típico es el arrendamiento. A su vez, el art. 497, al establecer la obligación del usufructuario de cuidar el objeto del usufructo con la diligencia de un buen padre de familia, establece su responsabilidad por los daños causados por dolo o culpa.

2.- Este artículo dispone que, en caso de disposición del derecho de usufructo o de su aprovechamiento, el usufructuario responde frente al nudo propietario de los daños sufridos en las cosas objeto de usufructo, por dolo (aunque el dolo no lo contempla este artículo, es evidente que se comprende en él) o por culpa o negligencia, de la persona que ha adquirido el usufructo o que ha adquirido su aprovechamiento, como el arrendatario (único caso que contempla este artículo) o precarista, etc., es decir, «la persona que la sustituya» como dice el texto legal. Ciertamente, el usufructuario es uno solo, responsable según el artículo anterior y éste; si cede su derecho, sigue siendo usufructuario y responsable como tal.

JURISPRUDENCIA

«no es admisible la extensión del término "menoscabo" a los casos en que el propietario sufra un daño por la falta de entrega de la cosa al terminar el usufructo. La letra del artículo 498 claramente indica que ha de haberse producido dicho daño en las "cosas usufructuadas", situación alejada por completo del daño originado al patrimonio del propietario por la falta de entrega de la cosa al extinguirse el usufructo». (27 noviembre 2006, LA LEY 145017/2006)

Artículo 499

Si el usufructo se constituyere sobre un rebaño o piara de ganados, el usufructuario estará obligado a reemplazar con las crías las cabezas que mueran anual y ordinariamente, o falten por la rapacidad de animales dañinos.

Si el ganado en que se constituyere el usufructo pereciese del todo, sin culpa del usufructuario, por efecto de un contagio u otro acontecimiento no común, el usufructuario cumplirá con entregar al dueño los despojos que se hubiesen salvado de esta desgracia.

Si el rebaño pereciere en parte, también por un accidente, y sin culpa del usufructuario, continuará el usufructo en la parte que se conserve.

Si el usufructo fuere de ganado estéril, se considerará, en cuanto a sus efectos, como si se hubiese constituido sobre cosa fungible.

COMENTARIO

1.- Contempla este artículo el usufructo, considerado como especial, de rebaño, y distingue el que puede tenerse como normal y el de ganado estéril.

2.- El usufructo normal de rebaño recae sobre el mismo, como número de cabezas, pudiendo el usufructuario aprovechar las producciones de los animales (lana, leche, etc.) y los aumentos netos del número de cabezas, como dispone el primer párrafo del artículo 499: está obligado a reemplazar con las crías las cabezas que mueran anual y ordinariamente, o falten por la rapacidad de animales dañinos.

Como casos excepcionales, contempla el mismo artículo 499 la pérdida total o parcial del rebaño. En caso de pérdida total (segundo párrafo), sin culpa del usufructuario, por efecto de un contagio y otro acontecimiento no común, se extingue el usufructo, y el usufructuario entregará al nudo propietario los despojos. En caso de pérdida parcial (tercer párrafo), también por un accidente y sin culpa del usufructuario, se extingue parcialmente el usufructo y sólo subsiste en la parte que se conserve.

3.- El usufructo de ganado estéril es considerado como el que recae sobre cosa consumible (aunque el tercer párrafo emplee, como tantas veces, la expresión «cosa fungible») y por tanto, se remite a la normativa de éste, contenida en el art. 482.

CONCORDANCIAS

Véase arts. 482, 513.5.º, 514, 1.101 y 1.105 de este Código.

Artículo 500

El usufructuario está obligado a hacer las reparaciones ordinarias que necesiten las cosas dadas en usufructo.

Se considerarán ordinarias las que exijan los deterioros o desperfectos que procedan de uso natural de las cosas y sean indispensables para su conservación. Si no las hiciere después de requerido por el propietario podrá éste hacerlas por sí mismo a costa del usufructuario.

COMENTARIO

1.- Es obligación del usufructuario la conservación de la cosa o derecho objeto del usufructo; por ello, se le impone la obligación de hacer las reparaciones ordinarias que necesiten las cosas o derechos usufructuados; en otras palabras, debe hacer los gastos necesarios para su conservación, sin que tenga derecho al abono de los mismos (como sí lo tiene el poseedor: arts. 453 y 455), de igual modo que tampoco tiene derecho al abono de los gastos útiles ni de los de puro lujo o mero recreo (art. 487).

Esta obligación es la lógica derivación de la de conservar que prevé el art. 467 y de cuidar que proclama el art. 497 y es la evidente correlación con el derecho de percibir los frutos (aprovechamiento).

No entran en el concepto de conservación y por tanto quedan fuera de la obligación del usufructuario, las reparaciones extraordinarias: a ellas se refieren los dos artículos siguientes.

2.- El usufructuario tiene la obligación de hacer las reparaciones ordinarias. Si no las hace, el nudo propietario puede exigírselo judicialmente, pero éste tiene también vía directa para ello: requiere al usufructuario para que las haga y si no lo atiende, puede el nudo propietario hacerlas por sí mismo.

Las hará «a costa del usufructuario», lo que implica que le puede exigir su importe, inmediatamente; o puede ejecutar para ello la fianza (garantía) prestada; o puede esperar a la extinción del usufructo y en aquel momento liquidar deudas y créditos.

3.- El concepto de reparación ordinaria es atinente a la conservación de la cosa y a esta idea responde la definición que le da este artículo, en el primer inciso del segundo párrafo: son «las que exijan los deterioros de las cosas», lo cual es correcto e incluso suficiente, pero añade «... y sean indispensables para su conservación».

Artículo 501

Las reparaciones extraordinarias serán de cuenta del propietario. El usufructuario está obligado a darle aviso cuando fuere urgente la necesidad de hacerlas.

COMENTARIO

1.- El usufructuario tiene la obligación de conservación de la cosa o derecho objeto del usufructo y, por ello, de hacer las reparaciones ordinarias, a lo que se refiere el artículo anterior. No alcanza su obligación de conservación a las reparaciones extraordinarias, pero sí a dar aviso al nudo propietario, «cuando fuere urgente la necesidad de hacerlas», tal como dice el segundo inciso de este artículo.

2.- El primer inciso establece que tales reparaciones extraordinarias son de *cuenta del nudo propietario*. Por tanto, tiene obligación de hacerlas y su repercusión en el usufructuario o su incumplimiento están previstas en el artículo siguiente.

3.- No se da el concepto de reparación extraordinaria, en contraste con la ordinaria, que expone el segundo párrafo del artículo anterior. Se puede entender en sentido negativo respecto a la ordinaria: es la que va más allá del arreglo de desperfectos procedentes del uso natural de las cosas. Y coincide con la ordinaria en que también va dirigida a la conservación de la cosa.

Artículo 502

Si el propietario hiciere las reparaciones extraordinarias, tendrá derecho a exigir al usufructuario el interés legal de la cantidad invertida en ellas mientras dure el usufructo.

Si no las hiciere cuando fuesen indispensables para la subsistencia de la cosa, podrá hacerlas el usufructuario; pero tendrá derecho a exigir del propietario, al concluir el usufructo, el aumento de valor que tuviese la finca por efecto de las mismas obras.

Si el propietario se negare a satisfacer dicho importe, tendrá el usufructuario derecho a retener la cosa hasta reintegrarse con sus productos.

COMENTARIO

1.- Siguiendo con la conservación de la cosa o derecho objeto del usufructo, el art. 500 impone la obligación al usufructuario de hacer las reparaciones ordinarias y prevé el supuesto de que no las haga; el 501 impone al usufructuario la obligación de dar aviso al nudo propietario de las reparaciones extraordinarias y la obligación de éste de hacerlas; el presente art. 502 contempla el supuesto de que las hace y el de que no las hace.

2.- Si el nudo propietario, cumpliendo su obligación, hace las reparaciones extraordinarias —es decir, hace una inversión económica en una cosa de la que carece del aprovechamiento— tiene derecho a exigir del usufructuario el interés legal, hasta el momento de la extinción del usufructo.

3.- Si el nudo propietario, incumpliendo su obligación, no hace las reparaciones extraordinarias y éstas son tales que llegan a ser indispensables para la subsistencia de la cosa, el usufructuario puede exigir judicialmente que cumpla su obligación y las haga, pero también el código (como el artículo 500 al nudo propietario respecto a las reparaciones ordinarias) concede vía directa al usufructuario, que las puede hacer por sí mismo. En tal caso, podrá exigir al nudo propietario, cuando se extinga el usufructo, el aumento de valor que haya experimentado la cosa usufructuada; el texto legal habla sólo de «finca», cosa inmueble por naturaleza, que será el caso normal, pero debe entenderse comprendida cualquier cosa o derecho objeto del usufructo.

4.- Se establece, por último, un derecho de retención: si al extinguirse el usufructo y reclamar el usufructuario al nudo propietario el importe del aumento del valor por razón de las reparaciones extraordinarias que ha pagado el primero, el segundo no le satisface dicho importe, tiene aquél derecho de retención sobre la cosa en la que se han hecho tales reparaciones extraordinarias. Con una especialidad: no sólo tiene el *ius retentionis* (careciendo, desde luego, del *ius distrahendi*) sino que seguirá aprovechando los frutos de cosa retenida, como si continuara (pero no lo continúa; se ha extinguido ya) el usufructo sobre ella, hasta hacerse pago del importe reclamado.

CONCORDANCIAS

Véase art. 453 de este Código.

Artículo 503

El propietario podrá hacer las obras y mejoras de que sea susceptible la finca usufructuada, o nuevas plantaciones en ella si fuere rústica, siempre que por tales actos no resulte disminuido el valor del usufructo, ni se perjudique el derecho del usufructuario.

COMENTARIO

1.- Se concede al nudo propietario la facultad de hacer obras y mejoras, exclusivamente a su cargo, en la cosa o derecho usufructuada. El texto legal se refiere a «la finca usufructuada», es decir, a cosa inmueble por naturaleza, pero por interpretación extensiva debe entenderse referido a cualquier tipo de cosa, aunque en la práctica será lo normal que recaigan en fincas. Entre las obras y mejoras se incluyen las «nuevas plantaciones» (a que se refiere expresamente el texto legal) en una finca rústica.

2.- El problema puede estar en los límites del ejercicio de dicha facultad, ya que el nudo propietario nunca puede perjudicar al usufructuario ni dañar el usufructo; es decir, como ya disponía el art. 489, no puede hacer nada que perjudique al usufructuario, ni alterar la forma y sustancia de la cosa usufructuada.

El límite es, pues, subjetivo y objetivo. Subjetivamente, no puede perjudicar el derecho del usufructuario; por tanto, el derecho de éste debe quedar igual o mejorado, nunca perjudicado; por ello, incluso necesitará el permiso del usufructuario para hacer las obras y mejoras, pues el hecho de hacerlas evita o perturba el ejercicio de su derecho. Objetivamente, no puede disminuir el valor del usufructo, por aquellas obras o supuestas mejoras que podrían ser interesantes para un propietario pero no para un usufructo, cuyo beneficio esencial es el aprovechamiento.

CONCORDANCIAS

Véase art. 595 de este Código.

Artículo 504

El pago de las cargas y contribuciones anuales y el de las que se consideran gravámenes de los frutos, será de cuenta del usufructuario todo el tiempo que el usufructo dure.

COMENTARIO

Se establece la obligación del usufructuario de pagar cargas e impuestos que pesan sobre el uso de la cosa y no sobre el derecho de propiedad.

Así, al usufructuario corresponde el pago de las *cargas*, como el canon si se trata de finca enfitéutica, las *contribuciones anuales*, como la territorial rústica y urbana y los *gravámenes de los frutos*, donde se pueden incluir todos aquellos que pesan sobre el rendimiento de la cosa usufructuada, sean de carácter privado (como un legado previsto en el art. 508) o público (como un impuesto por la utilización o disfrute).

Artículo 505

Las contribuciones que durante el usufructo se impongan directamente sobre el capital, serán de cargo del propietario.

Si éste las hubiese satisfecho, deberá el usufructuario abonarle los intereses correspondientes a las sumas que en dicho concepto hubiese pagado y, si las anticipare el usufructuario, deberá recibir su importe al fin del usufructo.

COMENTARIO

1.- En el artículo anterior, se establecía la obligación del usufructuario de pagar cargas e impuestos que recaen sobre el uso de la cosa. En éste se establece que son de cargo del nudo propietario los impuestos que recaen sobre el derecho de propiedad.

2.- El nudo propietario, pues, tiene obligación de pagarlas. Si la cumple y los paga, puede exigir al usufructuario que le abone el interés legal de su importe (el texto legal dice «intereses correspondientes», que debe entenderse que son los legales, en consonancia con el primer párrafo del art. 502 hasta la extinción del usufructo.

Si no la cumple y no paga tales impuestos, los puede pagar el usufructuario: no tiene obligación de hacerlo, pero sí se prevé expresamente que tiene facultad para ello, ya que un impago podría perjudicarle directamente, por ejemplo, en caso de embargo y ejecución de cosas objeto del usufructo por el impago de impuestos. Si los paga el usufructuario («si las anticipare» dice el texto legal) podrá exigir al nudo propietario, cuando se extinga el usufructo, que le restituya su importe. No se le concede derecho de retención como en el caso del último párrafo del art. 502. No se le conceden tampoco intereses por la cantidad satisfecha. No se prevé que pueda reclamar el importe que satisfizo como deuda de valor o con un sistema de actualización: siguiendo en nuestro código el principio nominalista, el usufructuario exigirá al nudo propietario, cuando se extingue el usufructo, el importe nominalmente exacto de lo que él pagó por los impuestos que recayeron sobre la propiedad.

Artículo 506

Si se constituyere el usufructo sobre la totalidad de un patrimonio, y al constituirse tuviere deudas el propietario, se aplicará, tanto para la subsistencia del usufructo como para la obligación del usufructuario a satisfacerlas, lo establecido en los artículos 642 y 643 respecto de las donaciones.

Esta misma disposición es aplicable al caso en que el propietario viniese obligado, al constituirse el usufructo, al pago de prestaciones periódicas, aunque no tuvieran capital conocido.

COMENTARIO

1.- El usufructo singular recae sobre una o varias cosas concretas: es el usufructo propio o normal. El usufructo universal recae sobre un patrimonio (art. 506) o sobre una herencia (arts. 508 y 510): normalmente el usufructo es universal, apenas se constituye sobre una cosa singular determinada, sino que recae sobre un patrimonio o herencia, ya que la función económica y social del usufructo es esencialmente familiar y sucesoria.

No se constituye en realidad un usufructo sobre el patrimonio o sobre la herencia, sino una suma de derechos de usufructo sobre objetos singulares. Se trata de un conjunto de usufructos sobre cada una de las unidades que lo componen, si bien se le aplicarán ciertas disposiciones especiales que no regirían si hubiese un conjunto de usufructos independientes entre sí y no conexos por ningún lazo.

El usufructuario carece del derecho de administrar el patrimonio como un todo y, por ejemplo, de proceder a enajenar, en interés de la buena economía del patrimonio, objetos singulares del mismo y adquirir otros nuevos que en virtud de subrogación hubieran de sujetarse al usufructo.

Este usufructo presenta una particularidad en cuanto atañe al pago de deudas, que el Código civil resuelve en el artículo 506 para el constituido *inter vivos* y el 510 para el constituido *mortis causa.*

Aceptado que este usufructo se reduce a una serie de usufructos, la consecuencia obligada será que el usufructuario es totalmente ajeno a las deudas que son carga del patrimonio; como esto sería injusto, tanto para los acreedores del constituyente del usufructo como para él mismo, el Código civil da reglas a este respecto, en relación con las modalidades del usufructo sobre una universalidad: 1.º) sobre un patrimonio, 2.º) sobre una herencia.

2.- Este artículo 506 prevé el usufructo de un patrimonio, universal, en el que el usufructuario está obligado a pagar las deudas o prestaciones periódicas (aunque éstas no tuviesen capital conocido) que tuviere contraídas con anterioridad el transmitente, cuando se exprese así en el título de constitución del usufructo, o si hubiere hecho éste en fraude de acreedores (que se presume si no se reservó bienes bastantes para pagarlos).

Artículo 507

El usufructuario podrá reclamar por sí los créditos vencidos que formen parte del usufructo si tuviese dada o diera la fianza correspondiente. Si estuviese dispensado de prestar fianza o no hubiese podido constituirla, o la constituida no fuese suficiente, necesitará autorización del propietario, o del Juez en su defecto, para cobrar dichos créditos.

El usufructuario con fianza podrá dar al capital que realice el destino que estime conveniente. El usufructuario sin fianza deberá poner a interés dicho capital de acuerdo con el propietario; a falta de acuerdo entre ambos, con autorización judicial; y, en todo caso, con las garantías suficientes para mantener la integridad del capital usufructuado.

COMENTARIO

1.- En el usufructo en el que se contienen derechos de crédito, el usufructo podrá reclamarlos y, una vez obtenidos, darles el destino correspondiente. Pero se distingue si el usufructuario ha cumplido correctamente su obligación de prestar la fianza (art. 491.2.º) o no.

2.- Si ha prestado completa y correctamente la fianza, el usufructuario podrá reclamar por sí, extrajudicialmente o judicialmente (en cuyo caso, es una sustitución procesal) el crédito cuyo titular es el nudo propietario pero él es usufructuario.

Una vez cumplido el crédito, le podrá dar —dice el segundo párrafo de este artículo— «el destino conveniente»; si el crédito es de dinero, como parece suponer este artículo, se trata de cosa consumible y se aplica el art. 482.

3.- Si no ha prestado la fianza, porque no ha podido o querido o está dispensado (por ley, art. 492, o por autonomía de la voluntad, art. 493) o la ha constituido insuficientemente, para reclamar los créditos judicial o extrajudicialmente, precisa autorización del nudo propietario o, en su defecto, autorización judicial.

Una vez cumplido el crédito, deberá poner el dinero obtenido «a interés», dice el segundo párrafo de este artículo, lo que significa la inversión en valores o el depósito en entidad adecuada, siempre con «garantías suficientes», añade el último inciso, que pueden ser de muchos tipos o puede bastar la simple constancia que son valores objeto del usufructo y el nombre, como verdadero titular, del nudo propietario. La inversión mencionada deberá hacerse por acuerdo entre el usufructuario y el nudo propietario y si no se alcanza, con autorización del juez.

Artículo 508

El usufructuario universal deberá pagar por entero el legado de renta vitalicia o pensión de alimentos.

El usufructuario de una parte alícuota de la herencia lo pagará en proporción a su cuota.

En ninguno de los dos casos quedará obligado el propietario al reembolso.

El usufructuario de una o más cosas particulares sólo pagará el legado cuando la renta o pensión estuviese constituida determinadamente sobre ellas.

COMENTARIO

1.- Contempla este artículo, aunque no lo diga explícitamente, el usufructo constituido mortis causa; usufructo que recae sobre la totalidad de una herencia, sobre una parte alícuota o sobre bienes y derechos concretos. Partiendo de ello, prevé la obligación del usufructuario de satisfacer un legado de renta vitalicia o de alimentos a favor de un tercero o, por analogía, de cualquier otra renta o prestación periódica que haya establecido el testador.

2.- Usufructo universal sobre una herencia: el usufructuario debe pagar el legado de renta vitalicia, el legado de alimentos u otra carga periódica que el testador hubiera establecido en el testamento: así lo expresa el primer párrafo de este artículo, aunque el mismo no se refiere a otra carga periódica, pero se comprende por analogía. Lo pagará el usufructuario, sin que pueda reclamar su reembolso al nudo propietario, tal como dispone el penúltimo párrafo.

3.- Usufructo sobre parte alícuota de la herencia: el usufructuario pagará el legado de renta vitalicia o de alimentos u otra carga periódica impuesta por el testador, en proporción a la cuota hereditaria usufructuada. El nudo propietario tampoco está obligado al reembolso.

4.- Usufructo singular sobre una o varias cosas o derechos del contenido de la herencia: el usufructuario no está obligado a pagar el legado de renta vitalicia o de alimentos u otra periódica, a no ser que éstos se constituyan expresamente sobre tales cosas o derechos; es decir, sería legado en usufructo *sub modo*. Y tampoco tiene obligación de reembolso el nudo propietario (aunque el tercer párrafo da la impresión de que no se refiere a este caso, sí le alcanza).

CONCORDANCIAS

Véase arts. 879 y 880 de este Código.

Artículo 509

El usufructuario de una finca hipotecada no estará obligado a pagar las deudas para cuya seguridad se estableció la hipoteca.

Si la finca se embargare o vendiere judicialmente para el pago de la deuda, el propietario responderá al usufructuario de lo que pierda por este motivo.

COMENTARIO

1.- La hipoteca es un derecho real de garantía inmobiliaria que asegura el cumplimiento de una obligación; ésta deberá ser cumplida por el deudor. Se prevé expresamente —y quizá innecesariamente— que el usufructuario de una finca hipotecada al no ser el deudor de la obligación garantizada, no debe cumplir ésta y pagar la deuda. Cosa distinta es que le convenga pagarla, lo haga y se dé el caso de pago con subrogación (art. 1210.3.º).

2.- Si la obligación garantizada con hipoteca no se cumple y se realiza la hipoteca (así, procedimiento judicial sumario del art. 131 L.H.) puede quedar perjudicado el usufructuario. Si la hipoteca se constituyó e inscribió en el Registro de la Propiedad con posterioridad al usufructo (lo que significa que se hipotecó la nuda propiedad), su realización en nada le afectará y el adjudicatario adquirirá la finca ya usufructuada (en otras palabras: la nuda propiedad).

Si la hipoteca se constituyó e inscribió antes que el usufructo —caso al que parece referirse el presente artículo (usufructo de finca hipotecada)— cuando aquélla se realice, provocará la extinción de éste. El usufructuario, evidentemente, quedará perjudicado, pues perderá su derecho de usufructo, por lo que se le concede expresamente acción contra el propietario (nudo propietario) para reclamarle lo que ha perdido —que es el propio usufructo— «por este motivo» dice el presente artículo, motivo que es el impago de la deuda por el propietario, la consecuente realización de la hipoteca y, por ello, la extinción del usufructo.

3.- Este artículo también se refiere a que, para el pago de la deuda garantizada con la hipoteca «la finca se embargare» pero es una frase vacía de contenido, ya que, en principio, la finca no se embarga para el pago de una deuda garantizada con hipoteca, sino que se realiza ésta.

Artículo 510

Si el usufructo fuere de la totalidad o de parte alícuota de una herencia, el usufructuario podrá anticipar las sumas que para el pago de las deudas hereditarias correspondan a los bienes usufructuados, y tendrá derecho a exigir del propietario su restitución, sin interés, al extinguirse el usufructo.

Negándose el usufructuario a hacer esta anticipación, podrá el propietario pedir que se venda la parte de los bienes usufructuados que sea necesaria para pagar dichas sumas, o satisfacerlas de su dinero, con derecho, en este último caso, a exigir del usufructuario los intereses correspondientes.

COMENTARIO

1.- Se trata del usufructo universal de toda o de una parte de la herencia. El causante pudo tener obligaciones de las que era deudor y a su muerte quedar comprendidas en la herencia. El supuesto que plantea este artículo es que el heredero es el propietario o titular de los bienes o derechos que integran el caudal hereditario y sobre todos ellos o sobre una parte alícuota de los mismos, se constituye usufructo.

El deudor de aquellas obligaciones será, pues, el heredero (o los herederos) pero de los bienes o derechos de la herencia, en todo o en parte, es sólo nudo propietario. A su vez, el aprovechamiento de éstos es el usufructuario, que no es deudor y su posición la prevé este artículo 510.

2.- Se prevé una doble posibilidad, con carácter de subsidiariedad. La primera, en que el usufructuario paga las deudas y exige al nudo propietario su reembolso, sin interés (por lo cual, hoy día, con la devaluación monetaria, es una posibilidad antieconómica) cuando se extinga el usufructo, teniendo sin embargo derecho de retención sobre el objeto del usufructo hasta que se le reembolse (que prevé el art. 522).

La segunda, subsidiaria de la anterior, es también doble, que se prevé cuando el usufructuario se niega a seguir la anterior: el nudo propietario puede, en primer lugar, instar la venta de los bienes usufructuados que sean precisos (que pueden incluso, serlo todos; no sólo una parte como dice el texto legal) para pagar las deudas hereditarias; o bien, en segundo lugar, puede pagarlas con dinero propio y exigir, mientras dura el usufructo, los intereses legales de la cantidad que pagó, al usufructuario. Los puede exigir mientras está vigente el usufructo o, todos acumulados, cuando éste se extinga.

Artículo 511

El usufructuario estará obligado a poner en conocimiento del propietario cualquier acto de un tercero, de que tenga noticia, que sea capaz de lesionar los derechos de propiedad, y responderá, si no lo hiciere, de los daños y perjuicios, como si hubieran sido ocasionados por su culpa.

COMENTARIO

1.- Se considera la obligación de custodia del usufructuario en el sentido de que debe poner en conocimiento del nudo propietario el acto del tercero que pueda causar daños a las cosas objeto del usufructo.

El supuesto es, pues, una actuación de tercero que causa o puede causar daño al objeto del usufructo, propiedad del nudo propietario («... lesionar los derechos de propiedad», dice el texto legal). Daño que puede ser físico, como perjuicio material a las cosas usufructuadas o jurídico, como un expediente de expropiación, una recalificación del suelo, un embargo, etc. El usufructuario debe avisar al nudo propietario, a fin de que éste pueda tomar medidas adecuadas.

2.- Si no da tal aviso, el usufructuario será responsable de los daños y perjuicios. Añade innecesariamente el texto legal: «como si hubieran sido ocasionados por su culpa».

CONCORDANCIAS

Véase art. 1.559 de este Código.

Artículo 512

Serán de cuenta del usufructuario los gastos, costas y condenas de los pleitos sostenidos sobre el usufructo.

COMENTARIO

1.- Contempla este artículo una cuestión procesal: en un pleito sobre usufructo, el usufructuario tiene la obligación de satisfacer los gastos, costas y condenas; por gastos debe entenderse aquéllos que preparan o acompañan al proceso pero que no son procesales (dictámenes, peritajes, etc.) las costas se establecen en la L.E.C. (art. 324) y las condenas son el contenido del fallo.

2.- Este artículo está vacío de contenido. Carece de posibilidad de aplicación. Todo proceso contiene la resolución sobre costas, como norma de derecho procesal, de orden público, dirigida al órgano jurisdiccional. No pueden las partes cambiarla ni el C.c. modificarla. Así, si se produce un pleito sobre usufructo, en la sentencia se decidirá sobre los gastos, las costas y se dictará la condena que proceda.

SECCIÓN CUARTA
De los modos de extinguirse el usufructo

Artículo 513

El usufructo se extingue:

1.º Por muerte del usufructuario.

2.º Por expirar el plazo por el que se constituyó, o cumplirse la condición resolutoria consignada en el título constitutivo.

3.º Por la reunión del usufructo y la propiedad en una misma persona.

4.º Por la renuncia del usufructuario.

5.º Por la pérdida total de la cosa objeto del usufructo.

6.º Por la resolución del derecho del constituyente.

7.º Por prescripción.

COMENTARIO

1.- Las causas de extinción del usufructo son enumeradas no exhaustivamente en este artículo. En todo caso, no puede olvidarse que el usufructo es esencialmente temporal y cuando se extingue la propiedad recobra su amplitud normal. El Código civil regula la extinción del usufructo a partir del artículo 513. Se pueden clasificar las causas de extinción, por su relación con el sujeto, con el objeto o con la propia relación jurídica derivada del usufructo.

2.- Las causas concretas, debidamente clasificadas, son las siguientes.

Primer grupo: por razón del sujeto; primero: extinción de la persona del usufructuario, por muerte si es persona física, única causa de extinción de la personalidad, y por su extinción o por el plazo máximo de treinta años, si es persona jurídica; el usufructo es naturalmente vitalicio, aunque puede constituirse como no vitalicio y fijarse otra causa de extinción; segundo: renuncia del usufructuario, quedando libre, sin tal derecho limitativo, el de propiedad.

Segundo grupo: por razón del objeto; primero: pérdida total de la cosa usufructuada, regulándose el caso de la pérdida parcial; segundo: expropiación de la misma (lo que prevé no el art. 513 sino el 519 y no siempre es un verdadero caso de extinción).

Tercer grupo: por razón de la relación jurídica: primero: cumplimiento de la condición resolutoria o vencimiento del término final, que es la causa 2 del art. 513. Siendo vitalicio, si se cumple una condición (por ejemplo «si contrae matrimonio», *vid.* art. 793) o vence un término (por ejemplo, por un máximo de diez años), se extingue el usufructo que, en todo caso, se extinguirá por la muerte del usufructuario, a no ser que se constituyera como no vitalicio; segundo: consolidación, por la reunión del usufructo y la nuda propiedad en la misma persona, lo cual se produce en todo caso de extinción del usufructo, en que el nudo propietario deviene propietario pleno; pero no es éste el caso de consolidación como causa específica de extinción del usufructo. Esta la produce precisamente por la reunión en una sola persona del doble carácter de usufructuario y propietario, que se da porque el usufructuario adquiere —por el modo que sea— el derecho de propiedad de la cosa usufructuada por él (por ejemplo, compra la cosa o la hereda) o porque el nudo propietario adquiere el usufructo (por ejemplo, lo compra) o porque un tercero adquiere propiedad y, al tiempo, el usufructo (compra, por ejemplo sus respectivos derechos a nudo propietario y a usufructuario); tercero: prescripción, producida por el no uso durante seis o treinta años, según recaiga el usufructo sobre cosa mueble o inmueble, sin perjuicio de que se extinga anteriormente por usucapión, por un tercero de la cosa libre de usufructo (*usucapio libertatis*); cuarto: resolución del derecho del constituyente, lo que significa, no que se resuelva el propio usufructo, sino el derecho de quien lo constituyó.

«El usufructo de que era titular dicho causante se extinguió con su muerte (artículo 513.1.º) y la cantidad usufructuada era propiedad, como nuda propiedad, de sus hijos, demandantes y demandados. A la muerte del usufructuario, se consolidó con la propiedad y ésta, no ya nuda sino plena, quedó como titularidad de los hijos. Todo ello fuera del contenido de la herencia (artículo 659); no se incluyó en la partición y no cabe deducción alguna». (19 octubre 2009, rec. 1829/2005, LA LEY 196258/2009)

CONCORDANCIAS

Véase:
— arts. 514, 516 a 519, 521, 781, 793, 1.962 y 1.963 de este Código.
— Ley Hipotecaria, de 8 febrero 1946 (*«B.O.E.»*, 29 mayo): art. 107.

Artículo 514

Si la cosa dada en usufructo se perdiera sólo en parte, continuará este derecho en la parte restante.

COMENTARIO

La pérdida total del objeto del usufructo provoca la extinción del mismo (art. 513.5.º). Si la pérdida es parcial, se extingue respecto a la parte perdida, pero se mantiene respecto al resto.

Esta extinción parcial puede ser o bien porque se pierde parte de la cosa usufructuada, en un usufructo singular, o bien porque se pierde una cosa completa o parte de ella o varias cosas, en un usufructo universal.

CONCORDANCIAS

Véase art. 499 de este Código.

Artículo 515

No podrá constituirse el usufructo a favor de un pueblo o Corporación o Sociedad por más de treinta años. Si se hubiese constituido, y antes de este tiempo el pueblo quedara yermo, o la Corporación o la Sociedad se disolviera, se extinguirá por este hecho el usufructo.

COMENTARIO

1.- El usufructo es un derecho real limitativo del de propiedad; por ello, tiene un carácter esencialmente temporal. Si el usufructuario es una persona física, será naturalmente vitalicio; si es una persona jurídica, este artículo impone una limitación.

2.- El usufructo cuyo usufructuario es una persona jurídica pública o privada («pueblo o corporación o sociedad» dice el texto legal) tiene una duración máxima de treinta años. El constituyente del usufructo o las partes de común acuerdo no pueden rebasar este límite, que viene impuesto por norma imperativa, de derecho cogente, inderogable por la autonomía de la voluntad.

Así pues, el usufructo cuyo usufructuario es persona jurídica se extinguirá cuando ésta se disuelva y, como máximo, a los treinta años de la constitución del usufructo.

JURISPRUDENCIA

«el derecho de usufructo sobre los cuestionados montes se constituyó voluntariamente en escritura pública de fecha 20 de agosto de 1897, y aunque la concesión fue hecha a perpetuidad, legalmente quedó reducida a 30 años, a tenor de lo dispuesto en el artículo 515 del Código Civil, luego tal derecho real finalizó legalmente el día 20 de agosto de 1927». (15 abril 1988, LA LEY 641/1988)

«en relación con arrendamientos sujetos al Código Civil y con base en argumentos que resultan también aquí aplicables, parte de la doctrina se ha inclinado por acudir a la analogía del arrendamiento con la figura del usufructo y, en consecuencia, entender que cuando —como aquí sucede— el arrendatario es persona jurídica la duración máxima que cabe imponer al arrendador, sin perjuicio de que la voluntad de las partes pueda llevar los efectos del contrato más allá del indicado tiempo, es la de treinta años que la ley establece como límite temporal para el usufructo en el artículo 515 del Código Civil». (9 septiembre 2009, rec. 1071/2005, LA LEY 177102/2009. Doctrina reiterada por la sentencia 14 julio 2010, rec. 2206/2005, LA LEY 113853/2010)

Artículo 516

El usufructo concedido por el tiempo que tarde un tercero en llegar a cierta edad, subsistirá el número de años prefijado, aunque el tercero muera antes, salvo si dicho usufructo hubiese sido expresamente concedido sólo en atención a la existencia de dicha persona.

COMENTARIO

1.- Si bien el usufructo es naturalmente vitalicio, puede constituirse de otra manera, aunque será temporal. Este artículo prevé un supuesto de usufructo a término y éste es el marcado por la edad de un tercero.

2.- El tercero es cualquier persona ajena al usufructo. Es decir, no el usufructuario. Puede serlo el nudo propietario o el constituyente del usufructo (si no es el mismo). O bien, una persona completamente ajena.

3.- El término marcado por la edad del tercero, puede serlo de dos formas: o bien que el usufructo se mantenga hasta que el tercero llegue o hubiera llegado (si muere antes) a determinada edad; o bien, que se mantenga hasta que muera, o como máximo, hasta que llegue a determinada edad. En otras palabras, o bien se extingue tal día de tal año (en que el tercero cumple o cumpliría tantos años) o bien se extingue tal día (en que el tercero cumple tal edad) o antes, si muere antes.

Artículo 517

Si el usufructo estuviera constituido sobre una finca de la que forme parte un edificio, y éste llegare a perecer, de cualquier modo que sea, el usufructuario tendrá derecho a disfrutar del suelo y de los materiales.

Lo mismo sucederá cuando el usufructo estuviera constituido solamente sobre un edificio y éste pereciere. Pero en tal caso, si el propietario quisiere construir otro edificio, tendrá derecho a ocupar el suelo y a servirse de los materiales, quedando obligado a pagar al usufructuario, mientras dure el usufructo, los intereses de las sumas correspondientes al valor del suelo y de los materiales.

COMENTARIO

1.- Hay que tener en cuenta que este artículo, en sus dos párrafos, contempla dos supuestos distintos. El primer párrafo es una aplicación del art. 514 sobre pérdida parcial del objeto del usufructo. Si éste recae sobre una finca en la que se levanta un edificio y éste se pierde (se destruye o, como dice el texto legal, «llegare a perecer») el usufructo se mantiene respecto al resto, que es el suelo y los materiales (de derribo).

2.- El segundo párrafo de este artículo contempla un supuesto de pérdida total del objeto del usufructo y en vez de extinguirse (como dispone como norma general el art. 513.5.º) establece (como excepción a la anterior) que si el usufructo recae sobre un edificio (pero no sobre la finca en que se asienta) y éste se pierde («pereciere» dice el texto legal), el usufructuario mantiene el posible aprovechamiento de los materiales de derribo y del suelo.

Pero, a su vez, en este caso, tiene el usufructuario una limitación a favor del nudo propietario: aquél debe permitir a éste que pueda ocupar el suelo y aprovechar los materiales y construir otro edificio. En tal caso no tendrá usufructo sobre el nuevo edificio, sino se extinguirá totalmente el usufructo y, en su lugar, tendrá derecho a que el nudo propietario le pague, hasta que no se hubiera extinguido el usufructo, los intereses legales correspondientes al valor del suelo y de los materiales.

Artículo 518

Si el usufructuario concurriere con el propietario al seguro de un predio dado en usufructo, continuará aquél, en caso de siniestro, en el goce del nuevo edificio si se construyere, o percibirá los intereses del precio del seguro si la reedificación no conviniere al propietario.

Si el propietario se hubiere negado a contribuir al seguro del predio, constituyéndolo por sí solo el usufructuario, adquirirá éste el derecho de recibir por entero en caso de siniestro el precio del seguro, pero con obligación de invertirlo en la reedificación de la finca.

Si el usufructuario se hubiese negado a contribuir al seguro, constituyéndolo por sí solo el propietario, percibirá éste íntegro el precio del seguro en caso de siniestro, salvo siempre el derecho concedido al usufructuario en el artículo anterior.

COMENTARIO

1.- Este artículo contempla un supuesto no tanto de extinción, sino más bien de modificación del usufructo por cambio del objeto. Se refiere al usufructo sobre finca edificada, aunque por analogía puede aplicarse el usufructo sobre otro objeto. En todo caso, el objeto del usufructo está asegurado. Distingue tres supuestos: que el seguro lo ha celebrado con la compañía aseguradora, el nudo propietario y el usufructuario conjuntamente y pagado por ambos las primas; que sólo lo ha contratado y pagado el usufructuario; que sólo lo ha hecho el nudo propietario.

2.- Primer supuesto. Concurrencia de usufructuario y nudo propietario en el seguro. Primer párrafo. se produce el siniestro y se pierde (se destruye, perece) el edificio. El nudo propietario tiene opción para, con el importe del seguro, construir un nuevo edificio o no. En el primer caso, el usufructo recaerá sobre el nuevo edificio; en el segundo, el usufructuario percibirá los intereses del importe del seguro: los que produzca dicho capital, adecuadamente invertido, inversión cuya decisión corresponderá al usufructuario (el cual, a su vez, responde frente al nudo propietario con la fianza que prestó) que es el interesado.

3.- Segundo supuesto. Sólo contrató y pagó el seguro, el usufructuario. El importe del seguro lo percibe el usufructuario, pero debe invertirlo en la construcción de un nuevo edificio («reedificación de la finca» dice el texto legal).

4.- Tercer supuesto. Sólo contrató y pagó el seguro, el nudo propietario. El importe del seguro lo percibirá íntegro el nudo propietario. El usufructuario carece de todo derecho sobre él. Sólo tendrá por remisión el artículo anterior, un derecho de aprovechar el suelo y los materiales o los intereses del valor de los mismos si el nudo propietario decide reedificar.

Artículo 519

Si la cosa usufructuada fuere expropiada por causa de utilidad pública, el propietario estará obligado, o bien a subrogarla con otra de igual valor y análogas condiciones, o bien a abonar al usufructuario el interés legal del importe de la indemnización por todo el tiempo que deba durar el usufructo. Si el propietario optare por lo último, deberá afianzar el pago de los réditos.

COMENTARIO

1.- La expropiación forzosa está incluida en la sección que regula los modos de extinguirse el usufructo, pero no siempre se extingue realmente, sino que se produce una modificación en el objeto del mismo (lo que también se ha dado en llamar «subrogación real»).

El supuesto es el caso de expropiación forzosa del objeto del usufructo por causa de utilidad pública o de interés social; aunque el texto de este artículo sólo se refiere a la utilidad pública, de acuerdo con el texto del art. 349, debe añadirse el interés social, conforme a lo que expresa el art. 33.3 de la Constitución y el texto de la legislación de expropiación forzosa.

2.- En tal supuesto de expropiación forzosa, el nudo propietario percibe el importe de la expropiación y tiene una doble opción: o bien, con él adquiere otra cosa «de igual valor y análogas condiciones» (dice así el texto legal) lo que no significa que sea idéntico, sino del mismo tipo y aprovechamiento, y el usufructo continúa sobre éste; o bien, hace suyo el importe de la expropiación, queda extinguido el usufructo y abona al usufructuario el interés legal mientras hubiera durado el usufructo, debiendo afianzar el pago de tal interés; fianza de cualquier tipo, prenda, hipoteca, contrato de fianza, etc.

CONCORDANCIAS

Véase Ley de Expropiación Forzosa, de 16 de diciembre de 1954 (*«B.O.E.»*, 17 diciembre).

Artículo 520

El usufructo no se extingue por el mal uso de la cosa usufructuada; pero, si el abuso infiriese considerable perjuicio al propietario, podrá éste pedir que se le entregue la cosa, obligándose a pagar anualmente al usufructuario el producto líquido de la misma después de deducir los gastos y el premio que se le asignare por su administración.

COMENTARIO

1.- El art. 497 impone al usufructuario la obligación de cuidar las cosas usufructuadas con la diligencia de un buen padre de familia; responde, en consecuencia, de los daños que sufrieren por un dolo o culpa. La fianza implica una garantía para ello. Incluye, incluso, los actos de tercero, tal como prevé el art. 498.

Por tanto, el incumplimiento de tal obligación de cuidado origina la responsabilidad del usufructuario, pero no la extinción del usufructo. Así lo expresa el primer inciso de este artículo: «el usufructo no se extingue por el mal uso de la cosa usufructuada».

2.- Si este mal uso llega al extremo del abuso, en el sentido de que perjudica la propiedad y por tanto al nudo propietario, éste tiene la facultad que también le reconoce el art. 494, tercer párrafo en el caso de que el usufructuario no preste la fianza. Consiste en ser él el poseedor y administrador de sus propios bienes —la cosa, cosas o patrimonio usufructuado— pero no tiene el aprovechamiento, sino que éste corresponde al usufructuario.

Es decir, se mantiene el derecho real de usufructo y los derechos del usufructuario; pero la posesión y la administración la tiene el nudo propietario, el cual le entregará el «producto líquido» que se obtenga de las cosas objeto del usufructo; lo que significa que del rendimiento bruto descontará los gastos invertidos y también la retribución que se fije al nudo propietario como administrador.

JURISPRUDENCIA

«no se ve por parte alguna la infracción del art. 520 CC, ni se explica en el recurso lo más mínimo sobre la relación con los arts. 7 y 1902 CC. Ninguna de esas «circunstancias subjetivas» que expone la recurrente —exposición propia ante la instancia, no ante un tribunal de casación— implican ninguna fuerza mayor que le hubiese impedido cumplir con sus obligaciones de usufructuaria (art. 1105 CC), ni renunciar al usufructo unilateralmente, consolidándose entonces automáticamente la plena propiedad en los nudos propietarios». (11 noviembre 1995, LA LEY 9843/1996)

«Se trata de una obligación general, con carácter de principio, que también el código establece en otras materias; se refiere al uso correcto y adecuado del objeto del usufructo y responde de los daños que sufrieren por dolo o culpa las cosas objeto del usufructo. Pero si este mal uso llega a un extremo que se califique de abuso, en el sentido de que perjudica la propiedad y, por tanto, al nudo propietario, éste tiene la facultad que le otorga el art. 520 CC para poseer y administrar los bienes usufructuados el nudo propietario». (11 julio 1997, LA LEY 8481/1997)

CONCORDANCIAS

Véase arts. 7.1 y 497 de este Código.

Artículo 521

El usufructo constituido en provecho de varias personas vivas al tiempo de su constitución, no se extinguirá hasta la muerte de la última que sobreviviere.

COMENTARIO

1.- El usufructo es naturalmente vitalicio y se extingue por muerte del usufructuario, persona física (art. 513.1.º) o por disolución o máximo de treinta años si es persona jurídica (art. 515). El usufructo puede ser unipersonal, cuyo usufructuario es una sola persona, o múltiple, si son varias personas y éste, a su vez, simultáneo o sucesivo.

El presente artículo contempla el supuesto de un solo *usufructo constituido a favor de varios cousufructuarios*, todos ellos, vivos, si son personas físicas o existentes, si son jurídicas, aunque éstas no son previstas expresamente.

Si los usufructuarios son varias personas al tiempo (usufructuario pluripersonal simultáneo) el usufructo no se extinguirá hasta la muerte de la última que sobreviviere, acreciendo a los demás su respectiva cuota a medida que vayan muriendo los cousufructuarios. Si son varias personas, nombradas sucesivamente, dentro de los límites del artículo 781 (usufructo pluripersonal sucesivo), igualmente el usufructo no se extinguirá hasta la muerte de la última.

2.- Caso de usufructo simultáneo a favor de varios cousufructuarios, personas físicas vivas o personas jurídicas existentes. Cuando cualquiera de ellas se extingue (por muerte u otra cualquiera causa, la física; por disolución u otra causa o por treinta años la jurídica) su cuota parte del derecho de usufructo no queda extinguida y resulta libre a favor del nudo propietario que deviene propietario pleno, sino que ésta acrece a los demás: es un impropio derecho de acrecer o un acrecimiento *inter vivos*.

Cuando quede un solo usufructuario, se extinguirá por muerte si era persona física (único caso que contempla este art. 521) o por cualquier otra causa de extinción (renuncia, pérdida, prescripción, etc.) o bien, si es persona jurídica, por cualquier causa de extinción o por el plazo máximo de treinta años.

3.- Caso de usufructo sucesivo. Se irán produciendo las transmisiones de uno a otro de los usufructuarios sucesivos, a medida que cada uno muera o se dé otra causa de extinción, si es persona física, con los límites que el art. 781 establece para la sustitución fideicomisaria.

Sí es un usufructo sucesivo en todo caso el art. 515 y no podrá tener una duración superior a treinta años.

Artículo 522

Terminado el usufructo, se entregará al propietario la cosa usufructuada, salvo el derecho de retención que compete al usufructuario o a sus herederos por los desembolsos de que deban ser reintegrados. Verificada la entrega, se cancelará la fianza o hipoteca.

COMENTARIO

1.- Una vez extinguido el usufructo, el nudo propietario deviene propietario pleno. Por ello, el usufructuario o sus herederos (no hay que olvidar que el usufructo es naturalmente vitalicio) le deben dar la posesión de la cosa o cosas que hubieran sido objeto del usufructo.

Evidentemente el ex usufructuario o sus herederos le darán la posesión, siempre que la hubiera tenido el usufructuario vigente el usufructo; no, si carecía de ella, como en los supuestos que prevén los arts. 494 y 520 o si la tuviera un tercero, como el supuesto del arrendamiento que prevé el art. 480.

2.- Tal entrega de la posesión de la cosa objeto del usufructo, se entiende sin perjuicio del *derecho de retención* que corresponde al ex usufructuario o sus herederos «por los desembolsos de que deban ser reintegrados» (dice el texto legal literalmente), los cuales son todos los derechos de crédito que, por razón del usufructo y por la causa que sea, prevista por la ley o en el título constitutivo, el deudor es el nudo propietario y el acreedor el ex usufructuario o sus herederos.

3.- «Verificada la entrega, se cancelará la fianza o hipoteca», dice el último inciso de este artículo. Pero hay que entender que *se extingue la fianza* que exige el art. 491.2.º, la cual pudo consistir en hipoteca (que se cancelará), prenda (que se devolverá) o propio contrato de fianza (que se extinguirá). Hay que entender, asimismo, que no se extingue la fianza cuando se verifica la entrega de la posesión, sino cuando se liquida el usufructo, se calcula quien debe a quien y las cuantías; cuando esté todo liquidado se extingue la fianza.

JURISPRUDENCIA

«el «ius retentionis»*, discutida y poco estudiada figura en nuestro ámbito jurídico y sobre cuya naturaleza jurídica las posiciones no son precisamente pacíficas, viene a constituir en términos generales y un tanto abstractos, a manera de un especial derecho de garantía dirigido principalmente a potenciar en cierta medida la protección de aquellos acreedores que tengan en su poder la cosa o el bien de su deudor, autorizándose a dilatar en orden al tiempo su devolución o entrega... ... que aún cuando se aplicara al usufructo, el artículo 522 en relación con el 503 del Código Civil, a quien atribuye referida garantía no es a la nuda propietaria (en este caso Doña Irene), sino a la usufructuaria».* (4 octubre 1989, LA LEY 13359-R/1991)

CONCORDANCIAS

Véase arts. 453, 472, 502, 505 y 510 de este Código.

CAPÍTULO II
DEL USO Y DE LA HABITACIÓN

Artículo 523

Las facultades y obligaciones del usuario y del que tiene derecho de habitación se regularán por el título constitutivo de estos derechos; y, en su defecto, por las disposiciones siguientes.

COMENTARIO

1.- Los derechos de uso y habitación pertenecen a la categoría de los derechos reales limitados (respecto del de propiedad que es pleno), limitativos (del de propiedad) o in re aliena (sobre cosa ajena, cosa propiedad de otro); y pertenecen al subgrupo de derechos de goce o disfrute, a semejanza del de usufructo del que es como una subespecie.

Su concepto se deriva del artículo siguiente. En éste se expresa el régimen jurídico en que impera el principio de autonomía de la voluntad.

2.- El *régimen jurídico* de los derechos de uso y habitación es, por orden de subsidiariedad, en primer lugar, el señalado en el título constitutivo; en su defecto, por sus disposiciones propias, contenidas en este capítulo, arts. 523 y ss.; en su defecto, por las normas del usufructo, contenidas en el capítulo anterior, como añade el art. 528.

3.- Es pues, esencial, como se ha dicho, la autonomía de la voluntad que se manifiesta en el título constitutivo, preferente en su régimen jurídico. Sin embargo, la autonomía no es tan absoluta que pueda subvertir los conceptos, por los que no podrá alterar elementos que son esenciales al concepto del uso y habitación, como es el caso de la intransmisibilidad. Distinto sería el supuesto de que se creara, en base al principio de autonomía de la voluntad y al sistema de *numerus apertus* en la creación de derechos reales, un derecho real nuevo, distinto pero parecido al uso y habitación.

CONCORDANCIAS

Véase art. 1.407 de este Código.

Artículo 524

El uso da derecho a percibir de los frutos de la cosa ajena los que basten a las necesidades del usuario y de su familia, aunque ésta se aumente.

La habitación da a quien tiene este derecho la facultad de ocupar en una casa ajena las piezas necesarias para sí y para las personas de su familia.

COMENTARIO

1.- A la vista del artículo 524, primer párrafo, puede definirse el derecho de uso como el derecho al aprovechamiento (ius utendi) y al disfrute (ius fruendi) de una cosa ajena, en la amplitud bastante para las necesidades del usuario y de su familia, aunque ésta se aumente.

El aprovechamiento, que implica la posesión, el uso directo, no lo menciona el artículo 524, pero es previo y necesario para el disfrute.

El derecho de habitación, el mismo artículo 524, segundo párrafo, lo define como el derecho real a ocupar en una casa ajena las piezas necesarias para sí (el habitacionista) y para las personas de su familia.

La expresión de necesidad, aplicada al uso y a la habitación, debe interpretarse como necesidades correspondientes a la posición social y circunstancias del caso, englobándose en el término «familia», todas las personas que viven bajo el mismo techo que el usuario o habitacionista, incluso no parientes, pero no huéspedes de pago; y las necesidades son tanto las puramente personales como las relativas a animales (domésticos o ganado) o cosas (arreglos de la casa, por ejemplo) que están a cargo del titular del derecho.

El derecho del uso es un usufructo limitado; el de habitación es un derecho de uso sin percepción de frutos y aplicado a la vivienda.

El derecho básico es, pues, un aprovechamiento parcial de la cosa objeto del uso o habitación; en el primero, con percepción de frutos y no en el segundo; si uno u otro llegan al aprovechamiento de la totalidad de la cosa, la posesión en exclusiva; si el aprovechamiento es parcial, la posesión será compartida con el propietario.

2.- La sentencia del Tribunal Supremo de 4 de febrero de 1983 enumera los caracteres del derecho de uso, que pueden aplicarse también al de habitación. Se trata —dice la sentencia— de: 1.º) un derecho real, 2.º) de uso y disfrute, 3.º) recayente sobre un inmueble, 4.º) limitado a las necesidades del mismo, 5.º) de carácter personal (en el sentido de personalísimo e intransmisible); con dos particularidades esenciales que le dan individualidad jurídica, cuales son: 6.º) la temporalidad del uso (y de la habitación) y 7.º) su especial régimen jurídico.

Artículo 525

Los derechos de uso y habitación no se pueden arrendar ni traspasar a otro por ninguna clase de título.

COMENTARIO

1.- Se proclama el carácter esencial de los derechos de uso y habitación de personalísimo e intransferible. El usuario y el habitacionista tienen el aprovechamiento directo, pero carecen del poder de disposición del aprovechamiento y del propio derecho real de uso o habitación.

No tienen disponibilidad del aprovechamiento y este artículo se refiere al supuesto más típico al expresar que «no se pueden arrendar». Ni tienen disponibilidad del propio derecho real; añade «... ni traspasar a otro por ninguna clase de título».

2.- Se ha dicho que es un carácter esencial. Pero no es indiscutido en la doctrina. La cuestión que se plantea es si en el título constitutivo, regido por el principio de autonomía de la voluntad, regulador preferente de su régimen jurídico, se puede prever la disponibilidad. No se puede prever, pues la indisponibilidad es elemento esencial, consubstancial a su concepto; la función de estos derecho es asegurar la satisfacción de necesidades mínimas, incluso vitales, del titular, lo que se desvirtuaría de caber la disposición.

Sin embargo, lo anterior no tiene especial importancia práctica, pues si el constituyente o las partes de común acuerdo, quieren crear un derecho de uso o habitación transmisible pueden o bien constituir un derecho real nuevo, o bien constituir un usufructo limitado.

CONCORDANCIAS

Véase Ley Hipotecaria, de 8 febrero 1946 (*«B.O.E.»*, 29 mayo): art. 108.3.º

Artículo 526

El que tuviere el uso de un rebaño o piara de ganado, podrá aprovecharse de las crías, leche y lana en cuanto baste para su consumo y el de su familia, así como también del estiércol necesario para el abono de las tierras que cultive.

COMENTARIO

1.- El usuario y habitacionista tienen el derecho de aprovechamiento limitado de la cosa objeto del uso o habitación, utendi y fruendi en el primero y sólo utendi en el segundo. Así lo expresa el art. 524.

El presente art. 526 concreta el derecho de uso al supuesto que se le ocurre al legislador de una época en que la economía principal (o única) era la agraria: el que recae sobre un rebaño o piara de ganado. En tal caso, el derecho de aprovechamiento del usuario recae sobre crías, leche y lana que basten para el consumo familiar (consumición de lana: se supone que la tejerán, cardarán y telarán hasta su consumo) y estiércol que baste para el abono de tierras (sometidas o no al derecho de uso) que cultive.

2.- Adviértase que el usuario no tiene un derecho de crédito frente al propietario para que le entregue los productos del rebaño o piara, necesarias para su consumo. Tiene derecho real sobre la cosa objeto del uso, que le concede el poder directo sobre ella y que le permite el aprovechamiento limitado.

Lo cual implica la posesión, exclusiva si aprovecha la totalidad de los productos o compartida con el propietario si sólo aprovecha una parte.

Artículo 527

Si el usuario consumiera todos los frutos de la cosa ajena, o el que tuviere derecho de habitación ocupara toda la casa, estará obligado a los gastos de cultivo, a los reparos ordinarios de conservación y al pago de las contribuciones, del mismo modo que el usufructuario.

Si sólo percibiera parte de los frutos o habitara parte de la casa, no deberá contribuir con nada, siempre que quede al propietario una parte de frutos o aprovechamientos bastantes para cubrir los gastos y las cargas. Si no fueren bastantes, suplirá aquél lo que falte.

COMENTARIO

1.- Se refiere este artículo a unas determinadas obligaciones del usuario o habitacionista: la de pagar los gastos de cultivo (en el derecho de uso), la de conservación, en el sentido de pagar las reparaciones ordinarias y la del pago de contribuciones. Y da tres soluciones.

2.- Primera solución: caso del usuario que consume todos los frutos de la cosa objeto del derecho de uso o del habitacionista que ocupa todas las piezas de la casa; uno u otro deberán satisfacer todos los gastos de cultivo, de reparaciones ordinarias y las contribuciones, del mismo modo que si fueran usufructuarias.

3.- Segunda solución: caso del usuario o habitacionista que no consume todos los frutos o no ocupa toda la casa; los pagará el propietario, siempre que le quede una parte del aprovechamiento económicamente bastante para pagarlo.

4.- Tercera solución: el mismo caso anterior, pero al propietario no le queda una parte del aprovechamiento suficiente para pagar los gastos de cultivo, reparaciones y contribuciones; el propietario los pagará hasta donde alcance la cuantía económica de la parte que le resta y en lo que no alcance, lo pagará el usuario o el habitacionista.

CONCORDANCIAS

Véase arts. 500, 501 y 504 de este Código.

Artículo 528

Las disposiciones establecidas para el usufructo son aplicables a los derechos de uso y habitación, en cuanto no se opongan a lo ordenado en el presente capítulo.

COMENTARIO

1.- Los derechos de uso y habitación son como un derecho de usufructo limitado a las necesidades del titular de uno u otro. Consecuencia de ello es que el régimen jurídico, tal como dispone el art. 523, es en primer lugar el título constitutivo, en segundo las escasas disposiciones que le dedica el Código y, subsidiariamente y en defecto de las anteriores, añade el presente artículo la normativa del usufructo.

La regulación del usufructo, pues, es esencial para el uso y la habitación. No es frecuente que el título constitutivo contempla muchos aspectos del derecho de uso o habitación. Las disposiciones específicas del Código para este derecho son escasísimas. Por tanto, en la práctica se regirán por las normas del usufructo.

2.- Sin embargo, éstas se aplican, tal como dice este artículo en su último inciso, «en cuanto no se opongan a lo ordenado en el presente capítulo», es decir, en cuanto sean compatibles con el concepto y la escasa normativa específica del uso y la habitación. Por tanto, las normas del usufructo son aplicables al uso y habitación, siempre que aquéllas no partan del aprovechamiento completo de la cosa objeto del derecho y siempre que no sean contradictorias de alguna norma específica, como la de la indisponibilidad.

Artículo 529

Los derechos de uso y habitación se extinguen por las mismas causas que el usufructo y además por abuso grave de la cosa y de la habitación.

COMENTARIO

1.- Los derechos de uso y habitación son, como el usufructo, esencialmente temporales. Se pueden contemplar tres grupos de causas de extinción.

2.- El primer grupo lo forman el conjunto de causas de extinción que se prevén para el usufructo. Es una remisión de este artículo al 513.

3.- El segundo grupo lo constituyen las causas que pueden haberse añadido en el título constitutivo, aplicándose al efecto al art. 523.

4.- La tercera causa la expresa el último inciso del presente artículo: abuso grave de la cosa y de la habitación. El concepto de abuso grave no es fácil ni la doctrina es uniforme, por lo que en cada caso habrá que contemplar si es abuso. En principio, se puede pensar que hay abuso grave en caso de incumplimiento de las normas (por ejemplo, deja que otro utilice el uso o la habitación, contraviniendo la indisponibilidad) o un mal uso de la cosa que le cause daño por dolo o culpa.

CONCORDANCIAS

Véase arts. 513 a 522 de este Código.

TÍTULO VII
De las servidumbres

CAPÍTULO PRIMERO
DE LAS SERVIDUMBRES EN GENERAL

SECCIÓN PRIMERA
De las diferentes clases de servidumbres que pueden establecerse sobre las fincas

Artículo 530

La servidumbre es un gravamen impuesto sobre un inmueble en beneficio de otro perteneciente a distinto dueño.

El inmueble a cuyo favor está constituida la servidumbre se llama predio dominante; el que la sufre, predio sirviente.

COMENTARIO

1.- No es fácil dar un concepto del derecho real de servidumbre, por la amplitud de tipos que coexisten y por la frecuente confusión del legislador de alguna servidumbre con un verdadero límite de la propiedad. Pertenece al grupo de derecho reales limitados (en contraposición al pleno, que es el de propiedad), limitativos (de la propiedad) o en cosa ajena (del propietario) y al subgrupo de derechos de aprovechamiento, goce o disfrute. Lo que constituye la esencia del derecho de servidumbre en su carácter de parcial. Se define como el poder parcial que el titular tiene sobre la cosa inmueble ajena.

El derecho real de servidumbre es este poder parcial, que corresponde al titular: éste es una persona física o jurídica en la servidumbre personal y el propietario de la finca en la servidumbre predial. Desde el punto de vista pasivo, la servidumbre es un gravamen que pesa sobre un predio (llamado sirviente), poniendo una limitación a su propiedad. A este punto de vista se refiere el artículo 530: La servidumbre es un gravamen impuesto sobre un inmueble... (el resto de este artículo, así como el 531, no se refiere al concepto, sino a la clasificación entre predial y personal). Se reduce en algún aspecto el poder del propietario sobre un predio, llamado sirviente. Al ser una limitación de la propiedad, gravamen que la limita, la servidumbre la debe probar quien la alega, ya que la propiedad se presume libre; asimismo es de interpretación restrictiva.

2.- El presente artículo se refiere tan sólo a la servidumbre predial: el propietario de un inmueble quien fuere, tiene el poder parcial sobre otro. La define desde el punto de vista pasivo, como «gravamen impuesto sobre un inmueble». Y al hacer alusión al sentido activo, lo hace como si la titularidad correspondiera a otro inmueble, lo que no es así, ya que el sujeto del derecho no puede ser una cosa, sino que la titularidad, el sujeto, es la persona que es propietaria del otro inmueble. Si el aprovechamiento lo tiene otra persona (como el usufructuario o el arrendatario) ésta ejercerá la servidumbre, aunque la titularidad es del propietario.

3.- El segundo párrafo de este artículo distingue entre predio dominante y predio sirviente. El primero es aquel cuyo propietario es el titular del derecho de servidumbre: «inmueble a cuyo favor está constituida la servidumbre» dice el texto legal, pero no es a favor del inmueble a quien está constituida, sino de su propietario. El segundo es aquel que sufre el gravamen, es decir, sobre el que recae el poder parcial del titular.

Esta distinción entre predio dominante y predio sirviente, así como el último inciso del primer párrafo, recogen el principio *nemine re sua servit*, que también expresa el artículo siguiente e inspira la causa de extinción del número 1.º del art. 546. Regla afirmada por la jurisprudencia romana desde distintos puntos de vista, pero formulada precisamente en materia de servidumbre, por la importancia de éstas: implica la imposibilidad jurídica de que una servidumbre puede surgir y subsistir entre fundos pertenecientes al mismo propietario (en servidumbre predial) o sobre un fundo y a favor del propietario del mismo (en la personal); lo que no es sino expresión del principio de que no cabe un derecho real limitado, como la servidumbre (o el usufructo, o la hipoteca, etc.), sobre cosa propia.

JURISPRUDENCIA

Derecho real de servidumbre:

«requisitos estructurales que configuran el iura in res aliena, cuales son a) un gravamen sobre un predio consistente en una abstención —in non faciendo— representada por las limitaciones a observar en la urbanización, que conllevan el correlativo ius prohibendi en beneficio de los otros predios; b) la utilidad que representa para todos los interesados las mejores condiciones de habitabilidad, y c) la permanencia, entendida como potencial o tendencial perpetuidad (previsible utilización permanente). Es obvia la inherencia al fundo, sin que importe que no se hable en el título de constitución (art. 537 CC) de predios dominante y sirviente porque se trata de un claro supuesto de relación de vecindad y por lo tanto caracterizado por la nota de la reciprocidad». (19 julio 2002, LA LEY 326/2003)

«Es cierto que el dominio se presume libre, pero ello no impide la existencia de las llamadas "limitaciones", por lo que la apariencia de una servidumbre debe llevar al comprador a la conclusión de que aquella propiedad que está adquiriendo ciertamente viene afectada por un gravamen explícito, que no puede dejar de perjudicarle». (22 diciembre 2008, rec. 2259/2002, LA LEY 216100/2008)

Acción negatoria de servidumbre:

«desestima la demanda, no lo hace porque la franja del terreno sea de los demandados, o porque el actor no sea dueño de la misma, presupuesto imprescindible para la acción negatoria de servidumbre». (17 marzo 2005, rec. 3929/1998)

«la cuestión suscitada en la demanda, mediante el ejercicio de una acción negatoria (dirigida, como tal, a la defensa de la propiedad de la demandante mediante la declaración de la inexistencia de las servidumbres de que los demandados afirman ser titulares), constituye materia que, en términos del artículo 9 de la Ley 6/1985, de 1 de julio, orgánica del Poder Judicial, es propia de los Tribunales del orden jurisdiccional civil. Esta Sala ha puesto de manifiesto de modo reiterado que los Tribunales de dicho orden tienen jurisdicción exclusiva sobre las cuestiones relativas al derecho de propiedad, aunque se susciten a consecuencia de la actuación administrativa (Sentencias de 30 de marzo de 1977, 12 de febrero de 1979, 18 de julio de 1989, 31 de diciembre de 1992, 13 de junio de 1997, 17 de marzo

de 2004) y, claro está, sobre las relativas a los derechos reales sobre cosa ajena, como las servidumbres (Sentencia de 24 de diciembre de 1991)». (18 noviembre 2004, rec. 3030/1998)

«Acción negatoria de la servidumbre de medianería. Esta acción tiene por objeto que se declare que la cosa no está sometida a un derecho real de servidumbre del demandado y que se haga cesar el mismo; presumiéndose que la propiedad es libre, será el demandado el que deberá probar la existencia de la servidumbre: todo ello lo recuerda la sentencia de 24 de marzo de 2003 y no plantea la menor duda. A ello hay que añadir que el demandante, propietario, deberá acreditar la concreta perturbación que hace el demandado, como ejercicio de un derecho real: éste es el presupuesto de esta acción. Simplemente, pueden recordarse dos matices: que no es objeto de esta acción la simple perturbación material o de hecho, sin aparecer ejercicio alguno del derecho de servidumbre y que sí puede ser objeto de esta acción, ejercitándose como meramente declarativa, la declaración de que no hay servidumbre, aunque no se padezca perturbación alguna». (13 octubre 2006, LA LEY 119528/2006)

Acción confesoria:

«Al referirse la demanda, constantemente, al derecho de paso de un determinado camino obstruido por los demandados y pedirse el restablecimiento de tal derecho de paso, se está ejercitando la acción confesoria que corresponde al dueño del predio dominante, titular del derecho real de servidumbre contra quien le haya perturbado su ejercicio; tiene por objeto el reconocimiento del derecho real y la condena al demandado a que cese la perturbación cuyos presupuestos son la prueba del derecho real de servidumbre, puesto que el dominio se presume libre y la prueba de la perturbación por el demandado». (2 junio 2004, rec. 2157/1998)

«Acción confesoria de la servidumbre de paso. Esta acción tiene por objeto la declaración de la existencia de un derecho de servidumbre y la condena al demandado a que la reconozca y respete, eliminando todo obstáculo que haya puesto a la misma; se parte, pues, de la declaración del derecho, el cual tiene que probar la parte demandante». (13 octubre 2006, LA LEY 119528/2006)

CONCORDANCIAS

Véase:
— art. 334.10 de este Código.
— Ley Hipotecaria, de 8 febrero 1946 (*«B.O.E.»*, 29 mayo): arts. 2.2, 13 y 108.1.º.

Artículo 531

También pueden establecerse servidumbres en provecho de una o más personas, o de una comunidad, a quienes no pertenezca la finca gravada.

COMENTARIO

1.- La servidumbre personal es aquella cuyo titular es una persona física o jurídica (prescindiendo de su posible relación con un predio). A ella se refiere el artículo 531: es la constituida en provecho de una o más personas, o de una comunidad.

La servidumbre predial y la personal se diferencian, pues no en que no sea titular de ambas una persona, sino en que la personal se establece directamente en favor de una persona y la predial, que persigue la utilidad de un predio, se establece en favor de quien en cada momento sea dueño de éste. Para expresar esta pertenencia de la servidumbre predial al predio al que sirve, se dice que es un derecho subjetivamente real.

2.- El último inciso de este artículo expresa también, como el artículo anterior, el principio *nemine res sua servit.*

Artículo 532

Las servidumbres pueden ser continuas o discontinuas, aparentes o no aparentes.

Continuas son aquellas cuyo uso es o puede ser incesante, sin la intervención de ningún hecho del hombre.

Discontinuas son las que se usan a intervalos más o menos largos y dependen de actos del hombre.

Aparentes, las que se anuncian y están continuamente a la vista por signos exteriores que revelan el uso y aprovechamiento de las mismas.

No aparentes, las que no presentan indicio alguno exterior de su existencia.

COMENTARIO

1.- Una servidumbre es continua cuando se usa o se puede usar de modo constante y permanente, aun sin intervenir acto humano alguno, como la de servidumbre voluntaria de luces y vistas o, tal como dice el art. 561, la de acueducto. Es discontinua, la que se usa intermitentemente («a intervalos más o menos largos») y depende de actos del hombre.

2.- Es *aparente* la servidumbre que se anuncia y está a la vista, por signos exteriores, que revelan el uso y aprovechamiento de las mismas. Se refiere a un signo del que se desprenda, razonablemente (incluso un cartel o anuncio), la existencia de la servidumbre. La de acueducto es siempre aparente (por imperativo del artículo 561) y también aquellas que tienen un elemento que la demuestran: la de vertiente de tejado, un alero; la de conducción de energía eléctrica, el cable; la de paso, el camino; la de luces y vistas con ventana o hueco. Las no aparentes, añade el último párrafo del mismo artículo 532, son las que no presentan indicio alguno exterior. Así, la de luces y vistas sin ventanas o huecos.

JURISPRUDENCIA

«hemos de traer a colación lo establecido en los arts. 532 y 539 del CC y, en base a estos preceptos, la servidumbre de paso, al ser discontinua, sea o no aparente, no puede adquirirse por prescripción, salvo posesión inmemorial». (29 enero 2004, rec. 767/1998)

«La servidumbre de paso es discontinua y aparente, conforme dispone el art. 532 C.c.; es la servidumbre voluntaria, ya que la legal, que regulan los arts. 564 a 570, no se ha planteado —ni siquiera mencionado— en el presente caso. En consecuencia, tal servidumbre sólo puede adquirirse por negocio jurídico; "título", dice el art. 539, que ha de constar explícitamente, como exige reiterada jurisprudencia (así, sentencias de 27 de febrero de 1993, 1 de marzo de 1994, 19 de julio de 2002), o bien por una escritura de reconocimiento del dueño del predio sirviente o por sentencia». (13 octubre 2006, rec. 92/2000, LA LEY 119528/2006)

«El "signo exterior" ha de manifestar de forma inequívoca, permanente e instrumental a la existencia del gravamen. La sentencia de 15 marzo 1993 dice que "cuando los signos son ostensibles, permanenciales y perfectamente exteriorizados, tal apariencia indubitada produce una publicidad en semejanza a la inscripción en el Registro" (ver asimismo SSTS de 18 noviembre 1992 y 17 octubre 2006). Por tanto, la presencia constatada físicamente por las pruebas aportadas de una conducción eléctrica por cables y torres en el terreno comprado por la inmobiliaria, fácilmente perceptible con la vista, le otorga el carácter de aparente, por lo que afecta al comprador, al no ser necesario que, para ello, estuviese especificada en el título de adquisición». (22 diciembre 2008, rec. 2259/2002, LA LEY 216100/2008)

CONCORDANCIAS

Véase arts. 541, 561 y 564 de este Código.

Artículo 533

Las servidumbres son además positivas o negativas.

Se llama positiva la servidumbre que impone al dueño del predio sirviente la obligación de dejar hacer alguna cosa o de hacerla por sí mismo, y negativa la que prohíbe al dueño del predio sirviente hacer algo que le sería lícito sin la servidumbre.

COMENTARIO

1.- La servidumbre positiva implica un poder (aspecto activo) o un gravamen (aspecto pasivo) consistente en dejar hacer alguna cosa o hacerla por sí mismo, como dice el artículo 533. El dueño del predio sirviente tiene que permitir que el titular del derecho de servidumbre (persona en la personal, dueño del predio dominante en la predial) lo utilice en algún aspecto; le deje hacer algo que sin servidumbre no podría hacer. O bien haga algo, servidumbre in faciendo, lo cual no significa otra cosa que el dueño del predio sirviente tiene que realizar una conducta —un facere— para que pueda cumplirse la utilidad de la servidumbre (es contenido secundario de ésta), como medio para que el titular de la servidumbre pueda ejercitarla.

2.- La servidumbre negativa tiene un contenido de pura abstención —*non facere*— del dueño del predio sirviente. Prohíbe al dueño del predio sirviente hacer algo que le sería lícito sin la servidumbre, dice el artículo 533, último inciso; es decir, no hacer lo que podría hacer de no haber servidumbre.

JURISPRUDENCIA

«Conocida es la clasificación legal de las servidumbres (artículo 533) en positivas y negativas, respondiendo las primeras a la obligación que tiene el dueño del predio sirviente de dejar hacer alguna cosa, o la de hacerla por sí mismo, y las negativas cuyo significado radica en que al dueño del predio sirviente se le prohíbe hacer algo que le sería lícito si no existiera la servidumbre. Sin excepción alguna, desde la promulgación del Código Civil, la jurisprudencia ha venido manteniendo siempre, que la servidumbre de luces y vistas, cuando los huecos se han abierto sobre pared propia, es negativa, pues su existencia impediría al dueño del predio sirviente hacer algo que le sería posible, como es edificar en su terreno tapando los huecos; mas cuando los huecos se han abierto en pared ajena o medianera, o tales huecos revisten la forma de balcones con voladizo, la servidumbre es positiva, ya que

para ello se debió contar con la autorización del propietario del predio sirviente, o del otro medianero.» (1 octubre 1993, LA LEY 14142/1994)

Artículo 534

Las servidumbres son inseparables de la finca a que activa o pasivamente pertenecen.

COMENTARIO

1.- Recoge este artículo el principio de inseparabilidad de las servidumbres. Significa que la servidumbre no puede ser objeto de relaciones jurídicas separadas del predio sirviente; asimismo, si es predial, tampoco puede ser separada del predio dominante que se compenetra con él como una cualidad propia. Un intento de transferencia de una servidumbre de un predio a otro (sirviente o dominante) no sería otra cosa que la extinción de una y constitución de otra.

2.- La servidumbre siempre irá unida al predio (dominante o sirviente) y éste siempre llevará consigo aquélla (como poder o como gravamen), artículo 534: Las servidumbres son inseparables de la finca a que activa o pasivamente pertenecen. Consecuencia de ello es la imposibilidad de hipotecar la servidumbre separadamente de la finca, artículo 108, 1.º de la Ley Hipotecaria.

JURISPRUDENCIA

«Constituida la servidumbre por contrato, la misma queda incorporada como derecho inseparable de la finca a la que activamente pertenece (artículo 534 del Código Civil) de modo que si dicha finca es ahora de distintos dueños, que integran una comunidad, no cabe extinguir la servidumbre sin el concurso de todos ellos pues la acción ejercida no redunda en beneficio sino, por el contrario, en perjuicio de la comunidad». (22 febrero 2010, rec. 2523/2005, LA LEY 3096/2010)

CONCORDANCIAS

Véase Ley Hipotecaria, de 8 febrero 1946 (*«B.O.E.»*, 29 mayo): art. 108.

Artículo 535

Las servidumbres son indivisibles. Si el predio sirviente se divide entre dos o más, la servidumbre no se modifica y cada uno de ellos tiene que tolerarla en la parte que le corresponda.

Si es el predio dominante el que se divide entre dos o más, cada porcionero puede usar por entero de la servidumbre, no alterando el lugar de su uso, ni agravándola de otra manera.

COMENTARIO

1.- El principio romano servitus dividi non possunt está recogido en este artículo: la indivisibilidad del derecho real de servidumbre. Lo cual afecta tanto a la titularidad del mismo, es decir, indivisibilidad en relación al predio dominante (de activo), como el gravamen sobre el predio sirviente (lado pasivo).

2.- En cuanto al principio de indivisibilidad del derecho real de servidumbre, desde el punto de vista de su titularidad, es decir, del predio dominante, si éste se divide, cada nueva finca resultante será predio dominante, pero no se multiplicará la servidumbre, sino que cada titular de cada predio fruto de la división, podrá usar la misma servidumbre, sin ampliarla ni multiplicarla ni agravarla. Por lo cual, puede ocurrir que los distintos dueños de los predios dominantes usen efectivamente la servidumbre o bien, sólo, en la práctica, la use uno o varios, pero no todos; lo que no puede hacer el que no tenga posibilidad de usarla es pedir que se amplíe, lo que la gravaría para el predio sirviente.

3.- Si se divide el predio sirviente, el principio de indivisibilidad de la servidumbre conlleva que todos los predios resultantes son predios sirvientes y deben soportar la servidumbre, pero puede ser que no alcance a alguno de ellos. En ningún caso la servidumbre se modifica. Así, en definitiva, cada dueño de cada predio sirviente fruto de la división, deberá sufrir la servidumbre en la parte que le afecta, no más; «tolerarla en la parte que le corresponda».

JURISPRUDENCIA

«el principio de la indivisibilidad de las servidumbres que, como regla general, establece el artículo 535 del Código Civil, y que tiene por objeto mantener en su originaria integridad el gravamen en que consistan, aun en el caso de dividirse entre dos o más el predio que las disfrute o el que las sufra». (16 febrero 1987, LA LEY 8803-R/1987)

CONCORDANCIAS

Véase art. 597 de este Código.

Artículo 536

Las servidumbres se establecen por la ley o por la voluntad de los propietarios. Aquéllas se llaman legales y éstas voluntarias.

COMENTARIO

Plasma este artículo la distinción entre servidumbres legales y voluntarias.

Las legales, llamadas así en el Código civil y por parte de la doctrina, son, muchas de ellas, no derecho de servidumbre, sino límites a la propiedad. Son verdaderas servidumbres, que pueden llamarse forzosas, las que la ley permite al particular que pueda exigir su constitución.

Las servidumbres voluntarias son las nacidas por negocio jurídico, o bien, en sentido amplio y por contraposición a las legales, también las constituidas por usucapión o por destino del padre de familia.

JURISPRUDENCIA

«existe un título suficiente de servidumbre, establecido por la libre voluntad de los propietarios de los predios dominante y sirviente, cumpliéndose lo que exigen los arts. 536 y 537

del Código para que se dé una real adquisición de un derecho real limitativo de servidumbre, puesto que dicha servidumbre de luces y ventilación, se ha constituido sin contravenir la ley ni el orden público, y se han fijado de una manera clara y concreta los derechos del predio dominante y las obligaciones del predio sirviente, con lo que se cumplen las prescripciones de los arts. 594 y 598 de dicho Cuerpo Legal». (6 junio 1997, LA LEY 6325/1997)

«Dispone el artículo 536 CC que son voluntarias las servidumbres que se establecen por voluntad de los propietarios. Por pertenecer al ámbito de la libre autonomía de la voluntad, a los titulares del inmueble dominante y del sirviente incumbe su constitución, la libre determinación de los derechos y obligaciones de cada uno de ellos, y las causas de extinción del gravamen». (17 noviembre 2011, rec. 2210/2008, LA LEY 228951/2011)

CONCORDANCIAS

Véase arts. 549 y ss. de este Código.

SECCIÓN SEGUNDA
De los modos de adquirir las servidumbres

Artículo 537

Las servidumbres continuas y aparentes se adquieren en virtud de título, o por la prescripción de veinte años.

COMENTARIO

1.- Pueden constituirse las servidumbres prediales, en primer lugar (haciendo abstracción de las que se imponen por ley, legales), por negocio jurídico *inter vivos* o *mortis causa*. El Código civil habla de voluntad de los propietarios en el artículo 536 y de título en el 537 y otros.

Aunque este artículo dice literalmente que «las servidumbres continuas y aparentes se adquieren en virtud de *título*...», hay que completarlo con lo dispuesto en el art. 539 y entender que por título —es decir, negocio jurídico— puede adquirir toda clase de servidumbres.

2.- No son usucapibles las servidumbres discontinuas ni tampoco las continuas no aparentes, según disponen los artículos 537 y 539. Las demás, es decir, las servidumbres que sean continuas y aparentes, pueden constituirse por usucapión de veinte años, según el artículo 537. Cuya usucapión requiere la posesión (ejercicio) del poder en que consista la servidumbre, pública, pacífica e ininterrumpida, durante los veinte años, sin necesidad de buena fe ni justo título.

JURISPRUDENCIA

Por título:

«esta Sala, en sentencia de 6 de diciembre de 1985, y en las que en la misma se citan, tiene declarado que "la constitución voluntaria de la servidumbre por negocio jurídico o

título (artículo 537 en relación con el 594) requiere, cuando se trata de la creación inter vivos del derecho real, del indispensable concierto de voluntades dirigido a ese fin, por más que no sea necesaria la escritura pública como elemento ad solemnitatem que afecte a la eficacia obligatoria y validez de lo pactado —sentencias de 2 de junio de 1969 y 9 y 22 de junio de 1981—, sin olvidar, por otra parte, que en el contrato donde se establezca el gravamen, como tal limitativo del dominio, ha de constar bien clara la voluntad de los otorgantes, ya que en caso de duda ha de operar la presunción de libertad del fundo —sentencias de 30 de octubre de 1959, 8 de abril de 1965 y 30 de septiembre de 1970—", a lo que la de 8 de octubre de 1988, reiterando lo anterior, aunque de forma más sintética, agrega que la esencia del título a que se refiere el artículo 537 del Código Civil requiere un expreso pacto o acuerdo de voluntades entre los propietarios de los que habrían de ser predios dominante y sirviente». (27 febrero 1993, LA LEY 5894/1993)

«en este concreto supuesto falta un requisito esencial para la constitución de la servidumbre a que este proceso se refiere, que no es otro que la ausencia del título constitutivo de la misma, representado como ya decía la Sentencia de 2 de junio de 1969, por cualquier acto jurídico, oneroso o gratuito, «inter vivos» o «mortis causa», a virtud del cual se constituya esta limitación del derecho de propiedad, realizado por el titular del predio sirviente». (1 marzo 1994, LA LEY 41247-JF/0000)

«Es cierto que la jurisprudencia de esta Sala (SS, entre otras, 30 Oct. 1959, 8 Abr. 1965, 30 Sep. 1970, 27 Feb. 1993, 2 Jul. y 24 Feb. 1997, 21 Dic. 2001) viene declarando que cuando se trata de la constitución inter vivos de las servidumbres es necesario un concierto de voluntades que, de manera inequívoca, refleje el propósito de los otorgantes, pues en caso de duda debe operar el principio de presunción de libertad del fundo.» (19 julio 2002, LA LEY 326/2003)

Por usucapión:

«Las paredes o muros no han de tener vistas rectas sobre la finca del vecino, si no median dos metros de distancia, y de abrirlas sin título constituirían el germen de una servidumbre susceptible de consolidarse por prescripción, bien que tras la posesión de las vistas durante el tiempo fijado en la ley (veinte años), que para las de carácter negativo como son las ventanas, comienza a partir del hecho obstativo (arts. 537 y 538 CC)». (18 julio 1997, LA LEY 8434/1997)

«como cabe adquirir derecho o tener vistas sobre la propiedad colindante (art. 585 CC, servidumbre voluntaria) y, entre los títulos de adquisición se cuenta la prescripción adquisitiva, situaciones de extralimitación de las prohibiciones anteriores podían generar con el transcurso del tiempo apariencias equívocas sobre la usucapión de las vistas. Pero la expresada oportunidad requiere el cumplimiento de determinados requisitos, que garantizan la seriedad de la adquisición usucapional. En efecto, la jurisprudencia tiene declarado, con unanimidad, el carácter negativo de la servidumbre de luces y vistas y, por ello, la aplicación al caso del art. 538 CC que determina que el dies a quo sea el dies contradictorius, es decir, aquel en que el dueño del predio dominante hubiese prohibido por un acto formal al del sirviente la ejecución de un hecho que sería lícito sin la servidumbre. A partir de ese momento, se comienza a contar el plazo de 20 años necesario para que se cumpla la prescripción adquisitiva». (16 septiembre 1997, LA LEY 2251/1998)

«C) Que es hecho admitido que las ventanas están abiertas en muro propio de la demandada, constando que tienen una antigüedad mayor de 20 años; pero es Jurisprudencia mantenida la que declara que partiendo del supuesto de que toda servidumbre de luces y vistas, al ser continua y aparente, es susceptible de ser adquirida por prescripción de 20 años, conforme a los arts. 537 y 538 CC, dicha servidumbre tiene carácter de negativa cuando los

huecos están abiertos en pared propia del dueño del predio dominante. D) Que estando ante una servidumbre negativa el plazo prescriptivo de 20 años sólo comienza a correr desde el acto obstativo, o como dice el art. 538 CC "desde el día en que el dueño del predio dominante hubiera prohibido, por un acto formal, al del sirviente la ejecución del hecho que sería lícito sin la servidumbre".» (27 noviembre 1997, LA LEY 10690/1998)

«*a) según las SSTS de 26 de junio de 1981, 8 de octubre de 1988, 2 de junio de 1989, 6 de diciembre de 1985, 27 de febrero de 1993, 30 de abril de 1993, 20 de octubre de 1993, 1 de marzo de 1994, 24 de febrero de 1997, 19 de julio de 2002, 24 de marzo 2003 y 18 de noviembre 2003, la exigencia de título contenida en los artículos 537 y 539 CC no condiciona el nacimiento de la servidumbre de una manera absoluta, pues se considera título constitutivo cualquier negocio o acto jurídico creador de la misma, oneroso o gratuito, inter vivos o* mortis causa, *en virtud del cual se establezca la limitación del derecho de propiedad, sin necesidad de que aquel negocio o acto quede plasmado documentalmente; pero la voluntad constitutiva ha de ser expresa: se requiere, cuando se trata de la creación inter vivos del derecho real, del indispensable concierto de voluntades dirigido a ese fin y no es necesaria la escritura pública como elemento* ad solemnitatem *[formal] que afecte a la eficacia obligatoria y validez de lo pactado, siempre que conste bien clara la voluntad de los otorgantes; b) cuando falte la prueba de una voluntad constitutiva de carácter expreso o en caso de duda ha de operar la presunción de libertad del fundo (SSTS de 30 de octubre de 1959, 8 de abril de 1965, 30 de septiembre de 1970, 8 de octubre de 1988, 9 de mayo de 1989, 27 de febrero de 1993, 21 de diciembre de 2001 y 19 de julio de 2002); c) la STS de 20 de octubre de 1993, ratificando que por título no debe entenderse necesariamente un documento, rechaza la posibilidad de adquisición de la servidumbre sin que se acredite una contraprestación si el acuerdo de voluntades no consta en escritura pública, como exige con el rango de forma constitutiva el art. 633 CC para las donaciones*». (24 octubre 2006, LA LEY 129026/2006)

Véase también: art. 594 de este Código.

CONCORDANCIAS

Véase arts. 540, 594, 1.930 y 1.940 de este Código.

Artículo 538

Para adquirir por prescripción las servidumbres a que se refiere el artículo anterior, el tiempo de la posesión se contará: en las positivas, desde el día en que el dueño del predio dominante, o el que haya aprovechado la servidumbre, hubiera empezado a ejercerla sobre el predio sirviente; y en las negativas, desde el día en que el dueño del predio dominante hubiera prohibido, por un acto formal, al del sirviente la ejecución del hecho que sería lícito sin la servidumbre.

COMENTARIO

El artículo anterior declara usucapibles las servidumbres continuas y aparentes por el tiempo de veinte años. Este establece el inicio del cómputo de tal plazo, distinguiendo si son positivas o negativas.

Si la servidumbre es positiva, el cómputo se inicia desde que el titular empezó la posesión de la misma, en el sentido de que empezó a ejercerla. Si es negativa, se inicia desde que prohibió al dueño del predio sirviente la ejecución de un acto que sería lícito sin la servidumbre, lo que no es otra cosa que empezar la posesión de tal servidumbre negativa.

JURISPRUDENCIA

«servidumbre de luces y vistas por medio de huecos o ventanas abiertos en pared propia es negativa (Sentencias de 20 de mayo de 1969; 26 de octubre de 1984; 16 de junio de 1902; 27 de mayo de 1932 y 19 de junio de 1951), por lo que el plazo de prescripción de veinte años para adquirirla ha de contarse desde el día en que el dueño del predio pretendidamente dominante hubiera prohibido por un acto formal —acto obstativo—, al del sirviente la ejecución del hecho que sería lícito sin la servidumbre». (25 septiembre 1992, LA LEY 42/1994)

«el distinto tratamiento que ha de darse a las trece ventanas existentes en la pared del edificio de los demandados y al balcón, voladizo o terraza que también hay en el mismo, y, reconocido que en ambos casos nos hallaríamos ante servidumbres continuas y aparentes, en el primero (ventanas) se considera negativa y, en el segundo (voladizo), positiva, lo cual ha de ser tenido presente a los efectos de lo dispuesto en el art. 538 sobre prescripción adquisitiva de las servidumbres». (24 marzo 1993, LA LEY 1433/1993)

Vid. las sentencias relacionadas en el artículo anterior, en el apartado «Por usucapión».

Artículo 539

Las servidumbres continuas no aparentes, y las discontinuas, sean o no aparentes, sólo podrán adquirirse en virtud de título.

COMENTARIO

Este artículo contiene dos normas, una positiva y otra negativa.

La norma positiva completa lo dispuesto en el art. 537: las servidumbres, tanto continuas y aparentes, como discontinuas o no aparentes o ambas cosas, pueden adquirirse *por negocio jurídico.*

La norma negativa es que las servidumbres no aparentes y las discontinuas, no son susceptibles de adquirirse por *usucapión.*

JURISPRUDENCIA

«el artículo 539 no se pone en duda sobre la usucapión inviable en las servidumbres discontinuas, como la de paso. En definitiva, el predio de la parte demandante, enclavado y sin más salida a un camino público que el paso discutido en este proceso, venía utilizándolo desde tiempo inmemorial, que se ha declarado acreditado; en un momento dado, la demandada le impide el paso y al ejercitar la presente acción confesoria, ésta —con toda evidencia— prospera». (13 febrero 2004, rec. 1147/1998)

«La servidumbre de paso es discontinua y aparente, conforme dispone el art. 532 C.c.; es la servidumbre voluntaria, ya que la legal, que regulan los arts. 564 a 570, no se ha planteado —ni siquiera mencionado— en el presente caso. En consecuencia, tal servidumbre sólo puede adquirirse por negocio jurídico; "título" dice el art. 539, que ha de constar explícitamente, como exige reiterada jurisprudencia (así, sentencias de 27 de febrero de 1993, 1 de marzo de 1994, 19 de julio de 2002), o bien por una escritura de reconocimiento del dueño del predio sirviente o por sentencia». (13 octubre 2006, LA LEY 119528/2006)

«La doctrina hace derivar del hecho de constituir la servidumbre una derogación del Derecho común de la propiedad, la consecuencia de que las servidumbres no se presumen, sino que hay que probar su constitución. Ya las SSTS de 4 de noviembre de 1897 y 13 de noviembre de 1929 dejaron establecido que en los contratos en los que se constituye servidumbre o se establece algún gravamen que afecte a la libertad de las fincas ha de estar bien expresa la voluntad de las partes sobre esos extremos. Las restricciones históricas a la usucapio servitudis *[usucapión de la servidumbre] han cristalizado en el CC en la imposibilidad de adquirir las servidumbres no aparentes y las discontinuas mediante prescripción, y en el mandato de que sólo pueden adquirirse en virtud de título. Cualquiera que sea el juicio que este precepto merezca* lege ferenda *[para modificar la ley], implica, cuando menos, la prohibición de estimar adquirida la titularidad de la servidumbre mediante usucapión fundada sólo en actos posesorios. La servidumbre de paso, al gozar del carácter de discontinua, sólo puede adquirirse, pues, en virtud de título, y a falta de éste, por la escritura de reconocimiento del dueño del predio sirviente, o por una sentencia firme (arts. 539 y 540 CC y SSTS de 27 de junio de 1980, 23 de junio de 1995, 14 de julio de 1995, 5 de marzo de 1993 y 30 de abril de 1993), salvo que se trate de prescripción inmemorial consumada antes de la vigencia del CC (SSTS de 14 de noviembre 1961, 12 de junio de 1965, 4 de junio de 1977, 15 de febrero de 1989 y 16 de diciembre de 2004), exceptuado el caso de constitución por signo aparente por disposición del padre de familia (v. gr., STS de 18 de enero de 1992 y, más recientemente, STS de 20 de diciembre de 2005). La doctrina científica viene definiendo el título constitutivo de la servidumbre a que se refiere el artículo 539 CC como cualquier negocio jurídico-real determinante del nacimiento de la servidumbre, independientemente de su constancia documental, dado que la posibilidad de obtener mediante sentencia firme el reconocimiento de la existencia de la servidumbre (según se desprende del artículo 540 CC) comporta la posibilidad de acudir a cualquier medio de prueba para la demostración de la existencia del título constitutivo».* (24 octubre 2006, LA LEY 129026/2006)

CONCORDANCIAS

Véase art. 1.959 de este Código.

Artículo 540

La falta de título constitutivo de las servidumbres que no pueden adquirirse por prescripción, únicamente se puede suplir por la escritura de reconocimiento del dueño del predio sirviente, o por una sentencia firme.

COMENTARIO

Las servidumbres que no pueden adquirirse por usucapión, que son las no aparentes y las discontinuas, sólo pueden adquirirse en virtud de negocio jurídico (art. 539), al que el Código denomina «título» (arts. 537, 539 y este 540).

Se prevé que si falta el título, se suple ... pero esto no tiene sentido. Significa que si no hay constancia del negocio jurídico constitutivo (no que falte éste) y ya que no cabe la usucapión, esta falta de constancia se suple por escritura de reconocimiento del propietario del predio sirviente, el cual reconoce que sí hubo negocio jurídico constitutivo, o bien se suple por sentencia, lo cual también declarará que sí hubo negocio constitutivo.

Artículo 541

La existencia de un signo aparente de servidumbre entre dos fincas, establecido por el propietario de ambas, se considerará, si se enajenare una, como título para que la servidumbre continúe activa y pasivamente, a no ser que, al tiempo de separarse la propiedad de las dos fincas, se exprese lo contrario en el título de enajenación de cualquiera de ellas, o se haga desaparecer aquel signo antes del otorgamiento de la escritura.

COMENTARIO

1.- Se prevé en este artículo la constitución de una servidumbre predial por destino del padre de familia. Se trata de una constitución ex lege, cuando se da un signo aparente de servidumbre, en la forma que prevé el artículo 541; la existencia de un signo aparente de servidumbre (signo visible, por lo que sólo cabe en servidumbres aparentes) entre dos fincas, establecido por el propietario de ambas, se considerará (más bien, constitución ex lege) si se enajenare una, como título para que la servidumbre continúe (más bien, se constituye ex novo) activa y pasivamente; no hay constitución ex novo) activa y pasivamente; no hay constitución si se niega o si este signo ha desaparecido; añade el mismo artículo 541... a no ser que, al tiempo de separarse la propiedad de las dos fincas, se exprese, o se haga desaparecer aquel signo antes del otorgamiento de la escritura.

2.- Los requisitos de esta constitución, expuestos por doctrina y jurisprudencia son:

1.º) Enajenación de una de las fincas. Todo acto de disposición *inter vivos* (compraventa, permuta, donación o toda modalidad de cesión o traspaso, como división y adjudicación de cosa común, etc.) o *mortis causa.*

2.º) Existencia de un signo aparente entre las fincas, de acuerdo con la servidumbre pretendida. Es el reflejo del acto fundamental de destinación realizada por el mismo propietario, que engendra una relación de servicio entre las fincas. Este requisito supone, en principio, que las fincas sean colindantes. Así si están separadas por un cauce de dominio público, no puede estimarse colindarán a los efectos de que exista signo aparente.

3.º) Establecimiento —no sólo creación, sino conservación— de un signo aparente por el propietario de ambas fincas.

4.º) Falta de declaración contraria a la existencia del signo en el título de enajenación y su no desaparición física antes del otorgamiento de la escritura.

JURISPRUDENCIA

«la hipótesis del art. 541 exige el establecimiento de un signo que es el acto de destinación (de ahí su nombre), el cual habrá de ser constitutivo de una relación de servicio beneficio o utilidad (típica o atípica), que reúna las notas características de lo que puede ser una servidumbre, y obviamente entre ellas el carácter durable y permanente (nota de la permanencia, no reñida con la temporalidad), y no coyuntural y pasajero, que, por el contrario de lo que dice el recurso, no sólo está en el espíritu, sino también en la letra del art. 541 (que habla de un signo «de servidumbre»... para que «la servidumbre»), y a lo que debe añadirse que igualmente es preciso que se dé la especificación o concreción (determinación), en unión de la parcialidad de la utilidad del fundo «sirviente» (especialidad); y no concurre la primera si el signo estado de hecho no está perfectamente configurado, y falta la segunda si el servicio no consiste en un uso parcial, sino en una utilización plena e integral de la finca (lo que puede, teóricamente, ser otro derecho real, pero no una servidumbre)... Cier-

tamente la configuración de la servidumbre denominada por «destino del padre de familia» o del «propietario común» ha generado una interesante literatura jurídica con brillantes construcciones doctrinales (teorías de la inherencia o accesión; acto unilateral de voluntad; negocios de actuación; servidumbre de propietario; voluntarista, o por convención tácita; y legalista u objetiva), algunas de las cuales, especialmente la voluntaria y la objetiva, han gozado de especial sustento, e incluso, en documentados estudios jurídicos se ha apreciado un importante reflejo de las mismas en diversas sentencias de esta Sala; resultando de interés significar que si en la doctrina prevalece de modo claro la tesis legalista, respecto a la Jurisprudencia no puede decirse que haya una solución definitiva, aparte de que no siempre la solución aparente se corresponde con una toma de postura, sino que obedece más bien a las circunstancias del caso, o licencias de lenguaje, o dialécticas, sin perjuicio de reconocer que la postura objetiva es la que parece se conforma mejor a la figura jurídica de que se trata. Resulta incuestionable que la hipótesis del art. 541 exige el establecimiento de un signo que es el acto de destinación (de ahí su nombre), el cual habrá de ser constitutivo de una relación de servicio beneficio o utilidad (típica o atípica), que reúna las notas características de lo que puede ser una servidumbre, y obviamente entre ellas el carácter durable y permanente (nota de la permanencia, no reñida con la temporalidad), y no coyuntural y pasajero, que, por el contrario de lo que dice el recurso, no sólo está en el espíritu, sino también en la letra del art. 541 (que habla de un signo «de servidumbre»... para que «la servidumbre»), y a lo que debe añadirse que igualmente es preciso que se dé la especificación o concreción (determinación), en unión de la parcialidad de la utilidad del fundo «sirviente» (especialidad); y no concurre la primera si el signo estado de hecho no está perfectamente configurado, y falta la segunda si el servicio no consiste en un uso parcial, sino en una utilización plena e integral de la finca (lo que puede, teóricamente, ser otro derecho real, pero no una servidumbre). A ello se refiere, con pleno acierto, la sentencia de la Audiencia cuando alude a la indagación del acto de destinación; y no es de ver cómo, de otra forma, se podría apreciar la exigencia jurisprudencial (SS 10 Oct. 1957, 30 Oct. 1959, 21 Jun. 1971, 30 Dic. 1975, 7 Abr. 1979, 7 Jul. y 22 Sep. 1983, 21 Nov. y 6 Dic. 1985, 13 May. 1986, 7 Mar. 1991, entre otras) en relación con la necesidad de que concurra un estado de hecho que revele una prestación o relación de servicio, determinante de una servidumbre en el caso de que se diera entre dos fundos pertenecientes a distinto dueño, dotado de la nota de la visibilidad o notoriedad, y que haya sido establecido (o en su caso mantenido) por el propietario de la finca (que luego se segrega; o de las dos, cuya separación dominical determina el nacimiento del gravamen)». (31 diciembre 1999, 409/2000)

«Las SS 25 Jun. 1991 y 18 Mar. 1999, con referencia a la precedente de 13 May. 1986, recogen la reiterada doctrina jurisprudencial, según la cual "para que los Tribunales puedan declarar la realidad y subsistencia de una servidumbre de las reguladas en dicho precepto (el art. 541 CC), es indispensable que quien ejercita la acción para conseguirlo acredite cumplidamente: 1.º La existencia de dos predios pertenecientes a un único propietario; 2.º Un estado de hecho del que resulte por signos visibles y evidentes que uno de ellos presta al otro un servicio determinante de semejante gravamen, en el supuesto de que alguno cambiara de titularidad dominical; 3.º Que tal forma de exteriorización hubiera sido impuesta por el dueño común de los dos; 4.º Que persistiere en el momento de transmitirse a tercera persona cualquiera de dichas fincas; 5.º Que en la escritura correspondiente no se exprese nada en contra de la pervivencia del indicado derecho real".» (29 julio 2000, LA LEY 2124/2002)

«En relación con el artículo 541 del Código Civil, que se considera infringido, la sentencia de esta Sala de 16 de mayo de 1991, citada, entre otras, por la de 18 de marzo de 1999, declaró que "el reconocimiento de una modalidad de adquisición de servidumbre por causa de presunción fundada en un signo aparente revelador de la voluntad del transmitente, a fines de generar lo que se denomina servidumbre por destino del padre de familia, requiere

no solamente que tenga lugar la separación del dominio de dos fincas que pertenecían a un mismo propietario, sino que también, como asimismo ponen de manifiesto las sentencias de 21 de mayo de 1970 y 3 y 7 de julio y 22 de septiembre de 1983, que al tiempo de dicha separación exista ya el signo aparente de servidumbre a favor de una de las fincas y a cargo de la otra". Del mismo modo, la sentencia de 7 de julio de 1983 se pronuncia en los siguientes términos: "es doctrina de esta Sala interpretativa de tal precepto, la de que el artículo 541 del Código Civil establece una singular manera de constituirse alguna servidumbre predial aparente, conocida por `destinación del padre de familia', mediante la concurrencia de los siguientes requisitos: a) dos fundos pertenecientes a un solo propietario; b) un estado de hecho entre ambos, del cual resulte por signos visibles y evidentes que uno preste al otro un servicio determinante de una servidumbre; c) que esos signos demostrativos de la servidumbre fueran establecidos por el dueño común, el `padre de familia'; y d) que uno de los fundos sea enajenado por éste —S de 30 octubre 1959—..."». (20 diciembre 2005, rec. 1726/1999)

En la servidumbre de luces y vistas:

Resumen de la doctrina jurisprudencial aplicado a un caso de servidumbre de luces y vistas:

«la línea jurisprudencial respecto a la llamada servidumbre de destino del padre de familia, puede encontrarse, entre otras, en las siguientes sentencias: En la de 3-7-82 en la que se establecen los cuatro requisitos para entender el nacimiento y adquisición de la misma: «La doctrina jurisprudencial y la científica, interpretando el art. 541 del C.C., han establecido cuatro requisitos para el nacimiento y adquisición de la servidumbre de... por destino del padre de familia o destino del propietario: 1) la existencia de uno o dos predios pertenecientes al mismo propietario, 2) un estado o situación de hecho en el predio único o en ambos de que resulte visible y fácilmente comprobable la existencia del servicio prestado, 3) que dichos signos hayan sido establecidos por el titular de ambos predios o de la finca única que luego se divide, y 4) que el estado de hecho se transforme en gravamen mediante la enajenación de uno de los fundos o la división del único, subsistiendo el signo»; igualmente en cuanto a la constitución de dicha servidumbre las sentencias de 21-11-85 y 6-11-85 dicen: «La constitución tácita de la servidumbre por la vía de la destinación con arreglo al art. 541 del C.C., requiere como supuesto de hecho una relación de servicio entre dos predios que pudiera configurarse como tal derecho real si ambos pertenecieran a distintos propietarios; la constitución tácita de la servidumbre regulada en el art. 541 C.C., parte como supuesto de hecho imprescindible de una relación de servicio entre dos fincas, susceptible de ser configurada como servidumbre predial si dos fundos perteneciesen a distintos propietarios, derecho real cuya creación se origina «ex lege» concurriendo el signo visible y los restantes requisitos que el precepto señala»; en cuanto a la relevancia de la voluntad para la constitución de dicha servidumbre se decía en la sentencia de 13-5-86: «El verdadero título constitutivo de la servidumbre por destino del padre de familia que configura el art. 541 del C.C. surge de la voluntad del acreedor presentado por la persistencia del signo aparente en el momento de la separación de los predios, sin que sea suficiente para adoptar una situación contraria que en el documento de enajenación de cualquiera de las fincas se hiciera constar que se adquirió libre de cargas», y con respecto a la servidumbre de luces y vistas en cuanto a su naturaleza jurídica constituida por ese signo en la sentencia 31-5-86 que dice: «La jurisprudencia tiene establecido que la servidumbre de luces y vistas consecuente a la apertura en pared propia de ventanas y balcones, tiene la consideración de aparente, aunque negativa, y es apta para su adquisición por el acto de destinación del común propietario de los distintos terrenos o inmuebles»; respecto a la irrelevancia de la no constancia en la escritura pública correspondiente de tal signo en sentencia de 31-1-1990, se decía: «Aunque la jurisprudencia SS 10-10-57, 21-1-60, 16-4-66, 2-7-72 y 30-12-75, tiene establecido que no es suficiente para destruir el presupuesto fáctico en que se apoya el art. 541 C.C. la manifestación en

cualquiera de las escrituras de que la finca que se venda libre de cargas», y por último, respecto al acto creador de dicha servidumbre en sentencia 8-4-88 se decía: «Estamos en presencia de un supuesto en que los inmuebles de ambos litigantes pertenecieron en su día a un mismo dueño, lo que explica y justifica la aplicación de lo dispuesto y prevenido en el art. 541 del C.C. en el sentido de que no es necesario que el signo aparente de servidumbre lo cree el propio dueño de ambos fundos, sino que basta con que, constando previamente las servidumbres a favor o en contra de las respectivas fincas, el adquirente de ellas, si una vez bajo su titularidad no las hace desaparecer, ello implica y comporta unos resultados equivalentes a la creación por el mismo de dichos signos que implícitamente ha consentido y aceptado»; debiendo agregarse que cualquier pretensión de continuar el destino de ese signo aparente, ya como auténtica servidumbre, por los causahabientes del causante común de ambos predios, ha de ceñirse a que se mantenga ese mismo destino o uso histórico y en caso alguno aspirar a que cambiándose aquel pretérito destino o uso, por la voluntaria transformación material del signo crucial, se persiga, de consiguiente, por los continuadores lucrarse con una situación de dependencia entre los fundos distante por completo de la primitiva intención destino querido y aprovechado por el secular padre de familia». (7 marzo 1991, LA LEY 2354/1991)

Artículo 542

Al establecerse una servidumbre se entienden concedidos todos los derechos necesarios para su uso.

COMENTARIO

El contenido esencial del derecho de servidumbre es el poder directo parcial de su titular sobre el predio sirviente, lo que responde al propio concepto de servidumbre.

El contenido concreto de cada servidumbre no puede ser fijado con carácter general, sino que será el adecuado a cada tipo concreto que se constituya.

Por tanto, el contenido concreto lo determinará el negocio jurídico constitutivo de la servidumbre, o la posesión en caso de la adquirida por usucapión o el signo aparente en la constituida por destino del padre de familia.

El presente artículo completa lo que se haya podido prever y dispone que al contenido concreto se añaden como accesorias las facultades (más que derechos) que sean necesarias para la utilización del concreto derecho de servidumbre.

JURISPRUDENCIA

«toda servidumbre implica la atribución de las facultades accesorias de paso para hacer las obras necesarias para uso y conservación». (28 marzo 1994, LA LEY 543/1994)

«hay que atender al negocio constitutivo de la servidumbre y ello patentiza que la finalidad de tal gravamen pretendía hacer posible el libre acceso y uso de los elementos comunes y parcelas de equipamiento de ambas fases de la urbanización, como ha quedado expresado, y por ello se constituyó una servidumbre de paso recíproca en cuanto permitía el acceso de una a otra ambas fases para poder usar y circular en las zonas comunes.» (11 marzo 2003, LA LEY 49534/2003)

CONCORDANCIAS

Véase arts. 556, 557 y 598 de este Código.

SECCIÓN TERCERA
Derechos y obligaciones de los propietarios de los predios dominante y sirviente

Artículo 543

El dueño del predio dominante podrá hacer, a su costa, en el predio sirviente las obras necesarias para el uso y conservación de la servidumbre, pero sin alterarla ni hacerla más gravosa.

Deberá elegir para ello el tiempo y la forma conveniente a fin de ocasionar la menor incomodidad posible al dueño del predio sirviente.

COMENTARIO

1.- Entre las facultades del dueño del predio dominante se halla la de poder hacer en el predio sirviente las obras necesarias para el uso y conservación de la servidumbre. Es una consecuencia de la norma del artículo anterior, ya que se trata de un derecho necesario para el uso de la servidumbre. Tales obras son a su cargo.

2.- Al tiempo que es un derecho del dueño del predio dominante, para el del predio sirviente es un deber soportarlas. Pero tiene un doble límite aquel derecho en relación con este deber. En primer lugar, se deben realizar sin alterar ni hacer más gravosa la servidumbre. En segundo lugar, se deben hacer en el tiempo y en la forma adecuadas para causar el menor inconveniente posible al dueño del predio sirviente.

JURISPRUDENCIA

«En cuanto a la cita, como conculcado en el motivo del art. 543 del CC y con relación a las obras necesarias, añade el propio precepto que «sin alterarla (la servidumbre) ni hacerla más gravosa», porque tal facultad de realizar obras por parte del dueño del predio dominante encuentra su límite en la alteración o el aumento de onerosidad. Por otra parte, las obras están además limitadas por vía positiva además en las «necesarias para el uso y conservación de la servidumbre». (11 marzo 2003, LA LEY 49534/2003)

«El artículo 543 del Código Civil dispone que el dueño del predio dominante podrá hacer, a su costa, en el predio sirviente las obras necesarias para el uso y conservación de la servidumbre, pero sin alterarla ni hacerla más gravosa. Deberá elegir para ello el tiempo y la forma conveniente a fin de ocasionar la menor incomodidad posible al dueño del predio sirviente. Se trata aquí de un derecho necesario para el uso de la servidumbre y tales obras son a su cargo y al tiempo que es un derecho del predio dominante, para el predio sirviente es un deber soportarla. La Sentencia del Tribunal Supremo de 11 de marzo de 2003, con relación a las obras necesarias a las que se refiere el precepto, manifiesta que tienen su límite en la alteración o el aumento de la onerosidad y están además limitadas por vía positiva en las "necesarias" para el uso y conservación». (2 marzo 2005, rec. 4030/1998)

«Esta Sala tiene declarado que es fundamental, en materia de servidumbres voluntarias, que el título constitutivo determine su constitución y modo de ejercicio, no modificables por la sola voluntad del dueño del predio dominante y las obligaciones del sirviente para hacerlos más gravosos o menoscabarlos y cuya situación, de producirse, generaría no la aplicación de la normativa del artículo 598 del Código Civil, sino las consecuencias complementarias del artículo 543 del mismo ordenamiento, tendente al restablecimiento de la servidumbre a sus precisos términos y alcance (STS de 29 de mayo de 1979); y la STS de 2 de marzo de 2005 ha sentado que el artículo 543 del Código Civil dispone que el dueño del predio dominante podrá hacer, a su costa, las obras necesarias para el uso y conservación de la servidumbre, pero no alterarla ni hacerla más gravosa y, además, recoge la posición de la STS de 11 de marzo de 2003, respecto a las obras necesarias a que se refiere el precepto, que tienen su límite en la alteración o el aumento de la onerosidad y están, además, limitadas por vía positiva en las "necesarias" para el uso y conservación». (31 enero 2008, LA LEY 869/2008)

Artículo 544

Si fuesen varios los predios dominantes, los dueños de todos ellos estarán obligados a contribuir a los gastos de que trata el artículo anterior, en proporción al beneficio que a cada cual reporte la obra. El que no quiera contribuir podrá eximirse renunciando a la servidumbre en provecho de los demás.

Si por el dueño del predio sirviente se utilizare en algún modo de la servidumbre, estará obligado a contribuir a los gastos en la proporción antes expresada, salvo pacto en contrario.

COMENTARIO

1.- Prevé este artículo el supuesto de que «fuesen varios los predios dominantes», lo que supone que todos los propietarios son titulares del mismo y único derecho real de servidumbre. Podría ser éste el caso que contempla el segundo párrafo del art. 535.

En tal supuesto, se contempla la contribución al coste de las obras necesarias para el uso y conservación de la servidumbre. Los cotitulares del derecho de servidumbre deberán pagarlas «en proporción al beneficio que a cada cual reparte la obra» dice el texto legal: pero puede ser difícil o imposible determinarlo, en cuyo caso se hará a partes iguales.

También se contempla el caso de que uno de ellos no quiera contribuir y se da una solución drástica: que extinga su titularidad del derecho de servidumbre por renuncia, según el número 5.º del art. 546.

2.- Se prevé asimismo que por el dueño del predio sirviente «se utilizare en algún modo de la servidumbre» *(sic).* No es una expresión gramatical ni jurídicamente correcta porque el dueño del predio no usa una servidumbre en su propio terreno, sino que ejercitará la facultad de aprovechamiento derivado de su derecho de propiedad. Debe entenderse en sentido material; el hecho en que consiste la servidumbre (un camino para el paso, agua, etc.) puede ser utilizado también por el dueño del predio sirviente. En tal caso deberá contribuir, con los dueños de los predio dominantes, a los gastos de las obras necesarias para el uso y conservación de la servidumbre. Lo hará en proporción al beneficio que le reporte y, en su defecto, a partes iguales.

Se prevé, por último, que cabe pacto en contrario. Lo cual quizá es innecesario expresarlo porque esta norma, como las demás que regulan el contenido de la servidumbre, son de derecho dispositivo, no de derecho cogente y pueden ser alteradas por voluntad del constituyente del derecho de servidumbre o de las partes (dueños del predio dominante y del sirviente), tanto en el título constitutivo, como en los concretos derechos y obligaciones.

CONCORDANCIAS

Véase art. 575 de este Código.

Artículo 545

El dueño del predio sirviente no podrá menoscabar de modo alguno el uso de la servidumbre constituida.

Sin embargo, si por razón del lugar asignado primitivamente, o de la forma establecida para el uso de la servidumbre, llegara ésta a ser muy incómoda al dueño del predio sirviente o le privase de hacer en él obras, reparos o mejoras importantes, podrá variarse a su costa, siempre que ofrezca otro lugar o forma igualmente cómodos, y de suerte que no resulte perjuicio alguno al dueño del predio dominante o a los que tengan derecho al uso de la servidumbre.

COMENTARIO

1.- El primer párrafo de este artículo es evidente: el dueño del predio sirviente no puede perjudicar o menoscabar el derecho real de servidumbre (ni su ejercicio, claro es) cuya titularidad corresponde a otro, de la misma forma que no puede atentar contra ningún derecho subjetivo de otra persona. Quizá la explicación de esta norma se halla en el párrafo siguiente.

2.- Sí puede el dueño del predio sirviente variar el ejercicio del derecho de servidumbre, siempre que concurra un presupuesto y con ciertos requisitos.

Como presupuesto, es preciso, que el uso de la servidumbre le resulte «muy incómoda», expresión legal difícil de explicar en teoría y fácil de advertir en la práctica, aunque puede darse un elemento subjetivo que, si es exagerado, provocará la decisión objetiva del órgano jurisdiccional. El texto legal únicamente da, como criterios de la incomodidad, el lugar o la forma del uso de la servidumbre. O bien, que le prive de hacer obras, reparaciones o mejoras importantes.

Como requisitos, es preciso que el dueño del predio sirviente haga la variación a su costa, que ofrezca otro lugar o forma igualmente cómodos para el uso de la servidumbre y que no perjudique a su titular.

JURISPRUDENCIA

«habrá de tenerse en cuenta o respetarse la sanción del art. 545 CC, en la idea de que su sanción aplicable por analogía, supone para la actora su obligación propter rem de acomodar ese aparcamiento en forma "cómoda" (en el sentido evidente de "no incomodidad para el dominante"), y "de suerte que no resulte perjuicio alguno al dueño del predio dominante o a los que tengan derecho al uso de la servidumbre"». (29 enero 2004, rec. 767/1998)

«lo realmente importante es la no concurrencia de los presupuestos esenciales para aplicar el ius variandi *que consagra esta norma. El dueño del predio sirviente es el pro-*

pietario de la finca sobre la que recae como gravamen (aspecto pasivo) la servidumbre. Si este gravamen le llegara a ser muy incómodo, o le impidiera hacer obras o reparaciones importantes, le permite el artículo 545, segundo párrafo, que pueda variarse a su costa, siempre que ofrezca otro lugar o forma igualmente cómodos, sin causar perjuicio al titular de la servidumbre. Efectivamente, como se ha dicho y como dice el motivo, respecto al predio sirviente el lugar o la forma de la servidumbre de paso establecida convencionalmente, no ha llegado a ser muy incómoda y respecto al predio dominante no ofrece una forma o lugar de ella que sean igualmente cómodos, sino que simplemente la Comunidad demandante desea que aquel paso se reduzca porque entiende que a la sociedad dueña del predio dominante le sirve igual un paso más estrecho y a la Comunidad le resultaría muy útil aprovechar el espacio que dejaría libre la reducción del paso. Esto no es lo que dispone el artículo 545 del Código civil que prevé algo muy distinto: el que una servidumbre devenga incómoda, no que la reducción de la misma resulte útil el predio sirviente: la Comunidad demandante, que sufre la servidumbre de paso como dueña del predio sirviente, no ha alegado siquiera cuál es la incomodidad, al devenir muy incómoda, que mantiene para modificarla». (22 noviembre 2007, LA LEY 185039/2007)

CONCORDANCIAS

Véase arts. 565, 568 y 587 de este Código.

SECCIÓN CUARTA
De los modos de extinguirse las servidumbres

Artículo 546

Las servidumbres se extinguen:

1.º Por reunirse en una misma persona la propiedad del predio dominante y del sirviente.

2.º Por el no uso durante veinte años.

Este término principiará a contarse desde el día en que hubiera dejado de usarse la servidumbre respecto a las discontinuas; y desde el día en que haya tenido lugar un acto contrario a la servidumbre respecto a las continuas.

3.º Cuando los predios vengan a tal estado que no pueda usarse de la servidumbre; pero ésta revivirá si después el estado de los predios permitiera usar de ella, a no ser que cuando sea posible el uso, haya transcurrido el tiempo suficiente para la prescripción, conforme a lo dispuesto en el número anterior.

4.º Por llegar el día o realizarse la condición, si la servidumbre fuera temporal o condicional.

5.º Por la renuncia del dueño del predio dominante.

6.º Por la redención convenida entre el dueño del predio dominante y el del sirviente.

COMENTARIO

1.- Se enumeran las causas de extinción del derecho real de servidumbre, como enumeración de carácter general, en el sentido de que no es exhaustiva y de que no es absolutamente aplicable a toda clase de servidumbre.

2.- Las causas de extinción se pueden clasificar en varios grupos.

Primer grupo: por razón del sujeto; primera, renuncia del titular del derecho real de servidumbre; segunda, acuerdo extintivo (o «redención convenida», como dice el texto legal) entre el dueño del predio dominante y el del sirviente.

Segundo grupo: por razón del objeto; primera, pérdida o imposibilidad de ejercicio de la servidumbre, por un cambio en el estado de los predios que haga imposible su uso, aunque revivirá si posteriormente otra vez el estado de los predios permite el uso de la servidumbre, a no ser que haya prescrito.

Tercer grupo: por razón de la relación jurídica; primera, vencimiento del término o cumplimiento de la condición resolutoria, en el caso de que la servidumbre fuera temporal o condicional; segunda, consolidación, por reunirse en la misma persona la propiedad del predio dominante y la del predio sirviente; tercera, prescripción extintiva, por uno uso durante veinte años (art. 546.2.º), es el no uso, el no ejercicio, la inacción del titular; aclara el mismo precepto, su cómputo: las servidumbres discontinuas, desde el día en que hubiera dejado de usarse; las continuas, desde el día en que haya tenido lugar el acto contrario a la servidumbre. Como expresión de la regulación de la copropiedad (arts. 392 y ss.) si el predio dominante es propiedad de varios (copropiedad), dispone el artículo 548 que el uso de la servidumbre hecho por uno impide la prescripción respecto a los demás.

Artículo 547

La forma de prestar la servidumbre puede prescribirse como la servidumbre misma, y de la misma manera.

COMENTARIO

La prescripción adquisitiva o usucapión y la prescripción extintiva, no sólo alcanza al derecho mismo de servidumbre, sino a la forma de ella, en el sentido del modo y amplitud de ejercicio.

Así, por usucapión puede adquirirse un derecho real de servidumbre (continua y aparente: arts. 537 y 539) y también puede adquirirse una forma de ejercicio de la misma o una amplitud, no previstas inicialmente.

A la inversa, por prescripción extintiva se puede perder toda clase de derechos de servidumbre y también se puede perder una forma o modo de ejercicio o una amplitud que antes había tenido.

Artículo 548

Si el predio dominante perteneciera a varios en común, el uso de la servidumbre hecho por uno impide la prescripción respecto de los demás.

COMENTARIO

1.- Contempla el supuesto de varios copropietarios de una finca que es predio dominante en un derecho de servidumbre predial y, en consecuencia, son cotitulares de la misma. El hecho de que uno solo de ellos use la servidumbre impide que se pueda extinguir por prescripción; lo cual es evidente ya que no se produce el «no uso» que prevé el n.º 2 del art. 546 y está en consonancia con lo dispuesto en el art. 1933 por el que la usucapión producida por un copropietario al referirse a un derecho afecta a todos ellos que serán sus cotitulares.

2.- Por tanto, el uso de la servidumbre por un copropietario del predio dominante y cotitular de la servidumbre, impide la prescripción extintiva, como tal causa de extinción. Por ello, no tiene sentido el último inciso de este artículo que dice que la impide «respecto de los demás»; no podría pensarse que la servidumbre ha quedado extinguida para un copropietario del predio dominante y no para otro.

CONCORDANCIAS

Véase art. 1.933 de este Código.

CAPÍTULO II
DE LAS SERVIDUMBRES LEGALES

SECCIÓN PRIMERA
Disposiciones generales

Artículo 549

Las servidumbres impuestas por la ley tienen por objeto la utilidad pública o el interés de los particulares.

COMENTARIO

1.- El artículo 536 distinguía las servidumbres legales y las voluntarias. Este artículo 549 distingue, en las legales, las que tienen por objeto la utilidad pública o el interés de los particulares, distinción que se desarrolla en los dos artículos siguientes.

De hecho, en cada una de las servidumbres que, a partir del art. 552, el Código regula como legales, se contemplará si es servidumbre o un límite a la propiedad y, en el primer caso, si está establecida en utilidad pública o en interés de los particulares.

2.- La servidumbre legal es el derecho real de servidumbre que la ley permite al particular que pueda exigir su constitución, cuando se dan los supuestos de hecho, satisfaciendo la correspondiente indemnización.

Su naturaleza es, pues, de derecho real de servidumbre, civil y, como tal, constituye limitación de derecho de propiedad. En otro caso, no es servidumbre legal aunque se le llame así impropiamente, sino el caso frecuente de límite de la propiedad.

CONCORDANCIAS

Véase:
— arts. 550 y ss. de este Código.
— Real Decreto Legislativo 1/2001, 20 julio, por el que se aprueba el texto refundido de la Ley de Aguas («*B.O.E.*», 24 julio).
— Ley de Carreteras, de 29 de julio de 1988 («*B.O.E.*», 30 julio).
— Ley de Costas, de 28 de julio de 1988 («*B.O.E.*», 29 julio).
— Ley 43/2003, 21 noviembre, de Montes («*B.O.E.*», 22 noviembre)
— Ley de la Navegación Aérea, de 21 de julio de 1960 («*B.O.E.*», 23 julio).
— Ley 27/1992, de 24 noviembre, de Puertos del Estado y de la Marina Mercante («*B.O.E.*», 25 noviembre).

Artículo 550

Todo lo concerniente a las servidumbres establecidas para utilidad pública o comunal se regirá por las leyes y reglamentos especiales que las determinan, y, en su defecto, por las disposiciones del presente título.

COMENTARIO

1.- Servidumbres legales para utilidad pública son las llamadas servidumbres administrativas, que no son derechos reales privados, sobre cosa ajena, son un gravamen sobre cosa ajena, que consiste en una sujeción parcial de la misma a alguna utilización en uso o beneficio de la Comunidad. Se establece en beneficio de la Comunidad, bien en utilidad directa de una cosa pública, bien en la de una colectividad.

Es preciso un acto especial de imposición de la servidumbre administrativa. Es una diferencia esencial con el límite de la propiedad, que no precisa acto alguno de imposición ni de constitución, ya que se determina directamente por la ley que lo prevé.

2.- La regulación de las servidumbres administrativas se halla en sus propias normas administrativas y, en lo previsto, por las normas del Código civil.

JURISPRUDENCIA

«Los derechos reales de servidumbre no se agotan en los que contempla el Código Civil y así su artículo 550 lo da a entender, acentuándose su carácter de norma de remisión, en cuanto a las servidumbres establecidas para utilidad pública o comunal, las que se rigen por las leyes y reglamentos especiales y, en su defecto, es decir, en todo caso, por la normativa civil de las servidumbres legales». (15 diciembre 1993, LA LEY 13554/1994)

Artículo 551

Las servidumbres que impone la ley en interés de los particulares, o por causa de utilidad privada se regirán por las disposiciones del presente título, sin perjuicio de lo que dispongan las leyes, reglamentos y ordenanzas generales o locales sobre policía urbana o rural.

Estas servidumbres podrán ser modificadas por convenio de los interesados cuando no lo prohíba la ley ni resulte perjuicio a tercero.

COMENTARIO

1.- Servidumbres legales en interés de particulares o por causa de utilidad privada, llamadas también forzosas, son aquellas que en nada se diferencian de las voluntarias, pero en aquellos puede ser exigida su constitución por la persona a quien el Código se la concede.

Es también necesario un acto especial de constitución, que puede imponer el que tiene el derecho (por tanto, dueño del predio dominante) sobre la finca sirviente. Diferencia esencial —ocurría también con la contemplada en el artículo anterior— con el límite del derecho de propiedad, que se impone directamente y sin necesidad de acto constitutivo.

2.- La normativa de estas servidumbres legales o forzosas, en interés de los particulares, es, en primer lugar, por lo pactado por las partes al constituirse o durante el ejercicio de la misma, siempre que tal convenio, como dice el segundo párrafo «no lo prohíba la ley ni resulte perjuicio a tercero»; en segundo lugar, por las normas del C.c. contenidas en el título dedicado a las servidumbres; en tercer lugar, por las normas administrativas que a las mismas se refieran.

SECCIÓN SEGUNDA
De las servidumbres en materia de aguas

Artículo 552

Los predios inferiores están sujetos a recibir las aguas que naturalmente y sin obra del hombre descienden de los predios superiores, así como la tierra o piedra que arrastran en su curso.

Ni el dueño del predio inferior puede hacer obras que impidan esta servidumbre, ni el del superior obras que la agraven.

COMENTARIO

1.- A partir de este artículo, el Código regula una serie de lo que denomina «servidumbres legales» aunque no todas, ni mucho menos, lo son; mezcla casos de servidumbres voluntarias, de servidumbres legales para utilidad pública (servidumbres administrativas), de servidumbres legales en interés de particulares (servidumbres forzosas) y de límites al derecho de propiedad.

En consecuencia, teniendo en cuenta además la importancia de normas administrativas, ajenas al C.c., conviene, para una mínima comprensión de la normativa, que no se comente artículo por artículo, sino globalmente se exponga cada una de las llamadas servidumbres, distinguiendo si lo son, de qué tipo o si son límites a la propiedad.

2.- En primer lugar, las *servidumbres en materia de aguas*, que con este título las contempla la sección 2 de este capítulo II (dedicado a las servidumbres legales). Respecto a las servidumbres de aguas, de muy variado tipo, nada impide que se constituyan por los particulares como servidumbres voluntarias.

El Código civil regula una serie de ellas, como legales, en los artículos 552 a 562, que los particulares pueden modificar por convenio, si no lo prohíbe la ley ni resulta perjuicio a tercero, como preveía el artículo 551, último párrafo. Tales servidumbres se regulan por dichas normas del Código y, en su defecto, por las de la Ley de Aguas de 2 de agosto de 1985, según dispone el artículo 563.

3.- En esta normativa se pueden distinguir, primero verdaderas servidumbres legales según el concepto que aquí se ha dado, que exigen un acto de constitución, por petición del particular interesado; segundo, una servidumbre administrativa, en interés de la comunidad; tercero, unos verdaderos límites al derecho de propiedad, no constitutivos de servidumbre.

Primero: *servidumbres legales propiamente dichas.*

1.º) De estribo de presa. La prevé el art. 554, que permite a un particular exigir la constitución de la servidumbre de estribo de presa, previa indemnización, cuando fuere necesario establecer una presa y no fuere dueño de los predios ribereños, para la derivación o toma de aguas de un río o arroyo, o para el aprovechamiento de aguas.

2.º) De parada o partidor. La prevé el art. 562, y autoriza al particular a exigir que se le permita, previa indemnización la construcción de parada o partidor en el cauce por donde haya de recibir el agua, para dar riego a su heredad.

3.º) De acueducto. Es definida en el Digesto (8, 3, 1): *aqueductus est ius acquam ducendi per fundum alienum* y, a la vista del artículo 557 el derecho que tiene el propietario que quiere servirse del agua de que pueda disponer para una finca suya, de hacerla pasar por los predios intermedios, con obligación de indemnizar a sus dueños, como también a los de los predios inferiores sobre los que se filtren o caigan las aguas. El artículo 561 dispone que será siempre considerada continua y aparente, aunque no lo fuera conceptualmente.

No puede imponerse sobre edificios, sus patios o dependencias, ni sobre jardines o huertas (art. 559) y debe el particular interesado probar que puede disponer del agua y que es suficiente para el uso a que la destina y que el paso es el más conveniente y el menos gravoso (art. 558).

Segundo: *servidumbre administrativa.*

1.º) De saca de agua y abrevadero (arts. 55 y 556), de estribo de presa, de parada o partidor y de paso (para acceder a cauce de dominio público) para usos comunes (arts. 46 de la Ley de Aguas).

2.º) De acueducto, si el aprovechamiento del recurso o su evacuación así lo exigiera (art. 46.1.º de la Ley de Aguas).

Tercero: *Límites al derecho de propiedad.*

1.º) La llamada servidumbre natural de aguas, que no es verdadera servidumbre, no precisa acto expreso de constitución ni media indemnización. La prevé el art. 552, que impone a los predios inferiores la sujeción a recibir aguas y tierras o piedras que arrastren que, naturalmente y sin obra del hombre, desciendan de los predios superiores, y la reitera el art. 45 de la Ley de Aguas.

2.º) En interés de la navegación y flotación, el artículo 553 impone, como límite a su propiedad, a los predios ribereños, en una zona de tres metros, el uso público en interés general de la navegación, la flotación, la pesca y el salvamento; además, al uso también público para camino de sirga para el servicio de la navegación y flotación fluvial. Procede indemnización si es necesario ocupar terrenos de propiedad particular.

JURISPRUDENCIA

«los presupuestos para que surja dicha servidumbre de aguas son los siguientes: a) Que las fincas afectadas deben estar situadas en línea descendente las unas de las otras. b) Que a tenor de lo que dice la sentencia de esta Sala de 12 de enero de 1906, las fincas en cuestión han de ser de naturaleza rústica, nunca urbana. c) Que el discurrir de las aguas debe estar constituido por un curso natural de las mismas, sin intervención, en mucho o en poco, de la mano del hombre». (14 marzo 1997, LA LEY 3858/1997)

CONCORDANCIAS

Véase Real Decreto Legislativo 1/2001, 20 julio, por el que se aprueba el texto refundido de la Ley de Aguas (*«B.O.E.»*, 24 julio): arts. 47 a 49.

Artículo 553

Las riberas de los ríos, aun cuando sean de dominio privado, están sujetas en toda su extensión y sus márgenes, en una zona de tres metros, a la servidumbre de uso público en interés general de la navegación, la flotación, la pesca y el salvamento.

Los predios contiguos a las riberas de los ríos navegables o flotables están además sujetos a la servidumbre de camino de sirga para el servicio exclusivo de la navegación y flotación fluvial.

Si fuere necesario ocupar para ello terrenos de propiedad particular, procederá la correspondiente indemnización.

COMENTARIO

Véase el comentario al art. 552.

CONCORDANCIAS

Véase Real Decreto Legislativo 1/2001, 20 julio, por el que se aprueba el texto refundido de la Ley de Aguas (*«B.O.E.»*, 24 julio): arts. 6.1 a) y 48.

Artículo 554

Cuando para la derivación o toma de aguas de un río o arroyo, o para el aprovechamiento de otras corrientes continuas o discontinuas, fuere necesario establecer una presa, y el que haya de hacerlo no sea dueño de las riberas o terrenos en que necesite apoyarla, podrá establecer la servidumbre de estribo de presa, previa la indemnización correspondiente.

COMENTARIO

Véase el comentario al art. 552.

CONCORDANCIAS

Véase Real Decreto Legislativo 1/2001, 20 julio, por el que se aprueba el texto refundido de la Ley de Aguas (*«B.O.E.»*, 24 julio): art. 48.2 y 5.

Artículo 555

Las servidumbres forzosas de saca de agua y de abrevadero solamente podrán imponerse por causa de utilidad pública en favor de alguna población o caserío, previa la correspondiente indemnización.

COMENTARIO

Véase el comentario al art. 552.

CONCORDANCIAS

Véase Real Decreto Legislativo 1/2001, 20 julio, por el que se aprueba el texto refundido de la Ley de Aguas (*«B.O.E.»*, 24 julio): art. 48.2 y 5.

Artículo 556

Las servidumbres forzosas de saca de agua y de abrevadero llevan consigo la obligación en los predios sirvientes de dar paso a personas y ganados hasta el punto donde hayan de utilizarse aquéllas, debiendo ser extensiva a este servicio la indemnización.

COMENTARIO

Véase el comentario al art. 552.

CONCORDANCIAS

Véase Real Decreto Legislativo 1/2001, 20 julio, por el que se aprueba el texto refundido de la Ley de Aguas (*«B.O.E.»*, 24 julio): art. 48.2 y 5.

Artículo 557

Todo el que quiera servirse del agua de que puede disponer para una finca suya, tiene derecho a hacerla pasar por los predios intermedios con obligación de indemnizar a sus dueños, como también a los de los predios inferiores sobre los que se filtren o caigan las aguas.

COMENTARIO

Véase el comentario al art. 552.

JURISPRUDENCIA

«la inexistencia de la servidumbre de acueducto a que se contrae la presente litis, resulta incuestionable, ya que no concurren ninguna de las circunstancias que se enumeran en el art. 558 del C. Civil, tratándose más bien de un acto oculto o clandestino, que ni ha contado con la autorización del dueño del predio sirviente, ni incluso con la concesión administrativa indispensable para disponer del agua». (2 diciembre 1992, LA LEY 15855-R/1994)

CONCORDANCIAS

Véase Real Decreto Legislativo 1/2001, 20 julio, por el que se aprueba el texto refundido de la Ley de Aguas (*«B.O.E.»*, 24 julio): arts. 48.1 y 5 y 49.

Artículo 558

El que pretenda usar del derecho concedido en el artículo anterior está obligado:

1.º A justificar que puede disponer del agua y que ésta es suficiente para el uso a que la destina.

2.º A demostrar que el paso que solicita es el más conveniente y menos oneroso para tercero.

3.º A indemnizar al dueño del predio sirviente en la forma que se determine por las leyes y reglamentos.

COMENTARIO

Véase el comentario al art. 552.

CONCORDANCIAS

Véase Real Decreto Legislativo 1/2001, 20 julio, por el que se aprueba el texto refundido de la Ley de Aguas («*B.O.E.*», 24 julio): art. 47.1.

Artículo 559

No puede imponerse la servidumbre de acueducto para objeto de interés privado, sobre edificios, ni sus patios o dependencias, ni sobre jardines o huertas ya existentes.

COMENTARIO

Véase el comentario al art. 552.

CONCORDANCIAS

Véase Real Decreto Legislativo 1/2001, 20 julio, por el que se aprueba el texto refundido de la Ley de Aguas («*B.O.E.*», 24 julio): arts. 47.2 y 49.

Artículo 560

La servidumbre de acueducto no obsta para que el dueño del predio sirviente pueda cerrarlo y cercarlo, así como edificar sobre el mismo acueducto de manera que éste no experimente perjuicio, ni se imposibiliten las reparaciones y limpias necesarias.

COMENTARIO

Véase el comentario al art. 552.

CONCORDANCIAS

Véase Real Decreto Legislativo 1/2001, 20 julio, por el que se aprueba el texto refundido de la Ley de Aguas («*B.O.E.*», 24 julio): art. 48.1.

Artículo 561

Para los efectos legales, la servidumbre de acueducto será considerada como continua y aparente, aun cuando no sea constante el paso del agua, o su uso dependa de las necesidades del predio dominante, o de un turno establecido por días o por horas.

COMENTARIO

Véase el comentario al art. 552.

Artículo 562

El que para dar riego a su heredad o mejorarla, necesite construir parada o partidor en el cauce por donde haya de recibir el agua, podrá exigir que los dueños de las márgenes permitan su construcción, previo abono de daños y perjuicios, incluso los que se originen de la nueva servidumbre a dichos dueños y a los demás regantes.

COMENTARIO

Véase el comentario al art. 552.

CONCORDANCIAS

Véase Real Decreto Legislativo 1/2001, 20 julio, por el que se aprueba el texto refundido de la Ley de Aguas (*«B.O.E.»*, 24 julio): art. 48.2 y 5.

Artículo 563

El establecimiento, extensión, forma y condiciones de las servidumbres de aguas, de que se trata en esta sección, se regirán por la ley especial de la materia en cuanto no se halle previsto en este Código.

COMENTARIO

Véase el comentario al art. 552.

CONCORDANCIAS

Véase Real Decreto Legislativo 1/2001, 20 julio, por el que se aprueba el texto refundido de la Ley de Aguas (*«B.O.E.»*, 24 julio): Disposición Final 1.ª.

SECCIÓN TERCERA
De la servidumbre de paso

Artículo 564

El propietario de una finca o heredad, enclavada entre otras ajenas y sin salida a camino público, tiene derecho a exigir paso por las heredades vecinas, previa la correspondiente indemnización.

Si esta servidumbre se constituye de manera que pueda ser continuo su uso para todas las necesidades del predio dominante estableciendo una vía permanente, la indemnización consistirá en el valor del terreno que se ocupe y en el importe de los perjuicios que se causen en el predio sirviente.

Cuando se limite al paso necesario para el cultivo de la finca enclavada entre otras y para la extracción de sus cosechas a través del predio sirviente sin vía permanente, la indemnización consistirá en el abono del perjuicio que ocasione este gravamen.

COMENTARIO

1.- Tal como se dice en el comentario al artículo 552, apartado 1, se comentan globalmente todos los artículos relativos a cada una de las llamadas servidumbres legales, que engloban diversos conceptos.

2.- A partir de este artículo, la *servidumbre de paso*, que forma la sección 3 de este capítulo II.

3.- La servidumbre de paso la regula el Código civil en los artículos 564 a 570 y puede distinguirse, primero, una servidumbre legal de paso, que se refiere a un paso permanente; segundo, un paso transitorio como límite a la propiedad del dueño del terreno por el cual se pasa; tercero, el paso para ganados.

Primero: Servidumbre legal de paso permanente. La establece el artículo 564: el propietario de una finca o heredad (y, también, el titular de un derecho real que tenga el uso de la misma, como el usufructuario, usuario o enfiteuta, pero no el nudo propietario) enclavada entre otras ajenas y sin salida a camino público, tiene derecho a exigir paso por las heredades vecinas, previa la correspondiente indemnización.

La indemnización varía según los casos. Si se establece una vía permanente, la indemnización consiste en el valor del terreno que se ocupe y los perjuicios que se causen (art. 564, segundo párrafo). Si no hay vía permanente, sólo alcanza al importe del perjuicio que ocasione (art. 564, tercer párrafo). No hay indemnización si, adquirida una finca por venta, permuta o partición, quedare enclavada entre otras del vendedor, permutante o copartícipe (art. 567).

El lugar del paso será el menos perjudicial para el predio sirviente y, en lo posible, el más corto (art. 565). La anchura será la que baste a las necesidades del predio dominante (art. 566).

Se extingue esta servidumbre cuando el paso deja de ser necesario, por haber reunido su dueño la finca con otra contigua al camino público, o por abrirse un camino que dé acceso a la finca enclavada, devolviéndose la indemnización (art. 568). Lo cual no ocurre si la servidumbre de paso fue constituida voluntariamente por negocio jurídico.

Segundo: Paso transitorio. Es un límite a la propiedad relativo a la de la finca por la que deban pasarse materiales para una construcción, que debe soportar su paso, con indemnización de los perjuicios que sufra, si los hay.

Lo prevé el art. 569: si fuere indispensable para construir o reparar algún edificio pasar materiales por predio ajeno, o colocar en el andamios u otros objetos (que no es paso, sino una ocupación provisional) para la obra, el dueño de este predio está obligado a consentirlo, recibiendo la indemnización correspondiente al perjuicio que se le irrogue (si se produce efectivamente algún perjuicio).

Tercero: Paso para ganado. Si procede establecer una servidumbre de paso o de abrevadero para ganados, que no podrá exceder de 10 metros, el artículo 570, último párrafo se remite a las normas sobre servidumbre administrativa de saca de agua y de abrevadero, de los artículo 555 y 556, ya vistas.

En cuanto a los pasos existentes de ganado —cañada, cordel, vereda u otros— a que se refieren los dos primeros párrafos del artículo 570, la Ley 3/1995, de 23 marzo, de Vías pecuarias, declara que son bienes de dominio público de las Comunidades Autónomas. No es, pues, cuestión de servidumbre.

JURISPRUDENCIA

«Nacida la vereda en tiempo inmemorial, surgió así una servidumbre voluntaria cuyas causas de extinción están específicamente detalladas en el Código Civil (arts. 546 y siguientes). A las servidumbres voluntarias no le son de aplicación, en general, los preceptos específicos de las servidumbres legales y por tanto, si la vereda no consta que naciera por imposición legal de los artículos 564 y siguientes, no debe entenderse extinguida por el juego del artículo 568, que exige petición expresa en tal sentido, máxime cuando las partes ni lo invocan». (15 febrero 1989, LA LEY 407-1/1989) (criterio reiterado por la de 16 diciembre 2004)

«para que entre en juego la aplicación de la norma excepcional contenida en el artículo 564 del Código Civil, que supone una evidente limitación de la integridad del derecho de propiedad, que el predio de quien acciona se halle enclavado entre fincas pertenecientes a distinto dueño y sin salida a camino público. La acción ha de fundarse siempre en la necesidad de establecimiento de la servidumbre como único medio de obtener la salida o comunicación (sentencia de 14 de octubre de 1941), ha de ser una necesidad real y no ficticia o artificiosa (sentencia de 26 de febrero de 1927), que no responda al capricho o simple conveniencia (sentencia de 13 de junio de 1989, que cita la de 29 de marzo de 1977)». (20 diciembre 2005, rec. 1726/1999)

«la pretensión dirigida a cercar el camino en toda su extensión para evitar el paso del ganado por el mismo resultaría excesivamente gravosa para el predio sirviente que, en tal caso, quedaría dividido en dos porciones separadas y sin comunicación, lo que resulta contrario a la consideración restrictiva que merece cualquier limitación de la propiedad e implicaría algo muy similar a una expropiación forzosa en interés particular, lo que no es admisible en nuestro ordenamiento jurídico. De ahí que deba acogerse, para armonizar los intereses de una y otra parte, la petición subsidiaria en orden a que el actor pueda a su costa pavimentar el camino con asfalto o cemento. Ello sin perjuicio del derecho del titular del predio sirviente, como reiteradamente reclamó en su escrito de contestación a la demanda, a cerrar mediante trancas abatibles ambos extremos del camino para evitar la fuga del ganado e incluso la posibilidad de que el mismo pudiera causar daños en el predio dominante. La constitución de una vía permanente de paso con las características ya señaladas comporta la obligación por parte del titular del predio dominante de indemnizar al del sirviente tanto por el valor del terreno que se ocupe como por el de los perjuicios que se le causen, según establece el artículo 564, párrafo segundo, del Código Civil». (15 febrero 2007, LA LEY 2400/2007)

Véase la sentencia de 16 mayo 2001 (LA LEY 4540/2001) que se halla en el artículo 567.

Artículo 565

La servidumbre de paso debe darse por el punto menos perjudicial al predio sirviente, y, en cuanto fuere conciliable con esta regla, por donde sea menor la distancia del predio dominante al camino público.

COMENTARIO

Véase el comentario al artículo 564.

JURISPRUDENCIA

«aun admitido como está en esta litis el carácter de elemento común que, en relación a los litigantes, tiene el tejado o azotea del inmueble litigioso, hemos de concluir, con la reso-

lución recurrida, que el acceso al mismo por parte del actor a través de la vía pretendida, que supone el paso a través de la parte privativa de los demandados; comportaría una servidumbre forzosa de paso que, de acuerdo con el precepto del artículo 565 del Código Civil, debe tener lugar por el punto menos perjudicial al inmueble sirviente, que, como hemos anticipado, no consta suficientemente acreditado que sea la solicitada por los actores, y sin perjuicio de que cuando se acreditase que el lugar por donde se pide el mismo sea el menos perjudicial para el inmueble sirviente». (14 mayo 1991, LA LEY 2520/1991)

«esta Sala ha exigido por razones obvias la presencia en el proceso en calidad de demandados de todos los condueños cuando el predio sobre el que se pretende imponer la servidumbre con carácter forzoso pertenece proindiviso a varios (sentencias de 5 de julio de 1954 y 5 de febrero de 1964), pero tal exigencia no debe extenderse a los supuestos distintos en que son distintos fundos colindantes los que inicialmente pudieran ser constituidos en predios sirvientes, y así la sentencia de 26 de mayo de 1993 sienta un precedente en el sentido de que, cuando a través de la prueba practicada en autos se acredita que el camino que reúne los requisitos del artículo 565 del Código Civil discurriría por alguno de los fundos cuyos propietarios han sido traídos al pleito, no puede obligarse a la parte reclamante a demandar y traer al proceso a personas que manifiestamente no pueden resultar afectadas por su resultado». (20 diciembre 2005, rec. 1726/1999)

Artículo 566

La anchura de la servidumbre de paso será la que baste a las necesidades del predio dominante.

COMENTARIO

Véase el comentario al artículo 564.

Artículo 567

Si, adquirida una finca por venta, permuta o partición, quedare enclavada entre otras del vendedor, permutante o copartícipe, éstos están obligados a dar paso sin indemnización, salvo pacto en contrario.

COMENTARIO

Véase el comentario al artículo 564.

JURISPRUDENCIA

«no permite extender a casos como el presente —en que no concurren el requisito de enclavamiento entre otras del vendedor— la doctrina, difícilmente conciliable con el precepto legal, expuesta en la sentencia de 7 de junio de 1958, dado que la obligación de dar paso sin indemnización se establece entre quienes —vendedor, permutante o copartícipe y adquirente— intervienen en la transmisión de la finca y tiene su razón de ser en el deber de entregar la cosa en condiciones de poder ser disfrutada, pero no excluye absolutamente la posibilidad de que el adquirente exija paso por otra heredad vecina, previa la correspondiente indemnización (art. 564.1.º) cuando, como aquí sucede, no ofrezca duda, como declara la sentencia impugnada, que la finca del vendedor «no sería el terreno más conveniente por

donde tendría que ir esa servidumbre», a lo que debe añadirse que hay constancia de que, en principio, se permitió el paso por el camino discutido que pudo de buena fe considerarse público». (26 julio 1994, LA LEY 27316-JF/0000) (criterio reiterado por la de 29 abril 2004)

«Dijo esta Sala, en S 17 Nov. 1930, que «si el art. 567 exime al que adquiere una finca enclavada entre otras del enajenante de la obligación de indemnizar, establecida en el art. 564, es porque todo vendedor debe hacer entrega de la cosa enajenada en cuanto de él dependa, en condiciones de poder disfrutarse, siendo éste uno de los fundamentos de los derechos de evicción y saneamiento, de suerte que siendo la servidumbre legal una resultante de la colisión de dos derechos, el que tiene el dueño de la finca enclavada entre otras ajenas y el del propietario de la colindante para que se respete su derecho dominical, colisión que la legislación resuelve imponiendo con ecuanimidad excepcional limitación o gravamen, es obvio que por ser tal y además coactivo, ha de entenderse siempre en sentido restrictivo, pues sabido es que lo favorable debe ampliarse y lo odioso debe ser restringido». En atención a este criterio restrictivo en la interpretación del art. 567 del CC dice la sentencia de esta Sala de 15 Feb. 1958 que «si bien es cierto que el art. 567, en su redacción literal, se refiere al caso de una finca que haya sido adquirida por venta, permuta o partición, quedando enclavadas entre otras del vendedor, permutante o copartícipe, también lo es que la hipótesis que en él se atiende es insuficiente, pues no cabe aplicar el art. 564 cuando han existido actos de los contratantes que crean esta situación física de enclavamiento entre fincas de otros dueños sin salida a una vía pública, pues en tal supuesto ya la sentencia de este TS de 5 May. 1873, en aplicación del derecho anterior, estableció que la servidumbre de paso por la finca del vendedor o permutante debe sobreentenderse como una condición tácita del contrato de permuta o venta, y más recientemente la de 26 Feb. 1927, interpretando el art. 564 del CC, sienta la doctrina de que aislada intencionalmente la finca disgregándola de otra suya de la cual era anexión o dependencia y por la que tenía comunicación con la vía pública, no se da el supuesto legal de necesidad estricta en que aquel artículo se inspira que carece de aplicación "so pena de admitir que el cumplimiento de las leyes pueda quedar al arbitrio y habilidad de quien quiera conculcarlos en provecho propio y en perjuicio ajeno" y si bien el supuesto de hecho es distinto por tratarse de un contrato de compraventa, es indudable que el no aplicable es el art. 564 del CC por haberse creado artificialmente y por un acto voluntario de los contratantes y especialmente del vendedor una situación de hecho que privó de acceso a la vía pública, que únicamente él es el obligado a solucionarlo por ser un acto propio cuyas consecuencias no puede hacer recaer en un tercero, como pretende el recurrente, y por ello ante la insuficiencia del tenor literal del art. 567 del Código citado, es preciso para su interpretación acudir a la razón que le inspira, en armonía con la falta de aplicación del art. 564, y del principio general que obliga al vendedor a sanear la cosa vendida como acertadamente hace la sentencia recurrida, y a los solos fines de fijar cuál es el alcance del tan repetido art. 567 y ante la necesidad de que la parcela vendida tenga salida a una vía pública»; doctrina que se reitera en la S 7 Jun. 1958 que, además, cita la de 17 Nov. 1930». (16 mayo 2001, LA LEY 4540/2001)

Artículo 568

Si el paso concedido a una finca enclavada deja de ser necesario por haberla reunido su dueño a otra que esté contigua al camino público, el dueño del predio sirviente podrá pedir que se extinga la servidumbre, devolviendo lo que hubiera recibido por indemnización.

Lo mismo se entenderá en el caso de abrirse un nuevo camino que dé acceso a la finca enclavada.

COMENTARIO

Véase el comentario al artículo 564.

JURISPRUDENCIA

«dicho precepto contempla la hipótesis de la extinción de la servidumbre forzosa de paso concedida a favor de una finca enclavada entre otras ajenas y sin salida a camino público, cuando tal paso deja de ser necesario por haberla reunido su dueño a otra que está contigua a camino público, y, por otra, que en el caso de litis estamos en presencia de un derecho de paso voluntariamente concedido, al que no le es aplicable el citado precepto, que está referido a las servidumbres legales». (20 febrero 1987, LA LEY 1063/1987)

«la jurisprudencia de esta Sala viene afirmando que las normas del CC que regulan las servidumbres legales o forzosas, entre las que se encuentra el artículo 568 CC, no son aplicables a las voluntarias (a las que serían de aplicación las del artículo 546 CC). El artículo 568 CC dispone la extinción de la servidumbre legal de paso "si el paso concedido a una finca enclavada deja de ser necesario por haberla reunido su dueño a otra que esté contigua al camino público", es decir, por desaparecer la situación de necesidad del predio dominante que justificó en origen que se constituyera tal derecho en su favor». (17 noviembre 2011, rec. 2210/2008, LA LEY 228951/2011).

Artículo 569

Si fuere indispensable para construir o reparar algún edificio pasar materiales por predio ajeno, o colocar en él andamios u otros objetos para la obra, el dueño de este predio está obligado a consentirlo, recibiendo la indemnización correspondiente al perjuicio que se le irrogue.

COMENTARIO

Véase el comentario al artículo 564.

Artículo 570

Las servidumbres existentes de paso para ganados, conocidas con los nombres de cañada, cordel, vereda o cualquiera otro, y las de abrevadero, descansadero y majada, se regirán por las ordenanzas y reglamentos del ramo, y, en su defecto, por el uso y costumbre del lugar.

Sin perjuicio de los derechos legítimamente adquiridos, la cañada no podrá exceder en todo caso de la anchura de 75 metros, el cordel de 37 metros 50 centímetros, y la vereda de 20 metros.

Cuando sea necesario establecer la servidumbre forzosa de paso o la de abrevadero para ganados, se observará lo dispuesto en esta sección y en los artículos 555 y 556. En este caso la anchura no podrá exceder de 10 metros.

COMENTARIO

Véase el comentario al artículo 564.

CONCORDANCIAS

Véase:
— art. 550 de este Código.
— Ley 3/1995, de 23 marzo, de Vías Pecuarias (*«B.O.E.»*, 24 marzo): arts. 1 a 4.

SECCIÓN CUARTA
De la servidumbre de medianería

Artículo 571

La servidumbre de medianería se regirá por las disposiciones de este título y por las ordenanzas y usos locales en cuanto no se opongan a él, o no esté prevenido en el mismo.

COMENTARIO

1.- También en la medianería se comentarán los artículos globalmente, como se expone en el comentario al artículo 552, apartado 1, y en el del artículo 564, también apartado 1.

2.- El Código regula la llamada *servidumbre de medianería* a partir del artículo 571, pero no es una servidumbre. Los elementos divisorios de las fincas de dos propietarios pueden pertenecer exclusivamente a uno de ellos. Pero puede ocurrir también que el elemento que separe dos propiedades se halle sobre la línea divisoria de las mismas, de forma que una parte quede en una y otra en la contigua; en este caso, en principio es de cada una la parte que está sobre su propiedad, pero con ciertos derechos y deberes de ambos respecto del todo.

En este último supuesto se da la medianería, que consiste en una cierta comunidad de los propietarios de los predios contiguos sobre los elementos (muros, cercas, setos, etc.) medianeros de éstos. El Código civil la califica de servidumbre (arts. 571 y ss.) pero ni es una servidumbre ni un caso de copropiedad, ya que a cada propietario le corresponde la propiedad exclusiva de parte del elemento medianero, si bien sometido a determinados límites en interés del otro; existen ciertas reglas especiales para utilizar cada uno la parte o propia o la ajena, lo que origina una especie de comunidad de utilización similar a las relaciones de vecindad.

No se trata, pues, de una servidumbre, no hay predio dominante y predio sirviente, ni acto de constitución de la servidumbre, ni exigencia de un propietario frente al otro para que se constituya como servidumbre legal, sino que se trata de un límite a la propiedad de la parte de cada uno en beneficio del otro.

3.- Que un elemento divisorio entre dos propietarios sea o no medianero, se puede probar de cualquier forma. Pero mientras no se pruebe lo contrario, el Código civil estima que hay medianería (art. 572) en las paredes divisorias de edificios, jardines o corrales y en las cercas, vallados y setos vivos de las fincas rústicas; y no la hay (art. 573) cuando los signos que se enumeran denotan que el elemento de separación no es común a los propietarios contiguos.

La medianería se constituye por común acuerdo de ambos propietarios vecinos construyendo el elemento divisorio en el terreno de ambos y a su costa; o porque graciosamente uno a su costa lo construyó sobre los dos; o porque después de existir el elemento divisorio el vecino que no había participado en el mismo adquirió parte en él, gratuita u onerosamente.

La medianería se regula por las disposiciones del Código civil contenidas en el título dedicado a las servidumbres, en cuanto le sean aplicables, y por las ordenanzas y usos locales, en cuanto no se opongan a él, o no esté prevenido en el mismo (art. 571).

Facultades y deberes de los medianeros:

— Facultades: 1.º) Usar cada uno la cosa medianera en proporción al derecho que tenga.

2.º) Poder alzar cada uno la pared medianera, haciéndolo a sus expensas e indemnizando los perjuicios que se ocasionen con la obra aunque sean temporales (art. 577).

3.º) Poder adquirir al otro la medianería de la parte aumentada (art. 578).

— Deberes: 1.º) Tener que contribuir cada uno en proporción a su derecho, a los gastos que la medianería ocasione (art. 575).

2.º) No poder abrir ningún medianero, sin consentimiento de otro, ventana ni hueco alguno en pared medianera (art. 580).

El Código civil se refiere expresamente a la extinción de la medianería por renuncia de un medianero a su parte, que quedará exento de los deberes, a menos que la pared medianera sostenga un edificio suyo (art. 575, 2.º) y si lo derriba, deberá satisfacer las reparaciones y obras necesarias para evitar los daños (art. 576).

JURISPRUDENCIA

«no hay medianería en su acepción jurídica si no se da dicha copropiedad por parte de uno y otro propietario de las correspondientes fincas limítrofes... sin que tal declaración de «medianería» pueda afectar a las paredes, muros y celosías de la finca del demandado colindante con el referido solar, máxime cuando al no reconocérsele, en nuestra legislación carácter forzoso, su constitución sólo puede obedecer a la voluntad concorde de los propietarios colindantes». (5 octubre 1989, LA LEY 13353-R/1991)

«propiamente, la medianería no es un derecho real de servidumbre, con un predio dominante y un predio sirviente, que no los hay, sino una comunidad de utilización incardinable en las relaciones de vecindad, en que cada uno de los propietarios tiene un límite a la propiedad de su parte en beneficio del otro». (13 febrero 2007, LA LEY 2432/2007)

Artículo 572

Se presume la servidumbre de medianería mientras no haya un título, o signo exterior, o prueba en contrario:

1.º En las paredes divisorias de los edificios contiguos hasta el punto común de elevación.

2.º En las paredes divisorias de los jardines o corrales sitos en poblado o en el campo.

3.º En las cercas, vallados y setos vivos que dividen los predios rústicos.

COMENTARIO

Véase el comentario al artículo 571.

JURISPRUDENCIA

«La presunción legal de existencia de medianería en las instalaciones divisorias de los predios, conforme a lo previsto en el artículo 572 del Código Civil, compatible con la regulación sobre tal figura contenida en los artículos 285 a 290 de la Compilación del Derecho Civil Especial de Cataluña, obviamente dejará de operar cuando se entienda que el elemento de separación pertenece en dominio privativo a uno de los titulares de las fincas colindantes por haber sido levantado íntegramente dentro de su terreno». (21 noviembre 1985, LA LEY 5114/1986)

Artículo 573

Se entiende que hay signo exterior, contrario a la servidumbre de medianería:

1.º Cuando en las paredes divisorias de los edificios haya ventanas o huecos abiertos.

2.º Cuando la pared divisoria esté por un lado recta y a plomo en todo su paramento, y por el otro presente lo mismo en su parte superior, teniendo en la inferior relex o retallos.

3.º Cuando resulte construida toda la pared sobre el terreno de una de las fincas, y no por mitad entre una y otra de las dos contiguas.

4.º Cuando sufra las cargas de carreras, pisos y armaduras de una de las fincas, y no de la contigua.

5.º Cuando la pared divisoria entre patios, jardines y heredades esté construida de modo que la albardilla vierta hacia una de las propiedades.

6.º Cuando la pared divisoria, construida de mampostería, presente piedras llamadas pasaderas, que de distancia en distancia salgan fuera de la superficie sólo por un lado y no por el otro.

7.º Cuando las heredades contiguas a otras defendidas por vallados o setos vivos no se hallen cerradas.

En todos estos casos la propiedad de las paredes, vallados o setos se entenderá que pertenece exclusivamente al dueño de la finca o heredad que tenga a su favor la presunción fundada en cualquiera de los signos indicados.

COMENTARIO

Véase el comentario al artículo 571.

JURISPRUDENCIA

«La mera existencia de una pared sobre la línea divisoria de dos edificios contiguos permite presumir que aquélla es medianera, a menos que se acredite otra cosa. Una evidencia contraria a la medianería consiste en la existencia de huecos en el elemento de separación

y, en tal caso, la norma del artículo 573-1.º (que se refiere a tal signo como contrario a la medianería) ha de conectarse con lo dispuesto en los artículos 580 y 581; por cuanto el primero de ellos prohíbe la apertura de huecos y ventanas en pared medianera si no media acuerdo de los interesados, y el segundo admite la posibilidad —con ciertos límites— de que el dueño de una pared no medianera contigua a finca ajena pueda abrir tales huecos». (24 febrero 2011, rec. 1413/2007, LA LEY 2771/2011)

CONCORDANCIAS

Véase art. 388 de este Código.

Artículo 574

Las zanjas o acequias abiertas entre las heredades se presumen también medianeras, si no hay título o signo que demuestre lo contrario.

Hay signo contrario a la medianería cuando la tierra o broza sacada para abrir la zanja o para su limpieza se halla de un solo lado, en cuyo caso la propiedad de la zanja pertenecerá exclusivamente al dueño de la heredad que tenga a su favor este signo exterior.

COMENTARIO

Véase el comentario al artículo 571.

Artículo 575

La reparación y construcción de las paredes medianeras y el mantenimiento de los vallados, setos vivos, zanjas y acequias, también medianeros, se costeará por todos los dueños de las fincas que tengan a su favor la medianería, en proporción al derecho de cada uno.

Sin embargo, todo propietario puede dispensarse de contribuir a esta carga renunciando a la medianería, salvo el caso en que la pared medianera sostenga un edificio suyo.

COMENTARIO

Véase el comentario al artículo 571.

CONCORDANCIAS

Véase arts. 543 y 544 de este Código.

Artículo 576

Si el propietario de un edificio que se apoya en una pared medianera quisiera derribarlo, podrá igualmente renunciar a la medianería, pero serán de su cuenta todas las reparaciones y obras necesarias para evitar, por aquella vez solamente, los daños que el derribo pueda ocasionar a la pared medianera.

COMENTARIO

Véase el comentario al artículo 571.

JURISPRUDENCIA

«la facultad de renunciar a la medianería que se contempla en nuestro Código Civil da lugar a dos tipos distintos que sólo tienen en común el efecto extintivo: el art. 575, párrafo 2.º, contempla una «renuncia liberatoria» para dispensarse de contribuir a los gastos de construcción y mantenimiento de la pared, seto, zanja o vallado; y la del alegado art. 576, que es una renuncia por dejar de convenirle a uno de los propietarios de la pared medianera, porque «quiere derribar su edificio», en cuyo caso debe cargar con todas las reparaciones y obras necesarias para evitar los daños que el derribo pueda ocasionar a la pared medianera, sin que quepa excluir los derivados de no haber reparado a su tiempo y debidamente la pared medianera que por definición colinda y sirve de soporte a otra propiedad y cuyo derribo puede afectar, ya sea a la pared medianera en aquél se apoya (art. 576 C.c.) ya al edificio colindante por extensión o consecuencia de aquella falta de previsión o cuidados (art. 1902 C.c.), en cuyo caso hay que conectar el supuesto de que se trata con el más genérico art. 1902 C.c., el cual, con acción constreñida en el tiempo a un solo año, no impide una cierta compatibilidad sustantiva por absorción con el más específico art. 576». (20 julio 1990, LA LEY 644-1/1990)

Artículo 577

Todo propietario puede alzar la pared medianera, haciéndolo a sus expensas e indemnizando los perjuicios que se ocasionen con la obra, aunque sean temporales.

Serán igualmente de su cuenta los gastos de conservación de la pared, en lo que ésta se haya levantado o profundizado sus cimientos respecto de cómo estaba antes; y además la indemnización de los mayores gastos que haya que hacer para la conservación de la pared medianera por razón de la mayor altura o profundidad que se le haya dado.

Si la pared medianera no pudiese resistir la mayor elevación, el propietario que quiera levantarla tendrá obligación de reconstruirla a su costa; y, si para ello fuere necesario darle mayor espesor, deberá darlo de su propio suelo.

COMENTARIO

Véase el comentario al artículo 571.

Artículo 578

Los demás propietarios que no hayan contribuido a dar más elevación, profundidad o espesor a la pared, podrán, sin embargo, adquirir en ella los derechos de medianería, pagando proporcionalmente el importe de la obra y la mitad del valor del terreno sobre el que se le hubiese dado mayor espesor.

COMENTARIO

Véase el comentario al artículo 571.

Artículo 579

Cada propietario de una pared medianera podrá usar de ella en proporción al derecho que tenga en la mancomunidad; podrá, por lo tanto, edificar apoyando su obra en la pared medianera, o introduciendo vigas hasta la mitad de su espesor, pero sin impedir el uso común y respectivo de los demás medianeros.

Para usar el medianero de este derecho ha de obtener previamente el consentimiento de los demás interesados en la medianería; y, si no lo obtuviere, se fijarán por peritos las condiciones necesarias para que la nueva obra no perjudique a los derechos de aquéllos.

COMENTARIO

Véase el comentario al artículo 571.

JURISPRUDENCIA

«La facultad que a los medianeros viene atribuida de apoyar la obra en la pared o introducir vigas en su estructura se encuentra limitada por la exigencia de no impedir el uso común y respectivo de los demás interesados en la comunidad de utilización y siempre, claro está, que por sus características la instalación medianera pueda técnicamente soportar el aprovechamiento pretendido, en orden a lo cual el consentimiento que ha de obtener quien edifica de los restantes titulares con arreglo al artículo 579 del Código Civil tiende a impedir cualquier innovación perjudicial en el estado de las cosas, lesiva para los demás propietarios, y en consecuencia la posibilidad de efectuar la introducción de aquellos elementos de sostén, que no puede sobrepasar la mitad del grosor del muro, resultará ilícitamente practicada cuando el eje ideal se rebase, proceder abusivo que permitirá al otro comunero pedir que las vigas sean retiradas o que sea cortado el exceso». (6 diciembre 1985, LA LEY 8536-R/1987)

SECCIÓN QUINTA
De la servidumbre de luces y vistas

Artículo 580

Ningún medianero puede sin consentimiento del otro abrir en pared medianera ventana ni hueco alguno.

COMENTARIO

1.- La mal llamada servidumbre de luces y vistas (mal llamada porque no siempre es servidumbre y nunca es servidumbre legal), se comenta globalmente, para su mejor —quizá única— comprensión.

2.- Regula el Código civil, en los artículos 580 a 585, la llamada «servidumbre de luces y vistas», dentro del capítulo «de las servidumbres legales», pero no son tales, pues el artículo 580 se refiere a la medianería, tratada anteriormente, y a continuación trata: primero, de un límite a la propiedad —arts. 581 a 584—, que es expresión de relaciones de vecindad que prescribe que el propietario tiene un límite, no hacer huecos para luces o vistas a menos de cierta distancia; segundo, una servidumbre voluntaria —art. 585— que da derecho al dueño del predio dominante a exigir al del predio sirviente a que no edifique más que a cierta distancia (así aquél podrá tener huecos para vistas), es decir, es la misma cuestión, al revés (no puedo abrir ventanas más que a cierta distancia, pero si soy titular de la servidumbre voluntaria, es el vecino el que tiene que edificar a cierta distancia para permitirme a mí tener ventanas o balcones).

3.- Los tipos de luces y vistas son los siguientes:

Primero: Límite al derecho de propiedad.

Si bien el propietario de una pared contigua a finca ajena puede abrir ventanas o huecos para recibir luces (a la altura de las carreras o inmediatos a los techos y de las dimensiones de 30 cm en cuadro, con reja de hierro y red de alambre) el dueño de la finca contigua puede cerrarlos si adquiere la medianería (salvo pacto en contrario) y, especialmente, lo que marca el carácter de límite del que hizo tal hueco, puede cubrirlos edificando en su terreno o levantando pared contigua; todo ello, según el artículo 581.

En cuanto a ventanas o balcones para vistas, el artículo 582 impone el límite de no abrirlos sobre la finca del vecino, si no hay dos metros de distancia en vista recta, a 60 cm en vista de costado u oblicua. Esta norma no es aplicable si los edificios están separados por una vía pública, según añade el artículo 584.

Segundo: Servidumbre voluntaria.

A la inversa, y respecto a las vistas, si el propietario de una finca adquiere el derecho de servidumbre voluntaria, de vistas directas sobre la finca vecina, el dueño de ésta, como predio sirviente, no podrá edificar a menos de 3 metros de distancia, según el artículo 585.

La cual se constituye como toda servidumbre predial; por negocio jurídico, por usucapión y por destino del padre de familia.

4.- El cómputo de estas distancias, en todo caso, lo señala el artículo 583: se contarán en las vistas rectas desde la línea exterior de la pared en los huecos en que no haya voladizos, desde la línea de éstos donde los haya y para las oblicuas (no aplicable a la servidumbre voluntaria, que sólo la prevé para las rectas) desde la línea de separación de las dos propiedades.

JURISPRUDENCIA

«Si la discutida pared divisoria la consideramos elemento común, dado su carácter accesorio, o de medio necesario para el fin esencial del disfrute de las viviendas o locales, los huecos abiertos, además de perjudicar los derechos del demandante, modifican la configuración del edificio, estableciendo una servidumbre entre las propiedades contiguas, que altera la cosa en común, por lo que entrarían en juego los artículos 7, 11 y 16.1.º de la Ley especial, prohibiendo cualquier clase de obras que perjudiquen los derechos de otro propietario, o modifiquen la configuración del edificio; necesitándose en todo caso al consentimiento del posible perjudicado directo, y el de la unanimidad de los partícipes en la comunidad». (21 noviembre 1991, LA LEY 226-5/1993)

CONCORDANCIAS

Véase art. 573.1.º de este Código.

Artículo 581

El dueño de una pared no medianera, contigua a finca ajena, puede abrir en ella ventanas o huecos para recibir luces a la altura de las carreras, o inmediatos a los techos, y de las dimensiones de 30 centímetros en cuadro, y, en todo caso, con reja de hierro remetida en la pared y con red de alambre.

Sin embargo, el dueño de la finca o propiedad contigua a la pared en que estuvieren abiertos los huecos podrá cerrarlos si adquiere la medianería, y no se hubiera pactado lo contrario.

También podrá cubrirlos edificando en su terreno o levantando pared contigua a la que tenga dicho hueco o ventana.

COMENTARIO

Véase el comentario al artículo 580.

JURISPRUDENCIA

«los huecos abiertos en pared propia y en correspondencia con suelo y cielo ajenos, son de mera tolerancia, salvo pacto o concesión expresa, y no pueden ganarse por prescripción, sino computando ésta desde la ejecución de algún acto obstativo, en razón a que, cuando alguno se aprovecha de esas luces, aspira a constituir una servidumbre negativa, evitando que el dueño de la finca a que afectan pueda construir en contigüidad». (2 marzo 1988, LA LEY 396-1/1988)

Artículo 582

No se pueden abrir ventanas con vistas rectas, ni balcones u otros voladizos semejantes sobre la finca del vecino, si no hay dos metros de distancia entre la pared en que se construyan y dicha propiedad.

Tampoco pueden tenerse vistas de costado u oblicuas sobe la misma propiedad, si no hay 60 centímetros de distancia.

COMENTARIO

Véase el comentario al artículo 580.

JURISPRUDENCIA

«existencia de tres huecos o ventanas recayentes a la casa de la actora, sin que se acredite, dice el juzgador, ni la naturaleza de la pared en que se abren, ni sus dimensiones o características, así como la falta de justificación de perjuicios a la actora por consecuencia de dichos huecos o ventanas, la constatación, por de pronto, de que respecto de una de las dos ventanas «abiertas sobre la pared que delimita las dos casas, está provista de sendos cuadros de hierro que enmarcan un cristal «totalmente opaco» que hace que, «tanto en línea recta como en línea oblicua realmente no se vea nada del patio de la actora... ni de la vivienda de la misma», según la literal constancia del acta de reconocimiento judicial que pone de manifiesto una situación fáctica que, al hilo de

la doctrina sentada en la Sentencia de 17 de febrero de 1968, en lo esencial recogida también por la de 20 de mayo de 1969, ha de considerarse, por lo que hace a tal hueco, su inocuidad, ya que ni la vida familiar ni el derecho de la demandante sufren inquietud alguna, pues que la técnica de construcción empleada al asegurar la opacidad del cerramiento no permite considerarlo comprendido en los artículos 581 y 582 del Código Civil». (14 febrero 1992, LA LEY 2956/1992)

«inexacta idea de las servidumbres de luces y de vistas para intentar proyectarla sobre el supuesto aquí contemplado, toda vez que en él las luces y vistas las está recibiendo el actor-recurrente, no de la finca propiedad del demandado recurrido si no de la calle, o sea de un bien que es de dominio público, lo que hace inaplicable al caso los arts. 348 y 581 C.C.». (29 enero 1993, LA LEY 445-5/1993)

«las ventanas abiertas en la nueva edificación deben reputarse un acto prohibido por el artículo 582 del Código Civil». (28 marzo 1994, LA LEY 542/1994)

«el art. 582 prohíbe abrir ventanas, balcones u otros voladizos semejantes sobre la finca del vecino, si no se respetan las distancias que el mismo establece, y que para aplicarlo el Tribunal de instancia ha tenido que acudir a la analogía, pues el muro de contención construido por los recurrentes no está expresamente recogido y la analogía no puede aplicarse al caso que no es como los contemplados en las Ss. 6 de junio de 1892 y 15 de diciembre de 1916, así como la de 6 de junio de 1982». (18 julio 1997, LA LEY 8434/1997)

«Así, la toma de la luz a través de los muros traslúcidos se opera siempre iure propietatis sin que exista el motivo que inspiró al legislador de 1889 al establecer las condiciones de los huecos y las distancias para ventanas, en cuanto en las construcciones realizadas con este tipo de material los derechos del propietario del fundo vecino no resultan afectados desde el momento en que ni su intimidad se ve coartada, dado que las inspecciones sobre el mismo resultan imposibles, ni permite la salida de personas, lanzamiento de objetos, etc. En este sentido se afirma que, en efecto, los arts. 581 y 582 prohíben abrir huecos o ventanas para tomar luz o tener vistas; pero estimar que en el espíritu de estas normas no se halla el «hueco tapado» por el que entre la luz, es interpretar la norma de acuerdo con el criterio de la realidad social (art. 3.1 CC)». (16 septiembre 1997, LA LEY 2251/1998)

«hay que reiterar que las normas administrativas, en general, y urbanísticas, en particular, siempre se aplican sin perjuicio de los derechos de carácter civil que corresponden al sujeto y con respecto a los mismos, a no ser que medie el instituto de la expropiación. Ya la sentencia de 18 de julio de 1997 dijo que "la regulación administrativa de las construcciones contempla aspecto distinto del puramente civil, y que unas obras con licencia obtenida al amparo de las normas urbanísticas, pueden ser impedidas por los tribunales del orden civil a instancia de los titulares de derecho como el de propiedad, a los que eventualmente puedan afectar, como sucede en el presente caso"; se trataba de un caso de aplicación del artículo 582 del Código civil, acción negatoria de servidumbre, en que se estimó la demanda». (21 octubre 2008, rec. 1006/2003, LA LEY 152118/2008)

Artículo 583

Las distancias de que se habla en el artículo anterior se contarán en las vistas rectas desde la línea exterior de la pared en los huecos en que no haya voladizos, desde la línea de éstos donde los haya, y para las oblicuas desde la línea de separación de las dos propiedades.

COMENTARIO

Véase el comentario al artículo 580.

Artículo 584

Lo dispuesto en el artículo 582 no es aplicable a los edificios separados por una vía pública.

COMENTARIO

Véase el comentario al artículo 580.

JURISPRUDENCIA

«De suerte que cualquiera que sea la calificación municipal que desde el punto de vista administrativo el camino en cuestión haya merecido, es patente la existencia del mismo, de pertenencia no acreditada, entre ambas propiedades y su uso para el servicio de otras personas, sin que en tal caso quepa hablar, como ya este Tribunal declaró en Sentencias de 9 de marzo de 1929 y 23 de febrero de 1974, de infracción del art. 582 del Código, ya que la presencia de una vía cuya propiedad y uso privado no aparece y sí utilizada para servicio general entre las del actor y demandado, ha de reputarse bastante a integrar la excepción del art. 584 del propio Código». (25 septiembre 1991, LA LEY 97-5/1993)

«Ante tal situación fáctica y jurídica resulta que el artículo 584 del Código Civil ha sido infringido, desde el momento en que las fincas están separadas por la calle "W" autorizada, al haberse producido la fase ejecutiva de los efectos jurídicos de la expropiación (sentencias de 9-2-1983 y 15- 6-1987) Los motivos proceden, pues la finca del demandante, que estaba liberado de soportar servidumbre de luces y vistas, por consecuencia de la expropiación firme y ejecutada quedó separada de la recurrente por la vía pública abierta, pasando la parte correspondiente a ser pública (sentencia de 5- 12-1982)». (15 marzo 2004, rec. 1460/1998)

«ha de excluirse la aplicación de dicha norma por razón de lo dispuesto en el artículo 584 —según el cual no rige cuando los edificios están separados por una vía pública— en relación con la doctrina de esta Sala contenida en sentencias de 23 de febrero de 1974 y 11 de octubre de 1979 en cuanto precisa que la prohibición de abrir vistas rectas sobre el fundo vecino a menos de dos metros de distancia sólo se da cuando los fundos son contiguos y no cuando están separados, aparte de por una vía pública o accidente natural, por la propiedad de un tercero. Sin embargo, no es ésta la situación de autos». (25 septiembre 2009, rec. 46/2005, LA LEY 184088/2009)

Artículo 585

Cuando por cualquier título se hubiere adquirido derecho a tener vistas directas, balcones o miradores sobre la propiedad colindante, el dueño del predio sirviente no podrá edificar a menos de tres metros de distancia, tomándose la medida de la manera indicada en el artículo 583.

COMENTARIO

Véase el comentario al artículo 580.

JURISPRUDENCIA

«la simple apariencia física no es dato o factor abonable jurídicamente si no se respalda con título o por medio de prescripción (artículo 537 del Código Civil) y sabido es que la servidumbre de luces y vistas por medio de huecos o ventanas abiertos en pared propia es negativa (Sentencias de 20 de mayo de 1969; 26 de octubre de 1984; 16 de junio de 1902; 27 de mayo de 1932 y 19 de junio de 1951), por lo que el plazo de prescripción de veinte años para adquirirla ha de contarse desde el día en que el dueño del predio pretendidamente dominante hubiera prohibido por un acto formal —acto obstativo—, al del sirviente la ejecución del hecho que sería lícito sin la servidumbre, según rezan los artículos 533, 538 y 581, último párrafo del Código Civil; acto obstativo, que no consta que haya tenido nunca lugar ni se ha hecho mención de él en las presentes actuaciones del procedimiento que nos ocupa». (25 septiembre 1992, LA LEY 42/1994)

«al tratarse de una servidumbre continua y aparente, es doctrina jurisprudencial constante —así, sentencia de 20 de mayo de 1992, como más reciente— que, en estos casos, pese a no hallarse inscrita, produce efectos contra terceros». (24 marzo 1993, LA LEY 1433/1993)

«Conocida es la clasificación legal de las servidumbres (artículo 533) en positivas y negativas, respondiendo las primeras a la obligación que tiene el dueño del predio sirviente de dejar hacer alguna cosa, o la de hacerla por sí mismo, y las negativas cuyo significado radica en que el dueño del predio sirviente se le prohíbe hacer algo que le sería lícito si no existiera la servidumbre. Sin excepción alguna, desde la promulgación del Código Civil, la jurisprudencia ha venido manteniendo siempre, que la servidumbre de luces y vistas, cuando los huecos se han abierto sobre pared propia, es negativa, pues su existencia impediría al dueño del predio sirviente hacer algo que le sería posible, como es edificar en su terreno tapando los huecos; mas cuando los huecos se han abierto en pared ajena o medianera, o tales huecos revisten la forma de balcones con voladizo, la servidumbre es positiva, ya que para ello se debió contar con la autorización del propietario del predio sirviente, o del otro medianero.» (1 octubre 1993, LA LEY 14142/1994)

«para que tal servidumbre voluntaria pueda cumplir plenamente la misión para la que fue constituida, la edificación en el predio sirviente ha de guardar una distancia de tres metros de las ventanas a través de las cuales se recibe la luz natural». (9 junio 1997, LA LEY 6992/1997)

SECCIÓN SEXTA
Del desagüe de los edificios

Artículo 586

El propietario de un edificio está obligado a construir sus tejados o cubierta de manera que las aguas pluviales caigan sobre su propio suelo o sobre la calle o sitio público, y no sobre el suelo del vecino. Aun cayendo sobre el propio suelo, el propietario está obligado a recoger las aguas de modo que no causen perjuicio al predio contiguo.

COMENTARIO

1.- Igualmente se comentan globalmente los tres artículos relativos al desagüe de edificios, con distinta naturaleza jurídica cada uno de ellos.

2.- Bajo esta rúbrica, y en los artículos 586, 587 y 588, el Código civil incluye tres supuestos: primero, una servidumbre legal de desagüe de patio o corral (art. 588); segundo, un límite al derecho de propiedad, como expresión de relaciones de vecindad (art. 586); tercero, una servidumbre voluntaria, respecto a la que se prevé una especialidad de su contenido (art. 587).

Primero: Servidumbre legal de desagüe de patio o corral.

Dispone el artículo 588 que: cuando el corral o patio de una casa se halle enclavado entre otras y no sea posible dar salida por la misma casa a las aguas pluviales que en él se recojan (recuerda el supuesto de hecho de la servidumbre legal de paso permanente), podrá exigirse el establecimiento de la servidumbre de desagüe, dando paso a las aguas por el punto de los predios contiguos en que se más fácil la salida y estableciéndose el conducto de desagüe en la forma que menos perjuicios ocasione al predio sirviente, previa la indemnización que corresponda.

Segundo: límite al derecho de propiedad.

Por razón de recogida de aguas pluviales, se establece en el artículo 586, un límite al derecho de propiedad de un edificio, por el que su propietario debe construir el tejado de manera que las aguas pluviales caigan sobre su propio suelo, y sean recogidas de modo que no causen perjuicio al predio contiguo, o bien caigan sobre la calle o sitio público y no sobre el suelo del vecino.

Tercero: servidumbre voluntaria de desagüe o vertiente de los tejados.

No establece el Código una servidumbre voluntaria de desagüe, o vertiente de los tejados, sino que parte de su existencia por voluntad de los interesados (que consistiría en que, contra el límite del artículo 586, un propietario puede verter las aguas pluviales que caen en su edificio, sobre el predio —sirviente— del vecino) y prevé su artículo 587 un aspecto parcial: que, a pesar de la misma, el dueño del predio sirviente podrá edificar recibiendo las aguas sobre su propio tejado o dándoles otra salida.

JURISPRUDENCIA

«los demandados, propietarios de la edificación, están obligados a proceder de forma que el vertido de aguas pluviales procedentes del inmueble de su propiedad, lo sea sobre su propio suelo o sobre la calle o sitio público y a recogerlas de modo que no causen perjuicio al predio contiguo conforme al mandato del artículo 586 del Código Civil». (30 noviembre 1992, LA LEY 209/1994)

«no se ha producido agravación de la servidumbre y se trata de aguas que, naturalmente y sin obra del hombre, descienden de los predios superiores, por lo que ha de rechazarse el motivo, así como el cuarto que acusa infracción de los arts. 586 y 590 del C.C. con referencia a que la Sala de instancia justifica «la colocación de una albardilla y ... la construcción de una tubería de desagüe sobre terreno ajeno y cerca de la tapia divisoria de una propiedad».» (14 diciembre 1993, LA LEY 923/1994)

«La sentencia en recurso atribuye a la de autos la condición de continua y aparente, dado lo definido en el artículo 532 del Código Civil, que básicamente atiende a los signos externos, siendo indiferentes que estos radiquen en el predio sirviente o en el dominante, pues lo determinante es su existencia real». (15 diciembre 1993, LA LEY 13554/1994)

Artículo 587

El dueño del predio que sufra la servidumbre de vertiente de los tejados, podrá edificar recibiendo las aguas sobre su propio tejado o dándoles otra salida conforme a las ordenanzas o costumbres locales, y de modo que no resulte gravamen ni perjuicio alguno para el predio dominante.

COMENTARIO

Véase el comentario al artículo 586.

JURISPRUDENCIA

«lo que pretenden es que prevalezca su particular e interesado criterio de que sea repuesto el alero del tejado a su estado originario, lo que no es posible, como ya razona la sentencia recurrida, pues el art. 587 del Código Civil autoriza al dueño del predio que sufra la servidumbre de vertiente de los tejados a dar otra salida de las aguas, ante cuya imposibilidad de reposición, los demandados, aquí recurridos, quedan, en principio, obligados a hacer por sí mismos las obras necesarias para esa nueva salida de aguas y sólo en el supuesto de que no las hagan, lo que habrá de ser comprobado en ejecución de sentencia, será cuando tenga virtualidad la indemnización». (29 junio 1988, LA LEY 11041-R/1988)

Artículo 588

Cuando el corral o patio de una casa se halle enclavado entre otras, y no sea posible dar salida por la misma casa a las aguas pluviales que en él se recojan, podrá exigirse el establecimiento de la servidumbre de desagüe, dando paso a las aguas por el punto de los predios contiguos en que sea más fácil la salida y estableciéndose el conducto de desagüe en la forma que menos perjuicios ocasione al predio sirviente previa la indemnización que corresponda.

COMENTARIO

Véase el comentario al artículo 586.

CONCORDANCIAS

Véase arts. 564 a 570 de este Código.

SECCIÓN SÉPTIMA

De las distancias y obras intermedias para ciertas construcciones y plantaciones

Artículo 589

No se podrá edificar ni hacer plantaciones cerca de las plazas fuertes o fortalezas sin sujetarse a las condiciones exigidas por las leyes, ordenanzas y reglamentos particulares de la materia.

COMENTARIO

1.- Por último, el Código regula, dentro del capítulo de servidumbres legales, lo que denomina *distancias y obras intermedias para ciertas construcciones y plantaciones*, que no son servidumbres y que se comentan globalmente, tal como se expone en el comentario al art. 552, apartado 1.

2.- Como servidumbre legal regulan los artículos 590, 591 y 592 las distancias entre obras y plantaciones que no tienen naturaleza de servidumbre, sino que son límites al derecho de propiedad, en interés privado, expresión de relaciones de vecindad; además, hay normas, en el artículo 589 y en disposiciones administrativas, que también regulan distancias, como límites a la propiedad en interés público.

Primero: Límites a la propiedad en interés privado: distancias entre obras y plantaciones.

1.º) Obras nocivas y peligrosas. Se deben construir a la distancia prescrita por los reglamentos y usos del lugar, con adopción de medidas de protección: artículo 590.

2.º) Arboles, ramas y raíces. Se deben plantar los árboles cerca de heredad ajena a la distancia autorizada por las ordenanzas o costumbre del lugar, o, en su defecto, a 2 metros, si son árboles altos, o 50 centímetros, si son arbustos o árboles bajo: artículo 591. Si las ramas o raíces de árboles propios penetran en la finca vecina, el propietario de ésta tiene derecho a exigir que se corten las ramas o derecho a cortar por sí mismo las raíces (uno de los pocos casos de acción directa en nuestro derecho): artículo 592, que no es un verdadero caso de servidumbre, sino que concreta el derecho del propietario.

Segundo: Límites a la propiedad en interés público, respecto a distancias de obras y plantaciones.

1.º) En interés de la defensa nacional: zona militar. El artículo 589 impide edificar o hacer plantaciones cerca de las plazas fuertes o fortalezas sin sujetarse a las condiciones que establece su normativa especial.

2.º) En interés de las comunicaciones. Las normas administrativas establecen distancias mínimas que deben darse entre las edificaciones o construcciones y plantaciones y las carreteras, vías férreas y aeropuertos, como límites al derecho de propiedad de las fincas contiguas a las mismas.

Artículo 590

Nadie podrá construir cerca de una pared ajena o medianera pozos, cloacas, acueductos, hornos, fraguas, chimeneas, establos, depósitos de materias corrosivas, artefac-

tos que se muevan por el vapor, o fábricas que por sí mismas o por sus productos sean peligrosas o nocivas, sin guardar las distancias prescritas por los reglamentos y usos del lugar, y sin ejecutar las obras de resguardo necesarias, con sujeción, en el modo, a las condiciones que los mismos reglamentos prescriban.

A falta de reglamento se tomarán las precauciones que se juzguen necesarias, previo dictamen pericial, a fin de evitar todo daño a las heredades o edificios vecinos.

COMENTARIO

Véase el comentario al artículo 589.

JURISPRUDENCIA

«el artículo 590 del Código Civil, del cual se derivan unas concretas consecuencias jurídicas para el caso de contravención de las obligaciones que impone a los propietarios de los fundos vecinos, las que han de anudarse a la actividad realizada por los demandados deben trascender, sin embargo, los específicos márgenes de éstas para alcanzar las más amplias consustanciales a una ilicitud que tiene su fuente en las normas y principios generales del ordenamiento antes aludidas, y que conducen a imponer, desde luego, la cesación de la actividad ilícita, la adopción de las medidas tendentes a evitar su persistencia y la persistencia de sus efectos, y, en fin, a otorgar a los perjudicados el completo resarcimiento por los daños y perjuicios ocasionados, que conlleva ante todo la cesación del acto lesivo y de sus efectos, pues en modo alguno se puede proporcionar la plena indemnidad al perjudicado si se permite la pervivencia del hecho ilícito causante del daño y la continuidad de sus efectos lesivos. Cese en la actividad que, debe aclararse, se resume no ya en una abstención, sino en una prestación positiva —la retirada de los animales— que, evidentemente, corresponde decidir e imponer a los órganos jurisdiccionales, y más concretamente a los de la jurisdicción civil, de conformidad con lo dispuesto en los artículos 117.1 y 3 de la Constitución y 1, 2, 3, 4 y 9.1 de la Ley Orgánica del Poder Judicial». (19 julio 2006, LA LEY 77264/2006)

«No ha de dejarse de lado que la sentencia recurrida incorpora la posibilidad, con cierto fundamento, que el alpendre construido fuera destinado a cuadras, lo que permitiría la correlación del artículo 590 del Código Civil, que no contiene una enumeración taxativa, sino más bien enunciativa, y el término alpendre equivale a cubierta voladiza, que en el país gallego suele utilizarse, entre otros usos, también para albergar el ganado. Ha de tenerse en cuenta que la aplicación del precepto no exige perjuicio patrimonial y lo que trata es de evitar riesgo, presentándose como preventivo y precautorio, al tratar de amparar a los vecinos de molestias y perturbaciones intensas y también de posibles daños». (30 noviembre 2006, LA LEY 145038/2006)

«El artículo 1.908.2 del Código Civil contempla supuestos de las llamadas inmisiones. Con él, en conjunción con el artículo 590 del mismo Código y en contemplación de algún antiguo precedente (que proclamaba la licitud de utilizar lo propio, pero sin "introducir nada en lo ajeno" "Digesto 8.5.8.5: 'in suo enim alii hactenus facere licet, quatenus nihil in alienum immittat'" ni causar daño a los otros "Partidas 3.32.13: 'dixeron los sabios antiguos, maguer el ome aya poder de fazer en lo suyo lo que quisiere. Pero deue lo fazer de manera que non faga daño, nin tuero a otro'"), se trata de construir el régimen en el Código Civil relativo a aquellas injerencias intolerables en la finca ajena producidas con la penetración de sustancias molestas a consecuencia del ejercicio de la propiedad o el disfrute de otra. El referido precepto, que ha de interpretarse teniendo en cuenta la significación social y jurídica del medio ambiente (artículo 45 de la Constitución Española) y los cambios operados en la realidad industrial y tecnológica, regula supuestos de responsabilidad por daños causados por las cosas, que se caracterizan por un "facere in suo" que se proyecta

en un "immittere in alieno", ya que la lesión directa de la propiedad de los demás("facere in alienum") no necesita de norma especial para ser sancionada». (16 marzo 2007, rec. 717/2000, LA LEY 8200/2007)

«Como ha venido afirmando la jurisprudencia de esta Sala desde antiguo, la circunstancia de la remisión a las normas administrativas efectuada en el art. 590 CC no implica que se produzca una "huida" al derecho administrativo de toda la materia de las relaciones de vecindad por implicar la falta de competencia de la jurisdicción civil. Así, por ejemplo, la sentencia de 10 abril 1957, que declaró la ilicitud de un pozo negro construido junto a una finca, se apoyó en el art 590 CC. La sentencia de 27 octubre 1988 manifestó que la litigiosa era una cuestión estrictamente civil porque estaba regulada en el art. 590 CC, señalando, además, la de 16 enero 1989, que al tratarse de un tema de indemnizaciones a los propietarios por los daños ocasionados, era una cuestión de competencia exclusiva de los tribunales civiles (asimismo SSTS 30 mayo 1997 y 24 junio 2006). Y ello porque cuando el art. 590 CC remite a los reglamentos reguladores de la actividad que está causando un daño a las propiedades vecinas, no está transformando la norma civil en norma administrativa, sino integrando en el ordenamiento civil los criterios para la calificación de la actividad que genera las inmisiones.... .... El art. 590 CC sirve de marco para proteger el medio ambiente en las relaciones de vecindad, ya que constituye el núcleo que permitió con posterioridad el desarrollo de la teoría de las inmisiones; se trata de un precepto genérico, que resulta efectivo porque la técnica utilizada en el mismo, la remisión a la legislación administrativa, facilita su adaptación a las necesidades de cada momento. Al no establecer directamente sanciones, sino únicamente los supuestos de hecho de la prohibición de lesión ambiental a las propiedades vecinas, debe completarse con lo dispuesto en el art. 1908 CC». (26 noviembre 2010, rec. 901/2007, LA LEY 203299/2010)

CONCORDANCIAS

Véase arts. 1.908 y 1.909 de este Código.

Artículo 591

No se podrá plantar árboles cerca de una heredad ajena sino a la distancia autorizada por las ordenanzas o la costumbre del lugar, y en su defecto, a la de dos metros de la línea divisoria de las heredades si la plantación se hace de árboles altos, y a la de 50 centímetros si la plantación es de arbustos o árboles bajos.

Todo propietario tiene derecho a pedir que se arranquen los árboles que en adelante se plantaren a menor distancia de su heredad.

COMENTARIO

Véase el comentario al artículo 589.

Artículo 592

Si las ramas de algunos árboles se extendieren sobre una heredad, jardines o patios vecinos, tendrá el dueño de éstos derecho a reclamar que se corten en cuanto se extiendan sobre su propiedad, y si fueren las raíces de los árboles vecinos las que se extendiesen en suelo de otro, el dueño del suelo en que se introduzcan podrá cortarlas por sí mismo dentro de su heredad.

COMENTARIO

Véase el comentario al artículo 589.

Artículo 593

Los árboles existentes en un seto vivo medianero se presumen también medianeros, y cualquiera de los dueños tiene derecho a exigir su derribo.

Exceptúanse los árboles que sirvan de mojones, los cuales no podrán arrancarse sino de común acuerdo entre los colindantes.

COMENTARIO

Véase el comentario al artículo 589.

CAPÍTULO III
DE LAS SERVIDUMBRES VOLUNTARIAS

Artículo 594

Todo propietario de una finca puede establecer en ella las servidumbres que tenga por conveniente, y en el modo y forma que bien le pareciere, siempre que no contravenga a las leyes ni al orden público.

COMENTARIO

1.- El art. 536 distinguía las servidumbres legales y las voluntarias. Las primeras, que no siempre tienen la naturaleza jurídica de derecho real de servidumbre, están reguladas en los arts. 549 y ss. Las segundas son las nacidas por negocio jurídico (aunque en sentido amplio se incluyen las constituidas por usucapión y por destino del padre de familia) o título, como lo denomina el Código en los arts. 537 y 539; están reguladas en este art. 594 y los siguientes.

2.- El negocio jurídico constitutivo del derecho de servidumbre es dispositivo. Por lo cual, el sujeto deberá tener capacidad de obrar y poder de disposición sobre la finca en la que constituya la servidumbre. Este art. 594 no lo dice expresamente pero se deduce cuando expresa que «todo propietario de una finca puede establecer en ella servidumbres...».

El propietario, pues, de una finca no sólo puede constituir servidumbre, sino que puede fijar el contenido de la misma: «... en el modo y forma que bien le pareciere», sigue diciendo este artículo.

3.- Este artículo reconoce el principio de autonomía de la voluntad en materia de derecho real de servidumbre. Tiene un doble límite: que no contravenga a la ley, en el sentido de que no rompa con los conceptos mínimos legales de derecho real de servidumbre (es decir, que no contravenga a la ley en general) y que no atente a lo prescrito por una norma (es decir, que no contravenga a una concreta ley); y que no contravenga el orden público, en el sentido de aquellos principios básicos en nuestro Ordenamiento, imperativos e inderogables.

JURISPRUDENCIA

«servidumbre de no impedir las vistas, servidumbre negativa, ya conocida en el derecho clásico romano como servidumbre «ne prospectui officiatur» (no obstaculizar las vistas) que comprende, no solamente su eliminación total, sino la parcial, especialmente en casos como el presente, en el que se da también una construcción de más altura que la concretamente permitida por la servidumbre de no elevar plantaciones ni edificaciones, es decir, construcciones en general que, con el fin de mantener las vistas, tal como se tenían, impide elevar toda clase de construcciones o plantaciones, lo que se traduce en un aspecto de la servidumbre que comprende, para su efectividad, la denominada, en derecho clásico romano «altius non tollendi». (11 noviembre 1988, LA LEY 144-1/1989)

«Las servidumbres voluntarias pertenecen al campo de la autonomía privada. No son límites, ni limitaciones legales. Se trata de gravámenes sobre fincas a favor de otras fincas (servidumbres reales, art. 530 CC) o de personas (personales, art. 531 CC), que no responden a un fundamento de necesidad, sino de utilidad, en sentido muy flexible de beneficio o comodidad (incluso amenidad). Pueden convenirse para soluciones similares a las forzosas en sede de relaciones de vecindad, pero operan fuera del ámbito de la constricción legal, y obedecen a la autonomía de voluntad de los interesados (SS 1 Mar. 1994, 18 Abr. y 30 Dic.

1995, 1 Jul. 1996, 17 Jun. y 3 Nov. 1998, 3 Nov. 2000, 9 Mar. 2001, entre otras; Res. D.G.R. y N. 27 Jun. 1995).» (19 julio 2002, LA LEY 326/2003)

«el citado artículo 594 se limita a proclamar la facultad de todo propietario para establecer sobre su finca las servidumbres que tenga por conveniente en el modo y forma que bien le pareciere, siempre que no contravenga a las leyes ni al orden público, por lo que se trata de una norma de carácter genérico que difícilmente puede justificar la interposición de un motivo casacional (sentencia núm. 342/1999, de 27 abril). Igual ocurre con los artículos 530 y 531, en cuanto el primero define las servidumbres prediales y el segundo admite las de carácter personal». (10 febrero 2011, rec. 1480/2007, LA LEY 2757/2011)

CONCORDANCIAS

Véase arts. 536 y 1.255 de este Código.

Artículo 595

El que tenga la propiedad de una finca cuyo usufructo pertenezca a otro, podrá imponer sobre ella, sin el consentimiento del usufructuario, las servidumbres que no perjudiquen al derecho del usufructo.

COMENTARIO

1.- Este artículo es expresión o matización o más bien reiteración de lo dispuesto en el 489. Cuando en una finca está constituido un usufructo, el nudo propietario conserva el poder de disposición y puede transmitir (la nuda propiedad) de la finca y gravarla: siempre la nuda propiedad, no más y siempre respetando el derecho de usufructo, lo que significa que no puede alterar la forma y sustancia de la finca usufructuada ni perjudicar el derecho del usufructuario.

2.- Este artículo 595 reitera lo mismo: en caso de finca en que hay un usufructo, el propietario (nudo propietario) tiene poder de disposición sobre la misma y puede constituir sobre ella un derecho de servidumbre. Pero su poder de disposición se limita a su derecho, no más allá, y su derecho es la nuda propiedad.

En consecuencia, puede constituir un derecho de servidumbre sobre la finca, en dos casos: primero, con el consentimiento del usufructuario; segundo, sin tal consentimiento, pero que no perjudique el derecho de usufructo.

Artículo 596

Cuando pertenezca a la persona el dominio directo de una finca y a otra el dominio útil, no podrá establecerse sobre ella servidumbre voluntaria perpetua sin el consentimiento de ambos dueños.

COMENTARIO

1.- Sobre la naturaleza jurídica de la enfiteusis se mantienen varias teorías; la que se estima acertada es la que considera que se trata de un dominio dividido: el dueño directo o censualista y el dueño útil o enfiteuta son ambos propietarios de la finca. Se trata de una copropiedad pro diviso con división jurídica de facultades (tal como se expone en el comentario al art. 392).

Como consecuencia de ello, la norma de este artículo coincide con la del artículo siguiente. En caso de enfiteusis, como en todo caso de copropiedad, el poder de disposición para constituir una servidumbre perpetua (que es la normal) la tienen ambos, es decir, dueño directo y dueño útil conjuntamente. Por tanto, es preciso la concurrencia y el consentimiento de ambos para constituirla.

2.- El artículo se refiere a una servidumbre perpetúa, no a una servidumbre temporal (que, en principio, es poco frecuente). Esta se puede establecer no necesariamente por los dos dueños, sino que la que puede constituir el dueño útil o enfiteuta que es quien tiene la facultad de aprovechamiento de la finca; no así el dueño directo o censualista, que carece de tal aprovechamiento.

CONCORDANCIAS

Véase art. 1.634 de este Código.

Artículo 597

Para imponer una servidumbre sobre un fundo indiviso se necesita el consentimiento de todos los copropietarios.

La concesión hecha solamente por algunos, quedará en suspenso hasta tanto que la otorgue el último de todos los partícipes o comuneros.

Pero la concesión hecha por uno de los copropietarios separadamente de los otros obliga al concedente y a sus sucesores, aunque lo sean a título particular, a no impedir el ejercicio del derecho concedido.

COMENTARIO

1.- En una copropiedad, el poder de disposición sobre la cosa común corresponde conjuntamente a todos los copropietarios (arts. 394 y 397); en consecuencia, para un negocio jurídico dispositivo es preciso el común acuerdo o consentimiento de todos los copropietarios; y la constitución de una servidumbre voluntaria es por negocio dispositivo.

Así, el presente artículo aplica las normas generales al caso de la servidumbre voluntaria. Establece que para la constitución de una servidumbre sobre una finca que pertenece en copropiedad a varias personas, es preciso el consentimiento de todos ellos.

2.- Si falta el consentimiento de la totalidad, es decir, uno o varios han realizado el negocio jurídico dispositivo de constitución de la servidumbre pero no han consentido los demás, dicho negocio será ineficaz por falta de poder de disposición. Y cuando todos hayan consentido, aquel negocio devendrá eficaz. Así lo expresa el segundo párrafo de este artículo que se debe poner en relación con el párrafo siguiente.

3.- El sujeto (o sujetos) de este negocio jurídico dispositivo que no despliega eficacia por la falta de consentimiento de los demás copropietarios, queda vinculado por su propia declaración de voluntad, él y sus causahabientes y no puede impedir el ejercicio de aquella servidumbre que quiso constituir por el negocio jurídico que fue ineficaz por su falta de poder de disposición (al no concurrir el consentimiento de los demás).

En consecuencia, tal sujeto (o tales sujetos) será constituyente del derecho de servidumbre en el momento en que los demás consientan (lo que se pone en relación con el párrafo segundo); mientras tanto, no podrá ejercitar una acción negatoria de la servidumbre que él quiso constituir; ni impedir su ejercicio si de hecho se lleva a cabo.

JURISPRUDENCIA

«constatan la falta de intervención en el contrato de todos los interesados contraviniendo lo dispuesto en el artículo 597 del Código Civil, cuyo párrafo primero dispone que para imponer una servidumbre sobre un fundo indiviso se necesita el consentimiento de todos los propietarios, por lo que tal falta de intervención comporta su ineficacia. En la propia redacción del contrato se refleja que, encontrándose la finca en situación jurídica de indivisión, únicamente intervienen en el negocio dos de los tres propietarios (don Adolfo y don José Pablo), no haciéndolo doña María Teresa». (17 octubre 2006, LA LEY 119531/2006)

Artículo 598

El título, y, en su caso, la posesión de la servidumbre adquirida por prescripción, determinan los derechos del predio dominante y las obligaciones del sirviente. En su defecto, se regirá la servidumbre por las disposiciones del presente título que le sean aplicables.

COMENTARIO

1.- El contenido concreto de las servidumbres voluntarias viene determinado, según expresa este artículo por el título (negocio jurídico constitutivo inter vivos o mortis causa) o bien por la posesión si se trata de una servidumbre adquirida por usucapión. Y, aunque no lo diga este artículo, por la situación de hecho que ha dado lugar al signo aparente que ha producido la constitución de la servidumbre por destino del padre de familia.

2.- En lo que no venga determinado, en su contenido, por el negocio jurídico, la posesión o el signo aparente, la servidumbre se regirá por lo establecido en el presente título VII, del Libro segundo, del Código, dedicado a la regulación del derecho real de servidumbre, en lo que sea aplicable a la concreta servidumbre.

JURISPRUDENCIA

«las servidumbres prediales continuas y aparentes como la aquí cuestionada se adquieren en virtud de título o por la prescripción, según el artículo 537, y que conforme al invocado artículo 598 es el título el que, en su caso, determina los derechos del predio dominante y las obligaciones del sirviente, por lo cual es en sede del título, esto es, en el caso de aquellas escrituras públicas donde ha de ser averiguado el contenido de la servidumbre». (13 mayo 1987, LA LEY 2980/1987)

Artículo 599

Si el dueño del predio sirviente se hubiere obligado, al constituirse la servidumbre, a costear las obras necesarias para el uso y conservación de la misma, podrá librarse de esta carga abandonando su predio al dueño del dominante.

COMENTARIO

1.- El artículo 543 impone al dueño del predio dominante la obligación de hacer en el predio sirviente las obras necesarias para el uso y conservación de la servidumbre (el segundo párrafo del 544 establece un limitado deber de constitución al dueño del predio sirviente).

Sin embargo, esta norma admite pacto en contrario, que se prevé en el primer inciso de este art. 599; en el título constitutivo, «al constituirse la servidumbre» dice este artículo, pero debe extenderse a todo pacto celebrado entre dueño del predio dominante y predio del sirviente cuando ya está constituida la servidumbre, incluso si ésta lo ha sido por usucapión o destino del padre de familia. En dicho pacto se puede establecer que el obligado a hacer las obras necesarias para uso y conservación de la servidumbre, sea el dueño del predio sirviente.

2.- El último inciso de este artículo prevé que el dueño del predio sirviente «podrá librarse de esta carga abandonando su predio al dueño del dominante».

Debe entenderse la palabra «abandono» no en un simple sentido material, sino que debe tener un contenido jurídico: es un abandono «al dueño del dominante», es decir, una cesión gratuita. Nadie puede adquirir derechos sin su voluntad; por tanto, el dueño del predio dominante puede aceptar tal cesión, adquirirá la propiedad y se extinguirá la servidumbre por consolidación (art. 546.1.º). Si no acepta, el abandono tendrá la naturaleza de renuncia del derecho de propiedad, no se extinguirá la servidumbre y el predio sirviente pasará a ser *res nullius*, con las consecuencias que establece el art. 21 de la Ley de Patrimonio del Estado (Decreto 1022/1964, de 5 abril).

Artículo 600

La comunidad de pastos sólo podrá establecerse en lo sucesivo por concesión expresa de los propietarios, que resulte de contrato o de última voluntad, y no a favor de una universalidad de individuos y sobre una universalidad de bienes, sino a favor de determinados individuos y sobre predios también ciertos y determinados.

La servidumbre establecida conforme a este artículo se regirá por el título de su institución.

COMENTARIO

1.- Este artículo habla en el párrafo primero de comunidad de pastos y en el segundo de servidumbre. En los casos de aprovechamiento de pastos se ha discutido si son casos de comunidad o de servidumbre. La solución no puede ser general, sino que en cada caso se apreciará si es una comunidad o una servidumbre, según se haya establecido en el título constitutivo o se deduzca de la posesión (en muchos casos existentes desde antes de la promulgación del Código civil).

2.- Este artículo regula la comunidad o la servidumbre de pastos que se constituyan «en lo sucesivo». Por lo cual, hay que distinguir las existentes antes de la promulgación del Código o las que se constituyen vigente éste.

Se respetan las existentes antes del C.c. de acuerdo con sus disposiciones transitorias, que imponen el respeto a los derechos adquiridos. Y se mantiene su regulación determinada por la posesión que se venía ejerciendo. Pero en cuanto a las que se constituyen tras la promulgación del Código, éste es muy restrictivo y exige su constitución expresa por negocio jurídico, sin permitir la usucapión, y exige asimismo su concreción objetiva en el sentido de que queden determinados los predios objeto de la comunidad o que sean los sirvientes en la servidumbre, y su concreción subjetiva, en el sentido de que se determinen los titulares de la comunidad o las personas titulares del derecho de servidumbre, ya que se trata de una servidumbre personal. La regulación de esta comunidad o servidumbre de pastos, constituida vigente el C.c. no plantea problemas, pues se halla en su negocio jurídico constitutivo, «el título de su institución» según dice el segundo párrafo de este artículo.

Artículo 601

La comunidad de pastos en terrenos públicos, ya pertenezcan a los Municipios, ya al Estado, se regirá por las leyes administrativas.

COMENTARIO

Se trata de una norma de remisión. Se refiere a la comunidad, no derecho real de servidumbre, de pastos en términos públicos. Estos son los comunales, a que se refiere el art. 132.1 de la Constitución y que tienen la naturaleza de bienes de dominio público. Pertenecen por tanto, al Estado, Comunidad Autónoma o entes locales. Su aprovechamiento es de determinados vecinos. La regulación de este aprovechamiento por los vecinos, en terrenos de propiedad de la Administración, se halla en la legislación administrativa.

Artículo 602

Si entre los vecinos de uno o más pueblos existiere comunidad de pastos, el propietario que cercare con tapia o seto una finca, la hará libre de la comunidad. Quedarán, sin embargo, subsistentes las demás servidumbres que sobre la misma estuviesen establecidas.

El propietario que cercare su finca conservará su derecho a la comunidad de pastos en las otras fincas no cercadas.

COMENTARIO

1.- Sigue este artículo con el criterio restrictivo y contrario a la comunidad, que fue típico del Derecho romano. En una comunidad de pastos, cuyos comuneros son los vecinos de uno o más pueblos, cualquiera de ellos puede salir de la comunidad, cercando la finca, cerramiento que con carácter general prevé el art. 388.

2.- La expresión salir de la comunidad no es exacta: el propietario —comunero— que ha cerrado su finca, extrae ésta de la comunidad, pero él continúa siendo comunero y puede seguir aprovechando los pastos de las demás fincas, cuyos propietarios no las han cerrado.

3.- En el segundo inciso del primer párrafo, se expresa que continúan «subsistentes las demás servidumbres» que recaen sobre la finca que se ha cerrado. La palabra «demás» no tiene sentido, porque la norma se refiere a la comunidad de pastos, no a la servidumbre. Y el que queden subsistentes cualesquiera servidumbres (de paso, de luces y vistas, etc.) que recaen sobre la finca cerrada, como predio sirviente, es evidente, pues el cerramiento no es causa de extinción de las mismas.

JURISPRUDENCIA

«el aprovechamiento de leñas y pastos se ha configurado como servidumbre o como comunidad. Ya lo expresaba así la sentencia de 24 de febrero 1984 en estos términos: "El espinoso problema planteado por los arts. 600 a 602 del Código civil en orden a la distinción entre 'servidumbre' y 'comunidades' de pastos y leñas, respecto del cual y durante mucho tiempo la doctrina de esta Sala no ha mantenido criterios constantes, comienza a resolverse con la sentencia de 2 febrero de 1944 que señala como nota distintiva entre ambas figuras el hecho de que la titularidad dominical del predio o finca en cuestión pertenezca a uno o varios de los interesados en su aprovechamiento o a la totalidad de quienes se reúnan para disfrutarla comunitariamente, apareciendo en el primero de estos casos la figura de la 'servidumbre' y en el segundo la de la 'mancomunidad', ya que hay dominio compartido por todos los interesados sobre cosa propia e indivisible". Con lo cual sigue la doctrina de la sentencia anterior de 2 de febrero de 1954 y es reiterada por la posterior de 16 de febrero de 1987. (LA LEY 8803-R/1987). Por tanto, hay que estar al título constitutivo, para decidir si se trata de una u otra. También se ha configurado como una limitación del dominio, siempre que se haya impuesto por la Ley a determinados predios y en determinadas condiciones, en cuyo caso habrá que estar al texto de la ley que la imponga. Lo que es indudable es que el Código civil (ya que no se aplica, por ser de fecha posterior, la Ley 1/1999, de 4 de febrero de Castilla y León, de ordenación de los recursos agropecuarios locales y de la tasa por aprovechamiento de los pastos, hierbas y rastrojeras y su Reglamento aprobado por Decreto 307/1999, de 9 de diciembre) mantiene un criterio altamente restrictivo en estos derechos; el que sea anterior al Código civil ni siquiera se ha alegado en el caso presente. Así, el artículo 600 habla de comunidad y de servidumbre y en una y otra exige título expreso, sin permitir la usucapión y los artículos 602 y 603 permiten la extinción del derecho por el comunero o por el dueño del predio sirviente, a su libre voluntad o por redención, respectivamente». (7 noviembre 2006, LA LEY 129031/2006)

CONCORDANCIAS

Véase art. 388 de este Código.

Artículo 603

El dueño de terrenos gravados con la servidumbre de pastos podrá redimir esta carga mediante el pago de su valor a los que tengan derecho a la servidumbre.

A falta de convenio, se fijará el capital para la redención sobre la base del 4 por 100 del valor anual de los pastos, regulado por tasación pericial.

COMENTARIO

1.- En el art. 546.6.º se preveía la extinción de la servidumbre por la redención pactada entre el dueño del predio dominante y el del sirviente. En el presente artículo se añade una causa de extinción a la servidumbre de pastos: la redención decidida unilateralmente por el dueño del predio sirviente.

2.- La redención consiste en el pago de su valor al titular de este derecho de servidumbre de pastos. Tal valor se decide por acuerdo (o convenio) entre las partes: titular del derecho y dueño del predio sirviente. A falta de acuerdo, se fija el valor anual de los pastos por tasación pericial y con la base del 4% se calcula el importe de la redención.

JURISPRUDENCIA

«el principio de la indivisibilidad de las servidumbres que, como regla general, establece el artículo 535 del Código Civil, y que tiene por objeto mantener en su originaria integridad el gravamen en que consistan, aun en el caso de dividirse entre dos o más el predio que las disfrute o el que las sufra, no se opone al derecho que en absoluto y sin limitación alguna concede "especialmente" el artículo 603 del Código Civil al dueño de todo terreno gravado con la servidumbre de "pastos", de redimir esa carga mediante el pago de su valor, sean uno o más los que tengan el derecho a la servidumbre (sentencia de 11 de noviembre de 1982)». (16 febrero 1987, LA LEY 8803-R/1987)

Artículo 604

Lo dispuesto en el artículo anterior es aplicable a las servidumbres establecidas para el aprovechamiento de leñas y demás productos de los montes de propiedad particular.

COMENTARIO

Con remisión a lo dispuesto en el artículo anterior, se permite asimismo la redención decidida unilateralmente por el dueño del predio sirviente, respecto a la servidumbre de aprovechamiento de leña y demás productos de los montes de propiedad particular.

TÍTULO VIII
Del Registro de la Propiedad

CAPÍTULO ÚNICO

Artículo 605

El Registro de la Propiedad tiene por objeto la inscripción o anotación de los actos y contratos relativos al dominio y demás derechos reales sobre bienes inmuebles.

COMENTARIO

1.- Cuando se presentó el Proyecto de C.c. de 1851 y fracasó, sin esperanzas de que se aprobara un Código a corto plazo, se inició una política de promulgación de leyes especiales, que solventaran el problema de la falta de normativa de ciertas instituciones básicas. Una de las primeras fue la Ley Hipotecaria de 8 de febrero de 1861. Cuando posteriormente se promulgó el C.c., éste se limitó a incluir cuatro artículos dedicados al Registro de la Propiedad, que reproducen textos o recogen principios de la L.H., acabando (art. 608) con una remisión general a la misma.

Este primer artículo no hace sino reproducir literalmente el párrafo primero del art. 1 de la L.H. y expresa la esencia del Registro de la Propiedad.

2.- El Registro de la Propiedad puede ser concebido (como hace ROCA SASTRE) desde tres puntos de vista:

Primero. Como institución jurídica. Constituye el instrumento básico del Derecho inmobiliario registral. Su fin es dar seguridad a la propiedad inmueble, proteger el tráfico jurídico y ofrecer suficientes garantías tanto para adquirir derechos reales sobre bienes inmuebles como para ser acreedor con garantía real inmobiliaria. El artículo 1 de la Ley Hipotecaria y el 605 del C.c. expresan esta idea.

Segundo. Como oficina. Es el organismo estatal que tiene por objeto la publicidad registral. Hay pluralidad de oficinas, según distribución ordenada en la Demarcación registral.

Tercero. Como conjunto de libros. Es la reunión ordenada de los libros oficiales debidamente numerados y legalizados existentes en cada oficina del registro, en los que se extienden los asientos correspondientes a los actos registrables.

CONCORDANCIAS

Véase Ley Hipotecaria, de 8 febrero 1946 («*B.O.E.*», 29 mayo): art. 1.

Artículo 606

Los títulos de dominio, o de otros derechos reales sobre bienes inmuebles, que no están debidamente inscritos o anotados en el Registro de la Propiedad, no perjudican a tercero.

COMENTARIO

1.- Este artículo reproduce literalmente el art. 32 de la vigente L.H. y proclama la inoponibilidad de lo no inscrito frente a tercero, considerada como una de las reglas básicas de la institución del Registro de la Propiedad, que se incluye en la presunción de exactitud registral, la cual tiene dos manifestaciones: el principio de legitimación registral (arts. 1.3, 38.1 y 97 L.H.) y el principio de fe pública registral (arts. 32 y 34 L.H.).

Este último principio proclama la protección decisiva del tercero, confiando en el contenido del Registro de la Propiedad. El art. 32 L.H. protege al tercero frente a aquellos titulares del derecho de propiedad o de otro derecho real que no esté inscrito en el Registro: es lo que reproduce este art. 605, cuya protección es contemplada por el art. 34 L.H.

2.- El tercero no es cualquier persona (sentido vulgar de tercero), sino que su concepto ha sido matizado y completado por doctrina y jurisprudencia y se ha puesto en relación el art. 32 (606 C.c.) con el art. 34 L.H. estando dividida la doctrina sobre si se trata de un solo tercero (doctrina monista) o de dos conceptos distintos de tercero (doctrina dualista).

El tercero, para quedar protegido por esta norma de los arts. 606 C.c. y 32 L.H. debe ser de buena fe y ser un adquirente de un derecho real, a título oneroso; y, para quedar protegido por el Registro, debe haber inscrito en él su derecho. Por tanto, el tercero (de buena fe) que habiendo inscrito su derecho (derecho real, adquirido a título oneroso) en el Registro, está protegido por él de tal modo que no pueden oponérsele los titulares de dominio u otro derecho real no inscritos.

CONCORDANCIAS

Véase Ley Hipotecaria, de 8 febrero 1946 (*«B.O.E.»*, 29 mayo): art. 32.

Artículo 607

El Registro de la Propiedad será público para los que tengan interés conocido en averiguar el estado de los bienes inmuebles o derechos reales anotados o inscritos.

COMENTARIO

1.-Este artículo reproduce con práctica literalidad el art. 221 L.H. Expresa la publicidad registral, consecuencia de que la finalidad esencial del Registro de la Propiedad es la seguridad jurídica.

Es la publicación, en forma de publicidad (constancia en lugar público, no propaganda que es difusión general), de las titularidades de los derechos reales sobre los bienes inmuebles. Lo cual se hace en razón del interés del adquirente (que puede adquirir confiado en la realidad jurídica de la finca), del acreedor hipotecario (que ve garantizado firmemente su crédito) y, en general, de la protección de la seguridad del tráfico jurídico inmobiliario).

2.- Esta publicidad registral inmobiliaria constituye una actividad organizada administrativamente que da a conocer la situación jurídica respecto a derechos reales objeto de tráfico, de las cosas inmuebles, mediante su descripción en libros oficiales, que da posibilidad de conocerla (publicidad, no propaganda) por medio del Registro de la Propiedad a través de manifestaciones (por exhibición de los libros), notas simples informativas (certificación sin garantía) y certificaciones del Registro de la Propiedad.

CONCORDANCIAS

Véase:
— Ley Hipotecaria, de 8 febrero 1946 (*«B.O.E.»*, 29 mayo): arts. 221 a 237.
— Reglamento Hipotecario, de 14 febrero 1947 (*«B.O.E.»*, 16 abril): arts. 332 a 355.

Artículo 608

Para determinar los títulos sujetos a inscripción o anotación, la forma, efectos y extinción de las mismas, la manera de llevar el Registro y el valor de los asientos de sus libros, se estará a lo dispuesto en la Ley Hipotecaria.

COMENTARIO

En este precepto de remisión a la Ley Hipotecaria incluye las normas sustantivas sobre el Registro de la Propiedad y las normas de organización del mismo y de procedimiento registral. Es decir, tras unas pocas normas en los artículos anteriores, que reproducen preceptos considerados esenciales de la L.H. se hace una remisión en bloque a ésta.

CONCORDANCIAS

Véase Ley Hipotecaria, de 8 febrero 1946 (*«B.O.E.»*, 29 mayo): arts. 1 a 5 y 42 a 75.

LIBRO TERCERO
DE LOS DIFERENTES MODOS DE ADQUIRIR LA PROPIEDAD

DISPOSICIÓN PRELIMINAR

Artículo 609

La propiedad se adquiere por la ocupación.

La propiedad y los demás derechos sobre los bienes se adquieren por la ley, por donación, por sucesión testada e intestada y por consecuencia de ciertos contratos mediante la tradición.

Pueden también adquirirse por medio de la prescripción.

COMENTARIO

1.- El Código prevé, en este artículo, los modos de adquirir la propiedad y los demás derechos reales, sin pretender hacer una enumeración exhaustiva.

Se menciona, en primer lugar, la ocupación, modo originario y que sólo afecta al derecho de propiedad.

Como modos de adquirir los derechos reales, incluyendo el de propiedad, el segundo párrafo empieza citando a la ley; no es, ciertamente, un modo de adquirir, sino que se menciona en el sentido de que hay hechos, que sí son modos de adquirir, no mencionados en el artículo 609 (como la accesión o adjudicación judicial, o adquisición *a non domino*), que producen, por disposición de la ley, el efecto de producir la adquisición del derecho real.

Cita a continuación el art. 609 la donación como modo de adquirir, cuando verdaderamente su naturaleza jurídica es de contrato (si bien recientemente se ha discutido).

Por sucesión testada e intestada, se adquieren no sólo los derechos reales, incluyendo el de propiedad, sino también todo derecho transmisible (art. 659); es modo de adquirir no ya de una cosa, sino un patrimonio, es decir, es un modo de adquirir universal.

La frase «ciertos contratos mediante la tradición» hace referencia a la teoría del título y modo.

Por último, se menciona la prescripción, que es la adquisitiva o usucapión, modo de adquirir el dominio o los demás derechos reales que sean poseíbles.

2.- De este artículo —último inciso del segundo párrafo— y del art. 1095 se deduce que en nuestro Derecho se acoge la teoría del título y el modo.

De lo que se desprende que por medio de un contrato (título) se adquiere el derecho (de obligación) a que le sea entregada una cosa, pero no se adquiere el derecho sobre la cosa misma (derecho real, poder directo y exclusivo sobre ella) hasta la entrega o tradición (modo). El título es el acto por el que se establece la voluntad de enajenación por el transmitente, que es adquisición por el adquirente. A su vez, el modo está ligado al título, en que se basa, y le da su fundamento jurídico, es decir, nuestro Derecho acoge la teoría del título y el modo, con el sistema de tradición (modo) basada en el negocio jurídico precedente (título): tradición causal.

Del propio art. 609 se desprende que la teoría del título y el modo se aplica a la adquisición derivativa de los derechos reales —no sólo el de propiedad— y por contrato —no a los demás medios, como la sucesión o la usucapión—. El ámbito alcanza al derecho de propiedad y a los demás derechos reales, pero siempre que quepa entrega, es decir, que sean poseíbles; no lo es la hipoteca, que exige escritura pública e inscripción en el Registro de la Propiedad, ni la opción, retracto o servidumbres negativas, que no son poseíbles. Y alcanza a la adquisición derivativa por contrato.

JURISPRUDENCIA

«Los artículos 609 y 1095 del Código Civil proclaman la necesidad del modo o traditio para provocar, con causa en el contrato, la mutación jurídica real, esto es, para hacer dueño a quien compra una cosa mediante contrato celebrado con quien lo es. Los artículos 1462.1 y 1463 del mismo Código (por cierto, el último respecto de los bienes muebles) regulan el cumplimiento de la obligación principal del vendedor, mediante la entrega de la posesión de la cosa con ánimo en el que la da y del que la recibe de transmitir y adquirir, respectivamente, la propiedad. Esa transmisión posesoria puede ser real (poniendo la cosa en poder y posesión del comprador) o ficticia, esto es, por otros medios espiritualistas pero jurídicamente equivalentes, con una validez que ha sido destacada, entre otras muchas, por la mencionada Sentencia de 20 de octubre de 1989 (... este segundo requisito, constitutivo o consumador de la transmisión dominical, se entiende cumplido no solo cuando se produce una entrega física o material de la cosa —tradición real—, sino también, a virtud del progresivo proceso de espiritualización experimentado por las formas de tradición...)». (10 mayo 2004, rec. 1814/1998)

«La tercería no procede teniendo en cuenta la base fáctica probada que queda expuesta, y la aplicación de la doctrina jurisprudencial reiterada que proclama que el título de compra, anterior al embargo, será protegido siempre y cuando resulte claramente demostrada la traditio de los bienes vendidos (artículo 609 del Código Civil), pues si no se realiza la entrega se sigue teniendo al vendedor como titular (Sentencias de 18-2-1995 y 27-6- y 18-9-1996)». (13 octubre 2004, rec. 2487/1998)

«el artículo 34 en su relación con el art. 40, último párrafo, ambos de la LH, conceden la máxima protección al adquirente non domino de un modo determinado, no absoluto e incondicionado; así, la protección consiste en mantenerle en su adquisición una vez haya inscrito su derecho, de modo que el presupuesto de actuación de buena fe del tercero debe concurrir en todo momento hasta la consumación del ingreso del derecho real en su patrimonio, quedando además supeditado a la consecución de la inscripción registral, y aquello porque la adquisición del derecho de propiedad no se corresponde con la mera obtención del título sino que normalmente va unida a la secuencia título y modo prevenida en el artículo 609 del Código Civil». (9 diciembre 2004, rec. 2184/1998)

«en nuestro sistema, la adquisición de la propiedad requiere "título" y "modo" como se desprende de lo dispuesto en los artículos 609 y 1095 del Código Civil, de los que se deduce

que la propiedad y los demás derechos reales sobre los bienes inmuebles "se adquieren y transmiten" no por el contrato, simple creador de obligaciones, sino mediante la "tradición" que, no realizada en forma distinta mediante la efectiva entrega de la posesión al comprador, se entiende efectuada por el otorgamiento de la escritura pública de compraventa. La sentencia de esta Sala de 20 de julio de 2004 (LA LEY JURIS. 1865/2004), entre las más recientes, señala que "el contrato de compraventa se perfecciona por el consentimiento (art. 1450 CC), y no requiere como elemento estructural la entrega de la cosa, generando únicamente la obligación de entregarla (art. 1461 CC) Es un título idóneo para la transmisión del dominio, si bien, en nuestro sistema, no lo transmite "per se" al ser necesaria la "traditio" —modo— (arts. 609, párrafo segundo, y 1095, inciso segundo, CC), la cual puede tener lugar en cualquiera de las modalidades previstas en el Código Civil, y otras similares (atípicas), previendo el art. 1462, párrafo segundo, un supuesto de "tradición simbólica" o "ficta" para "cuando se haga la venta mediante escritura pública", en cuyo caso "el otorgamiento de ésta equivaldrá a la entrega de la cosa objeto del contrato, si de la misma escritura no resultare o se dedujere claramente lo contrario" —tradición instrumental— [SS 29 de mayo (LA LEY JURIS. 7519/1997), 14 de junio (LA LEY JURIS. 7087/1997), 9 de octubre (LA LEY JURIS. 10211/1997) y 9 de diciembre de 1997 (LA LEY JURIS. 717/1998), entre otras]». (5 octubre 2005, rec. 1423/1999)

«La necesidad de traditio *para transmitir la propiedad se impone como requisito para adquirir el derecho real en virtud de ciertos contratos (artículo 609 del Código Civil) pero carece de aplicación cuando se trata de la creación de una copropiedad sobre el bien sobre el que se constituyen cuotas ideales que únicamente se materializan posteriormente, en su caso, mediante la división».* (30 octubre 2006, LA LEY 119540/2006)

«doctrina de esta Sala que en supuestos como el presente, en que los terceristas esgrimen como título de dominio un negocio de permuta de solar a cambio de vivienda o local en la edificación futura, ha reiterado la aplicación del sistema de adquisición del dominio consagrado en nuestro derecho en el artículo 609 del Código Civil, que, para supuestos en que se alega como título un contrato, exige el requisito de la tradición o entrega de la cosa objeto del mismo. Así, señalaba la Sentencia de 9 de octubre de 1997 que "para la adquisición del dominio y demás derechos reales el Código Civil, a diferencia de otros ordenamientos jurídicos extranjeros, inspirado en el sistema romano, estima indispensable la concurrencia del título y el modo (arts. 609 y 1095); no bastan las declaraciones de voluntad generadoras del contrato, sino que es preciso, además, la tradición o entrega de la cosa, si bien admite esta en formas espiritualizadas, como es la prevista en el párrafo segundo del art. 1462, al disponer que el otorgamiento de la escritura pública equivale a la entrega de la cosa objeto del contrato, si de la misma escritura no resultare o se dedujere claramente lo contrario", doctrina reiterada en resoluciones ulteriores (SSTS, entre otras, de 18 de febrero de 2005 y 28 de febrero de 2006)». (14 junio 2007, LA LEY 51898/2007)

«La transmisión de los títulos al portador se efectúa conforme a las reglas generales de los bienes muebles corporales —categoría a la que pertenece el documento—. La transmisión del derecho a ellos incorporado, en la medida que el régimen del título valor lo permita, se realiza conforme a la de los bienes inmateriales. En todo caso, una y otra transmisión requieren — conforme a los artículos 609 y 1.095 del Código Civil—, además de un contrato apto para prepararla o causarla en el plano obligacional, —sobre cuya realidad y validez no se ha discutido en el proceso—, un modo o tradición complementaria —"simple" según el artículo 545 del Código de Comercio en la redacción vigente en las fechas de las compraventas—, de acuerdo con la fórmula clásica, sobre la exigencia de tradición, "traditionibus et usucapionibus dominium rerum, non nudis pactis transferuntur"». (17 noviembre 2008, rec. 290/2003, LA LEY 175918/2008)

«La determinación del artículo 1445 está referida a la entrega, por lo que es necesario para la consumación del contrato, pero no para su perfección. La propiedad no se adquirirá más que cuando la cosa sea entregada, cuando se efectúe la "traditio" para ello (arts. 609 y 1095 C.c.). Las consecuencias son asimismo distintas: cuando no es posible el cumplimiento de la prestación hay que distinguir si tal imposibilidad existe en el momento de la perfección contractual (momento de formación del contrato), en cuyo caso el efecto jurídico que procede es el de la nulidad de conformidad con el art. 1.272, en relación con el art. 1.261.2, ambos del Código Civil, o si se trata de una imposibilidad sobrevenida —con posterioridad a la perfección y antes de constituirse el deudor en mora— (art. 1.184 CC), en el que se da lugar a la liberación de la prestación (resolución contractual)». (14 mayo 2009, rec. 477/2004, LA LEY 67151/2009)

«Las asociaciones tienen en nuestro Derecho plena capacidad de obrar (STS 31 de marzo de 2006), como ahora dice el artículo 5.2 LO 1/2002, pero ya se deducía con claridad de la legislación anterior, que se regulará por sus Estatutos (artículo 37 del Código civil) con el contenido que señala el artículo 38 del Código civil: adquirir y poseer toda clase de bienes, contraer obligaciones y ejercitar acciones civiles y criminales, conforme a las leyes y reglas de su constitución. Para ejercitar la capacidad y derechos que les confiere el ordenamiento jurídico, necesitan de personas físicas que actúen por ellas y tales personas pueden, como decía la STS de 30 de diciembre de 1975, estar vinculadas a un cargo que les permita esa actuación por virtud de lo dispuesto en la Ley o en los Estatutos, en cuyo caso la voluntad de esos órganos vale como voluntad de las personas jurídica asociación, o pueden tales órganos conferir su representación a otras personas ajenas a la entidad o incluso a personas de ésta que se encuentran vinculadas permanentemente para una actuación más o menos subalterna —representantes voluntarios—». (5 junio 2009, rec. 2261/2004, LA LEY 167300/2009)

«El art. 609 CC exige para la adquisición de la propiedad, el título y el modo, es decir, la causa de la transmisión, el título, y la entrega. Por ello, el art. 1095 CC dirá que el acreedor "[n]o adquirirá derecho real" sobre la cosa "hasta que le haya sido entregada". Y si bien es cierto que algunas veces el traspaso posesorio por sí solo no tiene el efecto de transmitir la propiedad, sin traspaso posesorio no existe transmisión, aunque haya título. Para que se produzca la adquisición de la propiedad, el Código civil admite algunos sistemas no materiales de traspaso posesorio, tal como se establece en los arts. 438 y 1462, 163 y 1464 CC, de modo que lo que debe cumplirse es la exigencia del art. 1462 CC de que la cosa "se ponga en poder y posesión del comprador", regla coincidente con la del art. 438 CC, que admite que se ha adquirido la posesión cuando la cosa o derecho queden sometidos a la acción de la voluntad de quien adquiere la posesión. Este esquema inicial debe completarse con otro elemento: deben coincidir la voluntad de quien entrega y la de quien recibe, de modo que el efecto traslativo de la entrega solamente tiene lugar cuando ambas concuerdan. Aunque no sea necesaria una declaración especial del adquirente para conseguir la propiedad, lo que sí resulta cierto es que cuando hay una negativa expresa a aceptar lo que el tradens le ofrece, no se va a producir la adquisición, como afirma la sentencia de 28 octubre 2002». (13 noviembre 2009, rec. 552/2005, LA LEY 226647/2009)

«la jurisprudencia de esta Sala mantiene toda la virtualidad del art. 609 CC exigiendo algo más que la mera aprobación del remate para la adquisición de la propiedad de la finca subastada por el rematante o el cesionario del remate. Así, la sentencia de 29 de julio de 1999 (rec. 156/95), citando extensamente la de 1 de septiembre de 1997 y también las de 16 de julio de 1982 y 10 de diciembre de 1991, declara que "la consumación venía amparada por el otorgamiento de la escritura pública" y que tras la reforma de la LEC de 1881 por la Ley 10/92 "la consumación de la enajenación se produce, conforme al artículo 1514, con la expedición del testimonio del auto de aprobación del remate y demás requisitos (artículo 1515)"; la sentencia de 4 de abril de 2002 (rec. 3228/96) puntualiza que la subasta supone

una oferta de "venta" (de la finca embargada) que se perfecciona por la aprobación del remate, operando la escritura pública (en el sistema procesal entonces vigente) como "traditio" instrumental para producir la adquisición del dominio; y en fin, la de 4 de octubre de 2006 (rec. 3905/99) reproduce la anterior, añadiendo que "después de la reforma operada por la Ley 10/1992 el testimonio del auto de aprobación del remate" conforma la operación del acto procesal enajenatorio. Y la misma línea se mantuvo incluso en una tercería de dominio por la sentencia de 1 de septiembre de 1997 (rec. 2423/93) y, años más tarde, en un caso de nulidad de un procedimiento administrativo de apremio solicitada por quien fue propietario de la finca embargada, por la sentencia de 11 de febrero de 2003 (rec. 1835/97), que reprodujo lo ya declarado por la de 4 de abril de 2002». (2 diciembre 2009, rec. 2199/2005, LA LEY 233116/2009)

«resulta incuestionable, en virtud de la teoría del título y el modo, que para adquirir el dominio no es suficiente la perfección de un contrato transmisivo, sino que es precisa la concurrencia de la tradición (artículos 609 y 1095, inciso segundo, del Código Civil, SS., entre otras, de 22 diciembre 2000, 14 febrero y 13 marzo 2002), y la jurisprudencia tiene reiterado (SS., entre otras, de 21 de marzo y 14 de julio de 1998, 9 de octubre de 2001, 14 de febrero y 10 de julio de 2002) que la formalización del contrato en documento privado no genera tradición instrumental y no acredita por sí solo la efectiva transmisión patrimonial pretendida». (2 diciembre 2010, rec. 35/2007, LA LEY 217659/2010)

CONCORDANCIAS

Véase:

— arts. 1095, 610 y ss., 1.254 y ss. y 1.930 y ss. de este Código.

— Ley 33/2003, 3 noviembre, del Patrimonio de las Administraciones Públicas (*«B.O.E.»*, 4 noviembre): arts. 15 y 25 a 27.

— Reglamento del Patrimonio del Estado, de 5 de noviembre de 1964 (*«B.O.E.»*, 17 noviembre): arts. 49 y 58 a 64.

TÍTULO PRIMERO
De la ocupación

Artículo 610

Se adquieren por la ocupación los bienes apropiables por su naturaleza que carecen de dueño, como los animales que son objeto de la caza y pesca, el tesoro oculto y las cosas muebles abandonadas.

COMENTARIO

1.- La ocupación es el más típico modo originario de adquirir, que se refiere sólo al derecho de propiedad, no a los demás derechos reales. Como modo originario no se basa el derecho que adquiere en derecho anterior alguno, y, si lo hubo la adquisición es independiente de él. No tanto se trata de que existiera o no un derecho preexistente, sino que en el modo originario no hay transmisión de un titular al nuevo, no hay relación de causalidad entre el derecho preexistente y el adquirido, no se basa ni proviene éste de aquél, sino que se adquiere con abstracción de si hubo, y cómo lo hubo, un derecho anterior.

2.- Es ocupación la toma de posesión de una cosa sin dueño o dueño ignorado, con ánimo de adquirir la propiedad. Al ocupante le basta la aptitud de entender y querer, suficiente para adquirir la posesión de la cosa, con la intención de hacerla suya. No es un negocio jurídico, es un acto jurídico, que se realiza por voluntad del hombre y produce el efecto que es determinado por la ley, que es la adquisición de la propiedad de la cosa ocupada.

3.- El objeto está constituido por las cosas apropiables por naturaleza que carecen de dueño, dice el primer inciso del art. 610: por tanto, cosa que esté en el comercio de los hombres y sea susceptible de posesión y que no tenga propietario, *res nullius* porque nunca lo tuvo o perdió la propiedad por abandono o se ignore si lo hay y quién pueda serlo (caso del hallazgo y del tesoro).

CONCORDANCIAS

Véase:
— arts. 351 y 352 de este Código.
— Ley 1/1970, de 4 abril, de Caza (*«B.O.E.»*, 6 abril): art. 23.
— Ley 33/2003, 3 noviembre, del Patrimonio de las Administraciones Públicas (*«B.O.E.»*, 4 noviembre): art. 2.
— Ley de Pesca Fluvial, de 20 de febrero de 1942 (*«B.O.E.»*, 8 marzo): art. 37.
— Reglamento de Bienes de las Entidades Locales, de 13 de junio de 1986 (*«B.O.E.»*, 7 julio): art. 14.2.
— Reglamento del Patrimonio del Estado, de 5 de noviembre de 1964 (*«B.O.E.»*, 17 noviembre): art. 57.

Artículo 611

El derecho de caza y pesca se rige por leyes especiales.

COMENTARIO

1.- La caza y pesca, relativa a animales salvajes, es el medio de adquisición de su propiedad por ocupación. Tales animales son, mientras están en libertad, res nullius y, por tanto, objeto de ocupación, lo que se hará mediante la caza o pesca. El art. 611 dispone que el derecho de caza y pesca se rige por leyes especiales: fundamentalmente, la Ley de Caza de 4 abril de 1970 y Reglamento de 25 marzo de 1971, y por la Ley de Pesca Fluvial de 20 febrero de 1942 y Reglamento de 6 de abril de 1943, y sobre Pesca Marítima, Ley de Costas de 28 de julio de 1988 y Reglamento de 3 de diciembre de 1963 de Pesca Marítima de Recreo.

Cumpliendo las normas administrativas, que regulan quién puede cazar y pescar, cuándo, dónde y cómo, se adquieren por ocupación, ejercicio de la caza y pesca, los animales salvajes y peces en libertad; no es necesario la aprehensión material, sino que basta que la pieza quede bajo poder del ocupante (en redes, cepos) o abatida.

2.- Hay que tener en cuenta que la competencia legislativa, en esta materia, corresponde al poder legislativo de las Comunidades Autónomas, según prevén los arts. 148.1.11 y 149.1.19 de la Constitución.

CONCORDANCIAS

Véase:

— Ley 1/1970, de 4 abril, de Caza (*«B.O.E.»*, 6 abril).

— Ley de Pesca Fluvial, de 20 de febrero de 1942 (*«B.O.E.»*, 8 marzo).

— R.D. 63/1994, 21 enero (*«B.O.E.»*, 16 febrero), Reglamento del Seguro de Responsabilidad Civil del Cazador, de suscripción obligatoria. Publicado en A.C.L. 156/94.

— Resolución 9 marzo 1994 (*«B.O.E.»*, 24 marzo), de la Dirección General de Seguros, por la que se aprueba el sistema de primas y recargos a percibir por el Consorcio de Compensación de Seguros para el cumplimiento de sus funciones en relación con el Seguro Obligatorio de Responsabilidad Civil del Cazador. Publicado en A.C.L. 302/94.

Artículo 612

El propietario de un enjambre de abejas tendrá derecho a perseguirlo sobre el fundo ajeno, indemnizando al poseedor de éste el daño causado. Si estuviere cercado, necesitará el consentimiento del dueño para penetrar en él.

Cuando el propietario no haya perseguido, o cese de perseguir el enjambre dos días consecutivos, podrá el poseedor de la finca ocuparlo o retenerlo.

El propietario de animales amansados podrá también reclamarlos dentro de veinte días, a contar desde su ocupación por otro. Pasado este término, pertenecerán al que los haya cogido y conservado.

COMENTARIO

1.- El artículo anterior se refería a los animales salvajes, objeto de adquisición de su propiedad por ocupación, por el ejercicio de la caza o de la pesca. El tercer párrafo de este artículo se refiere a los animales amansados o domesticados, que son los que, siendo por naturaleza salvajes, se ocupan, reducen o acostumbran por el hombre (definición de la antigua Ley de Caza) y conservan la costumbre de volver a la casa (o al lugar adecuado: cuadra, jaula, etc.) del poseedor, según dice el art. 465. Son, como los domésticos, de propiedad privada, no res nullius, por lo que no cabe ocupación por otro.

Sin embargo, se prevé el supuesto de que el animal domesticado es aprehendido por otra persona, de buena fe. En tal caso, el propietario lo puede reclamar, pero sólo en el plazo de veinte días. Pasado este plazo, aquel que lo aprehendió y continuó poseyéndolo adquiere su propiedad por ocupación, retroactivamente al día en que se produjo la toma de posesión (es decir, la ocupación).

2.- Un tanto forzadamente, el Código trata como animal domesticado a las abejas, estableciendo una regla especial en los párrafos primero y segundo. Se prevé que si un enjambre de abejas abandona la finca en que se halla, el propietario pierde su propiedad si no lo persigue en el plazo de dos días, o persiguiéndolo en tal plazo, deja de hacerlo dos días consecutivos.

Esta persecución la podrá llevar a cabo incluso, en una finca propiedad de otro y le indemnizará los daños que le cause, si le causa alguno. Si tal finca está cerrada, precisa del consentimiento del propietario para entrar en ella; éste a su vez, tiene el deber de darle el consentimiento y, si no lo hace, incurrirá en la obligación de indemnizarle daños y perjuicios.

Si no se da tal persecución, o se interrumpe en dos días consecutivos, como se ha dicho, pierde la propiedad y el enjambre de abejas pasa a ser *res nullius*. Como tal, puede ser objeto de ocupación. El último inciso del segundo párrafo dispone que «podrá el poseedor de la finca ocuparlo o retenerlo» lo que significa que puede adquirir su propiedad por ocupación; se refiere al poseedor de la finca, porque será el caso normal, pero también puede ocuparlo un tercero que lícitamente entre en la finca y aprehenda el enjambre.

CONCORDANCIAS

Véase art. 465 de este Código.

Artículo 613

Las palomas, conejos y peces, que de su respectivo criadero pasaren a otro perteneciente a distinto dueño, serán propiedad de éste, siempre que no hayan sido atraídos por medio de algún artificio o fraude.

COMENTARIO

1.- El párrafo tercero del artículo anterior contempla la ocupación de animales amansados o domesticados y de normas especiales para ciertos animales que sólo de manera muy forzosa pueden considerarse domésticas: enjambres de abejas en los dos primeros párrafos del art. 612 y palomas, conejos y peces en este art. 613. No deja de ser un tanto pintoresco que un Código civil dé normas específicas para las abejas, palomas, conejos y peces.

2.- La norma concreta es que las palomas, conejos y peces que vivan en un criadero, propiedad de una persona, en estado de libertad, y espontáneamente se trasladen a otro criadero, perteneciente a distinto dueño, el primero pierde su propiedad y el segundo la adquiere automáticamente, *ipso iure*, pues la aprehensión, la toma de posesión se produce por la entrada y estancia del animal en el criadero de su propiedad.

3.- No se produce aquella pérdida y, en consecuencia, esta adquisición de la propiedad, en el caso de que dichos animales hubieran sido atraídos al criadero vecino con malas artes: «por medio de algún artificio o fraude» dice el texto legal.

Artículo 614

El que por casualidad descubriere un tesoro oculto en propiedad ajena, tendrá el derecho que le concede el artículo 351 de este Código.

COMENTARIO

Uno de los casos de adquisición de la propiedad por ocupación total o parcial, por el descubridor, es el tesoro. Este viene definido en el art. 352. Los derechos del descubridor se exponen en el art. 351, que será la total adquisición de su propiedad si lo halla en terreno propio, por casualidad o no. Si lo encuentra en terreno ajeno y «por casualidad» (nota que destacan tanto el art. 351 como el 614) adquiere por ocupación la mitad del mismo, correspondiendo la otra mitad al propietario del tercero.

Lo anterior está contenido en el art. 351 al que se remite este 614.

CONCORDANCIAS

Véase art. 351 de este Código.

Artículo 615

El que encontrare una cosa mueble, que no sea tesoro, debe restituirla a su anterior poseedor. Si éste no fuere conocido, deberá consignarla inmediatamente en poder del Alcalde del pueblo donde se hubiese verificado el hallazgo.

El Alcalde hará publicar éste, en la forma acostumbrada, dos domingos consecutivos.

Si la cosa mueble no pudiere conservarse sin deterioro o sin hacer gastos que disminuyan notablemente su valor, se venderá en pública subasta luego que hubiesen pasado ocho días desde el segundo anuncio sin haberse presentado el dueño, y se depositará su precio.

Pasados dos años, a contar desde el día de la segunda publicación, sin haberse presentado el dueño, se adjudicará la cosa encontrada o su valor al que la hubiese hallado.

Tanto éste como el propietario estarán obligados, cada cual en su caso, a satisfacer los gastos.

COMENTARIO

1.- Una cosa mueble que carece de dueño —res nullius— puede ser adquirida por ocupación, cuando es aprehendida materialmente, tomada su posesión, con ánimo de adquirir su propiedad, tal como prevé con carácter general el art. 610, primer inciso.

La cosa será *res nullius* si nunca tuvo dueño o si dejó de tenerlo porque su dueño lo abandonó. Si es o no es *res nullius*, es un dato objetivo. Adquirirá o no la propiedad el ocupante si lo es. No, si no lo es. Si lo ignora, deberá cumplir las prescripciones del hallazgo de los arts. 615 y ss.

2.- Una cosa mueble que se ignora si es abandonada o perdida, o se sabe que es perdida y, en suma, se desconoce quién puede ser propietario, por tanto, no es *res nullius*, no se adquiere por ocupación, pero se produce el llamado hallazgo, que da lugar a la adquisición de la propiedad si se mantiene, fehacientemente, al desconocimiento del propietario.

El art. 615 regula el hallazgo a partir del segundo inciso del primer párrafo (el primer inciso de este párrafo impone el deber de restitución de la cosa perdida, en cuyo caso ni hay ocupación ni hay hallazgo).

El que halle una cosa mueble perdida (por tanto, no *res nullius*, sino que su propietario es desconocido) deberá consignarla inmediatamente en poder del Alcalde del pueblo (oficina de objetos perdidos del Ayuntamiento) donde se hubiese verificado el hallazgo, dispone el art. 615, primer párrafo, segundo inciso. El Alcalde hará publicar éste, en la forma acostumbrada, dos domingos consecutivos, sigue el segundo párrafo del mismo artículo 615.

3.- Si no se presenta el propietario, en el plazo de dos años, a contar desde el día de la segunda publicación —dispone el penúltimo párrafo del art. 615— se adjudicará la cosa encontrada o su valor al que la hubiese hallado, que tendrá —añade el último párrafo— que satisfacer los gastos. Es, pues, una adquisición definitiva de la propiedad por ocupación.

Si la cosa hallada no era conservable, prevé el tercer párrafo del mismo artículo 615 que se venda en pública subasta tras ocho días del segundo anuncio y se deposite su precio.

CONCORDANCIAS

Véase:
— Ley de Hallazgos marítimos, de 24 de diciembre de 1962 («*B.O.E.*», 27 diciembre).
— Ley de la Navegación Aérea, de 21 de julio de 1960 («*B.O.E.*», 23 julio).
— Reglamento sobre Hallazgos marítimos, de 20 de abril de 1967 («*B.O.E.*», 17 mayo).

Artículo 616

Si se presentare a tiempo el propietario, estará obligado a abonar, a título de premio, al que hubiese hecho el hallazgo, la décima parte de la suma o del precio de la cosa encontrada. Cuando el valor del hallazgo excediese de 2.000 pesetas, el premio se reducirá a la vigésima parte en cuanto al exceso.

COMENTARIO

El artículo anterior trata del hallazgo, la adquisición de la propiedad de cosa mueble cuyo propietario es ignorado. Prevé que éste no aparezca y el que lo encontró adquiere su propiedad.

El presente artículo contempla el caso contrario: que sí aparezca el propietario. Si se presenta el propietario, recupera la cosa, pero estará obligado a abonar —dispone el art. 616— al hallador, como premio, el 10 por 100 del valor de la cosa hasta el de 2.000 pesetas, y en cuanto al exceso, el 5 por 100. Este valor de 2.000 pesetas se fijó en el Código civil (1889) y nunca ha sido variado. El premio no es un caso de ocupación, sino un derecho de crédito que concede la ley al hallador.

Artículo 617

Los derechos sobre los objetos arrojados al mar o sobre los que las olas arrojen a la playa, de cualquier naturaleza que sean, o sobre las plantas y hierbas que crezcan en su ribera, se determinan por leyes especiales.

COMENTARIO

1.- Los productos del mar o de sus riberas son res nullius y susceptibles de ser adquiridos por ocupación. Así se desprende del art. 617 que se remite a las leyes especiales.

2.- Los objetos del mar o de sus riberas, también se rigen por las leyes especiales por remisión del art. 617. Esta ley es la de 24 de diciembre de 1962 sobre régimen de auxilios, salvamentos, remolques, hallazgos y extracciones marítimas y su Reglamento de 20 abril de 1967.

Se consideran tales objetos del mar o de sus riberas las cosas abandonadas o extraídas casualmente del mar o arrojadas por él en la costa (art. 19 de la citada ley).

Si aparece el propietario, le son devueltas —no cabe, por tanto, ocupación por no ser *res nullius*—, aunque deberá pagar al hallador los gastos y el tercio del valor de las cosas (art. 20).

Si no aparece el propietario en el plazo de seis meses, las cosas son *res nullius* y las adquiere por ocupación el hallador si su valor no excede de diez mil pesetas. Si excede, se subastará la cosa y el hallador tendrá derecho a diez mil pesetas y, además, a un tercio del exceso sobre esta suma obtenido en la subasta; el remanente lo adquiere el Estado (art. 21); por tanto, no hay ocupación, sino un premio en metálico por el hallazgo.

Tienen régimen especial (art. 22) los buques y aeronaves abandonados y sus cargamentos, los efectos arrojados al mar para salvar el buque o aeronave, cuando fueren salvados inmediatamente, y las cosas excluidas del comercio. En estos casos, salvo las cosas fuera del comercio, que se regirán por sus leyes especiales, el Estado adquiere la propiedad si el propietario hace abandono de sus derechos o no los ejerce en los plazos señalados en esta Ley, sin perjuicio de los derechos del hallador, que son los mismos que respecto a las cosas abandonadas en la mar o arrojadas por ella a la costa.

CONCORDANCIAS

Véase:
— Ley de la Navegación Aérea, de 21 de julio de 1960 (*«B.O.E.»*, 23 julio): arts. 131 a 141.
— Ley de Hallazgos marítimos, de 24 de diciembre de 1962 (*«B.O.E.»*, 27 diciembre).
— Ley 27/1992, 24 noviembre, de Puertos del Estado y de la Marina Mercante (*«B.O.E.»*, 25 noviembre).
— Reglamento sobre Hallazgos marítimos, de 20 de abril de 1967 (*«B.O.E.»*, 17 mayo).

TÍTULO II
De la donación

CAPÍTULO PRIMERO
DE LA NATURALEZA DE LAS DONACIONES

Artículo 618

La donación es un acto de liberalidad por el cual una persona dispone gratuitamente de una cosa en favor de otra, que la acepta.

COMENTARIO

1.- La donación es, en principio, un acto de liberalidad, entendiendo por tal el acto gratuito, si bien la liberalidad tiene un sentido subjetivo y la gratuidad, objetivo. Como acto de liberalidad o acto gratuito, son muy diversos los que se dan en la realidad jurídica y se contemplan en el Código civil: comodato, mutuo sin interés, depósito o mandato gratuitos, renta vitalicia a título gratuito, condonación, renuncia, etc.

La primera nota característica de la donación, que la identifica frente a la liberalidad en general, es que produce un empobrecimiento del donante y, al tiempo, un enriquecimiento patrimonial del donatario. La causa de la donación (en el sentido objetivo que sigue el Código civil: art. 1274) es la transmisión sin contraprestación a cambio, es decir, gratuita, que se expresa como *animus donandi*.

La segunda nota característica es que es un contrato; el Código civil la sitúa entre los modos de adquirir por influencia directa del Código Napoleón, pero de su normativa se desprende su naturaleza contractual, con todos sus elementos: consentimiento (oferta y aceptación), objeto y causa; incluso este artículo 618 la define como contrato, aunque emplee la palabra «acto», si bien el contrato es negocio jurídico y, por tanto, una especie del acto jurídico, que es el género.

2.- Dentro del concepto de la donación, se llama *real*, si enriquecimiento de donatario y empobrecimiento de donante se realiza por la transmisión inmediata del derecho de propiedad de una cosa o transmisión o constitución de otro derecho real (te dono la propiedad de esta casa; te dono el usufructo sobre una casa mía, por ejemplo); *obligacional* si transmite o constituye un derecho de crédito (te dono el crédito de 100 que tengo contra fulano; o te dono el derecho a reclamarme a mí que te pague 100 o te entregue esta finca o te constituya este derecho real a tu favor); es decir, queda obligado a transmitir después lo que dona ahora: *liberatoria*, si extingue un derecho que tiene el donante contra el donatario (pactamos la extinción de la deuda de 100 que tienes conmigo; pactamos la renuncia del derecho de usufructo que tengo sobre una casa tuya).

Ahora bien, lo dicho hay que matizarlo: en todo caso, el donante contrae una obligación: la de cumplir lo que ha donado; es clara en *las obligaciones* y en la *liberatoria*; pero en la *real* también: el donante no transmite, sino que se obliga a transmitir (título), produciéndose la transmisión de la propiedad u otro derecho real con la entrega (modo); sin perjuicio de que se produzca dicha entrega simultáneamente al contrato de donación.

JURISPRUDENCIA

«el contrato de donación, aunque regulado en nuestro CC como un modo de adquirir la propiedad —art. 609— no cabe la menor duda que ha de tener la consideración y tratamiento de un contrato y, así es casi unánime la doctrina moderna en la que predomina la concepción contractualista de la donación, que tiene su actual reflejo legislativo en el actual Código Civil alemán». (31 julio 1999, LA LEY 11509/1999)

«un negocio jurídico tan sólo es calificado de gratuito, si consta la causa de liberalidad, probándose el animus donandi». (13 julio 2000, LA LEY 10031/2000)

«la actuación de poner a nombre de su cónyuge, la ahora recurrida en esta vía casacional, la mitad de un bien privativo y con documentación bancaria tal que ha quedado constancia y acreditamiento documental, no sólo de dicho acto dispositivo, sino de su veracidad y por ello hay que proclamar el "animus donandi" y se cumplen los requisitos del art. 618 del Código Civil». (25 febrero 2004, rec. 1058/1998)

«No se observa de lo expuesto ningún ánimo liberal que es exigido por el art. 618 para toda donación, incluso por supuesto para la donación con carga inferior al valor de lo donado, que no deja de ser donación. Lo que caracteriza a la onerosidad es la interdependencia de las prestaciones, que es visible en la constitución de la renta, pues se quiere en compensación (así se dice expresamente) de lo que se transmite, para que los transmitentes puedan seguir llevando el mismo nivel de vida y posición social que hasta entonces. Además, el establecimiento de una garantía de pago de la renta es revelador de la interdependencia que guardaban las mutuas prestaciones de las partes, y de la importancia que tenía la de los hijos para sus padres». (15 junio 2007, LA LEY 51440/2007)

«Sobre la donación. Siendo ésta una liberalidad que se realiza mediante contrato, que recoge el artículo 618 del Código civil, siendo uno de los tipos la donación modal, que impone al donatario una carga o modo, el caso que aquí se presenta no merece esta calificación jurídica. Es el caso que puede darse en una familia, en una asociación o en una organización religiosa: una persona recibe atención de la familia o de la organización, y satisfacción de sus necesidades personales y económicas y ésta, a su vez, admite voluntariamente entrar dentro de la familia o de la organización e ingresa en ellas sus propias remuneraciones y emolumentos. Esta relación humana, con una aceptación personal de una y otra parte no implica una donación de una a la otra, ni tampoco a la inversa. La causa de la donación como tal es para el donante el aumento del patrimonio del donatario, lo cual es independiente de sus móviles subjetivos y para el donatario un enriquecimiento gratuito, es decir, sin contraprestación a cambio, que se resume en la expresión animus donandi que realmente es el propio consentimiento del donante aceptada por el donatario». (20 de mayo 2011, rec. 696/2008, LA LEY 71530/2011)

Promesa de donación:

«Esta Sala se ha pronunciado de forma repetida sobre la no validez de las promesas de donación. Ya la sentencia de 6 junio 1908 dijo que "constituyendo un acto de liberalidad no basta la simple promesa, aunque aquella fuese aceptada, porque siendo la misma voluntad ambulatoria la que determina la naturaleza de estos actos es indispensable para su efectividad la acción o realización del acto por el donante y la aceptación probada por parte del

donatario y en la forma y términos que establece el art. 632 CC", por lo que la de 27 junio 1914 concluía que si no hay aceptación, no hay donación. Esta doctrina ha venido siendo ratificada por sentencias posteriores entre las que cabe citar las de 25 abril 1924, 22 enero 1930, 21 noviembre 1935, que requiere la aceptación por escrito, 21 junio 1945, que afirma que la donación entre vivos de inmuebles sin aceptación carece de consecuencias jurídicas, así como las de 22 junio 1982, 23 diciembre 1995, 6 febrero 1996 y 19 junio 1999. La de 25 noviembre 2004 afirma que "ha de tenerse en cuenta la jurisprudencia de esta Sala en cuanto tiene declarado que no son admisibles las simples promesas de donación futura de bienes inmuebles". En resumen, la doctrina de esta Sala califica la promesa de donación como una donación incompleta, carente de los efectos jurídicos de aquella en la que concurren todos los requisitos legales. Es un concepto inoperante sin trascendencia jurídica, porque la promesa de donación unilateral no es válida al carecer de los requisitos exigidos por el Código Civil para la validez de la misma donación». (24 enero 2008, LA LEY 462/2008)

CONCORDANCIAS

Véanse arts. 623, 629, 630, 1.254 y 1.274 de este Código.

Artículo 619

Es también donación la que se hace a una persona por sus méritos o por los servicios prestados al donante siempre que no constituyan deudas exigibles, o aquella en que se impone al donatario un gravamen inferior al valor de lo donado.

COMENTARIO

1.- El primer inciso de este artículo se refiere a la donación que se hace a una persona por sus méritos. Esta es una donación pura, es decir, ordinaria, con animus donando, sin especialidad conceptual ni normativa. Los méritos del donatario no son otra cosa que el móvil subjetivo del donante, lo que es intrascendente para el Derecho.

2.- El segundo inciso contempla la *donación remuneratoria*, que es aquella que se hace «por los servicios prestados al donante, siempre que no constituyan deudas exigibles». En un servicio que se paga no hay donación (los honorarios al abogado, por ejemplo); sí es donación cuando el servicio no es remunerable (la ayuda moral de un pariente o amigo, en caso de aflicción) o ya está remunerado (el regalo que se hace al abogado al que ya se le han pagado los honorarios; la propina, en general).

Puede pensarse que esto no es más que el móvil subjetivo del donante, intrascendente para el Derecho. Es cierto que es móvil de la donación, pero el Derecho sí le da trascendencia jurídica, lo eleva a la categoría de causa —móvil causalizado— y si tales servicios nunca existieran o las realizó persona distinta del donatario, la donación será inexistente por falta de causa (art. 1275).

3.- El tercer inciso prevé la *donación modal*, que es aquella en que se impone al donatario una carga o modo. El valor económico de ésta debe ser inferior al valor de la cosa donada; de ser igual o superior, no sería donación, sino un contrato oneroso. La carga o modo puede consistir en cualquier tipo de conducta, que no sea imposible o ilícita; si consiste en el pago de deudas del donante, se aplica el art. 642. Y en cuanto a su normativa, se aplica el art. 622.

La donación modal tiene una serie de reglas especiales que se refieren a la capacidad del donatario (art. 626), al saneamiento (art. 638), a la forma (art. 633) y a la revocación (con la causa específica, art. 647) y reducción.

JURISPRUDENCIA

Donación modal:

«La verdadera y propia donación modal es aquella, como la que corresponde al caso que se examina, en la que se impone al beneficiario el cumplimiento de una obligación, como determinación accesoria de la voluntad del donante. Aunque esta obligación no muta la naturaleza del contrato de donación de bienes transformándolo en contrato bilateral, sinalagmático y oneroso, puesto que el gravamen tiene que ser inferior al valor de lo donado, el cumplimiento de la prestación, en que consiste el gravamen, es exigible y, desde luego, el cumplimiento no queda al arbitrio del donatario». (6 abril 1999, LA LEY 4568/1999)

«La correcta calificación como donación modal implica la imposición al beneficiario (en este caso los demandados, recurrentes en casación) el cumplimiento de una obligación (sentencia de 6 de abril de 1999); el modo o carga puede consistir en cualquier tipo de conducta, incluso la no evaluable económicamente. Y el incumplimiento de la misma da lugar a la revocación de la donación, tal como dispone el art. 647.1 del Código Civil que al expresar que "la donación será revocada a instancia del donante, cuando el donatario haya dejado de cumplir alguna de las condiciones que aquél le impuso", se refiere no a condiciones, sino a la carga o modo». (23 noviembre 2004, rec. 1887/1998)

«La donación modal, aquella en que se impone al donatario un gravamen inferior al valor de lo donado, como dice el artículo 619 del Código civil, se rige por la normativa de la donación en la parte que exceda del valor de gravamen impuesto, añade el artículo 622, aunque lo hace con imprecisión terminológica al referirse a la remuneratoria, lo que ha sido superado por doctrina y jurisprudencia [sentencia de 27 de julio de 1994 (LA LEY 17052/1994) y las que en ella se citan]. El modo, carga o gravamen puede ser cualquier tipo de actuación o conducta, aún no evaluable económicamente (sentencia de 23 de noviembre de 2004) (LA LEY 153/2005) o puede ser un motivo, finalidad, deseo o recomendación (sentencias de 11 de diciembre de 1988 y 27 de diciembre de 1994) (LA LEY 282/1995) o, en definitiva, el cumplimiento de una obligación como determinación accesoria de la voluntad del donante (sentencia 6 de abril 1999) (LA LEY 4568/1999). Y esta amplia variedad de objeto del modo, comprende también la destinación, acción y efecto de destinar, es decir, el caso de que el donante impone el destino que ha de tener la cosa donada... Es de sobras conocido que cuando emplea la expresión "condiciones" se está refiriendo al modo, no a las condiciones en sentido jurídico preciso. Por lo cual, el incumplimiento del modo puede dar lugar a la revocación de la donación modal, aunque ciertamente es más bien una resolución». (20 julio 2007, LA LEY 79528/2007)

Donación remuneratoria:

«la idea de "remuneración" y de "causa remuneratoria", tal y como aparece en el Código Civil (arts. 619, 622, 862 y 1274 CC) no cambia el estado de cosas que resulta de la apreciación de la Sala de instancia. El art. 1274 considera la remuneración o el ánimo de remunerar y como "causa" del contrato, junto con la contraprestación o promesa en los contratos onerosos y el "ánimo liberal del bienhechor" en los gratuitos. La donación remuneratoria se sitúa en la órbita de los gratuitos, pues cabe decir que si no hay liberalidad (o ánimo liberal) hay forzosamente onerosidad, en consideración a que si el servicio o beneficio diera lugar a deuda exigible, no cabría hablar de remuneración, sino de contraprestación

y de carácter oneroso (art. 619 CC) Este precepto sólo permite estimar una posición especial de este tipo de donaciones cuando el accipiens no puede reclamar, bien por carecer de acción, bien por haberla renunciado (SSTS 21 enero 1993, 9 de marzo de 1995) Se trata ya de una remuneración, ya de un reconocimiento, como ocurre cuando los servicios no son susceptibles de evaluación o se traducen en un beneficio mucho más importante que el esfuerzo realizado por el prestador». (29 julio 2005, rec. 476/1999)

«En la escritura de donación de la finca "Les Coromines" hizo constar expresamente el donante que se hacía como avance de legítima y, en lo que exceda, como liberalidad; términos claros que excluyen la idea de remuneración al donatario por servicios prestados al donante (artículo 619 del Código Civil), por lo que en forma alguna ha de entenderse que ésa era la intención de los contratantes, efectivamente contraria a los claros términos empleados.» (5 febrero 2007, LA LEY 1496/2007)

Artículo 620

Las donaciones que hayan de producir sus efectos por muerte del donante participan de la naturaleza de las disposiciones de última voluntad, y se regirán por las reglas establecidas en el capítulo de la sucesión testamentaria.

COMENTARIO

1.- Se refiere este artículo a la donación mortis causa que es aquella en que el donante no transmite al donatario la cosa donada, sino en el momento de su muerte, previendo así el destino del bien o de los bienes donados para después de su muerte, con el testamento. Y el donante no pierde la disponibilidad de la cosa donada: puede venderla, donarla a otro, revocar la donación; y si no hace nada ello, entonces sí la adquiere el donatario cuando aquél muera.

2.- Este art. 629, tal como se interpreta por doctrina (prácticamente unánime) y jurisprudencia, ha suprimido la donación *mortis causa*: para disponer de los bienes para después de la muerte, no tiene una persona más que el testamento, único negocio jurídico *mortis causa*, admitido en nuestro derecho, salvo contadas excepciones de sucesión contractual. El Código civil ha eliminado las donaciones *mortis causa*.

El que quiera, pues, dejar una cosa a su muerte, a otra persona, no cabe hacerlo por el contrato de donación (y según la forma de ésta), sino como legado en testamento y según las formas de éste.

JURISPRUDENCIA

«Las donaciones mortis causa se diferencian de las inter vivos, según el contenido de los artículos 620 y 661 del Código Civil, en que las primeras producen sus efectos por muerte del donante (sin vinculación actual), mientras que en las segundas estos efectos se producen entre vivos, es decir, inmediatamente; y ni que decir tiene que la donación efectuada por doña Dorotea produjo sus correspondientes efectos de inmediato, y con vinculación actual». (15 junio 1995, LA LEY 16906-R/1995)

«Es opinión casi unánime de la doctrina científica y reiterada y prácticamente uniforme jurisprudencia de esta Sala la de que la llamada donación mortis causa, a que se refiere el art. 620 CC (la cual, desde luego, no transfiere al donatario la propiedad de los bienes donados hasta que se produzca la muerte del donante) no puede tener eficacia si no se justifica

por los medios que regulan el otorgamiento de las disposiciones testamentarias». (25 julio 1996, LA LEY 8568/1996. Doctrina reproducida en la de 17 junio 2011, rec. 1515/2007, LA LEY 98628/2011)

«Este último precepto dispone que las donaciones mortis causa participan de la naturaleza de las disposiciones de última voluntad y han de regirse por las reglas establecidas para la sucesión testamentaria, lo que nos remite a los artículos 688 y 689 que establecen los requisitos del testamento ológrafo, que en modo alguno, según los recurrentes, pueden entenderse cumplidos por una orden de venta de valores, que ni cumple con la exigencia de autografía total ni ha sido presentada para su protocolización según ordena el artículo 689 del Código Civil». (12 marzo 2004, rec. 1292/1998)

«la jurisprudencia ha sido constante en exigir las formas y solemnidades testamentarias para la validez y eficacia de las donaciones mortis causa, *así como para su revocación (sentencias de 25 de julio de 1996 y 12 de marzo de 2004 y las que en ellas se citan). Estos requisitos en modo alguno aparecen cumplidos en el caso litigioso, porque la calificación dada por la instancia a las escrituras públicas de compraventa infringe el art. 620 del Código y la doctrina reiterada de esta Sala que lo interpreta».* (20 noviembre 2007, LA LEY 180013/2007)

«La donación mortis causa es aquella en que el donante no transmite al donatario la cosa donada en el momento de la donación, sino que éste la adquirirá a la muerte del donante. Prevé, pues, el donante el destino de bienes para después de su muerte, como en el testamento. No pierde el donante la disponibilidad de la cosa donada: puede venderla, donarla inter vivos a otro o revocar simplemente aquella donación. Así se reconoce en el artículo 620 del Código civil». (17 junio 2011, rec. 1515/2007, LA LEY 98628/2011)

CONCORDANCIAS

Véanse arts. 657 y ss. de este Código.

Artículo 621

Las donaciones que hayan de producir sus efectos entre vivos se regirán por las disposiciones generales de los contratos y obligaciones en todo lo que no se halle determinado en este título.

COMENTARIO

1.- Se refiere este artículo a las donaciones inter vivos, únicas que se admiten en nuestro Derecho. La donación inter vivos produce los efectos propios y comunes de la donación, sin que la muerte del donante sea un elemento de la misma; es la donación común u ordinaria; produce los efectos en vida del donante.

Sin embargo, nada impide que en esta donación *inter vivos* se someta la efectiva transmisión de la titularidad de la cosa o derecho a un término o una condición; más aún, se puede hacer la donación sometiéndola al término consistente en la muerte (te dono esto, pero lo adquirirás en el momento de mi muerte) o a la condición de sobrevivencia (te dono esto, que adquirirás en el momento de mi muerte, si me sobrevives). Lo que es indispensable, para ser donación, es que el donante no tenga la facultad de revocarla.

Es donación *inter vivos*, también, la que hace el donante en contemplación o en consideración a su muerte (como estoy viejo y muy enfermo, te dono esto para que lo disfrutes ya); los efectos y la transmisión son los propios de la donación *inter vivos*; no le afecta el móvil subjetivo del donante. Son las llamadas donaciones *mortis causa* subjetivas, no previstas como tales en el Código civil y consideradas y reguladas como donaciones *inter vivos*.

2.- Esta norma, un tanto redundante, no significa otra cosa que el contrato de donación —*inter vivos*— se rige por las reglas generales de las obligaciones y contratos en lo que carezca de regulación suya particular.

CONCORDANCIAS

Véanse arts. 1.088 a 1.314 de este Código.

Artículo 622

Las donaciones con causa onerosa se regirán por las reglas de los contratos, y las remuneratorias por las disposiciones del presente título en la parte que excedan del valor del gravamen impuesto.

COMENTARIO

1.- La donación modal también se conoce con el nombre de donación con causa onerosa y el primer inciso de este artículo establece que se rige por las normas de la donación en lo que alcanza el acto gratuito; y en el valor de la carga se aplica la normativa general de los contratos y de los contratos onerosos, en particular. Lo cual se aplica también al negocio mixto con donación.

2.- En el segundo inciso, se establece que la *donación remuneratoria* se regula por la normativa de las donaciones. Pero en el final se halla la extraña frase de «en la parte que excedan del valor del gravamen impuesto», lo cual se aplica a la donación modal, pero no a la remuneratoria porque en ésta se remuneran o agradecen, con la donación, «servicios prestados al donante, siempre que no constituyan deudas exigibles», por lo que no cabe valoración alguna; no sería posible o lo sería en forma excesivamente forzada, valorar los servicios del abogado cuyos honorarios han sido ya pagados o las visitas de un pariente o amigo al hospital donde el donante ha estado internado.

JURISPRUDENCIA

«A las donaciones onerosas o modales, en las condiciones como la de autos, se les aplica el régimen unitario propio de las donaciones, no obstante el confusionismo que parece crear el artículo 622 del Código Civil y que ha sido superado jurisprudencialmente, al relacionarse dicho precepto con el 619, que determina para su validez y eficacia el necesario otorgamiento de escritura pública, conforme al artículo 633 (sentencias 24-9-1991, 26-5-1992 y 25-10-1993)». (27 julio 1994, LA LEY 8960/1994)

Vid. la sentencia de 29 julio 2005 contenida en el art. 619.

Artículo 623

La donación se perfecciona desde que el donante conoce la aceptación del donatario.

COMENTARIO

1.- La perfección del contrato se produce por la concurrencia de todos los elementos: coincidencia de las declaraciones de voluntad, oferta y aceptación (consentimiento) sobre un objeto y con una causa. El momento de la perfección no plantea problema si concurren simultáneamente las declaraciones de donante y donatario. Pero si se producen en distinto momento, este art. 623 dice que se perfecciona desde que el donante conoce la aceptación del donatario, mientras que el 629 dice que la donación obliga al donante y produce eficacia desde la aceptación.

Siguiendo la doctrina más moderna, la donación se perfecciona desde la aceptación (art. 629) pero es revocable hasta que el donante la conoce (art. 623).

Así, en resumen, si la donación se celebra entre donante y donatario, ambos presentes y manifiestan simultáneamente el consentimiento, queda perfecta y plenamente eficaz e irrevocable. Pero si la oferta y la aceptación no son simultáneas, la donación queda perfecta cuando hay aceptación, pero el donante no queda vinculado y puede revocarla hasta el momento en que conozca tal aceptación.

2.- En el caso de que el donante muera antes de conocer la aceptación del donatario (o haya perdido la capacidad) la donación ya ha quedado perfecta y produce definitivamente efectos, sin posibilidad de revocación. Esta, como personalísima facultad del donante, no se transmite a sus herederos.

JURISPRUDENCIA

«la problemática jurídica de la prevalencia y aplicación del art. 623, que acentúa la perfección de la donación, en cuanto exige que el donante conozca o llegue a saber la aceptación del beneficiario de la liberalidad, respecto al art. 629, que atiende a su obligación y eficacia, que se produce desde el momento de la aceptación por el donatario. Así sucede con las sentencias que cita el recurrente de 16-4-1910, 8-4-1926, 22-1-1930, 1-12-1948, 1-12-1964 y la de 6-4-1979, si bien ésta, y cuyo precedente es la antigua de 12 de junio de 1896, no resulta tan rigurosa, pues lo que viene a exigir, tratándose de donación no manual, que se dé concurrencia imprescindible de aceptación posterior y por escrito del donatario "que transforma la voluntad del oferente o donante en obligación exigible y a éste en deudor", con referencia al art. 632... ha de tenerse en cuenta y partir de que la donación surge a la vida jurídica por consecuencia de un acto de liberalidad unilateral de quien la otorga (art. 618), aunque en su dinámica se someta a la normativa que disciplina las relaciones contractuales (art. 621 CC)... debe prevalecer el art. 629... por las siguientes razones: a) Los antecedentes históricos así lo ponen de manifiesto, ya que el Anteproyecto del Código Civil y Proyecto de 1851, como la primera edición (art. 623), refieren que la donación resultaba irrevocable desde que se producía la aceptación del donatario y se participaba al donante. Fue en la segunda edición del Código cuando se produjo la mutación de la redacción del referido precepto, al sustituir el adjetivo "irrevocable" por el verbo transitivo "perfecciona", con lo cual la doctrina científica mayoritaria alcanza la conclusión de que el art. 623 ha de entenderse en el sentido de que desde el momento en que el donante conoce la aceptación de la donación, la misma se hace irrevocable, ya que la donación existe y tiene consistencia jurídica eficaz, encontrando la revocabilidad justificación al tratarse de un acto de generosidad estrictamente gratuito, dimanante de la voluntad del oferente que puede deshacer y dejar

sin efecto, y al que se pone fin cuando el donatario expresa y transmite suficientemente su voluntad de aceptar lo que se le donó. Dicha posibilidad de revocación subsiste durante la vida de los donantes, pero acaba con su fallecimiento, como sucede en el presente supuesto, ya que la facultad revocatoria no se transmite a los herederos y, por tanto, éstos carecen de legitimación para dejarla sin efecto y con ello contradecir la voluntad de los otorgantes, que en este caso mantuvieron los padres durante su vida; por todo lo cual y lo que se deja estudiado ha de prevalecer y respetarse la voluntad decidida y nunca desistida de los progenitores de beneficiar por partes iguales a sus cuatro hijos con la donación de la finca que llevaron a cabo. Al producirse la muerte de los otorgantes la donación quedó completa y definitivamente consolidada, alcanzando total firmeza, ya que la liberalidad no fue revocada en ningún momento y se trata de donación sin reservas. Es de tener en cuenta que el art. 161 del Fuero de Navarra (L 1 de marzo de 1973 y de 1 de abril de 1987) mantiene la orientación primera del Código Civil, en cuanto prevé que las donaciones de bienes inmuebles resultan irrevocables desde el momento en que se hubiera notificado al donante la aceptación en escritura pública; b) A su vez ha de tenerse en cuenta que la donación controvertida no se trata de obligacional, sino efectuada como traslativa de la propiedad y así se hace constar en la escritura de 17 de junio de 1983, en la que los donantes ceden la nuda propiedad del inmueble, que hacen suyo los cuatro hijos beneficiados por cuartas partes indivisas, por lo cual resulta concurrente, de modo bien expresado, la voluntad de transmitir y la de adquirir generada por la aceptación de los destinatarios del bien transferido, que ingresó de este modo en el patrimonio de los mismos, con lo cual los donantes quedaron vinculados y el acto jurídico de donar resulta plenamente eficaz por la cesión patrimonial llevada a cabo a medio de la escritura pública en la que consta, y c) A su vez la interpretación de las normas, ajustada a una lógica razonable y al criterio finalista contenido en el art. 3.1 CC, favorece al donatario y hace respetar la voluntad de los padres de los que litigan, ya que su animus donandi de igualdad entre los hijos persistió durante toda su vida, con lo que se refuerzan las conclusiones que se dejan sentadas, pues entenderlo de otra manera podría desencadenar situación de posible abuso del derecho, la aplicación férrea del art. 623, cuando el donador adopta una postura rehuyente, o impeditiva u obstativa al recibir la aceptación del donatario, y al no sentirse obligado le facilitaría la disponibilidad de los bienes objeto de la donación que libremente instauró». (17 abril 1998, LA LEY 4975/1998)

«Ciertamente es requisito esencial para la perfección de la donación, dado el carácter contractual de la misma según la regulación legal, el conocimiento por el donante de «la aceptación del donatario, en concordancia con lo dispuesto en el art. 1258 del CC. Ahora bien, este art. 623 ha de ponerse en relación con el 633 del mismo Cuerpo legal cuando establece que la aceptación podrá hacerse en la misma escritura de donación o en otra separada, y sólo en este segundo supuesto deberá notificarse la aceptación en forma auténtica al donante. De ahí que cuando el donatario concurre al otorgamiento de la escritura pública de la donación, aceptando ésta, no se precisa la notificación a que se refiere el último párrafo del art. 633, puesto el donante toma en ese mismo momento del otorgamiento de la escritura conocimiento de la aceptación por el donatario, quedando perfeccionado así el contrato. Así lo viene a declarar la sentencia de esta Sala de 14 May. 1966 al decir que «el contrato de donación ha de revestir los requisitos del art. 633 del CC, precepto que exige para la validez de la donación de cosa inmueble que se haga en escritura pública, con expresión individual de los bienes donados y el valor de las cargas que deba satisfacer el donatario, con lo que se sanciona que el requisito de forma es necesario para su validez, y al requerir, como contrato, el acuerdo de voluntades, se exige la aceptación del donatario mediante una auténtica manifestación de voluntad, que no puede ser sustituida por otros medios, dado que el art. 630 del Código prescribe que el donatario debe, so pena de nulidad, aceptar la donación en la misma escritura o en otra separada, debiendo en este caso notificarse en forma auténtica al donante para que quede obligado desde la perfección del vínculo (arts. 629 y 633)»; y la S 30 Sep. 1995 afirma que «aparecen cumplidas las exigencias de los arts. 630 y 633 del CC,

al haberse hecho las donaciones en escritura pública con expresión individualizada de los bienes objeto de las mismas y constar en la misma forma la aceptación de los donatarios, presuntos compradores, que comparecieron personalmente al otorgamiento de las respectivas escrituras». (31 marzo 2001, LA LEY 4622/2001)

«entender producida la atribución patrimonial de esa unidad física desde que el donante conoció la aceptación del donatario (art. 623 CC), es decir, desde el otorgamiento de la escritura pública de donación con la correlativa aceptación de la donataria (art. 633 CC) sobre un único piso, perfectamente individualizado». (10 febrero 2004, rec. 662/1998)

CONCORDANCIAS

Véanse arts. 629, 1.254 y 1.262 de este Código.

CAPÍTULO II
DE LAS PERSONAS QUE PUEDEN HACER O RECIBIR DONACIONES

Artículo 624

Podrán hacer donación todos los que puedan contratar y disponer de sus bienes.

COMENTARIO

1.- Son sujetos del contrato de donación, el donante y el donatario. El primero es el que realiza la transmisión y empobrece su patrimonio; el segundo es el que recibe la cosa donada, la adquiere y enriquece su patrimonio. Normalmente es el primero el que hace la oferta, que el segundo acepta; puede ocurrir al revés, que sea el donatario el que hace la oferta (¿me donas esto?) y el donante quien acepte (acepto donártela). A la capacidad del donante se refiere este artículo 624; a la del donatario, el siguiente.

2.- *La capacidad del donante* es la capacidad de obrar y el poder de disposición de los bienes objeto de la donación. La tiene el mayor de edad; el menor emancipado, la tiene salvo para inmuebles, establecimientos mercantiles o industriales u objetos de extraordinario valor, en que necesita el complemento de capacidad; el incapacitado no la tiene, en principio, pero dependerá de la extensión de incapacidad que fije la sentencia. El poder de disposición puede ser eliminado o limitado en casos concretos, como el de bienes fideicomitidos o prohibición de disponer.

3.- La persona jurídica tiene capacidad de obrar y poder de disposición. Puede, por tanto, hacer donaciones, a no ser que específicamente lo tenga excluido en sus estatutos o reglas fundacionales.

4.- La capacidad del donante la debe tener en el momento de la oferta de la misma y hasta el momento de la perfección por la aceptación del donatario (art. 629), prescindiendo de que cuando llegue a conocer la aceptación haya perdido la capacidad (o incluso si ha muerto: véase el comentario al art. 623).

JURISPRUDENCIA

«resulta que la donante, D.ª Josefa T. hizo esta segunda donación disimulada, a su nuera, cuando ya había hecho donación de los mismos inmuebles, unos ocho años antes a su hijo. Lo que atenta al art. 624 del CC que exige que el donante tenga la disposición de sus bienes y de estos bienes donados a su nuera ya no tenía disposición, pues los había donado antes a su hijo.» (2 marzo 2001, LA LEY 70592/2001)

Artículo 625

Podrán aceptar donaciones todos los que no estén especialmente incapacitados por la ley para ello.

COMENTARIO

1.- El donatario es la parte contratante que, en la donación recibe la cosa o derecho objeto de la misma y la adquiere. Normalmente es el contratante que acepta la oferta del donante y así lo contempla el presente artículo; aunque puede ser al revés, en que el donatario haga la oferta (¿me donas esto?) y el donante acepte (sí, acepto donártela).

2.- La *capacidad para ser donatario*, en el sentido de ser parte contratante, como donatario, en el contrato de donación, la prevé en sentido negativo el presente artículo: «... los que no estén especialmente incapacitados por ley...». Significa que basta la capacidad jurídica: ser persona, desde el nacimiento hasta la muerte (arts. 29 y 32). No es precisa la capacidad de obrar (salvo si es modal, art. 626), pero sí la capacidad natural, de entender y querer, para aceptar la donación. Si carece de ella, lo hará en su nombre su representante legal; éste, en todo caso, podrá aceptar la donación hecha al menor o incapacitado (aunque por tener capacidad natural pudiera aceptarla por sí mismo).

3.- Distinto de la capacidad es el caso de las prohibiciones para ser donatario, cuya nulidad es dispuesta en el art. 628.

Artículo 626

Las personas que no pueden contratar no podrán aceptar donaciones condicionales u onerosas sin la intervención de sus legítimos representantes.

COMENTARIO

1.- El presente artículo habla de «donaciones condicionales u onerosas», con imprecisión técnica para referirse a la donación modal. En ésta, la capacidad del donatario no es la amplísima que reconoce el artículo anterior, sino la plena capacidad de obrar.

2.- En consecuencia, si es menor o incapacitado, que no puede obligarse por sí mismo, la donación modal la aceptará su representante legal. Si es menor emancipado o incapacitado parcial (según la extensión de la incapacitación que haya fijado la sentencia), precisará el complemento de capacidad cuando sea necesario según las reglas generales.

CONCORDANCIAS

Véanse arts. 631 y 1.263 de este Código.

Artículo 627

Las donaciones hechas a los concebidos y no nacidos podrán ser aceptadas por las personas que legítimamente los representarían, si se hubiera verificado ya su nacimiento.

COMENTARIO

1.- Cabe la donación a un nasciturus aplicando la norma general del art. 29, de que «el concebido se tiene por nacido para todos los efectos que le sean favorables» y recibir bienes por donación es algo en sí mismo favorable. Por si hubiera alguna duda, este artículo 627 lo reitera: es factible la donación al nasciturus.

2.- Pero este artículo lo que dispone expresamente es la aceptación de la donación hecha al *nasciturus*, como donatario: la aceptarán «las personas que legítimamente los representarían, si se hubiera verificado ya su nacimiento». No es un verdadero representante, ya que el concebido no tiene personalidad (capacidad jurídica) ni puede, por tanto, tener un representante que actúe en su nombre; se trata de la persona que sería el representante legal de haber nacido ya (y tener, por tanto, capacidad jurídica). Así, el padre y la madre titulares de la patria potestad; o, si sólo está determinada o viva la madre, ella como titular de la patria potestad; si estuviera incapacitada, será preciso nombrar un defensor judicial (art. 299.3.º) para este caso concreto de aceptar la donación.

Una vez aceptada por quien «lo representaría si se hubiera verificado ya su nacimiento», la donación queda en situación de pendencia. Si nace con los requisitos del art. 30, la donación queda como plenamente eficaz desde que se hizo y fue aceptada. Si no nace con tales requisitos, aquella donación es ineficaz *ex tunc*, como si nunca se hubiera hecho.

3.- En cuanto a la donación a un *concepturus* no es posible por cuanto es un contrato que requiere oferta y aceptación y no es pensable respecto a algo, un posible ser humano, que ni siquiera ha sido concebido. Distinto es el caso del testamento, negocio jurídico unilateral, en que es admisible la institución a favor de un *concepturus*.

CONCORDANCIAS

Véase art. 29 de este Código.

Artículo 628

Las donaciones hechas a personas inhábiles son nulas, aunque lo hayan sido simuladamente, bajo apariencia de otro contrato por persona interpuesta.

COMENTARIO

1.- Los artículos anteriores tratan de la capacidad para ser donatario en el contrato de donación y, por tanto, de aceptar la misma. El presente art. 628 se refiere a las prohibiciones para ser donatario: esto es lo que significa «personas inhábiles». Y son «inhábiles», es decir, tienen prohibición de recibir bienes por donación, lo que desempeñan algún cargo tutelar, de la persona del tutelado o su causahabiente (art. 221.1.º) y el Notario, su cónyuge, parientes en cuarto grado de consanguinidad o segundo de afinidad, de la persona cuya escritura de donación autorice (arts. 22, 27 y 28 de la Ley del Notariado de 28 de mayo de 1862 y art. 139 del Reglamento de 2 de junio de 1944).

2.- La sanción en caso de donación a persona que sufre la prohibición es de nulidad absoluta (art. 6.3). Además, el art. 628 extiende la prohibición y la consiguiente nulidad al caso de simulación relativa, lo cual es, por sí, evidente y la extiende también a la donación «por persona interpuesta» que es la donación simulada a una persona, disimulando que se hace a otra que sufre la prohibición.

Este artículo tiene una redacción incorrecta al expresar: «aunque lo hayan sido simuladamente, bajo apariencia de otro contrato, por persona interpuesta», cuando realmente quiere decir que la prohibición existe en todo caso, proscribiendo el fraude de ley (art. 6.4) y concretamente, en la simulación relativa (apariencia de otro contrato) *o* la simulación subjetiva, por interposición de persona.

CONCORDANCIAS

Véanse arts. 221 y 755 de este Código.

Artículo 629

La donación no obliga al donante, ni produce efecto, sino desde la aceptación.

COMENTARIO

En este artículo 629 se declara que la donación se perfecciona con la aceptación, que recae sobre la oferta y produce, por ello, el consentimiento, sobre el objeto y con la causa donandi. Se perfecciona, por tanto, como todo contrato, negocio jurídico literal, por la concurrencia de sus elementos.

La especialidad de la donación es que, pese a haber quedado perfecta, puede ser revocada por el donante hasta que él conozca tal aceptación. Lo cual sólo se dará si la oferta y la aceptación no son simultáneas. Todo ello según dispone el art. 623, a cuyo comentario es preciso remitirse.

JURISPRUDENCIA

Vid. la contenida en el art. 623.

CONCORDANCIAS

Véase art. 623 de este Código.

Artículo 630

El donatario debe, so pena de nulidad, aceptar la donación por sí, o por medio de persona autorizada con poder especial para el caso, o con poder general y bastante.

COMENTARIO

1.- El presente artículo se puede considerar vacío de contenido, por inútil. Se establece la necesidad de la aceptación en la donación. Lo cual es evidente, en ésta y en todo contrato; aceptación que perfecciona el contrato de donación (art. 629) aunque ésta es revocable hasta que el donante la conoce (art. 623).

2.- Exige este artículo la aceptación «so pena de nulidad»; no es nulidad, sino inexistencia. Un contrato no existe si faltan sus elementos: consentimiento, objeto y causa; el consentimiento se forma con la oferta y la aceptación. Y una donación sin aceptación no existe.

3.- La aceptación la declara el donatario (aunque ya se ha dicho en comentarios de artículos anteriores que puede hacer la oferta el donatario —¿me donas esto?— y aceptar el donante —acepto donártelo—) que tiene la capacidad natural que exige el art. 625.

Si el donatario tiene capacidad de obrar puede realizar el negocio jurídico de apoderamiento otorgando poder de representación a otra persona (representación voluntaria) que, en su nombre y representación, acepte la donación. Este poder puede ser especial, para aceptar tal concreta donación, o general, para representarle, que incluye la posibilidad de aceptar donaciones, a no ser que no alcance a ello o esté excluido: a esto se refiere este artículo cuando dice que el poder sea «bastante» o suficiente.

JURISPRUDENCIA

«La solemnidad del negocio jurídico de la donación requiere para su validez y eficacia de la concurrencia ineludible de una serie de requisitos, entre los que se encuentra el relativo a la aceptación del donatario, que se encuentra recogido de manera explícita en los arts. 618, 623, 629, 630, 632 y 633 CC, cuyo requisito es también exigencia de una constante doctrina jurisprudencial, la cual se inclina por la necesidad y conveniencia de que el mismo se haga constar de modo expreso para evitar cualquier género de incertidumbre al respecto, pero, también, confiere valor a la aceptación tácita, siempre y cuando que se desprenda su existencia de actos inequívocos y concluyentes a fin de que el donante no tenga ninguna duda sobre su manifestación». (13 noviembre 1999, LA LEY 11512/2000)

«El primer elemento de estos negocios jurídicos es la donación, que debe cumplir todos los elementos exigidos en el Código civil para su validez, es decir, la aceptación efectuada por el donatario, de acuerdo con lo establecido en el artículo 630 CC, y la forma establecida en el artículo 633 CC... ... No era necesaria para la validez de la donación originaria la aceptación en ella de las posibles beneficiarias por la cláusula reversional. Dicha donación contó con la aceptación del donatario y se otorgó en escritura pública, por lo que era válida y eficaz». (15 julio 2009, rec. 678/2005, LA LEY 125232/2009)

CONCORDANCIAS

Véase Reglamento de Bienes de las Entidades Locales, de 13 de junio de 1986 (*«B.O.E.»*, 13 junio).

Artículo 631

Las personas que acepten una donación en representación de otras que no pueden hacerlo por sí, estarán obligadas a procurar la notificación y anotación de que habla el artículo 633.

COMENTARIO

1.- Así como el artículo anterior se refiere a la representación voluntaria, éste trata de la representación legal del donatario. De su capacidad para aceptar una donación trata el art. 625 y del caso especial del nasciturus el 627.

En todo caso, el representante legal de un donatario que carece de capacidad, acepta la donación en nombre de él y una vez aceptada, si no se hace simultáneamente con la oferta, deberá darla a conocer el donante, a los efectos del art. 623. Lo cual, por cierto, también puede o debe hacerlo el representante voluntario, y también lo puede hacer directamente el donatario, en el caso de representación voluntaria (lo cual no ocurre en la representación legal, que no puede hacerlo el donatario).

2.- Pero si la donación es de cosa mueble y la aceptación se hace en escritura pública separada, dispone el art. 633 que se debe notificar en forma auténtica al donante y se anota «esta diligencia» (la notificación fehaciente) en ambas escrituras. Si es el representante legal el que ha aceptado la donación del inmueble, en nombre del donatario incapaz, este art. 631 le impone el deber (no obligación, como dice este precepto) de realizar tal notificación y su anotación. este deber es el contenido de tal art. 631 que, más que norma independiente, debería ser el cuarto párrafo del art. 633.

Artículo 632

La donación de cosa mueble podrá hacerse verbalmente o por escrito.

La verbal requiere la entrega simultánea de la cosa donada. Faltando este requisito, no surtirá efecto si no se hace por escrito y consta en la misma forma la aceptación.

COMENTARIO

1.- La donación es uno de los pocos negocios jurídicos (el contrato es un negocio jurídico bilateral productor de obligaciones) formal o solemne. Para que exista, es preciso que, además de los elementos de todo contrato (consentimiento, objeto y causa), se realice en una forma o formas que determina la ley. En consecuencia, si a tal contrato le falta la forma, no existe. Inexistencia que con frecuencia es llamada nulidad, que, aunque produce los mismos efectos, es un concepto distinto. La forma, en el contrato formal o solemne, es un elemento esencial del mismo.

La forma, como elemento esencial de la donación, está prevista en el art. 632 para la de cosa mueble y en el 633 para la de cosa inmueble. La forma debe incluir la oferta y la aceptación, como mínimo.

2.- Este artículo 632 impone la forma a la donación de cosa mueble o derecho sobre ella. Pero permite dos formas: la manual y la escrita.

Primera. *Forma manual.* El primer párrafo de dicho artículo 632, primer inciso, permite la donación de mueble, *verbalmente*, pero, añade el párrafo 2.º, *requiere la entrega simultánea de la cosa donada.* El texto legal emplea las expresiones «requiere» y «faltando este requisito...». No se trata de requisitos, sino de elemento esencial, la forma, en este primer caso manual (además, la forma escrita, como segunda forma).

En tal caso, más que un contrato formal, se configura la donación como un contrato real, en el que es precisa para su perfección la entrega de la cosa, sin perjuicio de que las partes la configuren —sin entrega— como un precontrato. Dicha entrega y su carácter de contrato real sólo se da en la donación verbal, pues si es escrita, en documento privado o público, cubre una forma que ya no hace necesaria —para la perfección de la donación— la entrega de la cosa o derecho.

Segunda. *Forma escrita.* Además de la forma anterior, cabe también la donación de muebles en forma escrita —sin necesidad de entrega, claro está— en documento privado (o, también, desde luego, público) como elemento esencial.

JURISPRUDENCIA

«es aplicable a las participaciones sociales el régimen jurídico general de la donación, contenido en el Código Civil. Y, en concreto, el propio de la que tiene por objeto bienes muebles —artículos 333 y 335, en relación con el 632, todos del Código Civil—. Las dos formas que, alternativamente, exige el artículo 632 del Código Civil para la donación de bienes muebles tienen un carácter solemne, pues ha de hacerse necesariamente por escrito, aunque sea privado, y constar en la misma forma la aceptación —escrito que cumple idéntica función esencial que la que el artículo 633 atribuye a la escritura pública en la donación de inmuebles —o, si la donación fuera verbal, realizarse con la "entrega simultánea de la cosa donada". De no cumplirse alguna de esas dos formas, la escrita o la real, la donación no producirá efectos. Por otro lado, la forma escrita ha de ser la de una donación— la cual

tiene que ser aceptada también por escrito, sea el mismo u otro—, de donde se sigue que no vale como forma de donación un escrito otorgado para dar apariencia a una compraventa». (14 abril 2011, rec. 1147/2007, LA LEY 52208/2011)

Artículo 633

Para que sea válida la donación de cosa inmueble ha de hacerse en escritura pública, expresándose en ella individualmente los bienes donados y el valor de las cargas que deba satisfacer el donatario.

La aceptación podrá hacerse en la misma escritura de donación o en otra separada; pero no surtirá efecto si no se hiciese en vida del donante.

Hecha en escritura separada, deberá notificarse la aceptación en forma auténtica al donante y se anotará esta diligencia en ambas escrituras.

COMENTARIO

1.- En el comentario al artículo anterior, se ha destacado el carácter de contrato formal de la donación. Aquél establece la forma de la donación de cosa mueble. En este art. 633 se impone la de cosa inmueble o derecho que recae sobre la cosa inmueble (en realidad, siempre se dona un derecho: de propiedad sobre tal cosa o de usufructo, etc.).

2.- La *forma de la donación de inmuebles es la escritura pública.* Su ausencia provoca la inexistencia. Se ha planteado el problema, en este punto, de la simulación relativa, cuando se celebra una compraventa simulada disimulando una donación (es decir, compraventa en que no existe precio); si la compraventa no se hace en documento público, es claro que la donación es inexistente por falta del elemento de forma; pero si la compraventa que encubre la donación se ha formalizado en escritura pública, en puridad de principios es válida como donación, ya que la simulación relativa provoca la invalidez del negocio simulado y la validez del disimulado siempre que éste reúna los elementos que le son propios; y en este caso, la donación disimulada (simulada bajo la apariencia de compraventa) reúne sus elementos, incluyendo la forma de escritura pública. Sin embargo, la jurisprudencia no siempre ha admitido lo anterior, ya que ciertas sentencias modernas (en contra de otras que dicen lo contrario) han mantenido que la escritura de compraventa no contiene el *animus donandi* ni la aceptación de la donación y, por tanto, no existe donación por falta de forma, ni compraventa por falta de precio.

3.- En la escritura pública, como forma esencial de la donación de inmueble, se han de hacer constar individualmente los bienes donados, esencial concreción del objeto de la donación.

Si la donación es modal, se ha de hacer constar asimismo la carga impuesta al donatario.

4.- En la escritura de donación de inmueble constará no sólo la oferta de donación, sino también la aceptación; lo cual no es otra cosa que la constancia del consentimiento contractual.

Nada impide que conste la oferta en una escritura y la aceptación en otra, ambas producen la perfección del contrato, por lo que es imprescindible que ésta se dé en vida de los contratantes, ya que no cabe contrato con seres sin personalidad jurídica y ésta se extingue por la muerte. De aquí que este artículo 633 exija que la aceptación se haga en vida del donante.

Tal aceptación, en escritura separada, se notificará «en forma auténtica» (lo que significa fehacientemente; esencialmente, por conducto notarial) al donante y hasta este momento, éste puede revocar la donación (a no ser que conociera ya antes por otro medio la aceptación). En ambas escrituras, la de oferta y la de aceptación, se hace constar la diligencia de la notificación fehaciente de ésta: «se anotará esta diligencia en ambas escrituras» dice el último inciso de este artículo; lo cual es un deber que impone el Código, pero cuyo incumplimiento (la falta de tal anotación) no priva de validez a la donación.

Esta notificación y anotación de la diligencia es la que se establece como deber del representante legal del donatario, en el art. 631.

JURISPRUDENCIA

«La necesidad de la plasmación de la donación en escritura pública es un requisito ad solemnitatem o sea esencial para la eficacia del mismo que exige nuestro CC, concretamente en su art. 633, y con ello se rompe la norma general de nuestro sistema contractual, absolutamente impregnado por un principio espiritualista, para el que la forma escrita se exige únicamente como requisito ad probationem. Dicha exigencia formal ad solemnitatem admitida, además, sin fisuras por la jurisprudencia de esta Sala, tiene su origen en la famosa institución del derecho romano de la insinuatio y recogida en nuestro derecho histórico de la Ley de Partidas con la entronización de la "carta"; hace que la pretensión de la parte actora en la presente litis y, ahora, parte recurrente, deba ser totalmente declarada como decaída, puesto que con lo antedicho nunca podrá producir efectos y ni siquiera estimarse como válida una donación sobre bienes inmuebles, si no se ha plasmado la misma y, asimismo, la aceptación del donatario en escritura pública». (31 julio 1999, LA LEY 11509/1999. Doctrina reproducida literalmente en la de 11 noviembre 2010, rec. 792/2007, LA LEY 199006/2010)

«Ocurre, sin embargo, que nos hallamos ante una donación (verbal) de un inmueble que no se hizo como exige el art. 633, párrafo primero, del CC en escritura pública, y este requisito tiene la consideración de presupuesto de forma esencial, insoslayable (carácter constitutivo o ad solemnitatem), de tal modo que su falta determina la nulidad radical, o mejor incluso, inexistencia, del título, como entiende reiterada doctrina jurisprudencial, de la que son ejemplo las SS 27 Sep. 1989; 7 May. y 25 Oct. 1993; 27 Jul. y 10 Nov. 1994; 3 Mar., 24 Oct. y 23 Dic. 1995; 5 Nov. 1996 y 19 Jun. 1999, entre otras, por lo que no despliega virtualidad transmisiva alguna de los bienes a que se refiere». (24 mayo 2000, LA LEY 8469/2000)

«se ha producido una infracción del art. 633 Código Civil por su no aplicación al supuesto litigioso. El Ayuntamiento demandado es, según el referido documento privado, condómino, o si se quiere, comunero en el aprovechamiento, uso y disfrute, de las aguas que surgen del pozo San Mariano, que perforó con autorización de la propietaria de la finca Santa Ana donde aquél se ubica, la Asociación Salesiana de San Juan Bosco. Adquirió las aguas subterráneas el Ayuntamiento demandado como consecuencia de su hallazgo y de hacerlas salir a la superficie, estando para ello autorizado por la nombrada Asociación (arts. 417 y 418 Código Civil; arts. 22 y 23 de Aguas 1879) Pero esa autorización se concedió gratuitamente, por lo que debió constar en escritura pública». (29 marzo 2004, rec. 1346/1998)

«nulos los documentos privados por no cumplir la exigencia imperativa que establece el artículo 633 del Código Civil para la validez de los actos jurídicos de donación de bienes inmuebles, al ser necesario que se hagan en escritura pública, y a que nos encontramos con unos documentos privados que amparan efectivas donaciones inmobiliarias, mutando lo acordado en las escrituras, por lo que resultan contradictorios con las mismas. La concurrencia de otorgamiento de escritura pública supedita la eficacia de los actos de donación,

ya que dicho requisito formal actúa ad solemnitatem *y es esencial, presentándose como especial para las donaciones al apartarse de la norma general de nuestro sistema contractual que es el principio espiritualista dominante y la forma juega como requisito* ad probationem». (21 junio 2007, LA LEY 79257/2007)

Compraventa simulada: simulación relativa que encubre una donación disimulada:

A) Nulidad o inexistencia de la compraventa por razón de simulación y de la donación de inmuebles por falta de la forma de escritura pública y por falta de aceptación en la misma forma:

20 diciembre 1985, LA LEY 8697-R/1987; 11 febrero 1986, LA LEY 70056-NS/0000; 30 abril 1986, LA LEY 10981-JF/0000; 11 diciembre 1986, LA LEY 11667-JF/0000; 13 octubre 1987, LA LEY 95265-NS/0000; 2 diciembre 1988, LA LEY 129927-NS/0000; 3 diciembre 1988, LA LEY 154421-JF/0000; 10 febrero 1990, LA LEY 1127-JF/0000; 1 octubre 1990, LA LEY 674-1/1990; 20 octubre 1992, LA LEY 70/1994; 23 octubre 1992, LA LEY 73/1994; 7 mayo 1993, LA LEY 751-5/1993; 23 julio 1993, LA LEY 64/1995; 31 diciembre 1993, LA LEY 11654/1994; 27 junio 1996, LA LEY 7511/1996; 13 noviembre 1997, LA LEY 10698/1998; 4 mayo 1998, LA LEY 5385/1998, y 14 diciembre 1999, LA LEY 134110/2000.

«Esta Sala ha de aceptar el planteamiento del Juzgado y de la Audiencia Provincial, por cuanto no nos hallamos, evidentemente, ante el simple deseo o voluntad de remunerar servicios prestados, lo que, como ya se dijo, ha permitido suavizar en ocasiones el rigor de los requisitos que establece el art. 633 del CC, sino ante la deliberada intención de hacerlo a expensas de los derechos legitimarios del actor, los cuales, sin posible excusa, tenían que ser escrupulosamente respetados por su causante, tanto en actos inter vivos como mortis causa. Por ello, el móvil de los otorgantes del contrato cuestionado, al perseguir un ilícito e inmoral fin defraudatorio de los derechos del actor, se eleva a la categoría de causa (SS 24 Jun. y 24 Jul. 1993 y de 13 Mar. y 14 Jun. 1997, entre muchas otras), determinando la nulidad radical del referido negocio e imponiendo en consecuencia la desestimación del último de los motivos del recurso.» (2 abril 2001, LA LEY 4639/2001)

«la sentencia recurrida, al considerar imprescriptible la acción de nulidad de la donación con causa ilícita por defraudar los derechos legitimarios del demandante, encubierta bajo una compraventa inexistente, aplicó muy atinadamente la jurisprudencia de esta Sala citada en su fundamento jurídico cuarto, que se ha reiterado en otras sentencias posteriores como la de 1 Abr. 2000 (recurso núm. 1850/95) cuando, al examinar un motivo de casación muy similar a éste, declara lo siguiente: Para que pueda hablarse de simulación relativa es requisito indispensable que el contrato disimulado (el verdaderamente querido celebrar bajo la apariencia de otro) sea plenamente válido, pero éste no es el caso aquí contemplado, en el que no nos hallamos en presencia de ninguna simulación relativa en el sentido antes expuesto, ya que los dos contratos son radicalmente nulos: el aparente de compraventa (por falta de causa: precio) y el disimulado de donación (por ilicitud de la causa, al haberse defraudado mediante ella los derechos legitimarios del actor), por lo que la acción ejercitada para obtener dicha nulidad radical es imprescriptible, como acertadamente han entendido las coincidentes sentencias de la instancia. A lo que cabe añadir que también la inexistencia misma de la donación con causa ilícita por responder a la exclusiva finalidad de defraudar los derechos legitimarios de otros herederos se ha afirmado por esta Sala en sentencias posteriores a la recurrida, como la de 2 Abr. 2001 (recurso núm. 776/96).» (23 octubre 2002, LA LEY 1014/2003)

«Esta Sala considera que la nulidad de la escritura pública de compraventa impide que se considere válida la donación de inmuebles que se dice encubría. Aunque se probase

que hubo animus donandi *del donante y aceptación por el donatario del desplazamiento patrimonial, lo evidente es que esos dos consentimientos no constan en la escritura pública sino en los autos del pleito seguido sobre la simulación. El art. 633 CC, cuando hace forma sustancial de la donación de inmuebles la escritura pública no se refiere a cualquier escritura, sino a una específica en la que deben expresarse aquellos consentimientos, y ello es totalmente diferente de que se extraigan de los restos de una nulidad de la escritura de compraventa como resultado de una valoración de la prueba efectuada por el órgano judicial, En consecuencia, una escritura pública de compraventa totalmente simulada no cumple los requisitos del art. 633, pues el negocio disimulado de donación que se descubra no reúne para su validez y eficacia aquéllos. Esta tesis no puede ser sustituida por la de la validez cuando la donación se califica como remuneratoria. El art. 633 no hace ninguna excepción de lo que preceptúa para ninguna donación, además de que la remuneratoria no tiene ningún régimen especial, es el móvil remuneratorio el que guía el* animus donandi *del donante nada más; móvil indiferente jurídicamente para el Derecho, que no causa, del negocio jurídico. La no aplicación de la forma sustancial a la donación remuneratoria no puede basarse en su tratamiento legal por la normativa de los contratos en la que impera el principio de la libertad de forma. El art. 622 sólo ordena que las remuneratorias se sometan a las normas de la donación en lo que "excedan del valor del gravamen impuesto", es decir, aquella normativa de los contratos regirá hasta la concurrencia del gravamen. El precepto es absolutamente inaplicable a la donación remuneratoria, en cuanto que por definición (art. 619) no se impone ningún gravamen al donante, sino que se remuneran servicios ya prestados que no constituyan deudas exigibles. Ciertamente que la doctrina científica ha discutido sobre el alcance de las incomprensibles palabras del legislador respecto a las remuneratorias, pero las diferentes posiciones que se propugnan no pasan de consideraciones doctrinales en modo alguno unánimes. En el terreno de la aplicación del derecho no es posible la conjugación de los arts. 619 y 622, en otras palabras, no cabe confundir una donación remuneratoria con una donación modal. Es en ésta en la que efectivamente puede imponerse un gravamen al donatario, pero no en la remuneratoria. Finalmente, hay que decir que el criterio favorable a la validez de la donación disimulada propicia por sí mismo fraude a los acreedores y legitimarios del donante, en cuanto les impone la carga de litigar para que se descubra la simulación, a fin de que se revele el negocio disimulado, y una vez conseguido, combatirlo si perjudica a sus derechos (acción rescisoria) o para que sean respetados (acción de reducción de donaciones por inoficiosidad)».* (11 enero 2007, LA LEY 3214/2007) (Cuya doctrina es literalmente reproducida por la Sentencia de 26 febrero 2007, LA LEY 6587/2007)

«resulta de aplicación la doctrina sentada por el Pleno de esta Sala en sentencia de 11 enero 2007 (Rec. 5281/1999), seguida por las posteriores 684/2007 de 20 junio, 956/2007 de 10 septiembre, 236/2008 de 18 marzo, 317/2008 de 5 mayo, 287/2009 de 4 mayo y 378/2009 de 27 mayo. Se dice en dicha sentencia (fundamento jurídico cuarto) que "Esta Sala considera que la nulidad de la escritura pública de compraventa impide que se considere válida la donación de inmuebles que se dice encubría. Aunque se probase que hubo "animus donandi" del donante y aceptación por el donatario del desplazamiento patrimonial, lo evidente es que esos dos consentimientos no constan en la escritura pública sino en los autos del pleito seguido sobre la simulación". El art. 633 CC, cuando hace forma sustancial de la donación de inmuebles la escritura pública no se refiere a cualquier escritura, sino a una específica en la que deben expresarse aquellos consentimientos, y ello es totalmente diferente de que se extraigan de los restos de una nulidad de la escritura de compraventa como resultado de una valoración de la prueba efectuada por el órgano judicial. En consecuencia, una escritura pública de compraventa totalmente simulada no cumple los requisitos del art. 633, pues el negocio disimulado de donación que se descubra no reúne para su validez y eficacia aquéllos». (3 febrero 2010, rec. 1823/2005, LA LEY 869/2010)

B) Validez de la donación disimulada de inmueble, en caso de simulación relativa en que la compraventa simulada se ha hecho en escritura pública:

9 mayo 1988, LA LEY 3830-JF/0000; 23 septiembre 1989, LA LEY 1980-JF/0000; 22 enero 1991, LA LEY 22170-JF/0000; 8 febrero 1991, LA LEY 1837-JF/0000; 18 julio 1991, LA LEY 2691/1991; 19 noviembre 1992, LA LEY 5021/1993; 4 diciembre 1992, LA LEY 236/1994; 21 enero 1993, LA LEY 314/1994; 20 julio 1993, LA LEY 1039-5/1993; 13 diciembre 1993, LA LEY 14499/1994; 6 marzo 1995, LA LEY 510/1995. 9 marzo 1995, LA LEY 488/1995; 14 marzo 1995, LA LEY 504/1995; 3 mayo 1995, LA LEY 633/1995; 5 mayo 1995, LA LEY 16829-R/1995; 30 septiembre 1995, LA LEY 966/1995; 7 febrero 1997, LA LEY 1443/1997; 30 diciembre 1998, LA LEY 3235/2000; 2 noviembre 1999, LA LEY 2036/2001; 1 febrero 2002, LA LEY 2909/2002; 18 marzo 2002, LA LEY 5844/2002; 18 octubre 2002, LA LEY 10673/2003; 7 octubre 2004, rec. 1347/98.

CAPÍTULO III
DE LOS EFECTOS Y LIMITACIÓN DE LAS DONACIONES

Artículo 634

La donación podrá comprender todos los bienes presentes del donante, o parte de ellos, con tal que éste se reserve, en plena propiedad o en usufructo, lo necesario para vivir en un estado correspondiente a sus circunstancias.

COMENTARIO

1.- El objeto de la donación es la cosa o derecho; ciertamente, siempre se dona un derecho ya que, cuando se dona una cosa, se está donando el derecho de propiedad sobre ella; además, se puede donar un derecho real limitado (usufructo, por ejemplo) o un derecho de crédito.

El objeto de la donación tiene que ser de bienes (realmente, derechos) presentes; no futuros. A los primeros se refiere este artículo 634; a los segundos, el siguiente.

2.- Se pueden, pues, donar bienes (derechos) *presentes*, todos o parte, de que sea titular el donante y tenga el poder de disposición sobre los mismos. Sin embargo, sufre tres *limitaciones*: en beneficio de los acreedores, la acción revocatoria o pauliana (art. 1111); en beneficio de la legitimación, la reducción por inoficiosidad (art. 636); en beneficio del donante, la reserva de bienes adecuada para su subsistencia (segundo inciso del presente artículo).

3.- Dispone el segundo inciso que el donante se reserve, en plena propiedad o usufructo, lo necesario para vivir. Interpretando por su orden esta disposición:

— No se trata de una reserva en el concepto auténtico, técnico-jurídico, de la misma, sino que la donación adolece de ineficacia parcial en la parte que entra en esta limitación. Reserva debe entenderse en sentido gramatical no jurídico, guarda o custodia: quedarse con bienes suficientes.

— En plena propiedad o usufructo, dice el texto legal. Pero también el donante puede quedarse, reservarse, otros derechos, como una renta vitalicia, u otro tipo de pensión, o incluso la propia capacidad económica del mismo es suficiente para cumplir esta limitación.

— Lo necesario para vivir en un estado correspondiente a sus circunstancias, significa el *statu quo* que mantenía antes de la donación, de acuerdo con las circunstancias personales, económicas y sociales del donante y de la familia que dependa de él económicamente.

JURISPRUDENCIA

«el artículo 634 del Código Civil que obliga, a fin de la validez plena de la donación, a que el donante se reserve lo necesario para vivir en un estado correspondiente a sus circunstancias, no impone la necesidad de manifestar que la reserva se hizo, de manera que no es indispensable la constancia de la reserva en el contrato de donación, y, en este sentido, la inexistencia de la reserva de los bienes o su insuficiencia habrá de ser acreditada por quien alega la infracción, según los principios generales sobre la carga de la prueba». (3 noviembre 1992, LA LEY 13497/1993)

«la titular de la finca urbana, doña Carmen B.R., ninguna clase de cesión dominical efectuó por actos intervivos ni por vía sucesoria de la misma al referido donante, por lo que

éste vino a hacer una disposición a título de dueño de cosa ajena, infringiendo frontalmente los artículos 634 y 635, en relación al 6.3 del Código Civil». (11 febrero 1994, LA LEY 2339/1994)

CONCORDANCIAS

Véanse arts. 636 y 654 de este Código.

Artículo 635

La donación no podrá comprender los bienes futuros.

Por bienes futuros se entienden aquellos de que el donante no puede disponer al tiempo de la donación.

COMENTARIO

1.- El artículo anterior decía que el donante puede dar todos o parte, con limitaciones, sus bienes presentes. Este añade que no puede donar los bienes futuros y define cuáles son éstos: aquéllos de los que no puede disponer al tiempo de la donación. Se trata de una prohibición cuya infracción es sancionada con nulidad (art. 6.3) pero nulidad parcial, es decir, que si una donación comprende bienes presentes y futuros, no será nula la donación completa, sino sólo la de éstos.

2.- Lo anterior es cierto y se aplica en la donación real, que implica la transmisión inmediata del derecho donado. Pero si es una donación obligacional o una promesa de donación (precontrato), el donante podrá donar un derecho que quiere donar, pero todavía no tiene y que espera tener, porque la cosa es futura (te regalaré este piso, cuando esté terminado), o no es suya (te donaré la finca que estoy en tratos previos de compra), o no tiene poder de disposición (te donaré tal cosa el año tal en que termina la prohibición de disponer).

3.- Lo que no puede el donante y está comprendido en la prohibición legal, con sanción de nulidad, es donar bienes futuros en general o en global; esto es lo que verdaderamente prohíbe este artículo 635 y si el futuro es la muerte quedaría prohibido, como si de una donación de herencia se tratase, tanto por el art. 620 como por el art. 1271, párrafo segundo.

CONCORDANCIAS

Véanse arts. 1.271 y 1.272 de este Código.

Artículo 636

No obstante lo dispuesto en el artículo 634, ninguno podrá dar ni recibir, por vía de donación, más de lo que pueda dar o recibir por testamento.

La donación será inoficiosa en todo lo que exceda de esta medida.

COMENTARIO

1.- La limitación que impone este artículo se comprende poniéndola en relación con el concepto de legítima y completándolo con lo dispuesto en los arts. 654, 655 y 656. Contempla la donación oficiosa, que se reduce en cuanto al exceso.

La legítima es una limitación de derecho sucesorio a la facultad de disponer del testador. Este puede disponer de sus bienes *mortis causa*, pero una parte de los mismos debe ser a favor de los legitimarios: es la legítima; el resto es la parte de libre disposición, que puede disponer de la misma a favor de quien decida el propio testador. La legítima se calcula, según dispone el artículo 818, computando su cuantía respecto al *relictum* y al *donatum*; el *relictum* es el valor líquido de los bienes a la muerte del causante; el *donatum* es el valor de los bienes donados en vida del mismo. Si cuando se hace este cálculo, aparece que no pueden atribuirse las legítimas porque no hay bienes suficientes en el *relictum*, debe reducirse el *donatum*. En otras palabras, aparece que las donaciones son inoficiosas, por lo que deben reducirse.

2.- Por tanto, el donante que cumple las limitaciones de los artículos 634 y 635 puede hacer donaciones. Pero en el momento de la muerte, puede resultar que los legitimarios no perciban el total del *quantum* de su legítima con el *relictum* y entonces habrá que reducir por inoficiosas las donaciones que hizo en vida (el *donatum*). Así, la donación que fue válida y eficaz al tiempo de hacerse, quizá sea rescindida al tiempo de la muerte del donante, por inoficiosa. Lo cual implica que nunca se podrá impugnar por inoficiosa una donación al tiempo de hacerse, sino que habrá que esperar a su muerte. Una persona puede hacer donaciones cuantiosas, pero si se enriquece antes de morir y se cubren las legítimas, aquéllas no serán inoficiosas; otra puede hacer donaciones que parecen normales de acuerdo con su fortuna y si se arruina antes de morir, pueden ser declaradas inoficiosas al no percibir su legítima completa los legitimarios (que la han calculado, como se ha dicho, computando aquel *donatum* y el *relictum*).

JURISPRUDENCIA

«la donación ha de resultar inoficiosa, si atenta a la legítima, al perjudicarla, causando su minoración, en atención a los arts. 636 y 654 CC, y solamente puede subsistir si respeta dicha cuota hereditaria forzosa por tener cabida en la de libre disposición. No se genera entonces suplemento de la legítima, al no resultar perjudicado el heredero forzoso en dicha porción legal y no tiene lugar la imputación cuando en el art. 1037 se establece que la colación no procede, si el testador así lo dispone, salvo el supuesto de inoficiosidad. Lo que hay que entender es que entonces no se imputarán las donaciones en la legítima, pero no que se prescinde de aquéllas en el inventario general de los bienes del causante para imputarlas donde resultase preciso (S 16-6-1962)». (21 abril 1997, LA LEY 6078/1997)

«la inoficiosidad legitimaria, inoficiosidad de donaciones, que se reducen por inoficiosas en cuanto exceden de la parte de libre disposición del testador, sin dejar bienes suficientes para satisfacer las legítimas, atendido para el cómputo de la legítima el relictum y el donatum». (15 febrero 1999, LA LEY 119172/1999)

«En el caso que nos ocupa la cuestión que se presenta es el efecto colacionable de la donación referida en proyección a la herencia de la madre de los litigantes, lo que impone partir necesariamente de que era a ésta, como heredera única y universal de su hija doña Raquel, con la condición de heredera forzosa (artículo 807.2 en relación al 935 y al 937 del Código Civil), a la que correspondía la legitimidad para instar la ineficacia o nulidad, más bien que la inoficiosidad de la donación discutida, y reintegrar el objeto de la misma al haber hereditario de su hija, la causante, lo que no llevó a cabo y consintió que el bien donado permaneciera fuera del caudal, por lo que no procede, como parece que pretenden los recurrentes, que se produzca a su favor transmisión de la posibilidad de colacionar que sólo opera con respecto a la herencia del causante inmediato, es decir la madre, conforme a los artículos 636 y 654 y la regla para que tenga lugar la colación hereditaria establece el artículo 1035 (colación en sentido estricto), según sentencia de 21-4-1997. (LA LEY JURIS. 6078/1997)». (28 mayo 2004, rec. 2041/1998)

«según lo dispuesto por el artículo 636 del Código Civil, la donación es inoficiosa únicamente cuando excede en su cuantía de lo que el donante podía dar al donatario por testamento y tal determinación hay que remitirla al momento de la partición a la que habrá de traerse el valor de los bienes donados al tiempo en que se evalúen los bienes hereditarios (artículo 1045 CC) a fin de integrar la masa hereditaria con el relictum más el donatum a efectos de poder calcular las legítimas de los restantes herederos forzosos y comprobar si la donación las ha perjudicado causando su minoración (sentencia de esta Sala de 21 de abril de 1997, entre otras)». (11 octubre 2005, rec. 1304/1999)

«una persona que no tiene herederos forzosos no está limitada por la regla del Art. 636 CC, puesto que cuando dice que "ninguno podrá dar ni recibir por vía de donación, más de lo que pueda dar o recibir por vía de testamento", a lo que se está refiriendo es a la legítima de los mal denominados "herederos forzosos". El heredero voluntario recibe solo el caudal relicto del causante, sin que pueda reclamar nada más de lo que se encuentra en la herencia en el momento de la apertura de la sucesión». (23 diciembre 2011, rec. 554/2009, LA LEY 259216/2011)

CONCORDANCIAS

Véanse arts. 654 a 656, 817 y 1.035 de este Código.

Artículo 637

Cuando la donación hubiere sido hecha a varias personas conjuntamente, se entenderá por partes iguales; y no se dará entre ellas el derecho de acrecer, si el donante no hubiese dispuesto otra cosa.

Se exceptúan de esta disposición las donaciones hechas conjuntamente a ambos cónyuges, entre los cuales tendrá lugar aquel derecho, si el donante no hubiese dispuesto lo contrario.

COMENTARIO

1.- El donatario puede ser uno o múltiple, es decir, puede hacerse la donación a una persona o a varias. Si se hace conjuntamente a varias, el donante establecerá la proporción (donación a tres personas: la mitad para una y un cuarto para cada uno de los restantes, por ejemplo). Si no la establece, el primer párrafo dispone una norma interpretativa de la voluntad del donante: se entiende que es a partes iguales. Lo cual se aplica si la donación es hecha conjuntamente a los múltiples donatarios, es decir, que se disponga del objeto de la donación para todos, sin que se hagan atribuciones concretas de objetos para cada uno, en cuyo caso serían varias donaciones.

Además, en el mismo párrafo se añade que, en tal caso, el donante puede establecer que si uno no acepta (o no puede aceptar, por incapacidad o por prohibición) su parte acrezca a los demás; pero si no dispone tal cosa, no se da tal acrecimiento y su parte seguirá del donante, pues se habrá frustrado (no llegado a la perfección) tal parte de donación.

2.- El segundo párrafo se refiere a la donación hecha conjuntamente a marido y mujer, es decir, dos personas unidas en matrimonio en el momento de la donación. La donación será en la proporción que fije el donante (por ejemplo, dos tercios para la mujer y un tercio para el marido); si no la fija, será por mitad.

Puede el donante ordenar que si uno no acepta, no acrezca su parte al otro, sino que siga titularidad del donante. Pero si no ordena tal cosa, la parte del que no acepte, acrece al otro, que adquirirá íntegramente el objeto de la donación. Es la regla contraria a la del párrafo anterior: la donación hecha a varios donatarios conjuntamente, si uno no acepte, su parte no acrece a los demás; si están casados entre sí, si no acepta, su parte acrece al otro; salvo que el donante disponga lo contrario, claro está.

CONCORDANCIAS

Véanse arts. 981 a 986, 1.336 a 1.343 y 1.353 de este Código.

Artículo 638

El donatario se subroga en todos los derechos y acciones que en caso de evicción corresponderían al donante. Éste, en cambio, no queda obligado al saneamiento de las cosas donadas, salvo si la donación fuere onerosa en cuyo caso responderá el donante de la evicción hasta la concurrencia del gravamen.

COMENTARIO

1.- La obligación de saneamiento comprende la evicción y los vicios ocultos. En la donación se puede pactar expresamente que el donante quede obligado al saneamiento, pacto que, ciertamente, sería insólito. Si no se pacta, el donante no está obligado al saneamiento, ya que ésta es una obligación propia de los contratos a título oneroso.

Sin embargo, en todo caso, si se produce la evicción sobre los bienes donados, de que el donante no responde, el donatario se subroga en la acción de evicción que pudiera corresponderle a aquél.

2.- En la donación modal, en que se impone una carga al donatario (que es valorable económicamente) se altera la regla anterior. El donante está obligado al saneamiento por evicción (único al que se refiere el segundo párrafo de este artículo 638) y por vicios ocultos (aunque no lo diga el Código, se comprende por interpretación extensiva), por el valor del gravamen o carga que se ha impuesto en la donación.

Esta regla de que el donante está obligado al saneamiento por evicción y vicios ocultos es consecuencia necesaria de la norma del art. 622 de que la donación modal se rige por las reglas de los contratos onerosos en la parte a que alcance el valor de la carga impuesta.

CONCORDANCIAS

Véanse arts. 1.475 y ss. de este Código.

Artículo 639

Podrá reservarse el donante la facultad de disponer de algunos de los bienes donados, o de alguna cantidad con cargo a ellos; pero, si muriere sin haber hecho uso de este derecho, pertenecerán al donatario los bienes o la cantidad que se hubiese reservado.

COMENTARIO

1.- La donación, como contrato gratuito, puede ser restringida por el donante, de la misma forma que éste puede donar o no, donar todo o parte de una cosa, donar más o donar menos. Así, la donación puede ser restringida si el donante se reserva la facultad de disponer de la cosa o cosas donadas, onerosa o gratuitamente, inter vivos o mortis causa, de todo lo donado o de una parte, siempre que se haya previsto en el contrato.

El inciso primero de este artículo 639 contempla la facultad de disponer parcial, pero no se excluye la total, es decir, que el donante se reserve la facultad de disponer de todo lo donado, pues el Código no la prohíbe y el donatario recibirá, cuando menos, como enriquecimiento, la posesión (uso y disfrute) de bienes donados hasta que el donante ejerza efectivamente su facultad de disponer e incluso recibirá la propiedad definitiva si no llega a disponer.

2.- El mismo artículo 639 prevé también que el donante se reserve *la facultad de disponer de alguna cantidad con cargo a ellos* (los bienes donados). El sentido que tiene es que se reserva la posibilidad de disponer de una suma de dinero sobre lo que los bienes valgan. No puede significar que sólo se aplica a la donación de suma de dinero, en que el donante se reserva la facultad de disponer de alguna cantidad, pues entonces este supuesto se confundiría con el anterior. Significa, pues, que el donante puede exigir del donatario una cantidad de dinero —en una vez o en varias— dentro de los límites del valor de los bienes donados.

3.- Esta facultad de disponer que conserva el donante —que se reserva el donante, dice el artículo 639— la tiene y la puede tener sólo él, el donante, sin que quepa atribuirla a un tercero; ni siquiera el propio donante la transmite a sus herederos, sino que se extingue por su muerte. En efecto, el artículo 639 prevé que si el donante *muriese sin haber hecho uso de este derecho, pertenecerán al donatario los bienes o la cantidad que se hubiese reservado.*

El donante tendrá la facultad de disponer libremente y sin motivo alguno ni necesidad de justificarlo, o bien se habrá previsto en el contrato que pueda disponer por algún motivo (necesidad económica, por ejemplo); lo que tiene importancia, pues el donatario puede exigir que se dé el caso o el motivo previsto para que el donante ejercite su facultad de disposición.

La facultad de disponer la puede ejercitar el donante —como se ha apuntado al principio— no sólo *inter vivos*, onerosa (vende las cosas o algunas cosas donadas a un tercero, por ejemplo) o gratuitamente (las dona a otro), sino también *mortis causa*; puede disponer de las cosas donadas, en testamento a favor de otra persona.

Pero si no ejerce el donante la facultad de disponer, el objeto de la donación quedará definitivamente de titularidad del donatario.

JURISPRUDENCIA

«se hace constar que la donante se reserva el usufructo vitalicio de los bienes donados y la facultad de dispositiva en caso de necesidad, discrecionalmente apreciada por ella, sobre cualquiera o varias fincas objeto de la donación; es claro, pues, que esa reserva dispositiva, según lo pactado expresamente, no comprendía la totalidad del donatum». (22 marzo 1993, LA LEY 13033/1993)

Artículo 640

También se podrá donar la propiedad a una persona y el usufructo a otra u otras, con la limitación establecida en el artículo 781 de este Código.

COMENTARIO

1.- En el artículo 637 se contempla el caso de donatarios múltiples, simultáneos. El presente art. 640 los contempla, pero sucesivos. Este no se refiere a que se done, sobre la misma cosa, a un donatario el derecho de propiedad y a otro el de usufructo: esto es evidentemente válido y no plantea especiales problemas; son donaciones.

Pero si a uno le dona el derecho de propiedad y el usufructo se dona sucesivamente a otros varios donatarios (a éste, a su hijo mayor, al hijo mayor de éste, al de éste... y así sucesivamente) el Código no tolera la vinculación permanente —al igual que no admite ninguna permanente— e impone a la donación del derecho de usufructo sucesivamente a múltiples donatarios, la limitación que para las sustituciones fideicomisarias establece el art. 781.

2.- En consecuencia, la donación de usufructo sucesivo que va más allá de esta limitación, no es enteramente nula, sino que son nulas las de usufructo sucesivos que superan la limitación.

CONCORDANCIAS

Véase art. 787 de este Código.

Artículo 641

Podrá establecerse válidamente la reversión en favor de sólo el donador para cualquier caso y circunstancias, pero no en favor de otras personas sino en los mismos casos y con iguales limitaciones que determina este Código para las sustituciones testamentarias.

La reversión estipulada por el donante en favor de tercero contra lo dispuesto en el párrafo anterior, es nula; pero no producirá la nulidad de la donación.

COMENTARIO

1.- Contempla este artículo la donación con cláusula de reversión, que significa que los bienes o derechos objeto de la donación vuelvan al patrimonio del donante o vayan al de un tercero, si se da un determinado hecho. Puede, así, ser prevista en favor del propio donante o en favor de un tercero.

En primer lugar, si es una reversión ordenada *en favor del donante*, funciona como término o condición resolutoria (te dono esta cosa, pero tal día volverá a mi propiedad; o bien, volverá a mi propiedad si ocurre tal evento o si no ocurre: si no te casas, o tienes hijos, etc.). Al fallecer el donante se extingue la cláusula —la posibilidad— de reversión (se purifica la donación) o bien sigue vigente a favor de los herederos del donante. Estos no recibirán la cosa donada, si se da la reversión, como donatarios, sino como herederos del donante. Que se purifique la donación o se mantenga la cláusula de reversión a favor de los herederos, es una cuestión de interpretación del contrato.

En segundo lugar, también como término o condición resolutoria, si es un reversión *a favor de un tercero*, de terceros sucesivos, tiene el límite que se establece para las sustituciones fideicomisarias (artículo 781) si traspasa el límite, es nula la cláusula, pero no la donación como dispone el artículo 641.2.º párrafo.

2.- La cláusula de reversión es una *restricción a la donación*. Por tanto, esta clase de donación, con cláusula de reversión, es una donación pura, normal, pero con la restricción que le supone aquella cláusula.

No es una donación modal. El donatario no tiene una carga o gravamen —modo—. Ello es así, en todo caso. En la práctica, en numerosas ocasiones se establece la reversión para ciertos supuestos que implican la necesidad de que el donatario observe cierta conducta, a veces muy gravosa (por ejemplo, te dono este solar, para que se utilice como escuela pública: si en tal plazo no se ha edificado la escuela y está funcionando, revierte la donación a mí o a mis herederos o a favor de este tercero; si deja de funcionar algún día, como escuela, se producirá también la reversión a favor de mis herederos o de los herederos del tercero).

JURISPRUDENCIA

«La donación con cláusula de reversión al propio donante o a un tercero, par el caso de que se cumpla el evento previsto por el donante al efectuarla, contiene un pacto añadido a la donación, cuyos límites se encuentran en los de la sustitución fideicomisaria, según lo dispuesto en el artículo 641 CC cuando el reversionario sea un tercero. Y hay que estar de acuerdo con la doctrina cuando señala que el término reversión se utiliza en forma propia cuando lo donado debe volver al donante, pero no cuando sea un tercero el beneficiario para el caso de que se cumplan las condiciones previstas, porque en este caso lo más propio sería hablar de sustitución. De todos modos, a pesar de la incorrección lingüística, los ordenamientos jurídicos aceptan que en ambos supuestos nos hallamos ante lo que se denomina reversión o devolución, que constituye una carga de la donación y que, en definitiva, introduce la técnica de las sustituciones fideicomisarias en un negocio jurídico entre vivos (así también el art. 531-19 del Código civil de Cataluña)». (15 julio 2009, rec. 678/2005, LA LEY 125232/2009)

«La donación con cláusula de reversión, que contempla el artículo 641 del Código civil, es una restricción a la donación, que consiste en que producido el evento reversional se da el mecanismo recuperatorio que determina automáticamente la readquisición por parte del donante (a no ser que la reversión sea a favor de un tercero). Pero mientras no se dé dicho evento, el donatario es propietario de lo donado, por lo que no puede pensarse en que se ha edificado en terreno ajeno: el terreno era propio y no cabe aplicar por analogía el artículo 361 que se ha dictado para otro básico presupuesto». (27 enero 2011, rec. 665/2007, LA LEY 1009/2011) (Doctrina reiterada literalmente por la de 28 diciembre 2011, rec. 1806/2008, LA LEY 255450/2011)

CONCORDANCIAS

Véanse arts. 774 a 779 y 812 de este Código.

Artículo 642

Si la donación se hubiere hecho imponiendo al donatario la obligación de pagar las deudas del donante, como la cláusula no contenga otra declaración, sólo se entenderá aquél obligado a pagar las que apareciesen contraídas antes.

COMENTARIO

1.- La donación modal es la que impone al donatario una carga o modo (art. 619, último inciso). Este puede consistir en cualquier tipo de conducta que pueda ser objeto de obligación: no imposible o ilícita. Una de las cargas o modos consiste en pagar las deudas del donante. Pagará las que se han previsto en la donación. Si nada se ha previsto, sino tan solo la de pagar las deudas del donante, comprenderá las que sean anteriores a la fecha de la donación.

El donatario no asume las deudas (para lo que harían falta todos lo requisitos de la asunción de deudas) sino que tiene la carga de pagarlas y, si no lo hace, puede revocarse la donación por incumplimiento del modo. El acreedor, por tanto, sólo puede dirigirse contra el donante, que es su deudor.

2.- Si no se ha pactado esta carga o modo, el donatario no tiene que pagar deuda alguna del donante, a no ser que se dé el supuesto que prevé el artículo siguiente.

Artículo 643

No mediando estipulación respecto al pago de deudas, sólo responderá de ellas el donatario cuando la donación se haya hecho en fraude de los acreedores.

Se presumirá siempre hecha la donación en fraude de los acreedores, cuando al hacerla no se haya reservado el donante bienes bastantes para pagar las deudas anteriores a ella.

COMENTARIO

1.- La acción pauliana está contemplada en el artículo 1111. El presente artículo 643 es una expresión o consecuencia de ella. No se trata de que el donatario debe pagar las deudas del donante, si éste ha hecho la donación en fraude de sus acreedores, sino que éstos pueden rescindir tal donación y dirigirse contra su deudor, el donante, ya solvente. El donatario no pagará las deudas, sino que perderá lo adquirido por la donación, para que el donante pueda pagarlas.

2.- El fraude de los acreedores se presume en el caso de que el donante haya hecho la donación y no haya quedado con bienes suficientes para pagar sus deudas.

JURISPRUDENCIA

«el art. 643 no concede al acreedor defraudado por la donación, además de la acción rescisoria (arts. 1291.3.º y 1297 en relación con el art. 1111, todos del CC) otra contra el donatario, sino que recoge lo que es esencia de la rescisión; cobrarse con los bienes donados a través de la rescisión de la donación. La presunción de fraude en la donación se obtiene directamente del art. 1297, pero ello no legitima para ejercitar la acción rescisoria, ha de concurrir el requisito de la subsidiaridad, de que los acreedores defraudados no puedan cobrar de otro modo lo que se les debe (arts. 1291 y 1294 CC), y en el art. 643 se expresa lo mismo con la exigencia de que el donante no se reserve bienes bastantes para el pago de las deudas. No se ve la razón por la que la donación tuviese un régimen especial, distinto del previsto en el art. 1297, consistente en una asunción ex lege de las deudas del donante sin consentimiento de los acreedores del donatario, que pudiera perjudicarles al responder éste de aquellas deudas con sus bienes propios, además de los donados, con la consiguiente

repercusión en sus privilegios crediticios si de ellos gozaran legalmente». (17 julio 2000, LA LEY 9350/2000)

CONCORDANCIAS

Véanse arts. 1.291.3.º y 1.297 de este Código.

CAPÍTULO IV
DE LA REVOCACIÓN Y REDUCCIÓN DE LAS DONACIONES

Artículo 644

Toda donación entre vivos, hecha por persona que no tenga hijos ni descendientes, será revocable por el mero hecho de ocurrir cualquiera de los casos siguientes:

1.º Que el donante tenga, después de la donación, hijos, aunque sean póstumos.

2.º Que resulte vivo el hijo del donante que éste reputaba muerto cuando hizo la donación.

COMENTARIO

1.- Un negocio jurídico, como el contrato, una vez perfecto, no puede ser revocado. Por excepción y por distintos fundamentos, algunos sí lo son: concretamente, el testamento, el mandato y la donación en ciertos casos. Tales casos son, la supervivencia o superveniencia de hijos, por incumplimiento del modo y por ingratitud. Si se da alguno de estos supuestos, no se produce ipso iure la ineficacia de la donación, sino que tiene el donante la facultad de revocar, produciendo la ineficacia, ejerciendo la acción en proceso declarativo ordinario, a no ser que el donatario se avenga a tal ineficacia, sin necesidad de acudir a la acción. Los efectos son distintos según el caso de revocación.

2.- El presente artículo 644 contempla la *revocación por superveniencia o supervivencia de hijos*. El donante que, al tiempo de la donación, no tenga hijos ni descendientes, puede revocar la donación si posteriormente tiene hijos, o resulta que está vivo al que reputaba muerto. Los hijos o descendientes a que se refiere este precepto son —aplicando el artículo 108— los matrimoniales, extramatrimoniales o adoptivos. Esta facultad se transmite, por muerte del donante, a sus hijos y descendientes (artículo 646, segundo párrafo); por ello, el hijo que tiene después de la donación y permite revocarla, puede ser incluso póstumo.

En posteriores artículos se prevé el plazo para el ejercicio de la acción, su irrenunciabilidad, su limitada transmisión *mortis causa* (art. 646) y la no producción de efectos retroactivos (arts. 645 y 651).

JURISPRUDENCIA

«por la propia normativa que rige la donación, es evidente que, la revocación, exclusivamente, está contemplada en nuestro Código, no de una manera general en cualquier caso, sino sólo en los supuestos del art. 644 por razones de supervivencia o supervenencia de hijos y asimismo, por razón de ingratitud, conforme a lo dispuesto en el art. 648; pero de cualquier forma también se impediría ese efecto traslativo de las donaciones, si se pactase, expresamente, una revocabilidad general sin especificar». (23 marzo 1993, LA LEY 13033/1993)

«Este artículo fue redactado de nuevo por la L 11/1981, de 13 de mayo; anteriormente distinguía la clase de filiación y no incluía a los hijos adoptivos. Dispone en la redacción vigente desde 1981 que toda donación entre vivos, hecha por persona que no tenga hijos ni descendientes (sin discriminación alguna, incluyendo todo tipo de hijos), será revocable por el mero hecho de ocurrir cualquiera de los casos siguientes. Y el primero de ellos (núm. 1) es: que el donante tenga, después de la donación, hijos (sin distinguir la clase), aunque sean póstumos. Esta revocabilidad de la donación tiene como fundamento el interés fami-

liar de la familia del donante. Es una explicación con la que, con muy diversos matices y notas subjetivas, está conforme la doctrina. Pero lo que es preciso advertir es el concepto de familia: antes de la Constitución vigente, el concepto de familia era muy restringido y alcanzaba a muy poco más de la familia legítima; desde la vigencia de la Constitución y tras la consecuente reforma del Código Civil por L 11/1981, de 13 de mayo, el concepto de familia incluye a todos los hijos, sin discriminación por razón de su filiación. En relación con la revocación de la donación por superveniencia de hijos, la sentencia de esta Sala de 22 de junio de 1989 estimó que no era inconstitucional, ya que se había alegado que iba contra el art. 33.3 CE. En cuanto al efecto de la misma, no hay duda que, tal como resalta la misma S 22 de junio de 1989, no tiene lugar ipso iure, en razón a que entendiéndose que no hay voluntad, así manifestado mediante el ejercicio de la correspondiente acción. Lo cual tiene importancia ya que, si se reclama la revocación, se debe aplicar la norma vigente, el art. 644 en su redacción actual y que, en relación con los arts. 14 y 39 CE y 108 CC no permiten restringir la expresión "hijos" del primer párrafo o del número primero a sólo algunos hijos. Por otra parte, la disposición transitoria 2.ª L 21/1987, de 11 de noviembre, que modificó el Código Civil en materia de adopción, dispone que las adopciones simples o menos plenas subsistirán con los efectos que les reconozca la legislación anterior... pero una cosa es la eficacia de la adopción simple, que se mantiene incólume, y otra su inclusión en el concepto de hijo, sin discriminación, que debe mantenerse a ultranza desde la Constitución y desde la reforma del Código Civil de 13 de mayo de 1981, a todos los efectos que se refieran a hijo o hijos en abstracto, como es el caso de revocación de donaciones, del art. 644 CC». (6 febrero 1997, LA LEY 1993/1997)

CONCORDANCIAS

Texto vigente según Ley 11/1981, 13 mayo (*«B.O.E.»*, 19 mayo).

Artículo 645

Rescindida la donación por la supervivencia de hijos, se restituirán al donante los bienes donados, o su valor si el donatario los hubiese vendido.

Si se hallaren hipotecados, podrá el donante liberar la hipoteca, pagando la cantidad que garantice, con derecho a reclamarla del donatario.

Cuando los bienes no pudieren ser restituidos, se apreciarán por lo que valían al tiempo de hacer la donación.

COMENTARIO

1.- La revocación de la donación por supervivencia o superveniencia de hijos, no produce efecto retroactivo. Así se deduce del presente artículo 645: aunque textualmente sólo se refiere a la supervivencia, debe entenderse comprendida la superveniencia, ya que está desarrollado el caso de revocación contemplado en el artículo anterior y, además, de no entenderse así, quedarían sin regulación estos efectos en el caso de superveniencia.

2.- El esencial efecto de la revocación es que el donatario devolverá al donante los bienes y derechos objeto de la donación. Siempre que sea posible, claro está.

Si no es posible porque los bienes los ha transmitido a un tercero (el texto legal dice «los hubiese vendido» que debe interpretarse extensivamente como transmitido) el donatario restituirá al donante su valor, cuyo valor es el que tenía al tiempo de la donación; sin embargo, la más moderna doctrina que se ha ocupado de este punto, ha advertido que debe satisfacerse este valor, calculado según el que tenía al tiempo de la donación (como dice el Código) pero en su equivalente en moneda actual (evitando la injusticia de satisfacer hoy un precio quizá irrisorio por algo que tuvo alto valor).

Si los bienes objeto de la donación han sido hipotecados, el donatario los devolverá al donante con la hipoteca, pero deberá entregarle el montante que la misma garantiza; es la primera y más sencilla solución; o bien, si acepta el acreedor hipotecario, podrá el donante liberar la hipoteca pagando la cantidad que garantice, que podrá reclamar y deberá pagarle el donatario (es lo que prevé expresamente el segundo párrafo de este artículo 645).

CONCORDANCIAS

Véanse arts. 1.290 a 1.299 de este Código.

Artículo 646

La acción de revocación por superveniencia o supervivencia de hijos prescribe por el transcurso de cinco años, contados desde que se tuvo noticia del nacimiento del último hijo o de la existencia del que se creía muerto.

Esta acción es irrenunciable y se transmite, por muerte del donante, a los hijos y sus descendientes.

COMENTARIO

1.- La acción de revocación de la donación por superveniencia o supervivencia de hijos, tiene un plazo de caducidad de cinco años. este artículo 646 emplea la expresión de prescripción, pero hay que tener en cuenta que el Código no empleaba la de caducidad, que es un concepto distinto y el intérprete debe distinguir cuándo es prescripción y cuándo caducidad; en el presente caso, toda la doctrina está conforme en que es caducidad.

En el caso de supervivencia, este plazo comienza a contar desde que el donante tuvo conocimiento del nacimiento del hijo o del último de ellos si ha tenido varios (único supuesto a que se refiere este artículo 646); pero, aparte de ello, si el hijo es extramatrimonial, el plazo contará desde la determinación legal de la filiación, que puede coincidir con el momento del nacimiento o no; si el hijo es adoptivo, contará desde la constitución de la adopción, que, evidentemente, no será el momento del nacimiento.

En el caso de superveniencia, el plazo se computa desde que el donante tuvo conocimiento de que el hijo que reputaba muerto está vivo.

2.- Esta acción es irrenunciable, dice este artículo 646 en su segundo párrafo. Lo cual significa que no cabe la renuncia anticipada al momento en que se tiene conocimiento del nacimiento o de la existencia del hijo (así, en el momento de hacer la donación). De hacerse, sería nula, por infringir norma prohibitiva (art. 6.3). Pero lo que no se incluye es la renuncia posterior: una vez que el donante tiene conocimiento de que tiene un hijo o de que vive el que reputaba muerto, la renuncia a su facultad de revocar es válida.

3.- La acción de revocación es personalísima. No es transmisible *inter vivos* ni *mortis causa*. Como excepción, no se transmite propiamente la acción o, más bien, la facultad de revocar, sino que, muerto el donante y no transcurrido el plazo de caducidad, la puede ejercer el hijo o hijos y sus propios descendientes, en cuyo beneficio existe la acción o facultad de revocar.

JURISPRUDENCIA

«sobreveniencia de un hijo que, por su carácter resolutorio, extingue el derecho, la donación queda subordinada a la condición prevista y aceptada por el donatario de que volverá a éste la cosa donada si sobrevienen al donante hijos; ahora bien, no tiene lugar ipso iure, en razón a que entendiéndose que no hay voluntad, así manifestado mediante el ejercicio de la correspondiente acción, que sería exponente de no ejecutable, que el donante se mantiene en tal donación, así como se respetan los derechos adquiridos por terceros». (22 junio 1989, LA LEY 600-JF/0000)

CONCORDANCIAS

Texto vigente según Ley 11/1981, 13 mayo (*«B.O.E.»*, 19 mayo).

Artículo 647

La donación será revocada a instancia del donante, cuando el donatario haya dejado de cumplir alguna de las condiciones que aquél le impuso.

En este caso, los bienes donados volverán al donante, quedando nulas las enajenaciones que el donatario hubiese hecho y las hipotecas que sobre ellos hubiese impuesto, con la limitación establecida, en cuanto a terceros, por la Ley Hipotecaria.

COMENTARIO

1.- La donación modal es aquella en que se impone el donatario una carga o modo (art. 619, último inciso). Si el donatario no lo cumple, el donante puede exigirle su cumplimiento forzoso. O bien, puede ejercer la facultad de revocar la donación, que prevé el presente artículo 647. Realmente, más que una revocación se trata de una resolución del contrato de donación. Este habla de incumplir «alguna de las condiciones...»: no se trata de condición ni de donación condicional, sino de carga o modo: es una donación modal. Si el donatario no cumple la carga impuesta, el donante tiene facultad de revocar la donación, ejercitando la acción, a no ser que el donatario se avenga a restituirle el objeto de la misma.

Sobre esta acción, hay una serie de extremos que no prevé el Código y, por tanto, son todos ellos discutibles. Cabe su renuncia, incluso anticipada, ya que no se proscribe y se aplica la norma general del art. 6.2. Es transmisible *mortis causa*, siempre que el donante, en vida, hubiera querido la revocación; si en vida no la ejerció porque no quiso hacerlo, no pueden ejercitarla sus herederos. El plazo de caducidad, al no fijarse expresamente, parece (no es seguro) que es de cuatro años, como toda acción rescisoria y la de revocación por ingratitud tiene naturaleza de acción de rescisión.

2.- El efecto de esta revocación o, como se ha dicho, más bien resolución, es retroactivo. Los bienes se reintegran al donante. Los actos de disposición del donatario, total (transmisión) o parcial (como la hipoteca u otro gravamen) quedan ineficaces, sin perjuicio de la protección a tercero de buena fe que le dispensa la Ley hipotecaria; en tal caso, el donatario deberá reintegrar el valor de la cosa donada y transmitida, valor al tiempo de la donación, en su equivalente en moneda actual.

La consecuencia de la retroactividad respecto a los frutos la prevé el art. 751, segundo párrafo.

JURISPRUDENCIA

«No puede desconocerse que la revocación no es la única facultad que confiere el incumplimiento de las donaciones modales. También el incumplimiento genera la posibilidad de exigir simplemente el cumplimiento o sus equivalentes indemnizatorios, según ya reconoció una sentencia de esta Sala de 19 Ene. 1901 y, según se desprende de la aplicabilidad del art. 1101 CC, en relación con los arts. 621 y 622 del reseñado "cuerpo legal". La opción que la aplicación de este criterio concede significa que, ejercitada la acción de revocación por incumplimiento, si ésta se desestima porque se entiende que no hay incumplimiento, ya no es posible acudir a la otra vía. Pero si ejercitada aquélla, la sentencia deja imprejuzgada la cuestión del cumplimiento, es perfectamente posible acudir a la acción de cumplimiento, si aquella otra ha prescrito». (6 abril 1999, LA LEY 4568/1999)

«revocación de la donación, por incumplimiento de cargas, que prevé el art. 647 "cuando el donatario" (aquí, la donataria) "haya dejado de cumplir alguna de las `condiciones' que aquél" (la donante) "le impuso". En la compraventa simulada verdadera y válida donación disimulada la donante se reservó el usufructo, constituyéndose así. Tal constitución no puede ser considerada como una "condición" según terminología de este art. 647 ni como una carga o modo, que es realmente el sentido de aquella norma que contempla la donación modal del último inciso del art. 619 (así, S 25 Jun. 1990). Se constituyó un usufructo, no se impuso un modo». (2 noviembre 1999, LA LEY 2036/2001)

«la donación de D.ª María de la Gloria fue pura e irrevocable, no se impuso ninguna carga o condición al Cuerpo de mutilados. La parte recurrente se refiere a algo hipotético para justificar su postura procesal, al hablar de cargas o condiciones que D.ª María de la Gloria hubiera podido imponer, pero esta Sala no puede basar su resolución en algo quimérico, opuesto al art. 647 CC que faculta al donante para revocar la donación cuando el donatario haya dejado de cumplir alguna de las condiciones que aquél le impuso. En otras palabras, la carga o condición ha de ser real, efectiva.» (5 junio 2002, LA LEY 6534/2002)

«La correcta calificación como donación modal implica la imposición al beneficiario (en este caso los demandados, recurrentes en casación) del cumplimiento de una obligación (sentencia de 6 de abril de 1999); el modo o carga puede consistir en cualquier tipo de conducta, incluso la no evaluable económicamente. Y el incumplimiento de la misma da lugar a la revocación de la donación, tal como dispone el art. 647.1 del Código Civil que al expresar que "la donación será revocada a instancia del donante, cuando el donatario haya dejado de cumplir alguna de las condiciones que aquél le impuso", se refiere no a condiciones, sino a la carga o modo (...) no es claro el plazo de un año, como plazo de caducidad para el ejercicio de esta acción. La sentencia que cita, de 11 de marzo de 1988, la transcribe parcial e interesadamente; lo cierto es que plantea los argumentos a favor del plazo de cuatro años y a favor del de un año, por el que se inclina, pero, a continuación, dice (fundamento 3.º): "cualquiera de las dos posturas expuestas que se acepte, ha de producir la caducidad de la acción", lo cual evidencia que lo expuesto sobre el plazo no es más que un obiter dicta que, al no ser fundamento del fallo, no forma jurisprudencia, como tampoco la puede integrar el que se trate de una sola sentencia. Es más defendible el plazo de cuatro años, por tratarse de un tipo de acción asimilable a la rescisión. En tercer lugar, el dies a quo para el cómputo del plazo no es la escritura pública, es decir, el contrato de donación, sino el conocimiento del hecho, como dice el art. 652, aplicándolo al incumplimiento de la carga, como dice el 647; en este caso concreto, tal incumplimiento es la falta de atención y cuidados a la donante; ésta es una conducta continuada, que no se puede concretar en un día concreto, sino que persiste continuadamente, por lo que la acción

seguía viva en el momento de interposición de la demanda, sin haberse producido el transcurso del plazo de caducidad». (23 noviembre 2004, rec. 1887/1998)

«Así, la sentencia de la Audiencia Provincial infringe el artículo 647 del Código civil por no apreciar la revocación del contrato de donación, por incumplimiento del modo, donación que se califica de modal por la destinación por el donante aceptada por el donatario a campamento militar y campo de tiro, asignado al —hoy— Ministerio de Defensa. Modo que fue incumplido cuando pasó a ser objeto de tráfico jurídico, con ánimo de lucro». (20 julio 2007, LA LEY 79528/2007)

«La donación modal, que impone al donatario, un modo, como carga que debe cumplir y a la que el Código civil llama "gravamen" en el artículo 619 y "condiciones" en el artículo 647, permite al donante exigir su cumplimiento o bien, si no se ha cumplido, ejercitar la acción de revocación (que realmente es una resolución) que contempla el artículo 647 del Código civil y ha sido ejercitada en el presente proceso y que ha dado lugar a una abundante jurisprudencia: como más recientes, sentencias de 6 de abril de 1999, 2 de noviembre de 1999, 5 de junio de 2002, 23 de noviembre de 2004, 20 de julio de 2007. Esta facultad del donante de revocar la donación modal si ha sido incumplido el modo tiene un papel disuasorio, para evitar que se produzca el incumplimiento y si no lo logra, es un medio que tiene aquél para sancionar tal incumplimiento... ...Es una donación conjunta, en que la esposa codonante, fallecido su esposo codonante y sucedido el incumplimiento del modo después del fallecimiento de este último, tiene la facultad de revocar la donación conforme al artículo 647, facultad originaria, por sí misma y en nombre propio, no derivada del esposo premuerto: al donatario se le donó el total de las fincas, con un modo, lo incumplió y la codonante supérstite tienen la facultad de revocar, tanto más si los demás hermanos, herederos de su padre, el codonante, han consentido expresamente en la petición de revocación de su madre codonante». (3 julio 2009, rec. 816/2005, LA LEY 113361/2009)

CONCORDANCIAS

Véase Ley Hipotecaria, de 8 febrero 1946 (*«B.O.E.»*, 29 mayo): arts. 26, 31, 35, 36 y 37.

Artículo 648

También podrá ser revocada la donación, a instancia del donante, por causa de ingratitud en los casos siguientes:

1.º Si el donatario cometiere algún delito contra la persona, el honor o los bienes del donante.

2.º Si el donatario imputare al donante alguno de los delitos que dan lugar a procedimiento de oficio o acusación pública, aunque lo pruebe; a menos que el delito se hubiese cometido contra el mismo donatario, su cónyuge o los hijos constituidos bajo su autoridad.

3.º Si le niega indebidamente los alimentos.

COMENTARIO

1.- Ciertas conductas especialmente reprochables que realiza el donatario frente al donante, son sancionadas por el Código con la revocación de la donación por ingratitud. Tales conductas son las siguientes:

En primer lugar, que el donatario cometa un delito contra la persona, el honor o los bienes del donante. No emplea el texto legal expresiones técnico-jurídicas de carácter penal, sino más bien de sentido social. La palabra delito comprende toda infracción penal (delito o falta) y cuando añade que es contra la persona, honor o bienes, no se refiere exactamente a los tipos delictivos incluidos en tales rúbricas del Código penal, sino que atenten a la persona, física o moralmente, o al patrimonio del donante. Lo que sí es preciso es que se cometa contra la persona del donante, no contra otra persona, aunque sea cónyuge o pariente del mismo. No es preciso que el donatario sea autor material del delito, sino que puede serlo por inducción o ser coautor, o incluso ser cómplice o encubridor; tampoco es preciso que el delito llegue al grado de consumación, sino que puede quedar frustrado o como simple tentativa.

En segundo lugar, que el donatario impute al donante un delito perseguible de oficio, aunque se pruebe. Imputar no significa denunciar, ya que hay el deber de hacerlo según los arts. 259 y 264 de la Ley de Enjuiciamiento Criminal. Significa formular querella o mostrarse parte en la causa como acusador. Esta causa de ingratitud no se da si el delito hubiese sido cometido contra el cónyuge o los hijos menores o incapacitados del donatario; si tales hijos fueran mayores (capacidad de obrar) son ellos los que pueden querellarse o personarse en la causa y si lo hace el padre (donatario) incurre en ingratitud.

En tercer lugar, que el donatario niegue alimentos al donante. Son dos casos: primero, que el donatario tenga el deber de dar los alimentos legales al donante y los niegue; segundo, que no haya deber legal de alimentos, pero el donante necesite ayuda (alimentos) para su subsistencia, la pida al donatario y éste se la niegue (de ahí que se diga que la donación produce un deber de alimentos al donatario, que, si los niega, incurre en causa de revocación por ingratitud). El Código dice que la causa de ingratitud es si le niega «indebidamente» los alimentos, lo que no significa otra cosa que concurran los esenciales presupuestos de la obligación de alimentos: necesidad real del alimentista (donante) y posibilidad económica del alimentante (donatario); si no concurren, el donatario puede negar debidamente los alimentos, sin que se dé esta causa de revocación de la donación por ingratitud.

2.- En este artículo se dice al principio que esta causa de revocación compete al donante («... a instancia del donante»). En artículos posteriores, se contempla su regulación: sobre la transmisibilidad (art. 653), la renunciabilidad (art. 652), la caducidad (art. 652), la irretroactividad (arts. 649 y 650).

JURISPRUDENCIA

«las donaciones inter vivos, como cualquier otro contrato es irrevocable, en el sentido de que puede dejarse sin efecto por la sola voluntad del donante, sin embargo, en esta modalidad contractual se permite la revocación en ciertos supuestos establecidos en la ley, entre los que se comprende el de ingratitud, en cuanto la donación impone sin duda alguna el cumplimiento de ciertos deberes morales, ius gratitudinis del donatario con referencia al donante, que entiende la parte recurrente ha incumplido los demandados; ahora bien, en nuestro sistema legal no toda ingratitud de los donatarios da lugar a la causa de revocación, sino solamente los casos concretos y determinados, que señala el art. 648 CC». (13 mayo 2000, LA LEY 78406/2000)

«no cabe calificar de abusivo ni antisocial el ejercicio de la acción revocatoria por quien resultaba ser la ofendida por un delito que, en el sistema adoptado por nuestro CC de objetivar, enumerándolas, las conductas demostrativas de algo tan subjetivo o psicológico como la ingratitud (TS S 13 May. 2000 en recurso núm. 1205/97), efectivamente era revelador de tal ingratitud.» (19 febrero 2003, LA LEY 31703/2003)

«artículo 648, número 1.º del Código civil que prevé la revocación de la donación por ingratitud si los donatarios han cometido algún delito contra los bienes del donante, entendiendo por delito la "conducta socialmente reprobable pero con base en acciones que puedan ser delictivas aunque no formalmente declaradas tales", como dice la sentencia de 13 de diciembre de 1993 y es constante jurisprudencia que ahora se reitera. Se han declarado probadas una serie de sustracciones o apropiaciones, sin entrar en tipificaciones penales, que cometieron los dos demandados, matrimonio de don Fidel y doña Carmela, si bien ciertamente él actuó en la mayoría de las veces pero la sentencia de instancia, objeto del recurso, de la Audiencia Provincial, después de declarar acreditada la sustracción del dinero de D.ª Marta por los dos —marido y mujer— para pagar el impuesto de transmisiones de la donación, además de otra apropiación de siete millones de pesetas, por los dos y a ambos les condena a devolverlos, sorprendentemente dispone la revocación de la donación sólo en la mitad que alcanza al marido y no a la mujer, casada en régimen presuntivo en Cataluña de separación de bienes. Lo cual infringe directamente el artículo mencionado del Código civil. Ambos dispusieron del dinero de la donante, en su beneficio y contra ley y se les condena a devolverlo; por tanto a ambos debe alcanzarles la revocación de la donación, en aplicación de dicha norma». (5 diciembre 2006, LA LEY 150012/2006)

«El art. 648, 2.º CC considera que constituye causa para que el donante pueda revocar la donación que el donatario le impute alguno de los delitos que dan lugar a procedimiento de oficio o acusación pública, aunque lo pruebe; a menos que el delito se hubiese cometido contra el mismo donatario, su cónyuge o los hijos constituidos bajo su autoridad. Esta disposición recoge una de las antiguas causas de ingratitud admitidas por la doctrina anterior al Código civil francés que bajo la denominación injurias atroces consideró que eran causas de revocación de las donaciones aquellos hechos realizados por el donatario que tienden a destruir la reputación del donante; se añadía que "incluso en los casos en que la imputación fuera verdadera" debía tenerse en cuenta esta causa para revocar la donación... ... El requisito que se exige en el artículo 648. 2.º CC es que el donatario impute un delito al donante. Esta es la cuestión que debe ser objeto de interpretación, porque hay que entender que la expresión imputare debe interpretarse como el hecho de descubrir el delito o personarse en el procedimiento para que el donante sea castigado y conseguir más pena que la pedida por el Ministerio Fiscal. En todos estos casos, el donatario está persiguiendo el delito cometido por el donante». (13 mayo 2010, rec. 8/2006, LA LEY 49064/2010)

«La donación es uno de los pocos negocios jurídicos que pueden ser revocados por la voluntad de una de las partes (con el mandato y el testamento), si bien el Código civil impone concretas causas para la misma, siendo una de ellas la ingratitud, tal como dispone el artículo 648 del Código civil como numerus clausus y de interpretación restrictiva (así, sentencia de 13 de mayo de 2000) cuyo número tercero tipifica como tal si le deniega indebidamente los alimentos». (20 mayo 2011, rec. 696/2008, LA LEY 71530/2011)

CONCORDANCIAS

Véanse arts. 142 a 153 de este Código.
Texto vigente según Ley 11/1990, 15 octubre (*«B.O.E.»*, 18 octubre).

Artículo 649

Revocada la donación por causa de ingratitud, quedarán, sin embargo, subsistentes las enajenaciones e hipotecas anteriores a la anotación de la demanda de revocación en el Registro de la Propiedad.

Las posteriores serán nulas.

COMENTARIO

1.- La revocación de la donación por ingratitud no produce efectos retroactivos, por lo cual los actos de disposición (total, la enajenación, como la venta, etc.; parcial, como la hipoteca) del objeto de la donación permanecen válidos y eficaces, aunque el donante podrá exigir el valor que le permite el artículo 650.

2.- Sin embargo, habiendo el donatario incurrido en causa de ingratitud, en el momento en que el donante formula la demanda de revocación de la donación y ésta se anota en el registro de la Propiedad, el donatario pierde el poder de disposición y cualquier acto de este tipo que realice —o parcial— será ineficaz («nulos» dice el texto legal); precisamente, la ineficacia por la falta del poder de disposición del sujeto.

Lo anterior se refiere, evidentemente, sólo a la revocación de una donación de inmueble inscrito en el Registro de la Propiedad, único bien del que se puede conseguir la anotación preventiva de la demanda en el Registro de la Propiedad. Si se trata de inmuebles no inscrito o de cosa mueble, se puede solicitar, con la demanda, una medida cautelar que produzca el mismo efecto; pero, en todo caso, el conocimiento de la demanda por el donatario demandado (así, por el emplazamiento) producirá este efecto de hacerle perder el poder de disposición sobre la cosa y que sea ineficaz cualquier acto de disposición posterior.

CONCORDANCIAS

Véase Ley Hipotecaria, de 8 febrero 1946 (*«B.O.E.»*, 29 mayo): arts. 37.2.º y 42.1.º.

Artículo 650

En el caso a que se refiere el primer párrafo del artículo anterior, tendrá derecho el donante para exigir del donatario el valor de los bienes enajenados que no pueda reclamar de los terceros, o la cantidad en que hubiesen sido hipotecados.

Se atenderá al tiempo de la donación para regular el valor de dichos bienes.

COMENTARIO

1.- El artículo anterior declaraba la no retroactividad de los efectos de la revocación de la donación por causa de ingratitud (salvo desde el momento de la anotación preventiva de la demanda en el Registro de la Propiedad o del conocimiento de la misma por el donatario demandado). Por tanto, el acto de disposición total o parcial que ha realizado el donatario, es válido y eficaz y se mantiene cuando posteriormente se le revoca la donación por ingratitud.

Lo cual no quiere decir que el donante quede indefenso ante la disposición del objeto de aquella donación que es revocada por ingratitud. El presente art. 650 prevé qué reclamará el donante si no puede recuperar el objeto de la donación.

2.- Si la cosa mueble o inmueble ha sido dispuesta totalmente (la ha transmitido a tercero) antes de la revocación y antes incluso de anotarse preventivamente la demanda en el Registro de la Propiedad, y, por tanto, el acto dispositivo es válido y eficaz el donante tiene derecho al valor de la cosa donada, donación ahora revocada por ingratitud. Para calcular el valor se atenderá al tiempo de la donación, pero se pagará en el equivalente a la moneda actual (se paga el valor de ayer en pesetas de hoy).

Si la disposición ha sido parcial, el donante tiene derecho a la cantidad garantizada con el derecho de hipotecada (si se trata de hipoteca, única disposición que contempla este artículo) o el valor del gravamen (si se trata de cualquier otro tipo de disposición parcial).

Artículo 651

Cuando se revocare la donación por alguna de las causas expresadas en el artículo 644, o por ingratitud, y cuando se redujere por inoficiosa, el donatario no devolverá los frutos sino desde la interposición de la demanda.

Si la revocación se fundare en haber dejado de cumplirse alguna de las condiciones impuestas en la donación, el donatario devolverá, además de los bienes, los frutos que hubiese percibido después de dejar de cumplir la condición.

COMENTARIO

1.- Este artículo dispone las consecuencias de la revocación de la donación respecto a los frutos, según la causa de revocación. Si ésta es por superveniencia o supervivencia de hijos o por ingratitud no tiene efecto retroactivo respecto a los frutos: por tanto, el donatario no devolverá los que haya percibido; de acuerdo con el mismo efecto no retroactivo, sí deberá devolverlas desde la interposición de la demanda, momento en que el Código considera que se inicia la producción de efectos de la revocación. Este efecto respecto a frutos se aplica también al caso de la ineficacia total o parcial de la donación inoficiosa: aunque el texto legal tan sólo habla de reducción por inoficiosa, se entiende tanto la rescisión total como la parcial.

2.- Si la revocación de la donación es por incumplimiento del modo, el trato al donatario es mucho peor. El efecto es retroactivo y, por ello, y en cuanto a los frutos, debe devolver los que ha percibido desde el momento en que incumplió la carga o modo. Este momento será el que se haya previsto para el cumplimiento de la carga, si se ha previsto. Si no se ha previsto, deberá devolver los frutos desde el principio (desde la perfección de la donación) si desde entonces pudo cumplir la carga o desde el momento en que pudo cumplirla. Si la empezó a cumplir y dejó de hacerlo (tratándose de una carga de cumplimiento sucesivo o continuo), desde el momento devolverá los frutos percibidos. En todo caso, se impone el deber de devolución de frutos percibidos, no los debidos percibir. El Código, tanto en este artículo 651 como en otros, como el 647, llama «condiciones» a la carga o modo, pero es evidente que no son condiciones, no se trata de donación condicional, sino modal.

Artículo 652

La acción concedida al donante por causa de ingratitud no podrá renunciarse anticipadamente. Esta acción prescribe en el término de un año, contado desde que el donante tuvo conocimiento del hecho y posibilidad de ejercitar la acción.

COMENTARIO

1.- Referido este artículo a la revocación por ingratitud, se dispone que no es válida la renuncia anticipada a la acción o a la facultad de revocar por tal causa: si se hace, la renuncia será nula (art. 6.3) por infringir directamente esta norma prohibitiva. Renuncia anticipada es la que se hace antes de conocer el donante la conducta constitutiva de ingratitud. Sí es válida y eficaz la renuncia a la acción, después de que se haya dado la causa de ingratitud.

2.- La acción de revocación de la donación por causa de ingratitud tiene el plazo de caducidad de un año; el Código habla de prescripción, como en los demás artículos de la revocación de donaciones, pero no hay duda que se trata de caducidad.

El cómputo de este breve plazo de caducidad comienza desde el día *natae actiones* que como norma general establece (para la prescripción, también aplicable a la caducidad) el artículo 1969. Dice el final de este artículo 652 que se inicia el cómputo «desde que el donante tuvo conocimiento del hecho, y posibilidad de ejercitar la acción»; para ejercitar ésta, desde luego es preciso conocer el hecho que es causa de revocación y, además, debe tener la posibilidad de ejercer la acción.

JURISPRUDENCIA

«el corto plazo de un año establecido en el art. 652 CC se compensa en favor del donante con la expresa contemplación tanto del conocimiento del hecho como de la posibilidad de ejercitar la acción y, de otro, que en cualquier caso, extendido el impago de la pensión compensatoria desde abril de 1993 hasta la propia sentencia penal condenatoria del año 1996, es indudable la persistencia en la comisión del delito, y por tanto la formación o integración progresiva del hecho a conocer por la donante y la subsistencia de la posibilidad de ejercitar la acción durante todo ese período, o al menos hasta mayo de 1994 en que decidió denunciar penalmente el hecho» (13 febrero 2003, LA LEY 31703/2003)

Vid. sentencia de 23 noviembre 2004, recogida en el art. 647 en lo que se refiere al cómputo del plazo de caducidad.

Artículo 653

No se transmitirá esta acción a los herederos del donante, si éste, pudiendo, no la hubiese ejercitado.

Tampoco se podrá ejercitar contra el heredero del donatario, a no ser que a la muerte de éste se hallase interpuesta la demanda.

COMENTARIO

1.- La acción de revocación de la donación es personalísima y, en principio y como regla, intransmisible. Este artículo —que se refiere a la acción de revocación por ingratitud— declara la intransmisibilidad, en el sentido de que no se transmite si el donante, en vida, no quiso ejercitarla y esta intención se deduce de su conducta: si pudiendo ejercitar la acción, no lo hizo, se deduce que no quiso hacerlo y la acción no se transmitirá mortis causa a sus herederos.

2.- La revocación por ingratitud afecta a una conducta personal y reprochable del donatario. De ahí que el segundo párrafo de este artículo 653 disponga que la acción —la demanda— debe dirigirse personalmente contra el donatario, nadie más. Si éste muere durante el curso del proceso, la acción podrá continuar contra sus herederos, aplicándose las normas procesales que prevé la L.E.C. para el caso de fallecimiento del demandado. Pero fuera de este caso, si el donatario que ha incurrido en causa de ingratitud muere antes de que el donante ejercite la acción de revocación de la donación, éste ya no la podrá ejercitar, pues no puede hacerlo contra sus herederos, tal como lo impide el segundo párrafo de este artículo 653.

JURISPRUDENCIA

«Sobre tal trasmisibilidad de la acción es preciso destacar que sólo cuando consta la voluntad del donante de no revocar, no pueden los herederos ejercitar la acción; por otra parte, si el incumplimiento del modo se produce después del fallecimiento del donante (caso presente, respecto al codonante), no hay transmisión de la acción, sino que pueden ejercitarla los herederos, por haberse dado el presupuesto de la revocación cuando ya se había producido la muerte del donante y, por ende, la transmisión mortis causa a los herederos de sus derechos y obligaciones, conforme al artículo 659 del Código civil». (3 julio 2009, rec. 816/2005, LA LEY 113361/2009)

Artículo 654

Las donaciones que, con arreglo a lo dispuesto en el artículo 636, sean inoficiosas computado el valor líquido de los bienes del donante al tiempo de su muerte, deberán ser reducidas en cuanto al exceso; pero esta reducción no obstará para que tengan efecto durante la vida del donante y para que el donatario haga suyos los frutos.

Para la reducción de las donaciones se estará a lo dispuesto en este capítulo y en los artículos 820 y 821 del presente Código.

COMENTARIO

1.- Este artículo y los dos siguientes desarrollan la inoficiosidad de las donaciones que enuncia el art. 636. A la muerte del donante, se computan las donaciones (que, por cierto, se imputan a la legítima, si el donatario resulta ser, a su vez, legitimario; hay que recordar, también, que la legítima se atribuye —además de por otros medios— por donaciones) que, con lo que deja el donante a su muerte, sirve para el cálculo de la legítima: es el donatum que se suma al relictum. Si con este último no hay bienes suficientes para que los legitimarios perciban sus legítimas, son inoficiosas las donaciones y habrá que rescindirlas en todo o en parte hasta conseguir los bienes suficientes para cubrir las legítimas.

Esto es lo que dice el primer párrafo de este artículo en su primer inciso: «computando el valor líquido de los bienes del donante al tiempo de su muerte...» es decir, el *relictum*; si no es suficiente para que los legitimarios perciban sus legítimas: «deberán ser reducidas (las donaciones inoficiosas) en cuanto al exceso».

Lo que significa que si la donación es inoficiosa se reducirá lo que sea necesario para cubrir las legítimas. Si es preciso, se rescindirá totalmente. Si son varias las donaciones, se reducirán por orden inverso de antigüedad (primero, las más modernas) y si han sido hechas en el mismo acto, a prorrata (art. 656). Sin embargo, antes de reducir o rescindir donaciones, se reducen o anulan los legados (art. 820 al que se remite este artículo 654).

2.- Esta reducción o rescisión total de la donación no tiene efecto retroactivo. Así, los frutos que percibió el donante no las tiene que restituir o aportar a la masa del *donatum*. La donación fue válida y eficaz y sólo en el momento de la muerte del causante se podrá comprobar si es inoficiosa y, por tanto, hay que reducirla o rescindirla. Por ello, tiene pleno efecto la donación durante la vida del donante y el donatario hace suyos los frutos, tal como dispone el último inciso del primer párrafo de este artículo 654.

Si el donatario hubiera transmitido (disposición total) el objeto de la donación a un tercero o la hubiera gravado, con hipoteca por ejemplo (disposición parcial) deberá abonar su valor para integrar el *donatum* y cubrir las legítimas; valor al tiempo de la donación, que se satisfará en moneda equivalente al momento actual (precio de ayer en pesetas de hoy).

JURISPRUDENCIA

«el plazo para la prescripción de la acción ciertamente ejercitada no es con seguridad el de 15 años que la Audiencia le reconoce apoyándose en la generalidad del mismo según los términos del art. 1964 ("las personales que no tengan señalado término especial de prescripción"), cabiendo pensar en otro plazo menor, así el de un año del art. 652 o acaso mejor el de 4 años del 1929 y más próximamente aún el de 5 años del 646... la acción debe regirse por su analogía con la de revocación de donaciones por supervivencia o supervenencia de hijos, luego no ha de tener naturaleza distinta su plazo de ejercicio, que es de caducidad». (4 marzo 1999, LA LEY 3710/1999)

«Las donaciones válidas no forman parte del caudal relicto. Solo si debe calcularse el valor del caudal relicto al haber legitimarios, se aplicará el Art. 818 CC, cuyo párrafo segundo establece que una vez determinado el valor de dicho caudal, se agregará el de las donaciones colacionables. Esta operación es meramente contable y no requiere la aportación de los mismos bienes donados, sino únicamente la de su valor a los efectos de la determinación del quantum sobre el que se van a calcular las legítimas y las mejoras y va a servir de base para la reducción de las donaciones que haya que declarar inoficiosas, de acuerdo con lo que dispone el Art. 654 CC, de modo que solo han de computarse a los efectos del cálculo de la legítima y de la colación, si a ello hubiera lugar». (23 diciembre 2011, rec. 554/2009, LA LEY 259216/2011)

Vid. también jurisprudencia relacionada en el artículo 636.

CONCORDANCIAS

Véase art. 1.299 de este Código.

Artículo 655

Sólo podrán pedir reducción de las donaciones aquellos que tengan derecho a legítima o a una parte alícuota de la herencia, y sus herederos o causahabientes.

Los comprendidos en el párrafo anterior no podrán renunciar su derecho durante la vida del donante, ni por declaración expresa, ni prestando su consentimiento a la donación.

Los donatarios, los legatarios que no lo sean de parte alícuota y los acreedores del difunto, no podrán pedir la reducción ni aprovecharse de ella.

COMENTARIO

1.- La legitimación activa para el ejercicio de la acción para la reducción o rescisión de donaciones inoficiosas corresponde exclusivamente a los legitimarios y respecto, sólo, a lo que les falte para cubrir su respectiva legítima.

También tienen legitimación activa los herederos o causahabientes de cada legitimario, ya que esta acción (que no nace sino tras la muerte del donante) es transmisible *inter vivos* y *mortis causa*.

Los que no tienen legitimación activa son los herederos o legatarios de parte alícuota de la herencia, aunque sí lo diga este artículo (párrafo primero), puesto que para su cómputo no se incluye el *donatum*; es un simple error o una norma más del Código civil vacía de contenido. Tampoco tienen legitimación activa —y eso sí lo dice correctamente este artículo, en su tercer párrafo— los donatarios, los legatarios y los acreedores del donante, ya que nada tienen que ver (al igual que el heredero o legatario de parte alícuota) con el *donatum* que para nada se computa a su interés de la donación, del legado o del crédito. Añade el mismo texto legal que la reducción o rescisión por inoficiosidad no les aprovechará, lo cual es evidente, lo diga o no el Código.

2.- La acción de reducción o rescisión de donaciones por inoficiosidad es irrenunciable «durante la vida del donante»; es la prohibición de la renuncia anticipada a la acción de inoficiosidad, expresión de la prohibición de renuncia total o parcial a la legítima futura, que proclama el art. 816. La renuncia anticipada incurrirá en nulidad absoluta (art. 6.3), tanto si es expresa como si es tácita y un caso de renuncia tácita es la de que el legitimario prestara su consentimiento (como dice el segundo párrafo de este artículo 655), es decir, diera su conformidad a la donación al tercero. Una vez muerto el causante (donante), el legitimario sí puede renunciar a esta acción, de la misma forma que puede renunciar a su legítima.

CONCORDANCIAS

Véanse arts. 819, 820 y 825 de este Código.

Artículo 656

Si, siendo dos o más las donaciones, no cupieren todas en la parte disponible, se suprimirán o reducirán en cuanto al exceso las de fecha más reciente.

COMENTARIO

1.- Este artículo es consecuencia o epílogo de los anteriores y cabría, como una simple frase, en el art. 654. Se trata de que si se acciona la inoficiosidad porque no se cubre la legítima con el relictum y hay que reducir el donatum y el causante hizo, como donante, una serie de donaciones en distinta fecha, se reducirán o rescindirán «las de fecha más reciente», es decir, en orden inverso de antigüedad.

Si hubiera varias de la misma fecha, se seguirá el mismo orden, la que se hizo la última se reducirá o rescindirá la primera. Si todas se hicieron en el mismo acto (en una escritura se hacen varias donaciones, por ejemplo), son simultáneas y se reducen a prorrata.

2.- El texto legal se refiere a que las donaciones «no cupieren todas en la parte disponible»: lo que es una norma técnicamente correcta. La legítima de los hijos y descendientes es de dos tercios y un tercio es de libre disposición. El total de la herencia se calcula sumando el *relictum* y el *donatum*. Si con el *relictum* no se cubren aquellos dos tercios, resulta que el *donatum* fue excesivo, no cabe en el tercio de libre disposición. Lo mismo se puede decir de la legítima de los padres y ascendientes, cuya cuantía es distinta.

TÍTULO III
De las sucesiones

DISPOSICIONES GENERALES

Artículo 657

Los derechos a la sucesión de una persona se transmiten desde el momento de su muerte.

COMENTARIO

1.- Este artículo inicia la normativa del derecho de sucesiones, que se prolonga hasta el art. 1087 ocupando todo el título III. El error consiste en que éste forma parte del libro tercero del C.c. que se titula «de los diferentes modos de adquirir la propiedad» y la sucesión mortis causa es mucho más que un modo de adquirir la propiedad (también la considera así el art. 609, el primero de este libro). Por ella se adquiere todo derecho transmisible y se trata de una transmisión de todo un patrimonio.

El ordenamiento jurídico contempla el caso de la muerte de una persona titular de múltiples relaciones jurídicas y prevé que, sin extinguirse, sino permaneciendo inalteradas, las adquiera un sujeto como nuevo titular de las mismas. Sucesión *mortis causa* consiste, pues, en la atribución a una persona de la posición que otra abandona al morir, adquiriendo el conjunto de relaciones jurídicas de que era titular. Sin perjuicio de que, en ocasiones, se constituyan relaciones jurídicas nuevas por razón de la muerte de una persona integrantes de la sucesión *mortis causa* (como el usufructo del cónyuge viudo) o no (indemnización al heredero por un contrato de seguro o derivada del acto ilícito causante de la muerte).

2.- En el fenómeno sucesorio, tránsito del patrimonio del causante al heredero *mortis causa*, se distinguen una serie de etapas o fases: el momento inicial, que es la apertura de la sucesión; la vocación a la herencia, llamamiento abstracto a todos los posibles herederos; la delación, que es el concreto llamamiento a la herencia a favor de una o varias personas, con inmediata posibilidad de aceptarla o repudiarla; si acepta, se produce la adquisición de la herencia.

Este art. 657 se refiere a la *apertura de la sucesión*, primera fase del fenómeno sucesorio. Se produce por la muerte de la persona, única causa de extinción de la personalidad (art. 32) y por la declaración de fallecimiento, con ciertas salvedades (art. 196).

El momento de la apertura de la sucesión tiene importancia, pues por él se determina la existencia, capacidad y dignidad del heredero; además, los efectos de la aceptación —por tanto, adquisición de la herencia— se retrotraen al momento de la apertura. Este es el de la muerte del causante, que debe constar en el Registro civil y determinarse judicialmente en la declaración de fallecimiento (segundo párrafo del art. 195); en caso de duda del momento de la muerte, entre varias personas, se entienden muertas al mismo tiempo si no se prueba la muerte anterior de una u otra (art. 33). Determina asimismo la legislación aplicable, que es la vigente en el momento de la apertura.

El lugar de la apertura de la sucesión, importante a los efectos de determinar la competencia de los Tribunales en todo proceso relativo a la misma, es el domicilio del causante al tiempo de su muerte (art. 52.1.4.º L.E.C.).

La apertura de la sucesión puede dar lugar a una serie de medidas destinadas a cuidar y conservar el patrimonio hereditario (arts. 790 y ss. L.E.C.).

3.- Este artículo dice literalmente que lo que se transmite son «los derechos a la sucesión de una persona». Pero no es así: no se transmiten «derechos a», sino los derechos que forman parte de la herencia y que integran la sucesión: al contenido de la herencia se refiere el art. 659.

JURISPRUDENCIA

«ningún comunero o coheredero puede vender bien alguno mientras no se le adjudique en la partición, y caso de hacerlo la venta es nula por falta de poder de disposición... reconociendo legitimación para la acción de nulidad no sólo a los obligados por el contrato sino también a los terceros a quienes perjudique o puedan ver sus derechos burlados o menoscabados por la relación contractual». (17 febrero 2000, LA LEY 51529/2000)

«el justo título lo constituye no sólo el testamento de D. José R. G., que ni es nulo, ni fue revocado, sino también, la adquisición de los bienes hereditarios, en virtud de la posesión civilísima establecida en el art. 440 CC abierta la sucesión, aceptada la herencia, y transcurrido el tiempo determinado por el art. 1957 para la prescripción de inmuebles entre presentes, con posesión ejercida de forma pública, pacífica e ininterrumpida a título de dueño». (22 febrero 2000, LA LEY 5781/2000)

«Ciertamente algunas sentencias de esta Sala han reconocido en ocasiones la posibilidad de que personas llamadas por ley a la sucesión de otra, ya fallecida, defiendan los derechos de que esta última fuera titular. Pero ello siempre que la acción se ejercitara en beneficio de la herencia, como el caso de la S 17 Jun. 1963 citada por el recurrente en su día en la demanda y ahora en el motivo tercero; o porque la demandante, esposa del fallecido, fuera albacea testamentaria o administradora de hecho de la herencia, como en el de la S 14 May. 1971, igualmente citada en el mismo motivo; o en fin, porque la parte demandante fuera heredera única de los titulares del bien o heredera testamentaria universal y única, de modo que resultara superflua la partición, como en los casos de las SS 16 Feb. 1987 y 9 May. 1997. Fuera de esos casos singulares, la doctrina de esta Sala es, como recuerda la última de las sentencias citadas (recurso núm. 1649/1993), que "el simple título de heredero no es suficiente para ejercitar la acción reivindicatoria o la declarativa de domino". Así, en relación con la acción reivindicatoria, cuya diferencia con la declarativa de dominio no está tanto en el título del demandante como en la posición del demandando, poseedor en el caso de la reivindicatoria y no poseedor en el de la declarativa, tiene reiteradamente declarado esta Sala que el título universal de herencia es insuficiente por sí solo para reivindicar fincas determinadas si no se prueba que forman parte de la herencia (TS SS 11 May. 1987, 3 Jun. 1989, 5 Nov. 1992 y 29 Jun. 1996). Y más específicamente en relación con la acción declarativa de dominio, la S 20 Oct. 1989 declaró que el mero parentesco con el titular anterior no era suficiente para entender adquirida la propiedad por sucesión testada o intestada conforme al art. 609 CC». (16 mayo 2000, LA LEY 100060/2000)

«En materia de adquisición de herencia, y con relación al régimen sucesorio del CC, resulta incuestionable que rige el denominado sistema romano caracterizado porque no basta la delación hereditaria (apertura, vocación y delación) para ser titular del derecho hereditario, sino que además es preciso que el heredero acepte la herencia, lo que puede efectuarse de forma expresa o bien tácita. Producida la delación, el heredero, el llamado a heredar en concreto, como titular del ius delationis, puede aceptar o repudiar la herencia, pero en tanto no acepte, como se ha dicho, no responde de las deudas de la herencia, porque todavía no se produjo la sucesión no es sucesor, sino sólo llamado a suceder. Si acepta responder incluso con sus propios bienes, salvo que la aceptación expresa tenga lugar con arreglo a lo prevenido para disfrutar del beneficio de inventario». (27 junio 2000, LA LEY 29981/2000)

«los derechos sucesorios producen su eficacia por la muerte del causante y no pueden retrotraer sus efectos a momentos muy anteriores —la escritura en cuestión se firmó el 3 Dic. 1987 y el Sr. G. G. falleció el 31 Oct. 1992, casi cinco años más tarde—. Otra cosa atentaría contra el derecho a la libre disposición de los bienes, convirtiendo los derechos legitimarios en una vinculación.» (11 diciembre 2001, LA LEY 5451/2002)

«la condición de heredero exige para su consolidación que se produzca el fallecimiento del causante (artículos 657 y 661 del Código Civil), lo que da lugar a la apertura de la sucesión y ejercicio de los derechos sucesorios consecuentes a la vocación hereditaria (delación y adquisición), sin dejar de lado el derecho a desheredar del que puede hacer uso el testador en los supuestos previstos en los artículos 756, 852 y 853 del Código Civil. Lo expuesto conduce a la conclusión decisoria casacional de que al recurrente no le asiste de momento interés alguno acreditado para instar la nulidad de la compraventa del pleito». (28 febrero 2004, rec. 1412/1998)

«El artículo 657 del Código Civil dispone que los derechos a la sucesión de una persona se transmiten desde el momento de su muerte. No obstante lo dispuesto en este artículo no es posible prescindir de que en el periodo de indivisión, los herederos poseen el patrimonio del causante colectivamente, permaneciendo indeterminados sus derechos hasta que la partición se realiza, sin que pueda, durante tal estado de indivisión, reclamarse para sí, sino para la comunidad hereditaria (Sentencia del Tribunal Supremo de 25 de junio de 1965)». (4 mayo 2005, rec. 4533/1998)

«una herencia deja de ser futura cuando se ha producido la muerte del causante; habrá otras cuestiones, pero no es futura. El discutido negocio jurídico de 31 de julio de 1985 es cesión del derecho a la herencia. No admitiéndose la transmisión del ius delationis, pero sí la disposición de la herencia una vez adquirida, no futura, el acto de ceder implica aceptación, por más que medien procesos, como la declaración de nulidad de un testamento que de no haber sido declarado nulo, no hubiera sido posible aquella aceptación. Y lo mismo cabe decir de los presupuestos objetivo y subjetivo que exige el artículo 991 (que se cita en el recurso) de la certeza de la apertura de la sucesión y del derecho a herencia. Por más que fuera posterior en el tiempo, quedaron acreditados cuando se declaró la nulidad de un testamento y el carácter de heredera de doña Milagrosa, siendo válida aquella cesión como aceptación, con efecto retroactivo a la muerte de la causante, sin que pueda hablarse de herencia futura». (15 abril 2011, rec. 1342/2007, LA LEY 37940/2011)

«Es herencia futura la que se refiere a persona viva, ya que la apertura de la sucesión "se abre justamente en el momento de su muerte en el cual su patrimonio se transmuta en herencia yacente...", como dicen las sentencias de 12 de marzo de 1987 y 7 de mayo de 1990 y "los bienes y derechos adquiridos por los correspondientes beneficiarios desde tal fecha... en virtud del efecto retroactivo de la aceptación" como dice la sentencia de 21 de junio de 1986 y ya dijo la de 3 de abril de 1965 que "si bien es cierto que los herederos suceden al

difunto por el hecho de su muerte y desde este momento nacen los derechos de sucesión, no lo es menos que su efectividad puede demorarse por las instituciones condicionales o a plazo..." y en esta línea la antigua sentencia de 8 de marzo de 1918 ya advirtió que "los derechos a la herencia de una persona se transmiten desde el momento de la muerte, sucediendo los herederos del difunto por este hecho y el de la aceptación expresa o tácita, sin que pueda concederse a la declaración de herederos un efecto constitutivo que pugna contra el nombre y alcance de tal acto judicial". Otras sentencias, como las citadas por la de instancia de 1 diciembre de 1995 y 11 de junio de 2003 parten, como indiscutible, que no es herencia futura la que corresponde a persona ya fallecida». (16 junio 2011, rec. 1717/2007, LA LEY 98655/2011)

Sobre la herencia yacente:

«Resulta rigurosamente cierto que tanto la recurrente, como primeramente su hermano, administraron el negocio instalado en el local del negocio, en nombre y beneficio de la herencia yacente de su difunto padre, hecho que es aceptado implícitamente por ambos administradores, acatando la resolución judicial que les obliga a rendir cuentas de su mandato». (20 marzo 1990, LA LEY 407-1/1990)

«si bien la demanda se dirigió contra la herencia yacente del Sr. R.C., lo fue precisando quiénes eran sus herederos conocidos, entre los que se encontraba el hoy recurrente D. Juan Antonio R.D., que se personó en autos en tal concepto, sin que la supuesta infracción procesal pudiera ocasionarle indefensión alguna». (21 mayo 1991, LA LEY 2538/1991)

«La situación de yacencia hereditaria no equivale a herencia vacante y se produce en tanto no se acepte la misma. La herencia yacente está dotada de personalidad jurídica especial como comunidad de intereses, que exige estar incorporada en la misma, por lo que no cabe ser entendida con separación absoluta de las personas llamadas a suceder, ya que los derechos y obligaciones del causante se transmiten desde su fallecimiento [arts. 657 y 659 CC (Código Civil)]». (11 abril 2000, LA LEY 6910/2000)

«la situación de herencia yacente. Esta sólo lo estuvo en el tiempo que media entre la apertura de la sucesión y tal aceptación tácita por la cesión de la herencia. Herencia yacente es la situación en que se encuentra la herencia desde la apertura de la sucesión hasta la adquisición por la aceptación y en el caso presente, ésta tuvo lugar exactamente el 31 de julio de 1985, fecha de la cesión que contempla como aceptación el artículo 1000.1.º del Código civil. La situación de yacencia hereditaria no equivale a herencia vacante, nos recuerda la sentencia de 11 de abril de 2000». (15 abril 2011, rec. 1342/2007, LA LEY 37940/2011)

Sobre la *actio petitio hereditatis:*

«la de petición de herencia la confunde la sentencia de primera instancia con una acción reivindicatoria, cuyas dos acciones, aunque con ciertos puntos de similitud, difieren entre sí, pues la primera de ellas es una acción universal dirigida primordialmente al reconocimiento de la cualidad de heredero con respecto a un totum hereditario, mientras que la segunda, de naturaleza típicamente real, se dirige a obtener la restitución de bienes concretos y determinados, si bien la actio petitio hereditatis también sirve de vehículo para que las personas activamente legitimadas por ella puedan conseguir en beneficio de la masa común (y, tal vez, aquí radique la confusión en que incurre la sentencia del Juez) la restitución de todos o parte de los bienes que compongan el caudal relicto perteneciente al causante, cuya posesión a título sucesorio (pro herede possesor) o sin derecho alguno (possidens pro possesore) retenga en su poder el demandado». (21 junio 1993, LA LEY 925-5/1993) (Doctrina reiterada por la de 28 mayo 2004, rec. 2041/1998)

«la llamada "acción de petición de herencia" (actio petitio hereditatis), que es la ejercitada en este proceso, tiene un plazo de prescripción de treinta años (sentencias de esta Sala de 20 de abril de 1907, 28 de febrero de 1908, 21 de junio de 1909, 18 de mayo de 1932, 25 de octubre de 1950, 6 de marzo de 1958, 12 de noviembre de 1964, 7 de enero de 1966, 23 de diciembre de 1971, 2 de junio de 1987, entre otras), que empieza a contarse desde que el poseedor aparente de los bienes exterioriza su propósito de hacerlos propios, titulándose dueño de los mismos, comportándose como tal y negando a los demás el carácter de herederos». (2 diciembre 1996, LA LEY 1191/1998)

«la llamada "acción de petición de herencia" (actio petitio hereditatis), que es la ejercitada en este proceso, tiene un plazo de prescripción de treinta años (sentencias de esta Sala de 20 de abril de 1907, 28 de febrero de 1908, 21 de junio de 1909, 18 de mayo de 1932, 25 de octubre de 1950, 6 de marzo de 1958, 12 de noviembre de 1964, 7 de enero de 1966, 23 de diciembre de 1971, 2 de junio de 1987, entre otras), que empieza a contarse desde que el poseedor aparente de los bienes exterioriza su propósito de hacerlos propios, titulándose dueño de los mismos, comportándose como tal y negando a los demás el carácter de herederos... en su aspecto restitutorio a los herederos reales, no es necesario, como parece entender el Tribunal a quo, que se refiere a todos los bienes integrantes del caudal hereditario, sino que puede limitarse a bienes que estén en posesión de determinada persona y no otros... de otra parte, la legitimación pasiva en la acción de petición de herencia de quienes no se arroguen la condición de poseedores de los bienes en concepto de herederos o a título universal, sólo procede cuando sean meros poseedores sin título singular alguno». (21 mayo 1999, LA LEY 9035/1999)

CONCORDANCIAS

Véase arts. 196, 440, 661, 799, 881, 882 y 1.006 de este Código.

Artículo 658

La sucesión se defiere por la voluntad del hombre manifestada en testamento, y, a falta de éste, por disposición de la ley.

La primera se llama testamentaria, y la segunda legítima.

Podrá también deferirse en una parte por voluntad del hombre, y en otra por disposición de la ley.

COMENTARIO

1.- Los dos primeros párrafos de este artículo recogen la clasificación, por razón de su origen, de la sucesión mortis causa.

Sucesión *testada* es la que ha sido dispuesta por el causante en testamento, sea cualquiera la clase de éste. *Contractual* es la dispuesta por el causante en contrato sucesorio, en aquellas legislaciones que lo admiten; el Código civil no admite en principio el contrato sucesorio: el artículo 1271 dispone en su segundo párrafo que «sobre la herencia futura no se podrá, sin embargo, celebrar otros contratos que aquellos cuyo objeto sea practicar entre vivos la división de un caudal conforme al artículo 1.056», lo que no es un contrato sucesorio, sino una partición de la herencia hecha por el propio testador. En otras legislaciones (así, en Cataluña, los llamados heredamientos) está admitido plenamente.

A falta de testamento y de contrato sucesorio (en las legislaciones que admiten éste), es decir, en defecto de sucesión testada y contractual o, en otras palabras, en defecto de disposición por el causante, se da la sucesión *intestada*: la ley designa sucesores a determinados parientes próximos, al cónyuge y al estado en último lugar. A la sucesión intestada, el Código civil la designa a veces con el nombre de legítima, expresión que puede confundirse con la sucesión forzosa.

2.- Junto a las clases anteriores de sucesión *mortis causa*, existe una última coexistente con todas ellas: la sucesión *forzosa* (o legitimaria) por la que determinadas personas —cónyuge y parientes muy próximos, llamados legitimarios— tienen derecho a percibir una parte o el valor de una parte de los bienes del causante, llamada legítima. Constituye una carga que la ley impone al causante o, desde otro punto de vista, un límite a su facultad de disposición *mortis causa*. Si dispone de sus bienes a favor de los propios legitimarios en cuantía suficiente, no se planteará problema alguno, como tampoco se plantea en la sucesión intestada en que la propia ley ordena el destino de los bienes (coinciden los sucesores intestados con los legitimarios, salvo la legítima del cónyuge). Pero si el legitimario no ha percibido la cuantía que le corresponde sobre los bienes del causante —su legítima—, podrá reclamarla utilizando los derechos que la ley le concede en los casos de preterición, desheredación injusta o la acción de suplemento de legítima.

3.- La sucesión *testada* puede coexistir con la *intestada* en el caso de que el causante no haya dispuesto en el testamento de la totalidad de sus bienes, en cuyo supuesto se producirá la segunda respecto, tan sólo, de los bienes no incluidos en el testamento. Esta compatibilidad la prevé el tercer párrafo del art. 658.

CONCORDANCIAS

Véase:
— arts. 1.271 párrafo 2.º de este Código.
— Ley 19/1995, 4 julio (*«B.O.E.»*, 5 julio), de Modernización de las Explotaciones Agrarias.

Artículo 659

La herencia comprende todos los bienes, derechos y obligaciones de una persona, que no se extingan por su muerte.

COMENTARIO

1.- En el anterior artículo se hacía referencia a la clasificación de la sucesión mortis causa por razón de su origen (testada, intestada y forzosa). Por sus efectos o amplitud, se clasifica en universal y particular, a que se refiere el art. 660. La sucesión universal se conecta directamente con el concepto de herencia: ésta tiene diversas acepciones: la más aceptable es la objetiva, que estima que la herencia es el patrimonio del causante, es decir, la universalidad o conjunto de bienes, derechos y obligaciones que son objeto de la sucesión mortis causa. Esta acepción es la recogida en este art. 659.

2.- Por otra parte, este artículo se refiere al *contenido de la herencia*, que es esencialmente el patrimonio del causante, como universalidad, formada por el conjunto de relaciones jurídicas activas y pasivas de las que era titular, siempre que no se extingan por la muerte.

Esta idea debe matizarse en los distintos aspectos que forman el contenido de la herencia:

1.º. Derechos patrimoniales. En los derechos patrimoniales, la regla general es la transmisibilidad y, por tanto, la posibilidad de que formen parte de la herencia. No son transmisibles los que sean personalísimos (como los derechos de uso y habitación) y los que se extingan por la muerte de su titular (como, normalmente el usufructo). Tampoco son transmisibles aquellos derechos de crédito contraído *intuitu personae*.

2.º. Obligaciones patrimoniales. El heredero subentra en el patrimonio del causante no sólo en su parte activa, sino también en la pasiva, por lo que puede decirse que no sólo integran el contenido de la herencia los derechos patrimoniales, sino también las obligaciones, a no ser que éstas se extingan con la muerte del deudor, como en el caso de las contraídas *intuitu personae*.

Lo que cabe destacar en este punto es que, aun integrando el contenido de la herencia, el causante no puede disponer de sus deudas, sino sólo de sus derechos, pues las deudas recaen por imperio de la ley sobre el heredero respondiendo todos los bienes de la herencia y aún los del propio heredero (a no ser que haya aceptado a beneficio de inventario).

3.º. Derechos extrapatrimoniales. Forman también parte del contenido de la herencia algunos derechos no patrimoniales; así el derecho moral del autor, la acción de calumnia e injuria y las acciones de filiación, en todos cuyos casos la ley los atribuye a los herederos en caso de muerte del titular.

3.- No integran el contenido de la herencia los derechos de la personalidad (nombre, honor, intimidad, imagen, etc.). aunque se transmite al heredero la acción para reclamar resarcimiento de daños sufridos por aquéllos, tampoco los derechos de familia; ni los derechos de carácter público (políticos y administrativos).

Tampoco integran el contenido de la herencia los derechos que son atribuidos por la ley a determinadas personas a la muerte de su titular. Son los casos de los títulos nobiliarios y de los derechos de arrendamientos rústicos y urbanos en que leyes especiales regulan su atribución a ciertas personas unidas con ciertos vínculos con el titular que fallece. No integran la herencia ni el nuevo titular los adquiere *iure hereditario*, sino que la ley ordena que los adquiera éste, que ni siquiera es preciso que sea heredero del fallecido. En estos casos se emplea la expresión *sucesión extraordinaria* o excepcional o irregular, si bien no es propiamente una sucesión *mortis causa*.

Tampoco forman parte de la herencia los derechos que se constituyen por la muerte de una persona, como son los casos de indemnización por causa de muerte, o de pensión de viudedad u orfandad, o el pago del capital del seguro de vida. El beneficiario los adquiere *iure propio*, no *iure hereditario*.

JURISPRUDENCIA

«La doctrina que sustenta esta Sala sobre la transmisión mortis causa de las Administraciones de Loterías puede resumirse en que no forman parte de la herencia, que la titularidad de las Administraciones se rige en cuanto a su transmisión por normas específicas, que nada tienen que ver con las sucesorias. Las mismas se hallan en el artículo 14 del RD de 11 de junio de 1985 (...) el artículo 659 del Código Civil excluye de la herencia los derechos que se extinguen a la muerte de la persona, entre los que hay que integrar necesariamente la titularidad de una Administración de Loterías, que es un derecho configurado exclusivamente por normas administrativas. El administrador sólo tiene facultad de proponer a la Administración un nuevo titular, no un sucesor, no en su testamento necesariamente sino en documento público (artículo 14.1) Todo lo demás hasta el nuevo nombramiento del propuesto sigue un proceso administrativo que terminará, en su caso, con una nueva designación de Administrador de Loterías. En ningún caso la decisión final depende del titular fallecido». (2 enero 2006, rec. 1899/1999)

Artículo 660

Llámase heredero al que sucede a título universal, y legatario al que sucede a título particular.

COMENTARIO

1.- Este artículo recoge la clasificación de la sucesión mortis causa en universal y particular. El sucesor en la sucesión universal es el heredero; en la particular, el legatario.

La sucesión *mortis causa universal* (siempre *mortis causa*, pues no cabe una sucesión ni una transmisión de un patrimonio, universal, *inter vivos*) implica una sucesión en la totalidad o parte alícuota del patrimonio del causante. En la sucesión *particular* sucede en una o varias relaciones jurídicas concretas y determinadas del causante.

2.- El heredero sucede a su causante en la universalidad (total o una parte alícuota) de sus derechos y obligaciones, sustituye al causante en general asumiendo en bloque el conjunto de las relaciones jurídicas transmisibles de que era titular, como un todo, en forma unitaria; es decir, el heredero es el sucesor a título universal, percibe la herencia del causante. Puede existir un solo heredero o varios, en cuyo último caso perciben, cada uno, una parte alícuota de la herencia, dividiéndose la herencia entre ellos, como coherederos.

Por el contrario, el legatario es el sucesor a título particular, que recibe del causante la titularidad de una o varias relaciones jurídicas concretas, percibe derechos concretos, parte activa del patrimonio del causante singularmente (salvo que el causante le imponga como carga el pago de una deuda o toda la herencia se distribuya en legados). El carácter más importante de la sucesión particular frente a la universal, es negativo; el legatario o sucesor particular es un simple atributario de titularidad y no juega ninguno de los papeles del heredero en la liquidación de la herencia, pago de deudas y asunción general de la posición jurídica del causante; es un puro perceptor de bienes, un sucesor en relaciones jurídicas concretas y cabe incluso que no suceda al difunto, como en el caso de legado de cosa ajena.

3.- Debe completarse la interpretación de este artículo con el comentario del art. 668.

JURISPRUDENCIA

«existen sustanciales diferencias entre el sucesor como usufructuario universal y el heredero, en cuanto la herencia implica una adquisición traslativa de dominio, en tanto que el usufructo, aunque también adquisitivo, es constitutivo de un derecho real en cosa ajena, en cuanto el usufructuario a diferencia del heredero no entra directamente en la posesión y disfrute de los bienes hereditarios, sino que ha de recibirla del heredero o albacea y en cuanto el heredero responde de las deudas hereditarias con los bienes de la herencia y con los suyos propios, salvo beneficio de inventario, mientras que el usufructuario no soporta tal responsabilidad, salvo casos excepcionales (arts. 506, 508 y 891 del Código Civil), y si además no se olvida que es el nudo propietario el sucesor en la universalidad de las relaciones jurídicas activas y pasivas de la herencia, no siendo el usufructuario, aunque lo sea universal, más que un sucesor en los bienes, es decir, en la parte activa del patrimonio». (20 octubre 1987, LA LEY 74-1/1988)

CONCORDANCIAS

Véanse arts. 688, 768 y 790 de este Código.

Artículo 661

Los herederos suceden al difunto por el hecho sólo de su muerte en todos sus derechos y obligaciones.

COMENTARIO

1.- Este artículo parece una redundancia del art. 657. Viene a indicar que la sucesión mortis causa se basa, necesariamente, en la muerte del causante. Este, «por el hecho solo de su muerte», transmite la herencia a sus sucesores.

Sin embargo, puede confundir la expresión «hecho sólo de su muerte»; solamente la muerte produce la sucesión *mortis causa*, no hay otro hecho que la produzca; pero la sucesión no se produce automáticamente «por el hecho solo de la muerte» sino que es preciso todo el fenómeno sucesorio: la apertura de la sucesión producida por la muerte del causante, la vocación, la delación y, finalmente, la aceptación que da lugar a la sucesión *mortis causa*.

2.- Nuestro Derecho sigue el sistema romano de adquisición de la herencia. Según este sistema, seguido por el Código civil español, ésta se adquiere por la aceptación del instituido o llamado (con delación) a la herencia, que tal aceptación deviene heredero, con efecto retroactivo a la apertura de la sucesión (muerte del causante).

JURISPRUDENCIA

«no existe una imposibilidad dogmática o conceptual para la transmisión de que se trata, y la prueba de su factibilidad se produce en el caso del fallecimiento del socio antes de la inscripción, y como, según el artículo 661 del Código Civil, "los herederos suceden al difunto por el sólo hecho de su muerte en todos sus derechos y obligaciones", los del socio sucederán en los derechos y obligaciones entre él y los demás socios, si se trata de constitución de sociedad, o entre él y la sociedad, si es un aumento de capital social, aunque a este conjunto patrimonial no se le llame aún "acciones"». (18 marzo 2005, rec. 3960/1998)

«se trata del cumplimiento de la forma ad probationem *prevista por la ley —en este caso la elevación a escritura pública del negocio ya perfeccionado— para lo que han de entenderse legitimados únicamente los herederos del mandante fallecido que, según dispone el artículo 661 del Código Civil, suceden al difunto por el hecho sólo de su muerte en todos sus derechos y obligaciones».* (29 enero 2007, LA LEY 1053/2007)

«al haberlo adquirido por herencia de sus padres, aun cuando los efectos especificativos de la partición se hayan producido con posterioridad a la fecha del embargo, pues los herederos suceden al difunto en todos sus derechos y obligaciones por el solo hecho de su muerte (artículo 661) y entre tales derechos se ha de comprender necesariamente el de su defensa frente a ejecuciones extrañas cuando el bien perteneció en propiedad inicialmente a los causantes; luego se integró en la comunidad hereditaria para cuya defensa de intereses aparecía legitimado cualquiera de los herederos y, finalmente, ha sido adjudicado su dominio

mediante la partición de la herencia a quien ahora acciona de tercería. La sentencia de esta Sala de 21 de junio de 1986 (LA LEY 11150-JF/0000) ya señaló que, deferida la herencia en el momento de la muerte del de cuius, *según dispone el artículo seiscientos cincuenta y siete del Código Civil, los bienes y derechos son adquiridos por los correspondientes beneficiarios desde tal fecha —sentencias de veintinueve de septiembre de mil novecientos sesenta y seis y treinta y uno de enero de mil novecientos setenta y dos— en virtud del efecto retroactivo de la aceptación (artículos seiscientos sesenta y uno y novecientos ochenta y nueve)».* (12 febrero 2007, LA LEY 2415/2007)

Vid. sentencia de 28 febrero 2004 en el artículo 657: la condición de heredero se adquiere por el fallecimiento del causante.

CONCORDANCIAS

Véanse:
— arts. 440.1, 653, 657, 659, 759, 784, 800 a 805, 995, 1.003, 1.023, 1.054 y 1.068 de este Código.
— Ley del Registro Civil, de 8 junio 1957 (*«B.O.E.»*, 10 junio): art. 81.
— Reglamento del Registro Civil, de 14 noviembre 1958 (*«B.O.E.»*, 11 diciembre): arts. 280 y 281.

CAPÍTULO PRIMERO
DE LOS TESTAMENTOS

SECCIÓN PRIMERA
De la capacidad para disponer por testamento

Artículo 662

Pueden testar todos aquellos a quienes la ley no lo prohíbe expresamente.

COMENTARIO

La capacidad para testar, o testamentización activa, es de gran amplitud, restringiéndose sólo en contados casos. La capacidad es la regla general, las incapacidades son la excepción. Además, existe la presunción general de capacidad para testar, presunción *iuris tantum*, que admite prueba en contrario.

La regla general de amplia capacidad para testar se contiene en el art. 662: pueden testar todos aquellos a quienes la Ley no lo prohíba expresamente. Por tanto, no rige la normativa general de capacidad (que se adquiere con la mayoría de edad), sino una más amplia, sólo limitada por las causas que se enumeran en el propio Código.

JURISPRUDENCIA

«La capacidad del testador ha de destruirse con severidad precisa, acreditando que estaba aquejado de insania mental con evidentes y concretas pruebas (sentencia de 8-6-1994), ya que juega a su favor la presunción de capacidad establecida en el artículo 662, presunción calificada con el rango de fuerte presunción en la sentencia de 22 de junio de 1992, no obstante admite que pueda destruirse mediante pruebas cumplidas y convincentes demostrativas de que en el acto de la disposición testamentaria la testadora no se hallaba en su cabal juicio, lo que aquí no ha ocurrido, pues, continúa declarando la sentencia referida, que resulta erróneo el intento de la parte recurrente de transmutar la prueba pericial en prueba de presunciones para acomodar la impugnación a las pautas jurisprudenciales elaboradas respecto al artículo 666 y concordantes». (31 marzo 2004, rec. 1526/1998)

«Por lo que respecta a los preceptos sobre la capacidad del testador en el momento de otorgar el testamento, es carga de la parte que impugna el testamento probar que se hallaba en su cabal juicio, y la aseveración notarial sobre su capacidad adquiere especial relevancia de certidumbre y por ella se ha de pasar, mientras no se demuestre cumplidamente en vía judicial su incapacidad, destruyendo la enérgica presunción iuris tantum *que origina la susodicha aseveración notarial (sentencias de 27 de enero y 12 de mayo de 1998)».* (21 noviembre 2007, LA LEY 185157/2007)

CONCORDANCIAS

Véanse arts. 663, 666, 708 y 709 de este Código.

Artículo 663

Están incapacitados para testar:

1.º Los menores de catorce años de uno y otro sexo.

2.º El que habitual o accidentalmente no se hallare en su cabal juicio.

COMENTARIO

Las limitaciones a la regla general de amplia capacidad para testar están recogidas en el art. 663, que dispone que están incapacitados para testar:

Primero. Los menores de catorce años (núm. 1 del art. 663) que, si bien puede pensarse que los que han cumplido catorce años son todavía inmaduros, nada impide que más tarde revoquen o modifiquen el testamento; por otra parte, al ser el testamento acto personalísimo, el joven de catorce años —al no poder testar en su nombre su representante legal— no podría hacer testamento. Para hacer testamento ológrafo se requiere la mayoría de edad (art. 668, primer párrafo), es decir, dieciocho años.

Segundo. El que habitual o accidentalmente no se hallare en su cabal juicio (num. 2 del art. 663). Se trata del caso de que el testador no está en la plenitud de las facultades mentales, sea por locura permanente, por una enajenación transitoria, sea por encontrarse en estado de embriaguez, en un acceso febril o bajo influencia de drogas. Cabal juicio debe identificarse como capacidad natural de entender y querer.

JURISPRUDENCIA

«la jurisprudencia que de antiguo y en interpretación de tales preceptos ha establecido: a) que la incapacidad o afección mental ha de ser grave, hasta el extremo de hacer desaparecer la personalidad psíquica en la vida de relación de quien la padece, con exclusión de la conciencia de sus propios actos (S 25 de abril de 1959); b) no bastando apoyarla en simples presunciones o indirectas conjeturas, siendo un ir contra los preceptos reguladores de la testamentifacción y la jurisprudencia el declarar nulo un testamento por circunstancias de carácter moral o social, nacidas de hechos anteriores o posteriores al acto del otorgamiento, por ser un principio de derecho que la voluntad del hombre es mudable hasta la muerte (S 25 de octubre de 1928); c) que ni la enfermedad ni la demencia obstan al libre ejercicio de la facultad de testar cuando el enfermo mantiene o recobra la integridad de sus facultades intelectuales o el demente tiene un momento lúcido (S 18 de abril de 1916); d) que son circunstancias insuficientes para establecer la incapacidad: 1) la edad senil del testador, "pues es insuficiente para considerarle incapaz el hecho de tratarse de un anciano decrépito y achacoso...", ni el Derecho ni la Medicina consienten que por el solo hecho de llegar la senilidad, equivalente a la senectud o ancianidad se haya de considerar demente, pues la inherencia a ésta de un estado de demencia requiere especial declaración para ser fundamento de situaciones de derecho (S 25 de noviembre de 1928); 2) que el otorgante se encuentre aquejado de graves padecimientos físicos, pues ello no supone incapacidad si éstos no afectan a su estado mental con eficacia bastante para constituirle en ente privado de razón (S 25 de octubre de 1928); 3) no obsta a que se aprecie la capacidad para testar que el testador padezca una enfermedad neurasténica y tenga algunas extravagancias, cuando el testamento se ha otorgado en estado de cabal juicio según testimonian el Notario y los testigos (S 28 de diciembre de 1918); e) la sanidad de juicio se presume en toda persona que no haya sido previamente incapacitada (S 1 de febrero de 1956), pues a toda persona debe reputarse en su cabal juicio, como atributo normal del ser (S 25 de abril de 1959); de

modo que, en orden al derecho de testar, la integridad mental indispensable constituye una presunción iuris tantum que obliga a estimar que concurre en el testador capacidad plena y que sólo puede destruirse por una prueba en contrario "evidente y completa" (Ss. 8 de mayo de 1922 y 3 de febrero de 1951), "muy cumplida y convincente" (Ss. 10 de abril de 1944 y 16 de febrero de 1945), "de fuerza inequívoca" (S 20 de febrero de 1975), cualquiera que sean las últimas anomalías y evolución de la enfermedad, aun en estado latente en el sujeto (S 25 de abril de 1959), pues ante la dificultad de conocer dónde acaba la razón y se inicia la locura, la ley requiere y consagra la jurisprudencia que la incapacidad que se atribuya a un testador tenga cumplida demostración (23 de febrero de 1944; 1 de febrero de 1956); f) la falta de capacidad del testador por causa de enfermedad mental ha de referirse forzosamente al preciso momento de hacer la declaración testamentaria, y la aseveración notarial acerca de la capacidad del testador adquiere especial relevancia de certidumbre y por ella es preciso pasar, mientras no se demuestre "cumplidamente" en vía judicial su incapacidad, destruyendo la "enérgica presunción iuris tantum" (SS 23 Mar. 1894; 22 Ene. 1913; 10 Abr. 1944 y 16 Feb. 1945), que revela el acto del otorgamiento, en el que se ha llenado el requisito de tamizar la capacidad del testador a través de la apreciación puramente subjetiva que de ella haya formado el Notario (S 23 de marzo de 1944); g) restando por añadir que la intervención de facultativos no es necesaria en supuestos de otorgamiento de testamento por quien no se halle judicialmente declarado incapaz, lo que no implica que puedan intervenir, especialmente si el Notario lo prefiere para asegurarse de la capacidad del otorgante (Ss. 18 de abril de 1916 y 16 de noviembre de 1918), pues el art. 665 CC no es aplicable al caso de quien otorga testamento sin estar judicialmente incapacitado (S 27 de junio de 1908)». (27 enero 1998, LA LEY 3901/1996; reiterada por la de 12 mayo 1998, LA LEY 5891/1998; y, literalmente, por la de 27 junio 2005, rec. 274/1999)

«El art. 663 CC emplea la expresión cabal juicio, y el art. 664 la explica al referirse a la enajenación mental y si bien aquélla no puede resultar técnicamente muy afortunada, sí resulta lo suficiente expresiva en cuanto autoriza una amplitud interpretativa para abarcar a todas las personas incapaces de gobernarse por sí mismas (art. 200 CC). El precepto se ha de aplicar no sólo a quien por resolución judicial ha sido declarado incapaz (S 22 de junio de 1992), sino también a los afectados de una incapacidad de hecho suficientemente demostrada, que es el caso de autos, ya que D.ª Salomé P.P., fue declarada incapaz a medio de A 9 de julio de 1981 posterior a la fecha del otorgamiento de su disposición de última voluntad, pero la proximidad temporal también es significativa, en cuanto a que la anomalía mental ya existía, pues cuando se incoa el procedimiento judicial, evidentemente se parte de la concurrencia de un presencial y exteriorizado estado anómalo mental y no se ha de esperar a que durante el iter del proceso aquél tenga que manifestarse necesariamente. La decisión judicial que declara y confirma la situación de incapacidad, juega a efectos de la ineficacia de la presunción de capacidad para testar del art. 662 favor testamenti, que cabe ser destruido por medio de prueba inequívoca, cumplida y convincente en contrario (Ss. 12-5-1962, 13-10-1990, 30-11-1991, 10-2 y 8-6-1994); prueba que es de cargo, en cuanto excepción, de la parte que sostiene la incapacidad mental del testador en el momento del otorgamiento de su última voluntad (Ss. 10-4-1987 y 26-9-1988). Dicha prueba se ha practicado y el Tribunal de Instancia la valoró en sentido positivo, para lo que no sólo atendió a la pericial médica que se cuestiona y actuó sobre la historia clínica y datos médicos obrantes de D.ª Salomé P. ya que falleció el 17 de noviembre de 1984, sino también a actos anteriores, coetáneos y posteriores de dicha causante, próximos temporalmente a la fecha de otorgar su voluntad sucesoria». (19 septiembre 1998, LA LEY 9002/1998)

«la nulidad del testamento abierto, vicio totalmente demostrado y declarado lógicamente en la sentencia recurrida y aceptado en este recurso, derivado de la falta de cabal juicio de la otorgante, y que por lo tanto debe hacer surgir, tal declaración, con todos sus efectos las

disposiciones del testamento ológrafo, sin que tenga nada que ver la solemnidad de una u otra clase de testamento». (11 noviembre 1999, LA LEY 153138/2000)

«partiendo de la base de la capacidad del testador para otorgar el testamento en cuestión, tampoco cabe duda alguna que el mismo en tal acto de otorgamiento, pudo manifestar su voluntad, ya que en el presente caso hubo comunicación directa entre el testador y el notario, de tal forma que éste recibió de aquél la expresión de su última voluntad, como un requisito sustancial del negocio jurídico de testamento abierto, sin que además, por otra parte, ello sea un requisito que exija una formalidad expresa y concreta. En resumen, que en el presente caso el testamento cuestionado está hecho de conformidad con la voluntad del testador, sobre todo cuando las instrucciones que dio el testador eran de una gran simplicidad, y que su lectura sólo necesitaba unos movimientos afirmativos de cabeza». (24 noviembre 2004, rec. 905/2002)

«El tutor debe actuar en beneficio del tutelado. La acción para pedir la nulidad del testamento no beneficia para nada los intereses del incapaz, porque el testamento no va a ser eficaz en vida y cuando fallece, va a beneficiar a los llamados en el testamento, pero no al incapaz y los interesados tienen legitimación para ejercer aquellas acciones que crean conveniente para pedir la nulidad de un testamento. Es por esta razón que la segunda acción emprendida por el tutor en relación a la nulidad de diversos actos de disposición entre vivos relativos a cuentas corrientes e inversiones ha sido estimada, porque dichos actos perjudicaban al propio incapaz, en cuyo nombre está legitimado el tutor para actuar». (23 marzo 2010, rec. 103/2006, LA LEY 16961/2010)

CONCORDANCIAS

Véanse arts. 666, 688, 708 de este Código.

Artículo 664

El testamento hecho antes de la enajenación mental es válido.

COMENTARIO

El tiempo en que debe apreciarse la capacidad o la incapacidad del testador es el momento de otorgar testamento, tal como dispone el art. 666: para apreciar la capacidad del testador se atenderá únicamente al estado en que se halle al tiempo de otorgar el testamento. Carece de importancia, en consecuencia, el estado mental del testador en cualquier otro momento, como la época anterior al testamento o el del fallecimiento; así, si el testador no tenía capacidad al otorgar testamento pero la adquirió después, el testamento será nulo. La misma idea expresa el art. 664: el testamento hecho antes de la enajenación mental es válido.

Artículo 665

Siempre que el incapacitado por virtud de sentencia que no contenga pronunciamiento acerca de su capacidad para testar pretenda otorgar testamento, el Notario designará dos facultativos que previamente le reconozcan y no lo autorizará sino cuando éstos respondan de su capacidad.

COMENTARIO

Sobre la persona que no está o puede no estar en su cabal juicio, es decir, el posible enajenado mental, trata el presente artículo. De éste se desprende qué testamentización activa tiene el enajenado mental (el que no está en su cabal juicio) y qué precauciones deben tomarse para la validez de su testamento. Primero: si se trata de persona que no está incapacitada; se aplica la presunción general de capacidad antes aludida; el Notario, si tiene dudas sobre su estado mental, deberá hacerle reconocer médicamente y le aplicará el art. 665, aunque no esté previsto más que para el incapacitado. Segundo: si se trata de persona incapacitada: si la sentencia contiene pronunciamiento sobre su capacidad de testar, se está a lo que en ella se disponga (aunque es ciertamente dudoso, como observa ALBALADEJO que una sentencia de incapacitación prive no ya de capacidad legal de obrar, sino de capacidad natural para testar; si no contiene pronunciamiento expreso sobre su capacidad de testar, se aplica la previsión concreta de este artículo: el Notario designará dos facultativos que previamente le reconozcan y, si éstos estiman que está en su cabal juicio, el Notario autorizará el testamento (... y no lo autorizará sino cuando éstos respondan a su capacidad, concluye este art. 665).

JURISPRUDENCIA

Vid. la jurisprudencia relacionada en el artículo 663, que se refiere a la incapacidad del que no se halla en su «cabal juicio».

«si el testador no ha sido incapacitado por resolución judicial, jugará la presunción de capacidad para testar ex art. 662 CC (STS 18 de marzo de 1988), que en el supuesto de otorgarse el testamento ante notario, como ocurre en el presente litigio, viene sujeta a un cierto control no judicial, pues, según el art. 685.1 CC, el notario autorizante y los testigos instrumentales procurarán asegurarse de que, a su juicio, tiene el testador la capacidad legal necesaria para testar. El giro "procurarán asegurarse", que sustituye la expresión "deberán asegurarse", que aparecía en la redacción original del artículo, se interpreta en el sentido de que no se exige una aseveración de capacidad con absoluta certeza, ni la intervención de facultativos (STS 30 de septiembre de 1966) Y, por tanto, este juicio favorable a la capacidad del testador no puede tener otro alcance que el de originar una presunción iuris tantum de capacidad en el otorgante, que, de acuerdo con lo prevenido en el art. 1251 CC, podrá destruirse mediante prueba en contrario». (18 mayo 1998, LA LEY 5891/1998)

CONCORDANCIAS

Véase art. 695 de este Código.

Texto vigente según Ley 30/1991, de 20 de diciembre (*«B.O.E.»*, 23 diciembre), de modificación del Código Civil en materia de testamentos.

Artículo 666

Para apreciar la capacidad del testador se atenderá únicamente al estado en que se halle al tiempo de otorgar el testamento.

COMENTARIO

Véase el comentario al art. 664: ambos expresan la misma norma de apreciación de la capacidad para testar según el momento en que hizo el testamento.

JURISPRUDENCIA

«que si establece el artículo 666 que "para apreciar la capacidad del testador se atenderá únicamente al estado en que se halle al tiempo de otorgar el testamento", este mandato no impide que una sintomatología manifestada, abruptamente, con posterioridad, sirva como explicación de trastornos antecedentes de la conducta». (22 junio 1992, LA LEY 3393/1992)

SECCIÓN SEGUNDA
De los testamentos en general

Artículo 667

El acto por el cual una persona dispone para después de su muerte de todos sus bienes o de parte de ellos, se llama testamento.

COMENTARIO

1.- Es una mala técnica legislativa el que un texto legal defina instituciones: ésta es labor que debe dejarse a la doctrina; la norma jurídica regula una institución y de esta regulación sacaremos la definición, que lo más probable es que varíe con el tiempo. Así, este artículo define el testamento y lo define mal: se ha criticado y se ha dicho que ni es exacta, ni es completa, ni es útil. El testamento no es un acto, sino un negocio jurídico, integrado por una declaración de voluntad cuyo efecto es coincidente con aquella declaración. Resalta la naturaleza imperativa, en el sentido de que el testador no ruega o aconseja, sino que ordena o manda lo que quiere que se haga, a fin de producir sus efectos después de su muerte, lo que hace incluir el negocio jurídico en clase de mortis causa.

2.- El art. 667 da un contenido exclusivamente patrimonial al testamento, concretando su objeto a los bienes del causante. Es cierto que éste será el contenido normal del testamento, pero cabe que formen también su contenido disposiciones de naturaleza personal o familiar del testador, tales como designación de un tutor, reconocimiento de un hijo extramatrimonial o la variedad de órdenes sobre el entierro, funeral, etc., que puede hacer el causante. Incluso debe aceptarse un testamento que sólo contenga disposiciones no patrimoniales, pues lo contrario llevaría a la consecuencia inadmisible de que quien careciese de bienes no podría designar tutor o reconocer un hijo extramatrimonial en testamento, etc.

Artículo 668

El testador puede disponer de sus bienes a título de herencia o de legado.

En la duda, aunque el testador no haya usado materialmente la palabra heredero, si su voluntad está clara acerca de este concepto, valdrá la disposición como hecha a título universal o de herencia.

COMENTARIO

1.- Debe ponerse en relación el art. 660 con el presente art. 668. Aquél recoge la clasificación de la sucesión mortis causa en universal o a título de herencia y particular o a título de legado. Este aclara que el testador puede disponer de sus bienes a título universal o de herencia o bien a título particular o de legado; lo cual es obvio. A su vez, el párrafo segundo de este artículo coincide con la regla general de interpretación del testamento, que plasma el art. 675. En consecuencia, el art. 668 tiene un contenido meramente reiterativo.

2.- Sin embargo, partiendo del párrafo primero y aplicando el segundo, conviene exponer el criterio de distinción entre heredero y legatario, ya que ni toda la doctrina ni toda la jurisprudencia siguen la misma teoría.

Según la teoría objetiva, la diferencia entre heredero y legatario depende de la naturaleza objetiva de la disposición del testador; el heredero es el sucesor en la universalidad o parte alícuota de su patrimonio, prescindiendo de que lo designe o no como tal heredero.

Según la teoría subjetiva, el ser heredero o legatario depende de la voluntad del testador; heredero es el llamado como tal por aquél, independientemente de que disponga en su favor de la universalidad o de unas relaciones jurídicas concretas de su patrimonio: lo esencial, pues, es el criterio subjetivo de la voluntad del causante.

Según la teoría mixta, seguida tan sólo por algún autor y alguna sentencia aislada, para ser heredero es preciso no sólo el llamamiento universal, sino también que sea llamado como tal heredero, a título de herencia y no de legado.

Teniendo en cuenta, entre otros argumentos, el segundo párrafo de este art. 668, parece preferible el criterio objetivo de distinción: es heredero el que sucede a título universal, objetivamente considerado y legatario el que sucede a título particular. La herencia o el legado (como cualquier otra institución jurídica) es lo que es y no lo que el testador diga que es: así, no puede el causante hacer que le suceda universalmente uno a quien nombra sucesor particular, porque no puede —por más que quiera o que lo diga— ir contra el modo de ser de las cosas (del mismo modo que no se puede vender sin precio a cambio o no se puede donar a cambio de precio).

CONCORDANCIAS

Véanse arts. 660, 764 y 768 de este Código.

Artículo 669

No podrán testar dos o más personas mancomunadamente, o en un mismo instrumento, ya lo hagan en provecho recíproco, ya en beneficio de un tercero.

COMENTARIO

1.- En el comentario al art. 667 se dijo que el testamento es un negocio jurídico; es unilateral, tiene un solo sujeto, una sola parte; esta única parte no puede estar formada por varias personas físicas. El testamento sólo puede ser otorgado por una sola persona física, que dispone de su patrimonio, el suyo exclusivamente, además de otras posibles disposiciones.

Todo ello sin perjuicio de que algunos derechos forales permitan expresamente el testamento mancomunado. Y también lo permite el art. 22 de la Ley 49/1981, de 24 diciembre, del Estatuto de la explotación familiar agraria y de los agricultores jóvenes.

2.- El Código civil prohíbe expresamente el *testamento mancomunado*: dos personas que hacen conjuntamente su disposición testamentaria cada uno a favor del otro o ambos a favor de un tercero; también se prohíbe el testamento de más de una persona «en un mismo instrumento»: caso de testadores que disponen de su patrimonio en favor cada uno de distintas personas.

La violación de esta prohibición, es decir, el testamento mancomunado, sufre la sanción de nulidad absoluta, que prevé el art. 6.3 C.c.

Sin embargo, no entra en la prohibición el caso tan frecuente de que dos o más personas (en la práctica, un matrimonio) hacen cada uno su propio testamento, cada uno a favor del otro, o ambos a favor de la misma persona (los hijos, por ejemplo). Pero no es un testamento mancomunado, ni hecho «en el mismo instrumento», sino dos testamentos, no simultáneos, sino uno después del otro y cada uno revocable por su autor.

CONCORDANCIAS

Véanse art. 733 y Disposición Transitoria 2.ª de este Código.

Artículo 670

El testamento es un acto personalísimo: no podrá dejarse su formación, en todo ni en parte, al arbitrio de un tercero, ni hacerse por medio de comisario o mandatario.

Tampoco podrá dejarse al arbitrio de un tercero la subsistencia del nombramiento de herederos o legatarios, ni la designación de las porciones en que hayan de suceder cuando sean instituidos nominalmente.

COMENTARIO

1.- Uno de los caracteres del testamento es que es un negocio jurídico personalísimo, tal como destaca el primer inciso de este artículo (que emplea, como el art. 667 la expresión «acto» en vez de la correcta de negocio jurídico). Por tanto, sólo puede tener un sujeto, el propio testador, sin que pueda delegar en otra persona ni ser representado.

Al igual que ocurría en el testamento mancomunado, sí se permite el llamado testamento por comisario en varios Derechos forales. También lo prevé, en su reducido ámbito, la Ley 49/1981, de 24 diciembre, del Estatuto de la explotación familiar agraria y de los agricultores jóvenes, en los arts. 23 y ss.

2.- La prohibición que establece este artículo se diversifica en tres aspectos. En primer lugar, no puede dejarse la formación del testamento (es decir, su otorgamiento, su redacción) a un tercero: es el típico caso del *testamento por comisario*. En segundo lugar, el mismo supuesto en sentido negativo: no puede dejarse al arbitrio de un tercero la subsistencia del nombramiento de heredero o legatario, que había hecho el testador. En tercer lugar, habiendo dispuesto el testador de su patrimonio a favor de herederos o legatarios determinados, tampoco puede dejar a un tercero la disposición de porciones.

La violación de esta prohibición, es decir, el testamento por comisario, cae en la sanción de nulidad absoluta que contempla el art. 6.3.

Pero si el testamento es más amplio o puede mantenerse su subsistencia sin el comisario, será nula la cláusula que lo establece, manteniéndose la validez de aquél.

JURISPRUDENCIA

«el testamento es un acto personalísimo y que por tanto ni puede dejarse su formación, en todo ni en parte, al arbitrio de un tercero, ni hacerse por medio de comisario o mandatario, ni dejarse al arbitrio de un tercero la subsistencia del nombramiento de herederos y legatarios, ni la designación de las porciones en que hayan de suceder cuando sean instituidos nominalmente, según establece el artículo 670 del Código Civil, que evidentemente se vería vulnerado de autorizarse que un cónyuge alterase la voluntad testamentaria establecida por su cónyuge premuerto». (29 febrero 1992, LA LEY 3008/1992)

«fue el propio testador el que personalmente y con propia voz hizo expresión de su voluntad última en orden a la disposición de sus bienes y derechos, por lo que huelga pretender la vulneración de un precepto sustantivo que prohíbe la disposición testamentaria a través de un tercero». (10 abril 1992, LA LEY 3136/1992)

«partiendo de la base inexcusable de que el testamento es un acto personalísimo, que no puede dejarse a un arbitrio de un tercero, ni a través de comisario o mandatario. Sin embargo, ello no puede confundirse con una interdicción total y absoluta de la intervención de un tercero, siempre que el testador establezca previamente las partes objetivas y los criterios de distribución, por lo que con ello no puede haber vulneración del artículo 670 del Código Civil». (24 noviembre 2004, rec. 905/2002)

CONCORDANCIAS

Véase arts. 785.4.º, 830, 831, 875, 876 y 1.057 de este Código.

Artículo 671

Podrá el testador encomendar a un tercero la distribución de las cantidades que deje en general a clases determinadas, como a los parientes, a los pobres o a los establecimientos de beneficencia, así como la elección de las personas o establecimientos a quienes aquéllas deban aplicarse.

COMENTARIO

1.- El artículo anterior declaraba el testamento negocio jurídico personalísimo; a su vez, el art. 750 declara nula la disposición testamentaria en favor de persona incierta. Este artículo 671 no está en contradicción con los anteriores artículos, ni es una excepción a los mismos. El testamento es personalísimo, pero su ejecución puede encomendarse a un tercero cuando los herederos o legatario están determinados por el testador; no se nombra a personas inciertas, sino determinadas genéricamente («clases determinadas» dice el texto legal) cuya concreción se encomienda a tercero.

El texto legal emplea la expresión «... distribución de las cantidades» y parece que sólo alcanza al caso de que deje dinero; pero no puede seguirse tal interpretación literal que chocaría con la voluntad del testador. Puede encomendar a tercero la distribución tanto de dinero como de otros bienes.

2.- Lo que prevé exactamente es que el testador disponga a título de herencia o de legado de unos bienes a favor de clases determinadas, lo que significa una determinación genérica de personas físicas o jurídicas (así, tal cantidad de dinero o esta colección de joyas o aquel conjunto de fincas, la otorga como herencia o como legado a: los habitantes de tal raza de tal pueblo, o las parroquias de tal población, o los estudiantes de tal escuela). Y la elección de las personas físicas o jurídicas que deban recibir los bienes y la cuantía de éstos, lo decide el tercero nombrado por el testador, que no tiene el carácter ni puede ser denominado «comisario».

Al referirse a «clases determinadas», este artículo cita varios supuestos *ad exemplum*: parientes, pobres y establecimientos de beneficencia; aunque, evidentemente, puede haber otros. Si se refiere a parientes o a pobres, se aplica este artículo y es el tercero el que elige personas y distribuye bienes, sin aplicarse los arts. 749 y 751 que contemplan los supuestos de nombramiento genérico de parientes o pobre, sin la designación del tercero que prevé este art. 671.

CONCORDANCIAS

Véanse arts. 747, 749 y 907 de este Código.

Artículo 672

Toda disposición que sobre institución de heredero, mandas o legados haga el testador, refiriéndose a cédulas o papeles privados que después de su muerte aparezcan en su domicilio o fuera de él, será nula si en las cédulas o papeles no concurren los requisitos prevenidos para el testamento ológrafo.

COMENTARIO

1.- El testamento es un negocio jurídico formal o solemne: si no reúne el elemento de forma, con todos los requisitos de la misma, que se prevé en el Código para cada clase del mismo, es nulo, tal como dispone el art. 687.

Ello implica la proscripción total de las memorias testamentarias y codicilos, que existieran antiguamente y la nulidad, como disposición testamentaria, de *cédulas o papeles privados*, que referidos en el testamento pero fuera de él y sin los requisitos de éste, haya hecho el testador. Así lo expresa el presente art. 672.

2.- Sin embargo, tales cédulas o papeles sí son válidos si cumplen la forma de un testamento y éste no puede ser otra que la del ológrafo, tal como dispone el último inciso de este artículo. Tendrá validez, pues, como testamento ológrafo, con valor de testamento distinto, lo que tiene importancia a efectos de revocación: si es anterior al testamento que a él se refiere, queda derogado a no ser que expresamente se mantenga su validez; si es posterior, deroga el testamento que se refería a él (art. 739, primer párrafo); sin perjuicio de que se acepte la teoría de que un testamento que simplemente adicione o complete otro, son válidos aquél y éste.

JURISPRUDENCIA

«En el caso actual, el difunto declaró que quería que valiera un pretendido borrador, que ni tan solo había escrito, sino que constituía un simple resumen de lo que había manifestado

a la oficial de Notaría, a la espera de otorgar testamento. Sentencias antiguas de esta Sala, como las de 9 marzo 1908, 30 septiembre 1911 y 6 noviembre 1929 dicen que si no se había probado "el propósito serio y deliberado que tuviera el causante de otorgar su voluntad, ni que los testigos oyeran simultáneamente todas las disposiciones que quería que tuviesen como expresivas de aquélla... carece de los requisitos necesarios para ser testamento" (STS de 6 noviembre 1929). A ello se añade el argumento de que los testamentos per relationem, en los que se oculta la voluntad testamentaria con referencia a papeles privados, no se admiten en el Art. 672 CC». (4 noviembre 2009, rec. 1561/2005, LA LEY 217900/2009)

CONCORDANCIAS

Véase art. 688 de este Código.

Artículo 673

Será nulo el testamento otorgado con violencia, dolo o fraude.

COMENTARIO

1.- Se distinguen tres tipos de ineficacia del testamento: la revocación, la caducidad y la nulidad. Esta última implica un defecto o vicio concurrente en su otorgamiento, que determina su invalidez y, por ende, su carencia de efectos jurídicos. La nulidad puede venir de las siguientes causas: falta de capacidad del otorgante (arts. 663.1.º; 662.2.º; 688); inobservancia de las solemnidades legales (art. 687); otorgamiento en forma prohibida (arts. 669 y 670); y concurrencia de vicios de la voluntad (que contempla este art. 673).

2.- Se consideran vicios de la voluntad que anulan el testamento, la violencia, dolo o fraude. La violencia se refiere tanto a la material como a la moral o intimidación, siempre que una u otra sea causal, grave e injusta.

El dolo o fraude son empleados como sinónimos y puede proceder de cualquier persona (no es aplicable al ser el testamento negocio jurídico unilateral, el art. 1269).

3.- El error no está recogido en esta norma. Se puede entender que se aplicará la teoría general del negocio jurídico respecto al error, o, al contrario, que está excluido conscientemente en materia testamentaria. Se ha mantenido que el error invalida el testamento, en base al art. 675, que exige que se aplique la verdadera voluntad del testador, o en base a la aplicación análoga o interpretación extensiva del art. 1265. Y se mantiene la opinión —que debe estimarse como la acertada— de que el error-vicio sufrido al hacer una o varias o todas las disposiciones testamentarias, no produce la nulidad del testamento —ni siquiera de aquellas disposiciones—, sino en los casos de error que expresamente recoge el Código civil como causa de invalidez, que, en principio, sólo la acepta si del propio testamento se deduce el error y que sin él no se habría otorgado (767).

4.- La acción de nulidad por vicio de la voluntad sólo puede ser ejercitada, como legitimados activamente, por los interesados (no así en las demás causas de nulidad, que es absoluta, *ipso iure*, aplicable de oficio e imprescriptible: art. 6.3) que son los perjudicados por el testamento (así, los herederos *ab intestato* o beneficiarios de un testamento anterior). Es unas acción personal y prescribe a los quince años (art. 1964).

5.- Poniendo en relación este artículo con el 756.5.º, resulta que es indigno para suceder el que ha empleado esta violencia, dolo o fraude para que se otorgue un determinado testamento.

JURISPRUDENCIA

«en absoluto está superado el mandato del legislador, por lo menos por él, contenido en el art. 673, de que el error no es causa de nulidad del testamento. Aunque es objeto de agudas controversias en la doctrina si la omisión del mismo en aquel precepto debe ser corregida por una aplicación del art. 1265, en el que se conceptúa como vicio de la voluntad de los contratos. Otra cosa es el error en singulares disposiciones de un testamento, que el Código civil toma en cuenta, disponiendo sin embargo el art. 743 la ineficacia en todo o en parte de las disposiciones testamentarias "sólo en los casos expresamente prevenidos en este Código", con lo que implícitamente ordena que el error no las haga ineficaces en los demás casos, y la identidad que ha de tener el que se juzga con los previstos legalmente». (29 enero 2008, LA LEY 1135/2008)

CONCORDANCIAS

Véanse arts. 756.5.º y 1.265 y ss. de este Código.

Artículo 674

El que con dolo, fraude o violencia impidiere que una persona, de quien sea heredero abintestato, otorgue libremente su última voluntad, quedará privado de su derecho a la herencia, sin perjuicio de la responsabilidad criminal en que haya incurrido.

COMENTARIO

1.- Este artículo no hace sino repetir la causa de indignidad, consistente en actos atentatorios a la libertad de testar del causante y que recogen los números 5.º y 6.º del art. 756. Las diferencias terminológicas entre el art. 674 y 756 son intrascendentes. Y no tiene ningún interés, por ser evidente, el añadido del último inciso sobre la posible responsabilidad penal.

En definitiva, el que con dolo, fraude o violencia (que es lo mismo que amenaza, término que emplea el art. 756) impide a otro hacer testamento, de quien sea heredero *ab intestato* (según el art. 674) o no (según el art. 756.6.º) es indigno de suceder, con los efectos propios de la indignidad. Es preciso remitirse al art. 756 y ss. en los que se comenta ésta.

Si una persona, con dolo, fraude o violencia, obliga a otro a hacer testamento a su favor (art. 756.5.º) o le impide hacer testamento y resulta ser él heredero *ab intestato* (arts. 756.6.º y 674) será indigno de suceder. Pero si obliga a hacer testamento a favor de otro (su hijo, o un amigo), el indigno será el autor del dolo, fraude o violencia, pero no el nombrado heredero (si no tuvo participación): en tal caso, el testamento por sí será nulo, en virtud del art. 673 y tampoco será heredero.

CONCORDANCIAS

Véanse arts. 756.6.º y 1.265 y ss. de este Código.

Artículo 675

Toda disposición testamentaria deberá entenderse en el sentido literal de sus palabras, a no ser que aparezca claramente que fue otra la voluntad del testador. En caso de duda se observará lo que aparezca más conforme a la intención del testador según el tenor del mismo testamento.

El testador no puede prohibir que se impugne el testamento en los casos en que haya nulidad declarada por la ley.

COMENTARIO

1.- Interpretación del testamento (como cualquier otro acto o negocio jurídico) significa la averiguación y comprensión de su sentido y alcance, es decir, en el testamento, del sentido y alcance de la voluntad del testador, su voluntad real o intención.

Es de destacar la especial dificultad de esta interpretación en relación con la de los demás negocios jurídicos, por la circunstancia de que el único sujeto del testamento —negocio jurídico *mortis causa*— no existe por haber muerto y el intérprete es ajeno a la perfección del negocio jurídico sin posibilidad de contacto con su autor.

Aunque parezca objetivamente clara, la interpretación ha de darse siempre aunque el concepto estricto de interpretación es la que procede cuando en el testamento hay frases oscuras o ambiguas.

La única norma sobre la interpretación de las disposiciones testamentarias se halla en el primer párrafo del art. 675.

De la norma legal y de la jurisprudencia pueden extraerse tres criterios básicos:

Primer criterio. El gramatical. Dicho artículo comienza diciendo que «toda disposición testamentaria deberá entenderse en el sentido literal de sus palabras», lo que significa que el intérprete debe limitarse al sentido literal cuando con éste, y por las palabras empleadas, aparezca clara e indudable la intención del testador.

Segundo criterio. Interpretación subjetiva. Por la que quiebra el criterio gramatical anterior que sólo se mantiene, sigue diciendo el mismo artículo 675, «a no ser que aparezca claramente que fue otra la voluntad del testador», lo que es lógico y se corresponde al criterio análogo en la interpretación del negocio jurídico inter vivos (art. 1281.2.º).

Tercer criterio. «En caso de duda, se observará lo que aparezca más conforme a la intención del testador según el tenor del mismo testamento», concluye el primer párrafo del art. 675.

2.- En materia de interpretación, en general, del negocio jurídico se mantienen dos teorías respecto a la misión del intérprete y alcance de la interpretación. La subjetiva entiende que lo que tiene que averiguar el intérprete es la voluntad interna, intención en el sentido, del sujeto: la objetiva defiende que hay que averiguar la significación de las palabras o expresiones que sean más objetivamente conformes a la generalidad del uso corriente. Esta última doctrina prevalece en la interpretación de los negocios jurídicos bilaterales, como los contratos. Pero en el testamento, como negocio jurídico unilateral *mortis causa*, integrado por una declaración de voluntad no recepticia, se debe seguir la teoría subjetiva, como efectivamente sigue el Tribunal Supremo y mantiene la generalidad de la doctrina.

El último inciso del primer párrafo del art. 675, se refiere a la interpretación subjetiva («... más conforme a la intención del testador») añadiendo: «según el tenor del mismo testamento». Lo que plantea el problema de la prueba intrínseca o extrínseca. La prueba intrínseca se reduce a los elementos que se encuentran en el propio testamento, sin poder acudir a elementos fuera de él; es el criterio que parece aceptar el texto del art. 675.

El acudir a pruebas extrínsecas tiene el riesgo de ir más allá de lo que verdaderamente quiso el testador, pero la jurisprudencia ha admitido la posibilidad de recurrir no sólo a lo que se dice en el testamento, sino también a cualquier elemento y dato no contenido en él, siempre que el sentido que se halle sea concorde con la voluntad expresada en el testamento: es decir, la jurisprudencia reconoce gran amplitud al intérprete en la averiguación de la voluntad real o intención del testador.

3.- La voluntad objeto de la interpretación (subjetiva y con prueba intrínseca y extrínseca) es la del testador cuando emitió su declaración, es decir, cuando hizo el testamento: es decir, hay que averiguar su voluntad cuando otorgó el testamento. Piénsese que entre el otorgamiento del testamento y la muerte (apertura de la sucesión) pudo haber cambiado de intención, pero el testamento no pudo recoger su intención posterior (que pudo —si hubiera querido— haber reflejado en un testamento posterior).

4.- El segundo párrafo de este artículo proscribe las cláusulas del testador que prohíbe la impugnación del testamento nulo. Pero hay que distinguir. Son distintos los supuestos de las prohibiciones de impugnar el testamento. El art. 675, segundo párrafo, impone claramente la nulidad de la cláusula que impida alegar una causa de nulidad e impugnar el testamento: el causante no puede imponer la eficacia de su testamento prohibiendo la impugnación: el art. 675, segundo párrafo, es un límite a la libertad de prohibir la impugnación del testamento. A lo que se debe añadir el principio de tutela judicial efectiva que proclama el art. 24.1 de la Constitución y que no se puede coartar. Otros casos son estudiados por jurisprudencia y doctrina; prohibición de acudir al juicio de testamentaría, que es válida, pero que sí permite acudir al proceso declarativo si no hay acuerdo; prohibición de intervención judicial para mantener a ultranza la voluntad del testador; prohibición de impugnar actos *inter vivos* (por ejemplo, compraventas simuladas, que encubren donaciones) que pudieran afectar directamente a la masa hereditaria; prohibiciones de impugnar las decisiones de albacea para la resolución de cualquier problema en la ejecución del testamento.

Teniendo en cuenta el mencionado art. 675, segundo párrafo, el art. 24.1 de la Constitución que consagra el derecho fundamental de la tutela judicial efectiva, el art. 792, que elimina la eficacia de condiciones contrarias a las leyes y, por último, el principio de intangibilidad de la legítima, se puede concluir que el testador no puede (y si lo hace, la cláusula se tendrá por no puesta) impedir que se acuda a la vía judicial para impugnar un testamento que sufra una causa de nulidad, no puede prohibir que un legitimario impugne el testamento si se ve perjudicado en su legítima, ni puede impedir absolutamente que un heredero o legatario tenga acceso al proceso judicial.

JURISPRUDENCIA

«Acerca de la interpretación de los testamentos y su revisión en casación es doctrina reiteradísima de esta Sala que aquélla corresponde a los órganos de instancia, pero también, de un lado, que cabe excepcionalmente revisarla en casación cuando resulte ilógica o contraria a la voluntad del testador o a la ley y, de otro, que la principal finalidad de la interpretación del testamento es investigar la voluntad real o al menos probable del testador, en sí misma, atendiendo incluso a circunstancias exteriores al testamento (TS SS 29 Ene. 1985 y 26 Abr. 1997).» (21 enero 2003, LA LEY 884/2003)

«jurisprudencia de esta Sala, que considera: a) que en la interpretación de las disposiciones testamentarias debe buscarse la verdadera voluntad del testador (sentencias de 1 febrero 1988 y 9 octubre 2003, entre muchas otras); b) que la interpretación de los testamentos es competencia de los tribunales de instancia siempre que se mantenga dentro de los límites racionales y no sea arbitraria y que sólo puede ser revisada en casación cuando las conclusiones a que se haya llegado en la interpretación sea ilógicas o contrarias a la voluntad del testador o a la ley (sentencias de 14 de mayo de 1996, 30 enero 1997, 21 de enero de 2003, entre muchas otras), y c) que en la interpretación del testamento debe primar el sentido literal de los términos empleados por el testador y que sólo cuando aparezca claramente que su voluntad fue otra, puede prescindirse del sentido literal y atribuir a la disposición testamentaria un alcance distinto (como ya anunciaban las sentencias de 9 de junio de 1962 y 23 septiembre 1971 y que continúan las sentencias, de 18 de julio de 1991, 18 de julio de 1998, 23 de febrero de 2002, entre muchas otras)». (18 julio 2005, rec. 714/1999; doctrina reproducida literalmente por la de 20 diciembre 2005, rec. 1340/1999 y las de 29 septiembre 2006, LA LEY 110172/2006, y 20 noviembre 2007, LA LEY 185160/2007 y 14 octubre 2009, rec. 1104/2005, LA LEY 191967/2009)

«La finalidad de la interpretación del testamento es la averiguación de la voluntad real del testador —que es la manifestada en el momento en que realizó el acto de disposición, es decir, en el instante del otorgamiento del testamento (aparte de otras, SSTS de 29 de diciembre de 1997 y 23 de enero de 2001)—, sin que el intérprete pueda verse constreñido por las declaraciones o por las palabras, sino que su objetivo ha de ser el de descubrir dicha intención, que prevalece sobre aquellas porque constituye el fin de la hermenéutica testamentaria, según establece el artículo 675 del Código Civil y ha sido recogido por la doctrina jurisprudencial concerniente a este precepto (entre otras, SSTS de 9 de marzo de 1984, 9 de junio de 1987, 3 de noviembre de 1989, 26 de abril de 1997, 18 de julio de 1998, 24 de mayo de 2002, 21 de enero de 2003, 18 de julio y 28 de septiembre de 2005). Entre los medios de interpretación testamentaria se encuentran primordialmente los siguientes: el elemento literal o gramatical, del que procede partir según el propio artículo 675 y, además, con la presunción de que las palabras utilizadas por el testador reproducen fielmente su voluntad (STS de 18 de julio de 2005); los elementos sistemático, lógico y finalista, empleados de forma conjunta o combinada, sobre la base de la consideración del testamento como unidad (STS de 31 de diciembre de 1992); los elementos de prueba extrínsecos, que son admitidos por las doctrinas científica y jurisprudencial (entre otras, SSTS de 29 de diciembre de 1997, 18 de julio de 1998, 24 de mayo de 2002 y 21 de enero de 2003), ya sean coetáneos, previos o posteriores al acto testamentario». (19 diciembre 2006, LA LEY 154722/2006)

«La regla de la interpretación del testamento se centra, como ha sido repetido por la jurisprudencia de esta Sala, en la necesidad de buscar la verdadera voluntad del causante (entre otras, STS de 19 diciembre 2006), en un supuesto muy especial dado que dicha declaración no es recepticia, en la que lo que debe buscarse es si la declaración de voluntad testamentaria expresa la voluntad real del testador, como señala la ya antigua sentencia de 9 marzo 1984. Para ello se utilizan diversos métodos hermenéuticos, entre los que se encuentra el criterio de la literalidad, que es la primera regla interpretativa, como señalan las sentencias del Tribunal Supremo de 10 abril 1986 y la de 19 diciembre de 2006 y lo que el artículo 675 CC denomina "el tenor del mismo testamento", es decir, el conjunto de las cláusulas testamentarias en lo que puede denominarse el canon de la totalidad, de modo que no se trata sólo de interpretar una cláusula aisladamente de su contexto, sino de examinarla y darle sentido en el entero documento, teniendo en cuenta, además, que no existe una jerarquía en los medios interpretativos, sino que los diferentes cánones de la interpretación deben ponerse en juego dentro de un proceso interpretativo unitario, por lo que, según diversas sentencias de esta Sala, "[...]el artículo 675 no impone, ni podía hacerlo, un orden sucesivo de prelación en que deban utilizarse dichos criterios" (SSTS de 5 marzo 1944, 3 febrero

1961, 9 marzo 1984, 10 febrero 1986, 2 septiembre 1987, 31 diciembre 1992 y las antes citadas)». (3 marzo 2009, rec. 480/2002, LA LEY 4652/2009)

«La referencia a la voluntad real debe entenderse que en la interpretación debe prevalecer el criterio subjetivista, es decir, el sentido que le dio el testador, como dice la sentencia de 29 de diciembre de 1997 y habían dicho las de 6 de abril de 1992 y 31 de diciembre de 1992. Asimismo, la voluntad del testador es la que quiso expresar al tiempo de otorgar el testamento: así lo dicen claramente las sentencias de 23 de enero de 2001 y 19 de diciembre de 2006. Cuya voluntad real se descubre no sólo analizando el texto del testamento, sino también, con las debidas precauciones, como dice la sentencia de 6 de abril de 1992, circunstancias exteriores al testamento, la llamada prueba extrínseca, admitida jurisprudencialmente: sentencia de 24 de mayo de 2002. El artículo 675 del Código civil resalta como extremos: la búsqueda de la voluntad real del testador ("...intención del testador") y la prevalencia de la interpretación literal ("...sentido literal...") y en la cláusula dudosa, si la hay, la intención reflejada en el testamento ("...según el tenor del mismo testamento"). La doctrina ha resaltado que los actos de última voluntad deben ser interpretados desde el punto de vista del testador, es el ángulo visual de la interpretación del testamento, negocio jurídico unilateral». (17 junio 2010, rec. 665/2006, LA LEY 86148/2010)

«Las sentencias de esta Sala de 15 diciembre 2005 y 29 septiembre 2006, junto con las más recientes de 29 abril y 7 noviembre 2008, a propósito de la interpretación de los testamentos, declaran: a) En la interpretación de las disposiciones testamentarias debe buscarse la verdadera voluntad del testador (SSTS de 1 febrero 1988 y 9 octubre 2003, entre muchas otras); b) La interpretación de los testamentos es competencia de los tribunales de instancia siempre que se mantenga dentro de los límites racionales y no sea arbitraria, y sólo puede ser revisada en casación cuando las conclusiones a que se haya llegado en la interpretación sean ilógicas o contrarias a la voluntad del testador o a la Ley (SSTS de 14 de mayo de 1996, 30 enero 1997, 21 de enero de 2003, 18 de julio de 2005, entre muchas otras); y c) En la interpretación del testamento debe primar el sentido literal de los términos empleados por el testador y sólo cuando aparezca claramente que su voluntad fue otra, puede prescindirse del sentido literal y atribuir a la disposición testamentaria un alcance distinto (SSTS de 9 de junio de 1962 y 23 septiembre 1971, 18 de julio de 1991, 18 de julio de 1998, 23 de febrero de 2002, entre otras)». (22 junio 2010, rec. 1664/2006, LA LEY 114022/2010. Doctrina reproducida literalmente en la sentencia de 9 junio 2011, rec. 331/2008, LA LEY 83093/2011)

«La verdadera voluntad del testador debe deducirse del sentido literal de las palabras utilizadas, lo que no excluye la posibilidad, según el art. 675 CC, que se pruebe claramente que fue otra distinta. De aquí la jurisprudencia de esta Sala ha dicho que si las palabras están claras, se han de interpretar de forma literal, a no ser que claramente aparezca que fue otra la voluntad del testador, "sin que sea lícito al intérprete la búsqueda de otros medios probatorios más allá de la literalidad" (SSTS de 18 junio 1979, 24 marzo y 8 junio 1982, 26 marzo 1983)». (18 marzo 2011, rec. 734/2007, LA LEY 5499/2011)

«Esta Sala ha venido declarando en relación a la interpretación de las disposiciones testamentarias y a la infracción del Art. 675 CC, que la interpretación de los testamentos es tarea atribuida al juzgador de instancia y que solo en los casos en que exista un manifiesto error puede ser revisada en casación. Como ejemplo, la STS 30 enero 1997 dice que "es abrumadora la jurisprudencia acerca de que la interpretación de las cláusulas testamentarias es facultad que corresponde al Tribunal de instancia" (asimismo SSTS de 26 julio y 6 octubre 1994, 31 diciembre 1996, 29 diciembre 1997, 23 junio 1998, 12 junio 2002 y 9 octubre 2003, entre muchas otras)». (18 julio 2011, rec. 1269/2008, LA LEY 111578/2011)

CONCORDANCIAS

Véanse arts. 668, 747, 749, 751 y 1.281 a 1.289 de este Código.

SECCIÓN TERCERA
De la forma de los testamentos

Artículo 676

El testamento puede ser común o especial.

El común puede ser ológrafo, abierto o cerrado.

COMENTARIO

1.- Se distinguen dos clases fundamentales de testamento: el común y el especial. El art. 676 recoge esta distinción al expresar que el testamento puede ser común o especial.

El testamento común exige los requisitos o solemnidades generales y puede ser utilizado, en principio, por cualquiera que tenga capacidad para testar.

El testamento especial requiere más o menos solemnidades según los casos, y sólo puede ser utilizado por ciertas personas en determinadas circunstancias.

2.- El testamento común puede ser de tres tipos, como recoge el segundo párrafo del art. 676: el común puede ser ológrafo, abierto o cerrado.

El testamento abierto es el otorgado ante Notario manifestándole la voluntad testamentaria, quedando enterado de la mismas (arts. 679 y 694 y ss.).

El testamento cerrado es el contenido en el escrito cerrado y sellado que presenta ante Notario al que declara que en él se encuentra su voluntad testamentaria, pero sin revelar ésta (arts. 680 y 706 y ss.).

El testamento ológrafo es el escrito de puño y letra por el testador, con la fecha y su firma, sin necesidad de que revele ni su voluntad testamentaria ni la propia existencia del mismo testamento (arts. 678 y 688 y ss.).

A su vez, los dos primeros testamentos comunes pueden revestir la forma ordinaria o tener, por alguna circunstancia concreta, una forma extraordinaria, en cuyo caso se le denomina testamentos comunes extraordinarios. El testamento ológrafo no admite ninguna forma extraordinaria.

Son testamentos abiertos extraordinarios el testamento en inminente peligro de muerte (arts. 700 y ss.) y en caso de epidemia (arts. 701 y ss.). Como testamento cerrado extraordinario, se halla el del testamento que puede escribir, pero no expresarse verbalmente.

CONCORDANCIAS

Véase arts. 678 y ss. de este Código.

Artículo 677

Se consideran testamentos especiales el militar, el marítimo, y el hecho en país extranjero.

COMENTARIO

Son testamentos especiales, el militar, el marítimo y el hecho en país extranjero, según dispone el artículo 677.

El militar es el otorgado por militares, soldados o personas a ellos asimilados en tiempo de guerra y en campaña (arts. 716 y ss.).

El marítimo es el otorgado durante un viaje marítimo por quienes vayan a bordo (arts. 722 y ss.).

El testamento otorgado en país extranjero es el que se otorga fuera del territorio nacional o en un buque extranjero (art. 732).

Este último no admite forma extraordinaria. Tanto el militar como el marítimo admiten una forma ordinaria y una extraordinaria. La forma extraordinaria elimina requisitos, pero tiene una corta caducidad. Se puede otorgar en peligro inminente de muerte, por razón de entrar en combate —en el militar—, o por razón de naufragio —en el marítimo—.

CONCORDANCIAS

Véanse arts. 716 y ss. de este Código.

Artículo 678

Se llama ológrafo el testamento cuando el testador lo escribe por sí mismo en la forma y con los requisitos que se determinan en el artículo 688.

COMENTARIO

1.- El testamento ológrafo es el escrito, fechado y firmado total y personalmente por el testador. A la vista de lo dispuesto en el artículo 678 en relación con el 688, se define como aquel en que el testador escribe por sí mismo, lo fecha y lo firma sin ninguna otra solemnidad.

El carácter esencial de este tipo de testamento es la autografía total. Sus dos notas fundamentales son la no intervención de persona alguna en su otorgamiento y la no publicidad en su máximo sentido que incluye no sólo el secreto de la voluntad testamentaria, sino incluso el de propio otorgamiento del testamento.

Como inherente a su propio concepto, es preciso que del escrito autógrafo se deduzca la voluntad de su autor de disponer *mortis causa* de su patrimonio, es decir, la intención de testar, lo que no siempre es fácil de descubrir, especialmente si se hace en forma de carta (testamento ológrafo epistolar) o en una carta.

2.- En el comentario a los arts. 688 y ss. se desarrollan los requisitos de este testamento.

JURISPRUDENCIA

«dicho testamento ológrafo otorgado el 11 Nov. 1985 por D.ª A.M.G. contiene la expresión del año, mes y día de su otorgamiento que fue suscrito y firmado de puño y letra por la referida D.ª A.M.G. que en aquel entonces estaba en pleno uso de sus facultades mentales, y que en el acto de jurisdicción voluntaria previo y preciso para su protocolización fueron llamados todos los herederos y que en el mismo tuvo intervención plena el MF». (11 noviembre 1999, LA LEY 153138/2000)

CONCORDANCIAS

Véanse arts. 676 y 688 a 693 de este Código.

Artículo 679

Es abierto el testamento siempre que el testador manifiesta su última voluntad en presencia de las personas que deben autorizar el acto, quedando enteradas de lo que en él se dispone.

COMENTARIO

1.- Este artículo da el concepto de testamento abierto, que es el más utilizado en la práctica, el más seguro por su fuerza probatoria y el que más garantías ofrece, por el asesoramiento del Notario. Se puede definir como el otorgado ante el Notario (y testigos, en su caso), manifestando la voluntad testamentaria. Esta manifestación de la voluntad testamentaria, en forma abierta, es decir, que el Notario, y los testigos, si los hay, quedan enterados, es el rasgo esencial de este testamento.

Este tipo de testamento abierto es el único de los testamentos que tiene por sí pleno valor, sin necesidad de ningún trámite posterior para darle una autenticidad, que ya goza por la intervención del Notario autorizante. El testamento original se conserva y custodia en el protocolo notarial correspondiente. Tan sólo el propio testador podrá pedir copia del mismo mientras viva. Tras su muerte, podrán pedir copias las personas interesadas que, realmente, son todos aquellos que tienen vocación a la herencia, como llamamiento general y abstracto, actual o eventual, sin que sea preciso que tengan la delación hereditaria. El Notario expedirá copia del testamento a tales interesados si se acredita, por el certificado de defunción, la muerte del testador, y por la certificación del Registro general de actos de última voluntad, que es el último testamento del mismo.

2.- Los artículos 694 y ss. regulan este testamento y en sus comentarios se analizan todos los requisitos y demás cuestiones.

CONCORDANCIAS

Véanse arts. 676 y 694 a 705 de este Código.

Artículo 680

El testamento es cerrado cuando el testador, sin revelar su última voluntad, declara que ésta se halla contenida en el pliego que presenta a las personas que han de autorizar el acto.

COMENTARIO

1.- El testamento cerrado se define, a la vista del art. 680, como aquel en que el testador, sin revelar su última voluntad, declara que ésta se halla contenida en el pliego que presenta a las personas que han de autorizar el acto. Por tanto, sus dos notas esenciales son la publicidad del otorgamiento, por la intervención del Notario y, en su caso, los testigos, y el secreto del contenido de la voluntad testamentaria, si bien no se prohíbe que el testador la manifieste, pero nada le obliga a ello y puede mantenerla secreta.

La naturaleza jurídica de este testamento es doble: la declaración de la voluntad testamentaria se contiene en un documento privado que no pierde este carácter por su presentación ante Notario, pues se hace en pliego cerrado y, por tanto, no lo advera ni protocoliza; por otra parte, el acto de otorgamiento ante Notario, en que éste da fe de la entrega del pliego y de la declaración del testador de que en él se encuentra su declaración de voluntad testamentaria, es documento público.

2.- Los requisitos, detalles y demás cuestiones de este testamento se prevén en los arts. 706 y ss. y se analizan en sus comentarios.

CONCORDANCIAS

Véanse arts. 676 y 706 a 715 de este Código.

Artículo 681

No podrán ser testigos en los testamentos:

Primero. Los menores de edad, salvo lo dispuesto en el artículo 701.

Segundo. Los ciegos y los totalmente sordos o mudos.

Tercero. Los que no entiendan el idioma del testador.

Cuarto. Los que no estén en su sano juicio.

Quinto. El cónyuge o los parientes dentro del cuarto grado de consanguinidad o segundo de afinidad del Notario autorizante y quienes tengan con éste relación de trabajo.

COMENTARIO

1.- Los testigos en el testamento no son, en general, una solemnidad del mismo. Actualmente, tras la Ley de 20 de diciembre de 1991, la supresión se ha adoptado como norma general: como regla se los suprime en los testamentos notariales, tanto el abierto como el cerrado y se los mantiene en aquellos que se otorgan ante fedatario no Notario y, evidentemente, en los testamentos extraordinarios ante testigos. Se trata de los testigos llamados instrumentales, a diferencia de los de conocimiento, a que se refiere el art. 685, cuya misión es identificar al testador.

2.- Los testigos deben ser idóneos, cuya idoneidad es enunciada en la Ley de forma negativa enumerando quiénes son los testigos inidóneos en el artículo 681, y la causa de inidoneidad es necesario que exista al tiempo de otorgarse el testamento, según exige el art. 683.

Dichas causas son las siguientes: de carácter absoluto, aplicable a todo testamento:

Primera. Los menores de edad (art. 681.1.º), salvo en el testamento otorgado en caso de epidemia, en que los testigos basta que sean mayores de 16 años.

Segunda. Los ciegos y los totalmente sordos o mudos (art. 681.2.º).

Tercera. Los que no estén en su sano juicio (art. 681.4.º), que se refiere al enajenado mental, tanto si se está incapacitado como si no.

Son causas de carácter relativo, aplicable a un concreto testigo respecto a un concreto testamento:

Primera. Los que no entiendan el idioma del testador (art. 681.3.º), tanto si es un idioma extranjero como si es español (euskera, catalán, gallego, por un testigo castellano o viceversa, o entre aquéllos), si no lo entienden lógicamente inidóneo.

Segunda. El cónyuge o los parientes dentro del cuarto grado de consanguinidad o segundo de afinidad del Notario autorizante y quienes tengan con éste relación de trabajo (art. 681.5.º).

3.- Esta inidoneidad se refiere a los testigos instrumentales, no a los de conocimiento. Su presencia provoca la nulidad del testamento, siempre, claro está, que en éste sea precisa su presencia.

CONCORDANCIAS

Texto vigente según Ley 30/1991, de 20 de diciembre (*«B.O.E.»*, 23 diciembre). Anteriores textos según Ley 24 abril 1958 (*«B.O.E.»*, 25 abril) y Ley 8/1984, 31 marzo (*«B.O.E.»*, 3 abril).

Artículo 682

En el testamento abierto tampoco podrán ser testigos los herederos y legatarios en él instituidos, sus cónyuges, ni los parientes de aquéllos, dentro del cuarto grado de consanguinidad o segundo de afinidad.

No están comprendidos en esta prohibición los legatarios ni sus cónyuges o parientes cuando el legado sea de algún objeto mueble o cantidad de poca importancia con relación al caudal hereditario.

COMENTARIO

1.- El artículo anterior enumera los casos de inidoneidad de los testigos y el presente artículo añade un caso específico para el testamento abierto: en éste no es idóneo el testigo que sea heredero o legatario instituido en el mismo, o bien sea su cónyuge, o pariente dentro del cuarto grado de consanguinidad o segundo de afinidad.

Por excepción, sí es idóneo este testigo que él, o su cónyuge o pariente, sea legatario, pero el objeto del legado sea algún objeto mueble o cantidad de poca importancia con relación al caudal hereditario.

2.- Esta inidoneidad se refiere al testigo instrumental y su presencia provoca la nulidad del testamento, como así ha declarado el Tribunal Supremo. Siempre, claro está, que se esté en un caso en que hagan falta testigos en el concreto testamento abierto.

JURISPRUDENCIA

«probado y reconocido que uno de los testigos instrumentales del testamento era pariente, dentro del segundo grado de afinidad, del heredero y legatario ahora recurrente, resulta de obligada aplicación la reiterada doctrina de esta Sala cuando establece que uno de los dogmas fundamentales de la sucesión mortis causa es el de que la forma constituye un elemento esencial al acto testamentario, el cual, para que tenga existencia jurídica y produzca sus efectos propios, ha de ajustarse rigurosamente a las solemnidades establecidas por la Ley; siendo ineludibles estos requisitos de forma, y no convalidables posteriormente... en principio, la aplicación de la excepción contenida en el párrafo 2.º del Art. 682 del C.Civil, corresponde a la facultad discrecional del Tribunal de instancia, por hallarse subordinada, en cada caso, a las circunstancias que determinen la importancia del legado hecho al pariente, en relación con el caudal hereditario que configura la sucesión». (9 mayo 1990, LA LEY 12939-R/1990)

CONCORDANCIAS

Texto vigente según Ley 24 abril 1958 (*«B.O.E.»*, 25 abril).

Artículo 683

Para que un testigo sea declarado inhábil, es necesario que la causa de su incapacidad exista al tiempo de otorgarse el testamento.

COMENTARIO

Como complemento o aclaración de los dos artículos anteriores, se dispone en éste que la causa de inidoneidad («incapacidad» lo llama el texto legal), para que funcione como tal, debe concurrir al tiempo de actuar como testigo en el otorgamiento del testamento. Lo cual es evidente, porque poco puede importar que haya sido inidóneo antes del testamento, o sea idóneo después del mismo; puede pensarse que aquel que no entendía el idioma del testador, luego lo aprendió (antes del testamento) o el que fue testigo normal, luego (después del testamento) perdió la razón.

Artículo 684

Cuando el testador exprese su voluntad en lengua que el Notario no conozca, se requerirá la presencia de un intérprete, elegido por aquél, que traduzca la disposición testamentaria a la oficial en el lugar del otorgamiento que emplee el Notario. El instrumento se escribirá en las dos lenguas con indicación de cuál ha sido la empleada por el testador.

El testamento abierto y el acta del cerrado se escribirán en la lengua extranjera en que se exprese el testador y en la oficial que emplee el Notario, aun cuando éste conozca aquélla.

COMENTARIO

1.- No se trata de un testamento especial ni de un testamento extraordinario, ni siquiera de una forma extraordinaria; aunque, ciertamente, así se había considerado antes del texto actual de este artículo, que le ha dado la reforma del C.c. por Ley de 20 diciembre 1991. Simplemente, se trata de un requisito más que se añade al testamento cuando el testador se expresa en lengua, extranjera o nacional, que desconoce el Notario.

Se aplica esta norma sólo en relación con el testamento notarial, es decir, el abierto o el cerrado.

Y se aplica al caso de lengua que el Notario no conozca, sea lengua extranjera, sea una de las lenguas españolas.

2.- Dándose tal caso, el testador elige un intérprete, el cual presencia el otorgamiento del testamento abierto o del cerrado y traduce las manifestaciones del testador a la lengua «oficial en el lugar del otorgamiento que emplee el Notario». Así, el testador emplea una lengua que no conoce el Notario y aquél nombra un intérprete que le va traduciendo a lengua oficial, que sí conozca el Notario. Y viceversa, el intérprete traduce lo que exprese el Notario, al testador en lengua que éste comprenda.

3.- Además, el propio testamento abierto y el acta de otorgamiento del cerrado se escriben en la lengua que empleó el testador y en la oficial que emplee el Notario (aunque éste conozca la que utilizó el testador). Se indica por el Notario cuál ha sido la lengua empleada por el testador.

CONCORDANCIAS

Texto vigente según Ley 30/1991, de 20 de diciembre (*«B.O.E.»*, 23 diciembre), de modificación del Código Civil en materia de testamentos.

Artículo 685

El Notario deberá conocer al testador, y si no lo conociese se identificará su persona con dos testigos que le conozcan y sean conocidos del mismo Notario, o mediante la utilización de documentos expedidos por las autoridades públicas cuyo objeto sea identificar a las personas. También deberá el Notario asegurarse de que, a su juicio, tiene el testador la capacidad legal necesaria para testar.

En los casos de los artículos 700 y 701, los testigos tendrán la obligación de conocer al testador y procurarán asegurarse de su capacidad.

COMENTARIO

1.- Debe ser clara y ser indudable la identidad del testador. Para su comprobación —identificación— el Código regula varios medios, con carácter subsidiario y alternativo, en los arts. 685 y 686.

Primero. Por conocimiento personal del Notario: dice el artículo 685 en su primer inciso: el Notario deberá conocer al testador; no se trata —es evidente— de que los Notarios tengan el deber de conocer a los testadores, sino de que si el Notario lo conoce personal y directamente, éste será el primer y preferente medio de identificación el testador.

Segundo. Si el Notario no conoce al testador, como medios subsidiarios y alternativos: se identificará su persona con dos testigos que le conozcan y sean conocidos del mismo Notario, dice el art. 685, con lo que se refiere a los llamados testigos de conocimiento; o bien, alternativamente mediante la utilización de documentos expedidos por las autoridades públicas cuyo objeto sea identificar a las personas, añade el propio artículo 685, con lo que se refiere a los documentos oficiales de identificación (esencialmente, el D.N.I. y el pasaporte).

2.- El Notario debe apreciar la capacidad del testador; con carácter general, dispone el último inciso del primer párrafo del art. 685 que deberá el Notario asegurarse de que, a su juicio, tiene el testador la capacidad legal necesaria para testar; lo cual es ratificado en el art. 696, segundo inciso, respecto al testamento abierto, y en el 707, núm. 4, último inciso, respecto al cerrado. En caso del Notario que haya utilizado el dictamen de los dos facultativos, que prevé el artículo 665, hará constar el mismo en el testamento.

3.- En los testamentos extraordinarios en peligro de muerte (art. 700) y en caso de epidemia (art. 701), que se otorgan ante testigos, sin intervención de Notario, éstos no sólo son testigos instrumentales, sino también de conocimiento, ya que este artículo exige que conozcan al testador. Además, apreciarán la capacidad del mismo.

JURISPRUDENCIA

Capacidad del testador:

«se plantea la cuestión de si ha de constar expresamente en el testamento la apreciación por los testigos de la capacidad del testador, según el Código Civil en su redacción anterior a la reforma operada por la L 30/1991, de 20 de diciembre, de modificación del Código Civil en materia de testamentos. El art. 685 disponía: también procurarán el Notario y los testigos asegurarse de que, a su juicio, tiene el testador la capacidad legal necesaria para testar; en el caso del Notario, exigía el art. 695, último párrafo, que lo hiciera constar expresamente en el testamento, pero no se dispone lo mismo para los testigos por lo que, si no consta su apreciación, no es un defecto de forma que dé lugar a la nulidad». (12 mayo 1998, LA LEY 5891/1998)

«El giro "procurarán asegurarse", que sustituye la expresión "deberán asegurarse", que aparecía en la redacción original del artículo, se interpreta en el sentido de que no se exige una aseveración de capacidad con absoluta certeza». (18 mayo 1998, LA LEY 5014/1998)

«La reforma operada por L 20 de diciembre de 1991, llevó a cabo un cambio semántico, que no es ninguna innovación, ya que se volvió a la primera edición del CC, en cuanto establece que el Notario deberá asegurarse de la capacidad, lo que resulta más imperativo, pues ya le obliga y compromete, adquiriendo mayor preponderancia, toda vez que ha de emitir un juicio jurídico y controlar debidamente las condiciones que presenta el testador, y que necesariamente ha de relacionar con la mayor o menor complejidad del testamento que pretende hacer, a efectos de que este acto jurídico esté asistido de la legalidad correspondiente, que lo instaure como plenamente eficaz y válido. El juicio del Notario es exclusivamente propio y personal, pues no se apoya en la colaboración de especialistas, como ocurre con el supuesto del art. 665». (19 septiembre 1998, LA LEY 9002/1998)

Testigos: conocimiento del testador.

«al establecer el artículo 685 del C. Civil que "el Notario y dos de los testigos que autoricen el testamento deberán conocer al testador, y si no lo conocieren, se identificará su persona con dos testigos que le conozcan y sean conocidos del mismo Notario y de los testigos

instrumentales», se está exigiendo una forma concreta y determinada para la exteriorización de la voluntad, y si no se cumple con el medio señalado el testamento será ineficaz, nulo, cual sanciona el art. 687 del propio texto legal». (25 abril 1991, LA LEY 1170-JF/0000)

CONCORDANCIAS

Texto vigente según Ley 30/1991, de 20 de diciembre (*«B.O.E.»*, 23 diciembre), de modificación del Código Civil en materia de testamentos.

Artículo 686

Si no pudiere identificarse la persona del testador en la forma prevenida en el artículo que precede, se declarará esta circunstancia por el Notario, o por los testigos en su caso, reseñando los documentos que el testador presente con dicho objeto y las señas personales del mismo.

Si fuere impugnado el testamento por tal motivo, corresponderá al que sostenga su validez la prueba de la identidad del testador.

COMENTARIO

1.- Si no puede cumplirse el artículo anterior, es decir, el Notario o los testigos de los testamentos excepcionales (casos de peligro de muerte o de epidemia) no conocen al testador y el Notario no lo puede identificar por los medios que prevé (testigos de conocimiento o documentos oficiales), como último medio este artículo dispone que se declara esta circunstancia (la falta de identificación por los medios del artículo anterior) por el Notario o los testigos de aquellos testamentos excepcionales y se reseñarán los documentos que el testador presente con dicho objeto y las señas personales del mismo; los documentos, distintos de los del artículo anterior, son los no oficiales que no identifican fehacientemente (por ejemplo, carnet de un club).

2.- Sin embargo, el Código no ve seguro este medio e invierte la carga de la prueba. Si una persona impugna el testamento por falta de la identidad del testador, el cual fue identificado según este artículo, no deberá él probar que no fue tal testador el que otorgó el testamento, sino, al contrario, tendrá la carga de la prueba de la identidad del mismo el demandado que sostenga la validez del testamento.

Artículo 687

Será nulo el testamento en cuyo otorgamiento no se hayan observado las formalidades respectivamente establecidas en este capítulo.

COMENTARIO

El testamento es un negocio jurídico solemne: la forma prevista por la Ley —que prevé varias— es un elemento del negocio, cuya ausencia provoca la inexistencia del mismo; el artículo 687 dispone, en este sentido, aunque empleando el término de nulidad, que será nulo el testamento en cuyo otorgamiento no se hayan observado las formalidades legales.

JURISPRUDENCIA

«el carácter formalista del testamento obliga al cumplimiento escrupuloso de los requisitos extrínsecos y a su interpretación restrictiva, de manera que para su validez es absolutamente necesario que se cumplan de modo riguroso todas las solemnidades esenciales y requisitos exigidos por el Código Civil, como explícitamente reconoce su art. 687, que estatuye la nulidad de los testamentos en cuyo otorgamiento no se observasen las formalidades establecidas, y ello, hasta el punto en que este aspecto formal —imperativamente impuesto— predomina sobre la búsqueda interpretativa de la voluntad del testador, interpretación que avala el art. 675 del Código». (16 junio 1997, LA LEY 7803/1997)

«La nulidad radical del testamento, que establece el referido art. 687, exige que no se hayan observado las formalidades establecidas por el Código, actuando el artículo como regla general que impone tener en cuenta las reglas específicas de cada testamento para poder ser tenido instrumento transmisor de la última voluntad del causante, dotado de la necesaria eficacia jurídica.» (15 febrero 2001, LA LEY 2454/2001)

«La forma del testamento constituye una garantía del testador respecto a la exactitud y permanencia de la voluntad testamentaria. No se puede admitir la relajación de las formas en este tipo de testamentos en los que no concurre un funcionario público experto que contraste la concurrencia de todos y cada uno de los requisitos exigidos en el Código civil para cumplir las finalidades antes expuestas. La forma en los testamentos no es, por tanto, un elemento inútil y, en consecuencia, no se puede afirmar que la doctrina haya relajado este tipo de exigencias». (4 noviembre 2009, rec. 1561/2005, LA LEY 217900/2009)

«Es cierto que la exigencia de la forma en el testamento obedece a la necesidad de salvaguardar la voluntad del testador que debe cumplirse cuando ya ha fallecido y así lo ha afirmado la reciente sentencia de 4 noviembre 2009. Sin embargo, esta necesidad debe coordinarse con el principio favor testamenti, especialmente cuando en el testamento interviene el Notario, como también se pone de relieve en la mencionada sentencia». (11 diciembre 2009, rec. 2259/2005, LA LEY 237362/2009)

CONCORDANCIAS

Véanse arts. 705 y 715 de este Código.

SECCIÓN CUARTA
Del testamento ológrafo

Artículo 688

El testamento ológrafo sólo podrá otorgarse por personas mayores de edad.

Para que sea válido este testamento deberá estar escrito todo él y firmado por el testador, con expresión de año, mes y día en que se otorgue.

Si contuviese palabras tachadas, enmendadas o entre renglones, las salvará el testador bajo su firma.

Los extranjeros podrán otorgar testamento ológrafo en su propio idioma.

COMENTARIO

1.- El concepto del testamento ológrafo ha sido analizado al comentar el art. 678. El presente art. 688 se dedica a exponer los requisitos.

2.- El primero de ellos se refiere a la capacidad. En contraposición a la norma general de capacidad para testar que el art. 66.1 la fija en los catorce años, el art. 688, párrafo primero, dispone que el testamento ológrafo sólo podrá otorgarse por personas mayores de edad; por tanto, a los dieciocho años (art. 314). El menor emancipado carece de capacidad, pues la emancipación ni es mayoría de edad ni siquiera es igual su capacidad; el art. 688 exige muy claramente ser mayor de edad.

Se justifica esta exigencia de más edad que en los demás testamentos, en que se interesa que estén fijados definitivamente los rasgos de la propia caligrafía y en evitar una actuación irreflexiva de un adolescente.

Si bien el Código civil no establece ninguna otra norma sobre capacidad, es evidente que, por imposibilidad material, no podrá tampoco otorgar testamento ológrafo el que no sepa o no pueda escribir. Tampoco el ciego, a no ser que sepa escribir con caracteres alfabéticos, pues no sería válido si lo escribiera con máquina de escribir o con sistema Braille, por faltar el elemento esencial de la autografía total y ser imposible demostrar su autenticidad, es decir, que lo ha escrito él personalmente.

3.- El art. 688 contiene los siguientes requisitos de forma:

Primero. Autografía. Es el carácter esencial. Es decir, de puño y letra. No será válido si lo escribe otra persona a su ruego, ni siquiera bajo dictado, ni si utiliza un medio mecánico (como máquina de escribir).

Segundo. Firma. El mismo segundo párrafo del art. 688 dice que deberá estar... firmado por el testador, con firma usual del mismo, no necesariamente nombre y apellidos.

Tercero. Fecha. Es requisito esencial de este testamento la fecha, como de todos los testamentos, pues a base del mismo se determina la capacidad del testador y la eficacia, esencial a los efectos de revocar o ser revocados por otro testamento de fecha distinta. Lo exige el mismo párrafo segundo del art. 688 «... con expresión del año, mes y día en que se otorgue». Nótese que no exige que conste la hora ni tampoco el lugar del otorgamiento. Se puede expresar por referencia a una festividad o conmemoración (día de Navidad de 1990, fecha de cumpleaños del testador, etc.).

Cuarto. Salvar palabras tachadas, enmendadas o entre renglones, Lo expresa así el tercer párrafo del art. 688: «si contuviere palabras tachadas, enmendadas o entre renglones, las salvará el testador bajo su firma». El Tribunal Supremo ha interpretado reiteradamente este requisito en el sentido de que las tachaduras, enmiendas o añadidos no salvados bajo la firma sólo anularán el testamento si afectan a elementos esenciales del testamento; si no les afectan simplemente son inválidas las palabras tachadas, enmendadas o entre renglones.

4.- Inesperadamente este art. 688 concluye haciendo una advertencia en cuanto al idioma: «los extranjeros podrán otorgar testamento ológrafo en su propio idioma». Cuya norma es aplicable no sólo a los extranjeros, sino a toda persona, aun española (pensemos en el español que ha vivido largos años en el extranjero), pues no dice que sólo los extranjeros lo pueden otorgar. Igualmente se aplica no sólo a la lengua extranjera, sino a las lenguas o dialectos españoles que no sean la castellana.

JURISPRUDENCIA

«la fecha del testamento determina esencialmente si entonces la testadora tenía la capacidad suficiente de testamentificación activa. Es de poner de relieve, en primer lugar, que la fecha del testamento ológrafo no tiene el mismo alcance que la del testamento abierto o testamento notarial. Dado que el testamento ológrafo puede mantenerlo en secreto su autor y nada obsta a que antes de llegar al texto definitivo haga bosquejos, borradores o proyectos, o lo extienda con la idea de reflexionar posteriormente sobre lo escrito, y solamente cuando se decida definitivamente pueda poner la fecha y la firma, y es desde entonces cuando puede decirse que el testamento está otorgado, de modo que tal otorgamiento surge no de lo escrito y de su contenido sino de colocar la fecha y la firma». (10 febrero 1994, LA LEY 13727/1994)

«la carencia de la voluntad testamentaria resplandece en los mismos términos expuestos antes con independencia de que, en un caso u otro, se hayan cumplido los requisitos de autografía del 688, pues parece elemental que por el mero hecho de que se den los requisitos de la autografía, y demás que exige repetido art. 688, pueda bastar para generar un testamento ológrafo cuando como en autos se ha demostrado que, aunque el de cuius cumpla con tales presupuestos adjetivos, su estado de capacidad no se acredite o no conste expresamente su voluntad de testar, y ello con independencia de que hubiese sido, a su vez, objeto de protocolización, por cuanto cabe en el juicio declarativo posterior tal y como se explicita al examinar el recurso siguiente, replantearse los elementos que se precisan para la observancia de la disciplina sustantiva, sobre los testamentos controvertidos». (18 junio 1994, LA LEY 13987/1994)

«los requisitos que exige para el testamento ológrafo el artículo 688 (autografía, firma, fecha y sin enmiendas) no incluye la habitualidad de la firma y se ha declarado la autenticidad de la misma. Lo cual es cierto y también es cierto que la doctrina y la jurisprudencia siempre se han referido a la firma "habitual" o "usual", pero nunca lo han hecho en el sentido de que la misma debe ser idéntica a las anteriores sino que no sea una distinta, sin nada que ver con la que utiliza normalmente. Como habitual debe entenderse la que usa en el momento actual, la habitual en el momento presente, en función de la persona y de sus circunstancias (por ejemplo, la edad), sin poder obviar que la firma evoluciona a través del tiempo y no siempre es idéntica en circunstancias distintas. En el caso presente, debe tenerse por habitual la firma de la causante, a la vista de todas las aportadas en documentos anteriores, a los autos que, por cierto, tampoco son idénticas entre sí. En todo caso, la firma que obra en el testamento ológrafo de autos cumple su función de requisito ad solemnitatem del testamento ológrafo y la general de asunción del contenido de lo expresado en el texto desde el momento en que se ha declarado su autenticidad y autoría. Y también es de destacar que igualmente doctrina y jurisprudencia (desde la sentencia de 8 de junio de 1918) han considerado siempre un concepto amplio de la firma, sin especiales requisitos formales que irían contra la realidad social e incluso irían más allá de lo que exige el Código civil». (5 mayo 2011, rec. 238/2008, LA LEY 44720/2011)

CONCORDANCIAS

Véase art. 26 de la Ley del Notariado, 28 mayo 1862 (Gaceta, 29 mayo).
Texto vigente según Ley 21 julio 1904 (*«Gaceta»* 24 julio).

Artículo 689

El testamento ológrafo deberá protocolizarse, presentándolo con este objeto al Juez de primera instancia del último domicilio del testador, o al del lugar en que éste hubiese

fallecido, dentro de cinco años, contados desde el día del fallecimiento. Sin este requisito no será válido.

COMENTARIO

1.- Nada dispone el Código sobre la conservación del testamento ológrafo. Lo puede conservar por sí mismo, o depositarlo en una persona de su confianza o en poder de un Notario. También puede el testador hacer que se tome razón en el Registro general de actos de última voluntad.

A la muerte del testador, son precisas unas formalidades para que el testamento ológrafo, como documento privado, se eleve a la condición de público y produzca sus efectos legales: es el trámite de protocolización, que irá precedido de su adveración que implica la comprobación de su autenticidad y, previamente, habrá tenido lugar su presentación al Juez de Primera Instancia.

2.- La primera de las formalidades para la protocolización es la *presentación del testamento ológrafo* al Juez de 1.ª Instancia del último domicilio del testador, o bien, alternativamente, del lugar en que falleció.

Esta presentación tiene el plazo de caducidad de cinco años, contados desde el día de la muerte del testador o de la fecha que consta en su declaración de fallecimiento. Pasado este plazo, el testamento ológrafo ha caducado y «no será válido» dice el último inciso de este artículo.

CONCORDANCIAS

Véase:
— arts. 704 y 714 de este Código.
— Ley Enjuiciamiento Civil de 1881: arts. 1.956 y 1.979.

Artículo 690

La persona en cuyo poder se halle depositado dicho testamento deberá presentarlo al Juzgado luego que tenga noticias de la muerte del testador, y, no verificándolo dentro de los diez días siguientes, será responsable de los daños y perjuicios que se causen por la dilación.

También podrá presentarlo cualquiera que tenga interés en el testamento como heredero, legatario, albacea o en cualquier otro concepto.

COMENTARIO

1.- El artículo anterior regula la presentación del testamento ológrafo al Juez de 1.ª Instancia competente. Este artículo 690 establece el deber y la facultad de presentarlo.

El *deber de presentarlo* se impone al que tenga posesión del testamento. El texto legal dice «persona en cuyo poder se halle depositado», pero no es tanto un depósito, como toda clase de posesión. Lo debe presentar al Juez, en el plazo de diez días, a contar desde que se enteró de la muerte del testador; de no hacerlo en tal plazo, responde de los daños y perjuicios que se causen por la dilación.

2.- La *facultad de presentarlo*, aunque no lo haya tenido en su posesión, la tiene toda persona con interés legítimo. Este artículo, en su segundo párrafo, cita *ad exemplum* como personas con interés legítimo, al heredero, legatario y albacea, y termina con la fórmula abierta «en cualquier otro concepto».

CONCORDANCIAS

Véase:
— art. 736 de este Código.
— Ley Enjuiciamiento Civil de 1881: arts. 1.956 y 1.957.

Artículo 691

Presentado el testamento ológrafo, y acreditado el fallecimiento del testador, el Juez lo abrirá si estuviere en pliego cerrado, rubricará con el actuario todas las hojas y comprobará su identidad por medio de tres testigos que conozcan la letra y firma del testador, y declaren que no abrigan duda racional de hallarse el testamento escrito y firmado de mano propia del mismo.

A falta de testigos idóneos, o si dudan los examinados, y siempre que el Juez lo estime conveniente, podrá emplearse con dicho objeto el cotejo pericial de letras.

COMENTARIO

1.- Tras la presentación, el Juez de 1.ª Instancia procede a la adveración del testamento ológrafo. Ciertamente es norma más procesal que de Derecho civil.

Una vez se ha presentado el testamento ológrafo y acreditado el fallecimiento del testador y, por el certificado del Registro General de actos de última voluntad, cuál es —si tiene alguno— el último testamento que haya otorgado, el Juez cita al cónyuge, descendientes y ascendientes del testador y, en su defecto, a los hermanos, pero si residen fuera del partido o se ignora su existencia o son menores o incapacitados y carecen de representante legal, se cita al Ministerio Fiscal (art. 692).

El Juez ha procedido en primer lugar a la apertura del testamento, si estuviera en pliego cerrado y lo ha rubricado con el Secretario.

Comprueba la autenticidad del testamento a presencia y pudiendo hacer en el acto, de palabra, los citados anteriormente, las observaciones oportunas sobre tal autenticidad, por medio de tres testigos que, conociendo la letra y firma del testador, declaran que no tienen duda de que es auténtico; en su defecto, o como complemento, si el Juez lo estima conveniente, se practica prueba pericial caligráfica.

JURISPRUDENCIA

«obtener la declaración judicial de que un determinado documento es válido y eficaz como testamento ológrafo, lo cual puede pretenderse directamente a través de un juicio declarativo ordinario, sin haber tenido que obtener previamente la protocolización del mismo, como así lo tiene proclamado esta Sala en Ss. 31 de enero de 1911 y 28 de enero de 1914, la primera de las cuales declara lo siguiente: "... siendo así que esas mismas solemnidades, en lo que tengan de fundamental para hacer constar la voluntad de un testador y su forma legal de expresión, pueden y deben acreditarse, bien en el expediente de jurisdicción

voluntaria previsto en el Título 6.º, Libro 3.º de la Ley de Enjuiciamiento Civil, bien en el correspondiente juicio contradictorio...", y agregando la segunda que "... no puede admitirse, como se pretende en el recurso, que la no existencia de esa protocolización les prive de su carácter ni obste para que en el procedimiento de juicio ordinario, como se ha hecho en este caso, pueda sostener su validez o solicitar la declaración de nulidad, porque en cuanto a lo primero, así lo reconoció este Tribunal, entre otras, en su S 31 de enero de 1911, declarando la eficacia de disposición testamentaria que no estaba protocolizada...". La expresada solución es la que aquí se mantiene subsistente, ya que el juicio declarativo ordinario, con la plenitud de conocimiento que comporta, ofrece mayores garantías de acierto que un acto de jurisdicción voluntaria, cual el que regulan los arts. 689 y siguientes CC, siempre que, como es obvio, no haya transcurrido el plazo de caducidad que establece el primero de los citados preceptos y, además, en dicho juicio ordinario se dé posibilidad de ser oídos a todos los parientes del testador que relaciona el art. 692 de dicho Código». (14 mayo 1996, LA LEY 6688/1996)

Artículo 692

Para la práctica de las diligencias expresadas en el artículo anterior serán citados, con la brevedad posible, el cónyuge sobreviviente, si lo hubiere, los descendientes y los ascendientes del testador, y, en defecto de unos y otros, los hermanos.

Si estas personas no residieren dentro del partido, o se ignorase su existencia, o siendo menores o incapacitados carecieren de representación legítima, se hará la citación al Ministerio Fiscal.

Los citados podrán presenciar la práctica de dichas diligencias y hacer en el acto, de palabra, las observaciones oportunas sobre la autenticidad del testamento.

COMENTARIO

1.- Los testigos son los que reconocen la letra y firma del testador y en su caso, se practica el dictamen pericial. Para la práctica de tales diligencias el Juez cita al cónyuge sobreviviente, si lo hay, a los descendientes y ascendientes del testador, y en defecto de todos ellos, a los hermanos. Cita también al Fiscal si los anteriores no residen en el partido judicial o se ignora su existencia o si son menores o incapacitados y carecen de representación legal. Esto último no puede darse en teoría, pero sí en la práctica: o bien, porque ciertamente carecen de ella (en cuyo caso el Ministerio Fiscal o el Juez, iniciarán la constitución de la tutela: art. 228) o bien porque se está tramitando la constitución de la tutela.

2.- Las personas que, citadas, acudan al Juzgado el día señalado, pueden presenciar la prueba que prevé el artículo anterior y hacer de palabra —no más— las observaciones que consideren oportunas sobre la autenticidad del testamento.

CONCORDANCIAS

Texto vigente según Ley 11/1981, 13 mayo (*«B.O.E.»*, 19 mayo).

Artículo 693

Si el Juez estima justificada la identidad del testamento, acordará que se protocolice, con las diligencias practicadas, en los registros del Notario correspondiente, por el cual

se darán a los interesados las copias o testimonios que procedan. En otro caso, denegará la protocolización.

Cualquiera que sea la resolución del Juez, se llevará a efecto, no obstante oposición, quedando a salvo el derecho de los interesados para ejercitarlo en el juicio que corresponda.

COMENTARIO

1.- La última fase es la protocolización del testamento ológrafo. Tras la práctica de las diligencias anteriores, el Juez, si estima justificada la autenticidad (el Código dice siempre «la identidad») del testamento acordará que se protocolice, o bien denegará la protocolización. La protocolización se practica en el protocolo del Notario y éste dará a los interesados las copias o testimonios que procedan.

2.- Este trámite es de jurisdicción voluntaria, por lo cual, cualquiera que sea la resolución del Juez —dice el segundo párrafo del art. 693—, se llevará a efecto, no obstante oposición, quedando a salvo el derecho de los interesados para ejercitarlo en el juicio que corresponda.

SECCIÓN QUINTA
Del testamento abierto

Artículo 694

El testamento abierto deberá ser otorgado ante Notario hábil para actuar en el lugar del otorgamiento.

Sólo se exceptuarán de esta regla los casos expresamente determinados en esta misma Sección.

COMENTARIO

1.- En el art. 679 (y en su comentario) se da el concepto de testamento abierto y se destaca que es el tipo de testamento más utilizado y el más seguro.

El testamento abierto se otorga ante Notario hábil (art. 694), por testador debidamente identificado (art. 685) y con la adecuada capacidad para testar (arts. 662 a 664 y aplicación, si procede, del art. 665) de todo lo cual dará fe el Notario (art. 696); concurrirán testigos en ciertos casos, de conocimiento (art. 685) o instrumentales (art. 697), los cuales deberán ser idóneos (arts. 681 y 682).

2.- En este art. 694 se prevé expresamente que el testamento abierto se otorgue —como requisito esencial— ante Notario hábil. Notario hábil significa que se halla en el ejercicio de su cargo y que lo ejerce dentro de su distrito notarial: art. 116 del Reglamento Notarial de 2 de junio de 1944; pudiendo ejercer fuera del mismo en los casos de sustitución y habilitación (art. 118) o en un término contiguo en que no resida Notario o se halle oficialmente ausente (art. 119). El incumplimiento de tales normas reglamentarias no afecta a la validez del testamento, sino a corrección disciplinaria.

El Notario puede autorizar el testamento de cualquier persona, incluso el suyo propio, pero no el de otra persona que contenga disposiciones a favor del mismo, de su cónyuge, parientes o afines hasta el cuarto grado, salvo que se trate de un legado de cosa mueble o cantidad de poca importancia con relación al caudal hereditario (art. 754, primer párrafo, que se remite al art. 682). Puede autorizar testamentos en que se le nombre albacea o contador-partidor (art. 139 del Reglamento).

3.- El segundo párrafo se refiere —como excepción al requisito expresado en el primero— a los testamentos abiertos extraordinarios: el otorgado en peligro de muerte y en caso de epidemia, que no se otorgan ante Notario hábil: arts. 700 y ss.

CONCORDANCIAS

Texto vigente según Ley 30/1991, de 20 de diciembre (*«B.O.E.»*, 23 diciembre), de modificación del Código Civil en materia de testamentos.

Artículo 695

El testador expresará oralmente o por escrito su última voluntad al Notario. Redactado por éste el testamento con arreglo a ella y con expresión del lugar, año, mes, día y hora de su otorgamiento y advertido el testador del derecho que tiene a leerlo por sí, lo leerá el Notario en alta voz para que el testador manifieste si está conforme con su voluntad. Si lo estuviere, será firmado en el acto por el testador que pueda hacerlo y, en su caso, por los testigos y demás personas que deban concurrir.

Si el testador declara que no sabe o no puede firmar, lo hará por él y a su ruego uno de los testigos.

COMENTARIO

1.- Las formalidades del testamento abierto se pueden dividir en dos partes: la primera comprende la manifestación de voluntad del testador al Notario y la redacción por éste del testamento; la segunda —bajo la regla de unidad de acto— comprende la lectura del testamento con la conformidad del testador y firma por éste, por los testigos en su caso y por el Notario.

2.- En primer lugar, tal como dice el primer inciso de este artículo, el testador expresa su voluntad al Notario, de forma oral (de palabra) o por escrito (entregándole una minuta). Tal manifestación de voluntad deber ser directa, de testador a Notario; nuca indirecta («de parte de...»).

3.- En segundo lugar, el Notario redacta el testamento según lo que le ha expresado oralmente o por escrito el testador. Sobre la redacción hay que advertir dos puntos: que el Notario no ha de escribir física, materialmente, el testamento, sino que lo puede hacer un oficial o mecanógrafo suyo, siguiendo sus instrucciones; y que no se limita a una redacción literal de lo declarado por el testador, sino que le dará la forma jurídica que sea conveniente, de acuerdo con lo que le ha declarado —verbalmente o por escrito— el testador, ya que la alta fundación del Notario no es sólo la de dación de fe, sino también la de asesoramiento jurídico del testador. A esto se refiere el art. 695, segundo inciso: redactado por éste (el Notario) el testamento con arreglo a ella (su última voluntad).

Al redactar el testamento, el Notario deberá expresar —como exige el art. 695— el lugar, año, mes, día y hora de su otorgamiento, lo cual es decisivo para saber la legislación aplicable (lugar) y para la posible revocación de un testamento anterior o ser revocado por uno posterior (fecha y hora); también para comprobar la competencia del Notario y la capacidad del testador en la fecha en que otorgó el testamento.

4.- En tercer lugar, y una vez redactado el testamento, el Notario advierte al testador del derecho a leer por sí el testamento, y lo lee en alta voz, en presencia del mismo testador, de los testigos si concurren y del intérprete en su caso. Una vez leído, el testador manifiesta su conformidad, que ha de ser expresa, total y sin reserva alguna.

5.- Tras todo lo anterior, se procede a la firma del testamento. En primer lugar, el testador; si éste no sabe o no puede firmar, hará falta la concurrencia de dos testigos (art. 697, núm. 1.º) y uno de ellos firmará por el testador y a su ruego (tal como prevé el art. 695, segundo párrafo). En segundo lugar, los testigos en el caso de que concurran los de conocimiento (art. 698, 1.º, en relación con el 685) y los instrumentales (concurrencia que prevé el art. 697). En tercer lugar, los facultativos que hubiesen reconocido al testador incapacitado (según prevé el art. 665; art. 698.2.º). En cuarto lugar, el intérprete, en el caso de que hubiera hecho falta (art. 684) y hubiera traducido la voluntad del testador a la lengua oficial empleada por el Notario (art. 698.3.º). En último lugar, el Notario que, con su firma y signo, autorizará el testamento.

JURISPRUDENCIA

«el requisito de ser firmado el testamento por uno de los testigos a ruego del testador se encuentra condicionado por una de las dos circunstancias que contempla: no saber o no poder hacerlo. Pues bien, cuando no concurre ninguna de dichas circunstancias y está acreditado, por el contrario, no ser cierta la manifestación del testador de no saber firmar, nos encontramos, sin lugar a duda alguna, que se omitió una de las formalidades esenciales que previene el precitado artículo en orden a la eficacia y validez del testamento, sin que al respecto pueda concederse trascendencia a cuál fuese la causa o razón de la omisión al no afectar ello a la realidad de la falta de observancia de la mentada formalidad». (16 junio 1997, LA LEY 7803/1997)

«si el testador manifiesta no saber firmar y su aserto es mendaz, el testamento quedará viciado de nulidad». (29 abril 1999, LA LEY 6189/1999)

«doctrina científica moderna que esta Sala acoge, tiene dicho que a pesar de lo preceptuado en el artículo 695 del Código Civil, la regla general del mismo —la expresión directa de voluntad del testador al notario—, no es absoluta; el testador puede expresar su última voluntad mediatamente valiéndose de un abogado o de mandatario cualquiera. Y del factum *de la sentencia recurrida, obtenido con las notas favorables antedichas, se desprende que el Letrado no actuó en contra o con la ausencia de voluntad del testador, ni que desde luego tratara de sustituir la voluntad del testador, cuando hizo las manifestaciones que sirvieron de base para plasmar dicha voluntad».* (24 noviembre 2004, rec. 905/2002)

CONCORDANCIAS

Texto vigente según Ley 30/1991, de 20 de diciembre (*«B.O.E.»*, 23 diciembre), de modificación del Código Civil en materia de testamentos.

Artículo 696

El Notario dará fe de conocer al testador o de haberlo identificado debidamente y, en su defecto, efectuará la declaración prevista en el artículo 686. También hará cons-

tar que, a su juicio, se halla el testador con la capacidad legal necesaria para otorgar testamento.

COMENTARIO

El art. 696 exige que, en la redacción del testamento por el Notario, éste dé fe de la identificación del testador, es decir, de conocer al testador o de haberlo identificado debidamente (tal como prevé el art. 685) y, en su defecto, efectuará la declaración prevista en el art. 686.

Además de la identificación del testador, es esencial su capacidad; por ello, el mismo art. 696 añade que el Notario, al redactar el testamento, también hará constar que, a su juicio, se halla el testador con la capacidad legal necesaria para otorgar testamento.

JURISPRUDENCIA

«En cuanto a la aseveración del Notario respecto a la capacidad del testador, que refiere el art. 695 aplicable a los hechos y por tanto no afectado por la reforma operada por la L 20 Dic. 1991, adquiere relevancia de certidumbre y por ello es preciso pasar mientras no se demuestre cumplidamente en vía judicial, lo contrario (SS 23 Mar. 1994 y 27 Ene. 1998), pudiendo, al conformar presunción iuris tantum, ser combatida por prueba suficiente y eficiente (S 19 Sep. 1998, que cita las de 26 Sep. 1988, 13-13-1990, 24 Jul. 1995 y 27 Nov. 1995)» (15 febrero 2001, LA LEY 2454/2001)

Vid. asimismo la jurisprudencia citada en el artículo 685 relativa a la capacidad del testador.

CONCORDANCIAS

Texto vigente según Ley 30/1991, de 20 de diciembre (*«B.O.E.»*, 23 diciembre), de modificación del Código Civil en materia de testamentos.

Artículo 697

Al acto de otorgamiento deberán concurrir dos testigos idóneos:

1.º. Cuando el testador declare que no sabe o no puede firmar el testamento.

2.º. Cuando el testador, aunque pueda firmarlo, sea ciego o declare que no sabe o no puede leer por sí el testamento.

Si el testador que no supiese o no pudiese leer fuera enteramente sordo, los testigos leerán el testamento en presencia del Notario y deberán declarar que coincide con la voluntad manifestada.

3.º. Cuando el testador o el Notario lo soliciten.

COMENTARIO

1.- En el testamento abierto, concurrirán testigos, en número de dos, en los casos que enumera el art. 697: en primer lugar y como más importantes y quizá frecuente, cuando el testador o el Notario lo soliciten (art. 697.3.º); en segundo lugar, por necesidad, cuando el testador declare que no sabe o no puede firmar el testamento (art. 697.1.º); en tercer lugar, cuando el testador, aunque pueda firmarlo, sea ciego o declare que no sabe o no puede leer por sí el testamento (art. 697.2.º).

2.- En el testamento abierto, una vez redactado el testamento por el Notario, de acuerdo con la voluntad del testador, lo leerá el Notario (art. 695) y si el testador no sabe o no puede leer por sí mismo el testamento y, además, es enteramente sordo y por tanto no puede oír la lectura que le hace el Notario, deberán concurrir dos testigos en el otorgamiento del testamento abierto, los cuales leerán por sí mismos el testamento y declararán que coincide con la voluntad del testador, tal como dispone el art. 697, num. 2.º, segundo párrafo.

JURISPRUDENCIA

«Es cierto también que la falta de la forma determina la nulidad del testamento. Pero no nos hallamos aquí ante la ausencia de la forma testamentaria, sino ante la falta de una formalidad que debe concurrir cuando ocurra alguno de los defectos físicos previstos en el artículo 697.2 CC. La finalidad de la norma es evitar fraudes a una persona cuyas condiciones físicas le impiden enterarse por sí misma del contenido del testamento. Pero al quedar probado que el testador conoció por sí mismo dicho contenido, no puede alegarse la falta de concurrencia de testigos para pedir la nulidad y más cuando no se ha probado la falta de visión en que se fundaba la demanda.» (11 diciembre 2009, rec. 2259/2005, LA LEY 237362/2009)

CONCORDANCIAS

Texto vigente según Ley 30/1991, de 20 de diciembre (*«B.O.E.»*, 23 diciembre), de modificación del Código Civil en materia de testamentos.

Artículo 698

Al otorgamiento deberán concurrir:

1.º Los testigos de conocimiento, si los hubiera, quienes podrán intervenir además como testigos instrumentales.

2.º Los facultativos que hubieran reconocido al testador incapacitado.

3.º El intérprete que hubiera traducido la voluntad del testador a la lengua oficial empleada por el Notario.

COMENTARIO

1.- Este artículo exige la concurrencia adicional, en el testamento abierto, de ciertas personas que tienen también que firmarlo, tal como se ha mencionado al comentar el art. 695 y tratar de la firma (en el apartado 5).

Es un artículo de pura referencia. Aparte de la exigencia de la concurrencia, por demás evidente, los casos son de simple remisión.

2.- En primer lugar, los testigos de conocimiento, tal como prevé el art. 685; tales testigos pueden, además, actuar como testigos instrumentales.

En segundo lugar, los facultativos que han dictaminado la capacidad del testador, según el art. 665.

En tercer lugar, el intérprete que prevé el art. 684, si ha sido procedente su intervención.

CONCORDANCIAS

Texto vigente según Ley 30/1991, de 20 de diciembre (*«B.O.E.»*, 23 diciembre), de modificación del Código Civil en materia de testamentos.

Artículo 699

Todas las formalidades expresadas en esta Sección se practicarán en un solo acto que comenzará con la lectura del testamento, sin que sea lícita ninguna interrupción, salvo la que pueda ser motivada por algún accidente pasajero.

COMENTARIO

1.- En el otorgamiento del testamento abierto, la que se puede denominar su primera parte, es decir, la manifestación oral o escrita de la voluntad del testador y la redacción del testamento por el Notario, puede hacerse y se hace normalmente en tiempo separado. Pero la que se puede llamar segunda parte debe hacerse en unidad de acto: la lectura del testamento, la conformidad del testador y la firma «se practicarán en un solo acto» dice el presente artículo.

2.- En esta unidad de acto no cabe interrupción alguna, tal como añade este mismo artículo, «salvo la que pueda ser motivada por algún accidente pasajero».

CONCORDANCIAS

Texto vigente según Ley 30/1991, de 20 de diciembre (*«B.O.E.»*, 23 diciembre), de modificación del Código Civil en materia de testamentos.

Artículo 700

Si el testador se hallare en peligro inminente de muerte, puede otorgarse el testamento ante cinco testigos idóneos, sin necesidad de Notario.

COMENTARIO

1.- Se establece en este artículo el testamento abierto extraordinario, el testamento abierto en peligro de muerte motivado por la urgencia que produce el peligro de muerte del testador y que consiste en la no intervención del Notario y concurrencia de testigos.

Se aplica este testamento al caso en que el testador se hallare en peligro inminente de muerte, dice el art. 700. No basta que se otorgue en estado de grave enfermedad, ya que es preciso que se halle en situación urgente, inmediata y extrema. Es preciso, también, que no sea racionalmente posible la intervención de notario, o haya riesgo de que fallezca o pierda sus facultades antes de que acuda al Notario.

2.- Las formalidades especiales son que puede otorgarse el testamento ante cinco testigos idóneos, sin necesidad de Notario, como añade el art. 700. La inidoneidad de los testigos es la general, es decir, no hallarse en las causas de inidoneidad de los arts. 681 y 682. Se les aplicará asimismo la prohibición de suceder al testador, que establece el art. 754, párrafo segundo.

3.- Los testigos, en este testamento, no sólo son testigos instrumentales, sino también de conocimiento, ya que el art. 685, segundo párrafo, exige que conozcan al testador; asimismo, apreciarán la capacidad del mismo.

JURISPRUDENCIA

«Exige, en todo caso, como presupuestos esta forma de testar: a) peligro real de la inminencia de muerte del testador; b) que esta situación extrema coincida con la imposibilidad de la asistencia de un Notario; c) que se cumplan rigurosamente las formalidades y requisitos establecidos en la Ley para esta forma de testar, entre los cuales no son los menos importantes las disposiciones de los arts. 703 y 704 CC y 1953 y 1954 LEC; y d) que, con las salvedades correspondientes y dada su naturaleza de testamento abierto simplificado, se cumplan en general todas las solemnidades establecidas para el testamento abierto ordinario, es decir, capacidad del testador, idoneidad de los testigos, ánimo de testar, presencia del testador y testigos en unidad de acto, entre otros. En el supuesto que se contempla se incumple, a todas luces, el requisito consistente en la imposibilidad de contar con la presencia de notario, puesto que la excepcionalidad de esta forma de testar está directamente condicionada, no sólo a la inminencia de la muerte, sino también a la imposibilidad, dada la gravedad del testador, de contar con el tiempo suficiente para que pueda acudir un notario». (27 junio 2000, LA LEY 9171/2000) (Doctrina reiterada por la de 4 noviembre 2009, rec. 1561/2005, LA LEY 217900/2009)

«La doctrina jurisprudencial ha declarado reiteradamente que el testamento que nos ocupa se refiere única y exclusivamente a aquellos supuestos en que el estado del testador es de tal gravedad que se pierde toda esperanza de salvación y no haya lugar a que pueda acudir al Notario (...) Esta Sala tiene declarado en numerosas sentencias que, aunque es esencial el estado de peligro de muerte, sin el cual no ha de entenderse válido este testamento, el testador no puede prescindir discrecionalmente de la intervención del Notario, cuando nada obste para que este funcionario autorice el testamento, pero es suficiente la prueba de que no pudo encontrarse al Notario o era difícil obtener su concurrencia (entre otras, SSTS de 19 de diciembre de 1959, y 3 de noviembre de 1962), cuestiones de hecho que quedan a la apreciación de la Sala de instancia (STS de 8 de febrero de 1962 y 2 de julio de 1977) En definitiva, resultaba obligada la justificación de que no se ha prescindido del Notario de una manera voluntaria». (10 junio 2005, rec. 4815/1998)

CONCORDANCIAS

Véanse arts. 681, 682, 685.2, 694.2 y 702 a 705 de este Código.

Artículo 701

En caso de epidemia puede igualmente otorgarse el testamento sin intervención de Notario ante tres testigos mayores de dieciséis años.

COMENTARIO

1.- Por el mismo fundamento que el testamento abierto otorgado en peligro de muerte —urgencia de su otorgamiento— el Código civil prevé una mitigación de requisitos en el testamento abierto otorgado en tiempo de epidemia.

Se aplica al otorgado en caso de epidemia, como dice escuetamente el art. 701. No es necesario que el testador esté enfermo de la enfermedad epidémica, sino que basta que se halle en el lugar afectado. Tampoco es preciso que medie una declaración oficial de la epidemia: basta ésta y que, en su caso, se pruebe que existió.

2.- Las formalidades especiales que exige el art. 701 son que puede otorgarse sin intervención de Notario ante tres testigos mayores de dieciséis años. Los testigos deberán ser idóneos, aplicando las causas de idoneidad de los arts. 681 y 682, salvo la edad, que no se precisa la mayoría (número primero del art. 681), sino dieciséis años (art. 701).

3.- También en este testamento, los testigos no sólo son testigos instrumentales, sino también de conocimiento, ya que el art. 685, segundo párrafo, exige que conozca al testador; asimismo, apreciarán la capacidad del mismo.

CONCORDANCIAS

Véanse arts. 681, 682, 685.2, 694.2 y 702 a 705 de este Código.
Texto vigente según Ley 24 abril 1958 («*B.O.E.*», 25 abril).

Artículo 702

En los casos de los dos artículos anteriores, se escribirá el testamento, siendo posible; no siéndolo, el testamento valdrá aunque los testigos no sepan escribir.

COMENTARIO

1.- El testamento abierto en peligro de muerte o en caso de epidemia es negocio jurídico verbal. Sin embargo, este artículo exige que, tras éste, se escriba el testamento, como prueba escrita del mismo, prueba documental, nota o apunte de la expresión del testador; lo que, en principio, harán los testigos, aunque podría hacerla el propio testador siempre que no tenga el carácter de testamento ológrafo que, como testamento común, sería prevalente.

2.- La exigencia de que se escriba el testamento no es absoluta: el propio artículo añade «siendo posible» y termina: «no siéndolo, el testamento valdrá aunque los testigos no sepan escribir». La imposibilidad de escribir el testamento puede ser subjetiva, como la que contempla el texto legal (que los testigos no sepan escribir) u objetiva (como una situación de violencia o caos que no permita escribir).

3.- Por tanto, el testamento en peligro de muerte o en caso de epidemia es oral, se exige, si es posible, la prueba escrita. Si ésta no se cumple, doctrina y jurisprudencia están conformes en que el testamento es nulo (art. 687).

Pero cabría hacerse una pregunta, ¿sería también nulo aquel testamento en que el testador dice algo tan simple como «lo dejo todo a mi único hijo» y a los testigos, legos en derecho, ni se les ocurre escribir algo tan sencillo? Si la exigencia de esta prueba escrita es para evitar incertidumbres o dudas, es decir, para persona la seguridad jurídica, no tiene sentido (y nunca se puede mantener una opinión que conduzca al absurdo) que los testigos escriban en un papel «lo ha dejado todo a su único hijo» y menos sentido tiene que se declare nulo el testamento en que no se hizo tal inútil y absurda prueba escrita. La doctrina y la jurisprudencia han mantenido la nulidad si no se escribe el testamento, pero no se han planteado el sencillo caso expuesto; si se da (como efectivamente se ha dado), el Juez de 1.ª instancia ordena su protocolización y no se plantea discusión en la doctrina ni, mucho menos, produce jurisprudencia.

Artículo 703

El testamento otorgado con arreglo a las disposiciones de los tres artículos anteriores quedará ineficaz si pasaren dos meses desde que el testador haya salido del peligro de muerte, o cesado la epidemia.

Cuando el testador falleciere en dicho plazo, también quedará ineficaz el testamento si dentro de los tres meses siguientes al fallecimiento no se acude al Tribunal competente para que se eleve a escritura pública, ya se haya otorgado por escrito, ya verbalmente.

COMENTARIO

1.- El art. 743 dispone que los testamentos sólo caducarán «en los casos expresamente prevenidos en este Código». Uno de los casos es el que prevé este art. 703, aplicable a los testamentos en peligro de muerte y en caso de epidemia.

Estos testamentos tienen un plazo de caducidad, estimándose que, pasado el mismo, no cumple ya la función para el que ha sido previsto. Este plazo es de *dos meses* a contar desde que el testador haya salido del peligro de muerte o desde que haya cesado la epidemia. El cómputo se hará aplicando el art. 5 del C.c. El *dies a quo* puede ser de difícil determinación o prueba (salir del peligro de muerte, cesar la epidemia), pudiendo ser esencial la prueba pericial.

2.- Si el testador muere en aquel peligro de muerte o en la epidemia, el plazo de caducidad es de *tres meses*, a contar del día del fallecimiento, con el cómputo que prevé el art. 5 y con la inactividad, en este tiempo, de no iniciar ante el Juzgado de 1.ª Instancia el expediente de protocolización, que se prevé en los arts. 1943 y ss. L.E.C.

Artículo 704

Los testamentos otorgados sin autorización del Notario serán ineficaces si no se elevan a escritura pública y se protocolizan en la forma prevenida en la Ley de Enjuiciamiento Civil.

COMENTARIO

1.- Este artículo es un mero complemento del anterior y una norma de simple remisión. El artículo anterior establecía el plazo de caducidad de los testamentos otorgados sin intervención de Notario, en peligro de muerte y en caso de epidemia. Este dispone algo obvio: que quedan ineficaces los testamentos otorgados sin autorización del Notario (como las anteriores pero que este artículo lo extiende a todos) si no se elevan a escritura pública y se protocolizan. Es obvia tal ineficacia porque, efectivamente, dichos testamentos caducan si en un tiempo determinado no se protocolizan.

2.- En el segundo inciso, se remite, para la elevación a escritura pública y protocolización, a lo dispuesto en la L.E.C. de 1881, arts. 1943 y ss, vigentes tras la promulgación de la nueva L.E.C..

CONCORDANCIAS

Véase:
— arts. 689, 694 y 707 de este Código.
— Ley Enjuiciamiento Civil de 1881: arts. 1.943 a 1.955.

Artículo 705

Declarado nulo un testamento abierto por no haberse observado las solemnidades establecidas para cada caso, el Notario que lo haya autorizado será responsable de los daños y perjuicios que sobrevengan, si la falta procediere de su malicia, o de negligencia o ignorancia inexcusables.

COMENTARIO

1.- Recordando que el testamento es un negocio jurídico (art. 687), el Notario cuidará del cumplimiento de las formalidades del testamento abierto y, en caso de que, por no cumplirse éstas, el testamento sea declarado nulo, responde de los daños y perjuicios si ha obrado con dolo o con culpa grave. Así lo dispone el presente art. 705.

El presupuesto objetivo es la declaración, por sentencia, de la nulidad del testamento por inobservancia de las formalidades legales. El presupuesto subjetivo es que tal inobservancia —y por ende, la nulidad— haya sido causada por una actuación del Notario con dolo o con culpa grave: «malicia», o «negligencia o ignorancia inexcusable» son las expresiones que utiliza el texto legal. El efecto, en relación de nexo causal respecto a los dos presupuestos, es la producción de daños y perjuicios a las personas afectadas por la declaración de nulidad del testamento.

2.- La acción para exigir la responsabilidad civil del Notario se puede acumular a la acción de nulidad del testamento abierto, en cuyo caso debe ser parte codemandada el Notario. O bien, se puede ejercer primero la acción de nulidad y obtenida ésta, ejercitar la acción de responsabilidad contra el Notario.

JURISPRUDENCIA

«la posible responsabilidad del Notario autorizante trae causa directa de su malicia, negligencia o ignorancia, y la presencia del testigo instrumental que aquí se discute, no aparece en los autos directamente relacionada con la conducta del fedatario, por lo que bien pudiera obedecer a la actuación del mismo testador, de los herederos, o del resto de los testigos; causa que elimina el deber de demandar al Notario, al no haberse justificado las circunstancias que especifica el art. 705 del C. Civil». (9 mayo 1990, LA LEY 12939-R/1990)

«en cuanto a la figura del Notario "adherido como coadyuvante en el proceso", en el sentido básico de que, por ello mismo, no es parte en el proceso, no obstante ha de agregarse que al no responder, pues, su personación en los autos como auténtica parte demandada para lo que, es claro, se precisaba que fuese expresamente llamado en la acción entablada con tal cualidad trabándose así una suerte de litisconsorcio pasivo voluntario, que no necesario al margen de la eventualidad posterior, en su caso del art. 705 C.C., según constata Jurisprudencia que huelga enumerar, su misma configuración de persona coadyuvante con la posición procesal del demandado, le aparte naturalmente, de que sobre el mismo recaiga la disciplina estricta atinente a las partes principales, pero sin que se impida por ello que su mero cometido de refuerzo o ayuda a una de la tesis que pugnan en la relación jurídico-procesal puedan ser tenidas en cuenta para integrar la convicción judicial, máxime en un litigio como el presente en el que se debate la nulidad de un testamento por inobservancia de las formalidades establecidas, lo que, de suyo, explica el conocimiento, en su caso, de su observancia por parte del fedatario bien a través de su presencia como tal coadyuvante como sucedió en el litigio». (25 junio 1990, LA LEY 1428-JF/0000)

CONCORDANCIAS

Véanse arts. 687, 694.1, 695, 696, 699, 1.104 y 1.902 de este Código.

SECCIÓN SEXTA
Del testamento cerrado

Artículo 706

El testamento cerrado habrá de ser escrito.

Si lo escribiese por su puño y letra el testador pondrá al final su firma.

Si estuviese escrito por cualquier medio mecánico o por otra persona a ruego del testador, éste pondrá su firma en todas sus hojas y al pie del testamento.

Cuando el testador no sepa o no pueda firmar, lo hará a su ruego al pie y en todas las hojas otra persona, expresando la causa de la imposibilidad.

En todo caso, antes de la firma se salvarán las palabras enmendadas, tachadas o escritas entre renglones.

COMENTARIO

1.- El concepto de testamento cerrado lo da el art. 680 y se analiza en su comentario. Este artículo y los siguientes tratan de sus requisitos, formalidades y demás detalles.

En las formalidades se distinguen tres fases, que incluso están distanciadas en el tiempo. La primera es la redacción del testamento por el testador, que lo coloca en un sobre (cubierta, lo llama el Código) cerrado y sellado. La segunda es el otorgamiento ante Notario. La tercera es la conservación del testamento por el testador, otra persona o el propio Notario; su presentación ante el Juez competente cuando fallece el testador; y la apertura y protocolización.

2.- La primera fase es la redacción del testamento por el testador. El testamento cerrado es escrito: lo escribe de su puño y letra el testador, que podrá al final su firma y si no sabe o no puede firmar, lo hará a su ruego al pie y en todas las hojas otra persona, expresando la causa de la imposibilidad; o bien, lo escribe por un medio mecánico, en cuyo caso el testador pondrá su firma en todas sus hojas y al pie de testamento; o bien lo escribe otra persona a ruego del testador, el cual pondrá también su firma en todas sus hojas y al pie del testamento. En todo caso, antes de la firma se salvarán las palabras enmendadas, tachadas o escritas entre renglones.

CONCORDANCIAS

Texto vigente según Ley 30/1991, de 20 de diciembre (*«B.O.E.»*, 23 diciembre), de modificación del Código Civil en materia de testamentos.

Artículo 707

En el otorgamiento del testamento cerrado se observarán las solemnidades siguientes:

1.ª El papel que contenga el testamento se pondrá dentro de una cubierta, cerrada y sellada de suerte que no pueda extraerse aquél sin romper ésta.

2.ª El testador comparecerá con el testamento cerrado y sellado, o lo cerrará y sellará en el acto, ante el Notario que haya de autorizarlo.

3.ª En presencia del Notario, manifestará el testador por sí, o por medio del intérprete previsto en el artículo 684, que el pliego que presenta contiene su testamento, expresando si se halla escrito y firmado por él o si está escrito de mano ajena o por cualquier medio mecánico y firmado al final y en todas sus hojas por él o por otra persona a su ruego.

4.ª Sobre la cubierta del testamento extenderá el Notario la correspondiente acta de su otorgamiento, expresando el número y la marca de los sellos con que está cerrado, y dando fe del conocimiento del testador o de haberse identificado su persona en la forma prevenida en los artículos 685 y 686, y de hallarse, a su juicio, el testador con la capacidad legal necesaria para otorgar testamento.

5.ª Extendida y leída el acta, la firmará el testador que pueda hacerlo y, en su caso, las personas que deban concurrir, y la autorizará el Notario con su signo y firma.

Si el testador declara que no sabe o no puede firmar, lo hará por él y a su ruego uno de los dos testigos idóneos que en este caso deben concurrir.

6.ª También se expresará en el acta esta circunstancia, además del lugar, hora, día, mes y año del otorgamiento.

7.ª Concurrirán al acto de otorgamiento dos testigos idóneos, si así lo solicitan el testador o el Notario.

COMENTARIO

1.- Una vez redactado el testamento cerrado por el testador, como establece el artículo anterior, éste lo coloca dentro de un sobre o cubierta, cerrada y sellada, «de suerte que no pueda extraerse aquél sin romper ésta», como dice este art. 707, num. 1.º.

A continuación, la segunda fase es el otorgamiento del testamento. El testador comparece con el testamento (cerrado y sellado o lo cierra y sella al comparecer) ante el Notario hábil (art. 707, núm. 2.º) y manifiesta que el pliego (el sobre, la cubierta) contiene su testamento y, además, expresa si se halla escrito por él o por otra persona o por un medio mecánico y si lo ha firmado él u otra persona a su ruego: esta manifestación la hará por intérprete si el testador se expresa en una lengua que no conoce el Notario, tal como establece el art. 684.

En la cubierta del testamento, el Notario extenderá el acta de su otorgamiento, expresando el lugar, hora, día, mes y año del mismo, el número y la marca de los sellos: dando fe de la identificación del testador y de su capacidad (art. 707, nums. 4.º y 6.º).

2.- Extendida y leída el acta, la firma en primer lugar, el testador, y si éste no sabe o no puede, deberán concurrir dos testigos idóneos y uno de ellos firmará por él y a su ruego; en segundo lugar, la firman dos testigos idóneos si han concurrido por razón del caso anterior o porque así lo han solicitado el testador o el Notario; en tercer lugar, las personas que deban concurrir, que pueden ser el intérprete o los facultativos; en último lugar, autorizará el acta el Notario con su signo y firma (art. 707, nums. 5.º, 6.º y 7.º).

CONCORDANCIAS

Véase art. 715 de este Código.

Texto vigente según Ley 30/1991, de 20 de diciembre (*«B.O.E.»*, 23 diciembre), de modificación del Código Civil en materia de testamentos.

Artículo 708

No pueden hacer testamento cerrado los ciegos y los que no sepan o no puedan leer.

COMENTARIO

En el testamento cerrado rigen las reglas generales de la testamentización activa, pero como capacidad especial, dice el art. 708, que «no pueden otorgar testamento cerrado los ciegos y los que no sepan o no puedan leer». Incapacidad especial que es lógica, pues al ciego se le podría sustituir el documento o el pliego en que se encuentra, que contiene su declaración de voluntad testamentaria. Los que no saben o no pueden leer no podrían comprobar que la persona de que se valieran para redactar su declaración la consignaban fielmente.

Se establecen ciertas reglas especiales frente a especiales situaciones físicas del testador, como el que no sepa o no pueda firmar (art. 707, num. 5.º, segundo párrafo) o no pueda expresarse verbalmente, pero sí escribir (art. 709), pero no afecta a la capacidad para testar, sino a las formalidades para otorgarlo.

Artículo 709

Los que no puedan expresarse verbalmente, pero sí escribir, podrán otorgar testamento cerrado, observándose lo siguiente:

1.º El testamento ha de estar firmado por el testador. En cuanto a los demás requisitos, se estará a lo dispuesto en el artículo 706.

2.º Al hacer su presentación, el testador escribirá en la parte superior de la cubierta, a presencia del Notario, que dentro de ella se contiene su testamento, expresando cómo está escrito y que está firmado por él.

3.º A continuación de lo escrito por el testador se extenderá el acta de otorgamiento, dando fe el Notario de haberse cumplido lo prevenido en el número anterior y lo demás que se dispone en el artículo 707, en lo que sea aplicable al caso.

COMENTARIO

1.- El art. 709 establece una forma extraordinaria del testamento cerrado para el caso de que el testador sea sordomudo o mudo, que esencialmente consiste en la adaptación de las solemnidades a la situación física disminuida del testador que, en todo caso, debe saber leer (art. 708). Dicha adaptación se traduce en ciertas especialidades relativas a las dos primeras fases de las formalidades.

2.- En la fase de redacción del testamento, se aplican las normas generales del art. 706, pero con la excepción de que el testamento ha de estar firmado por el testador (art. 709, num. 1.º). No puede hacerlo si no sabe o no puede firmar.

En la fase de otorgamiento, el testador, como no puede manifestar oralmente que el pliego contiene su testamento, escribirá en la parte superior de la cubierta, a presencia del Notario, que dentro de ella se contiene su testamento, expresando cómo está escrito y que está firmado (necesariamente) por él (art. 709.2.º).

Por último, lo que no es ninguna especialidad: a continuación de lo escrito por el testador (la declaración de ciencia, escrita, anterior) se extenderá el acto de otorgamiento, y la dación de fe del Notario comprende los requisitos generales y las especialidades de esta forma excepcional (art. 709, num. 3.º).

CONCORDANCIAS

Texto vigente según Ley 30/1991, de 20 de diciembre («*B.O.E.*», 23 diciembre), de modificación del Código Civil en materia de testamentos.

Artículo 710

Autorizado el testamento cerrado, el Notario lo entregará al testador, después de poner en el protocolo corriente copia autorizada del acta de otorgamiento.

COMENTARIO

1.- Este artículo, en su segundo inciso, es expresión de lo dispuesto en la Ley del Notariado de 28 de mayo de 1862. El Notario, tras el otorgamiento del testamento cerrado, incorpora a su protocolo reservado el testimonio (o copia literal: «copia autorizada» dice el texto legal del acta de aquel otorgamiento. Este extremo fue tratado especialmente en la antigua sentencia de 7 de julio de 1943.

2.- Después de ello, el Notario entrega el testamento cerrado al testador, con lo que comienza la tercera fase, de conservación, presentación y protocolización, que regulan los artículos siguientes.

Texto vigente según Ley 30/1991, de 20 de diciembre («*B.O.E.*», 23 diciembre), de modificación del Código Civil en materia de testamentos.

Artículo 711

El testador podrá conservar en su poder el testamento cerrado, o encomendar su guarda a persona de su confianza, o depositarlo en poder del Notario autorizante para que lo guarde en su archivo.

En este último caso, el Notario dará recibo al testador y hará constar en su protocolo corriente, al margen o a continuación de la copia del acta de otorgamiento, que queda el testamento en su poder. Si lo retirare después el testador, firmará un recibo a continuación de dicha nota.

COMENTARIO

La tercera fase del testamento cerrado es la de conservación, presentación y protocolización. Este artículo contempla la conservación. El artículo anterior disponía que una vez otorgado el testamento cerrado y puesto en el protocolo el testimonio del acta, el Notario lo entrega al testador. Este artículo contempla los distintos supuestos de conservación. En primer lugar, lo puede conservar el propio testador. En segundo lugar, el testador puede encomendar su guarda a persona de su confianza. Y en tercer lugar, dispone por último el mismo artículo, el testador puede depositarlo en poder del Notario autorizante para que lo guarde en su archivo, en cuyo caso el Notario dará recibo al testador y hará constar en su protocolo, en la copia del acta de otorgamiento, que queda el testamento en su poder y si el testador lo retira posteriormente, firmará un recibo a continuación de dicha nota.

CONCORDANCIAS

Véase Reglamento Notarial, de 2 de julio de 1944 («*B.O.E.*», 7 julio): arts. 216 a 220.

Texto vigente según Ley 30/1991, de 20 de diciembre («*B.O.E.*», 23 diciembre), de modificación del Código Civil en materia de testamentos.

Artículo 712

El Notario o la persona que tenga en su poder un testamento cerrado, deberá presentarlo al Juez competente luego que sepa el fallecimiento del testador.

Si no lo verifica dentro de diez días, será responsable de los daños y perjuicios que ocasione su negligencia.

COMENTARIO

1.- Siguiendo la fase tercera, este artículo regula la presentación del testamento cerrado, una vez haya fallecido el testador, es decir, se haya producido la apertura de la sucesión.

La persona que lo tenga en su poder lo debe presentar al Juez de 1.ª Instancia del lugar en que se hubiera otorgado (art. 63.22 L.E.C.). Esta persona es la que conviva o sea familiar o allegado del testador (si éste lo había conservado en su poder) o la persona que lo conserve (si el testador había encomendado la conservación a persona de su confianza) o el Notario (si éste se había encargado de su conservación).

2.- Esta persona que debe presentar el testamento al Juzgado, lo debe hacer en el momento en que se sepa que el testador ha muerto; como dice el texto legal, «luego que sepa el fallecimiento del testador». Pero añade, el segundo párrafo, que si no lo presenta en el plazo de diez días, responde de los daños y perjuicios que se produzcan por su retraso culpable.

CONCORDANCIAS

Véase Ley Enjuiciamiento Civil: arts. 63.22 y 1.956.

Artículo 713

El que con dolo deje de presentar el testamento cerrado que obre en su poder dentro del plazo fijado en el párrafo segundo del artículo anterior, además de la responsabilidad que en él se determina, perderá todo derecho a la herencia, si lo tuviere como heredero abintestato o como heredero o legatario por testamento.

En esta misma pena incurrirán el que sustrajere dolosamente el testamento cerrado del domicilio del testador o de la persona que lo tenga en guarda o depósito, y el que lo oculte, rompa o inutilice de otro modo, sin perjuicio de la responsabilidad criminal que proceda.

COMENTARIO

1.- El artículo anterior establece que quien tenga en su poder el testamento cerrado lo debe presentar al Juez de 1.ª Instancia y si no lo hace en el plazo de diez días, por culpa, responde de los daños y perjuicios. El presente artículo añade una grave consecuencia más, en tres supuestos.

2.- El primer supuesto es que no presente el testamento en el mismo plazo, no ya por culpa, sino con dolo. El segundo supuesto es que lo sustraiga, con dolo, de quien lo tenga en su poder o simplemente del domicilio del testador. El tercer supuesto es que lo oculte, rompa o inutilice de otro modo; con dolo, por supuesto; aunque en este caso, quizá por evidente, este artículo no mencione el dolo.

3.- Son casos de mala fe que evitan la sucesión testada contenida en el testamento cerrado. Y la grave consecuencia es que su autor «perderá todo derecho a la herencia, si lo tuviere como heredero *ab intestato*, o como heredero o legatario por testamento», lo cual no es otra cosa que una causa de indignidad, con todos los efectos de la misma, que se analizarán en los comentarios a los arts. 756 y ss.

Además, se añade algo que es obvio e innecesario de expresar en un texto legal: «sin perjuicio de la responsabilidad criminal que proceda».

CONCORDANCIAS

Véase art. 756.6.º de este Código.

Artículo 714

Para la apertura y protocolización del testamento cerrado se observará lo prevenido en la Ley de Enjuiciamiento Civil.

COMENTARIO

El trámite procesal, ante el Juez de 1.ª Instancia, para la apertura y protocolización del testamento cerrado, está previsto, lógicamente en la Ley de Enjuiciamiento Civil (arts. 1956 y ss). Tiene por finalidad la comprobación judicial de que el testamento se conserva íntegro, inalterado y no abierto; el Juez lo abre, le da lectura y una vez comprobada la autenticidad del testamento y el cumplimiento de las solemnidades legales, dicta auto ordenando que se protocolice notarialmente.

Este artículo es, pues, una simple remisión a la normativa procesal.

CONCORDANCIAS

Véase Ley de Enjuiciamiento Civil de 1881: arts. 1.956 y ss.

Artículo 715

Es nulo el testamento cerrado en cuyo otorgamiento no se hayan observado las formalidades establecidas en esta sección; y el Notario que lo autorice será responsable de los daños y perjuicios que sobrevengan, si se probare que la falta procedió de su malicia o de negligencia o ignorancia inexcusables. Será válido, sin embargo, como testamento ológrafo, si todo él estuviere escrito y firmado por el testador y tuviere las demás condiciones propias de este testamento.

COMENTARIO

1.- El primer inciso de este artículo no es sino una reiteración de lo dispuesto con carácter general en el 687. El testamento es un negocio jurídico solemne y, por tanto, el cerrado que no reúna todos los requisitos formales, en todas sus fases, en nulo o, por mejor decir, inexistente por defecto de un elemento constitutivo del mismo, cual es la forma.

2.- El segundo inciso establece una norma paralela a la del art. 705. Declarada la nulidad del testamento cerrado por inobservancia de formalidades legales (presupuesto objetivo) y que la misma ha sido causada por dolo o culpa grave del Notario («malicia» o «negligencia o ignorancia inexcusables»), éste responde de los daños y perjuicios que se causen. En este testamento, a diferencia del abierto, hay que tener en cuenta que el Notario no interviene en la primera fase (redacción del testamento por el testador) ni en la tercera (conservación, presentación y protocolización). Por tanto, su responsabilidad se limita al caso de nulidad en el otorgamiento (segunda fase).

3.- El tercer inciso prevé un supuesto de conversión del negocio nulo. El testamento cerrado que sea nulo por falta de formalidades legales, vale como testamento ológrafo si reúne los requisitos de tal. Es decir, el escrito redactado por el testador, si fue hecho de puño y letra, con fecha, firma y salvada las palabras tachadas, enmendadas o entre renglones, es por sí mismo un testamento ológrafo y como tal tendrá validez, pese a que fuera nulo como testamento cerrado.

CONCORDANCIAS

Véase art. 687 de este Código.

SECCIÓN SÉPTIMA
Del testamento militar

Artículo 716

En tiempo de guerra, los militares en campaña, voluntarios, rehenes, prisioneros y demás individuos empleados en el ejército, o que sigan a éste, podrán otorgar su testamento ante un Oficial que tenga por lo menos la categoría de Capitán.

Es aplicable esta disposición a los individuos de un ejército que se halle en país extranjero.

Si el testador estuviere enfermo o herido, podrá otorgarlo ante el Capellán o el Facultativo que le asista.

Si estuviere en destacamento, ante el que lo mande, aunque sea subalterno.

En todos los casos de este artículo será siempre necesaria la presencia de dos testigos idóneos.

COMENTARIO

1.- El testamento militar es el primero de los testamentos especiales al que hace referencia el artículo 677: «se consideran testamentos especiales el militar, el marítimo y el hecho en país extranjero». A la vista del art. 716, se puede definir como aquel que se otorga por militares y personas a ellos asimilados, en tiempo de guerra y en campaña.

Por tanto, no se puede considerar como un privilegio concedido a ciertas personas: ni pueden otorgarlo siempre los militares ni sólo los militares. En efecto, los militares no pueden otorgar este testamento especial por el hecho de ser militar, sino tan sólo si el país está en tiempo de guerra, y ellos están en campaña; por otra parte, no sólo pueden otorgarlo los militares, sino todas las personas empleadas en el ejército o que sigan a éste (voluntarios, rehenes, prisioneros..., dice el art. 716).

Tiempo de guerra ha de ser entendido en sentido amplio: no es preciso que medie una declaración oficial de guerra, sino que basta la situación real de guerra: la guerra puede hallarse en el país propio o en el extranjero: dice en efecto, el art. 716, segundo párrafo, que «es aplicable esta disposición a los individuos de un ejército que se halle en país extranjero». En campaña significa en el propio lugar de las operaciones bélicas, no en retaguardia, ni en la guarnición, ni en los cuarteles, etc.

2.- El testamento militar puede tener dos formas: ordinario y extraordinario, y uno y otro puede ser abierto o cerrado.

El *testamento militar abierto en forma ordinaria* se otorgará en la forma ordinaria del común abierto, pero no ante Notario, sino: 1.º) ante un oficial que tenga por lo menos la categoría de Capitán, o bien, 2.º) si el testador estuviera enfermo o herido ante el Capellán o el Facultativo que le asista, o bien, 3.º) si estuviera en destacamento, ante el que lo mande, aunque sea subalterno (art. 716). Además deberán concurrir dos testigos idóneos (art. 716, último párrafo), cuya idoneidad viene determinada por lo dispuesto en los artículos 681 y 682.

Artículo 717

También podrán las personas mencionadas en el artículo anterior otorgar testamento cerrado ante un Comisario de guerra, que ejercerá en este caso las funciones de Notario, observándose las disposiciones de los artículos 706 y siguientes.

COMENTARIO

El testamento militar cerrado en forma ordinaria se otorgará observándose las formalidades del testamento común cerrado. Se otorga, dice este artículo, «ante un Comisario de guerra, que ejercerá en este caso las funciones de Notario». Hoy, desaparecido el cargo de Comisario de guerra, deberá otorgarse ante el Interventor militar, que es el titular de la fe pública militar; precisamente por ser el Interventor militar el autorizante, fedatario oficial, por excelencia, del testamento militar, los otorgados ante él no caducan nunca.

Artículo 718

Los testamentos otorgados con arreglo a los dos artículos anteriores deberán ser remitidos con la posible brevedad al cuartel general, y por éste al Ministro de la Guerra.

El Ministro, si hubiese fallecido el testador, remitirá el testamento al Juez del último domicilio del difunto, y, no siéndole conocido, al Decano de los de Madrid, para que de oficio cite a los herederos y demás interesados en la sucesión. Estos deberán solicitar que se eleve a escritura pública y se protocolice en la forma prevenida en la Ley de Enjuiciamiento Civil.

Cuando sea cerrado el testamento, el Juez procederá de oficio a su apertura en la forma prevenida en dicha ley, con citación e intervención del Ministerio Fiscal, y después de abierto lo pondrá en conocimiento de los herederos y demás interesados.

COMENTARIO

Todos estos testamentos militares, una vez otorgados deberán ser remitidos: 1.º) con la posible brevedad al cuartel general; 2.º) por éste al Ministerio de Defensa; 3.º) éste, fallecido el testador, al Juez del último domicilio del difunto y, no siéndole conocido, al Decano de los de Madrid; 4.º) el cual cita a los herederos y demás interesados en la sucesión, si es abierto; y si es cerrado, procede antes de su apertura, con citación e intervención del Ministerio Fiscal, tras lo que cita a los herederos y demás interesados; 5.º) los cuales deberán solicitar que se eleve a escritura pública y se protocolice en la forma prevenida en la Ley de Enjuiciamiento Civil: todo ello según dispone este artículo 718.

CONCORDANCIAS

Véase Ley Enjuiciamiento Civil de 1881: arts. 1.944 y ss.
En la actualidad Ministro de Defensa.

Artículo 719

Los testamentos mencionados en el artículo 716 caducarán cuatro meses después que el testador haya dejado de estar en campaña.

COMENTARIO

El testamento militar abierto en forma ordinaria, regulado en el art. 716, tiene un breve plazo de caducidad previsto en este art. 719. Este plazo es de cuatro meses a contar desde que el testador haya dejado de estar en campaña. Sin embargo, si muere en campaña, no hay plazo de caducidad.

CONCORDANCIAS

Véanse arts. 730 y 743 de este Código.

Artículo 720

Durante una batalla, asalto, combate, y generalmente en todo peligro próximo de acción de guerra, podrá otorgarse testamento militar de palabra ante dos testigos.

Pero este testamento quedará ineficaz si el testador se salva del peligro en cuya consideración testó.

Aunque no se salvare, será ineficaz el testamento si no se formaliza por los testigos ante el Auditor de guerra o funcionario de justicia que siga al ejército, procediéndose después en la forma prevenida en el artículo 718.

COMENTARIO

1.- El testamento militar abierto en forma extraordinaria se puede emplear en circunstancias de máximo o inminente peligro por la proximidad de una acción militar: durante una batalla, asalto, combate y generalmente en todo peligro próximo de acción de guerra, dice el art. 720. Se otorga de palabra ante testigos, añade el art. 720 sin hacer mención alguna de su idoneidad. Dichos testigos deben formalizarlo ante el Auditor de guerra o funcionario de justicia que siga al ejército (art. 720, párrafo 3.º).

2.- Se establece la caducidad de este testamento, en el momento en que pasa la batalla, asalto, combate o peligro próximo de acción de guerra y el testador se ha salvado.

Artículo 721

Si fuere cerrado el testamento militar se observará lo prevenido en los artículos 706 y 707; pero se otorgará ante el Oficial y los dos testigos que para el abierto exige el artículo 716, debiendo firmar todos ellos el acta de otorgamiento, como asimismo el testador, si pudiere.

COMENTARIO

El testamento militar cerrado en forma extraordinaria se puede otorgar en las circunstancias que prevé el artículo anterior (batalla, asalto, combate o peligro próximo de acción de guerra). Se otorga con las formalidades del testamento cerrado, pero no ante Notario sino simplemente ante dos testigos idóneos (comparar con el testamento abierto que prevé el art. 716). El acta de otorgamiento la firma el testador, si puede hacerlo, y los testigos. Aunque no lo dice expresamente, se aplicará también a este tipo de testamento lo dispuesto en el art. 718.

SECCIÓN OCTAVA
Del testamento marítimo

Artículo 722

Los testamentos, abiertos o cerrados, de los que durante un viaje marítimo vayan a bordo, se otorgarán en la forma siguiente:

Si el buque es de guerra, ante el Contador o el que ejerza sus funciones, en presencia de dos testigos idóneos, que vean y entiendan al testador. El Comandante del buque, o el que haga sus veces, pondrá además su V.º B.º

En los buques mercantes autorizará el testamento el Capitán o el que haga sus veces, con asistencia de dos testigos idóneos.

En uno y otro caso los testigos se elegirán entre los pasajeros, si los hubiere; pero uno de ellos, por lo menos, ha de poder firmar, el cual lo hará por sí y por el testador, si éste no sabe o no puede hacerlo.

Si el testamento fuera abierto, se observará además lo prevenido en el artículo 695, y, si fuere cerrado, lo que se ordena en la sección sexta de este capítulo, con exclusión de lo relativo al número de testigos e intervención del Notario.

COMENTARIO

1.- El testamento marítimo es el otorgado por el que vaya a bordo durante un viaje marítimo, es decir, cuando el buque esté navegando. No cabe cuando aún no ha zarpado, aunque sí durante una escala; es muy dudoso que pueda darse en un viaje fluvial; no cabe su extensión a viaje aéreo.

El testamento marítimo puede ser ordinario o extraordinario y el primero puede otorgarse como testamento abierto o cerrado.

2.- El testamento marítimo ordinario, abierto o cerrado se otorga con las solemnidades propias de uno y otro con las especialidades de que se otorga, «si el buque es de guerra, ante el Contador o el que ejerza sus funciones», tal como dice el art. 722, lo que debe entenderse, actualmente, el Jefe u Oficial de Intendencia más caracterizado a bordo perteneciente a la dotación, que desempeñará las funciones del antiguo contador, al que corresponde el ejercicio de la fe pública en los buques de guerra. Añade el mismo artículo que el Comandante del buque o el que haga sus veces podrá además su visto bueno, lo que simplemente significa dar fe de la firma de aquel fedatario. En los buques mercantes, añade el mismo artículo 722, párrafo tercero, autorizará el testamento el Capitán o el que haga sus veces.

En todo caso, deben concurrir al testamento marítimo ordinario dos testigos idóneos, cuya idoneidad está contemplada en los artículos 681 y 682, que se elegirán entre los pasajeros si los hubiere, y uno al menos ha de saber firmar.

Artículo 723

El testamento del Contador del buque de guerra y el del Capitán del mercante serán autorizados por quien deba sustituirlos en el cargo, observándose para lo demás lo dispuesto en el artículo anterior.

COMENTARIO

Así como el Reglamento Notarial de 2 junio 1944 (arts. 139, segundo párrafo) permite al Notario otorgar su propio testamento, por el contrario este artículo 723 prohíbe, en el testamento marítimo, que el autorizante otorgue el suyo. Dispone que el «Contador», es decir, el Jefe u Oficial de Intendencia en el buque de guerra o el Capitán en el mercante, o el que haga sus veces que quiera otorgar testamento marítimo ordinario, abierto o cerrado, lo hará ante «quien deba sustituirlos en el cargo». Y se observarán, naturalmente, las formalidades propias del testamento abierto o cerrado, con las especialidades que señala el artículo anterior.

Artículo 724

Los testamentos abiertos hechos en alta mar serán custodiados por el Comandante o por el Capitán, y se hará mención de ellos en el Diario de navegación.

La misma mención se hará de los ológrafos y los cerrados.

COMENTARIO

1.- El testamento marítimo ordinario abierto será conservado por el Comandante del buque de guerra o por el Capitán del buque mercante. El cerrado lo puede conservar el propio testador o entregarlo a una persona de su confianza; pero también lo puede conservar el Comandante o el Capitán. Asimismo, el testamento ológrafo lo puede conservar el testador u otra persona y también puede conservarlo el Comandante o el Capitán, el cual sí tiene que custodiarlo a partir de la muerte del testador, si éste muere en el viaje marítimo, tal como añade el art. 729.

2.- Del otorgamiento del testamento abierto y cerrado, se hará *mención en el Diario de navegación*; de uno y de otro ha tenido constancia el Comandante o el capitán, como autorizante de los mismos. También se hará dicha mención del testamento ológrafo, pero sólo en el caso de que el testador lo haya notificado o lo haya entregado para su conservación al Comandante o Capitán, ya que de otro modo no tienen conocimiento de su otorgamiento, con lo que no pueden hacer dicha mención; nada impide al testador, de un testamento ológrafo, mantenerlo en secreto.

Artículo 725

Si el buque arribase a un puerto extranjero donde haya Agente diplomático o consular de España, el Comandante del de guerra o el Capitán del mercante, entregará a dicho Agente copia del testamento abierto o del acta de otorgamiento del cerrado, y de la nota tomada en el Diario.

La copia del testamento o del acta deberá llevar las mismas firmas que el original, si viven y están a bordo los que lo firmaron; en otro caso, será autorizada por el Contador o Capitán que hubiese recibido el testamento, o el que haga sus veces, firmando también los que estén a bordo de los que intervinieron en el testamento.

El Agente diplomático o consular hará extender por escrito diligencia de la entrega, y, cerrada y sellada la copia del testamento o la del acta del otorgamiento si fuere cerrado, la remitirá con la nota del Diario por el conducto correspondiente al Ministro de Marina, quien mandará que se deposite en el Archivo de su Ministerio.

El Comandante o Capitán que haga la entrega recogerá del Agente diplomático o consular certificación de haberlo verificado, y tomará nota de ella en el Diario de navegación.

COMENTARIO

Como trámite posterior al otorgamiento del testamento marítimo, abierto o cerrado, el Comandante del buque de guerra o el Capitán del buque mercante, entregará al agente diplomático o consular de España copia del abierto o del acta de otorgamiento del cerrado y de la nota tomada en el Diario, cuando el buque arribe a un puerto extranjero donde lo haya, copia que llevará las firmas originales, y, si no es posible, será autorizada por el Contador o el capitán. El agente diplomático o consular la remitirá cerrada y sellada, con la nota del Diario, al Ministerio de Defensa (si el buque es de guerra) o al de Comercio (si es mercante), de cuya remisión extenderá certificación al Comandante o Capitán que tomará nota en el Libro Diario.

La referencia al Contador debe entenderse al Jefe u Oficial de Intendencia más caracterizado a bordo.

CONCORDANCIAS

En la actualidad Ministro de Defensa.

Artículo 726

Cuando el buque, sea de guerra o mercante, arribe al primer puerto del Reino, el Comandante o Capitán entregará el testamento original, cerrado y sellado, a la Autoridad marítima local, con copia de la nota tomada en el Diario; y, si hubiese fallecido el testador, certificación que lo acredite.

La entrega se acreditará en la forma prevenida en el artículo anterior, y la Autoridad marítima lo remitirá todo sin dilación al Ministro de Marina.

COMENTARIO

1.- El anterior artículo prevé el caso de que en el viaje marítimo, el buque arribe a un puerto extranjero con Agente diplomático y consular. Tanto si ha ocurrido así como si no, cuando el buque arribe al primer puerto español, el Comandante o Capitán entregará a la autoridad marítima local el testamento original cerrado y sellado, con copia de la nota del libro Diario; si hubiese fallecido el testador, certificación que lo acredite. La autoridad marítima lo remitirá al Ministerio de Defensa o Comercio.

El Ministerio de Marina ha sido sustituido por el de Defensa, si el buque es de guerra o de Comercio, si es mercante.

2.- Lo anterior, aunque el texto legal no distingue, se aplica al testamento abierto. Si es cerrado, sólo en el caso de que lo conserve el Comandante o Capitán; si no lo conservan éstos (sino el propio testador o persona de su confianza) entregará copia del acta de otorgamiento. Si es ológrafo (si no ha fallecido el testador; si ha fallecido, se aplica el art. 729) lo entregará si lo conserva el Comandante o el Capitán y el testador está conforme con la entrega (pues no se puede variar el depositario, sin contar con su voluntad).

CONCORDANCIAS

En la actualidad Ministro de Defensa.

Artículo 727

Si hubiese fallecido el testador y fuere abierto el testamento, el Ministro de Marina practicará lo que se dispone en el artículo 718.

COMENTARIO

El testamento marítimo abierto se habrá entregado a la Autoridad marítima cuando el buque arribó al primer puerto español y éste lo remite al Ministerio de Defensa o de Comercio. Si ya había fallecido el testador (lo que contempla el art. 726) o fallece después en el mismo viaje marítimo, el Ministerio de Defensa o de Comercio «practicará» lo que se dispone en el art. 718, refiriéndose al segundo párrafo de dicho artículo, que, a su vez, también se remite a la Ley de Enjuiciamiento Civil.

CONCORDANCIAS

En la actualidad Ministro de Defensa.

Artículo 728

Cuando el testamento haya sido otorgado por un extranjero en buque español, el Ministro de Marina remitirá el testamento al de Estado, para que por la vía diplomática se le dé el curso que corresponda.

COMENTARIO

Un extranjero puede otorgar testamento marítimo en buque español aplicándose el art. 722. Se cumplen todas las formalidades y trámites previstos en el Código, pero cuando el testamento llega al Ministerio de Defensa o de Comercio, éste lo remite al de Asuntos Exteriores, para que por vía diplomática le dé el curso que corresponda.

CONCORDANCIAS

En la actualidad Ministros de Defensa y de Asuntos Exteriores, respectivamente.

Artículo 729

Si fuere ológrafo el testamento y durante el viaje falleciera el testador, el Comandante o Capitán recogerá el testamento para custodiarlo, haciendo mención de ello en el Diario, y lo entregará a la Autoridad marítima local, en la forma y para los efectos prevenidos en el artículo anterior, cuando el buque arribe al primer puerto del Reino.

Lo mismo se practicará cuando sea cerrado el testamento, si lo conservaba en su poder el testador al tiempo de su muerte.

COMENTARIO

1.- Si fallece el testador en el viaje marítimo, si el testamento es abierto lo prevé el art. 727. Si es cerrado u ológrafo, lo contempla el presente artículo. Uno y otro lo podrían conservar el Comandante o el Capitán del buque; si éstos no lo conservaban (sino el propio testador u otra persona) recogerán el testamento de quien lo conservara haciendo mención de ello en el Diario de navegación. Este artículo, en su segundo párrafo, al referirse al testamento cerrado, sólo prevé que lo conservara el testador, pero se debe extender al caso de que lo conserve otra persona.

2.- El Comandante o el Capitán, con el testamento en su poder, lo entregará a la autoridad marítima local, cuando llegue al primer puerto español en la misma forma que prevén los arts. 726 y 727 y con los efectos que señalan (remisión al Ministerio de Defensa o de Comercio y de éste al Juez del último domicilio del testador o al Juez Decano de Madrid).

Este artículo 729 contiene una auténtica errata al final de su primer párrafo; dice que se entregará «en la forma y para los efectos prevenidos en el artículo anterior» y éste nada dice sobre el tema, sino que se refiere al testamento marítimo de un extranjero; debe entenderse la referencia a los arts. 726 y 727.

Artículo 730

Los testamentos, abiertos y cerrados, otorgados con arreglo a lo prevenido en esta sección, caducarán pasados cuatro meses, contados desde que el testador desembarque en un punto donde pueda testar en la forma ordinaria.

COMENTARIO

1.- El testamento marítimo tiene su razón de ser en las especiales circunstancias de su otorgamiento, que se centran en el viaje marítimo. Pasado éste, carece de justificación. Por ello, el presente artículo impone un breve plazo de caducidad: cuatro meses desde el término del viaje. Matizando el plazo: el dies a quo es el día que el testador desembarca definitivamente, es decir, se ha terminado su viaje y desembarca en lugar donde puede otorgar testamento abierto o cerrado ordinario (el ológrafo se puede otorgar en todas partes, incluso en el barco); el cómputo se hace según la norma general del art. 5; el día final es el último transcurrido entero de los cuatro meses.

2.- El plazo de caducidad se aplica al testamento marítimo ordinario, abierto o cerrado. No se aplica al testamento extraordinario (que prevé el artículo siguiente) ni al ordinario ológrafo, que en realidad no es un testamento marítimo, sino un testamento ordinario que se ha hecho en un buque, como se podría haber hecho en casa, antes de emprender viaje, o se puede hacer en un avión o en tren.

Artículo 731

Si hubiera peligro de naufragio, será aplicable a las tripulaciones y pasajeros de los buques de guerra o mercantes lo dispuesto en el artículo 720.

COMENTARIO

1.- En similitud con el testamento militar extraordinario, que regula el art. 720, el presente artículo contempla el testamento marítimo extraordinario abierto, que se puede otorgar en peligro de naufragio, por persona que vaya a bordo, como tripulante o como pasajero. Se otorga de palabra ante dos testigos (art. 720 al que se remite el presente art. 731). Estos deben formalizarlo y protocolizarlo si el testador muere en el naufragio.

2.- Por remisión al art. 731, este testamento caduca si el testador se salva del naufragio.

SECCIÓN NOVENA
Del testamento hecho en país extranjero

Artículo 732

Los españoles podrán testar fuera del territorio nacional, sujetándose a las formas establecidas por las leyes del país en que se hallen.

También podrán testar en alta mar durante su navegación en un buque extranjero, con sujeción a las leyes de la Nación a que el buque pertenezca.

Podrán asimismo hacer testamento ológrafo, con arreglo al artículo 688, aun en los países cuyas leyes no admitan dicho testamento.

COMENTARIO

1.- El testamento se puede otorgar en país extranjero, según la ley extranjera y según la ley española. Este art. 732 prevé el otorgamiento de testamento por un español en el extranjero según la Ley extranjera: sólo prevé el caso de testamento hecho en país extranjero por un nacional español; todos los supuestos, sin embargo, son resueltos por el Convenio de la Haya de 5 de octubre de 1961 sobre conflictos de leyes en materia de forma de las disposiciones testamentarias, que no entró en vigor en España sino mucho tiempo después: fue publicado en el B.O.E. de 17 agosto de 1988.

De acuerdo con la norma de Derecho internacional privado, contenida en el artículo 11, apartado 1, primer inciso (que dispone que las formas y solemnidades de los testamentos se regirán por la ley del país donde se otorguen) el art. 732 prevé expresamente que los españoles podrán testar fuera del territorio nacional, sujetándose a las formas establecidas por las leyes del país en que se hallen. Lo cual se extiende al otorgado en un buque extranjero, que se hará con sujeción a las leyes de la nación a que el buque pertenezca, como añade el segundo párrafo del mismo artículo 732, también de acuerdo con la norma de Derecho internacional del art. 11, apartado 1, segundo párrafo.

Las normas anteriores son coincidentes con lo que se prevé en el mencionado Convenio (si fuera distinto, se aplicará éste con preferencia). Este añade la posibilidad de que un ciudadano haga el testamento según la normativa vigente en el lugar de su domicilio o en el de su residencia habitual, sea en el momento del otorgamiento, sea en el momento de la apertura de la sucesión, o según la normativa del lugar en que están sitos los inmuebles.

2.- Sin embargo, hay dos excepciones: se puede otorgar por un español testamento ológrafo, aunque no lo admita la legislación del país donde lo otorgue, lo que permite el tercer párrafo del art. 732, y no se puede otorgar testamento mancomunado, aunque lo permitan las leyes del país donde se pretende otorgar, lo que prohíbe el art. 733.

CONCORDANCIAS

Texto vigente según Ley 21 julio 1904 («Gaceta» 24 julio).

Artículo 733

No será válido en España el testamento mancomunado, prohibido por el artículo 669, que los españoles otorguen en país extranjero, aunque lo autoricen las leyes de la Nación donde se hubiese otorgado.

COMENTARIO

1.- Se ha dicho, al fin del comentario del artículo anterior, que el testamento otorgado en país extranjero se puede otorgar con las formalidades según la Ley del mismo. Constituye una excepción a tal regla, lo dispuesto en este artículo: no cabe testamento mancomunado, aunque lo permita la legislación del país en que se otorgue.

La prohibición del testamento mancomunado por el art. 669 es absoluta y se estima norma de orden público. La consecuencia es que tal tipo de testamento es nulo (art. 6.3) tanto si se hace en España, como si se otorga en país cuya ley lo permite.

2.- Lo que es evidente es que esta prohibición no se aplica a los que tienen vecindad civil aragonesa o navarra, cuya legislación propia sí les permite otorgarlo: podrán otorgar testamento mancomunado en el territorio de su Comunidad, fuera del mismo en territorio español y en territorio extranjero, tanto si en éste lo permite su legislación o no.

CONCORDANCIAS

Véase Disposición Transitoria 2.ª de este Código.

Artículo 734

También podrán los españoles que se encuentren en país extranjero otorgar su testamento, abierto o cerrado, ante el funcionario diplomático o consular de España que ejercerá funciones notariales en el lugar del otorgamiento.

En estos casos se observarán respectivamente todas las formalidades establecidas en las Secciones quinta y sexta de este capítulo.

COMENTARIO

1.- El art. 732 contempla y permite el testamento otorgado por español en país extranjero, con las formalidades de la ley de tal país. Este art. 734 contempla y permite el supuesto inverso: que el español otorgue testamento en país extranjero, según la ley española, ante el funcionario español que ostenta la fe pública en el extranjero, que corresponde a los jefes de misiones diplomáticas y a los Cónsules de España, de carrera (no honorarios) en el extranjero. A ello se refiere el art. 1 del Anexo III del Reglamento notarial de 2 junio 1944.

2.- Este art. 734 se refiere expresamente a los testamentos abierto o cerrado, en los que se observarán las formalidades de tales testamentos establecidos en el C.c. (lo cual es obvio). No hace referencia este artículo al testamento ológrafo, ni tiene por qué hacerla, ya que no requiere ninguna formalidad externa ante funcionario alguno, sino tan sólo requisitos de forma del propio testamento (art. 688) sin otorgamiento. Por ello, se permite el testamento ológrafo en cualquier lugar, incluso en país extranjero, tanto si la legislación de éste lo permite, como si no (art. 732, tercer párrafo).

CONCORDANCIAS

Texto vigente según Ley 30/1991, de 20 de diciembre (*«B.O.E.»*, 23 diciembre), de modificación del Código Civil en materia de testamentos.

Artículo 735

El Agente diplomático o consular remitirá, autorizada con su firma y sello, copia del testamento abierto, o del acta de otorgamiento del cerrado, al Ministerio de Estado para que se deposite en su Archivo.

COMENTARIO

El funcionario español que ostenta la fe pública en el extranjero, ante quien, según el artículo anterior, se ha otorgado el testamento abierto o cerrado, según la ley española, remitirá copia, autorizada con su firma y sello, del testamento abierto o del acta de otorgamiento del cerrado al Ministerio de Asuntos Exteriores y éste lo depositará en su Archivo.

Este artículo está reproducido exacta, aunque no literalmente, por el art. 19 del Anexo III del Reglamento notarial de 2 junio 1944. Conserva todavía la expresión «Ministerio de Estado» de la época del C.c., hoy sustituida (como sí hace el Anexo aludido) por Ministerio de Asuntos Exteriores.

CONCORDANCIAS

En la actualidad Ministerio de Asuntos Exteriores.

Artículo 736

El Agente diplomático o consular, en cuyo poder hubiese depositado su testamento ológrafo o cerrado un español, lo remitirá al Ministerio de Estado cuando fallezca el testador, con el certificado de defunción.

El Ministerio de Estado hará publicar en la Gaceta de Madrid la noticia del fallecimiento, para que los interesados en la herencia puedan recoger el testamento y gestionar su protocolización en la forma prevenida.

COMENTARIO

1.- El testamento abierto de español en país extranjero otorgado según la ley española, se conserva en el protocolo de la misión diplomática o consulado. El testamento cerrado u ológrafo lo puede conservar el funcionario español que ostenta la fe pública en el extranjero (a que se refiere el art. 734 y que el Código llama «agente diplomático o consular») (y desde luego, lo puede conservar el propio testador o una persona de su confianza). En tal caso, cuando fallezca el testador, lo mandará original al Ministerio de Asuntos Exteriores, con un certificado de defunción del aquél (lo que reitera el art. 20 del Anexo III del Reglamento Notarial de 2 junio 1944).

2.- El Ministerio de Asuntos Exteriores, cuando reciba el testamento original cerrado u ológrafo, con el certificado de defunción del testador, publicará en el Boletín Oficial del Estado (o Gaceta de Madrid) la noticia del fallecimiento, para que los interesados «puedan recoger el testamento y gestionar su protocolización», la que se hará en la forma ordinaria, prevista en el C.C. y L.E.C.

CONCORDANCIAS

Téngase en cuenta la Orden 6 junio 1994 (*«B.O.E.»*, 14 junio), sobre supresión del dato relativo a la causa de la muerte en la inscripción de defunción. Publicado en A.C.L. 593/94.

(En la actualidad Ministerio de Asuntos Exteriores).

SECCIÓN DÉCIMA
De la revocación e ineficacia de los testamentos

Artículo 737

Todas las disposiciones testamentarias son esencialmente revocables, aunque el testador exprese en el testamento su voluntad o resolución de no revocarlas.

Se tendrán por no puestas las cláusulas derogatorias de las disposiciones futuras, y aquellas en que ordene el testador que no valga la revocación del testamento, si no la hiciere con ciertas palabras o señales.

COMENTARIO

1.- Al negocio jurídico testamentario no pueden aplicarse sin más las categorías de ineficacia del negocio jurídico. En el testamento se distinguen tres tipos de ineficacia: revocación, nulidad y caducidad. El presente artículo es el primero de la sección titulada «de la revocación e ineficacia de los testamentos» aunque el articulado regula sólo la revocación, salvo el último artículo que da una norma general sobre caducidad e ineficacia.

2.- El testamento es esencialmente revocable. El carácter revocable del testamento, esencial, responde a dos notas que son inherentes a su concepto: el carácter unilateral del testamento en relación con el hecho de no producirse sus efectos hasta la muerte del testador, y la nota de que el testamento recoge la última —sólo la última— voluntad del testador.

Así lo dispone el primer inciso del primer párrafo de este artículo. La revocación es el negocio jurídico unilateral «mortis causa» por el que el causante deja sin efecto un testamento anterior. Es personalísimo, requiere la capacidad para testar y una voluntad no viciada.

3.- La revocabilidad del testamento y de todas las disposiciones testamentarias que proclama el primer inciso del primer párrafo de este artículo, viene reforzado por el texto posterior.

En primer lugar, se mantiene la revocabilidad, «aunque el testador exprese en el testamento su voluntad o resolución de no revocarlas», dice el segundo inciso del primer párrafo; es decir, no cabe que el testador otorgue un testamento irrevocable. Pero si lo hace, no es nulo, sino que es válido, pero sí revocable. Lo que quiere significar esta norma es que las declaraciones del testador sobre irrevocabilidad del testamento se tienen por no puestas.

En segundo lugar, son nulas y se tienen por no puestas (sin provocar, tampoco la nulidad de todo el testamento) tal como dispone el primer inciso del párrafo segundo, «las cláusulas derogatorias de las disposiciones futuras», que no son otra cosa que lo contemplado en el segundo inciso del párrafo anterior.

En tercer lugar, también son nulas y se tienen por no puestas las llamadas cláusulas *ad cautelam* que son aquellas en que el testador ordena «que no valga la revocación del testamento si no la hiciere con ciertas palabras o señales».

JURISPRUDENCIA

«porque la revocabilidad del testamento es inherente a su concepto, ya que recoge la última voluntad del testador, sólo la última y ésta es variable hasta el momento mismo de la muerte, lo que ya se proclamaba en el Derecho romano: ambulatoria est voluntas defuncti usque ad vitae supremum exitum y se reconoce en el Código civil artículos 737 y siguientes». (17 junio 2010, rec. 665/2006, LA LEY 86148/2010)

CONCORDANCIAS

Véase:
— arts. 738 a 742 y Disposición Transitoria 2.ª de este Código.
— Ley 19/1995, 4 julio (*«B.O.E.»*, 5 julio), de Modernización de las Explotaciones Agrarias.

Artículo 738

El testamento no puede ser revocado en todo ni en parte sino con las solemnidades necesarias para testar.

COMENTARIO

1.- Hay varias formas de revocación: la expresa, la tácita y la real del testamento cerrado. En la forma de revocación expresa el testador declara explícitamente que es su voluntad dejar sin efecto un testamento anterior, y lo debe declarar con las solemnidades necesarias para testar, dispone el artículo 738, es decir, mediante un nuevo testamento.

No es preciso que el nuevo testamento sea de la misma clase que el anterior; basta que sea válido; así cualquiera de los comunes puede revocar a otro común anterior (uno ológrafo o uno abierto, por ejemplo) o uno especial a otro común o especial (uno militar a uno abierto común o a otro marítimo o militar anterior).

2.- Puede ocurrir: 1.º, que el testador simplemente revoque el testamento anterior sin ordenar una nueva disposición testamentaria, en cuyo supuesto se dará la sucesión intestada; 2.º, o que la revocación únicamente afecte a alguna de las disposiciones del testamento anterior, en cuyo caso, éste será eficaz en la parte no revocada, y 3.º, o, por último, que el testamento revocatorio, a su vez, contenga nuevas disposiciones que regulen la sucesión —testada, claro está— del causante.

Artículo 739

El testamento anterior queda revocado de derecho por el posterior perfecto, si el testador no expresa en éste su voluntad de que aquél subsista en todo o en parte.

Sin embargo, el testamento anterior recobra su fuerza si el testador revoca después el posterior, y declara expresamente ser su voluntad que valga el primero.

COMENTARIO

1.- El artículo anterior contempla la revocación expresa del testamento. Este prevé la revocación tácita, que se produce en el caso de que el testador no declare expresamente su voluntad de revocar el testamento anterior, pero se deduce del otorgamiento de uno posterior.

Se siguen dos sistemas. En el Derecho romano el testamento posterior deroga al anterior, que se estima tácita y plenamente revocado.

En los Derechos francés, italiano y alemán, únicamente el testamento posterior revoca al anterior en aquella parte en que está en contradicción con él. El Código civil sigue el sistema romano. El art. 739 dispone que el testamento anterior queda revocado de derecho por el posterior perfecto, es decir, válido, aunque pierda eficacia o virtualidad, posteriormente.

2.- Está previsto, en el párrafo primero del art. 739, que el testamento anterior conserve su eficacia, si el testador al otorgar el posterior testamento expresa en éste su voluntad de que aquél subsista en todo o en parte.

El problema se plantea respecto a si cabe conservar la eficacia de un testamento anterior cuando en el posterior no se hace la declaración de voluntad expresa de que subsista, pero se puede deducir esta voluntad del propio testamento posterior que sólo otorga disposiciones complementarias del primero o sin contenido patrimonial (reconocimiento de un hijo) o alguna de escasa trascendencia —como un legado— en relación con la total sucesión testada, ordena en el testamento anterior. La opinión afirmativa, que ya había mantenido MANRESA, la sigue la doctrina más moderna. Se puede mantener que la voluntad de conservar la eficacia del testamento anterior no sólo puede ser expresa, a que se refiere el art. 739, sino también tácita, deducible del propio testamento posterior. Lo que corrobora la jurisprudencia.

3.- Ya se ha apuntado que un testamento posterior deroga tácitamente al anterior, aunque posteriormente pierda su eficacia. En efecto, si el segundo testamento (el revocatorio), después es revocado por el testador (en un tercer testamento), no recobra su eficacia el primer testamento (que fue revocado por el segundo).

Para que sí recobre su eficacia, debe ordenarlo expresamente el testador, tal como prevé el segundo párrafo, es decir, el testador, en el tercer testamento, revoca el segundo y declara expresamente que vuelva a ser eficaz el primero. En realidad, es como si reprodujera o ratificara aquel primer testamento que él mismo había revocado mediante su segundo testamento; ahora le devuelve la eficacia mediante el tercero.

JURISPRUDENCIA

«la "voluntad" que se exige en el párrafo primero del artículo 739 del Código Civil para dejar subsistente un testamento anterior puede ser, no sólo la explícita o expresa en tal sentido, sino también la que se deduzca del tenor de ambos testamentos cuando, aplicando las reglas de interpretación que establece el artículo 675 del mismo Cuerpo legal, aparezca evidente la intención del testador de mantener o conservar el testamento anterior, respecto del cual el posterior sea complementario, aclaratorio o simplemente modificativo». (7 mayo 1990, LA LEY 1052-JF/0000; reiterada por la de 14 mayo 1996, LA LEY 6688/1996)

«respecto de la revocación de testamentos, la STS 14 de mayo de 1996, RC n.º 3195/1992, declara que la voluntad que se exige en el artículo 739 I CC para dejar subsistente un testamento anterior puede ser, no sólo la expresa, sino también la que se deduzca del tenor de ambos testamentos cuando, aplicando las reglas de interpretación que establece el artículo 675 CC, aparezca evidente la intención del testador de mantener o conservar el testamento anterior». (28 julio 2009, rec. 1010/2005, LA LEY 184097/2009)

«aunque no mediara la cláusula expresa de revocación, el segundo testamento era incompatible con el primero, al que revocaba conforme al artículo 739 del Código civil ya que cambiaba la institución de heredero y no disponía el legado, por lo cual no podía aplicarse la doctrina de la compatibilidad de dos testamentos cuando el segundo es meramente accesorio del primero y aparece la voluntad del testador de conservar la eficacia del testamento anterior: así se ha declarado por esta Sala en sentencias de 1 de febrero de 1988, 7 de mayo de 1990 y 14 de mayo de 1996». (17 junio 2010, rec. 665/2006, LA LEY 86148/2010)

Artículo 740

La revocación producirá su efecto aunque el segundo testamento caduque por incapacidad del heredero o de los legatarios en él nombrados, o por renuncia de aquél o de éstos.

COMENTARIO

1.- El testamento posterior válido deroga al anterior de forma expresa o tácita. Este artículo refuerza tal principio al prever la revocación, aunque el testamento posterior revocatorio sea ineficaz; el texto legal emplea la palabra «caduque» pero emplea el término de caducidad en un amplísimo sentido, equivalente a ineficacia, no en el sentido técnico-jurídico de caducidad.

Tal ineficacia del testamento posterior puede ser producida, como menciona este artículo *ad exemplum*, por incapacidad (absoluta o relativa, prohibiciones e indignidad) o por repudiación del heredero o renuncia del legatario; se deben incluir asimismo los casos de premoriencia de herederos y legatarios al testador o de incumplimiento de condición suspensiva impuesta en el testamento.

2.- Sin embargo, no entra en el ámbito de este artículo, es decir, no llega a producir la revocación, aquel testamento que no sea válido: nulo por falta de formalidades legales (art. 687) o de incapacidad del testador (art. 663) o quede inválido por caducidad (en los casos que se prevé tal invalidez, por ejemplo, arts. 689 y 720).

Artículo 741

El reconocimiento de un hijo no pierde su fuerza legal aunque se revoque el testamento en que se hizo o éste no contenga otras disposiciones, o sean nulas las demás que contuviere.

COMENTARIO

1.- En los artículos anteriores se regula el principio de la esencial revocabilidad del testamento: el testamento posterior válido, de forma expresa o tácita, deroga al anterior. Este art. 741 establece una excepción: el reconocimiento de un hijo extramatrimonial no queda ineficaz, aunque posteriormente el reconocedor-testador revoque aquel testamento en que se hizo. El reconocimiento crea un estado civil (status filii), por naturaleza irrevocable, que conserva su autonomía dentro del testamento.

2.- El reconocimiento del hijo extramatrimonial mantiene igualmente su eficacia si, posteriormente, se declaran nulas las demás disposiciones que contiene, como dice el último inciso de este artículo, o aunque sea declarado ineficaz su contenido patrimonial (incapacidad o indignidad de heredero, o repudiación de la herencia o premoriencia de sucesores o incumplimiento de condición sucesiva).

Distinto es el caso de que el testamento en sí mismo fuera nulo (así, por incumplimiento de formalidades legales: art. 687) pues no se trata de que se mantenga el reconocimiento del testamento, sino que éste fue nulo y, por tanto, sin validez en ningún aspecto. Podría ser una prueba importante para una acción de filiación, pero como testamento y como reconocimiento en el mismo, carece de validez.

3.- Este artículo añade también que el reconocimiento es válido aunque «éste no contenga otras disposiciones», lo cual es evidente. El testamento tiene un contenido típico que es la disposición del patrimonio del causante y un contenido atípico que engloba todas las disposiciones del testador de carácter no patrimonial, como el reconocimiento de hijo extramatrimonial. No hay duda que es válido el testamento que sólo tenga contenido atípico y, por tanto, es válido el testamento y el reconocimiento que sea único contenido.

4.- Declaraciones o expresiones o manifestaciones contenidas en el testamento que no constituyen cláusulas estrictamente testamentaria, ni desde luego, disposiciones patrimoniales *mortis causa* (contenido típico del testamento) no está claro si a ellas se extiende la revocación del testamento en que se contienen. Si era un reconocimiento de filiación extramatrimonial, prevé —como se ha visto— expresamente el art. 741 que no le alcanza la revocación. Si es otro extremo, es preferible la solución —en aras al principio de seguridad jurídica— de que la revocación posterior no le alcanza. La jurisprudencia no es clara; mientras se ha mantenido alguna vez, en general, que la revocación no llega a anular un acto no testamentario hecho en un testamento anterior, otras veces ha extendido su eficacia revocatoria a un reconocimiento de deuda o a un reconocimiento de otro hecho jurídico.

CONCORDANCIAS

Véase:
— arts. 120.1 y 124 de este Código.
— Ley del Registro Civil, de 8 junio 1957 (*«B.O.E.»*, 10 junio): art. 49.
Texto vigente según Ley 11/1981, 13 mayo (*«B.O.E.»*, 19 mayo).

Artículo 742

Se presume revocado el testamento cerrado que aparezca en el domicilio del testador con las cubiertas rotas o con los sellos quebrantados, o borradas, raspadas, o enmendadas las firmas que lo autoricen.

Este testamento será, sin embargo, válido cuando se probare haber ocurrido el desperfecto sin voluntad ni conocimiento del testador, o hallándose éste en estado de demencia; pero si aparecieren rota la cubierta o quebrantados los sellos, será necesario probar además la autenticidad del testamento para su validez.

Si el testamento se encontrare en poder de otra persona, se entenderá que el vicio procede de ella y no será aquél válido como no se pruebe su autenticidad, si estuvieren rota la cubierta o quebrantados los sellos; y si una y otros se hallaren íntegros, pero con las firmas borradas, raspadas o enmendadas, será válido el testamento, como no se justifique haber sido entregado el pliego en esta forma por el mismo testador.

COMENTARIO

1.- Contempla este artículo una forma más de la revocación: la revocación real del testamento cerrado. Esta consiste —en general—, en la destrucción intencionada del testamento por el testador; es una evocación que no se dice, sino que se hace; en relación a la del testamento cerrado —única que contempla el Código civil— consiste en romper el testador las cubiertas del testamento cerrado que otorgó, o quebrantar sus sellos o borrar, raspar o enmendar las firmas que lo autorizaron, en cuanto de todo ello cabe inducir su voluntad revocatoria. La razón de la revocación radica en el especial carácter del testamento cerrado, cuya garantía de autenticidad se basa en la cubierta cerrada y sellada, que contiene el escrito donde viene redactado el testamento.

2.- El art. 742 regula este tipo de revocación y dispone (dice que «se presume» pero no es presunción, sino disposición legal que no admite prueba ni interpretación contrarias) distinta normativa según el testamento cerrado se halle (primer caso) en poder del testador o (segundo caso) en poder de otra persona.

Primer caso. Testamento cerrado en poder del testador (dos primeros párrafos del art. 742). Queda revocado si aparece con la cubierta rota, o los sellos quebrantados o borradas, raspadas o enmendadas las firmas que lo autorizan: igualmente (que, por evidente, no menciona el Código) si todo el testamento aparece roto o destruido.

Sin embargo, se precisa que esta conducta sea voluntaria y consciente. Consecuencia de ello es que no queda revocado el testamento si lo expuesto anteriormente ha ocurrido sin voluntad, no conocimiento o en estado de demencia del testador. Pero aun así, si aparece rota la cubierta o quebrantados los sellos, será necesario probar la autenticidad del testamento.

Segundo caso. Testamento cerrado en poder de un tercero (art. 742.3.º). No queda revocado por la rotura de la cubierta o el quebrantamiento de los sellos, pero será necesario probar la autenticidad del testamento.

Artículo 743

Caducarán los testamentos, o serán ineficaces en todo o en parte las disposiciones testamentarias, sólo en los casos expresamente prevenidos en este Código.

COMENTARIO

1.- Después de regular en los artículos anteriores (del 737 al 742) la revocación del testamento, el presente artículo da una norma general que plasma el principio *favor testamenti*: la ineficacia del testamento, en general, y la caducidad, en particular, sólo se da «en los casos expresamente prevenidos en este Código». Lo cual debe entenderse que la ineficacia, en general, que comprende la nulidad, la revocación y la caducidad, sólo existe cuando expresamente se determina en el Código y tiene una interpretación restrictiva.

2.- Una particularidad del negocio jurídico *mortis causa* es la aceptación general de la nulidad parcial. Lo cual es un contraste con el negocio jurídico *inter vivos*, en el que, en principio, la nulidad es total salvo que expresamente se reconozca aquélla: la nulidad de una cláusula, en principio, provoca la de todo el negocio jurídico *inter vivos*. Por el contrario, la nulidad de una cláusula o de una disposición testamentaria, no provoca la nulidad total del testamento.

CONCORDANCIAS

Véanse arts. 673, 687, 689, 703, 704, 715, 719, 720, 730, 731, 750 y 751 de este Código.

CAPÍTULO II
DE LA HERENCIA

SECCIÓN PRIMERA
De la capacidad para suceder por testamento y sin él

Artículo 744

Podrán suceder por testamento o abintestato los que no estén incapacitados por la ley.

COMENTARIO

1.- En el Código civil se establecen determinados elementos subjetivos para que la herencia pueda ser adquirida por determinada persona, lo que integra el concepto de capacidad para suceder. Por otra parte, el Código prevé, en forma negativa, que quien carezca de aquellos elementos no tiene capacidad para suceder. Y distingue tres situaciones: de incapacidad absoluta, que más que un tema de capacidad es una cuestión de existencia de la persona física o jurídica; de incapacidad relativa, que no son sino prohibiciones concretas para heredera por testamento; y de indignidad sucesoria, sanción civil por la que se priva a determinadas personas de la posibilidad de suceder a otras, por razón de haber tenido con él una conducta reprochable (indigna).

2.- La capacidad para suceder la presupone el C.C. para todo sujeto de derecho, es decir, toda persona física o jurídica. Lo cual es formulado en forma negativa por este artículo 744, aunque no es técnicamente correcta la expresión «incapacitado».

JURISPRUDENCIA

«La doctrina científica no ve obstáculo alguno en que los «concepturi» sean declarados herederos, no ya sólo por vía indirecta de la sustitución, sino también por la vía directa de la institución. O se ha permitido (caso de la sentencia de 2 de junio de 1952), ateniendo a la voluntad del testador que una vez cesado un usufructo se interprete aquella voluntad a través de la creación de una fundación como medio de cumplirla. Y en ningún momento en el caso de la litis se dudó de la certidumbre de la entidad instituida heredera y de su identificación». (28 noviembre 1986, LA LEY 98442-NS/0000)

CONCORDANCIAS

Véanse arts. 745 y 752 a 756 de este Código.

Artículo 745

Son incapaces de suceder:

1.º Las criaturas abortivas, entendiéndose tales las que no reúnan las circunstancias expresadas en el artículo 30.

2.º Las asociaciones o corporaciones no permitidas por la ley.

COMENTARIO

1.- Este artículo expresa la incapacidad absoluta para suceder, que más que capacidad es un tema de existencia. No pueden suceder las criaturas abortivas ni las personas jurídicas ilícitas. Lo que significa que toda persona tiene capacidad para suceder, que forma parte de su capacidad jurídica, pues los seres que enumera como carentes de la misma, no la tienen porque no son personas: carecen de personalidad, es decir, de capacidad jurídica, y, por tanto, de capacidad para suceder. En realidad, no tienen tal capacidad sencillamente porque no existen. Esta amplia capacidad para suceder se corresponde, actualmente, con el principio constitucional proclamado en el art. 33.1.º de la Constitución: «se reconoce el derecho a la propiedad privada y a la herencia».

2.- Por tanto, tienen capacidad para suceder, en primer lugar, las personas físicas en las cuales su nacimiento determina la personalidad (art. 29), siempre que nazcan con figura humana y vivan veinticuatro horas separadas de la madre (art. 30). En consecuencia, no es que las criaturas abortivas sean incapaces, sino que por no llegar a ser personas, no son sujetos de derecho y no pueden, por ello, ni suceder, ni adquirir, ni ser titular de ningún derecho (es como si el Código dijera que son incapaces de suceder las criaturas imaginarias).

En segundo lugar, son también capaces de suceder las personas jurídicas (art. 38), pero tampoco si no son sujetos de derecho ni tienen, por tanto, el carácter de persona, por ser «no permitidas por la ley». Expresamente reconoce capacidad para suceder a las personas jurídicas el art. 746.

3.- En el caso de que se nombre heredero a alguien o algo sin capacidad para suceder (cosa verdaderamente impensable), lo que ocurre es que tal nombramiento quedará sin efecto ni valor alguno porque se ha nombrado a alguien que no existe, y, en consecuencia, será heredero a quien le corresponda subsidiariamente. En principio y, sin perjuicio de ulteriores precisiones, lo será, en la sucesión testada: en primer lugar, el sustituto vulgar, si se ha ordenado tal sustitución; en segundo lugar, los demás herederos por derecho de acrecer, si hay coherederos y si se dan los requisitos de tal derecho y en tercer lugar, en defecto de los anteriores casos, se abrirá la sucesión intestada. En caso de sucesión intestada no es posible que la ley llame a un incapaz de suceder, alguien que no existe.

4.- La persona física o jurídica, debe existir en el momento de la apertura de la sucesión. Sin embargo, tiene capacidad para suceder el *nasciturus*, en virtud de lo dispuesto en el segundo inciso del art. 29. Es discutible si la tiene el *concepturus*, aunque la doctrina y la jurisprudencia modernas han admitido la posibilidad de que se instituya heredero o legatario a una futura y posible persona, aún no concebida, siempre que sea identificable, quedando condicionado el llamamiento a la efectiva existencia del mismo y la herencia permanece mientras tanto en administración (arts. 801 a 804). Un tema muy semejante al *concepturus*, pero aplicado a las personas jurídicas, es el caso de la persona jurídica en formación: no existe al tiempo de la muerte del testador, pero éste ha ordenado y previsto su constitución en el propio testamento; se aplica el mismo criterio que en el *concepturus*, aunque falta en el Código un precepto como el del segundo inciso del artículo 29 que sea aplicable a las personas jurídicas. Así, la sucesión a tal persona jurídica, que aún no tiene tal condición de persona, es válida y queda pendiente de que llegue a alcanzar —si alcanza— personalidad jurídica.

CONCORDANCIAS

Véase:
— Constitución Española: art. 22.2 y 5.
— Ley Orgánica 1/2002, 22 marzo, de Asociaciones (*«B.O.E.»*, 26 marzo): arts. 2 y 8.

Artículo 746

Las Iglesias y los Cabildos eclesiásticos, las Diputaciones provinciales y las provincias, los Ayuntamientos y Municipios, los establecimientos de hospitalidad, beneficencia e instrucción pública, las asociaciones autorizadas o reconocidas por la ley y las demás personas jurídicas, pueden adquirir por testamento con sujeción a lo dispuesto en el artículo 38.

COMENTARIO

1.- La persona jurídica tiene capacidad jurídica y, por tanto, capacidad para suceder, siempre que no sea ilícita (lo que contempla el número segundo del art. 745). Este artículo 746 ratifica la misma idea, en su último inciso: «... las demás personas jurídicas pueden adquirir por testamento con sujeción a lo dispuesto en el art. 38» (este artículo les reconoce la capacidad jurídica). Lo anterior de este art. 746, el largo primer inciso, es simplemente ad exemplum, en una enumeración imprecisa, incompleta y un tanto rocambolesca. No tiene ningún sentido, habiendo un segundo inciso que dice «las demás personas jurídicas».

2.- Si la persona jurídica está en formación, tiene capacidad para suceder tal como se ha expuesto en el comentario al artículo anterior (último párrafo del apartado 4).

JURISPRUDENCIA

«Al tiempo de la muerte de la testadora era de aplicación el Concordato con la Santa Sede de 27 Ago. 1953, que reconocía en su artículo IV la personalidad jurídica y plena capacidad de obrar, poseer y administrar toda clase de bienes a las Instituciones y Asociaciones Religiosas existentes en España a su entrada en vigor, siempre que estuviesen constituidas conforme a la normativa del Derecho Canónico, y con referencia expresa a las Ordenes y Congregaciones y a sus Provincias. La Orden litigante existía y estaba establecida en España con anterioridad al Concordato, lo que es hecho histórico notorio, suficientemente conocido por todos y que no cabe negar, contando con aprobación canónica en virtud del Rescripto de 9 Nov. 1963, de la Sagrada Congregación de Religiosos, y por ello al tiempo de la sucesión testamentaria le asistía la capacidad jurídica exigida por la ley para poder heredar a la causante de referencia, de conformidad al art. 746 CC (S 7 Abr. 1920), por estar dotada de legítima personalidad que le permitía adquirir bienes por testamento. Dicha personalidad ha sido mantenida en forma continua, y la ostenta en la actualidad, conforme al Acuerdo entre el Estado Español y la Santa Sede, de 3 Ene. 1979, ratificado el 4 Dic. de dicho año, en cuyo art. 1.4 se subraya el pleno reconocimiento de la personalidad jurídica de los entes eclesiásticos (S 13 May. 1994), habiendo causado inscripción la Orden del pleito el 29 Nov. 1992 en el Registro del M.º Justicia, en cumplimiento del Acuerdo de 1979 y de conformidad al art. 5 LO 7/1980, de 5 Jul., de Libertad Religiosa, así como su disp. trans. 1.ª y RD 9 Ene. 1991». (30 julio 1999, LA LEY 11325/1999)

«De este modo el heredero final, en condición de titular dominical, es la Fundación, al ostentar dicha cualidad de heredero desde el momento del fallecimiento de la causante, aunque formalmente no estuviera constituida, pero sí instituida por la testadora, que la nominó y designó los bienes con los que pudiera desarrollar los cometidos encomendados. El problema que presentan estas personas jurídicas, en situación de herencia deferida y no constituidas formalmente, encuentra solución en dotarlas de personalidad jurídica expectante desde el mismo momento de la muerte de la testadora, teniendo existencia legal, lo que conlleva ser reputados herederos, aunque más bien se trata de una personalidad condicionada a la preceptiva formalización, pero que no excluye que los bienes asignados carecieran de titular

efectivo en el caso de autos, ya que corresponden a la Fundación demandada al resultar ser la heredera definitiva, pues el art. 746 del CC les reconoce capacidad para adquirir por testamento. Su constitución canónica y civil opera a los efectos de consolidar legalmente la personalidad con la que las dotó institucionalmente la testadora y de este modo poder llevar a cabo actos, con dotación de capacidad plena.» (18 octubre 2001, LA LEY 589/2003)

CONCORDANCIAS

Véanse arts. 752 y 994 de este Código.

Artículo 747

Si el testador dispusiere del todo o parte de sus bienes para sufragios y obras piadosas en beneficio de su alma, haciéndolo indeterminadamente y sin especificar su aplicación, los albaceas venderán los bienes y distribuirán su importe, dando la mitad al Diocesano para que lo destine a los indicados sufragios y a las atenciones y necesidades de la Iglesia, y la otra mitad al Gobernador civil correspondiente para los establecimientos benéficos del domicilio del difunto, y en su defecto, para los de la provincia.

COMENTARIO

1.- Se pueden plantear problemas teóricos si el testador instituye al «alma» que carece de personalidad jurídica, pero el Código civil, respetando una arraigada tradición religiosa y una antigua práctica admitida por la Jurisprudencia, prevé en el art. 747 esta institución, en el sentido de designación genérica: «si el testador dispusiese de todo o parte de sus bienes para sufragios y obras piadosas en beneficio de su alma, haciéndolo indeterminadamente y sin especificar su aplicación...», es decir, que el testador ha hecho una designación genérica a la que es asimilable si dijera simplemente que instituye «al alma», aunque también, dentro del género, puede concretar el destino a «sufragios», atenciones religiosas, o a «obras piadosas», beneficencia.

2.- Si hace la designación genérica en la forma de «alma» o en la expresada en el art. 747, este mismo artículo ordena el destino concreto de los bienes, previendo dos partes, una para sufragios y otra para obras piadosas, aunque ya se ha dicho que el testador puede concretar uno u otro destino; así, los albaceas venderán los bienes y distribuirán su importe: una mitad se destina a sufragios: «dando la mitad al Diocesano para que lo destine a los indicados sufragios y a las atenciones y necesidades de la Iglesia»; si el testador no profesa la Religión católica (única en la que piensa el Código), la entrega se hará a la jerarquía de la Iglesia a la que pertenezca, que la destinará a los oficios y necesidades de la misma; la otra mitad, se destina a la obras piadosas, que las cumple la autoridad civil: «y la otra mitad al subdelegado del Gobierno correspondiente para los establecimientos benéficos del domicilio del difunto y, en su defecto, para los de la Provincia.

JURISPRUDENCIA

«La institución en favor del alma, de honda raigambre en el Derecho histórico, ha sido reconocida como válida y eficaz por la jurisprudencia del TS, tanto la anterior como la posterior al CC y así la sentencia de 20 Abr. 1906 dice que "es válida la institución hereditaria hecha a favor del alma del testador, según lo dispuesto en el art. 747 y lo declarado por el TS en diferentes sentencias, entre ellas en las de 31 Dic. 1888 y 2 Ene. 1889, y que estando determinados concretamente en el testamento de D. J. B. los sufragios y obras piadosas a que

han de aplicarse los productos de la finca a tal efecto legada, debe cumplirse la voluntad del testador, por ser ésta la suprema ley a que ha de atenerse en materia de sucesión", y la sentencia de 16 Abr. 1927 afirma que "la institución de heredero a favor del alma de la testadora no estuvo nunca prohibida en nuestras antiguas leyes aplicables a este caso, ni lo están en el CC, que la autoriza en su art. 747, habiéndose reconocido por la jurisprudencia la validez de tal institución, y siendo esto así, preciso es admitir como válida y eficaz la designación de heredero que a favor de su alma hizo la causante". No obstante no poder ser considerada el alma como heredera se reconoce la validez de esta institución sin que pueda ser considerado como heredero el albacea encargado de la distribución de los bienes ni tampoco el Diocesano ni el Gobernador a los que se refiere el art. 747 CC... El art. 747 CC contiene una norma interpretativa aplicable en aquellos casos en que la disposición de sus bienes por el testador para sufragio y obras piadosas en favor de su alma se hace "indeterminadamente y sin especificar su aplicación", estableciéndose así una norma de distribución supletoria de la voluntad del testador y que habrá de ceder, como establece la citada sentencia de 20 Abr. 1906, ante la manifestada voluntad de aquél acerca del destino de los bienes dado el carácter de ley suprema de la herencia que tiene el testamento. Dado que en el testamento del causante se estableció, en los términos transcritos en el primero de los fundamentos jurídicos de esta resolución, el destino de los bienes objeto de la institución a favor de su alma, no resulta aplicable la regla distributiva del art. 747, que sólo puede entenderse violado en el sentido de reconocerse en el mismo la validez de la institución de heredero a favor del alma en cuanto esta forma de institución no hace adquirir, en concordancia con el art. 609, párr. 2.º, CC, el dominio de los bienes por la institución o establecimiento favorecido por el destino impuesto por el testador o, supletoriamente, por el art. 747, que haya de darse a los bienes». (31 diciembre 1998, LA LEY 2658/2000)

Artículo 748

La institución hecha a favor de un establecimiento público bajo condición o imponiéndole un gravamen, sólo será válida si el Gobierno la aprueba.

COMENTARIO

1.- Este artículo se aplica a la sucesión testada y no es una cuestión de capacidad para suceder, sino que se refiere a la institución de heredero y al nombramiento de legatario, aunque el texto literal parece referirse sólo al heredero, bajo condición suspensiva o resolutoria o sub modo.

Afecta a la persona jurídica de Derecho público, sometida a las normas del Derecho administrativo o político. Si se nombra a un establecimiento público sin personalidad jurídica, se entiende que se ha nombrado al organismo —persona jurídica pública— en la que está integrado.

2.-. Poniendo en relación este artículo con el art. 994 resulta que toda sucesión universal o particular a favor de persona jurídica pública requiere la aprobación del Gobierno para su eficacia, si es condicional o modal, y para su aceptación, en todo caso.

Se trata de eficacia, no de validez, pese a la expresión literal del Código, que en terminología no es nada preciso técnicamente. La validez depende del testamento y de sus presupuestos, no de la aprobación gubernativa. Esta determina la eficacia de la institución de heredero o nombramiento de legatario, cuando sea condicional o modal.

El Gobierno es el Consejo de Ministros si la persona está integrada en la Administración Central, y es el Gobierno de la Comunidad Autónoma si se trata de persona jurídica integrada en ésta o dependiente de ella (municipal, por ejemplo).

CONCORDANCIAS

Véase art. 994 de este Código.

Artículo 749

Las disposiciones hechas a favor de los pobres en general, sin designación de personas ni de población, se entenderán limitadas a los del domicilio del testador en la época de su muerte, si no constare claramente haber sido otra su voluntad.

La calificación de los pobres y la distribución de los bienes se harán por la persona que haya designado el testador, en su defecto por los albaceas, y, si no los hubiere, por el Párroco, el Alcalde y el Juez municipal, los cuales resolverán, por mayoría de votos, las dudas que ocurran.

Esto mismo se hará cuando el testador haya dispuesto de sus bienes en favor de los pobres de una parroquia o pueblo determinado.

COMENTARIO

1.- La institución de heredero o de legado a favor de los pobres es una designación genérica de heredero que prevé un organismo de liquidación y atribución que sustituye a la persona concreta del heredero. El supuesto que contempla, tal como dice este artículo 749, es el de las disposiciones hechas a favor de los pobres, en general, sin designación de personas ni de población, en cuyo caso se entenderán limitadas a las del domicilio del testador en la época de su muerte, a no ser que constare haber sido otra su voluntad (párrafo 1.º), o a no ser que haya dispuesto de sus bienes en favor de los pobres de una parroquia o pueblo determinado (párrafo 3.º).

2.- En uno u otro caso de designación genérica a favor de los pobres, la calificación de los pobres y la distribución de los bienes se harán (en primer lugar) por la persona que haya designado el testador, en su defecto (en segundo lugar), por los albaceas, y (en tercer lugar), si no los hubiere, por el Párroco, el Alcalde y el Juez de 1.ª Instancia.

Este artículo menciona al Juez municipal, cargo hoy desaparecido y que debe entenderse referido al Juez de 1.ª Instancia. Estos resuelven, por mayoría de votos, las dudas que se planteen.

CONCORDANCIAS

Véase art. 992 de este Código.

Artículo 750

Toda disposición en favor de persona incierta será nula, a menos que por algún evento pueda resultar cierta.

COMENTARIO

1.- La institución de heredero hecha en testamento requiere, como elemento esencial, que éste esté determinado, por lo que es nula la institución a favor de persona incierta, como dispone este artículo. Se cumple tal requisito cuando la persona del heredero no está determinada, pero sí es determinable o, como dice el texto legal, «por algún evento pueda resultar cierta». En estos artículos posteriores, se prevé que esta determinación o determinabilidad de la persona del heredero se haga en forma nominal (arts. 772.1.º y 773) o circunstancial (art. 772, segundo y tercer párrafo) y en los artículos precedentes se prevé la forma genérica (arts. 747, 749 y 751).

2.- La institución de heredero en favor de persona incierta es nula, pero no conlleva la nulidad del testamento. Si éste no contiene otra cosa, evidentemente quedará sin contenido. Pero si contiene otras disposiciones, patrimoniales o no, éstas serán válidas, pese a la nulidad de la institución de heredero.

CONCORDANCIAS

Véanse arts. 670 y 773 de este Código.

Artículo 751

La disposición hecha genéricamente en favor de los parientes del testador se entiende hecha en favor de los más próximos en grado.

COMENTARIO

1.- La institución de heredero o de legado en favor de los parientes es la designación genérica de los parientes, como instituidos herederos por el testador, la permite expresamente el art. 751, que dispone que «la disposición hecha genéricamente a favor de los parientes del testador se entiende hecha en favor de los más próximos en grado», lo que engloba cualquier institución-herencia o legado en que se instituye a los parientes, genéricamente; no incluye, por tanto, el caso de que el testador designe a unas personas concretas, como los propios hijos o los hijos de un tercero, o los sobrinos (que sería el caso del párrafo segundo del art. 772), ni tampoco el caso que prevé el artículo 671, que permite al testador encomendar a un tercero la distribución de cantidades que deja en general a los parientes, en cuyo caso, este tercero no tiene que sujetarse a la norma del art. 751.

2.- La esencia de la institución en favor de los parientes que contempla el art. 751 es el llamamiento genérico a personas que quepan en la categoría de parientes. En este caso, dice dicho artículo, «se entiende hecha en favor de los más próximos en grado», lo que significa que hay una remisión en bloque a los preceptos legales que regulan la sucesión intestada, salvo que conste que el testador no quiso tal remisión, pues es indudable que el artículo 751 es un precepto de interpretación de voluntad. Dicha remisión en bloque a la sucesión intestada hace que se incluya el cónyuge, que no es pariente propiamente dicho: aunque los parientes pueden ser más allá del cuarto grado, pues aun cuando no sean herederos intestados, sí son parientes.

CONCORDANCIAS

Véanse arts. 671, 765 y 915 a 923 de este Código.

Artículo 752

No producirán efecto las disposiciones testamentarias que haga el testador durante su última enfermedad en favor del sacerdote que en ella le hubiese confesado, de los parientes del mismo dentro del cuarto grado, o de su iglesia, cabildo, comunidad o instituto.

COMENTARIO

1.- El Código civil contiene una serie de prohibiciones para suceder testamentariamente relativas a la herencia de una concreta persona y respecto a un determinado heredero o legatario. Algunas veces se las ha denominado incapacidades relativas, pero es una expresión errónea, pues en nada afecta a la capacidad. Son concretas prohibiciones de suceder por testamento, con efecto de nulidad absoluta (art. 755) típico del acto que va contra norma imperativa o prohibitiva (art. 6.3).

2.- La primera de estas prohibiciones afecta al sacerdote quien sufre la prohibición legal de suceder al causante al que hubiese confesado en su última enfermedad y le afecta no sólo a él, sino también a sus parientes hasta el cuarto grado y el instituto religiosos al que pertenece: «iglesia, cabildo, comunidad o instituto».

Es, pues, una prohibición para suceder testamentariamente, impuesta al sacerdote o sus parientes o su instituto religioso, siempre que el testamento se hubiese otorgado con posterioridad a la confesión y que el testador hubiera muerto de tal enfermedad durante la que fue confesado. Su fundamento es la posible coacción moral que pudiera ejercer el sacerdote sobre el enfermo.

CONCORDANCIAS

Véase art. 746 de este Código.

Artículo 753

Tampoco surtirá efecto la disposición testamentaria en favor de quien sea tutor o curador del testador, salvo cuando se haya hecho después de aprobadas definitivamente las cuentas o, en el caso en que no tuviese que rendirse éstas, después de la extinción de la tutela o curatela.

Serán, sin embargo, válidas las disposiciones hechas en favor del tutor o curador que sea ascendiente, descendiente, hermano, hermana o cónyuge del testador.

COMENTARIO

1.- El art. 221, número 1.°, prohíbe a quien desempeñe algún cargo tutelar (así, el tutor o curador) recibir liberalidades del tutelado mientras que no se haya aprobado definitivamente su gestión. El presente art. 757 es expresión concreta del anterior, que es general. Establece la prohibición de suceder testamentariamente el tutor o curador respecto del tutelado y, por tanto, la nulidad del disposición testamentaria a su favor, a no ser que se haya hecho después de haberse aprobado definitivamente las cuentas (arts. 279 y ss.) y a no ser, también, que no tuviesen que rendirse las cuentas, después de la extinción de la tutela o la curatela.

2.- Como excepción a esta prohibición, sí es válida la sucesión del testador bajo tutela o curatela, a favor del tutor o curador que sea cónyuge, descendiente, ascendiente, hermano o hermana, del mismo.

CONCORDANCIAS

Véanse arts. 257 y 900 de este Código.
Artículo redactado por LO 1/1996, 15 enero, de Protección Jurídica del Menor.

Artículo 754

El testador no podrá disponer del todo o parte de su herencia en favor del Notario que autorice su testamento, o del cónyuge, parientes o afines del mismo dentro del cuarto grado, con la excepción establecida en el artículo 682.

Esta prohibición será aplicable a los testigos del testamento abierto, otorgado con o sin Notario.

Las disposiciones de este artículo son también aplicables a los testigos y personas ante quienes se otorguen los testamentos especiales.

COMENTARIO

1.- Establece en este artículo la prohibición de suceder testamentariamente, al Notario respecto al testador cuyo testamento hubiere autorizado. La prohibición alcanza también al cónyuge, parientes consanguíneos o afines del Notario dentro del cuarto grado. Se exceptúa (por remisión al art. 682) de la prohibición, el legado de un objeto mueble o cantidad de poca importancia con relación al caudal hereditario.

2.- Esta prohibición se refiere al Notario que autoriza el testamento abierto y en ningún caso al ológrafo, en que no interviene, Pero se había discutido si alcanza también al Notario que autoriza el cerrado. Se había mantenido que no, porque la posible sugestión del Notario al testador no es posible, ya que el testamento cerrado está ya hecho anticipadamente. Por el contrario, toda la doctrina moderna entiende aplicable esta prohibición al Notario que autoriza todo tipo de testamento, ya que la ley no distingue; además, respecto a los testigos, sí concreta este artículo 754 que son los del testamento abierto o los especiales.

3.- En el testamento abierto ordinario (ante Notario) o extraordinario, los testigos que concurran sufren también la misma prohibición, en los mismos términos.

4.- También se aplica la misma prohibición a las personas (Comandante o Capitán del buque, oficial del ejército, etc.) y testigos, ante quienes se otorguen los testamentos especiales.

CONCORDANCIAS

Véase Ley del Notariado, de 28 de mayo de 1862 («Gaceta», 29 mayo): arts. 22, 27 y 28.
Texto vigente según Ley 11/1990, 15 octubre (*«B.O.E.»*, 18 octubre).

Artículo 755

Será nula la disposición testamentaria a favor de un incapaz, aunque se la disfrace bajo la forma de contrato oneroso o se haga a nombre de persona interpuesta.

COMENTARIO

1.- El efecto de las prohibiciones expuestas en los artículos anteriores, en los distintos casos en que se imponen, es el propio de la violación de la norma imperativa: nulidad absoluta, de pleno derecho, insubsanable, imprescriptible, apreciable de oficio (art. 6, apartado tercero): así lo dispone el artículo 755, aunque con la terminología inadecuada de denominarlo incapacidad: «será nula la disposición testamentaria a favor de un incapaz».

Aunque el texto legal emplee la palabra «incapaz», se refiere a las *prohibiciones* de los artículos 752 a 754, que no son verdaderos supuestos de incapacidad.

2.- El segundo inciso de este artículo añade una previsión vacía de contenido. Dispone que la nulidad se produce aunque la disposición testamentaria se «disfrace bajo la forma de contrato oneroso» lo que no cabe en nuestro Derecho, ya que no es posible disimular una disposición testamentaria con un contrato simulado (no cabe el contrato sucesorio); y agrega que igualmente se produce si la disposición se hace a nombre de persona interpuesta lo que, de hacerse, no sería sino un caso común de simulación, o más bien, de fraude de ley aplicándose el art. 6.4.

CONCORDANCIAS

Véanse arts. 760 a 762 de este Código.

Artículo 756

Son incapaces de suceder por causa de indignidad:

1.º Los padres que abandonaren, prostituyeren o corrompieren a sus hijos.

2.º El que fuere condenado en juicio por haber atentado contra la vida del testador, de su cónyuge, descendientes o ascendientes.

Si el ofensor fuere heredero forzoso, perderá su derecho a la legítima.

3.º El que hubiese acusado al testador de delito al que la ley señale pena no inferior a la de presidio o prisión mayor, cuando la acusación sea declarada calumniosa.

4.º El heredero mayor de edad que, sabedor de la muerte violenta del testador, no la hubiese denunciado dentro de un mes a la justicia, cuando ésta no hubiera procedido ya de oficio.

Cesará esta prohibición en los casos en que, según la ley, no hay la obligación de acusar.

5.º El que, con amenaza, fraude o violencia, obligare al testador a hacer testamento o a cambiarlo.

6.º El que por iguales medios impidiere a otro hacer testamento, o revocar el que tuviese hecho, o suplantare, ocultare o alterare otro posterior.

7.º Tratándose de la sucesión de una persona con discapacidad, las personas con derecho a la herencia que no le hubieren prestado las atenciones debidas, entendiendo por tales las reguladas en los artículos 142 y 146 del Código Civil.

COMENTARIO

1.- La indignidad para suceder es una causa de exclusión de una determinada herencia. La define ALBALADEJO como la tacha con que la Ley marca a las personas que han cometido determinados actos especialmente reprensibles, en virtud de la que su autor queda inhabilitado para suceder al causante que los padeció, al menos que éste lo rehabilite. Esta inhabilitación comprende tanto la sucesión testada como la intestada, a título de heredero o como legatario, e incluso la forzosa.

El fundamento y la naturaleza de la indignidad es de sanción civil a hechos que son gravemente perjudiciales —materiales o morales— al causante, y tal sanción no satisface ni reintegra el derecho violado. Se fundamenta en la norma legal, más que en la presunta voluntad del causante, si bien éste puede evitar los efectos que establece la ley para la indignidad mediante la rehabilitación. No es, pues, una cuestión de capacidad, como erróneamente lo califica el art. 756; son incapaces de suceder por causa de indignidad.

2.- El Código civil enumera en el art. 756 una serie de causas de indignidad, con carácter de *numerus clausus*, de interpretación restrictiva y que se pueden clasificar en distintos grupos.

Primero. Por razón de moralidad: art. 756.1.º: los padres que abandonaren, prostituyeren o corrompieren a sus hijos. Se trata de una relación paterno-filial, de cualquier clase (matrimonial, extramatrimonial, adoptiva) en que el padre o madre comete este atentado físico y moral a su propio hijo o hija. Se mantiene la causa de indignidad aunque se repare el hecho: se vuelva a recoger al hijo abandonado, o se evite la continuación de la prostitución o corrupción.

Segundo. Por razón de la comisión de delito.

1.º) Art. 756.2.º: el que fuere condenado en juicio por haber atentado contra la vida del testador, de su cónyuge, descendientes o ascendientes. La condena en juicio significa sentencia firme condenatoria recaída en un proceso penal, haya o no el condenado indigno cumplido la sentencia. El atentado contra la vida comprende cualquier delito contra la vida (parricidio, asesinato, homicidio, robo con homicidio) u otro delito del que resulte muerte (rebelión, atentado, etc.) no importando, para apreciarse la indignidad, que en el delito concurran circunstancias atenuantes o el grado de participación (autor, cómplice o encubridor) o el de consumación (consumado, frustrado, intentado). No se incluye en esta causa la imprudencia, pues no implica atentar, concepto que presupone dolo.

2.º) Art. 756.3.º: el que hubiese acusado al testador de delito al que la ley señale pena no inferior a la de presidio o prisión mayor, cuando la acusación sea declarada calumniosa. Esta causa exige, como la anterior, una sentencia firme dictada en proceso penal, condenatoria en la presente causa, por delito de calumnia por acusación por el indigno de cualquier delito castigado con pena de prisión mayor, reclusión menor o reclusión mayor. La acusación significa la hecha formalmente mediante denuncia o querella. Hoy no existe en el Código penal la distinción entre presidio y prisión.

3.º) Art. 756.4.º: el heredero mayor de edad que, sabedor de la muerte violenta del testador, no la hubiese denunciado dentro de un mes a la justicia, cuando ésta no hubiera procedido ya de oficio. Únicamente se aplica esta causa al heredero que sea mayor de edad, no por tanto, si es menor emancipado. Pero en la palabra heredero, como, tantas veces en el Código, se comprende el legatario. Tiene que saber, de forma segura, no una simple sospecha, la muerte violenta del causante. La palabra testador, como ocurre también con frecuencia en el Código, comprende todo causante. Por muerte violenta se entiende la provocada por un tercero —se conozca o no quien sea— al que pueda ser imputada penalmente. La denuncia puede hacerse directamente al Juzgado de Instrucción competente o a cualquier otro Juzgado o a los órganos adecuados de la policía judicial (en su amplio sentido, principalmente Comisaría de policía o Guardia civil) para recibir una denuncia. El plazo es de un mes desde que el indigno sea sabedor de dicha muerte violenta del causante. No se produce esta causa de indignidad, ni a pesar de la falta de denuncia, si el Juzgado actúa de oficio o por denuncia de otra persona o por atestado policial. Tampoco, se produce esta causa, añade el mismo número 4.º de este artículo 756 en los casos en que, según la ley, no hay la obligación de acusar.

Tercero. Por razón de ser atentatorios a la libertad de testar.

1.º Art. 756.5.º: el que, con amenaza, fraude o violencia, obligare al testador a hacer testamento o a cambiarlo.

2.º) Art. 756.6.º: el que por iguales medios (amenaza, fraude o violencia) impidiere a otro hacer testamento, o revocar el que tuviese hecho, o suplantare, ocultare o alterare otro posterior.

Salvo el último inciso del número 6 (suplantación, ocultación o alteración de un testamento posterior) los supuestos de estos números 5.º y 6.º constituyen actos contrarios a la libertad de testar del causante y se concretan a cuatro casos: obligar al causante a hacer testamento, compelerle a modificar el que había hecho, obligarle a revocarlo e impedirle hacer testamento, revocarlo o modificarlo; además, se añade el caso de falsedad por la suplantación, ocultación o alteración de un testamento.

Los actos contrarios a la libertad de testar, se prevé que se realicen mediante amenaza, fraude o violencia. Estos medios son coincidentes sustancialmente con los que enumera el art. 673 para declarar nulo el testamento: violencia, dolo o fraude. La violencia o fraude es claro que son causas de nulidad y causas de indignidad: no son aparentemente coincidentes la amenaza, que es causa de indignidad, y el dolo, que es causa de nulidad; sin embargo, debe entenderse que el fraude comprende el dolo y que violencia y amenaza son lo mismo.

Cuarto. Por razón de discapacidad.

La Ley 41/2003, de 18 de noviembre, de protección patrimonial de las personas con discapacidad, ha añadido una causa más de indignidad, en el nuevo número 7.º. Se trata de herencia cuyo causante es la persona con discapacidad, que califica el artículo 2.2 de la mencionada ley: Afectadas por minusvalía psíquica igual o mayor al 33% y física o sensorial igual o mayor al 65%, lo que se acredita por certificado médico o resolución judicial de incapacitación. Califica de indigno al llamado a la herencia, que no hubiera cumplido, estando obligado a ello, respecto al mismo, el deber de alimentos (art. 142) o lo hubiera cumplido insuficientemente (art. 146).

La Disposición adicional cuarta del Código Civil ha sido adicionada por la misma Ley y dispone que la referencia en las personas con discapacidad se entiende al concepto definido en la misma.

JURISPRUDENCIA

«la jurisprudencia exige una interpretación restrictiva en la aplicación de las causas de carácter claramente sancionador señaladas en el artículo 756. En el caso de autos, los hechos alegados en ningún caso suponen, ni definen, ese estado de abandono que exige la ley». (26 marzo 1993, LA LEY 644-5/1993)

CONCORDANCIAS

Véanse arts. 164.2, 673 y 674 de este Código.

Texto vigente según Ley 11/1990, 15 octubre (*«B.O.E.»*, 18 octubre). Anterior texto según Ley 22/1978, 26 mayo (*«B.O.E.»*, 30 mayo). El último número, añadido por Ley 41/2003, 18 noviembre (*«B.O.E.»*, 19 noviembre).

Vid. Disposición adicional 4.ª de este Código.

Artículo 757

Las causas de indignidad dejan de surtir efecto si el testador las conocía al tiempo de hacer testamento, o si habiéndolas sabido después las remitiere en documento público.

COMENTARIO

1.- Se puede dar la rehabilitación del indigno por el causante, en aras al principio de la soberanía de la voluntad del causante, uno de los principios básicos de la sucesión mortis causa. La indignidad no es como una sanción penal que se persigue y sanciona de oficio, sino una sanción civil que el causante, como víctima del acto causa de indignidad, puede evitar mediante la rehabilitación del indigno, que puede hacerlo expresa o tácitamente.

2.- La rehabilitación tácita consiste en que el testador, que conocía la causa de indignidad al tiempo de hacer testamento, en él instituye al indigno, heredero o legatario, con lo que éste queda rehabilitado.

3.- La rehabilitación expresa la prevé el segundo inciso del artículo 757: «las causas de indignidad remitiere en documento público», tanto si las conoce después de haber otorgado testamento (único caso al que se refiere el artículo 757) como si las conocía antes o incluso si no hace testamento; esta rehabilitación se debe hacer en documento público o, también, en testamento, sea éste hecho en documento público (abierto o cerrado) o privado (comunes extraordinarios o especiales o el ológrafo) que, al protocolizarse posteriormente, deviene público. No es rehabilitación expresa el típico perdón moral o reconciliación humana que puede darse entre indigno y causante, sino que es preciso que este último expresa y concretamente elimine los efectos de la indignidad.

4.- El efecto de la rehabilitación es que la indignidad, fruto de una causa legal, no es que deje de existir, sino que deja de surtir efecto, como expresa el art. 757 y, en consecuencia, el ex-indigno recibe la delación hereditaria y puede adquirir la herencia o el legado a él deferida.

CONCORDANCIAS

Véase art. 856 de este Código.

Artículo 758

Para calificar la capacidad del heredero o legatario se atenderá al tiempo de la muerte de la persona de cuya sucesión se trate.

En los casos 2.º y 3.º del artículo 756 se esperará a que se dicte la sentencia firme, y en el número 4.º a que transcurra el mes señalado para la denuncia.

Si la institución o legado fuere condicional, se atenderá además al tiempo en que se cumpla la condición.

COMENTARIO

1.- El momento o tiempo en que ha de darse la causa de indignidad es el de la apertura de la sucesión, es decir, la muerte del causante y si la herencia o el legado son condicionales, se atiende, además, al momento en que se cumpla la condición: se trata de condición suspensiva (no resolutoria) a partir de cuyo cumplimiento, si se cumple, despliega eficacia la institución de heredero o nombramiento de legatario.

2.- Este tiempo hay que entenderlo en el sentido de que en tal momento el indigno haya ejecutado ya la conducta prevista como causa de indignidad. Pero en algunas causas esto puede ser imposible y, así, el segundo párrafo del mismo artículo 758 dispone que en los casos 2.º y 3.º del artículo 756 se esperará (si no se hubiere dictado anteriormente) a que se dicte la sentencia firme, y en el número 4.º a que transcurra el mes señalado para la denuncia.

CONCORDANCIAS

Texto vigente según Ley 22/1978, 26 mayo («*B.O.E.*», 30 mayo).

Artículo 759

El heredero o legatario que muera antes de que la condición se cumpla, aunque sobreviva al testador, no transmite derecho alguno a sus herederos.

COMENTARIO

1.- Las fases del fenómeno sucesorio son la apertura de la sucesión (muerte del causante), vocación a la herencia (llamamiento abstracto a todos los posibles herederos), delación (concreto ofrecimiento de la herencia) a una persona concreta y determinada, con posibilidad inmediata de adquirirla mediante la aceptación. El legado se adquiere sin aceptación, aunque cabe renunciar al mismo.

Si la institución de heredero o de legado es condicional, con condición suspensiva, el heredero o legatario no tiene delación hasta que la condición se cumpla, si se cumple. Consecuencia de ello, si el heredero o legatario muere antes de que la condición se cumpla, nada ha adquirido y nada puede transmitir a sus propios herederos.

2.- Este art. 759, colocado en la sección que trata de la capacidad, nada tiene que ver con ella. Se refiere a la herencia o legado bajo condición suspensiva. Recoge la idea expuesta: si el heredero o legatario muere antes de que tal condición se cumpla, nada ha llegado a adquirir y nada transmite a sus propios herederos. Al no haber recibido la delación (que no la tiene hasta que se cumpla, si se cumple, la condición) no tiene ni el *ius delationis* y no puede transmitirlo (no se le aplica el art. 1006); al no haber podido aceptar la herencia o recibido el legado (pues al carecer de delación, no podía aceptar) tampoco lo ha adquirido y no puede transmitirlo.

Incluso, muerto el heredero o legatario antes de que se cumpla la condición suspensiva, si más tarde se cumple, ya no puede adquirir ni transmitir retroactivamente, y nada adquieren sus herederos.

3.- Este artículo parece ser diametralmente opuesto y contradictorio con el art. 799. Sin embargo, como se verá en su comentario, este último no se refiere a condición, sino a término inicial: en cuyo caso el heredero tiene la delación a la muerte del causante y, si muere antes de la llegada del término, sí transmite su propio derecho a su heredero, que será el *ius delationis* (art. 1006) si aún no había aceptado y la herencia si había aceptado; el legatario (que adquiere inmediatamente, sin aceptación) que muere antes de la llegada del término transmite el legado a sus propios herederos.

JURISPRUDENCIA

«será un heredero sometido a condición suspensiva que, mientras ésta no se cumpla, no tiene más que una simple expectativa de derecho, puesto que, como dispone el artículo 759 del Código Civil, "el heredero o legatario que muera antes de que la condición se cumpla, aunque sobreviva al testador, no transmite derecho alguno a sus herederos", sin que contra dicho precepto pueda prevalecer lo ordenado en el artículo 799, que se refiere al heredero instituido a término incierto, en el cual el día forzosamente ha de llegar aunque se ignore» (22 julio 1994, LA LEY 27321-JF/0000) (Se refiere a un caso de fideicomiso de residuo, por lo que esta sentencia se recoge también en el art. 781)

Vid. jurisprudencia del art. 799.

CONCORDANCIAS

Véanse arts. 799, 881 y 1.006 de este Código.

Artículo 760

El incapaz de suceder, que, contra la prohibición de los anteriores artículos, hubiese entrado en la posesión de los bienes hereditarios, estará obligado a restituirlos con sus accesiones y con todos los frutos y rentas que haya percibido.

COMENTARIO

1.- Este artículo se refiere a los efectos de la incapacidad en su sentido más amplio, comprensivo de la capacidad, prohibiciones e indignidad. Si este incapaz, pese a serlo, ejercita el ius delationis, acepta la herencia o adquiere el legado y hace suyos la herencia o el legado o bien la causa de indignidad, consta después de su adquisición de la herencia o del legado, es decir, en todo caso de que hubiese entrado en la posesión de los bienes hereditarios, como dice el art. 760, estará obligado a restituirlo con sus accesiones y con todos lo frutos y rentas que haya percibido.

Hay que tener en cuenta que la expresión «frutos y rentas» es reiterativa, puesto que las rentas son frutos civiles.

2.- En relación con la indignidad, sus efectos se producen por haber incurrido en una causa de la misma, sin que sea preciso que medie una sentencia que declare expresamente la indignidad. El indigno lo es porque ha incurrido en causa de indignidad: lo que ocurre es que si lo niega u ocupa bienes de la herencia será preciso acudir a la vía judicial, pero, en tal caso, la sentencia no hará sino declarar que verdaderamente existe la indignidad discutida e imponer sus consecuencias.

Por tanto, si hay sentencia que declare la indignidad porque ésta se ha discutido, será sentencia declarativa, no constitutiva; la indignidad no exige necesariamente una sentencia que la constituya, sino la sentencia simplemente declarará, si se discutía, que el sucesor es indigno porque realmente cometió el hecho e incurrió en causa de indignidad.

Artículo 761

Si el excluido de la herencia por incapacidad fuere hijo o descendiente del testador, y tuviere hijos o descendientes, adquirirán éstos su derecho a la legítima.

COMENTARIO

Este artículo se refiere a la indignidad, es decir, a los efectos de la misma, aunque su texto hable de «incapacidad» (también el art. 756 habla de «incapaces de suceder»). La indignidad alcanza a la sucesión testada, intestada y a la forzosa, es decir, a la legítima que no percibirá el legitimario indigno, pero si es hijo o descendiente del causante se dará, respecto a la misma el derecho de representación en favor de los hijos o descendientes del indigno.

CONCORDANCIAS

Véanse arts. 752, 766, 857, 929, 938 a 941 y 973.2 de este Código.
Texto vigente según Ley 11/1981, 13 mayo («*B.O.E.*», 19 mayo).

Artículo 762

No puede deducirse acción para declarar la incapacidad pasados cinco años desde que el incapaz esté en posesión de la herencia o legado.

COMENTARIO

1.- Cuando sea preciso ejercitar la acción para obtener una sentencia que declare la indignidad, se establece un plazo de caducidad para pedir la declaración de indignidad, y, en su caso, los bienes que hubiese percibido el indigno con sus accesiones y frutos y rentas: dicho plazo lo establece el art. 762 y es el de cinco años desde que el incapaz esté en posesión de la herencia o legado.

2.- Las expresiones «incapacidad» e «incapaz» deben entenderse referidas a indignidad e indigno. La incapacidad absoluta es un tema de existencia, las prohibiciones caen en la nulidad absoluta, ambos supuestos imprescriptibles. La acción para la declaración de la indignidad es la que tiene un plazo de caducidad de cinco años.

SECCIÓN SEGUNDA
De la institución de heredero

Artículo 763

El que no tuviere herederos forzosos puede disponer por testamento de todos sus bienes o de parte de ellos en favor de cualquier persona que tenga capacidad para adquirirlos.

El que tuviere herederos forzosos sólo podrá disponer de sus bienes en la forma y con las limitaciones que se establecen en la sección quinta de este capítulo.

COMENTARIO

Este artículo carece de contenido concreto; podría decirse que está vacío de contenido, si no fuera porque recoge dos principios del Derecho sucesorio.

El primero es el de la soberanía de la voluntad del causante en propia sucesión. Este puede, en testamento, disponer de sus bienes, total o parcialmente, a favor de quien quiera, siempre que éste tenga capacidad para suceder, entendida en su sentido más amplio de que no incurra en incapacidad absoluta (o existencia), incapacidad relativa (o prohibiciones) e indignidad. Esta soberanía de la voluntad es absoluta si el causante no tiene legitimarios («herederos forzosos» les denomina este art. 763).

Si tiene legitimarios, el testador podrá disponer *mortis causa* de sus bienes, pero respetando la legítima, que es una limitación de derecho sucesorio a su facultad de disponer *mortis causa*. El respeto a la legítima se establece como principio en este artículo, pero se remite, en cuanto a su detalle normativo a la sección quinta del mismo capítulo, donde se halla la regulación de la misma.

CONCORDANCIAS

Véase:
— arts. 806 a 822 de este Código.
— Ley 19/1995, 4 julio (*«B.O.E.»*, 5 julio), de Modernización de las Explotaciones Agrarias.

Artículo 764

El testamento será válido aunque no contenga institución de heredero, o ésta no comprenda la totalidad de los bienes, y aunque el nombrado no acepte la herencia o sea incapaz de heredar.

En estos casos se cumplirán las disposiciones testamentarias hechas con arreglo a las leyes, y el remanente de los bienes pasará a los herederos legítimos.

COMENTARIO

1.- La institución de heredero es la disposición más importante, de carácter patrimonial, del testamento.

En el Derecho romano la institución de heredero era elemento esencial del testamento, que fue introducido en España por las Partidas, pero ya el Ordenamiento de Alcalá lo eliminó como elemento esencial (que continúa como tal en el Derecho catalán), lo que sigue el Código civil, cuyo art. 764 prevé «el testamento será válido aunque no contenga institución de heredero»; incluso cabe que se nombre heredero, pero no se le destine a él la totalidad del patrimonio; cabe también que el heredero o uno de los coherederos repudie la herencia o sea incapaz; sigue diciendo el art. 764 que el testamento será válido aunque la institución de heredero no comprenda la totalidad de los bienes y aunque el nombrado no acepte la herencia o sea incapaz de heredar; en tales casos, no pierde validez ni eficacia el testamento, sino que se debe ejecutar y en los bienes no atribuidos al heredero y en la parte de la herencia atribuida al heredero que ha repudiado o es incapaz, se produce la sucesión intestada (*vid.* el número 2.º del art. 912 y también los números 3.º, repudiación y 4.º incapaz); así lo expresa el segundo párrafo del mismo artículo 764: «en estos casos se cumplirán las disposiciones testamentarias hechas con arreglo a las leyes y el remanente de los bienes pasará a los herederos legítimos».

2.- La institución de heredero se conecta necesariamente con los conceptos de sucesión universal y de herencia. En efecto, el instituido heredero es el nombrado sucesor universal *mortis causa*, que subentrará en la universalidad de las relaciones jurídicas del causante; el instituido heredero implica o se refiere a una sucesión universal, sucesión en la totalidad o parte alícuota del patrimonio del causante. El heredero, pues, es el sucesor a título universal del causante, a quien sucede en la universalidad de sus derechos y obligaciones, a diferencia del legatario, que es el sucesor a título particular, y recibe del causante la titularidad de una o varias relaciones jurídicas. Lo que caracteriza la institución de heredero es el criterio objetivo, el ser sucesor universal del causante, como se desprende de los artículos 660, segundo párrafo, del 668, 768 y del artículo 675 sobre la interpretación del testamento, que debe prevalecer la verdadera intención del testador.

CONCORDANCIAS

Véanse arts. 740, 750, 770, 912.2 y 1.009 de este Código.

Artículo 765

Los herederos instituidos sin designación de partes heredarán por partes iguales.

COMENTARIO

Es una norma general, que se aplica en todo caso de cotitularidad, que cuando hay coparticipación en una relación jurídica, se supone que es por partes iguales, si no se ha acreditado o expresado una proporción desigual. Así, el segundo párrafo del art. 393 lo dispone para la comunidad de bienes y este art. 765, para los coherederos: «herederos instituidos sin designación de partes», lo que hay que extender a los legatarios.

Esta regla parte de la falta de voluntad del testador de designar partes, pero siempre será prevalente la voluntad del mismo, si quiso una desigualdad; o incluso prevalece alguna regla específica, como la del art. 770 que establece una desigualdad de cuotas.

JURISPRUDENCIA

«A esta jurisprudencia, que concierne especialmente al art. 781 en relación con el art. 675, ambos del CC, se añaden unas consideraciones sobre el art. 765 del mismo Cuerpo legal en relación con la expresa mención que se hace en la cláusula a los tres nietos del testador pero sin especificar ni designar las partes que habrían de heredar cada uno, lo que determinaría que deba aplicarse la presunción de querer que sus nietos heredasen sus bienes por partes iguales, como resultaría del adverbio "necesariamente", voluntad desconocida por la fiduciaria al donar los bienes a solamente dos de sus hijos excluyendo al tercero». (13 mayo 2010, rec. 1116/2006, LA LEY 49085/2010)

CONCORDANCIAS

Véanse arts. 751, 932, 936, 947, 950, 983 y 1.353 de este Código.

Artículo 766

El heredero voluntario que muere antes que el testador, el incapaz de heredar y el que renuncia a la herencia, no transmiten ningún derecho a sus herederos, salvo lo dispuesto en los artículos 761 y 857.

COMENTARIO

1.- Este artículo, referido a toda persona instituida heredera que no llega a serlo, es relativo al mal llamado derecho de representación. Se refiere el texto legal al «heredero» que no llega a serlo, por lo que mal puede llamársele heredero; hay que entender que es el nombrado o instituido heredero.

2.- La norma que establece es que la persona que ha sido instituida heredera y premuere al testador, o es incapaz de heredar (por incapacidad absoluta, en que no habría caso, por incapacidad relativa o prohibición o por indignidad), o, repudia la herencia, no ha llegado a ser heredero y, por tanto, nada transmite a sus propios herederos.

Tampoco se da el derecho de representación en que el no heredero no transmite, sino que su posición en la herencia es ocupada por el representante (no es auténtica representación, pero se emplea esta terminología para evitar confusiones). Se prevén expresamente las excepciones del art. 761 relativa al indigno hijo o descendiente del causante que, en la legítima, se da derecho de representación a favor de sus propios hijos o descendientes y del art. 857 relativo al mismo caso pero referido al desheredado.

Artículo 767

La expresión de una causa falsa de la institución de heredero o del nombramiento de legatario, será considerada como no escrita, a no ser que del testamento resulte que el testador no habría hecho tal institución o legado si hubiese conocido la falsedad de la causa.

La expresión de una causa contraria a Derecho, aunque sea verdadera, se tendrá también por no escrita.

COMENTARIO

1.- En la institución de heredero, nombramiento de legado o cualquier otra disposición testamentaria, «la expresión de una causa falsa» se tiene como no escrita, dispone el presente artículo. «Causa» significa un motivo subjetivo del testador al hacer aquella institución, nombramiento o disposición. «Falsa» significa errónea. El efecto es nulidad parcial, de la cláusula («será considerada como no escrita» dice el texto legal) sin alcanzar a la disposición, ni al testamento.

2.- Sin embargo, si tal causa falsa, es decir, tal error, fue el motivo determinante de la voluntad del testador y esto se desprende del propio testamento (sin acudir a prueba extrínseca) se producirá la nulidad, no de todo el testamento, pero sí de la institución de heredero, nombramiento de legado u otra disposición testamentaria motivada por aquel error.

3.- El segundo párrafo de este artículo no tiene sentido si no se pone en relación con el primero. Una causa ilícita, es decir, un motivo contrario a Derecho, se tiene por no puesto. Pero si esta causa ilícita, del propio testamento se deduce que ha sido determinante de la voluntad del testador al instituir heredero, nombrar legatario u otra disposición testamentaria, será nula la disposición entera, aunque sin alcanzar el resto del testamento.

CONCORDANCIAS

Véanse arts. 1.274 a 1.277 de este Código.

Artículo 768

El heredero instituido en una cosa cierta y determinada será considerado como legatario.

COMENTARIO

1.- En el comentario del art. 660 y, especialmente, en el del art. 668 se ha puesto de relieve que nuestro Derecho sigue el criterio objetivo de distinción entre heredero y legatario. Este criterio es confirmado por el presente art. 768 que plantea el tema de institución de heredero ex re certa.

En la llamada institución de heredero en cosa cierta, el testador nombra heredero, al que le atribuye un bien o derecho concreto. En Derecho romano era considerado heredero y, en virtud de su fuerza expansiva, adquiría todo el patrimonio activo y pasivo del causante, del que éste no hubiera dispuesto como legados a favor de otro. Según nuestro Derecho, el llamado como heredero pero que no recibe la universalidad de la herencia, sino sólo una relación jurídica concreta —el derecho sobre una cosa cierta— no es sucesor universal, sino particular, es decir, no es heredero, sino legatario. Así lo expresa el artículo 768; «el heredero instituido en una cosa cierta y determinada será considerado como legatario».

2.- Sin embargo, puede darse el caso de que sea verdaderamente heredero si el testador lo nombra y lo quiere como sucesor universal atribuyéndole una participación concreta: como una partición ordenada por el propio testador. Lo mismo que se puede instituir sucesor en la generalidad de la herencia y luego adjudicar un bien concreto, el causante puede nombrar un sucesor universal —verdadero heredero— como partícipe en la sucesión, cuya participación general se satisface con el bien concreto —cosa cierta— que le atribuye. No es óbice el texto del art. 768, pues no es más que una regla interpretativa —no imperativa— que puede desvirtuarse si aparece otra la voluntad del testador.

JURISPRUDENCIA

«en la actualidad, de acuerdo con la doctrina científica mayoritaria, no puede atribuirse al art. 768 citado un carácter imperativo sino interpretativo, ofreciéndose en él criterios hermenéuticos que ha de utilizar el Juzgador en su tarea de búsqueda de la verdadera voluntad del testador cuando para ello no sea bastante el sentido literal de la disposición testamentaria; dicho precepto tiene, por otra parte, carácter presuntivo en cuanto en él se contiene una presunción «iuris tantum» en virtud de la cual si a una persona se la deja una cosa determinada se ha de entender como voluntad del testador la de que esa persona le suceda en la herencia como legatario, aunque en la institución se le designe como heredero». (9 marzo 1993, LA LEY 15300-R/1993)

CONCORDANCIAS

Véase art. 600 de este Código.

Artículo 769

Cuando el testador nombre unos herederos individualmente y otros colectivamente, como si dijere: *«Instituyo por mis herederos a N. y a N. y a los hijos de N.»*, los colectivamente nombrados se considerarán como si lo fueran individualmente, a no ser que conste de un modo claro que ha sido otra la voluntad del testador.

COMENTARIO

1.- En relación a la institución de heredero, es importante la forma de su designación. Puede ser nominal (arts. 772 y 773), circunstancial (segundo y tercer párrafo del art. 772) y genérica (arts. 747, 749 y 751). Y en la designación, el Código da unas normas interpretativas para algunos supuestos de concurrencia, que son meramente presuntivas, en defecto de que en el testamento aparezca que sea otra la voluntad del testador. Tales reglas se hallan en los arts. 769, 770 y 771.

2.- Este art. 769 contempla el supuesto de que el testador, en el testamento, designe uno o varios herederos individualmente y, al tiempo, a uno o varios colectivos. Es el único caso en que el texto legal, insólitamente, pone un ejemplo: «como si dijere: instituyo por mis herederos a N. y a N. y a los hijos de N.».

3.- La regla interpretativa es que se consideran todos designados individualmente. Así, si los hijos del tercer N. son cuatro, la herencia se dividirá en seis partes: una para N, otra para N, y cuatro más, una para cada uno de los hijos de N.

Esta regla quiebra cuando, como dice el último inciso de este artículo, «conste de un modo claro que ha sido otra la voluntad del testador». Lo cual suele ocurrir cuando el testador designe a grupos de sucesores claramente por estirpes, no por cabezas, por ejemplo sería: el testador nombra herederos a sus hijos (o a sus hermanos) y si alguno de ellos le premuere, nombra a sus respectivos hijos; es claro que es un nombramiento en bloque, por estirpes, como una institución vulgar o un derecho de representación respecto a la premoriencia de los hijos (o hermanos) nombrados en primer lugar.

Artículo 770

Si el testador instituye a sus hermanos, y los tiene carnales y de padre o madre solamente, se dividirá la herencia como en el caso de morir intestado.

COMENTARIO

1.- Otra regla interpretativa (además de la del artículo anterior), para supuestos de concurrencia, meramente presuntiva, en defecto de que en el testamento aparezca que sea otra la voluntad del testador, es la de este artículo 770. El supuesto es que el testador tenga hermanos de doble vínculo (de padre y madre: «carnales» les llama el texto legal) y de vínculo sencillo («de padre o madre solamente», es decir hermanastros). Y les instituye herederos (o legatarios) a todos ellos.

2.- La regla interpretativa es que «se dividirá» la herencia como en el caso de morir «intestado», lo que significa que se determina la parte —cuota— que corresponde a cada uno, como si la sucesión fuera intestada; los de doble vínculo adquieren doble cuota que los de vínculo sencillo (por remisión al art. 949).

Esta regla interpretativa no se aplicará si la voluntad del testador, expresa o tácita, es contraria, la de instituirlos por partes iguales.

Esta regla es una excepción a la del art. 765.

Artículo 771

Cuando el testador llame a la sucesión a una persona y a sus hijos, se entenderán todos instituidos simultánea y no sucesivamente.

COMENTARIO

1.- Una tercera regla interpretativa (tras las anteriores de los arts. 769 y 770) para supuestos de concurrencia, es la de este art. 771. El supuesto es que el testador, en su testamento, instituya herederos o legatarios a una persona y a sus hijos.

2.- La regla interpretativa de este art. 771 es que son llamados simultáneamente; no sucesivamente, lo que sería una institución fideicomisaria; por ello, esta regla es expresión de lo dispuesto en el número primero del art. 785 y refleja lo también ordenado por el art. 783, primer párrafo. Responde a la mentalidad contraria a los fideicomisos y a las vinculaciones en general, imperantes en la época de la calificación.

A esta regla interpretativa se le deben sumar otras: la persona y sus hijos, además de ser llamados simultáneamente (art. 771), lo son por partes iguales (art. 765) e individualmente, no por estirpes (art. 769).

En todo caso, si consta que es otra la voluntad del testador, la regla de este artículo no se aplica. Pero hay una especialidad respecto a las demás reglas interpretativas: esta voluntad contraria del testador ha de ser expresa, por aplicación de los arts. 783.1.º y 785.1.º. Para que el llamamiento se entienda sucesivo (por tanto, fideicomisario) ha de ser expreso; no cabe que se deduzca que así lo quiso el testador.

Artículo 772

El testador designará al heredero por su nombre y apellidos, y cuando haya dos que los tengan iguales deberá señalar alguna circunstancia por la que se conozca al instituido.

Aunque el testador haya omitido el nombre del heredero, si lo designare de modo que no pueda dudarse quién sea el instituido, valdrá la institución.

En el testamento del adoptante, la expresión genérica hijo o hijos comprende a los adoptivos.

COMENTARIO

1.- Este artículo (en su primer párrafo) prevé la designación nominal de heredero: por su nombre y apellidos. Y añade el caso insólito de que dos personas los tengan iguales, en el que el testador debe señalar alguna circunstancias (apodo, profesión, lugar o fecha de nacimiento) que identifique plenamente a la persona a la que quiere nombrar heredero.

2.- El segundo y tercer párrafo de este art. 772 prevén la *designación circunstancial* de heredero. Aunque el testador no emplee la designación nominal, la puede hacer circunstancial: «de modo que no pueda dudarse quién sea el instituido»: es el caso tan frecuente de designar a los hijos, a los sobrinos, al cónyuge, etc. o el caso menos frecuente de designar al criado, al Presidente de tal club, al entrenador de tal equipo, etc. En todo caso, la persona del heredero no debe ser incierta; de serlo, la institución sería nula, dice el art. 750.

Como aclaración a lo anterior, el tercer párrafo dispone que la expresión «hijos» comprende, además de, indudablemente, los matrimoniales y extramatrimoniales, también los adoptivos: lo cual es evidente y se dispone con carácter general en el art. 108.

CONCORDANCIAS

Véanse arts. 749 a 751 de este Código.
Texto vigente según Ley 24 abril 1958 (*«B.O.E.»*, 25 abril).

Artículo 773

El error en el nombre, apellido o cualidades del heredero no vicia la institución cuando de otra manera puede saberse ciertamente cuál sea la persona nombrada.

Si entre personas del mismo nombre y apellido hay igualdad de circunstancias y éstas son tales que no permiten distinguir al instituido, ninguno será heredero.

COMENTARIO

1.- Como expresión de la norma del art. 750 y como continuación del artículo anterior, este artículo prevé el supuesto de un fallo tan grave en la designación del heredero, que no puede saberse quién ha sido nombrado. Contempla un doble supuesto: el error en la designación y la igualdad de dos personas que impiden saber quién es el designado.

2.- El primer supuesto es de error obstativo: error en el nombre y apellidos (designación nominal) o en las circunstancias o «cualidades» (designación circunstancial): la consecuencia es que es nula la institución de heredero.

El segundo supuesto es la designación nominal o circunstancial de dos personas con tal igualdad de nombres y de circunstancias que no es posible saber cuál de las dos es el instigado heredero. La institución será nula.

3.- Tanto en un supuesto (error) como en el otro (igualdad), si por cualquier otra forma puede identificarse cuál es la persona que ha querido el testador que sea heredero, la institución a favor de éste será válida y surtirá todos los efectos.

JURISPRUDENCIA

«el error en los apellidos del favorecido cuando pueda saberse ciertamente cuál sea la persona nombrada, como así lo expresa claramente el art. 773 CC, que en su relación con el 675, tampoco anula la voluntad del testador por la disconformidad que pueda haber a veces entre el sentido literal de sus palabras y la verdadera intención, lo que da margen a la función interpretativa, que ha de ejercitarse, en buena regla de hermenéutica, a favor de la eficacia de la disposición siempre que sea posible». (30 enero 1997, LA LEY 1566/1997)

CONCORDANCIAS

Véanse arts. 750 y 764 de este Código.

SECCIÓN TERCERA
De la sustitución

Artículo 774

Puede el testador sustituir una o más personas al heredero o herederos instituidos para el caso en que mueran antes que él, o no quieran, o no puedan aceptar la herencia.

La sustitución simple, y sin expresión de casos, comprende los tres expresados en el párrafo anterior, a menos que el testador haya dispuesto lo contrario.

COMENTARIO

1.- La palabra sustitución (de sub instituere) implica en Derecho de sucesiones una institución de heredero o legatario subordinada a otra. Se puede definir de un modo general como el llamamiento que hace el testador en favor de otra persona distinta del heredero, bien por si éste no llega a serlo, bien para después que éste lo sea.

Como resulta claramente de esta alternativa, la sustitución puede responder a dos hipótesis distintas, según que el llamamiento sea por si el primer instituido no llega a adir la herencia, o se haga para después que éste lo sea y haya disfrutado ya de la herencia. La primera se llama directa o vulgar y la segunda, indirecta, oblicua o fideicomisaria.

Entre ambas hay una profunda diferencia, ya que en la primera no hay más que una sola liberalidad, a la que están llamados varios alternativamente y no hay más que una adquisición hereditaria plena. En cambio en la segunda hay varias personas llamadas sucesivamente, de modo efectivo, al disfrute de la herencia: hay varios herederos que van adquiriendo la herencia sucesivamente, no de forma definitiva y plena, sino que la herencia pasa al siguiente, y así sucesivamente: por tanto, el que ha de transmitir a su vez la herencia no puede disponer libremente de la misma, existiendo una situación de vinculación de los bienes hasta el momento en que la herencia pasa al último instituido, que la adquiere de forma definitiva y plena.

2.- El art. 774 contempla la *sustitución vulgar*: nombramiento de un segundo o ulterior heredero para el caso de que el primer instituido no llegue a serlo.

La sustitución vulgar se da y produce sus efectos, es decir, el sustituto recibe la delación de la herencia y, aceptando, deviene heredero, esencialmente en dos supuestos: supuesto de que no quiera ser heredero (*casus noluntatis*) y supuesto de que no pueda serlo, que incluye el de premoriencia al causante (*casus impotentiae*).

El art. 774 menciona el de premoriencia, separado del de no querer y del de no poder. Se pueden además enumerar: declaración de ausencia (art. 191: abierta una sucesión a la que estuviere llamado un ausente, acrecerá... al no haber persona con derecho propio para reclamarla: esta persona es el sustituto vulgar); indignidad para suceder, del instituido heredero; invalidez de la institución de heredero: revocación de la institución de heredero (que no incluya la de la sustitución vulgar); institución de heredero bajo condición suspensiva que no se cumple. Además, claro está, del supuesto típico de la premoriencia de heredero a causante y el de la repudiación de la herencia por el heredero.

3.- El testador puede prever la sustitución vulgar para todos los casos o para algunos de ellos. Pero si nada prevé expresamente y ordena la sustitución simple, y sin expresión de casos, el segundo párrafo del art. 774 contiene una regla de interpretación y dispone que comprende los tres expresados en el párrafo anterior, a menos que el testador haya dispuesto lo contrario.

CONCORDANCIAS

Véanse arts. 657, 761, 766, 789, 813 y 1.006 de este Código.

Artículo 775

Los padres y demás ascendientes podrán nombrar sustitutos a sus descendientes menores de catorce años, de ambos sexos, para el caso de que mueran antes de dicha edad.

COMENTARIO

1.- Contempla este artículo la sustitución pupilar: nombramiento de heredero hecho por el ascendiente al descendiente menor de catorce años, para el caso de que éste muera sin alcanzar la edad de testar.

El sustituyente, que es cualquier ascendiente, hace testamento y dispone en él del patrimonio del sustituido, que es cualquier descendiente del anterior, que sea menor de catorce años, a favor del sustituto, que es el heredero que nombra el sustituyente al sustituido y puede serlo cualquiera, bastando que sea capaz de heredar.

2.- De lo expuesto se desprende que la sustitución pupilar comprende todos los bienes del sustituido (descendiente menor de catorce años), pues es como un testamento otorgado en nombre de éste por el sustituyente (ascendiente), como excepción el carácter personalísimo que proclama el art. 670. Esta es la teoría preferible, seguida por la doctrina más moderna y especializada y por la jurisprudencia (sentencias de 6 febrero 1907, 2 diciembre 1915, 10 diciembre 1929, 10 junio 1941, 20 mayo 1972) con alguna excepción (como la de 20 marzo 1967). Otra teoría es la que limita la sustitución pupilar a los bienes que el ascendiente (sustituyente) deja a su descendiente menor de catorce años (sustituido), como si nombrara un segundo sucesor de su propia herencia: primero el descendiente menor de catorce años (sustituido) y luego, a otro (sustituto); pero para cumplir esta función, se halla la sustitución fideicomisaria.

3.- Deja de producir todo efecto si el sustituido menor de catorce años alcanza dicha edad. Al adquirir la capacidad de otorgar testamento y poder hacerlo por sí mismo, se extingue la sustitución pupilar.

Artículo 776

El ascendiente podrá nombrar sustituto al descendiente mayor de catorce años, que, conforme a Derecho, haya sido declarado incapaz por enajenación mental.

La sustitución de que habla el párrafo anterior quedará sin efecto por el testamento del incapacitado hecho durante un intervalo lúcido o después de haber recobrado la razón.

COMENTARIO

1.- Este artículo contempla la llamada sustitución ejemplar (ad exemplum de la pupilar): nombramiento de heredero hecho por el ascendiente a su descendiente incapacitado, para el caso de que muera sin testamento y en el estado civil de incapacitación. Viene a ser lo mismo que la sustitución pupilar, variando sólo el supuesto aplicable, que en la ejemplar es la incapacitación del sustituido, descendiente del sustituyente: según el texto legal es el declarado incapaz por enajenación mental. Hoy, tras la reforma del Código civil por Ley de 24 octubre de 1983, se debe entender incapacitado, sin más, por sentencia (art. 199) por las causas previstas en el artículo 200; en el sentido de que puede ordenarse una sustitución ejemplar aunque el descendiente-sustituido sea menor de catorce años o no esté aún declarada judicialmente la incapacitación, siempre que cuando esta sustitución vaya a desplegar sus efectos, es decir, muerte del sustituido, ya tenga catorce años y desde luego ya esté incapacitado judicialmente.

2.- Es igual que en el artículo anterior, sustitución pupilar, el concepto y contenido de la disposición del sustituyente (ascendiente) de todo el patrimonio del sustituido (incapacitado), como testamento otorgado por aquél en nombre de éste, excepción al carácter personalísimo que proclama el art. 670.

3.- No produce efecto la sustitución ejemplar ordenada, si el sustituido ha otorgado testamento o en un intervalo lúcido, o si recobra la razón (según dispone el párrafo segundo del art. 776), debiendo entenderse esto último en el sentido de que judicialmente se deje sin efecto la incapacitación y recupere así su plena capacidad de obrar (pues si no basta estar loco para una sustitución ejemplar, sino que hace falta la incapacitación judicial, también se precisa la declaración judicial de capacidad para que quede sin efecto aquélla). Igualmente no tiene efecto la sustitución ejemplar si el sustituido había otorgado testamento válido antes de ser incapacitado.

JURISPRUDENCIA

«la sentencia recurrida pone en juego esta alternativa: a) si la sustitución ejemplar afecta sólo a los bienes del testador sustituyente, el demandante carece de derechos hereditarios sobre ese patrimonio, e incluso de cualquier expectativa sobre las fincas rústicas objeto de la cesión en el contrato de vitalicio; b) si aquélla comprende toda la herencia del sustituido, no se reconoce ningún derecho al demandante, que no ostenta la calidad de heredero legítimo de doña Sofía S.V. por no ser heredero testamentario ni forzoso de la misma, sin que a esta afirmación pueda obstar el hecho de que su madre, doña Augusta, fuera instituida como sucesora condicional y de residuo en el usufructo de cierta parte de la herencia, pues por un lado, ni siquiera consta que dicha institución se consumara antes de su fallecimiento, y, por otro, aunque así hubiese ocurrido, el óbito de la usufructuaria habría extinguido su derecho. La recurrente incorpora una tercera posibilidad, no contemplada por la Audiencia, conformada así: la sustitución ejemplar es siempre un nombramiento del heredero del incapaz por el sustituyente y, en este caso, al efectuar ese llamamiento en favor de quienes fueran herederos legítimos de doña Sofía en el momento de la muerte de don Ricardo, comprendía a todos los que fueran herederos abintestato de esta señora. La tesis aducida es válida y la doctrina jurisprudencial la ha recogido reiteradamente; en efecto, esta Sala tiene declarado desde la sentencia de 6 de febrero de 1907 que la sustitución ejemplar consiste en un nom-

bramiento del heredero del incapaz por el sustituyente y su finalidad es la evitación de la sucesión intestada de aquél; quien opera la sustitución y, por consiguiente, nombra heredero del incapaz, es el sustituyente y, en la coyuntura del debate, éste, don José V.P., verifica la nominación en favor de su segunda esposa doña Sofía y, si hubiese fallecido, en el de los herederos legítimos de ésta; asimismo, no hay duda que el testador, al llamar a los herederos legítimos de su segunda esposa en la hipótesis reseñada, sabía sin duda quiénes eran, pues estaba casado en segundas nupcias con la hija de su hermana doña María V.P., de manera que al llamar a la estirpe abintestato de su consorte, estaba designando a la suya propia, pues sólo tenía como descendiente al hijo incapaz, por confundirse la de su hermana con los herederos abintestato de su referida consorte; en definitiva, don José efectuó la sustitución sin dejación de las precisiones sucesorias a eventualidad alguna, cuando la posibilidad de que hubiera comisionado a doña Sofía para que ésta, nombrada heredera por él, a su vez designara a los del incapaz, constituiría, de un lado, delegación de la facultad de testar, y de otro, la consumación de un testamento por comisario, si se hubiera efectuado, que son actos prohibidos por el Código Civil». (26 mayo 1997, LA LEY 6221/1997)

«Ello no es admisible y así la sentencia de esta Sala de 12 Jun. 1956, especifica de una manera muy concreta que «la declaración de incapacidad del sustituto no constituye una solemnidad testamentaria, y puede hacerse antes o después del testamento, siempre que preceda al momento de la efectividad de la sustitución, porque ninguna razón jurídica o de consecuencia social indica la procedencia y necesidad de privar a los ascendientes de la facultad de nombrar sustituto al descendiente enajenado mental, mientras no haya sido declarada judicialmente la incapacidad.» (29 marzo 2001, LA LEY 4329/2001)

«doctrina de esta Sala contenida en la sentencia de 26 de mayo de 1.997, que dice (fundamento jurídico segundo): "... esta Sala tiene declarado desde la sentencia de 6 de febrero de 1.907 que la sustitución ejemplar consiste en un nombramiento del heredero del incapaz por el sustituyente y su finalidad es la evitación de la sucesión intestada de aquél; quien opera la sustitución y, por consiguiente, nombra heredero del incapaz, es el sustituyente"». (7 noviembre 2008, rec. 1793/2003, LA LEY 169514/2008)

«La sustitución tanto pupilar como ejemplar comprende el patrimonio entero de sustituido —hijo menor o incapaz— y no sólo el recibido del sustituyente, lo cual podría hacerse sencillamente mediante la sustitución fideicomisaria. El alcance amplio del contenido de la sustitución ejemplar ha sido mantenido por la sentencia, la primera, de 6 de febrero de 1907, que es reiterada por la de 26 de mayo de 1997 que dice: "Esta Sala tiene declarado desde la sentencia de 6 de febrero de 1907 que la sustitución ejemplar consiste en un nombramiento de heredero del incapaz por el sustituyente y su finalidad es la evitación de la sucesión intestada de aquél...". La anterior sentencia plantea directamente la cuestión del contenido y se pronuncia a favor del amplio, que comprende todo el patrimonio del sustituido incapaz. Lo que es reiterado por la sentencia de 7 de noviembre de 2008 que plantea el problema en estos términos: "El núcleo central del mismo es si en la sustitución ejemplar, el ascendiente hace testamento por el sustituido incapaz, por lo que los sustitutos designados por aquél heredan a dicho sustituido, o heredan al ascendiente respecto de los bienes que deja al sustituido incapaz". Y lo resuelve en los mismos términos que la sentencia anterior, de 26 de mayo de 1997, a la que se remite y afirma que comprende todo el patrimonio del sustituido y, así, los sustitutos heredan a éste, no al sustituyente. La sentencia de 20 de mayo de 1972 dice explícitamente que la sustitución tanto pupilar como ejemplar constituyen una excepción al artículo 670 del Código civil que proclama, con carácter general, el carácter personalísimo del testamento y reitera lo ya declarado por las sentencias anteriores de 2 de diciembre de 1915, 10 de diciembre de 1929 y 10 de junio de 1941». (14 abril 2011, rec. 1404/2007, LA LEY 14446/2011)

CONCORDANCIAS

Véase art. 777 de este Código.

Artículo 777

Las sustituciones de que hablan los dos artículos anteriores, cuando el sustituido tenga herederos forzosos, sólo serán válidas en cuanto no perjudiquen los derechos legitimarios de éstos.

COMENTARIO

1.- El art. 813, entre otros (como especialmente el 815) proclama el principio de intangibilidad de la legítima. Este art. 777 aplica este principio a las sustituciones pupilar y ejemplar. La norma contempla el supuesto de que el sustituido (descendiente menor de catorce años o incapacitado) tenga legitimarios («herederos forzosos» los llama el Código, en éste y en todos los artículos; así 806 y ss. que regulan la legítima, pero ni son herederos ni son forzosos).

2.- En tal caso, el sustituyente (ascendiente del anterior) deberá respetar las legítimas. Estas se refieren a la herencia del sustituido (menor o incapacitado). Por tanto, el sustituto podrá recibir toda la herencia del sustituido, pero respetando las legítimas que éste debería disponer a favor de sus legitimarios.

CONCORDANCIAS

Véanse arts. 763, 782, 806 y 813 de este Código.

Artículo 778

Pueden ser sustituidas dos o más personas a una sola; y al contrario, una sola a dos o más herederos.

COMENTARIO

1.- Se pueden dar varias modalidades en la sustitución vulgar y este artículo se refiere a algunas de ellas; es aplicable sólo a la sustitución vulgar, no a la pupilar y ejemplar.

Primera. Un sustituto para un instituido (*unus in locum unius*), caso sencillo que se puede dar habiendo un solo heredero o incluso varios (a cada heredero se le nombra un sustituto vulgar, por ejemplo).

Segunda. Un sustituto para varios instituidos (*unus in locum plurium*), modalidad a que hace referencia el art. 778 (una sola —persona sustituta, sustituto vulgar— a dos o más herederos).

Tercera. Varios sustitutos para un instituido heredero, también previsto en el art. 778 (pueden ser sustituidas dos o más personas a una sola), que pueden ser nombrados conjuntamente (*plures in locum unius*) en que si el testador no fijó partes, los sustitutos son llamados por igual (art. 765) o sucesivamente (sustitución gradual), en que son llamados uno en defecto de los anteriores y se aplica la regla de que cada sustituto lo es de los anteriores, y es sustituto directo del instituido heredero (*substitutus substituto censetur substitutus instituto*).

2.- Una cuarta modalidad, la llamada sustitución vulgar recíproca, es contemplada en el artículo siguiente.

CONCORDANCIAS

Véanse arts. 774 y 789 de este Código.

Artículo 779

Si los herederos instituidos en partes desiguales fueren sustituidos recíprocamente, tendrán en la sustitución las mismas partes que en la institución, a no ser que claramente aparezca haber sido otra la voluntad del testador.

COMENTARIO

1.- La cuarta modalidad de la sustitución vulgar, la llamada recíproca, es contemplada en este artículo que, como el anterior, sólo se refiere a la sustitución vulgar, no a la pupilar ni a la ejemplar. Dispone que si los instituidos herederos en partes desiguales, han sido nombrados sustitutos vulgares entre sí «tendrán en la sustitución las mismas partes que en la institución».

Esta norma puede inducir a confusión, si bien todos los autores la interpretan correctamente, ya que está imperfectamente redactada: se distingue: 1.º) si son dos los herederos instituidos en partes desiguales y con sustitución vulgar recíproca, al sustituto le corresponde íntegra la porción del coheredero que no llegue a serlo, pues de otro modo resultaría una porción vacante, contrariándose la voluntad del testador; 2.º) si son tres o más los herederos instituidos en partes desiguales, la porción del heredero que no llegue a serlo se distribuirá en partes proporcionales a las que tengan los demás herederos (sustitutos al mismo tiempo) en la herencia.

2.- La norma anterior es una regla más, interpretativa de la voluntad del testador; por tanto, presuntiva, que se destruye si consta que quiso otra cosa. Así lo expresa el último inciso de este artículo.

Artículo 780

El sustituto quedará sujeto a las mismas cargas y condiciones impuestas al instituido, a menos que el testador haya dispuesto expresamente lo contrario, o que los gravámenes o condiciones sean meramente personales del instituido.

COMENTARIO

1.- Este artículo, como los dos anteriores, se aplica sólo a la sustitución vulgar, no a la pupilar ni a la ejemplar.

El efecto esencial de la sustitución vulgar es que si se da el supuesto de la misma, el sustituto vulgar adquiere el derecho hereditario (*ius delationis*) que le permite aceptar o repudiar la herencia, y si muere sin haber aceptado o repudiado transmite a sus propios herederos tal derecho (*ius transmissionis*: art. 1006). Excluye, por tanto, la sucesión intestada y el derecho de acrecer.

El sustituto vulgar que acepta la herencia deviene heredero y ocupa la posición de tal, a todos los efectos, incluso en relación a los elementos accidentales de la institución y, así, el art. 780 dispone que el sustituto quedará sujeto a las mismas cargas y condiciones impuestas al instituido.

2.- Lo anterior no ocurre si el testador ha dispuesto expresamente que las cargas y condiciones no se apliquen al sustituto vulgar, o que éstos sean personales del sustituido y no afecten al sustituto; esto no siempre es fácil adivinarlo en la práctica, es una cuestión de interpretación de la voluntad del testador.

CONCORDANCIAS

Véanse arts. 781 a 784 de este Código.

Artículo 781

Las sustituciones fideicomisarias en cuya virtud se encarga al heredero que conserve y transmita a un tercero el todo o parte de la herencia, serán válidas y surtirán efecto siempre que no pasen del segundo grado, o que se hagan en favor de personas que vivan al tiempo del fallecimiento del testador.

COMENTARIO

1.- En este artículo empieza la regulación de la sustitución fideicomisaria (el fideicomiso puro no se admite) que ni siquiera define, sino que distingue el total y parcial e impone un límite temporal, que es lo que realmente le preocupa; se refiere al mismo expresando «conserve y transmita» lo que es un error, ya que no hay obligación de conservar y transmitir, sino que la esencia de la sustitución fideicomisaria, es el ordo sucessivus, orden sucesivo de llamamientos a varios herederos, fiduciario primero y posteriormente a él, tras el término o la condición, uno o varios fideicomisarios: el fideicomitente dispone una doble (o múltiple) institución de heredero (o de legado, art. 789), de tal manera que el fiduciario y fideicomisario son herederos suyos, por el orden sucesivo que se ha señalado. Por ello, no es que haya obligación de conservar y transmitir, por parte del fiduciario, como dice el art. 781, sino que habiendo un orden sucesivo de llamamientos, el fiduciario no es titular definitivo de la herencia, por lo que no puede disponer de ella (no es que deba conservar, sino que no puede disponer), y, por otra parte, no debe tampoco transmitir al fideicomisario, sino que la transmisión es hereditaria de fideicomitente a fideicomisario, y lo que hace el fiduciario es la entrega o el tránsito (según terminología antigua: se decía también restitución) de la herencia, materialmente, al fideicomisario cuando llega el término o se cumple la condición. Por ello, el concepto más correcto de la sustitución fideicomisaria es la disposición testamentaria cuyo heredero (o legatario: art. 789) es en primer lugar una persona, el fiduciario, y sucesivamente, un segundo o ulterior heredero, el fideicomisario, después del anterior, cuando venza un término o si se cumple una condición.

El testador pondrá un término o una condición por lo que, llegado uno o cumplida la otra, si se cumple, el fideicomisario adquiere la herencia fideicomitida. En la práctica, lo normal es que el fideicomitente fije como término, la muerte del fiduciario: dispone la herencia a favor de un primer heredero, fiduciario, y a su muerte (que es un término que necesariamente ha de llegar, aunque no se sabe cuándo: *certus an incertus quando*; es decir, la muerte funciona como término, no como muerte), a favor de un segundo heredero, que es el fideicomisario.

2.- Los sujetos de la sustitución fideicomisaria son fideicomitente, fiduciario y fideicomisario. Fideicomitente es el causante de la sucesión, el testador, al cual sucede tanto el fiduciario como el fideicomisario. El fiduciario es el que sucede al fideicomitente en primer lugar y que, cuando venza al término o se cumpla la condición, si se cumple, él o sus herederos (en el caso normal de que la sustitución fideicomisaria se disponga para la muerte del mismo) entregará el patrimonio hereditario fideicomitido al fideicomisario. Si éste renunciara al fideicomiso o la condición no se cumpliera, el fiduciario devendría heredero único del causante-fideicomitente. El fideicomisario recibe el patrimonio fideicomitido tras el fiduciario y lo recibe de éste. Pero es heredero no del fiduciario, sino del fideicomitente: heredero en segundo lugar, tras el fiduciario, pero heredero. Por tanto, la capacidad, dignidad, etc., deberán siempre referirse al fideicomitente, no al fiduciario.

Se puede dar y se da con frecuencia el caso de sustituciones fideicomisarias sucesivas, dentro de los límites que permite el Código civil (el caso: nombro heredero fiduciario a mi hijo, primer fideicomisario a mi nieto, segundo fideicomisario a mi biznieto). En tal caso, el primer fiduciario ocupa la posición normal de fiduciario. El primer fideicomisario es fideicomisario, pero, al mismo tiempo, es fiduciario respecto al siguiente: es decir, ocupa la posición de fideicomisario respecto al fiduciario, pero cuando, vencido el término o cumplida la condición, adquiera el patrimonio fideicomitido, será a su vez, fiduciario respecto al fideicomisario siguiente. Y así sucesivamente.

Cuando por fin el único fideicomisario o el último de los sucesivos adquiere y toma posesión de la herencia, adquiriéndola ya libre de fideicomiso, porque no hay ningún fideicomisario posterior que la tenga que adquirir tras él, se dice que el fideicomiso se ha purificado; el término purificación del fideicomiso significa, pues, que se ha cumplido la sustitución y la herencia la adquiere, ya libre, el único o el último fideicomisario.

3.- Cuando este artículo se refiere a que la sustitución afecta a «todo o parte de la herencia» está distinguiendo la normal u ordinaria de la parcial, que se denomina fideicomiso de residuo.

El concepto hay que referirlo a la sustitución fideicomisaria en la que el fiduciario tiene el poder de disposición sobre los bienes fideicomitidos, en virtud de la cual el fideicomisario adquirirá, cuando venza el término o se cumpla la condición, los bienes fideicomitidos de los que no haya dispuesto el fiduciario. El residuo de ellos, por tanto, que aún se conserven como fideicomitidos al llegar el término o la condición. El poder de disposición del fiduciario será más o menos amplio según el tipo de fideicomiso de residuo.

El poder de disposición del fiduciario será lo amplio que haya ordenado el fideicomitente: o bien alcanza actos *inter vivos*, a título oneroso o gratuito, según haya ordenado, a su arbitrio o en caso de necesidad también según haya ordenado, pero siempre debiendo mantener una parte de los bienes para el fideicomisario (es llamada tal sustitución fideicomisaria de residuo, *eo quod supererit*) o pudiendo disponer de todos (*si quid supererit*) o incluso pudiendo disponer de ellos *mortis causa* (*sustitución preventiva de residuo*).

4.- Los límites de las sustituciones fideicomisarias se establecen en el segundo inciso de este artículo: no las hay si se hacen en favor de personas que estén vivas al tiempo de la apertura de la sucesión (muerte del fideicomitente); y si se hacen a favor de personas futuras, no nacidas, todavía, el límite es que no pasen del segundo grado; por grado se entiende llamamiento efectivo, transmisión; caben, pues, dos transmisiones a dos fideicomisarios, sin contar la transmisión inicial al fiduciario; las sustituciones fideicomisarias que van más allá de esta segunda transmisión, son nulas.

JURISPRUDENCIA

«los herederos fideicomisarios heredan del fideicomitente, no del fiduciario». (22 noviembre 1996, LA LEY 317/1998)

«la sustitución fideicomisaria, apenas regulada en el CC (arts. 781 y ss.) ha tenido una larguísima tradición histórica, una importante aunque escasa aportación doctrinal y muy pocas sentencias modernas de esta Sala, la mayoría de las cuales se refieren a la sustitución fideicomisaria de residuo: así, Ss. 13 de marzo de 1989, 22 de julio de 1994 y 22 de noviembre de 1996; o bien, al poder de disposición del fiduciario, como la de 28 de febrero de 1996; o a la relación con la institución en usufructo, en Ss. 3 de noviembre de 1989 y 18 de julio de 1990. En todo caso, el causante —testador, fideicomitente— dispone un múltiple llamamiento a sucesivos herederos, que pueden serlo en usufructo sin perjuicio del momento en que se purifique el fideicomiso en un único titular pleno; dicha múltiple institución de heredero sigue el ordo sucessivus que ha señalado, pero siempre todos los herederos lo son del fideicomitente, no del fiduciario; el primero sólo es fiduciario, el último sólo fideicomisario con cuya adquisición purifica el fideicomisario y los intermedios son fideicomisario respecto al anterior y fiduciario respecto al posterior. Siempre el fideicomisario como tal, intermedio o final, es heredero del fideicomitente, no del fiduciario: de lo cual no sólo no hay duda, sino que lo expresa claramente la S 22 de noviembre de 1996 (fundamento 1.°, párrafo 2.°): ha de destacarse desde ahora que, en el actual momento normativo, resulta también indiscutible que los herederos fideicomisarios heredan del fideicomitente, no del fiduciario. Por lo cual, todas las cuestiones de capacidad, incapacidad, indignidad y prohibiciones vienen referidas exclusivamente al fideicomitente». (29 diciembre 1997, LA LEY 11498/1998)

«Es necesario diferenciar, en cuanto a los efectos traslativos, las sustituciones fideicomisarias puras de las condicionales. En aquéllas, la obligación de conservar y transmitir, impuesta al fiduciario, es categórica, de tal forma que no puede enajenar los bienes que ha recibido con el gravamen de sustitución. Por el contrario, en las sustituciones fideicomisarias condicionales existe la incertidumbre propia de estas determinaciones accesorias de la voluntad. En ellas, el fiduciario puede enajenar los bienes porque pudiera incumplirse la condición resolutoria (si fallece con hijos) con lo que él se convertiría en el último y definitivo propietario de los bienes y por tanto resultarán inatacables las transmisiones que pudiera haber realizado». (28 febrero 1999, LA LEY 8825/1999)

«Ante todo, debe ser calificado aquel contrato correctamente. No se trata de una donación condicional (aparte de la reversión, que quedó frustrada por premoriencia, a favor de los donantes) sino de una sustitución fideicomisaria condicional, con doble condición: si cum liberis decesserit, si muere con hijos, éstos serán los fideicomisarios; si sine liberis decesserit, si muere sin hijos, serán fideicomisarios los sobrinos (a falta de los donantes, los padres); el donatario fiduciario lleva implícita su falta de poder de disposición. Ciertamente el CC sólo regula la sustitución fideicomisaria en la herencia o el legado dispuesto en sucesión testada (arts. 781 y 789); no así en Cataluña, en que tanta importancia tuvieron: reguló expresamente en la Compilación de 1960 la sustitución fideicomisaria en testamento y codicilo, en heredamiento y en donación (art. 162) y se mantiene en el actual Código de sucesiones de 1991 (art. 180). Sin embargo, cabe establecerse en el contrato de donación regulado en el CC en base al principio de autonomía de voluntad, esencial en Derecho de obligaciones y proclamado explícitamente en el art. 1255; además de que viene referida, con terminología impropia, en el art. 641.» (28 junio 2002, LA LEY 6190/2002) (Se trata de una sustitución fideicomisaria impuesta en una donación que hacen los padres a su hijo)

«la STS de 15 de febrero de 2005 declara que "[...] el testador estableció una sustitución fideicomisaria condicional en la que la condición puesta por el testador es la de tener sucesión [...] resulta evidente que en este caso la condición de morir sin sucesión se

incumplió, porque los dos hermanos José Ignacio y Maite [...] fallecieron con sucesión. La referencia a la sucesión es, por tanto, genérica y no se limita a los hijos biológicos que pueda tener el fiduciario, en este caso D.ª Maite, sino a sus sucesores, de manera que no se puede discriminar tal como pretenden los recurrentes y toda la alegación referida a la aplicación de la disposición transitoria 8.ª de la Ley 11/1981 resulta absolutamente artificiosa y contraria a lo realmente querido por el testador. Esta interpretación está de acuerdo con las sentencias de esta Sala de 6 de febrero de 1997 y 22 de junio de 2002, que consideran que "no debe hacerse discriminación contra un hijo adoptivo" y la sentencia del Tribunal Europeo de Derechos Humanos, de 14 de julio de 2004, que consideró que la interpretación hecha por los tribunales andorranos de una cláusula testamentaria excluyendo a los hijos adoptivos vulneraba el artículo 14 del Convenio europeo de Derechos humanos, en relación con el artículo 8 del mismo convenio [...]». (29 septiembre 2006, LA LEY 110172/2006)

«La problemática jurídica se ha planteado siempre en relación con la interpretación de la palabra "grado" y la jurisprudencia ha entendido que dicho artículo admite llamamientos sucesivos a personas vivas y dos más a personas que no vivan al tiempo de abrirse la sucesión (STS 5 abril 1934). La importante sentencia de esta Sala de 23 junio 1940 interpretó el Art. 781 CC en los siguientes términos: "Que la tradición jurídica viene dando a la palabra 'grado' el sentido invariable de sustitución o llamamiento", como lo acredita en el Derecho romano, creador y definidor de las sustituciones, la 'Instituta' —proemio del Título decimoquinto del Libro segundo—, al decir que 'puede cualquiera establecer en su testamento muchos grados de herederos, como, por ejemplo, si aquél no fuese mi heredero, sea heredero éste, y puede el testador sustituir así sucesivamente en cuanto quisiere', no menos que el Digesto —proemio del primer fragmento del Título sexto, Libro 28—, donde se lee: "los herederos se dicen instituidos o sustituidos, instituidos en el primer grado, sustituidos en el segundo o en el tercero"; y como lo demuestra también, en el Derecho propiamente nacional, la Ley primera, Título quinto de la Partida sexta, Libro 45 de las de Toro, y el artículo 29 del Proyecto de Código Civil de 1851, así como las disposiciones testamentarias en que se ordenaban sustituciones, principalmente en Cataluña, donde refiriéndose a la de los hijos entre sí, son frecuentes las expresiones "de grado en grado, por orden preferente de primogenitura y masculinidad"; sin que exista una sola disposición legal que revele el designio de rectificar este significado tradicional de "llamamiento", pues hasta los antecedentes relativos a la confección del Código vigente permiten asegurar que estuvo en el ánimo de sus autores reaccionar contra el entonces imperante criterio abolicionista de estas instituciones de tipo vincular, facultando para ordenar dos sustituciones sucesivas». (22 noviembre 2010, rec. 973/2007, LA LEY 204554/2010)

Fideicomiso de residuo:

«Si los demandados celebraron mediante escritura pública de compraventa una compraventa de las fincas que pertenecían a la heredera fiduciaria de residuo, la prueba de que pagaron el precio que aquélla decía en ella haber recibido con anterioridad estaba fácilmente en su poder, y no en el del actor la del hecho negativo de que no se pagó precio (SS 19 Dic. 1990 y 22 Abr. 1991)». (4 mayo 2000, LA LEY 7791/2000)

«Es sabido que la naturaleza del llamado fideicomiso de residuo —intercalado en el testamento de la fiduciante antes transcrito de 14 Nov. 1984—, supone un encargo hereditario efectuado por la testadora a quien, como, en el caso de autos, su esposo, nombra heredero universal de todos sus bienes con facultad expresa de libre disposición tanto por actos inter vivos como mortis causa, añadiéndose que, a la muerte de éste, los bienes de que éste no hubiera dispuesto recaerán en partes iguales en los cuatro hermanos de la testadora —los hoy demandantes y recurrentes—; en consecuencia, es claro que se está en presencia de la modalidad de residuo acorde con si aliquid supererit, esto es, con el efecto transmisivo de

si algo queda, en clara contraposición con la otra especie inserta en la fórmula, igualmente de residuo, de eo quod supererit o transmisión sucesiva a favor de los afines a su cualidad de fideicomisarios sobre aquello que debe quedar.» (6 febrero 2002, LA LEY 4869/2002)

«En forma alguna se prohíbe la disposición de bienes a título gratuito por parte del heredero fiduciario (como requiere la sentencia de esta Sala de 28 enero 2009) *y, por el contrario, el conjunto de las disposiciones y los propios términos en que se plasmaron las últimas voluntades del causante parecen reflejar una intención de conceder las más amplias facultades dispositivas "inter vivos" al heredero fiduciario. No se puede obviar que se trata de una disposición fideicomisaria doblemente condicionada, pues por un lado lo estaba al hecho de que quedaren bienes a la muerte del heredero fiduciario ("si aliquid supererit") y, por otro, a que este último —don Landelino— falleciera sin descendencia masculina ("si sine liberis decesserit"), por lo que el fideicomisario era titular de un derecho sujeto a esa doble condición. Además no se asignaron bienes concretos al fideicomiso, sino que el mismo se refería a aquellos que eligiera el heredero fiduciario para integrar su derecho hereditario, que había sido ampliado en un setenta por ciento del tercio de mejora, y tales bienes elegidos se adquirían en pleno y absoluto dominio, según el testador, lo que lleva a pensar que en la intención del testador —ley suprema en las disposiciones testamentarias— se comprendían las más amplias facultades de disposición "inter vivos"».* (22 junio 2010, rec. 1664/2006, LA LEY 114022/2010)

CONCORDANCIAS

Véanse arts. 640, 641, 743, 785.2 y 3 y 787 de este Código.

Artículo 782

Las sustituciones fideicomisarias nunca podrán gravar la legítima, salvo que graven la legítima estricta en beneficio de un hijo o descendiente judicialmente incapacitado en los términos establecidos en el artículo 808. Si recayeren sobre el tercio destinado a la mejora, sólo podrán hacerse en favor de los descendientes.

COMENTARIO

1.- El principio de intangibilidad de la legítima, que expresan los arts. 813 y 815, se refleja en este art. 782. La legítima debe ser percibida íntegra (cuantitativamente) e incólume (cualitativamente). En consecuencia, el legitimario debe recibir la legítima en la cuantía que le corresponde y sin cargas, condiciones o gravámenes: este artículo prohíbe que una sustitución fideicomisaria recaiga sobre la legítima.

2.- Hay una excepción: si se trata de legítima de los hijos, la sustitución fideicomisaria puede recaer sobre el tercio de mejora y establecerse a favor de ulteriores descendientes del fideicomitente. Lo que responde a la regla general de que pueden mejorarse los nietos viviendo los padres.

3.- La Ley 41/2003, de 18 noviembre, de protección patrimonial de las personas con discapacidad, ha añadido otra excepción que, a su vez, se recoge también en el art. 808, asimismo modificado. En protección del patrimonio del discapacitado, que este caso tan sólo puede serlo el que ha sido judicialmente incapacitado, el causante (padre o madre) le puede imponer una sustitución fideicomisaria a todo lo que herede del mismo, incluso en la parte de legítima estricta; en el sentido de que el incapacitado será fiduciario y los fideicomisarios serán los demás legitimarios, a los que el art. 808 llama "coherederos forzosos".

CONCORDANCIAS

Véanse arts. 777, 813 y 824 de este Código.
Texto vigente según Ley 41/2003, 18 noviembre (*«B.O.E.»*, 19 noviembre).

Artículo 783

Para que sean válidos los llamamientos a la sustitución fideicomisaria, deberán ser expresos.

El fiduciario estará obligado a entregar la herencia al fideicomisario, sin otras deducciones que las que correspondan por gastos legítimos, créditos y mejoras, salvo el caso en que el testador haya dispuesto otra cosa.

COMENTARIO

1.- La sustitución fideicomisaria ha de ser ordenada en el testamento en forma expresa. En efecto, el ambiente hostil a las vinculaciones que imperaba al redactarse el Código civil y el principio de la libertad del dominio según el que las limitaciones al mismo tiempo tienen el carácter excepcional y no se presumen, han motivado que el art. 783, primer párrafo, disponga que para que sean válidos los llamamientos a la sustitución fideicomisaria deberán ser expresos y, en consecuencia, no surtirán efecto las sustituciones fideicomisarias que no se hagan de una manera expresa, dice el núm. 1.º del art. 785.

2.- El fiduciario es heredero y titular de la herencia, pero cuando llegue el término o se cumpla la condición, el heredero y titular será el fideicomisario a quien le deberá entregar la herencia fideicomitida. A esta obligación de entrega se refiere el párrafo segundo del art. 783: el fiduciario estará obligado a entregar la herencia la fideicomisario: si ha hecho pagos (como de deudas y cargas hereditarias mencionadas) o gastos extraordinarios (pues los ordinarios eran inherentes a su condición de propietario) o mejoras (se le debe considerar respecto a las mismas y a los frutos pendientes como un poseedor de buena fe), añade que la entrega se hará sin otras deducciones que las que correspondan por gastos legítimos, créditos y mejoras, salvo el caso en que el testador haya dispuesto otra cosa; este último inciso se refiere a particulares disposiciones del testador en estos puntos o al caso general de que haya ordenado un fideicomiso de residuo, en que la obligación de entrega de la herencia tiene otro sentido.

JURISPRUDENCIA

«El fideicomiso de residuo aparece contemplado por el legislador dentro de las sustituciones fideicomisarias —aunque se aprecie cierta resistencia a encuadrarlo en ellas en cuanto falte la obligación de conservar bienes por parte del heredero fiduciario— al permitir el artículo 783 del Código Civil que el testador autorice al fiduciario a no devolver al fideicomisario el todo de la herencia, en cuanto dispone, en su segundo párrafo, que "el fiduciario estará obligado a entregar la herencia al fideicomisario, sin otras deducciones que las que correspondan por gastos legítimos, créditos y mejoras, salvo el caso en que el testador haya dispuesto otra cosa". Así, en el fideicomiso de residuo el testador autoriza al instituido en primer lugar para que disponga de los bienes de la herencia, con las limitaciones y para los supuestos que eventualmente pueda haber determinado, y ordena que el resto que quedare en el momento de la restitución —generalmente a la muerte del fiduciario— pase a otras personas a las que llama sucesivamente a la herencia. La condicionalidad de los llamamientos aparece clara en los supuestos, como el ahora contemplado, de fideicomiso si aliquid supererit, pues en tales casos los amplios poderes de disposición conferidos al fiduciario

determinan que en el momento en que haya de materializarse la transmisión al heredero fideicomisario pueda o no quedar algo de la herencia del fideicomitente. Lógicamente es el testador el que determina cuáles son las facultades de disposición del fiduciario (primer heredero), entendiéndose que únicamente ha de ser expresa la facultad de disposición "mortis causa" (sentencias de 13 noviembre 1948, 21 noviembre 1956 y 2 diciembre 1966, entre otras) y contemplada con recelo la facultad de disponer "inter vivos" de forma gratuita (sentencia de 22 julio 1994), que impone una interpretación contraria a ella en caso de duda. También ha de entenderse que la contraprestación adquirida por el fiduciario al enajenar no se entiende que subroga al bien salido del patrimonio, sujeta por tanto a restitución, salvo voluntad contraria del testador (sentencia de 10 julio 1954) pues en caso contrario se trataría en realidad de una sustitución íntegra en cuanto a su valor económico y no "de residuo"». (7 noviembre 2008, rec. 976/2003, LA LEY 169509/2008)

«los fideicomisarios son sucesores de la causante/fideicomitente (por ejemplo, STS de 14 marzo 2003), y ello trae como consecuencia que no se produzca ningún enriquecimiento por su parte al adquirir los bienes sujetos a fideicomiso con el valor que tienen en el momento de la delación a su favor, porque adquieren los bienes de la causante tal como se encontraban en aquel momento y los aumentos y disminuciones de su valor acrecen al propietario. Es cierto que en el caso de que dichos aumentos sean debidos a mejoras efectuadas por el fiduciario, el Art. 783 CC establece que deben deducirse, pero para que esto pueda ocurrir se requiere: a) que dichas mejoras hayan sido debidas a la actividad del propio fiduciario, excluyéndose los aumentos debidos a circunstancias externas (p.e. el aumento de valor debido a las oscilaciones del valor monetario); b) que subsistan en el momento de la delación del fideicomiso a los fideicomisarios, y c) se hayan efectuado por el fiduciario a su cargo». (30 junio 2009, rec. 2196/2003, LA LEY 112711/2009)

CONCORDANCIAS

Véanse arts. 785, 805, 978, 987, 1.021, 1.022 y 1.632 de este Código.

Artículo 784

El fideicomisario adquirirá derecho a la sucesión desde la muerte del testador, aunque muera antes que el fiduciario. El derecho de aquél pasará a sus herederos.

COMENTARIO

Se refiere este artículo a la sustitución fideicomisaria más frecuente, que es aquella en la que se prevé el tránsito de la herencia de fiduciario a fideicomisario cuando venza un término y este término es la muerte del fiduciario (nombro fiduciario a mi hijo y, a su muerte —que es el término incierto— a su respectivo hijo, es el ejemplo clásico).

Si el fideicomisario, en tal caso, muere antes que el fiduciario, se aplica la norma general del art. 799 (que emplea equivocadamente la palabra «condición», pero se trata verdaderamente de término), que recoge este art. 784. El fideicomisario adquirió derecho al fideicomiso en el momento de la apertura de la sucesión del fideicomitente, aunque pendiente de la llegada del término. Si muere, transmite su derecho a sus propios herederos (derecho al fideicomiso; derecho a adquirir la herencia fideicomitida cuando muera el fiduciario). Y no importa, claro está, que muera antes que el fiduciario. Esto es lo que dispone este artículo.

JURISPRUDENCIA

«en el caso presente tal intención de la testadora doña A. era, sin duda, favorable al mantenimiento del fideicomiso en la parte que expresamente atribuyó al sobrino don F., que le premurió, por lo cual los hoy demandantes —herederos de don Fructuoso— ostentan el derecho que al mismo asistía sobre el objeto del fideicomiso, de conformidad con lo dispuesto por el segundo de los artículos que se consideran infringidos —el artículo 784 del Código Civil— en cuanto dispone que "el fideicomisario adquirirá derecho a la sucesión desde la muerte del testador, aunque muera antes que el fiduciario. El derecho de aquél pasará a sus herederos"». (2 noviembre 2010, rec. 720/2007, LA LEY 204547/2010)

CONCORDANCIAS

Véase arts. 657, 661, 759 y 799 de este Código.

Artículo 785

No surtirán efecto:

1.º Las sustituciones fideicomisarias que no se hagan de una manera expresa, ya dándoles este nombre, ya imponiendo al sustituido la obligación terminante de entregar los bienes a un segundo heredero.

2.º Las disposiciones que contengan prohibición perpetua de enajenar, y aun la temporal, fuera del límite señalado en el artículo 781.

3.º Las que impongan al heredero el encargo de pagar a varias personas sucesivamente, más allá del segundo grado, cierta renta o pensión.

4.º Las que tengan por objeto dejar a una persona el todo o parte de los bienes hereditarios para que los aplique o invierta según instrucciones reservadas que le hubiese comunicado el testador.

COMENTARIO

1.- Se establece en este artículo la nulidad parcial de unas disposiciones fideicomisarias, de las que el texto legal dice que «no surtirán efecto». Se trata de prohibición, nulidad ipso iure (art. 6.3) sin que alcance a nulidad de todo el testamento, ni tampoco a veces, de la propia cláusula, sino estrictamente de la disposición a que se refieren los números siguientes.

2.- Los números 1.º y 4.º se refieren a la forma. Reiterando lo dispuesto en el art. 783, se declara nula la sustitución fideicomisaria que no se haga en forma expresa; a continuación, aclara este punto: la sustitución fideicomisaria se puede establecer dándole este nombre (es decir, clarísima forma expresa) o bien imponiendo al heredero (fiduciario) la obligación (aunque, ciertamente, no es tal) terminante de entregar los bienes (la herencia fideicomitida) a un segundo heredero, que es el fideicomisario.

Pero no sólo se exige la forma expresa, sino que también rechaza la forma que no esté expresamente consignada en el testamento, o, en otras palabras, la sustitución fideicomisaria reservada, confidencial o conjetural (con abundantes precedente históricos), y así, el número 4.º del art. 785 proclama la ineficacia de las que tengan por objeto dejar a una persona el todo o parte de los bienes hereditarios para que los aplique o invierta según instrucciones reservadas que le hubiese comunicado el testador.

3.- Los números 2.º y 3.º insisten en el límite temporal de la sustitución fideicomisaria. El número 2.º declara la nulidad de la prohibición perpetua de enajenar y de la temporal más allá del límite señalado en el art. 781 (segundo llamamiento): no es lo mismo prohibición de disponer que sustitución fideicomisaria, pero el resultado viene a ser el mismo, ya que si el heredero y los sucesivos herederos no pueden disponer, los bienes quedan vinculados a los herederos *ab intestato*.

El número 3.º tampoco es una sustitución fideicomisaria, pero sí una vinculación al pago de una renta o pensión. Se declara nula la disposición testamentaria que imponga tal pago a los sucesivos herederos, más allá del límite temporal del art. 781 (segundo llamamiento).

JURISPRUDENCIA

«el testamento ológrafo, de fecha 15 de julio de 1990 otorgado por María Cristina, está incurso en el apartado 4 del artículo 785 del Código Civil, ya que contiene instrucciones reservadas comunicadas por la testadora, lo que tiene que llevar a la ineficacia —no surtir efectos— de dicho instrumento testamentario. Todo ello, además, queda corroborado con las frases obrantes en el testamento, que literalmente rezan de la siguiente manera: "que le sea todo entregado a D. José Carlos. Espero que sea todo entregado, bajo conciencia y se cumpla mi deseo a las 48 horas de mi fallecimiento. Repito a D. José Carlos que es el que sabe lo que tiene que hacer"». (19 mayo 2004, rec. 1931/1998)

CONCORDANCIAS

Véase:
— arts. 671, 749 y 783 de este Código.
— Ley Hipotecaria, de 8 febrero 1946 («*B.O.E.*», 29 mayo): arts. 26 y 45.1.
— Reglamento Hipotecario, de 14 febrero 1947 («*B.O.E.*», 16 abril): art. 172.1.

Artículo 786

La nulidad de la sustitución fideicomisaria no perjudicará a la validez de la institución ni a los herederos del primer llamamiento; sólo se tendrá por no escrita la cláusula fideicomisaria.

COMENTARIO

En todo caso de nulidad de la sustitución fideicomisaria o de falta de eficacia de la misma, por repudiación del fiduciario o del fideicomisario, sólo queda sin efecto la misma, sin alterarse la institución de heredero.

Por tanto, si toda la sustitución fuera nula, valdría la institución de heredero, sin más. Si lo fuera o repudiara el fiduciario, valdría como institución la del fideicomisario. Si fuera éste el que repudiara, el fiduciario quedaría como único heredero. Si fuera nula una sustitución a favor de un fideicomisario sucesivo, por traspasar los límites legales o porque repudiara, valdrían las restantes.

Artículo 787

La disposición en que el testador deje a una persona el todo o parte de la herencia, y a otra el usufructo, será válida. Si llamare al usufructo a varias personas, no simultánea, sino sucesivamente, se estará a lo dispuesto en el artículo 781.

COMENTARIO

1.- La primera parte de este artículo proclama la validez de la disposición testamentaria en que se nombra a una persona, heredero y se lega a otra el usufructo, en todo o parte de la herencia. Lo cual es obvio, y ya venía reconocido por el art. 510 que contempla el usufructo de herencia e incluso por el art. 468 que prevé su constitución por «voluntad de los particulares» de la que es indudable expresión el testamento.

2.- La segunda parte desarrolla el legado de usufructo y contempla el sucesivo, es decir, nombramiento de varios usufructuarios sucesivos, cada uno tras la muerte del anterior. Son válidos los que se hallan dentro del límite del art. 781 (dos llamamientos).

JURISPRUDENCIA

«disposición efectuada en forma de usufructos sucesivos, sin atribuir la nuda propiedad a nadie hasta el momento de la consolidación en cabeza de los nietos de D. Luis María. La institución de usufructos sucesivos aparece expresamente admitida en el Art. 787 CC, que se remite a lo dispuesto en el Art. 781 CC y que se asemeja a las históricas instituciones en usufructo, que han dado lugar desde antiguo a distintas interpretaciones, para evitar que no existiera un heredero en la sucesión y hubiera que abrir la sucesión intestada, en aquellos sistemas en los que rige el principio de la incompatibilidad entre sucesión testada e intestada». (22 noviembre 2010, rec. 973/2007, LA LEY 204554/2010)

«1.º Aunque la hija D.ª Noelia fue llamada en usufructo, la falta de nudos propietarios en la institución hace que deba aplicarse la regla del art. 787 CC, que equipara estas instituciones a las sustituciones fideicomisarias. (Ver STS de 22 noviembre 2010). 2.º El llamamiento se limita a los nietos del testador, porque de esta forma se cumple con la restricción establecida en el art. 781 CC». (18 marzo 2011, rec. 734/2007, LA LEY 5499/2011)

CONCORDANCIAS

Véase art. 640 de este Código.

Artículo 788

Será válida la disposición que imponga al heredero la obligación de invertir ciertas cantidades periódicamente en obras benéficas, como dotes para doncellas pobres, pensiones para estudiantes o en favor de los pobres o de cualquiera establecimiento de beneficencia o de instrucción pública, bajo las condiciones siguientes:

Si la carga se impusiere sobre bienes inmuebles y fuere temporal, el heredero o herederos podrán disponer de la finca gravada, sin que cese el gravamen mientras que su inscripción no se cancele.

Si la carga fuere perpetua, el heredero podrá capitalizarla e imponer el capital a interés con primera y suficiente hipoteca.

La capitalización e imposición del capital se hará interviniendo el Gobernador civil de la provincia y con audiencia del Ministerio público.

En todo caso, cuando el testador no hubiere establecido un orden para la administración y aplicación de la manda benéfica, lo hará la Autoridad administrativa a quien corresponda con arreglo a las leyes.

COMENTARIO

1.- Este artículo, de rarísima aplicación, no se refiere a sustitución alguna, sino a la imposición de una determinada carga al heredero. Esta carga puede ser impuesta como obligación personal o como carga real sobre cosa mueble: ambas no son contempladas en este artículo; la que prevé es carga real sobre bien inmueble, imponiendo al heredero la obligación de destinar («invertir» dice el texto legal) periódicamente una cantidad de dinero en obras benéficas. Enumera, a título de ejemplo, unas cuantas, por demás pintorescas: «... como dotes (el Código eliminó la dote en 1981) para doncellas pobres, pensiones para estudiantes o en favor de los pobres o de cualquier establecimiento de beneficencia o de instrucción pública».

2.- Esta carga real sobre inmueble puede ser temporal o perpetua. Si es temporal, el heredero puede disponer del inmueble sobre el que pesa la carga, subsistiendo ésta; el adquirente adquirirá el inmueble con la carga sobre él; hasta que termine el tiempo por el que se impuso. Si es perpetua, aunque el Código no lo prevé igualmente podrá disponer del inmueble, subsistiendo la carga.

Si la carga es perpetua, se prevé que el heredero puede capitalizarla y con el interés del capital cumplir aquella obligación, garantizada con hipoteca. Esto lo hará con intervención del Subdelegado del Gobierno y audiencia del Ministerio Fiscal: se supone (no lo dice el Código) que en trámite de jurisdicción voluntaria ante el Juez de 1.ª Instancia, que recabará la intervención del primero y la audiencia del segundo y aprobará la capitalización.

3.- En todo caso, si el testador no ha previsto la administración y aplicación de esta «manda benéfica» (según expresión del artículo; es decir, de la obligación con carga real), «lo hará la Autoridad administrativa a quien corresponda con arreglo a las leyes» (termina el artículo), leyes administrativas, se entiende.

CONCORDANCIAS

Véanse arts. 671 y 747 de este Código.

Artículo 789

Todo lo dispuesto en este capítulo respecto a los herederos se entenderá también aplicable a los legatarios.

COMENTARIO

1.- Es muy frecuente que el Código se refiera al heredero y deba entenderse que comprende también al legatario. En el presente artículo, se dispone expresamente que la normativa de las sustituciones hereditarias que se refiere siempre al heredero, se aplica también al legatario.

2.- Este artículo cuando dispone la aplicación a los legatarios de la normativa de la sustitución, dice: «lo dispuesto en este capítulo»; es un simple error y debe entenderse que es lo dispuesto en esa sección tercera, titulada «de la sustitución».

SECCIÓN CUARTA

De la institución de heredero y del legado condicional o a término

Artículo 790

Las disposiciones testamentarias, tanto a título universal como particular, podrán hacerse bajo condición.

COMENTARIO

1.- El negocio jurídico puede ser puro, o bien sometido a condición o pendiente de término. Lo mismo, como lógica consecuencia, ocurre en el testamento, negocio jurídico mortis causa: al instituir el heredero o nombrar legatario, lo que puede hacer bajo condición o pendiente de término.

Este artículo se refiere sólo a la condición; la imposición de término la prevé el art. 805.

2.- La condición es el acontecimiento futuro y objetivamente incierto del que depende la eficacia de la institución de heredero; suspensiva, que si se cumple despliega su eficacia: resolutoria, que si se cumple se resuelve, deviene ineficaz. El Código civil establece unas normas propias de la institución de heredero (aplicables, como se ha dicho, al legado) y, como supletorias, se aplican las normas establecidas para las obligaciones condicionales, como dispone el art. 791.

JURISPRUDENCIA

«La subordinación de una institución testamentaria a condición es admitida por el art. 790 CC y el contenido del testamento, por tanto, puede depender de un suceso futuro o incierto o de un suceso pasado que los interesados ignorasen». (9 mayo 1990, LA LEY 1715-JF/0000)

Artículo 791

Las condiciones impuestas a los herederos y legatarios, en lo que no esté prevenido en esta sección, se regirán por las reglas establecidas para las obligaciones condicionales.

COMENTARIO

La normativa general del negocio jurídico condicional es aplicable tanto al inter vivos como al mortis causa. En el Código, se halla al tratar de las obligaciones inter vivos a partir del art. 1114; y en los negocios mortis causa se establecen unas escasas y muy específicas reglas para este tipo de negocios, partiendo de que las normas generales se han dictado para los inter vivos.

Así, en el presente artículo se establece la aplicación de la normativa de las obligaciones condicionales, en defecto de específica que se contiene en los artículos siguientes.

JURISPRUDENCIA

«puesto que el art. 790 del CC permite condicionar la disposición testamentaria y que su art. 791 lleva, en tal supuesto, al régimen de los contratos para lo no previsto en la Sección de la que el precepto forma parte, se ha venido estableciendo que los efectos de la condición resolutoria cumplida se retrotraen al momento del fallecimiento del testador cuando se trata de transmisión por causa de muerte —sentencia de 8 Jul. 1924— como resultado propio de la mecánica de la condición de esta clase.» (23 febrero 2002, LA LEY 6187/2002)

CONCORDANCIAS

Véase arts. 1.113 a 1.123 de este Código.

Artículo 792

Las condiciones imposibles y las contrarias a las leyes o a las buenas costumbres se tendrán por no puestas y en nada perjudicarán al heredero o legatario, aun cuando el testador disponga otra cosa.

COMENTARIO

1.- En el negocio jurídico *inter vivos*, el establecimiento de una condición imposible, contraria a la ley o las buenas costumbres, producen la nulidad de aquél (art. 1116). Por el contrario, en el mortis causa, este tipo de condición provoca la nulidad parcial, es decir, la de la propia condición, sin arrastrar la nulidad del testamento, ni la de la cláusula o disposición a la que se había añadido aquella condición.

Este artículo establece la nulidad parcial, diciendo que tales condiciones «se tendrán por no puestas y en nada perjudicarán al heredero o legatario».

2.- Esta nulidad parcial se produce, añade este artículo en su último inciso, «aun cuando el testador disponga otra cosa», lo que significa que se trata de una norma imperativa o de derecho cogente, fuera de la autonomía de la voluntad del testador, por lo que éste no puede evitar la nulidad parcial que aquí se establece, ni imponer la nulidad total del testamento o de la disposición, ni establecer efectos distintos.

Artículo 793

La condición absoluta de no contraer primero o ulterior matrimonio se tendrá por no puesta, a menos que lo haya sido al viudo o viuda por su difunto consorte o por los ascendientes o descendientes de éste.

Podrá, sin embargo, legarse a cualquiera el usufructo, uso o habitación, o una pensión o prestación personal, por el tiempo que permanezca soltero o viudo.

COMENTARIO

1.- Desarrollando la norma del artículo anterior, éste declara prohibida y, por tanto, nula, «se tendrá por no puesta», la condición absoluta de no contraer primero o ulterior matrimonio.

Se trata de condición «absoluta» de no contraer matrimonio; sí caben condiciones relativas al mismo caso y se ha admitido la validez por doctrina y jurisprudencia, de condiciones de no contraer matrimonio con determinada persona, o de contraerlo con tal persona, o de no contraer matrimonio durante cierto tiempo, o de no contraerlo hasta cierto momento, o de no contraerlo con ciertas circunstancias o con cierto tipo de personas.

La condición se refiere a primero o ulterior matrimonio. Se plantea la duda de si comprende la relación extramatrimonial. Una sentencia, de 11 junio 1961, lo asimiló en un caso concreto. Pero debe tenerse en cuenta que las normas restrictivas de Derecho no pueden ser objeto de interpretación extensiva no de analogía, en aras del principio de seguridad jurídica; por ello no debería asimilarse la situación de matrimonio a la relación extramatrimonial.

2.- Como excepción a la prohibición anterior, se admite la validez de la condición de no contraer ulterior matrimonio impuesta a un viudo o viuda, por su difunto consorte o por los ascendientes o descendientes de éste. Se trata de una condición resolutoria positiva: este viudo o viuda adquirirán la herencia y si contraen el ulterior matrimonio (hecho positivo) se resolverá su adquisición (condición resolutoria).

3.- Asimismo, se admite la validez de la condición impuesta al legatario de no contraer matrimonio. El legado ha de ser de usufructo, uso o habitación, o de pensión o prestación personal. La condición, dice el texto legal; «por el tiempo que permanezca soltero o viudo», que significa condición resolutoria positiva: si contrae tal matrimonio se cumple la condición y se resuelve la adquisición del legado.

Artículo 794

Será nula la disposición hecha bajo condición de que el heredero o legatario haga en su testamento alguna disposición en favor del testador o de otra persona.

COMENTARIO

1.- Se refiere este artículo a la llamada condición captatoria: se instituye heredero o legatario con la condición de que éste haga en su testamento alguna disposición en favor del testador o de otra persona. Atenta a la libertad de disponer mortis causa de este heredero o legatario, por lo que se prohíbe expresamente.

2.- La especialidad radica en el efecto de esta prohibición. No sólo se anula tal condición captatoria (que sería la nulidad parcial propia del negocio jurídico *mortis causa*, que prevé el art. 792) sino la nulidad total de la disposición testamentaria (sin llegar tampoco a la nulidad de todo el testamento, que puede contener otras muchas disposiciones).

Artículo 795

La condición puramente potestativa impuesta al heredero o legatario ha de ser cumplida por éstos, una vez enterados de ella, después de la muerte del testador.

Exceptúase el caso en que la condición, ya cumplida, no pueda reiterarse.

COMENTARIO

1.- La condición potestativa es la que depende de la voluntad del sujeto afectado por la misma. Se emplea la expresión «puramente potestativa» para designar el simple acto de voluntad; pero no tiene sentido, especialmente en un testamento, pensar que la condición sea la sola voluntad; además, este propio artículo habla de un cumplimiento que indica una conducta (dependiente de la voluntad del heredero o legatario).

2.- Tal condición potestativa se concreta, aunque no lo diga el Código, pero se deduce claramente en la suspensiva. Una vez muerto el testador y conocida la condición por el heredero o legatario, deberá cumplirla, para que despliegue su eficacia la designación de heredero o legatario.

3.- Puede darse el caso de que el heredero o legatario antes de morir el testador y antes de conocer la condición, realizara la conducta que constituía la condición. Una vez muerto el testador, deberá volver a realizar aquella conducta; a no ser que ésta no pueda reiterarse: en tal caso, se entiende cumplida la condición (y verdaderamente está cumplida, aunque antes).

CONCORDANCIAS

Véanse arts. 798 y 800 de este Código.

Artículo 796

Cuando la condición fuere casual o mixta, bastará que se realice o cumpla en cualquier tiempo, vivo o muerto el testador, si éste no hubiese dispuesto otra cosa.

Si hubiese existido o se hubiese cumplido al hacerse el testamento, y el testador lo ignoraba, se tendrá por cumplida.

Si lo sabía, sólo se tendrá por cumplida cuando fuere de tal naturaleza que no pueda ya existir o cumplirse de nuevo.

COMENTARIO

1.- La condición casual depende de hechos ajenos a la conducta del heredero o legatario; la condición mixta se refiere a hechos en parte voluntarios y en parte extraños a su voluntad. Este artículo los equipara en cuanto al momento de su cumplimiento y se refiere, como en el anterior, a las condiciones suspensivas.

2.- Se deben cumplir en cualquier momento, vivo o muerto el testador, si éste no ha dispuesto otra cosa. Pero se matiza en relación al momento en que éste hizo testamento: si ya se había cumplido y el testador lo ignoraba, se tiene por cumplida, si el testador, al hacer testamento, sabía que ya se había cumplido (caso un tanto extraño) se tiene por cumplida, si no se puede cumplir de nuevo y si se puede cumplir otra vez, tendrá que hacerse.

Artículo 797

La expresión del objeto de la institución o legado, o la aplicación que haya de darse a lo dejado por el testador, o la carga que el mismo impusiere, no se entenderán como condición, a no parecer que ésta era su voluntad.

Lo dejado de esta manera puede pedirse desde luego, y es transmisible a los herederos que afiancen el cumplimiento de lo mandado por el testador, y la devolución de lo percibido con sus frutos e intereses, si faltaren a esta obligación.

COMENTARIO

1.- En este artículo y en el siguiente se regula el modo testamentario: carga u obligación accesoria que se impone al heredero o legatario por el testador. Lo expresa en forma muy amplia e imprecisa, en su primer párrafo, pero el sentido jurídico es de modo.

Debe distinguirse claramente el modo de la condición; en la institución con modo —a diferencia de la condicional— el instituido heredero adquiere la herencia, aunque con el deber de cumplir la carga o modo: éste obliga, pero no condiciona ni aplaza la institución; es una cuestión de interpretación del testamento, pero si hay duda sobre si la carga se impuso como condición o como modo, la soluciona el último inciso del primer párrafo del art. 797: «... no se entenderán como condición, a no parecer que ésta era su voluntad».

2.- El modo no suspende la adquisición de la herencia, pero obliga a su cumplimiento, al heredero o legatario. El beneficiario del modo, o el albacea si lo hay, o las personas con interés legítimo, pueden, si no se cumple, reclamar extra o judicialmente su cumplimiento, según dice el primer inciso del segundo párrafo. Poniendo en relación este primer inciso con el segundo, podrán también, en caso de incumplimiento, pedir la resolución de la institución de heredero o del nombramiento de legatario. Y, como garantía de su cumplimiento, podrán exigir al heredero o legatario *sub modo* que presten fianza, cuando adquieran la herencia o el legado.

3.- Si el heredero o legatario *sub modo* muere antes de cumplirlo, transmite a su propio heredero tal carga o modo, que deberá prestar fianza de que lo cumplirá.

JURISPRUDENCIA

«el art. 797 CC es inequívoco al disponer que la expresión del objeto de la institución o legado, o la aplicación que haya de darse a lo dejado por el testador, o la carga que el mismo impusiere, no se entenderán como condición, a no parecer que ésta era su voluntad, de suerte que cualquier duda al respecto debe resolverse legalmente en contra y no a favor de la condición, como por demás tiene declarado esta Sala en sus SS 18 Dic. 1965, 17 May. 1971 y 28 May. 1994» (21 enero 2003, LA LEY 884/2003)

«no es difícil caracterizar a la figura como una institución modal, que puede incardinarse en el art. 797 del Cód. civ., como institución modal de los herederos. Todo lo que no sea una acción para exigir a los mismos el cumplimiento del modo testamentario está fuera del ámbito de actuación de los albaceas, y desde luego, lo está una acción dirigida a la nulidad de la partición por error en el inventario, en el cual no se computaron las donaciones, hechas por el causante en vida a sus hijos». (5 diciembre 2008, rec. 2267/2002, LA LEY 189374/2008)

«transmisión mortis causa —que es el presente— en el cual había de regir estrictamente lo pactado por las partes, que se limitaron a establecer una obligación de transmisión forzosa por parte del causahabiente mediante venta que habría de efectuar a los beneficiarios, por el precio que se fijara convencionalmente o mediante arbitraje, en el cual no se establecía obligación alguna de consignar cantidad para el ejercicio de tal derecho potestativo por parte de los beneficiarios, que simplemente habían de manifestar su intención de adquirir, integrando así una figura similar a la del derecho de opción y a la institución modal a

que se refiere el artículo 797 del Código Civil». (25 junio 2010, rec. 2009/2006, LA LEY 104013/2010)

Artículo 798

Cuando, sin culpa o hecho propio del heredero o legatario, no pueda tener efecto la institución o el legado de que trata el artículo precedente en los mismos términos que haya ordenado el testador, deberá cumplirse en otros, los más análogos y conformes a su voluntad.

Cuando el interesado en que se cumpla o no, impidiere su cumplimiento sin culpa o hecho propio del heredero o legatario, se considerará cumplida la condición.

COMENTARIO

1.- El artículo anterior regula el modo testamentario y, especialmente, el cumplimiento efectivo del mismo. En su comentario, se ha hecho mención de su incumplimiento. En este artículo se contempla el cumplimiento análogo y el cumplimiento ficticio.

2.- El *cumplimiento análogo* se produce cuando no puede hacerse el efectivo sin culpa del heredero o legatario *sub modo*. El primer párrafo de este artículo contempla el caso de que no puede realizar el cumplimiento efectivo del modo «sin culpa o hecho propio» y dispone que «deberá cumplirse en otros, los más análogos y conformes a su voluntad».

3.- El *cumplimiento ficticio* del modo lo prevé el segundo párrafo, cuando impide su cumplimiento aquel a quien le interesa o aquel a quien no le interesa, en cuyo caso, dispone, «se considerará cumplida la condición», emplea la palabra «condición» para querer decir *modo*, pese a que el artículo anterior se cuidaba de distinguir modo y condición, conceptos distintos.

JURISPRUDENCIA

«Lo que sucede, empero, es que siendo claro, conforme al art. 798 CC, que el modo no afecta a la institución (TS SS 18 Dic. 1965, 17 May. 1971 y 9 May. 1990), pues lo dejado de tal manera «puede pedirse desde luego», la jurisprudencia de esta Sala muestra una gran flexibilidad a la hora de apreciar su cumplimiento, y también el de la condición suspensiva, atendiendo a las posibilidades del instituido (TS SS 9 Feb. 1948 y 18 Dic. 1965), al mantenimiento de la institución por la testadora sin revocar el testamento por otro posterior (TS S 9 May. 1990) o conjuntamente a las posibilidades del instituido y a la ausencia de petición o requerimiento alguno de cumplimiento (TS S 10 May. 1991). En consecuencia, como quiera que en el caso examinado la marcha del hoy recurrente a Cataluña se debió a razones de trabajo, éste se preocupó de sus padres directamente mientras residía en el mismo pueblo durante sus vacaciones e indirectamente a través de la persona que con ellos vivía, la testadora no manifestó indicio alguno de revocar la mejora y el legado durante años pese a la segunda marcha del hoy recurrente de la casa familiar; tampoco tras la muerte de la testadora le requirió su padre viudo para que retornara al pueblo a vivir con él pese a sobrevivir a aquélla durante casi diecisiete años y, en fin, los hermanos del recurrente ni le requirieron tampoco para que regresara a vivir con su padre ni instaron la resolución de la mejora y el legado por incumplimiento del modo mientras su padre vivió sino que, por el contrario, esperaron a que éste muriera para, sólo entonces, pedir la «ineficacia» de aquellas disposiciones por incumplimiento de la obligación impuesta al demandado; debe concluirse que se dio el cumplimiento alternativo del modo en los términos más análogos y conformes a la voluntad de la testadora, como prevé el citado art. 798 y atinadamente entendió la juzgadora del primer grado.» (21 enero 2003, LA LEY 884/2003)

«debe considerarse correcta la conclusión a que llega la sentencia recurrida, porque de la prueba practicada se deduce que: a) los sobrinos se mostraron dispuestos a acoger a la tía D.ª M., y b) que quien impidió esta solución fue la propia demandante, ya que al haber ingresado a su hermana en una residencia para su mejor cuidado, hizo que se cumpliese el supuesto de exclusión contenido en el último párrafo de la cláusula testamentaria de D.ª M., ya que la condición devino de cumplimiento imposible (art. 798.2 CC)». (18 julio 2011, rec. 1269/2008, LA LEY 111578/2011)

CONCORDANCIAS

Véanse arts. 1.119 y 1.121 de este Código.

Artículo 799

La condición suspensiva no impide al heredero o legatario adquirir sus respectivos derechos y transmitirlos a sus herederos, aun antes de que se verifique su cumplimiento.

COMENTARIO

1.- Hay que remitirse al art. 759 y a su comentario. Este art. 799, a simple vista, parece contradictorio con el art. 759. Pero se resuelve admitiendo —como hacen doctrina y jurisprudencia— que hay un error de expresión en el art. 799 y donde dice «la condición suspensiva...» debe decir: término inicial.

Así el art. 759 se refiere al heredero o legatario condicional que si muere antes de que la condición se cumpla nada transmite a sus propios herederos, porque nada llegó a adquirir. Sin embargo, según el art. 799, que se refiere al término inicial, si el heredero muere antes del mismo, ya ha adquirido el derecho a la herencia o el legado mismo y lo transmite a sus propios herederos.

2.- El término inicial de la institución de heredero o nombramiento de legado no altera las fases de adquisición de la herencia o el legado. Desde la muerte del causante (apertura de la sucesión), y pese al término son ciertos los derechos; se produce la vocación y delación y (el heredero) la aceptación y se producirá la adquisición de la herencia o el legado cuando llegue al término.

Si antes de este momento, muere el heredero: si no ha aceptado la herencia, transmitirá a su propio heredero el *ius delationis*, posibilidad de aceptar o repudiar (art. 1006) y si la ha aceptado, la propia herencia. En uno y otro caso, este heredero del heredero no adquirirá la herencia hasta la llegada del término.

Si antes de aquel momento (llegada del término), muere el legatario, transmite a su propio heredero el derecho al legado (para cuya adquisición no precisa aceptación) que adquirirá cuando llegue el término.

JURISPRUDENCIA

«no obstante emplear el término "condición", se refiere, como ha entendido la doctrina y la jurisprudencia, no a la verdadera condición sino al término "incertus quando".» (3 noviembre 1989, LA LEY 2133/1991)

Vid. jurisprudencia del art. 759.

CONCORDANCIAS

Véanse arts. 759, 766, 805, 1.121 y 1.122 de este Código.

Artículo 800

Si la condición potestativa impuesta al heredero o legatario fuere negativa, o de no hacer o no dar, cumplirán con afianzar que no harán o no darán lo que fue prohibido por el testador, y que, en caso de contravención, devolverán lo percibido, con sus frutos e intereses.

COMENTARIO

1.- El testador puede imponer al heredero o legatario una condición suspensiva potestativa, hecho futuro e incierto que depende de la voluntad del mismo, positiva o negativa. Si es positiva, se aplican las normas generales (art. 791) pero si es negativa, habría que esperar a la muerte del propio heredero para poder saber si no ha hecho nunca aquello que constituye la condición potestativa negativa. Y no puede pensarse que el testador le nombró heredero o legatario para que no pudiese adquirir la herencia o el legado hasta el momento de su propia muerte. De aquí que ya en el Derecho romano se dio la solución mediante la cautio muciana.

2.- El art. 800 recoge esta institución romana. Establece que, en el caso expuesto, el heredero podrá aceptar y adquirir la herencia y el legatario recibir el legado («cumplirán» dice el texto legal, expresión clara gramaticalmente e imprecisa jurídicamente) prestando fianza, es decir, cualquier tipo de garantía personal o real, que asegure que no harán aquello que, de hacerlo, restituirán los bienes de la herencia o el legado, con sus frutos e intereses.

En caso de no prestar tal fianza, los bienes de la herencia se pondrán en administración, tal como dispone el segundo párrafo del artículo siguiente.

CONCORDANCIAS

Véanse arts. 795, 797 y 801 de este Código.

Artículo 801

Si el heredero fuere instituido bajo condición suspensiva, se pondrán los bienes de la herencia en administración hasta que la condición se realice o haya certeza de que no podrá cumplirse.

Lo mismo se hará cuando el heredero o legatario no preste la fianza en el caso del artículo anterior.

COMENTARIO

1.- Si el heredero o legatario bajo condición potestativa negativa no presta la fianza (cautio muciana) que prevé el artículo anterior, se pondrán los bienes de la herencia o legado en administración, que regulan los artículos siguientes, tal como dispone el segundo párrafo de este art. 801.

2.- Si el heredero o legatario (aunque este último es silenciado en el primer párrafo de este art. 801) ha sido instituido bajo condición suspensiva, mientras ésta no se cumple, no puede adquirir la herencia o el legado. En este tiempo, hasta que la condición se cumpla o haya certeza de que no podrá cumplirse, los bienes de una o de otro se pondrán *en administración*, que regulan los artículos siguientes.

CONCORDANCIAS

Véanse arts. 1.054 y 1.120 a 1.122 de este Código.

Artículo 802

La administración de que habla el artículo precedente se confiará al heredero o herederos instituidos sin condición, cuando entre ellos y el heredero condicional hubiere derecho de acrecer. Lo mismo se entenderá respecto de los legatarios.

COMENTARIO

El artículo anterior prevé dos supuestos en que el heredero o legatario condicional no adquiere la herencia o el legado, porque aún no se ha cumplido tal condición y por ellos, la herencia o el legado se ponen en administración. Este artículo y los dos siguientes prevén el régimen de la misma.

En primer lugar, se nombra administrador al heredero o herederos, o al legatario o legatarios instituidos sin condición, cuando entre éstos y el condicional hubiera derecho de acrecer. A este administrador no se le exige fianza alguna.

CONCORDANCIAS

Véanse arts. 981 y ss. de este Código.

Artículo 803

Si el heredero condicional no tuviere coherederos, o teniéndolos no existiese entre ellos derecho de acrecer, entrará aquél en la administración, dando fianza.

Si no la diere, se conferirá la administración al heredero presunto, también bajo fianza; y, si ni uno ni otro afianzaren, los Tribunales nombrarán tercera persona, que se hará cargo de ella, también bajo fianza, la cual se prestará con intervención del heredero.

COMENTARIO

1.- Sigue este artículo con la regulación de la administración de la herencia, que había iniciado el artículo anterior, respecto a la que debe establecerse en los casos previstos en el art. 801 de heredero o legatario condicional antes que la condición se cumpla.

En segundo lugar, será administrador el propio heredero o legatario condicional. Lo será cuando no exista el administrador que se prevé en primer lugar (en el artículo anterior) porque no tiene aquél coherederos o colegatarios, o, teniéndolos, no se da entre ellos derechos de acrecer. En tal caso, el administrador (el propio heredero condicional) prestará fianza, de cualquier tipo, personal o real, garantizando el buen y honrado cumplimiento de su gestión.

2.- En tercer lugar, si el heredero o legatario condicional no presta la fianza y, por tanto, no es administrador, lo será el «heredero presunto», el heredero con vocación, a quien iría a parar la herencia o el legado condicional si la condición no se cumple. Este prestará también fianza, para garantizar su buena y honrada gestión.

3.- En cuarto lugar, si tampoco el anterior presta fianza, el Juez de 1.ª Instancia (no los Tribunales, como dice este artículo) nombra administrador a un tercero, es decir, persona extraña a la herencia, que prestará fianza, con intervención del heredero condicional.

Artículo 804

Los administradores tendrán los mismos derechos y obligaciones que los que lo son de los bienes de un ausente.

COMENTARIO

Es una norma de remisión. Los derechos y obligaciones del administrador de la herencia, en los casos de los artículos anteriores, son los mismos que los del administrador de los bienes del ausente, a cuya normativa se remite.

CONCORDANCIAS

Véase:
— arts. 184 y ss. de este Código.
— Ley Enjuiciamiento Civil 1881: arts. 2.031 a 2.047.

Artículo 805

Será válida la designación de día o de tiempo en que haya de comenzar o cesar el efecto de la institución de heredero o del legado.

En ambos casos, hasta que llegue el término señalado, o cuando éste concluya, se entenderá llamado el sucesor legítimo. Mas en el primer caso, no entrará éste en posesión de los bienes sino después de prestar caución suficiente, con intervención del instituido.

COMENTARIO

1.- Será válida, dice el artículo 805, la designación de día o de tiempo en que haya de comenzar o cesar el efecto de la institución de heredero o del legado. Es decir, cabe imponer un término a la institución de heredero, que fija los efectos de ésta: si es término inicial, fija el día en que ha de comenzar sus efectos, tendrá el instituido derecho a la sucesión desde que el término llega: si es término final, el día es el que cesan los efectos de la institución, y el instituido heredero tiene derecho a la sucesión desde la apertura de la sucesión (muerte del causante) hasta que llega el día.

2.- El término, como hecho futuro y objetivamente cierto, se caracteriza por la seguridad de que llegará, aunque puede ser que no se sepa cuándo.

El término inicial, se tiene la seguridad de que el instituido heredero llegará a serlo, pero hasta que llegue el término señalado... se entenderá llamado el sucesor legítimo (intestado), pero, sin embargo, no entrará éste en posesión de los bienes, sino después de prestar caución suficiente, con intervención del instituido, tal como ordena el párrafo segundo del art. 805. Mientras no llegue el término inicial, el instituido ya es titular del derecho hereditario y, por tanto, si muere antes de la llegada del término, transmite su derecho a sus herederos, tal como prevé el art. 799 (que se refiere al término, mientras que el art. 759 se refiere a la condición).

En el término final, el instituido heredero adquiere la herencia y entra en posesión de la misma hasta la llegada del término, en cuyo momento, cuando éste concluya —dice el segundo párrafo del artículo 805— se entenderá llamado el sucesor legítimo, cesando, pues, aquél y adquiriendo la herencia el heredero abintestato.

3.- Hay que aclarar un punto; este artículo se refiere al heredero legítimo (*ab intestato*) como el que lo es hasta que llega el término inicial o lo es desde que llegó el término final. Pero esto será así cuando el testador nada previó, aparte del heredero a término (lo que no es muy lógico).

Sin embargo (como será lo normal) si el testador previó un heredero o legatario a término inicial o final y otro para antes del inicial o para después del final será éste el llamado.

Más aún: a falta del heredero testamentario (o legatario) sucede el sustituto vulgar, si no lo hay, sucede a quien o quienes corresponda el derecho de acrecer, y si éste no se produce, el heredero *ab intestato*. El heredero o legatario a quien le corresponde suceder antes del término inicial o después del final, serán aquéllos (sustituto vulgar o los que tienen derecho de acrecer) antes que éste (el heredero *ab intestato*) aunque en caso de legado se verá en cada caso si sucede un heredero *ab intestato* o se refunde en la masa de la herencia.

SECCIÓN QUINTA
De las legítimas

Artículo 806

Legítima es la porción de bienes de que el testador no puede disponer por haberla reservado la ley a determinados herederos, llamados por esto herederos forzosos.

COMENTARIO

1.- Según el art. 806 la legítima es una porción de bienes «de que el testador no puede disponer por haberla reservado la ley a favor de ciertos herederos llamados por esto herederos forzosos». Pero no se trata de reserva, ni de herederos forzosos, sino de legítima, a favor de legitimarios.

2.- No obstante, según resulta del propio contenido normativo del Código Civil la legítima es una institución que únicamente limita la facultad de disposición del causante en el sentido de que existiendo legitimarios el testador no puede disponer libremente de su patrimonio; así se extrae de los siguientes artículos:

1.º) El art. 636 permite que el causante done al legitimario su legítima e incluso realice donaciones que excedan de la parte disponible si bien el art. 655 ordena su reducción en la medida que sean inoficiosas; reducción que no implica la nulidad total de la donación, y ni siquiera la parcial dado que el art. 654.1.º elimina la retroactividad de la rescisión. Consecuentemente quedan a salvo cualesquiera actos de disposición del donatario disponiendo en este caso el legitimario simplemente de acción personal contra el donatario para reclamarle el valor de lo donado.

2.º) El art. 808.1.º relativo a la legítima de los hijos y descendientes atribuye expresamente al causante la facultad de disponer de una parte de la misma para aplicarla como mejora.

3.º) El art. 815, de donde se extrae que el testador puede dejar la legítima por cualquier título, lo que implica que la legítima es atribuida por el testador a los legitimarios y no en virtud de una delación legal, distinta de las sucesiones testada e intestada.

4.º) Los arts. 821, 829 y 1056.2.º que permiten al testador atribuir bienes concretos a uno de los legitimarios ordenando que se abone en metálico las legítimas de los demás.

5.º) El art. 763.2.º según el cual «El que tuviere herederos forzosos sólo podrá disponer de sus bienes en la forma y con las limitaciones que se establecen en la sección quinta de este capítulo», de donde sin duda se extrae que el causante que tenga legitimarios dispondrá de su patrimonio relicto en la forma ordenada por la Ley, lo que dista mucho del sistema de reserva germana.

6.º) Aun cuando el art. 806 utilice el vocablo «herederos forzosos» para referirse a los legitimarios, el art. 815 no deja duda de que la legítima se puede atribuir por cualquier título, sea de herencia, legado o donación. La expresión no es sino una reminiscencia heredada del Derecho Castellano en el que se imponía al testador la obligación de instituir herederos a los legitimarios.

3. Se puede pensar, como se hace actualmente cada vez más, si es beneficioso o útil mantener no ya la regulación vigente de la legítima, sino la institución misma. Se puede mantener su supresión. Dada la longevidad actual de la vida humana, en términos generales y con excepciones y dado el interés de la familia no ya en dejar bienes a los suyos, sino en educarles y enseñarles a obtenerlos, cada vez tiene menos sentido la institución de la legítima. Dos casos emblemáticos: muere el padre (o madre) de familia, ya anciano, sin grandes bienes pero con una pensión que le permitía vivir dignamente y en un piso que tiene un importante valor; si los hijos ya maduros y ganándose la vida le reclaman la legítima a su madre (o padre) viuda, ésta tendrá que vender su vivienda y con su producto, pagarla e irse a vivir ¿dónde?; el otro caso: muere el padre (o madre) en un matrimonio sin hijos; los padres del fallecido (quizá ya ancianos) exigen la legítima al cónyuge superviviente y éste, si se ganaba la vida con su trabajo y vivía en una vivienda digna, la tendrá que vender para satisfacerla. Hoy no tiene sentido ni un caso ni otro, que propicia el Código Civil si bien pueden darse otros casos. Lo que debe mantenerse es un derecho a modo de legítima para el cónyuge supérstite, como derecho de familia, más que sucesorio.

Desde este artículo hasta el 857 ha colaborado en su comentario M.ª ÁNGELES FERNÁNDEZ GONZÁLEZ-REGUERAL, Doctora en Derecho, Profesora de Derecho Civil en la Universidad San Pablo, CEU.

JURISPRUDENCIA

«la legítima, a cuyo efecto, al ser ésta parte alícuota de la masa hereditaria, es preciso fijar mediante la correspondiente prueba el líquido de la misma, que resulta de la diferencia

entre el activo (suma del valor de los bienes del causante al tiempo de su fallecimiento) y el pasivo (deudas y cargas del testador hasta el momento de su muerte). El valor líquido así obtenido no es el que sirve de base a la legítima, ya que ha de agregarse a aquél, tratándose de relaciones entre herederos, como es el supuesto de autos, el importe de las donaciones de naturaleza colacionable, que refiere el art. 1035 CC —colación en sentido estricto— y en cuanto al valor que tenían al tiempo de realizarse el acto de liberalidad (art. 1045). Resulta que la donación ha de resultar inoficiosa, si atenta a la legítima, al perjudicarla, causando su minoración, en atención a los arts. 636 y 654 CC, y solamente puede subsistir si respeta dicha cuota hereditaria forzosa por tener cabida en la de libre disposición. No se genera entonces suplemento de la legítima, al no resultar perjudicado el heredero forzoso en dicha porción legal y no tiene lugar la imputación cuando en el art. 1037 se establece que la colación no procede, si el testador así lo dispone, salvo el supuesto de inoficiosidad. Lo que hay que entender es que entonces no se imputarán las donaciones en la legítima, pero no que se prescinde de aquéllas en el inventario general de los bienes del causante para imputarlas donde resultase preciso (S 16-6-1962) ». (21 abril 1997, LA LEY 6078/1997)

«esta Sala acepta aquella tesis según la cual la legítima es pars hereditatis y así la S 8 de mayo de 1989 dice que "la S 31 de marzo de 1970 establece que en nuestro Ordenamiento, por tener dicha institución (la legítima) la consideración de pars hereditatis y no de pars valoris, es cuenta herencial y ha de ser abonada con bienes de la herencia, porque los legitimarios son cotitulares directos del activo hereditario y no se les puede excluir de los bienes hereditarios, salvo en hipótesis excepcionales —arts. 829, 838, 840 y párrafo (sic) del art. 1056 CC—"; esta calificación de la legítima como pars hereditatis, parte alícuota del caudal hereditario con todo su activo y su pasivo, no impide que el testador pueda disponer de alguno de los bienes de la herencia en su totalidad a favor de un legitimario o de otra persona siempre que se respete la legítima de sus herederos forzosos y ésta se pague con bienes de la herencia». (26 abril 1997, LA LEY 6068/1997)

«la madre, como legitimaria (arts. 807,2.º; 809, último inciso y 810, primer párrafo, segundo inciso, del CC) fue nombrada heredera en testamento y al percibir la tercera parte de la herencia adquiere su legítima como pars hereditatis (pars bonorum) en el sentido de que recibe la legítima como cuota de la herencia que recae sobre los bienes que la integran, concepto que le dieron las SS 31 Mar. 1970, 8 May. 1989, 27 Feb. 1997 y 26 Abr. 1997: la legítima es parte de los bienes de la herencia, que recibe el legitimario por cualquier título; en el presente caso, por título de heredera y sobre aquella cuota no puede recaer gravamen ni limitación (art. 813 del CC) ni responsabilidad por incumplimiento de contrato como parece mantener la parte recurrente en el presente recurso, ocho primeros motivos.» (17 enero 2001, LA LEY 1991/2001)

«la legítima se calcula adicionando al valor del relictum el del donatum [artículo 818 del Código Civil y sentencias de 17 de marzo de 1989 (LA LEY JURIS. 719-JF/0000), 27 de febrero de 1997 (LA LEY JURIS. 4502/1997), 15 de febrero de 1999 y 28 de febrero de 2002 (LA LEY JURIS. 4166/2002)] y se imputan a ella las donaciones hechas a los hijos, que no tengan el concepto de mejora [artículo 819 del Código Civil y sentencia de 21 de abril de 1997 (LA LEY JURIS. 6078/1997)]». (28 septiembre 2005, rec. 821/1999)

Artículo 807

Son herederos forzosos:

1.º Los hijos y descendientes respecto de sus padres y ascendientes.

2.º A falta de los anteriores, los padres y ascendientes respecto de sus hijos y descendientes.

3.º El viudo o viuda en la forma y medida que establece este Código.

COMENTARIO

Son legitimarios los descendientes y ascendientes del causante así como su cónyuge viudo.

El art. 807 redactado conforme a la Ley de 13 de mayo de 1981 elimina la antigua referencia a la legitimidad de descendientes y ascendientes que hoy son legitimarios cualquiera que sea su filiación: matrimonial, extra matrimonial o adoptiva.

Destaca la clara preferencia de la línea descendente sobre la ascendente, pues existiendo hijos o descendientes del causante, los ascendientes carecen del carácter de legitimarios. Así, los ascendientes sólo son legitimarios en caso de premoriencia o inexistencia de descendientes pero no en los de desheredación, indignidad o repudiación, tal como se extrae de los arts. 924, 929 y 985.2.º del Código, según los cuales en caso de desheredación o indignidad de alguno de los descendientes procede el derecho de representación en favor de la línea recta descendente. En caso de repudiación se excluye la posibilidad de representación y la porción repudiada acrece al resto de los legitimarios (art. 985.2).

Por su parte el cónyuge viudo es llamado como legitimario a la cuota usufructuaria que se señala en los arts. 834 y ss. C.c., variable según concurra con descendientes, ascendientes o extraños. Particularidad de la legítima vidual es que existe en todo caso, sea la sucesión testada o intestada si bien en este último supuesto su llamamiento obedece a una tercera delación distinta de la testada y de la forzosa.

JURISPRUDENCIA

«el principio de igualdad ante la ley sin discriminación alguna por razón de nacimiento que proclama el artículo 14 de dicho texto fundamental rige desde la entrada en vigor de la Constitución el 29 de diciembre de 1978, y, por tanto, los preceptos del Código Civil que trataban desigualmente a los hijos matrimoniales y extramatrimoniales, por estar basados en principios discriminatorios por razón de origen, quedaron sin eficacia por imperativo de la disposición derogatoria 3. de dicha Norma fundamental, que declara expresamente derogadas cuantas disposiciones se opongan a lo en ella establecido por inconstitucionalidad sobrevenida». (10 febrero 1986, LA LEY 480/1986) (Reiterada por la de 10 marzo 1987, LA LEY 87283-NS/0000) (Doctrina reiterada también por la sentencia de 7 octubre 2004, rec. 1261/2001)

«Se podrá discutir la conveniencia de mantener la legítima en el tiempo actual, pero mientras se recoja en el Código Civil no pueden los padres ignorar la existencia de la hija legitimaria que, en este momento, nada ha percibido de la herencia de sus padres porque nada le fue atribuido. A ello hay que añadir lo ya apuntado sobre el principio de igualdad de los hijos, sea cual fuere su filiación, que proclaman el artículo 14 de la Constitución Española y el 108 del Código Civil que, tal como expresa la sentencia de 6 de febrero 1997, "una cosa es la eficacia de la adopción simple, que se mantiene incólume y otra su inclusión en el concepto de hijo, sin discriminación, que debe mantenerse a ultranza desde la Constitución y desde la reforma del Código Civil de 13 de mayo de 1981, a todos los efectos que se refieran a hijo o hijos en abstracto...."». (8 octubre 2010, rec. 140/2007, LA LEY 181846/2010)

«cuando existen legitimarios, pues a estos se refiere el Art.807 CC cuando define quiénes son "herederos forzosos", el testador no es libre de atribuir toda la herencia a quien desee, sino que estos legitimarios tienen el derecho que les atribuye la ley y que no puede ser burlado por el testador por tratarse la legítima de un derecho de naturaleza legal». (23 diciembre 2011, rec. 554/2009, LA LEY 259216/2011)

CONCORDANCIAS

Texto vigente según Ley 11/1981, 13 mayo (*«B.O.E.»*, 19 mayo). Anterior texto según Ley 24 abril 1958 (*«B.O.E.»*, 25 abril). Véanse Disposiciones Transitorias 1.ª a 3.ª de la citada Ley.

Artículo 808

Constituyen la legítima de los hijos y descendientes las dos terceras partes del haber hereditario del padre y de la madre.

Sin embargo, podrán éstos disponer de una parte de las dos que forman la legítima, para aplicarla como mejora a sus hijos o descendientes.

Cuando alguno de los hijos o descendientes haya sido judicialmente incapacitado, el testador podrá establecer una sustitución fideicomisaria sobre el tercio de legítima estricta, siendo fiduciarios los hijos o descendientes judicialmente incapacitados y fideicomisarios los coherederos forzosos.

La tercera parte restante será de libre disposición.

COMENTARIO

Según el art. 807 son legitimarios los hijos y descendientes respecto de sus padres y ascendientes. El art. 808 señala la cuantía de la legítima de los descendientes que se eleva a los dos tercios del haber hereditario, bien entendido que éste deberá estar integrado no sólo por el caudal relicto sino también por el valor de las donaciones hechas por el causante, tal como previene el art. 818 del Código Civil. Sobre el tercio restante tiene el testador libertad para disponer. Añade el segundo inciso del art. 808 que de las dos terceras partes que integran la legítima de los descendientes, una de ellas podrá ser aplicada como mejora de alguno de los hijos y descendientes, lo que supone dar libertad al testador para favorecer a uno o alguno de sus hijos, o incluso a un nieto. A falta de disposición del testador en este sentido, los dos tercios se distribuirán de manera igualitaria entre todos los descendientes más próximos en grado. El tercer párrafo, introducido por la Ley 41/2003, de 18 de noviembre, de Protección Patrimonial de las personas con discapacidad, introduce una importante novedad, pues permite al testador gravar con una sustitución fideicomisaria la legítima estricta de sus hijos y descendientes, siempre que la citada sustitución se establezca en beneficio de hijos y descendientes del causante judicialmente incapacitados. Estos últimos serán fiduciarios y fideicomisarios el resto de los coherederos forzosos, o, mejor dicho, legitimarios. La Ley 41/2003 trata de dar cumplimiento al mandato constitucional contenido en el art. 49 de la Constitución Española, en virtud del cual Los poderes públicos realizarán una política de previsión, tratamiento, rehabilitación e integración de los disminuidos físicos, sensoriales y psíquicos, a los que prestarán la atención especializada que requieran y los ampararán especialmente para el disfrute de los derechos que este Título otorga a los ciudadanos. La Exposición de Motivos de la Ley destaca que es finalidad de la misma dar una adecuada protección a las personas con discapacidad, en un momento como el actual en que es una realidad la supervivencia de muchos discapacitados a sus progenitores; por lo que se considera oportuno garantizar la protección económica del discapacitado, no sólo con cargo al Estado, sino a la propia familia del mismo. Sin duda alguna, la posibilidad de gravar con una sustitución fideicomisaria la legítima estricta en favor de un hijo o descendiente del testador que se encuentre incapacitado, obedece a esta pretensión del legislador. No lo dice el párrafo que se comenta, pero parece que el hijo o descendiente beneficiado por la sustitución fideicomisaria debe ser además legitimario del causante, por lo que quedan fuera del supuesto legal aquellos casos en que existiendo hijos legitimarios, el causante tuviese un descendiente ulterior (por ejemplo, un nieto) incapacitado judicialmente; caso éste en que podría establecerse una sustitución fideicomisaria a su favor que gravase el tercio de mejora (véase el último párrafo del art. 782 C.c.), pero no el de legítima estricta. Por otro lado, interesa advertir que la persona beneficiada por la sustitución debe estar judicialmente incapacitada, tal y como expresa el propio artículo tras su reforma; no basta, pues, la minusvalía o discapacidad del sujeto, ni es aplicable en este caso el concepto de persona con discapacidad que recoge la propia Ley 41/2003 en su art. 2-2.º, que se refiere a las personas afectadas por una minusvalía psíquica igual o superior al 33 por ciento o bien afectadas por una minusvalía física o sensorial igual o superior al 65 por ciento. Obsérvese que la Disposición Adicional Cuarta que la Ley mencionada incorpora al Código Civil señala que La referencia que a personas con discapacidad se realiza en los arts. 756, 822 y 1041 se entenderá hecha al concepto definido en la Ley de Protección Patrimonial de las Personas con discapacidad (art. 2-2.º). Por tanto, el art. 808 queda sustraído al ámbito de aplicación del mencionado art. 2-2.º, refiriéndose al concepto legal de persona incapacitada recogido en el art. 199 del Código Civil: por tanto, la que así haya sido declarada por sentencia en virtud de las causas establecidas en la Ley (en concreto, en el art. 200 del Código Civil).

JURISPRUDENCIA

«Aunque la mejora sea parte de la legítima [sentencias de 26 de diciembre de 1989 (LA LEY JURIS. 1684-JF/0000) y 22 de noviembre de 1991 (LA LEY JURIS. 2757/1992)] y el artículo 808 del Código Civil no reconozca conjuntamente a los hijos y descendientes derecho a reclamar esta última, es interpretado el artículo 823 del Código Civil en el sentido de admitir la posibilidad de que el abuelo mejore al nieto pese a vivir el hijo y, por lo tanto, pese a no ser el mejorado legitimario de primer grado y, por ende, con derecho a reclamar legítima. La posibilidad de que el causante mejore a nietos viviendo los hijos, además de no contradecir ninguno de los artículos del Código Civil que regulan la mejora, se basa en el precedente histórico, a partir de la Ley 18 de Toro, a cuyo tenor "el padre ó la madre ó qualquier dellos pueden si quieren hacer el tercio de mejoria que podían hacer a sus hijos o nietos conforme a la ley del fuero á qualquier de sus nietos, ó descendientes legítimos, puesto que sus hijos, padre de los dichos nietos, ó descendientes sean vivos, sin que en ello les sea puesto impedimento alguno". Dicha Ley fue recogida en la Novísima Recopilación (10.6.2) con el epígrafe "la mejora del tercio se pueda hacer al nieto aunque sus padres vivan". También se señala por la doctrina en apoyo de tal posibilidad el conocido rechazo de la tesis contraria al redactarse el artículo 654 del Proyecto de Código Civil de 1851. La referida interpretación la ha admitido la jurisprudencia [sentencias de 19 de diciembre de 1903, 18 de junio de 1982 (LA LEY JURIS. 13732-JF/0000) y 9 de mayo de 1990 (LA LEY JURIS. 1715-JF/0000)]. En particular, la de 19 de diciembre de 1903 declaró la validez de una cláusula testamentaria en que se mejoraba a los nietos viviendo el padre de los mismos, con apoyo en el Derecho tradicional de Castilla, hasta la publicación del vigente Código, claramente consignado en la Ley 18 de Toro. Según la referida sentencia esa norma resolvió las dudas suscitadas entre los expositores y comentadores acerca del verdadero alcance e interpretación de las leyes del... Fuero Real referente a la institución jurídica de las mejoras. En resumen, declaró la facultad del abuelo de aplicar el tercio de mejora a favor de sus nietos, aun con daño y menoscabo de la legítima de los hijos vivos, padres de éstos, sobre dos argumentos: (a) el respeto que expresó la Ley de Bases de 11 de mayo de 1888 al derecho

anterior (la base 15, a interpretar junto con la 16, se refería al mantenimiento en esencia de la legislación vigente); y (b) la conveniencia de facilitar los medios para que el jefe de la familia pudiese atender las necesidades y conveniencias de ésta dentro de las restricciones que la institución de la legítima le imponía y como compensación a su falta de libertad para testar, como no fuera del quinto de sus bienes». (28 septiembre 2005, rec. 821/1999)

«la reconocida e indiscutible soberanía de la voluntad del testador en la disposición mortis causa de su patrimonio: es el verdadero fundamento de la sucesión testada que se basa en el principio de la propiedad privada en cuanto transmisible mortis causa y en el principio de la autonomía de la voluntad, ambos reconocidos en la Constitución Española, artículo 33.1 y deducidos del artículo 658, primer párrafo, primer inciso, del Código civil. Lo que tiene el límite a la facultad de disponer mortis causa, establecido en el artículo 808 del Código civil que es la legítima, que es intangible cuantitativamente y cualitativamente, conforme añade el artículo 813». (22 mayo 2009, rec. 41/2005, LA LEY 92021/2009)

CONCORDANCIAS

Véanse arts. 823 a 833 de este Código.
Texto vigente según Ley 41/2003, 18 noviembre (*«B.O.E.»,* 19 noviembre).

Artículo 809

Constituye la legítima de los padres o ascendientes la mitad del haber hereditario de los hijos y descendientes, salvo el caso en que concurrieren con el cónyuge viudo del descendiente causante, en cuyo supuesto será de una tercera parte de la herencia.

COMENTARIO

1.- Se ha destacado al comentar el art. 807 el carácter subsidiario de la legítima de los padres y ascendientes que sólo procede a falta de hijos y descendientes del causante. El art. 809 establece la cuantía de la legítima de los **ascendientes** que es en propiedad y que asciende a la mitad del haber hereditario determinado conforme a lo previsto en el art. 818 C.c.

2.- Se rebaja la cuantía de su legítima en caso de concurrencia con el cónyuge viudo del causante en cuyo supuesto será de una tercera parte de la herencia si bien debe entenderse que la reducción de su legítima procede sólo cuando la concurrencia del cónyuge sea efectiva y no en los casos de existencia de cónyuge viudo que renuncia o es incapaz para suceder.

CONCORDANCIAS

Texto vigente según Ley 24 abril 1958 (*«B.O.E.»,* 25 abril).

Artículo 810

La legítima reservada a los padres se dividirá entre los dos por partes iguales; si uno de ellos hubiere muerto, recaerá toda en el sobreviviente.

Cuando el testador no deje padre ni madre, pero sí ascendientes, en igual grado, de las líneas paterna y materna, se dividirá la herencia por mitad entre ambas líneas. Si los ascendientes fueren de grado diferente, corresponderá por entero a los más próximos de una u otra línea.

COMENTARIO

El artículo 810 aborda el problema de la distribución de la legítima entre los ascendientes, estableciendo la absoluta preferencia de la proximidad de grado sobre la división por líneas: el ascendiente más próximo en grado elimina al más remoto aunque sea de distinta línea.

Siguiendo al art. 925 C.c. se excluye el derecho de representación que nunca tendrá lugar en línea ascendente.

La distribución de la legítima se realiza *per capita* dentro de cada línea y por partes iguales criterio éste de igualdad que resulta implícito en el art. 810 y que se desprende de la norma comprendida en el art. 765 C.c.: «Los herederos instituidos sin designación de partes heredarán por partes iguales».

Artículo 811

El ascendiente que heredare de su descendiente bienes que éste hubiese adquirido por título lucrativo de otro ascendiente, o de un hermano, se halla obligado a reservar los que hubiere adquirido por ministerio de la ley en favor de los parientes que estén dentro del tercer grado y pertenezcan a la línea de donde los bienes proceden.

COMENTARIO

1.- El art. 811 regula la llamada reserva lineal cuya finalidad es evitar que se desvíen de su línea los bienes heredados por ministerio de la ley por un ascendiente de un descendiente que a su vez los hubiera adquirido a título lucrativo de otro ascendiente o de un hermano.

El obligado a reservar los bienes en favor de la línea de procedencia recibe el nombre de reservista; el titular de la reserva se llama reservatario.

2.- A tenor de lo previsto en el art. 811, para que nazca el derecho a la reserva es preciso que concurran dos causas:

1.º) La muerte del reservista.

2.º) Previamente el fallecimiento del descendiente que transmitió los bienes al ascendiente reservista.

Ello implica la concatenación de tres sucesiones distintas:

— Una primera transmisión a título lucrativo de determinados bienes que efectúa un ascendiente a favor de un descendiente o un hermano a favor de otro.

— Una segunda transmisión de naturaleza sucesoria y por ministerio de la ley de los bienes adquiridos que pasan del descendiente o hermano a cuyo favor se operó la primera transmisión a un ascendiente suyo. A partir de este momento nace el derecho expectante a la reserva en favor de los parientes de tercer grado que pertenezcan a la línea de donde proceden los bienes.

— Una tercera transmisión que tiene lugar al fallecer el reservista, momento en el que los bienes reservables se transmiten a los parientes que la ley señala.

3.- Se ha dicho que los sujetos de la reserva son el reservista y el reservatario.

Reservista es el ascendiente que hereda del descendiente. Puesto que el art. 811 no señala límite de grado reservista puede ser el padre, el abuelo o cualquier otro ascendiente sea matrimonial, extramatrimonial o adoptivo.

Condición necesaria para que nazca la obligación de reservar es que el ascendiente que hereda lo sea de una línea distinta a aquella de la que proceden los bienes, pues en caso contrario se frustraría la finalidad de la reserva que es evitar que los bienes heredados salgan de su línea familiar.

Tampoco tiene lugar la reserva cuando al fallecer el ascendiente que estaba obligado a reservar sólo deje descendencia común al otro ascendiente.

4.- Reservatarios son los parientes que estén dentro del tercer grado de la línea de donde proceden los bienes independientemente de que su parentesco proceda de una filiación matrimonial o extramatrimonial.

Los reservatarios deben ser concretados a la muerte del reservista. Por tanto desde que nace la obligación de reservar (lo que tiene lugar al heredar el reservista) tienen una mera expectativa que se frustra en caso de que premueran al reservista. Siendo varios los parientes dentro del tercer grado que señala la ley, tienen carácter preferente los más próximos en grado por aplicación de la regla general prevista en el art. 921 C.c.

Si los reservatarios son hijos del reservista se admite la posibilidad de hacer uso de la mejora sobre los bienes reservables.

En cuanto a la posibilidad de que opere el derecho de representación se admite siempre que tenga lugar en favor de la línea descendente (art. 924) y se cumpla el requisito de que el adquirente de los bienes esté dentro del tercer grado de parentesco.

5.- El art. 811 establece la obligación de reservar sólo cuando los bienes sean recibidos por el ascendiente por ministerio de la ley. Es opinión mayoritaria que tal carácter tienen los bienes recibidos tanto por vía de sucesión intestada como por vía de legítima. En este último caso se ha llegado a distinguir según que el testador se limite a reconocer la legítima de su ascendiente incluso señalando bienes que cubran su porción o bien atribuya la legítima instituyendo heredero al ascendiente o nombrándole legatario en cuyo caso se ha mantenido que no debe operar la reserva ya que de lo contrario se impediría que el descendiente que recibió los bienes a título lucrativo pudiera disponer libremente de ellos en favor de un ascendiente y sí pudiera hacerlo en cambio en favor de un extraño.

6.- Durante la pendencia de la reserva pueden adoptarse garantías por los reservatarios. Concretamente las establecidas para la reserva vidual en los arts. 977 y 978 C.c.: formalización de inventario de los bienes sujetos a reserva, anotación de los inmuebles en el Registro (art. 185 L.H.) y constitución de hipoteca legal. Además a tenor de lo previsto en el art. 975 C.c. serán ineficaces las enajenaciones de bienes inmuebles reservables hechas por el reservista durante el tiempo que dure la reserva, sin perjuicio de lo dispuesto en la Ley Hipotecaria.

JURISPRUDENCIA

«el derecho de reserva se actúa automáticamente, una vez fallecido el reservista, en favor de los reservatarios que son determinados en ese preciso momento. Siendo así, la consecuencia no puede ser otra que reconocer que, incorporados los bienes reservados al patrimonio del reservatario, éstos se transmiten a sus herederos siguiendo las reglas ordinarias de la sucesión, sin que ello implique desvirtuación alguna del sentido troncal de la reserva del art. 811, toda vez que la misma se respeta hasta el límite parental del tercer grado, que es

su extensión legal, y resulta indiferente, a efectos de la reserva hereditaria, a qué personas transmita libremente los bienes quien los adquirió en virtud de aquélla». (9 enero 1991, LA LEY 2232/1991)

«orden específico de sucesión en determinada clase de bienes, distinta de la sucesión forzosa pero con la que tiene que ser compatible (SSTS 30-5-56, 14-12-57). Ambas tienen de común constituir una verdadera limitación a la plena libertad de testar. El principio de intangibilidad de las legítimas reduce a un tercio la libre disposición en caso de herencia de padres a hijos y permite cierta libertad sobre el tercio de mejora. La reserva del 811, según su tenor literal lisa y claramente establece, los bienes reservables no pueden salir a la muerte del reservista de la línea de donde proceden. Nada más. Pretender ver en la institución de la reserva lineal una aproximación a los derechos forales no pasa de ser simple declaración doctrinal sin base sólida, como demuestra que, abierta la sucesión del reservista, para nada procura después el Código la permanencia de los bienes en la familia. Los reservatarios quedan libres de la limitación». (21 octubre 1991, LA LEY 169-5/1993)

«el principio de troncalidad que inicialmente pudo haber servido de inspiración del artículo 811 del Código Civil, viene sometido a la limitación que le impone la imposibilidad de pasar la reserva del tercer grado familiar, no siendo necesario buscar el origen, más o menos remoto, de los bienes, ni de la familia a que pertenecieron de antiguo, ni del modo o forma por el que pudieron llegar al patrimonio de la persona que los transmitió al descendiente de cuya sucesión se trata, sino tan sólo en cuanto a su procedencia inmediata y al título de su adquisición, doctrina que impide hacer acepción entre bienes de procedencia ganancial o bienes de otra naturaleza, sea cual fuera su origen adquisitivo (negocio oneroso o gratuito)». (23 marzo 1992, LA LEY 3096/1992)

«La reserva lineal, contemplada en el artículo 811 del Código civil ha sido objeto de profusa doctrina, alguna muy reciente y reiterada jurisprudencia, incluso sentencias bien modernas. Esta la considera un beneficio otorgado por consideraciones familiares, exclusivamente en favor de determinadas personas (sentencias de 30 de diciembre de 1987 y 16 de enero de 1901 citadas por la de 22 de marzo de 1986) (LA LEY 7715-R/1986) cuyo contenido moral y de respeto a la familia de la línea de procedencia de los bienes ... responde a una fuerte convicción persistente en el ánimo del legislador en evitación quizá de eventuales fraudes o contubernios (sentencia de 11 de octubre de 1989) (LA LEY 127017-NS/0000) no deja margen a la autonomía de la voluntad del reservista (sentencia de 4 de junio de 1987) (LA LEY 9345-R/1987) y se actúa automáticamente, una vez fallecido el reservista, en favor de los reservatarios que son determinados en ese preciso momento (sentencia de 9 de enero de 1991) (LA LEY 2232/1991 ... La reserva lineal exige que la primera transmisión sea a título lucrativo y la segunda, sucesoria y por ministerio de la ley. Una y otra comprenden la sucesión toda: testada, intestada y la forzosa; el texto legal no la excluye y el intérprete no puede distinguir donde la ley no distingue; además, no hay argumento alguno que permita eliminar la legítima del objeto de reserva, ya que se ha producido una transmisión a título gratuito (evidentemente, no onerosa) y por (clarísimo) ministerio de la ley. Este criterio lo mantuvo la sentencia de 2 de enero de 1929, criterio que ahora se reitera formando jurisprudencia, que complementa el ordenamiento jurídico (artículo 1.6 del Código civil) que dice, literalmente: "la frase 'por ministerio de la ley', contenida en dicho artículo, puede y debe nacer —si concurren los demás requisitos que el artículo exige—, lo mismo si se trata de la herencia o sucesión intestada que de la testada, siendo esta interpretación de la jurisprudencia y de los tratadistas muy acertada y razonable, toda vez que como en la sucesión del ascendiente al descendiente, ora sea por testamento, ora ab intestato, *se comprende necesariamente la legítima)».* (25 septiembre 2006, LA LEY 102918/2006)

«La reserva lineal integra una institución creada ***ex novo*** *por el Código civil con carácter muy extraordinario y para una finalidad muy concreta por lo que, según la mejor doctrina,*

tiene con relación a ella mayor importancia y utilidad la razón finalista que las consideraciones que pudieran derivarse de su construcción dogmática. La institución, contraria al sistema tradicional de Castilla y con similitudes respecto de los sistemas sucesorios que acogen el principio de troncalidad, viene inspirada en su incorporación al Código civil por Alonso Martínez en atención a un ejemplo de amplia mención doctrinal que ponía de manifiesto cómo, en caso de no existir tal reserva, el juego de las muertes prematuras e imprevistas podría dar lugar a que bienes que tradicionalmente pertenecían a una línea familiar pasaran a otra contrariando así las reglas de la lógica más elemental ... Sentado lo anterior, y prescindiendo de la concreta consideración de las distintas posturas que se mantienen en orden a la naturaleza jurídica de esta modalidad de reserva (usufructo legal especialísimo, sustitución fideicomisaria, derecho condicional, expectativa jurídica, sucesión legítima a favor de los reservatarios, limitación en la sucesión de los ascendientes, sucesión troncal o pseudotroncal, etc.) que en la mayor parte de los casos se identifican con una consideración parcial de la institución, la cuestión nuclear que ha de plantearse en relación con el presente recurso es la de determinar si la obligación de reservar constituye una mera limitación en cuanto a la disposición de sus bienes por "el ascendiente que heredare de su descendiente", la cual queda cumplida por el hecho de su atribución a quien ostenta la condición de reservista o, por el contrario, da lugar a la imposición de una especie de sucesión forzosa e igualitaria para los reservatarios similar a la sucesión intestada, en cuya virtud aquéllos volverían a suceder en cierto modo al primero de los ascendientes a que la norma se refiere en cuanto a determinados bienes. La interpretación que ha de ser considerada como más acorde con la realidad social actual contraria a limitar al causante sus facultades de disposición sucesoria (artículo 4 del Código civil) y con la jurisprudencia de esta Sala, que sostiene la necesidad de que la institución sea objeto de una consideración restrictiva, es la primera, según la cual basta que no pasen los bienes a línea distinta de la originaria para que la institución de la reserva haya cumplido su finalidad. Como señala la sentencia de esta Sala de 29 septiembre 2006, el fundamento del artículo 811 está en "el propósito de evitar que los bienes salgan de la línea y vayan a parar a personas extrañas a aquellas de quienes procedan", siendo así que la sentencia de 21 octubre 1991, con cita de las de 1 julio 1955, 2 marzo 1959 y 17 junio 1967, se pronunció en el sentido de que no es lícita la interpretación extensiva del artículo 811 ni tratar de llenar sus silencios acudiendo a otras instituciones cuando por ese cauce lo que se obtiene es el incremento de la restricción de la libertad de testar, a lo que añadía que "la imposibilidad de disposición a favor de parientes distintos de los reservatarios", sin que pueda sostenerse un principio de absoluta igualdad entre los llamados por ser del mismo grado, citando como ejemplo el hecho de que alguna sentencia antigua, como la de 25 de marzo de 1933, ya se mostraba favorable a reconocer al reservista la facultad de mejorar. De este modo, después de fallecido el reservista, quedará satisfecha la reserva si los bienes objeto de la misma pasan a los parientes del descendiente del que heredó que estén dentro del tercer grado. Esta es la solución que cabe estimar como más acorde con el principio de libertad de disposición testamentaria y que, en el caso presente, determina la carencia del derecho que pretende ostentar la demandante, dado que quien finalmente hereda, doña Filomena, tiene la condición de reservataria siendo hija de la titular originaria de los bienes y hermana de doble vínculo del "descendiente" a que se refiere el artículo 811 del Código Civil». (13 marzo 2008, LA LEY 20903/2008) (Doctrina reiterada por la de 21 octubre 2010, rec. 1792/2006, LA LEY 249238/2010)

CONCORDANCIAS

Véase:
— arts. 968 y ss. de este Código.
— Ley Hipotecaria, de 8 febrero 1946 (*«B.O.E.»*, 29 mayo): arts. 168.2 y 184 a 189.
— Reglamento Hipotecario, de 14 febrero 1947 (*«B.O.E.»*, 16 abril): arts. 259 a 265.

Artículo 812

Los ascendientes suceden con exclusión de otras personas en las cosas dadas por ellos a sus hijos o descendientes muertos sin posteridad, cuando los mismos objetos donados existan en la sucesión. Si hubieren sido enajenados, sucederán en todas las acciones que el donatario tuviera con relación a ellos, y en el precio si se hubieren vendido, o en los bienes con que se hayan sustituido, si los permutó o cambió.

COMENTARIO

1.- Este artículo recoge lo que doctrinalmente se ha llamado derecho de reversión, en cuya virtud el ascendiente que hubiese donado bienes a un hijo o ascendiente tiene derecho a recuperar lo donado si el donatario falleciese sin posteridad.

Dos son los requisitos que se exige:

— Que un ascendiente haya hecho alguna donación a un hijo o descendiente suyo. La reversión procede tanto si la filiación es matrimonial, como extramatrimonial, o incluso adoptiva. El art. 812 exige para que tenga lugar la reversión que el bien haya sido donado, por lo que no cabe en los casos de renuncia ni de condonación. Tratándose de donaciones con causa onerosa o remuneratorias, la reversión sólo procederá en la parte que exceda del valor del gravamen o del servicio remunerado. No parece que la reversión afecte a los regalos de costumbre a los que el art. 1041 C.c. excluye también de la colación.

2.- El ascendiente donante tiene derecho a la reversión de lo donado con independencia de que sea o no legitimario del descendiente. Se discute si la indignidad o desheredación del ascendiente excluyen el derecho de reversión, aunque cabe inclinarse por la solución negativa, si se tiene en cuenta que la causa originaria de la reversión deriva de una donación *inter vivos*.

— Es preciso que descendiente donatario haya fallecido sin descendencia propia, sea matrimonial, extramatrimonial o adoptiva. En caso de posteridad no nacida, pero sí concebida, será de aplicación el art. 29 del Código Civil, teniendo a ésta por nacida para todos los efectos favorables. Obsérvese que para que tenga lugar el derecho de reversión lo que se exige es la ausencia de posteridad, de donde se extrae que no procede la reversión cuando el donatario tenga descendientes aunque éstos no lleguen a heredar por renuncia, indignidad o desheredación. No existiendo descendientes del donatario, la reversión tendrá lugar tanto si la sucesión es testada como intestada, lo que sin ninguna duda se extrae del art. 942 C.c. cuando dice expresamente que lo ordenado en los arts. 811 y 812 «es aplicable a la sucesión intestada y a la testamentaria».

3.- En cuanto al objeto de la reversión serán los propios bienes donados siempre, que existan en la sucesión. En caso de que hubieren sido enajenados, el art. 812 permite al ascendiente subrogarse en todas las acciones que el donatario tuviese con relación a ellos (así, en caso de donación del bien objeto de la reversión puede subrogarse en el ejercicio de la acción de revocación que correspondiese al descendiente, siempre que éste no hubiera podido ejercitarla personalmente; puede también por subrogación ejercitar las acciones dirigidas al cobro del precio aplazado, las resolutorias, las de retracto convencional...).

Si la enajenación fue onerosa y por ella se obtuvo un precio, la ley atribuye al reversionista el derecho a que le sea entregado el precio en que se hubiere vendido el bien donado. En caso de cambio o permuta, el titular de la reversión tendrá derecho a los bienes con que se haya sustituido al objeto donado. Por «cambio» se entiende todas aquellas subrogaciones objetivas que técnicamente no encajan en el concepto de permuta (así, reparcelaciones urbanísticas, concentración parcelaria, conversión de obligaciones en acciones, transformación de participaciones en acciones, divisiones materiales de fincas indivisas...). Por supuesto, el derecho de reversión se extiende a las cosas fungibles subrogadas por su equivalente en especie y calidad y también al metálico; teoría que se apoya en el hecho de que el art. 812 admita la reversión del precio de la venta de las cosas donadas. Si la enajenación fue gratuita no parece que sea posible la reversión de lo subdonado ni de su valor, pues ni una cosa ni otra se encuentran en el patrimonio hereditario del donatario. Sólo si el descendiente efectuó la subdonación en favor de uno de sus herederos puede defenderse la reversión del valor mediante la toma de menos del subdonatario heredero.

4.- Se ha discutido sobre la naturaleza jurídica del derecho de reversión, aunque la doctrina mayoritaria se inclina por considerarla una sucesión legal, anómala, singular y especial, de forma que a la muerte del descendiente donatario se abrirían dos sucesiones distintas e independientes: una para todos los bienes y obligaciones del descendiente y otra especial que comprende tan sólo la cosa donada.

Consecuencia de lo anterior es que:

— El bien donado sujeto a reversión forma una masa hereditaria especial que no es tenida en cuenta para el cómputo de la legítima y de la parte de libre disposición.

— Si el ascendiente titular del derecho de reversión es legitimario del donatario recibe el bien donado al margen de lo que le corresponda por legítima; no hay, por tanto, imputación del bien donado a la porción legitimaria.

— Del art. 812 se deduce que el titular del derecho de reversión es preferido a los herederos del donatario («Los ascendientes suceden con exclusión de otras personas en las cosas dadas por ellos...»), pero no tiene preferencia frente a los acreedores del donatario-causante. Así, las deudas de la herencia se harán efectivas preferiblemente con los bienes no sujetos a reversión, pero subsidiariamente con los afectos a ella en lo que aquéllos no alcancen.

CONCORDANCIAS

Véase art. 942 de este Código.

Artículo 813

El testador no podrá privar a los herederos de su legítima sino en los casos expresamente determinados por la ley.

Tampoco podrá imponer sobre ella gravamen, ni condición, ni sustitución de ninguna especie, salvo lo dispuesto en cuanto al usufructo del viudo y lo establecido en el artículo 808 respecto de los hijos o descendientes judicialmente incapacitados.

COMENTARIO

El art. 813 proclama el principio de intangibilidad de la legítima que, como institución de Derecho necesario, se encuentra regulada por normas sustraídas a la libre disponibilidad, tanto del causante como de los legitimarios. La norma se refiere a la intangibilidad cualitativa de la legítima respecto del causante, lo que se plasma en la prohibición de privar injustamente de la misma, así como de imponer gravámenes que mengüen los derechos de los legitimarios. Es opinión mayoritaria que, tratándose de la legítima de hijos o descendientes, el precepto hay que referirlo exclusivamente al tercio de legítima estricta, ya que el art. 824

permite gravar el de mejora siempre que sea a favor de los propios hijos legitimarios o sus descendientes y el 782 admite que sea gravado con sustituciones fideicomisarias en favor de los descendientes del causante.

El párrafo primero del art. 813 se refiere a la imposibilidad de privar a los legitimarios de su legítima. Lo que implica que el testador ni puede eliminar injustamente a los legitimarios ni asignarles un contenido inadecuado para satisfacer su legítima, como por ejemplo atribuciones de cosas ajenas o de cosas pertenecientes al heredero, o atribuir como legítima un derecho de usufructo u ordenar que se satisfaga en metálico no hereditario, fuera de los supuestos en que el Código Civil autoriza para ello. En tales casos, la asignación supone un gravamen que se tendrá por no puesto salvo que el propio legitimario lo acepte. El segundo párrafo del artículo, al que ha dado nueva redacción la Ley 41/2003 de 18 de noviembre de Protección Patrimonial de las personas con discapacidad, recoge la prohibición de imponer gravámenes, condiciones o sustituciones sobre la legítima, dejando a salvo lo previsto en los arts. 834 y ss. C.c. respecto al usufructo del cónyuge viudo y en el art. 808, en virtud del cual se permite gravar con una sustitución fideicomisaria la legítima estricta de los hijos y descendientes legitimarios a favor de otro hijo o descendiente también legitimario que estuviese judicialmente incapacitado. Interesa advertir que el gravamen consistirá en atribuir al descendiente incapacitado la condición de fiduciario, siendo fideicomisarios el resto de los legitimarios. Fuera de las dos excepciones señaladas, no cabe gravamen ni limitación alguna, lo que en opinión de la doctrina, tanto implica la prohibición de imponer sobre la misma derechos en favor de terceras personas (así, por ejemplo, que se establezca un usufructo o derecho similar en favor de un tercero) como de imponer a los propios legitimarios prohibiciones de enajenar y de partir. Respecto a la imposibilidad de gravar la legítima con sustitución de ninguna especie prevista en el art. 813-2.º, y fuera de los casos en el mismo señalados, conviene advertir que la norma es aplicable sin duda a las sustituciones fideicomisarias, que sólo podrán ser impuestas sobre la legítima si el testador a su vez atribuye al legitimario una opción compensatoria del fideicomiso *(vid.* art. 820-3.º C.c.). Prohibición que viene reforzada por lo previsto en el art. 782 C.c. Más dudas suscita la posibilidad de imponer sobre la legítima una sustitución vulgar si se tiene en cuenta que con ella no se perjudica al legitimario, pues la sustitución viene referida precisamente al supuesto de que no llegue a serlo. No obstante, puede ocurrir que con la sustitución se perjudique a otros legitimarios, bien porque les correspondería serlo al frustrarse la legítima de aquél o bien porque a ellos acrecería la porción vacante. Por ello sólo cabe la sustitución vulgar en favor de un tercero cuando no existan otros legitimarios que pudieran verse afectados por ella. De lo contrario, sustitutos vulgares sólo podrán ser nombrados los propios legitimarios. No parece que haya problema para admitir que se grave la legítima con una sustitución pupilar o ejemplar, dado que no afectan a la legítima del sustituido, pues no se trata propiamente de una sustitución, sino de una designación de heredero hecha por comisario legalmente admitida. No obstante, si el sustituido tuviese legitimarios deberán ser respetados tal como previene el art. 777 C.c.

JURISPRUDENCIA

«La reducción de las obligaciones realizadas a título gratuito responde a la finalidad de salvaguardar el principio de intangibilidad de las legítimas, que garantiza el artículo 813 del Código Civil, y la colación tiene como finalidad procurar entre los herederos legitimarios la igualdad o proporcionalidad en sus percepciones, por presumirse que el causante no quiso la desigualdad de trato, de manera que la donación otorgada a uno de ellos se considera como anticipo de su futura cuota hereditaria (...). Así pues, moviéndonos específicamente dentro de la colación ya hemos visto que el artículo 1035 del Código Civil se refiere a que el heredero, para que tenga la obligación de colacionar, ha de haber recibido bienes o valores en vida del causante por dote, donación, u otro título gratuito (STS de 17 de marzo de 1989)». (18 octubre 2007, LA LEY 161969/2007)

«El causante puede dispensar de la colación a uno o varios de los legitimarios, pero no puede impedir que se computen para calcular la legítima, por mor del artículo 813 del Código civil. La colación lleva simplemente a una menor participación de uno o varios legitimarios en la herencia equivalente a lo que recibió en vida del causante, pero no evita las operaciones de computación e imputación». (24 enero 2008, LA LEY 866/2008)

«la acción de nulidad de la cláusula sexta en cuanto ordena el testador que "no se tome en consideración a ningún efecto de su sucesión..." la donación de un inmueble que le había hecho anteriormente a su hijo heredero universal. Este extremo debe ser estimado, no ya en la forma incongruente que ha hecho la sentencia de instancia, sino como contravención a la indisponibilidad de la legítima y a la norma imperativa de los artículos 818 y 813 del Código civil. La donación inter vivos se tomará en consideración, por más que lo quiera evitar el causante, para calcular el donatum que con el relictum determina el patrimonio hereditario cuya tercera parte constituye la legítima estricta, que en el presente caso, el demandante percibirá la mitad de este tercio, es decir, una sexta parte, ya que la legítima estricta, como la larga, se divide entre los legitimarios. Es el cómputo de la legítima, como fijación cuantitativa de ésta y al que se refieren, entre otras muchas, las sentencias de esta Sala de 17 de marzo de 1989, 21 de abril de 1990, 15 de febrero de 2001 y 28 de septiembre de 2005. La previsión que pretende imponer el causante no es de dispensa de colación, sino de exclusión total del cómputo de la herencia; no cabe otra interpretación: incluso llega a decir que "valga como hecha por su señor padre" y, por si cupiera alguna duda, añade: "no se tome en cuenta para ningún cómputo en su sucesión". Incluso si se considerara —lo que no cabe— que es dispensa de colación, hay que recordar que todas las donaciones, colacionables o no, deberán incluirse en el cómputo del donatum al efecto de cálculo de la legítima, como han aclarado las sentencias de 21 de abril de 1990, 28 de mayo de 2004, 14 de diciembre de 2005. No hay duda, pues, que en el cómputo de la legítima se ha de añadir el valor de las donaciones hechas por el causante: sentencias de 28 de mayo de 2004, 28 de septiembre de 2005, 14 de diciembre de 2005 y la de 24 de enero de 2008 que expresamente dice que "el causante puede dispensar de la colación a uno o varios de los legitimados, pero no puede impedir que se computen para calcular la legítima, por mor del artículo 813 del Código civil"». (21 enero 2010, rec. 2349/2005, LA LEY 91/2010)

CONCORDANCIAS

Véanse arts. 834 y ss. y 848 a 857 de este Código.
Texto vigente según Ley 41/2003, 18 noviembre (*«B.O.E.»,* 19 noviembre).

Artículo 814

La preterición de un heredero forzoso no perjudica la legítima. Se reducirá la institución de heredero antes que los legados, mejoras y demás disposiciones testamentarias.

Sin embargo, la preterición no intencional de hijos o descendientes producirá los siguientes efectos:

1.º Si resultaren preteridos todos, se anularán las disposiciones testamentarias de contenido patrimonial.

2.º En otro caso, se anulará la institución de herederos, pero valdrán las mandas y mejoras ordenadas por cualquier título, en cuanto unas y otras no sean inoficiosas. No obstante, la institución de heredero a favor del cónyuge sólo se anulará en cuanto perjudique a las legítimas.

Los descendientes de otro descendiente que no hubiere sido preterido, representan a éste en la herencia del ascendiente y no se consideran preteridos.

Si los herederos forzosos preteridos mueren antes que el testador, el testamento surtirá todos sus efectos.

A salvo las legítimas, tendrá preferencia en todo caso lo ordenado por el testador.

COMENTARIO

1.- Preterición es la omisión de un legitimario en el testamento sin que el mismo haya recibido atribución alguna en concepto de legítima. El art. 814 redactado conforme a la Ley de 13 de mayo de 1981 distingue entre preterición intencional y no intencional, siendo la primera aquella en que el testador omite al legitimario sabiendo que éste existe y no intencional cuando la omisión obedece a la ignorancia del testador sobre la existencia del legitimario preterido. Una y otra producen distintos efectos pero ambas exigen un doble requisito:

1.º) Omisión del legitimario en el testamento

2.º) Que no haya percibido nada en concepto de legítima pues en caso contrario sólo podrá ejercitar la acción de complemento de legítima prevista en el art. 815 C.c.

2.- La preterición intencional y consciente por parte del testador tiene como efecto la reducción de la institución de heredero en la medida necesaria para cubrir los derechos del legitimario preterido y si es necesario, y por este orden, le reducción también de los legados, mejoras y demás disposiciones testamentarias. De la redacción del párrafo primero se extrae sin duda que tratándose de preterición intencional de hijos y descendientes la porción a cubrir se contrae a la legítima estricta. La reducción tiene la naturaleza de una acción rescisoria cuyo plazo de prescripción es de cuatro años desde la apertura de la sucesión.

3.- El segundo párrafo del art. 814 se refiere a la preterición errónea o no intencional y la circunscribe a los hijos y descendientes del testador. Si resultan preteridos todos se procede a anular todas las disposiciones testamentarias de contenido patrimonial, quedando a salvo cualquiera otras de contenido no patrimonial (así, reconocimiento de hijos extramatrimoniales, nombramientos de tutor, protutor...). Si la preterición alcanza sólo a alguno de los hijos o descendientes se anula la institución de heredero pero se mantienen las mandas y legados ordenados por el testador salvo que también éstas resultasen inoficiosas. No obstante, de la interpretación del testamento pueden deducirse otras reglas de reducción a tenor de lo previsto en el art. 675.1.º C.c. Así, si a uno de los hijos se le ha nombrado heredero y a los demás legatarios en igual cuantía parece que la porción del preterido deberá extraerse reduciendo por igual todas y cada una de las atribuciones patrimoniales a favor de los demás hijos sin tener en cuenta el título de atribución.

4.- Concluye la regulación de la preterición con una regla a favor del cónyuge viudo: si la institución fuese a su favor no se anulará sino que se reducirá en lo necesario para cubrir los derechos del legitimario preterido. Parece que tal regla es sólo aplicable al caso de preterición erróneo de algunos (no todos) de los descendientes. Obsérvese que se habla de institución de heredero a favor del cónyuge y no de cualquier disposición a su favor, lo que parece excluirlo del ámbito de la preterición no intencional de todos los descendientes.

JURISPRUDENCIA

«Muy al contrario, según pacífica doctrina, en el caso de que los hijos hayan nacido después de otorgado el testamento la no intencionalidad de su preterición en el mismo queda

demostrada ex re ipsa. Conclusión que todavía se impone con mayor fuerza cuando, como aquí sucede, el momento de la concepción del hijo preterido es asimismo posterior a aquel otorgamiento... Como esta Sala tuvo ocasión de declarar en la ya lejana S 1 Jul. 1969, la preterición ha de resultar exclusivamente del testamento, por ser éste la expresión más solemne de quien dispone de sus bienes para después de su muerte evitando formular hipótesis sobre la posible causa de la omisión del heredero, ya que la presunta voluntad del causante carece de toda eficacia si no aparece del propio testamento.» (23 enero 2001, LA LEY 3321/2001) (Doctrina reiterada por la de 31 mayo 2010, rec. 1697/2006, LA LEY 67107/2010)

«Se ha dado la preterición, regulada por el art. 814 del CC que fue reformado por la L 11/1981, de 13 May., cuya disp. trans. 8 dispone que la nueva legislación se aplica a las sucesiones que se abran después de entrar en vigor; la apertura de la presente sucesión se produjo en 1984, muerte del causante. Se da exactamente el concepto de preterición intencional: omisión de los legitimarios en el testamento, sabiendo que existen y que no han recibido nunca nada en concepto de legítima. El efecto lo declara, como principio, el inicio del art. 814: la preterición de un heredero forzoso (legitimario) no perjudica la legítima.» (9 julio 2002, LA LEY 7169/2002)

«al declararse heredero al que lo es y ha sido preterido, se le reconocen a éste, en la herencia, los derechos que procedan a su favor, pues los actos de los demás herederos, no pueden perjudicar a su legítima estricta, "en la parte que le corresponda" (arts. 807.1.º, 808, 814.1, 823, 851 y 1080 CC) Tales derechos, como se acaba de indicar, son los correspondientes a la legítima estricta, es decir, la cuarta parte del tercio de legítima, ya que no le afectan las mejoras, ni las disposiciones por legados u otras causas, que deben respetar siempre ese tercio». (6 julio 2004, rec. 489/2000)

«La preterición protege al legitimario en la intangibilidad cuantitativa de su legítima. Como declaración de principio, el artículo 814 comienza diciendo que la preterición de un heredero forzoso (legitimario) no perjudica lo legítimo. Y termina previendo que: a salvo de las legítimas, tendrá preferencia en todo caso los ordenados por el testador. La Sentencia del Tribunal Supremo de 9 de julio de 2002, declara que se ha dado la preterición, regulada por el artículo 814 del Código Civil que fue reformado por la Ley 11/1981, de 13 de mayo, cuya disposición transitoria 8.ª dispone que la nueva legislación se aplica a las sucesiones que se abran después de entrar en vigor. Se da exactamente el concepto de preterición intencional: omisión de los legitimarios en el testamento, sabiendo que existen y que no han recibido nada en concepto de legítima. El efecto lo declara, como principio, el inicio del artículo 814: la preterición de un heredero forzoso (legitimario) no perjudica a la legítima». (7 octubre 2004, rec. 1261/2001)

«La cuestión jurídica que se plantea en casación es la calificación de la preterición. Esta, sin duda, y así lo declaran ambas sentencias de instancia, se ha producido. Es la omisión del legitimario en el testamento, sin que éste haya recibido atribución alguna en concepto de legítima; en el presente caso, efectivamente, al hijo extra matrimonial del causante no se le menciona en el testamento (fue concebido y nació después de otorgado éste) ni nada recibió imputable a la legítima. La declaración de principio del mencionado artículo 814 es clara: la preterición de un heredero forzoso (quiere decir legitimario) no perjudica la legítima, tras cuyo principio declara los efectos distinguiendo si la preterición es intencional o errónea (no intencional, la llama). La primera se produce cuando el testador no ha mencionado ni hecho atribución alguna al legitimario, sabiendo (intencionadamente) que éste existe; la segunda, cuando el testador omitió la mención del legitimario hijo o descendiente (no otro) porque ignoraba (erróneamente) su existencia. Se advierte que estos conceptos vienen referidos al testamento, no a la muerte. Es decir (como mantiene la sentencia de primera instancia), que la preterición se produce si en el testamento se omite al legitimario, sin importar que en la apertura de la sucesión, producida por la muerte del causante, éste haya sabido o no

de la existencia de aquél. No se tiene en cuenta la preterición al tiempo de la muerte, según conozca o no de la existencia del legitimario, sino al tiempo del testamento. En consecuencia, se estima que en el presente caso el testador omitió al único legitimario, su hijo, en el testamento, ignorando su existencia y cuando la supo no lo modificó y quedó viciado de preterición errónea con el importante efecto (que reconoce la sentencia de primera instancia) de anulación de las disposiciones testamentarias de contenido patrimonial, según dispone el artículo 814, párrafo segundo, número primero. Con ello la presente resolución no hace sino seguir la doctrina jurisprudencial que plasman las sentencias de 30 de enero de 1995 (LA LEY 349/1995) y 23 de enero de 2001 (LA LEY 3321/2001)». (22 junio 2006, LA LEY 62941/2006)

«La preterición intencional y errónea. Viene regulada por el artículo 814 del Código civil, redactado por la Ley de 13 de mayo de 1981 que produjo un cambio sustancial en su regulación. En todo caso exige la omisión de todos o alguno legitimarios en el contenido patrimonial del testamento, sin haberles atribuido en el mismo o anteriormente ningún bien y que le sobrevivan. La intencional se produce cuando el testador sabía que existía el legitimario preterido, al tiempo de otorgar testamento y la no intencional o errónea, cuando el testador omitió la mención de legitimario hijo o descendiente ignorando su existencia, siempre al tiempo de otorgar testamento (así la distinguen las sentencias de 30 de enero de 1995, 23 de enero de 2001 y 22 de junio de 2006). Los efectos son bien distintos: mientras en la intencional se rescinde la institución de heredero en la medida que sea precisa para satisfacer la legítima y si no basta, se rescinden los legados a prorrata, en la errónea de alguno de los hijos o descendientes, se anula la institución de heredero y si no basta, los legados. En todo caso, proclamada artículo 814 del Código civil la preterición de un legitimario no perjudica la legítima, como dice el artículo 813». (31 mayo 2010, rec. 1697/2006, LA LEY 67107/2010)

«El primer párrafo del artículo 814 del Código Civil se refiere a la preterición intencional al disponer: la preterición de un heredero forzoso (quiere decir legitimario) no perjudica la legítima. Se reducirá la institución de heredero antes que los legados, mejoras y demás disposiciones testamentarias. La demandante, hija adoptiva de los testadores, ha sido preterida por una y otro, sabiendo que era hija; preterición intencional, por tanto. En el testamento de la madre dejando su institución de heredera para un momento posterior como heredera fideicomisaria que, por cierto, nunca se cumplió. En el del padre, totalmente, pues distribuyó toda su herencia en legados, sin incluirla a ella». (8 octubre 2010, rec. 140/2007, LA LEY 181846/2010)

CONCORDANCIAS

Véanse arts. 763, 813, 817, 848 a 857, 924 a 929 y 1.080 de este Código.
Texto vigente según Ley 11/1981, 13 mayo (*«B.O.E.»,* 19 mayo). Anterior texto según Ley 24 abril 1958 (*«B.O.E.»,* 25 abril).

Artículo 815

El heredero forzoso a quien el testador haya dejado por cualquier título menos de la legítima que le corresponda, podrá pedir el complemento de la misma.

COMENTARIO

1.- El art. 815 recoge la acción de suplemento de legítima del Derecho Justinianeo estableciendo que si el legitimario recibe menos de lo que por legítima le corresponda puede dirigir acción personal para obtener la diferencia entre lo dejado por el testador y su porción legitimaria. De este artículo se destaca que al establecer el derecho del legitimario a reclamar el complemento a su legítima deja clara la posibilidad de atribuir la legítima por cualquier título, cancelando así el deber legal de instituir heredero al legitimario propio de nuestro Derecho Histórico. El precepto legal parte de la hipótesis de que el legitimario ni ha sido preterido ni excluido injustamente por el causante, si bien lo atribuido en concepto de legítima no es suficiente para cubrir su derecho. Tal ocurre cuando el legitimario ha sido instituido por el causante pero en porción inferior a su derecho o cuando se le atribuye un legado o una donación insuficiente, en cuyo caso podrá reclamar que se complete su legítima al amparo del art. 815.

2.- Respecto a este artículo surgen las siguientes cuestiones:

1.º) La naturaleza jurídica de la acción de complemento es de carácter mixto: personal por cuanto va dirigida contra los herederos y real porque está protegida por el art. 806 que limita la disponibilidad de los bienes hereditarios en tanto no sean satisfechas las legítimas; incluso el aspecto real de la acción se manifiesta frente a terceros adquirentes no protegidos por el Registro que pueden verse afectados por la acción de complemento. Para ello es importante que el legitimario anote preventivamente su demanda, pues con ello evita que pueda escapársele la efectividad de la acción frente a terceros hipotecarios.

2.º) Solicitado el complemento, éste se recibe por el mismo título por el que se atribuyó la legítima: si el legitimario fue nombrado heredero, el suplemento que percibe engrosa su herencia; si había percibido parte de su legítima por legado o donación, el suplemento lo obtendrá como sucesor a título particular del causante.

3.º) El complemento de la legítima se obtiene reduciendo las disposiciones testamentarias que lesionen la legítima y se dirige en primer término contra los herederos instituidos con el fin de reducir la institución ajena; si aun así los bienes relictos no fueran suficientes para el pago de la legítima la acción se reconducirá a la petición de inoficiosidad de los legados y de las donaciones hasta cubrir la porción legitimaria.

4.º) Se discute si la acción de complemento ejercitada por los legitimarios descendientes del causante debe dirigirse a la obtención de la legítima larga o estricta. La doctrina mayoritaria considera que la cuestión debe contraerse a una correcta interpretación de la voluntad del causante según se desprenda del propio testamento. Por ello si el legitimario ejercita la acción contra otros descendientes parece que la petición debe reducirse al mínimo legal que le corresponde, es decir, su parte viril en la legítima corta.

5.º) Fijado el importe del suplemento éste deberá ser pagado con bienes hereditarios *in natura*, salvo que el supuesto encaje en los casos en que está autorizado el pago en metálico.

6.º) La acción de suplemento es transmisible a los herederos del legitimario, aun cuando abierta la sucesión de éste todavía no hubiese sido ejercitada. Respecto al plazo de prescripción parece que ante el silencio legal debe aplicársele el plazo de treinta años previsto para la acción de petición de herencia.

JURISPRUDENCIA

«El sistema se califica como de reglamentación negativa, dado que la Ley deja al causante disponer de sus bienes en la confianza de que va a cumplir voluntariamente, y por cualquier título, el deber de atribución y confiere al legitimario (artículo 763.2 del Código Civil), para el caso de que se superen en su perjuicio los límites establecidos, la facultad de ejercitar las acciones de defensa cuantitativa de su legítima, con la reclamación del com-

plemento (artículo 815 del Código Civil), la reducción de legados excesivos (artículos 817 y 820 del Código Civil y sentencia de 24 de julio de 1986) o, en su caso, de las donaciones inoficiosas (artículos 634, 651, 819 y 820 del Código Civil), aunque estén ocultas bajo negocios aparentemente onerosos [sentencia de 14 de noviembre de 1986 (LA LEY JURIS. 8422-R/1987)]». (28 septiembre 2005, rec. 821/1999)

«La legítima, como limitación de derechos sucesorios a la facultad de disponer del causante o, como dice la sentencia de 28 de septiembre de 2005, sistema de reglamentación negativa, el sistema se califica como de reglamentación negativa, dado que la ley deja al causante disponer de sus bienes en la confianza de que va a cumplir voluntariamente, y por cualquier título, el deber de atribución y confiere al legitimario (artículo 763.2 del Código Civil), para el caso de que se superen en su perjuicio los límites establecidos, la facultad de ejercitar las acciones de defensa cuantitativa de su legítima, con la reclamación del complemento (artículo 815 del Código Civil), la reducción de legados excesivos (artículos 817 y 820 del Código Civil y sentencia de 24 de julio de 1.986) o, en su caso, de las donaciones inoficiosas (artículos 634, 651, 819 y 820 del Código Civil), aunque estén ocultas bajo negocios aparentemente onerosos (sentencia de 14 de noviembre de 1.986)». (21 noviembre 2011, rec. 1879/2008, LA LEY 236539/2011)

Artículo 816

Toda renuncia o transacción sobre la legítima futura entre el que la debe y sus herederos forzosos es nula, y éstos podrán reclamarla cuando muera aquél; pero deberán traer a colación lo que hubiesen recibido por la renuncia o transacción.

COMENTARIO

1.- Complemento del art. 1271.2.º que prohíbe cualquier pacto sobre la herencia futura y del art. 655.2.º que prohíbe la renuncia anticipada del derecho a solicitar la reducción de donaciones inoficiosas, el 816 declara nula toda renuncia o transacción sobre la legítima futura. Del primer párrafo del art. 816 se extrae que:

— La prohibición de renuncia o transacción se refiere sólo a las llevadas a cabo antes de deferirse la herencia. Por supuesto será válida cualquier renuncia o transacción que un legitimario haga de sus derechos en tiempo posterior

— La norma del art. 816 sólo es aplicable a la legítima estricta, sin extenderla a la mejora ya que ésta puede ser objeto de pactos sucesorios a tenor de lo previsto en los arts. 826 y 827.

— La nulidad a la que alude la norma legal se trata de una nulidad absoluta con efectos *ex tunc*, apreciable de oficio y oponible por cualquiera e imprescriptible.

2.- El segundo párrafo del art. 816 determina las consecuencias de la renuncia o transacción anticipada de la legítima, previniendo que en todo caso los legitimarios podrán reclamar su legítima cuando muera el causante aunque con la obligación de «traer a colación lo que hubiesen recibido por la renuncia o transacción». Obsérvese que la adjudicación de la legítima no se produce *ipso iure* sino que debe ser reclamada por el legitimario lo que en nada afecta a la nulidad del acto que no depende de la voluntad de los interesados. Lo que implica que el acto es radicalmente nulo y porque lo es el legitimario puede a pesar de la renuncia o de la transacción reclamar el pago de su legítima.

Por su parte la obligación de traer a colación lo recibido por el legitimario parece referirse únicamente al supuesto de transacción dado el carácter de acto esencialmente gratuito que tiene la renuncia. El término «traer a colación» no ha de entenderse en su precisa acepción técnica, pues simplemente implica la obligación de computar lo recibido por la transacción a efectos de determinación de las legítimas y su posterior imputación a la porción correspondiente al legitimario que la realizó. Con lo que se evita que el legitimario además de retener lo percibido por la transacción pudiera reclamar la porción íntegra de lo que se le deba en concepto de legítima.

JURISPRUDENCIA

«El efecto de la preterición intencional lo concreta el mismo art. 816: se reducirá la institución de heredero y se satisfará la legítima en la medida, en el presente caso, que establece el art. 808. La cuestión que se ha planteado es si esta legítima es la larga (dos tercios: primer párrafo de dicho art. 808) o la estricta (un tercio). El efecto de la preterición intencional se equipara al de la desheredación injusta (art. 851): el preterido, como el desheredado injustamente, tiene derecho a la legítima, pero sólo a la legítima estricta o corta, es decir, un tercio, ya que la voluntad del causante, soberano de su sucesión, fue el privarle del todo y si por ley se le atribuye, no se puede extender a una parte (legítima larga) que corresponde a su libre disposición (entre hijos) y que voluntariamente nunca le quiso atribuir.» (9 julio 2002, LA LEY 7169/2002)

«En cuanto a la renuncia a la legítima en vida del causante es nula, como se desprende del art. 816 del CC y no afecta a los herederos forzosos de la renunciante, que podrán reclamarla cuando muera aquél, pero la renuncia producida abierta la sucesión es válida y quien renuncia, renuncia por sí y lo hace también por su estirpe y se incrementan las cuotas que por legítima, individual, corresponden a los demás legitimarios por derecho propio y no por derecho de acrecer.» (10 julio 2003, LA LEY 2639/2003)

CONCORDANCIAS

Véanse arts. 825, 831 y 1.271 de este Código.

Artículo 817

Las disposiciones testamentarias que mengüen la legítima de los herederos forzosos se reducirán, a petición de éstos, en lo que fueren inoficiosas o excesivas.

COMENTARIO

1.- El art. 817 con carácter claramente protector de la legítima atribuye al legitimario acción para reducir los legados en lo que fueran inoficiosos con el fin de que éste obtenga completa su porción legitimaria. Legitimado activamente está el legitimario que si quiere obtener íntegra su legítima queda obligado a instar la reducción de los legados que mengüen su derecho. Se trata de una acción personal que se dirige contra el legatario o contra el tercer poseedor legitimados pasivamente en cuanto quedan obligados a restituir aquella porción del legado que resulte inoficiosa. La legitimación activa alcanza también a los herederos del legitimario incluso a los voluntarios y parece que también a sus acreedores que por subrogación podrán instar la reducción al amparo de lo previsto en los arts. 1111 y 1001 C.c. Evidentemente la inoficiosidad del legado es una cuestión de hecho cuya prueba corresponde a quien la alega y pretende su reducción.

2.- La acción de reducción es irrenunciable en vida del causante a tenor de lo prevenido en el art. 816 C.c. Cualquier renuncia a la misma se considera nula por lo que pese a ella podrá el legitimario ejercitar las acciones oportunas tendentes a la obtención de su legítima. Se discute sobre el plazo de prescripción de la acción aunque atendiendo a su carácter netamente rescisorio parece que el plazo será el de cuatro años previsto en el art. 1299 C.c. para la acción rescisoria.

3.- En cuanto a la eficacia de la acción de reducción no se plantean problemas cuando el legado todavía no hubiese sido entregado pues pese a la adquisición *ipso iure* establecida en el art. 882.1.º C.c. el legatario carece de posesión y por lo tanto se limitan sus facultades dispositivas. Si el legado hubiese sido ya entregado, el legitimario podrá dirigir la reclamación de ineficacia del legado contra un tercer adquirente salvo que éste fuese oneroso y de buena fe, en cuyo caso el derecho del legitimario se reconduce a exigir del legatario el valor inoficioso del legado.

CONCORDANCIAS

Véanse arts. 636, 654, 655 y 820 a 822 de este Código.

Artículo 818

Para fijar la legítima se atenderá al valor de los bienes que quedaren a la muerte del testador, con deducción de las deudas y cargas, sin comprender entre ellas las impuestas en el testamento.

Al valor líquido de los bienes hereditarios se agregará el de las donaciones colacionables.

COMENTARIO

1.- El art. 659 determina el contenido de la herencia que se integra por todos los bienes, derechos y obligaciones de una persona que sean transmisibles. No se incluyen por tanto los que se extingan por su muerte como derechos u obligaciones personalísimos derivados generalmente del Derecho de Familia, o los de duración vitalicia, o los bienes sujetos a reserva vidual o lineal o al derecho de retorno sucesorio. No se considerarán pasivo hereditario las obligaciones creadas mortis causa por el propio causante aunque sí serán deducibles los gastos de entierro y funeral. Activo y pasivo han de liquidarse y valorarse tal como establece el art. 818 para proceder al cálculo de la legítima. Para valorar los bienes sin duda debe atenderse a su valor real y verdadero salvo que el testador hubiese ordenado reglas distintas para el inventario, avalúo, liquidación y división de sus bienes.

Se discute cuál es el momento para realizar la valoración. El art. 818 se limita a establecer que para fijar la legítima deberá atenderse «al valor de los bienes que quedaren a la muerte del testador» pero no dice que se asigne a los bienes el valor que tuvieren al morir el causante. Parece que lo más justo será tener en cuenta las alteraciones de valor que éstos puedan sufrir desde la apertura de la sucesión hasta el momento de satisfacerse las legítimas; con ello se evita que la cuota legitimaria puede verse afectada por fenómenos económicos inflacionarios. En apoyo de lo anterior puede citarse el art. 847 C.c. que atiende al valor que tuvieren los bienes en el momento de liquidar la porción correspondiente a los legitimarios. Fijado el valor del activo hereditario se procede a la liquidación del pasivo.

2.- El segundo inciso del art. 818 ordena agregar al activo líquido «el valor de las donaciones colacionables». El término «colacionables» no debe ser entendido en un sentido rigurosamente técnico debiendo incluirse en el cálculo todo tipo de donaciones salvo aquellas que se consideren no computables. En este sentido conviene aclarar lo siguiente:

— Aunque el art. 818 se refiera a donaciones hechas por el causante deben incluirse cualesquiera otros actos de liberalidad; así deudas condonadas a las que el art. 1187-2.º C.c. somete a los preceptos que rigen las donaciones inoficiosas, renuncia gratuita a favor de un coheredero prevista en el art. 1000.2.º C.c. o cualquier negocio de fundación o de dotación fundacional.

— En cuanto a las donaciones remuneratorias sólo deberá computarse el valor de las mismas que exceda del valor del servicio remunerado; y lo mismo si la donación es modal en cuyo caso sólo se computará en lo que exceda del valor del gravamen impuesto.

— En las donaciones usuales se sigue la regla del art. 1041 C.c. relativa a los regalos de costumbre a los que se dispensa de colación. La consideración de una donación como usual es una cuestión de hecho que los tribunales deberán de resolver.

— Las donaciones de frutos, rentas e intereses se computarán, salvo que tuvieran el carácter de usuales.

— Los gastos de alimento, educación, enfermedades aunque sean extraordinarios dispensados de colación por el art. 1041 tampoco son computables.

— Los gastos hechos por el padre para dar una carrera a sus hijos deberá ser computado salvo que el nivel económico y social de la familia permita incluirlos entre los gastos normales de educación de los hijos.

— Las primas de seguro a favor de tercero deberán computarse hasta el límite del capital satisfecho al beneficiario.

Como última cuestión respecto a las donaciones computables para fijar el valor de la legítima cabe plantearse si el valor de los bienes donados debe referirse al tiempo de otorgarse la donación o al tiempo del fallecimiento del causante. El art. 818 reformado por la Ley de 13 de mayo de 1981 suprimió el inciso final según el cual la donación debía computarse según el valor que tuviese en el tiempo en que se hubieran hecho. Ante el silencio legal la doctrina mayoritaria mantiene que la valoración se hará según el estado físico que tuviere el bien donado al tiempo de la donación pero teniendo en cuenta el valor que le corresponda en el tiempo en que se evalúen los bienes hereditarios. Con ello se evita incluir en la valoración las mejoras introducidas por el donatario.

JURISPRUDENCIA

«No se trata aquí precisamente de donación de la progenitora doña Milagros a alguno de sus hijos herederos forzosos de la misma, sino de donación precedente de la hija fallecida a favor de una hermana, lo que determina que resulte inaplicable el artículo 818 del Código Civil, pues dicho precepto establece reglas para calcular la legítima atendiendo al valor de los bienes que quedasen a la muerte del testador y autoriza a agregar el valor líquido de las donaciones colacionables (donatum) que hubiera efectuado el propio causante». (28 mayo 2004, rec. 204/1998)

«los términos del artículo 806 del Código Civil, que la define como porción de bienes que el testador no puede disponer por haberla reservado la Ley a determinados herederos, lla-

mados forzosos, en el sistema que dicho cuerpo legal sanciona la legítima no constituye una pars reservata bonorum, dado que el testador puede disponer de éstos, inter vivos y mortis causa, bien que con una eficacia condicionada a la defensa de la intangibilidad cuantitativa que de su legítima haga el legitimario [sentencias de 31 de marzo de 1970 y 20 de noviembre de 1990 (LA LEY JURIS. 13408-R/1991)] el cual puede recibir por cualquier título apto el contenido patrimonial a que tiene derecho [artículo 815 del Código Civil y sentencias de 20 de junio de 1986 (LA LEY JURIS. 75771-NS/0000) y 9 de mayo de 1990 (LA LEY JURIS. 1715-JF/0000)] y no sólo como heredero. El sistema se califica como de reglamentación negativa, dado que la Ley deja al causante disponer de sus bienes en la confianza de que va a cumplir voluntariamente, y por cualquier título, el deber de atribución y confiere al legitimario (artículo 763.2 del Código Civil), para el caso de que se superen en su perjuicio los límites establecidos, la facultad de ejercitar las acciones de defensa cuantitativa de su legítima, con la reclamación del complemento (artículo 815 del Código Civil), la reducción de legados excesivos (artículos 817 y 820 del Código Civil y sentencia de 24 de julio de 1986) o, en su caso, de las donaciones inoficiosas (artículos 634, 651, 819 y 820 del Código Civil), aunque estén ocultas bajo negocios aparentemente onerosos [sentencia de 14 de noviembre de 1986 (LA LEY JURIS. 8422-R/1987)]». (28 septiembre 2005, rec. 821/1999)

«las donaciones efectuadas por el testador deben ser traídas a la partición al efecto de computar su valor y determinar si son inoficiosas, con el fin de reducirlas cuando ello sea preciso con arreglo a las disposiciones legales. Así, entre las más recientes, la sentencia de 11 de octubre de 2005 (LA LEY JURIS. 13977/2005) recuerda que "habrá de traerse el valor de los bienes donados al tiempo en que se evalúen los bienes hereditarios (art. 1045 CC) a fin de integrar la masa hereditaria con el relictum más el donatum a efectos de poder calcular las legítimas de los restantes herederos forzosos y comprobar si la donación las ha perjudicado causando su minoración (sentencia de esta Sala de 21 de abril de 1997, entre otras)"». (14 diciembre 2005, rec. 1217/1999)

«Para la determinación del valor de las liberalidades o donaciones computables ha de estarse al que tuvieren el día de la partición (1.993). Es doctrina común que la reforma en 1.981 del art. 818 CC produjo el que la valoración de los bienes del causante habría de realizarse en el que tuvieren el día de la partición, lo que recoge el también reformado art. 838.» (15 junio 2007, LA LEY 51440/2007)

«El cómputo de la legítima es la fijación cuantitativa de ésta, que se hace calculando la cuota correspondiente al patrimonio hereditario del causante, que se determina sumando el relictum con el donatum; *así lo dicen expresamente las sentencias de 17 de marzo de 1989 y 28 de septiembre de 2005 y se refieren a ello las de 21 de abril de 1990, 23 de octubre de 1992 y 21 de abril de 1997. Artículo 818 del Código civil. La atribución es el pago de la legítima, por cualquier título; como herencia, como legado o como donación. Artículos 815 y 819 del Código civil. La imputación es el colocar a cuenta de la legítima lo que un legitimario ha recibido de su causante como heredero, como legatario o como donatario. A ella se refieren las sentencias citadas, de 31 de abril de 1990 y 28 de septiembre de 2005. Artículo 819 del Código civil, que se refiere a la imputación de las donaciones. Distinto de todo ello es la colación. Este es un tema de cálculo de legítima, cuando hay varios legitimarios y es, sencillamente, como la define la sentencia de 17 de diciembre de 1992, la adición contable a la masa hereditaria del valor del bien donado; o, más precisamente, la agregación intelectual que deben hacer al activo hereditario los legitimarios que concurran en una sucesión con otros, de los bienes que hubieren recibido del causante en vida de éste, a título gratuito, para computarlo en la regulación de las legítimas y en la cuenta de la partición, como dice el artículo 1035 del Código civil. El causante puede dispensar de la colación a uno o varios de los legitimarios, pero no puede impedir que se computen para calcular la legítima, por mor del artículo 813 del Código civil. La colación lleva simplemente a una menor participación de uno o varios legitimarios en la herencia equivalente a lo que recibió en vida del*

causante, pero no evita las operaciones de computación e imputación». (24 enero 2008, LA LEY 866/2008)

«Las donaciones válidas no forman parte del caudal relicto. Solo si debe calcularse el valor del caudal relicto al haber legitimarios, se aplicará el Art. 818 CC, cuyo párrafo segundo establece que una vez determinado el valor de dicho caudal, se agregará el de las donaciones colacionables. Esta operación es meramente contable y no requiere la aportación de los mismos bienes donados, sino únicamente la de su valor a los efectos de la determinación del quantum sobre el que se van a calcular las legítimas y las mejoras y va a servir de base para la reducción de las donaciones que haya que declarar inoficiosas, de acuerdo con lo que dispone el Art. 654 CC, de modo que solo han de computarse a los efectos del cálculo de la legítima y de la colación, si a ello hubiera lugar, lo que no ocurre en el presente litigio». (23 diciembre 2011, rec. 554/2009, LA LEY 259216/2011)

Vid. la sentencia de 21 enero 2010 incluida en la jurisprudencia del art. 813.

CONCORDANCIAS

Véanse arts. 1.035 y ss. de este Código.
Texto vigente según Ley 11/1981, 13 mayo (*«B.O.E.»,* 19 mayo).

Artículo 819

Las donaciones hechas a los hijos, que no tengan el concepto de mejoras, se imputarán en su legítima.

Las donaciones hechas a extraños se imputarán a la parte libre de que el testador hubiese podido disponer por su última voluntad.

En cuanto fueren inoficiosas o excedieren de la cuota disponible, se reducirán según las reglas de los artículos siguientes.

COMENTARIO

1.- El primer párrafo del artículo 819 se ocupa de la imputación de las donaciones hechas a un hijo legitimario que no tengan el carácter de mejora en cuyo caso determina la ley que se imputarán a su parte de legítima estricta pues se parte de la base de que la donación es un pago anticipado o a cuenta de la legítima. Si el valor de la donación excede de la legítima estricta procederá imputar el exceso al tercio de libre disposición. Por el contrario si el testador atribuyó la donación confiriéndole el carácter expreso de mejora deberá imputarse al tercio de mejora y en lo que exceda a la legítima estricta del donatario y al tercio de libre disposición por ese orden.

2.- La imputación de donaciones hechas en favor de un legitimario plantea las siguientes cuestiones:

1.º) Aunque el art. 819 se refiere a los hijos del causante debe entenderse que las mismas reglas de imputación se aplicarán cuando los legitimarios sean los ascendientes del donante. Por tanto las donaciones hechas en favor de éstos se imputarán también a su porción legitimaria.

2.º) Si la donación hecha a un legitimario tuviere el carácter expreso de no colacionable se entiende que el legitimario deberá recibir su porción legitimaria y además la donación; ser no colacionable implica ser no imputable a la legítima. Salvo que el patrimonio relicto sea inferior a la suma de las legítimas en cuyo caso la donación aun con dispensa de ser colacionada deberá imputarse a la legítima del beneficiario.

3.º) Si la donación fue hecha a un descendiente que luego resulta ser legitimario (bien por premuerte del descendiente intermedio, o por resultar éste desheredado o indigno o por haber repudiado la herencia o renunciado a su legítima) no cabe duda que no cabe su imputación a la legítima estricta. La imputación de lo donado corresponde entonces al tercio de libre disposición y en lo que exceda al tercio de mejora; salvo que la donación se hubiese atribuido con el carácter expreso de mejora en cuyo caso la imputación se hará en el orden inverso.

4.º) Si la donación fue hecha en favor de un descendiente legitimario que después no llega a serlo (por premoriencia, indignidad, desheredación) se mantiene la imputación prevista en el art. 819 a su parte de legítima estricta que corresponderá a sus hijos o descendientes por derecho de representación (arts. 924, 925, 761 y 857 C.c.). La donación se mantiene firme y los hijos del legitimario no pueden acceder sino a la porción de legítima que a aquél le restaba por percibir. La misma norma se aplicará cuando por no proceder el derecho de representación la porción sea ocupada por los demás colegitimarios.

5.º) Cuando el legitimario renunciare a su legítima la donación hecha a su favor se mantiene firme y debe entenderse recibida a cuenta de aquélla, pues la renuncia en nada altera las reglas de imputación previstas en el art. 819.

3.- El segundo párrafo del art. 819 se refiere a las donaciones hechas en favor de extraños y ordena su imputación al tercio de libre disposición. Interesa aclarar que por extraños debe tenerse a los que no son legitimarios en una sucesión concreta; por tanto, incluso los ascendientes del causante cuando a la sucesión concurran descendientes del mismo, pues éstos excluyen por completo a aquéllos (art. 807.2.º C.c.). Incluso los legitimarios serán tenidos por extraños respecto de aquellas donaciones no imputables a la legítima y respecto del exceso de valor de las imputables que será atribuido al tercio libre y que por lo tanto quedan sujetas a una posible reducción en lo que sean inoficiosas.

4.- El párrafo tercero del art. 819 establece la posibilidad de reducir las donaciones que por exceder de la cuota disponible resultaren inoficiosas remitiendo a los artículos siguientes que determinarán cómo debe hacerse la reducción. Son aplicables también los arts. 654, 655 y 656 C.c. relativos a la reducción de donaciones inoficiosas.

JURISPRUDENCIA

«partiendo de la normativa sobre protección de las legítimas, fundamentalmente, art. 813 CC, con los correspondientes límites cuando se verifican actos gratuitos intervivos según el art. 636, con su definición de cuándo la donación es inoficiosa, ha de centrarse el examen para fundamentar esta decisión en la configuración de lo que se entiende por donación inoficiosa de ese art. 636 en relación con el 819.3.º, sin perjuicio, asimismo, de contemplar, en lo atinente, en su caso sobre las donaciones colacionables de los arts. 1035 y ss. Y al punto, se entiende como donación inoficiosa aparte de las que excedan de los límites de la disposición testamentaria —art. 636—, las incursas en la sanción de citado art. 819.3, en el sentido de que las donaciones hechas a los hijos que no tengan concepto de mejoras se imputarán a su legítima y, en cuanto fueran inoficiosas o excedieran de la cuota disponible, se reducirán según las reglas de los artículos siguientes» (28 febrero 2002, LA LEY 4166/2002)

«La imputación es el colocar a cuenta de la legítima lo que un legitimario ha recibido de su causante como heredero, como legatario o como donatario. A ella se refieren las sen-

tencias citadas, de 31 de abril de 1990 y 28 de septiembre de 2005. Artículo 819 del Código civil, que se refiere a la imputación de las donaciones». (24 enero 2008, LA LEY 866/2008)

Artículo 820

Fijada la legítima con arreglo a los dos artículos anteriores, se hará la reducción como sigue:

1.º Se respetarán las donaciones mientras pueda cubrirse la legítima, reduciendo o anulando, si necesario fuere, las mandas hechas en testamento.

2.º La reducción de éstas se hará a prorrata, sin distinción alguna.

Si el testador hubiere dispuesto que se pague cierto legado con preferencia a otros, no sufrirá aquél reducción sino después de haberse aplicado éstos por entero al pago de la legítima.

3.º Si la manda consiste en un usufructo o renta vitalicia, cuyo valor se tenga por superior a la parte disponible, los herederos forzosos podrán escoger entre cumplir la disposición testamentaria o entregar al legatario la parte de la herencia de que podía disponer libremente el testador.

COMENTARIO

1.- El art. 820 establece el orden a seguir en la reducción de las disposiciones inoficiosas, ordenando reducir en primer término los legados y sólo cuando a pesar de ello el patrimonio hereditario no alcance para cubrir la legítima procederá reducir las donaciones. A ello se refiere el primer párrafo del artículo que atribuye carácter subsidiario a la reducción de las donaciones, ordenando respetarlas mientras pueda cubrirse la legítima, reduciendo si es preciso las mandas o legados dispuestos en el testamento. Sin duda ello obedece a que la propiedad de los bienes donados fue atribuida por el causante de manera irrevocable y a que no sería justo rescindir la donación cuando los bienes de la herencia fueren suficientes para cubrir los derechos de los legitimarios. En los casos en que sea preciso reducir las donaciones el art. 656 ordena su reducción por orden inverso a sus fechas, con lo que la reducción alcanzará preferentemente a las de fecha más reciente.

2.- El párrafo segundo del art. 820 se refiere a los criterios de prioridad para la reducción de legados disponiendo que la reducción de los mismos se realice a prorrata o en proporción a su valor, salvo que el causante hubiese atribuido a alguno el carácter de preferente. Ello se conjuga perfectamente con el art. 891 que previniendo el caso en que toda la herencia sea distribuida en legados ordena prorratear las deudas y gravámenes entre todos los legatarios en proporción a sus cuotas.

3.- Mas problemas plantea concordar el art. 820 con el 887 referido éste a los criterios de preferencia a seguir para el pago de los legados, estableciendo el siguiente orden de prelación:

1.º) Los legados remuneratorios.

2.º) Los legados de cosa cierta y determinada que forme parte del caudal hereditario.

3.º) Los legados que el testador haya declarado preferentes.

4.º) Los de alimentos.

5.º) Los de educación.

6.º) Los demás a prorrata.

Se observa la falta de concordancia entre el art. 820.2.º que considera que la voluntad del testador es la primera ley en esta materia y el art. 887 que coloca la voluntad del testador en tercer lugar. Sin duda que tan distinta regulación obedece a la diferencia de «ratio» que anima a ambos artículos, pues mientras el art. 887 establece las normas a seguir en caso de conflicto entre legatarios, el 820 se refiere a un posible conflicto entre legatarios y legitimarios en cuyo caso dado el carácter preferente y forzoso de las legítimas lo lógico es prescindir para la reducción de toda consideración basada en el objeto o finalidad del legado.

4.- El párrafo tercero del art. 820 acoge la llamada *Cautela Socini* contemplando la posibilidad de gravar la legítima con un usufructo o renta vitalicia cuyo valor exceda de la parte disponible, en cuyo caso los legitimarios podrán escoger entre aceptar el gravamen obteniendo como compensación una porción hereditaria que excede del importe de su legítima o bien eliminar el gravamen de su legítima entregándole al legatario la parte de herencia de que podía disponer libremente el testador. Con ello no se viola el principio de intangibilidad de la legítima con el que únicamente se pretende asegurar al legitimario un *minimum* de participación en la herencia sin impedir la posibilidad de utilizar una opción que pueda reportarles mayores beneficios que los que su derecho estricto les otorga. Así nada obsta para que se atribuya la legítima con limitaciones siempre que se añada una asignación complementaria ante la cual el legitimario pueda optar entre aceptar la legítima gravada más el complemento o bien contentarse con la cuota estricta. Por razones de analogía es opinión mayoritaria que el precepto es igualmente aplicable cuando el legado consista en un derecho de uso y habitación, o en una renta temporal o de alimentos. Tradicionalmente se venía manteniendo la no necesidad de valorar el usufructo o la renta vitalicia, dejando a la libre determinación del heredero-legitimario la elección de lo más conveniente para sus intereses. La doctrina moderna en cambio opina que la valoración será necesaria distinguiendo entre usufructo y renta vitalicia; en el primer caso se comprobará si el valor de los bienes usufructuados excede de la porción disponible y si lo legado es una renta vitalicia será necesario capitalizar la misma para determinar si su valor supera los rendimientos de la porción libre. Si son varios los legitimarios la opción prevista en el art. 820.3.º podrá ser utilizada por cada legitimario afectado individualmente respecto a su porción respectiva.

JURISPRUDENCIA

«la cláusula estableciendo el usufructo universal es válida, y que el legitimario afectado tiene derecho a hacer la opción del art. 820.3, pues si bien tal facultad no se la concede expresamente el testador, el precepto últimamente citado se la otorga, no condiciona su aplicación y eficacia a que el causante lo consienta. Por otra parte, en testamentos notariales abiertos, en los que se dan consejos y advertencias sobre la legalidad por un profesional tan cualificado como el Notario autorizante, es razonable pensar que el testador no ha querido imponer un gravamen sobre la legítima como el usufructo manifiestamente ilegal, sino dejar a voluntad del legitimario gravado a cumplir la disposición a cambio de una mayor participación en la herencia, o bien recibir su legítima con arreglo a la ley sin esa participación, lo que equivale a no cumplirla». (3 diciembre 2001, LA LEY 5449/2002)

«siendo el art. 820 el que establece la forma de reducción de dichas donaciones, esto es, fijada la legítima, a tenor de los preceptos citados, se hará la reducción según los tres supuestos que enumera. Mas es evidente que esos cálculos legitimarios parten del presupuesto de que exista un caudal relicto al fallecimiento del causante/donante en su día, sobre el que se pueda determinar la cuantía de las legítimas, o sea, que exista un patrimonio en el que

quepa proceder a fijar esa cuantía a repartir entre los herederos legitimarios» (28 febrero 2002, LA LEY 4166/2002)

«la denominada cautela sociniana o gualdense, consistente en la opción concedida por el testador al legitimario para elegir entre dos alternativas: o tolerar el usufructo universal del cónyuge viudo, o atribuirle el pleno dominio de todo el tercio de la herencia denominado de libre disposición, a más de los derechos que la ley concede al cónyuge supérstite como legitimario. La sentencia de esta Sala de 3 Dic. 2001 ha señalado la validez de tal cláusula y asimismo que el legitimario afectado tiene derecho a realizar la opción del art. 820.3» (10 julio 2003, LA LEY 2639/2003)

«La llamada comúnmente cláusula o cautela Socini así como Gualdense (por apoyarse en un dictamen emitido por el jurisconsulto italiano del S.XVI Mariano Socini Gualdense) o cláusula angélica (por atribuirse dicha fórmula a Ángelo Ubaldi) es la que puede emplear el testador para, dejando al legitimario una mayor parte de la que le corresponde en la herencia por legítima estricta, gravar lo así dejado con ciertas cargas o limitaciones, advirtiendo que si el legitimario no acepta expresamente dichas cargas o limitaciones perderá lo que se le ha dejado por encima de la legítima estricta. Aun cuando parte de la doctrina ha sostenido que esta cautela supone un artificio en fraude de ley en cuanto elude la norma que establece la intangibilidad cualitativa de la legítima, la doctrina predominante aboga por su validez por su clara utilidad y el hecho de que no se coacciona la libre decisión del legitimario que, en todo caso, puede optar por recibir en plena propiedad la legítima estricta. En este sentido, se incorporó al Código Civil, y así el apartado 3.º del artículo 820». (27 mayo 2010, rec. 1670/2006, LA LEY 60011/2010)

«se grava la mejora con una sustitución fideicomisaria en la que los nietos son los sustitutos fideicomisarios y la madre es la fiduciaria. Los fideicomisarios, sin embargo, no reciben un llamamiento libre, sino que en sus respectivas cuotas, fueron gravados recíprocamente, el uno a favor del otro, tal como permite el art. 824 CC». (18 marzo 2011, rec. 734/2007, LA LEY 5499/2011)

«Ciertamente, el artículo 820, número 3.º, del Código civil, único que la contempla, se refiere sólo al usufructo o renta vitalicia, pero doctrina y jurisprudencia (como la citada sentencia) la aplican a toda carga o limitación que se establezca con tal previsión. La norma del Código civil impone la cautela al caso que contempla; cualquier otra carga o limitación la impone el testador. Y las sentencias de 3 de diciembre de 2001 y 10 de julio de 2003 sancionan la validez de la cautela socini si bien no se plantean —por ser obvio— que no pueda alcanzar a la legítima estricta... ... Poniendo en relación ambos conceptos, es claro que la cautela socini no puede alcanzar a la legítima estricta; es decir, el causante puede poner limitaciones o prohibiciones y dar la opción al legitimario de aceptarlas o verse reducido a percibir la legítima estricta; pero ésta es intocable, intangible. Por tanto, no cabe una prohibición que la afecte y si se trata de prohibir la intervención judicial, nunca podrá impedir que la persona legitimaria acuda a los Tribunales en protección de la legítima estricta... ... Cuya doctrina, reiterada posteriormente, se culmina en las sentencias de 8 de noviembre de 1967 y 8 de junio de 1999 en el sentido de que no puede impedirse la reclamación judicial frente a una posible lesión en los derechos legitimarios. Por tanto, la cláusula de la testadora que prohíbe la intervención judicial y que sanciona el quebrantamiento de la misma con la percepción exclusiva de "la proporción o cuota que en concepto de legítima estricta o corta señala la Ley..." carece de eficacia cuando las legitimarias, en el proceso anterior que ha sido reseñado, reclamaron exclusivamente su legítima estricta y los demás pronunciamientos venían referidos al cálculo de la misma». (21 noviembre 2011, rec. 1879/2008, LA LEY 236539/2011)

CONCORDANCIAS

Véanse arts. 654, 656, 817 y 887 de este Código.

Artículo 821

Cuando el legado sujeto a reducción consista en una finca que no admita cómoda división, quedará ésta para el legatario si la reducción no absorbe la mitad de su valor, y en caso contrario para los herederos forzosos; pero aquél y éstos deberán abonarse su respectivo haber en dinero.

El legatario que tenga derecho a legítima podrá retener toda la finca, con tal que su valor no supere al importe de la porción disponible y de la cuota que le corresponda por legítima.

Si los herederos o legatarios no quieren usar del derecho que se les concede en este artículo se venderá la finca en pública subasta, a instancia de cualquiera de los interesados.

COMENTARIO

Aunque el art. 821, relativo al legado de incómoda división, aparece referido exclusivamente a bienes inmuebles, la opinión mayoritaria entiende que es extensible al legado de cualquier otro bien en que concurra la misma nota, e incluso a las cosas compuestas o universalidades, dada la identidad de «ratio» en uno y otro caso. A tenor del mismo, si la reducción del legado no alcanza a la mitad del valor de la cosa podrá el legatario quedarse con ella pagando el exceso de valor en metálico; por el contrario si la reducción afecta a más de la mitad del legado, la opción corresponde a los legitimarios que podrán hacer suya la cosa, abonando al legatario la porción que le corresponda. Se discute si puede el testador invertir el orden de prelación previsto en el art. 821, inclinándose por la respuesta afirmativa cuando el causante atribuya la opción a los legitimarios en los casos en que la inoficiosidad del legado no alcance a la mitad de su valor; no obstante, parece que no será posible admitir la hipótesis contraria y permitir que tenga preferencia en la opción un legatario extraño, cuando la mayor participación en la cosa corresponda a los legitimarios, pues ello supondría sin duda una lesión cualitativa del contenido de las legítimas. El segundo párrafo contempla la hipótesis de que legatario de la cosa indivisible sea precisamente uno de los legitimarios, en cuyo caso le autoriza a retener todo el legado cuando su valor no supere el importe de la porción libre y de su cuota legitimaria. Evidentemente, la norma contenida en el segundo párrafo debe ser interpretada de conformidad con lo establecido en el primero, pues de lo contrario se llegaría a la absurda solución de atribuir mejor derecho al legatario extraño que al legitimario. En efecto, el supuesto previsto parece partir de la base de que el valor del bien legado no puede superar el que resulte de sumar el importe del tercio libre y de la cuota legitimaria del legatario, cuando lo que debe entenderse es que, aun superando el legado el valor de la parte disponible y de la legítima del legatario, éste podrá hacer suya la cosa legada (siempre que con ello no cause en las demás legítimas una lesión superior a la mitad del bien legado) y abonar a quien corresponda el exceso en dinero. La imputación del valor del legado se hará en primer término al tercio libre, en su defecto al de mejora y en último lugar a la legítima estricta. Tras la reforma introducida por la Ley 41/2003 de 18 de noviembre de Protección Patrimonial de las personas con discapacidad, se añade un tercer párrafo a este art. 21, cuyo contenido es similar al que recogía el art. 822 antes de la reforma y que viene a ser un complemento a la norma que recoge el artículo objeto de este comentario. En efecto, el art. 822 no tenía otro objeto que el de complementar al 821; en el mismo se contenía una regla subsidiaria que, con ligeras variantes, pasa ahora a constituir el párrafo tercero del art. 821, según el cual, cuando el heredero o legatario no quiera usar del derecho previsto en los párrafos anteriores, se procederá a la venta de la finca en pública subasta a petición de cualquiera de los interesados. Por tanto, la «actio communi dividundo», prevista con carácter general en el art. 404 C.c., sólo será ejercitable en este particular supuesto, cuando ni el heredero ni el legatario hayan hecho uso del derecho que confiere el art. 821. La regulación anterior a la reforma recogía una tercera posibilidad, y así, en el caso en que los herederos o legatarios renunciasen al derecho que les concede el art. 821, podía hacer uso de este derecho aquél de ellos que no lo tenía; y sólo para el caso en que éste tampoco quisiera usarlo, se establecía la venta de la finca en pública subasta.

CONCORDANCIAS

Texto vigente según Ley 41/2003, 18 noviembre (*«B.O.E.»*, 19 noviembre).

Artículo 822

La donación o legado de un derecho de habitación sobre la vivienda habitual que su titular haga a favor de un legitimario persona con discapacidad, no se computará para el cálculo de las legítimas si en el momento del fallecimiento ambos estuvieren conviviendo en ella.

Este derecho de habitación se atribuirá por ministerio de la ley en las mismas condiciones al legitimario discapacitado que lo necesite y que estuviera conviviendo con el fallecido, a menos que el testador hubiera dispuesto otra cosa o lo hubiera excluido expresamente, pero su titular no podrá impedir que continúen conviviendo los demás legitimarios mientras lo necesiten.

El derecho a que se refieren los dos párrafos anteriores será intransmisible.

Lo dispuesto en los dos primeros párrafos no impedirá la atribución al cónyuge de los derechos regulados en los artículos 1406 y 1407 de este Código, que coexistirán con el de habitación.

COMENTARIO

Contiene el art. 822 una norma de nuevo cuño, introducida por la Ley 41/2003 de 18 de noviembre de Protección Patrimonial de las personas con discapacidad. Con el mismo se pretende atribuir una protección directa al sujeto discapacitado, mediante la concesión de un trato favorable a las donaciones o legados de un derecho de habitación atribuidos al mismo por el causante, siempre que sea legitimario y conviva con el donante o testador en la vivienda habitual sobre la que recae el derecho de habitación. En concreto, el art. 822 excluye el referido derecho de habitación de la regla general que obliga a computar las donaciones y legados hechos por el testador para calcular la cuantía de las legítimas. En efecto, el art. 818 señala que para fijar la legítima (se refiere a la global) se atenderá al valor líquido de los bienes que quedaren, con deducción de los bienes y las cargas, sin comprender entre ellas las impuestas en testamento (como, por ejemplo, los legados), al que se habrá de añadir idealmente el valor de todas las donaciones verificadas en vida por el causante (de todas, no sólo de las colacionables, como erróneamente señala el art. 818). Esta obligación de computar para el cálculo de la legítima no sólo el activo hereditario, sino también las donaciones hechas por el causante, no supone que las mismas hayan de ser rescindidas o reducidas necesariamente (se ha dicho antes que la adición del «donatum» es una operación imaginaria o ideal). Pero, bien entendido que si al calcular los derechos legitimarios sobre la suma del «relictum» y el «donatum», resulta que bien las donaciones hechas por el causante o bien las disposiciones testamentarias comprendidas en el testamento de éste, menguan la legítima de los herederos forzosos, se reducirán, a petición de éstos, en lo que sean excesivas o inoficiosas (véase el art. 817). Pues bien, si el art. 822 deja fuera del cómputo para calcular las legítimas el legado o la donación del derecho de habitación sobre la vivienda habitual que el titular de la misma hubiese cedido a un legitimario, persona con discapacidad, la consecuencia inmediata es que el referido legado o la mencionada donación escapan a una posible reducción por inoficiosidad; esto es, jamás podrán ser considerados inoficiosos, por la sencilla razón de que en ningún momento se les tuvo en cuenta para calcular la cuantía de la legítima. Entiendo que el trato favorable y la protección que el art. 822 brinda al legitimario discapacitado consiste no sólo en la no computación de su donación o legado, sino que el mismo queda exento de cualquier otra operación de cálculo de la legítima como la imputación o, en su caso, si los legitimarios fueron nombrados herederos, también de la obligación de colacionar prevista en el art. 1035 del Código Civil. El párrafo primero del art. 822 establece dos requisitos para excluir del cómputo de la legítima la donación o legado de un derecho de habitación que recaiga sobre la vivienda habitual:

— Así, exige en primer lugar que la donación o legado haya sido hecho a favor de un legitimario, que además debe tratarse de persona con discapacidad. Evidentemente, el beneficiario puede ser lo mismo un descendiente que un ascendiente, e incluso el cónyuge del causante, con tal que sea su legitimario. Por otro lado, la discapacidad a que se refiere este artículo es, sin duda, la que señala el art. 2 de la Ley 41/2003, por tanto, una minusvalía psíquica igual o superior al 33 por ciento, o bien una minusvalía física o sensorial igual o superior al 65 por ciento. No es preciso, pues, que el beneficiario de esta norma sea una persona incapacitada conforme al art. 199 del Código Civil. Contribuye a aclarar cualquier duda al respecto la Disposición Adicional Cuarta que la Ley mencionada añade al Código Civil, en la que textualmente se afirma que *La referencia que a personas con discapacidad se realiza en los arts. 756, 822 y 1041, se entenderá hecha al concepto definido en la Ley de protección patrimonial de las personas con discapacidad...*

— El derecho de habitación legado o donado al legitimario discapacitado debe recaer sobre la vivienda habitual y, además, es necesario que en el momento de fallecer el causante, ambos (causante y legitimario beneficiado con la donación o legado) estuviesen conviviendo en ella. Por vivienda habitual habrá de tenerse la familiar; el requisito de la convivencia contribuye a aclarar dudas sobre la finalidad del precepto, evidenciando que con el mismo se pretende evitar que la muerte del causante suponga para su legitimario, persona con discapacidad, el desalojo de la que, hasta el momento, había sido su vivienda habitual. En efecto, el derecho de habitación permite al legitimario ocupar las piezas de la vivienda que requieran sus necesidades, independientemente de quién resulte ser el nuevo propietario de la misma. Sin olvidar que al estar excluidos la donación o legado de la regla general que obliga a computarlos para el cálculo de la legítima, jamás podrán ser reducidos por inoficiosos, prevaleciendo frente al derecho de cualquier otro legitimario, no discapacitado.

Para los casos en que el legitimario discapacitado no hubiese resultado beneficiado con la donación o legado a que se refiere el párrafo primero del art. 822, el párrafo segundo dispone a su favor un legado legal, declarando que el derecho de habitación sobre la vivienda habitual se atribuirá por ministerio de la ley al legitimario con discapacidad, siempre que concurran tres requisitos:

— En primer lugar, dice el precepto que se comenta, es preciso que el favorecido con el legado lo necesite; por tanto, que el legitimario afectado de discapacidad carezca de recursos suficientes que le permitan fijar su residencia en otro lugar.

— Que, en el momento de fallecer el causante, propietario de la vivienda, estuviesen ambos conviviendo en la misma.

— Que el causante no hubiese dispuesto otra cosa en testamento, ni hubiera excluido expresamente el derecho de habitación a favor del legitimario. Por tanto, queda a salvo cualquier disposición testamentaria sobre el derecho de habitación.

Por supuesto, cuando el párrafo segundo del art. 822 se refiere al legitimario discapacitado lo hace en los mismos términos que el párrafo primero: por tanto, descendientes, ascendientes o cónyuge del causante, titular de la vivienda, siempre que sean sus legitimarios y discapacitados en el sentido que a este término atribuye el art. 2 de la Ley 41/2003. Si concurren los requisitos señalados, la atribución del legado opera por ministerio de la ley y, además, en las mismas condiciones que señala el párrafo primero; por tanto, se excluye el legado de las operaciones de cálculo de la legítima, con la consecuencia favorable de no quedar sujeto a una posible reducción por inoficiosidad. Advierte, por fin este párrafo segundo, que el titular del legado legal a que se refiere el mismo, no podrá impedir que los demás legitimarios continúen viviendo en la vivienda habitual mientras lo necesiten. En mi opinión, y aunque el párrafo comentado no lo diga, debe tratarse de legitimarios a quien se haya adjudicado el derecho de propiedad sobre la vivienda gravada con el derecho de habitación, en cuyo caso, dada su condición de propietarios se les permite continuar viviendo en la misma, respetando en todo caso el derecho de habitación concedido al legitimario discapacitado. Por su parte, el párrafo tercero del artículo comentado señala que el derecho de habitación, en ambos casos, tanto si constituye un legado legal como si fue cedido voluntariamente por el causante a través de un legado o una donación, es intransmisible. Lo que supone, ni más ni menos, que aplicar la regla general contenida en el art. 525 del Código Civil, que prohíbe arrendar el referido derecho o traspasarlo por cualquier clase de título. La indisponibilidad constituye así elemento esencial de este derecho cuya función, como se sabe, es asegurar las necesidades vitales mínimas de su titular. Sobre la posibilidad de que en el título constitutivo se prevea su disponibilidad, debe concluirse que ello no es posible, por razones obvias, cuando se trate de un legado legal. Si se trata de una donación o legado dispuestos por el causante, el disponente puede prever la disponibilidad del derecho, dado el principio de autonomía de la voluntad, pero bien entendido que estaría creando un derecho real nuevo, una especie de usufructo limitado que no encajaría en las exigencias del precepto contenido en el art. 822; en resumen, sólo cuando el legado o la donación del derecho de habitación sobre la vivienda habitual hayan sido otorgados con carácter intransmisible, será posible excluir su valor del cómputo de la legítima en los términos señalados en este artículo. Por fin, concluye el art. 822 señalando que el derecho de habitación a que se refieren los párrafos primero y segundo de este artículo, no interfieren en la atribución al cónyuge de los derechos regulados en los arts. 1406 y 1407 del Código, que coexistirán con el de habitación. Por tanto, cuando el cónyuge viudo haciendo uso del derecho de atribución preferente que le concede el art. 1406 exija que le sea adjudicada, en pago de su haber ganancial, la propiedad sobre la vivienda habitual en la que además convivía un legitimario discapacitado del causante, recibe el derecho de propiedad gravado con un derecho de habitación a favor de éste. Y, en aquellos casos, en que el cónyuge exija que en pago de su cuota ganancial se le adjudique un derecho de uso o habitación sobre la vivienda habitual que viniese compartiendo con el causante, su derecho coexistirá con el derecho de habitación previsto en el art. 822 a favor del legitimario discapacitado.

CONCORDANCIAS

Texto vigente según Ley 41/2003, 18 noviembre («*B.O.E.*», 19 noviembre).
Véase Disposición adicional 4.ª de este Código, adicionada por la ley anterior.

SECCIÓN SEXTA
De las mejoras

Artículo 823

El padre o la madre podrán disponer en concepto de mejora a favor de alguno o algunos de sus hijos o descendientes, ya lo sean por naturaleza ya por adopción, de una de las dos terceras partes destinadas a legítima.

COMENTARIO

1.- El art. 808 C.c. refiriéndose a la legítima larga declara que está formada por «las dos terceras partes del haber hereditario del padre y de la madre», y añade «podrán éstos disponer de una parte de las dos que forman la legítima, para aplicarla como mejora a sus hijos o descendientes». En los mismos términos se pronuncia el art. 823, señalando que el padre o madre podrán disponer en concepto de mejora en favor de alguno o algunos de sus hijos o descendientes de una de las dos terceras partes destinadas a legítima. De lo anterior se extrae que el padre o madre tienen sobre el llamado tercio de mejora cierta libertad de disposición, consistente en que pueden disponer libremente de él siempre que lo hagan en favor de sus descendientes.

La mejora tiene la naturaleza jurídica de la legítima; no se olvide que aquélla se integra en la llamada legítima larga compuesta de los dos tercios del caudal hereditario. Ahora bien, no cabe asimilar los conceptos de mejora y tercio de mejora; el tercio de mejora es el límite de lo que el causante puede atribuir a un descendiente como mejora. La mejora, en cambio, es la disposición efectiva que el causante hace de parte de su patrimonio con el que beneficia a uno o varios de sus descendientes atribuyendo, así, parte de la legítima de manera desigual. De lo anterior se deduce que la mejora sólo existirá en la medida en que, valiéndose de lo previsto en el art. 823, el testador haga uso efectivo de la misma. Por el contrario, si el causante no utiliza tal poder y distribuye igualitariamente entre sus legitimarios los dos tercios de legítima, la mejora no existe, o mejor dicho, que ha quedado convertida en legítima («la mejora sólo es legítima, cuando no es mejora»); la mejora entraña una distribución desigual, por ello no existirá mejora cuando el valor de la atribución sea igual.

2.- No dice el art. 823 el título por el se puede atribuir la mejora, limitándose a autorizar a los padres para «disponer» en concepto de mejora de un tercio de la herencia. Tradicionalmente se venía entendiendo que los títulos más aptos para mejorar eran el de donación, el de legado y el de prelegado (cuando el mejorado además de ser legatario en la mejora había sido instituido heredero por el causante). La posibilidad de atribuir la mejora a título de herencia fue más discutido a la vista de determinados artículos del Código que presuponen su atribución a título de legado (arts. 828, 829 y 833) o de donación (arts. 825, 826 y 832), lo cual si bien es cierto también lo es que ninguno de ellos excluye su atribución a título de heredero. La opinión mayoritaria es que la mejora puede cumplirse en cualquiera de las formas establecidas en la ley con tal que se consiga la finalidad por ella perseguida; así, cabe mejorar a través de donación, o instituyendo heredero al mejorado, incluida la institución en cosa cierta, o bien atribuyéndole un legado sea de cosa cierta y determinada o indeterminada, de género, de cantidad o de parte alícuota.

3.- Mejorante será el padre o madre. Mejorados los hijos o descendientes. Se ha discutido si para poder ser mejorado se requiere que el descendiente sea legitimario del testador o si por el contrario cabe la posibilidad de mejorar al nieto o bisnieto existiendo hijos del causante.

La mayoría de la doctrina se inclina por la respuesta afirmativa, fundándose en las siguientes razones:

— La propia finalidad de la institución que no es otra que la de dar libertad al testador para distribuir un tercio de su patrimonio entre sus descendientes de la manera que tenga por conveniente.

— Los antecedentes históricos de esta figura, pues aunque el Fuero Juzgo y el Fuero Real que admitían la mejora de los nietos, nada decían sobre la posibilidad de mejorarlos viviendo el padre, la Ley 18 de Toro disponía que se permitía atribuir la mejora «a cualquiera de sus nietos o descendientes legítimos, puesto que sus fijos, padres de los dichos nietos o descendientes, sean vivos, sin que en ello les sea puesto impedimento alguno».

— Los arts. 782 y 824 del Código admiten mejoras indirectas en favor de los nietos, al permitir que sobre las mejoras de los hijos se establezcan cargas, gravámenes y sustituciones en beneficio de los nietos.

Dice el art. 823 que la mejora puede ordenarse en favor de los hijos y descendientes, ya lo sean por naturaleza, ya por adopción. Es evidente, dada la igualdad de todos los tipos de filiación que puede ser mejorado tanto un descendiente matrimonial como extramatrimonial; y también todo descendiente adoptivo, si se tiene en cuenta que tras la reforma de 11 de noviembre de 1987 ha desaparecido la antigua distinción entre la adopción plena y la simple.

JURISPRUDENCIA

«declararse heredero al que lo es y ha sido preterido, se le reconocen a éste, en la herencia, los derechos que procedan a su favor, pues los actos de los demás herederos, no pueden perjudicar a su legítima estricta, "en la parte que le corresponda" (arts. 807.1.º, 808, 814.1, 823, 851 y 1080 CC) Tales derechos, como se acaba de indicar, son los correspondientes a la legítima estricta, es decir, la cuarta parte del tercio de legítima, ya que no le afectan las mejoras». (6 julio 2004, rec. 489/2000)

«Aunque la mejora sea parte de la legítima [sentencias de 26 de diciembre de 1989 (LA LEY JURIS. 1684-JF/0000) y 22 de noviembre de 1991 (LA LEY JURIS. 2757/1992)] y el artículo 808 del Código Civil no reconozca conjuntamente a los hijos y descendientes derecho a reclamar esta última». (28 septiembre 2005, rec. 821/1999)

CONCORDANCIAS

Véase arts. 808 y 972 de este Código.
Texto vigente según LO 1/1996, 15 enero, de Protección Jurídica del Menor.

Artículo 824

No podrán imponerse sobre la mejora otros gravámenes que los que se establezcan en favor de los legitimarios o sus descendientes.

COMENTARIO

1.- Este art. 824 prevé la posibilidad de imponer gravámenes sobre la mejora, siempre que se establezcan en favor de los legitimarios o sus descendientes, en definitiva de aquellos a cuyo favor se podría atribuir la mejora; lo cual resulta lógico, pues si con el tercio de mejora puede mejorarse efectivamente a descendientes, con el mismo motivo podrán imponerse gravámenes que redunden en beneficio de descendientes del mejorante. Este art. 824 constituye un complemento del 813, según el cual el testador no podrá imponer gravamen alguno sobre la legítima. Aquella especialidad viene impuesta por la propia finalidad de la mejora que no es otra que la de beneficiar con un tercio de la legítima larga a uno o varios de los descendientes del causante. Y, complemento de ambos es también el art. 782 C.c que permite gravar el tercio de mejora con sustituciones fideicomisarias, siempre que se hagan a favor de descendientes del testador.

2.- Sobre lo dispuesto en el art. 824 deben hacerse dos aclaraciones:

— Los gravámenes a que se refiere el artículo son los referidos en el art. 813; así condiciones, términos, limitaciones, modos o cargas, sustituciones y legados.

— Los gravámenes sólo pueden establecerse en favor de descendientes del causante; si se realizan en favor de extraños se tendrán por no puestos. Se permite que el gravamen de la mejora sea impuesto en favor de cualquier descendiente del mejorante, sea matrimonial, extramatrimonial o adoptivo.

Finalmente queda por advertir que, con independencia de los gravámenes impuestos por voluntad del causante, pesa sobre el tercio de mejora el gravamen legal del usufructo del cónyuge viudo que, a tenor de lo previsto en los arts. 813.2.º y 834, recae sobre esa parte.

JURISPRUDENCIA

«se grava la mejora con una sustitución fideicomisaria en la que los nietos son los sustitutos fideicomisarios y la madre es la fiduciaria. Los fideicomisarios, sin embargo, no reciben un llamamiento libre, sino que en sus respectivas cuotas, fueron gravados recíprocamente, el uno a favor del otro, tal como permite el art. 824 CC». (18 marzo 2011, rec. 734/2007, LA LEY 5499/2011)

CONCORDANCIAS

Véanse arts. 782, 813, 814 y 837 de este Código.

Artículo 825

Ninguna donación por contrato entre vivos, sea simple o por causa onerosa, en favor de hijos o descendientes, que sean herederos forzosos, se reputará mejora, si el donante no ha declarado de una manera expresa su voluntad de mejorar.

COMENTARIO

1.- En íntima conexión con el primer párrafo del art. 819, este artículo parte de la base de que toda donación hecha por un padre a su hijo legitimario debe imputarse al pago de su legítima. De esta forma no se perjudica a nadie; mientras que si fuera reputada mejora se perjudicaría al resto de los hijos. La idea que se extrae es que ninguna donación será considerada mejora a no constar la voluntad expresa del donante. En definitiva el carácter de mejora, dado que es una ventaja legitimaria, no puede presumirse debiendo interpretarse que con la donación no ha pretendido el padre otra cosa que hacer un anticipo sobre la parte de legítima que más tarde corresponderá al beneficiario.

Este indica la necesidad de declarar expresamente el carácter de mejora de la donación; de no hacerse lo que exceda de la legítima estricta se imputará al tercio libre pero en ningún caso al de mejora. Avala esta tesis la interpretación *a sensu contrario* del art. 828 que refiriéndose a un legado ordenado por el testador en favor de un legitimario previene que se reputará mejora cuando no quepa en la parte libre. Sin duda que la diferente regulación legal obedece al hecho de que tratándose de liberalidades *inter vivos*, puesto que la determinación de lo imputable a la mejora tendría lugar al fallecer el causante podrían nacer mejoras involuntarias cuando no hubiese sido intención del donante desigualar al legitimario al que hizo la donación.

2.- La exigencia de que la mejora sea expresa no requiere en modo alguno el empleo de la palabra «mejora», la mejora debe ser expresa no literal; y que sea expresa no quiere decir que no puedan existir mejoras tácitas cuando sea indudable que fue voluntad del causante atribuir tal carácter a la donación hecha en favor de uno de sus descendientes. Lo que no cabe son las mejoras presuntas por lo que, salvo que conste sin duda la voluntad contraria del donante lo donado debe imputarse en principio a la legítima estricta del donatario y excluir la posibilidad de que se impute también al tercio de mejora. De lo anterior se extrae que la mejora puede ser expresa, en el sentido de formalmente expresada y tácita cuando se deduzca de hechos concluyentes. Atribuido literalmente el carácter de mejora la donación, se imputará al tercio de mejora y en lo que exceda de éste no cabe duda que la imputación deberá hacerse al tercio de libre disposición y no a la legítima estricta del donatario, no pudiendo ser reducida salvo que sea inoficiosa.

3.- La admisibilidad de mejoras tácitas es evidente en los siguientes casos:

1.º) Donación hecha en favor de un legitimario con dispensa de colación, lo que indica de manera inequívoca que fue voluntad del causante que la donación se recibiese con exclusión de los demás legitimarios. La donación así ordenada se imputará en primer término al tercio de libre disposición y en lo que no quepa al de mejora. Sólo cuando su valor exceda de ambos tercios y de la porción que le corresponda en el tercio de legítima estricta procederá la reducción de la donación por inoficiosa (art. 636 C.c.).

2.º) Donaciones otorgadas en favor de descendientes no legitimarios, en cuyo caso se considera innecesario que se señale expresamente el carácter de mejora dado que no cabe imputarla a la legítima estricta que, por no ser legitimario, no le corresponde al destinatario de la donación. La imputación se hará en la forma que previene el art. 828 referido a la mejora tácita hecha a través de un legado cuyo valor excede de la parte libre. Por tanto, el valor de lo donado se imputará en primer término al tercio libre y el exceso al de mejora, respetándose la atribución mientras no lesione la legítima estricta.

CONCORDANCIAS

Véanse arts. 782 y 828 de este Código.

Artículo 826

La promesa de mejorar o no mejorar, hecha por escritura pública en capitulaciones matrimoniales, será válida.

La disposición del testador contraria a la promesa no producirá efecto.

COMENTARIO

1.- Constituye este artículo una excepción a la regla general contenida en el art. 1271.2.º C.c. que prohíbe los pactos sucesorios al articular la promesa de mejorar y la de no mejorar como un pacto sucesorio hecho en capitulaciones matrimoniales y, como tal, irrevocable. A través de la promesa uno de los cónyuges (o ambos) se compromete a realizar más adelante la mejora en favor de alguno de los descendientes; con la de no mejorar, en cambio, se compromete a no mejorar a ninguno de ellos. En ambos casos se exige como requisito formal que la promesa se otorgue en escritura pública y que esta escritura sea precisamente de capitulaciones matrimoniales.

2.- Las dos posibilidades previstas en el art. 826:

Primera. Promesa de mejorar. Supone la obligación para el otorgante de beneficiar con la mejora al favorecido por la promesa, estableciendo el último inciso que cualquier disposición del causante contraria a la promesa no producirá efecto. La promesa puede venir referida también al tercio libre por entender que el vocablo «mejora» que utiliza el texto legal debe entenderse en un sentido amplio que autoriza al causante a constituir la promesa tanto respecto al tercio de mejora como al de libre disposición.

Respecto a la promesa de mejorar conviene hacer las siguientes aclaraciones:

— La promesa de mejorar sólo puede realizarse en favor de las personas legitimadas por la ley para recibir tal beneficio, por tanto los descendientes del mejorante. Entre ellos deben incluirse sin duda a sus hijos ya nacidos sea cual sea su filiación y también al concebido no nacido por aplicación del art. 29 del C.c. Cabe también que la promesa se extienda a los *concepturus*.

— Si las capitulaciones fueron otorgadas antes de celebrarse el matrimonio quedarán sin efecto, si éste no fuera contraído en el plazo de un año (art. 1334 C.c.), en cuyo caso caducará la promesa de mejorar estipulada en las mismas.

— Una vez hecha la promesa ésta es irrevocable, salvo que se deje sin efecto a través de la modificación prevista en el art. 1331 C.c., según el cual la modificación de las capitulaciones matrimoniales exige la asistencia y concurso de los otorgantes.

— En caso de que la promesa de mejorar no determine la parte a que se refiere, el promitente cumplirá mejorando en algo al promisario, pudiendo también mejorar a otro o a otros descendientes; y si tampoco lo especifica en el testamento se entenderá que se extiende a todo el tercio de mejora.

— Hecha la promesa en favor de varios hijos sin determinar la parte de cada uno, quedarán éstos mejorados por partes iguales.

— En caso de que el promisario premuera al promitente la promesa es transmisible a los descendientes de aquél. Muerto el promisario sin posteridad la promesa caduca pues la mejora no la pueden recibir sino los descendientes del mejorante.

— Queda también sin efecto la promesa si el promisario es desheredado o incurre en indignidad.

Segunda. *Promesa de no mejorar*. Implica la renuncia del promitente a su facultad de mejorar lo que conlleva una distribución igualitaria entre los legitimarios de los dos tercios de la herencia que conforman la legítima amplia. Es también irrevocable salvo que se modifiquen las capitulaciones en la forma prevista en el art. 1331 C.c.

Sobre la promesa de no mejorar interesa aclarar las siguientes cuestiones:

— Si la promesa de no mejorar a ningún hijo fue dirigida a uno de ellos, no hay obstáculo para que el padre mejore al promisario puesto que la promesa se hizo en interés suyo.

— La promesa de no mejorar a los hijos no consiente que se mejore a los nietos.

— La promesa hecha a un hijo de no mejorar a los demás solamente obliga al promitente a atribuir a aquél lo que integra su legítima larga, pudiendo disponer del remanente del tercio de mejora en favor de otro hijo o descendiente.

CONCORDANCIAS

Véanse arts. 806, 808, 825, 827 y 831 de este Código.

Artículo 827

La mejora, aunque se haya verificado con entrega de bienes, será revocable, a menos que se haya hecho por capitulaciones matrimoniales o por contrato oneroso celebrado con un tercero.

COMENTARIO

1.- Este artículo acoge como regla general la revocabilidad de la mejora, señalando como únicas excepciones las hechas por capitulaciones matrimoniales o por contrato oneroso celebrado con un tercero. Si la mejora fue ordenada en testamento, la disposición que la contiene puede ser revocada como cualquier otra disposición testamentaria (art. 737). Se entenderá revocada tácitamente cuando no sea mencionada en otro testamento posterior perfecto que revoque al primero en el que se hizo la mejora; o cuando en un testamento posterior el testador disponga del bien dado en mejora a favor de persona distinta del mejorado, o atribuya por completo a otro descendiente el tercio de mejora, cuando instituya a todos sus legitimarios herederos por partes iguales. En definitiva la mejora queda revocada en todo caso en que las cláusulas de un testamento posterior del causante sean incompatibles con ella. Cuando la mejora se realice a través de donaciones inter vivos (por tal hay que entender la mejora verificada con entrega de bienes a que alude el art. 827) cabe también su revocación, si bien ésta no debe afectar a la liberalidad, que es en sí irrevocable, sino a su carácter de mejora. Revocada la mejora, la donación subsiste produciéndose un cambio en la imputación, que se hará a la legítima y en lo que exceda al tercio de libre disposición. La premoriencia del donatario no afecta a la eficacia de la mejora.

2.- Excepcionalmente se consideran irrevocables las mejoras hechas en capitulaciones matrimoniales o en contrato oneroso celebrado con un tercero, que puede ser el mismo destinatario de la mejora. La irrevocabilidad obedece a la regla general prevista en el art. 1256 C.c. que no permite dejar la validez y eficacia de los contratos al arbitrio de uno de los contratantes. Tratándose de capitulaciones matrimoniales no es posible la revocación de la mejora por voluntad unilateral de uno de los cónyuges, aunque será posible extinguirla modificando las capitulaciones en la forma prevista en el art. 1331 C.c. que exige el concurso y asistencia de los otorgantes. Si la mejora fue ordenada en contrato oneroso con un tercero, su naturaleza de pacto sucesorio excluye la posibilidad de revocación, además de su causa onerosa. En ambos casos, tanto si la mejora fue pactada en capitulaciones como a través de contrato oneroso celebrado con un tercero se excluye la regla general de la irrevocabilidad si el mejorante se reservó la facultad de revocar y, por supuesto, cuando medie renuncia por parte del beneficiado por la mejora, dado que se trata de un derecho disponible.

CONCORDANCIAS

Véanse arts. 737 a 742, 826, 1.325 a 1.335 de este Código.

Artículo 828

La manda o legado hecho por el testador a uno de los hijos o descendientes no se reputará mejora sino cuando el testador haya declarado expresamente ser ésta su voluntad, o cuando no quepa en la parte libre.

COMENTARIO

Contempla este artículo la mejora ordenada a través de legado, estableciendo diferentes reglas de imputación según que el testador haya dispuesto del legado atribuyéndole expresamente el carácter de mejora o no. El análisis del artículo exige distinguir los diferentes tipos de legados ordenados a favor de un legitimario y los distintos problemas de imputación:

A) Legado atribuido a un legitimario con carácter expreso de mejora. Si la mejora es expresa, el legado deberá imputarse en primer término al tercio de mejora y en lo que exceda al tercio de libre disposición. Cualquier exceso sobre ambos tercios se imputará al de legítima estricta. El carácter expreso de la mejora se deduce del contenido del testamento que evidencie sin duda que es ésa la voluntad del causante y que no pierde tal condición por el hecho de que no se haya empleado literalmente la palabra mejorar.

B) Legado atribuido a un legitimario para pago de su legítima cuyo valor excede de lo que como legitimario le corresponde. En cuyo caso es aplicable el segundo párrafo de este que ordena imputar el exceso a la parte libre y en lo que no quepa al tercio de mejora. En este caso, se ha producido una mejora tácita. La imputación al tercio libre se hará respetando las donaciones, legados o instituciones de herederos ordenados por el causante con carácter voluntario.

C) Prelegado ordenado en favor de un legitimario a quien se le ha instituido heredero en su legítima. Cubiertos los derechos del legitimario a través de la institución de heredero, se deduce que fue voluntad del causante atribuirle además el bien legado, cuyo valor deberá ser imputado sin duda al tercio libre y en lo que exceda al de mejora.

D) Legado atribuido a un legitimario al margen de su legítima con la orden expresa de que sea atribuido al tercio de libre disposición en cuyo caso parece que fue intención del testador que la imputación se concretase al tercio de libre disposición sin invadir el tercio de mejora. Obviamente la imputación al tercio libre se hará conforme a las normas del art. 820.2 C.c. sobre reducción de legados inoficiosos, habida cuenta que no hay razón alguna que justifique que los legados a favor de descendientes deban provocar una reducción de los ordenados a favor de extraños. Por tanto, si el valor de los legados excede del tercio libre se procederá a su reducción a prorrata incluido el atribuido a un legitimario, salvo que el testador hubiera ordenado su pago con preferencia a los demás.

E) Legado a favor de descendiente que no sea legitimario del testador. Es evidente que no cabe imputación al tercio de legítima. Si el testador atribuyó expresamente el carácter de mejora, la imputación se hará con cargo a la misma. En caso contrario, la imputación se hará al tercio libre y en lo que exceda al de mejora, por entenderse que en tal caso se ha producido una mejora tácita.

CONCORDANCIAS

Véanse arts. 620 y 825 de este Código.

Artículo 829

La mejora podrá señalarse en cosa determinada. Si el valor de ésta excediere del tercio destinado a la mejora y de la parte de legítima correspondiente al mejorado, deberá éste abonar la diferencia en metálico a los demás interesados.

COMENTARIO

1.- Dos son los problemas que plantea este artículo: la imputación de la mejora señalada sobre cosa determinada y el abono de la diferencia en metálico.

El primero es la imputación de la mejora señalada sobre cosa determinada. Una interpretación literalista del art. 829 parece excluir la posibilidad de imputar la mejora sobre cosa determinada al tercio libre: el valor de ésta, dice el Código, deberá imputarse al tercio de mejora y a la parte de legítima correspondiente al mejorado. Ante ello cabe plantearse una doble cuestión:

1.º) Si, en caso de que el testador no haya dispuesto por entero del tercio libre no cabría la posibilidad de que el valor de la cosa asignada como mejora se imputase al mismo.

2.º) Si, instituida en el tercio libre persona distinta del mejorado, no cabría imputar el valor de la cosa dada en mejora al referido tercio abonando al interesado su derecho en metálico.

Es preciso distinguir los diferentes tipos de mejoras que se pueden constituir: mejora de cuota a la que se refiere el art. 832, mejora en cosa determinada (art. 829), mejora de cuota con asignación de cosa cierta y mejora de cosa cierta con señalamiento de cuota. La diferencia entre estas dos últimas estriba en que mientras en aquélla la cuota funciona como tope mínimo y máximo de la atribución, en ésta la cuota tiene por función fijar el máximo de asignación al mejorado, así como el ámbito preferente de imputación. Ante ello cabe preguntarse qué tipo de mejora es la acogida en el art. 829; obsérvese que el artículo emplea la palabra mejora: «La mejora podrá señalarse en cosa determinada», lo que parece indicar que se señala al segundo tercio como límite a la liberalidad; no obstante debe tenerse en cuenta que en ocasiones la ley utiliza la expresión mejora en un sentido amplio que permite extenderla al tercio de libre disposición; negar esta posibilidad sería llevar a cabo una interpretación demasiado rigurosa del art. 829 sobre todo cuando sea patente la voluntad del testador de atribuir la mejora en sentido lato. Por tanto, asignada una cosa cierta en concepto de mejora, su valor deberá imputarse en primer término al tercio de mejora, después al tercio libre en la parte de que no haya dispuesto el testador y en último lugar a la parte de legítima correspondiente al mejorado. Una vez hechas las imputaciones cualquier exceso de valor deberá ser abonado en metálico a los interesados tal y como previene el inciso segundo de este artículo.

2.- El segundo es la compensación en metálico. Dos son los problemas que se plantean; el primero es qué debe entenderse por cosa cierta y el segundo cómo debe llevarse a cabo el abono en metálico y cuáles son las garantías de los interesados. Respecto a la primera cuestión quizás lo más controvertido sea determinar si la efectividad del art. 829 exige que la cosa cierta sea indivisible o al menos no susceptible de cómoda división. A primera vista, dado el silencio del art. 829 pudiera parecer que el mejorado cumple con compensar en metálico, independientemente de que la cosa sea divisible o indivisible. No obstante una interpretación finalista y sistemática del precepto legal parece llevar a la solución contraria sobre todo si se le pone en relación con los arts. 821, 1056.2.º, y 1062 que admiten las compensaciones en metálico sólo cuando la cosa no admita cómoda división. En contra puede argumentarse que hoy, tras la reforma de 13 de mayo de 1981, los arts. 841 y ss. del Código Civil admiten con carácter general el pago en dinero de la legítima, con lo que pierde todo interés la cuestión de dilucidar si la cosa ha de ser o no indivisible. Sin embargo no es así pues la admisión del pago en metálico se subordina a unos requisitos formales —confirmación expresa de todos los hijos o aprobación judicial— y a unos plazos no previstos en el art. 829. Por ello debe concluirse que a pesar de que no se exija literalmente la indivisibilidad de la cosa la norma del art. 829 sólo será aplicable en tal caso.

No hay obstáculo, en cambio, en admitir que en el concepto de cosa cierta puedan incluirse las explotaciones agrícolas e industriales (por aplicación analógica de lo previsto en el art.1056.2.º), así como las universalidades de cosas o las cosas complejas. Incluso cabe admitir también la aplicación del art. 829 cuando la mejora se señale en varias cosas ciertas siempre que entre ellas se haya establecido cualquier forma de unión que sea aconsejable mantener. En caso contrario, la imputación se hará una a una y las que no cupieren serán consideradas inoficiosas.

3.- Atribuida como mejora una cosa cierta a uno de los descendientes, el art. 829 se limita a ordenar la compensación del exceso en metálico a los demás interesados, guardando silencio sobre el momento en el que habrá de determinarse el montante de la cantidad a pagar así como de las garantías que corresponden a los interesados para hacer efectivo su pago. Respecto a la primera cuestión parece que la solución más justa es que el momento idóneo para determinar la cantidad a pagar es el momento de su pago efectivo pues sólo así se evita que los que han de recibirla puedan verse perjudicados por el descenso de valor que la moneda pueda sufrir desde el momento del fallecimiento del causante hasta el momento del pago. Más problemas plantea la cuestión atinente a las garantías de los que deban recibir la compensación. Desde luego si se trata de herederos o legatarios no legitimarios su posición será la de meros acreedores del adjudicatario, y su derecho se circunscribe a los efectos del art. 1923 C.c. Si el valor de la cosa dada en mejora invade el tercio de legítima estricta quedando obligado el mejorado a compensar en metálico al resto de los legitimarios habrá que entender que la atribución de la mejora queda supeditada a que el asignatario satisfaga efectivamente a los demás legitimarios; por lo tanto mientras el pago no haya sido consumado sigue latente la reserva de la *pars bonorum*, manteniendo la afección del bien al pago de las legítimas aunque hubiera pasado a manos de terceras personas, sobre todo si se tiene en cuenta la posibilidad que tienen los legitimarios de hacer anotación preventiva de su derecho conforme a lo previsto en el art. 15 de la L.H.

CONCORDANCIAS

Véanse arts. 841, 851, 1.062 y 1.096 de este Código.

Artículo 830

La facultad de mejorar no puede encomendarse a otro.

COMENTARIO

1.- Consecuencia del carácter de disposición mortis causa que tiene la mejora, este artículo veta la posibilidad de delegar la facultad de mejorar. La prohibición de delegación parece clara cuando la mejora sea ordenada a través de un testamento pues el art. 670 del Código lo califica de acto personalísimo cuya formación no puede dejarse ni en todo ni en parte al arbitrio de un tercero; no obstante, la regla del art. 830 es aplicable también cuando la mejora haya sido hecha por contrato o en capitulaciones matrimoniales y en los casos de promesa de mejorar o no mejorar que,(deben realizarse también en capitulaciones). La nota de acto personalísimo que caracteriza a la mejora impide en todo caso que la atribución de la misma pueda encomendarse a otro.

2.- Ahora bien, una cosa es delegar la facultad de mejorar que está legalmente prohibida y otra muy distinta es que, ordenada la mejora por el causante en favor de uno o varios de sus descendientes, se atribuya a persona distinta la determinación de los bienes con que ésta habrá de ser satisfecha, hipótesis que parece encajar en el art. 1057 C.c. que admite la posibilidad de encomendar «la simple facultad de hacer la partición a cualquier persona», estableciendo como único límite que no sea uno de los coherederos.

3.- Por tanto del art. 830 se desprende lo siguiente:

1.º) Queda prohibida la delegación de la facultad de testar, designar herederos o legatarios o dejar sin efecto su designación, mejorar o dejar sin efecto la mejora, así como señalar las porciones, cuotas o cuantía de las atribuciones.

2.º) Por el contrario, no puede deducirse que quede prohibida la delegación cuando tenga como único objeto encomendar a un tercero distinto del asignatario la determinación de las cosas con que se deba satisfacer la institución, legados, legítimas o mejoras expresamente dispuestos por el testador con determinación de su cuota o cuantía.

CONCORDANCIAS

Véase arts. 670 y 831 de este Código.

Artículo 831

1. No obstante lo dispuesto en el artículo anterior, podrán conferirse facultades al cónyuge en testamento para que, fallecido el testador, pueda realizar a favor de los hijos o descendientes comunes mejoras incluso con cargo al tercio de libre disposición y, en general, adjudicaciones o atribuciones de bienes concretos por cualquier título o concepto sucesorio o particiones, incluidas las que tengan por objeto bienes de la sociedad conyugal disuelta que esté sin liquidar.

Estas mejoras, adjudicaciones o atribuciones podrán realizarse por el cónyuge en uno o varios actos, simultáneos o sucesivos. Si no se le hubiere conferido la facultad de hacerlo en su propio testamento o no se le hubiere señalado plazo, tendrá el de dos años contados desde la apertura de la sucesión o, en su caso, desde la emancipación del último de los hijos comunes.

Las disposiciones del cónyuge que tengan por objeto bienes específicos y determinados, además de conferir la propiedad al hijo o descendiente favorecido, le conferirán también la posesión por el hecho de su aceptación, salvo que en ellas se establezca otra cosa.

2. Corresponderá al cónyuge sobreviviente la administración de los bienes sobre los que pendan las facultades a que se refiere el párrafo anterior.

3. El cónyuge, al ejercitar las facultades encomendadas, deberá respetar las legítimas estrictas de los descendientes comunes y las mejoras y demás disposiciones del causante en favor de ésos.

De no respetarse la legítima estricta de algún descendiente común o la cuota de participación en los bienes relictos que en su favor hubiere ordenado el causante, el perjudicado podrá pedir que se rescindan los actos del cónyuge en cuanto sea necesario para dar satisfacción al interés lesionado.

Se entenderán respetadas las disposiciones del causante a favor de los hijos o descendientes comunes y las legítimas cuando unas u otras resulten suficientemente satisfechas aunque en todo o en parte lo hayan sido con bienes pertenecientes sólo al cónyuge que ejercite las facultades.

4. La concesión al cónyuge de las facultades expresadas no alterará el régimen de las legítimas ni el de las disposiciones del causante, cuando el favorecido por unas u otras no sea descendiente común. En tal caso, el cónyuge que no sea pariente en línea recta del favorecido tendrá poderes, en cuanto a los bienes afectos a esas facultades, para actuar por cuenta de los descendientes comunes en los actos de ejecución o de adjudicación relativos a tales legítimas o disposiciones.

Cuando algún descendiente que no lo sea del cónyuge supérstite hubiera sufrido preterición no intencional en la herencia del premuerto, el ejercicio de las facultades encomendadas al cónyuge no podrá menoscabar la parte del preterido.

5. Las facultades conferidas al cónyuge cesarán desde que hubiere pasado a ulterior matrimonio o a relación de hecho análoga o tenido algún hijo no común, salvo que el testador hubiera dispuesto otra cosa.

6. Las disposiciones de los párrafos anteriores también serán de aplicación cuando las personas con descendencia común no estén casadas entre sí.

COMENTARIO

El art. 831 constituye una excepción al art. 830 que prohíbe la delegación de la facultad de mejorar, al art. 670, según el cual la formación del testamento no puede dejarse en todo o en parte al arbitrio de un tercero, y al art. 1057, que sólo faculta al testador para delegar en favor de un tercero la partición de la herencia.

En efecto, el art. 831 permite delegar en el cónyuge del causante la facultad de mejorar y por tanto de asignar porciones desiguales en favor de los descendientes comunes con cargo al tercio de mejora y al de libre disposición y distribuir los bienes del causante según el prudente arbitrio del propio delegado. Obsérvese el carácter restringido y excepcional de la delegación que sólo puede ser hecha en favor del cónyuge del otorgante o de la persona con la que se tiene descendencia común y que tiene como fundamento el mantenimiento del respeto y de la dependencia de los hijos hacia el ascendiente supérstite y la conservación de la disciplina doméstica. El artículo ha sido objeto de reforma tras la Ley 41/2003 de 18 de noviembre de Protección Patrimonial de las personas con discapacidad y, sin duda, constituye una forma de protección patrimonial indirecta de las personas con discapacidad, pues aunque en su nueva redacción el artículo no se refiera de manera expresa al discapacitado, la finalidad última de atribuir tan amplias facultades a la persona delegada para mejorar y distribuir la herencia del premuerto entre los hijos o descendientes comunes es conceder al cónyuge sobreviviente o a la persona con quien se tiene descendencia común la posibilidad de atribuir los bienes hereditarios atendiendo a las circunstancias, a las necesidades y a la situación actual de la persona con discapacidad. Interesa analizar la nueva redacción de este artículo y las novedades que el mismo introduce tras la reforma apuntada.

Para ello se procederá al estudio de las siguientes cuestiones:

1.º) La delegación de las facultades de mejorar y distribuir exige una forma específica: sólo puede llevarse a cabo en testamento, dice el número 1 del artículo objeto de este comentario. Antes de la reforma, el art. 831, redactado conforme a la Ley de 13 de mayo de 1981, autorizaba también la delegación de las facultades de mejora y distribución a través de capitulaciones matrimoniales, que podían otorgarse antes o después de haber contraído matrimonio (art. 1315). Curiosamente, antes de la reforma de 13 de mayo de 1981, el texto primitivo del art. 831 sólo permitía delegar tales facultades al cónyuge viudo mediante capitulaciones, excluyendo la posibilidad de hacerlo en testamento. Como se comprende, hasta la reforma de 2 de mayo de 1975 sólo fue posible atribuir un cónyuge al otro las facultades de mejorar y distribuir bienes concretos a los descendientes comunes antes de contraer matrimonio, dada la imposibilidad que hasta entonces existía para otorgar capitulaciones tras la celebración del mismo (véase el antiguo art. 1321 del Código Civil). Introducida con la reforma de 13 de mayo de 1981 la posibilidad de establecer la delegación en testamento, y además admitido tras la reforma de 2 de mayo de 1975 que las capitulaciones podrían otorgarse tras la celebración del matrimonio (véase el actual art. 1326 del Código), es evidente que pudo darse mejor cumplimiento a la finalidad de este artículo al tener ya los cónyuges seguramente mejor conocimiento de las circunstancias que aconsejan el uso de las facultades que el mismo contiene. Lo que parece claro es que ni ahora ni antes de la reforma es necesario que ambos cónyuges se concedan recíprocamente la facultad de mejorar, sobre todo si se tiene en cuenta que actualmente la misma puede atribuirse en testamento. De lo anterior se desprende que en la redacción inicial del artículo la concesión que uno de los cónyuges hacía al otro de las facultades de mejorar o atribuir bienes concretos a los descendientes comunes, tenía su origen en un pacto que no admitía modificación ni revocación: hechas las capitulaciones en las que se contenía la delegación de la facultad de mejorar, no cabía revocación, ni siquiera por acuerdo de los cónyuges. Tras la reforma de 2 de mayo de 1975, admitida la posibilidad de otorgar capitulaciones tras la celebración del matrimonio (art. 1326 C.c.), fue posible dejar sin efecto la facultad de mejorar conferida al otro cónyuge en capitulaciones previas, siguiendo la forma prevista en el art. 1331 del Código civil, que exige el concurso y asistencia de los otorgantes, sin que fuese posible la revocación unilateral. No obstante, la posibilidad contemplada en el art. 831 tras su redacción por la Ley de 13 de mayo de 1981 de conceder la delegación en testamento, vino a suponer que la delegación, aun conferida en capitulaciones, podía de hecho dejarse sin efecto si el delegante disponía efectivamente de la mejora en un testamento posterior; por tanto, la revocación se producía por la voluntad unilateral del disponente. Y, por supuesto, si la delegación fue concedida desde el primer momento en testamento, no hay obstáculo para su posterior revocación mediante la redacción de uno nuevo en el que, o bien se la deje sin efecto de manera expresa, o bien implícitamente si el testador hace uso de manera efectiva de su facultad de mejorar. Posiblemente por ello la Ley 41/2003 elimine del art. 831 la posibilidad de atribuir la facultad de mejorar a través de capitulaciones, pues el carácter vinculante de las mismas desaparece desde el momento en que el delegante puede unilateralmente a través de un testamento posterior dejar sin efecto la delegación estipulada en capitulaciones. A ello parece haber contribuido también la posibilidad introducida en el número 6 del art. 831 en su redacción actual, que permite atribuir las facultades de mejora y distribución no sólo entre cónyuges sino entre personas no casadas entre sí, respecto de su descendencia común.

2.º) La delegación tiene un evidente carácter restrictivo: sólo puede ser ordenada en favor del cónyuge del causante y, además, tras la reforma en favor de la persona con quien el causante tuviere descendencia común, aunque entre ambos no medie vínculo matrimonial; la verdad es que a tenor del número 6 del artículo comentado, parece que no es precisa relación ni convivencia entre ambos, ni mucho menos que entre ellos exista relación análoga a la matrimonial: en efecto, dice el artículo que lo dispuesto en el mismo será igualmente aplicable cuando las personas con descendencia común no estén casadas entre sí, sin exigir que medie entre ambos relación similar a la del matrimonio. Por otro lado, la facultad conferida sólo lo es para mejorar a los hijos o descendientes comunes (antes de la reforma introducida por la Ley 41/2003, el art. 831 aludía exclusivamente a los «hijos comunes», aunque era opinión mayoritaria que el mismo venía referido a cualquier descendiente con tal que fuese común). No exige el artículo que se trate de legitimarios, por lo que no se ve obstáculo para que la facultad de mejorar sea utilizada a favor de un nieto o descendiente ulterior, aunque existan hijos comunes.

La validez de la delegación exige:

— Que el cónyuge o persona en quien se delegó la facultad de mejorar no premuera al causante, ni haya sido declarado indigno. Tratándose del cónyuge supérstite es preciso que no haya sido justamente desheredado por el cónyuge delegante.

— Que el cónyuge o persona a quien se confirió la delegación no haya contraído ulteriores nupcias, ni pase a mantener con un tercero análoga relación a la matrimonial

— Que el cónyuge o persona destinataria de la delegación no haya tenido algún hijo no común.

En los dos últimos casos, cesarán las facultades conferidas al cónyuge o persona con quien el causante tiene descendencia común, salvo que el testador hubiera dispuesto otra cosa (interesa advertir que antes de la reforma el art. 831, refiriéndose al viudo o viuda que hubiese contraído nuevas nupcias, consideraba extinguida la delegación prevista en el mismo, sin posibilidad de que el testador estableciese lo contrario).

3.º) De la literalidad del art. 831 se deduce que pueden delegarse las facultades de «mejorar» y de «distribuir». Por tanto, cabe que la delegación alcance a las dos, o sólo a la de mejorar sin posibilidad de distribuir o, al contrario, que se conceda sólo la facultad de distribuir los bienes hereditarios, sin mejorar a los destinatarios.

Lo que parece claro, dada la redacción actual del art. 831, es que, atribuida la facultad de mejorar, ésta se entiende en sentido amplio, que incluye tanto el tercio destinado a mejora como el de libre disposición (igual interpretación mantenía la mayor parte de la doctrina antes de la reforma, aunque el art. 831 no hacía referencia a la posibilidad de extender la mejora al tercio de libre disposición). En tal caso, el delegado podrá efectuar todo tipo de mejoras: de cuota con o sin asignación de bienes o de bienes concretos con o sin determinación de cuota. Si se concede la facultad de distribuir sin posibilidad de mejorar, el cónyuge deberá limitarse a partir los bienes según las disposiciones del causante. Obsérvese que el art. 831, tras la reforma elimina la exigencia de que, para practicar la partición o asignación, el cónyuge o persona delegada actúe según su «prudente arbitrio», aunque en la práctica las consecuencias sean las mismas, pues ahora como entonces se exige que la atribución se lleve a cabo con moderación, prudencia y equidad. De la persona a la que se le ha conferido la facultad de distribuir según este artículo, se dice que tiene una posición superior a la del simple contador-partidor: puede, por tanto, al igual que el causante, hacer uso del art. 1056-2.º adjudicando bienes a algún descendiente y ordenando compensaciones en metálico; no está sujeto a los requisitos del art. 1057-3.º; y, por fin, la partición que realice no es rescindible por causa de lesión en la cuarta parte prevista en el art. 1074, sino únicamente en las reguladas en el art. 1075, referido a la partición hecha por el propio difunto, que sólo puede ser impugnada cuando perjudique las legítimas o cuando se presuma que fue otra la voluntad del testador. Por otro lado, aunque repartir los bienes con equidad en ocasiones puede consistir en procurar la igualdad, evitando favorecer mucho a unos y perjudicar a otros, lo cierto es que la persona encargada de llevar a cabo la distribución de los bienes hereditarios entre los descendientes comunes deberá atender a las circunstancias y necesidades de éstos, procurando más que una distribución igualitaria, una distribución que responda a la situación actual de los destinatarios. Advierte el número uno del art. 831 que las adjudicaciones o atribuciones a favor de descendientes comunes podrán recaer sobre bienes de la sociedad conyugal disuelta que esté sin liquidar, en cuyo caso la adjudicación la hará el supérstite en su propio testamento en el cual distribuirá conjuntamente con su propio caudal los bienes del premuerto; aunque para ello parece que deberá contar con la autorización expresa del difunto, a tenor de lo señalado en el párrafo segundo de este número.

4.º) Conferida la facultad de mejorar o de distribuir los bienes hereditarios al cónyuge viudo o persona con quien el causante tuviese descendencia común, no tendrá más limitación que la de no perjudicar las legítimas ni las mejoras y demás disposiciones del causante, ya sean entre vivos o «mortis causa», o bien obedezcan a pactos sucesorios celebrados entre el causante y un tercero (art. 827), o se trate de promesas de mejorar o no mejorar (art. 826), o en fin de donaciones «inter vivos» con dispensa de colación. Así se extrae del número 3 del artículo, que añade que si no se respeta lo anterior, el descendiente común perjudicado podrá exigir que se rescindan los actos del cónyuge o persona delegada en cuanto sea necesario para reparar el interés lesionado. No cabe reclamación cuando las legítimas y demás disposiciones del causante a favor de hijos o descendientes comunes se satisfagan en todo o en parte con bienes que exclusivamente pertenezcan al cónyuge o persona delegada. Por su parte, el número 4 del art. 831 obliga también a respetar las disposiciones del causante cuando el beneficiado por las mismas no sea descendiente común, y atribuye a la persona delegada poderes para actuar por cuenta de los descendientes comunes en los actos de ejecución o de adjudicación relativos a tales disposiciones. Por supuesto, en caso de que el causante hubiese preterido de forma errónea o no intencional a un descendiente que no lo sea de la persona en quien recae la delegación, ésta al ejercitar sus funciones deberá respetar la parte del descendiente preterido (véase el art. 814); evidentemente, basta que se deje a salvo su parte de legítima estricta.

5.º) El plazo para que el cónyuge o persona delegada haga uso de su facultad será el señalado por el causante y en su defecto será el de dos años contados desde la apertura de la sucesión o, en su caso, desde la emancipación del último de los hijos comunes. Con ello, se consigue no precipitar la partición y aplazar la distribución a un momento posterior, en el que podrán apreciarse las verdaderas necesidades de los descendientes comunes y posibles variaciones de circunstancias.

6.º) En tanto no se señalen las cuotas de participación de cada descendiente, se produce una especial situación de yacencia hereditaria: se sabe quiénes van a ser sucesores, pero no la proporción en que lo será cada uno ni el título por el que sucederán. La administración de la herencia corresponde tras la reforma introducida por la Ley 41/2003 al cónyuge o persona designada para ejercitar las facultades de mejora o adjudicación. Interesa advertir que, en su redacción anterior a la reforma, el art. 831 guardaba silencio sobre la persona a quien debía quedar encomendada la gestión o administración del patrimonio relicto, si bien era opinión mayoritaria que la misma quedaba encomendada a los herederos aunque, dada la indeterminación de su cuota, parece que las mayorías debían formarse teniendo en cuenta la participación abintestato de cada uno de ellos. Una opinión minoritaria se inclinaba por atribuir la administración normal u ordinaria al cónyuge destinatario de la delegación, si bien lo cierto es que antes de la reforma esta solución no tenía más fundamento que la autorización tácita de los descendientes comunes.

CONCORDANCIAS

Véanse arts. 972, 1.057 y 1.271 de este Código.
Texto vigente según Ley 41/2003, 18 noviembre (*«B.O.E.»*, 19 noviembre).

Artículo 832

Cuando la mejora no hubiere sido señalada en cosa determinada, será pagada con los mismos bienes hereditarios, observándose, en cuanto puedan tener lugar, las reglas establecidas en los artículos 1.061 y 1.062 para procurar la igualdad de los herederos en la partición de bienes.

COMENTARIO

Como complemento al art. 829 referido a la mejora señalada en cosa determinada, el art. 832 se refiere a la atribución de la mejora sin señalamiento de cosa cierta, en cuyo caso la determinación de los bienes que se asignan al mejorado se hará siguiendo las reglas previstas para la partición de herencia en los arts. 1061 y 1062. Por tanto, salvo que el testador haya dispuesto otra cosa, el pago se hará preferiblemente in natura con bienes de la herencia excepto cuando por aplicación de lo establecido en el art. 1062 proceda el pago en metálico. Respecto a la obligación de guardar igualdad en los lotes señalada en el art. 1061 no se exige una igualdad absoluta sino que la adjudicación deberá hacerse atendiendo a las circunstancias del caso, a la calidad y al valor de los bienes y, en su caso, a su posible o imposible división.

Artículo 833

El hijo o descendiente mejorado podrá renunciar a la herencia y aceptar la mejora.

COMENTARIO

1.- La posibilidad prevista en este artículo de aceptar la mejora y repudiar la herencia separadamente constituye una aplicación concreta de la norma del art. 890.2.º. Por tanto parte de la hipótesis de que el mejorado recibe su mejora en forma de prelegado, ya que además es heredero. En caso contrario no cabría tal opción pues si la mejora es dejada a título de herencia la repudiación de la misma arrastrará la renuncia a la mejora dada la imposibilidad de aceptación o repudiación en parte de la herencia, que establece el art. 990 C.c.

2.- Obsérvese que el art. 833 permite al hijo o descendiente renunciar a la herencia y aceptar la mejora, lo que no impide:

1.º) La posibilidad inversa, esto es, que renuncie a la mejora y acepte la herencia, pues la interpretación de esta norma debe hacerse en relación a la prevista en el art. 890.2.º que lo permite expresamente.

2.º) Que, dispuestos dos legados en favor del descendiente aunque uno de ellos sea en concepto de mejora, pueda repudiarse uno y aceptar el otro, tal y como se extrae del art. 890.1.º: «El legatario de dos legados... puede aceptarlos todos o repudiar el que quiera»; si bien añade el artículo que si de los dos uno fuera oneroso no podrá repudiarse éste y aceptar el otro.

3.- La porción atribuida como mejora si es repudiada acrece al resto de los legitimarios que suceden en ella por derecho propio (art. 985), salvo que el llamamiento a la mejora fuese conjunto y sin designación de partes, en cuyo caso la parte del repudiante acrece a los demás mejorados.

4.- En cuanto a la responsabilidad del mejorante que acepta el legado de mejora y repudia la herencia será la propia del legatario, por más que lo sea en cosa cierta o de parte alícuota;

por tanto, no queda obligado a satisfacer las deudas hereditarias por más que pueda verse afectado por la reducción del activo que implica el pago de las mismas, salvo por supuesto lo previsto en el art. 891 C.c. para el supuesto de que toda la herencia se haya distribuido en legados en cuyo caso las deudas y gravámenes se prorratearán entre los legatarios en proporción a sus cuotas, a no ser que el testador hubiera dispuesto otra cosa.

CONCORDANCIAS

Texto vigente según Ley 11/1981, 13 mayo (*«B.O.E.»,* 19 mayo).

SECCIÓN SÉPTIMA
Derechos del cónyuge viudo

Artículo 834

El cónyuge que al morir su consorte no se hallase separado de éste judicialmente o de hecho, si concurre a la herencia con hijos o descendientes, tendrá derecho al usufructo del tercio destinado a mejora.

COMENTARIO

1.- El art. 834 establece en su primer párrafo el derecho a legítima del cónyuge separado. Modificado recientemente por la Ley 15/2005, de 8 julio, por la que se reforma el Código Civil en materia de separación y divorcio, el precepto introduce cambios sustanciales respecto a la legislación anterior. Tales cambios, como se comprende, obedecen al nuevo sistema de separación impuesto tras la apuntada reforma de 8 de julio de 2005, con la que se supera, casi totalmente, el sistema causal de separación que tradicionalmente ha existido en nuestro Derecho.

Dos son las modificaciones que se aprecian en la nueva redacción del art. 834:

— Por primera vez, se contempla la separación de hecho como un supuesto de pérdida de la legítima. Lo cierto es que hasta la reforma de 8 de julio de 2005, el art. 834 aludía sin más a la separación conyugal, sin aclarar si el mismo venía referido a toda separación o sólo a la judicialmente declarada, lo que, en el pasado, provocó ciertos problemas de interpretación. La opinión unánime hasta la reforma de 7 de julio de 1981 es que la separación de hecho carecía de cualquier efecto en el ámbito de la legítima conyugal; se decía entonces que la separación de hecho, que apenas presentaba relevancia jurídica en general, no había de tenerla precisamente en el ámbito sucesorio y que el art. 835 hacía suponer la existencia de separación judicial, al disponer que, estando pendiente el pleito de separación, debía esperarse al resultado del mismo, lo que de suyo implicaba que la mera separación de hecho no era suficiente para eliminar los derechos legitimarios del cónyuge viudo. Además, se consideraba que la separación de hecho constituía una situación equívoca e incierta, que pudo obedecer a muchos motivos y que la Ley no podía envolver en la misma regla al cónyuge culpable y al inocente. Tras las reformas de 13 de mayo y 7 de julio de 1981 se mantuvo mayoritariamente la misma opinión, aunque no faltó cierto sector doctrinal que propugnó una interpretación correctora del art. 834, considerando que la separación de hecho debía provocar también la pérdida de la legítima conyugal. Se aducía, por un lado, la nueva redacción que la Ley de 13 de mayo de 1981 dio al art. 945 del Código Civil, excluyendo de la sucesión intestada al cónyuge separado de hecho por mutuo acuerdo fehaciente, y por otro, la relevancia que tras la Ley de 7 de julio del mismo año se atribuyó a la separación de hecho a la que se concedieron importantes efectos jurídicos. Por el contrario, se argumentaba que, siendo la legítima una cuestión de Derecho necesario, cualquier modificación requería una norma expresa que entonces no existía. Tras la Ley 15/2005, el art. 834 contempla expresamente la pérdida de los derechos legitimarios por el cónyuge separado de hecho, tanto si la separación fue por mutuo acuerdo como si fue impuesta unilateralmente por uno de los cónyuges (incluso aunque el cónyuge premuerto fuera el que impuso la separación). La introducción de este nuevo supuesto es congruente con el sistema de separación que propone la Ley, en el que se prescinde casi totalmente de criterios de culpabilidad en la resolución de las crisis matrimoniales; por tanto, rota la relación conyugal entre los esposos y existiendo entre ellos un distanciamiento afectivo y sentimental puesto de relieve por el cese de convivencia, lo justo es eliminar la legítima conyugal, sin buscar culpables o inocentes. Por lo demás, la nueva redacción del artículo introducida por la Ley no exige que la separación quede acreditada por ningún medio concreto, por lo que podrá ser demostrada acudiendo a cualquier medio de prueba.

— La segunda novedad es que el art. 834 omite cualquier referencia a la culpa del difunto, frente a la redacción primitiva del mismo, según la cual se permitía al supérstite conservar la legítima si el difunto era el culpable exclusivo de la separación. La verdad es que la referencia que el art. 834 hacía a la culpa del premuerto planteaba ya importantes problemas desde la modificación del Código Civil por la Ley de 7 de julio de 1981, que, como se sabe, estableció un sistema de separación basado en gran medida en la ruptura irremediable del vínculo conyugal; en este sentido, el art. 82 del Código, en su redacción previa a la reforma de 8 de julio de 2005, contemplaba diversas causas de separación que no evidenciaban culpa de los cónyuges y con las que se pretendía sencillamente dar solución o remedio a la situación de crisis conyugal de la pareja (así, las causas 3.ª, 4.ª, 5.ª y 6.ª del art. 82). Cierto es que junto a ellas se contemplaban otras causas culposas, apoyadas en el incumplimiento por parte de uno los cónyuges de sus deberes hacia el otro o hacia los hijos, pero también lo es que tras la reforma, los efectos de la separación se desvincularon por completo de cualquier criterio de culpa y que la relevancia de ésta se circunscribía al origen mismo de la separación. Por ello, también la culpa debió perder su eficacia en el ámbito sucesorio; sin embargo, la reforma no alcanzó al art. 834, que conservó su redacción primitiva adaptada al sistema de separación previo a la reforma de 1981, en el que en todo caso existía un cónyuge culpable y otro inocente, dando con ello lugar a importantes problemas de interpretación, hasta el punto que se llegó a considerar que el mismo sólo era aplicable cuando la separación obedeciese a causa culposa y el cónyuge premuerto hubiese sido declarado culpable en la sentencia de separación; en todos los demás casos, el cónyuge supérstite separado perdía sus derechos legitimarios. La Ley 15/2005, en cambio, acomete la reforma del art. 834 y, de manera acertada, suprime la referencia que el mismo contiene a la culpa del premuerto. Con ello se adapta la legislación sucesoria al sistema de resolución de los conflictos conyugales que en la actualidad se presenta en gran medida objetivado y desligado del concepto de culpabilidad. E incluso en el único caso en que puede apreciarse cierto sustrato de culpa: separación solicitada por uno de los cónyuges antes del transcurso de tres meses desde la celebración del matrimonio por existir riesgo para su vida o integridad física o moral o la de sus hijos (art. 81, párrafo 2.º), dada la nueva redacción del art. 834, la culpa del difunto es irrelevante para determinar los derechos sucesorios del supérstite.

2.- No se refiere el art. 834 a los efectos del divorcio sobre la legítima conyugal, pero sin duda la misma queda extinguida con la disolución del matrimonio y la extinción por tanto del vínculo matrimonial.

Tampoco alude el referido artículo al caso en que el matrimonio sea declarado nulo, aunque es obvio que si la nulidad fue declarada antes de la muerte de cualquiera de ellos, queda eliminada toda posibilidad de reclamar la legítima vidual. Por el contrario, si al morir uno de los cónyuges estuviese pendiente el pleito de nulidad, el supérstite de buena fe mantiene sus derechos sucesorios, por aplicación de la doctrina del matrimonio putativo, prevista en el art. 79 del Código Civil.

3.- El párrafo segundo del art. 834 establece la cuota de participación del cónyuge cuando concurre con descendientes del causante, en cuyo caso tiene derecho a tomar en usufructo una cuota fija de la herencia correspondiente al tercio de mejora. Esta norma es aplicable en todo supuesto de concurrencia del cónyuge con descendientes del causante, sean matrimoniales o extramatrimoniales (incluidos los concebidos constante el matrimonio, dado que la reforma de 8 de julio de 2005 suprime el párrafo segundo del art. 837 y la norma especial en el mismo contenida para el caso en que el cónyuge superviviente concurriese exclusivamente con hijos sólo de su consorte concebidos constante el matrimonio de ambos) o adoptivos.

4.- El art. 834 se limita a señalar que la legítima del cónyuge consiste en un usufructo, sin indicar particularidad alguna sobre el mismo. En cuanto al usufructo legal en que consiste la legítima del cónyuge, se observa lo siguiente:

— Se rige por las reglas relativas al usufructo, que recoge el Código Civil en los arts. 467 a 522.

— El art. 492 del Código establece una regla especial respecto al usufructo legal del cónyuge, al que exonera de la obligación de prestar fianza establecida con carácter general en el art. 491.2.º del Código Civil.

— El usufructo del cónyuge no se extingue por las ulteriores nupcias de éste, que sólo dan lugar a que el bínubo deba prestar fianza (art. 492 del Código Civil).

— El usufructo vidual se extingue por las causas generales de extinción del usufructo previstas en los arts. 513 a 522 del Código.

5.- Dada su condición de legitimario, el cónyuge:

— Puede promover la partición de la herencia y tiene derecho a concurrir a la misma, pues mientras no se le pague su legítima, todos los bienes hereditarios están afectados al pago de la misma.

— Puede ejercitar las acciones de las que era titular el causante, siempre que lo haga en beneficio de la comunidad hereditaria.

— No puede desempeñar el cargo de contador-partidor en la herencia del cónyuge premuerto, dado su interés en el caudal relicto por razón de su cuota legal.

JURISPRUDENCIA

Las sentencias de 24 febrero 2005, rec. 782/2001 y 15 julio 2005, rec. 536/1999 se refieren a este artículo en su redacción anterior a la Ley 15/2005; de 8 julio que hacía referencia a la culpa del cónyuge causante.

CONCORDANCIAS

Véanse:
— arts. 81 a 84, 467, 492, 807, 823, 839 y 943 a 955 de este Código.
— Ley 19/1995, de 4 julio (*«B.O.E.»* 5 julio), de Modernización de las Explotaciones Agrarias.
Modificado por Ley 15/2005, de 8 julio (*«B.O.E.»* 9 julio)

Artículo 835

Si entre los cónyuges separados hubiera mediado reconciliación notificada al Juzgado que conoció de la separación de conformidad con el artículo 84 de este Código, el sobreviviente conservará sus derechos.

COMENTARIO

La redacción actual del art. 835 es consecuencia de las modificaciones introducidas por la Ley 15/2005, de 8 julio, por la que se reforma el Código Civil en materia de separación y divorcio. La primera novedad que se observa es que a partir de la reforma queda eliminado el primer párrafo del artículo que se comenta, en el que, para determinar los derechos legitimarios del cónyuge viudo, se obligaba a esperar al resultado del pleito si la muerte de uno de los cónyuges acontecía durante la tramitación de la separación judicial; por otro lado, se suprime la alusión que el segundo párrafo hacía al perdón conyugal, a la vez que se introduce la obligación de notificar la reconciliación al Juez que hubiese conocido de la separación. Analicemos el alcance de la reforma:

1.º) Antes de la reforma de 8 de julio de 2005, el art. 835 obligaba, para determinar los derechos sucesorios del cónyuge supérstite, a esperar al resultado del pleito si la muerte de uno de los cónyuges acaeciese antes de recaer sentencia; tras la reforma, por el contrario, se suprime esta exigencia, considerando que la muerte de uno de los cónyuges extingue el pleito iniciado. La verdad es que la continuación del pleito de separación tras la muerte de uno de los cónyuges ha suscitado importantes dudas, dado el carácter estrictamente personal de la acción de separación; en efecto, el art. 81 atribuye legitimación activa para instar el proceso de separación exclusivamente a los cónyuges, lo que difícilmente se conjuga con la idea de transmisión de la acción y continuación del pleito tras la muerte de cualquiera de los cónyuges, contemplada en el primitivo art. 835. En este sentido, resulta significativo que desde la promulgación del Código no se conoce ningún caso en que se haya aplicado el párrafo primero del art. 835 y que el Tribunal Supremo, en los pocos casos en que se ha planteado el tema, ha negado categóricamente la continuación del pleito de separación iniciado. Por ello, la reforma introducida por la Ley 15/2005 poco viene a modificar, aunque debe reconocerse el mérito del legislador al eliminar una norma de imposible aplicación y que además choca frontalmente con lo dispuesto en el art. 81 del Código, que declara personalísima la acción de separación. Posiblemente, la supresión de este párrafo obedece a que la Ley de reforma modifica también, como ya se ha visto, el art. 834, considerando que también la separación de hecho es suficiente para privar al cónyuge de la legítima, lo que hace innecesario continuar el pleito hasta que recaiga sentencia de separación, pues evidentemente los cónyuges inmersos en un pleito de separación están de hecho separados (entendiendo por separación de hecho el distanciamiento afectivo y sentimental de la pareja) y, por lo tanto, ninguno conserva derecho a percibir la legítima vidual.

2.º) Dice el actual segundo párrafo del art. 835 que si entre los cónyuges separados hubiere mediado perdón o reconciliación, el sobreviviente conservará sus derechos. La redacción actual del precepto, como se ha dicho, excluye los efectos sanatorios del perdón, lo que, sin duda, obedece al establecimiento de un sistema de separación deslindado del concepto de culpa, como el que pretende la Ley de 8 de julio de 2005, en el que se eliminan las causas culposas de separación, previstas en el art. 82 del Código Civil. Por tanto, sólo la reconciliación de los cónyuges permite al sobreviviente conservar sus derechos legitimarios, lo cual es lógico, pues producida ésta, cesa el estatus de separación entre los cónyuges y éstos restablecen una relación conyugal armónica. En realidad, el segundo párrafo del art. 835 viene a ser una aplicación específica de la norma general recogida en el art. 84 del Código, en el que se establece que la reconciliación pone término al proceso de separación y deja sin efecto ulterior lo resuelto en él. Interesa advertir que la Ley 15/2005 modifica también el segundo párrafo del art. 84, exigiendo que los cónyuges notifiquen separadamente la reconciliación al juez que entienda o haya entendido del litigio.

CONCORDANCIAS

Modificado por Ley 15/2005, de 8 julio (*«B.O.E.»* 9 julio).

Artículo 836

Derogado por Ley 11/1981, 13 mayo *(«B.O.E.»,* 19 mayo).

Artículo 837

No existiendo descendientes, pero sí ascendientes, el cónyuge sobreviviente tendrá derecho al usufructo de la mitad de la herencia.

COMENTARIO

Tras la reforma introducida por la Ley 15/2005, de 8 julio, por la que se modifica el Código Civil en materia de separación y divorcio, el art. 837 queda reducido a un único párrafo, en el que se determina la cuota de participación del cónyuge viudo cuando concurre a la herencia con los ascendientes del causante. En concreto, se le asigna el usufructo de la mitad de la herencia. Con la palabra «ascendiente» el precepto se refiere a los de cualquier naturaleza, sean matrimoniales, extramatrimoniales o adoptivos. Tras la reforma de la adopción de 11 de noviembre de 1987 no hay duda de que se excluyen los ascendientes por naturaleza del adoptado; así se deduce del art. 178.1.º del Código, según el cual la adopción produce la extinción de los vínculos jurídicos entre el adoptado y su familia anterior.

Como se ha advertido más arriba, tras la reforma de 8 de julio de 2005 se suprime el párrafo segundo del art. 837, en el que se atribuía idéntica cuota al cónyuge viudo cuando los únicos legitimarios que concurriesen a la herencia fuesen hijos no matrimoniales de su consorte concebidos constante el matrimonio de ambos, en definitiva, «hijos adulterinos», según el calificativo tradicional. En este caso, el párrafo segundo del artículo que se comenta ampliaba la cuota legitimaria del cónyuge viudo y le concedía derecho a tomar en usufructo la mitad de la herencia, probablemente por entender el legislador que el cónyuge supérstite no tenía por qué sufrir las consecuencias de una conducta desleal del premuerto. El propio art. 837 dejaba a salvo el principio de igualdad de los hijos proclamado en el art. 14 de la Constitución, al ordenar que el usufructo vidual recayese sobre los tercios de mejora y de libre disposición, dejando así intocada la legítima estricta de los hijos del causante. En la actualidad, y tras la reforma introducida, se suprime cualquier distinción en lo que a los hijos del causante respecta y se asigna al cónyuge viudo la misma cuota usufructuaria, sean los hijos del causante matrimoniales, extramatrimoniales, adulterinos o adoptivos. En todos los casos de concurrencia con hijos del premuerto, la cuota asignada al cónyuge viudo es el usufructo de un tercio de la herencia, en los términos en que se pronuncia el art. 834 del Código Civil. Probablemente la supresión de este beneficio a favor del cónyuge obedece al nuevo espíritu impuesto por la reforma de 8 de julio de 2005, que pretende deslindar las crisis matrimoniales de cualquier concepto de culpa, eliminando las tradicionales causas de separación basadas en la violación de los deberes conyugales, que a partir de la reforma carecen de relevancia en la resolución de los conflictos conyugales. Así las cosas, carece de sentido ofrecer derechos sucesorios más amplios al cónyuge viudo como compensación a la deslealtad o infidelidad de su consorte premuerto.

CONCORDANCIAS

Véanse arts. 492, 809, 810 y 840 de este Código.
Modificado por Ley 15/2005, de 8 julio («*B.O.E.*» 9 julio).

Artículo 838

No existiendo descendientes ni ascendientes el cónyuge sobreviviente tendrá derecho al usufructo de los dos tercios de la herencia.

COMENTARIO

Este artículo establece la cuota del cónyuge supérstite en ausencia de descendientes y ascendientes del causante. En tal caso en que el cónyuge concurre con extraños, su derecho se extiende al usufructo de los dos tercios del haber hereditario. Por supuesto tras la reforma de 13 de mayo de 1981 para que se dé el supuesto previsto en el art. 838 es preciso que el causante carezca de descendientes o ascendientes de cualquier naturaleza, sea matrimonial, extramatrimonial o adoptiva, si bien a tenor de lo establecido en el art. 178 C.c. redactado conforme a la Ley de 11 de noviembre de 1987 se excluyen los descendientes o ascendientes por naturaleza del adoptado.

JURISPRUDENCIA

«Para la determinación del valor de las liberalidades o donaciones computables ha de estarse al que tuvieren el día de la partición (1993). Es doctrina común que la reforma en 1981 del art. 818 CC produjo el que la valoración de los bienes del causante habría de realizarse en el que tuvieren el día de la partición, lo que recoge el también reformado art. 838». (15 junio 2007, LA LEY 51440/2007)

«El Art. 838 CC le atribuye el derecho de usufructo de los dos tercios de la herencia en el caso en que no existan descendientes ni ascendientes, que es el actual. Este derecho no ha sido negado en ningún momento al cónyuge viudo: la sentencia recurrida, así como la de la 1.ª instancia han dicho que no habiéndose determinado la cuantía de la legítima, de acuerdo con las reglas establecidas al efecto, ni tan solo las bases para su cálculo, no puede procederse a la declaración de la inoficiosidad de las donaciones y su reducción, si a ello hubiese lugar. Además, la ley no permite la declaración de nulidad de donaciones válidas, sino que solo autoriza su ajuste a las cuantías de la legítima». (23 diciembre 2011, rec. 554/2009, LA LEY 259216/2011)

CONCORDANCIAS

Véanse arts. 492 y 944 de este Código.
Texto vigente según Ley 11/1981, 13 mayo («*B.O.E.*», 19 mayo). Anterior texto según Ley 24 abril 1958 («*B.O.E.*», 25 abril).

Artículo 839

Los herederos podrán satisfacer al cónyuge su parte de usufructo, asignándole una renta vitalicia, los productos de determinados bienes, o un capital en efectivo, procediendo de mutuo acuerdo y, en su defecto, por virtud de mandato judicial.

Mientras esto no se realice, estarán afectos todos los bienes de la herencia al pago de la parte de usufructo que corresponda al cónyuge.

COMENTARIO

El art. 839 contempla la posibilidad de conmutación de la legítima del cónyuge, facultando a los herederos para satisfacerla capitalizada en dinero o a través de una renta vitalicia o con la asignación de productos de determinados bienes, lo que no viene a ser otra cosa que la concreción del usufructo en que consiste la legítima del cónyuge. Con ello se evitan los inconvenientes de dividir el dominio pleno en nuda propiedad y usufructo a la vez que se eluden los conflictos y antagonismos que pudieran surgir entre los herederos y el cónyuge viudo. La conmutación prevista en el art. 839 plantea no obstante algunos problemas de interpretación:

1.º) Respecto a quién corresponde la facultad de conmutar del art. 839 se desprende que ésta corresponde a los herederos sean voluntarios o forzosos si bien aunque no lo diga el precepto legal debe entenderse que la opción se atribuye a los herederos afectados por la legítima vidual y que cabe también que la conmutación sea decidida por un legatario en la medida en que se vea afectado también por el usufructo del cónyuge. Lo que no ofrece duda es que la conmutación deberá ser decidida por todos los interesados que deberán proceder de mutuo acuerdo, pues no es aceptable que cada uno imponga una fórmula diversa al viudo.

2.º) Sobre la posibilidad de que la conmutación sea ordenada o prohibida por el testador en principio nada cabe objetar siempre que no lo haga en fraude de los derechos del cónyuge, como lo haría por ejemplo asignándole un usufructo sobre bienes improductivos o prohibiendo su conversión cuando el usufructo recayera también sobre bienes improductivos, en cuyo caso el cónyuge podría impugnar la disposición reclamando su complemento. La decisión del testador respecto a la conmutación del usufructo vidual deberá ser aceptada por los herederos o legatarios aunque afecte al tercio de mejora habida cuenta de que entre las facultades distributivas del causante está la de individualizar el contenido material de las legítimas siempre que no las lesione (art. 1056.1.º C.c.).

Respecto a la posibilidad de que sea el contador-partidor el que haga uso de la facultad atribuida en el art. 839 se requiere delegación expresa por parte del testador dado que es a éste a quien representa el contador y no al heredero.

3.º) Las formas sustitutivas previstas en el art. 839 son asignación de una renta vitalicia, de productos de determinados bienes o de un capital en efectivo. Si la conmutación se realiza a través de la asignación de una renta vitalicia su cuantía puede ser revisada si se reduce el valor adquisitivo de la moneda.

La conmutación por un capital en efectivo implicará la adjudicación de una suma de dinero al cónyuge legitimario resultante de capitalizar el usufructo.

La atribución de productos de determinados bienes parece que no es otra cosa que la concreción del usufructo del cónyuge sobre unos bienes determinados de la herencia pues mientras no se lleve a cabo tal concreción el usufructo vidual lo es de una parte alícuota de la herencia.

4.º) La opción de conmutar la legítima corresponde a los herederos o legatarios que deberán elegir una de las formas de satisfacer la legítima vidual previstas en el art. 839. El cónyuge viudo deberá aceptar la decisión adoptada si bien podrá mostrarse disconforme con la valoración del usufructo y el objeto por el que se le sustituye; a ello se refiere el art. 839 cuando exige que se proceda de mutuo acuerdo; mutuo acuerdo que debe entenderse referido a la determinación de la equivalencia entre lo conmutable y lo conmutado y que debe ser adoptado por los afectados y el cónyuge viudo. Caso de no alcanzarse tal acuerdo, la cuestión podrá ser sometida a la decisión judicial.

5.º) El último inciso del art. 839 se refiere a las garantías que corresponden al cónyuge viudo cuando su legítima ha sido conmutada en cuyo caso mientras su derecho no sea satisfecho el usufructo vidual permanece difuso en toda la herencia quedando afectos todos los bienes hereditarios al pago de su legítima. En caso de que la conmutación se haga por la asignación de una renta vitalicia cesa la afección de los bienes y será cuestión del cónyuge viudo y los herederos convenir las garantías que aseguren su pago que serán impuestas por la autoridad judicial a falta de acuerdo.

JURISPRUDENCIA

«la facultad de elegir una de estas formas expresadas en el art. 839 corresponde a los herederos, sean voluntarios o forzosos, testados o abintestato, o, incluso, legatarios afectados por el usufructo legal del viudo, ya sean descendientes, ascendientes o colaterales del causante o, incluso, extraños al mismo, y tanto si dicha cuota vidual recae sobre el tercio de mejora como en el de libre disposición, y desde esta óptica, en consonancia a que la mención de «herederos» se refiere solo a los «afectados» por el usufructo de la viuda, a quienes compete la posibilidad de elegir entre las distintas opciones establecidas en el art. 839, al tratarse de una carga sobre su porción hereditaria, es preciso entender que a ellos exclusivamente les está permitida la facultad de elección, que no se facilita a la recurrente, dado que ella es la beneficiaria de la cuota vidual usufructuaria, con independencia de la institución de heredera universal verificada por el causante en su testamento, todo ello en consonancia con el texto de art. 839, que sólo permite la elección a los "herederos que tienen que satisfacer al cónyuge su parte de usufructo"». (25 octubre 2000, LA LEY 2465/2001)

«la propia sanción del art. 839.1.º, al hacer constar que los herederos puedan satisfacer al cónyuge su parte de usufructo asignándole una renta vitalicia, los productos de determinados bienes o un capital efectivo procediendo por mutuo acuerdo y en su defecto por virtud de mandato judicial, viabiliza la declaración judicial al respecto realizada por la Sala sentenciadora, ya que, partiendo del dato incuestionable de que no existe ni existió ese mutuo acuerdo, que, obvio es, abarca a un consenso no sólo de herederos sino también con la participación del propio cónyuge viudo como titular de su cuota, en este caso, según lo dispuesto en el art. 838 ascendente a los dos tercios de la herencia, cuando no exista ese mutuo acuerdo dicha satisfacción se adoptará en virtud del mandato judicial, y aquí el mandato judicial es el de la sentencia recurrida, la cual, pues, escoge el segundo modelo previsto» (4 octubre 2001, LA LEY 10071/2003)

«El artículo 839 CC establece que actuando de común acuerdo, los herederos pueden hacer efectivo al cónyuge viudo su parte "asignándole una renta vitalicia, los productos de determinados bienes, o un capital en efectivo" y que a falta de acuerdo, se decidirá judicialmente. La sentencia recurrida, en su fundamento tercero señala que el consenso sobre la forma de pago debe alcanzarse entre los herederos y el cónyuge, por lo que éste debe participar en la decisión, que no consta haya existido en el presente procedimiento. Por ello la sentencia recurrida considera que debe aceptarse la solución de capitalización "cuando ni tan siquiera se ofrece por la recurrente alternativa de las legales sobre ello limitándose a mostrar su disconformidad". Se señala que este derecho corresponde ejercerlo a los herederos, pero con la conformidad del cónyuge viudo, y que cuando falta el acuerdo corresponde a la autoridad judicial la decisión sobre la forma de pagar dicho usufructo (SSTS de 15 septiembre 1982 y 4 octubre 2001)». (13 julio 2009, rec. 768/2005, LA LEY 125072/2009)

«se ha de considerar que la partición efectuada incurre en la nulidad denunciada por la parte actora, en primer lugar por infringir claramente lo dispuesto en el artículo 839 del Código Civil, que determina las formas en que los herederos podrán satisfacer al cónyuge su parte en el usufructo, sin que lógicamente se puedan atribuir para ello bienes en propiedad sin el consentimiento expreso de todos los herederos, y en segundo lugar, porque faltó el cumplimiento del requisito establecido en el artículo 1057, párrafo tercero, en cuanto a la formación de inventario por el contador partidor con citación de quien hubiera de ostentar la representación de los menores que, en este caso, siendo patente la posible oposición de intereses con la madre —pues incluso se liquidó allí la sociedad de gananciales que existía entre ésta y el causante— comportaba la necesidad de intervención de un defensor judicial».
(8 junio 2011, rec. 295/2008, LA LEY 83092/2011)

CONCORDANCIAS

Véase:
— arts. 1.406 y 1.407 de este Código.

Artículo 840

Cuando el cónyuge viudo concurra con hijos sólo del causante, podrá exigir que su derecho de usufructo le sea satisfecho, a elección de los hijos, asignándole un capital en dinero o un lote de bienes hereditarios.

COMENTARIO

Se trata de un artículo que también ha sido modificado por la Ley 15/2005, de 8 julio, por la que se reforma el Código Civil en materia de separación y divorcio, aunque la modificación, como después se verá, afecta más a la forma que al fondo del precepto. El art. 840 parte del supuesto en que los únicos legitimarios con quienes concurre el cónyuge viudo sean hijos sólo del causante premuerto, por tanto, no hijos comunes de ambos, señalando que en tal caso el cónyuge supérstite tiene derecho a exigir que el usufructo en que consiste su legítima sea conmutado por un capital en dinero o por un lote de bienes hereditarios. Antes de la reforma de 8 de julio de 2005, el precepto concedía idéntico derecho al cónyuge que se encontrase en el caso previsto en el párrafo 2.º del art. 837, que como se sabe ha sido suprimido por la citada Ley de reforma en materia de separación y divorcio. Es lógico, pues, que el legislador elimine la referencia a un precepto hoy desaparecido y que explicite en qué caso puede el cónyuge hacer uso de su derecho de conmutación; por eso se ha dicho más arriba que la reforma de este artículo afecta a la forma, pero no al fondo del mismo. Con todo se advierte un hecho curioso, pues tal y como queda redactado el precepto, el derecho a la conmutación se ofrece al cónyuge en todo caso en que concurra con hijos sólo de su consorte y no necesariamente con hijos sólo de su consorte concebidos constante el matrimonio de ambos, como rezaba el suprimido segundo párrafo del art. 837. Probablemente la ampliación del supuesto obedezca a un descuido del legislador, sobre todo si se tiene en cuenta que, en opinión generalizada, la razón del precepto no era otra que la de evitar que el cónyuge tuviera que pasar por la delicada situación de mantener relaciones —de usufructo y propiedad o de acreedor y deudor— con los hijos (adulterinos) no matrimoniales de su consorte concebidos constante el matrimonio de ambos. Lo cierto es que la redacción actual del precepto se pronuncia en términos más amplios y que, por tanto, en todo caso de concurrencia del cónyuge con hijos exclusivamente del causante (no necesariamente adulterinos), goza del derecho de conmutación, en los términos que a continuación se detallan.

En efecto, el art. 840 atribuye al cónyuge viudo derecho a exigir la conmutación de su legítima siempre que se dé el supuesto previsto en el propio artículo. Se observa así una especialidad respecto a la regla general de conmutación prevista en el art. 839 del Código, ya que la facultad de conmutación se la atribuye el art. 840 al cónyuge viudo y no a los herederos, como señala con carácter general el citado art. 839. Decidida la conmutación por el cónyuge, los hijos no tienen más remedio que aceptarla, aunque a ellos corresponde tomar la decisión de si la misma habrá de satisfacerse con un capital en efectivo o con la asignación de un lote de bienes hereditarios, quedando excluida la posibilidad prevista en el art. 839 de que el derecho del cónyuge pueda ser satisfecho con los productos de determinados bienes (usufructo) o con una renta vitalicia.

Una vez elegido por los herederos el medio de sustitución, la concreción de la suma o la determinación de los bienes que habrán de formar el lote del cónyuge deberán alcanzarse por mutuo acuerdo o, en su defecto, por decisión judicial. Como se comprende, ejercitada la opción que el art. 840 concede al cónyuge supérstite, queda finiquitada toda relación entre éste y los hijos del causante, consiguiéndose la finalidad perseguida por el precepto.

CONCORDANCIAS

Modificado por Ley 15/2005, de 8 julio (*«B.O.E.»* 9 julio).

SECCIÓN OCTAVA
Pago de la porción hereditaria en casos especiales

Artículo 841

El testador, o el contador-partidor expresamente autorizado por aquél, podrá adjudicar todos los bienes hereditarios o parte de ellos a alguno de los hijos o descendientes, ordenando que se pague en metálico la porción hereditaria de los demás legitimarios.

También corresponderá la facultad de pago en metálico en el mismo supuesto del párrafo anterior al contador partidor dativo a que se refiere el artículo 1.057 del Código Civil.

COMENTARIO

1.- Consecuencia de la reforma introducida por la Ley 11/81 de 13 de mayo, los arts. 841 y ss. del Código Civil acogen de manera generalizada la posibilidad del pago en metálico de las legítimas de los hijos y descendientes con la única exigencia de que sea uno de los legitimarios el adjudicatario de los bienes y el encargado de abonar las legítimas de los demás descendientes.

Por tanto, este art. 841 requiere la existencia de una pluralidad de descendientes, de los cuales uno o varios serán los adjudicatarios encargados de abonar en dinero las legítimas de los demás. Se ha discutido si existiendo hijos cabe atribuir esta facultad a ulteriores descendientes, resolviéndose por la respuesta afirmativa, si se tiene en cuenta que los nietos, aun no siendo legitimarios, pueden ser mejorados y adquirir la mitad de la legítima larga.

2.- El art. 841 no exige presupuesto objetivo alguno, tan sólo que el pago en metálico haya sido ordenado por el testador, o por el contador-partidor expresamente autorizado por aquél, bastando el convencimiento del testador de que el adjudicatario es el mejor dotado para llevar adelante la explotación de los bienes. Por otro lado, tampoco se exige que el dinero exista en la herencia; más bien, el precepto legal presupone lo contrario ya que parte de la posibilidad de adjudicar a uno solo de los descendientes todos los bienes hereditarios, con la contrapartida de pagar en metálico las legítimas de los demás.

3.- Como presupuesto formal se exige que el propio testador haya ordenado la adjudicación en favor de uno de los legitimarios y el consiguiente pago en metálico a los demás, o bien que haya autorizado expresamente al contador-partidor designado en el testamento, autorización que puede llevarse a efecto bien invocando numeralmente el art. 841, bien refiriéndose el testador con sus propias palabras al supuesto previsto en aquel precepto legal. Cabe también la posibilidad de que la adjudicación la realice el contador-partidor dativo del art. 1057.2.º C.c. nombrado por el juez a petición de herederos y legatarios que representen al menos el cincuenta por ciento del haber hereditario.

4.- Interesa destacar que la facultad concedida con carácter tan general en el art. 841 en modo alguno desvirtúa la naturaleza jurídica de las legítimas abonables en dinero que no pierden su calidad de *pars bonorum* en tanto no hayan sido totalmente satisfechas, toda vez que los legitimarios tienen su derecho garantizado con los bienes hereditarios, que quedan afectos al pago de su legítima. Se trata, pues, de una legítima normal que sufre el gravamen legal de la opción concedida para conmutarlas en dinero, que no pierde su naturaleza en tanto no se extinga precisamente por el pago.

CONCORDANCIAS

Véanse arts. 829, 1.056, 1.061 y 1.062 de este Código.

Texto vigente según Ley 11/1981, 13 mayo (*«B.O.E.»,* 19 mayo). Anterior texto según Ley 24 abril 1958 (*«B.O.E.»,* 25 abril).

Artículo 842

No obstante lo dispuesto en el artículo anterior, cualquiera de los hijos o descendientes obligados a pagar en metálico la cuota hereditaria de sus hermanos podrá exigir que dicha cuota sea satisfecha en bienes de la herencia, debiendo observarse, en tal caso, lo prescrito por los artículos 1.058 a 1.063 de este Código.

COMENTARIO

De este art. 842 se deduce sin duda que lo que el art. 841 atribuye es una mera opción, que permite al adjudicatario o adjudicatarios aceptar la adjudicación y la consiguiente obligación de pagar en dinero a los demás legitimarios, o bien renunciar a ella y someterse a las reglas normales de la partición previstas en los arts. 1058 y 1063 del Código. Siendo varios los adjudicatarios bastará con que uno solo de ellos no acepte la atribución ni consienta en obligarse al pago en metálico para que se proceda a la partición según las reglas legalmente establecidas. No obstante, la inaceptación de la adjudicación no atribuye per se a los demás legitimarios la cualidad de herederos, que conservarán la condición de legatarios aunque su derecho se extienda no ya a una parte alícuota del valor de la herencia sino a una parte alícuota de los propios bienes hereditarios.

CONCORDANCIAS

Véanse arts. 841 y 1.058 a 1.063 de este Código.

Texto vigente según Ley 11/1981, 13 mayo (*«B.O.E.»,* 19 mayo).

Artículo 843

Salvo confirmación expresa de todos los hijos o descendientes, la partición a que se refieren los dos artículos anteriores requerirá aprobación judicial.

COMENTARIO

1.- El artículo 843 exige que la partición a que se refieren los dos artículos anteriores sea confirmada expresamente por todos los hijos y descendientes, o en su defecto que sea judicialmente aprobada. Exigencia que se deriva de la singularidad de esta distribución excepcional de la herencia.

Por tanto, la intervención del juez será innecesaria cuando los adjudicatarios y legitimarios se pongan de acuerdo sobre la división del caudal, acuerdo que en su caso podrá deducirse del hecho de que los legitimarios perceptores reciban sin protesta la suma correspondiente.

2.- La aprobación judicial será necesaria en todo caso en que medie conflicto de intereses entre los adjudicatarios y los demás legitimarios respecto a la valoración de los bienes y la fijación de las cantidades que deban ser satisfechas en metálico, en cuyo caso la aprobación sustanciará por los trámites de la jurisdicción voluntaria (arts. 1811 a 1824 LEC).

CONCORDANCIAS

Texto vigente según Ley 11/1981, 13 mayo (*«B.O.E.»,* 19 mayo).

Artículo 844

La decisión de pago en metálico no producirá efectos si no se comunica a los perceptores en el plazo de un año desde la apertura de la sucesión. El pago deberá hacerse en el plazo de otro año más, salvo pacto en contrario. Corresponderán al perceptor de la cantidad las garantías legales establecidas para el legatario de cantidad.

Transcurrido el plazo sin que el pago haya tenido lugar, caducará la facultad conferida a los hijos o descendientes por el testador o el contador-partidor y se procederá a repartir la herencia según las disposiciones generales sobre la partición.

COMENTARIO

1.- El art. 844 indica la necesidad de que la opción del pago en metálico se haga en el plazo de un año, exigiendo también la comunicación a los perceptores en el plazo indicado. La comunicación es una declaración de voluntad expresa y recepticia que deberá hacerse llegar individualmente a cada uno de los legitimarios. Dado que la decisión del pago en metálico deberá adoptarse por todos los adjudicatarios, se exige que todos ellos comuniquen la opción a los perceptores, aunque no es necesario que lo hagan conjuntamente. La decisión una vez comunicada es irrevocable para el que la hizo, aunque puede llegar a quedar sin efecto si en el plazo de un año no se ha realizado por todos los adjudicatarios. En cuanto a la forma de efectuar la notificación nada dice el Código; vale, por tanto, cualquier forma que se utilice, aunque el sistema más adecuado será la notificación notarial. Lo que no cabe es una comunicación tácita deducida de ventas y otros negocios de disposición de los herederos sobre los bienes relictos.

La ausencia de comunicación hace decaer la posibilidad de pago en metálico, obligando a someterse a las reglas normales de la partición, en los términos previstos en el art. 842.

2.- Una vez que se ha comunicado la opción, el segundo inciso del art. 844 exige que el pago se haga en el plazo máximo de otro año más. El plazo comenzará a contar a partir de la comunicación del último adjudicatario aceptante, con lo que como máximo, el pago deberá hacerse a los dos años de la apertura de la sucesión; no obstante, la propia ley admite que por pacto se modifique el plazo señalado, pudiendo incluso establecerse diferentes plazos para cada uno de los adjudicatarios.

3.- El párrafo tercero del art. 844 establece las garantías conferidas al perceptor de la cantidad, y dice que serán las mismas que legalmente se prevén para el legatario de cantidad quienes, según el art. 42 L.H., podrán pedir la anotación preventiva de su derecho y con ello evitar que durante el período transitorio que se produce desde el fallecimiento del causante y el pago efectivo de su legado puedan los herederos enajenar los bienes hereditarios. No obstante, el art. 87.1.º L.H. establece el breve plazo de un año para la caducidad de la anotación preventiva, de donde se extrae que la protección otorgada a los asignatarios de una cantidad para el pago de su legítima resulta a todas luces inadecuada e insuficiente. Por ello parece posible entender que en caso de impago puedan los legitimarios reclamar la resolución de la adjudicación, sobre todo si se tiene en cuenta que el último párrafo del art. 844 establece que transcurrido el plazo sin que el pago haya tenido lugar «caducará la facultad conferida a los hijos o descendientes» y «se procederá a repartir la herencia según las disposiciones generales sobre la partición». En conclusión, puede afirmarse que las garantías atribuidas a los legitimarios perceptores de cantidad son dos:

— Posibilidad de anotación preventiva de su legado (art. 42 L.H.) con el plazo de caducidad de un año, a partir del día que se practicó la anotación.

— Transcurrido el plazo previsto en el art. 844 para el pago sin que éste haya tenido lugar podrán optar entre exigir el pago mediante la oportuna acción o bien instar la resolución de la adjudicación, obligando a repartir la herencia según las disposiciones ordinarias de la partición.

JURISPRUDENCIA

«la norma del art. 844 CC no parece que deba ser aplicable a aquellos casos en que el testador imponga a sus herederos o legatarios la carga de pagar las legítimas en dinero, puesto que entonces el legatario no está autorizado para actuar de una forma distinta, ni en consecuencia, es titular de ninguna facultad de optar, ya que al pagar las legítimas en dinero, está cumpliendo la voluntad testamentaria que no puede infringir». (9 diciembre 2010, rec. 1203/2007, LA LEY 208830/2010)

CONCORDANCIAS

Véase arts. 880 y 884 de este Código.
Texto vigente según Ley 11/1981, 13 mayo (*«B.O.E.»*, 19 mayo).

Artículo 845

La opción de que tratan los artículos anteriores no afectará a los legados de cosa específica.

COMENTARIO

Se trata de hipótesis no afectadas por el ejercicio del derecho de opción regulado en los arts. 841 a 844, lo cual resulta evidente si se tiene en cuenta que lo que importa es la voluntad del causante que además de ordenar el pago en metálico asigna específicamente bienes a los legitimarios que habrán de percibir su legítima en dinero.

Por tanto, la conmutación no afectará al legado de cosas específicas, cuya propiedad es adquirida de manera automática por el legitimario-legatario desde el mismo momento de la muerte del causante (art. 882); el resto de su legítima, si el legado no es suficiente para cubrirla por completo, se le abonará en metálico.

Y lo mismo cuando la atribución se realizase a través de una *institutio ex re certa*, posibilidad prevista en el art. 1056 del Código, en cuyo caso el legitimario-adjudicatario percibirá el bien asignado, afectando la conmutación sólo al resto de su porción legitimaria.

CONCORDANCIAS

Véanse arts. 821, 882 y 884 de este Código.
Texto vigente según Ley 11/1981, 13 mayo (*«B.O.E.»*, 19 mayo).

Artículo 846

Tampoco afectará a las disposiciones particionales del testador señaladas en cosas determinadas.

COMENTARIO

Su comentario se halla inmerso en el artículo anterior.

CONCORDANCIAS

Véanse arts. 829 y 1.056 de este Código.
Texto vigente según Ley 11/1981, 13 mayo (*«B.O.E.»*, 19 mayo).

Artículo 847

Para fijar la suma que haya de abonarse a los hijos o descendientes se atenderá al valor que tuvieren los bienes al tiempo de liquidarles la porción correspondiente, teniendo en cuenta los frutos o rentas hasta entonces producidas. Desde la liquidación, el crédito metálico devengará el interés legal.

COMENTARIO

Este artículo 847 determina el momento de fijar el valor que ha de abonarse para satisfacer las legítimas. Evidentemente para fijar el valor de las cuotas a conmutar debe atenderse a lo previsto en el art. 818 del Código, determinando no sólo el valor del patrimonio relicto una vez deducidas las deudas y cargas del testador sino también de todas las liberalidades realizadas en vida por el propio causante, con objeto de comprobar si éstas lesionan la legítima. Por supuesto, en todas estas operaciones de valoración de los bienes intervendrán los legitimarios a quienes haya de abonarse su legítima en metálico; con ello se evita la posibilidad de que se defraude su derecho y además se determinan las donaciones recibidas en vida del causante que sean imputables a su legítima.

El art. 847 ordena que para la fijación del *quantum* legitimario, se atienda al valor que tuvieren los bienes en el momento de la liquidación y no en el momento de causarse la sucesión. Con ello se consigue un resultado más justo, pues se atiende a las variaciones experimentadas por el valor de los bienes.

Añade el último párrafo del art. 847 que, una vez liquidada la porción correspondiente a cada legitimario, devengará el interés legal.

JURISPRUDENCIA

«reiterada jurisprudencia de esta Sala ha proclamado que la valoración de los bienes sujetos a una operación particional debe referirse al momento de la liquidación, como se infiere de diversos preceptos del Código Civil, entre los que se cuenta el art. 1074 CC, que cita la parte demandante como infringido. Entre las más recientes, la STS 21 de octubre de 2005 (LA LEY JURIS. 10106/2006) declara que "hay que aceptar, como hace ahora el Código Civil en preceptos como los que ha invocado el recurrente (847, 1045.1.º y 1074 CC), una cierta corrección del nominalismo, procediendo, de una parte, a aproximar el momento de valoración al de la liquidación y pago, para expresarlo en unidades monetarias de tal momento; y, por otra parte, estableciendo la regla de pago en la moneda corriente en el momento de la liquidación, esto es, actualizando al valor actual de la moneda en el momento del pago». (14 diciembre 2005, rec. 1217/1999)

«Los frutos y rentas también se reclaman en la demanda en aplicación de lo dispuesto en el artículo 847 del Código civil. Es de observar, en primer lugar, que efectivamente se ha procedido al valorar los bienes al tiempo de liquidar la porción correspondiente, que se ha concretado en el momento de la presentación de la demanda, lo que no plantea cuestión alguna, ni podía plantearla dada la claridad de la norma y la jurisprudencia recaída: sentencias de 20 de junio de 2005, 21 de octubre de 2005 y 14 de diciembre de 2005». (24 enero 2008, LA LEY 866/2008)

CONCORDANCIAS

Texto vigente según Ley 11/1981, 13 mayo (*«B.O.E.»*, 19 mayo).

SECCIÓN NOVENA
De la desheredación

Artículo 848

La desheredación sólo podrá tener lugar por alguna de las causas que expresamente señala la ley.

COMENTARIO

1.- A pesar de la terminología del Código, se define la desheredación como aquella disposición testamentaria por la que el causante priva al legitimario de su carácter de tal y de su porción legitimaria en virtud de las causas establecidas taxativamente en la Ley. Con ello, se faculta al testador para privar por causa fundada y suficiente de sus derechos a los legitimarios, como castigo a infracciones graves de carácter familiar.

Del adverbio «sólo» empleado en la redacción del artículo se extrae sin problemas el carácter de *numerus clausus* de las causas de desheredación, sin posibilidad de analogía ni de interpretación extensiva.

2.- Nada dice el Código Civil respecto a la capacidad para desheredar, pero teniendo en cuenta que es requisito formal hacerlo a través de testamento (art. 849) es indudable que se exige la capacidad para testar. Así, según se desprende del art. 663 C.c. pueden desheredar los mayores de 14 años que se hallen en su cabal juicio, salvo si la desheredación se hace en testamento ológrafo, en cuyo caso se exige la mayoría de edad (art. 668).

3.- Pueden ser desheredados los hijos y descendientes, los padres y ascendientes y el cónyuge. Por tanto, todos los legitimarios enumerados en el art. 807 C.c., siempre que hayan incurrido en alguna de las causas previstas en los arts. 853, 854 y 855. Se discute qué capacidad se requiere para incurrir en causa de desheredación; para unos, la capacidad exigida será la penal (por tanto, 16 años); para otros, la capacidad civil para actuar con dolo; y para otros, en fin, la determinación de la capacidad queda al arbitrio judicial, atendidas las circunstancias de cada caso. No debe tratarse el problema de forma unitaria, habida cuenta de la diversidad de las causas de desheredación. Así, capacidad penal cuando se trate de una causa criminal (arts. 854.2.º y 855.2.º); capacidad de obrar cuando la causa presuponga la misma y capacidad física y mental para realizar el acto o conducta en los casos previstos en los arts. 853.2.º, 854.3.º y 855.4.º.

JURISPRUDENCIA

«mientras no sea anulado el testamento en que se contiene la desheredación, carece el desheredado de todo derecho sobre la herencia del causante». (11 febrero 1988, LA LEY 11524-R/1989)

«el motivo en el que se basa el testador no es ninguno de los que nuestro legislador establece, por lo que tal cláusula (de desheredación) deberá estimarse por no puesta... en cuanto tal desheredación no se atiene a las causas concretas que se establecen en los artículos 852, y 853 en relación con el 756, por lo que en esa disposición testamentaria se infringe lo determinado en el artículo 848... ha de ser declarada nula». (19 diciembre 1988, LA LEY 239-1/1989)

«las alusiones genéricas que aducen los herederos, referidas a otras injurias o insultos, no pueden tenerse en cuenta dada su falta de justificación suficiente; y mucho más cuando ha de imponerse una interpretación restrictiva de la institución, que no sólo proclama el artículo 848 del texto legal, sino también la abundante jurisprudencia, orientada en la defensa de sucesión legitimaria; no admitiéndose: ni la analogía, ni la interpretación extensiva, ni siquiera la argumentación de "minoris ad maiorem"... la falta de relación afectiva y comunicación entre la hija y el padre, el abandono sentimental sufrido por éste durante su última enfermedad, la ausencia de interés, demostrado por la hija, en relación con los problemas del padre, etc., son circunstancias y hechos que, de ser ciertos, corresponden al campo de la moral, que escapan a la apreciación y a la valoración jurídica, y que en definitiva sólo están sometidos al tribunal de la conciencia». (28 junio 1993, LA LEY 516/1993)

Sobre la minoría de edad de la persona que puede ser desheredada:

«redacción vigente cuando acaecieron los hechos que se dicen determinantes de la desheredación; pero como la cuestión que se plantea relativa a la minoría de edad civil de los hijos del testador, quedó acertadamente resuelta en la recurrida sentencia al refutar uno de los argumentos de los actores sobre la minoría de edad penal, declarando que probado que los hechos ocurrieron en los meses de febrero, marzo y abril, inmediatamente anterior a la fecha de separación de los hijos de su padre, para su entrega a la institución adecuada en 20 de abril de 1966, aquéllas eran ya personas penalmente responsables, con proyección civil, si se tiene en consideración que D.ª Pilar había nacido en 3 de mayo de 1946 y Doña Guadalupe en 17 de abril de 1949; y como los efectos civiles los determina el propio Código, el privar a un heredero forzoso de sus derechos a la legítima». (16 julio 1990, LA LEY 21233-JF/0000)

CONCORDANCIAS

Véanse arts. 852 a 855 de este Código.

Artículo 849

La desheredación sólo podrá hacerse en testamento, expresando en él la causa legal en que se funde.

COMENTARIO

1.- Establece este artículo la forma y requisitos para llevar a cabo la desheredación. La desheredación ha de hacerse en testamento, designando claramente al desheredado y expresando la causa legal en que se funda.

2.- Un análisis del art. 849 exige destacar los siguientes puntos:

1.º) «La desheredación sólo podrá hacerse en testamento» dice el art. 849; no puede, por tanto, ser realizada por acto «inter vivos», ni a través de cédulas o papeles privados aunque a ellos se remita el testamento (*vid.* art. 672). Dado que el art. 849 no distingue, parece que podrá desheredarse a través de cualquier clase de testamento.

2.º) La desheredación deberá hacerse constar de forma expresa, con invocación de la causa legal que la justifique (... «expresando en él [testamento] la causa legal en que se funde»). Siendo la desheredación una disposición testamentaria por la que el causante priva al legitimario de su carácter de tal y de su porción legitimaria, es evidente que será preciso que conste expresamente la voluntad de desheredar. Es también necesario que el causante exprese en el testamento la causa legal en que se apoya la desheredación. En cuyo caso, bastará con citarla concretamente sin mencionar los hechos constitutivos; o, a la inversa, refiriéndose al hecho, sin expresar la causa legal en que se funda; o incluso aludiendo genéricamente a una causa que puede comprenderse en alguna de las legalmente tipificadas.

3.º) Designación nominal y expresa del desheredado, determinando claramente y sin dudas a qué legitimario se refiere la desheredación del mismo modo que se hace la institución de heredero, para lo cual habrá de tenerse en cuenta lo previsto en los arts. 772.1.º y 773 sobre la manera de hacer la designación de heredero. Es obvio que debe expresarse el nombre del desheredado aunque también cabe que, omitiendo el nombre del mismo, se designe de modo que no pueda dudarse de su identidad.

4.º) No cabe desheredación parcial. Si, como se ha dicho, desheredar es privar al legitimario de su cualidad de tal y de su porción legitimaria, parece obvio que es inadmisible una desheredación parcial. No obstante, se ha mantenido la posibilidad de una desheredación parcial argumentando que quien puede lo más puede lo menos, que en ocasiones es voluntad del causante dar al legitimario los medios indispensables para la vida y, en fin, que con la desheredación parcial no se divide la culpa (la falta es una e indivisa) sino que se gradúa el castigo. Como conclusión los arts. 851 y 857 dan por supuesto que la desheredación debe ser total, pero la regulación del Código no impide al causante obtener unos efectos equivalentes a la desheredación parcial: así, cabe que el desheredado sea instituido heredero en la parte de libre disposición, o que se le nombre sucesor a título particular en un legado; atribuciones que en modo alguno implican la reconciliación entre ofensor y ofendido y que por lo tanto deberán ser imputadas a la parte de libre disposición con todas sus consecuencias (posibilidad de reducción por inoficiosidad, o de imponer gravámenes, sustituciones...).

5.º) La desheredación debe ser pura. En el sentido de que no admite plazo ni condición. Obsérvese que art. 849 exige que se exprese la causa legal en que se funda la desheredación, lo que presupone que la causa ya se ha producido. En este sentido, es evidente que no cabe la desheredación para el supuesto de que el legitimario incurra en el futuro en una causa de desheredación.

Ahora bien:

— No parece que haya inconveniente para admitir la desheredación hecha por el testador apoyada en un hecho del que no se tiene certeza, quedando condicionada a que éste resulte probado. Sobre todo si se tiene en cuenta que el art. 850 permite al desheredado negar la causa en que se apoya la desheredación, obligando a probarla a los herederos del causante. El art. 850 exige la certeza de la causa con carácter objetivo y no como un requisito subjetivo del testador.

— Si la causa de desheredación se apoya en una sentencia, cabe someter su eficacia a la *condicio iuris* de que se dicte sentencia.

— Debe también admitirse que el perdón del causante quede condicionado a la posterior conducta del desheredado.

Obsérvese que en tal caso estamos no ante una desheredación condicionada sino ante un perdón condicionado al arrepentimiento o enmienda del legitimario antes de la muerte del causante.

CONCORDANCIAS

Véase art. 757 de este Código.

Artículo 850

La prueba de ser cierta la causa de la desheredación corresponderá a los herederos del testador si el desheredado la negare.

COMENTARIO

1.- Es evidente que además de ser expresada en el testamento, tal como exige el art. 849, la causa de desheredación debe ser cierta. No obstante, este art. 850 distingue claramente según que el desheredado la negare o no:

— Mientras no se impugne judicialmente (niegue) por el desheredado, se ejecutará el testamento y éste no percibirá su legítima.

— Cuando lo niegue, lo hará mediante un proceso declarativo, actuando el desheredado como demandante.

— En el curso del proceso sufrirán la carga de la prueba de la certeza del hecho-causa de desheredación, los herederos demandados; no basta con que el testador dé la causa como cierta.

2.- La desheredación contenida en el testamento es título bastante para atribuir al heredero la posesión de los bienes y que la causa se «presume» cierta mientras el desheredado no la niegue, lo que le obligará a cuestionar su existencia en el proceso declarativo que corresponda. Obsérvese, no obstante, que procesalmente la presunción no tiene siquiera el valor de *iuris tantum* pues cede en cuanto el desheredado no se conforma con que la causa se presuma cierta, obligando a los herederos a demostrar su veracidad. Impugnada la causa de desheredación, los herederos del causante quedan obligados a probarla, salvo que ya estuviese probada de antemano por existir una sentencia condenatoria que fundamente la causa alegada o bien porque el propio testador ya hubiese formalizado la prueba.

3.- En caso de ser varias las causas invocadas bastará con que quede demostrada una de ellas; circunstancia que no se menciona en el art. 850 pero que se apoya en los precedentes legales históricos (así, Nov. 115 de Justiniano y Ley 8, tít. VII, 6 Partida) y es mantenida decididamente por la jurisprudencia.

Artículo 851

La desheredación hecha sin expresión de causa, o por causa cuya certeza, si fuere contradicha, no se probare, o que no sea una de las señaladas en los cuatro siguientes artículos, anulará la institución de heredero en cuanto perjudique al desheredado; pero valdrán los legados, mejoras y demás disposiciones testamentarias en lo que no perjudiquen a dicha legítima.

COMENTARIO

1.- Establece este art. 851 los supuestos de desheredación injusta así como sus efectos. Es ilegal la desheredación cuando se haga sin expresión de causa, cuando la causa invocada no se halle entre las enumeradas en los arts. 852 a 855 C.c., cuando puesta en duda la veracidad de la causa expresada los herederos del testador no lograren probarla (art. 850) y, aunque no lo diga el art. 851, cuando la desheredación se haga por medio distinto del testamento (art. 849).

2.- El efecto de la desheredación injusta es la anulación de la institución de heredero en cuanto perjudique al desheredado, así como de los legados y mejoras ordenados por el testador lo que supone que se rescindan por inoficiosas todas las disposiciones *mortis causa* necesarias para atribuir el *«quantum»* legal al legitimario desheredado. Debe advertirse que la desheredación injusta no provoca la nulidad automática del testamento sino que será necesaria la impugnación por parte del perjudicado, impugnación que tiene el carácter de una acción rescisoria cuyo plazo de prescripción es de cuatro años (art. 1295 C.c.). Se discute sobre la transmisibilidad de la acción dado su carácter de acción personalísima, aunque debe concluirse que la misma se transmite a los herederos del desheredado si éste ya hubiese iniciado su ejercicio.

3.- Se ha dicho que la anulación afectará a la institución de heredero y a las demás disposiciones testamentarias de contenido patrimonial, en la medida en que perjudiquen la porción legitimaria del desheredado. Surge la duda de si la porción legitimaria a que se refiere el art. 851 debe ser la legítima larga o sólo la estricta. Una interpretación amplia extendería la cuota del desheredado a la legítima larga en cuanto no hubiese mejoras expresas o legados imputables al tercio de mejora, argumentando que lo contrario llevaría a la admisibilidad de una mejora tácita prohibida por el sistema general del Código Civil. La opinión mayoritaria en cambio se inclina por la atribución exclusiva de la legítima estricta por entender que apareciendo expresada la voluntad de desheredar debe entenderse que el testador no quiso atribuir al legitimario más de lo que el Ordenamiento Jurídico le atribuye quedando éste exclusivamente con la participación que le corresponda en la legítima estricta cuando concurra a la herencia con otros hijos del causante. Por el contrario si fuera el único heredero forzoso, declarada injusta la desheredación, se le atribuirán los dos tercios del patrimonio hereditario.

Lo anterior no deja de ser dudoso si se tiene en cuenta que en ocasiones la desheredación puede apoyarse en una causa errónea, lo que ocurrirá cuando el testador convencido de que el legitimario ha incurrido en alguna de las gravísimas causas que permiten desheredar, ordene su desheredación resultando luego que la causa no puede ser demostrada por apoyarse en una creencia errónea del causante. Caso éste en el que podría pensarse que de haber conocido el causante la falsedad de la causa no habría desheredado el legitimario, por lo que de la cláusula de desheredación no puede extraerse la voluntad del testador de atribuir al desheredado el *quantum* menor que el Ordenamiento le permite. La doctrina entiende que sería aplicable a este supuesto lo previsto en el art. 767.1.º C.c. que, referido a la falsedad de la causa en la institución de heredero y en el legado, determina la nulidad de la disposición *mortis causa* si del tenor del testamento se dedujera que de haber sido conocida la falsedad de la causa no se hubieran llevado a efecto. Así, cuando la desheredación se apoye en una creencia errónea del testador debe mantenerse la nulidad total de la cláusula de desheredación y la atribución de la legítima larga al desheredado erróneamente salvo que del testamento se extraigan mejoras expresas o legados y mandas imputables al tercio de mejora que impidan otra atribución que no sea la de la legítima estricta. Por el contrario si la ilegalidad de la desheredación se apoya en un defecto de forma (la desheredación se hizo en documento distinto del testamento) o en la expresión de causa distinta de las enumeradas en los arts. 852 a 855 C.c. pero que deja clara la voluntad del testador de excluir en la medida de lo posible los derechos del legitimario debe mantenerse que la impugnación tiene como único efecto la atribución estricta de un tercio del patrimonio del causante.

JURISPRUDENCIA

«el testador ha desheredado a todos sus hijos y los únicos beneficiarios son sus ascendientes, es evidente que la doctrina indicada no puede ser aplicada al haber dispuesto el causante de la totalidad de sus bienes en favor de quienes, si bien son herederos forzosos, no tienen la condición de descendientes, habiendo, en consecuencia, privado a éstos, no ya sólo de la legítima estricta, sino también de su tercio de mejora, del cual, en este caso, no podía disponer al haber desheredado a todos cuantos podrían tener derecho a él». (10 junio 1988, LA LEY 1087/1988)

CONCORDANCIAS

Véase art. 814 de este Código.

Artículo 852

Son justas causas para la desheredación, en los términos que específicamente determinan los artículos 853, 854 y 855, las de incapacidad por indignidad para suceder, señaladas en el artículo 756 con los números 1.º, 2.º, 3.º, 5.º y 6.º.

COMENTARIO

1.- Establece el art. 852, de manera general, las causas de desheredación, remitiéndose a los arts. 853, 854 y 855 relativos a la desheredación de descendientes, ascendientes y cónyuge, así como al art. 756 C.c. en el que se enumeran las causas de indignidad para suceder que también pueden serlo de desheredación.

2.- De la remisión efectuada por el art. 852 al 756 resulta que todas las causas de indignidad, menos la cuarta, lo son también de desheredación. Esta exclusión obedece a su imposibilidad de ser invocada como causa de desheredación: se refiere a la no denuncia de la muerte violenta del testador, lo que presupone el fallecimiento del mismo antes de que se consolide esta causa. Se ha dicho que la remisión efectuada por el art. 852 constituye una redundancia inútil e innecesaria dado que la indignidad priva de la legítima cuando afecta a un legitimario. No obstante, la invocación de una causa de indignidad como de desheredación puede resultar útil en la práctica si se tiene en cuenta que la indignidad ha de ser siempre objeto de prueba y de declaración judicial, en tanto que la causa de desheredación invocada sólo requiere prueba si fuere contradicha (art. 851 C.c.); por otro lado, la expresión de la causa de desheredación impide que el silencio del testador pudiera tomarse como una rehabilitación tácita, o que ante la imposibilidad de probar la causa de indignidad, el silencio se considerase preterición.

CONCORDANCIAS

Texto vigente según LO 1/1996, 15 enero, de Protección Jurídica del Menor.

Artículo 853

Serán también justas causas para desheredar a los hijos y descendientes, además de las señaladas en el artículo 756 con los números 2.º, 3.º, 5.º y 6.º, las siguientes:

1.ª Haber negado, sin motivo legítimo, los alimentos al padre o ascendiente que le deshereda.

2.ª Haberle maltratado de obra o injuriado gravemente de palabra.

3.ª

Suprimida por Ley 11/1990, 15 octubre (*«B.O.E.»*, 18 octubre).

4.ª

Suprimida por Ley 8/1984, 31 marzo (*«B.O.E.»*, 3 abril).

COMENTARIO

1.- Referido a las justas causas para desheredar a los descendientes del causante, el art. 853 atribuye tal carácter a las causas de indignidad señaladas en los números 2.º, 3.º, 5.º y 6.º del art. 756 C.c. (vid. su comentario).

2.- Al margen de la remisión, el art. 853 incluye dos causas para desheredar a los hijos y descendientes: la negativa ilegítima de alimentos y los malos tratos e injurias graves de palabra. Sobre la negativa ilegítima de alimentos debe advertirse lo siguiente:

1.º) No es necesario que los alimentos hayan sido reclamados judicialmente. Basta con una reclamación extrajudicial y una negativa injustificada, aunque sea sin mala fe y temeridad.

2.º) No se excluye esta causa de desheredación porque se haya decretado judicialmente la obligación de alimentos y ésta se cumpla, si consta la anterior negativa, ni cuando los alimentos hayan sido prestados por otra persona.

3.º) No es motivo de desheredación la negativa a prestar alimentos si se apoya en alguna de las causas del art. 152, salvo la primera que se refiere a la muerte del alimentista y la quinta en la que el alimentista es precisamente un descendiente.

3.- En cuanto a los malos tratos e injurias de palabra cabe decir lo siguiente:

1.º) No es necesario que los malos tratos o la injuria hayan dado lugar a condena penal.

2.º) Se trata de una causa flexible que deberá ser apreciada por el arbitrio judicial.

3.º) Aunque el artículo se refiera a la injuria de palabra parece seguro que deba incluirse también la hecha por escrito, en cuyo caso tiene mayor constancia y gravedad.

Lo que sí se exige es que en ambos casos haya intencionalidad o *animus iniurandi*

JURISPRUDENCIA

Sobre el número segundo, maltrato de obra o injuria grave de palabra:

«La sentencia impugnada declara como hechos probados "la simple referencia genérica a maltratos de obra, o la existencia de injurias graves con palabras ofensivas e irrespetuosas", pero añade literalmente *«que en forma alguna quedan concretadas, especificadas o relacionadas para poder apreciar no sólo la necesaria de la misma, sino también la gravedad de las injurias, al no constar ningún hecho ni palabra preferida que los testigos expresen»*. (15 junio 1990, LA LEY 21180-JF/0000)

«de la prueba documental cabe deducir y "dar como probado" que los hijos de don Emilio C.E., las actoras Doña Pilar y Doña Guadalupe le llamaban "hijo de perra cabrón", reseñándose las declaraciones testificales, en las que aparece, así como "cabrón hijo de...", «hijo de perra»; de lo que concluye al Juzgador de instancia, que si todas estas expresiones se dan como probadas, resulta evidente que todas y cada una de ellas son constitutivas de injurias graves previstas en el n.º 2 del art. 853 del Código Civil... "en cuanto configura las injurias graves de palabra o el maltrato de obra como causa de desheredación, siendo tal causa interpretada taxativa y restrictivamente"». (16 julio 1990, LA LEY 21233-JF/0000)

«las alusiones genéricas que aducen los herederos, referidas a otras injurias o insultos, no pueden tenerse en cuenta dada su falta de justificación suficiente». (28 junio 1993, LA LEY 516/1993)

«el demandante había expulsado a su madre, la testadora, de la casa en la que convivía con ella y con su esposa, y aceptado tal hecho sustancialmente en la sentencia de apelación en la que el hecho de la expulsión se matiza señalando que no fue personalmente el hijo, sino su esposa, la autora de la expulsión, ante la que aquél "no adoptó ninguna medida" para remediar el hecho, tanto más afrentoso, sigue diciendo el Tribunal de apelación, cuanto que, a raíz del mismo, la madre hubo de pasar a ocupar otra vivienda inmediata o cercana en estado ruinoso y sin otras atenciones y ayudas que las de una sobrina, manifiesto que tal

conducta, prolongada largo tiempo hasta el fallecimiento de la madre, merece la descalificación moral y física que tanto en la sentencia de primera instancia como en la de apelación declaran ser constitutivas del maltrato que, como causa de desheredación, prevé el número 2 del artículo 853 del Código Civil, ya que, como con acierto puntualiza el Tribunal a quo, no es necesario que la expulsión del domicilio por el hijo o por su esposa, pero aceptada por él, sea mediante el empleo de fuerza física para que en la conducta de éste deba reputarse existente el maltrato de obra que la norma del artículo 853.2 del Código recoge como causa de desheredación». (26 junio 1995, LA LEY 825/1995)

«la jurisprudencia que interpreta este precepto, por su carácter sancionador, es absolutamente restrictiva en la interpretación y no extiende su aplicación a casos no previstos en la Ley». (4 noviembre 1997, LA LEY 9779/1998)

CONCORDANCIAS

Texto vigente según Ley 11/1981, 13 mayo (*«B.O.E.»*, 19 mayo).

Artículo 854

Serán justas causas para desheredar a los padres y ascendientes, además de las señaladas en el artículo 756 con los números 1.º, 2.º, 3.º, 5.º y 6.º, las siguientes:

1.ª Haber perdido la patria potestad por las causas expresadas en el artículo 170.

2.ª Haber negado los alimentos a sus hijos o descendientes sin motivo legítimo.

3.ª Haber atentado uno de los padres contra la vida del otro, si no hubiere habido entre ellos reconciliación.

COMENTARIO

1.- Se da también (como en los artículos anteriores) en el art. 854 la técnica de remisión a las causas de indignidad del art. 756 como causas de desheredación de los padres y ascendientes.

2.- Se cita como primera causa de desheredación de los padres y ascendientes la pérdida de la patria potestad en los casos previstos en el art. 170 C.c. que de suyo comporta que se dicte una sentencia que prive al padre o a la madre de la patria potestad en base al incumplimiento de sus deberes paternos o a un proceso criminal o matrimonial por el que se les haya privado de la patria potestad.

Esta primera causa es sólo aplicable a los padres y no a los demás ascendientes, pues sólo aquéllos tienen la patria potestad sobre sus hijos y por tanto sólo ellos pueden perderla.

3.- En cuanto al segundo motivo de desheredación —negativa injustificada de alimentos— puede afirmarse que obedece al mismo fundamento que la causa 2 del art. 853 (*vid.* su comentario).

4.- La causa tercera de desheredación consiste en el atentado de uno de los padres contra la vida del otro. Se ha comparado esta causa con la causa de indignidad establecida en el n.º 2 del art. 756 que declara la incapacidad para suceder al que fuere condenado en juicio por haber atentado contra la vida del testador, de su cónyuge, descendientes o ascendientes. Obsérvese, sin embargo, que para desheredar basta con el hecho de atentar el uno contra la vida del otro sin necesidad de condena en juicio; y que, además, la causa de desheredación se circunscribe al atentado de un padre contra el otro mientras que el art. 756.2.º incluye también a otros ascendientes del testador, así como a sus descendientes. Desaparece esta causa de desheredación si hubiere habido «entre ellos» reconciliación. Es indudable que la reconciliación ha de producirse entre los padres, en cuyo caso el perdón del ofendido implica la pérdida de la facultad sancionadora del hijo. La reconciliación podrá llevarse a cabo por cualquier medio. En este sentido parece que la reanudación de la vida en común debe ser tomado como un claro indicio de que se ha producido la reconciliación. No obstante, y a la vista del art. 87 C.c., es posible que la reanudación de la convivencia obedezca a razones de necesidad, o al interés de los hijos o al intento de reconciliación, en cuyo caso el cese efectivo de convivencia se mantiene sin que pueda apreciarse la reconciliación de los cónyuges.

CONCORDANCIAS

Texto vigente según Ley 11/1981, 13 mayo («*B.O.E.*», 19 mayo). Anterior texto según Ley 22/1978, 26 mayo («*B.O.E.*», 30 mayo).

Artículo 855

Serán justas causas para desheredar al cónyuge, además de las señaladas en el artículo 756 con los números 2.º, 3.º, 5.º y 6.º las siguientes:

1.ª Haber incumplido grave o reiteradamente los deberes conyugales.

2.ª Las que dan lugar a la pérdida de la patria potestad, conforme al artículo 170.

3.ª Haber negado alimentos a los hijos o al otro cónyuge.

4.ª Haber atentado contra la vida del cónyuge testador, si no hubiere mediado reconciliación.

COMENTARIO

1.- Al enumerar las justas causas para desheredar al cónyuge, el art. 855 utiliza la misma técnica de remisión empleada en artículos anteriores.

2.- Se establecen como causas específicas de desheredación del cónyuge las siguientes:

Primera. Haber incumplido grave o reiteradamente los deberes conyugales. Se exige gravedad o reiteración. Si el incumplimiento de los deberes conyugales ha desembocado en el divorcio o en la separación judicial la desheredación carece de objeto pues el divorcio, al disolver el matrimonio, extingue el derecho a la legítima vidual; y por otro lado, el cónyuge separado judicialmente carece de derechos legitimarios, según dispone el art. 834 C.c.

Segunda. Son también causas de desheredación las que dan lugar a la pérdida de la patria potestad, según dispone el 170, al que se remite, donde se enumeran los casos que privan de la patria potestad: incumplimiento de los deberes inherentes a la misma, o pérdida dictada en causa criminal o matrimonial.

Tercera. Negar alimentos a los hijos o al otro cónyuge. Evidentemente la causa está referida a los hijos comunes y aunque la ley no exija la ausencia de motivo legítimo como hacen los arts. 853.1.º y 854.2.º no cabe duda que así debe entenderse, dada la identidad de *ratio* y fundamento de esta causa con la expresada para descendientes y ascendientes.

Cuarta. Cabe también desheredar al cónyuge cuando hubiere atentado contra la vida del testador, si no hubiere mediado reconciliación. Obsérvese que la causa de indignidad recogida en el n.º 2 del art. 756 al que remite el 855 declara incapaz para suceder al que fuere condenado en juicio por haber atentado contra la vida del testador, de su cónyuge, descendientes o ascendientes. La similitud de ambas causas es evidente, pero es de advertir que la causa de desheredación se concibe en términos más amplios pues basta con haber atentado sin necesidad de condena en juicio.

Concluye la causa cuarta exigiendo que no hubiese mediado reconciliación, lo cual resulta innecesario a la vista del art. 856 que elimina cualquier causa de desheredación en los casos de reconciliación posterior entre el ofensor y el ofendido.

JURISPRUDENCIA

Sobre la causa primera:

«Procede examinar si se da el supuesto legal de desheredación previsto en el número 1.º del artículo 855, que contempla el incumplimiento grave y reiterado de los deberes conyugales. La sentencia de apelación atendió básicamente al relato fáctico contenido en la demanda de separación que planteó el esposo-testador en fecha 1994 y no como debía a las pruebas obrantes en las actuaciones, no habiendo recaído sentencia de separación y sólo auto de 1 Oct. 1994 de medidas provisionales. No obstante, respetando el "factum" *que se establece como demostrado, quedaron acreditadas que las relaciones del matrimonio no eran buenas, pero esto no es relevante a efectos de concurrir incumplimiento grave y reiterado de los deberes conyugales y sí ha de tenerse en cuenta que se sentó como demostrado que la demandante regresó a España en el año 1992, dejando a su marido en Venezuela, el que sufría una grave enfermedad diagnosticada como cáncer maligno, que precisó de dos intervenciones quirúrgicas practicadas el 31 May. 1993 y mayo de 1994, regresando posteriormente a España donde falleció en casa de sus hijos el 29 Ene. 1995».* (25 septiembre 2003, LA LEY 147941/2003)

CONCORDANCIAS

Texto vigente según LO 1/1996, 15 enero, de Protección Jurídica del Menor.

Artículo 856

La reconciliación posterior del ofensor y del ofendido priva a éste del derecho de desheredar, y deja sin efecto la desheredación ya hecha.

COMENTARIO

1.- Con carácter general el art. 856 establece la reconciliación entre ofensor y ofendido como causa que excluye tanto la desheredación ya hecha como el derecho a desheredar. Obsérvese que el art. 856 se refiere exclusivamente a la reconciliación entre ofensor y ofendido sin aludir a los efectos del perdón o remisión unilateral de este último, ante lo cual cabe preguntarse si el perdón del testador carece de efectos en materia de desheredación. Es evidente que la reconciliación requiere una relación bilateral y recíproca de hecho. Al hablar de la reconciliación del ofensor y del ofendido el art. 856 alude sin duda alguna a la bilateralidad (debe entenderse que ofendido será siempre el causante, salvo el caso del n.º 3 del art. 854). La reconciliación cabe que sea expresa si se plasma en documentos de cualquier índole, o tácita derivada de hechos concluyentes (a un caso de reconciliación tácita se refiere el último párrafo del art. 855, cuando entiende que hay reconciliación de los cónyuges si éstos reanudan la vida en el mismo domicilio). En cualquier caso, alegada la reconciliación por el desheredado, a él corresponde probarla.

2.- Es indudable que por más que el art. 856 se refiera únicamente a la reconciliación entre ofensor y ofendido para evitar la desheredación del primero no parece que pueda negarse eficacia al perdón del causante en esta materia. Lo que sí se exige es que el perdón se extienda a la desheredación (a la ya hecha o a la por hacer) y no simplemente a la ofensa recibida. Por ello para extinguir la desheredación se requiere que sea un perdón determinado y específico orientado hacia el acto ofensivo concreto con intención de rehabilitar al ofensor pues no basta el simple perdón que con carácter general se dirige hacia todos los que en vida ofendieron al causante. Admitida la eficacia del perdón para dejar sin efecto la desheredación realizada o eliminar el derecho a desheredar queda por plantear como última cuestión si tal remisión debe ser expresa o si, como la reconciliación, puede ser deducida de hechos inequívocos. Nada dice al respecto el art. 856 (recuérdese que el mismo ni siquiera menciona el perdón como medio para rehabilitar al desheredado), por lo que podría aplicarse por analogía lo previsto en el art. 757 C.c. que refiriéndose a las causas de indignidad declara que «dejan de surtir efectos si el testador las conocía al tiempo de hacer testamento o si habiéndolas sabido después las remitiere en documento público». Por tanto, si conocida la causa de desheredación el causante realiza testamento a favor del ofensor debe entenderse que existe un perdón tácito y que en lo sucesivo y aunque el testamento sea después revocado queda extinguida la causa de desheredación. Y si la desheredación hubiere sido ordenada en testamento sólo podrá concederse el perdón bien realizando un testamento posterior en el que se incluya al desheredado o bien remitiendo expresamente al desheredado a través de documento público.

CONCORDANCIAS

Véanse arts. 84, 88 y 757 de este Código.

Artículo 857

Los hijos o descendientes del desheredado ocuparán su lugar y conservarán los derechos de herederos forzosos respecto a la legítima.

COMENTARIO

1.- Es efecto directo e inmediato de la desheredación la privación de la legítima. Además, en caso de apertura de la sucesión intestada, bien porque el causante se haya limitado en el testamento a ordenar la desheredación de un legitimario, o bien porque no haya dispuesto de la totalidad de la herencia, la doctrina mantiene que el desheredado queda excluido de toda participación en la sucesión intestada.

Sin embargo, las donaciones otorgadas por el desheredante al desheredado no quedan revocadas por la desheredación; para su revocación por causa de ingratitud sería preciso que el donante ejercitara la oportuna acción. Se mantienen pues las donaciones aunque deberán imputarse a la parte de libre disposición de la herencia. Lo mismo que se mantienen las atribuciones testamentarias hechas en favor del desheredado en el mismo testamento en el que se ordena la desheredación o en uno posterior.

2.- El art. 857 se refiere a los efectos de la desheredación respecto a los hijos o descendientes del desheredado y dispone que ocuparán su lugar respecto a la porción legitimaria. Conviene realizar las siguientes puntualizaciones:

— Al hablar de hijos y descendientes del «desheredado» pudiera entenderse que está referido a los tres grupos de legitimarios mencionados en el art. 807: descendientes, ascendientes y cónyuge. No obstante, de los arts. 929 y 925 se extrae el verdadero sentido de este precepto que no es otro que el mantener el derecho de representación en favor de los descendientes del hijo o descendiente desheredado.

— Por las mismas razones que se apuntaron al comentar el art. 851 la representación alcanza sólo en una porción de bienes correspondiente a la legítima estricta.

— Si el descendiente desheredado carece de descendientes que le representen su porción acrece a los colegitimarios (si los tuviere) por derecho propio (art. 985).

— La desheredación del cónyuge no da lugar a representación: su derecho es personalísimo y le corresponde sólo en usufructo. En caso de desheredación la cuota usufructuaria desaparece en favor del titular de la nuda propiedad.

— Si el desheredado fuere ascendiente del causante, excluida la representación por el art. 925, su porción acrecería por derecho propio a los demás colegitimarios y en su defecto pasaría a integrar el caudal hereditario libremente disponible.

CONCORDANCIAS

Véanse arts. 761, 766, 929 y 973.2 de este Código.
Texto vigente según Ley 11/1981, 13 mayo (*«B.O.E.»,* 19 mayo).

SECCIÓN DÉCIMA
De las mandas y legados

Artículo 858

El testador podrá gravar con mandas y legados, no sólo a su heredero, sino también a los legatarios.

Estos no estarán obligados a responder del gravamen sino hasta donde alcance el valor del legado.

COMENTARIO

1.- Se distingue el sucesor universal del sucesor particular: el primero sucede en el conjunto —totalidad o parte alícuota— del patrimonio del causante; adquiere la herencia por la aceptación de la misma: el segundo sucede en una o varias relaciones jurídicas concretas y determinadas, adquiere un legado; el legado, es el heredero, el segundo, el legatario. La idea básica, pues, del concepto de legado es la de sucesión particular —punto de vista positivo— y la de no ser heredero —punto de vista negativo—.

A partir de este art. 858 y hasta el 891 se regulan las *mandas y legados*, dos expresiones que el código utiliza indistintamente y con el mismo sentido.

2.- El legado sólo se puede establecer en testamento. El art. 858 dice que el testador podrá gravar con mandas y legados... No hay legados impuestos por la Ley (como sí hay herederos, los abintestatos). No son verdaderos legados los llamados legados legales, sino que son atribuciones *ex lege* a título singular. Tampoco tenían el concepto de legado los antiguos legados forzosos, disposiciones a título singular que obligatoriamente habían de consignarse en los testamentos, en virtud de normas legales aisladas (a favor de mujeres, huérfanos y pobres, como dote; para conservar los Santos Lugares; para redención de cautivos; a favor de los hospitales reales) que quedaron derogados por Ley de 23 mayo de 1845.

3.- El legado se impone al heredero, para que lo satisfaga al legatario. Y también lo puede imponer a un legatario en cuyo caso se llama sublegado, y aquel, a quien se le ha impuesto responderá del mismo hasta el valor de su propio legado. Es decir, el heredero (salvo el que se ha acogido al beneficio de inventario) responde de deudas y legados *ultra vires*, con el patrimonio hereditario y el suyo propio. El legatario responde del sublegado que se le ha impuesto, «hasta donde alcance el valor del legado» según dispone el último inciso.

JURISPRUDENCIA

«art. 858 del Código Civil, sin cita de cuál de los dos párrafos del mismo es el que se considera infringido aunque en el desarrollo se transcribe el párrafo segundo, no resulta probado en autos que la manda o sublegado constitutivo a favor de las demandadas superase el valor de lo legado al recurrente...». (28 mayo 1994, LA LEY 814/1994)

CONCORDANCIAS

Véanse arts. 164.2 y 891 de este Código.

Artículo 859

Cuando el testador grave con un legado a uno de los herederos, él sólo quedará obligado a su cumplimiento.

Si no gravare a ninguno en particular, quedarán obligados todos en la misma proporción en que sean herederos.

COMENTARIO

1.- El artículo anterior prevé la imposición de legado a cargo de heredero o legatario (sublegado) y desarrolla la de este último, que responde hasta el valor de su propio legado. Este, contempla la imposición de un legado a cargo del heredero.

El testador puede: no expresar nada concreto, en cuyo caso el legado está a cargo de todos los herederos, en la misma proporción en que lo sean; o disponer que un legado esté a cargo de un concreto heredero, que deberá cumplirlo.

2.- Los herederos o el heredero responden del cumplimiento del legado, *ultra vires*, si han aceptado la herencia pura y simplemente, es decir, con los bienes objeto de la herencia y con los suyos propios; si se han acogido al beneficio de inventario, responde sólo hasta el límite del valor de los bienes adquiridos por la herencia.

CONCORDANCIAS

Véanse arts. 508 y 510 de este Código.

Artículo 860

El obligado a la entrega del legado responderá en caso de evicción, si la cosa fuere indeterminada y se señalase sólo por género o especie.

COMENTARIO

1.- El legado de cosa genérica es aquel por el que el testador impone el gravado (heredero o legatario obligado) una obligación genérica a favor del legatario, es decir, la obligación de proporcionar una cosa o prestación del género que designe.

Como obligación genérica le son aplicables sus reglas y las especiales de los arts. 875 a 877 y 884, que se refiere a la especificación, a los frutos e intereses, y a una doble variedad, según sea de cosa mueble o inmueble.

Además, este art. 860 impone la *obligación de saneamiento*. El heredero o herederos o legatario (caso de sublegado) a quien se le ha impuesto un legado de cosa genérica, entregará la cosa ya especificada al legatario y, cualquiera que sea quien haya hecho la especificación o elección, queda obligado al *saneamiento por evicción*, en los términos en que viene regulado para la compraventa. Y aunque el texto legal sólo se refiere a la evicción, debe entenderse (como ocurre tantas veces en el código) que comprende también el saneamiento *por vicios ocultos*.

CONCORDANCIAS

Véanse arts. 875, 884 y 1.474 a 1.438 de este Código.

Artículo 861

El legado de cosa ajena si el testador, al legarla, sabía que lo era, es válido. El heredero estará obligado a adquirirla para entregarla al legatario; y, no siéndole posible, a dar a éste su justa estimación.

La prueba de que el testador sabía que la cosa era ajena corresponde al legatario.

COMENTARIO

1.- El legado de cosa ajena es aquel cuyo objeto es una cosa específica que no se encuentra en el patrimonio hereditario; en pura teoría, no podría ser objeto de sucesión mortis causa, pues el legatario no cabe que suceda en una relación jurídica, cuyo titular no es su causante. Sin embargo, en aras al principio de soberanía del testador sobre su propia sucesión, el Código Civil da validez a ciertos legados de cosa ajena, distinguiendo si la cosa pertenece a un tercero total o parcialmente, o al propio obligado, o al mismo legatario.

2.- El legado de una cosa propiedad de un tercero solamente es válido si el testador sabía que tal cosa era ajena (inicio del art. 861), cuya prueba de que el testador lo sabía, corresponde al legatario (segundo párrafo del art. 861), por lo cual en la situación inversa de que el testador ignoraba que la cosa que legaba era ajena, el legado es nulo (primer párrafo del art. 862).

El segundo párrafo del art. 862 dispone que será válido si la (cosa ajena, tanto si sabía que era ajena como si lo ignoraba) adquiere después de otorgado el testamento: en este caso, nos apartamos del legado de cosa ajena para volver al de cosa propia del testador, pues lo esencial para distinguir si la cosa es propia o ajena es el momento de la muerte del causante —apertura de la sucesión— no un momento anterior.

La idea básica de este legado es que no transmite la propiedad de la cosa que constituye su objeto, sino que impone al heredero un *facere*, una obligación de hacer, consistente en adquirir del tercero la cosa ajena y entregarla al legatario. Así el art. 861 ordena que el heredero estará obligado a adquirirla (la cosa ajena) para entregarla al legatario.

Pero este mismo artículo prevé que al obligado (heredero u otro legatario) le sea imposible adquirir la cosa ajena para entregarla al legatario, en cuyo caso, en vez de aquélla le dará su valor; no siéndole posible (adquirirla), dice el último inciso del primer párrafo del art. 861, está obligado a dar a éste (el legatario) su justa estimación. Puede plantear problemas el sentido y alcance de esta imposibilidad; no hay duda cuando el tercero no quiera enajenarlo o no pueda hacerlo (por obstáculo legal como una prohibición de enajenar o ser un bien fideicomitido) y también hay imposibilidad cuando el tercero exija un precio excesivo o condiciones exageradas.

Artículo 862

Si el testador ignoraba que la cosa que legaba era ajena, será nulo el legado.

Pero será válido si la adquiere después de otorgado el testamento.

COMENTARIO

Se ha comentado, casi por necesidad, conjuntamente con el artículo anterior.

JURISPRUDENCIA

«Semejante planteamiento no puede ser acogido porque supone querer aplicar el párrafo primero del art. 862 CC a un supuesto de hecho totalmente opuesto al que dicho precepto contempla, ya que en el caso examinado la cosa que legaba el testador, lejos de ser ajena, era suya por entero, y además la tesis de la recurrente queda en gran medida desautorizada por el párrafo segundo del mismo artículo en cuanto salva la validez del legado de cosa ajena, ignorándolo el testador, si éste la adquiere después de otorgado el testamento, como igualmente queda desautorizada dicha tesis por el art. 864 CC y su interpretación por esta Sala en S 20 Nov. 2000 (Rec. 3058/95) que atribuye al legado de una cosa que iba a ser derribada, para ser sustituida por otro edificio, el carácter de legado de cosa futura o, eventualmente, de la parte de cosa futura que en definitiva llegara a pertenecer al causante, y también por el art. 866 CC, que al negar efectos al legado de cosa que al tiempo de hacerse el testamento fuera ya propia del legatario permitiría afirmar tales efectos si no fuera propia del legatario sino del testador.» (24 mayo 2002, LA LEY 10017/2003)

Artículo 863

Será válido el legado hecho a un tercero de una cosa propia del heredero o de un legatario, quienes, al aceptar la sucesión, deberán entregar la cosa legada o su justa estimación, con la limitación establecida en el artículo siguiente.

Lo dispuesto en el párrafo anterior se entiende sin perjuicio de la legítima de los herederos forzosos.

COMENTARIO

1.- Si el Código admite la validez del legado de cosa de un tercero, con mayor motivo la admite de legado de cosa que pertenece al propio obligado a satisfacerlo, en el art. 863; será válido el legado hecho a un tercero (como legatario) de una cosa propia del heredero o legatario (obligados —uno u otro— a satisfacer el legado).

Es, pues, una variedad del legado de cosa ajena. Por lo cual debe entenderse, que el testador tenía que saber que la cosa era ajena a él (propiedad del heredero o legatario obligado), y la prueba de ello corresponde al legatario, en cumplimiento de la norma aplicable a todo legado de cosa ajena, del art. 861.

En este legado, el obligado —que es propietario de la cosa o titular del derecho legado— deberé entregar la cosa legada o su justa estimación, dispone el mismo art. 863, lo que implica una importante especialidad respecto al legado de cosa ajena, que regulaba el artículo 861: el obligado puede optar, alternativamente, entre entregar la cosa de que es propietario o satisfacer su justa estimación.

2.- Dos últimas advertencias establece para este tipo de legado el artículo 863: la primera (en el último inciso del primer párrafo), la aplicabilidad de lo dispuesto en el art. 864 respecto al legado de cosa parcialmente ajena, pues es evidente que cabe que la cosa sea en parte del testador y en parte del obligado; la segunda (en el segundo párrafo) reitera la intangibilidad de la legítima, lo que no era necesario insistir en este legado, pues en todos ellos no cabe perjudicar la legítima.

JURISPRUDENCIA

Véase la sentencia de 18 marzo 1991, LA LEY 159-JF/0000 que está recogida en el art. 864.

Artículo 864

Cuando el testador, heredero o legatario tuviesen sólo una parte o un derecho en la cosa legada, se entenderá limitado el legado a esta parte o derecho, a menos que el testador declare expresamente que lega la cosa por entero.

COMENTARIO

1.- Dentro del tipo de legados de cosa ajena, se encuentra el legado de una cosa de la que el testador es sólo un copropietario (por tanto, es cosa parcialmente ajena) o tiene un derecho sobre ella (por ejemplo, un censo o la nuda propiedad). A este caso se refiere el artículo 864.

El testador puede limitar el legado a su cuota o a su derecho de que es titular, en cuyo caso no hay especialidad ninguna, es un legado de cosa propia o, por mejor decir, de la parte propia de una cosa. Pero si el testador nada dice, el mismo artículo 864 establece una regla interpretativa de la voluntad testamentaria se entenderá limitado (el legado) a esta parte o derecho (propios del causante).

2.- El mismo artículo prevé que el testador declare expresamente que lega la cosa por entero, es decir, que, con certeza y sin lugar a dudas, el testador ha legado la parte propia y también la parte ajena: en esta parte, se aplica la regla del legado de cosa ajena del art. 861, por la que el obligado deberá adquirir esta parte para entregar la cosa entera al legatario, a no ser que le sea imposible, en cuyo supuesto le dará su justa estimación.

JURISPRUDENCIA

«dado que los bienes adjudicados en especie pertenecían al testador por la mitad de su haber ganancial y la otra mitad a sus hijos por terceras partes, en virtud de la disposición testamentaria de su madre, cotitular con el testador de dicha sociedad de gananciales a cuyo acervo pertenecían tales bienes —casas y negocios—, quiérese decir que si bien el testador, pleno conocedor de tal naturaleza ganancial, explícitamente manifestada en su testamento y por ende consciente de su falta de titularidad dominical integral de los mismos, haciendo uso de su libérrima facultad de disposición, lega dichos bienes por entero a su hijo D. Germán (artículo 864 del Código Civil), que sólo podrá hacerse operativo y viable, con el consentimiento de los demás herederos que como cotitulares de los bienes pueden optar por la cesión de esos derechos dominicales sobre la mitad proindiviso de los mismos o su justa estimación, —por sustitución dineraria— (artículo 863 del Código Civil)». (18 marzo 1991, LA LEY 159-JF/0000)

«resulta evidente que la operación de transformación se había iniciado antes de disponer el legado y la misma no puede ser entendida como un cambio de voluntad del testador que pueda ser interpretado como revocación tácita de una manda que todavía no había llegado a cobrar existencia... aplicando la norma del art. 864 del CC, ha de entenderse que su disposición tenía realmente por objeto esa cosa futura o, eventualmente, la parte de la cosa futura que en definitiva llegare a pertenecer al causante. Consecuentemente dada la peculiaridad de las circunstancias concurrentes, para valorar la trascendencia de la transformación operada en la cosa legada, en el supuesto que nos ocupa, no puede echarse en olvido que dicha transformación había sido proyectada e iniciada con anterioridad al otorgamiento del testamento. y esta circunstancia pone de manifiesto que a la continuación y conclusión de la obra en cuestión no puede darse el sentido de manifestación de un cambio de la voluntad del causante susceptible de determinar la revocación del legado, pues como acertadamente se razona en las sentencias de instancia no era ésa la verdadera intención del testador a la que ha de estarse para la correcta interpretación del testamento, según ordena el art. 675 del CC». (20 noviembre 2000, LA LEY 2656/2002) (Reiterada por la de 24 mayo 2002, LA LEY 10017/2003)

Artículo 865

Es nulo el legado de cosas que están fuera del comercio.

COMENTARIO

Dispone la nulidad absoluta, ipso iure, del legado de cosa que está fuera del comercio, lo que guarda concordancia con lo dispuesto en el art. 1271 para el contrato.

Artículo 866

No producirá efecto el legado de cosa que al tiempo de hacerse el testamento fuera ya propia del legatario, aunque en ella tuviese algún derecho otra persona.

Si el testador dispone expresamente que la cosa sea liberada de este derecho o gravamen, valdrá en cuanto a esto el legado.

COMENTARIO

1.- «No producirá efecto el legado de cosa que al tiempo de hacerse el testamento fuera ya propia del legatario», dispone el art. 866, pues, como se dice en las Instituciones de Justiniano, lo que es de él no puede hacerse más de él (quod propium est ipsius, amplius eius fieri non potest), regla válida siempre que la cosa siga siendo del legatario al morir el testador, pero hay que tener presente también la regla de que el legado nulo al testar lo seguía siendo al morir.

Esta ineficacia del legado de cosa del legatario se mantiene, aunque después del testamento y antes de la muerte del testador el legatario la haya enajenado (art. 878, primer párrafo).

2.- Prevé el art. 866 una especialidad en el legado de cosa propia del legatario y es que si en ella tuviese algún derecho otra persona, el legado es igualmente ineficaz, a no ser, añade el segundo párrafo, si el testador dispone expresamente que la cosa sea liberada de este derecho o gravamen, en cuyo caso, valdrá en cuanto a esto el legado: el obligado, pues, deberá liberar la cosa propia del legatario del gravamen que pesa sobre ella, gravamen que debe entenderse es un derecho real, como hipoteca, censo, usufructo, etc.

JURISPRUDENCIA

Véase la sentencia de 24 mayo 2002, LA LEY 10017/2003, que está recogida en el artículo 862.

CONCORDANCIAS

Véanse arts. 861 y 878 de este Código.

Artículo 867

Cuando el testador legare una cosa empeñada o hipotecada para la seguridad de alguna deuda exigible, el pago de ésta quedará a cargo del heredero.

Si por no pagar el heredero lo hiciere el legatario, quedará éste subrogado en el lugar y derechos del acreedor para reclamar contra el heredero.

Cualquiera otra carga, perpetua o temporal, a que se halle afecta la cosa legada, pasa con ésta al legatario; pero en ambos casos las rentas y los intereses o réditos devengados hasta la muerte del testador son carga de la herencia.

COMENTARIO

1.- El Código civil distingue, en su art. 867, el legado de una cosa que está gravada con prenda o hipoteca o que está sujeta a cualquier otro gravamen.

En el primer caso, cuando el testador legase una cosa empeñada o hipotecada —dice el primer párrafo del art. 867— para la seguridad de alguna deuda exigible, el pago de ésta quedará a cargo del heredero.

Por tanto, el legatario recibe la cosa legada, pero la deuda (que aquélla garantiza con prenda o hipoteca) es —como todas— una obligación del heredero o herederos. Y si éstos no la cumplen, le interesará hacerlo al legatario para evitar que se realice la prenda o hipoteca. En tal caso, si paga, será pago con subrogación y el legatario queda subrogado, como acreedor, frente al heredero, verdadero deudor.

2.- En el segundo caso, de otros gravámenes, el párrafo tercero del mismo art. 867 ordena que siguen gravando la cosa legada y, por tanto, pasan con ella al legatario: «cualquiera otra carga perpetua o temporal a que se halle afecta la cosa legada, pasa con ésta al legatario». Pero puesto que la adquisición por el legatario es por la muerte del causante, no antes, dispone el texto legal que «las rentas y los intereses o réditos devengados hasta la muerte del testador son cargas de la herencia».

JURISPRUDENCIA

«se refiere a gravámenes o cargas de carácter real, que no son las que se establecen en la cláusula testamentaria 6 del testamento de D. Teresa F., y, por otra parte... las condiciones que impuso la testadora para el supuesto de ejercicio de la acción resolutoria, venta en pública subasta, derecho de tanteo y retracto y reparto del precio entre los hermanos de D. Camila, son nada más que supuestos y formas de ejercicio de una condición, que no han llegado a nacer, puesto que la condición principal —la venta— no se ha producido, y estos derechos no nacidos, no pueden ser contemplados con independencia y abstracción de la condición principal, para atribuirles «per se» una naturaleza real». (26 julio 1994, LA LEY 978/1994)

CONCORDANCIAS

Véanse arts. 871, párrafo segundo, 1.210.3, 1.212, 1.860, 1.866 y 1.876 de este Código.

Artículo 868

Si la cosa legada estuviere sujeta a usufructo, uso o habitación, el legatario deberá respetar estos derechos hasta que legalmente se extingan.

COMENTARIO

Este artículo continúa, tras el anterior, regulando el legado de cosa gravada. Y prevé el supuesto de que sobre la cosa objeto del legado estuviera constituido un derecho de usufructo o de uso o habitación. El legatario adquirirá la cosa tal derecho real (gravamen) y deberá soportarlo hasta que se extingan.

Por otra parte se reitera con esta norma el principio *nemo plus iuris ad alium transferre potest, quam ipse haberet* (nadie puede transmitir más derecho a otro que los que él mismo tenga) y, por tanto, el testador legará, no más de lo que tiene, la nuda propiedad, gravada con usufructo o la propiedad, gravada con uso o habitación.

CONCORDANCIAS

Véanse arts. 513 a 522 y 529 de este Código.

Artículo 869

El legado quedará sin efecto:

1.º Si el testador transforma la cosa legada, de modo que no conserve ni la forma ni la denominación que tenía.

2.º Si el testador enajena, por cualquier título o causa, la cosa legada o parte de ella, entendiéndose en este último caso que el legado queda sólo sin efecto respecto a la parte enajenada. Si después de la enajenación volviere la cosa al dominio del testador, aunque sea por la nulidad del contrato, no tendrá después de este hecho fuerza el legado, salvo el caso en que la readquisición se verifique por pacto de retroventa.

3.º Si la cosa legada perece del todo viviendo el testador, o después de su muerte sin culpa del heredero. Sin embargo, el obligado a pagar el legado responderá por evicción, si la cosa legada no hubiere sido determinada en especie, según lo dispuesto en el artículo 860.

COMENTARIO

1.- Aparte del caso de nulidad del legado que establece el art. 865, cuando la cosa que constituye su objeto está fuera del comercio, se extingue el legado cuando el testamento deviene ineficaz, por la causa que sea, esencialmente la revocación.

El artículo 869 contempla tres casos específicos de extinción de legados, concretamente de cosa específica propia del testador, que eran válidos al establecerse y que por causas posteriores, pero siempre anteriores a la muerte de causante —momento de la apertura de la sucesión—, han quedado extinguidos, por lo que no se dará el legado. Son los siguientes: transformación, enajenación y pérdida de la cosa legada.

2.- Primero. Caso de revocación tácita del legado, fundado en la presunta voluntad del causante: si el testador transforma la cosa legada, de modo que no conserve ni forma ni la denominación que tenía.

Segundo. También es un caso fundado en la presunta voluntad del causante que implica una revocación el legado si el testador enajena la cosa alegada (o parte de ella) salvo que la readquiera por pacto de retroventa.

Tercero. Por imposibilidad de la prestación, si la cosa legada perece del todo viviendo el testador. Si la cosa perece abierta la sucesión por muerte del testador, ya no se plantea problema de extinción del legado, sino la imposibilidad de cumplimiento por parte del obligado.

3.- El último inciso del número tercero se refiere —a diferencia del resto del artículo— al legado de cosa genérica y no hace sino reiterar la norma contenida en el art. 860.

JURISPRUDENCIA

Sobre el número 1.º: transformación de la cosa legada:

«la segregación efectuada por el testador de la casa legada, de un poco más de un tercio de su superficie, para crear un solar y edificar un inmueble de siete plantas, sin ningún vínculo de dependencia, accesoriedad o subordinación con la casa legada, lo que sí tenía el

terreno segregado, entraña una transformación del legado incursa en el art. 869.1.º CC, que quedó reducido a la finca matriz». (31 marzo 1999, LA LEY 3414/1999)

Sobre el número 2.º: enajenación de la cosa legada:

«hay una evidente contradicción con el artículo 869 del Código civil al mantener que el legado de cosa inmueble dispuesto por el testador sigue subsistiendo pese a haber donado con posterioridad la misma cosa al legatario, ya que no se probó la voluntad revocatoria. La contradicción no puede sustentarse racionalmente en que la donación es el pago anticipado del propio legado, pues el causante nada debe al legatario. El artículo 869 del Código civil determina los casos en que el legado queda sin efecto, y en núm. 2.º señala la enajenación por el testador de la cosa, por cualquier título o causa. Esa enajenación implica un cambio de su voluntad. Si la cosa se hubiera legado antes al mismo donatario, es evidente que su intención fue la de no esperar a su fallecimiento para que aquél se haga propietario de la misma (art. 882 Código civil), sino que lo sea desde la donación». (24 enero 2006, rec. 2292/1999)

«El artículo 869 del Código Civil, cuya aplicación constituye el eje cardinal de todo el proceso, dispone en su número 2.º que "el legado quedará sin efecto: si el testador enajena, por cualquier título o causa, la cosa legada o parte de ella, entendiéndose en este último caso que el legado queda sólo sin efecto respecto de la parte enajenada. Si después de la enajenación volviere la cosa al dominio del testador, aunque sea por la nulidad del contrato, no tendrá después de este hecho fuerza de legado, salvo el caso en que la readquisición se verifique por pacto de retroventa"». (19 noviembre 2007, LA LEY 185166/2007)

Sobre el número 3.º: perecimiento de la cosa legada:

«no puede hablarse de pérdida de la cosa legada (la pensión en dinero) en aplicación de la regla de que el género nunca perece y no estando condicionado por la voluntad del testador el pago de la pensión instituida a favor de sus hermanas con carácter vitalicio, a la buena marcha del negocio del que era partícipe y cuya participación legó a su sobrino el recurrente; y no puede considerarse aplicable dicho art. 869.3.º a la ruina del referido negocio ya que está contemplando el supuesto de la pérdida de la cosa legada producida desde el momento de la institución hasta la entrega de la cosa al legatario». (28 mayo 1994, LA LEY 814/1994)

CONCORDANCIAS

Véanse arts. 1.182 a 1.186 y 1.474 de este Código.

Artículo 870

El legado de un crédito contra tercero, o el de perdón o liberación de una deuda del legatario, sólo surtirá efecto en la parte del crédito o de la deuda subsistente al tiempo de morir el testador.

En el primer caso, el heredero cumplirá con ceder al legatario todas las acciones que pudieran competirle contra el deudor.

En el segundo, con dar al legatario carta de pago, si la pidiere.

En ambos casos, el legado comprenderá los intereses que por el crédito o la deuda se debieren al morir el testador.

COMENTARIO

1.- El legado de crédito es el legado cuyo objeto es un crédito del causante contra un tercero. El art. 870 da unas normas sobre el mismo:

Sólo surtirá efecto en la parte del crédito subsistente al tiempo de morir el testador (primer párrafo) porque a partir de este momento —apertura de la sucesión y delación del legado— el legatario tiene derecho al legado, por cuyo motivo, el legado comprenderá los intereses que por el crédito se debieran al morir el testador (último párrafo). El efecto es la adquisición por el legatario de la titularidad activa del crédito y, por ello, el heredero (o legatario obligado a satisfacer el legado) cumplirá con ceder al legatario todas las acciones que pudieran competirle contra el deudor (segundo párrafo).

2.- El *legado de liberación* es aquel cuyo objeto es el crédito que tenía el causante contra el propio legatario; en otras palabras, el testador condona al legatario la deuda que éste tenía contraía con aquél. El mismo artículo 870 establece unas normas, en partes iguales al de crédito.

Surte efecto en la parte de la deuda subsistente al tiempo de morir el testador (primer párrafo) comprendiendo los intereses que se debieren al morir el testador (último párrafo). La deuda queda extinguida por condonación, pero el obligado debe dar al legatario carta de pago si la pidiese, como ordena el tercer párrafo.

JURISPRUDENCIA

«Es un caso de atribución, como pago de la legítima, que se hace mediante el legado de liberación, como antes se ha apuntado y se ha observado en el artículo 815. Que la deuda realmente exista o sea inferior lo contempla el artículo 870 al establecer que tal legado sólo surtirá efecto en la parte del crédito o de la deuda subsistente al tiempo de morir el testador... ... La deuda existió, lo cual es reconocido por todos: la parte que esté subsistente se puede discutir y asimismo se puede discutir si la legítima estricta del demandante ha sido perjudicada o si es inoficiosa la donación, pero ello se hará en la partición de la herencia, como dicen las sentencias de 8 de marzo de 1989 y 4 de junio de 1991 o en la acción declarativa que corresponda, pero no es objeto de la litis». (21 enero 2010, rec. 2349/2005, LA LEY 91/2010)

CONCORDANCIAS

Véase arts. 1.187 a 1.191 de este Código.

Artículo 871

Caduca el legado de que se habla en el artículo anterior si el testador, después de haberlo hecho, demandare judicialmente al deudor para el pago de su deuda, aunque éste no se haya realizado al tiempo del fallecimiento.

Por el legado hecho al deudor de la cosa empeñada sólo se entiende remitido el derecho de prenda.

COMENTARIO

1.- El primer párrafo de este artículo presenta el caso de revocación presunta del legado de crédito o de liberación, previsto en el artículo anterior. Si el testador, después de haber otorgado el testamento, en el que legó el crédito o la liberación, demanda judicialmente al deudor de dicho crédito (que será un tercero en el de crédito, y el propio legatario en el de liberación), el legado se presume revocado («caduca» dice el texto legal con total imprecisión técnico-jurídica). No importa que la demanda prospere o sea desestimada o incluso que muera el testador antes de finalizar el proceso.

2.- El segundo párrafo prevé el supuesto del testador que es acreedor pignoraticio: un deudor le dio una cosa mueble en prenda, en garantía del cumplimiento de la obligación; el testador le lega a este deudor esta cosa. No la transmite la propiedad, pues es del deudor, ahora legatario. Lo que establece este artículo es que se extingue el derecho accesorio de prenda y se mantiene la obligación principal, no es ni significa ni comprende el legado de liberación. Se la podrán reclamar los herederos al legatario, aunque ya no habrá la garantía de la prenda.

CONCORDANCIAS

Véanse arts. 1.191, 1.857 y 1.871 de este Código.

Artículo 872

El legado genérico de liberación o perdón de las deudas comprende las existentes al tiempo de hacerse el testamento, no las posteriores.

COMENTARIO

El art. 870 contempla el legado de liberación referido a un crédito concreto. Este artículo 872 trata del mismo legado, de un modo genérico. Es el legado de liberación «de las deudas». Comprende todas las que tuviera el legatario (como deudor) frente al testador (como acreedor) en el momento en que éste hizo el testamento, no las posteriores. Es la condonación de todas, pero todas las que existen en el momento de la condonación, que es el otorgamiento del testamento.

Artículo 873

El legado hecho a un acreedor no se imputará en pago de su crédito, a no ser que el testador lo declare expresamente.

En este caso el acreedor tendrá derecho a cobrar el exceso del crédito o del legado.

COMENTARIO

El legado de deuda es el legado cuyo objeto es la deuda que el causante tiene respecto al legatario-acreedor, es decir, le lega lo mismo que le debe. El art. 873 dispone que no se imputará en pago de su crédito, a no ser que el testador lo declare expresamente. Por tanto, salvo en este último caso en que el acreedor tendría dos títulos para cobrar la deuda (por sí misma y por el legado) se trata de un legado normal que adquiere el legatario, el cual conserva su derecho a cobrar la deuda. Si declara expresamente que el legado se imputa a la deuda, el legatario-acreedor tendrá derecho a cobrar el exceso (si lo hay) del crédito o legado.

Artículo 874

En los legados alternativos se observará lo dispuesto para las obligaciones de la misma especie, salvas las modificaciones que se deriven de la voluntad expresa del testador.

COMENTARIO

El legado alternativo es aquel cuyo objeto son varias cosas o derechos, y sólo una de ellas debe entregar el obligado al legatario; en esta clase de legado «se observará lo dispuesto para las obligaciones de la misma especie (alternativas), salvas las modificaciones que se deriven de la voluntad expresa del testador», dispone el art. 874. La elección de la cosa concreta —salvo disposición contraria del testador— corresponderá al obligado, que deberá notificarla al legatario y será irrevocable, no pudiendo elegir la que fuere imposible o ilícita (todo ello, por aplicación de los artículos 1131 al 1136).

JURISPRUDENCIA

«La calificación jurídica de la disposición testamentaria relativa a la esposa del causante, hoy viuda, es clara y se ha apuntado ya: es un legado alternativo cuyo objeto son varias cosas o derechos y sólo una de ellas debe adquirir el legatario, tal como dispone el artículo 874 del Código civil en su remisión a la normativa de las obligaciones alternativas. La elección corresponde al obligado a entregar una de las cosas o derechos objetos del legado, a no ser que el testador haya dispuesto que sea el legatario, como es el caso presente ("... a su elección"). Dicha elección, como declaración unilateral de voluntad, no exige formalidad alguna ni precisa aceptación por el obligado a la entrega. Puede ser expresa o tácita». (20 mayo 2010, rec. 1502/2006, LA LEY 55663/2010)

CONCORDANCIAS

Véanse arts. 1.131 a 1.136 de este Código.

Artículo 875

El legado de cosa mueble genérica será válido aunque no haya cosas de su género en la herencia.

El legado de cosa inmueble no determinada sólo será válido si la hubiere de su género en la herencia.

La elección será del heredero quien cumplirá con dar una cosa que no sea de la calidad inferior ni de la superior.

COMENTARIO

1.- El legado de cosa genérica —sobre el que hay una primera norma en el art. 860— es aquel en que el testador impone al heredero o legatario gravado que entregue al legatario como legado, una cosa dentro del género que ha determinado.

Distingue este art. 875 si la cosa genérica es mueble o inmueble. Si es mueble, se debe cumplir el legado, aunque no haya cosas de su género en la herencia; en tal caso, el heredero o legatario sobre quien pese la obligación de cumplir el legado, tendrá que adquirirla para poder entregarla al legatario (piénsese en el frecuentísimo caso de legado de dinero, que lo habrá o no en la herencia). Si es inmueble, sólo valdrá si hay inmuebles de este género en la herencia.

2.- En principio, tal como establece el último párrafo, la especificación o elección de la cosa concreta (específica) dentro del género, la hace el heredero a quien se le haya impuesto el legado o todos (según establece el art. 859) o, aunque este artículo lo silencie, el legatario si a éste se le ha impuesto un sublegado. Es decir, la especificación corresponde, en principio, al «gravado» como habitualmente le llama el código, aunque precisamente en este artículo habla simplemente de «heredero» para referirse a la persona (herederos, heredero o legatario) que debe entregar la cosa al legatario, dentro del género.

Tal cosa, por último, no debe ser de calidad media. Lo cual responde al principio que recoge para las obligaciones genéricas el art. 1167.

Todo lo anterior se aplica en principio, pues hay una regla concreta que lo cambia, contenida en el artículo siguiente.

CONCORDANCIAS

Véase Reglamento Hipotecario, de 14 febrero 1947 («*B.O.E.*», 16 abril): art. 81.

Artículo 876

Siempre que el testador deje expresamente la elección al heredero o al legatario el primero podrá dar, o el segundo elegir, lo que mejor les pareciere.

COMENTARIO

Este artículo sigue regulando el legado de cosa genérica y constituye una excepción del artículo anterior en un doble sentido. En primer lugar, el testador puede ordenar expresamente que la elección o especificación de la cosa dentro del género la haga el heredero o legatario (caso de sublegado) gravado; o bien, ordenar que la haga el legatario beneficiado. En segundo lugar, si el testador ordena tal cosa, el que puede elegir, no deberá hacerlo de una cosa de calidad media (como dispone, en principio, el artículo anterior), sino que podrá el gravado dar o el legatario exigir «lo que mejor les pareciere» (tal como expresa el texto legal): en este caso se denomina legado de elección.

Artículo 877

Si el heredero o legatario no pudiere hacer la elección en el caso de haberle sido concedida, pasará su derecho a los herederos; pero, una vez hecha la elección, será irrevocable.

COMENTARIO

1.- Sigue este artículo con la regulación del legado de cosa genérica y termina con la cuestión de la elección o especificación de la cosa dentro del género, que se entregará al legatario. Este artículo se refiere, literalmente, al caso del artículo anterior, el llamado legado de elección, en que el testador ha concedido expresamente la facultad de elegir al heredero (o legatario, caso de sublegado) gravado o al legatario beneficiario. Pero se puede aplicar, por interpretación extensiva, a todo caso al que corresponde hacer la elección o especificación a una persona: así, en principio, según el art. 875, último párrafo, al heredero (o legatario, caso de sublegado) gravado.

Se establece en este artículo la *transmisibilidad mortis causa* al propio o propios herederos, de la facultad de elegir o especificar la cosa objeto del legado, dentro del género. Dice el texto legal que «si el heredero o legatario no pudiere hacer la elección...»; se trata de que el gravado o el beneficiario que tenga la facultad de hacer elección, simplemente muere antes de haberla hecho; su propio heredero podrá hacerla.

2.- En el último inciso de este artículo, se establece una regla de carácter general en todo legado de cosa genérica en el que necesaria e inevitablemente se ha de hacer una elección o especificación de la cosa concreta que será el objeto del legado. Se establece que una vez hecha ésta, será *irrevocable*.

Artículo 878

Si la cosa legada era propia del legatario a la fecha del testamento, no vale el legado, aunque después haya sido enajenada.

Si el legatario la hubiese adquirido por título lucrativo después de aquella fecha, nada podrá pedir por ello; mas, si la adquisición se hubiese hecho por título oneroso, podrá pedir al heredero que le indemnice de lo que haya dado por adquirirla.

COMENTARIO

1.- El primer párrafo de este artículo reitera lo expresado en el art. 866, también párrafo primero. No es válido el legado de cosa propia del legatario y éste es el de aquella cosa que lo era al tiempo de otorgarse el testamento. No importa que después, la cosa deje de serlo porque lo transmitió a tercero, o lo destruyó, o se perdió.

2.- Cuestión distinta es que el testador haya ordenado un legado de cualquier cosa, no propia del legatario, pero después del testamento y antes de su muerte, el legatario la hubiese adquirido (es decir, la cosa hubiera devenido, tras otorgar el testamento propia del legatario), en cuyo caso, el segundo párrafo del art. 878 distingue: si el legatario la hubiese adquirido por título lucrativo después del otorgamiento del testamento, nada podrá pedir por ello, es decir, el legado es ineficaz; por el contrario, si la adquisición se hubiese hecho por título oneroso, podrá pedir al heredero que le indemnice de lo que haya dado por adquirirla; es decir, el legado es eficaz, no en la misma cosa (que ya es propia del legatario), sino en su precio de adquisición. No se trata de indemnización alguna, sino de legado de cantidad de dinero, el que le costó para adquirir la cosa objeto de legado.

CONCORDANCIAS

Véase art. 866 de este Código.

Artículo 879

El legado de educación dura hasta que el legatario sea mayor de edad.

El de alimentos dura mientras viva el legatario, si el testador no dispone otra cosa.

Si el testador no hubiere señalado cantidad para estos legados, se fijará según el estado y condición del legatario y el importe de la herencia.

Si el testador acostumbró en vida dar al legatario cierta cantidad de dinero u otras cosas por vía de alimentos, se entenderá legada la misma cantidad, si no resultare en notable desproporción con la cuantía de la herencia.

COMENTARIO

1.- El legado de alimentos es el de prestaciones periódicas cuya finalidad es proporcionar al legatario los medios necesarios para su subsistencia. Si fija una cantidad determinada, será ésta la que se debe satisfacer. Si no la fija, en aplicación de lo dispuesto en el art. 153, sólo se deberán satisfacer al legatario-alimentista las necesaria para su subsistencia y tendrán una cuantía proporcionada al caudal de quien las presta y a las necesidades del legatario que las percibe, o como dice el tercer párrafo del art. 879, según el estado y condición del legatario y el importe de la herencia; un caso especial de la cuantía del legado de alimentos lo fija el último párrafo del art. 879, en relación con la cantidad que el testador, en vida, acostumbraba a entregar al legatario como alimentos. La duración de este legado, si el testador no dispone otra cosa, es por toda la vida del legatario.

2.- El *legado de educación* es el legado de prestaciones periódicas cuya finalidad es proporcionar al legatario los medios para su educación. Como en el de alimentos, si fija una cuantía se pagará ésta: si no la determina, será la necesaria para la educación del legatario. Dura hasta que el legatario sea mayor de edad, dice el art. 879 y por aplicación del párrafo segundo del art. 142, se mantiene aun después de haber alcanzado la mayoría de edad cuando el legatario no haya terminado su formación por causas que no le sean imputables; desde luego, el testador puede haber establecido un plazo distinto. Por otra parte, hay que advertir que el legado de alimentos, si el legatario-alimentista, es menor de edad, comprende el de educación, por aplicación del concepto de alimentos del citado artículo 142.

CONCORDANCIAS

Véanse arts. 142 a 153 de este Código.

Artículo 880

Legada una pensión periódica o cierta cantidad anual, mensual o semanal, el legatario podrá exigir la del primer período así que muera el testador, y la de los siguientes en el principio de cada uno de ellos, sin que haya lugar a la devolución aunque el legatario muera antes que termine el período comenzado.

COMENTARIO

1.- El legado de pensión es aquel que comprende todo tipo de prestación periódica, con la finalidad que sea o sin una finalidad concreta. El presente artículo se refiere al mismo, en el aspecto de la forma de pago, partiendo de la idea de que las cantidades periódicas se pagan por adelantado. Trata del pago inicial, de los pagos intermedios y del pago final.

2.- Pago inicial: el legatario adquiere el legado en el momento de la muerte del causante. Por tanto, desde este momento puede exigir el pago de la pensión.

Pagos intermedios: durante el curso del legado, se pagará la pensión en el principio de cada período; si era una pensión mensual, en los primeros días de cada mes; si anual, en los primeros de cada año.

Pago último: si esta pensión era vitalicia o aun no siéndolo, si el legatario muere antes de la extinción del legado, habrá cobrado la pensión al principio del período (por ejemplo, si era mensual y muere el día 10): en puridad, sus herederos deberían devolver a la persona gravada con tal legado, la parte correspondiente a los días en que no vivió, pero este artículo ordena lo contrario, que nada se devuelva «aunque el legatario muera antes que termine el período comenzado».

CONCORDANCIAS

Véase:
— arts. 508, 788 y 820.3 de este Código.
— Ley Hipotecaria, de 8 febrero 1946 («*B.O.E.*», 29 mayo): arts. 88 a 91.

Artículo 881

El legatario adquiere derecho a los legados puros y simples desde la muerte del testador, y lo transmite a sus herederos.

COMENTARIO

1.- El legatario deviene titular del legado ipso iure en el momento de la muerte del causante, sin necesidad de que lo acepte (si bien, naturalmente, puede renunciar a él).

El legatario adquiere el derecho al legado desde la muerte del causante, sin necesidad de aceptación, a diferencia de lo que sucede en la adquisición de la herencia en que, siguiendo el sistema romano de adquisición, se adquiere por la aceptación de la misma.

Pero nadie puede ser legatario contra su voluntad, por lo que el legatario aceptará expresa o tácitamente (por la propia reclamación del legado) el legado al que, en todo caso, puede renunciar.

2.- La idea esencial de la adquisición del legado es que el legatario deviene titular del mismo, automáticamente, *ipso iure*, desde la muerte del testador, si bien puede renunciar. Por tanto, desde aquel momento adquiere derecho al legado (art. 881): si es un legado de cosa propia del testador, desde la muerte de éste, el legatario adquiere la propiedad de su objeto, con todos sus accesorios, en el estado en que se halle, a partir de cuyo momento soporta los riegos, aprovechando sus mejoras y sufriendo sus pérdidas o deterioros (art. 882); si el legado es de cosa ajena o genérica, de prestación periódica o de derecho de crédito, el legatario adquiere desde la muerte del causante el derecho a reclamar la entrega del objeto del legado, del que es titular desde la muerte como acreedor de tal objeto.

Esta adquisición automática del legado en el momento de la muerte del causante se produce siempre que el legado se haya dispuesto en forma pura (sin condición ni término), a lo que se refiere el art. 881. Si el legado se ha dispuesto bajo condición suspensiva o término inicial, la adquisición se produce cuando se cumpla —si se cumple— la condición o llegue el término.

3.- Adquirido el legado por el legatario, en el momento de la apertura de la sucesión (muerte del testador), si aquél muere, transmite el legado a sus propios herederos. Si el legado era a término, ocurrirá lo mismo (art. 799). Si era bajo condición y el legatario muere antes de que se cumpla, nada transmitirá a sus propios herederos pues nada llegó a adquirir (art. 759).

JURISPRUDENCIA

«sobre si los retrayentes habían aceptado el legado de cuota de las dos fincas respecto a los cuales se ha ejercitado el retracto. La sentencia de la Audiencia Provincial declara que sí lo han aceptado, pero en todo caso no hay que olvidar que el legatario deviene titular ipso iure del legado en el momento de la muerte del causante (art. 881 CC) sin perjuicio de que puede renunciar al mismo, es decir, que en el legado no se sigue el sistema romano de adquisición de la herencia que exige aceptación, y si el legado es de cosa propia del testador (art. 882 CC) deviene propietario de la cosa legada desde la muerte del mismo, tal como han destacado las SS 7 Jul. 1987, 30 Nov. 1990 y 25 May. 1992». (27 junio 2000, LA LEY 21892/2000)

CONCORDANCIAS

Véanse arts. 657, 661, 667, 759, 885 y 1.006 de este Código.

Artículo 882

Cuando el legado es de cosa específica y determinada, propia del testador, el legatario adquiere su propiedad desde que aquél muere, y hace suyos los frutos o rentas pendientes, pero no las rentas devengadas y no satisfechas antes de la muerte.

La cosa legada correrá desde el mismo instante a riesgo del legatario, que sufrirá, por lo tanto, su pérdida o deterioro, como también se aprovechará de su aumento o mejora.

COMENTARIO

1.- Se refiere este artículo al legado de cosa específica, propia del testador; el más claro y sencillo de los legados. En éste, la norma esencial es que el legatario adquiere su propiedad desde el momento mismo de la apertura de la sucesión, producida por la muerte del causante; siempre, evidentemente, que el legado sea puro, sin estar sometido a término o condición. Consecuencias de aquella norma esencial son los relativos a los frutos, a los riesgos y a los accesorios.

2.- *Frutos*: los frutos naturales e industriales pendientes y producidos de la cosa legada pertenecen al legatario desde el mismo momento de la apertura de la sucesión, que es el de la adquisición de la propiedad de la misma; sin embargo, en los frutos civiles o rentas, las pendientes («devengadas y no satisfechas» dice el texto legal) pertenecen a los herederos y a los que se producen a partir del momento de la apertura de la sucesión, al legatario.

Riesgos: a partir de la adquisición de su propiedad (apertura de la sucesión, muerte del testador) el legatario asume los riesgos de la cosa legada: sufre su pérdida o deterioro y se aprovecha de su aumento o mejora.

Accesorios: lo prevé el artículo siguiente.

JURISPRUDENCIA

«Como señaló la añeja sentencia de esta Sala de 3 Jun. 1947, el legatario tiene derecho a la cosa legada desde el fallecimiento del testador, pero le falta la posesión para lo que es precisa la entrega. La S 25 May. 1992 ha recogido que de acuerdo con el art. 882 del

CC cuando el legado es de cosa específica y determinada, propia del testador, el legatario adquiere la propiedad desde que aquél muere, si bien debe pedir la entrega al heredero o albacea, cuando éste se halle autorizado para darla (art. 885 del CC), lo que implica que en el caso de ser varios legatarios de un mismo bien se constituye sobre él una comunidad ordinaria sometida a las reglas de los arts. 392 y ss. Asimismo, ya recogió la S 19 May. 1947 que la entrega constituye un requisito complementario para la efectividad del legado, al mismo tiempo que una circunstancia «sine qua non» para el legatario que quiera disfrutar por sí mismo de la cosa legada, con independencia de la adquisición dominical que tendrá lugar en los términos prevenidos en el art. 882. En la misma línea, la de 29 May. 1963, que aunque el legatario adquiere la propiedad de la cosa legada desde la muerte del testador, ello no le faculta por sí para ocupar la cosa, sino que ha de pedir su entrega y posesión al heredero o albacea, lo que constituye un requisito complementario para la efectividad del legado.» (21 abril 2003, LA LEY 12683/2003)

CONCORDANCIAS

Véanse arts. 845, 885, 888, 1.182 y ss. de este Código.

Artículo 883

La cosa legada deberá ser entregada con todos sus accesorios y en el estado en que se halle al morir el testador.

COMENTARIO

1.- Como continuación del artículo anterior, el legado de cosa específica propia del testador, cuya propiedad adquiere el legatario a la muerte de aquél (apertura de la sucesión), la tercera consecuencia (las dos primeras se refieren a los frutos o a los riesgos) es relativa a los accesorios. Estos son todos aquellos que tenían la cosa al tiempo de otorgar el testador su testamento (en el que dispuso de tal legado) y también los que se han ido añadiendo desde aquel momento hasta el de la muerte del causante. Comprenden todos aquellos que subsistan en este último momento, como pertenencias, aumentos, mejoras, o a la inversa, deterioros o disminuciones.

2.- Además, este artículo añade en el último inciso, que la cosa legada se entregará «en el estado en que se halle al morir el testador». Lo cual no es sino reiteración de lo anterior. La cosa que el testador legó, que era cosa propiedad de él, puede cambiar mucho desde este momento al de su muerte, que es cuando el legatario adquiere su propiedad. Es en este instante —muerte del causante, adquisición de la propiedad por el legatario— cuando recibe la cosa «en el estado en que se halle» que será mejor o peor que cuando el testador hizo el testamento.

CONCORDANCIAS

Véanse arts. 1.094 y 1.097 de este Código.

Artículo 884

Si el legado no fuere de cosa específica y determinada, sino genérico o de cantidad, sus frutos e intereses desde la muerte del testador corresponderá al legatario cuando el testador lo hubiese dispuesto expresamente.

COMENTARIO

Se refiere este artículo al legado de cosa genérica. Los frutos (en caso de género) o intereses (en caso de cantidad de dinero) corresponden al heredero hasta el momento mismo de la especificación y, desde tal momento, al legatario. Sin embargo, el testador puede variar esta regla general e imponer, como prevé el art. 884, que sus frutos e intereses desde la muerte del testador corresponderán al legatario cuando el testador lo hubiera dispuesto expresamente.

CONCORDANCIAS

Véase:
— art. 845 de este Código.
— Ley Hipotecaria, de 8 febrero 1946 («*B.O.E.*», 29 mayo): art. 48.

Artículo 885

El legatario no puede ocupar por su propia autoridad la cosa legada, sino que debe pedir su entrega y posesión al heredero o al albacea, cuando éste se halle autorizado para darla.

COMENTARIO

1.- El art. 882 declara que el legatario de cosa específica propia del testador es propietario de ésta desde la muerte del testador. Por otra parte, el art. 440 establece que la posesión de los bienes hereditarios pasa al heredero desde la muerte del causante. Consecuencia de la combinación de ambos preceptos es éste, el art. 885 que dispone que el legatario no puede tomar por sí mismo posesión de la cosa legada («no puede ocupar por su propia autoridad» dice el texto legal). Con mayor razón y por su esencia, en cualquier otro tipo de legados, el legatario no puede tomarlo por sí mismo.

La entrega de la cosa legada la debe reclamar el legatario al heredero o herederos, o al albacea, si lo hay, y también, si la herencia está en administración, al administrador.

2.- Dicha entrega es reclamada por el legatario extrajudicialmente o judicialmente, en cuyo caso, por medio de una acción personal llamada en Derecho romano *ex testamento*. Pero si por ser el legado de cosa específica propia del testador, el legatario es propietario desde el momento de la muerte del causante, podrá ejercitar la acción reivindicatoria. Si nadie posee la cosa como dueño y no hay heredero ni albacea, podrá pedir la posesión judicial o ejercitar el interdicto de adquirir.

En casos excepcionales, el legatario puede tomar la cosa legada por sí mismo, sin necesidad de reclamar su entrega; 1.º cuando se trata de un prelegado y el legatario es al mismo tiempo heredero; 2.º cuando el legatario se halle ya en posesión del objeto de legado; 3.º cuando el testador haya autorizado expresamente al legatario para que por sí mismo tome posesión de la cosa, y 4.º cuando toda la herencia se distribuye en legados.

JURISPRUDENCIA

«la entrega del legado instituido a favor de la recurrente debió de pedirse al designado albacea con facultad para darla, quien, por tratarse de legado de cosa específica podía entregarlo sin necesidad de esperar a practicar la partición en la cual no era necesario incluir los bienes legados; en el caso presente, no cumplido por el albacea contador-partidor

el encargo recibido dentro del plazo concedido por la testadora, corresponde a los herederos». (8 mayo 1989, LA LEY 871-JF/0000)

«tales bienes no entran a formar parte del caudal hereditario sobre el que han de versar las operaciones particionales, y que en el caso de ser varios los legatarios de un mismo bien se constituye sobre él una comunidad ordinaria». (25 mayo 1992, LA LEY 3231/1992)

CONCORDANCIAS

Véase:
— arts. 441, 446, 901, 902, 903, 1.025 y 1.027 de este Código.
— Ley Hipotecaria, de 8 febrero 1946 (*«B.O.E.»*, 29 mayo): arts. 42.7, 47, 48 y 56.
— Reglamento Hipotecario, de 14 febrero 1947 (*«B.O.E.»*, 16 abril): arts. 83 y 147 a 154.

Artículo 886

El heredero debe dar la misma cosa legada, pudiendo hacerlo, y no cumple con dar su estimación.

Los legados en dinero deberán ser pagados en esta especie, aunque no lo haya en la herencia.

Los gastos necesarios para la entrega de la cosa legada serán a cargo de la herencia, pero sin perjuicio de la legítima.

COMENTARIO

1.- El primer párrafo establece el requisito de identidad del pago, aplicando a los legados, que el art. 1166 dispone para el cumplimiento de las obligaciones. El heredero debe entregar al legatario la misma cosa legada, no otra, ni su estimación económica. Ésta norma es aplicable sólo a los legados de cosa específica o de cosa genérica ya especificada y, en general, a todo legado de una cosa determinada; lo que no significa sino que debe cumplir exactamente la voluntad del testador.

2.- El párrafo primero del art. 875 dispone que el legado de cosa mueble genérica será válido aunque no haya cosas de su género en la herencia. El ejemplo más típico de cosa mueble genérica es el dinero. El segundo párrafo de este art. 886 no hace más que reiterar lo mismo: el legado de dinero se paga en dinero, aunque no lo haya en la herencia.

3.- El último párrafo establece una norma respecto a los gastos de entrega del legado, que no puede ser interpretada literalmente. Dispone que «serán a cargo de la herencia» pero debe entenderse, no herencia, sino la parte de la herencia gravada.

Tales gastos son a cargo de toda la herencia si el legado no se ha impuesto a un heredero o herederos concretos; son a cargo de este heredero o herederos gravados, si se ha impuesto a uno o varios concretos; son a cargo, incluso del legatario a quien se ha gravado con un sublegado.

En todo caso, tales gastos no pueden perjudicar la legítima del gravado (que además sea legitimario). Si la perjudica, se pagarán con cargo a la parte de libre disposición de la herencia.

CONCORDANCIAS

Véanse arts. 861, 863, 866, 902, 903 y 1.166 de este Código.

Artículo 887

Si los bienes de la herencia no alcanzaren para cubrir todos los legados, el pago se hará en el orden siguiente:

1.º Los legados remuneratorios.

2.º Los legados de cosa cierta y determinada, que forme parte del caudal hereditario.

3.º Los legados que el testador haya declarado preferentes.

4.º Los de alimentos.

5.º Los de educación.

6.º Los demás a prorrata.

COMENTARIO

1.- En virtud de la inoficiosidad legitimaria, si los legados absorben tal cantidad del patrimonio hereditario que no permiten satisfacer las legítimas (es decir, superan la parte de libre disposición), aquéllos se reducen o anulan si es preciso, a prorrata, a no ser que el testador hubiera ordenado la preferencia de alguno de ellos (art. 820.2.º, en relación con el 1.º).

Haciendo abstracción de tal supuesto de preferencias de la legítima sobre los legados (aquélla es intangible, éstos son voluntarios) si el testador ha dispuesto más legados de los que caben en el patrimonio hereditario obligado al pago de los legados que ha aceptado la herencia pura y simplemente debe satisfacerlo incluso con sus bienes propios *ultra vires*.

Fuera del caso anterior, el obligado (heredero que se ha acogido al beneficio de inventario o legatarios obligados) a satisfacer los legados, no lo está más que hasta donde alcance el valor del patrimonio hereditario, que haya recibido del causante. Si lo sobrepasa, es decir: «si los bienes de la herencia no alcanzaren para cubrir todos los legados» (como dice el inicio del art. 887), el Ordenamiento puede optar por dos soluciones: reducirlos a prorrata (como hace en el caso de colisión con la legítima), o establecer un orden de preferencia por considerar que unos son más dignos que otros. Lo que tendrá también aplicación en el caso del heredero que ha aceptado la herencia pura y simplemente, pero carece de bienes propios para satisfacer los legados que se le han impuesto.

2.- El *orden de preferencia* puede ser cambiado por la voluntad del testador; el principio de soberanía de éste en la sucesión *mortis causa* es un principio prevalente. Esta norma sobre el orden de preferencia no es imperativa, de derecho cogente, sino dispositiva, por debajo subordinada a aquel principio.

El orden es el siguiente. En primer lugar, los legados remuneratorios, que son aquellos que se hacen por los servicios prestados al testador que no constituyan deudas exigibles (aplicando por analogía el concepto que da el art. 619). En segundo lugar, los legados de cosa específica propia del testador. En tercer lugar, legados que el testador ha declarado preferentes, siempre que ello no llegue a implicar que altera el orden que impone esta norma. En cuarto lugar, el legado de alimentos. En quinto lugar, el de educación. En último término y si no hay legados de los enumerados o éstos han podido cubrirse, se reducen los demás a prorrata.

Artículo 888

Cuando el legatario no pueda o no quiera admitir el legado, o éste, por cualquier causa, no tenga efecto, se refundirá en la masa de la herencia, fuera de los casos de sustitución y derecho de acrecer.

COMENTARIO

1.- Un legado puede ser ineficaz por varias causas; esencialmente, porque el legatario renuncie al mismo o no pueda adquirirlo (por premoriencia o por incapacidad). En tal caso, lo adquirirá el sustituto vulgar del legatario, si el testador lo ha nombrado; si no lo hay, se dará el derecho de acrecer, si concurren los presupuestos del mismo. En defecto de sustitución vulgar y de derecho de acrecer, dice este artículo que tal legado devenido ineficaz «se refundirá en la masa de la herencia».

2.- Lo anterior es cierto si el legado se ha dispuesto en general, es decir, gravando a todos los herederos: la ineficacia del legado provoca que todos quedan liberados, como si éste se refundiera en la masa de la herencia. Pero no es cierto si el legado se había impuesto a un heredero o legatario (caso de sublegado) concreto: en tal caso, éste queda liberado y no se refunde el legado en la masa de la herencia beneficiando a herederos no gravados con él.

CONCORDANCIAS

Véanse arts. 774 a 778, 981 a 986 y 988 a 997 de este Código.

Artículo 889

El legatario no podrá aceptar una parte del legado y repudiar la otra, si ésta fuere onerosa.

Si muriese antes de aceptar el legado dejando varios herederos, podrá uno de éstos aceptar y otro repudiar la parte que le corresponda en el legado.

COMENTARIO

1.- El legatario adquiere la propiedad del legado en el momento de la muerte del testador (apertura de la sucesión) pero puede renunciar a adquirirlo (renuncia preventiva, omissio adquirendi, análoga a la repudiación de la herencia), tal como se comentó al tratar del artículo 881. Este art. 889 contempla la renuncia parcial. Dispone que el legatario puede renunciar una parte del legado (la adquisición de la otra parte es automática, sin necesidad de aceptación); lo puede hacer si el legado es divisible (una cosa divisible, un crédito, una deuda en el de liberación, etc.) e incluso si es indivisible, puede renunciar a un derecho, adquiriendo otro (ejemplo: se le lega una cosa y renuncia a la propiedad de la misma, pero no a su usufructo vitalicio). Pero lo que no permite es que el legado tiene una parte gratuita y otra onerosa, renuncie a esta última, adquiriendo la parte gratuita.

2.- Si el legatario muere sin haber hecho manifestación alguna respecto al legado, sus propios herederos lo adquirirán si no renuncian al mismo. Pueden adquirirlo sin más, o renunciarlo. Si son varios los herederos de aquel legatario, cada uno, respecto a la parte del legado que se le haya adjudicado, podrá adquirirlo o renunciar al mismo.

CONCORDANCIAS

Véase art. 166, párrafo segundo de este Código.

Artículo 890

El legatario de dos legados, de los que uno fuere oneroso, no podrá renunciar éste y aceptar el otro. Si los dos son onerosos o gratuitos, es libre para aceptarlos todos o repudiar el que quiera.

El heredero, que sea al mismo tiempo legatario, podrá renunciar la herencia y aceptar el legado, o renunciar éste y aceptar aquélla.

COMENTARIO

1.- Este artículo continúa el tema de la renuncia parcial, iniciado en el artículo anterior; sigue también empleando la expresión «aceptar» y «repudiar» o «renunciar», aunque hay que recordar que el legatario no tiene que aceptar el legado (aunque, desde luego, puede hacerlo) sino que lo adquiere ipso iure, automáticamente, a la muerte del causante; lo que puede es renunciar al mismo. Y de lo que trata este artículo y el anterior es de la adquisición parcial del legado.

Una misma persona que es legatario de dos legados (o de más de dos), todos gratuitos o todos onerosos, puede adquirir uno y renunciar otro. Pero si uno es oneroso y otro gratuito (o más de uno) los debe adquirir todos o renunciar todos, o bien puede adquirir el oneroso y renunciar al gratuito; lo que no puede hacer es renunciar al oneroso y adquirir el gratuito.

2.- El segundo párrafo prevé el caso de *prelegado*. Este es el legado que se atribuye a un heredero, el cual sucede a título universal como tal y a título singular como legatario. Se permite que acepte la herencia y renuncie al legado y, a la inversa, que adquiera el legado y repudie la herencia.

CONCORDANCIAS

Véanse arts. 833 y 1.009 de este Código.

Artículo 891

Si toda la herencia se distribuye en legados, se prorratearán las deudas y gravámenes de ella entre los legatarios a proporción de sus cuotas, a no ser que el testador hubiera dispuesto otra cosa.

COMENTARIO

1.- Como responsabilidades del legatario, inherentes a la adquisición del legado, se encuentra la posible responsabilidad por las deudas del causante y las cargas hereditarias.

La posición del legatario es la contraria a la del heredero; éste —si no hace uso del beneficio de inventario— responde de deudas y cargas con los bienes hereditarios y con los suyos propios; el legatario, por el contrario, en principio no responde de deudas del causante ni de cargas de la herencia y, en todo caso, no responde sino hasta donde alcance el valor del legado (segundo párrafo del art. 858).

Responde de deudas y cargas (siempre hasta el límite citado) si el testador le ha impuesto alguna, expresamente; el artículo 858, primer párrafo, contempla el caso de que al legatario se le imponga (que sea el obligado) el cumplir, a su vez, otro legado (que será llamado sublegado).

Responden los legatario, a prorrata, dentro del mismo límite, de las deudas y cargas de la herencia, si toda la herencia se distribuye en legados —dispone el art. 891— a no ser que el testador hubiera dispuesto otra cosa.

2.- Lo anterior ocurre si no hay ningún heredero; es decir, que toda la herencia toda, se distribuye en legados; así, si éstos no absorben la totalidad del caudal relicto, se abrirá la sucesión intestada respecto a lo que no era objeto de los legados y habrá heredero o herederos intestada que responden de las deudas del causante y de las deudas y cargas de la herencia.

En el caso de que toda la herencia se distribuya en legados, la responsabilidad de los legatarios por tales deudas, es limitada, hasta donde alcance el valor de los legados. Y es solidaria entre los legatarios.

CONCORDANCIAS

Véase Reglamento Hipotecario, de 14 febrero 1947 (*«B.O.E.»*, 16 abril): arts. 81 y 83.

SECCIÓN UNDÉCIMA
De los albaceas o testamentarios

Artículo 892

El testador podrá nombrar uno o más albaceas.

COMENTARIO

1.- Aparte de que los herederos deben cumplir o ejecutar las disposiciones testamentarias, el testador puede ordenar un albaceazgo, es decir, nombrar albacea o albaceas para que ejecuten determinados actos o, en general, ejecuten lo dispuesto en el testamento. Es decir, el albacea es un ejecutor testamentario.

Define ALBALADEJO el albacea como la persona que el causante nombra para que se encargue de dar cumplimiento o ejecución a su última voluntad. El albacea no sólo ejecuta, en sentido estricto, el testamento, sino que, en general, vigila y vela que se lleve a la práctica la última voluntad del testador. Es persona de confianza de éste y su nombramiento priva a los herederos de una serie de facultades de ejecución que se le arrebatan y se transmiten al albacea, por lo que el albaceazgo puede ser configurado como una tajante limitación de la situación normal del heredero.

2.- Ni el presente artículo ni ningún otro define el albacea ni da el concepto de albaceazgo, ni tiene por qué hacerlo; las normas jurídicas deben regular una institución y de ésta saca la doctrina los conceptos, siempre variables. Este artículo comienza la regulación del *albaceazgo*. Dispone de dos cosas. En primer lugar, que es el testador y sólo el testador el que puede nombrar albacea, lo cual puede hacerlo sólo en testamento, el mismo que el albacea deberá ejecutar u otro distinto. En segundo lugar, el albacea puede ser unipersonal o pluripersonal, la pluripersonalidad se regula a partir del segundo párrafo del art. 894.

JURISPRUDENCIA

«El albaceazgo es un cargo especial testamentario (artículo 892 del Código Civil), en el que predominan las funciones tuitivas y gestoras amplias —etimológicamente proviene del vocablo árabe "al waci" (gestor) y tiende a la ejecución de la voluntad del "de cuius" designante, reflejado en correspondiente testamento, como plan y proyecto que sujeta su actuación, para culminar la testamentaria y en la mayoría de los supuestos y con funciones acumuladas de contadores-partidores (artículo 1057), con la liquidación, división y adjudicación de los bienes a los coherederos y sucesores, concurriendo en el mismo las características de ser un cargo de confianza entre el causante y su ejecutor, para lo que suele tenerse muy en cuenta las especiales cualidades concurrentes en las personas designadas, que se reputan como las idóneas a fin de actuar correcta y eficazmente en la condición jurídica de fiduciarios de aquel que los eligió, perdiendo éste todo control sobre las mismas por la imperativa causa de fallecer; Asimismo es cargo gratuito, salvo las excepciones del artículo 908; voluntario, ya que no hay ninguna obligación legal de aceptarlo (artículos 899 y 900); personalísimo e indelegable (artículo 909 y Sentencia de 2-6-62), y temporal (artículo 910), con posibilidades de poder ser prorrogado, bien por la voluntad del testador (artículos 904 y 905), de los herederos y legatarios (artículo 906) o por decisión judicial (artículo 905, párrafo segundo)». (13 abril 1992, LA LEY 3063-JF/0000)

«El albaceazgo, más que un propio mandato, por la dificultad de ejercicio dado que el mandante ha fallecido (artículo 1732.3.º del Código Civil), se configura como cargo testamentario de gestión y ejecución de las últimas voluntades del testador, ya que designa a persona de su confianza para llevar a cabo el cometido de liquidación, partición y adjudicación de sus bienes y demás que prevé el artículo 902. Las funciones tuitivas que lo integran abarcan asimismo las acumuladas correspondientes a los contadores-partidores (artículo 1057 del Código Civil)». (20 febrero 1993, LA LEY 13014/1993)

«Es preciso a tales efectos dejar sentado, que tanto doctrinal como jurisprudencialmente prima la tesis de considerar al contador-partidor como un albacea, y consiguientemente a éste con facultades de contador partidor (sentencias, entre otras, desde la de 4 de febrero de 1902 y 24 de febrero de 1905, hasta la de 5 de julio de 1947)». (8 marzo 1995, LA LEY 483/1995)

«El albacea, persona encargada por el testador de dar ejecución a su última voluntad contenida en el testamento (en este sentido, SS 13 Abr. 1992 y 20 Feb. 1993) es un officium, basado en la confianza que el causante le ha depositado, que lo configura como vir bonus (como dice la S 6 Feb. 1982) y tiene como consecuencia que sus funciones son personalísimas y no delegables mientras el testador no haga extensiva la confianza a esta facultad de delegación (tal como expresa la S 1 Feb. 1910). Así lo dispone el art. 909 CC: el albacea no podrá delegar el cargo si no tuviese expresa autorización del testador». (20 septiembre 1999, LA LEY 10496/1999)

Artículo 893

No podrá ser albacea el que no tenga capacidad para obligarse.

El menor no podrá serlo, ni aun con la autorización del padre o del tutor.

COMENTARIO

1.- La capacidad que se exige para ser albacea es la capacidad de obrar plena, como se deduce no sólo del primer párrafo del art. 893, sino también de su segundo párrafo. Dice el primero: no podrá ser albacea el que no tenga capacidad para obligarse, y cuando el segundo párrafo añade que el menor no podrá serlo ni aun con la autorización del padre o del tutor, significa que ni el menor emancipado ni otro incapacitado puede ser albacea, pues no le permite el art. 893 suplir ni completar su incapacidad con la intervención del padre o tutor. Sólo puede, por tanto, ser albacea el mayor de edad no incapacitado.

Puede ser albacea una persona jurídica, aunque no lo prevea expresamente el Código.

2.- La esencial prohibición que afecta a los albaceas se halla en el artículo 1459, que prohíbe adquirir por compra (o por permuta, según el art. 1541), aunque sea en subasta pública o judicial por sí ni por persona intermedia; 3.º) los albaceas, los bienes confiados a su cargo.

Con la expresión bienes confiados a su cargo se incluyen todos los que el albacea controle para cualquier tipo de misión, sea para su administración, su enajenación, sea para la simple custodia. Por tanto, si el albacea es universal, la prohibición alcanzará a todos los bienes de la herencia; si es particular, sólo a aquellos que quedan dentro de su encargo omisión encomendada por el testador; si el testador no le ha nombrado como universal ni se le ha encargado una misión particular, será albacea particular con las facultades que le confieren los artículos 902 y 903, pero el referirse alguna de éstas a todos los bienes de la herencia (así nums. 3.º y 4.º del art. 902), la prohibición alcanzará a todos ellos.

CONCORDANCIAS

Véase art. 1.263 de este Código.
Texto vigente según Ley 14/1975, 2 mayo (*«B.O.E.»,* 5 mayo).

Artículo 894

El albacea puede ser universal o particular.

En todo caso, los albaceas podrán ser nombrados mancomunada, sucesiva o solidariamente.

COMENTARIO

1.- El primer párrafo señala que el albacea puede ser universal o particular, pero ni ésta ni ninguna otra norma dan el concepto de uno ni de otro. Debe entenderse que universal es el albacea que tiene que ejecutar la totalidad de las disposiciones del testamento, su cumplimiento global, la generalidad de lo ordenado por el testador. El albacea particular, tiene el cargo concretado de ejecutar una o varias disposiciones determinadas del testamento, o todo lo relativo a bienes singulares, o —por no haber especificado nada el testador— tiene las que señalan los artículos 902 y 903.

La calificación de albacea universal o particular dependerá de lo expresado por el testador. Este lo puede nombrar en forma expresa como universal o particular. Si nada dice, habrá que interpretar el testamento. Si le asigna la misión de ejecutar globalmente las disposiciones testamentarias, será universal; si le concreta funciones, será particular; si no le otorga misión específicamente determinada, tendrá las legales de los artículos 902 y 903 y será particular.

2.- El segundo párrafo prevé que el testador nombre varios albaceas sucesivos, lo que significa uno en defecto del anterior; es decir, tanto para el caso de que uno no acepte, como en el de que se extinga, por cualquiera de las causas de extinción, el primero o los primeros de los nombrados.

Si nombra a varios albaceas para que desempeñen el cargo al tiempo, albaceas simultáneos, pueden serlo en forma mancomunada o solidaria. Los albaceas solidarios pueden actuar indistinta y separadamente. Lo que haga uno de ellos como albacea es válido como si se tratara de albacea único.

JURISPRUDENCIA

«como un nombramiento sucesivo, siempre que el primer nombrado no actuará por razones exclusivas de "premoriencia, incapacidad o renuncia", y cuyo plazo de 2 años debía empezar tras el fallecimiento de la esposa de ese causante (en cuyo testamento suscrito en 18-12-1965 también en su cl. 9.ª aparece una disposición semejante) que lo fue en 10 de diciembre de 1975, de lo que se colige, en sustancia: que para el funcionamiento de ese segundo nombramiento de contador partidor, era preciso que aconteciera alguna de esas tres causas —premoriencia, incapacidad o renuncia— por lo que al no haber acontecido ninguna de ellas (ni siquiera la 3.ª cabe apreciar al no haberse constatado de forma evidente en los Autos, ni menos aún ejercitarse dentro del plazo marcado) no es posible la entrada en juego del segundo». (19 febrero 1993, LA LEY 516-5/1993)

CONCORDANCIAS

Véanse arts. 897 y 1.057 de este Código.

Artículo 895

Cuando los albaceas fueren mancomunados, sólo valdrá lo que todos hagan de consuno, o lo que haga uno de ellos legalmente autorizado por los demás, o lo que, en caso de disidencia, acuerde el mayor número.

COMENTARIO

Como continuación a lo dispuesto en el artículo anterior, éste se refiere a los albaceas mancomunados, que tienen que actuar al unísono, conjuntamente o por mayoría. Prevé expresamente que actúen «de consuno» aunque permite la autorización a uno solo por parte de los demás. Si no hay acuerdo, dispone que prevalece el criterio de la mayoría.

JURISPRUDENCIA

«en los supuestos de premoriencia, incapacidad, excusa, renuncia o remoción de algún albacea se producirá el fenómeno de la concentración de las funciones en los albaceas que queden, incluso aunque quede uno solo, según doctrina asumida ya por SS de 14 de mayo de 1891, 27 de septiembre de 1895 y 24 de mayo de 1954, lo que originó que la de 23 de noviembre de 1974 declarase que «la recta interpretación del art. 895 aconseja entender que la mayoría o unanimidad a que se refiere es la que se exterioriza solamente por los supervivientes que sean capaces, no tengan incompatibilidad, hayan aceptado el cargo y quieran desempeñarlo, ya que la contraria exégesis vendría a dejar supeditada la pervivencia del órgano a las imprevisibles contingencias de que todos los designados habrían de sobrevivir

al testador, habrían de conservar su capacidad para desempeñar el cargo, no habrían de incurrir en ninguna causa de incompatibilidad o remoción y habrían de querer ejercerlo». (2 diciembre 1991, LA LEY 6547/1992)

Artículo 896

En los casos de suma urgencia, podrá uno de los albaceas mancomunados practicar, bajo su responsabilidad personal, los actos que fueren necesarios, dando cuenta inmediatamente a los demás.

COMENTARIO

Completa este artículo lo dispuesto en el anterior sobre la actuación de los albaceas mancomunados; éstos, dice el anterior, ejercen su función conjuntamente, o uno autorizado por los demás o por mayoría. Pero si hay un caso urgente cualquiera de los albaceas mancomunados puede realizar los actos que sean necesarios, bajo su responsabilidad.

Deberá tratarse de una situación de suma urgencia, que impida la demora de una reunión con los demás albaceas mancomunados; lo actuado por el albacea, por sí solo, bajo su responsabilidad, es válido con el único requisito de la dación de cuenta a los demás, a pesar —incluso— de que éstos no compartan la misma opinión sobre su actuación.

Artículo 897

Si el testador no establece claramente la solidaridad de los albaceas, ni fija el orden en que deben desempeñar su encargo, se entenderán nombrados mancomunadamente y desempeñarán el cargo como previenen los dos artículos anteriores.

COMENTARIO

El Código, muy discutiblemente, es contrario a la regla de la solidaridad (vid. arts. 1137 y 1138 respecto a obligaciones). Por ello, este artículo, respecto a los albaceas, pluripersonales, dispone que si el testador no los ha nombrado sucesivos ni «claramente» ha establecido la solidaridad, son mancomunados. En consecuencia, se regirán por lo dispuesto en los dos artículos anteriores que regulan la actuación de los albaceas mancomunados.

Artículo 898

El albaceazgo es cargo voluntario, y se entenderá aceptado por el nombrado para desempeñarlo si no se excusa dentro de los seis días siguientes a aquel en que tenga noticia de su nombramiento, o, si éste le era ya conocido, dentro de los seis días siguientes al en que supo la muerte del testador.

COMENTARIO

1.- El cargo de albacea es esencialmente voluntario, como enuncia el inicio de este artículo. El que ha sido nombrado como tal, aceptará voluntariamente en declaración de voluntad recepticia. La aceptación puede ser expresa o tácita. No puede declararla antes de la muerte del causante, ya que es un cargo testamentario y el testamento es negocio jurídico que despliega su eficacia a la muerte del testador.

2.- La aceptación puede también ser presunta, tal como prevé este mismo artículo. Se presume aceptado el cargo de albacea si éste no se excusa (es decir, rechaza el nombramiento) en el plazo de seis días, a contar desde que tenga conocimiento del nombramiento o, si lo conocía de antes, desde que tuvo conocimiento de la muerte del causante.

3.- Al ser el cargo voluntario, el nombrado puede aceptarlo, expresa, tácita o presuntamente, y también lo puede rechazar: este art. 898 menciona la expresión «excusa» y el 900, «no acepte el cargo» o «lo renuncie». Aparte de la renuncia como causa de extinción, lo que aquí se contempla es la no aceptación del cargo de albacea. Si lo hace sin justa causa, se le aplicará la sanción del art. 900.

JURISPRUDENCIA

«No habiéndose acreditado concurra aceptación expresa ni tácita y así lo determinó la sentencia recurrida, entra en juego la aceptación por ministerio de la Ley, que opera cuando no se efectúa excusa dentro de los seis días siguientes a aquel en que se tenga noticia del nombramiento (artículo 898 del Código Civil). El silencio del designado ha de interpretarse, consecuentemente, como aceptación». (20 febrero 1993, LA LEY 13014/1993)

«albacea don Héctor ha entendido que el plazo no cuenta sino desde que conoce que su nombramiento era firme por no existir ningún testamento posterior. Pero el artículo 898 del Código civil prevé el caso de que el nombramiento le fuese conocido antes de la muerte del testador, que por definición no es firme, luego el albacea no ha de esperar a que ello se confirme, ha de aceptar o repudiar dentro de los seis días siguientes a su muerte». (28 noviembre 2005, rec. 818/1999)

Artículo 899

El albacea que acepta este cargo se constituye en la obligación de desempeñarlo; pero lo podrá renunciar alegando causa justa al prudente arbitrio del Juez.

COMENTARIO

1.- El cargo de albacea es voluntario, pero una vez aceptado —expresa, tácita o presuntamente (art. 898)— el albacea tiene el deber jurídico de cumplir la función como tal; es deber jurídico, no obligación como dice el texto legal (obligación es una relación jurídica entre acreedor y deudor, perteneciente al Derecho de obligaciones).

2.- El cargo de albacea puede no ser aceptado por el nombrado (art. 898) o, tras haberlo aceptado, lo puede renunciar, como causa de extinción del albaceazgo (art. 910). La no aceptación o la renuncia la puede fundamentar en una justa causa o bien no se alega ésta, en cuyo caso se aplica la sanción del art. 900. La alegación de justa causa puede ser aceptada por los herederos o puede ser discutida en cuyo caso se apreciará al prudente arbitrio del juez en procedimiento declarativo ordinario, pues si hay controversia no cabe más que éste (no es pensable un expediente de jurisdicción voluntaria si desde el principio las partes están enfrentadas) y si no la hay no se acudirá siquiera al Juez.

La doctrina ha recogido algunos casos de justa causa: el grave perjuicio del albacea, el detrimento de los propios herederos, las dificultades en el cumplimiento de su misión, e incluso, por analogía, las causas que permiten excusarse de la tutela expuestas con carácter general y *ad exemplum* en el art. 251.

Artículo 900

El albacea que no acepte el cargo, o lo renuncie sin justa causa, perderá lo que le hubiese dejado el testador, salvo siempre el derecho que tuviere a la legítima.

COMENTARIO

Contempla este artículo dos supuestos: el que el nombrado albacea no acepte el cargo y el que el albacea que ya lo aceptó, renuncie al mismo; ambos, sin justa causa.

La consecuencia de uno y otro es, dice este artículo, que «perderá lo que le hubiese dejado el testador», lo cual tiene la naturaleza de una *prohibición para suceder testamentariamente*, semejante a la de los arts. 752 a 754 y con el efecto de nulidad absoluta del art. 6.3.

Esta prohibición de suceder no alcanza a la legítima que corresponda al albacea, en el caso de ser éste legitimario del testador.

JURISPRUDENCIA

«su actividad de prueba fue totalmente nula para intentar acreditar la realización o, al menos, el inicio del cometido que se había encargado y del que no estaba exento, al no haber alegado causa justa o renuncia justificada (artículo 900 del Código Civil); lo que presupone, en todo caso, y por la más simple lógica, una anterior y necesaria aceptación que nunca admitió, incurriendo en abierta contradicción. Tampoco se da concurrencia de renuncia tácita por su inhibición, pues la renuncia ha de ser alegada y apoyarse en justa causa utilizando el procedimiento de la jurisdicción voluntaria, quedando su apreciación al prudente arbitrio del Juez. Por lo tanto la renuncia no opera por sí misma, es decir, por la simple declaración unilateral del albacea interesado». (20 febrero 1993, LA LEY 13014/1993)

CONCORDANCIAS

Véanse arts. 813 y 911 de este Código.

Artículo 901

Los albaceas tendrán todas las facultades que expresamente les haya conferido el testador, y no sean contrarias a las leyes.

COMENTARIO

1.- El albacea detenta una serie de facultades, que las tiene para cumplir sus deberes. Unas y otras se centran en una sola y misma idea: cumplir el encargo, ejecutar las disposiciones testamentarias, es decir, hacer que se lleve a efecto la voluntad del causante, manifestada en su testamento.

El Código civil se refiere a las facultades en su art. 901: da la regla general de que «los albaceas tendrán todas las facultades que expresamente las haya conferido el testador y no sean contrarias a las leyes». El testador, pues tiene libertad en otorgar todas las facultades que crea oportunas, que pueden ser las mismas que tuviera él mismo, si viviera y pudiera ejecutar sus propias disposiciones, pero tiene el límite de no poder ser contrarias a las leyes, cuyo límite se concreta a dos puntos: 1.º) el límite que representa el principio de ser el testamento un acto personalísimo, por lo que no podrá conceder el albacea facultades decisorias respecto al destino o distribución de sus bienes, 2.º) el límite que representa el respeto debido a las legítimas, que son intangibles y no pueden ser demoradas, alteradas o suprimidas por el albacea.

2.- Las facultades del albacea tendrán distinta amplitud según sea universal o particular: tendrá la facultad de ejecutar globalmente las disposiciones testamentarias si es universal y de ejecutar las órdenes concretas del testador si es particular. En todo caso, que no sean contrarias a las leyes.

JURISPRUDENCIA

«el albacea tenía facultades de disposición y no era menester que los herederos intervinieran en la venta puesto que el tenor del testamento, rectamente interpretado por la Sala en uso de sus funciones, confiere al albacea facultades para enajenar, no cabe hablar de infracción del artículo 901, lo que comporta que no hubiera de acudir al artículo 903, según el cual los albaceas pueden vender bienes con intervención de los herederos para obtener dinero bastante para pagar funerales y legados». (9 junio 1993, LA LEY 874-5/1993)

«La doctrina de esta Sala ha sido reiterada y concorde en admitir que la facultad de hacer la partición que el testador puede encomendar a un tercero (art. 1057) o al albacea, integrando entonces una de las facultades de su cargo (art. 901), se extiende a practicar con el cónyuge viudo las operaciones de liquidación y división de la sociedad de gananciales, que son necesarias y previas a la liquidación y división de la herencia del testador. Si el cónyuge viudo no colabora con el contador-partidor y éste por lo tanto no cumple su encargo dentro del plazo legal, no hay duda de que, acabado éste, se extingue el cargo, por finalización del plazo o por imposibilidad de cumplir su encargo (art. 910)». (2 abril 1996, LA LEY 4767/1996)

«En este caso, se especifican unas concretas facultades del albacea, que de acuerdo con lo que dispone el art. 901 CC, quedan incluidas de forma expresa en las funciones que el testador les ha atribuido. Como afirma la ya antigua STS de 5 julio 1947, "cuando a los albaceas universales como es el recurrente está conferida por el testador la facultad de hacer la partición, no por ello ostentan dos cargos, sino solamente el de albacea, en el que caben, con arreglo al art. 901 CC, cuantas facultades conducen al cumplimiento de las disposiciones testamentarias que no sean contrarias a las leyes"». (5 enero 2012, rec. 2187/2008, LA LEY 423/2012)

CONCORDANCIAS

Véanse arts. 747 y 749 de este Código.

Artículo 902

No habiendo el testador determinado especialmente las facultades de los albaceas, tendrán las siguientes:

1.ª Disponer y pagar los sufragios y el funeral del testador con arreglo a lo dispuesto por él en el testamento; y, en su defecto, según la costumbre del pueblo.

2.ª Satisfacer los legados que consistan en metálico, con el conocimiento y beneplácito del heredero.

3.ª Vigilar sobre la ejecución de todo lo demás ordenado en el testamento, y sostener, siendo justo, su validez en juicio y fuera de él.

4.ª Tomar las precauciones necesarias para la conservación y custodia de los bienes, con intervención de los herederos presentes.

COMENTARIO

1.- Si el testador no ha nombrado albacea con carácter universal ni ha señalado concretas funciones a un albacea particular, el albacea tendrá las facultades que enumera este art. 902 (y también el 903) con la consideración de albacea particular.

2.- Estas son las siguientes:

Primera. Disponer y pagar los sufragios y el funeral del testador con arreglo a lo dispuesto por él en el testamento; y en su defecto, según la costumbre del pueblo. Debe entenderse también comprendido el entierro. Pero en todo caso y salvo que el albacea tenga noticia privada de lo dispuesto y de su propio nombramiento, será inefectiva esta facultad, pues cuando se produce el entierro y el funeral, aún no se tendrá conocimiento oficial del testamento.

Segunda. Satisfacer los legados que consistan en metálico, con el conocimiento y beneplácito del heredero. Si los legados gravan a un concreto heredero o un legatario, será éste quien lo deba satisfacer y no el albacea. Si no hubiera dinero suficiente para pagarlo, tendrá aplicación el art. 903. El beneplácito del heredero significa su aprobación; si se opone, habrá que acudir a un proceso para que se permita judicialmente el pago.

Tercera. Vigilar sobre la ejecución de todo lo demás ordenado en el testamento, y sostener, siendo justo, su validez en juicio y fuera de él. La vigilancia en la ejecución del testamento es función típica de albacea y se refiere, incluso, a la vigilancia de lo que no debe ejecutar él, sino que están cumpliendo los demás (otros albaceas, los herederos o los contadores-partidores). La defensa de la validez del testamento es amplísima, alcanza a cualquier aspecto y es un medio para que éste tenga efectividad, que no alcanzaría si fuera declarado inválido.

Cuarta. Tomar las precauciones necesarias para la conservación y custodia de los bienes, con intervención de los herederos presentes. Se trata de la única facultad del albacea en orden, no a la última voluntad del causante, sino a la herencia. Y como, en principio, la misión del albacea particular no alcanza a la herencia, esta facultad se reduce a la simple toma de precauciones para la conservación y custodia de los bienes. Las que no puede tomar por sí solo, sino con intervención de los herederos, que están presentes, no los ausentes, entendido este término en sentido vulgar, no en el jurídico de declaración de ausencia.

JURISPRUDENCIA

«Cualquiera que sea el encuadre jurídico que se le dé a la administración de los bienes integrantes de la herencia del causante padre de los actores conferida a quienes en la disposición testamentaria fueron designados albaceas, es decir, ya se considere como una

ampliación de las facultades que a éstos concede el art. 902 CC, constituyendo un albaceazgo de carácter universal, ya se estime que la administración nombrada en el testamento tuvo por finalidad apartar a la madre de los hijos menores de edad del causante de la administración que por ley le correspondería (art. 164, párrafo 1.º y párrafo 2.º.1.º CC) como expresamente se establece en la cláusula tercera del testamento, no obstante prolongarse esa administración más allá de la minoridad de los hijos hasta los 23 años, lo cierto es que tal administración, y salvo lo expresamente establecido por el testador, viene regida por las normas generales a las que están sujetos todos los que por cualquier título administran bienes ajenos». (16 abril 1998, LA LEY 6079/1998)

CONCORDANCIAS

Véanse arts. 885 y 1.057 de este Código.

Artículo 903

Si no hubiere en la herencia dinero bastante para pago de funerales y legados, y los herederos no lo aprontaren de lo suyo, promoverán los albaceas la venta de los bienes muebles; y, no alcanzando éstos, la de los inmuebles, con intervención de los herederos.

Si estuviere interesado en la herencia algún menor, ausente, corporación o establecimiento público, la venta de los bienes se hará con las formalidades prevenidas por las leyes para tales casos.

COMENTARIO

1.- Este artículo, continuando el anterior, prevé una facultad más del albacea que no es universal ni tiene asignadas funciones concretas por el testador. Hay que partir de que el artículo anterior encomienda al albacea el pago de los sufragios, funeral y legados en metálico (nums. 1 y 2). El albacea los pagará con dinero de la herencia.

Pero si no lo hay y los herederos no lo aportan, el albacea tiene facultad de disposición sobre bienes hereditarios. Puede vender bienes muebles, y, en su defecto, inmuebles, con intervención de los herederos, que consiste en su notificación y la posible oposición que se resolvería judicialmente.

2.- Si uno de los herederos es menor, incapacitado (aunque éste no es mencionado en este artículo), ausente o persona jurídica de derecho público, la venta se realizará por el albacea pero con los requisitos especiales de los actos dispositivos de bienes de tales personas.

JURISPRUDENCIA

Véase la sentencia de 9 junio 1993, LA LEY 874-5/1993, recogida en el artículo 901.

CONCORDANCIAS

Véase:
— arts. 164 y 270 a 275 de este Código.
— Ley Enjuiciamiento Civil de 1881: arts. 2.011 a 2.030.
— Ley Hipotecaria, de 8 febrero 1946 (*«B.O.E.»*, 29 mayo): art. 20.

Artículo 904

El albacea, a quien el testador no haya fijado plazo, deberá cumplir su encargo dentro de un año contado desde su aceptación, o desde que terminen los litigios que se promovieren sobre la validez o nulidad del testamento o de alguna de sus disposiciones.

COMENTARIO

1.- El cargo de albacea, por esencia, es *temporal*; ejecuta la última voluntad del causante expresada en el testamento. Debe, pues, tener un plazo para tal ejecución. Siendo el principio de soberanía de la voluntad del causante, el esencial en el Derecho de sucesiones, el plazo será el fijado por el testador.

2.- Si el testador no ha fijado plazo, será de un año. El cómputo de ese año comienza, desde que aceptó el cargo de albacea, tácita o presuntamente (esta última, pasados los seis días que menciona el art. 898) o desde que terminó todo proceso sobre validez o nulidad del testamento o de alguna de sus cláusulas.

JURISPRUDENCIA

«los albaceas testamentarios, con facultades para realizar las operaciones particionales de acuerdo con la distribución de sus bienes hecha por el testador, otorgaron escritura de protocolización de las mismas en 14 Feb. 1996, siendo aceptadas por todos los litigantes; de ahí que, en tal fecha, haya de considerarse concluido el encargo recibido por los albaceas contadores-partidores. No puede entenderse que, al amparo el inciso final del art. 904 CC, vuelva a reiniciarse el encargo así concluido por la presentación de la demanda inicial de este litigio en 31 Jul. 1997, puesto que la fecha de terminación de los litigios a que se refiere el precepto es la de inicio para el cómputo del plazo de ejercicio del cargo.» (19 diciembre 2002, LA LEY 1123/2003)

«Esta Sala, en su análisis de los autos, ha de ratificar la existencia de aquellos dos hechos descritos, que la obligan también a fundamentar su decisión en el citado precepto. Dado que la testadora no señaló plazo alguno al albacea don Héctor para la realización del encargo que le hacía, ha de estarse a lo dispuesto en el artículo 904 del Código civil, y fijarse tal plazo en un año desde la aceptación del cargo. Esta aceptación se produjo, de acuerdo con el artículo 898 del Código civil, a los seis días siguientes al 3 de julio de 1995. En aquellos seis días no se produjo ninguna manifestación de voluntad contraria a la aceptación del cargo, por lo que ha de entenderse aceptado (sentencia de 20 de febrero de 1993)». (28 noviembre 2005, rec. 818/1999)

«los litigios a que se refiere el artículo 904 del Código Civil han de tener necesariamente como objeto la validez o nulidad del testamento o de alguna de sus disposiciones, y no otra cuestión distinta». (18 marzo 2005, rec. 3960/1998)

CONCORDANCIAS

Véase art. 899 de este Código.

Artículo 905

Si el testador quisiere ampliar el plazo legal, deberá señalar expresamente el de la prórroga. Si no lo hubiese señalado, se entenderá prorrogado el plazo por un año.

Si transcurrida esta prórroga no se hubiese todavía cumplido la voluntad del testador, podrá el Juez conceder otra por el tiempo que fuere necesario, atendidas las circunstancias del caso.

COMENTARIO

1.- El plazo para ejecutar la voluntad testamentaria puede ser insuficiente, tanto si ha sido fijado por el testador como si es el legal, como prevé el artículo anterior.

Se contempla en este artículo y en el siguiente la *prórroga* de dicho plazo. Puede ser concedida por el testador, por el Juez y por los propios herederos. No hay que olvidar el concepto de prórroga: no es dar un plazo más, sino continuar el plazo fijado (ampliarlo). Por tanto, se debe solicitar, en su caso, y conceder, en todo caso, antes de que se extinga el plazo inicial; si éste se ha extinguido, no cabe prórroga (ampliación) sino un plazo nuevo, que no es prórroga.

2.- La prórroga concedida por el testador, es señalada expresamente por éste en el testamento; es decir, prevé el plazo y también, si resulta insuficiente, la prórroga del mismo; determina asimismo el tiempo de esta prórroga y, si no lo hace, será por un año.

3.- La prórroga concedida por el Juez de Primera Instancia, la contempla el segundo párrafo de este artículo, como una segunda prórroga a la primera que había concedido el testador. Pero se entiende, por doctrina y jurisprudencia, que el Juez puede conceder tanto una segunda prórroga a la que había señalado el testador, como una primera prórroga, si el plazo legal o testamentario resulta ser insuficiente.

El tiempo de esta prórroga judicial no está delimitado ni fijado por el Código: será «por el tiempo que fuere necesario», y el criterio a seguir es el más amplio arbitrio judicial, «atendidas las circunstancias del caso».

4.- En cuanto a la prórroga concedida por los herederos y legatarios la prevé el artículo siguiente.

JURISPRUDENCIA

«la prórroga judicial deberá solicitarse antes de que se haya extinguido dicho albaceazgo por cumplimiento del período de tiempo inicial o en su caso de la primera o anteriores prórrogas. En resumen, que el período a contar se deberá iniciar a partir del momento de la petición de prórroga del albaceazgo, y esa es la data inicial para ver si ha caducado o no el plazo para ejercer —en el presente caso— las funciones de albaceazgo en su faceta de contador-partidor.» (29 marzo 2001, LA LEY 4329/2001)

Artículo 906

Los herederos y legatarios podrán, de común acuerdo, prorrogar el plazo del albaceazgo por el tiempo que crean necesario; pero, si el acuerdo fuese sólo por mayoría, la prórroga no podrá exceder de un año.

COMENTARIO

También —además del testador y del Juez (art. 905)— pueden prorrogar el plazo testamentario o legal (art. 904), los herederos y legatarios.

Si éstos lo deciden por unanimidad, acuerdan la prórroga «por el tiempo que crean necesario». Si la deciden por mayoría, no puede exceder de un año.

En el primer caso, no hay problema en conceder una segunda o más prórrogas. Pero si se concedió por mayoría no, ya que no cabe que a base de nuevas prórrogas se burle la limitación legal de que, pasado el plazo, la prórroga dada por herederos y legatarios, por mayoría, no supere el año.

JURISPRUDENCIA

«El artículo 906 del Código Civil dispone que "los herederos y legatarios podrán, de común acuerdo, prorrogar el plazo del albaceazgo por el tiempo que crean necesario; pero si el acuerdo fuese sólo por mayoría, la prórroga no podrá exceder de un año". El propio tenor de la norma lleva a considerar la necesidad de que se trate de un acuerdo expreso al referirse a "común acuerdo" y prever las consecuencias de su adopción sólo por mayoría; y así ha de entenderse fuera de supuestos en que concurran actos verdaderamente concluyentes de los herederos y legatarios que lleven a obtener un juicio de certeza sobre la existencia de tal voluntad». (18 septiembre 2006, LA LEY 106012/2006)

Artículo 907

Los albaceas deberán dar cuenta de su encargo a los herederos.

Si hubieren sido nombrados, no para entregar los bienes a herederos determinados, sino para darles la inversión o distribución que el testador hubiese dispuesto en los casos permitidos por derecho, rendirán sus cuentas al Juez.

Toda disposición del testador contraria a este artículo será nula.

COMENTARIO

1.- Terminado el cargo del albacea, por cumplimiento de su función, por transcurso del plazo u otra causa enumerada en el art. 910 debe practicar la rendición de cuentas.

La debe hacer a los herederos. Estos pueden renunciar a la misma, pero el testador no puede relevarle de tal deber: «toda disposición del testador contraria a este artículo será nula» dice el tercer párrafo.

2.- La dación de cuentas es a los herederos (primer párrafo del art. 907). Pero por excepción, será al Juez en el caso especial de que la misión del albacea se concrete a hacer una determinada inversión o distribución de los bienes que integran total o parcialmente el contenido de la herencia o de un legado (segundo párrafo del art. 907), y también —entiende la doctrina— en el caso de que haya herederos desconocidos o no individualizados.

Artículo 908

El albaceazgo es cargo gratuito. Podrá, sin embargo, el testador señalar a los albaceas la remuneración que tenga por conveniente; todo sin perjuicio del derecho que les asista para cobrar lo que les corresponda por los trabajos de partición u otros facultativos.

Si el testador lega o señala conjuntamente a los albaceas alguna retribución, la parte de los que no admitan el cargo acrecerá a los que lo desempeñen.

COMENTARIO

1.- El principio que es recogido por el primer inciso de este artículo es que el albaceazgo es cargo gratuito, basado en la amistad y la confianza que presiden esta institución. Como contraste, el art. 314 del Código de sucesiones por causa de muerte en el Derecho civil de Cataluña, de 30 diciembre 1991, prevé con carácter general la retribución al albacea universal (el 10% del valor de la herencia) y particular (el 2%).

2.- El testador, sin embargo, puede fijar una retribución (o «remuneración» como dice el artículo) al albacea o albaceas; si son varios y les señala una retribución conjunta, si uno no acepta el cargo (o también, si renuncia) su parte acrece a los demás.

3.- Aparte del principio de gratuitad y además de la posible retribución fijada por el testador, el albacea tiene derecho a percibir honorarios por sus trabajos profesionales, «trabajos de partición u otros facultativos» dice este artículo.

4.- Por último, también, tiene derecho el albacea o albaceas a reintegrarse de los gastos y desembolsos que haya tenido en el cumplimiento de su cargo.

CONCORDANCIAS

Véase art. 898 de este Código.

Artículo 909

El albacea no podrá delegar el cargo si no tuviese expresa autorización del testador.

COMENTARIO

1.- Al ser el albacea una persona de confianza del testador, su cargo es personalísimo, en el sentido, dice el art. 909, que no podrá delegar el cargo; lo que no significa que todo, absolutamente, lo tenga que hacer personalmente, sino que puede ayudarse con técnicos, auxiliares, etc., pero conservando siempre su dirección y responsabilidad.

2.- Este carácter puede ser relevado por el testador, soberano de su propia sucesión, y ordenador del albaceazgo, ya que puede confiar hasta tal punto en el albacea que le permita a éste ceder total o parcialmente su cargo a otra persona. Así el mismo artículo 909, tras disponer que el albacea no puede delegar el cargo, añade: si no tuviese expresa autorización del testador.

Los supuestos de delegación que pueden darse son los siguientes, que será uno u otro según la voluntad del testador, debidamente interpretado su testamento.

1.º. El albacea pone fin a su cargo, nombrando otro albacea; es decir, traspasa (delega en su sentido más amplio) su cargo: el nuevo albacea será el único albacea a partir de este momento, con todas las facultades y obligaciones del anterior ex-albacea.

2.º. El albacea sin dejar de serlo, delega (delegación en sentido estricto) todo o parte de sus funciones a otro: así el primero no actúa personalmente, pero conserva el cargo y la responsabilidad.

3.º. El albacea conserva su cargo pero desglosa parte de él y transfiere a otro (delega) su cumplimiento, por lo que este nuevo albacea es el único ejecutor de esta parte.

4.º. El albacea nombra a otros albaceas para que mancomunada o solidariamente ejerzan el cargo con él.

En todo caso, nunca el albacea podrá transmitir o delegar el cargo *mortis causa*, pues su muerte extingue el albaceazgo (art. 910).

JURISPRUDENCIA

«En caso de que el albacea se vea imposibilitado de forma total o relativa para cumplir el cargo de confianza, puede no aceptarlo o renunciar al mismo (arts. 898, 899 y 910) o bien puede encomendar a otra persona la colaboración o auxilio o cooperación material o jurídica que no implique delegación: ésta significa el traslado a otra persona de la función encargada al albacea y aquélla, el encomendar a otro gestiones concretas y singulares (así, S 2 Jun. 1962)... Por tanto, la testadora nombró albaceas particulares con la misión específica de hacer la partición (así, S 8 Mar. 1995) y éstos la encomendaron a un abogado en ejercicio, que la hizo por entero, se la presentó y la aprobaron y firmaron. Lo cual no es una cooperación, ni simple encargo del trabajo material de redacción, ni, por tanto, auxilio material o jurídico, sino dar al tercero el encargo que han recibido por razón de su officium, para que haga sus veces, lo cual es el concepto gramatical y jurídico de delegación...». (20 septiembre 1999, LA LEY 10496/1999)

«Esa actuación, que es perfectamente válida conforme al art. 897 CC, exige un cometido personalísimo salvo facultad concedida expresamente para delegar, como dice el art. 909 pero esa exigencia no es absolutamente excluyente dejando en obligada soledad al contador-partidor, pues siendo operación compleja la de la partición, que puede rebasar los conocimientos y posibilidades del contador hasta requerir el auxilio material o jurídico de otros, al recabar esa ayuda no necesita de la autorización del testador para delegar ni contraviene la naturaleza personalísima del cargo que nunca quiso decir que personalmente haya de realizar el contador todos y cada uno de los actos que van a conducir a su meta final de realizar la partición encomendada como han dispuesto las SS 5 Oct. 1900 y 2 Jun. 1962 y la doctrina más autorizada, siempre que asuma la responsabilidad de lo realizado por sus auxiliares y que definitiva e independientemente manifieste, expresa y solemnemente, su voluntad de tener por hecha la partición que, de su propio hacer auxiliado, resulte». (25 febrero 2000, LA LEY 45635/2000)

Artículo 910

Termina el albaceazgo por la muerte, imposibilidad, renuncia o remoción del albacea, y por el lapso del término señalado por el testador, por la ley, y, en su caso, por los interesados.

COMENTARIO

1.- Este artículo enumera las causas de extinción del cargo de albacea. Se olvida de la esencial, que es el desempeño y cumplimiento de su función y no desarrolla ninguna, por más que se planteen frecuentes problemas sobre alguna de ellas.

2.- Las causas de extinción son las siguientes:

Primera. Cumplimiento de la función. Al haberse cumplido la voluntad del testador, finaliza la ejecución del testamento y se extingue el albaceazgo, incluso antes del plazo que tuviera el albacea. Causa de extinción que no recoge el art. 910, pero que ha reconocido reiteradamente la jurisprudencia.

Segunda. Imposibilidad de ejecutar el testamento, lo que puede ocurrir por diversas causas, como la pérdida de los bienes de la herencia, o la imposibilidad legal de ejecutar una disposición testamentaria (como la constitución de una persona jurídica no permitida, por ejemplo), o por no conseguir mayoría de los albaceas mancomunados (último inciso del art. 895).

Tercera. Muerte del albacea. Al ser el albacea un cargo basado en la confianza y tener el carácter de personalísimo, se extingue con la muerte del mismo (art. 910) o por su declaración de fallecimiento. Igualmente si el albacea es una persona jurídica y ésta se extingue.

Cuarta. Imposibilidad del albacea (art. 910), tanto si se trata de imposibilidad material —enfermedad, demencia, ausencia, condena a pena privativa de libertad— como jurídica —incapacitación—, siendo en todo caso, imposibilidad absoluta de seguir ejerciendo el cargo de albacea.

Quinta. Renuncia, que siempre extingue el albaceazgo (art. 910) y que menciona el art. 899 refiriéndose a la renuncia con justa causa; si la renuncia es sin alegación de causa o ésta no es justa causa, el albacea, dice el art. 900 perderá lo que le hubiere dejado el testador, salvo la legítima.

Sexta. Remoción del albacea, que incluye el art. 910 como causa de extinción, pero no señala cuáles son las causas que dan lugar a dicha remoción, sobre las que no hay acuerdo en la doctrina (unos aplican las causas de remoción de la tutela, otros lo establecido sobre la extinción del mandato e indignidad para suceder, unos terceros lo dejan al arbitrio judicial o a la doctrina jurisprudencial) y se ha pronunciado reiteradamente la jurisprudencia, que señala que son causas de remoción las que incapacitan para el ejercicio del cargo (que sería más bien, caso de imposibilidad jurídica), la conducta dolosa, la actuación negligente en el desempeño del cargo y los graves conflictos de intereses.

Séptima. Transcurso del plazo, que extingue *ipso iure* el albaceazgo y que está regulado en los arts. 904, 905 y 906.

JURISPRUDENCIA

«El artículo 910 del Código Civil sólo menciona la remoción como terminación del albaceazgo, sin referencia alguna a las causas motivadoras de tal remoción, por lo que ha sido la jurisdicción casacional la que ha ido completando el vacío legal, sin haber logrado una definitiva determinación de los supuestos integradores de tal caso. Del examen de la doctrina positiva se puede llegar a admitir ciertas conclusiones orientadoras y determinantes en torno a la cuestión. En este sentido es factible tener en cuenta la concurrencia de causas exclusivamente personales, que hacen imposible el ejercicio del cargo, como son la pérdida y suspensión o carencia de plenos derechos civiles y capacidad de obrar, incapacitación y minoría de edad (artículos 893, 322, 199 y siguientes del Código Civil) o lo hagan sumamente dificultoso (enfermedades, senectud con disminución de las facultades intelectuales —Sentencia de 2 de diciembre de 1991)—, ausencia, privación de libertad por cumplimiento de ejecutoria penal), e incluso las que son determinantes de indignidad para suceder (artículo 756 del Código Civil), desconocidas por el testador o al menos no suficientemente

ponderadas, pero con influencia notoria y acreditada de matiz negativo en la ejecución de voluntad testamentaria. Asimismo también puede atribuirse cualidad de remoción a los supuestos relacionados con la actividad propia y encomendada a los albaceas, así cuando realizan conductas dolosas civiles o penales en perjuicio del caudal relicto y derechos de los herederos (Sentencias de 4 de febrero de 1902, 23 de febrero de 1973 y 5 de julio de 1947) a su vez si su actividad resulta totalmente inoperante o ineficaz por negligencia maliciosa o indiferencia, omisión y desatención constatada, que rebasan el simple descuido (Sentencias 6 de octubre de 1987, 18 de febrero de 1908, 3 de octubre de 1931 y 23 de febrero de 1973). También se procede contraviniendo la confianza que genera el mandato delegando las funciones en contra de lo dispuesto en el artículo 909 del Código Civil. En línea del análisis que se efectúa, así mismo ha de considerarse que la remoción puede ocasionarse por causas sobrevenidas, determinadas por actuaciones y conductas concretas, como sucede si se infringe la regla prohibitiva que contiene el artículo 1459.3.º del Código Civil, mediante la cual el albacea no puede adquirir lícitamente por compra, aunque sea en subasta pública o judicial, los bienes confiados a su cargo o gestión, y, a su vez, cuando concurre, como en el caso de autos, una colisión clara, precisa y notoriamente influyente de los intereses de uno de los albaceas, con la anexión solidaria de los otros dos, con parte de los herederos, determinada por los procesos civiles referidos que mantienen y los relacionan y que ocasionan un enfrentamiento que suele superar los cauces procesales, para degenerar en enemistades, rencores y suspicacias, no obstante la honorabilidad de los albaceas de referencia». (13 abril 1992, LA LEY 3063-JF/0000)

«para el funcionamiento de ese segundo nombramiento de contador partidor, era preciso que aconteciera alguna de esas tres causas —premoriencia, incapacidad o renuncia—». (19 febrero 1993, LA LEY 516-5/1993)

«la extinción del albaceazgo, que también contempla el referido artículo 910 y que ha sido producida por haber transcurrido cumplidamente el plazo legal del año de que se disponía para llevar a cabo el encargo testamentario confiado al recurrente que, en forma alguna, realizó, apartándose así de la confianza que le otorgó el testador. Extinción que opera en forma automática, aunque la norma no lo especifique, pero que reiteradamente ha mantenido la Jurisprudencia de esta Sala, ya que las funciones delegadas a dichos ejecutores testamentarios no les son concedidas para que meramente las ostente, sino y primordialmente para que las utilice y cumpla con su correspondiente, adecuado y diligente ejercicio... En todo caso, su actividad de prueba fue totalmente nula para intentar acreditar la realización o, al menos, el inicio del cometido que se había encargado y del que no estaba exento, al no haber alegado causa justa o renuncia justificada (artículo 900 del Código Civil); lo que presupone, en todo caso, y por la más simple lógica, una anterior y necesaria aceptación que nunca admitió, incurriendo en abierta contradicción. Tampoco se da concurrencia de renuncia tácita por su inhibición, pues la renuncia ha de ser alegada y apoyarse en justa causa utilizando el procedimiento de la jurisdicción voluntaria, quedando su apreciación al prudente arbitrio del Juez. Por lo tanto la renuncia no opera por sí misma, es decir, por la simple declaración unilateral del albacea interesado. La indemnización de daños y perjuicios en materia de albaceazgos, opera no como una responsabilidad propiamente contractual, sino como consecuencia obligada del deber jurídico que asume por razón de su aceptación del cargo. De esta manera está obligado a la indemnización de daños y perjuicios, si constan acreditados, cuando actúa con negligencia o morosidad, con culpa o dolo». (20 febrero 1993, LA LEY 13014/1993)

«Infracción por falta de aplicación del art. 910 CC, de acuerdo con el sentido y alcance que le dieron las SSTS de 14 febrero 1952 y 8 octubre 1932. De acuerdo con ello, la función de los albaceas no termina hasta que habiendo sido aprobadas por todos los interesados las operaciones particionales, los bienes de la herencia son incorporados a los respectivos patrimonios, en cuyo momento concurriría una falta de legitimación pasiva respecto de cualquier

acción de impugnación que se interpusiese contra la partición, porque el albacea está encargado de ejecutar la completa voluntad del testador desde la apertura de la sucesión hasta la completa liquidación de la herencia». (5 enero 2012, rec. 2187/2008, LA LEY 423/2012)

CONCORDANCIAS

Véanse arts. 898 a 900 de este Código.

Artículo 911

En los casos del artículo anterior, y en el de no haber el albacea aceptado el cargo, corresponderá a los herederos la ejecución de la voluntad del testador.

COMENTARIO

1.- A falta de albacea, la ejecución del testamento corresponde a los herederos. Estos han sido denominados a veces, por doctrina y jurisprudencia, albaceas legítimos, impropiamente, pues el heredero no es que sea albacea sino que es el que naturalmente ejecutará el testamento, a no ser que el testador hubiera previsto quitarle esta función, en todo o en parte, y encomendársela a un albacea testamentario.

2.- Así, el heredero o herederos ejecutarán el testamento y cumplirán la voluntad del testador, en caso de que el testador no haya nombrado albacea o éste no haya aceptado el cargo o se haya extinguido el albaceazgo por cualquier causa sin dar completo cumplimiento a las disposiciones testamentarias.

Entonces serán los herederos los encargados de dar cumplimiento y ejecución a la voluntad del testador. Lo que no quiere decir que sean albaceas sino que les corresponde, como tales herederos, ejecutar lo dispuesto en el testamento.

Siendo mayores de edad y plenamente capaces, pueden pactar libremente la distribución de los bienes, como ha entendido reiteradamente la jurisprudencia y la Dirección General de los Registros y del Notariado. El testamento es ley fundamental de la sucesión, determina los derechos de los herederos y legatarios, los cuales los adquieren desde el momento de la muerte del causante (los herederos por la retroactividad de su aceptación) y, por tanto, tienen libertad en pactar su distribución si son mayores de edad y no incapacitados; si hay menores incapacitados o ausentes, deberán cumplirse las normas sobre la suplencia o complemento de la capacidad de los mismos.

CONCORDANCIAS

Véase:

— Resolución-Circular de la Dirección General de los Registros y del Notariado, de 31 marzo 1993 («*B.O.E.*», 14 abril), sobre remisión de información al Registro General de Actos de Ultima Voluntad. Publicado en A.C.L. 296/93.

— Resolución-Circular de la Dirección General de los Registros y del Notariado, de 8 noviembre 1994 («*B.O.E.*», 1 diciembre), modifica la ficha de parte de iniciación de acta de declaración de herederos abintestato, aprobada por Resolución-Circular de 31 marzo 1993. Publicada en A.C.L. 978/94.

CAPÍTULO III
DE LA SUCESIÓN INTESTADA

SECCIÓN PRIMERA
Disposiciones generales

Artículo 912

La sucesión legítima tiene lugar:

1.º Cuando uno muere sin testamento, o con testamento nulo, o que haya perdido después su validez.

2.º Cuando el testamento no contiene institución de heredero en todo o en parte de los bienes, o no dispone de todos los que corresponden al testador. En este caso, la sucesión legítima tendrá lugar solamente respecto de los bienes de que no hubiese dispuesto.

3.º Cuando falta la condición puesta a la institución de heredero, o éste muere antes que el testador, o repudia la herencia sin tener sustituto y sin que haya lugar al derecho de acrecer.

4.º Cuando el heredero instituido es incapaz de suceder.

COMENTARIO

1.- En el art. 658 se distingue la sucesión testada y la intestada y se establece la compatibilidad de ambas.

Las sucesiones testada e intestada implican dos tipos distintos de llamamiento, en el sentido de vocación a la herencia. En la intestada, la vocación —llamamiento abstracto— y la delación-ofrecimiento concreto con posibilidad inmediata de acept vienen otorgados por ley: el Código civil dispone la sucesión intestada y los concretos llamamientos a favor de determinados herederos, en defecto de que haya dispuesto su sucesión y determinado a sus herederos, el propio causante (sucesión testada).

La sucesión intestada, por tanto, rige en defecto de la testada, siendo llamados los herederos por disposición de la ley. La sucesión intestada no sólo se da cuando no hay testamento, sino también cuando no tiene virtualidad la sucesión testada por premoriencia o repudiación —por ejemplo— del heredero instituido en testamento. En consecuencia, se da la sucesión intestada si falta —por uno u otro motivo (no testamento, nulidad de éste, premoriencia del heredero, repudiación de la herencia, incumplimiento de la condición, etc.)— la sucesión testada. Y no falta ésta cuando el heredero testado sin aceptar ni repudiar muere después que el testador, pero transmite su delación a sus propios herederos (*ius transmissionis*: art. 1006), ni cuando no adquiere la herencia, pero sí la adquiere su sustituto vulgar (art. 774), ni cuando se produce el derecho de acrecer de los coherederos (arts. 982 a 984).

2.- El título del capítulo III (del título III del libro tercero) es *de la sucesión intestada*; el art. 912 dice, sin embargo, que la *sucesión legítima* tiene lugar... El Código trata como sinónimos los términos sucesión intestada y legítima, aunque esta última expresión puede confundirse con la sucesión forzosa, que se refiere a las legítimas y que, más que una clase de sucesión *mortis causa*, es una limitación de derecho sucesoria a la facultad de disponer.

3.- La sucesión intestada tiene lugar en los siguientes casos:

Primero (por falta de testamento). Cuando uno muere sin testamento, o con testamento nulo, o que haya perdido después su validez, dice el número 1.º de dicho artículo. También es el caso de testamentos válidos, pero el último de ellos puramente revocatorio de los precedentes.

Segundo (por falta de heredero). Cuando falta la condición (suspensiva) a la institución de heredero, o éste muere antes que el testador o repudia la herencia —dice el núm. 3.º del mismo artículo, que, a su vez, prevé la sustitución vulgar y el derecho de acrecer como preferentes a la sucesión intestada— o es incapaz de suceder, añade el núm. 4.º. Igualmente, cuando se cumple la condición resolutoria.

Tercero (por falta de contenido del testamento). Cuando el testamento no contiene institución de heredero en todo o en parte de los bienes, o no dispone de todos los que corresponden al testador —núm. 2.º del mismo art. 912—, en cuyos últimos casos la sucesión intestada es parcial y tendrá lugar solamente respecto de los bienes de que no hubiese dispuesto, añade al final del mismo número. También, por la misma razón, se dará sucesión intestada por nulidad de la institución de heredero, o preterición de legitimarios, en los casos que, según el art. 814, anula la institución de heredero.

CONCORDANCIAS

Véanse arts. 673, 689, 703, 743 y 764 de este Código.

Artículo 913

A falta de herederos testamentarios, la ley defiere la herencia a los parientes del difunto, al viudo o viuda y al Estado.

COMENTARIO

1.- La sucesión intestada se funda en la relación familiar, aparte del llamamiento al Estado. El C.c. sigue el sistema subjetivo, que tiene en cuenta la procedencia familiar de los bienes, sino simplemente el vínculo familiar de ciertas personas con el causante; dentro de este sistema, sigue el sistema de líneas o clases; el sistema objetivo de troncalidad se recoge excepcionalmente en la reserva lineal del art. 811 y en el derecho de reversión del art. 812.

Este art. 913 plasma el *sistema subjetivo, de líneas o clases*, con valor de principio, que es desarrollado en posteriores artículos.

2.- El modo de suceder en la sucesión intestada se prevé teniendo en cuenta la preferencia entre clases o líneas, entre órdenes y entre grados de parentesco.

Las clases o líneas son los grupos de personas formados por razón de tener una misma relación con el causante; relación que es de parentesco (matrimonial o extramatrimonial o adoptivo), conyugal o de nacionalidad. Así, las tres clases o líneas, que prevé el Código civil son: la de parientes, el cónyuge y el Estado. Tales clases no suceden por orden, pues el cónyuge se antepone a una serie de parientes y, por otra parte, tener siempre —aunque no sea heredero *abintestato*— su legítima en usufructo, coexistiendo —en este punto— la sucesión intestada con la forzosa: el estado sí sucede siempre en último lugar.

La primera clase divide, a su vez, en órdenes (las otras dos clases no pueden ser divididas, pues se componen de una sola persona: el cónyuge o el Estado), que son llamados sucesivamente, por lo que mientras haya un miembro de un orden preferente no puede ser llamado uno del siguiente. Los órdenes son: el de los parientes en línea recta descendente, el de los parientes en línea recta ascendente y el de los colaterales.

La preferencia, dentro de cada clase y orden la determina el grado de parentesco, según el principio que establece el art. 921: el pariente más próximo en grado excluye al más remoto. Principio que desarrollan otras normas: el segundo párrafo del art. 921 dispone la división por igual entre parientes del mismo grado, el art. 922 el derecho de acrecer y los artículos 924 y ss. el derecho de representación que, en realidad, mitigan aquel principio.

CONCORDANCIAS

Véanse arts. 930 a 958 de este Código.
Texto vigente según Ley 11/1981, 13 mayo (*«B.O.E.»*, 19 mayo).

Artículo 914

Lo dispuesto sobre la incapacidad para suceder por testamento es aplicable igualmente a la sucesión intestada.

COMENTARIO

La capacidad para suceder es tema atinente a la sucesión mortis causa testada e intestada. El Código civil trata de ella en los arts. 744 y ss. y expresamente el primero se refiere a la capacidad para suceder «por testamento o abintestato». Por tanto, este art. 914 está vacío de contenido por ser pura reiteración.

Efectivamente, la incapacidad absoluta (art. 745) y la indignidad (art. 756) afectan a la capacidad para suceder *mortis causa* tanto testada como intestada. Sin embargo, las prohibiciones (arts. 752, 753, 754, 257 y 900) alcanzan sólo a la sucesión testada porque se refieren siempre a actos en relación con el causante testador.

CONCORDANCIAS

Véanse arts. 744 a 762 y 848 a 857 de este Código.

SECCIÓN SEGUNDA
Del parentesco

Artículo 915

La proximidad del parentesco se determina por el número de generaciones. Cada generación forma un grado.

COMENTARIO

1.- El parentesco es una relación natural que es elevada a la categoría de jurídica y que se basa en la relación de filiación —descendientes unos de otros o descendientes del mismo tronco común— que es el parentesco de consanguinidad, o en la relación con los consanguíneos del cónyuge, que es el parentesco de afinidad, o en la adopción, que es el parentesco adoptivo.

2.- El parentesco tiene efectos jurídicos de carácter personal (apellidos, nacionalidad, vecindad civil, etc.) de tipo familiar (alimentos, requisito negativo del matrimonio, etc.) y de derecho sucesorio. El Código incluye su normativa en el título dedicado a las sucesiones y en el capítulo destinado a la sucesión intestada. Es una simple restricción sistemática, que no empece que se extienda a todo caso en que sea de aplicación la cuestión del parentesco.

3.- Se establece en este artículo que la proximidad del parentesco se determina por el número de generaciones; añade que cada generación forma un grado; lo que es desarrollado en el art. 918 que distingue según se trate de línea recta o colateral.

Artículo 916

La serie de grados forma la línea, que puede ser directa o colateral.

Se llama directa la constituida por la serie de grados entre personas que descienden una de otra.

Y colateral la constituida por la serie de grados entre personas que no descienden unas de otras, pero que proceden de un tronco común.

COMENTARIO

La línea de parentesco está formado por la serie de grados (generaciones, tal como dice el artículo anterior). La línea puede ser directa o recta que es la constituida por la serie de grados entre personas que descienden una de otra (así, abuelo, padre, hijo) o colateral, constituida por la serie de grados entre personas que proceden de un tronco común (así, hermanos, que todos descienden del mismo padre; primo hermanos, que descienden de la misma persona, padre del primero y abuelo del segundo).

Artículo 917

Se distingue la línea recta en descendente y ascendente.

La primera une al cabeza de familia con los que descienden de él.

La segunda liga a una persona con aquellos de quienes desciende.

COMENTARIO

En el artículo anterior se distingue la línea recta o directa de la colateral. En éste, se subdistingue la primera en descendente y ascendente. La descendente es la línea directa o recta contemplada desde el punto de vista del origen (abuelo respecto al padre y al nieto) o como dice el texto legal, «une al cabeza de familia con los que descienden de él». La ascendente es la línea directa o recta desde el punto de vista del descendiente (nieto respecto a su padre y a su abuelo); como dice este artículo: «liga a una persona con aquellos de quienes desciende».

Artículo 918

En las líneas se cuentan tantos grados como generaciones o como personas, descontando la del progenitor.

En la recta se sube únicamente hasta el tronco. Así, el hijo dista del padre un grado, dos del abuelo y tres del bisabuelo.

En la colateral se sube hasta el tronco común, y después se baja hasta la persona con quien se hace la computación. Por esto, el hermano dista dos grados del hermano, tres del tío, hermano de su padre o madre, cuatro del primo hermano, y así en adelante.

COMENTARIO

1.- Trata este artículo del cómputo del parentesco de consanguinidad, distinguiendo entre línea directa o recta y línea colateral. Sigue el sistema romano o civil, que es distinto (en el cómputo de la línea colateral) del canónico.

En la línea recta, se parte del primer ascendiente que se computa, el tronco, sin contar éste y son tantos grados como generaciones o personas. Así, el padre respecto al hijo son parientes en línea recta en primer grado (no se cuenta el padre; el hijo es la primera generación), el abuelo respecto al nieto, son parientes en segundo grado (no se cuenta el abuelo, uno es el padre, dos el nieto); el bisabuelo respecto al biznieto, es pariente en tercer grado.

En la línea colateral, se sube hasta el ascendiente común (tronco común) contando éste y se baja la persona con quien se hace el cómputo; cada persona o generación forma un grado. Así los hermanos son parientes colaterales en segundo grado (de uno se sube al padre, ascendiente o tronco común: un grado; de éste se baja al otro hermano: dos grados); tío y sobrino son parientes colaterales en tercer grado (del tío se sube a su padre, ascendiente común, un grado; se baja al hijo, dos grados, de éste a su respectivo hijo, que es el sobrino del primero, tres grados); los primos hermanos son parientes en cuarto grado. No puede existir pariente colateral en primer grado.

2.- El parentesco por adopción sigue el mismo sistema expuesto. El parentesco por afinidad se computa igual, pero contando el parentesco del cónyuge. Es decir, los parientes de un cónyuge en línea recta o colateral computando el grado según se ha expuesto, son parientes en igual grado pero por afinidad, de su cónyuge. Así, el pariente por consanguinidad en segundo grado de una persona, es, a su vez, pariente en segundo grado por afinidad de su cónyuge.

Artículo 919

El cómputo de que trata el artículo anterior rige en todas las materias.

COMENTARIO

Tal como se dijo en el comentario al art. 915, la normativa del parentesco se aplica no sólo a la sucesión intestada, donde se halla ubicada, sino también a todo el Derecho de sucesiones y a todo el Derecho civil. Además en aplicación del art. 4.3 del C.c. se aplica a toda materia jurídica, fuera del Derecho civil.

CONCORDANCIAS

Texto vigente según Ley 30/1981, 7 julio (*«B.O.E.»*, 20 julio).

Artículo 920

Llámase doble vínculo al parentesco por parte del padre y de la madre conjuntamente.

COMENTARIO

El parentesco de doble vínculo es el que une a una persona con su padre o madre conjuntamente. El vínculo sencillo es el que lo une sólo con el padre o sólo con la madre. Es el caso que contempla el art. 949 de los «medios hermanos» que une a una persona sólo —en el caso contemplado— con el padre o la madre.

Artículo 921

En las herencias el pariente más próximo en grado excluye al más remoto, salvo el derecho de representación en los casos en que deba tener lugar.

Los parientes que se hallaren en el mismo grado heredarán por partes iguales, salvo lo que se dispone en el artículo 949 sobre el doble vínculo.

COMENTARIO

1.- En la sucesión intestada, dentro de la clase de los parientes, se establecen órdenes; la preferencia dentro de cada clase y orden, la determina el grado de parentesco (vid. el comentario al art. 913). Así lo dispone este art. 921: «el pariente más próximo en grado excluye al más remoto».

Lo desarrollan otros preceptos, como los arts. 751 y 811. Y tiene la importante excepción del derecho de representación, que regulan los arts. 924 y ss.

2.- El segundo párrafo, también aplicable a la sucesión intestada, establece que la herencia se divide en partes iguales entre los parientes del mismo grado, con la excepción de lo dispuesto en el art. 949 (hermanos de doble vínculo y de vínculo sencillo); también es una excepción todo caso en la sucesión intestada se produce por líneas (como el de los ascendientes).

CONCORDANCIAS

Véanse arts. 924 y ss. de este Código.

Artículo 922

Si hubiere varios parientes de un mismo grado, y alguno o algunos no quisieren o no pudieren suceder, su parte acrecerá a los otros del mismo grado, salvo el derecho de representación cuando deba tener lugar.

COMENTARIO

1.- Este artículo plasma lo que a simple vista parece el derecho de acrecer.

En la sucesión intestada no se da el derecho de acrecer aunque se produce el mismo resultado por la construcción jurídica de la misma en que el pariente más próximo excluye al más remoto y, así, antes de que la herencia pase a parientes de posterior grado, la adquieren los del grado anterior dividiéndose entre ellos tanto si concurren todos como si se produce la ineficacia del llamamiento de uno de ellos (Si los herederos abintestato son los cuatro hijos del causante, si uno de ellos repudia la herencia, su parte no irá al cónyuge o a hermanos o sobrinos, sino que la herencia se repartirá entre los tres hijos). Prácticamente, el resultado es el mismo que si se diera el derecho de acrecer.

El art. 981 expresa esta idea, recogiendo lo que con mayor alcance dispone el art. 922: «en las sucesiones legítimas (sucesión intestada) la parte del que repudia la herencia acrecerá siempre a los coherederos». Más que derecho de acrecer, según lo dicho, es adquisición por derecho propio de la herencia por los herederos abintestato que efectivamente la adquieran.

2.- Parte esta norma de que existan varios herederos, parientes del mismo grado, llamados a la sucesión intestada del causante. Y de que uno de ellos no quiera (repudie la herencia) o no pueda (premuere, ausencia, desheredación, incapacidad, indignidad) suceder. Siempre que no se dé el derecho de representación, que no se da si no quiere y sí se da, si no puede suceder.

JURISPRUDENCIA

Véase la sentencia de 10 julio 2003, LA LEY 2639/2003, que está recogida en el artículo 985 (y en el 816).

CONCORDANCIAS

Véanse arts. 924 a 929 y 981 de este Código.

Artículo 923

Repudiando la herencia el pariente más próximo, si es solo, o, si fueren varios, todos los parientes más próximos llamados por la ley, heredarán los del grado siguiente por su propio derecho y sin que puedan representar al repudiante.

COMENTARIO

En caso de repudiación de la herencia intestada, no se da derecho de representación. Si repudia uno de los coherederos, existiendo otros que puedan heredar, se aplica el artículo anterior. Si repudia el único heredero abintestato o repudian todos, heredan los siguientes en el grado posterior, o en el orden siguiente o en la clase siguiente.

JURISPRUDENCIA

Véase la sentencia de 10 julio 2003, LA LEY 2639/2003, que está recogida en el artículo 985 (y en el 816).

SECCIÓN TERCERA
De la representación

Artículo 924

Llámase derecho de representación el que tienen los parientes de una persona para sucederle en todos los derechos que tendría si viviera o hubiera podido heredar.

COMENTARIO

1.- En la sucesión intestada el pariente más próximo excluye al más remoto. Pero el denominado (el mal llamado) derecho de representación constituye una excepción a dicha regla, en virtud del cual, cuando una persona no llegó a heredera por haber muerto antes que el causante perdiendo una herencia intestada que habría recaído en él si viviera, el derecho a esa herencia intestada se confiere a sus descendientes. Es decir, una persona no hereda por haber premuerto (además de otros supuestos): la delación se dirige a sus propios descendientes que ocupan su puesto en la sucesión intestada.

Este art. 924 define el *derecho de representación* con tres errores: se refiere a parientes, pero no son los parientes de una persona los que suceden por derecho de representación, sino sólo los que sean descendientes del premuerto (primer error); tampoco se sucede al pariente que ha premuerto, sino que se sucede directamente y por imperio de la ley al causante (segundo error); no es una verdadera representación (que consiste en un actuar jurídico por cuenta y en nombre de otro), sino que el pseudorrepresentante, por sí, por su cuenta y en su nombre, sucede al causante colocándose en el puesto que hubiera ocupado en dicha sucesión el pseudorrepresentado que premurió a aquel causante.

Una persona muere sin testamento, por ejemplo, dejando tres hijos: la herencia se parte entre éstos, un tercio cada uno. Pero se da el derecho de representación si uno de estos tres hijos ha premuerto al causante, dejando, a su vez, dos hijos, la herencia se dividirá igualmente en tres partes: un tercio para cada uno de los dos hijos sobrevivientes y el tercio del premuerto lo dividirán por mitad los dos hijos de éste, colocándose en su puesto, sucediendo directamente al causante.

2.- El presupuesto objetivo del derecho de representación es que la causa de que la persona intermedia no suceda al causante, sea ajena a su voluntad. El caso más típico es la premuerte, al que se refiere este art. 924; también, la declaración de ausencia (arts. 190 y 191), la desheredación y la indignidad (art. 929). No cabe derecho de representación en caso de repudiación de la herencia (art. 923).

Los presupuestos subjetivos (sujetos) del derecho de representación son: la persona intermedia o pseudorrepresentado puede ser el hijo o descendiente y el hermano del causante. La persona que sucede por derecho de representación (pseudorrepresentante), si la intermediaria (pseudorrepresentado) es hijo o descendiente del causante, lo puede ser su hijo o descendiente de grado ulterior. Si por el contrario, fuera el hermano del causante, sólo lo podrá ser su hijo (es decir, sobrino del causante) no los ulteriores descendientes. Por tanto, en todo caso el pseudorrepresentante será siempre descendiente del pseudorrepresentado (nunca ascendiente).

Artículo 925

El derecho de representación tendrá siempre lugar en la línea recta descendente, pero nunca en la ascendente.

En la línea colateral sólo tendrá lugar en favor de los hijos de hermanos, bien sean de doble vínculo, bien de un solo lado.

COMENTARIO

1.- Al final del comentario al artículo anterior se ha mencionado que el presupuesto subjetivo, es decir, los sujetos del derecho de representación son los parientes en línea recta descendiente, y en la línea colateral, los hijos.

2.- En línea recta, se da derecho de representación si el que premuere, etc., es decir, el que no sucede (el mal llamado representado) es hijo o descendiente del causante y se da a favor de (mal llamado representante) su propio hijo o descendiente: línea recta descendente. Nunca se da en la línea recta ascendente.

3.- Se da el derecho de representación en la línea colateral, pero sólo en un sentido muy restringido: que el llamado representado sea hermano del causante y el derecho de representación es a favor del (llamado representante) hijo de tal hermano (o sea, sobrino del causante).

JURISPRUDENCIA

«el derecho de representación siempre opera con la línea descendente (por eso heredó el actor de su abuelo, por haber premuerto el padre), este precepto no es aplicable a la sucesión de la abuela, a la que, como se ha dicho, ningún derecho tenía dado su carácter de hijo extramatrimonial, entonces ilegítimo natural». (26 diciembre 1990, LA LEY 2734/1992)

Artículo 926

Siempre que se herede por representación, la división de la herencia se hará por estirpes, de modo que el representante o representantes no hereden más de lo que heredaría su representado, si viviera.

COMENTARIO

La sucesión intestada se produce por cabezas, una porción para cada heredero (sin tener en cuenta grupos familiares respecto a bienes de determinada procedencia familiar), excepto en el derecho de representación, en que se sucede por estirpes: sucede al causante por estirpes, que significa que los que suceden por derecho de representación (pseudorrepresentantes) adquieren, en conjunto (por estirpes), la porción que le hubiera correspondido al que no pudo suceder (pseudorrespresentado). Si el causante muere intestado, teniendo tres hijos, uno de los cuales le premurió, dejando éste, a su vez, dos hijos: estos dos últimos adquirirán la parte del padre premuerto (representado) por estirpes, en conjunto; por tanto, un tercio de la herencia que deberán dividir entre ambos.

El art. 926 ordena esta sucesión por estirpes en el derecho de representación: «siempre que se herede por representación, la división de la herencia se hará por estirpes, de modo que el representante o representantes no heredan más de lo que heredaría el representado, si viviera». Si en una herencia no hay derecho de representación, se divide entre quienes concurren, por cabezas; pero si lo hay, la parte del representado va a su estirpe, sus representantes, por lo que se dice que suceden por estirpes. Ya que ocupan el puesto del representado, deben colacionar lo que habría tenido que colacionar aquél e igualmente lo que les correspondería colacionar personalmente, en relación a la herencia del causante (art. 1038).

CONCORDANCIAS

Véase art. 1.038 de este Código.

Artículo 927

Quedando hijos de uno o más hermanos del difunto, heredarán a éste por representación si concurren con sus tíos. Pero, si concurren solos, heredarán por partes iguales.

COMENTARIO

El art. 925 distingue el derecho de representación de la línea recta (en todo caso, descendente) y la línea colateral (sólo respecto a hermanos y a favor de sus hijos). El art. 926 desarrolla la representación en la línea recta, aunque el precepto se formula con carácter general, imponiendo la sucesión por estirpes. Este art. 927 la desarrolla respecto a la línea colateral, estableciendo una subdistinción: primero: si concurren hermanos del causante (que le suceden abintestato por derecho propio) e hijos de hermanos (que le suceden por derecho de representación) la regla es evidente: los primeros suceden por cabezas, como todos los herederos en una sucesión intestada y los segundos por estirpes, como en todo caso de derecho de representación; segundo: si sólo concurren hijos de hermanos, podría aplicarse la sucesión por estirpes (ejemplo: concurren cinco sobrinos del causante, tres son hijos de un hermano, uno de otro y uno más de otro: la herencia se dividirá en tres partes: una para los tres hijos del primer hermano, otra para el único hijo del segundo hermano y otra para el único hijo del tercer hermano) pero este artículo lo dispone de otra manera: si concurren hijos de hermanos solos, «heredarán por partes iguales», pues, ciertamente, no suceden por derecho de representación, sino por derecho propio (en el mismo ejemplo: la herencia se divide en cinco partes, una para cada uno de los sobrinos del causante).

CONCORDANCIAS

Véanse arts. 948 y 949 de este Código.

Artículo 928

No se pierde el derecho de representar a una persona por haber renunciado su herencia.

COMENTARIO

El que sucede en virtud de derecho de representación, mal llamado representante, sucede al causante (por estirpes), no al llamado representado: éste es como un puente, un paso intermedio, para la sucesión intestada del único causante. El representante, pues, sucede directamente al causante, no a la persona intermediaria (pseudorrepresentado); ocupa la posición de ésta en la sucesión del causante, pero no le sucede a ella. En consecuencia, ha de ser apto (a efectos de capacidad, indignidad y prohibiciones) para suceder al causante, sin que importe si podía suceder al pseudorrepresentado, ya que incluso puede renunciar a la herencia de éste conservando la herencia del causante que por derecho de representación le corresponde: así lo expresa el art. 928.

CONCORDANCIAS

Véanse arts. 923, 930 a 934 y 1.038 de este Código.

Artículo 929

No podrá representarse a una persona viva sino en los casos de desheredación o incapacidad.

COMENTARIO

1.- El derecho de representación se produce en la sucesión intestada. Sin embargo, en los supuestos en que se da, se ha incluido el de desheredación (art. 929), la cual sólo se da en testamento (art. 849), por lo que parece extenderse el derecho de representación a sucesión testada; no es así, la desheredación comprende también la sucesión intestada y es en ésta clase donde se dará el derecho de representación.

Pero, además se da derecho de representación en la sucesión forzosa, en los casos de desheredación, indignidad (la sanción que una y otra significa, no debe afectar a la estirpe) y premoriencia. Sin embargo, más que un derecho de representación, lo que hace el Código es atribuir directamente la condición de legitimarios a los hijos del legitimario (hijo o descendiente) desheredado (art. 857) o declarado indigno (art. 761) o premuerto (art. 814).

2.- En la sucesión testada, cuando un llamado a la herencia no puede (por premoriencia o por indignidad) o no quiere (repudia) adquirirla, ocupará su puesto otro que haya sido llamado por el testador subsidiariamente, es decir, se aplicará la sustitución vulgar si la ha previsto el testador; si no la ha previsto, se dará el derecho de acrecer si se dan los requisitos de éste: a falta de éste, se dará la sucesión intestada.

Por tanto, puede decirse que en la sucesión testada no hay derecho de representación y sus veces las cumple la sustitución vulgar que la tiene que haber previsto en su testamento el testador.

JURISPRUDENCIA

Véase la sentencia de 10 julio 2003, LA LEY 2639/2003, que está recogida en el artículo 985 (y en el 816).

CONCORDANCIAS

Véanse arts. 744 a 762 y 848 a 857 de este Código.

CAPÍTULO IV
DEL ORDEN DE SUCEDER SEGÚN LA DIVERSIDAD DE LÍNEAS

SECCIÓN PRIMERA
De la línea recta descendente

Artículo 930

La sucesión corresponde en primer lugar a la línea recta descendente.

COMENTARIO

1.- El orden general de llamamientos en la sucesión intestada es el siguiente:

1.º) Los descendientes matrimoniales o extramatrimoniales (arts. 931) o por adopción, en total igualdad (art. 108).

2.º) Los ascendientes (art. 935).

3.º) El cónyuge supérstite (art. 944).

4.º) Los hermanos y sobrinos (art. 946).

5.º) Los parientes colaterales hasta el cuarto grado (art. 954).

6.º) El Estado (art. 956).

2.- En este artículo se proclama la *preferencia de la línea recta descendente* frente a los demás parientes, al cónyuge y al Estado. Tal preferencia, es decir, esta sucesión intestada de los parientes en línea recta descendente, es desarrollada en los artículos siguientes.

3.- Sin embargo, en todo caso si hay cónyuge sobreviviente del causante, tiene derecho a su legítima, tal como prevén los arts. 834 y 837, párrafo segundo. La legítima del cónyuge supérstite es, pues, concurrente con la sucesión intestada de los hijos y descendientes.

Artículo 931

Los hijos y sus descendientes suceden a sus padres y demás ascendientes sin distinción de sexo, edad o filiación.

COMENTARIO

1.- El Código civil no mantiene, en la sucesión intestada en línea recta descendente, los antiguos privilegios de la primogenitura y masculinidad; tampoco, actualmente, mantiene la distinción entre filiación matrimonial y extramatrimonial ni adoptiva. Así lo expresa el artículo 931, que no hace sino plasmar en el C.c. y en esta materia, el principio de igualdad que proclaman los arts. 14 y 39.2 de la Constitución.

2.- La línea recta descendente ocupa el primer lugar en el orden de llamamientos en la sucesión intestada, como proclama el art. 930. Se pueden distinguir los casos: 1.º) en que sólo concurren hijos, 2.º) en que, por haber éstos premuerto al causante, sólo concurran descendientes ulteriores (nietos, biznietos...), 3.º) que concurran hijos junto con ulteriores descendientes.

En este artículo 931 se desarrolla el 930, declarando el principio de igualdad. Los artículos siguientes puntualizan los tres casos expuestos.

CONCORDANCIAS

Véase:
— art. 108 de este Código.
— Constitución Española: art. 14.
Texto vigente según Ley 11/1981, 13 mayo (*«B.O.E.»,* 19 mayo).

Artículo 932

Los hijos del difunto le heredarán siempre por su derecho propio, dividiendo la herencia en partes iguales.

COMENTARIO

El primero de los casos expuestos en el comentario al artículo anterior es el de que sólo concurran a la sucesión intestada hijos del causante: éstos adquieren la herencia por partes iguales; se supone que son varios coherederos, claro está; si es uno solo, no hay cuestión y adquiere íntegramente la herencia. Es el supuesto normal de la sucesión intestada en el que los herederos adquieren la herencia por derecho propio y por cabezas.

Artículo 933

Los nietos y demás descendientes heredarán por derecho de representación, y, si alguno hubiese fallecido dejando varios herederos, la porción que le corresponda se dividirá entre éstos por partes iguales.

COMENTARIO

El segundo de los casos que se exponen en el comentario al art. 931 es el de que los hijos del causante le han premuerto y sólo concurren a la herencia intestada del mismo, ulteriores descendientes. Estos heredan por derecho de representación y a ello se refiere el presente art. 933, que se aplica no sólo si los hijos le premueren, sino a todo caso en que se da el derecho de representación: premuerte, ausencia, desheredación e indignidad (no en la repudiación). Tales ulteriores descendientes heredan por estirpes; si alguno de ellos, a su vez, hubiera premuerto al mismo causante (o se hubiera dado otro de los casos del derecho de representación) sus respectivos hijos suceden también por estirpes. Así el causante muere y sus tres hijos le han premuerto: la herencia se divide en tres partes, cada una de las cuales se divide entre los respectivos hijos de cada hijo (nietos del causante); si alguno de estos nietos también hubiera premuerto al causante, su porción se divide entre (su estirpe) sus respectivos hijos.

Artículo 934

Si quedaren hijos y descendientes de otros hijos que hubiesen fallecido, los primeros heredarán por derecho propio y los segundos por derecho de representación.

COMENTARIO

El tercero de los casos en que se exponen en el comentario al art. 931 es el de concurrencia a la herencia intestada del causante, de hijos y ulteriores descendientes: a unos y otros se les aplican sus reglas propias establecidas en los dos artículos anteriores. Los hijos heredan por derecho propio y por cabezas (art. 932) y los ulteriores descendientes, por derecho de representación y por estirpes. Así: el causante muere ab intestato con tres hijos, uno de ellos le ha premuerto dejando dos hijos; la herencia se divide en tres partes; un tercio para un hijo sobreviviente, otro tercio para el otro (que heredan por derecho propio) y el restante tercio para los dos hijos del premuerto, que reciben así (por derecho de representación) una sexta parte cada uno.

CONCORDANCIAS

Véanse arts. 924 y ss. y 1.038 de este Código.

SECCIÓN SEGUNDA
De la línea recta ascendente

Artículo 935

A falta de hijos y descendientes del difunto le heredarán sus ascendientes.

COMENTARIO

1.- La línea recta ascendente ocupa el segundo puesto en el orden general de llamamientos de la sucesión intestada, después de la descendente, que ocupa el primer puesto. Lo proclama el art. 935: a falta de hijos y descendientes del difunto lo heredarán sus ascendientes, sin distinción, por razón de filiación matrimonial, extramatrimonial y adoptiva.

El ascendiente más próximo en grado excluye siempre al más remoto: a igualdad de grado heredan por partes iguales, si se trata del padre y de la madre concurrentes o ascendentes de la misma línea, pero si se trata de ulteriores ascendientes de distintas líneas (abuelos, bisabuelos..., paternos y maternos), se divide la herencia por mitad entre la línea paterna y la materna.

No se da nunca el derecho de representación en la línea recta ascendente. No se tiene en cuenta el origen de los bienes, salvo los casos de reserva lineal del art. 811 y derecho de reversión del artículo 812, tal como prevé el artículo 942.

2.- Lo anterior es desarrollado en los artículos, que detallan caso por caso. Aunque no lo expresan tales artículos, hay que tener en cuenta que si sobrevive el cónyuge del causante, éste tendrá la legítima, que es el usufructo de la mitad de la herencia, según el art. 837; legítima, pues, que es concurrente con la sucesión intestada de los ascendientes.

CONCORDANCIAS

Véase art. 807 de este Código.
Texto vigente según Ley 11/1981, 13 mayo (*«B.O.E.»,* 19 mayo).

Artículo 936

El padre y la madre heredarán por partes iguales.

COMENTARIO

1.- La primera norma que desarrolla la regla general del artículo anterior es la de este artículo que establece que si el causante muere intestado (y carece de hijos y descendientes, que son preferentes: arts. 930 y ss) y le sobreviven padre y madre, éstos son los herederos ab intestato, por derecho propio y heredan por mitad y partes iguales.

2.- El padre o madre no sucederá *ab intestato* en los casos de privación de los derechos en su herencia, que prevé el art. 111: 1.º) cuando haya sido condenado a causa de las relaciones a que obedezca la generación, según sentencia penal firme; 2.º) cuando la filiación haya sido judicialmente determinada contra su oposición; a no ser que el representante legal del hijo, con aprobación judicial, o el propio hijo, alcanzada la plena capacidad, determinen que no produzcan efectos estas sanciones. Tal sanción afecta al padre o madre que incurrió en las conductas descritas, no a sus descendientes.

CONCORDANCIAS

Véase arts. 809 y 810 de este Código.
Texto vigente según Ley 11/1981, 13 mayo (*«B.O.E.»,* 19 mayo).

Artículo 937

En el caso de que sobreviva uno solo de los padres, éste sucederá al hijo en toda su herencia.

COMENTARIO

1.- Este artículo completa la norma del artículo anterior. El causante que carece de hijos y descendientes y le sobrevive el padre o la madre, no ambos, es heredero único abintestato el padre o la madre que le sobreviva. Es decir, no se divide la herencia en dos partes, una para el padre o madre sobreviviente y otra para los ulteriores ascendientes de la madre o padre premuerto, sino que la adquiere íntegramente el padre o madre sobreviviente.

2.- En todo caso, no hay que olvidar la posible exclusión de la sucesión intestada del padre o madre sobreviviente por aplicación del art. 111, tal como se ha expuesto en el comentario al artículo anterior, en cuyo caso se aplicaría el art. 938. No tampoco, que si sobrevive el cónyuge del causante, tendrá derecho a su legítima en usufructo.

CONCORDANCIAS

Véase art. 810 de este Código.
Texto vigente según Ley 11/1981, 13 mayo (*«B.O.E.»,* 19 mayo).

Artículo 938

A falta de padre y de madre sucederán los ascendientes más próximos en grado.

COMENTARIO

Este artículo es una norma general que desarrolla los artículos precedentes y es desarrollada por los artículos siguientes. Si muere el causante intestado, carente de hijos y descendientes, y no le sobreviven sus padres, a falta de éstos son herederos ab intestato los ascendientes más próximos en grado. Así, el abuelo o los abuelos; si éstos tampoco sobreviven, el o los bisabuelos, según las reglas de los artículos siguientes.

CONCORDANCIAS

Texto vigente según Ley 11/1981, 13 mayo (*«B.O.E.»*, 19 mayo).

Artículo 939

Si hubiere varios ascendientes de igual grado pertenecientes a la misma línea, dividirán la herencia por cabezas.

COMENTARIO

Como continuación de lo dispuesto en el artículo anterior, no habiendo padres (ni tampoco hijos o descendientes, claro está) heredan los ascendientes. Heredan los de grado más próximo y si hay varios del mismo grado de la misma línea —paterna o materna— heredan por partes iguales («por cabezas» dice el texto legal). Así, si sólo sobreviven al causante, el abuelo y la abuela maternos: ambos son herederos por mitad.

CONCORDANCIAS

Texto vigente según Ley 11/1981, 13 mayo (*«B.O.E.»*, 19 mayo).

Artículo 940

Si los ascendientes fueren de líneas diferentes, pero de igual grado, la mitad corresponderá a los ascendientes paternos y la otra mitad a los maternos.

COMENTARIO

Sigue este artículo con el desarrollo de lo dispuesto en el art. 938 y se contrapone con el artículo anterior. Si al causante no le sobreviven los padres, heredan los más próximos en grado y si hay varios del mismo grado, unos de la línea paterna y otros de la materna, la herencia se divide en dos partes, una para los de la línea paterna y otra para los de la materna. Así: le sobreviven el abuelo paterno y el abuelo y la abuela maternas; la herencia se divide en dos mitades: una para el abuelo paterno y la otra para el abuelo materno (una cuarta parte) y para la abuela materna (otra cuarta parte).

CONCORDANCIAS

Véase art. 810 de este Código.
Texto vigente según Ley 11/1981, 13 mayo (*«B.O.E.»*, 19 mayo).

Artículo 941

En cada línea la división se hará por cabezas.

COMENTARIO

1.- Como continuación del artículo anterior, si la herencia se divide por las líneas paterna y materna del causante que, no teniendo hijos ni descendientes, tampoco le sobreviven los padres, dentro de cada línea la herencia se divide por cabezas, lo cual es, por demás, evidente.

2.- Si los ascendientes sólo constan respecto de una línea —paterna o materna—, que se da en el caso de reconocimiento sólo por el padre o la madre, la sucesión intestada de la línea recta ascendente corresponde sólo —lógicamente— a la línea del que reconoció.

CONCORDANCIAS

Texto vigente según Ley 11/1981, 13 mayo (*«B.O.E.»*, 19 mayo).

Artículo 942

Lo dispuesto en esta Sección se entiende sin perjuicio de lo ordenado en los artículos 811 y 812, que es aplicable a la sucesión intestada y a la testamentaria.

COMENTARIO

En la línea recta ascendente no se da el derecho de representación. Tampoco se sigue el sistema objetivo de la procedencia de los bienes (los procedentes de parientes de la línea paterna, a parientes de esta línea y los procedentes de la línea materna a los de ésta: paterna paternis, materna maternis. Sin embargo, sí se aplica a la sucesión intestada la reserva lineal del art. 811 y el derecho de reversión del art. 812.

CONCORDANCIAS

Texto vigente según Ley 11/1981, 13 mayo (*«B.O.E.»*, 19 mayo).

SECCIÓN TERCERA
De la sucesión del cónyuge y de los colaterales

Artículo 943

A falta de las personas comprendidas en las dos Secciones que preceden, heredarán el cónyuge y los parientes colaterales por el orden que se establece en los artículos siguientes.

COMENTARIO

1.- Habiendo muerto intestado el causante, si no hay parientes en la línea recta descendente ni tampoco en la línea recta ascendente, son herederos ab intestato «el cónyuge y los parientes colaterales por el orden que se establece en los artículos siguientes», tal como dice literalmente este artículo. Es una simple norma de principio que desarrollan los artículos siguientes.

El principio es importante: a falta de descendientes y de ascendientes, la herencia intestada se difiere al cónyuge y, a falta de éste, a los parientes colaterales.

2.- La gran reforma del C.c. en 1981 (leyes de 13 de mayo y de 7 de julio) en materia de derecho de familia, alcanzó al derecho de sucesiones en una serie de aspectos. El más trascendente es el que situó al cónyuge supérstite, en el orden de llamamiento de la sucesión intestada, por delante de todos los parientes colaterales; anteriormente sólo era heredero tras los hermanos e hijos de hermanos del causante; siempre a falta de descendientes y ascendientes, claro está.

El Código de sucesiones por causa de muerte en el Derecho civil de Cataluña (Ley 40/1991, de 30 diciembre) ha ido más allá y lo declara heredero *ab intestato* a falta de hijos y descendientes, por delante de ascendientes y colaterales (art. 333).

CONCORDANCIAS

Texto vigente según Ley 11/1981, 13 mayo (*«B.O.E.»*, 19 mayo).

Artículo 944

En defecto de ascendientes y descendientes, y antes que los colaterales, sucederá en todos los bienes del difunto el cónyuge sobreviviente.

COMENTARIO

1.- Tal como se dice en el comentario al artículo anterior el cónyuge sucede ab intestato cuando no hay descendientes ni ascendientes del causante. Es, pues, preferente a los parientes colaterales del mismo.

2.- El cónyuge, en la sucesión del causante, su esposo o esposa, tiene siempre su derecho a la legítima (sucesión forzosa), sea aquella sucesión testada o intestada. es decir, que en la sucesión intestada —de que aquí se trata— el cónyuge viudo percibirá su legítima, aunque no llamado como sucesor *ab intestato*; si es llamado como tal, no cabe plantear cuestión sobre legítima, ya que adquiere en propiedad la totalidad de la herencia de su cónyuge causante.

Por tanto, si son declarados herederos *ab intestato* los descendientes sobre ascendientes del causante, que son preferentes al cónyuge, éste percibirá su legítima que es variable y en su usufructo. Así, el cónyuge adquiere su legítima como sucesión forzosa que es concurrente con la sucesión intestada (de descendientes o ascendientes).

CONCORDANCIAS

Texto vigente según Ley 11/1981, 13 mayo (*«B.O.E.»*, 19 mayo).

Artículo 945

No tendrá lugar el llamamiento a que se refiere el artículo anterior si el cónyuge estuviere separado judicialmente o de hecho.

COMENTARIO

Tal como dispone el artículo anterior, el cónyuge supérstite sucede abintestato a su cónyuge premuerto a falta de descendientes y ascendientes de éste. Pero para ello es preciso que tenga efectivamente, de hecho y de derecho, el carácter de tal.

Por ello, no será sucesor *abintestato* si se ha producido el divorcio. Lo cual no lo dice el Código, ni tiene por qué decirlo, pues el divorcio ha disuelto el matrimonio (art. 85) y no es cónyuge, sino ex-cónyuge, sin derecho sucesorio alguno.

Tampoco será sucesor *abintestato* cuando, como así dispone este artículo, los cónyuges estaban —al tiempo de la muerte (apertura de la sucesión) de uno de ellos— separados judicialmente o de hecho.

CONCORDANCIAS

Véanse arts. 834 y 835 de este Código.
Redactado por Ley 15/2005, de 8 julio (*«B.O.E.»* 9 julio).

Artículo 946

Los hermanos e hijos de hermanos suceden con preferencia a los demás colaterales.

COMENTARIO

1.- La línea colateral es llamada a la sucesión intestada a falta de descendiente, de ascendientes y de cónyuge del causante. En la línea colateral, son preferentes los hermanos y los hijos de hermanos del mismo.

2.- Este artículo no dice más, porque son los cinco artículos siguientes los que establecen las reglas concretas de la sucesión intestada de los hermanos y los sobrinos del causante.

CONCORDANCIAS

Texto vigente según Ley 11/1981, 13 mayo (*«B.O.E.»*, 19 mayo).

Artículo 947

Si no existieran más que hermanos de doble vínculo, éstos heredarán por partes iguales.

COMENTARIO

Partiendo de la norma de principio del art. 943 y de la norma general del art. 946 este artículo establece la primera regla de la sucesión intestada de los parientes de la línea colateral:

si no hay descendientes, ni ascendientes, ni cónyuge y sólo sobreviven al causante hermanos de doble vínculo, éstos heredan por cabezas, por partes iguales.

CONCORDANCIAS

Véase art. 920 de este Código.

Artículo 948

Si concurrieren hermanos con sobrinos, hijos de hermanos de doble vínculo, los primeros heredarán por cabezas y los segundos por estirpes.

COMENTARIO

1.- Como continuación del artículo anterior, éste establece la segunda regla de la sucesión intestada de los parientes de la línea colateral: si concurren hermanos del causante con sobrinos, hijos de hermanos de doble vínculo, se da en éstos el derecho de representación, único caso en que éste se admite en la línea colateral. Por tanto, los hermanos son herederos *ab intestato* por cabezas, y los sobrinos lo son por derecho de representación, por estirpes. Así: el causante muere intestado sin descendientes, ni ascendientes, ni cónyuge, y le sobreviven dos hermanos y tres hijos de un tercer hermano que ha premuerto; la herencia se divide en tres partes: un tercio para una hermano, un tercio para el otro hermano y el tercer tercio para los tres hijos del hermano premuerto (una novena parte de la herencia para cada uno).

2.- Si sólo concurren sobrinos, sin la presencia de algún hermano del causante heredan por partes iguales, por cabezas, no por estirpes, por aplicación de lo dispuesto en el art. 927.

Por todo ello, contra la regla general de proximidad de grado establecida, en el art. 921, los sobrinos son herederos *ab intestato* antes que los tíos, aun cuando unos y otros son parientes colaterales del causante en el mismo tercer grado.

CONCORDANCIAS

Véase art. 927 de este Código.

Artículo 949

Si concurrieren hermanos de padre y madre con medio hermanos, aquéllos tomarán doble porción que éstos en la herencia.

COMENTARIO

Como continuación de los artículos precedentes, éste establece la tercera regla de la sucesión intestada de la línea colateral: si concurren hermanos de doble vínculo (de padre y madre) con hermanos de vínculo sencillo (sólo de padre o sólo de madre, hermanastros, o «medio hermanos» como los denomina este artículo), los primeros adquieren doble porción de la herencia intestada que los segundos.

Artículo 950

En el caso de no existir sino medio hermanos, unos por parte de padre y otros por la de la madre, heredarán todos por partes iguales, sin ninguna distinción de bienes.

COMENTARIO

También como continuación de los artículos precedentes, como contraposición al anterior, éste establece que si en la sucesión intestada del causante sólo concurren hermanos de vínculo sencillo (hermanastros o «medio hermanos») heredan por cabezas, por partes iguales, sin distinción de la procedencia de los bienes. Es un caso claro de que nuestro Derecho no acoge el sistema objetivo de sucesión intestada, prescinde la procedencia de los bienes (de la regla paterna *paternis*, materna *maternis*) y, así, los hermanastros heredan por parte iguales, se realizará la partición según las normas de ésta, pero no se tendrá en cuenta que los bienes proceden del padre o la madre para la sucesión intestada de los hermanos sólo de padre o sólo de madre.

Artículo 951

Los hijos de los medio hermanos sucederán por cabezas o por estirpes, según las reglas establecidas para los hermanos de doble vínculo.

COMENTARIO

La última regla de la sucesión intestada de los hermanos e hijos de hermanos es la que establece que los hijos de éstos suceden *ab intestato* según las reglas establecidas para los hermanos de doble vínculo. Es decir, se aplica la norma del art. 948, con la especialidad del 949. Si concurren hermanos de doble vínculo con hermanos de vínculo sencillo, aquéllos adquieren doble parte de la herencia intestada que éstos (art. 949); si concurren medio hermanos con hijos de medio hermanos, los primeros adquieren por cabezas y los segundos por estirpes (art. 948 por remisión del art. 951); si concurren hermanos de doble vínculo con hijos de medio hermanos, aquéllos adquieren doble parte de la herencia, por cabezas, que éstos, que adquieren la mitad de los anteriores, por estirpes (art. 951, por remisión al 949 y al 948); a la inversa, si concurren hermanos de vínculo sencillo con hijos de hermanos de vínculo doble, aquéllos heredan la mitad que éstos, aquéllos por cabezas y éstos por estirpes.

Artículo 952

Derogado por Ley 11/1981, 13 mayo (*«B.O.E.»,* 19 mayo).

Artículo 953

Reformado por Ley 24 abril 1958 (*«B.O.E.»,* 25 abril) y derogado por Ley 11/1981, 13 mayo (*«B.O.E.»,* 19 mayo).

Artículo 954

No habiendo cónyuge supérstite, ni hermanos ni hijos de hermanos, sucederán en la herencia del difunto los demás parientes del mismo en línea colateral hasta el cuarto grado, más allá del cual no se extiende el derecho de heredar abintestato.

COMENTARIO

1.- En el orden de llamamientos de la sucesión intestada, son herederos *ab intestato* los descendientes, ascendientes, cónyuge y parientes colaterales; en éstos, van primero los hermanos y los sobrinos (hijos de hermanos) del causante. Tras éstos, son herederos *ab intestato*, los demás parientes en línea colateral hasta el cuarto grado: los tíos, los primo-hermanos y los tíos y sobrinos segundos. Los más próximos en grado (así los de tercer grado) son preferentes a los más lejanos (así los de cuarto grado); si son del mismo grado, con concurrentes.

2.- En el último inciso, se matiza que más allá del cuarto no se extiende el derecho de suceder *ab intestato*.

CONCORDANCIAS

Texto vigente según Ley 11/1981, 13 mayo (*«B.O.E.»*, 19 mayo). Anterior texto según Real Decreto-Ley 13 enero 1928 («Gaceta» 14 enero).

Artículo 955

La sucesión de estos colaterales se verificará sin distinción de líneas ni preferencia entre ellos por razón de doble vínculo.

COMENTARIO

Entre los parientes colaterales, tras los hermanos e hijos de hermanos que tienen reglas propias, no hay más preferencia que la proximidad de grado; no la hay por razón de la línea paterna o materna ni por razón de doble vínculo.

Es decir, que no se tiene en cuenta la procedencia de los bienes ni la línea biológica de que procedan ni si su vínculo con el causante es doble o sencillo. No se da tampoco nunca el derecho de representación.

CONCORDANCIAS

Texto vigente según Ley 11/1981, 13 mayo (*«B.O.E.»*, 19 mayo). Anterior texto según Real Decreto-Ley 13 enero 1928 («Gaceta» 14 enero).

SECCIÓN CUARTA
De la sucesión del Estado

Artículo 956

A falta de personas que tengan derecho a heredar conforme a lo dispuesto en las precedentes Secciones, heredará el Estado, quien asignará una tercera parte de la herencia a Instituciones municipales del domicilio del difunto, de Beneficencia, Instrucción, Acción social o profesionales, sean de carácter público o privado, y otra tercera parte, a Instituciones provinciales de los mismos caracteres, de la provincia del finado, prefiriendo, tanto entre unas como entre otras, aquellas a las que el causante haya pertenecido por su profesión y haya consagrado su máxima actividad, aunque sean de carácter general. La otra tercera parte se destinará a la Caja de Amortización de la Deuda pública,

salvo que, por la naturaleza de los bienes heredados, el Consejo de Ministros acuerde darles, total o parcialmente, otra aplicación.

COMENTARIO

1.- El art. 913 determina las clases en la sucesión intestada y coloca al Estado en el último lugar, lo que ratifica el primer inciso de este art. 956.

La sucesión intestada del Estado la regulan los arts. 956, 957 y 958. La Ley de Patrimonio del Estado, texto articulado aprobado por Decreto de 15 abril 1964, prevé su adquisición de los bienes hereditarios, que se remite a los mencionados artículos del Código civil, y el Decreto de 13 agosto de 1971 regula los trámites administrativos y procesales para llegar a dicha adquisición.

2.- El Estado es un heredero, sucesor universal *mortis causa*, el art. 956 dispone claramente que heredará el Estado: la Ley de Patrimonio del Estado y el Decreto de 13 agosto de 1971 no dejan ninguna duda sobre su consideración de heredero.

Si el Estado es un heredero *ab intestato*, se plantea la pregunta de si puede repudiar la herencia. La respuesta que debe darse es que no: el Estado, más que un derecho como heredero tiene una función, basada en un interés público de carácter objetivo e irrenunciable; el art. 956 dice taxativamente e imperativamente, que «heredará el Estado», sin hablar de «podrá», ni referirse a la posibilidad de repudiar; el art. 957 añade, con el mismo texto imperativo, que la herencia se entenderá siempre aceptada (a beneficio de inventario). Por tanto, el Estado, no acepta, expresa ni tácitamente, ni puede repudiar, sino que es heredero *ab intestato* por imperativo legal.

3.- Los bienes que hereda el Estado, como heredero *ab intestato*, los divide en tres partes: una tercera parte va a instituciones de interés público —públicas o privadas— del municipio del último domicilio de causante; otra tercera parte, a igual, instituciones de la provincia del último domicilio. En unas y otras, se preferirán aquellas instituciones a las que el causante haya pertenecido por su profesión y haya consagrado su máxima actividad. La última tercera parte, dice el mismo artículo que se destinará a la Caja de Amortización de la Deuda Pública, Caja que fue suprimida por Real Orden de 1 de abril de 1931, por lo que el destino actual de esta tercera parte es el Tesoro. El Consejo de Ministros puede darle otra aplicación, «por la naturaleza de los bienes heredados» dice el último inciso.

Hay que tener en cuenta que las normas de Derecho foral sobre sucesión *ab intestato* tienden a atribuir la herencia, como último de los herederos llamados, no al Estado, sino al Gobierno u otras instituciones de la respectiva Comunidad Autónoma.

JURISPRUDENCIA

«... parte de un presupuesto jurídico inexacto, la imposibilidad de equiparar el Estado en los supuestos contemplados en el art. 956 CC a los herederos legitimarios a los efectos del ejercicio de las pertinentes acciones, citando unas Sentencias de este Tribunal que no son de aplicación al caso: 1.º Porque no viene referidas al concreto supuesto de la sucesión del Estado; 2.º Porque resulta de una evidencia dogmática indiscutible la legitimación para el ejercicio de las acciones de nulidad por simulación de todos quienes tengan la cualidad de herederos, sea cual fuere el adjetivo calificativo de su naturaleza (legitimarios, colaterales, testamentarios, abintestato, etc.); 3.º porque esta Sala en la única Sentencia que sobre el tema se ha dictado, la de 17 de noviembre de 1898, se pronunció en el sentido que se plasma en la resolución impugnada y en este motivo criticado, reconociendo el derecho del Estado a interesar la nulidad de un testamento; 4.º Porque, en fin y como se pone de relieve en el

art. 24.2 del Decreto 1022/1964, de 15 de abril, que aprueba el Texto articulado de la Ley de Bases del Patrimonio del Estado, la sucesión de éste en casos como el presente es legítima». (23 julio 1993, LA LEY 64/1995)

CONCORDANCIAS

Véase:

— Ley del Patrimonio del Estado, de 15 abril 1964 (*«B.O.E.»*, 23 abril): art. 24.

— Reglamento del Patrimonio del Estado, de 5 de noviembre de 1964 (*«B.O.E.»*, 17 noviembre): art. 55.

Texto vigente según Ley 11/1981, 13 mayo (*«B.O.E.»*, 19 mayo). Anterior texto según Real Decreto-Ley 13 enero 1928 (*«Gaceta»* 14 enero).

Artículo 957

Los derechos y obligaciones del Estado, así como los de las Instituciones o Entidades a quienes se asignen las dos terceras partes de los bienes, en el caso del artículo 956, serán los mismos que los de los demás herederos, pero se entenderá siempre aceptada la herencia a beneficio de inventario, sin necesidad de declaración alguna sobre ello, a los efectos que enumera el artículo 1.023.

COMENTARIO

1.- En el comentario al artículo anterior se ha dicho que el Estado es heredero ab intestato por imperativo legal, sin necesidad de aceptación y sin que quepa repudiación. Este artículo añade algo más: el Estado es heredero, pero siempre acogido al beneficio de inventario «a los efectos que enumera el art. 1023»: limitación de su responsabilidad por las deudas provenientes de la sucesión y la conservación contra el caudal hereditario de los derechos y acciones que el Estado tuviera contra el causante, sin confusión de los patrimonios de éste con el Estado causahabiente.

2.- Aparte de lo anterior, el Estado es un heredero con los derechos y obligaciones como tal, como así declara este artículo. Pero dice algo que no es cierto: dice que las instituciones o entidades a quienes vayan a parar los dos tercios de los bienes hereditarios, tienen los mismos derechos y obligaciones que los «demás herederos»; no es así: el Estado es heredero *ab intestato* pero aquellas instituciones no son herederos, sino simplemente destinatarias de unas bienes que el Estado-heredero se encarga de hacerles llegar.

CONCORDANCIAS

Texto vigente según Ley 11/1981, 13 mayo (*«B.O.E.»*, 19 mayo). Anterior texto según Real Decreto-Ley 13 enero 1928 («Gaceta» 14 enero).

Artículo 958

Para que el Estado pueda apoderarse de los bienes hereditarios habrá de preceder declaración judicial de heredero, adjudicándole los bienes por falta de herederos legítimos.

COMENTARIO

1.- El Estado, como heredero (no las instituciones), debe actuar como tal y no como titular del ius imperii. Por lo cual, no puede tomar posesión por sí y ante sí de los bienes hereditarios, sino que, como heredero, deberá ser declarado heredero abintestato por el trámite jurisdiccional de declaración de herederos, previsto en los artículos 977 y ss. de la L.E.C., y sólo entonces podrá tomar posesión de los bienes.

2.- Lo anterior lo dispone este artículo 958 aunque tiene ciertos errores de expresión: no parece adecuada la palabra «apoderarse» para referirse a tomar posesión de los bienes hereditarios. Y el último inciso recuerda que el Estado es el heredero *ab intestato* llamado a falta de los demás herederos (parientes y cónyuge); pero lo expresa mal: parece indicar que el Estado sucede a falta de herederos legítimos (el Código llama con frecuencia sucesión «legítima» a la sucesión intestada) y no es eso: el Estado es también, es, el último heredero legítimo o intestado.

Queda, pues, el Estado en la misma posición que los particulares, sin potestad especial ni *ius imperii*, como consecuencia de ser un heredero *ab intestato* más, normal, como los anteriores herederos *ab intestato*.

CONCORDANCIAS

Véase:

— Ley Enjuiciamiento Civil de 1881: arts. 998 a 1.000.

— Resolución-Circular de la Dirección General de los Registros y del Notariado, de 31 marzo 1993 («*B.O.E.*», 14 abril), sobre remisión de información al Registro General de Actos de Ultima Voluntad. Publicado en A.C.L. 296/93.

— Resolución-Circular de la Dirección General de los Registros y del Notariado, de 8 noviembre 1994 («*B.O.E.*», 1 diciembre), modifica la ficha de parte de iniciación de acta de declaración de herederos abintestato, aprobada por Resolución-Circular de 31 marzo 1993. Publicada en A.C.L. 978/94.

CAPÍTULO V
DISPOSICIONES COMUNES A LAS HERENCIAS POR TESTAMENTO O SIN ÉL

SECCIÓN PRIMERA

De las precauciones que deben adoptarse cuando la viuda queda encinta

Artículo 959

Cuando la viuda crea haber quedado encinta, deberá ponerlo en conocimiento de los que tengan a la herencia un derecho de tal naturaleza que deba desaparecer o disminuir por el nacimiento del póstumo.

COMENTARIO

1.- Este artículo inicia la serie de los que pretenden garantizar la capacidad para suceder de la persona que tiene vocación y puede recibir la delación hereditaria, sea en sucesión testada o intestada. Y aquella capacidad es la de suceder —que se contrapone a incapacidad absoluta— que la tiene toda persona física o jurídica. Si es persona física, ser humano, la tiene desde el nacimiento (art. 29) hasta la muerte (art. 32), incluyéndose el nasciturus (art. 29 segundo inciso). El tema del nasciturus desde el punto de vista de la madre, es regulado en estos artículos, con la mentalidad de la época en que se redactó el Código civil, hace más de un siglo; realmente con la mentalidad de hace un siglo y medio, pues esta normativa viene del Proyecto de C.c. de 1851. Está, pues, totalmente desfasada y fuera de lugar. Incluso algún autor ha llegado a poner en duda su constitucionalidad.

En todo caso, el Código civil ordena unas precauciones para la comprobación, tanto de la realidad de la concepción como del hecho del parto y de la existencia jurídica del nacido con los requisitos del art. 30. Sin embargo, el Código tan sólo se plantea el subcaso de que se trate de una viuda y el concebido sea llamado a la herencia de su padre, el marido de aquélla (el hijo póstumo). Prevé, pues, el Código, que cuando la viuda del causante esté encinta, débense tomar medidas para evitar un engaño en perjuicio tanto del hijo póstumo como de personas que puedan tener algún derecho sobre la herencia que pudiera desaparecer o disminuir por el nacimiento efectivo. Lo cual es aplicable a cualquier caso de un *nasciturus*, aunque éste no sea hijo del causante, pero sí heredero o legatario.

2.- Así, este artículo, que se debe poner en relación con el art. 963, impone a la mujer embarazada (ya no puede hoy pensarse en la que «crea que ha quedado encinta» cuando esto se comprueba mediante un rápido y sencillo análisis) cuyo futuro hijo será heredero o legatario, el deber de notificarlo a los herederos o legatarios, los cuales de llegar aquél a serlo (por adquirir, por su nacimiento capacidad para suceder), perderían o disminuirían su herencia o legado. Así un hombre muere intestado o ha nombrado a sus hijos herederos; los tiene ya mayores de edad y a su muerte, su esposa u otra mujer que diga estar embarazada de aquél, lo comunicará a aquellos hijos, cuya herencia se repartirían a partes iguales, pero por uno más si llega a nacer y tener capacidad para suceder. O bien: una persona nombra colegatarios de la misma cosa a sus sobrinos y otra hermana está embarazada; ésta lo deberá poner en conocimiento de aquellos dos sobrinos del causante. O también: muere intestado un hombre casado y su esposa, embarazada, lo comunicará a sus suegros, padres de su marido, los cuales serán herederos *ab intestato* de su hijo si la viuda no llega a tener el hijo póstumo del causante y nada heredarán si nace y, por consiguiente, tiene capacidad para suceder.

CONCORDANCIAS

Véanse arts. 961 y 963 de este Código.

Artículo 960

Los interesados a que se refiere el precedente artículo podrán pedir al Juez municipal o al de primera instancia, donde lo hubiere, que dicte las providencias convenientes para evitar la suposición de parto, o que la criatura que nazca pase por viable, no siéndolo en realidad.

Cuidará el Juez de que las medidas que dicte no ataquen al pudor ni a la libertad de la viuda.

COMENTARIO

1.- Aquellas personas cuya herencia o legado puede desaparecer si el fruto del embarazo llega a nacer (y por ende, a tener capacidad para suceder) a que se refiere el artículo anterior, son los «interesados» que menciona este artículo. Estos tienen la facultad de acudir al Juez de 1 Instancia del domicilio de la mujer embarazada y solicitar que dicte «las providencias convenientes para evitar la suposición de parto o que la criatura que nazca pase por viable no siéndolo en realidad». Es decir, se trata de asegurar que no haya fraude en el caso de que se pretenda que sea efectivamente heredero o legatario aquel niño/niña que nazca: verdad del parto e identidad del hijo.

2.- El Juez será el de 1.ª Instancia, ya que el Juez municipal que menciona este artículo no existe actualmente. El trámite será de jurisdicción voluntaria aplicando las normas generales de los arts. 1811 y ss. L.E.C. ya que no hay procedimiento especialmente previsto.

3.- Nada concreta el Código sobre las «providencias» o medidas que puedan pedir los interesados y ordenar el Juez. Se atribuye una amplia discrecionalidad judicial, que atenderá a la petición de las partes y a las circunstancias del caso, siempre en relación con las medidas que tiendan a garantizar la verdad del parto y la identidad del nacido.

Tales medidas deben, en todo caso, respetar el pudor y la libertad de la mujer embarazada, según dispone el segundo párrafo de este artículo. Hoy, a la vista de la Constitución, se puede decir que tales medidas en ningún caso deben atentar a la dignidad de la mujer ni a su derecho a la intimidad personal.

CONCORDANCIAS

Véanse arts. Código Penal: 220 a 222.

Artículo 961

Háyase o no dado el aviso de que habla el artículo 959, al aproximarse la época del parto, la viuda deberá ponerlo en conocimiento de los mismos interesados. Estos tendrán derecho a nombrar persona de su confianza, que se cerciore de la realidad del alumbramiento.

Si la persona designada fuere rechazada por la paciente, hará el Juez el nombramiento, debiendo éste recaer en Facultativo o en mujer.

COMENTARIO

1.- Se impone un nuevo deber a la mujer embarazada cuyo hijo, de nacer y tener capacidad para suceder, hace desaparecer o disminuir la herencia o legado de otros. Además de la notificación que exige el art. 959, la haya o no cumplido, tiene el deber de, al aproximarse el momento del parto, notificarlo también a aquellos interesados.

2.- Estos, tras dicha notificación o incluso si la mujer no ha cumplido tal deber y no lo ha hecho, pueden *asegurarse de la realidad del parto y de la identidad del hijo*, mediante «persona de su confianza que se cerciore de la realidad del alumbramiento». Es una medida concreta («nombrar persona de su confianza») hoy un tanto insólita, que puede concurrir y de hecho ser sustituida por las medidas que haya podido ordenar el Juez, según el art. 960.

Esta persona puede ser rechazada por la mujer. En tal caso, el Juez nombrará otra, que será o médico o mujer. No se exige, para tal rechazo, la existencia de causa justa; ni siquiera que se alegue.

Artículo 962

La omisión de estas diligencias no basta por sí sola para acreditar la suposición del parto o la falta de viabilidad del nacido.

COMENTARIO

1.- La mujer embarazada, cuya existencia o inexistencia del hijo (capacidad o no para suceder) puede ser decisiva para el carácter de heredero o la cuantía de la herencia, de otras personas, debe cumplir los deberes que le imponen los arts. 959 y 961. Si no los cumple los «interesados» (según terminología del art. 960) podrán exigir medidas o comprobaciones que garanticen que existe o que no existe aquel hijo. Pero no pueden, por tal incumplimiento, mantener que el hijo no existe.

Esto es lo que dispone este artículo: que el incumplimiento de los deberes que imponen los artículos anteriores, «no basta por sí sola» para que se estime que el hijo no ha nacido (suposición de parto) o que nació pero sin los requisitos del art. 30 (falta de viabilidad del nacido, o de otro de los requisitos).

2.- Si pese a aquel incumplimiento, se acredita que el hijo tiene capacidad para suceder (nació con los requisitos del art. 30) será heredero o legatario. Si se acredita que no llegó a tener capacidad para suceder, no lo será.

Si la viuda no hubiera cumplido las normas mencionadas y no se conociera la existencia del *nasciturus*, se producirá el caso de modificación de la partición por omisión de buena fe de un coheredero (el *nasciturus*) prevista en el art. 1080.

CONCORDANCIAS

Texto vigente según Ley 11/1981, 13 mayo (*«B.O.E.»*, 19 mayo).

Artículo 963

Cuando el marido hubiere reconocido en documento público o privado la certeza de la preñez de su esposa, estará ésta dispensada de dar el aviso que previene el artículo 959, pero quedará sujeta a cumplir lo dispuesto en el 961.

COMENTARIO

Siguiendo con la mentalidad de mediados del siglo pasado, la mujer embarazada o que crea estarlo, no tiene que cumplir el deber de notificación que le impone el art. 959, si «el marido hubiere reconocido en documento público o privado la certeza de la preñez de su esposa», sí tiene que cumplir el segundo deber de notificación que le impone el art. 961.

La idea que inspira este precepto es que la mujer podía estar embarazada o no, lo que justifica el deber del art. 959 (pensable hace más de un siglo, no hoy día), pero ya no tiene razón de ser si el marido ha reconocido «la preñez de su esposa» (el marido, no ella; ella no parece de fiar; el análisis médico no parece ser conocido por el legislador). Sin embargo, en todo caso, se mantiene el deber de notificar el hecho del parto, que impone el art. 961.

Artículo 964

La viuda que quede encinta, aun cuando sea rica, deberá ser alimentada de los bienes hereditarios, habida consideración a la parte que en ellos pueda tener el póstumo, si naciere y fuere viable.

COMENTARIO

1.- Se establece el deber de alimentar a la mujer embarazada, aunque sea rica, con los bienes hereditarios del causante, en atención a la parte que corresponderá al hijo si llega a nacer y tener capacidad para suceder.

2.- El deber de alimentos se establece, no tanto en consideración a la mujer, sino en atención y en protección del hijo que puede llegar a suceder. El concepto de alimentos es el amplio que contempla el art. 142 y es a cargo de los bienes de la herencia del causante. El elemento que decide la cuantía es la parte de la herencia del causante que corresponderá al hijo, de nacer con capacidad para suceder. Este deber existe aunque la mujer sea rica, es decir, no tenga necesidad económica de alimentos. Estos dos últimos datos acreditan que los alimentos se atribuyen no tanto a la madre sino al futuro hijo.

CONCORDANCIAS

Véase art. 1.408 de este Código.

Artículo 965

En el tiempo que medie hasta que se verifique el parto, o se adquiera la certidumbre de que éste no tendrá lugar, ya por haber ocurrido aborto, ya por haber pasado con exceso el término máximo para la gestación, se proveerá a la seguridad y administración de los bienes en la forma establecida para el juicio necesario de testamentaría.

COMENTARIO

1.- Contempla este artículo la situación de provisionalidad e incertidumbre que se produce durante el embarazo: desde la muerte del causante, hasta que se verifique el parto y el nacido tenga (tras las veinticuatro horas y demás requisitos del art. 30) capacidad para suceder; o hasta que conste que nunca tendrá capacidad para suceder, porque nunca existió el embarazo o porque murió (aborto).

2.- Durante esta época, dispone este artículo que «se proveerá a la *seguridad y administración de los bienes*» y se remite para ello a las normas que sobre tales extremos se contienen en la L.E.C. lo que no implica que se tenga que incoar un juicio de testamentaría, que tiene muy distinta función, sino que entran en aplicación sus normas sobre custodia de bienes y administración de las mismas.

Artículo 966

La división de la herencia se suspenderá hasta que se verifique el parto o el aborto, o resulte por el transcurso del tiempo que la viuda no estaba encinta.

Sin embargo, el administrador podrá pagar a los acreedores, previo mandato judicial.

COMENTARIO

1.- El efecto que produce el cumplimiento de los deberes que imponen los arts. 959 y 961 (si no se cumple, se ignora la presencia del nasciturus) es la suspensión de la partición.

Esta situación de provisionalidad e incertidumbre, referida en el artículo anterior, se reitera en éste, para imponer este efecto de suspender la partición.

2.- Sin embargo, el administrador puede pagar a los acreedores.

Artículo 967

Verificado el parto o el aborto o transcurrido el término de la gestación, el administrador de los bienes hereditarios cesará en su cargo y dará cuenta de su desempeño a los herederos o a sus legítimos representantes.

COMENTARIO

Despejada la situación de provisionalidad e incertidumbre, por la constancia de que el fruto del embarazo, efectivamente, ha adquirido la capacidad para suceder o definitivamente carece de ella, el administrador de los bienes de la herencia cesa en su cargo y da cuenta de su gestión a los que resulten ser herederos, sus representantes legales. Si el hijo tiene capacidad para suceder, él será uno de ellos.

CONCORDANCIAS

Véase art. 1.026 de este Código.

SECCIÓN SEGUNDA
De los bienes sujetos a reserva

Artículo 968

Además de la reserva impuesta en el artículo 811, el viudo o viuda que pase a segundo matrimonio estará obligado a reservar a los hijos y descendientes del primero la propiedad de todos los bienes que haya adquirido de su difunto consorte por testamento, por sucesión intestada, donación u otro cualquier título lucrativo; pero no su mitad de gananciales.

COMENTARIO

1.- La reserva ordinaria o vidual (llamada también familiar o clásica) es la que se impone al cónyuge viudo que contrae nuevo matrimonio o tiene un hijo extramatrimonial o adoptado y debe conservar los bienes adquiridos a título gratuito de su cónyuge premuerto, de sus parientes o de sus hijos, a favor de los hijos o descendientes del matrimonio anterior. Reserva regulada en los arts. 968 a 980.

Es la situación jurídica en que se encuentran los bienes que una persona ha adquirido por título lucrativo de su consorte, o de los parientes de éste por consideración a él o de los hijos de su matrimonio, desde el momento en que contrae nuevo matrimonio, o tiene un hijo extramatrimonial o adoptado; tal situación jurídica se establece en atención a estar destinados dichos bienes por ley para los descendientes del matrimonio anterior.

2.- Para dar el concepto anterior se ha combinado el presente art. 968 con el 980. El primero da el concepto originario de esta reserva, llamada ordinaria o *vidual*, correspondiente al cónyuge bínuvo y que el segundo amplía a más casos.

Cuando al comienzo del texto de este artículo dice que «además» de la reserva lineal del art. 811, se impone esta reserva ordinaria, no significa que ésta sea secundaria o subordinada a la anterior, sino que simplemente se halla en el Código en un artículo posterior. Lo que tiene importancia es que en caso de que concurran en un mismo caso ambas reservas, es preferente la ordinaria o vidual, sobre la lineal, tal como ha declarado la jurisprudencia y ha mantenido la práctica unanimidad de la doctrina.

3.- Aparte del concepto de la reserva ordinaria o vidual, este artículo y el 980 se refieren expresamente a los elementos personales. El *reservista* es la persona obligada a reservar: es el cónyuge viudo que contrae nuevo matrimonio (968) o que haya tenido durante el anterior matrimonio, siendo viudo, un hijo extramatrimonial o haya adoptado a otra persona, a no ser que ésta sea hijo de su cónyuge premuerto (art. 980).

Y los *reservatarios*, personas beneficiarias de la reserva y a las que van destinados los bienes reservables, son los hijos y descendientes del matrimonio anterior, el que da lugar a la reserva; el Código siempre se refiere al «primer» matrimonio, pero no tiene necesariamente que ser el primero; puede que tras un segundo matrimonio, el cónyuge viudo, de éste, contraiga nuevo matrimonio y el matrimonio que da lugar a la reserva no sea el primero, sino el segundo (o un tercero, o más), y así, el art. 979 establece que las referencias, que con constantes, a segundo matrimonio, «rige igualmente en el tercero y ulteriores».

4.- También este artículo hace una referencia expresa al elemento real de esta reserva, los *bienes objeto de la misma*. Son todos los que haya adquirido el cónyuge bínubo de su cónyuge premuerto, a título gratuito *inter vivos* o *mortis causa*. Por tanto es evidente que los bienes que se le han adjudicado en la liquidación de la comunidad de gananciales, no entran en este concepto, pues no los adquirió de su cónyuge sino que eran comunes.

JURISPRUDENCIA

«... los artículos 968, 969, 970 y 977 del Código Civil, porque la obligación de reservar a que tales preceptos aluden requiere la acreditación de que el marido que pase a segundo matrimonio hubiese adquirido del primer cónyuge, de cualquiera de los hijos del primer matrimonio o de parientes del difunto en consideración a éste, por testamento, por sucesión intestada, donación o cualquier otro título lucrativo, circunstancias que no reconoce la sentencia recurrida producidas, y que por tanto impiden la aplicación de lo regulado en dichos preceptos del Código Civil, al faltar los presupuestos precisos para su aplicación». (15 diciembre 1989, LA LEY 1824-JF/0000) (Reiterada por la de 18 octubre 2001, LA LEY 10530/2003)

«La razón de ser de esta institución, con amplios antecedentes en el Derecho romano y en el Derecho histórico español (Fuero Juzgo, Fuero Real, Partidas y Leyes de Toro), podemos concretarla como una limitación a la facultad de disponer impuesta al cónyuge bínubo, con la finalidad de proteger los intereses de los hijos y descendientes del primer matrimonio, en relación con los bienes procedentes gratuitamente de su progenitor fallecido, frente a la posible presencia de otros hijos nacidos de las segundas nupcias. Se trata, según la doctrina científica, de la presunción legal de que no se habría otorgado la institución de heredero o la donación, si el disponente (cónyuge premuerto) hubiera previsto, que por las ulteriores bodas se perjudicarían a los hijos comunes; opinión justificada por los autores teniendo en cuenta el contenido del segundo inciso del art. 970, en el que se recoge la única renuncia presunta a la reserva que admite la Ley». (22 junio 1995, LA LEY 14545/1995)

«en el caso de colisión de ambas reservas en la persona de un mismo reservista y respecto de unos mismos bienes con distintos reservatarios, ha de prevalecer la reserva tradicional, ordinaria o vidual de los artículos 968 y ss. del Código civil sobre la reserva lineal del artículo 811, como ya reconocieron las antiguas sentencias de esta Sala de 4 de enero de 1911 y 21 de enero de 1922, según las cuales, si quedan hijos o descendientes del primer matrimonio del ascendiente reservista, se desvanece o queda inoperante la otra reserva que pudieran pretender los parientes del tercer grado. Ello no sólo porque la reserva ordinaria se establece a favor de parientes que se sitúan en la misma línea y en el grado más próximo de los posibles —hijos del matrimonio anterior—, sino también porque dicha reserva ordinaria es tradicional en nuestro derecho histórico mientras que la lineal se incorporó por primera vez al Código civil, siendo así que la expresión que encabeza el artículo 968 en el sentido de que "además de la reserva impuesta en el artículo 811, el viudo o viuda..." no ha de entenderse en el sentido de marcar una relación de subsidiariedad de la reserva ordinaria respecto de la lineal o troncal, sino que responde únicamente al hecho de que, sistemáticamente, la regulación de la lineal precede en el código a las normas propias de la ordinaria». (5 junio 2008, rec. 647/2001)

CONCORDANCIAS

Véase:
— art. 980 de este Código.
— Ley Hipotecaria, de 8 febrero 1946 (*«B.O.E.»*, 29 mayo): arts. 168.2.º y 184 a 189.
— Reglamento Hipotecario, de 14 febrero 1947 (*«B.O.E.»*, 16 de abril): arts. 259 y ss.

Artículo 969

La disposición del artículo anterior es aplicable a los bienes que, por los títulos en él expresados, haya adquirido el viudo o viuda de cualquiera de los hijos de su primer matrimonio, y los que haya habido de los parientes del difunto por consideración a éste.

COMENTARIO

1.- Este artículo amplía el elemento real, los bienes objeto de la reserva que enuncia el artículo anterior. Este incluye en la reserva los bienes adquiridos a título gratuito del cónyuge fallecido.

Este art. 969 los amplia y, en primer lugar, dispone que son además objeto de la reserva los que haya adquirido de los hijos del matrimonio anterior (el texto legal dice «primer matrimonio» pero puede no ser el primero) que da lugar a la reserva.

2.- En segundo lugar, también son objeto de reserva los que haya adquirido «de los parientes del difunto por consideración a éste». Plantea ciertas dudas esta expresión: de qué parientes se trata?, se ha mantenido que son los parientes a los que alcanza la sucesión intestada (colaterales de cuarto grado, como máximo) pero el Código no establece límite alguno y el intérprete no puede suponerlo, bastando que el pariente, próximo o lejano o lejanísimo, haga la transmisión gratuita; ¿se tiene que haber hecho viviendo el cónyuge que ha premuerto?: no es preciso, la puede haber hecho viviendo éste, vigente el matrimonio o también después. Lo esencial, en una y en otra duda, es el requisito que se exige en todo caso: que los parientes hayan hecho la transmisión gratuita en consideración a la persona del cónyuge premuerto.

JURISPRUDENCIA

«Faltan los presupuestos de la reserva: no consta que el padre, supuesto reservista, haya sido declarado heredero de su hijo, causante de la reserva, ni procede declararlo en la presente resolución, en cuyo proceso no se ha pedido; ni tampoco consta que haya habido transmisión de bien alguno de hijo al padre; por tanto, no aparece que el viudo D. José G. haya adquirido bienes del hijo de su primer matrimonio, ni que exista título de adquisición. Así, la sentencia de la Audiencia Provincial que declara que existe una reserva abstracta y con contenido indeterminado, sin que aparezca constancia de heredero abintestato ni de herencia, infringe el art. 969 del CC.» (18 octubre 2001, LA LEY 10530/2003)

Artículo 970

Cesará la obligación de reservar cuando los hijos de un matrimonio, mayores de edad, que tengan derecho a los bienes, renuncien expresamente a él, o cuando se trate de cosas dadas o dejadas por los hijos a su padre o a su madre sabiendo que estaban segunda vez casados.

COMENTARIO

1.- Este artículo y el siguiente plantean tres supuestos de exclusión o eliminación de la reserva, que son distintos entre sí.

2.- El primer supuesto es la extinción de la reserva por renuncia de los reservatarios. Estos deben tener capacidad de obrar, es decir, ser mayores de edad (tal como dice el artículo) y no incapacitados (que no lo dice). La renuncia debe ser expresa; no cabe la tácita, que se pretende deducir por ejemplo de la aceptación o celebración del nuevo matrimonio del cónyuge viudo. La renuncia debe hacerse cuando ya ha nacido la reserva por la celebración del nuevo matrimonio o por el nacimiento del hijo extramatrimonial o por la adopción; no cabe que se haga antes, como renuncia anticipada (por ejemplo, cuando el cónyuge enviuda y aún no es reservista).

La renuncia recae sobre la reserva y se extingue éste; no más, es decir, no significa que se renuncie a la sucesión futura del reservista. Así, a la muerte del reservista, los reservatarios (por mejor decir, ex-reservista y ex-reservatarios) pueden sucederle por testamento o abintestato.

3.- El segundo supuesto es de no nacimiento de la reserva, por falta de bienes reservables en el caso de que los bienes (en principio reservables) que transmitieron gratuitamente los hijos a su padre o madre, lo hicieron sabiendo que estaban casados de nuevo; lo que debe entenderse aplicable, si lo hicieran sabiendo que habían tenido un hijo extramatrimonial o un hijo adoptivo.

JURISPRUDENCIA

«dejando a un lado la renuncia presunta de los hijos a la que acabamos de referirnos, en relación "con las cosas dadas o dejadas por los hijos a su padre o a su madre, sabiendo que estaban segunda vez casados", la doctrina hace la distinción entre la renuncia a las medidas de seguridad que garantizan el cumplimiento de la obligación de reservar, y la concreta y específica renuncia a la reserva. La primera renuncia puede entenderse producida de una forma presunta, pues como su finalidad consiste en la exigencia de ciertas garantías que aseguren la obligación de reservar que la Ley impone al bínubo, si los hijos del primer matrimonio entienden que en su padre o madre concurren esas garantías, sin necesidad de su constitución formal, hay que presumir la existencia de la renuncia a las mismas, en aquellos casos en que el progenitor no las presta ni ellos las exigen; mucho más cuando estas garantías se refieren a unos concretos bienes, y el derecho de reserva tiene más bien una naturaleza obligacional referida al valor de los mismos. Cosa distinta es la posición que legal y doctrinalmente debe tomarse en relación con la renuncia a la reserva, entendida ésta como la sujeción o limitación "inter vivos" y "mortis causa" del reservista, tanto en su ámbito personal como real. Literalmente la disposición legal exige que la renuncia sea "expresa"; prácticamente la totalidad de la doctrina científica opina en el mismo sentido, pues tratándose de una renuncia abdicativa, necesita que se efectúe de una forma clara, inequívoca y derivada de actos concretos que demuestren la voluntad del sujeto; y finalmente, la única doctrina jurisprudencial que en relación directa con la renuncia hemos encontrado (sentencia de 3 de marzo de 1959), claramente se inclina por la exigencia de la forma expresa, añadiendo que a esta forma "no pueden equipararse actos más o menos concluyentes realizados a tal fin". La Sala tiene plena conciencia de su misión integradora del ordenamiento jurídico, cuando incide en la misma postura interpretativa sostenida en la sentencia que comentamos, dando con ello lugar a la reiteración que exige el n.º 6.º del art. 1 del Código Civil, en orden a la creación de doctrina jurisprudencial; y esta doctrina no puede ser otra que la exigencia de una forma expresa en la renuncia, para que cese la obligación de reserva». (22 junio 1995, LA LEY 14545/1995)

«La renuncia, si no es expresa, debe ser clara y concluyente para ser apreciada como tácita; nunca ha sido considerada como renuncia tácita el no ejercicio o ejercicio tardío de derechos: ambas son declaraciones jurisprudenciales reiteradas e indiscutidas. De ello de deriva, en primer lugar, que la realidad de que los reservatarios no exigieran el cumplimiento de las garantías de la reserva que se constituyó a su favor por el segundo matrimonio del

padre no implica en modo alguno renuncia tácita de la reserva. En segundo lugar, que el escrito, en documento privado, del padre, futuro reservista (aún no había contraído matrimonio) y futuros reservatarios, no es una renuncia tácita a la reserva futura, como ha interpretado la sentencia de instancia, puesto que tal escrito se titula información detallada acerca de los bienes y títulos poseídos por la sociedad conyugal en el momento del fallecimiento de la esposa, D.ª Piedad B. M., y propuesta privada de definitiva distribución de la parte de caudal hereditario pendiente de reparto y se llega al acuerdo: los abajo firmantes prestan su total conformidad a las obligaciones y derechos que se deriven de la distribución definitiva de la herencia (de la madre) en la forma que antecede y que voluntariamente aceptan; del escrito nada se deduce acerca de la reserva aún no nacida y, mucho menos, una renuncia tácita.» (18 octubre 2001, LA LEY 10530/2003)

Artículo 971

Cesará además la reserva si al morir el padre o la madre que contrajo segundo matrimonio no existen hijos ni descendientes del primero.

COMENTARIO

El tercer supuesto de exclusión de la reserva, además de los dos del artículo anterior, es el de falta del elemento personal: el reservatario.

El caso es que, a la muerte del reservista, no haya hijos ni descendientes del anterior matrimonio, es decir, reservatarios. No importa que sí los haya habido antes y hayan fallecido. Si a la muerte del reservista, no hay reservatarios, no hay reserva; porque nunca la hubo, si no hubo nunca tales hijos ni descendientes del anterior matrimonio, o porque se extinguió, si los hubo y fallecieron antes.

Este artículo habla, como todos, de primero y de segundo matrimonio, pero puede ser segundo y tercero (art. 979); se trata de un anterior matrimonio, sea primero o segundo, que da lugar a la reserva por haber contraído el cónyuge viudo un nuevo matrimonio que puede ser el segundo o tercero (o cuarto, etc.).

CONCORDANCIAS

Texto vigente según Ley 11/1981, 13 mayo (*«B.O.E.»*, 19 mayo).

Artículo 972

A pesar de la obligación de reservar, podrá el padre, o madre, segunda vez casado, mejorar en los bienes reservables a cualquiera de los hijos o descendientes del primer matrimonio, conforme a lo dispuesto en el artículo 823.

COMENTARIO

1.- La reserva se consuma o produce los efectos propios de la misma cuando se da el fallecimiento del reservista existiendo hijos o descendientes del anterior matrimonio (elemento personal: reservatarios) y bienes objeto de la reserva (elemento real). En tal momento, el derecho de los reservatarios deviene efectivo sobre los bienes reservables, pudiendo exigir su entrega.

2.- Los bienes reservables puede el reservista atribuirlos a los reservatarios, en la proporción que desee, mejorando a los que desee. A falta de tal mejora, suceden al reservista en los bienes reservables según las reglas de la sucesión intestada: los hijos por partes iguales, *per capita* y los descendientes *in stirpes*.

En efecto, el reservista puede mejorar en los bienes reservables a cualquiera de los hijos o descendientes del primer matrimonio (conforme a lo dispuesto en el art. 823, dice el art. 972). Dentro de las varias cuestiones que plantea esta norma, es esencial la de su amplitud: ¿Puede el reservista mejorar a su arbitrio a uno u otro reservatario o debe someterse a las reglas de la mejora?: la reserva no es una legítima, y la referencia a la mejora no lo es en sentido preciso: parece más segura la opinión de que la facultad de mejorar del reservista se extiende a la totalidad de los bienes reservables con los que puede mejorar a uno u otro reservatario.

Artículo 973

Si el padre o la madre no hubiere usado, en todo o en parte, de la facultad que le concede el artículo anterior, los hijos y descendientes del primer matrimonio sucederán en los bienes sujetos a reserva conforme a las reglas prescritas para la sucesión en línea descendente, aunque a virtud de testamento hubiesen heredado desigualmente al cónyuge premuerto o hubiesen repudiado su herencia.

El hijo desheredado justamente por el padre o por la madre perderá todo derecho a la reserva, pero si tuviere hijos o descendientes, se estará a lo dispuesto en el artículo 857 y en el número 2 del artículo 164.

COMENTARIO

1.- Se ocupa este artículo de la efectividad o consumación de la reserva, que se produce a la muerte del reservista. Hay que tener en cuenta que el cónyuge premuerto o los hijos o parientes transmitieron al cónyuge bínubo, reservista, bienes que, posteriormente quedaron afectos a la reserva; por tanto, tales bienes eran propiedad del reservista y, en consecuencia, los reservatarios suceden mortis causa, en virtud de la reserva, al reservista.

El presente artículo parte de la posibilidad de que el reservista haya hecho uso de su facultad de mejorar que prevé el artículo anterior.

2.- Si el reservista no ha mejorado a ninguno de los reservatarios, dispone el presente artículo que los bienes reservables los adquieren los hijos y descendientes del anterior matrimonio (reservatarios) según las reglas de la sucesión intestada: los hijos por partes iguales *per capita* y los descendientes, *in stirpes*.

3.- Se ha de insistir en que el reservatario no hereda al cónyuge premuerto (éste transmitió los bienes al cónyuge que, por casarse de nuevo, o tener un hijo o adoptar, quedó como reservista) sino que sucede, como tal, *mortis causa*, en los bienes objeto de la reserva, al reservista. Como lógica consecuencia, es indiferente cómo haya sido la sucesión del reservatario al cónyuge premuerto: así este art. 973 termina su primer párrafo, después de decir que a falta de mejora, los reservatarios suceden al reservista como en la sucesión intestada, disponiendo que suceden así, aunque hubieran heredado de manera distinta en sucesión testada al cónyuge premuerto o hubieran repudiado su herencia.

4.- El segundo párrafo de este artículo prevé la posibilidad de desheredar al reservatario respecto a los bienes de la reserva, «por el padre o por la madre». Recordando lo que se ha dicho en los apartados anteriores, de que es independiente la sucesión *mortis causa* del cónyuge premuerto, de la sucesión en la reserva y que el causante de esta última es, lógicamente, el reservista, este «padre o madre» al que se refiere la norma es el reservista, no el padre o madre que premurió.

Producida la desheredación justa por el reservista no sucederá en los bienes objeto de la reserva el reservatario, pero si tiene hijos o descendientes éstos sí sucederán en los mismos por derecho de representación.

CONCORDANCIAS

Texto vigente según Ley 11/1981, 13 mayo («*B.O.E.*», 19 mayo).

Artículo 974

Serán válidas las enajenaciones de los bienes inmuebles reservables hechas por el cónyuge sobreviviente antes de celebrar segundas bodas, con la obligación, desde que las celebrare, de asegurar el valor de aquéllos a los hijos y descendientes del primer matrimonio.

COMENTARIO

1.- Un cónyuge que adquiere a título gratuito, *inter vivos* o *mortis causa*, bienes de su cónyuge, de su hijo o de un pariente en consideración a su cónyuge premuerto, es pleno propietario de los mismos y, como tal, puede disponer de ellos.

Pero si más adelante contrae nuevo matrimonio, tiene un hijo extramatrimonial o adopta, se constituye la reserva. En tal caso, no se declararán ineficaces los actos de disposición de los bienes reservables hechas anteriormente (aunque será ineficaces las posteriores según el artículo siguiente).

2.- Esto es lo que dispone este artículo. La *disposición de bienes inmuebles* por el cónyuge supérstite, antes de constituirse la reserva, es válida y eficaz. Si este cónyuge contrae nuevo matrimonio, o tiene un hijo extramatrimonial o adopta un hijo, se constituye en este momento la reserva, no se declara ineficaz la disposición anterior, pero tiene que asegurar a los reservatarios el valor de los inmuebles dispuestos.

Artículo 975

La enajenación que de los bienes inmuebles sujetos a reserva hubiere hecho el viudo o la viuda después de contraer segundo matrimonio subsistirá únicamente si a su muerte no quedan hijos ni descendientes del primero, sin perjuicio de lo dispuesto en la Ley Hipotecaria.

COMENTARIO

1.- Como continuación y contraposición con lo dispuesto en el artículo anterior, se prevé en éste la disposición de bienes inmuebles objeto de la reserva, después de constituida ésta por el nuevo matrimonio del cónyuge (caso al que se refiere expresamente este artículo) o por tener un hijo extramatrimonial o por adoptar un hijo. A partir de este momento, el reservista carece de poder de disposición sobre los bienes objeto de reserva. Así el acto de disposición de bienes inmuebles es ineficaz, en su categoría de ineficacia *stricto sensu* por falta de poder de disposición.

2.- Pese a ello, se mantiene la eficacia del acto de disposición de inmuebles («subsistirá» dice el texto legal) en dos supuestos. El primero es el de que no haya reservatarios a la muerte del reservista. Es un caso de exclusión o eliminación de la reserva, uno de los tres que contemplan los arts. 970 y 971 y debe extenderse a la renuncia de los reservatarios (no se extiende al tercer caso, falta de bienes reservables, ya que no puede darse, si precisamente existen inmuebles objeto de la reserva).

El segundo supuesto es que se mantenga la disposición por haber producido una adquisición en un tercero hipotecario amparado por el principio de la fe pública registral del art. 34 L.H. (siempre, claro está, que no constara en el Registro de la Propiedad la condición de reservable del bien inmueble de que ha dispuesto). En tal caso, el reservatario podrá reclamar, en el momento de la efectividad o consumación de la reserva, el valor del aquel inmueble enajenado, cuya disposición se mantiene (art. 978.4.º).

CONCORDANCIAS

Véase:
— arts. 978.4.º de este Código.
— Ley Hipotecaria, de 8 febrero 1946 («*B.O.E.*», 29 mayo): arts. 34 y 37.
Texto vigente según Ley 11/1981, 13 mayo («*B.O.E.*», 19 mayo).

Artículo 976

Las enajenaciones de los bienes muebles hechas antes o después de contraer segundo matrimonio serán válidas, salvo siempre la obligación de indemnizar.

COMENTARIO

1.- Los dos artículos se refieren a la disposición de bienes inmuebles por el reservista antes (art. 974) y después (art. 975) de constituirse la reserva. Este artículo declara la validez y eficacia de la disposición de bienes muebles objeto de la reserva, en todo momento, antes y después de constituirse ésta.

2.- Sin embargo, ello no perjudica al reservatario. Este no recibirá, evidentemente, los bienes muebles de que haya dispuesto el reservista, sino que recibirá el precio que aquel hubiera percibido si dispuso a título oneroso o su valor, si lo hizo a título gratuito. Este art. 976, en su último inciso, «salvo siempre la obligación de indemnizar», pero poniendo en relación esta norma con el número 3 del art. 978, se concreta lo que deberá recibir el reservatario a la muerte del reservista: el precio o el valor de la cosa mueble de que se ha dispuesto.

CONCORDANCIAS

Véase art. 978.3.º de este Código.

Artículo 977

El viudo o la viuda, al repetir matrimonio, hará inventariar todos los bienes sujetos a reserva, anotar en el Registro de la Propiedad la calidad de reservables de los inmuebles con arreglo a lo dispuesto en la Ley Hipotecaria, y tasar los muebles.

COMENTARIO

1.- Este artículo y el siguiente se ocupan de las medidas aseguradoras de los bienes objeto de la reserva desde que ésta se constituye por el nuevo matrimonio del cónyuge supérstite o por el matrimonio del cónyuge supérstite o por el nacimiento del hijo extramatrimonial o por la adopción.

2.- Tales medidas son:

Primera. Inventario de todos los bienes objeto de la reserva.

Segunda. Constancia en el Registro de la Propiedad de la cualidad de reservables de los bienes inmuebles objeto de la reserva, lo que se hará mediante nota marginal si están inscritos o constará en la propia inscripción si no estaban inscritas y se inscriben precisamente para cumplir esta norma de garantía.

Tercera. Tasación de los bienes muebles objeto de la reserva. No hay que olvidar que el reservista tiene poder de disposición sobre los mismos, por lo que constarán en el inventario y se valorarán, en previsión de que disponga de ellos.

CONCORDANCIAS

Véase:
— Ley Hipotecaria, de 8 febrero 1946 («*B.O.E.*», 29 mayo): arts. 168.2.º y 184 a 189.
— Reglamento Hipotecario, de 14 de febrero 1947 («*B.O.E.*», 16 abril): arts. 259 a 265.

Artículo 978

Estará además obligado el viudo o viuda, al repetir matrimonio, a asegurar con hipoteca:

1.º La restitución de los bienes muebles no enajenados en el estado que tuvieren al tiempo de su muerte.

2.º El abono de los deterioros ocasionados o que se ocasionaren por su culpa o negligencia.

3.º La devolución del precio que hubiese recibido por los bienes muebles enajenados o la entrega del valor que tenían al tiempo de la enajenación, si ésta se hubiese hecho a título gratuito.

4.º El valor de los bienes inmuebles válidamente enajenados.

COMENTARIO

1.- El artículo anterior fija garantías o medidas aseguradoras de los bienes objeto de la reserva. Este igualmente fija una concreta garantía, la hipotecaria. En uno y otro se pretende que la reserva tenga plena efectividad, sin perjudicarse el reservatario. La concreta garantía que establece este artículo es que se asegure con hipoteca, el cumplimiento de la reserva, en una serie de aspectos.

2.- Tales aspectos o extremos que deben ser asegurados con garantía hipotecaria son los siguientes:

Primero. La entrega al reservatario o a los reservatarios, en el momento de la consumación o efectividad de la reserva (muerte del reservista) de los bienes muebles, de que no hubiese dispuesto (válida y efectivamente en todo caso, según el art. 976) el reservista (art. 978.1.º) o del precio de los dispuestos a título oneroso o del valor al tiempo de la enajenación, de los dispuestos a título gratuito (art. 978.3.º).

Segundo. La entrega del valor de los inmuebles de que haya dispuesto válidamente (art. 974) el reservista (art. 978.4.º). No se garantiza con hipoteca la entrega de los propios bienes inmuebles, ya que ésta se asegura por la constancia registral que prevé el artículo anterior.

Tercero. El abono al reservatario de los deterioros sufridos en los bienes objeto de la reserva, por culpa del reservista.

3.- Adviértase que este artículo establece la garantía hipotecaria para la efectividad de la reserva. Pero de su normativa se deduce tal propia efectividad, es decir, qué debe recibir y qué puede exigir el reservatario o reservatarios en el momento de efectividad de la reserva: los muebles no dispuestos, el precio o el valor de los dispuestos, los inmuebles o el valor de aquellos que fueron dispuestos antes de la reserva y el importe de los deterioros culpables.

CONCORDANCIAS

Véase:
— Ley Hipotecaria, de 8 febrero 1946 (*«B.O.E.»*, 29 mayo): arts. 184 a 189.
— Reglamento Hipotecario, de 14 de febrero 1947 (*«B.O.E.»*, 16 abril): arts. 259 a 265.
Texto vigente según Ley 11/1981, 13 mayo (*«B.O.E.»*, 19 mayo).

Artículo 979

Lo dispuesto en los artículos anteriores para el caso de segundo matrimonio rige igualmente en el tercero y ulteriores.

COMENTARIO

Ya en el comentario al art. 968 se adelantó que cuando el Código, al tratar de la reserva, se refiere al primer matrimonio y a que el cónyuge viudo contrae segundo matrimonio, debe entenderse que se trata de anterior matrimonio (que puede ser el primero o el segundo o el tercero, etc.) y de nuevo o posterior matrimonio (que será el segundo o el tercero o el cuarto, etc.).

Así lo establece este art. 979: lo que se dispone en la reserva sobre el segundo matrimonio «rige igualmente en el tercero y ulteriores»; lo que interesa es que este nuevo matrimonio da lugar a la reserva, porque hay reservatarios (hijos o descendientes del anterior matrimonio) y bienes que son objeto de la reserva.

Artículo 980

La obligación de reservar impuesta en los anteriores artículos será también aplicable:

1.º Al viudo que durante el matrimonio haya tenido, o en estado de viudez tenga un hijo no matrimonial.

2.º Al viudo que adopte a otra persona. Se exceptúa el caso de que el adoptado sea hijo del consorte de quien descienden los que serían reservatarios.

Dicha obligación de reservar surtirá efecto, respectivamente, desde el nacimiento o la adopción del hijo.

COMENTARIO

1.- El art. 968 expone el supuesto básico de la reserva ordinaria o vidual, que es el nuevo matrimonio del cónyuge viudo, el cual ha recibido bienes a título gratuito de su anterior cónyuge, premuerto, o de sus hijos o de parientes (ampliación del art. 969) y tiene hijos o descendientes del anterior matrimonio.

Este artículo amplía aquel supuesto básico a tres supuestos más, expuestos en los números, referidos a que el cónyuge viudo no contrae nuevo matrimonio pero tiene un hijo extramatrimonial o adoptivo, dándose, claro está, los demás elementos de la reserva.

2.- Tales supuestos son los siguientes:

Primero. Que el cónyuge viudo haya tenido constante matrimonio (el que da lugar a la reserva) un hijo extramatrimonial. Caso único en que se constituye la reserva en el instante mismo en que este cónyuge queda viudo; lo que es importante a los efectos del poder de disposición de bienes objeto de la reserva y de la configuración de las garantías.

Segundo. Que el cónyuge tenga, en estado de viudez, un hijo extramatrimonial. La reserva se constituye en el momento del nacimiento (no antes, por ejemplo, es el de la concepción); lo que tiene importancia a los efectos, como en el supuesto anterior, del poder de disposición del reservista y de la prestación de garantías.

Tercero. Que el cónyuge adopte, en estado de viudez, a una persona. La reserva queda constituida en el momento de la perfección de la adopción, que es la resolución judicial. Hay una excepción: no hay reserva en el caso de que tal adopción por el cónyuge viudo es de un hijo del cónyuge premuerto, del que son descendientes los que serían reservatarios.

CONCORDANCIAS

Texto vigente según LO 1/1996, 15 enero, de Protección Jurídica del Menor.

SECCIÓN TERCERA
Del derecho de acrecer

Artículo 981

En las sucesiones legítimas la parte del que repudia la herencia acrecerá siempre a los coherederos.

COMENTARIO

1.- Este artículo y los siguientes, hasta el 987, regulan el derecho de acrecer que, propiamente, se aplica a la sucesión testada y muy discutiblemente a la intestada (este art. 981) y a la forzosa (art. 985). Conviene dar una primera idea general del derecho a acrecer.

Cuando se habla de la delación de la herencia se hace normalmente en singular, refiriéndose a una persona determinada que recibe el ofrecimiento para aceptar o repudiar la herencia. Pero puede haber varias personas que reciben este ofrecimiento: una en defecto de otra (sustitución vulgar), una después de la otra (sustitución fideicomisaria), cada una, una porción concreta de la herencia (delaciones singulares), o, por último, varias conjuntamente a toda la herencia o a una parte de la misma (delación solidaria); este último caso se da, pues, cuando hay varios llamados (con delación, no sólo vocación) a una herencia o parte de la misma, y cada uno tiene delación concreta respecto a su cuota parte y eventualmente —por razón de la solidaridad de la delación— a la de los demás, si éstos no llegan a adquirir la suya: esto último es derecho de acrecer. Así, cuando un conjunto de herederos es llamado con delación solidaria, la no adquisición de alguno de ellos se suple por los demás.

2.- Este art. 981 se refiere al derecho de acrecer en la *sucesión intestada*, lo que hacía el artículo 922, subordinado al derecho de representación si éste se da, aunque más que derecho de acrecer es adquisición por derecho propio. Conviene repetir lo que se decía en el comentario al art. 922.

En la sucesión intestada no se da el derecho de acrecer aunque se produce el mismo resultado por la construcción jurídica de la misma en que el pariente más próximo excluye al más remoto y, así, antes de que la herencia pase a parientes de posterior grado, la adquieren los del grado anterior dividiéndose entre ellos tanto si concurren todos como si se produce la ineficacia del llamamiento de uno de ellos (Si los herederos *ab intestato* son los cuatro hijos del causante, si uno de ellos repudia la herencia, su parte no irá al cónyuge o a hermanos o sobrinos, sino que la herencia se repartirá entre los tres hijos). Prácticamente, el resultado es el mismo que si se diera el derecho de acrecer.

JURISPRUDENCIA

Véase la sentencia de 10 julio 2003, LA LEY 2639/2003, que está recogida en el artículo 985 (y en el 816).

CONCORDANCIAS

Véanse arts. 191, 192, 908 y 922 de este Código.

Artículo 982

Para que en la sucesión testamentaria tenga lugar el derecho de acrecer, se requiere:

1.º Que dos o más sean llamados a una misma herencia, o a una misma porción de ella, sin especial designación de partes.

2.º Que uno de los llamados muera antes que el testador, o que renuncie la herencia, o sea incapaz de recibirla.

COMENTARIO

1.- La sucesión testada es la que propiamente admite y desarrolla el derecho de acrecer. Este artículo expresa los dos requisitos para que se aplique el mismo, aunque, dominando en la sucesión testada el principio de la prevalente soberanía de la voluntad del testador, éste puede ordenar que se dé el derecho de acrecer aunque no concurran todos los requisitos o que no se dé a pesar de que concurran.

Los requisitos del acrecimiento son dos: 1.º solidaridad de la delación; 2.º vacante de persona.

Primer requisito. Solidaridad de la delación. Este primer requisito lo expresa el número primero del art. 982: «que dos o más sean llamados a una misma herencia, o a una misma porción de ella, sin especial designación de las partes». Es decir, un llamamiento conjunto a varios herederos que implica una solidaridad, a una herencia o parte de ella, considerado como un cuerpo unitario. No se da si se asigna a cada coheredero una porción concreta de la herencia.

Segundo requisito. Vacante de persona. Llamado solidariamente un conjunto de herederos, alguno de los que podían recibir su parte en la herencia no la llegan a adquirir por premoriencia, renuncia o incapacidad o indignidad, que son los casos que contempla el número segundo del artículo 982 («que uno de los llamados muera antes que el testador, o que renuncie a la herencia, o sea incapaz de recibirla»), a los que cabría añadir el no nacimiento del heredero concebido, la ausencia (art. 191), incumplimiento de condición suspensiva, nulidad del llamamiento a uno de los herederos solidarios: en síntesis, por la ineficacia del llamamiento de alguno de los coherederos solidarios.

CONCORDANCIAS

Véanse arts. 745, 755, 756 y 985 de este Código.

Artículo 983

Se entenderá hecha la designación por partes sólo en el caso de que el testador haya determinado expresamente una cuota para cada heredero.

La frase *«por mitad o por partes iguales»* u otras que, aunque designen parte alícuota, no fijan ésta numéricamente o por señales que hagan a cada uno dueño de un cuerpo de bienes separado, no excluyen el derecho de acrecer.

COMENTARIO

1.- Este artículo es complementario del anterior, que consideraba requisito del derecho de acrecer la solidaridad de la delación y ésta implicaba que no hubiera especial designación de partes.

El presente artículo aclara que hay especial designación de partes y, por tanto, no hay derecho de acrecer, «en el caso de que el testador haya determinado expresamente una cuota para cada heredero». Poniendo en relación este texto del primer párrafo con el segundo párrafo, debe entenderse —de acuerdo con doctrina y jurisprudencia— que lo que excluye el derecho de acrecer es la atribución a los coherederos de cuerpos de bienes separados o la fijación de una parte o porción de patrimonio cuantitativamente) determinada y concreta, pero no de fracción alícuota de la herencia.

2.- El segundo párrafo de este artículo ratifica lo anterior. Dispone que la distribución de la herencia por partes alícuotas («por mitad o por partes iguales») o frases equivalente: «por tercios», «un cuarto cada uno», etc.) no excluyen el derecho de acrecer, lo que es evidente ya que precisamente implican la solidaridad en la delación. Lo que sí excluyen es la fijación «numéricamente o por señales que hagan a cada uno dueño de un campo de bienes separado», es decir, lo expuesto en el apartado anterior: excluye el derecho de acrecer la atribución de cuerpos de bienes separados.

La atribución de partes alícuotas es lo que verdaderamente determina el derecho de acrecer entre los coherederos. Pero es importante destacar que no es preciso que estas partes sean iguales. Se da el derecho de acrecer si el testador ha dispuesto de su herencia a favor de sus cuatro hijos a partes iguales y también si ha dispuesto de la mitad a favor del mayor y de la otra mitad, un tercio para cada uno de los otros tres, en cuyo caso acrecerá la cuota que quede vacante, de modo proporcional a sus respectivas cuotas.

JURISPRUDENCIA

«la voluntad declarada y decidida del causante de testar, incluso superando sus padecimientos físicos, sin que nadie haya puesto en tela de juicio su capacidad para hacerlo, ni la validez del testamento en cuanto a sus formalidades, por lo que ha de mantenerse en su integridad una vez salvados los errores padecidos y habida cuenta de que llama a sus primos, los designados, "por partes iguales", expresión utilizada por el art. 983, párrafo segundo, CC, que ni siquiera se cita como infringido». (30 enero 1997, LA LEY 1566/1997)

Artículo 984

Los herederos a quienes acrezca la herencia sucederán en todos los derechos y obligaciones que tendría el que no quiso o no pudo recibirla.

COMENTARIO

Los efectos del acrecimiento se concretan en que el o los herederos que adquieren su parte en la herencia, adquieren, además, la correspondiente vacante.

El acrecimiento se produce:

Primero. Automáticamente, sin intervención del sucesor, que puede ignorar el acrecimiento o incluso no estar conforme; es decir, no es precisa la aceptación del acrecimiento, sino que éste sigue el destino de la cuota principal (acrecida).

Segundo. El acreciente recibe la parte acrecida en las mismas condiciones que hubiera recibido el sucesor vacante, salvo en lo que fuese personalísimo de éste, artículo 984.

Tercero. El *ius transmissionis*, caso de morir el sucesor con derecho de acrecer, sin haber aceptado ni repudiado su cuota (acrecida), transmite (art. 1006) a sus propios herederos aquella cuota con el acrecimiento incorporado.

Cuarto. El acrecimiento se produce por cada coheredero proporcionalmente a su respectiva cuota inicial.

Artículo 985

Entre los herederos forzosos el derecho de acrecer sólo tendrá lugar cuando la parte de libre disposición se deje a dos o más de ellos, o a alguno de ellos y a un extraño.

Si la parte repudiada fuere la legítima sucederán en ella los coherederos por su derecho propio, y no por el derecho de acrecer.

COMENTARIO

1.- En la sucesión forzosa es también discutible que se dé el derecho de acrecer. No hay que olvidar que la sucesión forzosa no es una clase de sucesión distinta a la testada o intestada, sino un límite a éstas como carga al causante, por lo que una parte de su patrimonio (llamada legítima) debe ser adquirida por ciertas personas (los legitimarios).

Ante todo hay que tener en cuenta que la parte de la herencia que no constituya la legítima —llamada parte de libre disposición— sigue las reglas del derecho de acrecer, según se den o no los requisitos de éste, no importando que los herederos que la perciban sean o no legitimarios: así lo expresa el art. 985, primer párrafo.

2.- En relación a la legítima, si se produce la ineficacia del llamamiento a uno de los legitimarios (entre otros motivos, por repudiación, único caso al que se refiere el segundo párrafo del art. 985) los demás adquieren su parte, como en el derecho a acrecer, pero no por tal derecho, sino porque la cuantía total de la legítima es invariable, sea cual sea el número de los legitimarios, y si uno no llega a serlo, la cuantía total se reparte entre los legitimarios efectivos que, así, hacen suya la parte del que falla, no por acrecimiento, sino por su derecho propio de la legítima: así lo ordena el segundo párrafo del art. 985: si la parte repudiada fuere la legítima, sucederán en ella los coherederos (se refiere a los demás legitimarios) por su derecho propio, y no por el derecho de acrecer.

En cuanto a la mejora, si en la sucesión no se ha distinguido de la legítima estricta, la cuestión se resuelve en sus mismos términos. Si el causante dejó una parte de la herencia expresamente como mejora a varios legitimarios conjuntamente, sólo entre ellos se dará el derecho de acrecer si concurren los requisitos generales del mismo: si no se dieran, se refundiría en la legítima que, como tal, se repartiría entre los legitimarios.

JURISPRUDENCIA

«como se desprende del art. 985.2 del CC, no pudiendo representarla los descendientes de la renunciante, en virtud de lo dispuesto en el art. 929 del mismo cuerpo legal, que sólo permite la representación de persona viva, en los casos de desheredación y de incapacidad. Por ello, la renuncia del llamado no provoca la representación de su descendencia, ni en una clase de sucesión ni en otra y su estirpe no puede representarle cuando repudia la porción que se le defiere y percibir lo que su ascendiente abdica o no quiere. Así, conforme al art. 922 del CC, si hubiere varios parientes de un mismo grado y alguno o algunos no quisieren o no pudieren suceder, su parte acrecerá a los del mismo grado, salvo el derecho de representación cuando pueda tener lugar, pero concreta y precisa el art. 923 que repudiando la herencia el pariente más próximo, si es solo, o, si fueren varios, todos los parientes más próximos llamados por la ley, heredarán los de grado siguiente por su propio derecho y sin que puedan representar al repudiante. Por ello, los descendientes del hijo que renuncia no pueden suceder apoyándose en el derecho de representación, como ha precisado la doctrina científica y conforme al art. 981, en las sucesiones legítimas, la parte del que repudia la herencia acrecerá siempre a los coherederos». (10 de julio 2003, LA LEY 2639/2003)

Artículo 986

En la sucesión testamentaria, cuando no tenga lugar el derecho de acrecer, la porción vacante del instituido, a quien no se hubiese designado sustituto, pasará a los herederos legítimos del testador, los cuales la recibirán con las mismas cargas y obligaciones.

COMENTARIO

Establece este artículo una norma que es obvia. En relación con la sucesión testada, la vacante de un coheredero lo adquirirá, en primer lugar, su sustituto vulgar, si ha sido nombrado por el testador; si éste no ha previsto sustitución vulgar, su parte lo adquirirán los coherederos por derecho de acrecer, siempre que concurran los requisitos expuestos y si tampoco concurren éstos, se abrirá la sucesión intestada parcial respecto de aquel coheredero y los herederos ab intestato heredarán su parte, con los mismos derechos que le correspondían a su causante.

CONCORDANCIAS

Véase art. 912.3.º de este Código.

Artículo 987

El derecho de acrecer tendrá también lugar entre los legatarios y los usufructuarios en los términos establecidos para los herederos.

COMENTARIO

Este artículo declara aplicable el derecho de acrecer al legado y al usufructo.

Así, cuando varios legatarios han sido llamados en forma solidaria a un mismo legado y se frustra la eficacia del llamamiento a uno de ellos, la parte de éste acrece a los demás por haberse cumplido los requisitos del derecho de acrecer. En el usufructo se da un acrecimiento impropio: si el causante nombra conjuntamente a varias personas usufructuarias de una misma cosa, cuando se extingue el usufructo respecto a una de ellas, su parte no revierte a la nuda propiedad, sino que acrece a las demás. Lo que expresa asimismo el art. 521: «el usufructo constituido en provecho de varias personas vivas al tiempo de su constitución, no se extinguirá hasta la muerte de la última que sobreviviere».

CONCORDANCIAS

Véase art. 888 de este Código.

SECCIÓN CUARTA

De la aceptación y repudiación de la herencia

Artículo 988

La aceptación y repudiación de la herencia son actos enteramente voluntarios y libres.

COMENTARIO

1.- Inicia este artículo la Sección Cuarta titulada «de la aceptación y repudiación de la herencia». La regulación conjunta de aceptación y repudiación pone de manifiesto que el sistema de adquisición hereditaria seguido por el Código Civil es el de adquisición por aceptación que tiene las siguientes fases:

Primera fase: apertura de la sucesión; es el momento inicial en el que comienza el fenómeno sucesorio; se produce por la muerte del causante (artículo 32 del C.C.) o su declaración de fallecimiento (artículo 196).

Segunda fase: vocación de la herencia, es el llamamiento general a todos los presuntos y eventuales herederos testamentarios o *abintestato*. Provoca una simple expectativa jurídica y su derecho a la herencia aún no es cierto por lo que todavía no pueden aceptarla o repudiarla (artículo 991 del C.C.).

Tercera fase: delación de la herencia: es el concreto llamamiento u ofrecimiento de la herencia a uno de los sujetos con vocación. Supone ya una persona determinada como posible heredero, al que se le otorga con dicho ofrecimiento el derecho subjetivo (*ius delationis*) consistente en acertar la herencia o repudiarla.

Cuarta fase: aceptación de la herencia; el llamado con delación declara expresa o tácitamente querer asumir la cualidad de heredero, lo que produce la adquisición de la herencia. Si declara, por el contrario, repudiarla, queda apartado de la sucesión y provoca la delación en favor de otro de los sujetos con vocación.

2.- Declara este artículo que tanto la aceptación como la repudiación son «actos enteramente voluntarios y libres». Quiere poner de manifiesto que nadie puede ser obligado a heredar y aquel sujeto a quien se le ofrezca la herencia, todavía no es heredero, sino que tiene, en virtud de la delación, las facultades de aceptar o repudiar. Ambas facultades desde el punto de vista dinámico tienen la naturaleza, en principio, de negocios jurídicos unilaterales no recepticios, lo que implica necesariamente que sean «actos enteramente voluntarios y libres».

3.- Mientras no se declare una u otra voluntad el sujeto es titular del *ius delationis* (derecho nacido de la delación) que excluye cualquier otro llamamiento y la herencia mientras tanto permanece yacente. La aceptación produce como efecto la adquisición de la herencia; el llamado con delación, al ejercitar la facultad derivada de la misma, queda investido de la cualidad personal de heredero de la que se deriva la adquisición del patrimonio.

La repudiación es el acto esencialmente contrario a la aceptación y consiste en la negativa a ser heredero. Se trata de una renuncia preventiva ya que se rechaza un derecho (la herencia) aún no incorporado al patrimonio del renunciante y se impide con la repudiación, precisamente, su adquisición. La repudiación produce la extinción de la delación del repudiante e, *ipso iure*, provoca una nueva delación en favor de otro sujeto con vocación siguiendo el orden marcado por la sucesión testada o intestada, según el caso.

Desde este artículo hasta el 1.087 ha colaborado ÁNGELA GALVÁN GALLEGOS, Doctora en Derecho, Magistrada.

JURISPRUDENCIA

«faltó no sólo una voluntad no viciada sino la propia voluntad, con lo que aquellos actos fueron jurídicamente inexistentes, y sólo han tenido una vida aparente, con la consecuencia, declarada reiteradamente por la jurisprudencia, de que la acción de nulidad de pleno derecho o

de inexistencia de los actos jurídicos es imprescriptible, de acuerdo con la antigua regla de que lo nulo en su inicio no puede ser convalidado por la acción del tiempo, de manera que, según la sentencia de 14 de noviembre de 1991 y otras, la limitación temporal para accionar de 4 años que establece el artículo 1301 del Código Civil viene referida a las acciones de anulabilidad, pero no a las de nulidad radical o inexistencia». (19 mayo 1995, LA LEY 16880-R/1995)

CONCORDANCIAS

Véanse arts. 1.001, 1.002 y 1.007 de este Código.

Artículo 989

Los efectos de la aceptación y de la repudiación se retrotraen siempre al momento de la muerte de la persona a quien se hereda.

COMENTARIO

1.- Desde la apertura de la sucesión (muerte o declaración de fallecimiento del causante) hasta la adquisición de la herencia por el sujeto con delación que declare aceptarla existe un espacio de tiempo que el artículo 989 quiere salvarlo a través del efecto retroactivo que otorga a la aceptación y repudiación de la herencia. Así, esta norma pone de manifiesto que el momento de la muerte del causante es el determinante de la transmisión de los derechos y obligaciones del mismo y no el momento de la manifestación de la aceptación.

2.- La retroactividad respecto de la aceptación significa que la asunción del carácter de heredero se produce desde el momento de la apertura de la sucesión, y por ende, la adquisición del patrimonio hereditario. Al heredero, por tanto, le corresponderá entrar en la posesión y disfrute de los bienes integrantes del patrimonio hereditario en la misma situación jurídica en que estaba a la muerte del causante (artículo 440 del C.C.). Le corresponde asimismo el ejercicio de todas las acciones reales y personales que competían al causante, al tiempo de su muerte, frente a otras personales; puede inscribir en el Registro de la Propiedad su adquisición, por título de herencia, de la propiedad u otros derechos reales sobre bienes inmuebles y puede pedir, previamente, anotación preventiva de su derecho hereditario.

3.- En cuanto a la repudiación, el efecto retroactivo solventa la discontinuidad de titularidades en cuanto hace considerar que la delación hereditaria en virtud de la cual se repudia, nunca existió en favor del renunciante, permitiendo estimar que la delación del siguiente llamado con vocación se produzca *ipso facto* desde la apertura de la sucesión sin tener en cuenta el espacio de tiempo transcurrido entre apertura y repudiación.

El repudiante queda extraño a la sucesión como si nunca hubiera sido llamado, lo que implica que si hubiera poseído todos o parte de los bienes de la herencia con el fin de conservarlos y administrarlos provisionalmente, se entiende que no los ha poseído nunca (artículo 440.2.º del C.C.) y que los actos que realizó sobre ellos fueron llevados a cabo por un gestor sin mandato o gestor de negocios ajenos.

CONCORDANCIAS

Véase:
— arts. 195, 196, 440 y 661 de este Código.
— Ley del Registro Civil, de 8 junio 1957 (*«B.O.E.»*, 10 junio): art. 81.
— Reglamento del Registro Civil, de 14 noviembre 1958 (*«B.O.E.»*, 11 diciembre): arts. 280 y 281.

Artículo 990

La aceptación o la repudiación de la herencia no podrá hacerse en parte, a plazo, ni condicionalmente.

COMENTARIO

1.- Proclama este artículo los caracteres de indivisibilidad y pureza de la aceptación y repudiación de la herencia.

La *indivisibilidad* significa que «la aceptación o repudiación no puede hacerse en parte» y su fundamento radica en el carácter de universalidad de la herencia. La aceptación o repudiación enteramente de lo ofrecido en virtud de la delación, lo que quiere decir que si en un mismo sujeto concurren diferentes delaciones (derivadas de diversas designaciones sucesorias —testamentaria o *ab intestato*, instituido directamente o sustituto...—) respecto de distintas porciones de una misma herencia puede ejercitar cada una de ellas independientemente y, así, aceptar la cuota hereditaria deferida como instituido heredero directamente y repudiar la cuota a la que ha sido llamado como sustituto, por ejemplo.

2.- La aceptación y repudiación de la herencia son *negocios puros*, es decir, no pueden hacerse «a plazo, ni condicionalmente». No cabe someter la decisión de aceptar o repudiar a ningún tipo de condición, suspensiva o resolutoria, así como tampoco hacerlas bajo término o plazo que disponga su eficacia para un momento posterior a la apertura de la sucesión (término inicial) o la limite hasta un tiempo determinado (término final).

El efecto de la aceptación y repudiación bajo término o condición es su nulidad total y absoluta de todo el acto; por lo tanto, permanece la delación en favor del sujeto con las posibilidades de aceptar y repudiar puramente.

CONCORDANCIAS

Véanse arts. 833, 889, 890 y 928 de este Código.

Artículo 991

Nadie podrá aceptar ni repudiar sin estar cierto de la muerte de la persona a quien haya de heredar y de su derecho a la herencia.

COMENTARIO

1.- El presente artículo establece los presupuestos de la aceptación y repudiación de la herencia. Estos son: como presupuestos objetivos, primero: que haya muerto o sido declarado fallecido el causante; segundo: que el aceptante o repudiante tenga «derecho a la herencia»; como presupuesto subjetivo, que el aceptante o repudiante sepa y esté cierto de los dos presupuestos objetivos.

2.- Los presupuestos objetivos se corresponden con la apertura de la sucesión y la delación de la herencia.

El primer presupuesto es la apertura de la sucesión: «muerte de la persona a quien haya de heredar», dice el artículo 991, al que hay que añadir el supuesto de la declaración de fallecimiento. La aceptación o repudiación efectuada antes de la apertura de la sucesión es inexistente.

El segundo presupuesto objetivo es la delación, que otorga, por ministerio de la ley, el derecho a aceptar o repudiar la herencia («derecho a la herencia»); es necesario el ofrecimiento efectivo y concreto de la herencia al sujeto repudiante o aceptante; no existe este ofrecimiento y, por tanto, delación, respectos de aquellos sujetos que solamente tienen vocación o expectativa de derecho a la herencia (como por ejemplo el designado sustituto o el instituido bajo condición suspensiva). La aceptación o repudiación realizada sin delación es inexistente.

3.- El presupuesto subjetivo es el único que parece referirse el artículo 991 exigiendo que el llamado tenga la certidumbre («estar cierto») de que efectivamente concurren los presupuestos objetivos. No hace falta probar esta certeza expresamente, sino que puede ser deducida de los hechos concurrentes y de la propia conducta del aceptante o repudiante ya que se trata de una certeza subjetiva y personal.

Quien acepta o repudia sin estar cierto de la muerte del causante o de su derecho a la herencia, nada hace (el acto ha sido inexistente por falta de presupuesto esencial) y puede posteriormente, si prueba la falta de certeza ejercitar de nuevo su delación.

JURISPRUDENCIA

«En el caso de autos, D.ª. M. era conocedora de que era única heredera de D.ª A., ya fallecida (abierta la sucesión) lo que quedó confirmado con la declaración de nulidad del testamento por sentencia de 1998 que había otorgado ésta y por la declaración de herederos, del año 2000. Ambos actos judiciales no fueron constitutivos de su derecho a la herencia, sino declarativos de la certeza de tal derecho (así, artículo 991 del Código civil) que es retroactiva al momento de la muerte de la causante (como disponen los artículos 657 y 661 del Código civil)». (15 abril 2011, rec. 1342/2007, LA LEY 37940/2011)

CONCORDANCIAS

Véase:
— Ley del Registro Civil, de 8 junio 1957 («*B.O.E.*», 10 junio): art. 81.
— Reglamento del Registro Civil, de 14 noviembre 1958 («*B.O.E.*», 11 diciembre): arts. 280 y 281.

Artículo 992

Pueden aceptar o repudiar una herencia todos los que tienen la libre disposición de sus bienes.

La aceptación de la que se deje a los pobres corresponderá a las personas designadas por el testador para calificarlos y distribuir los bienes, y en su defecto a las que señala el artículo 749, y se entenderá aceptada a beneficio de inventario.

COMENTARIO

1.- Establece el párrafo primero del artículo 992 la regla general de capacidad necesaria para aceptar o repudiar la herencia: es preciso tener «la libre disposición de sus bienes», es decir, se precisa la plena capacidad de obrar.

El menor emancipado no tiene una total disposición de sus bienes (artículo 323 del C.C.), por lo que necesitará de complemento de capacidad para repudiar o aceptar la herencia que se le ofrezca en virtud de la delación.

En la normativa sobre la patria potestad y la tutela se prevé la aceptación o repudiación de la herencia hecha por los titulares de la patria potestad o por el tutor, en nombre y representación del menor o incapacitado.

2.- Trata el segundo párrafo de la aceptación de la herencia dejada a los pobres y prevé que siempre habrá aceptación a beneficio de inventario, con lo cual no cabe la aceptación pura y simple ni la repudiación. Esta aceptación a beneficio de inventario la realizarán las personas designadas en el testamento para determinar («calificarlos») quiénes son los pobres y distribuir los bienes entre ellos. Si el testador no hubiera designado tales personas, por remisión al artículo 749, lo harán el Párroco, el Alcalde y el Juez de Primera Instancia. Si ninguno de ellos actuara, deberá seguirse el procedimiento de adjudicación de bienes que prevén los artículos 1101 y siguientes de la Ley de Enjuiciamiento Civil a instancia de cualquier interesado o del Ministerio Fiscal.

CONCORDANCIAS

Véanse arts. 162 y ss. de este Código.
Texto vigente según LO 1/1996, 15 enero, de Protección Jurídica del Menor.

Artículo 993

Los legítimos representantes de las asociaciones, corporaciones y fundaciones capaces de adquirir podrán aceptar la herencia que a las mismas se dejare; mas para repudiarla necesitan la aprobación judicial, con audiencia del Ministerio Público.

COMENTARIO

1.- Trata el presente artículo del supuesto de una persona jurídica («asociaciones, corporaciones y fundaciones») que ha sido instituida heredero.

Aunque se refiera a las personas jurídicas «capaces de adquirir», toda persona jurídica por el hecho de serlo tiene capacidad jurídica y, evidentemente, es capaz de adquirir. También tiene capacidad de obrar, pero para su ejercicio actúa el órgano de la persona jurídica, que es el ser humano cuya voluntad se estima como voluntad de la persona jurídica.

2.- La aceptación de la herencia deferida a una persona jurídica privada del tipo asociación o fundación se expresará a través del órgano o representante («legítimos representantes» dice el artículo 993), lo cual no es sino aplicación de la normativa general de la capacidad de obrar de las personas jurídicas.

3.- Para repudiar la herencia el artículo 993 dispone que las personas jurídicas necesitan la aprobación judicial con audiencia del Ministerio Fiscal. Es necesario interpretar esta norma pues aplicada literalmente supondría que toda persona jurídica, aun la privada cuyo interés es exclusivamente privado, no posee capacidad de obrar para poder repudiar una herencia que se le ofrece. Por tanto, sólo se aplicará esta limitación a las personas jurídicas privadas si son de interés público.

Las fundaciones son de interés público, en todo caso; pero no se les aplica esta norma, sino el art. 20.3 de la Ley de Fundaciones y de incentivos fiscales, Ley 30/1994, de 24 noviembre, que establece que para repudiar la herencia es precisa autorización del Protectorado de la Fundación y, en defecto de éste, aprobación judicial con audiencia del Ministerio Fiscal.

CONCORDANCIAS

Véanse arts. 36 y ss. de este Código.

Artículo 994

Los establecimientos públicos oficiales no podrán aceptar ni repudiar herencia sin la aprobación del Gobierno.

COMENTARIO

1.- Se refiere este artículo a la hipótesis de que haya sido instituida heredera una persona jurídica de Derecho Público («establecimientos públicos oficiales»). Se trata de una persona jurídica no privada, sino integrante de la Administración el Estado, sea el Estado Central, sea la Comunidad Autónoma.

Tanto la aceptación como la repudiación de la herencia a alguna de ellas deferida necesitarán la aprobación del Gobierno. El Gobierno será el Central, el de la Nación, si se trata de persona jurídica integrada en la Administración del Estado; si estuviera integrada en la Administración de la Comunidad Autónoma o en un órgano dependiente de ésta (municipal, por ejemplo) la aprobación deberá otorgarse por el Gobierno de la Comunidad Autónoma.

2.- En relación con este artículo, hay que tener en cuenta el 748 que se aplica sólo a la sucesión testada y a la institución de heredero o nombramiento de legatario bajo condición o *sub modo* y exige, para la eficacia de la instituición o nombramiento, la aprobación del Gobierno.

Por tanto, la persona jurídica pública precisa la aprobación del Gobierno para suceder bajo condición o *sub modo* y la misma aprobación, en todo caso, para aceptar o repudiar la herencia o legado.

CONCORDANCIAS

Véase art. 748 de este Código.

Artículo 995

Cuando la herencia sea aceptada sin beneficio de inventario por persona casada y no concurra el otro cónyuge, prestando su consentimiento a la aceptación, no responderán de las deudas hereditarias los bienes de la sociedad conyugal.

COMENTARIO

1.- El supuesto que presupone la presente norma es el de la aceptación de la herencia por un cónyuge casado en régimen económico matrimonial de gananciales.

El artículo 995 se concreta a la aceptación pura y simple de la herencia por una persona casada, distinguiendo si concurre o no su cónyuge.

A pesar de que parezca aplicable a la aceptación «por persona casada», de su contenido se desprende que tan sólo tiene aplicación al caso en que los cónyuges estén casados en régimen de gananciales, porque éste es el único caso en el que la responsabilidad *ultra vires* por las deudas hereditarias afectará al otro cónyuge, en cuanto respondieran «los bienes de la sociedad conyugal». Por eso para que respondan estos bienes es necesario que el cónyuge aceptante cuente con el consentimiento de su consorte.

2.- En el caso de que se acepte la herencia pura y simplemente sin la intervención del cónyuge, la aceptación será válida y provocará la adquisición de la herencia y el cónyuge aceptante, como heredero, responderá *ultra vires* con todo su patrimonio, pero no responderán de las deudas hereditarias los bienes de la sociedad conyugal, aunque puede tener aplicación el artículo 1373 del C.C.

CONCORDANCIAS

Véanse arts. 1.362 a 1.374 de este Código.
Texto vigente según Ley 14/1975, 2 mayo (*«B.O.E.»,* 5 mayo).

Artículo 996

Si la sentencia de incapacitación por enfermedades o deficiencias físicas o psíquicas no dispusiere otra cosa, el sometido a curatela podrá, asistido del curador, aceptar la herencia pura y simplemente o a beneficio de inventario.

COMENTARIO

1.- El alcance de este artículo es concreto y nada claro en un extremo. Se refiere —ámbito subjetivo— al incapacitado parcial que está sometido a curatela, no al total que está bajo tutela o bajo patria potestad prorrogada o rehabilitada y tal incapacitado parcial es por enfermedad física o psíquica, no por prodigalidad ni incluye al menor emancipado, también sometidos a curatela; y se refiere —ámbito objetivo— a la aceptación de la herencia, sea pura y simple, sea a beneficio de inventario; el texto legal no habla de repudiación, pero una interpretación lógica (lo contrario daría lugar al absurdo de exigir intervención del curador para aceptar, pero no para repudiar) y sistemática (la sección trata de la aceptación y de la repudiación) lleva a concluir que también se refiere a la repudiación.

2.- La norma de este artículo es que en la incapacitación parcial puede la sentencia haber previsto la capacidad del incapacitado respecto de la aceptación de la herencia y a su repudiación. Si lo hace, éste será el criterio preferente.

Si no lo ha hecho (que será lo normal) el incapacitado parcial por enfermedad o deficiencia física o psíquica tiene capacidad para aceptar o repudiar la herencia, pero siempre con el complemento de capacidad que le dará el curador.

CONCORDANCIAS

Artículo redactado por LO 1/1996, 15 enero, de Protección Jurídica del Menor.

Artículo 997

La aceptación y la repudiación de la herencia, una vez hechas, son irrevocables, y no podrán ser impugnadas sino cuando adoleciesen de algunos de los vicios que anulan el consentimiento, o apareciese un testamento desconocido.

COMENTARIO

1.- El contenido del presente artículo es triple: trata de tres extremos muy distintos: de la irrevocabilidad, de la anulabilidad por vicios de la voluntad y de la ineficacia por aparición de un testamento válido.

Declara el artículo 997 que «la aceptación y la repudiación, una vez hechas, son *irrevocables*», es decir, no se admite la ineficacia que traiga como causa la mera voluntad del sujeto que realizó alguna de ellas. La irrevocabilidad es la regla general aplicable a todos los negocios jurídicos salvo en casos muy concretos previstos expresamente. Es evidente que sólo se apreciará la irrevocabilidad respecto de una aceptación o repudiación válida y eficaz.

2.- Independientemente de la irrevocabilidad (predicable de casi todos los negocios jurídicos) se establece en este artículo 997 la *anulabilidad* del negocio jurídico de aceptación y repudiación por los vicios de la voluntad, aplicándose la normativa general.

Los vicios de la voluntad que hacen anulable el negocio jurídico están enumerados en el artículo 1265 del C.C. y son el error, la violencia e intimidación y el dolo. Se aplica a la aceptación y repudiación la doctrina general sobre este tema sin especialidades aunque se ha de matizar el caso del error y no habrá de apreciarse como vicio cuando el aceptante o repudiante erró en el contenido de la herencia pues pudo acogerse al beneficio de inventario.

El defecto de capacidad en materia de aceptación y repudiación provoca la nulidad de la misma por contravenir las normas específicas de capacidad (artículos 992 y siguientes del C.C.).

La consecuencia de la anulación es la ineficacia de la aceptación o repudiación y, por tanto, se mantiene la delación y el llamado podrá aceptar o repudiar.

El plazo de prescripción para la acción de anulabilidad es de cuatro años por aplicación del artículo 1301 del C.C.

3.- El último inciso del artículo 997 dispone que se puede impugnar la aceptación y repudiación si apareciese un testamento desconocido.

Terminología errónea para referirse a la ineficacia de la aceptación o repudiación por la aparición de un *testamento posterior válido*.

La aceptación o la repudiación basada en una delación ficticia en cuanto procede de un testamento revocado, es ineficaz. No es preciso que se trate de un testamento «desconocido», es preciso que sea un testamento (conocido o desconocido) que tenga validez y eficacia y deje sin efecto la delación en que se apoyó el aceptante o repudiante.

Por todo ello no se impugna la aceptación o repudiación sino que se declara que es ineficaz porque la delación en que estaba basada es inexistente.

JURISPRUDENCIA

«la repudiación de la herencia no lo imposibilita cuando se lleva a cabo en el mismo acto de su aceptación, pura y simple, como aquí sucede, y tuvo lugar respecto a los legados que el testador estableció a favor de sus hijos don Bernardo y don Ricardo . La jurisprudencia lo que no autoriza es la posterior renuncia a la herencia ya aceptada (Sentencias de 23-4-1928, 23-5-1958) y no es el caso de autos, pues estamos ante un acto conjunto de aceptación de herencia y renuncia solo de los legados establecidos llevados a cabo en escritura pública». (13 julio 2005, rec. 704/1999)

«Dice la sentencia de esta Sala de 17 Oct. 1975 que "los ordenamientos legislativos y la doctrina científica de nuestra Patria, admiten varios casos de obligaciones creadas por la voluntad unilateral, citándose por los autores, como ejemplo de ello, los arts. 1330 y 1887 del Código Civil, los arts. 587 y 589 del Código de Comercio, las denuncias de los contratos y las obligaciones incorporadas a los títulos de crédito, a los que podemos añadir la aceptación y repudiación de herencia, que la doctrina califica como declaraciones de voluntad no recepticia, y cuya eficacia obligacional proclama nuestro Código en el art. 997, y ha sancionado la jurisprudencia en multitud de sentencias entre las cuales cabe citar las de 25 Abr. 1928, 6 Mar. 1944, 23 May. 1955 y 18 Sep. 1975"; y, de acuerdo con el citado art. 997, "la aceptación y la repudiación de la herencia, una vez hechas, son irrevocables, y no podrán ser impugnadas sino cuando adoleciesen de alguno de los vicios que anulan el consentimiento, o apareciese un testamento desconocido"; impugnación que, en el presente caso, no se ha llevado a cabo por la heredera repudiante. La jurisprudencia de esta Sala, en doctrina inveterada y aplicable por igual a la aceptación y a la repudiación de la herencia, ha destacado el carácter irrevocable de estos negocios jurídicos; refiriéndose a la aceptación de la herencia (pero su doctrina es aplicable, se repite, a la repudiación) dice la sentencia de 23 May. 1955 que "el art. 997, inspirado en la máxima de Derecho romano semel eres, semper eres, *mantenida en nuestro Derecho tradicional por la Ley 18 en relación con la 11, título 6.º, de la Partida, declara irrevocable la aceptación de la herencia, de tal suerte que una vez realizado el acto de la aceptación en alguna de las formas autorizadas por los arts. 998 y 999, será ineficaz la posterior renuncia, y esto es así porque la ley no consiente que de modo temporal se asuma la cualidad de heredero", y la sentencia de 15 Nov. 1985 (LA LEY 66877-NS/0000) afirma, con rotundidad, que "la aceptación de la herencia, al igual que ocurre con la repudiación, una vez realizada es irrevocable", y a la finalidad de evitar situaciones de temporalidad en los herederos que inspira el art. 997 se refiere la sentencia de 4 Feb. 1994 (LA LEY 13742/1994). La norma de irrevocabilidad de la aceptación y de la repudiación de la herencia es una norma imperativa cuya aplicación no puede ser eludida por la parte una vez emitida la declaración de voluntad en que consiste, ni puede ser dejada sin efecto por actos o declaraciones de voluntad en contrario, cualquiera que sea la proximidad en el tiempo entre estos actos o declaraciones de voluntad y la repudiación de la herencia, y que el art. 997 no establece distinción alguna a este respecto; de acuerdo con el texto legal, la eficacia de la repudiación de la herencia solo se ve alterada por la impugnación fundada en la existencia de algún vicio del consentimiento o en la aparición de un testamento desconocido, ineficacia que ha de hacerse valer mediante el ejercicio de la correspondiente acción que aquí no ha sido utilizada».* (28 marzo 2003, LA LEY 1678/2003)

CONCORDANCIAS

Véanse arts. 1.265 y ss. de este Código.

Artículo 998

La herencia podrá ser aceptada pura y simplemente, o a beneficio de inventario.

COMENTARIO

1.- De la redacción de este artículo parece desprenderse que existen dos formas o dos clases de aceptación de la herencia: la aceptación pura y simple y la aceptación a beneficio de inventario. Sin embargo, aceptación sólo hay una y siempre ha de ser pura y simple en el sentido de que no admite condición término, o modo (artículo 990 del C.C.).

2.- El beneficio de inventario es un medio que pone la ley a disposición del llamado a ser heredero o incluso del ya heredero para evitar la confusión de patrimonios y la responsabilidad *ultra vires* del heredero con sus propios bienes. El aceptante no responderá con sus bienes de las deudas y cargas de la herencia y del causante sino tan sólo con los bienes de la herencia, *intra vires hereditates*. El Código civil le dedica una extensa regulación en los artículos 1010 y siguientes.

CONCORDANCIAS

Véanse arts. 999, 1.011 y 1.012 de este Código.

Artículo 999

La aceptación pura y simple puede ser expresa o tácita.

Expresa es la que se hace en documento público o privado.

Tácita es la que se hace por actos que suponen necesariamente la voluntad de aceptar, o que no habría derecho a ejecutar sino con la cualidad de heredero.

Los actos de mera conservación o administración provisional no implican la aceptación de la herencia, si con ellos no se ha tomado el título o la cualidad de heredero.

COMENTARIO

1.- Trata este artículo de la forma de la aceptación y declara que ésta puede ser expresa o tácita disponiendo cuándo se da una y cuándo otra.

La aceptación expresa según al artículo 999 «es la que se hace en documento público o privado». Implica, por tanto, la declaración explícita de voluntad por la que el instituido heredero manifiesta que asume la cualidad de heredero hecha por escrito, en documento público o privado, pero no verbalmente.

No es preciso que esta declaración se contenga en un documento *ad hoc*, con el fin exclusivo de aceptar, sino que lo esencial es que, aunque el documento tenga otra finalidad, haya una declaración expresa sobre la adquisición de la herencia. Incluso si el acto contenido en el documento es nulo será válida la aceptación de la herencia que en él se contiene.

2.- La aceptación tácita es «la que se hace por actos que suponen necesariamente la voluntad de aceptar, o que no habría derecho a ejecutar sino con la cualidad de heredero». Es tácita la aceptación que se realiza por actos concluyentes de los que se deriva la voluntad inequívoca de aceptar, actos que revelen la idea de hacer propia la herencia y no con la intención de cuidar el interés de otro o eventualmente el propio para decidirse después entre aceptar o repudiar.

La aceptación verbal, explícita (por ejemplo: «declaro querer ser heredero» o «declaro aceptar») es, según la doctrina general del negocio jurídico, una declaración expresa, pese a que el presente artículo sólo considera aceptación expresa a la que se hace documentalmente.

3.- El último párrafo del artículo 999 se encarga de aclarar qué actos realizados sobre la herencia por el llamado con delación no implican aceptación (tácita) de la misma y son: «los actos de mera conservación y administración provisional..., si con ellos no se ha tomado el título o la cualidad de heredero».

En términos generales, no implican aceptación aquellos actos que no revelan la intención inequívoca de asumir la cualidad de heredero y adir la herencia.

En sentido más concreto, no suponen aceptación tácita los actos carentes de significado patrimonial (por ejemplo, interrupción de la prescripción en perjuicio de la herencia, inscripción en el Registro de la Propiedad de negocios celebrados por el causante, guardar como depositario algún bien de la herencia...), pero indispensables para mantener la integridad y normalidad del patrimonio hereditario.

JURISPRUDENCIA

«La aceptación tácita la define el art. 999.3 CC: la que se hace por actos que suponen necesariamente la voluntad de aceptar, o que no habría derecho a ejecutar sino con la cualidad de heredero; lo cual expresa la idea que ya recogían Las Partidas (Sexta, 6,11) de que acepta tácitamente el que realiza "actos de señor"; o lo que es lo mismo, y conviene destacarlo, la realización de actos concluyentes de los que se deriva la voluntad inequívoca de aceptar, en el sentido de que revelan la intención de hacer la herencia como propia. En esta misma línea de pensamiento, la S 24 de noviembre de 1992 (fundamento 7.º) dice que la aceptación tácita se realiza por actos concluyentes que revelen de forma inequívoca la intención de adir la herencia, o sea, aquellos actos que por sí mismos o mero actuar, indiquen la intención de querer ser o manifestarse como herederos; de actos que revelen la idea de hacer propia la herencia o, en otro sentido, que el acto revele sin duda alguna que el agente quería aceptar la herencia. Cuyo concepto viene de sentencias más antiguas, como las de 13 de marzo de 1952, 27 de abril de 1955 y 15 de junio de 1982 y es recogido, a su vez, por la de 12 de julio de 1996: aquellas que por sí mismas o mero actuar indiquen la intención de querer ser o manifestarse como herederos, es decir, de actos que revelen la idea de hacer propia la herencia, mirándola como tal y no con la intención de cuidar el interés de otro o eventualmente el propio para decidirse después de aceptar, o, en otro sentido, que el acto revele sin duda alguna que el agente quería aceptar la herencia o la de ser ejecución facultad del heredero. Otras sentencias han contemplado supuestos concretos de aceptación tácita: la de 10 de noviembre de 1981, la disolución de una sociedad, con asistencia a la Junta General de todos los accionistas; la de 15 de junio de 1982, el cobro de créditos hereditarios; la de 20 de noviembre de 1991, instar ante servicios oficiales la calificación de ganancial de la finca discutida; la de 24 de noviembre de 1992, la impugnación de la validez del testamento de la causante, en el que excluía al demandante de la herencia; la de 12 de julio de 1996, la dirección del negocio que había sido del causante; la de 10 de octubre de 1996, la aceptación expresa de una herencia en la que, por el ius transmisionis, se contiene la aceptada tácitamente. Sentencias más antiguas hacen también la aplicación del concepto de aceptación tácita a casos concretos: ostentar ante la Administración el título de heredero (S 18 de junio de 1900), venta de bienes hereditarios (S 6 de junio de 1920), otorgamiento de escritura de

apoderamiento (S 23 de abril de 1928), interponer reclamaciones o demanda (Ss. 7 de enero de 1942 y 13 de marzo de 1952), hacer gestiones sobre bienes hereditarios (S 23 de mayo de 1955), pago con bienes hereditarios de una deuda de la herencia (S 16 de junio de 1961), ejercicio de acciones relativas a los bienes relictos (S 14 de marzo de 1978)... En el presente caso tiene importancia interpretar y aplicar el art. 999 CC en relación a la cuestión concreta de si es aceptación tácita la petición de liquidación y el pago del impuesto sucesorio. La S 22 de junio de 1923 entendió que no implica aceptación tácita el haber firmado el llamado a la herencia una instancia al Delegado de Hacienda para evitar la imposición de una multa por falta del pago del impuesto, llamado entonces de derechos reales; varias sentencias estiman que hubo aceptación tácita en dicho pago, pero nunca por esto sólo, sino por razón de otros actos que fueron decisivos para la consideración de la aceptación tácita: así, la de 23 de abril de 1928 (otorgamiento por el interesado de escritura de arrendamiento de bienes hereditarios), 23 de mayo de 1955 (intervención en la adjudicación de bienes, percepción de alquileres y celebración de contratos), 31 de diciembre de 1956 (enajenación de bienes hereditarios). Asimismo, la S 15 de noviembre de 1985 (fundamento 2.º) estima que hubo aceptación tácita cuando una serie de actos acreditan que mantenía la condición de propietario de los bienes heredados y, además, presentó escritos para la liquidación de los impuestos de derechos reales. Y también, la S 4 de junio de 1987 (fundamento 2.º) estimó aceptación tácita por asumir la totalidad del patrimonio causante, ejercer actos significativos, declararlo en concesión judicial, y por último presentar instancia y pagar los derechos sucesorios. Como conclusión, la jurisprudencia nunca ha mantenido y no hay ninguna sentencia de esta Sala que lo mantenga, que la petición de liquidación y el pago del impuesto sucesorio tenga por sí mismo la consideración de aceptación tácita». (20 enero 1998, LA LEY 1118/1998)

«El último párrafo del art. 999 CC se pronuncia con la flexibilidad suficiente para que, sin que ello suponga el compromiso de entender aceptada una herencia, puedan ser realizados actos por quien, aun siendo heredero, ha de velar, o quiere velar a falta de otro, por los intereses hereditarios». (25 febrero 2000, LA LEY 45635/2000)

«Este precepto procede sustancialmente del Derecho Romano (Instituta, libro 2.º, tít. XIX, párr. 7, de heredum qualitate et differentia, con arreglo al que "obrar como heredero es obrar como dueño, porque los antiguos decían herederos significando dueños"), y de las Partidas (la L 11, título VI, Partida Sexta, sobre "en que manera deue el heredero tomar la heredad", se refiere a que "se puede fazer por fecho: maguer non lo diga paladinamente", y se hace hincapié en la necesidad de la intención de ser heredero), y ha sido objeto de una profusa jurisprudencia (sentencias, entre otras, 21 Abr. 1881, 8 Jul. 1903, 17 Feb. 1905, 12 Feb. 1916, 6 Jul. 1920, 23 Abr. 1928, 13 Mar. 1952, 27 Abr. y 23 May. 1955, 31 Dic. 1956, 8 May. 1957, 31 Mar. y 4 Jul. 1959, 16 Jun. 1961, 21 Mar. 1968, 29 Nov. 1976, 14 Mar. 1978, 12 May. 1981, 20 Nov. 1991, 24 Nov. 1992, 12 Jul. y 19 Oct. 1996, 9 May. 1997, y 20 Ene. 1998), y doctrina de la Dirección de los Registros (resoluciones de 25 May. 1895, 21 May. 1910, 21 Ene. 1993, 10 Dic. 1998, y 25 Feb. 1999). La postura mantenida por la doctrina recogida en las sentencias de esta Sala y resoluciones citadas es unánime en exigir actos claros y precisos que revelen la voluntad inequívoca de aceptar la herencia. Ha de tratarse de hechos que no tengan otra explicación, pues lo que importa es la significación del acto, en cuanto indica la intención de hacer propia la herencia y no de cuidar el interés de otro o eventualmente el propio para después aceptar. Son especialmente diáfanas en tal sentido las SS 15 Jun. 1982, 24 Nov. 1992 y 12 Jul. 1996». (27 junio 2000, LA LEY 29981/2000)

«No puede imputarse a la sentencia recurrida infracción alguna del artículo 999 del Código Civil, en relación con el artículo 1000 del mismo código, a que se refiere el motivo primero, pues dichas normas se refieren a la aceptación de la herencia y a la posibilidad de que la misma pueda ser aceptada en forma tácita, sin que resulten aplicables al supuesto de autos referido, como se ha dicho, a la falta de acreditación de que demandantes y deman-

dados son en conjunto los titulares de la finca y, en su caso, en qué proporción». (6 febrero 2007, LA LEY 1493/2007)

«es correcta la aplicación que hace del artículo 999, al considerar que tuvo lugar la aceptación tácita de la herencia, que se deriva de hechos inequívocos, claros y precisos, reveladores de la voluntad del heredero de aceptar la herencia, como son los indicados». (13 julio 2007, LA LEY 79285/2007)

«La aceptación de la herencia por parte de doña Cecilia se produjo en forma tácita al ejercer —con éxito— una acción de desahucio contra el arrendatario (artículo 999 del Código Civil); el cual, ante la situación creada, pretendió hacerse con la propiedad de la casa mediante la creación de un supuesto título por el que los herederos le transmitían el dominio del inmueble, para después enajenarlo nuevamente a favor de M. S.L., que era conocedora de todo ello, la que mediante expediente de dominio logró la inscripción registral de su supuesta propiedad». (7 noviembre 2011, rec. 1532/2008, LA LEY 208020/2011)

Artículo 1.000

Entiéndese aceptada la herencia:

1.º Cuando el heredero vende, dona o cede su derecho a un extraño, a todos sus coherederos o a alguno de ellos.

2.º Cuando el heredero la renuncia, aunque sea gratuitamente, a beneficio de uno o más de sus coherederos.

3.º Cuando la renuncia por precio a favor de todos sus coherederos indistintamente; pero, si esta renuncia fuere gratuita y los coherederos a cuyo favor se haga son aquellos a quienes debe acrecer la porción renunciada, no se entenderá aceptada la herencia.

COMENTARIO

1.- El presente artículo 1000 enumera una serie de supuestos de aceptación tácita expresando unos actos realizados por el llamado a ser heredero cuya ejecución implica la asunción de la cualidad de heredero, es decir, actos que no pueden realizarse sino siendo heredero. Tales actos le hacen adquirir la herencia con independencia de la voluntad del autor.

Los actos relacionados en esta norma que hacen adquirir la herencia a quien los realiza, están basados en el principio de inalienabilidad del derecho a aceptar o repudiar la herencia (*ius delationis*) atribuido por ley al designado heredero. El acto de enajenación de este derecho es considerado como acto por el quc se adquiere la herencia y se transmite ésta (sólo el contenido patrimonial que implica el título de heredero, pero no dicho título que es intransmisible) a otro, ya que no hay derecho a ejecutarlo sino siendo heredero.

2.- El primer número del artículo 1000 trata el caso de la cesión por el heredero de su derecho. Por el hecho de vender, donar o ceder este derecho cuyo titular tiene que ser heredero efectivamente, se entiende aceptada tácitamente la herencia. El texto legal emplea la expresión «vende, dona o cede» como típicos actos de disposición, pero es evidente que se refiere a cualquier negocio jurídico dispositivo, a título oneroso (venta o permuta) o gratuito (donación), tanto si es total como si es parcial.

El adquirente puede ser un extraño, algún coheredero o todos los coherederos. Sin embargo, la disposición gratuita a favor de uno o más coherederos se confunde con el supuesto del número 2 del mismo artículo y la disposición onerosa a todos los coherederos es el supuesto del primer inciso del número 3.

Si la cesión fuera gratuita y los adquirentes fueran los mismos herederos a los que la herencia iría destinada en el caso de repudiación del cesionario no hay aceptación de la herencia según se deduce del último inciso del número 3 del artículo 999. El extraño cesionario nunca será heredero pues el carácter de tal es personalísimo.

3.- El segundo número del artículo 1000 trata de la renuncia del derecho hereditario «en beneficio» de uno o más coherederos. No es una «renuncia» sino una transmisión, a favor de uno o varios coherederos ciertos, pero no todos; puede ser onerosa o gratuita. Todo lo cual implica aceptación de la herencia por parte del transmitente ya que sólo puede transmitir ese derecho en cuanto es titular de él, es decir en cuanto sea heredero.

4.- El tercer número, primer inciso, del artículo 1000 expone el supuesto de la renuncia por precio a favor de todos los coherederos; no se trata tampoco de una renuncia sino de una transmisión a título oneroso del instituido heredero a los coherederos. Por lo cual implica aceptación de la herencia.

El segundo inciso del número 3 del artículo 1000 se refiere a la renuncia (sobra lo de «gratuita») en favor de aquellos coherederos a quienes correspondería por derecho de acrecer la cuota hereditaria del renunciante. En este caso, dice la norma, «no se entenderá aceptada la herencia».

Este artículo atiende a que tal renuncia provoca los mismos efectos que la repudiación por eso no se entiende aceptada la herencia. Aunque sólo prevea el supuesto del acrecimiento, será repudiación y no aceptación la herencia la renuncia en favor de aquellos sujetos a quienes les hubiere sido destinada la herencia misma según las reglas del C.C. en caso de repudiación (así por ejemplo, si se renuncia en favor del sustituto del renunciante).

JURISPRUDENCIA

«El negocio jurídico a que se ha hecho referencia y que a lo largo de la instancia se ha denominado "cesión de herencia" debe quedar calificado como la cesión del derecho a la herencia, comprendido en el número 1.º del artículo 1000 del Código civil cuya naturaleza es de aceptación de herencia y simultánea transmisión total o parcial a tercero. La norma dice: Entiéndese aceptada la herencia: 1.º Cuando el heredero vende, dona o cede su derecho a un extraño... Fallecido el causante y, por tanto, producida la apertura de la sucesión, el llamado a la herencia (delación) tiene el derecho a aceptarla o repudiarla; este derecho —ius delationis— no es transmisible (salvo el caso del artículo 1006 del Código civil), pero sí es objeto de transmisión el derecho del heredero sobre la herencia, una vez aceptada y éste es el caso de la norma que ha sido transcrita, que es consecuencia de la imposibilidad de tráfico del ius adeundi y que, por el contrario, el cedente, por el hecho de ceder, acepta la herencia (así lo consideró la sentencia de 7 de abril de 1953, en que los hijos, herederos de su padre, cedieron su herencia a la madre) que transmite total o parcialmente a tercero... ... aceptó la herencia por mor del artículo 1000, número 1.º, del Código civil aunque se tramitara la impugnación del testamento de la causante y su declaración de herederos, pero aquella aceptación era válida y fue retroactiva al momento de la muerte de la causante». (15 abril 2011, rec. 1342/2007, LA LEY 37940/2011) (Doctrina reiterada por la de 16 junio 2011, rec. 1717/2007, LA LEY 98655/2011)

CONCORDANCIAS

Véase art. 981 de este Código.

Artículo 1.001

Si el heredero repudia la herencia en perjuicio de sus propios acreedores, podrán éstos pedir al Juez que los autorice para aceptarla en nombre de aquél.

La aceptación sólo aprovechará a los acreedores en cuanto baste a cubrir el importe de sus créditos. El exceso, si lo hubiere, no pertenecerá en ningún caso al renunciante, sino que se adjudicará a las personas a quienes corresponda según las reglas establecidas en este Código.

COMENTARIO

1.- Prevé el presente artículo un caso de repudiación de la herencia que provoca un perjuicio de los acreedores del repudiante y a aquéllos se les concede la posibilidad, previa autorización judicial, de hacerse pago de sus créditos con los bienes hereditarios que le hubieren correspondido a su deudor en caso de que hubiera aceptado la herencia. El fundamento de esta norma es el principio de responsabilidad universal que consagra el artículo 1911 del C.C., y en virtud de ello se otorga a los acreedores del repudiante el derecho de aplicar al pago de sus créditos la porción necesaria de la herencia repudiada; consecuencia de ello, produce la ineficacia parcial de la repudiación.

A pesar del texto del presente artículo los acreedores no pueden aceptar la herencia en nombre del repudiante, pues son totalmente ajenos a la sucesión del causante y además no se puede obligar a nadie a aceptar en contra de su voluntad (artículo 988 del C.C., «la aceptación y repudiación de la herencia son actos enteramente voluntarios y libres»). El artículo 1001 dispone una acción en favor de aquellos para que puedan dejar ineficaz, sólo en parte, la repudiación de la herencia deferida a su deudor y así evitar ser perjudicados a consecuencia de aquélla.

2.- Los requisitos de ejercicio de la acción del artículo 1001 son:

1.º) La existencia de una repudiación válida y eficaz. El simple silencio del instituido no da lugar a la aplicación de esta norma sino a la recogida en el artículo 1005 del C.C. sobre la interpelación del llamado para que manifieste su decisión de repudiar o aceptar.

2.º) La realidad de unos créditos anteriores a la repudiación.

3.º) El perjuicio efectivo de los acreedores, que tendrá lugar, independientemente de la intención del deudor repudiante, cuando concurran dos datos objetivos: la insuficiencia del patrimonio del deudor para hacer frente al cumplimiento de todas sus deudas, y la utilidad de la herencia en cuanto sea beneficiosa por arrojar un saldo positivo.

4.º) La autorización judicial previa. El procedimiento no lo establece la ley, por ello, será preciso acudir al proceso declarativo ordinario que corresponda según la cuantía, demandando no sólo al deudor que ha repudiado sino también a los terceros que se beneficiarían de la repudiación.

3.- El plazo para ejercitar esta acción no está previsto en el Código, por ello debe acudirse a la prescripción general de 15 años, de las acciones personales, que prevé el artículo 1964 del C.C.

Ejercitada la acción y conseguida la autorización judicial, los acreedores se harán pago con los bienes hereditarios de la parte líquida que le hubiere correspondido al repudiante de haber aceptado, hasta donde alcance ésta. Por este resultado (la partición) hay que admitir, pues, una cierta atribución patrimonial en favor del deudor renunciante, en cuanto, a través de la acción de los acreedores se ve beneficiado de la herencia que repudió ya que se extinguen sus deudas y queda liberado de ellas.

Sólo en este aspecto resulta ineficaz la repudiación, pero sin más alcance que el beneficio derivado de la liberación del deudor repudiante, pues a pesar de ello no se convierte en heredero (ni los acreedores tampoco), lo que significa que la repudiación subsiste y despliega el resto de su eficacia como pone de manifiesto el propio artículo 1001 cuando dispone que «el exceso, si lo hubiere» corresponde a los herederos que, de acuerdo con las normas que regulan los efectos de la repudiación, estén previstos (sustitutos vulgares, coherederos con derecho de acrecer y herederos *abintestato*).

JURISPRUDENCIA

«como tiene establecido el art. 988 del CC, la aceptación y repudiación de la herencia son actos enteramente voluntarios y libres, por lo tanto no pueden los acreedores obligar o compeler a un heredero a aceptar la herencia, como sería el caso de que tuviese éxito la acción rescisoria, sin embargo, para el supuesto de que la repudiación de la herencia provoque un perjuicio a los acreedores del heredero, se les concede a aquéllos la posibilidad de que previa autorización judicial puedan aceptar la herencia en nombre de aquél, pero sólo aprovechará a los acreedores en cuanto baste para cubrir el importe de sus créditos, tal como previene el artículo citado por la parte como infringido en los dos primeros motivos del recurso, el art. 1001, concluyendo el citado precepto que si hubiere exceso no pertenecerá en ningún caso al renunciante, sino que se adjudicará a las personas a quienes corresponda según las normas establecidas en el CC. Por lo que hay que concluir que en el supuesto de renuncia de la herencia por un heredero, si la misma perjudica a sus acreedores, la única forma que tienen éstos de evitar ser perjudicados es acudir a la acción que les otorga el art. 1001 del CC, opción que no ha ejercitado el Banco actor, y que otorga a los acreedores el derecho de aplicar al pago de sus créditos la porción necesaria de la herencia repudiada». (30 mayo 2003, LA LEY 2540/2003)

CONCORDANCIAS

Véanse arts. 1.111 y 1.297 de este Código.

Artículo 1.002

Los herederos que hayan sustraído u ocultado algunos efectos de la herencia, pierden la facultad de renunciarla, y quedan con el carácter de herederos puros y simples, sin perjuicio de las penas en que hayan podido incurrir.

COMENTARIO

1.- El presente artículo establece un supuesto de aceptación ex lege de la herencia como sanción civil, por la conducta del llamado a ser heredero y, además le niega el beneficio de inventario.

El supuesto de hecho al que se aplica la sanción prevista es la sustracción u ocultación de bienes («efectos») de la herencia por parte del llamado a ser heredero. La sustracción significa el aprovechamiento para sí, tomar para sí algo de la herencia. La ocultación significa esconder un bien o callar sobre su existencia. Es preciso que el llamado proceda maliciosamente y con propósito de lucrarse o de perjudicar los intereses de la sucesión. Es preciso que la sustracción u ocultación hayan sido consumadas para que se aplique esta norma. La sustracción u ocultación han de realizarse en el momento de la delación, pues el que recibe la sanción es el llamado con el derecho de aceptar o repudiar, no si aún carece de este derecho o si ya lo ejercitó y lo extinguió.

2.- La sanción consiste en la atribución *ex lege* de la herencia; la ley impone, prescindiendo de la voluntad del interesado, que está aceptada la herencia o, lo que es lo mismo, se atribuye como si hubiera sido aceptada. Esto es lo que quiere decir el artículo 1.002 con la expresión «pierden la facultad de renunciarla». Además, se le priva al heredero de la posibilidad de acogerse al beneficio de inventario, pues por esta aceptación *ex lege* queda con el carácter de heredero puro y simple.

Esta sanción civil no excluye otras responsabilidades distintas y concurrentes, especialmente las de tipo penal (dice expresamente el artículo 1.002: «... sin perjuicio de las penas en que haya podido incurrir»).

JURISPRUDENCIA

«Según establece el artículo 1002 del Código Civil, cuyo texto ha sido transcrito, la realización de la conducta típica del llamado a la herencia a título de heredero hace que "ex lege" adquiera tal condición sin posibilidad de acogerse al beneficio de inventario. Es la conducta de sustracción u ocultación de bienes hereditarios, después de la apertura de la sucesión y mientras subsiste el derecho de aceptar o repudiar, la que da lugar a la aplicación de dicha norma por razón de la realización de actos de indebida apropiación. Se trata, en definitiva, de una atribución legal de la herencia por causa de un comportamiento ilícito, privando así al heredero de la posibilidad de acogerse al beneficio de inventario, lo que constituye una verdadera pena o sanción de carácter civil. El comportamiento descrito en el artículo 1002 de Código Civil fue valorado como aceptación tácita de la herencia en el anterior Derecho español y así en las Partidas (6,6,9) los herederos forzosos que sustraían u ocultaban bienes de la herencia se entendía que la aceptaban, mientras que el Proyecto de 1851 establecía en su artículo 832 que "se entiende también aceptada la herencia por el que sustrajo u ocultó maliciosamente alguna de las cosas hereditarias". Hoy la generalidad de la doctrina entiende que no nos encontramos ante un supuesto de aceptación tácita en sentido propio, pero sí ante una modalidad de sanción o pena civil derivada del comportamiento ilícito. Existe "sustracción" cuando un heredero se apropia de uno o varios efectos hereditarios sin tener título alguno que lo justifique, lo que integra una conducta activa, mientras que existe "ocultación" cuando el heredero guarda un bien hereditario o calla sobre su existencia, la disimula o la encubre, lo que comporta una conducta pasiva en cuanto el heredero se abstiene de manifestar que un determinado bien forma parte de la herencia. La doctrina, aun reconociendo que el artículo 1002 no puede ser aplicado analógicamente a otros supuestos similares dado su carácter sancionador, resalta que su interpretación no puede restringirse tanto que no pueda alcanzar otros supuestos idénticos a los contemplados en el precepto, siempre que se trate de disminuir el activo hereditario, aumentar el pasivo o defraudar a otros herederos, legatarios o acreedores hereditarios. La misma doctrina entiende que la sustracción u ocultación puede tener por objeto tanto bienes inmuebles como muebles, aunque es más probable que se refiera a estos últimos por su facilidad para ser sustraídos o escondidos. Lo que resulta en todo caso necesario, por así venir exigido claramente en el precepto, es que el comportamiento sancionable se realice después de la apertura de

la sucesión, aunque también se impondrá la aceptación pura y simple cuando la ocultación o sustracción haya acontecido antes del fallecimiento del causante pero persistan con posterioridad a ese momento. La finalidad de la norma y de la sanción que en ella se contiene es clara: hacer responder al heredero con sus propios bienes de las deudas del causante cuando, mediante la sustracción u ocultación de los que pertenecían al mismo, no se limitó a dejar a salvo su patrimonio personal —lo que podía hacer mediante la aceptación "a beneficio de inventario"— sino que fue más allá con el propósito de impedir la responsabilidad del caudal "intra vires hereditatis"». (20 octubre 2011, rec. 1169/2008, LA LEY 218011/2011)

CONCORDANCIAS

Véase art. 1.024.1.º de este Código.

Artículo 1.003

Por la aceptación pura y simple, o sin beneficio de inventario, quedará el heredero responsable de todas las cargas de la herencia, no sólo con los bienes de ésta, sino también con los suyos propios.

COMENTARIO

1.- El presente artículo establece los efectos de la aceptación «pura y simple», es decir, sin el beneficio de inventario regulado en los artículos 1010 y siguientes del C.C., destacando la responsabilidad del heredero ultra vires hereditatis, no sólo con los bienes del patrimonio hereditario, sino también con los propios.

El efecto esencial de la aceptación de la herencia es la asunción por el aceptante de la posición de heredero y consiguiente adquisición de la herencia, lo cual implica la confusión de patrimonios de causante y heredero y asunción por éste, ilimitadamente, incluyendo su propio patrimonio, de las deudas del causante, legados y cargas. El heredero sustituye jurídicamente, a todos los efectos, al causante.

Si los herederos son varios, se forma la llamada comunidad hereditaria, que se extingue por la partición. La responsabilidad de los coherederos es solidaria, antes y después de la partición (artículo 1084 del C.C.).

2.- Aunque este artículo se refiere sólo a las cargas de la herencia, la responsabilidad del heredero alcanza a las deudas, cargas y legados. Respecto de las deudas del causante, pasan a ser deudas del heredero y responde ellas con los bienes de la herencia y con los propios. En cuanto a las cargas hereditarias, éstas son las que se originan tras la muerte del causante o por la propia sucesión y la obligación y responsabilidad del heredero es ilimitada, igual que por las deudas del causante. Por lo que se refiere a los legados, la responsabilidad del heredero alcanza a los legados dispuestos por el testador, ya que se incluyen dentro del concepto de cargas de la herencia.

3.- Aunque se confundan los patrimonios de causante y heredero, permanecen ambos separados a los efectos de los respectivos acreedores. Así, los acreedores del causante por deudas del mismo, o del caudal hereditario por cargas de la herencia, o los legatarios, se encuentran ante el patrimonio hereditario como si fuera autónomo hasta que se satisfagan sus derechos, tras lo cual el remanente o saldo activo del patrimonio hereditario quedará definitivamente integrado y confundido con el propio heredero.

Artículo 1.004

Hasta pasados nueve días después de la muerte de aquel de cuya herencia se trate, no podrá intentarse acción contra el heredero para que acepte o repudie.

COMENTARIO

1.- Establece el presente artículo un compás de espera, breve, de nueve días, después de la muerte del causante en el que no se puede exigir (en virtud de la acción que concede el artículo 1005 del C.C.) al llamado a la herencia que acepte o repudie.

La finalidad de esta norma es impedir que se ejercite la *interrogatio in iure*, es decir, la interpelación al llamado para que tome una decisión sobre su posición respecto de la herencia, durante nueve días naturales contados a partir del día siguiente al de la muerte del causante.

Se trata de un plazo pensado en beneficio del instituido heredero por respeto a su intimidad ante la proximidad de la muerte de un pariente o de otra persona suficientemente vinculada al mismo, como para ser su heredero. Plazo que resulta ilógico por lo exiguo y por el momento en que se dispone que comience su cómputo, pues es imposible que después de nueve días de la muerte del causante se tenga certeza de quiénes son los instituidos herederos, pues el certificado de actos de última voluntad no puede solicitarse sino después de transcurridos quince días del fallecimiento del *de cuius*.

2.- Por otra parte, repecho de las reclamaciones por deudas del causante pueden ejercitarse en cualquier momento, incluso en este plazo de nueve días. Evidentemente no podrán ejercitarse frente al llamado, pero por la razón de que al no haber aceptado todavía no es heredero; sí podrán ejercitarse frente a la herencia yacente.

CONCORDANCIAS

Véase art. 1.016 de este Código.

Artículo 1.005

Instando, en juicio, un tercer interesado para que el heredero acepte o repudie, deberá el Juez señalar a éste un término, que no pase de treinta días, para que haga su declaración; apercibido de que, si no la hace, se tendrá la herencia por aceptada.

COMENTARIO

1.- El instituido heredero a quien le corresponda el llamamiento efectivo a la herencia (delación) mientras no acepte o repudie no adquiere la herencia, no es heredero, y además impide el llamamiento de otros sujetos designados, bien en testamento o por ley, como eventuales herederos. La herencia está pendiente de tener un titular (herencia yacente) bien respecto de toda ella o solamente de una cuota de la misma.

Esta incertidumbre acerca de la titularidad se puede mantener, a voluntad del llamado a ser heredero, mientras no prescriba su derecho a aceptar o repudiar (*ius delationis*); el plazo de prescripción de tal derecho será de 15 años por aplicación del artículo 1964 del C.C.

Sin embargo, en virtud del artículo 1005 cualquier interesado puede ejercitar la acción a través de la cual se consiga que el juez señale un plazo muchísimo más breve (no más de treinta días) en el cual el llamado a ser heredero manifieste su decisión de ser o no ser heredero, advirtiéndole que si no declara nada en dicho tiempo se entenderá que ha aceptado la herencia: es la llamada *interrogatio in iure*.

2.- Esta interpelación es de ejercicio judicial («Instando en juicio...» dice el artículo 1005) y se tramitará por un procedimiento de jurisdicción voluntaria.

La legitimación activa corresponde, según este artículo a «un tercer interesado»: se entiende por tal, cualquier persona que tenga interés en la resolución definitiva sobre la persona del heredero. Son «interesados», pues, los acreedores del causante, incluso deudores del mismo, legatarios, coherederos y posteriores posibles herederos cuyo llamamiento efectivo a la herencia dependa de la decisión de repudiar por parte del interrogado, etc.

La legitimación pasiva la tiene el llamado a la herencia con delación, es decir, con ofrecimiento efectivo de la misma para su adquisición, que todavía no ha ejercitado su derecho a aceptar o repudiar. El artículo 1005 habla de «heredero», sin embargo éste no lo será hasta que declare que acepta, si acepta. Por tanto, no se puede interrogar al ya heredero, pues ya carece de sentido, ni tampoco a aquel designado heredero cuyo llamamiento es eventual (tiene solamente vocación hereditaria) y, por tanto, todavía no puede aceptar o repudiar la herencia pues carece de certeza sobre su derecho a la herencia.

3.- Para el procedimiento se aplicarán las normas generales que la Ley de Enjuiciamiento Civil establece para los expedientes de jurisdicción voluntaria (artículos 1811 y siguientes). Este procedimiento puede llevarse en forma autónoma, como un expediente independiente, o bien puede tramitarse dentro de un juicio de testamentaría o de *ab intestato*, o incluso puede practicarse tras una declaración de herederos y como continuación del mismo expediente. Lo que no parece posible es que se tramite dentro de un proceso declarativo.

En el expediente, el Juez requiere al llamado con delación para que acepte o repudie, designándole un plazo (no superior a treinta días) para que haga su declaración; este término es un plazo procesal y, por tanto, de caducidad que no admite prórroga, ni interrupción ni suspensión.

En el mismo requerimiento se le apercibe de que si nada declara en el plazo que se le ha señalado la herencia queda aceptada, la norma no presume ni interpreta la voluntad del llamado, sino que impone el resultado de la herencia aceptada, mal que le pese al que con su conducta pasiva dio lugar a ello.

CONCORDANCIAS

Véase art. 1.015 de este Código.

Artículo 1.006

Por muerte del heredero sin aceptar ni repudiar la herencia pasará a los suyos el mismo derecho que él tenía.

COMENTARIO

1.- El presente artículo prevé el supuesto del instituido heredero que una vez abierta la sucesión se le ofrece la herencia para que acepte o repudie y muere antes de hacer declaración alguna. Al morir sin ejercitar su derecho a la herencia (*ius delationis*) lo transmite a sus herederos. Este derecho de que se transmita al heredero del llamado el derecho a aceptar o repudiar que éste no ejercitó en vida, se denomina *ius transmissionis*.

Los sujetos que intervienen son:

a) El primer causante: aquel cuya herencia se defirió a un designado heredero, que por haber fallecido transmite a su sucesor el derecho de aceptar o repudiar la herencia del primer causante.

b) El segundo causante o transmitente del *ius delationis*, es el que tuvo la delación de la herencia del primer causante, pero murió sin ejercitar su derecho, es decir, sin haber aceptado ni repudiado, por lo que trasmite a sus propios herederos el mismo derecho a aceptarla o repudiarla.

c) El transmisario o adquirente del *ius delationis*: es el heredero del segundo causante que recibe —formando parte de la herencia de éste— el derecho a aceptar o repudiar la herencia del primer causante. Por ello, es preciso, que acepte la herencia del segundo causante para adquirir el derecho a aceptar o repudiar la herencia del primer causante; si también acepta la herencia del primer causante, será heredero de éste, la consecuencia de ello es que precisa la capacidad y dignidad y ausencia de prohibiciones respecto del primer causante para adquirir la herencia de éste.

2.- El mecanismo es el siguiente: un primer causante y su posible heredero testamentario o intestado titular del derecho a aceptar o repudiar la herencia del anterior muere antes de ejercitarlo. Este derecho formará parte de su patrimonio y se transmitirá a su heredero o herederos testamentarios. Si éstos además aceptan la herencia, adquirirán el patrimonio dentro del cual se halla aquel *ius delationis* no ejercitado, y en virtud del mismo podrán aceptar o repudiar la herencia de aquel primer causante. Los herederos del llamado con delación que ha postmuerto al causante sin haber aceptado ni repudiado la herencia, le suceden en la titularidad del *ius delationis*, y, por tanto, pueden ejercer la facultad que conlleva y convertirse, si aceptan, en herederos del primer causante.

JURISPRUDENCIA

«El art. 1006 CC establece que por muerte del heredero sin aceptar ni repudiar la herencia, pasará a los suyos el mismo derecho que él tenía. Y en este caso, se sigue manteniendo el ius transmissionis, sin que tenga nada que ver la pretendida nulidad del testamento declarada por la Audiencia. En efecto, únicamente la cláusula del testamento que nombraba heredera a la madre del testador se mantiene en vigor, por lo que fallecida D.ª Miriam sin haber aceptado ni repudiado, este derecho se encuentra en el patrimonio relicto de D.ª Miriam y serán sus herederos quienes podrán o no ejercitarlo, de acuerdo con el art. 1006 CC». (5 noviembre 2009, rec. 1519/2005, LA LEY 226662/2009)

«Fallecido el causante y, por tanto, producida la apertura de la sucesión, el llamado a la herencia (delación) tiene el derecho a aceptarla o repudiarla; este derecho —ius delationis— no es transmisible (salvo el caso del artículo 1006 del Código civil), pero sí es objeto de transmisión el derecho del heredero sobre la herencia, una vez aceptada». (15 abril 2011, rec. 1342/2007, LA LEY 37940/2011)

«El art. 1006 CC establece que por muerte del heredero sin aceptar ni repudiar la herencia, pasará a los suyos el mismo derecho que él tenía. Y en este caso, se sigue manteniendo el ius transmissionis, sin que tenga nada que ver la pretendida nulidad del testamento declarada por la Audiencia. En efecto, únicamente la cláusula del testamento que nombraba heredera a la madre del testador se mantiene en vigor, por lo que fallecida D.ª Miriam sin haber

aceptado ni repudiado, este derecho se encuentra en el patrimonio relicto de D.ª Miriam y serán sus herederos quienes podrán o no ejercitarlo, de acuerdo con el art. 1006 CC». (20 octubre 2011, rec. 1169/2008, LA LEY 218011/2011)

CONCORDANCIAS

Véanse arts. 761, 766 y 857 de este Código.

Artículo 1.007

Cuando fueren varios los herederos llamados a la herencia, podrán los unos aceptarla y los otros repudiarla. De igual libertad gozará cada uno de los herederos para aceptarla pura y simplemente o a beneficio de inventario.

COMENTARIO

Refrenda la presente norma lo dispuesto en el artículo 988 del C.C. sobre la libertad de la aceptación y repudiación en el supuesto de que fueran llamadas varias personas a la misma herencia. En este caso cada una de ellas tiene libertad para aceptar o repudiar la herencia siempre respecto de la cuota sobre la que tiene delación.

Asimismo establece este artículo que los herederos aceptantes podrán utilizar con independencia de los demás el beneficio de inventario.

Artículo 1.008

La repudiación de la herencia deberá hacerse en instrumento público o auténtico, o por escrito presentado ante el Juez competente para conocer de la testamentaría o del abintestato.

COMENTARIO

1.- Trata el presente artículo de la forma en que ha de manifestarse la repudiación de la herencia. Forma que se requiere ad solemnitatem como requisito de existencia y validez.

La repudiación de la herencia es un negocio jurídico unilateral, no recepticio, y solemne, en virtud del cual queda desvinculado de la herencia el llamado con delación a quien se le ofreció. Es una renuncia preventiva por la cual se rechaza la herencia impidiendo definitivamente que entre a formar parte del patrimonio del repudiante.

Como efecto positivo, la repudiación da lugar a una nueva delación; si se trataba de una sucesión testada, la delación se producirá a favor de: 1.º sustituto vulgar, si lo había, designado en el testamento, 2.º derecho de acrecer, si hay coherederos y concurren los requisitos del mismo, aunque en este caso no hay una verdadera delación, sino que la cuota repudiada aumenta la de los aceptantes; a falta de los casos anteriores, se abre la sucesión intestada y se produce la delación en favor de los herederos abintestato del causante. Si se trata de sucesión intestada, se deferirá de nuevo 1.º a sus coherederos, si los hay del mismo orden y grado, o 2.º a los herederos abintestato del orden y grado que sigan al repudiante.

2.- Es necesario, en virtud del artículo 1008, que la voluntad de repudiar se manifieste de modo expreso y formal. Esta norma exige que la forma de la repudiación sea en instrumento público, en instrumento auténtico o en escrito presentado ante Juez competente.

Por «instrumento público» hay que entender documento público, es decir, aquel autorizado por un Notario o empleado público competente. El documento público propio y adecuado en que puede realizarse será la escritura pública ante Notario o ante funcionario que goce de fe pública (así el Cónsul de España en el extranjero).

La expresión «instrumento auténtico» hace referencia a todo documento privado indubitado e inconcuso del repudiante, en el que coincide autor aparente y autor real.

El escrito ante Juez competente se trata del escrito privado presentado ante el Juez, ante el cual será necesario ratificarse, o la comparecencia documentada por el Secretario judicial o el escrito del Procurador de los Tribunales ratificado por el repudiante. Todo ello puede hacerse ante Juez competente, autónomamente, es decir, sin necesidad de que tramite ningún expediente, y sin que sea preciso incoar un expediente de jurisdicción voluntaria; o bien, puede hacerse ante Juez que esté conociendo el proceso de testamentaría o de abintestato.

JURISPRUDENCIA

«No cabe sostener que lo único que tuvo lugar fue la aceptación pura y simple de la herencia y repudiación tácita de la transmisión sucesoria que operaban los testamentos ológrafos, declarados válidos y plenamente eficaces, cuando el art. 1008 exige que la repudiación de la herencia ha de hacerse en instrumento público, auténtico o por escrito en tal sentido presentado ante el juez competente para conocer la testamentaría o el abintestato, pero no en forma tácita que sólo cabe para la aceptación de herencia. La repudiación de la herencia debe revestir forma de acto notoriamente sustancial, integrado por la declaración de la voluntad debidamente manifestada de quien es llamado a una concreta sucesión y precisa su correspondiente exteriorización para que pueda ser conocida por todos aquellos interesados en la sucesión de que se trate (SS 24 Dic. 1909, 9 Dic. 1992 y 4 Dic. 1994), no precisándose que el documento auténtico sea documento público, pero sí que se trate de documento que indubitadamente proceda del renunciante». (23 noviembre 1999, LA LEY 342/2001)

«Los hijos no han renunciado a la herencia, supuesto en que sería correcta la exigencia de documento público (art. 1008). La renuncia de todos los coherederos a sus derechos en un determinado bien en favor de tercero no es una excepción al principio de la libertad de forma consignado en el art. 1279, sino un supuesto en el que por el interesado puede compelerse a sus autores al otorgamiento de la escritura pública. Es reiterada la doctrina de esta Sala de que la exigencia del art. 1280 no tiene el alcance de forma ad solemnitatem, *y que no ha de contemplarse de forma aislada sino en relación con los arts. 1254 y 1255 (sentencias de 9 de diciembre de 1977 y 27 de enero de 1995)».* (27 febrero 2007, LA LEY 6597/2007)

CONCORDANCIAS

Véanse arts. 272.1.º, 1.001 y 1.280.4.º de este Código.

Artículo 1.009

El que es llamado a una misma herencia por testamento y abintestato, y la repudia por el primer título, se entiende haberla repudiado por los dos.

Repudiándola como heredero abintestato y sin noticia de su título testamentario, podrá todavía aceptarla por éste.

COMENTARIO

1.- El presente artículo trata de un supuesto de concurrencia de delaciones. La delación hereditaria se produce en virtud de testamento (sucesión testada) o de llamamiento por ley (sucesión intestada). La delación por testamento es preferente a la intestada (artículos 658 y 912 del C.C.), de tal modo que, habiendo testamento, no se dará sucesión abintestato.

2.- El párrafo primero del artículo 1009 se refiere a un caso en el que un mismo sujeto se ve llamado dos veces a la misma porción de herencia o a la herencia entera de manera sucesiva, así, repudiada la herencia por el designado heredero en testamento, y abierta, en consecuencia, la sucesión intestada, sea el mismo sujeto declarado heredero según ley por ser el pariente más próximo del causante.

No está regulando el artículo 1009 un supuesto de repudiación parcial, ni su fundamento se encuentra en la indivisibilidad que proclama el artículo 990 del C.C., sino que hay que interpretarlo de la siguiente manera: cuando dice «a una misma herencia» hace referencia a ofrecimientos sucesivos y subsidiarios de toda o de la misma cuota de la herencia, supuesto donde cobra importancia la repudiación, pues uno de sus efectos es provocar el ofrecimiento de la herencia o cuota repudiada al siguiente llamado que corresponda. Así, se aplicará la norma del artículo 1009-I para el supuesto de que, precisamente, la repudiación del llamado —ejerciendo el llamamiento principal— sea causa de que entre en vigor el llamamiento subsidiario en su mismo favor, con idéntica posibilidad de aceptar o repudiar lo mismo.

La repudiación al llamamiento testado produciría la actualización de la vocación intestada del repudiante y el ofrecimiento, de nuevo, de la herencia según la ley y no según la voluntad del causante; admitir que esto ocurra sería permitir, de alguna manera, que el sucesor disponga de los bienes del causante defraudando la voluntad de éste. Según este artículo, evita que nazca la delación sucesiva (aunque literalmente dice «se entiende repudiada») en favor del repudiante eludiéndole y ofreciendo la herencia al resto de aquellos designados en el mismo orden intestado o en el siguiente si no hubiera ninguno.

3.- En el párrafo segundo del presente artículo se trata de un caso de repudiación inválida ya que se basó en una delación ineficaz, en un llamamiento incierto, el intestado, por existir uno preferente, el testamentario, pero desconocido para el repudiante. En este supuesto, el sujeto puede aceptar o repudiar la herencia ofrecida en virtud del «título testamentario».

SECCIÓN QUINTA
Del beneficio de inventario y del derecho de deliberar

Artículo 1.010

Todo heredero puede aceptar la herencia a beneficio de inventario, aunque el testador se lo haya prohibido.

También podrá pedir la formación de inventario antes de aceptar o repudiar la herencia, para deliberar sobre este punto.

COMENTARIO

1.- Inicia este artículo la Sección Quinta aludiendo a los dos beneficios o derechos que dan título a dicha sección. El beneficio de inventario es un medio que pone la ley a disposición del que ha sido llamado a ser heredero y decide aceptar la herencia, para que la misma quede sometida a una administración o liquidación separada hasta que se hayan extinguido todas las deudas y cargas de la herencia. Es un remedio para evitar la confusión de patrimonios y responsabilidad del heredero con sus propios bienes derivada de la aceptación («pura y simple» —artículo 1003—) de la herencia.

Esta facultad es atribuida por el Ordenamiento jurídico al heredero para autolimitar su responsabilidad como tal heredero a los bienes de la herencia, y no puede excluirse su posibilidad por el testador («aunque el testador se lo haya prohibido», dice expresamente el párrafo primero del artículo 1010).

Al beneficio de inventario puede acogerse el heredero en el mismo momento de la aceptación, o posteriormente a la misma, e independientemente del resto de los coherederos, pudiendo utilizarlo cualquiera de ellos con independencia y separación de los demás (último inciso del artículo 1007 del C.C.).

3.- El *derecho de deliberar* al que se refiere el párrafo segundo del artículo 1010 es la facultad concedida por la ley al llamado a ser heredero para examinar, dentro de cierto término, el estado de la herencia antes de decidirse por la aceptación y repudiación de la misma; para ello se procede a la formación de inventario.

Pueden ejercitar este derecho de deliberar:

a) El llamado a la herencia con delación, es decir, el titular del derecho a aceptar o repudiar la herencia; precisamente antes de ejercitar esta opción le interesa averiguar el estado económico de la herencia para deliberar y decidir qué le conviene, aceptarla o repudiarla.

b) El heredero que ya ha aceptado; aún le cabe acogerse o no al beneficio de inventario para limitar la eficacia de la sucesión a título de heredero, y para decidirse puede solicitar la formación de inventario y deliberar a base de él si ejercita el beneficio de inventario o no.

El llamado o el heredero podrán acogerse a este derecho a pesar de la prohibición expresa del testador, y lo pueden utilizar con independencia y separación de los demás collamados si lo hubiera. Y lo habrán de solicitar solemnemente, por escrito, ante el Juez competente para conocer de la testamentaría o abintestato de la persona de cuya sucesión se trate.

La solicitud comprenderá tres extremos:

1) La manifestación de querer utilizar el derecho de deliberar.

2) La petición, en consecuencia, de que se forme inventario.

3) La petición de que se cite a acreedores y legatarios para que acudan, si les conviniere, a presenciar la formación de inventario (por interpretación del párrafo segundo del artículo 1014 del C.C.).

El derecho de deliberar presupone la formación de un inventario que se hará en la misma forma y plazo que en el beneficio de inventario; el sujeto puede investigar y examinar todos los antecedentes, detalles, características, documentos de la herencia. Finalizado el inventario el llamado a ser heredero o el ya heredero tiene treinta días para tomar una decisión y manifestarla al Juez, y si no manifiesta nada se entenderá que la acepta pura y simplemente (artículo 1019 del C.C.).

CONCORDANCIAS

Véanse arts. 992 y 1.934 de este Código.

Artículo 1.011

La aceptación de la herencia a beneficio de inventario podrá hacerse ante Notario, o por escrito ante cualquiera de los Jueces que sean competentes para prevenir el juicio de testamentaría o abintestato.

COMENTARIO

Este artículo trata de la forma de solicitar el beneficio de inventario y establece una vía notarial y otra judicial. En una o en otra el ejercicio de dicho beneficio puede ir acompañado de la declaración de aceptar la herencia (lo que se denomina «aceptación a beneficio de inventario»).

La manifestación de acogerse al beneficio de inventario ha de realizarse ante el Notario, plasmándose en escritura pública.

Por la vía judicial, la aceptación a beneficio de inventario o el simple beneficio de inventario se manifestarán por escrito ante el Juez competente para «prevenir» o conocer el juicio de testamentaría o abintestato.

JURISPRUDENCIA

«El beneficio de inventario y su relación con la división de la cosa común. La ley pone a disposición del llamado a la herencia el beneficio de inventario para que pueda adquirirla separada de su propio patrimonio, hasta que se hayan pagado todos los acreedores (y legatarios). Su función esencial, no otra, es limitar la responsabilidad del heredero al valor del activo hereditario. Por ello, el efecto básico es la no confusión de los patrimonios de heredero y causante (artículo 1023.3.º del Código civil) lo que conlleva la limitación de la responsabilidad de dicho heredero (artículo 1023.1.º) quedando la herencia en administración hasta que resulten pagados los acreedores (y legatarios) (artículo 1026). De aquí que se pierda el beneficio de inventario si realiza algún acto doloso o culposo de enajenación de bienes hereditarios (conforme al artículo 1024.2.º del Código civil), debidamente interpretado; es decir, se trata de enajenación irregular, anómala; se trata de una enajenación que es válida pero que entraña una irregularidad que se sanciona con la pérdida del beneficio de inventario. Una antigua sentencia de 4 de abril de 1903, refiriéndose el número 1.º del mismo artículo lo aplica cuando el heredero ha actuado "maliciosamente con el propósito de lucrarse o de perjudicar a los interesados en la sucesión o con cualquier otro intento más o menos reprobado"». (28 enero 2011, rec. 984/2007, LA LEY 1010/2011)

Artículo 1.012

Si el heredero a que se refiere el artículo anterior se hallare en país extranjero, podrá hacer dicha declaración ante el Agente diplomático o consular de España que esté habilitado para ejercer las funciones de Notario en el lugar del otorgamiento.

COMENTARIO

Se refiere al supuesto del heredero que se halle en país extranjero, si quiere manifestar su intención de acogerse al beneficio de inventario puede manifestarlo ante el funcionario español diplomático o consular que pueda autorizar fehacientemente la declaración de aceptar a beneficio de inventario o sólo (por haber aceptado ya) de utilizar dicho beneficio.

Artículo 1.013

La declaración a que se refieren los artículos anteriores no producirá efecto alguno si no va precedida o seguida de un inventario fiel y exacto de todos los bienes de la herencia, hecho con las formalidades y dentro de los plazos que se expresarán en los artículos siguientes.

COMENTARIO

1.- Establece este artículo un requisito esencial para la validez de la declaración que ejercita el beneficio de inventario. El requisito esencial es que dicha declaración vaya precedida o seguida de un inventario fiel y exacto de todos los bienes de la herencia hecho con las formalidades y en los plazos legales establecidos en los artículos siguientes.

2.- El inventario puede ser anterior a la manifestación formal de acogerse a este beneficio porque previamente se hubiera ejercitado el derecho a deliberar que lleva como contenido la formalización de un inventario con el fin de que el llamado a ser heredero o el ya heredero tome conciencia de la herencia y decida si repudia, acepta pura y simplemente o acepta con beneficio de inventario.

Si la declaración de aceptar con el beneficio de inventario precede a la confección de éste, él será consecuencia obligada de aquella declaración.

En todo caso, la realidad del inventario condiciona la validez y, por tanto, la eficacia de la declaración de voluntad de ejercitar el beneficio por el cual el heredero limita su responsabilidad respecto de los bienes hereditarios.

3.- El inventario consiste en una enumeración completa de los bienes de la herencia que se practicará bien judicial o notarialmente tomando de referencia, por analogía, los trámites de la Ley de Enjuiciamiento Civil previstos para el juicio de testamentaría.

A la formación del inventario deberán ser citados los interesados directamente en la herencia, es decir, los coherederos, acreedores y legatarios.

4.- No será preciso el inventario si el heredero adquiere una herencia por reclamación en juicio (ejercitando la acción de petición de herencia) de la que otro se hallara en posesión por más de un año (artículo 1021 del C.C.). Por otra parte no será necesario reiterar el inventario cuando ya lo hizo otro llamado a ser heredero que luego repudió la herencia; así, el que la acepte posteriormente puede gozar del beneficio de inventario sin necesidad de volver a practicar éste.

Artículo 1.014

El heredero que tenga en su poder los bienes de la herencia o parte de ellos y quiera utilizar el beneficio de inventario o el derecho de deliberar, deberá manifestarlo al Juez

competente para conocer de la testamentaría, o del abintestato, dentro de diez días siguientes al en que supiere ser tal heredero, si reside en el lugar donde hubiese fallecido el causante de la herencia. Si residiere fuera, el plazo será de treinta días.

En uno y en otro caso, el heredero deberá pedir a la vez la formación del inventario y la citación a los acreedores y legatarios para que acudan a presenciarlo si les conviniere.

COMENTARIO

1.- Este artículo junto con los dos artículos siguientes, 1015 y 1016, tratan de los plazos para solicitar el beneficio de inventario y el derecho de deliberar distinguiendo una serie de situaciones en las que se puede encontrar el llamado a ser heredero o el ya heredero. Parte de la situación concreta: aquella en la que el llamado (titular del derecho a aceptar o repudiar la herencia) o el ya heredero (aceptante de la herencia) «tenga en su poder los bienes de la herencia o parte de ellos».

Aunque el artículo habla de «el heredero», hay que entender que puede tratarse de un mero llamado a serlo que, aun teniendo en su poder bienes hereditarios, no ha realizado ningún acto que manifieste su aceptación. Expresamente se refiere al heredero que puede haber aceptado expresa o tácitamente o *ex lege*, que también sea poseedor de bienes de la herencia.

En ambos casos el beneficio de inventario y el derecho a deliberar podrán ejercitarse en unos plazos muy breves que vienen determinados especialmente por la circunstancia de que el llamado o el heredero tenga en su poder bienes hereditarios con la consiguiente facilidad de ocultarlos o extraviarlos del conocimiento de otros interesados.

2.- La expresión «tenga en su poder los bienes de la herencia o parte de ellos» se refiere a una posesión real, es decir, la tenencia, que supone la situación fáctica de una relación material entre el sujeto y los bienes hereditarios. Posesión que ha de ser consciente, lo que implica saber que esos bienes pertenecen a la herencia respecto de la cual el sujeto tiene derecho; por tanto, no se aplicará el artículo 1014 cuando la posesión no sea consciente bien por falta de capacidad en el poseedor bien por error debido a que el poseedor creyese que los bienes no pertenecían a la herencia o ignorase su derecho a la sucesión. Tampoco cabrá en el supuesto del presente artículo la posesión en virtud de un título propio o derivado de un contrato o de un derecho real a favor del llamado o heredero.

3.- Se distinguen dos plazos atendiendo a la coincidencia o no del domicilio del solicitante del beneficio de inventario o del derecho de deliberar con el lugar donde murió el causante, así:

a) Si reside en el lugar en que murió el causante el llamado o heredero tiene días contados desde el día siguiente a que se supiera con derecho a la herencia, es decir, desde el momento que tenga certeza de su derecho a la herencia (artículo 991 del C.C.).

b) Si residiera fuera del lugar donde murió el causante, el plazo será de treinta días.

Transcurridos los exiguos plazos no se podrá utilizar por el poseedor de bienes de la herencia ni el beneficio de inventario ni el derecho de deliberar y, entonces:

a) Si no hubiera ejercitado su derecho a aceptar o repudiar la herencia durante estos plazos podrá repudiar o aceptar la herencia pura y simplemente en el tiempo que la ley le concede para ejercitar el *ius delationis* (en general 15 años) pero no tiene la opción de aceptarla a beneficio de inventario.

b) Si durante el término concedido por el artículo 1014 y antes de la solicitud del beneficio de inventario el sujeto hubiera aceptado expresa, tácita o forzosamente la herencia, quedará como aceptación pura y simple, sin facultad para poder limitar la responsabilidad de heredero derivada de aquélla.

4.- El párrafo segundo del artículo 1014 establece que la utilización del beneficio de inventario y el ejercicio del derecho de deliberar han de llevar consigo la petición de la realización del inventario y la citación de los acreedores y legatarios para que acudan a presenciarlo si quisieren. La necesidad de la formalización del inventario para que sea eficaz la manifestación de acogerse a dichos beneficios ya la expresaba para todo caso el artículo 1013. Respecto de la citación de acreedores y legatarios como interesados en el inventario ha de interpretarse como requisito para todo supuesto de ejercicio del beneficio de inventario y del derecho de deliberar, no sólo para los supuestos concretos a que se refiere el artículo 1014. Se citará, en general, a todos los interesados en la herencia y, por tanto, en los bienes que la comprenden, así: coherederos, cónyuge, legatarios de parte alícuota, legatarios y acreedores hereditarios.

Artículo 1.015

Cuando el heredero no tenga en su poder la herencia o parte de ella, ni haya practicado gestión alguna como tal heredero, los plazos expresados en el artículo anterior se contarán desde el día siguiente al en que expire el plazo que el Juez le hubiese fijado para aceptar o repudiar la herencia conforme al artículo 1.005, o desde el día en que la hubiere aceptado o hubiera gestionado como heredero.

COMENTARIO

1.- El presente artículo determina el tiempo en el que podrá solicitarse el beneficio de inventario y el derecho de deliberar por el sujeto que fue llamado a la herencia y no estando en posesión de todos o gran parte de bienes hereditarios, la acepta.

Hay que advertir que en el derecho de deliberar que en este caso se le reconoce al aceptante, la deliberación queda reducida a si ejercita o no el beneficio de inventario, ya que una vez aceptada la herencia, supuesto del que parte el artículo 1015 para señalar los plazos, no cabe decidirse por repudiarla.

Los plazos son los señalados en el artículo 1014, de diez y treinta días, dependiendo si el llamado tiene su domicilio o no en el lugar donde murió el causante, pero el cómputo de dichos plazos no comenzará sino desde la aceptación de la herencia del llamado a ser heredero.

2.- El artículo 1015 enumera las distintas posibilidades de aceptación de la herencia, momento a partir del cual al ya heredero le empieza a contar el plazo para solicitar el beneficio de inventario y el derecho de deliberar (con el contenido reducido a decidir si se acoge el beneficio de inventario o no); así:

a) aceptación de la herencia por silencio en la *interrogatio in iure* del artículo 1005 del C.C.; señala el artículo 1015 que los plazos para solicitar el derecho de deliberar «se contarán desde el día siguiente al en que expire el plazo que el Juez le hubiese fijado para aceptar o repudiar la herencia conforme al artículo 1005»; resulta que según el artículo 1005, expirado dicho término, la herencia «se tendrá por aceptada», lo que significa que el plazo para pedir aquellos derechos comienza una vez y desde que el llamado e interpelado es ya heredero.

b) Aceptación expresa; se contarán los plazos, dice el artículo 1015 «desde el día en que la hubiese aceptado». Se refiere a la declaración de voluntad expresa de aceptar pero sin especificar si lo hace pura y simplemente o acogiéndose al beneficio de inventario. c) aceptación tácita; vuelve a expresar el artículo en comentario, que los plazos se contarán «desde el día en que... hubiera gestionado como heredero». Gestionar como heredero corresponde a aceptar tácitamente la herencia según se dispone en el artículo 999 del C.C.

3.- En conclusión, el artículo 1015 está concediendo al heredero aceptante (siempre que no poseyera la herencia o parte de ella) la posibilidad de acogerse todavía al beneficio de inventario, e incluso, solicitar previamente el derecho de deliberar para, a la luz de un inventario, decidir si ejercita aquel beneficio o no. La consecuencia de que el heredero no los ejercite en los plazos determinados es que su aceptación (expresa o tácita) devendrá definitivamente pura y simple.

Artículo 1.016

Fuera de los casos a que se refieren los dos anteriores artículos, si no se hubiere presentado ninguna demanda contra el heredero, podrá éste aceptar a beneficio de inventario, o con el derecho de deliberar, mientras no prescriba la acción para reclamar la herencia.

COMENTARIO

1.- Se refiere este artículo también al tiempo oportuno para ejercitar el beneficio de inventario y el derecho de deliberar, y el supuesto de hecho al que se aplica es el del sujeto llamado a la herencia que no posee bienes hereditarios y todavía no es heredero porque no ha aceptado ni expresa ni tácitamente.

Para determinar este supuesto de hecho al que se refiere y aplica la norma en comentario conviene recordar, sucintamente, los supuestos de los artículos inmediatamente anteriores: Primero: el artículo 1014 se aplicaba al llamado o al heredero que tuviere en su poder bienes de la herencia, independientemente de que hubiera aceptado o no la herencia; Segundo: el artículo 1015 se refería al heredero aceptante sin posesión de bienes hereditarios.

En vista de estos supuestos sólo queda aquella situación del llamado a la herencia titular del derecho a aceptarla o repudiarla (si hubiera aceptado sería una hipótesis del artículo 1015) que no tenga en su poder la herencia o parte de la misma (si poseyera todos o gran parte de los bienes hereditarios estaría en el caso del artículo 1014).

2.- A su vez, el artículo 1016 hace mención a dos situaciones:

Primera: que el llamado haya sido interpelado según el artículo 1005 del C.C. para que ejercite en un tiempo señalado por el Juez, el derecho a aceptar o repudiar. Si el llamado fue interpelado y, por tanto, se le fijó un plazo (no superior a 30 días) para que se decidiera, podrá solicitar el derecho de deliberar en este plazo con el fin de tomar la decisión que se le apremia, o podrá decidirse directamente por aceptar a beneficio de inventario. Pero si durante el plazo que el Juez determinó no solicitara el derecho de deliberar ni hiciera manifestación alguna sobre la herencia se entiende que la aceptó y desde este momento por lo que al beneficio de inventario se refiere, se aplicaría el artículo 1015 pudiendo solicitarse en los plazos de 10 o 30 días siguientes al en que expiró el término concedido por el Juez.

Segunda: que el llamado no haya sido interpelado; en este caso el llamado con derecho a aceptar o repudiar la herencia podrá pedir el derecho de deliberar o aceptar con el beneficio de inventario mientras no prescriba aquél derecho a la herencia. Mientras el llamado en nada se mezcle, mientras permanezca alejado de los asuntos hereditarios, mientras nadie le precise a manifestar su voluntad conserva el ejercicio de un derecho que no pierde sino en virtud de la prescripción y por tanto conserva también el derecho de deliberar sobre las posibles opciones contenido de aquel derecho y la facultad de ejercitar cada una de dichas opciones entre las que se encuentra la aceptación con el beneficio de inventario. Por tanto, la vida del derecho de deliberar y del beneficio de inventario van unidas a la existencia del *ius delationis* o derecho a aceptar y repudiar la herencia. Esto es lo que quiere decir el artículo 1016 cuando expresa «mientras no prescriba la acción para reclamar la herencia»; en realidad se está refiriendo a la prescripción del derecho a aceptar o repudiar, pues la acción de petición de herencia corresponde al ya heredero (aceptante) y el plazo para solicitar el derecho de deliberar y el beneficio de inventario en este caso viene determinado en el artículo 1015.

Por tanto, hay que concluir, que el llamado a ser heredero, no poseedor, que no ha sido interpelado, puede valerse del derecho de deliberar y del beneficio de inventario mientras no se desvanezca por prescripción su derecho a adquirir la herencia, es decir, 15 años desde que pudo manifestar eficazmente su voluntad de querer ser heredero.

JURISPRUDENCIA

«... artículo 1014 del Código Civil, y en efecto, el referido precepto señala el plazo de diez días únicamente para poder utilizar el beneficio de inventario o el derecho de deliberar, a computar desde el siguiente día en que supiere ser heredero, conteniendo un plazo igual para el supuesto que prevé el artículo 1015, de donde se infiere que la simple aceptación o repudiación de herencia, habida cuenta del contenido de los artículos 1005 y 1016 in fine, no está sujeta a ningún otro plazo que no sea el de prescripción del derecho a reclamar la herencia o derecho de petición, por lo que extraer del artículo 1014 la conclusión de que el plazo específicamente señalado para utilizar el derecho de deliberar o el de beneficio de inventario, es extensivo al de simple aceptación o repudiación de la herencia incurre en error de interpretación y por ende hay que constatar la indebida aplicación del mismo al supuesto aquí contemplado». (15 noviembre 1985, LA LEY 4054/1986)

Véanse las sentencias relacionadas en el artículo 657, en el apartado sobre la *actio petitio hereditatis*.

CONCORDANCIAS

Véanse arts. 192 y 1.963 a 1.965 de este Código.

Artículo 1.017

El inventario se principiará dentro de los treinta días siguientes a la citación de los acreedores y legatarios, y concluirá dentro de otros sesenta.

Si por hallarse los bienes a larga distancia, o ser muy cuantiosos, o por otra causa justa, parecieren insuficientes dichos sesenta días, podrá el Juez prorrogar este término por el tiempo que estime necesario, sin que pueda exceder de un año.

COMENTARIO

1.- En este artículo se indican los plazos en que ha de llevarse a cabo la práctica del inventario. Son plazos de caducidad. Con el fin de que la situación de inventario no quede abierta sin fecha fija de terminación se establece un plazo para iniciarlo y un plazo para finalizarlo.

Hay que iniciar la formalización del inventario en los treinta días siguientes a la citación de los acreedores y legatarios (y demás interesados en la herencia: coherederos, cónyuge viudo...) para que acudan a presenciarla.

Una vez iniciado el inventario es necesario concluirlo en los sesenta días siguientes al día en que se comenzó.

2.- El plazo de finalización del inventario en 60 días puede ampliarse cuando por hallarse los bienes lejos o dispersos en distintos lugares, por ser muy cuantiosos o por otra causa justa (como puede ser la de su extrema heterogeneidad o diversificación), parezca que va a ser posible terminarlo en dicho plazo.

La solicitud de la ampliación del plazo de 60 días puede pedirse al Juez en el primer escrito donde se solicita la realización del inventario o, posteriormente, durante la práctica de las operaciones inventariales y antes de que expiren los 60 días, presentado un escrito al Juez justificando la causa de la prórroga.

El Juez será quien, apreciando la justeza de las causas que se aleguen y tras audiencia de los interesados, otorgará la prórroga que estime bastante, sin poder exceder de un año. No aparece prevista la posibilidad de una segunda prórroga.

3.- Una cuestión que se plantea es que el artículo 1017 hace referencia solamente a la forma judicial del inventario, sin embargo también se admite la forma notarial (artículo 1011 del C.C.) y, en consecuencia, parece que, aunque el precepto hable de que la prórroga la fijará el Juez, hay que reparar en la circunstancia de que el heredero puede haber hecho uso de su facultad ante un Notario; en este supuesto, parece que será el Notario quien deba fijar los plazos de prórroga y citar a acreedores y legatarios, puesto que el procedimiento no es ineludiblemente judicial, salvo, lógicamente, que algún desacuerdo requiera la intervención judicial, caso en que valdrá la manifestación hecha ante el Notario, pero el inventario será judicial.

Artículo 1.018

Si por culpa o negligencia del heredero no se principiare o no se concluyere el inventario en los plazos y con las solemnidades prescritas en los artículos anteriores, se entenderá que acepta la herencia pura y simplemente.

COMENTARIO

1.- Establece este artículo una sanción civil para el caso de que el inventario no se realice en el tiempo o con la forma exigida, por dolo o culpa del llamado a la herencia o heredero. Así, el solicitante del derecho de deliberar o del beneficio de inventario se entenderá que acepta la herencia pura y simplemente.

Tratándose de una norma sancionadora, su interpretación ha de ser restrictiva. La culpa o negligencia, y menos el dolo, del heredero o del llamado a serlo, no se puede presumir y, por tanto, han de ser expresamente declaradas mediante una aseveración absoluta sobre el particular.

2.- Si la realización del inventario se debía al ejercicio del derecho de deliberar, la actuación culposa o dolosa del llamado a la herencia que lo solicitó, impidiendo la formalización en tiempo y forma del inventario, se considera *ex lege* aceptación pura y simple. Es decir tal actuación extingue la facultad de optar entre repudiar y aceptar la herencia y elimina la posibilidad de acogerse al beneficio de inventario.

Si el inventario trae causa en el beneficio de inventario y no se realiza debido a la actuación (dolosa o culposa) del aceptante que se acogió a dicho beneficio, éste pierde la única posibilidad de limitar su responsabilidad como heredero.

CONCORDANCIAS

Véase art. 1.024 de este Código.

Artículo 1.019

El heredero que se hubiese reservado el derecho de deliberar, deberá manifestar al Juzgado, dentro de treinta días, contados desde el siguiente al en que se hubiese concluido el inventario, si acepta o repudia la herencia.

Pasados los treinta días sin hacer dicha manifestación, se entenderá que la acepta pura y simplemente.

COMENTARIO

1.- Trata el presente artículo de uno de los efectos derivados inexorablemente del ejercicio del derecho de deliberar.

En general, la solicitud en tiempo (plazos establecidos en los artículos 1014, 1015 y 1016) del derecho de deliberar conlleva su concesión por el Juez, y ésta implica, fundamentalmente, los siguientes efectos:

Primero: la realización de un inventario fiel y exacto de todos los bienes y deudas de la herencia (artículo 1013 del C.C.) en el tiempo y con las solemnidades previstas (artículo 1017 del C.C.)

Segundo: señalamiento de un plazo para manifestar su decisión de aceptar o repudiar, o de cualificar una aceptación previa con o sin el beneficio de inventario. En ambos supuestos el deliberante ha de tomar la decisión en treinta días contados desde la finalización del inventario, y si no manifiesta voluntad alguna, su silencio es interpretado taxativa e irrevocablemente como aceptación pura y simple, según la norma del párrafo segundo del artículo 1019.

2.- Aunque el presente artículo hable de «heredero» hay que entender que se trata del llamado a la herencia que todavía no es tal heredero ya que si lo fuera no podrá, como dice el propio artículo al final del primer párrafo, decidir sobre si «acepta o repudia la herencia». Sin embargo, también el ya heredero (y, por tanto, aceptante de la herencia) puede ejercitar el derecho de deliberar pero sólo con la posibilidad de decidir si quiere el beneficio de inventario o no.

CONCORDANCIAS

Véase art. 1.010 de este Código.

Artículo 1.020

En todo caso, el Juez podrá proveer, a instancia de parte interesada, durante la formación del inventario y hasta la aceptación de la herencia, a la administración y custodia de los bienes hereditarios con arreglo a lo que se prescriba para el juicio de testamentaría en la Ley de Enjuiciamiento Civil.

COMENTARIO

1.- Establece este artículo la posibilidad de poner a la herencia en administración antes de ser aceptada. Es aplicable lo que dispone este artículo a los casos en que el llamado a ser heredero se ha acogido al derecho de deliberar y por ello «durante la formación del inventario», que implica aquel derecho, y antes de que tome la decisión de aceptar o repudiar, el Juez a instancia de parte interesada podrá proveer la custodia de los bienes hereditarios.

El artículo 1020 comienza diciendo «en todo caso», e interpretado sistemáticamente parece que se refiere a todo caso de derecho de deliberar y de beneficio de inventario, sin embargo para este último supuesto ya ha existido, previa al inventario, aceptación y parece más adecuada la administración de la herencia que prevé el artículo 1026 para la aceptación con beneficio de inventario. En realidad la norma de este artículo sugiere una interpretación extensiva a todo supuesto en el que todavía no haya aceptación de herencia (herencia yacente), independientemente de que se solicite el derecho de deliberar o se esté en fase de confección del inventario.

2.- La puesta en administración en la herencia la determina el Juez pero no de oficio sino «a instancia de parte interesada», es decir cualquier persona a quien interesa que los bienes se cuiden y administren bien en la interina situación que se crea para que nada desaparezca ni sufra deterioro o disminución. Son personas interesadas en la administración de la herencia: los llamados a ser herederos y los ya herederos (sobre todo si los bienes no están en su poder), los legatarios, los acreedores de la herencia, los sujetos con vocación a la herencia (designados como herederos pero sin un llamamiento efectivo: sustitutos, designados *abintestato* sucesivos, heredero condicional...), los cesionarios de los herederos o legatarios, e incluso los acreedores particulares del heredero.

3.- Sobre la forma en que ha de efectuarse la administración y custodia de la herencia, el artículo 1020 se remite a las reglas de la Ley de Enjuiciamiento Civil para el juicio de testamentaría.

Artículo 1.021

El que reclame judicialmente una herencia de que otro se halle en posesión por más de un año, si venciere en el juicio, no tendrá obligación de hacer inventario para gozar de este beneficio, y sólo responderá de las cargas de la herencia con los bienes que le sean entregados.

COMENTARIO

1.- El inventario fiel y exacto de los bienes de la herencia, previo o posterior, es requisito de validez y eficacia del beneficio de inventario ejercitado, según dispone el artículo 1013.

Sin embargo, según la norma de este artículo, no es preciso si el heredero adquiere una herencia por reclamación en juicio (ejercitando la acción de petición de herencia) de la que otro se halla en posesión por más de un año.

La acción de petición de herencia (*actio petitio hereditatis* tiene carácter similar al de la acción reivindicatoria, y consiste en recabar, previa invocación del título de heredero y la prueba del mismo, el reintegro de los bienes y derechos que forman parte de la herencia y están poseídos por otro que invoca ser heredero o que no invoca título específico alguno.

Precisamente para devolver los bienes y derechos contenidos de la herencia es necesario especificar y concretar. Además, el que vence en el pleito de reclamación de herencia ante todo ha realizado un acto de aceptación y recupera cosas y derechos determinados de modo que su derecho hereditario abstracto se ve concretado en cuanto a su alcance significación y contenido. En esta situación, el heredero (aceptante ya) que ha vencido en su acción de petición de herencia, recibe el contenido de ésta detallado y especificado, con lo cual si aquél decide acogerse al beneficio de inventario (para limitar su responsabilidad *ultra vires*) obvia la realización del inventario dirigido a puntualizar el contenido de dicha herencia.

2.- Si decide acogerse al beneficio de inventario, su responsabilidad queda reducida a los bienes que le hayan sido entregados en virtud de la acción de petición de herencia que ejercitó y ganó.

CONCORDANCIAS

Véanse arts. 440 y 464 de este Código.

Artículo 1.022

El inventario hecho por el heredero que después repudie la herencia, aprovechará a los sustitutos y a los herederos abintestato, respecto de los cuales los treinta días para deliberar y para hacer la manifestación que previene el artículo 1.019, se contarán desde el siguiente al en que tuvieran conocimiento de la repudiación.

COMENTARIO

1.- Parte el presente artículo del ejercicio del derecho de deliberar por parte de un llamado a ser heredero que decide, tras la realización del inventario, repudiar la herencia. El inventario efectuado aprovechará a los siguientes llamados a la herencia (sustitutos o designados por la ley abintestato) a quienes se les ofrezca ésta, con la posibilidad de aceptarla o repudiarla, y quieran, a su vez, ejercitar su derecho de deliberar antes de manifestar su voluntad en uno u otro sentido.

La redacción del artículo 1022 es un tanto confusa pues parece inferirse del texto de la norma que los llamados a ser herederos en defecto del repudiante deliberante sólo tienen treinta días, contados desde el día siguiente al que conocieron la repudiación, para decidirse entre aceptar o repudiar. Parece, entonces, que el plazo general de prescripción (15 años) del derecho de aceptar o repudiar la herencia no rige para sustitutos o llamados abintestato a quienes se les defiere la herencia en virtud de la repudiación previa de un llamado que utilizó el derecho de deliberar. Esta interpretación es insostenible.

2.- Lo dispuesto en el artículo 1022 sólo es aplicable a la hipótesis de que el nuevo llamado quiera gozar del derecho de deliberar y así lo solicite, pues nadie le impide aceptar o repudiar sin necesidad del apoyo de un inventario, con lo cual no le concierne este artículo. Los sustitutos y los llamados abintestatos son muy libres para aceptar o repudiar mientras exista su derecho a la herencia, o para solicitar el derecho de deliberar en los plazos generales que establece el Código Civil (artículos 1014, 1015 y 1016). Ahora bien, si se reservan el derecho de deliberar no es necesario que vuelvan a practicar el inventario de la herencia, aprovechándoles el que ya hizo el repudiante. Parece lógico que existiendo un inventario hecho con todas las formalidades debidas no proceda la realización de otro que no conduciría más que a producir gastos y dilaciones inútiles.

Como el inventario, entonces, ya está formalizado, dejan de tener aplicación los plazos generales para principiarlo y concluirlo y, por tanto, a partir del día siguiente al en que los llamados sucesivos tomaron conocimiento del inventario que realizó el repudiante (no de la repudiación de éste), tendrán treinta días para decidirse, según la opción que implica el artículo 1019 entre aceptar (pura y simplemente o con beneficio de inventario) o repudiar.

3.- El artículo 1022 presume la corrección y veracidad de los datos consignados en el inventario, pero si el nuevo llamado a ser heredero, por motivo del largo tiempo transcurrido desde que se formalizó el inventario o por otra circunstancia, pone en duda la exactitud y fidelidad de aquél, puede pedir dentro de los plazos legales que se practique nuevo inventario o se rectifique el que ya se practicó.

Artículo 1.023

El beneficio de inventario produce en favor del heredero los efectos siguientes:

1.º El heredero no queda obligado a pagar las deudas y demás cargas de la herencia sino hasta donde alcancen los bienes de la misma.

2.º Conserva contra el caudal hereditario todos los derechos y acciones que tuviera contra el difunto.

3.º No se confunden para ningún efecto, en daño del heredero, sus bienes particulares con los que pertenezcan a la herencia.

COMENTARIO

1.- Se establecen en este artículo los efectos del beneficio de inventario respecto del heredero (y, por tanto, aceptante de la herencia) que se acogió a dicho beneficio. Así pues:

Primero: Se limita la responsabilidad del heredero, «el heredero no queda obligado a pagar las deudas y demás cargas de la herencia, sino hasta donde alcancen los bienes de la misma» dice el artículo 1023.1.º. El heredero tiene la condición de tal, es verdadero heredero, queda obligado a pagar las deudas del causante, las cargas de la herencia y los legados, pero lo es con la esencial limitación de no serlo con los bienes propios (*ultra vires hereditatis*), sino sólo con los bienes de la herencia, *intra vires hereditatis*. Los bienes del heredero quedan inmunes a toda persecución por parte de los acreedores hereditarios.

Si los herederos son varios, al que aceptó con beneficio de inventario no se le puede reclamar un crédito o un legado por entero, sino a prorrata de su respectiva participación en la herencia y sin sobrepasar su participación hereditaria (artículo 1085 del C.C.).

Son los mismos bienes de la herencia, y no su valor, los que concentran la responsabilidad del heredero beneficiario; es decir, la expresión «sino hasta donde alcancen los bienes de la misma», no significa hasta donde alcance el valor de los bienes de la herencia, en cuyo sentido el heredero estaría obligado por ese importe incluso con su propio patrimonio, por lo que los acreedores podrían así dirigirse contra el patrimonio propio del heredero en tanto no se excediera el valor de lo heredado. Sin embargo el sistema del Código Civil respecto de la limitación de responsabilidad del heredero por el beneficio de inventario es el de responsabilidad *cum viribus hereditatis* y, por tanto, los bienes del heredero nunca responderán. Si los bienes de la herencia perecen, perecen para ella misma y no para el heredero. En definitiva, el heredero sólo viene obligado *propter rem*, por lo que recibe y con lo que recibe, no personalmente.

Segundo: Se produce una situación de patrimonios separados del heredero y del causante. El heredero subentra en el patrimonio del causante, pero éste no se confunde con el suyo propio; ambos son patrimonios cuya titularidad corresponde al heredero, pero sin mezclarse el hereditario con el patrimonio personal del mismo. Así lo dice el artículo 1023.3.º: «no se confunden para ningún efecto, en daño del heredero, sus bienes particulares con los que pertenezcan a la herencia».

3.- En consecuencia, se conservan las situaciones jurídicas activas y pasivas del heredero contra el causante. No se extinguen las obligaciones por confusión (párrafo segundo del artículo 1192 del C.C.) ni los derechos reales por consolidación. Por ello dice el artículo 1023.2.º que el heredero «conserva contra el caudal hereditario todos los derechos y acciones que tuviera contra el difunto».

Recíprocamente, la herencia mantendrá vivas frente al aceptante beneficiario todas las acciones o pretensiones que el causante tuviera contra él.

JURISPRUDENCIA

Vid. la sentencia de 8 enero 2011 relacionada en los arts. 1.011 y 1.024.

Artículo 1.024

El heredero perderá el beneficio de inventario:

1.º Si a sabiendas dejare de incluir en el inventario alguno de los bienes, derechos o acciones de la herencia.

2.º Si antes de completar el pago de las deudas y legados enajenase bienes de la herencia sin autorización judicial o la de todos los interesados, o no diese al precio de lo vendido la aplicación determinada al concederle la autorización.

COMENTARIO

1.- El presente artículo establece la sanción de pérdida del beneficio de inventario para el heredero que lo ha ejercitado. Los supuestos en que se le aplicará dicha sanción son:

Primero: que el heredero beneficiado oculte o distraiga bienes, derechos o acciones del caudal relicto con el propósito malicioso que recaiga sobre ellos la responsabilidad a que están afectos respecto de las deudas de la herencia. Es necesario que medie intención explícita del heredero de procurar este resultado fraudulento, por eso se refiere el número 1.º del artículo 1024 al heredero que «a sabiendas dejare de incluir en el inventario», es decir, se necesita una conducta dolosa, no simplemente culposa, del heredero beneficiario en que ha de concurrir, por tanto, las condiciones de imputabilidad, consciencia y voluntad. La expresión «a sabiendas» equivale a «conscientemente», consciencia de que la omisión se produce, es decir, dolo; dolo o malicia que no se supone y que corresponde probar a quien pretende demostrar la ocultación perpetrada.

Segundo: enajenaciones irregulares de bienes hereditarios realizadas por el heredero que se acogió al beneficio de inventario; así, según el número 2.º del artículo 1024 son enajenaciones anómalas las realizadas por el heredero de bienes de la herencia sin la autorización judicial o de los interesados todos, o aquellas que, habiéndose obtenido tal autorización, no se da al precio logrado por la venta la aplicación determinada al concederse la autorización; todo ello de acuerdo con la situación de la herencia en administración (artículo 1026 del C.C.) y con lo requerido para las ventas de bienes hereditarios en el artículo 1030 del C.C.

Aunque se hable de «enajenación» y de «precio de lo vendido» hay que entender, en general, actos de disposición.

2.- Los supuestos del artículo 1024 son *numerus clausus* respecto de la pérdida del beneficio de inventario, y no puede extenderse esta sanción civil a casos no especialmente comprendidos en dicha norma.

3.- La consecuencia de la sanción es que el heredero pierde todas las ventajas que el beneficio de inventario produce (artículo 1023 del C.C.), quedando el heredero responsable *ultra vires* (con todos sus bienes) de las deudas del causante y confundiendo su patrimonio propio con el hereditario.

JURISPRUDENCIA

«los casos de pérdida del beneficio de inventario que enumera el artículo 1024 son numerus clausus y de interpretación restrictiva como todos los preceptos sancionadores. Así, pese a que la división de cosa común se califica de acto dispositivo, no puede entrar en el caso de enajenación de bienes de la herencia que sanciona el citado precepto en el número segundo. No dispone el llamado como heredero, a beneficio de inventario, irregularmente de un bien hereditario, sino que otros copropietarios (incluso él mismo) proceden a la división y concretan la porción que le corresponde a aquél, lo cual no puede considerarse como una enajenación irregular o maliciosa». (28 enero 2011, rec. 984/2007, LA LEY 1010/2011)

CONCORDANCIAS

Véanse arts. 1.002 y ss. de este Código.

Artículo 1.025

Durante la formación del inventario y el término para deliberar no podrán los legatarios demandar el pago de sus legados.

COMENTARIO

1.- Establece el presente artículo la prohibición de reclamar los legados en el tiempo que dure la formación del inventario y en el plazo concedido al llamado a ser heredero para deliberar.

El legatario no puede reclamar su legado mientras no se sepa quién va a ser el heredero (por estar en deliberación) y si éste va aceptar pura y simplemente (responderá con sus propios bienes del pago de los legados) o con beneficio de inventario (sólo responderá con los bienes de la herencia). Y, aun independientemente de quién sea el heredero, tampoco se puede demandar el pago de legados si todavía no se tiene certeza, por estar un inventario pendiente, de la suficiencia de los bienes de la herencia para la satisfacción de dichos legados, una vez que estén cubiertas las deudas hereditarias.

Los legatarios tienen que esperar a saber si con los bienes inventariados se pueden saldar las deudas, y no sólo saber si ello es posible, sino también han de esperar a que efectivamente hayan sido saldadas, pues el artículo 1027 del C.C. dispone que el administrador no podrá pagar los legados sino después de haber pagado a todos los acreedores.

2.- Aunque el artículo 1025 hable de «demandar» ha de comprenderse la exigencia del pago de lo legados tanto por vía judicial como extrajudicial (requerimiento notarial, por ejemplo).

Finalizados los plazos a los que se refiere este artículo es evidente que ya podrá reclamar el legatario su pago al heredero o, en su caso, al administrador de la herencia.

CONCORDANCIAS

Véase:
— art. 885 de este Código.
— Ley Hipotecaria, de 8 febrero 1946 («*B.O.E.*», 29 mayo): art. 42.7.º.

Artículo 1.026

Hasta que resulten pagados todos los acreedores conocidos y los legatarios, se entenderá que se halla la herencia en administración.

El administrador, ya lo sea el mismo heredero, ya cualquiera otra persona, tendrá, en ese concepto, la representación de la herencia para ejercitar las acciones que a ésta competan y contestar a las demandas que se interpongan contra la misma.

COMENTARIO

1.- Se trata del supuesto de la herencia que una vez aceptada con beneficio de inventario entra en período de liquidación a los efectos de satisfacer las deudas y cargas (legados) de dicha herencia. Durante el tiempo que dure la liquidación la herencia ésta se halla en administración para asegurar el derecho de acreedores y legatarios. Efectivamente, en su calidad de patrimonio separado, la herencia beneficiaria queda adscrita al cometido de asegurar prioritariamente el cobro por parte de los acreedores hereditarios y de los legatarios; y como cautela para que sean efectivamente satisfechos se establece la administración del caudal relicto. Los herederos no pueden realizar actos de dominio sobre la herencia beneficiada hasta que la liquidación se termine.

2.- El cometido del administrador se circunscribe al encargo de cuidar y conservar, hacer rendir y liquidar los bienes en orden al interés de cobro de los acreedores hereditarios y de la percepción de los legados por los legatarios; la misma finalidad debe perseguir el administrador que sea además heredero, prevaleciendo el interés de acreedores y legatarios sobre su propia conveniencia, hasta el punto de que en caso contrario se expondría a perder el beneficio de inventario tal y como lo sanciona el artículo 1024 del C.C.

3.- En virtud del párrafo segundo, el administrador, sea un heredero o un extraño, es el llamado a ejercitar las acciones que correspondan a la herencia en la vía judicial o en la gubernativa y ya se trate de acciones posesorias o definitivas, reales o personales, pudiendo ejercitar todas ellas cuando fuere procedente y continuar el ejercicio de las mismas ya iniciado por el causante. Además, el administrador es el que defenderá la herencia en las cuestiones que contra la misma se promuevan por terceras personas o por los propios sucesores, compareciendo como parte en juicio, oponiendo excepciones, etc.; puede nombrar procurador que lo represente y letrado que lo defienda.

La función del administrador durará hasta que resulten pagados todos los acreedores conocidos y los legatarios.

Artículo 1.027

El administrador no podrá pagar los legados sino después de haber pagado a todos los acreedores.

COMENTARIO

1.- Dispone el presente artículo una norma liquidatoria de la herencia aceptada con beneficio de inventario que obliga al administrador de la herencia a satisfacer primero las deudas de la herencia y sólo después de haber pagado a todos los acreedores conocidos hasta el momento de la liquidación de la herencia beneficiaria, se pagarán los legados.

Se trata de una aplicación directa del principio «antes es pagar que heredar». Acreedores hereditarios y legatarios forman parte del pasivo de la herencia, pero mientras que los legatarios a quienes no se pague dejan de obtener una ganancia porque su título es puramente lucrativo, los acreedores a quienes se deje de pagar sufren un daño, toda vez que realizaron en beneficio del causante alguna prestación de la que no reciben equivalente alguno.

2.- Los acreedores a quienes se pagará con preferencia a los legatarios serán lo conocidos hasta ese momento en que el administrador ejecuta la fase liquidatoria de la herencia beneficiada. Si tras la liquidación, una vez pagados los legados, apareciesen otros acreedores de la herencia se aplicará la norma del artículo 1029 del C.C. no pudiendo reclamarles a los legatarios sino cuando no quedaran bienes en la herencia suficientes para satisfacerles sus créditos.

CONCORDANCIAS

Véase art. 1.031 de este Código.

Artículo 1.028

Cuando haya juicio pendiente entre los acreedores sobre la preferencia de sus créditos, serán pagados por el orden y según el grado que señale la sentencia firme de graduación.

No habiendo juicio pendiente entre los acreedores, serán pagados los que primero se presenten; pero, constando que alguno de los créditos conocidos es preferente, no se hará el pago sin previa caución a favor del acreedor de mejor derecho.

COMENTARIO

1.- Respecto a la obligación que tiene el administrador de la herencia beneficiaria de pagar a los acreedores hereditarios con prioridad a los legatarios, el artículo 1028 establece una regla de preferencia de los acreedores entre sí; distingue según exista o no juicio pendiente entre ellos respecto de su respectiva graduación.

El párrafo primero prevé el supuesto en el que se está discutiendo judicialmente la preferencia de los créditos hereditarios, disponiendo que se aguardará a la sentencia que lo ponga fin, y se estará al orden señalado por la misma.

2.- En el párrafo segundo, el artículo 1028 trata del caso en el que no hay juicio pendiente, y establece que el administrador pagará los créditos según se vayan presentando al cobro. Es decir, no se le exige al administrador que haga una calificación de los créditos en orden a determinar su preferencia, sin embargo, el último inciso de este segundo párrafo, intenta limitar esta norma de pago al primero que llegue, y así ordena que constando de alguna manera que alguno de los créditos conocidos es preferente al que se presenta al cobro, no se pagará éste hasta que no se presente una garantía («caución») en favor del acreedor de mejor derecho. El contenido de la caución o garantía no se especifica en esta norma y bastará que sea una garantía suficiente dejada a la prudencia del administrador.

3.- La aplicación de las reglas de este artículo ha de subordinarse a que todos los interesados en la herencia, de común acuerdo, establezcan una graduación y forma de pagos convencionales.

CONCORDANCIAS

Véanse arts. 1.921 a 1.929 de este Código.

Artículo 1.029

Si después de pagados los legados aparecieren otros acreedores, éstos sólo podrán reclamar contra los legatarios en el caso de no quedar en la herencia bienes suficientes para pagarles.

COMENTARIO

1.- En la liquidación de la herencia aceptada bajo el beneficio de inventario los acreedores hereditarios eran preferentes, para el pago de sus créditos, a los legatarios (artículo 1027 del C.C.). El administrador de la herencia beneficiaria debía respetar esta preferencia pero su efectividad sólo alcanzaba a los acreedores conocidos (artículo 1026 del C.C.).

La hipótesis que plantea el presente artículo 1029 es la aparición de otros acreedores hereditarios impagados después de haberse pagado los legados. La situación de los acreedores rezagados puede haberse producido porque los titulares de los créditos no han sido localizados o no se han enterado de la muerte del causante, o porque se trate de créditos que, por ignorados, no se hicieron figurar en el inventario.

2.- Tales acreedores retrasados deben ejercitar su derecho de crédito, ante todo, contra los bienes hereditarios, es decir, contra el remanente que de ellos haya quedado tras pagar a los acreedores conocidos y a los legatarios; sobrante o remanente que aún puede estar en poder del administrador de la herencia beneficiaria, procediendo éste a saldar dichas deudas que se reclaman tardíamente.

Si el administrador entregó el remanente de tales bienes al heredero (o si el administrador fue el propio heredero) los acreedores rezagados se dirigirán contra el heredero que vendrá obligado a pagarles a cargo de dicho remanente o su valor en el caso de que hubiera dispuesto de dichos bienes; pero no vendrá obligado a pagar sino hasta donde alcance el valor de los bienes que recibió como remanente.

3.- Si no ha habido tal remanente una vez pagados acreedores conocidos y legatarios, el acreedor advenedizo podrá reclamar contra los legatarios. La acción de este acreedor tiene carácter rescisorio y por tanto subsidiario, de tal manera que al que la ejercita le corresponde probar que ya no hay bienes en la herencia y por eso su demanda a los legatarios es la única vía para poder satisfacer su crédito. La acción en cuanto rescisoria dura cuatro años (artículo 1299 del C.C.).

El presente artículo no dispone un orden de prelación de legatario para dirigirse contra ellos, por lo que se aplicará, inversamente, la prelación pertinente en el pago de los mismos (artículo 887 del C.C.)

CONCORDANCIAS

Véanse arts. 858 y 891 de este Código.

Artículo 1.030

Cuando para el pago de los créditos y legados sea necesaria la venta de bienes hereditarios, se realizará ésta en la forma establecida en la Ley de Enjuiciamiento Civil respecto a los abintestatos y testamentarías, salvo si todos los herederos, acreedores y legatarios acordaren otra cosa.

COMENTARIO

1.- El supuesto de hecho que regula el presente artículo es la necesidad de proceder a la enajenación de bienes de la herencia para saldar créditos y legados. Para esta enajenación establece dos posibilidades: la vía judicial o el acuerdo unánime de todos los interesados en la herencia (herederos, legatarios y acreedores).

Aunque este artículo hable de «venta» hay que entender que comprende, en principio, cualquier transferencia constitutiva o traslativa de un bien a un tercero por acto entre vivos.

El objeto de la venta a la que se ha de aplicar la norma comentada ha de ser alguno de los bienes mismos que componen el caudal hereditario inventariado; así, si la venta se refiere a frutos producidos por las cosas y derechos integrantes del caudal, el administrador de la herencia aceptada bajo el beneficio de inventario podrá actuar con independencia de lo dispuesto en el artículo 1030, pues se trataría de un acto de administración para el que está facultado el administrador sin necesidad de requisitos especiales.

2.- La primera posibilidad para proceder a la enajenación de un bien de la herencia aceptada con el beneficio de inventario es que exista un acuerdo unánime de todos los interesados en la herencia, es decir, de herederos, acreedores hereditarios y legatarios. El principio de unanimidad constituye regla permisiva de toda enajenación de bienes hereditarios, sin necesidad de autorización judicial y subasta. En el documento que se otorgue dicha venta ha de constar la conformidad de todos los interesados.

En el caso de que no haya conformidad de alguno de los interesados, la venta o enajenación de un bien hereditario se ha de realizar conforme a las normas previstas en la Ley de Enjuiciamiento Civil en la regulación de las testamentarías y los abintestatos. Esta remisión del artículo 1030 es bastante congruente con el fin de conseguir las mayores garantías.

Artículo 1.031

No alcanzando los bienes hereditarios para el pago de las deudas y legados, el administrador dará cuenta de su administración a los acreedores y legatarios que no hubiesen cobrado por completo, y será responsable de los perjuicios causados a la herencia por culpa o negligencia suya.

COMENTARIO

1.- Si en la fase de liquidación de la herencia aceptada bajo beneficio de inventario se produce la insuficiencia económica para hacer frente a los acreedores y legatarios, el administrador tiene la obligación, en virtud de este artículo 1031, de rendir cuentas de su administración a los acreedores y legatarios que han quedado sin cobrar, para que éstos puedan averiguar si la imposibilidad de cobrar se ha debido a una mala gestión del administrador. Si, efectivamente, se ha debido a una mala administración, el administrador quedará responsable frente a acreedores y legatarios impagados, por los actos culposos o negligentes realizados sobre la herencia de los que se derive aquel resultado dañoso. Por supuesto, el artículo 1031, aunque sólo hable de «culpa o negligencia» la responsabilidad derivada de dicha norma es aplicable al dolo concurrente en la actuación del administrador.

2.- La responsabilidad del administrador podrá hacerse efectiva siempre que se hayan dado y puedan probarse tres presupuestos: conducta dolosa o culposa, daños realmente causados y relación de causalidad entre aquélla y éstos. Es decir, los acreedores y legatarios impagados podrán exigir responsabilidad al administrador de la herencia beneficiaria siempre que demuestren que su imposibilidad de cobro se ha debido específicamente a una actuación dolosa o culposa del administrador en su gestión sobre la herencia.

CONCORDANCIAS

Véase art. 887 de este Código.

Artículo 1.032

Pagados los acreedores y legatarios, quedará el heredero en el pleno goce del remanente de la herencia.

Si la herencia hubiese sido administrada por otra persona, ésta rendirá al heredero la cuenta de su administración, bajo la responsabilidad que impone el artículo anterior.

COMENTARIO

1.- Finalizada la liquidación de la herencia aceptada bajo el beneficio de inventario, es decir, una vez pagados los acreedores hereditarios y los legatarios, termina la situación de administración en la que se encontraba la herencia y corresponde entregar al heredero el remanente de la herencia.

Si el propio heredero beneficiario era el que administraba se produce respecto al patrimonio hereditario resultante un cambio de concepto posesorio, y así, lo que poseía como administrador, ahora le corresponde poseerlo como titular de dichos bienes y derechos pues se confunden ya ambos patrimonios, el hereditario y el del heredero.

2.- Establece el párrafo segundo la obligación de rendir cuentas que tiene el administrador de la herencia aceptada con beneficio de inventario, respecto del heredero una vez finalizada la fase de administración de la herencia beneficiaria. Se trata de una exigencia común a todas las situaciones en que se gestionan intereses ajenos. Rendición de cuentas que tiene como fin demostrar toda la actividad que ha llevado a cabo el administrador para que pueda juzgarse la diligencia con la que ha administrado y exigirle, si corresponde, responsabilidad por los perjuicios causados en la herencia.

Parte esta norma de que la administración no haya corrido a cargo del heredero a quien va destinada la herencia inventariada y liquidada, pues no va a rendirse cuentas a sí mismo; sin embargo, si los herederos son varios y uno de ellos ha llevado la administración, las cuentas habrá de rendirlas a los demás.

En cuanto a la responsabilidad del administrador frente al heredero es la misma que se establece en el artículo 1031 respecto de los acreedores hereditarios y legatarios impagados, basada en una mala gestión que produce un perjuicio en la herencia del que se deriva, necesariamente, un daño al heredero.

Artículo 1.033

Las costas del inventario y los demás gastos a que dé lugar la administración de la herencia aceptada a beneficio de inventario y la defensa de sus derechos, serán de cargo de la misma herencia. Exceptúanse aquellas costas en que el heredero hubiese sido condenado personalmente por su dolo o mala fe.

Lo mismo se entenderá respecto de las causadas para hacer uso del derecho de deliberar, si el heredero repudia la herencia.

COMENTARIO

1.- El párrafo primero de este artículo establece que todos los gastos dimanantes del beneficio de inventario serán a cargo de la herencia, y hace referencia expresa a las costas del inventario, a los gastos derivados de la administración de la herencia.

La noción de costas del inventario hace referencia a los gastos producidos en las diligencias judiciales o extrajudiciales preparatorias de su formación, en su misma elaboración y los que pueda causar una vez formado, mediante sus modificaciones.

En cuanto a los gastos de la administración de la herencia hay que entender todos aquellos que originen los actos conservatorios, los de puesta o continuidad en la explotación de los bienes hereditarios y los de percepción y utilización de sus productos. Habrá de incluirse, en su caso, la retribución del administrador, y los gastos derivados de la rendición de cuentas que éste ha de realizar al final de su gestión.

También serán a cargo de la herencia inventariada los gastos de defensa en litigios que afecten a la misma en relación con la representación que le corresponde al administrador según el artículo 1026-II del C.C. Pero si el administrador (sea heredero o no, aunque el artículo 1033 sólo mencione al heredero) que litiga en defensa o por causa de la herencia, resulta personalmente condenado por su dolo o mala fe al pago de las costas, entonces el importe de tales costas no será a cargo de la herencia, sino del propio administrador tanto si es heredero como si no lo es.

2.- El párrafo segundo se refiere al supuesto de ejercicio por el llamado a ser heredero del derecho de deliberar; establece que los gastos del inventario y los que dé lugar el derecho de deliberar, serán a cargo de la misma herencia, tanto cuando se repudie (caso contemplado expresamente por la norma) como cuando se acepte.

Artículo 1.034

Los acreedores particulares del heredero no podrán mezclarse en las operaciones de la herencia aceptada por éste a beneficio de inventario hasta que sean pagados los acreedores de la misma y los legatarios; pero podrán pedir la retención o embargo del remanente que pueda resultar a favor del heredero.

COMENTARIO

1.- Este artículo hace referencia a una consecuencia derivada del efecto de separación de patrimonios que origina la situación de la herencia aceptada con beneficio de inventario.

En virtud de la separación de patrimonios, el hereditario y el propio del heredero, los acreedores de éste no pueden inmiscuirse en las operaciones liquidatorias de la herencia beneficiaria, y sólo, una vez finalizada la liquidación de la herencia («pagados los acreedores de la misma y los legatarios»), podrán acudir contra el remanente que le corresponde al heredero deudor.

2.- Respecto del posible remanente que le corresponda al heredero deudor los acreedores de éste podrán solicitar, pendiente la liquidación de la herencia, la retención o embargo de aquel eventual remanente.

CAPÍTULO VI
DE LA COLACIÓN Y PARTICIÓN

SECCIÓN PRIMERA
De la colación

Artículo 1.035

El heredero forzoso que concurra, con otros que también lo sean, a una sucesión, deberá traer a la masa hereditaria los bienes o valores que hubiese recibido del causante de la herencia, en vida de éste, por dote, donación u otro título lucrativo, para computarlo en la regulación de las legítimas y en la cuenta de partición.

COMENTARIO

1.- Se pone de manifiesto en este primer artículo de la Sección 1 del Capítulo VI la poca precisión y falta de nitidez con que el Código Civil distingue la «colación» en sentido estricto y la computación de donaciones.

El término «colación» es empleado en el C.C. en un sentido lato o puramente gramatical que significaría sin más traer a la masa, sinónimo, por tanto de «computación», y un sentido estricto que es el que pretende desarrollarse en esta Sección.

2.- La acción de computar tiene como objetivo el cálculo y la determinación de las porciones de legítima y libre disposición, mediante la adición contable al caudal relicto líquido de todas las donaciones hechas en vida por el causante, fueren o no legitimarios sus beneficiarios.

Colacionar implica una obligación de los legitimarios que sean herederos («herederos forzosos» dice el texto legal y concurran a la herencia del donante, de aportar (agregar intelectualmente) a la masa hereditaria lo que hubieran recibido por título gratuito de éste, con objeto de igualar sus porciones hereditarias en la partición proporcionalmente a sus respectivas cuotas, pero únicamente en cuanto sean herederos o lleguen a serlo, ya que la colación no se aplicará al legatario o al que renunciase a la herencia, y siempre, salvo dispensa de esta obligación hecha por el causante. Este artículo dice literalmente «... recibido del causante de la herencia, en vida de éste, por dote, donación u otro título lucrativo...»; la dote ha desaparecido del Código civil en la reforma de 1981 (había desaparecido mucho antes de la realidad social) por lo que la referencia a ella ha de entenderse derogada tácitamente: se trata de cualquier transmisión gratuita de causante a legitimario heredero.

3.- Los requisitos para que entre en juego la colación están recogidos principalmente en este artículo 1035 y son los siguientes:

a) En cuanto al sujeto, estar comprendido entre las personas que el C.c., denomina «heredero forzoso», que quiere decir legitimario.

b) Suceder a título de heredero, testamentario o abintestato: es esencial para colacionar que el legitimario concurra a la partición con el carácter de heredero, de manera que no existe obligación de colacionar por parte de aquel legitimario que concurra como simple legatario (aun de parte alícuota).

c) Llegar a adquirir la herencia efectivamente (no colaciona el legitimario que repudie la herencia).

d) Que el causante no haya dispensado de la colación.

e) Heredar conjuntamente con otros legitimarios herederos de la misma clase y que reúnan los mismos requisitos anteriormente enumerados.

4.- La colación es una operación meramente particional en virtud de la cual el reparto de la herencia entre legitimarios que suceden a título de herederos viene condicionado por el criterio interpretativo de la voluntad del causante de que cuando éste hizo donaciones en vida a un legitimario (que luego es nombrado heredero) se entiende que no se propuso hacerle de mejor condición que a los restantes, de una manera definitiva, sino anticiparle algo de lo que un día le corresponderá. Por ello, salvo que el causante destruya o excluya tal presunción a través de su manifestación expresa, la ley ordena la nivelación al tiempo de partir.

Por tanto, la colación, en su aceptación jurídica más estricta, no es una operación calculadora o protectora de las legítimas sino un criterio meramente distribuidor de la herencia entre legitimarios por éstos del causante en vida de éste a la hora de realizar la partición.

5.- En virtud de la obligación de colacionar el donatario legitimario heredero tomará en la herencia el importe de su donación de lo que se beneficiarán los demás coherederos legitimarios, pero esto no implica que el donatario haya de restituir el exceso que quedará en su beneficio. Así, la colación no producirá, propiamente, ningún desplazamiento patrimonial, sino una alteración puramente contable, que origina para el donatario una adjudicación compensatoria, en su cuota, de los que haya recibido por donación, y, para sus coherederos legitimarios, un incremento en sus cuotas respectivas, de forma que éstos adquieren un derecho de atribución conforme al valor de lo donado, en bienes de la herencia, si fuesen bastantes, o en la medida concurrente cuando no lo fueren.

JURISPRUDENCIA

«En el caso que nos ocupa, la cuestión que se presenta es el efecto colacionable de la donación referida en proyección a la herencia de la madre de los litigantes, lo que impone partir necesariamente de que era a ésta, como heredera única y universal de su hija doña Raquel, con la condición de heredera forzosa (artículo 807.2 en relación al 935 y 937 del Código Civil), a la que correspondía la legitimidad para instar la ineficacia o nulidad, más bien que la inoficiosidad de la donación discutida, y reintegrar el objeto de la misma al haber hereditario de su hija, la causante, lo que no llevó a cabo y consintió que el bien donado permaneciera fuera del caudal, por lo que no procede, como parece que pretenden los recurrentes, que se produzca a su favor transmisión de la posibilidad de colacionar que sólo opera con respecto a la herencia del causante inmediato, es decir, la madre, conforme a los artículos 636 y 654 y la regla para que tenga lugar la colación hereditaria establece el artículo 1035 (colación en sentido estricto), según sentencia de 21-4-1997. (LA LEY JURIS. 6078/1997)». (28 mayo 2004, rec. 2041/1998)

«Esta Sala tiene declarado que "la cuestión litigiosa que aquí se debate no viene referida al ejercicio de acciones en protección de las legítimas, sino a otro problema e institución distinta, cual es la obligación que en ciertos casos tienen los herederos de colacionar los bienes que hubieren recibido anticipadamente de su causante. La reducción de las obligaciones realizadas a título gratuito responde a la finalidad de salvaguardar el principio de intangibilidad de las legítimas, que garantiza el artículo 813 del Código Civil, y la colación tiene como finalidad procurar entre los herederos legitimarios la igualdad o proporcionalidad en sus percepciones,

por presumirse que el causante no quiso la desigualdad de trato, de manera que la donación otorgada a uno de ellos se considera como anticipo de su futura cuota hereditaria (...). Así pues, moviéndonos específicamente dentro de la colación ya hemos visto que el artículo 1035 del Código Civil se refiere a que el heredero, para que tenga la obligación de colacionar, ha de haber recibido bienes o valores en vida del causante por dote, donación, u otro título gratuito" (STS de 17 de marzo de 1989)». (18 octubre 2007, LA LEY 161969/2007)

«El cómputo de la legítima es la fijación cuantitativa de ésta, que se hace calculando la cuota correspondiente al patrimonio hereditario del causante, que se determina sumando el relictum con el donatum; *así lo dicen expresamente las sentencias de 17 de marzo de 1989 y 28 de septiembre de 2005 y se refieren a ello las de 21 de abril de 1990, 23 de octubre de 1992 y 21 de abril de 1997. Artículo 818 del Código civil. La atribución es el pago de la legítima, por cualquier título; como herencia, como legado o como donación. Artículos 815 y 819 del Código civil. La imputación es el colocar a cuenta de la legítima lo que un legitimario ha recibido de su causante como heredero, como legatario o como donatario. A ella se refieren las sentencias citadas, de 31 de abril de 1990 y 28 de septiembre de 2005. Artículo 819 del Código civil, que se refiere a la imputación de las donaciones. Distinto de todo ello es la colación. Este es un tema de cálculo de legítima, cuando hay varios legitimarios y es, sencillamente, como la define la sentencia de 17 de diciembre de 1992, la adición contable a la masa hereditaria del valor del bien donado; o, más precisamente, la agregación intelectual que deben hacer al activo hereditario los legitimarios que concurran en una sucesión con otros, de los bienes que hubieren recibido del causante en vida de éste, a título gratuito, para computarlo en la regulación de las legítimas y en la cuenta de la partición, como dice el artículo 1035 del Código civil. El causante puede dispensar de la colación a uno o varios de los legitimarios, pero no puede impedir que se computen para calcular la legítima, por mor del artículo 813 del Código civil. La colación lleva simplemente a una menor participación de uno o varios legitimarios en la herencia equivalente a lo que recibió en vida del causante, pero no evita las operaciones de computación e imputación».* (24 enero 2008, LA LEY 866/2008)

«La colación, tal como la contempla el artículo 1035 del Código civil, la ha estudiado la doctrina y desarrollado la jurisprudencia (así, sentencias de 17 de diciembre de 1992, 21 de abril de 1997, 15 de febrero de 2001, 24 de enero de 2008) es la adición intelectual al activo hereditario que hacen los legitimarios, del valor de los bienes que han recibido del causante a título gratuito. La colación lleva a una menor participación en la herencia, que será equivalente a lo que recibió gratuitamente en vida del causante, lo que, desde luego no evita las operaciones de computación e imputación que prevén los artículos 818 y 819 del Código civil. El modo de practicar la colación, como operación no tanto de la partición sino como previa a la misma, es por adición contable a la masa hereditaria del valor de los bienes donados (como dice literalmente la sentencia de 17 de diciembre de 1992), cuyo valor será el del momento de la partición, como dice el artículo 1045 del Código civil (así, sentencia de 8 de julio de 1995 y las más recientes de 14 de diciembre de 2005, 18 de octubre de 2007)». (19 mayo 2011, rec. 138/2008, LA LEY 71528/2011)

CONCORDANCIAS

Véanse arts. 818, 819, 825 y 828 de este Código.

Artículo 1.036

La colación no tendrá lugar entre los herederos forzosos si el donante así lo hubiese dispuesto expresamente o si el donatario repudiare la herencia, salvo el caso en que la donación deba reducirse por inoficiosa.

COMENTARIO

1.- Recoge este artículo dos circunstancias en virtud de las cuales queda excluida la colación; así, no se colacionarán las liberalidades («donación» dice expresamente el texto legal, pero que hay que interpretar en sentido amplio y genérico como cualquier atribución inter vivos de bienes a título lucrativo) realizadas en favor del legitimario designado heredero en los supuestos de dispensa del donante, y de repudiación de la herencia por parte del donatario legitimario designado heredero.

2.- La dispensa del donante: la dispensa nace de un acto de naturaleza negocial cuyo contenido típico es la voluntad del donante de exonerar al donatario del gravamen futuro y eventual de colacionar. Dándose todos los requisitos subjetivos de la colación, es decir, donatario-legitimario-heredero la voluntad del donante-causante impide el juego de la colación. La voluntad de dispensar la colación ha de ser manifestada «expresamente», es decir, con palabras o expresiones claras pero sin necesidad de frases sacramentales; la dispensa ha de ser clara y cierta mas no formal en el sentido de tener que utilizar los mismos términos del legislador.

La dispensa puede acordarse en cualquier tiempo, bien simultáneamente en el mismo acto de la donación, bien posteriormente (ya que goza de autonomía respecto de la liberalidad a la que se aplica) en testamento o por acto *inter vivos*, en este último caso la doctrina dominante entiende que ha de hacerse en documento público en aras de los criterios de seguridad y certeza. La dispensa es revocable por parte del donante y renunciable por el donatario.

3.- La repudiación del donatario: uno de los requisitos subjetivos para que se dé la colación es que el donatario legitimario llegue a ser heredero, posibilidad que evita repudiando la herencia. De esta manera no concurre a la sucesión y no participa en el reparto de la herencia que es el ámbito de la colación.

El repudiante, por tanto, retendrá para sí lo donado con independencia de que esta donación haya sido computada e imputada a efectos de la protección de la legítima del resto de los legitimarios y de su eventual inoficiosidad.

4.- El último inciso del artículo 1036 «... salvo el caso en que la donación deba reducirse por inoficiosa», en realidad no tiene que ver con la colación sino con la reducción por inoficiosidad de las donaciones; es decir, esa salvedad no es aplicable a la colación en sentido técnico, sino en virtud de las normas protectoras de la legítima referentes a la computación e imputación.

JURISPRUDENCIA

«Ciertamente que ha de ser computada en el activo hereditario junto a los bienes dejados por los causantes para hallar al valor de las legítimas y deducir de ello si son oficiosas o no, en cumplimiento del art. 818 Cód. civ., pero mediando dispensa de colación, una vez comprobado que la donación no es inoficiosa, la misma ha de ser tratada como cualquier otra donación a extraños (art. 819 Cód. civ.), ya que no hay entonces que dar cumplimiento al artículo 1.035 Cód. civ. Es doctrina de esta Sala la de que la dispensa de colación no significa que se haya de prescindir de ella en el inventario para imputarla donde corresponda, para saber si el causante se ha extralimitado en sus facultades (sentencias de 4 de mayo de 1899, 16 de julio de 1902, 21 de abril de 1990 y 21 de abril de 1997). Si la donación fuese inoficiosa, no por ello pierde eficacia la dispensa de colación. El art. 1036 lo que ordena, en consonancia con el carácter imperativo de las normas sobre las legítimas, es que se reduzca la donación, no que toda ella sea colacionable. Salvaguardada la legítima de otros herede-

ros forzosos, y si quedare algún resto, sobre él ha de recaer la dispensa de colación porque nada hay ya que proteger imperativamente. Por tanto, si hubiese inoficiosidad y dispensa de colación, el donatario ha de ver reducida la donación solamente en la medida necesaria para el pago de las legítimas lesionadas». (19 mayo 2008, rec. 1031/2001)

«La dispensa de la colación tiene naturaleza negocial y su contenido es la voluntad del donante de que no se colacione, lo que no implica que se evite la imputación y la atribución que conforman la legítima (sentencias de 21 de abril de 1990, 19 de mayo de 2008). La voluntad de dispensar la colación ha de ser manifestada expresamente, con expresiones claras e indudables y se puede acordar en cualquier tiempo, tanto en el propio texto del contrato de donación o posteriormente, en otro acto inter vivos o en el propio testamento. Lo que es claro es que la donación hecha en escritura de compraventa simulada, NO debe entenderse como dispensa de la colación, ni hay ningún argumento jurídicamente serio que abone tal posición». (19 mayo 2011, rec. 138/2008, LA LEY 71528/2011)

«el art. 1036 CC permite al donante eliminar la obligación de colacionar, pero se dice allí que esta dispensa debe hacerse de forma expresa, salvo en el caso de reducción por inoficiosidad. La donataria pretende deducir una voluntad presunta del causante en relación a la dispensa de la colación de la donación, lo que se compagina mal con el citado art. 1036 CC». (13 julio 2011, rec. 261/2008, LA LEY 111556/2011)

CONCORDANCIAS

Véanse arts. 636 y 654 de este Código.

Artículo 1.037

No se entiende sujeto a colación lo dejado en testamento si el testador no dispusiere lo contrario, quedando en todo caso a salvo las legítimas.

COMENTARIO

1.- Este precepto recoge el supuesto de que un legitimario sea instituido heredero concurriendo con otros legitimarios también herederos y, además, se haya dispuesto a su favor un legado. Es decir, existe un legitimario que es heredero y legatario. Situación peculiar que en relación con la colación y en virtud de lo dispuesto en este artículo 1037 presenta varias posibilidades:

Primera. En principio, y no constando otra voluntad del testador, las disposiciones testamentarias a título singular (legados) en favor de un legitimario heredero no se colacionan, regulándose esta hipótesis como cualquier caso de prelegado. Así, el legitimario podrá repudiar independientemente su herencia y si acepta el legado el valor de éste se imputará al tercio de libre disposición, a la mejora y en lo que todavía no cupiere podrá mantenerse siempre que el exceso pueda ser cubierto con la legítima estricta que al legatario-legitimario corresponda. Cuando aun con cargo a la legítima estricta no pueda mantenerse el legado deberá operarse la reducción («quedando en todo caso a salvo las legítimas», dice el artículo 1037).

Segunda. Si el testador dispone la colación del legado realmente no es un caso de colación, ya que el legado que el causante ordena colacionar, más que tal legado es un acto particional realizado por el testador al amparo del artículo 1057 del C.C., atribuyendo una cosa o derecho particular a un heredero legitimario dentro de la cuota hereditaria (que le corresponde como heredero). Es decir, no se le adiciona esta cosa o derecho a su parte en la herencia, pues sería un prelegado que desigualaría y, por tanto, iría en contra de lo que el testador pretende con la colación. En conclusión, si se hace colacionar lo dejado en testamento (legado) al heredero legitimario, significa que el bien o derecho se incluye como parte de su cuota, lo que nos coloca no en las normas del prelegado sino de la partición por designación del testador.

2.- La salvedad que hace el precepto comentado en su último inciso resulta obvia y no procede en la colación sino respecto del cálculo, computación e imputación en protección de las legítimas.

JURISPRUDENCIA

«en el art. 1037 se establece que la colación no procede si el testador así lo dispone, salvo el supuesto de inoficiosidad. Lo que hay que entender es que entonces no se imputarán las donaciones en la legítima, pero no que se prescinde de aquéllas en el inventario general de los bienes del causante para imputarlas donde resultase preciso (S 16-6-1962)». (21 abril 1997, LA LEY 6078/1997)

Artículo 1.038

Cuando los nietos sucedan al abuelo en representación del padre, concurriendo con sus tíos o primos, colacionarán todo lo que debiera colacionar el padre si viviera aunque no lo hayan heredado.

También colacionarán lo que hubiesen recibido del causante de la herencia durante la vida de éste, a menos que el testador hubiere dispuesto lo contrario, en cuyo caso deberá respetarse su voluntad si no perjudicare a la legítima de los coherederos.

COMENTARIO

1.- Cuando se sucede por derecho de representación, el representante ocupa en la sucesión el lugar que hubiere correspondido al representado; asume todos los derechos y obligaciones que a éste hubieran incumbido (artículo 924 del C.C.) y, por tanto, todo lo que el representado hubiera debido colacionar tendrá que verificarlo el representante.

El supuesto de primer párrafo del artículo 1038 se refiere a los sujetos que suceden al causante como herederos legitimarios por derecho de representación, los cuales asumen la obligación de colacionar tal y como le hubiera incumbido al ascendiente que representan.

Este deber de colacionar por parte de los representantes (derecho de representación) de un heredero legitimario es independiente de que aquéllos hayan sido beneficiarios, en cualquier forma, de la liberalidad sujeta a colación, de tal manera que se colacionará incluso cuando los representantes del heredero legitimario hubieran repudiado la herencia del ascendiente a quien representan, pues el derecho de representación lo atribuye de forma directa la ley y funciona independientemente de la sucesión del representado, y así lo dispone en el último inciso de este primer párrafo el precepto que se comenta, con la expresión «aunque no lo hayan heredado».

La colación en este caso específico significa:

1.º) Que los nietos sucedan al abuelo por derecho de representación lo que implica que concurran con sus tíos (hermanos del representado), pues si no concurriera a la sucesión (por no existir o por repudiación) ningún otro hijo del causante, son llamados los nietos por derecho propio y no por representación (artículo 923 del C.C.), supuesto fuera del ámbito de este precepto.

2.º) Que los nietos de una misma estirpe (representantes de un ascendiente intermedio) concurran con otros legitimarios que sean herederos, presupuesto de la colación enunciado en el artículo 1035 del C.C.

3.º) Que se verifique cualquiera de las hipótesis para las que se prevé el derecho de representación, aunque este artículo 1038 párrafo primero, haga referencia únicamente al caso de «premoriencia» («adicionarán todo lo que debiera colacionar el padre si viviera» dice expresamente). Incluso por analogía se podrá aplicar esta norma a los supuestos de sustitución vulgar.

4.º) Que el deber de colacionar se reparta igualitariamente entre todos los nietos que concurran en representación de su padre a la herencia del abuelo; no se toma en cuenta que alguno de ellos hubiese sido beneficiario de la donación a colacionar. Es decir, los bienes relictos de la herencia del abuelo, una vez operada la colación, se adjudican a la estirpe del representado y se reparten igualitariamente dentro de ella, ya que la colación impuesta en el artículo 1038 párrafo primero pretende la igualdad entre el representado y sus hermanos siendo irrelevante la eventual igualación dentro de la estirpe de aquél.

2.- El párrafo segundo del artículo 1038 ordena que los nietos herederos legitimarios por derecho de representación también tendrán que colacionar (salvo otra disposición del causante), además de las donaciones que hubiera recibido su padre a quien representan en la sucesión del abuelo (párrafo I de este mismo artículo), las donaciones que ellos mismos hubieren recibido del causante en vida de éste.

Esta prescripción está fuera de la lógica del derecho de representación según el cual el representante ocupa una posición ajena y, por tanto, no es su consideración personal sino la del representante la que determina el contenido jurídico (los deberes y entre ellos el de colacionar) de tal posición.

Luego el párrafo primero y segundo de este precepto determinan una colación por partida doble de donaciones de representado y representantes, discriminando a la estirpe del hijo representado respecto de aquellas en las que concurren los otros hijos del causante colacionando sólo lo recibido por ellos y no lo que percibieran en concepto de liberalidad sus hijos (también nietos del causante).

El objeto de la colación en este supuesto serán todas las liberalidades que los nietos recibieron directamente del causante en vida de éste, así, se colacionarán tanto las donaciones efectuadas globalmente a todos los de la misma estirpe como aquellas realizadas en beneficio exclusivo de cualquiera de ellos, lo que, en este último caso, significa:

Primero. Que en la relación entre la estirpe de nietos representantes y sus tíos, aquélla tomará de menos tanto cuanto importe la donación aislada a uno de los nietos.

Segundo. Que en las relaciones internas entre los nietos de la estirpe la distribución de la participación hereditaria recibida (después de operada la colación) parece lógico que no debiera ser igualatoria y que lo que les haya correspondido de menos por causa de la donación a uno de los nietos que benefició sólo a uno de los nietos tome éste, a su vez, de menos. Mas si la colación aislada absorbiese toda la participación que a la estirpe correspondiere en la herencia del abuelo, los otros nietos no podrán reclamarle.

Este párrafo segundo acaba permitiendo la dispensa de la colación por parte del testador, curioso caso en la ley hace coincidir el derecho de representación y la sucesión testada.

La salvedad, *in fine*, de la legítima de los coherederos una vez más no es oportuno hacerla en tema de colación, pues pertenece al ámbito de la computación, imputación y protección de la legítima.

Artículo 1.039

Los padres no estarán obligados a colacionar en la herencia de sus ascendientes lo donado por éstos a sus hijos.

COMENTARIO

1.- Este artículo trata también, al igual que el anterior, de las donaciones hechas por el abuelo (causante) al nieto, pero ahora en el caso de que el ascendiente intermedio legitimario le sobrevive al causante y le sucede; en este supuesto, y sin distinción de ningún tipo, el ascendiente intermedio, heredero legitimario, no ha de colacionar en la herencia de su padre las donaciones que éste hizo a un hijo de aquél.

Por otra parte, el nieto, aunque fuera llamado heredero a la sucesión de su abuelo, no tendrá obligación de colacionar las donaciones recibidas de éste, pues él no es legitimario sino que lo es su padre, y la colación juega sólo entre legitimarios herederos (artículo 1035 del C.C.). Cosa distinta será la imputación de dicha donación recibida por el nieto heredero (no legitimario) al tercio de mejora y libre disposición que juegan como límite de lo que puede recibir el nieto en protección del tercio de legítima estricta.

2.- Este artículo no formula excepción alguna, luego tampoco hay que admitir la colación de las donaciones que el abuelo hubiese hecho al nieto aunque las realizara en consideración al hijo o provoquen desigualdad entre estirpes.

Artículo 1.040

Tampoco se traerán a colación las donaciones hechas al consorte del hijo; pero, si hubieren sido hechas por el padre conjuntamente a los dos, el hijo estará obligado a colacionar la mitad de la cosa donada.

COMENTARIO

1.- Como la colación lo es de las liberalidades recibidas por el colacionante, es obvio que nadie ha de colacionar la donación que se hizo a otro. A pesar de esta evidente verdad el artículo 1040 especifica este principio en un caso que pudiera resultar dudoso. Así, en el supuesto de una donación conjunta del causante a un legitimario y el cónyuge de éste, el heredero legitimario sólo estará obligado a colacionar la mitad del bien donado.

Norma que se refiere al caso de donación conjunta, es decir, sin determinación de cuotas, al que se aplica la regla del artículo 637 del C.C. que la presume hecha por partes iguales y, por tanto, el legitimario colacionará la mitad del valor de la cosa donada, que es lo que le corresponde.

Es evidente que si la donación a favor de legitimario y consorte se efectuó con cuotas desiguales aquél sólo colacionará la participación que se le adjudicare.

2.- Si en este caso concreto de donación conjunta se diera el acrecimiento previsto en el párrafo segundo del artículo 637 del C.C. en favor del legitimario, la colación procederá respecto del todo.

3.- Hay que matizar que aunque se refiera el precepto a la «cosa donada» no excluye cualquier otra forma de liberalidad.

Artículo 1.041

No estarán sujetos a colación los gastos de alimentos, educación, curación de enfermedades, aunque sean extraordinarias, aprendizaje, equipo ordinario, ni los regalos de costumbre.

Tampoco estarán sujetos a colación los gastos realizados por los padres y ascendientes para cubrir las necesidades especiales de sus hijos o descendientes con discapacidad.

COMENTARIO

1.- Este artículo declara no es objeto de colación los «gastos», referidos, fundamentalmente, a los hechos por el causante en beneficio del heredero y ocasionados por el cumplimiento de deberes legales o morales que le correspondían como progenitor.

El precepto tiene carácter imperativo, de modo que no cabe disposición en contrario del causante, ni cabe excepción ninguna respecto de algún hijo que tuviera bienes propios con cuyos frutos contribuyó al sostenimiento de la familia o que trabajó para el hogar familiar o hubiera sido criado por otras personas, pues a pesar de ello, dicho hijo no podrá pedir la colación de los gastos efectuados en favor de sus hermanos. Además de no estar sujetos estos «gastos» al deber de colacionar, tampoco son computables, es decir, no han de tenerse en cuenta par la fijación de las legítimas.

2.- Respecto a los «gastos de alimentos» comprenden los necesarios para el sustento, habitación y vestido (en relación con el artículo 142 del C.C.). No es necesario que guarden adecuada proporción a las posibilidades de quien los presta siempre que se abonen en la misma medida para todos los hijos.

Menciona expresamente este artículo los gastos de «educación» (que según el artículo 142 del C.C. estarían incluidos en el concepto de «alimentos») y «aprendizaje», comprendiendo todos aquellos que tienden a procurar al hijo una formación integral (cultural, física, artística, comportamiento social, madurez intelectual), tanto estudios principales (Enseñanza General Básica, Bachillerato, Formación Profesional) como complementarios (música, formación deportiva, etc.).

Los gastos de «curación de enfermedades» (también incluidos en el deber de alimentos según el artículo 142 del C.C.) no tienen límite alguno a la hora de determinar su no colacionabilidad, así lo determina este precepto en comentario con la expresión «aunque sean extraordinarias».

3.- Derivado de los artículos 142 y 1041 del C.C. debe afirmarse también la no colación de las primas de los seguros de enfermedad concertados por el padre en beneficio de sus hijos. Se establece también en el artículo, último inciso, la no colacionabilidad de «los regalos de costumbre», entendiendo por éstos las donaciones usuales que se realizan con ocasión de aniversarios, onomásticas u otras oportunidades de regocijo familiar, atendiendo también además del aspecto cualitativo (que sean regalos de costumbre) a un aspecto cuantitativo en función de la situación social y económica de la familia.

4.- El párrafo segundo de este precepto ha sido añadido por la Ley 41/2003, de 18 de noviembre, de protección patrimonial de las personas con discapacidad y de modificación del Código Civil, de la Ley de Enjuiciamiento Civil y de la Normativa Tributaria con esta finalidad. Extiende la no colacionabilidad y no imputabilidad a la legítima de los gastos dirigidos a cubrir las necesidades especiales de los hijos o descendientes con discapacidad, como pueden ser: enseñanza especializada, internamiento, cuidadores, material adaptado, etc. A los efectos de esta norma, y según la disposición adicional cuarta del Código Civil que ha sido incorporada por la Ley 41/2003 antes mencionada, tendrán la consideración de persona discapacitada los sujetos que dicha Ley establece en su artículo 2-2 y que son los siguientes:

a) Las personas afectadas por una minusvalía psíquica igual o superior al 65%.

b) Las personas afectadas por una minusvalía física o sensorial igual o superior al 65%.

CONCORDANCIAS

Véanse arts. 142 y 153 de este Código.
Texto vigente por Ley 41/2003, 18 noviembre (*«B.O.E»*, 19 noviembre).
Véase Disposición adicional 4.ª del Código Civil adicionada por Ley 41/2003, de 18 noviembre.

Artículo 1.042

No se traerán a colación, sino cuando el padre lo disponga o perjudiquen a la legítima, los gastos que éste hubiere hecho para dar a sus hijos una carrera profesional o artística; pero cuando proceda colacionarlos, se rebajará de ellos lo que el hijo habría gastado viviendo en la casa y compañía de sus padres.

COMENTARIO

1.- Este artículo deja en manos del padre disponer la colación de los gastos que estime que exceden de los gastos derivados de la obligación legal que el artículo precedente prohibía, en todo caso, colacionar. Los gastos colacionables por voluntad expresa del causante se enuncian en esta norma como aquellos que «éste (el padre) hubiere hecho para dar a sus hijos una carrera profesional o artística».

Este artículo parece suponer que sólo son colacionables por disposición del padre o de la madre, los gastos de una carrera profesional si ha estudiado el hijo fuera de casa; no es así, ya que por disposición del padre o madre se colacionarán estos gastos de enseñanza, aunque en todo caso se descontarán los gastos de alimentos en la propia casa.

2.- Hoy en día, la dificultad de establecer la diferenciación entre gastos de «educación y aprendizaje» (a los que se refiere el artículo 1041 del C.C. y sobre los cuales no se puede disponer en ningún caso la colación) y gastos para dar «una carrera profesional o artística», hace que este artículo que se comenta quede anacrónico y fuera de la realidad social actual.

3.- También se traerán a colación dichos gastos si perjudican a la legítima, lo cual no será nada fácil comprobar.

En todo caso, la realidad, tan cambiante y a veces tan sorprendente, nos enseña que preceptos que pueden parecer olvidados se aplican a un supuesto real, por insólito que sea.

JURISPRUDENCIA

«La testadora, en la cláusula transcrita del testamento antes referenciado, hace referencia a dos atribuciones a título gratuito: los gastos para una carrera profesional (de magisterio en el presente caso) y los regalos de boda (el "ajuar, cuando se casó", dice el testamento). La primera, según el art. 1042 CC no es colacionable "sino cuando el padre (la madre en el presente caso) lo disponga", en cuyo caso, se calculará el mayor gasto de tal carrera profesional, respecto a si se hubiera limitado a vivir en la casa de sus padres, como dispone su último inciso. La segunda sí es colacionable y el art. 1044 CC le da un trato de favor a efectos, exclusivamente, de reducción por inoficiosidad». (15 febrero 2001, LA LEY 1963/2001)

Artículo 1.043

Serán colacionables las cantidades satisfechas por el padre para redimir a sus hijos de la suerte de soldado, pagar sus deudas, conseguirles un título de honor y otros gastos análogos.

COMENTARIO

1.- Dentro de la categoría de «atribución a título gratuito» que constituía el objeto de la colación (artículo 1035 del C.C.), este artículo 1043 enumera expresamente como bienes colacionables «las cantidades satisfechas por el padre para redimir a sus hijos de la suerte de soldado, pagar sus deudas, conseguirles un título de honor así como otros gastos análogos» a éstos.

Se trata de gastos de carácter extraordinario y que, aun dentro de la misma familia, se entiende que no se producen respecto de todos los hijos por igual, sin que por su propia esencia se realizarán sólo en beneficio de alguno o algunos de ellos y, por tanto, es necesaria su consideración al realizar la partición a fin de mantener la igualdad entre los coherederos legitimarios; aunque el causante puede dispensarlos de colación, como cualquier liberalidad.

2.- Respecto a las «cantidades satisfechas por el padre para redimir a sus hijos de la suerte de soldado», esta mención ha perdido actualmente toda su vigencia siendo una curiosa alusión extrañamente no suprimida en las sucesivas reformas del C.C.

En cuanto a las cantidades satisfechas por el padre para pagar las «deudas» del hijo, hay que entender, de un modo general, que pagar las deudas de otro sin ejercitar el reembolso contra el deudor liberado constituye una donación indirecta y, por tanto, liberalidad colacionable. Para que el pago realizado por el causante de una deuda de su hijo genere el deber de colacionar lo pagado, ha de cumplir unos requisitos:

Primero: que la deuda satisfecha por el padre fuera exigible al hijo; por tanto, no será colacionable la deuda nula o extinguida, ya que en estos casos no se produce el consiguiente beneficio para el legitimario.

Segundo: que el pago de la deuda se haya hecho sin la intención de reembolsar; es decir, el solo pago hecho por el padre sin indicación alguna, determinará, en principio, la posición deudora del hijo respecto de aquél. Para que proceda la colacionabilidad ha de constar la voluntad del padre de liberar definitivamente al hijo de la deuda, manifestada expresa o tácitamente pero antes de que prescriba el derecho para reclamarle el pago. Probar que el pago se hizo con ánimo de liberalidad tiene evidente trascendencia práctica, pues de no resultar probado este ánimo, el derecho de reembolso contra el heredero será de la masa hereditaria y estará sujeto a prescripción; de lo contrario, sería una donación indirecta absolutamente colacionable.

Es indiferente el origen o la naturaleza de la deuda pagada por el padre, ya sea contractual o extracontractual, derive de delitos o infracciones administrativas o nazca directamente de la ley.

La cuantía colacionable en este supuesto de pago de deudas incluirá todo lo abonado por el padre tanto por cuenta del principal como por intereses vencidos y no satisfechos, gastos de formalización e impuestos, es decir, todos los conceptos en virtud de los cuales se ha producido el sacrificio patrimonial del padre en beneficio de su hijo.

Incluye también este precepto como gastos colacionables (salvo dispensa), aquellas cantidades satisfechas para conseguir al hijo «un título de honor». Como títulos de honor pueden señalarse además de los nobiliarios, las condecoraciones administrativas o militares o distinciones de otro tipo.

Por último, en cuanto a «otros gastos análogos» se pretende incluir como colacionables todos aquellos pagos de características similares a los anteriores, es decir, que sean de carácter extraordinario y que por tal naturaleza no se producen respecto de todos los hijos sino en virtud de una posición o especial situación de ellos.

Artículo 1.044

Los regalos de boda, consistentes en joyas, vestidos y equipos, no se reducirán como inoficiosos sino en la parte que excedan en un décimo o más de la cantidad disponible por testamento.

COMENTARIO

1.- Este precepto, aunque está situado en la Sección dedicada a la colación, trata de la reducción por inoficiosidad (y no de la colacionabilidad) de «los regalos de boda consistentes en joyas, vestidos y equipos».

En principio, estos regalos nupciales han de considerarse como «regalos de costumbre» declarados no colacionables por el artículo 1041 del C.C.; ahora bien, si rebasan los límites de lo disponible por testamento serán reducibles (artículos 636, 654, 655 del C.C.).

2.- Este artículo establece un límite especial para supuesto que contempla, disponiendo que no resultará inoficioso el regalo mientras no exceda en más de un diez por ciento de la cantidad disponible por testamento; por tanto, sólo será reducible el exceso que supere la décima parte de lo disponible en testamento.

3.- El artículo 1044 no comprende todos los regalos de boda sino, específicamente, los que consistan en «joyas, vestidos y equipo», entendiendo por «equipo» ropa blanca, vajilla, cristalería, etc.

JURISPRUDENCIA

Véase la sentencia de 15 febrero 2001 (LA LEY 1963/2001), recogida en el artículo 1042.

CONCORDANCIAS

Véanse arts. 1.336 a 1.343 de este Código.

Artículo 1.045

No han de traerse a colación y partición las mismas cosas donadas, sino su valor al tiempo en que se evalúen los bienes hereditarios.

El aumento o deterioro físico posterior a la donación y aun su pérdida total, casual o culpable, será a cargo y riesgo o beneficio del donatario.

COMENTARIO

1.- Este artículo trata de la forma o modo de realizar la colación así como de la valoración de los bienes colacionables. Del artículo 1035 podría deducirse que el Código Civil admite las dos formas tradicionalmente posibles de colacionar: colación in natura o aportación material de los bienes donados (colación por aportación) y colación por imputación consistente en agregar de forma intelectual o contable el valor de aquellas donaciones. Sin embargo, el artículo 1045 dispone claramente que «no han de traerse a colación y partición las mismas cosas donadas, sino su valor», lo que significa que acepta y proclama el sistema de colación por imputación.

Este mecanismo adoptado por este artículo, por el cual la colación se efectúa con la adición contable del valor del bien donado, precisa de la determinación del momento en que han de estimarse los bienes donados para su valoración a efectos de la colación. El artículo 1045 ordena que será el valor «al tiempo en que se evalúen los bienes hereditarios», lo que significa que el valor que hay que colacionar es el que tengan los bienes donados al momento de la partición pero en el estado que tenían al tiempo de la donación; la cosa se evaluará «hoy», tal como se recibió «entonces».

2.- En consonancia con esta regla de valoración, el deterioro o el aumento puramente físico que la cosa donada haya podido experimentar desde que tuvo lugar la donación hasta que al abrirse la sucesión se evalúan los bienes hereditarios, no se tiene en cuenta, sino que el estado físico que la cosa tenía al hacerse la donación se estima según valores actuales; esto es lo que manifiesta el párrafo segundo de este artículo 1045 cuando dice: «El aumento o deterioro físico posterior a la donación y aun su pérdida total casual o culpable, será a cargo y riesgo o beneficio del donatario».

3.- En el caso de donaciones de dinero, caso que este artículo comentado no contempla expresamente, frente a la consideración del valor nominal hay que atender, a la hora de la colación, al valor real, esto es, a una cantidad actual que iguale en poder adquisitivo al que tenía la donada cuando se hizo la donación, de acuerdo con el criterio general de este artículo 1045.

4.- Las normas recogidas en este artículo tienen naturaleza dispositiva, de modo que el causante puede ordenar en su testamento la colación por un valor distinto al que resultaría de la aplicación de aquellas normas, entendiéndose que la diferencia resultante debe reputarse con dispensa de colación.

Por acuerdo de todos los herederos y sin que produzca perjuicio para terceros, se podrá determinar la colación de los bienes *in natura*, es decir, aportando a la hora de la partición las cosas que se donaron.

JURISPRUDENCIA

«reiterada jurisprudencia de esta Sala ha proclamado que la valoración de los bienes sujetos a una operación particional debe referirse al momento de la liquidación, como se infiere de diversos preceptos del Código Civil, entre los que se encuentra el art. 1074 CC, que cita la parte demandante como infringido. Entre las más recientes, la STS 21 de octubre de 2005 (LA LEY JURIS. 10106/2006) declara que "hay que aceptar, como hace ahora el Código Civil en preceptos como los que ha invocado el recurrente (847, 1045.1.º y 1074 CC), una cierta corrección del nominalismo, procediendo, de una parte, a aproximar el momento de valoración al de la liquidación y pago, para expresarlo en unidades monetarias de tal momento; y, por otra parte, estableciendo la regla de pago en la moneda corriente en el momento de la liquidación, esto es, actualizando al valor actual de la moneda en el momento del pago. La infracción de este principio, que puede resultar inocua cuando redunda en una minusvaloración general y compensada respecto de todos los bienes de la herencia sin repercusiones desfavorables para unos y otros herederos (SSTS de 21 de abril de 1966 y 7 de enero de 1991; LA LEY JURIS. 2229/1991) constituye, por el contrario, causa de nulidad de la partición en aquellos supuestos en los cuales se advierte que dicho criterio valorativo produce una alteración del principio de equitativa distribución de los bienes de la herencia (pues, como dice la STS de 25 noviembre de 2004, la posición general entiende que cuando no se respeta el criterio igualitario concurre una causa de nulidad de la partición, debido a que supone la vulneración de lo preceptuado en la ley)"». (14 diciembre 2005, rec. 1217/1999)

«Esa liberalidad es computable para determinar las legítimas de los hijos de la causante D.ª Pilar F. (art. 818 CC), aunque estrictamente no sea colacionable, en el sentido específico del art. 1035 CC, ya que aquélla prohibió en su testamento la colación de las donaciones que hubiere hecho. Es un lugar común en la doctrina que el término "colacionables" que emplea el art. 818 no se circunscribe a las que estrictamente tengan ese carácter. Para la determinación del valor de las liberalidades o donaciones computables ha de estarse al que tuvieren el día de la partición (1993). Es doctrina común que la reforma en 1981 del art. 818 CC produjo el que la valoración de los bienes del causante habría de realizarse en el que tuvieren el día de la partición, lo que recoge el también reformado art. 838. Todo ello se traduce en una actualización del valor de la liberalidad al momento de la partición, mediante los criterios recogidos en el art. 1045 CC, pues aunque está referido a la colación no hay obstáculo para aplicarlo a la computación de donaciones por una identidad de razón. En el caso litigioso, dado que se actualiza una deuda dineraria, se procederá en ejecución de sentencia con arreglo al IPC calculado por el Instituto Nacional de Estadística». (15 junio 2007, LA LEY 51440/2007)

«el párrafo primero del artículo 1045, tanto desde un punto de vista finalista, como desde otro conceptualista, permite una hermeneusis literal que no admite la mínima duda, y ello desde el instante mismo que es lógico y sobre todo justo que la frase "al tiempo que se evalúen los bienes hereditarios" significa que, en circunstancias normales, los bienes colacionables se habrán de valorar al surgir el dato de la partición, pero si por cualquier evento dicha partición —como es el caso— no ha podido ser hecha efectiva, la evaluación

se deberá llevar a cabo en el momento de practicarla (SSTS de 20 de junio de 2005 y 22 de febrero de 2006)». (18 octubre 2007, LA LEY 161969/2007)

«1.º La valoración de los bienes colacionables debe efectuarse al tiempo de su evaluación, señalando las sentencias de 4 diciembre 2003 y 22 febrero 2006 la lógica de esta conclusión al decir que "[...]al tratarse de una prestación de valor había que tener, en principio, en cuenta, el importe de la donación cuando se hizo, pero debidamente actualizado, por mor, esencialmente, al fenómeno económico de la inflación y el de la devaluación monetaria[...]", añadiendo que la interpretación del párrafo primero "[...] significa que en circunstancias normales los bienes colacionables se habrán de valorar al surgir el dato de la partición, pero si por cualquier evento dicha partición —como es el caso— no ha podido ser hecha efectiva, la evaluación se deberá hacer efectiva en el momento de practicar dicha partición". Esta misma regla ha sido aplicada por esta Sala en la colación de una suma de dinero, en la sentencia de 20 junio 2005. 2.º Respecto a los aumentos y disminuciones de valor de la cosa donada, previstos como regla de valoración en el segundo párrafo del Art. 1045 CC, la sentencia de 17 diciembre 1992 señala que los aumentos de valor no físicos "[...] han de correr a cargo y beneficio de la masa partible y, asimismo, cuando se produce la alteración del valor, como en el caso de autos, por consecuencia de una actuación administrativa y no de forma constatada por la propia actividad, decisiva, exclusiva y determinante del recurrente". 3.º Sin embargo, a diferencia de lo que ocurre con las normas sobre imputación legitimaria, que son imperativas con la finalidad de proteger al legitimario, las normas sobre colación son voluntarias, participando de la naturaleza de la institución de heredero, de modo que si el testador puede hacer la institución de la forma que considere más conveniente, también resulta voluntaria la fijación de normas sobre colación o no de los bienes donados, sobre determinada valoración, distinta de la establecida en el Código civil o cualquier norma sobre institución de heredero que el testador crea conveniente en relación a los intereses buscados. Todo ello sin perjuicio de las legítimas que correspondan». (10 diciembre 2009, rec. 2066/2005, LA LEY 233115/2009)

Vid. la sentencia de 19 mayo 2011, relacionada en el art. 1035.

CONCORDANCIAS

Véase art. 818 de este Código.
Texto vigente según Ley 11/1981, 13 mayo (*«B.O.E.»,* 19 mayo).

Artículo 1.046

La dote o donación hecha por ambos cónyuges se colacionará por mitad en la herencia de cada uno de ellos. La hecha por uno solo se colacionará en su herencia.

COMENTARIO

1.- A pesar de que el texto del artículo 1046 hable de «dote o donación hecha por ambos cónyuges» sin especificar el tipo ni la naturaleza del bien donado, la expresión «se colacionará por mitad» está indicando que no en todo caso de donación conjunta se aplica esta norma, sino en el supuesto de que haya sido hecha con bienes gananciales exclusivamente.

Si la liberalidad se hizo con bienes privativos que les pertenecieran a los cónyuges en proindiviso ordinario, aunque la hayan realizado ambos, deberán ser colacionados en la herencia de cada uno de acuerdo con la atribución respectiva que vendrá determinada por su participación en la cotitularidad del bien.

2.- Este artículo en su inciso primero («La dote o donación hecha por ambos cónyuges se colacionará por mitad en la herencia de cada uno de ellos») ha de ser considerado como norma dispositiva que cederá en beneficio de la estipulación en contrario. Contempla exclusivamente el supuesto de donación conjunta de bien ganancial, y dispone la colación por mitad en congruencia con el carácter común de los bienes gananciales y con el reparto entre los esposos en términos de igualdad al tiempo de la liquidación.

Aunque la donación sea hecha por ambos cónyuges, la facultad de dispensar la colación sigue siendo individual, de manera que puede uno de los donantes ordenar la dispensa por lo que a su herencia respecta independientemente de lo que haga el otro.

3.- El segundo inciso del artículo 1046 señala que la donación hecha por un solo cónyuge se colacionará por entero en su herencia. Es evidente que aquí también se trata de la donación de un bien ganancial pues para el caso de bienes privativos el precepto aplicable sería el general del deber de colacionar (artículo 1035 del C.C.).

La donación de un bien ganancial efectuada por uno solo de los cónyuges implica, respecto de la colación que se colacionará exclusivamente en su herencia, y, respecto a la sociedad de gananciales, que dicho bien habrá de incluirse en el inventario de la sociedad de gananciales al tiempo de su liquidación e imputarse en la cuota que al donante corresponde según las normas de la sociedad de gananciales (artículos 1344 a 1410 del C.C.).

JURISPRUDENCIA

«el valor de las cosas donadas es el que corresponde "al tiempo en que se evalúen los bienes hereditarios", adoptándose de este modo el sistema de colación ad valorem, por lo que el valor de los bienes que hubieran sido objeto de donación se proyecta a tiempo posterior al de la propia donación, ya que tiene lugar en el momento de evaluar los dejados en herencia. El art. 1045 no contempla el caso concreto de donaciones consistentes en sumas de dinero, por lo que no precisa si la colación ha de efectuarse por el valor nominal, o, por el contrario, atendiendo al valor real, es decir, la cantidad recibida pero actualizada. Resulta determinante el hecho que se presenta notorio que el donatario ha incorporado a su patrimonio una cantidad de dinero cuyo valor al tiempo de la donación no es el mismo que el que pudiera tener al fallecer el causante y sobre todo en el momento de la evaluación de sus bienes, ya que los coherederos resultarían perjudicados si se tuviera en cuenta el valor nominal y no el valor real, lo que no se acomoda a la equidad ni a la voluntad de la testadora que instituyó a sus cinco hijos (litigantes en este pleito), como herederos por partes iguales, como tampoco a la legalidad sucesoria desde el momento que los arts. 1047 y 1048 CC contemplan los medios e instrumentos para que los herederos reciban cuotas equivalentes. Si bien algunos preceptos del Código Civil están presididos por el criterio nominalista —arts. 1170 y 1753—, la respuesta casacional que procede en el supuesto presente es la de atender al valor real, ya que así resulta del cambio legislativo que se operó en el art. 1045 por la reforma de 1981, que deja la determinación del valor de las donaciones recibidas para el momento en que se evalúen los bienes que integran la herencia del causante-donante, por lo que procede es la actualización monetaria del valor efectivo de las sumas donadas, o, en otras palabras, ha de atenderse en el momento de la colación al valor real, que no es otro que las cantidades que igualen el poder adquisitivo que tenían las sumas entregadas cuando se hizo la donación, pues este es el criterio general del art. 1045». (20 junio 2005, rec. 116/1999)

«la donación es inoficiosa únicamente cuando excede en su cuantía de lo que el donante podía dar al donatario por testamento y tal determinación hay que remitirla al momento de la partición a la que habrá de traerse el valor de los bienes donados al tiempo en que se

evalúen los bienes hereditarios (artículo 1045 CC) a fin de integrar la masa hereditaria con el relictum más el donatum a efectos de poder calcular las legítimas». (11 octubre 2005, rec. 1304/1999)

Véase la sentencia de 14 diciembre 2005, rec. 1217/1999, recogida en el art. 1074.

Artículo 1.047

El donatario tomará de menos en la masa hereditaria tanto como ya hubiese recibido, percibiendo sus coherederos el equivalente, en cuanto sea posible, en bienes de la misma naturaleza, especie y calidad.

COMENTARIO

1.- Este artículo, en congruencia con el artículo 1.045 y con el sistema que recoge de colación por imputación, establece el efecto de la colación según dicho sistema; ordena «la toma de menos» en la partición por el donatario de tanto como ya hubiese recibido, imputándose lo donado en la cuota sucesoria que como heredero le correspondiese.

La expresión «toma de menos» indica ya el límite de los efectos de la colación deduciéndose que nunca el donatario tendrá que devolver los bienes que le fueron donados; y si éstos igualaran o superaran la cuota que le corresponda en la herencia una vez partida, no tomará nada del caudal relicto.

2.- Este artículo dispone que el efecto igualatorio que se persigue con la colación no sólo sea de igualación cuantitativa entre todos los herederos legitimarios, donatarios o no, sino también se intente una igualación cualitativa. Para ello, ordena que, en la medida de lo posible (no de modo imperativo), es decir, cuando bienes similares en la herencia y el causante no haya dispuesto de ellos de otra forma, se incluyan en la cuota de los otros coherederos bienes de las mismas características («de la misma naturaleza, especie y calidad») que los que fueron objeto de la donación colacionable.

El heredero legitimario donatario sujeto a colación, en la medida fijada por su cuota hereditaria (aun cuando en parte esté cubierta por donaciones) e independientemente de lo que por efecto de la colación haya tomado a la hora de partir, responderá como todos los demás coherederos de los vicios ocultos o de la pérdida por evicción de las cosas hereditarias adjudicadas a alguno de los coherederos, del impago de créditos adjudicados como cobrados, de la compensación pertinente en caso de preterición de un coheredero legitimario.

JURISPRUDENCIA

Véase la sentencia de 17 dic. 1992, LA LEY 787/1994 recogida en el artículo 1045.

Artículo 1.048

No pudiendo verificarse lo prescrito en el artículo anterior, si los bienes donados fueren inmuebles, los coherederos tendrán derecho a ser igualados en metálico o valores mobiliarios al tipo de cotización; y, no habiendo dinero ni valores cotizables en la herencia, se venderán otros bienes en pública subasta en la cantidad necesaria.

Cuando los bienes donados fueren muebles, los coherederos sólo tendrán derecho a ser igualados en otros muebles de la herencia por el justo precio, a su libre elección.

COMENTARIO

1.- Este artículo dispone unas reglas supletorias a la regla ideal que establece el precepto inmediatamente anterior, previstas para los supuestos en que no sea posible la igualación cualitativa entre los coherederos legitimarios con bienes de la misma naturaleza, especie y calidad que los donados a alguno de ellos y sujetos a colación.

Si los bienes donados que se colacionan fueran inmuebles y no los hay en la herencia de la misma naturaleza, especie y calidad (no basta igualar con otros bienes inmuebles sino que éstos tendrán que ser de la misma especie —edificios, solares, fincas— y calidad —ubicación, antigüedad, secano, regadío, monte, etc.—) la igualación de los herederos se hará en metálico o valores mobiliarios y, para el caso de no haberlos, se venderán otros bienes en pública subasta, en la cantidad necesaria.

Se les concede a los coherederos legitimarios el derecho a exigir metálico o valores mobiliarios en la cuantía que corresponda al bien donado colacionable, y si tampoco los hubiera en la herencia, tienen la facultad de imponer la realización de los bienes hereditarios que sean necesarios hasta obtener el líquido pertinente.

En caso de que existan bienes de la misma naturaleza en la herencia pero no los haya en valor suficiente para cubrir el «tanto» de lo recibido por el donatario, esta regla del artículo 1048 será de aplicación por la diferencia.

2.- Si los bienes donados fueron muebles, el último párrafo de este artículo dispone que los coherederos sólo tendrán derecho a ser igualados con otros muebles de la herencia a su elección, lo que exige que haya bienes de esta naturaleza donde poder elegir y que su «justo precio» sea suficiente para la igualación de los valores colacionables; en caso contrario, si en la herencia no hay suficientes bienes muebles, se aplicará la solución prevista en el párrafo primero de este mismo artículo para los bienes inmuebles, que es igualar en metálico obtenido éste de la venta de inmuebles.

CONCORDANCIAS

Véase art. 1.062 de este Código.

Artículo 1.049

Los frutos e intereses de los bienes sujetos a colación no se deben a la masa hereditaria sino desde el día en que se abra la sucesión.

Para regularlos, se atenderá a las rentas e intereses de los bienes hereditarios de la misma especie que los colacionados.

COMENTARIO

1.- El primer párrafo del artículo 1049 establece como principio la no colacionabilidad de los frutos e intereses producidos por los bienes donados desde el día de la donación hasta el día de la apertura de la sucesión; pero sí será colacionable el valor de los frutos e intereses que aquellos bienes generen una vez abierta la sucesión.

El valor de los frutos e intereses que se ha de colacionar vendrá determinado en virtud de la regla de control que establece el párrafo segundo de este precepto. Según esta norma, para averiguar la cuantía colacionable de esos frutos e intereses no se atenderá, en principio, a los efectivamente producidos por los bienes colacionables sino que será calculada teniendo en cuenta los producidos por otros bienes hereditarios de la misma especie que los colacionados.

Ahora bien, esta regla no podrá aplicarse en los casos en los que no haya otros bienes en la herencia de la misma especie que los colacionables, y para este supuesto el Código Civil no dicta ninguna norma sustitutoria, ante lo cual se entenderá que los frutos e intereses a colacionar serán los probadamente producidos, por analogía con lo preceptuado en el artículo 1063 del C.C.

2.- En lo referente a los frutos pendientes al tiempo de abrirse la sucesión, no se establece expresamente regla alguna en la normativa de la colación, pero analógicamente será de aplicación el artículo 472 del C.C. y, en consecuencia, si al tiempo de la apertura de la sucesión se hallaren pendientes algunos frutos naturales o industriales se colacionará su valor a la herencia, pero tendrá derecho el donatario a deducir todos los gastos que hubiere hecho para su obtención.

CONCORDANCIAS

Véase art. 1.063 de este Código.

Artículo 1.050

Si entre los coherederos surgiere contienda sobre la obligación de colacionar o sobre los objetos que han de traerse a colación, no por eso dejará de proseguirse la partición, prestando la correspondiente fianza.

COMENTARIO

1.- Con la finalidad de que los posibles litigios no prolonguen el estado de indivisión de la herencia, este artículo dispone que no dejará de realizarse la partición porque surjan contiendas entre los coherederos sobre el deber de colacionar, sobre los objetos que han de traerse a colación o sobre cualquier otro motivo (por ejemplo, sobre la valoración de los bienes colacionables) relacionado con esta operación particional.

La partición de la herencia proseguirá a pesar del conflicto pero «prestando la correspondiente fianza». No se determina quién debe prestar la fianza, si el heredero-donatario o los coherederos o los otros coherederos. Para ello habría que distinguir si lo pretendido por la norma es que la partición continúe sin tener en cuenta las liberalidades en litigio, con lo cual la fianza sería a cargo del heredero donatario, o si la proseguiría incluyéndolas (colacionando provisionalmente), lo que implicaría que la fianza la prestaran los coherederos beneficiados.

2.- En cuanto a la «fianza» hay que entender que no se refiere solamente a la fianza personal de los artículos 1822 y siguientes del C.C., sino, como es un tema que debe ser objeto de acuerdo entre los coherederos tanto en su modalidad como en su suficiencia, podrán utilizarse otras variedades de garantías como la hipoteca, prenda, etc. Finalizada la contienda sobre la colación, habrá de hacerse una nueva partición de rectificación de la anterior, o una partición complementaria, según el resultado del pleito.

Hay que advertir que la aplicabilidad y utilidad de este precepto es muy reducida ya que su finalidad (impedir que las contiendas y litigios no permitan la realización de la partición hereditaria) está cumplida sin necesidad de esta norma en los casos en los que existe un contador-partidor nombrado por el causante o un contador-partidor dativo.

CONCORDANCIAS

Véase art. 1.045 de este Código.

SECCIÓN SEGUNDA
De la partición

Artículo 1.051

Ningún coheredero podrá ser obligado a permanecer en la indivisión de la herencia, a menos que el testador prohíba expresamente la división.

Pero, aun cuando la prohíba, la división tendrá siempre lugar mediante alguna de las causas por las cuales se extingue la sociedad.

COMENTARIO

1.- Este artículo inicia la Sección Segunda titulada «De la partición», dentro del Capítulo VI del Título III que trata «De las sucesiones» en el Libro III del Código Civil. La partición de la herencia es la operación destinada a extinguir la comunidad hereditaria mediante la división y adjudicación a los miembros de esa comunidad del activo de la herencia. Es la operación con la que termina el trámite de la sucesión.

La comunidad hereditaria existe cuando, deferida la herencia a varios llamados, todos la aceptan (expresa o tácitamente) o la adquieren (independientemente de la aceptación) por disposición de la ley.

La esencia de la comunidad hereditaria es la titularidad de más de un sucesor que ya ha adquirido la herencia y tienen un derecho no sobre bienes hereditarios concretos, sino sobre el conjunto que integra el contenido de la herencia, formándose una comunidad entre los cotitulares comunidad de tipo germánica o en mano común. Esta situación de indivisión es transitoria y se termina con la partición de la misma y la subsiguiente adjudicación de bienes concretos a cada coheredero.

Recae la comunidad hereditaria sobre bienes y derechos hereditarios que sean transmisibles, pero no sobre las deudas del causante ni sobre las cargas de la herencia. Tampoco forman parte de dicha comunidad los bienes dispuestos por el causante a título particular (legado de cosa específica). Son miembros de la comunidad hereditaria los herederos y los legatarios de parte alícuota.

2.- La partición de la herencia es la causa normal de extinción de la comunidad hereditaria, mediante la división y adjudicación a los coherederos y legatarios de parte alícuota del activo de la herencia. El objeto de la partición es el activo de la herencia y no el pasivo, sin perjuicio de que las deudas del causante y cargas de la herencia pesen sobre los herederos y éstos paguen, o bien se practique la liquidación de las mismas en el curso de la partición.

Mediante la partición se sustituye la cuota que cada heredero tiene en la comunidad universal hereditaria, por la titularidad exclusiva de los bienes o derechos que se le adjudican, es decir, la partición especifica o determina qué bienes concretos corresponden a cada uno de los integrantes de la comunidad hereditaria.

3.- El artículo 1051 párrafo primero sienta la regla general de que ningún coheredero podrá ser obligado a permanecer en indivisión, en consonancia con lo dispuesto por el artículo 400 del C.C., según el cual ningún copropietario estará obligado a permanecer en comunidad. Es decir, están legitimados para exigir la partición los sujetos titulares de la comunidad hereditaria: herederos y legatarios de parte alícuota.

4.- Junto a la proclamación de este principio general de libre divisibilidad el mismo párrafo primero establece una excepción: «que el testador prohíba expresamente la división». Esta prohibición la puede haber señalado con un plazo o sin plazo determinado. Hay que entender que si el testador puso plazo, se entenderá válido hasta el límite de los 10 años que establece el artículo 400 del C.C.

A pesar de la prohibición del testador, el párrafo segundo del artículo 1051 dispone que «la división tendrá siempre lugar mediante alguna de las causas por las cuales se extingue la sociedad». Esta norma remite al artículo 1700 del C.C. y su aplicación plantea problemas de adaptación al supuesto de la comunidad hereditaria.

Según el artículo 1700.1.º la sociedad se extingue cuando expira el término por el que fue constituida; respecto de la prohibición de partir impuesta por el testador significaría que éste señaló un plazo de duración de la prohibición y que una vez cumplido el plazo los coherederos recuperan la libertad de pedir la partición.

El número 2.º del artículo 1700 establece que la sociedad se extingue cuando se pierde la cosa o se termina el negocio que le sirve de objeto; la aplicación de esta norma al supuesto del artículo 1051 se refiere a la hipótesis de que la finalidad prevista por el testador al ordenar la división se haya cumplido o ya no pueda cumplirse. Es evidente que si se perdieran todos los bienes que componen la herencia la prohibición de hacer la partición quedaría desprovista de sentido.

El artículo 1700.3.º considera causa de extinción de la sociedad la muerte e insolvencia de cualquiera de los socios, y en el caso previsto en el artículo 1699. Aplicando esta norma al supuesto del artículo 1051 resultaría:

A) Que la muerte de uno de los coherederos eliminaría la prohibición establecida por el testador de partir la herencia. No obstante el testador puede prever que la prohibición subsista mientras aún conserve su sentido atendida a la finalidad perseguida según resulte de la letra del testamento o de su interpretación.

B) Que en el caso de que la cuota de un heredero en la herencia sea objeto de embargo o remate por parte de los acreedores particulares de un heredero la prohibición deja de ser efectiva y cualquiera de los restantes herederos puede pedir la partición.

Por último, el número 4.º del artículo 1700 establece que la sociedad se extingue por la voluntad de cualquiera de los socios, con sujeción a lo dispuesto en los artículos 1705 y 1707, es decir, cuando una sociedad no se haya constituido para su vigencia durante cierto plazo ni éste se infiera de la naturaleza del negocio, o, cuando, aun mediando plazo, concurra un justo motivo. Relacionando la norma con este artículo resulta que si el testador no ha señalado plazo al establecer la prohibición de hacer la partición ni éste se infiere de la finalidad que se propuso al imponerla o no es posible averiguar dicha finalidad, cualquier coheredero podrá pedir la partición.

La prohibición de partir no puede imponerla el testador con respecto a los herederos que sean legitimarios, ya que esta prohibición impide al legitimario percibir en bienes concretos aquello que por legítima le corresponde y ello constituye un gravamen que ha de reputarse nulo conforme al artículo 813 del C.C.

Independientemente de la voluntad del testador es posible que los coherederos acuerden permanecer en la indivisión. Todos los coherederos pueden acordar y convenir, por unanimidad, no pedir la partición y mantener indivisa la comunidad hereditaria, pero, en virtud del artículo 400.II del C.C., el tiempo de indivisión no podrá superar los 10 años, prorrogables.

5.- Otros legitimados para pedir la partición, además de los coherederos son:

a) Los legatarios de parte alícuota como miembros de la comunidad hereditaria y en virtud del artículo art. 782.1.º de la Ley de Enjuiciamiento Civil que les reconoce el derecho a promover el juicio de testamentaría.

b) Los herederos y los cesionarios de los herederos y de los legatarios de parte alícuota (artículo 1055 del C.C.).

c) Los acreedores del heredero en el supuesto de que hayan sido autorizados judicialmente a aceptar la herencia ante la repudiación del heredero-deudor, supuesto previsto en el artículo 1001 del C.C.

JURISPRUDENCIA

«No se ha solicitado en el suplico de la demanda la división, material o económica, de la cosa común, la finca como único bien del haber hereditario, con lo cual la partición y adjudicación se hará creando una copropiedad ordinaria (romana, pro indiviso) regulada en los arts. 392 y ss. del CC: así lo hizo la S 20 Oct. 1992 que dijo que la partición puede llevarse a efecto mediante la transformación de la comunidad hereditaria en un condominio ordinario, atribuyendo a los coherederos la copropiedad de los concretos bienes de la herencia con expresión de las cuotas pro indiviso que en las mismas correspondan a cada heredero; lo que reiteran las SS 25 Abr. 1994 y 8 Mar. 1999 que destaca, esta última, que puede surgir una comunidad romana que puede extinguirse por la acción de división de cosa común. Cuya adjudicación dará lugar a la adquisición de la propiedad por los coherederos, en este caso la cuota hereditaria, de lo que se le haya adjudicado: así lo expresan las SS 16 May. 1991, 5 Nov. 1992 y 31 Ene. 1994». (28 junio 2001, LA LEY 5748/2001)

«artículo 1051 del mismo Código, cuando dispone que ningún coheredero podrá ser obligado a permanecer en la indivisión de la herencia, a menos que el testador prohíba expresamente la división. Pero, aun cuando la prohíba, la división tendrá siempre lugar mediante alguna de las causas por las cuales se extingue la sociedad. Y se invoca esta relación en virtud de interpretación jurisprudencial hecha respecto de este precepto legal. Así, en sentencia de 16 de febrero de 1987 (LA LEY JURIS. 689313/1987) se declara que en la hipótesis de heredero único (la de la causa), huelga la partición hereditaria en cuanto el testamento es, por sí solo, título traslativo del dominio de los bienes relictos al confundirse en tal supuesto el derecho abstracto sobre el conjunto patrimonial hereditario con el derecho concreto sobre cada uno de los bienes individualizados». (26 febrero 2004, rec. 1152/1998)

«No es preciso que la partición comprenda absolutamente todos los bienes del causante. Cabe una partición adicional de los no comprendidos en ella, ya que al tiempo de hacer testamento, el testador no puede conocer cuáles serán exactamente sus bienes en el momento futuro, el de la apertura de la sucesión. Así, la testadora previó la atribución del resto de sus bienes a sus dos hijos por partes iguales y en pleno dominio». (4 noviembre 2008, rec. 511/2003, LA LEY 169527/2008)

«En el período de indivisión que precede a la partición hereditaria los herederos poseen el patrimonio del causante colectivamente, permaneciendo indeterminados sus derechos hasta que la partición se realiza, y en este estado de indivisión, ningún heredero puede reclamar para sí, sino para la comunidad hereditaria (SSTS de 25 de junio de 1995). La partición tiene carácter de operación complementaria de la transmisión y es siempre indispensable para obtener el reconocimiento de propiedad sobre bienes determinados (STS de 4 de mayo de 2005)». (16 septiembre 2010, rec. 972/2006, LA LEY 171463/2010)

Vid. también las sentencias relacionadas en el artículo 1.068.

CONCORDANCIAS

Véanse arts. 1.700, 1.701, 1.705 y 1.708 de este Código.

Artículo 1.052

Todo coheredero que tenga la libre administración y disposición de sus bienes, podrá pedir en cualquier tiempo la partición de la herencia.

Por los incapacitados y por los ausentes deberán pedirla sus representantes legítimos.

COMENTARIO

1.- Dispone este artículo en el primer inciso del primer párrafo que el legitimado para pedir la partición es preciso «que tenga la libre administración y disposición de sus bienes», es decir, plena capacidad de obrar. Si no la tiene, deberá actuar el representante legal o ser completada. Así, por los menores o incapacitados la pedirán en su nombre, los titulares de la patria potestad o el tutor (dice el párrafo segundo del 1052: «Por los incapacitados... deberán pedirla sus representantes legítimos»).

El menor emancipado necesitará el consentimiento (como complemento de capacidad) de sus padres o del curador (artículo 323 del C.C.) ya que no tiene «la libre administración y disposición de sus bienes».

Por el ausente la pedirá su representante legal, según ordena expresamente el párrafo segundo del mismo artículo 1052.

2.- En cuanto al plazo para ejercitar la acción de partición de herencia, el segundo inciso del párrafo primero de este precepto dice que la partición de la herencia podrá pedirse «en cualquier *tiempo*», lo que significa que dicha acción es imprescriptible, así lo dispone también el artículo 1965 del C.C.

JURISPRUDENCIA

«la partición realizada por los propios herederos tiene naturaleza contractual». (18 febrero 1987, LA LEY 8738-R/1987)

«Es doctrina de esta Sala, a tales efectos, que en los supuestos de particiones hereditarias están legitimados para ejercitar las pertinentes acciones cualesquiera de los coherederos». (27 marzo 1987, LA LEY 2010/1987)

CONCORDANCIAS

Véanse arts. 191, 171.4.º y 966 de este Código.

Artículo 1.053

Cualquiera de los cónyuges podrá pedir la partición de la herencia sin intervención del otro.

COMENTARIO

Este precepto resulta ya innecesario, pero se dictó para aclarar el cambio del sistema que había antes de la Ley de 2 de mayo de 1975, en que la mujer tenía limitada su capacidad.

Cualquiera de los *cónyuges* podrán pedir la partición respecto de la herencia de la que sean sucesores, por supuesto, sin contar con ninguna clase de intervención por parte del otro cónyuge.

CONCORDANCIAS

Véanse arts. 71 y 995 de este Código.
Texto vigente según Ley 14/1975, 2 mayo (*«B.O.E.»,* 5 mayo).

Artículo 1.054

Los herederos bajo condición no podrán pedir la partición hasta que aquélla se cumpla. Pero podrán pedirla los otros coherederos, asegurando competentemente el derecho de los primeros para el caso de cumplirse la condición; y, hasta saberse que ésta ha faltado o no puede ya verificarse, se entenderá provisional la partición.

COMENTARIO

1.- Se refiere este artículo a los herederos sujetos a condición; hay que entender que se trata de un llamamiento subordinado al cumplimiento de una condición suspensiva, ya que en este caso y mientras la condición está pendiente de cumplimiento los llamados eventualmente sólo tienen una expectativa de derecho sobre la herencia, expectativa que no les concede la posibilidad de aceptar ni repudiar la herencia (artículo 991 del C.C.) ni, según la norma recogida en este precepto prevista para los casos de llamamiento condicional, se puede aplicar por analogía a otros casos de incertidumbre sobre el título de heredero de alguno de los sucesores.

Si la condición afectara a todos los herederos la práctica de la partición quedaría en suspenso y ninguno de los instituidos podría pedir la partición. Pero parece referirse al supuesto de que unos herederos sean condicionales y otros puros, a éstos sí les concede derecho a pedir la partición aunque «asegurando competentemente el derecho de los primeros para el caso de cumplirse la condición», entendiéndose, en tanto, «provisional la partición».

2.- Los herederos condicionales no pueden pedir la partición, sin embargo este artículo no les impide intervenir en ella, es más, lo procedente es que intervengan en la partición y que el lote de bienes que le corresponda quede bajo el régimen de administración y garantías previsto en los artículos 801 a 803 del C.C.

Conforme a este criterio la partición sólo tiene carácter «provisional» relativamente al heredero condicional, pero respecto al heredero puro la partición será firme respecto de los bienes a él adjudicados, aunque esta solución parezca contradecir el tenor literal del artículo 1054 que puede dar a entender que dispone la provisionalidad a la partición en su totalidad.

3.- Si se trata de una condición resolutoria, el heredero o herederos a quienes afecte tienen un derecho sobre la herencia ejercitable desde luego y por consiguiente el de pedir la partición.

CONCORDANCIAS

Véanse arts. 790 a 805 de este Código.

Artículo 1.055

Si antes de hacerse la partición muere uno de los coherederos, dejando dos o más herederos, bastará que uno de éstos la pida; pero todos los que intervengan en este último concepto deberán comparecer bajo una sola representación.

COMENTARIO

1.- Esta norma está prevista para el caso de que un coheredero muera antes de realizarse la partición; en este supuesto, el artículo 1055 reconoce expresamente a los herederos de aquél el derecho a pedir la partición de la herencia que dejó indivisa y de la que era coheredero el difunto.

Este reconocimiento expreso quizás sea superfluo pues la misma solución se daría sin tal precepto que la disponga, en consideración a que los herederos del coheredero fallecido por ser tales sucesores personales les corresponde el derecho que tenía el causante a pedir la partición y consiguiente disolución de la comunidad hereditaria de la que él era miembro. Bastará, para que sea efectiva la solicitud de partir la herencia, que uno solo de los herederos del coheredero ejercite tal derecho.

2.- El último inciso de este artículo tiene solamente un alcance procesal, pues si quieren ejercitar este derecho varios herederos deberán comparecer bajo una sola representación, es decir, tienen que obrar por un mismo procurador.

3.- La transmisión del derecho a pedir la partición también se produce, aunque no lo recoja explícitamente este artículo, en el caso de que muera un legatario de parte alícuota miembro de la comunidad hereditaria; por tanto, sus herederos también tendrán derecho, en las mismas condiciones que los herederos del coheredero, a solicitar la partición de la herencia de la que era miembro su causante a título de legatario de parte alícuota.

Artículo 1.056

Cuando el testador hiciere, por acto entre vivos o por última voluntad, la partición de sus bienes, se pasará por ella, en cuanto no perjudique a la legítima de los herederos forzosos.

El testador que en atención a la conservación de la empresa o en interés de su familia quiera preservar indivisa una explotación económica o bien mantener el control de una sociedad de capital o grupo de éstas podrá usar de la facultad concedida en este artículo, disponiendo que se pague en metálico su legítima a los demás interesados. A tal efecto, no será necesario que exista metálico suficiente en la herencia para el pago, siendo posible realizar el abono con efectivo extrahereditario y establecer por el testador o por el contador-partidor por él designado aplazamiento, siempre que éste no supere cinco años a contar desde el fallecimiento del testador; podrá ser también de aplicación cualquier otro medio de extinción de las obligaciones. Si no se hubiere establecido la forma de pago, cualquier legitimario podrá exigir su legítima en bienes de la herencia. No será de aplicación a la partición así realizada lo dispuesto en el artículo 843 y en el párrafo primero del artículo 844.

COMENTARIO

1.- En este artículo se concede al testador la facultad de hacer él mismo la partición. El testador en virtud de esta facultad no sólo fija la cuota de cada heredero o legatario de parte alícuota, sino que señala los bienes que integran tal cuota. Por ello, la partición hecha por el testador no extingue la comunidad hereditaria, como las demás especies de partición, sino que la evita. Por tanto la esencia de esta partición es que el testador divide a priori su patrimonio entre los herederos que instituye.

Este artículo distingue la partición hecha por el testador «por acto entre vivos o por última voluntad». La posibilidad de realizar la partición *inter vivos* viene referida también en el artículo 1271 del C.C., pero en todo caso la partición es un acto *mortis causa* que tiene eficacia a la muerte del causante; sin embargo, al permitir que se haga por «acto entre vivos» significa que puede hacerse en documento público o privado o, incluso, verbalmente, fuera del testamento, pero siempre será revocable por medio de un testamento.

El hecho de que esta norma confiera la facultad de hacer la partición al «testador», y no al causante, presupone que se haya otorgado testamento y que precisamente haga la partición entre los herederos testamentarios de los bienes dispuestos en el testamento sea ésta anterior o posterior o simultánea. La partición realizada *inter vivos* sin que se cumpla este requisito será inoperante.

En el caso de discordia entre partición y testamento ¿cuál debe prevalecer?, en principio el artículo 1056 establece que en esta partición hecha por el testador «se pasará por ella, en cuanto no perjudique la legítima de los herederos forzosos», sin embargo no en todo caso de divergencia entre disposición y partición prevalecerá ésta; así se tomará en cuenta la partición por encima del testamento cuando la diferencia entre ambos consista en que el valor de los bienes asignados a uno de los herederos exceda o sea inferior ostensiblemente al valor objetivo de su cuota parte en la herencia establecida en la disposición testamentaria; en este sentido lo corrobora el artículo 1075 del C.C. que no permite la rescisión por lesión de la partición hecha por el difunto, con la misma salvedad de la inviolabilidad de la legítima. Sin embargo, si la discrepancia supusiera una manifiesta contradicción entre el testamento y la partición, en particular si el testamento es posterior (como sucedería, por ejemplo, en el caso de que se legase a un tercero un bien incluido en el lote de uno de los herederos), debe prevalecer el testamento. El testador puede realizar la partición como desee, sin necesidad de ajustarse a la «posible igualdad» que ordena el artículo 1061 del C.C.

No hay partición cuando el testador se limita a ordenar que un bien concreto se incluya en la cuota de un determinado heredero. Sí existe partición, por el contrario, aunque no incluya la totalidad del patrimonio hereditario y se haga precisa una nueva partición complementaria referida a los bienes no incluidos en los hechos por el testador.

La eficacia de esta partición es impedir que al morir el testador surja la comunidad hereditaria y, por tanto, cada heredero adquiere directa e inmediatamente los bienes que le hayan sido adjudicados (artículo 1068 del C.C).

2.- El párrafo segundo de este artículo ha sido reformado por la Ley 7/2003 de 1 de abril, sobre la sociedad limitada Nueva Empresa, y atribuye al testador la posibilidad de preservar indivisa una explotación económica o de mantener el control de sociedades de capital, adjudicándola a través de una partición realizada por él mismo, a un sucesor, apartando a los demás sucesores legitimarios, quienes verán satisfecha su cuota legitimaria en metálico.

El móvil del testador puede ser bien el interés de su familia o la conservación de la propia empresa, aunque en ningún caso necesitará fundamentarlo. El sujeto a quien el Código Civil le atribuye tal facultad es al testador que tiene herederos forzosos. Si no los tuviera huelga tal facultad pues la tendría en virtud del principio de libertad de testar. El adjudicatario de la explotación económica, de las acciones o participaciones sociales puede ser un legitimario o no legitimario, familiar del testador o extraño. En cuanto a los sujetos que la norma designa como «demás interesados» a los que se pagará en metálico su legítima, parece ser que tendrán que ser legitimarios, incluyendo al cónyuge viudo, y los descendientes mejorados. El objeto de esta facultad dispositiva es la explotación económica, entendiendo por tal el conjunto de bienes y derechos organizados empresarialmente por su titular en el ejercicio de una actividad económica y que constituya en sí misma una unidad técnico-económica, o las participaciones o acciones en sociedades de capital de las que es titular el testador. La atribución de la explotación económica, de las acciones o participaciones a un sucesor tendrá como efecto:

a) El pago de las legítimas con otros bienes de la herencia: si éstos existieran y fueran suficientes y el testador no hubiera dispuesto otra forma de pago.

b) El pago de las legítimas en metálico bien cuando no existieran otros bienes en la herencia o fueran insuficientes, o bien, aun existiendo, el testador dispuso que se pagaran en dinero. En el supuesto de pago en metálico puede ser abonado con dinero hereditario o extrahereditario. El testador o el contador-partidor designado por él pueden señalar al adjudicatario de la explotación económica, acciones o participaciones sociales un plazo para el pago en metálico de las legítimas, plazo que nunca excederá de 5 años desde la fecha del fallecimiento del causante. La obligación pecuniaria en que consiste el pago en metálico de la legítima podrá extinguirse por cualquier otro medio de extinción de las obligaciones que no sea el pago, así la compensación, la confusión, etc. La satisfacción en metálico de la legítima según lo previsto en esta norma no requerirá ni de la previa comunicación a sus perceptores ni de confirmación de los mismos ni de aprobación judicial como está dispuesto en los artículos 843 y 844-I que no son de aplicación.

JURISPRUDENCIA

«El art. 1056 CC totalmente de acuerdo con la tradición jurídica española faculta al testador para realizar él mismo la partición hereditaria, otorgándole amplias posibilidades para ello, pero siempre con absoluto respeto a las legítimas. Pero, ahora bien, no toda dispo-

sición del testador realizada sobre bienes hereditarios, puede estimarse como una auténtica partición hereditaria. Y para delimitar la cuestión existe una "regla de oro", consistente en que la determinación de una verdadera partición se dará cuando el testador ha distribuido sus bienes practicando todas las operaciones inventario, avalúo, liquidación y formación de lotes objeto de las adjudicaciones correspondientes, pero cuando, así, no ocurre, surge la figura de las denominadas doctrinalmente normas para la partición, a través de las cuales, el testador se limita a expresar su voluntad para que en el momento de la partición, determinados bienes se adjudiquen en pago de su haber a los herederos que mencione». (7 septiembre 1998, LA LEY 8479/1998)

«el art. 1056 CC admite, como una de las formas posibles de hacer la partición, la que de sus propios bienes realice el testador en su testamento (como la hicieron los dos padres en sus dos aludidos e idénticos testamentos simultáneos) y a la que atribuye fuerza vinculante "se pasará por ella", dice el precepto, siendo indudable que sus efectos son los mismos que si se tratara de partición judicial o de partición extrajudicial, practicadas por los propios herederos o por albaceas o contadores-partidores, es decir, sus efectos (dice textualmente la sentencia de esta Sala de 21 Jul. 1986) son los de conferir a cada heredero la propiedad de los bienes que le hayan sido adjudicados, ello, claro es, sin perjuicio de las acciones de impugnación que el art. 1075, en relación con el 1056, ambos CC, concede a los herederos forzosos en la hipótesis de que perjudique sus legítimas o de que aparezca o racionalmente se presuma que fue otra la voluntad del testador». (21 diciembre 1998, LA LEY 2644/2000)

«La partición hecha por el testador corresponde a la mentalidad del legislador que, para proveer necesidades familiares, ventajas prácticas y anhelos muy legítimos, admite la posibilidad de que se realice por sí mismo la distribución y partición de sus bienes entre sus coherederos, lo cual proviene del Derecho romano, se reconoce en el Derecho histórico de Castilla y se mantiene en el Derecho moderno; así lo expresaba la sentencia de 6 de marzo de 1945, que destaca que implica siempre un acto de última voluntad, que debe ser respetada, como voluntad soberana del testador, produciendo el efecto, como dicen las sentencias de 21 de julio de 1986 y 21 de diciembre de 1998, de conferir a cada heredero la propiedad de los bienes que le hayan sido adjudicados. Cuya partición hecha por el testador no extingue la comunidad hereditaria sino que la evita, ya que no llega a formarse». (4 noviembre 2008, rec. 511/2003, LA LEY 169527/2008)

«la partición es la división del patrimonio hereditario que puede ser hecha por el testador de acuerdo con lo dispuesto en el artículo 1056, primer párrafo, del Código civil con lo que no extingue la comunidad hereditaria, sino que la evita. Lo que es distinto al caso en que ordena que determinado bien o que determinados bienes, muchos o pocos, se adjudiquen a unos u otros de sus herederos, incluyéndose en la porción que deba percibir cada uno de ellos (es el caso que contempla la sentencia de 7 de septiembre de 1998), por lo que se dará la comunidad hereditaria, que deberá dividirse por medio de la partición encomendada, en el caso presente, a un contador-partidor. Es decir, este caso no es una partición hecha por el testador». (22 mayo 2009, rec. 41/2005, LA LEY 92021/2009)

«En el testamento, el causante hizo una adjudicación de un bien concreto a su hija Noemi, lo que implica, al tiempo de la apertura de su sucesión producida por su muerte, una norma particional que debe ser cumplida, aunque no se trate de una típica partición hecha por el testador, tal como dice la sentencia de 22 de mayo de 2009 que reitera la doctrina de las de 9 de marzo de 1961, 25 de enero de 1971, 15 de febrero de 1988 y 8 de marzo de 1989». (17 septiembre 2009, rec. 2658/2004, LA LEY 184082/2009)

Partición por acto entre vivos:

«El hecho de que el reparto del acervo patrimonial del testador se instrumente por un acto inter vivos no le confiere cariz contractual, ni le imbuye de una fuerza vinculante frente al de cuius. Cualquier tipo de partición es complemento o corolario de una transmisión mortis causa. Sólo puede producir efectos distributivo-traslativos como resultado del fallecimiento del causante. Ya proclamaron elocuentemente las fuentes que viventis non datur hereditas. No se puede adquirir mortis causa de una persona viva. Es preciso, para ello, esperar a su óbito. La consecuencia es clara: en cualquier momento puede el que repartió cambiar de decisión, otorgar nuevo testamento, cambiar el destinatario de sus generosidades (en la parte de la herencia de libre disposición) y consecuentemente invalidar la partición que, en situación de pendencia hasta que sobrevenga la defunción del testador, estará siempre amenazada de un cambio de voluntad del titular patrimonial y que sólo se consolidará definitivamente cuando sobrevenga su muerte. Repetidas sentencias de esta Sala corroboran esta tesis. Como más representativas citaremos las siguientes: sentencias de 9 Jun. 1903 y 9 Jul. 1940: la facultad de realizar la partición por acto inter vivos no obstaculiza la posible variación de la voluntad del causante durante su vida y el otorgamiento de otro testamento que deje sin efecto la división realizada; S 6 Mar. 1917: Pese a su forma, este acto entre vivos hay que incluirlo entre los negocios mortis causa porque está destinado a regular las relaciones jurídicas después de la muerte del sujeto del negocio y sobre esta base la división del patrimonio es fundamentalmente un acto mortis causa que tiene clara finalidad sucesoria, como lo confirma el propio artículo al poner en todo caso como límite de eficacia de la partición que no se perjudique la legítima de los herederos forzosos». (23 febrero 1999, LA LEY 4063/1999)

CONCORDANCIAS

Véanse arts. 841, 842, 847, 1.075 y 1.271 de este Código.
Texto vigente por Ley 7/2003, de 1 abril (*«B.O.E.»,* de 2 abril)

Artículo 1.057

El testador podrá encomendar por acto *inter vivos* o *mortis causa* para después de su muerte la simple facultad de hacer la partición a cualquier persona que no sea uno de los coherederos.

No habiendo testamento, contador-partidor en él designado o vacante el cargo, el Juez, a petición de herederos y legatarios que representen, al menos, el 50 por 100 del haber hereditario, y con citación de los demás interesados, si su domicilio fuere conocido, podrá nombrar un contador-partidor dativo, según las reglas que la Ley de Enjuiciamiento Civil establece para la designación de Peritos. La partición así realizada requerirá aprobación judicial, salvo confirmación expresa de todos los herederos y legatarios.

Lo dispuesto en este artículo y en el anterior se observará aunque entre los coherederos haya alguno sometido a patria potestad o tutela, o a curatela por prodigalidad o por enfermedades o deficiencias físicas o psíquicas; pero el contador partidor deberá en estos casos inventariar los bienes de la herencia, con citación de los representantes legales o curadores de dichas personas.

COMENTARIO

1.- Recoge esta norma la posibilidad de designación por el testador de una persona para que realice la partición de la herencia. A esta persona se le denomina contador-partidor y recibe el encargo de repartir la herencia en base a la voluntad del causante.

El nombramiento del contador-partidor puede hacerse en testamento (que es lo habitual en la práctica) o fuera de él (dice expresamente el artículo 1057, en su inicio: «por acto *inter vivos* o *mortis causa*»); en el supuesto de que dicho nombramiento se hiciera en documento separado deberá estar siempre en conexión con el testamento; así se colige de que el texto de esta norma conceda la posibilidad del nombramiento exclusivamente al «testador», y, además, porque el contador tiene que partir acomodándose a una disposición testamentaria. No es necesario, aunque sí conveniente, que el nombramiento fuera de testamento se haga en documento público.

La naturaleza y caracteres del cargo de contador-partidor han de deducirse, ante la parquedad de su regulación, de las normas dictadas por el Código Civil para el albacea. Desde luego, participa de la naturaleza jurídica del albaceazgo en cuanto que el contador, con su misión de partir la herencia, ejecuta el testamento.

En cuanto a la aptitud y capacidad que ha de tener un sujeto para desempeñar el cargo de contador, el párrafo primero del artículo 1057 sólo dispone la prohibición de que pueda serlo «uno de los herederos», para evitar el conflicto de intereses si fuera el mismo el que hace la partición y el que se puede beneficiar de la misma. Por este mismo motivo, y aunque no se diga expresamente en el texto, tampoco será apto el legatario de parte alícuota como miembro de la comunidad hereditaria, ni el cónyuge viudo por tener derecho a usufructo de cuota. En todo caso, si cualquiera de los anteriores renuncia, deja de ser partícipe de la comunidad hereditaria y de la partición y podrá ser contador-partidor. El Notario autorizante del testamento también podrá serlo (artículo 139 del Reglamento Notarial de 2 de junio de 1944).

Respecto a la capacidad necesaria para desempeñar la función de contador se ha de aplicar el artículo 893 relativo a los albaceas: ha de tener capacidad de obrar plena, no pudiendo ser contador el menor ni aun contando con la autorización del padre y tutor, ni tampoco el menor emancipado.

El cometido del comisario contador-partidor, es decir, las facultades y el ámbito de actuación, se concreta en lo que define su cargo: «hacer la partición». Si el testador ha especificado funciones determinadas, tendrá éstas; en otro caso realizará los actos de verdadera partición, con amplias facultades y libertad de apreciación, comprendiendo el conjunto de operaciones necesarias para determinar el activo partible y dividirlo y adjudicarlo a los sujetos de la comunidad hereditaria, poniendo fin a ésta. Actuará sin necesidad de consentimiento o aprobación de los interesados.

Como facultad previa a la partición e implícita en ella deberá interpretar el testamento, pues sin ello no podría ejecutarlo al llevar a cabo la partición.

Si el causante era casado en régimen económico matrimonial de comunidad (gananciales u otra), la partición requiere previamente la liquidación de la misma, porque será preciso separar el patrimonio del cónyuge supérstite del patrimonio del causante que será objeto de la partición. Aunque en rigor esta liquidación corresponde al cónyuge viudo y a los herederos del premuerto, sin embargo, la doctrina, la jurisprudencia y sobre todo la práctica, admiten que la liquidación de la comunidad la realice el contador-partidor en unión del cónyuge viudo. En la adjudicación de lotes, el contador debe atenerse a la igualdad cualitativa formulada en el artículo 1061 del C.C. y procurar adjudicar a los coherederos, siempre que ello sea posible: bienes de la misma naturaleza, especie y calidad. Esta norma no vinculará al comisario si el testador le ha facultado expresamente para partir de la forma que estime más conveniente.

El plazo que tiene el contador-partidor para cumplir su cometido es el que se determina para los albaceas (artículos 904, 905 y 906); el que fije el causante, y, en su defecto, el de un año, prorrogable.

Si todos los herederos son mayores de edad, con capacidad de obrar plena, y hay acuerdo unánime entre ellos, pueden prescindir de la intervención del contador-partidor y efectuar por sí solos la partición como tengan por conveniente.

2.- La norma recogida en el segundo párrafo se refiere a la partición realizada por un contador-partidor dativo, que es un caso de partición arbitral.

El nombramiento del contador-partidor dativo requiere que no exista partición previa, testamentaria o judicial, ni contador-partidor testamentario bien porque no hay testamento, o nombramiento de éste o bien porque esté vacante el cargo.

El contador dativo lo nombra el Juez, pero no puede hacerlo de oficio, sino a instancia de parte interesada que alcance la mitad del activo hereditario partible. El texto de la norma dice expresamente que «a petición de herederos y legatarios», sin embargo hay que interpretar que están legitimados para pedir el nombramiento los herederos, los legatarios de parte alícuota, los cesionarios de unos y otros y los legatarios de cosa determinada sólo cuando sean legitimarios, en virtud de su interés para saber si la atribución que se les ha hecho es suficiente. El Juez, para el nombramiento, debe citar a los demás interesados si su domicilio fuera conocido; por «interesados» hay que estimar, además de los otros coherederos o legatarios no peticionarios, los acreedores del causante.

El nombramiento de este árbitro que el Código llama contador-partidor dativo se hará según las reglas que la Ley de Enjuiciamiento Civil establece para la designación de peritos. Lógicamente, no pueden ser nombrados contadores-partidores los que no tengan capacidad o aptitud suficiente para ser contadores testamentarios.

Aunque se le denomine «contador-partidor» la naturaleza de este cargo es de árbitro; es un extraño que nombra el Juez, en vez de los propios interesados, evitando así los perjuicios de la unanimidad que se requiere tanto para el contrato de compromiso como para la partición convencional. Así, en el caso de varios coherederos enfrentados: ni conseguirán el acuerdo unánime para una partición convencional ni tampoco para un nombramiento de árbitro; con el sistema del párrafo segundo del artículo 1057, si los titulares de la mitad del valor hereditario acuden al Juez, éste podrá constituir este arbitraje.

Una vez el árbitro ha hecho la partición, la aprobarán todos los sujetos de la misma o, en su defecto, deberá aprobarla el Juez, tal como dispone el último inciso de este segundo párrafo. En ambos casos se impide acudir a los juicios de testamentaría o abintestato aunque se permite su posible impugnación por los mismos motivos que cualquier partición.

3.- El primer inciso del párrafo tercero establece el carácter vinculante de la partición, testamentaria o realizada por contador-partidor, aunque en la sucesión esté interesado algún menor o incapacitado sometido a patria potestad, tutela o curatela.

El segundo inciso se refiere sólo a la partición efectuada por Contador-partidor (contador-partidor testamentario o dativo) que, en estos casos de existencia de menores o incapacitados, debe inventariar los bienes de la herencia, citando a los titulares de la patria potestad, tutor (defensor judicial, en su caso) o curadores.

JURISPRUDENCIA

«en la interpretación del citado artículo 1057, esta Sala tiene declarado que "es obvio que las funciones propias del Contador-Partidor se agotan con la práctica de las operaciones particionales y su correspondiente protocolización, en cuyo momento y de cara al futuro, se extingue el "interés legítimo" que le vinculaba a la partición, siendo

reemplazado por el asumido por los herederos, en su calidad de sucesores en los derechos y obligaciones del causante, artículo 661 del Código Civil, y de aquí, que el Contador, con independencia de las declaraciones de voluntad exteriorizadas en escritura notarial de protocolización, no tendría que ser llamado al procedimiento impugnatorio de la partición por él efectuada. La doctrina mantenida por esta Sala es coincidente con lo recién expresado, mereciendo destacarse la STS de 20 de octubre de 1952». (28 mayo 2004, rec. 1816/1998)

«El motivo se estima porque no hay precepto legal alguno que impida la validez de una partición contractual (art. 1058 Cód. civ.) de parte de la herencia y una partición realizada por el contador-partidor (art. 1.057 Cód. civ.) de bienes hereditarios que no fueron objeto de partición contractual por no existir sobre ellos aquel acuerdo. Ha de resaltarse que en este litigio no se ha pedido la nulidad de la partición contractual». (14 octubre 2008, rec. 166/2003, LA LEY 148004/2008)

«también ha negado legitimación pasiva al contador partidor una vez efectuada la partición, pues se extingue el "interés legítimo" que le vinculaba a la misma (sentencias 15 de julio de 1988 y 28 de mayo de 2004). Si todo ello se dice respecto del contador partidor que ha desarrollado sus funciones como tal hasta la partición, con mayor lógica se ha de aplicar a un caso como el litigioso en que la figura del contador partidor se ha limitado a "intervenir" en una partición acordada y llevada a la práctica por los herederos». (5 diciembre 2008, rec. 2267/2002, LA LEY 189374/2008)

«se ha practicado la partición de herencia de don Isidoro, como extinción de la comunidad hereditaria, mediante la división y adjudicación a los coherederos y legatarios de parte alícuota (como los legitimarios) del activo de la herencia, por los contadores-partidores nombrados por aquel causante en su testamento, conforme al artículo 1057, primer párrafo, del Código civil. Cuya partición ha sido objeto de la acción de rescisión por lesión en más de la cuarta parte, que contempla el artículo 1074 del mismo cuerpo legal, que ha sido estimada». (6 mayo 2011, rec. 2178/2007, LA LEY 44714/2011)

«faltó el cumplimiento del requisito establecido en el artículo 1057, párrafo tercero, en cuanto a la formación de inventario por el contador partidor con citación de quien hubiera de ostentar la representación de los menores que, en este caso, siendo patente la posible oposición de intereses con la madre —pues incluso se liquidó allí la sociedad de gananciales que existía entre ésta y el causante— comportaba la necesidad de intervención de un defensor judicial». (8 junio 2011, rec. 295/2008, LA LEY 83092/2011)

«ni la designación de un contador-partidor en los términos previstos en el artículo 1057 del Código Civil, ya que, según se desprende de dicha norma, tal nombramiento sólo ha de producirse cuando resulte necesario para llevar a cabo las operaciones particionales siendo en definitiva al juez a quien corresponde determinar en el oportuno proceso la corrección de tales operaciones cuando alguno de los interesados reclamare la intervención judicial». (5 octubre 2011, rec. 1383/2008, LA LEY 189961/2011)

«El Primer motivo denuncia la infracción del art. 1057 CC, y de la jurisprudencia que lo interpreta en las SSTS de 19 diciembre 2002, 16 marzo 2001 y 25 abril 1994. El momento en que terminan sus funciones los contadores-partidores y que determina su falta de legitimación pasiva, se les aplica única y exclusivamente a ellos y no a aquellos que sean a la vez albaceas, porque en este caso su función termina cuando, habiendo sido aprobadas todas las operaciones particionales, se incorporan los bienes a los respectivos patrimonios». (5 enero 2012, rec. 2187/2008, LA LEY 423/2012)

CONCORDANCIAS

Véase:
— arts. 841 a 847 y 892 a 911 de este Código.
— Ley 19/1995, 4 julio («*B.O.E.*», 5 julio), de Modernización de las Explotaciones Agrarias.
— Reglamento Notarial, de 2 junio 1944 («*B.O.E.*», 7 julio): art. 139.
Texto vigente según Ley 11/1981, 13 mayo («*B.O.E.*», 19 mayo).
— Párrafo tercero redactado por LO 1/1996, 15 enero, de Protección Jurídica del Menor.

Artículo 1.058

Cuando el testador no hubiese hecho la partición, ni encomendado a otro esta facultad, si los herederos fueren mayores y tuvieren la libre administración de sus bienes, podrán distribuir la herencia de la manera que tengan por conveniente.

COMENTARIO

1.- Este precepto recoge la posibilidad de que la partición de la herencia la realicen los propios interesados, es decir, los miembros de la comunidad hereditaria, por sí mismos con absoluta libertad y sin límite alguno. Se trata de una partición convencional. Esta facultad se podrá ejercitar si no ha habido partición hecha por el testador ni éste ha ordenado que la haga un contador-partidor («Cuando el testador no hubiese hecho la partición, ni encomendado a otro esta facultad», dice este artículo).

2.- La partición convencional constituye un negocio jurídico plurilateral que en cuanto a la capacidad para poder realizarlo han de observarse las siguientes normas:

a) Todos los herederos y legatarios de parte alícuota han de ser plenamente capaces (dice el artículo 1058: «si los herederos fueren mayores y tuvieren la libre disposición de sus bienes»). Sin embargo, esto no quiere decir naturalmente que si en la herencia está interesado algún menor o incapacitado la partición no pueda realizarse extrajudicialmente; lo que acontece es que deben concurrir a la misma en nombre de aquéllos sus respectivos representantes legales con los requisitos previstos en la ley.

b) Si hay algún miembro de la comunidad menor de edad estará representado por sus padres titulares de la patria potestad; si con ambos hay oposición de intereses representará al menor un defensor judicial (artículo 163 en relación con el artículo 229.1.º del C.C.). Si el menor carece de padres o éstos están privados o suspendidos de la patria potestad, les representará el tutor, el cual necesitará autorización judicial para realizarla y aprobación judicial una vez practicada (artículo 271.4.º del C.C.); si con el tutor se produjera conflicto de intereses, igualmente se nombraría un defensor judicial (artículo 300 del C.C.). En todo caso el defensor judicial que representa a un menor no precisa autorización judicial.

c) Si hay un menor emancipado, se requiere el complemento de capacidad, es decir, el asentimiento de los padres o, en su defecto, del curador (artículo 323 del C.C.), lo que se deduce del criterio de plena capacidad que se exige para esta partición, ya que si hace falta el complemento de capacidad para pedir la partición (artículo 1052 del C.C.) con mayor motivo se debe exigir para hacerla.

d) Si hay algún incapacitado, le representará el tutor, a no ser que le representen sus padres en patria potestad prorrogada o rehabilitada (artículo 171 del C.C.); éstos no precisan autorización judicial (artículo 1060 del C.C.); sí, en cambio, el tutor: autorización previa y aprobación posterior (artículo 271.4.º del C.C.).

e) Si hay algún ausente, interviene su representante legal, que necesitará aprobación judicial (artículo 2026 de la Ley de Enjuiciamiento Civil de 1881, que se mantiene vigente tras la Ley de Enjuiciamiento Civil de 7 de enero de 2000).

Si alguno de estos interesados muere antes de hacerse la partición, es su propio heredero quien ocupará, como tal, su lugar en la partición; si son varios herederos lo deberán hacer conjuntamente (artículo 1055 del C.C.). En todo caso se les aplicará las mismas normas sobre capacidad expuestas.

3.- Los interesados que pretenden hacer esta partición convencional, deben actuar con total unanimidad. La partición realizada contra o sin el consentimiento de uno de los herederos (o legatarios de parte alícuota) es inexistente sin que esa omisión pueda suplirse por la autorización judicial.

4.- La partición realizada unánimemente por todos los interesados no ha de ajustarse a la regla del artículo 1061 del C.C. (principio de igualdad cualitativa) pudiendo «distribuir la herencia de la manera que tengan por conveniente».

En cuanto a la forma, no la requiere especial, independientemente del valor que pueda conferirle su otorgamiento en escritura pública al dotarla de autenticidad y acceso a los registros públicos.

JURISPRUDENCIA

«El testador, en su testamento, previó la partición por comisario-contador partidor, contemplada en el art. 1057 del CC. Transcurridas las prórrogas y, por ende, el plazo para realizarla, el propio contador-partidor, la viuda del causante y todos los hijos, herederos, practican la partición convencional, que contempla el art. 1058, como negocio jurídico plurilateral que se plasma en el documento privado de 13 Jul. 1989. Por tanto, en este momento se ha extinguido la comunidad hereditaria y se han atribuido a los distintos sujetos —la viuda, respecto a sus gananciales y a su usufructo y los coherederos— la titularidad de los bienes y derechos que se le han adjudicado, tal como expresa el art. 1068 y lo reiteran las SS 16 May. 1991, 5 Nov. 1992 y 31 Ene. 1994. Esta partición convencional no requiere una forma especial para su validez, sin perjuicio de que una escritura pública la dote de autenticidad y de acceso a los registros públicos. Por ello, en la partición se encarga al que había sido nombrado contador-partidor y a otras personas que, mancomunadamente, redacten y protocolicen el cuaderno particional en ejecución de la partición convencional». (13 marzo 2003, LA LEY 1916/2003)

«No puede desconocerse que el artículo 1058 del Código Civil atribuye a los herederos mayores de edad que gocen, además, de la libre disposición de sus bienes, la facultad de distribuir la herencia de la manera que tengan por conveniente. Dicha facultad, en palabras de la sentencia de 19 junio 1997, es tan amplia que permite a los coherederos realizar actos particionales más allá de los propios divisorios y de lo dispuesto por el causante, con lo que se trata más bien de actos de disposición que de partición. La naturaleza de este hecho —dar ejecución a la distribución del caudal hereditario—, es de relación contractual, al surgir del acuerdo unánime de las voluntades de los interesados, que se perfecciona con la concurrencia de los requisitos del artículo 1261 del Código Civil, al acomodarse a sus intereses (SS 3 enero 1962, 25 febrero 1966, 21 mayo 1966, 18 febrero 1967, 8 febrero 1996 y 12 noviembre 1996), sin que sea necesario que afecte a todos los bienes, pues puede proyectarse sobre parte de los mismos, subsistiendo una comunidad hereditaria sobre los restantes o llevarse a cabo la definitiva en su momento, que tendrá en cuenta la parcial precedente, y ésta tiene

acceso al Registro de la Propiedad, conforme a los artículos 14 de la Ley Hipotecaria y 80 de su Reglamento». (18 marzo 2008, LA LEY 31918/2008)

«la intervención en la partición hereditaria de D.ª. Ángela y D.ª. Fátima no altera la naturaleza contractual de la misma: son los hijos y herederos del causante los que en realidad parten y adjudican los bienes hereditarios, y de acuerdo con el art. 1.058 del Código civil, pueden distribuirlos de la manera que tengan por conveniente. Las susodichas D.ª. Ángela y D.ª. Fátima no se han opuesto ni formulado objeciones al modo y manera con el que han procedido los herederos, pues a ello se debe entender concretada su potestad de "intervenir" en la partición que les confería el testamento... ... Esta Sala ha declarado que la aprobación por los interesados de las operaciones particionales pone término a las labores de los albaceas contadores partidores, "sin que les sea lícito practicar nuevas operaciones que modifiquen o sustituyan a las ya aprobadas aunque hayan incurrido en éstas en errores de valoración, omisión de bienes o adjudicación indebida, cuya enmienda, como el ejercicio de las acciones que de ella se deriven corresponde a los herederos" (Sentencia de 14 de febrero de 1952)». (5 diciembre 2008, rec. 2267/2002, LA LEY 189374/2008)

Artículo 1.059

Cuando los herederos mayores de edad no se entendieren sobre el modo de hacer la partición, quedará a salvo su derecho para que lo ejerciten en la forma prevenida en la Ley de Enjuiciamiento Civil.

COMENTARIO

1.- Esta norma prevé la forma subsidiaria y última de hacer la partición de la herencia, así, en el caso de que la partición no haya sido hecha por el testador, ni éste haya nombrado a un contador-partidor, ni se haya podido practicar la partición convencional porque los interesados no llegaron a un acuerdo («no se entendieren sobre el modo de hacer la partición», dice expresamente el artículo 1059), se acudirá a la partición judicial («forma prevenida en la Ley de Enjuiciamiento Civil»).

2.- Cuando este artículo habla de «herederos» deben comprenderse no sólo éstos, sino todos los sujetos legitimados para pedir la partición: legatario de parte alícuota, herederos y cesionarios de unos y otros, el cónyuge y acreedores de la herencia, los acreedores del heredero estarán legitimados en el caso previsto por el artículo 1001 del C.C.

Al referirse a que sean «mayores de edad» no significa que haya que acudir a la partición judicial cuando haya algún menor de edad, sino que éste estará representado por su representante legal: es decir, se practicará la partición judicial cuando para partir no haya unanimidad entre los sujetos capaces y los representantes de los incapaces.

3.- La partición, que la L.E.C. llama «de la división de la herencia», la regula a partir del art. 782.

Artículo 1.060

Cuando los menores o incapacitados estén legalmente representados en la partición, no será necesaria la intervención ni la aprobación judicial.

El defensor judicial designado para representar a un menor o incapacitado en una partición, deberá obtener la aprobación del Juez, si éste no hubiera dispuesto otra cosa al hacer el nombramiento.

COMENTARIO

1.- Este artículo se refiere al supuesto de la partición convencional cuando en la herencia hubiera interesados (herederos, legatarios de parte alícuota, etc.) menores o incapacitados. Si éstos están legalmente representados no es necesaria la intervención ni la aprobación judicial.

2.- Esta norma se aplica sin problema en el caso de que al interesado (menor o incapacitado) en la partición le representen sus padres, titulares de la patria potestad.

En los casos en que el representante legal del menor o incapacitado sea un tutor, el art. 272 (redactado por la Ley Orgánica 1/1996, de 15 de enero, de protección jurídica del menor) recoge este mismo principio en relación a una autorización judicial *a priori*, que no es necesaria; pero sí exige la aprobación judicial *a posteriori*, una vez practicada la partición.

3.- En el caso de que el representante legal sea un defensor judicial, éste, una vez practicada la partición, deberá rendir cuentas al Juez que le ha nombrado, según dispone el art. 302 (aplicable a todo caso de defensor judicial) y, además, el segundo párrafo de este artículo 1060 (añadido por la misma Ley del menor) exige que el mismo Juez apruebe su actuación; cabe, como excepción, que el Juez prevea, en el nombramiento del defensor, que no es precisa tal aprobación (tal como contempla el último inciso del segundo párrafo).

JURISPRUDENCIA

«solicitó judicialmente el nombramiento de defensor judicial para que representase al incapaz en la herencia de sus padres, por tener intereses opuestos, y que el Juzgado accedió a ello. Este defensor judicial ha de pedir la aprobación judicial de la partición, si el Juez no hubiera dispuesto otra cosa al hacer el nombramiento (art. 1.060, párrafo 2.º, C.c.). En el caso litigioso no se ha dado esta última circunstancia. Por tanto, una vez realizada la partición es cuando ha de recaer la aprobación judicial, de ningún modo para cada uno de los actos o acuerdos pre-particionales que vayan configurándola». (15 octubre 2008, rec. 2026/2002, LA LEY 148013/2008)

CONCORDANCIAS

Véase art. 163 de este Código.
Artículo redactado por LO 1/1996, 15 enero, de Protección Jurídica del Menor.

Artículo 1.061

En la partición de la herencia se ha de guardar la posible igualdad, haciendo lotes o adjudicando a cada uno de los coherederos cosas de la misma naturaleza, calidad o especie.

COMENTARIO

1.- Las operaciones que comprende la partición, no están determinadas en el Código Civil y pueden ser cualesquiera que conduzcan a la finalidad pretendida de hacer la partición extinguiendo la comunidad hereditaria. Normalmente se practica un orden general de operaciones basado en el establecido por la L.E.C., art. 786..

Las operaciones son las siguientes:

1) Relación de bienes: comprende el inventario y el avalúo de la masa hereditaria objeto de la partición. El inventario es la relación o enumeración de los bienes y derechos y de las deudas que comprenden el patrimonio hereditario, descritos de forma que sean perfectamente identificables. El avalúo es la valoración en dinero de cada uno de los bienes y derechos y, en su caso, de las deudas (que no sean dinerarias, claro está) que figuran en el inventario, con relación al momento en que se hace la partición, con arreglo al valor del mercado, con un criterio uniforme.

2) Liquidación: consiste en deducir del activo bruto de la herencia el pasivo, quedando así el activo neto o saldo activo.

3) Formación de lotes y adjudicación: la formación de lotes es la división del haber partible y consiste en formar grupos de bienes o derechos que después se adjudicarán a quien corresponda. La adjudicación consiste en atribuir a los sucesores bienes o derechos determinados, con su documentación correspondiente a los mismos.

2.- La norma recogida en este artículo se refiere a la fase de *formación de los lotes* (o hijuelas) que serán objeto de adjudicación a cada uno de los titulares de la comunidad hereditaria: la formación de estos lotes ha de estar presidida por el principio de igualdad cualitativa, intentando que cada hijuela contenga bienes «de la misma naturaleza, calidad o especie», es decir, que en cada cuota ha de entrar, en lo posible, igual proporción de bienes de cada clase: muebles e inmuebles, acciones y obligaciones, créditos, etc. Este principio de igualdad cualitativa no puede cumplirse siempre lo que pone de manifiesto el valor relativo del precepto en comentario que habla de «la posible igualdad».

La relatividad de la norma implica una razonable homogeneidad en los lotes sin tener que llegar a los extremos de dividir materialmente los bienes cuando esta división resulte esencialmente antieconómica, ni tampoco, aunque ello sea posible, a convertir la comunidad hereditaria en una serie de comunidades ordinarias por el procedimiento de adjudicar a cada partícipe una cuota indivisa en cada uno de los bienes que forman parte de la herencia.

3.- La igualdad en la atribución jugará circunstancialmente, en cuanto sea posible, pero siéndolo ha de respetarse; lo que significa que el artículo 1061 tiene carácter imperativo, aunque esta imperatividad sea relativa y no absoluta vincula al contador-partidor testamentario, al contador-partidor dativo y a los contadores encargados en el juicio de testamentaría. No vincula y, por tanto es facultativo este precepto, al testador partidor (artículo 1056-I del C.C.), ni a los interesados (coherederos, legatarios de parte alícuota, cesonarios, etc.) plenamente capaces o legalmente representados que unánimemente realicen la partición hereditaria (artículo 1058 del C.C.).

JURISPRUDENCIA

«La jurisprudencia viene entendiendo, respecto al principio de igualdad cuantitativa a que alude el precepto, tomando en cuenta que habla de la "posible igualdad" y las excepciones que contempla el art. siguiente, que el art. 1061 del CC. tiene un carácter más bien facultativo que imperativo, cual se contempla en las sentencias de 16 de junio de 1902, 30 de enero de 1951, 13 de junio de 1970, 8 de febrero de 1974, 30 de noviembre de 1974, y 25 de junio de 1977, 13 de junio de 1980, 17 de junio de 1981 ó 21 de junio de 1986, citando esta última alguna de las anteriores, y el tenor literal del preceptor al hablar de la "posible igual-

dad", antes aludida; y la más reciente de 7 de enero de 1991, que claramente establece que el art. 1061 tiene más bien carácter facultativo y orientativo que de imperativa observancia». (15 marzo 1995, LA LEY 506/1995) (reproducida en la de 1 junio 2006, rec. 4097/1999)

«la jurisprudencia viene declarando que la norma contenida en el citado art. 1061 CC tiene el carácter de "recomendación subordinada a la posibilidad de cumplirla" (TS S 23 Jun. 1998) o su carácter más bien "facultativo y orientativo que de imperativa observancia" (TS SS 7 Ene. 1991 y 15 Mar. 1995 además de las que estas mismas citan)». (6 octubre 2000, LA LEY 216218/2001)

«El artículo 1061 establece la igualdad, en el supuesto de que sea posible, en la realización de los lotes, lo que ha sido interpretado por la doctrina jurisprudencial en el sentido de que la partición ha de estar presidida por un criterio de estricta equidad (SSTS de 30 de enero de 1951, 14 de diciembre de 1957 y 25 de marzo de 1995) y de observancia de una equitativa ponderación (SSTS 25 de marzo de 1995); esta Sala ha declarado que se ha de respetar la posible igualdad (SSTS 8 de febrero de 1974, 17 de junio de 1980, 21 de junio de 1986, 28 de mayo de 1992, 15 de marzo de 1995 y 16 de febrero de 1998); que no se trata de una igualdad matemática o absoluta (SSTS de 25 de junio de 1977, 17 de junio de 1980 y 14 de julio de 1990); que la norma tiene un carácter orientativo u orientador (SSTS de 30 de noviembre de 1974 y 7 de enero de 1991); de índole más facultativa que imperativa (SSTS de 30 de noviembre de 1974, 25 de junio de 1977, 17 de junio de 1980, 21 de junio de 1986, 14 de julio de 1990, 28 de mayo de 1992 y 15 de marzo de 1995, cuya última resolución alcanza dicha posición sin desconocer la importante corriente doctrinal que propugna la imperatividad relativa, no absoluta, del precepto); igualmente, se condiciona la posibilidad de igualdad por las circunstancias de cada caso (SSTS de 16 de junio de 1902, 13 de junio de 1970 y 17 de junio de 1980); y se ha sentado que la infravaloración de los bienes no vulnera el artículo 1061 cuando la valoración por bajo de su valor se aplica con el mismo baremo a todos los bienes (SSTS de 21 de abril de 1966 y 7 de enero de 1991)». (25 noviembre 2004, rec. 4061/1998; doctrina reiterada por la de 2 noviembre 2005, rec. 1775/1999)

«El art. 1061 CC establece la igualdad, en el supuesto de que sea posible, en la realización de los lotes. Como declara la STS de 25 de noviembre de 2004 —y propugna la parte recurrente— cuando no se respeta el criterio de igualdad concurre una causa de nulidad, puesto que se vulnera lo preceptuado en la ley. La jurisprudencia ha declarado, en la interpretación de este precepto, que la partición ha de estar presidida por un criterio de equitativa ponderación (SSTS de 30 de enero de 1951; 14 de diciembre de 1957 y 25 de marzo de 1995) y debe hacerse respetando la posible igualdad determinada por las circunstancias de cada caso (SSTS de 8 de febrero de 1974, 17 de junio de 1980, 21 de junio de 1986, 28 de mayo de 1992, 15 de marzo de 1995 y 16 de febrero de 1998). Sin embargo, también se ha precisado que no se trata de una igualdad matemática o absoluta (SSTS de 25 de junio de 1977, 17 de junio de 1980 y 14 de julio de 1990), sino de una igualdad cualitativa (STS de 13 de junio de 1992); que la norma tiene un carácter orientativo (SSTS de 30 de noviembre de 1974 y 7 de enero de 1991); está dotada de un grado de imperatividad sólo relativo (SSTS de 30 de noviembre de 1974, 25 de junio de 1977, 17 de junio de 1980, 21 de junio de 1986, 14 de julio de 1990, 28 de mayo de 1992, 15 de marzo de 1995 y 2 de noviembre de 2005); y no puede aplicarse cuando la infravaloración de los bienes se aplica en proporción semejante a todos los que integran el caudal relicto (SSTS de 21 de abril de 1966 y 7 de enero de 1991); y que la infravaloración u omisión de algunos bienes, en tanto no sea maliciosa o no tenga carácter sustancial, no es susceptible de originar la nulidad de la partición, sino que las atribuciones mal valoradas deben resolverse por vía de rescisión, y las omisiones de bienes o valores por el camino de la adición o complemento de la partición (STS de 12 de febrero de 2005). En suma, la falta de equidad en la formación de los lotes a que dan lugar las operaciones particionales únicamente puede considerarse como motivo de nulidad de la

partición en los casos en que se pruebe que la desigualdad en la formación de aquéllos tiene suficiente relevancia para infringir el principio de igual distribución entre los herederos y excede de los presupuestos que pueden dar lugar al ejercicio de las acciones de rescisión, adición o complemento de la partición previstas en el CC». (7 noviembre 2006, LA LEY 150037/2006)

«El artículo 1061 del Código Civil, aplicable a la sociedad de gananciales, establece que en la partición deberán hacerse lotes en los que se guarde la posible igualdad, adjudicando a cada uno de los coherederos cosas de la misma naturaleza, calidad y especie. La jurisprudencia de esta Sala ha entendido que este precepto "tiene un carácter más bien facultativo que imperativo" (SSTS de 15 marzo 1995, 6 octubre 2000, 25 noviembre 2004 y 2 noviembre 2005, entre otras). Sin embargo, hay que tener en cuenta que en la sociedad de gananciales objeto de la presente liquidación, sólo hay dos bienes inmuebles, que la recurrente pretende que se le adjudiquen en aplicación, también, de lo dispuesto en el artículo 1406, 3 y 4 del Código Civil. Una adjudicación como la que se pretende no respeta los principios contenidos en el mencionado artículo 1061 del Código Civil, que se dice infringido, por lo que no puede estimarse el presente motivo». (28 noviembre 2007, LA LEY 193556/2007)

«La reciente sentencia de esta Sala de 7 noviembre 2006, que cita la de 25 noviembre 2004, se pronuncia en los siguientes términos: "La jurisprudencia ha declarado, en la interpretación de este precepto, que la partición ha de estar presidida por un criterio de equitativa ponderación (SSTS de 30 de enero de 1951; 14 de diciembre de 1957 y 25 de marzo de 1995) y debe hacerse respetando la posible igualdad determinada por las circunstancias de cada caso (SSTS de 8 de febrero de 1974, 17 de junio de 1980, 21 de junio de 1986, 28 de mayo de 1992, 15 de marzo de 1995 y 16 de febrero de 1998). Sin embargo, también se ha precisado que no se trata de una igualdad matemática o absoluta (SSTS de 25 de junio de 1977, 17 de junio de 1980 y 14 de julio de 1990), sino de una igualdad cualitativa (STS de 13 de junio de 1992); que la norma tiene un carácter orientativo (SSTS de 30 de noviembre de 1974 y 7 de enero de 1991); está dotada de un grado de imperatividad sólo relativo (SSTS de 30 de noviembre de 1974, 25 de junio de 1977, 17 de junio de 1980, 21 de junio de 1986, 14 de julio de 1990, 28 de mayo de 1992, 15 de marzo de 1995 y 2 de noviembre de 2005); y no puede aplicarse cuando la infravaloración de los bienes se aplica en proporción semejante a todos los que integran el caudal relicto (SSTS de 21 de abril de 1966 y 7 de enero de 1991)...». (16 enero 2008, LA LEY 50/2008) (Doctrina reiterada literalmente en la sentencia de 26 mayo 2011, rec. 942/2008, LA LEY 71525/2011)

«No cabe sostener que se ha producido la infracción de lo dispuesto por el artículo 1061 del Código Civil por el hecho de que el mismo hable únicamente de "guardar la posible igualdad" en la partición, sin exigir una igualdad absoluta de los lotes o adjudicaciones. Aceptado que la igualdad total resulta muy difícil, el sentido del precepto es procurar la mayor igualdad posible y en este caso es posible procurar tal igualdad mediante la corrección de un craso error padecido en la división que dio lugar a un resultado notoriamente desigual para las partes». (2 marzo 2010, rec. 727/2006, LA LEY 3993/2010)

CONCORDANCIAS

Véase art. 832 de este Código.

Artículo 1.062

Cuando una cosa sea indivisible o desmerezca mucho por su división, podrá adjudicarse a uno, a calidad de abonar a los otros el exceso en dinero.

Pero bastará que uno solo de los herederos pida su venta en pública subasta, y con admisión de licitadores extraños, para que así se haga.

COMENTARIO

1.- El párrafo primero del artículo 1062 supone una delimitación y configuración de la «igualdad posible» que ha de observarse al realizar los lotes en la partición. Prevé la existencia en el caudal hereditario de alguna cosa que sea indivisible o que aun pudiendo dividirse desmerezca mucho con su división; en este caso se intentará adjudicar la cosa indivisible a uno de los herederos a calidad de abonar el exceso en dinero.

Los requisitos para la aplicación de esta norma son:

a) Que se trate de una cosa indivisible o que desmerezca mucho con su división. La indivisibilidad puede dimanar de circunstancias de hecho, físicas (una joya, una obra de arte, una vivienda unifamiliar), por el uso al que están destinados, por razones económicas (una fábrica, una explotación), o por imponerlo el Derecho (unidades mínimas de cultivo). En principio la apreciación de esta circunstancia queda al criterio de los contadores, de los herederos o sus representantes legales o del Juez.

b) «Que se adjudique a uno» dice literalmente el artículo, sin embargo, es posible la adjudicación a varios de los interesados en *pro indiviso.*

c) Que se adjudique «a calidad de abonar a los otros el exceso en dinero», en el caso de que tal adjudicación sobrepasara la cuota que tenía designada en la herencia.

2.- A pesar de lo recomendable de esta solución, el párrafo segundo confiere a cualquier coheredero (partícipe en la comunidad hereditaria) la facultad de pedir y exigir que la cosa indivisible, o que desmerece mucho con su división, se venda en pública subasta con admisión de licitadores extraños, para así mantener el principio de igualdad en los lotes o hijuelas, por cuanto lo que habrá que repartir es el dinero obtenido con la venta.

JURISPRUDENCIA

«no pueden haber sido vulnerados por inaplicación los artículos 1051, 1061, 1062 y 1068 del Código Civil, a los que alude el motivo tercero, referidos a la partición de la herencia, pues lo solicitado en la demanda no ha sido la partición hereditaria de las respectivas herencias de los causantes don Rogelio y doña Consuelo sino la concreta división o partición de un bien cuya forma de adjudicación a los herederos no consta y ni siquiera, como ya se dijo, que pertenezca en exclusiva a estos». (6 febrero 2007, LA LEY 1493/2007)

«Esta Sala ha considerado plenamente aplicable al supuesto de división de cosa común la norma contenida en el artículo 1062 del Código Civil, por la remisión que a las reglas propias de la división de la herencia realiza el artículo 406, de modo que basta que uno solo de los partícipes solicite la venta en pública subasta con admisión de licitadores extraños para que así haya de acordarse, pues en tal caso resulta claro que falta el acuerdo de adjudicación a uno de ellos a calidad de abonar a los otros el exceso en dinero. Dicha solución es además la más beneficiosa para los propios intereses de la comunidad en orden a obtener un precio superior por el bien de propiedad común, permitiendo que en la subasta a celebrar participen, junto con los propios comuneros, licitadores extraños; sin que pueda obligarse a ningún partícipe a aceptar la adjudicación a uno del bien por una cantidad determinada, percibiendo su parte, cuando su voluntad es la de que se subaste para obtener el mayor precio posible». (14 diciembre 2007, LA LEY 202398/2007)

«como han dicho las SSTS de 19 de junio de 2000 y 22 de julio de 2002, a falta de convenio el juzgador ha de examinar si la cosa es divisible o indivisible, entendiéndose que se da esta hipótesis no sólo cuando no sea divisible desde la perspectiva material, según criterios económicos y sociales, sino también cuando desmerezca mucho por la división, en cuyo supuesto se comprende también la inservibilidad (artículos 404, 406 y 1062 CC)». (10 enero 2008, LA LEY 55/2008)

«La jurisprudencia aplicable al presente caso no es la representada por las sentencias citadas en el motivo sino la que, con base en lo que dispone el art. 404 CC, que supedita al convenio entre los comuneros la adjudicación de la cosa indivisible a uno de ellos indemnizando a los demás, considera como fórmula procedente para poner fin a la comunidad, en cuanto derecho que puede ser ejercitado por cualquier comunero en todo momento, la venta de los bienes con reparto del precio entre los comuneros en proporción a sus cuotas, ya que el dato determinante de la forma de poner fin a la comunidad no puede ser la conveniencia o interés particular de uno o varios de los comuneros (SSTS 17-11-03 en rec. 1646/98, 12-3-04 en rec. 1379/98, 30-11-04 en rec. 3350/98, 3-2-05 en rec. 3544/98, 1-4-09 en rec. 1056/04, 29-3-10 en rec. 1073/06 y 11-4-11 en rec. 2144/07), todo ello sin perjuicio, claro está, de que la venta en pública subasta pueda quedar descartada por no quererla ninguno de los condueños (STS 5-11-01 en rec. 2152/96)». (3 mayo 2011, rec. 1461/2008, LA LEY 44718/2011)

CONCORDANCIAS

Véanse arts. 401, 404, 821 y 822 de este Código.

Artículo 1.063

Los coherederos deben abonarse recíprocamente en la partición las rentas y frutos que cada uno haya percibido de los bienes hereditarios, las impensas útiles y necesarias hechas en los mismos, y los daños ocasionados por malicia o negligencia.

COMENTARIO

1.- La situación jurídica de la que parte este precepto es la posesión de bienes hereditarios por parte de los coherederos y si éstos han percibido frutos o rentas de dichos bienes deben aportarlos a la herencia, así como si los han dañado por malicia o negligencia tendrán que abonar su importe; y si, por el contrario, los coherederos poseedores han hecho mejoras en los bienes hereditarios tendrán un crédito contra la herencia que habrá de inventariarse.

No se aplica el artículo 1063 en caso de posesión individual de buena fe del heredero, pues los frutos no se han percibido, en este caso, como pertenecientes a la herencia, y conforme al artículo 451 del C.C., no deben restituirse. Tampoco es aplicable cuando un coheredero disfruta bienes de la herencia como arrendatario y paga rentas por ellos o por cualquier otro concepto que le dé derecho a percibir esos frutos o rentas.

2.- De esta norma se colige que el inventario de la partición dentro de la relación de bienes y derechos hay que comprender las rentas y los frutos que los titulares de la comunidad hereditaria hayan percibido de los bienes de la herencia, así como el importe de los daños causados en ellos por dolo o culpa, y en la relación de las deudas pendientes deben incluirse los gastos útiles y necesarios que se hayan realizado en los mismos; pero si no se inventarían estos frutos, daños y gastos podrán abonárselos recíprocamente los cotitulares hereditarios.

JURISPRUDENCIA

«En cuanto a lo previsto en el art. 1063 del CC, como pone de relieve la generalidad de la doctrina, la expresión legal deben abonarse recíprocamente en la partición no es apropiada, pues se tratará, en su caso, de aportaciones a la masa todavía partible o de valores a deducir de la misma, pero no entre los coherederos. Es decir, la responsabilidad no es entre los coherederos, sino entre los herederos y la herencia. El precepto alude a toda clase de frutos del art. 354, aunque algunos autores parecen limitar el alcance del art. 1063 (dada la dicción legal) a los frutos civiles y naturales. Se hace referencia a los frutos percibidos, es decir, a los producidos y devengados desde el día en que se abrió la sucesión, tanto del caudal redicto por el causante, como de los bienes sujetos a colación, según se declara en el art. 1049 del CC». (25 julio 2002, LA LEY 230/2004)

«el art.1063 CC contiene una norma específica sobre los efectos de la partición hereditaria, de modo que, adjudicadas las cosas a dos de las herederas, ellas deben los beneficios de dichas cosas, que no se han hecho efectivos a la propia herencia, de modo que los frutos de los bienes percibidos se deben a la herencia en virtud de la máxima romana fructus augent haereditatem, es decir, los frutos pertenecen a la herencia, con independencia de la buena o la mala fe de los poseedores en este periodo y todo ello para evitar que un heredero se apropie de más bienes que otro (STS de 7 julio 1995). Siendo las rentas un fruto civil, corresponde cobrarlas a la herencia, por lo que se deben aquellos a los que han sido condenadas las herederas, con la compensación correspondiente por los que ya hubiesen hecho efectivos». (10 junio 2010, rec. 1202/2006, LA LEY 86126/2010)

«Debe recordarse al recurrente que su situación posesoria estaba directamente relacionada con sus derechos a poseer la cosa perteneciente a una comunidad hereditaria. Dicha situación tiene como marco básico el art. Art. 1063 CC, que es el aplicable en este caso y que se remite indirectamente a las normas sobre liquidación de la posesión, que deben aplicarse al ser las únicas que resuelven todos los supuestos del art. 1063 CC. No se trata solo de una rendición de cuentas, sino de una liquidación en el sentido del art. 1063, que obliga a los coherederos a abonarse recíprocamente en la partición las rentas y frutos que cada uno de ellos haya percibido, los gastos útiles y necesarios y los daños ocasionados por malicia o negligencia. A partir de aquí, deben aplicarse las reglas específicas de la posesión, establecidas en los artículos que cita como infringidos, para determinar cuáles van a ser los efectos de esta tardía rendición de cuentas y de la conversión en poseedor de mala fe, de acuerdo con lo dispuesto en las normas correspondientes». (19 julio 2010, rec. 2060/2006, LA LEY 148068/2010)

CONCORDANCIAS

Véase art. 1.049 de este Código.

Artículo 1.064

Los gastos de partición hechos en interés común de todos los coherederos se deducirán de la herencia; los hechos en interés particular de uno de ellos, serán a cargo del mismo.

COMENTARIO

Se refiere este artículo a los gastos ocasionados por razón de la partición. Los clasifica atendiendo a si han sido hechos en interés común de todos los coherederos o si han sido realizados solamente en interés particular de alguno de ellos. Los primeros serán deducibles en la fase de liquidación de la herencia, los segundos no.

Se incluirán como gastos de la partición hechos en interés común, entre otros, los de administración de la herencia, los gastos de pleitos seguidos para conseguir que se cumpla la voluntad del causante, la retribución de los albaceas y de los contadores-partidores. Estos gastos son de cuenta de la herencia de la cual, en la fase de liquidación, se deducen, lo que significa que se descuentan del activo y lo soportan los herederos y legatarios de parte alícuota por partes iguales a pesar de que lo más justo sería que se prorratearan en proporción a sus respectivas cuotas.

Los gastos producidos por la partición en interés particular de algún cotitular de la herencia son de su cargo y han de ser soportados por él. Entre estos gastos están los originados por el nombramiento de un defensor judicial para un menor o incapacitado si hay incompatibilidad de intereses con su representante legal, así como los derivados de la aprobación judicial que serán a cargo del tutelado.

Artículo 1.065

Los títulos de adquisición o pertenencia serán entregados al coheredero adjudicatario de la finca o fincas a que se refieran.

COMENTARIO

A la hora de la adjudicación, es decir, de la atribución a los sucesores de bienes o derechos de la herencia determinados el artículo 1065 establece una norma sobre los títulos de adquisición o pertenencia, disponiendo que los documentos que acrediten la adquisición por el causante de los bienes de que se trate, se entregarán al adjudicatario («coheredero», legatario o cualquier partícipe de la herencia) de los mismos.

El título puede ser un documento público o un documento privado, y referido a cualquier clase de bien o derecho, aunque el precepto en comentario aluda sólo a la documentación acreditativa de la propiedad de «fincas».

Los defectos de que adolezcan los títulos de los bienes hereditarios deben ser subsanados por cuenta exclusiva del adjudicatario de dichos bienes.

Artículo 1.066

Cuando el mismo título comprenda varias fincas adjudicadas a diversos coherederos, o a una sola que se haya dividido entre dos o más, el título quedará en poder del mayor interesado en la finca o fincas, y se facilitarán a los otros copias fehacientes, a costa del caudal hereditario. Si el interés fuere igual, el título se entregará, a falta de acuerdo, a quien por suerte corresponda.

Siendo original, aquel en cuyo poder quede deberá también exhibirlo a los demás interesados cuando lo pidieren.

COMENTARIO

Este precepto prevé la hipótesis de que un mismo título se refiera a un bien o a varios bienes adjudicados a distintos sucesores, disponiendo que el original de dicho documento se entregue al que se le adjudique la parte de más valor, y si es igual, el documento se entregue, a falta de acuerdo, a quien por suerte corresponda.

Al resto de los adjudicatarios de dicho bien o bienes se les facilitará copias fehacientes a costa del caudal hereditario; por consiguiente, si se tratara de una escritura pública se tendrá que solicitar la expedición de copias del título; si fuese un documento privado la solución podría ser la expedición de testimonios notariales.

El adjudicatario en cuyo poder quedó el documento original deberá exhibirlo a los demás interesados cuando lo pidieran.

CONCORDANCIAS

Texto vigente según Ley 11/1990, 15 octubre (*«B.O.E.»*, 18 octubre).

Artículo 1.067

Si alguno de los herederos vendiere a un extraño su derecho hereditario antes de la partición, podrán todos o cualquiera de los coherederos subrogarse en lugar del comprador, reembolsándole el precio de la compra, con tal que lo verifique en término de un mes, a contar desde que esto se les haga saber.

COMENTARIO

1.- Pone de manifiesto este precepto el carácter de comunidad universal germánica de la comunidad hereditaria y, por tanto, calificando la situación jurídica de los herederos y legatarios de parte alícuota respecto del patrimonio del causante antes de realizar la partición. Esta comunidad hereditaria implica:

Primero: que los titulares son cotitulares del todo considerado unitariamente y por tanto su participación en una cuota parte abstracta sobre el caudal hereditario. De dicha cuota puede disponer el comunero confiriendo al cesionario las acciones y derechos que tenía el cedente en orden a la custodia, aprovechamiento, distribución y adjudicación de los bienes hereditarios, es decir, transfiere al adquirente el contenido económico de la posición sucesoria del transmitente.

Segundo: que si alguno de los cotitulares vendiere su cuota hereditaria se dará el derecho de retracto en favor de los otros miembros de la comunidad hereditaria.

Formula el artículo 1067 el llamado «retracto de coherederos» que requiere una labor interpretativa en cuanto a los sujetos, supuestos y cómputo de plazo de ejercicio.

Los sujetos que pueden ejercitar este derecho de retracto, no son exclusivamente los «coherederos» como dice expresamente el artículo sino todos aquellos partícipes de una cuota ideal en la herencia del causante, así: el legatario de parte alícuota, el cesionario de cuota y los herederos de cualquiera de los anteriores si éstos hubieran premuerto antes de la partición. No tendrá legitimación para ejercitar el retracto el heredero sujeto a condición suspensiva, pues aún no tiene la condición de heredero ni el derecho a pedir la partición. Si son varios los que pretenden ejercitar el derecho de retracto, no se establece ninguna preferencia, aunque al mencionar el artículo 1067 que podrán «todos o cualquiera de los coherederos subrogarse en el lugar del comprador», parece dar preferencia a los herederos sobre los demás cotitulares legitimados en caso de concurrencia; si fueran varios los interesados en ejercitar el retracto y todos herederos, debe estimarse que todos ellos pueden ejercitarlo colectivamente en proporción a sus respectivas cuotas.

El sujeto contra quien se admite el ejercicio del retracto es el cesionario que tenga la condición de «extraño». Extraño será cualquiera que no tenga nada que ver con la herencia y, por lo tanto, no lo serán los cotitulares de la comunidad hereditaria (coherederos, legatarios de parte alícuota, cesionarios de cuota, herederos de los anteriores). Son extraños a la comunidad hereditaria que no a la herencia, los legatarios de cosa cierta y el heredero que cedió su cuota, por tanto, contra ellos podrá ejercitarse el derecho de retracto en el caso de que hubieran comprado alguna cuota hereditaria procedente de un cotitular de la herencia.

Se ha discutido si el cónyuge viudo en su calidad de usufructuario de una cuota que le otorga el título de heredero forzoso se le puede considerar «extraño» a efectos del artículo 1067. Si los herederos ejercitaran la facultad que les otorga el artículo 839 del C.C. y sustituyen el usufructo del cónyuge por una renta vitalicia o por un capital efectivo, el cónyuge viudo sería extraño a la comunidad hereditaria, pero mientras sea usufructuario de cuota en concepto de su legítima está interesado en la comunidad y no puede reputársele extraño.

3.- El supuesto objetivo previsto por la norma para el juego del retracto es el caso de que alguno de los herederos «vendiere... antes de la partición». No hay duda de que para que proceda el retracto es menester que aún no se haya practicado la partición. En cuanto al negocio jurídico que puede dar lugar al retracto el artículo 1067 se refiere únicamente a la venta, sin embargo, hay que extender el supuesto de hecho del retracto de comuneros a otros negocios análogos a la venta como la dación en pago (que da lugar concretamente al retracto de comuneros según el artículo 1521 del C.C.) y la permuta siempre que haya términos posibles para que se produzca la subrogación del actor en el lugar del adquirente.

4.- El plazo para iniciar el retracto, será el de un mes a contar desde que la venta o enajenación se les haga saber a los demás coherederos y concretamente al que pretenda ejercitar el retracto. Se ha de ejercitar el retracto sucesorio, por tanto, en el término de un mes siguiente al día en que, por el medio que sea (no es necesaria la notificación) hubiere tenido conocimiento de la venta.

JURISPRUDENCIA

«La jurisprudencia tuvo a bien entender que medio apto para el ejercicio del derecho lo constituye también la conciliación, siempre que se acuda a ella dentro del plazo y cumplimiento con el requisito de la consignación, pues en otro caso no se tiene por ejercitado en sentido propio ya que no se asegura al demandado la entrega del dinero dentro del plazo de 30 días ni se cumple con los requisitos del retracto». (25 marzo 1994, LA LEY 537/1994)

«Las condiciones o requisitos procesales de admisibilidad de las demandas de retracto se enumeran en el art. 1618 LEC, y el reembolso o pago efectivo del precio, que figura en el art. 1067 CC, viene referido, como precepto de derecho sustantivo, al resultado final del ejercicio del derecho de adquisición preferente, pero de ningún modo a los requisitos previos a la declaración o reconocimiento judicial de esta preferencia... La condición o requisito que figura en el apartado 5.° del art. 1618 LEC, claramente viene referida de una manera especial al retracto de comuneros, del mismo modo que los apartados 4.° y 6.° se refieren a otras clases de retracto; una cosa es que el retracto de coherederos se inspire en el retracto de comuneros y responde a una misma idea fundamental, y otra distinta es que se trate de instituciones fungibles e intercambiables... Para que comience a correr el plazo de caducidad legal de un mes, señalado para el ejercicio de la acción de retracto que nos ocupa, es

requisito indispensable que el retrayente tenga un conocimiento cierto, completo y total de todas las condiciones de la venta». (3 marzo 1998, LA LEY 4220/1998)

«interpretación del artículo 1067 del Código Civil, precepto sustantivo que proclama el derecho de retracto de coherederos que ha completado la Ley de Enjuiciamiento Civil y ha desarrollado la jurisprudencia, como es de ver, entre otras, en sentencias de 25 de marzo 1994 y 3 de marzo de 1998 que inciden en los presupuestos para el ejercicio de tal derecho». (27 octubre 2006, LA LEY 119538/2006)

CONCORDANCIAS

Véanse arts. 1.521 y ss. de este Código.

SECCIÓN TERCERA
De los efectos de la partición

Artículo 1.068

La partición legalmente hecha confiere a cada heredero la propiedad exclusiva de los bienes que le hayan sido adjudicados.

COMENTARIO

1.- Este artículo abre la Sección que trata de los efectos de la partición, disponiendo que como efecto básico la partición válida de la herencia «confiere» a cada uno de los que eran cotitulares («a cada heredero» dice expresamente) la titularidad exclusiva (la norma se refiere sólo a la «propiedad») de los bienes o derechos que le hayan sido adjudicados.

Con esta asignación de la titularidad exclusiva a cada uno de los copartícipes se pone fin a la situación de comunidad hereditaria, sustituyéndose la cuota ideal y abstracta que cada uno tenía en dicha comunidad universal por la titularidad concreta y exclusiva de los bienes y derechos que se le adjudican. La partición, por tanto, especifica y determina qué bienes concretos corresponden a cada uno de los cotitulares de entre los integrantes de la herencia. Sobre estos bienes, los demás copartícipes dejan de tener derecho alguno.

2.- El adjudicatario adquiere la titularidad exclusiva de los bienes, asumiendo los actos que la comunidad haya realizado válidamente sobre ellos y concretándose en sus bienes los efectos de los actos que él hubiera realizado sobre su cuota en la comunidad.

Sin embargo, nada impide que la adjudicación se haga creando una copropiedad ordinaria (romana) regulada en los artículos 392 y siguientes del C.C.

JURISPRUDENCIA

«El concepto de partición de la herencia, sinónimo a división de la misma, es el acto —negocial o judicial— que pone fin a la comunidad hereditaria mediante la adjudicación a los herederos de las titularidades activas que forman parte del contenido de la herencia. Con la partición cesa la comunidad hereditaria y el derecho en abstracto que tienen los coherederos sobre la herencia se transforma en derecho concreto sobre los bienes que se le adjudican a cada uno (artículo 1068 del Código Civil). Antes de la partición, la comunidad hereditaria

está formada por el patrimonio hereditario cuya titularidad corresponde a los coherederos conjuntamente; es decir, éstos tienen un derecho hereditario que no está concretado sobre bienes determinados, sino recae sobre el total que integra el contenido de la herencia; es una sola comunidad sobre la universalidad de los bienes y derechos hereditarios. Los titulares, coherederos, lo son del todo considerado unitariamente, sin corresponderles una participación concreta en cada uno de los bienes y derechos (...) La partición, pues, sustituye la cuota que cada coheredero tiene en la comunidad hereditaria, por la titularidad exclusiva en los bienes o derechos que se la adjudican; la partición especifica o determina qué bienes concretos corresponden a cada coheredero: es la teoría sustitutiva o especificativa de la partición, mantenida por la doctrina moderna y la jurisprudencia, en sentencias de 21 de julio de 1986 (LA LEY JURIS. 11244-JF/0000), 13 de octubre de 1998, 21 de mayo de 1990 (LA LEY JURIS. 13012-R/1990), 5 de marzo de 1991 (LA LEY JURIS. 21650-JF/0000), 28 de junio de 2001 (LA LEY JURIS. 5748/2001)». (28 mayo 2004, rec. 2171/1998)

«el artículo 1068 del Código Civil dispone que la partición legalmente hecha confiere a cada heredero la propiedad exclusiva de los bienes que le hayan sido adjudicados, y a tal efecto, la jurisprudencia establece que hasta que no se efectúe la partición por cualquiera de los modos admitidos en Derecho no adquieren los herederos la propiedad exclusiva (sentencia del Tribunal Supremo de 31 de enero de 1994)». (3 junio 2004, rec. 2129/1998)

«artículo 1068 del Código Civil se ha de precisar que si bien dicha norma establece que "la partición legalmente hecha confiere a cada heredero la propiedad exclusiva de los bienes que le hayan sido adjudicados", es lo cierto que la doctrina de esta Sala ha acogido la doctrina que atribuye a la partición efectos determinativos o especificativos de la propiedad sobre los bienes adjudicados a cada uno de los herederos, lo que resulta más acorde con el sentido de distintos artículos del propio código en cuanto establecen que la posesión de los bienes hereditarios se entiende transmitida al heredero sin interrupción y desde el momento de la muerte del causante (artículo 440), que los efectos de la buena fe del causante aprovechan al heredero desde el momento de su muerte (artículo 442) y que los herederos suceden al difunto por el hecho solo del fallecimiento en todos sus derechos y obligaciones (artículo 661). Así la norma del artículo 1068 del Código despliega sus efectos propios entre los coherederos atribuyendo la propiedad exclusiva del bien adjudicado al heredero, que antes de ella únicamente ostentaba un derecho abstracto sobre la totalidad de la herencia, por lo que ninguna infracción del precepto se produce cuando, verificada la partición, se le reconoce un efecto retroactivo referido al momento de la apertura de la sucesión que coincide con el fallecimiento del de cuius». (12 febrero 2007, LA LEY 2415/2007)

«tiene declarado esta Sala con reiteración que hasta que no se efectúe la partición no adquieren los herederos la propiedad exclusiva de ningún bien hereditario (sentencias de 31 de enero de 1994, 3 de junio de 2004 y las que en ellas se citan). Mientras la herencia se halle en comunidad, el derecho de los coherederos no se proyecta sobre cada uno de los bienes que la componen, sólo tienen una cuota en la titularidad del patrimonio hereditario, del que forman parte los bienes y deudas del cesante». (17 diciembre 2007, LA LEY 216828/2007) (Doctrina reiterada por la de 29 diciembre 2011, rec. 2125/2008, LA LEY 260780/2011)

«El artículo 1068 del Código Civil establece que "la partición legalmente hecha confiere a cada heredero la propiedad exclusiva de los bienes que la hayan sido adjudicados"; la partición hereditaria tiene por objeto la transformación de las participaciones abstractas de los coherederos sobre el patrimonio relicto en titularidades concretas sobre bienes determinados, bien en propiedad exclusiva, bien en prodivisión, ya que, efectivamente, de la comunidad hereditaria puede pasarse, por vía de partición, a un estado de indivisión regido por las normas de la comunidad ordinaria, o por cuotas o romana (artículo 392 del Código Civil), (SSTS de 20 de octubre de 1992, 25 de abril de 1994, 6 de marzo de

1999, 28 de junio de 2001 y 25 de junio de 2008)». (16 septiembre 2010, rec. 972/2006, LA LEY 171463/2010)

En el mismo sentido que las sentencias anteriores véanse las recogidas en el artículo 1051.

CONCORDANCIAS

Véase:
— art. 450 de este Código.
— Ley Hipotecaria, de 8 febrero 1946 («*B.O.E.*», 29 mayo): art. 14.
— Ley 19/1995, 4 julio («*B.O.E.*», 5 julio), de Modernización de las Explotaciones Agrarias.
— Reglamento Hipotecario, de 14 febrero 1947 («*B.O.E.*», 16 abril): art. 83.

Artículo 1.069

Hecha la partición, los coherederos estarán recíprocamente obligados a la evicción y saneamiento de los bienes adjudicados.

COMENTARIO

El artículo 1069 junto con los artículos 1070, 1071 y 1072, regulan la obligación recíproca de garantía a la que se ven sometidos los cotitulares de la herencia una vez practicada la partición.

Este artículo enuncia este efecto de la partición estableciendo que los «coherederos estarán recíprocamente obligados a la evicción y saneamiento de los bienes adjudicados».

La obligación corresponde aunque la norma hable de «coherederos», como siempre, a todos los demás sujetos de la partición (legatarios de parte alícuota, cesionarios, herederos de los anteriores).

A pesar del empleo confuso de los términos y de la mención expresa de la evicción («obligados a la evicción y saneamiento», dice textualmente), el artículo 1069 se refiere a la obligación de saneamiento tanto por evicción como por vicios ocultos.

Esta obligación de saneamiento es la regulada para el contrato de compraventa con las normas especiales de los artículos 1070, 1071 y 1072.

CONCORDANCIAS

Véanse arts. 1.475 y ss. de este Código.

Artículo 1.070

La obligación a que se refiere el artículo anterior sólo cesará en los siguientes casos:

1.º Cuando el mismo testador hubiese hecho la partición, a no ser que aparezca, o racionalmente se presuma, haber querido lo contrario, y salva siempre la legítima.

2.º Cuando se hubiese pactado expresamente al hacer la partición.

3.º Cuando la evicción proceda de causa posterior a la partición, o fuere ocasionada por culpa del adjudicatario.

COMENTARIO

La obligación de saneamiento entre los copartícipes de la herencia no existe, «cesa» según este precepto, en los siguientes casos:

Primero: En caso de partición hecha por el testador, salvo que su voluntad expresa o tácita sea otra, y mientras no perjudique la legítima. Lo que significa que existiendo vicios ocultos que lesionen o concurriendo los requisitos de la evicción, el perjudicado tendrá que soportar el perjuicio sin que los demás cotitulares tengan que indemnizarle. Sin embargo, sí que procederá la indemnización por saneamiento en este supuesto en el que el testador hizo la partición: a) cuando el propio testador así lo ha establecido expresamente o se deduce de una interpretación racional de su voluntad; b) cuando el que sufrió la lesión o la evicción es un legitimario y como consecuencia de las mismas su legítima experimenta un perjuicio, es decir, deducido el valor de la cosa objeto de la lesión o de la evicción lo que resta de su lote no basta para satisfacer lo que por legítima le corresponda.

Segundo: Por pacto entre los sujetos de la partición de que si alguno sufre lesión por vicios ocultos o la evicción en alguno de los bienes adjudicados soportará las consecuencias sin que tenga derecho a reclamar a los demás indemnización alguna. Este acuerdo o pacto es posible tanto en el caso de partición realizada por los propios herederos como cuando se trate de partición realizada por contador-partidor o, incluso testamentaria, porque, aunque el artículo 1070.2.º establece que el pacto se celebre expresamente al hacer la partición, la doctrina estima que no hay razón para que dicho pacto pueda convenirse anterior o posteriormente y respecto de cualquier clase de partición.

Tercero: «Cuando la evicción proceda de causa posterior a la partición, o fuere ocasionada por culpa del adjudicatario». Excluir la evicción por causa posterior a la partición resulta superfluo pues inherente al concepto de evicción es el requisito de que el adquirente se vea privado de la cosa por un derecho anterior a la adquisición.

En cuanto al supuesto de que la culpa de la evicción fuere del adjudicatario son los casos, por ejemplo, de que éste, amenazado de evicción, no notifique en momento oportuno a los copartícipes la interposición contra él de la demanda de evicción, o si descuidare manifiestamente hacer uso de los medios de defensa de que dispusiera.

CONCORDANCIAS

Véase art. 1.056 de este Código.

Artículo 1.071

La obligación recíproca de los coherederos a la evicción es proporcionada a su respectivo haber hereditario; pero, si alguno de ellos resultare insolvente, responderán de su parte los demás coherederos en la misma proporción, deduciéndose la parte correspondiente al que debía ser indemnizado.

Los que pagaren por el insolvente conservarán su acción contra él para cuando mejore de fortuna.

COMENTARIO

1.- Si un bien adjudicado a uno lo pierde por evicción o aparece un vicio oculto se altera el equilibrio de las adjudicaciones que se ha de restablecer por los demás copartícipes de la herencia. Por eso la obligación de saneamiento, según la norma de este artículo 1071, corresponde al resto de los sujetos de la partición de manera recíproca y proporcional a la cuota hereditaria que les correspondía en virtud de la cual se les adjudicó bienes y derechos concretos.

Aunque este artículo se refiera sólo a los coherederos la obligación de indemnizar derivada del saneamiento alcanza a todos los demás sujetos de la partición. Y, aunque también se refiere sólo al supuesto de evicción, comprende los vicios ocultos.

2.- En el caso de que alguno de los copartícipes fuere insolvente y no pudiera cumplir su parte proporcional en el saneamiento suplirán esta insolvencia el resto de los sujetos de la partición a prorrata de sus cuotas respectivas y teniendo en cuenta que el propio acreedor del saneamiento tiene que soportar con los demás la lesión o pérdida del bien adjudicado, también responderá de esta insolvencia con lo cual se le deducirá a la hora de indemnizarle la parte correspondiente a su cuota.

Frente al insolvente, aquellos que suplieron su insolvencia conservarán el derecho de crédito mancomunadamente «para cuando mejore de fortuna».

Esta obligación de indemnizar tiene como límite la legítima de aquellos que la deban.

Artículo 1.072

Si se adjudicare como cobrable un crédito, los coherederos no responderán de la insolvencia posterior del deudor hereditario, y sólo serán responsables de su insolvencia al tiempo de hacerse la partición.

Por los créditos calificados de incobrables no hay responsabilidad; pero, si se cobran en todo o en parte, se distribuirá lo percibido proporcionalmente entre los herederos.

COMENTARIO

1.- Establece esta norma una garantía del pago de los créditos adjudicados como cobrables a uno de los partícipes de la herencia.

Cuando en pago de su cuota hereditaria se le atribuyera a un sujeto un derecho de crédito existente y calificado de «cobrable» y en este sentido fuera valorado para determinar el contenido de su participación en la herencia, responderán los demás copartícipes de la imposibilidad de cobro por insolvencia del deudor al tiempo de la partición. Deberán indemnizar de acuerdo a las normas establecidas en el artículo 1071 del C.C. para el saneamiento.

El supuesto de este párrafo es diferente a los casos de crédito inexistente, ya pagado, prescrito o extinguido en general al tiempo de realizar la partición pero que, desconociéndose, se adjudica a uno de los cotitulares; esta hipótesis es de evicción y directamente indemnizable con arreglo a los artículos 1069 a 1071.

Si el crédito no pudiera llegarse a cobrar porque el deudor deviniera insolvente tras la partición sufrirá el perjuicio únicamente el adjudicatario de dicho crédito ya que se le considera culpable por no haber cobrado oportunamente.

2.- Este segundo párrafo contiene una norma sobre la distribución de lo percibido por créditos incobrables.

El crédito calificado de incobrable aunque se atribuya a alguno de los partícipes de la herencia, no se adjudica en pago de su cuota (realmente con ese calificativo tiene valoración nula) ya que en ningún caso produce una atribución patrimonial; en realidad se trata de un simple encargo de gestión de cobro que, de tener éxito, requerirá una división adicional y «se distribuirá lo percibido proporcionalmente entre los copartícipes». Es decir, se aplica el criterio general para todo caso de, una vez realizada la partición, apareciesen bienes pertenecientes a la herencia que fueren objeto de la partición misma (artículo 1079 del C.C.).

SECCIÓN CUARTA
De la rescisión de la partición

Artículo 1.073

Las particiones pueden rescindirse por las mismas causas que las obligaciones.

COMENTARIO

1.- Se inicia con este artículo la Sección Cuarta titulada De la rescisión de la partición.

El Código Civil prevé solamente esta causa de ineficacia de la partición, con la excepción del caso particular de nulidad previsto en el artículo 1081, lo que no significa que no pueda darse por diversas causas en aplicación de las normas generales de la invalidez del negocio jurídico. En todo caso, rige el principio de *favor partitionis*, por el que en caso de duda debe mantenerse la validez de la partición.

2.- La partición será nula:

a) Por falta de algún presupuesto esencial a la partición (no se ha producido la muerte del causante, es inválido el testamento, aparece un título sucesorio preeminente al que sirvió de base a la partición o se realizó la partición con arreglo a una ley que no era la competente), y por falta de algún elemento esencial (como la ausencia del consentimiento de los sujetos de la partición convencional, o de la persona designada para realizar la partición).

b) Por contravenir una norma imperativa o prohibitiva (artículo 6.3 del C.C.), así: la practicada sin intervención del defensor judicial en caso de oposición de intereses el menor con sus padres, o la partición hecha por un contador-partidor que sea heredero, contra lo que dispone el artículo 1057 del C.C. También será nula la partición realizada «con uno a quien se creyó heredero sin serlo», según lo establecido en el artículo 1081 del C.C.

3.- La partición será anulable cuando concurra un vicio del consentimiento (violencia, intimidación o dolo) en alguno o todos los sujetos de la partición o un defecto de capacidad. La anulabilidad de la partición tendrá la misma regulación que la de los contratos, es decir, su acción caduca a los cuatro años, y es susceptible de confirmación o convalidación.

El efecto de nulidad y de la anulabilidad es volver a la comunidad hereditaria así como anular los actos ligados a la partición.

El artículo 1073 trata en concreto de la rescisión de la partición y establece sus causas disponiendo que serán las mismas que para las obligaciones, enumeradas en el artículo 1291 del C.C.

JURISPRUDENCIA

«Tal como dice la S 13 Jun. 1992 y reitera la de 17 Oct. 2002, «La nulidad de la partición no está regulada orgánicamente en el CC sino que se aplica la normativa general de la invalidez del negocio jurídico (así, la S 13 Jun. 1992 lo dice, refiriéndose a las mismas causas que las de los contratos). Se producirá, por tanto, cuando falta un elemento esencial, cuando se contravenga una norma imperativa o prohibitiva o cuando concurra con vicio del consentimiento o un defecto de capacidad». En este caso, falta el presupuesto esencial de una comunidad hereditaria que partir, ya que la partición estaba ya hecha. Si fuera una simple ejecución, está hecha por quienes no tenían derecho a ello». (13 marzo 2003, LA LEY 1916/2003)

«La rescisión por lesión de la liquidación está consentida por el Código civil (arts. 1410 y 1074) para reparar agravios económicos sufridos en la partición, no porque existe un vicio en el consentimiento de los que la llevan a cabo: la rescisión presupone actos o negocios jurídicos válidos (art. 1290), por lo que no puede admitirse la tesis del recurso; bastaría entonces la validez del acto, lo que implica un auténtico consentimiento libre de vicios, para que la lesión económica no pudiese ser corregida, con lo cual se hacen inútiles las normas legales que la acogen. Tampoco puede ser acogida la prohibición de ir contra los propios actos porque la rescisión por lesión es una excepción muy cualificada de carácter legal, que es incompatible con aquella doctrina. Si el negocio jurídico válido es susceptible de perder sobrevenidamente su eficacia por lesión, no es razonable sostener en su contra que quien lo celebró va contra sus propios actos al atacarlo por lesión». (17 mayo 2004, rec. 2129/1998)

CONCORDANCIAS

Véanse arts. 1.290 a 1.299 de este Código.

Artículo 1.074

Podrán también ser rescindidas las particiones por causa de lesión en más de la cuarta parte, atendido el valor de las cosas cuando fueron adjudicadas.

COMENTARIO

1.- Este artículo enuncia como causa de rescisión de la partición la lesión con respecto al haber correspondiente a alguno de los partícipes «en más de una cuarta parte», es decir, que si a un sujeto de la partición se le adjudica un lote que no cubre tres cuartas partes del valor de su cuota que tenía en la herencia, sufre una lesión en más de la cuarta parte y puede pedir la rescisión de la partición (salvo las excepciones de los artículos 1075 y 1078 del C.C.) .

La causa, a su vez, de la lesión relevante para la rescisión será un error en la valoración de los bienes adjudicados a alguno de los partícipes (el error consistirá en supervalorar esos bienes). No debe haber rescisión si el error de valoración afecta a todos los sujetos de la partición y existe proporcionalidad en su repercusión. Además esta supervaloración respecto de algún bien adjudicado a un partícipe puede ser compensada por la infravaloración de otro bien integrante del lote del mismo sujeto, no produciéndose la lesión respecto de su cuota global.

2.- El momento en que debe efectuarse la valoración de los bienes para apreciar si ha habido lesión viene establecido en el último inciso de este artículo cuando dice «atendiendo al valor de la cosas cuando fueron adjudicadas», que es legalmente cuando se causó la lesión.

3.- La regla del artículo 1074 tiene carácter general, se refiere a todas las particiones sin embargo, hay dos casos en que no procede la rescisión aunque se dé el supuesto de este artículo (lesión en más de una cuarta parte): 1.º) cuando la partición fue hecha por el testador (artículo 1075 del C.C.), a no ser que perjudique a la legítima o que se deduzca la voluntad la voluntad del testador de permitir dicha rescisión; 2.º) cuando el perjudicado por la lesión «hubiese enajenado el todo o una parte considerable de los bienes inmuebles que le hubieren sido adjudicados».

JURISPRUDENCIA

«Porque el propio carácter de la acción rescisoria propende a que sea el perjudicado por el evento particional el que inste la tutela judicial impeditiva de la lesión por él sufrida, lo que conlleva que sea determinante que por el mismo se señale o acredite la realidad de esa «lesión» y su importe superior a la cuarta parte. Es decir, esa lesión en tanto como perjuicio o daño funda la acción del actor que, por ello, es el lesionado o perjudicado. En principio, pues, para nada aparece en ese diseño el elemento comparativo de las otras cuotas de los demás herederos, y, menos aún, si es que existe, alguna por encima con un eventual beneficio que, claro es, puede equívocamente ser la causa detonante de aquel juicio de la acción rescisoria entablada». (8 marzo 2001, LA LEY 4123/2001)

«rescisión por lesión (recogida también para los contratos en las legislaciones forales de Navarra y Cataluña, pero prohibida en el Derecho Común, por el art. 1293, excepto en los casos de los convenios de los tutores y ausentes sin autorización judicial), por lo que la decisión judicial sobre los temas de la partición, derivados de la inconformidad de la realizada en el procedimiento universal, y decidida en juicio plenario (el declarativo correspondiente), sin límites de planteamiento, no se trata de una obligación rescindible, debiendo la misma atenerse, para su posible modificación, sólo a los recursos que procedan en la vía judicial, sin que esto tenga por qué regularse en el CC (arts. 1073 y ss.), pues es un tema que afecta al Derecho procesal, y está implícito en cualquier acción civil ejercitable» (24 febrero 2005, rec. 3919/1998)

«la naturaleza de la acción de rescisión por lesión de las particiones hereditarias, que en definitiva tiene como base el cumplimiento de la voluntad del testador expresada en el llamamiento efectuado. La rescisión se funda en la existencia de una desigualdad entre el valor de lo que el heredero debe obtener según la disposición testamentaria y lo que efectivamente obtiene en la partición. Esta desigualdad no debe favorecer a ninguno de los coherederos, por lo que aplicar la cláusula que impide a los herederos la intervención judicial a este supuesto sería lo mismo que dejar las manos libres a quien efectúa la partición y, en consecuencia, equivaldría a permitir la vulneración de la voluntad del causante». (6 abril 2009, rec. 584/2004, LA LEY 30339/2009)

«Los hijos y herederos del causante, hoy litigantes, no hacen partición alguna, sino que reiteran y plasman en escritura pública el reparto de lo que recibieron de su padre cinco años antes. Es decir, la escritura de 5 de diciembre de 2001 no es una partición parcial. Y sobre una partición parcial no cabe rescisión por lesión, ya que sólo cuando se conozca el total del quantum hereditario se podrá saber si se ha producido tal lesión y así lo expresa la sentencia 21 de enero de 1985 reiterando doctrina anterior de sentencias que cita, en estos términos: "Que la rescisión de las operaciones particionales por lesión, siempre que su entidad económica sea superior a la cuarta parte atendido el valor de las cosas cuando fueron adjudicadas, según dispone el artículo mil setenta y cuatro del Código Civil, descansa sobre la base de que el agravio en tal cuantía se haya efectivamente originado, lo que obviamente exigirá la reconstrucción del acervo hereditario en su valor real referido a la época que el precepto señala, ponderado el cual si lo adjudicado al coheredero para el pago de su cuota

no alcanza a cubrir el quantum de las tres cuartas partes de lo que le corresponde recibir con arreglo al efectivo valor de los bienes que componen la herencia, es claro que la lesión supera el cuarto del valor de la totalidad del lote, que es el que importa —sentencias de dieciséis de noviembre de mil novecientos cincuenta y cinco y veinticuatro de noviembre de mil novecientos sesenta—, regla de proporción respecto de la total masa partible que ha de ser referida al tiempo de la adjudicación y no al de la apertura de la sucesión o al de la demanda impugnativa"». (17 septiembre 2009, rec. 2658/2004, LA LEY 184082/2009)

«la sentencia hoy recurrida ha conservado la partición realizada, pese a declarar procedente una compensación en metálico por parte de los demandados, y no ha dado lugar a la rescisión pretendida por la parte actora ya que ha considerado que el perjuicio sufrido no alcanza la cuarta parte, tal como exige para ello el artículo 1074 del Código Civil». (2 marzo 2010, rec. 727/2006, LA LEY 3993/2010)

«se ha practicado la partición de herencia de don Isidoro, como extinción de la comunidad hereditaria, mediante la división y adjudicación a los coherederos y legatarios de parte alícuota (como los legitimarios) del activo de la herencia, por los contadores-partidores nombrados por aquel causante en su testamento, conforme al artículo 1057, primer párrafo, del Código civil. Cuya partición ha sido objeto de la acción de rescisión por lesión en más de la cuarta parte, que contempla el artículo 1074 del mismo cuerpo legal, que ha sido estimada». (6 mayo 2011, rec. 2178/2007, LA LEY 44714/2011)

«no tratándose de un legado de cosa propia del testador, ni de ningún otro tipo, sino de una adjudicación en la cuota de parte alícuota, el inmueble que el propio causante atribuyó en dicha cuota legada debe valorarse de acuerdo con lo dispuesto en el art. 1074 CC, es decir, con el valor que tienen cuando las cosas fueron adjudicadas. Una solución distinta produciría una absoluta desigualdad entre los diferentes herederos (STS 956/2005, de 21 octubre)». (19 julio 2011, rec. 1230/2008, LA LEY 119752/2011)

CONCORDANCIAS

Véase art. 1.293 de este Código.

Artículo 1.075

La partición hecha por el difunto no puede ser impugnada por causa de lesión, sino en el caso de que perjudique la legítima de los herederos forzosos o de que aparezca, o racionalmente se presuma, que fue otra la voluntad del testador.

COMENTARIO

Este artículo establece una limitación a la norma del artículo anterior en cuanto establece que no podrá rescindirse por causa de lesión la partición hecha por el propio causante. A su vez, el mismo excepciona su regla general de irrescindibilidad por lesión de la partición del testador en dos supuestos: a) si la partición lesionara la legítima, en aplicación del principio de salvaguarda de las legítimas, será rescindible si un legitimario viera perjudicado su derecho como tal. En este caso, para ejercitar la acción de rescisión no es necesario que la lesión supere la cuarta parte del valor de la legítima (mínimo exigido por el artículo 1074). b) si de la voluntad del testador, expresa («que aparezca») o tácita («racionalmente se presuma»), resultare que éste quería que tuviere lugar la rescisión por lesión, cuando existiera disparidad valorativa entre la disposición y la adjudicación, ambas realizadas por el testador. Se pueden plantear aquí diversos problemas e interpretación de la voluntad del causante y, por lo tanto, habrá que ayudarse de la regla establecida en el artículo 675 del C.C.

JURISPRUDENCIA

«destaca la jurisprudencia (así, sentencias de 21 de julio de 1986 y de 21 de diciembre de 1998) que la partición hecha por el testador se entiende sin perjuicio de las acciones de impugnación que el artículo 1075 en relación con el 1056 del Código civil concede a los legitimarios en la hipótesis de que perjudique sus legítimas o aparezca que fue otra la voluntad del testador. Pero en todo caso, como ya decía la sentencia de 6 de marzo de 1945, la facultad que tienen los interesados en la partición "para impugnarla y pedir su modificación, su nulidad o su rescisión, tiene que ajustarse, como norma procesal, a la de la necesidad de determinar en la demanda la clase de acción que se ejercite, no con fórmulas literales o nominalistas, pero sí con la claridad suficiente para que se la pueda identificar". En definitiva y tal como dice la sentencia de 4 de febrero de 1994, "la consecuencia de tal estado sucesorio es el mandato que contiene dicho precepto 1056 del Código Civil, en cuanto obliga a los herederos a pasar por ella. La norma se presenta como imperativa, lo que refuerza el artículo 1058 que señalaba prioridad de la partición testamentaria y que, consecuentemente, ha de ser respetada, salvo que suponga perjuicio a la legítima de los herederos forzosos (artículo 1075 del Código Civil)"» (4 noviembre 2008, rec. 511/2003, LA LEY 169527/2008)

«De acuerdo con lo dispuesto en el artículo 1075 CC, la partición "hecha por el difunto no puede ser impugnada por causa de lesión, sino en el caso que perjudique la legítima de los herederos forzosos del testador o de que aparezca o racionalmente se presuma, que fue otra la voluntad del testador". De aquí se deduce que la partición efectuada por el testador es inatacable por diferencias de valor, sean estas originarias o sobrevenidas, dado que, además, el art. 1056 CC que se considera infringido, establece que cuando el testador haga la partición, "se pasará por ella"». (18 marzo 2010, rec. 519/2006, LA LEY 16955/2010)

CONCORDANCIAS

Véanse arts. 675 y 1.056 de este Código.

Artículo 1.076

La acción rescisoria por causa de lesión durará cuatro años, contados desde que se hizo la partición.

COMENTARIO

Dispone el artículo 1076 la duración de la acción de rescisión. Establece un plazo de caducidad de cuatro años.

El cómputo del plazo se inicia el día en que la partición se terminó, así lo declara terminantemente el artículo comentado; sin embargo, aunque se refiera expresamente esta norma sólo a la rescisión por lesión, es aplicable a los demás tipos de rescisión, y si se debe a alguna de las causas recogidas en los números 1.º y 2.º del artículo 1291 debe considerarse aplicable el párrafo segundo del artículo 1299 según el cual para las personas sujetas a tutela y para los ausentes, los cuatro años no empezarán hasta que haya cesado la incapacidad de los primeros, o sea conocido el domicilio de los segundos.

Por tratarse de un plazo de caducidad y no de prescripción, no es susceptible de prórroga ni de interrupción, y su transcurso extingue la acción.

JURISPRUDENCIA

«dada la naturaleza de la acción de rescisión, muy distinta de la de nulidad, cuyo plazo de caducidad decae fatal y automáticamente sin que admita causa alguna de interrupción». (6 junio 1990, LA LEY 21163-JF/0000)

«La acción rescisoria del artículo 1076, como la más genérica del artículo 1299 ambas del Código Civil, son plazos de caducidad, no de prescripción, y por ello no son susceptibles de interrupción». (8 julio 1992, LA LEY 2953-JF/0000)

«El artículo 1076 del Código Civil, establece que la acción rescisoria por causa de lesión durará cuatro años, contados desde que se hizo la partición. Dentro de los términos de la estricta acción rescisoria de la partición, hay que referirse a los artículos 1074 y 1076 en donde se establece perfectamente el plazo de cuatro años para el ejercicio de la acción de rescisión por lesión, que es el objetivo perseguido con esta llamada acción por infravaloración o impedir el perjuicio o lesión que ha padecido la parte recurrente; prescripción que, como aprecia la Sala, se ha consumado a raíz del dies a quo de la fecha de escritura del convenio (sentencia del Tribunal Supremo de 16 de mayo de 1997)». (3 junio 2004, rec. 2129/1998)

CONCORDANCIAS

Véase art. 1.299 de este Código.

Artículo 1.077

El heredero demandado podrá optar entre indemnizar el daño o consentir que se proceda a nueva partición.

La indemnización puede hacerse en numerario o en la misma cosa en que resultó el perjuicio.

Si se procede a nueva partición, no alcanzará ésta a los que no hayan sido perjudicados ni percibido más de lo justo.

COMENTARIO

1.- El presente artículo establece los posibles resultados dc la acción rescisoria por la cual se ha comprobado y declarado lesión en la partición de la herencia. Se concede al heredero o herederos demandados la posibilidad de evitar la ineficacia de la partición rescindible indemnizando el daño o lesión causada en el reparto de los bienes hereditarios, lo que es manifestación del principio de conservación.

Esta facultad de optar que se concede al demandado entre indemnizar o decidir que se proceda a una nueva partición ha sido excluida por la jurisprudencia en determinados casos de extrema complejidad en los que resulta difícil calcular el importe exacto de la lesión indemnizable y, por tanto, se hace necesario proceder a una nueva partición.

Cuando fueran varios herederos los demandados y no se pusieran de acuerdo en la opción que les concede el artículo 1077, será el Juez el que resuelva atendiendo las circunstancias y conveniencias de una y otra posibilidad en el caso concreto.

2.- Respecto de la solución de indemnizar el daño elegida por el heredero demandado, el párrafo segundo del artículo 1077 establece que ha de hacerse en dinero «numerario» o en cosas de la misma especie y calidad («en la misma cosa», dice literalmente la norma) en que resultó el perjudicado el demandante.

En cuanto a la valoración de esta compensación optativa hay que distinguir:

a) si el demandado decide indemnizar en numerario se tratará de una deuda de valor y no de dinero, y, por tanto, la fijación de ese valor se remite al momento de concluir la partición en que se causó el perjuicio y para repararse deberá satisfacer el equivalente de ese valor en moneda en el momento de la rescisión.

b) si el demandado decide compensar en la misma cosa, o en otras de la misma especie y calidad, la equivalencia es de cosa a cosa y calidad a calidad, dentro de la misma especie; es decir, la equivalencia es objetiva no simplemente valorativa.

3.- El párrafo tercero del artículo 1077 establece un límite a la opción de que se proceda a una nueva partición, así, ésta no alcanzará a los que no hayan sido perjudicados ni percibido más de lo justo. Es decir, se conserva la partición lesiva en lo que sea posible en cuanto resulte justa. Tanto en el caso de nueva partición como en el de indemnización han de incluirse los frutos o intereses que la lesión ha impedido que percibiera el demandante.

JURISPRUDENCIA

«el recurrente no ha de limitarse a la exposición simple y abstracta del instrumento utilizado, sino que ha de indicar cuáles son los datos valorativos de los lotes o bienes adjudicados que adolezcan de esa merma o incremento irreal en su cuantificación de cuyo contraste o enfrentamiento aparezca esa lesión o perjuicio para uno o varios de los herederos en relación con el beneficio de otro u otros que es la única causa que conlleva aparejada, al exceder de la cuarta parte, la rescisión de la partición hereditaria». (8 julio 1992, LA LEY 2953-JF/0000)

«El demandado tiene la opción del art. 1077 por imperativo legal, no depende para su ejercicio de que la sentencia se la reconozca, y el mismo lo podrá efectuar en la fase procesal que le interese, pues el precepto no indica nada al respecto. Por tanto, no hay inconveniente que lo haga en ejecución de sentencia, para evitar una nueva partición». (17 mayo 2004, rec. 1443/2000)

Artículo 1.078

No podrá ejercitar la acción rescisoria por lesión el heredero que hubiese enajenado el todo o una parte considerable de los bienes inmuebles que le hubieran sido adjudicados.

COMENTARIO

1.- Establece este artículo una excepción a la facultad de rescisión por lesión de la partición concedida por la norma del artículo 1074. No procederá la rescisión por lesión si el heredero perjudicado hubiere enajenado todo o una parte considerable de los bienes inmuebles que le hubieren sido adjudicados.

El fundamento de esta exclusión del ejercicio de la acción de rescisión por parte del adjudicatario que enajenó los bienes adjudicados, radica en considerar que tal enajenación de todo o una parte de esos bienes equivale a una renuncia tácita a la acción de rescisión, y, por otra parte, tal enajenación impediría nueva partición.

2.- La referencia concreta que efectúa este artículo a los bienes inmuebles no debe interpretarse literalmente, y se aplicará igualmente la norma del artículo 1078 para el caso de que el coheredero enajenare bienes muebles sumamente valiosos de los incluidos en su lote. De este modo no habrá que atender a la naturaleza de mueble o inmueble del bien enajenado, sino a la importancia económica que representa dentro del patrimonio hereditario.

No distingue la norma comentada entre enajenaciones onerosas o gratuitas, comprendiéndolas todas. Han de tratarse de actos voluntarios de enajenación, excluyéndose los casos de expropiación forzosa. Igualmente, la enajenación ha de entenderse en sentido amplio y extenderse el concepto a la constitución de gravámenes sobre bienes inmuebles, siempre que afecten a todos o a una parte considerable de los mismos.

Artículo 1.079

La omisión de alguno o algunos objetos o valores de la herencia no da lugar a que se rescinda la partición por lesión, sino a que se complete o adicione con los objetos o valores omitidos.

COMENTARIO

1.- Establece el presente artículo un supuesto de partición adicional que se practicará cuando en la partición principal se omitieron algunos bienes hereditarios que, en relación con el global del caudal relicto, no son de excesiva importancia. No procede la rescisión por esta omisión sino que la partición principal, ya hecha, se mantiene y basta sólo adicionarla con los bienes o valores omitidos; es decir, se reparten estos bienes que aún están en situación de comunidad hereditaria.

La partición adicional se practicará en caso de «omisión», cuando el inventario de la partición principal fue incompleto, y no cuando hubo error en la valoración de los objetos incluidos en el inventario. La omisión perjudica a todos los herederos en general y no a alguno en particular, por eso el remedio del perjuicio no es la rescisión sino la partición complementaria.

Es independiente para que proceda esta partición complementaria que la «omisión» de los bienes de la herencia sea voluntaria o involuntaria.

2.- Cuando los bienes omitidos originariamente hereditarios no existen pero han sido sustituidos por otros, la partición puede y debe adicionarse con aquellos bienes que han sustituido a los primigenios, por actuación del principio de subrogación real.

La aplicación del artículo 1079 está condicionada a la importancia de los bienes omitidos en relación con los inventariados, de tal manera que, sólo cuando se omitieron bienes de escasa importancia, se aplicará la norma del presente artículo, pero, sin embargo, si la omisión se refiere a bienes de gran importancia en relación con la herencia la partición no se completa sino que se anula y se ha de practicar una nueva partición.

La partición adicional han de realizarla los propios coherederos tanto si la principal la realizaron ellos mismos como si se trata de partición testamentaria, o, habiendo contador-partidor, las facultades de éste han caducado.

El que estuvo en posesión (sin derecho que le concediera la posesión) de los bienes omitidos que han de adicionarse debe los frutos e intereses desde la fecha en que murió el causante, porque desde entonces los bienes pasan a los herederos.

JURISPRUDENCIA

«según la jurisprudencia de esta Sala, coincidente con un autorizado sector de la doctrina científica, la adición contemplada en el art. 1079 CC está indicada cuando los bienes omitidos sean de poca importancia en el conjunto de la herencia (TS S 15 Feb. 1988), cual sucedía en el caso litigioso con las parcelas de suelo rústico, pero no cuando la omisión se dé respecto de bienes importantes, en cuyo caso lo procedente es la acción de anulabilidad (TS SS 7 Ene. 1975 y 31 May. 1980), importancia que no cabe negar al negocio litigioso a la vista de las valoraciones que constata la sentencia recurrida y el planteamiento de la propia actora en su demanda; y finalmente, que precisamente por eso, y como atinadamente se razona en la sentencia de primera instancia, el art. 1079 CC no puede servir de amparo para, años después de la partición y vencido con mucho el plazo de ejercicio de las acciones de rescisión por lesión y anulabilidad de la misma, suplir su falta de ejercicio en tiempo y forma mediante una petición de complemento o adición que a su vez encubre la de una obligación de colacionar posterior en muchos años a la partición». (11 diciembre 2002, LA LEY 1832/2003)

«no hay infracción alguna del art. 1079 del CC pues no se ha planteado nunca la omisión parcial de patrimonio hereditario, ni tampoco del principio del favor partitionis que proclaman las sentencias citadas en este motivo del recurso y muchísimas más, ya que se mantiene la partición convencional anterior y se niega la existencia de una partición posterior y de una ejecución de la misma. Así, la S 31 Oct. 1996 dice que «la jurisprudencia ha vencido afirmando la necesidad de respetar el criterio de nuestro ordenamiento jurídico que resulta restrictivo en cuanto a la admisión de las pretensiones de invalidez de las particiones, tanto contractuales como las judiciales, como se deduce de los arts. 1056, 1057, 1079 y 1080 del CC, para evitar situaciones que se presentan más complejas y con dificultades de realización práctica, de volver al estado de indivisión hereditaria (SS 17 Abr. 1943, 17 Mar. y 5 Oct. 1955, 25 Feb. 1969 y 15 Jun. 1982).» (13 marzo 2003, LA LEY 1916/2003) (Doctrina reiterada por la sentencia de 4 noviembre 2008, rec. 511/2003, LA LEY 169527/2008)

«la prescripción extintiva de la acción de partición adicional que regula el art. 1079 CC está regulada, en contra de lo que el Tribunal de apelación declaró, no por el art. 1964 CC, que establece el plazo aplicable a las acciones personales que no tengan señalado uno especial, sino por el 1965 CC, dadas su identidad con la acción de partición de la herencia (en los dos casos incompleta); su semejanza con la actio communi dividundo, puesta de relieve en el Digesto (X.II.XX.IV), que, tras destacar que la acción de partición no podía ser ejercitada más que una vez, remitía a la de división de la cosa común en el caso de que hubieran quedado algunas indivisas (quodsi quaedam res indivisae relictae sunt, communi dividundo de his agi potest); y, finalmente, la regla in facultate non datur praescriptio, en que se inspira el art. 1965 CC, pues, mientras se mantenga la comunidad hereditaria, no hay justificación para declarar prescrita la acción para poner fin a la indivisión, aunque sea de una parte de los bienes». (18 julio 2005, rec. 353/1999)

«error en la partición, tomando en cuenta el impacto del "principio de conservación de la partición" y la falta de referencia expresa a las consecuencias del error vicio o del error obstativo, salvo el tratamiento de algunos supuestos especiales, y estima que en el caso se ha producido error en las operaciones particionales, por inexacta representación de la medida o superficie de la finca. Un error que no ha de llevarse al artículo 1079 CC, dando lugar a complemento o adición de la partición, sino al artículo 1074 CC, lo que se deduce de la letra del precepto, puesto que no es lo mismo la omisión de un valor que la valoración errónea de un bien, y también de la función que en el conjunto del sistema corresponde al artículo 1074 CC, que reserva a la rescisión la lesión en más de la cuarta parte». (12 diciembre 2005, rec. 506/1999)

«Se basa el recurrente en que la sentencia que recurre anuló el cuaderno particional porque omitió bienes del causante, cuando el principio favor particionis *conduce a que se mantenga con la adición de los bienes omitidos, es decir, a la aplicación del citado art. 1079. El motivo se desestima porque es jurisprudencia de esta Sala la de que la adición o complemento de la partición requiere que los bienes omitidos sean de escasa importancia en el conjunto de la herencia (sentencia de 221 de diciembre de 2002 y las que se cita), que no es el caso litigioso, en el que se omitieron veinticuatro fincas rústicas y urbanas cantidad suficiente para suponer razonablemente que produciría un reajuste importante de todas las operaciones particionales, que significarían de hecho una total rectificación de la partición que se impugna, realmente una nueva. A todo ello hay que añadir que la nulidad del cuaderno particional tuvo como causa también el que recayese sobre otras fincas que no pertenecían al testador, lo que refuerza más la idea de que, más que adición o complemento de la partición ya hecha, se trataría de una nueva».* (12 junio 2008, rec. 2996/2001)

«Tampoco ha desconocido la sentencia impugnada la doctrina jurisprudencial sobre el alcance que se ha de reconocer a la norma comprendida en el artículo 1079 del Código Civil expresada, entre otras, en las sentencias de 27 de junio de 1995 y 13 marzo 2003, que cita el motivo. En primer lugar, como ya se dijo, las indicadas sentencias no se refieren a un supuesto como el presente de error en la fijación del valor económico de la parte que había de corresponder a cada uno de los partícipes; y en segundo lugar, la sentencia impugnada no ha fundado su decisión en dicha norma. El supuesto litigioso no está previsto en el Código Civil, pero la aplicación de los principios de igualdad y de posibilidad de adición o complemento de las particiones permite la corrección de errores patentes como el sufrido en el presenta caso». (2 marzo 2010, rec. 727/2006, LA LEY 3993/2010)

Artículo 1.080

La partición hecha con preterición de alguno de los herederos no se rescindirá a no ser que se pruebe que hubo mala fe o dolo por parte de los otros interesados; pero éstos tendrán la obligación de pagar al preterido la parte que proporcionalmente le corresponda.

COMENTARIO

1.- Prevé el artículo 1080 el supuesto de que a la hora de hacer la partición se haya obviado a un coheredero y, por tanto, se haya omitido su adjudicación de bienes hereditarios. En principio, esta omisión no provoca la nulidad de la partición, salvo que se pruebe que hubo mala fe, sino el complemento de la misma. Consagra esta norma, por tanto, el principio de conservación de las particiones.

La partición donde no se ha incluido («hecha con preterición» dice el artículo 1080), de buena fe, a algún coheredero no será nula («no se rescindirá») sino que habrá que modificarla. La «preterición» a la que se refiere esta norma no es la del heredero forzoso en el testamento, sino la exclusión de un heredero en el reparto de la herencia. Exclusión que se tiene que haber producido de buena fe. Hay buena fe cuando se ha realizado la partición en la ignorancia de que había algún heredero más y no sólo los que intervinieron en la partición; tal supuesto puede darse en los casos de creencia errónea de que falleció el heredero preterido o de que no llegó a existir; o cuando se desconoce la existencia de un testamento posterior cuyo contenido es idéntico aunque con la diferencia de que se ha añadido un heredero más. Si hubo mala fe en la exclusión del coheredero, ha de probarse, y se anulará la partición. Lo que se dice del heredero debe entenderse ampliado al legatario de parte alícuota.

2.- La modificación de la partición que establece el artículo 1080 para el caso del olvido, de buena fe, de algún coheredero, consiste en que los demás coherederos o sujetos de la partición «tendrán la obligación de pagar al preterido la parte que proporcionalmente le corresponda», lo que significa, no que deba satisfacerse su cuota hereditaria en dinero, sino que debe realizarse («pago» en el sentido de cumplimiento de la obligación) la satisfacción de su cuota hereditaria con un lote adecuado, según las reglas generales. El pago debe ser hecho por los sujetos de la partición en proporción a las porciones hereditarias de cada uno.

JURISPRUDENCIA

«si bien el artículo 660 del mismo código distingue entre heredero y legatario considerando que el primero sucede a título universal y el segundo a título particular, no puede desconocerse la asimilación a ciertos efectos de la figura del legatario de parte alícuota a la del heredero en cuanto acreedor de una parte de la herencia. Así ha de entenderse que el régimen del legado de parte alícuota —que en este caso atribuyó el testador a sus sobrinos demandantes— es distinto del legado de cosa específica —cualquiera que sea la posición doctrinal que se adopte acerca de su naturaleza— por la afinidad entre aquel legado y la herencia, derivada en ambos de la común atribución indeterminada de bienes —aunque sea por diferente título— que obliga a que se concrete o materialice mediante la partición el contenido económico para fijar la parte que le corresponde a uno y otro. Al respecto, la sentencia de esta Sala de 22 de enero de 1963 ya señaló que "dada la naturaleza, alcance y efecto de esta especie de legado y la ausencia de su reglamentación en nuestro Código Civil, deben serle aplicables determinados preceptos legales relativos al heredero, y muy especialmente aquellos cuyo fin inmediato es el conocimiento por el sucesor del patrimonio en que haya de participar, su cuantía y composición, punto en el que la semejanza entre el heredero y el legatario de parte alícuota aparece más destacada"... ...En consecuencia, la preterición en la partición del legatario de tal clase ha de producir los efectos previstos en el artículo 1.080 del Código Civil para el caso de preterición de un heredero, de forma que si se produce de mala fe o dolosamente —conociendo su existencia— ha de desembocar en la rescisión de la partición así realizada». (12 Jun. 2006, rec. 4327/1999, LA LEY 63061/2006)

«al tiempo de otorgarse el testamento, momento al que debe referirse la interpretación del testamento, el testador no tenía ni podía tener conocimiento de la existencia de su hija extramatrimonial, pues la prueba biológica y la sentencia de filiación fueron posteriores. En consecuencia, la preterición no pudo ser intencional. Lo mismo se desprende de la sentencia de 23 de enero de 2001 en un caso en que el hijo extramatrimonial nació años después de otorgado el testamento en el que había instituido herederos a sus cinco hijos matrimoniales. Dice así: "Muy al contrario, según pacífica doctrina, en el caso de que los hijos hayan nacido después de otorgado el testamento la no intencionalidad de su preterición en el mismo queda demostrada ex re ipsa. Conclusión que todavía se impone con mayor fuerza cuando, como aquí sucede, el momento de la concepción del hijo preterido es asimismo posterior a

aquel otorgamiento". Y para evitar toda duda, añade más adelante: "Como esta Sala tuvo ocasión de declarar en la ya lejana sentencia de 1 de Julio de 1969, la preterición ha de resultar exclusivamente del testamento, por ser éste la expresión más solemne de quien dispone de sus bienes para después de su muerte evitando formular hipótesis sobre la posible causa de la omisión del heredero, ya que la presunta voluntad del causante carece de toda eficacia si no aparece del propio testamento"». (31 mayo 2010, rec. 1697/2006, LA LEY 67107/2010)

CONCORDANCIAS

Véase art. 814 de este Código.

Artículo 1.081

La partición hecha con uno a quien se creyó heredero sin serlo, será nula.

COMENTARIO

1.- El presente artículo trata un caso de nulidad de la partición. El supuesto es el de una partición en la que ha intervenido o en la que se ha tomado en consideración un heredero aparente por un título aparentemente válido pero que en realidad no lo es (por ejemplo, el instituido en un testamento nulo antes de que se declare su nulidad, el instituido en un testamento revocado; el heredero intestado si resulta que después de hecha la declaración de herederos aparece un testamento, etc.). También será heredero aparente aquel que actúa como tal sin que exista siquiera un título aun inválido.

2.- La consecuencia de haber practicado la partición con un sujeto que no tenía título ninguno para adquirir los bienes hereditarios, es la nulidad total de la partición. Nulidad que podrá solicitarla cualquier sujeto de la partición.

Este efecto tan radical hay que matizarlo y así, si todos los demás coherederos optaran por repartirse entre sí el lote del heredero falso la nulidad sólo será parcial. Y lo mismo en el supuesto de que haya contador-partidor vigente aún, que podrá distribuir el lote del heredero aparente. Tampoco se dará la nulidad de la partición cuando todos o la mayoría de los bienes adjudicados al que se creía heredero hayan desaparecido o sean de imposible recuperación; en este caso se conserva la partición pudiéndose exigir del heredero aparente una indemnización de daños y perjuicios cuyo montante se repartirá entre los herederos reales en proporción a sus cuotas.

JURISPRUDENCIA

«De lo cual se deriva que la nulidad de la partición de la primera viene dada por la aplicación del art. 1081 del CC pues se hizo con una persona que no era heredera: dicho artículo trata un caso de nulidad de partición, sancionando la partición en la que ha intervenido o se ha tomado en consideración un heredero aparente, sin título o con título no válido. Y la nulidad de la partición de la segunda viene dada por falta de un presupuesto esencial de la misma, cual es la cualidad jurídica de herederos de las personas que la practican, lo que deriva del propio art. 1081; tal como dice la S 17 de octubre de 2002, "La nulidad de la partición no está regulada orgánicamente en el CC sino que se aplica la normativa general de la invalidez del negocio jurídico" (así, la S 13 de junio de 1992 lo dice, refiriéndose a las mismas causas que las de los contratos). Se producirá, por tanto, cuando falta un elemento

esencial, cuando se contravenga una norma imperativa o prohibitiva o cuando concurra con vicio del consentimiento o un defecto de capacidad». (14 mayo 2003, LA LEY 87043/2003)

«Este tratamiento restrictivo de la invalidez, afirmado por gran número de sentencias, como la STS de 31 de octubre de 1996, que se refiere a las de 15 de junio de 1982 y 25 de febrero de 1969 (a las que pueden añadirse las SSTS de 25 de febrero de 1989 y 11 de abril de 1959, entre otras), comporta que la nulidad de la partición tiene carácter subsidiario y sólo cabe cuando no existe otro recurso legal (SSTS de 27 de febrero de 1995 y 17 de enero de 1956), siempre que no quepa resolver las atribuciones mal valoradas por vía de rescisión, y las omisiones de bienes o valores por el camino de la adición o complemento de la partición (STS de 11 de abril de 1959). En los supuestos de omisión en el activo partible de alguno de los objetos de la herencia y en el de preterición de algún heredero en la partición, el CC tiende a conservar la validez y eficacia de la partición, sin perjuicio de subsanar el defecto de que adolece y el perjuicio irrogado a alguno de los herederos (beneficio de la partición o favor partitionis)». (7 noviembre 2006, LA LEY 150037/2006)

«el testador atribuyó como legado de parte alícuota, a su esposa, de aquel tiempo, la cuota vidual que por ley le corresponda y en el momento de hacer la partición, al estar disuelto su matrimonio por divorcio, por ley no le correspondía ninguna cuota. Que los coherederos quisieran hacerle alguna atribución, podrían hacerlo por cualquier título válido, pero no como legítima. Por tanto, su intervención en la partición, no como heredero sin serlo, como dice el artículo 1081, sino como sujeto de la partición, legatario de parte alícuota, hace nula la misma, pues, como se ha dicho anteriormente, el coheredero al que se refiere esta norma alcanza también al legatario». (31 mayo 2010, rec. 1697/2006, LA LEY 67107/2010)

SECCIÓN QUINTA
Del pago de las deudas hereditarias

Artículo 1.082

Los acreedores reconocidos como tales podrán oponerse a que se lleve a efecto la partición de la herencia hasta que se les pague o afiance el importe de sus créditos.

COMENTARIO

1.- Supone este artículo, que da comienzo a la Sección del pago de las deudas hereditarias, una limitación a la confusión de patrimonios, el propio del heredero y el hereditario, derivada de la aceptación de la herencia. Ambos patrimonios quedan como uno sólo para responder de las deudas de los dos.

Los acreedores de la herencia, respecto de esta confusión de patrimonios pueden ver en peligro la satisfacción de su crédito en cuanto el heredero aceptante sea insolvente y sus particulares acreedores acudan a saldar las deudas que tengan contra él con los bienes procedentes de la herencia.

Como medida aseguratoria de los créditos de la herencia, el artículo 1082 concede a los acreedores reconocidos de ésta la facultad de oponerse a la partición de la herencia hasta que no vean satisfechos sus créditos o al menos se les afiance el pago.

Pone de manifiesto esta norma el principio de que antes es pagar que heredar y por lo tanto se ha de establecer una preferencia de los acreedores de la herencia sobre los acreedores particulares del heredero y sobre los legatarios.

2.- El artículo 1082 habla de «acreedores reconocidos», y hay que considerar como tales a aquellos que justifiquen cumplidamente su crédito mediante título escrito, así como aquellos que han sido aceptados por los herederos.

Tienen derecho a oponerse a la partición no sólo los acreedores del causante cuyos créditos hayan vencido, sino también los que aún estén pendientes de vencimiento; para estos últimos procede especialmente el recurso del afianzamiento que establece este artículo.

El artículo 782.4 LEC prevé el mismo derecho a los acreedores «reconocidos como tales en el testamento o por los coherederos y los que tengan su derecho documentado en un título ejecutivo».

CONCORDANCIAS

Véanse:
— arts. 1.026 y 1.034 de este Código.
— art. 782 LEC de 7 enero 2000.

Artículo 1.083

Los acreedores de uno o más de los coherederos podrán intervenir a su costa en la partición para evitar que ésta se haga en fraude o perjuicio de sus derechos.

COMENTARIO

1.- Aunque la Sección donde se incluye este artículo trata del pago de las deudas hereditarias, su contenido viene referido a los acreedores particulares de los coherederos.

Los acreedores particulares del heredero, mientras no se realice la partición y se le adjudiquen los bienes en pago de su cuota, no pueden cobrarse de los bienes de la herencia y sólo pueden pretender el cobro respecto del patrimonio privativo de su deudor. Sin embargo, en el patrimonio del heredero deudor está incluido el derecho general que le corresponde sobre el patrimonio hereditario en comunidad (sin partir) y por eso tal derecho sí puede ser embargado y en su caso ejecutado por los acreedores particulares del coheredero.

Por todo ello, es evidente el interés de los acreedores de los coherederos en intervenir en la partición para que ésta se haga en perjuicio o fraude de sus derechos, habida cuenta de que la ejecución de sus créditos sobre bienes determinados de la herencia únicamente será posible una vez otorgada la partición.

2.- La facultad de intervención que se concede en el presente artículo consiste en la posibilidad por parte de los acreedores particulares del coheredero de fiscalizar y controlar la partición con el fin de evitar posibles confabulaciones entre los interesados que haga imposible el pago de sus créditos. No alcanza tal intervención a la posibilidad de oponerse a que se lleve a cabo la partición, pero en caso de que el acreedor interviniente considere que ha habido actuaciones en fraude o perjuicio de su derecho se le concede la facultad de impugnarla.

Artículo 1.084

Hecha la partición, los acreedores podrán exigir el pago de sus deudas por entero de cualquiera de los herederos que no hubiere aceptado la herencia a beneficio de inventario, o hasta donde alcance su porción hereditaria, en el caso de haberla admitido con dicho beneficio.

En uno y otro caso el demandado tendrá derecho a hacer citar y emplazar a sus coherederos, a menos que por disposición del testador, o a consecuencia de la partición, hubiere quedado él solo obligado al pago de la deuda.

COMENTARIO

1.- Realizada la partición y adjudicados a cada heredero los bienes concretos del caudal relicto en pago de su cuota hereditaria, quedan responsables de las deudas del causante que hayan quedado sin saldar. Los herederos que aceptaron la herencia pura y simplemente responderán con los bienes procedentes de ésta y con los suyos propios (responsabilidad *intra vires hereditatis*, artículo 1003 del C.C.); los que aceptaron la herencia con el beneficio de inventario sólo responderán frente a los acreedores del causante hasta donde alcancen los bienes recibidos de la herencia (responsabilidad *intra vires hereditatis*, artículo 1023 del C.C.).

Todos los coherederos, en el grado de responsabilidad que les corresponda en virtud de la aceptación que hayan realizado, serán responsables solidariamente de las deudas de la herencia en proporción a su cuota hereditaria; así lo establece el artículo 1084 cuando dice que «los acreedores podrán exigir el pago de sus deudas por entero de cualquiera de los herederos».

2.- El heredero demandado por el acreedor hereditario podrá solicitar que se cite y emplace al resto de los coherederos con la finalidad de que todos ellos asuman la posición de parte en el procedimiento de reclamación dándose la *litisdenuntiatio* que contempla el artículo 14 LEC. La responsabilidad del coheredero demandado no se reduce por esta citación o intervención del resto de sus coherederos, pues en fase de ejecución de sentencia el acreedor demandante podrá optar porque la misma se ejecute sobre los bienes del demandado (lo que seguramente hará si la solvencia de éste es superior a la de los otros).

3.- El derecho reconocido al heredero demandado en el párrafo segundo del artículo 1084 no tiene sentido y, por tanto no podrá ejercitarse, si de la deuda por la que se le demanda era él el único responsable, bien porque así lo dispuso el testador o por que le fue adjudicada a él al hacer la partición.

JURISPRUDENCIA

«es evidente que, dado el vínculo de solidaridad que se produce entre los coherederos para el pago de las deudas de la herencia, el acreedor puede exigir por entero el pago de cualquiera de los herederos». (8 noviembre 1993, LA LEY 233/1995)

«los herederos deben satisfacer las deudas del causante con carácter solidario por expreso mandato del artículo 1084 del Código Civil». (30 diciembre 1993, LA LEY 14460/1994)

«El principio de solidaridad respecto al pago de las deudas hereditarias solamente rige cuando el acreedor sea un tercero ajeno a la herencia (art. 1084 CC), pero no cuando el acreedor del difunto (causante de la herencia) sea uno de los herederos, pues en este último

caso, cada heredero sólo estará obligado a pagar la parte que proporcionalmente le corresponda, deducida la parte proporcional del propio heredero acreedor». (1 marzo 1999, LA LEY 161475/1999)

Artículo 1.085

El coheredero que hubiese pagado más de lo que corresponda a su participación en la herencia, podrá reclamar de los demás su parte proporcional.

Esto mismo se observará cuando, por ser la deuda hipotecaria o consistir en cuerpo determinado, la hubiese pagado íntegramente. El adjudicatario, en este caso, podrá reclamar de sus coherederos sólo la parte proporcional, aunque el acreedor le haya cedido sus acciones y subrogándole en su lugar.

COMENTARIO

1.- Los coherederos responden de las deudas hereditarias en proporción a la cuota que les corresponda en la herencia. Pero esta responsabilidad es solidaria, lo que significa que el acreedor hereditario puede dirigirse contra cualquiera de ellos por el importe total del crédito, lo que conlleva que el heredero frente al que se reclamó paga más (todo) de lo que le corresponde (una parte proporcional a su cuota) y puede ejercitar el derecho de regreso contra los demás coherederos. Este derecho de regreso viene reconocido, en general, para el coheredero respecto de las deudas hereditarias en el primer párrafo del artículo 1085.

2.- El segundo párrafo de este artículo hace aplicación del derecho de regreso en dos casos especiales: el de deuda hipotecaria y el de deuda de cosa cierta.

El supuesto de la deuda hipotecaria hace referencia a que a un heredero se le adjudica un bien gravado con hipoteca, por su valor bruto sin descontar el valor de la deuda hipotecaria al que está sujeto. En el caso de que se le hubiera adjudicado dicho bien por su valor líquido, es decir, teniendo en cuenta el crédito que garantizaba, el adjudicatario carecerá de derecho de regreso; es uno de los casos en que como consecuencia de la partición uno de los coherederos queda obligado él solo al pago de la deuda (artículo 1084.2.º del C.C.).

3.- En el supuesto de que la deuda hereditaria consistiera en entregar una cosa determinada, es lógico que el acreedor sólo pueda reclamar el cumplimiento de la obligación al heredero adjudicatario de la cosa. El heredero que se ve obligado a entregar el objeto debido puede reclamar de los demás coherederos su parte proporcional del valor que se le dio a dicho objeto en la partición. La reclamación del heredero que pagó totalmente debe reducirse a exigir de cada uno de los coherederos a la parte proporcional de la deuda que les corresponda según su cuota hereditaria, independientemente de que el heredero que pagó se subrogara en el puesto del acreedor.

El titular del derecho de regreso puede reclamar de cada heredero no sólo su parte proporcional en la deuda, sino, asimismo, los intereses correspondientes y los daños y perjuicios que a consecuencia del pago haya experimentado el heredero que paga.

CONCORDANCIAS

Véase art. 1.145 de este Código.

Artículo 1.086

Estando alguna de las fincas de la herencia gravada con renta o carga real perpetua, no se procederá a su extinción, aunque sea redimible, sino cuando la mayor parte de los coherederos lo acordare.

No acordándolo así, o siendo la carga irredimible, se rebajará su valor o capital del de la finca, y ésta pasará con la carga al que le toque en lote o por adjudicación.

COMENTARIO

1.- El presente artículo no se refiere al pago de las deudas hereditarias, asunto del que trata la Sección donde se ubica.

Trata de la valoración y adjudicación de una finca hereditaria que está gravada con una carga real perpetua. Se trata de un supuesto de obligación *propter rem* en la que resulta deudor de la prestación, precisamente aquel que es titular de la cosa, de modo que la carga se transmite con aquélla.

2.- Antes de la adjudicación de la finca y si la carga es redimible los coherederos, por mayoría de intereses, pueden acordar que se extinga la carga real perpetua que la grava, para lo cual será necesario que cada coheredero aporte la cantidad necesario para ello.

Si la carga no es redimible o los acreedores no llegaron al acuerdo de que se redimiera, habrá de valorarse esa finca rebajando su valor a los efectos de la formación de lotes y adjudicación a uno de los herederos.

Artículo 1.087

El coheredero acreedor del difunto puede reclamar de los otros el pago de su crédito, deducida su parte proporcional como tal heredero, y sin perjuicio de lo establecido en la sección quinta, capítulo 5.º de este título.

COMENTARIO

Se ocupa el presente artículo del supuesto en que un heredero sea además acreedor del causante y por tanto de la herencia.

Si el heredero acreedor aceptó la herencia con beneficio de inventario tiene derecho a cobrar su crédito íntegramente sin deducción de la parte proporcional que le corresponda como tal heredero en virtud de lo dispuesto en el artículo 1023.2.º del C.C.

Si el heredero aceptó pura y simplemente se aplica la norma contenida en el artículo 1087 y en virtud de ella el heredero acreedor como partícipe también en la deuda sólo podrá reclamar a los otros coherederos el pago de su crédito deducida su parte proporcional como tal heredero. Se produce la confusión que extinguiría totalmente la deuda y el heredero acreedor podrá ejercitar el derecho de regreso frente a cada uno de los codeudores para reclamarles su parte proporcional respectiva en la deuda.

CONCORDANCIAS

Véanse arts. 1.010 a 1.034 de este Código.

LIBRO CUARTO
DE LAS OBLIGACIONES Y CONTRATOS

TÍTULO PRIMERO
De las obligaciones

CAPÍTULO PRIMERO
DISPOSICIONES GENERALES

Artículo 1.088

Toda obligación consiste en dar, hacer o no hacer alguna cosa.

COMENTARIO

1.- Este artículo es el primero del Libro IV, que va dedicado a la regulación de las obligaciones y contratos. Concretamente, inicia la normativa de la obligación, que no define (ni tiene por qué definir un texto legal). La obligación es una relación jurídica y se define como la relación jurídica en virtud de la cual una persona —deudor— tiene el deber jurídico de realizar una prestación a favor de otra —acreedor—, quien tiene el derecho de exigírsela.

Por tanto, el deudor tiene un deber jurídico, definido éste como la necesidad de observar cierto comportamiento que viene impuesto por las normas reguladoras de una relación jurídica: es la llamada deuda. Y el acreedor tiene el derecho subjetivo a exigir tal comportamiento: es el llamado crédito.

Lo importante es destacar que el concepto de obligación no se refiere (como en el sentido vulgar) a la parte pasiva de la misma —conducta del deudor—, sino al conjunto, a la relación acreedor-deudor. El acreedor tiene un derecho subjetivo: el poder de exigir el cumplimiento de una obligación: la prestación al deudor. Este tiene un deber jurídico, que le impone la ley: el de cumplir la obligación, realizar la prestación.

2.- Este artículo, como se ha dicho, no define la obligación sino que se refiere a la prestación. Esta es el objeto de la obligación, es la conducta en que consiste el cumplimiento de la obligación; implica la satisfacción del interés del acreedor.

El art. 1088, al decir que toda obligación consiste en dar, hacer, o no hacer alguna cosa, se refiere precisamente a la conducta —es decir, la prestación— como objeto de la obligación y enuncia la amplia gama en que puede consistir tal conducta. El término «cosa» no lo utiliza este artículo en el sentido de cosa en sí, en sentido material y estático, sino funcional; en el sentido de hacer «algo», positivo o negativo, conducta de dar algo o hacer algo, aunque será dar o hacer en relación con una «cosa» en sentido técnico-jurídico.

Asimismo, hace la distinción básica de la prestación en positiva y negativa. Prestación positiva implica la realización de determinada actividad, y la negativa, abstenerse de una actividad. La positiva permite dos variedades: la de entregar alguna cosa (objeto de la obligación de dar) y la de realizar otra conducta, distinta a entregar algo (objeto de la obligación de hacer). La negativa puede tener dos manifestaciones: la simple negativa, de abstenerse de realizar algo y la de permitir o tolerar (*pati*) el deudor una actividad del acreedor.

3.- En el concepto de obligación debe distinguirse el débito y la responsabilidad. El débito es el deber del deudor de cumplir la prestación y el correlativo derecho del acreedor de exigir su cumplimiento; se refiere, por tanto, a la prestación, y es regulado a partir de este art. 1088. La responsabilidad es la sujeción del patrimonio del deudor al cumplimiento de la prestación y el derecho del acreedor a dirigirse contra el mismo, si incumple; es proclamada en el Código en un lugar inadecuado, el art. 1911.

CONCORDANCIAS

Véase art. 1.254 de este Código.

Artículo 1.089

Las obligaciones nacen de la ley, de los contratos y cuasi contratos, y de los actos y omisiones ilícitos o en que intervenga cualquier género de culpa o negligencia.

COMENTARIO

1.- Las fuentes de la obligación son el origen de la misma; responde a la pregunta ¿qué es lo que la produce? ¿qué hechos son los que dan lugar a ella?

Se han formulado diversas teorías sobre ello. La doctrina tradicional, que viene del Derecho romano a través del Código de Napoleón, pasó a este artículo. Pero hoy nadie admite que la ley imponga obligaciones, aunque sí puede establecer que de tal hecho nazca una obligación; sí nacen del contrato; no hay cuasicontratos; el acto ilícito también es fuente de las obligaciones.

La doctrina más moderna estima que la única fuente de la obligación es el hecho, que es hecho jurídico por cuanto tiene el efecto jurídico de producir el nacimiento de la obligación. El hecho, fuente de la obligación, será voluntario y producirá la obligación porque lo quiere el sujeto (*ex voluntate*) o involuntario, porque lo dispone la ley (*ex lege*).

2.- Este artículo parece tener una configuración y enumeración rígida poco congruente y actualmente es inapropiada para expresar las fuentes de las obligaciones. Ante todo, hay que destacar que esta enumeración no es exhaustiva, en ningún caso es admisible el sistema de *numerus clausus* de las fuentes de las obligaciones.

Esta norma sigue con fidelidad la doctrina tradicional de las fuentes de obligaciones. A pesar de su texto literal, hay que seguir afirmando que la única fuente son los hechos, voluntarios o no, a los que la ley atribuye el efecto de producir —es decir, ser fuente— de una obligación.

JURISPRUDENCIA

«El nacimiento de la obligación de indemnizar de acuerdo con los artículos 1089 y 1902 CC exige que se pruebe por quien ha sufrido el daño, que éste se produjo por acción u

omisión del demandado (sentencia de 26 junio 2006, entre muchas otras), que efectivamente existe daño y que hay relación de causalidad entre la acción del demandado y el daño sufrido por el demandante». (5 marzo 2007, LA LEY 6582/2007)

«los artículos 1089 y 1091 no son susceptibles de fundar un motivo por infracción de ley dado su carácter general en cuanto contienen disposiciones de tal carácter referidas a las obligaciones (sentencia de 22 junio de 2006, que cita en igual sentido las de 13 mayo 1988, 23 marzo 1996, 26 noviembre 1997, 25 mayo y 7 diciembre 1988)». (12 diciembre 2007, LA LEY 202396/2007)

CONCORDANCIAS

Véase art. 1.887 de este Código.

Artículo 1.090

Las obligaciones derivadas de la ley no se presumen. Sólo son exigibles las expresamente determinadas en este Código o en leyes especiales, y se regirán por los preceptos de la ley que las hubiera establecido; y, en lo que ésta no hubiere previsto, por las disposiciones del presente libro.

COMENTARIO

1.- Este artículo y los tres siguientes parecen desarrollar el anterior, pero ni lo desarrollan ni nada disponen ni tienen utilidad ninguna, pues lo único que pretenden es exponer algún extremo de forma incongruente, de las fuentes que enumera (que enumera mal, como se ha dicho al comentarlo).

2.- El primero, este art. 1090, se refiere a las *obligaciones que nacen de la ley*, pero ya se ha comentado que de la ley no deriva obligación alguna, sino que atribuye a hechos, voluntarios o involuntarios, el efecto de ser fuente de la obligación.

Cuando la ley hace esto último, es cuando puede pensarse en la aplicación de este artículo que más que una norma legal es una proclamación de principio, de que no puede darse interpretación extensiva a aquellas leyes que atribuyen a ciertos hechos el nacimiento de obligaciones. En cuyo caso, tal ley, las regirá si da normas; si no las da o lo hace insuficientemente, se aplicarán las generales, lo cual es obvio.

CONCORDANCIAS

Véase art. 4 de este Código.

Artículo 1.091

Las obligaciones que nacen de los contratos tienen fuerza de ley entre las partes contratantes, y deben cumplirse al tenor de los mismos.

COMENTARIO

1.- Queda proclamado el carácter de lex privata del contrato. Contiene la regla sancionadora del principio de la autonomía de la voluntad, que completa el art. 1255. Refleja el principio *pacta sunt servanda*, respeto y obediencia a lo acordado; las relaciones jurídicas nacidas de los contratos no pueden destruirse ni extinguirse por la voluntad de uno solo de los contratantes. Una vez perfeccionado el contrato, debe cumplirse según lo pactado, de buena fe y sin apartarse de lo querido.

2.- La *libertad de contratar* en el sentido de que las partes son libres de contratar o no, se expresa en este artículo y la *libertad contractual*, según lo que las partes pueden establecer en el contrato los pactos o cláusulas, es decir, el contenido, que estimen conveniente, se recoge en este artículo y en el art. 1255.

Todo lo cual se basa en el principio de la autonomía de la voluntad; sin embargo, ésta, en la época actual sufre importantes limitaciones impuestas por la prepotencia de la gran empresa (así, en las condiciones generales de la contratación) y también por el propio legislador, a veces para limitar aquélla (tal como ocurre en el Real Decreto Legislativo 1/2007, de 16 de noviembre, por el que se aprueba el texto refundido de la Ley General para la Defensa de los Consumidores y Usuarios y otras leyes complementarias). En este sentido, tiene especial importancia la Ley 7/1998, de 13 de abril, sobre condiciones generales de la contratación.

JURISPRUDENCIA

«El artículo 1091 del Código Civil de manera genérica contiene norma que autoriza el principio de autonomía de voluntad y respeto y sumisión a los pactos celebrados, por lo que han de cumplirse a tenor de los mismos, y no cabe sostener que el que relaciona a los litigantes esté vacío de contenido y ello imponía al recurrente la obligación corresponsal de abonar el precio de las mercaderías recibidas, lo que no llevó a cabo en su totalidad, pues sólo pagó la cantidad de cinco millones de pesetas, ». (5 octubre 2006, LA LEY 112215/2006)

«Esta Sala tiene establecido que el artículo 1091 del Código civil [CC] no puede, como regla general, servir de fundamento a un recurso de casación, dado su carácter genérico, pues no se vulnera el principio pacta sunt servanda *[los pactos deben cumplirse], del que es expresión el citado precepto del CC, más que cuando el tribunal cuya sentencia se somete a examen ha desconocido la obligatoriedad del contrato (SSTS, entre las más recientes, de 10 de mayo de 2006, recurso número [RN] 3184/1999, 22 de junio de 2006, RN 4210/1999, 20 de julio de 2006, RN 3121/1999, y 24 de octubre de 2006, RN 2624/1999), pero no cuando incurre en posibles ilegalidades relativas a su interpretación o aplicación si el recurrente no determina con precisión los preceptos legales infringidos en relación con estas concretas infracciones».* (7 febrero 2007, LA LEY 2429/2007)

«Con relación al artículo 1091, referido a la fuerza vinculante de los contratos, innumerables sentencias, entre las más recientes, las de 26 de enero y 4 de mayo de 2007, descartan su idoneidad para fundar un motivo casacional por su carácter genérico, constituyendo ello razón suficiente y determinante por sí sola para decretar su desestimación (Sentencias de 23-4-1966, 5-6-1976, 23-10-1990, 20-3-1991, 21-7-1993, 22-6-1996, 8-7-1998, 24-1-2000 y 10-10-2000). Sobre el artículo 1101, sienta la Sentencia de 22 de junio de 2006, citando la de 19 de febrero de 2000, que "es doctrina reiterada de esta Sala" (SSTS de 30 de enero de 1993, 6 de octubre de 1995, 19 de noviembre de 1996, 22 de febrero y 29 de septiembre de 1997) que el precepto citado, al limitarse a enumerar las causas que hacen surgir el deber de indemnizar daños y perjuicios por el incumplimiento de las obligaciones contractuales». (21 junio 2007, LA LEY 60920/2007)

«Dicha doctrina ha sido sancionada por la jurisprudencia, que por respeto a la potencialidad normativa creadora de los contratantes —artículo 1.255 del Código Civil— y al efecto vinculante de la regla contractual —"pacta sunt servanda": artículo 1.091 del

Código Civil—, rechaza la moderación cuando la pena hubiera sido prevista, precisamente, para sancionar el incumplimiento parcial o deficiente de la prestación". (1 junio 2009, rec. 2637/2004, LA LEY 92031/2004) (Doctrina reiterada por la sentencia de 1 octubre 2010, rec. 633/2006, LA LEY 188010/2010)

«por el propio concepto del principio de la necessitas, esencia de la obligación, por el que no se permite que cualquiera de las partes —acreedor o deudor— pueda desligarse del contrato o alterarlo; lo cual se corresponde con la lex contractus que enuncia el artículo 1091 del Código civil. Así lo han desarrollado las sentencias de 23 de febrero de 2007 y 26 de junio de 2008. En el presente caso, se aceptaron por ambas partes unas cláusulas y precisamente en virtud de la lex contractus y de la necessitas, están obligadas a cumplirlas, tal como han declarado en supuestos análogos, las sentencias de 24 de septiembre de 2007 y 30 de noviembre de 2007; la posibilidad de desistir o alterar el contrato es posible cuando está previsto por las partes; lo cual se aplica en cualquier caso de la presencia de unas discutidas cláusulas». (19 febrero 2010, rec. 2129/2005, LA LEY 2363/2010)

«El artículo 1091 CC, en el cual se establece que "[l]as obligaciones que nacen de los contratos tienen fuerza de ley entre las partes contratantes, y deben cumplirse al tenor de los mismos" no comporta que cualquier incumplimiento contractual genere necesariamente la obligación de resarcir, pues este precepto debe entenderse complementado con el artículo 1101 CC, del cual se infiere que la obligación de indemnizar que se impone a quienes incurrieren en dolo o negligencia o morosidad en el cumplimiento de sus obligaciones, y a los que de cualquier modo contravinieren al tenor de aquellas, tiene por objeto "los daños y perjuicios causados" y no el incumplimiento en abstracto». (15 junio 2010, rec. 804/2006, LA LEY 148061/2010)

*«El contrato no queda al arbitrio de las partes contratantes ya que es ley, lex contractus, para ellas (art. 1091 del Código Civil) y la necessitas es esencia de la obligación (artículo 1256 del mismo código). Un contrato bilateral (rectius, las obligaciones recíprocas derivadas del contrato) no puede ser resuelto sino por incumplimiento de una de las partes (artículo 1124 del Código Civil), salvo el mutuo disenso, claro está». (*13 octubre 2010, rec. 2254/2006, LA LEY 175900/2010)

*«El principio de libertad contractual aparece consagrado en el artículo 1255 CC, en virtud del cual las partes puede establecer los pactos, cláusulas y condiciones que tengan por conveniente, siempre que no sean contrarios a la ley, la moral o el orden público. Estas obligaciones surgidas del contrato tienen fuerza de ley para las partes (artículo 1091 CC)». (*17 diciembre 2010, rec. 765/2007, LA LEY 244365/2010)

«De modo que los discutidos derechos de don B., como se ha dicho extraño al proceso, no pueden ser utilizados por don O. para justificar su incumplimiento de lo que pactó con don Hilario ni han de impedir que sea estimada la pretensión deducida por éste contra aquel, de acuerdo con la norma del ***artículo 1091 del Código Civil*** *—"pacta sunt servanda"— y al alcance relativo o "inter partes" de la cuestión litigiosa».* (14 noviembre 2011, rec. 1621/2008, LA LEY 236540/2011)

«Débese partir de la calificación del contrato. Este es un contrato complejo, llamado también mixto, en que su especificidad se halla en la síntesis, que no suma, de diversos elementos, fundidos en la unidad de causa, lo que le da identidad diferenciada (así, sentencia de 19 de mayo de 1982). Contrato que se rige, como norma básica, por lo pactado, lex contractus que proclama el artículo 1091 del Código civil (sentencia de 18 de noviembre de 1980 relativa a un "contrato complejo de cesión de solar por obra y entrega de cantidad en concepto de precio"), a cuyo contrato se aplica la normativa de los pactos que aúna, en lo que se ha dado en llamar teoría de la combinación (sentencia de 23 de octubre de 1981) que,

en el fondo, no es otra cosa que volver "al viejo principio de la analogía" (como dice la sentencia de 19 de mayo de 1982)». (2 diciembre 2011, rec. 1756/2008, LA LEY 236536/2011)

Reconocimiento de deuda:

«Es un negocio jurídico unilateral por el que el sujeto declara la existencia de una deuda previamente contraída (así, SS 20 Nov. 1992, 11 Mar. 1993, 30 Sep. 1993, 24 Oct. 1994, 22 Jul. 1996, 5 May. 1998, 28 Sep. 1998). Se le aplica la presunción de existencia de la causa que proclama el art. 1277 CC, presunción iuris tantum que es posible destruir, si se declara probado que carece de la función objetiva en que la causa consiste y que presupone la realidad de la deuda que reconoce». (8 junio 1999, LA LEY 8626/1999)

«La figura del reconocimiento de deuda ha sido reconocida por la jurisdiccional de esta Sala y por la doctrina científica como válida y lícita, permitida por el principio de autonomía privada o de libertad contractual sancionado por el art. 1255 del CC y vinculante para quien la hace, con efecto probatorio si se hace de manera abstracta y también constitutiva si se expresa su causa justificativa (SS 8 Mar. 1956, 13 Jun. 1957, 3 Feb. 1973, 9 Abr. 1980 y 3 Mar. 1981), calificándolo la S 8 Mar. 1956 de contrato al decir que «el reconocimiento de deuda es un reconocimiento por el cual se considera existente contra el que la reconoce, pudiendo tener por objeto exclusivo, dar a la otra parte un medio de prueba, o prometer no exigir prueba alguna contra el que la reconoce». (28 septiembre 2001, LA LEY 8418/2001) (doctrina reiterada por la de 24 junio 2004)

En nuestro Derecho todo reconocimiento de deuda ha de ser causal, en el sentido de que ha de tener causa porque, como regla general, no se admite el negocio abstracto, pero puede ocurrir que la causa no está indicada o lo esté solamente de forma genérica; o bien que se halle plenamente expresada, en cuyo caso resulta perfectamente conocida la fuente u origen de la obligación y la función negocial a que responde. En la primera hipótesis, a la que se le suele denominar reconocimiento de deuda abstracto o formal, es de aplicación el art. 1277 CC, con arreglo al que se presume que la causa existe y que es lícita mientras el deudor no pruebe lo contrario, y la doctrina jurisprudencial consistente en que, en virtud de una abstracción procesal, se dispensa de probar al titular del derecho de crédito objeto de reconocimiento y se hace recaer el onus probandi sobre el obligado. En la técnica procesal se razona que se produce una inversión o desplazamiento de la carga de la prueba como consecuencia de la presunción legal (de naturaleza iuris tantum), aunque un sector doctrinal prefiere hablar de regla especial de prueba por no concurrir en la construcción legal todos los elementos estructurales que configuran la presunción. En el segundo caso, cuando la causa se halla plenamente expresada (lo que es independiente de si es o no verdadera —real—), y en el que se alude al reconocimiento de deuda como causal, no es de aplicación el art. 1277 CC porque la presunción o regla que éste contiene resulta innecesaria. En tal sentido se orienta la Jurisprudencia (entre otras, SS 24 Oct. 1994, 13 Feb. 1998 y 27 Nov. 1999), sin que nada digan en otro sentido las sentencias citadas en el motivo, porque la de 24 Oct. 1994 trata de un supuesto de reconocimiento constitutivo con expresión de causa, con independencia de que aluda a las dos clases de reconocimiento de deuda, la de 4 Mar. 1994 se refiere a la doctrina del art. 1277 pero en una perspectiva de incertidumbre causal, y la de 21 Jul. 1994 versa claramente sobre un caso de reconocimiento formal o abstracto. (1 marzo 2002, LA LEY 5514/2002) (doctrina reiterada por la de 14 junio 2004)

«Esta institución está escasamente regulada en el Derecho común español, pero ha sido suficientemente explicada por la doctrina científica, y recogida en la jurisprudencia, y entre las legislaciones próximas, puede citarse la Compilación Foral de Navarra, o Fuero Nuevo, que la regula en sus leyes 494, 510 o 533. La corriente jurisprudencial de esta Sala, por hacer un resumen conciliable con la escasa respuesta que merece el planteamiento de

este motivo, entronca este "reconocimiento", con valor jurídico, en el art. 1277 CC, como "presunción de la existencia de causa" en el contrato, aunque no se fije expresamente en él (SS de esta Sala, de 30-V-92, 20-XI-92, 11-III-93, 30-IX-93, 27-VII-94, 24-X-94, 22-VII-96, 5-V-98, 29-VI-98, 28-IX-98, 0-VI-99, 29-VI-98 y 23-XII-99), aparte de existir otros criterios doctrinales que, más tímidamente, lo entroncan con el llamado, en su caso, "contrato reproductivo", o con el de "fijación jurídica", conforme al art. 1224 CC, por su relación con lo acordado en otro contrato anterior, si se le da carácter contractual, como sumo (SS de 6-VI-69, para el primer caso, y de 19-XI-74, 5-II-81, 23-VI-83 y 30-IV-99, para el segundo). Pero en definitiva, la jurisprudencia le da el valor de documento de prueba, como "medio idóneo mediante el que se patentice y advere la existencia efectiva de una deuda pendiente" (SS de 30-V-92 y 30-IX-93, y en la más reciente, de 24-VI-04), diciéndose además en dichas sentencias que "los estados negociales de reconocimiento de deuda son válidos y lícitos tanto en su aspecto de facilitar a la otra parte un medio de prueba, como a dar por existente una situación de débito contra el que la reconoce, quedando vinculado a la misma, que alcanza efectos constitutivos, si se expresa su causa justificativa"». (31 marzo 2005, rec. 4149/1998)

«no cabe un reconocimiento general, "al tenedor o tenedores" sino que se trata de un negocio jurídico unilateral por el que su autor declara la existencia de una deuda precisamente contraída (sentencias de 28 de septiembre de 1998, 8 de junio de 1999), negocio jurídico reconocido doctrinal y jurisprudencialmente (sentencias de 28 de septiembre de 2001 y 24 de junio de 2004) que debe ser causal, es decir, tener causa (sentencias de 1 de marzo de 2002 y 14 de junio de 2004)». (17 noviembre 2006, LA LEY 138563/2006)

«el reconocimiento de deuda vincula a quien lo realiza y, en atención a lo prevenido en el artículo 1277 del Código Civil ha de presumirse que su causa existe y es lícita, en tanto el deudor (con inversión de la norma general sobre carga de la prueba) no demuestre lo contrario; siendo por lo demás evidente que este reconocimiento contenido en el documento suscrito por la actora y el representante legal de la demandada, de fecha 25 de septiembre de 2005, expresa que la deuda obedece a "la prestación de varios servicios", es decir, se expresa causa del mismo. Como dice la sentencia de 23 de febrero de 1998, citada en la de 28 de septiembre de 2001, le convierte más que en un contrato de causa inexpresada y de abstracción procesal, en un contrato causal atípico, alcanzando el reconocimiento de deuda efectos constitutivos, que conlleva no sólo el facilitar a la actora un medio de prueba sino el dar por existente una situación de débito contra el demandado (sentencias del Tribunal Supremo de 23 de abril de 1991, 27 de noviembre de 1991, 30 de septiembre de 1993 y 24 de octubre de 1994)». (8 marzo 2010, rec. 612/2006, LA LEY 6863/2010)

CONCORDANCIAS

Véanse arts. 1.256 a 1.258, 1.260 y 1.278 de este Código.

Artículo 1.092

Las obligaciones civiles que nazcan de los delitos o faltas se regirán por las disposiciones del Código Penal.

COMENTARIO

1.- Las obligaciones que nacen de los actos u omisiones ilícitos, con ilicitud penal, se rigen por la legislación penal. Lo cual tiene importancia práctica en algunos extremos, como la responsabilidad subsidiaria que prevé el Código penal y no el Código civil, o la variación de los plazos de prescripción. Aunque, ciertamente, y como ha destacada la jurisprudencia, las obligaciones no nacen de un delito, sino de un hecho jurídico que es, a la vez, delictivo y fuente de obligaciones ex lege.

2.- La distinción entre ilícito civil e ilícito penal, como fuente de obligaciones es un error, sólo explicable por un motivo histórico. No hay más que una obligación —de reparar el daño— que nace del acto ilícito; no tiene sentido que la normativa sea distinta según aquel acto adolezca de ilicitud penal o civil. La explicación es que el acto ilícito penal y sus consecuencias, es decir, la obligación de la que es fuente, tuvo que ser regulada por el Código penal, pues cuando se promulgó, aún se había promulgado el Código civil y, al aparecer éste, en vez de derogar las normas de aquél sobre la obligación nacida del acto ilícito penal, las mantuvo vigentes, remitiéndose a ellas por el presente artículo.

JURISPRUDENCIA

«Como destaca la sentencia del TS de 2 Jul. 2002, exponiendo, entre otras, la doctrina explicitada por la sentencia del TS de 31 Dic. 1999, debe señalarse como principio que el ejercicio de la acción civil ex delicto en el proceso penal (esto es, si no se ha excluido su ejercicio y reservado para el orden jurisdiccional civil), implica que las cuestiones civiles sean resueltas en el ámbito penal, de manera que la decisión que recaiga debe producir, por regla general, efectos de cosa juzgada; dentro de esta línea, la sentencia del TS de 31 Dic. 1999 establece que las sentencias penales condenatorias (...) que resuelven la problemática civil (lo que exceptúa los casos de reserva de acciones, art. 112 de la LECrim.) tienen carácter vinculante para el orden jurisdiccional civil, no sólo en cuanto a los hechos que declaran probados, sino también respecto de las decisiones en materia de responsabilidades civiles, de tal manera que este efecto de cosa juzgada (arts. 1215 y 1252 del CC), o similar a la misma, determina que quede consumada o agotada la pretensión del perjudicado, sin que pueda ser ejercitada de nuevo ante la jurisdicción civil la acción de esta naturaleza fundada en la misma causa o razón de pedir (non bis in idem). En este sentido cabe citar, entre otras, las SS 9 Feb. 1988, 28 May. y 4 Nov. 1991, 12 Jul. 1993 y 24 Oct. 1998; la doctrina del efecto vinculante es aplicable incluso para los casos en que se pretenda plantear en el proceso civil la existencia de hipotéticos errores, imprevisiones, descuidos o defectos en la fijación de las consecuencias civiles en el proceso penal. Numerosas resoluciones de esta Sala (así las de 25 Mar. 1976, 2 Nov. 1987, 9 Feb. 1988, 28 May. 1991, 21 May. y 12 Jul. 1993, 24 Oct. y 9 Dic. 1998) declaran al respecto que no es dable en el juicio civil subsiguiente suplir deficiencias, ni rectificar las omisiones que hayan podido cometerse en los procesos de que conocieron los juzgadores de otra jurisdicción u orden. Asimismo se tiene declarado que: no cabe acudir al proceso civil para remediar lo que se tuvo oportunidad de aportar en el proceso penal en que se enjuiciaron los hechos del pleito (S 11 May. 1995 y las que cita); el error en la causa penal (el supuesto del caso hace referencia a que no se hizo constar en el parte médico del Forense la existencia de la secuela) no transmuta la causa petendi (S 9 Dic. 1998); y que no cabe completar pronunciamientos no dictados (SS 28 May. 1991 y 11 May. 1995). Empero, como declara la última sentencia citada, como matizaciones muy importantes, que constituyen igualmente doctrina legal sin contradicciones, excepcionalmente cabe (S 11 May. 1995) la posibilidad de pedir, por vía civil, una indemnización complementaria (es decir, como un plus respecto de lo percibido por el cauce penal) cuando concurren supuestos o hechos que no se tuvieron, ni pudieron tenerse en cuenta en la sentencia del otro orden jurisdiccional (SS 27 Ene. 1981, 13 May. 1985, 9 Feb. 1988, entre otras). Se hace referencia a la indemnización de resultados no previstos (SS 25 May. 1976, 11 Dic. 1979, 9 Feb. 1988)». (24 septiembre 2002, LA LEY 7816/2002)

«No estamos en presencia de una acción ex delicto del artículo 1092 que se integró en la demanda, ya que no se da ilícito penal, pues recayó sentencia absolutoria que hizo desaparecer los hechos denunciados, al decretar su extinción, por aplicación del instituto de

la prescripción, y con ello la posible responsabilidad penal respecto a los mismos, lo que no autoriza la aplicación del artículo 1092 en relación al 1964, ya que la acción no surge del delito o falta sino más bien de los hechos, que actúan como configurantes. Para aplicar la acción ex delicto, se requiere la existencia de condena y no en los supuestos tanto de absolución, sobreseimiento, como archivo, al resultar precisa declaración penal al efecto y mal puede surgir la acción civil derivada, en relación a la ausencia de ilicitud penal de los hechos denunciados (sentencias de 26-10-1993, 10-5-1994, 19- 5-1997, 14-4-1998 y 20-11-2001)». (31 enero 2004, rec. 983/1998)

«Como esta misma Sala señaló en sentencia de 20 de octubre de 1989, "si el artículo 22 del Código Penal atribuye una responsabilidad subsidiaria a las empresas por los delitos o faltas en que hubiesen incurrido sus empleados o dependientes en el desempeño de sus obligaciones o servicio, lo que de hecho no se llega a hacer efectivo sino ante la insolvencia de los que sean criminalmente responsables (art. 21 del Código Penal), el artículo 1903 del Código Civil, en cambio confiere esa misma responsabilidad a las empresas, pero con carácter directo, es decir, al mismo nivel que el dependiente o empleado responsable principal del hecho (acción u omisión dañosa interviniendo culpa o negligencia), por lo que la acción civil aun siendo única y la misma tiene en este caso particular un ámbito más amplio e incisivo que la acción penal"; y añade la sentencia citada que la jurisdicción penal se pronuncia "con plena soberanía, dados los términos literales de los artículos 100, 110, 111, 112, 114, y 116 de la LECriminal a los que implícitamente nos remite el artículo 1092 del Código Civil ya que la referida Ley Adjetiva es complemento y desarrollo procesal de la sustantividad del Código Penal». (30 noviembre 2005, rec. 1335/1999)

«En la demanda se ejercitó la acción civil derivada de las faltas que fueron objeto del anterior procedimiento penal, de conformidad con los artículos 1089 y 1092 del Código Civil, y, alternativamente, la acción de responsabilidad extracontractual contemplada en el artículo 1902 del mismo cuerpo legal, solicitando la condena al pago de las indemnizaciones correspondientes a los distintos perjudicados». (26 noviembre 2008, rec. 1459/2002, LA LEY 184744/2008)

CONCORDANCIAS

Véase Código Penal: arts. 109 a 122.
— Ley Enjuiciamiento Criminal: arts. 100 a 117.

Artículo 1.093

Las que se deriven de actos u omisiones en que intervenga culpa o negligencia no penadas por la ley, quedarán sometidas a las disposiciones del capítulo II del título XVI de este libro.

COMENTARIO

1.- La obligación de reparar, nacida de acto ilícito civil, se regula en el Código civil, en los arts. 1092 y ss. Es cuestión del acto ilícito productor de obligaciones, que comúnmente es llamada —mal llamada— responsabilidad extracontractual. Se trata de conducta voluntaria, libre y querida que da lugar al nacimiento de la obligación de indemnizar el daño causando.

2.- Tanto esta última fuente —acto ilícito civil— como la anterior —acto ilícito penal— originan la obligación de indemnizar y se corresponden a una antigua y hoy desacreditada dualidad entre delitos (penales) y cuasidelitos (civiles), dualidad que no tiene razón de ser, pues es uno y solo el acto ilícito fuente de la obligación. Sin embargo, como se ha visto en nuestro Código civil se tratan en normas distintas (Código penal y Código civil) pese a que tienen el mismo fundamento, naturaleza y función y provoca no pocas distorsiones y problemas en su aplicación práctica.

CONCORDANCIAS

Véanse arts. 1.902 a 1.910 de este Código.

CAPÍTULO II
DE LA NATURALEZA Y EFECTOS DE LAS OBLIGACIONES

Artículo 1.094

El obligado a dar alguna cosa lo está también a conservarla con la diligencia propia de un buen padre de familia.

COMENTARIO

1.- La prestación positiva consistente en dar una cosa, objeto de la obligación de dar, implica un traspaso posesorio: sólo transmite la posesión (como, por ejemplo, arrendador al arrendatario), o bien un derecho real (al constituirse el usufructo por ejemplo), o el derecho real pleno, propiedad (así, el vendedor al comprador o el donante al donatario). La prestación positiva de dar se complementa con tres prestaciones relacionadas que se imponen en este artículo y dos siguientes.

2.- El deudor de una obligación de dar tiene asimismo el *deber de diligente conservación de la cosa*. Se trata, en primer lugar, de una obligación de dar una cosa específica (así, tal perro concreto) o genérica siempre que se trate de un género delimitado (así, un perro de esta camada), no puede abarcar todo un género (¿acaso puede darse el deber de conservar todos los perros porque se trata de una obligación de entregar un perro?). En segundo lugar, debe tratarse de una obligación de dar "alguna cosa" que esté en posesión del deudor, en cuyo caso solamente cabe el deber de conservarla. En tercer lugar, el criterio de conservación de la cosa es amplio y discrecional, se establece que será "con la diligencia propia de un buen padre de familia", lo que tiene un sentido abstracto, que debe apreciarse según cada caso concreto, adaptándolo a las circunstancias.

JURISPRUDENCIA

«en los casos en que el poseedor estaba obligado a entregar a su acreedor la cosa que se pierde o deteriora, la norma legal favorece expresamente a este último mediante un desplazamiento del tema necesitado de prueba y, al fin, de la carga de probar. En efecto, el artículo 1094 del Código Civil obliga a quien debe entregar una cosa a conservarla diligentemente. El artículo 1183 del Código Civil, en consonancia con las reglas sobre la carga de la prueba de los hechos extintivos de la obligación, presume iuris tantum *que la pérdida de la cosa en poder del deudor estuvo causada por culpa del mismo (y, por ello, que no queda liberado). Y, en el mismo sentido, el artículo 1563 del propio Código proclama la responsabilidad del arrendatario por la pérdida o deterioro de la cosa arrendada, a no ser que pruebe que se produjeron sin su culpa (al respecto, entre otras muchas, la sentencias de 4 de marzo de 2004 y 18 de julio de 2006)».* (5 marzo 2007, LA LEY 6583/2007)

CONCORDANCIAS

Véanse arts. 1.104, 1.122, 1.183, 1.468 y 1.561 de este Código.

Artículo 1.095

El acreedor tiene derecho a los frutos de la cosa desde que nace la obligación de entregarla. Sin embargo, no adquirirá derecho real sobre ella hasta que le haya sido entregada.

COMENTARIO

1.- Este artículo trata de dos extremos muy distintos, ambos en relación con la obligación positiva de dar y con la consecuente entrega de la cosa: el primero es el derecho a los frutos; el segundo es el derecho real sobre la misma. Se trata en todo caso de obligación con prestación positiva de dar una cosa, sea ésta genérica o específica.

2.- En cuanto a los frutos. En una obligación de dar una cosa fructífera, el deudor tiene el deber de entregar y el acreedor de recibir, los frutos desde que nació aquella obligación (así, desde que se perfeccionó el contrato); sean frutos naturales o civiles.

3.- En cuanto al *derecho real sobre la cosa: título y modo*. Hay que remitirse a lo dicho en el comentario al art. 609, apartado 2, donde se explica que de ambos artículos (609 y 1095) se deduce que nuestro Derecho acoge la teoría del título y el modo: por medio de un contrato (título), se adquiere el derecho (de obligación) a que le sea entregada la cosa; y el derecho real sobre ésta se adquiere por la entrega o tradición (modo).

JURISPRUDENCIA

«El contrato de compraventa, por su eficacia meramente obligatoria, ya que es sólo fuente de obligaciones (artículos 1445, 1450 y 1461 del Código Civil), y no transmisiva, por no producir el traspaso del dominio por el solo acuerdo y necesitar del modo para esa mutación jurídica real (artículos 609 y 1095 del Código Civil), puede tener válidamente por objeto una cosa ajena, pues no hay en nuestro Código Civil norma similar a la contenida en el artículo 1599 del Código Civil francés, que sanciona su nulidad (como consecuencia de la transmisión del dominio mediante el consentimiento: artículos 1138 y 1583)». (11 mayo 2004, rec. 1597/1998)

«contrato de compraventa con todos los requisitos comprendidos en el artículo 1445 del Código Civil, en el cual se determinó perfectamente su objeto, el precio —parte del cual se entregó en dicho acto— y la voluntad de ambas partes en cuanto a su celebración, precisándose además que el comprador entraba en la plena posesión de la finca transmitida y que, desde ese momento, serían de su cuenta todos los gastos que se devengaran por la misma, lo que determinaba la adquisición por éste de la propiedad de la finca objeto del contrato de conformidad con lo dispuesto en el artículo 1095 del Código Civil». (28 noviembre 2005, rec. 1265/1999)

«La pretensión de declaración de propiedad sobre la finca que igualmente formuló la parte demandante no puede ser acogida, ya que, aun cuando se hubiera efectuado la entrega material de la misma, ésta se produjo por la mandataria tras el fallecimiento del mandante y, por tanto, cuando ya no podía actuar válidamente en su nombre salvo el supuesto excepcional previsto en el artículo 1718, párrafo segundo, del Código Civil, que no se estima concurrente. De ahí que al no haberse producido la entrega con eficacia jurídica, no puede considerarse que la parte actora hubiera adquirido derecho real sobre la cosa de conformidad con lo dispuesto en el artículo 1095 del Código Civil y, en consecuencia, la acción declarativa de dominio no puede prosperar». (29 enero 2007, LA LEY 1053/2007)

Vid. la jurisprudencia relacionada en el art. 609 sobre la teoría del título y el modo.

CONCORDANCIAS

Véanse arts. 354 a 357 de este Código.

Artículo 1.096

Cuando lo que deba entregarse sea una cosa determinada, el acreedor, independientemente del derecho que le otorga el artículo 1.101, puede compeler al deudor a que realice la entrega.

Si la cosa fuere indeterminada o genérica, podrá pedir que se cumpla la obligación a expensas del deudor.

Si el obligado se constituye en mora, o se halla comprometido a entregar una misma cosa a dos o más personas diversas, serán de su cuenta los casos fortuitos hasta que se realice la entrega.

COMENTARIO

1.- Este artículo, como otros de este mismo capítulo, trata del incumplimiento de la obligación. El cumplimiento de las obligaciones es la realización de la prestación por el deudor a favor del acreedor, con la consiguiente satisfacción del interés de éste y la extinción de la obligación. El incumplimiento de la obligación es la no realización de la prestación o su realización defectuosa, con lo que no se produce la satisfacción del interés del acreedor.

2.- El primer párrafo se concreta al incumplimiento imputable al deudor, de una obligación de dar una cosa específica (o "determinada" según dice el texto legal). Y establece que, en primer lugar, como medio preferente, se produzca la ejecución forzosa o el cumplimiento forzoso en forma específica o ejecución *in natura* para obtener la satisfacción del interés del acreedor: así, se compelerá al deudor para que haga la entrega de tal cosa específica. Si no es posible, se aplicará el art. 1.101 y se dará el medio subsidiario de satisfacer el interés del acreedor, que es la ejecución o el cumplimiento por equivalencia, la indemnización de daños y perjuicios, *id quod interest*.

3.- El segundo párrafo se concreta al incumplimiento imputable al deudor, de una obligación de dar una cosa genérica (o "indeterminada" como también dice el texto legal). Si ésta se halla en el patrimonio del deudor, el acreedor también podrá exigir —en proceso— coactivamente su entrega: de no hallarse, podrá exigir —dispone el art. 1096.2.º— que se cumpla la obligación a expensas del deudor, es decir, se adquiere la cosa a costa del deudor y se entrega al acreedor. Es el caso tan frecuente de obligaciones dinerarias, cuyo deber de entregar la suma de dinero; si no se cumple, se cumple a su costa, a través de embargo. Ambos casos, pues de ejecución forzosa *in natura*.

4.- El último párrafo se refiere, en contraposición a los dos anteriores, al incumplimiento de la obligación de dar inimputable al deudor y prevé un supuesto muy particular. Tal incumplimiento no es imputable al deudor por caso fortuito. El supuesto normal lo prevé el art. 1.105 en que la obligación se extingue y el deudor queda liberado del cumplimiento.

El supuesto particular lo contempla este párrafo: el deudor responde del incumplimiento de la obligación de dar, hasta que se realice la entrega de la cosa, aun por caso fortuito, si estaba constituido en mora o había hecho una doble disposición de la cosa. Pueden hacerse un par de observaciones sintácticas. Primera: el texto legal dice «si el obligado se constituye en mora o se halla comprometido...», ¿no debería ser «haya» de haber? ¿es falta de imprenta o de ortografía? Si debiera ser «haya» del verbo haber, no sería correcto el uso simultáneo del indicativo del primer verbo («se constituye) y del subjuntivo del segundo («haya»); no hay falta de imprenta, ni tampoco de ortografía; es correcto, es «halla» del verbo hallar, encontrarse: «... o se encuentra comprometido...». La segunda es la expresión «casos fortuitos» que quiere decir, «sucesos producidos por caso fortuito».

CONCORDANCIAS

Véanse arts. 1.166, 1.167, 1.182, 1.183, 1.452, 1.454, 1.589 y 1.590 de este Código.

Artículo 1.097

La obligación de dar cosa determinada comprende la de entregar todos sus accesorios, aunque no hayan sido mencionados.

COMENTARIO

1.- Al comentar el art. 1094 se dijo que la obligación consistente en prestación positiva de dar se complementa con tres prestaciones, que se imponen en aquel artículo (de conservación), en el art. 1095 (frutos) y en el presente 1097 sobre accesorios.

2.- Dispone este artículo que el deudor de una obligación de dar cosa específica («determinada» dice el texto legal), comprende la de sus accesorios, aunque no se haya previsto expresamente tal cosa o no se haya detallado. Por tanto, el cumplimiento consistirá en la entrega de la cosa con sus accesorios.

JURISPRUDENCIA

«La explanación y rellenado de las parcelas no parece estrictamente ser un accesorio de la cosa comprada y como tal ha de entregársele al comprador, sino una forma pactada de cumplir con la obligación de entrega de la misma cosa vendida». (1 marzo 2004, rec. 1088/1998)

«el artículo 1097 no hace distinciones por su función, sea ésta más o menos esencial, para el manejo de la cosa principal o para ejercitar los derechos correspondientes sobre ella, y es evidente que entre la documentación que debe entregarse está la licencia de primera ocupación o de primera utilización a través de la cual se acredita las condiciones de habitabilidad de la vivienda, su adecuación a la licencia inicial de obras y al proyecto y a sus condiciones de seguridad, habitabilidad o salubridad para el uso a que se le destina; entrega, por lo demás, que resultaba tanto por aplicación de este precepto como por el artículo 1258 del Código civil en el sentido de que los contratos obligan no sólo a cumplir lo pactado, sino también a todas las consecuencias que, según su naturaleza, sean conformes a la buena fe, al uso y a la ley». (19 abril 2007, LA LEY 11507/2007)

CONCORDANCIAS

Véanse arts. 346, 347, 376, 377, 883, 1.469 y 1.770 de este Código.

Artículo 1.098

Si el obligado a hacer alguna cosa no la hiciere, se mandará ejecutar a su costa.

Esto mismo se observará si la hiciere contraviniendo el tenor de la obligación. Además podrá decretarse que se deshaga lo mal hecho.

COMENTARIO

1.- La prestación positiva, consistente en un hacer, es la actividad —cualquiera— distinta de dar una cosa. Puede consistir en una actividad en sí misma considerada, sin atención al resultado (por ejemplo, en un contrato de prestación de servicios) o en un resultado al cual se encamina la actividad, pero aquél es el que se toma en cuenta para la prestación (por ejemplo, en un contrato de obra). Se corresponde a la distinción de resultado y de actividad.

2.- En caso de *incumplimiento* imputable al deudor, de una obligación de hacer, si es un hecho personalísimo (así obligaciones *intuitu personae*, art. 1.161) no cabe la ejecución forzosa *in natura*; si son hechos no personalísimos, sí cabe la ejecución *in natura*: «se mandará ejecutar a su costa» dice el primer párrafo de este artículo.

Igualmente, si la obligación de hacer se incumple por el deudor, porque la cumple mal («contraviniendo el tenor de la obligación») se mandará ejecutar a su costa o se ordenará que se deshaga lo mal hecho, dice este artículo; es decir, se practicará la ejecución forzosa, *in natura*, siempre que no sea un hecho personalísimo.

3.- En todo caso en que no quepa la ejecución forzosa, *in natura*, que es la preferente, se practicará la subsidiaria, la indemnización de daños y perjuicios, que es la ejecución o el cumplimiento por equivalencia.

JURISPRUDENCIA

«Se trata de una obligación de hacer y, en consecuencia, se le debe aplicar la regla contenida en el artículo. 1098 CC, de manera que "si el obligado a hacer alguna cosa no la hiciere, se mandará ejecutar a su costa". Por ello una ya larga jurisprudencia considera que el derecho del perjudicado a obtener la reparación in natura es preferente sobre la indemnizatoria, siempre que ello sea posible y el perjudicado la prefiera (sentencias de 2 diciembre 1994 y 13 mayo 1996). Sin embargo, esto no ha impedido que la misma jurisprudencia haya considerado que en el caso de que el perjudicado haya pretendido infructuosamente la reparación de los defectos constatados, haya que considerar que se ha efectuado la reparación incorrectamente o bien, que habiéndose requerido el cumplimiento de la obligación, el obligado no lo ha realizado, por lo que el principio indemnizatorio está también presente en el artículo 1591 CC (sentencia de 7 de mayo de 2002), ya que responde a la protección del interés más fundado en derecho. De esta manera, el derecho a pedir el cumplimiento in natura no excluye la posibilidad de la reclamación directa de la indemnización en su lugar. Pero esta es una excepción a la regla general del artículo 1098 CC y para ello se requiere: a) que el demandante haya requerido por cualquier medio que debe ser probado la realización de las reparaciones exigidas según el estado de la obra; b) que el demandado haya incumplido la obligación voluntariamente "por haber incurrido en dolo o culpa o con contravención del tenor de las obligaciones pactadas (artículo. 1101 CC)" (sentencias de 3 de julio de 1989 y 12 de diciembre de 1990), y c) que el demandante prefiera la indemnización, dado el constatado incumplimiento del deudor, por depender el cumplimiento de una relación personal que se ha demostrado contraria a las reglas de conducta propias de las relaciones contractuales». (13 julio 2005, rec. 664/1999)

«si bien el derecho a pedir una indemnización in natura no excluye la posibilidad de la reclamación directa de la indemnización en su lugar, hay que entender que ésta es una excepción a la regla general del art. 1098 CC, requiriéndose para ello de determinadas actuaciones o situaciones, como son el requerimiento previo de realización al deudor, que éste lo incumpla voluntariamente, y "que el demandante prefiera la indemnización, dado el constatado incumplimiento del deudor, por depender el cumplimiento de una relación

personal que se ha demostrado contraria a las reglas de conducta propias de las relaciones contractuales"». (27 septiembre 2005, rec. 683/1999)

CONCORDANCIAS

Véase art. 1.161 de este Código.

Artículo 1.099

Lo dispuesto en el párrafo segundo del artículo anterior se observará también cuando la obligación consista en no hacer y el deudor ejecutare lo que le había sido prohibido.

COMENTARIO

1.- Los artículos anteriores se referían al cumplimiento o al incumplimiento de las obligaciones positivas de dar y de hacer. Este es relativo a las obligaciones de no hacer.

Si el deudor, en una obligación de no hacer, incumple imputablemente, se practicará la ejecución forzosa *in natura*: se podrá ordenar que se deshaga lo mal hecho. Es decir, como expresa el texto legal: el deudor ejecutó lo que le había sido prohibido; no se trata, ciertamente, de prohibición alguna, sino de que existía una obligación de no hacer y el deudor hizo lo que se había obligado a no hacer: en tal caso, se deshace lo que hizo.

2.- En caso de que no sea posible, se procede a la ejecución o cumplimiento por equivalencia, la indemnización de daños y perjuicios, *id quod interest*, a que se refiere el art. 1.101.

Artículo 1.100

Incurren en mora los obligados a entregar o a hacer alguna cosa desde que el acreedor les exija judicial o extrajudicialmente el cumplimiento de su obligación.

No será, sin embargo, necesaria la intimación del acreedor para que la mora exista:

1.º Cuando la obligación o la ley lo declaren así expresamente.

2.º Cuando de su naturaleza y circunstancias resulte que la designación de la época en que había de entregarse la cosa o hacerse el servicio, fue motivo determinante para establecer la obligación.

En las obligaciones recíprocas ninguno de los obligados incurre en mora si el otro no cumple o no se allana a cumplir debidamente lo que le incumbe. Desde que uno de los obligados cumple su obligación, empieza la mora para el otro.

COMENTARIO

1.- En el cumplimiento defectuoso de la obligación, caso de incumplimiento parcial, el supuesto más típico y contemplado específicamente en el Código civil es el relativo al tiempo, la mora del deudor. Es, en efecto, cumplimiento defectuoso el incumplimiento tardío o moroso que consiste en que la prestación se realiza después de haber incurrido el deudor en mora. Mora es el retraso culpable en el cumplimiento de la obligación.

2.- Los requisitos de la mora, es decir, para que el deudor que retrasa el cumplimiento de la obligación incurra en mora, se desprenden de lo dispuesto en el art. 1.100 y son los siguientes:

Primero. Obligación positiva. Ha de tratarse de una obligación positiva, obligación de hacer (o de dar, que no es sino una variedad del hacer). En las obligaciones negativas, de no hacer, si el deudor hace lo que no debe hacer, no habrá retraso sino incumplimiento propio.

El art. 1.100, primer párrafo, se refiere a las obligaciones positivas al decir «... los obligados a entregar o a hacer alguna cosa...».

Segundo. Exigibilidad de la deuda. La deuda —deber jurídico del deudor de realizar la prestación— ha de ser exigible.

La exigibilidad viene determinada por la clase de obligación, según sea pura, condicional o a término: inmediatamente (desde luego, dice el art. 1.113) en la primera; cuando se cumpla la condición, si se cumple, en la segunda (art. 1.114); y cuando llegue a término, en la tercera (art. 1.125).

La exigibilidad lleva consigo que la deuda sea líquida, ya que una deuda ilíquida no puede ser exigida; hay que esperar a que se liquide y, entonces, será exigible y el deudor incurrirá en mora. *In liquidis non fit mora*. La jurisprudencia es reiteradísima respecto a la exigencia de liquidez de la deuda.

Tercero. Culpabilidad del deudor. La mora da lugar a indemnización, dice el art. 1.101, pero no ha lugar a la misma, añade el art. 1.105, si se ha producido por caso fortuito o fuerza mayor (a no ser que se haya previsto expresamente que responda incluso en tal caso). Por tanto, es preciso que el retraso se haya producido culpablemente por el deudor para que éste incurra en mora.

Cuarto. Interpelación del acreedor al deudor. Es también requisito que el acreedor, tal como dice el art. 1.100, primer párrafo, les exija (a los deudores) judicial o extrajudicialmente el cumplimiento de su obligación. Es una declaración de voluntad unilateral y recepticia del acreedor al deudor. Puede hacerse judicialmente (por interposición de la demanda, que es el caso más frecuente: o por acto de conciliación) o extrajudicialmente, en cualquier forma: oral, escrita por documento privado o documento público.

3.- Excepción al anterior requisito. Mora automática. El mismo artículo 1.100 prevé ciertos supuestos en los que no se precisa el requisito cuarto, de intimación al deudor, sino que se produce la mora automáticamente cuando se da el retraso, con los demás requisitos (en obligaciones positivas, deuda exigible y culpabilidad). Estos casos son los tres siguientes, que prevé el mismo artículo 1.100, segundo párrafo: no será, sin embargo, necesaria la intimación del acreedor para que la mora exista:

1.º) Cuando las partes lo pacten expresamente, en virtud del principio de la autonomía de la voluntad: artículo 1.100 segundo párrafo 1.º: cuando la obligación (o la ley) lo declaren expresamente.

2.º) Cuando la ley lo determine expresamente: la misma norma: 1.º cuando (la obligación o) la ley lo declaren expresamente. El caso más importante no es de Derecho civil, sino de mercantil; el artículo 63.1.º, del Código de Comercio dispone que las obligaciones mercantiles con día de cumplimiento, determinado, empieza la mora al siguiente de su vencimiento, sin intimación.

3.º) Tal como dice el mismo artículo 1.100, num. 2, cuando de su naturaleza y circunstancias resulte que la designación de la época en que había de entregarse la cosa o hacerse el servicio, fue motivo determinante para establecer la obligación. Debe interpretarse esta norma en el sentido de que de la naturaleza y circunstancias de la obligación se deduce el pacto tácito de que la mora se produzca automáticamente, porque el tiempo del cumplimiento fue motivo determinante (aunque no exclusivo, pues, en tal caso, cumplir más tarde provocaría incumplimiento propio, total) de la obligación

4.- Establece el último párrafo una especialidad para la mora en las obligaciones recíprocas. No se trata de que en las obligaciones recíprocas no sea preciso el requisito de intimación del deudor y, por tanto, desde que uno cumple empieza la mora para el otro, es decir, mora automática, sino que en las obligaciones recíprocas son precisos los requisitos de la mora —incluso el de intimación al deudor— y además (lógica consecuencia de los principios que presiden las obligaciones recíprocas) que el acreedor cumpla como deudor su respectiva obligación recíproca. Por tanto, cumplida por un sujeto su obligación recíproca, exigirá al otro sujeto que cumpla la suya, y si se retrasa, dándose todos los requisitos (incluso el de ser intimado, requerido) incurre en mora.

JURISPRUDENCIA

Concepto:

«La mora es la infracción de la obligación cometida por el deudor al retrasar el cumplimiento de la prestación debida, pero con posibilidad de cumplirla posteriormente. En esto se diferencia la mora de la imposibilidad de cumplimiento de la prestación. Sin embargo, en sentido estricto, al no poderse fuera del término pactado cumplir la prestación, se habla por ello de que la mora implica una imposibilidad parcial, y se parte siempre, para estimar que existe, de la subsistencia de la pretensión para cumplir lo debido. Por consiguiente, en los negocios a plazo fijo la posibilidad de cumplir después la prestación no es suficiente y se da imposibilidad jurídica de cumplirla.» (24 septiembre 2002, LA LEY 345/2003)

«El artículo 1100 del Código Civil, con precedente en los artículos 1117 del Anteproyecto 1882-1888 y 1007 del Proyecto de 1851, exige para que se entienda producida la mora, además de un retraso en el cumplimiento de la prestación debida, que el acreedor lo reclame al deudor (sentencias de 12 de febrero de 1972, 12 de febrero de 1979, 5 de mayo de 1986 y 8 de febrero de 2000). Esa intimación, que puede ser judicial o extrajudicial y que no está sometida a la exigencia de forma determinada, no es precisa en todo caso. Según el mismo precepto, no lo es cuando su necesidad hubiera sido excluida por pacto o por ley ni cuando de la naturaleza y circunstancias de la obligación resulte que la designación de la época en que había de cumplirse la prestación fue motivo determinante para establecer la obligación (sentencia de 15 de noviembre de 1977)». (1 septiembre 2004, rec. 2442/1998)

«La situación de retraso en el cumplimiento puede dar lugar a la constitución en mora, cuando se dan los presupuestos que entre otros señala el artículo 1100 CC, con las consecuencias que indican preceptos como los artículos 1101, 1096, 1182, etc., del Código civil, pero no necesariamente a la resolución, cuyo carácter de remedio excepcional, frente al principio de conservación del negocio, ha sido puesto de relieve por Sentencias como las de 8 de julio de 1954, 25 de noviembre de 1983, 22 de marzo de 1993 o 18 de noviembre de 1994. De ahí que la jurisprudencia haya venido exigiendo, además haya cumplido quien promueve la resolución, las obligaciones que le correspondieran de una parte, que se aprecie en el acreedor que insta la resolución "un interés jurídicamente atendible", tópico mediante el cual se expresa la posibilidad de apreciar el carácter abusivo o contrario de buena fe,

o incluso doloso, que puede tener la resolución cuando se basa en un incumplimiento más aparente que real, pues no afecta al interés del acreedor en términos sustanciales, o encubre la posibilidad de conseguir un nuevo negocio que determinaría un nuevo beneficio. Y, por otra parte, que se trate de un incumplimiento de cierta entidad, que se ha caracterizado como "verdadero y propio" (Sentencias 15 de noviembre de 1994, 7 de marzo y 19 de junio de 1995, entre muchas otras), "grave" (Sentencias de 23 de enero y 10 de diciembre de 1996, 30 de abril y 18 de noviembre de 1994, etc.), "esencial" (Sentencias de 26 de septiembre de 1994, 26 de enero de 1996, 6 de octubre de 1997, 11 de abril de 2003, etc.), a cuyo efecto se utilizan tópicos como los que caracterizan el incumplimiento resolutorio acudiendo a que tenga importancia y trascendencia para la economía de los interesados (Sentencias de 25 de noviembre de 1983, 19 de abril de 1989, etc.) o entidad suficiente para impedir la satisfacción económica de las partes (Sentencias 22 de marzo de 1985, 24 de septiembre de 1986, etc.), o bien genere la frustración del fin del contrato (Sentencias de 23 de febrero de 1995, 10 de mayo de 2000, 25 de febrero, 11 de marzo y 15 de octubre de 2002, entre las más recientes), que a veces se expresa con otras fórmulas, como la frustración de las legítimas expectativas o aspiraciones o la quiebra de la finalidad económica o frustración del fin práctico (Sentencias 19 de noviembre de 1990, 21 de febrero de 1991, 15 de junio y 2 de octubre de 1995)». (4 junio 2007, LA LEY 51860/2007)

Interpretación:

«Siendo la mora el retraso culpable en el cumplimiento de la obligación, que da lugar, si la obligación es pecuniaria, al pago de intereses que si no se han pactado serán los legales, es preciso que, para apreciarse, concurran los requisitos que establece el art. 1100 CC. En el presente caso, sólo uno de ellos plantea problema: el de la interpelación del acreedor al deudor, que, como dice dicho art. 1100, "... les exija judicial o extrajudicialmente el cumplimiento de su obligación", lo que es una declaración de voluntad unilateral y recepticia del acreedor al deudor, que puede hacerse judicial o extrajudicialmente. La simple remisión de una factura o una carta en que no figura la intimación por una cantidad concreta no cumple este requisito». (8 febrero 2000, LA LEY 202/2001)

«son numerosas las sentencias que declaran producida la mora no con el emplazamiento del demandado, sino con la mera interposición de la demanda —sentencias de 18 de junio de 1.982, 3 de julio de 1.984, 7 de septiembre de 1.990, 30 de diciembre de 1.993, 30 de diciembre de 1.994, 12 de julio de 1.996, 13 de octubre de 1.997, 25 de octubre de 2.002, 16 de noviembre de 2.007 y 8 de mayo de 2.008—, aunque ello signifique, se diga o no, negar la naturaleza recepticia de tal modalidad de interpelación. Esta interpretación última sobre el momento en que debe entenderse producida la reclamación judicial, debe ser mantenida y completada con lo que dispone el artículo 410 de la Ley de Enjuiciamiento Civil con respecto al comienzo de la litispendencia —que tiene lugar con la interposición de la demanda, siempre que la misma sea después admitida—. A las razones en que se basan las sentencias que sostienen la referida doctrina, cabe añadir hoy la conveniencia de contribuir en lo que sea posible a que las consecuencias de la morosidad resulten disuasorias». (20 enero 2009, rec. 2693/2003, LA LEY 1158/2009)

«no tiene sentido alegar la infracción del artículo 1100 del Código civil cuando en el presente caso no se trata de mora, como retraso culpable en el cumplimiento de una obligación sino de cláusula penal, como aquella que establece una pena convencional para el caso de incumplimiento total o parcial de una obligación que en éste es el retraso en la ejecución de la obra. Dado el retraso, se debe cumplir la cláusula penal prevista para ello; no es mora, sino supuesto de la cláusula; no se aplica el artículo 1100 sino el 1152 del Código Civil». (8 abril 2009, rec. 1091/2004, LA LEY 34592/2009)

Principio *in iliquidis non fit mora:*

«si bien la doctrina de esta Sala viene atenuando la rigurosidad del principio in illiquidis non fit mora, tal y como razona el escrito de impugnación, admitiendo la condena al pago de intereses en el caso de que la cantidad concedida sea inferior a la reclamada, sin embargo tal apreciación sólo es posible cuando la diferencia no sea sustancial, y obviamente se da esta circunstancia en una rebaja de más de dos millones de pesetas de una reclamación que no llega a doce». (31 marzo 2005, rec. 4045/1998)

«Como señala la sentencia de esta Sala de 12 de mayo de 2003 "si bien es cierto que la más moderna jurisprudencia de esta Sala ha superado la tradicional concepción de la regla in illiquidis non fit mora por razones de equilibrio económico y de justicia distributiva, tal jurisprudencia no es aplicable en aquellos casos en que se trata de fijar el quantum indemnizatorio"; doctrina reiterada por la sentencia de 14 de julio del mismo año y que resulta de aplicación al caso, no ya por la absoluta indeterminación inicial del importe debido, extraña a cualquier imputación de demora al deudor (artículos 1100 y 1101 del Código Civil) sino, fundamentalmente, porque ha resultado necesario el seguimiento del proceso para establecer la propia existencia de la obligación de las demandadas nacida de culpa extracontractual o "aquiliana"». (9 noviembre 2005, rec. 709/1999)

«En primer lugar debe señalarse que, nos hallemos ante una deuda pecuniaria o ante una deuda de valor, el tema es irrelevante porque los intereses legales pueden actuar como factor indemnizatorio en caso de mora en el pago de las deudas consistentes en una cantidad de dinero, o como factor de actualización de las deudas de valor, de modo que permite la adecuación a un momento posterior (el del pago) del cálculo valorativo realizado en contemplación de un momento anterior (en el que debió haberse producido el abono correspondiente). Y así lo viene entendiendo esta Sala (SS, entre otras, 15 y 16 de diciembre de 2004, 3 de abril y 3 de octubre de 2006, 14 de junio de 2007). En segundo lugar, el concepto técnico de exigibilidad (arts. 1113 y 1125 CC) no coincide con el de la determinación, que es un requisito diferente para obtener la efectividad. Finalmente, la mera invocación de que la determinación del quantum *de la deuda precisó del proceso judicial, el cual, se dice, fue necesario para resolver la discrepancia existente al respecto entre los interesados, no puede operar como causa excluyente, en todo caso, de la condena al pago de los intereses desde la interposición de la demanda. De entenderse de otro modo, como pretende la parte recurrente, supone estimular el retraso en el pago, con el premio añadido del disfrute del dinero debido sin contraprestación alguna a favor del acreedor, desconociendo que el mismo es un producto fructífero, pues bastaría expresar la mera disconformidad y esperar a la simple desarmonía entre la suma postulada y la judicialmente determinada, sin ningún tipo de consignación, para que no procediera la concesión de intereses. Ciertamente, durante mucho tiempo, la doctrina jurisprudencial, a través de la exigencia de la liquidez y con apoyo en el principio (en realidad regla, o aforismo) de* in illiquis non fit mora *(sin base histórica, ni de derecho positivo), vino manteniendo un criterio muy riguroso al requerir, prácticamente y de modo general, la coincidencia de la suma concedida con la suplicada para que pudiera condenarse al pago de los intereses legales desde la interpelación judicial. La exigencia fue atenuada a partir de la Sentencia de 5 de marzo de 1992, seguida por las de 17 y 18 de febrero y 21 de marzo de 1994; 19 de junio, 20 de julio, 9 y 30 de diciembre de 1995, y otras muchas posteriores, que sustituye la coincidencia matemática por la "sustancial", de modo que una diferencia no es proporcionada de lo concedido con lo pedido no resulta obstáculo al otorgamiento de intereses. A partir del Acuerdo de esta Sala 1.ª de 20 de diciembre de 2005 se consolida una nueva orientación, que se plasma en Sentencias, entre otras, de 4 de junio de 2006, 9 de febrero, 14 de junio y 2 de julio de 2007, que, prescindiendo del alcance dado a la regla* in illiquidis non fit mora, *atiende al canon de la razonabilidad en la oposición para decidir la procedencia de condenar o no al pago de intereses y concreción del* dies a quo *del devengo. Este moderno criterio, que da mejor respuesta a la naturaleza de la obligación y al justo equilibrio de los intereses en juego, y en definitiva a la plenitud de*

la tutela judicial, toma como pautas de la razonabilidad el fundamento de la reclamación, las razones de la oposición, la conducta de la parte demandada en orden a la liquidación y pago de lo adeudado, y demás circunstancias concurrentes, por lo que la solución exige una especial contemplación del caso enjuiciado». (16 noviembre 2007, LA LEY 180002/2007) (Doctrina reiterada por la de 15 julio 2009, rec. 1935/2004, LA LEY 125361/2009 y 24 septiembre 2010, rec. 1913/2006, LA LEY 181837/2010)

«La obligación de pago de intereses, como esencialmente accesoria, presupone una obligación principal, de capital, sin la que no se pueden originar aquéllos. Lo cual se predica tanto respecto a los intereses convencionales, pactados por las partes, sujetos de la obligación principal, como los legales, sean moratorios o ejecutorios. En todo caso, precisamente por ello, es presupuesto para el nacimiento de los mismos, es decir, de la obligación de pago de ellos, que la obligación principal sea exigible y sea líquida, en el sentido de estar perfectamente determinada; de no estarlo, no se puede conocer cuáles sean los intereses y al no ser exigible una obligación determinada —no liquidada— no cabe pensar en que haya nacido su obligación accesoria de pagar intereses». (30 abril 2009, rec. 1953/2004, LA LEY 40403/2009)

Cambio de criterio en el principio *in iliquidis non fit mora:*

«la sentencia de 19 de junio de 1995, inició un giro jurisprudencial, que la de 13 de octubre de 1997 da por consolidado, insistente en reconocer el derecho del demandante a los intereses moratorios aunque la sentencia diera menos de lo pedido en la demanda. Línea que han seguido, entre otras, las sentencias de 25 de febrero de 2000, 8 de noviembre de 2000 y 10 de abril de 2001, hasta los de 5 de abril de 2005 y 15 de abril de 2005, entre otras. Inspiran esta línea los principios de buena fe contractual y de equilibrio de las prestaciones, así como la consideración de la preexistencia cierta del crédito que se hacía valer en la demanda, por más que su cuantificación final no coincidiera exactamente con la estimada por el demandante. Pero la distancia entre lo solicitado y lo concedido no permite, según la posición de la Sala ya consolidada, conceder intereses moratorios (sentencias de 20 de marzo de 2003, de 7 de noviembre de 2001), y es lo que ocurre en el supuesto que se contempla, en que el actor reclama más del doble de lo que se le concede». (30 noviembre 2005, rec. 1337/1999)

«la primitiva rigidez que se atribuía a la regla in illiquidis non fit mora, *como recuerda la sentencia de esta Sala de 30 noviembre 2005, ha sido mitigada, y la sentencia de 19 junio 1995 inició un giro jurisprudencial que la de 13 de octubre de 1997 da por consolidado consistente en reconocer el derecho del demandante a obtener el pago de intereses moratorios aunque la sentencia conceda menos de lo pedido en la demanda. Se justifica tal solución, seguida por otras sentencias posteriores como las de 25 de febrero, 8 de noviembre de 2000 y 10 de abril de 2001, hasta las de 5 y 15 de abril de 2005, en los principios de buena fe contractual y equivalencia de las prestaciones, así como la consideración de la preexistencia del crédito reclamado aunque su cuantificación final no coincida exactamente con la estimada por el demandante. Sólo una considerable distancia entre lo postulado y lo concedido, según esta nueva orientación, ha de llevar a no reconocer el derecho al cobro de intereses legales moratorios (sentencias de 7 noviembre 2001 y 20 marzo 2003, entre otras)».* (6 octubre 2006, LA LEY 110248/2006) (Reiterado por la sentencia del 30 de enero de 2007)

«La sentencia de 9 de noviembre de 2005 recoge la de 12 de mayo de 2003 según la cual "si bien es cierto que la más moderna jurisprudencia de esta Sala ha superado la tradicional concepción de la regla in iliquidis non fit mora *por razones de equilibrio económico y de justicia distributiva, tal jurisprudencia no es aplicable en aquellos casos en que se trata de fijar el* quantum *indemnizatorio"; doctrina reiterada por la de 14 de julio del mismo año y que resulta de aplicación al caso —dice la citada sentencia de 2005—, no ya por la absoluta*

indeterminación inicial del importe debido, extraña a cualquier imputación de demora al deudor (arts. 1100 y 1101) del Código Civil, sino, fundamentalmente, porque ha resultado necesario el seguimiento del proceso para establecer la propia existencia de la obligación de las demandadas nacidas de culpa extracontractual o "aquiliana"; de donde se deduce que la norma aplicable sobre pago de intereses resulta ser la contenida en el art. 921, párrafo cuarto, de la Ley de Enjuiciamiento Civil». (24 noviembre 2006, LA LEY 144981/2006)

«Es cierto que el brocardo in illiquidis non fit mora *fue mantenido con cierta rigurosidad por la jurisprudencia de esta Sala en las sentencias que se citan, entre otras, pero también lo es que como señala la de 30 noviembre 2005, "la Sentencia de 19 de junio de 1995 inició un giro jurisprudencial, que la de 13 de octubre de 1997 da por consolidado, insistente en reconocer el derecho del demandante a los intereses moratorios aunque la sentencia diera menos de lo pedido en la demanda. Línea que han seguido, entre otras, las Sentencias de 25 de febrero de 2000, 8 de noviembre de 2000 y 10 de abril de 2001, hasta las de 5 de abril de 2005 y 15 de abril de 2005, entre otras. Inspiran esta línea los principios de buena fe contractual y de equilibrio de las prestaciones, así como la consideración de la preexistencia cierta del crédito que se hacía valer en la demanda, por más que su cuantificación final no coincidiera exactamente con la estimada por el demandante". En similares términos, la de 4 febrero 2004 había manifestado que "la jurisprudencia de esta Sala ya no sigue aquel brocardo jurídico (que no principio general del Derecho) por razones de equidad y de justicia, amparador de prolongados litigios para alejar el momento del pago de lo debido cuando es consciente la parte que lo invoca de que es deudora de la que reclama, siendo por lo demás poco racional que una disminución de la cantidad de lo reclamado origine daños al acreedor (sentencias 5 marzo de 1992 y 25 octubre 2002 y las que en ellas se citan)"».* (30 enero 2007, LA LEY 1476/2007)

«La jurisprudencia, en aplicación de la regla in illiquidis non fit mora, *mandaba desestimar la pretensión de condena del deudor a pagar los intereses de demora (artículos 1101 y 1108 del Código Civil) cuando la sentencia que ponía fin al proceso declaraba que la deuda que los podría generar era inferior a la reclamada en la demanda. Consideraba, por ello, que la discrepancia de las partes sobre la cuantía del* debitum *convertía en necesario un proceso para liquidarlo y, por ello, en ilíquida la deuda hasta la sentencia. En tal sentido, entre otras muchas, son de mencionar las sentencias 15 de febrero de 1982 (... iliquidez que ha de admitirse cuando, como se acaba de decir, se ha demandado mayor suma de la debida por incluir en la petición de condena e importe de unos gastos de giro improcedentes legalmente...), 30 de noviembre de 1982 (... el deudor vendrá obligado al pago de los intereses legales "por cantidad líquida" desde que se reclame judicialmente, es decir, desde el momento en que empieza la litispendencia, pero siempre que se le condene al pago de la suma reclamada líquida, y no cuando, como sucede en este caso, la condena es por cantidad inferior o distinta o cuando ha de determinarse en ejecución de sentencia...) y 21 de junio de 1985 (... y dado que al determinarse en sentencia el importe de la cantidad adeudada, en concepto de rentas atrasadas, y devenir líquida en la dicha resolución, no puede devengar intereses, como tiene dicho reiteradamente esta Sala). Sin embargo, la función resarcitoria de la tardanza que cumplen las condenas al pago de los intereses moratorios, de conformidad con lo dispuesto en los artículos 1101 y 1108 del Código Civil, unida a la natural productividad del dinero (la sentencia de 5 de marzo de 1992, seguida por otras, calificó la condena al abono de intereses producidos por las cantidades debidas como una indemnización o sanción que se impone al deudor moroso, precisamente por su conducta renuente en el pago que da lugar a la mora... y destacó que si se pretende conceder al acreedor a quien se debe una cantidad una protección judicial completa de sus derechos, no basta con entregar aquello que, en su día, se le adeudaba, sino también lo que, en el momento en que se le entrega, debe representar en suma, y ello no por tratarse de una deuda de valor, sino también, y aunque no lo fuera, porque si las cosas, incluso fungibles y dinerarias, son susceptibles de producir frutos —léase frutos*

civiles o intereses— no parece justo que los produzcan en favor de quien debió entregarlas ya con anterioridad a su verdadero dueño, es decir, al acreedor), así como a la existencia de diversidad de grados de indeterminación de las deudas, a la progresiva revisión de los criterios de imputación al deudor del retraso en el cumplimiento, basados tradicionalmente en la idea de culpa (que fue negada respecto de quien ignora lo que realmente debe: non potest improbus videri, qui ignorat quantum solvere debeat: Digesto 50.17.99) *y a la comprobación empírica de que los relatados criterios tradicionales dejaban la aplicación de la sanción en manos del propio deudor, al que le bastaba con negar la deuda o discutir la cantidad reclamada para hacerla indeterminada (como recuerdan las sentencias de 20 de diciembre de 2005 y 31 de mayo de 2006), llevaron a la jurisprudencia a un nuevo planteamiento de la cuestión (sentencias 21 de marzo de 1994, de 17 de febrero de 2004), conforme al que rechaza todo automatismo en la aplicación del brocárdico* in illiquidis non fit mora, *a la vez que valora la razonabilidad de la oposición del deudor a aceptar como debida la cantidad que se le reclama (sentencias de 5 de abril de 2005, 15 de abril de 2005, 30 de noviembre de 2005, 20 de diciembre de 2005, 31 de mayo de 2006, entre otras muchas)».* (9 febrero 2007, LA LEY 1510/2007) (Doctrina reiterada por la de 28 mayo 2009, rec. 1795/2004, LA LEY 84758/2009)

«La jurisprudencia, en aplicación de la regla in illiquidis non fit mora, *mandaba tradicionalmente desestimar la pretensión de condena del deudor a pagar los intereses de demora (artículos 1101 y 1108 del Código Civil) cuando la sentencia que ponía fin al proceso declaraba que debía menos de lo reclamado en la demanda. Consideraba, por ello, que la discrepancia de las partes sobre la cuantía del* debitum *convertía en necesario un proceso para liquidarlo y, por ello, en ilíquida la deuda. En tal sentido, entre otras muchas, son de mencionar las sentencias 15 de febrero de 1982, 30 de noviembre de 1982 y 21 de junio de 1985. Sin embargo, como señalaron las sentencias de 2 de julio y 9 de febrero de 2007, dada la función indemnizatoria de la tardanza que cumplen las condenas al pago de los intereses de demora, de conformidad con lo dispuesto en los artículos 1101 y 1108 del Código Civil, y la natural productividad del dinero —la sentencia de 5 de marzo de 1992, seguida por otra muchas, destacó que, si se pretende conceder al acreedor a quien se debe una cantidad una protección judicial completa de sus derechos, no basta con entregar aquello que, en su día, se le adeudaba, sino también lo que, en el momento en que se le entrega, debe representar en suma, y ello ... porque si las cosas, incluso fungibles y dinerarias, son susceptibles de producir frutos —léase frutos civiles o intereses— no parece justo que los produzcan en favor de quien debió entregarlas ya con anterioridad a su verdadero dueño, es decir, al acreedor—, así como la existencia de diversidad de grados de indeterminación de lo debido —además de la progresiva revisión de los criterios de imputación del retraso al deudor— y la comprobación empírica de que la sanción por mora aplicada según los relatados criterios tradicionales quedaba en manos del propio obligado, al que le bastaba con negar la deuda o discutir la cantidad reclamada para hacerla indeterminada —sentencias de 20 de diciembre de 2005 y 31 de mayo de 2006—, llevaron a la jurisprudencia a un nuevo planteamiento de la cuestión —sentencias 21 de marzo de 1994, de 17 de febrero de 2004—, conforme al que se rechaza el automatismo en la aplicación del brocárdico* in illiquidis non fit mora, *a la vez que se valora la racionabilidad de la oposición del deudor a aceptar como debida la cantidad que se le reclama —sentencias de 5 de abril de 2005, 15 de abril de 2005, 30 de noviembre de 2005, 20 de diciembre de 2005, 31 de mayo de 2006, entre otras muchas—».* (8 noviembre 2007, LA LEY 185154/2007) (Reitera la doctrina de la sentencia anterior de 2 julio 2007, LA LEY 72159/2007)

«La nueva orientación jurisprudencial se recoge, entre las más recientes, en la Sentencia de 19 de mayo de 2008, en la que se destaca el sometimiento de la regla "in illiquidis non fit mora" al canon de razonabilidad en la oposición para decidir la procedencia de condenar o no al pago de intereses y para la concreción del término inicial del cómputo del devengo. Tal

como precisa dicha Sentencia, recogiendo los términos de la de 16 de noviembre de 2007, este moderno criterio da mejor respuesta a la naturaleza de la obligación y al justo equilibrio de los intereses en juego, y, en definitiva, a la plenitud de la tutela judicial, tomando como pautas de razonabilidad el fundamento de la reclamación, las razones de la oposición, la conducta de la parte demandada en orden a la liquidación y pago de lo adeudado y demás circunstancias concurrentes, por lo que la solución exige una especial contemplación del caso enjuiciado». (11 septiembre 2008, rec. 1898/2002, LA LEY 132377/2008) (Criterio mantenido, literalmente, en la sentencia de la misma fecha, rec. 1914/2002, LA LEY 132378/2008)

«esta Sala, modificando su doctrina tradicional —contenida en las sentencias de 15 de febrero y 30 de noviembre de 1.982 y 21 de junio de 1.985, entre otras muchas—, ha dejado de considerar que la liquidez de la deuda sea un presupuesto de la mora del deudor, al admitir la existencia de ésta aunque en la demanda se hubiera reclamado el pago de una deuda de cuantía superior a la finalmente declarada en la sentencia y, por lo tanto, aunque el proceso hubiera servido para liquidar la obligación —sentencias de 8 de noviembre de 2.000, 26 de diciembre de 2.001, 17 de noviembre de 2.004, 9 de noviembre de 2.005 y 30 de enero de 2.007, entre otras—. Sin embargo, el que sea posible la mora del deudor pese a que el proceso hubiera sido preciso para liquidar la deuda no quiere decir que dicho retardo cualificado no exija la concurrencia de sus verdaderos presupuestos, entre ellos, el consistente en que no se compense con el retraso de la otra parte de la relación jurídica en el cumplimiento de una prestación recíproca —artículo 1.100, in fine, del Código Civil—». (5 enero 2009, rec. 1959/2003, LA LEY 595/2009)

«la regla "in illiquidis non fit mora" se ha visto especialmente matizada respecto de este rigor inicial para atender al canon de razonabilidad en la oposición a la reclamación del actor y decidir en su vista sobre la procedencia o no de condenar al pago de intereses y para la concreción del "dies a quo" del devengo (SSTS 30 de noviembre de 2005; 14 de junio y 2 de julio de 2007 y de 19 de mayo de 2008). Este moderno criterio, como precisa la Sentencia de 24 de julio de 2008, y las que en ella se citan, da mejor respuesta a la naturaleza de la obligación y al justo equilibrio de los intereses en juego, y en definitiva a la plenitud de la tutela judicial, tomando como pautas de la razonabilidad el fundamento de la reclamación, las razones de la oposición, la conducta de la parte demandada en orden a la liquidación y pago de la adeudado, y demás circunstancias concurrentes. Lo decisivo a estos efectos es, como precisa la Sentencia de 20 de febrero de 2008, la certeza de la deuda u obligación, aunque se desconozca su cuantía, de tal forma que no es preciso que a los efectos de determinar cuál es el día a partir del cual deban devengarse, cuando la deuda es objeto de litigio, tenga este necesariamente que coincidir con la fecha la sentencia que, revocando la de instancia, resuelve sobre su abono, sino con otra anterior, como sucede en este caso, dada la evidente obligación resarcitoria —no cuestionada— que pesaba sobre los demandados desde ese momento». (25 marzo 2009, rec. 765/2004, LA LEY 14381/2009)

«La nueva concepción jurisprudencial de la aplicación del referido brocardo lleva a la fijación de intereses de demora en los casos en que, solicitada condena al pago de una cantidad líquida, la sentencia acoge parcialmente la demanda y condena al abono de una cantidad menor, supuesto en que, no existiendo una notoria discordancia entre una y otra y atendiendo al llamado "canon de razonabilidad", se estima de justicia la consideración de que el deudor ha incurrido en "mora" y debe satisfacer intereses sobre la cantidad objeto de condena desde la interpelación judicial; solución jurisprudencial que se ha impuesto sobre todo a partir de las sentencias de 5 de marzo de 1992 y 13 octubre 1997, seguidas por otras muchas, hasta las más recientes de 11 septiembre y 15 octubre 2008, y 6 abril 2009, para abarcar igualmente a supuestos, como el de la sentencia de 7 noviembre 2006, en que la existencia de la deuda fuera indiscutible y el principal pudiera determinarse mediante una simple operación aritmética». (8 marzo 2010, rec. 2110/2005, LA LEY 6869/2010)

«la condena al pago de los intereses legales resulta conforme a la moderna doctrina jurisprudencial en la materia que ha restringido notablemente la aplicación del brocardo "in illiquidis non fit mora", con base en que si bien liquidez supone determinación, sin embargo por diversas razones no se condiciona ésta a una predeterminación absoluta de total coincidencia entre la cantidad reclamada y la concedida. Y aún cuando es cierto que para decidir sobre la condena en los casos que se produzca la desarmonía cuantitativa deben evitarse para no causar arbitrariedad al deudor juicios de valor poco consistentes, "o cuya consistencia no llega a conocerse" como se advierte en el motivo, resulta prudente y justificado atender a un criterio de racionalidad en la oposición cuando hay una contradicción respecto de la totalidad de la suma reclamada; por lo que si no ofrecen duda los supuestos de cantidades indiscutibles o reconocidas, igualmente deben admitirse aquellos en que, tratándose de deudas de cantidad, la reducción de la reclamada resulte de compensaciones, exclusión de partidas o contingencias más o menos inicialmente inciertas pero que no justifican o explican la oposición total, pues de otro modo no se evitarían los grandes abusos por parte de los deudores morosos, a los que bastaría discutir, aún infundadamente, sobre la existencia o cuantía de la deuda, para exonerarse del pago de intereses moratorios, como explícitamente se observa en el propio motivo que se examina». (26 octubre 2010, rec. 866/2006, LA LEY 198990/2010)

Último párrafo: Obligaciones recíprocas.

«Es doctrina de esta Sala la de que el precepto general del artículo 1100, relativo a la mora en el cumplimiento de las obligaciones recíprocas y de no ser necesario el requerimiento al deudor cuando una de las partes ha cumplido lo que incumbe según el contrato, cede ante el precepto más específico del artículo 1504, cuando sea inmueble el objeto de la venta, según el cual, aun cuando exista pacto comisorio expreso, podrá pagar el deudor mientras no sea requerido judicial o notarialmente, lo que es un beneficio para el comprador, quien, a pesar de su incumplimiento o falta de pago en el plazo aceptado, tiene una posibilidad de cumplir salvo que medie el aludido requerimiento (sentencia del Tribunal Supremo de 1 de julio de 1987). En idénticos términos las sentencias de 27 de mayo de 1985, 26 de febrero de 1985 y 29 de noviembre de 1982». (24 febrero 2006, rec. 2441/1999)

«debe estimarse la indemnización de daños y perjuicios cuantificados en los intereses legales porque, aun cuando es cierto que no cabe tomar otra pauta, habida cuenta que no hay base fáctica en la sentencia de instancia, sí debe estimarse la de los intereses expresada porque, además de que resulta incardinable en los amplios términos con que se manifiesta la pretensión indemnizatoria en la demanda, por lo que no existe el más ligero asomo de incongruencia, y menos todavía de indefensión, se halla justificada en orden a restablecer el equilibrio de los intereses económicos de las partes. Si la parte actora cumplió sus obligaciones, pues el ejercicio de la opción de compra de los chalets conllevaba que la otra parte hacía suyo el importe de su valor (pretium in locum rei), *que de otro modo tendría que abonar como resto del precio de la finca comprada a los actores, y en cambio la parte optataria-vendedora no hizo entrega de los inmuebles incumpliendo sus obligaciones, sucede que la segunda ha venido disfrutando del dinero sin hacer entrega de la cosa, en tanto la primera (parte compradora) ha venido estando privada de la cosa y del dinero, lo que da lugar a una situación de desequilibrio que debe ser restablecido mediante la indemnización expresada, de conformidad con las normas indicadas en el enunciado del motivo, e ineludibles exigencias jurídicas relativas a la reciprocidad contractual, los intereses en juego, la equidad, como elemento ponderativo de la aplicación del ordenamiento jurídico, y evitar el enriquecimiento injustificado, que de otro modo evidentemente se produciría para quien, cuando menos culposamente, incumple sus obligaciones en detrimento de quien ha cumplido plenamente las suyas».* (14 noviembre 2006, LA LEY 135271/2006)

«en el párrafo final del artículo 1100 CC en las relaciones obligatorias sinalagmáticas ninguno de los obligados incurre en mora si el otro no cumple o no se allana a cumplir debidamente lo que le incumbe, y añade que uno de los obligados cumple empieza la mora para el otro. Dejando de lado la interpretación que haya que dar al inciso final en orden a si se trata o no de un supuesto de mora automática o mora ex re, *que aquí no se plantea, hemos de señalar que en el caso la asignación de trasteros y la fijación del espacio para garaje no se había producido o no se había producido conforme a lo convenido, y en este sentido no hay más que destacar que la sentencia de primera instancia rechaza la pretensión formulada en el pedimento c) de la reconvención sobre el ajuste de las plazas de garaje a lo convenido, a lo que se aquietan los demandados reconvinientes, en tanto que se estima la pretensión de los actores sobre la asignación de plazas de garaje y de trasteros. No se había producido, pues, un cumplimiento ajustado a los cánones contractuales ni a las reglas de identidad, integridad y tempestividad por parte de los demandados, acreedores del precio y deudores de la entrega, y por esa razón no cabe considerar en mora a los deudores del precio y acreedores de la prestación de entrega, conforme a lo establecido en el artículo 1100, párrafo final, del Código civil. Por tal razón la excepción de incumplimiento contractual ha podido ser opuesta con eficacia para suspender el pago hasta el momento en que se produzca la entrega en las condiciones pactadas, conforme con la doctrina de esta Sala en Sentencias como las de 23 de marzo de 1992, 2 de julio y 2 de noviembre de 1994, entre otras».* (20 diciembre 2006, LA LEY 160496/2006)

«Las obligaciones recíprocas tienen unos efectos específicos debidos a su interconexión o interdependencia. El primero es la necesidad de cumplimiento simultáneo, en el sentido de que el acreedor de una obligación recíproca no puede exigir a su deudor que cumpla, si a su vez no ha cumplido o cumple al tiempo u ofrece cumplir la otra obligación recíproca de la que es deudor. Si el acreedor exige el cumplimiento de la obligación recíproca al deudor, sin que aquél haya cumplido u ofrezca cumplir la suya, este deudor podrá oponerse y rechazar la acción de cumplimiento, mediante la llamada excepción de incumplimiento contractual. Así se deduce de los artículos 1100, II y 1124 CC (SSTS de 9 de diciembre de 2004, RC n. º 3341/1998, 4 de abril de 2003, RC n. º 2577/1997, 17 de febrero de 1998, RC n. º 2901/1993)». (13 octubre 2010, rec. 1941/2006, LA LEY 203297/2010)

CONCORDANCIAS

Véase:
— arts. 283, 284 y 1.124 de este Código.
— Código de Comercio: art. 63.

Artículo 1.101

Quedan sujetos a la indemnización de los daños y perjuicios causados los que en el cumplimiento de sus obligaciones incurrieren en dolo, negligencia o morosidad, y los que de cualquier modo contravinieren al tenor de aquéllas.

COMENTARIO

1.- El incumplimiento imputable al deudor no extingue la obligación, sino que pretende que el patrimonio del acreedor que como si hubiera habido cumplimiento exacto; se da la responsabilidad del deudor, con todo su patrimonio (art. 1911). La responsabilidad es, pues, la situación en que queda el deudor, en su patrimonio, como consecuencia de haber incumplido —imputablemente— la obligación.

Lo cual se traduce en que al deudor se le exige: primero: la ejecución forzosa en forma específica, *in natura*, realizando la prestación objeto de la obligación, coactivamente, cuando sea posible (por ejemplo, ocupando judicialmente y entregando la cosa debida al acreedor) siempre que la obligación, no sea *intuitu personae*); segundo: cumplimiento por equivalencia, *id quod interest*, que es la indemnización de daños y perjuicios, como valor de la prestación incumplida. Esta indemnización no es una sanción al deudor responsable, sino que pretende que no se perjudique el patrimonio del acreedor por la actuación indebida del deudor. Cuya indemnización también se da en el caso del cumplimiento forzoso si se produce efectivamente algún perjuicio al acreedor.

2.- *Al cumplimiento imputable* se refiere este artículo 1.101. Incumplimiento en cualquier de sus aspectos, total o parcial: «... de cualquier modo contravinieren al tenor de aquéllas». E incumplimiento por cualquiera de sus causas: por dolo, por culpa o por mora, que, a su vez, están contempladas en otros artículos (1102; 1103 y 1004; 1100; respectivamente).

3.- El efecto del incumplimiento es la ejecución forzosa, preferentemente y, si no es posible, la indemnización de daños y perjuicios. Este artículo sólo se refiere a ésta, como si fuera el único efecto del incumplimiento. Otros artículos (así, 1096, 1098 y 1099) prevén la ejecución forzosa, *in natura*, como preferente.

JURISPRUDENCIA

Concepto:

«la indemnización de daños por incumplimiento del contrato —tanto en la modalidad de pérdidas sufridas, como en la de ganancias dejadas de obtener— ha de ser equivalente a la suma que ponga a la parte perjudicada en la situación más semejante posible a aquella en que se hubiera encontrado si el contrato hubiera sido debidamente cumplido». (6 octubre 2008, rec. 2953/2002, LA LEY 226011/2008)

«La doctrina jurisprudencial ha alcanzado una posición que hoy puede calificarse de predominante, con referencia a la teoría denominada de "la unidad de la culpa civil", en cuya virtud el perjudicado por un comportamiento dañoso puede basar su pretensión contra el dañador con la invocación conjunta o cumulativa de la fundamentación jurídica propia de la responsabilidad extracontractual (artículo 1902 y concordantes del Código Civil) y la de la responsabilidad contractual (artículos 1101 y concordantes del mismo Cuerpo legal)». (29 octubre 2008, rec. 942/2003, LA LEY 158321/2008)

«Estando atribuida la responsabilidad relativa a la seguridad a Metro de Madrid, ésta no puede exonerarse por el simple hecho de la contratación de una empresa de seguridad, puesto que la responsable del incumplimiento frente al usuario es quien presta el servicio de transporte. En cierto sentido, la jurisprudencia de esta Sala ha venido aplicando esta regla en aquellos casos en que el cumplimiento de la obligación frente al contratante ha sido confiada a un tercero por quien debe cumplir el contrato, de modo que esto no elimina la responsabilidad, porque deben cumplirse ciertos deberes de diligencia y cuidado que no quedan excluidos por el hecho de confiar la ejecución del contrato a terceros. En definitiva, existe un nivel general de diligencia, que se proyecta en la elección del contratista, pudiendo surgir esta obligación bien por una culpa in eligendo, o por una incorrecta supervisión. Existe lo que la doctrina denomina "deberes no delegables", entre los que se encuentra el deber de diligencia en la elección del contratista, cuyo incumplimiento originará la obligación de indemnizar. (SSTS 12 julio 2005 y 4 diciembre 2007 y las allí citadas)». (24 noviembre 2008, rec. 2516/2002, LA LEY 176081/2008)

«El derecho del acreedor, en una obligación de entregar cosa determinada, a compeler al deudor a que realice la entrega, consagrado en el artículo 1096 CC como independiente del derecho a exigir el resarcimiento de los daños y perjuicios, determina que la imposibilidad de cumplimiento in natura [en la sustancia original], cualquiera que sea su causa —siempre que no comporte la extinción de la obligación (como ocurre en el caso de pérdida de la cosa por causa no imputable al deudor no moroso: artículo 1182 CC)—, puede ser objeto de un cumplimiento por equivalencia mediante la restitución de su valor, el cual no necesariamente forma parte de la obligación de indemnizar los daños y perjuicios que establece el artículo 1101 CC». (10 marzo 2009, rec. 989/2003, LA LEY 34585/2009)

«Esta Sala, en la jurisprudencia más reciente, viene declarando que la voluntad de incumplimiento se demuestra por la frustración del fin del contrato "sin que sea preciso una tenaz y persistente resistencia obstativa al cumplimiento, bastando que se malogren [...] las legítimas aspiraciones de la contraparte" (SSTS de 18 de noviembre de 1983, 31 de mayo de 1985, 13 de noviembre de 1985, 18 de marzo de 1991, 18 de octubre de 1993, 25 de enero de 1996, 7 de mayo de 2003, 11 de diciembre de 2003, 18 de octubre de 2004, 3 de marzo de 2005, 20 de septiembre de 2006, 31 de octubre de 2006 y 22 de diciembre de 2006, entre otras); y exige simplemente que la conducta del incumplidor sea grave (STS de 13 de mayo de 2004), admitiendo el "incumplimiento relativo o parcial, siempre que impida [...] la realización del fin del contrato, esto es, la completa y satisfactoria utilización [del bien objeto del mismo...] según los términos convenidos" (STS de 15 de octubre de 2002), cosa que ocurre, en los términos de los Principios de Unidroit (art. 7.3.1 [2 .b]), cuando se "priva sustancialmente" al contratante "de lo que tenía derecho a esperar en virtud del contrato"». (17 febrero 2010, rec. 2579/2005, LA LEY 3997/2010)

«Esta Sala, en efecto, tiene declarado que debe concurrir como requisito necesario para la aplicación del artículo 1101 CC, además del incumplimiento de la obligación por culpa o negligencia, la realidad de los perjuicios, es decir, que éstos sean probados, y el nexo causal eficiente entre la conducta del agente y los daños producidos (SSTS de 24 de septiembre de 1994, 6 de abril de 1995, 22 de octubre de 1996, 13 de mayo de 1997, 19 de febrero de 1998, 24 de mayo de 1999, 31 de enero de 2001, 3 de julio de 2001, 5 de octubre de 2002, 10 de julio de 2003, 9 de marzo de 2005, 19 de julio de 2007). La doctrina que mantiene la posibilidad de nacimiento del deber de indemnizar por el simple incumplimiento se refiere a supuestos en que el incumplimiento determina por sí mismo un daño o perjuicio, una frustración en la economía de la parte, en su interés material o moral, lo que ocurre cuando su existencia se deduce necesariamente del incumplimiento o se trata de daños patentes (SSTS de 26 de mayo de 1990, 5 de marzo de 1992, 29 de marzo de 2001). De esta jurisprudencia se deduce que el principio res ipsa loquitur [la cosa habla por sí misma] alegado por la parte recurrente y la consideración de un perjuicio in re ipsa [en la cosa misma] no son aplicables a todo incumplimiento, sino solamente a aquel que evidencia por sí mismo la existencia del daño». (15 junio 2010, rec. 804/2006, LA LEY 148061/2010)

«Con la indemnización de daños mediante un pago en dinero se trata de restablecer al perjudicado, en la medida que sea posible, en la posición que hubiera tenido si el acto lesivo no se hubiera producido. Al ser patrimonial, el daño resarcible se identifica con la disminución de un patrimonio causada por el acto dañoso, lo que comprende tanto el valor de la pérdida sufrida, como la ganancia dejada de obtener. Ésta —a la que se han referido los Tribunales de las instancias— se estima no con el rigor que reclaman las recurrentes, sino atendiendo a la probabilidad de su obtención, conforme al curso normal de los hechos y las circunstancias». (4 julio 2011, rec. 632/2007, LA LEY 98650/2011)

«Es claro, tal como dice la sentencia de 31 de diciembre de 2002 que los intereses legales son los establecidos por la ley, en contraposición a los convencionales que son los establecidos por los sujetos de la obligación principal. Aquéllos son, además de otros supuestos

concretos, el moratorio, que establece el artículo 1108 en caso de mora, que contempla el 1101, ambos del Código civil y el ejecutorio que impone el artículo 921 (hoy 576) de la Ley de Enjuiciamiento Civil. Los primeros, como toda pretensión de derecho privado, están sometidos al principio dispositivo que rige el proceso civil y deben ser pedidos expresamente por la parte, en el suplico de la demanda. No así los segundos, que son impuestos legalmente y no es preceptivo pedirlos (dice la sentencia de 23 de julio de 1998), ya que tienen un carácter imperativo (añade la de 31 de diciembre de 1998)». (15 diciembre 2011, rec. 1601/2008, LA LEY 246216/2011)

Requisitos:

«los requisitos necesarios para la aplicación del art. 1101 del CC son la preexistencia de una obligación, su incumplimiento debido a culpa o negligencia o falta de diligencia del demandado y no a caso fortuito o fuerza mayor, la realidad de los perjuicios y el nexo causal eficiente entre aquella conducta y los daños producidos.» (3 julio 2001, LA LEY 5864/2001)

«Hay incumplimiento y, en consecuencia, baste atender al tenor literal del precepto para justificar la condena a resarcir. Esto es, en primer lugar no ha verificado la entrega tempestiva de la prestación convenida; además, ha hecho imposible esa entrega, frustrando la legítima expectativa del acreedor, cuyo interés contractual se ha visto defraudado por un acto que es, por lo menos, imputable por culpa. Se dan, así, los requisitos de aplicación del precepto señalado: preexistencia de una obligación, incumplimiento debido a culpa y no a caso fortuito o fuerza mayor, realidad de los perjuicios y nexo causal (Sentencias de 3 de julio de 2001, 5 de octubre de 2002, 10 de julio de 2003, etc.)». (26 diciembre 2006, LA LEY 175845/2006)

«El artículo 1101 regula la acción de indemnización procedente del incumplimiento imputable de una obligación y no persigue el logro de la efectividad de la prestación, ni la finalización del vínculo obligacional, sino reequilibrar la economía del acreedor tras el daño patrimonial sufrido por causa del incumplimiento y, además, exige que la inobservancia sea imputable al deudor; y en este sentido, esta Sala ha declarado que los requisitos necesarios para la aplicación del artículo 1101 son la preexistencia de una obligación, su incumplimiento debido a culpa o negligencia o falta de diligencia del demandado y no a caso fortuito o causa mayor, la realidad de los perjuicios y el nexo causal eficiente entre aquella conducta y los daños producidos (STS de 3 de julio de 2001)». (14 febrero 2007, LA LEY 2406/2007)

«se refiere exclusivamente al aspecto subjetivo, sujetando a la indemnización de daños y perjuicios a los que en el cumplimiento de sus obligaciones incurrieren en dolo, negligencia o morosidad, siendo necesaria la concurrencia de otros elementos de carácter objetivo como son la existencia del daño o perjuicio y la presencia de una relación de causalidad entre tal efecto y la acción u omisión el agente; siendo así que la realidad de tales elementos en el caso ha sido negada por la Audiencia al faltar la prueba de los mismos que incumbía a la parte actora, lo que le ha llevado a negar la indemnización solicitada tanto por daño emergente como por lucro cesante». (30 diciembre 2010, rec. 621/2007, LA LEY 236950/2010)

Cumplimiento defectuoso:

«No se trata de que en todo caso el cumplimiento defectuoso lleve consigo per se la indemnización, ya que el artículo 1101 del Código civil parte de la realidad del daño, sino que éste aparece o se desprende del propio incumplimiento. Así, en el caso presente la ubicación de unas plazas de parking y trastero en el sótano cuando estaba pactado que se hallarían en la planta baja, es objetivamente peor y es evidente el daño que se produce por la mayor facilidad de maniobra en la planta baja, la peor ventilación en la planta sótano, la mayor dilación en el tiempo de aparcamiento en el sótano que en la planta baja y simple-

mente es hecho notorio que las plantas de aparcamiento y los trasteros son de mayor precio cuanto más cerca del nivel de la calle se hallan. Así, este daño debe ser indemnizado». (11 diciembre 2009, rec. 1245/2005, LA LEY 254322/2009)

Daños:

«La temática planteada, aunque relacionada con la doctrina general sobre la carga de la prueba del daño, presenta ciertas peculiaridades, sobre todo por la variedad de circunstancias, situaciones o formas (polimorfia) con que puede presentarse el daño moral en la realidad práctica, y de ello es muestra la jurisprudencia, que aparentemente contradictoria, no lo es si se tienen en cuenta las hipótesis a que se refiere. Así se explica que unas veces se indique que la falta de prueba no basta para rechazar de plano el daño moral (S 21 Oct. 1996), o que no es necesaria puntual prueba o exigente demostración (S 15 Feb. 1994), o que la existencia de aquél no depende de pruebas directas (S 3 Jun. 1991), en tanto en otras se exija la constatación probatoria (S 14 Dic. 1993), o no se admita la indemnización compensación o reparación satisfactoria por falta de prueba (S 19 Oct. 1996). Lo normal es que no sean precisas pruebas de tipo objetivo (S 23 Jul. 1990, 29 Ene. 1993, 9 Dic. 1994 y 21 Jun. 1996), sobre todo en relación con su traducción económica, y que haya de estarse a las circunstancias concurrentes, como destacan las SS 29 Ene. 1993 y 9 Dic. 1994. Cuando el daño moral emane de un daño material (S 19 Oct. 1996), o resulte de unos datos singulares de carácter fáctico, es preciso acreditar la realidad que le sirve de soporte, pero cuando depende de un juicio de valor consecuencia de la propia realidad litigiosa, que justifica la operatividad de la doctrina de la in re ipsa loquitur, o cuando se da una situación de notoriedad (SS 15 Feb. 1994, 11 Mar. 2000), no es exigible una concreta actividad probatoria». (31 mayo 2000, LA LEY 9204/2000)

«la Jurisprudencia de esta Sala ha venido declarando en numerosas sentencias que el incumplimiento puede dar lugar «per se» a la indemnización, pero ello no significa que se haya abandonado la doctrina general de que el incumplimiento contractual no genera el desencadenamiento inexorable de los daños y perjuicios y su reparación, y que, por ende, incumbe a la parte reclamante la carga de la prueba de su existencia y cuantía. En este sentido, entre otras muchas, cabe mencionar las SS 8 Feb. y 1 Abr. 1996; 16 Mar., 13 May. y 20 Dic. 1997, 16 Abr. y 14 Nov. 1998, 24 May. y 17 Nov. 1999 y 22 Ene., 5 y 18 Abr., 23 May. y 10 Jun. 2000. La doctrina que mantiene la posibilidad de apreciar el efecto indemnizatorio por el simple incumplimiento, se refiere a supuestos en que el incumplimiento determina «por sí mismo» un daño o perjuicio, una frustración en la economía de la parte, en su interés material o moral (SS 18 Jul. 1997, 29 y 31 Dic. 1998, y 16 Mar. 1999), lo que ocurre cuando se deduce necesaria y fatalmente la existencia (SS 19 Oct. 1994, 16 Mar. 1995, 11 Jul. 1997, 16 Mar. y 28 Dic. 1999, y 10 Jun. 2000), o es una consecuencia forzosa (S 25 Feb. 2000), o natural e inevitable (SS 22 Oct. 1993 y 18 Dic. 1995), o se trata de daños incontrovertibles (S. 30 Sep. 1989), evidentes (S. 23 Feb. 1998) o patentes (S. 25 Mar. 1998). Pero nada de ello ocurre en el caso de autos, por lo que no es aplicable la Jurisprudencia que se cita en el recurso (SS 9 May. y 27 Jun. 1984, 5 Jun. y 29 Nov. 1985, 15 Jun. 1992 y 3 Jun. 1993, entre otras), que como la recogida en otras sentencias anteriores (ad ex. 2 Abr. 1960, 28 Abr. 1969, 30 Sep. 1989), constituye el antecedente cronológico de la más reciente antes expuesta.» (29 marzo 2001, LA LEY 4651/2001)

«El perjuicio —daño emergente y lucro cesante— debe ser objeto de prueba, tanto más cuanto en casos, como el presente, en que es negado por la parte contraria. Así lo han expresado sentencias modernas: 13 May. 1997: la indemnización de daños y perjuicios a que se refiere la normativa contenida en el art. 1101 del CC no va ineludiblemente ligada o es consecuencia necesaria del incumplimiento...; 31 Dic. 1998:... hay ausencia total de prueba respecto a la realidad de los daños y perjuicios; 28 Dic. 1999: el incumplimiento contractual no genera per se el desencadenamiento inexorable de los daños y perjuicios y su reparación;

incumbe al reclamante la carga procesal u onus probandi de su demostración y concreción.» (30 abril 2002, LA LEY 4881/2002)

«no es necesario la prueba de los daños cuando de los hechos demostrados o reconocidos por las partes en el pleito se deduzca necesaria y fatalmente la existencia del daño. La afirmación de que los daños y perjuicios no son consecuencia forzosa del incumplimiento ha de matizarse en el sentido de entender que «no siempre, o de que hay casos en los que sí ocurre» (10 abril 2003, LA LEY 12681/2003)

«Es reiterada la jurisprudencia en exigir, para que proceda la indemnización, la demostración de los daños derivados del incumplimiento del contrato. La razón de esa exigencia no es otra que la consideración de que el daño no es siempre una consecuencia necesaria del incumplimiento (sentencias de 27 de marzo de 1972, 14 de octubre de 1975, 20 de noviembre de 1975, 1 de diciembre de 1977, 27 de abril de 1978, 16 de mayo de 1979, 5 de julio de 1980, 20 de abril de 1981, 6 de julio de 1983, 29 de noviembre de 1985, 6 de octubre de 1986, 29 de noviembre de 1991, 29 de diciembre de 1995, 8 de febrero de 1996, 27 de mayo de 1997). Por ello, la regla ha de quedar exceptuada cuando sucede lo contrario, esto es, cuando el daño resulta un efecto necesario o ineluctable de la infracción contractual. En tales supuestos, como recuerdan las sentencias de 20 de diciembre de 1979, 30 de marzo de 1984, 3 de junio de 1993, 25 de febrero de 2000, entre otras, no se hace preciso que las partes desplieguen su actividad para convencer al Tribunal de que el daño se produjo, ya que esa convicción se alcanzará mediante una simple operación discursiva a partir de la propia demostración del incumplimiento y de sus circunstancias». (12 mayo 2005, rec. 4329/1998)

«El motivo parece dirigido a combatir la procedencia de la "indemnización por clientela" y a establecer que tal reparación no puede subsumirse bajo el artículo 1101 CC. Pero la Sala de instancia no verifica tal subsunción, sino que tiene por tema diferenciado, por cuestión distinta, la repetida indemnización por clientela y la concede no por incumplimiento sino por razón del hipotético aprovechamiento por parte de la actora de la clientela captada por la demandada.» (29 septiembre 2006, LA LEY 110197/2006)

«El valor que ha de tenerse en cuenta para determinar el importe del cumplimiento por equivalencia es, según se deduce de su naturaleza, el correspondiente al momento en que debió producirse dicho cumplimiento (aestimatio rei o precio o valoración de la cosa). Ahora bien, el principio de pleno resarcimiento de los perjuicios causados, este sí ligado a la aplicación del art. 1101 CC (y, por consiguiente, a la concurrencia del algún género de dolo o culpa por parte del deudor en el incumplimiento, como es el caso), exige que para determinar los perjuicios sufridos por la imposibilidad de adjudicarse los inmuebles en las condiciones pactadas se tengan en cuenta, entre otros posibles factores, los cambios de valor producidos hasta la fecha en que se satisfaga la indemnización. El incumplimiento lleva consigo, en el caso examinado, un retraso en el abono del equivalente económico con respecto del momento en que la obligación debió ser cumplida y, con ello, cuando menos, un mayor costo del negocio de reemplazo necesario para la restitución del acreedor a la situación equivalente a la que hubiera obtenido mediante el cumplimiento in natura. Este mayor costo supone un menoscabo patrimonial para el acreedor y entra en el terreno de los perjuicios indemnizables. Para que la indemnización alcance a cubrir, además de la imposibilidad de cumplimiento in natura, los perjuicios que han sido alegados como conectados al retraso en el incumplimiento, con independencia de otros que se examinarán, es necesario incrementar la cuantía ajustándola al cálculo que resulta del valor económico que tenga el negocio de reemplazo en el momento de fijarla». (10 marzo 2009, rec. 989/2003, LA LEY 34585/2009)

«el principio de la total indemnidad del perjudicado actúa como límite del resarcimiento (SSTS de 13 de abril de 1987; 26 de noviembre de 1994; 20 de mayo 2009), por cuanto el resarcimiento tiene por finalidad volver el patrimonio afectado a la disposición en que se

encontraría de no haber mediado el incumplimiento (SSTS de 6 de octubre de 1982; 2 de abril de 1997), pero no procuran una ganancia o un enriquecimiento al perjudicado. De modo, pues, que se reparan los daños efectivamente sufridos, ya que no conoce nuestro Derecho los llamados "daños punitivos" ni tiene ahora función la idea de una "pena privada" (STS 19 de diciembre 2005). Y es evidente que la sentencia no infringe el artículo 1106, antes al contrario, lo aplica de una forma ponderada, como permite el artículo 1103 del Código Civil, concediendo una indemnización inferior a la reclamada porque entiende que "no se funda en los beneficios que objetivamente se hubieran obtenido" y que de abonarse el total de lo reclamado se estaría produciendo un enriquecimiento injusto». (9 mayo 2011, rec. 171/2008, LA LEY 44704/2011)

«De acuerdo con lo dispuesto en el artículo 1101, quedan sujetos a la indemnización de los daños y perjuicios causados los que en el cumplimiento de sus obligaciones hubieran incurrido en dolo, negligencia o morosidad y los que de cualquier otro modo contravinieren al tenor de aquella. Sin embargo, fuera de los supuestos excepcionales en que el incumplimiento de la obligación lleva a considerar la existencia de daños producidos in re ipsa [en la cosa misma] (SSTS 23 julio 1997, 10 octubre 2001, 5 marzo 2002, 17 marzo 2003, 10 junio 2004, 12 mayo 2005, entre otras) por regla general es imprescindible probar la existencia de los daños y perjuicios cuya indemnización se reclama (SSTS de 29 marzo 2001, 30 abril 2002, 10 julio 2003 y 29 de enero de 2010)». (21 junio 2011, rec. 1647/2007, LA LEY 111580/2011)

«la determinación del daño alegado no necesita de ningún pronóstico sobre cómo se habrían desarrollado los acontecimientos, ya que lo que se reclama es el daño derivado de la inmovilización o falta de rendimientos de una determinada cantidad de dinero durante un periodo de tiempo asimismo determinado; y en segundo lugar, porque esa inmovilización de capital efectivamente se produjo y tuvo su causa en el incumplimiento contractual de la parte demandada, con un efecto perjudicial para la parte cumplidora equivalente al de un anticipo de la cantidad de 900.917,66 euros. Por tanto, la pretensión de indemnización en 36.397,07 euros, correspondientes al interés legal de aquella cantidad durante 347 días, se ajusta a lo que disponen los arts. 1101 y 1106 CC». (17 julio 2011, rec. 1183/2008, LA LEY 119753/2011)

Daños Morales:

«En aplicación de lo dispuesto en el artículo 1101 del Código Civil, la entidad demandada debe indemnizar a los demandantes los daños sufridos y éstos no son otros que los daños morales, que afectan a intereses espirituales del ser humano, evidentes en el caso presente que fueron atentados al sagrado derecho a la libertad personal, prescindiendo del tiempo que durara, al inalienable derecho a la dignidad, por las afrentas y vejámenes sufridos y al derecho a la seguridad jurídica, al verse inmersos en situaciones violentas en un país con escasa tradición democrática, lengua desconocida y garantías ignoradas. La valoración jurídica de los daños morales es clara en su importancia y gravedad; la valoración económica como en todo daño moral es difícil; lo que es razonable es la cuantía reclamada, a la vista de la entidad causante del daño (si en Derecho español existiera la indemnización punitiva sería muchísimo mayor) y del sufrimiento de las víctimas». (17 febrero 2005, rec. 3467/1998; Doctrina reiterada para un caso idéntico, entrega por una entidad bancaria de dólares falsos al cliente que sufrió daños morales cuando intentó utilizarlos como medio de pago en país extranjero, por la sentencia de 28 marzo 2005, rec. 4185/1998)

«El daño moral alegado no es compensable. No se demuestra que haya tenido influencia en la salud psíquica de los actores, por lo que no ha existido ninguna afección a los bienes inmateriales de sus personas o haya impedido o menoscabado el ejercicio de sus derechos fundamentales. Las meras incomodidades y molestias a las que todos los seres humanos

estamos expuestos por razón de la convivencia social, por el obrar de los otros, no constituyen perjuicios compensables económicamente por sí mismos». (19 diciembre 2005, rec. 1773/1999)

«Los daños morales, asociados frecuentemente por la jurisprudencia a los padecimientos físicos o psíquicos, son aquellos que afectan a la integridad, a la dignidad o a la libertad de la persona, como bienes básicos de la personalidad (así se deduce, por ejemplo, de la definición del daño no patrimonial contenida en los PETL, artículo 10:301). La dificultad para determinar el alcance de los bienes de la persona que son susceptibles de padecer un menoscabo imputable a la acción de otras personas y la estrecha relación de los daños morales con los avatares de la convivencia humana impiden aplicar exclusivamente criterios fenomenológicos de causalidad para determinar su conexión con la conducta del deudor que incumple y exigen tener en cuenta criterios de imputación objetiva, entre los cuales debe figurar el criterio de la relevancia del daño, pues solo aplicando éstos podrá admitirse la lesión de un interés protegido por el Derecho. En el ámbito de la responsabilidad extracontractual resulta asimismo significativo, como criterio para calibrar la imputabilidad, el alcance obligatorio del contrato para quienes en él intervienen, de acuerdo con lo que resulte de su interpretación». (15 junio 2010, rec. 804/2006, LA LEY 148061/2010)

Lucro cesante:

«el lucro cesante o ganancias frustradas ofrece muchas dificultades para su determinación y límites, por participar de todas las vaguedades e incertidumbres propias de los conceptos imaginarios, y para tratar de resolverlas el derecho científico sostiene que no basta la simple posibilidad de realizar la ganancia, sino que ha de existir una cierta probabilidad objetiva que resulte del decurso normal de las cosas y de las circunstancias especiales del caso concreto, y nuestra jurisprudencia se orienta en un prudente criterio restrictivo de la estimación del lucro cesante, declarando con reiteración que ha de probarse rigurosamente que se dejaron de obtener las ventajas, sin que éstas sean dudosas o contingentes y sólo fundadas en esperanzas (S 22 de junio de 1967, que resume anterior jurisprudencia y ha servido de base a la posterior)»; ante la tajante afirmación de la sentencia de instancia de que "el lucro cesante, como ganancia dejada de obtener, no se ha acreditado"». (8 junio 1996, LA LEY 7417/1996)

«tampoco puede considerarse vulnerada la doctrina jurisprudencial que emana de las sentencias de esta Sala que se citan, las de 8 junio 1996, 24 abril 1997 y 5 noviembre 1998, pues las mismas establecen que la existencia del lucro cesante ha de ser probada en cada caso para dar lugar a la indemnización correspondiente». (23 abril 2007, LA LEY 12524/2007)

«El artículo 1101 sujeta al obligado a la indemnización de los daños y perjuicios causados y esta idea o principio indemnizatorio está presente en el artículo 1106, respecto al llamado lucro cesante. Ahora bien, la indemnización no resulta de una forma automática, sino que requiere una demostración mínima para estimar la realidad, y sobre todo la cuantía y su imputación, para deducir la consiguiente responsabilidad a persona determinada, con la peculiaridad propia de que no es un daño emergente, real y efectivo, sino que resulta de la pérdida de una ganancia legítima o utilidad económica que se ha dejado de percibir, causalmente vinculada al incumplimiento contractual, es decir, un daño patrimonial amparado en la presunción de cómo se habrían sucedido los acontecimientos en el caso de no haberse producido aquel incumplimiento y en la consiguiente necesidad de reponer al perjudicado en la situación en que se hallaría, como si nada hubiera sucedido». (5 diciembre 2008, rec. 270/2004, LA LEY 189343/2008)

Indemnización:

«Los daños y perjuicios que cabe reclamar son los que tienen causa generadora a la fecha de la demanda —«perpetuatio actionis»—, pues una condena respecto de los hipotéticos posteriores implicaría una inadmisible condena de futuro viciada por la incertidumbre acerca de la realidad de los mismos». (26 julio 2001, LA LEY 6432/2001)

«debe estimarse la indemnización de daños y perjuicios cuantificados en los intereses legales porque, aun cuando es cierto que no cabe tomar otra pauta, habida cuenta que no hay base fáctica en la sentencia de instancia, sí debe estimarse la de los intereses expresada porque, además de que resulta incardinable en los amplios términos con que se manifiesta la pretensión indemnizatoria en la demanda, por lo que no existe el más ligero asomo de incongruencia, y menos todavía de indefensión, se halla justificada en orden a restablecer el equilibrio de los intereses económicos de las partes. Si la parte actora cumplió sus obligaciones, pues el ejercicio de la opción de compra de los chalets conllevaba que la otra parte hacía suyo el importe de su valor (pretium in locum rei), *que de otro modo tendría que abonar como resto del precio de la finca comprada a los actores, y en cambio la parte optataria-vendedora no hizo entrega de los inmuebles incumpliendo sus obligaciones, sucede que la segunda ha venido disfrutando del dinero sin hacer entrega de la cosa, en tanto la primera (parte compradora) ha venido estando privada de la cosa y del dinero, lo que da lugar a una situación de desequilibrio que debe ser restablecido mediante la indemnización expresada».* (14 noviembre 2006, LA LEY 135271/2006)

«La jurisprudencia no atribuye a la indemnización el carácter de consecuencia necesaria de todos los supuestos de extinción del vínculo contractual nacido del contrato de distribución. La sentencia de 12 de junio de 1999, citada en el motivo, aplicó el artículo 1101 del Código Civil a un caso de resolución unilateral de la relación de distribución que había resultado "arbitraria". La sentencia de 10 de julio de 2006 negó el derecho a dicha indemnización por no haber sido la resolución "abusiva". Y las de 2 de diciembre de 2005 y 1 de febrero de 2006, cuando la extinción estaba justificada. Además, el artículo que la recurrente afirma infringido vincula ese efecto a la contravención de la obligación, lo que, al fin, no ha acontecido en este caso, en el que la demandante se limitó a reclamar la terminación de la relación contractual». (23 enero 2007, LA LEY 241/2007)

«como señalaron las sentencias de 2 de julio y 9 de febrero de 2007, dada la función indemnizatoria de la tardanza que cumplen las condenas al pago de los intereses de demora, de conformidad con lo dispuesto en los artículos 1101 y 1108 del Código Civil, y la natural productividad del dinero —la sentencia de 5 de marzo de 1992, seguida por otra muchas, destacó que, si se pretende conceder al acreedor a quien se debe una cantidad una protección judicial completa de sus derechos, no basta con entregar aquello que, en su día, se le adeudaba, sino también lo que, en el momento en que se le entrega, debe representar el suma, y ello ... porque si las cosas, incluso fungibles y dinerarias, son susceptibles de producir frutos —léase frutos civiles o intereses— no parece justo que los produzcan en favor de quien debió entregarlas ya con anterioridad a su verdadero dueño, es decir, al acreedor—, así como la existencia de diversidad de grados de indeterminación de lo debido —además de la progresiva revisión de los criterios de imputación del retraso al deudor— y la comprobación empírica de que la sanción por mora aplicada según los relatados criterios tradicionales quedaba en manos del propio obligado, al que le bastaba con negar la deuda o discutir la cantidad reclamada para hacerla indeterminada —sentencias de 20 de diciembre de 2005 y 31 de mayo de 2006—, llevaron a la jurisprudencia a un nuevo planteamiento de la cuestión —sentencias 21 de marzo de 1994, de 17 de febrero de 2004—, conforme al que se rechaza el automatismo en la aplicación del brocárdico in illiquidis non fit mora, *a la vez que se valora la racionabilidad de la oposición del deudor a aceptar como debida la cantidad que se le reclama —sentencias de 5 de abril de 2005, 15 de abril de 2005, 30 de noviembre de 2005, 20 de diciembre de 2005, 31 de mayo de 2006, entre otras muchas—».* (8 noviembre 2007, LA LEY 185154/2007)

Quantum:

«b) La obligación de indemnizar daños y perjuicios no es una consecuencia necesaria del incumplimiento atribuido a uno de los contratantes, sino para que nazca y sea exigible ha de demostrarse la realidad de producción de aquéllos, sin que la obligación indemnizatoria pueda derivarse de perjuicios sólo posibles, y la apreciación de su existencia incumbe al juzgador, como así tiene declarado esta Sala en constante jurisprudencia. c) El juzgador no se encuentra vinculado a la petición de parte respecto a que la cuantía de los daños y perjuicios se determine en la fase de ejecución de sentencia, pues dispone de facultad para fijarles en la sentencia. d) La susodicha cuantía no depende del grado de incumplimiento del contrato, ni de la índole de la conducta que le motivara. e) No cabe incluir dentro del montante indemnizatorio el correspondiente a las costas y gastos del proceso, puesto que su imposición obedece a criterios procesales, bastando para comprenderlo así tener en cuenta el art. 523 LEC». (28 diciembre 1995, LA LEY 214/1997)

«Como recuerda la sentencia de 31 de octubre de 2.007, con indicación de otras muchas, la fijación de la cuantía de las indemnizaciones por resarcimiento de daños materiales no tiene acceso a la casación, al corresponder a la función soberana de los tribunales de instancia sobre apreciación de la prueba, a salvo la infracción del ordenamiento en la determinación de las bases tomadas en consideración para fijar la cuantía de aquellas». (6 octubre 2008, rec. 2953/2002, LA LEY 226011/2008)

En la compraventa:

«los compradores no sólo tienen las acciones protectoras de los vicios ocultos, sino también las que nacen del incumplimiento o anómalo cumplimiento del contrato (STS de 3 de abril de 2002 y las que cita), cuando es evidente que los defectos que hacen inhabitable el inmueble adquirido no son meras imperfecciones que no lo impiden, sino que frustran la finalidad perseguida por la compraventa, según ha declarado reiteradamente esta Sala (entre otras, SSTS de 6 de marzo de 1985 y 6 de abril de 1989). Nos encontramos, pues, ante una prestación de objeto distinto y no ante simples vicios de la cosa, toda vez que la doctrina jurisprudencial ha entendido que se está en presencia de entrega de cosa diversa o aliud pro alio, cuando existe pleno incumplimiento por inhabilidad del objeto y consiguiente insatisfacción del comprador, al ser aquél impropio para el fin a que se destina, lo que permite acudir a la protección dispensada en los artículos 1124 y 1101 del Código Civil (aparte de otras, SSTS de 30 de noviembre de 1972, 25 de abril de 1973, 21 de abril de 1976, 20 de diciembre de 1977 y 23 de marzo de 1982), pues, como puntualiza la sentencia de 20 de febrero de 1984, la ineptitud del objeto para el uso a que debía ser destinado significa incumplimiento del contrato y no vicio redhibitorio, lo que origina sometimiento a diferentes plazos de prescripción». (4 abril 2005, rec. 4189/1998)

«No nos hallamos ante un defecto de cabida —de ahí la irrelevancia de la alusión que hace la parte en el recurso a venta de "cuerpo cierto"—, sin que el tema litigioso se suscite en el ámbito de los arts. 1469 a 1472 CC, sino en el del art. 1101 y concordantes por concurrir un defecto de cumplimiento contractual reparable mediante indemnización, también debe resaltarse que los compradores son simples consumidores, no expertos o profesionales». (17 octubre 2005, rec. 788/1999)

«Ello constituye sin duda una contravención de las obligaciones del vendedor en orden a poner en conocimiento del comprador todas las circunstancias que puedan influir en la eficacia del contrato y supone una actuación, al menos negligente, por parte de aquel que, en consecuencia, habrá de responder de tal incumplimiento de conformidad con lo dispuesto en el artículo 1101 del Código Civil, sin que por el contrario quepa atribuir a la compradora

contribución alguna de carácter culposo en tal incumplimiento». (27 junio 2007, LA LEY 60909/2007)

«la jurisprudencia ha residenciado estos casos de falta de correspondencia objetiva entre lo pactado y lo entregado en el régimen general de la responsabilidad por incumplimiento de contrato. Así lo hacen, con las salvedades pertinentes, en algún caso a sensu contrario, *las sentencias de 12 de marzo de 1982 —"si bien la entrega de una cosa diversa* (aliud pro alio) *a la pactada en el contrato de compraventa, determinante de pleno incumplimiento por inhabilidad del objeto e insatisfacción total del acreedor, puede ser subsumida en los artículos 1101 y 1124 del Código Civil..., cuando se trate de prestación defectuosa en la esfera mercantil por vicios en la mercadería el comprador ha de acudir a las normas específicas del saneamiento contenidas en el Código de Comercio, sin que le venga permitida la utilización de las reglas generales del derecho común sobre el resarcimiento de daños y perjuicios por incumplimiento inexacto..."—, 7 de enero de 1988 —... "nos encontramos ante prestación de objeto distinto y no ante simples vicios de la cosa..., lo que le permite acudir a la protección dispensada en los artículos 1101 y 1124 del Código Civil..., pues... la ineptitud del objeto para el uso a que debía ser destinado significa incumplimiento del contrato y no vicio redhibitorio, lo que origina sometimiento a diferentes plazos de prescripción...", 1 de marzo de 1991 "la circunstancia fáctica del empleo inmediato del cemento servido o suministrado impide la aplicación del artículo 327 del Código de Comercio, y su inadecuación, inidoneidad o inhabilidad para la construcción el que pueda calificarse como simple vicio o defecto de calidad o cantidad, que es lo contemplado por los artículos 336 y 342 del propio texto legal, excluyentes, normalmente, de la aplicación de los artículos 1101 y 1124 del Código Civil, pero no en los supuestos de inutilidad del objeto a los fines contratados... concordándose así esta jurisprudencia con la recaída respecto a la compraventa civil que entiende se está en presencia de entrega de cosa diversa o* aliud pro alio *cuando existe pleno incumplimiento por inhabilidad del objeto y consiguiente insatisfacción del comprador, que le permite acudir a la protección dispensada en los artículos 1101 y 1124 y, por consiguiente, sin que sea aplicable el plazo semestral que señala el artículo 1490 para el ejercicio de las acciones edilicias"—, 5 de noviembre de 1993 —"... el motivo plantea el tema, muy discutido por la jurisprudencia, concerniente a la distinción entre vicios ocultos y prestación distinta, y que cabe entender resuelta a la vista de la doctrina establecida en las Sentencias de 7 de enero de 1988, que recoge las directrices señaladas en las precedentes... por las que se entiende que se está en presencia de entrega de cosa diversa o* aliud pro alio *cuando existe pleno incumplimiento por inhabilidad del objeto y consiguiente insatisfacción del comprador, al ser el objeto impropio para el fin a que se destina, lo que permite acudir a la protección dispensada en los artículos 1101 y 1124 del Código Civil, puntualizándose... que la ineptitud del objeto para el uso a que debía ser destinado significa incumplimiento del contrato y no vicio redhibitorio, originándose el sometimiento a diferentes plazos prescriptivos..."— y 10 de marzo de 1994 —que identificó la cuestión planteada en el recurso como de "viabilidad o no de la acción ejercitada en punto al resarcimiento de los daños y perjuicios de referencia" y declaró que la misma "habrá de depender de la aplicación de lo dispuesto en los artículos 342 Código de Comercio y 1490 Código Civil—».* (22 octubre 2007, LA LEY 165791/2007)

«Uno de los supuestos de incumplimiento que abren paso a la protección que dispensan los artículos 1101 y 1124 CC, susceptible también de ser contemplado bajo el principio de la identidad e integridad del pago (art. 1166 CC), es el de entrega de cosa distinta o aliud pro alio, que se produce cuando el objeto entregado por el vendedor es inhábil para el cumplimiento de su finalidad (SSTS, entre otras, de 26 de octubre de 1987, 29 de abril de 1994, 10 de julio de 2003, 28 de noviembre de 2003, 21 de octubre de 2005, 15 de noviembre de 2005, 14 de febrero de 2007 y 23 de marzo de 2007). La acción de saneamiento por vicios ocultos no presupone necesariamente un incumplimiento sustancial de la obligación de entrega, pues ésta tiene por objeto la cosa vendida en el estado en que se hallare al tiempo de la per-

fección del contrato (artículo 1468 I CC) y, en consecuencia, la acción por incumplimiento cuando existe un aliud por alio no está sujeta al plazo de caducidad de las acciones edilicias (SSTS de 10 de mayo de 1995, 30 de noviembre de 1972; 29 de enero de 1983, 23 de marzo de 1983; 20 de febrero de 1884; 12 de febrero de 1988, 2 de septiembre de 1998, 12 de abril de 1993, 14 de octubre de 2000, 28 de noviembre de 2003, 15 de diciembre de 2005). Mediante esta doctrina se remedian los abusos en que se traduciría la aplicación excluyente de la acción de saneamiento, pues las acciones redhibitoria y quanti minoris [en cuanto menos], sujetas al plazo de caducidad establecido en el art. 1486 CC, resultan inaplicables en aquellos supuestos en que la demanda no se dirija a obtener las reparaciones provenientes de los vicios ocultos, sino las derivadas por defectuoso cumplimiento al haber sido hecha la entrega de cosa distinta o con vicios que hagan impropio el objeto de la compraventa para el fin a que se destina (STS 29 de septiembre de 2008, RC n.º 3861/2001)». (17 febrero 2010, rec. 2579/2005, LA LEY 3997/2010)

«La conducta del enajenante que vende dos o más veces la misma finca y que impide al comprador exigir el saneamiento por evicción, no obstante haberle privado de la cosa que constituyó el objeto de la compraventa, para trasladarla a un nuevo comprador que, por su condición de tercero hipotecario, es protegido en su adquisición por la fe pública registral, no solo infringe la obligación contractual que le impide hacerlo, sino que vulnera el deber de respeto a la propiedad de la persona con la que se vinculó a través de un contrato anterior, del que trae causa el daño ocasionado por la venta posterior, para cuya reparación el Código Civil ofrece al perjudicado no solo las acciones específicas con la que satisfacer el interés defraudado, sino la que le proporciona el artículo 1101 del Código Civil de exigir el resarcimiento del daño que resulta de incumplimiento contractual, que de otra forma no se hubiera producido, consistente en la privación de la cosa que constituyó su objeto, con plazo de prescripción de quince años, según el artículo 1964 CC». (11 mayo 2010, rec. 1318/2006, LA LEY 55549/2010)

En el contrato de obra:

«al margen de la responsabilidad decenal del art. 1591 CC, puede producirse responsabilidad por incumplimiento contractual, cuya acción está sometida directamente al plazo prescriptivo de quince años del art. 1964 CC, afecta exclusivamente al vendedor y que puede resultar compatible con el art. 1591, por referirse a que la cosa enajenada debe ser apta para la finalidad con que es adquirida». (8 junio 1998, LA LEY 6036/1998)

«El derecho a pedir el cumplimiento in natura no excluye la posibilidad de la reclamación directa de la indemnización en su lugar. Pero esta es una excepción a la regla general del artículo 1098 CC, y para ello se requiere: a) que el demandante haya requerido por cualquier medio que debe ser probado la realización de las reparaciones exigidas según el estado de la obra; b) que el demandado haya incumplido la obligación voluntariamente "por haber incurrido en dolo o culpa o con contravención del tenor de las obligaciones pactadas (artículo. 1101 CC)" (sentencias de 3 de julio de 1989 y 12 de diciembre de 1990), y c) que el demandante prefiera la indemnización, dado el constatado incumplimiento del deudor, por depender del cumplimiento de una relación personal que se ha demostrado contraria a las reglas de conducta propias de las relaciones contractuales». (13 julio 2005, rec. 664/1999)

«la STS de 10 de mayo de 1995 admitió la procedencia de la acción aquí ejercitada en un supuesto de defectos constructivos no determinantes de ruina, pero que implicaban un incumplimiento contractual por parte de la vendedora, con la apreciación de que se estaba en presencia de entrega de cosa diversa, aliud pro alio, *cuando existe pleno incumplimiento por inhabilidad del objeto y consiguiente insatisfacción del comprador, que le permite acudir a la protección dispensada en los artículos 1101 y 1124 del Código Civil: y en sentido similar se manifestaron las SSTS de 11 de abril de 1995, al establecer que, en el contrato de*

compraventa, la aplicación de la doctrina del aliud pro alio *presupone la entrega de una cosa inservible, y la de 13 de julio de 1987, para la cual, al margen de la responsabilidad decenal sancionada en el artículo 1591».* (14 febrero 2007, LA LEY 2398/2007)

«se estiman infringidas dichas normas sobre responsabilidad por incumplimiento del contrato de obra, no tanto en sí mismas, sino en relación con las que regulan la función del coordinador de seguridad y salud que han sido expuestas y vienen referidas al ámbito laboral. El coordinador, dentro de sus funciones, no incumplió las mismas respecto a la obra que se venían realizando, que provocó un grave incendio. El incumplimiento o más bien cumplimiento defectuoso (artículo 1101 del Código civil) del contrato de obra (artículo 1544) que produjo el incendio no es imputable al coordinador de seguridad y salud, tal como ha sido razonado». (30 marzo 2010, rec. 199/2006, LA LEY 49068/2010)

En la responsabilidad médica:

«No parece necesario hacer referencia a los criterios sobre unidad de la culpa civil y a la existencia de puntos coincidentes para la culpa contractual y extracontractual, basados en el principio general de que quien causa el daño lo debe indemnizar, lo mismo si se produce por incumplimiento de una obligación preestablecida que cuando proviene de una culpa no referida a un vínculo antecedente, pues en ambos casos se impone a la actuación médica la procura de la salud». (31 diciembre 1997, LA LEY 1385/1999)

«Conforme al sistema de «garantías y responsabilidad» que establece el capítulo VIII de tal cuerpo normativo el usuario tiene derecho a ser indemnizado de los daños y perjuicios demostrados que la utilización de los servicios les irroguen salvo que aquellos daños y perjuicios estén causados por su culpa exclusiva». (19 junio 2001, LA LEY 5043/2001)

«en la medicina llamada voluntaria, incluso curativa como en el presente caso, la relación contractual médico-paciente deriva de contrato de obra, por el que una parte —el paciente— se obliga a pagar unos honorarios a la otra —médico— por la realización de una obra; la responsabilidad por incumplimiento o cumplimiento defectuoso se produce en la obligación de resultado en el momento en que no se ha producido éste o ha sido defectuoso.» (11 diciembre 2001, LA LEY 83/2003)

«La responsabilidad contractual del médico por tal modalidad de incumplimiento artículo 1101 del Código Civil) depende de una previa valoración de la idoneidad de la conducta por él desplegada. Es, en efecto, necesario un juicio de diligencia, que implica la comparación entre la prestación ejecutada y la debida, la cual se identifica según el modelo ideal y objetivo de conducta exigible en atención a la cualificación profesional del deudor y a la naturaleza de la actividad por él prometida». (30 diciembre 2004, rec. 3436/1998)

«La responsabilidad contractual de los médicos en virtud de lo dispuesto en los artículos 1.101 y 1104 del Código Civil depende de una previa valoración de la idoneidad de la conducta por ellos desplegada, razón por la que se hace necesario afrontar un juicio de diligencia identificado con un incumplimiento o defectuoso cumplimiento de la lex artis concebida como un criterio valorativo de la corrección del concreto acto médico ejecutado por el profesional de la medicina que actúa en beneficio e interés del paciente a cuya disposición pone los medios necesarios para procurar su curación, al margen de que esta se obtenga, en una medicina que no es de resultados sino de medios, salvo que el resultado se asegure o garantice y ello sea determinante de la intervención médica, lo que es más propio de la medicina voluntaria que de la curativa». (23 enero 2009, rec. 2550/2003, LA LEY 600/2009)

«La distinción entre obligación de medios y de resultados no es posible mantener en el ejercicio de la actividad médica, salvo que el resultado se pacte o se garantice, incluso en

los supuestos más próximos a la llamada medicina voluntaria que a la necesaria o asistencial, cuyas diferencias tampoco aparecen muy claras en los hechos, sobre todo a partir de la asunción del derecho a la salud como una condición de bienestar en sus aspectos, psíquicos y social, y no sólo físico (SSTS 30 de junio y 20 de noviembre 2009). Obligación del médico es poner a disposición del paciente los medios adecuados, y en especial ofrecerle la información necesaria, en los términos que exige la Ley 14/1986, de 25 de abril, General de Sanidad, vigente en el momento de los hechos, teniendo en cuenta que los médicos actúan sobre personas, con o sin alteraciones de la salud, y que la intervención médica está sujeta, como todas, al componente aleatorio propio de la misma, por lo que los riesgos o complicaciones que se pueden derivar de las distintas técnicas de cirugía utilizadas, especialmente la estética, son los mismos que los que resultan de cualquier otro tipo de cirugía: hemorragias, infecciones, cicatrización patológica o problemas con la anestesia, etc. Lo contrario supone poner a cargo del médico una responsabilidad de naturaleza objetiva en cuanto se le responsabiliza exclusivamente por el resultado alcanzado en la realización del acto médico, equiparando el daño al resultado no querido ni esperado, ni menos aun garantizado, por esta intervención, al margen de cualquier valoración sobre culpabilidad y relación de causalidad, que, en definitiva, le impediría demostrar la existencia de una actitud médica perfectamente ajustada a la lex artis». (27 septiembre 2010, rec. 2224/2006, LA LEY 161984/2010)

En la responsabilidad de abogados:

«los casos de que la prestación se refiera a los servicios de carácter profesional, cuyo feliz resultado no está al alcance de la persona que presta los servicios, por ello se ha dicho que la prestación de estos profesionales es una prestación de medios y no de resultado, por lo que para que se entienda cumplida la obligación, solamente se precisa que se acredite que el profesional haya aportado los medios para conseguir el resultado apetecido, y éstos se hayan efectuado con arreglo a la lex artis, aunque el resultado final apetecido no se haya conseguido». (7 febrero 2000, LA LEY 92/2001)

«consta perfectamente acreditado el evidente incumplimiento de sus obligaciones como profesional del demandado y recurrente, incumplimiento que al impedir el derecho de acceso a los órganos jurisdiccionales para conocer de la acción, por despido laboral, ha originado la pérdida indebida de oportunidades procesales, con la consiguiente generación de perjuicios que deben ser indemnizados». (8 febrero 2000, LA LEY 203/2001)

«acción de reclamación devolución de honorarios adelantados, como provisión de fondos e indemnización de daños y perjuicios por responsabilidad civil derivada de actuación negligente de Abogado. Es un tipo más de la responsabilidad profesional, derivada de contrato de prestación de servicios tal como destacan las sentencias de esta Sala de 28 Ene. 1998 y 25 Mar. 1998, que da lugar a obligaciones del Abogado, que según destaca la S 28 Dic. 1996 su obligación esencial de llevar la dirección técnica de un proceso es obligación de actividad o medios, no de resultado, pues no se obliga a que tenga éxito la acción ejercitada sino a ejercitar ésta de una forma correcta... Y la de 3 Oct. 1998 añade que no es misión de esta Sala la revisión de toda la actuación profesional del Abogado, sino comprobar si se ha declarado probada la realización de actos u omisiones del Abogado que supongan cumplimiento defectuoso de su obligación personal, teniendo en cuenta que el hecho de no haber tenido éxito judicial en su cometido, no puede ser valorado como una presunción de culpabilidad». (8 junio 2000, LA LEY 10005/2000)

«El caso que nos ocupa consiste en determinar si existe culpa en el abogado por no entablar una demanda a tiempo (la acción prescribe o caduca), o por no interponer un recurso dentro del plazo establecido. Sobre esta segunda hipótesis versan la mayor parte de los casos de la jurisprudencia. Y en ellos se plantea una primera y principal disyuntiva, que es la siguiente: cuando el órgano judicial enjuicia la posible responsabilidad del Abogado, puede

o no —o tiene o no— que realizar ese órgano judicial una operación intelectual consistente en determinar (con criterios de pura verosimilitud o probabilidad) cuál habría sido el desenlace del asunto si la demanda se hubiese interpuesto o el recurso se hubiese formulado a tiempo. Si contestamos afirmativamente a esta pregunta, el juzgador podrá condenar al abogado a satisfacer a su cliente una indemnización equivalente al interés que se hallaba en juego, o bien reducirla prudencialmente en función de la mayor o menor dosis de probabilidad de éxito (prosperabilidad que suelen decir los Tribunales) que el propio juzgador estime que habría tenido la demanda o el recurso intempestivos. Si la respuesta es negativa, el juez deberá establecer una indemnización en favor del cliente basada en una muy subjetiva apreciación de lo que para éste ha supuesto verse privado de la posibilidad de éxito en un juicio no entablado o en un recurso no promovido. Una expresión del razonamiento conducente a la condena, en ese caso, podría ser el consistente en la llamada pérdida de oportunidad. Otra posibilidad, en este segundo caso, es la de que el juez señale en favor del cliente una indemnización (también de discrecional estimación) por el daño moral que al cliente le ha supuesto verse privado de acceso a la Justicia.» (29 mayo 2003, LA LEY 13175/2003)

«El deber de defensa judicial debe ceñirse al respeto de la lex artis [reglas del oficio], esto es, de las reglas técnicas de la abogacía comúnmente admitidas y adaptadas a las particulares circunstancias del caso. La jurisprudencia no ha formulado con pretensiones de exhaustividad una enumeración de los deberes que comprende el ejercicio de este tipo de actividad profesional del abogado. Se han perfilado únicamente a título de ejemplo algunos aspectos que debe comprender el ejercicio de esa prestación: informar de la gravedad de la situación, de la conveniencia o no de acudir a los tribunales, de los costos del proceso y de las posibilidades de éxito o fracaso; cumplir con los deberes deontológicos de lealtad y honestidad en el desempeño del encargo; observar las leyes procesales; y aplicar al problema los indispensables conocimientos jurídicos (STS de 14 de julio de 2005). La jurisprudencia ha precisado que, tratándose de una responsabilidad subjetiva de carácter contractual, la carga de la prueba de la falta de diligencia en la prestación profesional, del nexo de causalidad con el daño producido, y de la existencia y alcance de éste corresponde a la parte que demanda la indemnización por incumplimiento contractual (SSTS de 14 de julio de 2005, RC n. º 971/1999, 21 de junio de 2007, RC n. º 4486/2000). El juicio de imputabilidad en que se funda la responsabilidad del abogado exige tener en cuenta que el deber de defensa no implica una obligación de resultado, sino una obligación de medios, en el sentido de que no comporta, como regla general, la obligación de lograr una estimación o una resolución favorable a las pretensiones deducidas o a la oposición formulada contra las esgrimidas por la parte contraria, pues esta dependerá, entre otros factores, de haberse logrado la convicción del juzgador (SSTS de 14 de julio de 2005, 14 de diciembre de 2005, 30 de marzo de 2006, 30 de marzo de 2006, RC n.º 2001/1999, 26 de febrero de 2007 RC n.º 715/2000, entre otras)». (23 febrero 2010, rec. 370/2006, LA LEY 5307/2010) (Doctrina reiterada por la sentencia de 31 marzo 2010, rec. 1063/2006, LA LEY 49084/2010, 27 mayo 2010, rec. 44/2007, LA LEY 76111/2010, 14 julio 2010, rec. 1914/2006, LA LEY 157548/2010)

«Cuando el daño consiste en la frustración de una acción judicial, el carácter instrumental que tiene el derecho a la tutela judicial efectiva determina que, en un contexto valorativo, el daño deba calificarse como patrimonial si el objeto de la acción frustrada, como sucede en la mayoría de las ocasiones —y, desde luego, en el caso enjuiciado— tiene como finalidad la obtención de una ventaja de contenido económico. No puede, en este supuesto, confundirse la valoración discrecional de la compensación (que corresponde al daño moral) con el deber de urdir un cálculo prospectivo de oportunidades de buen éxito de la acción (que corresponde al daño patrimonial incierto por pérdida de oportunidades, que puede ser el originado por la frustración de acciones procesales: SSTS de 20 de mayo de 1996, RC n.º 3091/1992, 26 de enero de 1999, 8 de febrero de 2000, 8 de abril de 2003, 30 de mayo de 2006, 28 de febrero de 2008, RC n.º 110/2002, 3 de julio de 2008, RC n.º 98/2002, 23 de octubre de 2008,

RC n.º 1687/03 y 12 de mayo de 2009, RC n.º 1141/2004). Aunque ambos procedimientos resultan indispensables, dentro de las posibilidades humanas, para atender al principio restitutio in integrum [reparación integral] que constituye el quicio del derecho de daños, sus consecuencias pueden ser distintas, especialmente en la aplicación del principio de proporcionalidad que debe presidir la relación entre la importancia del daño padecido y la cuantía de la indemnización para repararlo. Mientras todo daño moral efectivo, siempre que deba imputarse jurídicamente a su causante, debe ser objeto de compensación, aunque sea en una cuantía mínima, la valoración de la pérdida de oportunidades de carácter pecuniario abre un abanico que abarca desde la fijación de una indemnización equivalente al importe económico del bien o derecho reclamado, en el caso de que hubiera sido razonablemente segura la estimación de la acción, hasta la negación de toda indemnización en el caso de que un juicio razonable incline a pensar que la acción era manifiestamente infundada o presentaba obstáculos imposibles de superar y, en consecuencia, nunca hubiera podido prosperar en condiciones de normal previsibilidad, pues en este caso el daño patrimonial debe considerarse inexistente». (27 octubre 2011, rec. 1423/2008, LA LEY 199845/2011)

En la responsabilidad de procuradores:

«Tiene como base el exigir en razón al artículo 1101, 1104 y 1106 del Código Civil, y en razón a la negligencia —reconocida— del Procurador una indemnización de daños y perjuicios derivados de la posibilidad de que la suplicación hubiera determinado la improcedencia de su despido (...) sentencia de esta Sala, de 28 de enero de 2005, cuando en ella se afirma "se funda la reparación del daño moral acudiendo a la doctrina denominada `pérdida de oportunidad´ que se ha ocasionado al causante de los recurrentes, quien por impericia o falta de diligencia del Abogado cuyos servicios profesionales había solicitado no ha podido acceder a los Tribunales para demandar la tutela de sus intereses ante los mismos". Y la sentencia de 29 de mayo de 2003, después de exponer la doctrina de esta Sala contenida en las sentencias que cita, señala como "de la anterior jurisprudencia, y atendidos los matices diferenciales que en la misma figuran, forzosamente se ha de concluir que el Tribunal de instancia no la ha tenido en cuenta, cuando debía hacerlo; y ha basado la desestimación de las pretensiones de los actores en la imposibilidad, lo que es razonable, de estimar que el recurso prosperado con las consecuencias indemnizatorias"». (6 julio 2005, rec. 400/1999)

En la responsabilidad de notarios:

«debe ponderarse cuál es el sentido que se ha de dar a la "fe de conocimiento" de "las partes" intervinientes en los documentos notariales, por cuanto que, en el caso, lo que el recurrente sostiene es que la identificación, días antes, de la compareciente falsaria, por medio del documento de identidad, suponía ya que aquella identificación previa se transformaba, para el acto del otorgamiento del documento en conocimiento directo, liberándole de consignar las constancias exigidas, cuando se emplea otro modo de aseguramiento de la identidad, concretamente la identificación mediante el carnet de identidad. Tal interpretación pugna, sin duda, con el recto sentido del precepto ya que se eludiría el cumplimiento de aquellas constancias, con tal modo de identificación informal previa. Conocer, no significa, en la acepción que se considera, que el Notario haya visto una vez a una persona y le haya solicitado su carnet de identidad, sino que, por habitualidad, en el trato (v. g. cliente de la Notaría) u otras razones, notoriedad de la persona, no puede ofrecer a éste dudas, según el común de la experiencia, la identidad de ésta». (2 diciembre 1998, LA LEY 2370/2000)

«El Notario tiene la ineludible obligación de identificar a los otorgantes o de asegurarse de su conocimiento por los medios complementarios legales, y de este modo no se le exime de ponderar y valorar en cada actuación todos los elementos identificadores que puedan tenerse en cuenta, lo que no se compagina con el automatismo y rutina profesional y dar por buena una identificación posterior en base a otra anterior, como aquí ha sucedido, cuando

aquélla no responde a conocimiento directo y si emplea los medios supletorios lo es bajo su responsabilidad. Cuando sucede que es inducido a error sobre la personalidad de los otorgantes por su actuación maliciosa propia o de otros, lo que no incurre es en responsabilidad criminal, ya que sólo se le exigirá cuando hubiera actuado con dolo, pero no está exento de la civil correspondiente (art. 146 del Reglamento Notarial), en este caso, de naturaleza extracontractual, generada por una actuación profesional negligente en atención a lo que queda estudiado, pues no se agotó debidamente el proceso identificado, al aceptar la errónea que ya se había instaurado. Con este modo de actuar el fedatario no procedió con la diligencia exigible en términos de normalidad para garantizar la identidad del otorgante y evitar las posibles suplantaciones de personalidad que impone extremar el celo en llevar a cabo cuantas comprobaciones autorizadas sean necesarias». (5 febrero 2000, LA LEY 87/2001)

«el Notario como director de la Notaría está dentro del orden de la profesionalidad y de la interna relación con la responsabilidad —la accountability anglosajona—, lo que supone que el trabajo a realizar en su campo laboral tendrá como finalidad la seguridad de que el cliente va a obtener en perfectas y lógicas condiciones y con todos sus efectos la escritura pública que ha encargado, ya que en caso contrario estará obligado a indemnizar cuando no se consiga la finalidad pretendida con la confección de la misma, y se ocasionen concretos perjuicios.» (6 junio 2002, LA LEY 5820/2002)

«por efecto de la sustitución, aun en caso de incompatibilidad del Notario sustituido por razón de parentesco (art. 22 Ley del Notariado) asume, frente a los otorgantes de los documentos, las mismas obligaciones que el sustituido y, por ello, su responsabilidad civil frente a esos otorgantes por los daños y perjuicios ocasionados con su actuación cuando sean debidos a dolo, culpa o ignorancia inexcusable (art. 146 del Reglamento Notarial) ha de calificarse de contractual». (15 noviembre 2002, LA LEY 367/2003)

«La jurisprudencia, en consonancia con estos principios, ha declarado la existencia de responsabilidad del notario cuando, por sí o por sus dependientes, incumple o cumple defectuosamente obligaciones asumidas contractualmente, como gestor, o como cualquier otro jurista o profesional, entendiendo que incurre en responsabilidad el notario que omite una "escrupulosa" supervisión y control respecto al comportamiento de sus empleados en la realización de actividades que son consecuencia o complemento de la función que el mismo ejerce y que habitualmente son encomendadas en la propia Notaría, con su tácita conformidad por culpa in vigilando *[en la vigilancia] o, en otros términos, que el notario debe responder de aquellas incidencias que tengan su origen en relación con el desempeño de la actividad y que se hallan racionalmente vinculados a ella en aras de la seguridad de que el cliente va a obtener en perfectas y lógicas condiciones, y con todos sus efectos, la escritura pública que ha encargado (SSTS de 6 de junio de 2002 y la 19 de junio de 2003)».* (28 noviembre 2007, LA LEY 199843/2007)

«Los notarios son profesionales a quienes compete el ejercicio privado de funciones públicas (art. 1 LN). Su actuación presenta así una doble vertiente, funcionarial y profesional (art. 1.II RN: "son, a la vez, funcionarios públicos y profesionales del Derecho"). Cuando asumen funciones de tramitación de documentos actúan como profesionales y no ejercen función pública (RDGRN de 16 de enero de 1996). Sus obligaciones se rigen, en este supuesto, por el contenido del contrato mediante el que se obligan a realizar estas funciones a favor del cliente y por la regulación profesional de carácter colegial, en cuanto les sea aplicable. Las actividades de asesoramiento con ocasión de la autorización de escrituras públicas pertenecen de manera plena al ámbito de sus funciones públicas en el ejercicio de la fe pública notarial en la esfera de los hechos y en la esfera del Derecho, que se centran en la extensión o autorización de instrumentos públicos. Como recoge la RDGRN de 26 de octubre de 1995, el notario tiene el deber de asesorar debidamente a los otorgantes informándoles de forma exhaustiva sobre las circunstancias y los efectos del documento otorgado con una

actuación profesional cuya imparcialidad, legalmente exigida, implica "una asistencia especial al otorgante necesitado de ella". Este deber deriva de la regulación establecida para la función pública notarial (arts. 1.2 y 147 RN) ... En el caso examinado no es posible entrar en el análisis del cumplimiento de la función de asesoramiento, aspecto en que no se fundó la responsabilidad civil exigida en la demanda. La acción de responsabilidad contra el notario se fundó únicamente en el incumplimiento del deber de tramitación de la escritura otorgada ante él. Sobre este extremo versaron las alegaciones de la contestación a la demanda (que negó que existiera encargo de tramitación al notario) y la prueba propuesta, que llevó a la Sala a concluir que "la copia de la escritura fue preparada, pagados los honorarios y retirada por los interesados en el mismo día de su otorgamiento", de donde se infiere que no existió encargo alguno de tramitación de la escritura que pudiera ser incumplido». (14 mayo 2008, rec. 948/2001)

En el contrato de agencia:

«Que el artículo 29 LCA contemple bajo la denominación "indemnización por daños y perjuicios" sólo el supuesto de gastos no amortizados, no impide reclamar al amparo del régimen general del artículo 1101 C.C. la indemnización de cualesquiera otros quebrantos igualmente vinculados causalmente con la extinción del contrato por causa de la denuncia unilateral del concedente, sirviendo este precepto como cauce adecuado para atender las solicitudes de indemnización por el lucro cesante o las ganancias dejadas de percibir por el concesionario, obviamente, siempre que se trate de ganancias, si no totalmente seguras, al menos sí verosímiles de obtener de no haber mediado la extinción contractual y la consiguiente pérdida de confianza en el mercado. Así lo ha dicho la jurisprudencia de esta Sala, en Sentencias como las de 22 de marzo de 1988, 16 de febrero de 1990, 19 de noviembre de 2003, 30 de abril de 2004, 23 de junio de 2005 o 7 de octubre de 2005, todas ellas plasmadas en la de 19 de diciembre de 2005, en la que se afirma con rotundidad que el daño indemnizable no puede consistir "en la mera cesación del percibo de comisiones sin que, a la par, se entienda que esta forma de remuneración de la actividad debe ajustarse al beneficio neto, a la verdadera "ganancia" que se deja de obtener"». (20 mayo 2009, rec. 914/2005, LA LEY 67165/2009)

CONCORDANCIAS

Véanse arts. 1.096 y 1.106 a 1.109 de este Código.

Artículo 1.102

La responsabilidad procedente del dolo es exigible en todas las obligaciones. La renuncia de la acción para hacerla efectiva es nula.

COMENTARIO

1.- La responsabilidad del deudor por el incumplimiento de la obligación se produce, como caso más grave, por dolo. A ello se refiere el primer inciso de este artículo, que sin embargo, no lo define, aunque del art. 1.107, combinando los dos párrafos, considera al deudor que no cumple, por dolo, como de mala fe.

El concepto de dolo se integra esencialmente con el elemento intelectual —conciencia— y el volitivo —voluntad de incumplir la obligación—, con lo cual se define como la conciencia y la voluntad de incumplir la obligación. Es el incumplimiento, pues consciente y voluntario. Es expresión de la mala fe del deudor. Es la conciencia de la infracción del deber jurídico del deudor. No es precisa, sin embargo, la intención de causar una daño al acreedor.

2.- Asimismo, el art. 1.102 da una regla de la responsabilidad por dolo, común a si es por culpa (que la da el 1103): la responsabilidad procedente del dolo es exigible en todas las obligaciones. No concede, como en la responsabilidad por culpa (el 1103), la facultad judicial moderadora. Por el contrario, dispone que la renuncia de la acción para hacerla efectiva es nula; se refiere a la renuncia anticipada, pues una renuncia a la indemnización ya fijada es válida.

3.- A diferencia de la culpa, el dolo no se presume. La parte que lo alegue —el acreedor— deberá probarlo, según la doctrina de la carga de la prueba.

Si se produce, pues, un incumplimiento de la obligación, el acreedor, probado éste, podrá exigir la responsabilidad del deudor y consiguiente indemnización de daños y perjuicios, puesto que la culpa se presume; pero, si alega que el incumplimiento se produje por dolo, deberá probar éste.

JURISPRUDENCIA

«El artículo 1102 del Código Civil dispone que "La responsabilidad procedente del dolo es exigible en todas las obligaciones. La renuncia de la acción para hacerla efectiva es nula", de modo que la obligación de reparar el daño causado por dolo es necesaria, y no está sujeta a la autonomía de la voluntad, cuyo carácter "cogente" del dolo como fundamento de responsabilidad es establecida en el último inciso del artículo 1102 en términos de irrenunciabilidad a la acción, lo que, según autorizada doctrina científica, debe entenderse en el sentido de a priori y no a posteriori, es decir, como función de responsabilidad, y no como el efecto de la obligación de indemnizar ya originada, la cual por ser patrimonial obviamente es renunciable, mientras que el artículo 1103 del Código Civil, respecto a la responsabilidad derivada de negligencia, no cita la prohibición del pacto de impunidad, con lo que admite su validez». (14 julio 2005, rec. 494/1999)

«no se ejercitan aquí las acciones edilicias, sino una acción de responsabilidad por incumplimiento que puede basarse en el dolo, pero en la que cabe, y sería suficiente, imputación por culpa. Estamos ante una compraventa en la que, por razón del específico modo de formarse el negocio, a través de la subasta, interviene el acreedor que no sólo obtendrá a través del precio el numerario para satisfacer su crédito, sino que tendrá parte activa en la composición de la oferta dirigida a los eventuales adquirentes y, por ello, responsabilidad por razón de la confianza generada, al menos en la medida en que le sea imputable la delineación del objeto que será objeto de transferencia. Se trata, pues, de un acreedor que además de realizar su interés precisamente a través de esta específica compraventa interviene en la conformación de los derechos que son objeto de transmisión. Por tal razón, no parece que el artículo 1489 CC trate de eliminar la acción de responsabilidad por dolo que el artículo 1102 CC hace exigible en toda suerte de obligaciones, sino que hay que compartir la opinión doctrinal que estima que el precepto en examen excluye la responsabilidad por dolo en el régimen que establece el artículo 1486 II CC». (6 septiembre 2006, LA LEY 103067/2006)

«La moderación indemnizatoria conforme al art. 1103 CC, también tenido en cuenta por la sentencia recurrida, no se justifica debidamente si se atiende al art. 1102 del mismo Cuerpo legal, ya que el incumplimiento contractual de RBA merece calificarse de doloso en virtud del hecho probado». (30 abril 2010, rec. 677/2006, LA LEY 41056/2010)

CONCORDANCIAS

Véase arts. 6.2, 1.269 y 1.476 de este Código.

Artículo 1.103

La responsabilidad que proceda de negligencia es igualmente exigible en el cumplimiento de toda clase de obligaciones; pero podrá moderarse por los Tribunales según los casos.

COMENTARIO

1.- La responsabilidad del deudor por el incumplimiento de la obligación se produce también, además del dolo previsto en el artículo anterior, por culpa. A ello se refiere el primer inciso de este artículo.

El concepto de culpa se forma con un elemento positivo y otro negativo: éste consiste en que no tenga intención de incumplir la obligación y aquél es la negligencia. Obra culposamente el que descuida la diligencia exigida en el tráfico.

2.- El segundo inciso de este artículo establece la facultad judicial moderadora de la responsabilidad del deudor en caso de incumplimiento por culpa de la obligación.

El Código civil no sigue la antigua distinción de grados de culpa y este artículo 1.103 tampoco es una consecuencia de dicha distinción. Sin embargo, la responsabilidad que se produce en el deudor que incumple su obligación por culpa, puede resultar no equitativa teniendo en cuenta las circunstancias concurrentes (por ejemplo, la gratuidad en el mandato, la dificultad práctica en un contrato de depósito, las malas condiciones fácticas en un arrendamiento urbano, etc.). Y en tal caso, no se trata tanto de moderación, sino de cuantificación de la responsabilidad. Cuya moderación o cuantificación es una forma de aplicación de la equidad, bajo un criterio de discrecionalidad judicial.

3.- Cuando se produce el incumplimiento de una obligación, se presume que lo ha sido por culpa del deudor. Si éste incumple totalmente o cumple defectuosamente, se presume que es culposamente, pues la actuación humana se supone que es voluntaria. Y si el incumplimiento ha sido por caso fortuito o fuerza mayor, deberá probarlo el deudor, pues son hechos impeditivos de su responsabilidad.

Así, se invierte la carga de la prueba en el concreto sentido de que producido (y probado, en su caso) el incumplimiento, éste es culpable, sufriendo el deudor la carga de probar que ha sido pro caso fortuito o fuerza mayor. Por lo que se dará lugar a la responsabilidad, debiendo probar, en su caso, el acreedor, los daños y perjuicios que tuvieran por causa el incumplimiento culpable del deudor.

JURISPRUDENCIA

«La posibilidad moderadora, aplicable también a los supuestos de responsabilidad por culpa extracontractual [sentencias de 22 de febrero de 1985 (LA LEY JURIS. 57850-NS/0000) y 5 (LA LEY JURIS. 1572-JF/0000) y 7 de febrero de 1991 (LA LEY JURIS. 124-JF/0000)] es facultad discrecional, exclusiva de la instancia, excediendo del ámbito propio de la casación [sentencias de 20 de mayo (LA LEY JURIS. 540045/1986) y 17 de diciembre de 1986 (LA LEY JURIS. 83461-NS/0000), 9 de febrero de 1987 (LA LEY JURIS. 530200/1987), 30 de junio de 1988 (LA LEY JURIS. 55-1/1988), 18 de octubre de 1989 (LA

LEY JURIS. 1177872/1989), 3 de diciembre de 1990 (LA LEY JURIS. 2147/1991) y 5 de febrero (LA LEY JURIS. 1572-JF/0000), 25 de marzo (LA LEY JURIS. 2777-JF/0000) y 26 de julio de 1991 (LA LEY JURIS. 2749/1991)], en cuanto la referida facultad moderadora que establece el art. 1103 CC es uno de los casos en que, de acuerdo con lo previsto en el art. 3, párr. 2, del propio Código, se basa y fundamenta en la aplicación de la equidad [sentencias de 20 de junio de 1989 (LA LEY JURIS. 794-JF/0000) y 19 de febrero de 1990, entre otras]. Así lo declara la sentencia del Tribunal Supremo de 20 de abril de 1993 (LA LEY JURIS. 13185/1993). En igual sentido, la sentencia de 24 de noviembre de 1995». (29 septiembre 2005, rec. 995/1999)

«Como señala la sentencia de 17 de noviembre de 1995 (LA LEY JURIS. 234/1996) citada en la de 20 de mayo de 2004 (LA LEY JURIS. 1686006/2004) respecto al art. 1103 del Código Civil "existe la jurisprudencia pacífica de esta Sala, vedando su acceso casacional, al tratarse de una auténtica facultad discrecional del juzgador de instancia (véanse las sentencias de 7 de octubre de 1982, 15 de diciembre de 1984, 22 de febrero de 1985, 10 de diciembre de 1986, 19 de febrero de 1987, 30 de mayo y 18 de octubre de 1989)"». (11 octubre 2005, rec. 995/1999)

«Esta Sala ha reiterado continuamente que excede de la casación el control de la facultad de la instancia de moderar la responsabilidad (sentencias de 20 de abril de 1993, 7 de noviembre de 2000 y 29 de septiembre de 1995). Pero también ha declarado que ello es procedente cuando los tribunales hagan uso de esa facultad con criterio ponderado, racional y lógico, pero no en caso contrario (sentencia de 4 de noviembre de 2004)». (22 enero 2007, LA LEY 1077/2007)

«Esta Sala tiene declarado reiteradamente, respecto al "quantum indemnizatorio" fijado en la sentencia recurrida, que su revisión en casación sólo procede cuando las bases fácticas en las que se asienta la moderación aplicada, y con ello la indemnización que se fija, no son correctas, suficientes y resultan equivocadas (SSTS 15 de febrero de 1994; 18 de mayo 1994; 23 de noviembre de 1999; y 5 de diciembre de 2000), lo que también ocurre cuando los Juzgadores de instancia hacen uso de la facultad moderadora que otorga el artículo 1103 del Código Civil, con algunas excepciones de no aplicación o de desproporción notoria, por tratarse de una auténtica facultad discrecional del juzgador de instancia (SSTS 17 de noviembre de 1995, 20 de mayo de 2004 y 4 de noviembre de 2004), sin que en el caso haya concurrido ninguno de los supuestos de exclusión indicados». (19 julio 2007, LA LEY 79267/2007)

«Es cierto que la doctrina jurisprudencial no excluye absolutamente la aplicación por esta Sala de la moderación regida por el artículo 1103, entre otras ocasiones, cuando no se trata tanto de la fijación cuantitativa de la indemnización, como de discernir el grado y naturaleza del respectivo aporte de culpabilidad (SSTS de 7 y 28 de octubre de 1988), o ni siquiera se plantee en la decisión judicial la posibilidad de hacer uso de dicha facultad, si la misma viene forzosa y lógicamente impuesta por las especiales circunstancias concurrentes en el supuesto concreto que se enjuicia (SSTS de 19 de julio de 1996, 20 de octubre de 1997 y 2 de noviembre de 1999)». (10 octubre 2007, LA LEY 154019/2007)

«La sentencia de 30 noviembre 2007 proclama que "la moderación de responsabilidades prevenida en el artículo 1103 CC es una facultad discrecional del Juzgador de instancia dependiente de las circunstancias del caso, y como tal no es revisable en casación". En el mismo sentido pueden ser citadas las sentencias de 19 julio 1996, 4 noviembre 2004, 20 julio 2006, 25 enero y 17 diciembre 2007, si bien la primera de ellas abre en cierto modo y limitadamente la posibilidad de revisión casacional en los siguientes términos: "Si bien es doctrina reiterada y notoria de esta Sala, que aquí se mantiene, la de que el uso de la posible moderación de la responsabilidad que establece el artículo 1103 del Código Civil es facultad propia de los juzgadores de la instancia, no susceptible de casación, ello se refiere

al supuesto en que los mismos hagan uso de tal facultad con criterio ponderado, racional y lógico, pero no cuando extravasen irracional o desmesuradamente dichos parámetros, ni tampoco en aquellos supuestos en que ni siquiera se planteen la posibilidad de hacer uso de dicha facultad moderadora, cuando la misma viene forzosa y lógicamente impuesta por las especiales circunstancias concurrentes en el caso concreto que se enjuicia"». (19 mayo 2010, rec. 892/2006, LA LEY 60001/2010) (Doctrina reiterada por la sentencia de 17 junio 2010, rec. 141/2006, LA LEY 93456/2010)

«no se ha infringido el artículo 1103 cuya norma que prevé la moderación de la responsabilidad por culpa "constituye una facultad discrecional del órgano jurisdiccional, por lo que, en principio, está vedado su acceso casacional", como dicen las sentencias de 17 de noviembre de 1995 y 20 de mayo de 2004, "facultad discrecional, exclusiva de la instancia excediendo del ámbito propio de la casación", reitera la de 29 de septiembre de 2005 con cita numerosas sentencias anteriores y que reiteran de nuevo las de 11 de octubre de 2005, 22 de enero de 2007, 19 de julio de 2007 y 10 de octubre de 2007 si bien estas últimas advierten que cabe la revisión en casación, cuando se ha dado una "desproporción notoria" o una aplicación con criterio contrario al "ponderado, racional y lógico"». (20 julio 2011, rec. 1283/2007, LA LEY 165551/2011)

CONCORDANCIAS

Véase art. 1.154 de este Código.

Artículo 1.104

La culpa o negligencia del deudor consiste en la omisión de aquella diligencia que exija la naturaleza de la obligación y corresponda a las circunstancias de las personas, del tiempo y del lugar.

Cuando la obligación no exprese la diligencia que ha de prestarse en su cumplimiento, se exigirá la que correspondería a un buen padre de familia.

COMENTARIO

1.- En el comentario al artículo anterior se ha dado el concepto de culpa, cuyo sentido coincide con lo que expresa el primer párrafo de este artículo. La esencia es la omisión o el descuido de la diligencia exigible en el tráfico, es decir, la que exija la naturaleza de la obligación, atendiendo a las circunstancias concretas de personas, tiempo y lugar.

2.- El segundo párrafo aclara cuál es esta diligencia: la que expresa la obligación o se deduzca del caso concreto; en su defecto, la que corresponde a un buen padre de familia.

Con este precepto, el Código exige la: 1.º) diligencia concreta pactada en la obligación o la que se deduzca del caso concreto, y, si no se ha pactado, 2.º) la diligencia media, la correspondiente a un buen padre de familia, que significa la persona sensata y corriente, de diligencia normal, según el tipo de obligación y las circunstancias de personas, tiempo y lugar; es la usual en el tráfico y la requerida con el fin de cumplir normalmente la relación obligatoria. Así, el Código ha abandonado la antigua doctrina de la graduación de la culpa, que distinguía la culpa lata, la más grave falta de diligencia, no hacer lo que todos hacen, no prever lo que todos prevén; culpa leve, falta de la diligencia normal media: culpa levísima, falta de aquella diligencia que sólo observan las personas más cuidadosas.

JURISPRUDENCIA

«Definida en el art. 1104 CC la culpa o negligencia del deudor como «la omisión de aquella diligencia que exija la naturaleza de la obligación y corresponda a las circunstancias de las personas, del tiempo y del lugar», en este artículo se está haciendo «referencia a la culpa en el aspecto de falta de diligencia y previsión y su exoneración se produce cuando los sucesos no hubiesen podido preverse, lo que, en dimensión de responsabilidad, requería la ausencia de todo resquicio a esta imprevisibilidad (S 7 Oct. 1991); por otra parte la S 5 May. 1998 afirma que la doctrina jurisprudencial, indica, con razón, la sentencia impugnada, ha acentuado el rigor con que debe ser aplicado el art. 1104 CC, definidor de la culpa o negligencia, que no se elimina siquiera con el puntual cumplimiento de las precauciones o precauciones legales y reglamentarias y de las aconsejadas por la técnica, si todas ellas se revelan insuficientes para la evitación del riesgo, exigiéndose como normativa la exigencia de «agotar la diligencia». Como expresa la sentencia del TS de 10 Jul. 1985, la jurisprudencia de esta Sala ha creado diversos paliativos cuales son el acentuar el rigor con que debe ser aplicado el art. 1104, definidor de la culpa o negligencia, que no se elimina siquiera con el puntual cumplimiento de las precauciones y prevenciones legales y reglamentarias y de las aconsejadas por la técnica si todas ellas se revelan insuficientes para la evitación del riesgo, erigiéndose como canon la exigencia de «agotar la diligencia». (5 diciembre 2002, LA LEY 1824/2003)

«La diligencia exigible al deudor, según expresa el artículo 1104 CC, es la que exija la naturaleza de la obligación y corresponda a las circunstancias de las personas, del tiempo y del lugar. En el caso examinado, la diligencia no es la de un buen padre de familia, sino la de un comerciante experto que tiene el deber de conocer el alcance jurídico de las obligaciones que contrae y sólo puede ser dispensado por error de Derecho en los casos en que este resulte inexcusable por ser imprevisibles las consecuencias de la aplicación de la norma». (31 julio 2007, LA LEY 132426/2007)

«Se produce así una aplicación rigurosa del precepto contenido en el artículo 1104 del Código civil, en el sentido de exigir una diligencia que va más allá de los estándares habituales, atendiendo a una valoración severa de las circunstancias de las personas, tiempo y lugar, hasta alcanzar grados de prevención y de cautela exquisitos. Lo que en la doctrina se ha calificado alguna vez como la búsqueda de "briznas de culpa" o de "polvo de culpa", más allá incluso de la prestación de una culpa levísima (SSTS 22 de abril de 1987, 18 de diciembre de 1997, 9 de julio y 7 de octubre de 1998, 27 de junio, 17 de octubre y 29 de noviembre de 2001, etc.). Esta tendencia, sin embargo, encuentra un claro límite en el concepto de culpa como comportamiento no ajustado a los cánones éticos, comportamiento que contiene un elemento de falta de previsión, de falta de diligencia o de pericia. Esta concepción de la culpa no se deduce de un juicio de reprobabilidad subjetiva del comportamiento ni, por tanto, de la actitud psicológica del agente con sus dotes de inteligencia y prudencia, sino de "la relación entre el comportamiento dañoso y el requerido por el ordenamiento en las mismas circunstancias concretas, a fin de evitar la lesión de intereses ajenos", esto es, que se trata de la conducta llevada a cabo por quien no cumple los deberes que le incumplen, pues la culpa se ha de entender a partir de una situación de deber, de un comportamiento exigible (SSTS 22 de abril 1987, 12 de julio de 1989, 8 de febrero y 4 de junio de 1991, 25 de febrero de 1992, 10 de marzo de 1993, 24 de diciembre de 1994, 7 y 24 de julio y 26 de septiembre de 1997, 7 de octubre de 1998, 13 de junio de 2002, etc.), en lo que se ha denominado concepto normativo de la culpa que, de este modo, interviene como criterio de imputación en su doble papel en la secuencia jurídica de la causalidad y en la resarcibilidad de ciertos daños, esto es, para determinar si una cierta persona ha de ser responsable y para fijar la extensión de los daños resarcibles (SSTS 1 de abril de 1997, 29 de junio y 15 de octubre de 2001, 12 de diciembre de 2005, 5 de enero, 9 de junio y 27 de julio de 2006, etc.)». (5 septiembre 2007, LA LEY 132435/2007)

CONCORDANCIAS

Véanse arts. 270 y 1.726 de este Código.

Artículo 1.105

Fuera de los casos expresamente mencionados en la ley, y de los en que así lo declare la obligación, nadie responderá de aquellos sucesos que no hubieran podido preverse o que, previstos, fueran inevitables.

COMENTARIO

1.- En los supuestos de mora, dolo y culpa, el deudor es responsable del incumplimiento de la obligación, sea total, propiamente dicho, sea cumplimiento defectuoso, tal como dispone el art. 1.101.

Pero si se produce por caso fortuito o por fuerza mayor, el deudor no es responsable y el acreedor deberá soportarlo. El concepto de caso fortuito y fuerza mayor se compone de dos elementos: elemento objetivo, la imposibilidad sobrevenida de la prestación, total o parcial: suceso inevitable o imprevisible; y elemento subjetivo, no imputabilidad de tal imposibilidad, ausencia de dolo y culpa; la inevitabilidad o imprevisible a pesar de la diligencia media —diligencia de un buen padre de familia— del deudor. La esencia es la falta de nexo causal entre la conducta del deudor y el incumplimiento.

Por tanto, es el suceso que produce la imposibilidad de la prestación, no imputable al deudor (por imprevisible o inevitable) que provoca el incumplimiento total o parcial (el incumplimiento propio o el cumplimiento defectuoso) de la obligación. El art. 1.105 define el caso fortuito y la fuerza mayor en el último inciso: aquellos sucesos que no hubieran podido preverse o que, previstos, fueran inevitables.

2.- Tradicionalmente se había distinguido el caso fortuito (*casus*) de la fuerza mayor (*vis maior*) y se habían mantenido dos criterios, el subjetivo y el objetivo. Según el criterio subjetivo, caso fortuito es el suceso que no pudo preverse, pero que de haberse previsto se hubiera podido haber evitado; fuerza mayor, sin embargo, es el suceso inevitable, aun de haberse previsto. Según el criterio objetivo, caso fortuito es el suceso que se produce en el círculo afectado por la obligación; la fuerza mayor se produce fuera de este círculo y es de violencia insuperable.

En general, la doctrina moderna está conforme con que el Código civil no sigue ninguno de estos criterios y, en principio, no distingue uno y otro caso. Pero en algunos pocos supuestos en que sí los distingue, se debe considerar que la diferencia se halla en la mayor o menor gravedad del suceso.

3.- El efecto fundamental del caso fortuito y la fuerza mayor es la extinción de la obligación quedando liberado el deudor de su cumplimiento. Pero además, queda exento también de la responsabilidad por incumplimiento, tal como dice expresamente el art. 1.105: «... nadie responderá de aquellos sucesos que no hubieran podido preverse o que, previstos, fueran inevitables».

Sin embargo, este mismo artículo en su primer inciso prevé dos especiales supuestos en los que el deudor sí responde del incumplimiento, a pesar del caso fortuito: antes de decir que nadie responderá, dispone: fuera de los 1.º) casos expresamente mencionados en la ley y de los 2.º) en que así lo declare la obligación...

1.º) Los casos que menciona la ley son el del deudor que se halla en mora o ha hecho una doble disposición de la misma cosa: art. 1.096, tercer párrafo; si la deuda de cosa cierta procediera de delito o falta: art. 1.185; en caso de cobro de lo indebido, de mala fe: art. 1896; responsabilidad del poseedor de mala fe en la devolución de la cosa: art. 457; en caso de comodato, uso indebido de la cosa o retraso en su devolución: art. 1744.

2.º) Al constituirse la obligación, puede pactarse que el deudor responda por el incumplimiento incluso si se produce por caso fortuito o fuerza mayor. Expresión del principio de la autonomía de la voluntad.

4.- El caso fortuito y la fuerza mayor, como excluyentes de la obligación, hechos extintivos de la misma, deben ser probados.

El deudor, pues, sufre la carga de la prueba del caso fortuito o fuerza mayor. De no probarlo, no podrá ser tomada en cuenta y se presume la culpa, como antes se ha dicho.

Cuya prueba corresponderá la del doble elemento que compone su concepto: la imposibilidad sobrevenida de la prestación y la no imputabilidad de la misma al deudor.

JURISPRUDENCIA

«La jurisprudencia de esta Sala viene declarando que para poder apreciar la existencia del caso fortuito se requiere inexcusablemente: a) desde el punto de vista del derecho material, que se trate de un hecho que hubiera podido preverse o que previsto fuera inevitable —SS 29-4-88, 1-12-94, 31-3-95—, siendo inexcusable la imprevisibilidad del daño causado a terceros —S 20-9-89— (S 4 abril 2000), la cual se valorará dentro de la normal y razonable previsión que se exija adoptar en cada supuesto en concreto (S 20 julio 2000); y, b) desde la perspectiva procesal, que se alegue su existencia y se prueba por quien lo alega (SS 20 septiembre 1989, 29 julio y 29 diciembre 1998, y 8 febrero 2000, entre otras). Por otro lado, desde la óptica casacional, se considera la problemática del caso fortuito y de la fuerza mayor, con carácter general, como cuestiones de hecho cuya apreciación corresponde al juzgador de instancia (SS 31 julio 1996, 29 julio 1998, 12 julio 2002)». (4 noviembre 2004, rec. 2945/1998)

«Se entiende por caso fortuito todo suceso imposible de prever, o que previsto, sea inevitable y, por tanto, realizado sin culpa del agente, por lo que el vínculo de causalidad se produce entre el acontecimiento y el daño sin que en él intervenga como factor apreciable la actividad dolosa o culposa del agente, por lo que, para que tal suceso origine exención de responsabilidad es necesario que sea imprevisible o inevitable, y que, cuando el acaecimiento dañoso fuese debido a incumplimiento del deber relevante de previsibilidad no puede darse la situación de caso fortuito, debido a que falta la adecuada diligencia por omisión de la atención y cuidados requeridos con arreglo a las circunstancias del caso, lo que hace inaplicable la excepción del art. 1105, al no darse la situación de imprevisibilidad o irresistibilidad requeridas por el precepto [sentencias de 22 de diciembre de 1981, 11 de noviembre de 1982, 11 de mayo de 1983, 8 de mayo de 1986, 16 de febrero y 8 de julio de 1988, y 23 de junio de 1990 (LA LEY JURIS. 13047-R/1990)] en similares términos se pronuncia la más reciente jurisprudencia recogida en la sentencia de 4 de noviembre de 2004 (LA LEY JURIS. 10143/2005)». (11 octubre 2005, rec. 995/1999)

«excluye correctamente la aplicación del artículo 1105 del Código civil y la subsunción de lo ocurrido dentro de los supuestos de caso fortuito, sobre los que ha dicho esta Sala que para poder apreciarse requiere inexcusablemente que se trate de un hecho que no hubiere podido preverse o que previsto fuera inevitable (sentencias de 29 de abril de 1988, de 1 de

diciembre de 1994, de 31 de marzo de 1995, 3 de marzo de 1999, 4 de abril de 2000), así como que cuando el acaecimiento dañoso fue debido al incumplimiento de un deber relevante de previsibilidad no puede darse la situación de caso fortuito, pues entonces falta la adecuada diligencia por omisión de atención y cuidado requeridos con arreglo a las circunstancias del caso (sentencias 22 de diciembre de 1981, de 11 de noviembre de 1982, de 16 de febrero y 8 de mayo de 1988, de 5 de febrero de 1991) con lo que no cabe calificar como correcta y ajustada a los cánones (contractuales o generales) la conducta del agente». (2 enero 2006, rec. 1845/1999)

«Por caso fortuito se entiende todo suceso imposible de prever, o que previsto, sea inevitable y, por tanto, realizado sin culpa del agente, de tal forma que el vínculo de causalidad se produce entre el acontecimiento y el daño sin que en él intervenga como factor apreciable la actividad dolosa o culposa del agente, por lo que, para que tal suceso origine exención de responsabilidad es necesario que sea imprevisible o inevitable, y que, cuando el acaecimiento dañoso fuese debido a incumplimiento del deber relevante de previsibilidad, no puede darse la situación de caso fortuito, debido a que falta la adecuada diligencia por omisión de la atención y cuidados requeridos con arreglo a las circunstancias del caso, lo que hace inaplicable la excepción del art. 1105, al no darse la situación de imprevisibilidad o irresistibilidad requeridas por el precepto (SS 22 de diciembre de 1981; 11 de mayo de 1983; 8 de mayo de 1986; 16 de febrero y 8 de julio de 1988; 23 de junio de 1990 y 4 de noviembre de 2004). Asimismo tiene declarado esta Sala que "la aplicación del repetido art. 1105 exige que conste acreditada la imprevisibilidad del evento dañoso, cuestión esta de la previsibilidad o imprevisibilidad que tiene la cualidad de hecho" (SS 2 de febrero 1989 y 23 de junio 1990), o, como dice la sentencia de 4 de noviembre de 2004, "desde la óptica casacional, se considera la problemática del caso fortuito y de la fuerza mayor, con carácter general, como cuestiones de hecho cuya apreciación corresponde al juzgador de instancia"». (2 febrero 2006, rec. 2181/1999)

«la concurrencia de los requisitos para la aplicación del art. 1105 CC, es decir, la imprevisibilidad y la inevitabilidad exige una prueba cumplida y satisfactoria (Sentencias 28 de diciembre de 1997 y 2 de marzo de 2001), incumbiendo la carga de la prueba a quien alega la existencia del caso fortuito o la fuerza mayor (SS 31 de mayo de 1985; 11 de octubre de 1991; 31 de julio de 1996; 29 de diciembre de 1998; 8 de noviembre de 1999; 8 de febrero de 2000; 10 de octubre de 2002); de modo que la apreciación del soporte factual corresponde a los tribunales que conocen en instancia —primera y apelación— (SS 6 de mayo de 1984; 2 de febrero de 1989; 23 de junio de 1990; 31 de julio de 1996; 29 de julio de 1998; 12 de julio de 2000; 14 de marzo de 2001; 23 de noviembre de 2004; 11 de octubre de 2005; 2 de febrero de 2006), el cual sólo puede ser revisado en casación a través del error en la valoración de la prueba, aunque sí cabe plantear el recurso extraordinario para el control de la razonabilidad jurídica en relación con la calificación de imprevisibilidad o inevitabilidad (SS 22 de mayo de 1978; 30 de diciembre de 1991; 31 de enero y 3 de septiembre de 1992; 28 de marzo de 1994; 31 de marzo de 1995; 24 de diciembre de 1999), por cuanto se trata de conceptos jurídicos aunque indeterminados. También tiene dicho esta Sala que la fuerza mayor ha de entenderse constituida por un acontecimiento surgido a posteriori *de la convención que hace inútil todo esfuerzo diligente puesto en la consecución de lo contratado (S 24 de diciembre de 1999), debiendo concurrir en dicho acontecimiento —hecho determinante— la cualidad de ajenidad, en el sentido de que ha de ser del todo independiente de quien lo alega (SS 19 de mayo de 1960, 28 de diciembre de 1997, 13 de julio y 24 de diciembre de 1999 y 2 de marzo de 2001), sin que pueda confundirse la ajenidad con aquellas circunstancias que tienen que ser asumidas y previstas por la parte contratante de quien depende el cumplimiento (S 22 de febrero de 2005); y asimismo debe haber una total ausencia de culpa (SS 31 de marzo de 1995, 31 de mayo de 1997, 18 de abril de 2000, 23 de noviembre de 2004), porque la culpa es incompatible con la fuerza mayor y el caso fortuito (S 2 de enero de 2006). La "fuerza*

mayor" ha de consistir en una fuerza superior a todo control y previsión (S 20 de julio de 2000), y para ponderar su concurrencia habrá de estarse a la normal y razonable previsión que las circunstancias exijan adoptar en cada supuesto concreto, o inevitabilidad en una posibilidad de orden práctico (S 4 de julio de 1983, reiterada en las de 31 de marzo de 1995, 31 de mayo de 1997, 20 de julio de 2000 y 15 de febrero de 2006). La jurisprudencia, en su versión casuística, insiste en la exigencia de haber obrado con la diligencia exigible por las circunstancias de cada caso (atención y cuidados requeridos —S 16 de febrero de 1988—; diligencia razonable —S 5 de diciembre de 1992—; adecuada —S 5 de febrero de 1991 y 2 de enero de 2006—; precisa —S 31 de marzo de 1995—; debida —SS 28 de marzo de 1994 y 31 de mayo de 1997—; necesaria —S 8 de noviembre de 1999—), pues la fuerza mayor, como el caso fortuito, no procede ante un comportamiento negligente con suficiente aportación causal». (18 diciembre 2006, LA LEY 154712/2006)

«Se requiere el "caso fortuito" (artículo 1105 CC) que alguna jurisprudencia hace equivaler a la ausencia de culpa, pero siempre que la posibilidad de previsión se mida de acuerdo con los criterios de la diligencia exigible o prestable (SSTS 4 y 23 de noviembre de 2004, 2 de enero de 2006, etc.), lo que requeriría una alegación y un esfuerzo probatorio que no se han dado, pero cuyo más correcto entendimiento, por otra parte, se encuentra en la presencia en el caso de eventos o hechos exteriores que, por quedar fuera del ámbito de control del deudor, rompieran la relación de causalidad entre la acción u omisión del deudor y los daños experimentados por el acreedor (SSTS 23 de abril de 1999, 4 y 18 de abril de 2000, etc.)». (3 abril 2009, rec. 1360/2004, LA LEY 23070/2009)

«El caso fortuito que se invoca en el quinto motivo, con cita del artículo 1105 del Código Civil, es incompatible con la falta de previsión y cuidado para evitar un daño al trabajador como consecuencia de las instalaciones del barco, siendo reiterada jurisprudencia de esta Sala que no constituye caso fortuito "si existe un comportamiento negligente con suficiente aportación causal" (STS de 20 de julio de 2000), pues el caso fortuito requiere la ausencia de culpa (SSTS de 31 de marzo de 1995, 31 de mayo de 1997 y 18 de abril de 2000), cuya valoración en cuanto al soporte fáctico, por su naturaleza de "quaestio facti", corresponde al Juzgador de instancia (SSTS de 6 de mayo de 1984 y 14 de marzo de 2001)». (11 septiembre 2009, rec. 1997/2002, LA LEY 187278/2009)

CONCORDANCIAS

Véanse arts. 1.183, 1.575 y 1.896 de este Código.

Artículo 1.106

La indemnización de daños y perjuicios comprende, no sólo el valor de la pérdida que hayan sufrido, sino también el de la ganancia que haya dejado de obtener el acreedor, salvas las disposiciones contenidas en los artículos siguientes.

COMENTARIO

1.- Si se produce incumplimiento de la obligación imputable al deudor y no hay posibilidad de ejecución forzosa, in natura, se acude a la ejecución o cumplimiento por equivalencia, id quod interest, que suple la satisfacción específica del acreedor por la reparación patrimonial del daño que ha sufrido por aquel incumplimiento. El artículo 1.101 establece que los deudores que incumplen la obligación por causa imputable (dolo, culpa, mora) quedan sujetos a la indemnización de los daños y perjuicios causados.

Lo que se pretende con la ejecución por equivalencia es proporcionar una compensación (equivalencia) a aquel acreedor que en virtud de ciertos hechos (el incumplimiento imputable) ha sufrido un daño o un menoscabo económico en sus bienes. Y se proporciona mediante la indemnización de daños y perjuicios, que significa la restitución al acreedor, a aquella situación patrimonial en la que se hallaría si el contrato hubiese sido debidamente cumplido. Es decir, la ejecución por equivalencia, por la indemnización de daños y perjuicios, repara el daño o perjuicio patrimonial causado al acreedor por el incumplimiento imputable al deudor.

2.- El daño se integra por dos elementos: el daño emergente y el lucro cesante, que son el perjuicio o pérdida patrimonial que ha sufrido el acreedor y el beneficio que ha dejado de obtener por razón de incumplimiento. A ambos aspectos se refiere el art. 1.106.

En su último inciso, deja a salvo las normas contenidas en los artículos siguientes, el primero de los cuales hace una distinción, en cuanto a la indemnización, entre la proveniente de incumplimiento doloso o culposo.

JURISPRUDENCIA

«El lucro cesante tiene una significación económica; trata de obtener la reparación de la pérdida de ganancias dejadas de percibir, concepto distinto del de los daños materiales (así, S 10 May. 1993), cuya indemnización por ambos conceptos debe cubrir todo el quebranto patrimonial sufrido por el perjudicado (así, SS 21 Oct. 1987 y 28 Sep. 1994). El lucro cesante, como el daño emergente, debe ser probado; la dificultad que presenta el primero es que sólo cabe incluir en este concepto los beneficios ciertos, concretos y acreditados que el perjudicado debía haber percibido y no ha sido así; no incluye los hipotéticos beneficios o imaginarios sueños de fortuna. Por ello, esta Sala ha destacado la prudencia rigorista (así, S 30 Jun. 1993) o incluso el criterio restrictivo (así, S 30 Nov. 1993) para apreciar el lucro cesante; pero lo verdaderamente cierto, más que rigor o criterio restrictivo, es que se ha de probar, como en todo caso debe probarse el hecho con cuya base se reclama una indemnización; se ha de probar el nexo causal entre el acto ilícito y el beneficio dejado de percibir lucro cesante y la realidad de éste, no con mayor rigor o criterio restrictivo que cualquier hecho que constituye la base de una pretensión (así, SS 8 Jul. 1996 y 21 Oct. 1996)». (5 noviembre 1998, LA LEY 2662/2000) (Criterio reiterado por la sentencia de 2 marzo 2001, LA LEY 3764/2001 y por la de 12 noviembre 2009, rec. 1913/2005, LA LEY 226654/2009)

«La doctrina expuesta se recoge y desarrolla en la moderna jurisprudencia (entre otras, SS 17 Dic. 1990; 30 Nov. 1993; 7 May. y 29 Sep. 1994 y 8 Jun. 1996), que resalta la apreciación restrictiva o ponderada y la necesidad de probar con rigor («al menos razonable» dicen las SS 30 Jun. 1993 y 21 Oct. 1996) la realidad o existencia («aplicando criterios de probabilidad de acuerdo con el curso normal de los acontecimientos», SS 16 Jun. y 22 Dic. 1993 y 15 Jul. 1998), pues el lucro no puede ser dudoso o incierto, de ahí que se deban rechazar las ganancias contingentes o fundadas en meras esperanzas, o expectativas sin sustento real (S. 2 Oct. 1999), y que no se pueda fijar subjetivamente por el juzgador con fundamento en la equidad (s. 6 Sep. 1991). También se pone de relieve la necesidad de existencia de un nexo causal (SS 17 Dic. 1990 y 5 Nov. 1998, entre otras) que en realidad no es otra cosa que la posibilidad de haber podido obtener las ganancias en caso de no haberse producido el evento.» (29 diciembre 2000, LA LEY 1947/2001)

«La indemnización de daños y perjuicios comprende efectivamente, conforme al artículo 1106 del Código Civil, no tanto el valor de las pérdidas sufridas, como las ganancias dejadas de obtener, alcanzando tanto a los daños previstos como a los que pudieran prever en los supuestos del artículo 1107. Ahora bien, tal indemnización no opera de forma automática, sino que requiere demostración del daño y su imputación, para deducir la consiguiente res-

ponsabilidad a persona determinada, es decir, que su real causación ha de llevarse a cabo en la fase probatoria del pleito, correspondiendo su apreciación al Tribunal de instancia y sólo es impugnable en casación por vía del número 4.° del artículo 1692 de la Ley Procesal Civil (sentencias de 4 de diciembre de 1955, 7 de mayo de 1991, 4 de octubre de 1991 y 23 de marzo y 13 de abril de 1992). Como expresa la doctrina, frente a la tangibilidad y fácil prueba del daño emergente, el lucro cesante presenta un alto grado de indeterminación, con lo cual se plantea la búsqueda de un criterio válido para dilucidar cuándo nos encontramos ante una hipótesis de lucro cesante, de ganancia verdaderamente frustrada, y cuándo estaremos ante una mera esperanza imaginaria, dudosa y contingente. La ganancia frustrada debe determinarse mediante un juicio de probabilidad, teniendo en cuenta lo que lógicamente fuera de esperar según el curso normal de las cosas y las circunstancias del caso concreto (sentencia de 21 de noviembre de 1977)». (19 enero 2006, rec. 3340/2000) (Doctrina reiterada por la sentencia de 12 diciembre 2006, LA LEY 150024/2006)

«Se plantea aquí, por primera vez en la jurisprudencia, una cuestión que había presentado la doctrina hace poco más de medio siglo, que es el ejercicio de acciones derivadas del dolo. Sobre si cabe, primero, la acción de anulación de contrato y reclamación de indemnización de daños y perjuicios (acumulación de dos acciones), segundo, la acción de anulación, sin reclamación de indemnización (una sola acción) y, tercero, la acción de reclamación de indemnización de daños y perjuicios, sin ejercitar la acción de anulación (una sola acción, es el caso presente). La respuesta debe ser afirmativa, tanto porque no hay norma que excluya cualquiera de las tres posibilidades, como porque sí hay una norma aplicable a un caso similar de ineficacia, que es la resolución que contempla el artículo 1124 del Código civil, que admite como perfectamente compatibles y, al tiempo, independientes, la acción de resolución y la de resarcimiento, que pueden ser ejercitadas conjunta o independientemente, sin que la posibilidad de ineficacia excluya la indemnización, ni viceversa, ni la acumulación. En el presente caso no se ha pedido la nulidad de negocio jurídico alguno, sino se ha ejercitado la acción de indemnización de daños y perjuicios por una actuación dolosa de los demandados y tales perjuicios son la falta de posibilidad de cobro de aquel crédito que fue cedido con sus intereses». (18 enero 2007, LA LEY 66/2007)

«El artículo 1106 del Código Civil dispone que la indemnización de daños y perjuicios comprende la ganancia que haya dejado de obtener el acreedor. Es cierto que, como señalan las sentencias de esta Sala de 6 de septiembre de 1991 y 5 de octubre de 1992, el lucro cesante no puede ser dudoso o incierto pero "tales dudas sólo son enervatorias de su reconocimiento cuando afectan al hecho mismo de su existencia o producción, no cuando afectan al quantum, sin que se olvide, como razona la doctrina científica, que entre la demostración absoluta y segura de que el lucro se iba a obtener y el reconocimiento de la indemnización en todo caso en que fuera meramente posible la ganancia, media la ponderación de las circunstancias de cada asunto y la razonable verosimilitud.». (31 mayo 2007, LA LEY 26718/2007)

«en el art. 1108 CC, sino de la indemnización, conforme al art. 1106 del mismo Cuerpo legal, de los daños y perjuicios causados por el incumplimiento contractual, incumplimiento que la sentencia recurrida ciertamente refiere a "una contraprestación económica", pero no determinando el importe de ésta, ni tampoco cifrándolo en lo que efectivamente hubiera pagado la parte actora como precio de la obra, sino confiando su cuantificación a lo que resulte en ejecución de sentencia según, sobre todo, un determinado informe incorporado a las actuaciones en fase probatoria, lo que aproxima aquella contraprestación a una deuda de valor». (17 febrero 2009, rec. 582/2003, LA LEY 3317/2009)

«sin que la condena a su pago vulnere los arts. 1.106 y 1.107 CC, pues el primer precepto claramente se refiere a las "pérdidas sufridas" y el segundo establece que en caso de dolo (mala fe) responderá el deudor de todos los daños y perjuicios que conocidamente se deriven de la falta de cumplimiento de la obligación. Y, por lo demás, la jurisprudencia reconoce la

aplicabilidad en sede de nulidad contractual de la normativa relativa a la indemnización de daños y perjuicios, con independencia de las restituciones del art. 1.303 CC (con carácter genérico SS. 26 de julio de 2.000; 13 de marzo de 2.002, 11 de febrero de 2.003 y 23 de junio de 2.008; y con referencia concreta a la indemnización de los gastos que por el contrato haya sufrido el comprador SS. 28 de mayo de 1.914; 16 de junio de 1.981 y 11 de febrero de 2.003)». (5 mayo 2009, rec. 786/2004, LA LEY 49543/2009)

«Según el Art. 1106 CC, este lucro cesante debe acordarse cuando se haya dejado de obtener una ganancia por parte del acreedor y aunque es cierto que la jurisprudencia española ha sido restrictiva al señalar que no debe concederse indemnización en los casos de ganancias dudosas, sí se ha reconocido que aplicando criterios de probabilidad, debe indemnizarse aquella "pérdida futura que razonablemente se prevea que puede ocurrir" [artículo 9:501 (2) PECL], criterio aplicado en la reciente doctrina de esta Sala con relación a las reclamaciones por lucro cesante». (16 diciembre 2009, rec. 1309/2005, LA LEY 254320/2009)

«El artículo 1106 del Código Civil ampara la indemnización de la pérdida sufrida por razón del incumplimiento bajo el presupuesto de la necesaria integridad en la indemnización o, lo que es lo mismo, la comprensión de la totalidad del importe económico del detrimento experimentado, bajo el presupuesto de la necesaria relación de causalidad entre la conducta contractualmente antijurídica y el resultado producido, lo que es distinto de la eventual disminución en la indemnización que haya de soportar el perjudicado por su propia contribución causal a la pérdida sufrida». (19 mayo 2010, rec. 892/2006, LA LEY 60001/2010) (Doctrina reiterada por la sentencia de 17 junio 2010, rec. 141/2006, LA LEY 93456/2010)

«los daños y perjuicios de los que había de responder el deudor eran, en este caso, los previstos o los que se hubieran podido prever al tiempo de constituirse la obligación y que fueran consecuencia necesaria de su falta de cumplimiento (artículo 1106 y 1107, párrafo primero, del Código Civil); en suma, aquellos que estuvieran dentro de la órbita del contrato o del fin de protección de intereses amparados por el mismo. A la hora de delimitar el daño indemnizable en la responsabilidad contractual, la dogmática actual acude a la doctrina del fin de protección del contrato que supuso, en sus orígenes en el Derecho alemán, aplicar al ámbito de la responsabilidad contractual la doctrina del fin de protección de la norma utilizada para la determinación de la responsabilidad extracontractual. Su formulación partía de la afirmación de que el contrato indica las obligaciones, señala qué intereses del acreedor han de ser satisfechos y explica qué consecuencias, de las producidas por el incumplimiento sobre el patrimonio del acreedor, debe reparar el deudor». (17 marzo 2011, rec. 880/2007, LA LEY 14445/2011)

«Con la indemnización de daños mediante un pago en dinero se trata de restablecer al perjudicado, en la medida que sea posible, en la posición que hubiera tenido si el acto lesivo no se hubiera producido. Al ser patrimonial, el daño resarcible se identifica con la disminución de un patrimonio causada por el acto dañoso, lo que comprende tanto el valor de la pérdida sufrida, como la ganancia dejada de obtener». (4 julio 2011, rec. 632/2007, LA LEY 98650/2011)

«La jurisprudencia de esta Sala considera que la amplia dicción del art. 1106 CC justifica que el resarcimiento abarque todo el menoscabo económico sufrido por el acreedor, consistente en la diferencia entre la actual situación de su patrimonio y la que tendría de no haberse realizado el hecho dañoso, bien por la disminución efectiva del activo, ya por la ganancia perdida o frustrada, pero siempre comprendiendo en su plenitud las consecuencias del acto lesivo, por cuanto el resarcimiento tiene por finalidad volver el patrimonio afectado a la disposición en que se encontraría de no haber mediado el incumplimiento o acto ilícito (SSTS 10-1-79, 6-10-82 y 2-4-97)». (17 julio 2011, rec. 1183/2008, LA LEY 119753/2011)

«Lucro cesante, objeto de indemnización conforme al artículo 1106 del Código civil ("... ganancia que haya dejado de obtener el acreedor..."), "sin que quepa incluir eventos de futuro no acreditados rayanos en los conocidos 'sueños de ganancia'", como dice la sentencia de 24 de abril de 1997, "... de esperar en el desarrollo normal de las circunstancias del caso...", añaden las sentencias de 15 de julio de 1998 y 29 de diciembre de 2000 y "no incluye los hipotéticos beneficios o imaginarios sueños de fortuna", expresan las sentencias de 5 de noviembre de 1998 y 2 de marzo de 2001 y "no puede ser dudoso o incierto, de ahí que deban rechazarse las ganancias contingentes o fundadas en mera esperanzas o expectativas sin sustento real", como dice la sentencia de 29 de diciembre de 2000; "el lucro cesante presenta un alto grado de indeterminación, con lo cual se plantea la búsqueda de un criterio válido para dilucidar cuando nos encontramos ante una hipótesis de lucro cesante, de ganancia verdaderamente frustrada y cuándo estaremos ante una mera esperanza imaginaria, dudosa y contingente": así se expresan las sentencias 19 de enero 2006 y 12 de diciembre de 2006. El lucro cesante precisa la prueba de la ganancia dejada de obtener, en el sentido de la prueba del perjuicio que sufre el acreedor en su patrimonio, por no tener lugar el aumento patrimonial que se habría producido. No comprende, pues, los "sueños de fortuna", sino las ganancias que probadamente se hubieran producido, de no mediar el incumplimiento imputable al deudor. Y en el caso presente, el perjuicio que se reclama por la sociedad compradora, demandante y recurrente está bien acordado y motivado por las sentencias de instancia, pues para obtener la ganancia que alega haber perdido es preciso una actuación comercial y una realidad de gastos y de búsqueda de comprador o arrendatario del local desconocidos, que obvia y, desde luego, no prueba». (20 julio 2011, rec. 1283/2007, LA LEY 165551/2011)

«El propio artículo 1106 del Código Civil, cuya infracción se denuncia, señala como concepto indemnizatorio el de "la ganancia que haya dejado de obtener el acreedor" o, lo que es lo mismo, los incrementos patrimoniales que el mismo esperaba obtener y que se han visto frustrados por la actuación incumplidora de la parte contraria. Es cierto que esta Sala ha considerado que no resultan indemnizables las meras expectativas de ganancia (por todas, la sentencia de 8 junio 1996) y que únicamente lo serán las oportunidades de lucro verosímilmente deducibles del curso causal de los acontecimientos (sentencia de 16 junio 1993) exigiéndose la prueba del daño (sentencias de 30 junio y 30 noviembre 1993, 8 julio 1996, 5 noviembre 1998 y 26 septiembre 2002, entre otras). Pero la existencia de una "ganancia dejada de obtener" resulta evidente, y se desprende de la propia naturaleza del contrato». (15 diciembre 2011, rec. 1911/2008, LA LEY 247071/2011)

CONCORDANCIAS

Véase art. 1.100 de este Código.

Artículo 1.107

Los daños y perjuicios de que responde el deudor de buena fe son los previstos o que se hayan podido prever al tiempo de constituirse la obligación y que sean consecuencia necesaria de su falta de cumplimiento.

En caso de dolo responderá el deudor de todos los que conocidamente se deriven de la falta de cumplimiento de la obligación.

COMENTARIO

1.- Se pretende en este artículo distinguir la responsabilidad procedente de dolo y la procedente de culpa.

En todo caso, con esta distinta graduación se pretende reparar el daño salvando el perjuicio que ha sufrido el acreedor por el incumplimiento. El daño será normalmente patrimonial, pero también puede ser —y es igualmente indemnizable— un daño moral. La jurisprudencia la ha admitido, aunque con mucho más retraso que en relación al acto ilícito (art. 1902). Este daño —de un tipo u otro, el derivado del incumplimiento doloso o culposo— debe ser probado tanto en su cuantía como en el nexo causal.

2.- La responsabilidad del deudor por *incumplimiento doloso* de una obligación, alcanza a todos los daños derivados de aquel incumplimiento. La responsabilidad por *incumplimiento culposo* («deudor de buena fe» le llama el primer párrafo de este artículo) comprende los daños previstos o previsibles cuando nació la obligación y sean consecuencia necesaria del incumplimiento.

Esta distinción es más teórica que práctica; lo decisivo es la prueba del nexo causal entre el incumplimiento y el daño; que sea más alta la indemnización si hubo dolo que si medió culpa no se ve en la práctica; sí tiene importancia, sin embargo, que en el caso de culpa, se pueda aplicar la facultad moderadora que prevé el art. 1.103, lo cual se da con frecuencia.

JURISPRUDENCIA

«el citado art. 1101 CC y también el 1107 del mismo Cuerpo legal al no considerar verdaderamente causados tales gastos por la demandada, que puso de su parte lo necesario para, pese a su incumplimiento contractual, evitárselos a la actora, de suerte que no se dio la relación causal exigida por la jurisprudencia para la responsabilidad del deudor por tales gastos (SSTS 2-4-86 y 10-7-03) ni el requisito de que éstos fueran consecuencia necesaria de la falta de cumplimiento». (23 mayo 2005, rec. 3727/1998)

«Presupuesto de la extensión de la obligación indemnizatoria que establece el párrafo segundo del art. 1107 de Código Civil es la de que la falta de cumplimiento de sus obligaciones por el deudor sea debida a dolo que así haya sido declarado por la sentencia, actuación dolosa del demandado-recurrido que no ha sido declarada por la sentencia de instancia, lo que impide aplicar al caso el art. 1107, párrafo segundo». (30 septiembre 2005, rec. 1184/1999)

«En el caso de incumplimiento doloso del contrato, esta imputabilidad resulta ampliada. El CC, en uno de los preceptos mediante los que regula la responsabilidad contractual, que han sido extendidos por la jurisprudencia a la responsabilidad extracontractual, dispone que, mientras el deudor de buena fe responde de los "daños previstos" y de los "daños previsibles" (artículo 1107 I CC), el deudor en caso de dolo responde de los daños "que conocidamente se deriven del hecho generador" (artículo 1107 II CC). Interpretando este precepto, la jurisprudencia (SSTS de 23 de febrero de 1973, 16 de julio de 1982 y 23 de octubre de 1984) ha centrado el ámbito de la responsabilidad del deudor doloso en el nexo de causalidad, privándole de toda limitación o moderación legal, convencional o judicial de la responsabilidad. Pero el artículo 1107 CC comporta también una ampliación de los criterios de imputación objetiva para la determinación de los daños que deben ser resarcidos por parte del deudor que incumple, pues establece que estos comprenderán no solamente los que pudieron preverse en el momento de contraerse la obligación, sino los que conocidamente se deriven del incumplimiento, de donde se infiere que, en la línea propuesta por la doctrina para la interpretación del artículo 1107 CC, es procedente, en caso de dolo, además de la aplicación del criterio del carácter relevante del daño, la aplicación de un criterio de imputación fundado en la conexión objetiva del daño moral con el incumplimiento». (15 junio 2010, rec. 804/2006, LA LEY 148061/2010)

«Para que pueda imputarse al incumplidor el daño sufrido por el acreedor éste debe compensar aquellos que "sean consecuencia necesaria de la falta de cumplimiento" (Art. 1107.1 CC). Y ello significa que debe probarse que dicho daño es realmente debido a esta falta, de modo que permita la imputación objetiva al deudor. Y ello comporta también que la relación de causalidad debe probarse por el acreedor perjudicado». (17 junio 2010, rec. 141/2006, LA LEY 93456/2010)

«aunque se pruebe la existencia del daño, e incluso su relación causal con el incumplimiento por aplicación de la teoría de la causalidad adecuada o de la "conditio sine qua non", no siempre cabe imputar el mismo a la conducta del deudor pues se habrá de tener en cuenta el fin de protección de intereses que comporta el contrato. No todos los daños que pueda experimentar el acreedor por incumplimiento del deudor, aun probados, son indemnizables, pues sólo lo serán aquellos en los que se cumplan determinadas exigencias jurídicas y, entre ellas, en el ámbito subjetivo, que se trate de un deudor doloso en los términos a que se refiere el artículo 1107, párrafo segundo, del Código Civil, en cuanto hace al mismo responder frente al acreedor de todos los daños y perjuicios que conocidamente se deriven de la falta de cumplimiento de la obligación. Con independencia de la amplia discusión doctrinal acerca de la distinción entre el deudor de buena y de mala fe, esta Sala ha declarado en sentencia de 10 marzo 2009 (Rec. 989/03) que, según reiterada jurisprudencia, no pueden imputarse objetivamente al deudor todos los daños conocidamente derivados de la obligación (artículo 1107 Código Civil), pues para ello es exigible que la sentencia de instancia haya declarado expresamente el carácter doloso del incumplimiento, cosa que no ocurre en el caso examinado. El carácter doloso en el incumplimiento ha de comportar no sólo la voluntad de incumplir sino también la conciencia de que tal incumplimiento no está amparado por la ley ni por el contrato... ... En consecuencia, los daños y perjuicios de los que había de responder el deudor eran, en este caso, los previstos o los que se hubieran podido prever al tiempo de constituirse la obligación y que fueran consecuencia necesaria de su falta de cumplimiento (artículo 1106 y 1107, párrafo primero, del Código Civil); en suma, aquellos que estuvieran dentro de la órbita del contrato o del fin de protección de intereses amparados por el mismo». (17 marzo 2011, rec. 880/2007, LA LEY 14445/2011)

Vid. también las sentencias relacionadas en el artículo 1101.

CONCORDANCIAS

Véanse arts. 1.896 y 1.897 de este Código.

Artículo 1.108

Si la obligación consistiere en el pago de una cantidad de dinero, y el deudor incurriere en mora, la indemnización de daños y perjuicios, no habiendo pacto en contrario, consistirá en el pago de los intereses convenidos, y a falta de convenio, el interés legal.

COMENTARIO

1.- La mora, como retraso culpable en el cumplimiento de la obligación da lugar a indemnización de daños y perjuicios, como establece el art. 1.101. No podrá darse la ejecución forzosa, in natura, porque no puede volverse a tiempo atrás para que el deudor cumpla en el momento previsto. Tal indemnización se fijará, en principio, según las reglas generales.

2.- Si la obligación es pecuniaria, este artículo establece las reglas para fijar la indemnización que será: 1.º) la que se hubiese pactado; a falta de pacto especial, consistirá en: 2.º) pago de los intereses, los cuales, a su vez, serán: a) los convenidos y, a falta de convenio, b) el legal, que se determinará en la Ley de Presupuestos generales del Estado, tal como dispone la Ley 22/1984, de 29 de junio, sobre modificación del tipo de interés legal del dinero, modificada por Ley 13/1994, de 1 de junio, de autonomía del Banco de España.

JURISPRUDENCIA

«La doctrina de esta Sala en orden a los intereses es clara y muy reiterada. Los intereses legales son los establecidos por la ley, en contraposición a los convencionales que son los establecidos por los sujetos de la obligación principal. Aquéllos son, además de otros supuestos concretos, el moratorio, que establece el art. 1108 en caso de mora, que contempla el 1101, ambos del CC, y el ejecutorio que impone el art. 921 (hoy 576) de la LEC. Los primeros, como toda pretensión de derecho privado, están sometidos al principio dispositivo que rige el proceso civil y deben ser pedidos expresamente por la parte, en el suplico de la demanda. No así los segundos, que son impuestos legalmente y no es preceptivo pedirlos (dice la S 23 Jul. 1998), ya que tienen un carácter imperativo (añade la de 31 Dic. 1998).» (31 diciembre 2002, LA LEY 1261/2003) (Doctrina reiterada literalmente por la sentencia de 15 diciembre 2011, rec. 1601/2008, LA LEY 246216/2011)

«Y debe tenerse en cuenta, con la sentencia de 31 de diciembre de 2002, que la condena a los llamados intereses legales que regula el artículo 1108 del Código Civil está sometida al principio dispositivo que rige el proceso civil y debe ser pedida expresamente por la parte, en el suplico de la demanda». (17 noviembre 2004, rec. 3042/1998)

«aquí la obligación consiste en el pago de una cantidad de dinero, en cuyo caso la indemnización de daños y perjuicios por mora, al no haber pacto ni convenio en contra, consistirá en el interés legal del dinero. Y en el presente caso la cantidad a reclamar está totalmente fijada de antemano —51.680.000 de pesetas—, por lo que, sin necesidad de llegar a la fase de ejecución de sentencia, los intereses a pagar como indemnización de daños y perjuicios serán los fijados legalmente». (7 diciembre 2005, rec. 1601/1999)

«el deudor se obligó a pagar la totalidad de la deuda en unos plazos, pactándose el devengo del interés legal de los mismos desde la fecha del contrato. Por tanto, si el deudor estaba obligado al pago de los mismos, en la misma medida lo estará su fiador. Por otra parte, yerra el recurrente en la invocación de los preceptos legales relativos a los intereses moratorios, pues éstos se originan por la insatisfacción de la deuda, mientras que en el caso litigioso se pactaron como retribución al acreedor por la estipulación de un plazo para el pago de la deuda, eran, en suma, intereses retributivos». (26 septiembre 2006, LA LEY 106006/2006)

«la función resarcitoria de la tardanza que cumplen las condenas al pago de los intereses moratorios, de conformidad con lo dispuesto en los artículos 1101 y 1108 del Código Civil, unida a la natural productividad del dinero (la sentencia de 5 de marzo de 1992, seguida por otras, calificó la condena al abono de intereses producidos por las cantidades debidas como una indemnización o sanción que se impone al deudor moroso, precisamente por su conducta renuente en el pago que da lugar a la mora... y destacó que si se pretende conceder al acreedor a quien se debe una cantidad una protección judicial completa de sus derechos, no basta con entregar aquello que, en su día, se le adeudaba, sino también lo que, en el momento en que se le entrega, debe representar el suma, y ello no por tratarse de una deuda de valor, sino también, y aunque no lo fuera, porque si las cosas, incluso fungibles y dinerarias, son susceptibles de producir frutos —léase frutos civiles o intereses— no parece justo que los produzcan en favor de quien debió entregarlas ya con anterioridad a su verdadero dueño, es decir, al acreedor), así como a la existencia de diversidad de grados de

indeterminación de las deudas, a la progresiva revisión de los criterios de imputación al deudor del retraso en el cumplimiento, basados tradicionalmente en la idea de culpa (que fue negada respecto de quien ignora lo que realmente debe: non potest improbus videri, qui ignorat quantum solvere debeat: Digesto 50.17.99*) y a la comprobación empírica de que los relatados criterios tradicionales dejaban la aplicación de la sanción en manos del propio deudor, al que le bastaba con negar la deuda o discutir la cantidad reclamada para hacerla indeterminada (como recuerdan las sentencias de 20 de diciembre de 2005 y 31 de mayo de 2006), llevaron a la jurisprudencia a un nuevo planteamiento de la cuestión (sentencias 21 de marzo de 1994, de 17 de febrero de 2004), conforme al que rechaza todo automatismo en la aplicación del brocárdico* in illiquidis non fit mora, *a la vez que valora la razonabilidad de la oposición del deudor a aceptar como debida la cantidad que se le reclama (sentencias de 5 de abril de 2005, 15 de abril de 2005, 30 de noviembre de 2005, 20 de diciembre de 2005, 31 de mayo de 2006, entre otras muchas)».* (9 febrero 2007, LA LEY 1510/2007) (Doctrina reiterada por las sentencias de 15 octubre 2008, rec. 1834/2002, LA LEY 152128/2008; 6 julio 2009, rec. 1026/2005, LA LEY 119089/2009; 19 noviembre 2009, rec. 1017/2005, LA LEY 223134/2009)

«La reintegración económica ha de responder a la finalidad de restablecer la situación —o paliarla en lo posible— al tiempo del daño y las indemnizaciones que se concedan, entre las que cabe incluir las procedentes de culpa extracontractual, han de ajustarse en lo posible al poder adquisitivo del importe que se va a recibir y para el logro de equilibrar las situaciones en orden a salvar el principio de indemnidad, nada impide que se puedan señalar intereses legales (concepto no vinculado exclusivamente a los moratorios), que actúan al margen de los intereses generales del artículo 921 de la Ley de Enjuiciamiento Civil, pues como dice la sentencia de 12 de julio de 2006 (que cita la de 16-12-2004), no porque sea de aplicación el artículo 1108 del Código Civil, sino porque el abono de dicho incremento permite aproximar el resarcimiento a la total reintegración económica del daño causado, sin dar lugar con ello a ninguna situación de enriquecimiento injusto». (26 abril 2007, LA LEY 17287/2007)

«Es cierto que cuando el artículo 1152 establece que en las obligaciones con cláusula penal la pena sustituirá a la indemnización de daños y perjuicios y al abono de intereses en caso de falta de cumplimiento, si otra cosa no se hubiera pactado, no se está refiriendo a los intereses de demora que surgen por el incumplimiento de obligaciones dinerarias desde la reclamación judicial de las mismas (artículo 1101 y 1108 del Código Civil)». (10 marzo 2009, rec. 1485/2003, LA LEY 6911/2009)

«Alega que los intereses generados por la mora de Compañía Discográfica, respecto de los que se había mandado seguir adelante la ejecución en el precedente juicio ejecutivo, constituyen parte integrante de la obligación pecuniaria de la misma y deben ser incluidos en la condena de los administradores de la obligada, por el mismo título que lo hacía el principal, con independencia de que sea necesaria su liquidación. El motivo se estima. La deuda de intereses es accesoria de la principal cuyo objeto esté constituido por la entrega de capital, según resulta de los artículos citados, sin que la necesidad de liquidación impida su exigibilidad, por más que la condicione suspensivamente». (25 mayo 2010, rec. 759/2006, LA LEY 76117/2010)

«la declaración de mora del deudor requiere la previa obligación de entrega que resulta incumplida (artículo 1100 del Código Civil) con la correlativa indemnización de daños y perjuicios que, tratándose de obligaciones dinerarias, consiste en el pago de intereses, salvo pacto en contrario (artículo 1108); pero lógicamente no genera intereses la retención por parte del acreedor de una cantidad ya percibida del deudor que, mediante la sentencia, hace suya definitivamente pues en tal caso no cabe apreciar situación de demora alguna». (20 julio 2011, rec. 1982/2007, LA LEY 119746/2011)

«Los intereses moratorios cumplen la función de resarcir al acreedor del daño que se considera le causó el deudor de suma de dinero, por haber incurrido en mora en el cumplimiento de la obligación. A ellos se refiere el artículo 1108 del Código Civil, según el que, si la obligación tuviera por objeto la entrega de una cantidad de dinero, la indemnización de los daños y perjuicios consistirá en el abono de los intereses convenidos o, en su caso, de los legales. Sigue el precepto, en este punto, la línea marcada por el artículo 1017 del Proyecto de 1851, tras el 1153 del Código Civil francés —"[...] ne consistent jamais que dans la condamnation aux intérêts au taux légal [...]"—. Sin embargo, no siempre los intereses constituyen el objeto de una prestación indemnizatoria. Antes bien, en ocasiones se consideran frutos o rendimientos de un capital, a los que, por virtud de la presunción de productividad de éste, tiene derecho el acreedor en aplicación de las reglas sobre la restitución integral de las prestaciones realizadas en cumplimiento de contratos declarados ineficaces y, al fin, sobre la interdicción del enriquecimiento sin causa —sentencias 81 /2003, de 11 de febrero, 325/2005, de 12 de mayo, y 1385/2007, de 8 de enero, entre otras muchas—». (23 noviembre 2011, rec. 2061/2009, LA LEY 259214/2011)

«La prestación de intereses, los convencionales y los legales, tienen por objeto la corrección del principio del nominalismo, que determina la prestación pecuniaria haciendo abstracción de que la cantidad debida tenga hoy un valor adquisitivo menor al que tenía cuando debió cumplirse la obligación. El dinero es un bien productivo y si el cumplimiento de la obligación pecuniaria se ha dilatado en el tiempo, el acreedor debe ser indemnizado mediante la prestación de intereses. Los cuales son los pactado por las partes —convencionales— o bien son fijados por la ley —legales— que son los moratorios (artículos 1000, 1101 y 1108 del Código civil), desde que el deudor incurre en mora y ejecutorios, desde que se dicta en sentencia la condena al pago de una cantidad de dinero líquida (artículo 576 de la Ley de Enjuiciamiento Civil)». (15 diciembre 2011, rec. 1850/2008, LA LEY 246217/2011)

Vid. también la jurisprudencia reseñada en el artículo 1100, especialmente sobre el principio *in iliquidis non fit mora.*

CONCORDANCIAS

Véase:
— Ley Cambiaria y del Cheque, de 16 de julio de 1985 (*«B.O.E.»*, 19 julio; C.E., en *«B.O.E.»* de 17 octubre): art. 1.13.
— Ley de Represión de la Usura, de 23 de julio de 1908 (Gaceta, 24 julio).
Texto vigente según Ley 24/1984, 29 junio (*«B.O.E.»*, 3 julio). Téngase en cuenta además, que su artículo 1.º fue modificado por Ley 13/1994, 1 junio (*«B.O.E.»*, 2 junio), de Autonomía del Banco de España, y establece: *«El interés legal del dinero se determinará en la Ley de Presupuestos Generales del Estado».*

Artículo 1.109

Los intereses vencidos devengan el interés legal desde que son judicialmente reclamados, aunque la obligación haya guardado silencio sobre este punto.

En los negocios comerciales se estará a lo que dispone el Código de Comercio.

Los Montes de Piedad y Cajas de Ahorro se regirán por sus reglamentos especiales.

COMENTARIO

1.- La prestación de intereses es una cantidad de dinero —por tanto, prestación pecuniaria— que se paga en proporción al tiempo en que tarda en cumplirse y a la cuantía de la prestación pecuniaria principal. Por tanto, se puede definir la prestación de intereses como la prestación pecuniaria accesoria que se ejecuta en proporción al tiempo de cumplimiento y a la cantidad de la prestación pecuniaria principal.

2.- Se llama anatocismo a los intereses de los intereses; o al interés compuesto; es decir, los intereses vencidos se capitalizan y producen, a su vez, intereses.

Se da anatocismo convencional cuando es establecido por los sujetos. El anatocismo legal se halla previsto en el artículo 1.109.

3.- En los dos últimos párrafos se hace una simple remisión, respecto a los intereses en general y el anatocismo en particular, el Código de comercio y demás legislación mercantil (esta última no la menciona el C.c. pues no lo había cuando se promulgó) para las obligaciones mercantiles. Y para las obligaciones en que es parte el Monte de Piedad y Caja de Ahorros, se remite a sus normas propias.

JURISPRUDENCIA

«El artículo 1.109 del Código Civil, además de admitir en el inciso inicial de su párrafo primero el anatocismo legal, admite también el convencional, en el inciso siguiente de ese mismo párrafo primero, al decir "aunque la obligación haya guardado silencio sobre este punto", con lo que, a sensu contrario, viene a admitir que las partes puedan pactar expresamente que los intereses pactados (vencidos y no satisfechos) puedan producir intereses. El citado precepto es aplicable, con carácter supletorio, a los contratos mercantiles (artículo 2 del Código de Comercio), siempre que en este Código no exista algún precepto específico que establezca lo contrario, cuyo precepto no sólo no existe, sino que el existente al respecto viene a confirmar aquél». (8 noviembre 1994, LA LEY 820/1996)

«el art. 1109, en su párrafo primero, regulador del llamado anatocismo legal, que si bien permite capitalizar los intereses vencidos a fin de que produzcan nuevos intereses, ello no es aplicable a los intereses no vencidos». (30 octubre 1999, LA LEY 116282/2000)

«habiéndose establecido como remuneración del mismo un interés anual del 8%, pagadero por semestres vencidos, la reclamación por las actoras del pago de los intereses vencidos a partir del fallecimiento del causante determina la aplicación del art. 1109 CC, regulador del llamado anatocismo legal, en virtud del cual los propietarios demandados vienen obligados a pagar el interés legal de los intereses vencidos desde el momento de la reclamación judicial de éstos.» (19 diciembre 2002, LA LEY 1123/2003)

CONCORDANCIAS

Véase Código de Comercio: arts. 316 a 319 y 341.

Artículo 1.110

El recibo del capital por el acreedor, sin reserva alguna respecto a los intereses, extingue la obligación del deudor en cuanto a éstos.

El recibo del último plazo de un débito, cuando el acreedor tampoco hiciere reservas, extinguirá la obligación en cuanto a los plazos anteriores.

COMENTARIO

1.- El primer párrafo establece una presunción que admite prueba en contrario de la declaración en contra. Una obligación que produce intereses, si el acreedor declara extinguida la obligación principal («el recibo del capital por el acreedor», dice el texto legal), se presume que también está extinguida la obligación accesoria de los intereses. Se presume, salvo declaración en contrario del propio acreedor («reserva alguna respecto a los intereses» dice el texto legal). Es, por tanto, una presunción iuris tantum.

2.- Lo mismo ocurre en la obligación que se cumple fraccionadamente. Si el acreedor acepta la última fracción o plazo («el recibo del último plazo de un débito», dice el texto legal) *se presume que se han extinguido los plazos anteriores*. Se presume, salvo declaración en contrario del propio acreedor («cuando el acreedor tampoco hiciere reservas», dice el texto legal). También, por tanto, presunción *iuris tantum*.

JURISPRUDENCIA

«el precepto aludido se refiere indudablemente al caso de haber sido pagada "toda" la deuda y no, como en el supuesto ahora contemplado, únicamente una pequeña parte de ella. La expresión legal "recibo del capital" no deja lugar a dudas». (3 febrero 1994, LA LEY 381/1994)

«no reclamándose intereses en este apartado sino por la demora en el pago de las certificaciones que se reconocen abonadas y no existiendo prueba alguna en autos de que al recibo de cada uno de estos pagos la actora hiciera reserva alguna respecto del pago de intereses, habrá de estimarse de aplicación, como se alegó por la parte demandada, la admonición del artículo 1.110 del Código Civil, según la cual el recibo del capital por el acreedor, sin reserva alguna respecto a los intereses, extingue la obligación del deudor en cuanto a éstos». (23 mayo 1994, LA LEY 689/1994)

CONCORDANCIAS

Véase:
— arts. 1.173 y 1.621 de este Código.
— Código de Comercio: art. 318.

Artículo 1.111

Los acreedores, después de haber perseguido los bienes de que esté en posesión el deudor para realizar cuanto se les debe, pueden ejercitar todos los derechos y acciones de éste con el mismo fin, exceptuando los que sean inherentes a su persona; pueden también impugnar los actos que el deudor haya realizado en fraude de su derecho.

COMENTARIO

1.- El principio de la responsabilidad universal está recogido en el art. 1911. En función del mismo, se halla el presente art. 1.111 que recoge dos medios de conservación de tal patrimonio, como garantía de los acreedores. Contempla en el primer inciso la llamada acción subrogatoria y en el segundo, la acción revocatoria o pauliana.

2.- *La acción subrogatoria* es el derecho del acreedor de ejercitar, concurriendo ciertos requisitos, los derechos y acciones de su deudor, con la finalidad de poder satisfacer así su crédito. Es, pues, un medio de protección del crédito. El acreedor, ante una actitud pasiva del deudor, hace lo que éste debería hacer; ejercitar sus derechos y acciones, engrosando su patrimonio, y así, el acreedor podrá ser satisfecho en su crédito. Por tanto, el acreedor no consigue de forma directa e inmediata satisfacer su crédito, sino favorecer el patrimonio de su deudor, para que éste le satisfaga el crédito (al tratar de los efectos se matizará esta cuestión). De aquí que la acción subrogatoria es denominada también acción indirecta u oblicua.

3.- Los requisitos de la acción subrogatoria son los siguientes:

Primero. Que el acreedor (que se subroga) sea titular del crédito contra el deudor (subrogado) exigible.

Segundo. Que este acreedor tenga interés en el ejercicio de la acción subrogatoria. Lo que significa que el deudor esté inactivo o desacertado en perjuicio del acreedor y éste pueda ejercitar los derechos y acciones del deudor en forma más provechosa para su patrimonio.

Tercero. Como derivación del requisito anterior; que el deudor no tenga otros bienes, con los que pueda responder (art. 1911) del cumplimiento de su obligación frente al acreedor. Si los tiene, no hará falta el ejercicio de derechos y acciones por el acreedor para que el deudor le satisfaga el crédito, porque tiene bienes para ello. «Que se haga exclusión de los bienes del deudor», es decir, la acción subrogatoria es un remedio subsidiario, utilizable como protección del crédito, tan sólo si el deudor carece de bienes. Aunque no es preciso que el acreedor acredite en un juicio previo dicha carencia.

4.- El sujeto activo de la acción subrogatoria es el acreedor, titular del crédito que se protege con ella; si son varios, cualquiera de ellos puede ejercerla. El sujeto pasivo no es el deudor, sino en su caso, el deudor de su deudor; *debitor debitoris*. Cuando el acreedor, ejercitando la acción subrogatoria, se dirige extraprocesal o procesalmente, contra deudores de su deudor, no precisa dirigirse también contra éste.

5.- El objeto de la acción subrogatoria lo constituyen —como dice el art. 1.111— los derechos y acciones del deudor, que no sean inherentes a su personas. Por derechos y acciones del deudor debe entenderse cualquier tipo de poderes que le competen. Pueden ser acciones —ejercicio actual o factible de acción procesal— o derechos, fuera de proceso. Tanto reales como de crédito (así, acción reivindicatoria para reclamar una finca o acción para reclamar un dinero que debe al deudor).

Se excluyen los que sean inherentes a su persona, dice el artículo 1.111. Lo que significa que quedan excluidos de la acción subrogatoria, los derechos no patrimoniales y los personalísimos, aun patrimoniales; ciertamente, es una fórmula más fácil de entender que de explicar.

6.- Puede ejercitarse extrajudicial o judicialmente. En efecto, a pesar de la palabra «acción» (quizá el legislador pensaba que en la práctica lo frecuente será la acción procesal) puede el acreedor dirigirse contra el *debito debitoris*, extraprocesalmente. Lo cual será suficiente si éste se aviene, sin oponerse. Lo normal será, sin embargo, que el acreedor la ejercite procesalmente, es decir, por medio de una propiamente dicha (por ejemplo, demanda al deudor de su deudor, para que pague una suma que debe a éste).

7.- El efecto de incrementar el patrimonio del deudor (se ejercitó la acción precisamente por la inactividad o el desacierto de éste) a fin de que pueda ser satisfecho el crédito.

Pero producido aquel afecto, el acreedor deberá exigir al deudor que le pague su crédito, es decir, cumplimiento de la obligación. El acreedor será protegido porque con la acción subrogatoria ha incrementado el patrimonio del deudor. Pero no tiene preferencia alguna en la satisfacción de su crédito.

Distinto es el caso de que el acreedor, al dirigirse contra el *debitor debitoris* —deudor de su deudor— se hiciera pago directo con lo que percibiera de éste. En otras palabras, satisfaciera su crédito, directamente del deudor de su deudor. Esta es la llamada acción directa. Es otro medio, mucho más eficaz, de protección del crédito. Puede pensarse que es como una variante de la acción subrogatoria.

8.- La *acción revocatoria o pauliana* es el derecho del acreedor para impugnar los actos que el deudor realice en fraude de su derecho.

Es un medio de protección del crédito, más eficaz que el de la acción subrogatoria, porque el acreedor se enfrenta a una actuación peor del deudor: no es la mera inactividad (que daría lugar a la acción subrogatoria) sino actos fraudulentos. El deudor, por ejemplo, no satisface el crédito y, fraudulentamente, vende a bajo precio, paga otros créditos o dona bienes, disminuyendo o desapareciendo su patrimonio.

Su naturaleza es de acción rescisoria. El art. 1.291, relativo a la rescisión de los contratos prevé expresamente la acción revocatoria en su num. 3.º. La jurisprudencia insiste en la naturaleza de acción rescisoria. Por ello, es aplicable la normativa general de la rescisión, contenida en los artículos 1290 y siguientes: su concepto general, los efectos y la subsidiariedad.

Esta subsidiariedad resulta de la propia redacción del texto del art. 1.111: después de haber perseguido los bienes de que esté en posesión el deudor... y de la normativa general de la rescisión, como dice explícitamente el art. 1.294.

9.- Los requisitos de la acción revocatoria son los siguientes:

Primero. Perjuicio al acreedor. Perjuicio al acreedor significa que el acto del deudor provoque una disminución tal en su patrimonio, que el acreedor quede sin posibilidad de que le sea satisfecho su crédito (*eventus damni*).

Segundo. Fraude. Dice el art. 1.111 que el acto del deudor haya sido realizado en fraude de su derecho (el del crédito del acreedor) (*consilium fraudis*).

Si el acto ha sido hecho a título oneroso, el deudor no es preciso que tenga la intención de dañar al acreedor (*animus nocendi*), sino que basta la conciencia del perjuicio que le causa (*scienctia faudis*); y el adquirente —persona con quien realiza el acto dispositivo el deudor— haya procedido de mala fe, es decir, que conozca el fraude del deudor.

Si el deudor ha sido hecho a título gratuito, el párrafo 1.º del art. 1.297 presume que es fraudulento. Por tanto, si el acto gratuito causa perjuicio al acreedor (que es el primer requisito), se presume que se da el fraude (el segundo requisito).

10.- El sujeto activo es el acreedor; si hay varios, cualquiera de ellos. El sujeto pasivo es el deudor que ha realizado el acto objeto de la acción revocatoria y los terceros que hayan adquirido a consecuencia de tal acto y que reúnan los requisitos: complicidad en el fraude si fue a título oneroso o basta con la adquisición si lo fue a título gratuito. No alcanza a terceros adquirentes a título oneroso y de buena fe.

11.- Los actos que puede impugnar el acreedor, es decir, que constituyen el objeto de la acción revocatoria, son cualesquiera actos jurídicos que haya realizado el deudor con los requisitos vistos: (perjuicios y fraude). Tal es la expresión que emplea el art. 1.111:... actos que el deudor haya realizado.

Normalmente serán contratos y a ellos se refiere el art. 1291.3.º.

También pueden serlo actos de constitución de un gravamen (por ejemplo, un usufructo, una hipoteca, etc.) o incluso de un derecho de obligación (por ejemplo, un arrendamiento a largo plazo).

Asimismo, un pago, en el supuesto que contempla el artículo 1292, a cuyo cumplimiento no podía ser compelido el deudor al tiempo de hacerlo.

Una renuncia podría ser objeto de acción revocatoria, aunque caería en la sanción más grave de nulidad, que establece el art. 6.2.

12.- La acción revocatoria, como acción rescisoria que es, no cabe sino por medio de ejercicio judicial, ejercitando la acción en el proceso declarativo que corresponde según cuantía.

Un ejercicio extraprocesal podría producir el mismo resultado, si todos los sujetos —acreedor, deudor y tercero adquirente— están de acuerdo. Pero no se trataría de una acción revocatoria, sino que, por medio de negocios jurídicos, se volvería al patrimonio del deudor los bienes que salieron del mismo.

13.- La acción revocatoria, como acción rescisoria, produce la ineficacia (revocación, según la imprecisa terminología proveniente del nombre de la acción) del acto con efecto retroactivo, *ex tunc*, al momento de su perfección. Y los bienes se devuelven al patrimonio del deudor.

Siendo la acción revocatoria una acción rescisoria, tiene el plazo de duración de cuatro años, como establece el art. 1.299, que es de caducidad. Por tanto, se aprecia de oficio y no admite interrupción. Se computa desde el momento de la perfección del acto, objeto de la acción revocatoria.

JURISPRUDENCIA

Acción pauliana:

«Resulta incuestionable que la acción rescisoria en fraude de acreedores —revocatoria o pauliana— tiene carácter subsidiario, de conformidad con lo establecido en los arts. 1111 —"después de haber perseguido los bienes de que esté en posesión el deudor para realizar cuanto se les debe"—, 1291.3.º —"cuando éstos [los acreedores] no puedan de otro modo cobrar lo que se les deba"— y 1294 —"la acción de rescisión es subsidiaria; no podrá ejercitarse sino cuando el perjudicado carezca de todo otro recurso legal para obtener la reparación del perjuicio"—, todos ellos del Código Civil. Se trata de una subsidiariedad económica y jurídica, con independencia (en el presente recurso) del alcance que en la perspectiva jurídica quepa atribuir al precepto del art. 1294 CC. La Jurisprudencia, en numerosas resoluciones, ha examinado la doble faceta de carencia de bienes y de otro medio legal para obtener la reparación del perjuicio económico, configurándola en torno a la imposibilidad de obtener la satisfacción del crédito [S 28 junio 2002 (LA LEY JURIS. 7275/2002)] —imposibilidad, real y efectiva, de cobrar, como señalan las sentencias de 5 noviembre 1995 y 19 junio 2001—. Sin embargo, la propia doctrina jurisprudencial ha flexibilizado la aplicación de la exigencia declarando que no es preciso una persecución real de todos y cada uno de los bienes con resultado infructuoso [SS 17 julio 2000 (LA LEY JURIS. 9350/2000) y 17 julio 2002 (LA LEY JURIS. 1212159/2002)], ni obtener en un juicio previo la declaración de insolvencia [SS 29 marzo 2001 (LA LEY JURIS. 4613/2001), 2 abril 2002 (LA LEY JURIS. 4173/2002)] como tampoco es preciso que el deudor se coloque en situación de insolvencia total, ya que basta que los bienes no sean suficientes para satisfacer a sus acreedores [SS 31 octubre 1994 (LA LEY JURIS. 152/1995), 20 febrero (LA LEY JURIS. 4156/2001) y 19 septiembre 2001, 27 junio 2002

(LA LEY JURIS. 7178/2002)] por haberse disminuido las posibilidades económicas efectivas (S 9 mayo 2001) o producido una notable disminución patrimonial que impide al acreedor percibir su crédito o que el reintegro del mismo le sea sumamente dificultoso [SS 31 diciembre 1998 (LA LEY JURIS. 1064/1999), 23 septiembre 2002 (LA LEY JURIS. 11349/2003)]». (30 enero 2004, rec. 684/1998)

«Es reiterada jurisprudencia de esta Sala la de que el ejercicio eficaz de la acción pauliana o rescisoria regulada en los arts. 1111 y 1291 y siguientes del Código Civil en lo relativo a las enajenaciones en fraude de acreedores, exige la concurrencia de las siguientes circunstancias: la existencia de un crédito por parte del accionante contra el dueño de la cosa enajenada; la constitución de un acto por virtud del cual salga ésta del patrimonio del que la enajena, a lo que ha de equipararse la constitución de un derecho real que merma la garantía patrimonial del deudor; el propósito defraudatorio, tanto del que enajena como del que adquiere la cosa objeto de la enajenación, y la ausencia de todo otro medio que no sea la rescisión de ésta para obtener la reparación del perjuicio inferido al acreedor. En cuanto al requisito de la existencia de un crédito anterior a la enajenación que pretende rescindirse o revocarse, dice la sentencia de 11 de noviembre de 1993, en línea con jurisprudencia anterior, que "respecto a la preexistencia del crédito, si bien la doctrina jurisprudencial exige que el crédito en que se funde la acción rescisoria sea anterior al acto rescindible, ello ha de entenderse en términos generales, siendo preciso que cada caso se estudie en concreto y con arreglo a las peculiaridades que presente, especialmente en aquellos supuestos en que la intencionalidad defraudatoria viene determinada por la próxima y segura existencia posterior del crédito (...). En cuanto a la subsidiariedad de la acción rescisoria a que se refiere el art. 1294 del Código Civil, dice la sentencia de 6 de abril de 1992, con abundante cita jurisprudencial que "no es rigurosamente necesario que haya de promoverse pleito previo para acreditar la insolvencia o que ésta tenga que ser total, pues suficiente que concurra minoración provocada para cubrir la integridad de la deuda (SS de 28 junio de 1912, 7 de enero de 1958 y 13 de enero de 1986), causándose de esta manera un real y persistente daño al acreedor, por la actuación fraudulenta del obligado, siendo determinativo y esencial que del conjunto de las pruebas se llegue a la conclusión de que no pudiendo cobrar aquél lo que se le debe, carece de otro recurso legal para obtener la reparación de los perjuicios económicos que le afectan, salvo la rescisión postulada de dicho contrato de compraventa, conforme al art. 1294 del Código Civil y el carácter subsidiario de la acción pauliana». (12 marzo 2004, rec. 1283/1998)

«El ejercicio eficaz de la acción pauliana o rescisoria regulada en los artículos 1111 y 1291 y siguientes del Código Civil en lo relativo a las enajenaciones en fraude, exige la concurrencia de las siguientes circunstancias: la existencia de un crédito por parte del accionante contra el dueño de la cosa enajenada; la realización de un acto por virtud del cual salga ésta del patrimonio del que la enajena; el propósito defraudatorio, tanto del que enajena como del que adquiere la cosa objeto de la enajenación y la ausencia de otro medio que no sea la rescisión de ésta para obtener la reparación del perjuicio inferido al acreedor (sentencia del Tribunal Supremo de 14 de diciembre de 1993). En igual sentido, las sentencias de 28 de noviembre de 1997, 10 de abril de 1995 y 6 de abril de 1992». (22 abril 2004, rec. 1689/1998) (doctrina reproducida por la de 13 mayo 2004, rec. 1993/1998, la de 19 julio 2005, rec. 757/1999 y la de 25 noviembre 2005, rec. 1560/1999)

«cumpliéndose el requisito de subsidiariedad, como aquí ocurre, cuando resulta demostrado que el acreedor no cuenta con otros medios para hacer efectivo su crédito, resultando incuestionable el carácter subsidiario de la acción rescisoria, de conformidad con lo establecido en los artículos 1111, 1291.3.º y 1294 del Código Civil. La jurisprudencia de esta Sala más reciente ha declarado que no es preciso una persecución real de todos y cada uno de los bienes de la deudora con resultado infructuoso, ni obtener en juicio previo la declaración de insolvencia, como tampoco se hace necesario concurra situación de insolvencia total,

pues basta que los bienes disponibles no sean suficientes para satisfacer los derechos de los acreedores por haberse disminuido la posibilidad económica efectiva o haberse ocasionado una notable minoración patrimonial —debe entenderse voluntariamente provocada— que impida al acreedor percibir sus derechos y lo mismo cuando el reintegro se presenta sumamente dificultoso (sentencia de 30 de enero de 2004, que cita las de 31-10-1994, 5-11-1995, 31-12-1996, 17-7-2000, 20-2, 29-3, 11-4, 9-5, 19-6 y 19-9-2001 y 2-4, 27 y 28-6, 17-7, 23-9 y 12-12-2002)». (21 enero 2005, rec. 3582/1998)

«no aparece la nulidad del fraude, el consilium fraudis, *en el sentido de que el deudor tenga conciencia, no ya intención de dañar* (animus nocendi), *sino conciencia del perjuicio que causa* (scientia fraudis); *propósito defraudatorio que explica la sentencia de 12 de marzo 2004 y reiterar las de 22 de abril 2004, 19 de julio de 2005 y 25 de noviembre de 2005. No hay fraude en el caso presente en que, conforme a los hechos probados que declara la sentencia de instancia, el deudor ha pagado —por medio de la cesión del crédito que tenía frente a la propia Caja demandante, por las costas de aquel juicio ejecutivo en que ésta fue condenada en las mismas al ser desestimada su demanda— a una acreedora que como Procuradora en el mismo juicio ejecutivo le formuló expediente de habitación de fondos, cuyo pago, que obedecía a un crédito real que en ningún caso se ha declarado la mala fe de aquella Procuradora, sino que era real, efectivo y tramitado judicialmente; precisamente, en aquel trámite judicial se opuso a la cesión la Caja ahora demandante y el juzgado rechazó su oposición. Un pago hecho a la Procuradora en trámite de habilitación de fondos, crédito vencido, no puede suponerse fraudulento, pese a que ya existía un crédito a favor de la Caja demandante y pese al estado de "extrema insolvencia y penuria económica" del deudor».* (20 junio 2008, rec. 1870/2001)

«no queda al alcance de las partes la posible alteración en la posición procesal que le es propia como demandante o como demandado, siendo así que cuando, como en el caso, se ejercita una acción pauliana, de los artículos 1111 y 1291-3° del Código Civil, la legitimación activa "ad causam" viene atribuida a los acreedores frente a su deudor y frente a quienes contrataron con el mismo de forma fraudulenta, lo que permite excluir que sea el propio deudor quien ocupe la posición activa en el proceso». (24 marzo 2009, rec. 676/2004, LA LEY 14377/2009)

«Pues bien, sobre tal presupuesto en cuestión, recuerda la Sentencia de esta Sala de 19 de enero de 2007, con cita de la anterior de 17 de julio de 2006, las diversas posiciones jurisprudenciales en orden a si requiere que el recurrente acredite la intención del deudor de dañar al acreedor o se debe interpretar de una forma objetiva: Así, la sentencia de 11 octubre 2001 considera que el fraude se aprecia y puede existir tanto cuando se da intención decidida de causar un perjuicio a los acreedores, como cuando existe una simple conciencia de causarlo (en este mismo sentido, las sentencias de 15 marzo 2002, 13 junio 2003 y 21 junio 2004). Esta tendencia a la objetividad se observa también en la sentencia de 6 abril 1992 que considera que en el consilium fraudis se incluye toda actividad intencionada o directamente dolosa, así como la simple conciencia de causar un daño, "llegándose a cotas de cuasi objetividad si el perjuicio se ocasiona por simple culpa civil o impremeditación" (ver también en este sentido las sentencias de 28 octubre 1993, 4 diciembre 1995, 31 diciembre 1997 y 31 diciembre 1998). Esta Sala ha ido atenuando el requisito de la scientia fraudis, "para hacer factible en la práctica la operatividad de la acción revocatoria", como afirma la sentencia de 31 octubre 2002, que añade que "frente a la concepción rigurosa que configuraba la exigencia como la intención o propósito de perjudicar al acreedor, y por contra de quienes mantienen un criterio objetivista neto en el sentido de que habrá de estarse al resultado producido con total abstracción del ánimo o intención del deudor, la doctrina predominante y la jurisprudencia siguen una orientación intermedia consistente en que basta demostrar el resultado producido y que éste fue conocido o debido conocer por el deudor (scientia fraudis). En esta línea se manifiestan entre otras las sentencias de (...) y 15 marzo

2002, con arreglo a las que no es preciso la existencia de un animus nocendi y sí únicamente la scientia fraudis, esto es, una conciencia o conocimiento de que se origina un perjuicio, por lo que aunque puede concurrir una actividad intencionada y directamente dolosa, sin embargo basta con una simple conciencia de causarlo, llegando a alcanzar cotas de cuasi-objetividad si el perjuicio se ocasiona por simple culpa civil o impremeditadamente". Así, el fraude queda constituido por el hecho de que el resultado sea perjudicial para los acreedores y tal resultado fuera conocido por el deudor o éste hubiera debido conocerlo». (25 marzo 2009, rec. 624/2005, LA LEY 14360/2009)

«como medio de protección del crédito, con la función impugnatoria de los negocios jurídicos que el deudor ha realizado en fraude del derecho de crédito de su acreedor; exigiéndose la subsidiariedad, como resulta del propio artículo 1111, de la normativa general de la rescisión, ex artículo 1294 y de constante jurisprudencia (sentencias de 31 de diciembre de 1998, 16 de marzo de 2001, 10 de septiembre de 2001, 8 de marzo de 2003, entre otras anteriores). Se exigen, asimismo, como presupuestos el eventus damni y consilium fraudis: el primero es el daño al acreedor en el sentido de quedar sin posibilidad de ver satisfecho su crédito; el segundo, el fraude en el crédito, con conciencia del perjuicio (fraudis) sin necesidad de intención de dañar al acreedor (animus nocendi)(así, las sentencias de 17 de julio de 2006, 19 de enero de 2007, 25 de marzo de 2009); si el negocio jurídico es a título oneroso, el adquirente debe haber procedido de mala fe, en el sentido de conocer el fraude del deudor (sentencia de 13 de febrero de 1992 y 16 de junio de 1999) y si es a título gratuito, se presume el fraude (artículo 1297.1º y sentencia de 11 de abril de 2001)». (28 mayo 2009, rec. 2505/2004, LA LEY 92025/2009)

«Uno de los requisitos de la acción pauliana es el del propósito de defraudar ("consilium fraudes"). Es preciso que haya propósito defraudatorio, tanto del que enajena, como del que adquiere la cosa objeto de la enajenación (S. 20 de octubre de 2005). La exigencia ha sido flexibilizada por la doctrina jurisprudencial en el sentido de que no se requiere malicia en el vendedor, ni intención de causar perjuicio en el adquirente, bastando la conciencia de que se puede ocasionar dicho perjuicio a los intereses económicos de la parte acreedora (SS. 12 de marzo, 21 de abril y 13 de mayo de 2004; 19 de julio y 25 de noviembre de 2005; y 25 de marzo de 2009, entre las más recientes). El "consilium fraudes" se entiende de manera amplia como "conciencia en el deudor del empobrecimiento real o fingido que causa al acreedor" (SS. 31 de diciembre de 2002; 12 de marzo y 21 de junio de 2004; 25 de noviembre de 2005; 19 de noviembre 2007). Basta que el deudor —enajenante— haya conocido o debido conocer la eventualidad del perjuicio (SS. 31 de diciembre de 2002, 30 de octubre de 2006, 19 de noviembre de 2007, entre otras). Pero se requiere también la complicidad o el conocimiento de la persona con quien se contrata (S. 20 de octubre de 2005). Para este conocimiento resulta suficiente la conciencia de causar daño o perjuicio —"scientia fraudes"— (SS. 15 de marzo de 2002; 17 de julio de 2006; 30 de abril y 19 de noviembre de 2007; 19 de mayo y 20 de junio de 2008; y 28 de mayo de 2009)». (25 junio 2010, rec. 2160/2005, LA LEY 93450/2010) (Doctrina reiterada literalmente por la sentencia de 23 marzo 2011, rec. 953/2007, LA LEY 9105/2011)

«Ejercitada la acción revocatoria o pauliana prevista en el artículo 1111 del Código Civil y contemplada como acción rescisoria, que es su verdadera naturaleza, en el artículo 1291.3º, interesa ver sus presupuestos, partiendo de la aplicación general de los artículos 1290 y ss. y de su subsidiariedad que proclama el artículo 1294. Tales presupuestos, si bien pueden desdoblarse en otros más, son dos: el eventus damni y el consilium fraudis. El primero, el perjuicio al acreedor, implica que el acto tachado de fraudulento provoque tal disminución en el patrimonio del deudor, que el acreedor quede sin posibilidad de ver satisfecho su derecho de crédito; no es preciso que pruebe la insolvencia del deudor. El segundo, el fraude, significa que el deudor haya realizado el acto jurídico perjudicial al

acreedor, en fraude del derecho de crédito de éste. Si el acto es gratuito, se presume el fraude (artículo 1297, primer párrafo): no es el caso presente. Si el acto es oneroso, como el préstamo hipotecario (sentencias de 28 noviembre 1997), no es precisa la intención de dañar, sino que basta el conocimiento de ambas partes del perjuicio que causa al acreedor (sentencias de 13 febrero 1992 y 16 junio 1999)». (12 julio 2011, rec. 688/2007, LA LEY 119748/2011)

Acción subrogatoria:

«Por otra parte, según doctrina jurisprudencial consolidada (sentencias de esta Sala de 3 Jul. 1979 y de 16 May. 1995, que cita expresamente las de 28 Jun. 1912, 23 Jun. 1903, 25 May. 1942 y 26 Abr. 1962) el ejercicio por el acreedor de dicha acción no implica la necesidad de probar la total insolvencia de su deudor, ni exige que se haya formulado reclamación judicial previamente contra el mismo, pues se admite que pueda acreditarse la inexistencia de otra clase de bienes en el mismo juicio entablado para deducir la acción subrogatoria.» (26 febrero 2002, LA LEY 3641/2002)

«La acción subrogatoria, en caso de su prosperabilidad, produce el efecto de incrementar la hacienda del deudor, toda vez que fue esgrimida precisamente por la inactividad o el desacierto de éste, con la finalidad de que pudiera ser satisfecho el crédito; pero producido el mentado efecto, el acreedor deberá exigir al deudor que le abone lo debido, es decir, el cumplimiento de la obligación, y será protegido porque con el ejercicio de tal acción ha incrementado los bienes del deudor, pero no tiene preferencia alguna en la satisfacción de su crédito. Destacada doctrina científica ha considerado que el bien ingresa primeramente en el patrimonio del deudor y ahí puede ser agredido por el acreedor que ejercitó la acción subrogatoria o por otros, según las reglas de concurrencia de créditos, si bien debe primeramente resarcirse el acreedor que ejercitó la acción subrogatoria de los gastos del pleito. Permanece vigente la doctrina jurisprudencial integrada por la sentencia de 25 de noviembre de 1996, citada en el motivo, según la cual mediante la acción subrogatoria el bien ingresa en el patrimonio del deudor, sin que se pueda entregar el mismo al acreedor, que ejercitó dicha acción, en el mismo procedimiento, y sin que dicho acreedor ostente ninguna preferencia por este hecho». (6 noviembre 2008, rec. 340/2003, LA LEY 164120/2008)

«el art. 1111 CC configura la acción subrogatoria en términos muy amplios, autorizando al acreedor a "ejercitar todos los derechos y acciones" de su deudor, sin distinción alguna ni otra excepción que los derechos y acciones inherentes a la persona del deudor, habrá que convenir en que mediante la acción subrogatoria el acreedor puede pedir la declaración de que los bienes puestos a nombre de fiduciarios no deudores pertenecen en realidad al fiduciante deudor, pues por esa vía ejercita el derecho de este último a pedir esa misma declaración en cualquier momento y, al propio tiempo, consigue que los bienes se integren en el patrimonio de su deudor para que sea efectiva su responsabilidad patrimonial, sin que en casos como el presente, en que la finalidad atribuida a la fiducia sea precisamente eludir esa responsabilidad, resulte aplicable el límite temporal consistente en "el logro de las finalidades perseguidas con la fiducia" (SSTS 31-10-03 y 4-7-98), pues los negocios fiduciarios pueden ser lícitos o ilícitos y una finalidad ilícita, como es eludir la responsabilidad patrimonial universal, nunca puede quedar amparada por el ordenamiento jurídico». (25 marzo 2011, rec. 1981/2007, LA LEY 14247/2011) (Doctrina reiterada literalmente por la sentencia 19 julio 2011, rec. 1267/2007, LA LEY 14247/2011)

CONCORDANCIAS

Véanse arts. 403, 1.001, 1.291, 1.911 y 1.920 de este Código.

Artículo 1.112

Todos los derechos adquiridos en virtud de una obligación son transmisibles con sujeción a las leyes, si no se hubiese pactado lo contrario.

COMENTARIO

1.- Proclama este artículo la transmisibilidad del derecho de crédito, o, como dice el texto legal, «derechos adquiridos en virtud de una obligación». La obligación, tal como se dice al comentar el art. 1088, es una relación jurídica por la que una persona —deudor— tiene el deber jurídico de realizar una prestación a favor de otra —acreedor— quien tiene el derecho de exigírsela. Este derecho es el derecho de crédito y a él se refiere este artículo. Tiene valor de principio, que es desarrollado por una serie de normas.

La transmisión del derecho de crédito se puede hacer por la cesión de crédito como negocio jurídico hecha por el acreedor, regulada en los arts. 1526 y ss.; por transmisión del crédito ordenada por la ley (subrogación legal, como uno de los llamados subrogados del cumplimiento o formas especiales del cumplimiento de las obligaciones); por sucesión universal hereditaria; por la cesión del contrato, figura admitida por la doctrina y jurisprudencia, por la que se transmite una relación contractual en su unidad, con el conjunto de derechos y obligaciones que contiene, sin necesidad de realizar una serie de transmisiones separadas del lado pasivo (asunciones de deuda) y del lado activo (cesiones de crédito).

Más que un contrato cedido, se trata de una cesión de los efectos contractuales de una de las partes. Lo que constituye la esencia de la cesión del contrato es la sustitución de uno de los sujetos del contrato y la permanencia objetiva de la relación contractual.

2.- La transmisibilidad del crédito tiene dos tipos de excepciones: porque lo impide la ley (este artículo permite la transmisión, pero «con sujeción a las leyes») o porque hubiesen pactado lo contrario» dice al final de este artículo, lo que pueden hacer expresamente o bien tácitamente, que ocurrirá con todas las obligaciones pactadas, respecto al acreedor, *intuitu personae*.

3.- Este artículo contempla la transmisibilidad del derecho de crédito. Nada dice respecto a la del deber jurídico del deudor, es decir, de la deuda, lo que se conoce con el nombre de asunción de deudas. Históricamente desde el Derecho romano, había estado absolutamente proscrita; se fue admitiendo su posibilidad a partir de mediados del siglo pasado en Alemania.

En España, la opinión favorable a la asunción de deudas se inició a principios de este siglo por CLEMENTE DE DIEGO y la doctrina posterior la admite, con ciertas restricciones; y asimismo la jurisprudencia la ha admitido, siguiendo la pauta que ha marcado la doctrina científica. El Código civil no la regula como tal, pero es indiscutible que el art. 1.203 prevé la modificación de la obligación (número 2.º) por sustitución del deudor.

En todo caso, no significa que carezca de limitaciones; la esencial es que precisa siempre el consentimiento del acreedor. Puede hacerse mediante la expromisión o acuerdo entre el acreedor y el nuevo deudor, por el que éste asume la deuda, liberando al antiguo, y la delegación o acuerdo entre el deudor y el antiguo y el nuevo, por el que éste asume la deuda, con consentimiento del acreedor.

JURISPRUDENCIA

«cesión de créditos, sustitución del acreedor por otro, con respecto al mismo crédito, derecho de crédito, derecho subjetivo que es transmisible (artículo 1112 del Código Civil); cambia el sujeto activo o acreedor, desapareciendo el primitivo, el cual queda como un tercero en la obligación y entra el nuevo en la relación jurídica. El negocio jurídico por el que se transmite el derecho de crédito, es un negocio de disposición, bilateral, cuyos sujetos son el antiguo acreedor —cedente— y el nuevo —cesionario— siendo necesario el consentimiento de ambos, pero no el del deudor —cedido— al cual debe notificársele la cesión (artículo 1527 del Código Civil) como requisito de eficacia para obligarle con el nuevo acreedor, el cesionario; a su vez, conocida la cesión, el deudor debe pagar al nuevo acreedor (cesionario), no quedando cumplida la obligación si lo hace al antiguo (cedente): lo que destaca la sentencia de 15 de julio de 2002». (13 julio 2004, rec. 2306/1998)

«la cesión de crédito, como sustitución de la persona del acreedor por otra respecto al mismo crédito, es admitida, con carácter general, por el art. 1112 CC y está regulada, con carácter particular, en los arts. 1526 y ss. del mismo cuerpo legal, como negocio jurídico, sea o no contrato de compraventa, y supone un cambio de acreedor quedando el nuevo con el mismo derecho que el anterior, permaneciendo incólume la relación obligatoria». (18 julio 2005, rec. 546/1999)

«la parte actora acciona con base en la cesión de un crédito no extinguido, esta figura jurídica, reconocida en los arts. 1112 y 1526 y ss. del Código Civil, y sobre la que se pronunció una profusa jurisprudencia, produce, en lo que aquí interesa, tres importantes efectos jurídicos: a) el cesionario adquiere la titularidad del crédito, con el mismo contenido que tenía el acreedor cedente, permaneciendo incólume la relación obligatoria (SS 15 Nov. 1990, 22 Feb. 2002, 26 Sept. 2002, 18 Jul. 2005); b) el deudor debe pagar al nuevo acreedor (SS 15 Mar. y 15 Jul. 2002, 13 Jul. 2004); y c) al deudor le asiste el derecho de oponer al cesionario, todas las excepciones que tuviera frente al cedente (SS 29 Sept. 1991, 24 Sept. 1993, 21 Mar. 2002)». (30 abril 2007, LA LEY 23105/2007)

«Como han destacado las sentencias de esta Sala de 15 de noviembre de 1990, 22 de febrero de 1994, 26 de septiembre 2002 y 18 de julio de 2005, entre otras, la cesión de crédito, como sustitución de la persona del acreedor por otra respecto al mismo crédito, es admitida, con carácter general, por el artículo 1112 del Código civil y está regulada, con carácter particular, en los artículos 1526 y siguientes del mismo cuerpo legal, como negocio jurídico, sea o no contrato de compraventa, y supone un cambio de acreedor quedando el nuevo con el mismo derecho que el anterior, permaneciendo incólume la relación obligatoria. Por su propia naturaleza requiere el conocimiento del deudor a los efectos del pago o cumplimiento por éste a favor del cesionario (artículo 1527 Código Civil), si bien no es necesario su consentimiento pues no supone una novación del contrato de modo que el cesionario quedara a su vez obligado frente al deudor cedido». (13 julio 2007, LA LEY 79266/2007)

«La cesión de créditos es la transmisión por el acreedor de la titularidad de su derecho de crédito a otra persona, normalmente como consecuencia de un negocio jurídico en cuya virtud se ha producido ese desplazamiento patrimonial, ya venta, donación, cesión solutoria, etc. En el negocio jurídico de cesión entre cedente y cesionario, el deudor cedido no es parte al no tener que manifestar ningún consentimiento para que se produzca. La venta o cesión de un crédito comprende la de todos sus derechos accesorios, como la fianza, hipoteca, prenda o privilegio, determina el art. 1.529, en enumeración meramente ejemplificativa». (20 noviembre 2008, rec. 2280/2002, LA LEY 184730/2008)

«la STS de 16 marzo 1995 dice que "la institución de asunción de deudas, si bien carece de regulación precisa en nuestro Código, salvo la referencia genérica de sus preceptos 1112

y 1205, ha sido integrada doctrinalmente por la jurisprudencia de esta Sala, ya que se ha declarado que opera ocasionando la sustitución del deudor originario por el posterior, que voluntariamente acepta y asume la obligación de satisfacer la deuda, con lo que se alcanza estado liberatorio para el primero. De esta manera no se da la coexistencia de dos créditos frente a dos deudores, al prevalecer el último como obligado pasivo, necesitando para la plena eficacia el consentimiento del acreedor, que no cabe sea en forma tácita o presuntiva, sino expresa y decidida, no siendo preciso que sea coincidente con el acto jurídico asuntivo, ya que puede ser posterior, pero debidamente manifestado». (15 julio 2009, rec. 628/2003, LA LEY 125074/2009)

«la transmisión de la deuda por el deudor (que no es en puridad "subrogación", pues esta expresión se refiere al aspecto activo de la relación jurídica obligacional o crédito, aunque también se utiliza para designar la subrogación en la carga hipotecaria —responsabilidad, que no deuda—), que constituye una modalidad de novación, requiere, para que produzca el efecto de liberar al deudor transmitente, dando lugar a la denominada asunción de deuda liberatoria, el consentimiento del acreedor (SS. entre otras, 21 de marzo, 31 de mayo y 12 de julio de 2002; 10 de junio, 23 de julio y 22 de diciembre de 2003; 8 de febrero de 2007; 13 de febrero de 2009)». (16 diciembre 2009, rec. 2114/2005, LA LEY 273170/2009)

«la facultad de transmitir los derechos adquiridos en virtud de una obligación no comprende la de hacerlo de modo fraudulento y con la evidente intención de burlar los derechos de un tercero; pues en tal caso, acreditada la connivencia del adquirente para la efectividad del fraude, la transmisión no puede perjudicar los derechos del tercero, el cual podrá ejercitarlo —como sucede en el caso presente— frente a todos los intervinientes en la transmisión». (14 diciembre 2011, rec. 1772/2008, LA LEY 247072/2011)

Vid. cesión de crédito también en el artículo 1.526.

Cesión de contrato:

«Falta de una regulación positiva en nuestro Derecho, la cesión de contrato ha sido admitida por la jurisprudencia de esta Sala (SS 12 Jul. 1927, 1 Jul. 1949, 26 Feb. y 26 Nov. 1982, 23 Oct. 1984, 4 Feb. 1993 y 5 Mar. 1994) según la cual la figura jurídica de la cesión del contrato supone un negocio de cesión entre cedente y cesionario, de un contrato de prestaciones recíprocas, pues de ser de prestación única se estaría ante una simple cesión de crédito o asunción de deuda, necesitando en todo caso el concurso del consentimiento por parte del contratante cedido, de tal manera que se produce una conjunción de tres voluntades contractuales, que se produce por la cesión en la titularidad de la relación convencional, conservando siempre el cedido su posición originaria, lo que determina que la situación negocial entre cedido y cedente, al haber aceptado aquél el traspaso del contrato, salvo pacto expreso en contra, queda agotada, con liberación del cedente de sus obligaciones que se traspasan al cesionario, si bien mantiene las que le ligan a éste respecto a la existencia, validez y virtualidad del contrato traspasado. La necesidad de mediar consentimiento es requisito determinante de la eficacia de la referida cesión contractual (S 9 Dic. 1997)». (28 abril 2003, LA LEY 12621/2003)

«La cesión del contrato implica la transmisión de la relación contractual en su integridad, admitida en el ordenamiento a través de la doctrina jurisprudencial (sentencia de 7 de noviembre de 1998), que sin afectar a la vida y virtualidad del contrato que continúa en vigor, mantiene sus derechos y obligaciones con los que son continuadores de los contratantes (sentencia de 4 de abril de 1990) y la primitiva relación contractual se amplía a un tercero, pasando al cesionario sus efectos (sentencia de 4 de febrero de 1993). Su esencia es, pues, la sustitución de uno de los sujetos del contrato y la permanencia objetiva de la relación contractual (vid. también las sentencias de 19 de septiembre de 1998 y 27 de noviembre

de 1998). Por lo cual, es evidente que requiere el consentimiento del contratante cedido; es, pues, necesaria la conjunción de tres voluntades contractuales (que destaca la sentencia de 5 de marzo de 1994)». (29 junio 2006, rec. 3887/1999, LA LEY 70296/2006) (Doctrina reiterada por la sentencia de 8 junio 2007, rec. 2511/2000, LA LEY 51854/2007)

«A pesar del confusionismo del texto, no cabe duda de que se trata de cesión del contrato, en cuanto supone la transmisión de la relación contractual en su integridad, es decir, en su totalidad unitaria, como conjunto de derechos y obligaciones (SS., entre otras, de 29 de junio y 6 de noviembre de 2006, 8 de junio de 2007, 3 de noviembre de 2008, 30 de marzo de 2009). Por consiguiente, como la cesión de contrato exige el consentimiento del cedido (SS., entre otras, 19 de septiembre de 2002, 28 de abril y 5 de noviembre de 2003, 19 de febrero de 2004, 16 de marzo de 2005, 29 de junio de 2006, 8 de junio de 2007, 3 de noviembre de 2008), no cabe una cláusula que anticipe un consentimiento para una eventual cesión». (16 diciembre 2009, rec. 2114/2005, LA LEY 273170/2009)

«Nos encontramos, como en el caso de la sentencia de esta Sala núm. 200/2009, de 30 marzo (Rec. 1436/2004), no ante una cesión de contrato sino, por el contrario, ante una simple cesión de derechos derivados del mismo. El objeto de la transmisión no fue una posición jurídica contractual sino que únicamente la parte vendedora realizó una dación en pago cuyo objeto eran determinados derechos que formaban parte de la contraprestación que había de satisfacer la compradora, cuya cesión habían previsto los propios contratantes y que efectivamente queda amparada por lo dispuesto en el artículo 1112 del Código Civil aun cuando ni siquiera tal previsión contractual hubiera sido necesaria, ya que ello resultaría así en el caso de cesión del contrato o, lo que es lo mismo, de transmisión de la relación contractual en su integridad (sentencias, entre otras, de 29 de junio y 6 de noviembre de 2006, 3 de noviembre de 2008), mientras que la cesión de derechos no requiere, por lo general, el consentimiento del deudor cedido ya que el artículo 1112 del Código Civil dispone que "todos los derechos adquiridos en virtud de una obligación son transmisibles con sujeción a las leyes, si no se hubiese pactado lo contrario"». (1 junio 2011, rec. 294/2008, LA LEY 71515/2011)

«la cesión de contrato, como transmisión de una relación contractual en su unidad, con el conjunto de derechos y obligaciones que contiene, tanto del lado pasivo (asunciones de deuda) como del lado activo (cesiones de crédito). La titularidad del contrato se mantiene entre los sucesores como causahabientes, sin afectar al contrato que continúa en vigor, tal como dice la sentencia de 7 de noviembre 1988 y se atribuyen los efectos del contrato a persona distinta de la que lo concluyó, dice la de 4 de febrero de 1993, sin que surja otro contrato sino que se conserva el primero. La esencia de la cesión del contrato es la sustitución de uno de los sujetos y la permanencia objetiva de la relación contractual. El Código civil no regula específicamente la cesión del contrato pero se admite por doctrina y jurisprudencia, advirtiendo que es un negocio jurídico en el que intervienen tres partes, cuyas declaraciones de voluntad forman el concurso, consentimiento, que lo perfecciona. Por ello, son precisas la declaración de voluntad del cedente, antiguo contratante que sale de la relación contractual, del cesionario, que sucede y ocupa la posición del anterior y del cedido, contratante que permanece en la relación: necesidad de la conjunción de las tres voluntades que destacan las sentencias de 5 de marzo de 1994, 19 de septiembre de 1998 y 27 de noviembre de 1998. Sin perjuicio, claro está, de aquellos supuestos de cesión de contrato que se producen por imperio de la ley y no precisan el consentimiento del cedido: Ley de Arrendamientos Urbanos, Ley de Arrendamientos Rústicos, contrato de mandato (artículo 1721 del Código civil), contrato de seguro (artículo 34 de la Ley de contrato de seguro)». (28 octubre 2011, rec. 344/2008, LA LEY 218031/201)

CONCORDANCIAS

Véanse arts. 1.526 y ss. de este Código.

CAPÍTULO III
DE LAS DIVERSAS ESPECIES DE OBLIGACIONES

SECCIÓN PRIMERA
De las obligaciones puras y de las condicionales

Artículo 1.113

Será exigible desde luego toda obligación cuyo cumplimiento no dependa de un suceso futuro o incierto, o de un suceso pasado, que los interesados ignoren.

También será exigible toda obligación que contenga condición resolutoria, sin perjuicio de los efectos de la resolución.

COMENTARIO

1.- Obligación pura es la contraída simplemente, sin circunstancia alguna que modifique sus efectos, o cuya eficacia no está afectada por condición ni término; es aquella que es exigible en el momento mismo en que se perfecciona.

A ésta se refiere el primer párrafo de este artículo. *A sensu contrario* se refiere a la *obligación condicional*: aquella cuya eficacia —deber jurídico del deudor (deuda) y derecho del acreedor (crédito)— depende de la realización de una condición; ésta es el hecho futuro y objetivamente incierto del que depende la eficacia de la obligación.

No tienen sentido dos expresiones que emplea este artículo: «suceso futuro o incierto» debe ser interpretado (interpretación correctora) como «futuro e incierto», no basta con que sea incierto para los sujetos de la obligación, tiene que serlo objetivamente; lo que se enlaza con la segunda expresión errónea: «o de un suceso pasado, que los interesados ignoren»: esto no puede ser una condición, aunque los sujetos la impongan como tal (es indudable y reiteradísima la frase de que las cosas son lo que jurídicamente son y no lo que las partes dicen que son); será un presupuesto del nacimiento de la obligación, pero no una condición; cuando reúna los elementos, nacerá o no según se haya producido el suceso pasado aunque los sujetos lo ignoren; pero no puede su eficacia depender de que se produzca o no, pues ya se ha producido; para que sea condición tiene que ser futuro e incierto.

2.- La condición suspensiva es aquella cuyo cumplimiento —si se cumple— produce la eficacia de la misma: la obligación condicionada suspensivamente no es aún obligación, sino que lo será cuando la condición se cumpla, si se cumple.

3.- La condición resolutoria es aquella cuyo cumplimiento —si se cumple—provoca la ineficacia de la misma: la obligación condicionada resolutoriamente es una obligación normal, como si fuera pura, pero amenazada de destrucción (ineficacia) si se cumple la condición resolutoria. A ella se refiere el segundo párrafo de este artículo, que dispone lo que se ha expuesto: la obligación con condición resolutoria es exigible, sin perjuicio de la resolución, si se cumple tal condición.

JURISPRUDENCIA

«Como afirman, entre otras, las sentencias de esta Sala de 6 de mayo de 1991 y de 15 de junio de 2004, la condición de carácter suspensivo "conforme al artículo 1113 y siguientes

del Código Civil impone un aplazamiento del negocio convenido; en tanto no se cumpla la misma, aquél queda técnica y objetivamente sujeto a un evento futuro, más o menos incierto, del que depende el nacimiento o la resolución de la relación jurídica que abarca derechos y obligaciones para los sometidos a su ámbito, presentando, a su vez, un aspecto subjetivo, consistente en la voluntaria subordinación pactada, de la eficacia del contrato al acontecimiento esperado"». (9 diciembre 2008, rec. 1880/2003, LA LEY 189369/2008)

«Afirma la sentencia de 22 marzo 2010, que la condición suspensiva, como establece la ley (arts. 1113 y 1114 CC) y reitera la jurisprudencia (SS. 6 de mayo de 1.991, 20 de abril de 1.999, 15 de junio de 2004, 9 de diciembre de 2.008, entre otras), subordina la exigibilidad de la obligación condicionada al suceso futuro e incierto en que consista la condición, de modo que no se produce la plenitud de efectos jurídicos hasta que se cumpla la misma». (2 junio 2010, rec. 343/2006, LA LEY 76116/2010)

CONCORDANCIAS

Véase:
— arts. 1.123, 1.128 y 1.278 de este Código.
— Código de Comercio: art. 62.

Artículo 1.114

En las obligaciones condicionales la adquisición de los derechos, así como la resolución o pérdida de los ya adquiridos, dependerán del acontecimiento que constituya la condición.

COMENTARIO

1.- En el comentario al artículo anterior se ha expuesto el concepto y el efecto de la obligación con condición suspensiva y con condición resolutoria. Este artículo proclama la idea básica de la obligación condicional, distinguiendo si la condición es suspensiva o resolutoria.

Para saber si los sujetos de la obligación han establecido una condición suspensiva o resolutoria, habrá que acudir a la interpretación de las declaraciones de voluntad, ya que un mismo hecho puede enfocarse como una o como otra: si el sujeto condiciona la obligación a que su hijo termina la carrera, lo puede hacer como suspensiva (adquieres el derecho de crédito si la terminas, no antes) o como resolutoria (adquieres el derecho de crédito ahora, pero lo pierdes si no terminas la carrera).

2.- Tal idea básica de la obligación con condición es: si es suspensiva: se adquiere el derecho de crédito si se cumple la condición, es decir, depende la adquisición de derechos, del acontecimiento que constituye la condición; si es resolutoria: se adquiere el derecho de crédito inmediatamente, cuando nace la obligación y se pierde, se resuelve, si se produce el acontecimiento que constituye la condición.

JURISPRUDENCIA

«El artículo 1114, colocado en la sección primera (de las obligaciones puras y condicionales), del capítulo tercero (de las diversas clases de obligaciones), del título primero (de las obligaciones) del libro cuarto (de las obligaciones y contratos) del Código Civil, establece que, en las obligaciones suspensivamente condicionadas, la adquisición de los derechos dependerá del acontecimiento en que consista la condición. La norma citada, con precedente

inmediato en el artículo 1031 del Proyecto de 1851 (a cuyo tenor, la condición es suspensiva cuando su efecto suspende el cumplimiento de la obligación hasta que se verifique o no el acontecimiento), y en el 1183 del Código francés, lo que hace es suspender la eficacia de la relación de obligación condicionada, de modo que los efectos jurídicos de la misma, en los lados activo y pasivo, no sean exigibles sino cuando se cumpla el suceso futuro e incierto en que consista la condición». (18 mayo 2005, rec. 4544/1998)

«Las condiciones resolutorias expresamente acordadas tienen su fundamento en el artículo 1114 del Código Civil y sus consecuencias actúan desde la perfección del contrato, con los efectos retroactivos previstos en el artículo 123, al quedar condicionado el negocio traslativo, pues si bien el comprador adquiere lo que es objeto del mismo, no lo hace en forma de dominio total, sino más bien interino al tratarse de un dominio condicionado por resoluble, y mientras no se cumpla la condición de expectativa de poder acceder a la propiedad plena no tiene lugar, estando ante un supuesto de expectativa jurídica pendiente de ser consolidada». (16 junio 2005, rec. 2998/1998)

«acusa infracción de los arts. 1114 y 1119 Cód . civ. Se sostiene para fundamentarlo en que el pacto de reserva de dominio estipulado en el contrato litigioso no es una garantía convencional sino una propia condición suspensiva de la venta, por lo que no se ha aplicado debidamente el art. 1114 al considerar que la compraventa era perfecta y el pacto de reserva una garantía convencional. El motivo se desestima por su completa inutilidad, ya que el recurso de casación no se da frente a menos obiter dicta *sino respecto a los razonamientos decisivos* (ratio decidendi) *del fallo. En el del caso litigioso los mismos residen en el incumplimiento de la sociedad vendedora, hoy recurrente. Que el mismo equivalga o no al incumplimiento de una condición suspensiva, que era la reserva de dominio por la vendedora hasta el completo pago del precio por el comprador, o se considere que tal pacto es una garantía convencional pues el contrato se perfeccionó entre las partes, es cuestión académica que nada tiene que ver con la razón de la condena impuesta a la vendedora, que es por su incumplimiento contractual».* (22 diciembre 2006, LA LEY 160471/2006)

«La condición resolutoria se refería a la constitución de la persona jurídica compradora, ya que el Presidente de la Asociación "en función de Comisión gestora del denominado CENTRO, en periodo de constitución". Por tanto, de acuerdo con la naturaleza de las condiciones resolutorias (Art. 1114 CC), el contrato desplegó toda su eficacia y solo hubiera dejado de producirla si no se hubiera constituido el CIS, cosa que no ocurrió, puesto que recibió la correspondiente autorización del Ministerio de trabajo para actuar jurídicamente. Al haberse cumplido la condición de que dependía la eficacia definitiva del contrato, el CIS estaba legitimado para requerir la elevación a escritura pública del documento privado en cuya virtud adquirió el terreno en cuestión». (24 junio 2009, rec. 2576/2004, LA LEY 104389/2009)

CONCORDANCIAS

Véase:
— arts. 759 y 799 de este Código.
— Reglamento Hipotecario, de 14 febrero de 1947 (*«B.O.E.»,* 16 abril): art. 51.6.º.

Artículo 1.115

Cuando el cumplimiento de la condición dependa de la exclusiva voluntad del deudor, la obligación condicional será nula. Si dependiere de la suerte o de la voluntad de un tercero, la obligación surtirá todos sus efectos con arreglo a las disposiciones de este Código.

COMENTARIO

1.- Se plantea la distinción entre condiciones: puramente potestativa, es aquella que depende de una exclusiva declaración de voluntad de uno de los sujetos de la obligación (si quiero, o si no lo deseo o fórmulas parecidas); simplemente potestativa, cuando procede de la voluntad del sujeto y de otros hechos externos (p. ej: si traslado mi domicilio a otra ciudad); casual, cuando depende de la suerte o de la voluntad de un tercero; mixta, si depende, en parte de la voluntad de uno de los sujetos de la obligación y en parte de la suerte o de la voluntad de un tercero (p. ej: si me destinan fuera de mi ciudad y en tal caso decido trasladar mi domicilio).

2.- Este artículo contempla la validez o invalidez de las mismas, aunque expresamente sólo se refiera a la puramente potestativa y a la casual, que son los extremos opuestos.

La casual, recogida en el segundo inciso, es válida. También lo es, aunque nada diga el código, la mixta y también la simplemente potestativa.

La puramente potestativa, que depende, según dice el primer inciso de este artículo, «de la exclusiva voluntad del deudor» o, aunque no lo diga, dependa de la exclusiva voluntad del acreedor, es nula por ir en contra la *necessitas*, esencia de la obligación (art. 1.256). Pero no sólo eso, sino que en los negocios jurídicos *inter vivos*, la nulidad de la condición lleva consigo la de todo el negocio y en las obligaciones, la nulidad de la condición produce la nulidad de la obligación: «... la obligación condicional será nula», dispone este artículo en su primer inciso.

JURISPRUDENCIA

«la condición que contempla el art. 1115 Cód. civ. es la puramente potestativa, es decir, que depende del mero arbitrio del obligado, pero no es aplicable cuando su voluntad está en estrecha dependencia de motivos razonables». (16 mayo 2005, rec. 4633/1998)

«no se ha infringido el artículo 1115 del Código civil, ni tampoco el 1117, ya que no se impuso una condición meramente potestativa, como se ha dicho y como resalta la jurisprudencia que preconiza una interpretación restrictiva (sentencia de 13 de febrero de 1999) y sólo se da si depende del "mero arbitrio" del obligado (sentencia de 16 de mayo de 2005). Ni tampoco el 1256, ya que aquel negocio jurídico básico no depende del arbitrio de una de las partes, sino del desarrollo de los acontecimientos y de una doble condición y dicho artículo proscribe la alteración o extinción de una obligación por la voluntad unilateral de una de las partes (así, sentencias de 27 de febrero de 1997, 13 de abril de 2004, 30 de noviembre de 2005)». (28 junio 2007, LA LEY 60925/2007)

«la cláusula de revisión no contenía una condición potestativa pura que dependiera "de la exclusiva voluntad del deudor" (art. 1115 CC) y dejara por ello la validez y el cumplimiento del contrato "al arbitrio de uno solo de los contratantes" (art. 1256 CC del que aquel otro constituye una concreción): en primer lugar, porque lo revisable no era la comisión del agente en su totalidad, como en el alegato del motivo quiere hacerse ver mediante una transcripción aparentemente literal pero en realidad selectivamente fragmentaria de lo verdaderamente estipulado, sino únicamente la llamada "comisión extra", configurada en sí misma desde un principio como sujeta a variaciones; y en segundo lugar, porque el ejercicio por la compañía de seguros de su facultad revisora de dicha comisión extra se supeditaba a modificaciones normativas futuras, del todo ajenas a su voluntad». (3 octubre 2007, LA LEY 161973/2007

CONCORDANCIAS

Véase art. 1.256 de este Código.

Artículo 1.116

Las condiciones imposibles, las contrarias a las buenas costumbres y las prohibidas por la ley anularán la obligación que de ellas dependa.

La condición de no hacer una cosa imposible se tiene por no puesta.

COMENTARIO

1.- Trata este artículo de las condiciones imposibles inmorales e ilícitas. Las imposibles son las que no puede realizarse el hecho que constituye la condición; imposibilidad física existe porque lo impide las reglas de la naturaleza (cruzar el Océano Atlántico a nado, por ejemplo) e imposibilidad jurídica, lo impiden las reglas jurídicas (comprar el Mar Mediterráneo, por ejemplo), absoluta (vale uno u otro de los ejemplos) o relativa (por ejemplo: cruzar a nado el Canal de la Mancha).

Las inmorales son las contrarias a las buenas costumbres, lo que guarda relación con lo dispuesto en el art. 1.255.

Las ilícitas son las prohibidas por la ley.

2.- La consecuencia de imponer una de estas condiciones en una obligación, es el efecto que ya se indicó al comentar el artículo anterior. No se anula o tiene por no puesta tal condición imposible, inmoral o ilícita, sino que es nula toda la obligación. Es un efecto típico del negocio jurídico *inter vivos*: si se anula una parte, se piensa que los sujetos lo querían todo o nada, y, en todo caso pueden volver a constituir la obligación. Por el contrario, en el negocio *mortis causa*, la regla normal es la contraria: la cláusula se tiene por no puesta y el negocio (el testamento es prácticamente el único negocio jurídico *mortis causa* en nuestro Derecho) es válido.

Como excepción a la regla general anterior, la condición consistente en no hacer una cosa imposible es válida: basta con no hacerla (¿cómo vamos a hacer algo que no podemos hacer?).

JURISPRUDENCIA

«sólo pueden estimarse imposibles las condiciones que en absoluto lo sean, pero no las que penden de la situación accidental del deudor, que pueden variar de un momento a otro, por azar de las circunstancias o por un esfuerzo de la voluntad del mismo para cumplir sus compromisos (sentencia de 8 de junio de 1906)». (30 mayo 1991, LA LEY 2562/1991)

CONCORDANCIAS

Véase art. 1.184 de este Código.

Artículo 1.117

La condición de que ocurra algún suceso en un tiempo determinado extinguirá la obligación desde que pasare el tiempo o fuere ya indudable que el acontecimiento no tendrá lugar.

COMENTARIO

1.- Este artículo contempla el supuesto de conditio deficit, que la condición suspensiva no se cumpla.

Si la condición suspensiva no llega a cumplirse, la obligación no despliegas su eficacia y no se produce la relación jurídica entre el deudor y acreedor; ni aquél tendrá deber de cumplir ni éste derecho a exigir la prestación. A ello se refiere el art. 1.117 en cuanto a condiciones positivas.

2.- En las condiciones suspensivas positivas (si se produce tal cosa: es decir, como dice el texto legal, «que ocurra algún suceso») puede haberse fijado un tiempo determinado para que se cumpla y a ello se refiere este art. 1.117: si pasa este tiempo sin que se produzca o es indudable que no se producirá, la obligación no llega a nacer; dice que «extinguirá la obligación», pero no se extingue, si no que no nace. Si no se ha determinado el tiempo en que deba cumplirse la obligación, constará que no se cumple la condición (o sea que, se ha dado la *conditio deficit*) desde que sea indudable que no tendrá lugar.

Analógicamente, en sentido inverso, se aplicará lo anterior si la condición suspensiva es negativa.

3.- Por el contrario, si se trata de una condición resolutoria, que no se cumple, la obligación mantiene su eficacia como una obligación pura (la obligación se purifica). No se produce la condición y, por tanto, no se produce la resolución.

CONCORDANCIAS

Véase art. 796 de este Código.

Artículo 1.118

La condición de que no acontezca algún suceso en tiempo determinado hace eficaz la obligación desde que pasó el tiempo señalado o sea ya evidente que el acontecimiento no puede ocurrir.

Si no hubiere tiempo fijado, la condición deberá reputarse cumplida en el que verosímilmente se hubiese querido señalar, atendida la naturaleza de la obligación.

COMENTARIO

1.- El artículo anterior se refiere a la condición suspensiva positiva, en caso de que no se cumpla, conditio deficit. Este artículo se refiere a la condición suspensiva negativa, en caso de que se cumpla, conditio existit.

Plantea la cuestión de cuándo se debe entender que se ha cumplido la condición negativa. Si se había determinado un tiempo en que no debía acontecer el suceso determinante de dicha condición negativa, ésta se cumple cuando pasa este tiempo sin que haya acontecido o antes de que pase, se evidencia que no puede ocurrir. Si no se ha determinado el tiempo en que no debía acontecer, se entiende que se ha cumplido la condición negativa cuando no ha acontecido, en el tiempo en que «verosímilmente se hubiese querido señalar, atendida la naturaleza de la obligación», dispone el segundo párrafo. Lo cual deberá resolverse interpretando la voluntad de las partes o, en último caso, aplicando el art. 1.128 y siendo el Juez el que determina el tiempo en que no debe acontecer el suceso determinante de la condición, para tener ésta por cumplida.

2.- Cumplida la condición suspensiva negativa, *conditio existit*, «hace eficaz la obligación» dice el texto legal; o, lo que es lo mismo, se perfecciona la obligación, naciendo a la vida jurídica.

JURISPRUDENCIA

«Si bien es cierto, como dice la recurrente, que la sentencia de esta Sala de 28 de diciembre de 1984 declara (aunque sin argumentación fundamentadora alguna) que el art. 1118 CC sólo es aplicable a las condiciones negativas y no a las positivas, dicha doctrina que, al hallarse contenida en una sola sentencia, no constituye jurisprudencia, no puede ser mantenida por esta Sala, pues al constituir una verdadera laguna legal el supuesto de que para la condición positiva no se hubiese fijado plazo de cumplimiento, dicha laguna legal, según el criterio de la más moderna y prácticamente uniforme doctrina científica, que es el que esta Sala aquí acepta y consagra, debe llenarse acudiendo al párrafo segundo del art. 1118 CC, que ha de considerarse aplicable a todo tipo de condiciones (con la obvia variación terminológica de tenerla por no cumplida, si es positiva, y por cumplida, si es negativa) que se hallen en el supuesto de indeterminación temporal aquí contemplado, ante el cual la condición (positiva, en este caso) debe considerarse o tenerse por no cumplida si transcurre el tiempo que verosímilmente se hubiese querido señalar, atendida la naturaleza de la obligación, sin que se produzca el acontecimiento futuro o incierto del que aquélla se hizo depender». (5 octubre 1996, LA LEY 10109/1997; reiterada por la de 24 julio 1998, LA LEY 8672/1998)

«el 1118 del mismo Código, cuyo segundo párrafo contiene una regla —aplicable también a las condiciones positivas y analógicamente al supuesto enjuiciado— contraria a imponer al titular del derecho cuyo ejercicio se hubiera hecho depender de un acontecimiento futuro o incierto, sin señalar el tiempo de cumplimiento del mismo, una espera que resulte excesivamente prolongada, teniendo en cuenta la naturaleza de la relación». (2 julio 2007, LA LEY 72159/2007)

«Como afirma la sentencia de esta Sala de 22 julio 2003, en referencia a un contrato de compraventa cuya plena eficacia se difería al momento de otorgamiento de una licencia urbanística "su calificación no puede ser de un término, que es un hecho futuro y objetivamente cierto del que depende la eficacia, sino de condición, como hecho futuro y objetivamente incierto; la concesión por la Administración local de una licencia de obras no puede tenerse por algo objetivamente cierto, sino que es cuestión 'incertus an et incertus quando'. Como tal condición, ha de reputarse, como la califican las sentencias de instancia de resolutoria, por cuanto las obligaciones del contrato despliegan su eficacia y sólo si no se obtiene la licencia, se extingue la eficacia retroactivamente, es decir, se resuelven las obligaciones ya que la condición afecta a la totalidad del contrato y las obligaciones que de él derivan. Asimismo, es condición resolutoria negativa, en el sentido de que es la falta de la licencia la que resuelve el contrato. Todo ello, en el plazo previsto. Si no se fija plazo, como ocurre en el presente caso, debe reputarse cumplida 'y por tanto, resuelto el contrato' en el tiempo que verosímilmente se hubiese querido señalar, como dice el artículo 1118, segundo párrafo"; doctrina que igualmente está presente en las sentencias de esta Sala de 5 febrero 1996 y 25 marzo 2002». (31 mayo 2011, rec. 131/2008, LA LEY 71523/2011)

CONCORDANCIAS

Véase art. 796 de este Código.

Artículo 1.119

Se tendrá por cumplida la condición cuando el obligado impidiese voluntariamente su cumplimiento.

COMENTARIO

1.- Recoge este artículo el concepto de cumplimiento ficticio de la condición. Dispone que si «el obligado impidiese voluntariamente su cumplimiento» se tiene por cumplida. Si se trata de una condición suspensiva, se tiene por cumplida y por tanto nace la obligación: el derecho de crédito y la deuda) si el deudor impide voluntariamente que se cumpla tal condición. Si de condición resolutoria, se tiene por cumplida (y por tanto, se resuelve la obligación con su parte activa, el derecho de crédito y la pasiva, la deuda) si el acreedor impide voluntariamente que se cumpla. Es decir, la palabra «obligado» no significa necesariamente deudor, sino que es el perjudicado por el cumplimiento de la condición: el deudor en la suspensiva (nace su deuda) y el acreedor en la resolutoria (se resuelve su derecho de crédito).

2.- Lo anterior se produce cuando el obligado en el sentido expuesto, impide «voluntariamente» el cumplimiento de la condición. Esta voluntariedad comprende, evidentemente, el dolo; y también, aunque no sea tan evidente, la culpa.

JURISPRUDENCIA

«La voluntariedad a que alude el precepto no ha de ir dirigida necesariamente y de modo exclusivo a impedir el cumplimiento de la condición suspensiva, pues lo único requerido es que ello se provoque, aunque sea indirectamente, por un acto o conducta voluntaria, como ha sucedido en el presente caso dado que el ahora recurrente, al transigir sobre el pleito anterior, impidió voluntariamente el eventual cumplimiento de la condición, que es lo que dicha norma prevé al establecer su cumplimiento ficticio con las consecuencias jurídicas que de ello hayan de derivarse (sentencias de esta Sala de 9 marzo 1987, 10 octubre 1987, 23 mayo 1996, 10 julio 1996 y 4 marzo 1997, entre otras)». (10 noviembre 2010, rec. 373/2007, LA LEY 195088/2010)

«contempla el caso de incumplimiento ficticio que se produce si el deudor impidiese voluntariamente el cumplimiento efectivo de la obligación, caso al que se refieren las sentencias de 5 de octubre de 1996, 24 de julio de 1998, 9 de febrero de 2005. Y ha quedado acreditado que la condición suspensiva obrante en el referido contrato ("caso de aprobarse el programa de actuación urbanizadora...") no se cumplió —conditio deficit— no por causa imputable a una de las partes, sino por causas que atañen a la conducta de ambas. Tal como declara probado la sentencia de la Audiencia Provincial "es a las dos partes imputable el que la condición no se cumpliera"». (14 septiembre 2011, rec. 2272/2007, LA LEY 186211/2011)

CONCORDANCIAS

Véase art. 798 de este Código.

Artículo 1.120

Los efectos de la obligación condicional de dar, una vez cumplida la condición, se retrotraen al día de la constitución de aquélla. Esto no obstante, cuando la obligación imponga recíprocas prestaciones a los interesados, se entenderán compensados unos con

otros los frutos e intereses del tiempo en que hubiese estado pendiente la condición. Si la obligación fuere unilateral, el deudor hará suyos los frutos e intereses percibidos, a menos que por la naturaleza y circunstancias de aquélla deba inferirse que fue otra la voluntad del que la constituyó.

En las obligaciones de hacer y no hacer los Tribunales determinarán, en cada caso, el efecto retroactivo de la condición cumplida.

COMENTARIO

1.- La eficacia de la obligación, cuando se cumple la condición, es retroactiva al tiempo del negocio jurídico que la creó, aunque no se trata de una retroactividad absoluta.

A ello se refiere el presente artículo que se aplica a las condiciones suspensivas; a las resolutorias se aplica el art. 1.123. Se trata, pues, de *conditio existit*, condición suspensiva.

2.- Si tal condición suspensiva estaba puesta a una obligación de dar, cumplida la condición, los efectos se retrotraen al momento de su constitución (así, en una obligación —por ejemplo, del vendedor— de entrega de cosa y consiguiente adquisición de propiedad); en frutos e intereses, si la obligación es unilateral, el deudor los hace suyos, a no ser que conste lo contrario y, si son obligaciones bilaterales, se compensan.

3.- Si la condición estaba puesta a una obligación de hacer o no hacer, dispone el último párrafo, que será el órgano jurisdiccional (Juez de 1.ª Instancia y los Tribunales en caso de apelación y de casación: el texto legal sólo habla de «Tribunales») el que determine el efecto retroactivo. Lo cual significa, ante todo, que el legislador no se interesó especialmente por estas clases de obligaciones, sino que le preocupan sólo las de dar; en segundo lugar, no se dan normas para estas obligaciones, sino que se verá caso por caso, el supuesto concreto, y lo decidirán los sujetos de la obligación, de común acuerdo, o lo determinará el Juez, si es preciso acudir al proceso.

JURISPRUDENCIA

«una vez cumplida la condición suspensiva, determinados efectos de la obligación condicional de dar se retrotraen (los que pueden serlo) al día de constitución de la misma, entre cuyos efectos, sin ánimo exhaustivo, se pueden citar los relativos a los requisitos de capacidad, validez y eficacia del contrato, la convalidación de los actos dispositivos realizados por el titular que se consolida al cumplirse la condición, la invalidez de los actos realizados por el titular interino que se extralimita en su poder (salvo los derechos adquiridos por tercero de buena fe), derecho a indemnización por los daños ocasionados a la cosa durante la pendencia por un tercero, ejercicio de las acciones subrogatoria y revocatoria o pauliana. Pero, indudablemente, no puede extenderse dicha retroacción a otros determinados efectos, bien por imposibilidad material o física de producción de los mismos, bien porque el propio precepto antes citado (o algún otro) contenga normas específicas que establezcan otra cosa. Entre los primeros se encuentra el de la entrega real, material o física de la cosa debida, la cual sólo puede ser cumplida cuando la condición se realice, pero no antes (por imposibilidad física y metafísica de dicha entrega en tiempo pasado), cuya imposibilidad de realización tiene en cuenta el propio precepto, cuando en los dos incisos siguientes del mismo párrafo primero determina los efectos del cumplimiento de la condición con respecto a los frutos e intereses producidos por la cosa, pues parte del incuestionable supuesto de que, durante el período de pendencia de la condición, la cosa ha permanecido en poder del deudor, sin posibilidad de que la entrega real, física y material de la misma se pueda retrotraer al tiempo de constitución de la obligación. Precisamente porque el legislador reconoce

la imposibilidad física y ontológica de que la entrega material o física de la cosa debida se retrotraiga al tiempo de constitución de la obligación, es por lo que el propio art. 1120 CC (en los incisos segundo y tercero de su mismo párrafo primero) excluye de los efectos de la retroacción los frutos e intereses percibidos por el deudor de la cosa debida (tanto en las obligaciones bilaterales o recíprocas, como en las unilaterales) durante el tiempo de pendencia de la condición». (23 diciembre 1996, LA LEY 1204/1998)

CONCORDANCIAS

Véanse arts. 1.095 y 1.303 de este Código.

Artículo 1.121

El acreedor puede, antes del cumplimiento de las condiciones, ejercitar las acciones procedentes para la conservación de su derecho.

El deudor puede repetir lo que en el mismo tiempo hubiese pagado.

COMENTARIO

1.- La condición suspensiva que aún no se ha cumplido pero puede cumplirse, conditio pendet, es contemplada en este artículo: las partes están vinculadas y es irrevocable, como si se tratara de una obligación pura. Se produce la suspensión de la vigencia de la relación, pero también un efecto inmediato que se caracteriza por la presencia de dos titulares de derecho (eventuales) y por la limitación de los poderes de cada uno de ellos.

2.- El acreedor no puede exigir el cumplimiento de la prestación, aunque tiene un derecho eventual en virtud del cual puede ejercitar medidas conservativas, tal como dice el mismo artículo 1.121, en su párrafo 1.º: el acreedor puede, antes del cumplimiento de las condiciones, ejercitar las acciones procedentes para la conservación de su derecho.

3.- A su vez, el deudor no debe realizar la prestación y, si lo hace, puede reclamar la devolución («repetir»), de lo cumplido, que puede ser fácil en las obligaciones de dar (únicas a las que parece referirse este artículo) y no tan fácil en las de hacer o no hacer.

4.- En las condiciones resolutorias ocurre todo lo contrario: constituía la obligación bajo tal condición, los efectos son iguales a los de una obligación pura, sin perjuicio que se resuelvan si se cumple la condición; no se aplica este art. 1.121, sino el párrafo segundo del art. 1.113.

JURISPRUDENCIA

«el artículo 1112 del Código civil permite transmitir los derechos adquiridos en virtud de una obligación, sin prohibirlo en caso de que ésta sea condicional y que el artículo 1121 le permite, conditio pendet, *ejercitar acciones para la conservación de su derecho y que la sociedad demandante es causahabiente directo de los titulares del derecho de propiedad, aun bajo condición suspensiva, de las tres plazas de garaje, la jurisprudencia no puede aceptar el expolio que significaría el desposeerle —a él o a su causahabiente— del derecho adquirido en virtud de aquel contrato de compraventa con el pacto reserva de dominio. Así, la sentencia de 19 de mayo de 1989 (LA LEY 288-JF/0000) estimó la tercería de dominio que habían interpuesto los compradores de pisos con reserva de dominio en favor del vendedor ante los embargos de los mismos, por acreedores de éste; las sentencias posteriores de 12 de*

marzo de 1993 (LA LEY 13044/1993) y 16 de julio de 1993 (LA LEY 13307/1993) reiteran esta doctrina: mientras el comprador cumpla en todo o en parte, el vendedor carece de poder de disposición sobre el objeto, que no puede ser embargado en procedimiento de apremio a no ser que éste se límite a los derechos que pudieran tener el sujeto sobre el mismo. Esta última es especialmente elocuente y aplicable al presente caso, al expresar: "La doctrina jurisprudencial decretó la plena validez de los pactos con reserva de dominio (sentencias de 11-7-1983 y 16-2-1984), no obstante la carencia de regulación legal, salvo las referencias que contiene la Ley de 17 de julio de 1965 (Venta a Plazos de Bienes Muebles, arts. 6-12 y 23), con lo que hay que entender que si bien el vendedor transmite al comprador el dominio de la cosa vendida, esto no lo es de forma definitiva hasta que se pague por completo el precio pactado, actuando como garantía de cobro del mismo que se aplaza, lo que determina que verificado el completo pago se produce ipso iure, *sin necesidad de ulteriores consentimientos, la transferencia dominical, por lo que no resulta afectada la perfección del contrato, que tiene lugar plena y vinculante». Es el caso concreto que se puede aplicar al presente, el párrafo siguiente: Estas situaciones producen, asimismo, para el vendedor, estando pendiente el pacto de reserva de dominio [sentencias de 19 de mayo de 1989 (LA LEY 288-JF/0000) y 12 de marzo de 1993 (LA LEY 13044/1993)] y mientras el comprador cumpla normalmente su obligación de pago, conforme sucedió en la controversia, que carezca de poder de disposición respecto al bien que vendió, así como, y por ello, de facultades de transmisión del mismo a terceros, tanto en forma voluntaria como forzosa —y los embargos son un anticipo de esta última modalidad—; por lo que a la compradora le asiste,* pendente condicione, *el indudable derecho del ejercicio de la tercería de dominio sobre la vivienda adquirida y trabada en embargo por deudas propias de quien se la vendió, a las que es totalmente ajena. Así lo exige la conservación necesaria de sus legítimos derechos, la equidad (artículo 3-2 del C. Civil), los principios generales de la contratación* (pacta sunt servanda), *la norma imperativa de que el cumplimiento de los contratos no puede dejarse al arbitrio de los contratantes (artículo 1256 del Código Civil) y menos procede dejar sin defensa, como plenamente vencidas, en situaciones como la del pleito, a aquellas personas que no las provocaron y son totalmente extrañas a las deudas determinantes de los embargos practicados».* (16 marzo 2007, LA LEY 8967/2007)

Artículo 1.122

Cuando las condiciones fueren puestas con el intento de suspender la eficacia de la obligación de dar, se observarán las reglas siguientes, en el caso de que la cosa mejore o se pierda o deteriore pendiente la condición:

1.ª Si la cosa se perdió sin culpa del deudor, quedará extinguida la obligación.

2.ª Si la cosa se perdió por culpa del deudor, éste queda obligado al resarcimiento de daños y perjuicios.

Entiéndese que la cosa se pierde cuando perece, queda fuera del comercio o desaparece de modo que se ignora su existencia, o no se puede recobrar.

3.ª Cuando la cosa se deteriora sin culpa del deudor, el menoscabo es de cuenta del acreedor.

4.ª Deteriorándose por culpa del deudor, el acreedor podrá optar entre la resolución de la obligación y su cumplimiento, con la indemnización de perjuicios en ambos casos.

5.ª Si la cosa se mejora por su naturaleza, o por el tiempo, las mejoras ceden en favor del acreedor.

6.ª Si se mejora a expensas del deudor, no tendrá éste otro derecho que el concedido al usufructuario.

COMENTARIO

1.- Trata este artículo de la obligación de dar, bajo condición suspensiva, en que ésta se ha cumplido, conditio existit. El art. 1.120 se refiere al cumplimiento y efectos de la obligación bajo tal condición, que se ha cumplido y, además, prevé el caso de que existan frutos e intereses. Este art. 1.122 prevé los casos en que se produzca la pérdida, deterioro o mejora en la cosa objeto de la obligación de dar.

2.- 1.º) Si la cosa se perdió sin culpa del deudor, quedará extinguida la obligación; 2º) si la cosa se perdió por culpa del deudor, éste queda obligado al resarcimiento de daños y perjuicios; 3.º) cuando la cosa se deteriora sin culpa del deudor, el menoscabo es de cuenta del acreedor, 4.º) deteriorándose por culpa del deudor, el acreedor podrá optar entre la resolución de la obligación o su cumplimiento, con la indemnización de perjuicios de ambos casos; 5.º) si la cosa se mejora por su naturaleza o por el tiempo, las mejoras ceden a favor del acreedor; 6.º) si se mejora a expensas del deudor, no tendrá éste otro derecho que el concedido al usufructuario.

JURISPRUDENCIA

«sí es aplicable a la presente cuestión el art. 487 CC, por indicación del art. 1122.6 de dicho Cuerpo legal y ello quiere decir que el deudor que lleve a cabo cualquier clase de mejoras, no tiene derecho en relación a las mismas, por él introducidas en el bien objeto de su obligación de dar, derecho al reembolso de los gastos ni a indemnización, y solamente podrá retirar tales mejoras, siempre que sea posible hacerlo sin detrimento de dicho bien». (4 febrero 1998, LA LEY 2222/1998)

«La incidencia favorable del planeamiento urbanístico debe ser considerada como una mejora de la cosa, no es fruto de ella. La resolución por incumplimiento produce, en cuanto a sus efectos restitutorios, los de las condiciones resolutorias según el art. 1123 CC [sentencia de 5 de febrero de 2002 (LA LEY JURIS. 1043230/2002)], que en su párrafo segundo se remite al art. 1122 en cuanto a la pérdida, deterioro o mejora de la cosa. Aplicando la regla quinta de este último, el aumento de valor cedería en beneficio del acreedor de restitución, o sea, de la parte vendedora que ha resuelto». (1 julio 2005, rec. 265/1999)

CONCORDANCIAS

Véanse arts. 1.104 y 1.105 de este Código.

Artículo 1.123

Cuando las condiciones tengan por objeto resolver la obligación de dar, los interesados, cumplidas aquéllas, deberán restituirse lo que hubiesen percibido.

En el caso de pérdida, deterioro, o mejora de la cosa, se aplicarán al que deba hacer la restitución las disposiciones que respecto al deudor contiene el artículo precedente.

En cuanto a las obligaciones de hacer y no hacer, se observará, respecto a los efectos de la resolución, lo dispuesto en el párrafo segundo del artículo 1.120.

COMENTARIO

1.- Cuando se cumple, si se cumple, la condición —conditio existit— los efectos son opuestos según sea suspensiva o resolutoria. Al cumplimiento de la suspensiva se refieren los arts. 1.120 y 1.122. Al de la resolutoria, se refiere este art. 1.123.

Cuando se cumple una condición resolutoria, se produce la resolución de la obligación, tal como dice el art. 1.114 y reafirma éste.

2.- Si la obligación que se resuelve por cumplirse la condición resolutoria es de dar, dispone el primer párrafo la retroactividad al ordenar que los sujetos «deberán restituirse lo que hubiesen percibido»; es decir, ambos sujetos en caso de obligaciones recíprocas y el acreedor al deudor en caso de obligación unilateral.

3.- En el tema de pérdida, deterioro y mejoras de la cosa, en las obligaciones de dar, se aplican las reglas del art. 1.122, previstas para la condición suspensiva, adaptadas a este caso de obligación bajo condición resolutoria. Si se trata de obligaciones de hacer o no hacer, los Tribunales determinarán en cada caso la retroactividad, según el último párrafo del art. 1.120, al que se remite el último del 1123.

JURISPRUDENCIA

«en aquel contrato de permuta cuya resolución ha sido declarada por sentencia firme, obraba una condición resolutoria expresa consistente en que si el adquirente de la finca no construía el edificio en el plazo indicado, se producía la resolución: art. 1123 del CC. Lo cual no era sino la concreción al caso de la resolución de las obligaciones sinalagmáticas, por razón del incumplimiento de una de ellas: art. 1124. En uno y otro caso, se produce la resolución de las obligaciones con efecto retroactivo. En el caso presente, la entidad Construcciones Llabrés y Montaner, S.A., al quedar resuelto el contrato de permuta (y el de compraventa y la declaración de obra nueva y división de propiedad horizontal) por el que adquirió la finca, dejó de ser propietario. A su vez, en principio, son ineficaces sus actos dispositivos sobre la misma, precisamente por su falta de poder de disposición, declarada posteriormente pero con efecto ex tunc. Sin embargo, el efecto retroactivo de la resolución, sea por condición resolutoria expresa, sea por incumplimiento de las obligaciones bilaterales, no alcanza a terceros adquirentes de buena fe. Partiendo de la norma del último párrafo del art. 1124 del CC se atenúa el efecto retroactivo de la resolución; ésta alcanza a los actos dispositivos efectuados, pero sin perjuicio de los derechos legítimamente adquiridos por terceros; por lo cual la disposición a terceros de buena fe se resuelve en indemnización de daños y perjuicios». (21 junio 2002, LA LEY 7129/2002)

«La sentencia de 21 de junio de 2002 mantiene esta doctrina que ahora se reitera; habiéndose transmitido un local por quien aparecía como propietario, su derecho de propiedad se resolvió por cumplimiento posterior de condición resolutoria (que era la falta de conclusión de unas obras; no, como el presente caso, la falta de pago del precio) y la adquisición por el tercero no fue alcanzado por aquella resolución tanto si es por el cumplimiento de condición resolutoria expresa como si es por incumplimiento de la obligación (...) el tercero de buena fe no es únicamente el tercero hipotecario; se está no sólo ante la protección registral sino también ante la protección a la apariencia jurídica». (29 mayo 2006, rec. 3361/1999)

«rige lo dispuesto por el artículo 1123 del Código Civil según el cual "cuando las condiciones tengan por objeto resolver la obligación de dar, los interesados, cumplidas aquéllas, deberán restituirse lo que hubieren percibido"; prescripción legal que, en los casos en que la prestación de una de las partes no puede ser restituida —como ahora sucede— impone que

la otra deba restituir su valor. No otra cosa se deriva de la doctrina sentada por la sentencia de esta Sala de 10 de junio de 1998, citada por la Audiencia recurrida para fundamentar la solución que adopta, cuando dispone que "si, en principio y por regla general, los efectos de la resolución contractual se producen 'ex tunc', colocando a los intervinientes en la misma situación en que se hallarían si el contrato no se hubiese celebrado, lo que lleva consigo la obligación de restituir cada parte lo que haya recibido de la otra por razón del vínculo obligacional, sin perjuicio del derecho de terceros adquirentes de buena fe, esa eficacia retroactiva no puede aplicarse respecto a relaciones duraderas que, en todo o en parte, han sido consumadas, cual sucede en contratos como los de arrendamiento, de agencia o de comisión mercantil, en que la resolución del vínculo contractual opera 'ex nunc', produciéndose, por tanto, únicamente efectos liquidatorios de la situación existente al tiempo de la resolución contractual". Dicha doctrina, reiterada por las posteriores sentencias de 21 septiembre 2001, 22 abril 2005 y 20 marzo 2007». (3 junio 2009, rec. 2372/2004, LA LEY 92041/2009)

Véase la sentencia de 16 junio 2005 recogida en el art. 1114.

Artículo 1.124

La facultad de resolver las obligaciones se entiende implícita en las recíprocas, para el caso de que uno de los obligados no cumpliere lo que le incumbe.

El perjudicado podrá escoger entre exigir el cumplimiento o la resolución de la obligación, con el resarcimiento de daños y abono de intereses en ambos casos. También podrá pedir la resolución, aun después de haber optado por el cumplimiento, cuando éste resultare imposible.

El Tribunal decretará la resolución que se reclame, a no haber causas justificadas que la autoricen para señalar plazo.

Esto se entiende sin perjuicio de los derechos de tercero adquirente, con arreglo a los artículos 1.295 y 1.298 y a las disposiciones de la Ley Hipotecaria.

COMENTARIO

1.- Obligaciones unilaterales o simples son las normales, que coinciden, sin especialidad alguna, con el concepto de obligación. Es, pues, una relación jurídica entre acreedor y deudor.

Obligaciones recíprocas o bilaterales o sinalagmáticas son aquellas en que también existe relación jurídica entre acreedor y deudor, pero cada parte acreedora o deudora de una obligación bilateral es, a la inversa, deudora o acreedora de otra obligación bilateral. Así, cada sujeto es a la vez acreedor de una prestación (de una obligación bilateral) y deudor (de la otra obligación bilateral) de otra prestación.

2.- Las obligaciones recíprocas tienen unos efectos específicos debidos a su interconexión o interdependencia.

El primero es la necesidad de cumplimiento simultáneo, en el sentido de que el acreedor de una obligación recíproca no puede exigir a su deudor que cumpla, si a su vez él no ha cumplido o cumple al tiempo u ofrece cumplir la otra obligación recíproca de la que es deudor. Si el acreedor exige el cumplimiento de la obligación recíproca al deudor, sin que aquél haya cumplido u ofrezca cumplir la suya, este deudor podrá oponerse y rechazar la acción de cumplimiento, mediante la llamada *exceptio non adimpleti contractus*, excepción de incumplimiento contractual. Lo cual no se establece explícitamente sino que se deduce del art. 1.100, último párrafo, y de este art. 1.124.

El segundo es la compensación en caso de mora, que se establece en el último párrafo del art. 1.100.

El tercero es la resolución por incumplimiento que prevé este artículo.

El caso es el siguiente: una obligación recíproca ha sido cumplida por su deudor (por ejemplo, el vendedor ha cumplido su deuda de entrega de la cosa) y la otra obligación recíproca no ha sido cumplida por su respectivo deudor (por ejemplo, el comprador no cumple su deuda de pago del precio); el primero, acreedor de la deuda del segundo (vendedor frente a comprador) puede optar: 1.º por exigir el cumplimiento (el pago del precio), lo cual es caso normal de toda obligación, sin especialidad en la recíproca; o 2.º, por exigir la resolución de su propia obligación (que se deje sin efecto su entrega de cosa, es decir, que se le devuelva ésta) resolviendo también la otra (la de pago del precio): es el efecto específico de la obligación recíproca, que atañe al incumplimiento. En ambos casos, el obligado que ha cumplido, puede pedir indemnización por los daños y perjuicios que haya sufrido.

3.- Aunque este artículo es el último de la sección dedicada a las obligaciones condicionales, no se trata de una condición resolutoria implícita en las obligaciones recíprocas, sino de un derecho subjetivo (que el código llama «facultad») que concede la ley derivado de la reciprocidad de las obligaciones recíprocas, al sujeto que cumple su respectiva obligación, de resolverlas si el otro incumple la suya.

4.- Los efectos que prevé este artículo son: si lo reclama el sujeto cumplidor, que se imponga el cumplimiento específico, ejecución forzosa, *in natura*, al sujeto incumplidor; o bien, puede exigir la resolución; incluso puede pedir el cumplimiento específico y, si resulta imposible, la resolución. Y, en todo caso, además, la indemnización de daños y perjuicios.

5.- La resolución implica que no sólo se resuelve la obligación incumplida, sino las dos obligaciones recíprocas; lo que es consecuencia de la reciprocidad (sinalagma) de las obligaciones recíprocas. Lo que lleva consigo la restitución de las prestaciones que se hubieran realizado.

No se produce automáticamente la resolución por el incumplimiento, sino que es un derecho que concede la ley y, por tanto, ante tal incumplimiento, los sujetos aceptan la resolución o tienen que ir al proceso, cuya sentencia es declarativa (declara la resolución ya operada) con efecto retroactivo al tiempo del nacimiento de la obligación.

Habiéndose acudido al proceso, no se produce la resolución si el órgano jurisdiccional advierte, como dice el penúltimo párrafo del art. 1.124, que hay causas justificadas que le autoricen para señalar plazo. Lo cual no se aplica si se trata de compraventa de bienes inmuebles, cuya exclusión de resolución y concesión de plazo lo proscribe el art. 1504.

6.- El último párrafo del art. 1.124 protege los derechos de terceros adquirentes: esto se entiende —dice tal norma— «sin perjuicio de los derechos de terceros adquirentes con arreglo a los artículos 1295 y 1298 y a las disposiciones de la Ley Hipotecaria». Atenúa, pues, el efecto de la resolución en favor de los adquirentes que no sean de mala fe, como en la rescisión; la prueba de la mala fe del tercero —es decir, de la conciencia de defraudar a quien pide la resolución o de ayudar a defraudarle— recaerá sobre quien la afirme. Correlativamente, del art. 1.1 de la Ley Hipotecaria se deduce que el adquirente de una finca afectada por el eventual ejercicio de la facultad resolutoria, si inscribe su adquisición en el Registro de la Propiedad, se halla libre de posibles reclamaciones.

JURISPRUDENCIA

«Es doctrina de esta Sala, reiterada entre otras muchas, la de que para que la acción resolutoria implícita establecida en el párrafo primero del artículo 1124 del Código Civil pueda prosperar, es preciso que quien la alegue acredite en el proceso correspondiente, entre otros, los siguientes requisitos: 1.º La existencia de un vínculo contractual vigente entre quienes la concertaron (sentencias de 10 de diciembre de 1947 y 9 de diciembre de 1948); 2.º La reciprocidad de las prestaciones estipuladas en el mismo (sentencias de 28 de septiembre de 1965 y 30 de marzo de 1976) así como su exigibilidad (sentencias de 6 de julio de 1952 y 1 de febrero de 1966); 3.º Que el demandado haya incumplido de forma grave las que le incumbían (sentencias de 9 de diciembre de 1960 y 18 de noviembre de 1970), estando encomendada la apreciación de este incumplimiento al libre arbitrio de los Tribunales de instancia (sentencias de 17 de diciembre de 1976 y 17 de febrero de 1977); 4.º Que semejante resultado se haya producido como consecuencia de una conducta obstativa de éste que, de modo indubitado, absoluto, definitivo e irreparable la origine, actuación que, entre otros medios probatorios, puede acreditarse por la prolongada inactividad o pasividad del deudor frente a los requerimientos de la otra parte contratante (sentencia de 5 de mayo de 1970); y 5.º Que quien ejercite esta acción no haya incumplido las obligaciones que le concernían (sentencias de 6 de julio y 29 de marzo de 1977); salvo si ello ocurriera como consecuencia del incumplimiento anterior del otro, pues la conducta de éste, es la que motiva el derecho de resolución de su adversario y le libera de su compromiso (sentencias de 10 de febrero y 11 de abril de 1925 y 24 de octubre de 1959; sentencia del Tribunal Supremo de 21 de marzo de 1986). Igual sentido muestran las sentencias de 24 de mayo de 1991, 16 de abril de 1991 y 29 de febrero de 1988». (13 mayo 2004, rec. 1749/1998)

«las consecuencias restitutorias de la declaración de ineficacia de un contrato, que en nuestro ordenamiento son objeto de la regulación contractual (artículos 1124, 1295 y 1303 del Código Civil), guardan relación con la condictio indebiti o, incluso, con la condictio causa data causa non secuta. En concreto, la liquidación de una relación de obligación sinalagmática, resuelta por el incumplimiento de una de las partes, está presidida por la idea de que, sobrevenidamente, carecen de causa legitimadora los desplazamientos patrimoniales efectuados en ejecución de la reglamentación negocial antes vigente». (12 mayo 2005, rec. 4329/1998)

«Dice la sentencia de 17 de junio de 1986, citada en la de 5 de febrero de 2002 que "es opinión comúnmente aceptada, tanto por la doctrina científica como por la jurisprudencia, que la resolución contractual produce sus efectos, no desde el momento de la extinción de la relación obligatoria, sino retroactivamente desde su celebración, es decir, no con efectos ex nunc sino ex tunc, lo que supone volver al estado jurídico preexistente como si el negocio no se hubiera concluido, con la secuela de que las partes contratantes deben entregarse las cosas o las prestaciones que hubieran recibido en cuanto la consecuencia principal de la resolución es destruir los efectos ya producidos, tal como se ha establecido para los casos de rescisión en el art. 1295 del Código Civil al que expresamente se remite el art. 1124 del mismo Cuerpo legal, efectos que sustancialmente coinciden con los previstos para el caso de nulidad en el art. 1303 y para los supuestos de condición resolutoria expresa en el art. 1123". Por su parte, dice la sentencia de 11 de febrero de 2003 que, "parando mientes en el otro aspecto de la cuestión resulta que el vendedor tiene a su vez que reintegrar el precio percibido con sus intereses legales, los cuales deben ser computados desde que efectivamente se hizo el pago, y no desde la celebración del contrato (sentencia de 12 de noviembre de 1996)", doctrina que —recaída en torno a la aplicación del art. 1303 del Código Civil en relación con la nulidad contractual, ya sea absoluta o relativa— es aplicable a la resolución de los contratos». (27 octubre 2005, rec. 1578/1999)

«el ejercicio de la facultad resolutoria del artículo 1124 requiere los siguientes presupuestos: 1.º la acusada reciprocidad de las obligaciones en juego, no de obligaciones unilaterales, sino bilaterales; 2.º la exigibilidad de las mismas; 3.º que el reclamante haya incumplido lo que a él le incumbía; 4.º una voluntad rebelde y declarada en el acusado de incumplidor (entre otras, SSTS de 30 de octubre de 1986, 21 de marzo y 18 de noviembre de 1994 y 7 de noviembre de 1995)». (28 septiembre 2006, LA LEY 106017/2006) (Doctrina reiterada por la de 14 febrero 2007, LA LEY 2398/2007)

«La jurisprudencia de esta Sala ha admitido, junto con la doctrina más autorizada, la resolución por imposibilidad sobrevenida. Y, en tal caso, es correcto que se decrete la resolución, pero no cabe indemnizar daños y perjuicios, puesto que no se ha producido un incumplimiento (Sentencias de esta Sala de 14 diciembre 1992, 7 y 23 de febrero y 20 de abril de 1994, 21 de julio, 11 de noviembre y 16 de mayo de 2003, 23 de enero y 21 de abril de 2006, entre tantas otras)». (9 octubre 2006, LA LEY 110234/2006)

«No concurren en este caso los presupuestos exigidos por el artículo 1124, pues la propia resolución recurrida precisa que no hace imputación culposa a ninguna de las partes, de modo que es de aplicación al caso la doctrina consolidada en esta Sala, que es reiterada en exigir para que se produzca la resolución de las relaciones contractuales privadas, no precisamente una voluntad decididamente rebelde, que sería tanto como exigir dolo (SSTS de 18 de noviembre de 1983 y 18 de marzo de 1991), sino la concurrencia de una situación de frustración del contrato, sin que el posible incumplidor aporte explicación o justificación razonable alguna de su postura (SSTS de 5 de septiembre y 18 de diciembre de 1991), por lo que basta que se dé una conducta no sanada por justa causa, obstativa al cumplimiento del contrato en los términos que se pactó (SSTS de 14 de febrero y 16 de mayo de 1991 y 17 y 2 de julio de 1994, entre otras muy numerosas). La frustración no se produce cuando la causa que origina el incumplimiento no es atribuible directamente a las partes (STS de 31 de marzo de 1992)». (11 octubre 2006, LA LEY 110211/2006)

«la pretensión de cumplimiento deducida por la actora en el momento de presentar la demanda es perfectamente posible y puede ser encajada en el artículo 1124 II CC: el perjudicado podrá optar entre exigir el cumplimiento o la resolución, en ambos casos con abono de daños y perjuicios. Pero ocurre que un hecho posterior, imputable claramente a la contraparte, provoca la imposibilidad del cumplimiento. Estaríamos ante lo que una línea jurisprudencial antigua denominaba un hecho obstativo que de modo "absoluto, definitivo e irreformable" (Sentencias de 5 y 9 de julio de 1941, 28 de enero de 1944, 12 de abril de 1945, 9 de marzo de 1950, etc.) impide el cumplimiento, y ello, con independencia de que faculte para pedir la resolución, incluso después de haber pedido el cumplimiento, como señala el inciso final del párrafo segundo del artículo 1124 CC, significa que esta imposibilidad sobrevenida no extingue la obligación, pues, como ha señalado la jurisprudencia, interpretando los preceptos de los artículos 1182 a 1184 del Código civil, en la imposibilidad sobrevenida, que puede ser física o legal, pero en todo caso ha de ser objetiva, absoluta y duradera (Sentencias de 15 de febrero y 21 de marzo de 1994, 30 de abril de 2002) se excluye la liberación del deudor cuando resulta provocada por él (Sentencias de 2 de enero de 1976, 15 de diciembre de 1987) o le es imputable (Sentencias de 7 de abril de 1965, 7 de octubre de 1978, 17 de enero y 5 de mayo de 1986, 15 de febrero de 1994, 20 de mayo de 1997, 30 de abril de 2002, etc.). Ante tal situación hay que acudir al cumplimiento por equivalente, que ciertamente no se ha de confundir con la indemnización de daños, pues responde a principios y criterios diversos, ya que el cumplimiento sustituye a la prestación, en virtud de la perpetuatio obligationis, *y la indemnización de daños y perjuicios obedece a una nueva obligación que la ley (artículo 1101 CC) hace surgir por razón del incumplimiento, fijando su extensión (artículos 1106, 1107 y 1108 CC)».* (26 diciembre 2006, LA LEY 175845/2006)

«No apareciendo cláusula contractual que previera la perfección del contrato en momento anterior a la recepción de la mercancía, cuando se comprueba la adecuación de ésta al ser entregada (ni siquiera consta que fuera la misma que había sido objeto de prueba en los Estados Unidos) y no ser conforme, en el sentido de no ser útil para la función para la que fue comprada, se aplica el artículo 1124 del Código civil por incumplimiento de la obligación del vendedor, en cuanto se entregó cosa inhábil con la consiguiente insatisfacción del comprador, dándose el supuesto de aliud pro alio, que contempla y explica la sentencia de 27 de febrero de 2004 que recoge multitud de sentencias anteriores». (28 octubre 2008, rec. 2248/2003, LA LEY 158313/2008)

«Aunque una tendencia jurisprudencial haya exigido lo que se ha calificado como "voluntad deliberadamente rebelde del deudor", sentencias recientes han introducido criterios más matizados para determinar cuándo se produce un caso de incumplimiento, por el hecho de la frustración del fin del contrato, "sin que sea preciso una tenaz y persistente resistencia obstativa al cumplimiento, bastando [...] que se malogren las legítimas aspiraciones de la contraparte" (SSTS 18 octubre 2004, 3 marzo 2005 y 20 septiembre y 31 octubre 2006, entre otras). Modernamente, los textos internacionales relativos a obligaciones y contratos han recogido una línea, fundada en el derecho inglés, que se resume diciendo que una parte podrá dar por terminado el contrato si la falta de la otra parte al cumplir una de las obligaciones contractuales constituye un incumplimiento esencial (art. 7.3.1 de los Principios sobre los Contratos Comerciales internacionales, UNIDROIT), y se considera que es esencial si priva a la parte perjudicada de lo que tenía derecho a esperar como consecuencia del contrato, o bien, "si otorga a la parte perjudicada razones para creer que no puede confiar en el cumplimiento efectivo de la otra". Este principio se repite en el art. 8.101 (1) de los Principios del Derecho europeo de los contratos (PECL), que en el art. 8.103 recoge los supuestos del incumplimiento esencial, entre los cuales se encuentran los casos en que la estricta observancia de la obligación forma parte de la esencia del contrato, o bien si el incumplimiento priva sustancialmente a la parte perjudicada de aquello que tenía derecho a esperar de acuerdo con el contrato. Reglas parecidas se encuentran en vigor en España a partir de la Convención de las Naciones Unidas sobre los contratos de compraventa internacional de mercaderías, hecha en Viena el 11 de abril de 1980 y ratificada por España en 1991; en su artículo 49.1, al tratar del incumplimiento del vendedor, se dice que se podrá resolver cuando esta conducta constituya "un incumplimiento esencial del contrato" (SSTS 5 abril y 22 diciembre 2006)». (3 diciembre 2008, rec. 2919/2002, LA LEY 193662/2008)

«ha de recordarse, con la Sentencia, entre otras, de 26 de noviembre de 2007, que la jurisprudencia "a la hora de interpretar y aplicar el artículo 1124 del Código Civil, ha abandonado hace tiempo las posiciones que, de una u otra forma, exigían una reiterada y demostrada voluntad rebelde en el incumplimiento de las obligaciones contractuales, para atender al dato objetivo de la injustificada falta de cumplimiento, siempre que tenga la entidad suficiente para motivar la frustración del fin del contrato —Sentencias de 7 de mayo de 2003 y 18 de octubre de 2004 entre otras—. En esta línea, en Sentencia de 3 de marzo de 2005 se declara que se ha abandonado hace tiempo la exigencia de que la falta de cumplimiento de una de las partes de la obligación, para que pueda producirse su resolución, deba ser reiterada y demostrativa de una rebeldía en el incumplimiento, pues hoy se exige que éste tenga la entidad suficiente motivadora de la frustración del fin del contrato". Y añade la antedicha Sentencia que "cuando la declaración de resolución efectuada por una de las partes se impugna por la otra, queda sometida al examen y sanción de los Tribunales, que habrán de declarar, en definitiva, bien hecha la resolución o, por el contrario, no ajustada a derecho, como reseña la antes citada Sentencia de 17 de julio de 2007, recogiendo la doctrina jurisprudencial contenida en Sentencias de 24-10-41, 28-1-43, 7-1-48 y 19-3-49"». (13 febrero 2009, rec. 1416/2004, LA LEY 1915/2009)

«es doctrina constante de esta Sala que la facultad que asiste, de acuerdo con el artículo 1124 del Código civil, para solicitar el cumplimiento o la resolución, en ambos casos con indemnización de daños e intereses, presupone el cumplimiento de su prestación por la parte que la ejercite (SSTS 17 de febrero y 18 de marzo de 1998, 4 de julio de 1994, 22 de noviembre de 1995, 22 de abril y 9 de diciembre de 2004, entre muchas otras)». (27 abril 2009, rec. 1168/2004, LA LEY 67149/2009)

«Como destaca la sentencia de esta Sala de 15 julio 2003 "la moderna doctrina jurisprudencial no exige para la estimación de una situación de incumplimiento una patente voluntad rebelde (entre otras, Sentencias 10 octubre 1994, 3 abril y 26 septiembre 2000; 26 julio 2001, 13 noviembre y 23 diciembre 2002, 13 febrero 2003). Ni siquiera es exigible una voluntad de incumplir, sino sólo el hecho objetivo del incumplimiento, no justificado, o producido por causa (no) imputable al que pide la resolución, como resalta la reciente Sentencia de 7 de mayo de 2003)"». (30 octubre 2009, rec. 614/2005, LA LEY 200556/2009)

«Sobre la resolución de las obligaciones recíprocas o sinalagmáticas, es preciso matizar la facultad de resolución, por parte del que ha cumplido su obligación recíproca, por el incumplimiento de la del otro sujeto. Ello, conforme a la norma general del artículo 1124 del Código civil y a la especial, referida a la falta de pago en la compraventa de bienes inmuebles, del artículo 1504 del mismo código. En todo caso, únicamente puede exigir la resolución aquel sujeto que ha cumplido su obligación o, con mayor precisión, aquel sujeto que, a su vez, no haya incurrido en incumplimiento de su respectiva obligación; y sólo puede exigirse la resolución a aquel sujeto que, respecto a su propia obligación recíproca (en el caso del artículo 1504, el comprador respecto al pago del precio) la incumple, en el sentido de incumplimiento objetivo (así lo destaca especialmente la sentencia de 19 de noviembre de 2009), que provoca la frustración del fin del contrato y la insatisfacción del interés del acreedor». (28 enero 2010, rec. 225/2006, LA LEY 364/2010)

«Uno de los supuestos de incumplimiento que abren paso a la protección que dispensan los artículos 1101 y 1124 CC, susceptible también de ser contemplado bajo el principio de la identidad e integridad del pago (art. 1166 CC), es el de entrega de cosa distinta o aliud pro alio, que se produce cuando el objeto entregado por el vendedor es inhábil para el cumplimiento de su finalidad (SSTS, entre otras, de 26 de octubre de 1987, 29 de abril de 1994, 10 de julio de 2003, 28 de noviembre de 2003, 21 de octubre de 2005, 15 de noviembre de 2005, 14 de febrero de 2007 y 23 de marzo de 2007). La acción de saneamiento por vicios ocultos no presupone necesariamente un incumplimiento sustancial de la obligación de entrega, pues ésta tiene por objeto la cosa vendida en el estado en que se hallare al tiempo de la perfección del contrato (artículo 1468 I CC) y, en consecuencia, la acción por incumplimiento cuando existe un aliud por alio no está sujeta al plazo de caducidad de las acciones edilicias (SSTS de 10 de mayo de 1995, 30 de noviembre de 1972; 29 de enero de 1983, 23 de marzo de 1983; 20 de febrero de 1884; 12 de febrero de 1988, 2 de septiembre de 1998, 12 de abril de 1993, 14 de octubre de 2000, 28 de noviembre de 2003, 15 de diciembre de 2005). Mediante esta doctrina se remedian los abusos en que se traduciría la aplicación excluyente de la acción de saneamiento, pues las acciones redhibitoria y quanti minoris [en cuanto menos], sujetas al plazo de caducidad establecido en el art. 1486 CC, resultan inaplicables en aquellos supuestos en que la demanda no se dirija a obtener las reparaciones provenientes de los vicios ocultos, sino las derivadas por defectuoso cumplimiento al haber sido hecha la entrega de cosa distinta o con vicios que hagan impropio el objeto de la compraventa para el fin a que se destina (STS 29 de septiembre de 2008, RC n.º 3861/2001)». (17 febrero 2010, rec. 2579/2005, LA LEY 3997/2010)

«Como ya señaló la sentencia de 4 julio 1994 "La doctrina de esta Sala actualizada y reiterada [Sentencias de 21 mayo 1986, 29 febrero 1988, 21 octubre 1989, 13 marzo 1990, 21 febrero 1991, 20 noviembre 1991 y 2 junio 1992, entre otras], exige, entre los requisitos

que determinan la eficacia de las condiciones y presupuestos resolutorios de las obligaciones recíprocas, previstos en el precepto civil 1124, en su relación con el 1504, que básica y fundamentalmente no se dé por quien ejercita acción resolutoria, situación de incumplimiento previo y por tanto provocador de la actitud de defensa de sus intereses, que motiva a adoptar a la contraparte adquirente, así como que ésta acceda a la condición de exclusiva incumplidora por su libre y decidida voluntad, que no es preciso está representada por una actitud dolosa o actitud deliberadamente rebelde, como resulta expresión superada, sino que lo decisivo es que se produzca frustración del fin del contrato, para la parte que cumple y por razón del incumplimiento obstativo de la contraria"». (10 junio 2010, rec. 1214/2006, LA LEY 86125/2010)

«Respecto al planteamiento de los efectos de la resolución, debe recordarse que ésta es una cuestión muy discutida, ya que a salvo lo dispuesto en el Art. 1303 CC, con las salvedades establecidas en las disposiciones siguientes, el Art. 1124 CC no contiene ninguna norma dirigida a determinar cuál es el alcance de la resolución por incumplimiento. La doctrina tradicional entiende que se producen dos tipos de efectos, la extinción de las obligaciones y la restitución (Arts. III.- 3:509 y 3:510 del Draft of Common Frame of Reference, DCFR y Arts.1202 y 1203 del Proyecto de reforma del CC). Pero si bien ello es así, no se fija el momento en que estos efectos van a producirse, aunque lo lógico será considerar que éste debería tener lugar desde que se produjo el incumplimiento. Sin embargo puede ocurrir y de hecho ocurre en este caso, que aplicar la regla anteriormente descrita resulte imposible, porque la restitución afecte también a terceros, que son los clientes de ambas sociedades a quienes no puede devolverse lo pagado». (22 Junio 2010, Rec. 363/2006, La Ley 157552/2010)

«con relación al ejercicio de la facultad resolutoria contemplada en el artículo 1124 CC, se ha dicho constantemente por esta Sala que, quien incumple como consecuencia del incumplimiento anterior del otro, se encuentra legitimado para interesar la resolución contractual (STS de 20 de diciembre de 1993 y las que en ella se citan), o, al menos, queda eximido de seguir atendiendo simultáneamente sus obligaciones, pues si no fuera así se produciría un desequilibrio de prestaciones (SSTS de 13 de mayo de 1985, 24 de octubre de 1986, 10 de mayo de 1989, 12 de julio de 1991 y 17 de febrero de 2003 y 22 de diciembre de 2006)». (1 octubre 2010, rec. 1534/2005, LA LEY 195087/2010)

Exceptio non adimpleti contractus:

«La jurisprudencia ha interpretado el artículo 1124 del Código Civil en el sentido de que no está legitimado para resolver la relación de obligación sinalagmática el contratante incumplidor (sentencias de 5 de febrero y 27 de mayo de 1980, 7 y 10 de febrero de 1984, 20 de junio de 1990, 21 de febrero de 1991, 31 de enero de 1992, 27 de diciembre de 1995, 30 de octubre de 1996, 5 de febrero y 10 de junio de 2004, entre otras muchas), si bien le reconoce esa legitimación cuando el incumplimiento hubiera venido provocado por el anterior de la otra parte de la relación (sentencias de 20 de junio de 1990 y 27 de diciembre de 1995, entre otras). Por ello, en estos supuestos de incumplimientos dobles se hace necesario determinar quién, por tener que cumplir primero, dejó de hacerlo antes y justificó, por razones funcionales del vínculo, la infracción contractual de la otra parte de la relación jurídica». (12 febrero 2007, LA LEY 2428/2007)

«la facultad resolutoria formulada de modo general en el párrafo primero del art. 1124 contempla el caso de que sea únicamente uno de los obligados el que no cumpliere lo que le incumbe dado que las obligaciones de carácter recíproco implican la necesidad de adecuado cumplimiento por cada una de las partes. En el mismo sentido el artículo 1100, en su último párrafo, dispone que "en las obligaciones recíprocas ninguno de los obligados incurre en mora si el otro no cumple o no se allana a cumplir debidamente lo que le incumbe". Señala la sentencia de 16 noviembre 2005, con cita de las de 16 noviembre 1979, 16 abril 1991, 16

mayo 1991, 3 junio 1993, 20 diciembre 1993 y 10 enero 1994, que la situación de incumplimientos recíprocos impide la resolución. La de 14 julio 2003 razona en el sentido de que "la facultad resolutoria de las obligaciones recíprocas, que contempla el artículo 1124 del Código Civil, exige ineludiblemente que el que pretenda la resolución haya cumplido las obligaciones que a él le incumben (sentencias del Tribunal Supremo de 22 de octubre de 1985, 14 de abril y 30 de junio de 1986, 13 de marzo de 1990, 22 de mayo de 1991, 9 de mayo de 1994 y 24 de octubre de 1995)". En igual sentido, sentencias del Tribunal Supremo de 27 de diciembre de 1995 y 16 de noviembre de 1995». (9 octubre 2007, LA LEY 161971/2007)

«consideración de tal deficiencia, entre otras, como susceptible de servir de base a una pretensión dirigida a corregirla o, en el supuesto de imposibilidad, a obtener una reparación, pero no como justificativa de una excepción de cumplimiento (exceptio non adimpleti contractus) *que enerve la pretensión de la actora dirigida a provocar la recepción de la obra, la reversión y la cancelación de la condición resolutoria, excepción que impide a la actora tener vía libre para la enajenación de las demás viviendas o resto de la obra, y por ello obstaculiza que se alcancen los objetivos y el propósito empírico que es la causa de la relación contractual. Estimación que esta Sala comparte, y ha expresado en otras decisiones, como las Sentencias de 24 de noviembre de 2006, 19 de abril y 11 de mayo de 2007, entre las más recientes. La primera de las indicadas decía, con cita de numerosas decisiones anteriores (24 de octubre de 1986, 13 de abril de 1989, 27 de marzo de 1991, 30 de enero de 1992, 8 de junio de 1996, 12 de junio de 1998, 21 de marzo de 2003, etc.) que "la cuestión, a partir de la constatación de este tipo de deficiencias, carencias o imperfecciones de la prestación, consiste en saber si tales defectos, o el incumplimiento de deberes accesorios, instrumentales o complementarios, puede justificar que el otro contratante, acreedor de la prestación de que se trate, puede suspender la que le corresponde hasta en tanto haya efectuado la contraparte la subsanación, o acepte la reducción de precio que eventualmente se le haya propuesto, o se avenga a realizar la conducta apropiada para llevar a efecto la reparación o reposición, etc. Solo la distinción entre una excepción que faculte para suspender la propia prestación y otra que no alcance este efecto justifica, a criterio de esta Sala, la diferencia entre las llamadas* exceptio non adimpleti *y* exceptio non rite adimpleti contractus. *Ambas tendrían, así, el efecto común de provocar la valoración de la gravedad del incumplimiento, y en ambos casos no estaríamos ante un efecto resolutorio, con los consiguientes efectos sobre la* mora debitoris *de las obligaciones sinalagmáticas, de cuyo régimen se ocupa el párrafo final del artículo 1100 CC"».* (5 noviembre 2007, LA LEY 179985/2007)

«Aun cuando nuestro ordenamiento jurídico no regula expresamente la "exceptio non admipleti contractus", o contrato no cumplido o inadecuadamente ejecutado, su existencia se admite a través de dicho artículo 1124 y la jurisprudencia de esta Sala al declarar —Sentencias de 9 de julio de 1904, 10 de abril de 1924, 1 de abril de 1925, 3 de diciembre de 1955 y 20 de diciembre de 1975— que si bien es cierto que no tiene derecho a pedir la resolución el contratante que incumple sus obligaciones, no lo es menos que el que las incumplió como consecuencia del incumplimiento anterior del otro, conserva este derecho, pues la conducta del que incumple primero es lo que motiva el derecho de resolución y le libera desde entonces de sus obligaciones (Sentencia del Tribunal Supremo de 26 de octubre de 1978)». (24 octubre 2008, rec. 2454/2002, LA LEY 158333/2008)

«En suma, la jurisprudencia más reciente tiene declarado que el incumplimiento contractual que da lugar al ejercicio de la facultad resolutoria contemplada en el artículo 1124 CC debe ser esencial, intencional y que haga pensar a la otra parte que no puede esperar razonablemente un cumplimiento futuro de quien se comporta de ese modo, privando sustancialmente al contratante perjudicado de lo que tenía derecho a esperar de acuerdo con el contrato (STS 19 de mayo de 2008, rec. 1008/2001). La aplicación de la exceptio non adimpleti contractus exige, de acuerdo con estos principios, que quien ejercite la acción

resolutoria no esté en la misma situación de incumplimiento, salvo que sea consecuencia del previo incumplimiento del otro contratante (SSTS 21 de octubre de 1994 y 7 de junio de 1995). En consecuencia, la excepción de contrato incumplido para oponerse a la facultad resolutoria ejercida por la contraparte en las obligaciones recíprocas debe fundarse en un incumplimiento de relevancia suficiente para llevar consigo la frustración del interés de la contraparte en la celebración del contrato». (30 octubre 2008, rec. 1741/2003, LA LEY 169529/2008)

«Hubo, pues, un incumplimiento antecedente de la parte vendedora, acreedora del precio y deudora de la entrega, con virtualidad e importancia suficientes para determinar la omisión de la conducta a la que estaba obligada la contraparte —compradora, acreedora de la cosa y deudora del precio— por razón de la que se ha llamado "excepción de incumplimiento" o exceptio non adimpleti contractus». (8 abril 2009, rec. 600/2005, LA LEY 40397/2009)

Resolución unilateral por una de las partes, en contratos, esencialmente *intuitu personae*:

«la cuestión jurídica que se plantea es la consecuencia indemnizatoria de la resolución unilateral del contrato por parte de «Telefónica de España, S.A.». Es ésta admitida por ambas partes, pero mientras la demandante la califica de arbitraria, la demandada la considera ajustada a derecho, según lo pactado por ambos. En todo caso, no cabe mezclar conceptos morales con jurídicos, ni asimilar la buena fe según una determinada moral con la buena fe según el Derecho, ni confundir ejercicio antisocial o abuso del derecho con el cumplimiento de ciertas normas de una cierta moralidad. Ello por la razón de que se ha de comprobar si la resolución se ajusta a las normas nacidas de la autonomía de la voluntad de las partes contratantes o proviene de la voluntad unilateral de la demandada «Telefónica de España, S.A.», en cuyo caso es procedente la indemnización de daños y perjuicios». (22 marzo 2001, LA LEY 83106/2001) (Criterio mantenido literalmente por la sentencia de 11 julio 2001, LA LEY 7010/2001)

«El contrato de distribución, al tratarse de un contrato atípico, ha planteado problemas especialmente en relación con la extinción producida por declaración unilateral de la parte concedente. Hay que partir de que cabe tal extinción si el contrato se ha pactado por tiempo indefinido; puede, también, pactarse un plazo de preaviso de la extinción, que de no respetarse implicaría un incumplimiento contractual. La reiterada jurisprudencia sobre este tema se ha centrado, en gran parte, en la indemnización que debe percibir el distribuidor por la extinción unilateral del concedente. La S 27 May. 1993, recogiendo jurisprudencia anterior, se ha referido especialmente al factor de la clientela: tratándose de un contrato de distribución exclusiva sin fijación de plazo o por tiempo indefinido, no supone incumplimiento contractual de aquella sociedad, pero, siguiendo la línea jurisprudencial establecida en la S 22 Mar. 1988 [no puede en modo alguno excluirse la consecuencia indemnizatoria, y ello no sólo en los supuestos en que pactada la necesariedad de un preaviso se hubiera prescindido del mismo, en términos de mayor generalidad, se hubiera deducido abusivamente la resolución del vínculo (S 11 Feb. 1984, ya citada), sino también en aquellos otros en los que la denuncia unilateral del contrato vaya seguida de un disfrute por parte del empresario representado de la clientela aportada por el agente supuestos en los que la doctrina científica sostiene la existencia de un enriquecimiento por parte del concedente de la exclusiva que habrá de ser compensado al agente si no queremos que pueda ser calificado de enriquecimiento sin causa]. Y la de 31 Oct. 2001, también apoyándose en anteriores sentencias, impone requisitos mínimos para dar lugar a la indemnización: Tal como dice la S 17 May. 1999 y reitera la de 13 Jun. 2001, la resolución unilateral del contrato de distribución, a falta de plazo de duración y de plazo de preaviso, sólo da lugar a indemnización si se realiza sin justa causa o con abuso de derecho y si se prueban los daños y perjuicios». (3 octubre 2002, LA LEY 10089/2003)

«La S 22 Mar. 1988 establece la procedencia de la indemnización en los casos de revocabilidad de concesión en exclusiva sin límite temporal por la sola voluntad unilateral de uno solo de los contratantes cuando la denuncia unilateral venga seguida de un disfrute por parte del empresario representado de la clientela aportada por el agente, supuestos en que la doctrina sostiene la existencia de un enriquecimiento por parte del concedente de la exclusiva que habrá de ser compensado al agente si no queremos que pueda ser calificado de enriquecimiento sin causa, fundamentación que ha sido mantenida con reiteración por sentencias posteriores (SS 27 May. 1993, 22 Abr. 2000, entre otras); y la S 30 Oct. 2000, en cuanto a la indemnización por clientela, establece que la obligación reparatoria vendrá impuesta no por la extinción de los efectos del contrato sino por lo aportado y dejado en esa esfera de desenvolvimiento por el concesionario como sería la clientela creada o aumentada, y la pérdida que su desaparición lleva para él. La más reciente S 26 Abr. 2002 afirma: Por ello, en la agencia está previsto en el art. 28 de la Ley, mientras que en la concesión, aunque no esté pactado, se desprende del sinalagma y del equilibrio prestacional, ya que, de lo contrario, al extinguirse el contrato ese incremento o aviamento o plusvalía, si no se resarce a su autor —el concesionario— produciría un enriquecimiento injusto en el concedente». (23 diciembre 2002, LA LEY 1035/2003)

«la jurisprudencia de esta Sala que se cita, y en la misma línea la más reciente (Sentencias, entre otras, de 17 de mayo de 1999, 13 de junio y 31 de octubre de 2001, 28 de enero y 3 de octubre de 2002, 26 de junio de 2004 y 3 de mayo de 2006), admite la posibilidad indemnizatoria de daños y perjuicios en el caso de resolución unilateral del contrato de distribución de duración indefinida, pero exige que haya habido deslealtad constitutiva de mala fe o ejercicio abusivo del derecho». (22 diciembre 2006, LA LEY 154736/2006)

«la jurisprudencia permite distinguir, de una parte, los daños generados por la resolución infundada [cuando se requiere justa causa, como ocurre en los contratos de duración determinada, SSTS 16 de septiembre de 1988, 16 de febrero de 1990 (LA LEY 323-1/1990), 27 de mayo de 1993 (LA LEY 13188/1993), 21 de noviembre de 2005 (LA LEY 10104/2006) etc.], intempestiva (por no respetar el plazo de preaviso), abusiva o de mala fe (por aprovechar determinadas circunstancias, o por impedir o desviar operaciones en curso, etc.), que se ha de ajustar a las previsiones de los artículos 1101 y 1124 del Código Civil [SSTS 17 de mayo de 1999 (LA LEY 6926/1999) 13 y 31 de octubre de 2001 (LA LEY 8394/2001), 28 de enero (LA LEY 2584/2002) 30 de octubre y 16 de diciembre de 2002, (LA LEY 1521/2003), 26 de abril de 2004 (LA LEY 96156/2004), 21 de noviembre (LA LEY 10104/2006) y 19 de diciembre de 2005 (LA LEY 10703/2006)9 de febrero (LA LEY 11147/2006), 5 (LA LEY 48403/2006) y 31 de mayo (LA LEY 60504/2006), 29 de septiembre (LA LEY 110197/2006) y 22 de diciembre de 2006 (LA LEY 154736/2006), 22 de marzo de 2007 (LA LEY 14302/2007), etc.]. Pues cabe calificar como doctrina consolidada la que rechaza la indemnización cuando la resolución o denuncia unilateral del contrato de agencia o de concesión de duración indefinida no ha tenido lugar de forma abusiva o con mala fe [SSTS 17 de mayo (LA LEY 6926/1999) y 29 de septiembre de 1999 (LA LEY 25/2000), 13 de junio de 2000 (LA LEY 9534/2000), 15 de febrero (LA LEY 2442/2001) y 13 de junio de 2001 (LA LEY 6664/2001), 10 de abril, (LA LEY 4917/2002), 3 de octubre (LA LEY 10089/2003), 8 de noviembre (LA LEY 1022/2003) y 20 de diciembre de 2002 (LA LEY 11071/2003), 26 de abril (LA LEY 96156/2004) y 13 de octubre de 2004 (LA LEY 2243/2004), 13 de junio y 19 de junio de 2005, 17 de abril de 2006 (LA LEY 36032/2006), etc.]. De otra parte, cabe estimar los daños consistentes en la imposibilidad de amortizar los gastos realizados para la ejecución del contrato, cuando se trate de relaciones de duración indefinida extinguidas por iniciativa del empresario, en los términos prevenidos en los artículos 29 y 30 LCA. La reparación de estos daños tiene el régimen especial previsto en los indicados preceptos de la LCA, y se diferencia de la indemnización por clientela, además de por razón de la concreta lesión que se repara, porque no cabe su aplicación en el caso de los contratos de duración determinada [SSTS 22

de diciembre de 2002, 22 de marzo de 2007 (LA LEY 14302/2007), etc.]». (22 junio 2007, LA LEY 132446/2007)

«En cuanto a la indemnización de daños y perjuicios, en la Sentencia de 14 de diciembre de 2006 se explica, en doctrina plenamente aplicable al presente supuesto, que "la jurisprudencia de esta Sala que se cita, y en la misma línea la más reciente (Sentencias, entre otras, de 17 de mayo de 1.999, 13 de junio y 31 de octubre de 2.001, 28 de enero y 3 de octubre de 2.002, 26 de junio de 2.004 y 3 de mayo de 2.006), admite la posibilidad indemnizatoria de daños y perjuicios en el caso de resolución unilateral del contrato de distribución de duración indefinida, pero exige que haya habido deslealtad constitutiva de mala fe o ejercicio abusivo del derecho, y nada se aprecia a este respecto en la resolución recurrida", pues en los contratos de distribución por tiempo indefinido cualquiera de las partes está facultada para dar por extinguido el contrato, aunque puede nacer una obligación de indemnizar si la denuncia unilateral del contrato resulta abusiva o contraria a la buena fe, de una forma tan sorpresiva o inopinada que no deje margen de reacción a la otra parte —sentencias 28-1-02, 10-7-04, 31-5-06 y 21-03-2007—». (21 enero 2009, rec. 2815/2002, LA LEY 596/2009)

«La doctrina jurisprudencial ha confirmado la facultad de la resolución unilateral "ad nutum" en los contratos de servicios por tiempo indefinido, tanto en los supuestos en que las partes han omitido cualquier condicionamiento a dicha facultad resolutoria, por ejemplo, el respeto de un plazo de preaviso o una indemnización por su inobservancia (SSTS de 12 de mayo de 1997 y 28 de octubre de 1998), como en los casos en que sí se han adoptado condicionantes a la libre resolución del contrato (SSTS de 19 de diciembre de 1991 y 30 de marzo de 1992); como ha determinado la última sentencia citada, el contrato de arrendamiento de servicios se encuadra en un grupo de contratos en que las relaciones tienen en cuenta el principio "intuitu personae", y puede resolverse por voluntad unilateral de cualquiera de las partes, de manera que sólo podría ejercitarse la acción resolutoria o de cumplimiento del contrato si ello se produjese en contra de lo pactado, con indemnización de daños y perjuicios cuando se prevea en el propio pacto para caso de cese, y en el mismo sentido se han manifestado las SSTS de 25 de marzo y 20 de julio de 1995». (5 junio 2009, rec. 303/2003, LA LEY 92013/2009)

CONCORDANCIAS

Véase:
— arts. 1.100, 1.101, 1.503 y 1.568 de este Código.
— Código de Comercio: art. 61.
— Ley Hipotecaria, de 8 febrero 1946 (*«B.O.E.»,* 29 mayo): art. 37.

SECCIÓN SEGUNDA
De las obligaciones a plazo

Artículo 1.125

Las obligaciones para cuyo cumplimiento se haya señalado un día cierto, sólo serán exigibles cuando el día llegue.

Entiéndese por día cierto aquel que necesariamente ha de venir, aunque se ignore cuándo.

Si la incertidumbre consiste en si ha de llegar o no el día, la obligación es condicional, y se regirá por las reglas de la sección precedente.

COMENTARIO

1.- Obligación a plazo es aquella cuya eficacia —deber del deudor (deuda) y derecho del acreedor (crédito)— viene determinada por un plazo a partir del cual (término inicial) o hasta el cual se produce (término final).

A ella se refiere este artículo y los siguientes. El primer párrafo concreta la obligación con término inicial: la obligación despliega su eficacia a partir de la llegada de aquel término inicial: «serán exigibles cuando el día llegue» dice el texto legal. Si el término es final, la obligación despliega su eficacia desde que nace, pero sólo hasta que llega aquel término final (por ejemplo, la obligación de pagar una cantidad periódica hasta el momento de la muerte de una persona, nacida del contrato de renta vitalicia).

2.- El término o plazo es el hecho futuro y objetivamente cierto del que depende la eficacia de la obligación. Es, indudable, futuro; y objetivamente cierto significa la certeza de que llegará, aunque no se sepa, cuándo; así, lo expresa el segundo párrafo de este artículo; el ejemplo típico es el momento de la muerte de una persona.

El tercer párrafo recalca la idea anterior y dispone que si la incertidumbre es sobre si llegará o no el término es una condición y no un término.

3.- Es distinto el término que califica una clase de obligación, la obligación a plazo del término de ejecución que se da en una obligación pura cuyo cumplimiento (realización de la prestación) debe hacerse a la llegada del término. Es decir, en la obligación a plazo, el término juega como tiempo de la obligación: en ésta dependen sus efectos —como deber del deudor y derecho del acreedor— de la llegada del término. Por el contrario, el término de ejecución se refiere a la realización de la prestación que constituye el objeto de la obligación: es el tiempo de la prestación o el tiempo del cumplimiento.

JURISPRUDENCIA

«Se trata, no de una obligación condicional, ni de una obligación a plazo, sino de un término de ejecución que se ha dado en una obligación pura —la de pagar el precio en un contrato de obra— cuyo cumplimiento —pago del precio— debe hacerse a la llegada del tiempo, que en el presente caso es la licencia de habitabilidad. El término de ejecución se refiere a la realización de la prestación. Ha sido tratado en las SS 5 May. 1986 y 13 Mar. 1987». (19 diciembre 2001, LA LEY 16523/2002)

«Es evidente que los artículos 1125, 1127 y 1129 del Código Civil son preceptos dispositivos y no imperativos. Los artículos 1125 y 1127 indican que las obligaciones para cuyo cumplimiento se haya señalado un día cierto, serán exigibles cuando el día llegue, y siempre que en las obligaciones se designe un plazo, se presume establecido en beneficio del acreedor y del deudor, salvo que de las obligaciones o de otras circunstancias apareciera que se había establecido el plazo a favor de uno de ellos. En los contratos de préstamos concertados por entidades financieras, el plazo se establece en provecho de ambas partes, habida cuenta de que mediante las operaciones de esta naturaleza, aquellas compañías realizan una actividad mercantil, asimismo en favor del cliente, pues, a través de las mismas, puede alcanzar la adquisición de activos, principalmente de viviendas. El artículo 1129 establece que perderá el deudor todo derecho a utilizar el plazo cuando, después de contraída la obligación, resulte insolvente, salvo que garantice la deuda, cuando no otorgue al acreedor la garantía

a que estuviese comprometido, y cuando por actos propios hubieran disminuido las garantías establecidas o cuando por caso fortuito hubieran desaparecido, salvo que se hubieran sustituido por otras nuevas. En verdad, estas normas del Código Civil poseen carácter dispositivo, que no impiden el vencimiento anticipado de los préstamos hipotecarios, con base en lo establecido en el artículo 1255 del Código Civil». (12 diciembre 2008, rec. 2027/2003, LA LEY 193661/2008)

«Las obligaciones a plazo a que se refiere el artículo 1125 del Código Civil son aquéllas para cuyo cumplimiento se ha señalado un día cierto, que es el que necesariamente ha de venir, aunque se ignore cuándo, de modo que si la incertidumbre consiste en si ha de llegar o no el día, la obligación es condicional y se regirá por las normas propias de las obligaciones de tal clase. Ello sin perjuicio de que la condición haya de considerarse de carácter resolutorio y negativa en tanto que la compraventa se había perfeccionado desde el momento en que las partes suscribieron el documento de 8 de octubre de 2004, estando ambas facultadas para poner de manifiesto su cumplimiento de modo que quedarían sin efecto las obligaciones propias de la compraventa si no se producía el hecho condicionante —y, en consecuencia, habría de darse por cumplida la condición— en el tiempo que verosímilmente las partes hubieran querido señalar (artículo 1118, párrafo segundo, del Código Civil), siendo así que ni siquiera a día de hoy no consta aprobado el P.A.U. ni el Plan Parcial del Sector-5, lo que ha de comportar la aplicación de dicha norma ya que en incluso en el propio contrato las partes fijaron como razonable el tiempo de un año para que la condición se cumpliera y así previeron que el comprador podría interesar la resolución transcurrido dicho tiempo sin que la aprobación se llevara a efecto». (31 mayo 2011, rec. 131/2008, LA LEY 71523/2011)

CONCORDANCIAS

Véase:
— arts. 5 y 1.915 de este Código.
— Ley Cambiaria y del Cheque, de 16 julio de 1985 (*«B.O.E.»,* 19 julio): arts. 46 y 91.

Artículo 1.126

Lo que anticipadamente se hubiese pagado en las obligaciones a plazo, no se podrá repetir.

Si el que pagó ignoraba cuando lo hizo, la existencia del plazo, tendrá derecho a reclamar del acreedor los intereses o los frutos que éste hubiese percibido de la cosa.

COMENTARIO

1.- En las obligaciones a plazo, con término inicial, aquéllos existen desde su constitución pero no despliegan su eficacia hasta la llegada del término. Por tanto, ni el acreedor puede exigir ni el deudor tiene el deber, hasta tal momento, del cumplimiento.

2.- El *pago anticipado* por el deudor —es decir, cumplimiento de la obligación— tan sólo puede hacerse si lo acepta el acreedor; por tanto, no sería otra cosa que una modificación convencional —supresión o reducción del plazo— de la obligación. Por ello, si el deudor anticipa el cumplimiento y lo acepta el acreedor, aquél no podrá repetir, tal como ordena el art. 1.126, primer párrafo: lo que anticipadamente se hubiese pagado en las obligaciones a plazo, no se podrá repetir; ni siquiera en el caso de que el deudor errara o ignorara el plazo, aunque en tal insólito supuesto el deudor podría reclamar intereses y frutos, como dispone el segundo párrafo del mismo artículo 1.126: y el que pagó ignoraba, cuando lo hizo, la existencia del plazo, tendrá derecho a reclamar del acreedor los intereses o los frutos que éste hubiese percibido de la cosa.

CONCORDANCIAS

Véanse arts. 1.895 a 1.901 de este Código.

Artículo 1.127

Siempre que en las obligaciones se designe un término, se presume establecido en beneficio de acreedor y deudor, a no ser que del tenor de aquellas o de otras circunstancias resultara haberse puesto en favor del uno o del otro.

COMENTARIO

1.- El plazo puesto a una obligación, no es un beneficio para el deudor o para el acreedor, sino que se entiende «establecido en beneficio de acreedor y deudor».

Por tanto, no se sigue en este punto el principio del *favor debitoris* ni tampoco se entiende que el plazo beneficie al acreedor. De ser así —plazo en interés de uno o del otro— el interesado podría renunciar o disponer del mismo, imponiéndolo al otro sujeto de la obligación.

Así, al estar el plazo establecido «en beneficio» de los dos sujetos de la obligación, les sujeta a ambos y se les aplicará, también en este punto, lo que se haya dispuesto al constituirse la obligación; si ésta nace del contrato, será, tajantemente, la *lex contractus* (art. 1091).

2.- El Código, literalmente, considera esta regla como una presunción («se presume...») y la jurisprudencia matiza que es una presunción *iuris tantum*, pero realmente es más bien una regla de interpretación de la voluntad de los sujetos de la obligación, y puede estimarse que la regla es la contraria (así, que se ha establecido en beneficio y bajo disponibilidad del deudor o del acreedor) si así se deduce de la voluntad expresa o tácita de los propios sujetos, o de la naturaleza de la obligación de las circunstancias del caso.

JURISPRUDENCIA

«si bien en la concepción clásica el plazo estimado como beneficio del deudor, el Código Civil adopta distinta solución, pues la norma mencionada presume que el término responde a beneficio o interés común de los contratantes y por lo tanto, en principio, si descarta la posibilidad de reclamar el pago en lo que concierne al acreedor, tampoco autoriza al deudor a la liberación anticipada; pero más importante en relación al caso que nos ocupa, es la declaración jurisprudencial de que esta regla general puede entenderse modificada atendiendo a la naturaleza del negocio y las circunstancias concurrentes y que el juicio sobre el particular es cometido del Tribunal de instancia y sólo podrá ser censurado en casación oponiendo una incorrecta exégesis y la vulneración de las pautas interpretativas por la sentencia impugnada (sentencia de 29 de enero de 1982)». (19 febrero 2004, rec. 969/1998)

Vid. sentencia de 12 diciembre 2008 contenida en el artículo 1.125.

Artículo 1.128

Si la obligación no señalare plazo, pero de su naturaleza y circunstancias se dedujere que ha querido concederse al deudor, los Tribunales fijarán la duración de aquél.

También fijarán los Tribunales la duración del plazo cuando éste haya quedado a voluntad del deudor.

COMENTARIO

1.- Se plantea el problema, más frecuente en la práctica de lo que podría suponerse, de que se ha constituido una obligación a plazo, pero no se ha determinado la duración del mismo. Es el clásico ejemplo del préstamo hecho, oral o escrito, al pariente o al amigo y no se fija el plazo de devolución.

2.- Este artículo prevé dos supuestos que, en realidad, son uno solo: que se deduzca de la naturaleza o circunstancias de la obligación que se ha puesto un plazo en beneficio del deudor (es el ejemplo anterior: está claro que un préstamo implica que la obligación de devolver tenga un plazo) o se ha fijado expresamente un plazo, pero la duración ha quedado al arbitrio del deudor (el mismo ejemplo, en que se dice que el deudor devolverá lo prestado, «cuando pueda»).

En todo caso, pues, hay obligación a plazo, pero la duración de éste depende del deudor. La fijarán los sujetos de la obligación, si hay acuerdo; si no lo hay, lo fija, en el proceso declarativo ordinario que corresponda según la cuantía, el órgano jurisdiccional: Juez de 1.ª Instancia y Audiencia, en apelación, y Tribunal Supremo, en casación, si se formulan tales recursos (este artículo habla de «Tribunales», pero hay que entender que se refiere al órgano jurisdiccional competente). El criterio para fijar tal plazo es el prudente y libre arbitrio judicial.

3.- Si el plazo, cuya duración está indeterminada, queda a la voluntad del acreedor, no se aplica este artículo, sino que en tal caso es el acreedor quien podrá exigir, cuando quiera, el cumplimiento. Este artículo se aplica en caso de plazo en beneficio del deudor, pues, de no hacerlo, se quebraría el principio de la *necessitas*, esencia de la obligación (art. 1.256); pero no cuando el plazo es en beneficio del acreedor, en que se asimila a la obligación pura.

JURISPRUDENCIA

«la determinación judicial del plazo que contempla el artículo 1128 del Código civil exige que se haya pedido por la parte; de lo contrario se daría una incongruencia extra petita, inadmisible procesal (artículo 359 de la Ley de Enjuiciamiento Civil) y constitucionalmente (artículo 24 de la Constitución Española), ya que no cabe la posibilidad de que se otorgue de oficio, como ya tuvo ocasión de manifestar la jurisprudencia (sentencia de 11 de abril de 1996)». (15 junio 2004, rec. 2243/1998)

«La STS de 29 de septiembre de 1966, que estudia la cuestión derivada del señalamiento del plazo en este contrato, expresa que en las obligaciones a plazo, el término se establece en beneficio del acreedor y del deudor, a no resultar otra cosa del tenor o circunstancias de la obligación (artículo 1127 del Código Civil), por lo que para no aplicar esta presunción se requiere la prueba de lo contrario (presunción iuris tantum), y siempre ha de pactarse la modalidad de la obligación a término de un modo expreso, aunque la fijación del plazo puede ser tácita, cual revela el artículo 1128 del Código Civil, al disponer que si la obligación no señalare plazo, pero si de su naturaleza y circunstancias se dedujera que ha querido

concederse al deudor, los Tribunales fijarán la duración de aquél; plazo que siempre existe en el contrato de préstamo, en atención a que el deudor ha de disponer de un término más o menos largo para la devolución de lo que recibió; pero si no se justifica que la voluntad del acreedor fue conceder al deudor uno mayor que el transcurrido al formular la demanda, el citado precepto no es aplicable; y no habiéndose fijado en este caso plazo para la devolución del préstamo y no existiendo acuerdo entre las partes para este punto, el deudor se haya obligado a dicha devolución cuando el acreedor lo reclame; cuya doctrina es aplicable al supuesto del debate. Asimismo, la STS de 29 de enero de 1982 sienta que, en supuesto de indeterminación del plazo, el mismo lo será el transcurrido desde su celebración al de la presentación de la demanda, de no justificarse la necesidad por el deudor de uno mayor o por desprenderse de la voluntad del acreedor, a lo que hay que afirmar que en el contrato de préstamo siempre hay plazo». (15 octubre 2004, rec. 2408/1998)

CONCORDANCIAS

Véanse arts. 1.113, 1.500 y 1.581 de este Código.

Artículo 1.129

Perderá el deudor todo derecho a utilizar el plazo:

1.º Cuando, después de contraída la obligación, resulte insolvente, salvo que garantice la deuda.

2.º Cuando no otorgue al acreedor las garantías a que estuviese comprometido.

3.º Cuando por actos propios hubiese disminuido aquellas garantías después de establecidas, y cuando por caso fortuito desaparecieran, a menos que sean inmediatamente sustituidas por otras nuevas e igualmente seguras.

COMENTARIO

1.- En la obligación a plazo, con término inicial, la obligación no tiene eficacia hasta que éste llegue y, por tanto, ni el deudor debe cumplir ni el acreedor puede exigir su crédito. El art. 1.126 contempla el pago o cumplimiento anticipado. Este art. 1.129 prevé el vencimiento anticipado.

2.- El *vencimiento anticipado*, por el cual el acreedor puede exigir al deudor el cumplimiento de la obligación a plazo, antes de la llegada de éste, se da tan sólo en los supuestos excepcionales que prevé el art. 1.129: 1.º) la sobrevenida insolvencia del deudor: «cuando, después de contraída la obligación, resulte insolvente, salvo que garantice la deuda»; 2.º) la falta de garantías a que estuviese comprometido»; 3.º) la disminución culposa o desaparición fortuita de las garantías prestadas: «cuando por actos propios hubiese disminuido aquellas garantías después de establecidas, y cuando por caso fortuito desaparecieran, a menos que sean inmediatamente sustituidas por otras nuevas e igualmente seguras». A la vista de tales casos, es claro que el fundamento de tal vencimiento anticipado es la desconfianza, objetivamente considerada, en el deudor: su insolvencia o la falta de garantías fundamentan que el acreedor no tenga que esperar impávido la llegada del plazo, sino que vence éste anticipadamente.

Vid. sentencia de 12 diciembre 2008 contenida en el artículo 1.125.

CONCORDANCIAS

Véase:
— art. 1.915 de este Código.
— Código de Comercio: art. 883.

Artículo 1.130

Si el plazo de la obligación está señalado por días a contar desde uno determinado, quedará éste excluido del cómputo, que deberá empezar en el día siguiente.

COMENTARIO

La regla que establece este artículo para las obligaciones a plazo está recogida literalmente en el art. 5. Dispone que en el cómputo no se incluya el primero de los días.

Los demás detalles del cómputo, como el del día final, inclusión de días inhábiles, etc., quedan regulados en el art. 5 (*vid.* su comentario).

CONCORDANCIAS

Véase:
— art. 5 de este Código.
— Código de Comercio: art. 60.
— Ley Cambiaria y del Cheque, de 16 de julio de 1985 (*«B.O.E.»,* 19 julio): arts. 38 a 42, 90 y 91.

SECCIÓN TERCERA
De las obligaciones alternativas

Artículo 1.131

El obligado alternativamente a diversas prestaciones debe cumplir por completo una de éstas.

El acreedor no puede ser compelido a recibir parte de una y parte de otra.

COMENTARIO

1.- Es el primero de los artículos destinados a las obligaciones alternativas; son aquellas en que están determinadas varias prestaciones, pero la relación jurídica entre acreedor y deudor recae sobre una sola de ellas. Esta será la que se individualice mediante la llamada concentración. Por tanto, el deudor tiene el deber jurídico de realizar una prestación, la que resulte individualizada por la concentración; a su vez, el acreedor tiene el derecho subjetivo a exigir el cumplimiento también de una sola prestación.

2.- No se menciona en este artículo ni en otros las *obligaciones facultativas*, pero conviene dar su concepto.

Obligaciones facultativas son, en principio, normales, en las que el deudor debe cumplir y el acreedor puede exigir una única y determinada prestación, pero (ahí está la especialidad) el deudor puede cumplir la obligación no sólo realizando esta prestación, sino también realizando otra distinta, determinada.

El Código civil no prevé expresamente esta clase de obligación. Se constituye al amparo del principio de autonomía de la voluntad (art. 1.255), se da en la práctica y las admite reiteradamente la jurisprudencia.

3.- El efecto esencial de la obligación alternativa es que el deudor debe cumplir y el acreedor puede exigir una de las prestaciones; la que resulte determinada tras la concentración. En definitiva, la obligación recaerá sobre una sola prestación, que debe cumplirse «por completo», como dice el primer párrafo de este artículo. Ni puede el acreedor exigir más, ni puede el deudor cumplir parte de una y parte de otra, como prevé el segundo párrafo, sin perjuicio, claro está, de que lo acepto el acreedor.

JURISPRUDENCIA

Obligaciones alternativas:

«la obligación era alternativa, "elegido por el deudor el corte telar en su primera entrega y aceptada quedó concretada la obligación contractual y no cabe modificarla por exigencias externas al contrato celebrado por las partes, sin que en el mismo se determinara que la elección correspondiera al apelante o a un tercero"». (22 junio 1989, LA LEY 682-1/1989)

Obligaciones facultativas:

«doctrina establecida por la jurisprudencia del Tribunal Supremo, al no aplicar la figura jurídica de las "obligaciones facultativas" u "obligaciones con facultad alternativa" o "facultades solutionis", citándose, al efecto, las Sentencias de 23 de enero de 1957, y 28 de febrero de 1961. Es cierto que con arreglo a dichas Sentencias, a la obligación facultativa, tal como lo entiende la doctrina científica, se le asigna como contenido un solo objeto, aunque con la facultad concedida al deudor de cumplir la obligación entregando un objeto distinto, el cual, como dice la Sentencia de 16 de diciembre de 1983, no está "in obligatione", aunque sí "in solutione", y a tenor de la Sentencia de 22 de junio de 1984, en la obligación facultativa o con facultad alternativa, que la doctrina y jurisprudencia definen como aquella que contiene una sola prestación, aunque se concede una facultad solutoria que permite en el momento del pago realizar una prestación distinta, según la fórmula tradicional «una res est in obligatione, altera in facultate solutionis", la posibilidad de sustituir la prestación originaria por otra diversa, extinguiendo el crédito, viene atribuida a la unilateral decisión del deudor, sin que el cumplimiento quede subordinado al asentimiento del acreedor. La diferenciación de esta clase de obligaciones con las alternativas es clara, ya que en éstas se debe una prestación de entre varias —prestación aún no individualizada—, y en aquellas, se debe una totalmente individualizada, y así en las alternativas se paga con la prestación que se debe, después de individualizada, y en las facultativas, se puede pagar con la prestación que se debe, —la única que se debe—, o con otra (prestación facultativa); estableciéndose en la Sentencia de 22 de junio de 1984 que las obligaciones alternativas se caracterizan por su contenido disyuntivo, con varias posibilidades de prestación en concurrencia no acumulativa y con indeterminación relativa en tanto no se produzca la concentración antes del cumplimiento o mediante la «solutio», elección que, normalmente, corresponde al obligado por virtud de la regla del "favor debitoris" (artículos 1131 y 1132 del Código Civil)». (13 marzo 1990, LA LEY 12849-R/1990)

CONCORDANCIAS

Véanse arts. 1.153, 1.166 y 1.167 de este Código.

Artículo 1.132

La elección corresponde al deudor, a menos que expresamente se hubiese concedido al acreedor.

El deudor no tendrá derecho a elegir las prestaciones imposibles, ilícitas o que no hubieran podido ser objeto de la obligación.

COMENTARIO

1.- A partir de este artículo se regula el tema más importante de la obligación alternativa, la concentración.

La individualización de la concreta prestación que se va a realizar se llama *concentración*. Puede hacerse de cualquier forma y, expresa o tácitamente, antes del cumplimiento o por el mero hecho de cumplir realizando una concreta de las varias prestaciones. El Código regula la concentración por elección y la concentración por imposibilidad sobrevenida.

La *concentración por elección* es contemplada en este artículo, que declara que ésta corresponde al deudor, si no se ha pactado que sea el acreedor. La elección es una declaración de voluntad recepticia por la que se elige la prestación que habrá de ser cumplida: es irrevocable, no necesita la aceptación de la otra parte, aunque sí la notificación.

2.- Que la concentración por elección corresponda al deudor es una expresión del principio *favor debitoris*. Sin embargo, éste no puede elegir, precisamente, una prestación que no pueda cumplir: imposible, ilícita, o que no hubiera podido ser objeto de la obligación.

CONCORDANCIAS

Véanse arts. 1.271 a 1.273 de este Código.

Artículo 1.133

La elección no producirá efecto sino desde que fuere notificada.

COMENTARIO

Hecha la elección debe ser notificada a la otra parte, tal como ordena el art. 1.133: «la elección no producirá efecto sino desde que fuere notificada»; una vez hecha la notificación, la obligación funciona como si no fuera alternativa, como dice el segundo inciso del párrafo 1.º del art. 1.136: la obligación cesará de ser alternativa desde el día en que aquélla hubiese sido notificada al deudor. Lo cual no hace sino ratificar lo dicho al tratar del concepto de la obligación alternativa, en que se ha resaltado que la especialidad existe desde su constitución a la concentración, pero notificada ésta, la obligación deviene normal, sin especialidad alguna.

Artículo 1.134

El deudor perderá el derecho de elección cuando, de las prestaciones a que alternativamente estuviese obligado, sólo una fuere realizable.

COMENTARIO

1.- Los dos artículos anteriores tratan de la concentración por elección. Este y los siguientes contemplan la concentración por imposibilidad sobrevenida. Cuando —caso normal— la elección corresponde al deudor y devienen imposibles, por imposibilidad de la prestación o pérdida de la cosa objeto de la misma, o bien varias de las prestaciones, o bien todas ellas, se produce la concentración en el primer caso o la extinción de la obligación en el segundo.

2.- Se produce imposibilidad de varias de las prestaciones correspondiendo la concentración por elección al deudor: este artículo prevé que la facultad de elegir desaparece si todas menos una devienen imposibles: deberá cumplir ésta; realmente, la obligación alternativa se convirtió en obligación normal, con prestación única. La misma idea se debe aplicar si devienen imposibles varias de las prestaciones, no todas, quedando más de una: la facultad de elección queda reducida a las prestaciones que no son imposibles.

Este artículo no distingue si la imposibilidad se ha producido por culpa o no del deudor. Ni realmente importa, ya que la elección le correspondía a él.

Artículo 1.135

El acreedor tendrá derecho a la indemnización de daños y perjuicios cuando por culpa del deudor hubieren desaparecido todas las cosas que alternativamente fueron objeto de la obligación, o se hubiera hecho imposible el cumplimiento de ésta.

La indemnización se fijará tomando por base el valor de la última cosa que hubiese desaparecido, o el del servicio que últimamente se hubiera hecho imposible.

COMENTARIO

1.- Continúa, en parte, este artículo, lo dispuesto en el anterior. Si la concentración por elección corresponde al deudor y la imposibilidad alcanza a todas las prestaciones de la obligación alternativa, imposibilidad de que es culpable el deudor, éste deberá indemnizar al acreedor por el valor de la última prestación que devino imposible, ya que se supone que, al corresponderle a él la elección, hizo la concentración en la última prestación que fue posible.

2.- Si esta imposibilidad, que alcanza a todas las prestaciones, se ha producido sin culpa del deudor, la obligación se extingue y él queda liberado. No lo dispone explícitamente este artículo, pero se deduce de las normas generales.

CONCORDANCIAS

Véase arts.1.101, 1.106 a 1.108 y 1.182 y ss. de este Código.

Artículo 1.136

Cuando la elección hubiere sido expresamente atribuida al acreedor, la obligación cesará de ser alternativa desde el día en que aquélla hubiese sido notificada al deudor.

Hasta entonces las responsabilidades del deudor se regirán por las siguientes reglas:

1.ª Si alguna de las cosas se hubiese perdido por caso fortuito, cumplirá entregando la que el acreedor elija entre las restantes, o la que haya quedado, si una sola subsistiera.

2.ª Si la pérdida de alguna de las cosas hubiese sobrevenido por culpa del deudor, el acreedor podrá reclamar cualquiera de las que subsistan, o el precio de la que, por culpa de aquél, hubiera desaparecido.

3.ª Si todas las cosas se hubiesen perdido por culpa del deudor, la elección del acreedor recaerá sobre su precio.

Las mismas reglas se aplicarán a las obligaciones de hacer o de no hacer, en el caso de que alguna o todas las prestaciones resultaren imposibles.

COMENTARIO

1.- Desde el art. 1.132 al 1.135 se trataba de la concentración de la obligación alternativa, cuya elección correspondía, como caso normal, al deudor. En este artículo se contempla la concentración por elección y por imposibilidad sobrevenida en el caso de que «la elección hubiere sido expresamente atribuida al acreedor», como dice el inicio de este artículo.

2.- Concentración por elección, atribuida al acreedor, contra la norma general del art. 1.132: la elección la hará el acreedor, declaración de voluntad recepticia que se notifica al deudor y desde entonces éste debe cumplir y el acreedor puede exigir la prestación elegida, como si fuera una obligación normal o, como dice el primer párrafo de este artículo, «la obligación cesará de ser alternativa».

3.- La concentración por imposibilidad sobrevenida, correspondiendo la elección al acreedor, varía según tal imposibilidad de las prestaciones (pérdida de la cosa debida en la obligación de dar, o imposibilidad de realizar la prestación en las de hacer o no hacer, como aclara el último párrafo) se haya producido sin culpa del deudor o por culpa de él, y según sea parcial o total, afectando a algunas o a todas las prestaciones.

Si la imposibilidad es sin culpa del deudor (este artículo dice «caso fortuito» que comprende todo supuesto de que no haya culpa del deudor) y es parcial, la concentración se hará por elección del acreedor de una de las prestaciones que no son imposibles o se concentrará en la única, si sólo una ha permanecido posible. Si la imposibilidad sin culpa del deudor es total, se extingue la obligación y queda liberado el deudor.

Si la imposibilidad es por culpa del deudor y es parcial, el acreedor podrá elegir que cumpla con alguna de las prestaciones que no han devenido imposibles o indemnizando con el valor de alguna de las imposibles. Si es total el acreedor elegirá el valor de cualquiera de las prestaciones imposibles.

CONCORDANCIAS

Véanse arts. 1.104, 1.105 y 1.183 de este Código.

SECCIÓN CUARTA
De las obligaciones mancomunadas y de las solidarias

Artículo 1.137

La concurrencia de dos o más acreedores o de dos o más deudores en una sola obligación no implica que cada uno de aquéllos tenga derecho a pedir, ni cada uno de éstos deba prestar íntegramente, las cosas objeto de la misma. Sólo habrá lugar a esto cuando la obligación expresamente lo determine, constituyéndose con el carácter de solidaria.

COMENTARIO

1.- Por razón del sujeto de la obligación se distinguen las obligaciones unipersonales, con un solo acreedor y un solo deudor y las pluripersonales, con varios acreedores o deudores o varios acreedores y deudores. A su vez, las pluripersonales se dividen en mancomunadas y solidarias.

En las *mancomunadas*, la prestación se divide en tantas partes como sujetos, por lo que cada deudor cumplirá una parte (la suya) de la misma, según se trate de mancomunidad pasiva (pluralidad de deudores) o activa (pluralidad de acreedores). También puede ser mixta, pluralidad de deudores y acreedores.

En las *solidarias*, cada deudor debe cumplir íntegramente la prestación o cada acreedor puede exigirla íntegramente, según la solidaridad sea pasiva o activa; también puede ser mixta; cuando la prestación se ha cumplido, queda extinguida la obligación, sin perjuicio, claro está, de las relaciones internas entre codeudores (el que ha cumplido podrá exigir la parte que le corresponde a cada uno) y entre acreedores (el que ha recibido la prestación o ha extinguido la obligación, deberá satisfacer a cada coacreedor la parte que le corresponde).

2.- El presente artículo, tras hacer referencia a la distinción entre obligación mancomunada (a la que sólo se refiere en forma expresa) y solidaria, establece la presunción de mancomunidad, que ratifica el artículo siguiente. La obligación pluripersonal es mancomunada, en principio y mientras no se demuestre lo contrario, por la voluntad de los sujetos o por disposición de la ley. Hay, pues, una presunción de mancomunidad, o lo que es lo mismo, de no solidaridad, que se deduce del art. 1.137.

3.- La obligación con pluralidad de sujetos es mancomunada, mientras no conste lo contrario, es decir, que sea solidaria, por voluntad de las partes o por disposición legal. Por voluntad de las partes, aunque este artículo diga que será «cuando la obligación expresamente lo determine», la jurisprudencia ha entendido, reiteradamente, que se puede desprender del contexto de la obligación, de la naturaleza del contrato que la originó, de la relación entre las partes o del conjunto de antecedentes o circunstancias que los sujetos han querido que la obligación fuera solidaria. Por disposición de la ley, se establece la solidaridad en varios artículos del C.C. (así: 1084; 1731; 1748; 1890) o bien la jurisprudencia ha entendido que existe solidaridad en supuestos contemplados en el Código que no la establecen expresamente (así: responsabilidad extracontractual, art. 1902; responsabilidad decenal; art. 1591).

JURISPRUDENCIA

«La solidaridad impropia, que, a diferencia de la propia no tiene su origen en la ley o en el pacto expreso o implícito, si bien responde a un fundamento de salvaguardia del interés social (S 24 de septiembre de 2003) en cuanto constituye un medio de protección de los perjudicados (S 15 de abril de 2003), sin embargo exige para su aplicación —fijación en la

resolución judicial—, no sólo la concurrencia de una pluralidad de agentes, sino además la indiscernibilidad en sus respectivas responsabilidades; esto es, que no sea factible, por el resultado de las actuaciones, la determinación individual y personal de las responsabilidades atribuibles a los agentes intervinientes. Por ello, cuando es posible la individualización —determinar la proporción o el grado en que cada uno de los agentes ha participado en la causación del daño— no cabe acordar la responsabilidad in solidum. Y en tal sentido se manifiesta la reiterada doctrina de esta Sala, de la que son ejemplo, entre otras, las sentencias de 4 de marzo de 1998; 19 de abril, 25 de mayo, 21 de junio, 30 de septiembre, 8 de noviembre y 21 de diciembre de 1999; 11 de abril y 15 de diciembre de 2000; 22 de marzo, 11 y 17 de junio de 2002; y 15 de abril, 29 de mayo y 24 de septiembre de 2003. Por otra parte, procede señalar que la apreciación del soporte fáctico de la individualización, excluyente de la solidaridad, y la distribución de cuotas entre los respectivos grupos de responsables, tiene carácter eminentemente fáctico (SS 24 de febrero de 1999 y 21 de julio y 18 de septiembre de 2003); y por ello el art. 1902 CC, alegado en el motivo, no es precepto idóneo para intentar una modificación de la solución adoptada por la sentencia impugnada». (24 mayo 2004, rec. 1948/1998)

«la reiterada doctrina de esta Sala que atenúa el rigor del adverbio "expresamente" del citado art. 1137 y declara la solidaridad cuando se aprecie una identidad de fin de las prestaciones como destinadas en común a la satisfacción del interés del acreedor, "cual sucede cuando existe una comunidad jurídica de objetivos entre las prestaciones de los diversos deudores" (STS 26-12-2001, en recurso n.º 2565/96, que recopila la jurisprudencia al respecto), sino también por lo más específicamente resuelto por esta Sala en relación con el contrato de obra, ya declarando la solidaridad cuando la obra se contrate en bloque, por importe global para toda la construcción y con precios unitarios, dándose una unidad de fin para cuya realización se perfecciona un solo contrato, sin que frente al contratista sean relevantes las formas jurídicas de financiación de los promotores porque aquél nunca sería el destinatario jurídico sino meramente económico de la financiación lograda (STS 1-7-2002 en recurso n.º 95/97), ya descartando la solidaridad cuando el contratista, pese a derivar su crédito de un solo contrato celebrado con una pluralidad de comitentes y emitir durante la ejecución de la obra certificaciones globales, las desglose sin embargo en facturas individuales a cargo de cada comitente en proporción a su respectiva cuota de participación y especificando el pago correspondiente a cada partícipe (STS 26-4-2004 en recurso n.º 1564/98)». (25 mayo 2004, rec. 1884/1998)

«doctrina de la solidaridad (y no la de individualización cuando sea factible) en la responsabilidad atribuible a todos los intervinientes sin individualizar a cada uno según intervino en el evento con una profusa cita de sentencias, que tampoco se acoge, porque esa solidaridad es pacífica en cuanto que, en sucesos como el enjuiciado, la conjunta participación de todos los partícipes conlleva a ese pronunciamiento de creación jurisprudencial y que aspira a colmar del efecto tutelador a quien, como el actor, resultó perjudicado por la obra ejecutada (SS, entre otras, de 10-10-92, 1-11-1993)». (15 octubre 2004, rec. 2428/1998; Doctrina de la responsabilidad decenal *ex* art. 1591 Código Civil reiterada por la de 29 noviembre 2004, rec. 3216/1998)

«resoluciones de esta Sala de las que se desprende que el artículo 1137 del Código Civil ha sufrido una interpretación mitigadora de su drástica y rigurosa normativa, en el sentido de entender que la solidaridad también existe cuando las características del contrato permitan deducir la voluntad de los interesados de crear un vínculo de dicha clase, obligándose in solidum, o resulte aquella de la propia naturaleza de lo pactado lo que de modo especial sucede cuando se trata de facilitar la garantía de los acreedores (sentencias de 11 de octubre y 26 de julio de 1989 y de 28 de diciembre de 2000, entre otras)». (24 febrero 2005, rec. 3726/1998)

«La rígida norma del artículo 1137 Código civil ha sido objeto de una interpretación correctora por parte de este Tribunal y muy especialmente en relación con las obligaciones mercantiles en las que, debido a la necesidad de ofrecer garantías a los acreedores, se ha llegado a proclamar el carácter solidario de las mismas, sobre todo cuando se busca y se produce un resultado conjunto (sentencias de 27 de julio de 2000 y 19 de abril de 2001). Ello está de acuerdo con lo que la sentencia de 27 de octubre de 1999 denomina "el acervo comercial de la Unión Europea", en la que el artículo 10:102 de los Principios del Derecho europeo de contratos recoge el principio de la solidaridad cuando hay varios deudores obligados, principio tradicionalmente aplicado por este Tribunal cuando se trata de obligaciones mercantiles». (31 octubre 2005, rec. 964/1999)

«se ha dulcificado el rigorismo del art. 1137 (sentencia de 1 de marzo de 1996), sin que se exija con rigor e imperactividad el pacto expreso de solidaridad (sentencias de 17 de octubre de 1996 y 29 de junio de 1998), admitiéndose la doctrina de la solidaridad tácita (sentencia de 26 de julio de 2000); además, se ha mantenido la solidaridad cuando existe una comunidad jurídica de objetivos (sentencia de 26 de diciembre de 2001) y se ha dicho también en caso de reconocimiento de deuda: la obligación dimanante de reconocimiento de deuda tiene naturaleza solidaria (sentencia de 3 de septiembre de 1997 que cita las anteriores de 17 y 24 de mayo de 1993)». (19 octubre 2006, LA LEY 119522/2006)

«aunque es cierto que el artículo 1137 del Código Civil dispone que únicamente habrá lugar a la solidaridad cuando la obligación expresamente lo determine, es lo cierto que la doctrina y la jurisprudencia han admitido desde antiguo la existencia de la llamada solidaridad impropia aplicable a aquellos supuestos en que, concurriendo varios sujetos obligados, la naturaleza de la obligación de que se trata impone la solidaridad. La sentencia de esta Sala de 20 marzo 2003 señala que "ya las añejas sentencias de 24 de diciembre de 1941 y 25 de marzo de 1957, destacaron que la producción de un daño por varios causantes desemboca en una situación de solidaridad que impone a cada uno obligación de satisfacerlo íntegramente". Ya la sentencia de 14 de febrero de 1964 puso de relieve que ya en dicha fecha la doctrina científica veía en la obligación solidaria una pluralidad de obligaciones independientes entre sí en los sujetos respectivos y unificadas frente al acreedor en el ámbito objetivo de idéntica prestación y se refirió explícitamente a la llamada solidaridad impropia para satisfacción del acreedor...». (8 de octubre 2008, rec. 2783/2002, LA LEY 148019/2008)

«Este vínculo no se presume, como dice el artículo 1137 del Código Civil, lo cual tampoco impide que pueda ser aplicable la solidaridad tácita, cuando entre los obligados se da una comunidad jurídica de objetivos manifestándose una interna conexión entre todos ellos a partir de las pruebas que en autos se practiquen o de la interpretación que los Tribunales puedan hacer de un determinado contrato, de tal forma que en lo sustancial, es decir, en lo que aquí se cuestiona, la jurisprudencia es pacífica al interpretar el artículo 114.5 de la LAU de 1964, en función de que pueda darse o no esta situación que se crea a partir de la aceptación por ambas partes de la solidaridad en las obligaciones, sin presumirla en ningún caso». (26 noviembre 2008, rec. 2417/2003, LA LEY 176086/2008) (Doctrina reiterada por la de 30 julio 2010, rec. 1228/2006, LA LEY 148063/2010)

«la presencia de las otras demandadas, como sujetos pasivos de la misma relación obligatoria —las demás demandadas—, también deudoras del total y pasivamente legitimadas para soportar la reclamación de pago íntegro que les ha dirigido la acreedora, no significa desviación de la norma del artículo 1.137 del Código Civil, ya que la jurisprudencia entiende existente la solidaridad cuando entre los causantes del daño se comprueba la realidad de una comunidad jurídica de objetivos de los distintos comportamientos —sentencias de 26 de julio de 2.000, 26 de diciembre de 2.001, 25 de mayo de 2.004, 30 de octubre de 2.005 y 19 de octubre de 2.006—, cual es el caso». (13 febrero 2009, rec. 2200/2003, LA LEY 2638/2009)

«La redacción del Art. 1137 CC ha sido matizado por la jurisprudencia de esta Sala en aquellos casos en que el origen de la obligación no es contractual e incluso en casos de obligación contractual en que se ha comprobado una voluntad tácita de las partes de constituir la solidaridad (SSTS 24 febrero y 21 noviembre 2005 y 18 junio 2008, entre muchas otras). La Sala ha considerado que existe la solidaridad que denomina impropia, en los casos de indemnización por daños derivados de culpa extracontractual con varios agentes, sin que sea posible la determinación del grado de participación de cada uno de ellos (SSTS, entre otras, de 22 enero 2004 y 19 octubre 2007). Es cierto que puede distinguirse en el plano teórico entre diversos tipos de solidaridad: entre ellas, la denominada impropia, que operará cuando varias personas quedan vinculadas a realizar una misma prestación, derivada de la concurrencia de la misma causa, que es idéntica para todos los implicados. En este caso, se entiende que se produce una obligación in solidum, porque hay un elemento común que agrupa a todos los afectados por la característica solidaria de la obligación frente al acreedor. Ello no impide que a nivel de relaciones internas, los obligados respondan de forma distinta, pero sin que esta cuestión afecte al acreedor (argumento ex art. 1140 CC)». (31 mayo 2011, rec. 202/2008, LA LEY 71511/2011)

«En este sentido la Sala ha declarado con reiteración que la solidaridad de deudores no se presume (sentencias, entre las más recientes, nº 354/2011, de 31 mayo, y nº 545/2011, de 18 julio) y en el caso presente, aunque no se ignore que la doctrina y la jurisprudencia han suavizado el rigor normativo en torno al establecimiento de la solidaridad, admitiendo incluso la solidaridad tácita, no cabe entender la existencia de solidaridad cuando se trata —como se ha dicho— de contratos distintos entre diferentes contratantes, aunque para el hoy demandante persigan una misma finalidad económica». (15 diciembre 2011, rec. 1911/2008, LA LEY 247071/2011)

CONCORDANCIAS

Véase:
— arts. 1.084, 1.591, 1.731, 1.748, 1.822 y 1.890 de este Código.
— Ley Cambiaria y del Cheque, de 16 de julio de 1985 *(«B.O.E.»,* 19 julio): arts. 57 y 148.

Artículo 1.138

Si del texto de las obligaciones a que se refiere el artículo anterior no resulta otra cosa, el crédito o la deuda se presumirán divididos en tantas partes iguales como acreedores o deudores haya, reputándose créditos o deudas distintos unos de otros.

COMENTARIO

1.- El presente artículo viene a ratificar o recalcar que en las obligaciones con pluralidad de sujetos rige la presunción de mancomunidad. Y, además, como segunda presunción, que las partes de los acreedores (sus derechos de crédito) o de los deudores (sus deudas), son iguales. Una y otra presunción son iuris tantum en el sentido de que se eliminan si consta que la voluntad de los sujetos de la obligación era contraria a esta mancomunidad o a esta igualdad de porciones; o también, como se ha expuesto al comentar el artículo anterior, la ley puede imponer asimismo la solidaridad.

2.- Las obligaciones mancomunadas son obligaciones separadas e independientes, cuantos son los sujetos: cada cuota viene a constituir objeto autónomo de una singular obligación, pese a que se conserva de modo formal la unidad en la relación jurídica. El Código civil, en su art. 1.138, después de declarar que si del texto de la obligación no resulta otra cosa, el crédito o la deuda se presumirán divididos en tantas partes iguales como acreedores o deudores haya, y añade: reputándose créditos o deudas distintos unos de otros.

JURISPRUDENCIA

«acudiendo al art. 1138 CC es posible que del texto de la obligación se deduzca la solidaridad, que es lo que ha hecho la instancia adecuadamente. Del contrato de obra (folio 1) se obtiene inmediatamente que se contrata una construcción de cinco viviendas y un local comercial en bloque, no se contrata cada una de ellas, y el precio es también global, para toda la construcción y con precios unitarios. Así las cosas, se da una unidad de fin para cuya realización se perfecciona un solo contrato por un conjunto de comitentes» (1 julio 2002, LA LEY 7279/2002)

«la Sala de instancia aplica correctamente la presunción de división por partes iguales que la jurisprudencia de esta Sala, distinguiendo en la obligación solidaria entre las relaciones externas con el acreedor de las relaciones internas entre codeudores, obtiene de la aplicación combinada de los artículos 1145 y 1138 del Código civil, y que entre otras razones cabe apoyar en el propio tenor literal del inciso inicial del artículo 1138 CC, dividiéndose entonces, en consecuencia, la deuda entre los deudores por partes iguales (SSTS 26 de octubre de 2000, 11 de marzo y 16 de julio de 2001, 26 de octubre de 2002, 4 de mayo de 2006, etc.)». (26 junio 2009, rec. 196/2005, LA LEY 171919/2009)

Artículo 1.139

Si la división fuere imposible, sólo perjudicarán al derecho de los acreedores los actos colectivos de éstos, y sólo podrá hacerse efectiva la deuda procediendo contra todos los deudores. Si alguno de éstos resultare insolvente, no estarán los demás obligados a suplir su falta.

COMENTARIO

1.- Este artículo contempla específicamente el supuesto de la obligación mancomunada cuya prestación es indivisible. Si es mancomunada activa, pluralidad de acreedores, éstos actuarán de consuno; sin embargo, se admite la eficacia de la actuación de uno solo, que sea beneficiosa para el derecho de crédito; y no, desde luego, si le es perjudicial. Si la mancomunidad es pasiva, la actuación de los deudores respecto al acreedor será conjunta y la reclamación de éste deberá dirigirse contra todos ellos; si tal reclamación es judicial, se dará un caso claro de litisconsorcio pasivo necesario.

2.- Pero además de ver el supuesto concreto que contempla este artículo, es interesante analizar los efectos de las obligaciones mancomunadas. Son diferentes los efectos, según la obligación mancomunada sea divisible o indivisible; tales efectos son: 1.º) si es divisible, cada acreedor o cada deudor puede por sí y con independencia de los demás exigir la deuda o cumplir su obligación; 2.º) si es indivisible, los varios acreedores o los varios deudores han de proceder conjuntamente en la reclamación o en el cumplimiento de la prestación (art. 1.139), salvo que por incumplimiento de la prestación debida se sustituya ésta por una indemnización en metálico, pues entonces la prestación se hace divisible, lo cual ocurre si todos o alguno de ellos incumple la obligación; aunque si sólo ha incumplido algún codeudor, al que hubiera estado dispuesto a cumplir se le concreta su indemnización al valor de la prestación, sin incluir daños y perjuicios (art. 1.150). La insolvencia de un codeudor no obliga a los demás a suplir su falta (art. 1.139, último inciso).

CONCORDANCIAS

Véase arts. 1.150 y 1.151 de este Código.

Artículo 1.140

La solidaridad podrá existir aunque los acreedores y deudores no estén ligados del propio modo y por unos mismos plazos y condiciones.

COMENTARIO

1.- El concepto de la obligación solidaria se ha dado al comentar el art. 1.137; al comentar el 1.138 se ha dicho que las obligaciones mancomunadas son obligaciones separadas e independientes.

La obligación solidaria tampoco es una sola obligación con pluralidad de sujetos, sino que su verdadera naturaleza es de pluralidad de obligaciones con diversos sujetos, cuyo nexo de unión es la identidad de la prestación y que están enlazadas entre sí por las relaciones internas entre los acreedores o los deudores. Esta naturaleza se evidencia ante un precepto como el art. 1.140 que establece que «la solidaridad podrá existir aunque los acreedores no estén ligados del propio modo y por unos mismos plazos y condiciones». Asimismo, el artículo 1.144 concede al acreedor acción contra cualquiera de los deudores y el art. 1.148 concede a éstos excepciones que se deriven de la naturaleza de la obligación y las que sean personales, contra aquél.

2.- La solidaridad tiene tres notas: la pluralidad de acreedores (activa) o de deudores (pasiva), la unidad de objeto y que un mismo hecho (fuente de la obligación) haya hecho nacer la obligación solidaria.

En éste, como expresa el presente artículo, cada acreedor (en la activa) o cada deudor (en la pasiva) puede tener distintas cláusulas, plazos o condiciones. La obligación particular de cada sujeto activo o pasivo, siendo única para todos la prestación, puede tener su propio modo de ser, su propio plazo o su propia condición. Todo ello, sin perjuicio de las relaciones internas entre los acreedores (en la solidaridad activa) o entre los deudores (en la pasiva) que pueden complicarse con la no uniformidad de las obligaciones (sus derechos de crédito o sus deudas).

Artículo 1.141

Cada uno de los acreedores solidarios puede hacer lo que sea útil a los demás, pero no lo que les sea perjudicial.

Las acciones ejercitadas contra cualquiera de los deudores solidarios perjudicarán a todos éstos.

COMENTARIO

1.- Además del artículo anterior, éste comienza propiamente la normativa de la solidaridad y en el mismo se contempla la solidaridad activa en el primer párrafo y la pasiva en el segundo.

2.- El primer párrafo no es nada claro; la interpretación más aceptada por su sencillez o utilidad lo coloca en el amplio tema del régimen de la solidaridad activa, subtema del régimen interno (efectos en la relación de los acreedores entre sí).

El acreedor que realice actos perjudiciales para los demás está obligado a indemnizarles, como se deduce del art. 1.141. Este artículo concede el llamado poder de disposición del acreedor solidario: permite al acreedor —cualquiera de ellos— hacer lo que sea útil a los demás, le prohíbe hacer lo que sea perjudicial. El artículo 1.143 concreta una serie de medios extintivos que puede hacer un acreedor dejando a salvo la acción de regreso, lo cual parece contradictorio con la norma anterior. Pero en realidad, ambos, recogen la misma idea: un acreedor no puede hacer nada perjudicial a sus coacreedores, y concretamente y para evitar dudas, establece el art. 1.143 que los medios extintivos que enumera los puede hacer porque no son perjudiciales, ya que en todo caso se mantiene la acción de regreso que tienen los demás frente al acreedor que ha extinguido la obligación.

3.- El segundo párrafo se refiere a las acciones, como correspondiendo a las judiciales, que hay que extender a los actos extrajudiciales. El acreedor puede dirigirse contra todos o algunos de los deudores solidarios, judicial o extrajudicialmente, y realizar actos que les sean favorables o perjudiciales: cualquiera de ellos es válido y eficaz para todos los deudores solidarios. Esta es, precisamente, la esencia de la solidaridad pasiva.

CONCORDANCIAS

Véase art. 1.974 de este Código.

Artículo 1.142

El deudor puede pagar la deuda a cualquiera de los acreedores solidarios; pero, si hubiere sido judicialmente demandado por alguno, a éste deberá hacer el pago.

COMENTARIO

1.- Sigue este artículo contemplado el régimen de la solidaridad, concretamente la solidaridad activa y dentro de ésta, las relaciones externas (efectos en las relaciones de los acreedores con el deudor). Tiene dos aspectos.

Primero: cada uno de los acreedores tiene derecho a reclamar del deudor el cumplimiento íntegro de la obligación; pero reclamado ya el cumplimiento por un acreedor, no puede reclamarlo otro, porque el deudor está obligado a hacer el pago al primer acreedor que lo reclame.

Segundo: elección del acreedor por el deudor. Una de las consecuencias del principio general *favor debitoris* es la posibilidad del deudor de elegir libremente al acreedor a quien quiera satisfacer su crédito extinguiendo la obligación con una limitación impuesta por la razón práctica de evitar abusos económicos (gastos procesales): cuando uno de los acreedores ha formulado una demanda, a éste debe pagar la deuda.

2.- Por otra partes, como dispone el artículo siguiente, cada acreedor puede extinguir la obligación por cualquiera de los medios de extinción de las obligaciones.

Artículo 1.143

La novación, compensación, confusión o remisión de la deuda, hechas por cualquiera de los acreedores solidarios o con cualquiera de los deudores de la misma clase, extinguen la obligación sin perjuicio de lo dispuesto en el artículo 1.146.

El acreedor que haya ejecutado cualquiera de estos actos, así como el que cobre la deuda, responderá a los demás de la parte que les corresponde en la obligación.

COMENTARIO

1.- El primer párrafo de este artículo es continuación del artículo anterior. En el 1.142 se establece que el cumplimiento de la obligación (el pago) puede hacerse a cualquiera de los acreedores solidarios (estamos en la solidaridad activa) y extingue la obligación. El 1.143 dispone que cualquiera de los acreedores solidarios puede extinguir la obligación por cualquiera de los medios extintivos de ésta; se enumeran: la novación, la compensación, la confusión y la remisión o condonación. Lo cual afecta, como el artículo anterior, a la solidaridad activa, relaciones externas (efectos en la relación de los acreedores con el deudor).

Dentro de este precepto, como si fuera un desliz legislativo, se introduce un punto relativo a la *solidaridad pasiva*: cualquiera de los medios extintivos de la obligación que se haga por el acreedor con uno de los deudores solidarios (por tanto, estamos en solidaridad pasiva) extingue la obligación. Y si ha sido por condonación, podría aplicarse el art. 1.146. Así, el segundo inciso del primer párrafo de este art. 1.143 afecta a la solidaridad pasiva.

2.- El segundo párrafo trata de la *solidaridad activa, relaciones internas* (efectos en la relación de los acreedores entre sí). El acreedor solidario que haya recibido o sien se haya beneficiado del cumplimiento pago («el que cobre la deuda», dice el texto legal) o bien haya extinguido por otro medio la obligación (novación, compensación, confusión o condonación), responde frente a los demás acreedores solidarios de la parte del derecho de crédito de que éstos son titulares. Es el llamado *derecho de reembolso*: todo acto extintivo de la obligación lleva consigo que el acreedor solidario que lo haya producido, debe reembolsar las cuotas correspondientes a cada coacreedor solidario.

CONCORDANCIAS

Véase arts. 1.146, 1.148, 1.192, 1.194 y 1.195 de este Código.

Artículo 1.144

El acreedor puede dirigirse contra cualquiera de los deudores solidarios o contra todos ellos simultáneamente. Las reclamaciones entabladas contra uno no serán obstáculo para las que posteriormente se dirijan contra los demás, mientras no resulte cobrada la deuda por completo.

COMENTARIO

1.- Comienza este artículo la normativa de la solidaridad pasiva; es decir, el régimen de la solidaridad pasiva que comprende varios apartados: cumplimiento, extinción de la obligación (y condonación), incumplimiento y cobertura de la insolvencia, excepciones y derecho de regreso.

2.- Este primer artículo (junto con el primer párrafo del siguiente) trata del *cumplimiento*. Cualquiera de los deudores solidarios puede cumplir la obligación (pagar), dice el primer párrafo del artículo 1.145. Y —dispone el primero de este artículo 1.144— el acreedor puede exigir el cumplimiento («puede dirigirse contra...» dice el texto legal) a cualquiera de los deudores solidarios.

Puede exigir el cumplimiento de la obligación, a uno de los deudores solidarios, o a varios, o a todos. Y puede también dirigirse contra deudores solidarios, sucesivamente; es decir, primero contra uno y después contra otro u otros hasta que la obligación quede cumplida por entero; o lo que es lo mismo: hasta que el acreedor satisfaga totalmente su derecho de crédito o «resulte cobrada la deuda por completo» como dice el segundo párrafo de este artículo. Es el *ius variandi*, el carácter indiscutido del deber de prestación, inherente al mismo concepto de solidaridad.

3.- La consecuencia procesal de lo anterior es que no podrá apreciarse una situación de litisconsorcio pasivo necesario cuando el o los demandados son deudores solidarios.

JURISPRUDENCIA

«estamos en presencia de una responsabilidad solidaria y así lo ha repetido este Tribunal hasta la saciedad y por ello, tratándose de un ilícito culposo, el perjudicado puede dirigirse contra todos o cualquiera de los responsables como deudos por entero de la obligación de reparar en su integridad el daño causado y así lo dispone el art. 1144 del Código Civil y ha sido recogido en numerosas sentencias de esta Sala —sentencias de 3 de enero de 1979, 30 de diciembre de 1981, 28 de mayo de 1982, 21 de octubre de 1988, 22 de diciembre de 1989, 21 de abril y 30 de septiembre de 1992, 26 de noviembre de 1993 y 3 de julio de 1996, etc.—, señalándose asimismo que en estos casos no existe litisconsorcio pasivo necesario —sentencias de 10 de marzo y 22 de diciembre de 1989, 21 de abril y 26 de noviembre de 1993, 3 de julio de 1995, 14 de diciembre de 1996, 21 de enero y 20 de octubre de 1997, etc.—». (22 enero 2004, rec. 2280/1998)

«la llamada "solidaridad impropia", o por salvaguarda del interés social, que se produce para garantía y protección del perjudicado en los casos de responsabilidad extracontractual cuando en la concurrencia culposa de varios se aprecie análoga graduación y, mayormente, cuando no es posible su concreción en el ámbito respectivo (sentencia del Tribunal Supremo de 8 de mayo de 1986, entre otras) solidaridad predicable, a su vez, de quienes sean estimados responsables por aplicación del artículo 1903 del Código civil (sentencias de 7 de junio de 1988 y 4 de noviembre de 1991), lo que a tenor de lo dispuesto en el artículo 1144 del Código sustantivo y de la propia doctrina jurisprudencial, desautoriza la apreciación de la figura del litisconsorcio pasivo necesario, pues no siendo la parte demandada ajena a la producción del daño de cuya reparación se trata la eventual existencia de otros responsables, ligados a los traídos a juicio y unidos entre sí y frente al acreedor por vínculos de solidaridad, excluye el litisconsorcio, al constituir en tales casos facultad del damnificado la de demandar a todos o sólo a alguno de los responsables (sentencia de 17 de marzo de 1983)». (2 febrero 2004, rec. 940/1998)

«la reclamación formulada por el acreedor contra la deudora principal para el pago de la deuda (aunque sea a medio de su inclusión en la lista de acreedores del expediente de suspensión de pagos) no le impide que simultánea o posteriormente pueda dirigirse contra los demás deudores solidarios mientras no resulte cobrada la deuda por completo, conforme establece el art. 1144 CC, que es lo ocurrido en el presente supuesto litigioso, dada la condición de deudor solidario que tiene el recurrente en su calidad de avalista de la deudora principal». (27 febrero 2004, rec. 1174/1998)

«Se rechaza la falta de litisconsorcio pasivo necesario porque esta Sala ha señalado en numerosas sentencias, de ociosa cita, que el vínculo de solidaridad que liga a todos aquellos a quienes alcanza la responsabilidad de reparar el daño causado por la ejecución de un acto ilícito en los supuestos de culpa extracontractual deriva contra cualquiera de los obligados, pues cada uno de ellos frente al perjudicado es deudor por entero del deber de reparar la totalidad del daño originado según el artículo 1144 del Código Civil, y esta posibilidad legal de ejercitar la pretensión indemnizatoria contra cualquiera de los deudores o contra todos ellos simultáneamente excluye que puedan oponerse con éxito situaciones de litisconsorcio necesario en cuanto la relación jurídica procesal queda válidamente constituida con la demanda contra cualquiera de los obligados solidarios, sin perjuicio, claro es, de las posteriores reclamaciones entre ellos al amparo del artículo 1145.2 del citado Texto legal». (7 julio 2005, rec. 166/1999)

«Lo que procede es aplicar la doctrina jurisprudencial de la solidaridad que propicia el artículo 1144 del Código Civil, pues para individualizar responsabilidades no basta, como queda dicho, la posible concurrencia de responsabilidades plurales, sino que es necesario establecer la actuación bien precisada de cada uno, el nexo causal y grado de participación en el resultado dañoso, y así poder graduar la deuda con la parte perjudicada, pues la fijación de indemnizaciones concretas ha de hacerse necesariamente en función de la culpa de cada responsable». (16 marzo 2007, LA LEY 8940/2007)

«la situación de litisconsorcio pasivo necesario, no deviene forzosa en los supuestos de responsabilidad civil extracontractual, por razón de la solidaridad que relaciona a los posibles intervinientes en la causación del daño y pudieran resultar obligados y no se individualizan las concretas responsabilidades plurales, pues el perjudicado está facultado para dirigir su acción contra cualquiera de ellos y exigirles la totalidad de la indemnización que reclama como reparadora del daño (artículo 1144 del Código Civil), y sin perjuicio de que proceda el derecho a repetir, y así lo ha declarado la reiterada jurisprudencia de esta Sala de Casación Civil (sentencias de 21-4-1992, 30-11-1992 y 30-9-1995, entre otras muy numerosas)». (26 abril 2007, LA LEY 17287/2007)

«Dicho precepto sigue el modelo francés —artículo 1204 del Code: "les poursuites faites contre l'un des débiteurs n'empêchent pas le créancier d'en exercer de pareilles contre les autres"—, así como, en cierta medida, al Proyecto de 1851 —cuyo artículo 1062, al regular las que denominaba obligaciones mancomunadas, admitió que el acreedor "en el caso de pedir el todo contra uno de ellos" (los deudores solidarios) pudiera, "antes de concluir el juicio, reclamar contra cada uno de los otros por la cuota que le corresponda"— y, al fin, al Código de Justiniano —8.41.28: "generaliter sancimus, quemadmodum in mandatoribus statutum est, ut contestatione contra unum ex his facta alter non liberetur, ita et in fideiussoribus observari", esto es, "mandamos en general que, así como se ha establecido respecto a los mandatarios, que hecha la contestación contra uno de ellos no quede libre el otro, así se observe también respecto a los fiadores"—, y se aparta del sistema procesal romano de la época clásica que vinculaba a la litis contestatio, *entre otros efectos, el consistente en la extinción de la obligación objeto del litigio, que se entendía necesariamente novada por la condena que pudiera imponerse al término del proceso, en aplicación de la regla* non bis in idem, *en cuanto excluyente de la posibilidad de un segundo proceso sobre el mismo objeto. Pues bien, conforme a nuestro artículo 1144 el acreedor no sólo puede elegir al deudor solidario, al permitírsele que dirija la demanda contra cualquiera de ellos, contra varios o contra todos, sin tener necesariamente que dividir su reclamación por partes, sino también exigir el cumplimiento de toda la prestación a un deudor distinto del primeramente elegido como sujeto pasivo de su pretensión, ya que se da por supuesto que no quedó liberado por la primera reclamación, sino que sigue obligado en el mismo primer plano hasta la total satisfacción del crédito».* (7 noviembre 2007, LA LEY 185150/2007)

«con arreglo a lo dispuesto en el artículo 1591 CC la responsabilidad decenal de los agentes que intervienen en una construcción mal hecha genera entre éstos vínculos de solidaridad que no tienen su origen ni en la Ley ni en el contrato sino en la sentencia que la declara. Estos vínculos surgen de la necesidad de proteger al dañado cuando la conducta de varios partícipes en la obra ha contribuido a los defectos ruinógenos y no se ha podido cuantificar las cuotas de contribución, tratándose de una solidaridad que la jurisprudencia denomina como impropia o por necesidad de salvaguardar el interés social, por contraposición a legal o propia, pero que, como ésta, favorece al acreedor, aquí perjudicado, posibilitándole demandar a todos o a algunos de los responsables solidarios a su elección en aplicación del artículo 1144 CC». (5 mayo 2010, rec. 858/2005, LA LEY 76104/2010)

Artículo 1.145

El pago hecho por uno de los deudores solidarios extingue la obligación.

El que hizo el pago sólo puede reclamar de sus codeudores la parte que a cada uno corresponda, con los intereses del anticipo.

La falta de cumplimiento de la obligación por insolvencia del deudor solidario será suplida por sus codeudores, a prorrata de la deuda de cada uno.

COMENTARIO

1.- Sigue este artículo con el régimen de la solidaridad pasiva, en tres párrafos que contemplan extremos distintos de la misma: el cumplimiento, el derecho de regreso y la cobertura de la insolvencia.

2.- El primer párrafo trata del *cumplimiento* y se complementa con el artículo anterior. Cualquiera de los deudores solidarios puede cumplir la obligación y tal cumplimiento o pago, como consecuencia, extingue la obligación (y a la inversa, el acreedor puede exigir el cumplimiento a cualquiera de los deudores solidarios, como prevé el artículo anterior).

3.- El segundo párrafo prevé el *derecho de regreso*, cuando uno de los deudores paga la deuda por entero al acreedor, puede exigir a los demás la parte correspondiente. El Código Civil, al tratar de las obligaciones solidarias, no se ocupa más que de la acción de regreso en el artículo 1.145.2.º; pero el número 3.º del artículo 1.210 establece una presunción de subrogación que se refiere expresamente al supuesto de obligación solidaria.

Así, cuando uno de los deudores solidarios paga la deuda íntegra al acreedor común, se aplica el número 3.º del art. 1.210: el deudor que ha pagado se convierte a su vez en acreedor de los demás codeudores (salvo la parte en que se ha producido confusión, que es aquella cuota de la deuda que le correspondía pagar a él), continuando la misma obligación y, por tanto, sigue siendo solidaria, con el efecto de que se podrá dirigir contra cualquiera de los codeudores.

Además podrá también exigir el pago de intereses desde que él pagó hasta el momento en que es hecho efectivo el reembolso. Serán los intereses legales, a no ser que se hayan pactado expresamente otros.

4.- El tercer párrafo dispone la *cobertura de la insolvencia*: establece que la insolvencia de un deudor será suplida por los deudores a prorrata de la deuda de cada uno. Es expresión de la función de la solidaridad, que implica la extensión del área de responsabilidad como garantía al acreedor.

JURISPRUDENCIA

«Establecida la solidaridad en la confianza, el fiador que paga no sólo posee la acción de regreso del artículo 1844, sino también se subroga en los derechos del acreedor contra el deudor y cofiadores solidarios (artículo 1145), sin que a ello sea óbice que al dirigirse contra los demás cofiadores tenga que eliminar de la reclamación la parte de la deuda que le corresponda en la obligación, pues precisamente el artículo 1210.3.º ya prevé este efecto (confusión parcial en la titularidad acreedora y deudora), y que no puede exigirse de los mismos sino su parte y no el todo de cualquiera de ellos como acreedor. La solidaridad es un carácter de la obligación que afecta a la relación externa del grupo de deudores frente al acreedor o grupo de acreedores, pero no borra la fragmentación de la obligación en las relaciones internas entre los primeros». (11 junio 2004, rec. 2424/1998)

«esta Sala viene manteniendo (por todas, STS de 16 de julio de 2001, RC n.º 1736/1996, con cita de las SSTS de 12 de julio de 1995 y 4 de enero de 1999) que satisfecha la condena impuesta por solo uno o varios de todos los condenados solidariamente en un proceso anterior, el artículo 1145 CC permite que aquel o aquellos que cumplieron con el total de la deuda puedan acudir a otro posterior en ejercicio de la acción de reembolso o regreso para debatir la distribución del contenido de la obligación entre todos los intervinientes en el proceso constructivo, desapareciendo entonces la solidaridad que rige en las relaciones externas, frente al perjudicado acreedor, para pasar a regir en las internas (entre deudores solidarios) la mancomunidad. Esta jurisprudencia interpretadora del artículo 1145 CC descarta que la acción de regreso a que alude el precepto, cuya razón de ser es evitar un enriquecimiento sin causa, conlleve una subrogación en los derechos del acreedor cuya deuda haya sido satisfecha, siendo ejemplo de ello la STS de 16 de julio de 2001, RC n.º 1736/1996, que se refiere a la acción de regreso como "distinta de la subrogación", y la STS de 11 de marzo de 2002». (5 mayo 2010, rec. 858/2005, LA LEY 76104/2010)

«Esta jurisprudencia interpretadora del artículo 1145 CC descarta que la acción de regreso a que alude el precepto, cuya razón de ser es evitar un enriquecimiento sin causa, conlleve una subrogación en los derechos del acreedor cuya deuda haya sido satisfecha, siendo ejemplo de ello la STS de 16 de julio de 2001, RC n.º 1736/1996, que se refiere a la acción de regreso como "distinta de la subrogación", y la STS de 11 de marzo de 2002, RC n.º 909/1998, que rechaza la tesis de la parte recurrente, partidaria de la equiparación, declarando que cuando "paga el total de lo adeudado uno solo de los deudores solidarios, no se produce una subrogación por éste, en el crédito, sino que se extingue el mismo, y para que no haya enriquecimiento indebido, el párrafo segundo del art. 1145 del Código civil concede un derecho de repetición para reclamar a cada uno de los codeudores la parte que le corresponda y los intereses del anticipo". La STS de 23 de octubre de 2008, RC n.º 2254/2003, que cita las SSTS de 11 octubre 2007, de 16 junio 1969, 12 junio 1976, 29 mayo 1984, 13 febrero 1988 y 15 noviembre 1990, declara que mientras la acción de reembolso o regreso (también la del artículo 1158 CC) supone el nacimiento de un nuevo crédito contra el deudor en virtud del pago realizado, el cual extingue la primera obligación, "la subrogación transmite al tercero que paga el mismo crédito inicial, con todos sus derechos accesorios, privilegios y garantías de acuerdo con lo dispuesto en el artículo 1212 del Código Civil"». (21 septiembre 2010, rec. 1834/2006, LA LEY 157544/2010)

«Es cierto que el codeudor solidario que paga al acreedor la totalidad de su crédito extingue la obligación y no se subroga en la posición del acreedor contra los demás codeudores solidarios, naciendo a partir del pago un crédito distinto, propio del deudor que pagó, contra los otros deudores, y solo por la parte que a cada uno corresponda en la relación interna (SSTS 16-7-01, rec. 1736/96, 11-3-02 rec. 909/98, 5-5-10 rec. 858/05 y 20-10-10 rec. 2152/00), pero precisamente por eso esta acción de regreso o reembolso, cuyo fundamento legal es ciertamente el art. 1145 CC, puede entenderse comprendida dentro de las acciones

de repetición, como de hecho entiende la jurisprudencia al calificar el derecho del deudor solidario que paga, frente a los codeudores solidarios, derecho "para repetir" (STS 29-12-98 rec. 2272/94), "derecho de repetición" (STS 11-3-02 rec. 3172/96), "acción de repetición" (STS 22-10-09 rec. 504/05) o, en fin, "derecho a repetir" (STS 5-5-10 rec. 858/05)». (13 mayo 2011, rec. 1775/2007, LA LEY 83104/2011)

CONCORDANCIAS

Véase art. 1.210.3.º de este Código.

Artículo 1.146

La quita o remisión hecha por el acreedor de la parte que afecte a uno de los deudores solidarios, no libra a éste de su responsabilidad para con los codeudores, en el caso de que la deuda haya sido totalmente pagada por cualquiera de ellos.

COMENTARIO

Plantea este artículo la cuestión de la condonación («quita o remisión» dice el texto legal) por el acreedor, no de la deuda, sino a uno solo de los deudores solidarios. Es complemento del art. 1.143 que prevé expresamente que el acreedor puede extinguir la obligación solidaria.

Si el acreedor condona la deuda, a uno de los deudores, éste queda excluido de la obligación (relación interna) y a su vez ésta se reduce en la cuantía de la parte del deudor condonado (relación externa): pero el deudor condonado tiene una carga: avisar a los demás codeudores ya que si uno de éstos la paga entera sin saber la condonación parcial, a pesar de ésta, el condonado está obligado a satisfacerle su parte correspondiente.

CONCORDANCIAS

Véase:
— arts. 1.187 a 1.191 de este Código.
— Código de Comercio: art. 524.

Artículo 1.147

Si la cosa hubiese perecido o la prestación se hubiese hecho imposible sin culpa de los deudores solidarios, la obligación quedará extinguida.

Si hubiese mediado culpa de parte de cualquiera de ellos, todos serán responsables, para con el acreedor, del precio y de la indemnización de daños y abono de intereses, sin perjuicio de su acción contra el culpable o negligente.

COMENTARIO

1.- Sigue este artículo refiriéndose al régimen de la solidaridad pasiva y prevé el tema de la imposibilidad de la prestación, sin culpa de alguno o de todos los deudores solidarios o por culpa de ellos.

2.- En el primer párrafo se reitera la regla general de la extinción de la obligación —solidaria o no— por imposibilidad sobrevenida de la prestación, sin culpa del deudor. No dice nada nuevo esta norma, ya que es simple repetición de lo dispuesto en los artículos 1182 y ss.

3.- El segundo párrafo establece la norma de la comunicación de la responsabilidad. Si la imposibilidad de cumplir la obligación solidaria es por culpa de alguno de los deudores solidarios, la responsabilidad por el incumplimiento culpable alcanza (se comunica) a todos ellos; el código lo expresa con un detalle innecesario: dice que responden «del precio y de la indemnización de daños y abono de intereses». Sin embargo, hay que recordar que la responsabilidad por incumplimiento culpable de la obligación significa, como medio preferente, la ejecución forzosa *in natura* y subsidiariamente, la indemnización, tal como se expone en el comentario al art. 1.101.

En tal caso, los deudores solidarios tienen acción para reclamar de aquél que provocó culpablemente la imposibilidad —y por ende, el incumplimiento— los daños y perjuicios que han sufrido, por dicha comunicación de la responsabilidad.

Artículo 1.148

El deudor solidario podrá utilizar, contra las reclamaciones del acreedor, todas las excepciones que se deriven de la naturaleza de la obligación y las que le sean personales. De las que personalmente correspondan a los demás sólo podrá servirse en la parte de deuda de que éstos fueren responsables.

COMENTARIO

1.- Concluye este artículo el régimen de la solidaridad pasiva y es atinente a las excepciones, o más ampliamente (ya que lo puede plantear extrajudicialmente o judicialmente) a los medios de defensa que pueden oponer los deudores solidarios al acreedor. Distingue las excepciones o medios de defensa objetivos, personales o personales de los demás deudores.

2.- Las excepciones objetivas son las que derivan de la naturaleza de la obligación y las puede oponer cualquiera de los deudores solidarios. Son las que afectan a la obligación en sí; así, la nulidad de la misma, el pago o la extinción de la obligación.

3.- Las excepciones personales las puede utilizar tan sólo el deudor a quien afecten. Así, la menor edad o el vicio del consentimiento.

4.- Las excepciones que sean personales de los demás, un deudor solidario «sólo podrá servirse en la parte de deuda de que éstos fueren responsables». Es decir, el deudor o los deudores solidarios pueden alegar la excepción que se refiera a otro deudor, en la parte de la deuda que les afecte, que serán las objetivas que se refieran a un solo deudor, como la compensación, confusión o condonación a uno solo, etc.

Sin embargo, no podrá alegar aquellas que son puramente personales del deudor a quien afecten y que sólo él puede alegar, como la incapacidad (minoría de edad o incapacitación).

JURISPRUDENCIA

«sujetos que están ligados por vínculos de solidaridad, no puede llevarse a los extremos de impedir todo ulterior proceso sobre la misma cuestión frente a los restantes deudores soli-

darios, cuando, previamente, se haya dictado sentencia contra uno de ellos, pues eliminaría la esencia de la solidaridad, dada la imposibilidad de perseguir y ejecutar la condena contra los restantes deudores al carecer de título ejecutivo para ello, y limitaría indebidamente el contenido de los artículos 1144 y 1148 del Código Civil, que permiten, respectivamente, al acreedor dirigirse simultáneamente o sucesivamente contra todos los deudores, mientras no esté cobrada la deuda y al deudor solidario oponer las excepciones personales que tuviera contra el acreedor y que pueden ser ajenas a los restantes obligados». (24 octubre 2005, rec. 453/1999)

«Y es doctrina de esta Sala (sentencias de 7 de julio de 1984, de 29 de junio de 1990, de 13 de febrero de 1993, de 25 de septiembre de 2000, de 24 de noviembre de 2005) que, establecida en primera instancia la condena solidaria, ha de afirmarse que los efectos de la actividad procesal de uno de los condenados alcanza a su coobligado solidario, por virtud de la fuerza expansiva que la solidaridad comporta, que hace de toda lógica que la declaración anulatoria de la condena al pago, respecto de uno de los obligados solidarios, por inexistencia objetiva de la obligación de indemnizar, afecte, con igual extensión a los demás que con él fueron solidariamente condenados ya que otra cosa iría contra la naturaleza y conexidad del vínculo solidario proclamado en los artículos 1141, 1148 y concordantes del Código civil». (20 diciembre 2005, rec. 1524/1999)

«las excepciones "inherentes a la deuda" en relación con las que el artículo 1148 CC, anteriormente citado, denomina "derivadas de la naturaleza de la obligación". Entre las excepciones oponibles se han de computar las que conciernen al desarrollo de la relación obligatoria y a su extinción, tales como la de pago o cumplimiento o las relativas a las consecuencias que hayan de tener los incumplimientos eventuales del subcontratista o el cumplimiento defectuoso de la prestación (STS 25 de octubre de 1999, respecto de un supuesto de aplicación del artículo 1853 CC)». (26 septiembre 2008, rec. 155/2002, LA LEY 142514/2008)

SECCIÓN QUINTA
De las obligaciones divisibles y de las indivisibles

Artículo 1.149

La divisibilidad o indivisibilidad de las cosas objeto de las obligaciones en que hay un solo deudor y un solo acreedor no altera ni modifica los preceptos del capítulo II de este título.

COMENTARIO

1.- La obligación divisible es aquella susceptible de cumplimiento parcial, es decir, que puede ser cumplida por partes sin desnaturalizar la obligación ni disminuir desproporcionalmente su valor. Es indivisible aquella que no es susceptible de cumplimiento parcial.

Por tanto, lo que determina la divisibilidad o indivisibilidad de la obligación es la naturaleza de la prestación. Prestación divisible es la susceptible de realización parcial, e indivisible, la que no lo es; y se entiende por realización parcial la posibilidad de descomponerse la prestación en varias partes de contenido igual y homogéneo; contenido cualitativamente igual, aunque cuantitativamente inferior.

La indivisibilidad puede ser convencional o natural y en ésta debe distinguirse según la obligación sea de dar, hacer o no hacer:

Indivisibilidad convencional. Los sujetos de la obligación pueden determinar que ésta sea indivisible prescindiendo de la naturaleza de la prestación. Es decir, convencionalmente, pactan que la prestación funcione como indivisible (sería una prestación convencionalmente indivisible), aunque no lo sea por naturaleza. Lo cual se apoya en el principio de autonomía de la voluntad, proclamado en el artículo 1.255, cuya voluntad puede declarase expresa o tácitamente.

Indivisibilidad natural. A ella se refiere el artículo 1.151 en sus tres párrafos para las obligaciones de dar, de hacer y de no hacer.

2.- No hay división si la obligación es indivisible. Pero tampoco la hay si, siendo divisible, es unipersonal. Así lo expresa el artículo 1.149: «la divisibilidad o indivisibilidad de las cosas objeto de las obligaciones en que hay un solo deudor y un solo acreedor no altera ni modifica los preceptos del capítulo II de este Título».

Lo cual hace deducir que la cuestión de la divisibilidad o indivisibilidad de las obligaciones tan sólo tiene trascendencia cuando se trata de obligaciones pluripersonales ya que si es unipersonal el artículo 1.169, párrafo 1.º, dispone que «a menos que el contrato expresamente lo autorice, no podrá compelerse al acreedor a recibir parcialmente las prestaciones en que consista la obligación».

CONCORDANCIAS

Véase arts. 1.094 a 1.112 de este Código.

Artículo 1.150

La obligación indivisible mancomunada se resuelve en indemnizar daños y perjuicios desde que cualquiera de los deudores falta a su compromiso. Los deudores que hubiesen estado dispuestos a cumplir los suyos, no contribuirán a la indemnización con más cantidad que la porción correspondiente del precio de la cosa o del servicio en que consistiere la obligación.

COMENTARIO

1.- La divisibilidad o indivisibilidad de la obligación se funda en la naturaleza de la prestación. Si la obligación indivisible se incumple, se pretenderá la ejecución forzosa, in natura (art. 1.101, vid. su comentario) y si no es posible, la indemnización de daños y perjuicios (arts. 1.101 y 1.911). En tal caso, la obligación de indemnizar es esencialmente divisible.

Este artículo dispone que la obligación mancomunada (y por extensión, cualquier obligación, tenga o no efectos prácticos de la divisibilidad o indivisibilidad) que sea indivisible, deviene cuando, por incumplimiento imputable al deudor, queda como indemnización de daños y perjuicios.

2.- En relación con lo dispuesto en este artículo, se puede dar una visión de los efectos derivados de las obligaciones divisibles o indivisibles. Si la obligación es unipersonal, no produce ningún efecto especial su divisibilidad o indivisibilidad, como expresa el art. 1.149 y se deduce también del art. 1.169. Si la obligación es pluripersonal y divisible se aplica al art. 1.138: se divide en tantas obligaciones menores como sujetos haya. Si la obligación es pluripersonal es indivisible, si la pluralidad es activa —de acreedores—, éstos han de actuar conjuntamente para exigir el cumplimiento de la obligación al deudor y, también, para realizar actos que puedan perjudicar su derecho (como la condonación) tal como dispone el art. 1.139.

Si la pluralidad es pasiva —de deudores— deben realizar conjuntamente la prestación y, en su caso, el acreedor tiene que exigir a todos los deudores, conjuntamente, el cumplimiento de la obligación; si alguno resultara insolvente, los demás no suplen su débito (art. 1.139). Pero si la obligación se incumple, tal como se ha dicho antes y dispone el art. 1.150, se produce la responsabilidad, la obligación deviene divisible al traducirse en indemnización de daños y perjuicios.

CONCORDANCIAS

Véase arts. 1.139 y 1.147 de este Código.

Artículo 1.151

Para los efectos de los artículos que preceden, se reputarán indivisibles las obligaciones de dar cuerpos ciertos y todas aquellas que no sean susceptibles de cumplimiento parcial.

Las obligaciones de hacer serán divisibles cuando tengan por objeto la prestación de un número de días de trabajo, la ejecución de obras por unidades métricas, u otras cosas análogas que por su naturaleza sean susceptibles de cumplimiento parcial.

En las obligaciones de no hacer, la divisibilidad o indivisibilidad se decidirá por el carácter de la prestación en cada caso particular.

COMENTARIO

1.- Al comentar el art. 1.149 se ha expresado que la indivisibilidad puede ser convencional o natural y que a ésta se refiere el presente art. 1.151 distinguiendo en sus tres párrafos las obligaciones de dar, hacer o no hacer.

2.- El primer párrafo califica como obligaciones indivisibles de dar, la de «cuerpos ciertos y todas aquellas que no sean susceptibles de cumplimiento parcial».

Se toma en cuenta el dato objetivo de la cosa objeto de la prestación. Por cuerpo cierto se refiere la norma no sólo a cosa específica, que puede ser indivisible (tal cuadro, por ejemplo), sino también a cosas fungibles, que se determinan por su número, pero o medida (un coche, por ejemplo). Se toma también en cuenta el dato de aquellas obligaciones de dar que son indivisibles las que no sean susceptibles de cumplimiento parcial y son divisibles las que recaen sobre una pluralidad de cosas iguales, que pueden, así, cumplirse en una serie de entregas parciales.

Lo que es indiscutible es que la obligación de transmitir un derecho no es divisible, aunque evidentemente este derecho se puede descomponer —dividir— en cuotas y transmitirlas separadamente (un tercio del derecho de propiedad, o del de usufructo, y luego el otro y el otro) ya que no es lo mismo cualitativamente, para el acreedor recibir un derecho completo (tal derecho de propiedad o de usufructo, por ejemplo) que recibir una cuota-parte.

3.- El segundo párrafo se refiere a las obligaciones indivisibles de hacer. Recoge la misma idea que expresaba el último inciso del párrafo primero: las obligaciones de dar (último inciso de aquel párrafo) y las de hacer (párrafo segundo) son divisibles cuando recaen sobre una pluralidad de obras o cosas iguales. Y, por tanto, la prestación puede descomponerse —dividirse— en una serie de actuaciones cualitativamente semejantes.

El problema puede plantearse cuando esta serie de actividades van dirigidas a la consecución de un fin único (hacer una serie de arreglos en una casa para hacerla habitable, por ejemplo).

4.- El tercer párrafo, relativo a las obligaciones indivisibles de no hacer, deja la puerta abierta al casuismo. La doctrina más tradicional ha considerado que la obligación de no hacer es siempre indivisible, ya que no puede estimarse como cumplida, sino cuando es íntegramente respetada. Sin embargo, la doctrina más moderna mantiene acertadamente que es posible admitir la divisibilidad de las obligaciones de no hacer siempre que puedan descomponer en inactividades cualitativamente iguales; así, si varios comerciantes se obligan a no competir con otro, esta obligación es divisible, pues que incumpla uno o más de uno, es importante para el acreedor (tan importante como que le pague uno o más de uno la parte de la obligación —divisible— de una cantidad dineraria debida).

SECCIÓN SEXTA
De las obligaciones con cláusula penal

Artículo 1.152

En las obligaciones con cláusula penal, la pena sustituirá a la indemnización de daños y al abono de intereses en caso de falta de cumplimiento, si otra cosa no se hubiere pactado.

Sólo podrá hacerse efectiva la pena cuando ésta fuere exigible conforme a las disposiciones del presente Código.

COMENTARIO

1.- Obligación con cláusula penal es la obligación cuyo incumplimiento se sanciona con una pena convencional. Cláusula penal es aquella en la que la pena convencional se establece. Pena convencional es la sanción, que se pacta que ha de sufrir el deudor, en el caso de incumplimiento de la obligación.

La finalidad, pues, de la cláusula penal es asegurar el cumplimiento de la obligación. Puede establecerse para el caso de incumplimiento total o para supuestos concretos de cumplimiento defectuoso (así, por ejemplo, obligación de hacer una obra: si no se hace, se impone tal pena; o bien, si no se cumple en tal plazo, se impone tal pena, por cada día de retraso).

2.- Si no se ha pactado expresamente lo contrario, la pena convencional tiene la función liquidadora de los daños y perjuicios que pueda producir el incumplimiento de la obligación principal, sin que haya que probarlos. Así lo expresa el primer párrafo del art. 1.152.

3.- El segundo párrafo de este artículo dispone que la pena convencional es exigible «conforme a las disposiciones de este Código», es decir, de acuerdo con la normativa que establece en estos artículos partiendo de que la norma general es la función liquidadora que éste establece.

Se exigirá la pena cuando se dé el incumplimiento total de la obligación; o bien, si es un incumplimiento parcial y la cláusula penal contempla el mismo; o bien, se aplicará el art. 1.154 si el incumplimiento es parcial y nada se ha previsto especialmente.

La pena consiste normalmente en la obligación de pago de una suma de dinero. Pero nada impide que consista en cualquier otra obligación (así, por ejemplo, si no se hace la obra, pagará tanto dinero; o bien, si no la hace en el plazo previsto, hará una obra suplementaria, gratuitamente).

JURISPRUDENCIA

«la pena pactada sólo puede aplicarse si una vez establecida sigue aún en vigor al producirse el incumplimiento que sanciona, y no cuando se han alterado los supuestos base a los cuales se pactó, pues si dichos supuestos se alteran, la eficacia de tal cláusula penal desaparece, y así es de estimar cuando convenida la entrega de determinadas obras en cierto día, luego resulta que el volumen de tales obras se aumentó y cambiaron los precios y hubo además exceso de obras, haciendo preciso un tiempo mayor que el estipulado». (3 febrero 2000, LA LEY 1910/2001) (Criterio mantenido por la sentencia de 29 octubre 2001, LA LEY 113567/2002).

«según reiterada doctrina jurisprudencial, la pena pactada, para que sea viable, requiere que se derive del incumplimiento de una obligación principal (TS S 18 May. 1963), amén de que la cláusula penal es una promesa accesoria y condicionada, que se incorpora a la obligación principal con doble función reparadora y punitiva (TS S 7 Jul. 1963), cuya finalidad es la de evitar la existencia y cuantía de unos perjuicios para los casos previstos de deficiente o total incumplimiento (TS S 20 May. 1986)» (2 octubre 2001, LA LEY 7252/2001)

«Es cierto que la cláusula penal, dado su carácter sancionador, debe ser objeto de interpretación restrictiva y así lo ha proclamado la jurisprudencia de esta Sala (sentencias de 8 febrero 1993, 12 diciembre 1996, 23 mayo y 25 noviembre 1997, entre otras). Pero también lo es que la misma jurisprudencia atribuye a la sala de instancia la interpretación y calificación de los contratos, la cual ha de mantenerse en casación, salvo en los casos en que resulte ilógica, absurda o contraria a derecho (sentencias de 23 enero 2004, 24 noviembre 2005, 8 marzo y 14 septiembre 2006, entre otras), interpretación que se extiende a todas las cláusulas contractuales entre las que se integra la cláusula penal». (20 diciembre 2006, LA LEY 175842/2006)

«no tiene sentido alegar la infracción del artículo 1100 del Código civil cuando en el presente caso no se trata de mora, como retraso culpable en el cumplimiento de una obligación sino de cláusula penal, como aquella que establece una pena convencional para el caso de incumplimiento total o parcial de una obligación que en éste es el retraso en la ejecución de la obra. Dado el retraso, se debe cumplir la cláusula penal prevista para ello; no es mora, sino supuesto de la cláusula; no se aplica el artículo 1100 sino el 1152 del Código Civil». (8 abril 2009, rec. 1091/2004, LA LEY 34592/2009)

«no resulta exigible la aplicación de la mencionada cláusula penal, pues dichas cláusulas, como excepción al régimen normal de las obligaciones, merecen una interpretación restrictiva tal como sostiene la sentencia de esta Sala de 18 de septiembre de 2008 que cita las anteriores de 10 de noviembre de 1983, 27 de diciembre de 1991, 14 de febrero de 1992, 23 de mayo de 1997, 18 de julio de 2005 y 5 de diciembre de 2007, y desde luego no resultan

exigibles cuando se ha producido una alteración de las bases conforme a las cuales se pactó (sentencias de 16 de septiembre 1986, 3 de febrero de 2000, 5 de marzo de 2002 y 5 de junio de 2008, entre otras)». (22 abril 2009, rec. 787/2004, LA LEY 49551/2009)

«la finalización de los efectos del contrato se produjo por la propia actuación de ambas partes contratantes, pero la misma vino motivada e impuesta por una previa actuación que únicamente resultaba imputable al comprador, que dejó de cumplir sus obligaciones cuando el vendedor había dado cumplimiento a las suyas; lo que determinaba la aplicación, al no convenirse lo contrario, de las cláusulas contractuales previstas para el caso de incumplimiento y, en concreto, el derecho de la parte vendedora a devolver al comprador únicamente un 70% de lo recibido en concepto de precio del inmueble. De ahí que la pena convencional resultaba exigible de conformidad con lo dispuesto en el artículo 1152, párrafo segundo, del Código Civil, y dicha norma no puede considerarse infringida». (26 mayo 2009, rec. 1122/2004, LA LEY 92017/2009)

«Estando acreditado la falta de entrega de la cosa vendida, no podía reclamar la vendedora el cumplimiento a la otra parte, la compradora, de su obligación de pago del precio y estando acreditado el enorme retraso, tras dos procesos, en el cumplimiento de aquella obligación, entra en juego la cláusula penal, con su función liquidadora de los daños y perjuicios, como prevé el artículo 1152 del Código civil y contempla explícitamente la sentencia de 26 de marzo de 2009 al decir que "la pena convencional prevista en la cláusula penal tiene la función liquidadora de los daños y perjuicios que haya podido producir el incumplimiento...", reiterando la doctrina jurisprudencial que ya había expresado la sentencia de 23 de octubre de 2006, entre otras más antiguas». (10 diciembre 2009, rec. 1232/2005) (Doctrina reiterada por la sentencia de 2 julio 2010, rec. 1935, LA LEY 113859/2010; 10 noviembre 2010, rec. 456/2007, LA LEY 203295/2010 y 10 junio 2011, rec. 651/2007, LA LEY 83091/2011)

«si la cláusula penal la han establecido para el caso de "falta de cumplimiento" (artículo 1152), tan injusta resultaría su plena aplicación como su absoluta inaplicación en tales casos de cumplimiento parcial o irregular por parte del deudor. Pero basta examinar la cláusula en cuestión para deducir que es precisamente el retraso en la entrega el objeto de la cláusula moratoria que prevé el pago de una cantidad por cada día de demora desde que la entrega debió realizarse, que en este caso se aplica desde la fecha de la sentencia dictada en primera instancia, que así lo acordó». (23 diciembre 2009, rec. 1097/2004, LA LEY 254313/2009)

«la verdadera cláusula penal consiste en "otro tanto en concepto de daños y perjuicios" y tiene la función liquidadora propia de la misma y que expresa el primer párrafo del artículo 1152 del Código civil y, como dicen las sentencias de 26 de marzo de 2009 y 10 de diciembre de 2009, la pena convencional prevista en la cláusula penal tiene la función liquidadora de los daños y perjuicios que haya podido producir el incumplimiento, sin que sea precisa la prueba de los mismos». (2 julio 2010, rec. 1935/2006, LA LEY 113859/2010)

«La sentencia de esta Sala de 12 diciembre 1996 (Rec. 1848/1993) ya decía que "en todo caso se impone la interpretación restrictiva de las cláusulas penales (SS 22 Nov. 1968, 10 Nov. 1983 y 14 Feb. 1992, entre otras), al presentarse como excepciones del régimen normal de las obligaciones y contratos, con lo que se desautoriza su ampliación unilateral"; criterio que ha sido reiterado por otras muchas, citándose por todas la de 18 septiembre 2008 (Recurso 2120/2002) según la cual la doctrina jurisprudencial "propugna una interpretación restrictiva de las estipulaciones contractuales que contengan cláusulas penales. Tal y como se indica, entre otras, en las Sentencias de 18 de julio de 2005 y de 5 de diciembre de 2007 —con cita de las de 10 de noviembre de 1983, 27 de diciembre de 1991, 14 de febrero de 1992 y 23 de mayo de 1997—, la cláusula penal, como obligación accesoria, generalmen-

te pecuniaria y a cargo del deudor, que sanciona el cumplimiento o incumplimiento irregular de la obligación a la vez que valora anticipadamente los perjuicios, es una excepción al régimen normal de las obligaciones al sustituir la indemnización, lo cual obliga a su interpretación restrictiva"». (26 octubre 2010, rec. 516/2007)

CONCORDANCIAS

Véase arts. 1.106 a 1.109 de este Código.

Artículo 1.153

El deudor no podrá eximirse de cumplir la obligación pagando la pena, sino en el caso de que expresamente le hubiese sido reservado este derecho. Tampoco el acreedor podrá exigir conjuntamente el cumplimiento de la obligación y la satisfacción de la pena, sin que esta facultad le haya sido claramente otorgada.

COMENTARIO

1.- En el artículo anterior se establece la función liquidadora de la pena convencional, como norma general a no ser que se pacte lo contrario. El segundo inciso del presente artículo contempla precisamente el pacto de que la pena sea cumulativa, en el sentido de que el acreedor, ante el incumplimiento de la obligación por el deudor, puede exigir el cumplimiento, o imponer la ejecución forzosa, in natura, o la indemnización de daños y perjuicios, y además en todo caso la pena convencional.

2.- Por otra parte el deudor debe cumplir la obligación principal y si incumple, el acreedor le puede exigir el cumplimiento, como en toda obligación, o bien, le puede exigir el cumplimiento de la cláusula penal (no las dos cosas conjuntamente a no ser que se haya pactado así). Lo cual, no significa que el deudor tenga la facultad de optar por el cumplimiento de la pena, en vez de cumplir la obligación principal; si pudiera hacer esto, se trataría de una típica obligación facultativa, que es diferente. Lo expresa el primer inciso del art. 1.153.

JURISPRUDENCIA

«la modalidad de cláusula penal acumulativa que se regula en el párr. 2.º del art. 1153 CC requiere una voluntad clara de las partes en su establecimiento, y que doctrina jurisprudencial reiterada sostiene una interpretación restrictiva de tales cláusulas, no lo es menos que, en el caso de autos, nos hallamos ante una de ellas, en la hipótesis de moratoria o de demora (SS 26 May. 1980, 18 Abr. 1986, 18 Dic. 1996, 29 Nov. 1997 y 12 Ene. 1999), que se caracteriza porque las partes, en ejercicio de la autonomía contractual, establecen una sanción económica para el caso de retraso culpable en la entrega de la cosa». (3 noviembre 1999, LA LEY 91908/2000)

«En la obligación con cláusula penal no está dejado al arbitrio del deudor la posibilidad de liberarse de la obligación principal pagando la accesoria. Como dice el artículo 1153 del CC, "el deudor no podrá eximirse de cumplir la obligación pagando la pena, sino en el caso de que expresamente le hubiera sido reservado este derecho", es decir, reconoce la posibilidad de que mediante pacto expreso se deje al arbitrio del deudor la posibilidad de liberarse de la obligación principal pagando la pena convenida, en lo que se ha venido a llamar pena o dinero de arrepentimiento en el sentido de que a través de ella se faculta exclusivamente al deudor a elegir entre cumplir la prestación principal o pagar el dinero de arrepentimiento,

como una obligación facultativa con cláusula de sustitución, como ya precisara la sentencia de 21 de febrero de 1969. Y no siendo una cláusula penal, no es posible aplicar la facultad moderadora del artículo 1154, alterando las reglas de un acuerdo mutuamente aceptado». (24 junio 2010, rec. 1501/2006, LA LEY 93446/2010)

CONCORDANCIAS

Véase Código de Comercio: art. 56.

Artículo 1.154

El Juez modificará equitativamente la pena cuando la obligación principal hubiera sido en parte o irregularmente cumplida por el deudor.

COMENTARIO

1.- Siendo la cláusula penal con efecto liquidador o cumulativo, se aplicará por entero debiendo el deudor cumplir la obligación accesoria que impone, si ha incumplido totalmente la obligación principal. Pero si la ha incumplido parcialmente (cumplimiento defectuoso), para evitar una situación de injusticia (que por haber cumplido en parte, tenga que pagar toda la pena). El artículo 1.154 establece que el Juez modificará equitativamente la pena cuando la obligación principal hubiera sido en parte o irregularmente cumplida por el deudor.

2.- Esta modificación no es una facultad discrecional del Juez, sino que es un deber del mismo, incluso aplicable de oficio.

No cabe tal modificación si la obligación principal se incumplió totalmente. Pero tampoco cabe si el incumplimiento parcial era el precisamente previsto en la cláusula penal (por ejemplo, es claro que el retraso en el cumplimiento defectuoso; pero si la cláusula penal se prevé expresamente para el retraso —así, tanta cantidad por cada día de retraso en el cumplimiento, lo que es un caso frecuente en la práctica— no cabrá modificación judicial de la penal si la obligación se cumplió con retraso).

La modificación, dice el art. 1.154, se hará equitativamente, lo que significa una reducción de la pena, disminución de la cuantía de la misma, de acuerdo al criterio discrecional del Juez, según las circunstancias de cada caso.

JURISPRUDENCIA

«Esta Sala tiene declarado que el art. 1154 constituye un mandato para el juez en el sentido de mitigar equitativamente la pena pactada por los contratantes cuando la obligación haya sido en parte o irregularmente cumplida, y ello lleva indefectiblemente, y en virtud de esa obligación impuesta al Juzgador por dicho precepto, a la modificación de la pena según criterios de equidad y con apreciación discrecional de las circunstancias concurrentes; además, la facultad judicial de reducción de la pena es considerada como ilimitada y no está sujeta a las reglas del recurso de casación, por ser la moderación una facultad de los Juzgadores de instancia (aparte de otras, TS SS 13 Abr. 1971 y 14 Dic. 1998), pero al ser el art. 1154 un precepto imperativo, es de obligada observancia y, en supuesto de inaplicación por la Sala de apelación, produce la casación de la sentencia, lo que lleva a precisar que la calificación de si fue o no total el incumplimiento, o la cuestión de si realmente lo hubo o no, es revisable en casación (TS SS 3 Feb. 1993 y 13 Abr. 1981)». (9 octubre 2000, LA LEY 2878/2002)

«la medida modificativa que el art. 1154 del CC le impone —es claro el imperativo «modificará» que emplea— tomándola según la equidad por lo que en base de tal principio podía haber mantenido lo al respecto pactado —sentencias de 20 Nov. 1970 y 30 Jun. 1981— o modificarlo, indudablemente a menos, cuando la misma equidad lo propicia según ha dispuesto reiterada jurisprudencia de la que pueden ser ejemplo las SS 13 Jul. 1984 y 20 Oct. 1988.» (28 febrero 2001, LA LEY 3545/2001) (Doctrina reiterada por la de 7 febrero 2002, LA LEY 56139/2002)

«la estipulación recoge una cláusula penal moratoria, la cual, para su aplicación, no requiere, por su propia naturaleza, la prueba del daño, de modo que el retraso pactado supone incumplimiento total, que debe resarcirse con la cantidad estipulada, sin que, por ello, sea aplicable la facultad de moderación del art. 1154 (entre otras, TS SS 29 Nov. 1997, 10 May. 2001, 27 Feb. y 30 Abr. 2002), la cual tiene como presupuesto ineludible, impuesta al juez como un deber imperativo por la ley, que el deudor cumpla en parte o irregularmente la obligación; sin que esta potestad correctora o la apreciación de la cuantía en que deba mitigarse sea revisable en casación, por ser la moderación una facultad del Juzgador de instancia (entre otras, TS SS 10 Mar. 1995, 22 Dic. 1997 y 14 Dic. 1998).» (8 octubre 2002, LA LEY 683/2003)

«se revela imposible la moderación de la cláusula penal en base al art. 1154, pues este precepto solamente lo permite en caso de incumplimiento no total (cumplimiento parcial o irregular). De lo contrario, es decir, abarcando el incumplimiento total, dejaría de tener sentido la consignación de los dos casos en que el juez modificará equitativamente la pena. Es en ellos donde cualquier desproporción entre el incumplimiento y pena ha de ser corregida equitativamente, porque el deudor no ha frustrado en su totalidad el interés del acreedor en el cumplimiento». (21 junio 2004, rec. 2375/1998)

«1.º) Porque, como expresa reiteradamente la doctrina de esta Sala, el ejercicio de la facultad moderadora de la pena o la apreciación de la cuantía en que debe moderarse no es revisable en casación (sentencias de 12 diciembre 1996, 17 febrero 1997, 8 noviembre 2002 y 17 junio 2004, entre otras muchas), habiendo efectuado la Audiencia dicha moderación al fijar como cantidad máxima a que puede alcanzar la aplicación de la pena la suma de dieciséis millones de pesetas; y 2.º) Porque, incluso, la moderación prevista en el artículo 1154 del Código Civil no procede cuando precisamente la pena se ha establecido en contemplación a un supuesto de incumplimiento parcial o por el retraso en el cumplimiento. La sentencia de 14 de junio de 2006 afirma que "es doctrina constante de esta Sala, recogida en las sentencias de 10 de mayo de 2001, 22 de octubre de 2002, 5 de diciembre de 2003 y 3 de octubre de 2005, que cuando la cláusula penal está prevista para un determinado incumplimiento parcial, no puede aplicarse la facultad moderadora del artículo 1154 del Código civil si se produce exactamente aquel incumplimiento parcial". Por ello la moderación procede cuando se ha incumplido en parte la total obligación para la que la pena se previó, de modo que, como afirma la doctrina, "la finalidad del precepto no reside en si se debe rebajar equitativamente una pena excesivamente elevada, sino que las partes al pactar la pena pensaron en el caso del incumplimiento total y evaluaron la pena en función de esta hipótesis", porque cuando se previó para un incumplimiento parcial, la cláusula se rige por lo previsto por las partes». (20 diciembre 2006, LA LEY 175842/2006) (Criterio reiterado por la de 4 octubre 2007, LA LEY 154009/2007, por la de 10 marzo 2009, rec. 1485/2003, LA LEY 6911/2009 y por la de 23 diciembre 2009, rec. 1097/2004, LA LEY 254313/2009)

«El artículo 1154 remite al juicio de equidad del Juez para la moderación de la pena convencional "cuando la obligación principal hubiera sido en parte o irregularmente cumplida por el deudor". Responde la mencionada norma a la idea de que cuando los contratantes han previsto la pena para un incumplimiento total de la obligación, la equidad reclama una disminución de aquella si el deudor cumple en parte o deficientemente ésta. Precisamente

*por ello la jurisprudencia (sentencias de 10 de mayo de 2001, 5 de diciembre de 2003 y 14 de junio de 2006), por respeto a la potencialidad normativa creadora de los contratantes (artículo 1255 del Código Civil) y al efecto vinculante de la regla contractual (*pacta sunt servanda: *artículo 1091 del Código Civil), rechaza la exigibilidad de la moderación que el artículo 1154 establece cuando la pena hubiera sido prevista, precisamente para sancionar el incumplimiento parcial o deficiente de la prestación producido».* (20 junio 2007, LA LEY 60910/2007) (Doctrina reiterada por la sentencia de 1 junio 2009, rec. 2637/2004, LA LEY 92031/2009 y por la de 4 mayo 2011, rec. 2220/2007, LA LEY 52202/2011)

«Se ha dicho y repetido doctrinal y jurisprudencialmente que la cláusula penal se aplica por entero cuando la obligación se incumple por entero y sólo si se ha incumplido parcialmente, cumplimiento defectuoso, el Juez la moderará equitativamente; como advierten claramente las sentencias de 7 de febrero de 2002 y 21 de junio de 2004. A su vez, la pena convencional, prevista en la cláusula penal, tiene la función liquidadora de los daños y perjuicios que haya podido producir el incumplimiento, sin que sea precisa la prueba de las mismas y su finalidad es la de evitar la existencia y cuantía de unos perjuicios para los casos previstos de deficiente o total incumplimiento, como dice la sentencia de 2 octubre de 2001». (26 marzo 2009, rec. 442/2004, LA LEY 14604/2009)

«del análisis del artículo 1154 CC y sus precedentes históricos y de derecho comparado (artículo 1085 del Proyecto de Código Civil de 1851 y artículo 1231 del CC francés) resulta que dicho precepto remite al juicio de equidad del Juez para la moderación de la pena convencional —cuando la obligación principal hubiera sido en parte o irregularmente cumplida por el deudor —, respondiendo a la idea de que, cuando los contratantes han previsto una pena para el caso de un incumplimiento total de la obligación, la equidad reclama una disminución de la sanción si el deudor la cumple en parte o deficientemente, ya que, en tal caso, se considera alterada la hipótesis prevista (sentencias de 13 de julio de 1984, 29 de marzo y 21 de junio de 2004). Esta concepción descarta el uso de la potestad judicial moderadora de la pena convencional si tal incumplimiento parcial o defectuoso hubiera sido el pactado como supuesto condicionante de la aplicación de la pena, ya que entonces se debe estar a lo acordado por las partes. Así lo ha manifestado constantemente la Jurisprudencia, que, por respeto a la potencialidad normativa creadora de los contratantes —artículo 1.255 CC— y al efecto vinculante de la regla contractual —artículo 1.091 CC—, rechaza la moderación cuando la pena hubiera sido prevista, precisamente, para sancionar el incumplimiento parcial o deficiente de la prestación». (1 octubre 2010, rec. 633/2006, LA LEY 188016/2010)

«no se comparte la alegación sobre la aplicación de oficio de la moderación, porque, con independencia de que no cabe entender que hay una petición implícita al respecto, no nos hallamos ante un precepto imperativo que deba ser aplicado sin previa rogación de la parte interesada, pues obviamente hay que entender que, si no se pide otra cosa, la parte se conforma con la previsión contractual; conformidad que no queda al albur de un cambio de criterio en un momento procesal posterior al en que deben ser planteadas las cuestiones del proceso. Lo anterior no obsta a ciertas matizaciones cuando se producen cambios de valoración de situaciones de incumplimiento por cumplimiento defectuoso o irregular, que no tienen nada que ver con el caso». (7 octubre 2011, rec. 768/2008, LA LEY 186212/2011)

Cláusula penal moratoria:

«no cabe la posibilidad legal de aplicarle la facultad moderadora del art. 1154 CC, ya que ésta se halla instituida solamente para el supuesto de cumplimiento parcial o irregular de la obligación (en comparación con el incumplimiento total para el que pudo ser estipulada la respectiva cláusula penal), pero ello no puede ocurrir nunca en el caso de la cláusula estrictamente moratoria, la cual ha de desenvolver ineludiblemente su eficacia sancionadora (por así haberlo estipulado libremente las partes) por el mero y único hecho del retraso en

el cumplimiento de la obligación, cuyo mero retraso, por sí solo, es totalmente inconciliable con los conceptos de cumplimiento parcial o irregular, únicos para los que se halla instituida la facultad moderadora del repetido art. 1154, ya que durante el tiempo de duración de la mora el incumplimiento fue total». (29 noviembre 1997, LA LEY 10835/1998) (Criterio reiterado, con cita explícita de esta sentencia por las de 10 mayo 2001, LA LEY 5203/2001, y 27 febrero 2002, LA LEY 4087/2002)

«La facultad moderadora que otorga el artículo 1154 sólo opera cuando la obligación principal hubiera sido en parte o irregularmente cumplida por el deudor y aquí estamos ante un contrato de ejecución de obra en el que el contratista incumplió el deber asumido de entregarla en el plazo previsto en el contrato, lo que resulta perfectamente demostrado, y en estas relaciones jurídicas no cabe la posibilidad legal de aplicar la facultad moderadora y aquí se trata más bien de cláusula estricta y exclusivamente penal moratoria al estructurarse sobre el mero retraso, lo que la hace inconciliable con los conceptos de incumplimiento parcial o irregular (artículo citado 1154 en relación al 1152), representando efectivo incumplimiento total (sentencias de 29-XI-97 y 27-2-2002)». (29 marzo 2004, rec. 1475/1998)

«La misma suerte desestimatoria ha de correr el tercer motivo del recurso, fundado en infracción del art. 1154 CC por no haberse moderado la cláusula penal por el tribunal sentenciador en el mismo sentido en que lo hizo el juzgador del primer grado, ya que la jurisprudencia de esta Sala es constante al rechazar la moderabilidad de las cláusulas penales moratorias por ser el mero retraso, por sí solo, inconciliable con los conceptos de cumplimiento parcial o irregular contemplados en el precepto de que se trata (SSTS 29-11-97 en recurso 2134/93, 27-2-02 en recurso 2791/96, 10-5-01 en recurso 1184/16 y 29-3-04 en recurso 1475/98)». (7 noviembre 2006, LA LEY 129032/2006)

«Esta Sala tiene declarado que es un presupuesto para la aplicación del artículo 1.154 del Código Civil, la existencia de un cumplimiento parcial o irregular de la obligación principal, de modo que el precepto resultaría inaplicable ante un incumplimiento total —sentencias de 30 marzo 1999, 7 febrero 2002 y 17 diciembre 2003, entre otras—, como también en los supuestos en que el cumplimiento defectuoso o irregular es precisamente el tipo de incumplimiento sancionado con la pena, como ocurre en los casos de cláusula penal en que se prevé precisamente una sanción para la mora de alguna de las partes con subsistencia del contrato —sentencias de 10 mayo 2001, 7 febrero y 8 octubre 2002—. Señala al respecto la sentencia de 29 noviembre 1997 que la cláusula penal moratoria "...está estipulada exclusivamente para el supuesto del retraso en que incurra el deudor en el cumplimiento de la obligación. A dicha cláusula moratoria, que no está estipulada para el supuesto de incumplimiento de la obligación, sino sólo y exclusivamente para el caso de retraso en el cumplimiento de la misma, no cabe la posibilidad legal de aplicarle la facultad moderadora del artículo 1154 del Código Civil, ya que ésta se halla instituida solamente para el supuesto de cumplimiento parcial o irregular de la obligación (en comparación con el incumplimiento total para el que pudo ser estipulada la respectiva cláusula penal), pero ello no puede ocurrir nunca en el caso de la cláusula estrictamente moratoria, la cual ha de desenvolver ineludiblemente su eficacia sancionadora (por así haberlo estipulado libremente las partes) por el mero y único hecho del retraso en el cumplimiento de la obligación, cuyo mero retraso, por sí solo, es totalmente inconciliable con los conceptos de cumplimiento parcial o irregular, únicos para los que se halla instituida la facultad moderadora del repetido artículo 1154, ya que durante el tiempo de duración de la mora el incumplimiento fue total"». (15 octubre 2008, rec. 2275/2002, LA LEY 152136/2008) (Doctrina reiterada por la de 16 octubre 2008, rec. 2647/2002, LA LEY 189342/2008)

«la facultad de moderación prevista en el artículo 1154 del Código Civil tiene carácter imperativo y no facultativo, pero que este derecho se prevé para el caso de cumplimiento parcial o irregular y no a un supuesto retraso en la entrega de la obra donde no es posible

un cumplimiento parcial o irregular, y en efecto, la doctrina jurisprudencial es constante en rechazar la moderación de las cláusulas penales moratorias por ser el mero retraso por sí solo inconciliable con los conceptos de incumplimiento parcial o irregular contemplados en el precepto de que se trata (entre otras, SSTS de 29 de noviembre de 1997, 10 de mayo de 2001, 27 de febrero de 2002 y 29 de marzo de 2004)». (19 febrero 2009, rec. 1252/2003, LA LEY 2635/2009)

«Las sentencias de esta Sala de 10 mayo 2001 y 20 diciembre 2006, entre otras, señalan que a la cláusula penal moratoria "estipulada exclusivamente para el supuesto del retraso en que incurra el deudor en el cumplimiento de la obligación no cabe la posibilidad legal de aplicarle la facultad moderadora del artículo 1154 del Código Civil, ya que ésta se halla instituida solamente para el supuesto de cumplimiento parcial o irregular de la obligación (en comparación con el incumplimiento total para el que pudo ser estipulada la respectiva cláusula penal), pero ello no puede ocurrir nunca en el caso de la cláusula estrictamente moratoria, la cual ha de desenvolver ineludiblemente su eficacia sancionadora (por así haberlo estipulado libremente las partes) por el mero y único hecho del retraso en el cumplimiento de la obligación"». (23 diciembre 2009, rec. 1097/2004, LA LEY 254313/2009)

«El artículo 1154, cuando se pacta una cláusula penal moratoria, desenvuelve su eficacia sancionadora por el mero hecho del retraso en el cumplimiento de la obligación, cuya demora, por sí sola, es inconciliable con los conceptos de incumplimiento total o irregular. La llamada cláusula penal moratoria está estipulada exclusivamente para el supuesto de retraso en que incurra el deudor en el cumplimiento de la obligación, y no cabe la posibilidad legal de aplicarle la facultad moderadora del artículo 1154, ya que ésta se halla instituida sólo para el caso de inobservancia parcial o irregular, lo que no puede acaecer con la presencia de la cláusula moratoria, la cual ha de desenvolver ineludiblemente su eficacia sancionadora, al haberlo así pactado las partes, por el mero hecho de la demora en la observancia de la obligación, que, por sí solo, es inconciliable con los conceptos de incumplimiento parcial o irregular, únicos para los que se halla instituida la facultad moderadora del mentado artículo 1154». (31 marzo 2010, rec. 1359/2005, LA LEY 16960/2010)

«No cabe la aplicación de la moderación de la pena convencional que prevé el artículo 1154 del Código civil para el caso de incumplimiento parcial de la obligación principal, puesto que en el presente caso, la sociedad compradora incumplió el contrato totalmente, al no observar la previsión esencial que se hallaba en la estipulación 5 y quedan sin llevarse a cabo y cumplirse el contrato en el plazo pactado, desconociendo la lex contractus que proclama el artículo 1091 del código civil (así, sentencias de 5 de octubre de 2006, 7 de febrero de 2007, 22 de mayo de 2008)». (10 junio 2011, rec. 651/2007, LA LEY 83091/2011)

«Se estima este motivo porque ciertamente, como se alega en el mismo, la jurisprudencia de esta Sala no admite la moderación de la cláusula penal en caso de incumplimiento parcial o irregular de la obligación principal cuando tal incumplimiento parcial sea precisamente el contemplado en el contrato como presupuesto de la pena (STS 1-10-10 en rec. 633/06, con cita de las SSTS 13-2-08 en rec. 5570/00 y 14-6-06 en rec. 3892/99), lo que se traduce, aplicado a las cláusulas penales por retraso en la entrega de una obra, usualmente denominadas "moratorias", en que no quepa reducir el importe de la pena libremente acordado entre las partes (SSTS 7-11-06 en rec. 5309/99 y 27-2-02 en rec. 2791/96 entre otras muchas)». (12 julio 2011, rec. 1034/2007, LA LEY 111571/2011)

CONCORDANCIAS

Véase art. 1.103 de este Código.

Artículo 1.155

La nulidad de la cláusula penal no lleva consigo la de la obligación principal.

La nulidad de la obligación principal lleva consigo la de la cláusula penal.

COMENTARIO

La obligación con cláusula penal es una obligación principal, con la estructura norma, sin otra especialidad que la cláusula penal que se le ha añadido y puede alterar, no el débito, pero sí la responsabilidad, por cuanto la pena sustituirá la normal responsabilidad consistente en la separación in natura o indemnización de daños y perjuicios (art. 1911).

La cláusula penal, a su vez, establece una pena. Y dicha pena convencional tiene la naturaleza de obligación accesoria condicional: si se incumple aquella obligación principal (la asegurada con cláusula penal) el deudor deberá realizar la prestación —consistente generalmente en pagar una cantidad de dinero— a favor del acreedor, quien tendrá derecho a exigírsela. Por tanto, es generalmente una obligación dineraria: es siempre una obligación accesoria, que depende y sigue la suerte de la obligación principal, y, por tanto, se extingue con ésta, aunque no a la inversa, tal como dice este art. 1.155.

CONCORDANCIAS

Véanse arts. 1.190 y 1.824 de este Código.

CAPÍTULO IV
DE LA EXTINCIÓN DE LAS OBLIGACIONES

Disposiciones generales

Artículo 1.156

Las obligaciones se extinguen:

Por el pago o cumplimiento.

Por la pérdida de la cosa debida.

Por la condonación de la deuda.

Por la confusión de los derechos de acreedor y deudor.

Por la compensación.

Por la novación.

COMENTARIO

1.- La obligación, por su propio concepto, tiene una duración limitada en el tiempo; pretende la satisfacción del interés del acreedor. Este interés se satisface mediante el pago o cumplimiento, lo cual tiene, como evidente consecuencia, la extinción de la obligación. Pero ésta se extingue también por otras causas.

La extinción de la obligación se produce, pues, por el pago y por la ejecución forzosa o por equivalencia. Y también se produce por una serie de hechos que producen la extinción: la compensación, la remisión o condonación, la confusión, la novación y la imposibilidad de la prestación.

Lo cual no empece que otros casos, que no causas, produzcan extinción de las obligaciones. Son los casos de invalidez de la fuente de la obligación (así, como normal, el contrato), el mutuo disenso en el contrato (acuerdo de las partes de dejarlo sin efecto), la muerte en las obligaciones *intuitu personae,* la prescripción extintiva, etc.

2.- Este art. 1.156 hace una enumeración de las causas de extinción de la obligación, que no es exhaustiva. Comienza con el *pago o cumplimiento*, que son conceptos sinónimos, aunque en la práctica se suele utilizar la palabra «pago» para referirse al cumplimiento de una obligación dineraria (entregar una suma de dinero); pero no es así: pago es igual a cumplimiento de cualquier clase de obligación. Tampoco es propiamente una causa de extinción, sino el fin lógico y normal de la obligación, consistente en la satisfacción del interés del acreedor, aunque ello da lugar, evidentemente, a su extinción.

Además, enumera como causas de extinción, la *pérdida de la cosa debida*, que comprende el concepto más amplio de la imposibilidad sobrevenida y que regulan los arts. 1.182 y ss.; la *condonación* o remisión de la deuda, que es la renuncia gratuita al derecho de crédito y que prevén los arts. 1.187 y ss.: la *confusión* o reunión en una misma persona de las titularidades de acreedor y de deudor y que contemplan los arts. 1.192 y ss.: la *compensación*, que es regulada por los arts. 1.195 y ss.; y la *novación*, en los arts. 1.203 a 1213 que contemplan otros supuestos y que es extinción de la obligación, no debiéndose confundir con la mal llamada novación modificativa.

JURISPRUDENCIA

«el art. 1.156 enumera de forma meramente enunciativa y no exhaustiva, ya que la relación que tal precepto contiene no agota todos los supuestos de extinción». (12 noviembre 1987, LA LEY 11148-R/1988)

SECCIÓN PRIMERA
Del pago

Artículo 1.157

No se entenderá pagada una deuda sino cuando completamente se hubiese entregado la cosa o hecho la prestación en que la obligación consistía.

COMENTARIO

1.- Cumplimiento normal (o correcto) significa la realización de la prestación por el deudor a favor del acreedor. El cumplimiento significa, pues, para el deudor la realización de la conducta debida (en que consiste la prestación), lo que implica la liberación de su deuda; para el acreedor significa la satisfacción de su interés, el ejercicio de su derecho; para la obligación en sí misma considerada, implica su extinción.

Tal como se ha dicho al comentar el artículo anterior, pago y cumplimiento tienen el mismo significado. El Código Civil utiliza el término de cumplimiento de la obligación, como sinónimo —que lo es efectivamente— de pago, empleando una y otra expresión indistintamente. Así los arts. 1.156 y 1.157 y siguientes.

2.- En este artículo, el primero que se refiere al *pago o cumplimiento de la obligación*, se hace especial hincapié al objeto del mismo: el deudor debe hacer y el acreedor tiene derecho a exigir el cumplimiento exacto de la prestación, lo cual significa que la prestación, como objeto de la obligación, debe ser la exactamente prevista en ésta. En consecuencia, el pago (ejecución de la prestación; cumplimiento normal de la obligación) tiene como requisitos relativos a su objeto los que hacen que sea exacto, que son: identidad, integridad e indivisibilidad. Así, debe realizarse la misma prestación (identidad), completamente (integridad) y sin fraccionarla (indivisibilidad).

3.- La *identidad* en el pago o cumplimiento significa la coincidencia entre prestación pactada como objeto de la obligación y la realizada como cumplimiento de la misma. No hay pago si es realizada otra prestación distinta de la prevista. A ello se refiere este artículo, en general, y los arts. 1.166 y 1.167 a las obligaciones de dar y el art. 1.170 a la de dar una cantidad de dinero (obligación pecuniaria) y el segundo párrafo del 1.166 a las de hacer.

La *integridad* en el pago o cumplimiento también es recogida en el presente artículo: debe comprender la prestación completa. Por tanto, el deudor debe realizar la prestación de dar, hacer o no hacer, completamente, en su integridad: en otro caso, no hay pago, como cumplimiento normal de la obligación, a no ser que el acreedor esté conforme, lo que significa pacto modificativo de la obligación, válido al amparo del principio de la autonomía de la voluntad.

A la *indivisibilidad* se refiere el art. 1.169.

JURISPRUDENCIA

«entra en juego el art. 1157 CC que declara que no se entenderá pagada una deuda, sino cuando completamente se hubiese entregado la cosa o hecho la prestación en que la obligación consista, por lo que debe tratarse de pago íntegro». (30 enero 1999, LA LEY 1808/1999)

«Ciertamente las obligaciones se extinguen por el pago o cumplimiento (art. 1156), pero no se entiende pagada una deuda, sino cuando completamente se hubiese entregado la cosa o hecho la prestación en que la obligación consistía (art. 1157 CC). El pago exige identidad e integridad de la prestación convenida, o sea adecuación entre lo debido y lo realizado —sentencias de 25 Sep. 1986 y 30 Jun. 1987 y 12 Jul. 1993—». (24 octubre 2001, LA LEY 7820/2002)

CONCORDANCIAS

Véanse arts. 886, 1.095 a 1.099 y 1.169 de este Código.

Artículo 1.158

Puede hacer el pago cualquier persona, tenga o no interés en el cumplimiento de la obligación, ya lo conozca y lo apruebe, o ya lo ignore el deudor.

El que pagare por cuenta de otro podrá reclamar del deudor lo que hubiese pagado, a no haberlo hecho contra su expresa voluntad.

En este caso sólo podrá repetir del deudor aquello en que le hubiera sido útil el pago.

COMENTARIO

1.- El pago o cumplimiento, en principio, lo debe hacer el deudor o su representante, pero también puede hacerlo un tercero ajeno a la obligación de acuerdo con el deudor, o sin saberlo éste o incluso contra su voluntad.

2.- El efecto del pago por tercero no es extintivo de la obligación; el deudor seguirá siendo deudor.

Los efectos concretos del pago por tercero son:

Primero. *Acción de reembolso*. El tercero que ha pagado puede exigir el reembolso al verdadero deudor, pero sólo lo que él exactamente hubiera pagado: art. 1.158, segundo párrafo: el que pagare por cuenta de otro podrá reclamar del deudor lo que hubiese pagado.

Segundo. *Actio in rem verso*. Si el tercero ha pagado contra la expresa voluntad del deudor, no tiene la acción de reembolso, sino simplemente acción para reclamar lo que hubiere enriquecido al deudor, que podrá ser lo mismo que pagó el tercero o no: art. 1.158, tercer párrafo: en este caso (pago contra la expresa voluntad del deudor) sólo podrá repetir del deudor aquello en que le hubiera sido útil el pago.

Tercero. *Subrogación*. El tercero que ha pagado adquiere el crédito; se subroga en el mismo, ocupando el puesto de acreedor. Es más amplio este efecto que el primero, que se concreta al reembolso, y que el segundo, que se reduce al beneficio del deudor. Es el llamado pago con subrogación o subrogación por pago. El nuevo acreedor —el tercero que pagó y ahora subrogado en el crédito— no sólo tiene el crédito, sino todos los derechos accesorios y garantías, según dispone el art. 1.212.

Se producirá la subrogación si se ha convenido el pago por tercero (art. 1.210, núm. 2º: cuando un tercero, no interesado en la obligación, pague con aprobación expresa o tácita del deudor) o lo dispone la ley, cuando un acreedor pague a otro acreedor preferente (como dice el art. 1.210, núm. 1º).

JURISPRUDENCIA

«El art. 1158 CC permite a cualquier persona efectuar el pago de la obligación, con independencia de cuál sea la actitud del deudor, que sólo afectará a las acciones que quien paga por otro tendrá contra el auténtico deudor. En este caso se ha producido el supuesto de hecho previsto en el mencionado art. 1158 CC, porque estando la demandante y los demandados obligados a pagar las cantidades comprometidas en la urbanización de la que ambas eran propietarias, según las parcelas resultantes del concreto plan aprobado por el Ayuntamiento de Úbeda, la empresa Hotel Ciudad de Úbeda, S.L., pagó la totalidad de la deuda y ejercitó la acción de reembolso para la cual resulta legitimada según el mencionado art. 1158 CC». (29 septiembre 2005, rec. 184/1999)

«el artículo 1158 del Código civil, que considera infringido permite en su párrafo 2 que un tercero pague aun contra la expresa oposición del deudor y que en este caso, quien paga sólo podrá repetir aquello "en que le hubiera sido útil el pago". Como afirma la sentencia de esta Sala de 29 septiembre 2005, "el art. 1158 CC permite a cualquier persona efectuar el pago de la obligación, con independencia de cuál sea la actitud del deudor, que sólo afectará a las acciones que quien paga por otro tendrá contra el auténtico deudor [...]". El pago efectuado por el tercero es un modo satisfactorio del acreedor, pero no liberatorio del deudor, puesto que se mantienen las relaciones entre éste y quien ha pagado, que podrá ejercer las acciones que le permite la ley y lo único que cambia es la naturaleza de éstas». (21 marzo 2007, LA LEY 9678/2007)

«artículo 1158 del Código civil se aplica a supuestos de pago por tercero en los que el deudor ignora el pago, e incluso lo desaprueba expresamente, según se desprende inequívocamente del mismo texto normativo, y nunca ha sido puesto en duda ni por la doctrina ni por la jurisprudencia (SSTS 4 de noviembre de 1897, 14 de julio de 1953, 16 de mayo de 1958, 12 de febrero de 1979, 23 de octubre de 1991, 8 de mayo de 1992, 18 de diciembre de 1997, 5 de marzo de 2001, 18 de diciembre de 2002, entre muchas otras), generando el pago diversos efectos según las posiciones del solvens *y del deudor, pues en unos casos se produce la subrogación (convencional o legal) en el mismo crédito y en otros la acción de reembolso, como ocurre cuando paga un tercero no interesado ignorándolo el deudor, o la de* in rem **verso,** *que es una acción de repetición por la utilidad producida de la que dispone el* solvens *cuando se trata de un tercero no interesado y realiza el pago contra la expresa voluntad del deudor (SSTS 19 de abril de 1934, 23 de octubre de 1991, 18 de diciembre de 1997, 5 de marzo de 2001, 18 de diciembre de 2002, etc.). Casos de subrogación legal son aquellos en que paga un tercero y así lo dispone una norma concreta (artículo 1209 CC), y también aquellos en que paga un tercero interesado en la obligación, tanto si el deudor aprueba el pago, lo ignora o lo desaprueba (artículo 1210.1 y 3 CC) o cuando paga un tercero no interesado en la obligación pero cuenta con la aprobación, expresa o tácita, del deudor (artículos 1210.2 y 1159 CC)».* (20 diciembre 2007, LA LEY 216813/2007)

«No hubo, pues, pago por persona interesada o no interesada en el cumplimiento de la obligación (arts. 1158 y 1210-2º CC) determinante de la subrogación de quienes pagaron, sino extinción de un crédito mediante pago por su deudor y simultánea apariencia de subsistencia de ese crédito mediante la manipulación de la figura de cesión de créditos abusando de la formal personalidad jurídica diferenciada de las tres sociedades hoy recurrentes». (18 junio 2009, rec. 2315/2004, LA LEY 119073/2009)

«La actio de in rem verso o de provecho obtenido se concede a quien ha hecho pago, liberando al verdadero deudor de su obligación, a efectos de obtener de este último el reembolso de lo satisfecho; incluso cuando el pago se hubiera efectuado contra la expresa voluntad del deudor, supuesto en que la acción de repetición sólo alcanzará la cantidad en que el pago fue útil para el deudor... ... pudiera existir interés en el cumplimiento de aquella primera obligación no priva al pagador del carácter de "tercero" que le confiere la legitimación para el ejercicio de la acción de reembolso, pues es "tercero" el "no obligado" con independencia de que "tenga o no interés en el cumplimiento de la obligación", que es cuestión distinta». (12 marzo 2010, rec. 2369/2005, LA LEY 5302/2010)

«La identidad objetiva de la acción por enriquecimiento injusto con la acción de reembolso del artículo 1158 CC... ...la acción del artículo 1158 CC tiene su fundamento último en el principio que prohíbe el enriquecimiento sin causa, por lo que la alegación de este principio no supone una individualización jurídica de los hechos distinta respecto a la invocación del artículo 1158 CC». (28 junio 2010, rec. 1146/2006, LA LEY 114033/2010)

«a la luz del artículo 1.158 del Código Civil, el cumplimiento por tercero, por más que satisfaga al acreedor, no libera al deudor, que lo sigue siendo, ahora, del "solvens"; o en la de que no se produce el siniestro previsto en el contrato de seguro de responsabilidad civil mientras el acreedor no reclama al responsable, sin tener en cuenta que se convierte en daño, como se dijo, cuanto el hecho generador de la deuda acaece». (30 diciembre 2010, rec. 432/2007, LA LEY 259805/2010)

«Es cierto que el pago por tercero regulado en el art. 1158 CC puede parecer en principio extraño a casos como el aquí enjuiciado, esto es, el de constitución de una sociedad mercantil cuya única actividad era pagar deudas ajenas con la expectativa de obtener beneficios situándose en una posición especialmente favorable para el caso de que, si el deudor no le reembolsaba lo pagado, promover una ejecución sobre sus bienes inmuebles. Sin embargo esta finalidad no puede considerarse en sí misma ilícita, ilegítima o manifiestamente anormal o antisocial porque, de un lado, la doctrina científica sí contempla, entre las muchas hipótesis que caben en el art. 1158 CC, la de un acreedor ordinario que pague a otro preferente para liberar un bien del deudor y promover ejecución sobre el mismo; y de otro, la utilidad a que se refiere el párrafo último de dicho artículo debe entenderse, aunque ciertamente sobre este punto la doctrina científica no sea unánime, en sentido objetivo, esto es, analizando si mediante el pago se ha producido un aumento del patrimonio del deudor mediante la disminución de su pasivo, cual sucedió en el presente caso. Si a todo ello se une que la jurisprudencia mantiene un concepto amplio de tercero a efectos de su legitimación para el ejercicio de las acciones de reembolso o repetición (p. ej. SSTS 23-7-07 en rec. 2427/00 y 12-3-10 en rec. 2369/05), no exigiendo ninguna relación especial entre el deudor y el tercero que paga su deuda». (26 mayo 2011, rec. 207/2008, LA LEY 71514/2011)

CONCORDANCIAS

Véase arts. 1.145 y 1.209 y ss. de este Código.

Artículo 1.159

El que pague en nombre del deudor, ignorándolo éste, no podrá compeler al acreedor a subrogarle en sus derechos.

COMENTARIO

Este artículo es una continuación o matización del anterior. Es el caso del tercero, ajeno a la obligación que paga o cumple ésta, ignorándolo el deudor. Tiene la acción de reembolso, pero no la subrogación.

No hay, pues, subrogación legal y por tanto, como dice el Código, «no podrá compeler al acreedor a subrogarle en sus derechos». Sin embargo, puede haber subrogación, convencional, si media acuerdo con el acreedor.

CONCORDANCIAS

Véanse arts. 1.209 y 1.210 de este Código.

Artículo 1.160

En las obligaciones de dar no será válido el pago hecho por quien no tenga la libre disposición de la cosa debida y capacidad para enajenarla. Sin embargo, si el pago hubiere consistido en una cantidad de dinero o cosa fungible, no habrá repetición contra el acreedor que la hubiese gastado o consumido de buena fe.

COMENTARIO

1.- El deudor es, en principio (como se ha dicho al comentar los artículos anteriores), la persona que debe realizar el pago o cumplimiento, es decir, la prestación que constituye el objeto de la obligación; lo hará por sí o por representante; lo puede hacer también un tercero.

El pago es un acto jurídico y la *capacidad* necesaria para hacerlo será la correspondiente al tipo concreto de pago que deba hacerse.

2.- Para las obligaciones de dar, este artículo da una norma de capacidad: tener la libre disposición de la cosa debida y tener capacidad para enajenarla. Por ello, 1º) no tiene poder de disposición el que no sea propietario de la cosa que da ni el que, siéndolo, tiene privado o limitado dicho poder: de hacer el pago sin poder de disposición, será ineficaz. 2º) no tiene capacidad el que carece de la de obrar: no ser mayor de edad o estar incapacitado.

3.- Sin embargo, si se produce un pago en dinero u otra cosa consumible (el texto legal dice «cosa fungible» para referirse a la consumible, lo que es muy frecuente en el Código), aunque el que paga carezca de libre disposición sobre ello o de capacidad, no cabe repetición de la misma si el acreedor que ha recibido el pago ha gastado el dinero o consumido la cosa de buena fe.

JURISPRUDENCIA

«la enajenación de una cuota en el condominio superior a la que corresponda a los vendedores es un caso de enajenación de cosa ajena (respecto a ese plus), y como tal debe

ser tratada jurídicamente. La doctrina reiterada de esta Sala (S de 20 de abril de 2007 y las que cita) es la de que la misma es válida y eficaz como tal compraventa, aunque existirá un incumplimiento de la obligación de entrega por el vendedor al haber recaído sobre cosa respecto a la cual carece de poder de disposición (art. 1160), lo cual legitima la acción del comprador por incumplimiento contractual, o se convierte en un título hábil para usucapir. Por otra parte, el verdadero titular podrá reivindicar del comprador lo que le pertenece, dando lugar ello a la evicción de éste frente al vendedor, aunque no pierde dicho comprador la facultad de alegar contra el reivindicante la prescripción adquisitiva (arts. 1962 y 1963)». (26 febrero 2008, LA LEY 31930/2008)

CONCORDANCIAS

Véanse arts. 1.897 a 1.899 de este Código.

Artículo 1.161

En las obligaciones de hacer el acreedor no podrá ser compelido a recibir la prestación o el servicio de un tercero, cuando la calidad y circunstancias de la persona del deudor se hubiesen tenido en cuenta al establecer la obligación.

COMENTARIO

1.- Este artículo se concreta a la obligación intuitu personae, que es aquella en que se han tomado en cuenta, como elementos esenciales, los subjetivos de la obligación; en este caso, la concreta persona del deudor («su calidad y circunstancias», dice este artículo). Por ello, sólo el pago o cumplimiento realizado por el deudor determinado satisfará el interés del acreedor. En otras palabras, sólo será verdadero pago o cumplimiento el que realice el deudor personalmente.

2.- Así, en contra de lo dispuesto en artículos anteriores, sólo se cumplen los presupuestos del pago o cumplimiento, si éste es realizado por el deudor.

En cuanto a los presupuestos subjetivos, no es válido el pago hecho por representante del deudor o por tercero. En cuanto a los presupuestos objetivos, no se cumple el de identidad si el pago o cumplimiento no lo hace el mismo deudor; de hacerlo otro (representante o tercero) no sería la misma prestación pactada.

3.- Las más típicas expresiones de las obligaciones *intuitu personae* son las derivadas del contrato de prestación de servicios y las del contrato de ejecución de obra. Es lógica consecuencia, el art. 1595.

En principio la obligación *intuitu personae* se extingue por la muerte del deudor.

CONCORDANCIAS

Véanse arts. 1.098 y 1.099 de este Código.

Artículo 1.162

El pago deberá hacerse a la persona en cuyo favor estuviese constituida la obligación, o a otra autorizada para recibirla en su nombre.

COMENTARIO

1.- Respecto a los presupuestos subjetivos del pago o cumplimiento, este artículo y los siguientes tratan del acreedor, en principio, el acreedor es el destinatario del mismo: recibirá el pago personalmente o a través de representante (a ambos casos se refiere este artículo) o lo recibirá un tercero (a que se refiere el art. 1.163, segundo párrafo).

Cuando se emplea la expresión «recibir el pago» no sólo se refiere a una obligación de dar, sino a toda clase de obligación. Cuando este artículo dice «persona en cuyo favor estuviese constituida la obligación» se refiere al acreedor.

2.- En primer lugar, pues, el pago o cumplimiento de la obligación se hará al acreedor personalmente, que lo recibirá, satisfaciéndose así su interés. Así lo expresa el primer inciso de este artículo.

El acreedor será el mismo que constituyó, con el deudor, la obligación o puede ser otro distinto, por razón de la transmisión de su derecho de crédito *inter vivos* o *mortis causa*, o puede ser un tercero, ajeno a la obligación en los casos de contratos a favor de tercero.

3.- En segundo lugar, el pago o cumplimiento se puede hacer a una persona «autorizada» para recibirla en su nombre, dice el segundo inciso de este artículo. Lo cual significa que recibe el pago o cumplimiento la persona autorizada, cuyo concepto es más amplio que el de representación; puede tratarse de un representante legal o voluntario, pero también de un mandatario sin representación o incluso otra persona con autorización expresa o tácita, con o sin relación jurídica concreta con el acreedor (un empleado, un amigo, etc.).

4.- El pago a tercero lo contempla el art. 1.163, segundo párrafo. Es pago a tercero, el frecuente caso de los pagos dinerarios a la entidad bancaria donde el acreedor tiene cuenta corriente. No hay problema si ha habido acuerdo entre acreedor y deudor para el pago de esta forma; pero incluso sin acuerdo, aunque también sin oposición, el pago es válido cuando se hace así. También puede considerarse este pago, no a tercero, sino a persona autorizada y en numerosos casos es así.

JURISPRUDENCIA

«impone para que el pago sea liberatorio, ha de hacerse a la persona a cuyo favor estuviere constituida la obligación, por lo que de acuerdo al indicado precepto debió haberlo hecho a la persona con la que se obligó en el contrato». (8 mayo 2000, LA LEY 7016/2000)

«los cheques librados para el pago de los vehículos, fueron percibidos por la entidad concesionaria de éstos y no por la inexistente sociedad belga fabricante. Los pagos se hicieron, pues, a la persona a cuyo favor estaba constituida la obligación, que era la sociedad que, como concesionaria, entregaba los vehículos y, en definitiva, a la persona correctamente designada, no a una cuya existencia no consta». (10 diciembre 2004, rec. 3371/1998)

CONCORDANCIAS

Véanse arts. 1.126, 1.185 y 1.895 de este Código.

Artículo 1.163

El pago hecho a una persona incapacitada para administrar sus bienes será válido en cuanto se hubiere convertido en su utilidad.

También será válido el pago hecho a un tercero en cuanto se hubiera convertido en utilidad del acreedor.

COMENTARIO

1.- El acreedor, para recibir el pago o cumplimiento de la obligación, por sí o por representante, precisa, como mínimo, la capacidad para administrar los bienes. Por tanto, en principio, el pago no es válido si carece de la misma. Y carece de ella el incapaz (el menor de edad) y el incapacitado total o parcialmente cuya incapacitación comprenda la de administrar los bienes. El primer párrafo parece referirse sólo al incapacitado, pero comprende todo caso —incapacidad o incapacitación— que le prive de la capacidad de obrar.

Sin embargo, el pago o cumplimiento hecho al incapaz o incapacitado, sí es válido, si redunda en su utilidad, en el sentido de que satisface el interés del acreedor.

Parece una contradicción el art. 1.302. Pero éste se refiere al contrato y al caso de la anulabilidad. El art. 1.163 se refiere al cumplimiento de la obligación. Si es una obligación derivada de contrato y éste es anulable, puede quedar anulado por el ejercicio de la acción, produciendo todas sus consecuencias. El art. 1.163 se refiere sólo al pago o cumplimiento, y regula los efectos de hacer éste a un incapaz o incapacitado. Si se anula el contrato productor de la obligación, no tendrá aplicación el 1163.

2.- El segundo párrafo regula el *pago a tercero* que también es válido si redunda en beneficio del acreedor, en el mismo sentido de que satisface su interés.

3.- Otro supuesto de pago no al acreedor es el llamado *adiectus solutionis causa*, procedente del Derecho romano, no previsto en el Código Civil, pero aceptable al amparo del principio de autonomía de la voluntad (art. 1.255). Por acuerdo entre los sujetos —acreedor y deudor— se designa a un tercero como destinatario del cumplimiento de la obligación. Este, por tanto, no es el acreedor, ni un representante suyo, pero es la persona a quien debe hacer el pago el deudor, aunque él —al no ser acreedor— no tiene el derecho a exigir el cumplimiento; este derecho lo tiene sólo el verdadero acreedor: éste exigirá que el deudor cumpla, haciendo pago al tercero designado.

CONCORDANCIAS

Véase art. 1.304 de este Código.

Artículo 1.164

El pago hecho de buena fe al que estuviere en posesión del crédito, liberará al deudor.

COMENTARIO

1.- En artículos anteriores se regula el elemento subjetivo de la obligación, el acreedor, que recibe el pago o cumplimiento personalmente o por persona autorizada o incluso por tercero. Este artículo regula el pago o cumplimiento a acreedor aparente. El texto legal da un concepto incorrecto: «al que estuviere en posesión del crédito»: aparte de la dificultad de admitir la posesión del derecho de crédito, no se trata de un supuesto tan restringido sino que se debe considerar que es el caso de la apariencia razonable de que una persona es el acreedor, lo que, a su vez, se conecta necesariamente con la buena fe del que cumple la obligación.

2.- El deudor (o su representante o un tercero) que realiza el pago o cumplimiento de la obligación al acreedor aparente, es preciso que lo haga de buena fe. Esta buena fe significa la creencia razonable de que lo hace al acreedor; no sólo, pues, su creencia subjetiva de que hace el pago al acreedor, sino la objetiva de que reúne unas mínimas condiciones de apariencia de tal.

3.- El efecto es que es válido el pago o cumplimiento hecho al acreedor aparente, de buena fe. Es decir, el que hace el deudor a quien tiene una apariencia objetivamente razonable de ser el acreedor y aquél lo cree así. Lo cual, como dice este artículo, «liberarán al deudor».

JURISPRUDENCIA

«el art. 1164 CC libera al deudor que de buena fe pagase al que estuviera en posesión del crédito, locución esta última que la doctrina científica y la jurisprudencia entienden referida al acreedor no necesariamente legítimo sino al adecuada y razonablemente aparente, dotado de una apariencia "objetivamente verosímil" (SSTS 17-10-98 y 22-2-88 entre otras)... ... la omisión de una total diligencia no tiene por qué excluir la buena fe de quien se libera pagando al acreedor aparente conforme al art. 1164 CC». (5 noviembre 2008, rec. 1111/2003, LA LEY 176078/2008)

«como queda dicho, la sentencia estima que la posesión del pagaré en el momento de requerimiento, en unión de la acreditación posterior de la condición de presidente de la Cooperativa, era suficiente para considerar que el pago tenía efecto liberatorio en consideración a la doctrina el acreedor aparente (artículo 1164 CC y SSTS 17 de octubre de 1998, RC n.º 1618/1994, 5 de noviembre de 2008, RC n.º 1111/2003). Esta doctrina está en consonancia con la naturaleza del protesto, que tiene por objeto preconstituir una prueba amparada por la fe pública notarial del contenido literal de la letra y de la denuncia de hechos o situaciones que la afectan, fundamentalmente la falta de aceptación o la falta de pago, a tenor de las manifestaciones que respecto de ellas realiza el portador del título ante el notario, por lo que su finalidad principal es acreditar el estado y el contenido del título y la diligencia de su portador al protestarlo. Atendida la finalidad del protesto, resulta fundamental en orden a la legitimación de quien lo solicita la posesión del título-valor... ... Cuando toma en consideración la posesión del título para atribuir al compareciente la condición de acreedor aparente no se opone a la necesidad de justificar la representación que ostenta el mandatario para el cobro (motivo sexto, en relación con la STS de 1 de julio de 1991), pues el carácter de portador del título otorga legitimación para instar el protesto, corroborada por la posterior justificación de la condición de presidente de la Cooperativa». (20 mayo 2009, rec. 1751/2004, LA LEY 75428/2009)

CONCORDANCIAS

Véase arts. 1.527, 1.738, 1.842 y 1.895 a 1.901 de este Código.

Artículo 1.165

No será válido el pago hecho al acreedor por el deudor después de habérsele ordenado judicialmente la retención de la deuda.

COMENTARIO

1.- Al comentar el art. 1.163 se ha dicho que el acreedor precisa de capacidad de obrar para recibir el pago o cumplimiento de la obligación. Pero además, según se desprende de este artículo, precisa de poder de disposición sobre el derecho de crédito.

Carece de la misma cuando se ha ordenado judicialmente —la autoridad judicial es la única que puede ordenarlo— la retención de la deuda: el caso más frecuente es el del embargo de la misma.

2.- En consecuencia, no es válido el pago o cumplimiento hecho el acreedor cuando se ha ordenado judicialmente la retención de la deuda. Para ello es preciso también que tal orden haya sido notificada al deudor; por más que medie tal orden, si el deudor la ignora, el pago es válido. No lo es, como dice el texto legal, «después de habérsele ordenado judicialmente la retención de la deuda».

Artículo 1.166

El deudor de una cosa no puede obligar a su acreedor a que reciba otra diferente, aun cuando fuere de igual o mayor valor que la debida.

Tampoco en las obligaciones de hacer podrá ser sustituido un hecho por otro contra la voluntad del acreedor.

COMENTARIO

1.- Los artículos anteriores tratan de los presupuestos subjetivos del pago o cumplimiento de la obligación, relativos al deudor y al acreedor. Este artículo y los siguientes contemplan los requisitos objetivos del pago, partiendo de la norma básica que contiene el art. 1.157.

El artículo 1.157 ya enunciaba el requisito de la *identidad*. Este lo concreta en relación a las obligaciones de dar y de hacer.

2.- En cuanto a las obligaciones de dar cosa específica (las de cosa genérica son tratadas en el artículo siguiente) insiste en el requisito de identidad en el pago, estableciendo que debe entregarse la cosa objeto de la obligación, no otra distinta, «aun cuando fuere de igual o mayor valor que la debida».

El texto legal dice que el deudor «no puede obligar a su acreedor a que reciba otra diferente», lo que implica el requisito de la identidad, pero también significa que si el acreedor está de acuerdo, sí puede recibir otra distinta, lo que supondrá o una dación en pago, o una modificación de la obligación (la mal llamada novación modificativa) o una novación.

3.- La misma idea se repite en las obligaciones de hacer. Debe cumplirse la obligación, realizando la prestación de hacer, pactada; no otra distinta.

Sin embargo, si hay acuerdo con el acreedor sí supondrá hacerse una prestación diferente, lo que implicará, como en la obligación de dar, una dación en pago, modificación de la obligación o novación.

JURISPRUDENCIA

«El pago viene a ser una relación de liquidación o extinción, integrada en la fase liquidatoria de un negocio jurídico, y que no puede por ello constituir otro negocio jurídico, sino solamente una de las varias relaciones jurídicas que pueden integrarse o desarrollarse a lo largo de la vida de cada contrato. Desde el punto de vista objetivo el cumplimiento tiene que realizarse exactamente en la forma establecida en el acto constitutivo de la obligación. La prestación a cumplir ha de ser la pactada y no otra distinta. Para determinar cuándo se

cumple en debida forma, se tendrá en cuenta la naturaleza del objeto debido. En el caso de deuda de cosa o prestación específica dice el art. 1166 del CC que el deudor de una cosa no puede obligar a su acreedor a que reciba otra diferente, aun cuando fuere de igual o mayor valor que la debida. Tampoco en la obligación de hacer podrá ser sustituido un hecho por otro contra la voluntad del acreedor.» (12 junio 2003, LA LEY 13178/2003)

«no se ha verificado el pago de acuerdo con la regla de identidad que rige en tema de cumplimiento de la prestación y en toda suerte de obligaciones (artículo 1166 del Código civil). No se trata de un aceite de oliva de menor calidad, sino de un aceite que, por no ser de oliva, no puede justificar el beneficio de restitución comunitario, lo que conduce a perder la ventaja justamente esperada por el comprador en la exportación». (21 octubre 2005, rec. 703/1999)

«Es reiterada la jurisprudencia en el sentido de negar la aplicación de los breves plazos establecidos para el ejercicio de las acciones edilicias, en aquellos casos en que el vendedor entrega al comprador una cosa que no sea la identificada, específica o genéricamente (artículos 1166 y 1167 del Código Civil), en la reglamentación contractual, de conformidad con la regla clásica según la que no cumple ni se libera el deudor que entrega cosa distinta de la debida, a no ser que lo haga con el consentimiento del acreedor (... quia aliud pro alio invito creditori solvi non potest: Digesto XII.II.I), tanto si la venta es civil (sentencias de 30 de noviembre de 1972, 25 de abril de 1973, 20 de diciembre de 1977), como si es mercantil (sentencias de 12 de marzo de 1982, 23 de marzo de 1982, 19 de diciembre de 1984, 28 de enero de 1992, 5 de noviembre de 1993, 14 de noviembre de 1994, 23 de diciembre de 1996...)». (15 diciembre 2005, rec. 1643/1999)

«La doctrina del aliud pro alio se desarrolla a partir del art. 1166 CC, que establece que "el deudor de una cosa no puede obligar a su acreedor a que reciba otra diferente, aun cuando fuere de igual o mayor valor que la debida"; por tanto, identificada la cosa debida, no es posible, sin un acuerdo entre las partes, cambiarla, porque el cambio unilateral por parte del deudor determina el incumplimiento de la obligación; en definitiva el "aliud pro alio" se aplica cuando en el contrato de compraventa se da una cosa diversa a la convenida, lo que se pone de manifiesto cuando hay una falta tan grave en las cualidades del bien entregado, sea ontológica o funcionalmente, que permite considerar que se está ante un incumplimiento contractual. Es cierto que la doctrina de esta Sala ha incluido en los casos de falta de adecuación de las prestaciones de acuerdo con lo estrictamente pactado, aquellos otros en que "produciéndose una objetiva y natural identidad, la prestación ofrecida es inhábil en relación con el objeto o inidónea para cumplir las finalidades o intereses del acreedor cuando éstos han sido conocidos por el deudor" (SSTS 29 octubre 1990, 1 marzo 1991, 28 enero 1992, 23 enero 1998)». (20 noviembre 2008, rec. 2098/2003, LA LEY 176080/2008)

Artículo 1.167

Cuando la obligación consista en entregar una cosa indeterminada o genérica cuya calidad y circunstancias no se hubiesen expresado, el acreedor no podrá exigirla de la calidad superior, ni el deudor entregarla de la inferior.

COMENTARIO

El artículo anterior reiteraba el requisito de la identidad en el pago, que ya enunciaba el art. 1.157, en las obligaciones de dar cosa específica y en las de hacer. Este artículo matiza el mismo requisito en las obligaciones de dar cosa genérica. Se cumple la identidad en el pago, dando una cosa perteneciente al género.

Si no se ha expresado la calidad y circunstancias de ésta, se establece que se deberá entregar una de calidad media: ni el acreedor puede exigirla de la calidad superior, ni el deudor puede cumplir entregando una de la calidad inferior.

JURISPRUDENCIA

«Cuando se trata de una cosa genérica —cosa determinada por su género (S 21 de octubre de 2003)—, cuya calidad y circunstancias no se hubieran expresado, el acreedor no podrá exigirla de la calidad superior, ni el deudor entregarla de la inferior (art. 1167 CC). Se trata de un supuesto de relativa indeterminación del objeto que no es obstáculo para la existencia del contrato (SS 21 de octubre 1992 y 16 de marzo de 1998). El tema es problemático cuando la compraventa de cosa futura (y con esto no queremos decir que la compraventa de cosa futura sea un precontrato —S 11 de febrero 1976—, aunque lógicamente cabe el precontrato de cosa futura) versa sobre un piso. La Sentencia del 17 de febrero de 1998 señala que la obligación asumida por la Constructora de entregar "un piso" no supone una cosa determinada si no total y absolutamente indeterminada, lo que supone indeterminación del objeto de la compraventa. En cambio la S de 10 de marzo de 1990 dice que "si evidentemente en el contrato [litigioso] uno de su objetos —el piso— no viene concretado en su superficie, ni otras características esenciales como tipo de construcción, calidad, etc., ello no implica la necesidad de que se produzca sobre ello un nuevo convenio entre los contratantes, determinante de una equivalencia de falta de objeto ex art. 1273 CC", al ser posible la determinación "en cuanto se previene en el contrato que será el que elija Dn. M. de entre los que construya Dn. J. en la obra que habría de llevar a cabo como consecuencia de la adquisición del inmueble a que se viene haciendo referencia, lo que genera adecuada determinación regida por el meritado art. 1273 CC». (23 febrero 2007, LA LEY 3251/2007)

CONCORDANCIAS

Véase art. 1.273 de este Código.

Artículo 1.168

Los gastos extrajudiciales que ocasione el pago serán de cuenta del deudor. Respecto de los judiciales, decidirá el Tribunal con arreglo a la Ley de Enjuiciamiento Civil.

COMENTARIO

1.- El artículo 1.168 se refiere a los gastos que ocasionan el pago, distinguiendo los gastos extrajudiciales de los judiciales.

Gastos extrajudiciales. Son los precisos para hacer el pago; necesarios para el cumplimiento de la obligación; todos cuantos sean necesarios para llevar a buen término el pleno cumplimiento de la prestación debida.

Tales gastos son de cuenta del deudor, como dispone el primer inciso del art. 1.168: los gastos extrajudiciales que ocasione el pago serán de cuenta del deudor.

Lo cual tiene el fundamento de que el acreedor debe recibir la prestación íntegra, sin disminuciones por gastos del pago.

Es una norma dispositiva. Los sujetos pueden pactar el pago de los gastos de forma distinta; así, que sean de cuenta del acreedor o de ambos por mitad, etc. Por otra parte, el

Código Civil regula para casos concretos en forma distinta los gastos del pago: así, artículo 1465 respecto al de entrega de la cosa vendida; artículo 1728 respecto al de cumplimiento del mandato; artículo 1.779 respecto al de cumplimiento (conservación de la cosa) del depósito.

Gastos concretos extrajudiciales, necesarios para la ejecución del pago, pueden citarse, sin carácter exhaustivo: los de puesta en circulación y protesto de letras de cambio; los de transporte al lugar de pago; los que ocasione librar un recibo o hacer carta de pago.

2.- Gastos judiciales. Son los producidos en proceso seguido sobre el cumplimiento de la obligación.

Dispone el segundo inciso del mismo artículo 1.168: respecto de los (gastos) judiciales, decidirá el Tribunal con arreglo a la Ley de Enjuiciamiento Civil, que los regula en el art. 394.

JURISPRUDENCIA

«art. 1168 CC que tiene por finalidad hacer efectivo el principio de integridad del pago, poniendo a cargo del deudor todos los desembolsos que sean precisos para la adecuada preparación y exacta ejecución de la prestación debida, sin que, salvo pacto, puedan considerarse como incluidos en el precepto cualesquiera dispendios o gastos realizados con ocasión del pago por el acreedor, a efectos de exigir su reembolso por el deudor». (30 octubre 1999, LA LEY 116282/2000)

Artículo 1.169

A menos que el contrato expresamente lo autorice, no podrá compelerse al acreedor a recibir parcialmente las prestaciones en que consista la obligación.

Sin embargo, cuando la deuda tuviere una parte líquida y otra ilíquida, podrá exigir el acreedor y hacer el deudor el pago de la primera sin esperar a que se liquide la segunda.

COMENTARIO

1.- El art. 1.157 declara, como presupuesto objetivo del pago, que éste —el cumplimiento de la prestación— debe ser exacto, en el sentido de que debe cumplirse la prevista en la obligación, con identidad, integridad e indivisibilidad.

A la identidad e integridad de la prestación se refieren artículos anteriores. La *indivisibilidad* es contemplada por éste, pudiendo distinguir el principio, el pacto en contrario y las excepciones.

2.- El principio es la indivisibilidad: el pago o cumplimiento no debe hacerse fraccionadamente; no es válido, no es tal cumplimiento el que se haga por partes. Así lo expresa el primer párrafo de este artículo: «... no podrá compelerse al acreedor a recibir parcialmente las prestaciones».

El pacto en contrario se prevé por dos veces en este primer párrafo, además de que en general, el Derecho de obligaciones es un derecho dispositivo. Dispone que la indivisibilidad es un requisito del pago «a menos que el contrato...» disponga otra cosa y añade que «no podrá compelerse al acreedor...» a recibir la prestación fraccionada, lo que significa que la divisibilidad de la prestación se puede pactar en el contrato y que el acreedor puede aceptar el cumplimiento fraccionado.

Las excepciones a la indivisibilidad del pago o cumplimiento se contienen en los artículos dispersos (como el 1174) y, en general, en el segundo párrafo de este art. 1.169: si la deuda tiene una parte líquida y otra ilíquida, una vez vencida, se debe cumplir por el deudor y puede exigir el acreedor que se cumpla la parte líquida, sin esperar a que se liquide la parte ilíquida.

JURISPRUDENCIA

«a tenor del art. 1169 CC, que, a menos que el contrato expresamente lo autorice, no podrá compelerse al acreedor a recibir parcialmente las prestaciones en que consiste la obligación, principio de integridad del pago, que rige igualmente en el pago por consignación, conforme al art. 1177, precisándose en todo caso haber recaído resolución judicial de que la consignación practicada estaba bien hecha, y que consecuentemente tenía plenos efectos liberatorios». (30 enero 1999, LA LEY 1808/1999)

Artículo 1.170

El pago de las deudas de dinero deberá hacerse en la especie pactada y, no siendo posible entregar la especie, en la moneda de plata u oro que tenga curso legal en España.

La entrega de pagarés a la orden, o letras de cambio u otros documentos mercantiles, sólo producirá los efectos del pago cuando hubiesen sido realizados, o cuando por culpa del acreedor se hubiesen perjudicado.

Entretanto la acción derivada de la obligación primitiva quedará en suspenso.

COMENTARIO

1.- Uno de los pocos artículos del Código que se refieren a la obligación dineraria o pecuniaria es éste. Por ello interesa dar unos conceptos previos. Tal obligación es la que tiene por objeto la prestación pecuniaria, consistente en la entrega de una cantidad de dinero, como instrumento de cambio.

La prestación pecuniaria tiene por objeto el dinero. El dinero, es el objeto del objeto de la obligación dineraria, la que recae sobre prestación pecuniaria. El dinero es siempre una creación del ordenamiento jurídico; es una figura, no es un bien en sí mismo, sino en cuanto es objeto de reconocimiento jurídico. Aunque, desde luego, tiene una serie de funciones económicas, al tiempo de una esencial función jurídica. El dinero es cosa genérica, que carece de valor intrínseco (unas monedas de colección o de especial significado no son dinero, sino cosa específica, con valor intrínseco). El dinero es, pues, un signo de valor, el medio general de cambio, la unidad de valor. Es, asimismo, un medio de pago, es decir, medio de cumplimiento de la obligación dineraria, aquella cuya prestación es pecuniaria. Estos dos elementos —medio general de cambio y medio legal de pago— son los que integran el concepto de dinero. El Código civil da por supuesto el concepto del dinero: no lo define ni lo regula sistemáticamente. El dinero —o quizá mejor, la moneda— es una cosa mueble (art. 335), fungible, en el sentido de que se determina por unidades del sistema monetario, y consumible, que por su uso desaparece de la esfera jurídica de la persona, aunque no del tráfico jurídico. Quizá la definición más perfecta de dinero es la que dio SAVIGNY: el poder de riqueza abstracto.

2.- La norma concreta que establece este artículo es relativa al requisito de identidad, en relación con el objeto de la obligación. Dicho requisito lo establece con carácter general el art. 1.157 y lo desarrollan para las obligaciones de dar y de hacer los arts. 1.166 y 1.167.

Si se trata de dar una cantidad de dinero, es decir, el pago en una obligación pecuniaria, el art. 1.170 prevé la identidad en el pago. Este, según el primer inciso del primer párrafo, debe hacerse en la especie pactada: por ejemplo, en billetes de 10.000 ptas., o en moneda metálica o en billetes de papel. Pero si se ha pactado una especie que no es posible dar, por prohibición legal, debe hacerse el pago en moneda de curso legal, tal como dispone el segundo inciso del primer párrafo del mismo artículo 1.170 («no siendo posible entregar la especie en la moneda de plata u oro que tenga curso legal en España»: mucho después de redactarse el Código, se suprimió el curso legal de las monedas de metales nobles): así, si se pacta la prestación en oro o plata, se hará pago —cumpliendo el requisito de identidad— con la moneda de curso legal correspondiente a aquel valor de oro o plata; si se pacta la prestación en moneda extranjera, se hará el pago al cambio oficial, según el precio vendedor, el día del vencimiento de la obligación.

3.- Si el pago se hace mediante documento mercantil —esencialmente, letra de cambio, cheque y tarjeta de crédito—, el pago queda condicionado a que se realice y reciba efectivamente el acreedor el dinero debido, con el requisito de identidad: así lo disponen los dos últimos párrafos del art. 1.170: la entrega de pagarés a la orden, o letras de cambio u otros (por ejemplo, cheques o por tarjetas de crédito) documentos mercantiles, sólo producirá los efectos del pago cuando hubiesen sido realizados, o cuando por culpa del acreedor se hubiesen perjudicado.

Entretanto, la acción derivada de la obligación primitiva quedará en suspenso, lo que quiere decir condicionada al efectivo recibo de cantidad de dinero; tal como ha mantenido reiteradamente la jurisprudencia, el pago por documento mercantil queda subordinado a la condición de que efectivamente los títulos se transformen en dinero.

JURISPRUDENCIA

Sobre el segundo párrafo:

«Todo lo dicho con anterioridad tiene su base en doctrina jurisprudencial emanada de sentencias de esta Sala, y así la sentencia de 21 de marzo de 1997 seguida por otras muchas más, que dice: "doctrina de esta Sala, declarada, entre otras, en sentencia de 14 de abril de 1980, que en caso de descuento, por cuanto se trata de un supuesto de dación en pago, esto es, que el crédito descontado se cede pro solvendo y no pro soluto, la entidad financiera asume la obligación fundamental de diligente gestión, teniendo que presentar al cobro la letra con la debida oportunidad y levantando el acta de protesto por falta de pago, y una vez culminada su actuación, devolverá la cambial al cliente acompañada del acta de protesto, siendo imputable al descontante el perjuicio de la letra por falta de protesto y debiendo el mismo soportar los efectos de su propia negligencia, transformándose los efectos del descuento, por lo que la primitiva cesión, hasta entonces con carácter pro solvendo, pasa a ser pro soluto». (25 noviembre 2004, rec. 1921/1998)

«Como señalaba la Sentencia de 15 de febrero de 2007, aquí no entra en juego el precepto indicado (artículo 1170 II CC) ni por aplicación directa, ya que no hubo pago de una obligación preexistente, ni por analogía, toda vez que las letras de cambio objeto de descuento bancario se hicieron efectivas a la entidad descontante por los librados, a sus respectivos vencimientos. El descuento bancario, decía también la repetida sentencia señalando doctrina que es aplicable al caso, "equivale a una cesión de créditos condicionada al buen fin de los

efectos, pero el condicionamiento finaliza, transformándose la cessio pro solvendo *en* cessio pro soluto *cuando el descontante cobra de los obligados según los títulos descontados, las cantidades correspondientes". Doctrina, por otra parte, que tiene precedentes, entre otras, en Sentencias como las de 28 de noviembre de 1988 y 27 de enero de 1992».* (1 junio 2007, LA LEY 51879/2007)

«Es en tales supuestos de incumplimiento por el Banco descontante de su obligación de realizar todo lo necesario para llevar a buen fin el cobro de los efectos entregados en descuento cuando, según la jurisprudencia citada por la parte recurrente, señala que la inicial entrega "pro solvendo" se convierte en entrega "pro soluto" a los efectos previstos en el artículo 1170 del Código Civil, doctrina que no puede extenderse —aunque así lo afirme la parte recurrente— al supuesto en que, no cumplida por su parte la obligación de reintegro pese a la actuación diligente del Banco, se produce la prescripción de las correspondientes acciones nacidas del título cuyo importe no ha sido satisfecho al Banco descontante. Así se ha pronunciado esta Sala en sus más recientes sentencias, exigiendo que la obligación de restitución de los títulos por el Banco al descontatario, cuando no fue satisfecho su importe por del deudor cartulario, venga precedida del reintegro de su importe por el descontatario. Cabe citar al respecto: a) La sentencia de 3 de julio de 2006, la cual señala que 2la doctrina de esta Sala se ha manifestado claramente en el sentido de que la obligación del Banco descontante es la de entregar las letras con la misma eficacia que tenían en el momento en que se le cedieron, con la finalidad del descuento acordado entre las partes y que el Banco es responsable cuando su retardo en la entrega al descontatario que ha pagado ha determinado el perjuicio de las letras, como afirma una de las sentencias alegadas por los recurrentes, así como las otras que citan los recurrentes y las de 21 marzo 1997, 10 marzo 2000, 24 junio 2002 y 25 noviembre 2004 . Sin embargo, los recurrentes olvidan que estas sentencias están dictadas en casos en que el descontatario había hecho efectiva su obligación con el Banco descontante, caso que no es el que en este momento se presenta a la consideración de esta Sala, por lo que esta jurisprudencia no puede aplicarse, tal como pretenden". b) La sentencia de 21 de septiembre de 2006, en cuanto reitera que "en virtud del contrato de descuento el Banco descontante tiene la obligación de devolver al descontatario los títulos descontados, cuando no pudo hacer efectivo el crédito incorporado a los mismos, con la misma eficacia jurídica que tenían en el momento que se le cedieron, siempre que el descontatario haya efectuado el reingreso o se haya producido el reintegro. Así lo viene declarando la doctrina de esta Sala (Sentencias de 28 de junio de 2001, 24 de junio de 2002, 30 de abril de 2003, 2 de marzo y 25 de noviembre de 2004; 10 de febrero y 3 de julio de 2006, entre las más recientes), habiendo señalado las Sentencias de 30 de abril de 2003 y 10 de febrero de 2006 que la no restitución al descontatario de los títulos descontados constituye una notoria y abusiva mala práctica bancaria". c) La sentencia de 10 de diciembre de 2007, en la que se recoge igual doctrina con cita expresa de las anteriores de 2 de marzo de 2004, 3 de julio de 2006 y otras, añadiendo que "a esta doctrina no obsta la argumentación vertida por la recurrente de que el Banco descontante se hizo pago por el 'contra-asiento' realizado en la cuenta de referencia, pues no ha sido discutido que la citada cuenta se encontraba sin fondos, y no se puede entender que por el mismo se haya producido la entrega completa de la cosa o la realización total de la prestación en que la obligación consiste, a que alude el artículo 1157 del Código Civil, pues el 'contra-asiento' no deja de ser un medio extintivo de la obligación por una compensación que se produciría en el caso que en el citada cuenta existiera saldo positivo"». (20 mayo 2009, rec. 701/2004, LA LEY 67159/2009)

«Pero el crédito solo existía en aquel momento entre el banco descontante y la descontataria. Una cosa es que el deudor siga debiendo y otra que el acreedor descontante siga siéndolo. El Banco, que es tenedor de los pagarés impagados, actuó correctamente al ejercitar las correspondientes acciones frente a las contratistas suspensas para evitar que dichos pagarés se perjudicaran y que se aplicara la regla del Art. 1170.2 CC». (21 diciembre 2009, rec. 2099/2005, LA LEY 254310/2009)

CONCORDANCIAS

Véase:

— Téngase en cuenta que la Ley de 20 de enero de 1939 *(«B.O.E.»,* 24 enero), privó de curso legal a las monedas de plata ordenando su canje por billetes del Banco de España, y que la Ley de 9 de noviembre de 1939 *(«B.O.E.»,* 17 noviembre), dispuso que los billetes del Banco de España son, preceptivamente, medio legal de pago y tienen pleno poder liberatorio.

— art. 1.754 de este Código.

— Código de Comercio: art. 312.

— Ley Cambiaria y del Cheque, de 16 de julio de 1985 *(«B.O.E.»,* 19 julio): arts. 49 a 68 y 146 a 156.

Artículo 1.171

El pago deberá ejecutarse en el lugar que hubiese designado la obligación.

No habiéndose expresado y tratándose de entregar una cosa determinada, deberá hacerse el pago donde ésta existía en el momento de constituirse la obligación.

En cualquier otro caso, el lugar del pago será el del domicilio del deudor.

COMENTARIO

Debe cumplirse la obligación —es decir, hacerse el pago— en el lugar correcto; éste será el siguiente, por orden de preferencia:

Primero. Lugar que se haya pactado, en aras al principio de autonomía de la voluntad: art. 1.171, párrafo 1º.

Segundo. Lugar que determine la ley (así, art. 1500, pago del precio de la compraventa: art. 1774, devolución del depósito).

Tercero. En las obligaciones de dar cosa específica, lugar donde se hallaba al constituirse: art. 1.171, segundo párrafo.

Cuarto. Lugar del domicilio del deudor, como criterio subsidiario que en la práctica será el más frecuente porque habitualmente ni se pacta, ni lo prevé la ley, ni se trata de cosa específica. Responde al principio del *favor debitoris*: art. 1.171, tercer párrafo.

CONCORDANCIAS

Véase:

— arts. 40, 41, 1.500, 1.574, 1.615 y 1.774 de este Código.

— Ley Cambiaria y del Cheque, de 16 de julio de 1985 *(«B.O.E.»,* 19 julio): art. 91.

De la imputación de pagos

Artículo 1.172

El que tuviere varias deudas de una misma especie en favor de un solo acreedor, podrá declarar, al tiempo de hacer el pago, a cuál de ellas debe aplicarse.

Si aceptare del acreedor un recibo en que se hiciese la aplicación del pago, no podrá reclamar contra ésta, a menos que hubiera mediado causa que invalide el contrato.

COMENTARIO

1.- Puede darse el caso de que coincidan más de una obligación con el mismo acreedor y el mismo deudor y sus prestaciones sean homogéneas. Cuando el deudor realice una prestación, será preciso determinar a cuál de aquellas obligaciones se aplica (se imputa).

Esto es la *imputación del pago*: la determinación de la obligación a la que se aplica el pago, produciendo el cumplimiento de aquélla, cuando hay varias iguales entre los mismos sujetos, acreedor y deudor.

El Código Civil regula la imputación del pago en los arts. 1.172 a 1.174; el primero de ellos plantea el supuesto de hecho: «el que tuviere varias deudas de una misma especie en favor de un solo acreedor...» deberá hacer la imputación del pago que realice, siguiendo unos criterios, uno principal y otros subsidiarios.

2.- El criterio principal de imputación, en base al principio del *favor debitoris* es la designación por el deudor, de manera expresa, como declaración de voluntad recepticia dirigida al acreedor, o de manera tácita.

Esta facultad, el deudor la puede ejercitar directa o expresamente, declarando a cuál de las obligaciones imputa el pago; así lo dice el párrafo 1º del art. 1.172: «el que tuviere varias deudas de una misma especie en favor de un solo acreedor, podrá declarar, al tiempo de hacer el pago, a cuál de ellas debe aplicarse», lo que constituye una declaración de voluntad recepticia.

3.- También la puede ejercitar no ya tomando la iniciativa, sino aceptando la que ha hecho el acreedor: a este tipo se refiere el párrafo 2º del mismo artículo 1.172: si aceptare del acreedor un recibo en que se hiciese la aplicación (imputación) del pago, no podrá reclamar contra ésta, a menos que hubiera mediado causa que invalide el contrato. Ha de entenderse que no se trata de una imputación por el acreedor, ya que ésta es eficaz en cuanto declaración recepticia del acreedor (no basta su voluntad unilateral, como la de hacer la imputación en su propia contabilidad), pero que es aceptada por el deudor. A su vez, esta aceptación del deudor, también, como declaración de voluntad, puede impugnarla por defecto de capacidad o vicio de la voluntad.

JURISPRUDENCIA

«La imputación de pagos, como antes se ha dicho, es la determinación de la obligación a la que se aplica el pago y produce su cumplimiento, habiendo varias del mismo tiempo entre acreedor y deudor. Tal como matiza la sentencia, citada anteriormente, de 25 de octubre de 1985: La imputación de pagos no es otra cosa que la designación o el señalamiento de la deuda a la que se haya de aplicar la prestación verificada por el deudor, lo que exige la coexistencia previa de deudor y acreedor y de una pluralidad de deudas derivadas de las relaciones obligacionales mediantes entre los mismos, ante cuya situación, el art. 1172 CC faculta al deudor para designar o señalar a qué deuda de las preexistentes ha de imputarse el pago, lo que implica, como ya dijo esta Sala en su S 11 de mayo de 1984, recogiendo la de 13 de mayo de 1979, que tal señalamiento o designación entraña "una declaración de voluntad receptiva, en principio correspondiente al deudor, sobre el destino de la prestación que realiza", entrañando la acreditación de tal extremo una cuestión de orden "fáctico-jurídico", como ya indicó la sentencia últimamente citada, sin perjuicio de que el acreedor,

incluso después de verificado el pago, pueda proveer al deudor de un recibo expresivo de la aplicación de aquél». (24 marzo 1998, A.C.673/1998)

«lo que convierte en inadmisible el cargo efectuado por la demandada y recurrente y, por ende, en merecedora de estimación la pretensión de reembolso deducida en la demanda, fue el intento de quien era acreedora en la relación de obligación afianzada de modificar unilateralmente y ex post —varios años después— una imputación del pago efectuada en su día por la deudora, Agemac Tecnoseveco, SA o con su consentimiento aunque fuera tácito, de acuerdo con el artículo 1.172 del Código Civil. Modificación que aparece inspirada en el propósito de elegir una deuda garantizada por tercero, la fiadora demandante. Debe tenerse en cuenta que la imputación se efectúa perentoriamente en el momento del pago y no puede ser modificada después sin el consentimiento de acreedor y deudor». (3 abril 2009, rec. 640/2004, LA LEY 23072/2009)

CONCORDANCIAS

Véase arts. 1.110 y 1.684 de este Código.

Artículo 1.173

Si la deuda produce interés, no podrá estimarse hecho el pago por cuenta del capital mientras no estén cubiertos los intereses.

COMENTARIO

1.- El criterio principal de imputación, que el artículo anterior atribuye al deudor tiene un límite, en las obligaciones que producen interés: no se puede hacer la imputación a la obligación principal (al «capital», dice este artículo) sin estar cumplida la obligación accesoria de pago de interés («cubiertos los intereses» dice el texto legal).

2.- Es un límite a la facultad de imputación que tiene el deudor. Sin embargo, estando el Derecho de obligaciones regido por el principio dispositivo, el acreedor sí puede aceptar la imputación de pagos que haya hecho el deudor a la obligación principal con intereses, sin estar pagados éstos. Lo que no puede el deudor es imponer tal imputación al acreedor.

3.- Por ello, este artículo constituye una excepción o límite al anterior. Pero también lo constituye respecto al posterior: no puede entenderse la imputación a la deuda más onerosa, si ésta es una obligación que produce intereses y éstos no están pagados.

JURISPRUDENCIA

«El art. 1.173 del Código Civil contiene una norma de carácter interpretativo y limitativa de la voluntad del deudor para el caso de que, teniendo una sola deuda productora de intereses frente a su acreedor, no puede imputar el pago parcial de lo debido al pago del principal sin estar antes satisfechos los intereses ya que ello supondría convertir por la sola voluntad del deudor una deuda que produce intereses en una simple, en claro perjuicio del acreedor». (24 octubre 1994, LA LEY 12/1996)

«el citado art. 1172 CC, que se invoca como supuestamente infringido (aparte del 1156 que no hace más que enumerar los modos de extinción de las obligaciones) carece de aplicación a este supuesto, pues dicho precepto se refiere al caso de que alguien tuviese varias deudas de una misma especie en favor de un acreedor, pero éste no es el caso aquí contem-

plado, en que era una sola y única la deuda que el actor, aquí recurrente, tenía contraída, la cual devengaba intereses, en cuyo supuesto el precepto aplicable es el art. 1173 CC, con arreglo al cual si la deuda produce interés, no podrá estimarse hecho el pago por cuenta del capital mientras no estén cubiertos los intereses». (25 junio 1999, LA LEY 9320/1999)

CONCORDANCIAS

Véase art. 1.110 de este Código.

Artículo 1.174

Cuando no pueda imputarse el pago según las reglas anteriores, se estimará satisfecha la deuda más onerosa al deudor entre las que estén vencidas.

Si éstas fueren de igual naturaleza y gravamen, el pago se imputará a todas a prorrata.

COMENTARIO

1.- Se establece el criterio subsidiario de la imputación de pagos, en defecto de que la haya hecho el deudor o haya aceptado la hecha por el acreedor. Este criterio es doble.

2.- En primer lugar, se imputa el pago a la deuda más onerosa. La onerosidad no puede venir determinada por la naturaleza de la prestación (pues son iguales) ni por la cuantía. Es la gravosidad de la deuda; una cuestión de hecho, a examinar en cada caso y que se puede resumir que es más onerosa la deuda cuyo pago reporta al deudor mayor beneficio o ventaja. O —lo que viene a ser lo mismo— la onerosidad se refiere al mayor o menor sacrificio económico que se impone a un patrimonio.

Son clásicos ejemplos de deuda más onerosa, la de aquella obligación que produce intereses o que tiene impuesta una cláusula penal. Pero hay que tener en cuenta que si se trata de una obligación con intereses, no podrá imputarse el pago a aquélla si éstos no están pagados, por aplicación de lo dispuesto en el artículo anterior.

3.- En segundo lugar, si todas las deudas son igual de onerosas (es decir, por igual nada gravosas o igual de gravosas), «de igual naturaleza y gravamen» dice el párrafo segundo de este artículo, se hace la imputación a prorrata de todas ellas.

JURISPRUDENCIA

«aplicación del art. 1.174.1 del Código Civil obliga a imputar el pago a las deudas más onerosas y, concurriendo deudas exigibles y no exigibles, son más onerosas las primeras». (4 enero 1988, LA LEY 248-1/1988)

«por aplicación de lo dispuesto en los artículos 1173 y 1174.1.º párrafo del Código Civil, han de imputarse a las garantías más antiguas que por más onerosas, ya que no consta diferencia de intereses, son preferentes en la satisfacción de los adeudos que garantizan». (16 mayo 1989, LA LEY 121470-NS/0000)

«se habrá de estar a lo dispuesto en el art. 1.174 CC, imputándose el pago correspondiente a la deuda más onerosa que era la derivada del contrato de préstamo pues su interés

era del 14%, mientras que el del objeto del litigio era del 11%». (25 mayo 1993, LA LEY 16828/1995)

Del pago por cesión de bienes

Artículo 1.175

El deudor puede ceder sus bienes a los acreedores en pago de sus deudas. Esta cesión, salvo pacto en contrario, sólo libera a aquél de responsabilidad por el importe líquido de los bienes cedidos. Los convenios que sobre el efecto de la cesión se celebren entre el deudor y sus acreedores se ajustarán a las disposiciones del título VII de este libro y a lo que establece la Ley de Enjuiciamiento Civil.

COMENTARIO

1.- En sus dos primeros incisos contempla el pago por cesión de bienes convencional. Es el negocio jurídico por el cual el deudor entrega al acreedor o acreedores la posesión de sus bienes, con el mandato irrevocable de que los enajenen y con el precio obtenido se hagan pago de sus créditos.

No se trata de un verdadero pago, sino un mero paso, de hecho, hacia el pago, que tiene lugar cuando, realizados los bienes, los acreedores aplican su precio al pago de sus créditos.

En consecuencia, el pago se produce cuando hay esta aplicación del precio a los créditos y hasta donde llegue, tal como dice el mismo artículo 1.175, en su segundo inciso: «esta cesión, salvo pacto en contrario, sólo libera a aquél (deudor) de responsabilidad por el importe líquido de los bienes cedidos».

La cesión de bienes no transmite la propiedad de los mismos a los acreedores, sino que la sigue teniendo el deudor, que lo que transfiere a los acreedores es la posesión de los mismos, con un mandato irrevocable para la enajenación y una vez enajenados (de deudor a adquirentes, por medio de los acreedores) los acreedores sí adquieren el precio, produciéndose el pago.

2.- El último inciso se remite a la Ley de Enjuiciamiento Civil (de 1881, evidentemente). Hoy debe entenderse que lo hace a la Ley 22/2003, de 9 de julio, concursal.

JURISPRUDENCIA

Pago por cesión de bienes:

«la datio pro solvendo, *reveladora de adjudicación para el pago de deudas, que tiene específica regulación en el art. 1.175 del Código Civil, se configura como un negocio jurídico por virtud del cual el deudor propietario transmite a un tercero, que en realidad actúa por encargo, la posesión de sus bienes y la facultad de proceder a su realización, con mayor o menor amplitud de facultades, pero con la obligación de aplicar el importe obtenido en la enajenación de aquéllos al pago de las deudas contraídas por el cedente, sin extinción del crédito en su totalidad, pues que, salvo pacto en contrario, el deudor sigue siéndole del adjudicatario en la parte del crédito a que no hubiese alcanzado el importe líquido del bien*

o bienes cedidos en adjudicación toda vez que ésta sólo libra de responsabilidad a tal deudor por el importe líquido de los bienes cedidos, como expresamente previene el meritado art. 1.175 del Código Civil». (19 octubre 1992, LA LEY 90/1994)

«Esta posibilidad de cesión forma parte de lo que la doctrina científica llama, dentro de un grupo general formado por varias instituciones jurídicas, la "transmisión o traspaso de los sujetos iniciales de la relación jurídico negocial", y que comprende la "cesión de créditos" (como una forma de pago de las obligaciones, en el art. 1175 CC), la "asunción de deuda" (arts. 1205 y 1206 CC), el llamado "contrato para persona que se designará" (el conocido en Derecho italiano como "contrato per persona nominando": art. 1499 de la LEC-1881, permitiendo la "cesión del remate" en las subastas judiciales y Ley 514 de la Compilación Foral navarra; así como los supuestos de ventas de viviendas en construcción con pago aplazado, generalmente por documento privado, como cláusula habitual en las mismas, y también en las compraventas de vehículos de motor usados, entregados al vendedor, generalmente concesionario de la "marca" correspondiente, como formando parte del precio pedido, y el art. 1406 del CC italiano), y la "cesión del contrato" (Ley del Fuero Nuevo de Navarra n.º 513, art. 44 del Estatuto de los Trabajadores, sobre "cesión de contratos de trabajo" o de "sucesión de empresa", la "cesión del arrendamiento de local de negocio, de la LAU derogada, la cesión de certificaciones de obra" y del "contrato de obra" en Derecho Administrativo: art. 58 de la Ley de Contratos del Estado, de 28-XII-63,y las SS de esta Sala, de 5-III-04 y de 20-IV-04, entre otras anteriores). Se trataría, en este caso, bien de la tercera de las figuras jurídicas indicadas, perfectamente legítima, como se ha dicho, o, en algún aspecto, de una "cesión de créditos" y hasta se podría encuadrar en la "cesión del contrato", en forma parcial, en cuanto a una parte del contenido del mismo, dada su complejidad». (16 febrero 2005, rec. 3428/1998)

Dación en pago:

«El negocio que contiene la escritura de 23 Nov. 1992 no conforma propia dación de pago, carente de específica regulación en el derecho sustantivo (S. de 28 Jun. 1993), pues aunque se transmitió el pleno dominio de la finca, sin embargo no actuaba como efectivo, inmediato y total pago de la deuda reconocida (SS de 7 Dic. 1983, 2 Dic. 1994, 8 Feb. y 18 Nov. 1996), sino que, por razones de las especiales cláusulas que disciplinan las relaciones entre cedente y adjudicataria, aunque el negocio se aproxime al pago por cesión de bienes (art. 1175 del C.Civil, aplicable tanto a la cesión judicial como a la convencional), acentúa la nota de atipicidad, si bien destaca que el pago de la deuda se operaba con el precio que se obtuviera de la venta del bien, cumpliéndose así la deuda, y no con la entrega de la finca, por lo que su cesión actuaba más bien como medio para poder llegar al cobro efectivo del crédito.» (18 enero 2001, LA LEY 2642/2001)

«Esta figura jurídica, conforme a la construcción de la jurisprudencia civil, opera cuando la voluntad negocial de las partes acuerdan llevar a cabo la satisfacción de un débito pendiente, y el acreedor acepte recibir del deudor determinados bienes de su propiedad, cuyo dominio pleno se le transmite para aplicarlo a la extinción total del crédito, actuando este crédito con igual función que el precio en la compraventa (SS 19 Oct. 1992, 26 Jun. 1993, 2 Dic. 1994, 8 Feb. 1996, entre otras)». (23 septiembre 2002, LA LEY 10075/2003)

«es una forma especial de pago en que por acuerdo de las partes se altera la identidad de la prestación (así, S 5 Oct. 1987) o lo que se conoce en la doctrina actual con el nombre de subrogado en el cumplimiento, traducción literal de la palabra Enfüllngssurrogate. Lo que es importante destacar es su efecto; no siendo un pago en sentido stricto sensu produce los efectos de éste que es el cumplimiento de la obligación y la extinción de ésta. Si bien existe cierta indefinición en la doctrina jurisprudencial en cuanto a la conceptuación de la dación en pago, figura atípica no regulada en el CC, habiendo sido asimilada a la compraventa no

negando su analogía con otras convenciones como la de ser forma de pago o como novación, ello ha sido, señala la S 13 May. 1983, con abundante cita de otras anteriores, ante la necesidad pragmática de determinar ciertos efectos de la dación en pago; la doctrina mayoritaria, frente a quienes consideran la dación en pago como novación, la califica de modalidad o variante del pago.» (27 septiembre 2002, LA LEY 541/2004)

«la dación en pago como una compraventa; es una forma especial de pago (así, sentencia de 25 de mayo de 1999) llamada también por influencia de la doctrina alemana "subrogado del cumplimiento" por el que el deudor, con el consentimiento del acreedor, realiza a título de pago una prestación distinta de la debida». (21 octubre 2005, rec. 1406/1999)

«dación en pago es aquel negocio jurídico por el que el deudor y el acreedor pactan que el pago se realice con una prestación distinta de la que era objeto de la obligación: en parecidos términos la definen las sentencias de 7 de octubre de 1992 y 28 de junio de 1997. Es una forma especial del pago o "subrogados del cumplimiento", como dicen las sentencias de 5 de octubre de 1987, 25 de mayo de 1999 y 27 de septiembre de 2002: forma especial de pago en que por acuerdo de las partes se altera la identidad de la prestación. Por más que se haya dicho, no es una compraventa, aunque se pueden aplicar por analogía normas de la misma: produce los efectos del pago, como cumplimiento de la obligación». (19 octubre 2006, LA LEY 119522/2006)

«si bien se aplican por analogía normas de la compraventa, aunque es claro que no es un contrato de compraventa, ello no significa que deban aplicarse totalmente y sin excepción ni variación. Así, si un conjunto de prestaciones cuyo pago es debido, pero no plenamente identificadas, ni valoradas, forman el contenido de una obligación, el acreedor y el deudor, mediante acuerdo entre ambos, pueden aceptar una dación en pago en el sentido de que se haga el cumplimiento, como subrogado del pago, mediante ella, sin que pueda exigirse que conste un precio cierto, como exige el artículo 1445 del Código civil para la compraventa, pues las partes, en aras del principio de autonomía de la voluntad ex artículo 1255 pueden acordar esta forma especial del pago». (1 octubre 2009, rec. 1025/2005, LA LEY 187274/2009)

Diferencia entre pago por cesión de bienes y dación en pago:

«la datio pro soluto, significación de adjudicación del pago de las deudas, si bien no tiene una específica definición en el derecho sustantivo civil, aunque sí en el ámbito fiscal, se trata de un acto en virtud del cual el deudor transmite bienes de su propiedad al acreedor, a fin de que éste aplique el bien recibido a la extinción del crédito de que era titular, actuando este crédito con igual función que el precio en la compraventa, dado que, según tiene declarado esta Sala en S 7 de diciembre de 1983, bien se catalogue el negocio jurídico que implica como venta, ya se configure como novación o como acto complejo, su regulación ha de acomodarse analógicamente por las normas de la compraventa, al carecer de reglas específicas, adquiriendo el crédito que con tal cesión se extingue, como viene dicho, la categoría de precio del bien o bienes que se entreguen en adjudicación en pago de deudas, en tanto que la segunda, es decir, la datio pro solvendo, reveladora de adjudicación para el pago de las deudas, que tiene específica regulación en el art. 1175 CC, se configura como un negocio jurídico por virtud del cual el deudor propietario transmite a un tercero, que en realidad actúa por encargo, la posesión de sus bienes y la facultad de proceder a su realización, con mayor o menor amplitud de facultades, pero con la obligación de aplicar el importe obtenido en la enajenación de aquéllos al pago de las deudas contraídas por el cedente, sin extinción del crédito en su totalidad, puesto que, salvo pacto en contrario, el deudor sigue siéndolo del adjudicatario en la parte del crédito a que no hubiese alcanzado el importe líquido del bien o bienes cedidos en adjudicación toda vez que ésta sólo libra de responsabilidad a tal deudor por el importe líquido de los bienes cedidos en adjudicación, como expresamente previene el

meritado art. 1175 CC, no generando en consecuencia el alcance de efectiva compraventa, que es atribuible por el contrario a la adjudicación en pago de deudas o datio pro soluto». (28 junio 1997, LA LEY 7897/1997) (Doctrina reiterada por la sentencia de 1 octubre 2009, rec. 1025/2005, LA LEY 187274/2009)

«Reiterada doctrina de esta Sala sobre las características diferenciadoras entre la datio pro soluto *[dación en pago] y la* datio pro solvendo *[dación para el pago], recogida, entre otras, en las SSTS de 1 de marzo de 1969, 7 de diciembre de 1983, 14 de septiembre de 1987 (LA LEY 106-1/1987), 13 de febrero de 1989 (LA LEY 152735-JF/0000), 4 de diciembre de 1989, 15 de diciembre de 1989 (LA LEY 153680-JF/0000), 29 abril de 1991 (LA LEY 2477/1991), 19 octubre de 1992 (LA LEY 12809/1992) y 28 de junio de 1997 (LA LEY 7897/1997) declara que la* datio pro soluto *constituye un acto en virtud del cual el deudor transmite bienes de su propiedad al acreedor, a fin de que éste aplique el bien recibido a la extinción del crédito de que era titular, en tanto que la* datio pro solvendo, *reveladora de adjudicación para el pago de las deudas (art. 1175 del Código civil [CC]) se configura como un negocio jurídico por virtud del cual el deudor propietario transmite a un tercero, que en realidad actúa por encargo, la posesión de sus bienes y la facultad de proceder a su realización, con mayor o menor amplitud de facultades, pero con la obligación de aplicar el importe obtenido en la enajenación de aquellos al pago de las deudas contraídas por el cedente, sin extinción del crédito en su totalidad, puesto que, salvo pacto en contrario, el deudor sigue siéndolo del adjudicatario en la parte del crédito a que no hubiese alcanzado el importe líquido del bien o bienes cedidos en adjudicación. La diferencia se refiere a los términos en que se produce la traslación de la titularidad, puesto que, así como la cesión para el pago sólo atribuye la posesión de los bienes o la titularidad de los créditos en el marco de un encargo de gestión que permite al acreedor realizar las operaciones de venta o realización para, previa la oportuna liquidación, cobrarse con su importe, único momento en que se produce la extinción de la deuda, en cambio, en la dación en pago se produce una transmisión de carácter definitivo que origina la extinción inmediata de la deuda».* (6 noviembre 2006, LA LEY 154715/2006)

«La cesión de bienes para el pago de deudas supone, conforme al art. 1175 del Cc, que el deudor cede sus bienes a sus acreedores, con la particularidad de que esta cesión solo libera al deudor de responsabilidad "por el importe líquido de los bienes cedidos", lo que exige que el acreedor proceda a su venta, dé cuenta de la misma al cedente, y con su importe se liquide la deuda, mientras que en la dación en pago o datio pro soluto, *el deudor entrega al acreedor un bien de su propiedad, transmitiéndole el dominio del mismo, a fin de que con él se haga pago de la deuda pendiente, con la particularidad de que en esta figura no procede la rendición de cuentas. En la dación en pago coinciden deuda y precio dado a los objetos transmitidos (SSTS 18 de noviembre de 1996 y 14 de julio de 1997)».* (10 mayo 2007, LA LEY 20310/2007)

CONCORDANCIAS

Véase:
— arts. 1.911 a 1.920 de este Código.
— Ley 22/2003, de 9 julio, concursal.

Del ofrecimiento del pago y de la consignación

Artículo 1.176

Si el acreedor a quien se hiciere el ofrecimiento de pago se negare sin razón a admitirlo, el deudor quedará libre de responsabilidad mediante la consignación de la cosa debida.

La consignación por sí sola producirá el mismo efecto cuando se haga estando el acreedor ausente o cuando esté incapacitado para recibir el pago en el momento en que deba hacerse, y cuando varias personas pretendan tener derecho a cobrar, o se haya extraviado el título de la obligación.

COMENTARIO

1.- En la obligación, el deudor tiene el deber de cumplirla —pago: ejecución de la prestación—, pero también tiene derecho a liberarse, haciendo el pago cuando venza. Desde el lado activo, el acreedor tiene derecho a que se cumpla la obligación —recibir el pago— y puede renunciar al mismo (art. 6.2), pero aunque no tenga el deber de recibir el pago, tampoco puede impedir injusta o caprichosamente que (sin renunciar y sin aceptar el pago) se libere el deudor. La injusta negativa del acreedor a recibir el pago —llamada mora del acreedor— puede dar lugar a liberar al deudor y extinguir la obligación por medio de la consignación, si bien como previo a la misma y requisito esencial para constituir la mora del acreedor es precio el ofrecimiento de pago.

El ofrecimiento, pues, no es un pago, ni extingue la obligación: simplemente constituye al acreedor en *mora accipiendi*. Previo éste, la consignación sí extingue la obligación, es un subrogado del cumplimiento, regulado como tal en los arts. 1.176 a 1.181.

2.- El ofrecimiento de pago es la primera fase o paso previo para llegar a la consignación. Es una declaración de voluntad, unilateral y recepticia, por la que el deudor declara al acreedor que está dispuesto a cumplir inmediatamente (realizar el pago, ejecutar la prestación) la obligación.

No requiere forma especial. Puede emplearse, pues, cualquiera: oral, escrito privado o documento público; aunque hay que tener en cuenta que la carga de la prueba, si se discute si hubo o no ofrecimiento, la sufrirá el deudor que alegue que la hizo (por lo que conviene, en la práctica, documento público).

Se refiere al ofrecimiento de pago el primer párrafo del art. 1.176, resaltando que es simple presupuesto para la consignación. Este primer párrafo se refiere al supuesto básico del ofrecimiento, que es previo a la consignación, la cual extingue la obligación: que el acreedor se negare sin razón a admitirlo: no hay, pues, extinción de la obligación si la negativa del acreedor, tras el ofrecimiento, es justificada: será justificada, como caso típico, cuando el pago ofrecido no es exactamente el que reclama el acreedor.

3.- El propio art. 1.176 establece en su segundo párrafo los casos especiales en que no es preciso el ofrecimiento de pago como presupuesto de la consignación. Son casos en que no se trata de que el acreedor no quiere, sino que el acreedor no puede recibir el pago.

Los cuatro casos que contempla el segundo párrafo del art. 1.176 (que comienza diciendo: «la consignación por sí sola producirá el mismo efecto cuando...») son los siguientes:

Primero. Ausencia del acreedor: «... cuando se haga estando el acreedor ausente» dice este artículo. La ausencia a que se refiere no tiene el sentido precio y que es regulada en los arts. 181 y ss., pues en este caso al ausente se le nombra un defensor (art. 181) o un representante legal (arts. 184 y 185) que podrá recibir el pago normalmente. Se refiere al sentido general y gramatical de falta de presencia en el domicilio y desconocimiento de cuál sea éste.

Segundo. Incapacidad del acreedor: «... cuando esté incapacitado para recibir el pago en el momento en que deba hacerse», dice el mismo artículo. Tampoco la palabra incapacitado debe entenderse en el sentido preciso técnico-civil (previsto en los arts. 199 y 200 esencialmente), pues al incapacitado se le designa un representante legal que recibirá el pago normalmente. Se refiere al imposibilitado temporal o al incapaz físico (lo por ejemplo) o incluso al incapaz menor de edad que se halle en la anómala situación de carecer de representante legal. Es un caso de incapacidad física, no jurídica.

Tercero. Desacuerdo sobre la titularidad del crédito: «... cuando varias personas pretendan tener derecho a cobrar», como expresa el mismo artículo. El deudor no tiene que sufrir las consecuencias de un desacuerdo entre presuntos acreedores y el riesgo de hacer el pago a quien quizá no resulte ser el verdadero. Por ello, se libra consignando y sin siquiera ofrecer el pago a quien no sabe con seguridad quién es el acreedor. Este desacuerdo puede ser extrajudicial o incluso judicial, con un proceso ya incoado.

Cuarto. Extravío del título de la obligación. Dice así, el artículo 1.176: «... o se haya extraviado el título de la obligación». Es el caso de que sea necesaria la presentación del título de la obligación para hacer pago de la deuda (así, en letra de cambio, arts. 45 y 48 —que prevé la consignación normal y otras distintas— de la Ley Cambiaria y del Cheque de 16 julio 1985).

JURISPRUDENCIA

«insuficiencia del ofrecimiento de pago previo a la consignación por no haber incluido tal ofrecimiento los intereses devengados hasta entonces, insuficiencia que según los demandados habría viciado la posterior consignación, que sí incluía ya los intereses, por mor de lo dispuesto en el párrafo primero del art. 1176 CC, ya que la consignación, siempre según los demandados-recurridos, tendría como presupuesto que el acreedor se hubiera negado sin razón a admitir el pago ofrecido y en este caso sí existía esa razón porque el pago no era completo; y no se comparte esta tesis porque, si bien es cierto que el ofrecimiento de pago previo a la consignación era insuficiente y por ello el acreedor tenía razones para no admitirlo, también lo es que cuando la consignación posterior supera tal insuficiencia sería en extremo formalista supeditarla a un nuevo ofrecimiento previo de pago, máxime cuando, como en este caso, la "razón" del acreedor para no admitir el pago no era tanto que éste no comprendiera los intereses devengados por la cantidad reconocida en el expediente de suspensión de pagos cuanto que el principal debido en realidad era exageradamente superior a dicha cantidad». (30 noviembre 2006, LA LEY 145009/2006)

«el caso tercero del párrafo segundo del art. 1176 CC permite liberarse de su obligación al deudor que tiene voluntad de cumplir la prestación debida en situaciones de incertidumbre sobre cuál de los sujetos que pretenden recibir esa misma prestación tiene efectivamente derecho a recibirla, anticipándose así el deudor a un eventual conflicto centrado en el art. 1164 CC. Tras la consignación, pues, serán esos posibles acreedores quienes tengan que dirimir entre sí su preferencia, como asimismo señala la sentencia de esta Sala de 7 de octubre último, pero a ese conflicto ulterior será ajeno quien consignó, liberado ya de su obligación o "responsabilidad" como dispone el párrafo primero del art. 1176 CC». (4 noviembre 2008, rec. 2089/2003, LA LEY 164126/2008)

«Siendo el pago o cumplimiento la forma normal de extinción de las obligaciones, según prevé el artículo 1156 CC, en los supuestos previstos en el artículo 1176 CC, el deudor puede quedar libre de responsabilidad mediante la consignación de la cosa debida. Esta Sala tiene declarado que el efecto liberatorio de la consignación no se produce por la mera actividad del deudor al depositar lo adeudado, sino que es necesaria la aceptación del acreedor o la resolución judicial que declare bien hecha la consignación (SSTS de 25 de septiembre de 1986 y 22 de octubre de 1991, recurso 2060/1989), sin perjuicio de que la oferta tenga el efecto de constituir al acreedor en mora a partir de ese instante, impidiendo que pueda imputarse el incumplimiento al deudor desde ese momento (STS de 15 de junio de 1987)». (22 octubre 2009, rec. 504/2005, LA LEY 212152/2009)

«Son requisitos para la equiparación de la consignación al pago los siguientes: a) que preceda el ofrecimiento de pago, en el caso de que haya lugar a la consignación por negarse el acreedor a admitirlo, según impone el artículo 1176.I CC, b) que sea la consignación previamente anunciada a las personas interesadas en el cumplimiento de la obligación, conforme establece el artículo 1177.I CC, c) que la consignación se ajuste a las disposiciones que regulan el pago, como exige el artículo 1177.II CC (SSTS de 14 de marzo de 2006, RC. n.º 2872/1999, 18 de octubre de 2006, RC n.º 4873/1999) y d) que la consignación se notifique a los interesados según dispone el artículo 1178.II CC». (11 noviembre 2010, rec. 1485/2006, LA LEY 198992/2010)

«Tampoco se cumplimentó el requisito del artículo 1176 del Código Civil que establece cuando resulta procedente la consignación: a) cuando al acreedor se le hiciere el ofrecimiento de pago y éste se negare sin razón a admitirlo; b) cuando se haga estando el acreedor ausente o cuando esté incapacitado para recibir el pago en el momento en que deba hacerse; c) cuando varias personas pretendan tener derecho a cobrar y d) cuando se haya extraviado el título de la obligación. Disponiendo el art. 1177 del Código Civil, que "Para que la consignación de la cosa debida libere al obligado, deberá ser previamente anunciada a las personas interesadas en el cumplimiento de la obligación", y que se ajuste a las normas que regulan el pago (arts 1157, 1158 y concordantes del CC). Hecha de esa forma la consignación, podrá el deudor pedir al Juez que mande cancelar la obligación (artículo 1180 CC)». (9 febrero 2011, rec. 594/2007, LA LEY 1554/2011)

CONCORDANCIAS

Véase art. 1.185 de este Código.

Artículo 1.177

Para que la consignación de la cosa debida libere al obligado, deberá ser previamente anunciada a las personas interesadas en el cumplimiento de la obligación.

La consignación será ineficaz si no se ajusta estrictamente a las disposiciones que regulan el pago.

COMENTARIO

1.- La consignación es el depósito (en sentido gramatical: no es un contrato de depósito) o puesta a disposición de la autoridad judicial, que hace el deudor de la cosa debida, en caso de que el acreedor no quiera (art. 1.176, primer párrafo) o no pueda (arts. 1.176, segundo párrafo) recibirla.

Es un subrogado del cumplimiento: libera al deudor y extingue la obligación. Esta se ha cumplido.

2.- A la consignación debe preceder el ofrecimiento del pago, cuando proceda según lo previsto en el primer párrafo del artículo anterior.

También ha de ser precedida por el *anuncio* de la misma, como establece el primer párrafo de este artículo. El anuncio de la consignación no es lo mismo que el ofrecimiento de pago; es un concepto más amplio. Se hace por el deudor o la persona —su representante o incluso un tercero (caso del pago por tercero: art. 1.158)— que pretenda hacer el pago. Se hace al acreedor y a las personas interesadas en el cumplimiento de la obligación (fiadores, codeudores, posibles herederos del acreedor, etc.). Se debe hacer, incluso en los casos que contempla el segundo párrafo del art. 1.176; siempre que sea posible, claro está y difícilmente lo será en caso, por ejemplo, de la ausencia del acreedor, aunque incluso en este supuesto puede haber otros interesados en el cumplimiento. Puede hacerse judicial o extrajudicialmente.

3.- La consignación propiamente dicha debe hacerse con todos los requisitos que regulan el pago o cumplimiento y que prevén los arts. 1.157 y ss. Esencialmente, los relativos al objeto del pago o cumplimiento, que se refieren al cumplimiento exacto de la prestación: identidad, integridad e indivisibilidad.

JURISPRUDENCIA

«principio de integridad del pago que rige igualmente el pago de consignación, como establece el art. 1.177.2 al decir que "la consignación será ineficaz sino se ajusta estrictamente a las disposiciones que regulan el pago"; por ello, al dar la Sala sentenciadora valor liberatorio del pago de los intereses debidos al ofrecimiento de pago parcial hecho en el acto de conciliación y la consignación también parcial, sin que respecto de ésta hubiese recaído resolución judicial de que estaba bien hecha y que, en consecuencia, tenía plenos efectos liberatorios no sólo respecto de los intereses sino también del principal, ha infringido los preceptos transcritos». (22 octubre 1991, LA LEY 168-5/1993)

«a tenor del art. 1169 CC, que, a menos que el contrato expresamente lo autorice, no podrá compelerse al acreedor a recibir parcialmente las prestaciones en que consiste la obligación, principio de integridad del pago, que rige igualmente en el pago por consignación, conforme al art. 1177, precisándose en todo caso haber recaído resolución judicial de que la consignación practicada estaba bien hecha, y que consecuentemente tenía plenos efectos liberatorios». (30 enero 1999, LA LEY 1808/1999)

CONCORDANCIAS

Véase arts. 1.157 a 1.175 de este Código.

Artículo 1.178

La consignación se hará depositando las cosas debidas a disposición de la Autoridad judicial, ante quien se acreditará el ofrecimiento en su caso, y el anuncio de la consignación en los demás.

Hecha la consignación, deberá notificarse también a los interesados.

COMENTARIO

1.- La consignación se hace por el depósito (no en el sentido de contrato de depósito) de la cosa debida ante el Juez competente, que es el del lugar del cumplimiento de la obligación en expediente de jurisdicción voluntaria, aunque no está previsto un procedimiento específico, sino que se regulará por las disposiciones generales (arts. 1811 y ss. LEC de 1881, que se mantienen vigentes tras la promulgación de la nueva LEC).

Al hacerse la consignación debe acreditarse al Juez competente que se ha hecho el ofrecimiento de pago, en el caso en que sea necesario, contemplado en el primer párrafo del art. 1.176. Y en todo caso («en los demás» dice extrañamente el texto legal) debe acreditarse el anuncio de la consignación.

2.- Una vez hecha la consignación, debe notificarse a los interesados. Estos son los mismos, en un amplio concepto, a quienes se anuncia previamente (art. 1.177). Ya que la consignación se hace judicialmente, esta notificación se practicará según las normas de la LEC haciéndose por edictos, cuando sea preciso (así, en el caso del acreedor ausente).

CONCORDANCIAS

Véase R.D. 34/1988, de 21 de enero *(«B.O.E.»,* 30 enero), por el que se regulan los pagos, depósitos y consignaciones judiciales.

Artículo 1.179

Los gastos de la consignación, cuando fuere procedente, serán de cuenta del acreedor.

COMENTARIO

1.- Si la consignación es procedente, los gastos de la misma los deberá pagar el acreedor, que es quien la ha provocado, por su mora accipiendi. Es una lógica excepción de lo dispuesto en el art. 1.168.

2.- Si la consignación no se declara procedente, *a sensu contrario*, los gastos los pagará el deudor.

3.- Si se llega a la vía contenciosa y se sigue procedimiento declarativo ordinario, las costas se decidirán por sentencia, conforme a las reglas generales sobre ello, de la LEC.

Artículo 1.180

Hecha debidamente la consignación, podrá el deudor pedir al Juez que mande cancelar la obligación.

Mientras el acreedor no hubiere aceptado la consignación, o no hubiere recaído la declaración judicial de que está bien hecha, podrá el deudor retirar la cosa o cantidad consignada, dejando subsistente la obligación.

COMENTARIO

1.- Este artículo recoge, con mala sistemática y de forma incompleta, los efectos de la consignación. Se pueden distinguir tres supuestos:

Primero. El acreedor acepta la consignación o se dicta resolución judicial de que está bien hecha: la consignación produce su efecto propio de liberar al deudor y extinguir la obligación (art. 1.176), por tratarse de un pago, verdadero cumplimiento de la misma. En cuyo caso, dispone el primer párrafo del art. 1.180 que «hecha debidamente la consignación, podrá el deudor pedir al Juez que mande cancelar la obligación».

Segundo. El deudor retira la cosa consignada antes del caso anterior, es decir, antes de que el acreedor la acepte o se dicte resolución judicial declarándola bien hecha: queda subsistente la obligación, tal como prevé el segundo párrafo del art. 1.180.

Tercero. Si el acreedor se opone al pago por entender que no cumple los requisitos de éste (por tanto, no se da el supuesto que preveía el primer párrafo del art. 1.176: «si el acreedor a quien se hiciere el ofrecimiento de pago se negare sin razón a admitirlo...»), el Juez no puede declarar bien hecha la consignación, sino que ordena archivar el expediente, dejando a salvo el derecho de las partes a dilucidarlo en proceso declarativo ordinario (ya que no lo puede resolver en un simple expediente de jurisdicción voluntaria, en el que, si hay oposición, se tiene que ir al contencioso).

2.- Ahondando el primer supuesto, el acreedor acepta la consignación o el Juez la estima procedente. Se dicta Auto que declara cumplida la obligación o, lo que es lo mismo, bien hecho el pago o procedente la consignación. La obligación queda extinguida. Cuando el primer párrafo de este artículo dice que el deudor puede «pedir al Juez que mande cancelar la obligación» se refiere a un plus: que se cancele el título de la obligación y, en su caso, de la inscripción en el Registro de la Propiedad, como es el caso de una cancelación de hipoteca.

CONCORDANCIAS

Véase Reglamento Hipotecario, de 14 febrero 1947 (*«B.O.E.»,* 16 abril): art. 180.

Artículo 1.181

Si, hecha la consignación, el acreedor autorizase al deudor para retirarla, perderá toda preferencia que tuviere sobre la cosa. Los codeudores y fiadores quedarán libres.

COMENTARIO

Una vez hecha la consignación, en el sentido de que el acreedor la ha aceptado o el Juez la ha declarado procedente, la obligación ha quedado cumplida y, por tanto, extinguida. Si entonces el acreedor consiente en que el deudor retire la cosa consignada, nace una nueva relación jurídica obligacional entre acreedor y deudor: la obligación anterior se extinguió y ha nacido otra nueva. En consecuencia, el acreedor pierde toda preferencia que pudiera tener (según la obligación antigua, ya extinguida) sobre la cosa y quedan liberados los codeudores y fiadores que pudiera haber en relación con la obligación antigua, ya extinguida.

CONCORDANCIAS

Véase art. 1.847 de este Código.

SECCIÓN SEGUNDA
De la pérdida de la cosa debida

Artículo 1.182

Quedará extinguida la obligación que consista en entregar una cosa determinada cuando ésta se perdiere o destruyere sin culpa del deudor y antes de haberse éste constituido en mora.

COMENTARIO

1.- La imposibilidad sobrevenida de la prestación es la causa de extinción de la obligación por no ser posible realizar la prestación por el deudor, sin que le sea imputable.

Esta imposibilidad es sobrevenida. Si fuera originaria no sería una causa de extinción de la obligación, sino que impediría que naciera la misma, al faltar un requisito (la posibilidad) de un elemento esencial (el objeto, la prestación).

La imposibilidad no debe ser imputable al deudor. Si lo fuera, no sería causa de extinción de la obligación, sino que daría lugar a la ejecución forzosa en forma específica, o en su defecto, a la indemnización.

El Código Civil llama a esta causa extintiva, pérdida de la cosa debida, en el artículo 1.156 y en el epígrafe de la sección 2ª. Pero en su regulación en los artículos 1.182 y 1.186 trata no sólo de la pérdida de la cosa en las obligaciones de dar, en el artículo 1.182, sino de la imposibilidad en la de hacer en el artículo 1.184.

Es el caso general de que el deudor no podrá nunca cumplir la obligación ni el acreedor exigir el crédito: es seguro que nunca tendrá lugar el cumplimiento de la obligación. La obligación quedará por ello, extinguida, y, si es recíproca, el otro sujeto podrá pedir la resolución. La imposibilidad se puede dar en las obligaciones específicas y genéricas, aunque en estas últimas puede ser difícil y hasta imposible (*genus non perit*).

2.- Este artículo 1.182, al igual que el 1.184, aquél respecto a las obligaciones de dar y éste respecto a las de hacer, declara el efecto fundamental de la imposibilidad sobrevenida de la prestación, no imputable al deudor, es la extinción de la obligación y la consiguiente liberación del deudor, aun a costa de la no satisfacción del interés del acreedor. Si la prestación sobrevenida imposible era objeto de una obligación recíproca, quedará el deudor liberado de su deber jurídico, pero, al tiempo, perderá su pretensión para obtener la contraprestación, es decir, para exigir que el deudor de la otra obligación recíproca cumpla su prestación. Tal como se ha dicho, la imposibilidad sobrevenida de la prestación de uno de los deudores concede a la otra parte la facultad de resolverlas. El art. 1.124 concede la facultad de resolver, al cumplidor respecto al deudor que incumple, tanto si es incumplimiento voluntario e imputable, como si es imposible.

3.- El último inciso de este artículo destaca que la extinción de la obligación se produce cuando la imposibilidad es sin culpa del deudor, lo que es evidente y ya se ha comentado: si es por culpa, se produce la responsabilidad del deudor.

Y añade también que se extingue la obligación cuando tal imposibilidad se produce «antes de haberse éste constituido en mora». Si el deudor se constituye en mora y se produce la imposibilidad sobrevenida de la prestación, responde del incumplimiento, aun producido sin culpa (pero sí era culpable de la mora, que es el retraso culpable en el cumplimiento de la obligación). El deudor moroso evita su responsabilidad si prueba que la pérdida o imposibilidad se habría producido igualmente de haber cumplido en el tiempo correcto.

JURISPRUDENCIA

«En las obligaciones de dar, la regla general está contenida en el artículo 1182 del CC, conforme al cual "quedará extinguida la obligación que consista en entregar una cosa determinada cuando esta se perdiere o destruyere sin culpa del deudor y antes de haberse constituido en mora". La liberación del deudor se halla supeditada a la circunstancia de haber ocurrido la pérdida o destrucción sin culpa de este, y no la hay, entre otros casos, cuando

no resulta provocada por él (SSTS 2 enero 1976 y 15 diciembre 1987), o no le es imputable (STS 17 enero y 5 mayo 1986; 15 febrero 1994; 20 mayo 1997). También es preciso que el deudor no se halle incurso en morosidad (STS 23 febrero 1994), lo que supone que este se halla en retraso en el cumplimiento de la obligación y que ya debía haberse desprendido de la cosa que se pierde en su poder». (30 noviembre 2006, LA LEY 150000/2006)

«esta imposibilidad sobrevenida no extingue la obligación, pues, como ha señalado la jurisprudencia, interpretando los preceptos de los artículos 1182 a 1184 del Código civil, en la imposibilidad sobrevenida, que puede ser física o legal, pero en todo caso ha de ser objetiva, absoluta y duradera (Sentencias de 15 de febrero y 21 de marzo de 1994, 30 de abril de 2002) se excluye la liberación del deudor cuando resulta provocada por él (Sentencias de 2 de enero de 1976, 15 de diciembre de 1987) o le es imputable (Sentencias de 7 de abril de 1965, 7 de octubre de 1978, 17 de enero y 5 de mayo de 1986, 15 de febrero de 1994, 20 de mayo de 1997, 30 de abril de 2002, etc.)». (26 diciembre 2006, LA LEY 175845/2006)

«la obligación de entregar cosa determinada se extingue cuando esta se pierde o se destruye sin culpa del deudor y antes de haberse constituido en mora —artículo 1182 CC—, de donde se sigue que la recalificación urbanística de lo comprado no produce alteraciones extraordinarias sobrevenidas e imprevisibles al momento del cumplimiento del contrato, que permita la resolución unilateral del mismo, cuando la compradora pudo haber hecho efectivo el compromiso de otorgar la correspondiente escritura y complementar el precio convenido en el momento de su otorgamiento; obligaciones de las que no quedaba eximido en aplicación de la doctrina del aliud pro alio*, o entrega de cosa diversa de la pactada y consiguiente insatisfacción negocial, al ser aquél impropio para el fin a que se destina, puesto que no se le entrega cosa distinta o una cosa por otra sino la misma que había sido objeto del contrato y tampoco la prestación resultaba imposible pues nada se ha perdido, destruido o desaparecido».* (14 mayo 2009, rec. 477/2004, LA LEY 67151/2009)

CONCORDANCIAS

Véanse arts. 882, 1.000, 1.096.3, 1.104, 1.122, 1.136, 1.147, 1.307, 1.314, 1.460, 1.568 y 1.625 a 1.627 de este Código.

Artículo 1.183

Siempre que la cosa se hubiese perdido en poder del deudor, se presumirá que la pérdida ocurrió por su culpa y no por caso fortuito, salvo prueba en contrario, y sin perjuicio de lo dispuesto en el artículo 1.096.

COMENTARIO

1.- El artículo anterior (1.182) y el siguiente (1.184) establecen la extinción de la obligación por razón de imposibilidad sobrevenida de la prestación, de la que no es culpable el deudor. Este artículo establece la presunción de culpabilidad en el caso concreto de pérdida de la cosa debida que estaba en posesión del deudor (caso del artículo anterior), lo que se extiende al caso de la imposibilidad (del artículo siguiente).

2.- Así, el deudor que alega imposibilidad de la prestación, se presume que es culpable de la misma e incurre en responsabilidad, a no ser que pruebe que no hubo tal culpa y, por tanto, la imposibilidad extingue la obligación. Presunción *iuris tantum*, por tanto.

3.- En todo caso hay responsabilidad del deudor por el incumplimiento por imposibilidad de la prestación, a pesar de la ausencia de dolo o culpa: si se ha pactado así (art. 1.105) o lo dispone la ley, que son los supuestos de que se produzca la imposibilidad estando el deudor en mora (art. 1.182, *in fine*) o habiéndose comprometido a entregar una cosa a diversas personas (art. 1.096, tercer párrafo) o si la deuda procedía de delito o falta (art. 1.185).

JURISPRUDENCIA

«el artículo 1183, que establece la presunción de culpa del deudor como causa de la pérdida de la cosa que estaba en su poder, salvo prueba de la concurrencia de caso fortuito, añadiéndose que el mismo principio se recoge en los artículos 307 y 361 del Código de Comercio, así como en el artículo 1302 del Código Francés. En definitiva, es cierto que la concurrencia de caso fortuito exime en ciertos casos de responsabilidad, pero para que tal cosa suceda se hace preciso que la prueba del mismo sea aportada por aquel en cuyo poder se perdió la cosa que debía ser entregada (como sucede en el caso del depositario) según establecen los preceptos que menciona la resolución impugnada y ha recordado esta Sala en su sentencia de 8 de febrero de 2000». (20 diciembre 2004, rec. 3496/1998)

«El principio de responsabilidad del arrendatario es aplicación de los principios generales, en materia de contratación, concretamente, del artículo 1183 al disponer que siempre que la cosa se hubiese perdido en poder del deudor, se presumirá que la pérdida ocurrió por su culpa y no por caso fortuito, salvo prueba en contrario, y sin perjuicio de lo dispuesto en el artículo 1096. Y con referencia concreta al incendio, la jurisprudencia establece que cuando el hecho determinante del daño se produce en un inmueble arrendado, el artículo 1563 del Código civil, en cuanto responsabiliza al arrendatario del deterioro o pérdida que tuviere la cosa arrendada, a no ser que pruebe haberse ocasionado sin culpa suya, viene a establecer una presunción iuris tantum de culpabilidad contra el arrendatario, que impone a éste la obligación de probar que actuó con toda la diligencia exigible para evitar la producción del evento dañoso (sentencias de esta Sala de 10 de marzo de 1971, 24 de septiembre de 1983 y 7 de junio de 1988)». (24 enero 2006, rec. 2409/1999)

«El artículo 1183 del Código Civil, en consonancia con las reglas sobre la carga de la prueba de los hechos extintivos de la obligación, presume iuris tantum *que la pérdida de la cosa en poder del deudor estuvo causada por culpa del mismo (y, por ello, que no queda liberado). Y, en el mismo sentido, el artículo 1563 del propio Código proclama la responsabilidad del arrendatario por la pérdida o deterioro de la cosa arrendada, a no ser que pruebe que se produjeron sin su culpa (al respecto, entre otras muchas, las sentencias de 4 de marzo de 2004 y 18 de julio de 2006)».* (5 marzo 2007, LA LEY 6583/2007)

CONCORDANCIAS

Véanse arts. 1.104 y 1.105 de este Código.

Artículo 1.184

También quedará liberado el deudor en las obligaciones de hacer cuando la prestación resultare legal o físicamente imposible.

COMENTARIO

1.- Este artículo y el 1.182 dan el concepto de la imposibilidad sobrevenida como causa de extinción de la obligación: pérdida de la cosa debida en las obligaciones de dar (art. 1.182) e imposibilidad en las de hacer (art. 1.184) o no hacer.

2.- La imposibilidad puede ser de hecho cuando no es realizable la prestación por físicamente imposible (por ejemplo, el pintor no puede concluir su prestación de hacer, pintar el retrato por haberse vuelto ciego), o derecho, por prohibirlo el Ordenamiento (por ejemplo, la ley establece la prohibición legal de enajenar aquel producto que debía entregarse).

3.- La prestación que no es propiamente imposible, pero su realización es (de forma sobrevenida, no de origen), de una dificultad extraordinaria, no es claro si se puede asimilar a la imposibilidad y, por ende, provocar la extinción de la obligación. Pese a la falta de unidad en la doctrina y de claridad en la jurisprudencia, puede afirmarse que la dificultad extraordinaria en el cumplimiento de la obligación provoca la modificación de la misma en cuanto sea posible y, si esto no es posible, se extingue por auténtica equiparación a la imposibilidad.

JURISPRUDENCIA

«Esta Sala, en profusa jurisprudencia, ha abordado las cuestiones de mayor interés que suscita la aplicación de los artículos cuya infracción se denuncia en el recurso, y tiene declarado: 1. La regulación de los arts. 1272 y 1184 (éste se refiere a las obligaciones de hacer aunque la imposibilidad se aplica también, analógicamente, a las obligaciones de dar ex art. 1182, SS 21 Feb. 1991, 29 Oct. 1996, 23 Jun. 1997) recoge una manifestación del principio ad imposibilia nemo tenetur (SS 21 Ene. 1958 y 3 Oct. 1959), que aquí se concreta en la regla de que no existe obligación de cosas imposibles (impossibilium nulla obligatio est: D. 50, 17, 1185), cuya aplicación exige una imposibilidad física o legal, objetiva, absoluta, duradera y no imputable al deudor (SS 15 Feb. y 21 Mar. 1994, entre otras); 2. La aplicación debe ser objeto de una interpretación restrictiva y casuística —atendiendo a los casos y circunstancias— (SS 10 Mar. 1949, 5 May. 1986 y 13 Mar. 1987), pudiendo consistir en una imposibilidad física o material (la S 16 Dic. 1970 se refiere también a la moral, y la de 30 Abr. 1994 a la imposibilidad económica), o legal, que se extiende a toda imposibilidad jurídica, pues abarca tanto la derivada de un texto legal como de preceptos reglamentarios, mandatos de autoridad competente, u otra causa jurídica (sentencias, entre otras, 15 Dic. 1987, 21 Nov. 1958, 3 Oct. 1959, 29 Oct. 1970, 4 Mar., 11 May. 1991 y 26 Jul. 2000); 3. A la imposibilidad se equipara la dificultad extraordinaria (S 6 Oct. 1994), pero no cabe confundir dificultad con imposibilidad (sentencias, entre otras, 8 Jun. 1906, 10 Mar. 1949, 6 Abr. 1979, 5 May. 1986, 11 Nov. 1987, 12 May. 1992, 12 Mar. 1994 y 20 May. 1997), ni tampoco cabe medir la imposibilidad con base en el criterio subjetivo del deudor (lo que produciría inseguridad jurídica, según declara la S 6 Oct. 1994), de ahí que se siga un criterio objetivo (sentencias, entre otras, de 15 y 23 Feb., 12 Mar. y 6 Oct. 1994); 4. La imposibilidad ha de ser definitiva, por lo que excluye la temporal o pasajera (S 13 Mar. 1987) —que sólo tiene efectos suspensivos (S 13 Jun. 1944)—, y la derivada de una situación accidental del deudor (S 8 Jun. 1906); 5. No cabe alegar imposibilidad cuando es posible cumplir mediante la modificación racional del contenido de la prestación de modo que resulte adecuado a la finalidad perseguida (SS 22 Feb. 1979 y 11 Nov. 1987); 6. Para aplicar la imposibilidad es preciso que no haya culpa del deudor, y no la hay cuando el hecho resulta imprevisible e irresistible (S 20 Mar. 1997). La jurisprudencia la excluye cuando resulta provocada por él (SS 2 Ene. 1976 y 15 Dic. 1987), o le es imputable (SS 7 Abr. 1965, 7 Oct. 1978, 17 Ene. y 5 May. 1986, 15 Feb. 1994, 20 May. 1997), y existe culpa cuando se conoce la causa (SS 15 Feb. y 23 Mar. 1994, 17 Mar. 1997, y 14 Dic. 1998), o se podía conocer (S 15 Feb. 1994), o era previsible (SS 7 Oct. 1978, 15 Feb. 1994, 4 Nov. 1999), aunque cabe que un cierto grado de previsibilidad no la excluya (S 23 Feb. 1994). La S 17 Mar. 1997

declara que no es aplicable cuando se conocen las limitaciones urbanística de la finca; 7. No hay imposibilidad cuando se puede cumplir con un esfuerzo la voluntad del deudor (SS 8 Jun. 1906, 7 Abr. 1965, 6 Abr. 1979, 12 Mar. 1994, 20 May. 1997, entre otras). La S 14 Feb. 1994 se refiere a observar la debida diligencia haciendo lo posible para vencer la imposibilidad y en la S 2 Oct. 1970 se acogió por haberse agotado las posibilidades de cumplimiento; y, 8. Para estimar la imposibilidad sobrevenida es preciso que el deudor no se halle incurso en morosidad (art. 1182; y S 23 Feb. 1994).» (30 abril 2002, LA LEY 4876/2002)

«En cuanto a la imposibilidad sobrevenida, esta Sala ha dicho (SSTS 30 de abril de 2002, 21 de abril de 2006, entre otras) que ha de hacerse una interpretación restrictiva y casuística, atendiendo a "los casos y circunstancias", que la imposibilidad sobrevenida ha de ser definitiva y no haberse producido por culpa del deudor (SSTS 17 de marzo y 20 de mayo de 1997, 14 de diciembre de 1998, etc.) y que no hay imposibilidad cuando se puede cumplir con un esfuerzo de voluntad del deudor (SSTS 14 de febrero y 12 de marzo de 1994, 20 de mayo de 1997, etc.), así como que para apreciar la imposibilidad sobrevenida se requiere que el deudor no se halle en mora (SSTS 23 de febrero de 1994, 30 de abril de 2002, 21 de abril de 2006, etc.)». (3 abril 2009, rec. 1360/2004, LA LEY 23070/2009)

«El motivo plantea la cuestión de si por haber cambiado la calificación urbanística de una parte de los terrenos objeto de la permuta, se ha producido una imposibilidad jurídica de dar la cosa, aunque la entrega continúa siendo posible, pero la prestación es distinta de la inicialmente planeada. En definitiva, en el supuesto objeto del recurso se trataría de una imposibilidad sobrevenida parcial, puesto que los otros terrenos siguen manteniendo la inicial calificación. Este argumento no puede admitirse, puesto que los terrenos objeto de la permuta siguen existiendo y no se han eliminado del mercado, ya que la ley 25/2003, ya aludida, se limita a establecer un régimen de propiedad que excluye determinados regímenes urbanísticos pero no expropia y así, el Art. 3.2 de la ley 25/2003 crea un consejo rector del que van a formar parte "los propietarios afectados". Por tanto, el objeto de la permuta no ha desaparecido, ni la prestación ha devenido "legal o físicamente imposible", como prevé el Art. 1184 CC con referencia a las obligaciones de hacer». (21 abril 2009, rec. 1267/2004, LA LEY 49536/2009)

CONCORDANCIAS

Véase arts. 1.116 y 1.272 de este Código.

Artículo 1.185

Cuando la deuda de cosa cierta y determinada procediere de delito o falta, no se eximirá el deudor del pago de su precio, cualquiera que hubiese sido el motivo de la pérdida, a menos que, ofrecida por él la cosa al que la debía recibir, éste se hubiese sin razón negado a aceptarla.

COMENTARIO

1.- Concreta este artículo la imposibilidad de la prestación, a un tipo de obligación, en un doble aspecto: por un lado, obligación de dar cosa específica y por otro, obligación procedente de infracción penal (que contempla el art. 1.092 y que no es fácil imaginar, porque la de indemnizar no se halla en este supuesto al no tratarse de obligación de dar cosa específica; un ejemplo sería la de devolver la cosa objeto del delito o falta).

En este tipo de obligación, tan concreta, si se produce la imposibilidad de la prestación por pérdida de la cosa debida, responde el deudor en todo caso, sea o no culpable de tal imposibilidad. Dispone este artículo que «no se eximirá al deudor del pago de su precio, cualquiera que hubiese sido el motivo de la pérdida». Dada la imposibilidad de dar aquella cosa específica, con o sin culpa del deudor, no se extingue la obligación, sino que responde, responsabilidad que se concreta en el pago al acreedor del valor de la cosa debida y perdida.

2.- El segundo inciso de este artículo establece una excepción a la responsabilidad anterior. Producida la imposibilidad de la prestación por pérdida de la cosa específica debida, en la obligación derivada de delito, se extingue la obligación sin responsabilidad del deudor, si éste la había entregado, antes de perderse, al acreedor y éste la había rechazado, culpablemente: «éste se hubiese, sin razón, negado a aceptarla» dice el texto legal.

CONCORDANCIAS

Véase art. 1.176, párrafo 1.º de este Código.

Artículo 1.186

Extinguida la obligación por la pérdida de la cosa, corresponderán al acreedor todas las acciones que el deudor tuviere contra terceros por razón de ésta.

COMENTARIO

1.- Extinguida una obligación por imposibilidad sobrevenida, si por razón de ella se produce alguna ventaja (por ejemplo, el pago de una indemnización por razón de seguro: piénsese por razón del incendio de una casa que era objeto de una prestación de dar), ésta corresponderá al acreedor. Es un efecto secundario de la imposibilidad sobrevenida de la prestación, a favor del acreedor, ya que no se satisface su interés.

2.- Es la llamada cesión legal del *commodum representationis*: quien sufre el *periculum* tiene, extinguida la cosa (o devenida imposible la prestación), las acciones o accesorios que debían serle prestados con aquella cosa (*commodum accesionis*), pero también los derechos y las acciones ocasionados, precisamente, por su pérdida y que la sustituyen (*commodum repraesentationis*). Es decir, si un mismo acontecimiento ocasiona, por un lado, la imposibilidad de la prestación y, por otro, una ventaja, el derecho a percibir ésta corresponde al que soporta el daño, el que sufre el *periculum obligationis*.

CONCORDANCIAS

Véanse arts. 1.212 y 1.213 de este Código.

SECCIÓN TERCERA
De la condonación de la deuda

Artículo 1.187

La condonación podrá hacerse expresa o tácitamente.

Una y otra estarán sometidas a los preceptos que rigen las donaciones inoficiosas. La condonación expresa deberá, además, ajustarse a las formas de la donación.

COMENTARIO

1.- La condonación o remisión o perdón de la deuda, es la renuncia gratuita al derecho de crédito. Este es un derecho subjetivo, cuyo titular es el acreedor: conforme a la norma general del art. 6.2 puede renunciar al mismo, lo que implica la extinción de la obligación, regulada como tal en los arts. 1.187 a 1.191.

Al ser una renuncia, los caracteres de la condonación son la unilateralidad y la gratuidad. Es unilateral por cuanto la renuncia lo es siempre. La intervención del deudor no es necesaria. Podrá estar de acuerdo o no e incluso puede ignorarla. Pero el derecho del acreedor ha sido extinguido por su renuncia.

Y es gratuita; no hay contraprestación por el deudor; si la hubiera, no sería condonación, sino otra figura, como novación, dación en pago, etc.

2.- Este artículo, en su primer párrafo, distingue dos clases de condonación. La expresa, que es la que se hace mediante declaración de voluntad expresa, exteriorizando la voluntad del acreedor de renunciar a su derecho de crédito. Y la tácita, que es la que se deduce de un comportamiento o declaración no expresamente emitida para exteriorizar la voluntad de renunciar; como en todo caso de renuncia, se deberá interpretar en forma restrictiva.

Además de estas clases, se añade la condonación presunta, dos supuestos que se recogen en el Código: uno en los artículos 1.188 y 1.189 y otro en el artículo 1.191.

3.- La gratuidad de la condonación es elemento esencial de la misma, básico en su concepto. Como consecuencia del mismo, el segundo párrafo de este artículo establece la aplicación de dos normas de la donación —negocio jurídico gratuito, por excelencia— a la condonación.

La primera es que la condonación expresa debe cumplir la forma de la donación. Por tanto, si se refiere a derechos sobre cosa mueble (por ejemplo, una obligación pecuniaria) la forma puede ser verbal o escrita; si recae sobre algún derecho sobre bien inmueble, será precisa escritura pública.

La segunda es que toda condonación está sometida a su posible reducción o eliminación (rescisión parcial o total) por causa de inoficiosidad; es decir, a la muerte del condonante, si el objeto de la condonación —renuncia gratuita— no cabe en la parte de libre disposición y perjudica la legítima, podrá ser objeto de una acción de rescisión.

JURISPRUDENCIA

«Si bien en la generalidad de los casos toda condonación de deuda suele responder a un ánimo de liberalidad del acreedor («causa donandi») y de ahí que, en materia de inoficiosidad y de forma, el artículo 1.187 del Código Civil se remita a la normativa de las donaciones al regular la condonación, ello no impide que ésta, por convenio entre las partes (ar-ticulo 1.255 del citado Código), pueda responder a otra causa distinta de la expresada liberalidad del acreedor. Como en el presente supuesto ambas partes son concordes en sostener y reiterar que no existió ánimo de liberalidad por parte de la entidad "E., S.A.", lo que deja totalmente excluida la causa donandi, y como, por otro lado, el Ayuntamiento demandado no ha probado, ni intentado probar (a pesar de incumbirle el onus probandi sobre dicho extremo) cuál haya sido la verdadera causa de tal condonación, puede concluirse, en principio y sin perjuicio de lo que seguidamente ampliaremos, que dicha supuesta condonación fue inexistente, en cuanto carente de causa (artículos 1261 y 1275 del Código Civil)». (5 abril 1993, LA LEY 13102/1993)

CONCORDANCIAS

Véase arts. 632, 633, 636 y 654 a 656 de este Código.

Artículo 1.188

La entrega del documento privado justificativo de un crédito, hecha voluntariamente por el acreedor al deudor, implica la renuncia de la acción que el primero tenía contra el segundo.

Si para invalidar esta renuncia se pretendiere que es inoficiosa, el deudor y sus herederos podrán sostenerla probando que la entrega del documento se hizo en virtud del pago de la deuda.

COMENTARIO

1.- Expresa el primer párrafo de este artículo un caso (el otro se halla en el art. 1.191) de condonación presunta. Se trata de la obligación en la que se ha producido un documento (que muchas veces será el título constitutivo de aquélla, por ejemplo, el contrato) privado, justificativo del derecho de crédito (por ejemplo, el escrito de reconocimiento de deuda). El acreedor entrega voluntariamente (la voluntariedad es desarrollada en el artículo siguiente) tal documento al deudor. Esta entrega presume la condonación de la deuda. Presunción iuris tantum, que admite prueba en contrario.

El texto legal emplea una frase no exacta: «implica la renuncia de la acción», pero debe entenderse que es la renuncia del derecho (con frecuencia el Código asimila los conceptos de acción y derecho), concretamente del derecho de crédito, lo cual es la condonación.

2.- El segundo párrafo de este artículo es confuso y, en realidad, no dispone nada. Parece prever que si la condonación presunta se impugna por inoficiosa, el deudor puede probar que no hubo tal condonación, sino verdadero pago. Pero esto lo puede hacer en todo caso y no porque lo disponga expresamente el código, sino por la normativa general.

Debe interpretarse de una forma mucha más amplia. En caso de condonación —no sólo la presunta que prevé el primer párrafo— si ésta se impugna, por inoficiosidad o por cualquier otro motivo, el deudor puede probar que no hubo tal condonación, sino extinción de la obligación, por su cumplimiento o pago, o por cualquier causa de extinción de las obligaciones.

Artículo 1.189

Siempre que el documento privado de donde resulte la deuda se hallare en poder del deudor, se presumirá que el acreedor lo entregó voluntariamente, a no ser que se pruebe lo contrario.

COMENTARIO

1.- El artículo anterior establece la condonación presunta por la entrega del documento privado justificativo de un crédito, del acreedor al deudor. Entrega voluntaria necesariamente (y evidentemente). Este artículo añade una segunda presunción que complementa la anterior: se presume tal entrega voluntaria, por el acreedor, si aquel documento privado se halla en poder del deudor.

2.- Se trata de una presunción *iuris tantum*, que admite prueba en contrario.

Artículo 1.190

La condonación de la deuda principal extinguirá las obligaciones accesorias; pero la de éstas dejará subsistente la primera.

COMENTARIO

1.- La condonación total produce el efecto de extinguir el crédito, como renuncia que es, y en consecuencia la extinción de la obligación y, además de las obligaciones accesorias (art. 1.190: la condonación de la deuda principal extinguirá las obligaciones accesorias; pero la de éstas dejará subsistente la primera). La condonación parcial extingue el crédito en la parte renunciada y subsiste la obligación con menor contenido.

2.- Pero los efectos pueden quedar limitados o eliminados por aplicación de las reglas de la donación. Se le aplican sus límites, tanto respecto a la inoficiosidad, como dice el primer inciso del segundo párrafo del art. 1.187, como respecto a otras (forma, etc.).

Por último, cabe rescindirla mediante el ejercicio de la acción revocatoria o pauliana si se ha hecho en fraude de los acreedores (arts. 1.111 y 1.291.3º).

CONCORDANCIAS

Véase art. 1.207 de este Código.

Artículo 1.191

Se presumirá remitida la obligación accesoria de prenda, cuando la cosa pignorada, después de entregada al acreedor, se hallare en poder del deudor.

COMENTARIO

1.- El artículo 1.188 primer párrafo, establece un supuesto de condonación presunta, y este artículo 1.191 establece otro, aunque de carácter muy distinto. Empieza el texto legal refiriendo la condonación o remisión a «la obligación accesoria de prenda» y la prenda no es una obligación, sino un derecho real; sigue señalando el supuesto de hecho de la presunción: «cuando la cosa pignorada, después de entregada al acreedor, se hallare en poder del deudor».

2.- La correcta interpretación de esta norma es que en el caso de que está constituido un derecho real de prenda (y por tanto, entregada la cosa pignorada al acreedor pignoraticio) en garantía del cumplimiento de una obligación y, posteriormente la cosa pignorada está en posesión del deudor (o del constituyente de la prenda), se presume que el acreedor ha renunciado a tal derecho de prenda, extinguiéndose ésta.

Por tanto, no es una condonación de deuda, sino una *renuncia al derecho real de prenda*. Se establece la presunción legal de tal renuncia, por el hecho de hallarse la cosa que estaba pignorada en posesión del deudor. Es presunción *iuris tantum*, cabe prueba en contrario, en el sentido de que la entrega de la posesión de la cosa de acreedor a deudor no implica renuncia al derecho de prenda. Entendida la renuncia al derecho de prenda, permanece incólume la obligación garantizada, a la que no alcanza aquella renuncia ni ha sido objeto de ninguna condonación.

SECCIÓN CUARTA
De la confusión de derechos

Artículo 1.192

Quedará extinguida la obligación desde que se reúnan en una misma persona los conceptos de acreedor y de deudor.

Se exceptúa el caso en que esta confusión tenga lugar en virtud de título de herencia, si ésta hubiese sido aceptada a beneficio de inventario.

COMENTARIO

1.- La confusión está regulada como causa de extinción de la obligación, en los artículos 1.192 a 1.194 y se define, a la vista del primero de ellos, como la causa de extinción de la obligación que se produce cuando se reúnen en la misma persona las titularidades de acreedor y de deudor.

El fundamento de la confusión es unánime en la doctrina y la jurisprudencia. Es la imposibilidad lógica y estructural de que coincidan en la misma persona las titularidades de acreedor y de deudor en una misma obligación, ya que ésta es una relación jurídica que precisa de los dos sujetos, activo y pasivo, el titular del derecho de crédito y el del deber jurídico: nadie puede ser acreedor y deudor de sí mismo.

2.- La reunión en la misma persona de las titularidades del derecho de crédito y de la deuda, debe ser completa y definitiva, lo que no se produce cuando un heredero acepta la herencia (que es un supuesto que, en principio, produce la confusión) a beneficio de inventario, tal como prevé el segundo párrafo de este artículo.

3.- Partiendo de lo anterior, se pueden distinguir los distintos supuestos en que se produce la confusión:

Inter vivos: Primero. Por transmisión de la obligación —cesión del crédito o asunción de deuda— de sujeto activo al pasivo, o viceversa. Segundo. Por donación universal de bienes de acreedor a deudor, aun dentro de los límites que señala el Código Civil.

Mortis causa: Primero. Por sucesión a título universal; es heredero el acreedor del deudor, o viceversa. Si bien no se produce la confusión si el heredero acepta la herencia a beneficio de inventario, tal como dice el art. 1.192.2º: se exceptúa el caso en que esta confusión tenga lugar en virtud de título de herencia, si ésta hubiese sido aceptada a beneficio de inventario. Lo cual viene corroborado por lo dispuesto en los números 2º y 3º del art. 1.023.

Segundo. Por sucesión a título particular, como legado de crédito en que el acreedor lega al deudor el crédito que contra él tenía. (El legado de liberación no es un caso de confusión, sino de condonación.)

Tercero. Por sucesión simultánea por un tercero en el crédito y la deuda, de sus respectivos titulares. Supuesto ciertamente insólito, que podría darse en caso de conmoriencia (art. 33) de los mismos.

JURISPRUDENCIA

«Yendo al caso presente: la rematante de las fincas gravadas con la hipoteca de renta, adquisición por enajenación forzosa en virtud de subasta, fue la madre, demandada, la cual las adquirió con la hipoteca y asumió la obligación de pago de la renta. Lo cual produce dos consecuencias. La primera, la extinción del derecho real de hipoteca, por consolidación, ya que al adquirir el derecho real pleno, propiedad, se extingue el derecho real limitado, hipoteca, que garantizaba una obligación de pago de renta, de la que ella era acreedora; lo cual efectivamente se produjo y se extendió el asiento de cancelación en el Registro de la Propiedad. La segunda, la extinción de la obligación de pago de la renta, ya que, por disposición del artículo 157, tantas veces citado, adquirió las fincas con la obligación de pago de la renta y de esta obligación ella es la acreedora, lo cual es precisamente el concepto de confusión conforme al artículo 1192 del Código civil: causa de extinción de la obligación que se produce cuando se reúnen en la misma persona las titularidades de acreedor y deudor». (18 junio 2010, rec. 1537/2006, LA LEY 93454/2010)

CONCORDANCIAS

Véase arts. 1.023 y 1.087 de este Código.

Artículo 1.193

La confusión que recae en la persona del deudor o del acreedor principal, aprovecha a los fiadores. La que se realiza en cualquiera de éstos no extingue la obligación.

COMENTARIO

1.- La confusión es total cuando alcanza a toda la obligación a que se refiere. La extingue por completo y alcanza a las obligaciones accesorias. Así, a la fianza, a que se refiere explícitamente el primer inciso de este artículo.

2.- A la inversa, si se extingue por confusión una obligación accesoria, como la fianza (segundo inciso) no se extingue la obligación principal.

CONCORDANCIAS

Véase arts. 1.847 y 1.848 de este Código.

Artículo 1.194

La confusión no extingue la deuda mancomunada sino en la porción correspondiente al acreedor o deudor en quien concurran los dos conceptos.

COMENTARIO

1.- La confusión es parcial cuando recae sobre una parte de la obligación o cuando la obligación es mancomunada, en cuyo caso la obligación se extingue en la parte correspondiente al acreedor o al deudor en quien concurran los dos conceptos. Así lo establece este artículo.

2.- Por el contrario, si la obligación es solidaria, de acuerdo con lo dispuesto en el art. 1.143, la confusión en la persona de uno de los cotitulares solidarios produce la extinción de la obligación, sin perjuicio de las relaciones internas entre ellos. Es preciso remitirse a los comentarios a los arts. 1.143 y 1.146.

3.- Está previsto un caso de confusión parcial en el art. 1.087 del Código Civil, que dispone que el coheredero acreedor del difunto puede reclamar de los otros el pago de su crédito, deducida su parte proporcional como tal heredero: contempla el caso de división del crédito entre todos los coherederos de forma proporcional a sus respectivas cuotas, razón por la que queda extinguida por confusión la parte que corresponde al coheredero acreedor y puede reclamar de los demás deduciendo su parte como tal heredero.

CONCORDANCIAS

Véase arts. 1.143 y 1.146 de este Código.

SECCIÓN QUINTA
De la compensación

Artículo 1.195

Tendrá lugar la compensación cuando dos personas por derecho propio, sean recíprocamente acreedoras y deudoras la una de la otra.

COMENTARIO

1.- A la vista de los arts. 1.195 y 1.202, se define la compensación como el modo de extinguir en la cantidad concurrente las obligaciones de aquellas personas que por derecho propio sean recíprocamente acreedoras y deudoras la una de la otra (por ejemplo, yo te debo 1.000 ptas. y tú me debes 600: basta con que te pague 400).

Realmente, es un pago abreviado. Evita un doble pago. E impide una reclamación de un acreedor contra su deudor, cuando aquél es, a su vez, deudor del segundo. Todo ello en la cantidad concurrente claro está.

2.- Se distinguen cuatro clases de compensación, si bien todas ellas producen el mismo efecto de extinguir las obligaciones en la cantidad concurrente.

La compensación legal, es aquella en la que concurren todos los requisitos.

La compensación convencional se produce cuando concurre alguno o algunos de los requisitos, pero las partes acuerdan que, a pesar de ello, se extingan sus obligaciones total o parcialmente (te debo 1.000 y tú me debes la prestación de hacer tal cosa: pactamos que se extingan nuestras obligaciones, pese a que falta la homogeneidad).

La compensación facultativa, parecida a la anterior, se da cuando una parte la acepta a pesar de que en la otra falta un requisito (me debes 1.000 y yo te debo 1.000, pero a pagar dentro de un año: acepto la compensación pese a que aún mi deuda no es exigible).

La compensación judicial, la ordena el Juez en sentencia y como resultado del proceso (falla que el demandante debe al demandado 600 y éste a aquél 1.000: condena a éste a pagar 400).

3.- Este primer artículo de la compensación destaca un doble requisito que es inherente a su concepto: la reciprocidad y el derecho propio. El acreedor y el deudor han de serlo recíprocamente, es decir, uno del otro y por derecho propio. La reciprocidad, pues, no es otra cosa que el acreedor sea, a su vez, deudor de su deudor, por lo que hay dos obligaciones cuyos sujetos son simultáneamente acreedores y deudores, obligaciones que pueden tener el mismo origen o no. Y tales acreedores y deudores deben serlo por derecho propio: no pueden compensarse, pues, obligaciones en que uno de los sujetos no es él acreedor o deudor sino representante de uno u otro, o lo es una persona jurídica, etc.

JURISPRUDENCIA

«La compensación es un modo de extinción de la obligación que, como tal, se puede alegar como excepción de derecho material en la contestación a la demanda para oponerse al cumplimiento que en ésta se exige, lo cual se ha hecho en el presente proceso, sin que sea necesario que se alegue como reconvención ni constituya, como equivocadamente se dice en el desarrollo de este motivo del recurso, una reconvención tácita. La compensación impide la reclamación del acreedor contra su deudor, cuando aquél es, a su vez, deudor del segundo. Esto es lo ocurrido en el presente caso, en que la sentencia de instancia ha declarado con total claridad y rotundidad la realidad de una deuda del causante de los demandantes como deudor frente al demandado, acreedor, lo que produce como efecto concurriendo los presupuestos, que no se han puesto en duda la extinción de las obligaciones». (8 marzo 2000, LA LEY 1331/2001)

«Como señala la sentencia de 18 de mayo de 2005 la compensación constituye una técnica de neutralización de obligaciones en la suma concurrente, cuando se cumplan los requisitos que la norma exige (artículos 1195 y 1196 del Código Civil). La primera de las condiciones de la compensación es que cada uno de los obligados sea acreedor del otro (artículo 1196.1 del Código Civil y sentencias 31 de enero de 1978, 26 de noviembre de 1991, 23 de diciembre de 1991, 24 de abril de 1999, 9 de junio de 2001, 15 de febrero de 2005, 18 de mayo de 2005, 3 de abril de 2006 y 25 de abril de 2006)». (27 noviembre 2006, LA LEY 144998/2006)

Supuestos de compensación judicial:

«el artículo 1196.4.º del Código Civil reclama, para que proceda la compensación, que las deudas sean exigibles, esto es, que pueda imponerse el cumplimiento de las mismas al deudor si no está dispuesto a hacerlo voluntariamente, con posibilidad, en su caso, de actuar agresivamente contra sus bienes (al respecto, sentencias de 20 de octubre de 2003 y 9 de abril de 1994). Es cierto que la jurisprudencia no impone que todos los requisitos de la compensación (entre ellos, la exigibilidad) concurran al interponer el actor la demanda, pues admite la llamada compensación judicial, la cual se produce cuando no procede la legal solicitada por falta de alguno de sus requisitos y éste se logra durante la tramitación del proceso (sentencias de 16 de noviembre de 1993, 9 de abril de 1994, 27 de diciembre de 1995 y 17 de julio de 2002)». (15 febrero 2005, rec. 1008/1999)

«si bien no aparece expresamente recogida en el artículo 1195 del Código civil, la llamada compensación judicial ha sido admitida en numerosísimas sentencias de esta Sala, en las que se ha configurado como "una especie de compensación en la que no son de exigencia todos los requisitos que el Código fija para la legal y que la ordena el órgano jurisdiccional en sentencia y como resultado de un proceso" (sentencia de 17 julio 2000). Nos encontramos pues ante una facultad del juzgador que puede tener lugar cuando falta alguno de los requisitos legales o no se dan los supuestos de la compensación voluntaria, pero se ha probado la existencia de las deudas concurrentes (sentencias de 18 enero 1999, 8 junio 1998). Ciertamente, la compensación judicial requiere que concurran créditos y títulos recíprocos y que las partes sean acreedoras y deudoras por derecho propio (sentencia de 26 marzo 2001, con la cita de otras muchas), aunque no es exigible que concurran todos los requisitos exigidos por el del Código civil para que proceda la compensación legal, entre ellos que las deudas sean líquidas (sentencia de 18 enero 1999)». (5 enero 2007, LA LEY 23/2007)

«Como afirma la sentencia de esta Sala de 18 enero 1999 "[el] artículo 1195 del Código Civil [que] simplemente enuncia el principio de la compensación, como causa de extinción de la obligación, a modo de definición de la misma: tendrá lugar la compensación cuando dos personas por derecho propio, sean recíprocamente acreedoras y deudoras la una de la otra"; la compensación judicial es una especie de la misma que la ordena el órgano jurisdiccional en sentencia y como resultado de un proceso; sobre ella, las Sentencias de 24 octubre 1985, 16 noviembre 1993, 9 abril 1994 y 27 diciembre 1995 han dicho: "... compensación judicial, figura jurídica admitida por la generalidad de la doctrina científica y para la que no son de exigencia todos los requisitos que la normativa del Código Civil fija para que proceda la compensación legal, entre ellas que las dos deudas compensables sean líquidas y exigibles en el momento de plantearse el litigio, ya que este extremo puede referirse, en la concreción del montante de la deuda compensable, a la decisión judicial". En igual sentido se pronuncian las posteriores sentencias de 4 y 17 de julio de 2000. Resulta así que la compensación judicial únicamente podrá tener lugar en aquellos supuestos —distintos del presente— en que la sentencia fije concretamente las cantidades de las que las partes son recíprocamente acreedoras y deudoras». (22 junio 2009, rec. 536/2004, LA LEY 104377/2009)

«la realidad de la compensación judicial, que es la producida en el presente caso. Ésta es la que se da como resultado del proceso y la decreta el órgano jurisdiccional en la sentencia. Siendo los presupuestos de la compensación la exigibilidad de las deudas, que estén vencidas y que sean líquidas, tal como exige el artículo 1196 del Código civil, en la compensación judicial puede no concurrir en el momento de plantearse el proceso y sí darse en el curso del mismo, por lo que es ordenada en la sentencia. "La doctrina de esta Sala no impone para la compensación judicial que las deudas compensables sean líquidas y exigibles en el momento de plantearse el litigio..." dice la sentencia de 26 de marzo de 2001, sino que "la ordena el órgano jurisdiccional en sentencia" añade la de 21 de septiembre de 2001 y matiza, con profusión de citas de sentencias anteriores, la de 15 de febrero de 2005 que "admite la llamada compensación judicial, la cual se produce cuando no procede la legal solicitada por falta de alguno de sus requisitos y éste se logra durante la tramitación del proceso", doctrina que reitera y resume la sentencia de 5 de enero de 2007». (10 diciembre 2009, rec. 1232/2005, LA LEY 247500/2009)

Artículo 1.196

Para que proceda la compensación, es preciso:

1.º Que cada uno de los obligados lo esté principalmente, y sea a la vez acreedor principal del otro.

2.º Que ambas deudas consistan en una cantidad de dinero, o, siendo fungibles las cosas debidas, sean de la misma especie y también de la misma calidad, si ésta se hubiese designado.

3.º Que las dos deudas estén vencidas.

4.º Que sean líquidas y exigibles.

5.º Que sobre ninguna de ellas haya retención o contienda promovida por terceras personas y notificada oportunamente al deudor.

COMENTARIO

1.- Establece este artículo los requisitos para que se produzca la compensación legal extintiva de sendas obligaciones total o parcialmente. Son los siguientes requisitos:

Primero. Carácter principal de los créditos y deudas. Lo establece el número 1º de este artículo, reiterando lo que ya dispone el artículo anterior. Es decir, acreedor y deudor, cuyas obligaciones se extinguen total o parcialmente por compensación, deben serlo como sujeto principal (no accesorio ni subsidiario, como la fianza) y por derecho propio (como dice el artículo anterior).

Segundo. Homogeneidad de las prestaciones. Lo que se deduce del número 2º que lo expone de forma descriptiva, en relación con obligaciones de dar: obligaciones dinerarias o de cosas fungibles de la misma especie y calidad. O, aunque el código no lo diga, obligaciones de hacer o no hacer, cuya prestación sea homogénea.

Tercero. Exigibilidad. El número 3º prevé que las deudas estén vencidas y el 4º añade que sean exigibles. Significa que pueda ser exigido el cumplimiento de las obligaciones a compensar (*vid.* art. 1.113).

Cuarto. Liquidez. El número 4º establece como requisito la liquidez de las obligaciones: su cuantía debe estar determinada exactamente o pender simplemente de una operación aritmética.

2.- El número 5º de este artículo establece un elemento negativo de la compensación. Para la validez de ésta se requiere que no haya «retención o contienda promovida por terceras personas y notificada oportunamente al deudor». Se trata de una orden judicial que se ha notificado al deudor de una de las obligaciones que se pretende compensar, por lo que se priva de la disponibilidad del crédito. Se evita así la extinción de una obligación por compensación, cuando el derecho de crédito está reclamado por un tercero.

JURISPRUDENCIA

«El artículo 1196 del Código Civil, para que proceda la compensación o neutralización de dos obligaciones en la cantidad concurrente, exige, entre otros requisitos, que ambas estén vencidas (apartado 3.º) y sean exigibles (apartado 4.º). Es preciso, en definitiva, que los dos acreedores puedan reclamar al respectivo deudor su cumplimiento, lo que, en el supuesto de que se trate de deudas a plazo, no cabe mientras éste no haya vencido (artículo 1125 del Código Civil y sentencias de 25 de junio de 1962, 31 de enero de 1978, 21 de noviembre de 1978 y 30 de marzo de 1988), a no ser que se hubiera establecido (en contra de lo que es regla general: artículo 1127 del Código Civil) en beneficio de quien opone la compensación y puede renunciar a él». (3 abril 2006, rec. 3122/1999)

«entiende la Sala que no cabe oponer la compensación legal, ni puede procederse a la llamada compensación judicial, pues ésta requiere una petición, realizada por vía de demanda o de reconvención respecto de la determinación de la existencia y de la cuantía de la deuda o, en general, sobre la apreciación de las circunstancias que exige el artículo 1196 del Código civil. (SSTS 24 de octubre de 1985, 11 de octubre de 1988, 2 de febrero de 1989, 12 de junio y 16 de noviembre de 1993, 24 de marzo y 9 de abril de 1994, 27 de diciembre de 1995, etc.). Esta Sala ha dicho, en efecto, que la compensación puede ser alegada por vía de excepción, mediante alegación de los hechos que la generan, ya que se produce, como suele decirse, automáticamente (artículo 1202 CC). Hay entonces, bajo la vigencia de la LEC 1881, que es la aplicable al caso, una "excepción reconvencional", cuando no una reconvención implícita (ahora hay que acudir al artículo 408.1 LEC 2000), es decir, "que no va acompañada de formulismo procesal que la exteriorice" (SSTS 16 de noviembre de 1993, que cita y recoge la expresión de la de 6 de febrero de 1985, con cita de las de 25 de febrero de 1933, 6 de febrero de 1936, etc.). Aun cuando no pudiera hablarse de una verdadera reconvención, implícita o explícita, siempre es necesario que se opongan los componentes de hecho para estimar la existencia y la liquidez de la deuda que se opone para operar la compensación (SSTS 18 de diciembre de 2001, 26 de junio de 2002, 7 de febrero de 2006, etc.). El problema estriba en determinar si este modo procesal de oponer la compensación es también aplicable a la llamada compensación judicial, esto es, la que acordaría el tribunal a pesar de que al inicio del proceso no se dieran las condiciones exigidas por el artículo 1196 del Código civil en el crédito que se opone para provocar la extinción total o parcial del que se reclama. Esta Sala comparte, en este punto, la posición de la sentencia recurrida: cuando los elementos o las circunstancias exigidas por el artículo 1196 CC no se dan a priori, *y dependen de su adveración, constatación o determinación por el tribunal, se requiere un pronunciamiento del órgano judicial que ha de ser promovido por vía de reconvención (SSTS 24 de octubre de 1985, 11 de octubre de 1988, 2 de febrero de 1989, 12 de junio y 16 de noviembre de 1993, 24 de marzo y 9 de abril de 1994, 27 de diciembre de 1995, etc.)».* (7 diciembre 2007, LA LEY 216812/2007)

«el artículo 1196 recoge los requisitos para que tenga lugar la compensación, consistente el primero de ellos en que cada uno de los obligados lo esté principalmente, y sea a la vez acreedor del otro, lo que no concurre en este caso; en efecto, los presupuestos del precepto presuponen la existencia de dos deudas recíprocas (STS de 28 de noviembre de 1986), toda vez que, como declara la sentencia de 6 de marzo de 1968, no cabe que se extinga lo que no ha nacido o carece de vigencia (STS de 6 de marzo de 1968)». (25 septiembre 2008, rec. 3754/2001, LA LEY 132354/2008)

Artículo 1.197

No obstante lo dispuesto en el artículo anterior, el fiador podrá oponer la compensación respecto de lo que el acreedor debiere a su deudor principal.

COMENTARIO

1.- Los dos artículos anteriores establecen como requisito esencial de la compensación, el que los sujetos de las obligaciones a compensar serán recíprocamente acreedores y deudores, por derecho propio y principalmente.

El art. 1.197 se refiere al fiador que no es deudor por derecho propio, sino subsidiario. No hay compensación en lo que deba el acreedor al fiador. Pero sí la hay en lo que deba el acreedor al deudor, pues son sujetos principales y el fiador afianza la deuda de éste: el fiador

—dice dicho artículo— podrá oponer la compensación respecto de lo que el acreedor debiere a su deudor principal.

2.- Es, pues, una excepción. El fiador puede oponer la compensación de obligaciones en las que él no es deudor principal por derecho propio, pero puede serlo si la obligación que él garantiza con la fianza, se incumple.

CONCORDANCIAS

Véanse arts. 1.830, 1.832, 1.847 y 1.853 de este Código.

Artículo 1.198

El deudor, que hubiere consentido en la cesión de derechos hecha por un acreedor a favor de un tercero, no podrá oponer al cesionario la compensación que le correspondería contra el cedente.

Si el acreedor le hizo saber la cesión y el deudor no la consintió, puede oponer la compensación de las deudas anteriores a ella, pero no la de las posteriores.

Si la cesión se realiza sin conocimiento del deudor, podrá éste oponer la compensación de los créditos anteriores a ella y de los posteriores hasta que hubiese tenido conocimiento de la cesión.

COMENTARIO

1.- Se plantea este artículo el problema de aplicar la compensación de las obligaciones al supuesto en que en una de ellas se ha producido la cesión del derecho de crédito a un tercero. Y las soluciones son tres según (1°) el deudor cedido haya consentido la cesión, o (2°) no la haya consentido, o (3°) la haya ignorado.

2.- Primer supuesto: dos obligaciones pueden ser compensadas, pero en una de ellas el acreedor hace cesión de su derecho de crédito a favor de un tercero (cesionario) con consentimiento del deudor. Este no puede pretender frente a este tercero (cesionario) la compensación que podría haber alegado al primitivo acreedor (cedente).

3.- Segundo supuesto: el mismo caso inicial anterior, dos obligaciones que se pueden compensar; el acreedor de una de ellas hace cesión de su derecho de crédito a un tercero (cesionario) y lo notifica al deudor, el cual no da su consentimiento. Este deudor podrá imponer la compensación que tuviera respecto al primitivo acreedor (cedente) de crédito-deuda anterior a la cesión de crédito, peor no si fuera posterior.

4.- Tercer supuesto: el mismo supuesto anterior, pero algo menos: el deudor (cedido) ni siquiera supo de la cesión del crédito. Puede alegar, en todo caso, la compensación; por lo menos hasta que tenga conocimiento de la cesión, en cuyo momento se halla en el supuesto anterior.

JURISPRUDENCIA

«la técnica cuya aplicación pretende la sociedad condenada carecería de utilidad, en todo caso, al estar permitido, en ciertos supuestos y con determinados límites, que el deudor oponga al cesionario del crédito la compensación que le correspondería contra el cedente

(artículo 1198 del Código Civil). Compensación que el Tribunal de apelación ha excluido, por no concurrir los requisitos precisos para la neutralización de la deudas». (29 julio 2005, rec. 606/1999)

«la interpretación lógica del art. 1198 CC conduce a la conclusión de que la notificación de la cesión por el deudor posterior al momento de producirse tiene plena eficacia a los efectos del art. 1198 III CC, pues es falaz admitir que éste no ha tenido conocimiento de la cesión del crédito por el hecho de que no se le haya comunicado con anterioridad al momento de producirse. Del sentido del art. 1198 CC se desprende que éste distingue entre la cesión consentida por el deudor (párrafo I) y, en caso de falta de consentimiento, la comunicada antes o al tiempo de su realización (párrafo II) y la comunicada después (párrafo III). En este último caso, el deudor puede oponer la compensación de los créditos anteriores a la cesión y los posteriores hasta que haya tenido conocimiento de ella». (7 noviembre 2007, LA LEY 202384/2007)

CONCORDANCIAS

Véase art. 1.527 de este Código.

Artículo 1.199

Las deudas pagaderas en diferentes lugares pueden compensarse mediante indemnización de los gastos de transporte o cambio al lugar del pago.

COMENTARIO

El art. 1.171 establece el lugar de cumplimiento de la obligación. Por otra parte, los arts. 1.195 y ss. establecen la compensación de obligaciones homogéneas, concurriendo los demás requisitos.

Si el lugar de cumplimiento de una de las dos obligaciones es elemento esencial de ésta, las obligaciones no pueden ser consideradas homogéneas. Si no es esencial, sí. En el primer caso, los sujetos pueden pactar la compensación; en el segundo caso, no hay problema y sin necesidad de pacto, se produce la misma.

En uno y otro caso, se aplicará lo dispuesto en este artículo: al producirse la compensación se indemnizarán los gastos de transporte, lo que significa que la obligación, o las dos, que deba cumplirse fuera del lugar que le correspondía, se verá incrementada por los gastos que ha provocado su cumplimiento fuera de aquel lugar.

CONCORDANCIAS

Véase art. 1.171 de este Código.

Artículo 1.200

La compensación no procederá cuando alguna de las deudas proviniere de depósito o de las obligaciones del depositario o comodatario.

Tampoco podrá oponerse al acreedor por alimentos debidos por título gratuito.

COMENTARIO

1.- Como requisito negativo de la compensación o exclusión de ésta, se establece el carácter de no compensable de ciertas obligaciones, que son las derivadas de los contratos de depósito y de comodato y de alimentos.

2.- Respecto a las obligaciones derivadas de los contratos de depósito y comodato, si bien no hay unanimidad doctrinal en su interpretación, se puede aceptar que la exclusión de la compensación alcanza a todas las obligaciones —de restituir y cualquier otra— que tengan, como deudores, el depositario y el comodatario: no cabe su extinción por compensación.

3.- Además, tampoco cabe respecto a la obligación de alimentos, en beneficio del alimentista, al que el alimentante no puede oponer la compensación.

JURISPRUDENCIA

«el art. 1.200 del Código Civil dispone que la compensación no procede cuando alguna de las deudas proviniere de depósito o de las obligaciones del depositario o comodatario, argumento inaceptable porque, como se ha dicho, en el supuesto del depósito irregular de dinero o cosa fungible no hay depósito, propiamente dicho, dado que la propiedad de lo entregado pasa al dominio del depositario y la obligación de custodia se convierte en una obligación de disponibilidad de cantidad, obligación y correlativo derecho que en las imposiciones a plazo fijo sólo nacen cuando llega el día señalado». (19 septiembre 1987, LA LEY 12566-JF/0000)

CONCORDANCIAS

Véanse arts. 151, 1.743, 1.747, 1.751, 1.766, 1.779 y 1.780 de este Código.

Artículo 1.201

Si una persona tuviere contra sí varias deudas compensables, se observará en el orden de la compensación lo dispuesto respecto a la imputación de pagos.

COMENTARIO

1.- La compensación es un modo de extinguir las obligaciones distinto al pago o cumplimiento, pero que guarda con éste una fuerte analogía. Si un deudor paga, cumple, una obligación, pero tenía varias deudas con el mismo acreedor, la normativa sobre imputación de pagos resuelve a cuál de las deudas se aplica el pago. Igualmente, si un deudor tiene varias deudas compensables con el mismo acreedor, reuniendo todas ellas los requisitos de la compensación (entre ellos, que estén vencidas y sean exigibles), este artículo dispone que rige la normativa de la imputación de pagos. Así según los criterios que establecen los arts. 1.172 a 1.174, quedará extinguida por compensación aquella obligación que corresponda.

CONCORDANCIAS

Véase arts. 1.172 y 1.174 de este Código.

Artículo 1.202

El efecto de la compensación es extinguir una y otra deuda en la cantidad concurrente, aunque no tengan conocimiento de ella los acreedores y deudores.

COMENTARIO

1.- El efecto de la compensación es la extinción de las obligaciones en la cantidad concurrente («de las deudas» dice este artículo). Es decir, se extinguen las obligaciones totalmente, si las prestaciones de ambas —homogéneas— eran iguales en su cuantía; y parcialmente la mayor y totalmente la menor si eran distintas.

2.- El efecto de la compensación, la extinción expuesta, es automático, *ipso iure*, en el momento en que se producen todos los requisitos de la misma; se produce tal efecto, prescindiendo de la voluntad de los sujetos (acrredores-deudores recíprocos), «aunque no tenga conocimiento de ella los acreedores y deudores», dice este artículo en su segundo inciso.

Distinto es el tema procesal. Como ocurre en todo caso de derecho y proceso civil, se aplica el principio dispositivo y la compensación debe ser alegada. Indudablemente, nunca un Juez o Tribunal la puede apreciar de oficio. La compensación judicial es ajeno a este tema, pues el órgano jurisdiccional la aplica directamente como resultado del proceso y respecto a las obligaciones que se declaran en sentencia.

JURISPRUDENCIA

«El referido artículo 1202 dispone que el efecto de la compensación es extinguir una y otra deuda en la cantidad concurrente, aunque no tengan conocimiento de ella los acreedores y deudores. Dicha redacción se apartó de la del Proyecto de 1836 (según el que la compensación se habría de producir desde el momento en que se opusiera; si bien esto cabía hacerlo en cualquier estado del procedimiento, aun concluso ínterin no se hubiere verificado el pago: artículos 1939 y 1940) y siguió el precedente que representaba el Proyecto de 1851 (cuyo artículo 1123 tenía un contenido sustancialmente igual) y, al fin, el modelo francés (el artículo 1290 del Code dispone que la compensación s'opere de plein droit par la seule force de la loi), que igualmente había seguido el Código italiano de 1865 (artículo 1286). Ese llamado automatismo de la compensación es expresión de la idea de que la neutralización de deudas se produce desde el mismo momento en que concurren los requisitos precisos, mas no en el sentido de que no sea necesario para compensar que lo quiera, al menos, uno de los deudores. Exigencia de declaración (cumplida expresamente en el caso por la demandada) que deriva del principio dispositivo rector del proceso civil, como reflejo en él del poder de disposición que sobre el derecho subjetivo a que se refiere es reconocido a las partes y que fue expresamente impuesta en otros textos europeos, como el BGB (el parágrafo 388 condiciona la compensación a la declaración de la parte interesada dirigida a la otra), en el Código Civil portugués (que exige para que la compensación sea efectiva la declaración de uma des partes a outra) y, con matices, en el italiano de 1942 (cuyo artículo 1242 excluye la posibilidad de que el Juez la aplique de oficio). Ello, sin embargo, no impide, como reiteradamente ha destacado esta Sala en defensa de un criterio espiritualista, que la compensación legal (la que se produce por aplicación de las normas legales, una vez cumplidos todos los requisitos que las mismas exigen) se oponga como excepción, aunque no sea nominalmente, al ser bastante con que se invoquen los hechos de los que resulte (sentencias de 16 de noviembre de 1993, 18 de diciembre de 2001, 26 de junio de 2002)». (15 febrero 2005, rec. 1008/1999)

«La compensación legal de deudas, medio de neutralización de las mismas que, como se dijo, fue oportunamente opuesto por la compradora demandada, produce sus efectos desde el momento en que concurrieron los requisitos que la norma exige, aunque lo desconocieran las partes (art. 1202 CC) y ello sucedió, como se declara en la sentencia recurrida, con anterioridad al requerimiento contemplado en el artículo 1504 CC (y a la propia venta). Según ello, cuando el supuesto resolutorio se completó, la compradora no debía el precio a la vendedora, al haberse producido antes la compensación, retroactivamente en relación con el momento en que se opuso como excepción en el escrito de contestación de la demanda». (4 julio 2005, rec. 282/1999)

«el artículo 1202 del Código Civil establece que "el efecto de la compensación es extinguir una y otra deuda en la cantidad concurrente, aunque no tengan conocimiento de ella los acreedores y deudores". De ello se desprende que, concurriendo los requisitos propios de la compensación —créditos y deudas concurrentes vencidos, líquidos y exigibles— la misma se produce ipso iure *hasta la cantidad concurrente extinguiendo el crédito de menor cuantía y subsistiendo el mayor en cuanto a la cantidad restante, lo que tiene lugar automáticamente desde el momento en que se dan todos los requisitos de la compensación, aun cuando los efectos de la misma se declaren en el proceso una vez que las partes han hecho uso de su derecho. Así lo ha declarado esta Sala, entre otras, en sentencias de 15 febrero 2005 y 3 abril 2006, al señalar que "el automatismo de la compensación que el artículo 1202 establece constituye expresión de la idea de que la neutralización de deudas se produce desde el mismo momento en que concurren los requisitos precisos, mas no significa que no sea necesario para compensar que lo quiera, al menos, uno de los deudores"».* (30 marzo 2007, LA LEY 9696/2007)

«No hay que olvidar, para reafirmar lo señalado, que los efectos de la compensación —alegados por la demandada— se producen de forma automática o "ipso iure", con la extinción de las obligaciones en la cantidad concurrente y una eficacia ex tunc *—artículo 1202 del Código Civil y sentencia de 23 de marzo de 1982—».* (30 diciembre 2011, rec. 1916/2008, LA LEY 267811/2011)

CONCORDANCIAS

Véase:
— arts. 1.148 y 1.198 de este Código.
— Ley Hipotecaria, de 8 febrero 1946 *(«B.O.E.»,* 29 mayo): art. 144.

SECCIÓN SEXTA
De la novación

Artículo 1.203

Las obligaciones pueden modificarse:

1.º Variando su objeto o sus condiciones principales.

2.º Sustituyendo la persona del deudor.

3.º Subrogando a un tercero en los derechos del acreedor.

COMENTARIO

1.- La novación es una causa de extinción de la obligación (contemplada como tal en el art. 1.156) que se produce por la constitución de una nueva que sustituye a ésta. El efecto de la novación es, por tanto, la extinción de la obligación y de las obligaciones accesorias, tal como dispone el art. 1.207. Pero lo característico es que es al mismo tiempo causa de extinción y causa de producción de la obligación, ya que extingue la antigua al constituir la nueva. La extinción de la obligación primitiva no es sólo el efecto sino, además la causa de la nueva, llamada a sustituirla, hasta el punto de que nacimiento y extinción se condicionan recíprocamente: lo característico de esta unidad completa creación-extinción, la mutua independencia causal; se extingue la obligación primitiva porque nace otra nueva; nace una obligación nueva para extinguir la anterior y ocupa su puesto.

La novación es extinción de la obligación: no modificación. La obligación puede modificarse, respecto al acreedor (cesión de crédito), al deudor (asunción de deuda) o al objeto; pero tal modificación no es novación. La novación es siempre extintiva. Lo que es terminológicamente incorrecto es el empleo de la denominación «novación modificativa» por doctrina (escasa) y jurisprudencia (abundante).

2.- Este art. 1.203 tiene una incorrecta y ambigua redacción. Se halla en el capítulo que trata de la extinción de las obligaciones y, sin embargo, empieza diciendo que éstas «pueden modificarse», lo cual es cierto, pero no por vía de novación.

Debe entenderse, interpretando correctamente este artículo, que se refiere a la novación extintiva, sin perjuicio de que la obligación puede modificarse (pero no por novación).

3.- Se dan tres grandes supuestos de novación, que, a su vez, pueden combinarse entre sí: Primera. Novación objetiva. Se produce por cambio de objeto (una obligación de pintar un cuadro, que se sustituye por la de pagar tanto dinero), de causa (debo el precio de la compra y se sustituye por lo mismo, pero en concepto de préstamo) o de «condiciones» (debo dinero a pagar tal día y lo pagaré en tales plazos, con intereses, garantías, etc.).

Segunda. Novación subjetiva por cambio de deudor. Es distinta de la asunción de deudas ya que en ésta permanece la misma obligación, sustituyéndose la personal del deudor, y en la novación se extingue la antigua creando una nueva con distinto deudor.

La expromisión se produce por acuerdo entre acreedor y el que será deudor de la obligación nueva sin necesidad de consentimiento ni conocimiento del deudor de la obligación antigua que se extingue (art. 1.205).

La delegación es por acuerdo entre el deudor de la antigua obligación que se extingue y el de la nueva que nace, aceptado por el acreedor (art. 1.206).

Tercera. Novación subjetiva por cambio del acreedor. Se produce por la concurrencia de las voluntades del acreedor de la obligación antigua que se extingue, la del acreedor de la nueva que se constituye y la del deudor.

Sin embargo, el Código sólo regula específicamente la cesión del crédito en los arts. 1.112 y 1.526 y ss. y el pago con subrogación en los arts. 1.209 y ss., ambos supuestos de transmisión de la obligación, no extinción. Pero cabe que se produzca, por voluntad de las partes *(animus novandi)*, como novación: extinción de una y creación de otra.

JURISPRUDENCIA

«Al respecto cabe citar la sentencia de esta Sala de 3 noviembre 2004, la cual afirma que la novación ha de ser considerada como meramente modificativa cuando no se afecta la esencia de lo convenido (sentencia de 17 septiembre 2001) y que, en la duda, la novación debe ser considerada como modificativa (sentencia de 27 noviembre 1990), además de que, en principio, siempre debe prevalecer el criterio apreciativo sobre la novación efectuada en la instancia (sentencias de 1 junio 1999, 27 septiembre 2002 y 29 diciembre 2003)». (1 julio 2009, rec. 916/2005, LA LEY 112708/2009)

«En segundo lugar, es cierto que ha habido una reducción del precio en la escritura pública respecto del fijado en el documento privado, pero ello no supone novación extintiva, sino modificativa. Esto es así porque ni el efecto extintivo se declara por las partes, ni siquiera se deduce una voluntad en tal sentido, ni hay absoluta incompatibilidad de las obligaciones. La mera variación del objeto o condiciones principales no excluye el efecto modificativo (art. 1203.1º CC), y la alteración del precio en el caso no tiene virtualidad suficiente para apreciar una novación extintiva (S. 4 de marzo de 2006). Además debe tomarse en cuenta que en la duda debe prevalecer el efecto más débil —modificativo—, y que no cabe cambiar en casación el criterio de la instancia cuando el mismo, al ponderar la significación económica de la modificación, no resulta irrazonable». (19 octubre 2011, rec. 465/2008, LA LEY 195734/2011)

Vid. la cesión del contrato en la jurisprudencia del artículo 1.112 y la cesión de crédito en la jurisprudencia de los artículos 1.112 y 1.526.

CONCORDANCIAS

Véase arts. 1.205, 1.206 y 1.209 a 1.213 de este Código.

Artículo 1.204

Para que una obligación quede extinguida por otra que la sustituya, es preciso que así se declare terminantemente, o que la antigua y la nueva sean de todo punto incompatibles.

COMENTARIO

1.- En el comentario al artículo anterior se ha destacado que la novación es causa de extinción de la obligación por la constitución de una nueva que la sustituye; por tanto, la novación es extintiva. La obligación, por otra parte, puede modificarse objetiva o subjetivamente, sin que ello constituya novación; no existe la mal llamada «novación modificativa», pese a que la jurisprudencia sigue empleando esta terminología.

Los sujetos deben acordar la novación como extinción de la obligación antigua (acuerdo novatorio, *animus novandi*) o bien ser ésta y la nueva, totalmente incompatibles. Ello para que se trate de novación, causa de extinción de la obligación y no de una mera modificación de la misma. Así lo establece el art. 1.204.

2.- Entre la modificación y la extinción de la obligación por novación, el Código considera preferente la modificación. Es decir, supone ante cualquier cambio, que la obligación ha sido modificada, no extinguida por novación, a no ser que conste el *animus novandi* o que la obligación inicial y la modificada sean incompatibles. La jurisprudencia es muy reiterada en el sentido de que la novación no se presume y, si no consta la voluntad expresa o la incompatibilidad, es modificación de la obligación, no extinción por novación.

3.- Por ello puede distinguirse la novación expresa que es la querida expresamente por los sujetos, con claro *animus novandi* y la tácita, que se desprende de la incompatibilidad de la primera, extinguida, y la segunda nacida; si una y otra no son «de todo punto incompatibles» no son dos obligaciones, sino una sola que se ha modificado.

JURISPRUDENCIA

«doctrina jurisprudencial que se mantiene inalterada, así la S 29 Ene. 1999 dice que la novación presupone, sobre la base de una obligación preexistente, crear otra nueva dispar, así como la voluntad de novar (S 24 Feb. 1984) y la facultad de determinar o establecer si se dan los requisitos de la novación; prescindiendo de la discusión doctrinal sobre si cabe la distinción entre extintiva y modificativa o sólo existe aquélla, es facultad de la instancia (SS 12 Feb., 20 y 28 Mar., 4 Jun. y 20 Oct. 1985, 26 Ene. 1986) de manera que la incompatibilidad de que habla el art. 1204 ha de ser apreciada por el Juzgador de instancia atendiendo a las circunstancias de cada caso (S 16 Feb. 1983)». (27 septiembre 2002, LA LEY 541/2004)

«El concepto de novación está considerablemente ampliado en nuestro ordenamiento con relación al que a la misma correspondía en Derecho romano, pues actualmente comprende, al lado de la figura tradicional de la novación extintiva, la impropia o meramente modificativa. Es más, debe entenderse que es esta última la que se produce en todos los supuestos del art. 1203 del CC, salvo que —como previene el art. 1204— otra cosa se manifieste terminantemente por las partes o que la antigua y la nueva obligación sean de todo punto incompatibles. De la conjunta interpretación de los mencionados preceptos se desprende que ha de verse reducido notablemente el alcance que pudiera parecer correspondería a esta institución a la vista de la rúbrica del Capítulo IV del Título Primero del Libro IV del CC y de la afirmación, aparentemente general, del art. 1156, que lo encabeza (SS 19 Abr. 2002 y de 24 Oct. 2000). El deslinde entre la novación propia y la meramente modificativa ha de realizarse tomando en consideración la voluntad de las partes y la significación económica de la alteración que se produzca (SS 26 Jul. 1997 y 1 Dic. 1989)». (10 junio 2003, LA LEY 2598/2003)

«la novación nunca tiene efectos resolutorios de la relación anterior, sino extintivos o modificativos (aunque estos últimos se discuten si pueden compatibilizarse con la figura de la novación). Además, si las partes resolvieron la venta, como declara la Audiencia, no tiene mucho sentido acudir a la figura de la novación extintiva, que supone siempre un fenómeno de sustitución de relaciones por incompatibilidad de las mismas o declaración terminante de las partes (art. 1204 Cód. civ.). Si la relación de compraventa se extinguió por acuerdo, no hay lugar a aplicar el concepto de novación extintiva; habrá existido simplemente una extinción de la relación de compraventa y una creación de una relación de arrendamiento sobre el mismo objeto». (29 octubre 2004, rec. 2807/1998)

«a) la voluntad tácita de novar se induce de la incompatibilidad entre ambas convenciones, que ha de ser apreciada por el Juzgador según las circunstancias de cada caso (entre otras, SSTS de 24 de enero de 1962, 16 de febrero de 1983 y 29 de enero de 1999); b) la novación, que es una renuncia de derechos, no se presume y debe de constar de forma expresa o por incompatibilidad entre ambas obligaciones, tanto si es extintiva, como modificativa (SSTS 18 de marzo de 1992, 28 de mayo y 23 de julio de 1996, 2 de octubre y 31 de diciembre de 1998), por lo que no puede declararse en virtud de presunciones, por muy razonables que sean (aparte de otras, SSTS de 11 de febrero de 1965 y 7 de marzo de 1986); c) la novación significa la sustitución de un convenio por otro, por lo que ha de constar con toda claridad

la voluntad de llevar a cabo la extinción de la primitiva obligación, aunque también puede deducirse de la incompatibilidad de ambas obligaciones, como ya se ha indicado (SSTS de 16 y 26 de mayo de 1981, 18 de junio y 22 de noviembre de 1982); d) corresponde a los Tribunales de instancia la determinación de si existe incompatibilidad entre ambas obligaciones, o si no existe habrá modificación de la obligación (SSTS de 9 de mayo de 1963 y 27 de junio de 1970); e) las cuestiones relativas a los hechos determinantes de la novación son facultad propia y peculiar del Tribunal a quo, a cuyo criterio hay que estar, en cuanto no sea adecuadamente impugnado (entre otras, STS de 17 de abril de 1991); y f) el artículo 1204 del Código Civil prevé la posibilidad de novación en forma tácita, fundada en la incompatibilidad de obligaciones, en tal manera que la primera contraríe a la anterior de forma terminante o se produzca una variación muy acusada de las condiciones principales, atendiéndose en cada caso concreto a las circunstancias concurrentes en cada caso concreto, pero corresponde a los Tribunales de instancia decretar si se da la incompatibilidad que establece el referido precepto (por todas, STS de 18 de marzo de 1992)». (4 marzo 2005, rec. 3799/1998)

«la novación como extinción de la obligación por la sustitución por otra nueva debe declarar expresamente los contratantes, como condición indispensable para que la novación que produzca a menos que la obligación antigua y la nueva sean en todo punto incompatibles entre sí, conforme tiene establecido la jurisprudencia de este Tribunal (sentencias, entre otras, de 9 de abril de 1957, 27 de mayo, 13 de octubre de 1959, 11 de febrero de 1959, 22 de enero, 26 de junio de 1970 y 6 de enero de 1976) que la novación nunca se presume y debe constar expresamente, exigiendo su concepto la creación de una relación obligatoria nueva, tan dispar y distante de la que altera que sea con ella incompatible, pues la novación entraña la sustitución o cambio de un convenio obligacional por otro». (7 mayo 2009, rec. 2215/2004, LA LEY 67157/2009)

«el Art. 1204 CC incluye entre las causas de la novación la declaración terminante de las partes ante la concurrencia de este aliquid novi. La voluntad de novar constituye un supuesto de novación expresa previsto en el Art. 1204 CC y ello es lo que ocurrió en el contrato de 17 abril 1996, en el que las partes declararon en la cláusula sexta que dicho contrato "anula y, por tanto, deja sin efecto ni valor, cualquiera de los precedentes" de los que el contrato novatorio traía causa. Siendo la voluntad por tanto, según el Art. 1204 CC, una de las causas de extinción de una obligación y concurriendo dicha voluntad en el presente supuesto». (22 mayo 2009, rec. 425/2004, LA LEY 67171/2009)

«La novación consiste, según los artículos 1156 y 1204 CC, en una forma de extinción de las obligaciones, si bien se ha aceptado por la jurisprudencia y la doctrina científica que es posible que el cambio de alguno de los elementos de la obligación no produzca por sí misma la extinción de la primitiva obligación, sino la modificación simple, en la que perviven los efectos de la misma. Tradicionalmente también, se ha venido considerando que el cambio del sujeto pasivo de la obligación comporta una extinción de la primera en la que figuraba un determinado deudor, en base a la doctrina romana de la imposibilidad de transmitir la deuda. Sin embargo, a partir de una sentencia de 22 febrero 1946, se abrió camino en la jurisprudencia la figura de la asunción de deuda, que ha sido considerada como un negocio atípico que se rige por lo pactado, debe ser consentido por el acreedor y que encuentra su fundamento en lo establecido en el artículo 1255 CC». (15 julio 2009, rec. 628/2003, LA LEY 125074/2009)

«a) La novación para ser extintiva requiere el efecto dual —de doble voluntad— de extinguir el anterior orden de intereses y de crear un nuevo orden jurídico vinculante para el futuro (SS. 3 de noviembre de 2.004; 7 de mayo de 2.009); b) La novación no se presume por lo que debe quedar plenamente acreditada (SS. 4 de marzo y 2 de junio de 2.005, 23 de junio de 2.006, 19 de noviembre de 2.007, 21 de febrero de 2.008); c) Sin embargo, junto a la novación expresa —que se declara explícitamente por las partes—, cabe también la que

resulte con toda claridad y evidencia de los términos del acto considerado novatorio (SS., entre otras, 14 de diciembre de 2.008, 28 de diciembre de 2.000, 10 de junio de 2.003, 23 de junio de 2.006); d) En relación con esta apreciación, este Tribunal tiene declarado, en sintonía con el art. 1.204 CC, que hay novación extintiva cuando las obligaciones de una y otra convención son de todo punto incompatibles (SS. 27 de septiembre y 19 de noviembre de 2.002; 29 de diciembre de 2.003; 4 de marzo de 2.005; 16 de marzo de 2.006; 31 de octubre de 2.008; 9 de febrero y 7 de mayo de 2.009), ponderando el efecto extintivo: en relación con actos inequívocos (S. 19 de diciembre de 2.007), modificaciones de significación económica concluyente (SS. 19 de noviembre de 2.002 y 19 de noviembre de 2.007), y alteraciones que afectan a aspectos o elementos esenciales del contrato (SS. 17 de septiembre de 2.001, 3 de noviembre de 2.004, 31 de octubre de 2.008); e) Para apreciar la existencia de la novación hay que distinguir la concreción de los hechos determinantes de la misma que, como cuestión fáctica, constituye una facultad propia, específica y peculiar del Tribunal "a quo" (SS. 19 de noviembre de 2.002, 29 de diciembre de 2.003, 4 de marzo y 2 de junio de 2.005, 19 de diciembre de 2.007 y 5 de julio de 2.008), de la ponderación de la significación jurídica de tales hechos, tanto en la perspectiva de si implican novación, como, en su caso, para determinar si se trata de mera novación impropia o modificativa, en que permanece el vínculo, o de novación propia o extintiva, en la que se extinguen las obligaciones antiguas y se sustituyen por las nuevas. En este juicio de derecho debe prevalecer, en principio, el criterio apreciativo efectuado en la instancia (SS. 1 de junio de 1.999, 27 de septiembre de 2.002, 29 de diciembre de 2.003, 3 de noviembre de 2.004), y a él habrá de estarse en casación cuando sea coherente y razonable (S. 3 de noviembre de 2.004), o no se revele falto de racionalidad o ilógico (SS. 4 de marzo de 2.005, 16 de marzo de 2.006, 1 de julio de 2.009, entre otras)». (24 febrero 2010, rec. 2509/2005, LA LEY 3087/2010) (Doctrina reiterada por la de 22 noviembre 2010, rec. 667/2007, LA LEY 208817/2010)

«A) La jurisprudencia de esta Sala ha entendido que, para que exista novación objetiva del contrato, es preciso que el animus novandi (voluntad de novar) sea expresado por las partes de forma inequívoca. Así, la STS de 18 de marzo de 1992 establece que "la institución de la novación representa en términos generales un cambio en la relación negocial obligatoria, que cuando es esencial y de manera muy primordial, porque así expresamente se recoja en el nuevo convenio el 'animus novandi' [voluntad de novar] de las partes interesadas que lo introducen, tiene consideración de extintiva (artículos 1203, 1204 y 1207 del Código Civil) la que en todo caso han de declarar expresamente los otorgantes como condición indispensable para que tal novación sea operativa conforme establece el artículo 1.204 del Código Civil. Teniéndose en cuenta que el concepto de novación es objeto de interpretación restrictiva por la doctrina de esta Sala y nunca se presume, de tal manera que no puede declararse en virtud de sólo presunciones por muy razonables que se presenten éstas (sentencias de 24 de febrero de 1964, 11 de febrero de 1965, 2 de junio de 1968 y 25 de enero de 1991)". Esta doctrina ha sido recogida y aplicada más recientemente en las SSTS de 29 de abril de 2005 (RC nº. 4129/1998), de 11 de julio de 2007 (RC nº. 1980/2000), de 22 de mayo de 2009 (RC nº. 425/2004). B) La exteriorización del referido animus novandi (voluntad de novar) no ha de ser necesariamente de forma expresa, pudiendo ser expuesto de forma tácita, como refiere la sentencia de 19 de noviembre de 1993, que, tras exponer la doctrina general sobre la necesidad de que exista constancia de la voluntad de novar, establece que la novación nunca puede presumirse ni puede inferirse de meras deducciones o conjeturas». (4 abril 2011, rec. 1932/2007, LA LEY 17274/2011)

Artículo 1.205

La novación, que consiste en sustituirse un nuevo deudor en lugar del primitivo, puede hacerse sin el conocimiento de éste, pero no sin el consentimiento del acreedor.

COMENTARIO

1.- El artículo 1.203 prevé la novación por sustitución de la persona del deudor, que recoge este artículo 1.205. Tal artículo se refiere a la novación, como extinción de la obligación por la creación de una nueva en la que el deudor es distinto y se prevé como acuerdo entre el acreedor y el que será deudor de la obligación nueva sin necesidad de consentimiento ni conocimiento del deudor de la obligación antigua que se extingue: se conoce con el nombre de expromisión.

2.- Pero también es posible que se produzca el mismo resultado no por vía de novación, sino de modificación de la obligación, o como dice la jurisprudencia, «novación modificativa»: es la asunción de deudas.

JURISPRUDENCIA

«Para que la asunción de deuda determine la extinción de la obligación primitiva se exige haya concurrido la anuencia o ratificación expresa del acreedor, la cual nunca puede entenderse prestada en forma tácita o presuntiva pues aquél no puede ver cambiada la persona de su deudor sin haber manifestado categóricamente su consentimiento (SS 25 Ene. 1999 y 26 Abr. 1993, entre otras)». (10 junio 2003, LA LEY 2598/2003)

«"la asunción de deuda se hace por la intromisión de un nuevo deudor en la relación obligacional del pago de un contrato en el que no es parte el que asume tal compromiso, lo que no requiere la liberación del primitivo deudor, sino que se adhiere con vínculo solidario a la obligación contraída por éste (asunción acumulatoria o de refuerzo) no se está en presencia, ni mucho menos, de las previsiones del artículo 1205 del Código Civil, ni técnicamente en las figuras delimitadas en los artículos 1203 y 1204 del mismo Cuerpo legal, porque ni se extingue ni modifica la obligación prístina que se mantiene intacta, sino que se añade una nueva obligación libérrimamente contraída por un tercero que refuerza el resultado final del pago en los términos, condiciones, circunstancias y modos que ese tercero ofrezca, con lo que coadyuva al propósito del feliz término y cumplimiento de la primitiva obligación y que tan sólo precisa para su vinculación de la aceptación expresa o tácita del acreedor, como incuestionablemente lo es el dirigirse en reclamación judicial de la deuda por el tercero asumida" (STS de 22 de marzo de 1991), y en igual sentido se manifiesta la STS de 30 de noviembre de 1998». (29 abril 2005, rec. 4129/1998)

«La asunción de deuda es la sustitución de la persona del deudor por otra, con respecto a la misma relación obligatoria, sin extinción de ésta. No admitida históricamente, se admite en forma restrictiva en la época actual. Así, sentencias de 14 de noviembre de 1990, 22 de mayo de 1991, 27 de junio de 1991, 11 de mayo de 1992, 26 de abril de 1993, 31 de mayo de 1994, 20 de febrero de 1995 y 16 de marzo de 1995. Pero, partiendo de su admisibilidad, sólo se puede dar, tanto en su tipo de expromisión (acuerdo entre el acreedor y el nuevo deudor) como en el de delegación (acuerdo entre el deudor antiguo y el nuevo, con consentimiento del acreedor), si el acreedor lo consiente. Distinto es el caso de la novación (extintiva) subjetiva por cambio de deudor, en que se extingue la obligación primitiva y se constituye una nueva, con la persona del deudor distinta: también requiere el consentimiento del acreedor. Y además, no se presume, debe constar claramente la voluntad expresa de extinción o una incompatibilidad indiscutible: en este sentido sentencias de 16 de julio de 1992, 29 de septiembre de 1992, 12 de noviembre de 1992, 2 de febrero de 1993, 22 de junio de 1993, 4 de enero de 1994, 13 de diciembre de 1994». (21 mayo 2007, LA LEY 94993/2007)

«Cuando se produce una delegación de deuda, como ocurre en el presente caso, y un nuevo deudor asume la deuda anterior, esta novación afecta únicamente a la persona del

deudor, no al objeto de la obligación, puesto que para que ello sucediera, debería haberse producido además la novación objetiva, es decir, que surja una nueva deuda que bien por acuerdo entre las partes, bien por incompatibilidad entre las obligaciones, haya producido la extinción de la primitiva obligación, con el surgimiento de otra distinta». (8 noviembre 2007, LA LEY 185165/2007)

«tiene señalado la jurisprudencia de esta Sala, entre otras, en Sentencia de 30 de octubre de 2001, que tanto se hable de cesión de contrato, novación subjetiva por cambio de la persona del deudor o de asunción de deuda se precisa la indiscutible necesidad de que conste, para la operatividad o eficacia del negocio traslativo, el consentimiento indubitado del acreedor, porque los intereses de éste deben quedar a buen recaudo en la medida que, en definitiva, con estos actos jurídicos, la seguridad de la satisfacción de su crédito dependerá de la solvencia o no del tercero que se introduce en la relación negocial primitiva». (13 febrero 2009, rec. 1416/2004, LA LEY 1915/2009)

Vid. la jurisprudencia consignada en el artículo 1.112.

CONCORDANCIAS

Véase art. 1.112 y art. 1.211 de este Código.

Artículo 1.206

La insolvencia del nuevo deudor, que hubiese sido aceptado por el acreedor, no hará revivir la acción de éste contra el deudor primitivo, salvo que dicha insolvencia hubiese sido anterior y pública o conocida del deudor al delegar su deuda.

COMENTARIO

1.- Prevé este artículo la novación extintiva por cambio de deudor, no en la forma que prevé el artículo anterior, sino por otra distinta, llamada delegación: acuerdo entre el deudor de la antigua obligación que se extingue y el de la nueva que nace, aceptado por el acreedor.

2.- Puede asimismo practicarse la delegación, no por el mecanismo de la novación, sino por transmisión de la obligación, modificado ésta por el cambio de deudor (sin extinguirla) mediante la asunción de deuda (como en el caso de la expromisión del artículo anterior): acuerdo entre el deudor antiguo y el nuevo, por el que éste asume la deuda, con consentimiento del acreedor.

3.- Si al tiempo de hacer la delegación el nuevo deudor era insolvente públicamente o conocía la insolvencia el deudor antiguo, éste no queda liberado y el acreedor puede exigirle a él que cumpla la deuda. En otro caso, si posteriormente a la delegación, el nuevo deudor cae en insolvencia, no puede ya el acreedor dirigirse contra el deudor antiguo.

JURISPRUDENCIA

«La delegación de pagos, que el art. 1.206 del Código Civil, si bien no la regula, la admite, dándola por supuesta, tampoco cabe ser aplicada a dicho pacto d), en cuanto la misma viene representada por un convenio entre deudores, mediante el cual el deudor primitivo (delegante), ordena a otra persona extraña al contrato (delegado), que recibe la orden y la acepta y la ejecuta a favor del acreedor-delegatorio, el que asiente y admite este cambio en el sujeto obligado, por tanto la obligación primitiva subsiste, ya que no se ha producido su

extinción sino sólo su modificación. c) Así mismo cabe que tenga lugar la llamada asunción acumulativa de la deuda o refuerzo, mediante la cual, el deudor nuevo se introduce en la obligación, para colocarse junto al deudor primitivo, en concepto de deudor solidario, sin producir efectos liberatorios para aquél, por lo tanto la aceptación del acreedor, del nuevo obligado, no libera al originario, y con ello no se da lugar a la novación, sino a la subsistencia, de dos obligaciones idénticas en régimen de solidaridad, pero con una única y similar causa (sentencias de 9 de junio de 1981 y 9 de octubre de 1987, entre otras), distinguiéndose de la fianza, en la que el fiador acepta la responsabilidad por la deuda ajena, que garantiza, asumiendo, en consecuencia, la responsabilidad de su cumplimiento por el deudor principal». (27 junio 1991, LA LEY 731-JF/0000)

CONCORDANCIAS

Véanse arts. 1.529 y 1.530 de este Código.

Artículo 1.207

Cuando la obligación principal se extinga por efecto de la novación, sólo podrán subsistir las obligaciones accesorias en cuanto aprovechen a terceros que no hubiesen prestado su consentimiento.

COMENTARIO

1.- Con carácter general, cuando una obligación se extingue por novación o por cualquier otra causa, se extinguen también las obligaciones que sean accesorias de aquélla. Esta es una regla general que expresa este artículo.

2.- La especialidad de la novación es que, con el consentimiento del sujeto, las obligaciones accesorias, como la de intereses o la cláusula penal, pueden ser novadas mediante el nacimiento de otras nuevas, accesorias de la nueva obligación principal. O, tal como dice este artículo, cuando por novación se extingue una obligación, se mantienen las accesorias «en cuanto aprovechen a terceros que no hubiesen prestado su consentimiento».

JURISPRUDENCIA

«La novación, efectivamente, novación propia, es la extintiva cuya extinción de la obligación se produce por la constitución de una nueva que sustituye a la extinguida y extingue también las obligaciones accesorias, como la fianza, como dispone dicho artículo 1207... ...la novación como extinción de la obligación por la sustitución por otra nueva, debe declarar expresamente los contratantes, como condición indispensable para que la novación que produzca a menos que la obligación antigua y la nueva sean en todo punto incompatibles entre sí, conforme tiene establecido la jurisprudencia de este Tribunal (sentencias, entre otras, de 9 de abril de 1957, 27 de mayo, 13 de octubre de 1959, 11 de febrero de 1959, 22 de enero, 26 de junio de 1970 y 6 de enero de 1976) que la novación nunca se presume y debe constar expresamente, exigiendo su concepto la creación de una relación obligatoria nueva, tan dispar y distante de la que altera que sea con ella incompatible, pues la novación entraña la sustitución o cambio de un convenio obligacional por otro». (7 mayo 2009, rec. 2215/2004, LA LEY 67157/2009)

CONCORDANCIAS

Véase art. 1.207 de este Código.

Artículo 1.208

La novación es nula si lo fuere también la obligación primitiva, salvo que la causa de nulidad sólo pueda ser invocada por el deudor, o que la ratificación convalide los actos nulos en su origen.

COMENTARIO

1.- La novación es la extinción de la obligación, por la constitución de una nueva que la sustituye. es preciso, en consecuencia, que exista y sea válida la obligación que se extingue por novación; no cabe novar una obligación que es inválida, en las categorías de inexistencia (por ejemplo, le falta un elemento esencial, o ya se ha extinguido) o de nulidad (art. 6.3). No cabe extinguir la inexistente, pues sería un contrasentido; ni la nula, que haría que la novación fuera también nula.

2.- Sí cabe la novación de una obligación anulable, cuya causa de anulabilidad afecte al deudor y se produzca la novación subjetiva por cambio de deudor, y a este nuevo no le afecte aquella causa de anulabilidad. Esta es la única aplicación que la doctrina ha visto en la excepción del segundo inciso de este artículo: «salvo que la causa de nulidad sólo pueda ser invocada por el deudor»: no es nulidad, sino anulabilidad, no es toda novación, sino la subjetiva por cambio de deudor, no es que la invoque el deudor, sino que afecta al de la primitiva obligación y no al de la segunda.

3.- Otra excepción está en el último inciso: «o que la ratificación convalide los actos nulos en su origen». Significa que cabe novación de una obligación que se ha constituido por representante sin poder y que luego ha sido ratificada o que es anulable y que posteriormente ha sido convalidada por confirmación.

JURISPRUDENCIA

«es doctrina jurisprudencial emanada de sentencias de esta Sala, la que determina que la nulidad de los contratos a los que se refiere el artículo 1 de la Ley de 1908, es la radical ya que no admite convalidación sanatoria en cuanto queda fuera de la disponibilidad de las partes y como consecuencia de ello, si la convención inicial que aparece en el contrato en cuestión es radicalmente nula, la novación no puede operar su consolidación por prohibirlo así expresamente el artículo 1208 del Código Civil en relación al artículo 6.3 de dicho Cuerpo legal; cabe por tanto decir, con frase jurídicamente aceptada, que en estos casos la novación opera en vacío, al carecer del imprescindible sustento que dicha figura exige, representado por la obligación primitiva que se pretende novar —por todas, las sentencias de 26 de octubre de 1959 y 30 de diciembre de 1987—. (LA LEY JURIS. 151981-JF/0000)». (28 octubre 2004, rec. 1582/1998)

«Aquí hace referencia el Código Civil tanto a la obligación absolutamente nula como a la anulable, admitiendo la nulidad de la nueva obligación en el primer caso y la validez en el segundo en tanto la novación suponga una confirmación de la anulable. Así pues, un cambio de acreedor en la relación obligatoria puede acontecer por la cesión o subrogación en el crédito, que —según hemos visto— son casos de novación modificativa, así lo explica la Sentencia del TS de 22 noviembre 1982, mera modificación de un crédito existente sin destruir su identidad, y así lo viene reconociendo en constante doctrina jurisprudencial reflejada, entre otras, en sentencias de 30 de diciembre de 1935, 29 de abril de 1947, 10 de febrero de 1950, 30 de junio de 1969, 6 de noviembre de 1971, 5 de mayo de 1978 y 29 de enero de 1982». (20 noviembre 2008, rec. 2280/2002, LA LEY 184730/2008)

CONCORDANCIAS

Véanse arts. 1.309 a 1.313 de este Código.

Artículo 1.209

La subrogación de un tercero en los derechos del acreedor no puede presumirse fuera de los casos expresamente mencionados en este Código.

En los demás será preciso establecerla con claridad para que produzca efecto.

COMENTARIO

1.- El art. 1.112 establece, como principio, la transmisibilidad del derecho de crédito. Un medio para ello puede ser por la novación, acuerdo entre acreedor de una obligación que se extingue y el acreedor de la que se constituye: la base legal se halla en el art. 1.203, nº 43.

Los arts. 1.209 a 1.213 regulan el *pago con subrogación* pero no como novación, pese a hallarse en su sección, sino como una forma de pago o un subrogado del cumplimiento. La subrogación es un subingreso o una subentrada de un nuevo acreedor en el lugar del antiguo. Una persona paga al acreedor y al cumplir la obligación no se extingue ésta, sino que él pasa a ser el nuevo acreedor: éste es el caso del pago (que no es extintivo de la obligación) con subrogación: el nuevo acreedor se subroga en el puesto del antiguo. Es, pues, el pago con subrogación una forma de pago, que, en vez de extinguir la obligación (como el pago ordinario), cambia la persona del acreedor, convirtiendo a quien paga una deuda ajena en acreedor del verdadero deudor.

2.- Se distinguen dos clases de subrogación, la convencional y la legal. La convencional se produce por acuerdo entre el primitivo acreedor y el adquirente del crédito. Es preciso, tal como dispone el párrafo 2º del art. 1.209, establecerla con claridad para que produzca efecto. Es la cesión de créditos, que se estudia como tal negocio jurídico. Requiere: 1º) consentimiento del primitivo acreedor, y 2º) consentimiento del nuevo acreedor, que adquiere y se subroga en el crédito. No es necesario el consentimiento del deudor: éste sigue siéndolo igual frente al nuevo acreedor, como lo era frente al antiguo.

3.- La subrogación legal la prevé el primer párrafo, aunque habla de presunción; no es tal, sino que se dispone que hay tal subrogación en los casos que prevé el Código concretamente el art. 1.210.

JURISPRUDENCIA

«El Código Civil ha establecido el siguiente sistema respecto a las secuelas derivadas del pago de un tercero: 1º, subrogación convencional: si hay pacto entre el tercero y el acreedor, tanto cuando aquél posee interés en la obligación como en caso contrario, ya el deudor apruebe el pago, ya lo ignore o se oponga a él (arts. 1209 y 1159); 2º, subrogación legal: cuando paga un tercero y así lo ordena algún precepto (art. 1209); 3º, subrogación legal: cuando paga un tercero interesado en la obligación, bien si el deudor aprueba el pago, bien si lo ignora o se expresa contrario a él (art. 1210.1 y 3); 4º, subrogación legal: cuando paga un tercero no interesado en la obligación con la aprobación del deudor (arts. 1210.2 y 1159); 5º, reembolso por lo pagado: cuando lo hace un tercero no interesado y el deudor lo ignora (art. 1158); y 6º, repetición por la utilidad producida: cuando paga un tercero no

interesado contra la expresa voluntad del deudor (art. 1158)». (18 diciembre 1997,LA LEY 226/1999)

CONCORDANCIAS

Véanse arts. 1.158 y 1.159 de este Código.

Artículo 1.210

Se presumirá que hay subrogación:

1.º Cuando un acreedor pague a otro acreedor preferente.

2.º Cuando un tercero, no interesado en la obligación, pague con aprobación expresa o tácita del deudor.

3.º Cuando pague el que tenga interés en el cumplimiento de la obligación, salvos los efectos de la confusión en cuanto a la porción que le corresponda.

COMENTARIO

1.- Continuando con lo expuesto en el artículo anterior, éste prevé los supuestos de subrogación legal. El texto legal dice que «se presumirá», pero no se trata de presunción, sino de que se establece que se produce la subrogación y en el crédito se subroga el tercero que paga, sin necesidad de acuerdo alguno, cuando se dan los supuestos que prevé la ley.

2.- Tales supuestos son:

Primero: cuando un acreedor paga a otro acreedor preferente, lo que tiene especial importancia cuando varias hipotecas que garantizan créditos de varios acreedores, gravan la misma finca y un acreedor posterior paga a otro anterior.

Segundo: cuando un tercero paga al acreedor, con aprobación del deudor; aprobación expresa o tácita.

Tercero: cuando paga un tercero que tenga interés en el cumplimiento de la obligación. Concepto un tanto vago; si se da el caso de extinción parcial de la obligación por confusión, se produce ésta.

JURISPRUDENCIA

«Establecida la solidaridad en la confianza, el fiador que paga no sólo posee la acción de regreso del artículo 1844, sino también se subroga en los derechos del acreedor contra el deudor y cofiadores solidarios (artículo 1145), sin que a ello sea óbice que al dirigirse contra los demás cofiadores tenga que eliminar de la reclamación la parte de la deuda que le corresponda en la obligación, pues precisamente el artículo 1210.3.º ya prevé este efecto (confusión parcial en la titularidad acreedora y deudora), y que no puede exigirse de los mismos sino su parte y no el todo de cualquiera de ellos como acreedor». (11 junio 2004, rec. 2424/1998)

«La sentencia de esta Sala de 11 octubre 2007 recuerda que "la subrogación, a diferencia de la acción de reembolso o regreso del artículo 1158 del Código Civil, que supone

el nacimiento de un nuevo crédito contra el deudor en virtud del pago realizado, el cual extingue la primera obligación, transmite al tercero que paga el mismo crédito inicial, con todos sus derechos accesorios, privilegios y garantías de acuerdo con lo dispuesto en el artículo 1212 del Código Civil —Sentencias del Tribunal Supremo de 16 junio 1969, 12 junio 1976, 29 mayo 1984, 13 febrero 1988 y 15 noviembre 1990—". Dicha subrogación operó en el caso a favor del demandante don Iván y frente a los demandados, codeudores solidarios del préstamo, por razón del pago íntegro realizado por el primero "salvo los efectos de la confusión en cuanto a la porción que le corresponda", como dice el artículo 1210-3º del Código Civil, por lo que la obligación que reclama es la misma de la que era titular activa la entidad prestamista y han se mantenerse las mismas condiciones del contrato de préstamo siendo solidaria la responsabilidad de los demandados como ya lo era frente a aquélla». (23 octubre 2008, rec. 2254/2003, LA LEY 152113/2008)

«la sentencia recurrida consideró probado que se había efectuado un pago por un tercero, ajeno a la obligación, que liquidó la deuda sin oposición del deudor. Con ello se cumple lo dispuesto en el párrafo segundo del art. 1210 CC, que presume la subrogación en este caso, por lo que la sentencia recurrida no incurre en los defectos que se le imputan, ya que sólo hizo que aplicar la presunción contenida en el art. 1210, 2º CC, presunción que no ha sido destruida por la recurrente». (13 noviembre 2008, rec. 680/2003, LA LEY 169541/2008)

«la doctrina mayoritaria entiende que el art. 1.210 CC establece unos casos de subrogación legal, y consiguientemente automática —de pleno derecho, sin necesidad de voluntad de las personas ligadas por la relación obligatoria—, y compartimos tal conclusión. Los argumentos de los autores son varios, y a veces por senderos jurídicos muy diversos. La principal objeción a la subrogación legal, que se halla en la alusión del precepto a la presunción, se salva, por unos, diciendo que se trata de una presunción iuris et de iure *(en definitiva una disposición legal ajena a cualquier perspectiva de* onus probandi*); por otros, en sintonía con doctrina del derecho francés, que se refiere a la cesión de acciones (cesión ficticia realizada por el acreedor); por unos terceros, que la presunción se refiere a la voluntad de subrogarse; y por los más, que se trata de una imprecisión o impropiedad del lenguaje del legislador (que por cierto es bastante frecuente en temas similares de presunción a lo largo de la regulación del Código) porque: no hay estructura de presunción (deducción de un hecho incierto de otro tomado como cierto), "ni tampoco inducción de una voluntad negocial implícita en tanto no se demuestre la contraria", y "porque se trata de un efecto, y los efectos se producen o no se producen, pero no se presumen". Aparte de ello se razona, dentro del amplio espectro de la posición mayoritaria: que no tiene sentido hacer depender la subrogación, del acreedor que cobra, por lo que "sólo la figura de la subrogación legal permite concebir la idea de que el acreedor se vea compelido a una transmisión de sus derechos"; que concurre la misma "ratio" en el codeudor solidario, o en el hipotecante no deudor, que en el fiador solidario, y para éste existe la previsión específica del art. 1.839 CC; y que el solvens no es una persona totalmente ajena a la deuda, sino que es preciso que esté interesada en el cumplimiento. Sentado lo anterior —que el art. 1.210 CC recoge casos de subrogación legal—, el automatismo opera en el sentido de que no es necesario para la subrogación el consentimiento del acreedor ni del deudor. No se requiere una declaración* ad hoc*; no es preciso pedir una cesión de acciones; el que se subroga (solvens) no tiene que advertir, notificar, ni comunicar la subrogación al acreedor, ni al deudor; basta, en definitiva, su ejercicio».* (3 febrero 2009, rec. 3128/2002, LA LEY 1913/2009)

Artículo 1.211

El deudor podrá hacer la subrogación sin consentimiento del acreedor, cuando para pagar la deuda haya tomado prestado el dinero por escritura pública haciendo constar

su propósito en ella, y expresando en la carta de pago la procedencia de la cantidad pagada.

COMENTARIO

1.- Es un caso especial de subrogación convencional, en que ésta se produce, sin consentimiento del antiguo acreedor, cuando el deudor ha pagado la obligación con dinero que le ha sido prestado en escritura pública, en la que se ha hecho constar que recibía este dinero para cumplir aquella obligación. Y cuando paga y cumple la obligación, en la carta de pago hace constar que el dinero lo recibió en aquel préstamo otorgado en escritura pública.

2.- El efecto es que el prestamista se convierte, por el pago con subrogación, en el nuevo acreedor del mismo deudor. No ha necesitado el consentimiento del anterior acreedor.

CONCORDANCIAS

Véase Ley 2/1994, 30 marzo *(«B.O.E.»,* 4 abril), de Subrogación y modificación de préstamos hipotecarios. Publicado en A.C.L. 336/94.

Artículo 1.212

La subrogación transfiere al subrogado el crédito con los derechos a él anexos, ya contra el deudor, ya contra los terceros, sean fiadores o poseedores de las hipotecas.

COMENTARIO

El pago con subrogación, ya se ha dicho que no provoca la extinción de la obligación, sino el cambio del acreedor.

Produce la transmisión de la titularidad del crédito, que pasa del antiguo acreedor al nuevo, el subrogado. La transmisión alcanza no sólo al derecho de crédito, sino también a los derechos accesorios, especialmente los de garantía, tal como expresa el art. 1.212.

JURISPRUDENCIA

«conforme previene el artículo 1.212 del Código Civil, la subrogación confiere al subrogado el crédito con los derechos a él anexos, ya contra el deudor, ya contra los terceros, de tal manera que, como indica la sentencia de 13 de febrero de 1988, los efectos de ese precepto se producen cuando, como en el presente caso ha ocurrido, el crédito se transmite en toda su integridad, extensión y contenido, sin más alteración que el cambio de personas, la del cedente por el cesionario, como nuevo acreedor, sin perjuicio, claro está, de las relaciones que se originen en el aspecto interno entre el subrogante y el subrogado, pero no con proyección a tercero, pues que éste con quien queda obligado es con el que se subroga, que en el supuesto ahora contemplado es la meritada entidad "H. C., S.A."». (15 noviembre 1990, LA LEY 44388-JF/0000)

«por imperativo del artículo 1212 del Código Civil también hay que admitir, en principio, que el pago efectuado por el tercerista, en su condición de fiadores, a favor de Caja Rioja por el crédito derivado de la referida póliza contra "Embutidos Riojanos, S.A." implica no el nacimiento de un derecho de retorno a favor de los mismos a partir del pago, sino la subrogación que les transfiere el crédito con los derechos a él anexos, ya contra el deudor,

ya contra los terceros, sean fiadores o poseedores de las hipotecas». (11 junio 2004, rec. 2424/1998)

«el artículo 780 del Código de Comercio decreta que cuando el asegurador pague la cantidad asegurada se subrogará en el lugar del asegurado para todos los derechos y acciones que le correspondan (sentencia de 23 de diciembre de 1993), precepto que ha de relacionarse con los artículos 1203, 1210 y 1212 del Código Civil». (29 septiembre 2005, rec. 834/1999)

CONCORDANCIAS

Véase art. 1.528 de este Código.

Artículo 1.213

El acreedor, a quien se hubiere hecho un pago parcial, puede ejercitar su derecho por el resto con preferencia al que se hubiere subrogado en su lugar a virtud del pago parcial del mismo crédito.

COMENTARIO

La subrogación puede ser parcial: el tercero que se subroga no paga la totalidad de la deuda, sino sólo una parte de ella. Se conserva el antiguo crédito, ahora reducido por el pago parcial del tercero, y este tercero pasa a ser nuevo acreedor subrogado en la parte que pagó. El art. 1.213 contempla el supuesto al disponer que aquel crédito primitivo, pagado en parte, es preferente respecto al del nuevo acreedor subrogado.

CONCORDANCIAS

Véase art. 1.169 de este Código.

CAPÍTULO V
DE LA PRUEBA DE LAS OBLIGACIONES

Los escasos artículos de este capítulo que no han sido derogados por la Ley de Enjuiciamiento Civil son relativos a la prueba, lo cual no es objeto del derecho civil, sino de derecho procesal, por lo cual se ha preferido prescindir de comentario y jurisprudencia.

Disposiciones generales

Artículo 1.214

Derogado por Ley 1/2000, de 7 de enero («B.O.E.», 8 enero), Ley de Enjuiciamiento Civil.

Artículo 1.215

Derogado por Ley 1/2000, de 7 de enero («B.O.E.», 8 enero), Ley de Enjuiciamiento Civil.

SECCIÓN PRIMERA
De los documentos públicos

Artículo 1.216

Son documentos públicos los autorizados por un Notario o empleado público competente, con las solemnidades requeridas por la ley.

NOTA. Norma de carácter procesal, que se ha mantenido en el Código Civil, pero cuya jurisprudencia y doctrina son procesalistas.

Artículo 1.217

Los documentos en que intervenga Notario público se regirán por la legislación notarial.

NOTA. Norma de carácter procesal, que se ha mantenido en el Código Civil, pero cuya jurisprudencia y doctrina son procesalistas.

CONCORDANCIAS

Véase Reglamento Notarial, de 2 de junio de 1944 *(«B.O.E.»,* 7 julio): arts. 143 y ss.

Artículo 1.218

Los documentos públicos hacen prueba, aun contra tercero, del hecho que motiva su otorgamiento y de la fecha de éste.

También harán prueba contra los contratantes y sus causahabientes, en cuanto a las declaraciones que en ellos hubiesen hecho los primeros.

NOTA. Norma de carácter procesal, que se ha mantenido en el Código Civil, pero cuya jurisprudencia y doctrina son procesalistas.

CONCORDANCIAS

Véase art. 1.526 de este Código.

Artículo 1.219

Las escrituras hechas para desvirtuar otra escritura anterior entre los mismos interesados, sólo producirán efectos contra terceros cuando el contenido de aquéllas hubiese sido anotado en el registro público competente o al margen de la escritura matriz y del traslado o copia en cuya virtud hubiese procedido el tercero.

NOTA. Norma de carácter procesal, que se ha mantenido en el Código Civil, pero cuya jurisprudencia y doctrina son procesalistas.

CONCORDANCIAS

Véase:
— art. 1.230 de este Código.
— Reglamento Notarial, de 2 de junio de 1944 (*«B.O.E.»,* 7 julio): art. 178, párrafo 1.º.

Artículo 1.220

Las copias de los documentos públicos de que exista matriz o protocolo, impugnadas por aquéllos a quienes perjudiquen, sólo tendrán fuerza probatoria cuando hayan sido debidamente cotejadas.

Si resultare alguna variante entre la matriz y la copia, se estará al contenido de la primera.

NOTA. Norma de carácter procesal, que se ha mantenido en el Código Civil, pero cuya jurisprudencia y doctrina son procesalistas.

CONCORDANCIAS

Véase:
— Ley Cambiaria y del Cheque, de 16 de julio de 1985 (*«B.O.E.»,* 19 julio): arts. 82 y 83.
— Reglamento Notarial, de 2 de junio de 1944 (*«B.O.E.»,* 7 julio): arts. 221 a 250.

Artículo 1.221

Cuando hayan desaparecido la escritura matriz, el protocolo, o los expedientes originales, harán prueba:

1.º Las primeras copias, sacadas por el funcionario público que las autorizara.

2.º Las copias ulteriores, libradas por mandato judicial, con citación de los interesados.

3.º Las que, sin mandato judicial, se hubiesen sacado en presencia de los interesados y con su conformidad.

A falta de las copias mencionadas, harán prueba cualesquiera otras que tengan la antigüedad de treinta o más años, siempre que hubiesen sido tomadas del original por el funcionario que lo autorizó u otro encargado de su custodia.

Las copias de menor antigüedad, o que estuviesen autorizadas por funcionario público en quien no concurran las circunstancias mencionadas en el párrafo anterior, sólo servirán como un principio de prueba por escrito.

La fuerza probatoria de las copias será apreciada por los Tribunales según las circunstancias.

NOTA. Norma de carácter procesal, que se ha mantenido en el Código Civil, pero cuya jurisprudencia y doctrina son procesalistas.

CONCORDANCIAS

Véase Reglamento Notarial, de 2 de junio de 1944 *(«B.O.E.»,* 7 julio): art. 233.

Artículo 1.222

La inscripción, en cualquier registro público, de un documento que haya desaparecido, será apreciada según las reglas de los dos últimos párrafos del artículo precedente.

NOTA. Norma de carácter procesal, que se ha mantenido en el Código Civil, pero cuya jurisprudencia y doctrina son procesalistas.

Artículo 1.223

La escritura defectuosa, por incompetencia del Notario o por otra falta en la forma, tendrá el concepto de documento privado, si estuviese firmada por los otorgantes.

NOTA. Norma de carácter procesal, que se ha mantenido en el Código Civil, pero cuya jurisprudencia y doctrina son procesalistas.

CONCORDANCIAS

Véanse arts. 1.225 a 1.230 de este Código.

Artículo 1.224

Las escrituras de reconocimiento de un acto o contrato nada prueban contra el documento en que éstos hubiesen sido consignados, si por exceso u omisión se apartaren de él, a menos que conste expresamente la novación del primero.

NOTA. Norma de carácter procesal, que se ha mantenido en el Código Civil, pero cuya jurisprudencia y doctrina son procesalistas.

CONCORDANCIAS

Véanse arts. 1.219 y 1.230 de este Código.

De los documentos privados

Artículo 1.225

El documento privado, reconocido legalmente, tendrá el mismo valor que la escritura pública entre los que lo hubiesen suscrito y sus causahabientes.

NOTA. Norma de carácter procesal, que se ha mantenido en el Código Civil, pero cuya jurisprudencia y doctrina son procesalistas.

CONCORDANCIAS

Véanse arts. 32 y 33 Código de Comercio.

Artículo 1.226

Derogado por Ley 1/2000, de 7 de enero («B.O.E.», 8 enero), Ley de Enjuiciamiento Civil.

Artículo 1.227

La fecha de un documento privado no se contará respecto de terceros sino desde el día en que hubiese sido incorporado o inscrito en un registro público, desde la muerte de cualquiera de los que le firmaron, o desde el día en que se entregase a un funcionario público por razón de su oficio.

NOTA. Norma de carácter procesal, que se ha mantenido en el Código Civil, pero cuya jurisprudencia y doctrina son procesalistas.

CONCORDANCIAS

Véase art. 1.526 de este Código.

Artículo 1.228

Los asientos, registros y papeles privados únicamente hacen prueba contra el que los ha escrito en todo aquello que conste con claridad; pero el que quiera aprovecharse de ellos habrá de aceptarlos en la parte que le perjudiquen.

NOTA. Norma de carácter procesal, que se ha mantenido en el Código Civil, pero cuya jurisprudencia y doctrina son procesalistas.

Artículo 1.229

La nota escrita o firmada por el acreedor a continuación, al margen o al dorso de una escritura que obre en su poder, hace prueba en todo lo que sea favorable al deudor.

Lo mismo se entenderá de la nota escrita o firmada por el acreedor al dorso, al margen o a continuación del duplicado de un documento o recibo que se halle en poder del deudor.

En ambos casos, el deudor que quiera aprovecharse de lo que le favorezca, tendrá que pasar por lo que le perjudique.

NOTA. Norma de carácter procesal, que se ha mantenido en el Código Civil, pero cuya jurisprudencia y doctrina son procesalistas.

Artículo 1.230

Los documentos privados hechos para alterar lo pactado en escritura pública, no producen efecto contra tercero.

NOTA. Norma de carácter procesal, que se ha mantenido en el Código Civil, pero cuya jurisprudencia y doctrina son procesalistas.

SECCIÓN SEGUNDA
De la confesión

Artículo 1.231

Derogado por Ley 1/2000, de 7 de enero («B.O.E.», 8 enero), Ley de Enjuiciamiento Civil.

Artículo 1.232

Derogado por Ley 1/2000, de 7 de enero («B.O.E.», 8 enero), Ley de Enjuiciamiento Civil.

Artículo 1.233

Derogado por Ley 1/2000, de 7 de enero («B.O.E.», 8 enero), Ley de Enjuiciamiento Civil.

Artículo 1.234

Derogado por Ley 1/2000, de 7 de enero («B.O.E.», 8 enero), Ley de Enjuiciamiento Civil.

Artículo 1.235

Derogado por Ley 1/2000, de 7 de enero («B.O.E.», 8 enero), Ley de Enjuiciamiento Civil.

Artículo 1.236

Derogado por Ley 1/2000, de 7 de enero («B.O.E.», 8 enero), Ley de Enjuiciamiento Civil.

Artículo 1.237

Derogado por Ley 1/2000, de 7 de enero («B.O.E.», 8 enero), Ley de Enjuiciamiento Civil.

Artículo 1.238

Derogado por Ley 1/2000, de 7 de enero («B.O.E.», 8 enero), Ley de Enjuiciamiento Civil.

Artículo 1.239

Derogado por Ley 1/2000, de 7 de enero («B.O.E.», 8 enero), Ley de Enjuiciamiento Civil.

SECCIÓN TERCERA
De la inspección personal del juez

Artículo 1.240

Derogado por Ley 1/2000, de 7 de enero («B.O.E.», 8 enero), Ley de Enjuiciamiento Civil.

Artículo 1.241

Derogado por Ley 1/2000, de 7 de enero («B.O.E.», 8 enero), Ley de Enjuiciamiento Civil.

SECCIÓN CUARTA
De la prueba de peritos

Artículo 1.242

Derogado por Ley 1/2000, de 7 de enero («B.O.E.», 8 enero), Ley de Enjuiciamiento Civil.

Artículo 1.243

Derogado por Ley 1/2000, de 7 de enero («B.O.E.», 8 enero), Ley de Enjuiciamiento Civil.

SECCIÓN QUINTA
De la prueba de peritos

Artículo 1.244

Derogado por Ley 1/2000, de 7 de enero («B.O.E.», 8 enero), Ley de Enjuiciamiento Civil.

Artículo 1.245

Derogado por Ley 1/2000, de 7 de enero («B.O.E.», 8 enero), Ley de Enjuiciamiento Civil.

Artículo 1.246

Derogado por Ley 1/2000, de 7 de enero («B.O.E.», 8 enero), Ley de Enjuiciamiento Civil.

Artículo 1.247

Derogado por Ley 1/2000, de 7 de enero («B.O.E.», 8 enero), Ley de Enjuiciamiento Civil.

Artículo 1.248

Derogado por Ley 1/2000, de 7 de enero («B.O.E.», 8 enero), Ley de Enjuiciamiento Civil.

SECCIÓN SEXTA
De las presunciones

Artículo 1.249

Derogado por Ley 1/2000, de 7 de enero («B.O.E.», 8 enero), Ley de Enjuiciamiento Civil.

Artículo 1.250

Derogado por Ley 1/2000, de 7 de enero («B.O.E.», 8 enero), Ley de Enjuiciamiento Civil.

Artículo 1.251

Derogado por Ley 1/2000, de 7 de enero («B.O.E.», 8 enero), Ley de Enjuiciamiento Civil.

Artículo 1.252

Derogado por Ley 1/2000, de 7 de enero («B.O.E.», 8 enero), Ley de Enjuiciamiento Civil.

Artículo 1.253

Derogado por Ley 1/2000, de 7 de enero («B.O.E.», 8 enero), Ley de Enjuiciamiento Civil.

TÍTULO II
De los contratos

CAPÍTULO PRIMERO
DISPOSICIONES GENERALES

Artículo 1.254

El contrato existe desde que una o varias personas consienten en obligarse, respecto de otra u otras, a dar alguna cosa o prestar algún servicio.

COMENTARIO

1.- Este artículo, el primero del título II (del libro IV, «de las obligaciones y contratos») que trata «de los contratos», parece definir el contrato, pero no es así. Señala el valor central del consentimiento y al momento de la perfección del contrato, acogiendo el sistema de contratación espiritualista, que se produce por el consentimiento. A pesar de esta norma general, ello es cierto en los contratos consensuales, que son la mayoría, pero no en los reales ni en los formales, que precisan para su perfección la entrega de la cosa, los reales, o una forma determinada, los formales.

2.- El contrato es el *negocio jurídico bilateral productor de obligaciones*. Es la fuente de las obligaciones, *ex voluntate*, de más frecuencia y mayor importancia económica y social. Partiendo de este concepto, se pueden distinguir tres facetas.

Primera. El contrato *como fuente de las obligaciones*, negocio jurídico creador de la relación contractual (art. 1.089).

Segunda. El contrato *como norma objetiva* reguladora y determinante de la relación contractual y de su contenido (art. 1.091). En este sentido, LARENZ, define el contrato como la voluntad común de los contratantes, elevada a norma vinculante.

Tercera. El *contrato como expresión de los efectos jurídicos*, originados (1.ª faceta) y regulados (2.ª faceta) por el mismo: es la relación obligacional derivada del contrato (=relación contractual).

Así, pues, el contrato es un negocio jurídico bilateral: acto jurídico voluntario que las partes realizan y produce obligaciones, como fuente de las mismas. Es también una norma que imponen los propios contratantes, de acuerdo con las normas legales imperativas y por encima de las dispositivas: *lex contractus*, artículo 1.091. Y da lugar a la relación contractual, conjunto de efectos jurídicos: que produce; es el *vinculum iuris* que liga a las partes contratantes: es la situación de las partes producida por el contrato; a este aspecto se refiere especialmente el artículo 1.254.

3.- Este artículo, como se ha dicho, utiliza la palabra contrato en su aspecto de *relación contractual*, como conjunto de los efectos jurídicos que produce y hay determinada situación de las partes vinculadas entre si, desde que... se ha perfeccionado —ha nacido a la vida jurídica— el contrato.

Este precepto, pues, ciertamente, no define el contrato; se limita a indicar su existencia: da por supuesto una noción de contrato. La cual responde a la concepción liberal del mismo, que destaca por, 1.º) la hipotética igualdad de las partes contratantes, que se conoce con el nombre de igualdad formal; 2.º) por la derogabilidad de las normas dispositivas, por la prevalencia de la autonomía de la voluntad; y 3.º) por remitir a la buena fe, esencialmente, el remedio de las lagunas del contrato. Sin embargo, la realidad actual ha hecho cambiar muchos de los clásicos conceptos, llegándose a hablar de una nueva doctrina del contrato, y a que no siempre pueden considerarse iguales a las partes (piénsese en los contratos de adhesión con grandes empresas o entidades bancarias), ni las normas contractuales son siempre dispositivas (piénsese en la Ley de protección de consumidores y usuarios), ni las lagunas del contrato se cubren, muchas veces por el principio de buena fe, sino por normas concretas previstas para ello.

JURISPRUDENCIA

«doctrina jurisprudencial constante, como la reflejada en la sentencia de 14 de mayo de 2001, que dice "los contratos son lo que son y la calificación no depende de las denominaciones que le hayan dado los contratantes (SS 26 enero 1994; 24 febrero y 13 noviembre 1995; 18 febrero, 18 abril, y 21 mayo 1997, y 7 julio de 2000, entre otras), pues para la calificación, que constituye una labor insertada dentro de la interpretación (SS 30 mayo y 15 diciembre 1992 y 9 abril 1997), habrá de estarse al contenido real, es decir, que habrá de realizarse de conformidad con el contenido obligacional convenido y el protagonismo que las partes adquieren (entre otras sentencias, las de 20 febrero, 4 julio y 30 septiembre 1991; 10 abril, 20 y 23 julio 1992; 26 enero y 25 febrero 1994, y 9 abril 1997), con prevalencia de la intención de las mismas sobre el sentido gramatical de las palabras (S 22 abril 1995), al tener carácter relevante el verdadero fin jurídico que los contratantes pretendían alcanzar con el contrato (S 4 julio de 1998). Todo ello debe entenderse además sin olvidar que la calificación contractual constituye una función atribuida fundamentalmente al juzgador de instancia, la cual debe prevalecer en casación a menos que sea ilegal, o incida en error patente, arbitrariedad, o irrazonabilidad por no ajustarse a las reglas de la lógica que no son otras que las del buen sentido (sentencias, entre otras, 10 mayo y 7 noviembre 1995; 9 y 18 abril 1997; 11 y 24 julio; 28 septiembre y 14 diciembre 1998; 14 y 25 octubre, 26 noviembre y 14 diciembre 1999, y 5 y 20 julio de 2000). En parecidos términos la sentencia de 23 de junio de 2003"». (15 diciembre 2005, rec. 2184/2001)

Oferta y aceptación:

«como declaró esta Sala en su sentencia de 6 de junio de 1986, expresamente citada por el tribunal de apelación, y en otras muchas como las de 20 de abril de 1904, 22 de diciembre de 1956 y 27 de junio de 1969, el concurso de voluntades que determina la perfección del contrato no existe cuando sólo media la manifestación de un propósito y éste se retira antes de ser aceptado por la otra parte. A su vez las sentencias de 10 de octubre de 1962, 14 de marzo de 1973 y 7 de junio de 1986 consideran que no hay aceptación cuando se somete a condición. Y las de 30 de mayo de 1996 y 24 de julio de 2006 entienden que no hay perfecta coincidencia de voluntades cuando la oferta o la aceptación se hacen de un modo reservado». (29 enero 2009, rec. 2599/2003, LA LEY 602/2009).

«La perfección de los contratos consensuales, a diferencia de los "reales" que requieren entrega de la cosa, o de los "formales" cuando están sometidos al cumplimiento de formalidades esenciales, se produce por la simple coincidencia de voluntades —concurso de la oferta y la aceptación— sobre la cosa y la causa que han de constituir el contrato. Es

cierto que la oferta ha de reunir determinados requisitos y, para poder ser considerada como tal, requiere la intención de quedar vinculado quien la formula por la posible contestación del destinatario siempre que la misma se produzca en el plazo fijado o, a falta de fijación, dentro de plazo que pueda ser considerado como razonable en atención a las circunstancias del caso, la buena fe o los usos (artículo 1258 Código Civil)». (2 noviembre 2009, rec. 1639/2005, LA LEY 212156/2009)

«No hubo oferta: ésta es la declaración de voluntad de una parte que hace a la otra proponiendo (ofertando) la celebración de un contrato del que concretan todos los elementos; declaración completa y firme. No puede ser considerada oferta una comunicación que hace en este caso el gerente haciendo referencia a un acuerdo del Patronato y a una valoración, pero que no ofrece ni puede ofrecer una venta de la que tampoco concreta el precio y dicha comunicación es contradicha por la Presidenta que niega rotundamente que haya habido oferta; tampoco puede aceptarse que el acuerdo de la Junta de Patronos de la Fundación del 1 de diciembre de 2003 signifique una oferta, no es más que el acuerdo de iniciar los tratos previos. Por tanto, sin oferta, por más que el demandante, arrendatario de la finca, interesase una supuesta y ficticia aceptación, no hay consentimiento, primer elemento del contrato». (2 noviembre 2010, rec. 36/2007, LA LEY 204561/2010)

Precontrato:

«precontrato, con el concepto seguido actualmente por doctrina y jurisprudencia (SS 22 Oct. 1987, 3 Mar. 1992, 3 Jun. 1994, 23 Dic. 1995) en que la relación jurídica obligacional nace en el precontrato y, en un momento posterior, ambas partes de acuerdo o si una de ellas lo exige, se pone en vigor el contrato preparado». (11 mayo 1999, LA LEY 5784/1999)

«El precontrato es el proyecto de contrato en el sentido de que las partes, por el momento, no quieren o no pueden celebrar los contratos definitivos y se comprometen a hacer efectiva su conclusión en tiempo futuro (sentencia de 4 de julio de 1991), conteniendo ya los elementos del contrato definitivo, pero cuya perfección las partes aplazan (sentencia de 3 de junio de 1994); es ya un contrato completo, que contiene sus líneas básicas y todos los requisitos, teniendo las partes la obligación de colaborar para establecer el contrato definitivo (sentencia de 23 de diciembre de 1995); la relación jurídica obligacional nace en el precontrato y en un momento posterior se pone en vigor el contrato preparado (sentencia de 11 de mayo de 1999). Siendo de destacar (lo que recoge la sentencia de 11 de abril de 2000 en un caso de precontrato unilateral) que es esencial, en su concepto, el que "no necesita actividad posterior de las partes para desarrollar las bases contractuales contenidas en el convenio bastando la expresión de voluntad del optante para que el contrato de compraventa quede firme, perfecto y en estado de ejecución, obligatorio para el cedente, sin necesidad de más actos, lo que la diferencia del pactum *de contrayendo" (tal como dicen literalmente las sentencias de 23 de diciembre de 1991 y 17 de marzo de 1993 y reiteran las de 16 de octubre de 1997 y 15 de diciembre de 1997). La* culpa in contrahendo, *a su vez, nace de la ruptura injustificada de unos tratos previos que han producido un daño probado a una de las partes, naciendo para la que ha ocasionado la ruptura la obligación de repararlo, basada en el artículo 1902 de la Código civil siempre que le sea imputable la misma».* (30 enero 2008, LA LEY 878/2008)

«El precontrato de opción es aquel por el que una de las partes atribuye a la optante el derecho de decidir la puesta en vigor de un contrato (normalmente, como en el presente caso, de compraventa) en un concreto plazo. En este sentido, sentencias de 21 de noviembre de 2000 ("implica la concesión por una parte a la otra de la facultad exclusiva de decidir la celebración o no del contrato principal de compraventa", dice literalmente), 5 de junio de 2003, 26 de marzo de 2009. Por tanto, el efecto de produce es que si el optante ejercita su derecho, pone en vigor el precontrato y la otra parte, la concedente, tiene el deber jurídico

de celebrarlo efectivamente. Y el optante, desde el momento en que declara su voluntad de ejercicio de la opción, puede exigir dicha celebración, que se hará de mutuo acuerdo por resolución judicial, tras el procedente proceso». (25 noviembre 2011, rec. 1847/2008, LA LEY 236541/2011)

Autocontrato:

«La figura jurídica de la autocontratación está plenamente reconocida por nuestro Ordenamiento Jurídico, cuando la persona representada ha prestado explícitamente su consentimiento para la misma: entendiendo la doctrina científica, que si el representado ha admitido el riesgo de que el autocontrato se produzca, debe quedar vinculado por lo que haga el representante, a menos que exista una justa causa que le permita desvincularse de ello». (15 marzo 1996, LA LEY 15084/1996)

«tal forma de contratación sería jurídicamente ineficaz cuando a través de ella se realicen actos abusivos del representante por existir un conflicto de intereses más o menos encubierto que haga incompatible la actuación de una sola persona operando por sí misma y a la vez en representación de otras que tienen intereses contrapuestos, y entonces, sí hay evidente peligro de parcialidad en perjuicio de los representados, ello acarrearía ineludiblemente la invalidez del contrato». (9 junio 1997, LA LEY 6355/1997)

«dándose en definitiva la autocontratación en la celebración del contrato de arrendamiento discutido. De ello se infiere que las consecuencias jurídicas a que llega la sentencia recurrida acerca de la evidente y total confusión de esfuerzos entre los intereses del socio único y la sociedad y la existencia de un claro abuso de personalidad jurídica, son plenamente acordes y respetuosos con la jurisprudencia que se cita». (28 marzo 2000, LA LEY 224492/2000)

Subcontrato:

«la figura de la subcontratación, en cuanto crea una nueva relación contractual, derivada y relacionada con la primera y aunque distinta, supone que el que contrata no pierda o decaiga en su posición de parte principal contratante, dándose de esta forma entrada en el ámbito de la relación original a un tercero, que se vincula y se obliga, según lo que se pacte, de tal manera que la distinción entre cesión y subcontratación, radica en que mediante la cesión se opera la sucesión de un tercero en el obligado por el convenio principal». (21 noviembre 1991, LA LEY 235-5/1993)

Contrato de adhesión:

«Nos encontramos ante un contrato de adhesión, donde ha de prevalecer la interpretación de la instancia, que encuentra cobertura legal, entre otros preceptos, en los artículos 10.1 c) 8.º de la Ley 26/1984, de 19 de julio, General para la Defensa de los Consumidores y Usuarios, en los que se establece que no debe favorecer la laguna u oscuridad de un contrato a aquel que lo redactó, ni debe invertirse la carga de la prueba en perjuicio del consumidor o usuario, y los artículos 2 y 3 de la Ley 50/1980, los cuales disponen que se entenderán válidas las cláusulas contractuales que sean más beneficiosas para el asegurado». (11 diciembre 2006, LA LEY 150017/2006)

Contrato de mediación:

«Dicho contrato de mediación o corretaje es un contrato atípico en nuestro Derecho, que aunque tenga similitud o analogía con el de comisión, con el de mandato e incluso con el de prestación de servicios, sin embargo nunca responderá a una combinación formada con los elementos a dichas figuras contractuales típicas. Pero a pesar de ello su enorme

práctica comercial y la importancia que ha adquirido en dicha área, hace preciso que se fijen las normas por las que se ha de regir su nacimiento, desarrollo y producción de efectos. Para ello habrá que recurrir a lo pactado por las partes a tenor de la facultad otorgada por los arts. 1091 y 1255 CC, después a las normas generales de las obligaciones y contratos comprendidos en los Títs. I y II Libro IV CC, más tarde a los usos comerciales y normas complementarias, así como a la jurisprudencia pacífica y consolidada establecida por las sentencias de esta Sala; sin olvidar, en su caso, la doctrina científica y Derecho comparado, recogidos en dicha jurisprudencia». (2 octubre 1999, rec. 149/1995) (Doctrina reiterada por la sentencia de 18 marzo 2010, rec. 638/2006, LA LEY 6870/2010 y en la de 25 noviembre 2011, rec. 1847/2008, LA LEY 236541/2011)

«El contrato de mediación se integra en los contratos de colaboración y gestión de intereses ajenos, cuya esencia reside en la prestación de servicios encaminados a la búsqueda, localización y aproximación de futuros contratantes, sin intervenir en el contrato ni actuar propiamente como mandatario (SSTS de 10 de marzo de 1992 y 19 de octubre de 1993) o, como dice el art. 1754 del Código italiano, sin estar ligado a los contratantes por relaciones de colaboración, de dependencia o de representación. Constituye un contrato atípico y aleatorio, puesto que su resultado es incierto y la obligación de retribuir al mediador nace, salvo estipulación en contrario, de la perfección del contrato mediado (SSTS de 21 de mayo de 1992, 21 de octubre de 2000, 5 de noviembre de 2004 y 13 de junio de 2006). Se rige por las estipulaciones de las partes que no sean contrarias a la ley, a la moral o al orden público y, en lo no previsto, por los preceptos correspondientes a figuras afines, como el mandato, el arrendamiento de servicios o la comisión mercantil (STS de 6 de octubre de 1990, entre otras muchas). La peculiar naturaleza de este contrato exige tomar en consideración que no siempre se acepta el carácter contractual de la fuente de la mediación, pues a veces el mediador, sin encargo previo, indica a la parte la oportunidad de concluir un negocio con otro, y éstos lo concluyen aprovechándose de la actividad desplegada por el mediador. La doctrina entiende que la efectiva celebración del contrato definitivo implica en estos supuestos la aceptación de la oferta de mediación hecha por el corredor». (21 marzo 2007, LA LEY 9691/2007)

«No sólo cabe aplicar analógicamente, en lo que sean de aplicación, los preceptos relativos al mandato, aunque, desde luego, la mediación y el mandato son contratos diferentes, sin perjuicio de que éste pueda añadirse a aquél, sino también, y ello se ajusta mejor al supuesto de autos, los atinentes a la comisión mercantil, cuyos preceptos bien pueden ser aplicados al caso de la gestión de la venta de pisos (así en Sentencia de esta Sala de 13 de noviembre de 2008). En la comisión, aun cuando se haya fijado un plazo de duración, cabe la revocación unilateral del contrato, siempre que ésta obedezca a justa causa (sentencias de 4 de abril de 1998 y de 15 de noviembre de 2000, que cita la de 21 de noviembre de 1963)». (25 mayo 2009, rec. 283/2005, LA LEY 92019/2009)

«Como se declara, entre otras, en SSTS de 30 de marzo de 2007 [1474/2000] y 25 de mayo de 2009 [RC n. .º 283/2005], el contrato de mediación se integra en los contratos de colaboración y gestión de intereses ajenos, cuya esencia reside en la prestación de servicios encaminados a la búsqueda, localización y aproximación de futuros contratantes, sin intervenir en el contrato ni actuar propiamente como mandatario (SSTS de 10 de marzo de 1992 y 19 de octubre de 1993). Constituye un contrato atípico, consensual, bilateral y aleatorio, puesto que su resultado es incierto, y se rige por las estipulaciones de las partes que no sean contrarias a la ley, a la moral o al orden público y, en lo no previsto, por los preceptos correspondientes a figuras afines, como el mandato, el arrendamiento de servicios o la comisión mercantil (STS de 6 de octubre de 1990, entre otras muchas). Según esta misma jurisprudencia, la naturaleza de dicho contrato exige que el mediador ponga en contacto a su cliente con otra persona con la finalidad de que pueda llegar a concluirse un contrato; el mediador tiene derecho a cobrar el premio cuando el contrato llegue a celebrarse, estando

sometido a la condición suspensiva de su celebración, salvo pacto expreso (SSTS de 26 de marzo de 1991, 19 de octubre de 1993, 30 de noviembre de 1993, 7 de marzo de 1994, 17 de julio de 1995, 5 de febrero de 1996, 30 de abril de 1998 y 21 de octubre de 2000, 5 de noviembre de 2004, 13 de junio de 2006, 30 marzo 2007 [1474/2000] y 10 de octubre de 2007 [RC n.º 4049/2000])». (27 junio 2011, rec. 417/2008, LA LEY 111569/2011) (Doctrina reiterada literalmente por la sentencia de 28 diciembre 2011, rec. 2112/2008, LA LEY 274006/2011)

«el contrato de mediación o corretaje es aquel por el que se encarga al mediador, que percibe una remuneración por ello, que indique la oportunidad de celebrar un determinado contrato o que consiga la celebración del mismo; el mediador no contacta con el tercero, sino que lo localiza y contacta con el mismo. Tal como dice la sentencia de 2 octubre de 1999 el núcleo del contrato es facilitar la aproximación entre comprador y vendedor, poniendo en relación a los futuros comprador y vendedor, teniendo como finalidad el lograr la celebración del contrato final... ... Dicho a la inversa: el mediador no tiene derecho a la remuneración (1.º) si el contrato encargado no llega a celebrarse (no se produce la perfección del mismo); (2.º) si se ha celebrado pero no por la actividad del mediador (falta el nexo causal); y (3.º) si se celebra una vez transcurrido el plazo pactado (es causa de extinción del contrato) a no ser que se pruebe que el contrato se celebró después, pero por razón de la actividad mediadora, con cuyo retraso las partes contratantes han querido evitar el pago al mediador». (25 noviembre 2011, rec. 1847/2008, LA LEY 236541/2011)

CONCORDANCIAS

Véase art. 1.261 de este Código.

Artículo 1.255

Los contratantes pueden establecer los pactos, cláusulas y condiciones que tengan por conveniente, siempre que no sean contrarios a las leyes, a la moral, ni al orden público.

COMENTARIO

1.- Uno de los grandes principios en que se apoya todo el Derecho civil es el de la autonomía de la voluntad. El concepto de la autonomía privada se integra en el núcleo central de la noción de negocio jurídico. Y no hay que olvidar que el contrato es un negocio jurídico bilateral, productor de obligaciones. En efecto, el contrato como categoría general es expresión técnica del reconocimiento del dogma de la autonomía de la voluntad.

2.- El contrato es máxima expresión del principio de la autonomía de la voluntad. Lo cual se manifiesta en un doble sentido: en primer lugar, los sujetos pueden celebrar o no un contrato; en segundo lugar, si lo celebran pueden fijar sus elementos y su contenido, de la manera que libremente determinen.

Es lo que se conoce con la distinción, *libertad de contratar*, que se refiere a la de contratar o no, y la *libertad contractual*, que afecta al contenido. La autonomía de la voluntad en el campo contractual es ante todo, libertad de contratación, lo que significa la libre opción del individuo entre contratar y no contratar, es decir, significa la libertad de constitución de las relaciones contractuales, con libertad, por tanto, de elección del otro contratante. Significa, además, la libertad de elección del tipo contractual. Los individuos no necesitan acogerse a los tipos contractuales regulados por las leyes, sino que pueden construir libremente otros distintos. Significa, por último la posibilidad de modificar, también libremente, en los contratos regulados por la Ley, el contenido legal de estos contratos, sustituyéndolos por otro distinto.

3.- El principio de autonomía de la voluntad es proclamado en este art. 1.255, aunque parece referirse más a la libertad contractual que a la libertad de contratar.

Sin embargo, no es absoluto, y el art. 1.255 enuncia límites, con un sentido muy general. En primer lugar, tiene límites extrínsecos que son a los que hace referencia la citada norma; las leyes, la moral y el orden público. En segundo lugar, tiene límites conceptuales, en el sentido de que las partes no pueden variar la naturaleza de las cosas ni subvertir los conceptos jurídicos; las partes no pueden, en ningún caso, desnaturalizar su concepto; no cabe que pacten una compraventa sin precio, o una donación a cambio de precio, o un comodato que transmita la propiedad, por ejemplo. En tercer lugar, tiene límites intrínsecos que es el caso del abuso del derecho y los derivados de los contratos de adhesión y de las condiciones generales de la contratación. En estos últimos supuestos, una parte —las más prepotente— limita la autonomía de la más débil —el consumidor— pero, a su vez, la ley limita la autonomía de aquélla imponiéndole restricciones.

JURISPRUDENCIA

«el deber de dar cumplimiento a lo convenido según el tenor de lo pactado, manifestación del principio pacta sunt servanda, *que traduce el artículo 1091 CC, ha de ponerse en relación, como hace el recurrente, con el principio de autonomía de la voluntad que recoge el artículo 1255 CC, y por ende ha de actuar dentro de los límites que tal precepto impone a la autonomía de la voluntad, y con el artículo 1258 CC, que establece la regla de integración de los pactos por la buena fe, los usos y la ley. De lo que se deriva la necesidad de que el pacto que se haya de aplicar ha de ser interpretado e integrado (SSTS 30 de marzo de 1965, 28 de junio de 1976, 9 de julio de 1986, 20 de junio de 1987, 26 de diciembre de 1991, entre muchas otras)».* (13 julio 2007, LA LEY 132431/2007)

«si la cuestión se aborda desde una perspectiva probablemente más adecuada, la del art. 1255 CC con su referencia a los "pactos, cláusulas y condiciones" pero entendidas estas últimas en un sentido no rigurosamente técnico, se podrá advertir que lo aquí convenido entre las partes no fue en realidad una condición de la que dependiera la eficacia del contrato sino una facultad reconocida a una de las partes contratantes, la compañía de seguros, dentro de una relación obligatoria o negocial con vocación de permanencia en el tiempo, integrada por tanto en el conjunto o haz de facultades de una y otra parte nacido del contrato; facultad consistente en revisar uno de los elementos que componían la retribución de la otra parte contratante, el agente, en previsión de cambios normativos que durante la vigencia del contrato impusieran una mayor carga económica a la compañía. La cláusula de revisión, en suma, estaba orientada a mantener el equilibrio contractual, y por ello se limitaba únicamente a la comisión extra». (3 octubre 2007, LA LEY 161973/2007)

«La jurisprudencia también ha declarado la validez de las cláusulas contractuales excluyentes de cualquier indemnización a favor del concesionario en el caso de resolución del contrato por su incumplimiento, e incluso para el caso de extinción por denuncia unilateral del concedente (SSTS 18-3 y 26-4-04 en recs. 1360/98 y 1892/99 respectivamente)». (15 octubre 2008, rec. 2789/2002, LA LEY 158327/2008)

«No sirve para el objetivo pretendido la tesis de que, con fundamento en lo establecido en los artículos 127 y 135 de la Ley Hipotecaria, en el supuesto de impago por parte del deudor, el acreedor hipotecarlo venga obligado a esperar el transcurso del plazo convenido

cualquiera que sea su duración para ejecutar la garantía y limitar la ejecución a los vencimientos impagados, debido a que ninguno de estos preceptos excluye la factibilidad de que, como consecuencia de pacto entre las partes, se establezca el vencimiento anticipado de la obligación, cuya legalidad tiene cobijo en el artículo 1255 del Código Civil, que permite a los contratantes establecer los pactos, cláusulas y condiciones que tengan por conveniente, siempre que no sean contrarios a las leyes, a la moral ni al orden público». (12 diciembre 2008, rec. 2027/2003, LA LEY 193661/2008)

«Sobre las cláusulas contractuales excluyentes de indemnización al finalizar el contrato, ya las sentencias de 18 de marzo y 26 de abril de 2004 (recs. 1360/98 y 1892/99 respectivamente) afirmaron su validez, como ya lo había hecho la sentencia de 18 de marzo de 2002 (rec. 3053/96), en cuanto pactadas libremente por las partes, amparadas por el principio de autonomía de la voluntad y no contrarias a la moral, a la ley ni al orden público. Y tras la referida sentencia del pleno, las de 9 de julio y 15 de octubre de 2008 (recs. 2343/01 y 2789/02) han insistido en la misma línea, reafirmando la validez de dichas cláusulas incluso para el caso de extinción del contrato por denuncia unilateral del concedente». (23 diciembre 2008, rec. 683/2002, LA LEY 235217/2008)

«Tras la publicación del Real Decreto-Ley 2/1985, de 30 de Abril, los contratos de arrendamiento de viviendas o locales de negocio celebrados bajo su vigencia tendrán la duración que libremente estipulen las partes. Resulta ser ésta una de las novedades más importantes que aportó el Real Decreto-Ley citado, al volverse a un sistema en el que los arrendamientos urbanos son concebidos como contratos de duración limitada a los concretos términos fijados por las partes o, en su caso, establecer su duración de acuerdo con el régimen general regulado por el Código Civil. Desapareció así el sistema de prórroga forzosa por el que los contratos de esta naturaleza se prorrogaban por imperativo legal (artículo 57 de la Ley de Arrendamientos Urbanos de 1964). No obstante, nada impide que, si las partes así lo acuerdan y en virtud del principio de libertad contractual consagrado en el artículo 1255 del Código Civil, los arrendamientos posteriores a la entrada en vigor del Real Decreto-Ley 2/1985 puedan someterse al régimen de prórroga forzosa establecido en el artículo 57 de la Ley de Arrendamientos Urbanos de 1964. Pero, en tal caso, es necesario que exista un acuerdo expreso de sometimiento, como razonan las sentencias de esta Sala que cita la parte recurrente para fundamentar el recurso, ya que, en caso contrario, hay que estar a la norma general, a saber, la duración del contrato por el tiempo convenido. El referido acuerdo, en general, debe existir en el contrato explícitamente, aunque cabe deducir la existencia de sometimiento del arrendador a la prórroga de modo implícito, que no tácito, de los propios términos del contrato, pero, aún en estos casos, es decir, sin que exista una cláusula específica, la deducción de duración indefinida debe ser clara y terminante. En definitiva, si la cuestión relativa al sometimiento o no al régimen de prórroga forzosa es dudosa, debe entenderse que no existe el acuerdo que permita la aplicación del mismo». (29 diciembre 2009, rec. 241/2005, LA LEY 254306/2009)

«Consecuentemente, el contrato puede estar primeramente regulado —salvo que lo impidan normas de ius cogens*—, por la llamada "lex privata" creada como expresión de su potencialidad normativa creadora, por los contratantes para reglamentar conforme a sus particulares intereses la relación jurídica contractual, siempre dentro de los límites impuestos a esa autonomía —artículo 1.255 del Código Civil, y 50 del de Comercio—».* (12 enero 2009, rec. 2884/2001, LA LEY 1140/2009)

«se combate en este motivo el anatocismo, convencional en el presente caso, en que se pactó expresamente en el contrato de préstamo hipotecario, admitido tal como se deduce, a sensu contrario, del artículo 1109, primer párrafo, segundo inciso, del Código civil y se desprende del principio de la autonomía de la voluntad, básico en el Derecho privado y proclamado en el artículo 1255 del Código civil y reconocido en el artículo 317, primer

inciso, del Código de Comercio y lo ha reconocido explícitamente la sentencia de esta Sala de 8 de noviembre de 1994 que aquí se reitera y que incluso advierte que es uso mercantil consolidado». (4 junio 2009, rec. 2586/2004, LA LEY 104370/2009)

«Sin embargo, hay que hacer y resaltar una salvedad: si bien se aplican por analogía normas de la compraventa, aunque es claro que no es un contrato de compraventa, ello no significa que deban aplicarse totalmente y sin excepción ni variación. Así, si un conjunto de prestaciones cuyo pago es debido, pero no plenamente identificadas, ni valoradas, forman el contenido de una obligación, el acreedor y el deudor, mediante acuerdo entre ambos, pueden aceptar una dación en pago en el sentido de que se haga el cumplimiento, como subrogado del pago, mediante ella, sin que pueda exigirse que conste un precio cierto, como exige el artículo 1445 del Código civil para la compraventa, pues las partes, en aras del principio de autonomía de la voluntad ex artículo 1255 pueden acordar esta forma especial del pago». (1 octubre 2009, rec. 1025/2005, LA LEY 187274/2009)

«Dicha interpretación no es, como se ha indicado anteriormente, la sostenida por la Audiencia y que debe ser mantenida en casación, a lo que debe añadirse que, desde la normativa tributaria invocada por el recurrente, tan lícito sería un pacto como el otro, siempre y cuando se cumpliera por el retenedor su obligación fiscal, pues ambas posibilidades, es decir, tanto que se repercutiera a la arrendadora como que el pago del 15% del importe de la renta en concepto de retención del impuesto de sociedades lo asumiera la arrendataria sin ulterior repercusión a aquélla, entrarían dentro de la libertad de pactos establecida en el art. 1255 del Código Civil. Ello sin entrar a considerar si legalmente es posible, en virtud de la normativa fiscal, que el retenedor que practica tardíamente las retenciones las repercuta posteriormente a la otra parte, por cuanto ello supondría dilucidar una cuestión de naturaleza administrativa que excede del orden jurisdiccional civil. Este criterio ya ha sido expresado por esta Sala, entre otras, en la Sentencia de 10 de noviembre de 2008». (10 marzo 2010, rec. 2042/2006, LA LEY 5297/2010)

«La validez del pacto por el que se atribuye a cualquiera de los contratantes la facultad de extinguir unilateralmente una relación contractual del tipo y con la indeterminada duración de la que vinculaba a las sociedades litigantes, sin necesidad de un incumplimiento previo de las obligaciones convenidas y siempre que su ejercicio no resulte extralimitado a la luz del estándar de comportamiento que sanciona el artículo 7 del Código Civil, está admitida por la jurisprudencia —sentencias de 18 de marzo de 2.002, 18 de marzo de 2.004, 27 de noviembre de 2.006, 20 de julio y 4 de diciembre de 2.007, 9 de julio y 23 de diciembre de 2.008 y 4 de marzo de 2.009—. Y lo propio acontece con el pacto de exclusión del derecho a la indemnización de daños y perjuicios causados por el ejercicio de dicha facultad de denuncia —sentencias de 18 de marzo de 2.002, 18 de marzo de 2.004 y 9 de julio de 2.008—, ya que no consta que las partes hubieran superado los límites señalados a su potencialidad normativa creadora, al respecto —artículos 1.102 y 1.255 del Código Civil—». (13 abril 2010, rec. 104/2006, LA LEY 27006/2010)

«debe recordarse que el sistema contractual español se fundamenta en la libertad de pacto, consagrada en el Art. 1255 CC, que incluye, por supuesto, los contratos atípicos y los contratos innominados, que son absolutamente legales siempre y cuando "[n]o sean contrarios a las leyes, la moral ni el orden público"». (19 abril 2010, rec. 1025/2006, LA LEY 26998/2010)

«la Ley admite que el propietario de una finca pueda ceder en arrendamiento distintos aprovechamientos en un mismo contrato, y que salvo pacto expreso, tratándose de un aprovechamiento agrícola o ganadero no se considerarán incluidos los aprovechamientos de otra naturaleza, como la caza o los forestales, es decir, admite que en virtud del principio de la

autonomía de la voluntad, consignado en el artículo 1255 del Código Civil». (27 abril 2010, rec. 1309/2006, LA LEY 34205/2010)

«se trata de un supuesto de ruptura de la base del negocio que, aun cuando opere de modo excepcional, dado el principio general favorable a la invariabilidad del contenido pactado (artículo 1255 del Código Civil), supone en ocasiones la intervención de los tribunales en orden a corregir los efectos absolutamente desviados para el equilibrio contractual que se producirían en beneficio de una de las partes si se mantuvieran en sus propios términos las obligaciones establecidas en un contrato cuando la base del mismo ha desaparecido y, en consecuencia, existe un claro desequilibrio entre la posición contractual de las partes que rompe definitivamente la pretendida equivalencia de las prestaciones en un contrato que evidentemente se configuró con carácter oneroso y conmutativo. La llamada "base del negocio", desarrollada por la doctrina alemana, se funda en la correlativa equivalencia de las prestaciones en relación con el móvil impulsivo que determinó a las partes a contratar y consiste, del lado subjetivo, en una determinada representación común de las partes o aquello que esperan los intervinientes en el negocio y que les ha determinado a concluir el contrato; y del lado objetivo, en la circunstancia cuya existencia o subsistencia sea objetivamente necesaria para que el contrato —según el significado de las intenciones de ambas partes— pueda mantenerse como una regulación con sentido. Tal principio se halla presente en nuestro Código Civil en algunos supuestos concretos como el de la donación inoficiosa porque se tengan después herederos legitimarios (artículo 644), la aceptación de una herencia en la que apareciese después un testamento no conocido (artículo 997), o la repudiación de la herencia a título intestado sin noticia de ser heredero testamentario (artículo 1009)». (21 julio 2010, rec. 1965/2006, LA LEY 114021/2010)

Tanteo y retracto convencional o voluntario:

«La afirmación de que tanteo y retracto son dos modalidades de un mismo derecho de adquisición preferente no constituye más que una verdad relativa, ya que, precisamente, al operar uno antes de la venta y el otro después de ella, el que en el segundo haya siempre terceros directamente afectados en sus derechos dota a ambos de sustantividad jurídica, por más que pertenezcan al mismo género. Esa sustantividad explica que cuando tienen origen legal unas veces consistan sólo en el retracto (artículos 1522 y 1523 del Código Civil) y otras en el retracto previo tanteo, ya sea cumulativamente (artículos 1636 a 1638 del Código Civil), ya sólo para el caso de que la notificación precisa para el tanteo hubiera faltado (artículos 25 de la Ley 29/1994, de 24 de noviembre, de Arrendamientos Urbanos, y 88 de la Ley 83/1980, de 31 de diciembre, de Arrendamientos Rústicos). Tratándose de derechos de adquisición preferente de origen convencional, cual es el caso, es la voluntad de los constituyentes la determinante del alcance de los mismos, de conformidad con lo dispuesto en el artículo 1255 del Código Civil (...) Hay que concluir, por tanto, que el derecho de que se trata sólo se podía ejercitar inter partes y no frente a terceros, para quienes era res inter alios (...) Como derecho de crédito que es, el tanteo convencional no produce efectos erga omnes, de modo que, en caso de incumplimiento de la obligación correlativa (es decir, de omitir la deudora la notificación y celebrar la venta sin respetar la preferencia), la acreedora podía exigir la indemnización de los daños y perjuicios sufridos, pero no convertirse en compradora sustituyendo al tercer adquirente [recuerda la sentencia de 3 de marzo de 1995 (LA LEY JURIS. 16721-R/1995)] que el derecho real, para ser tal ha de estar constituido por una serie de características como la inmediatividad física o jurídica, publicidad, seguridad jurídica, etc., que lo proyecten al campo del tráfico jurídico con una serie de garantías frente al tercero que le permitan esa eficacia erga omnes». (16 diciembre 2004, rec. 3271/1998)

«"contrato de abanderamiento", "asistencia técnica" y de "abastecimiento de combustible", no es propiamente un derecho de tanteo/retracto convencional, pues el pacto de retro no estaba inserto en un contrato propio de compraventa, siendo aquél, pues, un contrato

mixto de la clase indicada, sí se asemeja al mismo, y debe regirse por sus preceptos (arts. 1507 a 1520 CC), en cuanto una y otra figura tienen las características, que en este caso se la quieren dar las partes a esa cláusula concreta, de "derecho de adquisición o de preferencia", reconocido en la doctrina y conocido con el nombre de "retracto voluntario", pactándose, pues, una adquisición preferente del objeto de la venta que posteriormente se realice por el titular, como reconoce la jurisprudencia al interpretar el art. 1507 (S de esta Sala de 26 de mayo de 1951 y, en su caso, RDGR de 27 de julio de 1910), aplicándole por ello esa doble naturaleza o vertiente; C) no cabe duda, en su caso, que este derecho tiene carácter real, y es oponible erga omnes, dado lo dispuesto en los arts. 2, núms. 1.º y 2.º, y 37.3.º LH y 14 RH, en cuanto permiten su inscripción registral, siendo una forma de liquidar o extinguir una relación anterior mediante la realización de las prestaciones indicadas en el art. 1518 CC, participando en doble vertiente, pues, de ese carácter y del de relación contractual». (29 abril 2005, rec. 4599/1998)

De las tres clases de retracto que se admiten en nuestro ordenamiento, el convencional previsto en los artículos 1507 y siguientes del Código civil, el legal que establecen tanto el Código civil como diversas leyes especiales y el llamado voluntario, éste es el que se presenta en el presente caso. Es el procedente de la voluntad de las partes y se constituye como derecho real, inscribible en el Registro de la Propiedad que da poder a su titular (retrayente) para adquirir la cosa (retraída) en caso de que su propietario la haya transmitido onerosamente a un tercero (retraído). Es, por tanto, un derecho de adquisición preferente, con identidad de ejercicio con el retracto legal y distinto al retracto convencional que es fruto del pacto de retro. Ha sido estudiado por la doctrina, aplicado en la práctica y reconocido jurisprudencialmente en sentencia de 29 de abril de 2005, como dice, literalmente, "derecho tiene carácter real y es oponible erga omnes *dado lo dispuesto en los artículos 2, números 1.º y 2.º y 37.3.º de la Ley Hipotecaria y 14 del Reglamento de la Ley Hipotecaria en cuanto permiten su inscripción registral" ... calificamos el pacto contenido en el contrato de compraventa de retracto voluntario y que el plazo de caducidad de tres meses comienza, como* dies a quo, *el día del conocimiento de la enajenación. Partiendo de ello, se advierte, conforme a la prueba tal como ha valorado la sentencia de primera instancia, que el retrayente (demandante en la instancia) ha dejado transcurrir el plazo de caducidad de tres meses desde que, probadamente, tuvo conocimiento de la enajenación que daba lugar al retracto. Por lo tanto, siendo verdaderamente titular del derecho de retracto voluntario, ha dejado caducarlo y débese desestimar, por ello, su demanda».* (22 abril 2008, rec. 365/2001)

«El recurso prospera en cuanto la sentencia impugnada establece para el ejercicio del derecho de adquisición preferente un requisito—-el de la consignación de un precio, aún no determinado— que no había sido establecido por las partes, para lo cual extiende al caso la aplicación de un precepto —el del artículo 1518 del Código Civil— que es propio del retracto y no de necesaria aplicación a cualquier supuesto de adquisición preferencial, con lo cual no se observa adecuadamente la norma que impone la interpretación literal de los contratos, cuando es conforme con la intención de los contratantes (artículo 1281.1 Código Civil) ni aquellas que permite a los contratantes fijar libremente la extensión de sus derechos y obligaciones (artículo 1255 Código Civil)». (25 junio 2010, rec. 2009/2006, LA LEY 104013/2010)

Contrato de franquicia:

«El contrato de franquicia surgido del tipo contractual del derecho norteamericano denominado franchising como manifestante de una situación contractual que no tiene su reflejo en el Derecho positivo, debe estimarse como enclavado dentro del área de los denominados contratos atípicos. Desde un punto de vista doctrinal ha sido definido como aquel que se celebra entre dos partes jurídica y económicamente independientes, en virtud del cual una de ellas (franquiciador) otorga a la otra (franquiciado) el derecho a utilizar bajo

determinadas condiciones de control, y por un tiempo y zona delimitados, una técnica en la actividad industrial o comercial o de prestación de servicios del franquiciado, contra entrega por éste de una contraprestación económica. Su plasmación jurisprudencial surge de la sentencia del Tribunal de Justicia de las Comunidades Europeas —de 28 de enero de 1986— caso "Pronupcia", según la cual, los datos que definen su naturaleza jurídica, y su diferencia con los contratos, y de suministro o de distribución de mercancías, son los siguientes: a) Que el franquiciador debe transmitir su "know-how", o asistencia o metodología de trabajo, aplicando sus métodos comerciales, y b) que dicho franquiciador queda obligado a diseñar, dirigir y sufragar las compañías publicitarias, realizadas para difundir el rótulo y la marca del franquiciador. En fin, estos contratos son peculiares y característicos de las nuevas formas comerciales para eludir la presión monopolista de las grandes multinacionales, cuya tendencia al control de los mercados, solamente puede ser frenada mediante conciertos y uniones comerciales de los pequeños comerciantes y empresas, agrupados en centrales de compras, que realicen campañas comerciales homogéneas y continuas. Como todo contrato atípico, en este caso mercantil, se regirá, en primer lugar, por la voluntad de las partes plasmada en cláusulas y requisitos concretos que formulados, sin duda, en relaciones de buena fe y mutua confianza, debiendo, las mismas, producir todos sus efectos, y para el caso de que hubiera lagunas para interpretar su contenido, será preciso recurrir a figuras de contratos típicos afines a dicha relación consensual atípica. Y es, por ello, acertado que en la sentencia recurrida se haya recabado para la determinación de sus efectos contractuales la regulación de un contrato típico como es el de la compraventa mercantil, y en concreto lo que determinan los arts. 325, 332, 336 y 342 CCom. Pues una cosa es la equiparación del contrato de franquicia al de compraventa mercantil —que no es posible— y, otra, el que se recurra a las normas reguladoras del contrato de compraventa mercantil para la regulación subsidiaria del contrato atípico de franquicia, que es lo que ha efectuado el Juzgador a quo». (27 septiembre 1996, LA LEY 9047/1997)

«La característica fundamental de esta modalidad contractual estriba en que una de la partes, que es titular de una determinada marca, rótulo, patente, emblema, fórmula, método o técnica de fabricación o actividad industrial o comercial, otorga a la otra, el derecho a utilizar, por un tiempo determinado y en una zona geográfica delimitada, bajo ciertas condiciones de control, aquello sobre lo que ostentaba la titularidad, contra la entrega de una prestación económica, que suele articularse normalmente mediante la fijación de un canon o porcentaje». (4 marzo 1997, LA LEY 3847/1997)

«Desde un punto de vista doctrinal ha sido definido como aquel que se celebra entre dos partes jurídica y económicamente independientes, en virtud del cual una de ellas (franquiciador) otorga a la otra (franquiciado) el derecho a utilizar bajo determinadas condiciones de control, y por un tiempo y zona delimitados, una técnica en la actividad industrial o comercial o de prestación de servicios del franquiciado, contra entrega por éste de una contraprestación económica». (30 abril 1998, LA LEY 5556/1998)

Contrato de handling:

«El contrato de handling consiste en la facilitación por parte de la compañía asistente de los servicios de esta naturaleza relativos al mantenimiento en tierra de las aeronaves que aterrizan en los aeropuertos, con inclusión de los referentes a la limpieza de los aviones, descarga de equipajes, labores de avituallamiento y repostaje, etc.». (14 julio 2005, rec. 494/1999)

Contrato de patrocinio:

«con el nombre de "cartas de patrocinio", también denominadas "cartas de confort", "cartas de apoyo", "cartas de conformidad", "cartas de responsabilidad", "cartas de

garantía"..., se designa una fórmula de crédito financiero, que se ha introducido en nuestro derecho proveniente del derecho anglosajón, véase las denominadas "letter or responsability", "letter of support", "letter de patronage", "letter of intention", etc., a las que la doctrina científica moderna española ha dado verdadera carta de naturaleza, y que asimismo aparece recogida y estudiada por la jurisprudencia de esta Sala —SS de 16 de diciembre de 1985 (LA LEY JURIS. 10601-JF/0000) y colateralmente la de 10 de julio de 1995 (LA LEY JURIS. 16995-R/1995)—. Pues bien, esta institución que cada vez está adquiriendo más importancia en el tráfico mercantil como constituida por manifestaciones tendentes a facilitar la celebración de contratos de crédito, ya que produce ventajas fiscales, de normativa contable e incluso de control de cambios, y sobre todo por la indeterminación de los efectos jurídicos subsiguientes al acto de emisión de la carta y porque, sobre todo, permite una función de movilización del crédito, base esencial para una pujanza económica y comercial. Tiene, dicha figura crediticia, su fundamentación en nuestro derecho en el principio de libertad de contratación establecido de una manera emblemática en el artículo 1255 del Código Civil». (30 junio 2005, rec. 108/1999)

Contrato de colaboración:

«Dicho contrato puede calificarse como bilateral, oneroso, atípico y complejo y su contenido impone y reconoce obligaciones y derechos múltiples a cargo de ambas partes, en una forma singular de colaboración en la que el interés de cada una no se reduce a obtener el servicio comprometido por la contraria, sino que ambas partes coinciden en un interés común y superior, cual es la introducción y venta en el mercado de los productos diseñados por el demandado y producidos por la actora». (17 marzo 1998, LA LEY 2635/1998)

«incluso entendiendo que existió realmente un contrato de colaboración entre las partes, tratándose de un contrato verbal, de tracto sucesivo y pactado por tiempo indeterminado, es decir, sin límite temporal, correspondía a cada parte la facultad de resolverlo cuando así lo creyera conveniente al no haberse pactado un plazo de preaviso, sin que de la resolución por parte de Leche Pascual dimane una indemnización para Pascual Hermanos S.L. al no incurrir en abuso del derecho, ni haberse ocasionado daños al distribuidor». (18 mayo 2009, rec. 1439/2004, LA LEY 67162/2009)

Crédito documentado:

«La operación de crédito documentario, que se integra en una pluralidad negocial, constituye una figura atípica en nuestro ordenamiento jurídico (SS, entre otras, 30 de marzo de 1976, 14 de marzo de 1989, 11 de marzo de 1991), pero que, sin embargo, se manifiesta con frecuencia en la práctica comercial, singularmente internacional, y ha sido objeto de alusión, e incluso amplia aplicación, en numerosas Sentencias de esta Sala (8 de abril de 1932; 5 de enero de 1942; 8 de junio de 1957; 14 de abril de 1975; 30 de marzo de 1.976; 27 de octubre de 1.984; 14 de marzo y 6 de abril de 1.989; 11 de marzo, 3 y 8 de mayo de 1991; 6 de abril y 25 de noviembre de 1992; 25 de marzo de 1993; 17 de junio de 1994; 20 de julio de 1995; 16 de mayo y 23 de diciembre de 1996; 9 de octubre de 1997; 10 de noviembre de 1999; 24 de enero y 7 de abril de 2000; 5 de junio y 24 de octubre de 2001, 30 de abril y 13 de diciembre de 2002, 11 de noviembre de 2005; 13 de diciembre de 2006; y 10 de julio de 2007. Se caracteriza por ser un convenio por virtud del cual el banco emisor, obrando por la solicitud de su cliente, como ordenante del crédito, se obliga a hacer un pago a un tercero beneficiario, o a autorizar otro banco para que efectúe tal pago, pero siempre contra la entrega de los documentos exigidos, y cumpliendo rigurosamente los términos y condiciones de crédito (S 16 de mayo de 1996). Se rige por lo pactado, que no contradiga normativa imperativa (arts. 1091 y 1255 CC)». (12 julio 2007, LA LEY 79512/2007)

Aval a primer requerimiento:

«La característica del aval a primer requerimiento, según reiterada jurisprudencia de esta Sala, es la de dar nacimiento a una obligación de garantía que pierde su carácter accesorio de la obligación principal (la obligación del garante es independiente de la obligación del garantizado y del contrato inicial), por lo que no es menester que para la efectividad de la garantía se demuestre el incumplimiento de la obligación garantizada, sino que basta con la reclamación del deudor para hacer efectivo el cumplimiento de ésta (SSTS de 11 de julio de 1983, 14 de noviembre de 1989, 2 de octubre de 1990, 27 de octubre de 1992, 3 de mayo de 1999, 10 de noviembre de 1999, 17 de febrero de 2000, 30 de marzo de 2000, 5 de julio de 2000, 13 de diciembre de 2000, 12 de julio de 2001, 14 de noviembre de 2001, 29 de abril de 2002, 5 de julio de 2002, 31 de mayo de 2003, 12 de noviembre de 2003, 28 de mayo de 2004, 27 de septiembre de 2005, y 9 de diciembre de 2005). Como recuerda esta última STS de 9 de diciembre de 2005, este tipo de garantías ha sido adoptado en las Reglas uniformes sobre garantías a demanda (documento aprobado el 3 de diciembre de 1991), de la International Chamber of Comerce, y en la Convención de las Naciones Unidas sobre Garantías Independientes y cartas de crédito contingentes, aprobada por la Asamblea General de la ONU en 1995. De la jurisprudencia que acaba de citarse se desprende que el aval a primer requerimiento, como garantía atípica admisible en nuestro ordenamiento jurídico en virtud del principio de autonomía de la voluntad (arts. 7 y 1255 del Código civil [CC]), no puede desvincularse en cualquier circunstancia —al menos cuando no se ha incluido la cláusula "sin excepciones"— de la obligación garantizada que constituye su objeto, pues la exigencia del carácter expreso de la fianza (art. 1827), aplicable a esta modalidad contractual, determina que la obligación del garante no pueda extenderse más allá de lo que constituye su objeto (según declara expresamente la STS de 27 de septiembre de 2005, recurso 80/1999) y frente a la reclamación el avalista puede oponer aquellas excepciones derivadas de la propia garantía, entre ellas las que se fundan en una clara inexistencia o cumplimiento de la obligación garantizada, cuya prueba le corresponde, pues así lo exigen los principios de buena fe contractual (art. 1258 CC) y prohibición del ejercicio abusivo de los derechos (art. 7.2 CC)». (1 octubre 2007, LA LEY 161984/2007)

En el contrato de apoderamiento taurino:

«Contrato de apoderamiento taurino. Contrato por el que los demandantes, como tales apoderados, se obligan "a representar y dirigir la carrera artística" del torero poderdante, demandado, "en todos los órdenes y ámbitos de su actuación profesional como matador de toros" y "contratarán por cuenta del mismo todas sus actuaciones profesionales", con "el plazo de duración de cinco años", se fijan los honorarios, gastos y desembolsos, distinguiendo temporadas y señalando la forma de pago. Se prevé la "rescisión" con justa causa (con acuerdo) y la falta de ella (sin acuerdo) con el texto antes transcrito y la dura y oscura cláusula penal en caso de "resolución". Este contrato, como ya dijo la sentencia de esta Sala de 30 de julio de 2001, es un contrato atípico, podría decirse que es "típicamente atípico" que participa, como presupuesto esencial, de la naturaleza del mandato (artículos 1709 y siguientes del Código civil) representativo (artículo 1259 del mismo código)... ... Como se ha dicho, reiterando jurisprudencia, el contrato de apoderamiento taurino es un contrato atípico, que participa de la naturaleza del contrato de mandato representativo, todo ello basado en el principio de la autonomía de la voluntad, por lo que no cabe pensar en una infracción del artículo 1255 del Código civil». (24 junio 2011, rec. 1301/2007, LA LEY 98619/2011)

En el contrato de arrendamiento urbano:

«La posición actual de estos contratos es clara en la jurisprudencia de la Sala. La sentencia de 20 de abril declara lo siguiente: "La entrada en vigor del Real Decreto-ley 2/1985, de 30 de abril, sobre Medidas de Política Económica, ha determinado la existencia de dos clases de arrendamientos urbanos: los anteriores a esta norma legal, sujetos a prórroga forzosa, y los posteriores a los que será de aplicación la tácita reconducción del art. 1.566 del

Código Civil, a no ser que los contratantes hubiesen convenido explícita o implícitamente el sometimiento al régimen de prórroga forzosa, haciendo uso de la libertad de pacto que preconiza el art. 1.255 del Código Civil y cuya posibilidad de pacto, como ha dicho esta Sala en Sentencias de 12 de mayo de 1989, 4 de febrero de 1991 y 18 de marzo de 1992, no se hallaba prohibida por el art. 9 del referido Real Decreto-ley, al haberse limitado a suprimir el mero automatismo legal ope legi*, y sin el previo consentimiento de las partes, del expresado régimen de prórrogas forzosas"».* (31 octubre 2008, rec. 690/2003, LA LEY 164131/2008) (Doctrina reiterada en la sentencia de 22 junio 2009, rec. 1/2005, LA LEY 104376/2009, 18 diciembre 2009, rec. 1530/2005, LA LEY 237357/2009, 10 marzo 2010, rec. 1782/2005, LA LEY 1782/2005, 18 marzo 2010, rec. 1439/2006, LA LEY 8711/2010, 7 julio 2010, rec. 814/2006, LA LEY 109984/2010, 26 abril 2011, rec. 1167/2008, LA LEY 29144/2011)

Sobre la validez de los contratos celebrados por los cónyuges en previsión de posible ruptura:

«La autonomía de la voluntad de los cónyuges fue ya reconocida en la sentencia de 22 de abril de 1997, que pone de relieve que en las situaciones de crisis matrimoniales pueden coincidir tres tipos de acuerdos: "en primer lugar, el convenio, en principio y en abstracto, es un negocio jurídico de derecho de familia; en segundo lugar, el convenio regulador aprobado judicialmente queda integrado en la resolución judicial, con toda la eficacia procesal que ello conlleva; en tercer lugar, el convenio que no ha llegado a ser aprobado judicialmente, tiene la eficacia correspondiente a todo negocio jurídico, tanto más si contiene una parte ajena al contenido mínimo que prevé el art. 90 C.c.". Por tanto, como se repite en sentencias posteriores, los cónyuges, en virtud de la autonomía que se les reconoce, pueden contratar entre sí fuera del convenio, siempre que estos pactos reúnan los requisitos para su validez (STS de 17 octubre 2007). La sentencia de 23 de diciembre de 1998 distinguía entre convenio regulador y acuerdos transaccionales posteriores, reconociendo que "[...] una vez homologado el convenio [...], los aspectos patrimoniales no contemplados en el mismo y que sean compatibles, pueden ser objeto de convenios posteriores, que no precisan aprobación judicial"; la sentencia de 22 abril 1997 declara que "es válido y eficaz como tal acuerdo, como negocio jurídico bilateral aceptado, firmado y reconocido por ambas partes". "No hay obstáculo a su validez como negocio jurídico, en el que concurrió el consentimiento, el objeto y la causa y no hay ningún motivo de invalidez", teniendo en cuenta que el hecho de que no hubiera sido homologado por el juez, sólo le impide formar parte del proceso de divorcio, pero no pierde eficacia procesal "como negocio jurídico". En consecuencia, "las partes deben cumplir el negocio jurídico concertado según el principio de la autonomía de la voluntad que proclama el art. 1255 C.c."; la sentencia de 27 de enero de 1998, con cita de la anteriormente transcrita, afirma que "salvados los derechos de los acreedores sobre los bienes gananciales y las consecuencias del registro inmobiliario en favor de los adquirentes terceros, no se puede estimar que los efectos interpartes de un convenio carezcan de eficacia por falta de aprobación judicial, si éste se desenvuelve dentro de los límites lícitos de la autonomía de la voluntad". La sentencia de 21 de diciembre de 1998 afirma que aparte del convenio regulador, que tiene "carácter contractualista", no se impide que al margen del mismo, "los cónyuges establezcan los pactos que estimen convenientes, siempre dentro de los límites de lo disponible, para completar o modificar lo establecido en el convenio aportado [....] tales acuerdos, que si bien no podrán hacerse valer frente a terceros, son vinculantes para las partes siempre que concurran en ellos los requisitos esenciales para su validez, al haber sido adoptados por los cónyuges en el libre ejercicio de su facultad de autorregulación de las relaciones derivadas de su separación matrimonial y no concurriendo ninguna de las limitaciones que al principio de libertad de contratación establece el art.1255 C.c". Asimismo, la sentencia de 15 de febrero de 2002 reconocía la validez de un contrato privado de liquidación de la sociedad de gananciales con la consideración

de que "los cónyuges, en contemplación de las situaciones de crisis matrimonial (separación o divorcio) en ejercicio de su autonomía privada (art. 1255 C.c.) pueden celebrar convenios sobre cuestiones susceptibles de libre disposición, entre las que se encuentran las económicas o patrimoniales. Estos acuerdos, auténticos negocios jurídicos de derecho de familia (S. 22 abril 1997), tienen carácter contractual, por lo que para su validez han de concurrir los requisitos estructurales establecidos por la ley con carácter general (art. 1261 C.c.), además del cumplimiento de las formalidades especiales exigidas por la ley con carácter ad solemnitatem *o* ad substantiam *para determinados actos de disposición. Se trata de una manifestación del libre ejercicio de la facultad de autorregulación de las relaciones privadas, reconocida por la Jurisprudencia". En el mismo sentido debe citarse la sentencia de 17 octubre 2007. Esta jurisprudencia ha dado lugar al art. 233-5 CCCat, que establece que estos pactos vinculan a los cónyuges».* (31 marzo 2011, rec. 807/2007, LA LEY 29142/2011)

CONCORDANCIAS

Véase:
— arts. 1.116 y 1.271 a 1.280 de este Código.
— Código de Comercio: art. 53.

Artículo 1.256

La validez y el cumplimiento de los contratos no pueden dejarse al arbitrio de uno de los contratantes.

COMENTARIO

1.- Uno de los principios básicos del derecho de obligaciones es, junto al de autonomía de la voluntad enunciado en el artículo anterior, el de la necessitas, esencia de la obligación. Esta es la relación jurídica que liga al acreedor (titular del derecho de crédito) y al deudor (sujeto de un deber jurídico). Ni uno ni otro pueden desligarse unilateralmente de la obligación y la principal fuente de las obligaciones es el contrato. De aquí que este artículo, relativo a los contratos, proclama tal principio.

2.- A su vez, este artículo declara la fuerza obligatoria de los contratos, lo que se pone en relación con el art. 1.091 que plasma la *lex contractus* y con el art. 1.258 que también establece su obligatoriedad.

3.- En consecuencia, la *necessitas* es elemento esencial para la validez del contrato, por lo que no sería válido el sometimiento a una condición meramente potestativa, y además, el cumplimiento de las obligaciones quedan sometido, por su propio concepto, al principio de la *necessitas*.

JURISPRUDENCIA

«El motivo se funda, en síntesis, en que la sentencia impugnada afecta el acuerdo impugnado vulnera el art. 1256 CC, al dejar la supresión de las prestaciones al arbitrio de la Mutualidad, cuando lo cierto es que no existió un ejercicio arbitrario de las facultades estatutarias sino una aplicación de los estatutos acorde con las circunstancias económicas de la Mutualidad, advertidas por la Dirección General de Seguros, las cuales demandaban la modificación del devengo de la prestación de jubilación, pues, según la jurisprudencia, es nula la obligación cuando depende exclusivamente la voluntad del deudor, pero no

cuando esta voluntad está condicionada por otros hechos». (24 septiembre 2007, LA LEY 161981/2007)

«La posibilidad de que se produzca el desistimiento unilateral o denuncia del contrato mediante el ejercicio de un derecho potestativo incluido en el contrato mismo ha sido admitida por la jurisprudencia (SSTS 29 de enero de 1972, 3 de marzo de 1992, 9 de enero de 1995, etc.) que incluso ha aceptado con carácter de "condición no invalidante" aquella en la que la voluntad del deudor depende de un conjunto de motivaciones e intereses que, actuando sobre ella, influyen en su determinación, aun cuando estén confiadas a la sola valoración del interesado (SSTS 15 de noviembre y 3 de diciembre de 1993, 13 de febrero de 1999, etc.), pero ha de basarse en una previsión contractual explícita». (30 noviembre 2007, LA LEY 202400/2007)

«necessitas, *esencia de la obligación, que proclama el artículo 1256 del Código civil en relación con el contrato de obra. La* necessitas *es uno de los principios básicos del Derecho de obligaciones, en el sentido de que las partes no pueden desligarse unilateralmente de la misma, lo que se relaciona con la* lex contractus *que proclama el artículo 1091 del Código civil, lo cual ha sido resaltado por la jurisprudencia en sentencias de 27 de febrero de 1997 y 30 de noviembre de 2005».* (26 de junio 2008, rec. 2227/2001)

«por el propio concepto del principio de la necessitas, esencia de la obligación, por el que no se permite que cualquiera de las partes —acreedor o deudor— pueda desligarse del contrato o alterarlo; lo cual se corresponde con la lex contractus *que enuncia el artículo 1091 del Código civil. Así lo han desarrollado las sentencias de 23 de febrero de 2007 y 26 de junio de 2008. En el presente caso, se aceptaron por ambas partes unas cláusulas y precisamente en virtud de la lex contractus y de la necessitas, están obligadas a cumplirlas, tal como han declarado en supuestos análogos, las sentencias de 24 de septiembre de 2007 y 30 de noviembre de 2007; la posibilidad de desistir o alterar el contrato es posible cuando está previsto por las partes; lo cual se aplica en cualquier caso de la presencia de unas discutidas cláusulas».* (19 febrero 2010, rec. 2129/2005, LA LEY 2363/2010)

«la consideración del contrato por el tribunal sentenciador como unilateral por el mero hecho de que el referido documento no contuviera expresamente la obligación de MAPFRE de encargar servicios a la actora hoy recurrente infringe el art. 1256 CC citado en el motivo, pues la disponibilidad prácticamente absoluta e incondicional de la hoy recurrente a los requerimientos de MAPFRE sólo podía justificarse por la obligación contractual de esta última, no expresa pero sí implícita o sobreentendida si se recuerda lo que disponen los arts. 1258 y 1289 CC, de encargar servicios a la recurrente». (30 noviembre 2010, rec.937/2007, LA LEY 249232/2010)

«El art. 1256 CC es una consecuencia lógica del art. 1254 CC, que determina la existencia de contrato desde que dos personas consienten en obligarse; la protección de la autonomía privada y la seguridad del tráfico impiden que se deje al arbitrio de una de las partes la validez y eficacia del contrato, de modo que lo que se prohíbe en esta disposición es que sea la voluntad de uno de los contratantes la que determine los requisitos del contrato, o bien que se deje al arbitrio de uno el entero cumplimiento, o que se permita la conducta arbitraria de uno de ellos durante la ejecución del contrato. En definitiva, se trata de una norma que no tiene carácter absoluto, porque no puede excluirse la posibilidad de desistimiento unilateral de los contratos (Ver SSTS de 9 enero 1995, 27 febrero 1997, 4 diciembre 1998)». (31 marzo 2011, rec. 807/2007, LA LEY 29142/2011)

«En este defectuoso planteamiento incurre la parte recurrente, desde el momento que invoca como fundamento de su recurso un precepto aplicable con carácter general a los contratos, tal como el artículo 1256 CC que recalca el carácter bilateral de los contratos, y

que ha sido calificado de excesivamente genérico por esta Sala, conjuntamente con artículos como el 1255 y el 1257 CC (SSTS 4 de febrero de 2004, 27 de febrero de 2004, 12 de noviembre de 2004, 9 de mayo de 2006, 10 de octubre de 2006, 23 de marzo de 2007, 31 de enero de 2008, 5 de diciembre de 2008 y 9 de junio de 2009, respecto del artículo 1256 CC), carente por tanto de la idoneidad necesaria para sostener por sí mismo un motivo de casación». (13 junio 2011, rec. 1008/2007, LA LEY 111557/2011)

CONCORDANCIAS

Véanse arts. 1.091, 1.115, 1.124, 1.449, 1.594 y 1.773 de este Código.

Artículo 1.257

Los contratos sólo producen efecto entre las partes que los otorgan y sus herederos; salvo, en cuanto a éstos, el caso de que los derechos y obligaciones que proceden del contrato no sean transmisibles, o por su naturaleza, o por pacto, o por disposición de la ley.

Si el contrato contuviere alguna estipulación en favor de un tercero, éste podrá exigir su cumplimiento, siempre que hubiese hecho saber su aceptación al obligado antes de que haya sido aquélla revocada.

COMENTARIO

1.- Una de las esenciales diferencias entre el derecho de obligaciones y los derechos reales es el de su eficacia. La eficacia del derecho real se refiere al señorío directo sobre la cosa, erga omnes. La eficacia del derecho de obligación, y por tanto del contrato, como proclama este artículo, es relativa; se limita al poder que tiene el acreedor (como titular del derecho de crédito) a exigir a un concreto deudor la prestación debida.

Por tanto, la eficacia del contrato se reduce a las partes contratantes, que quedan vinculadas por el mismo a las obligaciones que ha producido; obligación con un solo acreedor y un solo deudor, si el contrato es unilateral; obligaciones recíprocas o sinalagmáticas, si el contrato es bilateral.

2.- El contrato no sólo afecta y obliga a las partes contratantes, sino también a sus herederos, como dispone este artículo y también los arts. 659 y 661. El llamado (con delación) heredero que acepta la herencia, sucede a su causante en sus derechos y también en sus obligaciones: el heredero subentra en el patrimonio del causante no sólo en su parte activa (derecho de crédito), sino también en la pasiva (deber de cumplir la prestación).

Este artículo hace referencia a la transmisión *mortis causa* del contrato, pero no a la *inter vivos*. En ésta se tendrá en cuenta la asunción de deudas (lado pasivo de la obligación derivada del contrato), la cesión de créditos (aspecto activo de tal obligación) o la cesión del contrato, en que se transmite la relación contractual en su unidad, con el conjunto de derechos y obligaciones que contiene (*vid.* art. 1.112).

3.- La transmisión del contrato, sea *mortis causa*, que prevé este artículo, sea *inter vivos*, que no la contempla, no cabe si los derechos de crédito del acreedor o deberes del deudor (acreedor y deudor de la obligación u obligaciones derivadas del contrato) no son transmisibles por su naturaleza (se trata de las obligaciones *intuitu personae*), o por pacto (principio de la autonomía de la voluntad), o por ley.

4.- El segundo párrafo prevé lo que se denomina como contrato a favor de tercero. Es una excepción a la eficacia relativa del contrato.

En un sentido estricto, el contrato a favor de tercero es aquel en que las partes estipulan que una de ellas realizará una prestación a favor de un tercero; pero en sentido amplio, incluye también aquel contrato que produce obligaciones entre las partes y, además, una obligación consistente en realizar una prestación a favor de un tercero.

Este concepto unitario del contrato a favor de tercero es: contrato en el que una de las partes se obliga a realizar una prestación a favor de un tercero, sea como obligación única, sea como obligación concurrente con otra u otras relativas a las partes.

Son supuestos de contratos en favor de tercero, entre otros muchos posibles, los siguientes: seguro de vida; la renta vitalicia, cuando se constituye a favor de persona distinta de la que contrata; la donación que establece revierta a favor de persona distinta del donante (art. 641); la donación en la que se impone al donatario una carga en favor de persona distinta del donante (art. 619 *in fine*); el caso del art. 1.766 del Código Civil (obligación de entregar el depósito a un tercero). Aparte de estos casos, las partes pueden constituir contratos atípicos a favor de tercero, en base al principio de autonomía de la voluntad.

No son supuestos de contrato a favor de tercero el que se celebra en nombre y por cuenta de otra persona, que es un caso de representación (art. 1.259); el concluido en nombre propio y en interés de un tercero (la llamada representación indirecta); contratos en que un tercero queda autorizado a recibir una prestación, pero no tiene derecho a la misma.

5.- Los efectos del contrato a favor de tercero son los siguientes:

1. Entre tercero y promitente. El tercero beneficiario puede exigir del promitente el cumplimiento de la estipulación a su favor, siempre que hubiese hecho saber su aceptación al obligado (art. 1.257, segundo párrafo) antes de haber sido aquélla revocada, cuya aceptación tiene la naturaleza de *conditio iuris* para la producción de efectos a su favor.

2. Entre estipulante y promitente. La relación entre estipulante y promitente es la normal derivada del contrato. Las partes deben cumplir las prestaciones a que se obligaron, derivadas del contrato entre ellos suscrito, que recibe el nombre de relación de cobertura.

3. Entre estipulante y tercero. La relación entre el estipulante y el tercero, denominada relación de valuta, puede tener diversas causas: *donandi, credendi, solvendi*. Pero en el contrato en favor de tercero no se dan obligaciones entre estipulante y tercero. Este tiene el derecho a la prestación, frente al promitente, único que tiene el deber de realizarla.

JURISPRUDENCIA

Principio de relatividad del contrato:

«El artículo 1597 del Código Civil otorga al subcontratista acción contra el dueño de la obra, y no se trata precisamente de acción sustitutiva, sino directa, que excepciona al principio de relatividad de los contratos proclamado en el artículo 1257 del Código Civil (SSTS de 29 de octubre de 1987, 15 de marzo de 1990, 29 de abril de 1991, 22 de diciembre de 1992, 12 de mayo de 1994 y 2 de julio de 1997) y opera dentro de la limitación cuantitativa que el precepto establece, sin necesidad de tener que reclamar previamente al contratista (STS de 16 de marzo de 1996)». (19 abril 2004, rec. 1625/1998; en el mismo sentido, 31 enero 2005, rec. 3477/1998)

«El artículo 1257 del Código Civil sanciona el principio de eficacia relativa de la regulación contractual, como derivación de la misma esencia del contrato. Su consecuencia es que éste no produzca efectos directos para el tercero, pues lo convenido por otros (res inter alios) *no puede beneficiarle ni perjudicarle* (nec nocet nec prodest). *Sin embargo, ese principio, de remotos precedentes* (Codex 7.60.1: Inter alios res gestas aliis non posse facere praeiudicium, saepe constitum est) *no excluye una eficacia indirecta del contrato en la esfera jurídica del tercero, entre otras razones por repercutir en ella la situación creada o modificada por aquél. Ni tampoco impide que, en esos supuestos, pueda el tercero utilizar o servirse del contrato ajeno, frente a las partes que lo perfeccionaron o frente a quienes, como en el caso de la subrogación, ocupan su posición jurídica».* (7 marzo 2007, LA LEY 8189/2007)

«T. SL, como se ha dicho, no participó en la perfección de la transacción, fuente de la obligación a que se refieren las demandantes. Y, consecuentemente, quedó fuera del ámbito subjetivo de la eficacia relativa de dicho contrato —artículo 1.257 del Código Civil—, que para ella es res inter alios acta*».* (16 febrero 2010, rec. 2549/2005, LA LEY 2360/2010)

«A) El artículo 1257 del Código civil establece como principio general que los contratos sólo producen efecto entre las partes que los otorgan, de modo que en general no puede afectar lo estipulado en todo contrato a quien no intervino en su otorgamiento (SSTS de 23 de julio de 1999, 9 de septiembre de 1996. Por ello si el contrato es considerado como una manifestación de la autonomía privada en orden a la reglamentación de los propios intereses, resulta claro que dicha reglamentación ha de afectar, en principio, tan solo a la esfera jurídica de sus autores, porque sólo respecto de ellos la autonomía existe. B) No obstante lo anterior, tanto la doctrina como la jurisprudencia mantienen la relatividad de los efectos de los contratos, no de un modo general y abstracto, sino de manera concreta y muy determinada. En tal sentido, las sentencias de esta Sala que aplican la teoría de la relatividad de los contratos se refieren a obligaciones propter rem *[por razón de la cosa] constituidas en función de la titularidad del derecho de propiedad sobre la cosa; así en las obligaciones asumidas por el promotor o vendedor de viviendas frente a segundos o sucesivos adquirentes por defectos constructivos, al ser doctrina jurisprudencial que dicho precepto no impide que los contratos tengan eficacia indirecta, refleja o mediata para los terceros que han de respetar situaciones jurídicas creadas (SSTS 5 de diciembre de 1996, 29 de septiembre de 1997 y 29 de diciembre de 1998). Partiendo de lo anterior, y dado que no se trata de un gravamen real, ni de una obligación que sea inherente a la titularidad de la cosa, derivada de su naturaleza o de las cargas que deben satisfacerse por razón de su mantenimiento o situación urbanística, susceptible de ser calificada como una obligación* propter rem *[por razón de la cosa] en la que deben entenderse subrogados los sucesivos titulares del inmueble, sino de una obligación personal establecida en virtud de un pacto contractual entre comprador y vendedor que está llamado a agotarse en la relación entre ellos, resulta aplicable lo dispuesto en el artículo 1257 CC fundado en la imposibilidad de que los efectos de los contratos puedan perjudicar o afectar negativamente a aquellos terceros que ajenos a los mismos, adquieran bienes o derechos que libres de cargas y gravámenes que no sean inherentes a su naturaleza o situación jurídica o económica».* (11 abril 2011, rec. 1414/2007, LA LEY 90857/2011)

Estipulación a favor de tercero:

«la estipulación en provecho de tercero supone una relación contractual en la que el acreedor deriva la prestación del deudor hacia otra persona que no ha intervenido en el contrato y para fijar su naturaleza específica es preciso deslindar su esfera de acción, aislándola de otras figuras de derecho similares, diferenciándose el régimen jurídico de la prestación a tercera persona, según ésta venga autorizada solamente para recibir la prestación, o adquiera además el derecho estipulado, diferenciación que se traduce en que en el primer caso, el tercero es únicamente destinatario de la prestación, sin la facultad de exigir su cumplimiento al deudor, que nace y persiste en el contratante acreedor, mientras que en el caso

del verdadero contrato a favor de tercero, éste es el titular del derecho hacia él derivado». (26 abril 1993, LA LEY 13191/1993)

«la definición que la jurisprudencia tiene dada del contrato con estipulación a favor de tercero: "Como aquel que se celebra entre dos personas que actúan en nombre propio y que otorgan un derecho a un extraño, que no ha tomado parte en su conclusión" (SS, entre otras 10-12-1956; 7-6-1976; 17-2-1977, etc.). En este tipo de contratos el tercero beneficiado tiene acción para exigir su cumplimiento, a partir de la aceptación comunicada, ya que es el titular del derecho hacia él derivado, y no simplemente el destinatario de la prestación». (23 octubre 1995, LA LEY 8701/1996)

«El artículo 1257 del Código Civil contiene el principio general sobre la relatividad de los efectos personales de los contratos en el sentido de que los mismos "solo producen efecto entre las partes que los otorgan y sus herederos", lo que al ser aplicado al supuesto litigioso determina que la única obligación asumida por T. lo fue respecto de don A. en cuanto a posibles reclamaciones que el mismo sufriera por parte de terceros, sin que se configurara derecho alguno a una acción directa por parte de tales terceros frente a T. a modo de las estipulaciones a favor de tercero que el mismo artículo regula en su párrafo segundo». (10 noviembre 2010, rec. 373/2007, LA LEY 195088/2010)

CONCORDANCIAS

Véanse:
— arts. 659 y 1.112 de este Código.
— Reglamento Notarial, de 2 de junio de 1944 (*«B.O.E.»,* 7 julio): arts. 176, párrafo 2.º y 178, párrafo 3.º.

Artículo 1.258

Los contratos se perfeccionan por el mero consentimiento, y desde entonces obligan, no sólo al cumplimiento de lo expresamente pactado, sino también a todas las consecuencias que, según su naturaleza, sean conformes a la buena fe, al uso y a la ley.

COMENTARIO

1.- El contrato, como negocio jurídico que es, tiene como elementos esenciales el consentimiento, el objeto y la causa. Además, la entrega de la cosa, en el contrato real y una forma determinada en el contrato formal o solemne. El consentimiento es, pues, el primer elemento del contrato. A este consentimiento se refiere este art. 1.258, que reitera el art. 1.261 y desarrollan los arts. 1.262 y ss.

Sin embargo, al decir que «los contratos se perfeccionan por el mero consentimiento» hace referencia exclusiva al llamado contrato consensual, olvidando el contrato real que requiere, para su perfección, no sólo el consentimiento de las partes, sino también la entrega de la cosa; y el contrato formal que necesita, para su perfección, además del consentimiento, una forma determinada.

2.- Una vez perfeccionado el contrato por el consentimiento de las partes (y por la entrega de la cosa, en el real, y por la forma determinada, en el formal) despliega su eficacia obligatoria, es decir, se producen las obligaciones, que deben ser cumplidas por el deudor (que tiene el derecho de exigir el acreedor).

El contenido de tales obligaciones viene determinado, en primer lugar y esencialmente, por lo pactado entre las partes (principio de la autonomía de la voluntad), pero no sólo por ello, sino también por el principio de la buena fe, por el uso y por la ley. Es la llamada integración del negocio jurídico.

JURISPRUDENCIA

«no es de ver cómo la Sentencia recurrida pudo infringir el art. 1258, inciso primero, CC, con arreglo al que los contratos se perfeccionan por el mero consentimiento, pues no aplica dicho precepto, ni es aplicable dado que el préstamo mutuo es un contrato real, y requiere la entrega del dinero o cosa fungible para su perfección (art. 1740 CC), sin que sea exigible forma documental ad solemnitatem». (30 noviembre 2007, LA LEY 193581/2007)

«Esta Sala, al precisar el alcance del artículo 1258 del Código Civil, ha declarado que "si bien es doctrina de esta Sala la de que la buena fe, en su sentido objetivo, consiste en dar al contrato cumplida efectividad en orden a la realización del fin propuesto, por lo que deben estimarse comprendidas en las estipulaciones contractuales aquellas obligaciones que constituyen su lógico y necesario cumplimiento (SS. 9-12-1963 y 11-12-1987), también se ha sentado por la misma que el carácter genérico del Art. 1258 ha de armonizarse con los más específicos que para cada contrato y en cada supuesto contiene el Código Civil, y que la posibilidad de ampliar o modificar, a su amparo, lo estrictamente convenido, ha de admitirse con gran cautela y notoria justificación, es decir, la expansión de los deberes al amparo del Art. 1258 debe ser lo más restringida posible, porque no puede escindirse este artículo del contenido del 1283, según el cual en los términos de un contrato no deberán entenderse comprendidos cosas distintas ni casos diferentes de aquellos sobre los que los interesados se propusieron contratar (SS. 13-6-1944, 4-12-1956, 23-11-1988 y 12 de julio de 2002)" [Sentencia de 23 de marzo de 2007]. Esta delimitación jurisprudencial del alcance del artículo 1258 del Código Civil se ha de completar con la consideración, expuesta en la Sentencia de 15 de noviembre de 2006, de que en toda relación jurídica, en su revelación objetiva que es la esencia indagatoria de la voluntad reflejada en el consentimiento, lo fundamental a proteger es la confianza». (12 febrero 2009, rec. 1171/2004, LA LEY 3313/2009)

«que se observe la obligación general establecida en el artículo 1258 del Código Civil conforme a la cual el contratante ha de sujetarse en su actuación a la propia naturaleza del contrato en relación con las exigencias de acomodación a los postulados de la buena fe, el uso y la ley. La quiebra de tal modo normal de proceder puede plantear problemas cuando se implica por el mandatario en la contratación a terceros de buena fe». (30 junio 2009, rec. 336/2005, LA LEY 119065/2009)

«La doctrina jurisprudencial acerca de la interpretación del artículo 1258 del Código Civil se concreta en la sentencia de esta Sala de 12 de julio de 2002, según la cual la buena fe a que se refiere el artículo 1258 es un concepto objetivo, de comportamiento honrado, justo, leal (sentencias de 26 de octubre de 1995, 6 de marzo de 1999, 30 de junio y 25 de julio de 2000, entre otras) que opera en relación íntima con una serie de principios que la conciencia social considera como necesarios, aunque no hayan sido formulados por el legislador, ni establecidos por la costumbre o el contrato (sentencia de 22 de septiembre de 1997). Supone una exigencia de comportamiento coherente y de protección de la confianza ajena (sentencias de 16 de noviembre de 1979, 29 de febrero y 2 de octubre de 2000); de cumplimiento de las reglas de conducta ínsitas en la ética social vigente, que vienen significadas por las reglas de honradez, corrección, lealtad y fidelidad a la palabra dada y a la conducta seguida (sentencias de 26 de enero de 1980, 21 de septiembre de 1987 y 20 de febrero de 2000). Aplicando en concreto el instituto al campo contractual, integra el contenido del negocio en el sentido de que las partes quedan obligadas no sólo a lo que expresa de modo literal, sino también a sus derivaciones naturales, de tal modo que impone comportamientos adecuados para dar al contrato cumplida efectividad en orden a la obtención de los fines propuestos

(por todas, sentencia de 26 de octubre de 1995). La sentencia de 16 de noviembre de 1979 señala que "en toda relación jurídica, en su revelación objetiva que es la esencia indagadora de la voluntad reflejada en el consentimiento, lo fundamental a proteger es la confianza, ya que el no hacerlo es atacar a la buena fe, que ciertamente viene determinada por una coherencia de comportamiento en las relaciones humanas y negociales, toda vez que cuanto más determinadas personas, dentro de un convenio jurídico, han suscitado con su conducta contractual una confianza mutua fundada, conforme a la buena fe, en una determinada conducta, no deben defraudar esa confianza suscitada y es inadmisible toda actuación incompatible con ella, por la sencilla razón de que, como ya viene dicho, la exigencia jurídica del comportamiento coherente está vinculada de manera estrecha a la buena fe y a la protección de la confianza". En el mismo sentido se pronuncian otras sentencias posteriores como las de 30 enero y 21 noviembre 2003, 10 enero 2006 y 5 noviembre 2007». (10 junio 2010, rec. 1214/2006, LA LEY 86125/2010)

«una cosa es que los contratos sean obligatorios y otra que hayan de serlo cualesquiera que sean las circunstancias concurrentes e incluso cuando ha desaparecido en absoluto la base negocial o la razón —común a ambas partes— que determinó su celebración, lo que incluso contradice abiertamente la norma, que el recurrente invoca como vulnerada, del artículo 1258 del Código Civil pues evidentemente constituiría una consecuencia del contrato contraria a la buena fe que únicamente una de las partes se beneficiara de los efectos del mismo mientras que la otra se viera obligada a cumplir sin obtener nada a cambio, situación que únicamente y de forma parcial aparece justificada en los contratos de carácter aleatorio que, contrariamente a los de carácter conmutativo, pueden determinar que la ejecución de la prestación o su cuantía signifique una carga económica para una de las partes muy superior a la que soporta la contraria, situación que en tal caso se encuentra en la propia naturaleza del contrato». (21 julio 2010, rec. 1965/2006, LA LEY 114021/2010)

«las reglamentaciones contractuales vinculan a quienes las crean en ejercicio de su autonomía de voluntad, no sólo en aquello que hubieran expresamente pactado, sino también en lo omitido que de ordinario suela establecerse y en lo que resulte de la regla objetiva de la buena fe, que se entiende incorporado al contrato por la técnica de la integración —artículo 1.287 del Código Civil, en relación con el 1.258 del mismo texto—». (6 julio 2009, rec. 1026/2005, LA LEY 119089/2009)

«carece de sentido la invocación como infringido del artículo 1258 del mismo código, según el cual los contratos obligan, además de a lo expresamente pactado, a todas las consecuencias que sean conformes a la buena fe, al uso y a la ley, pues precisamente lo expresamente pactado es que, con la finalidad de que no se pudieran suscitar dudas al respecto, el ejercicio de la opción se notificara al concedente de modo fehaciente, lo que comporta una exigencia inexcusable como esta Sala ha señalado, en sentencia núm. 47/2011, de 4 febrero». (6 septiembre 2011, rec. 1939/2007, LA LEY 172727/2011)

Efectos del contrato:

«el deber de dar cumplimiento a lo convenido según el tenor de lo pactado, manifestación del principio pacta sunt servanda, *que traduce el artículo 1091 CC, ha de ponerse en relación, como hace el recurrente, con el principio de autonomía de la voluntad que recoge el artículo 1255 CC, y por ende ha de actuar dentro de los límites que tal precepto impone a la autonomía de la voluntad, y con el artículo 1258 CC, que establece la regla de integración de los pactos por la buena fe, los usos y la ley. De lo que se deriva la necesidad de que el pacto que se haya de aplicar ha de ser interpretado e integrado (SSTS 30 de marzo de 1965, 28 de junio de 1976, 9 de julio de 1986, 20 de junio de 1987, 26 de diciembre de 1991, entre muchas otras)».* (13 julio 2007, LA LEY 132431/2007)

Rebus sic stantibus:

«el recto sentido de la jurisprudencia sobre la cláusula "rebus sic stantibus" determina precisamente su inaplicabilidad al caso examinado, porque como razona la sentencia de 28 de diciembre de 2001 (recurso n.º 2570/96), partiendo del rigor impuesto por la doctrina de esta Sala para modificar lo pactado en virtud de circunstancias sobrevenidas y de la normalidad de los fuertes incrementos de los precios del mercado inmobiliario, ni la demora en el pago de una parte del precio es necesariamente una circunstancia que altere el equilibrio de las prestaciones cuando, como en este caso, tal demora es prácticamente consustancial a lo inicialmente pactado, ni cabe desconocer los perjuicios que la demora causa también a la parte compradora, "impedida a lo largo de los años para disponer de la finca comprada y, con ello, para beneficiarse en el momento que más le conviniera del mismo incremento de los precios que ahora quiere aprovechar la vendedora recurrente buscando la resolución del contrato o la revisión al alza del precio pactado"». (18 junio 2004, rec. 2376/1998)

«En cuanto a la aplicación de la cláusula "rebus sic stantibus", dice la sentencia de 23 de abril de 1991 que "la doctrina ha examinado la dificultad extraordinaria sobrevenida en el cumplimiento de la obligación al igual que lo ha hecho la jurisprudencia, al tratar de construir dentro de nuestro derecho vigente, la cláusula rebus sic stantibus como medio de establecer equitativamente el equilibrio de las prestaciones"; con cita de las sentencias de 14 de diciembre de 1940, 17 de mayo de 1941 y 5 de junio de 1945, la de 17 de mayo de 1957 establece las siguientes conclusiones en relación con la aplicación de la citada cláusula: A) Que la cláusula rebus sic stantibus no está legalmente reconocida; B) Que, sin embargo, dada su elaboración doctrinal y los principios de equidad a que puede servir, existe una posibilidad de que sea elaborada y admitida por los Tribunales; C) Que es una cláusula peligrosa y, en su caso, debe admitirse cautelosamente; D) Que su admisión requiere como premisas fundamentales: a) alteración extraordinaria en el momento de cumplir el contrato en relación con las concurrentes al tiempo de su celebración; b) una desproporción exorbitante, fuera de todo cálculo, entre las prestaciones de las partes contratantes que verdaderamente derrumben el contrato por aniquilación del equilibrio de las prestaciones, y c) que todo ello acontezca por la sobreveniencia de circunstancias imprevisibles; y E) En cuanto a sus efectos, hasta el presente, le ha negado los rescisorios, resolutorios o extintivos del contrato otorgándole los modificativos del mismo, encaminados a compensar el desequilibrio de las prestaciones; doctrina que se mantienen en sentencias de 29 de mayo de 1996, 10 de febrero de 1997, 15 de noviembre de 2000, 27 de mayo de 2002, 21 de marzo de 2003 y 22 de abril de 2004. Por otra parte, dice la sentencia de 20 de abril de 1994 que "siendo la causa la finalidad común perseguida por los contratos, cuando la misma no se mantiene durante el tiempo de la relación contractual en virtud de acontecimientos imprevisibles para las partes en el momento de su perfección, no puede sostenerse jurídicamente el entramado de derechos y obligaciones que forman su contenido so pena de autorizar enriquecimientos a todas luces injustificados. No es que haya que moderar equitativamente el contrato, dejándolo subsistente en virtud de la doctrina de la cláusula rebus sic stantibus, porque carece de sentido que si la prestación de una de las partes se ha hecho imposible, la otra tenga que cumplir la suya aun de forma más reducida. Tal doctrina solo es aplicable en caso de desequilibrio entre las prestaciones, no en caso de ausencia de una de ellas"». (12 noviembre 2004, rec. 3109/1998)

«la jurisprudencia ha exigido para su aplicación que concurran una serie de requisitos, que son: a) que se trate de una alteración extraordinaria de las circunstancias, apreciada mediante la comparación de las vigentes en el momento de celebrar el contrato con las imperantes en el momento de su cumplimiento; b) que esta alteración produzca una desproporción o desequilibrio de gran importancia entre ambas prestaciones; c) que la alteración sea debida a circunstancias que no hayan podido ser previstas por los contratantes, y d) que

no puedan ser subsanadas (ver sentencia, entre otras, de 15 marzo 1994)». (9 octubre 2006, LA LEY 110208/2006)

«No estamos ante un supuesto de aplicación de la doctrina de la llamada cláusula rebus sic stantibus, *nacida para resolver los problemas derivados de la alteración del equilibrio de las prestaciones contractualmente establecido como consecuencia de alteración sobrevenida fortuita de las circunstancias contempladas al establecer la relación. La posibilidad de aplicar esta llamada "cláusula", que aparece como técnica para enmendar el desequilibrio de las prestaciones a lo largo del tiempo en que deban cumplirse, bajo la indicada forma o bajo fórmulas doctrinales más evolucionadas, como son la teoría de la presuposición, la excesiva onerosidad sobrevenida o la "base del negocio" (Sentencias de 31 de marzo de 1960, 31 de octubre de 1963, 15 de marzo de 1972, 9 de mayo de 1983, 17 de mayo de 1986, 21 de febrero de 1990, etc.) se refiere fundamentalmente a las relaciones de tracto sucesivo, aunque alguna sentencia no la descarta en las de tracto único pero de ejecución diferida (Sentencias de 10 de febrero de 1997, 23 de noviembre de 1962), pero siempre predicando la necesidad de gran cautela y de atención a casos excepcionales, en que se haya producido una alteración extraordinaria de las circunstancias en el momento de cumplir el contrato en relación con las concurrentes en el momento de la celebración, por razón de circunstancias imprevisibles, y que se carezca de otro medio para salvar o impedir el perjuicio (Sentencias de 24 de junio de 1993, 21 de marzo de 2003, 27 de mayo de 2002, 28 de diciembre de 2001, etc.) y tiene fundamentalmente efectos modificativos, dirigidos a compensar el desequilibrio (Sentencias de 23 de abril de 1991, 29 de mayo y 19 de junio de 1996, 6 de noviembre de 1992, 26 de marzo de 1963, 23 de noviembre de 1962, etc.)».* (1 marzo 2007, LA LEY 10707/2007)

«y si el art. 1258 CC impone a los contratantes no sólo el cumplimiento de lo expresamente pactado sino también las consecuencias que según su naturaleza sean conformes a la buena fe, de suerte que solo una alteración sobrevenida y verdaderamente extraordinaria de las circunstancias contempladas al celebrarse el contrato justificaría la siempre excepcional modificación de su contenido por la denominada cláusula rebus sic stantibus (SSTS 26-6-08, 25-1-07 y 17-11-00 entre otras muchas), ninguna duda cabe de que la demandada-recurrida, al dejar por completo de encargar servicios al actor-recurrente estando vigente el contrato, incumplió su prestación esencial para con dicho contratante». (19 febrero 2010, rec. 2411/2005, LA LEY 3092/2010)

«El influjo de circunstancias sobrevenidas en la vida del contrato no ha dejado de ser considerado por la jurisprudencia de esta Sala, aparte de su aceptación de la doctrina de la cláusula "rebus sic stantibus". Ha señalado que cuando se produce una imposibilidad de cumplimiento de la prestación hay que distinguir si tal imposibilidad existe en el momento de la perfección contractual (momento de formación del contrato) en cuyo caso el efecto jurídico que procede es el de la nulidad contractual de conformidad con el art. 1.272 en relación con el art. 1.261.2, ambos del Código Civil, o si se trata de una imposibilidad sobrevenida —con posterioridad a la perfección y antes de constituirse el deudor en mora— en cuyo caso (art. 1.184 CC) se da lugar a la liberación de la prestación (resolución contractual) (SSTS 10 de abril 1956; 30 de abril 2002; 21 de abril 2006). Ha considerado también ejercitable la facultad de resolución cuando existe un hecho obstativo que de modo absoluto, definitivo e irreformable impide el cumplimiento (S 22 octubre 1985 y las que cita), y cuando la prestación pactada no responde a la finalidad para cuya consecución se concertó el contrato, frustrándose la misma (SSTS 3 noviembre y 9 diciembre 1983, y 27 octubre 1986 y las que cita). Por eso es extravagante el recurso a la cláusula "rebus sic stantibus", si hay una frustración total del fin del contrato (STS 20 de abril de 1994). Y es evidente que aunque no sean conceptualmente equiparables estos supuestos con el que sustenta el motivo formulado, ello no significa que deba ser desestimado, cuando el vínculo contractual quedó sin efecto privándose al arrendatario de alcanzar el logro económico perseguido con el mismo, en

razón a la actuación previa de quien pretende ser indemnizado por la ocupación de un local que en ningún momento fue apto para el fin convenido». (1 junio 2010, rec. 266/2005, LA LEY 86139/2010)

CONCORDANCIAS

Véanse:
— arts. 1.254 y 1.262 de este Código.
— Código de Comercio: art. 57.

Artículo 1.259

Ninguno puede contratar a nombre de otro sin estar por éste autorizado o sin que tenga por la ley su representación legal.

El contrato celebrado a nombre de otro por quien no tenga su autorización o representación legal será nulo, a no ser que lo ratifique la persona a cuyo nombre se otorgue antes de ser revocado por la otra parte contratante.

COMENTARIO

1.- El presente artículo trata de la *representación*, lo cual es relativo no sólo al contrato, sino a todo negocio jurídico. Es el único que prevé tan importante tema, por lo que no hay más solución que completar la regulación con normas dedicadas al contrato de mandato, con enseñanzas de la doctrina y con las decisiones de la jurisprudencia.

Por representación se entiende el conferir a una persona (representante) la facultad de actuar y decidir (dentro de ciertos límites) en interés y por cuenta de otra (representado). Los elementos que contemplan el concepto son: en primer lugar, la actuación del representante en nombre y por cuenta del representado *(alieno nomine agere)*, manifestando expresa, tácitamente, o bien se deduce de las circunstancias, que actúa en nombre del representado: *contemplatio domini*; aunque en la representación indirecta el representante actúa en nombre propio a pesar de que lo haga por cuenta del representado; en segundo lugar, la actuación del representante con poder de representación, que lo concede la ley en la representación legal y lo otorga el representado, con el negocio jurídico de apoderamiento, en la representación voluntaria; sin embargo, se da también representación cuando no concurre este segundo elemento —representación sin poder— que puede suplirse mediante la ratificación.

Así se da el negocio representativo, que es el que realiza el representante como tal (una compraventa, por ejemplo), que lo hace en virtud del poder de representación, que lo ha recibido por ley, en la representación legal o por negocio jurídico de apoderamiento, en la representación voluntaria que ha otorgado el representado.

2.- Este art. 1.259 destaca la eficacia del negocio jurídico representativo, esencial en el concepto de representación. Lo realiza el representante, pero el efecto recae sobre el representante. Lo cual se produce porque se basa en el apoderamiento, en la representación voluntaria, o en la ley, en la legal.

El poder de representación es la facultad de representar que tiene el representante, que se la concede la ley en la representación legal y en la voluntaria la otorga el representado por medio del negocio jurídico de apoderamiento (aunque en la práctica forense se emplea habitualmente la palabra «poder» para designar este negocio de apoderamiento e incluso el documento en que se plasma).

3.- En la *representación voluntaria* es, pues, básico el apoderamiento. El apoderamiento es un negocio jurídico unilateral, formado por la declaración de voluntad del representado por el que otorga poder de representación al representante. Puede ir unido —lo que será lo más frecuente— a una relación jurídica subyacente (mandato, prestación de servicios, etc.) —relación representativa—, pero el apoderamiento siempre será un negocio jurídico independiente y unilateral.

4.- La representación legal queda fuera del ámbito de la autonomía de la voluntad; mana directamente del mandato legal; la ley la impone, señala los requisitos para ser representante, regula sus poderes para actuar y decidir; aunque ello haya de ser siempre en interés, por cuenta y en nombre de una persona, que se estima necesitada de la especial protección que se confía al representante legal.

En la *representación legal*, el representante suple al representado que no puede jurídicamente obrar por sí mismo. Los supuestos están fijados por la ley como *numerus clausus*, para personas que carecen de capacidad de obrar. Además, las personas del representante y la amplitud de la representación están fijados por la ley.

Los supuestos de representación legal son: patria potestad, tutela, defensor judicial y ausencia.

5.- Es preciso hacer una referencia a la *representación indirecta*, no contemplada expresamente en este artículo. El representado encarga al representante la realización de un negocio jurídico por cuenta del primero, pero no en su nombre; así, el tercero no conoce la intervención ni el carácter del sujeto del representado. Es decir, el representante actúa por cuenta del representado, pero en su propio nombre (*agere in nomen proprio*).

6.- El segundo párrafo de este artículo se refiere al caso de *representación sin poder*, para lo que cabe la ratificación. Una persona que, como representante, actúa en nombre y por cuenta de otro, como representado, pero carece de poder de representación de éste (porque nunca tuvo, o se extinguió o se ha extralimitado), hay representación, porque actúa en nombre y por cuenta de otro, pero representación sin poder; el representante realiza un negocio representativo sin poder de representación.

Realizado el negocio representativo sin poder, el texto legal dice que «será nulo»; la terminología del Código es siempre muy poco precisa, especialmente en las categorías de la invalidez del negocio jurídico. No se trata de nulidad (acto que va contra norma imperativa o prohibitiva: art. 6.3) sino de *inexistencia*: el negocio jurídico representativo, sin poder de representación, es inexistente por falta del elemento esencial de la declaración de voluntad válida (el representante ni ha declarado para sí, ni ha podido declarar para el representado: no quería declarar por sí y no podía declarar por el representado por carecer de poder).

La ratificación es la declaración unilateral de voluntad recepticia del representado, de querer para sí el negocio (representativo) que se celebró en su nombre sin poder. Es decir, el representante *a posteriori* acepta la actuación del gestor o asume sus consecuencias: la ratificación es *a posteriori,* lo mismo que la concesión del poder de representación es *a priori.*

La ratificación ha de realizarse antes de ser revocado por la otra parte contratante el negocio representativo celebrado sin poder, como exige el art. 1.259, in fine.

JURISPRUDENCIA

«Esta Sala acepta la argumentación de instancia, basada primordialmente en que la ratificación no necesita ser expresa y, por tanto, puede inferirse de actos concluyentes (rati-

ficación tácita), y esta Sala tiene declarado que el artículo 1259 del Código Civil declara la nulidad de los actos realizados por quien carece de autorización o representación legal de la persona a cuyo nombre contrata, pero esa nulidad no es absoluta, sino que puede ser neutralizada por la ratificación expresa o tácita del dominus negotii, confirmándose así el negocio (STS de 18 de marzo de 1999 y, en parecidos términos, SSTS de 12 de junio de 1997). La ratificación tácita ha de resultar de hechos que impliquen necesariamente una aprobación del dominus, y así ha declarado la doctrina jurisprudencial que tiene lugar cuando, sin hacer uso el mandante de la acción de nulidad por él ejercitable, acepta en su provecho los efectos de lo ejecutado —sin su autorización— poniendo con ello de manifiesto su consentimiento concordante con el del tercero, con lo que el contrato no puede reputarse inexistente y queda dotado de validez (STS de 25 de marzo de 1968 y, en igual sentido, SSTS de 14 de octubre de 1998 y 6 de febrero de 1999)». (25 junio 2004, rec. 2302/1998)

«ratificación tácita que, en aplicación de esta norma, ha admitido la jurisprudencia; así, sentencias, entre otras anteriores, de 13 de mayo de 1991, 5 de noviembre de 1993 y 26 de octubre de 1999, la cual, esta última, dice, respecto a la ratificación tácita, "la expresión más elemental de ésta es el aprovechamiento de los efectos de lo convenido en el contrato"». (4 febrero 2005, rec. 3744/1998)

«El contrato celebrado sin poder es ciertamente un negocio jurídico incompleto y la ratificación afecta al dueño del negocio, que puede o no aceptarlo para quedar obligado. La sentencia de 10 junio 2002 señala que el recurrente "[i]gnora presupuestos de la dogmática jurídica en cuanto que la sanción del art. 1259 CC, supone, sin más, que ese contrato en la hipótesis —no acreditada como se ha expuesto por la Sala a quo*— celebrado a nombre de otro sin su autorización o representación, ni es existente, ni es radicalmente nulo [...]". La sentencia de 26 julio 2001 dice que "Obviamente, en cuanto al primer aspecto, no cabe apreciar infracción alguna del art. 1259, porque este precepto recoge en su párrafo segundo inciso final la eficacia convalidante de la ratificación efectuada por la persona a cuyo nombre se otorgue un negocio sin su autorización previa, siempre que tenga lugar antes de ser revocado por la otra parte contratante, y si bien dicho precepto no recoge expresamente (a diferencia del art. 1727) la modalidad de ratificación tácita, esta posibilidad, que se produce cuando el interesado (representado) realiza un comportamiento que objetivamente sólo es posible entender con una ratificación y que revela de manera inequívoca la voluntad de ratificar, se halla reconocida por las Sentencias, entre otras, de 25 de marzo de 1968 (cuando resulte de hechos que impliquen necesariamente la aprobación del* dominus*), 22 diciembre 1977 (presuncionalmente deducida), 25 febrero 1994 (deducida de datos objetivos de aprobación), y 18 de marzo de 1999 [...]"».* (28 diciembre 2007, LA LEY 224579/2007)

«Se plantea el tema de la nulidad del negocio jurídico celebrado en representación sin poder, aunque no se vislumbra el efecto que pueda tener en el presente caso, ya que el artículo 1259 del Código civil prevé la ratificación. El negocio jurídico precisa como elementos esenciales el consentimiento, objeto y causa, conforme al artículo 1261 del Código civil; en la representación sin poder, falta el elemento del consentimiento porque el falso representante no emite su declaración de voluntad sino que lo hace en nombre de otro, y éste, el seudorrepresentado tampoco la emite porque nunca dio poder de representación: es, pues, un negocio jurídico inexistente, terminología o incluso concepto que se confunde con nulidad y también se identifica una y otra o se incluye la primera en la segunda; así, cuando se da la ratificación, se completa con el consentimiento aquel negocio jurídico que, de inexistente (o nulo) pasa a ser existente, válido y eficaz». (9 octubre 2008, rec. 3636/2001, LA LEY 148015/2008)

«El propio artículo 1260 del Código Civil establece que "no se admitirá juramento en los contratos. Si se hiciera se tendrá por no puesto", lo que implica la nulidad del propio "juramento" manteniendo no obstante la validez de las declaraciones que se hubieren hecho

bajo tal fórmula. En consecuencia ha de considerarse ilógica la interpretación contractual que lleva a la exigencia como fórmula ineludible la de la "declaración jurada" por parte del arrendatario —hoy demandante— don B., siendo suficiente a los efectos de su cumplimiento la manifestación formulada por el mismo, y acompañada al requerimiento notarial dirigido a Banco de fecha 30 de agosto de 2002, referida a la inexistencia de procedimientos judiciales pendientes que, por otro lado, ni siquiera se ha alegado ahora que existieran en tal momento». (27 octubre 2009, rec. 299/2005, LA LEY 212153/2009)

«El acto realizado con falta de poder, es decir, sin los requisitos exigidos en el artículo 166 CC constituye un contrato o un negocio jurídico incompleto, que mantiene una eficacia provisional, estando pendiente de la eficacia definitiva que se produzca la ratificación del afectado, que puede ser expresa o tácita. Por tanto, no se trata de un supuesto de nulidad absoluta, que no podría ser objeto de convalidación, sino de un contrato que aún no ha logrado su carácter definitivo al faltarle la condición de la autorización judicial exigida legalmente, que deberá ser suplida por la ratificación del propio interesado, de acuerdo con lo dispuesto en el art. 1259.2 CC, de modo que no siendo ratificado, el acto será inexistente». (22 abril 2010, rec. 483/2006, LA LEY 49066/2010)

«El contrato celebrado por quien no ostenta la representación con la que actúa es un negocio jurídico incompleto cuya efectividad depende de la ratificación por el dueño del negocio jurídico, que puede o no aceptarlo para quedar obligado. La ratificación puede producirse expresa o tácitamente. En el primer caso el acto ha de ser claro y concreto y estar integrado por una declaración de voluntad tendente a depurar la anomalía de que el contrato adolecía. La ratificación tácita implica la voluntad de llevar a cabo un negocio jurídico exteriorizada por actos concluyentes o un comportamiento de significado inequívoco (STS 28 de junio de 2004, RC n.º 2268/1998). Esta Sala ha declarado con reiteración la posibilidad de ratificar un contrato en forma tácita, a los efectos previstos en el artículo 1259 del Código Civil (SSTS de 13 de noviembre de 2001, 10 de julio de 2002, 5 de diciembre de 2003, 4 de febrero de 2005, 6 de junio de 2008, RC n.º 1743/2001) y también ha declarado que la voluntad de que se ejecute un contrato incluye la de admitirlo (STS 28 de junio de 2004, RC n.º 2268/1998), pues es un comportamiento que objetivamente revela de manera inequívoca la voluntad de ratificar el negocio jurídico (STS 28 de diciembre de 2007, RC n.º 4905/2000)». (17 noviembre 2010, rec. 642/2007, LA LEY 208804/2010)

Sobre la autocontratación, véase la jurisprudencia del artículo 1.254.

CONCORDANCIAS

Véanse:
— arts. 1.888 a 1.894 de este Código.
— Reglamento Notarial, de 2 de junio de 1944 *(«B.O.E.»,* 7 julio): arts. 176, párrafo 2.º y 178, párrafo 3.º.

Artículo 1.260

No se admitirá juramento en los contratos. Si se hiciere se tendrá por no puesto.

COMENTARIO

1.- Esta norma tiene valor de contraste. Frente a las normas y prácticas anteriores al Código, se corta de raíz la posibilidad de acompañar la institución civil del contrato, con la religiosa del juramento.

El fundamento de la obligatoriedad del contrato se halla en el principio de la autonomía de la voluntad, en cuanto en el Ordenamiento jurídico está reconocido el acto voluntario y libre de ser humano como fuente de las obligaciones. No puede admitirse que tal obligatoriedad se funde en la invocación religiosa del juramento.

2.- Como norma prohibitiva, se impone la nulidad (art. 6.3) del acto que vaya contra ella. Así, si se emplea el juramento «se tendrá por no puesto», dice el texto legal. Lo que significa que se establece la nulidad parcial: nulidad absoluta del juramento y validez del contrato.

JURISPRUDENCIA

«El propio artículo 1260 del Código Civil establece que "no se admitirá juramento en los contratos. Si se hiciera se tendrá por no puesto", lo que implica la nulidad del propio "juramento" manteniendo no obstante la validez de las declaraciones que se hubieren hecho bajo tal fórmula. En consecuencia ha de considerarse ilógica la interpretación contractual que lleva a la exigencia como fórmula ineludible la de la "declaración jurada" por parte del arrendatario —hoy demandante— don B., siendo suficiente a los efectos de su cumplimiento la manifestación formulada por el mismo, y acompañada al requerimiento notarial dirigido a Banco S. de fecha 30 de agosto de 2002, referida a la inexistencia de procedimientos judiciales pendientes que, por otro lado, ni siquiera se ha alegado ahora que existieran en tal momento». (27 octubre 2009, rec. 299/2005, LA LEY 212153/2009)

CAPÍTULO II
DE LOS REQUISITOS ESENCIALES PARA LA VALIDEZ DE LOS CONTRATOS

Disposición general

Artículo 1.261

No hay contrato sino cuando concurren los requisitos siguientes:

1.º Consentimiento de los contratantes.

2.º Objeto cierto que sea materia del contrato.

3.º Causa de la obligación que se establezca.

COMENTARIO

1.- Los elementos del contrato, como los de todo negocio jurídico, son el consentimiento, el objeto y la causa. Aunque hay que añadir la entrega de la cosa, en los contratos reales, y la forma determinada, en los contratos formales.

Este artículo los enuncia, diciendo claramente que «no hay contrato» si no concurren; pero emplea la palabra «requisitos» cuando, ciertamente, la palabra adecuada es la de «elementos», los cuales, a su vez, precisarán de ciertos «requisitos».

2.- Tales elementos son, en primer lugar, el consentimiento. En el negocio jurídico, en general, se enuncia como primer elemento la declaración de voluntad. En el negocio jurídico bilateral, como es el contrato, el primer elemento es el consentimiento, que no es otra cosa que la conjunción de las declaraciones de voluntad de las partes contratantes. El mismo está regulado en los arts. 1.262 y ss.

El segundo elemento es el objeto, que es la realidad sobre la que recae el contrato, los intereses regulados y concretamente, las obligaciones de las partes. Está regulado en los arts. 1.271 y ss.

El tercer elemento, la causa, en sentido objetivo, se regula en los arts. 1.274 y ss.

3.- La falta de alguno de estos elementos, consentimiento (ausencia de conciencia o voluntad), objeto (inexistente, imposible, ilícito o indeterminado) o causa (caso de la simulación absoluta) da lugar a la inexistencia del contrato, precisamente por la falta de alguno de estos elementos que componen su esencia.

JURISPRUDENCIA

«Cuando no concurren en el negocio jurídico controvertido los requisitos establecidos en el artículo 1261 CC estamos en presencia de un supuesto de nulidad absoluta o de pleno Derecho, cuya declaración puede solicitarse sin sujeción a plazo alguno, pues, como declaran las SSTS de 4 de noviembre de 1996 y 14 de marzo de 2000 «la nulidad es perpetua e insubsanable, el contrato viciado de nulidad absoluta en ningún caso podrá ser objeto de confirmación ni de prescripción» (en el mismo sentido, la SSTS de 14 de marzo de 2000, entre muchas otras)». (9 mayo 2007, LA LEY 42118/2007)

«la solución generalmente adoptada por esta Sala en sus sentencias de las últimas décadas coincide con la de la sentencia de primera instancia de este litigio, es decir nulidad de la compraventa por aplicación combinada de los arts. 397 y 1261 CC al implicar la disposición de la cosa común por uno solo de los partícipes una alteración que requeriría el consentimiento de los demás. Es el criterio seguido por las SSTS 19-12-1985, 8-7-1988, 25-5-1990, 23-10-1990, 30-6-1993, 24-7-1998 y 13-11-2001, así como también por la STS 9-10-2008». (23 junio 2009, rec. 2562/2004, LA LEY 112706/2009)

«No hubo oferta: ésta es la declaración de voluntad de una parte que hace a la otra proponiendo (ofertando) la celebración de un contrato del que concretan todos los elementos; declaración completa y firme. No puede ser considerada oferta una comunicación que hace en este caso el gerente haciendo referencia a un acuerdo del Patronato y a una valoración, pero que no ofrece ni puede ofrecer una venta de la que tampoco concreta el precio y dicha comunicación es contradicha por la Presidenta que niega rotundamente que haya habido oferta; tampoco puede aceptarse que el acuerdo de la Junta de Patronos de la Fundación del 1 de diciembre de 2003 signifique una oferta, no es más que el acuerdo de iniciar los tratos previos. Por tanto, sin oferta, por más que el demandante, arrendatario de la finca, interesase una supuesta y ficticia aceptación, no hay consentimiento, primer elemento del contrato». (2 noviembre 2010, rec. 36/2007, LA LEY 204561/2010)

Sobre el silencio como declaración de voluntad:

«carácter meramente negativo del silencio, que sólo adquiere relevancia jurídica cuando de antemano es tenido en cuenta por la Ley para asignarle un cierto efecto, bien sea procesal (confesión judicial), o sustantivo (tácita reconducción, elevación de renta arrendaticia), o cuando de la mera voluntad privada surgen relaciones en cuyo curso acaecen hechos que hacen precisa, para puntualizar los derechos derivados, una manifestación de voluntad que se omite, siempre que se den los requisitos a que se refiere la sentencia de 24 de noviembre de 1943, insistiéndose en que el silencio absoluto no es productor de efectos jurídicos más que en el caso de que la Ley o la voluntad de las partes se lo reconozca o conceda previamente, pudiendo hablarse de un silencio cualificado sólo cuando se junte a hechos positivos precedentes, a una actividad anterior de la parte que guardó silencio, o a particulares situaciones subjetivas u objetivas que sirvan como elemento útil para tener por hecha la manifestación de una determinada voluntad (S 24 de enero de 1957)». (19 diciembre 1990. LA LEY 4664/1991; en el mismo sentido 28 junio 1993, LA LEY 13295/1993)

«normalmente, el silencio no puede valer como declaración de voluntad; pero no lo es menos que tiene la asignación jurídica de asentimiento o conformidad cuando el que calla tenga la obligación de contestar o cuando será normal que se manifieste el disentimiento si no se quiere aprobar el hecho de que se tiene conocimiento, presentándose la contestación como comportamiento justo y honrado, en la misma medida que el silencio como contrario a la buena fe y lealtad negocial que puede ser estimado en sentido positivo en unión del conjunto probatorio». (22 noviembre 1994, LA LEY 854/1996)

Sobre la declaración de voluntad tácita:

«el consentimiento contractual tácito apreciado por el tribunal sentenciador con base en todo lo ya reseñado, y es jurisprudencia de esta Sala que la existencia o inexistencia de consentimiento tácito es cuestión de hecho reservada a la apreciación de los órganos de instancia (SSTS 5-5-86, 31-12-87, 20-2-88, 26-3-92, 31-10-98, 6-4-99 y 24-9-01, entre otras muchas)» (11 diciembre 2006, LA LEY 150014/2006)

«la conocida jurisprudencia según la cual no equivale al consentimiento el mero conocimiento, mientras que, por el contrario, no le es aplicable la que excepcionalmente admite la

alteración de elementos comunes por resultar inocua, haber sido tolerada durante años y no reportar la oposición beneficio alguno para la comunidad. Exponente bien significativo de aquella jurisprudencia aplicable es la sentencia de 19 de diciembre de 1990 por su especial consideración de otras muchas sentencias anteriores de esta Sala, y de sus declaraciones más relevantes cabe destacar la de que "el consentimiento tácito ha de resultar de actos inequívocos que demuestren de manera segura el pensamiento de conformidad del agente (SS de 11-11-58 y 3-1-64), sin que se pueda atribuir esa aceptación al mero conocimiento"; aquella que insiste "en que el silencio absoluto no es productor de efectos jurídicos"; y en fin, la de que "el conocimiento de los actos sancionables no supone el consentimiento y no tiene trascendencia jurídica el retraso en el ejercicio de la demanda, porque quien está legitimado para ello es dueño de su acción mientras no pueda oponerse la prescripción por el transcurso del tiempo necesario a tal efecto". Y posteriormente, la sentencia de 1 de febrero de 1995 vino a puntualizar el carácter excepcional del consentimiento tácito y, además, que cuando quienes lo alegan pueden acreditar el conocimiento de las obras en los elementos comunes y su aceptación no debe acudirse a la prueba de presunciones». (20 noviembre 2007, LA LEY 185159/2007)

CONCORDANCIAS

Véanse arts. 1.278 a 1.280 y 1.300 a 1.314 de este Código.
— arts. 1.262 a 1.270 de este Código.
— arts. 1.271 a 1.273 de este Código.
— arts. 1.274 a 1.277 de este Código.

SECCIÓN PRIMERA
Del consentimiento

Artículo 1.262

El consentimiento se manifiesta por el concurso de la oferta y de la aceptación sobre la cosa y la causa que han de constituir el contrato.

Hallándose en lugares distintos el que hizo la oferta y el que la aceptó, hay consentimiento desde que el oferente conoce la aceptación o desde que, habiéndosela remitido el aceptante, no pueda ignorarla sin faltar a la buena fe. El contrato, en tal caso, se presume celebrado en el lugar en que se hizo la oferta.

En los contratos celebrados mediante dispositivos automáticos hay consentimiento desde que se manifiesta la aceptación.

COMENTARIO

1.- El consentimiento es la coincidencia de las declaraciones de voluntad, contrapuestas, de cada una de las partes. Son varias declaraciones de voluntad, pues el contrato es negocio jurídico bilateral y son coincidentes y contrapuestas en el sentido de coincidir en una común voluntad contractual (una compraventa o donación, por ejemplo) desde los puntos de vista contrapuestos de cada una de las partes (declaro querer comprar-declaro querer vender; declaro querer darte tal cosa gratuitamente, declaro aceptarlo).

Es el acuerdo o «concurso» (como dice el texto legal) de voluntades, recae sobre un objeto y tiene una causa, con lo que se integran los elementos esenciales del contrato, que enumera el art. 1.261; el consentimiento es destacado, como esencialísimo, en el art. 1.258.

Las declaraciones de voluntad de ambas partes, coincidentes y contrapuestas, forman el consentimiento, presuponen la capacidad de las partes, la concordancia de la declaración con la voluntad y la ausencia de vicios de la voluntad. Tales declaraciones son la oferta y la aceptación.

2.- Antes de la oferta y la aceptación pueden darse tratos previos, que de por sí no perfeccionan el contrato, aunque conducen a ello. En principio, tales tratos previos son intrascendentes jurídicamente. No producen obligaciones, ni siquiera la de mantener las ofertas hechas o de no romper bruscamente las mismas. Por tanto, la ruptura de los tratos previos no produce, en principio, ninguna responsabilidad, porque no nació ninguna obligación. Sin embargo, esto puede dar lugar a resultados injustos, cuando una de las partes, de buena fe y confiando en la veracidad y seriedad de los tratos, ha hecho desembolsos y tenido gastos, que se frustran al romperse los tratos previos. Por ello, se admite la llamada *culpa in contrahendo* cuando los tratos previos han causado un daño a una de las partes, de buena fe, por la actuación de la otra, en base al art. 1902.

La oferta es la declaración de voluntad que una parte hace a otra proponiendo celebrar un contrato de contenido determinado. Y la aceptación es la declaración de voluntad por la que el destinatario de la oferta manifiesta su conformidad con la misma. Si no hay plena conformidad, se produce la negativa a la celebración del contrato o bien una contraoferta, que da lugar a los tratos previos. Si la conformidad es pura y simple, se produce la perfección del contrato, el nacimiento del mismo a la vida jurídica y, por tanto, la producción o nacimiento de las obligaciones derivadas de dicho contrato.

3.- La perfección del contrato se produce, pues, por el consentimiento sobre un objeto y con una causa. Si la oferta y aceptación que integran el consentimiento, se conocen simultáneamente por los sujetos, no hay problema en cuanto al *tiempo* de la perfección del contrato. Si no se producen simultáneamente, sino que los sujetos se hallan en lugares distintos, se plantea el problema de cuando se estima perfeccionado el contrato. Según la teoría de la emisión, en el momento en que el aceptante emite su declaración de voluntad de aceptar; según la teoría de la cognición, en el momento en que ésta es recibida y conocida por el oferente; según la teoría de la expedición, el momento es aquel en que el aceptante expide su declaración de aceptar, es decir, se desprende de la misma; según la teoría de la recepción, es el momento en que la declaración de aceptación se recibe, llega al ámbito o círculo de interés del oferente, sin importar que la conozca efectivamente, pero pudo y debió conocerla desde que, actuando con diligencia normal, la recibió.

Esta última teoría es la que acepta el Código Civil en este artículo, su segundo párrafo, redactado en virtud de la disposición adicional cuarta de la Ley 34/2002, de 11 de julio, de servicios de la sociedad de la información y de correo electrónico, que ha redactado también, y en el mismo sentido, el artículo 54 del Código de Comercio. Se sigue la teoría de la recepción: se produce la perfección del contrato en el momento en que el oferente recibe la aceptación, tanto si en aquel instante la conoce, como si no la quiere conocer (no abre la carta o el correo electrónico, o no coge el papel del fax) faltando a la buena fe.

4.- En cuanto al *lugar*, si la oferta y la aceptación se dan en el mismo lugar no hay problema. Sí lo hay si se emiten en distintos lugares. La solución que adopta este artículo, en el último inciso del segundo párrafo es que se presume celebrado en el lugar en que se hizo la oferta: no lo impone con carácter imperativo, sino como presunción, siendo prevalente la voluntad de las partes. Así, en definitiva, el *locus contractus* es el lugar de la oferta, si las partes no han dispuesto otra cosa. Dicho lugar tiene importancia a los efectos prácticos de determinar la competencia judicial y la aplicación de una u otra legislación, en conflictos de Derecho interregional o internacional.

5.- El último párrafo de este artículo, añadido también por la mencionada Ley de comercio electrónico, dispone que en los contratos celebrados mediante dispositivos automáticos hay consentimiento desde que se manifiesta la aceptación. Es el caso del contrato que se celebra entre una persona y una máquina programada para ejecutar la prestación (por ejemplo, el cajero automático, o máquina que expende bebidas o las compras a través de Internet); por mejor decir, contrato que se celebra entre una persona y otra, la cual, esta última, lo hace por medio de una máquina programada al efecto. La norma asimila este supuesto al caso de contratación simultánea coincidiendo oferta y aceptación. Por lo cual, como se deriva con toda evidencia, el contrato se perfecciona en el momento en que se produce la aceptación a través de la máquina.

JURISPRUDENCIA

«La doctrina científica y la jurisprudencia vienen exigiendo sin fisuras que el concurso de la oferta y la aceptación, como requisitos indispensables para la perfección del contrato, han de contener todos los elementos necesarios para la existencia del mismo, y coincidir exactamente en sus términos, debiendo constar la voluntad de quedar obligados los contratantes, tanto por la oferta propuesta, como por la aceptación correlativa a la misma; no pudiendo entenderse esta perfecta concordancia cuando tanto una como otra se hacen de un modo impreciso, reservando, condicionado e incompleto, o cuando lo que se formula es una contra oferta». (30 mayo 1996, LA LEY 6783/1996)

«aunque es cierto que generalmente el mero conocimiento no implica conformidad, ni basta el mero silencio para entender que se produjo la aquiescencia (pese a la máxima tacite consensu convenire intelligitur, Paulo, Libro II, Tit. XIV, 2 Digesto; S 13 febrero 1978), sin embargo el silencio puede entenderse como aceptación cuando se haya tenido la oportunidad de hablar, es decir que no se esté imposibilitado para contradecir la propuesta del oferente, por impedimento físico o por no haber tenido noticia del mismo (SS 4 marzo 1972, 13 febrero 1978), y se deba hablar (conforme al principio general del Derecho tacens consentit, si contradicendo impedire poterat: S 13 febrero 1978; qui siluit cum loqui et debuit et potuit, consentire videtur: SS 24 noviembre 1943, 24 enero 1957, 14 junio 1963), existiendo tal deber de hablar cuando haya entre las partes relaciones de negocios que así lo exijan (SS 14 junio 1963, 13 febrero 1978, 18 octubre 1982, 17 noviembre 1995), o cuando lo natural y normal, según los usos generales del tráfico y en aras de la buena fe, es que se exprese el disentimiento, si no se deseaba aprobar la propuesta de la contraparte (SS 23 noviembre 1943, 13 febrero 1978, 18 octubre 1982, 18 marzo y 22 noviembre 1994, 30 junio y 17 noviembre 1995, 29 febrero 2000, 9 junio 2004)». (10 junio 2005, rec. 78/1999)

Sobre el consentimiento producido en caso de oferta y aceptación en distinto lugar:

«Aplicando necesariamente el párrafo 2.º del artículo 1.262 del Código Civil, la venta no se entiende perfeccionada hasta que el oferente (concedente o vendedor) no conoce la aceptación (del optante). Esta Sala tiene declarado que tal conocimiento hay que darlo por existente desde el momento en que fue posible porque el oferente hubiese actuado con una diligencia media (sentencia del 21 de febrero de 1994), y que la opción caduca cuando llega a conocimiento del vendedor fuera del plazo estipulado para su ejercicio (sentencias de 1 de diciembre de 1992 y 8 de octubre de 1993). Es carga del optante al ejercitar la opción la de emplear los medios adecuados a este fin, sin que en ningún caso pueda imputar al conceden-

te o vendedor el fallo de esos medios, o la adopción de uno que no era el más apropiado». (24 abril 1995, LA LEY 626/1995)

«el sistema de la recepción, para el cual se perfecciona el contrato sólo cuando la aceptación llega a poder del ofertante o al ámbito o círculo de intereses del mismo, es, sin duda, el más próximo al legalmente contemplado». (24 noviembre 1998, LA LEY 2241/2000)

Tratos preliminares:

«no se pueden confundir los tratos preliminares, las negociaciones tendentes a la perfección del contrato con la celebración efectiva del mismo. Y, en verdad, que, aunque la frase se preste a algún equívoco del contexto del párrafo más bien se infiere lo contrario, es decir, que no hubo propio y verdadero contrato». (10 junio 1996, LA LEY 7420/1996)

«"tratos preliminares" (Vorverhandlungen Trattative), teoría construida por la doctrina germánica y razonablemente asimilada por la española; la cual se puede definir como el conjunto de actos y operaciones que los intervinientes y ad lateres realizan con el fin de discutir y preparar un contrato. Y desde luego hay que afirmar que dichas operaciones se desenvuelven en un área nebulosa y desde luego evanescente, pues las mismas hay que enfocarlas desde un punto de vista muy amplio ideas, especulaciones, planteamientos pero que siempre tendrán un denominador común, como es no suponer acto jurídico alguno, ya que de dichas referidas operaciones no se derivan, de manera inmediata, efectos jurídicos mensurables». (16 diciembre 1999, LA LEY 175/2001)

«La aplicación de la responsabilidad por la concurrencia de tratos preliminares requiere la prueba de que el daño sufrido es una consecuencia de la mala actuación de la parte que lo ha provocado durante el desarrollo de estos tratos preliminares». (15 junio 2009, rec. 2317/2004, LA LEY 99155/2009)

Vid. la jurisprudencia del artículo 1.254, apartado oferta y aceptación.

CONCORDANCIAS

Véase:
— arts. 1.271, 1.274 y 1.278 de este Código.
— Código de Comercio: art. 54.
Artículo redactado por Ley 34/2002, 11 julio *(«B.O.E.»,* 12 julio).

Artículo 1.263

No pueden prestar consentimiento:

1.º Los menores no emancipados.

2.º Los incapacitados.

COMENTARIO

1.- Las declaraciones de voluntad de las partes contratantes —oferta y aceptación— que forman el consentimiento, sobre un objeto y con una causa, y dan lugar a la perfección del contrato, presuponen la capacidad de las partes. Capacidad general, a que se refiere este artículo y capacidad especial a que se refiere el siguiente.

Las partes contratantes precisan tener, en principio, la capacidad de obrar, capacidad plena. En caso de capacidad restringida, precisarán complemento de capacidad para los contratos a que alcance la restricción. En los incapacitados, dependerá de si la sentencia (art. 760.1 LEC) alcanza al concreto ámbito contractual.

2.- Este artículo prevé, como se ha dicho, la capacidad general para contratar y lo hace desde el punto de vista negativo, que «no pueden prestar consentimiento...».

En primer lugar, los menores no emancipados; es decir, los incapaces, que carecen de capacidad de obrar, no tienen capacidad contractual; sí pueden contratar los que tienen capacidad restringida (así, los emancipados) aunque con complemento de capacidad para ciertos contratos.

En segundo lugar, dispone este artículo en su número 2.º, que carecen de capacidad contractual «los incapacitados» que son contemplados en el código, en los arts. 199 y ss. y cuyo alcance de falta de capacidad lo determina la sentencia de incapacitación, según dispone el art. 210. Así, el incapacitado total carece, efectivamente, de capacidad de obrar y, por tanto, de capacidad contractual; el incapacitado parcial carecerá de la capacidad en los términos que haya fijado la sentencia; puede tener la capacidad restringida, en términos parecidos al menor emancipado y precisar el complemento de capacidad del curador (arts. 287 y 289 y ss.) para todos o algunos de los contratos que pretenda celebrar.

3.- La falta de capacidad contractual da lugar a la anulabilidad del contrato. Pero si ésta no es tan sólo un defecto de capacidad (del menor o del incapacitado) sino una ausencia total de la misma (el menor tenía un año o el incapacitado carece totalmente de conciencia y voluntad o carece igualmente aunque no esté incapacitado) se dará la inexistencia del contrato, por falta del primer elemento, el consentimiento.

JURISPRUDENCIA

«el que una persona no haya sido incapacitada no significa que sean válidos los actos que realice sin la capacidad natural precisa en cada caso. En particular, no cabe considerar existente una declaración de voluntad contractual (de cuya coincidencia plena con la de la otra parte sobre cosa y precio nace el contrato de compraventa: artículos 1258, 1262 y 1450 del Código Civil), cuando falte en el declarante la razón natural, ya que dicha carencia excluye la voluntad negocial e impide que lo hecho valga como declaración (la sentencia de 4 de abril de 1984 precisa que la incapacidad mental determina que el negocio sea radicalmente nulo o inexistente por falta de un requisito esencial y que esa inexistencia es perpetua e insubsanable). Claro está, que al presumirse la capacidad del no incapacitado, la falta de capacidad natural debe probarse cumplidamente. En ese sentido la jurisprudencia (sentencias de 17 de diciembre de 1960, 28 de junio de 1974, 23 de noviembre de 1981) ha destacado de modo reiterado la validez de los actos ejecutados por el incapaz antes de que su incapacidad sea judicialmente declarada (o aunque no lo sea nunca), a menos que, concreta y específicamente, se obtenga la declaración de nulidad del acto de que se trate. También ha precisado que la capacidad de la persona se presume siempre, mientras que su incapacidad, como excepción, no sea probada de modo evidente y completo (sentencias de 7 de febrero de 1967 y 10 de abril de 1987)». (19 noviembre 2004, rec. 1511/2000)

CONCORDANCIAS

Véanse:
— arts. 200, 314, 315, 323, 324, 1.329, 1.330 y 1.716 de este Código.
— art. 760.1 LEC.

Artículo redactado por LO 1/1996, 15 enero, de Protección Jurídica del Menor.

Artículo 1.264

La incapacidad declarada en el artículo anterior está sujeta a las modificaciones que la ley determina, y se entiende sin perjuicio de las incapacidades especiales que la misma establece.

COMENTARIO

1.- Este artículo contempla la incapacidad especial para contratar. La capacidad general para contratar no es más que la capacidad de obrar y a ella se refiere el artículo anterior. Este prevé la especial para contratar, que es la general (la incapacidad declarada en el artículo anterior, dice el texto legal) con modificaciones objetivas y subjetivas.

2.- La capacidad especial objetiva es aquella que viene impuesta por la ley («... modificaciones que la ley determina» dice el texto legal como en el caso del sujeto donatario en el contrato de donación, que no precisa capacidad de obrar (art. 625).

La capacidad especial subjetiva se refiere al que carece de capacidad que se le amplía respecto a ciertos contratos; así, los relativos a derechos de la personalidad, que puede celebrar por sí solo el menor (art. 162).

Artículo 1.265

Será nulo el consentimiento prestado por error, violencia, intimidación o dolo.

COMENTARIO

1.- Hay que recordar, una vez más, que el consentimiento contractual presupone la conciencia y voluntad de los sujetos por lo que faltará si carece de capacidad, como dicen los dos artículos anteriores, o si concurre un vicio del consentimiento, como expresa este artículo. El problema es que lo expresa mal; dice el artículo que «será nulo el consentimiento...» lo que significa, literalmente, que también sería nulo (o inexistente) el contrato cuyo consentimiento (elemento esencial) era nulo por el vicio de la voluntad. No es así: no se trata de nulidad del consentimiento y, por ende, nulidad del contrato, sino que dan lugar a la anulabilidad, a no ser que anulen totalmente la voluntad (lo que puede ocurrir en casos de violencia o intimidación) y falte plenamente el consentimiento contractual.

2.- La voluntad se presume consciente y libre a no ser que se pruebe que existe un vicio: presunción *iuris tantum* de validez del contrato. Los vicios que dan lugar a la anulabilidad del contrato, son: el error-vicio (distinto del error obstativo) que se desarrolla en el art. 1.266; la violencia e intimidación, que son la violencia física y moral, en realidad lo mismo, definidas en los arts. 1.267 y 1.268; y el dolo, previsto en los arts. 1.269 y 1.270.

JURISPRUDENCIA

«los vicios de consentimiento alegado resultaron huérfanos de toda prueba, al tratarse de efectivos vicios de voluntad, lo que resulta del todo necesario para decidir su concurrencia y estimación, pues la voluntad se presume libre, consciente y espontáneamente manifestada,

representando una presunción iuris tantum de la validez del contrato, que puede destruirse mediante la correspondiente prueba, conforme a la reiterada jurisprudencia de esta Sala, que impone prueba cumplida (SS 4 Dic. 1990, 13 Dic. 1992 y 30 May. 1995). La "vis" compulsiva viciante necesita siempre prueba irrefutable (SS 27 Feb. 1964, 21 Mar. 1970, 6 Dic. 1985 y 22 Abr. 1991)». (25 noviembre 2000, LA LEY 1095/2002)

«con esas maquinaciones fue inducido uno de los contratantes a celebrar unos contratos que sin ellos no hubiera hecho, pues en el concepto de dolo del artículo 1269 del Código Civil no sólo se comprende la insidia directa e inductora de la conducta errónea del otro contratante, sino también la reticencia dolosa del que calla o no advierte debidamente a la otra parte en pugna con el deber de información exigible por la buena fe (ex artículos 7 y 1258 del Código Civil)». (17 enero 2005, rec. 1703/1999)

CONCORDANCIAS

Véanse arts. 73, 141, 673, 997, 1.081, 1.266 y ss., 1.301 y 1.817 de este Código.

Artículo 1.266

Para que el error invalide el consentimiento, deberá recaer sobre la sustancia de la cosa que fuere objeto del contrato, o sobre aquellas condiciones de la misma que principalmente hubiesen dado motivo a celebrarlo.

El error sobre la persona sólo invalidará el contrato cuando la consideración a ella hubiese sido la causa principal del mismo.

El simple error de cuenta sólo dará lugar a su corrección.

COMENTARIO

1.- El error, como vicio de la voluntad (distinto del error obstativo) produce la formación de la voluntad interna sobre la base de una creencia inexacta, provocada por un conocimiento equívoco (error) o por una falta de conocimiento (ignorancia).

Son dos requisitos para que el error sea un vicio de la voluntad: que sea esencial, determinante de la voluntad de una de las partes, y que sea inexcusable, es decir, que no pudo ser evitado empleando una diligencia media o regular.

2.- El art. 1266 distingue varias clases de error, lo que no tiene especial importancia, pues basta que, en todo caso, concurran los requisitos aludidos. Al error *in substancia o in qualitate* se refiere su primer párrafo: «para que el error invalide el consentimiento, deberá recaer sobre la sustancia de la cosa que fuere objeto del contrato, o sobre aquellas condiciones de la misma que principalmente hubiesen dado motivo a celebrarlo». El error *in persona*, que se refiere a la parte en el contrato, si se refiere a la identidad, será error obstativo; en otro caso, como error vicio, es contemplado en el segundo párrafo del artículo 1266: «el error sobre la persona sólo invalidará el contrato cuando la consideración a ella hubiere sido la causa principal del mismo». El error *in quantitate* no llega a ser ni siquiera error vicio: «el simple error de cuenta sólo dará lugar a su corrección».

3.- Es interesante hacer una referencia al *error obstativo*. El *error obstativo* es el desacuerdo inconsciente entre la voluntad y la declaración. Excluye la voluntad —la voluntad interna real— y hace que el contrato sea inexistente, ya que falta el elemento esencial del consentimiento, formado por sendas declaraciones de voluntad.

JURISPRUDENCIA

Error esencial:

«De lo expuesto se deduce que la finca objeto del contrato de compraventa se encontraba al tiempo de la perfección del contrato sujeta a un debate judicial de especial relevancia que afectaba a la titularidad dominical del vendedor, lo que era ignorado por su comprador. Esta situación, desconocida para el adquirente, implica un error esencial al recaer sobre una de las condiciones de la cosa —la pertenencia al vendedor— que principalmente dio motivo a celebrar el contrato, tal y como exige el art. 1266, párrafo primero, del Código Civil para que el error pueda invalidar el consentimiento. Sin embargo, sucede que para que pueda operar este efecto invalidante con la consecuencia de anular el contrato, es preciso además que el error no sea imputable al interesado, en el sentido de causado por él —o personas de su círculo jurídico—, lo que en el caso se cumple, y que sea excusable, entendiéndose que no lo es cuando pudo ser evitado por el que lo padeció empleando una diligencia media o regular, requisito éste que no consta expresamente en el Código Civil, pero lo viene exigiendo la jurisprudencia en sintonía con un elemental postulado de buena fe (arts. 7.1 y 1258 CC) a efectos de impedir que se proteja a quien no merece dicha protección por su conducta negligente (SS 12 de julio de 2002; 24 de enero de 2003; 12 de noviembre y 12 de diciembre de 2004; 17 de febrero de 2005; y 17 de julio de 2006), ... la doctrina jurisprudencial toma como pauta para determinar si se obró con la diligencia exigible la ponderación de las circunstancias concurrentes (Sentencias, entre otras, de 26 de julio de 2000, 30 de abril y 12 de julio de 2002, 24 de enero de 2003, 17 de febrero de 2005, y 22 de mayo y 17 de julio de 2006), y entre ellas con especial significación las personales del que padece el error y la accesibilidad a la información, habiendo declarado esta Sala (Sentencias 6 de noviembre de 1996 y 24 de enero de 2003) que no se puede atribuir el error a negligencia de la parte que lo alega si recae sobre las condiciones jurídicas de la cosa, y en el contrato intervino un Letrado, o si se hubiere podido evitar el error con una normal diligencia». (11 diciembre 2006, LA LEY 154728/2006) (Doctrina reiterada por la sentencia de 12 noviembre 2010, rec. 488/2007, LA LEY 198998/2010)

«Siendo el error el vicio de la voluntad que da lugar a la formación de la misma sobre la base de una creencia inexacta y que precisa ser esencial (determinante de la voluntad declarada) e inexcusable (que no pudo ser evitado mediante una diligencia media), lo contempla el artículo 1266 y lo califica el 1265 del Código civil como vicio del consentimiento, que da lugar a la anulabilidad del contrato regulada en los artículos 1300 y ss. ... Además de ello, el error es un vicio de la voluntad que se da o no en el momento de la perfección del contrato. No cabe alegar error en el contrato, respecto a un hecho que se ha producido en la fase de consumación. El que uno de los fiadores que se mencionan en el contrato posteriormente no aceptara tal posición (y no firmó como avalista las letras de cambio) no alcanza a la perfección del contrato (y, por tanto, a un posible vicio de la voluntad), sino a la consumación del mismo. Lo cual ya fue contemplado, para un caso distinto, por la sentencia de 8 de febrero de 1993, que dice que "avatares posteriores y ajenos a las partes ... no vicia dicho consentimiento"». (21 mayo 2007, LA LEY 94993/2007)

Error obstativo:

«El error obstativo es un caso de falta de coincidencia entre voluntad y declaración, en el negocio jurídico, con la característica de que tal desacuerdo es inconsciente y, como consecuencia, excluye la voluntad interna real y hace que el negocio jurídico sea inexistente... art. 1266 se refiere al error vicio y aquí nos hallamos ante un error obstativo; el ámbito de esta norma lo concreta el art. 1300: sólo se aplica al contrato que reúne todos los elementos (consentimiento, objeto y causa), es decir, a aquel en que ha habido error en la voluntad (error vicio) y no error en la declaración (error obstativo), aquél provoca la anulabilidad

(por el vicio), éste la inexistencia (por la falta de uno de los elementos)». (22 diciembre 1999, LA LEY 2079/2001)

Error en la cuenta:

«la existencia de un error en la liquidación del precio de compra de los pisos atribuidos a los actores, error sufrido en el ajuste final de cuentas con el vendedor demandado, la declaración de que tal error, puesto de manifiesto ejercitando una acción personal, tiene un carácter no esencial que impone una simple rectificación cuantitativa a favor del demandado reconviniente al que procede hacer el abono oportuno». (29 octubre 1985, LA LEY 4850/1986)

Inexcusabilidad del error:

«Dice la sentencia de 24 de enero de 2003 que "de acuerdo con la doctrina de esta Sala, para que el error invalide el consentimiento, se ha de tratar de error excusable, es decir, aquel que no se pueda atribuir a negligencia de la parte que lo alega, ya que el error inexcusable no es susceptible de dar lugar a la nulidad solicitada por no afectar el consentimiento, así lo entienden las sentencias de 14 y 18 de febrero de 1994, 6 de noviembre de 1996 y 30 de septiembre de 1999, señalándose en la penúltima de las citadas que `la doctrina y la jurisprudencia viene reiteradamente exigiendo que el error alegado no sea inexcusable, habiéndose pronunciamiento por su inadmisión, si este recae sobre las condiciones jurídicas de la cosa y en el contrato intervino un letrado, o se hubiera podido evitar el error con una normal diligencia'; con cita de otras varias, la sentencia de 12 de julio de 2002 recoge la doctrina de esta Sala respecto al error en el objeto al que se refiere el párrafo 1.º del art. 1265 del Código Civil y establece que será determinante de la invalidación del contrato únicamente si reúne dos fundamentales requisitos: a) ser esencial porque la cosa carezca de alguna de las condiciones que se le atribuyen, y precisamente de la que de manera primordial y básica motivó la celebración del negocio atendida la finalidad de éste; y b) que no sea imputable a quien lo padece y no haya podido ser evitado mediante el empleo, por parte de quien lo ha sufrido, de una diligencia media o regular teniendo en cuenta la condición de las personas, pues de acuerdo con los postulados de la buena fe el requisito de la excusabilidad tiene por función básica impedir que el ordenamiento proteja a quien ha padecido el error cuando éste no merece esa protección por su conducta negligente ya que en tal caso ha de establecerse esa protección a la otra parte contratante que la merece por la confianza infundida por la declaración (sentencias de 18 de febrero y 3 de marzo de 1994)". En primer término ha de señalarse que no puede fundarse el error vicio del consentimiento contractual en el desconocimiento de un hecho acaecido con posterioridad a la prestación del consentimiento y dependiente de la sola voluntad de un tercero». (12 noviembre 2004, rec. 3109/1998)

«esta Sala, al interpretar lo dispuesto en el artículo 1266 del Código Civil sobre los requisitos del error para que sea invalidante del consentimiento prestado, requiere no sólo que éste sea esencial, sino además que sea inexcusable; requisito que ha de ser apreciado en atención a las circunstancias del caso. La sentencia de 12 noviembre 2004, con cita de las de 14 y 18 febrero 1994, 6 noviembre 1996, 30 septiembre 1999 y 24 enero 2003, afirma que "para que el error invalide el consentimiento, se ha de tratar de error excusable, es decir, aquel que no se pueda atribuir a negligencia de la parte que lo alega, ya que el error inexcusable no es susceptible de dar lugar a la nulidad solicitada por no afectar el consentimiento". Pero se ha de tener en cuenta que la exigencia del carácter inexcusable del error —que efectivamente se ha padecido— es una medida de protección para la otra parte contratante en cuanto pudiera ser perjudicial para sus intereses negociales una alegación posterior de haber sufrido error que lógicamente escapaba a sus previsiones por apartarse de los parámetros normales de precaución y diligencia en la conclusión de los negocios, pero

en absoluto puede beneficiar a quien precisamente, como sucede en el caso, ha provocado conscientemente la equivocación de la otra parte». (13 febrero 2007, LA LEY 2427/2007)

«Para anular el contrato por error de uno de los contratantes no exige expresamente el artículo 1.266 del Código Civil que aquel sea excusable, pero sí lo hace la jurisprudencia — sentencias de 7 de abril de 1.976, 21 de junio de 1.978, 7 de julio de 1.981, 4 de enero de 1.982, 12 de junio de 1.982, 15 de marzo de 1.984, 7 de noviembre de 1.986, 27 de enero de 1.988, 14 de febrero de 1.994, 6 de noviembre de 1.996, 30 de septiembre de 1.999, 12 de julio de 2.002, 24 de enero de 2.003, 12 de noviembre de 2.004, entre otras muchas— al examinar el vicio de que se trata, además de en el plano de la voluntad, en el de la responsabilidad y la buena fe —en su manifestación objetiva— y al tomar en consideración la conducta de quien lo sufre. Por ello, niega protección a quien, con el empleo de la diligencia que era exigible en las circunstancias concurrentes, habría conocido lo que al contratar ignoraba. Y, en la situación de conflicto producida, la concede a la otra parte contratante, confiada en la apariencia que genera toda declaración negocial seriamente emitida». (13 mayo 2009, rec. 2098/2004, LA LEY 67145/2009)

CONCORDANCIAS

Véanse arts. 73.4.º, 141, 673, 743, 767 y 1.301 de este Código.

Artículo 1.267

Hay violencia cuando para arrancar el consentimiento se emplea una fuerza irresistible.

Hay intimidación cuando se inspira a uno de los contratantes el temor racional y fundado de sufrir un mal inminente y grave en su persona o bienes, o en la persona o bienes de su cónyuge, descendientes o ascendientes.

Para calificar la intimidación debe atenderse a la edad y a la condición de la persona.

El temor de desagradar a las personas a quienes se debe sumisión y respeto no anulará el contrato.

COMENTARIO

1.- La violencia física (vis corpore illata o vis absoluta) y la moral, llamada ésta intimidación (vis animo illata o vis compulsiva) es vicio de la voluntad, que provoca la anulabilidad del negocio jurídico y consiste en la amenaza que determina la voluntad, injustamente, de emitir una declaración. Es pues, una amenaza de un mal inminente y grave; que sea injusta y que sea determinante de la voluntad, como elemento esencial.

El presente art. 1267 se refiere a la violencia física en el primer párrafo y a la violencia moral o intimidación en el segundo. Pero una y otra difícilmente son distinguibles (emitir una declaración con una pistola apoyada en la sien, ¿es violencia física o intimidación?) y lo que verdaderamente interesa calibrar es la compulsión de la voluntad, determinante de la declaración: cuya compulsión se logra con violencia física o moral.

2.- El resto del artículo, los dos últimos párrafos, son meramente orientativos. El penúltimo, cuando dice que para calibrar la intimidación «debe atenderse a la edad y condición de la persona», lo que quiere realmente decir, es que, con un criterio más amplio, debe seguirse un criterio subjetivo para atendiendo a la persona concreta que la ha sufrido, calificar la intimidación.

El último párrafo simplemente elimina el llamado «temor reverencial» del concepto de intimidación. Realmente, excluye expresamente un supuesto que, de por sí, carecería de los elementos precisos de la intimidación como vicio de la voluntad.

3.- El efecto de la violencia o intimidación es la anulabilidad del contrato, aunque puede llegar a la inexistencia del mismo. Se contempla el efecto más en el artículo siguiente que en éste.

JURISPRUDENCIA

«Aunque la intimidación puede excepcionalmente implicar una falta total de consentimiento lo que supondría la inexistencia contractual (artículo 1261.1.º), generalmente afecta solo al consentimiento libre dando lugar a la anulabilidad, impugnabilidad o nulidad relativa (artículos 1300 y 1301), en sintonía con la regla voluntas coacta voluntas est [sentencias de 18 de marzo de 1958, 27 de febrero de 1964 y 5 de marzo de 1992 (LA LEY JURIS. 2774-JF/0000)]. La jurisprudencia viene declarando que para conseguir la invalidación de lo convenido es preciso que uno de los contratantes o persona que con él se relacione, valiéndose de un acto injusto y no del ejercicio correcto y no abusivo de un derecho, ejerza sobre el otro una coacción o fuerza moral de tal entidad que por la inminencia del daño que pueda producir y el perjuicio que hubiere de originar, influya sobre su ánimo induciéndole a emitir una declaración de voluntad no deseada y contraria a sus propios intereses [sentencia de 4 de octubre de 2002 (LA LEY JURIS. 349/2003)]. La propia jurisprudencia señala de modo sintético como requisitos de la intimidación contractual los siguientes: amenaza injusta o ilícita (que tiñe de antijuridicidad la conducta); temor racional y fundado; mal inminente y grave; prestación de un consentimiento contractual; y nexo causal entre la amenaza y el consentimiento prestado [sentencias, entre otras, de 25 de mayo de 1944, 4 de julio y 28 de octubre de 1947, 27 de febrero de 1964, 15 de diciembre de 1966, 21 de marzo de 1970, 11 de marzo (LA LEY JURIS. 9801-JF/0000) y 26 de noviembre de 1985 (LA LEY JURIS. 10534-JF/0000), 5 de abril (LA LEY JURIS. 13102/1993) y 21 de julio de 1993 (LA LEY JURIS. 15769-R/1994), 6 de noviembre de 1994, 7 de febrero de 1995 (LA LEY JURIS. 361/1995) y 4 de octubre de 2002 (LA LEY JURIS. 349/2003)]». (21 octubre 2005, rec. 1497/1999, LA LEY 1932/2005)

«Es cierto que la jurisprudencia de esta Sala sobre la intimidación consistente en la amenaza de un proceso penal u otra actuación judicial tiende a no apreciar dicho vicio del consentimiento desde la consideración general de que cuando los hechos son ciertos su denuncia o persecución penal no constituye un mal injusto, de suerte que la amenaza de denunciarlos no sería ilícita por no concurrir el elemento de su antijuridicidad (SSTS 21-6-43, 11-3-85 y 21-10-05 entre las más significativas); como también lo es que el grado invalidante de la intimidación tiene que medirse en función de las circunstancias ambientales y personales de quien la sufre, siendo aquél tanto menor cuanto mejor sea la posición social, cultural y económica de quien se diga intimidado (SSTS 21-3-50, 21-3-70 y 16-7-91). Pero no es menos cierto que tales consideraciones generales se matizan con importantes puntualizaciones que, en lo que aquí importa, excluyen el chantaje como medio legítimo de obtener el consentimiento contractual. Así, una sentencia próxima a la ya citada de 1943, la de 21 de marzo de 1950 igualmente citada en relación con las condiciones personales del sujeto intimidado, ya recalcó que "si bien en ciertas ocasiones el ejercicio de aquella facultad [la de promover un procedimiento judicial contra la persona a quien se pretende intimidar] es justa y legítima por constituir un derecho de quien anuncia su utilización que por una u otra vía pretende obtener lo que le es debido, en otras se convierte en un verdadero chantaje con trascendencia notoria en distinta esfera

jurisdiccional", concluyendo que "para que el ejercicio de este medio intimidatorio sea justo no basta con que el que lo utilice tenga derecho a hacer lo que anuncia, sino que es preciso que con la amenaza pretenda obtener lo que conseguiría también mediante el proceso judicial con que intenta intimidar". Incluso la propia sentencia más especialmente citada en apoyo del motivo, de 11 de marzo de 1985, se cuida de advertir que la utilización del proceso penal no debe ser abusiva, y para descartar que en el caso examinado se dieran los aspectos fundamentales del acto intimidante atiende también a que no se había evidenciado que el proceso penal respondiera a "una intención de originar un mal que condujera a la ineludible necesidad... de aceptarlo... para evitar mayores y más graves males" ni tampoco "que los recurridos pretendieran coactivamente la obtención de ventajas o mejoras con relación a convenios concertados"». (8 noviembre 2007, LA LEY 185158/2007)

CONCORDANCIAS

Véase Código Penal: art. 172.
Texto vigente según Ley 11/1990, 15 octubre *(«B.O.E.»,* 18 octubre).

Artículo 1.268

La violencia o intimidación anularán la obligación, aunque se hayan empleado por un tercero que no intervenga en el contrato.

COMENTARIO

1.- La violencia o la intimidación —es decir, la violencia física o moral— son vicios de la voluntad que dan lugar a la anulabilidad del contrato al que han afectado. En este sentido, el presente artículo dice que «anularán la obligación».

Sin embargo, si la violencia física o moral son de tal entidad que llegan a suprimir la conciencia o voluntad del sujeto, la declaración de voluntad del que la sufre es inexistente y, por tanto, el consentimiento y, por tanto, por falta de este elemento esencial, es, no anulable sino inexistente el contrato.

2.- La violencia o intimidación puede causarla un contratante al otro, o bien puede hacerlo un tercero a uno o a los dos contratantes. Es indiferente y en todo caso, provocaría la anulabilidad del contrato o su inexistencia, en la forma expresada.

CONCORDANCIAS

Véase art. 1.301 de este Código.

Artículo 1.269

Hay dolo cuando, con palabras o maquinaciones insidiosas de parte de uno de los contratantes, es inducido el otro a celebrar un contrato que, sin ellas, no hubiera hecho.

COMENTARIO

1.- El dolo es el error provocado por la actuación intencionada de uno de los contratantes. Es la idea que preside la definición que da este artículo. La actuación del que causa el dolo —elemento objetivo— puede ser cualquier tipo, positiva o negativa: «palabras o maquinaciones insidiosas», dice este artículo; esta actuación debe contener la intención de engañar —elemento subjetivo— para que el sujeto emita la declaración. El efecto —ya se dice en el propio concepto— es el error en el sujeto del negocio; puede ser un error como vicio de la voluntad, en cuyo caso tendrá dos acciones de anulabilidad; por dolo y por error; pero puede ser también un error en los motivos que no llegue a la entidad del error-vicio, pero si constituye dolo, puede aplicarse como vicio también de la voluntad.

2.- La eficacia del dolo es la anulabilidad del contrato. Pero a ello parece referirse más, el artículo siguiente.

JURISPRUDENCIA

«evidencian una falta de voluntariedad en el contrato inicial por desconocimiento de su verdadero contenido y consecuencias, que invalida el consentimiento en virtud de lo dispuesto en los artículos 1265 y 1266 del Código Civil y doctrina legal que los interpreta, pues es esencial y excusable, sustancial y derivado de actos desconocidos para el que se obliga, amén de inevitable con una regular diligencia (...) la concurrencia del dolo, como vicio del consentimiento y causa de anulación; los hechos probados, dice la sentencia de instancia, evidencian una falta de voluntariedad en el contrato inicial por desconocimiento de su verdadero contenido y consecuencias, que invalida el consentimiento en virtud de lo dispuesto en los artículos 1265 y 1266 del Código Civil y doctrina legal que los interpreta, pues es esencial y excusable, sustancial y derivado de actos desconocidos para el que se obliga, amén de inevitable con una regular diligencia». (17 enero 2005, rec. 1703/1999)

«El comportamiento del vendedor reúne los requisitos para apreciar la existencia de dolo como vicio invalidante del consentimiento, y, por consiguiente, determinante de la nulidad —anulabilidad— del contrato, con arreglo a los arts. 1265, 1269 y 1270 del Código Civil. Existe una conducta insidiosa —con propósito de engaño— por parte del vendedor, dirigida a provocar la voluntad negocial, la cual, como declara la jurisprudencia, se puede manifestar tanto por las palabras empleadas —lo que se dice— como por la reticencia, consistente en la omisión de hechos o circunstancias influyentes y determinantes para la conclusión del contrato, y respecto de los que existe el deber de informar según la buena fe o los usos del tráfico. La voluntad del declarante —comprador— quedó viciada en su libertad y conocimiento como consecuencia de, cuando menos, la omisión (dolo negativo), además de que también se le aseguró la absoluta falta de razón alguna de Inmobiliaria Lerma, S.A., y que el pleito estaba ganado dado el contenido del documento privado de venta firmado por el representante de dicha entidad. El desconocimiento de la verdadera razón opositora de la Inmobiliaria Lerma, S.A., y sobre todo del contenido de la Sentencia del Juzgado desfavorable para el Sr. Alejandro ha sido motivo esencial determinante de la decisión de otorgar el contrato, por lo que concurre la gravedad que exige el "dolo causante" —causam dans—». (11 diciembre 2006, LA LEY 154728/2006)

«El dolo regulado en los artículos 1269 y 1270 del Código Civil exige, como reiteradamente ha señalado esta Sala —Sentencias, entre otras de 11 y 12 de junio de 2003— dos elementos: uno, el empleo de maquinaciones engañosas, o conducta insidiosa del sujeto que lo causa, que tanto puede consistir en acciones como en omisiones; y otro, la inducción producida por las maniobras dolosas sobre la voluntad de la otra parte, en términos tales que la determina a celebrar el negocio. El dolo no se presume, sino que debe ser acreditado por quien lo alega, no pudiendo admitirse por meras conjeturas o deducciones, y aunque el Código Civil no dice qué entiende por él ni cuáles son las características de la conducta dolosa, toda vez que se limita a definir el que vicia el contrato señalando algunas formas de manifestación dolosa, los requisitos comúnmente exigidos por la doctrina científica son: a) una conducta insidiosa, intencionada o dirigida a provocar la reclamación negocial, utilizando para ello las palabras o maquinaciones adecuadas. b) que la voluntad del declarante quede viciada por haberse emitido sin la natural

libertad y conocimiento a causa del engaño, coacción u otra insidiosa influencia. c) que sea grave si se trata de anular el contrato. d) que no haya sido causada por un tercero, ni empleado por las dos partes contratante. —Sentencia del Tribunal Supremo de 29 de Marzo de 1994—. Además, el dolo principal o causante no puede ser apreciado sin una cumplida prueba por parte de quien lo alegue —Sentencias del Tribunal Supremo de 22 y 28 de Febrero de 1961— no bastando al efecto meras conjeturas —Sentencia del Tribunal Supremo de 25 de Mayo de 1945—... ... el dolo, en cuanto vicio del consentimiento contractual, comprende no sólo la insidia directa o inductora de la conducta errónea del otro contratante sino también la reticencia dolosa del que calla o no advierte a la otra parte en contra del deber de informar que exige la buena fe. En este mismo sentido señalaba la Sentencia de 11 de julio de 2007 que "el dolo abarca no sólo la maquinación directa sino también la reticencia del que calla o no advierte debidamente a la otra parte, sin que lo invalide la confianza, buena fe o ingenuidad de la parte afectada —STS 15-6-95, con cita de otras anteriores, y en términos muy similares SSTS 23-7 y 31-12-98—, de suerte que habrá dolo negativo o por omisión siempre que exista un deber de informar según la buena fe o los usos del tráfico —STS 19-7-06—"». (26 marzo 2009, rec. 223/2005, LA LEY 14615/2009)

«En consecuencia cabe imputar a dicha parte una actuación dolosa que no sólo puede manifestarse mediante una actuación positiva, como parece desprenderse de la expresión "palabras o maquinaciones insidiosas" que emplea el Código Civil en el citado artículo 1269, sino que también puede apreciarse en relación con una actuación omisiva de ocultación o falta de información a la otra parte de determinadas circunstancias que hubieran podido llevarle a no celebrar el contrato en caso de haberlas conocido. La sentencia de esta Sala de 5 mayo 2009 contempla "la concurrencia de dolo negativo o por omisión, referido a la reticencia del que calla u oculta, no advirtiendo debidamente hechos o circunstancias influyentes y determinantes para la conclusión contractual" (SS., entre otras, 29 de marzo y 5 de octubre de 1994; 15 de junio de 1995; 19 de julio y 30 de septiembre de 1996; 23 de julio de 1998; 19 de julio y 11 de diciembre de 2006; 11 de julio de 2007; 26 de marzo de 2009), pues resulta incuestionable que la buena fe, lealtad contractual y los usos del tráfico exigían, en el caso, el deber de informar (SS. 11 de mayo de 1993; 11 de junio de 2003; 19 de julio y 11 de diciembre de 2006; 3 y 11 de julio de 2007; 26 de marzo de 2009)». (30 diciembre 2009, rec. 1673/2005, LA LEY 261711/2009)

«De acuerdo con esta definición se ha considerado que en un sentido muy amplio, "dolo es todo complejo de malas artes, contrario a las leyes de la honestidad e idóneo para sorprender la buena fe ajena, generalmente en propio beneficio", aunque esto último no es exigible para que pueda considerarse que ha concurrido dolo. Por ello el concepto central que aparece en el artículo 1269 CC es aquella estratagema que se utiliza para que se produzca una percepción errónea en el otro contratante y por ello se pone se considera que, en definitiva, el dolo induce a un error, si bien lo que se pone de relieve en este vicio de la voluntad no es tanto el resultado, sino la maquinación utilizada para llegar a él». (16 febrero 2010, rec. 2400/2005, LA LEY 2370/2010)

«El dolo es definido en el artículo 1269 del Código civil y lo centra en palabras o maquinaciones insidiosas para mover la voluntad de la otra parte, inducida por el error provocado. Cuyas palabras o maquinaciones pueden tener carácter positivo o ser de tipo negativo en el sentido de la reticencia o silencio ante una situación que razonablemente podía pensarse lo contrario. Así, al venderse a una empresa constructora un solar para construir y silenciar que unos informes técnicos han acreditado que no era apto para construir en él, las sentencias de instancia y esta Sala entienden que concurre la existencia de dolo, en el concepto indicado. Aquellos datos de hecho han sido probados y esta apreciación jurídica es confirmada. Entre los hechos que se han declarado probados no se hallan ni los signos externos que pudieran hacer pensar en la existencia de la dolina, ni la cualificación profesional de la compradora que le permita conocerla, sino que la reticencia o silenció fue determinante de la declaración de la voluntad de comprar, que, de conocer la existencia de la

dolina, no habría hecho». (5 marzo 2010, rec. 2559/2005, LA LEY 5303/2010) (Doctrina reiterada por la sentencia de 28 septiembre 2011, rec. 809/2008, LA LEY 185794/2011)

CONCORDANCIAS

Véanse art. 1.102, 1.301 y 1.302 de este Código.

Artículo 1.270

Para que el dolo produzca la nulidad de los contratos, deberá ser grave y no haber sido empleado por las dos partes contratantes.

El dolo incidental sólo obliga al que lo empleó a indemnizar daños y perjuicios.

COMENTARIO

1.- El efecto del dolo, como vicio de la voluntad, es producir la anulabilidad (no «nulidad» que dice el texto legal) del contrato. Para ello, es preciso que sea grave, tal como dice el primer párrafo de este artículo, en el sentido de verdaderamente determinante de la voluntad.

2.- Por no tener este carácter de determinante, no es dolo-vicio de la voluntad (1.º) el llamado *dolus bonus,* que no es otra cosa que la exageración de ventajas o disimulación de inconvenientes con ánimo de mover la voluntad de contratar (típico de la publicidad).

Tampoco lo es (2.º) el llamado dolo incidental, que no determina la declaración de voluntad, sino que, de no hacerlo, se hubiera emitido en otras condiciones: no es vicio de la voluntad ni, por ello, permite la anulabilidad, pero sí indemnización: el dolo incidental —dice el art. 1270, segundo párrafo— sólo obliga al que lo empleó a indemnizar daños y perjuicios.

Por último (3.º) la compensación de dolos elimina el vicio en cualquiera de las partes: en los negocios bilaterales, si ambas partes emplean dolo, en ninguna se produce vicio que le permita anular el negocio: el último inciso del primer párrafo del art. 1270 lo expresa negativamente:... no haber sido empleado por las dos partes contratantes.

JURISPRUDENCIA

«Esta Sala tiene declarado que el dolo contractual que determina la nulidad del negocio debe tener carácter grave (v. gr., SSTS de 29 de marzo de 1994, 12 de junio de 2003 y 19 de julio de 2006). Los hechos declarados probados por la sentencia de instancia ponen de manifiesto que no puede considerarse que haya concurrido una conducta, merecedora de la calificación de grave, de ocultación a los adquirentes de la situación en que se encontraba la finca, pendiente de actos de autorización por parte de la Administración municipal para realizar la actividad prevista en el contrato, por cuanto expresamente se preveía que se hallaba pendiente de tramitación la licencia de apertura, declaración suficiente para llamar la atención de los adquirentes sobre la falta de aquellos requisitos, y no puede afirmarse que se hubiera dado a entender que la falta de licencia de apertura podía subsanarse con facilidad, desde el momento en que en el contrato se preveía la resolución y sus consecuencias para el caso de la imposibilidad de obtenerla. En suma, no puede apreciarse la existencia de una conducta insidiosa —con propósito de engaño— por parte del vendedor, dirigida a provocar la voluntad negocial, manifestada en este caso mediante la omisión de hechos o circunstancias influyentes y determinantes para la conclusión del contrato, y respecto de los que existe el deber de informar según la buena fe o los usos del tráfico (conforme exige la

jurisprudencia: SSTS de 11 de diciembre de 2006 y 11 de mayo de 2007), pues la manifestación acerca del estado de tramitación en que se hallaba la licencia de apertura y la previsión acerca de las consecuencias resolutorias que comportaba la eventualidad de que no fuera obtenida impiden afirmar que se haya producido el silencio o la omisión de circunstancias determinantes para la conclusión del contrato por parte de los adquirentes (SSTS de 15 de junio de 1995 y 28 de noviembre de 1989), los cuales, sabedores de la ausencia de requisitos administrativos necesarios para el funcionamiento de local, y de la posibilidad de que no pudieran ser cumplidos, podían informarse con exactitud en los servicios municipales del alcance de esta circunstancia, ejerciendo el derecho de información que las normas de procedimiento administrativo reconocen a los interesados». (3 julio 2007, LA LEY 79521/2007)

«Tal conducta supone una maquinación directa porque se está vendiendo una finca de 5.020 mts2. que no los tiene, pero, en cualquier caso, siempre cabría estimar, como hacen las sentencias de instancia, la concurrencia de dolo negativo o por omisión, referido a la reticencia del que calla u oculta, no advirtiendo debidamente hechos o circunstancias influyentes y determinantes para la conclusión contractual (SS., entre otras, 29 de marzo y 5 de octubre de 1.994; 15 de junio de 1.995; 19 de julio y 30 de septiembre de 1.996; 23 de julio de 1.998; 19 de julio y 11 de diciembre de 2.006; 11 de julio de 2.007; 26 de marzo de 2.009), pues resulta incuestionable que la buena fe, lealtad contractual y los usos del tráfico exigían, en el caso, el deber de informar (SS. 11 de mayo de 1.993; 11 de junio de 2.003; 19 de julio y 11 de diciembre de 2.006; 3 y 11 de julio de 2.007; 26 de marzo de 2.009). Por otra parte, no se requiere un especial ánimo de perjudicar con el negocio, sino que basta que la conducta activa, o negativa, obedezca al propósito de inducir a la contraparte a realizar la declaración viciada». (5 mayo 2009, rec. 786/2004, LA LEY 49543/2009)

Dolo incidental:

«Supone tal incumplimiento contractual por parte del vendedor la entrega de la cosa, que se afirma vendida sin cargas ni gravámenes, con una servidumbre oculta que no era conocida por el comprador ni cabía exigir al mismo una especial diligencia en orden a su averiguación; servidumbre que, además, era conocida para el vendedor que la oculta mediante una actuación dolosa comprendida en el párrafo segundo del artículo 1270 del Código Civil que obliga al que lo empleó a indemnizar los daños y perjuicios causados». (29 septiembre 2008, rec. 3861/2001, LA LEY 152106/2008)

SECCIÓN SEGUNDA
Del objeto de los contratos

Artículo 1.271

Pueden ser objeto de contrato todas las cosas que no están fuera del comercio de los hombres, aun las futuras.

Sobre la herencia futura no se podrán, sin embargo, celebrar otros contratos que aquellos cuyo objeto sea practicar entre vivos la división de un caudal y otras disposiciones particionales, conforme a lo dispuesto en el artículo 1.056.

Pueden ser igualmente objeto de contrato todos los servicios que no sean contrarios a las leyes o a las buenas costumbres.

COMENTARIO

1.- El segundo de los elementos esenciales del contrato, que enumera el art. 1261, es el objeto. El objeto de todo negocio jurídico es la realidad sobre que versa, es decir, los intereses regulados. Así, el del contrato son las obligaciones de las partes; éstas son la realidad, los intereses, sobre recae el contrato, ya que a su vez, el objeto de la obligación es la prestación, conducta en que consiste el cumplimiento.

2.- Al considerar las obligaciones como objeto del contrato y ser el objeto de éstas la prestación, cuando el Código enumera los requisitos del objeto, lo está haciendo refiriéndose realmente a los requisitos de la prestación que coinciden con los requisitos del objeto del negocio jurídico.

Tales requisitos son la posibilidad, a que se refiere el art. 1272, la *licitud*, que contempla este art. 1271 y la determinación o determinabilidad, que prevé el art. 1273.

3.- La obligación ilícita no puede ser objeto del contrato. Es ilícita la que recae sobre una conducta que, en relación con su finalidad, es contraria a la ley, a la moral o al orden público (art. 1255).

A la licitud se refieren los párrafos 1.º y 3.º del art. 1271: no son lícitos los contratos cuyas obligaciones recaen sobre cosas *extra comercium* o sobre servicios contrarios a las leyes o a las buenas costumbres.

4.- Pueden ser objeto del contrato obligaciones futuras o las que recaen sobre cosas o servicios futuros. Pero no puede ser objeto del contrato la herencia futura, lo que se pone en relación con el contrato o, mejor, el pacto sucesorio, que es aquel en el que el causante pacta su propia sucesión *mortis causa* con el futuro sucesor, o aquel en que el sucesor renuncia a su expectativa a suceder, o aquel en que se pacta sobre la herencia de un tercero.

El presente art. 1271, en su segundo párrafo, niega tales posibilidades y veta que pueda ser objeto del contrato una herencia futura. Parece, según el texto legal, que hay una excepción: «practicar entre vivos la división de un caudal conforme al art. 1056»; pero no es tal excepción, sino que este artículo contempla la partición hecha por el testador, que puede hacerla por acto entre vivos, lo cual no es un contrato que tenga por objeto la herencia futura, sino una institución de derecho sucesorio, la partición.

JURISPRUDENCIA

«El art. 1271, párrafo primero, CC admite la posibilidad de que el objeto del contrato sea una cosa futura. No importa que la cosa no tenga existencia real en el momento de celebrar el contrato, sino basta una razonable probabilidad de existencia. Ello no es incompatible con la certeza, la cual se refiere a la determinación o identificabilidad, no a la existencia (arts. 1273, 1445, 1447 CC). La falta de determinación deja el contrato al arbitrio de cada uno de los contratantes, por lo que afecta al principio de la necessitas *que es esencia de la obligación. El objeto está determinado cuando consta individualizado o existen elementos suficientes para conocer su identidad de modo que no hay duda sobre la realidad objetiva sobre las que las partes quisieron contratar. La determinación supone que hay identificabilidad, de modo que el objeto no puede confundirse con otros distintos, el acreedor conoce lo que puede exigir y el deudor lo que tiene que entregar para cumplir su obligación. La jurisprudencia admite que es suficiente la "determinabilidad", la cual hace referencia a una situación en que no hay determinación inicial, en el momento de perfeccionarse el vínculo, pero sí cabe la determinación posterior, siempre que no sea necesario un nuevo convenio o acuerdo entre los contratantes para su fijación. Para ello es preciso que el contrato contenga*

en sus disposiciones previsiones, criterios o pautas que permitan la determinación. En tal sentido, entre otras, SS de 12 de abril de 1971, 16 de octubre de 1982, 9 de enero de 1995, 10 de octubre de 1997, 3 de marzo de 2000, 8 de marzo de 2002, 25 de abril de 2003, 12 de noviembre de 2004. Cuando se trata de una cosa genérica —cosa determinada por su género (S 21 de octubre de 2003)—, cuya calidad y circunstancias no se hubieran expresado, el acreedor no podrá exigirla de la calidad superior, ni el deudor entregarla de la inferior (art. 1167 CC). Se trata de un supuesto de relativa indeterminación del objeto que no es obstáculo para la existencia del contrato (SS 21 de octubre 1992 y 16 de marzo de 1998). El tema es problemático cuando la compraventa de cosa futura (y con esto no queremos decir que la compraventa de cosa futura sea un precontrato —S 11 de febrero 1976—, aunque lógicamente cabe el precontrato de cosa futura) versa sobre un piso. La Sentencia del 17 de febrero de 1998 señala que la obligación asumida por la Constructora de entregar "un piso" no supone una cosa determinada si no total y absolutamente indeterminada, lo que supone indeterminación del objeto de la compraventa. En cambio la S de 10 de marzo de 1990 dice que "si evidentemente en el contrato [litigioso] uno de su objetos —el piso— no viene concretado en su superficie, ni otras características esenciales como tipo de construcción, calidad, etc., ello no implica la necesidad de que se produzca sobre ello un nuevo convenio entre los contratantes, determinante de una equivalencia de falta de objeto ex art. 1273 CC", al ser posible la determinación "en cuanto se previene en el contrato que será el que elija Dn. M. de entre los que construya Dn. J. en la obra que habría de llevar a cabo como consecuencia de la adquisición del inmueble a que se viene haciendo referencia, lo que genera adecuada determinación regida por el meritado art. 1273 CC». (23 febrero 2007, LA LEY 3251/2007 2007)

«no cabe considerar fuera del comercio, a los fines de los artículos 1.271 del Código Civil, un bien como el monte vecinal en mano común, que es objeto de propiedad privada, aunque colectiva, y sobre el cual la propia norma legal reguladora —artículo 5 de la Ley 55/1.980, aplicada al caso; y, después, los artículos 5 y 18.1 de la Ley 13/1.989— reconoce a sus titulares ciertas facultades dispositivas, aunque limitadas, en determinadas condiciones y para ciertos fines». (10 febrero 2009, rec. 1021/2003, LA LEY 1906/2009)

«Objeto del contrato que es la realidad sobre que versa; son las obligaciones de las partes, los intereses sobre que recae el contrato y, a su vez, el objeto es la prestación, lo que consiste en el cumplimiento que, en último término y en definitiva, recae sobre una cosa si se trata de una prestación de dar. Y tal cosa es un concepto muy amplio: el artículo 1271 permite que sea objeto de contrato todas las cosas, aun las futuras... dice la sentencia de 11 de mayo de 1998, lo que ratifica la de 23 de febrero de 2007 al afirmar que el artículo 1271, párrafo primero, del Código civil admite la posibilidad de que el objeto del contrato sea una cosa futura... basta una razonable probabilidad de existencia». (24 junio 2010, rec. 1257/2006, LA LEY 93455/2010)

Sobre la herencia futura:

«Es herencia futura la que se refiere a persona viva, ya que la apertura de la sucesión "se abre justamente en el momento de su muerte en el cual su patrimonio se transmuta en herencia yacente...", como dicen las sentencias de 12 de marzo de 1987 y 7 de mayo de 1990 y "los bienes y derechos adquiridos por los correspondientes beneficiarios desde tal fecha... en virtud del efecto retroactivo de la aceptación" como dice la sentencia de 21 de junio de 1986 y ya dijo la de 3 de abril de 1965 que "si bien es cierto que los herederos suceden al difunto por el hecho de su muerte y desde este momento nacen los derechos de sucesión, no lo es menos que su efectividad puede demorarse por las instituciones condicionales o a plazo..." y en esta línea la antigua sentencia de 8 de marzo de 1918 ya advirtió que "los derechos a la herencia de una persona se transmiten desde el momento de la muerte, sucediendo los herederos del difunto por este hecho y el de la aceptación expresa o tácita, sin que

pueda concederse a la declaración de herederos un efecto constitutivo que pugna contra el nombre y alcance de tal acto judicial". Otras sentencias, como las citadas por la de instancia de 1 diciembre de 1995 y 11 de junio de 2003 parten, como indiscutible, que no es herencia futura la que corresponde a persona ya fallecida». (16 junio 2011, rec. 1717/2007, LA LEY 98655/2011)

CONCORDANCIAS

Véanse arts. 816 y 1.255 de este Código.
Texto vigente por Ley 7/2003, de 1 abril (*«B.O.E.»,* de 2 abril).

Artículo 1.272

No podrán ser objeto de contrato las cosas o servicios imposibles.

COMENTARIO

1.- El objeto del contrato, al que se refieren los arts. 1271 a 1273, tiene como requisitos la posibilidad, la licitud y la determinación o determinabilidad: el primero está contemplado en este artículo.

La *posibilidad* de las cosas se refiere a su existencia, real o posible. La posibilidad de los servicios se refiere a la realidad o posibilidad de poder realizarlos.

2.- La imposibilidad de las cosas o de los servicios implica la falta de un requisito del objeto, lo que daría lugar a la inexistencia del contrato, por falta de este elemento esencial.

La imposibilidad puede ser objetiva o absoluta cuando afecta a todos y en todo caso y subjetiva o relativa si alcanza tan sólo a las partes o a una de las partes del contrato concreto. Una y otra provocan la falta de este requisito del objeto, elemento esencial del contrato.

Puede ser también de hecho o de derecho; la primera es por razones fácticas y la segunda por razones jurídicas; aunque esta última es difícil distinguirla de la licitud.

La imposibilidad debe ser originaria, existente desde el momento de la perfección del contrato. Si es sobrevenida, no constituye falta de este requisito, sino que es causa de extinción de la obligación a la que afecta (art. 1182) con las consecuencias correspondientes en el contrato, que dependerán si tal imposibilidad sobrevenida es imputable (por dolo o culpa) o no, a la parte a la que afecta.

JURISPRUDENCIA

«El contrato carece de un objeto cierto porque la composición formada entre el espacio de estacionamiento y los derechos de utilización de zonas y elementos que son instrumentalmente necesarios para el aprovechamiento, tal y como ha sido prevista en el contrato, ha devenido imposible. Y más teniendo en cuenta que a la imposibilidad se equipara la dificultad extraordinaria (SSTS 6 de octubre de 1994, 30 de abril de 2002, etc.). Se trata de una nulidad radical o absoluta, lo que supone que el contrato carece de efectos y que se concede a todo un amplio círculo de interesados (y no sólo a los que celebraron el contrato y a sus sucesores) legitimación para postular la nulidad (SSTS 19 de diciembre de 1951, 12 de abril de 1955, 27 de febrero y 20 de octubre de 1958, 14 de marzo de 1983, 6 de junio y 14 de noviembre de 1986, 5 de marzo de 1987, etc.). Esta solución, coherente con la que se

adoptó en la Sentencia de 16 de mayo de 2006, sigue la orientación jurisprudencial que ya se apuntaba en las Sentencias de 16 de marzo de 1995, en la que se invocan las de 24 de mayo de 1991 y sus precedentes de 3 de marzo de 1979, 24 de septiembre de 1986, 15 de julio de 1987, doctrina jurisprudencial que declara que es esencial la adecuación de las plazas de garaje respecto del fin que les es propio y para el que se adquirieron, lo que comprende tanto las dimensiones necesarias para hacerlas aptas de albergue de automóviles de uso ordinario, como los elementos superficiales accesorios que permitan las maniobras adecuadas y suficientes de los mismos dentro de los locales, lo que comporta la obligación de entregar apto el inmueble y a la plena utilidad del comprador para permitir el uso normal de las plazas adjudicadas». (10 enero 2008, LA LEY 55/2008)

«cuando se produce una imposibilidad de cumplimiento de la prestación hay que distinguir si tal imposibilidad existe en el momento de la perfección contractual (momento de formación del contrato) en cuyo caso el efecto jurídico que procede es el de la nulidad contractual de conformidad con el art. 1.272 en relación con el art. 1.261.2, ambos del Código Civil, o si se trata de una imposibilidad sobrevenida —con posterioridad a la perfección y antes de constituirse el deudor en mora— en cuyo caso (art. 1.184 CC) se da lugar a la liberación de la prestación (resolución contractual) (SSTS 10 de abril 1956; 30 de abril 2002; 21 de abril 2006) … *...es extravagante el recurso a la cláusula* rebus sic stantibus*, si hay una frustración total del fin del contrato (STS 20 de abril de 1994). Y es evidente que aunque no sean conceptualmente equiparables estos supuestos con el que sustenta el motivo formulado, ello no significa que deba ser desestimado, cuando el vínculo contractual quedó sin efecto privándose al arrendatario de alcanzar el logro económico perseguido con el mismo, en razón a la actuación previa de quien pretende ser indemnizado por la ocupación de un local que en ningún momento fue apto para el fin convenido, como resulta de la jurisprudencia citada en el motivo».* (1 junio 2010, rec. 266/2005, LA LEY 86139/2010)

CONCORDANCIAS

Véanse arts. 1.116 y 1.182 y ss. de este Código.

Artículo 1.273

El objeto de todo contrato debe ser una cosa determinada en cuanto a su especie. La indeterminación en la cantidad no será obstáculo para la existencia del contrato, siempre que sea posible determinarla sin necesidad de nuevo convenio entre los contratantes.

COMENTARIO

1.- La determinación o determinabilidad del objeto del contrato, es el tercero de sus requisitos. Las obligaciones objeto del contrato deben quedar determinadas al perfeccionarse éste o ser determinables sin necesidad de nuevo acuerdo de los interesados.

Si el objeto no fuera determinado ni determinable, faltaría este requisito y, por ende, el objeto del contrato, por lo que éste sería inexistente. Si el objeto fuera determinable pero por nuevo convenio entre las partes (por ejemplo, te vendo esto por el precio que fijaremos el año próximo) pasaría lo mismo, no existiría contrato; y cuando tuviera lugar este nuevo convenio, entonces sí habría objeto del contrato y sí sería —entonces, no antes— existente el contrato.

2.- Este art. 1273 dispone este requisito al expresar que «debe ser una cosa determinada en cuanto a su especie». Al decir «cosa» alcanza también, evidentemente, al servicio: es decir, al objeto de las obligaciones de dar y también de hacer o no hacer. Y se refiere a la concreta prestación, es decir, a la identificación de la cosa o del servicio. Lo cual tendrá, a su vez, sus propias especialidades según se trate de obligación específica o genérica, o alternativa o facultativa, etc.

3.- En el texto de este artículo, parece que el primer inciso exige, determinación en la especie de la prestación y el segundo, determinabilidad en el *quantum*. No es así: tanto la prestación de dar (cosa) como la de hacer o no hacer (servicio) debe ser determinada o determinable sin necesidad de nuevo convenio entre las partes; lo cual se refiere no sólo a la identificación de la cosa o servicio, sino también al *quantum* de una u otro.

JURISPRUDENCIA

«El objeto del contrato, además de ser lícito, requisito que aquí no se cuestiona, ha de ser determinado o determinable, siempre que no sea necesario un nuevo convenio entre los contratantes, como establece el art. 1273 CC. La determinabilidad por tanto equivale a la posibilidad de reputar como cierto el objeto del contrato siempre que sea posible determinarlo con sujeción a las disposiciones contenidas en el mismo; es claro que la determinación no puede dejarse ni al arbitrio de uno de los contratantes (art. 1256) ni a un nuevo acuerdo entre ellos». (10 octubre 1997, LA LEY 9341/1998)

«De acuerdo con lo dispuesto en el art. 1273 CC, el objeto del contrato debe ser cierto y se considera que tiene esta cualidad cuando pueda ser determinado sin necesidad de un nuevo acuerdo entre las partes contratantes. Esta regla es perfectamente aplicable al caso en que el objeto del contrato lo constituyan cosas futuras. La sentencia de esta Sala de 31 diciembre 1999 ha considerado como tales los locales o viviendas de un edificio en construcción y esta doctrina debe ser aplicada al presente contrato... ...Tratándose de una cosa que aún no existe, la concreción del objeto es muy clara y no incurre en la prohibición del nuevo convenio contenida en el artículo 1273 CC, al ser éste absolutamente necesario por tratarse de cosa futura, aún no existente ni tan solo en el momento actual». (13 abril 2010, rec. 1069/2006, LA LEY 21086/2010)

CONCORDANCIAS

Véanse arts. 1.167, 1.447 y 1.448 de este Código.

SECCIÓN TERCERA

De la causa de los contratos

Artículo 1.274

En los contratos onerosos se entiende por causa, para cada parte contratante, la prestación o promesa de una cosa o servicio por la otra parte; en los remuneratorios, el servicio o beneficio que se remunera, y en los de pura beneficencia, la mera liberalidad del bienhechor.

COMENTARIO

1.- La causa es el tercero de los elementos esenciales del contrato, que enumera el art. 1261. Este art. 1274 pretende dar una definición de la misma, cosa que no consigue. Hay que partir de que en el tema de la causa se discute todo o casi todo, desde si es o no elemento del contrato, hasta su propio concepto.

Ante todo, hay que partir que tanto el art. 1261 como el 1274 y los siguientes, proclaman claramente que el código sigue el sistema causalista: no existe contrato sin causa, éste es elemento esencial del mismo y no caben negocios jurídicos abstractos.

2.- El primer extremo que hay que examinar es de qué es la causa. Distintas teorías se ha mantenido. Siguiendo la de Federico De Castro, la causa lo es de la relación obligatoria que se establece en el contrato. Como ya se dijo, al dar el concepto del contrato (en el comentario al art. 1254.2), una de las facetas del mismo es la relación contractual, es decir, la relación obligacional derivada del contrato. Así, la causa lo es del contrato (de todo negocio jurídico).

3.- El segundo extremo es qué es la causa. También hay diversas teorías. Pero partiendo del texto de este art. 1274, es claro que tiene un sentido objetivo. Se puede definir como el fin objetivo e inmediato del contrato, o la función económica y social que el Derecho reconoce como relevante.

Es distinta la causa de los móviles subjetivos que persiguen las partes; éstos quedan fuera del negocio jurídico, son una realidad extranegocial. Tan sólo pueden tener relevancia en el negocio jurídico, si las propias partes los incorporan al mismo como una cláusula o como condición (en lo que es muy reiterada la jurisprudencia). Sin embargo, si los móviles subjetivos son ilícitos o bien el motivo se ha incorporado a la causa, se habla de «motivo causalizado» y ha servido para que situaciones de verdadera injusticia hayan podido ser solventadas.

El art. 1274 ciertamente no da ninguna definición, simplemente enumera o más bien da tres criterios distintos para la determinación de la causa de los contratos onerosos, gratuitos y remuneratorios. En el contrato oneroso, la prestación que cada parte realiza se ve compensada o reemplazada patrimonialmente por la prestación que realiza la otra parte. En el contrato gratuito, se produce un enriquecimiento para una parte sin contraprestación alguna y un empobrecimiento para la otra. La causa es remuneratoria cuando no se contrae una obligación por mera liberalidad o beneficiencia, sino en recompensa por alguna acción precedente.

Pero cada contrato tiene su causa, que es, precisamente, lo que distingue un contrato de otro; cuya causa es una típica de un contrato previsto por la Ley (como la compraventa, arrendamiento, etc.) o atípica (como el contrato de *leasing* o de *factoring*).

JURISPRUDENCIA

Sobre el concepto de la causa:

«El art. 1274 considera la remuneración o el ánimo de remunerar y como "causa" del contrato, junto con la contraprestación o promesa en los contratos onerosos y el "ánimo liberal del bienhechor" en los gratuitos. La donación remuneratoria se sitúa en la órbita de los gratuitos, pues cabe decir que si no hay liberalidad (o ánimo liberal) hay forzosamente onerosidad, en consideración a que si el servicio o beneficio diera lugar a deuda exigible, no cabría hablar de remuneración, sino de contraprestación y de carácter oneroso (art. 619 CC). Este precepto sólo permite estimar una posición especial de este tipo de donaciones cuando el accipiens no puede reclamar, bien por carecer de acción, bien por haberla renunciado (SSTS 21 enero 1993, 9 de marzo de 1995). Se trata ya de una remuneración, ya de un reconocimiento, como ocurre cuando los servicios no son susceptibles de evaluación o se traducen en un beneficio mucho más importante que el esfuerzo realizado por el prestador. Ahora bien, el art. 622 CC sólo considera verdadera donación "la parte que excede del gravamen impuesto", frase de difícil comprensión que sólo puede entenderse en sentido

figurado, como que es verdadera donación la parte de atribución que excede del valor del servicio prestado, y por ello sólo en esa parte cabe aplicar a una "donación remuneratoria" el régimen de colación, reunión ficticia, reducción, o la presunción de fraude, que preceptos como los arts. 1297.1.º y 643.2.º CC refieren a las donaciones, o acaso el sistema de revocación (lo que es discutido), etc.». (29 julio 2005, rec. 476/1999)

«El artículo 1274 del Código civil, cuya directa inspiración en la doctrina de POTHIER ya fue reconocida por esta Sala en decisiones muy antiguas, ha sufrido una lectura jurisprudencial en la que se ha acentuado el sentido objetivo, más coherente con las tesis doctrinales imperantes que presentan la causa como la función económico-social del negocio. Así, las Sentencias de 8 de julio de 1983, 4 de mayo de 1987, 25 de febrero de 1995, 24 de enero de 1992, 8 de febrero de 1996, 17 de abril de 1997 o 17 de diciembre de 2004, entre muchas otras, consideran que la causa es la razón objetiva, precisa y tangencial a la formación del contrato y se define e identifica por la función económico-social que justifica que un determinado negocio jurídico reciba la tutela y protección del ordenamiento jurídico. En los contratos sinalagmáticos, la causa está constituida por el dato objetivo del intercambio de las prestaciones (SSTS 8 de julio de 1974, 8 de julio de 1983, 17 de enero de 1985, 11 de abril de 1994, 21 de julio de 2003, etc.). Así entendida, la causa se ha de distinguir de los móviles subjetivos, cuya relevancia se produce cuando sean reconocidos y exteriorizados por ambas partes contratantes (SSTS 4 de mayo de 1987, 30 de septiembre y 21 de noviembre de 1988, 31 de enero de 1991, 8 de febrero de 1996, 6 de junio de 2002, etc.)». (19 junio 2009, rec. 1944/2004, LA LEY 184095/2009)

«tampoco puede aceptarse la tesis del motivo que distingue dos causas negociales diferentes según la finalidad perseguida por la compradora con la adquisición de cada uno de los objetos de la escritura de compraventa, pues el concepto de causa en la jurisprudencia de esta Sala es objetivo; el art. 1274 CC entiende por causa para cada parte contratante la prestación o promesa de una cosa o servicio por la otra». (15 julio 2011, rec. 1976/2007, LA LEY 120064/2011)

Sobre el negocio fiduciario:

«la verdadera esencia de todo negocio fiduciario, que consiste (trátese de fiducia cum amico o de fiducia cum creditore) en la atribución patrimonial que uno de los contratantes, llamado fiduciante, realiza en favor de otro, llamado fiduciario, para que éste utilice la cosa o el derecho adquirido, mediante la referida asignación, para la finalidad que ambos pactaron, con la obligación de retransmitirlos al fiduciante o a un tercero cuando se hubiera cumplido la finalidad prevista». (4 julio 1998, LA LEY 7681/1998)

«Se responde que en los contratos fiduciarios el requisito de la traditio, aunque no se cumpla en su dimensión material o máxima cuando el componente patrimonial surge y permanece dentro de una comunidad entre las partes, por lo que, la presencia de su objeto queda embebida en tal situación, lo que no determina la inexistencia del derecho oculto que provendrá del cumplimiento de lo pactado en el negocio aparente; se decía en sentencia de 7-6-2002, sobre los negocios fiduciarios: "... El negocio fiduciario ha sido definido jurisprudencialmente como aquel convenio anómalo en el que concurren dos contratos independientes, uno, real, de transmisión plena del dominio, eficaz erga omnes, y otro obligacional, válido inter partes, destinado a compeler al adquirente a actuar de forma que no impida el rescate de los bienes cuando se dé el supuesto obligacional pactado (sentencias, entre otras, de 9 de diciembre de 1981, 19 de junio de 1997 y 16 de noviembre de 1999) o, como dice la sentencia de 5 de marzo de 2001, "el negocio fiduciario consiste en la atribución patrimonial que uno de los contratantes llamado fiduciante, realiza a favor de otro, llamado fiduciario, para que éste utilice la cosa o derecho adquirido, mediante la referida asignación, para la finalidad que ambos pactaron, con la obligación de retransmitirlos al fiduciante o a un terce-

ro cuando se hubiera cumplido la finalidad prevista", y en parecidos términos se pronuncia la sentencia de 16 de julio de 2001». (30 marzo 2004, rec. 1456/1998)

«nos encontramos ante una fiducia cum amico *cuyo precedente histórico se halla en las Instituciones de Gayo (II, 60,* sed fiducia contrahitur aut cum creditore pignoris iure, aut cum amico quo tutius nostrae res apud eum sint*) y cuya posibilidad y validez, salvo finalidad fraudulenta, ha sido reconocida por la jurisprudencia de esta Sala (entre las más recientes Sentencias cabe citar las de 15 de marzo de 2000; 5 de marzo y 16 de julio de 2001; 17 de septiembre de 2002; 10 y 13 de febrero y 31 de octubre de 2003; 30 de marzo de 2004; 23 de junio y 27 de julio de 2006 y 7 de mayo de 2007). En esta modalidad de fiducia el fiduciario no ostenta la titularidad real pues no es un auténtico dueño, teniendo solo una titularidad formal, sin perjuicio del juego del principio de la apariencia jurídica. El dominio sigue perteneciendo al fiduciante en cuyo interés se configura el mecanismo jurídico, lo que acentúa la nota de la confianza».* (13 julio 2009, rec. 294/2005, LA LEY 125073/2009)

Cambio de criterio, en el sentido de que el negocio fiduciario es verdadero negocio simulado:

«Ciertamente esta Sala ha mantenido la doctrina del negocio fiduciario, en su consideración del doble efecto, real y obligacional, que fue importado incluso en su terminología de la doctrina alemana, pese a ser distintos los presupuestos básicos del Derecho civil en este extremo; pero la doctrina española más especializada discute su autonomía, niega la existencia de la llamada causa fiduciae y cada vez más lo asimila, en muchos casos, al negocio jurídico simulado, con simulación relativa, cuyo negocio disimulado será válido si reúne los elementos precisos para su validez». (15 junio 1999, LA LEY 8905/1999)

«un supuesto de simulación relativa, que por aplicación del art. 1276 CC, permite declarar la nulidad del negocio simulado o fiduciario y mantener la validez del negocio disimulado cuando éste obedece a una causa verdadera y lícita». (27 julio 1999, LA LEY 11571/1999)

«La transmisión de la propiedad con fines de seguridad, o "venta en garantía" es un negocio jurídico en que por modo indirecto, generalmente a través de una compraventa simulada, se persigue una finalidad lícita, cual es la de asegurar el cumplimiento de una obligación, y no pueda pretenderse otra ilícita, como la de que, en caso de impago de la obligación, el fiduciario adquiera la propiedad de la cosa, pues se vulneraría la prohibición del pacto comisorio, revelándose la "venta en garantía" como un negocio en fraude de ley (art. 6.4.º Cód. civ.). Igualmente, en la de 4-12-2002: "En definitiva, en el caso de autos, se trata de venta en garantía de un préstamo, pues la causa fiduciae no es propiamente la enajenación llevada a cabo, sino el afianzamiento que se pretende del débito mediante una compraventa que convierte al fiduciario en solo propietario formal dada su posición principal de acreedor (aparente comprador), en tanto que el fiduciante es el deudor y obligado al préstamo que contrajo, actuando en el negocio como aparente vendedor, por lo que el fiduciario lo que ha de pretender es la devolución de préstamo garantizado, pero sin que acceda a su patrimonio de modo definitivo el derecho de propiedad, al no ser esa la finalidad del negocio concertado, sin perjuicio del derecho de retención que la doctrina jurisprudencial le reconoce (sentencias de 8-3-1988, 7-3-1990, 30-1-1991, 6-7-1992, 5-7-1993, 22-2-1995, 2-12-1996, 13-5 y 4-7-1998, 15-6 y 16-11-1999). Y es que, no se dude, la razón de esa doctrina radica en que, en rigor, si se admite que por el incumplimiento de sus obligaciones por parte del vendedor-fiduciante, se produce ese efecto traslativo de propiedad a favor del comprador, se está, crasamente, infringiendo la clásica prohibición del pacto comisorio, el que, sin una expresiva regulación en nuestro Código Civil —salvo la línea sancionadora de los arts. 1859 y 1884 CC— responde a elementales razones de justicia impeditiva que se permitan supuestos negociales en los que por penurias o carencias económicas, los deu-

dores, en su caso, y en evitación de reclamaciones de sus acreedores, para el pago de sus créditos, se vean forzados a enajenar en contratos de compraventa sus bienes en garantía de pago de esos débitos, con el consiguiente devalúo del precio convenido». (26 julio 2004, rec. 3684/1998)

«Tal como recuerda la sentencia de 15 de junio de 1999, esta Sala ha mantenido la doctrina del negocio fiduciario, en su consideración del doble efecto, real y obligacional, que fue importado incluso en su terminología de la doctrina alemana, pese a ser distintos los presupuestos básicos del Derecho civil en este extremo; pero la doctrina española más especializada discute su autonomía, niega la existencia de la llamada causa fiduciae *y cada vez más lo asimila, en muchos casos, al negocio jurídico simulado, con simulación relativa, cuyo negocio disimulado será válido si reúne los elementos precisos para su validez; la propia jurisprudencia no ha sido ajena a esta evolución y en ocasiones apunta la existencia de la simulación: la sentencia de 6 de julio de 1992 dice que "la actora, propietaria formal, no puede obtener más que la devolución de lo garantizado, pero sin que acceda a su patrimonio de modo definitivo el derecho de propiedad, al no ser esa la finalidad perseguida, que sólo quiso la garantía, sin voluntad de comprar o vender"; la de 5 de abril de 1993 dice: "lo que sitúa el caso que nos ocupa en el ámbito jurídico de la simulación (absoluta o relativa) pero no en el de la fiducia"; la de 22 de febrero de 1995 dice, refiriéndose a un negocio fiduciario, que "no puede integrar en su patrimonio el objeto sobre el que recae como si la titularidad fuese suya y no del fiduciante" y añade: "el instrumento jurídico que se utiliza suele ser el de una compraventa ficticia..."; la de 2 de diciembre de 1996 se refiere expresamente a la "simulación de la (compraventa) referente a los recurrentes..."; la de 19 de junio de 1997, tras exponer la doctrina del contrato fiduciario, declara "ineficaz la compraventa que configura el contrato real del negocio jurídico fiduciario contemplado en el mismo"».* (20 diciembre 2007, LA LEY 224578/2007)

En el contrato de arrendamiento:

«La causa onerosa en el contrato de arrendamiento de cosas viene integrada, para el arrendador, por la prestación consistente en el pago de la renta por parte del arrendatario; y, para éste, por la prestación de uso de la cosa concedido por el arrendador (artículo 1274 Código Civil) de modo que la falta de uso desnaturaliza el propio contrato, y su finalidad, cuando se produce en determinadas condiciones de prolongación en el tiempo». (15 julio 2009, rec. 326/2005, LA LEY 125222/2009)

CONCORDANCIAS

Véanse arts. 618, 622 y 1.261.3.º de este Código.

Artículo 1.275

Los contratos sin causa, o con causa ilícita, no producen efecto alguno. Es ilícita la causa cuando se opone a las leyes o a la moral.

COMENTARIO

1.- Este artículo y los dos siguientes se refieren a los requisitos de la causa, que son la existencia, la licitud y la veracidad. Los dos primeros los trata este mismo artículo. Los expone de forma negativa: los contratos sin causa (existencia) o con causa ilícita (licitud) «no producen efecto alguno».

2.- *Existencia*: la causa debe existir. No hay en nuestro Derecho, negocios jurídicos abstractos. Un contrato sin causa no produce efecto alguno, como dice el texto legal, porque es inexistente. Es el caso de la simulación absoluta.

3.- *Licitud*: la causa debe ser lícita; es ilícita, aclara este artículo, la que es contraria a la ley o a la moral. El contrato con causa ilícita es nulo (art. 6.3).

JURISPRUDENCIA

Sobre la causa ilícita:

«La ejecución de un hecho —contrato de donación en escritura pública— que es calificado en sentencia firme como delito doloso es nulo desde el principio, en estricta aplicación del artículo 1275: la causa debe ser lícita; es ilícita —como dispone esta norma— la que es contraria a la ley —como el caso extremo de ser delictiva— y el contrato con causa ilícita es nulo, en aplicación del artículo 6.3. Como ya decía la sentencia de 13 de marzo de 1997, la ilicitud causal que prevé el artículo 1275, conforme a reiterada doctrina jurisprudencial, supone la concurrencia de causa, pero resulta viciada por oponerse a las leyes o a la moral en su conjunto, cualesquiera que sean los medios empleados para lograr tal finalidad, elevándose el móvil a la categoría de causa en sentido jurídico, ya que aquél imprime a la voluntad la dirección finalista ilícita y reprobable del convenio (SS de 8-2-1963, 2-10-1972, 22-11-1979, 14-3 y 11-12-1986), descansando a su vez la ilicitud de la causa en la finalidad negocial inmoral o ilegal común a todas las partes (SS de 22-12-1981 y 24-7-1993)». (27 marzo 2007, LA LEY 10713/2007) (Doctrina reiterada por la sentencia de 19 febrero 2009, rec. 2236/2003, LA LEY 3312/2009)

«Esta Sala ha sentado la doctrina según la cual cuando el causante quiere favorecer a alguien con una donación en perjuicio de sus legitimarios, encubriendo bajo la apariencia de un contrato oneroso o disimulado una donación, ésta no puede tener eficacia por fundarse en una causa ilícita conforme establece el artículo 1275 del Código civil. Ejemplo de ello se encuentra en la sentencia de 28 febrero 1953 que afirma que "el contrato de compraventa careció de existencia real y no significó más que una estratagema usada por el comprador o por ambos contratantes para eludir los derechos legitimarios que pudieron corresponder a la madre de la causante en la finca vendida, por lo que tampoco como donación en su caso podría tener eficacia, por fundarse en una causa ilícita conforme al artículo 1275 del Código civil, por lo cual tal contrato titulado de compraventa resulta ineficaz para reivindicar el dominio de la finca vendida" (ver asimismo sentencias de 11 diciembre 1957 y 20 octubre 1961). Esta doctrina se ha reiterado y así la sentencia de 20 diciembre 1985 dice que "reiterada y uniforme jurisprudencia de esta Sala, de la que es muestra la sentencia de 20 octubre 1961, y las citadas por la misma, ha establecido la doctrina de que cuando la escritura de compraventa se otorga con la exclusiva finalidad de defraudar los derechos legitimarios de los demás herederos, procede declarar también inexistente el contrato de donación por ser ilícita su causa". Esta doctrina se confirma en las sentencias de 30 junio 1995, 4 mayo 1998, 2 abril 2001, 23 octubre 2002 y 29 julio 2005, si bien esta última de forma indirecta al confirmar la sentencia de la Audiencia, que había declarado la nulidad. Deben distinguirse, además, las donaciones que lesionan la legítima que pueden ser declaradas inoficiosas y aquellas que pueden ser declaradas nulas por tener causa ilícita. Las donaciones encubiertas o disimuladas con la intención de defraudar a los legitimarios pueden ser declaradas nulas por infringir el artículo 1275 del Código civil si tienen causa ilícita, cosa distinta de aquellas que lesionen la legítima, que se regirán por lo dispuesto en los artículos 636 y 654 del Código civil». (20 junio 2007, LA LEY 60940/2007)

«la causa a que se refiere dicho artículo en su apartado tercero, es la razón objetiva, precisa y tangencial a la formación del contrato y que definitivamente determina la realización del mismo; y por ello es lógico que los contratos sin causa, en el antedicho sentido, o con causa ilícita, son ineficaces, ineficacia ésta, que afecta a la totalidad del contrato; y así lo proclama el art. 1275 del mencionado Código Civil; y como consecuencia colateral de lo anterior, el art. 1276 de dicho cuerpo legal, llega a afirmar que la expresión de una causa falsa en un contrato, hace que al surgir la figura delimitada doctrinalmente del contrato simulado, y no disimulado, aquel sea nulo de pleno derecho (STS 17 de abril de 1997). Pues bien, en el caso se simuló el traspaso, cumpliendo sus formalidades, y se constituyó una sociedad mercantil como medio para este fin con el único objeto de que los arrendatarios pudieran continuar en la explotación del negocio más allá del plazo previsto para el mismo y evitar de esa forma su resolución por expiración del término. La declaración de simulación contractual, como la determinación de los elementos esenciales del contrato, constituye una cuestión que tiene, ante todo, un componente de hecho que debe ser apreciado por los tribunales en función del resultado de la prueba, debiendo ser respetada en esta sede su valoración y la resultancia probatoria obtenida sobre este particular, salvo que la parte recurrente logre desvirtuarla a través del estrecho cauce que abre la denuncia del error de derecho en la valoración de la prueba (STS 22 de marzo de 2007 y las que se citan en el mismo sentido)». (27 junio 2007, LA LEY 60907/2007)

«esta Sala ha dicho reiteradas veces que la nulidad por ilicitud de la causa radica en la finalidad inmoral o ilegal común a todas las partes [Sentencias de 7 de febrero de 1963, 2 de octubre de 1972, 22 de septiembre de 1979, 22 de diciembre de 1981, 14 de marzo y 11 de diciembre de 1986 (LA LEY 11667-JF/0000), 29 de julio de 1993 (LA LEY 30901-JF/0000), 13 de marzo (LA LEY 4500/1997) y 14 de junio de 1997 (LA LEY 7594/1997), 7 de febrero de 2000 (LA LEY 5727/2000), 11 de diciembre de 2001 (LA LEY 2253/2002), etc.]: La sentencia de 2 de diciembre de 1981, para apoyar la posición que presenta la ilicitud de la causa ex artículo 1275 CC, dice que descansa en una finalidad negocial contraria a la ley o a la moral y común a todas las partes, y que esta exigencia de comunidad de propósitos viene rotundamente impuesta por un texto prestigioso en el Derecho comparado, como es el artículo 1345 del Código civil italiano, al declarar que "el contrato es ilícito cuando las partes se hubiesen decidido a concluirlo exclusivamente por un motivo ilícito común a ambas"». (28 septiembre 2007, LA LEY 146089/2007) (Doctrina reiterada por la sentencia de 2 febrero 2012, rec. 1664/2008)

Sobre la inexistencia de causa. Simulación absoluta:

«la doctrina jurisprudencial ha declarado que es facultad peculiar del Juzgador de instancia la estimación de los elementos de hecho sobre los que ha de basarse la declaración de existencia de la causa o de su falsedad o ilicitud (TS SS 20 Oct. 1966, 11 May. 1970 y 11 Oct. 1985); igualmente la simulación es una cuestión de hecho sometida a la libre apreciación del Juzgador de instancia (TS SS 3 Jun. 1953, 23 Jun. 1962, 20 Ene. 1966, 3 Jun. 1968, 17 Nov. 1983, 14 Feb. 1985, 5 Mar. 1987, 16 Sep. y 1 Jul. 1988, 12 Dic. 1991, 29 Jul. 1993 y 19 Jun. 1997); que la simulación se revela por pruebas indiciarias que llevan al Juzgador a la apreciación de su realidad (TS SS 24 Abr. 1984 y 13 Oct. 1987); que la simulatio nuda es una mera apariencia engañosa (sustancia vero nullam) carente de causa y urdida con determinada finalidad ajena al negocio que se finge (TS S 19 Jul. 1984); que el contrato simulado se produce cuando no existe la causa que nominalmente se expresa, por responder a otra finalidad jurídica (TS S 1 Jul. 1989); que la simulación implica un vicio en la causa negocial (TS S 18 Jul. 1989); que en ningún sitio consta dicho por esta Sala que la simulación no se puede declarar si no se prueba una finalidad defraudatoria (TS S 15 Mar. 1995); que el negocio con falta de causa es inexistente (S 23 May. 1980); que la falsedad de la causa equivale a su no existencia y, por consiguiente, produce también la nulidad del negocio, en tanto no se pruebe la existencia de otra verdadera (TS S 21 Mar. 1956); que la

simulación absoluta da lugar a un negocio jurídico que carece de causa y éste es el caso de la compraventa en que no ha habido precio». (31 diciembre 1999, LA LEY 2073/2001) (Doctrina reproducida por la de 6 junio 2000 LA LEY 1096/2001, 17 febrero 2005, rec. 3823/1998 y 20 octubre 2005, rec. 1424/1999)

«El problema más importante que plantea la apreciación de la denominada simulación de insolvencia es la de su prueba, dificultad acrecentada por el natural empeño que ponen los contratantes en hacer desaparecer todos los vestigios de la simulación y por aparentar que el contrato es cierto y efectivo reflejo de la realidad (SS 13 octubre 1987, 5 noviembre 1988, 27 noviembre 2000), y por ello, la doctrina de esta Sala admite como suficiente la prueba de presunciones, la cual se configura en torno a un conjunto de indicios, que si bien tomados individualmente pueden no ser significativos, e incluso cabe que sean equívocos, sin embargo, en conjunto, y en relación con las circunstancias, son reveladores de la actuación simulatoria. Y en tal orden se han tomado en cuenta entre otros aspectos fácticos la existencia de causa simulandi (tratar de sustraer el bien a una ejecución), relación de parentesco próximo entre los intervinientes en la operación; precio irrisorio; carencia de prueba de pago del precio; falta de capacidad económica del adquirente, etc. (sentencias, entre otras, 29 diciembre 2000 y 25 septiembre 2003)». (11 febrero 2005, rec. 3641/1998)

«Es constante la jurisprudencia de esta Sala al proclamar que la simulación contractual da lugar a la nulidad absoluta o radical del contrato simulado pues falta en el mismo la causa como elemento fundamental exigido por el artículo 1261.3 del Código Civil; nulidad radical, sin posibilidad de sanación posterior, que resulta predicable tanto en los supuestos de simulación absoluta como en los de simulación relativa, si bien en este último caso referida al contrato simulado bajo cuya apariencia pudiera encubrirse otro fundado en una causa verdadera y lícita (artículo 1276 Código Civil). Como consecuencia de ello la acción para pedir la declaración de nulidad del contrato simulado no está sujeta en su ejercicio a plazo de caducidad o de prescripción alguno, pues lo que no existe no puede pasar a tener realidad jurídica por el transcurso del tiempo. De ahí que en tales caso no pueda acudirse a las normas que sobre la nulidad contractual (rectius *anulabilidad) establecen los artículos 1300 y 1301 del Código Civil, pues ya el primero se refiere de modo expreso a "los contratos en que concurran los requisitos que expresa el artículo 1261", los cuales, siendo existentes, pueden ser anulados cuando adolezcan de alguno de los vicios que los invalidan con arreglo a la ley».* (22 febrero 2007, LA LEY 3266/2007) (Doctrina reiterada literalmente por la sentencia 18 marzo 2008, LA LEY 31394/2008)

«No es lo mismo la ineficacia consistente en inexistencia por simulación absoluta, que es absoluta, insubsanable y ex tunc, *que la consistente en rescisión, que es una ineficacia relativa, en el sentido de que alcanza tan sólo al acto en cuanto perjudica al acreedor».* (12 marzo 2008, rec. 5568/2000)

«de la falta real de precio en la compraventa "se deriva la consecuencia jurídica de simulación absoluta que implica la inexistencia del contrato por falta del elemento esencial de la causa (así, Sentencias de 30 octubre 1985, 16 abril 1986, 5 marzo 1987, 29 septiembre 1988, 16 junio 1989, 1 octubre 1990, 1 octubre 1991, 23 julio 1993, 16 marzo 1994)"; a lo que cabe añadir, con la sentencia de 13 marzo 1997, que la falta absoluta de causa no admite condicionante alguno "pues lo que no existe no puede generar consecuencia alguna de licitud o ilicitud". Es cierto que las partes estaban guiadas por una finalidad ilícita al celebrar los referidos contratos —sustraer los bienes a la posible acción de los acreedores del vendedor— pero esa finalidad no dota de causa al contrato de compraventa en el que ambas partes convienen que no ha de existir transferencia de la propiedad de la cosa al comprador ni pago de precio alguno por parte de éste». (14 noviembre 2008, rec. 74/2003, LA LEY 22601/2008)

«si según el art. 1274 CC en los contratos onerosos se entiende por causa, para cada parte contratante, la prestación o promesa de una cosa o servicio por la otra parte, no cabe duda alguna de que el propio contenido del documento de compraventa litigioso muestra ya un desequilibrio tan notable, a favor del vendedor, que la prueba practicada ha terminado por explicarlo en cuanto carente de cualquier voluntad real de vender la finca y transmitir su propiedad al comprador para, en cambio, constituir una posible fuente de enriquecimiento al margen de la compraventa de la finca... ... la causa de la compraventa no la integra sólo el precio pactado, como el actor-recurrente parece sostener en el motivo tercero, sino también, para el comprador, la entrega de la cosa, y del conjunto de los hechos probados se infiere que ni el hoy recurrente tuvo nunca voluntad de entregar la finca para transferir su propiedad a la sociedad compradora ni ésta tenía ningún propósito de adquirirla». (13 noviembre 2009, rec. 611/2005, LA LEY 226665/2009)

«Es decir, no hay unos actos concluyentes e inequívocos que hayan producido una situación jurídica vinculante, ni un comportamiento que haya fijado una determinada situación jurídica; simplemente, se produjo una compraventa con simulación absoluta, inexistente por falta de causa (por lo que no hay infracción de los artículos 1274 y 1275 del Código civil y, posteriormente, se elimina tal inexactitud jurídica y se vuelve al estado anterior sin que aparezca la vulneración denunciada de la doctrina jurisprudencial de los actos propios ni, por tanto, del artículo 7,1 del Código civil». (1 julio 2011, rec. 509/2007, LA LEY 111559/2011)

Vid. la jurisprudencia relacionada en el art. 633 acerca de la compraventa simulada con simulación relativa que encubre una donación disimulada.

CONCORDANCIAS

Véanse arts. 767, 1.305 y 1.306 de este Código.

Artículo 1.276

La expresión de una causa falsa en los contratos dará lugar a la nulidad, si no se probase que estaban fundados en otra verdadera y lícita.

COMENTARIO

1.- El anterior artículo se refería a los requisitos de la causa de existencia y licitud. Este se refiere al de veracidad: la causa del contrato debe ser verdadera, no debe ser falsa. Esta falsedad de la causa admite dos sentidos: el primero es al que se refiere este artículo, como requisito de la causa, elemento esencial del contrato, que es la que se contrapone a causa verdadera; el segundo sentido es el de una causa verdadera, pero que adolece de un error, como vicio del consentimiento: lo cual no es un tema de requisito de la causa como elemento del contrato, sino una cuestión atinente a los vicios del consentimiento y a la que se refiere explícitamente el art. 1301: este error-vicio, que da lugar a la falsedad de la causa no provoca más que la anulabilidad del contrato.

Es sólo el primer sentido el que se tiene en cuenta en este artículo 1.276 como requisito de la causa: causa falsa, contrapuesta a causa verdadera.

2.- El contrato con causa falsa es inexistente, por ser equiparable al requisito de la existencia. Pero si la causa falsa disimula una verdadera y ésta reúne todos los requisitos, será válido el contrato disimulado. Así, el contrato simulado, con causa falsa, es inexistente; y el contrato disimulado, con causa existente, verdadera y lícita, es válido. Es el caso de la simulación relativa.

JURISPRUDENCIA

Sobre la expresión de una causa falsa en el contrato:

«sobre la expresión de una causa falsa en el contrato se pronuncia la sentencia de 4 de febrero de 1995 cuando manifiesta lo siguiente: "la expresión de una causa falsa en el contrato no puede acarrear la nulidad del mismo, si se prueba que estaba fundada en otra verdadera y lícita (artículo 1276 del Código Civil), que es lo ocurrido en el presente caso, pues si bien en la cláusula litigiosa se expresa (con evidente imprecisión técnica) que la prestación dineraria se hace como contraprestación por el uso y disfrute del inmueble, lo cierto y verdad es, como así lo declara probado la Sala a quo y aqui ha de mantenerse invariable, que la real y verdadera causa de dicha prestación dineraria es la de compensar el desequilibrio económico existente entre las adjudicaciones de bienes concretos que los ex-esposos aqui litigantes se hicieron al liquidar la sociedad de gananciales"». (17 febrero 2005, rec. 3823/1998)

Sobre la causa falsa. Simulación relativa:

«si bien es cierto que entre el negocio fiduciario y el afectado de simulación relativa (artículo 1276 del Código Civil), existe convergencia en cuanto a la discordancia que presentan entre las voluntades declaradas y las internas (sentencia de 15-6-1999), tampoco concurre aquí situación de simulación relativa, resultando acertada la declaración del Tribunal de Apelación en esta cuestión, y a que la simulación relativa se da cuando el negocio aparente o simulado encubre otro real o disimulado, el que ha de reunir todos los requisitos legales para reputarse válido y entre ellos que se dé causa verdadera y lícita y las condiciones formales precisas y de exigencia». (11 febrero 2005, rec. 4671/1998)

«negocio fiduciario, que envuelve una doble fiducia (la llamada cum amico, para figurar ante terceros el fiduciario como auténtico titular, cuyo presunto derecho no podría ser perseguido en la Suspensión de Pagos, ni por otros acreedores del deudor fuera de ésta, y la denominada cum creditore, para poder obtener "limpiamente" también, libre de posibles cargas anteriores, un crédito, con cuyo producto se podía pagar el precio del remate de la subasta). Este planteamiento doctrinal, amparado en una doctrina recogida ya hace tiempo por esta Sala, no es del todo correcto, habiéndose esta jurisprudencia retirado de la misma, apreciando que en realidad se trata el caso como el aquí ocurrido, de un contrato simulado, pero no absolutamente (con lo cual sería nulo, por falta de causa: art. 1276 CC), sino en forma relativa, que encubre otro disimulado, que es lícito y existente, en cuanto tenga otra causa "verdadera y lícita"». (7 julio 2005, rec. 482/1999)

«La sentencia dictada por la Audiencia reconoció la existencia de causa donandi *en los negocios jurídicos litigiosos, que aparecía encubierta en las "compraventas" que en el año 1997 efectuó doña D. a favor de sus hermanas sobre parte de las acciones de la entidad P. e I. C. N., S. A. para completar la redistribución de acciones entre sus descendientes por parte de don Alexander, lo que efectuó siguiendo las indicaciones de éste; compraventas sobre cuya simulación, en este caso relativa, no se ha discutido y respecto de las que sí se ha hecho una correcta aplicación de lo dispuesto en el artículo 1276 del Código Civil».* (28 enero 2009, rec. 2497/2003, LA LEY 1897/2009)

*«La simulación relativa (*simulatio non nuda*) constituye un supuesto de anomalía de la causa; es decir, comporta la expresión de una causa falsa cuando en realidad el resultado*

contractual querido y ocultado se funda en otra causa verdadera, suficiente y lícita (artículo 1276 del Código Civil), de modo que, descubierta la simulación, cambia la efectividad de la presunción sobre la causa, pues ya no se presume su existencia y licitud ni recae sobre el deudor la carga de probar su inexistencia (artículo 1277). En tal caso, de conformidad con lo dispuesto por el artículo 1276 del Código Civil, demostrada la simulación, ésta se presume absoluta y frente a dicha presunción legal habrá de probarse la existencia del negocio disimulado y que su causa es verdadera y lícita». (29 diciembre 2011, rec. 654/2008, LA LEY 269494/2011)

Véase asimismo la jurisprudencia relacionada en el artículo anterior y, como en éste se menciona, la relacionada en el art. 633 sobre compraventa simulada, simulación relativa que encubre una donación disimulada.

CONCORDANCIAS

Véase art. 767 de este Código.

Artículo 1.277

Aunque la causa no se exprese en el contrato, se presume que existe y que es lícita mientras el deudor no pruebe lo contrario.

COMENTARIO

1.- Los requisitos de la causa, como elemento esencial del contrato, de existencia y licitud están expresados en el art. 1275. Este art. 1277 añade a los mismos la presunción de que concurren, presunción iuris tantum, que admite prueba en contrario.

2.- Procesalmente, juega como una abstracción procesal que lleva a la inversión de la carga de la prueba (el que mantenga que falta alguno de los requisitos, sufre la carga de su prueba) y materialmente implica una titularidad negocial, mientras no se destruya.

JURISPRUDENCIA

Sobre la presunción iuris tantum de causa:

«*La declaración de quien ocupa la posición de deudor en una anterior relación de obligación, o la coincidencia de las dos partes de la misma (cual sucede en el caso litigioso), para exteriorizar la voluntad de fijar el contenido de ese precedente vínculo y de entenderlo y cumplirlo en los términos reconocidos, da vida a un negocio de segundo grado que no está liberado en nuestro Código Civil de la necesidad de causa (artículos 1261.3.º y 1275), de modo que sin ella o con abstracción de ella no puede tener validez. Pero resulta favorecido con la presunción iuris tantum de la existencia y licitud de la misma, aunque no resulte expresada (artículo 1277). Esa llamada abstracción procesal o presunción de existencia y licitud de causa, que no es otra que la de la obligación reconocida y precedente, se traduce en un desplazamiento del tema necesitado de prueba y en una inversión de la carga de probar. La sentencia de 1 de marzo de 2002 señala que en la técnica procesal se razona que el artículo 1277 produce una inversión o desplazamiento de la carga de la prueba como consecuencia de la presunción legal (de naturaleza iuris tantum), aunque un sector doctrinal prefiera hablar de regla especial de prueba por no concurrir en la construcción legal todos los elementos estructurales que configuran la presunción*». (14 junio 2004, rec. 2160/1998) *«el artículo 1277 del Código Civil presume que la causa del contrato existe y es lícita mientras el deudor no pruebe lo contrario. Como precisa la sentencia de 1 de marzo de 2002, la norma sanciona una abstracción procesal que dispensa de probar a quien invoca la existencia del contrato y, con inversión o desplazamiento de la carga de la prueba, hace recaer el onus sobre quien la niega. Sin embargo, sólo se trata de una presunción legal de naturaleza no iuris et de iure, sino iuris tantum, que, como tal, admite prueba en contrario, de modo que no puede entenderse infringida cuando, como hizo el Tribunal de apelación, la declara destruida tras valorar la prueba»*. (23 febrero 2005, rec. 3907/1998)

«artículo 1277 CC presume que existe y es lícita mientras el deudor no pruebe lo contrario, tratándose la apreciación de la existencia o inexistencia de causa en los contratos o la concurrencia de causa falsa de una cuestión de hecho, que deja gran libertad a los Tribunales de instancia para su apreciación, cuya conclusión probatoria ha de ser mantenida invariable en este recurso, a no ser que la misma sea desvirtuada por el medio impugnatorio adecuado». (14 diciembre 2005, rec. 1595/1999)

«La jurisprudencia ha venido entendiendo el artículo 1277 CC como una regla procesal que supone la inversión de la carga de la prueba (Sentencias de 26 de febrero de 1987, 11 de julio de 1992, 21 de julio de 1994, 21 de mayo de 2001, etc.) y traslada la demostración de la falta de causa a quien la invoca (Sentencias de 25 de noviembre de 1983, 11 de febrero de 1992, 20 de marzo y 27 de junio de 1996, 18 de octubre de 1997, etc.), pero también ha subrayado el carácter iuris tantum *de la presunción (Sentencias de 5 de abril y 23 de julio de 1994, 30 de julio y 30 de diciembre de 1996, etc.) y su carencia de efectos cuando el resultado probatorio arroja la conclusión contraria (Sentencias de 25 de junio de 1969, 12 de diciembre de 1983, 2 de febrero de 1984, 26 de febrero de 1987, 26 de septiembre de 1991, 11 de junio de 1992)»*. (2 marzo 2007, LA LEY 9675/2007)

«El art. 1.277 CC recoge lo que se denomina "abstracción procesal". Se entienda que es una presunción legal iuris tantum*, como sostiene una parte de la doctrina y vienen manteniendo numerosas Sentencias de esta Sala, —aunque la formulación normativa no se avenga con la exigencia estructural por falta de la afirmación base—, que acarrea lo que se considera un desplazamiento o inversión de la carga de la prueba, o bien se entienda que se trata de una regla especial de carga de la prueba, como mantiene otro sector doctrinal y también se ha aludido en alguna Sentencia de este Tribunal, lo cierto es que, en todo caso, el tema, como se plantea, es de carácter procesal»*. (21 diciembre 2009, rec. 2540/2004, LA LEY 247492/2009)

Es un supuesto de presunción de causa, el reconocimiento de deuda: véase la jurisprudencia sobre el mismo relacionada en el art. 1091.

CAPÍTULO III
DE LA EFICACIA DE LOS CONTRATOS

Artículo 1.278

Los contratos serán obligatorios, cualquiera que sea la forma en que se hayan celebrado, siempre que en ellos concurran las condiciones esenciales para su validez.

COMENTARIO

1.- En el Derecho español, desde el Ordenamiento de Alcalá, de 1348 (no antes) se sigue el sistema espiritualista de la contratación, en el sentido de que a la voluntad humana se le da trascendencia jurídica y se la reconoce, sin necesidad de formalismos, fuente de las obligaciones. Así, se admite y da validez el contrato formado por el simple consentimiento.

El Código Civil recoge este sistema en este artículo 1.278, cuya esencia es el *principio de libertad de forma*: declara la fuerza obligatoria del contrato, siempre que concurran sus elementos esenciales (no las «condiciones esenciales»: la palabra condición tiene otro sentido técnico-jurídico), cualquiera que sea la forma.

2.- Todo contrato tiene una forma, entendiendo por tal la manera externa de manifestarse el mismo. Pero no puede decirse que sea elemento del contrato, sino que la declaración, sobre un objeto y con una causa, se manifiesta externamente; de no manifestarse, ni siquiera sería tal declaración, sino mera intención o propósito interno.

Pero la forma, una forma determinada, es un posible cuarto elemento del contrato. En efecto, algunos contratos precisan una forma impuesta por la ley (o incluso por voluntad de las partes si así lo han pactado expresamente) como elemento del mismo, de modo que hasta que la forma se cumpla —con los demás elementos, claro está— no se llega a la perfección y, de no cumplirse, el contrato es inexistente. Es la llamada forma *ad solemnitatem* y son los llamados contratos formales.

En este caso, la forma es el conjunto de solemnidades exteriores que son consideradas como un necesario vehículo de expresión de la voluntad contractual, la cual debe quedar exteriormente revestida con ellas con el fin de que alcance plena validez y eficacia jurídica (verdadera existencia).

JURISPRUDENCIA

«El principio espiritualista que rige nuestro sistema de contratación no impone la exigencia de forma alguna para la validez de los contratos que "serán obligatorios, cualquiera que sea la forma en que se hayan celebrado, siempre que en ellos concurran las condiciones esenciales para su validez" (art. 1278 del Código Civil), y, como dice la sentencia de 30 de mayo de 1983, tales principios inspiradores del susodicho sistema espiritualista que en nuestro Derecho instaura el Ordenamiento de Alcalá y mantiene inalterado el vigente Código Civil». (15 abril 1991, LA LEY 2439/1991)

«es evidente que la forma escrita no es la que da validez al contrato, pues precisamente por ser ya válido, con anterioridad se otorga acción a los contratantes para compelerse recíprocamente a llevarla, conforme prescribe el citado precepto legal». (29 noviembre 1997, LA LEY 11138/1998)

«la exigencia de forma escrita contenida en el último párrafo del artículo 1280 ("también deberán hacerse constar por escrito, aunque sea privado, los demás contratos en que la cuantía de las prestaciones de uno o de los dos contratantes exceda de 1.500 pesetas"), no tiene el alcance de forma solemne con repercusión en la eficacia obligatoria de los contratos, según viene declarando reiteradamente la jurisprudencia de esta Sala, desde las sentencias antiguas de 19 de octubre de 1901, 4 de febrero de 1911, 21 de diciembre de 1925 y 5 de diciembre de 1940, pues, a mayores razones, el artículo 1278 de manera terminante y sin admitir excepción alguna, consagra en nuestro ámbito jurídico una vez más el principio espiritualista del Ordenamiento de Alcalá (sentencia de 27 de febrero de 1999)». (19 febrero 2004, rec. 969/1998)

CONCORDANCIAS

Véanse:
— art. 1.261 de este Código.
— Código de Comercio: art. 51.
— Ley Cambiaria y del Cheque, de 16 de julio de 1985 (*«B.O.E.»,* 19 julio): arts. 99 y 164.

Artículo 1.279

Si la ley exigiere el otorgamiento de escritura u otra forma especial para hacer efectivas las obligaciones propias de un contrato, los contratantes podrán compelerse recíprocamente a llenar aquella forma desde que hubiere intervenido el consentimiento y demás requisitos necesarios para su validez.

COMENTARIO

1.- El art. 1278 proclama el principio de libertad de forma. Tal como se ha comentado, sigue el sistema espiritualista de la contratación, sin perjuicio de que existan excepciones; éstas son de dos tipos: un primer grupo, en que la ley dispone que deben constar en documento público o privado, cuyo efecto lo señala este art. 1279 y un segundo grupo que se halla en dispersos artículos que disponen que la forma es elemento esencial del contrato.

2.- Este art. 1279 establece que a ciertos contratos, la ley puede exigir que consten en documento público o privado, como es el caso, el más importante del art. 1280. Tales contratos deberán reunir los elementos esenciales de consentimiento, objeto y causa, y concurriendo ya todos ellos («desde que hubiese intervenido el consentimiento y demás requisitos necesarios para su validez» dice el texto de este artículo), entonces podrá y deberá cumplirse la forma que exige la ley.

Es decir, se trata de la forma, no como elemento esencial del contrato, sino *ad probationem*: para facilitar la prueba, para inscribirse en un Registro, para asegurar la prelación del crédito, para afectar a tercero, para servir de título de ejecución, etc.

Lo que dispone este artículo es que si la ley exige una forma, documental pública o privada (como el art. 1280) u otra, no será un elemento del contrato, sino que éste existirá cuando concurran consentimiento, objeto y causa, y el efecto que, respecto a la exigencia de forma, dispone este artículo es que las partes contratantes, *podrán compelerse recíprocamente a llenar aquella forma.*

3.- Distinto es el caso en que la ley impone la forma como elemento esencial del contrato. Es la forma *ad solemnitatem*, en que, si no concurre, el contrato es inexistente: es el supuesto de la donación; el Código lo establece en otros supuestos, que son de contratos, como condonación expresa (art. 1187), capitulaciones matrimoniales (art. 1327); también se establece para la constitución de ciertos derechos reales, como la hipoteca (art. 1875) y la enfiteusis (art. 1628).

En los supuestos no contractuales, la falta de escritura pública impide la existencia del acto o derecho, aunque las partes quedan ligadas entre sí. En los supuestos de contrato en que se exige forma *ad solemnitatem*, mientras no se dé ésta, el contrato no existe.

JURISPRUDENCIA

«el artículo 1279 establece que "si la ley exigiere el otorgamiento de escritura u otra forma especial para hacer efectivas las obligaciones propias de un contrato, los contratantes podrán compelerse recíprocamente a llenar aquella forma desde que hubiese intervenido el consentimiento y demás requisitos necesarios para su validez", y el artículo 1280.1 dispone que deberán constar en documento público "los actos y contratos que tengan por objeto la creación, transmisión, modificación o extinción de derechos reales sobre bienes inmuebles". De ahí que ejercida por la parte demandante la acción prevista en el citado artículo 1279 del Código Civil tanto frente a la mandataria, para el supuesto de que se entendiera que está facultada para ello, como frente a los herederos del vendedor, siendo válido el contrato de compraventa celebrado, la acción habrá de prosperar frente a uno u otro». (29 enero 2007, LA LEY 1053/2007)

«En concreto, la de 12 de mayo de 1994, citada por el recurrente, resume dicha doctrina en los siguientes términos: "el comprador, en un contrato de compraventa perfeccionado, se encuentra legitimado, sin cortapisa de plazo prescriptivo alguno, para solicitar la total ejecución y consumación de lo convenido, y en torno a la cuestión de elevar a escritura pública un documento privado, es doctrina de la Sala que los contratos constituyen un todo orgánico, supeditadas las cláusulas accesorias a la que forma el núcleo, la obligación principal, causa del concurso de voluntades, y que el pacto de elevar a escritura pública lo convenido en el documento privado es una facultad más que una obligación, aunque no se exprese especialmente, y mientras subsista la vigencia del contrato y el ejercicio de los derechos y obligaciones a que haya dado nacimiento, pervive también el pacto accesorio de poder ser instrumentado públicamente, sin que el no haber hecho uso de ella enerve la acción que corresponda (Sentencias, entre otras, de 30 abril 1955; 9 mayo 1970; 12 febrero 1975 y 14 febrero 1986)"». (10 octubre 2011, rec. 676/2008, LA LEY 189957/2011)

Artículo 1.280

Deberán constar en documento público:

1.º Los actos y contratos que tengan por objeto la creación, transmisión, modificación o extinción de derechos reales sobre bienes inmuebles.

2.º Los arrendamientos de estos mismos bienes por seis o más años, siempre que deban perjudicar a tercero.

3.º Las capitulaciones matrimoniales y sus modificaciones.

4.º La cesión, repudiación y renuncia de los derechos hereditarios o de los de la sociedad conyugal.

5.º El poder para contraer matrimonio, el general para pleitos y los especiales que deban presentarse en juicio; el poder para administrar bienes, y cualquier otro que tenga por objeto un acto redactado o que deba redactarse en escritura pública, o haya de perjudicar a tercero.

6.º La cesión de acciones o derechos procedentes de un acto consignado en escritura pública.

También deberán hacerse constar por escrito, aunque sea privado, los demás contratos en que la cuantía de las prestaciones de uno o de los dos contratantes exceda de 1.500 pesetas.

COMENTARIO

1.- El presente artículo, que, para su mejor comprensión, debería estar colocado antes del 1279, dispone que «deberán constar...» en documento público, en el primer párrafo y en documento privado, en el último. El sentido de esta imposición legal es el que señala el anterior artículo; simplemente, que las partes «podrán compelerse recíprocamente a llenar aquella forma».

2.- En su primer párrafo exige, en el sentido dicho, documento público para dos tipos de contratos, el que recaiga sobre un derecho real (de propiedad u otro) sobre cosa inmueble y el de arrendamiento de bien inmueble por más de seis años (adviértase que este plazo que se contenía en la Ley Hipotecaria para su inscripción en el Registro de la Propiedad, ha desaparecido por la disposición adicional 2.ª de la Ley de Arrendamientos Urbanos de 24 noviembre de 1994 y ahora es inscribible todo contrato de arrendamiento de bien inmueble, según el nuevo art. 2, número 5.º LH).

Exige asimismo documento público para otros actos o negocios jurídicos que no son contratos: capitulaciones matrimoniales, que está en contradicción con el art. 1327 que exige escritura pública como forma *ad solemnitatem*, elemento esencial de este negocio jurídico, por lo que debe entenderse este número 3.º del art. 1280 como vacío de contenido; disposición de derechos de la sociedad conyugal (debe entenderse, comunidad de gananciales) y de derechos hereditarios, cuyo detalle se encuentra en otros artículos; ciertos poderes de representación; y la cesión de acciones o derechos procedentes de un acto consignado en escritura pública.

Hay que tener en cuenta que el concepto de documento público (art. 1216) es más amplio que el de escritura pública, aunque ésta es el más importante y frecuente de los documentos públicos.

3.- El último párrafo exige, también en el mismo sentido de poder «compelerse recíprocamente a llenar aquella forma», documento privado («deberán hacerse constar por escrito, aunque sea privado») para todo contrato cuya cuantía sea superior a 1.500 pts. Esta cifra, que no ha sido modificada desde que se promulgó el CC (año 1889) en cuyo tiempo era considerable, hoy es ridícula y podía sustituirse este precepto por la facultad de exigir forma escrita a todo contrato.

4.- La cesión de todo o parte de la herencia es negocio jurídico que no precisa de forma ad solemnitatem, como elemento esencial. El artículo 1280.4.º del Código civil impone que deberá constar en documento público pero al ponerse en relación esta norma con la del artículo 1279 aquella exigencia no significa otra cosa que la facultad de las partes de compelerse recíprocamente a llenar aquella forma y eso es lo planteado en este proceso y resuelto adecuadamente por las sentencias de instancia. Y, en todo caso, es una forma ad probationem, no esencial para el negocio jurídico.

JURISPRUDENCIA

«las normas del artículo 1.280 y de los dos que le preceden no comportan exigencias de formalidades ad solemnitatem, sino tan sólo ad probationem; de suerte que puede pronunciarse la existencia de un contrato sin que imperiosamente tenga que basarse en una constatación escrita (sentencia de 3 de febrero de 1987 y otras), ya que en nuestro ordenamiento positivo rige un sistema espiritualista, hasta el extremo de que, salvo excepciones, ninguna forma es exigida para la validez de los contratos». (27 enero 1995, LA LEY 337/1995)

«Es reiterada la doctrina de esta Sala de que la exigencia del art. 1280 no tiene el alcance de forma ad solemnitatem, *y que no ha de contemplarse de forma aislada sino en relación con los arts. 1254 y 1255 (sentencias de 9 de diciembre de 1977 y 27 de enero de 1995)».* (27 febrero 2007, LA LEY 6597/2007)

Véase la sentencia de 19 febrero 2004, rec. 969/1998, recogida en el artículo 1278.

Véase también la sentencia de 16 junio 2011 (rec. 1717/2007, LA LEY 98655/2011) relacionada en el artículo 1.271 sobre cesión de la herencia.

CONCORDANCIAS

Véanse arts. 120.1.º, 317, 633, 707, 1.327, 1.331, 1.628, 1.667 y 1.875 de este Código.
— Véase Ley Hipotecaria, de 8 febrero 1946 *(«B.O.E.»,* 29 mayo): art. 2.1.º y 2.º.
— art. 1.549 de este Código.
— Ley Hipotecaria, de 8 febrero 1946 *(«B.O.E.»,* 29 mayo): art. 2.5.º.
— arts. 1.327, 1.331 y 1.332 de este Código.
— Ley del Registro Civil, de 8 junio 1957 *(«B.O.E.»,* 10 junio): art. 77, párrafo 1.º.
— Reglamento del Registro Civil, de 14 noviembre 1958 *(«B.O.E.»,* 11 diciembre): arts. 264 y 265.
— Véase art. 1.008 de este Código.
— Véase art. 55 de este Código.
— Texto vigente según Ley 11/1981, 13 mayo *(«B.O.E.»,* 19 mayo).

CAPÍTULO IV
DE LA INTERPRETACIÓN DE LOS CONTRATOS

Artículo 1.281

Si los términos de un contrato son claros y no dejan duda sobre la intención de los contratantes se estará al sentido literal de sus cláusulas.

Si las palabras parecieren contrarias a la intención evidente de los contratantes, prevalecerá ésta sobre aquéllas.

COMENTARIO

1.- Los arts. 1281 a 1289 están dedicados a la interpretación de los contratos. Esta es la labor de averiguación y comprensión de su sentido y alcance; lo cual será de las declaraciones de voluntad de una y otra parte que forman el consentimiento (vid. el comentario al art. 1262).

La interpretación, pues, averigua cuál sea la verdadera intención de las partes contratantes, pero al ser dos intenciones y sus respectivas declaraciones, contrapuesta, deben relacionarse con los principios de la confianza y de la autorresponsabilidad, principios derivados de la buena fe, que imponen limitaciones a una interpretación puramente subjetiva y exigen, si es preciso, una interpretación objetiva, De lo cual se deduce la típica dificultad de la interpretación de los contratos (negocio jurídico *inter vivos*), que es muy distinta que en la de los testamentos (negocio jurídico *mortis causa:* en éstos el único sujeto cuya declaración debe ser interpretada es el testador que ha fallecido ya, mientras que en la interpretación de los contratos, debe averiguarse el sentido y alcance de la voluntad concorde y contrapuesta de las partes contratantes tal como fue declarada. Por tanto, averiguación y comprensión del sentido y alcance del consentimiento, que es la coincidencia de las dos declaraciones, el cual representa la voluntad concorde de las partes.

2.- El punto de partida de la interpretación del contrato es la letra del mismo, cuando haya sido redactado por escrito. El primer párrafo de este art. 1281 dispone que se ha de atender, en primer lugar, a la *interpretación literal*, cuando el texto del contrato sea claro. Sin embargo, no se acepta el aforismo *in claris non fit interpretatio*: lo que realmente significa es que cuando una cláusula es clara, no hay que investigar más ni pretender acudir a una supuesta voluntad real de las partes, pero para saber que es clara, hay que haberla interpretado; se trata de impedir que, bajo pretexto de interpretación, sea tergiversada una declaración de voluntad realmente clara; pero no de evitar la interpretación, para saber si es de verdad clara.

3.- El segundo párrafo de este artículo se refiere a la *interpretación lógica*, que busca la voluntad real si ésta es contraria a la literalidad. Si hay duda o contraposición de la literalidad con la voluntad real de los contratantes, hay que acudir a la interpretación lógica, en busca de la voluntad real, la verdadera intención de los contratantes.

JURISPRUDENCIA

Concepto general:

«La interpretación contractual tiene como finalidad la investigación de la verdadera y real voluntad de los contratantes para establecer el alcance y contenido de lo pactado fijando las obligaciones asumidas por cada uno de ellos en la relación contractual (sentencias

de 15 de diciembre de 1992 y 8 de junio de 2000, entre otras); es también doctrina constate de esta Sala —últimamente, y por todas, las de 6 de febrero, 14 de junio y 20 de octubre de 1981— que puede distinguirse la interpretación de un contrato de la apreciación de los hechos, pues la operación de interpretación se desdobla en dos partes: por un lado el Tribunal a quo fija los hechos a través de la actividad de valoración de las pruebas practicadas, mas luego de esa fase y operando sobre los hechos así fijados pasa a aplicarles las normas contenidas en los artículos sobre hermenéutica (sentencia de 23 de diciembre de 1982); la apreciación de las pruebas se refiere a la fijación de los hechos por el órgano judicial, mientras que la interpretación constituye una actividad fundamentalmente jurídica, o quaestio iuris, recayente sobre los hechos ya fijados». (2 febrero 2005, rec. 3514/1998) (Doctrina reiterada por la sentencia de 30 de marzo 2007, LA LEY 11509/2007)

«no es admisible la cita del artículo 1281 del Código Civil sin especificar cuál de sus dos párrafos es el que se considera conculcado por la sentencia recurrida ya que, dado el criterio interpretativo que en cada uno de ellos se sienta, es claro que no pueden ser infringidos ambos en el mismo sentido: el primero contempla la interpretación literal y el segundo y los artículos 1282 y 1283 la intencional». (28 septiembre 2006, LA LEY 110195/2006)

«Afirma la sentencia de 30 de noviembre de 2005 que "El art. 1281 del Código Civil recoge y proclama las grandes normas de la hermenéutica contractual, que doctrinalmente pueden resumirse en tres principios esenciales, como son: a) el principio de tomar en cuenta la voluntad común de las partes contratantes; b) el principio de autorresponsabilidad de dichas partes contratantes; y c) el principio de confianza, buena fe en ellas (sentencia del Tribunal Supremo de 6 de febrero de 1998). En igual sentido la sentencia de 3 de julio de 2002. La interpretación contractual tiene como finalidad la investigación de la verdadera y real voluntad de los contratantes para establecer el contenido y alcance de lo pactado fijando las obligaciones de cada uno de ellos en la relación contractual (sentencia del tribunal Supremo de 15 de diciembre de 1992)». (10 octubre 2006, LA LEY 110224/2006)

«En lo que se refiere a la interpretación de los contratos esta Sala mantiene reiteradamente que se trata de una función que, en principio, corresponde a la instancia y no es revisable en casación. Así la sentencia de 16 abril 2008, cuya doctrina recoge la de 14 de mayo de 2009, sostiene que "la interpretación de los contratos corresponde al tribunal de instancia y no puede ser revisada en casación en tanto no se demuestre su carácter arbitrario o irrazonable o la infracción de uno de los preceptos que deben ser tenidos en cuenta en la interpretación de los contratos" (entre otras, SSTS de 22 de octubre de 2005, 18 de septiembre de 2006, 18 de mayo de 2006, 12 de mayo de 2006, 17 de noviembre de 2006, rec. 3510/1997, 22 de diciembre de 2006, 27 de septiembre de 2007, rec. 3520/2000, 30 de marzo de 2007, rec. 474/2000)... ... en el supuesto ahora examinado cabe considerar que la interpretación llevada a cabo por la Audiencia sobre el referido contrato de disolución de condominio no resulta acorde con la lógica y conduce a un resultado irrazonable, en cuanto se aparta no sólo de la literalidad de los términos empleados por las partes sino, además, de la evidente intención que llevó a las mismas a suscribir el documento, con clara vulneración de lo establecido en los artículos 1281 y 1282 del Código Civil». (6 noviembre 2009, rec. 1051/2005, LA LEY 212167/2009)

«La labor interpretativa, de averiguación y comprensión del sentido y alcance del contrato, descansa en un conjunto complementario y subordinado de normas (artículos 1281 a 1289 CC) de entre las cuales goza de prevalencia la regla contenida en el artículo 1281.1 CC, que obliga a interpretar el contrato según el sentido literal de los términos en que están redactadas, siempre que sean claros y no surjan dudas sobre la verdadera intención de los contratantes (SSTS de 29 de enero de 2010, RC n.º 1985/2005, y las que en ella se citan). Por el contrario, de existir dudas, esto es, si del significado gramatical de las palabras empleadas pudiera colegirse que entran en contradicción con la verdadera intención de los

contratantes, ha de ser ésta la que debe prevalecer (artículo 1281.2 CC), de manera que no puede conformarse el órgano judicial con el sentido gramatical, y, sirviéndose de los demás medios exegéticos, ha de indagar la verdadera intención que se esconde detrás, que puede inferirse de las circunstancias concurrentes y de la total conducta de los interesados (artículo 1282 CC), sin olvidar que, por constituir el contrato un todo orgánico e indivisible, las cláusulas que lo integran no pueden interpretarse aisladamente sino unas por las otras, a fin de atribuir a las dudosas el sentido que resulta del conjunto de todas (1285 CC)». (14 febrero 2011, rec. 529/2006, LA LEY 5497/2011)

«que los artículos 1.281 a 1.289 del Código Civil no contienen meras reglas lógicas o de buen sentido puestas a disposición del intérprete para que libremente se sirva o no de ellas en la búsqueda de la llamada voluntad contractual, sino verdaderas normas jurídicas de las que necesariamente debe aquel hacer uso; que, por ello, la infracción de dichas normas abre el acceso a la casación por la vía que permite el artículo 477, apartado 1, de la Ley de Enjuiciamiento Civil, lo que determina que el control de la interpretación del contrato sea, en esta sede, sólo de legalidad; que por lo tanto, queda fuera del ámbito del referido recurso la revisión del resultado de la labor de investigación del sentido jurídicamente relevante de las declaraciones de voluntad negocial que resulte respetuoso con los imperativos legales que disciplinan la labor del intérprete, aunque no sea el único admisible conforme a éstos; que, en definitiva, el recurso de casación no permite decidir cuál es la interpretación del contrato que resulta mejor o más adecuada a las circunstancias del caso, porque tal tipo de conclusión supondría exceder del ámbito propio del recurso extraordinario e ingerirse en una función soberana de los Tribunales que conocen del proceso en las instancias; que, ello supuesto, los artículos 1281 a 1289 del Código Civil contienen un conjunto de normas con rango distinto de aplicación —un cuerpo subordinado y complementario entre sí—». (7 junio 2011, rec. 416/2008, LA LEY 83100/2011)

«El motivo prospera ya que la sentencia impugnada decide la desestimación de la demanda mediante la invocación de lo dispuesto por el artículo 1281 del Código Civil y la consideración de que lo expresado en las escrituras públicas ha de ser mantenido, siendo así que en las mimas aparece como uno de los compradores el demandado y, en consecuencia, ha de ser tenido como tal. No obstante, antes de proceder a la interpretación de un contrato es necesario determinar su validez cuando es discutida, pues si efectivamente se tratara de un contrato nulo por simulación nada habrá que interpretar». (29 diciembre 2011, rec. 654/2008, LA LEY 269494/2011)

Prevalencia del sentido literal (Párrafo 1.º):

«La interpretación literal se impone cuando la claridad de los términos del contrato no dejan duda sobre la intención de los contratantes y no cabe entren en juego las restantes reglas hermenéuticas contenidas en los artículos siguientes al 1281, que vienen a funcionar con carácter subsidiario respecto a las que proclaman la interpretación literal (SS 16 Dic. 1987, 20 Dic. 1988, 19 Ene. 1990, 10 May. 1991 y 24 Jun. 1993, 1 Mar. 1993 y 21 Abr. 1993, entre otras muy numerosas)». (30 mayo 2000, LA LEY 7753/2000)

«si la claridad de los términos de un contrato no dejan dudas sobre la intención de las partes no cabe la posibilidad de huir del canon de la literalidad en la interpretación hacia la búsqueda de intenciones, motivos o finalidades no expresas. Es doctrina que se deduce, entre otras, de las Sentencias de 23 de enero de 2003, 18 de julio de 2002, 12 de julio y 13 de diciembre de 2001, 18 de mayo y 24 de junio de 1999, etc. La preferencia de las palabras sobre la conducta, cuando aquellas son claras, ha sido también afirmada en muchas otras decisiones (Sentencias de 25 de febrero de 1995, 8 de junio de 2000, 24 de mayo de 2001, etc.), y también se ha dicho que la regla del artículo 1281 CC trata de evitar que so pretexto de una acción interpretativa sea alterada una declaración de voluntad absolutamente clara

(Sentencias de 20 de febrero de 1999, 30 de septiembre de 1993, 9 de julio de 1994, 15 de octubre de 1999, entre otras)». (1 marzo 2007, LA LEY 10707/2007)

«Esta Sala tiene declarado con reiteración que el punto de partida de la interpretación es la letra del contrato, debiendo atender al sentido literal de las cláusulas cuando no dejan dudas sobre la intención de los contratantes (sentencias de 30 mayo 2000, 28 junio 2004, 30 marzo, 9 julio y 13 diciembre 2007, entre otras muchas)». (9 diciembre 2008, rec. 1880/2003, LA LEY 189369/2008)

«Como indica la STS de 30 de marzo de 2007, RC n.º 1474/2000, el objeto de la interpretación contractual se desdobla en dos partes: la fijación de hechos, quaestio facti *[cuestión de hecho], y la aplicación de las normas valorativas o interpretativas o* quaestio iuris *[cuestión de Derecho]; el punto de partida de la interpretación es la letra del contrato, tal como dispone el primer párrafo del artículo 1281 CC (STS de 30 de septiembre de 2003) y, por consiguiente, debe estarse al sentido literal de las cláusulas cuando no dejan dudas sobre la intención de los contratantes (STS de 28 de junio de 2004)».* (1 octubre 2009, rec. 284/2005, LA LEY 184091/2009)

«La jurisprudencia ha sido reiterada al dar prevalencia a la interpretación literal, ya que las demás normas "vienen a funcionar con carácter subsidiario" (sentencia de 30 de mayo de 2000) y frente a aquella "no cabe la posibilidad de huir del canon de la literalidad en la interpretación hacia la búsqueda de intenciones, motivos o finalidades no expresas" (sentencia de 1 de marzo de 2007) "ocupa un lugar jerárquicamente prevalente la contenida en el artículo 1281.1 del Código civil" (sentencia de 18 de julio de 2007)». (29 enero 2010, rec. 1985/2005, LA LEY 863/2010)

«Con relación a las reglas de interpretación contenidas en el CC, cuya vulneración abre la posibilidad de revisar la decisión de la AP, debe recordarse que los artículos 1.281 a 1.289 CC contienen un conjunto de normas complementario y subordinado, entre las que ostenta rango prioritario la del primer párrafo del artículo 1.281 CC, referente a la interpretación literal, de manera que si la claridad de los términos de un contrato no dejan duda sobre cuál fue la intención de las partes, no entran en juego las contenidas en los artículos siguientes, que vienen a funcionar con un carácter subsidiario respecto de aquella (STS de 10 de mayo de 1991, 29 de marzo de 1994, 19 de diciembre de 1997, 22 de enero de 1999, 8 de julio de 1999, 16 de enero de 2008, 25 de noviembre de 2009, RC n.º 293/2005, 10 de marzo de 2010, RC n.º 2413/2004 y 22 de junio de 2010, RC n.º 363/2006, y entre otras)». (17 diciembre 2010, rec. 649/2007, LA LEY 244469/2010)

Intención de los contratantes (Párrafo 2.º):

«Y aunque el recurso cumple formalmente con las exigencias de la jurisprudencia de esta Sala, que considera que la infracción de la regla interpretativa del párrafo segundo del artículo 1281 del Código civil debe ser alegada de forma independiente por contener una regla de interpretación distinta a la del primer párrafo (SSTS de 16 febrero 1999, 2 marzo 2000 y 28 septiembre 2000, entre otras), no se observa que en el resultado de la interpretación se hayan infringido las normas». (8 noviembre 2007, LA LEY 185165/2007)

«en materia de interpretación contractual es uniforme la doctrina de esta Sala que atribuye a los tribunales de instancia tal facultad (SSTS, entre otras muchas, 29 de enero, 17 de noviembre 2004, 27 de mayo de 2005), quedando reducida la casación al control de la ilegalidad, arbitrariedad o contradicción con las reglas de la lógica (STS 6 de julio de 2006). Cierto es que, según señala la Sentencia de esta Sala de 24 de febrero de 1998, citada en la de 25 de enero de 2007, "la interpretación prevalente es la literal que proclama el párrafo primero del artículo 1281 y se aplica cuando la cláusula o cláusulas contractuales son claras

y no dejan duda sobre la intención de los contratantes", pero también lo es que ha de acudirse a la interpretación intencional cuando, como sostiene la sentencia de 30 de diciembre de 1985, "los términos de aquél no son tan claros que impidan dudar de la intención de los contratantes que es la que deberá prevalecer; y añade la de 21 de febrero de 1986: labor exegética que ha de llevarse a cabo tras un examen del contrato en su clausulado, como un conjunto orgánico, sin detenerse exclusivamente en la literalidad, tratando de llegar al convencimiento de lo que fue realmente querido por las partes"». (30 septiembre 2009, rec. 216/2005, LA LEY 187267/2009)

Función encomendada al Tribunal de instancia:

«Constituye reiterada doctrina jurisprudencial, manifestada, aparte de otras, en SSTS de 27 de febrero de 1998, 29 de mayo de 2001, 17 de febrero de 2003, 10 de junio y 6 de octubre de 2005, 7 de junio de 2006 y 29 de marzo de 2007, la relativa a que la interpretación de los contratos es función propia del Juzgador de instancia, que ha de ser mantenida en casación, salvo que la misma sea arbitraria, absurda o ilegal, nada de lo cual es predicable en la que la resolución recurrida ha hecho del contrato litigioso». (18 mayo 2007, LA LEY 23107/2007)

«La interpretación de los contratos realizada por la sentencia de instancia no puede ser revisada en casación en la medida en que se ajuste a los hechos considerados probados por aquélla, en el ejercicio de su función exclusiva de valoración de la prueba, salvo cuando se demuestre su carácter manifiestamente ilógico o arbitrario y, con ello, la vulneración del derecho a la tutela judicial efectiva. La alegación como infringidos de los preceptos del CC sobre interpretación de los contratos está sujeta a este límite, por lo cual la jurisprudencia tiene reiteradamente declarado que, en principio, salvo que sea arbitraria o ilógica, debe estarse a la interpretación formulada en la instancia (SSTS, entre las más recientes, de 24 de enero de 2006, 12 febrero de 2006, 8 de febrero de 2006, 8 de marzo de 2006, 13 de junio de 2006, 23 de junio de 2006, 20 de julio de 2006, 14 de septiembre de 2006 y 22 de diciembre de 2006, entre otras)». (1 octubre 2007, LA LEY 161984/2007)

«Debe recordarse que la interpretación de los contratos es competencia de los tribunales de instancia, siendo reiterada la doctrina de esta Sala, contenida en muchas sentencias, entre las que cabe citar las de 9 de diciembre de 2005, en recurso de casación núm. 1482/1999, de 6 de julio de 2006 en recurso núm. 3447/1999, y de 17 de octubre de 2006 en recurso núm. 4911/1999 y 19 de junio de 2007 en recurso de casación núm. 1734/2000, que la interpretación de los contratos es competencia del Tribunal de instancia y sólo puede ser revisable en casación cuando sea ilógica, absurda o contraria a la Ley, sin que pueda pretenderse sustituir la interpretación efectuada por los Tribunales competentes por el criterio del recurrente, siempre y cuando las normas hermenéuticas hayan sido aplicadas correctamente. En este sentido, la sentencia del Tribunal Supremo de 5 de junio de 2006, que recoge la de 23 de diciembre de 2003, que a su vez cita la de 14 de noviembre de 2003, establece que "en el ámbito casacional la doctrina jurisprudencial ha mantenido, por regla general, una sabia equidistancia, pues, sin negar que las normas de interpretación actúen como límites jurídicos de lo que puede y no puede hacer el Juez dentro de lo que son imposiciones de la lógica, exigencias de la razonabilidad y recomendaciones de la prudencia, regidas por máximas de experiencia, reconoce un gran margen, como así lo otorgan las propias normas, al órgano judicial de instancia, de manera que sus determinaciones sobre interpretación contractual deben considerarse inmunes al control casacional, salvo en casos extremos, en los que, la manifiesta ilogicidad del resultado interpretatorio, o la arbitrariedad del juicio de hecho, o las consecuencias a que se llegue en la interpretación, reveladoras de infracción de una norma jurídica (no la que es objeto de aplicación como norma de interpretación), conduzcan a una situación contraria a derecho, que reclame la revisión en sede casacional». (5 noviembre 2007, LA LEY 170564/2007) (Doctrina reiterada por las sentencias de 28 octubre

2008, rec. 2248/2003, LA LEY 158313/2008, 3 noviembre 2008, rec. 2180/2001, LA LEY 164118/2008, 20 noviembre 2008, rec. 2098/2003, LA LEY 176080/2008, 26 noviembre 2008, rec. 2256/2004, LA LEY 176085/2008, 5 diciembre 2008, rec. 270/2004, LA LEY 189343/2008, 9 febrero 2009, rec. 2689/2003, LA LEY 1166/2009, 8 mayo 2009, rec. 1009/2004, 27 diciembre 2010, rec. 838/2007, LA LEY 231763/2010, 30 septiembre 2011, rec. 1290/2008)

«La función de la casación en la cuestión de la interpretación del negocio jurídico no es tanto aplicar la normativa al caso concreto, como si de una nueva instancia se tratara, sino de examinar la realizada por el Tribunal de instancia, en la sentencia objeto del recurso y aceptarla, con la sola excepción de que aparezca absurda, ilógica o contraria a derecho. Lo cual corresponde a la función de la casación en general y ha sido doctrina reiteradísima por las sentencias de esta Sala, que reconoce que la interpretación es facultad privativa de los Tribunales de instancia, salvo la indicada excepción. Así, sentencias de 15 de julio de 2005 y 22 de diciembre de 2005 ("... la interpretación de la instancia ha de prevalecer en casación mientras no se demuestre por el recurrente que es ilógica o arbitraria o vulneradora de normas legales"), 27 de marzo de 2006 y 11 de diciembre de 2006 ("...la casación no es una tercera instancia en la que pueda de nuevo interpretarse el contrato, sino que únicamente controla la aplicación de las normas sobre interpretación de los contratos al caso litigioso"), 9 de enero de 2007 y 23 de febrero de 2007 ("consolidada la doctrina jurisprudencial que remite a la competencia soberana de la Sala de instancia la interpretación de los contratos"), 27 de julio de 2007 y 1 de octubre de 2007 ("...no cabe en casación la revisión, a no ser que se haya llegado a un resultado absurdo, ilógico o contrario a Derecho"), 5 de noviembre de 2007 ("...sin que pueda pretenderse sustituir la interpretación efectuada por los Tribunales competentes por el criterio del recurrente, siempre y cuando las normas hermenéuticas hayan sido aplicadas correctamente")». (8 mayo 2009, rec. 1009/2004, LA LEY 58193/2009)

«Expuesta así la controversia, debe recordarse que, en materia de revisión casacional de la interpretación contractual, constituye doctrina reiterada de esta Sala, recogida, entre muchas otras, en la reciente Sentencia de 5 de febrero de 2009 (recurso n.º 2311/2004), que la interpretación contractual constituye función de los tribunales de instancia, y debe prevalecer en casación cuando no sea absurda, arbitraria o ilógica, "sin que pueda pretenderse una revisión casacional para sustituir una hipotética hermenéutica dudosa, pues lo discutible no es lo oportuno o conveniente, sino la ilegalidad, arbitrariedad o contradicción del raciocinio lógico". Esta misma Sentencia, con cita de la de 25 de octubre de 2004, señala que "aunque la interpretación fuere dudosa debe prevalecer el criterio del juzgador de instancia a quien corresponde, como función soberana, la hermenéutica contractual, la cual sólo es revisable en casación cuando se revele contraria a la Ley o a la lógica" (SS. 16 de julio de 2002, 11 de marzo y 23 de diciembre de 2003, 29 de enero y 20 de mayo de 2004), de tal manera que si bien debe prosperar la denuncia casacional cuando la exégesis realizada en la instancia contradice abiertamente al espíritu o la letra del texto interpretado (S. 20 de mayo de 2004 y cita), sin embargo debe prevalecer la apreciación efectuada cuando no se da esa abierta contradicción aunque no sea la única posible (S. 19 de febrero de 2001), o pudiera caber alguna duda razonable acerca de su acierto o sobre su absoluta exactitud (SS. 10 de octubre de 1959, 17 de noviembre y 7 de diciembre de 1961 y 15 de febrero de 2002, entre otras)». (12 mayo 2009, rec. 2606/2005, LA LEY 58197/2009)

«el control de la interpretación del contrato en este extraordinario recurso es de legalidad, por lo que queda fuera de él todo resultado hermenéutico que sea respetuoso con los imperativos legales que disciplinan la labor del intérprete, aunque no resulte el único admisible conforme a ellos. Lo que no es más que la consecuencia de que la interpretación del contrato forme parte de las competencias de los Tribunales de las dos instancias, no de este de casación, salvo que se produzca aquella infracción —sentencias de 2 de octubre

de 2007, 21 de diciembre de 2007, 29 de abril de 2008, 5 de junio de 2008, 16 de junio de 2008, entre otras muchas—. De acuerdo con dicha doctrina, precisa la sentencia de 26 de noviembre de 2008 que el alcance del juicio en la casación no permite discurrir acerca de cuál es el mejor criterio o la solución más adecuada a las circunstancias, porque tal tipo de conclusión supondría exceder de ámbito propio del recurso extraordinario e ingerirse en la función soberana de los Tribunales que conocen del proceso en las instancias». (8 abril 2010, rec. 514/2006, LA LEY 49075/2010)

«Ciertamente, la interpretación del contrato como proceso de averiguación y comprensión del sentido y alcance del mismo corresponde, en principio, a la soberanía del Tribunal de instancia, pero esta Sala, en casación, puede entrar y revisar la misma, cuando ha sido arbitraria, ilógica o contraria a derecho la realizada en la instancia. Este es el caso presente. La razón última es porque la sentencia recurrida ha interpretado que estas obras no son cargas urbanísticas por ser ordenadas posteriormente al contrato. Tal interpretación no tiene sentido (es arbitraria), precisamente en la estipulación cuarta del contrato, antes transcrita, se dice que puede haber cargas "cuya liquidación se girase...", lo que incluye la posibilidad de que se ordenen posteriormente, lo que no hace la sentencia recurrida (es ilógica) y el concepto de carga urbanística incluye las cesiones de terreno, los impuestos y, también, los gastos de urbanización, lo que no entiende así la sentencia de instancia en su interpretación (es contraria a derecho)». (20 septiembre 2011, rec. 1550/2007, LA LEY 186192/201)

«La jurisprudencia ha mantenido con insistente reiteración que, en caso de discutirse en la litis, es una función encomendada al Tribunal de instancia, que se impone a las interpretaciones lógicamente interesadas de una u otra de las partes y que debe ser aceptada y respetada por esta Sala, en casación, a no ser que se acredite que es ilógica, arbitraria o vulneradora de normas legales, como dice la sentencia de 22 de diciembre de 2005, o absurda o contraria a Derecho, como añade la de 14 de septiembre de 2006, o que contraviene las normas que la disciplinan, según la de 11 de diciembre de 2006, o no es lógica de acuerdo con las reglas usuales del razonar humano, o porque sea contraria a la finalidad que llevó a las partes al contratar, como matiza la sentencia de 22 de diciembre de 2006 y proclama la de 9 de enero de 2007: se encuentra totalmente consolidada la doctrina jurisprudencial que remite a la competencia de la Sala de instancia la interpretación de los contratos y declara que no cabe su revisión en casación a no ser que aquélla sea absurda, ilógica, arbitraria o contraria a derecho, lo que reiteran las de 18 de mayo de 2007, 27 de julio de 2007, 1 de octubre de 2007, 5 de noviembre de 2007, 8 de mayo de 2009». (30 septiembre 2011, rec. 1290/2008, LA LEY 186198/2011) (Doctrina reiterada por la sentencia de 31 enero 2012, rec. 1215/2008, LA LEY 3550/2012)

«la interpretación de los contratos realizada por la sentencia de instancia no puede ser revisada en casación en la medida en que se ajuste a los hechos considerados probados por aquélla, en el ejercicio de su función exclusiva de valoración de la prueba, salvo cuando se demuestre su carácter manifiestamente ilógico o arbitrario y, con ello, la vulneración del derecho a la tutela judicial efectiva. La alegación como infringidos de los preceptos del Código Civil sobre interpretación de los contratos está sujeta a este límite, por lo cual la jurisprudencia tiene reiteradamente declarado que, en principio, salvo que sea arbitraria o ilógica, debe estarse a la interpretación formulada en la instancia (SSTS, entre las más recientes, de 24 de enero de 2006, 12 de febrero de 2006, 8 de febrero de 2006, 8 de marzo de 2006, 13 de junio de 2006, 23 de junio de 2006, 20 de julio de 2006, 14 de septiembre de 2006 y 22 de diciembre de 2006, entre otras)». (30 diciembre 2010, rec. 621/2007, LA LEY 236950/2010)

«Esta es una interpretación posible y razonable del contrato celebrado y se ha de reiterar que es constante la doctrina de esta Sala en el sentido de que la interpretación de los

contratos es una facultad propia de los tribunales de instancia, que ha de ser mantenida en casación salvo que resulte ilógica o absurda, o viole directamente una norma jurídica que impusiera determinada interpretación, pues no se trata de obtener mediante el recurso de casación —que no es una tercera instancia— un pronunciamiento que opte por la mejor de las interpretaciones posibles, considerando que no es tal la seguida por la sentencia impugnada, sino de corregir aquella que constituya una clara vulneración del ordenamiento jurídico (sentencias de 19 febrero, 4 mayo y 8 octubre 2007, 12 junio 2009, 8 febrero y 27 diciembre 2010, entre otras)». (27 junio 2011, rec. 528/2007)

Calificación del contrato:

«Dice la sentencia de 15 de diciembre de 2005 que "hay doctrina jurisprudencial constante, como la reflejada en la sentencia de 14 de mayo de 2001, que dice: los contratos son lo que son y la calificación no depende de las denominaciones que le hayan dado los contratantes (sentencias de 26 de enero de 1994; 24 de febrero y 13 de noviembre de 1995; 18 de febrero, 18 de abril y 21 de mayo de 1997 y 7 de julio de 2000, entre otras), pues, para la calificación, que constituye una labor insertada en la interpretación, habrá de estarse al contenido real, es decir, que habrá de realizarse de conformidad con el contenido obligacional convenido y el protagonismo que las partes adquieren (entre otras sentencias, las de 20 de febrero, 4 de julio y 30 de septiembre de 1991; 10 de abril, 20 y 23 de julio de 1992; 26 de enero y 25 de febrero de 1994 y 9 de abril de 1997), con prevalencia de la intención de las mismas sobre el sentido gramatical de las palabras (sentencia de 22 de abril de 1995), al tener carácter relevante el verdadero fin jurídico que los contratantes pretendían alcanzar con el contrato (sentencia de 4 de julio de 1998). Todo ello debe entenderse además sin olvidar que la calificación contractual constituye una función atribuida fundamentalmente al juzgador de instancia la cual debe prevalecer en casación a menos que sea ilegal, o incida en error patente, arbitrariedad, o irrazonabilidad por no ajustarse a las reglas de la lógica que no son otras que las del buen sentido (sentencias, entre otras, de 10 de mayo y 7 de noviembre de 1995; 9 y 18 de abril de 1997; 11 y 24 de julio, 28 septiembre y 14 de diciembre de 1998; 14 y 25 de octubre, 26 de noviembre y 14 de diciembre de 1999, y 5 y 20 de julio de 2000); en parecidos términos la sentencia de 23 de junio de 2003"». (2 marzo 2007, LA LEY 6576/2007)

«la jurisprudencia de esta Sala, en reiteradísima doctrina, ha dicho e insistido que la interpretación de un negocio jurídico, acuerdo o contrato es función del Tribunal de instancia, mientras no se demuestre que es ilógica, contraria a las normas legales o incurra en arbitrariedad (sentencias de 30 de marzo de 2000, 26 de mayo de 2000, 22 de diciembre de 2005), sin que pueda pretenderse sustituir con el criterio del recurrente la interpretación realizada (sentencia de 25 de julio de 2000), lo que incluye la calificación jurídica (sentencia de 22 de febrero de 1997, 28 de septiembre de 1998, 3 de noviembre de 2000)». (20 febrero 2008, rec. 5263/2000)

«El examen de la denuncia casacional, en sus distintas facetas, ha de pasar por recordar que, según doctrina jurisprudencial consolidada, reiterada y pacífica, la calificación de los contratos y, en general, de los negocios y relaciones jurídicas, es función que corresponde a los tribunales de instancia, y, como tal, queda al margen del control casacional, al que únicamente tiene acceso cuando el resultado de dicha labor, asentada normalmente en el fruto de la actividad hermenéutica, se muestre ilógico, absurdo, arbitrario, o sea producto de un manifiesto error (Sentencias de 7 de mayo de 2007, y de 21 de mayo y de 4 de julio de 2008, entre las más recientes). La revisión del resultado de dicha apreciación, en esos excepcionales supuestos, ha de estar guiada, en todo caso, por la búsqueda del fin verdaderamente perseguido por las partes, al que se orienta la voluntad negocial, evidenciada por la literalidad de los términos del contrato, en primer lugar, y, por los actos coetáneos o posteriores de los contratantes, en segundo término, y determinada mediante la aplicación de las reglas que

rigen la exégesis contractual que se contienen en los artículos 1281 y siguientes del Código Civil». (20 enero 2009, rec. 1560/2002, LA LEY 603/2009)

«La calificación del contrato corresponde a los Tribunales de las instancias, como ha declarado reiteradamente la jurisprudencia y su resultado se controla sólo limitadamente en casación —sentencias de 14 de enero, 27 de noviembre de 2.006 y 23 de enero de 2.007, 9 de marzo de 2.009, entre otras muchas—. Ello sentado, la ausencia de datos suficientes para corregir la calificación efectuada por el Tribunal de apelación, fundada en una argumentación insuficiente sobre una característica negativa —la falta de independencia de la agente— normalmente necesitada de una precisión minuciosa en su ámbito y manifestaciones, pero que no ha impedido tipificar el contrato como civil —no laboral especial—». (28 mayo 2009, rec. 1795/2004, LA LEY 84758/2009)

Integración del *factum*:

«La denominada "integración del Factum*" no puede servir de fundamento a un motivo de casación (SS 11 de mayo y 28 de junio de 2001, 5 de diciembre de 2002, y 3 de junio de 2005) porque es sólo una facultad de este Tribunal; no puede contradecir la apreciación probatoria de la instancia (SS 5 de diciembre de 2002 y 3 de junio de 2005) ni utilizarse para llenar un vacío probatorio sobre hechos relativos a la* ratio decidendi *o para suplir la actividad probatoria que constituye función soberana del juzgador de instancia (S 19 de octubre de 2004). Se trata de una facultad de carácter excepcional que ha de ser ejercitada con ponderación, y referirse a hechos complementarios, no suficientemente explicitados en la resolución recurrida y de constancia necesaria para la decisión judicial (SS 19 de diciembre de 2003; 5 de marzo, 11, 20 y 28 de mayo y 16 de junio de 2004, 3 de junio de 2005), o a circunstancias fácticas que contribuyen a perfilar la cuestión litigiosa y a ayudar a su resolución (SS 16 de junio y 19 de octubre de 2004)».* (22 septiembre 2006, LA LEY 110173/2006)

«Como señala la sentencia de 4 febrero 2005, la doctrina de esta Sala sobre la posible integración del factum *en casación ha sido elaborada "únicamente para justificar el ejercicio de una facultad que le corresponde en exclusiva a modo de elemento necesario o conveniente para justificar su respuesta a los motivos de casación, sin que ello, lógicamente, autorice en modo alguno a erigir tal doctrina en sustento de un motivo de casación autónomo a través del cual pueda lograr la parte recurrente una alteración de los hechos probados ni introducir hechos nuevos ni, en fin, suplir la falta de valoración probatoria (SSTS 18-10-99 en recurso núm. 444/95, con cita de otras muchas, y 9-6-00 en recurso núm. 3651/96)"».* (11 diciembre 2006, LA LEY 150023/2006)

Artículo 1.282

Para juzgar de la intención de los contratantes, deberá atenderse principalmente a los actos de éstos, coetáneos y posteriores al contrato.

COMENTARIO

1.- Del anterior artículo se desprende que en la interpretación del contrato, prevalece la voluntad sobre la literalidad, pero si ésta es clara y no deja dudas sobre aquélla, se ha de estar a su sentido literal.

El presente artículo da una norma al intérprete de cómo buscar la voluntad real, la verdadera intención de los contratantes. Dispone que hay que acudir «a los actos de éstos, coetáneos y posteriores al contrato», es decir, a la conducta de los contratantes que ayuden a comprender su verdadera intención. Aunque no lo diga expresamente el Código, también se debe atender a los actos anteriores al contrato.

2.- Es, en todo caso, la atención a la conducta de las partes contratantes —anterior, coetánea o posterior al contrato— expresiva de su voluntad real, útil para conocer ésta. Se trata de las conversaciones habidas sobre el contrato, escritos privados, cartas, minutas, borradores, actos ejecutivos del contrato, etc.

JURISPRUDENCIA

«No hay duda de que las partes pueden con su comportamiento contribuir a fijar el sentido de los contratos que celebran (artículo 1282 del Código Civil). Pero para que pueda hablarse de comportamiento interpretativo es necesario que los actos realizados sean relevantes en relación con el sentido que se les quiere dar y el mero transcurso de un tiempo entre la terminación de la obra y la interposición de la demanda (con la reclamación intermedia de un pago a cuenta) carece de esa significación de unívoca exteriorización de una convicción». (20 julio 2004, rec. 2421/1998)

«El artículo 1282 CC se refiere a un criterio hermenéutico que funciona en el caso de existencia de dudas fundadas acerca de la verdadera intención de los contratantes (Sentencias de 28 de junio y 28 de noviembre de 1997, 11 de marzo y 8 de julio de 1996) y claramente presupone la existencia de un contrato escrito (Sentencias de 20 de enero de 1964, 2 de diciembre de 1994, 13 de noviembre de 2000, 19 de febrero de 2003), que en el caso —como reiteradamente se ha puesto de relieve— no se da». (29 septiembre 2006, LA LEY 110197/2006)

«hay que tener en cuenta que el artículo 1282 del Código civil es una regla de interpretación de los contratos por medio de los actos de las partes realizados durante la fase del cumplimiento de los mismos o lo que se ha venido en denominar "cumplimiento interpretativo", que consiste en actos comunes de las partes como expresión de una voluntad concreta. En este caso, lo que se pretende que aparezca como regla interpretativa es precisamente el incumplimiento de la ahora recurrente, por lo que no puede aplicarse el artículo 1282 del Código civil como pretende, que, por lo mismo, no se ha incumplido. ». (9 octubre 2007, LA LEY 154034/2007)

«omite aquella norma en virtud de la cual la Sala de instancia llegó a la conclusión que ahora se impugna, como es el artículo 1282, mediante el análisis de los actos de los contratantes coetáneos y posteriores de los que infiere la extinción del contrato de mutuo acuerdo, y esta interpretación debe ser preferida a la que propugna la parte recurrente, puesto que no cabe reputar su resultado ilógico, arbitrario o contrario a ningún precepto legal, por lo que, en consecuencia, según inveterada y constante doctrina jurisprudencial, no puede ser modificada por la vía del recurso». (3 noviembre 2009, rec. 782/2005, LA LEY 212168/2009)

«se ha de examinar la interpretación efectuada por la Audiencia a efectos de determinar si la misma ha de considerarse contraria a los postulados de la lógica y, en consecuencia, ha de ser ahora revisada para establecer la que efectivamente se ajusta a la verdadera intención de los contratantes». (19 noviembre 2010, rec. 245/2007, LA LEY 297929/2010)

«el artículo 1.282 CC sólo es aplicable cuando, por falta de claridad de los términos del contrato, no sea posible conocer la verdadera intención de los contratantes (sentencia de 16 de enero de 2.008, con cita de las de 1 de febrero de 2.001 y 20 de mayo de 2.004), ya que la sentencia de 14 de diciembre de 1.995 recordó que la norma que el referido artículo contiene es complementaria de la del párrafo segundo del 1.281 CC, no de la del primero,

que prevalece cuando los términos contractuales son suficientemente claros o precisos y no dejan lugar a dudas sobre la verdadera intención de los contratantes». (17 diciembre 2010, rec. 649/2007, LA LEY 244469/2010)

Artículo 1.283

Cualquiera que sea la generalidad de los términos de un contrato, no deberán entenderse comprendidos en él cosas distintas y casos diferentes de aquellos sobre que los interesados se propusieron contratar.

COMENTARIO

También para conocer la voluntad real de los contratantes, como el artículo anterior, el presente da otra norma complementaria del art. 1281; tiende a la búsqueda de la común intención, es decir, de aquello que verdaderamente quisieran contratar.

Dispone este artículo que en el texto de un contrato no deben entenderse comprendidas «cosas distintas y casos diferentes» de los que las partes quisieran contratar. Impide, pues, dar una interpretación literal al contrato, más allá de la intención de las partes. Al decir «cosas» debe entenderse, objeto del contrato: obligaciones que recaen sobre cosas (las de dar) o servicios (las de hacer). Al decir «casos», se refiere a los supuestos de hecho que contempla el contrato.

JURISPRUDENCIA

«el previo acuerdo de tipo asociativo tenido lugar entre las tres amigas litigantes tuvo como exclusiva finalidad la de jugar a la "lotería primitiva", con la aportación semanal igualitaria que aportaba cada una de ellas al respecto, a cuyo convenio inicial no es posible atribuirle ninguna otra finalidad, relacionada en mayor o menor medida con el resguardo del boleto o boletos que no hubieran obtenido premio en el sorteo indicado, a no ser que dejara de tenerse a la vista la disposición restrictiva del art. 1283 CC, pues ello representaría la total desnaturalización de los términos convenidos y dejaría vacía de contenido la específica afectio societatis que movió la concordada voluntad de las partes». (11 febrero 1999, LA LEY 2846/1999)

CONCORDANCIAS

Véase art. 1.258 de este Código.

Artículo 1.284

Si alguna cláusula de los contratos admitiere diversos sentidos, deberá entenderse en el más adecuado para que produzca efecto.

COMENTARIO

1.- El artículo 1.284 se refiere a la interpretación de todo contrato o de alguna de sus cláusulas, aunque sólo hable de éstas y responde al principio de conservación del contrato: «si alguna cláusula de los contratos admitiere diversos sentidos, deberá entenderse en el más adecuado para que produzca efecto». Lo que pretende es rechazar aquellas interpretaciones baldías o ilusorias, que no atribuyen un determinado sentido o el que atribuyen lleva a una consecuencia absurda.

2.- Es expresión de la *interpretación finalista* del contrato; éste es considerado como un conjunto. Y esta norma es expresión del principio de conservación del contrato, al establecer una regla que responde al *favor negotii*.

JURISPRUDENCIA

«las reglas de interpretación demandadas solo son aplicables cuando la norma contractual tiene varios sentidos y la intención de las partes no ha podido precisarse mediante los elementos de interpretación de los arts. 1281 y 1282 CC (SSTS 30 octubre 1944; 20 enero 1990; 28 septiembre 1996), pues las restantes reglas interpretativas tienen carácter subsidiario o complementario cuando los términos son claros y absolutos y resulta evidente la voluntad depositada en el contrato (SSTS 3 y 11 julio; 23 octubre 2000)». (30 noviembre 2006, LA LEY 150000/2006)

«El artículo 1284 del Código Civil se inspira en la regla de conservación del contrato (magis valeat quam pereat), al disponer que si una cláusula admite diversos sentidos, deberá entenderse en el más adecuado para que produzca efecto». (13 abril 2007, LA LEY 11501/2007)

«se trata de una norma interpretativa de carácter subsidiario respecto de las prevalentes del tenor literal e intención evidente de los contratantes de los arts. 1281 y 1282 CC (SS. 28 de septiembre de 1996, 12 de junio de 2003, 19 de julio de 2004, 25 de noviembre de 2009)... ... en la perspectiva que se examina del ámbito de la cláusula no concurren los dos (o más) diversos sentidos que constituyen presupuesto de aplicabilidad del art. 1284 CC (SS. 28 de enero de 1984, 20 de enero de 1990, 12 de junio de 2003) en orden a seleccionar la opción interpretativa más adecuada a la utilidad, efectividad o eficacia de la propia cláusula, o incluso del contrato, (SS. 22 de mayo de 1981, 23 de mayo de 2002, 25 de noviembre de 2009)». (21 julio 2011, rec. 1983/2007, LA LEY 119762/2011)

Artículo 1.285

Las cláusulas de los contratos deberán interpretarse las unas por las otras, atribuyendo a las dudosas el sentido que resulte del conjunto de todas.

COMENTARIO

Establece este artículo la interpretación sistemática del contrato y resalta que la interpretación debe versar sobre el conjunto de sus cláusulas, consecuencia de la unidad lógica del contrato, o del espíritu del contrato, que es indivisible. El contrato constituye un conjunto orgánico y no una mera suma de cláusulas.

JURISPRUDENCIA

«La intención común de las partes, de cuya indagación realmente se trata (artículo 1281 del Código Civil y sentencia de 2 de febrero de 1975), no se puede encontrar en una cláusula aislada de las demás, sino en el todo orgánico que constituye el contrato (sentencia de 30 de

noviembre de 1964), lo que obliga a utilizar otros medios hermenéuticos, como el denominado de la totalidad expresamente reconocido en el artículo 1285 del Código Civil [sentencia de 18 de junio de 1992 (LA LEY JURIS. 3344/1992); sentencia del Tribunal Supremo de 20 de febrero de 1996 (LA LEY JURIS. 2729/1996)». (30 noviembre 2005, rec. 1612/1999)

«el artículo 1285 del Código Civil destaca la utilidad del canon hermenéutico de la totalidad o elemento sistemático, al exigir que las cláusulas de los contratos se interpreten las unas por las otras y que se dé a las dudosas el sentido que resulte del conjunto de todas». (13 abril 2007, LA LEY 11501/2007)

«las recurrentes se refieren al Art. 1285 CC, que tampoco se ha infringido. Dicha disposición obliga a una interpretación conjunta de las cláusulas de los contratos, por las razones que se han dado en el número anterior: es cierto que el contrato debe interpretarse como un todo (SSTS de 30 noviembre 2005 y 13 abril 2007), pero aquí se trata de negocios jurídicos diferentes y de una cláusula que afecta a un pacto específico, que es la atribución en cotitularidad, con cuotas distintas, de un bien inmueble en la partición y adjudicación de los gananciales. Por ello no se infringe el canon de la totalidad del contrato». (18 febrero 2009, rec. 1548/2003, LA LEY 2642/2009)

«Todo ello sin descuidar la interpretación sistemática que ordena el artículo 1285 y la finalista que contempla el 1284. En todo caso, no cabe obviar la doctrina jurisprudencial sobre ella, muy abundante y reiterada, especialmente en sentencia de 2 de febrero de 2005 ("... investigación de la verdadera y real voluntad de los contratantes para establecer el alcance y contenido de lo pactado..."), de 30 de noviembre de 2005 y 10 de octubre de 2006 ["... tres principios esenciales, como son: a) el principio de tomar en cuenta la voluntad común de las partes contratantes; b) el principio de autorresponsabilidad de dichas partes contratantes; y c) el principio de confianza, buena fe en ellas"], 30 de marzo de 2007 ("... no es procedente aplicar otra norma hermenéutica ni otros argumentos interpretativos que desvirtúen las expresiones claramente reveladoras de la voluntad de quienes contrataron"), 18 de julio de 2007 ("... lugar jerárquicamente prevalente la contenida en el artículo 1281 .1 del Código civil")». (8 mayo 2009, rec. 1009/2004, LA LEY 58193/2009)

«no puede sostenerse que se haya producido vulneración alguna de lo dispuesto en el artículo 1285 que se refiere a la interpretación sistemática del contrato, atribuyendo a las cláusulas dudosas el sentido que resulte del conjunto de todas, pues en primer lugar no cabe conceptuar dicha cláusula como dudosa por lo que ya se ha dicho y, en segundo lugar, no se concretan en el motivo qué otras cláusulas del contrato serían las determinantes para, en relación con ellas, llegar a una conclusión interpretativa distinta de la que se ha sostenido». (14 mayo 2009, rec. 1715/2004, LA LEY 67154/2009)

«La interpretación conjunta del contrato que impone el artículo 1285 del Código Civil a efectos de obtener la común intención de los contratantes, como elemento primordial de interpretación incorporado al artículo 1281, lleva a considerar que efectivamente la intención de los contratantes fue establecer tal obligación con carácter definitivo y a ello responde el contenido del documento n.º 10 de los aportados con la demanda y no —como sostiene la Audiencia— a una mera intención de las partes sobre la posible celebración de un contrato ulterior». (19 noviembre 2010, rec. 245/2007, LA LEY 297929/2010)

Artículo 1.286

Las palabras que puedan tener distintas acepciones serán entendidas en aquella que sea más conforme a la naturaleza y objeto del contrato.

COMENTARIO

1.- Este artículo es complementario de los arts. 1282 y 1283, con el objeto de completar el art. 1281. En estas normas, se plantea la duda sobre la voluntad real de las partes en el contrato; el presente artículo, que se refiere a las palabras, contiene la norma imperativa de que se determine la acepción o significado más conforme a la naturaleza y objeto del contrato.

2.- Lo cual guarda íntima relación con el concepto de *calificación del contrato*, que presupone necesariamente su interpretación.

La calificación del contrato es la inclusión del mismo en un tipo determinado, la averiguación de su naturaleza y de la normativa que es aplicable. Es precisa una previa interpretación para llegar a la correcta calificación del contrato, pero ésta se aparta de la voluntad de las partes y de sus declaraciones; doctrina y jurisprudencia han dicho unánimemente, que «los contratos son lo que son y no lo que las partes digan».

JURISPRUDENCIA

«De este modo debe concluirse que se ha vulnerado lo dispuesto en el art. 1286 CC que establece que: "Las palabras que puedan tener distintas acepciones serán entendidas en aquella que sea más conforme a la naturaleza y objeto del contrato". Ello significa, como afirma la sentencia de 28 junio 2004, que nos hallamos ante una regla de interpretación objetiva "mediante el realce de la significación del elemento finalista, al disponer que el intérprete debe estar, de entre los distintos sentidos, al que sea más adecuado a la naturaleza o tipo y al objeto del contrato"». (27 mayo 2010, rec. 1340/2006, LA LEY 67103/2010)

CONCORDANCIAS

Véanse arts. 346 y 347 de este Código.

Artículo 1.287

El uso o la costumbre del país se tendrán en cuenta para interpretar las ambigüedades de los contratos, supliendo en éstos la omisión de cláusulas que de ordinario suelen establecerse.

COMENTARIO

1.- Este artículo da valor interpretativo al uso o costumbre, incluso como elemento de integración del contrato. No se trata de los usos o costumbres particulares de los contratantes, cuyo valor lo concede el art. 1282, ni tampoco de la costumbre o uso jurídico del Derecho (art. 1.3), sino de los usos del tráfico jurídico o del mundo de los negocios a que se refiere el contrato.

2.- Esta norma contiene dos preceptos diferenciados: el uso como elemento de la interpretación del contrato y el mismo, como integración del contrato.

3.- La integración tiene por finalidad determinar los efectos totales del contrato, cuando éstos no han sido plenamente completados por las partes. Las partes incluyen unas previsiones concretas en el contrato, pero si con ellas no determinan todos los efectos del mismo, con la integración se completan aquellas previsiones. Así, la integración se apoya en la calificación y ésta en la interpretación, con un encadenamiento lógico y sucesivo. La integración tiene su apoyo legal en el art. 1258 y en el art. 1289.

JURISPRUDENCIA

«tampoco puede sostenerse, como se hace en el recurso al invocar el art. 1287 del Código Civil, que sea costumbre la de que es el comprador quien, si no obtiene la licencia de construcción, puede rescindir el contrato, costumbre no probada aunque tal facultad pueda así establecerse por pacto, cosa que, como se ha visto, no ocurre en el presente caso, debiendo tenerse en cuenta, además, que el art. 1287 del Código Civil se refiere al "uso o costumbre del país", es decir, a un uso o costumbre observado en el lugar en que se celebró el contrato, no a un pacto que pueda establecerse en toda clase de contratos y en todo el territorio nacional». (24 junio 1995, LA LEY 821/1995)

CONCORDANCIAS

Véase art. 1.258 de este Código.

Artículo 1.288

La interpretación de las cláusulas oscuras de un contrato no deberá favorecer a la parte que hubiere ocasionado la oscuridad.

COMENTARIO

1.- Este artículo y el siguiente no establecen verdaderas normas de interpretación, sino que dan solución a situaciones en que un contrato o una cláusula del mismo es difícil o imposible de ser interpretada, por su oscuridad o por ser ininteligible.

2.- Este art. 1288 establece la regla *contra proferentem.* Un contrato que contiene una cláusula oscura, o cláusulas difíciles de entender o que el todo en sí es de complicada comprensión, no debe favorecer al autor de la oscuridad. Así, dispone que la interpretación «no deberá favorecer ala parte que hubiese ocasionado la oscuridad» y, a la inversa, favorecerá a la parte que no ha ocasionado tal oscuridad. Ocasionar la oscuridad significa no sólo redactar el contrato o la cláusula oscura, sino que hay que entenderlo en el sentido de toda intervención que en relación de causa-efecto determine la oscuridad. Responde al principio de la buena fe y tiene importante aplicación en los contratos de adhesión y en las condiciones generales

JURISPRUDENCIA

«la póliza no contiene previsión precisa sobre el supuesto que se plantea y la que contiene se califica como oscura o deficiente, de donde deriva, de una parte, en aplicación del principio de buena fe objetiva, como modelo o standard de conducta que integra el contrato (artículos 57 CCom. y 1258 CC, sentencias de 12 de julio de 2002, de 30 de enero de 2003, de 22 de septiembre de 1997), del canon hermenéutico denominado interpretatio contra stipulatorem que recoge el artículo 1288 CC, en el sentido no sólo de sanción por falta de claridad sino, sobre todo, como protección de la contraparte (sentencias de 21 de abril de 1998, de 14 de febrero de 2002, con precedentes en las de 4 de febrero de 1972, 22 de febrero de 1979, entre otras muchas), que trae a causa la especial tuición que confieren a los consumidores preceptos como el artículo 10.2 de la Ley 26/1984, de 19 de julio, General para la Defensa de los Consumidores y Usuarios, en que expresamente se ordena que "en

caso de duda sobre el sentido de una cláusula prevalecerá la interpretación más favorable para el consumidor", lo que ya había sido indicado, para el caso de los contratos de seguro, por una línea jurisprudencial consolidada (sentencias de 4 de julio de 1997, de 23 de junio de 1999, de 30 de octubre y 31 de diciembre de 1996, de 27 de noviembre de 1991, entre otras muchas), señalando muchas veces la necesidad de una interpretación "en el sentido más favorable para el asegurado" (sentencias de 31 de marzo de 1973, de 3 de febrero de 1989, etc.) o, como decía la sentencia de 13 de junio de 1998, la interpretación "ha de marcarse en la dirección de evitar abusos, provengan de donde provengan, y, en todo caso, evitar que las cláusulas o condiciones no muy concretadas puedan perjudicar al asegurado, interpretándose como cláusulas o condiciones limitativas de sus derechos"». (10 enero 2006, rec. 1838/1999)

«siendo también doctrina jurisprudencial pacífica el que al tratarse el contrato de seguro de un contrato de adhesión, las dudas que puedan surgir sobre la significación de sus cláusulas deberán ser interpretadas de acuerdo con el artículo 1288 del Código Civil, en el sentido más favorable para el asegurado (SSTS, entre otras, de 3 de febrero de 1989 y 4 de julio de 1997)». (7 marzo 2007, LA LEY 6563/2007)

«Al estimarse que la cláusula contractual objeto de interpretación no es oscura o dudosa se priva de todo fundamento al motivo tercero en el que se denuncia infracción del art. 1288 CC (por lapsus calami *el enunciado indica el 1258), pues tal medio interpretativo sólo opera, sea o no el contrato de adhesión, cuando falta la claridad»* (21 septiembre 2007, LA LEY 146090/2007)

«El art 1288 del Código Civil establece la regla hermenéutica de interpretación de las cláusulas oscuras contra proferentem *[contra el que las emite], como aplicación del básico principio de la buena fe en la interpretación negocial, y tiene su más adecuada y frecuente aplicación en los contratos de adhesión y en la interpretación de las condiciones generales de los contratos, es decir, en aquellos casos en que el contrato ha sido redactado por una sola de las partes y la otra se ha limitado a adherirse. Tratándose de un contrato de seguro, en el que pueden existir cláusulas redactadas unilateralmente por una de las partes que no han sido objeto de negociación, la duda en la aplicación de una cláusula oscura o contradictoria que se halle en estas condiciones se resolverá en favor del adherente, es decir, el asegurado, en la forma prevista por la Ley 26/1984, de 19 de julio, General para la Defensa de los Consumidores y Usuarios —en su ámbito de aplicación— y ratificada con carácter general por la Ley 7/1998, de 13 de abril, sobre Condiciones Generales de la Contratación (SSTS 20 de marzo de 1991, 8 de noviembre 2001, 20 de noviembre 2003 y 23 de noviembre de 2006, rec. 1161/2000)».* (17 octubre 2007, LA LEY 193585/2007) (Doctrina reiterada por la sentencia de 2 abril 2009, rec. 1410/2004, LA LEY 30353/2009)

«Desde la perspectiva de las reglas sobre interpretación de los contratos, la oscuridad sobre el alcance de las cláusulas contractuales, especialmente si tienen un carácter limitativo de los derechos del asegurado, originada por la aseguradora, que puede haber movido al asegurado a aceptar el seguro en unas condiciones distintas de aquellas cuyo conocimiento cree tener, no puede redundar en beneficio de quien ha causado la oscuridad, de acuerdo con el principio que tiene su reconocimiento en el artículo 1288 CC, según el criterio de interpretación de las cláusulas contra proferentem». (18 octubre 2007, LA LEY 161988/2007)

«no puede olvidarse que cualquier oscuridad de las cláusulas del contrato, además de contravenir los dictados del artículo 3 de la Ley de contrato de Seguro, no puede favorecer a quien las propone y redacta, en el marco de un contrato de adhesión, debiendo ser interpretadas contra proferentem (artículo 1288 del Código Civil), y en favor del asegurado». (14 noviembre 2008, rec. 450/2004, LA LEY 175925/2008)

«El artículo 1288 del Código Civil establece la regla hermenéutica de interpretación de las cláusulas oscuras contra proferentem, como aplicación del básico principio de la buena fe en la interpretación negocial, y tiene su más adecuada y frecuente aplicación en los contratos de adhesión y en la interpretación de las condiciones generales de los contratos, es decir, en aquellos casos en que el contrato ha sido redactado por una sola de las partes y la otra se ha limitado a adherirse (SSTS 17 de octubre 2007, 5 de julio 2010, 23 de marzo y 11 de julio de 2011)». (17 octubre 2011, rec. 1996/2008, LA LEY 205986/2011)

Artículo 1.289

Cuando absolutamente fuere imposible resolver las dudas por las reglas establecidas en los artículos precedentes, si aquéllas recaen sobre circunstancias accidentales del contrato, y éste fuere gratuito, se resolverán en favor de la menor transmisión de derechos e intereses. Si el contrato fuere oneroso, la duda se resolverá en favor de la mayor reciprocidad de intereses.

Si las dudas de cuya resolución se trata en este artículo recayesen sobre el objeto principal del contrato, de suerte que no pueda venirse en conocimiento de cuál fue la intención o voluntad de los contratantes, el contrato será nulo.

COMENTARIO

1.- Este artículo, el último de la interpretación, más que una regla de ésta, establece una norma para el caso en que el contrato o una cláusula del mismo, sea imposible de interpretar.

2.- Si la imposibilidad recae sobre el propio contrato, como un todo unitario o una cláusula esencial del mismo («objeto principal del contrato» dice el texto legal), el contrato es inexistente («será nulo» dice este artículo con su imprecisión terminológica habitual, pero nulidad se produce cuando se va contra norma imperativa o prohibitiva: art. 6.3), inexistencia por falta de consentimiento conocido, ya que no ha sido posible averiguar cuál es.

3.- Si la imposibilidad de interpretación recae sobre una cláusula no esencial del contrato («circunstancias accidentales», dice con mala terminología el texto legal), sino sobre cualesquiera cláusula del contrato, este art. 1289, primer párrafo, distingue: si el contrato es gratuito, se interpretará en el sentido de que transmite menos derechos o intereses, lo que se inspira en el principio del *favor debitoris*; si el contrato es oneroso, se interpretará en el sentido «de la mayor reciprocidad de intereses», dice el texto del artículo, lo que responde al principio de la mayor conmutatividad o equivalencia de las prestaciones.

JURISPRUDENCIA

«ni el artículo 1288, ni el artículo 1289, ambos del Código civil, permiten interpretaciones en favor de la parte causante de la oscuridad (desde luego, la demandada que quiso difuminar la verdadera naturaleza del contrato, con el concepto erróneo de "colaboración"), ni las dudas acerca del elemento que acompañaba al encargo de edición (transmisión o no de la propiedad intelectual), cabe resolverla en favor de una menor reciprocidad de intereses, como sucedería si se admitiera la transmisión sin condiciones de equivalencia de la propiedad intelectual». (1 febrero 2005, rec. 3707/1998)

«El artículo 1289, con precedente en el 1302 del Anteproyecto de 1882-1888, contiene una regla objetiva de cierre que, inspirada en el deseo de conservar el contrato en armonía

con su causa típica, resulta aplicable cuando las dudas no puedan resolverse conforme a los artículos precedentes y recaigan sobre circunstancias accidentales de aquel. Según ella, si el contrato es oneroso, debe resolverse la duda en el sentido que resulte favorable a la mayor reciprocidad de intereses». (18 mayo 2005, rec. 4544/1998)

CONCORDANCIAS

Véanse:
— arts. 1.261 y 1.271 de este Código
— Código de Comercio: art. 59.

CAPÍTULO V
DE LA RESCISIÓN DE LOS CONTRATOS

Artículo 1.290

Los contratos válidamente celebrados pueden rescindirse en los casos establecidos por la ley.

COMENTARIO

1.- La rescisión es un tipo de ineficacia del contrato, del subtipo de ineficacia stricto sensu, siendo válido: es un recurso extraordinario concedido por el Derecho para evitar las consecuencias injustas de contratos válidamente celebrados. Con precisión lo define FEDERICO DE CASTRO como un remedio in extremis arbitrado para evitarle al protegido un perjuicio resultante del juego normal de la ley, pero que se estima especialmente injusto: por tanto, será contrato rescindible el válidamente celebrado, pero que produciendo perjuicio a una de las partes o a un tercero (perjuicio que la ley estima especialmente injusto y para el que no hay otro recurso legal de obtener su reparación) podrá ser declarado ineficaz, o reducida su eficacia, a petición del perjudicado.

2.- Debe destacarse que cabe la rescisión no sólo de los contratos, sino también de otros negocios jurídicos de carácter patrimonial (la jurisprudencia aplica con frecuencia la rescisión a las capitulaciones matrimoniales, que son negocio jurídico pero no contrato).

Sin embargo, cuando el Código exige que sean «válidamente celebrados» se refiere a que no cabe rescisión de contrato inexistente o nulo, aunque sí de anulable, mientras no se ejercite la acción de nulidad o después de que sean confirmados.

3.- La rescisión, cuya finalidad no es sino la reparación de un perjuicio, tiene un ámbito restringido, que destaca este artículo: sólo es posible «en los casos establecidos por la ley», lo que concuerda con el carácter taxativo de éstos (art. 1291) y con su carácter subsidiario (art. 1294).

JURISPRUDENCIA

«concurre, en efecto, el perjuicio al acreedor, eventus damni y el fraude al derecho del acreedor, consilium fraudis, con conciencia del perjuicio que causa, scientia fraudis, participando el adquirente de la mala fe; acción rescisoria a la que se aplica la normativa general de la rescisión, arts. 1290 y ss., con su carácter de subsidiariedad y su efecto de ineficacia (tantas veces llamadas erróneamente "nulidad") con efecto retroactivo, ex tunc». (25 enero 2000, LA LEY 11972/2000)

«La rescisión por lesión de la liquidación está consentida por el Código civil (arts. 1410 y 1074) para reparar agravios económicos sufridos en la partición, no porque existe un vicio en el consentimiento de los que la llevan a cabo: la rescisión presupone actos o negocios jurídicos válidos (art. 1290), por lo que no puede admitirse la tesis del recurso; bastaría entonces la validez del acto, lo que implica un auténtico consentimiento libre de vicios, para que la lesión económica no pudiese ser corregida, con lo cual se hacen inútiles las normas legales que la acogen. Tampoco puede ser acogida la prohibición de ir contra los propios actos porque la rescisión por lesión es una excepción muy cualificada de carácter legal, que es incompatible con aquella doctrina. Si el negocio jurídico válido es susceptible de perder

sobrevenidamente su eficacia por lesión, no es razonable sostener en su contra que quien lo celebró va contra sus propios actos al atacarlo por lesión». (17 mayo 2004, rec. 1443/2000)

«La acción pauliana tiene actualmente un caracter de cierto objetividad, a pesar de exigir un requisito tan subjetivo como es el consilium fraudis. Se configura en nuestro derecho como acción de tipo rescisorio, puesto que deja sin efecto actos o contratos que originariamente fueron válidos, y derivado de ese caracter es de observar que la defraudación que comete el deudor al disponer de sus bienes en perjuicio de sus acreedores puede o no ser dolosa o intencional, bastando con que se produzca el perjuicio por mera negligencia o impremeditadamente. Y de ahí que, al no ser necesario un animus docendi o de perjudicar a los acreedores, pueda concebirse desde un punto de vista objetivo el caracter de acción rescisoria de la acción pauliana». (19 julio 2005, rec. 757/1999)

Vid. para este artículo y los siguientes la jurisprudencia relacionada en el art. 1.111.

Artículo 1.291

Son rescindibles:

1.º Los contratos que pudieren celebrar los tutores sin autorización judicial, siempre que las personas a quienes representan hayan sufrido lesión en más de la cuarta parte del valor de las cosas que hubieren sido objeto de aquéllos.

2.º Los celebrados en representación de los ausentes, siempre que éstos hayan sufrido la lesión a que se refiere el número anterior.

3.º Los celebrados en fraude de acreedores, cuando éstos no puedan de otro modo cobrar lo que se les deba.

4.º Los contratos que se refieran a cosas litigiosas, cuando hubiesen sido celebrados por el demandado sin conocimiento y aprobación de las partes litigantes o de la Autoridad judicial competente.

5.º Cualesquiera otros en que especialmente lo determine la ley.

COMENTARIO

1.- Este artículo enumera, con carácter taxativo, las causas de rescisión, aunque el último número deja la puerta abierta a cualesquiera otros pero siempre que estén previstos por la ley. Lo cual guarda relación con el último inciso del artículo anterior y con el carácter de subsidiariedad que proclama el art. 1294.

2.- Se pueden distinguir las causas de rescisión por lesión, por fraude y por otros motivos.

Primero. Causas de rescisión por lesión:

1.º) Art. 1291, núm. 1: los contratos que pudieren celebrar los tutores sin autorización judicial y el tutelado ha sufrido lesión en más de cuarta parte del valor de las cosas objeto del contrato.

2.º) Art. 1291, núm. 2: los celebrados en representación de los ausentes, y éstos han sufrido la misma lesión, siempre que no se hayan celebrado con autorización judicial, como añade el art. 1296.

Fuera de estos dos casos de lesión, ningún contrato se rescindirá por lesión, añade el art. 1293, a no ser los previstos en la Ley a que se refiere el núm. 5 del art. 1291.

Segundo. Causas de rescisión por fraude:

1.º) Art. 1291, núm. 3: los celebrados en fraude de acreedores, cuando éstos no puedan de otro modo cobrar lo que se les deba: el art. 1297, a su vez, presume cuándo hay fraude de acreedor. Es la acción pauliana, estudiada en el comentario al art. 1111.

2.º) Art. 1291, núm. 4.º: los contratos que se refieran a cosas litigiosas, las cuales son aquellas a que se refiere la acción ejercitada ya en el proceso correspondiente, desde la presentación de la demanda; celebrados sin aprobación de las partes litigantes o de la autoridad judicial.

3.º) Art. 1292: pagos hechos en estado de insolvencia de obligaciones en las que no hay todavía deber jurídico de cumplimiento inmediato.

Tercero. Causas de rescisión por otros motivos. El art. 1291, núm. 5.º, menciona por último, como rescindibles cualesquiera otros (contratos) en que especialmente lo determine la ley; así la partición de la herencia (arts. 1073 y ss.) y división de cosa común (art. 406 y su remisión), que no son contratos; también es rescisión la reducción de donaciones por inoficiosidad (art. 654). Son importantes los supuestos de rescisión por lesión *ultra dimidium* previstos en las Compilaciones de Cataluña y de Navarra.

JURISPRUDENCIA

«Es reiterada jurisprudencia de esta Sala la de que el ejercicio eficaz de la acción pauliana o rescisoria regulada en los arts. 1111 y 1291 y siguientes del Código Civil en lo relativo a las enajenaciones en fraude de acreedores, exige la concurrencia de las siguientes circunstancias: la existencia de un crédito por parte del accionante contra el dueño de la cosa enajenada; la constitución de un acto por virtud del cual salga ésta del patrimonio del que la enajena, a lo que ha de equipararse la constitución de un derecho real que merma la garantía patrimonial del deudor; el propósito defraudatorio, tanto del que enajena como del que adquiere la cosa objeto de la enajenación, y la ausencia de todo otro medio que no sea la rescisión de ésta para obtener la reparación del perjuicio inferido al acreedor.

En cuanto al requisito de la existencia de un crédito anterior a la enajenación que pretende rescindirse o revocarse, dice la sentencia de 11 de noviembre de 1993, en línea con jurisprudencia anterior, que "respecto a la preexistencia del crédito, si bien la doctrina jurisprudencial exige que el crédito en que se funde la acción rescisoria sea anterior al acto rescindible, ello ha de entenderse en términos generales, siendo preciso que cada caso se estudie en concreto y con arreglo a las peculiaridades que presente, especialmente en aquellos supuestos en que la intencionalidad defraudatoria viene determinada por la próxima y segura existencia posterior del crédito" (...). En cuanto a la subsidiariedad de la acción rescisoria a que se refiere el art. 1294 del Código Civil, dice la sentencia de 6 de abril de 1992, con abundante cita jurisprudencial que "no es rigurosamente necesario que haya de promoverse pleito previo para acreditar la insolvencia o que ésta tenga que ser total, pues suficiente que concurra minoración provocada para cubrir la integridad de la deuda (SS de 28 junio de 1912, 7 de enero de 1958 y 13 de enero de 1986), causándose de esta manera un real y persistente daño al acreedor, por la actuación fraudulenta del obligado, siendo determinativo y esencial que del conjunto de las pruebas se llegue a la conclusión de que no pudiendo cobrar aquél lo que se le debe, carece de otro recurso legal para obtener la reparación de los perjuicios económicos que le afectan, salvo la rescisión postulada de dicho *contrato de compraventa, conforme al art. 1294 del Código Civil y el carácter subsidiario de la acción pauliana" (...) la prosperabilidad de la acción pauliana o rescisoria exige la concurrencia de "un determinado propósito que viene a configurar el llamado consilium fraudis, entendido, de manera amplia, como `conciencia' en el deudor del perjuicio que el empobrecimiento real o fingido causa al acreedor, e interpretado por la sentencia de 6 de abril de 1992, como actividad intencionada y directamente dolosa o bien como simple conciencia de causarlo, llegando a alcanzar cuotas de cuasi objetividad si el perjuicio se ocasiona por simple culpa civil o impremeditación" (sentencia de 31 de diciembre de 1998). Por otra parte, la existencia de fraude en los contratos a efectos de posibilitar su rescisión, no está limitada a los casos de presunción que establece el art. 1297 del Código Civil sino que pueden apreciarse medios y modos distintos de los que el precepto señala, según resulte de la prueba que se practique».* (12 marzo 2004, rec. 1283/1998; Doctrina reiterada por la de 22 abril 2004, rec. 1689/1998)

«La jurisprudencia que interpreta la acción rescisoria o pauliana es muy clara al respecto. El patrimonio del deudor es garantía común de los acreedores, pero conservando este la facultad de disponer, esta disposición puede hacerse en fraude de los legítimos intereses de sus acreedores. La acción tiende a hacer efectivo este derecho para proteger el crédito, desde el momento en que se produce, configurándose como una acción de tipo rescisorio, puesto que deja sin efecto actos o contratos que originariamente fueron válidos. Derivado de ese carácter, la ha dotado de cierta objetividad, a pesar de exigir un requisito tan subjetivo como es el consilium fraudis (STS 19 de julio 2005), habiendo precisado este Tribunal que la defraudación que comete el deudor al disponer de sus bienes en perjuicio de sus acreedores puede no ser dolosa o intencional, bastando con que se produzca el perjuicio por el hecho de conocer que con la enajenación no le quedan bienes bastantes para el pago de sus acreedores (SSTS 23 octubre de 1990; 19 de septiembre y 31 de octubre de 2002). Ahora bien, por definición, el consilium fraudis implica la celebración de un negocio dispositivo celebrado por el deudor en fraude de sus acreedores con la complicidad o conocimiento de la persona con la que contrata y hace suyos los bienes para dejarlos fuera de la acción de su acreedor, por lo que no basta por sí solo el perjuicio causado con el negocio en cuestión, sino que es preciso que vaya acompañado de este propósito defraudatorio, tanto del que enajena como del que adquiere la cosa objeto de la enajenación (SSTS 17 de marzo de 1972; 28 octubre 1993; 28 Nov 97, entre otras), puesto que de otra forma se dejaría sin protección al adquirente, que es parte en el negocio perjudicial pero que puede ser ajeno a la deuda, desde la idea de que su interés es tan digno de tutela como el del acreedor defraudado y de que goza de la protección de la apariencia. Esta consideración sitúa el problema en una simple cuestión de prueba sobre la existencia del acuerdo, de la complicidad o del conocimiento defraudatorio, sujeta al arbitro judicial, cuyas apreciaciones deben respetarse en casación (SSTS 28 de junio de 1912; 16 de marzo de 1989; 13 de febrero de 1992; 14 de abril de 1998), pero que se simplifica a partir de la consideración legal de que la adquisición por contrato a título oneroso (art. 643.2.º), a diferencia de la que se realiza a título gratuito (art. 1297.1.º CC), sólo se presume que es fraudulenta para ambas partes, cuando ya se hubiese dictado sentencia condenatoria para el deudor o expedido mandamiento de embargo de bienes, flexibilizando de esa forma la prueba que permita destruir la presunción de buena fe a partir de una suma coordinada de indicios». (20 octubre 2005, rec. 684/1999)

«La acción rescisoria por fraude prevista en el artículo 1291.3.º del Código Civil, en relación con el 1111 del mismo código, requiere la acreditación de que se ha producido una actuación fraudulenta y, además, tiene carácter subsidiario para los acreedores, como señala dicho apartado 3.º del artículo 1291 al referirse a "cuando éstos no puedan de otro modo cobrar lo que se les deba", subsidiariedad que expresamente se establece en el artículo 1294 del Código Civil». (21 noviembre 2005, rec. 1238/1999)

«La nota más característica de la acción rescisoria es su subsidiariedad entendida como remedio para el acreedor cuando se carezca de otro cauce para la satisfacción de su crédito, lo que denota, como presupuesto fáctico necesario, la concurrencia de una situación de insolvencia en el deudor, la que, atendiendo a la consolidada doctrina jurisprudencial al respecto, no tiene que ser absoluta, sino que es suficiente la existencia de una notable disminución patrimonial que impide al acreedor percibir su crédito o que el reintegro del mismo le sea sumamante dificultoso. Junto a semejante presupuesto, coexiste otro correlativo, el referente a que la desaparición o minoración patrimonial es el consecuente resultado de una operación transmisiva de bienes por el deudor a favor de terceros, presupuesto éste al que se enlaza, por último, un determinado propósito que viene a determinar el llamado consilium fraudis, entendido, de manera amplia, como "conciencia en el deudor del perjuicio que el empobrecimiento real o fingido causa al acreedor" (sentencia del Tribunal Supremo de 31 de diciembre de 2002)». (25 noviembre 2005, rec. 1560/1999)

«Esto es, que la expresión o la constatación del fraude no conduce necesariamente al remedio de la acción revocatoria o pauliana, sino que, cuando además de producirse el intento fraudatorio, se hayan dado otras circunstancias, como es en el caso la inexistencia de causa, la falta de precio, puede decirse que, además de fraude, no hay contrato. La incompatibilidad señalada por la jurisprudencia entre una acción dirigida a establecer la nulidad y otra (la revocatoria o pauliana) que presupone la validez, pero en la que el fraude determina la ineficacia relativa (Sentencias de 10 de octubre de 2001, 7 de junio de 1990, 30 de mayo de 1997, 17 de abril de 1943, etc.) no puede llevarse al efecto de que una y otra no puedan ser ejercitadas en la misma demanda, si bien una con carácter principal y la otra, como corresponde a su naturaleza, subsidiaria (artículos 1291.3 y 1294 CC; Sentencias de 14 de diciembre de 1993, 28 de junio y 5 de diciembre de 1994, 28 de diciembre de 2001, 31 de diciembre de 2002, etc)». (16 octubre 2006, LA LEY 112218/2006)

«la doctrina jurisprudencial de esta Sala con arreglo a la que, si bien uno de los requisitos de la acción rescisoria es la existencia de un crédito contra el dueño del bien enajenado anterior al acto rescindible, sin embargo ello ha de entenderse en términos generales, toda vez que no es necesario que sea exigible (SS. 21 de enero y 25 de noviembre de 2005), ni que esté reconocido por el deudor, e incluso no se excluye la posibilidad de un crédito futuro en el caso de próxima y segura (o muy probable, según Sentencias de 28 de diciembre de 2001 y 17 de julio de 2006) existencia posterior. En este sentido Sentencias, entre otras, de 26 de julio y 11 de noviembre de 1993; 5 de mayo de 1997; 11 de octubre de 2001; 15 de marzo y 27 de julio de 2002; 12 de marzo de 2004; 21 de enero de 2005; 1 de febrero y 17 de julio de 2006; 12 de noviembre de 2008; y 28 de mayo de 2009». (25 junio 2010, rec. 2160/2005, LA LEY 93450/2010)

Sobre la acción pauliana véase jurisprudencia del artículo 1111.

Supuesto del cuarto número:

«La finalidad de tal facultad rescisoria para la parte demandante tiende a impedir que la sentencia que recaiga en el pleito sobre la cosa litigiosa no se pueda hacer efectiva o cumplirse (sentencia de 9 abril 1999) o, lo que es lo mismo, evitar una defraudación potencial de derechos de un tercero: el demandante que espera ser beneficiado por la decisión judicial que ponga fin al litigio a que se encuentra sometida la cosa (sentencia de 28 septiembre 2000), habiendo declarado también esta Sala que la cosa se considera litigiosa desde que se interpone la demanda referida a ella (sentencia de 31 diciembre 1997); interpretación que, apartándose de aquellas otras que exigen el previo emplazamiento de la parte demandada —que aquí aún no se había efectuado— ha de considerarse como más adecuada para la finalidad de dicha facultad resolutoria y que, además, resulta conforme con las nuevas disposiciones contenidas en la Ley de Enjuiciamiento Civil de 7 de enero de 2000, en cuanto

establece, en su artículo 410, que la litispendencia se produce desde la interposición de la demanda si después es admitida, y en su artículo 413.1 que no se tendrán en cuenta en la sentencia las innovaciones que, después de iniciado el juicio, introduzcan las partes o terceros en el estado de las cosas o de las personas que hubiere dado origen a la demanda y, en su caso, a la reconvención, salvo el supuesto de que determinaran una satisfacción extraprocesal de las pretensiones». (9 octubre 2007, LA LEY 161971/2007)

«La causa de rescisión prevista en el ordinal 4.º del artículo 1.291 del Código Civil procede del artículo 1.304 del Anteproyecto de 1.882 —el artículo 1.165 del Proyecto de 1.851 no la contempló— y de la Partida Tercera —título VII, ley XIII— según la que "... acaece que los emplazados, por fazer engaño a los que los fizieron emplazar: venden o enajenan maliciosamente las cosas sobre que los emplazan...". La norma del Código Civil completa el régimen de las transmisiones de bienes litigiosos, contenido, en los aspectos sustantivos, en sus artículos 1.459, ordinal 5.º y 1.535 del Código Civil y, en el procesal, en el artículo 17 de la vigente Ley de Enjuiciamiento Civil, sobre la sucesión procesal por transmisión del objeto litigioso. La finalidad del precepto no es otra, según la jurisprudencia —sentencias de 15 de febrero de 1.965, 6 de mayo de 1.997, 9 de abril de 1.999, 28 de septiembre de 2.000 y 9 de octubre de 2.007—, que evitar una potencial defraudación de los derechos del tercero demandante que espera ser beneficiado por la decisión judicial que ponga fin al litigio a que se encuentra sometida la cosa». (28 octubre 2009, rec. 398/2005, LA LEY 200555/2009)

«La rescisión que se puede producir cuando se vende una cosa objeto de un litigio fue una novedad del Código civil y como afirma la jurisprudencia, "con ella se trata de evitar una defraudación potencial de los derechos de un tercero, el demandante, que espera ser beneficiado por la decisión judicial que ponga fin al litigio a que se encuentra sometida la cosa" (SSTS de 28-10.2009; 9-10-2007; 28-9-2000; 9-4-1999 y 6-5-1997). Se trata, por tanto, de una acción que pretende prevenir la posible inutilidad del litigio cuando la cosa que es objeto del mismo ha sido enajenada y, en consecuencia, eliminada de la litis. Los requisitos para que se produzca serán tres: i) que el contrato celebrado entre el propietario demandado y el tercero se refiera a la cosa que es objeto del pleito; ii) se requiere además, que se haya celebrado por el demandado, siendo indiferentes al demandante los pactos a que hayan llegado las partes en relación a la litigiosidad por ser res inter alios acta, y iii) que la enajenación haya tenido lugar sin el conocimiento del demandante o sin la autorización judicial. Ello implica que no es suficiente para evitar la rescisión, que la venta del demandado al tercero se haya realizado con publicidad, sino que requiere el conocimiento del demandante o a falta del mismo, autorización judicial». (24 mayo 2010, rec. 1078/2006, LA LEY 59999/2010)

CONCORDANCIAS

Véanse arts. 271 y 272 de este Código.
— Número 1.º redactado por LO 1/1996, 15 enero, de Protección Jurídica del Menor.
— arts. 1.111 y 1.297 de este Código.
— arts. 1.074, 1.391, 1.433, 1.469, 1.479, 1.483, 1.486, 1.556, 1.558, 1.652, 1.818 y 1.819 de este Código.

Artículo 1.292

Son también rescindibles los pagos hechos en estado de insolvencia por cuenta de obligaciones a cuyo cumplimiento no podía ser compelido el deudor al tiempo de hacerlos.

COMENTARIO

1.- En el comentario al artículo anterior se ha incluido entre las causas de rescisión por fraude (grupo segundo) ésta del art. 1292 (causa tercera): el pago hecho por el insolvente de una obligación exigible. Es un caso de rescisión por fraude, pero no hay que probar el fraude; ni siquiera se presume. Se impone por la ley la rescisión y el fraude queda deducido de la doble concurrencia de una obligación válida no exigible y de un pago en estado de insolvencia.

2.- Se trata de pago o cumplimiento de una obligación, sea de dar (la de dar dinero —pecuniaria— es el caso más frecuente, prácticamente el único) o de hacer o no hacer. La insolvencia no es preciso que esté declarada judicialmente: es una cuestión de hecho sometida a los Tribunales de instancia. La obligación no exigible es aquella que es válida, pero su cumplimiento no es posible exigir, porque está sometida a término inicial o condición suspensiva o está prescrita.

JURISPRUDENCIA

«hay que tener en cuenta la posición de esta sede respecto a que para el éxito de la acción pauliana no es necesario realizar una previa persecución de los bienes del deudor para acreditar su insolvencia (STS de 30 de julio de 1999), ni se precisa que ésta sea absoluta (STS de 15 de febrero de 2000), y tampoco que se haya promovido un pleito previo para acreditarla (STS de 7 de marzo de 2001); y con mención a la proximidad de la fuente de prueba, como declara la STS de 16 de junio de 1999, "En poder del que impugna el incumplimiento del requisito de la insolvencia está la prueba del hecho positivo, mediante el señalamiento de bienes suficientes que no han sido agredidos"» (18 mayo 2007, LA LEY 23104/2007)

«El examen de los hechos probados conduce a la conclusión de que no concurre el requisito del consilium fraudis *exigible para el ejercicio de la acción rescisoria en fraude de acreedores, dado que la sentencia que se casa declara probado que con la cantidad percibida por el deudor se atendió a obligaciones con otros acreedores. El quebrantamiento de la* par conditio creditorum *que la sentencia admite haberse producido no comporta la existencia de ánimo o conciencia de fraude, puesto que el deudor, en tanto no resulte constreñido por un proceso ejecutivo o concursal para la ordenada concurrencia de los créditos (el cual puede determinar la rescisión de los actos perjudiciales para la masa activa), tiene libertad para realizar sus bienes y atender a los créditos que le afecten sin atender a criterios de igualdad o preferencia, como se infiere del hecho de que el CC (art. 1292 CC) únicamente considera rescindibles los pagos hechos en situación de insolvencia por cuenta de obligaciones a cuyo pago no podía ser compelido el deudor en el tiempo de hacerlos, pero no los que no reúnen esta condición, en virtud del principio* qui suum recepit nullum videre fraudem facere *[quien cobra lo que es suyo no defrauda]. Esta sentencia no se separa del criterio establecido en la STS de 5 de junio de 2006 (que tiene un antecedente en la STS de 14 de enero de 1935), pues en ésta —en la que se menciona la vulneración de la* par conditio creditorum *como integrante del fraude de acreedores— el negocio fraudulento consistía en la constitución de una garantía no exigible que beneficiaba a un acreedor garantizando su preferencia ante la inminencia de una situación de insolvencia y tenía lugar por una sociedad que se hallaba en una situación determinante de la procedencia de su liquidación por disminución del patrimonio».* (24 julio 2007, LA LEY 79529/2007)

Artículo 1.293

Ningún contrato se rescindirá por lesión, fuera de los casos mencionados en los números 1.º y 2.º del artículo 1.291.

COMENTARIO

1.- Esta norma es superflua; combinando los números 1.º y 2.º con el 5.º del artículo anterior y con el último inciso del 1290, no era precisa esta norma, que puede considerarse vacía de contenido. Tiene un valor de contraste: es la eliminación que establece el Código, de la rescisión por lesión ultra dimidium, que existía en el derecho histórico y que se mantiene hoy en Cataluña y Navarra.

2.- Lo que establece, reiterativamente, es que no cabe más rescisión por lesión que por las causas primera y segunda del artículo anterior. Lo que no establece es que tampoco quepan en otros casos que no sean de contrato y que pueden incluirse en el número quinto del artículo 1.291 (y que han sido citados al comentarlo: partición de herencia, división de la cosa común).

Artículo 1.294

La acción de rescisión es subsidiaria; no podrá ejercitarse sino cuando el perjudicado carezca de todo otro recurso legal para obtener la reparación del perjuicio.

COMENTARIO

1.- La rescisión no se produce automáticamente, ipso iure, sino por el ejercicio de la acción rescisoria. Como recurso extraordinario, remedio in extremis, tal acción —es decir, la posibilidad de rescindir un acto o contrato— tiene un carácter subsidiario, como dice el presente artículo.

2.- Esta subsidiariedad significa, que no cabe la acción rescisoria cuando el supuesto concreto está previsto en otra norma legal (como el del art. 1124 ó 1504 del CC.); que no cabe tampoco cuando el perjuicio ha sido ya reparado: y, por último, como dice este artículo, cuando el perjudicado tiene otro medio legal para obtener la reparación del perjuicio.

JURISPRUDENCIA

«El carácter subsidiario de la acción rescisoria resulta tanto de lo dispuesto en el artículo 1291.3.º como del 1294 y uno de los requisitos esenciales para que los contratos puedan rescindirse por razón de fraude está constituido por la exigencia de que el acreedor no pueda cobrar de otro modo lo que se le debe (art. 1291.3.º CC), pues dado dicho carácter, que proclama el art. 1294 CC, sólo puede ejercitarse cuando se carezca de todo otro recurso jurídico o medio legal para obtener la reparación del perjuicio (SS 15 y 17 de febrero de 1986, 13 de junio y 17 de noviembre de 1987 ó 25 de enero de 1989), pero el concepto jurídico de fraudulento en un contrato de venta envuelve, además del engaño, el de insolvencia del vendedor y consiguientemente imposibilidad de cobrar su crédito el acreedor (sentencia de 26 de febrero de 1927), bastando la simple conciencia del deudor de que deviene insolvente y el conocimiento por el adquirente de que esto es así, todo lo cual se valorará según las circunstancias del caso debatido». (4 septiembre 1995, LA LEY 14685/1995)

Véase la jurisprudencia relacionada en el artículo 1291 sobre la subsidiariedad.

Artículo 1.295

La rescisión obliga a la devolución de las cosas que fueron objeto del contrato con sus frutos, y del precio con sus intereses; en consecuencia, sólo podrá llevarse a efecto cuando el que la haya pretendido pueda devolver aquello a que por su parte estuviese obligado.

Tampoco tendrá lugar la rescisión cuando las cosas, objeto del contrato, se hallaren legalmente en poder de terceras personas que no hubiesen procedido de mala fe.

En este caso podrá reclamarse la indemnización de perjuicios al causante de la lesión.

COMENTARIO

1.- Los efectos de la rescisión son, en todo caso, de la acción rescisoria. Produce la ineficacia del contrato con efecto retroactivo, ex tunc, al momento de la perfección. En consecuencia, deben restituirse las prestaciones, si es posible, o, en su defecto, su equivalente económico. Así lo expresa el art. 1295, primer inciso del primer párrafo.

2.- El segundo inciso de este primer párrafo establece una exclusión de los efectos. No se darán si falla la reciprocidad de los mismos para ambas partes, en el sentido de que si el que pretende la rescisión no puede devolver lo que había recibido en virtud de aquel contrato rescindible, no se producirán los efectos de la misma.

También se excluyen los efectos de la rescisión (párrafo segundo) si las cosas objeto del contrato que se pretende rescindir y que debería devolver el demandado causante de la misma, se hallan legalmente en posesión de un tercero de buena fe. En este caso, aquel demandado deberá indemnizar al perjudicado de los daños y perjuicios que ha sufrido (tercer párrafo del mismo artículo). Si el adquirente es de mala fe, se aplica el art. 1298.

JURISPRUDENCIA

«se decretó la rescisión de la relación contractual discutida y se cuestiona si ha de prolongarse a la restitución de los frutos e intereses no suplicados expresamente. El artículo 1295 del Código Civil resulta bien expresivo ya que dispone que la rescisión obliga a la devolución de las cosas que fueron objeto del contrato con sus frutos y el precio con sus intereses. El precepto es imperativo y su aplicación, como declara la sentencia de 11 de noviembre de 1993, es consecuencia obligada de la declaración rescisoria». (21 enero 2005, rec. 3582/1998)

«según reiterada jurisprudencia, el éxito de la acción rescisoria exige, entre otros requisitos, la concurrencia de que los bienes perseguidos no hayan pasado a tercero de buena fe (sentencias del Tribunal Supremo de 17 de noviembre de 1987, 25 de enero de 1989, 27 de febrero de 1992 y 27 de mayo y 26 de noviembre de 1992, sentencia del Tribunal Supremo de 28 de noviembre de 1994). En igual sentido la sentencia del Tribunal Supremo de 24 de diciembre de 1996. No tendrá, por ello, lugar la rescisión —dice la jurisprudencia— cuando las cosas objeto del contrato se hallaren legalmente en poder de terceras personas que no hubiesen procedido de mala fe». (18 abril 2005, rec. 438/1998)

«el artículo 1295.2 del Código Civil contempla la posibilidad de que las cosas objeto del contrato se hallen en poder de terceras personas que no hubieren procedido de mala fe y, si bien, para esta hipótesis, dispone que no "tendrá lugar la rescisión", esta expresión es

impropia, según las doctrinas científica y jurisprudencial, y sólo significa que se excluyen los efectos de la restitución a cargo del tercero de buena fe, como ocurre en la cuestión debatida, es decir, impide que pueda ejecutarse la rescisión, aunque, según señala el párrafo final del precepto, podrá reclamarse la indemnización de daños y perjuicios al causante de la lesión. Desde la posición recién indicada, esta Sala ha sentado que, en estos casos, se limita el alcance restitutorio de la resolución en cuanto que el contratante incumplidor deberá restituir el valor correspondiente (entre otras, SSTS de 6 de junio de 1995 y 16 de diciembre de 2002)». (2 marzo 2006, rec. 1759/1999)

«La regla del artículo 1295, párrafo primero, dispone que la rescisión sólo podrá llevarse a efecto cuando el que la haya pretendido pueda devolver aquello a que por su parte estuviera obligado. Y la del segundo párrafo del mismo artículo impide la rescisión cuando las cosas, objeto del contrato, se hallaren legalmente en poder de terceras personas que no hubieran procedido de mala fe ... la regla del artículo 1295, dictada para supuestos de rescisión, es dudosamente aplicable a los casos de resolución. La remisión que efectúa el último párrafo del artículo 1124 CC al artículo 1295 del mismo Código se refiere a los derechos de terceros adquirentes, derechos de los que no se habla en el artículo 1295, párrafo primero. Además, la aplicación analógica de los artículos 1295 y 1166 del Código civil a los supuestos de resolución ha sido descartada por la mejor doctrina, en la que predomina la idea de que la imposibilidad de restitución in natura *no impide el ejercicio de la acción resolutoria, como no impide el ejercicio de la acción redhibitoria en el llamado "saneamiento por vicios ocultos" (artículos 1487, 1488 y 1498 CC) la pérdida o el deterioro de la cosa».* (8 noviembre 2007, LA LEY 193541/2007)

«Así lo hacen los artículos 1295, primer párrafo, y 1303 del Código Civil, al regular los efectos de la rescisión o de la declaración de la nulidad del contrato, mediante una regla que obliga a devolver la cosa con sus frutos y el precio con sus intereses y que se aplica, también, a otros supuestos de ineficacia que produzcan consecuencias restitutorias de las prestaciones realizadas —sentencias 772/2001, de 20 de julio, 812/2005, de 27 de octubre, y 1385/2007, de 8 de enero, entre otras—, cual sucede con la resolución de las relaciones contractuales, como regla general». (23 noviembre 2011, rec. 2061/2009, LA LEY 259214/2011)

CONCORDANCIAS

Véase Ley Hipotecaria, de 8 febrero 1946 *(«B.O.E.»,* 29 mayo): art. 37.

Artículo 1.296

La rescisión de que trata el número 2.º del artículo 1.291, no tendrá lugar respecto de los contratos celebrados con autorización judicial.

COMENTARIO

1.- En las causas de rescisión, por lesión, se halla la de los contratos celebrados en nombre del ausente y éste hubiere sufrido lesión (art. 1291.2.º). Este artículo añade una norma que bien podría haberse incluido en aquel número, a continuación. Dispone que no cabe tal rescisión si el contrato se ha celebrado con autorización judicial.

2.- Si se ha celebrado sin tal autorización, habrá que comprobar si es anulable o ineficaz *stricto sensu* por falta de poder de disposición, ya que en tales casos tampoco cabría la rescisión, ya que ésta tiene carácter subsidiario (art. 1294).

Artículo 1.297

Se presumen celebrados en fraude de acreedores todos aquellos contratos por virtud de los cuales el deudor enajenare bienes a título gratuito.

También se presumen fraudulentas las enajenaciones a título oneroso, hechas por aquellas personas contra las cuales se hubiese pronunciado antes sentencia condenatoria en cualquier instancia o expedido mandamiento de embargo de bienes.

COMENTARIO

1.- Este artículo completa la causa de rescisión por fraude de acreedores, que expresa de una forma un tanto genérica el art. 1291.3.º. Supone el fraude en ciertos contratos de disposición a título gratuito y a título oneroso, pero siempre que el acreedor no pueda de otro modo cobrar lo que se la deba (como dice dicho art. 1291.3.º), subsidiariedad que reitera el art. 1294.

2.- Siempre, por tanto, que se dé este requisito de que el acreedor no pueda cobrar, el contrato dispositivo de bienes por el deudor se presume hecha en fraude de aquél y, por tanto, es rescindible. Esta presunción es *iuris et de iure*, es decir, no admite prueba en contrario; verdaderamente, no es una presunción, sino una imposición legal; si se dan ambos requisitos, el contrato dispositivo es rescindible y así lo impone la ley, sin más. No es preciso que el adquirente a título gratuito haya participado en el fraude.

3.- En cuanto a la disposición de bienes por un deudor, a título oneroso, se presume hecha en fraude de acreedores, si éstos no pueden cobrar de otro modo lo que se les debe y además, se haya hecho por aquél, tras haber sido pronunciada contra el mismo una sentencia condenatoria, aunque sea firme (de carácter pecuniario, cuyo cumplimiento le sea imposible por aquella disposición de bienes) o se haya dictado contra él una resolución de embargo de bienes («expedido mandamiento de embargo», dice el texto legal, pero debe entenderse resolución de embargo, que lleva consigo la inmediata expedición de mandamiento).

JURISPRUDENCIA

«la adquisición por contrato a título oneroso (art. 643.2), a diferencia de la que se realiza a título gratuito (art. 1297.1 CC), sólo se presume que es fraudulenta para ambas partes, cuando ya se hubiese dictado sentencia condenatoria para el deudor o expedido mandamiento de embargo de bienes, flexibilizando de esa forma la prueba que permita destruir la presunción de buena fe a partir de una suma coordinada de indicios». (20 octubre 2005, rec. 684/1999)

«El artículo 1297 del Código Civil establece que "se presumen celebrados en fraude de acreedores todos aquellos contratos por virtud de los cuales el deudor enajenare bienes a título gratuito". Esta Sala, en un supuesto en el que igualmente se ejercía una acción rescisoria por fraude de acreedores y se alegaba por la parte recurrente la necesaria aplicación del principio constitucional de presunción de inocencia, tiene declarado en sentencia de 27 de enero de 2004 que "el artículo 24-2 (CE) en cuanto reconoce la 'presunción de inocencia' sirve para garantizar en el proceso penal, que no en un proceso civil como el presente, la plenitud de la prueba de la acusación, o, en otro caso, la prevalencia de la inocencia". En general, la aplicación de la presunción de inocencia tiene un ámbito propio en el Derecho penal y el Derecho administrativo sancionador, como han declarado coincidentemente el Tribunal Constitucional y esta Sala, excluyendo la aplicabilidad de la presunción de inocencia "a los supuestos de mera imposición de la responsabilidad civil en los que sólo se

dilucida la imputación al responsable de un hecho productor o fuente de una obligación patrimonial de resarcimiento de daños y perjuicios derivada de un ilícito civil" (sentencias del Tribunal Constitucional 72/91, 257/93, 367/93 y 59/96) o "en los procesos civiles sobre culpa extracontractual" (sentencia del Tribunal Supremo de 21 de febrero de 2002, con cita de otras muchas), aunque excepcionalmente puedan existir "supuestos fronterizos en el caso de resoluciones limitativas de derechos o de sanciones civiles en sentido amplio y no técnico" (sentencia del Tribunal Supremo de 8 de marzo de 2002, con cita a su vez de la sentencia del Tribunal Constitucional 13/82). La presunción contenida en el párrafo primero del artículo 1297 del Código Civil es iuris et de iure *(sentencias de 18 de enero de 1991, 16 de febrero de 1993 y 22 abril 2003), por lo que ni siquiera admite prueba en contrario, justificándose la norma en la ilicitud que supone que quien es deudor obligado frente a un tercero disponga a título gratuito de sus bienes en perjuicio de su acreedor, estando implícita en el negocio la intención de causar perjuicio, supuesto al que en forma alguna puede referirse la aplicación del principio de presunción de inocencia».* (21 noviembre 2006, LA LEY 138546/2006)

«La presunción de existencia de fraude, de carácter iuris tantum*, comporta la necesidad para quien resulta afectado por ella de acreditar la inexistencia de tal fraude, singularmente mediante la acreditación de la existencia de otros bienes en los que el acreedor podía hacer efectivo su crédito, sin que este último —beneficiado por la presunción— resulte obligado a ello».* (23 marzo 2011, rec. 953/2007, LA LEY 9105/2011)

«el fraude, significa que el deudor haya realizado el acto jurídico perjudicial al acreedor, en fraude del derecho de crédito de éste. Si el acto es gratuito, se presume el fraude (artículo 1297, primer párrafo): no es el caso presente. Si el acto es oneroso, como el préstamo hipotecario, (sentencias de 28 noviembre 1997) no es precisa la intención de dañar, sino que basta el conocimiento de ambas partes del perjuicio que causa al acreedor (sentencias de 13 febrero 1992 y 16 junio 1999)». (12 julio 2011, rec. 688/2007, LA LEY 119748/2011)

CONCORDANCIAS

Véanse:
— art. 1.111 de este Código.
— Ley Hipotecaria, de 8 febrero 1946 *(«B.O.E.»*, 29 mayo): art. 37.

Artículo 1.298

El que hubiese adquirido de mala fe las cosas enajenadas en fraude de acreedores, deberá indemnizar a éstos de los daños y perjuicios que la enajenación les hubiese ocasionado, siempre que por cualquier causa le fuere imposible devolverlas.

COMENTARIO

1.- Este artículo complementa el núm. 3 del art. 1291 (la causa de rescisión, de fraude de acreedores) y el 1295 (efectos de la rescisión). Cuando se produce la rescisión de un contrato dispositivo, el efecto es ex tunc y deben reintegrarse las prestaciones que ambos han recibido, pero se prevé la exclusión de los efectos en ciertos casos: uno de ellos es si las cosas objeto del contrato rescindible están legalmente en poder de un tercero, que puede ser de buena fe (art. 1295) o de mala fe, lo que contempla este art. 1298.

2.- El adquirente de mala fe de las cosas objeto del contrato que se rescinde, debe devolverlas. Si le es imposible devolverlas (de hecho, por haberlas destruido o consumido, o de derecho, por haberlas transmitido a tercero de buena fe), debe indemnizar al perjudicado, de los daños y perjuicios que haya sufrido.

La mala fe significa que el adquirente participó en el fraude al acreedor, o conocía tal fraude, o había debido o podido razonablemente conocerlo.

JURISPRUDENCIA

«El art. 1298 CC, impone una eficacia revocatoria, en relación con los arts. 1111, 1291.3 y cc. , en aquellos casos en que el acreedor ataca el título del tercero para que las cosas reingresen en el patrimonio del deudor. De este modo, contempla una hipótesis diversa a la del art. 1295 CC: alguien ha adquirido de mala fe las cosas enajenadas en fraude, y no pudiéndolas devolver, ha de indemnizar los daños y perjuicios». (20 julio 2005, rec. 898/1999)

CONCORDANCIAS

Véase arts. 1.433 y 1.434 de este Código.

Artículo 1.299

La acción para pedir la rescisión dura cuatro años.

Para las personas sujetas a tutela y para los ausentes, los cuatro años no empezarán hasta que haya cesado la incapacidad de los primeros, o sea conocido el domicilio de los segundos.

COMENTARIO

La acción rescisoria tiene el plazo de caducidad de cuatro años, según dispone el art. 1299. El cómputo de dicho plazo es desde la perfección del contrato, salvo los casos de rescisión de contrato celebrado por el tutor (art. 1291.1.º) o por el representante del ausente (art. 1291.2.º) en que empieza el cómputo desde que el tutelado alcance la capacidad o se conozca el domicilio del ausente, tal como añade el segundo párrafo del mismo artículo 1.299.

JURISPRUDENCIA

«El plazo de cuatro años que establece el art. 1299 CC para pedir la rescisión de cualquier acto jurídico es un plazo de caducidad, por la simple razón de que la acción de rescisión que puede ejercitarse durante dicho plazo trata de modificar la situación creada por un contrato torticero que puede producir efectos lesivos a terceros... la actual jurisprudencia de esta Sala y con base a lo dispuesto en el art. 1969 CC, trata y consigue soslayar la antedicha injusta situación de otra manera, y así la S 29 de octubre de 1990, establece que el inicio del cómputo de la acción rescisoria será a partir de la comprobación de falta de bienes con qué satisfacer el crédito. Pero la que da la pauta emblemática es la S 16 de febrero de 1993, que rechaza la fecha de la transmisión de los bienes como punto de partida para el cómputo del plazo y argumenta que ha de acogerse el criterio que más favorezca a la víctima del acto ilícito civil, por lo que estima que debe tomarse como día inicial aquel en que se pueda tener cabal y entero conocimiento dicha víctima burlada del acto subrepticio y fraudulento que le produce el daño patrimonial». (1 diciembre 1997, LA LEY 10837/1998)

«no es admisible que el cómputo del plazo de los cuatro años de ejercicio de la acción rescisoria (art. 1299, párr. 1.º) quede de hecho al arbitrio del acreedor, es decir, de su mayor o menor actividad en la persecución de bienes de su deudor, que exige el art. 1111. Es dentro de esos cuatro años cuando el acreedor ha de cumplir aquel presupuesto de su acción, suavizado por la reiterada jurisprudencia de esta Sala que acepta hechos objetivos de los que se deduce racionalmente la demostración de la carencia de bienes libres, en lugar de una persecución real de todos y cada uno de ellos con resultado infructuoso. Como dijo la sentencia de esta Sala de 8 May. 1903 "la condición de subsidiaria que tiene la acción rescisoria, según el art. 1294, no significa que pueda subsistir indefinidamente cualquiera que sea el tiempo transcurrido desde la celebración del acto rescindible, pues el de cuatro años señalado para el ejercicio de tales acciones es el que el legislador ha estimado prudencialmente suficiente para el esclarecimiento del estado del deudor, sin que exista inconveniente alguno en que al ejercitar la acción rescisoria se demuestre que no hay otro medio legal para obtener la reparación del perjuicio" criterio ratificado en la S 26 Jun. 1946». (17 julio 2000, LA LEY 9350/2000)

«tema de la caducidad de la acción rescisoria sobre el que esta Sala ya se ha pronunciado ante la laguna del artículo 1299 del Código civil en relación con el dies a quo de su transcurso. Según su doctrina, aunque la acción pueda ejercitarse desde el acto fraudulento, si se oculta por no inscribirse en el Registro de la Propiedad, el dies a quo es el de la inscripción en el mismo, salvo que se acredite que la víctima del fraude conoció con anterioridad de modo cabal y completo el acto impugnable (sentencias de 16 de febrero de 1993, 4 de septiembre de 1995 y 8 de marzo de 2003). Ciertamente que el artículo 37 de la Ley Hipotecaria señala como dies a quo el de la enajenación fraudulenta, pero el precepto es protector exclusivamente del tercero hipotecario, sin que pueda extenderse a supuestos en que no exista esta figura (sentencia de 27 de enero de 2004)». (31 enero 2006, rec. 2104/1999)

«En relación con la acción rescisoria por la lesión que no fue ejercitada dentro del plazo legal de cuatro años (art. 1706 del Código civil), hay que tener en cuenta que estamos ante un plazo de caducidad, no de prescripción, no susceptible de interrupción como ésta (sentencias de 26 de junio de 1967 y 6 de junio de 1990, entre otras)». (27 marzo 2006, rec. 2958/1999)

CONCORDANCIAS

Véase art. 1.434 de este Código.

CAPÍTULO VI
DE LA NULIDAD DE LOS CONTRATOS

Artículo 1.300

Los contratos en que concurran los requisitos que expresa el artículo 1.261 pueden ser anulados, aunque no haya lesión para los contratantes, siempre que adolezcan de alguno de los vicios que los invalidan con arreglo a la ley.

COMENTARIO

1.- La anulabilidad es un tipo de ineficacia del contrato, subtipo de invalidez del mismo: se produce —siguiendo el texto del artículo 1.300— cuando el contrato adolece de un vicio que lo invalida con arreglo a la ley. Tal vicio es: 1.º) el defecto de capacidad, o 2.º) vicio de consentimiento.

El carácter esencial de la anulabilidad es que, hasta que se anula, el contrato produce plenos efectos jurídicos, que pueden quedar definitivos por la confirmación. Por tanto, el contrato anulable, hasta que sea anulado, produce sus efectos propios, eficacia provisional que desaparecerá con efecto retroactivo si es anulado o se mantendrá definitivamente si es confirmado.

Tal como se ha apuntado, las causas de anulabilidad son:

Primera. Defecto de capacidad, siempre que no sea tan total y absoluta que llegue a producir la falta de consentimiento y, por ende, la inexistencia de contrato.

Cuyo defecto de capacidad viene determinado por la incapacidad (menor de edad) e incapacitación o, aunque no se haya constituido ésta, por la existencia de una ineptitud mental que haya quedado probada, o bien se trata de persona con capacidad restringida (emancipado, pródigo o incapacitado parcial) que celebra el contrato sin el complemento de capacidad (art. 293).

Aunque no sea, propiamente dicho, un tema de capacidad, se asimila a ello y es anulable el contrato que celebra un cónyuge sin el concurso del otro, cuando éste sea necesario, que será el supuesto normal en contratos de administración y disposición de bienes gananciales.

Segunda. Vicios del consentimiento: error, dolo, violencia e intimidación.

2.- Este artículo y el capítulo entero, emplea el término «nulidad» pero en el tema de ineficacia (y en otros muchos) el Código adolece de una gran imprecisión terminológica. La nulidad, contemplada en el art. 6.3, es el acto que es contrario a norma imperativa y prohibitiva y es ineficaz *ipso iure*, apreciable de oficio e imprescriptible, muy distinta a la anulabilidad que contemplan este artículo y los siguientes.

La anulabilidad no es sólo aplicable a los contratos, sino al negocio jurídico, en general.

3.- Este artículo 1.300 parte del contrato «en que concurran los requisitos que expresa el art. 1261»; es decir, presupone un contrato (o un negocio jurídico) que sea existente. La inexistencia, concepto distinto del de nulidad, se produce por la falta de alguno de los elementos esenciales del contrato: consentimiento, objeto y causa.

También añade algo innecesario: «aunque no haya lesión para los contratantes», lo que significa que la anulabilidad es ajena al posible perjuicio que sufra una de las partes. Evidentemente, es distinta —con distintos requisitos y efectos— la anulabilidad de la rescisión, contemplada ésta en los arts. 1290 y ss.

JURISPRUDENCIA

«Dice la sentencia de esta Sala de 16 de octubre de 1999, citada en la de 26 de noviembre de 2001 que "es reiterada y uniforme doctrina de esta Sala la que si bien la nulidad relativa o anulabilidad ha de ser perdida necesariamente por vía de acción (ejercitada en la demanda principal o en la demanda reconvencional), la nulidad radical o de pleno derecho que puede hacer valer por vía de acción o por vía de excepción". Es decir, para hacer valer la nulidad de un acto o contrato es preciso usar de las vías adecuadas a su naturaleza. De acuerdo con los arts. 1300 y 1301 del Código los vicios invalidantes del consentimiento, intimidación, error o dolo, son causas de nulidad relativa o anulabilidad del contrato cuya alegación ha de hacerse mediante el ejercicio de la oportuna acción». (31 marzo 2005, rec. 4024/1998)

«los preceptos del CC que regulan la nulidad de los contratos no se atienen a la dicotomía entre nulidad absoluta y relativa y no se refieren sólo a esta última; así, el art. 1300 CC, al establecer las consecuencias de la nulidad declarada de la obligación no establece distinción entre nulidad absoluta o relativa y la jurisprudencia ha declarado también que los arts. 1303 y 1307 se extienden a los negocios jurídicos inexistentes o radicalmente nulos (SSTS de 29 de octubre de 1956 y 28 de septiembre de 1996)». (6 septiembre 2006, LA LEY 110200/2006)

Artículo 1.301

La acción de nulidad sólo durará cuatro años.

Este tiempo empezará a correr:

En los casos de intimidación o violencia, desde el día en que éstas hubiesen cesado.

En los de error, o dolo, o falsedad de la causa, desde la consumación del contrato.

Cuando la acción se refiera a los contratos celebrados por los menores o incapacitados, desde que salieren de tutela.

Si la acción se dirigiese a invalidar actos o contratos realizados por uno de los cónyuges sin consentimiento del otro, cuando este consentimiento fuere necesario, desde el día de la disolución de la sociedad conyugal o del matrimonio salvo que antes hubiere tenido conocimiento suficiente de dicho acto o contrato.

COMENTARIO

1.- La anulabilidad no se produce ipso iure, sino por el ejercicio de una acción (acción de anulación que el Código llama acción de nulidad), que tiene naturaleza constitutiva, sin perjuicio de que las partes, sin necesidad del ejercicio de la acción, acepten extrajudicialmente los efectos de la anulabilidad.

El primer párrafo de este artículo establece que esta acción tiene el *plazo de caducidad* de cuatro años. Sin embargo, parte de la doctrina y de la jurisprudencia lo han considerado de prescripción. La diferencia es importante y la solución definitiva no es clara.

2.- Establece el cómputo de este plazo distinguiendo si la anulabilidad es por defecto de capacidad o por vicio del consentimiento. En el primer caso, si se trata de menores o incapacitados, el *dies a quo* es «desde que salieren de la tutela», único caso al que se refiere este artículo, y también aunque no se refiere a ello pese a ser el caso más normal, desde la extinción de la patria potestad, por mayoría de edad o emancipación; en caso de muerte, desde la fecha de ésta, cuya acción la podrán ejercitar sus herederos.

En el caso de actos de disposición de bienes gananciales en que falta el consentimiento del otro cónyuge, el Código los asimila a la anulabilidad por falta de capacidad y el cómputo es desde que este otro cónyuge tuvo conocimiento del acto o contrato, o desde que se disolvió la comunidad de gananciales (una de cuyas causas es la disolución del matrimonio, que menciona expresamente este artículo).

3.- Si la anulabilidad es por vicio del consentimiento, el plazo comienza a contar, si fue por violencia o intimidación, desde que éstas cesaran; si fue por error o dolo, desde la consumación del contrato.

La falsedad de la causa se asimila al vicio del consentimiento, pero no se trata de que la causa sea enteramente falsa, en que habría inexistencia del contrato, sino de error-vicio sobre ésta *(vid.* el comentario al art. 1.276). El plazo de caducidad empieza a contar desde la consumación del contrato.

JURISPRUDENCIA

«art. 1301 del CC, sobre el cómputo del plazo de 4 años para atacar el contrato aquejado de aquel vicio, porque, acontecida la intimidación en el seno de la convivencia conyugal, ésta no cesa hasta que desaparece esa convivencia, a raíz de la separación de los cónyuges (porque es claro que el cómputo de ese plazo se inicia desde que cesa la intimidación —ex art. 1301—, la cual permanece o es relevante tanto cuando se otorgaron sendos actos jurídicos que se invalidan como mientras perdura tal convivencia conyugal que, hasta impediría la eventual defensa frente a ella mediante la impugnación entablada en la demanda) y, por tanto, ese plazo de 4 años permanece vigente». (15 enero 2004, rec. 1622/2000)

«Aunque ciertamente la literalidad del artículo 1301 CC podría llevar a un lector profano a considerar que la acción de nulidad caduca a los cuatro años, tanto la jurisprudencia como la doctrina coinciden unánimemente en interpretar que el artículo 1301 CC se aplica a la anulabilidad y no a la nulidad, que es definitiva y no puede sanarse por el paso del tiempo, habiendo declarado la sentencia de 4 de noviembre de 1996, que "la nulidad es perpetua e insubsanable, el contrato viciado de nulidad absoluta en ningún caso podrá ser objeto de confirmación ni de prescripción" (en el mismo sentido la sentencia de 14 de marzo de 2000, entre muchas otras)». (18 octubre 2005, rec. 127/1999) (Doctrina reiterada por la sentencia de 18 marzo 2008, LA LEY 31934/2008)

«El plazo de cuatro años que fija el artículo 1301 CC para el ejercicio de la acción de nulidad es aplicable a las acciones ejercitadas para solicitar la declaración de nulidad de los contratos y, por extensión, de los demás negocios jurídicos que "adolezcan de algunos de los vicios que los invalidan con arreglo a la ley", siempre que en ellos, según se desprende del artículo 1300 CC, al cual se remite implícitamente el artículo 1301 CC, "concurran los requisitos que expresa el artículo 1261", es decir, consentimiento, objeto y causa, sin los

cuales "no hay contrato". Cuando no concurren los requisitos establecidos en el artículo 1261 CC en el negocio jurídico controvertido estamos, pues, en presencia de un supuesto de nulidad absoluta o de pleno Derecho (STS de 10 de abril de 2001), equivalente a la inexistencia, cuya característica radica en la imposibilidad de producir efecto jurídico alguno, en la retroacción al momento del nacimiento del acto de los efectos de la declaración de nulidad y en la inexistencia de plazo alguno de caducidad o prescripción para el ejercicio de la acción correspondiente. Declara la STS de 25 de julio de 1991 (en el mismo sentido, STS de 27 de febrero de 1997) que la ambigüedad terminológica del artículo 1301 CC al referirse a la "acción de nulidad", ha sido precisada doctrinal y jurisprudencialmente en el sentido de distinguir lo que son supuestos de nulidad radical o absoluta y lo que constituyen supuestos de nulidad relativa o anulabilidad; dentro de estos últimos hay que incluir los casos normativos previstos en el citado precepto. Las SSTS de 10 de noviembre de 1981, 6 de abril 1984, 13 de mayo de 1983, 22 de noviembre de 1983, 13 de febrero de 1988, 10 de octubre de 1988, 8 de marzo de 1989, 23 de octubre de 1992, 31 de octubre de 1992, 8 de marzo de 1994, 5 de junio de 1994, 9 de mayo de 1995, 20 de octubre de 1999, 14 de marzo de 2000, 5 de junio de 2000, y 23 de octubre de 2002, entre otras muchas, afirman, por su parte, que la falta de ejercicio de una acción de nulidad por faltar uno de los elementos esenciales del contrato fijados en el artículo 1261 CC no supone confirmación tácita, puesto que la prescripción de la acción solamente alcanza a los actos anulables». (6 septiembre 2006, LA LEY 110200/2006)

*«esta norma se refiere no a la nulidad absoluta, sino a la anulabilidad: contrato que adolece de un vicio que lo invalida con arreglo a la ley, esencialmente por defecto de capacidad o vicio de consentimiento. Y no es este el caso: se ha pedido en la demanda y se ha declarado en las sentencias de instancia la nulidad absoluta. Así lo ha reiterado la jurisprudencia de esta Sala en las siguientes sentencias: * sentencia de 8 de marzo de 1994: "lo interesado en la demanda fue la nulidad radical o inexistencia de la escritura en cuestión y que lo declarado en la sentencia recurrida, confirmando la de primera Instancia, fue precisamente esa nulidad radical. Pues bien, sobre tal base y al margen de las disquisiciones doctrinales existentes en orden a si existe o no distinción entre la inexistencia y la nulidad radical, es lo cierto que la doctrina de esta Sala, no muy abundante pero si unívoca, tiene declarado que tanto en los casos de inexistencia como de nulidad absoluta, el art. 301 no es aplicable ya que estos contratos carecen de toda validez (SS de 31 de octubre de 1992, 23 de marzo, 10 de abril de 1933, 13 de mayo y 22 de noviembre de 1983". * sentencia de 29 de abril de 1997: "Es un plazo aplicable a los llamados contratos anulables. Los contratos afectos de nulidad absoluta, radicalmente nulos, inexistentes en derecho, no pueden convalidarse por el transcurso del tiempo. La acción de nulidad es imprescriptible"».* (4 octubre 2006, LA LEY 110170/2006)

*«la acción para pedir la declaración de nulidad del contrato simulado no está sujeta en su ejercicio a plazo de caducidad o de prescripción alguno, pues lo que no existe no puede pasar a tener realidad jurídica por el transcurso del tiempo. De ahí que en tales casos no pueda acudirse a las normas que sobre la nulidad contractual (*rectius *anulabilidad) establecen los artículos 1300 y 1301 del Código Civil, pues ya el primero se refiere de modo expreso a "los contratos en que concurran los requisitos que expresa el artículo 1261", los cuales, siendo existentes, pueden ser anulados cuando adolezcan de alguno de los vicios que los invalidan con arreglo a la ley. En este sentido señala la sentencia de esta Sala de 18 octubre 2005, y reitera la de 4 octubre 2006, entre las más recientes, que "aunque ciertamente la literalidad del artículo 1301 CC podría llevar a un lector profano a considerar que la acción de nulidad caduca a los cuatro años, tanto la jurisprudencia como la doctrina coinciden unánimemente en interpretar que el artículo 1301 CC se aplica a la anulabilidad y no a la nulidad, que es definitiva y no puede sanarse por el paso del tiempo", habiendo declarado la sentencia de 4 de noviembre de 1996, que "la nulidad es perpetua e insubsanable, el contrato viciado de nulidad absoluta en ningún caso podrá ser objeto de confirmación ni de prescrip-*

ción" (en el mismo sentido la sentencia de 14 de marzo de 2000, entre muchas otras)». (22 febrero 2007, LA LEY 3266/2007)

«Declarado que la ineficacia producida es la anulabilidad, hay que determinar en qué momento se inicia el plazo para el cálculo de los cuatro años de caducidad establecido en el Art. 1301 CC para el ejercicio de la acción. Ciertamente, el Art. 1301 CC establece una norma específica para determinar el inicio del plazo en los casos en que la acción se dirija a "invalidar los actos o contratos realizados por uno de los cónyuges sin consentimiento del otro, cuando ese consentimiento fuere necesario". Este plazo empieza a contar "desde el día de la disolución de la sociedad conyugal o del matrimonio salvo que antes hubiese tenido conocimiento suficiente de dicho acto contrato". A dicho supuesto debe equipararse el caso de falta de autorización judicial, ya sea porque el cónyuge no disponente se encuentre incapacitado, ya sea porque se haya producido dicha disposición directamente y en contra de lo dispuesto en el Art. 1322 CC». (23 septiembre 2010, rec. 1576/2006, LA LEY 157549/2010)

«al entenderse probada la nulidad de los negocios jurídicos que se describen en la sentencia por haber sido probada la simulación, nada importa la naturaleza del plazo del art. 1301 CC, porque lo que se está ejerciendo es una acción de nulidad por simulación de los contratos, que se ha probado y esta no está regida por el plazo de caducidad del Art. 1301 CC». (28 abril 2011, rec. 935/2007, LA LEY 37939/2011)

CONCORDANCIAS

Véase:
— arts. 293 y 1.322 de este Código.
— Ley 19/1995, 4 julio (*«B.O.E.»,* 5 julio), de Modernización de las Explotaciones Agrarias.
— Reglamento Hipotecario, de 14 febrero 1947 (*«B.O.E.»,* 16 abril): art. 93.4.º.
Texto vigente según Ley 14/1975, 2 mayo (*«B.O.E.»,* 5 mayo).

Artículo 1.302

Pueden ejercitar la acción de nulidad de los contratos los obligados principal o subsidiariamente en virtud de ellos. Las personas capaces no podrán, sin embargo, alegar la incapacidad de aquellos con quienes contrataron; ni los que causaron la intimidación o violencia, o emplearon el dolo o produjeron el error, podrán fundar su acción en estos vicios del contrato.

COMENTARIO

1.- Ya se ha dicho que la anulabilidad no se produce ipso iure. Ni puede, por tanto, ser apreciada de oficio. Debe ser determinada por medio de una acción, que es una acción constitutiva.

Es una acción que se concede exclusivamente a la persona que es titular del específico interés que se trata de proteger.

2.- La *legitimación activa* corresponde:

Primero. Si la anulabilidad es por defecto de capacidad, al propio incapaz cuando alcanza la capacidad de obrar, y antes de este momento, a sus representantes legales. Pero no a las demás partes, tal como dispone el segundo inciso del art. 1.302: «las personas capaces no podrán, sin embargo, alegar la incapacidad de aquellos con quienes contrataron».

Si el contrato es anulable por falta de concurso del otro cónyuge, sólo éste tiene legitimación para anularlo.

Segundo. Si la anulabilidad es por vicios del consentimiento, a la parte contratante que sufrió el vicio. No a las que los causaron, tal como dice el último inciso del mismo art. 1.302.

3.- La *legitimación pasiva* corresponde a todas las personas que han sido parte en el contrato.

4.- La anulabilidad no sólo puede ser alegada por medio de una acción, sino también como excepción; así, a la parte a quien se reclama el cumplimiento de un contrato anulable, puede oponer la excepción de anulabilidad.

JURISPRUDENCIA

«no se ha infringido el artículo 1302 del Código civil ante el supuesto de inexistencia y, además, la parte que ha interesado la nulidad (rectius, inexistencia) ha sido, en demanda reconvencional, la contratante, como arrendadora, del contrato de arrendamiento». (5 julio 2005, rec. 480/1999)

«el artículo 1302 CC es aplicable a aquella forma de ineficacia conocida como anulabilidad, que permite al perjudicado impugnar el contrato que le ocasionó el perjuicio, mientras que para pedir la nulidad está legitimado cualquier interesado, haya sido o no parte del contrato». (25 octubre 2005, rec. 728/1999)

«Siendo existente el contrato por concurrir en él los requisitos de consentimiento, objeto y causa a que se refiere el artículo 1261 del Código Civil, la nulidad —que comportaría la carencia de sus efectos obligacionales propios— únicamente vendría dada por la concurrencia de alguno de los vicios que lo invalidan y, como tal, sólo puede ser ejercitada la acción correspondiente por los obligados principal o subsidiariamente (artículo 1302 del Código Civil)». (17 julio 2007, LA LEY 79277/2007)

Artículo 1.303

Declarada la nulidad de una obligación, los contratantes deben restituirse recíprocamente las cosas que hubiesen sido materia del contrato, con sus frutos, y el precio con los intereses, salvo lo que se dispone en los artículos siguientes.

COMENTARIO

1.- Hay que distinguir los efectos de la anulabilidad y los de la acción de anulación. Respecto a los primeros, es preciso recordar que la esencia de la anulabilidad es que el contrato anulable produce todos sus efectos, hasta tanto no se ejercite la acción de anulabilidad. Si no se ejercita y el contrato anulable queda confirmado, los efectos quedarán como definitivos.

2.- Respecto a los efectos de la acción de anulación, ejercitada ésta y dictada sentencia, que es constitutiva, tal como se deduce de este art. 1.303, el contrato queda válido e ineficaz, *ex tunc*, con efecto retroactivo.

Por tanto, si no se ha consumado —no se ha cumplido, no se han realizado las prestaciones—, las partes quedan libres.

Si se han cumplido, debe hacerse la restitución de las cosas (artículo 1.303) o su equivalente económico (art. 1.307) con sus frutos e intereses, simultáneamente (art. 1.308).

3.- El último inciso del presente art. 1.303 deja a salvo lo que disponen los artículos siguientes, que en parte desarrollan este precepto y en parte lo alteran.

JURISPRUDENCIA

«el art. 1303 CC, en el que se establece que declarada la nulidad de una obligación, los contratantes deben restituirse recíprocamente las cosas que hubiesen sido materia del contrato, con sus frutos, y el precio con los intereses. El precepto, que tiene como finalidad conseguir que las partes afectadas vuelvan a tener la situación personal y patrimonial anterior al evento invalidador (SS 22 Sep. 1989, 30 Dic. 1996, 26 Jul. 2000), evitando el enriquecimiento injusto de una de ellas a costa de la otra (SS 22 Nov. 1983, 24 Feb. 1992, 30 Dic. 1996 —llegar hasta donde se enriqueció una parte y hasta donde efectivamente se empobreció la otra—), es aplicable a los supuestos de nulidad radical o absoluta, no sólo a los de anulabilidad o nulidad relativa (SS 18 Ene. 1904, 29 Oct. 1956, 7 Ene. 1964, 22 Sep. 1989, 24 Feb. 1992, 28 Sep. y 30 Dic. 1996), y opera sin necesidad de petición expresa, por cuando nace de la ley (SS 10 Jun. 1955, 22 Nov. 1983, 24 Feb. 1992, 6 Oct. 1994, 8 Nov. 1999). Por consiguiente cuando el contrato hubiese sido ejecutado en todo o en parte procede la reposición de las cosas al estado que tenía al tiempo de la celebración (SS 29 Oct. 1956, 22 Sep. 1989, 28 Sep. 1996, 26 Jul. 2000), debiendo los implicados devolverse lo que hubieren recibido por razón del contrato (SS 7 Oct. 1957, 7 Ene. 1964, 23 Oct. 1973). El art. 1303 CC se refiere a la devolución de la cosa con sus frutos (SS 9 Feb. 1949, y 18 Feb. 1994) y el precio con sus intereses (SS 18 Feb. 1994, 12 Nov. 1996, 23 Jun. 1997), norma que parece ideada en la perspectiva de la compraventa, pero que no obsta a su aplicación a otros tipos contractuales.» (11 febrero 2003, LA LEY 1663/2003) (Doctrina reiterada por la sentencia de 6 julio 2005, rec. 312/99)

«las consecuencias restitutorias de la declaración de ineficacia de un contrato, que en nuestro ordenamiento son objeto de la regulación contractual (artículos 1124, 1295 y 1303 del Código Civil), guardan relación con la condictio indebiti o, incluso, con la condictio causa data causa non secuta. En concreto, la liquidación de una relación de obligación sinalagmática, resuelta por el incumplimiento de una de las partes, está presidida por la idea de que, sobrevenidamente, carecen de causa legitimadora los desplazamientos patrimoniales efectuados en ejecución de la reglamentación negocial antes vigente». (12 mayo 2005, rec. 4329/1998)

«artículo 1303 del Código civil, puesto que es doctrina reiterada del Tribunal Supremo (sentencias de 7 de octubre de 1957, 7 de enero de 1964, 23 de octubre de 1973, 22 de noviembre de 1983, 17-16- (sic) 1986 y 22 de septiembre de 1989) la que señala que declarada la nulidad de un contrato procede la restitución recíproca de las cosas que hubieren sido materia del contrato, con sus frutos, y el precio con los intereses, a tenor del artículo 1303 del Código civil, habiendo declarado la sentencia de 18 de enero de 1904 que "corrobora este criterio la jurisprudencia de esta Sala, referida a la nulidad absoluta o inexistencia, que ha declarado que las restituciones a que se refiere el artículo 1303 sólo proceden, incluso tratándose de contrato nulo o inexistente, cuando ha sido declarada la nulidad", obligación de devolver que no nace del contrato anulado, sino de la Ley que la establece en este contrato (sentencia del Tribunal Supremo de 10 de junio de 1952), por lo cual no necesita de petición expresa de la parte pudiendo ser declarada por el Juez en cumplimiento del principio iura novit curia, sin que ello suponga alterar la armonía entre lo pedido y lo concedido. (22 noviembre 2005, rec. 1561/1999)

«La frustración de la relación priva de causa a los desplazamientos patrimoniales y determina la necesidad de la restitución. En este campo se encuentran las prestaciones derivadas de un contrato nulo o de un contrato anulado. Por razones históricas, la mayor parte de los casos quedan embebidos en las reglas de restitución, en este caso contenidas en los artículos 1303 a 1308 del Código civil, dados los estrictos términos en que está concebida en nuestro Derecho la condictio indebiti *(cobro de lo indebido, artículos 1895 y siguientes, especialmente 1900 y 1901, del Código Civil). La obligación de devolución nace de la ley, por lo cual no requiere petición expresa, y puede ser declarada por el juez en virtud del principio* iura novit curia *(Sentencias de 10 de junio de 1952, 22 de noviembre de 1983, 24 de febrero de 1992, 5 y 6 de octubre de 1994, etc.)».* (8 enero 2007, LA LEY 1073/2007)

«Tal como dispone aquel artículo trascrito, el 1303 C.c., si a consecuencia del negocio jurídico declarado nulo hubo entrega de cosa para una parte a otra o por ambas recíprocamente, deberían restituirse las mismas in natura *y, si no es posible, su equivalente económico con los frutos e intereses que se haya producido. A este respecto, la jurisprudencia ha reiterado que su finalidad es conseguir que las partes afectadas vuelvan a tener la situación personal y patrimonial anterior al evento invalidador, evitando el enriquecimiento injusto de una de ellas a costa de la otra: sentencias de 26 julio 2000, 11 febrero 2003, 22 abril 2005, 6 julio 2005 y las que en ellas se citan. La parte adquiriente de las fincas (el demandante) ha devuelto las mismas, tal como eran, con el hecho notorio del aumento del valor y la parte transmitente ha devuelto parte del precio y ha sido condenado a devolver el resto, sin intereses ... el argumento de que se compensa los frutos de la cosa con los intereses del dinero, está fuera de lugar. Ni se han acreditado los supuestos frutos, ni los ha reclamado la entidad bancaria demandada. Y los intereses, por otra parte, se han reclamado expresamente, los impone el art. 1303 C.c. y, de no acordarse, sufriría la parte demandante el deterioro consecuencia del hecho notorio de la devaluación monetaria».* (23 junio 2008, rec. 1189/2001)

«En la más reciente jurisprudencia, se ha impuesto una línea de interpretación antagónica a la tesis que sustenta la recurrente. Se expresa en Sentencias como las de 11 de febrero de 2003, 13 de diciembre de 2005 y 24 de marzo de 2006, entre otras. Como decía la de 13 de diciembre de 2005, la nulidad que se declara por efecto de tratarse de un acto de disposición efectuado por el quebrado durante el período de retroacción, cuando se trata de un contrato sinalagmático, implica la restitución en los términos establecidos por los artículos 1303, 1304 y 1308 del Código civil. Tal restitución es ajena a la quiebra, esto es, ha de ser tratada como una deuda de la masa, como precisamente determina ahora la vigente Ley Concursal en el artículo 84-8.º, si bien hay que advertir que en el régimen de la nueva Ley la reintegración de la masa se realiza por medio de acciones rescisorias fortalecidas con presunciones de fraude (artículo 71 LC). De este modo, como señalaba la STS de 24 de marzo de 2006, se evita el evidente enriquecimiento injusto que se produciría con la reintegración de la cosa y frutos sin la contrapartida de la restitución del precio e intereses. Por otra parte, esta línea jurisprudencial ha precisado que el régimen jurídico que establece el artículo 1303 CC, que configura una suerte de condictio indebiti, y mediante el que se trata de conseguir que las partes vuelvan a tener la situación personal y patrimonial anterior al efecto invalidante (SSTS 26 de julio de 2000, 13 de diciembre de 2005), nace de la Ley y no necesita petición expresa (SSTS 24 de febrero de 1992, 20 de junio de 2001, 11 de febrero de 2003, etc.), por lo que es apreciable de oficio, no exasperando el ámbito del principio iura novit curia por "no representar alteración en la armonía entre lo suplicado y lo concedido" (SSTS 22 de noviembre de 1983, 24 de febrero de 1992, 13 de diciembre de 2005, etc.)». (24 septiembre 2008, rec. 2423/2001, LA LEY 137740/2008) (Doctrina reiterada por la sentencia de 10 noviembre 2010, rec. 459/2007, LA LEY 208816/2010)

«la restitución recíproca de las prestaciones establecida en el art. 1303 CC puede tener unos límites racionales similares a los que la jurisprudencia ha reconocido para algunos casos de resolución contractual (p. ej. SSTS 17-7-07 y 28-6-77). Este imposible retorno de

los efectos de un contrato nulo que ha estado ejecutándose durante años se advierte especialmente en casos, como el presente, de contratos complejos con una prestación principal de suministro para revender, pues entonces resulta que el abastecido, en este caso la mercantil titular de la estación de servicio, ha vendido a su vez el carburante a terceros lucrándose en la reventa. Esto supone, de un lado, que los efectos de la nulidad no puedan ser absolutos o ilimitados». (26 febrero 2009, rec. 192/2004, LA LEY 4661/2009)

«el precepto, que tiene como finalidad conseguir que las partes afectadas vuelvan a tener la situación personal y patrimonial anterior al evento invalidador (sentencias de 22 de septiembre de 1989, 30 de diciembre de 1996, 26 de julio de 2000), evitando el enriquecimiento injusto de una de ellas a costa de la otra (sentencias de 22 de noviembre de 1983, 24 de febrero de 1992, 30 de diciembre de 1996 —llegar hasta donde se enriqueció una parte y hasta donde efectivamente se empobreció la otra—), es aplicable a los supuestos de nulidad radical o absoluta, no sólo a los de anulabilidad o nulidad relativa (sentencias de 18 de enero de 1904, 29 de octubre de 1956, 7 de enero de 1964, 22 de septiembre de 1989, 24 de febrero de 1992, 28 de septiembre y 30 de diciembre de 1996), y opera sin necesidad de petición expresa, por cuanto nace de la ley (sentencias de 10 de junio de 1952, 22 de noviembre de 1983, 24 de febrero de 1992, 6 de octubre de 1994, 9 de noviembre de 1999). Por consiguiente cuando el contrato hubiese sido ejecutado en todo o en parte procede la reposición de las cosas al estado que tenían al tiempo de la celebración (sentencias de 29 de octubre de 1956, 22 de septiembre de 1989, 28 de septiembre de 1996, 26 de julio de 2000), debiendo los implicados devolverse lo que hubieren recibido por razón del contrato (sentencias de 7 de octubre de 1957, 7 de enero de 1964, 23 de octubre de 1973). El art. 1303 del Código Civil se refiere a la devolución de la cosa con sus frutos (sentencias de 9 de febrero de 1949 y 18 de febrero de 1994) y el precio con sus intereses (sentencia de 18 de febrero de 1994, 12 de noviembre de 1996, 23 de junio de 1997), norma que parece ideada en la perspectiva de la compraventa, pero que no obsta su aplicación a otros tipos contractuales». (15 abril 2009, rec. 1356/2005, LA LEY 40398/2009)

«se plantea por la parte recurrente la inaplicabilidad al caso del art. 1.306.2.ª CC. El planteamiento se estima porque, como se afirma en el recurso, no es de aplicación dicho precepto, sino el del art. 1.303 CC, pues ni la causa de nulidad apreciada tiene la condición de torpe, en su sentido estricto de inmoral, ni ha existido un propósito dañino o malicioso por parte de la franquiciante. La aplicación de la normativa del art. 1.306 CC con el efecto de "dejar las cosas como están" sería claramente injusta, y máxime si se tiene en cuenta que a ambas partes les es imputable en la misma medida consensual la consignación de la cláusula, y conllevaría un claro enriquecimiento injusto para una de ellas... ... Habida cuenta que nos hallamos ante unos contratos de tractu sucesivo o continuado que han venido ejecutándose durante unos años, la aplicación del art. 1.303 CC debe hacerse en atención al criterio de la posibilidad en relación con las circunstancias, que, en el caso, se resume en la liquidación de los efectos económicos existentes al tiempo de extinguirse la relación jurídica». (30 julio 2009, rec. 72/2005, LA LEY 187268/2009)

«Es cierto que según la doctrino del TJUE el Derecho comunitario, hoy de la Unión, debe tener un efecto útil, como también lo es que el art. 1303 CC impone la restitución recíproca de las prestaciones en caso de nulidad. Pero no lo es menos que, correspondiendo al Juez nacional determinar las consecuencias concretas de la nulidad en cada caso (apdo. 79 de la STJUE 17- 9-08, con cita de otras anteriores), tales consecuencias deben limitarse, en el aquí examinado, a la mera declaración de nulidad por infracción de una norma prohibitiva, con arreglo a lo previsto en el art. 6.3 CC, lo que lógicamente comporta la improcedencia de la resolución por incumplimiento instada por la actora-reconvenida y acordada por la sentencia impugnada. Esto es así porque, como señala la sentencia de esta Sala de 26 de febrero de 2009 (rec. 192/04), la restitución recíproca

contemplada en el citado art. 1303 CC puede tener unos límites racionales similares a los reconocidos para algunos casos de resolución contractual y, además, desde la perspectiva del enriquecimiento injusto habría que computar la ganancia del titular de la estación de servicio y todas las ventajas derivadas de su abanderamiento». (15 enero 2010, rec. 1182/2004, LA LEY 2355/2010)

«La jurisprudencia ha sido reiterada en un sentido de que "el precepto, que tiene como finalidad conseguir que las partes afectadas vuelvan a tener la situación personal y patrimonial anterior al evento invalidador, evitando el enriquecimiento injusto...", como dicen las sentencias de 11 de febrero de 2003 y 6 de julio de 2005 y lo reiteran las de 22 de abril de 2005 y 23 de junio de 2008. Ya la más antigua sentencia de 19 de junio de 1981 advirtió que "la declaración de nulidad del contrato lleva de suyo aparejada el reintegro de aquello que el comprador hubiera abonado, abonos que comprenden, además de la devolución del precio y de sus intereses, la de todos los gastos por el mismo sufragados, como consecuencia de la transmisión..."». (5 marzo 2010, rec. 2559/2005, LA LEY 5303/2010)

«El artículo 1303 CC establece la restitución in natura de las cosas que han sido objeto del contrato, de modo que la única solución posible a una declaración de nulidad de la póliza es la devolución del importe dispuesto por virtud del crédito. En conclusión, la consecuencia natural por aplicación del artículo 1303 CC no puede ser otra que la restitución de todo el saldo dispuesto como consecuencia de crédito anulado, es decir, el importe de cierre de cuenta, por lo que hay que mantener la condena por la parte de crédito no anulada, pero no de las cosas que se adquirieron». (12 noviembre 2010, rec. 488/2007, LA LEY 198998/2010)

«El artículo 1303 CC es aplicable a los supuestos de nulidad radical o absoluta, no solo a los de anulabilidad o nulidad relativa (SSTS de 18 de enero de 1904, 29 de octubre de 1956, 7 de enero de 1964, 22 de septiembre de 1989, 24 de febrero de 1992, 28 de septiembre y 30 de diciembre de 1996), y opera sin necesidad de petición expresa, por cuanto nace de la ley (SSTS de 10 de junio de 1952, 22 de noviembre de 1983, 24 de febrero de 1992, 6 de octubre de 1994, 9 de noviembre de 1999). Por consiguiente cuando el contrato hubiese sido ejecutado en todo o en parte procede la reposición de las cosas al estado que tenían al tiempo de la celebración (SSTS de 29 de octubre de 1956, 22 de septiembre de 1989, 28 de septiembre de 1996, 26 de julio de 2000), debiendo los implicados devolverse lo que hubieren recibido por razón del contrato (SSTS de 7 de octubre de 1957, 7 de enero de 1964, 23 de octubre de 1973)». (21 junio 2011, rec. 1647/2007, LA LEY 111580/2011)

«Por el contrario, para hacer efectivas las consecuencias restitutorias de la declaración de ineficacia de un contrato ejecutado, íntegramente o en parte, y para impedir, en todo caso, que queden a beneficio de uno de los contratantes las prestaciones que del otro hubiera recibido, con un evidente enriquecimiento sin causa, la jurisprudencia —sentencias 105/1990, de 24 de febrero, 120/1992, de 11 de febrero, 24 de febrero de 1992 (recurso número 105/1990), 81/2003, de 11 de febrero, 812/2005, de 27 de octubre, 934/2005, de 22 de noviembre, entre otras— considera innecesaria la petición expresa del acreedor para imponer la restitución de las prestaciones realizadas, con inclusión de sus rendimientos, en cumplimiento del principio "iura novit curia" y sin incurrir en incongruencia, al considerar que se trata de una consecuencia directa e inmediata de la norma que atribuye retroactividad al efecto liberatorio derivado de la declaración de ineficacia». (23 noviembre 2011, rec. 2061/2009, LA LEY 259214/2011)

CONCORDANCIAS

Véase arts. 451 a 458 y 1.896 de este Código.

Artículo 1.304

Cuando la nulidad proceda de la incapacidad de uno de los contratantes, no está obligado el incapaz a restituir sino en cuanto se enriqueció con la cosa o precio que recibiera.

COMENTARIO

1.- Este artículo, que se apoya en el último inciso del artículo anterior, constituye una excepción de éste. Limita o incluso llega a excluir los efectos de la acción de anulación cuando la causa de ésta ha sido el defecto de capacidad de uno de los sujetos del contrato. Lo cual responde al principio de protección del incapaz.

2.- En tal caso, declarada la anulación del contrato, el incapaz no debe restituir las cosas con sus frutos o el precio con sus intereses que hubiere de aquel contrato anulado, sino tan sólo «en cuanto se enriqueció con la cosa o precio que recibiera». Lo que significa que sólo tiene el deber de restitución si aquello que recibió del contrato produjo un incremento o beneficio en su patrimonio, subsistente al momento en que adquirió la capacidad plena (no, por tanto, si malgastó o dilapidó lo recibido) o, si no ha llegado a adquirirla, en el momento de la acción, y el límite de tal restitución es precisamente la cuantía de este enriquecimiento.

JURISPRUDENCIA

«En la más reciente jurisprudencia, se ha impuesto una línea de interpretación antagónica a la tesis que sustenta la recurrente. Se expresa en Sentencias como las de 11 de febrero de 2003, 13 de diciembre de 2005 y 24 de marzo de 2006, entre otras. Como decía la de 13 de diciembre de 2005, la nulidad que se declara por efecto de tratarse de un acto de disposición efectuado por el quebrado durante el período de retroacción, cuando se trata de un contrato sinalagmático, implica la restitución en los términos establecidos por los artículos 1303, 1304 y 1308 del Código civil. Tal restitución es ajena a la quiebra, esto es, ha de ser tratada como una deuda de la masa, como precisamente determina ahora la vigente Ley Concursal en el artículo 84-8.º, si bien hay que advertir que en el régimen de la nueva Ley la reintegración de la masa se realiza por medio de acciones rescisorias fortalecidas con presunciones de fraude (artículo 71 LC). De este modo, como señalaba la STS de 24 de marzo de 2006, se evita el evidente enriquecimiento injusto que se produciría con la reintegración de la cosa y frutos sin la contrapartida de la restitución del precio e intereses. Por otra parte, esta línea jurisprudencial ha precisado que el régimen jurídico que establece el artículo 1303 CC, que configura una suerte de condictio indebiti, y mediante el que se trata de conseguir que las partes vuelvan a tener la situación personal y patrimonial anterior al efecto invalidante (SSTS 26 de julio de 2000, 13 de diciembre de 2005), nace de la Ley y no necesita petición expresa (SSTS 24 de febrero de 1992, 20 de junio de 2001, 11 de febrero de 2003, etc.), por lo que es apreciable de oficio, no exasperando el ámbito del principio iura novit curia por "no representar alteración en la armonía entre lo suplicado y lo concedido" (SSTS 22 de noviembre de 1983, 24 de febrero de 1992, 13 de diciembre de 2005, etc.)». (24 septiembre 2008, rec. 2423/2001, LA LEY 137740/2008) (Doctrina reiterada por la sentencia de 10 noviembre 2010, rec. 459/2007, LA LEY 208816/2010)

CONCORDANCIAS

Véase arts. 304 y 1.163 de este Código.

Artículo 1.305

Cuando la nulidad provenga de ser ilícita la causa u objeto del contrato, si el hecho constituye un delito o falta común a ambos contratantes, carecerán de toda acción entre sí, y se procederá contra ellos, dándose, además, a las cosas o precio que hubiesen sido materia del contrato, la aplicación prevenida en el Código Penal respecto a los efectos o instrumentos del delito o falta.

Esta disposición es aplicable al caso en que sólo hubiere delito o falta de parte de uno de los contratantes; pero el no culpado podrá reclamar lo que hubiese dado, y no estará obligado a cumplir lo que hubiera prometido.

COMENTARIO

1.- Este artículo y el siguiente plantean la situación de la restitución cuando ha habido, en general, lo que se conoce con la expresión de causa torpe. Es el supuesto del contrato con objeto o causa ilícitos, lo que no es un tema de anulabilidad, sino de inexistencia del contrato, por falta del requisito de licitud del objeto o de la causa, o, en su caso, de nulidad, si va contra una norma imperativa o prohibitiva.

Este artículo se refiere al caso en que el contrato sea constitutivo de infracción penal y distingue según ésta sea común a ambos contratantes o sólo sea de una de las partes.

2.- En el primer caso, en que el delito o falta sea común a ambas partes contratantes, ninguna de ellos puede reclamar la restitución de la cosa o precio objeto del contrato. Por el contrario, éstas tienen el destino (comiso o restitución, en su caso al verdadero propietario) que señala el Código penal.

Lo anterior presupone una condena en proceso penal y a las partes contratantes, partícipes (como autores, cómplices o encubridores) del contrato delictivo o constitutivo de falta, se les impondrá la sanción penal correspondiente: «se procederá contra ellos», dice el texto legal.

3.- Si la participación en el delito o falta sólo se ha dado en una de las partes contratantes, ésta nada podrá reclamar a la otra sobre restitución de cosa o precio a las que se dará el destino que señala el Código Penal: es decir, todo como en el caso anterior.

Pero el que no ha sido partícipe del delito o falta podrá reclamar lo que él, por su parte, ha entregado (que, por tanto, no ha sido objeto de delito o falta) y no estará obligado a cumplir la prestación derivada del contrato, que a él le correspondía cumplir.

CONCORDANCIAS

Véase:

— Orden de 14 de julio de 1983 *(«B.O.E.»,* 21 julio), sobre conservación y destino de piezas de convicción de los depósitos judiciales.

— R.D. 2783/1976, de 15 de octubre *(«B.O.E.»,* 8 diciembre), sobre conservación y destino de piezas de convicción.

Artículo 1.306

Si el hecho en que consiste la causa torpe no constituyere delito ni falta, se observarán las reglas siguientes:

1.ª Cuando la culpa esté de parte de ambos contratantes, ninguno de ellos podrá repetir lo que hubiera dado a virtud del contrato, ni reclamar el cumplimiento de lo que el otro hubiese ofrecido.

2.ª Cuando esté de parte de un solo contratante, no podrá éste repetir lo que hubiese dado a virtud del contrato, ni pedir el cumplimiento de lo que se le hubiera ofrecido. El otro, que fue extraño a la causa torpe, podrá reclamar lo que hubiera dado, sin obligación de cumplir lo que hubiera ofrecido.

COMENTARIO

1.- Se plantea en este artículo el caso del contrato con causa torpe, en el sentido no gramatical, sino de contrato con objeto o causa ilícitos, que no sea constitutivo de infracción penal. Si lo es, se aplica el artículo anterior. Tal como se comentó en éste, no es un tema de anulabilidad, sino de inexistencia del contrato o, en su caso, de nulidad.

Los efectos son prácticamente iguales a los del anterior, salvo, lógicamente, que no se procede penalmente ni se aplica el Código Penal respecto al objeto y efectos del delito.

Se distingue según la culpabilidad (no delictiva) del objeto o causa ilícita sea de ambos partes contratantes o de una sola de ellas.

2.- Si la culpabilidad del objeto o causa ilícita se halla en ambas partes contratantes (regla 1.ª), ninguna de ellas puede reclamar el cumplimiento de la prestación a la otra parte, ni repetir lo que haya dado por haber cumplido su propia prestación.

3.- Si la culpabilidad del objeto o causa ilícita solamente lo es de una de las partes contratantes (regla 2.ª), ésta no podrá exigir el cumplimiento a la otra, ni repetir lo que él haya cumplido.

Por el contrario, la parte no culpable puede reclamar el cumplimiento a la otra parte y no está obligado a cumplir la prestación.

JURISPRUDENCIA

«siendo más que patente la voluntad común de ambas partes de burlar el carácter personalísimo de la licencia municipal para la explotación del quiosco concedida en su día al transmitente por su condición de discapacitado, el régimen aplicable debe ser el de la regla 1.ª del art. 1306 CC ya que dicha voluntad presidió toda la cadena de contratos celebrados entre las partes y teñía de ilicitud la causa de ese conjunto negocial aunque sin llegar a constituir delito ni falta. Se sigue así la jurisprudencia de esta Sala, sistemáticamente interpretativa del art. 1275 en relación con los arts. 1303, 1305 y 1306, todos del CC, con arreglo a la cual este último precepto impone una sanción a la conducta antijurídica de los contratantes sin distinguir entre el carácter voluntario o forzoso de la entrega, pues sólo se exige que ésta sea consecuencia del contrato y hecha antes de que el contrato se declare nulo (SSTS 23-1-61 y 14-3-86). De ahí que tal sanción se aplicara también por la STS 20-5-85 al suministro de un producto por precio superior al legalmente autorizado, aunque en este caso fuera la regla 2.ª y no la 1.ª del art. 1306 por ser la culpa solamente de la vendedora, e igualmente por la STS 2-4-02 (LA LEY JURIS. 4152/2002) a un contrato de "regencia de farmacia" prohibido por las leyes administrativas, declarando terminantemente esta última sentencia que el término "torpe" hay que entenderlo aplicable a todos los supuestos de contratos con objeto o causa ilícita que no sea calificable de infracción penal, comprendiendo por tanto no sólo lo opuesto a la moral sino también lo que contraríe el orden público o la Ley pero sin sanción penal. No es

obstáculo a la aplicación de la regla 1.ª del art. 1306 CC, lógicamente, la previsión por los propios contratantes de que el Ayuntamiento privara de la explotación del quiosco a la adquirente, estableciendo para tal caso unas determinadas consecuencias sobre el precio, pues semejante reglamentación negocial, por sí misma demostrativa de la torpeza de la causa, no puede prevalecer sobre la sanción que la Ley impone a la causa torpe». (31 mayo 2005, rec. 4639/1998)

«Sobre tal cuestión caben dos vías que se traducen en una misma solución, consistente en que la empresa explotadora del casino no tendrá derecho a exigir al jugador lo que éste perdió jugando o apostando a crédito o con dinero prestado. La primera vía que permite llegar técnicamente a esta solución está constituida por los arts. 1798 y 1799 del Código Civil en relación con sus arts. 1800 y 1801, porque el juego en el casino habría dejado de ser lícito o no prohibido a partir del momento en que se prestó dinero al jugador y, en consecuencia, la empresa explotadora del casino carecerá de acción, conforme al art. 1798, para reclamar lo ganado en el juego; y la segunda vía por la que también se llega a idéntica solución se encuentra en el art. 1306 del mismo Cuerpo legal, ya que el préstamo o crédito a una persona para jugar, concedido por la empresa titular del casino o sus directivos o empleados, no constituye delito pero sí introduce en el contrato de juego o apuesta una causa torpe que impide al prestamista, ganador a su vez en el juego, reclamar la devolución del dinero que prestó para jugar». (10 octubre 2008, rec. 5707/2000, LA LEY 148020/2008)

*«el móvil ilícito e inmoral perseguido por los contratantes no se integra en el contrato para dotarle de causa ni ha de producir efectos civiles, sin perjuicio de que en su momento los hubiera podido generar en el ámbito penal; de donde se deriva que, declarada la nulidad de los contratos por simulación absoluta, se haya de volver necesariamente a la situación material anterior a su celebración por aplicación de lo establecido en el artículo 1303 del Código Civil. En todo caso, y aunque ello ha sido discutido doctrinalmente, esta Sala ha declarado expresamente (sentencias de 7 febrero 1959, 24 enero 1977 y 30 octubre 1985) que el artículo 1306 del Código Civil "no es aplicable cuando la nulidad se funda en ser simulado el contrato, ni tampoco si uno solo de los contratantes entregó algo". (*14 noviembre 2008, rec. 74/2003, LA LEY 226015/2008)

«Distinto es el caso del artículo 1306 que sí lo aplica y efectivamente debe ser aplicado. Las sentencias de 2 de abril de 2002 y 31 de mayo de 2005, ambas, dicen: "el término 'torpe' hay que entenderlo aplicable a todos los supuestos de contratos con objeto o causa ilícita, que no sea susceptible de ser tipificado de infracción penal" y la sentencia recurrida, partiendo de los hechos probados, afirma que en los contratos referidos en este proceso concurre causa ilícita: "uso ilícito de los beneficios fiscales...", "no eliminan el ilícito causal", "acceden a un beneficio fiscal al que no se tenía derecho". De acuerdo con el concepto de causa torpe, es clara la aplicación del artículo 1306 .1.º, tal como hace la sentencia recurrida, en estos términos: "resulta igualmente en aplicación de lo dispuesto en el artículo 1306.1.º del Código civil, que no es procedente la restitución de la entregado entre los contratantes, ya que la finalidad de otorgar un negocio inmoral o ilegal es común a ambas partes, pues tanto la actora como la demandada pretenden con ocasión de la existencia de una norma tributaria de exención y beneficio fiscal, hacer uso de la misma y obtener un rendimiento económico a la misma, sin que realmente concurriese el supuesto de hecho que justificaba la misma"». (2 febrero 2012, rec. 1664/2008, LA LEY 12824/2012)

Artículo 1.307

Siempre que el obligado por la declaración de nulidad a la devolución de la cosa, no pudiera devolverla por haberse perdido, deberá restituir los frutos percibidos y el valor que tenía la cosa cuando se perdió, con los intereses desde la misma fecha.

COMENTARIO

1.- Como complemento del art. 1.303, el presente artículo prevé la disyuntiva de restituir lo recibido por el contrato anulado, in natura, o, si no es posible, por equivalencia.

Aquel artículo 1.303 obliga a las partes a restituirse las cosas que hubieran recibido por razón del contrato que ha sido anulado. Lo que, en realidad, reitera este art. 1.307.

2.- Pero si la cosa no puede devolverse «por haberse perdido», este artículo da una solución. El «haber perdido», expresión que emplea este texto legal, debe interpretarse en un sentido amplio: pérdida culpable, o por caso fortuito, o por haberse transmitido a tercero adquirente de buena fe (art. 464 CC si es cosa mueble o 34 LH si es inmueble).

En tales casos, deberá cumplir por equivalencia: pagará a la otra parte el valor de la cosa al tiempo en que se perdió y los intereses desde la misma fecha y los frutos que hubiera percibido de la misma cosa.

JURISPRUDENCIA

«Parando mientes en la devolución de la cosa resulta incuestionable que el bien debe restituirse «in natura», es decir el mismo que fue objeto de la transmisión inválida (S 6 Oct. 1994), pero puede ocurrir que ello no sea posible por causas físicas o jurídicas, y entonces ha de acudirse a la aplicación del art. 1307 CC, cuya normativa rige también para la nulidad radical (no sólo la relativa) y que igualmente que sucede con el art. 1303 es aplicable de oficio como "efecto ex lege"». (11 febrero 2003, LA LEY 1663/2003) (Doctrina reiterada por la sentencia de 4 diciembre 2008, rec. 264/2004, LA LEY 189382/2008 y por la sentencia de 15 noviembre 2011, rec. 923/2008, LA LEY 224281/2011)

Artículo 1.308

Mientras uno de los contratantes no realice la devolución de aquello a que en virtud de la declaración de nulidad esté obligado, no puede el otro ser compelido a cumplir por su parte lo que le incumba.

COMENTARIO

1.- El art. 1.303 establece el efecto de la acción de anulación, imponiendo la restitución de las prestaciones cumplidas, basándose en el principio de reciprocidad. Consecuencia del mismo es el cumplimiento simultáneo por ambas partes, de este deber de restitución.

2.- Así, lo dispone el presente artículo 1.308 aunque lo hace en un sentido negativo: mientras uno no restituya u ofrezca su propia prestación, no puede exigir a la otra parte que ésta restituya; a la inversa, una parte no puede ser compelida a la restitución mientras la otra no restituya la suya u ofrezca hacerlo y si le es exigida podrá oponer la excepción semejante a la que existe en las obligaciones recíprocas: *exceptio non adimpleti contractus*.

«no establece la resolución repetida distintos tiempos para el cumplimiento de las mencionadas prestaciones y, como otra cosa no resulta de la naturaleza y características de las mismas, hay que entender que deben ser ejecutadas como recíprocas y con carácter simultáneo —así lo establece el artículo 1.308 del Código Civil, bien que al regular la liquidación del contrato nulo—». (5 enero 2009, rec. 1959/2003, LA LEY 595/2009)

CONCORDANCIAS

Véase art. 1.100 de este Código.

Artículo 1.309

La acción de nulidad queda extinguida desde el momento en que el contrato haya sido confirmado válidamente.

COMENTARIO

1.- Este artículo es el primero de los que regulan la confirmación del contrato o negocio jurídico anulable. La confirmación es la desaparición de la anulabilidad del contrato, es un medio de subsanar ésta. No elimina la causa de anulabilidad sino sus efectos: por lo cual, el contrato queda como perfectamente válido y sus efectos permanecen definitivamente.

Tiene naturaleza de negocio jurídico unilateral, cuyo sujeto es la persona que tiene legitimación activa para ejercer la acción de anulación *(vid.* comentario a los artículos 1.302 y 1.312).

2.- El efecto de la confirmación es que el contrato anulable queda convalidado. Producirá los efectos que le son propios, sin que se vea amenazado por la anulación. No es propiamente que se extinga la acción de anulación, como dice este artículo, que emplea, como siempre, la expresión de «acción de nulidad» y ya se ha comentado que no es nulidad (contrato que va contra norma imperativa o prohibitiva: art. 6.3), sino que se convalida el negocio anulable, que deja de serlo y, en consecuencia, no cabe dicha acción de anulación.

JURISPRUDENCIA

«como tiene declarado esta Sala en sentencia de 10 de noviembre de 1981, no supone confirmación tácita el no ejercicio de una acción de nulidad, es decir, la determinada por faltar uno de los elementos esenciales del contrato fijados en el artículo 1.261 del Código Civil, puesto que solamente alcanza a los anulables, es decir a los contratos en que, concurriendo tales precisos elementos, se produzca en ellos algún vicio subsanable, que no es lo sucedido en relación con la mercancía de que se trata, dado que al no ser entregada la cosa convenida —material susceptible al envase de la "mantequilla"— falta realmente el objeto del contrato, y por tanto uno de los esenciales elementos para darle vida en el campo del derecho, no generándose con ello causa viabilizadora de confirmación, que como queda dicho solamente tiene posibilidades en el aspecto de contratos anulables, ya que en orden a los nulos su efecto vivificante únicamente puede producirse a medio de su ratificación, cuya naturaleza no es el suplir deficiencias sobre elementos contractuales, sino constituir un nuevo acto jurídico, aunque lo sea con el carácter de no independiente del que ha sido ratificado, pues que está motivado precisamente por su existencia, pero que requiere una manifestación expresa convalidante de la causa de nulidad existente, y mucho más si se tiene en cuenta que significando en definitiva la ratificación la renuncia a la acción de nulidad que el derecho faculta, precisa para su apreciación una expresión clara, precisa y concluyente, determinada por una manifestación de voluntad revelada formalmente de modo expreso y no basada en meras presunciones». (8 marzo 1989, LA LEY 283-JF/0000)

Artículo 1.310

Sólo son confirmables los contratos que reúnan los requisitos expresados en el artículo 1.261.

COMENTARIO

1.- La confirmación de los contratos sólo es aplicable a los anulables. No cabe en los inexistentes, que son los que carecen de algún elemento esencial —consentimiento, objeto y causa— y esto es lo que dispone el presente artículo.

2.- Tampoco cabe en los contratos nulos, que son los que contravienen directamente una norma imperativa o prohibitiva (art. 6.3), cuya nulidad, con la subsiguiente carencia de efectos, es *ipso iure* imprescriptible y no convalidable.

Artículo 1.311

La confirmación puede hacerse expresa o tácitamente. Se entenderá que hay confirmación tácita cuando, con conocimiento de la causa de nulidad y habiendo ésta cesado, el que tuviese derecho a invocarla ejecutase un acto que implique necesariamente la voluntad de renunciarlo.

COMENTARIO

1.- Distingue este artículo la confirmación expresa y la tácita. Confirmación expresa es la declaración de voluntad, constitutiva de negocio jurídico unilateral, de querer convalidar el contrato anulable y mantener sus efectos como definitivos, pese a la causa de anulabilidad. No precisa forma especial.

2.- Confirmación tácita es la que hace por medio de una declaración de voluntad tácita y a ella se refiere el segundo inciso de este artículo. es la que se deduce de un comportamiento o de una declaración no expresamente emitida para exteriorizar lo querido. Este artículo contempla un caso genérico de confirmación tácita: la ejecución de «un acto que implique necesariamente la voluntad» de convalidar la anulabilidad («de renunciarlo», dice el texto legal, refiriéndose a la renuncia de la causa de anulabilidad, pero no hay técnicamente tal renuncia), una vez conocida y una vez ha cesado la causa de anulabilidad. Actos concluyentes, pues, de los que se desprendan la voluntad de confirmar: así, el cumplimiento de su propia prestación derivada del contrato anulable, o recibir toda o parte o exigir la prestación de la otra parte, o la realización de actos extintivos de la obligación derivada de tal contrato, como novación, condonación, etc.

No es confirmación tácita la inactividad del legitimado activamente, es decir, el dejar pasar el tiempo sin ejercer la acción de anulabilidad, sin dejar transcurrir, evidentemente, el plazo de caducidad de cuatro años *(vid.* art. 1.301).

Artículo 1.312

La confirmación no necesita el concurso de aquel de los contratantes a quien no correspondiese ejercitar la acción de nulidad.

COMENTARIO

1.- La confirmación, como se ha comentado hasta ahora, es un negocio jurídico unilateral, que tiene una sola parte y ésta es, necesariamente, la que está legitimada activamente para ejercer la acción de anulabilidad. Esto se contempla, implícitamente, en este artículo.

2.- En consecuencia, no es parte en la confirmación ninguna otra persona, ni siquiera aquella parte contratante de aquel contrato anulable, que no tiene legitimación activa para la acción de anulabilidad. Esto, explícitamente, es lo que dispone el presente artículo.

Artículo 1.313

La confirmación purifica al contrato de los vicios de que adoleciera desde el momento de su celebración.

COMENTARIO

Se reitera en este artículo los efectos de la confirmación, que ya venían apuntados en el 1309. La confirmación es la desaparición de la anulabilidad del contrato. Este queda convalidado.

En consecuencia: no desaparece materialmente la causa de anulabilidad, pero sí jurídicamente; es como si ésta no hubiera existido; el contrato deja de ser anulable, ha sido «purificado» o convalidado o subsanado; no se podrá ya reclamar la restitución de las prestaciones.

Artículo 1.314

También se extinguirá la acción de nulidad de los contratos cuando la cosa, objeto de éstos, se hubiese perdido por dolo o culpa del que pudiera ejercitar aquélla.

Si la causa de la acción fuere la incapacidad de alguno de los contratantes, la pérdida de la cosa no será obstáculo para que la acción prevalezca, a menos que hubiese ocurrido por dolo o culpa del reclamante después de haber adquirido la capacidad.

COMENTARIO

Se habla de confirmación por disposición de la ley, confirmación no como negocio jurídico, sino acto jurídico: la ley atribuye a un acto un determinado efecto.

Es el caso de la confirmación cuando la cosa objeto del contrato anulable se hubiese perdido por dolo o culpa de quien tenía legitimación activa para el ejercicio de la acción de anulación, tal como dispone el artículo 1.314, primer párrafo. Sin embargo, por excepción, y tal como añade el segundo párrafo, si la causa de anulabilidad fuese el defecto de capacidad y la cosa se pierde por dolo o culpa del menor o incapacitado, no se confirma el contrato, salvo que dicha pérdida hubiese ocurrido por dolo o culpa del mismo después de haber adquirido la capacidad.

CONCORDANCIAS

Véase arts. 1.182, 1.183 y 1.307 de este Código.

TÍTULO III
Del régimen económico matrimonial

CAPÍTULO PRIMERO
DISPOSICIONES GENERALES

Artículo 1.315

El régimen económico del matrimonio será el que los cónyuges estipulen en capitulaciones matrimoniales, sin otras limitaciones que las establecidas en este Código.

COMENTARIO

1.- La comunidad de vida que lleva consigo el matrimonio implica necesariamente una serie de cuestiones e interrelaciones económicas entre los cónyuges. La regulación coherente y armónica de los mismos se halla en el régimen económico-matrimonial que se aplique al mismo.

De entre los múltiples regímenes que han existido históricamente o que se dan actualmente en el derecho comparado o incluso en los derechos forales españoles, el Código Civil regula orgánicamente tan sólo tres: el de gananciales, el de participación y el de separación.

En el CC se prevé que el régimen económico-matrimonial del matrimonio, será: en primer lugar, en base al principio de autonomía de la voluntad, el que se pacte en capitulaciones matrimoniales; en segundo lugar, a falta de pacto expreso en capitulaciones, el régimen legal supletorio y presunto rige el de gananciales; en tercer lugar, como régimen supletorio de segundo grado, el de separación de bienes; el de participación y el mismo de separación (fuera del caso en que rija como supletorio) se aplicarán a aquel matrimonio en que se pacte expresamente.

De lo expuesto se deduce que no existe matrimonio sin régimen matrimonial. O bien lo pactan en capitulaciones, o bien impone la ley el legal presunto: incluso cuando se extingue éste, la ley prevé otro. La realidad de los efectos económicos del matrimonio no la ignora la ley y no permite la existencia de un matrimonio sin un correspondiente régimen económico. Por otra parte, el régimen económico matrimonial produce los efectos que le son propios desde el momento de la celebración del matrimonio: tanto si se han otorgado capitulaciones antes de tal momento, como si no se han otorgado, el régimen —pactado o legal presunto—despliega su eficacia desde dicho momento. Si las capitulaciones se otorgan constante matrimonio, desde la perfección del negocio jurídico, será ineficaz.

2.- Este artículo proclama el principio de autonomía de la voluntad. Dispone que el régimen económico-matrimonial es el que pactan los sujetos. Los futuros cónyuges e incluso los cónyuges vigente el matrimonio pueden pactar, en capitulaciones matrimoniales, el régimen que tengan por conveniente, que puede ser uno de los previstos por la Ley —Código Civil o Derecho foral— o uno atípico que constituyan.

Las capitulaciones matrimoniales están reguladas con detalle en los arts. 1.325 a 1.335.

3.- El principio de autonomía de la voluntad, como en todo caso, no es absoluto. Este mismo artículo añade al final: «sin otras limitaciones que las establecidas en este Código». Estas se hallan en los arts. 1.325 y ss.

JURISPRUDENCIA

«Este Tribunal ha admitido que los cónyuges pacten lo que consideren más conveniente para sus intereses, incluso para los casos de separación y divorcio, complementando los pactos del convenio. Así se ha admitido la validez del documento privado, siempre que reúna las condiciones del contrato y no sea contrario a las normas imperativas, en las sentencias de 22 de abril de 1997 (LA LEY JURIS. 6125/1997), 21 de diciembre de 1998 (LA LEY JURIS. 1607/1999) y 15 de febrero de 2002 (LA LEY JURIS. 4526/2002), entre otras. Ahora bien, estas sentencias no se refieren en absoluto a la disolución y liquidación del régimen de bienes, sino a pactos que constan en documentos privados complementarios del convenio regulador. Así, la de 22 de abril de 1997 (LA LEY JURIS. 6125/1997) se refería a un matrimonio con régimen de separación de bienes, por tanto, distinto del caso que nos ocupa; la de 21 de diciembre de 1998 (LA LEY JURIS. 1607/1999) a la validez de un documento privado en el que se pactaba un complemento de la cantidad atribuida a la esposa en la liquidación del régimen de bienes efectuada en el convenio de separación, homologado judicialmente. Y, finalmente, la sentencia de 15 de febrero de 2002 (LA LEY JURIS. 4526/2002) admitió la validez de un pacto privado en el que se establecieron determinadas cantidades en pago de cargas y alimentos. La sentencia de 4 de diciembre de 1985 (LA LEY JURIS. 10563-JF/0000) citada en el proceso, considera que un pacto en documento privado sobre liquidación de gananciales tiene naturaleza transaccional y sólo la sentencia de 22 de noviembre de 1990 (LA LEY JURIS. 2111/1991) admite que la liquidación de la sociedad puede hacerse en documento privado; pero en este caso, la disolución del régimen había ya tenido lugar por sentencia dictada en procedimiento de divorcio». (3 febrero 2006, rec. 2146/1999)

CONCORDANCIAS

Véase arts. 1.325 a 1.335 de este Código.

Texto vigente según Ley 11/1981, 13 mayo (*«B.O.E.»,* 19 mayo). Anterior texto según Ley 14/1975, 2 mayo (*«B.O.E.»,* 5 mayo).

Artículo 1.316

A falta de capitulaciones o cuando éstas sean ineficaces, el régimen será el de la sociedad de gananciales.

COMENTARIO

1.- Se ha apuntado en el comentario al artículo anterior que, en defecto de régimen previsto en capitulaciones, rige el de gananciales como régimen legal supletorio y presunto. Lo cual está establecido expresamente en este artículo.

2.- Rige el régimen de gananciales, en primer lugar, evidentemente, si así se pacta expresamente en capitulaciones, lo que puede darse en la práctica en aquellas personas con vecindad civil de comunidades en que el régimen legal supletorio y presunto es otro (así, catalanes o baleares, cuyo régimen supletorio es el de separación).

Se aplica el régimen de gananciales si los cónyuges no han otorgado capitulaciones, lo que prevé expresamente este artículo: «a falta de capitulaciones...»; y también, si las han otorgado, pero no ha previsto ningún régimen económico-matrimonial (contenido típico) sin que contiene otros pactos (contenido atípico). También, si los cónyuges han otorgado capitulaciones, pero éstas son ineficaces, en sus distintos grados de ineficacia, lo que contempla también expresamente este artículo («... o cuando éstas sean ineficaces...»). Grados de ineficacia que pueden ir desde la inexistencia (por falta del elemento esencial de forma, escritura pública, art. 1.327) hasta la nulidad (art. 1.323), la anulabilidad por defecto de capacidad (art. 1.329) o la caducidad (art. 1.334).

CONCORDANCIAS

Véase arts. 1.344 a 1.410 y 1.435 de este Código.
Texto vigente según Ley 11/1981, 13 mayo *(«B.O.E.»,* 19 mayo). Anterior texto según Ley 14/1975, 2 mayo *(«B.O.E.»,* 5 mayo).

Artículo 1.317

La modificación del régimen económico matrimonial realizada durante el matrimonio no perjudicará en ningún caso los derechos ya adquiridos por terceros.

COMENTARIO

1.- Se refiere este artículo a la modificación del régimen económico-matrimonial, lo que permiten tanto el art. 1.315 como el 1.325. La modificación será realizada durante el matrimonio (como prevé este artículo de no ser así, no tendría sentido) y en escritura pública (como ordena el art. 1.327).

2.- Se dispone que tal modificación «no perjudicará en ningún caso los derechos ya adquiridos por terceros». Se veda el perjuicio a los acreedores resultante de la modificación del régimen económico-matrimonial. Debe ponerse en relación esta norma con la de los arts. 1.401 y 1.402.

Es un tanto contradictoria la jurisprudencia sobre si cabe revisión de las capitulaciones por fraude de acreedores, ejercicio de la acción pauliana. Se puede concluir que partiendo los acreedores del principio que proclama este art. 1.317 y conservando sus derechos como los reconoce el art. 1.401 (contemplado por el 1.402), pese a ello no pierden totalmente la acción para la rescisión de las capitulaciones por fraude, siempre que no tengan otro medio de obtener la satisfacción de su crédito.

JURISPRUDENCIA

«Uno de los requisitos esenciales para que los contratos puedan rescindirse por razón de fraude, está constituido por la exigencia de que el acreedor no pueda cobrar de otro modo lo que se le debe (art. 1.291.3.º del Código Civil), pues dado el carácter subsidiario de la acción rescisoria que proclama, también, el art. 1.294 del mismo Cuerpo Legal, sólo puede ejercitarse cuando se carezca de todo recurso legal para obtener la reparación del perjuicio, requisito que no se da en este caso, pues, si la disolución y subsiguiente liquidación de la sociedad de gananciales como consecuencia de las capitulaciones otorgadas vigente el matrimonio —en las que se modificó el régimen económico del matrimonio y se adoptó el de separación absoluta de bienes (art. 1.392)— no perjudica en ningún caso los derechos ya adquiridos por terceros (art. 1.317 del Código Civil), si el art. 1.401 de este texto legal dispone que mientras no se hayan

pagado por entero las deudas de la sociedad, los acreedores conservan su derecho contra el cónyuge deudor, respondiendo, también, el cónyuge no deudor con los bienes que se le hayan adjudicado si se hubiera formulado debidamente inventario judicial o extrajudicial, y si el art. 1.402 establece que los acreedores de la sociedad de gananciales tienen en su liquidación los mismos derechos que les reconocen las leyes en la partición y liquidación de las herencias, es decir, el derecho de exigir el pago de sus deudas por entero de cualquiera de los cónyuges si no se hubiera formulado debidamente inventario o hasta donde alcancen los bienes adjudicados si se hubiere formulado (art. 1.084), en el presente caso, no puede afirmarse que el acreedor demandante no tuviera otro recurso legal para hacer efectivo su crédito que el ejercicio de la acción rescisoria». (7 noviembre 1992, LA LEY 5167/1993) (criterio reiterado literalmente por la sentencia de 6 julio 2001, LA LEY 7040/2001)

«es doctrina jurisprudencial consolidada en la interpretación del artículo 1317 del Código civil, que éste despliega todos sus efectos con independencia de que pueda pedirse la declaración de ineficacia de los capítulos. Por ello se ha afirmado reiteradamente por esta Sala que no es necesario pedir la nulidad de las escrituras de capítulos matrimoniales, ya que lo que establece el artículo 1317 del Código civil "es una responsabilidad ex lege, *inderogable por la voluntad de los particulares, que para nada incide en la validez de las adjudicaciones y que, en su consecuencia, no se requiere para su efectividad de declaración de ineficacia o de nulidad de clase alguna" (STS de 15 marzo 1994, entre muchas otras). Cuando el artículo 1317 del Código civil establece que "la modificación del régimen económico matrimonial realizada durante el matrimonio no perjudicará en ningún caso los derechos ya adquiridos por terceros" determina que los cónyuges no pueden oponerse a las ejecuciones contra los bienes que pertenecieron a la masa de los gananciales a pesar del cambio de régimen, independientemente de la declaración o no de la nulidad de los propios capítulos, siempre que se den los requisitos exigidos en el propio artículo 1317, cuya concurrencia en el presente caso se examinará más delante. El artículo 1317 del Código civil, completado con los artículos 1399, 1403 y 1404, determina que, al conservar los acreedores de los cónyuges sus derechos contra el cónyuge deudor, pueden dirigirse contra los bienes que formaban la masa responsable antes de las capitulaciones, con independencia de cuál de los cónyuges sea su titular después del otorgamiento de las mismas, sin que sea necesaria la declaración de nulidad o el fraude de acreedores, que constituyen otras vías distintas para obtener un resultado parecido (SSTS 21 nov. 2005, 1 marzo 2006, 3 julio 2007, etc)».* (25 septiembre 2007, LA LEY 139729/2007)

«La doctrina de esta Sala es reiterada en el sentido de que, conforme a la normativa mercantil, los bienes gananciales quedan sujetos a la actividad de comercio conocida y consentida que lleva a cabo uno de los cónyuges (SS, entre otras, 30 de diciembre de 1999, 7 de marzo de 2001, 21 de julio de 2003, 16 de febrero de 2006). Por otra parte, el art. 1317 CC previene que la modificación del régimen económico matrimonial realizada durante el matrimonio no perjudicará en ningún caso los derechos ya adquiridos por terceros, y la doctrina jurisprudencial es clara en orden a la sujeción de los bienes adjudicados en la liquidación respecto de las deudas de que deben responder los bienes gananciales, sin necesidad de pedir la rescisión por fraude de las capitulaciones ni tener que demostrar que no se pueden cobrar de otros modos los créditos (Sentencias de 18 de marzo de 2002, 1 de marzo de 2006, 3 de julio de 2007, entre otras)». (5 octubre 2007, LA LEY 154028/2007)

«Es doctrina jurisprudencial consolidada en la interpretación del artículo 1317 del Código Civil —STS 25 de septiembre de 2007— (LA LEY 139729/2007) que éste despliega todos sus efectos con independencia de que pueda pedirse la declaración de ineficacia de los capítulos. Por ello se ha afirmado reiteradamente por esta Sala que no es necesario pedir la nulidad de las escrituras de capítulos matrimoniales, ya que lo que establece el artículo 1317 del Código civil es una responsabilidad ex lege, *inderogable por la voluntad de los particulares, que para nada incide en la validez de las adjudicaciones y que, en su consecuencia, no se requiere para su efectividad de declaración de ineficacia o de nulidad de clase alguna [STS de 15 marzo 1994*

(LA LEY 13848/1994) entre muchas otras]. Cuando el artículo 1317 del Código civil establece que "la modificación del régimen económico matrimonial realizada durante el matrimonio no perjudicará en ningún caso los derechos ya adquiridos por terceros" determina que los cónyuges no pueden oponerse a las ejecuciones contra los bienes que pertenecieron a la masa de los gananciales a pesar del cambio de régimen, independientemente de la declaración o no de la nulidad de los propios capítulos, siempre que se den los requisitos exigidos en el propio artículo 1317. El artículo 1317 del Código civil, completado con los artículos 1399, 1403 y 1404, determina que, al conservar los acreedores de los cónyuges sus derechos contra el cónyuge deudor, pueden dirigirse contra los bienes que formaban la masa responsable antes de las capitulaciones, con independencia de cuál de los cónyuges sea su titular después del otorgamiento de las mismas, sin que sea necesaria la declaración de nulidad o el fraude de acreedores, que constituyen otras vías distintas para obtener un resultado parecido [SSTS 21 nov. 2005 (LA LEY 10446/2006), 1 marzo 2006 (LA LEY 21779/2006), 3 julio 2007 (LA LEY 60933/2007) etc.]». (6 febrero 2008, LA LEY 38990/2008)

«el Art. 1317 CC declara la no oponibilidad de los capítulos matrimoniales a terceros, en un sistema en el que se busca compaginar la libertad de los cónyuges para elegir el régimen que crean más conveniente y la protección de terceros acreedores. Pero este sistema no es necesario si puede declararse su nulidad porque el Art. 1317 CC parte de la validez de las capitulaciones y de los pactos en ella contenidos y por ello se requiere otra figura jurídica para evitar el perjuicio de terceros. En este litigio se ha probado la simulación absoluta, lo que conlleva la nulidad de las capitulaciones, de modo que no es necesario utilizar la figura del Art. 1317 CC para evitar dicho perjuicio». (21 octubre 2009, rec. 1302/2005, LA LEY 196262/2009)

CONCORDANCIAS

Véase arts. 1.325, 1.331 y 1.332 de este Código.
Texto vigente según Ley 11/1981, 13 mayo (*«B.O.E.»*, 19 mayo).

Artículo 1.318

Los bienes de los cónyuges están sujetos al levantamiento de las cargas del matrimonio.

Cuando uno de los cónyuges incumpliere su deber de contribuir al levantamiento de estas cargas, el Juez, a instancia del otro, dictará las medidas cautelares que estime conveniente a fin de asegurar su cumplimiento y los anticipos necesarios o proveer a las necesidades futuras.

Cuando un cónyuge carezca de bienes propios suficientes, los gastos necesarios causados en litigios que sostenga contra el otro cónyuge sin mediar mala fe o temeridad, o contra tercero si redundan en provecho de la familia, serán a cargo del caudal común y, faltando éste, se sufragarán a costa de los bienes propios del otro cónyuge cuando la posición económica de éste impida al primero, por imperativo de la Ley de Enjuiciamiento Civil, la obtención del beneficio de justicia gratuita.

COMENTARIO

1.- El párrafo primero del art. 1.318 establece, con valor de principio general, que los bienes de los cónyuges están sujetos al levantamiento de las cargas del matrimonio. Por cargas del matrimonio debe entenderse los gastos de subsistencia, en el más amplio sentido, de la familia, entendida ésta como la familia nuclear, cónyuge e hijos.

Como tales se incluyen en el núm. 1.º del art. 1.361 que, respecto al régimen de gananciales, los impone a cargo de los bienes gananciales. Si faltan o son insuficientes, se satisfarán con los bienes privativos de cada cónyuge, en proporción a su cuantía.

En el régimen de separación, dispone el art. 1.438 que las cargas se satisfacen como los cónyuges hubieren convenido y, a falta de convenio, proporcionalmente a sus respectivos recursos económicos. La misma norma se aplica, por remisión del art. 1.413, en el régimen de participación.

2.- El párrafo segundo del art. 1.318 prevé cautelas judiciales —las que el Juez estime conveniente— en caso de incumplimiento por un cónyuge de su deber de contribuir a levantar las cargas familiares, a fin de asegurar su cumplimiento y los anticipos necesarios o proveer a las necesidades futuras.

3.- Por último, el tercer párrafo del art. 1.318 regula las litis expensas como un tipo de cargas del matrimonio: las litis expensas comprenden los gastos y costas del proceso; el proceso a que afecta esta norma es el interpuesto por un cónyuge sin mala fe o temeridad contra el otro, o por un cónyuge contra tercero en provecho de la familia. Si el cónyuge demandante carece de bienes para costear el proceso y no puede obtener el beneficio de pobreza por imperativo de la LEC, los gastos y costas serán a cargo del caudal común y, si no hay, a cargo del otro cónyuge (litisexpensas).

CONCORDANCIAS

Véase:
— arts. 103 y 1.438 de este Código.
— art. 241 de la LEC 2000.
— Ley 1/1996, 10 enero, de Asistencia Jurídica Gratuita *(«B.O.E.»,* 12 enero).
— R.D. 2103/1996, 20 septiembre, por el que se aprueba el Reglamento de Asistencia Jurídica Gratuita *(«B.O.E.»,* 24 septiembre).
Texto vigente según Ley 11/1981, 13 mayo *(«B.O.E.»,* 19 mayo).

Artículo 1.319

Cualquiera de los cónyuges podrá realizar los actos encaminados a atender las necesidades ordinarias de la familia, encomendadas a su cuidado, conforme al uso del lugar y a las circunstancias de la misma.

De las deudas contraídas en el ejercicio de esta potestad responderán solidariamente los bienes comunes y los del cónyuge que contraiga la deuda y, subsidiariamente, los del otro cónyuge.

El que hubiere aportado caudales propios para satisfacción de tales necesidades tendrá derecho a ser reintegrado de conformidad con su régimen matrimonial.

COMENTARIO

1.- Se refiere este artículo a la llamada potestad doméstica, institución de raigambre germánica que, pese a hallarse en el capítulo destinado a las «disposiciones generales» de los regímenes económico-matrimoniales, tan sólo tiene sentido en relación con el régimen de gananciales, ya que en el de separación y participación, cada cónyuge tiene plena autonomía jurídica y económica y en relación con los gastos típicos familiares, no cabe aplicación de la norma sobre potestad doméstica, sino sus propias normas sobre levantamiento de cargas familiares (arts. 1.438 y 1.413).

2.- El régimen de gananciales, la atribución del poder de disposición conjuntamente a ambos cónyuges podría provocar dificultades inconcebibles si se llevara a sus últimos extremos (así, uno de los cónyuges no podría disponer de dinero ganancial —y en muchos casos todo el dinero que se ingresa en un matrimonio es ganancial— ni para tomarse un café: para sacar entradas en un cine, deberían asomarse a la ventanilla ambos cónyuges, pues uno solo no puede disponer de dinero ganancial). La potestad doméstica del art. 1.319 salva este problema: permite a los cónyuges, por separado, realizar acto de administración y disposición de bienes gananciales, con una finalidad: *atender las necesidades ordinarias de la familia, encomendadas a su cuidado* (cesta de la compra, atenciones individuales dentro del marco ordinario familiar, como tomar un café, pago de la cuenta de un viaje o vacaciones, etc.), con una importante limitación que no se puede formular más que en abstracto para poder ser aplicada a cada caso concreto: «conforme al uso del lugar, y a las circunstancias de la misma», ya que el lugar —pueblo, comarca, región— puede determinar gastos que haga uno solo de los cónyuges y las circunstancias económicas y sociales, son decisivas para apreciar no sólo la cuantía, sino incluso el mismo acto dispositivo.

El acto realizado en el ejercicio de la potestad doméstica no sólo es válido, sino que constituye una típica obligación a cargo de la comunidad de gananciales (art. 136 2.1.º) que, por su carácter produce responsabilidad solidaria del cónyuge que ha contraído la deuda y de la comunidad ganancial y subsidiariamente, del otro cónyuge, tal como establece el art. 1.319, segundo párrafo.

3.- Si el acto dispositivo en ejercicio de la potestad doméstica ha sido hecho con cargo al patrimonio privativo del cónyuge que lo ha realizado, al ser un gasto a cargo de la comunidad ganancial, aquél tendrá derecho a ser reembolsado por ésta: el que hubiere aportado caudales propios para satisfacción de tales necesidades (de la potestad doméstica), tendrá derecho a ser reintegrado de conformidad con su régimen matrimonial (de gananciales, dispone el mismo artículo 1.319, tercer párrafo).

CONCORDANCIAS

Véase:
— arts. 1.364, 1.365.1.º, 1.369 y 1.440 de este Código.
— Código de Comercio: arts. 6 a 12.
Texto vigente según Ley 11/1981, 13 mayo (*«B.O.E.»,* 19 mayo). Anterior texto según Ley 14/1975, 2 mayo (*«B.O.E.»,* 5 mayo).

Artículo 1.320

Para disponer de los derechos sobre la vivienda habitual y los muebles de uso ordinario de la familia, aunque tales derechos pertenezcan a uno solo de los cónyuges, se requerirá el consentimiento de ambos o, en su caso, autorización judicial.

La manifestación errónea o falsa del disponente sobre el carácter de la vivienda no perjudicará al adquirente de buena fe.

COMENTARIO

1.- Sobre la vivienda familiar hay diversas normas en el Código, pero las esenciales son la del art. 96 para el supuesto de crisis matrimonial y el presente artículo 1.320 para supuestos de normalidad.

Se limita la disposición *inter vivos* de la misma y de los muebles de uso ordinario de la misma: se exige que el acto de disposición se haga conjuntamente por los cónyuges («consentimiento de ambos» dice el texto legal) o en su defecto, autorización judicial, lo que no hace sino recoger el principio de actuación conjunta que establece el art. 1.375.

Añade «aunque tales derechos (sobre la vivienda) pertenezcan a uno solo de los cónyuges»; es decir, la idea de esta norma es que la vivienda y el ajuar doméstico son comunes y sólo excepcionalmente pertenecen como bien privativo al marido o a la mujer.

2.- Añade el segundo párrafo que un error o un engaño por parte del cónyuge que dispone de la vivienda, sobre el carácter de la misma, «no perjudicará al adquirente de buena fe»; esta buena fe implica el desconocimiento por el tercero del carácter de vivienda conyugal; para evitar tal desconocimiento, el art. 91.1 del Reglamento hipotecario exige que para la inscripción de actos dispositivos sobre una vivienda que pertenece a uno de los cónyuges, manifieste el disponente en la escritura que no es una vivienda familiar.

3.- El art. 12 de la Ley de Arrendamientos Urbanos de 24 noviembre 1994, hace una aplicación del principio contenido en este art. 1.320 a la disposición por el arrendatario cónyuge del arrendamiento sobre la vivienda conyugal.

JURISPRUDENCIA

«El interés del legislador en proteger la situación posesoria de la vivienda familiar en los supuestos de disposición tanto si es propia de quien la enajena como si es ganancial, ha llevado a regular un régimen disperso y supletorio de autorizaciones judiciales que tiene su reflejo en los artículos 1320 y 96.4 del Código Civil. El primero referido a la disposición de los derechos sobre la vivienda habitual durante el matrimonio, aunque tales derechos pertenezcan a uno solo de los cónyuges, y el segundo, tras la ruptura matrimonial, siendo el piso propiedad del cónyuge a quien no le fue atribuido el uso. Dentro de las normas de la Sección 4.ª del Capítulo IV, sobre administración de la sociedad de gananciales, el artículo 1375 establece un principio de cogestión y codisposición de bienes gananciales (STS 14-XI-2000), completado en el artículo 1384 para corregir las perniciosas consecuencias que pudieran derivarse del mismo (STS 14-II-2005), al señalar que en defecto de pacto en capitulaciones, la gestión y disposición de los bienes gananciales, se atribuye conjuntamente a los cónyuges, distinguiéndose a estos efectos entre actos de administración (art. 1376) y actos de disposición a título oneroso de cualquier bien de carácter ganancial (art. 1377), para los que se establecen determinadas cautelas y autorizaciones asimismo supletorias en defecto de consentimiento siempre que estime fundada la petición o le lleven a la convicción de que estos actos sirven para mejorar y conservar de una manera más eficaz el patrimonio familiar. Presupuesto, por tanto, para interesar esta autorización judicial es que la vivienda sea de titularidad conjunta de ambos esposos y que se encuentre vigente el régimen económico de sociedad de gananciales». (10 julio 2005, rec. 2389/2000)

«La jurisprudencia ha interpretado el art. 1320 CC como una norma de protección de la vivienda familiar (SSTS de 3 enero 1990 y 31 diciembre 1994). La doctrina, a su vez, considera que con dicho artículo se pretende conseguir la protección de la vivienda, y por ello se protege a uno de los cónyuges contra las iniciativas unilaterales del otro; alguna parte de la doctrina señala que en el fondo de la norma se encuentra el principio de igualdad, que se proyecta en un doble sentido: en el consenso para la elección de la vivienda y en el control de ambos cónyuges para su conservación. El consentimiento se exige para aquellos casos en que el acto de disposición implica la eliminación directa del bien del patrimonio de su propietario, así como aquellos negocios jurídicos, como la hipoteca, que llevan consigo posibilidades de que el bien en cuestión desaparezca de dicho patrimonio, por la ejecución

en caso de impago de la deuda garantizada con el derecho real. El consentimiento constituye una medida de control, que se presenta como "declaración de voluntad de conformidad con el negocio jurídico ajeno —es decir, concluido por otro— por la que un cónyuge tolera o concede su aprobación a un acto en el que no es parte", siendo requisito de validez del acto de disposición, ya que su ausencia determina la anulabilidad del negocio jurídico en cuestión». (8 octubre 2010, rec. 2305/2006, LA LEY 171465/2010)

CONCORDANCIAS

Véase:
— arts. 1.322 y 1.357 de este Código.
— Reglamento Hipotecario, de 14 febrero 1947 *(«B.O.E.»,* 16 abril): arts. 91 y 144.5.
Texto vigente según Ley 11/1981, 13 mayo *(«B.O.E.»,* 19 mayo). Anterior texto según Ley 14/1975, 2 mayo *(«B.O.E.»,* 5 mayo).

Artículo 1.321

Fallecido uno de los cónyuges, las ropas, el mobiliario y enseres que constituyan el ajuar de la vivienda habitual común de los esposos se entregarán al que sobreviva, sin computárselo en su haber.

No se entenderán comprendidos en el ajuar las alhajas, objetos artísticos, históricos y otros de extraordinario valor.

COMENTARIO

1.- La disposición mortis causa de la vivienda conyugal no tiene más norma especial que la del art. 1.406.4.º, que no es más que una preferencia en la adjudicación, con posible aplicación del art. 1.407.

2.- Pero sí es una norma muy especial la de este artículo 1.321 sobre el *ajuar doméstico* de la vivienda conyugal («las ropas, el mobiliario y enseres» dice): queda fuera de la sucesión *mortis causa* y lo adquiere el cónyuge sobreviviente «sin computárselo en su haber». Es el llamado por una antigua tradición histórica, derecho de supervivencia: es un derecho de familia que deriva del vínculo del matrimonio y que nace como consecuencia de la muerte del otro cónyuge; no es un derecho sucesorio, no integra el caudal relicto, ni se computa a los efectos de fijación de legítima ni a ningún otro efecto.

3.- Cuando este artículo dice que esta adquisición por el cónyuge sobreviviente no se le computa «en su haber», no distingue y debe entenderse por «haber» no sólo su activo hereditario, sino también su parte de gananciales. Es decir, el ajuar doméstico que adquiere el sobreviviente no se le computa a los efectos del cálculo de su mitad de gananciales. Lo cual concuerda con la larga tradición histórica, en el derecho castellano, de este derecho de sobrevivencia.

Por tanto, no parece que pueda aplicarse esta norma a cualquier matrimonio no regido por el régimen de gananciales. Ni en el de separación ni en el de participación cabe pensar en una detracción sin imputarse a su «haber», cuando no hay ninguna comunidad de bienes, cuya partición produzca un «haber» de cada cónyuge.

4.- De esta norma quedan fuera aquellos objetos que se supone no deben entenderse incluidos en el concepto de ajuar doméstico, como son las «alhajas, objetos artísticos, históricos y otros de extraordinario valor» (párrafo 2.º de este artículo). Hay que aplicar un criterio relativo para distinguir cuáles son tales objetos y determinar qué significa «extraordinario valor», teniendo en cuenta las circunstancias de cada caso concreto, de tiempo y lugar, y las condiciones personales (económicas, sociales y culturales) de las personas concretas a que se refiera cada caso.

JURISPRUDENCIA

«Si bien el art. 659 CC establece que la herencia comprende todos los bienes, derechos y obligaciones de una persona, que no se extingan por su muerte, y, en consecuencia, el testador puede disponer libremente de ellos respetando los derechos legitimarios de los herederos forzosos, no puede obviarse la norma imperativa, inderogable por la voluntad de alguno de los cónyuges, del art. 1.321 del Código, según la cual fallecido uno de los cónyuges, las ropas, el mobiliario y enseres que constituyan el ajuar de la vivienda habitual común de los esposos se entregarán al que sobrevive, sin computársele en su haber. De ahí que ninguno de los cónyuges pueda disponer de tales bienes sino para el supuesto de sobrevivencia al otro esposo, ya que, de fallecer en estado de casado, los bienes que componen el ajuar de la vivienda habitual común se atribuyen, por disposición legal, al cónyuge supérstite». (19 mayo 2000, LA LEY 7807/2000)

«la exclusión a la que se refiere el párrafo segundo del precitado artículo 1321 del Código civil, como afirma el Juzgador a quo debe interpretarse con espíritu generoso en favor de cónyuge viudo, debiendo tenerse en cuenta la condición y el status socioeconómico de cada familia y excluyendo tan sólo aquellos objetos que, además de ser intrínsecamente valiosos, lo sean especialmente atendido el volumen patrimonial de la familia». (16 febrero 2004, rec. 958/1998)

CONCORDANCIAS

Véase art. 1.346.7.º de este Código.
Texto vigente según Ley 11/1981, 13 mayo (*«B.O.E.»,* 19 mayo). Anterior texto según Ley 14/1975, 2 mayo (*«B.O.E.»,* 5 mayo).

Artículo 1.322

Cuando la Ley requiera para un acto de administración o disposición que uno de los cónyuges actúe con el consentimiento del otro, los realizados sin él y que no hayan sido expresa o tácitamente confirmados podrán ser anulados a instancia del cónyuge cuyo consentimiento se haya omitido o de sus herederos.

No obstante, serán nulos los actos a título gratuito sobre bienes comunes si falta, en tales casos, el consentimiento del otro cónyuge.

COMENTARIO

1.- Este artículo no sólo es aplicable exclusivamente al caso de régimen de gananciales, sino que es superfluo, vacío de contenido, por meramente repetitivo de normas incluidas en la regulación de los gananciales.

2.- Los actos de administración y disposición que requieren la actuación conjunta de ambos cónyuges, son los relativos a bienes gananciales, tal como establece el art. 1.375 y reitera, para los actos de disposición a título oneroso, el 1.377. La sanción, caso de incumplimiento, es la *anulabilidad* del acto de administración o disposición a título oneroso. Lo cual se desprende del art. 1.301: aunque no sea propiamente, un tema de capacidad, se asimila a defecto de ella y el acto es anulable. Y esto se reitera en el primer párrafo de este artículo.

El acto, pues, de administración y disposición a título oneroso de bienes gananciales, hecho por uno de los cónyuges sin el consentimiento (ni la confirmación posterior) del otro, es anulable a instancia de este último o de sus herederos.

3.- Si se trata de un acto de disposición de bienes gananciales a título gratuito, hecho por un cónyuge sin el consentimiento del otro, el acto es nulo (nulidad absoluta: *ipso iure*, imprescriptible, insubsanable: art. 6.3) tal como establece el art. 1.378 y reitera el segundo párrafo de éste.

JURISPRUDENCIA

«La disposición del bien solamente por el marido, sin la intervención (codisposición) de la esposa, o sin su consentimiento, determina la invalidez del acto de disposición a título gratuito de bien ganancial». (24 mayo 2000, LA LEY 8469/2000)

«la traba y posterior subasta de un bien ganancial, precisa ineludiblemente que ello sea conocido por ambos cónyuges a través de la previa notificación o actuación fehaciente, y así se desprende de una interpretación lógica del artículo 1377 en relación al artículo 1322, ambos del Código Civil, sobre todo teniendo en cuenta que el principio constitucional de igualdad de los cónyuges ha dado unas facultades a los mismos que antes tenía en exclusividad el marido». (22 septiembre 2004, rec. 1502/1998)

«Con anterioridad a la reforma del CC llevada a cabo por la Ley 11/1981, la trascendencia de la falta del consentimiento uxoris *en las enajenaciones de bienes gananciales realizadas por el marido no encontró una solución unívoca en la doctrina, pues para unos determinaba la inexistencia o nulidad radical del negocio, para otros la anulabilidad o nulidad relativa y para un tercer sector la rescindibilidad o ineficacia parcial y estas vacilaciones también se reflejaron en la jurisprudencia, pues hubo sentencias que calificaron la acción ejercitada al amparo del art. 1413 CC (actual 1322 CC, que resuelve la cuestión a favor de la anulabilidad, salvo cuando se trata de enajenación a título gratuito) como de ineficacia, otras de nulidad absoluta y, por último, las más recientes, de anulabilidad (SSTS de 10 de octubre de 1982, 22 de enero de 1983, 5 de mayo de 1988, 20 de febrero de 1988, 6 de octubre de 1988, 26 de junio de 1989, 15 de diciembre de 1989, 17 de abril de 1990, 7 de junio de 1990, 11 de octubre de 1990, 22 de diciembre de 1992, 1 de abril de 1993 y 22 de diciembre de 1993 y 29 de septiembre de 2006, que invoca la doctrina de muchas anteriores)»*. (9 mayo 2007, LA LEY 42118/2007)

«la doctrina de esta Sala (SSTS de 19 junio 1998) que entiende que disuelta la sociedad de gananciales, la naturaleza de las relaciones existentes entre los titulares es la de una comunidad que equivale al régimen de la comunidad hereditaria (STS de 11 mayo 2000) y, en consecuencia, no rigen los preceptos del Código civil que permiten la disposición por uno de los cónyuges con el consentimiento del otro vigente la sociedad de gananciales, es decir, el art. 1322 CC, que consideran infringido, entre otros preceptos. La norma contenida en el art. 1322 CC forma parte del régimen de las relaciones entre los cónyuges y no se aplica en las relaciones con terceros. Se aplicarán, por tanto, las reglas de la comunidad hereditaria y esta Sala ha sostenido de manera uniforme, que los actos de disposición sobre la cosa común deben contar con la voluntad de todos los comuneros, so pena de nulidad (así, entre otras, las SSTS de 25 septiembre 1995, 17 febrero 2000)». (10 junio 2010, rec. 1202/2006, LA LEY 86126/2010)

Véase también la jurisprudencia relacionada en los artículos 1.375 y 1.377.

CONCORDANCIAS

Véase arts. 71, 1.301, 1.377 y 1.378, párrafo último de este Código.
Texto vigente según Ley 11/1981, 13 mayo *(«B.O.E.»,* 19 mayo). Anterior texto según Ley 14/1975, 2 mayo *(«B.O.E.»,* 5 mayo).

Artículo 1323

Los cónyuges podrán transmitirse por cualquier título bienes y derechos y celebrar entre sí toda clase de contratos.

COMENTARIO

Proclama este artículo el principio de libre contratación entre cónyuges. Antes de la reforma del Código Civil de 1981 los cónyuges sufrían la prohibición de contratar entre sí, no en forma general, sino concretada a algunos contratos, pero de tal entidad que su libertad de contratación era limitadísima.

El art. 1.458 dispone ahora, en redacción dada por Ley de 13 de mayo de 1981, que el marido y la mujer podrán venderse bienes recíprocamente, lo que implica también libertad de permuta (art. 1.541) y para la transacción (a la que el Tribunal Supremo declaraba aplicable el 1458).

Los artículos 1.334 y 1.335, no se refieren ahora, según redacción dada por la misma Ley de 1981, a donaciones entre cónyuges, quedando así eliminada la prohibición de donación entre cónyuges.

Queda así consagrada la libertad de contratación entre cónyuges que proclama expresamente el art. 1.323.

JURISPRUDENCIA

«los propios interesados podrán transmitirse cualquier tipo de bienes, celebrando toda clase de contratos y esta transmisión no sólo operará sobre bienes de la exclusiva pertenencia de uno de ellos, sino también podrá referirse a posibles derechos inherentes en favor de cada cónyuge sobre su cuota ganancial, expectante, de tal forma que, con total libertad, se le permite realizar los contratos que estimen conveniente, sin que, obvio es, quepa entender que ello sólo se permitiera a través de la compraventa o a la donación, ya que tanto el reconocimiento o la cesión de derechos son modalidades, dentro de la tipicidad contractual, que las partes, en uso de esa libertad negocial, podrán utilizar, pues, en virtud de la permisibilidad de dicho art. 1.323». (19 diciembre 1997, LA LEY 1117/1999)

«los cónyuges pueden celebrar entre sí toda clase de contratos (artículo 1323) y, en verdad, un bien obtenido, como indica el artículo 1355, es adquirido como ganancial, de manera que la aportación a la sociedad conyugal, comunicación de bienes que uno o ambos cónyuges realizan al consorcio ganancial, constituye un negocio jurídico válido y lícito al amparo del principio de libertad de contratación que rige entre cónyuges al igual que entre extraños (artículos 1255 y 1323 del Código Civil), sin que ello suponga vulneración del artículo 14 de la Constitución». (25 mayo 2005, rec. 3698/1998)

CONCORDANCIAS

Véase art. 1.458 de este Código.
Texto vigente según Ley 11/1981, 13 mayo *(«B.O.E.»,* 19 mayo).

Artículo 1.324

Para probar entre cónyuges que determinados bienes son propios de uno de ellos, será bastante la confesión del otro, pero tal confesión por sí sola no perjudicará a los herederos forzosos del confesante, ni a los acreedores, sean de la comunidad o de cada uno de los cónyuges.

COMENTARIO

1.- Dispone este artículo la vinculatoriedad de la declaración de uno de los cónyuges de que un determinado bien o unos determinados bienes no pertenecen a la comunidad, sino que son privativos del otro cónyuge. Lo cual implica que hay un régimen con una comunidad por un lado y bienes privativos por otro: esto se da precisamente en el régimen de gananciales, no en otros; la mención de bienes comunes del art. 1.441, aplicable al régimen de separación y al de participación (art. 1.413) no tiene nada que ver con este precepto, pues no hay comunidad sino sólo bienes privativos que, en muchos casos, será la mitad indivisa de cosas concretas.

2.- Así, tal declaración, que el Código llama «confesión» de que uno o varios bienes son privativos del otro cónyuge, vincula al que la hizo y a sus herederos.

Se desvirtúa con ella la presunción de ganancialidad del art. 1.361. No cabe aquella declaración (o «confesión») si no hay incertidumbre sobre el carácter del bien; tal declaración no es más que eso, una declaración, que vincula al autor y a sus herederos, pero no constituye un acto transmisivo.

3.- La vinculación a los herederos de la declaración del causante, uno de los cónyuges, se produce, pero tan sólo mientras no se les perjudique sus legítimas, caso de ser legitimarios (a los que el Código llama con mala terminología, «herederos forzosos»).

Tampoco vincula a los acreedores, de la comunidad o de uno de los cónyuges, la declaración de privacidad hecha por cónyuge a favor de otro.

JURISPRUDENCIA

«el art. 1324 viene a regular una relación entre cónyuges con respecto a su patrimonio privativo para probar del uno al otro —irrebatiblemnte a través de la confesión de quien de los mismos pueda por ello resultar perjudicado— la condición privativa de uno de ellos de determinados bienes, sin que esto suponga en modo alguno la transmisión que permite el art. 1323 porque no se refiere, como se puede en el caso de éste, a la creación de una nueva situación sino al reconocimiento de lo que ya era aunque no pareciera como tal... esa confesión surte toda su eficacia entre cónyuges y también respecto a terceros siquiera los herederos forzosos del cónyuge confesante pueden impugnar la trascendencia de lo confesado cuando por su falsedad o por su exceso en el contenido económico perjudique sus derechos hereditarios y pueden impugnarla los acreedores en razón de una propiedad que no haya dejado de ser lo que por confesión se dice que ha cambiado». (15 enero 2001, LA LEY 2648/2001)

«El precepto 1324 atribuye eficacia probatoria inter partes, es decir en el ámbito de las relaciones entre los cónyuges, más concretamente de uno frente al otro, al preservar los intereses de los herederos forzosos del confesante y de los acreedores, para no blindar situaciones de posibles fraudes». (25 septiembre 2001, LA LEY 8410/2001)

«debe señalarse que la doctrina ha venido considerando que la expresión confesión contenida en el artículo 1324 del Código civil no puede tomarse en el sentido que tenía en la antigua Ley procesal de 1881, ni en los ahora derogados artículos 1231-1239 del Código civil. Ciertamente, la confesión recae sobre hechos y también puede hacerlo sobre situaciones jurídicas, como ocurre en el caso presente, en que se confiesa sobre titularidades jurídicas y también puede destruirse por prueba en contrario; pero confesado por uno de los cónyuges que los bienes objeto de la confesión son privativos del otro, ello confiere una titularidad, no sólo inter partes, sino erga omnes, *con la excepción de los acreedores y los legitimarios. Como afirma la sentencia de 25 septiembre 2001 (LA LEY 8410/2001) "El precepto 1324 atribuye eficacia probatoria inter partes, es decir en el ámbito de las relaciones entre los cónyuges, más concretamente de uno frente al otro, al preservar los intereses de los herederos forzosos del confesante y de los acreedores, para no blindar situaciones de posibles fraudes". Los requisitos para que esta confesión produzca efectos entre los cónyuges serán: 1) que el autor de la declaración sea uno de los cónyuges; 2) que el confesante sea aquel a quien deba perjudicar la confesión; 3) que el confesante tenga la capacidad de obrar y poder de disposición, y 4) que la confesión se haya efectuado constante matrimonio. Concurriendo estos requisitos, la confesión por parte de un cónyuge acerca de que los bienes comprados por el otro constante matrimonio son privativos es perfectamente válida y eficaz y desvirtúa las presunción de ganancialidad del artículo 1361 del Código civil, de manera que, como ha afirmado la sentencia de 15 enero 2001 (LA LEY 2648/2001) "la confesión de privaticidad de un bien, realizada como previene el artículo 1324 del Código civil, produce plena eficacia entre los cónyuges a quienes afecta" y la de 25 septiembre 2001 (LA LEY 8410/2001) señala que "El artículo 1324 contempla una prueba lícita, que se presenta perjudicial a los intereses económicos del que la presta, pero refuerza su autonomía y libre decisión, que ha de relacionarse con su voluntad expresada de poner de manifiesto la realidad de las cosas, por lo que la privaticidad de la finca se presenta plenamente en todos sus efectos, ya que la manifestación tuvo lugar vigente el matrimonio, pues los litigantes se divorciaron por sentencia muy posterior" [ver asimismo la sentencia de 8 octubre 2004 (LA LEY 14029/2004) y las RDGRN de 21 enero 1991 (LA LEY 1576-JF/0000) y 13 junio 2003]. (LA LEY 12659/2003)».* (29 noviembre 2006, LA LEY 150026/2006)

CONCORDANCIAS

Véase art. 1.361 de este Código.
Texto vigente según Ley 11/1981, 13 mayo *(«B.O.E.* 19 mayo).

CAPÍTULO II
DE LAS CAPITULACIONES MATRIMONIALES

Artículo 1.325

En capitulaciones matrimoniales podrán los otorgantes estipular, modificar o sustituir el régimen económico de su matrimonio o cualesquiera otras disposiciones por razón del mismo.

COMENTARIO

1.- Los arts. 1.315 y 1.316 se refieren a las capitulaciones matrimoniales en el sentido de que el régimen económico-matrimonial es el pactado en las mismas (principio de autonomía de la voluntad) y, en su defecto, el de gananciales.

Este artículo y los siguientes desarrollan la normativa de las capitulaciones. El concepto de éstas es: negocio jurídico bilateral por el que los cónyuges determinan el régimen económico de su matrimonio y otras disposiciones.

2.- El texto del art. 1.325 tiene dos partes. En la primera prevé la posibilidad de estipular, es decir, pactar el régimen de acuerdo con el art. 1.315, de modificarlo, conforme al art. 1.326 y con la previsión del art. 1.317 y de sustituirlo, cambiar el régimen, también teniendo en cuenta los arts. 1.317 y 1.326. En la segunda parte, se contempla la posibilidad de acordar «cualesquiera otras disposiciones». Con lo cual se plantea el tema del contenido típico y atípico de las capitulaciones matrimoniales.

3.- El contenido típico es la determinación del régimen económico matrimonial («... estipular, modificar, sustituir el régimen económico de su matrimonio...» dice el art. 1.325 ratificando lo que disponía en general el art. 1.315), que puede ser un régimen previsto en el Código Civil o en una legislación foral o un régimen distinto, inventado y constituido por los cónyuges. También puede aceptarse expresamente el régimen legal presunto (u otro), pero introduciéndole modificaciones (como, por ejemplo, prever la administración y disposición de bienes gananciales en forma distinta a la prevista en el Código, lo que contempla el art. 1.375 o pactar que la división de los gananciales, cuando se produzca la disolución de la comunidad, no se haga por mitad, sino en otra proporción).

El contenido atípico engloba actos o negocios jurídicos relacionados o no con el matrimonio, de muy variada índole («... o cualesquiera otras disposiciones por razón del mismo» termina diciendo el art. 1.325). Así, 1.º) negocios jurídicos ajenos al matrimonio, que pueden ser una constitución de una hipoteca o de otro derecho real, o un reconocimiento de un hijo extramatrimonial; 2.º) negocios jurídicos de contenido matrimonial, como donaciones *propter nuptias* (arts. 1.336 y ss.); 3.º) negocios jurídicos de derecho sucesorio, como mejoras (art. 827) o promesas de mejorar o no mejorar (art. 826) o delegación en un cónyuge de la facultad de mejorar (art. 831).

Lo que es importante es que no es imprescindible que las capitulaciones contengan su contenido típico. Puede ocurrir que se otorguen para pactar una serie de extremos de contenido atípico, pero que los cónyuges acepten el régimen legal presunto y, por ello, las capitulaciones nada prevean sobre él, es decir, carezcan del contenido típico; así, el régimen será el legal, aplicándose lo que hubieren acordado de contenido atípico.

JURISPRUDENCIA

«El art. 1325, así como el 1315 vienen a consagrar la autonomía de los cónyuges para establecer su régimen matrimonial y, dada la naturaleza contractual de las capitulaciones, el precepto autoriza a sustituir o modificar dicho régimen en el ámbito de las previsiones legales, es decir diseñar una situación jurídica distinta.» (25 septiembre 1999, LA LEY 10553/2000)

CONCORDANCIAS

Véanse arts. 826, 831, 1.341 y 1.435.2.º de este Código.
Texto vigente según Ley 11/1981, 13 mayo (*«B.O.E.»*, 19 mayo).

Artículo 1.326

Las capitulaciones matrimoniales podrán otorgarse antes o después de celebrado el matrimonio.

COMENTARIO

1.- Este artículo recoge explícitamente el principio de mutabilidad de las capitulaciones y del régimen económico-matrimonial, que ya anunciaba el art. 1.325 y a que se refería también el art. 1.317.

Las capitulaciones (desde la Ley de 2 de mayo de 1975) pueden otorgarse no sólo antes de contraer el matrimonio, sino también después, en cuyo caso alterará el régimen anterior, sea el legal presunto o sea el que hubiera pactado en las anteriores capitulaciones.

2.- Si se otorgan antes de contraer matrimonio, desplegarán su eficacia en el momento de contraerse (que si no se contrae en un año, caducan, según el art. 1.334). Si se otorgan después, tendrán eficacia desde el mismo instante en que concurran los elementos negociables y se cumpla también el elemento formal de la escritura pública.

CONCORDANCIAS

Véase art. 1.345 de este Código.
Texto vigente según Ley 11/1981, 13 mayo (*«B.O.E.»*, 19 mayo).

Artículo 1.327

Para su validez, las capitulaciones habrán de constar en escritura pública.

COMENTARIO

1.- El Código impone la forma como elemento esencial para su validez, forma ad substantiam, no ad probationem a que se refieren los arts. 1.279 y 1.280. Lo que se justifica por la importancia de las capitulaciones para la economía del matrimonio, por su carácter constituyente de los efectos económicos del mismo y por la larga duración que puede tener su aplicación.

La forma como elemento esencial para su validez, alcanza no sólo al contenido típico de las capitulaciones —fijación del régimen económico—, sino también el atípico, es decir, a las demás disposiciones que se otorguen.

2.- Esta norma está en contradicción con el art. 1.280 núm. 3.º, que exige para las capitulaciones, escritura pública, pero no como elemento esencial de las mismas, sino con el menguado efecto que establece el 1.279 («... podrán compelerse recíprocamente a llenar aquella forma»). Prevalece este art. 1.327, de carácter especial referido a las capitulaciones y de promulgación posterior (por Ley 11/1981, de 13 de mayo que redactó todo el articulado de este título III del Libro cuarto del CC).

3.- Si no se cumple dicha forma de escritura pública, las capitulaciones serán inexistentes, por falta de un elemento esencial de este negocio jurídico. Entrará, en su caso, en aplicación el art. 1.316, capitulaciones ineficaces, ya que la inexistencia es la más fuerte expresión de la ineficacia.

JURISPRUDENCIA

«la exigencia de escritura pública, con carácter constitutivo o "ad solemnitatem", que establece el artículo 1.327 del Código Civil, correctamente interpretado, se refiere exclusivamente a las capitulaciones matrimoniales, o sea, a las estipulaciones a través de las cuales los esposos establezcan el régimen económico de su matrimonio, lo modifiquen o lo sustituyan por otro, con todos los demás pactos relacionados con ello y que, por tanto, tengan naturaleza capitular, pero de dicha naturaleza carecen evidentemente las operaciones liquidatorias o particionales de una sociedad conyugal ya disuelta, aunque las mismas se practiquen en una misma escritura de concurrentes o simultáneas capitulaciones matrimoniales, a cuyas operaciones particionales o liquidatorias no es aplicable, para la validez de las mismas, la exigencia de escritura pública con el expresado carácter constitutivo o "ad validitatem"». (4 febrero 1995, LA LEY 14301/1995)

CONCORDANCIAS

Véase art. 1.280.3.º de este Código.
Texto vigente según Ley 11/1981, 13 mayo (*«B.O.E.»,* 19 mayo).

Artículo 1.328

Será nula cualquier estipulación contraria a las leyes o a las buenas costumbres o limitativa de la igualdad de derechos que corresponda a cada cónyuge.

COMENTARIO

1.- El art. 1.315, refiriéndose al régimen económico-matrimonial pactado en capitulaciones, añade: «sin otras limitaciones que las establecidas en este Código». A ellas se refiere este art. 1.328. No son sólo las relativas al régimen económico-matrimonial (contenido típico) sino también a todo pacto que se incluya en las capitulaciones (contenido atípico).

2.- La limitación afecta, en primer lugar, a toda aquella que sea contraria a las leyes: se entiende que se trata de leyes imperativas, como las relativas a la patria potestad y a la tutela o a las de los artículos 67 y 68, como si se eximieran del deber de alimentos.

En segundo lugar, la que sea contraria a las buenas costumbres; éste sería el caso de que alteraran los efectos personales en forma contraria al concepto mínimo de buena costumbre en relación a los efectos personales del matrimonio (arts. 67 y 68), como sería el pacto de no convivir juntos o de no guardarse el deber de fidelidad, por ejemplo.

En tercer lugar, la limitativa de la igualdad de derechos que corresponda a cada cónyuge; consecuencia de la norma constitucional de igualdad de derechos por razón del sexo (art. 14) y del matrimonio (art. 32); se daría en el caso de que se quisiera restablecer la antigua licencia marital o que uno u otro de los cónyuges quedara, de una forma u otra sometido, en su capacidad de obrar, al otro. No se daría este caso si en el régimen económico se establecieran normas distintas de las del Código Civil respecto a la administración o disposición de los bienes comunes (lo que se podría considerar, incluso, como un régimen nuevo, atípico), que, además, el Código Civil lo da como posible en el artículo 1.375 al regular la administración y disposición de bienes gananciales en defecto de pacto. Tampoco se daría el caso si, por pacto, se estableciera la constitución de una dote (no podría remitirse a unas normas derogadas, sino que se debería hacer constar detalladamente la normativa que se pacta) o incluso el régimen dotal (régimen de separación de bienes con dote).

3.- El efecto de tales limitaciones es la nulidad no total de las capitulaciones, sino parcial, que alcanza sólo a las estipulación o pacto o cláusula concreta que quebranta a aquellas limitaciones. Dice, en efecto, el art. 1.328 que «será nula cualquier estipulación...» no, por tanto, todas las capitulaciones.

Por tanto, será nula la concreta estipulación, sin que provoque la nulidad del resto de las capitulaciones. Lo que responde al principio general del Derecho de la conservación de la voluntad negocial lo máximo posible.

Sin embargo, la nulidad de una estipulación puede llevar consigo la de otra u otras que dependen de aquélla, o incluso de todo lo establecido en las capitulaciones si se ha pactado sobre la base de la estipulación nula o ligado necesariamente a ella.

JURISPRUDENCIA

«con base en el art. 1328 CC declaró la nulidad de unas capitulaciones matrimoniales, anteriores incluso a la deuda contraída por el marido y pese a que en ellas se hacía una distribución de bienes concretos entre los cónyuges, razonando que "la nulidad de las relaciones jurídicas también procede cuando se proyecta sobre actuaciones futuras que se idean para perjudicar los legítimos derechos de los terceros" y que "no se puede alegar y sostener que existe causa verdadera y lícita en la escritura de capitulaciones con sólo el argumento de que el crédito mercantil contraído fue posterior a dicha escritura", ya que "la causa existe, pero se presenta ilícita atendiendo al fin perseguido". No menos importante es la sentencia de 25 de septiembre de 1999 (recurso n.º 178/95) que, ratificando el criterio de la de 6 de junio de 1994, declaró que la inscripción de la modificación del régimen económico matrimonial en el Registro Civil "no altera el régimen de publicidad registral inmobiliaria con las garantías que a terceros ofrece el mismo, en consecuencia con lo dispuesto en el art. 1333 del Código Civil respecto a inmuebles concretos y determinados que resultasen afectados por las capitulaciones matrimoniales y en cuanto a la toma de razón en el Registro de la Propiedad", así como que resultaría absurdo permitir "que los cónyuges hicieran uso de sus pactos capitulares en el momento que reputasen más beneficioso para sus intereses"». (10 marzo 2004, rec. 1115/1998)

CONCORDANCIAS

Véanse arts. 66 y ss. de este Código.
Texto vigente según Ley 11/1981, 13 mayo (*«B.O.E.»,* 19 mayo).

Artículo 1.329

El menor no emancipado que con arreglo a la Ley pueda casarse podrá otorgar capitulaciones, pero necesitará el concurso y consentimiento de sus padres o tutor, salvo que se limite a pactar el régimen de separación o el de participación.

COMENTARIO

1.- El menor de edad, carece de capacidad para celebrar cualquier negocio jurídico, por lo que es el titular o titulares de la patria potestad o el tutor el que actúa por él, en su nombre y representación (legal). Sin embargo, en el otorgamiento de capitulaciones, la regla general varía, en beneficio del menor y juegan dos consideraciones: que es un acto personalísimo y la antigua regla habilis ad nuptias, habilis ad pacta nuptialia.

Así, se dispone en este artículo que el menor no emancipado puede otorgar por sí solo capitulaciones si en éstas tan sólo se pacta que en el matrimonio rija el régimen de separación o de participación.

Si se pacta otra cosa o algo más que lo anterior o un régimen de comunidad también el menor no emancipado otorga las capitulaciones (es decir, no actúan sus padres o tutor en su representación) pero precisa el complemento de capacidad que le será dado por sus padres titulares de la patria potestad o por el tutor: «concurso y consentimiento» dice el texto legal para referirse al complemento de capacidad.

2.- El menor al que se aplica esta regla es «el menor no emancipado que con arreglo a la ley pueda casarse», como dice este artículo. Se refiere al menor que contraiga matrimonio con dispensa (art. 48.2).

El menor emancipado, al que no se refiere este artículo, sigue sus propias reglas sobre capacidad. El menor emancipado antes del matrimonio, que, por ello, puede contraerlo (art. 46.1.º), puede celebrar capitulaciones con los límites del art. 323: si en ellas incluye un acto de disposición de los previstos, necesitará el complemento de capacidad de padres o curador. No será necesario si se pacta un régimen económico de comunidad y, desde luego (por aplicación del último inciso de este artículo que se refiere al menor no emancipado; con mayor motivo si es emancipado) si pacta un régimen de separación o de participación. Al menor emancipado por matrimonio, se le aplicará el art. 324 respecto a actos dispositivos; pero en cuanto a la determinación de un régimen económico-matrimonial en capitulaciones, podrá celebrarlas por sí mismo, tanto si es de comunidad, como, desde luego, si es de separación o de participación.

CONCORDANCIAS

Véanse arts. 46.1.º, 48 y 323 de este Código.
Artículo redactado por LO 1/1996, 15 enero, de Protección Jurídica del Menor (*«B.O.E.»,* 17 enero).

Artículo 1.330

El incapacitado judicialmente sólo podrá otorgar capitulaciones matrimoniales con la asistencia de sus padres, tutor o curador.

COMENTARIO

El artículo anterior se refería al otorgamiento de capitulaciones por un menor. Este se refiere a lo mismo, pero por un incapacitado.

El incapacitado judicialmente está sometido a la misma regla, siempre que su incapacitación alcance al tipo de negocio jurídico de las capitulaciones. Darán el complemento de capacidad («asistencia» dice el texto legal) los padres, en caso de patria potestad prorrogada o rehabilitada (art. 171) o el tutor, en caso de incapacitación total o el curador, en caso de incapacitación parcial.

CONCORDANCIAS

Artículo redactado por LO 1/1996, 15 enero, de Protección Jurídica del Menor («B.O.E.», 17 enero).

Artículo 1.331

Para que sea válida la modificación de las capitulaciones matrimoniales deberá realizarse con la asistencia y concurso de las personas que en éstas intervinieron como otorgantes si vivieren y la modificación afectare a derechos concedidos por tales personas.

COMENTARIO

1.- La modificación de las capitulaciones matrimoniales, en cuanto a su contenido típico y en cuanto a su contenido atípico, está contemplada en diversas normas que tocan diversos supuestos: arts. 1.317, 1.325 y 1.326. El presente art. 1.331 se refiere a los sujetos de la modificación y a su capacidad.

Son sujetos de la alteración los cónyuge, de común acuerdo. En segundo lugar, deberán ser sujetos de la alteración aquellos terceros que vivan y que hubieran intervenido en las capitulaciones —su contenido atípico, pues en el típico (régimen) sólo son sujetos los cónyuges— y la alteración afecte a derechos que ellos concedieron, lo que puede ocurrir cuando se altera precisamente el derecho concedido por el tercero, o se altera otra disposición, pero queda afectado tal derecho o se modifica el régimen y esto afecta al mismo derecho.

2.- No se consideran como intervinientes ni, por tanto, son sujetos de la alteración, aquellos (padres o tutores) que dieron el necesario complemento de capacidad si los cónyuges eran menores o incapacitados.

3.- Los efectos que produce la no intervención de los mencionados sujetos en la alteración de las capitulaciones son los siguientes: si no interviene alguno de los cónyuges, se daría una inexistencia del negocio jurídico de la alteración, por falta del consentimiento negocial: si no interviene uno de los sujetos-terceros que reúna las condiciones para intervenir, el negocio jurídico de la alteración será válido, pero el derecho que él había concedido en las capitulaciones no quedará alterado ni afectado por aquella alteración.

CONCORDANCIAS

Véase arts. 1.280.3.º, 1.317 y 1.325 de este Código.
Texto vigente según Ley 11/1981, 13 mayo *(«B.O.E.»,* 19 mayo).

Artículo 1.332

La existencia de pactos modificativos de anteriores capitulaciones se indicará mediante nota en la escritura que contenga la anterior estipulación y el Notario lo hará constar en las copias que expida.

COMENTARIO

1.- La alteración debe constar, como requisito de forma ad solemnitatem, en escritura pública, por aplicación del art. 1.327, que se refiere a las capitulaciones propiamente dichas, pero también se aplica a la alteración de las mismas (por una evidente interpretación extensiva; si las capitulaciones se deben otorgar en escritura pública, pero si se entiende que no su alteración, se burlaría la ley otorgando unas primeras ficticias en escritura pública y, al poco tiempo, alterándolas en documento privado).

La alteración en escritura pública la presupone el art. 1.332.

2.- En protección a terceros de buena fe que mantengan relaciones jurídicas con los cónyuges, que pueden conocer su régimen y deben tener posibilidad de conocer también sus alteraciones —del régimen económico o de otras disposiciones de las capitulaciones— y en beneficio de la seguridad y transparencia del régimen y de sus disposiciones, lo previsto en las capitulaciones, que puede estar vigente largos años, desde el principio y desde que sea objeto de alteración, debe tener una adecuada publicidad.

Esta publicidad se arbitra en forma notarial en este art. 1.332 y en forma registral —Registro civil y de la Propiedad— en el art. 1.333.

3.- En su vertiente notarial, este artículo dispone que la modificación de las capitulaciones se debe hacer constar mediante nota en la escritura original de las primitivas capitulaciones. Consecuencia de ello es que el Notario hace constar en las futuras copias que libre de las capitulaciones, no sólo éstas sino sus modificaciones posteriores, contenidas en la aludida nota.

Según el texto del artículo («la existencia de pactos modificativos...») parece que en la nota y en las copias sólo constará «la existencia» de la modificación, con la referencia a la escritura concreta en que se contiene; pero también puede hacerse constar en forma completa cuál ha sido tal modificación o el texto íntegro de ésta.

CONCORDANCIAS

Véase Reglamento Hipotecario, de 14 febrero 1947 *(«B.O.E.»,* 16 abril): arts. 75 y 77.
Texto vigente según Ley 11/1981, 13 mayo *(«B.O.E.»,* 19 mayo).

Artículo 1.333

En toda inscripción de matrimonio en el Registro Civil se hará mención, en su caso, de las capitulaciones matrimoniales que se hubieran otorgado, así como de los pactos, resoluciones judiciales y demás hechos que modifiquen el régimen económico del matri-

monio. Si aquéllas o éstos afectaren a inmuebles, se tomará razón en el Registro de la Propiedad, en la forma y a los efectos previstos en la Ley Hipotecaria.

COMENTARIO

1.- En el artículo anterior se pretende la publicidad notarial de la modificación de las capitulaciones. En éste, se prevé la publicidad registral tanto de las capitulaciones, que alteran el régimen legal supletorio y presunto, como de sus modificaciones. No se han creado registros ad hoc para la publicidad de las capitulaciones, sino que se han aprovechado los ya existentes, que son el Civil, el de la Propiedad y el Mercantil.

2.- En el Registro Civil (primer inciso de este art. 1.333) se hace mención de las capitulaciones y de sus modificaciones, de las resoluciones judiciales y otros hechos que les afecten. En el art. 77 de la Ley de Registro Civil se prevé tal mención al margen de la inscripción del matrimonio y se expresa que no perjudicará al tercero de buena fe, sino desde la fecha de dicha mención.

3.- En el Registro de la Propiedad (segundo inciso de este artículo), cuando las capitulaciones puedan afectar a inmuebles (así, que son o eran gananciales o privativas de uno u otro de los cónyuges), su otorgamiento o su modificación tendrán acceso al Registro de la Propiedad, como inscripción (art. 75 del Reglamento Hipotecario) o como otro tipo de asiento registral adecuado al supuesto concreto. Los efectos de la inscripción y de la no inscripción son las comunes de la normativa hipotecaria, esencialmente la prevista en los arts. 32 y 34 de la Ley Hipotecaria.

4.- En el Registro Mercantil (no recogido en este artículo) se contempla la inscripción de capitulaciones respecto al empresario individual (arts. 87.6.º y 92.3.º del Reglamento del Registro Mercantil).

JURISPRUDENCIA

«en atención a las dudas que suscita el sistema de publicidad adoptado por nuestra legislación, en beneficio de la seguridad del tráfico, para proteger a los terceros, frente a las modificaciones que se produzcan en el régimen económico matrimonial que, cuando no conste en el Registro Civil, conforme con el art. 77 Ley de Registro Civil la alteración del régimen económico, habida respecto del matrimonio en cuestión, el tercero de buena fe se halla plenamente protegido, de modo que no pueden oponerse al mismo, las consecuencias jurídicas del nuevo régimen económico. Si falta esta publicidad del Registro Civil o está en discordancia con lo que resulta de la "toma de razón" en el Registro de la Propiedad cuando, como consecuencia del nuevo régimen económico matrimonial, las capitulaciones matrimoniales afecten a inmuebles, sin perjuicio de las posibles responsabilidades en que hayan podido incurrirse, los terceros de buena fe, especialmente protegidos por el Registro inmobiliario, no verán alterada su posición jurídica... la publicidad del art. 1.333 se complementa con la publicidad del Registro Mercantil cuando uno de los cónyuges ejerce el comercio, no siendo oponibles al acreedor del comerciante las capitulaciones no inscritas, sí merece el calificativo de tercero de buena fe, buena fe que se presume en tanto no se pruebe que conocía el acto sujeto a inscripción y no inscrito, el acto inscrito y no publicado o la discordancia entre la publicación y la inscripción (art. 21.4 CCom.)». (10 marzo 1998, LA LEY 3563/1998)

«La modificación del régimen económico matrimonial sólo afecta a terceros desde la fecha de su inscripción registral (S 26 Jun. 1992), por lo que su eficacia y disponibilidad está en función de la inscripción en el Registro Civil, que no altera el régimen de publici-

dad registral inmobiliaria dice la S 6 Jun. 1994 con las garantías que a terceros ofrece el mismo, en consonancia con lo dispuesto en el art. 1.333 CC respecto a inmuebles concretos y determinados que resultasen afectados por las capitulaciones matrimoniales y en cuanto a la toma de razón en el Registro de la Propiedad». (25 septiembre 1999, LA LEY 10553/2000)

CONCORDANCIAS

Véase:
— arts. 102 y 1.436 de este Código.
— Ley del Registro Civil, de 8 junio 1957 *(«B.O.E.»,* 10 junio): art. 77.
— Reglamento Hipotecario, de 14 febrero 1947 *(«B.O.E.»,* 16 abril): art. 75.
— Reglamento del Registro Civil, de 14 noviembre de 1958 *(«B.O.E.»,* 11 diciembre): art. 226.
Texto vigente según Ley 11/1981, 13 mayo *(«B.O.E.»,* 19 mayo). Anterior texto según Ley 24 abril 1958 *(«B.O.E.»* 25 abril).

Artículo 1.334

Todo lo que se estipule en capitulaciones bajo el supuesto de futuro matrimonio quedará sin efecto en el caso de no contraerse en el plazo de un año.

COMENTARIO

1.- Las capitulaciones matrimoniales pueden ser inválidas o simplemente ineficaces. Ambos puestos son objeto de normas especiales aplicables concretamente a las capitulaciones y en lo no previsto expresamente, se rigen por la normativa general de la invalidez e ineficacia de los negocios jurídicos inter vivos.

2.- Como caso concreto de ineficacia prevista expresamente para las capitulaciones, se encuentra el caso de *caducidad*, consecuencia del carácter de accesoriedad o subordinación de aquéllas respecto al matrimonio, que se realiza *contemplatio matrimonii*, siendo éste el presupuesto base de aquéllas. Lo recoge el art. 1.334.

No cabe un régimen sin matrimonio (ni matrimonio sin régimen). Todo lo que se disponga sobre el mismo (contenido típico) e incluso disposiciones ajenas a ello (contenido atípico) queda ineficaz si transcurre el plazo de caducidad de más de un año entre la fecha de las capitulaciones y la del matrimonio. En este caso, siendo ineficaz el negocio jurídico de capitulaciones, se aplicará el art. 1.316 y el matrimonio se regirá por el régimen legal supletorio y presunto, el de gananciales.

CONCORDANCIAS

Véase:
— arts. 42, 43 y 1.342 de este Código.
— Reglamento Hipotecario, de 14 de febrero de 1946 *(«B.O.E.»,* 29 mayo): art. 77.2.
Texto vigente según Ley 11/1981, 13 mayo *(«B.O.E.»,* 19 mayo).

Artículo 1.335

La invalidez de las capitulaciones matrimoniales se regirá por las reglas generales de los contratos. Las consecuencias de la anulación no perjudicarán a terceros de buena fe.

COMENTARIO

1.- Este artículo, que comienza expresando «la invalidez de las capitulaciones...» debe entenderse referido a todo supuesto de ineficacia. Se aplican las normas generales de la ineficacia del negocio jurídico, aunque son de preferente aplicación (aunque no lo diga el texto legal) las normas específicas sobre ello.

Se dará la inexistencia de las capitulaciones, si no se cumple el elemento formal (art. 1.327), la nulidad si contraviene las limitaciones (arts. 1.315 *in fine* y 1.328), la anulabilidad por defecto de capacidad, si falta el complemento de la misma, del menor o incapacitado (arts. 1.329 y 1.330).

2.- En todo caso de ineficacia (no sólo de «anulación», como dice el texto legal), las consecuencias de la declaración de ineficacia «no perjudicarán a terceros de buena fe». Es la protección a la apariencia y a la seguridad jurídica, en que debe confiar un tercero que desconoce la ineficacia de las capitulaciones.

CONCORDANCIAS

Véase arts. 1.300 y ss. de este Código.
Texto vigente según Ley 11/1981, 13 mayo *(«B.O.E.»,* 19 mayo).

CAPÍTULO III
DE LAS DONACIONES POR RAZÓN DE MATRIMONIO

Artículo 1.336

Son donaciones por razón de matrimonio las que cualquier persona haga, antes de celebrarse, en consideración al mismo y en favor de uno o de los dos esposos.

COMENTARIO

1.- A partir de este artículo se regulan las llamadas donaciones propter nuptias y en el mismo se da su concepto, un tanto descriptivo. Es preciso que se trate de una donación y que ésta reúna cuatro elementos: 1.º) una atribución patrimonial a título de liberalidad, 2.º) otorgada por razón de matrimonio, 3.º) antes de celebrarse éste, 4.º) en favor de uno o de los dos esposos. Por tanto, no serán donaciones por razón de matrimonio, ni las que hacen a los cónyuges después de celebrado, ni las hechas antes, pero sin consideración al mismo, ni las que se hagan en tal consideración, pero a favor de personas distintas a los cónyuges.

Con lo que entran en el concepto de donaciones *propter nuptias* no sólo los regalos de boda, sino también las donaciones destinadas económicamente a proporcionar la base patrimonial del matrimonio.

Se definen las donaciones por razón de matrimonio, como los actos de liberalidad, antes del matrimonio y en consideración a éste, a favor de uno o de los dos futuros cónyuges. Es decir, son donaciones *inter vivos* comunes, con algunos caracteres especiales y ciertos efectos peculiares.

2.- Son, pues, donaciones *inter vivos*, con la naturaleza jurídica de éstos, pero con subordinación a un matrimonio, y, por estar presididas por un trato de favor, con reglas especiales relativas a la capacidad, objeto y efectos.

JURISPRUDENCIA

«se equivoca la Sala de instancia cuando atribuye a los regalos de boda cuestionados la condición de bienes gananciales en virtud de la presunción de ganancialidad que establece el art. 1361 del Código Civil. Tales regalos constituyen donaciones por razón de matrimonio de acuerdo con el concepto que de las mismas da el art. 1336 del Código Civil, donaciones que por realizarse "antes de celebrarse" el matrimonio, nunca pueden calificarse como bienes gananciales (arts. 1344 y 1345 del Código Civil) y así lo establece el art. 1339 al decir que "los bienes donados conjuntamente a los esposos pertenecerán a ambos en pro indiviso ordinario y por partes iguales, salvo que el donante haya dispuesto otra cosa». (30 enero 2004, rec. 645/1998)

CONCORDANCIAS

Texto vigente según por Ley 11/1981, 13 mayo *(«B.O.E.»,* 19 mayo).

Artículo 1.337

Estas donaciones se rigen por las reglas ordinarias en cuanto no se modifiquen por los artículos siguientes.

COMENTARIO

En el comentario al artículo anterior se ha destacado la subordinación de las donaciones propter nuptias al matrimonio y, por otra partes, que éstas son un tipo de la donación inter vivos.

Consecuencia de ello es el *régimen jurídico* de las mismas. En primer lugar, se aplican sus normas propias (arts. 1.336 y ss.). En segundo lugar, la normativa de las donaciones (contenida en los arts. 618 y ss.). En tercer lugar, la regulación general de obligaciones y contratos.

CONCORDANCIAS

Véase arts. 618 y ss. de este Código.
Texto vigente según Ley 11/1981, 13 mayo (*«B.O.E.»*, 19 mayo).

Artículo 1.338

El menor no emancipado que con arreglo a la Ley pueda casarse, también puede en capitulaciones matrimoniales o fuera de ellas hacer donaciones por razón de su matrimonio, con la autorización de sus padres o del tutor. Para aceptarlas, se estará a lo dispuesto en el título II del libro III de este Código.

COMENTARIO

1.- Los sujetos de la donación propter nuptias son el donante y los donatarios. El presente artículo da una regla especial de capacidad y el siguiente, de atribución. Si el donante es un tercero, se aplican las normas generales sobre capacidad; si es uno de los cónyuges, se aplica este artículo. La donación propter nuptias puede hacerse en las mismas o fuera de capitulaciones matrimoniales.

2.- El donante, que sea uno de los cónyuges y que haga la donación *propter nuptias* en las capitulaciones o fuera de ellas tiene una ampliación de su capacidad, siguiendo (no totalmente) el aforismo *habilis ad nuptias, habilis ad pacta nuptialia* y guardando íntima relación con el art. 1.329 relativo a las capitulaciones en general.

El menor no emancipado, dice este artículo (al igual que el 1329), es el que «con arreglo a la ley pueda casarse», es decir, el mayor de catorce años con dispensa.

La capacidad para hacer donaciones le aumenta en el sentido de que no actúa por él su representante legal, sino que sus padres o su tutor le complementarán su capacidad para hacer la concreta donación.

3.- El donatario será uno de los futuros cónyuges o serán donatarios ambos. En todo caso, su capacidad se rige por las normas generales (para aceptarlas, dice el último inciso del art. 1.338) «se estará a lo dispuesto en el título I del libro III de este Código»), por lo que, según los artículos 625 y 626, pueden aceptarlas, aun siendo menores o incapacitados a no ser que se trate de donaciones condicionales u onerosas, en cuyo caso hará falta el mismo complemento de capacidad que para ser donante.

CONCORDANCIAS

Véase arts. 46.1.º, 48 y 625 a 633 de este Código.
Artículo redactado por LO 1/1996, 15 enero, de Protección Jurídica del Menor (*«B.O.E.»*, 17 enero).

Texto vigente según Ley 11/1981, 13 mayo *(«B.O.E.»,* 19 mayo).

La expresión «el menor no emancipado» contenida en el artículo 1338, ha sido introducida por L.O. 1/1996, 15 enero *(«B.O.E.»,* 17 enero), de Protección Jurídica del Menor, en sustitución de la anterior «el menor».

Artículo 1.339

Los bienes donados conjuntamente a los esposos pertenecerán a ambos en pro indiviso ordinario y por partes iguales, salvo que el donante haya dispuesto otra cosa.

COMENTARIO

1.- Prevé este artículo la extensión de los efectos de la donación propter nuptias hecha a los futuros contrayentes. Este artículo se halla dentro del capítulo destinado a tales donaciones y a ellos se refiere, pese a la expresión que emplea: «... a los esposos»: no se trata de esposos, sino de futuros esposos. Las donaciones propter nuptias hay que recordar que se hacen antes de celebrarse el matrimonio (art. 1.336) pero quedan sin efecto si éste no se celebra (art. 1.342).

2.- En este sentido, la donación *propter nuptias* hecha conjuntamente a ambos futuros esposos, se adquirirá por éstos y se distribuirá en la forma en que lo haya ordenado el donante, tal como dice el último inciso de este artículo: «... salvo que el donante haya dispuesto otra cosa».

3.- A falta de disposición del donante, los bienes donados conjuntamente, en donación *propter nuptias* los adquiere los futuros esposos en copropiedad ordinaria *pro indiviso* (tal como prevé este artículo) que es la regulada por los arts. 392 y ss., y en ella, el objeto de la donación lo adquieren por partes iguales (como prevé este mismo artículo y el art. 393, segundo párrafo).

A este supuesto se aplica también el art. 637, segundo párrafo, pese a que se refiere expresamente a «marido y mujer», por tanto, ya casados; la donación *propter nuptias* se hace antes del matrimonio, pero en consideración al mismo y queda sin efecto si no se llega a celebrar. Así, la donación *propter nuptias* a ambos futuros cónyuges, hecha conjuntamente, produce también como efecto que si uno de ellos no acepta, su parte acrece al otro.

4.- Si la donación se hace una vez celebrado el matrimonio (por tanto, no será donación *propter nuptias*) conjuntamente a los cónyuges, siguiendo el régimen de gananciales, los bienes donados serán gananciales, según dispone el art. 1.353.

JURISPRUDENCIA

Véase la sentencia de 30 enero 2004, rec. 645/1998, consignada en el art. 1333.

CONCORDANCIAS

Véase art. 1.353 de este Código.

Texto vigente según Ley 11/1981, 13 mayo *(«B.O.E.»,* 19 mayo).

Artículo 1.340

El que diere o prometiere por razón de matrimonio sólo estará obligado a saneamiento por evicción o vicios ocultos si hubiere actuado con mala fe.

COMENTARIO

1.- La donación propter nuptias produce los efectos propios de toda donación (sin perjuicio de su carencia de efectos por caducidad, prevista en el art. 1.342). Y tiene tres especialidades en orden a los mismos: la obligación de saneamiento en caso de mala fe, que contempla el presente artículo; la revocación, que regula el art. 1.343; y la caducidad, art. 1.342.

2.- La frase con que comienza este artículo, «el que diere o prometiere...» no significa otra cosa que «el donante», no puede hablarse de saneamiento en la promesa de donación.

En general, el donante no está obligado al saneamiento de lo donado, salvo en donación modal, hasta el valor del modo o carga (art. 638).

No ocurre lo mismo en la donación *propter nuptias*. En ésta el donante queda obligado al saneamiento por evicción o vicios ocultos si ha actuado con mala fe. La buena fe se presume; tiene mala fe el donante que conocía la posibilidad de evicción o la realidad de los vicios ocultos, sin advertir al donatario o donatarios.

CONCORDANCIAS

Véase arts. 1.474 y ss. de este Código.
Texto vigente según Ley 11/1981, 13 mayo (*«B.O.E.»*, 19 mayo). Anterior texto según Ley 24 abril 1958 (*«B.O.E.»*, 25 abril).

Artículo 1.341

Por razón de matrimonio los futuros esposos podrán donarse bienes presentes.

Igualmente podrán donarse antes del matrimonio en capitulaciones bienes futuros, sólo para el caso de muerte, y en la medida marcada por las disposiciones referentes a la sucesión testada.

COMENTARIO

1.- El objeto de la donación propter nuptias hecha por un tercero, es el normal de toda donación, con la ampliación del art. 1.044.

A la hecha por un futuro cónyuge al otro, se le aplica el presente art. 1.341, que no establece especialidad alguna respecto a los bienes presentes y sí la impone respecto a los futuros.

2.- En cuanto a los bienes presentes como objeto de la donación *propter nuptias*, se dice en este artículo que «podrán donarse bienes presentes» pero no establece ninguna regla especial para ello, por lo que se aplicarán las normas generales de la donación de bienes presentes, entre los que se incluyen la limitación del art. 634 (reservarse lo necesario para vivir) y la posibilidad de la inoficiosidad (arts. 636, segundo párrafo y 654 y ss.).

3.- Si el objeto de la donación son bienes futuros, se permite en el segundo párrafo, «sólo para el caso de muerte» y «en la medida marcada por las disposiciones referentes a la sucesión testada».

Se había mantenido antiguamente que se trataba de una donación *mortis causa* revocable. Pero la opinión correcta, que se mantiene por toda la doctrina es que se trata de un pacto sucesorio relativo a bienes que el donante deje a su muerte (éste es el sentido de bienes futuros) y la remisión a las disposiciones de la sucesión testada se refiere al importe máximo de la donación; el hecho de que la donación se haga en capitulaciones matrimoniales confirma su carácter de bilateral, siendo, pues, un pacto sucesorio de carácter irrevocable.

CONCORDANCIAS

Véase arts. 635 y 1.271, párrafo 1.º de este Código.
Texto vigente según Ley 11/1981, 13 mayo (*«B.O.E.»,* 19 mayo). Anterior texto según Ley 24 abril 1958 (*«B.O.E.»,* 25 abril).

Artículo 1.342

Quedarán sin efecto las donaciones por razón de matrimonio si no llegara a contraerse en el plazo de un año.

COMENTARIO

1.- El matrimonio, cuya consideración ha sido determinante de la donación, es el móvil del sujeto donante; móvil que es intrascendente para el Derecho, a no ser que haya sido elevado a condición, y precisamente en las donaciones propter nuptias el móvil del matrimonio ha sido elevado por el Derecho a conditio iuris, resolutoria: es decir, que produce efecto inmediato, pero si no se celebra el matrimonio, se produce la resolución de la donación, por imposición del art. 1.342, que establece el plazo de un año para ello.

2.- Se produce, pues, la ineficacia de la donación *propter nuptias*, según el art. 1.342, si el matrimonio no llegara a contraerse en el plazo (de caducidad) de un año; resolución, pues, en virtud de la no celebración, como *conditio iuris* resolutoria.

Será aplicable también, y se resolverá la donación, si antes del año ya no hay posibilidad de que se celebre el matrimonio, serían los casos de muerte de uno de los futuros cónyuges, o el matrimonio con otras personas o la ruptura formal, seria y definitiva de los novios.

CONCORDANCIAS

Véase art. 1.334 de este Código.
Texto vigente según Ley 11/1981, 13 mayo (*«B.O.E.»* 19 mayo).

Artículo 1.343

Estas donaciones serán revocables por las causas comunes, excepto la supervivencia o superveniencia de hijos.

En las otorgadas por terceros, se reputará incumplimiento de cargas, además de cualesquiera otras específicas a que pudiera haberse subordinado la donación, la anulación del matrimonio por cualquier causa, la separación y el divorcio si al cónyuge donatario le fueren imputables, según la sentencia, los hechos que los causaron.

En las otorgadas por los contrayentes, se reputará incumplimiento de cargas, además de las específicas, la anulación del matrimonio si el donatario hubiere obrado de mala fe. Se estimará ingratitud, además de los supuestos legales, el que el donatario incurra en causa de desheredación del artículo 855 o le sea imputable, según la sentencia, la causa de separación o divorcio.

COMENTARIO

1.- La donación es uno de los pocos negocios jurídicos (exactamente: testamento, mandato y revocación) que pueden ser objeto de revocación, que no es libre, sino que debe concurrir alguna de las causas determinadas en el Código Civil. Si la donación es propter nuptias, la revocación, en principio, se puede producir por las causas comunes, excepto la supervivencia o superveniencia de hijos (primer párrafo de este art. 1.343); por tanto, por incumplimiento del modo o carga y por ingratitud.

2.- La donación *propter nuptias*, cuyo donante es un tercero (es decir, no es uno de los cónyuges) tiene la reducción de su posibilidad de revocación apuntada, que no cabe por supervivencia o superveniencia de hijos; y tiene una ampliación: se reputa incumplimiento de la carga o modo, primero, la nulidad del matrimonio por cualquier causa y segundo, la separación o divorcio si la sentencia imputa al cónyuge donatario la causa de dicha separación o divorcio (párrafo segundo de este artículo). No es preciso que la imputación sea una declaración de culpabilidad, que no hace la sentencia, sino basta que haga una atribución objetiva de autor de la causa de divorcio.

3.- La donación *propter nuptias*, cuyo donante (y donatario, evidentemente) ha sido uno de los cónyuges, tiene igualmente la reducción de la posibilidad de revocación, que no cabe por supervivencia o superveniencia de hijos. Y tiene una doble ampliación de la revocación (párrafo tercero de este artículo).

En primer lugar, se reputa incumplimiento del modo o carga la nulidad del matrimonio, en el caso de que cónyuge donatario hubiera actuado de mala fe.

En segundo lugar, se reputa ingratitud: primero, que el cónyuge donatario haya realizado alguna de las conductas que el art. 855 tipifica como causas de desheredación: incumplimiento de los deberes conyugales, conducta que da lugar a la pérdida de la patria potestad, haber negado alimentos a los hijos o al cónyuge donante, haber atentado contra la vida del cónyuge donante; segundo, que se dé separación o divorcio del matrimonio y la sentencia impute la causa de la misma al cónyuge donatario. Esto último sigue en el texto del artículo pero carece de contenido por razón de que la Ley 15/2005 de 8 de julio ha eliminado las causas de separación y de divorcio.

JURISPRUDENCIA

«revocación de la donación declarada existente y subsiguiente devolución de lo donado a su primitivo dueño, fue la imposibilidad de determinar cuál de los dos cónyuges dio lugar a la separación "por haber recaído en él la causa a tenor de la cual se ha decretado por el Juez la separación", según el texto del Fundamento de Derecho Sexto de la sentencia impugnada que, de tal modo, explica la imposibilidad de estimar la ingratitud que, con efectos de revocabilidad de la donación configura el último párrafo, in fine, del artículo 1.343 del Código Civil, tal situación obstaculizadora subsiste después del recurso, toda vez que la pretensión que en él se contiene, de que el precepto en cuestión sólo exige, para que se aprecie la ingratitud y proceda la revocación con que —la sentencia— haga imputación que "responsabilice moralmente al donatario la causa de separación", interpretación que omite la nota de exclusividad en la imputación de la causa de separación para la ingratitud y consiguiente revocabilidad y que ha de rechazarse, ya que, en otro caso, no sólo se rompe el paralelismo con los demás supuestos legales de incumplimiento de cargas que abocan a la revocabilidad en general, y con el supuesto de anulación del matrimonio por el obrar de mala fe del donatario, sino que, gramaticalmente, contradice la exigencia legal de que, cuando se trate de separación o divorcio, porque se considera motivo de ingratitud, es preciso

que la causa del mismo le sea imputable, según la sentencia, precisamente al donatario cuya conducta es de tal modo sancionada». (5 noviembre 1993, LA LEY 16573-R/1995)

CONCORDANCIAS

Véase arts. 644 y ss. de este Código.
Texto vigente según Ley 11/1981, 13 mayo *(«B.O.E.»,* 19 mayo).

CAPÍTULO IV
DE LA SOCIEDAD DE GANANCIALES

SECCIÓN PRIMERA
Disposiciones generales

Artículo 1.344

Mediante la sociedad de gananciales se hacen comunes para los cónyuges las ganancias o beneficios obtenidos indistintamente por cualquiera de ellos, que les serán atribuidos por mitad al disolverse aquélla.

COMENTARIO

1.- El presente artículo, según redacción dada por Ley de 13 mayo 1981 ligeramente modificada por la de 1 julio 2005 (que sustituye la expresión de «el marido y la mujer» por la de «los cónyuges»), da el concepto legal del régimen de gananciales desde el punto de vista de sus efectos, concretándolo a las ganancias y rendimientos de los cónyuges.

Dicho régimen consiste, en principio, en que se hacen comunes, entre uno y otro de los cónyuges, las ganancias obtenidas durante el matrimonio. Se forma, así, junto a los bienes privativos de cada uno de los cónyuges, una masa común a ambos, los bienes de la cual se denominan gananciales por proceder de las ganancias que ambos cónyuges obtienen y de los rendimientos que proporcione tanto el patrimonio ganancial como el privativo de cada uno de ellos y también son gananciales los bienes adquiridos con otros gananciales.

2.- La comunidad que regulan los arts. 1344 y ss. del Código Civil es la tradicional en los territorios de Derecho Común; por ello, lo más importante es destacar que es el régimen económico matrimonial presuntivo de primer grado, de modo que regirá a falta de capitulaciones, o cuando éstas sean ineficaces *(vid.* art. 1316). La regulación de este sistema económico matrimonial ha de interpretarse en estrecha relación con los antecedentes históricos, que no se remontan al Derecho Romano, sino que proceden de la comunidad germánica (introducida a través del *Liber Iudiciorum*, Fueros municipales, Fuero Viejo, Fuero Real y Leyes de Toro).

3.- De ahí que su naturaleza jurídica, según la tesis mayoritariamente aceptada por la doctrina, el TS y la DGRN es la de una comunidad germánica o en mano común, *zur gesamten Hand*, en la que cada uno de los sujetos partícipes —cónyuges— no tiene cuotas de las que pueda disponer, sino participaciones indisponibles, que afectan a cada derecho o bien ganancial como integrante de un patrimonio autónomo, siendo la situación de dicho comunero inalienable e inseparable del cónyuge; el objeto —bienes y derechos determinados sobre los que tienen los sujetos una participación indeterminada— constituye una masa patrimonial dotada de autonomía, aunque no llega a alcanzar personalidad jurídica propia; la administración y disposición de dichos bienes es conjunta, sin perjuicio de una amplia potestad doméstica y de una posible autorización judicial.

Desde este artículo al 1.410 ha colaborado en su comentario Manuela Ruiz Morillo, Notario.

JURISPRUDENCIA

Sobre el concepto y la naturaleza jurídica:

«Esta doctrina jurisprudencial es acorde cuando explica, que durante el matrimonio el consorcio no da nacimiento a una forma de copropiedad de las contempladas en los artículos 392 y siguientes del Código Civil, al faltar por completo el concepto de parte, característica de la comunidad de tipo romano que allí se recoge, ni atribuible a la mujer, viviendo el marido y no habiéndose disuelto la sociedad conyugal, la propiedad de la mitad de los bienes gananciales, porque para saber si éstos existen es preciso la previa liquidación, único medio de conocer el remanente y hacerse pago con él de la cuota correspondiente; no teniendo hasta entonces, la mujer más que un derecho expectante, que no le legitima para entablar la tercería de dominio, ya que no tiene la cualidad de tercero, esencial para ejercitar con éxito esta clase de acción, conjuntamente con la condición de propietario en exclusiva de los bienes en litigio. La situación jurídica de la mujer respecto a los bienes gananciales, es la propia de una propiedad en mano común de tipo germánico, que no permite la división en cuotas ideales, impidiendo que cualquiera de los esposos tenga la consideración de terceros». (4 marzo 1994, LA LEY 41225-JF/0000) (Doctrina reiterada por la sentencia de 1 septiembre 2000, LA LEY 2128/2002)

«Esta Sala ha sostenido (STS 17 de junio de 1988), con doctrina reiterada que confirmamos, que la libre separación de hecho excluye el fundamento de la sociedad de gananciales que es la convivencia mantenida entre los cónyuges (STS 13 de junio de 1986). Rota, pues, la convivencia conyugal, con el consentimiento de la mujer, no cabe que se reclamen derechos sobre unos bienes a cuya adquisición no contribuyó, pues tal conducta es contraria a la buena fe y conforma uno de los requisitos del abuso del derecho al ejercitar un aparente derecho más allá de sus límites éticos (STS 26 de noviembre de 1987)». (27 enero 1998, LA LEY 2235/1998; reiterada por la de 24 abril 1999, LA LEY 5352/1999)

«Aun cuando alguna de las sentencias citadas haya considerado disuelta la sociedad de gananciales por la separación de hecho durante un tiempo aproximado al del caso ahora examinado, y aun cuando la separación de hecho seguida de la formación de otra unidad familiar, extramatrimonial, por uno de los cónyuges separados sea precisamente una de las situaciones que esta Sala ha considerado como de efectiva conclusión de la sociedad de gananciales sin previa separación judicialmente acordada, no debe olvidarse que la aplicabilidad de la mencionada doctrina jurisprudencial, correctora de la literalidad del núm. 3.º del art. 1.392 CC, requiere, como elemento indispensable, de una inequívoca voluntad de poner fin, con la separación de hecho, al régimen económico matrimonial». (26 abril 2000, LA LEY 6913/2000)

«es reiterada la doctrina de esta Sala de que la separación de hecho consentida quiebra la base de la sociedad de gananciales, por lo que desde que se produce dejan de existir bienes comunes sujetos a la normativa de dicha sociedad, sin que ello impida por supuesto de que así se califiquen los habidos hasta la separación (SS 23 Dic. 1992, 11 Sep. 1999 y 26 Abr. 2000, entre otras)». (4 diciembre 2002, LA LEY 1812/2003)

«La sociedad de gananciales no se puede confundir con los bienes que la componen, es un patrimonio constituido por todos los bienes cualquiera que fuere su naturaleza, siempre que sean gananciales según la ley o la voluntad de los cónyuges». (11 junio 2003, LA LEY 103312/2003)

«Dispone el artículo 1344 del Código Civil que mediante la sociedad de gananciales se hacen comunes para el marido y la mujer las ganancias o beneficios obtenidos indistintamente por cualquiera de ellos, que les serán atribuidas por mitad al disolverse aquélla. La sentencia del Tribunal Supremo de 24 de octubre de 1990 (LA LEY JURIS. 21343-JF/0000) expresa que los gananciales no existen hasta que no tiene lugar la liquidación de la sociedad conyugal. La sentencia de 12 de junio de 1990 (LA LEY JURIS. 21175-JF/0000) señala dicho precepto como momento de la división, determinación y atribución consiguiente, de lo que a

cada cónyuge corresponde en concepto de ganancial, el de la disolución de la sociedad; y es que en verdad, mientras dicha sociedad, constituida por marido y mujer, subsista, se mantiene una comunidad que responde a aquélla denominada de mano en común o manos reunidas, de la técnica germana, sin atribución de cuotas, muy distinta a la comunidad romana, en cuanto a la gestión y disposición de los bienes considerados o presumidos como gananciales, por el artículo 1375 del Código Civil conforme al cual corresponde conjuntamente a los cónyuges». (26 febrero 2004, rec. 1152/1998)

Comunidad postganancial:

«Para el supuesto de la disolución por muerte de uno de los esposos, como tiene declarado la S 8 Mar. 1965, el patrimonio de la sociedad de gananciales, queda en situación de comunidad ordinaria, siendo titulares de la misma el cónyuge supérstite, y los herederos del premuerto, poniéndose todos los bienes integrantes de la comunidad ganancial en estado de liquidación, y mientras ésta no se efectúe, los actos dispositivos de bienes concretos o singulares han de hacerse por todos los interesados.» (23 enero 2003, LA LEY 1458/2003)

«Consta en autos y así está reconocido, que la casa a que se refiere este litigio, pertenecía, con carácter ganancial, al matrimonio formado por don Marcos y doña Estefanía, matrimonio que fue disuelto por sentencia de divorcio dictada por un Tribunal de Argentina con fecha 30 de abril de 1981, sin que se haya practicado la liquidación de la sociedad de gananciales disuelta. Disuelta, pero no liquidada, la sociedad de gananciales, se constituye entre los cónyuges una comunidad de bienes, la comunidad posganancial, sujeta a las normas que rigen la comunidad ordinaria de bienes, arts. 392 y siguientes del Código Civil. Es doctrina reiterada de esta Sala, en interpretación del art. 394 del Código Civil, la de que cualquiera de los comuneros puede ejercitar acciones en beneficio de la comunidad, siempre que no se demuestre una actuación en beneficio exclusivo del actor (sentencias, entre otras, de 6 de junio de 1997, 3 de marzo de 1998 y 7 de diciembre de 1999). Dado el carácter común de la repetida vivienda, es claro que la indemnización por los daños y perjuicios causados por la ocupación indebida por tercera persona, correspondería a la comunidad de bienes por lo que su exigencia en juicio habría de ser hecha por ambos comuneros o por uno de ellos en beneficio de la comunidad». (13 diciembre 2006, LA LEY 150016/2006)

«La sociedad de gananciales no constituye propia comunidad regulada en el artículo 392 del Código Civil, al faltar por completo el concepto de parte o cuota característica de la comunidad de tipo romano y que el Código Civil refiere en el artículo 393 (sentencias de 26-9-1986 y 26-8-1988), presentándose más bien la sociedad ganancial de tipo germánico, en la que corresponde a los esposos una participación sobre la globalidad de los bienes, por lo que no cabe decir que cada uno es titular por mitad concreta de todos y cada uno de los bienes del haber conyugal, cuando se trata más bien de participación que se determinará y precisará con las necesarias operaciones de disolución y liquidación». (8 febrero 2007, LA LEY 3245/2007)

CONCORDANCIAS

Véase arts. 1.316 y 1.404 de este Código.
Texto vigente según Ley 11/1981, 13 mayo (*«B.O.E.»,* 19 mayo).

Artículo 1.345

La sociedad de gananciales empezará en el momento de la celebración del matrimonio o, posteriormente, al tiempo de pactarse en capitulaciones.

COMENTARIO

1.- Señala el ámbito temporal de aplicación del régimen, íntimamente conectado con la mutabilidad del sistema económico matrimonial y con la posibilidad de otorgar capitulaciones constante matrimonio, ya admitida desde la reforma de 2 de mayo de 1975 (vid. art. 1.326). Cabe, pues, su constitución en dos momentos: Al tiempo del matrimonio, bien pactándolo en capitulaciones (art. 1.315), bien como régimen presunto, por no haberse otorgado capitulaciones o ser éstas ineficaces (art. 1.316), o posteriormente, con pacto en capitulaciones (arts. 1.315, 1.325 y 1.326), lo que implica un cambio del régimen anterior (art. 1.317), por haber acordado otro en capitulaciones al tiempo de contraerse aquél, o porque no estaban sometidos al Código Civil, sino a un Derecho Foral, cuyo régimen legal presuntivo no fuera el de gananciales.

2.- Lo que no cabe es que se constituya en un momento previo al matrimonio, como sería el caso de una convivencia prematrimonial: Un pacto anticipando la comunidad no podría ser materia de estipulación capitular, que, por su propio concepto, se refiere al tiempo ulterior a la celebración del matrimonio.

3.- Se puede señalar como caso especial de comienzo de la sociedad de gananciales el del art. 1.374, que prevé que, tras la disolución del régimen por embargo de la parte de uno de los cónyuges por deudas propias, se aplicará el régimen de separación de bienes, salvo que, en el plazo de tres meses, el cónyuge del deudor opte en documento público por el comienzo de una nueva sociedad de gananciales.

CONCORDANCIAS

Véase art. 1.362 de este Código.
Texto vigente según Ley 11/1981, 13 mayo (*«B.O.E.»,* 19 mayo).

SECCIÓN SEGUNDA
De los bienes privativos y comunes

Artículo 1.346

Son privativos de cada uno de los cónyuges:

1.º Los bienes y derechos que le pertenecieran al comenzar la sociedad.

2.º Los que adquiera después por título gratuito.

3.º Los adquiridos a costa o en sustitución de bienes privativos.

4.º Los adquiridos por derecho de retracto perteneciente a uno solo de los cónyuges.

5.º Los bienes y derechos patrimoniales inherentes a la persona y los no transmisibles inter vivos.

6.º El resarcimiento por daños inferidos a la persona de uno de los cónyuges o a sus bienes privativos.

7.º Las ropas y objetos de uso personal que no sean de extraordinario valor.

8.º Los instrumentos necesarios para el ejercicio de la profesión u oficio, salvo cuando éstos sean parte integrante o pertenencias de un establecimiento o explotación de carácter común.

Los bienes mencionados en los apartados 4.º y 8.º no perderán su carácter de privativos por el hecho de que su adquisición se haya realizado con fondos comunes; pero, en este caso, la sociedad será acreedora del cónyuge propietario por el valor satisfecho.

COMENTARIO

1.- El régimen de gananciales origina tres patrimonios diferenciados: El patrimonio privativo del marido, el patrimonio privativo de la mujer (que antes de la reforma de 1981 tenía reglas especiales y era conocido con el nombre de «bienes parafernales»), sin que exista diferencia entre estos dos últimos, y el patrimonio ganancial, como masa de bienes comunes a ambos que se divide por mitad cuando se disuelve el régimen (vid. artículos 1.344 y 1.404). La idea general que diferencia los patrimonios es que integran los privativos de cada cónyuge los bienes y derechos de que eran titulares al contraer matrimonio o al constituirse el régimen de gananciales, los que adquieren a título gratuito durante el mismo y los que sustituyan a unos y otros.

2.- Enumera este artículo los bienes privativos:

Primero.- Bienes privativos originaria o directamente: Son: a) Aquellos de que eran titulares los cónyuges al tiempo de constituirse el régimen de gananciales, sea al contraer matrimonio o en un momento posterior *(vid.* art. 1.345): artículo 1.346.1.º. b) Los adquiridos a título gratuito vigente el régimen de gananciales: artículo 1.346.2.º.

Segundo.- Bienes privativos por subrogación: a) Los bienes o derechos que se adquieren vigente el régimen a cambio de otros bienes privativos: artículo 1.346.3.º. b) Los adquiridos por derecho de retracto perteneciente a uno solo de los cónyuges: artículo 1.346.4.º, respecto de los cuales deja a salvo el derecho de reembolso el último párrafo de este artículo.

Tercero.- Bienes privativos por accesión: a) Las edificaciones, plantaciones y otras cualesquiera mejoras que se realicen en los bienes privativos: artículo 1.359. b) Por analogía, los incrementos patrimoniales incorporados a una explotación, establecimiento mercantil u otro género de empresa: artículo 1.360. c) Igualmente por analogía, las nuevas acciones suscritas en ejercicio de un derecho de suscripción preferente nacido de otras acciones privativas, en caso de aumento de capital social con emisión de nuevas acciones, o las cantidades obtenidas por la enajenación de dicho derecho: artículo 1.352.

Cuarto.- Bienes privativos por personalísimos: a) Las ropas y objetos de uso personal que no sean de extraordinario valor, y los objetos necesarios para el ejercicio de la profesión u oficio, salvo cuando éstos sean parte integrante o pertenencias de un establecimiento o explotación de carácter común: artículo 1.346.7.º y 8.º. Respecto de los instrumentos necesarios para el ejercicio de una profesión u oficio, el último párrafo, reconoce expresamente el derecho de reembolso para el caso de que hayan sido adquiridos con fondos gananciales. b) Los derechos personalísimos propiamente dichos y los otorgados o adquiridos por uno de los cónyuges *intuitu personae*: artículo 1.346.5.º. c) La obligación de pago de la que un cónyuge es acreedor, nacida de acto ilícito que ha causado daño a la persona del cónyuge o a sus bienes privativos, que es un derecho en parte personalísimo, en el primer caso, y sustitutivo de un bien privativo propio, en el segundo: artículo 1.346.6.º.

3.- Respecto de los bienes incluidos en el número 1.º de este artículo, son los pertenecientes a los cónyuges originaria o directamente, esto es, por la propia naturaleza del régimen de gananciales, dado que constituyen el patrimonio inicial anterior a la producción de cualquier ganancia. Incluso si antes de constituirse el régimen uno de los cónyuges adquirió un bien o derecho, será privativo, aunque lo pague a plazos, plazos que venzan vigente el régimen de gananciales, sin importar que pague tales plazos como dinero privativo o ganancial: artículo 1.357, primer párrafo, salvo la vivienda y ajuar familiar, que pertenecerá *pro indiviso* a la sociedad y al cónyuge o cónyuge en proporción a las respectivas aportaciones, por la remisión que el segundo párrafo del artículo 1.357 efectúa al 1.354.

4.- A esta misma categoría corresponden los mencionados en el número 2.º hay que precisar la norma aclaratoria del artículo 1.353, que, por aplicación indirecta de la presunción de ganancialidad contenida en el artículo 1.361, determina la ganancialidad de los bienes donados o dejados en testamento, constante matrimonio, a ambos cónyuges, conjuntamente y sin especial designación de partes, salvo disposición en contrario del testador o donante.

5.- Los bienes adquiridos a costa o en sustitución de otros bienes privativos, objeto del número 4.º de este artículo, son gananciales por aplicación directa e inmediata del principio de subrogación legal, habiéndose ampliado el ámbito de aplicación de mismo respecto de su texto anterior a la Reforma de 1981, que sólo hablaba de los adquiridos por permuta. Pero: —Si han sido adquiridos con bienes privativos sólo en parte, pertenecerá privativamente al cónyuge en proporción a su aportación, en *pro indiviso*, es decir, como comunidad romana, con el patrimonio ganancial, conforme al artículo 1.354. —Si se han adquirido con precio aplazado, el bien será privativo si el primer plazo se pagó con dinero privativo de un cónyuge, según establece el artículo 1.356, segundo inciso, salvo la vivienda y ajuar familiar, que siempre pertenecerá en *pro indiviso*, como resulta de la remisión que efectúa el artículo 1.357, segundo párrafo, al artículo 1.354.

6.- Los bienes adquiridos en ejercicio de derecho de retracto perteneciente a uno sólo de los cónyuges —número 4.º— se incluyen entre los privativos por subrogación legal. No se resuelve expresamente si se incluyen en esta regla tanto los retractos legales como los convencionales, siendo la opinión mayoritaria la afirmativa, salvo —dentro de los primeros— los arrendaticios. También resulta discutible si esta norma es aplicable a otros supuestos, como la opción y promesa de venta. Por último, se aplica el derecho de reembolso respecto de los bienes privativos adquiridos en ejercicio de derecho de retracto mediante fondos gananciales, que recoge el último párrafo este artículo.

7.- Dentro de los bienes privativos, por personalísimos, mencionados en el número 5.º —inherentes a la persona o no transmisibles *inter vivos*— se incluyen todas las titularidades o atribuciones que se confieren *intuitu personae*, ya que son indisponibles. Pertenecen a esta categoría los derechos de propiedad intelectual, e incluso industrial, que no se hayan desprendido enteramente de la personal, pues sólo cuando tales derechos entran en el comercio el producto obtenido con ellos será ganancial. En este sentido, la Ley de Propiedad Intelectual distingue dentro del derecho de autor, un aspecto moral —de carácter personalísimo— y otro patrimonial —que es ganancial—.

8.- La obligación de pago de la que un cónyuge es acreedor, nacida de acto ilícito que ha causado daño a la persona del cónyuge o a sus bienes privativos, que es un derecho en parte personalísimo, en el primer caso, y sustitutivo de un bien privativo propio, en el segundo, es un supuesto encuadrado entre los bienes privativos por personalísimos. Pertenecen a esta categoría todas las indemnizaciones concedidas a uno de los cónyuges por incapacidad, sea ésta permanente o temporal; así como las cantidades abonadas en virtud de un contrato de seguro de daños en las cosas, si los mismos son inferidos a bienes privativos, o de daños a las personas, en todo caso. En cuanto a los seguros de capitalización, se estima mayoritariamente que la suma recibida tendrá carácter ganancial, privativo, o en parte ganancial y en parte privativo, según las primas se abonaran con fondos de una u otra clase o en proporción a los empleados, si se utilizaron ambos. Por lo que respecta a las indemnizaciones a un trabajador por despido, si bien se trata de una indemnización por daños, incluible en este párrafo, como es la comunidad conyugal la que soporta las consecuencias de la falta de recursos producidos por el despido, la indemnización parece que debe ser ganancial.

9.- El apartado que da carácter privativo a las ropas y objetos de uso personal que no sean de extraordinario valor debe ser puesto en conexión:

—Por un lado, con el artículo 1.321, que atribuye un derecho de predetracción del caudal relicto de las ropas, mobiliario y enseres que constituyen el ajuar de la vivienda habitual común de los esposos, para el caso de fallecimiento de uno de los cónyuges, cualquiera que sea su régimen matrimonial; al tiempo que exceptúa de dicha predetracción las alhajas, objetos artísticos, históricos y otros de extraordinario valor.

—Por otro, con el derecho de preferente adjudicación, contenido en el número 1.º del artículo 1.406 para el supuesto de disolución del régimen de gananciales, que otorga a cada cónyuge el derecho a que se integren con preferencia en su haber, hasta donde éste alcance los bienes de uso personal no incluidos en el apartado que comentamos.

El problema estriba en determinar quién, cómo y con qué criterios ha de determinar el «extraordinario valor», inclinándose la opinión mayoritaria, en base al referido derecho de preferente adjudicación, a que ha de hacerse en el momento de la liquidación de la sociedad, decidiendo con arreglo a los usos sociales generales y a los de la pareja en cuestión.

10.- Los instrumentos necesarios para el ejercicio de una profesión u oficio tiene igual condición de inembargables, al amparo del artículo art. 606.2.º LEC, y son catalogables como privativos por personalísimos. La única salvedad que establece el apartado 8.º del artículo 1.346 a su carácter privativo es que éstos sean parte integrante o pertenencias de una explotación o establecimiento de carácter común. El apartado último del artículo 1.346 atribuye el derecho de reembolso a la sociedad de gananciales para el caso de que la adquisición de estos bienes se hubiera realizado con fondos de esta especie, sin privarles por ello de su condición de privativos.

JURISPRUDENCIA

Sobre el número primero:

«fueron adquiridos por la fallecida hija de los actores cuando ésta se hallaba soltera, habiéndose pagado, en tales circunstancias personales, el precio de los mismos. Tienen, por tanto el carácter de bienes privativos de la esposa, conforme a lo previsto en el art. 1346.1.º del CC debiendo hacerse las dos siguientes consideraciones: 1.º) que en nada se opone a esta calificación el que, a poco del matrimonio se elevara a público el documento privado de compraventa, sin hacerse en éste la indicación formal de ser privativos los inmuebles, pues la escritura no desvirtúa el hecho básico de tratarse de unos bienes privativos; ni tampoco el hecho de que en el Registro de la Propiedad se diga que los mismos tienen el carácter presuntamente ganancial, mención correcta que hace el Registrador al tratarse de una escritura en que, aunque no intervenga en ella el esposo, aparece en la misma la condición de casada, en el momento de otorgarla, de la compradora. Tal mención es de presuntivamente ganancial presunción que obviamente sólo persiste hasta que una decisión judicial acabe con la misma; 2.º) que tampoco cambia la situación jurídica de privativos el hecho de que el entonces novio de la compradora hubiera aportado ayuda económica a la compra de los inmuebles, pues al no darse la condición aun de casados no existía sociedad de gananciales alguna. Tal aportación, si se demuestra su realidad y cuantía, sólo concede al demandado

la posibilidad de reclamar como crédito la cantidad entregada». (17 abril 2002, LA LEY 5873/2002)

Sobre el número segundo:

«El art. 1346.2.º del CC establece que son privativos de cada uno de los cónyuges: los (bienes o derechos) que adquiera después a título gratuito, que abarca a aquellas en que no existe contraprestación onerosa para el, que, justamente, constituyen la réplica a las adquisiciones onerosas. Porque la razón de esta privatividad es que la causa de esta atribución no ha concurrido la conducta participativa del otro cónyuge, sino la exclusiva contemplación de la persona del atribuido en la voluntad del atribuyente (donación, herencia o legado)». (25 julio 2002, LA LEY 230/2004)

Sobre el número tercero:

«una vez producida la separación legal, es decir, disuelta la comunidad de gananciales (artículo 1392.3.º del Código Civil), háyase o no practicado la liquidación de la misma que se exige legalmente (artículo 1396), la percepción de una pensión de jubilación o de una indemnización por despido o una cantidad por un concepto análogo, relativo todo a la extinción de una relación laboral, no se conecta con ésta para ser considerada como bien ganancial (artículo 1347.1.º), sino que se estima que es un bien adquirido una vez extinguida la comunidad de gananciales, por lo que no se imputa a ésta, ya inexistente; ni siquiera puede llamarse bien privativo, puesto que la distinción entre ganancial y privativo ya no procede cuando ha dejado de existir aquella comunidad. Es un bien adquirido personalmente por la persona que tiempo atrás fue miembro de una comunidad, ya disuelta; es un bien propio, ajeno a aquélla. Ésta ha sido la doctrina de esta Sala, con la excepción de una sentencia, la de 25 de marzo de 1988 (LA LEY JURIS. 152222-JF/0000), criterio que no puede tener el concepto de jurisprudencia, por tratarse de una sola sentencia [sentencias de 18 de mayo de 2000 (LA LEY JURIS. 7805/2000), 26 de octubre de 2000, 6 de abril de 2001 (LA LEY JURIS. 4616/2001) y 31 de mayo de 2001 (LA LEY JURIS. 5835/2001): una sola sentencia no crea jurisprudencia]. La sentencia de 22 de diciembre de 1999 (LA LEY JURIS. 4557/2000) rechazó que se tratara de un bien ganancial la indemnización por prejubilación; dice así (fundamento 2.º): "Sobre tales bases debe concluirse que la indemnización de que se trata participa de la naturaleza privativa, ya se considere como un derecho patrimonial inherente a la persona, ya como un bien adquirido en sustitución de otro genuinamente particular, cual sería el salario futuro (art. 1346.3 del Código Civil)". La de 29 de junio de 2000 (LA LEY JURIS. 8776/2000), con relación a la pensión de jubilación, entiende que tiene el carácter de privada, lo que resume en estos términos: Liquidación de la sociedad de gananciales. Impugnación del cuaderno particional. La pensión que recibe el demandado de la Seguridad Social por jubilación, tiene un carácter personal, y no puede integrarse en el inventario como un bien ganancial. Y la de 20 de diciembre de 2004 (LA LEY JURIS. 1899988/2004) reitera la doctrina anterior y declara que la pensión de jubilación responde a un derecho personal del trabajador que no se incorpora al activo liquidatorio de la comunidad de gananciales, disuelto el matrimonio». (29 junio 2005, rec. 48/1999)

«La calidad ganancial o privativa de un bien no depende de declaraciones unilaterales de los cónyuges (salvo el caso del Art. 1324 CC), sino que su naturaleza viene fijada o por la ley o por la voluntad de los cónyuges. En el denominado "cuaderno particional" otorgado por el heredero fiduciario D. Jesús Carlos, se declaraba que uno de los bienes, el ahora discutido, era ganancial, lo que, según se expresa en la sentencia recurrida, resultaba incorrecto a partir del examen de la prueba, al haber sido adquirido por la esposa en virtud de un contrato de permuta con un bien propio. Por ello se ha destruido la presunción de ganancialidad y debe aplicarse lo dispuesto en el Art. 1346.3 CC, que declara

privativos aquellos bienes adquiridos "a costa o en sustitución de los bienes privativos", de modo que se incluye tanto la subrogación real, como la permuta». (30 junio 2009, rec. 2196/2003, LA LEY 112711/2009)

Sobre el número quinto:

«resumen de lo dicho por esta Sala en relación a distintas retribuciones relacionadas con el trabajo de uno de los cónyuges, para llegar a conclusiones que permitan obtener una regla que pueda resultar aplicable a casos semejantes al que ahora debe decidirse. 1.º Por lo que se refiere a las pensiones de jubilación, es doctrina consolidada que las generadas después de la disolución de la sociedad de gananciales es un bien de naturaleza privativa, como afirma la sentencia de 29 junio 2000 (LA LEY 8776/2000). La de 20 diciembre 2003 (LA LEY 11499/2004) resolvió un motivo planteado sobre la pensión de jubilación, en el que el recurrente consideró que dicha pensión debería tener carácter ganancial por el "hecho de que la misma surja de la cotización a la Seguridad social durante el tiempo legal, pues esta cotización se realiza con dinero ganancial"; la sentencia desestima el motivo porque la pensión de jubilación controvertida corresponde exclusivamente al esposo de la demandada, que la generó con su actividad laboral, y su nacimiento y su extinción dependen de vicisitudes estrictamente personales del mismo (el hecho de su jubilación, en cuanto al primero, y el de su eventual fallecimiento, en cuanto al segundo). Así mismo, la sentencia de 20 diciembre 2004 (LA LEY 266896/2004) consideró que no es ganancial la pensión del marido "ya que se trata de un derecho personal del trabajador al que no le es aplicable el artículo 1358". 2.º Respecto de las pensiones por jubilación anticipada, o con mayor, propiedad, la indemnización por extinción de la relación laboral en un plan de bajas incentivadas de la empresa en la que el marido prestaba sus servicios, la sentencia de 22 diciembre 1999 (LA LEY 4557/2000) entendió que dicha prestación "no retribuye un trabajo precedente ni constituye un complemento de los sueldos percibidos, sino que proviene de la pérdida de dicho trabajo por jubilación anticipada, de manera que (sic) *la nueva situación laboral de D. [...], que ha obtenido después de la separación legal de su esposa, sólo a él afectan, con la consiguiente repercusión, no comunitaria, de la indemnización por prejubilación, que posee una clara proyección de futuro, y en este sentido, es ajena a los principios de la sociedad de gananciales". 3.º En relación con las indemnizaciones obtenidas por el esposo por una póliza de seguros que cubría el riesgo de invalidez, se excluye del artículo 1436.6 CC, "toda vez que su carácter es totalmente económico o patrimonial, basado en su derecho al trabajo, pero que no se confunde con éste, por ser una consecuencia económica y permanencia* (sic) *que se hace común en el momento en que se percibe por el beneficiario trabajador y, por consiguiente, ingresa en el patrimonio conyugal, que al disolverse la sociedad de gananciales ha de liquidarse y repartirse entre ambos cónyuges o sus herederos [sentencia de 25 marzo 1988 (LA LEY 152222-JF/0000) referida, sin embargo, al régimen navarro de la sociedad de conquistas]. 4.º La sentencia de 27 febrero 2007 (LA LEY 6581/2007) ha considerado que los planes de pensiones del sistema de empleo, no hechos aún efectivos en el momento de la disolución de la sociedad de gananciales, en los que la sociedad no había efectuado ninguna inversión, debían considerarse privativos del marido».* (26 junio 2007, LA LEY 51941/2007)

Sobre el número sexto:

«El artículo 1346.6.º del Código civil establece que son bienes privativos "el resarcimiento por daños inferidos a la persona de uno de los cónyuges" y las indemnizaciones de distinto origen adquiridas por el Sr. Lucio tienen esta calificación porque fueron obtenidas como consecuencia del accidente de circulación sufrido». (26 diciembre 2005, rec. 1766/1999)

CONCORDANCIAS

Véase:
— arts. 1.318, 1.324, 1.347.4.°, 1.348, 1.349, 1.352, 1.356,1.357, 1.359, 1.361, 1.362.3.°, 1.364, y 1.373 de este Código.
— Reglamento Hipotecario, de 14 de febrero de 1946 *(«B.O.E.»,* 29 mayo): art. 95.
Texto vigente según Ley 11/1981, 13 mayo *(«B.O.E.»,* 19 mayo).

Artículo 1.347

Son bienes gananciales:

1.º Los obtenidos por el trabajo o la industria de cualquiera de los cónyuges.

2.º Los frutos, rentas o intereses que produzcan tanto los bienes privativos como los gananciales.

3.º Los adquiridos a título oneroso a costa del caudal común, bien se haga la adquisición para la comunidad, bien para uno solo de los esposos.

4.º Los adquiridos por derecho de retracto de carácter ganancial, aun cuando lo fueran con fondos privativos, en cuyo caso la sociedad será deudora del cónyuge por el valor satisfecho.

5.º Las Empresas y establecimientos fundados durante la vigencia de la sociedad por uno cualquiera de los cónyuges a expensas de los bienes comunes. Si a la formación de la Empresa o establecimiento concurren capital privativo y capital común, se aplicará lo dispuesto en el artículo 1.354.

COMENTARIO

1.- El régimen de gananciales origina tres patrimonios diferenciados: El patrimonio privativo del marido, el patrimonio privativo de la mujer y el patrimonio ganancial, como masa de bienes comunes a ambos que se divide por igual cuando se disuelve el régimen. La idea general que diferencia los patrimonios es que integran el patrimonio ganancial los bienes originados por la actividad de los cónyuges, directamente por su esfuerzo personal, o indirectamente, como frutos o rentas de sus bienes privativos o de los mismos gananciales; los procedentes de sustitución de otros bienes gananciales, y los originados por accesión de éstos.

Lo cual se complementa por la presunción de ganancialidad, presunción *iuris tantum*, de extraordinaria importancia práctica, en cuanto supone que los bienes existentes en el matrimonio, vigente el régimen de gananciales, se presumen gananciales salvo prueba en contrario.

2.- Enumera este artículo la idea general de bienes gananciales que podemos clasificar así:

Primero.- Bienes procedentes de la actividad de los cónyuges: a) Directamente, los bienes obtenidos por el trabajo o industrial de cualquiera de los cónyuges: artículo 1.347.1.º. b) Indirectamente, los frutos, rentas o intereses que produzcan tanto los bienes gananciales como los privativos: artículo 1.347.2.º.

Segundo.- Bienes gananciales por subrogación:

a) Los bienes nuevos que se adquieran con dinero o con otros bienes gananciales:

—Los bienes adquiridos a título oneroso a costa del caudal común, bien se haga la adquisición para la comunidad, bien para uno solo de los esposos: artículo 1.347.3.º.

Las empresas y establecimientos fundados durante la vigencia de la sociedad por uno cualquiera de los cónyuges a expensas de los bienes comunes: artículo 1.347.5.º.

b) Los adquiridos por derecho de retracto de carácter ganancial: artículo 1.347.4.º.

Tercero.- Bienes gananciales por accesión: a) Las edificaciones, plantaciones y mejoras en bienes gananciales; artículo 1.359. b) Los incrementos patrimoniales incorporados a una empresa que tenga carácter ganancial: artículo 1.360.

Cuarto.- Bienes gananciales por voluntad expresa o presunta de los cónyuges: Desde el momento en que el artículo 1.323 permite la transmisión de bienes y derechos entre los cónyuges y celebrar entre sí toda clase de contratos, se permite también que los cónyuges atribuyan el carácter de gananciales a bienes que, de por sí, no lo son. Cuya atribución puede ser por voluntad expresa o presunta de los cónyuges, tal y como se prevé en el artículo 1.355 del Código Civil.

3.- Los bienes señalados en el número primero de este artículo se encuadran dentro de los procedentes de la actividad de los cónyuges. Se incluyen, pues, los bienes procedentes del esfuerzo común de ambos cónyuges o del esfuerzo individual de uno u otro, como «trabajo» propiamente dicho, o como cualquier otro tipo de actividad no constitutiva de trabajo en el concepto usual del mismo —lo que el Código llama «industria»— como ocupación, especificación, usucapión iniciada durante el matrimonio, etc., o, incluso, en un amplísimo sentido del concepto de actividad, lo que se obtiene por el juego o por cualquier causa que exima de la restitución —artículo 1.351 *(vid.)*—.

Es indudable, por tanto, el carácter ganancial del sueldo que remunera el trabajo dependiente y asalariado, lo que no implica que deba ser cobrado por ambos cónyuges, ya que la percepción es propia del cónyuge trabajador. Si uno de los cónyuges realiza una actividad artística, puede discutirse el carácter de las obras de arte producidas, pues, si se considera que los derechos sobre la obra son privativos, por personalísimos (artículo 1.346.5.º), aun así debe considerarse ganancial el producto de la venta; y si, al amparo del párrafo que comentamos se considera que la obra tiene carácter ganancial, habrá que armonizar tal carácter con el respeto a los derechos de su autor. Por lo que atañe a la actividad industrial, para fijar en qué momento hay beneficio de carácter ganancial, habrá que atender a los criterios generales de la organización empresarial.

4-. Los frutos, rentas o intereses son bienes gananciales procedentes indirectamente de la actividad de los cónyuges, en el sentido de que, mediando o no esfuerzo de los mismos, proceden, como frutos, rentas o intereses de los bienes, tanto privativos como gananciales. Pertenecen, sin discusión, a esta categoría los frutos, rentas o intereses devengados durante la vigencia de la sociedad. Mas es dudoso qué ocurre con los devengados antes de la sociedad que se perciban durante su vigencia. Algún sector entiende que si los frutos proceden del ejercicio de una industria, hay que esperar a la liquidación del ejercicio económico; otros, relacionando el número 2.º de este artículo con el artículo 451, opinan que, para ser gananciales habrán de ser percibidos los frutos naturales, y devengados los civiles, durante el matrimonio. No puede decirse —aunque presenta una lejana similitud— que la comunidad de gananciales tenga un usufructo sobre los bienes privativos de los cónyuges: es un tipo de régimen económico-matrimonial que da lugar a que los beneficios sean gananciales, es decir, formen parte de la comunidad; las reglas del usufructo pueden aplicarse para determinar qué es lo que tiene el concepto de frutos en casos dudosos (como en minas, bosques, etc.). El Código aclara algunos supuestos que pueden no estar claros, como los de los artículos 1.349 y 1.350.

5.- Los bienes aludidos en el número 3.º de este artículo son gananciales, ya se haga la adquisición para la comunidad, ya se haga para uno solo de los esposos, lo que consigna el texto legal para señalar expresamente que no importa que se adquiera el bien para la comunidad o para uno de los cónyuges, ya que en todo caso, será ganancial. Se aplican dos normas aclaratorias de los artículos 1.354 y 1.356.

6.- Los bienes adquiridos por derecho de retracto de carácter ganancial tienen también esta naturaleza, aunque, hubiera sido deseable extender, o al menos, concretar la situación de los demás derechos de adquisición preferente. Este artículo, del mismo modo que el artículo 1.346 para los bienes privativos, deja a salvo el derecho de reembolso para el caso de que la adquisición se hubiera efectuado con bienes privativos de uno de los esposos.

7.- El último número del artículo 1.347 también es aplicación del principio de subrogación, refiriéndose a una empresa constituida vigente el régimen de gananciales, que será ganancial si se ha formado con capital ganancial; si lo ha sido con capital ganancial y privativo, se producirá la comunidad por cuotas que prevé el artículo 1.354.

JURISPRUDENCIA

«Mas todo el razonamiento está impregnado de la confusión entre lo que son "bienes y derechos patrimoniales inherentes a la persona" y la clara dicción del número uno del art. 1.347 que atribuye la naturaleza de bienes gananciales a los obtenidos "por el trabajo o la industria de cualquiera de los cónyuges". En efecto, las dotes y capacidades de cada sujeto para el trabajo, la libertad misma de trabajo y sus secuencias, no obstante, su aptitud para generar ingresos económicos están tan vinculados a los derechos de la personalidad que, en puridad conceptual, no cabe más que considerarlos como bienes privativos, pero el ejercicio extremo de estas capacidades o cualidades por muy propios del sujeto que sean (v.g. condiciones de artista o habilidades profesionales, etc.) si se traducen en una actividad productiva, tiñe de ganancialidad a los bienes económicos obtenidos, por aquella... Luego, al consistir la empresa o negocio en un bien, en una cosa nueva, distinta de cada uno de los elementos —entre ellos bienes o cosas materiales— que lo integran, aglutinados por la actividad organizadora del empresario, y producirse la adquisición de modo originario, por la creación o fundación de la empresa, hasta entonces inexistente, no ofrece duda la naturaleza ganancial del referido negocio». (20 noviembre 2000, LA LEY 2651/2002)

«deben ser considerados como bienes gananciales los rendimientos de todo tipo que por el trabajo u ocupación, como por prestaciones o bienes de la persona, se obtengan durante la vigencia de la sociedad de gananciales, y lógicamente se comprenden los incrementos económicos que se producen en los resultados patrimoniales como consecuencia del prestigio, valía y dedicación a la actividad profesional. Además, un tema similar al de autos ya fue resuelto en la S 20 Nov. 2000.» (26 marzo 2001, LA LEY 109082/2001)

«el derecho de subrogación en el contrato de inquilinato, por fallecimiento del titular o subrogado nace y se agota con su ejercicio, de modo que no es susceptible per se de valoración económica con independencia de las indirectas ventajas económicas que produzca la posibilidad de obtener un arrendamiento de vivienda con renta baja en relación con los precios de mercado. Una vez ejercitado el derecho de subrogación, por el marido que convivía con su cónyuge en la vivienda objeto del contrato arrendaticio, el contrato se sujetó, entre los cónyuges, a la disciplina del régimen de gananciales. El derecho de subrogación, al que nos atenemos, no puede calificarse, como una adquisición a título gratuito (art. 1346.2.º del CC), puesto que origina con su ejercicio, contraprestaciones onerosas. Ni una consideración extensiva del número quinto del precepto citado (bienes y derechos inherentes a la persona y los no transmisibles intervivos) permite la estimación de consecuencias, más allá, en el

supuesto que se examina, de su propia consunción sin trascendencia económica. El derecho de arrendamiento —como recoge la doctrina— se adquiere en el momento en que se concierta, sea ex novo, sea por subrogación, de manera, que si se pacta, vigente la sociedad de gananciales se adquiere a costa de los bienes comunes tanto más cuanto que se trata de arrendamiento de vivienda cuyos gastos son imputables al sostenimiento de la familia, conforme el art. 1362.1.º del CC.» (11 diciembre 2001, LA LEY 4830/2002)

«La segunda faceta está constituida por la denominada base económica de la farmacia, que comprende el local del negocio en el que se asienta físicamente, las existencias, la clientela, el derecho de traspaso y demás elementos físicos-económicos que configuran los elementos accesorios de la actividad negocial de la farmacia. Pues bien, esta segunda faceta es la que perfectamente puede ser considerada con posibilidad de constituir un bien ganancial, siempre que se den los requisitos para ser enclavados en alguno de los tipos especificados en el art. 1347 CC. Centrando ya la cuestión, hay que decir, en contra de la tesis de la sentencia recurrida, que la farmacia en controvertida, en principio, puede ser estimada como bien ganancial, ya que constituye una empresa o establecimiento fundado durante la vigencia de la sociedad de gananciales que regía el aspecto patrimonial del matrimonio, cuyos elementos personales son ahora las partes procesales.» (14 mayo 2003, LA LEY 2009/2003)

«El resumen de la doctrina de esta Sala lleva a la conclusión que existen dos elementos cuya concurrencia permite declarar que una determinada prestación relacionada con los ingresos salariales, directos o indirectos, deba tener la naturaleza de bien ganancial o, por el contrario, queda excluida de la sociedad y formará parte de los bienes privativos de quien la percibió. Estos dos elementos son: a) la fecha de percepción de estos emolumentos: si se adquirieron durante la sociedad de gananciales, tendrán esta consideración, mientras que si se adquieren con posterioridad a la fecha de la disolución, deben tener la consideración de bienes privativos de quien los percibe; b) debe distinguirse entre el derecho a cobrar estas prestaciones que debe ser considerado como un componente de los derechos de la personalidad y que, por esto mismo, no son bienes gananciales porque son intransmisibles [sentencias de 25 marzo 1988 (LA LEY 152222-JF/0000) y 22 diciembre 1999) (LA LEY 4557/2000)] mientras que los rendimientos de estos bienes devengados durante la vigencia de la sociedad de gananciales, tendrán este carácter (sentencia de 20 diciembre 2003) (LA LEY 11499/2004).» (26 junio 2007, LA LEY 51941/2007)

CONCORDANCIAS

Véase:
— arts. 1.324, 1.348 a 1.351, 1.355, 1.361 y 1.381 de este Código.
— Ley 19/1995, 4 julio *(«B.O.E.»,* 5 julio), de Modernización de las Explotaciones Agrarias.
— Reglamento Hipotecario, de 14 febrero 1947 *(«B.O.E.»,* 16 abril): art. 93.1.
Texto vigente según Ley 11/1981, 13 mayo *(«B.O.E.»,* 19 mayo).

Artículo 1348

Siempre que pertenezca privativamente a uno de los cónyuges una cantidad o crédito pagadero en cierto número de años, no serán gananciales las sumas que se cobren en los plazos vencidos durante el matrimonio, sino que se estimarán capital de uno u otro cónyuge, según a quien pertenezca el crédito.

COMENTARIO

Contiene este artículo una norma aclaratoria referida a los bienes privativos, al disponer que en todo caso de bien privativo consistente en una cantidad de dinero u otra cosa que permita ser percibida a plazos, este cumplimiento fraccionado no altera su carácter privativo. Lo que es regla lógica, dado que las amortizaciones parciales de un crédito son siempre capital, y no renta, pero lo destaca el mencionado artículo para evitar que los cobros durante la vigencia del régimen puedan suponerse gananciales.

CONCORDANCIAS

Modificado por Ley 13/2005, de 1 julio *(«B.O.E.»* 2 julio).

Artículo 1.349

El derecho de usufructo o de pensión, perteneciente a uno de los cónyuges, formará parte de sus bienes propios; pero los frutos, pensiones o intereses devengados durante el matrimonio serán gananciales.

COMENTARIO

Este artículo ha de relacionarse con el número 2.º del artículo 1.347, que afirma el carácter ganancial de los frutos, rentas e intereses que produzcan tanto los bienes gananciales como los privativos. Tal como se expuso al comentar tal apartado, no puede pensarse que la comunidad de gananciales tenga un usufructo sobre los bienes privativos de los esposos. Pero el Código se ve en la necesidad de armonizar el carácter «personalísimo» de los derechos de usufructo o de pensión, con las rentas que los mismos generen vigente el régimen, lo que hace aclarando que tales derechos, pertenecientes a uno de los esposos, formarán parte de sus bienes propios, pero que los frutos, rentas o pensiones devengados durante el matrimonio serán gananciales.

CONCORDANCIAS

Véase art. 1.381 de este Código.
Texto vigente según Ley 11/1981, 13 mayo *(«B.O.E.»,* 19 mayo).

Artículo 1.350

Se reputarán gananciales las cabezas de ganado que al disolverse la sociedad excedan del número aportado por cada uno de los cónyuges con carácter privativo.

COMENTARIO

Aclara la situación de los ganados pertenecientes a uno de los cónyuges, en conexión con el artículo 1.346.2.º, puesto que, a tenor del artículo 355, son frutos naturales las crías y demás productos de los animales, que se consideran tales frutos —artículo 357— ya en el vientre de sus madres, aunque no hayan nacido. Por ello, este precepto declara el carácter ganancial del superávit de cabezas de ganado privativas. Y refleja el tipo de economía, agrícola exclusivamente, que había en nuestro país, en el siglo pasado.

CONCORDANCIAS

Texto vigente según Ley 11/1981, 13 mayo *(«B.O.E.»,* 19 mayo).

Artículo 1351

Las ganancias obtenidas por cualquiera de los cónyuges en el juego o las procedentes de otras causas que eximan de la restitución pertenecerán a la sociedad de gananciales.

COMENTARIO

El presente artículo incluye como bienes gananciales dos supuestos que podrían parecer discutibles, pero se comprenden dentro de un amplio concepto de actividad de cualquiera de los cónyuges.

El primero es el *juego*, tanto si concede acción para reclamar lo ganado (arts. 1800 y 1801) como si no la concede, pero ha percibido la ganancia y el perdedor no puede reclamarle su devolución (art. 1798). En ambos casos, tal ganancia es bien ganancial.

El segundo es la ganancia procedente de otra causa que exima de la restitución, como el hallazgo de cosa perdida cuyo dueño no aparezca (art. 615), o el efecto de un delito o falta que haya prescrito tanto la infracción penal como el deber de restitución según el Código Penal, o la mitad del tesoro descubierto en finca ajena (art. 351) o el total si se descubre en finca privativa de un cónyuge o ganancial. Todos estos tipos de ganancias son bienes gananciales.

JURISPRUDENCIA

«Los bienes gananciales son, como concepto, los procedentes de las ganancias que obtienen los cónyuges directa o indirectamente, y, en primer lugar, como esenciales, los procedentes de la actividad de los mismos, sea constitutiva o no de esfuerzo o trabajo y en ella se incluyen las ganancias obtenidas en el juego, según dispone el art. 1351 del CC.» (22 diciembre 2000, LA LEY 99/2001)

CONCORDANCIAS

Véanse arts. 1371 y 1372 de este Código.
Modificado por Ley 13/2005, de 1 julio (*«B.O.E.»* 2 julio).

Artículo 1.352

Las nuevas acciones u otros títulos o participaciones sociales suscritos como consecuencia de la titularidad de otros privativos serán también privativos. Asimismo lo serán las cantidades obtenidas por la enajenación del derecho a suscribir. Si para el pago de la suscripción se utilizaren fondos comunes o se emitieran las acciones con cargo a los beneficios, se reembolsará el valor satisfecho.

COMENTARIO

1.- El párrafo primero de este artículo atribuye carácter privativo a las nuevas acciones suscritas en ejercicio del derecho de suscripción preferente nacido de otras acciones privativas, en los supuestos de aumento de capital social, y de las cantidades obtenidas por la enajenación de tal derecho. Son bienes que, por analogía, se incluyen entre los privativos por accesión. Resuelve así, un problema ampliamente debatido antes de la Reforma de 1981, aceptando la tesis que consideraba dicho derecho de suscripción preferente como cualidad, y no fruto, de la cuota social. Este artículo debe ponerse en conexión con el artículo 1.347.2.º, que declara gananciales los frutos, rentas e intereses de los bienes privativos y gananciales. Por ello, los dividendos de las acciones o participaciones de sociedades mercantiles tendrán consideración ganancial. Pero si tales beneficios no se reparten, sino que se integran en el fondo de reserva, y posteriormente, se aumenta el capital social con cargo a dichas reservas, las nuevas acciones no tendrán carácter ganancial, sino privativo, si así lo eran las acciones del suscriptor, por aplicación del artículo 1.352.

2.- El párrafo segundo hace aplicación del principio de reembolso entre los patrimonios, anunciado con carácter general en el artículo 1.358, para el caso de utilización de fondos comunes o de emitirse los nuevos títulos con cargo a los beneficios.

JURISPRUDENCIA

«El precepto de nuevo cuño acoge el principio de la subrogación real: Las acciones o títulos suscritos —efecto o bien subrogado— como consecuencia de la titularidad de otros privativos —bien subrogante—; aunque, en realidad, en el supuesto de hecho no existe sustitución de unos bienes, los antiguos, por otros, los nuevos, sino que éstos se incorporan al patrimonio del cónyuge respectivo en razón al derecho social que le corresponde por ser ya titular de otras acciones, se podría decir, como en el derecho de retracto, que la causa privativa es la titularidad del cónyuge, socio de la sociedad, en cuya virtud ejercita su derecho social a suscribir nuevos títulos, y por ello, su efecto o resultado de la suscripción también será privativo —principio de equivalencia—. El artículo introduce dentro del CC una institución propia del Derecho mercantil de sociedades, que por su frecuente acaecimiento en la actual vida de la familia y su indiscutible peso en el campo de los intereses entre las distintas masas patrimoniales ha exigido esta ordenación. El derecho de suscripción preferente, pues, está recogido en su amplio alcance: ya se trate de que el cónyuge titular —socio de la sociedad— suscriba nuevas acciones, ya se trate de otros títulos o participaciones.» (24 marzo 2003, LA LEY 1914/2003)

CONCORDANCIAS

Texto vigente según Ley 11/1981, 13 mayo (*«B.O.E.»,* 19 mayo).

Artículo 1.353

Los bienes donados o dejados en testamento a los cónyuges conjuntamente y sin especial designación de partes, constante la sociedad, se entenderán gananciales siempre que la liberalidad fuere aceptada por ambos y el donante o testador no hubiere dispuesto lo contrario.

COMENTARIO

1.- Enuncia una norma aclaratoria del artículo 1.346.2.º, que considera privativos los bienes adquiridos por los cónyuges, constante la sociedad, por título gratuito, y asimismo, debe ponerse en relación con el artículo 637, según el cual cuando una donación hubiere sido hecha a varias personas conjuntamente, se entenderá por partes iguales, existiendo derecho de acrecer entre ellas si de matrimonio se trata, salvo disposición contraria del donante. Es una aplicación indirecta de la presunción de ganancialidad contenida en el artículo 1.361, pues los bienes donados o dejados en testamento a ambos cónyuges conjuntamente y sin designación de partes, constante matrimonio, no van a pertenecer en pro indiviso, con carácter privativo a ambos esposos, sino que tendrán carácter ganancial, salvo disposición contraria del disponente.

2.- Una de las cuestiones será determinar cuándo existe o no designación de partes, y parece que debe atenderse a las normas del derecho de acrecer sucesorio, de los artículos 981 y siguientes del Código Civil. Tampoco se precisa qué ocurrirá si uno de los cónyuges no acepta estas donaciones, pues descartada por el perjuicio que ocasionaría al cónyuge aceptante, la solución de considerarlas ineficaces, parece admisible que el bien donado y sólo aceptado por uno de ellos se convierta en privativo de éste en su totalidad, por aplicación del derecho de acrecer del artículo 637 en su párrafo segundo, del número 2.º del artículo 1.346, e incluso, del artículo 1.399 para las donaciones *propter nuptias*; sin que puedan estimarse gananciales, pues al no aceptar uno de los cónyuges, rechaza su ingreso en el patrimonio común. Se plantea también cuál de los patrimonios ha de soportar la carga de las donaciones onerosas: si el bien donado es ganancial, las cargas de la onerosidad las soportará la sociedad de gananciales, mientras que si resulta privativo, por disposición del donante o testador, habrá de procederse al reembolso de las cargas soportadas por dicha sociedad de gananciales, conforme al artículo 1.358.

JURISPRUDENCIA

«Debe recordarse ahora, para reforzar lo dicho, que el artículo 1353 del Código civil establece una presunción de ganancialidad de los bienes donados por terceros a los cónyuges y exige para ello que concurran los requisitos previstos en el propio artículo, que son: a) que la liberalidad haya sido aceptada por ambos cónyuges; b) que el donante no haya establecido lo contrario, y c) que se trata de una presunción que admite prueba en contrario». (9 mayo 2007, LA LEY 23115/2007)

CONCORDANCIAS

Véase:
— arts. 637, 1.339, 1.379 y 1.380 de este Código.
— Reglamento Hipotecario, de 14 febrero 1947 (*«B.O.E.»,* 16 abril): art. 93.1.
Texto vigente según Ley 11/1981, 13 mayo (*«B.O.E.»,* 19 mayo).

Artículo 1.354

Los bienes adquiridos mediante precio o contraprestación, en parte ganancial y en parte privativo, corresponderán pro indiviso a la sociedad de gananciales y al cónyuge o cónyuges en proporción al valor de las aportaciones respectivas.

COMENTARIO

1.- Complementa lo que se dispone sobre los bienes, ya sean gananciales o privativos, adquiridos por subrogación (vid. 1.346.3.º y 1.347.3.º). En efecto, los bienes adquiridos a costa o en sustitución de otros bienes, tendrán carácter privativo o ganancial, según fueran los bienes sustituidos. Pero si la adquisición se efectuó a costa en parte de bienes privativos y en parte de bienes gananciales, el bien pertenecerá en pro indiviso ordinario —comunidad romana o por cuotas— a la sociedad de gananciales y al cónyuge en proporción al valor de las aportaciones respectivas. Y ello también ocurre cuando se funde, durante la vigencia del régimen, una empresa o establecimiento por uno cualquiera de los cónyuges, en parte empleando fondos comunes, y en parte privativos: artículo 1.347.5.º *in fine.*

2.- Este precepto es aplicable a las adquisiciones al contado, pero también se encuentra en conexión con el artículo 1.357, que declara privativos los bienes comprados a plazos por uno de los cónyuges antes de comenzar la sociedad, aun cuando la totalidad o parte del precio aplazado se satisfaga con dinero ganancial; así será aplicable: a) Cuando se efectúe una adquisición por precio aplazado cuyo primer desembolso se satisfaga con dinero en parte privativo y en parte ganancial. b) En el supuesto de la vivienda y ajuar familiares, que por remisión del párrafo segundo del artículo 1.357 a este artículo, pertenecerán en *pro indiviso* al cónyuge y a la sociedad de gananciales, en proporción al valor de lo invertido.

3.- En todo caso, por el juego del principio de la autonomía de la voluntad, y del fundamental artículo 1.355, los cónyuges, de común acuerdo, pueden atribuir carácter ganancial a los bienes adquiridos a título oneroso constante matrimonio, aunque su contraprestación sea en parte privativa y en parte ganancial.

4.- Este tipo de bienes en parte privativos y en parte gananciales va a suponer una complicación en el régimen jurídico de administración y disposición del bien en concreto, que se sujeta, a la vez, a las normas de la comunidad romana —artículos 1.354 y 392 y ss.— y a las de la sociedad de gananciales, cuya naturaleza, admitida por la doctrina, el T.S. y la D.G.R.N., es de comunidad germánica o en mano común *(vid.* comentario al artículo 1.344).

JURISPRUDENCIA

«Artículo 1354: éste se aplica a la adquisición de bienes constante matrimonio, es decir, vigente en el régimen de comunidad de gananciales, por precio en parte ganancial y en parte privativo, cuyo bien adquirido será ganancial y privativo en proporción al dinero aportado. Pero no se aplica al presente caso, en el que el bien es ganancial desde el principio conforme al artículo 1347.3.º: se adquirió vigente el régimen, a título oneroso, a costa del caudal común, préstamo ganancial (artículo 1362.2.º), y sí posteriormente a su disolución, uno de los ex cónyuges abona todos o parte de los plazos del préstamo, sin que tengan, pues, aplicación los artículos 1356 y 1357, tendrá derecho de crédito, contra la comunidad». (1 junio 2006, rec. 4097/1999)

CONCORDANCIAS

Véase:
— arts. 1.323, 1.339 y 1.458 de este Código.
— Reglamento Hipotecario, de 14 febrero 1947 *(«B.O.E.»,* 16 abril): art. 91.
Texto vigente según Ley 11/1981, 13 mayo *(«B.O.E.»,* 19 mayo).

Artículo 1.355

Podrán los cónyuges, de común acuerdo, atribuir la condición de gananciales a los bienes que adquieran a título oneroso durante el matrimonio, cualquiera que sea la procedencia del precio o contraprestación y la forma y plazos en que se satisfaga.

Si la adquisición se hiciere en forma conjunta y sin atribución de cuotas, se presumirá su voluntad favorable al carácter ganancial de tales bienes.

COMENTARIO

1.- Enuncia este artículo el denominado principio de la voluntariedad relativa, en tanto en cuanto permite a los cónyuges atribuir la condición de gananciales a bienes que, de acuerdo con las normas del Código Civil, serían privativos; voluntariedad relativa, porque tanto juega a favor de la ganancialidad y no de la privatividad, ya que para otorgar esta última condición, la posibilidad viene dada por la confesión extrajudicial del artículo 1.324.

2.- La posibilidad de atribuir el carácter común a bienes que, de por sí, no lo son, viene dada desde el momento en que el artículo 1.323 permite la transmisión de bienes y derechos entre los cónyuges y celebrar entre sí toda clase de contratos, y es una de las manifestaciones más relevantes del principio de autonomía de la voluntad en materia de régimen económico-matrimonial. Cuya atribución puede ser por voluntad expresa, al amparo del párrafo primero de este artículo, o presunta, a tenor del segundo párrafo; norma esta última que completa la presunción de ganancialidad del artículo 1.361.

3.- Lo importante es destacar que la voluntad de los cónyuges sólo opera aquí cuando se dan las circunstancias de adquisición durante el matrimonio y a título oneroso. Por eso, quedan fuera de su ámbito los supuestos de los números 1.º, 2.º, 5.º y 6.º del artículo 1.346. Desde luego, es aplicable en los casos de los números 3.º y 7.º del artículo 1.346, y en los artículos 1.352, 1.354, 1.356, 1.359 y 1.360. Se discute su juego en los números 4.º y 8.º del citado artículo 1.346 debe admitirse, ya que en el artículo 1.355 lo fundamental es la adquisición a título oneroso durante el matrimonio, y no la procedencia del precio o la contraprestación, y porque la norma de reembolso del último apartado del artículo 1.346 es una norma aclaratoria de tales adquisiciones que no impide que los cónyuges puedan atribuir el carácter ganancial a lo adquirido.

4.- En lo relativo a su ámbito temporal de aplicación, se ha discutido si la atribución de ganancialidad debe hacerse por los esposos en el momento de adquisición del bien, o cabe que se haga con posterioridad, siempre durante la vigencia del régimen, admitiendo la doctrina mayoritaria esta última posibilidad en base al mencionado artículo 1.323, y a la *vis atractiva* hacia la ganancialidad que se deriva de la presunción del artículo 1.361.

5.- Se discute si existirá derecho de reembolso cuando los bienes adquiridos a título oneroso, pero con dinero privativo, se hacen gananciales al amparo de este artículo; inclinándose la doctrina mayoritaria por la solución afirmativa, por cuanto la donación no se presume, y, si bien se acordó —expresa o presuntamente— que el bien así adquirido fuera ganancial, sigue siendo de aplicación el artículo 1.358, y conserva el derecho de reembolso del importe privativo que se empleó para aquella adquisición.

JURISPRUDENCIA

«al ser el negocio transmisivo precedente un título gratuito, no era posible el pacto conyugal de cambiar la naturaleza del bien discutido, habida cuenta lo dispuesto en el repetido art. 1355, referido a las adquisiciones a título oneroso.» (26 febrero 2002, LA LEY 4528/2002)

«Si bien el art. 1361 CC establece, como regla general, a falta de otra prueba o declaración al respecto, la presunción de ganancialidad de los bienes "existentes" en el matrimonio, debiendo probar la parte que pretenda la privacidad de los mismos, o de algunos de ellos, que en realidad lo son del cónyuge que así lo exija; existen otras normas, no obstante, que permiten alterar esa regla, como son la del art. 1355, por un lado, que autoriza a los citados cónyuges a establecer, de común acuerdo, la facultad de atribuir esa condición de ganancialidad a los bienes adquiridos a título oneroso durante el matrimonio, cualquiera que sea la procedencia del precio». (8 octubre 2004, rec. 2717/1998)

«los cónyuges pueden celebrar entre sí toda clase de contratos (artículo 1323) y, en verdad, un bien obtenido, como indica el artículo 1355, es adquirido como ganancial, de manera que la aportación a la sociedad conyugal, comunicación de bienes que uno o ambos cónyuges realizan al consorcio ganancial, constituye un negocio jurídico válido y lícito al amparo del principio de libertad de contratación que rige entre cónyuges al igual que entre extraños (artículos 1255 y 1323 del Código Civil), sin que ello suponga vulneración del artículo 14 de la Constitución». (25 mayo 2005, rec. 3698/1998)

CONCORDANCIAS

Véase art. 1.347.3 de este Código.
Texto vigente según Ley 11/1981, 13 mayo (*«B.O.E.»,* 19 mayo).

Artículo 1.356

Los bienes adquiridos por uno de los cónyuges constante la sociedad por precio aplazado, tendrán naturaleza ganancial si el primer desembolso tuviera tal carácter, aunque los plazos restantes se satisfagan con dinero privativo. Si el primer desembolso tuviere carácter privativo, el bien será de esta naturaleza.

COMENTARIO

1.- Este artículo aclara el número 3.º tanto del artículo 1.346 como del 1.347, referidos, respectivamente, a los bienes privativos y gananciales por subrogación. Así, si se ha adquirido un bien, constante matrimonio, por precio aplazado, el bien será privativo si el primer plazo se pagó con dinero privativo de un cónyuge, y ganancial, si el primer desembolso tuvo tal naturaleza.

2.- El criterio decisorio de la procedencia, ganancial o privativa, del primer desembolso realizado puede parecer injusto, especialmente si el desembolso inicial es inferior al resto —como será por regla general—; pero ello viene matizado por la aplicación del derecho de reembolso del artículo 1.358.

3.- Pueden plantearse una serie de supuestos dudosos en las adquisiciones a plazos, como si el desembolso inicial se efectúa con dinero del otro cónyuge, sin manifestarlo el adquirente, en cuyo caso, parece que habrá de considerarse privativo del adquirente; o cuando la compra se efectúe totalmente a plazos, esto es, sin desembolso inicial, en cuyo supuesto la calificación del bien dependerá de que el cónyuge adquirente adquiera diciendo que lo hace para sí o sin decir nada, o que lo hace para la sociedad de gananciales.

CONCORDANCIAS

Véase art. 1.358 de este Código.
Texto vigente según Ley 11/1981, 13 mayo (*«B.O.E.»,* 19 mayo).

Artículo 1.357

Los bienes comprados a plazos por uno de los cónyuges antes de comenzar la sociedad tendrán siempre carácter privativo, aun cuando la totalidad o parte del precio aplazado se satisfaga con dinero ganancial.

Se exceptúan la vivienda y ajuar familiares, respecto de los cuales se aplicará el artículo 1.354.

COMENTARIO

Se ocupa de las adquisiciones a plazos, antes de comenzar la sociedad, para aclarar el tema de los bienes privativos originaria o directamente, esto es, los que pertenecen a los cónyuges antes de comenzar la sociedad (artículo 1.346.1.º). Así, si antes de constituirse el régimen uno de los cónyuges adquirió un bien o derecho, será privativo, aunque lo pague a plazos, plazos que venzan vigente el régimen de gananciales, sin importar que pague tales plazos con dinero privativo o ganancial, y sin perjuicio del derecho de reembolso a favor del otro cónyuge —el no titular— o de la sociedad (artículo 1.358). Lo que tiene la importante excepción, basada en la protección a la familia que también se manifiesta en otros artículos (como los 1.320 a 1.322), de la vivienda o ajuar familiares: éstos, aunque su adquisición se produzca antes del matrimonio por uno de los futuros esposos, aportando bienes suyos, no serán después privativos de éste, sino que pertenecerán pro indiviso al cónyuge y a la sociedad de gananciales en proporción al valor de sus respectivas aportaciones (artículo 1.354).

JURISPRUDENCIA

«aparece clara la intención del legislador sobre la exclusión del carácter privativo de la compraventa a plazos, anterior al matrimonio, de la vivienda familiar, la cual corresponderá pro indiviso a la sociedad de gananciales y al cónyuge o cónyuges en proporción al valor de sus aportaciones respectivas, de manera que el Juzgador de instancia ha aplicado los preceptos indicados de forma adecuada, sin contradecir la doctrina contenida en la TS S 23 Mar. 1992, la cual considera la copropiedad de los esposos en proporción a sus aportaciones respectivas en un supuesto en el cual aquéllos habían comprado conjuntamente la vivienda antes de contraer matrimonio y pagado parte del precio en estado de soltería, con dinero privativo de cada uno de ellos y el resto, durante el matrimonio, con dinero ganancial, sino que la tiene en cuenta y sigue correctamente». (3 abril 2000, LA LEY 233437/2000)

«la compra de la vivienda litigiosa se llevó a cabo por la actora D.ª María del Carmen A. G., en estado de soltera, con pago del precio a plazos, resultando probado que durante la vigencia del matrimonio integrado por la actora y D. Jaime G. Q. se efectúa el pago del referido inmueble, concretamente, algunos de los plazos del crédito hipotecario, no precisados cuántos, ni sus respectivos importes, sin que tales declaraciones fácticas hayan sido desvirtuadas en este recurso, y siendo indiscutido que la vivienda en cuestión era la familiar del matrimonio, es correcta la calificación que de ella hace la Sala de instancia como perteneciente proindiviso a la sociedad de gananciales.» (18 diciembre 2000, LA LEY 3159/2001)

CONCORDANCIAS

Véase:
— art. 1.320 de este Código.
— Reglamento Hipotecario, de 14 febrero 1947 (*«B.O.E.»*, 16 abril): art. 91.
Texto vigente según Ley 11/1981, 13 mayo (*«B.O.E.»*, 19 mayo).

Artículo 1.358

Cuando conforme a este Código los bienes sean privativos o gananciales, con independencia de la procedencia del caudal con que la adquisición se realice, habrá de reem-

bolsarse el valor satisfecho a costa, respectivamente, del caudal común o del propio, mediante el reintegro de su importe actualizado al tiempo de la liquidación.

COMENTARIO

1.- Existen una serie de supuestos en que un determinado bien o derecho es privativo o ganancial, con abstracción de si la procedencia total o parcial del dinero o bienes con que se ha obtenido era, a su vez, privativo o ganancial. En tales casos, si el bien es ganancial, deberá reembolsarse al cónyuge este dinero o valor del bien privativo con el que se ha obtenido aquél; recíprocamente, a la inversa, si el bien es privativo, se deberá hacer el reembolso a la comunidad —patrimonio ganancial— del dinero o valor del bien ganancial con que total o parcialmente se obtuvo aquél. Pretende, pues, este artículo mantener el equilibrio entre los patrimonios común y privativos. Este reembolso no se hace inmediatamente, sino en el momento de la liquidación, y actualizando a este momento el importe reembolsable.

2.- El Código regula como casos concretos que dan lugar al reembolso:

1.º.- Las edificaciones, plantaciones y mejoras en bienes gananciales o privativos, y los incrementos patrimoniales incorporados a una empresa ganancial o privativa, que son gananciales o privativos, según lo sea el bien principal al que se han incorporado (arts. 1.359 y 1.360), sin perjuicio del reembolso del valor satisfecho. En este supuesto de reembolso hay un caso excepcional: No se reembolsa el valor de lo empleado, sino el aumento de valor que los bienes tengan como consecuencia de la mejora, en el supuesto de que tal mejora se haya hecho en bienes privativos con fondos gananciales, o con la actividad de uno o de ambos esposos.

2.º.- Los bienes adquiridos en el ejercicio de un derecho de retracto perteneciente a uno solo de los cónyuges, que son privativos (art. 1.346.4.º), pero surge el derecho de reembolso si se han adquirido con bienes gananciales (art. 1.346 *in fine).*

3.º.- Los instrumentos de una profesión u oficio son privativos (art. 1.346.8.º), pero surge el derecho de reembolso si se han adquirido con bienes gananciales (art. 1.346, *in fine*).

4.º.- Los bienes adquiridos por derecho de retracto de carácter ganancial, son gananciales, aun cuando lo fueran con fondos privativos (art. 1.347.4.º), pero en este caso, nace el derecho de reembolso a favor de la sociedad, que será deudora del cónyuge por el valor satisfecho.

5.º.- Los nuevas acciones u otros títulos o participaciones sociales suscritos como consecuencia de la titularidad de otros privativos, en ejercicio, por tanto, del derecho de suscripción preferente, son privativos, pero si para el pago de la suscripción se utilizaron fondos comunes, o se emitieron las acciones con cargo a los beneficios, se reembolsará el valor satisfecho (art. 1.352).

6.º.- El derecho de reintegro reconocido en el artículo 1.364 a favor del cónyuge que haya satisfecho con bienes privativos cargas y obligaciones de la sociedad de gananciales.

7.º.- Los números 2.º y 3.º de los artículos 1.397 y 1.398, que incluyen, entre los bienes gananciales y privativos, respectivamente, inventariados en la liquidación de la sociedad de gananciales, el importe actualizado del valor que tenían los bienes gananciales no recuperados enajenados por negocio ilegal o fraudulento, de las cantidades pagadas por la sociedad que fueran de cargo sólo de un cónyuge y de las que constituyan créditos de la sociedad contra éste, de los bienes privativos cuya restitución deba hacerse en metálico por haber sido gastados en interés de la sociedad o de sus deterioros por su uso en beneficio de la misma, y de las cantidades pagadas por un cónyuge que fueran de cargo de la sociedad o de las que constituyan créditos del cónyuge contra ésta.

3.- Se plantea el problema de si existirá derecho de reembolso cuando determinados bienes adquiridos a título oneroso con dinero privativo se hacen gananciales por acuerdo de los cónyuges —art. 1.355—, inclinándose algunos autores por la opinión afirmativa, en base a que la donación no se presume, y si bien se acordó —expresa o presuntamente— que el bien así adquirido fuera ganancial, sigue siendo de aplicación el artículo 1.358, y conserva el derecho de reembolso del importe privativo que se empleó para aquella adquisición.

CONCORDANCIAS

Véase art. 1.354 de este Código.
Texto vigente según Ley 11/1981, 13 mayo *(«B.O.E.»*, 19 mayo).

Artículo 1.359

Las edificaciones, plantaciones y cualesquiera otras mejoras que se realicen en los bienes gananciales y en los privativos tendrán el carácter correspondiente a los bienes a que afecten, sin perjuicio del reembolso del valor satisfecho.

No obstante, si la mejora hecha en bienes privativos fuese debida a la inversión de fondos comunes o a la actividad de cualquiera de los cónyuges, la sociedad será acreedora del aumento del valor que los bienes tengan como consecuencia de la mejora, al tiempo de la disolución de la sociedad o de la enajenación del bien mejorado.

COMENTARIO

1.- Son bienes privativos o gananciales por accesión. Este artículo supone una de las mayores innovaciones introducidas por la reforma de 13 de mayo de 1981, en cuanto deroga el antiguo sistema de la accesión invertida del párrafo segundo del antiguo artículo 1.404, a tenor del cual los edificios construidos sobre suelo propio de uno de los cónyuges durante el matrimonio se consideraban gananciales, sin perjuicio de abonar el valor del suelo al cónyuge propietario del solar. Esta norma introduce, por tanto, el principio general de la accesión superficies solo cedit, enunciado en el artículo 358, conjugado con el derecho de reembolso entre patrimonios.

2.- Se puede hablar de dos tipos de reembolso: a) Uno, general, del valor satisfecho, aplicable tanto al caso de edificación, plantación o mejora en bienes privativos o gananciales: artículo 1.359.1 *in fine*. b) Otro, especial, del aumento de valor que experimenten los bienes como consecuencia de la mejora, aplicable a las mejoras en bienes privativos, debidas a la actividad de uno cualquiera de los cónyuges o a la inversión de fondos comunes: artículo 1.359.2.

JURISPRUDENCIA

«El art. 1359 del CC, conforme al cual la mejora hecha en bienes privativos debida a la inversión de bienes comunes, hace acreedora a la sociedad de gananciales del incremento de valor que experimenten aquéllos, y de lo asimismo establecido en el art. 1063, en virtud del cual los coherederos deberán abonarse recíprocamente en la partición las rentas y frutos que cada uno haya percibido de los bienes hereditarios, así como las impensas

útiles y necesarias hechas en los mismos. En el párr. 2.º del art. 1359, que comienza con la adversativa no obstante, conducente a una excepción de la regla anterior, o a una puntualización, se subsume otra mejora acaecida por la inversión de fondos comunes o la actividad de cualquiera de los cónyuges sobre un bien privativo, que por ello resulta mejorado y se refiere a una mejora de gestión que provenga de un constante trabajo, celo o mejor explotación del bien privativo, tanto por que su coste sea común, tanto porque provenga de la actividad del cónyuge no propietario. El correctivo consecuente con el sistema de reembolsos, será que, sin perjuicio de mantener ese bien su primitivo carácter privativo, la sociedad, a cuyas expensas se mejoró, será titular de un derecho de crédito, justamente equivalente al aumento del valor que tenga el bien así mejorado computado al disolverse la sociedad o cuando se enajene. En cuanto a lo previsto en el art. 1063 del CC, como pone de relieve la generalidad de la doctrina, la expresión legal deben abonarse recíprocamente en la partición no es apropiada, pues se tratará, en su caso, de aportaciones a la masa todavía partible o de valores a deducir de la misma, pero no entre los coherederos. Es decir, la responsabilidad no es entre los coherederos, sino entre los herederos y la herencia. El precepto alude a toda clase de frutos del art. 354, aunque algunos autores parecen limitar el alcance del art. 1063 (dada la dicción legal) a los frutos civiles y naturales. Se hace referencia a los frutos percibidos, es decir, a los producidos y devengados desde el día en que se abrió la sucesión, tanto del caudal redicto por el causante, como de los bienes sujetos a colación, según se declara en el art. 1049 del CC. Cuando no se conoce el importe será preciso proceder a la previa fijación. En ocasiones ello puede que no sea posible hasta una vez hecha la partición, por lo que será precisa una partición adicional. Los herederos están obligados a rendir cuentas de los bienes hereditarios que administraron, incluso de los que en la partición se le adjudiquen a él. El precepto se refiere sólo a los gastos necesarios o útiles. En la doctrina se suele distinguir si hubo acuerdo de los herederos para efectuarlo, en cuyo caso el crédito comprende el importe íntegro, o que no lo haya habido, en cuyo supuesto el crédito lo es sólo por el importe útil. En la hipótesis de que el gasto fuera necesario o debiera proporcionar utilidad, y por caso fortuito no resultase provecho para la herencia, entiende la doctrina que debe ser resarcido.» (25 julio 2002, LA LEY 230/2004)

«El incremento de valor de los bienes privativos —en este caso, está reconocido el carácter privativo de la farmacia en cuestión a favor del actor recurrido— puede deberse a una doble fuente; la inversión de fondos comunes o a la actividad de cualquiera de los cónyuges, de acuerdo con el párrafo segundo del art. 1359, aplicable a un establecimiento de farmacia en virtud de la remisión que hace el art. 1360. En cuanto a que el incremento de valor tenga su origen "en la actividad de cualquiera de los cónyuges", es unánime la doctrina científica en considerar que no debe tenerse en cuenta la dedicación habitual del cónyuge propietario, ya que tal dedicación responde a la buena administración que todo cónyuge procura hacer de sus bienes propios y porque la sociedad de gananciales se beneficia con el producto de la actividad del cónyuge propietario, incluso teniendo una cualificación profesional específica». (30 enero 2004, rec. 645/1998)

CONCORDANCIAS

Texto vigente según Ley 11/1981, 13 mayo (*«B.O.E.»*, 19 mayo).

Artículo 1.360

Las mismas reglas del artículo anterior se aplicarán a los incrementos patrimoniales incorporados a una explotación, establecimiento mercantil u otro género de empresa.

COMENTARIO

1.- Se refiere a bienes privativos o gananciales por accesión, no como adquisición de derecho real, sino como concepto analógico.

2.- Este artículo guarda una cierta relación:

—Por un lado, con el artículo 1.346.8.º, que considera privativos los instrumentos necesarios para el ejercicio de la profesión, arte u oficio, salvo cuando éstos sean parte integrante o pertenencias de una explotación o establecimiento de carácter común, y salvo siempre el derecho de reembolso para el caso de que su adquisición se haya efectuado con fondos comunes.

—Por otro, con el número 5.º del artículo 1.347, que menciona entre los bienes gananciales las empresas o establecimientos fundados durante la vigencia del régimen de gananciales por uno cualquiera de los cónyuges a expensas de los bienes comunes, o en parte ganancial y en parte privativos, si se emplearon fondos de ambas clases, por la remisión al artículo 1.354.

3.- En todo caso, por la remisión que hace al artículo 1.359, vale todo lo dicho para aquél, en especial, en cuanto a la aplicación del principio general de la accesión y del derecho de reembolso.

JURISPRUDENCIA

«lo que existió fue transformación y ampliación del negocio privativo durante la vigencia de la sociedad de gananciales y con cargo a fondos de la misma y antes de su aportación y ello no hace perder al aportante su titularidad para pasar a compartirla con la sociedad, pues con arreglo a los arts. 1.359 y 1.360 CC, la mencionada sociedad sólo tiene derecho al reembolso del valor satisfecho actualizado (art. 1397.3.º CC). En suma, un derecho de crédito contra el aportante». (18 septiembre 1999, LA LEY 11578/1999)

CONCORDANCIAS

Texto vigente según Ley 11/1981, 13 mayo *(«B.O.E.»,* 19 mayo).

Artículo 1.361

Se presumen gananciales los bienes existentes en el matrimonio mientras no se pruebe que pertenecen privativamente a uno de los dos cónyuges.

COMENTARIO

1.- Completa el CC la enumeración de los bienes privativos y gananciales, con la importantísima presunción de ganancialidad iuris tantum contenida en este artículo.

Esta norma implica una alteración de las reglas ordinarias de la prueba, ya que, en virtud de la doctrina de la carga de la prueba el que alegara la ganancialidad de un bien sufriría las consecuencias de la falta de prueba si no lograba probarlo; en virtud de esta presunción, no necesita probarlo; siempre se presumirá que es ganancial un bien que existe en el matrimonio —vigente el régimen de gananciales— mientras no se pruebe que es privativo.

2.- La presunción de ganancialidad aparece apoyada, en el ámbito registral, por el artículo 94.1 del Reglamento Hipotecario, que dispone la inscripción, a nombre del esposo adquirente, con carácter presuntivamente ganancial, de los bienes adquiridos a título oneroso por uno solo de los cónyuges sin expresar que adquiere para la sociedad de gananciales; y reforzada por el párrafo segundo del artículo 1.355, al disponer, para el caso de adquisición constante matrimonio, a título oneroso, cualquiera que sea la procedencia del precio o contraprestación y la forma y plazos con que se satisfaga, que si tal adquisición se hiciere de forma conjunta y sin atribución de cuotas se presumirá su voluntad favorable al carácter ganancial de tales bienes. Una aplicación indirecta de esta presunción es la que establece, también *iuris tantum*, el artículo 1.353, que prevé que son gananciales los bienes donados o dejados en testamento... Esta norma tiene carácter de presunción de ganancialidad, salvo que se haya dispuesto el carácter privativo.

3.- Como presunción *iuris tantum*, admite prueba en contrario. Respecto a ello, tiene una especial importancia lo que dispone el artículo 1.324, a tenor del cual basta la confesión de un cónyuge para probar que un bien es privativo del otro, sin perjuicio de los derechos de legitimarios y acreedores.

JURISPRUDENCIA

«La presunción de ganancialidad de los bienes que adquieran los cónyuges, constante su matrimonio, cabe ser destruida por prueba en contrario y para que dicha presunción iuris tantum tenga aplicación [SS. 20-11-199 (sic), 23-12-1992, 18-7-1994, 20-6-1995 y 2-7-1996] —ya prevista en la Ley 203 de Estilo y en la Novísima Recopilación— y proceda ser desplazada por la privatividad, requiere prueba expresa y cumplida, no bastando la indiciaria». (29 septiembre 1997, LA LEY 9540/1997; reiterada por la de 22 febrero 2000, LA LEY 77502/2000)

«Es cierto que la jurisprudencia ha insistido en el rigor de la presunción de ganancialidad contenida en el art. 1361 CC, declarando que para desvirtuarla no basta la prueba indiciaria, sino que es precisa una prueba expresa y cumplida, pudiendo añadirse a las numerosas sentencias que se citan en el motivo las posteriores a su interposición de 2 Jul. 1996 (recurso núm. 2516/92) y 29 Sep. 1997 (recurso núm. 2491/93). Pero también lo es que en ningún caso dicha presunción deja de admitir prueba en contrario por quien afirme el carácter privativo o no ganancial de los bienes de que se trate (TS S 7 Abr. 1997 en Rec. 298/93, entre las más recientes) y que, en consecuencia, si la sentencia que considere desvirtuada la presunción de ganancialidad aparece fundada en una valoración de la prueba practicada en el proceso, el problema a resolver en casación consistirá en determinar, primero, si la valoración del Tribunal de instancia se asienta en verdaderas pruebas; segundo, si en la valoración de éstas se ha vulnerado o no alguna norma que contenga regla legal de valoración de la prueba; y tercero, si descartada la infracción de esta clase de reglas, las pruebas valoradas por el Tribunal de instancia tienen la fuerza suficiente para considerar desvirtuada la presunción de ganancialidad». (24 febrero 2000, LA LEY 200889/2000) (reiterado literalmente por la sentencia de 26 diciembre 2002, LA LEY 1038/2003)

«La presunción del art. 1361 del CC, según interpretación doctrinal, constituye un medio de prueba. Opera, pues en las cuestiones de hecho (se presume que hubo algún hecho adquisitivo suficiente para la atribución de determinado bien a la sociedad de gananciales); pero no en las cuestiones de Derecho (si cualquier hecho adquisitivo demostrado tiene como efecto jurídico la atribución del bien a uno u a otro patrimonio).» (25 julio 2002, LA LEY 230/2004)

«La presunción de ganancialidad se halla contenida en el art. 1361 CC, que implica una alteración de la doctrina de la carga de la prueba; el que alega el carácter ganancial de un bien adquirido constante la comunidad de gananciales no tiene que probar que el bien lo es, sino que se presume y es el que alegue lo contrario quien tiene que probarlo.» (26 diciembre 2002, LA LEY 1038/2003)

«La doctrina de esta Sala, que ha mantenido el carácter iuris tantum *de la presunción, ha exigido para que pueda ser destruida, que la prueba sea "satisfactoria y concluyente" [sentencias de 9 junio 1994, 20 junio 1995 (LA LEY 8751/1995), 29 septiembre 1997] (LA LEY 9540/1997). La sentencia de 24 febrero 2000 (LA LEY 5042/2000) dice que no basta con una prueba indiciaria para destruir la presunción, sino que se precisa una prueba expresa y cumplida».* (17 octubre 2007, LA LEY 165788/2007) (Doctrina reiterada literalmente por la sentencia de 27 noviembre 2007, LA LEY 193555/2007)

«Devino firme, por tanto, la declaración de disolución del régimen como consecuencia de la separación (art. 95 CC) y a partir de aquel momento los bienes adquiridos por cualquiera de los cónyuges no gozaban de la presunción de ganancialidad del art. 1361 CC. Por ello, la esposa demandante y ahora recurrida debería haber probado que los bienes cuya ganancialidad reclama fueron adquiridos con dinero ganancial y al no haberlo hecho, corresponde declarar privativos del marido los apartamentos cuya ganancialidad se reclama. (SSTS 20 enero 2004, 27 febrero 2007, 18 marzo y 28 mayo 2008)». (17 marzo 2010, rec. 864/2006, LA LEY 8717/2010)

CONCORDANCIAS

Véase:
— Reglamento Hipotecario, de 14 de febrero de 1946 *(«B.O.E.»* 29 mayo): arts. 93, 94 y 96. Modificado por Ley 13/2005, de 1 julio *(«B.O.E.»* 2 julio).

SECCIÓN TERCERA
De las cargas y obligaciones de la sociedad de gananciales

Artículo 1.362

Serán de cargo de la sociedad de gananciales los gastos que se originen por alguna de las siguientes causas:

1.ª El sostenimiento de la familia, la alimentación y educación de los hijos comunes y las atenciones de previsión acomodadas a los usos y a las circunstancias de la familia.

La alimentación y educación de los hijos de uno solo de los cónyuges correrá a cargo de la sociedad de gananciales cuando convivan en el hogar familiar. En caso contrario, los gastos derivados de estos conceptos serán sufragados por la sociedad de gananciales, pero darán lugar a reintegro en el momento de la liquidación.

2.ª La adquisición, tenencia y disfrute de los bienes comunes.

3.ª La administración ordinaria de los bienes privativos de cualquiera de los cónyuges.

4.ª La explotación regular de los negocios o el desempeño de la profesión, arte u oficio de cada cónyuge.

COMENTARIO

1.- Las cargas y obligaciones de la sociedad de gananciales son, básicamente, las necesarias para el sostenimiento de la familia, en su sentido de familia nuclear y en su sentido más amplio de sostenimiento; asimismo, las necesarias para la conservación de los patrimonios ganancial y privativo.

2.- El principio general es que, siendo la titularidad común, la gestión y disposición deben ser también conjuntas, por lo que, en principio, los actos aislados de uno de los esposos no deben responsabilizar a los bienes gananciales. El Código enumera las cargas y obligaciones, de los que responde directa y definitivamente la comunidad ganancial.

Aparte de ellas, por exigencias del tráfico, se enumeran una serie de casos en que responde la comunidad, pero puede no ser la obligación a su cargo, en cuyo caso lo satisfecho por la misma no queda definitivamente a sus expensas, sino que el otro cónyuge, inmediatamente o al disolverse y liquidarse la comunidad, percibirá su parte —como ganancial— de aquella obligación que, siendo de cargo de su cónyuge se cumplió con bienes (dinero) gananciales.

Toda esta cuestión se desenvuelve por tanto, en un doble ámbito: Entre los cónyuges y frente a terceros. De ahí que se distinga entre: —Cargas y obligaciones, pasivo definitivo de la sociedad de gananciales. —Responsabilidades o pasivo provisional de la misma.

3.- El artículo 1.362 —junto a los artículos 1.363 (cantidades donadas o prometidas por ambos cónyuges de común acuerdo), 1.366 (obligaciones extracontractuales de un cónyuge como consecuencia de su actuación en beneficio de la comunidad o en el ámbito de la administración ordinaria de los bienes), y 1.371 (deudas de juego moderadas pagada por uno de los esposos vigente el régimen) enumera las cargas directa y definitivamente de la comunidad ganancial, que constituyen el pasivo definitivo de la misma, al margen de si pueden o no hacerse efectivas inmediatamente sobre la masa ganancial.

4.- El número 1.º de este artículo se refiere al sostenimiento de la familia, en el amplio sentido de sostenimiento, que incluye alimentos, educación, gastos usuales, etc., y en el sentido de familia nuclear; abarcando, incluso, la alimentación y educación de los hijos de uno solo de los cónyuges cuando convivan en el hogar familiar. No se extiende, sin embargo, a la alimentación y educación de los hijos de uno solo de los esposos que no convivan en el hogar familiar, cuyos gastos —artículo 1.362.1.º., segundo párrafo, segundo inciso— serán sufragados por la sociedad de gananciales, pero darán lugar a reintegro en el momento de la liquidación.

5.- El número 2.º del artículo 1.362 se refiere a toda obligación o gasto relativo a bienes gananciales: — Como adquisición, en correspondencia con el carácter ganancial que el número 3.º del artículo 1.347 otorga a los bienes adquiridos a título oneroso y a costa del caudal común, con independencia de si la adquisición se verifica para la sociedad o para uno solo de los esposos. — Como tenencia y disfrute, esto es, gastos de administración, reparación e incluso disposición de bienes comunes.

6.- Se refieren los números 3.º y 4.º a toda obligación o gasto relativo a la administración o marcha regular de los bienes o empresa o profesión privativos. Las expresiones «administración ordinaria» y «explotación regular» deben ser interpretadas de modo amplio, pues tales cargas derivan del carácter ganancial de los frutos e intereses provenientes de tales bienes o actividades, con arreglo al artículo 1.347.1.º y 2.º. Y debe relacionarse con el artículo 1.382, que permite a cada cónyuge tomar como anticipo, sin consentimiento aunque con el conocimiento del otro, el numerario ganancial que le sea preciso para el ejercicio de su profesión o la administración ordinaria de sus bienes.

7.- En todo caso, si alguna de las anteriores obligaciones es cumplida con bienes privativos de un cónyuge, el artículo 1.364 determina un derecho de reintegro de su valor a costa del patrimonio común, lo que se producirá inmediatamente o en el momento de la disolución y liquidación de la comunidad de gananciales.

JURISPRUDENCIA

«Los impuestos derivados del trabajo, bienes o industria de los dos o de uno de los cónyuges son a cargo de la comunidad de gananciales; el concepto básico es que son carga de ésta, las obligaciones necesarias para la conservación de los patrimonios ganancial y privativo: así lo disponen los números 2.º y 3.º del artículo 1362 del Código civil. Así, la deuda tributaria (años 1984 a 1987) es a cargo de la comunidad de gananciales». (21 junio 2005, rec. 206/1999)

«En sus arts. 1362 y ss. regula el Código Civil las cargas y obligaciones de la sociedad de gananciales, con la consecuencia de que los bienes de esta naturaleza sólo podrán quedar sujetos a resultas de un procedimiento de ejecución cuando la deuda para cuya efectividad se ha acudido a esa vía ejecutiva tenga también naturaleza ganancial, ya que en otro caso el cónyuge no deudor podrá ejercitar la acción de tercería para alzar el embargo trabado sobre bienes gananciales; aparte de los problemas de legitimación, las cuestiones que se suscitan en las tercerías sobre bienes gananciales son los relativos a la naturaleza de la deuda origen del procedimiento de ejecución y a la eficacia de las modificaciones del régimen económico matrimonial respecto de la responsabilidad de los bienes por deudas anteriores a la modificación». (15 julio 2005, rec. 560/1999)

«En cuanto al pago del impuesto sobre bienes inmuebles (IBI) es un impuesto que recae sobre el derecho de propiedad, no sobre la posesión. El piso, garaje y trastero pertenecían, en dominio, a la comunidad de gananciales y tras la disolución de ésta por la sentencia de separación conyugal, a la comunidad postganancial, romana pro indiviso contemplada en los artículos 392 y siguientes del Código civil que, por ello, corresponde en propiedad, por mitad, a ambos cónyuges. Por tanto, si los ha pagado ella, la cantidad abonada integra el pasivo en la liquidación de la comunidad. No cabe la asimilación del derecho de ocupación de la vivienda conyugal del cónyuge a quien se le atribuya en virtud de lo dispuesto en el artículo 96 del Código civil, al usufructo, sino que es un derecho real, sui generis, oponible a tercero y de constitución judicial. Tampoco se estima el motivo séptimo, relativo a los gastos de comunidad que ha satisfecho la ex esposa desde la separación conyugal; respecto a la vivienda cuyo derecho de ocupación le fue atribuido. Tales gastos corresponden a la comunidad, cuyos comuneros son copropietarios (artículo 9.5 de la Ley de Propiedad Horizontal) prescindiendo de su uso efectivo, con lo que la Sala reitera el criterio que expuso la sentencia de 25 de mayo de 2005». (1 junio 2006, rec. 4097/1999)

«La hipoteca que grava el piso que constituye la vivienda familiar no debe ser considerada como carga del matrimonio, en el sentido que a esta expresión se reconoce en el Art. 90D CC, porque se trata de una deuda de la sociedad de gananciales y por lo tanto, incluida en el Art. 1362, 2.ª CC. Por tanto, mientras subsista la sociedad, la hipoteca debe ser pagada por mitad por los propietarios del piso que grava, los cónyuges, y debe en consecuencia, excluirse de las reclamaciones formuladas por el reclamante». (5 noviembre 2008, rec. 962/2002, LA LEY 169518/2008)

«el pago de las cuotas hipotecarias afecta al aspecto patrimonial de las relaciones entre cónyuges, porque si el bien destinado a vivienda se ha adquirido vigente la sociedad de gananciales, debe aplicarse lo establecido en el art. 1347.3 CC, que declara la ganancialidad de los "bienes adquiridos a título oneroso a costa del caudal común, bien se haga la adquisición para la comunidad, bien para uno solo de los esposos", por lo que será de cargo de la sociedad, según dispone el Art. 1362, 2 CC, "la adquisición, tenencia y disfrute de los bienes comunes". Se trata de una deuda de la sociedad de gananciales, porque se ha contraído por ambos cónyuges en su beneficio, ya que el bien adquirido y financiado con la hipoteca tendrá la naturaleza de bien ganancial y corresponderá a ambos cónyuges por mitad». (28 marzo 2011, rec. 2177/2007, LA LEY 9109/2011)

CONCORDANCIAS

Véase arts. 110, 149, 1.318, 1.319, 1.365, 1.368 y 1.382 de este Código.
Texto vigente según Ley 11/1981, 13 mayo (*«B.O.E.»,* 19 mayo).

Artículo 1.363

Serán también de cargo de la sociedad las cantidades donadas o prometidas por ambos cónyuges de común acuerdo, cuando no hubiesen pactado que hayan de satisfacerse con los bienes privativos de uno de ellos en todo o en parte.

COMENTARIO

Este artículo se refiere a una carga directa y definitiva de la comunidad ganancial (vid. artículo 1.362). Aunque hable de «cantidades», parece que deben comprenderse todo tipo de bienes, dada la expresión «bienes privativos» empleada al final del artículo. Se refiere a cantidades «donadas o prometidas», esto es, tanto las prometidas por ambos y pagadas vigente el régimen por uno solo de los cónyuges, como las prometidas por ambos durante la vigencia de la sociedad y cumplidas después de disuelto, pues el hecho que origina la carga se produjo vigente la comunidad. Es esencial un acuerdo de los cónyuges, que se presume iuris tantum si no se dispuso por aquellos que la donación se materializase con los bienes privativos de uno u otro.

CONCORDANCIAS

Texto vigente según Ley 11/1981, 13 mayo (*«B.O.E.»,* 19 mayo).

Artículo 1.364

El cónyuge que hubiere aportado bienes privativos para los gastos o pagos que sean de cargo de la sociedad tendrá derecho a ser reintegrado del valor a costa del patrimonio común.

COMENTARIO

Establece este artículo un derecho de reintegro para el caso de que alguna de las cargas de la sociedad de gananciales (vid. artículos 1.362, 1.363, 1.366 y 1.371) fuera cumplida con bienes privativos de un cónyuge. Lo gastado por uno de los cónyuges en atenciones de la comunidad ha de ser reintegrado a costa de ésta, pero previa la prueba de que el gasto se ha destinado a tales fines. Tal reintegro debe hacerse al tiempo de la liquidación, tal como expresamente prevé el último inciso del número 1.º del artículo 1.362 para la alimentación y educación de los hijos de uno solo de los cónyuges que convivan en el hogar familiar. En el mismo sentido, el número 4.º del artículo 1.398 incluye en el pasivo de la sociedad que se inventaríe al tiempo de la liquidación, el importe actualizado de las cantidades que, habiendo sido pagadas por uno de los cónyuges, fueran de cargo de la sociedad; y el artículo 1.403 ordena, también en sede de liquidación, que una vez pagadas las deudas y cargas de la sociedad, se satisfagan los reintegros debidos a cada cónyuge. Lo que no impide que puedan satisfacerse antes, siempre dejado a salvo los derechos de los acreedores de la sociedad. Lo que se debe reintegrar es lo gastado, actualizado al tiempo del pago —liquidación de la sociedad de gananciales u otro— pues se habla de «valor», y el propio artículo 1.398.3.º alude expresamente al «importe actualizado».

JURISPRUDENCIA

«al no haberse probado que la referida suma se destinara a la adquisición de bienes determinados, sino que, simplemente —confundida con el dinero ganancial— se dedicó al sostenimiento de las cargas y obligaciones de la sociedad de gananciales, procede que, por aplicación del art. 1364 CC se reconozca su derecho a ser reintegrada de su valor a costa del patrimonio común». (14 enero 2003, LA LEY 1810/2003)

CONCORDANCIAS

Texto vigente según Ley 11/1981, 13 mayo (*«B.O.E.»,* 19 mayo).

Artículo 1.365

Los bienes gananciales responderán directamente frente al acreedor de las deudas contraídas por un cónyuge:

1.º En el ejercicio de la potestad doméstica o de la gestión o disposición de gananciales, que por ley o por capítulos le corresponda.

2.º En el ejercicio ordinario de la profesión, arte u oficio o en la administración ordinaria de los propios bienes. Si uno de los cónyuges fuera comerciante, se estará a lo dispuesto en el Código de Comercio.

COMENTARIO

1.- La responsabilidad de los bienes gananciales, integrantes de la comunidad ganancial, normalmente coincidirá con las obligaciones a cargo de la misma (vid. artículos 1.362, 1.363, 1.366 y 1.371), pero puede no ocurrir así y, frente a tercero, la actuación de los dos o de uno de los cónyuges provoca la responsabilidad inmediata de los bienes gananciales, provisionalmente, porque definitivamente será o no a cargo de los mismos, según se incluya o no en alguno de los casos enumerados. La responsabilidad constituye, por tanto, el pasivo provisional, o ámbito externo o frente a terceros.

2.- Además de los supuestos de este artículo, responden los bienes gananciales de las obligaciones contraídas por los dos cónyuges conjuntamente o por uno de ellos con el consentimiento expreso del otro (artículo 1.367); de las contraídas por uno solo de los cónyuges en caso de separación de hecho para atender a los gastos de sostenimiento, previsión y educación de los hijos que estén a cargo de la sociedad de gananciales (artículo 1.368), y del caso especial de adquisición por precio aplazado del artículo 1.370.

3.- El artículo 1.365 supone una excepción a la regla general de gestión conjunta de la masa común y responsabilidad de ésta derivada de aquélla y se justifica por las exigencias del tráfico jurídico-económico. El apartado primero del artículo 1.365 se refiere a la potestad doméstica del artículo 1.319, que permite a los cónyuges, por separado, realizar acto de administración y disposición de bienes gananciales con la finalidad de atender las necesidades ordinarias de la familia, encomendadas a su cuidado, siempre que lo haga conforme al uso del lugar y a las circunstancias de la misma. Lo que no sólo es válido, sino que constituye una típica obligación a cargo de la comunidad de gananciales (artículo 1.362.1.º), que, por su carácter produce responsabilidad del cónyuge que ha contraído la deuda y de la comunidad y, subsidiariamente, del otro cónyuge, tal como establece el artículo 1.319 en su segundo párrafo. Pero si el acto dispositivo en ejercicio de potestad doméstica ha sido hecho con cargo al patrimonio privativo del cónyuge que lo ha realizado, al ser un gasto a cargo de la comunidad ganancial, aquél tendrá derecho a ser reembolsado por ésta *(vid.* artículo 1.319.3).

4.- El propio número 1.º de este artículo se refiere a los demás supuestos de deudas contraídas por uno de los cónyuges en el ejercicio de la gestión o disposición de bienes gananciales que le corresponda por capitulaciones o por ley. Ambas, constituyen excepciones a la regla general de administración y disposición conjuntas:

a) En cuanto a las capitulaciones, el artículo 1.375 *in initio* permite la atribución por capitulaciones matrimoniales de la administración y/o disposición a uno de los esposos, dentro de los límites legales.

b) Además, el Código Civil permite a uno solo de los cónyuges administrar y/o disponer de bienes gananciales en los supuestos de: Titularidad formal: Disposición de dinero, títulos-valores o derechos de crédito por el cónyuge titular nominal o detentador: artículos 1.384 y 1.385.1.; Defensa de bienes y derechos gananciales: artículo 1.385.2.; Gastos urgentes de carácter necesario, aunque sean extraordinarios: artículo 1.386; Disposición de frutos de bienes privativos: artículo 1.381; Anticipos de dinero para la profesión o empresa: artículo 1.382.

c) E incluso se prevé la transferencia por ministerio de la ley o judicial de la administración y/o disposición al amparo de los artículos 1.387 a 1.389 del Código Civil.

5.- Los gastos provocados por el ejercicio de la profesión de un cónyuge —número 2.º del artículo 1.365— son, en principio, de responsabilidad (artículo 1.365.2.º) y cargo (artículo 1.362.4.º) de la comunidad de gananciales, como contrapartida de que los bienes que produce el mismo ejercicio son gananciales (artículo 1.347.1.º), y pretenden facilitar al cónyuge su actividad profesional, ampliando su solvencia frente a terceros. Si esta profesión es la de comerciante, el Código de Comercio al que se remite el Código Civil establece que responden de las resultas del comercio los bienes privativos del cónyuge comerciante y los que adquiera —que serán gananciales— por el propio ejercicio del comercio, pero no responden los demás bienes gananciales, a no ser que medie consentimiento de ambos cónyuges (artículo 6 CCom.) cuyo consentimiento se presume si se ha ejercido el comercio con conocimiento y sin oposición (artículo 7 del mismo texto legal).

6.- Con el mismo fundamento, se incluyen las deudas contraídas por un cónyuge en la administración ordinaria de los bienes privativos —artículo 1.365.2.º *in fine*—, cuyos rendimientos son gananciales (artículo 1.347.2.º). Coincide, además, con la norma de cargo del artículo 1.362.3.º.

JURISPRUDENCIA

«El artículo 6 del Código de comercio establece que "en el caso del ejercicio del comercio por persona casada, quedarán obligados a las resultas del mismo los bienes propios del cónyuge que lo ejerza y los adquiridos con esas resultas ... Para que los demás bienes comunes queden obligados, será necesario el consentimiento de ambos cónyuges". Pero el artículo 7 del propio Código establece una presunción, de modo que "se presumirá otorgado el consentimiento a que se refiere el artículo anterior cuando el comerciante ejerza el comercio con conocimiento y sin oposición del cónyuge que deba prestarlo". Esta regla debe ser integrada con el artículo 1365.2 CC en relación a la responsabilidad de los bienes gananciales, que 'responderán directamente' de las deudas contraídas: 2.º en el ejercicio ordinario de la profesión, arte u oficio [...] Si uno de los cónyuges fuera comerciante, se estará a lo dispuesto en el Código de Comercio". Estas normas han sido interpretadas por la jurisprudencia de esta Sala en el sentido de que el artículo 6 del Código de comercio no precisa que el consentimiento del cónyuge deba ser expreso, siendo suficiente el tácito "cuando la actividad comercial se lleva a cabo con conocimiento y sin oposición expresa del cónyuge que debe prestarlo" (sentencia 7 marzo 2001, así como las de 22 octubre 1990 y 16 febrero 2006)». (3 julio 2007, LA LEY 60933/2007)

«El art. 1365.2 CC —que actúa hacia el exterior (S 27 de marzo de 1999)— establece que los bienes gananciales responderán directamente frente al acreedor de las deudas contraídas por un cónyuge en el ejercicio ordinario de la profesión, arte u oficio o en la administración ordinaria de los propios bienes, y seguidamente remite al Código de Comercio si el marido o la mujer (uno de los cónyuges, desde la Ley 13/2005, de 1 de julio) "fueren comerciantes". En este Código se exige que para que los bienes comunes queden obligados el consentimiento de ambos cónyuges, pero se presume el consentimiento cuando se ejerza el comercio con conocimiento y sin oposición expresa del cónyuge que deba prestarlo, o cuando al contraer matrimonio se hallare uno de los cónyuges ejerciendo el comercio y lo continuare sin oposición del otro (arts. 6, inciso final, 7 y 8 del Código de Comercio, redactados por Ley 14/1975, de 2 de mayo). La doctrina de esta Sala es reiterada en el sentido de que, conforme a la normativa mercantil, los bienes gananciales quedan sujetos a la actividad de comercio conocida y consentida que lleva a cabo uno de los cónyuges (SS, entre otras, 30 de diciembre de 1999, 7 de marzo de 2001, 21 de julio de 2003, 16 de febrero de 2006)». (5 octubre 2007, LA LEY 154028/2007)

CONCORDANCIAS

Véanse:
— art. 83 de este Código.
— Código de Comercio: arts. 6 y ss.
Texto vigente según Ley 11/1981, de 13 mayo (*«B.O.E.»* 19 mayo).
Párrafo segundo redactado por Ley 13/2005, de 1 julio (*«B.O.E.»* 2 julio).

Artículo 1.366

Las obligaciones extracontractuales de un cónyuge, consecuencia de su actuación en beneficio de la sociedad conyugal o en el ámbito de la administración de los bienes, serán de la responsabilidad y cargo de aquélla, salvo si fuesen debidas a dolo o culpa grave del cónyuge deudor.

COMENTARIO

Las obligaciones extracontractuales originadas en beneficio de la comunidad o por la administración de los bienes comunes, sin dolo ni culpa grave constituyen uno de los supuestos de carga —pasivo definitivo— de la sociedad de gananciales y de responsabilidad —aspecto externo o frente a terceros— de la misma. Comprende los actos y omisiones en que concurra culpa o negligencia (artículo 1.902), y también los supuestos de responsabilidad objetiva. Tales obligaciones han de contraerse en beneficio de la sociedad de gananciales, o, con mayor amplitud, de la familia, o tratarse de actos de actos de administración ordinaria de bienes, privativos o gananciales. Pero se exceptúa la aplicación de la norma si existe dolo o culpa grave del cónyuge deudor, por lo que se excluyen los delitos; si bien, es discutible si este dolo o culpa grave han de ir dirigidos contra la sociedad o contra el tercero. Y, asimismo, es polémico si en estos casos lo que queda fuera del ámbito del precepto es la responsabilidad y el cargo, o sólo este último.

JURISPRUDENCIA

«los efectos indemnizatorios derivados de un ilícito realizado por un cónyuge durante la existencia del tracto —caso de multas, o infracciones dolosas— según se deriva del art. 1366 del CC, no pueden repercutir o afectar a los bienes del común al ser atribuibles a quien, con su actitud personal, ha provocado daños o perjuicios derivados de aquel proceder.» (14 marzo 2002, LA LEY 4130/2002)

«El texto legal se refiere a las obligaciones extracontractuales, concepto amplio en el cual pueden comprenderse las obligaciones nacidas de la condena penal de carácter resarcitorio del daño ocasionado por el delito, o, dicho en otras palabras, la responsabilidad civil nacida del delito. La única característica que identifica las obligaciones a que alude el art. 1366 es la de su naturaleza extracontractual. Sería, por tanto, arbitrario dejar fuera a las que tienen su fuente en la condena penal. No parece fundado que el daño que da origen a la responsabilidad civil aquiliana permitiese al cónyuge del autos beneficiarse de la excepción del art. 1366, y no al cónyuge del condenado a resarcir en vía penal por razón de delito, es decir, por una actuación más grave. La obligación, dice el art. 1366, debe ser consecuencia de su actuación en beneficio de la sociedad conyugal o en el ámbito de la administración de los bienes. No se restringe a este último caso, por lo que no hay ninguna duda de que abarca el texto legal el surgimiento de obligaciones extracontractuales en el ejercicio de la profesión por el cónyuge deudor. Cumplidas las anteriores condiciones, el art. 1366 determina que las obligaciones extracontractuales serán de la responsabilidad y cargo de la sociedad de gananciales, es decir, frente al tercero responderá el patrimonio ganancial, y la obligación será pasivo de la misma y sólo se excepciona el caso de que "fuesen debidas a dolo o culpa grave del cónyuge deudor" sin que aparezca por parte alguna ningún otro requisito». (31 marzo 2004, rec. 1540/1998)

«la obligación de D. Joaquín como responsable solidario de la deuda de la sociedad Discuber, S.A., debe regirse por lo dispuesto en el artículo 1366 CC, es decir, se trata de una responsabilidad extracontractual, entendida esta expresión en sentido amplio, porque no tiene su origen en un contrato, sino que se trata de una indemnización de daños y perjuicios originada por las disposiciones legales y concretamente, en los artículos 133 y 135 LSA y que, además, ha sido beneficiosa para la sociedad de gananciales, puesto que ha eliminado un pasivo de ambos cónyuges, consistente en los avales asumidos y ya aludidos, pasivo que, era una deuda de la sociedad de gananciales, interpretación que coincide con la naturaleza de la responsabilidad de los administradores que establece el artículo 135 LSA». (25 octubre 2005, rec. 728/1999)

CONCORDANCIAS

Texto vigente según Ley 11/1981, 13 mayo *(«B.O.E.»,* 19 mayo).

Artículo 1.367

Los bienes gananciales responderán en todo caso de las obligaciones contraídas por los dos cónyuges conjuntamente o por uno de ellos con el consentimiento expreso del otro.

COMENTARIO

1.- Este artículo comprende una norma de responsabilidad, aspecto externo o frente a terceros, de los bienes gananciales, que no prejuzga el destino final que internamente han de seguir las deudas. De ahí que, si la deuda resulta privativa por cualquier causa, pueda obtenerse el reembolso. Se refiere a aquellas deudas contraídas, bien por los dos cónyuges actuando como contratantes (aunque no necesariamente hayan de actuar simultáneamente, dado que cabe la actuación de uno con poder previo o con ratificación posterior), bien, por uno de ellos con el consentimiento expreso del otro (aunque se admite en algunos casos por la doctrina el consentimiento tácito, como el de no ejercitar la acción de impugnación).

2.- No determina el modo en que responderán los bienes gananciales junto con los del cónyuge o cónyuges deudores, pero debe entenderse que tal responsabilidad será solidaria, por aplicación conjunta de este artículo y del 1.369. Ahora bien, la relación entre los dos patrimonios privativos será mancomunada, por aplicación de la norma general de los artículos 1.137 y 1.138 del Código Civil.

JURISPRUDENCIA

«Para dar respuesta al primero de los motivos del recurso, se hace necesario distinguir entre deuda (deber de realizar la prestación) y responsabilidad patrimonial (sujeción del patrimonio propio a las facultades de agresión de los acreedores, para la satisfacción coactiva de los créditos). Distinción que da pie para declarar que, en los matrimonios regidos por las normas de la sociedad de gananciales, si la obligación la contrae, nomine proprio, uno de los cónyuges él será el único deudor, no el otro (ni aquella sociedad, carente de personalidad jurídica); y que, pese a ello, responderán directamente ambos cónyuges con los bienes comunes si (como se ha dicho, habiéndola contraido sólo uno y, por lo tanto, no los dos o uno con el consentimiento del otro, casos previstos en el artículo 1367 del Código Civil) la deuda es de la naturaleza que el legislador toma en consideración para facultar a los acreedores a que hagan efectivo su derecho con una ejecución directa sobre los bienes comunes. Una de las deudas de tal condición es la que menciona el artículo 1365.1.º del Código». (3 noviembre 2004, rec. 2715/1998)

CONCORDANCIAS

Véase art. 71 de este Código.
Texto vigente según Ley 11/1981, 13 mayo (*«B.O.E.»*, 19 mayo).

Artículo 1.368

También responderán los bienes gananciales de las obligaciones contraídas por uno solo de los cónyuges en caso de separación de hecho para atender a los gastos de sostenimiento, previsión y educación de los hijos que estén a cargo de la sociedad de gananciales.

COMENTARIO

Se refiere este artículo a uno de los supuestos de responsabilidad o pasivo provisional de los bienes gananciales frente a terceros, que tiene su razón de ser por haber desaparecido la potestad doméstica, y resultar inaplicable, en consecuencia, la norma del artículo 1.365.1.º. Su ámbito, no obstante, es idéntico al de tal norma, comprende las mismas atenciones, planteándose si es necesaria la fehaciencia de la situación de separación de hecho, lo que no parece exigible, bastando la apariencia, pues, de no existir, entraría en juego la regla del artículo 1.365.1.º y responderían los bienes comunes de estos gastos por aplicación de la potestad doméstica.

En cualquier caso, las deudas pueden ser contraídas tanto por el cónyuge separado de hecho con el que convivan los hijos, como por el otro, pues no contienen limitación los términos del precepto, y respecto de los hijos comunes como de los no comunes, pues incluso respecto de estos últimos, cuando no conviven en el hogar familiar, arbitra una norma de responsabilidad el artículo 1.362.1.º, segundo párrafo, *in fine*; sin perjuicio, en todo caso, del derecho de reintegro.

CONCORDANCIAS

Véase arts. 1.397.3.º y 1.398.3.º de este Código.
Texto vigente según Ley 11/1981, 13 mayo (*«B.O.E.»*, 19 mayo).

Artículo 1.369

De las deudas de un cónyuge que sean, además, deudas de la sociedad responderán también solidariamente los bienes de ésta.

COMENTARIO

De las deudas que contraen los dos cónyuges, o uno solo de ellos, que sean a cargo de la comunidad de gananciales, responde ésta, pero también responden solidariamente los bienes privativos de los dos esposos o del esposo que las haya contraído. Tales deudas serán las que contraiga el cónyuge que por pacto o por ley tenga la administración de los bienes comunes (artículo 1.365) o bien las contraídas conjuntamente por ambos (artículo 1.367). Es criticable el empleo de la expresión «solidariamente», porque la solidaridad no puede existir en términos técnico-jurídicos al carecer la sociedad de gananciales de personalidad jurídica, por lo que ha de entenderse que el acreedor podrá hacer efectiva la deuda indistinta y directamente sobre los bienes comunes o sobre los privativos del cónyuge deudor. Lo que no ocurre es que respondan también los bienes privativos del cónyuge que no haya contraído la deuda (no hay caso si la han contraído los dos); salvo el supuesto de que se trate de deuda derivada del levantamiento de cargas familiares de la que, según el artículo 1.319 responden —según la regla anterior— solidariamente los bienes gananciales y los privativos del cónyuge que la haya contraído y —ésta es la especialidad— subsidiariamente los del otro cónyuge.

CONCORDANCIAS

Véase art. 1.367 de este Código.
Texto vigente según Ley 11/1981, 13 mayo (*«B.O.E.»*, 19 mayo).

Artículo 1.370

Por el precio aplazado del bien ganancial adquirido por un cónyuge sin el consentimiento del otro responderá siempre el bien adquirido, sin perjuicio de la responsabilidad de otros bienes según las reglas de este Código.

COMENTARIO

1.- Este artículo comprende una norma de responsabilidad, aspecto externo o frente a terceros, de los bienes gananciales, que no prejuzga el destino final que internamente han de seguir las deudas. Responden, por tanto, los bienes gananciales frente al acreedor y definitivamente, entre los cónyuges y respecto a la comunidad, si realmente se corresponde a una obligación de dicha comunidad, lo que el acreedor no tiene por qué comprobar en cada caso. Pero además, esta norma supone una afección directa del bien adquirido a la deuda causada por su adquisición, sin prejuzgar la naturaleza de aquélla.

2.- El presupuesto de esta norma es una compra en que el primer plazo es ganancial (artículo 1.356), aunque bastará con que no se pruebe que es rivativo, en base a la presunción de ganancialidad del artículo 1.361; compra que se efectúa por uno de los esposos sin consentimiento del otro, sin importar que tal consentimiento sea expreso o tácito. Lo que no origina este artículo es una responsabilidad «real», sino que lo que se trata es de impedir alegar la condición de ganancial del bien para sustraerlo de la responsabilidad por el precio aplazado, facilitando al acreedor dirigirse directamente contra el bien adquirido, sin necesidad de probar su sujeción como ganancial.

3.- Esta regla deja, por último, a salvo la responsabilidad de los demás bienes, que responderán con arreglo a sus normas específicas.

CONCORDANCIAS

Texto vigente según Ley 11/1981, 13 mayo *(«B.O.E.»,* 19 mayo).

Artículo 1.371

Lo perdido y pagado durante el matrimonio por alguno de los cónyuges en cualquier clase de juego no disminuirá su parte respectiva de los gananciales siempre que el importe de aquella pérdida pudiere considerarse moderada con arreglo al uso y circunstancias de la familia.

COMENTARIO

1.- Hace referencia este artículo a un supuesto de carga y obligación, de pasivo definitivo, de la sociedad de gananciales. Tiene cierta relación con el artículo 1.351 que otorga la condición de gananciales —en tanto procedentes de la actividad, en sentido amplio, de los cónyuges— a las ganancias obtenidas por el marido o la mujer en el juego; si bien, aquí se grava a la sociedad de gananciales tan sólo con las deudas moderadas.

2.- No se distingue a los efectos de este artículo entre los juegos lícitos e ilícitos *(vid.* artículos 1.798 y siguientes), con lo que parece que, no resultando excesiva la deuda en relación con las circunstancias económicas y sociales de la familia, comprenderá ambas.

CONCORDANCIAS

Véase art. 1.351 de este Código.
Texto vigente según Ley 11/1981, 13 mayo *(«B.O.E.»,* 19 mayo).

Artículo 1.372

De lo perdido y no pagado por alguno de los cónyuges en los juegos en que la ley concede acción para reclamar lo que se gane responden exclusivamente los bienes privativos del deudor.

COMENTARIO

Determinadas obligaciones durante el matrimonio no son a cargo de la comunidad de gananciales, ni responden de las mismas los bienes de ésta. Son a cargo de los bienes privativos del cónyuge que las ha contraído, que responde con su patrimonio a tenor del principio de la responsabilidad patrimonial universal consagrado en el artículo 1.911. Entre este tipo de obligaciones se incluyen las deudas de juego de los esposos, no pagadas, cuando la ley concede acción para reclamarlas.

Se diferencia, pues, esta norma de la contenida en el artículo anterior en que aquélla establece una norma de cargo —aspecto interno— respecto de deudas ya pagadas, derivadas de cualquier tipo de juego —lícito o ilícito— siempre que sean moderadas con arreglo al uso y circunstancias de la familia. Se refiere a «juegos en que la ley concede acción para reclamar» lo perdido, que serán los lícitos (artículo 1.801).

CONCORDANCIAS

Texto vigente según Ley 11/1981, 13 mayo *(«B.O.E.»,* 19 mayo).

Artículo 1.373

Cada cónyuge responde con su patrimonio personal de las deudas propias y, si sus bienes privativos no fueran suficientes para hacerlas efectivas, el acreedor podrá pedir el embargo de bienes gananciales, que será inmediatamente notificado al otro cónyuge y éste podrá exigir que en la traba se sustituyan los bienes comunes por la parte que ostenta el cónyuge deudor en la sociedad conyugal, en cuyo caso el embargo llevará consigo la disolución de aquélla.

Si se realizase la ejecución sobre bienes comunes, se reputará que el cónyuge deudor tiene recibido a cuenta de su participación el valor de aquéllos al tiempo en que los abone con otros caudales propios o al tiempo de liquidación de la sociedad conyugal.

COMENTARIO

1.- Este artículo prevé la responsabilidad personal del cónyuge y sus bienes por las deudas propias, que serán todas las que no recaen sobre la comunidad ganancial, como las derivadas de delito, las contraídas antes del matrimonio, las de contraídas en su propio y exclusivo interés, las de juego derivadas del artículo 1.372, y, en general, aquellas que no se pueden repetir a la sociedad.

2.- Si el patrimonio personal del cónyuge deudor no bastara para atender tales deudas, para justificar lo cual basta la mera manifestación del acreedor, este acreedor puede pedir, en el momento procesal oportuno, el embargo de bienes gananciales. El embargo se notifica al otro cónyuge, que puede adoptar dos posturas:

— Aceptarlo, en cuyo caso cuando en su día se ejecuten bienes suficientes para satisfacer la deuda del otro —embargado— se reputará que éste ya ha recibido a cuenta, por el valor de los bienes ejecutados, parte de los gananciales que en el momento de la liquidación le corresponderían.

— Exigir que el embargo se concrete a la parte de gananciales que le corresponda al cónyuge deudor, en cuyo caso, se disuelve la comunidad de gananciales, y se aplica el régimen de separación de bienes, salvo que el cónyuge del deudor opte, en el plazo de tres meses, en documento público, por el comienzo de una nueva sociedad (*vid.* artículo 1.374).

En el primer caso, el valor de los bienes deberá actualizarse al momento en que se produzca su devolución o liquidación. En el segundo, parece que deberá paralizarse la ejecución hasta la conclusión del proceso liquidatorio.

JURISPRUDENCIA

«Una de las causas de disolución no ipso iure del art. 1392 CC de la comunidad de gananciales a instancia de parte, que enumera el art. 1393, es la del art. 1373 al que se remite el último párrafo de aquél: es el embargo de bienes gananciales por deudas propias de un cónyuge, en que el otro exige que el embargo se trabe sobre la parte que ostenta el cónyuge deudor en la comunidad ganancial, lo que lleva consigo la disolución del régimen. Por tanto, el cónyuge no deudor, que ve cómo le embargan bienes gananciales, tiene una opción: aceptarlo, en cuyo caso cuando en su día se ejecuten bienes suficientes para satisfacer la deuda de otro cónyuge, el deudor embargado, se reputará que éste ha recibido a cuenta, por el valor de los bienes ejecutados, parte de los gananciales que en el momento de la liquidación le corresponderían; o bien, exigir que el embargo se concrete a la parte de gananciales que le corresponda al cónyuge deudor, en cuyo caso se disuelve la comunidad de gananciales y rige el régimen de separación de bienes: es la opción que contemplan los arts. 1.373 y 1.374 CC. Así, en este sentido dice la S 2 Jul. 1990: "los acreedores pueden hacer efectivos sus créditos derivados de obligaciones no contraídas por los cónyuges deudores en beneficio de la comunidad o para atenciones familiares, incluso persiguiendo los bienes gananciales, bien que con carácter subsidiario y originando el correspondiente arreglo de cuentas entre los esposos e, incluso, la posibilidad de disolución de la comunidad (art. 1373)". Y añade la de 10 Dic. 1990: "el matrimonio no limita la capacidad jurídica de los esposos, sino que ambos pueden obligarse individualmente y responden con sus respectivos bienes, y que si el esposo adquirió por documento privado el compromiso de devolver un préstamo, ello no significa en sí un acto de disposición de los gananciales que determine la nulidad de dicho acto, ya que siempre tendrá el otro cónyuge la posibilidad de ejercitar la facultad del art. 1373 si se dirige apremio contra tales bienes". Asimismo, la de 12 Abr. 1994: El procedimiento que contempla el art. 1373 CC, es un remedio sustitutorio de la acción de tercería de dominio, puesto a disposición de la esposa en los casos que allí se contemplan. Ejercitado por la esposa cuando se le notifica el embargo de los bienes comunes, el derecho de opción que al cónyuge no deudor le reconoce el citado art. 1373.1, determina el ejercicio de la disolución de la sociedad de gananciales, sin necesidad de petición alguna al Juez que conoce de la ejecución, si bien ha de procederse a la posterior liquidación del patrimonio de la sociedad para determinar los bienes, o la parte de ellos, que se atribuyen a cada uno de los cónyuges, y consecuentemente los bienes del cónyuge deudor que han de sustituir en la traba al bien ganancial inicialmente embargado; en el mismo sentido, la de 22 Dic. 1995: La aplicación

en el proceso de esta opción que concede al cónyuge no deudor el art. 1373 CC parte de la situación de derecho material: estando ante una deuda propia de un cónyuge, sin responsabilidad para la comunidad de gananciales y que no es una carga de ésta, se han embargado bienes gananciales en ejecución de sentencia o en juicio ejecutivo (embargo definitivo o embargo preventivo); cuando el embargo es notificado al cónyuge no deudor y éste ejerce aquella opción, puede hacerlo, como reconoce la S 29 Oct. 1984, en incidente en el proceso de ejecución; sin perjuicio de admitirse en ciertos casos, la tercería de dominio, como así entendió la S 17 Jul. 1997». (12 enero 1999, LA LEY 2187/1999)

«esposa a espaldas de la cual se constituyó la obligación acreditadamente no ganancial, determinante del proceso ejecutivo en que se embargaron bienes de esta naturaleza, sin que en salvaguardia de sus derechos sobre el inmueble común trabado, le fuese notificada ni siquiera la pendencia del proceso contra su consorte, como la doctrina viene exigiendo para la viabilidad del embargo de gananciales (sentencias de 26 de septiembre de 1986, 20 de marzo de 1989, y Resoluciones de la Dirección General de los Registros y del Notariado de 11, 20 y 21 de febrero de 1964 y 28 de marzo de 1969), sin que sea ociosa la invocación del art. 1373 CC también, a cuyo amparo hubiese podido tener, en su caso, eficacia la traba de gananciales cumpliendo la rigurosa exigencia de dar entrada inmediatamente al otro cónyuge que de distinto modo tal y como sucede aquí, vería sus derechos afectados sin haber tenido la oportunidad, constitucionalmente consagrada, de defenderlos en la forma legalmente prevista (sentencia del Tribunal Supremo de 16 de noviembre de 1990)». (15 julio 2005, rec. 560/1999)

CONCORDANCIAS

Véase:
— arts. 1.397.3.º y 1.398.2.º de este Código.
— Reglamento Hipotecario, de 14 febrero 1947 (*«B.O.E.»,* 16 abril): art. 144.
Texto vigente según Ley 11/1981, 13 mayo (*«B.O.E.»,* 19 mayo).

Artículo 1.374

Tras la disolución a que se refiere el artículo anterior se aplicará el régimen de separación de bienes, salvo que, en el plazo de tres meses, el cónyuge del deudor opte en documento público por el comienzo de una nueva sociedad de gananciales.

COMENTARIO

1.- Contempla un caso especial de comienzo de la comunidad de gananciales, lo que debe relacionarse con el artículo 1.345, que determina el comienzo de la misma al tiempo de contraerse el matrimonio o de pactarse en capitulaciones. Tras la disolución del régimen, por embargo de la parte de uno de los cónyuges, por deudas propias (artículo 1.373) se aplica el régimen económico-matrimonial de separación de bienes, lo que deriva de ser el régimen matrimonial de segundo grado (vid. artículo 1.435), y no impide que los cónyuges pacten otro distinto en capitulaciones.

2.- Junto a esta posibilidad, se concede al cónyuge no deudor la de optar por el comienzo de una nueva sociedad de gananciales, en el plazo de tres meses, desde la liquidación; opción que deberá ejercitarse en documento público, lo que no excluye el judicial, si bien será normalmente el notarial. Mientras no se ejercite la opción, el régimen aplicable será el de separación de bienes. Y, en todo caso, a esta nueva sociedad concurrirán, como bienes privativos, los adjudicados a cada uno de los esposos en la liquidación de la anterior.

CONCORDANCIAS

Véase arts. 1.435 a 1.444 de este Código.
Texto vigente según Ley 11/1981, 13 mayo *(«B.O.E.»,* 19 mayo).

SECCIÓN CUARTA
De la administración de la sociedad de gananciales

Artículo 1.375

En defecto de pacto en capitulaciones, la gestión y disposiciones de los bienes gananciales corresponde conjuntamente a los cónyuges, sin perjuicio de lo que se determina en los artículos siguientes.

COMENTARIO

1.- La administración y disposición de bienes de la comunidad de gananciales ha pasado en la normativa del Código Civil por tres fases bien definidas:

— La originaria, en la cual el marido era administrador único y exclusivo.

— La introducida por la reforma operada por Ley de 24 de abril de 1958, que mantiene la administración como facultad del marido, pero limita el poder de disposición de éste respecto de los inmuebles y establecimientos mercantiles, para los que exige el consentimiento de la mujer (artículo 1.413).

— La vigente, tras la Reforma de 13 de mayo de 1981, determinada por la norma constitucional de igualdad jurídica de hombre y mujer del artículo 14 de la Constitución, en la que el legislador opta por un sistema de gestión conjunta, plasmado con carácter general en el artículo 1.375.

2.- La administración y disposición de bienes gananciales por los cónyuges puede hacerse:

1.º) concurriendo, al tiempo, las voluntades de ambos cónyuges, como se contempla expresamente en el artículo 1.375; o

2.º) ejecutándolo uno solo de los cónyuges con el consentimiento expreso o tácito o sin oposición ni impugnación del otro cónyuge, como se deduce del artículo 1.322; o

3.º) incluso con consentimiento presunto, cuya garantía se encuentra en el deber de información y rendición de cuentas del artículo 1.383 o

4.º) actuando uno de los esposos con poder del otro. El segundo sistema puede tener gran trascendencia en la práctica, evitando que los actos nimios de administración o disposición los tengan que realizar los dos esposos; consentimiento *maritalis* o *uxoris* que puede ser anterior al acto o actos de administración del otro cónyuge, pudiendo incluso ser general, sin perjuicio de que se revoque, o bien puede ser coetáneo, lo que se aproxima mucho a la actuación conjunta, o puede ser posterior, como confirmación expresa o tácita (esta última, por transcurso del plazo de caducidad de cuatro años de la acción de impugnación del artículo 1.301).

3.- Si hay actuación conjunta, la naturaleza jurídica no reviste peculiares caracteres: Será un negocio jurídico normal, con dos sujetos que son titulares y actúan al tiempo. Pero la del consentimiento de uno a los actos del otro es de requisito habilitante, que da eficacia al acto de administración o disposición de su autor, «negocio de asentimiento», como se conoce en la técnica jurídica alemana.

4.- La administración y disposición de los bienes gananciales puede tenerla uno solo de los cónyuges por motivo convencional, por motivo legal y por motivo de intervención judicial.

a) Los cónyuges, dentro del contenido típico de las capitulaciones matrimoniales, pueden pactar un sistema diferente de gestión al regulado para el régimen de gananciales. Así lo prevé el inicio de este artículo 1.375. Por tanto, se trata de un pacto, necesariamente en capitulaciones, y lógicamente, con un cierto carácter general, pues si fuera concreto a un determinado acto de administración o disposición sería un consentimiento al cónyuge para realizar ese determinado acto. Puede tal pacto prever que la administración o disposición corresponda a un solo cónyuge, o que el sistema de consentimiento varíe, acentuando la exigencia de conformidad de los cónyuges, prescribiendo que sea expreso o que revista alguna formalidad, o dispensando recíprocamente de tal consentimiento cuando lo prescribe la ley; siempre, dentro de los límites del artículo 1.328.

b) Por disposición de la ley, uno solo de los cónyuges asume la administración o tiene el poder de disposición de alguno o de todos los bienes gananciales, en los siguientes casos: Potestad doméstica: artículo 1.319; Titularidad formal: Disposición de dinero, títulos-valores o derechos de crédito por el cónyuge titular nominal o detentador: artículos 1.384 y 1.385.1; Defensa de bienes y derechos gananciales: artículo 1.385.2; Gastos urgentes de carácter necesario, aunque sean extraordinarios: artículo 1.386; Disposición de frutos de bienes privativos: artículo 1.381; Anticipos de dinero para la profesión o empresa: artículo 1.382.

c) También cabe la alteración, por vía judicial, de la administración y disposición conjuntas, bien, por transferencia *ministerio legis* de dichas facultades al cónyuge tutor o representante legal del consorte declarado ausente o incapacitado —artículo 1.387— bien, por abandono de familia, separación de hecho o imposibilidad del otro esposo de prestar consentimiento —artículo 1.388—, siempre, con los límites del artículo 1.389.

5.- El acto de administración o disposición a título oneroso de un bien ganancial hecho por uno de los cónyuges, sin que pueda realizarlo por sí solo y sin que cuente con el consentimiento del otro, es anulable, como se desprende del artículo 1.322.1. Esta acción tiene el plazo de caducidad de cuatro años, siendo el día inicial del cómputo aquel en que el cónyuge que pretenda su ejercicio supo la existencia del acto impugnable o desde la disolución del régimen de gananciales (la disolución del matrimonio implica la del régimen) (artículo 1.301).

Si el acto de disposición lo ha sido a título gratuito y se ha realizado por un cónyuge sin consentimiento del otro, el acto será nulo (artículo 1.322.2).

Los artículos 1.390 y 1.391 sancionan los actos de administración y disposición realizados por uno solo de los cónyuges (tanto cuando puede legalmente realizarlo solo, como cuando lo hace contra lo dispuesto en el Código, es decir, cuando lo tenía que realizar conjuntamente o con consentimiento del otro) con el que obtiene un beneficio o lucro exclusivo para él u ocasiona dolosamente un daño a la sociedad, o lo realiza en fraude de acreedores, haciendo a tal cónyuge deudor a la comunidad por su importe, aunque el otro no impugne cuando proceda la eficacia del acto. En el acto fraudulento, si el adquirente hubiere procedido de mala fe, el acto será rescindible.

El artículo 1.393, en sus números 2.º y 4.º, permite a uno solo de los cónyuges solicitar la disolución de la sociedad de gananciales, por decisión judicial, por venir el otro cónyuge realizando por sí solo actos dispositivos o de gestión patrimonial que entrañen daño, fraude o peligro para los derechos del otro en la sociedad, o por incumplir grave y reiteradamente el deber de informar sobre la marcha y rendimiento de las actividades económicas, impuesto por el artículo 1.383.

JURISPRUDENCIA

«El problema jurídico suscitado debe ser resuelto en el sentido de que el negocio de que se trata compromete el futuro de un bien inmueble ganancial y, por consiguiente, este sujeto al principio de "cogestión" que establece el art. 1375 CC, en el sentido de que no basta para su plena validez la actuación de uno solo de los cónyuges, sino que se precisa también el consentimiento del otro, de modo que no habiendo intervenido la Sra. A. P. en dicho contrato, ni prestado el consentimiento en forma alguna para tal operación, está facultada para ejercitar la acción de nulidad (anulabilidad o impugnabilidad)... el contrato de que se trata, ni en su forma compleja, ni siquiera en sus individualidades o componentes (con su propia autonomía), es subsumible entre los actos que un cónyuge puede realizar con independencia del otro, de tal manera que (salvo que se hubiera dado un supuesto de excepción, que no es el caso) es precisa la "actuación conjunta", además de para los actos de disposición (arts. 1.375, 1.377 y 1.378), para todos aquellos actos de gestión que, aunque puedan considerarse incluibles en administración ordinaria, afecten gravemente, con carácter duradero o extraordinario, al aprovechamiento de los bienes gananciales (S 7 Mar. 1996), quedando reducida la posibilidad de la actuación individual, por no regir con carácter necesario el principio de cogestión, a los actos de gestión ordinaria que no afectan a la sustancia de la cosa, sino sólo a la conservación o al aprovechamiento ordinario, y, por supuesto, los normal o habitualmente asignados por su posición gestora en el ámbito económico familiar, que obviamente no concurren en el caso de autos. Por último, es de señalar que el principio de cogestión supone, como entiende la doctrina dominante, que no cabe que se contraigan obligaciones contra la sociedad de gananciales si no actúan los dos cónyuges, conjuntamente, o con representación o consentimiento del otro, y que serán anulables los actos de gestión (como los de disposición), sean obligacionales o sean dispositivos, que hayan de tener cumplimiento directo sobre un bien ganancial específico (arts. 1.367, 1.375 y 1.377, y 1.301 del CC)». (14 noviembre 2000, LA LEY 2661/2002)

«el artículo 1375 establece un principio de cogestión y codisposición de bienes gananciales (STS 14-XI-2000), completado en el artículo 1384 para corregir las perniciosas consecuencias que pudieran derivarse del mismo (STS 14-II-2005), al señalar que en defecto de pacto en capitulaciones, la gestión y disposición de los bienes gananciales, se atribuye conjuntamente a los cónyuges, distinguiéndose a estos efectos entre actos de administración (art. 1376) y actos de disposición a título oneroso de cualquier bien de carácter ganancial (art. 1377), para los que se establecen determinadas cautelas y autorizaciones asimismo supletorias en defecto de consentimiento siempre que estime fundada la petición o le lleven a la convicción de que estos actos sirven para mejorar y conservar de una manera más eficaz el patrimonio familiar». (10 julio 2005, rec. 2389/2000)

«Llegamos así al núcleo del problema planteado en este recurso, que se refiere, pues, a si uno de los cónyuges, en este caso el marido, puede ejercitar solo la acción de división o bien debe actuar conjuntamente con la esposa, tal como disponen los Arts. 1375 y 1377.1 CC. La conclusión a que se llega es que deben seguirse las reglas normales de la acción de división, es decir, que o bien actúan conjuntamente frente a los demás copropietarios, o bien debe demandarse al otro cónyuge, aquí a la esposa conjuntamente con los demás, en su cualidad de copropietaria como parte de la sociedad de gananciales». (25 febrero 2011, rec. 1937/2007, LA LEY 3696/2011)

Véase además jurisprudencia recogida en el artículo 1.322.

CONCORDANCIAS

Véase:
— art. 1.328 de este Código.
— Ley 19/1995, 4 julio («*B.O.E.*», 5 julio), de Modernización de las Explotaciones Agrarias.
— Reglamento Hipotecario, de 14 febrero 1947 («*B.O.E.*», 16 abril): arts. 93.2, 93.4 y 94.
Texto vigente según Ley 11/1981, 13 mayo («*B.O.E.*», 19 mayo).

Artículo 1.376

Cuando en la realización de actos de administración fuere necesario el consentimiento de ambos cónyuges y uno se hallare impedido para prestarlo, o se negare injustificadamente a ello, podrá el Juez suplirlo si encontrare fundada la petición.

COMENTARIO

La administración corresponde a ambos cónyuges conjuntamente lo que se traduce en que realizarán el acto de administración efectivamente en forma conjunta o lo realizará uno con el consentimiento del otro. Pero si uno de los cónyuges pretende realizar un acto de administración y su consorte no puede o no quiere actuar conjuntamente con él ni darle el consentimiento para que lo haga solo, cabe la autorización judicial subsidiaria prevista en este artículo.

Se distingue tanto el caso de que el cónyuge no pueda (esté impedido) o no quiera (se negare) injustificadamente actuar, exigiéndose que sea fundada la petición. Esta autorización judicial supletoria, dada en expediente de jurisdicción voluntaria, se concederá con el criterio de que tal acto de administración, no causando perjuicio a la comunidad de gananciales, le reporte utilidad; es decir, con este doble criterio. E incluso, dados los amplios términos del precepto, que puede ser la autorización de carácter general.

CONCORDANCIAS

Véase arts. 71, 102, 106 y 1.381 de este Código.
Texto vigente según Ley 11/1981, 13 mayo («*B.O.E.*», 19 mayo).

Artículo 1.377

Para realizar actos de disposición a título oneroso sobre bienes gananciales se requerirá el consentimiento de ambos cónyuges.

Si uno lo negare o estuviere impedido para prestarlo, podrá el Juez, previa información sumaria, autorizar uno o varios actos dispositivos cuando lo considere de interés para la familia. Excepcionalmente acordará las limitaciones o cautelas que estime convenientes.

COMENTARIO

1.- El acto de disposición de un bien ganancial, a título oneroso, debe ser hecho conjuntamente por ambos cónyuges, o por uno de ellos con consentimiento del otro, anterior o posterior, expreso o tácito, como también dice, con carácter general, el artículo 1.375. Actos de disposición serán, siguiendo los criterios generales, los de riguroso dominio, los que exceden de la actividad precisa para lograr el rendimiento o productividad normal de un bien.

2.- La regla general de disposición conjunta puede verse alterada convencional, legal o judicialmente, como se ha expuesto al comentar el artículo 1.375.

3.- Cuando el acto dispositivo a título oneroso es de interés para la familia y uno de los cónyuges no quiere o no puede actuar conjuntamente con el otro ni dar su consentimiento, cabe la autorización judicial subsidiaria. El criterio de concesión de tal autorización —dada en expediente de jurisdicción voluntaria— es el interés para la familia: Que el acto dispositivo reporte utilidad a la misma o sea necesario. No puede tener carácter general, sino que debe ser concreta para uno o varios actos determinados (si un cónyuge estuviere impedido física o jurídicamente de actuar de forma permanente, se aplicarán los artículos 1.387 a 1.389.

Al conceder la autorización, el Juez, excepcionalmente, puede imponer limitaciones o cautelas. Es, pues, esta autorización más limitada que la autorización judicial supletoria para actos de administración, en cuanto exige información sumaria, el acto tiene que ser de interés para la familia, y no puede ser general, sino concreta para cada caso.

4.- En cuanto a la sanción de los actos realizados por uno solo de los esposos sin la concurrencia del otro, en los casos en que legalmente es exigida, ver comentario al artículo 1.375.

JURISPRUDENCIA

«en el caso de venta de un inmueble ganancial, el asentimiento de uno de los cónyuges, cuando concurre el expreso del otro, puede revestir forma tácita o presunta, incluso posterior al negocio y también ser inferido de las circunstancias concurrentes, debiendo ponderarse la ausencia de fraude o perjuicio». (5 julio 1994, LA LEY 887/1994) (lo que reitera literalmente la sentencia de 29 enero 2003, LA LEY 11431/2003)

«los actos de disposición a título oneroso sobre bienes gananciales la exigencia del consentimiento de ambos cónyuges... consolidada doctrina jurisprudencial que admite la posibilidad de otorgar tácitamente dicho consentimiento. Ahora bien: esta doctrina de la Sala, como se infiere de algunas sentencias, se muestra contenida dentro de estrechos límites que, desde luego, impiden una extensión desproporcionada que desvirtuase su finalidad con presunciones infundadas y positivamente determinan que el consentimiento sea verdadero consentimiento y no simple conocimiento». (28 abril 1997, LA LEY 5738/1997)

«esta Sala mantiene que una enajenación realizada por el esposo, sin intervención, ni consentimiento de la mujer, de un bien que tiene carácter ganancial, resulta un acto anulable e ineficaz en perjuicio de aquélla, como ha señalado esta S 15 Oct. 1984, citada en el motivo, pero omite la recurrente, la jurisprudencia de esta Sala, que recoge asimismo que el consentimiento de la mujer para la venta puede ser expreso o tácito, anterior o posterior al negocio y también inferido de las circunstancias concurrentes —SS 8 Nov. y 5 Dic. 1983— valiendo incluso su pasividad, la no oposición de la mujer a la enajenación, conociendo la misma (S 6 Dic. 1986) e incluso el silencio puede ser revelador de consentimiento (SS 16 Abr. 1985 y 6 Oct. 1988).» (29 enero 2003, LA LEY 11431/2003)

Véase además la jurisprudencia recogida en los artículos 1.322 y 1.375.

CONCORDANCIAS

Véase:
— arts. 71 y 1.322 de este Código.
— Reglamento Hipotecario, de 14 febrero 1947 (*«B.O.E.»,* 16 abril): art. 93.2 y 4.
Texto vigente según Ley 11/1981, 13 mayo (*«B.O.E.»,* 19 mayo).

Artículo 1.378

Serán nulos los actos a título gratuito si no concurre el consentimiento de ambos cónyuges. Sin embargo, podrá cada uno de ellos realizar con los bienes gananciales liberalidades de uso.

COMENTARIO

1.- Como todo acto de disposición (artículo 1.375), el gratuito deber ser realizado conjuntamente por ambos cónyuges o por uno con el consentimiento de otro. Se exceptúan, sin embargo, las liberalidades de uso, esto es, los regalos usuales en correspondencia a la situación económica y social de la familia, y los regalos, a veces cuantiosos, exigidos por el desarrollo de la actividad profesional, mercantil o industrial de uno de los cónyuges. Este artículo coincide con el párrafo 2 del artículo 1.322. en cuanto establece la sanción de nulidad absoluta para los actos dispositivos a título gratuito realizados por uno de los cónyuges sin la concurrencia del otro. Ante los términos tajantes del precepto, aunque en capitulaciones se haya atribuido a un cónyuge la gestión y disposición de los bienes comunes, la disposición a título gratuito requerirá siempre el consentimiento del otro consorte.

2.- En los actos dispositivos a título gratuito no cabe autorización judicial supletoria; sin embargo, quizá la suplencia judicial es posible en los casos de los artículos 1.387 y 1.388, porque la negativa de ello impediría al cónyuge administrador realizar actos que pudieran ser convenientes.

JURISPRUDENCIA

«para realizar actos de riguroso dominio, como el de donar, no valen las presunciones, sino que es indispensable el mandato expreso, cual exige el art. 1713 del CC (TS S de 1 Feb. 1956), que, en verdad, equivale mas bien a mandato especial, y, en la coyuntura de autos, el poder, redactado en términos de generalidad, no menciona los actos dispositivos a título gratuito, sino que, al contrario, se refiere expresamente a adquirir y enajenar por compraventa e, inclusive, respecto a otros actos o contratos, menciona la determinación del precio entre las facultades concedidas a la mandataria en la concreción de las condiciones de los mismos, y, por ello y ante la imprecisión de la expresión «por otro título» acompañatoria en el documento a la facultad de enajenar, se sienta en esta sede que el poder que el recurrente tenía otorgado a favor de D.ª María Ángeles P. no facultaba a ésta para hacer las donaciones litigiosas.» (6 marzo 2001, LA LEY 3749/2001)

CONCORDANCIAS

Véase:
— arts. 71 y 1.322 de este Código.
— Reglamento Hipotecario, de 14 febrero 1947 (*«B.O.E.»,* 16 abril): art. 93.3.
Texto vigente según Ley 11/1981, 13 mayo (*«B.O.E.»,* 19 mayo).

Artículo 1.379

Cada uno de los cónyuges podrá disponer por testamento de la mitad de los bienes gananciales.

COMENTARIO

Mientras está vigente el régimen de gananciales, cada uno de los cónyuges puede disponer mortis causa, como herencia o legado, de la parte de gananciales que le corresponda, que es la mitad de los bienes que existan al disolverse el régimen. Se trata no de disponer de los bienes actualmente gananciales, sino, anticipadamente, de la parte de ellos que venga después a corresponder al cónyuge que sea, una vez que cesaron de ser comunes.

Disposición *mortis causa* que —como tal— despliega su eficacia a la muerte del cónyuge disponente, muerte que, a su vez, disuelve el matrimonio (artículo 85) y el régimen de gananciales (artículo 1.392.1.º) y, como consecuencia, la comunidad ganancial.

CONCORDANCIAS

Véase art. 1.404 de este Código.
Texto vigente según Ley 11/1981, 13 mayo *(«B.O.E.»,* 19 mayo).

Artículo 1.380

La disposición testamentaria de un bien ganancial producirá todos los efectos si fuere adjudicado a la herencia del testador. En caso contrario se entenderá legado el valor que tuviera al tiempo del fallecimiento.

COMENTARIO

1.- Se refiere este artículo a la disposición mortis causa, como legado generalmente, de un concreto bien ganancial o de una parte del mismo, hecha anticipadamente, durante la vigencia del régimen de gananciales. Tal disposición tendrá eficacia normal, será plenamente eficaz in natura, como disposición mortis causa, a la muerte del cónyuge disponente, siempre que el bien legado se adjudique como ganancial al mismo. Subsidiariamente, cuando no se haya producido dicha adjudicación, los herederos deben satisfacer al legatario el valor del bien legado.

2.- Se plantea una serie de problemas prácticos, tales como qué ocurrirá cuando exista error sobre el carácter ganancial del bien legado, en cuyo supuesto, salvo que el error haya sido determinante de la disposición, parece que deben aplicarse las reglas del legado de cosa en parte ajena, contenidas en el artículo 864; o qué solución dar al caso de sobrevivencia del cónyuge testador, cuando al tiempo de abrirse la sucesión ya no exista sociedad de gananciales, que parece será la de conservar la validez del legado, pues si su objeto se adjudicó al lote del testador, se tratará de un legado de cosa propia, mientras que si lo fue al otro lote, estaremos ante un legado de cosa ajena que el testador sabía que era ajena.

JURISPRUDENCIA

«La situación que se da respecto al momento de ordenar el legado es de una comunidad postganancial, comunidad que existe desde que se disuelve la ganancial pero no se liquida y es una comunidad de tipo romano, pro indiviso, regida por los arts. 392 y ss. CC, pero no recae la comunidad sobre cada cosa que forma parte de ella sino sobre el conjunto de la misma... aplicando las normas de la comunidad romana, no cabe disposición de la cosa común sino con la unanimidad de todos los comuneros (SS 19 Dic. 1985, 28 May. de 1986, 25 Jun. 1990, 23 Oct. 1990, 30 Jun. 1993). Teniendo en cuenta que en esta comunidad no la hay de cosas concretas, sino de todo el conjunto patrimonial, aquella regla no tiene sencilla

aplicación, especialmente si la disposición es, como en este caso, mortis causa: si la cosa concreta fuera común, un legado de la misma por un comunero sería legado en parte de cosa propia (del testador, cónyuge viudo) y en parte de cosa propia del obligado a entregar el legado (del heredero, de su madre, cónyuge premuerto). Pero no es así: el legado recae sobre una cosa que forma parte de un patrimonio que fue ganancial (no liquidada la comunidad) y que ahora es una comunidad romana (no dividida). De lo que se deduce que, tal como han afirmado las sentencias de instancia, no se trata de un legado de cosa ajena. Tampoco, como sí han afirmado tales sentencias, un legado de cosa ganancial. Es un legado de cosa perteneciente a la comunidad postganancial, el cual está fuera de toda normativa legal: ni es ganancial, ni es cosa ajena, ni es cosa común; es cosa integrante de una comunidad que recae sobre todo un patrimonio y que no se conoce, hasta su división, si la cosa legada se adjudicará al testador o no. Siendo una cuestión no regulada, es decir, una relación jurídica sobre la que el ordenamiento no ha dictado norma, se da el caso de laguna de la ley, que debe resolverse aplicando la analogía, tal como prevé el art. 4.1 CC y la norma que deberá aplicarse es la del art. 1380 del CC que contempla la validez del legado de cosa ganancial y su efectividad. En efecto entre el supuesto regulado legado de cosa ganancial y el no regulado legado de cosa de comunidad postganancial se dan los presupuestos para la aplicación de la norma por analogía que exigió la jurisprudencia (SS 12 Jun. 1990, 4 Jun. 1993, 11 May. 1995): en primer lugar: el supuesto específico no regulado, como es el caso de legado de cosa de comunidad postganancial y, en segundo lugar, identidad de razón: si el legado es de cosa de la comunidad ganancial, los esposos comuneros carecen de poder de disposición exclusivo sobre la misma (como destaca la S 28 Sep. 1998), al igual que si es de comunidad postganancial, y en uno y en otro caso, la cosa puede ser adjudicada al que dispuso de la misma, al hacer la liquidación de los gananciales, en la primera, o la división de la comunidad, en la segunda». (11 mayo 2000, LA LEY 97786/2000)

«en el momento en que dicha señora otorga su testamento, ya había fallecido su esposo, por lo que se había extinguido la sociedad conyugal a la que aludía pasando los bienes que anteriormente se hallaron integrados en la misma a formar parte de la comunidad postganancial, pendiente de división que la había sustituido. A falta de norma expresa que regule esta nueva situación, esta Sala ha entendido que debía aplicarse a la misma por analogía el artículo 1380 del Código Civil (sentencias de 11 de mayo de 2000 y 26 de abril de 1997)». (28 mayo 2004, rec. 1990/1998)

CONCORDANCIAS

Véase arts. 864 y 1.404 de este Código.
Texto vigente según Ley 11/1981, 13 mayo (*«B.O.E.»,* 19 mayo).

Artículo 1.381

Los frutos y ganancias de los patrimonios privativos y las ganancias de cualquiera de los cónyuges forma parte del haber de la sociedad y están sujetos a las cargas y responsabilidades de la sociedad de gananciales. Sin embargo, cada cónyuge, como administrador de su patrimonio privativo, podrá a este solo efecto disponer de los frutos y productos de sus bienes.

COMENTARIO

Cada cónyuge es propietario de sus bienes privativos, pero sus frutos son gananciales, como prevé el artículo 1.347 en su número segundo, y ratifica este artículo 1.381 en su inciso primero. Pero cada cónyuge, como administrador de su patrimonio privativo, puede, a efectos de tal administración, disponer de los frutos y ganancias (que, como se acaba de decir, son gananciales) por sí solo, sin intervención ni consentimiento del otro cónyuge, como se desprende del segundo inciso de este mismo artículo; lo que constituye una desviación legal de la regla general de administración y disposición conjuntas de los bienes gananciales (vid. artículos 1.375 y 1.377).

Sin embargo, se estima que esta norma no constituye excepción a la regla general de administración conjunta, por considerar que en la sociedad sólo entran, como gananciales, los frutos líquidos, por lo que el cónyuge titular lo que hace no es administrar bienes gananciales, sino gestionar sus propios intereses.

CONCORDANCIAS

Véase arts. 1.362 y ss. de este Código.
Texto vigente según Ley 11/1981, 13 mayo *(«B.O.E.»,* 19 mayo).

Artículo 1.382

Cada cónyuge podrá, sin el consentimiento del otro, pero siempre con su conocimiento, tomar como anticipo el numerario ganancial que le sea necesario, de acuerdo con los usos y circunstancias de la familia, para el ejercicio de su profesión o la administración ordinaria de sus bienes.

COMENTARIO

1.- Este artículo permite a uno de los cónyuges disponer, como anticipo, de dinero ganancial, por sí solo, sin consentimiento pero con conocimiento del otro cónyuge, para el ejercicio de su profesión o administración de sus bienes o empresa. Es, por tanto, una alteración, por vía legal, de la regla general de administración y disposición conjuntas, consagrada en los artículos 1.375 y 1.377 del Código Civil.

Esta norma es consecuencia del número 4.º del artículo 1.362, ya que los gastos necesarios para el ejercicio de la profesión o para la administración ordinaria de los bienes son a cargo de la sociedad de gananciales. Lo que no aclara el precepto es si el numerario ganancial que puede tomar el cónyuge es el que tenga ya en su poder, o si tiene la posibilidad de reclamar a su consorte el que guarde.

2.- Como tal anticipo, deberá reembolsarlo, pero no mientras siga siendo necesario su empleo o inversión en la profesión, empresa o bienes. En general, se puede mantener que el reembolso se producirá cuando se disuelva el régimen de gananciales o cuando se extinga o acabe la profesión, empresa o bienes que se beneficiaron de aquel anticipo.

CONCORDANCIAS

Véase arts. 1.362.3.º y 4.º y 1.365.2.º de este Código.
Texto vigente según Ley 11/1981, 13 mayo *(«B.O.E.»,* 19 mayo).

Artículo 1.383

Deben los cónyuges informarse recíprocamente sobre la situación y rendimientos de cualquier actividad económica suya.

COMENTARIO

1.- Como expresión de la comunidad de intereses del régimen de gananciales, y dado que cada uno de los esposos puede realizar cualquier acto jurídico, gestionando y disponiendo de sus bienes privativos sin más limitaciones que las derivadas de instituciones como la legítima, la prodigalidad, etc., el Código impone este deber de información económica de cada consorte al otro, lo que afecta no sólo a la disposición de bienes gananciales, sino también a la administración de los mismos, e incluso, de los suyos privativos. Este deber de información abarca tanto la actividad y situación de los bienes gananciales, que puede, a veces, administrar o disponer uno solo, como la de los bienes privativos, pues sus frutos son gananciales.

2.- Ante el incumplimiento de tal deber, el otro cónyuge puede exigir judicialmente que lo cumpla, pero también el artículo 1.393, en su número cuarto, prevé que si tal incumplimiento es grave y reiterado, el otro cónyuge pueda pedir que judicialmente se decrete la disolución del régimen de gananciales, en cuyo caso el matrimonio se regirá desde este momento por el régimen de separación de bienes (artículo 1.435.3.º).

JURISPRUDENCIA

En proceso sobre nulidad del procedimiento hipotecario del art. 131 LH:

«el artículo 1383 del Código Civil se presenta previsor para estos casos, ya que dispone que los cónyuges deben informarse recíproca y periódicamente sobre la situación y rendimientos de cualquier actividad económica suya. En casos parecidos esta Sala de Casación Civil ha decretado la validez del requerimiento llevado a cabo en uno de los cónyuges y no directamente con el otro, ya que las circunstancias concurrentes no permiten presumir que no llegara a su conocimiento (sentencia de 30-10-1996 y 23-10-1992)». (2 noviembre 2004, rec. 2748/1998)

CONCORDANCIAS

Véase art. 1.394.4.º de este Código.

Texto vigente según Ley 11/1981, 13 mayo (*«B.O.E.»,* 19 mayo). Anterior texto según Ley 14/1975, 2 mayo (*«B.O.E.»,* 5 mayo).

Artículo 1.384

Serán válidos los actos de administración de bienes y los de disposición de dinero y títulos valores realizados por el cónyuge a cuyo nombre figuren o en cuyo poder se encuentren.

COMENTARIO

1.- Este artículo, desviándose de la regla general de gestión y disposición conjuntas (vid. artículos 1.375 y 1.377) permite al cónyuge titular nominal o detentador de bienes o de dinero, realizar con los mismos actos de administración o de disposición. Pero, precisamente por ser tan sólo titular formal, este artículo lo único que hace es proclamar la validez de tales actos frente a terceros que sean de buena fe, e inter partes, siempre que no haya fraude, pero no reconoce una facultad de administración exclusiva al cónyuge titular, por lo que el otro podrá reclamar en cualquier momento la gestión conjunta de tales bienes.

No hay duda respecto a que esta facultad de administración se aplicará a los bienes muebles, por la identificación entre «poder» y «posesión»; en cuanto a los inmuebles, el poder vendrá dado por la inscripción, y en su defecto, por el título de la adquisición, pues el Reglamento Hipotecario permite, en su artículo 94.2, la inscripción de los actos de administración de bienes inmuebles inscritos a nombre de uno de los esposos con carácter ganancial que realice tal cónyuge titular registral.

2.- El dinero o títulos valores a nombre o en poder de uno de los cónyuges pueden, además ser objeto de disposición por él. Así, frente a un Banco o la Bolsa, el cónyuge que es titular (aparente o formal, pues son bienes gananciales) puede manejar el dinero o los títulos: Ingresar, hacer extracciones, percibir intereses, disponer del saldo de cuentas, etc. Lo que no es sino someter tales bienes gananciales a la reglas propias de circulación del dinero, reforzando el crédito de la sociedad y de cada uno de los esposos frente a terceros. Pero, como se ha dicho, sólo se proclama la validez del acto frente a terceros, pero no se prejuzga su legitimidad *inter partes*, de modo que cuando tales gastos no se destinen a la satisfacción de necesidades familiares, pueden provocar la responsabilidad del cónyuge que los realizó frente a la sociedad.

JURISPRUDENCIA

«son válidos los actos de administración de bienes gananciales realizados por el cónyuge a cuyo nombre figuren o en cuyo poder se encuentren (art. 1384 CC). Por otro lado, no puede desconocerse que los arrendamientos de bienes inmuebles, por tiempo que no exceda de 6 años y que no sean inscribibles, tienen carácter de actos de administración, según reiterada doctrina». (24 abril 1999, LA LEY 5352/1999)

CONCORDANCIAS

Véase art. 1.376 de este Código.
Texto vigente según Ley 11/1981, 13 mayo (*«B.O.E.»,* 19 mayo).

Artículo 1.385

Los derechos de crédito, cualquiera que sea su naturaleza, serán ejercitados por aquél de los cónyuges a cuyo nombre aparezcan constituidos.

Cualquiera de los cónyuges podrá ejercitar la defensa de los bienes y derechos comunes por vía de acción o de excepción.

COMENTARIO

1.- Los derechos de crédito de que aparezca como titular uno solo de los esposos son gestionados por él, como excepción a la regla general de administración y disposición conjuntas de los bienes comunes (vid. artículos 1.375 y 1.377). En consecuencia, frente al deudor, el cónyuge que figure como acreedor aparente o formal (en crédito ganancial) puede ejercitarlo: Cobrarlo, percibir los intereses, renovarlo, etc., ejercitarlo extrajudicialmente, en suma.

2.- La defensa de los bienes y derechos gananciales, por cualquiera de los esposos, es también excepción legal a la comentada regla de gestión conjunta, y comprende todo acto de defensa, judicial o extrajudicial, y dentro de la judicial, por acción o por excepción, o incluso, la defensa material de los bienes o derechos, no sólo la jurídica.

JURISPRUDENCIA

«la sentencia impugnada no ha valorado que la facultad que el art. 1385 CC concede a cualquiera de los cónyuges para defender los bienes o derechos comunes no significa sino que cualquiera de ellos está legitimado para efectuar dicha defensa, pero no que pasivamente haya de soportar con exclusividad el ejercicio de una acción que, por afectar a ambos, debió ser dirigida contra los dos». (5 mayo 2000, LA LEY 58308/2000)

«el art. 1385 del mismo Cuerpo legal, cuyo párrafo segundo bien claramente autoriza a cualquiera de los cónyuges para ejercitar la defensa de los bienes y derechos comunes por vía de acción, como es el caso, habiendo declarado la jurisprudencia que tal facultad para demandar se atribuye por la ley con plenitud de consecuencias y sin perjuicio de la responsabilidad del cónyuge demandante frente al otro prevista en el art. 1390 CC, sin que, en cambio, suceda lo mismo en el ámbito de la legitimación pasiva, donde las acciones contradictorias del dominio de bienes gananciales tienen que dirigirse necesariamente contra ambos cónyuges (TS SS 26 Jul. 1993, 13 Jul. 1995, 14 Feb. 2000 y 5 May. 2000).» (11 abril 2003, LA LEY 12619/2003)

«es clara y uniforme la doctrina del Tribunal Supremo en el sentido de entender que la facultad que el párrafo segundo del artículo 1385 del Código Civil concede a cualquiera de los cónyuges para defender bienes y derechos comunes, significa que cualquiera de ellos está legitimado para efectuar dicha defensa ya que, "el citado precepto es trasunto legislativo del régimen general de la comunidad de bienes o derechos pues cualquiera de los comuneros está legitimado para accionar en nombre de la comunidad" (sentencias de 10 de junio y 30 de octubre de 1985, 26 de septiembre de 1986 y 4 de abril de 1988, entre otras muchas)». (7 febrero 2005, rec. 3775/1998)

«la sentencia de esta Sala de 11 de abril de 2003, que el artículo 1385 del Código Civil autoriza en su párrafo segundo a cualquiera de los cónyuges para ejercitar la defensa de los bienes e intereses comunes por vía de acción "... habiendo declarado la jurisprudencia que tal facultad para demandar se atribuye por la ley con plenitud de consecuencias y sin perjuicio de la responsabilidad del cónyuge demandante frente al otro prevista en el art. 1390 CC, sin que, en cambio, suceda lo mismo en el ámbito de la legitimación pasiva, donde las acciones contradictorias del dominio de bienes gananciales tienen que dirigirse necesariamente contra ambos cónyuges (SSTS 26-7-93, 13-7-95, 14-2-00 y 5-5-00)». (21 mayo 2007, LA LEY 26708/2007)

CONCORDANCIAS

Véase art. 1.164 de este Código.
Texto vigente según Ley 11/1981, 13 mayo (*«B.O.E.»,* 19 mayo).

Artículo 1.386

Para realizar gastos urgentes de carácter necesario, aun cuando sean extraordinarios, bastará el consentimiento de uno solo de los cónyuges.

COMENTARIO

Este artículo permite a un solo cónyuge, sin disponer conjuntamente con el otro, no con su consentimiento (realmente, sin conocimiento), realizar un acto dispositivo de bienes gananciales (dinero, por regla general, aunque pueden darse otros casos, como la venta o pignoración de una joya) en caso de una necesidad efectiva y urgente que deba ser cubierta con bienes gananciales.

Con lo que se soslaya la dificultad práctica de que no haya tiempo para pedir la intervención o consentimiento de su cónyuge, o más todavía, de acudir a la autorización judicial supletoria si niega tal consentimiento. Será el propio cónyuge el que juzgue la urgencia del acto, sin perjuicio de que luego se acredite la no necesidad, y el gasto sea a cargo exclusivo del cónyuge que lo ha realizado, o se justifique la no urgencia, y se aplique el artículo 1.322 o el 1.391.

CONCORDANCIAS

Texto vigente según Ley 11/1981, 13 mayo («*B.O.E.*», 19 mayo).

Artículo 1.387

La administración y disposición de los bienes de la sociedad de gananciales se transferirá por ministerio de la ley al cónyuge que sea tutor o representante legal de su consorte.

COMENTARIO

1.- La atribución, por ministerio de la ley, al esposo que sea tutor o representante legal de su consorte, incapacitado judicialmente o declarado ausente, de las facultades dispositivas y de gestión de los bienes gananciales supone una alteración, por el cauce judicial, del principio general consagrado en los artículos 1.375 y 1.377. No tendrá tales facultades el cónyuge si no es nombrado tutor o representante legal de su consorte; pero cuando las tenga, será por sí mismo, por ministerio de la ley, y no en representación de su cónyuge declarado ausente o incapacitado.

2.- Este artículo se complementa con el artículo 1.389, a tenor del cual, si bien el cónyuge que ostente la administración tendrá para ello plenas facultades, el Juez puede imponerle cautelas o limitaciones, en interés de la familia, y previa información sumaria. Y cuando ostente la disposición de bienes gananciales, precisará autorización judicial para realizar actos de disposición sobre inmuebles, establecimientos mercantiles, objetos preciosos o valores mobiliarios, salvo el derecho de suscripción preferente.

3.- En todo caso, hay que recordar que el cónyuge del ausente o del incapacitado, además de interesar la aplicación de este artículo, puede solicitar, al amparo del número primero del artículo 1.393, que judicialmente se declare la disolución de la sociedad de gananciales, en cuyo caso, a partir de tal momento, se aplicará el régimen de separación de bienes (artículo 1.435.3.º).

CONCORDANCIAS

Véase:
— arts. 71, 184 y 234 de este Código.
— Reglamento Hipotecario, de 14 febrero 1947 («*B.O.E.*», 16 abril): art. 96.2.
Texto vigente según Ley 11/1981, 13 mayo («*B.O.E.*», 19 mayo). Anterior texto según Ley 14/1975, 2 mayo («*B.O.E.*», 5 mayo).

Artículo 1.388

Los Tribunales podrán conferir la administración a uno solo de los cónyuges cuando el otro se encontrase en imposibilidad de prestar consentimiento o hubiere abandonado la familia o existiere separación de hecho.

COMENTARIO

1.- Permite a uno de los cónyuges instar judicialmente —ante el Juez de Primera Instancia, en expediente de jurisdicción voluntaria— la transferencia de la administración de los bienes comunes en los supuestos en que el régimen no puede desenvolverse con normalidad, por abandono de familia, separación de hecho o imposibilidad para prestar consentimiento de su consorte. Se plantea si, con apoyo en este artículo podrá obtenerse, además, la disposición unilateral de los bienes gananciales, inclinándose la opinión mayoritaria por la respuesta afirmativa, dado que siempre existirán los límites del párrafo segundo del artículo 1.389 para la disposición de los bienes que en el mismo se enumera, y de este modo se evita tener que acudir con reiteración a la autorización judicial supletoria (vid. artículos 1.376 y 1.377.2).

2.- Son aplicables a esta situación las disposiciones del artículo 1.389, y así, el cónyuge que ostente la administración tendrá para ello plenas facultades, y el Juez puede imponerle cautelas o limitaciones, en interés de la familia, y previa información sumaria. Y cuando ostente la disposición de bienes gananciales, precisará autorización judicial para realizar actos de disposición sobre inmuebles, establecimientos mercantiles, objetos preciosos o valores mobiliarios, salvo el derecho de suscripción preferente.

3.- En todo caso, hay que recordar que el cónyuge del condenado por abandono de familia, y el que lleve separado de hecho más de un año, por acuerdo mutuo o por abandono del hogar, además de interesar la aplicación de este artículo, puede solicitar, al amparo de los números primero y tercero del artículo 1.393, que judicialmente se declare la disolución de la sociedad de gananciales, en cuyo caso, a partir de tal momento, se aplicará el régimen de separación de bienes (artículo 1.435.3.º).

CONCORDANCIAS

Texto vigente según Ley 11/1981, 13 mayo *(«B.O.E.»,* 19 mayo). Anterior texto según Ley 14/1975, 2 mayo *(«B.O.E.»,* 5 mayo).

Artículo 1.389

El cónyuge en quien recaiga la administración en virtud de lo dispuesto en los dos artículos anteriores tendrá para ello plenas facultades, salvo que el Juez cuando lo considere de interés para la familia, y previa información sumaria, establezca cautela o limitaciones.

En todo caso, para realizar actos de disposición sobre inmuebles, establecimientos mercantiles, objetos preciosos o valores mobiliarios, salvo el derecho de suscripción preferente, necesitará autorización judicial.

COMENTARIO

Contiene las limitaciones al cónyuge titular de las facultades dispositivas y de gestión patrimonial de los bienes gananciales por transferencia ministerio legis, como tutor o representante legal de su consorte declarado ausente o incapacitado, o por transferencia judicial, en el caso de existir abandono de familia, separación de hecho o imposibilidad para prestar consentimiento de su cónyuge. Complementa, pues, a los artículos 1.387 y 1.388.

JURISPRUDENCIA

«La primera de las cuestiones que debe fijarse es la relativa a si un acto de disposición que requiere el consentimiento de ambos cónyuges puede ser realizado por el capaz actuando por sí mismo y a la vez como tutor del cónyuge incapacitado. Lo que se pregunta en ese caso es si el marido tutor estaba autorizado legalmente para contratar a la vez en nombre propio y de su mujer incapacitada sin pedir la autorización judicial. La respuesta ha de ser negativa, porque el Art. 1389 CC exige la concurrencia de la autorización judicial en este concreto caso. Declarado que el arrendamiento contratado por un plazo de 25 años es un acto de disposición y no de administración, debe aplicarse lo que dispone el Art. 1389.2 CC, que exige la autorización judicial... ...el Código civil contiene una norma específica reguladora de la ineficacia de estos actos o contratos, que hay que aplicar necesariamente cuando se trata de disposición de bienes gananciales sin las correspondientes autorizaciones. Se trata de la norma contenida en el Art. 1322 CC, que dice que cuando la ley exija para un acto de administración que un cónyuge actúe con el consentimiento del otro, "los realizados sin él y que no hayan sido expresa o tácitamente confirmados podrán ser anulados a instancia del cónyuge cuyo consentimiento se haya omitido". El supuesto contemplado en el Art. 1398.2 CC está incluido en este supuesto, porque obedece a la misma razón». (23 septiembre 2010, rec. 1576/2006, LA LEY 157549/2010)

CONCORDANCIAS

Texto vigente según Ley 11/1981, 13 mayo (*«B.O.E.»,* 19 mayo). Anterior texto según Ley 14/1975, 2 mayo (*«B.O.E.»,* 5 mayo).

Artículo 1.390

Si como consecuencia de un acto de administración o de disposición llevado a cabo por uno solo de los cónyuges hubiere éste obtenido un beneficio o lucro exclusivo para él u ocasionado dolosamente un daño a la sociedad, será deudor a la misma por su importe, aunque el otro cónyuge no impugne cuando proceda la eficacia del acto.

COMENTARIO

1.- Sanciona los actos de administración y disposición realizados por uno solo de los cónyuges —tanto cuando no puede legalmente realizarlo por sí solo, como cuando lo hace contra lo dispuesto en el Código, esto es, cuando lo tenía que realizar conjuntamente o con el consentimiento del otro (artículos 1.375 y 1.377)— cuando con dicho acto obtiene un beneficio o lucro exclusivo para él u ocasiona dolosamente un daño a la sociedad.

En estos casos, será deudor a la sociedad por el importe del valor que tenían los bienes al ser enajenados por dicho negocio; importe que, actualizado, habrá de incluirse, en su caso, en el activo del inventario la sociedad de gananciales al tiempo de su liquidación (artículo 1.397.2.º); aunque el otro cónyuge no impugne, cuando proceda, la eficacia del acto.

2.- Esta norma se complementa con la posibilidad de solicitar la disolución de la sociedad de gananciales, por decisión judicial y a petición del cónyuge perjudicado, por haber realizado el otro actos que entrañen daño, fraude o peligro para sus derechos en la comunidad, artículo 1.393.2.º); lo que extiende la doctrina no sólo a los actos dolosos o desleales, sino incluso a los negligentes, referidos tanto a bienes comunes como privativos.

JURISPRUDENCIA

«siendo el ahora recurrente quien estaba administrando ese negocio ganancial y que la resolución del contrato de arrendamiento se produjo por una causa imputable al recurrente que abandonó el uso del local sin causa alguna justificada para ello, es evidente que causó dolosamente un daño a la sociedad, resultando así deudor de la misma por su importe, aunque el otro cónyuge no impugne cuando proceda la eficacia del acto, a tenor del art. 1391 en relación con el 1390 del Código Civil, precepto que, si bien no es citado por la sentencia recurrida, sirve de cobertura legal a la solución en ella adoptada haciendo recaer sobre el recurrente las consecuencias económicas de su conducta dolosa para con la sociedad de gananciales». (21 mayo 1994, LA LEY 684/1994)

CONCORDANCIAS

Véase arts. 1.322 y 1.397.2.º de este Código.
Texto vigente según Ley 11/1981, 13 mayo (*«B.O.E.»*, 19 mayo). Anterior texto según Ley 14/1975, 2 mayo (*«B.O.E.»*, 5 mayo).

Artículo 1.391

Cuando el cónyuge hubiere realizado un acto en fraude de los derechos de su consorte será en todo caso, de aplicación lo dispuesto en el artículo anterior y, además, si el adquirente hubiere procedido de mala fe, el acto será rescindible.

COMENTARIO

1.- Sanciona los actos de administración y disposición realizados por uno solo de los cónyuges, continuando lo dispuesto en el artículo anterior, cuando dicho acto lo realiza en fraude de los derechos de su consorte; importe que, actualizado, habrá de incluirse, en su caso, en el activo del inventario la sociedad de gananciales al tiempo de su liquidación (artículo 1.397.2.º), aunque el otro cónyuge no impugne, cuando proceda, la eficacia del acto.

2.- Esta norma se complementa con:

a) La posibilidad de rescindir el acto en fraude, si el adquirente fue de mala fe.

b) La posibilidad de solicitar la disolución de la sociedad de gananciales, por decisión judicial y a petición del cónyuge perjudicado, por haber realizado el otro actos que entrañen daño, fraude o peligro para sus derechos en la comunidad (*vid.* artículo 1.393.2.º).

JURISPRUDENCIA

«uno de los cónyuges ha realizado un acto de administración, con lo que ha obtenido un concreto lucro exclusivo, que con ello se ha perjudicado al otro esposo, y apoyándose en un sentido de ocultación y ventaja «in partibus» que supone una situación subjetiva de mala fe. Con todo ello se han dado todos los requisitos que exige el art. 1391 del CC para el éxito de una acción rescisoria de negocios jurídicos que afectan a la sociedad de gananciales.» (28 febrero 2001, LA LEY 3544/2001)

CONCORDANCIAS

Véase arts. 1.393.2.º y 1.397.2.º de este Código.
Texto vigente según Ley 11/1981, 13 mayo (*«B.O.E.»*, 19 mayo). Anterior texto según Ley 14/1975, 2 mayo (*«B.O.E.»*, 5 mayo).

SECCIÓN QUINTA
De la disolución y liquidación de la sociedad de gananciales

Artículo 1.392

La sociedad de gananciales concluirá de pleno derecho:

1.º Cuando se disuelva el matrimonio.

2.º Cuando sea declarado nulo.

3.º Cuando judicialmente se decrete la separación de los cónyuges.

4.º Cuando los cónyuges convengan un régimen económico distinto en la forma prevenida en este Código.

COMENTARIO

1.- El régimen de gananciales se extingue y, en inmediata consecuencia, se disuelve la comunidad ganancial: I) Ipso iure, de pleno derecho, cuando el mantenimiento del régimen y de la comunidad es incompatible con la situación matrimonial; o II) a instancia de parte, judicialmente, cuando por alguna de las causas que señala el Código en que uno de los cónyuges puede solicitar que se declare por resolución judicial la extinción del régimen y la disolución de la comunidad ganancial. Establece el artículo 1.392 las causas de disolución que operan automáticamente, ipso iure, por la sola concurrencia de la misma.

2.- Primera. La causa establecida en el número primero de este artículo se justifica porque, de la misma manera que no cabe un matrimonio sin régimen económico, no cabe tampoco un régimen sin matrimonio; así cuando éste se disuelva, se disuelve también el régimen de gananciales (y cualquier otro régimen, como se deduce del artículo 95); cuya disolución se produce, a tenor del artículo 85, por muerte, declaración de fallecimiento o divorcio.

Segunda. La disolución se produce también cuando el matrimonio sea declarado nulo —número segundo del artículo que comentamos—. Cuya declaración de nulidad implica que una concreta apariencia de matrimonio no es tal, sino que nunca existió y, por tanto, tiene efecto retroactivo, salvo el caso de matrimonio putativo del artículo 79. Si ambos cónyuges han obrado de buena fe, se aplica el mencionado artículo 79 y la normativa general de la liquidación del régimen de gananciales, como si se tratase de un matrimonio que hubiera sido válido hasta la declaración de nulidad. Si uno solo de los cónyuges ha actuado de buena fe, por aplicación de los artículos 95, segundo párrafo y 1.395, éste podrá optar por la liquidación del régimen matrimonial según las normas del régimen de gananciales, o por las disposiciones relativas al régimen de participación *(vid.* artículos 1.411 y siguientes), en cuyo caso el de mala fe no participa en las ganancias. Si en ambos ha concurrido mala fe, por no aplicación del artículo 79 ni tampoco del 1.395, se da el caso de una apariencia, pero no de matrimonio, que no pudo haber producido efecto alguno en orden al régimen económico, por el carácter retroactivo de la declaración de nulidad. Por tanto, se debe entender que en el matrimonio nulo no hubo régimen, no se disuelve sino la apariencia del régimen (como no se disolvió sino la apariencia de matrimonio) y no se aplicarán otras normas que las generales relativas a declaraciones de titularidad de derechos, pero nunca las reglas del régimen de gananciales.

Tercera. La separación judicial disuelve todo régimen económico, como dispone con carácter general el artículo 95, pues se estima que no puede mantenerse un régimen de comunidad, como el de gananciales, en un matrimonio cuyos efectos están suspendidos.

Cuarta. Por último, se produce la disolución automática del régimen de gananciales cuando los cónyuges, vigente matrimonio, otorgan capitulaciones matrimoniales estableciendo un régimen distinto al de gananciales. Lo mismo ocurrirá si no pactan en tales capitulaciones un régimen distinto, sino que se limitan a establecer que rechazan el de gananciales, en cuyo caso se disolverá éste y regirá el de separación de bienes, según el número 3.º del artículo 1.435.

3.- En cuanto al momento en que se inician los efectos de la disolución *ipso iure*, será, para el caso de muerte de un cónyuge, la fecha de dicho fallecimiento; para el de declaración de fallecimiento, la fecha que se determine como fecha de la muerte en la resolución judicial, al amparo del artículo 195, párrafo segundo; en los de nulidad, separación o divorcio, la fecha de firmeza de la sentencia según el artículo 95, párrafo primero; y en los casos en que los cónyuges acuerden otro régimen, la de las capitulaciones.

4.- Los efectos de la disolución son:

Primero. Abre el proceso de liquidación del régimen: artículo 1.396.

Segundo. Produce la transformación de la masa ganancial en la denominada «comunidad postmatrimonial», de naturaleza jurídica discutida, pero que puede considerarse una comunidad no romana, sino universal e incidental o transitoria, sin cuotas determinadas en bienes concretos, con peculiares caracteres, pues no ocasiona la disolución la transformación objetiva del patrimonio ganancial, sino de su régimen jurídico; comunidad que, en cierto modo, se asemeja a la hereditaria, aplicándose a la administración y disposición de bienes las reglas de la comunidad romana.

JURISPRUDENCIA

«La cuestión jurídica se refiere a la disolución y liquidación de la comunidad de gananciales produce la disolución ipso iure de la comunidad cuando judicialmente se decreta la separación de los cónyuges, tal como dispone el art. 1392, núm. 3 CC, de acuerdo con lo que prevé, con carácter general, el primer párrafo del art. 95. La disolución de la comunidad de gananciales implica la división de las ganancias entre ambos cónyuges, es decir, la liquidación, tal como expresa el primer inciso del art. 1396, cuya liquidación sigue unos pasos que regulan con detalle los artículos siguientes, aunque éstos contemplan el caso de concordia entre las partes, pero no el de enfrentamiento personal y jurídico». (4 abril 1997, LA LEY 8512/1997)

Vid. la jurisprudencia del artículo 1.344 relativa a la disolución de la comunidad de gananciales por la separación de hecho, por razón de que la convivencia conyugal es la base de la comunidad de gananciales.

CONCORDANCIAS

Véase arts. 73 a 89 y 103.4.º de este Código.
Texto vigente según Ley 11/1981, 13 mayo (*«B.O.E.»,* 19 mayo).

Artículo 1.393

También concluirá por decisión judicial la sociedad de gananciales, a petición de uno de los cónyuges, en alguno de los casos siguientes:

1.º Haber sido el otro cónyuge judicialmente incapacitado, declarado pródigo, ausente o en quiebra o concurso de acreedores, o condenado por abandono de familia.

Para que el Juez acuerde la disolución bastará que el cónyuge que la pidiere presente la correspondiente resolución judicial.

2.º Venir el otro cónyuge realizando por sí solo actos dispositivos o de gestión patrimonial que entrañen fraude, daño o peligro para los derechos del otro en la sociedad.

3.º Llevar separado de hecho más de un año por acuerdo mutuo o por abandono del hogar.

4.º Incumplir grave y reiteradamente el deber de informar sobre la marcha y rendimiento de sus actividades económicas.

En cuanto a la disolución de la sociedad por el embargo de la parte de uno de los cónyuges por deudas propias, se estará a lo especialmente dispuesto en este Código.

COMENTARIO

1.- Este artículo, como continuación del anterior, enumera las causas de disolución de la comunidad de gananciales, alegadas por uno de los cónyuges y declarada la disolución por resolución judicial.

2.- Primera. Las causas agrupadas bajo el número 1.º del artículo se justifican por la imposibilidad jurídica de uno de los cónyuges. Son situaciones en que, jurídicamente, un cónyuge no puede seguir participando en el régimen y en la comunidad de gananciales. El otro cónyuge puede, o bien dejar que continúe el régimen, sin tomar ninguna medida, o bien interesar la aplicación de los artículos 1.387 y 1.388 y conseguir la exclusividad de la administración y disposición, o bien, en base a la presente norma, solicitar la disolución. En este último caso, basta, para que el Juez la decrete, que el cónyuge que la pida presente la correspondiente resolución judicial de incapacitación, prodigalidad, ausencia, concurso o quiebra, o condena penal por abandono de familia.

Segunda. El segundo supuesto del artículo que comentamos se refiere a una sanción legal por actuación dañosa o peligrosa. Tales actos están previstos en los artículos 1.390 y 1.391, pero aparte de tales previsiones, la actuación del cónyuge que los realiza recibe la sanción de que el otro puede pedir la disolución del régimen. Se comprenden aquí no sólo los actos dolosos o desleales, sino todos los que supongan una mala gestión, siempre que sea el daño o peligro real y con cierta relación de causalidad; actos que pueden ir referidos, tanto a los bienes gananciales como a los privativos.

Tercera. La separación de hecho superior al año, aparte de que pueda dar lugar a la separación judicial o al divorcio, que producen *ipso iure* la disolución del régimen de gananciales (artículo 1.392.1.º y 3.º), o que en la práctica se resuelvan muchos problemas mediante el establecimiento de un nuevo régimen en capitulaciones —normalmente, el de separación de bienes—, que también producen la misma disolución (artículo 1.392.4.º), da lugar a la disolución del régimen a instancia de parte, por resolución judicial. Y ello, sin importar que sea consensual —por acuerdo mutuo— o unilateral —abandono—.

Cuarta. Establece el número 4.º de este artículo la disolución a instancia de parte como sanción legal al incumplimiento del deber de información sobre la marcha y rendimientos de las actividades económicas, establecido en el artículo 1.383. Ha de tratarse no de un incumplimiento en cualquier forma y medida, sino grave y reiterado, relativo a la vez, a extremos importantes y repetido, de forma que no se vislumbre un cambio de actitud.

Quinta. El último párrafo de este artículo remite al artículo 1.373, que prevé que, en caso de embargo de bienes gananciales por deudas propias de un cónyuge, pueda el otro pedir que dicho embargo se trabe sobre la parte que ostenta el cónyuge deudor en la comunidad ganancial, lo que conlleva la disolución del régimen. Disolución tras la cual se aplicará el régimen de separación de bienes, salvo que, en el plazo de tres meses, el cónyuge del deudor opte, en documento público, por el comienzo de una nueva sociedad de gananciales, a tenor del artículo 1.374.

3.- Por lo que atañe a los efectos, éstos serán los mismos vistos para las causas que operan *ipso iure* al analizar el artículo 1.392. Pero es de destacar que al disolverse el régimen de gananciales por resolución judicial, al no imponer dicha resolución otro régimen, el que regirá el matrimonio será el de separación de bienes, por aplicación del número 3.º del artículo 1.435.

JURISPRUDENCIA

Tercer supuesto:

«A diferencia de los cuatro supuestos que contempla el art. 1392 CC, los que, por sí solos, operan ope legis o de pleno derecho la disolución de la sociedad de gananciales, en los que relaciona el art. 1393 mismo Código (uno de los cuales, el 3.º, es efectivamente "llevar separado de hecho más de un año por mutuo acuerdo o por abandono de familia") para que se produzca la disolución o conclusión de la sociedad de gananciales se requiere decisión judicial a petición de uno de los cónyuges». (14 febrero 2000, LA LEY 214/2001)

«si es posible pactar la simple disolución del régimen durante la separación de hecho, sin que los cónyuges se acojan a otro régimen, la respuesta debe ser negativa, porque el artículo 1392 del Código civil establece las causas de disolución de pleno derecho del régimen de gananciales y entre ellas no se encuentra la separación de hecho. Es más, el artículo 1393 del Código civil prevé esta posibilidad cuando los cónyuges lleven separados de hecho "más de un año por acuerdo mutuo o por abandono del hogar", pero en este caso la terminación del régimen se produce por decisión judicial a petición de uno de los cónyuges». (3 febrero 2006, rec. 2146/1999)

Cuarto supuesto:

«el incumplimiento, por parte del marido, del deber de informar a su esposa sobre la marcha y rendimiento de sus actividades económicas, consecuentemente a esa falta de convivencia, y ésa sí es una de las causas (la 4.ª) que contempla el art. 1393 CC como determinante, por decisión judicial, de la conclusión o disolución de la sociedad de gananciales». (4 mayo 1998, A.C 819/1998)

«Ni en las cuentas bancarias aparecen como titulares ambos esposos, ni las disposiciones de fondos se hacen para cubrir atenciones familiares, ni existe el más mínimo indicio de que la esposa estuviese al corriente de los movimientos que se produjeron en las mismas». (16 febrero 1999, LA LEY 2496/1999)

CONCORDANCIAS

Véase arts. 1.373, 1.374, 1.383, 1.390 y 1.391 de este Código.
Texto vigente según Ley 11/1981, 13 mayo («*B.O.E.*», 19 mayo).
— Número redactado por LO 1/1996, 15 enero, de Protección Jurídica del Menor.

Artículo 1.394

Los efectos de la disolución prevista en el artículo anterior se producirán desde la fecha en que se acuerde. De seguirse pleito sobre la concurrencia de la causa de disolución, iniciada la tramitación del mismo, se practicará el inventario, y el Juez adoptará las medidas necesarias para la administración del caudal, requiriéndose licencia judicial para todos los actos que excedan de la administración ordinaria.

COMENTARIO

1.- Señala el momento a partir del cual se producirán los efectos de la disolución del régimen de gananciales cuando esta disolución sea instada por uno de los cónyuges, al amparo de algunas de las causas del artículo 1.393 y decretada judicialmente. Dicho momento será desde la fecha en que se acuerde la disolución. Ahora bien, es posible una retroactividad a un momento anterior a la declaración judicial en los supuestos de los números 2.º —actuación dañosa o peligrosa— y 4.º —incumplimiento grave y reiterado del deber de información— del mencionado artículo 1.393 si, en el período intermedio desde que se solicita la disolución hasta que se declara, se han producido daños al patrimonio por la conducta infractora del cónyuge demandado.

2.- En todo caso, si la petición de disolución da lugar a un proceso, se practica el inventario en el momento de la incoación y el Juez adoptará las medidas necesarias para la administración del caudal, requiriéndose licencia judicial para todos los actos que excedan de la administración ordinaria.

CONCORDANCIAS

Véase arts. 103 y 104 de este Código.
Texto vigente según Ley 11/1981, 13 mayo («*B.O.E.*», 19 mayo).

Artículo 1.395

Cuando la sociedad de gananciales se disuelva por nulidad del matrimonio y uno de los cónyuges hubiera sido declarado de mala fe, podrá el otro optar por la liquidación del régimen matrimonial según las normas de esta Sección o por las disposiciones relativas al régimen de participación, y el contrayente de mala fe no tendrá derecho a participar en las ganancias obtenidas por su consorte.

COMENTARIO

1.- Contiene una norma especial —de contenido idéntico a la del artículo 95.2— en la liquidación de la sociedad de gananciales cuando la disolución de la misma se ha producido por consecuencia de la declaración de nulidad del matrimonio, y tan sólo se ha apreciado buena fe en uno de los cónyuges. Dispone una sanción para el esposo de mala fe, pues la opción de optar, en la liquidación, por la normativa de los gananciales o por la del régimen de participación, se concede al de buena fe, y en cualquiera de los dos supuestos, el de mala fe no tendrá derecho a participar en las ganancias obtenidas por su consorte.

2.- La opción, se ejercitará mediante documento fehaciente, si la liquidación se realiza extrajudicialmente, o mediante escrito dirigido al Juez en trámite de ejecución de sentencia, con audiencia del otro cónyuge.

3.- Si se observan las disposiciones del régimen de participación, se computará tan sólo el patrimonio inicial y el final del esposo de mala fe; se calculará el exceso del segundo sobre el primero y, si existe, la mitad de dicho exceso deberá ser entregada por este cónyuge a su consorte declarado de buena fe, sin que este último deba, por su parte, abonar nada al primero.

4.- En todo caso, este artículo no excluye la aplicación de la indemnización prevista en el artículo 98, si ha existido convivencia conyugal.

CONCORDANCIAS

Véase arts. 95, 1.411 a 1.434 de este Código.
Texto vigente según Ley 11/1981, 13 mayo (*«B.O.E.»,* 19 mayo).

Artículo 1.396

Disuelta la sociedad se procederá a su liquidación, que comenzará por un inventario del activo y pasivo de la sociedad.

COMENTARIO

1.- La disolución del régimen económico-matrimonial de gananciales no sólo implica el final y la disolución de la comunidad ganancial, sino también la división de ganancias entre ambos cónyuges, esto es, la liquidación. Se señala, por tanto, en este artículo, el efecto fundamental de la disolución: La apertura del proceso liquidatorio, conjunto de operaciones encaminadas a determinar las ganancias o beneficios obtenidos por los cónyuges durante la vigencia de la sociedad de gananciales.

2.- El Código dicta una serie de normas para tal liquidación y, subsidiariamente, en defecto de normas propias, declara aplicables las establecidas para la partición y liquidación de la herencia —artículo 1.410—; al tiempo que contiene dos reglas especiales de liquidación: Una, para el caso de disolución del régimen por nulidad de matrimonio, cuando sólo uno de los esposos haya procedido de buena fe, en sus artículos 1.395 y 95.2; y otra, para el supuesto de que hayan de liquidarse simultáneamente dos o más comunidades gananciales correspondientes a varios matrimonios contraídos por una misma persona, en el artículo 1.409.

3.- Pueden solicitar la liquidación cualquiera de los partícipes en la comunidad postmatrimonial, sean cónyuges, ex-cónyuges o sus herederos. Para pedir y para practicar la liquidación rigen las normas generales sobre capacidad, por lo que habrá que tener en cuenta la presencia de menores, emancipados o no, e incapacitados, y la posible existencia de conflicto de intereses. En el caso de liquidación como consecuencia de la disolución del régimen por muerte o declaración de fallecimiento de uno de los cónyuges, la liquidación de la comunidad ganancial es una operación prepartícional, previa a la de la herencia, y deberá ser ejecutada por los herederos del fallecido y el esposo sobreviviente, o por los herederos de ambos; si bien, es práctica generalizada que la realice el esposo sobreviviente y el contador-partidor, si se designó.

4.- Las operaciones que comprende la liquidación son las de inventario de activo y pasivo de la comunidad —artículos 1.396 a 1.398—; pago de deudas —artículos 1.399 a 1.403— y división y adjudicación de los bienes gananciales —artículos 1.404 a 1.407—. Otorgando el Código, durante la liquidación, un derecho de alimentos, que es el consagrado en el artículo 1.408.

5.- La primera de las fases de la liquidación es la formación de inventario, recogida en el inciso final. El inventario es una relación detallada del activo y del pasivo en el momento de la disolución, acompañada de su tasación. La formación de inventario constituye una obligación de exigibilidad y cumplimiento inmediato, que tienen derecho a pedir y obligación de colaborar a su formación todos los interesados en la liquidación; pero su ausencia no invalida las operaciones particionales, si bien, tiene especial trascendencia en tema de pago de deudas, como se desprende del artículo 1.401. Respecto a las formalidades que debe revestir el inventario, no se exige ninguna especial en el Código Civil, si bien se estima que deberá reunir unos mínimas garantías de autenticidad. El contenido del inventario viene impuesto por los artículos 1.397 y 1.398, debiendo detallar, junto a la relación de bienes y deudas, su tasación, que vendrá referida al tiempo de la liquidación y se efectuará por las partes, o por las personas que éstas designen, o, en caso de procedimiento judicial, por los medios legalmente determinados.

JURISPRUDENCIA

«Si bien es cierto que una vez disuelta la sociedad de gananciales se procederá a su disolución, que se comenzará por un inventario del activo y pasivo de la misma, art. 1396 CC, y que la liquidación es un proceso complejo hasta conseguir que los bienes que constituyen la liquidación se integren en otros patrimonios diferentes, lo que supone, en principio, la intervención del cónyuge supérstite». (23 octubre 1997, LA LEY 10404/1998)

«la acción ventilada en esta litis no es otra que la de división de cosa común, concretamente la de división y liquidación de una sociedad legal de bienes gananciales formada a consecuencia del anteriormente existente matrimonio entre actor y demandada, acción esta que debe tramitarse únicamente entre los que la componen, sin perjuicio de que, si hubiera derechos de terceras personas sobre los bienes de la sociedad que ahora se liquida, puedan los mismos dirigirse contra los antiguos cónyuges o el que a consecuencia de la liquidación resultare titular del bien concreto sobre el que recaigan los derechos de esos terceros, en reclamación de lo que crean corresponderles, pero sin que sea preciso llamar a la liquidación de la sociedad de gananciales a dichos terceros ajenos a la misma». (30 octubre 1997, LA LEY 9692/1998)

«es reiterada la jurisprudencia, SS 29 Feb. 1906, 31 Ene. 1912, 22 Ago. 1914, 10 Ene. 1934 y 17 Abr. 1943, entre otras que dispone que la liquidación de la sociedad de gananciales ha de realizarse por el contador partidor en unión del viudo o viuda». (25 enero 2000, LA LEY 45635/2000)

«El art. 1396 del Código Civil recoge que "disuelta la sociedad se procederá a su liquidación, que comenzará por un inventario del activo y del pasivo de la sociedad" y aunque las operaciones divisorias gananciales no estén sometidas a reglas rígidas, impera amplia libertad cuando se actúa dentro de la legalidad —sentencia de 23 de diciembre de 1999—. La añeja sentencia de este Tribunal de 19 de enero de 1960 entiende que bajo el nombre de liquidación de la sociedad de gananciales se comprenden todas las operaciones necesarias para determinar si existen gananciales y su disolución por mitad, previas las deducciones de los bienes de pertenencia particular o subrogados, así como las responsabilidades que fueren imputables al acervo común, constituyendo el saldo resultante el activo verdadero

que ha de dividirse por mitad entre ambos cónyuges o entre uno y los derechohabientes del otro. Cuando tiene lugar la disolución de la sociedad de gananciales, se procederá a su liquidación, que ha de iniciarse con un inventario del activo y del pasivo y operaciones sucesivas, como señaló la sentencia de 25 de noviembre de 1996. Hechas tales operaciones, el remanente constituirá el haber de la sociedad de gananciales, que se dividirá por mitad entre marido y mujer o sus respectivos herederos, como reza en el art. 1404 del citado Código Civil». (10 junio 2004, rec. 2315/1998)

Sobre la comunidad postganancial, véase la jurisprudencia relacionada en el art. 1.344.

CONCORDANCIAS

Véase arts. 90, 91 y 95 de este Código.
Texto vigente según Ley 11/1981, 13 mayo (*«B.O.E.»,* 19 mayo).

Artículo 1.397

Habrán de comprenderse en el activo:

1.º Los bienes gananciales existentes en el momento de la disolución.

2.º El importe actualizado del valor que tenían los bienes al ser enajenados por negocio ilegal o fraudulento si no hubieran sido recuperados.

3.º El importe actualizado de las cantidades pagadas por la sociedad que fueran de cargo sólo de un cónyuge y en general las que constituyen créditos de la sociedad contra éste.

COMENTARIO

1.- Este precepto relaciona los bienes y derechos que comprenden el activo de la sociedad de gananciales a incluir en el inventario con que comienza la liquidación.

2.- Primero. La partida más fácil y evidente del activo es la aludida en el número primero, esto es, los bienes y derechos gananciales existentes en el momento de la liquidación; para determinarlos cuales habrá que acudir a los artículos 1.347 y concordantes del Código Civil y tener en cuenta la importante presunción de ganancialidad proclamada en el artículo 1.361.

Segundo. El número segundo trata de los actos de disposición hechos sin actuación conjunta ni consentimiento del otro cónyuge ni autorización judicial subsidiaria (artículos 1.375 y 1.377), o en lucro exclusivo o daño o fraude (artículos 1.390 y 1.391) en que no se recuperó el concreto bien o derecho ganancial dispuesto. Y se computa en el activo, no su valor actual, sino el que tenía al tiempo de la disposición, pero actualizado en pesetas de hoy.

Tercero. El último capítulo del activo del inventario lo constituyen las cantidades que deben satisfacerse en aplicación del derecho de reembolso que corresponde a la sociedad de gananciales frente a los cónyuges (artículos 1.358 y concordantes); reembolso que se satisfará con el importe actualizado: aquella misma cantidad en pesetas actuales.

JURISPRUDENCIA

«para proceder a la valoración de los gananciales, de las viviendas de protección oficial debe partirse de un dato imprescindible, cual es la posibilidad de que en un plazo determina-

do dicha vivienda deje de tener la condición de vivienda protegida y sea, por tanto, descalificada, para entrar en el mercado libre. De aquí que: 1.º La vivienda no descalificable debe ser valorada de acuerdo con el valor oficial. 2.º La vivienda descalificable debe ser valorada de acuerdo con un criterio ponderado, porque en el momento de la disolución de la sociedad de gananciales, la vivienda no es de libre disposición, aunque debido a su naturaleza, lo será en el tiempo establecido en el concreto plan, que ambos cónyuges conocen. Por tanto, en los casos de vivienda descalificable se aplicará el valor del mercado en el momento de la extinción del régimen, rebajado en la proporción que resulte en relación al tiempo que falte para la extinción del régimen de protección». (12 marzo 2008, rec. 5167/2000)

«debe aplicar el artículo 1419, segundo párrafo, según redacción dada por la Ley de 24 de abril de 1958 que es coincidente con el artículo 1397.2.º, según redacción por la Ley 11/1981, de 13 de mayo: el esposo demandado D. Guillermo dispuso de la sexta parte de la copropiedad, que tenía carácter ganancial, de forma fraudulenta, no porque quebrantara los artículos 1413 o 68 del Código civil, que no los vulneró, sino que lo hizo en provecho propio, por lo que ahora debe reintegrar su valor a la masa ganancial». (5 diciembre 2008, rec. 2579/2003, LA LEY 226016/2008)

CONCORDANCIAS

Véase arts. 1.390 y 1.391 de este Código.
Texto vigente según Ley 11/1981, 13 mayo (*«B.O.E.»*, 19 mayo).

Artículo 1.398

El pasivo de la sociedad estará integrado por las siguientes partidas:

1.ª Las deudas pendientes a cargo de la sociedad.

2.ª El importe actualizado del valor de los bienes privativos cuando su restitución deba hacerse en metálico por haber sido gastados en interés de la sociedad.

Igual regla se aplicará a los deterioros producidos en dichos bienes por su uso en beneficio de la sociedad.

3.ª El importe actualizado de las cantidades que, habiendo sido pagadas por uno solo de los cónyuges, fueran de cargo de la sociedad y, en general, las que constituyan créditos de los cónyuges contra la sociedad.

COMENTARIO

1.- Este artículo señala los bienes y derechos que comprenden el pasivo de la sociedad de gananciales a incluir en el inventario con que comienza la liquidación.

2.- La partida más importante de dicho pasivo la integran las deudas pendientes a cargo de la sociedad, para determinar las cuales habrá que tener en cuenta las cantidades que, de acuerdo con los artículos 1.362, 1.363, 1.366 y 1.371, le afectan directa y definitivamente, como pasivo definitivo. La inclusión en el inventario de tales deudas no provoca, como sucede en las situaciones concursales, el vencimiento y exigibilidad automática de tales deudas, sino que conservan el carácter, exigibilidad y responsabilidad que tenían cuando se contrajeron. Las cantidades mencionadas en los números 2.º y 3.º son expresiones del derecho de reintegro y reembolso que compete a los cónyuges contra la sociedad, reembolso que trata de evitar el perjuicio entre los patrimonios implicados en el régimen de gananciales, y para fijar cuándo se aplica, habrá de atenderse a los artículos 1.358 y concordantes del Código Civil.

JURISPRUDENCIA

«Reconocido por la demandada que tales obras fueron realizadas después de la separación matrimonial, es claro que tales gastos no pueden imputarse a la sociedad de gananciales ya disuelta al momento de tales obras por lo que no puede decirse, como requiere el art. 1398.2.ª, que las mismas se hicieran en interés de la sociedad». (19 junio 1998, LA LEY 7005/1998)

(Se refiere a los gastos comunes de propiedad horizontal: art. 9.5 LPH):

«resulta incontrovertible que la valoración de los bienes partibles (y a la liquidación de la sociedad de gananciales es aplicable en lo no previsto en el Cap. IV del Título III del Libro IV del Código Civil lo establecido para la partición y liquidación de la herencia —art. 1410 CC; S 16 febrero 1998—), habrá de efectuarse con relación al tiempo de practicarse la partición (arts. 847, 1045 y 1074 CC —"valor de las cosas cuando fueron adjudicadas"—; sentencias, entre otras, 23 diciembre 1993, 8 julio 1995 y 27 octubre 2000); (...) con posterioridad a la disolución de la sociedad de gananciales, y durante el periodo intermedio hasta la liquidación, se forma una comunidad, de modo que los incrementos o disminuciones patrimoniales son de riesgo y ventaja de sus integrantes, quedando sujeta la parte que ostente la administración a las responsabilidades correspondientes». (25 mayo 2005, rec. 4650/1998; esta doctrina se reitera en la sentencia siguiente, de 1 junio 2006)

«El artículo 1398, número 3.º, segundo inciso, del Código civil, en relación con el 1358, ha sido infringido. Se trata de las cantidades pagadas por el ex esposo, que ha pagado por razón del préstamo, contrato celebrado por los cónyuges, constante matrimonio, para la adquisición de la vivienda conyugal; se incluye como crédito del mismo en la cantidad que se indica. Y el motivo de casación es que debe ser actualizada, en lo que lleva razón y así se debe declarar estimando el motivo y aplicando dicho artículo 1398 que dispone que el pasivo de la comunidad de gananciales está integrado por —número 3— el importe actualizado de —inciso segundo— los créditos de los cónyuges contra la sociedad». (1 junio 2006, rec. 4097/1999)

CONCORDANCIAS

Véase arts. 1.358 y 1.364 de este Código.
Texto vigente según Ley 11/1981, 13 mayo (*«B.O.E.»*, 19 mayo).

Artículo 1.399

Terminado el inventario se pagarán en primer lugar las deudas de la sociedad, comenzando por las alimenticias que, en cualquier caso, tendrán preferencia.

Respecto de las demás, si el caudal inventariado no alcanzase para ello, se observará lo dispuesto para la concurrencia y prelación de créditos.

COMENTARIO

1.- La segunda de las operaciones que comprende la liquidación de la sociedad de gananciales es el pago del pasivo inventariado. El Código Civil marca un orden de preferencia para el pago de las deudas que, esencialmente, es el pago de deudas de la comunidad de gananciales, en primer lugar, y luego las correspondientes a los cónyuges por reembolsos e indemnizaciones.

En primer término, por tanto, se abonarán las deudas de la sociedad; pero, respecto de éstas, también señala un orden de preferencia dentro de las mismas, debiendo satisfacerse primero las alimenticias, y, a continuación, se remite a las normas de la concurrencia y prelación de créditos. En todo caso, además de pagar las deudas vencidas, habrá que reservar o asignar bienes para las de vencimiento futuro.

2.- Del inciso final de este artículo, en relación con el artículo 1.403 podría deducirse que la posposición de los créditos de un cónyuge frente al consorcio sólo procede cuando en la masa ganancial hay bienes suficientes para satisfacerlos: La afirmación generalizada «antes es pagar que partir» debe referirse, en todo caso, a la división propiamente dicha, y no a la liquidación; pero se entiende que este artículo, relacionado con el 1.403 señala la preferencia de los acreedores comunes frente al cónyuge a reintegrar.

CONCORDANCIAS

Véase arts. 1.911 a 1.929 de este Código.
Texto vigente según Ley 11/1981, 13 mayo («*B.O.E.*», 19 mayo).

Artículo 1.400

Cuando no hubiera metálico suficiente para el pago de las deudas podrán ofrecerse con tal fin adjudicaciones de bienes gananciales, pero si cualquier partícipe o acreedor lo pide se procederá a enajenarlos y pagar con su importe.

COMENTARIO

1.- La segunda de las operaciones que comprende la liquidación de la sociedad de gananciales es el pago del pasivo inventariado. En primer término, como marca el artículo 1.399, se abonarán las deudas de la sociedad; debiendo satisfacerse dentro de las mismas, primero las alimenticias, y, a continuación, se remite a las normas de la concurrencia y prelación de créditos.

2.- Este artículo trata de solventar el problema de la falta de liquidez de la comunidad, permitiendo ofrecer adjudicaciones de bienes concretos, si bien, en todo caso, cualquier partícipe o acreedor puede pedir la enajenación de los mismos y cobrar con el importe obtenido. Coincide con la regla arbitrada en el artículo 1.405 para el caso de que uno de los esposos resulte, en el momento de la liquidación, acreedor particular del otro, si bien el artículo 1.405 no contiene la posibilidad de venta en pública subasta y pago con el importe obtenido, sino que el cónyuge acreedor deberá o bien admitir la adjudicación de bienes comunes, o bien el pago en metálico.

CONCORDANCIAS

Texto vigente según Ley 11/1981, 13 mayo («*B.O.E.*», 19 mayo).

Artículo 1.401

Mientras no se hayan pagado por entero las deudas de la sociedad, los acreedores conservarán sus créditos contra el cónyuge deudor. El cónyuge no deudor responderá

con los bienes que le hayan sido adjudicados, si se hubiere formulado debidamente inventario judicial o extrajudicial.

Si como consecuencia de ello resultare haber pagado uno de los cónyuges mayor cantidad de la que le fuere imputable, podrá repetir contra el otro.

COMENTARIO

1.- Señala los derechos de los acreedores en la liquidación de la sociedad de gananciales, si bien resulta discutible a qué acreedores se refiere, y a qué momento se concreta.

—En cuanto a la primera cuestión, parece que sólo se refiere este artículo a los acreedores de uno de los cónyuges, porque a los de la sociedad alude el artículo siguiente; pero resulta anómalo que si las deudas son de uno solo de los cónyuges deban afectar al esposo no deudor, dado que, además, ello supondría conceder preferencia a los acreedores particulares de uno solo de los esposos frente al otro cónyuge, lo que contradice el propio artículo 1.373.

De ahí que sea preferible entender que este artículo se concreta a las deudas de la sociedad, contraídas por uno solo de los esposos, en los casos en que legalmente puede hacerlo.

—En cuanto al segundo tema, algún autor, tratando de armonizar este artículo con el siguiente 1.402, opina que se refiere a los derechos de los acreedores de la sociedad de gananciales después de practicada la división del caudal, mientras que el 1.402, a los que ostentan antes de realizarse la misma.

2.- Existe, pues, además de una responsabilidad personal del cónyuge deudor, una responsabilidad de la masa de bienes gananciales que no desaparece por el hecho de que hayan sido adjudicados; el cónyuge no deudor responde de la deuda también, pero sólo con los bienes gananciales que le hubiesen sido adjudicados. Pero si el inventario no se ha formulado debidamente, el cónyuge no deudor queda obligado solidariamente con el deudor, y responde con los bienes adjudicados y con los propios, pues aquella infracción le es también imputable. Y esta regla también resultaría de la remisión del artículo 1.402 a las normas sobre partición de herencia, en concreto, al artículo 1.084.

3.- La acción de los acreedores, cuando intenten cobrar su crédito sobre bienes consorciales, debe dirigirse contra todos los titulares de tal masa, o al menos, notificarse al cónyuge no deudor, tal como se desprende del apartado 4 del artículo 1.44 del Reglamento Hipotecario.

JURISPRUDENCIA

«existe una responsabilidad de los bienes gananciales, que no desaparece en estos casos por el hecho de esa atribución, lo que determina que, aun después de la disolución de la sociedad, pueden accionar los acreedores contra los bienes gananciales, incluso, que hubieren sido adjudicados al cónyuge no deudor, por exacta aplicación del art. 1401 CC... todo lo anterior deriva hacia la aplicación ineludible del art. 1401 CC, en cuanto concede a los acreedores poderes especiales sobre el patrimonio ganancial, que trasciende y permanece incluso con posterioridad a la crisis que para la sociedad de gananciales implica unas capitulaciones matrimoniales que supongan la disolución de dicha sociedad». (17 julio 1997, LA LEY 9017/1997)

«la preservación de los derechos de los acreedores se traduce en que éstos conservarán sus créditos contra el cónyuge deudor con responsabilidad ilimitada y, además, su consorte responderá con los bienes que le hayan sido adjudicados si se hubiese for-

mulado debidamente inventario pues, en otro caso y por aplicación de las normas de las sucesiones (arts. 1.401 y 1.402 en relación con el 1.084 CC), tal responsabilidad será ultra vires (SS 20 de marzo, 27 de octubre y 22 de diciembre de 1989), por lo que ha podido decirse que, con independencia de lo que alcanza al esposo deudor, existe una responsabilidad real de la masa de los bines gananciales que no desaparece por el hecho de que hayan sido adjudicados, todo lo cual determina que aun después de la disolución de la sociedad permanece viva la acción del acreedor contra los bienes consorciales (S 13 de junio de 1986), pero para que el cónyuge no deudor responda con los bienes propios se precisa que no se haya hecho inventario y que, no obstante, se le adjudiquen bienes gananciales, pues entonces se confunden éstos con los suyos propios». (7 noviembre 1997, LA LEY 10411/1998)

«la deuda tributaria (años 1984 a 1987) es a cargo de la comunidad de gananciales y la modificación del régimen económico-matrimonial de gananciales a separación de bienes (en 1987) no perjudica a tercero, sino que éste conserva sus créditos contra el cónyuge deudor y no deudor, a quien han sido adjudicados bienes de aquella comunidad y es válido el embargo (de 1991) En consecuencia, los bienes que eran gananciales y que han sido adjudicados a la esposa, actual tercerista, responden de las deudas tributarias que son a cargo de la comunidad de gananciales, habiendo nacido cuando estaba vigente este régimen». (21 junio 2005, rec. 206/1999)

Véase también la jurisprudencia recogida en el artículo 1.317.

CONCORDANCIAS

Véase art. 1.364 de este Código.
Texto vigente según Ley 11/1981, 13 mayo (*«B.O.E.»,* 19 mayo).

Artículo 1.402

Los acreedores de la sociedad de gananciales tendrán en su liquidación los mismos derechos que le reconocen las Leyes en la partición y liquidación de las herencias.

COMENTARIO

Determina los derechos que tienen los acreedores de la sociedad de gananciales en su liquidación, por remisión a las normas sobre partición de herencia. La remisión que efectúa resulta de importancia a la hora de concretar, por ejemplo, la responsabilidad del cónyuge que no haya contraído la deuda respecto de los acreedores, tanto personal, como con los bienes gananciales adjudicados y aún con los propios (vid. artículo anterior). Lo que viene resuelto por el artículo 1.084.

JURISPRUDENCIA

Véase la jurisprudencia recogida en los artículos 1.317 y 1.401.

CONCORDANCIAS

Véase arts. 1.082 a 1.087 de este Código.
Texto vigente según Ley 11/1981, 13 mayo (*«B.O.E.»,* 19 mayo).

Artículo 1.403

Pagadas las deudas y cargas de la sociedad se abonarán las indemnizaciones y reintegros debidos a cada cónyuge hasta donde alcance el caudal inventariado, haciendo las compensaciones que correspondan cuando el cónyuge sea deudor de la sociedad.

COMENTARIO

1.- La segunda de las operaciones que comprende la liquidación de la sociedad de gananciales es el pago del pasivo inventariado. El Código Civil marca un orden de preferencia para el pago de las deudas que, esencialmente, es el pago de deudas de la comunidad de gananciales, en primer lugar, y luego las correspondientes a los cónyuges por reembolsos e indemnizaciones, tal como indica este artículo.

2.- Estos reintegros, en principio y salvo pacto en contrario, deberán hacerse en metálico, a fin de no contrariar el principio de igualdad de lotes o adjudicaciones consignado en el artículo 1.061. Los cónyuges reciben estos reintegros como acreedores del consorcio, por lo que su cobro no es una predetracción de la masa, sino la extinción de un crédito. De ahí que si cobran con bienes distintos del dinero común la operación será una dación en pago.

3.- Si bien del inciso final del artículo 1.399, en relación con el artículo 1.403 podría deducirse que la posposición de los créditos de un cónyuge frente al consorcio sólo procede cuando en la masa ganancial hay bienes suficientes para satisfacerlos. La afirmación generalizada «antes es pagar que partir» debe referirse, en todo caso, a la división propiamente dicha, y no a la liquidación; pero se entiende que el artículo 1.399, relacionado con el 1.403 señala la preferencia de los acreedores comunes frente al cónyuge a reintegrar, tal como se dijo al comentar dicho artículo 1.399.

CONCORDANCIAS

Véase arts. 1.358 y 1.364 de este Código.
Texto vigente según Ley 11/1981, 13 mayo (*«B.O.E.»,* 19 mayo).

Artículo 1.404

Hechas las deducciones en el caudal inventariado que prefijan los artículos anteriores, el remanente constituirá el haber de la sociedad de gananciales, que se dividirá por mitad entre los cónyuges o sus respectivos herederos.

COMENTARIO

1.- La tercera operación que comprende la liquidación de la sociedad de gananciales es la división de su haber líquido entre los partícipes de la comunidad postmatrimonial, sean cónyuges, ex-cónyuges o sus herederos. Tras los pagos que ordenan los arts. 1399 a 1403 y, en caso de disolución por muerte, ejercitado el derecho de predetracción que concede el art. 1321 sobre las ropas, mobiliario y enseres que constituyen el ajuar de la vivienda habitual común de los esposos, el remanente es el haber de la comunidad, que como ganancias o beneficios, se dividirá entre los partícipes; y en la composición del lote de cada uno, habrá que tener en cuenta los derechos de preferente atribución que consagran los arts. 1406 y 1407.

2.- Este artículo concuerda con el texto del art. 1344, que define el régimen económico matrimonial de gananciales desde el punto de vista de sus efectos, concretándolo a las ganancias y rendimientos de los cónyuges. Se hacen comunes, entre éstos, los que han obtenido durante el matrimonio.

3.- Las ganancias se distribuirán por mitad entre los partícipes; pero se discute si cabe pactar una distribución que no sea en dicha proporción, lo que parece admisible, siempre que dicho pacto se contenga en capitulaciones y respete los límites del art. 1328.

JURISPRUDENCIA

«El artículo 1404 del Código Civil, establece que hechas las deducciones en el caudal inventariado que prefijan los artículos anteriores, el remanente constituirá el haber de la sociedad de gananciales, que se dividirá por mitad entre marido y mujer o sus respectivos herederos. La resolución de la Dirección General de los Registros de 3 de junio de 1986 (LA LEY JURIS. 1124795/1986) declara que por el hecho de la disolución, artículos 1344 y 1404 del Código Civil, a cada cónyuge (o herederos en su caso), se le atribuye una mitad en el conjunto patrimonial en liquidación pero la atribución a uno u a otro de bienes concretos sólo sucederá como consecuencia de la última operación divisoria, es decir, la adjudicación de bienes. Lo expuesto hay que relacionarlo con la prevención del artículo 1051 del mismo Código, cuando dispone que ningún coheredero podrá ser obligado a permanecer en la indivisión de la herencia, a menos que el testador prohíba expresamente la división. Pero, aun cuando la prohíba, la división tendrá siempre lugar mediante alguna de las causas por las cuales se extingue la sociedad. Y se invoca esta relación en virtud de interpretación jurisprudencial hecha respecto de este precepto legal. Así en sentencia de 16 de febrero de 1987 (LA LEY JURIS. 689313/1987) se declara que en la hipótesis de heredero único (la de la causa), huelga la partición hereditaria en cuanto el testamento es, por sí solo, título traslativo del dominio de los bienes relictos al confundirse en tal supuesto el derecho abstracto sobre el conjunto patrimonial hereditario con el derecho concreto sobre cada uno de los bienes individualizados. Y aún más, y en cuanto al caso que nos ocupa, la sentencia de 2 de febrero de 1960, si bien declara que no debe confundirse la liquidación de la sociedad conyugal con la partición de la herencia, porque son operaciones distintas y no recaen sobre los mismos derechos, toda vez que por la primera se trata de determinar las aportaciones de ambos cónyuges, satisfacer las deudas y cargas de la sociedad conyugal y proceder a la división del haber partible transformando la cuota ideal de cada interesado en otra real y efectiva, mientras que la segunda sirve de cauce para adjudicar el caudal hereditario del difunto a través de una serie de operaciones, si bien suele coincidir aquella liquidación con la partición de bienes de uno de los cónyuges». (26 febrero 2004, rec. 1152/1998)

CONCORDANCIAS

Véase art. 1.344 de este Código.
Modificado por Ley 13/2005, de 1 de julio (*«B.O.E.»* 2 julio).

Artículo 1.405

Si uno de los cónyuges resultare en el momento de la liquidación acreedor personal del otro, podrá exigir que se le satisfaga su crédito adjudicándole bienes comunes, salvo que el deudor pague voluntariamente.

COMENTARIO

1.- Establece este artículo, para el pago de deudas particulares entre cónyuges, una posibilidad similar a la contenida en el artículo 1.400 respecto a los acreedores de la sociedad de gananciales, pero con la diferencia de que no hay aquí más posibilidad que la de pagar la deuda para evitar la adjudicación en pago de bienes comunes.

2.- Las deudas particulares entre los esposos se presumen vencidas y exigibles cuando la liquidación de la sociedad de gananciales procede por muerte de uno de los cónyuges, separación judicial, divorcio o resolución judicial basada en alguna de las causas del artículo 1.393; pero no parece que se producirá así cuando la extinción venga determinada por acordar los cónyuges un nuevo régimen en capitulaciones, pues en tal supuesto, habrá que estar a las circunstancias específicas del crédito de que se trate.

CONCORDANCIAS

Texto vigente según Ley 11/1981, 13 mayo (*«B.O.E.»,* 19 mayo).

Artículo 1.406

Cada cónyuge tendrá derecho a que se incluyan con preferencia en su haber hasta donde éste alcance:

1.º Los bienes de uso personal no incluidos en el número 7 del artículo 1.346.

2.º La explotación económica que gestione efectivamente.

3.º El local donde hubiese venido ejerciendo su profesión.

4.º En caso de muerte del otro cónyuge, la vivienda donde tuviese la residencia habitual.

COMENTARIO

1.- Se refiere este artículo, junto al siguiente, a la concesión de unos derechos, de origen legal y discutida naturaleza jurídica, a los cónyuges en la liquidación del régimen económico-matrimonial de comunidad, y que tienen por objeto el que se incluyan con preferencia en su haber determinados bienes, con los que el cónyuge atributario se encuentra especialmente relacionado.

2.- Este artículo fue introducido por la Reforma de 13 de mayo de 1981, siguiendo las tendencias de algunas legislaciones forales, como la aragonesa, y del Derecho comparado, con la finalidad de mejorar la posición del cónyuge viudo, o en general, del más necesitado de protección; si bien es posible encontrar un fundamento propio a cada uno de los supuestos encuadrados en los cuatro números del artículo que comentamos. Así, el primero (bienes de uso personal no comprendidos en el número 7.º del art. 1.346) se funda en la vinculación de la persona a sus cosas, como proyección patrimonial de los derechos de la personalidad; el segundo y el tercero (explotación económica que gestione efectivamente) implica el reconocimiento legal del principio de libertad empresarial y profesional, así como del de conservación y continuidad de la empresa; respondiendo el número cuarto (vivienda residencia habitual) a un sistema de protección en previsión de la vejez.

3.- Su naturaleza jurídica puede ser deslindada:

— Desde el punto de vista negativo, distinguiéndola del derecho regulado en el art. 1.321, que es un derecho de predetracción, que significa un plus en la herencia, aplicable sólo en caso de disolución del matrimonio por muerte, y que tiene carácter atributivo.

— Desde el punto de vista positivo, por ser un derecho de elección liquidatoria o de preferente atribución (no de preferente adquisición), con eficacia determinativa, accesorio del principal (derecho a cuota en la liquidación de la sociedad), de origen legal, personalísimo e intransmisible, de ejercicio unilateral, renunciable, no real, y para algunos, excepcional y de interpretación restrictiva; que parece envolver un derecho potestativo de opción.

4.- Los bienes a que se refiere el número 1.º de este artículo son bienes de uso personal, es decir, de utilización y disfrute personal exclusivo, que no estén incluidos en el número 7.º del artículo 1.346, teniendo, pues, carácter ganancial; bien por ser ropas y objetos de uso personal de valor extraordinario, bien por que, careciendo de dicho valor, no puedan encuadrarse entre las ropas y objetos.

La explotación a que alude el número 2.º del artículo es el conjunto de bienes y derechos organizados empresarialmente por su titular, con destino a la producción o mediación de bienes o servicios, con vistas a la obtención de una ganancia; se puede, por tanto, equiparar al de empresa. Dicha empresa debe tener carácter ganancial, es decir, que se haya fundado durante la vigencia de la sociedad, por uno o ambos esposos, a expensas de los bienes comunes (artículo 1.347.5.º), o adquirida a título oneroso a costa del caudal común (artículo 1.347.3.º), o en el ejercicio de un derecho de retracto de carácter ganancial (artículo 1.347.4.º), o donada o dejada en testamento a ambos cónyuges, constante la sociedad y sin atribución de partes (artículo 1.353), o bien que se le haya atribuido el carácter ganancial por convenio (artículo 1.355). Además, se exige un elemento subjetivo, cual es la llevanza de la explotación, lo que debe entenderse en el sentido de que el cónyuge que pretenda la atribución ejerza en nombre propio esa actividad constitutiva de empresa, asumiendo los derechos y obligaciones que de ella se deriven. El texto de este número 2.º ha sido redactado de nuevo por la disposición final primera de la Ley 7/2003, de 1 de abril, de la sociedad limitada Nueva Empresa por la que se modifica la Ley 2/1995, de 23 de marzo, de Sociedades de responsabilidad limitada.

Para la aplicación del número 3.º del artículo 1.406, se exige la existencia de un local profesional, es decir, de un espacio, con características de habitabilidad e idoneidad, y condiciones de permanencia, donde se desarrolla una determinada actividad profesional.

El número 4.º del artículo 1.406 requiere la existencia de una vivienda ganancial, que sea residencia efectiva, habitual y común a los esposos, como residencia habitual de la familia, y es aplicable únicamente a los supuestos de muerte —y, por asimilación, de declaración de fallecimiento— del otro cónyuge.

CONCORDANCIAS

Véase art. 1.321 de este Código.
Texto vigente según Ley 11/1981, 13 mayo *(«B.O.E.»,* 19 mayo).
Texto del número 2.º, vigente según Ley 7/2003, 1 abril *(«B.O.E.»,* 2 abril).

Artículo 1.407

En los casos de los números 3 y 4 del artículo anterior podrá el cónyuge pedir, a su elección, que se le atribuyan los bienes en propiedad o que se constituya sobre ellos a su favor un derecho de uso o habitación. Si el valor de los bienes o el derecho superara al de haber del cónyuge adjudicatario, deberá éste abonar la diferencia en dinero.

COMENTARIO

1.- Continúa este artículo lo dispuesto en el anterior, al conceder a los cónyuges en la liquidación, el derecho a que se incluyan en su haber determinados derechos.

2.- Señala unas modalidades de atribución únicamente aplicables a los casos en que se trate de local profesional o vivienda habitual, cualquiera que sea la titularidad ganancial en virtud de la cual se ostenten. Dichas modalidades son la atribución, bien en propiedad (a lo que no es obstáculo lo que se acaba de decir) bien en virtud de derecho de uso o de habitación (lo que parece indicar que, si se trata de un local, se constituirá un derecho de uso, y si es una vivienda, el de habitación; todo ello, conforme a los artículos 523 y siguientes del Código Civil). Lo que no cabe es optar por la constitución de otro tipo de derecho, salvo que se haga en virtud de acuerdo o por haberse previsto en capitulaciones matrimoniales.

3.- El último inciso del artículo señala como límite de los derechos de atribución preferente el haber del cónyuge que lo ejercita, si bien permite el abono del exceso o diferencia en dinero. Resulta discutible si este inciso es tan sólo aplicable a los supuestos aludidos en el propio artículo —local profesional y vivienda— o abarca a todos los enumerados en el artículo 1.406, argumentándose a favor de esto último, la inexistencia de razón objetiva para eliminar su aplicación, la regla general del Código Civil, que admite los pagos de diferencias en metálico, y el poco favor con que éste contempla la proindivisión. Lo que no cabe es que se compense la diferencia con otros bienes, salvo acuerdo.

4.- Por último, hay que recordar que el derecho del cónyuge consagrado en el último inciso de este artículo estará sujeto al límite del artículo 820.3.º, por lo que si el valor excede de la parte disponible por testamento, podrán los legitimarios forzosos optar entre admitir que el cónyuge lo ejerza, o entregarle la parte disponible por testamento.

CONCORDANCIAS

Véase arts. 523 a 529 de este Código.
Texto vigente según Ley 11/1981, 13 mayo (*«B.O.E.»*, 19 mayo).

Artículo 1.408

De la masa común de bienes se darán alimentos a los cónyuges o, en su caso, al sobreviviente y a los hijos mientras se haga la liquidación del caudal inventariado y hasta que se les entregue su haber; pero se le rebajarán de éste en la parte que excedan de los que les hubiesen correspondido en razón de frutos y rentas.

COMENTARIO

1.- Este artículo prevé un derecho de alimentos mientras se procede a la liquidación de la comunidad de gananciales, es decir, desde la disolución de régimen hasta la adjudicación de bienes. Este derecho de alimentos no lo es en el sentido exacto de la palabra, según los artículos 142 y siguientes, sino en el sentido de que perciben una pensión como anticipo de los bienes que posteriormente recibirán como gananciales que le son adjudicados; no presuponen, por tanto, la necesidad del cónyuge alimentista. Consecuencia distinta es que la disolución del régimen se haya producido por disolución del matrimonio (artículo 1.392.1.º) por muerte (artículo 85) del marido, y la viuda está encinta, podrá pedir al mismo tiempo alimentos con cargo a la herencia que pueda corresponder al hijo nasciturus (por tanto, compatible con los alimentos anteriores, que son a cargo de los gananciales propios), tal como prevé el artículo 964.

2.- El importe de la pensión alimenticia se fijará por acuerdo entre las partes (cónyuges entre sí o cónyuge con herederos del premuerto) y si no hay acuerdo, lo fijará el Juez. Será proporcionada al patrimonio ganancial que corresponda a cada cónyuge. Pero si uno percibe más cantidad de la correspondiente a los frutos y rentas de sus bienes gananciales —los que se les han adjudicado— deberá reembolsar el exceso percibido y, por tanto, se le rebajará lo que ha cobrado de más, de su parte que perciba de los gananciales.

JURISPRUDENCIA

«... de manera que referido el art. 1408 a los alimentos del cónyuge e hijos "mientras se haga la liquidación del caudal inventariado y hasta que se les entregue su haber", es llano que en modo alguno encaja en la norma el supuesto histórico o real contemplado...». (30 diciembre 1994, LA LEY 9624/1995)

CONCORDANCIAS

Véase art. 964 de este Código.
Texto vigente según Ley 11/1981, 13 mayo *(«B.O.E.»,* 19 mayo).

Artículo 1.409

Siempre que haya de ejecutarse simultáneamente la liquidación de gananciales de dos o más matrimonios contraídos por una misma persona para determinar el capital de cada sociedad se admitirá toda clase de pruebas en defecto de inventarios. En caso de duda se atribuirán los gananciales a las diferentes sociedades proporcionalmente, atendiendo al tiempo de su duración y a los bienes e ingresos de los respectivos cónyuges.

COMENTARIO

1.- Contiene una norma especial de liquidación para el caso de que se deban liquidar, al tiempo, dos o más comunidades de gananciales correspondientes a varios matrimonios contraídos por la misma persona; norma que, en todo caso, tiene carácter subsidiario, pues juega en defecto de inventario. Exige, por tanto, la presencia de bienes de los diversos matrimonios, y debe concretarse a aquellos bienes cuya procedencia se ignora, hasta el punto de no poder asegurar si han sido adquiridos durante el primer o segundo matrimonio, o bien, a aquellos bienes que, adquiridos en fecha cierta, lo fueron con caudales de origen dudoso. En tal caso, deberá reconstruirse el capital de cada comunidad con todas las pruebas posibles, incluso la de presunciones. Y en su defecto, se considerarán gananciales de una u otra comunidad en proporción al tiempo de duración de cada una y a los ingresos de cada cónyuge.

2.- Es problemático el supuesto cuando sólo se conoce el capital de una de las sociedades, pero parece que deberá de agotarse previamente todos los medios de prueba al efecto, y tratar de hacer una distribución de los bienes aproximada.

3.- En todo caso, a la liquidación de las diversas comunidades implicadas, deberán concurrir todos los interesados en ellas.

CONCORDANCIAS

Texto vigente según Ley 11/1981, 13 mayo *(«B.O.E.»,* 19 mayo).

Artículo 1.410

En todo lo no previsto en este capítulo sobre formación de inventario, reglas sobre tasación y ventas de los bienes, división del caudal, adjudicaciones a los partícipes y demás que no se halle expresamente determinado, se observará lo establecido para la partición y liquidación de la herencia.

COMENTARIO

1.- Señala como normativa a aplicar, subsidiariamente y en defecto de reglas propias, a la liquidación de la sociedad de gananciales, la de la partición y liquidación de la herencia. Una aplicación concreta de esta norma se contempla en el artículo 1.402, que reconoce a los acreedores de la sociedad de gananciales, en su liquidación, los mismos derechos que les atribuyen las leyes en la partición y liquidación de las herencias.

2.- Se trata de una remisión de Derecho material, no de Derecho procesal; no se aplican, pues, a la liquidación de la comunidad de gananciales las normas de la LEC sobre la partición de la herencia.

JURISPRUDENCIA

«la remisión contenida en el art. 1410 CC permite mantener que nos encontramos durante el período transitorio ante una comunidad de naturaleza especial equiparable a la comunidad hereditaria antes de la partición, de la que serán titulares ambos cónyuges». (7 noviembre 1997, LA LEY 10411/1998) (Doctrina reiterada por la de 3 junio 2004, rec. 2129/1998)

«La acción rescisoria por lesión está expresamente admitida en la partición hereditaria (art. 1074 del Código civil, aplicable también a la división de la sociedad de gananciales por la remisión que efectúa el artículo 1410 del mismo cuerpo legal). Por otra parte, la jurisprudencia de esta Sala también aplica la rescisión por lesión cuando el convenio regulador aprobado judicialmente la contenga, sin que sea óbice alguno tal aprobación, que no lo despoja en absoluto de su naturaleza de convención privada (sentencias de 26 de enero de 1993, 8 de marzo de 1995 y 4 de noviembre de 2002)». (27 marzo 2006, rec. 2958/1999)

«Debe aplicarse aquí la doctrina contenida en la sentencia de esta Sala de 27 noviembre 2007, cuya argumentación, en relación al procedimiento seguido para la liquidación de la sociedad de gananciales cuando los cónyuges discrepan acerca de algunos extremos de las operaciones divisorias, considera que no es posible declarar la nulidad de lo acordado cuando el procedimiento seguido ofrece mayores garantías que el que se prevé legalmente. En dicha sentencia se argumenta que "En conclusión, debe señalarse que es reiterada la doctrina de esta Sala que aun en el caso de que el procedimiento utilizado hubiera sido inadecuado, esta impugnación es inviable cuando el seguido, aunque no sea el previsto por la ley, reúne mayores garantías" (SSTS de 14 diciembre 1998, 18 octubre 2001, 17 febrero 2005 y 7 septiembre 2007), ello siempre y cuando se respeten los principios de competencia objetiva y funcional». (5 junio 2008, rec. 210/2001, LA LEY 68680/2008)

Véase la sentencia de 25 mayo 2005 recogida en el artículo 1398.

CONCORDANCIAS

Véase arts. 95 y 1.395 de este Código.
Texto vigente según Ley 11/1981, 13 mayo (*«B.O.E.»*, 19 mayo).

CAPÍTULO V
DEL RÉGIMEN DE PARTICIPACIÓN

Artículo 1.411

En el régimen de participación cada uno de los cónyuges adquiere derecho a participar en las ganancias obtenidas por su consorte durante el tiempo en que dicho régimen haya estado vigente.

COMENTARIO

1.- El Código Civil regula a partir de este artículo el régimen económico-matrimonial que llama de participación. El origen del mismo, introducido por Ley de 13 de mayo de 1981, se encuentra, por un lado, en el principio de igualdad entre los cónyuges consagrado en la Constitución y, por otro lado, en la semejanza con los regímenes alemán (instaurado por Ley de 18 de junio de 1957 sobre igualdad jurídica del hombre y la mujer en materia de Derecho Civil) y francés (a partir de la Ley de 13 de julio de 1.965 que modificó el Código) que introdujo el régimen de participación en las adquisiciones de los cónyuges. En el ordenamiento jurídico español no se conocía este tipo de régimen ni legal ni teórica ni prácticamente. Se introduce como régimen convencional, es decir, que sólo regirá en un matrimonio cuando se haya pactado expresamente en capitulaciones matrimoniales.

2.- El funcionamiento legal de dicho régimen es aparentemente sencillo: mientras el matrimonio está vigente, el sistema es de separación de bienes, y cuando el régimen se extingue (coincidiendo o no con la extinción del matrimonio) se sigue un sistema parecido al de comunidad de gananciales. Como se puede apreciar, la «participación» no se manifiesta mientras se mantiene el régimen, sino cuando se extingue. Con ello se pretende reunir las ventajas del sistema de separación de bienes (cada cónyuge tiene una total independencia jurídica y patrimonial, con límites debido a la futura participación) pero con derecho de cada uno de los cónyuges a una porción (normalmente la mitad) de las ganancias obtenidas por su consorte mientras el régimen duró.

3.- Puede definirse como aquel régimen económico-matrimonial establecido en capitulaciones por el que cada cónyuge mantiene durante su vigencia la titularidad, administración y disposición de su patrimonio y que cuando se extingue, participa en la ganancia patrimonial del otro.

Desde este artículo hasta el 1444 ha colaborado en sus comentario Begoña FERNÁNDEZ GONZÁLEZ, Doctora en Derecho y Profesora de Derecho civil en la Universidad San Pablo CEU.

CONCORDANCIAS

Véase arts. 95 y 1.395 de este Código.
Texto vigente según Ley 11/1981, 13 mayo (*«B.O.E.»*, 19 mayo).

Artículo 1.412

A cada cónyuge le corresponde la administración, el disfrute y la libre disposición tanto de los bienes que le pertenezcan en el momento de contraer matrimonio como de los que pueda adquirir después por cualquier título.

COMENTARIO

1.- Por ser un régimen de separación este artículo ordena para la participación lo mismo que el artículo 1.437 para aquél. Se trata de un precepto concebido para regular la situación que se da vigente el régimen de participación, y pone de manifiesto la autonomía patrimonial de ambos cónyuges.

2.- Cada uno mantiene la titularidad de los bienes y derechos que ya tenía al contraer matrimonio, así como los frutos de sus bienes o productos de su trabajo o industria, y también los que adquiera durante el mismo por cualquier título, oneroso o gratuito.

3.- La consecuencia de un régimen en que cada cónyuge tiene la titularidad de sus bienes es que tenga asimismo la posesión, disfrute, la facultad de administrar y el poder de disposición sobre los mismos.

CONCORDANCIAS

Véase arts. 1.344 y 1.437 de este Código.
Texto vigente según Ley 11/1981, 13 mayo (*«B.O.E.»*, 19 mayo).

Artículo 1.413

En todo lo no previsto en este capítulo se aplicarán, durante la vigencia del régimen de participación, las normas relativas al de separación de bienes.

COMENTARIO

1.- Constituye una norma supletoria ya que como se ha dicho, mientras está vigente el régimen, el sistema es análogo al de separación de bienes con lo que la remisión es obligada a lo que allí se diga.

2.- En cuanto a qué es lo no previsto en este capítulo cabe señalar, los siguientes aspectos:

a) el relativo a la contribución para levantar las cargas familiares, previsto en el artículo 1.438. De este modo, los dos cónyuges deben soportar dichas cargas en la proporción que hayan pactado, y en defecto de pacto proporcionalmente a sus respectivos recursos económicos.

b) la responsabilidad de los esposos por sus propias deudas y por aquéllas contraídas en el ejercicio de la potestad doméstica, así la regla del artículo 1.440 también se aplica al régimen de participación.

c) el trabajo para la casa previsto en el artículo 1.438 es computable en el régimen de participación como contribución a las cargas del matrimonio.

d) en caso de gestión o administración por un cónyuge de bienes o intereses del otro, se aplica la regla del artículo 1.439, en cuya virtud se presume que los frutos percibidos y consumidos se han invertido en atender el levantamiento de las cargas del matrimonio.

e) la presunción de cotitularidad del artículo 1.441 es aplicable al régimen de participación.

f) la presunción del artículo 1.442 resulta igualmente aplicable.

CONCORDANCIAS

Véase arts. 1.435 a 1.444 de este Código.
Texto vigente según Ley 11/1981, 13 mayo *(«B.O.E.»,* 19 mayo). Anterior texto según Ley 24 abril 1958 *(«B.O.E.»,* 25 abril).

Artículo 1.414

Si los casados en régimen de participación adquirieran conjuntamente algún bien o derecho, les pertenece en pro indiviso ordinario.

COMENTARIO

La situación de pro indiviso consiste en un estado de la propiedad de una cosa cuando pertenece a varias personas en común sin división entre los mismos y este artículo establece que los bienes y derechos son de titularidad común y por mitad, cuando han sido adquiridos conjuntamente. Se plantea así una continuidad de la norma prevista en el artículo 1.412. Mientras el pro indiviso subsista, se mantiene una copropiedad sobre los bienes que hayan adquirido conjuntamente. Dicha comunidad responde a la técnica romana, y por ende, con atribución de cuotas. No debe confundirse esta regla con la del artículo 1.441, que también es aplicable al régimen de participación. El presente artículo tiene como presupuesto el que ambos cónyuges han adquirido conjuntamente un bien o derecho, y es la consecuencia del modo en que se ha producido la adquisición, atendiendo al título. Sin embargo, la regla del artículo 1.441 se aplicará en los casos en los que no sea posible acreditar la pertenencia del bien.

JURISPRUDENCIA

«el art. 1414 CC atribuye la pertenencia en pro indiviso ordinario de los bienes que se adquieran "conjuntamente" por los cónyuges; por consiguiente, no de todos los que puedan llegar a adquirir durante el matrimonio, de ahí que queden excluidos los adquiridos respecto de los que se acredite la propiedad exclusiva o privativa (como es el caso de autos), y lo mismo ocurre en el régimen alemán de participación, en cuyo parágrafo 1363, ap. 2, se dispone que el patrimonio del marido y el de la mujer no será patrimonio común del matrimonio; y ello será de aplicación asimismo en cuanto al patrimonio adquirido "por uno" de los cónyuges tras la celebración del matrimonio». (4 febrero 2000, LA LEY 85/2001)

CONCORDANCIAS

Véase arts. 1.399 y 1.354 de este Código.
Texto vigente según Ley 11/1981, 13 mayo *(«B.O.E.»,* 19 mayo).

Artículo 1.415

El régimen de participación se extingue en los casos prevenidos para la sociedad de gananciales, aplicándose lo dispuesto en los artículos 1.394 y 1.395.

COMENTARIO

1.- Se hace referencia en este precepto a los motivos de extinción del régimen de participación, aunque remitiendo a las normas que regulan la extinción de la sociedad de gananciales. La extinción normalmente se dará cuando se acaba o se disuelve el matrimonio, pero también hay otras causas que se pueden clasificar en legales y judiciales.

2.- Por decisión legal: 1.º) Por nulidad del matrimonio, en cuyo caso el cónyuge de mala fe no tendrá derecho a participar en las ganancias del otro; 2.º) por disolución del matrimonio: muerte, declaración de fallecimiento y divorcio; 3.º) por separación judicial; 4.º) por establecimiento de un nuevo régimen en capitulaciones matrimoniales (cfr. art. 1.392).

Por decisión judicial: 1.º) Por declaración de un cónyuge en incapacitación, ausencia, concurso o quiebra, o por condena por abandono de familia; 2.º) por actos de gestión del patrimonio fraudulentos o peligrosos (la administración irregular también está prevista en el artículo 1.416 como causa de extinción); 3.º) por separación de hecho por más de un año o abandono del hogar; 4.º) por incumplimiento grave y reiterado del deber de informar sobre la marcha y rendimientos de sus actividades económicas (cfr. art. 1.393).

CONCORDANCIAS

Véase arts. 1.392 y 1.393 de este Código.
Texto vigente según Ley 11/1981, 13 mayo (*«B.O.E.»*, 19 mayo).

Artículo 1.416

Podrá pedir un cónyuge la terminación del régimen de participación cuando la irregular administración del otro comprometa gravemente sus intereses.

COMENTARIO

Se establece en este artículo una causa específica de extinción del régimen de participación a instancia de uno de los cónyuges en el supuesto de que se dé una administración irregular por parte del otro. Este derecho a que el régimen finalice, es una especialidad a añadir en el régimen de participación, respecto de la posición que cada cónyuge tendría en el de separación. Si con arreglo al artículo 1.412, a cada cónyuge le corresponde la administración de sus propios bienes, en el caso de que exista una desordenada gestión del patrimonio se permite solicitar la extinción del régimen como medida de protección del otro cónyuge, para evitar que su futura participación no quede convertida en algo meramente ilusorio, mientras que en sus ganancias sí participaría aquél. En este sentido, se considera irregular administración los actos que provoquen una disminución excesiva del patrimonio, en cuanto que, por su cuantía comprometen el pago efectivo del crédito de participación.

CONCORDANCIAS

Texto vigente según Ley 11/1981, 13 mayo (*«B.O.E.»*, 19 mayo).

Artículo 1.417

Producida la extinción se determinarán las ganancias por las diferencias entre los patrimonios inicial y final de cada cónyuge.

COMENTARIO

1.- Este artículo regula la consecuencia de la extinción del régimen de participación que no es otra que la liquidación del mismo, para que cada cónyuge pueda hacer suya la participación que le corresponde en las ganancias del otro. Para ello habrá que hacer el cómputo de la ganancia que ha experimentado el patrimonio de cada cónyuge y sobre esa ganancia el otro tendrá su participación.

La ganancia se determina por la diferencia entre el patrimonio inicial y el final de cada esposo, conceptos que se desarrollan en los artículos que siguen a continuación. La ganancia es el incremento patrimonial obtenido por cada cónyuge durante el tiempo de vigencia del régimen. Exige determinar los bienes que componen el patrimonio en un determinado momento (inicial, final) y el estado en que se hallan en dicho momento.

2.- Con ocasión de la liquidación del régimen tendrá que practicarse también un ajuste de cuentas entre los cónyuges, que se referirá a la liquidación y pago de las deudas existentes entre ellos, a la determinación de la titularidad de ciertos bienes, así como a la división de aquellos, que siendo comunes, no se deseen mantener en comunidad.

CONCORDANCIAS

Véase arts. 1.427 y 1.428 de este Código.
Texto vigente según Ley 11/1981, 13 mayo (*«B.O.E.»,* 19 mayo).

Artículo 1.418

Se estimará constituido el patrimonio inicial de cada cónyuge:

1.º Por los bienes y derechos que le pertenecieran al empezar el régimen.

2.º Por los adquiridos después a título de herencia, donación o legado.

COMENTARIO

1.- En este artículo se establece el patrimonio inicial activo bruto, que consiste en los derechos de los que era titular cada cónyuge al empezar el régimen (apartado 1.º) y los que adquiera vigente el mismo a título gratuito (apartado 2.º).

2.- Destaca el hecho de que el Código Civil no impone que se practique un inventario de los bienes que componen el patrimonio inicial, al comienzo del régimen o en el momento de la adquisición de la herencia, donación o legado. La existencia de este inventario facilitaría la prueba del patrimonio inicial y eso sería ventajoso para los cónyuges ya que delimitará sus ganancias.

3.- En lo que se refiere al apartado segundo del precepto, los bienes que adquiera cualquiera de los cónyuges a título gratuito después de establecido el régimen, realmente no son patrimonio inicial, porque no formaban parte de aquél cuando el régimen comenzó. Por lo tanto, la participación se hará en la ganancia que resulte de la diferencia de valor que tenían al adquirirlos y respecto del que tengan al acabar el régimen. El hecho de incluirlos en el patrimonio inicial no es más que una pura imprecisión terminológica, porque si bien dichos bienes no están desde el principio, lo importante es la diferencia de valor que han sufrido cuando el régimen acaba.

CONCORDANCIAS

Texto vigente según Ley 11/1981, 13 mayo (*«B.O.E.»,* 19 mayo).

Artículo 1.419

Se deducirán las obligaciones del cónyuge al empezar el régimen y, en su caso, las sucesorias o las cargas inherentes a la donación o legado, en cuanto no excedan de los bienes heredados o donados.

COMENTARIO

1.- Este artículo distingue dos apartados en el pasivo del patrimonio inicial. Uno, las obligaciones del cónyuge al empezar el régimen y otro, las obligaciones sucesorias o cargas inherentes a las donaciones o legados. El precepto tiene tres funciones principales: a) Impone deducir el pasivo en el cálculo del patrimonio inicial, es por tanto un complemento del artículo anterior. El cómputo de las deudas del patrimonio inicial es necesario, porque el valor que considera el Código Civil en el patrimonio inicial es un valor activo neto. b) Se establecen qué deudas se tendrán en cuenta en el pasivo de ese patrimonio: las que tuviera el cónyuge al empezar el régimen y las que deriven de atribuciones gratuitas. c) Por último, dispone un límite a las deudas correspondientes a los bienes heredados y donados.

2.- Para valorar el pasivo del patrimonio inicial se puede seguir el procedimiento de homogeneizar el valor de cada una de las partidas del activo y pasivo, y una vez sumadas, deducir del activo el importe de las deudas.

3.- El límite que impone este artículo es que se deduzcan las obligaciones sucesorias o las cargas inherentes a la donación o legado, «en cuanto no excedan de los bienes heredados o donados». Constituye un aspecto puramente contable, sólo a los efectos de determinar el patrimonio inicial, pero no significa que el patrimonio del cónyuge que recibe la atribución gratuita no quede realmente gravado por todas las obligaciones y cargas que la misma conlleva. La consecuencia de este mandato es que las deudas o cargas de las atribuciones gratuitas sólo se imputan al activo que represente la respectiva atribución, y sólo hasta el límite del activo correspondiente.

CONCORDANCIAS

Texto vigente según Ley 11/1981, 13 mayo (*«B.O.E.»,* 19 mayo).

Artículo 1.420

Si el pasivo fuese superior al activo no habrá patrimonio inicial.

COMENTARIO

1.- Este artículo produce el efecto de que no se compute como ganancia, a efectos de este régimen, lo que se destine a cubrir el déficit inicial del patrimonio, y ello se debe a que el patrimonio inicial no puede arrojar un saldo negativo, porque entonces no habrá participación.

Si la situación inicial de ambos cónyuges es la misma: los dos tienen un patrimonio con pasivo superior al activo, la regla en estudio no afectará al reparto de ganancias. Pero si de da la situación contraria, esta norma modifica el criterio de igualdad en las ganancias entre los cónyuges en favor de aquél con patrimonio inicial deficitario y en perjuicio del otro. El primero sólo transmite parcialmente sus ganancias cuando haya cubierto el déficit inicial, mientras que el segundo transmite todas sus ganancias.

2.- Hay que tener en cuenta que la regla de este artículo está establecida por el legislador e implica una valoración del conflicto de intereses favorable al cónyuge insolvente. Se trata de una norma de solidaridad entre los esposos, que responde a un modelo de comunidad de vida y existencia que es el matrimonio, y que se corresponde con los deberes personales que deben observar en su convivencia.

CONCORDANCIAS

Texto vigente según Ley 11/1981, 13 mayo (*«B.O.E.»,* 19 mayo).

Artículo 1.421

Los bienes constitutivos del patrimonio inicial se estimarán según el estado y valor que tuvieran al empezar el régimen o, en su caso, al tiempo en que fueron adquiridos.

El importe de la estimación deberá actualizarse el día en que el régimen haya cesado.

COMENTARIO

1.- Este artículo regula el tiempo en que deben valorarse los bienes y derechos del patrimonio inicial. Llega a la conclusión de que el momento preciso es cuando se inicia el régimen o se adquieren los bienes y derechos. Pero, conforme a este planteamiento, puede resultar un valor simbólico, por lo que se ordena la actualización que corresponda al tiempo de extinguirse el régimen. Los esposos deberán tener en cuenta la condición de los bienes que componen sus respectivos patrimonios iniciales y la tendencia de los mismos a ganar o perder valor. Según este artículo, los bienes que componen el patrimonio inicial han de valorarse en el estado en que se encuentren al comienzo del régimen, por lo que parece que no se tienen en cuenta las vicisitudes posteriores que puedan sufrir los mismos. El criterio que se sigue para valorarlos es el de valor en venta, según el valor de mercado.

2.- El valor del patrimonio inicial, debe ser «actualizado al día en que el régimen haya cesado», lo que implica que las pesetas de entonces hay que ponerlas en pesetas de ahora (cálculo no difícil para un economista) pero según el valor (en pesetas) de la cosa en aquella época.

CONCORDANCIAS

Texto vigente según Ley 11/1981, 13 mayo (*«B.O.E.»,* 19 mayo).

Artículo 1.422

El patrimonio final de cada cónyuge estará formado por los bienes y derechos de que sea titular en el momento de la terminación del régimen, con deducción de las obligaciones todavía no satisfechas.

COMENTARIO

1.- Se regula en este artículo y en los siguientes hasta el 1.426 el patrimonio final del régimen de participación. La determinación de los bienes y deudas que integran el patrimonio final es sólo un instrumento para calcular la ganancia por comparación con el valor que se desprende del patrimonio inicial.

Para obtener el cálculo del valor del patrimonio final se ha de partir de los bienes y derechos que lo integran en el momento de concluir el régimen y luego deducir las obligaciones no satisfechas con el fin de llegar al patrimonio final neto.

2.- El patrimonio personal de cada cónyuge al terminar el régimen está integrado por bienes de distinto origen: bienes que ya existían en el momento inicial del régimen y que se han conservado, bienes que han sustituido a otros, productos de sus respectivos trabajos o procedentes de juegos de azar. En cualquier caso, patrimonio final es todo, porque lo decisivo para nuestro Código Civil es la ganancia, pero no considerada como fruto de «bienes ganados» sino como cifra de valor que se obtiene de la diferencia entre el patrimonio final y el inicial.

3.- Por último es preciso destacar que el patrimonio final se compone de bienes, derechos y deudas. Respecto a los bienes, su concepto no ofrece especialidad respecto a los que componen el patrimonio inicial. En cuanto a las deudas, se deducen las pendientes de pago, sea el acreedor un tercero o el otro cónyuge.

CONCORDANCIAS

Texto vigente según Ley 11/1981, 13 mayo *(«B.O.E.»,* 19 mayo).

Artículo 1.423

Se incluirá en el patrimonio final el valor de los bienes de que uno de los cónyuges hubiese dispuesto a título gratuito sin el consentimiento de su consorte, salvo si se tratase de liberalidades de uso.

COMENTARIO

1.- En este artículo y en el siguiente se introducen una serie de criterios que actúan como correctivos en el resultado del cálculo del patrimonio final. Su objetivo consiste en salvaguardar el derecho del otro cónyuge a las ganancias, contra el poder de disposición, reconocido a cada uno sobre sus bienes durante el funcionamiento del régimen. De este modo, los actos de disposición a título gratuito requieren el consentimiento del otro cónyuge, salvo si se trata de regalos de costumbre. Su ausencia no provoca la invalidez ni la ineficacia del acto dispositivo, sino que es tratado, a efectos de computar la participación, como si no se hubiera hecho, es decir, su valor se incluye en el patrimonio final. Al activo patrimonial neto en el momento final del régimen se añade la parte que representen los valores extraídos durante el régimen, por disposiciones gratuitas (art. 1.423) o actos fraudulentos (art. 1.424). Se trata de una operación que, en principio, respeta el acto gratuito o fraudulento realizado. Sólo en los casos en que no pueda producirse una reintegración suficiente de bienes al patrimonio del cónyuge autor de tales actos, procedería la acción de impugnación prevista en el artículo 1.433.

2.- Los actos a los que se refiere el Código han de ser de carácter dispositivo, tener naturaleza gratuita y haberse producido durante el régimen. No se incluirán, por tanto, las liberalidades hechas con anterioridad y ejecutadas durante el régimen. Se incluyen, en cambio, los actos dispositivos realizados durante el régimen que se ejecuten con posterioridad a su extinción.

3.- Se excluye del patrimonio final el valor de las disposiciones gratuitas realizadas con el consentimiento del otro cónyuge. El consentimiento actúa dentro del régimen de participación como una renuncia parcial a la participación en las ganancias obtenidas por el disponente.

4.- No se computan en el patrimonio final, las liberalidades de uso. Dentro de ellas podemos incluir los regalos de boda, las propinas y los regalos de empresa entre otros. La exclusión se justifica por el hecho de que se evita que cada uno de los esposos tenga que dar cuentas al otro por actos de poca relevancia.

CONCORDANCIAS

Texto vigente según Ley 11/1981, 13 mayo (*«B.O.E.»*, 19 mayo).

Artículo 1.424

La misma regla se aplicará respecto de los actos realizados por uno de los cónyuges en fraude de los derechos del otro.

COMENTARIO

1.- En este precepto, como en el anterior, se protegen los intereses patrimoniales de cada cónyuge en el régimen de participación, frente a los actos fraudulentos de su consorte, incluyendo en el patrimonio final el valor que representen aquellos actos. Su fundamento reside en que una defectuosa conservación del patrimonio, puede afectar a la ganancia, anulando la obtenida con anterioridad.

2.- Pueden tener la consideración de actos fraudulentos la destrucción voluntaria y sin motivo de bienes del propio patrimonio. Así el valor de los destruidos será computado en el patrimonio final. También se incluirán las pérdidas causadas por conductas que pongan en peligro el patrimonio (por ejemplo, los juegos de azar). Igualmente actúa fraudulentamente el cónyuge que malgasta su patrimonio en gastos excesivos, en interés propio, por encima de sus posibilidades, perjudicando al resto de su familia.

CONCORDANCIAS

Véase arts. 1.390, 1.391, 1.423, 1.433 y 1.434 de este Código.
Texto vigente según Ley 11/1981, 13 mayo (*«B.O.E.»*, 19 mayo).

Artículo 1.425

Los bienes constitutivos del patrimonio final se estimarán según el estado y valor que tuvieren en el momento de la terminación del régimen y los enajenados gratuita o fraudulentamente, conforme al estado que tenían el día de la enajenación y por el valor que hubieran tenido si se hubiesen conservado hasta el día de la terminación.

COMENTARIO

1.- Este precepto cumple una función semejante a la del artículo 1.421 para el patrimonio inicial. Se trata de fijar el modo de valorar el patrimonio final. Se utilizan en esta norma dos formas de cálculo: una para «los bienes constitutivos del patrimonio final» y otra para «los enajenados gratuita o fraudulentamente».

2.- Para los primeros, el sistema es igual que el utilizado en el patrimonio inicial (cfr. art. 1.421) pero con la diferencia de que en este caso se toma como referencia en el tiempo «el momento de la terminación del régimen» para determinar el estado real de los bienes y fijar su valor.

3.- Para los segundos (bienes enajenados gratuita o fraudulentamente) se tiene en cuenta *el estado que tenía el bien el día de la enajenación,* pero se estima según el valor que hubiera tenido si se hubiera conservado en el patrimonio hasta el día de la terminación del régimen. En consecuencia, las mejoras y accesiones posteriores no se contabilizan y tampoco los deterioros que procedan del nuevo propietario.

Una vez fijado el estado del bien en el momento de la disposición o cuando se realiza el acto fraudulento, se ha de determinar el valor que hubiera tenido, en ese estado, en el momento de la disolución del régimen. Por lo tanto, se imputarán las plusvalías o minusvalías al patrimonio del cónyuge disponente.

CONCORDANCIAS

Véase arts. 1.422 a 1.424, 1.433 y 1.434 de este Código.
Texto vigente según Ley 11/1981, 13 mayo (*«B.O.E.»,* 19 mayo).

Artículo 1.426

Los créditos que uno de los cónyuges tenga frente al otro, por cualquier título, incluso por haber atendido o cumplido obligaciones de aquél, se computarán también en el patrimonio final del cónyuge acreedor y se deducirán del patrimonio del cónyuge deudor.

COMENTARIO

1.- Esta norma dispone que se computen en el patrimonio final las relaciones obligatorias entre cónyuges, sumándolas, como cualquier otro crédito, en el patrimonio del cónyuge acreedor y restándolas del patrimonio del cónyuge deudor. Estas son: En primer lugar, los créditos y deudas procedentes de relaciones contractuales entre cónyuges que tengan carácter oneroso. En segundo término, los que deriven de gestiones realizadas en interés de alguno de los esposos. Y por último, los créditos que tengan su origen en aportaciones excesivas para la atención de las cargas familiares, en las que se haya superado la proporción en la que se deba contribuir.

2.- Respecto a las indemnizaciones por daños patrimoniales parece que es conveniente su inclusión ya que suponen una sustitución de la pérdida de valor que ocasionó el daño. Sin embargo, las indemnizaciones que se deban por daños personales no se computan porque sólo compensan el perjuicio sufrido en un bien extrapatrimonial.

Por otro lado, cuando el crédito tenga su causa en un acto gratuito se incluirá o no según se haya pactado este extremo por los cónyuges.

CONCORDANCIAS

Texto vigente según Ley 11/1981, 13 mayo («*B.O.E.*», 19 mayo).

Artículo 1.427

Cuando la diferencia entre los patrimonios final e inicial de uno y otro cónyuge arroje resultado positivo, el cónyuge cuyo patrimonio haya experimentado menor incremento percibirá la mitad de la diferencia entre su propio incremento y el del otro cónyuge.

COMENTARIO

En este artículo y en el siguiente se regula la participación concreta de ambos cónyuges, una vez obtenida la ganancia patrimonial. El precepto recoge la posibilidad de que haya ganancia en los dos patrimonios de los esposos. La norma que da el Código consiste en una operación de compensación derivada de un simple cálculo. De este modo, no habrá participación de uno en la ganancia del otro, sino simplemente el que haya tenido menos tendrá participación (la mitad) en la diferencia de ganancias.

CONCORDANCIAS

Véase art. 1.417 de este Código.
Texto vigente según Ley 11/1981, 13 mayo («*B.O.E.*», 19 mayo).

Artículo 1.428

Cuando únicamente uno de los patrimonios arroje resultado positivo, el derecho de la participación consistirá, para el cónyuge no titular de dicho patrimonio, en la mitad de aquel incremento.

COMENTARIO

Esta norma no ofrece problema ni especialidad alguna si se conecta con el artículo anterior. También prevé el cálculo de la participación, pero sólo en el supuesto de que la ganancia se produzca en un patrimonio. La participación será en la mitad de la ganancia patrimonial del otro, es decir, la diferencia entre el patrimonio inicial y final de éste. Únicamente hay un cónyuge favorecido, porque al otro no le corresponde nada. En el caso de que ninguno de la patrimonios experimentara ganancia, no hay motivos para que rijan las normas sobre participación.

CONCORDANCIAS

Texto vigente según Ley 11/1981, 13 mayo («*B.O.E.*», 19 mayo).

Artículo 1.429

Al constituirse el régimen podrá pactarse una participación distinta de la que establecen los dos artículos anteriores, pero deberá regir por igual y en la misma proporción respecto de ambos patrimonios y en favor de ambos cónyuges.

COMENTARIO

1.- Este precepto constituye una manifestación del principio de autonomía de la voluntad que tan amplio papel tiene en materia de régimen económico-matrimonial y, concretamente, en las capitulaciones matrimoniales. Se permite modificar la cuantía de la participación mencionada en los artículos precedentes, pero con ciertos límites que la misma norma se ocupa de subrayar.

De cualquier modo, cualquier cambio del régimen jurídico deberá respetar la idea esencial y básica de este sistema (establecida en el art. 1.411), es decir, el derecho de cada cónyuge a participar en las ganancias del otro.

2.- La participación distinta que pacten los cónyuges «deberá regir por igual y en la misma proporción respecto de ambos patrimonios y en favor de ambos cónyuges». Según esta expresión, el pacto debe tener un contenido de igualdad, aplicable a los dos (deberá regir por igual). Sea cual sea la proporción en la ganancia, acordada por ambos consortes, tendrá que ser la misma, de manera que no es posible que se establezca que uno tome el 60% y otro el 40% (en la misma proporción).

CONCORDANCIAS

Véase arts. 1.325 y 1.328 de este Código.
Texto vigente según Ley 11/1981, 13 mayo (*«B.O.E.»*, 19 mayo).

Artículo 1.430

No podrá convenirse una participación que no sea por mitad si existen descendientes no comunes.

COMENTARIO

1.- También en este artículo se recoge un límite a la autonomía privada, pero más específico que el previsto en el artículo anterior porque se concreta al hecho de existan descendientes no comunes. Se trata de garantizar las expectativas a la legítima de dichos legitimarios, ya que podrían resultar perjudicados si el patrimonio de su ascendiente se redujera en exceso a consecuencia de la configuración dada al régimen de participación.

2.- No se plantea problema alguno si los descendientes son comunes porque al tener derechos sucesorios en la herencia de sus progenitores, las restricciones que se produzcan en la ganancia de uno de ellos se compensaran con el incremento que sufra la del otro. Por tanto, habiendo descendientes no comunes, no podrá pactarse una participación distinta de la mitad de las ganancias de cada cónyuge. En caso de que se infrinja esta norma, la distribución pactada será nula y se deberá aplicar lo previsto en los artículos 1.427 y 1.428.

CONCORDANCIAS

Texto vigente según Ley 11/1981, 13 mayo (*«B.O.E.»*, 19 mayo).

Artículo 1.431

El crédito de participación deberá ser satisfecho en dinero. Si mediaren dificultades graves para el pago inmediato, el Juez podrá conceder aplazamiento, siempre que

no exceda de tres años y que la deuda y sus intereses legales queden suficientemente garantizados.

COMENTARIO

1.- Se ocupa el Código Civil en éste y en el artículo siguiente del pago del crédito de participación, en principio en dinero dada la naturaleza pecuniaria de dicho crédito, es posible que el deudor carezca de liquidez para poder satisfacerlo cuando sea requerido, por eso la norma prevé el aplazamiento. El precepto parece responder a la idea de que el pago debe hacerse en dinero y de inmediato por el deudor, tras la liquidación del régimen, ya que no se fija un plazo concreto. En caso de fallecimiento, esta deuda se transmite a los herederos, como una más de la herencia.

2.- No obstante lo anterior, cabe un aplazamiento que tenga su causa en la existencia de *dificultades graves para el pago inmediato* y se otorga al Juez la facultad de concederlo dentro de ciertos límites. El Juez deberá tener muy en cuenta cuál ha sido el motivo que impide el pago inmediato, y no autorizará el aplazamiento si media dolo o negligencia del deudor. Las dificultades pueden ser debidas a la insolvencia o a la falta de liquidez en la que se encuentre el patrimonio del cónyuge deudor. En estos supuestos el hecho de poder contar con un aplazamiento de hasta tres años es ventajoso, porque le permite rehacer su situación.

3.- La concesión del plazo se hace depender de que *la deuda y sus intereses legales queden suficientemente garantizados.* Al no expresar qué clase de garantías deben prestarse, bastará cualquiera que sea suficiente, tanto de carácter real como personal. Por otro lado, parece deducirse que el aplazamiento lleva consigo la imposición de intereses legales, si bien esto es algo que las partes podrán excluir voluntariamente.

CONCORDANCIAS

Véase art. 1.170 de este Código.
Texto vigente según Ley 11/1981, 13 mayo (*«B.O.E.»,* 19 mayo).

Artículo 1.432

El crédito de participación podrá pagarse mediante la adjudicación de bienes concretos, por acuerdo de los interesados o si lo concediese el Juez a petición fundada del deudor.

COMENTARIO

1.- Este precepto constituye una excepción a la regla general de pago en metálico al admitir, en ciertos casos, el pago del crédito de participación mediante la adjudicación de bienes concretos.

2.- En algunas ocasiones, la razón que justifica el pago realizado de este modo se debe a que ambos cónyuges tienen interés en esta forma de pago (*por acuerdo de los interesados*). Por parte del acreedor, el interés puede ser afectivo o económico al recibir el crédito en bienes seguros del patrimonio de su consorte, que le permitan conservar el valor real de su parte. En lo que se refiere al deudor, su interés se justifica por la posible dificultad de procurar una suma de dinero para pagar la deuda.

3.- Otras veces, la transformación del crédito de participación requiere la concesión del juez *a petición fundada del deudor*, lo cual presupone la existencia de causas que justifican el pago de esta manera. Se puede entender que la petición será fundada si mediaren dificultades graves para el pago según el artículo 1.431. La dificultad existe si el deudor careciera de dinero y tuviera que acudir a medios demasiado onerosos para obtenerlo que le supongan un sacrificio excesivo, como la petición de un crédito o la venta de sus bienes. En definitiva, se trata de procurar una cierta proporción entre la ventaja que va a obtener el acreedor, al recibir la suma adeudada, y el coste económico que supondrá para el deudor entregársela. El valor de los bienes que se adjudiquen en pago del crédito de participación deberá ser el que corresponda al momento de su entrega.

CONCORDANCIAS

Texto vigente según Ley 11/1981, 13 mayo (*«B.O.E.»,* 19 mayo).

Artículo 1.433

Si no hubiese bienes en el patrimonio deudor para hacer efectivo el derecho de participación en ganancias, el cónyuge acreedor podrá impugnar las enajenaciones que hubieren sido hechas a título gratuito sin su consentimiento y aquellas que hubieren sido realizadas en fraude de sus derechos.

COMENTARIO

1.- Este artículo debe ponerse en relación con los 1.423 y 1.424. Se refiere a la impugnación de las enajenaciones gratuitas y fraudulentas, y sólo procederá si no hubiese bienes en el patrimonio del deudor para hacer efectivo el derecho de participación en la ganancia. De este modo se logra contrarrestar la libertad de disponer por parte de los cónyuges, porque la acción derivada del precepto sólo será admisible en los supuestos de enajenaciones realizadas durante el régimen, y que han producido un cálculo ficticio de las ganancias.

2.- El presupuesto legal para que proceda la acción de impugnación es la insolvencia del cónyuge deudor («si no hubiere bienes en el patrimonio deudor para hacer efectivo el derecho de participación en ganancias»). Dicha insolvencia debe existir en el momento de satisfacer el crédito, es decir, ha de referirse al momento de la terminación del régimen y persistir una vez que, liquidado, es exigible el derecho a la ganancia.

3.- En lo que se refiere a la naturaleza jurídica de la acción, no se trata de una acción de nulidad o anulación sino que, se trata más bien de una acción rescisoria, que tiene como finalidad corregir un perjuicio, producido por un acto válido en sí mismo. Por lo tanto, habrá que acudir a la normativa sobre la rescisión para completar el régimen jurídico de esta impugnación. De acuerdo con lo anterior, la acción prevista en este artículo permite, a través de la impugnación de los actos que se refieren, la restitución de la cosa enajenada al patrimonio del cónyuge, para así poder pagar el crédito de participación. La restitución será posible tanto si la cosa se halla en poder del primer adquirente como si se ha trasmitido a posteriores personas que fueran cómplices del deudor. Cuando la cosa no se pueda devolver, la restitución puede ser sustituida por la indemnización de daños y perjuicios.

CONCORDANCIAS

Véase arts. 1.291, 1.423 y 1.424 de este Código.

Texto vigente según Ley 11/1981, 13 mayo *(«B.O.E.»,* 19 mayo). Anterior texto según Ley 14/1975, 2 mayo *(«B.O.E.»,* 5 mayo).

Artículo 1.434

Las acciones de impugnación a que se refiere el artículo anterior caducarán a los dos años de extinguido el régimen de participación y no se darán contra los adquirentes a título oneroso y de buena fe.

COMENTARIO

Este artículo, como él mismo expresa, debe contemplarse en relación con el anterior ya que se refiere a algunos aspectos de la acción de impugnación prevista que aquél. Establece, en primer lugar, el plazo de caducidad de la acción, limitándolo a dos años que se contarán desde la extinción del régimen. Es un plazo mucho más breve que el previsto para las acciones rescisorias (cfr. art. 1.299). En segundo término, señala que la acción de impugnación no tendrá lugar «contra los adquirentes a título oneroso y de buena fe», siguiendo de este modo las normas generales sobre la acción de rescisión. Para que exista mala fe basta con que el tercero tenga conocimiento del propósito fraudulento que mueve al cónyuge a actuar.

CONCORDANCIAS

Texto vigente según Ley 11/1981, 13 mayo *(«B.O.E.»,* 19 mayo). Anterior texto según Ley 14/1975, 2 mayo *(«B.O.E.»,* 5 mayo).

CAPÍTULO VI
DEL RÉGIMEN DE SEPARACIÓN DE BIENES

Artículo 1.435

Existirá entre los cónyuges separación de bienes:

1.º Cuando así lo hubiesen convenido.

2.º Cuando los cónyuges hubieren pactado en capitulaciones matrimoniales que no regirá entre ellos la sociedad de gananciales, sin expresar las reglas por que hayan de regirse sus bienes.

3.º Cuando se extinga, constante matrimonio, la sociedad de gananciales o el régimen de participación, salvo que por voluntad de los interesados fuesen sustituidos por otro régimen distinto.

COMENTARIO

1.- Con este artículo se inicia la regulación del régimen de separación de bienes en el Código Civil. El régimen matrimonial de separación de bienes se caracteriza porque en él cada cónyuge tiene la propiedad de los bienes, tanto de aquellos que poseía al contraer matrimonio como de los que adquiera por cualquier título durante el mismo. Además a cada uno de los esposos le corresponde la administración, disfrute y disposición de sus propios bienes. En la separación de bienes hay un patrimonio privativo de marido y otro privativo de la mujer, escindidos y separados entre sí. La consecuencia es un dato de tipo negativo: la falta de comunidad de bienes, e incluso de cualquier participación de cada esposo en el resultado de la actividad lucrativa del otro, quedando como vínculo económico entre ellos el de su convivencia, consumo en común y atención a unas obligaciones familiares que ambos tienen frente a cada uno y a los hijos.

Aunque sea reiterativo, se puede definir el régimen económico matrimonial de separación de bienes como aquel en que cada uno de los cónyuges mantiene la propiedad, disfrute, administración y disposición de sus bienes y derechos. Este sistema tiene como ventaja la independencia personal y económica de los cónyuges, pero el inconveniente es que cada uno de ellos no tiene participación alguna en las ganancias, lo cual puede provocar situaciones injustas cuando se disuelve para el cónyuge que no trabaja, hasta el punto de quedar en la indigencia si no está protegido por un sistema de sucesión forzosa.

2.- Este artículo contempla distintos tipos de separación de bienes:

A) Separación convencional. Es cuando el régimen se pacta en capitulaciones matrimoniales. A él se refiere el número primero: Existirá entre los cónyuges separación de bienes: cuando así lo hubiesen convenido. En este caso regirán los pactos que hubiesen previsto y, supletoriamente, las normas que el Código establece para este régimen. La práctica demuestra que se pacta este sistema cuando ambos esposos tienen capacidad económica propia e independiente, también en casos de crisis matrimoniales o bien de dificultades económicas, que a veces derivan en fraude a terceros.

B) Separación legal. Se impone por el Código Civil como régimen legal supletorio de segundo grado, a falta del régimen de gananciales: «cuando los cónyuges hubieran pactado en capitulaciones matrimoniales que no regirá entre ellos la sociedad de gananciales, sin expresar las reglas por que hayan de regirse sus bienes». Asimismo se prevé este régimen a falta de otro de los regulados en el Código Civil (en el número tres del mismo artículo): «cuando se extinga, constante matrimonio, la sociedad de gananciales o el régimen de participación, salvo que por voluntad de los interesados fueren sustituidos por otro régimen distinto». Constituye una expresión del principio de que no puede haber matrimonio sin régimen económico-matrimonial.

C) Separación judicial. Tendrá lugar cuando es el Juez quien lo decreta a consecuencia de una resolución judicial. Los casos en los que procede son dos, estando el segundo de ellos subdividido en cuatro supuestos.

Primero.- Se impondrá la separación de bienes cuando judicialmente se decrete la separación de los cónyuges, que el artículo 1.392.3 prevé como causa de disolución del régimen de gananciales.

Segundo.- Se impone también la separación de bienes en los cuatro supuestos recogidos en el artículo 1.393, como causas de disolución del régimen de gananciales y del de participación, por remisión del artículo 1.415, a instancia de uno de los cónyuges, por resolución judicial. Los cuatro casos aludidos son: a) imposibilidad jurídica de uno de los cónyuges. b) realización por un cónyuge de actos de administración o disposición en fraude, daño o peligro del otro. c) separación de hecho por más de un año. d) incumplimiento del deber de información del artículo 1.383.

CONCORDANCIAS

Véase arts. 1.373, 1.374, 1.393 y 1.416 de este Código.
Texto vigente según Ley 11/1981, 13 mayo («*B.O.E.*», 19 mayo). Anterior texto según Ley 14/1975, 2 mayo («*B.O.E.*», 5 mayo).

Artículo 1.436

La demanda de separación de bienes y la sentencia firme en que se declare se deberán anotar e inscribir, respectivamente, en el Registro de la Propiedad que corresponda, si recayere sobre bienes inmuebles. La sentencia firme se anotará también en el Registro Civil.

COMENTARIO

1.- Este artículo ordena anotar la demanda de separación de bienes e inscribir la sentencia firme en que se declare en el Registro de la Propiedad que corresponda, si recayere sobre bienes inmuebles. Además ordena la anotación de la sentencia firme en el Registro Civil. Hay que advertir que la publicidad por doble sistema que establece este artículo se refiere a la separación de bienes que tenga lugar en los supuestos de establecimiento por resolución judicial del régimen de separación a los que se refiere el artículo precedente, y que son aquellos recogidos en el artículo 1.393 ya que la extinción, constante matrimonio, de la sociedad de gananciales o del régimen de participación, produce el comienzo del régimen de separación de bienes.

2.- La terminología de este artículo no es muy afortunada porque en esos casos no hay «demanda de separación de bienes» sino, en todo caso, de disolución de sociedad de gananciales. Por otro lado, cuando dice «se deberán anotar e inscribir» se dirige a la autoridad judicial que lo ordenará, de oficio o a petición del cónyuge legitimado para solicitar la disolución de la sociedad de gananciales.

3.- La mención en el Registro Civil que funcionará como requisito de oponibilidad frente a terceros pero no como requisito constitutivo del acto. Por lo demás la publicidad no es perfecta, puesto que sólo se hará mención de la denominación del nuevo régimen de matrimonial, en su caso, y de la resolución en cuya virtud se extiende el asiento. Por lo tanto, debe completarse con datos extrarregistrales.

CONCORDANCIAS

Véase:
- Ley del Registro Civil, de 8 junio 1957 *(«B.O.E.»,* 10 junio): art. 77.
- Reglamento del Registro Civil, de 14 noviembre 1958 *(«B.O.E.»,* 11 diciembre): art. 264.

Texto vigente según Ley 11/1981, 13 mayo *(«B.O.E.»,* 19 mayo). Anterior texto según Ley 14/1975, 2 mayo *(«B.O.E.»,* 5 mayo).

Artículo 1.437

En el régimen de separación pertenecerán a cada cónyuge los bienes que tuviese en el momento inicial del mismo y los que después adquiera por cualquier título. Asimismo corresponderá a cada uno la administración, goce y libre disposición de tales bienes.

COMENTARIO

1.- Trata este artículo de los efectos del régimen de separación que se concretan en que cada uno de los cónyuges es dueño de sus bienes, tanto los aportados como los adquiridos por el título que sea, y cada uno los administra, disfruta y dispone sin participación alguna de su consorte. En este régimen no hay comunidad conyugal alguna, y si la hubiera en un determinado caso sería una comunidad sobre algún bien concreto, ordinaria o romana y les pertenecerá pro indiviso y en la proporción que lo hubiesen adquirido.

2.- Esta idea ha hecho pensar que en realidad el régimen de separación de bienes se caracteriza por una inexistencia de cualquier tipo de régimen económico-matrimonial. Sin embargo, habiendo un matrimonio, siempre existirá una comunidad de vida que implica deberes y responsabilidades recíprocas. Para el supuesto de que no sea fácil determinar a cuál de los cónyuges pertenece algún bien, el artículo 1.441, establece que pertenecerá a ambos por mitad.

JURISPRUDENCIA

«El régimen de separación absoluta de bienes no resulta impeditivo para que pueda surgir entre los esposos —en este caso no consta que hubieran disuelto el matrimonio—, comunidad postmatrimonial de bienes, cuyo régimen es el de cualquier conjunto de cosas en cotitularidad ordinaria y en el que cada cónyuge conserva una cuota, bien concreta o abstracta, sobre el totum del haber patrimonial común». (28 abril 1997, LA LEY 6132/1997)

CONCORDANCIAS

Véase art. 1.441 de este Código.

Texto vigente según Ley 11/1981, 13 mayo *(«B.O.E.»,* 19 mayo). Anterior texto según Ley 14/1975, 2 mayo *(«B.O.E.»,* 5 mayo).

Artículo 1.438

Los cónyuges contribuirán al sostenimiento de las cargas del matrimonio. A falta de convenio lo harán proporcionalmente a sus respectivos recursos económicos. El trabajo para la casa será computado como contribución a las cargas y dará derecho a obtener una compensación que el Juez señalará, a falta de acuerdo, a la extinción del régimen de separación.

COMENTARIO

1.- Este artículo regula el levantamiento de las cargas del matrimonio como obligación común de ambos cónyuges. Se entiende por gastos familiares los provocados por el consumo de los miembros de la familia no atribuibles a ninguno de ellos en particular. Son, en general, atenciones y gastos adaptadas a las costumbres y circunstancias de la familia.

2.- Este artículo señala la proporción en la que deben contribuir ambos cónyuges. Para ello establece dos criterios: primero según lo que se haya pactado, bien en capitulaciones matrimoniales o fuera de ellas, incluso se puede deducir del comportamiento cotidiano; y en segundo lugar, proporcionalmente a sus respectivos recursos económicos, lo que abarca tanto el capital de cada uno como los ingresos o rentas que obtengan periódicamente. La idea que preside el precepto es evitar el enriquecimiento y correlativo empobrecimiento mediante un reparto interno de los gastos valorado en términos de equidad.

3.- El último inciso del mismo artículo establece una importante novedad en el Código introducida por la Ley de 13 de mayo de 1981: consiste en la valoración del trabajo en el hogar a efectos de computar la contribución a las cargas del matrimonio, lo cual se hará por acuerdo o por resolución judicial. De este modo se trata de paliar el principal inconveniente que se apuntó del régimen de separación de bienes y que no es otro que la no participación de cada cónyuge en las ganancias del otro. Se está pensando sin duda en aquel que no trabaja fuera de casa y por tanto no percibe ningún salario. La cuantía puede obtenerse a tenor del sueldo que recibiría si dicho trabajo doméstico fuera prestado por una tercera persona. Además el artículo *in fine* establece la posibilidad de otorgar una compensación por el trabajo doméstico, que el Juez señalará, a falta de acuerdo, cuando se produzca la extinción del régimen de separación. Por eso, la compensación se referirá al período de tiempo durante el cual se ha venido aplicando al matrimonio el régimen de separación. Tal y como está redactado el precepto, parece deducirse que la compensación se otorgará con independencia de que el trabajo ya se haya computado como contribución a las cargas familiares.

JURISPRUDENCIA

«Determinación de si el concepto de cargas del matrimonio, a que se refiere el artículo 1438 del Código Civil para establecer la forma de su sostenimiento cuando rige el régimen de separación de bienes, comprende los conceptos que se discuten en este proceso referidos a gastos producidos por bienes de carácter común a efectos de que pueda resultar obligado uno de los cónyuges a una mayor contribución al contar personalmente con mayores recursos económicos. La respuesta ha de ser negativa ya que la noción de cargas del matrimonio debe identificarse con la de sostenimiento de la familia, debiendo ser atendidas tales cargas por ambos cónyuges en cuanto abarcan todas las obligaciones y gastos que exija la conservación y adecuado sostenimiento de los bienes del matrimonio y los contraídos en beneficio de la unidad familiar, considerándose también como contribución el trabajo dedicado por uno de los cónyuges para la atención de los hijos comunes (artículo 103.3.ª del Código Civil). Pero no cabe considerar como cargas del matrimonio los gastos generados por ciertos bienes que,

aun siendo de carácter común, no son bienes del matrimonio, pues precisamente el régimen económico vigente durante la convivencia matrimonial ha sido el de separación de bienes que excluye cualquier idea de patrimonio común familiar». (31 mayo 2006, rec. 4112/1999)

«Esta norma contiene en realidad tres reglas coordinadas y que hay que tener en cuenta de forma conjunta en el momento de decidir en este tipo de asuntos: 1.ª Regla: la obligación de ambos cónyuges de contribuir al levantamiento de las cargas del matrimonio. La separación de bienes no exime a ninguno de los cónyuges del deber de contribuir. 2.ª Regla: puede contribuirse con el trabajo doméstico. No es necesario, por tanto, que ambos cónyuges aporten dinero u otros bienes para sufragar las cargas del matrimonio, sino que el trabajo para la casa es considerado como una forma de aportación a los gastos comunes, cuando uno de los cónyuges solo tiene posibilidades de contribuir de esta manera y ello para que pueda cumplirse el principio de igualdad del art. 32 CE. 3.ª Regla: el trabajo para la casa no solo es una forma de contribución, sino que constituye también un título para obtener una compensación en el momento de la finalización del régimen. Cómo debe interpretarse esta compensación es el objeto de este recurso en interés casacional... ... Para que uno de los cónyuges tenga derecho a obtener la compensación establecida en el art. 1438 CC será necesario: 1.º que los cónyuges hayan pactado un régimen de separación de bienes; 2.º que se haya contribuido a las cargas del matrimonio solo con el trabajo realizado para la casa. Deben excluirse, por tanto, criterios basados en el enriquecimiento o el incremento patrimonial del otro cónyuge que no pueden tenerse en consideración cuando uno de ellos ha cumplido su obligación legal de contribuir con trabajo doméstico... ... Se sienta la siguiente doctrina jurisprudencial: El derecho a obtener la compensación por haber contribuido uno de los cónyuges a las cargas del matrimonio con trabajo doméstico en el régimen de separación de bienes requiere que habiéndose pactado este régimen, se haya contribuido a las cargas del matrimonio solo con el trabajo realizado para la casa. Se excluye, por tanto, que sea necesario para obtener la compensación que se haya producido un incremento patrimonial del otro cónyuge». (14 julio 2011, rec. 1691/2008, LA LEY 111573/2011)

CONCORDANCIAS

Véase art. 1.318 de este Código.
Texto vigente según Ley 11/1981, 13 mayo (*«B.O.E.»*, 19 mayo). Anterior texto según Ley 14/1975, 2 mayo (*«B.O.E.»*, 5 mayo).

Artículo 1.439

Si uno de los cónyuges hubiese administrado o gestionado bienes o intereses del otro, tendrá las mismas obligaciones y responsabilidades que un mandatario, pero no tendrá obligación de rendir cuenta de los frutos percibidos y consumidos, salvo cuando se demuestre que los invirtió en atenciones distintas del levantamiento de las cargas del matrimonio.

COMENTARIO

A pesar de la teórica autonomía de los cónyuges en el régimen de separación de bienes es inevitable que como consecuencia de la vida en común haya una injerencia de un cónyuge en los asuntos del otro. De acuerdo con el texto legal parece deducirse que se actúa con el consentimiento del cónyuge cuyos bienes son administrados y, en consecuencia, el Código le aplica la normativa del mandato, entendiendo que se produjo efectivamente un mandato tácito.

Sin embargo hay una especialidad, basada en la comunidad afectiva matrimonial, que se refiere a la exención de rendir cuentas por parte del mandatario sobre los frutos percibidos y consumidos «salvo cuando se demuestre que los invirtió en atenciones distintas del levantamiento de las cargas del matrimonio». Por lo tanto la rendición de cuentas será precisa respecto de los frutos percibidos y no consumidos, y también para los consumidos cuando se demuestre que el cónyuge los invirtió en atenciones distintas al levantamiento de las cargas del matrimonio.

La norma parece reconocer que el administrador aplica por sí los frutos a las cargas del matrimonio. De cualquier modo, se trata de una presunción *iuris tantum,* y cualquier prueba en contra permitirá ampliar la rendición de cuentas a los frutos consumidos.

CONCORDANCIAS

Véase arts. 1.718 y ss. de este Código.

Texto vigente según Ley 11/1981, 13 mayo *(«B.O.E.»,* 19 mayo). Anterior texto según Ley 14/1975, 2 mayo *(«B.O.E.»,* 5 mayo).

Artículo 1.440

Las obligaciones contraídas por cada cónyuge serán de su exclusiva responsabilidad.

En cuanto a las obligaciones contraídas en el ejercicio de la potestad doméstica ordinaria responderán ambos cónyuges en la forma determinada por los artículos 1.319 y 1.438 de este Código.

COMENTARIO

1.- Conforme al párrafo primero de este artículo, cada cónyuge responde, con sus propios bienes, frente a terceros por las deudas que contraiga. Ello es consecuencia del principio que preside este régimen en cuanto a la separación de responsabilidad. Es el caso semejante a una deuda que contrajera una persona no casada, de la que responde con todos sus bienes presentes y futuros (art. 1.911). Incluso si la deuda se hubiera contraído juntamente con su cónyuge sería una obligación con pluralidad de deudores que se presume mancomunada (arts. 1.137 y 1.138).

2.- La regla general expuesta sufre una importante excepción en el párrafo segundo de este artículo.

Se refiere a que de las obligaciones contraídas en el ejercicio de la potestad doméstica ordinaria responderán ambos cónyuges, en la forma determinada por los artículos 1.319 y 1.438. El artículo 1.319 legitima a cualquiera de los cónyuges para realizar «los actos encaminados a atender las necesidades ordinarias de la familia, encomendadas a su cuidado, conforme al uso del lugar y a las circunstancias de la misma». Necesidades ordinarias serán aquellas conformes con el nivel de vida familiar que derivan de la convivencia. De tales deudas responden los bienes del cónyuge deudor que ha contraído la deuda en el ejercicio de la potestad doméstica y, subsidiariamente, los del otro cónyuge. También responderá de modo exclusivo el cónyuge contratante cuando, aun contrayendo deudas que son carga de la comunidad, éstas no se dirigen a satisfacer necesidades ordinarias de la familia. Si esta deuda tiene por objeto levantar cargas matrimoniales, se aplicará —a efectos internos de los cónyuges— el artículo 1.438.

CONCORDANCIAS

Véase arts. 83, 102 y 106 de este Código.
Texto vigente según Ley 11/1981, 13 mayo *(«B.O.E.»,* 19 mayo).

Artículo 1.441

Cuando no sea posible acreditar a cuál de los cónyuges pertenece algún bien o derecho, corresponderá a ambos por mitad.

COMENTARIO

1.- Como regla general el régimen de separación se basa en la titularidad exclusiva de los bienes por cada cónyuge. Sin embargo, después de una convivencia más o menos larga, difícilmente puede saberse, y menos probarse, qué bienes o derechos pertenecían o los adquirió uno u otro, salvo en los inmuebles inscritos en el Registro de la Propiedad en que juegan los principios hipotecarios.

La cuestión se plantea sobre todo para los bienes muebles y se intenta resolver por este precepto que regula una presunción *iuris tantum* en el sentido que los bienes y derechos son de titularidad común, *pro indiviso,* por mitad, a no ser que uno u otro de los cónyuges pruebe que son de su titularidad única y exclusiva.

2.- Este artículo sólo se aplica a aquellos bienes cuya propiedad permanece dudosa entre los esposos y tiene el efecto de hacer surgir un condominio ordinario que actúa entre las partes y frente a terceros. En efecto, los acreedores podrán hacer valer dicha presunción para perseguir aquellos bienes que poseídos por ambos no puedan acreditarse que pertenecen exclusivamente a uno.

JURISPRUDENCIA

«El régimen de separación absoluta de bienes no resulta impeditivo para que pueda surgir entre los esposos —en este caso no consta que hubieran disuelto el matrimonio—, comunidad postmatrimonial de bienes, cuyo régimen es el de cualquier conjunto de cosas en cotitularidad ordinaria y en el que cada cónyuge conserva una cuota, bien concreta o abstracta, sobre el totum del haber patrimonial común». (28 abril 1997, LA LEY 6132/1997)

CONCORDANCIAS

Véase arts. 1.324 y 1.355 de este Código.
Texto vigente según Ley 11/1981, 13 mayo *(«B.O.E.»,* 19 mayo). Anterior texto según Ley 14/1975, 2 mayo *(«B.O.E.»,* 5 mayo).

Artículo 1.442

Declarado un cónyuge en quiebra o concurso, se presumirá, salvo prueba en contrario, en beneficio de los acreedores, que fueron en su mitad donados por él los bienes adquiridos a título oneroso por el otro durante el año anterior a la declaración o en el período a que alcance la retroacción de la quiebra. Esta presunción no regirá si los cónyuges están separados judicialmente o de hecho.

COMENTARIO

Este artículo constituye un ejemplo en el Derecho moderno de la llamada presunción muciana romana, según la cual, en los casos que existiera algún conflicto, se consideraba, salvo prueba en contra, que los bienes que tenía la mujer habían sido adquiridos con los del marido. Este artículo establece una presunción iuris tantum en beneficio de los acreedores y siempre que los cónyuges no estén separados judicialmente o de hecho, aplicable cuando es declarado un cónyuge en quiebra o concurso.

En realidad, se trata de una norma de protección a los acreedores, prescindiendo de que, en verdad, haya habido o no cooperación al fraude. En este sentido, se presume que los bienes que adquirió el otro cónyuge a título oneroso durante el año anterior a la declaración de quiebra o concurso o durante el período de retroacción de la quiebra fueron en su mitad donados por el quebrado o concursado. Con esta presunción se trata de evitar el fraude de acreedores, en connivencia un deudor con su cónyuge; se presume una donación, a resultas de que ésta se rescinda y vaya a la masa de la quiebra, pues no es nula automáticamente.

Dicha presunción, como ya se ha dicho, es *iuris tantum*, cabe prueba en contrario y el cónyuge del concursado o quebrado puede probar su total adquisición onerosa. Hay que probar que pertenecía exclusivamente al adquirente el dinero o cosa que se entregó como contraprestación.

La expresión quiebra o concurso, hoy debe extenderse referida a la declaración del concurso que prevé la Ley 22/2003, de 9 de julio, concursal.

CONCORDANCIAS

Texto vigente según Ley 11/1981, 13 mayo *(«B.O.E.»,* 19 mayo). Anterior texto según Ley 14/1975, 2 mayo *(«B.O.E.»,* 5 mayo).
Ley 22/2003, 9 julio, concursal.

Artículo 1.443

La separación de bienes decretada no se alterará por la reconciliación de los cónyuges en caso de separación personal o por la desaparición de cualquiera de las demás causas que la hubiesen motivado.

COMENTARIO

Vid. comentario al artículo siguiente.

CONCORDANCIAS

Véase art. 84 de este Código.
Texto vigente según Ley 11/1981, 13 mayo *(«B.O.E.»,* 19 mayo). Anterior texto según Ley 14/1975, 2 mayo *(«B.O.E.»,* 5 mayo).

Artículo 1.444

No obstante lo dispuesto en el artículo anterior, los cónyuges pueden acordar en capitulaciones que vuelvan a regir las mismas reglas que antes de la separación de bienes.

Harán constar en las capitulaciones los bienes que cada uno aporte de nuevo y se considerarán éstos privativos, aunque, en todo o en parte, hubieren tenido carácter ganancial antes de la liquidación practicada por causa de la separación.

COMENTARIO

Dada la conexión existente entre estos dos artículos es preferible comentarlos conjuntamente para apreciar la relación entre ambos. El artículo 1.443 se aplica al supuesto de separación judicial de los cónyuges, en que cesa la convivencia pero no el matrimonio. En este supuesto el régimen económico del matrimonio se sustituye por unas disposiciones del Juez con el fin de cubrir el levantamiento de las cargas matrimoniales. A la vista de la redacción del artículo 1.444 parece que el legislador está pensando en un régimen de gananciales que se extingue y liquida, al que sigue un régimen de separación que posteriormente se transforma en el primer sistema.

Sin embargo, la expresión separación de bienes decretada que utiliza el artículo 1.443 y antes de la separación de bienes que menciona el artículo 1.444, hay que interpretarlas en un sentido muy amplio que comprenda cualquier situación que suponga el paso de un régimen de comunidad a la situación que se crea como consecuencia de la separación personal de los esposos.

La restauración del régimen al que alude el artículo 1.444 es, sin duda, el de la sociedad de gananciales porque si no, no tendría sentido la distinción entre privativo y ganancial a que se refiere el segundo párrafo del artículo comentado. De esta manera, todos los bienes existentes hasta ese día, aunque procedan de la antigua masa ganancial, que se halla sin liquidar, son bienes privativos.

Aun cuando en las nuevas capitulaciones se omita el cumplimiento de lo dispuesto en el párrafo segundo del artículo 1.444 los bienes anteriores seguirán siendo propios, si no se conviene su ingreso en la masa común.

CONCORDANCIAS

Véase arts. 1.325 y ss. de este Código.
Texto vigente según Ley 11/1981, 13 mayo *(«B.O.E.»*, 19 mayo). Anterior texto según Ley 14/1975, 2 mayo *(«B.O.E.»*, 5 mayo).

TÍTULO IV
Del contrato de compra y venta

CAPÍTULO PRIMERO
DE LA NATURALEZA Y FORMA DE ESTE CONTRATO

Artículo 1.445

Por el contrato de compra y venta uno de los contratantes se obliga a entregar una cosa determinada y el otro a pagar por ella un precio cierto, en dinero o signo que lo represente.

COMENTARIO

1.- El contrato de compraventa pertenece al grupo de los contratos traslativos del dominio, obligacionales: produce la transmisión de la propiedad, no por sí misma, sino mediante la tradición. Para la adquisición del derecho de propiedad (u otro derecho real poseíble) por contrato, es preciso éste —que es el título—, completado por la tradición real o ficticia —que es el modo— (doctrina del título y el modo). En consecuencia, la compraventa no produce la transmisión de la propiedad de la cosa vendida, sino la obligación de transmitirla: es un contrato traslativo del dominio, del tipo obligacional.

En relación con lo anterior, se plantea el tema de si el vendedor se obliga a transmitir la propiedad. En el Código Civil al igual que en el derecho romano, no hay norma alguna que imponga al vendedor la obligación de transmitir la propiedad: es decir, si el comprador descubre que el vendedor no era el propietario, ni le podía ni puede transmitir la propiedad, no hay una sola norma que le permita reclamar (reclamar... ¿qué?). Pues lo cierto es que la compraventa impone al vendedor la obligación de entregar la cosa y proporcionar al comprador la posesión pacífica de la misma —como en el derecho romano— y si resulta que el vendedor es propietario, esta entrega —tradición real o ficticia— producirá la transmisión de la propiedad, su adquisición por el comprador.

En conclusión, en Derecho español, Código Civil, el contrato de compraventa produce en el vendedor la obligación de entrega de la cosa y no la de transmitir la propiedad; pero si el vendedor es propietario, la compraventa (como título) y la entrega de la cosa (como modo), esencial obligación del vendedor, producen en el comprador la adquisición de la cosa.

2.- El presente artículo 1.445 da un concepto de compraventa que es técnicamente correcto. El que se da en la doctrina no define esencialmente el concepto legal. Se puede definir como el contrato por el que una parte —vendedor— se obliga a transmitir una cosa o derecho a la otra parte —comprador— y ésta se obliga a pagarle una suma de dinero (precio). A estos conceptos conviene hacer ciertas precisiones.

Primera. Las partes contractuales —vendedor y comprador— no transmiten y adquieren, respectivamente, cosa y precio, sino que se obligan a ello.

Segunda. Si el vendedor es propietario de la cosa, al cumplir su obligación de entregarla (la entrega es la tradición real o ficticia) transmite la propiedad. Si no es propietario, transmite la posesión pacífica de la cosa, pues su obligación es de entrega y de saneamiento (y puede darse usucapión).

Tercera. El vendedor se obliga a transmitir una cosa o un derecho: tanto puede vender esta finca como el usufructo sobre ella, pese a que el art. 1.445 sólo hable de la cosa.

Cuarta. No se trata sólo de sendas obligaciones de una y otra parte, sino de obligación de una a cambio de la obligación del otro. Lo cual significa bilateralidad o reciprocidad: la compraventa es un contrato bilateral.

Quinta. El comprador se obliga a pagar un precio, que es una suma de dinero o signo que lo represente. Es, pues, una típica obligación pecuniaria con todos sus problemas. El habitual «signo» que representa dinero es el título-valor, a que se refiere el art. 1.170, párrafos 2.º y 3.º. La presencia del precio distingue este contrato del de permuta.

3.- En el contrato de compraventa, los sujetos son el vendedor y el comprador, cuya capacidad y prohibiciones se hallan regulados en los arts. 1.457 y ss.

El objeto del contrato de compraventa lo constituyen las obligaciones del vendedor, de transmitir la cosa o el derecho, y del comprador de pagar el precio. El precio está contemplado en los arts. 1.446 y ss.

En cuanto a la forma, rige el principio de libertad de forma (art. 1.278) con la salvedad de que si recae sobre bienes inmuebles (art. 1.280.1.º) las partes podrán compelerse a otorgar escritura pública (art. 1.279) e igualmente podrán compelerse a que se otorgue por escrito si la cuantía es superior a 1.500 pts. (arts. 1.280 último párrafo y 1.279).

4.- La cosa, dice este art. 1.445, debe ser «determinada». Realmente, puede ser determinada o determinable. Poniendo en relación este artículo con el 1.273, basta con que sea determinada en cuanto al género. Cabe también que, no siendo determinada, sea determinable en un momento posterior sin necesidad de nuevo convenio entre los interesados. En este sentido, puede quedar determinada la cosa en relación con otra cosa cierta o quedar su determinación al arbitrio de una persona concreta, tal como prevé el art. 1.447 para la determinación del precio.

Asimismo, la cosa debe tener una existencia real o posible, lo que plantea la cuestión de la venta de cosa futura, aquella que no tiene existencia actual pero que puede tenerla en un momento futuro.

Un primer supuesto de venta de cosa futura es la que requiere una actividad del vendedor para que se produzca efectivamente la existencia de la cosa. Es una compraventa válida y perfecta y la no realización de aquella actividad por el vendedor será un incumplimiento de su obligación que dará lugar a responsabilidad. Es el caso frecuente de venta de una casa o apartamento que aún no se ha construido.

Un segundo supuesto es el de cosa futura que se espera en el orden natural de las cosas (la próxima cosecha, el cachorro que lleva en el vientre la hembra), pero que puede frustrarse. Se conoce con el nombre de *emptio rei speratae*. Es una compraventa sometida a condición suspensiva: si la cosa no llega a existir, el contrato deviene ineficaz por el incumplimiento de tal condición suspensiva.

Un tercer supuesto, *emptio spei*, es que el vendedor y comprador se obligan definitivamente: el comprador se obliga a pagar el precio sin consideración a si la cosa esperada llega o no a existir: pagará en todo caso; el vendedor entregará la cosa cuando llegue (si llega) a existir, pero en todo caso percibirá el precio.

5.- Otra cuestión que se plantea en relación con el objeto es la venta de cosa ajena. En principio, la venta de cosa ajena es válida, teniendo en cuenta todo lo expuesto anteriormente. Sin embargo, es ineficaz *stricto sensu* por falta de poder de disposición del vendedor; el verdadero propietario (o los copropietarios, en el caso frecuente que un copropietario vende el todo sin consentimiento de los demás, por lo que es venta de cosa ajena respecto a las partes de éstos), pueden instar la declaración de ineficacia. Se distinguen varias situaciones.

Primera. El vendedor, que en la perfección del contrato se ha obligado a entregar una cosa ajena, la adquiere y cuando cumple tal obligación de entrega —consumación del contrato— ya es cosa propia, ha dejado de ser ajena. No plantea ningún problema la plena validez y eficacia.

Segunda. El vendedor se obliga a entregar y entrega efectivamente al comprador una cosa ajena. Pero éste, con la posesión y demás requisitos adquiere la propiedad por usucapión. No plantea problema la validez de aquella compraventa y la adquisición de esta propiedad.

Tercera. El vendedor, igualmente, se obliga y entrega una cosa ajena al comprador. Este sufre la reivindicación de la misma por el verdadero propietario y llega a ser privado de ella. La venta, que había sido válida, genera para el comprador una facultad frente al vendedor, que es la obligación de éste del saneamiento por evicción con los efectos que enumera el art. 1478 (restitución del precio, frutos, costas, gastos, daños e intereses).

Cuarta. El vendedor, en la perfección del contrato de compraventa de la cosa ajena, se obliga a entregar ésta, pero no llega a entregarla. El incumplimiento de la obligación esencial del vendedor —entrega de la cosa vendida, prescindiendo de que sea ajena— provocará la responsabilidad por incumplimiento.

6.- En el contrato de compraventa ha incidido poderosamente la Ley 23/2003 de 10 julio, de garantías en la venta de bienes de consumo; crea un régimen específico de garantías aplicable a las compraventas, de carácter civil, de bienes de consumo y siendo consumidor el comprador. Parte del concepto de *conformidad* de la cosa vendida con lo previsto en el contrato y la *falta de conformidad* da lugar a la responsabilidad del vendedor, pudiendo el comprador (consumidor) optar entre exigir la reparación o la sustitución de la cosa, lo que está previsto con minuciosas reglas, y si no es posible la una ni la otra, la rebaja del precio o la resolución del contrato. Se prevé incluso que si es imposible o una carga excesiva la reclamación al vendedor, puede el consumidor (comprador) dirigirse contra el productor. Las acciones que contempla esta ley son incompatibles con el ejercicio de las acciones de saneamiento por vicios ocultos del contrato de compraventa regulado en el Código Civil.

JURISPRUDENCIA

«El art. 1445 CC requiere para la existencia de un contrato de compraventa la existencia de un precio cierto, en dinero o signo que lo represente, pero la determinación del precio puede quedar establecida inicialmente por las partes al momento de perfección del contrato, o deferirse para un momento posterior, siempre que para ello no sea precisa la celebración de un nuevo contrato, sino bastando con unos puntos de referencia en base de los cuales pueda establecerse la cuantía del precio. Así se expresó por la doctrina jurisprudencial de esta Sala desde la añeja S 29 Nov. 1930 a la más reciente de 29 Dic. 1987, que señalaron que no es necesario para que el precio se tenga por cierto que esté precisado cuantitativamente en el momento de la celebración del contrato, bastando que pueda determinarse sin

necesidad de un nuevo convenio de los interesados S 15 Nov. 1993». (14 marzo 2000, LA LEY 3017/2001)

«Dice la S 10 Feb. 1992 que "la certeza del precio es requisito esencial de la propia naturaleza del contrato, conforme al art. 1445 del CC. No obstante el concepto de precio cierto no exige necesariamente que se precise cuantitativamente en el momento de la celebración del pacto, sino que basta que pueda determinarse aquél, es decir que el concepto no quede en blanco ni afectado por unilateralidad plena sino que pueda ser determinado con referencia puntual y concreta y lo prevé el art. 1447 del CC y la doctrina de esta Sala (S 2 Feb. 1968)". En el presente caso, si bien no puede hablarse de una indeterminación total en cuanto se fijaron unos límites cuantitativos entre los que había de comprenderse el precio final y cierto, no se establecieron los criterios que, dentro de esos límites, llevarían a la exacta determinación del precio.» (22 diciembre 2000, LA LEY 162102/2001)

«no puede existir un contrato de compraventa si no hay un precio cierto, de conformidad con los arts. 1445 y 1450 CC. Cabe la posibilidad de que el precio no esté determinado, siempre que sea determinable (arts. 1447 y 1448 CC), sin necesidad de un nuevo convenio entre los contratantes, pero en modo alguno puede dejarse el señalamiento al arbitrio de uno solo de ellos (art. 1449 CC) o entender que cabe fijarlo en un proceso, salvo cuando las partes hayan convenido que la determinación se efectúe judicialmente.» (24 junio 2003, LA LEY 12968/2003)

«el hecho de la posible existencia del contrato no prueba más que se contrajo un vínculo negocial, obligatorio para los intervinientes, ya que conforme al artículo 1445 el contrato de compraventa obliga a uno de los contratantes a entregar una cosa determinada y el otro a pagar el precio, no adquiriéndose la propiedad sino cuando la cosa es entregada (sentencia de 18-9-1996), es decir, tenga lugar la traditio (artículos 609 y 1095)». (10 marzo 2005, rec. 4144/1998)

«existió un verdadero contrato de compraventa con todos los requisitos comprendidos en el artículo 1445 del Código Civil, en el cual se determinó perfectamente su objeto, el precio —parte del cual se entregó en dicho acto— y la voluntad de ambas partes en cuanto a su celebración, precisándose además que el comprador entraba en la plena posesión de la finca transmitida y que, desde ese momento, serían de su cuenta todos los gastos que se devengaran por la misma, lo que determinaba la adquisición por éste de la propiedad de la finca objeto del contrato de conformidad con lo dispuesto en el artículo 1095 del Código Civil». (28 noviembre 2005, rec. 1265/1999)

«ni siquiera es requisito del contrato que el precio —elemento del mismo— sea justo; sí lo era en el Derecho romano que permitía la acción de rescisión por laesio enormis, *pero el Código civil en este extremo siguió el criterio germánico ya recogido en el Proyecto de 1851; no exige que el precio sea justo, sino es el que han pactado las partes al amparo del principio de autonomía de la voluntad prescindiendo del valor real de la cosa (así lo dicen las sentencias de 19 de abril de 1990, 16 de mayo de 1990, 20 de julio de 1993, 13 de diciembre de 1996, 5 de marzo de 1997)».* (23 febrero 2007, LA LEY 4508/2007) (Doctrina reiterada por la sentencia de 16 septiembre 2010, rec. 1743/2006, LA LEY 171475/2010)

«La determinación del artículo 1445 está referida a la entrega, por lo que es necesario para la consumación del contrato, pero no para su perfección. La propiedad no se adquirirá más que cuando la cosa sea entregada, cuando se efectúe la "traditio" para ello (arts. 609 y 1095 CC). Las consecuencias son asimismo distintas: cuando no es posible el cumplimiento de la prestación hay que distinguir si tal imposibilidad existe en el momento de la perfección contractual (momento de formación del contrato), en cuyo caso el efecto jurídico que procede es el de la nulidad de conformidad con el art. 1.272, en relación con el art. 1.261.2,

ambos del Código Civil, o si se trata de una imposibilidad sobrevenida —con posterioridad a la perfección y antes de constituirse el deudor en mora— (art. 1.184 CC), en el que se da lugar a la liberación de la prestación (resolución contractual). En tal sentido, Sentencias de 10 de abril 1956; 30 de abril 2002 y 21 de abril de 2006. La resolución del contrato, que es lo que declara la sentencia, supone por tanto la existencia de un contrato válido y eficaz». (14 mayo 2009, rec. 477/2004, LA LEY 67151/2009)

«hay que hacer y resaltar una salvedad: si bien se aplican por analogía normas de la compraventa, aunque es claro que no es un contrato de compraventa, ello no significa que deban aplicarse totalmente y sin excepción ni variación. Así, si un conjunto de prestaciones cuyo pago es debido, pero no plenamente identificadas, ni valoradas, forman el contenido de una obligación, el acreedor y el deudor, mediante acuerdo entre ambos, pueden aceptar una dación en pago en el sentido de que se haga el cumplimiento, como subrogado del pago, mediante ella, sin que pueda exigirse que conste un precio cierto, como exige el artículo 1445 del Código civil para la compraventa, pues las partes, en aras del principio de autonomía de la voluntad ex artículo 1255 pueden acordar esta forma especial del pago». (1 octubre 2009, rec. 1025/2005, LA LEY 187274/2009)

Sobre el contrato de suministro:

«el contrato de suministro es aquel por el que una de las partes se obliga a cambio de un precio a realizar a favor de otra prestaciones periódicas o continuas cuya función es la satisfacción de necesidades continuas para atender el interés duradero del acreedor (SS 30 Nov. 1984, 8 Jul. 1988, 24 Feb. 1992, y 2 Dic. 1996)... al tratarse el contrato de suministro de una figura atípica, carente de regulación positiva, le son aplicables, aparte de las normas imperativas y de las derivadas del pacto —lex privata—, con carácter preferente a las generales de los contratos y de las obligaciones, las del contrato de compraventa (con el que guarda afinidad, SS 9 May. 1957, 30 Nov. 1984, 10 Sep. 1987, 8 Jul. 1988, 24 Feb. 1992, 2 Dic. 1996 y 7 Feb. 2002), obviamente en aquellas cuestiones y aspectos en que existe una similitud.» (13 junio 2002, LA LEY 289/2003)

«Tanto si se considera que tal contrato es una variante de la compraventa, como si se lo califica como contrato distinto pero afín al mismo, se deben aplicar normas de éste, del CCom. si es mercantil, como en el presente caso. Tal como dice la S 7 Feb. 2002, "la calificación jurídica de la situación fáctica descrita parte del concepto de contrato de suministro, que, como dice la sentencia de esta Sala de 8 Jul. 1988, no puede identificarse con el de compraventa, aunque es afín a la misma. Se regula por lo previsto por las partes, en aras al principio de autonomía de la voluntad (art. 1255 del CC) y, en su defecto, por la normativa de la compraventa (arts. 1445 y ss. del CC y, en su caso, si es mercantil, 325 y ss. del CCom.) y en último lugar, por las normas generales de las obligaciones y contratos. En la compraventa, la cosa vendida se entrega de una sola vez o en actos distintos, pero se refieren en todo caso a una cosa unitaria y en el contrato de suministro, la obligación de entrega se cumple de manera sucesiva; las partes se obligan a la entrega de cosas y al pago de su precio, en entregas y pagos sucesivos y en períodos determinados o determinables."» (3 abril 2003, LA LEY 12616/2003) (doctrina reiterada literalmente por la de 26 mayo 2005, rec. 4659/1998)

(Se refieren a este contrato sin exponer doctrina general, las sentencias de 19 febrero 2004, rec. 883/1999, 16 julio 2004, rec. 2275/1999, 30 septiembre 2004, rec. 2565/1999, 24 enero 2005, rec. 3694/1998, 28 enero 2005, rec. 3446/1998, 15 febrero 2005, rec. 3930/1998, 10 marzo 2005, rec. 4180/1998, 3 octubre 2005, rec. 210/1999, 17 octubre 2005, rec. 3794/1998, 15 diciembre 2005, rec. 1556/1999)

«Según reiterada jurisprudencia, el suministro es "comprensivo de un conjunto de determinadas mercancías o géneros o servir en periodos de tiempos determinados o a determinar,

con posterioridad, y por un precio de la forma preestablecida por las partes" (sentencia de 8 julio 1988, así como, las de 7 febrero 2002 y 3 abril 2003). Por tratarse de un contrato atípico, ya desde la sentencia de 30 noviembre 1984 esta Sala ha entendido que ese régimen jurídico "no puede identificarse con el de compraventa, aunque es afín a la misma. Se regula por lo previsto por las partes, en aras al principio de autonomía de la voluntad (artículo 1255 del Código Civil) y, en su defecto, por la normativa de la compraventa (artículos 1445 y ss. del Código Civil y, en su caso, si es mercantil, 325 y ss. del Código de Comercio) y en último lugar, por las normas generales de las obligaciones y contratos" (sentencia de 7 febrero 2002). En definitiva, la semejanza con la compraventa no implica que se identifique con ella y las normas que regulan el primer contrato sólo pueden aplicarse al suministro cuando se dé la razón de analogía que lo permita. Dada la naturaleza mercantil de este contrato, debe aplicarse lo dispuesto en el Código de comercio en cuanto lo permitan los pactos establecidos por las partes y la naturaleza del propio contrato». (27 septiembre 2006, LA LEY 106008/2006)

Sobre la compraventa con el pacto de reserva de dominio:

«Nuestro Código Civil no regula las compraventas de inmuebles sometidos a pacto de reserva de dominio, que tiene por objeto garantizar el pago del precio, toda vez que el vendedor se reserva la propiedad de la cosa vendida, en tanto no se produzca el abono íntegro de la contraprestación, habiendo determinado la doctrina jurisprudencial su naturaleza y características, ya que se configura como una compraventa sometida a condición suspensiva que se proyecta en la fase de consumación del negocio, pues éste ha de reputarse debidamente perfeccionado, desplegando los efectos traslativos ipso iure cuando se verifica el completo pago por producirse la transferencia definitiva de lo enajenado, con lo que el derecho expectante del comprador se consolida por el hecho de cumplir la obligación que le incumbía de abonar el precio del contrato (SS 19-5-1989, 12-3-1993 y 16-7-1993)». (10 febrero 1998, LA LEY 3095/1998)

Sobre la compraventa de cosa futura:

«El art. 1271, párrafo primero, CC admite la posibilidad de que el objeto del contrato sea una cosa futura. No importa que la cosa no tenga existencia real en el momento de celebrar el contrato, sino basta una razonable probabilidad de existencia. Ello no es incompatible con la certeza, la cual se refiere a la determinación o identificabilidad, no a la existencia (arts. 1273, 1445, 1447 CC). La falta de determinación deja el contrato al arbitrio de cada uno de los contratantes, por lo que afecta al principio de la necessitas *que es esencia de la obligación. El objeto está determinado cuando consta individualizado o existen elementos suficientes para conocer su identidad de modo que no hay duda sobre la realidad objetiva sobre la que las partes quisieron contratar. La determinación supone que hay identificabilidad, de modo que el objeto no puede confundirse con otros distintos, el acreedor conoce lo que puede exigir y el deudor lo que tiene que entregar para cumplir su obligación. La jurisprudencia admite que es suficiente la "determinabilidad", la cual hace referencia a una situación en que no hay determinación inicial, en el momento de perfeccionarse el vínculo, pero sí cabe la determinación posterior, siempre que no sea necesario un nuevo convenio o acuerdo entre los contratantes para su fijación. Para ello es preciso que el contrato contenga en sus disposiciones previsiones, criterios o pautas que permitan la determinación. En tal sentido, entre otras, SS de 12 de abril de 1971, 16 de octubre de 1982, 9 de enero de 1995, 10 de octubre de 1997, 3 de marzo de 2000, 8 de marzo de 2002, 25 de abril de 2003, 12 de noviembre de 2004. Cuando se trata de una cosa genérica —cosa determinada por su género (S 21 de octubre de 2003)—, cuya calidad y circunstancias no se hubieran expresado, el acreedor no podrá exigirla de la calidad superior, ni el deudor entregarla de la inferior (art. 1167 CC). Se trata de un supuesto de relativa indeterminación del objeto que no es obstáculo para la existencia del contrato (SS 21 de octubre 1992 y 16 de marzo de 1998). El*

tema es problemático cuando la compraventa de cosa futura (y con esto no queremos decir que la compraventa de cosa futura sea un precontrato —S 11 de febrero 1976—, aunque lógicamente cabe el precontrato de cosa futura) versa sobre un piso. La Sentencia del 17 de febrero de 1998 señala que la obligación asumida por la Constructora de entregar "un piso" no supone una cosa determinada si no total y absolutamente indeterminada, lo que supone indeterminación del objeto de la compraventa. En cambio la S de 10 de marzo de 1990 dice que "si evidentemente en el contrato [litigioso] uno de su objetos —el piso— no viene concretado en su superficie, ni otras características esenciales como tipo de construcción, calidad, etc., ello no implica la necesidad de que se produzca sobre ello un nuevo convenio entre los contratantes, determinante de una equivalencia de falta de objeto ex art. 1273 CC", al ser posible la determinación "en cuanto se previene en el contrato que será el que elija Dn. M. de entre los que construya Dn. J. en la obra que habría de llevar a cabo"». (23 febrero 2007, LA LEY 3251/2007)

«Es un contrato de compraventa de cosa futura, que no incluye el contrato de obra, si bien, como dice la sentencia de 18 de septiembre de 1996, "en la compraventa de cosa futura existe una obligación del vendedor de hacer lo posible para que tenga realidad y la pueda entregar tal como se ha pactado", lo que corresponde al principio de la buena fe que en el cumplimiento del contrato proclama el artículo 1258 del Código civil. Incluso en el Derecho alemán (B.G.B. § 651) se distingue en el contrato de obra si la cosa suministrada es fungible o no y en el primer caso es una compraventa, en el segundo se mezcla la compraventa del material y el contrato de obra». (11 diciembre 2009, rec. 1245/2005, LA LEY 254322/2009)

Sobre la venta de cosa ajena:

«la doctrina y la jurisprudencia han tratado con detalle la venta de cosa ajena (aplicable a la permuta ex art. 1541 del CC) y no hay duda de que el verdadero propietario puede reivindicar la cosa y el seudoadquirente podrá utilizar la acción de saneamiento por evicción con los efectos que enumera el art. 1478 del CC.». (8 marzo 2001, LA LEY 66996/2001)

«La jurisprudencia reiterada de esta Sala de Casación Civil distingue dos supuestos: a) Que la primera compraventa —que se opone a la segunda que causó inscripción registral— no se hubiera consumado en el sentido de no haberse producido la posesión real o de hecho del bien adquirido, en cuyo caso la que predomina y resulta válida es la que se inscribe en el Registro de la Propiedad, y b) Que la referida primera compraventa resulte plenamente consumada por pago íntegro del precio y entrega de la cosa al vendedor que accede efectivamente a su posesión inmediata y disfrute... En estos supuestos no se puede hablar de doble venta y sí de venta de cosa ajena o inexistencia de la segunda por falta de objeto (SS 23 Jun. 1951, 7 Abr. 1971, 30 Jun. 1986, 11 Abr. y 17 Nov. 1992, 25 Mar. 1994, 25 Jul. y 25 Nov. y 5 Dic. 1996)» (10 junio 2003, LA LEY 13056/2003)

«El contrato de compraventa, por su eficacia meramente obligatoria, ya que es sólo fuente de obligaciones (artículos 1445, 1450 y 1461 del Código Civil), y no transmisiva, por no producir el traspaso del dominio por el solo acuerdo y necesitar del modo para esa mutación jurídica real (artículos 609 y 1095 del Código Civil), puede tener válidamente por objeto una cosa ajena, pues no hay en nuestro Código Civil norma similar a la contenida en el artículo 1599 del Código Civil francés, que sanciona su nulidad (como consecuencia de la transmisión del dominio mediante el consentimiento: artículos 1138 y 1583). Como declara la sentencia de 31 de diciembre de 1981 ningún precepto exige que el vendedor sea propietario de la cosa vendida; basta con que pueda ser entregada, en cumplimiento de la obligación de dicho contratante, ya que la compraventa es un contrato generador de obligaciones, entre ellas, la del vendedor de entregar la cosa al comprador a cambio de precio. Es claro, de otro lado, que la venta de cosa ajena puede haberse perfeccionado con la voluntad del comprador viciada por error o, incluso, por dolo. También lo es que dicho contratante tiene derecho a

la entrega de la cosa en posesión pacífica (artículos 1461 y 1462 del Código Civil) o a que se le transfiera la propiedad si así resulta del pacto. En tales casos el ordenamiento proporciona al comprador medios de defensa de sus intereses, en forma de acciones de anulación por consentimiento viciado, de cumplimiento de la prestación prometida, de resolución del vínculo por incumplimiento, de indemnización de los daños producidos con la contravención contractual». (11 mayo 2004, rec. 1597/1998)

«La llamada venta de cosa ajena fue admitida, como indudablemente válida, por el Digesto (18.1.28: rem alienam distrahere quem posse, nulla dubitatio est, nam emtio est et venditio), aunque el dueño pudiera reivindicarla (sed res emtori auferri potest). Y lo propio hizo la quinta Partida (Ley 19, del título 5: cosa agena vendiendo un ome a otro valdra la vendida). El Código Civil guarda silencio sobre ella, pero esta Sala ha negado reiteradamente la nulidad del contrato por el que el vendedor se obliga a transmitir una cosa que no le pertenece en el momento de celebrarlo, no sólo en la sentencia citada por la recurrente, sino también, entre otras, en las de 5 de febrero de 1968, 3 de julio de 1981, 31 de diciembre de 1981 y 11 de mayo de 2004. Ello, que, claro está, no excluye la posibilidad de una anulación por vicio en el consentimiento (artículos 1265 y 1300 del Código Civil), es la consecuencia de que (1.º) el Código Civil no admita la transmisión consensual del dominio por contrato (a diferencia del Código francés, artículos 711 y 1138, seguido por el Proyecto de 1851, artículos 548 y 981) y acepte la regla romana "traditione, non nuda conventione dominium acquiri"; (2.º) la compraventa sea en nuestro sistema un negocio jurídico de obligación, en el sentido de producir, por sí sola e inmediatamente, el nacimiento de una relación obligatoria (artículos 1445 y 1450 del Código Civil) en la que el vendedor queda vinculado a entregar la cosa vendida (artículo 1461 del Código Civil), y no un negocio de disposición, pues no produce por sí la adquisición del derecho por el comprador, efecto del que sólo es causa mediata; (3.º) el acto por el que se realiza efectivamente la enajenación no sea el contrato, sino su ejecución ex parte venditore, esto es, el modo o traditio que, causada por el título (artículos 609 y 1095), consiste en una investidura posesoria, que, no obstante, puede ser ficticia (artículos 1462 a 1464); (4.º) la entrega tenga, consecuentemente, un doble significado, pues en el ámbito obligacional constituye un acto debido o de cumplimiento (artículos 1156 y 1160 del Código Civil) y, en el real, el modo complementario del título o contrato (artículos 609 y 1095 del Código Civil); (5.º) el vendedor deba ser titular del derecho transmitido no en el momento de perfeccionar la venta (a diferencia del artículo 1599 del Código Civil francés, a cuyo tenor "la vente de la chose d'autri este nulle"), sino en el de cumplimiento de la obligación de entregar, condición necesaria para un pago válido y liberatorio (artículo 1160 del Código Civil) y para la adquisición por el comprador del derecho comprado (nemo dat quod non habet)». (11 octubre 2006, LA LEY 129028/2006)

«La doctrina sobre el artículo 34 de Ley Hipotecaria que procede dejar sentada comprende dos extremos: primero, que este precepto ampara las adquisiciones a non domino *precisamente porque salva el defecto de titularidad o de poder de disposición del transmitente que, según el Registro, aparezca con facultades para transmitir la finca, tal y como se ha mantenido muy mayoritariamente por esta Sala; y segundo, que el mismo artículo no supone necesariamente una transmisión intermedia que se anule o resuelva por causas que no consten en el Registro, ya que la primera parte de su párrafo primero goza de sustantividad propia para amparar a quien de buena fe adquiera a título oneroso del titular registral y a continuación inscriba su derecho, sin necesidad de que se anule o resuelva el de su propio transmitente. Esto último se comprende mejor si la conjunción "aunque" se interpreta como equivalente a "incluso cuando", o imaginando antes de aquélla un punto y coma en vez de una coma, y mejor aún si se recuerda que la Ley de 30 de diciembre de 1944, de reforma hipotecaria, antecedente inmediato del vigente Texto Refundido aprobado por Decreto de 8 de febrero de 1946, suprimió el artículo 23 de la ley anterior, equivalente al 32 del vigente texto, por considerarlo innecesario tras el fortalecimiento de la posición*

del tercero del artículo 34 y la consagración del principio de la fe pública registral como elemento básico del sistema. Por eso el preámbulo de dicha ley reformadora, al explicar la precisión del concepto de "tercero" que se llevaba a cabo en el artículo 34, aclaraba que por tal se entendería "únicamente al tercer adquirente", es decir, al causahabiente de un titular registral por vía onerosa, Podría, es verdad, haberse sustituido la palabra "tercero" por la de "adquirente" pero se ha estimado más indicado mantener un término habitual en nuestro lenguaje legislativo ... procede fijar como doctrina que la circunstancia de no pertenecer ya al ejecutado la finca embargada, por habérsela transmitido a otro pero sin constancia registral de la transmisión, no determina la nulidad del acto adquisitivo del tercero por venta judicial o administrativa, pues precisamente por tratarse de una circunstancia relativa al domino y carecer de constancia registral no puede impedir la adquisición del dominio por quien confió en el Registro y a su vez inscribió. Se trata, en definitiva, de un efecto combinado de los principios de inoponibilidad y de fe pública registral que sacrifican el derecho real de quien no inscribió, pudiendo haberlo hecho, en beneficio de quien sí lo hizo después de haber confiado en el Registro». (5 marzo 2007, LA LEY 4471/2007) (Sentencia dictada por el Pleno de la Sala).

«A partir de la sentencia del Pleno de esta Sala de 5 de marzo del corriente año (recurso n.º 5299/99) (LA LEY 4471/2007) dictada con propósito unificador de la jurisprudencia sobre el artículo 34 de la Ley Hipotecaria, no cabe ya sostener que la segunda venta sea nula o inexistente por falta de objeto o de poder de disposición del transmitente, pues lo que dicho precepto purifica o subsana es precisamente esa falta de poder de disposición, y si la finca existe, claro está, además, que la segunda venta de esa finca habrá tenido objeto, la propia finca que se vende. Como en esa misma sentencia se declara, el artículo 34 de la Ley Hipotecaria ampara las adquisiciones a non domino, *y por tanto el artículo 33 de la misma ley podrá impedir la aplicación del artículo 34 si lo nulo es el acto o contrato adquisitivo de quien inscribe, por ejemplo por falta de consentimiento, pero no si el problema consiste en que ha adquirido de quien ya había vendido y entregado anteriormente la finca a otro que no inscribió su adquisición. En definitiva, la nulidad a que se refiere el artículo 33 de la Ley Hipotecaria no tiene que ver con el poder de disposición del transmitente ni desde luego con el más o menos íntegro pago del precio de la primera compraventa, como ya señaló la sentencia de 11 de octubre de 2006 (recurso n.º 4490/99) (LA LEY 129028/2006) sino con los requisitos propios del título o, en su caso, del procedimiento de apremio que hubiera culminado con la adquisición inscrita. Además, la sentencia de 20 de marzo del corriente año (recurso n.º 1098/00) (LA LEY 8953/2007) que aplica ya expresamente la doctrina de la de 5 de marzo sobre el artículo 34 de la Ley Hipotecaria, declara que los autores y la jurisprudencia han admitido la validez de la venta de cosa ajena, "en el sentido de que el vendedor puede adquirirla posteriormente y dejar como definitiva la transmisión, o puede darse la obligación de saneamiento por evicción, o puede dar lugar a la adquisición a* non domino" *por el juego de los artículos 34 de la Ley Hipotecaria y 464 del Código Civil».* (7 septiembre 2007, LA LEY 125166/2007)

«no cabe estimar vulnerada la doctrina jurisprudencial que se cita sobre la validez de la venta de cosa ajena —cuya inaplicabilidad se sostiene— pues fueron las propias partes las que, en consideración a la participación que al vendedor pertenecía sobre la cosa común y la que correspondía a terceros, previeron la constitución de las obligaciones oportunas y, entre ellas, la de que el vendedor se comprometía a adquirir las participaciones restantes, sin que sea lícito a la parte vendedora —que hasta ahora ha incumplido lo convenido— pretender desligarse unilateralmente de lo allí pactado». (3 febrero 2009, rec. 1440/2003, LA LEY 1155/2009)

«los motivos sobre la admisión por la jurisprudencia de la validez de la venta de cosa ajena y la consiguiente posibilidad del objeto del contrato litigioso y sobre la jurisprudencia que declara el carácter obligacional de la compraventa en nuestro Código Civil y la posi-

bilidad de que el vendedor adquiera la cosa que todavía no es suya al tiempo de celebrarse el contrato para poder entregársela al comprador, desconocen las diferencias entre la hipótesis jurisprudencialmente admitida y aquella otra en que ambas partes saben o deben saber que el vendedor nunca podrá entregar al comprador la cosa objeto del contrato (STS 7-9-07 en rec. 3150/00, del Pleno), cual es el caso, hipótesis a resolver por vía de nulidad del contrato por imposibilidad del objeto o, a lo sumo y según las circunstancias, por error en el consentimiento». (10 diciembre 2010, rec. 1230/2007, LA LEY 213857/2010)

CONCORDANCIAS

Véase:
— arts. 1.255, 1.271 a 1.273, 1.450 y 1.457 a 1.459 de este Código.
— Código de Comercio: art. 325.

Artículo 1.446

Si el precio de la venta consistiera parte en dinero y parte en otra cosa se calificará el contrato por la intención manifiesta de los contratantes. No constando ésta, se tendrá por permuta, si el valor de la cosa dada en parte del precio excede al del dinero o su equivalente; y por venta en el caso contrario.

COMENTARIO

1.- El precio es un elemento del contrato de compraventa; el precio es una suma de dinero; si en vez de dinero es otra cosa, no será compraventa, sino permuta.

Pero puede ocurrir que se entregue una cosa a cambio, en parte en dinero y en parte en otra cosa. Los contratante han querido celebrar una compraventa y la otra cosa es meramente complementaria (de regalo extra, de propina); o al revés, han querido cambiar una cosa por otra y el dinero es para completar o ajustar la posible diferencia del valor (las «vueltas»): en consecuencia, es claro que habrá que estar a la intención de los contratantes.

El presente artículo da, en su primer párrafo, una regla interpretativa que coincide con lo dispuesto en los arts. 1.281 y 1.282: prevalece, en todo caso, la intención de los contratantes; «manifiesta» dice el Código, pero no es precisa que tal intención sea así, basta que conste la misma.

2.- El segundo párrafo da una regla de interpretación subsidiaria: si no consta la intención de las partes, se entiende que es un contrato de compraventa si es mayor la suma de dinero que el valor de la cosa; en caso contrario, es permuta.

JURISPRUDENCIA

«no cabe duda de que el contrato litigioso lo es de compraventa, y no de permuta, en aplicación del precepto recogido en el art. 1446 CC, por ser ésa la calificación jurídica que resulta tanto de la voluntad contractual como del dato objetivo de ser superior la parte de precio en dinero respecto del valor de la cosa prevista como parte del precio». (6 abril 2001, LA LEY 5156/2001)

«Este contrato se califica de permuta, aplicando lo dispuesto en el art. 1446 CC ya que la intención de las partes se manifiesta claramente en este sentido y, además, el valor de la cosa (el solar y el 45% de la edificación futura) es muy superior al dinero entregado.» (19 julio 2002, LA LEY 328/2003)

CONCORDANCIAS

Véase art. 1.282 de este Código.

Artículo 1.447

Para que el precio se tenga por cierto bastará que lo sea con referencia a otra cosa cierta, o que se deje su señalamiento al arbitrio de persona determinada.

Si ésta no pudiere o no quisiere señalarlo, quedará ineficaz el contrato.

COMENTARIO

1.- El art. 1445 exige que el precio sea cierto, lo cual significa que debe estar determinado en el momento de la perfección del contrato o ser determinable sin necesidad de nuevo acuerdo de los contratantes.

Se prevén ciertos supuestos de precio determinable, quedando fijado por referencias a cosa o a persona. No se hace con criterio de *numerus clausus*, sino *ad exemplum*: caben los supuestos que prevé y cualesquiera otros que permitan determinar el precio sin nuevo acuerdo de las partes. En el presente artículo se contemplan dos supuestos: por la referencia a otra cosa cierta y por el arbitrio de persona determinada.

2.- En primer lugar, el precio puede quedar fijado «con referencia a otra cosa cierta». Significa «cosa» en sentido literal y también en sentido gramatical muy amplio, que comprende incluso un hecho; es decir, todo caso de una base objetiva.

3.- En segundo lugar, el precio puede ser fijado por un tercero: «... señalamiento al arbitrio de persona determinada», dice literalmente este artículo. Es el arbitrador, no el árbitro propiamente dicho de la Ley de Arbitraje, que tiene libertad para fijar el precio. Cabe la impugnación de la fijación si ha prescindido de las instrucciones que para ello le dieron las partes o si falta a la equidad. Y si no quiere o no puede señalarlo, añade este artículo, «quedará ineficaz el contrato», lo que significa que el contrato no llega a nacer, no existe, por falta del elemento esencial de precio cierto.

JURISPRUDENCIA

«Si bien no resulta preciso para la validez del contrato que el precio se fije cuantitativamente en el momento de su celebración, pues basta que pueda determinarse con referencia puntual y concreta, conforme establece el artículo 1447, no debiendo por tanto quedar en blanco ni afectado de plena unilateralidad conforme al artículo 1449 (Sentencias de 22-2-1968 y 22-12-2000), ya que, según el artículo 1273, en relación al 1447 y 1448, resulta suficiente que la determinación del precio pueda tener lugar sin necesidad de nuevo convenio entre los litigantes, por lo que el referido artículo 1447 se presenta previsor ante la situación de precio incierto, es decir, no fijado expresamente, para lo que establece que podrá determinarse con referencia a otra cosa cierta, como también cabe que se deje su señalamiento al arbitrio de un tercero determinado, supuestos que en el caso presente no concurren». (14 diciembre 2006, LA LEY 160497/2006)

«la determinación del precio por un tercero está admitida explícitamente por el art. 1.447 del Código Civil —"se deje su señalamiento al arbitrio de una persona determinada"—, lo que se configura en la doctrina como un complemento o integración de una relación, o mejor, una realización o sustitución de una concreta actividad negocial. En tercer lugar, debe destacarse que la normativa legal no establece un criterio concreto para la determinación del precio por el tercero. No hay problema cuando nos hallemos ante un arbitrium merum, *porque, al dejarse la decisión a la libre voluntad o leal saber y entender del arbitrador, su criterio vincula a los interesados. El tema es más complejo cuando se trata de un* arbitrium boni viri. *La mejor doctrina entiende que los artículos 1.447 y 1.690 CC contienen instituciones paralelas y, por consiguiente, es aplicable al supuesto de aquél la norma del segundo relativo a la designación de la parte de cada uno de los socios en las ganancias y pérdidas de la sociedad civil que somete el juicio del tercero, al que se le confía la designación, a "la equidad"».* (22 marzo 2010, rec. 2274/2005, LA LEY 8720/2010)

«De acuerdo con el análisis que la jurisprudencia y la doctrina han efectuado de esta disposición, debe considerarse que el precio dejado al arbitrio de tercero es una de las formas de fijar este elemento en los contratos de compraventa y no se trata de dejar el contrato al arbitrio de una de las partes, ya que lo que ocurre es que estando conformes en la celebración del contrato, se deja a un tercero que fije el definitivo precio. Así, por ejemplo, la sentencia de 10 marzo 1986, seguida por la de 29 noviembre 2000, dice que "la fijación del arbitrio de un tercero ('arbitrador'), contemplada en el art. 1447 CC para la determinación del precio en la compraventa cuando así lo convinieran los contratantes a modo de negocio per relationem, *desemboca en una decisión de obligado acatamiento para comprador y vendedor". Hay que señalar que la doctrina científica ha distinguido las figuras del "arbitrador" y del "árbitro", porque este último resulta encargado de dirimir una cuestión entre las partes, mientras que el "arbitrador" desempeña una función por encargo de las partes».* (30 noviembre 2010, rec. 1275/2007, LA LEY 226885/2010)

Artículo 1.448

También se tendrá por cierto el precio en la venta de valores, granos, líquidos y demás cosas fungibles, cuando se señale el que la cosa vendida tuviera en determinado día, bolsa, mercado, o se fije un tanto mayor o menor que el precio del día, bolsa o mercado, con tal que sea cierto.

COMENTARIO

En el comentario al artículo anterior, se ha dicho que el precio cierto, elemento del contrato de compraventa, puede ser determinado o determinable. Y aquel artículo fijaba una determinabilidad en relación con una cosa o con una persona.

Este artículo establece que el precio es cierto cuando es determinable por razón del llamado «precio de mercado» o «precio corriente» en que se pone en relación el precio de la cosa vendida fungible con el que tenga en el mercado: «en determinado día, bolsa o mercado», dice el texto legal, «o se fije un tanto mayor o menor».

Artículo 1.449

El señalamiento del precio no podrá nunca dejarse al arbitrio de uno de los contratantes.

COMENTARIO

Como aplicación concreta del principio contenido en el art. 1256, *necessitas*, esencia de la obligación, este art. 1449 dispone que la determinación del precio no puede quedar al arbitrio de uno de los contratantes.

Los artículos anteriores se han dedicado a la regulación de la determinación o determinabilidad del precio, para ser considerado cierto, como elemento del contrato de compraventa. Este artículo no permite que la determinación quede a la libre voluntad de una de las partes. El vendedor puede fijar el precio que quiera (te vendo esto por tanto) o el comprador (te compro esto por tanto), pero precisará el acuerdo de la otra parte para que se produzca el consentimiento (acuerdo de voluntades) y se perfeccione el contrato. Lo que no es precio cierto es que las partes pretendan que se perfeccione el contrato de compraventa y quede el precio supuestamente determinable por la voluntad única de una de las partes.

JURISPRUDENCIA

Véase la jurisprudencia relacionada en el art. 1447.

CONCORDANCIAS

Véase arts. 1.115, 1.256 y 1.690 de este Código.

Artículo 1.450

La venta se perfeccionará entre comprador y vendedor, y será obligatoria para ambos, si hubieren convenido en la cosa objeto del contrato, y en el precio, aunque ni la una ni el otro se hayan entregado.

COMENTARIO

1.- En este artículo se destaca el carácter consensual del contrato de compraventa, que ya se desprende de su propio concepto y de la misma definición legal del art. 1445. Se perfecciona por el consentimiento de las partes; a diferencia del real, que precisa además la entrega de la cosa para su perfección y del formal, que exige una forma determinada.

Sin embargo, la compraventa de bienes muebles a plazos es configurada, según la Ley 28/1998, de 13 julio, como contrato real. Dice así su art. 3, párrafo 1.º: A los efectos de esta Ley, se entenderá por venta a plazos el contrato mediante el cual una de las partes entrega a la otra una cosa mueble corporal y ésta se obliga a pagar por ella un precio cierto de forma total o parcialmente aplazada en tiempo superior a tres meses desde la perfección del mismo.

2.- También destaca el carácter obligacional del contrato de compraventa. Las partes se obligan a entregar una la cosa y la otra el precio: no transmiten, sino que se obligan a transmitir.

3.- Se deduce, asimismo, de este artículo, que se aplica a la compraventa el principio de libertad de forma, proclamado en el art. 1278, aunque con las salvedades del art. 1280.1.º si la compraventa es de un bien inmueble y el escaso efecto que impone el art. 1279.

JURISPRUDENCIA

«desde el momento en que se suscribe el acta de recepción y liquidación de alcohol entre Vinabasa y el Sempa, hay que entender que se produjo un acuerdo de voluntades sobre la cosa y el precio del contrato, perfeccionándose la compraventa, conforme al art. 1450 CC, lo que daba derecho al vendedor para cobrar el crédito y transmitirlo, como hizo Vinibasa al BEX cuando emite la factura, toda vez que el crédito estaba perfectamente nacido y no era más que el derecho a exigir el precio del contrato». (18 julio 2005, rec. 546/1999)

«Es cierto que una opción de compra ejercitada no es título de dominio alguno, pues con ella lo único que se produce es la perfección del contrato de compraventa proyectado, pero no su consumación. Con el ejercicio del derecho de opción de compra este queda consumado y extinguido, mientras que el contrato de compraventa queda automáticamente perfeccionado y sometido a su propia regulación (arts. 1445 y ss. del CC), en la que figura el 1450, que mantiene desde luego la perfección del contrato, aunque ni la cosa ni el precio se hayan entregado, requiriendo para su adecuada consumación la traditio *de la cosa vendida en cualquiera de sus formas, a fin de dar cumplimiento a los arts. 609 y 1095 del Código civil. Con el ejercicio en forma positiva de la opción se tiene título, pero no el modo en cualquiera de sus formas (SSTS de 23 de diciembre de 1991 (LA LEY 14557-R/1992), 14 de febrero de 1997 (LA LEY 2676/1997), 23 de mayo de 2007 (LA LEY 23122/2007), entre otras)».* (27 septiembre 2007, LA LEY 139728/2007)

«en las transmisiones de bienes a través de contrato de compraventa, aunque el contrato se perfeccione al concurrir el consentimiento de las partes sobre la cosa objeto del mismo y el precio según el artículo 1450 del Código Civil, lo relevante a efectos de determinar cuándo nace el derecho de retracto y cuándo puede ejercitarse la acción por el retrayente es que la adquisición de lo comprado no tiene lugar sino cuando a ese título se le une el modo o tradición consistente en la entrega de la cosa del vendedor al comprador (en nuestro sistema, hasta el momento en que se produce la entrega de la cosa, el contrato sólo produce efectos de índole obligacional entre las partes)». (18 marzo 2009, rec. 1566/2005, LA LEY 8756/2009)

CONCORDANCIAS

Véase arts. 1.254, 1.258 y 1.278 de este Código.
Ley 28/1998, de 13 julio, de venta a plazos de bienes muebles.

Artículo 1.451

La promesa de vender o comprar, habiendo conformidad en la cosa y en el precio, dará derecho a los contratantes para reclamar recíprocamente el cumplimiento del contrato.

Siempre que no pueda cumplirse la promesa de compra y venta, regirá para vendedor y comprador, según los casos, lo dispuesto acerca de las obligaciones y contratos en el presente Libro.

COMENTARIO

1.- El precontrato, según estudió y definió Federico de Castro, es una primera fase del iter contractus: la relación jurídica obligacional nace en el precontrato y, en un momento posterior, ambas partes de acuerdo o si una de ellas lo exige, se pone en vigor el contrato preparado.

Se distingue el precontrato unilateral, en el que sólo una parte viene obligada a poner en vigor el contrato y la otra tiene el derecho a exigírselo; y el precontrato bilateral, en que ambas partes tienen el deber y el derecho de poner en vigor el contrato.

El más típico precontrato unilateral es el llamado *contrato de opción*; una de las partes atribuye a la otra un derecho que permite a esta última decidir, dentro de un determinado período de tiempo y unilateralmente, la puesta en vigor de un determinado contrato. El caso más frecuente es la opción de compra.

Como precontratos bilaterales está regulado por la Ley el precontrato bilateral de compraventa (o promesa de vender y de comprar) en el art. 1451, que es difícilmente distinguible del contrato puro y simple de compraventa, distinción que habrá de deducirse de la voluntad de los contratantes y al que se aplican las reglas generales de las obligaciones y contratos en general.

2.- Con este artículo se puede mantener la sustantividad del precontrato de compraventa, es decir, que no es lo mismo éste que el contrato definitivo de compraventa.

Y esta norma comprende, tanto la promesa o precontrato bilateral como la unilateral u opción de compra.

3.- Este artículo parece hacer especial hincapié en la cuestión de cumplimiento y éste es, efectivamente, la más ardua, aunque hoy se puede considerar superada por la influencia de la doctrina de FEDERICO DE CASTRO.

En un principio, se había mantenido que el precontrato era un contrato cuyo objeto era la celebración del futuro contrato; por ello, el cumplimiento era la emisión del consentimiento por ambas partes, lo cual es un acto personalísimo; en consecuencia, ante un incumplimiento por una de las partes, la otra no podía más que pedir indemnización de daños y perjuicios; el Juez, en sentencia condenatoria, no podía compelerle a prestar el consentimiento ni suplirlo, al ser personalísimo. Ejecución por equivalencia, *id quod interest*.

Sin embargo, actualmente, doctrina y jurisprudencia estiman que el cumplimiento consiste en poner en vigor el contrato cuyo *iter* ha sido ya iniciado. Lo cual no es un acto personalísimo y puede ser la conducta de la parte incumplidora sustituida por la actuación coactiva del Juez: ejecución *in natura*, en forma específica.

JURISPRUDENCIA

«La doctrina legal de esta Sala sobre dicho precepto llega a decir que en cuanto a los efectos de la promesa de compra y venta, recíprocamente aceptada, no pueden diferenciarse, en esencia, de los que produce la compraventa S 26 Jun. 1973. Sus efectos son los mismos que los del contrato perfecto, si consta que éste fue la verdadera intención de los contratantes. La S 22 Mar. 1985 señaló que sólo cabría rechazar la equiparación del compromiso mutuo de vender y comprar con el contrato de compraventa, si apareciese patente la voluntad de las partes de excluir los efectos de la venta». (6 junio 2000, LA LEY 106198/2000)

«la doctrina jurisprudencial aplicada por el Juzgador de instancia al distinguir, en el supuesto de autos, entre el contrato de compraventa y el precontrato o pacto de contrahendo, a pesar de tratarse de una promesa bilateral de venta y de la aparente asimilación que hace el precepto del pfo. 1.º del art. 1451 del CC, entre uno y otro negocio jurídico cuando hay acuerdo respecto del precio y la cosa vendida, y ello, teniendo en cuenta la jurisprudencia sentada a partir de la interesante S 15 Mar. 1945, que admite la posibilidad de la existencia independiente de uno y otro, siempre que quede patente la voluntad de las partes; diferencia

entre uno y otro contrato que se pone de manifiesto al atender como dice la sentencia citada "al contenido de las obligaciones que respectivamente engendran en términos que si uno de los contratantes se obliga a entregar una cosa determinada y el otro a pagar por ella en dinero o signo que le represente, la figura jurídica que surge es la de una compraventa, a tenor de lo dispuesto en el art. 1.451 del citado Código; mientras que si las partes aun estando de acuerdo sobre los elementos esenciales del contrato se obligan a la prestación de un futuro consentimiento encaminado a celebrar una compraventa posterior, parece un contrato preparatorio o precontrato, cuyos efectos no cabe identificar con los antes indicados, que la perfección de la compraventa produce", doctrina esta que se ha mantenido por esta Sala, aunque con algunas infidelidades, como se pone de manifiesto en la S 23 Mar. 1963, en la que se hace constar la discordancia de la S 1 Jul. 1950». (11 octubre 2000, LA LEY 220761/2001)

«La jurisprudencia de esta Sala ha reconocido la figura del precontrato como contrato preliminar o preparatorio que, en cuanto orientado a una compraventa, tiene un régimen distinto del de la compraventa misma. Así, la S 25 Jun. 1993 (recurso núm. 3503/90), tras señalar que la distinción doctrinal y jurisprudencial entre promesa bilateral de compra y venta y contrato definitivo de compraventa se centra "en la existencia o no de una voluntad negocial, dirigida a definir para un momento posterior la entrada en vigor del contrato proyectado, quedando mientras tanto solamente ligadas las partes por el peculiar vínculo que produce el precontrato, y que consiste en `quedar obligado a obligarse´", declara que "así pues, nos encontramos ante la figura jurídica de un precontrato, contrato preliminar o preparatorio, quedando eliminada cualquier referencia o alegación a los artículos correspondientes al contrato de compraventa, perfectamente diferenciado por la Ley y por la jurisprudencia de la promesa de venta, en el art. 1451 del CC y en las sentencias de esta Sala que lo interpretan. Al coincidir con la calificación efectuada en la sentencia recurrida, el régimen jurídico que rige para la promesa de vender o comprar, es distinto del que le es aplicable al contrato definitivo de compraventa, ya que la remisión que se hace en el inciso final del citado art. 1451, 'a lo dispuesto acerca de las obligaciones y contratos en el presente libro' es de contenido significativo, puesto que elimina la normativa propia del contrato de compraventa, para referirse a las reglas de las obligaciones y de los contratos en general. El precontrato es ya en sí mismo un auténtico contrato, que tiene por objeto celebrar otro en un futuro, conteniendo el proyecto o la ley de bases del siguiente"». (20 abril 2001, LA LEY 5165/2001)

«el negocio jurídico como un contrato de compromiso de compraventa, con todas las connotaciones propias de la promesa bilateral de venta y de compra, a que el art. 1451 del CC hace referencia, y mediante el cual ambas partes, puestas de acuerdo en la cosa y en el precio y no queriendo aún concertar la compraventa, adquieren el compromiso recíproco de que cualquiera de ellas podrá exigir de la contraria, dentro del plazo pactado, el cumplimiento del contrato.» (31 diciembre 2001, LA LEY 31828/2002)

«En cuanto a la calificación del negocio jurídico. Es un precontrato bilateral de compraventa. Lo que se advierte, tanto por el tenor literal del mismo (le llaman "compromiso de compraventa", declaran "su intención de vender y comprar", "el compromiso de compraventa asumido se llevará a cabo") como por el contenido de derechos y obligaciones (se prevé un "calendario de ejecución del compromiso", un "calendario de ventas parciales" y las "formas de pago" en distintas fases). Y responde al concepto típico y clásico de precontrato, como primera fase del iter contractus; *la relación jurídica contractual nace en el precontrato y posteriormente se pone en vigor el contrato preparado; por tanto, se distinguen dos fases, la primera es el precontrato en que se concreta el contrato comprometido y las partes tiene la obligación y el derecho de ejecutarlo y la segunda, el cumplimiento del precontrato que implica la consumación del anterior. El precontrato bilateral —que es el presente— implica que ambas partes tienen el deber y el derecho de poner en vigor el con-*

trato comprometido. El precontrato exige que el objeto esté perfectamente determinado —es el caso presente— y así, en el precontrato de compraventa conste la cosa vendida y el precio: si no estuvieran determinados e hiciera falta un nuevo acuerdo, se trataría de simples tratos previos, sin eficacia obligacional». (14 diciembre 2006, LA LEY 149992/2006)

«aparece como contrato (debería decir precontrato) de promesa de venta, a que se refiere el artículo 1451 del Código civil como precontrato bilateral y a que tanta jurisprudencia ha dado lugar. Este requiere para su aplicación una interpretación restringida, a la par que cautelosa (sentencia de 22 de abril de 1995), sus efectos son los mismos que los del contrato perfecto (sentencia de 6 de junio de 2000), aunque se admite la posibilidad de la existencia independiente de uno y otro (sentencia de 11 de octubre de 2000), las partes adquieren el compromiso recíproco de que cualquiera de ellas podrá exigir de la contraria, dentro del plazo pactado, el cumplimiento del contrato (sentencia de 31 de diciembre de 2001), siendo necesario que el objeto esté perfectamente determinado y así, en el precontrato de compraventa conste la cosa vendida y el precio (sentencia de 14 diciembre de 2006). Si, además, la función de interpretar y calificar el negocio jurídico corresponde al Tribunal de instancia, salvo que haya sido ilógica o absurda (sentencias de 14 de septiembre de 2006, 2 de marzo de 2007, 5 de noviembre de 2007, 20 de febrero de 2008, 8 de mayo de 2009), esta Sala acepta la calificación de compraventa que ha hecho el Tribunal a quo, tanto más cuanto se preveía el cumplimiento prácticamente inmediato (en quince días) y comenzó el cumplimiento mediante la entrega de un pagaré, que nunca se abonó». (1 junio 2010, rec. 506/2006, LA LEY 67113/2010)

«no hay razón para corregir la calificación del negocio jurídico subyacente como una promesa de vender y comprar, prevista en el artículo 1.451 del Código Civil, en el que las partes precontratantes establecieron las bases de una compraventa —sentencias de 6 de junio de 2.000 y 30 de enero de 2.008—, que pusieron en vigor con la entrega del título en concepto de medio de pago de una parte del precio». (7 septiembre 2010, rec. 460/2006, LA LEY 157536/2010)

«Es el tipo de precontrato bilateral, en el que ambas partes tienen el derecho y el deber de poner en vigor el contrato, incluso mediando una cláusula penal y, en el presente caso, un plazo en el que debe perfeccionarse el contrato definitivo, lo que implica la vigencia del mismo. Esta promesa de vender y comprar es difícilmente distinguible del contrato típico de compraventa, distinción que habrá de deducirse de la voluntad de los contratantes. La jurisprudencia ha destacado la interpretación restringida de este precepto (sentencia de 18 de julio de 2006) y la necesidad de atender a la voluntad de las partes (sentencia de 22 de abril de 1995) y los efectos vienen a ser los mismos que la compraventa, si consta que ésta fue la verdadera intención de las partes (sentencia de 6 de junio de 2000), si bien son figuras distintas (sentencia de 20 de abril de 2001); "el precontrato bilateral —que es el presente— implica que ambas partes tienen el deber y el derecho de poner en vigor el contrato comprometido" (sentencia de 14 de diciembre de 2006) dentro del plazo pactado, en el presente caso». (24 junio 2011, rec. 1953/2007, LA LEY 105311/2011)

Sobre la opción de compra:

«La opción es un precontrato unilateral por el que una parte concede a la otra la facultad de decidir sobre la celebración o no del contrato principal que habrá de realizarse en un plazo cierto y en unas determinadas condiciones: definición dada por las SS 4 Abr. 1987, 24 Ene. 1991, 13 Nov. 1992, 1 Dic. 1992, 18 Jun. 1993, 14 Feb. 1997; siendo esenciales su concepto el que "no necesita actividad posterior de las partes para desarrollar las bases contractuales contenidas en el convenio (opción de compra) bastando la expresión de voluntad del optante para que el contrato de compraventa quede firme, perfecto y en estado de ejecución, obligatorio para el cedente, sin necesidad de más actos, lo que la

diferencia del pactum de contrahendo" tal como dicen literalmente las SS 23 Dic. 1991 y 17 Mar. 1993 y reiteran las de 16 Oct. 1997 y 15 Dic. 1997». (11 abril 2000, LA LEY 78897/2000)

«siendo tales requisitos no sólo el objeto de la opción y el precio sino también el plazo (por ejemplo, TS SS 14 Feb. 1997 en Rec. 577/1993 y 13 Nov. 1992 en Rec. 1788/1990), requisito este último también exigido por el art. 14 RH (Reglamento Hipotecario) para que sea inscribible el contrato de opción de compra y que en la cláusula debatida se omitió por completo. Pero, además, es característica propia de la opción de compra que el concedente o promitente se obligue a no vender a nadie la cosa prometida durante el plazo estipulado (TS S 14 Feb. 1997, en Rec. 577/1993, con cita de la TS S 14 May. 1991), pues a lo que se compromete aquél es a vender una cosa determinada al optante al recibir la declaración de voluntad de éste, de suerte que el concedente se obliga a tener la cosa disponible durante el plazo estipulado por si el optante ejerciera a derecho dentro del mismo (TS S 29 Sep. 1993 en Rec. 1971/1990)». (28 abril 2000, LA LEY 7013/2000)

«dada la naturaleza del contrato de opción de compra su resultado depende exclusivamente del optante, por cuanto la venta quedará perfecta en virtud del ejercicio por el optante de su derecho de opción. En este sentido se manifiesta la doctrina jurisprudencial de la que son ejemplo, entre otras, las SS 14 May. 1991, 1 Dic. 1992, 15 Nov. 1993, 4 y 14 Feb. 1995, 8 Oct. 1997, y 30 Ene. y 6 Jul. 1998, declarando la de 14 Feb. 1997 (y las que cita) que "nada puede hacer el optante o concedente para frustrar la efectividad de la opción". Con base en ello se razona por la doctrina que la capacidad exigible para celebrar el contrato de opción es la que se necesita para otorgar el contrato de compraventa a que la opción se refiere y lo mismo ocurre con el poder de disposición. El concedente (promitente u optatario) ha prestado ya su consentimiento y no se precisa que lo vuelva a prestar». (14 noviembre 2000, LA LEY 2661/2002)

«En la opción, una parte atribuye a otra un derecho que permite a esta última decidir, dentro de un determinado período de tiempo y unilateralmente, la puesta en vigor de un concreto contrato. Por tanto, si se ejercita la opción de compra, aparece la compraventa; pero ésta no nace si, al no ejercitar la opción en el plazo previsto, queda caducada. Así lo configura la jurisprudencia en innumerables sentencias: 17 Mar. 1993, 18 Jun. 1993, 24 May. 1994, 30 Jun. 1994, 14 Feb. 1997, 11 Abr. 2000, 14 Nov. 2000.» (5 junio 2003, LA LEY 12963/2003)

«La jurisprudencia más constante y acorde ha venido entendiendo la opción de compra como un contrato en virtud del cual una persona se compromete a vender a otra, bien para sí o para un tercero, una determinada cosa, siendo, en realidad, el optatario el que queda unilateralmente vinculado hasta que decida el optante». (3 abril 2006, rec. 3362/1999)

«Es cierto que una opción de compra ejercitada no es título de dominio alguno, pues con ella lo único que se produce es la perfección del contrato de compraventa proyectado, pero no su consumación. Con el ejercicio del derecho de opción de compra este queda consumado y extinguido, mientras que el contrato de compraventa queda automáticamente perfeccionado y sometido a su propia regulación (arts. 1445 y ss. del CC), en la que figura el 1450, que mantiene desde luego la perfección del contrato, aunque ni la cosa ni el precio se hayan entregado, requiriendo para su adecuada consumación la traditio *de la cosa vendida en cualquiera de sus formas, a fin de dar cumplimiento a los arts. 609 y 1095 del Código civil. Con el ejercicio en forma positiva de la opción se tiene título, pero no el modo en cualquiera de sus formas [SSTS de 23 de diciembre de 1991 (LA LEY 14557-R/1992), 14 de febrero de 1997 (LA LEY 2676/1997), 23 de mayo de 2007 (LA LEY 23122/2007) entre otras]».* (27 septiembre 2007, LA LEY 139728/2007)

«La opción de compra constituye esencialmente un precontrato o promesa unilateral de contrato por parte del vendedor de modo que es el optante el que adquiere únicamente la facultad de decidir sobre la exigencia de cumplimiento de la venta proyectada y es ese consentimiento del optante el decisivo para que el contrato quede perfeccionado, si bien sujeto al plazo de ejercicio pactado de modo que, transcurrido el referido plazo, la opción queda extinguida y el comprador pierde su derecho». (9 febrero 2009, rec. 2689/2003, LA LEY 1166/2009) (Doctrina reiterada literalmente por la sentencia de 22 septiembre 2009, rec. 242/2008, LA LEY 187272/2009)

«La opción de compra, como precontrato unilateral por el que una parte concede a la otra la facultad de decidir la celebración del contrato principal de compraventa (sentencias de 21 de noviembre de 2000 y 5 de junio de 2003), produce como efecto la puesta en vigor del contrato proyectado, como derecho y deber de una y otra de las partes. Y en el presente caso, habiéndose ejercitado la opción y perfeccionada la compraventa con la comunicación por el optante al concedente del ejercicio del derecho y extinguido así el derecho de opción, tal perfección se produce aunque no medie entrega de la cosa ni el pago del precio, pues entrega y precio pertenecen a la fase de consumación de la compraventa». (12 mayo 2009, rec. 932/2004, LA LEY 67158/2009)

«el contrato de opción carece de una específica regulación en nuestro derecho, habiendo declarado esta Sala que constituye un convenio en virtud del cual una parte concede a otra la facultad exclusiva de decidir la celebración o no de otro contrato principal de compraventa, quedando sujeto a los pactos que libremente hayan estipulado las partes de conformidad con lo dispuesto por el artículo 1255 del Código Civil. De ahí que sean las propias partes las que determinan las condiciones en que la opción ha de entenderse ejercida y, en consecuencia, perfeccionado el contrato mediante el consentimiento prestado por el comprador que se une al adelantado por el vendedor mediante la concesión del derecho de opción. Es por ello que, en definitiva, la cuestión se reconduce a la interpretación del contrato y a la forma en que las partes que lo otorgan han configurado tal derecho, siendo las mismas libres a la hora de establecer las condiciones para el ejercicio de tal opción». (6 abril 2011, rec. 1996/2007, LA LEY 14249/2011).

«El negocio jurídico que sí se celebró en el presente caso es el de opción de compra. Es una modalidad del precontrato: se pacta el contrato proyectado y las partes, en su momento, lo pondrán en vigor; el cumplimiento del precontrato implica la vigencia del contrato proyectado (en este sentido, sentencias de 22 de octubre de 1987, 3 de marzo de 1992, 23 de diciembre de 1995, 11 de mayo de 1999, 30 de enero de 2008). Sólo una parte viene obligada a poner en vigor el contrato y la otra tiene el derecho a exigírselo. El más típico de los precontratos es el de opción: una de las partes (el concedente) atribuye a la otra (el optante) el derecho que le permite decidir, dentro de un determinado plazo, la puesta en vigor del contrato proyectado (sentencias de 21 de noviembre de 2000, 5 de junio de 2003, 3 de abril de 2006, 23 de abril de 2010, 7 de mayo de 2010)… … De lo cual se desprende que son conceptos distintos el de opción de compra que es un precontrato y la compraventa es el contrato proyectado. Aquél, si se ejerce, da lugar a éste; si no se ejerce en plazo, no ha lugar a ninguna relación jurídica. Este, si llega a su perfección, origina derechos y obligaciones para las partes (obligación de entrega de la cosa, obligación de pago del precio); si no se perfecciona, no existe, no ha nacido a la vida jurídica». (25 noviembre 2011, rec. 1847/2008, LA LEY 236541/2011) (Doctrina reiterada por la sentencia de 1 diciembre 2011, rec. 1881/2008, LA LEY 236063/2011)

Artículo 1.452

El daño o provecho de la cosa vendida, después de perfeccionado el contrato, se regulará por lo dispuesto en los artículos 1.096 y 1.182.

Esta regla se aplicará a la venta de cosas fungibles hecha aisladamente y por un sólo precio, o sin consideración a su peso, número o medida.

Si las cosas fungibles se vendieren por un precio fijado con relación al peso, número o medida, no se imputará el riesgo al comprador hasta que se hayan pesado, contado o medido, a no ser que éste se haya constituido en mora.

COMENTARIO

1.- Este artículo (de norma «confusa y lagunosa» lo ha calificado algún autor) oscuro y discutido, desde luego nada claro y que admite opuestas interpretaciones, se refiere a la doctrina de los riesgos en la compraventa.

Una persona, antes de vender una cosa, si ésta se pierde o sufre menoscabo, sufrirá el perjuicio. A su vez, una persona que ya ha comprado y recibido la cosa, si se pierde o sufre menoscabo, también será él quien lo sufra. En estos casos se puede hablar, impropiamente, de riesgos en el sentido de que los sufre el vendedor o el comprador, antes o después —respectivamente— de la perfección del contrato de compraventa. Siempre que todo ello se produzca sin dolo o culpa de uno u otro, pues de haberlo, sí habría responsabilidad contractual u obligación nacido de acto ilícito.

En sentido propio, el problema de los riesgos se plantea entre la perfección y la consumación del contrato. Son los riesgos que corre la cosa vendida de pérdida o menoscabo desde la perfección del contrato hasta la consumación por la entrega de la misma. Siempre que pérdida o menoscabo sean sin culpa del vendedor, deudor de tal obligación, pues, de haberla, respondería por incumplimiento imputable.

2.- Los riesgos los sufre el comprador si, pese a la pérdida o menoscabo, tiene que pagar íntegramente el precio. Y los sufre el vendedor si el comprador no le paga el precio al perderse la cosa o le paga menos si ha sufrido menoscabo.

El largo y confuso artículo 1.452, que tan sólo se refiere a daño o provecho de la cosa vendida, sin referirse a su pérdida, ha sido interpretado por doctrina y jurisprudencia en el sentido de que los riesgos los sufre el comprador: *periculum est emptoris: res perit emptori.*

3.- Verdaderamente, debe distinguirse (de acuerdo con Albaladejo). En caso de menoscabo (al igual que en caso de mejora), se aplica el art. 1.452: los riesgos los sufre el comprador en la compraventa de cosa específica, y en la de cosa genérica, lo mismo, desde la especificación o si ha incurrido en *mora accipiendi.*

En caso de pérdida, se aplica el art. 1124: los riesgos los sufre el vendedor, pues el comprador puede exigir la resolución del contrato por incumplimiento (sin que importe si es imputable o no) de la obligación del vendedor de entregarle la cosa, con lo cual éste no percibirá el precio.

JURISPRUDENCIA

«art. 1.452, párrafo 1.º, pues el precepto regula el problema del riesgo en la compraventa, es decir, de la pérdida o destrucción o deterioro de la cosa objeto del contrato por obra de un tercero o del caso fortuito o fuerza mayor, y en la cuestión litigiosa nada de ello se ventila, sino el incumplimiento del vendedor de sus obligaciones contractuales frente a los compradores recurrentes». (28 diciembre 1994, LA LEY 12552/1995)

«Como reconoce unánime la doctrina y la jurisprudencia, el art. 1452 del Código Civil regula el problema del riesgo en la compraventa, y acoge, como regla general, el principio romano res perit emptore; en consecuencia, la pérdida o destrucción o deterioro de la cosa vendida por obra de un tercero o del caso fortuito o fuerza mayor es imputable al comprador desde el momento de la perfección del contrato, siendo aplicable el precepto, dice la sentencia de esta Sala de 16 de noviembre de 1979, "para el supuesto que estando perfeccionado el contrato de compraventa, la cosa vendida no haya sido entregada y se pierda, destruya o deteriore"; en el presente caso, celebrado el contrato mediante escritura pública, de acuerdo con el art. 1462 del Código Civil, "el otorgamiento de ésta equivaldría a la entrega de la cosa objeto del contrato, si de la misma escritura no resultare o se dedujere claramente lo contrario"; entregada al comprador, Habitat Montseny, S.L., la finca vendida mediante la traditio simbólica, no cabe, como se ha dicho, sea aplicable el citado art. 1452 del Código Civil». (22 abril 2004, rec. 1620/1998)

Artículo 1.453

La venta hecha a calidad de ensayo o prueba de la cosa vendida, y la venta de las cosas que es costumbre gustar o probar antes de recibirlas, se presumirán hechas siempre bajo condición suspensiva.

COMENTARIO

1.- Aunque este artículo ha dado lugar a dos interpretaciones distintas, la doctrina mayoritaria estima que se trata de la venta en calidad de ensayo o a prueba, que engloba dos casos de compraventa que no tienen la misma naturaleza.

2.- En primer lugar, se refiere a la venta hecha a calidad de ensayo o prueba de la cosa vendida. La cual se presumirá hecha bajo condición suspensiva.

La presunción es *iuris tantum*. Las partes contratantes pueden celebrar el contrato con condición suspensiva o bien bajo condición resolutoria. Pero, en todo caso, la calidad de la cosa, descubierta por el ensayo o prueba, sigue criterios objetivos, pues en otro caso quedaría al arbitrio de una de las partes, proscrito por el art. 1.256, *necessitas*, esencia de la obligación.

3.- En segundo lugar, el art. 1.453 se refiere a la compraventa de cosas que es costumbre gustar o probar antes de recibirlas. Las cuales, añade, se presumirán hechas siempre bajo condición suspensiva.

La calificación de qué cosa es costumbre gustar o probar dependerá de la costumbre de cada lugar. Es fácil que se trate de líquidos (vino, aceite) o comestibles; pueden ser otras cosas muebles (ciertos animales, vestidos); más difícil es imaginarlo en inmuebles. Esta prueba ha de ser antes de recibirlas, pero la recepción es en el sentido de *traditio*, entrega firme, definitiva; que no se dará si es simple entrega provisional, precisamente para que se pruebe (piénsese el caso de que prueba el vino en la bodega o de que la señora se lleva el vestido a casa para probárselo).

Pero aunque el Código diga que se trata de una compraventa bajo condición, sería meramente arbitraria para el comprador —la llamada puramente potestativa— que anula la obligación, ya que va contra la *necessitas*, esencia de la obligación (art. 1.256). Realmente se trata de una opción de compra: el vendedor concede al comprador la facultad de comprar la cosa, si le gusta; en cuyo caso realizará la aceptación y se perfeccionará el contrato, no antes.

CONCORDANCIAS

Véase:
— arts. 1.114 y 1.122 de este Código.
— Código de Comercio: art. 328.

Artículo 1.454

Si hubiesen mediado arras o señal en el contrato de compra y venta, podrá rescindirse el contrato allanándose el comprador a perderlas, o el vendedor a devolverlas duplicadas.

COMENTARIO

1.- Las arras son un medio de protección del crédito en general, pero tanto en la práctica como en el Código, se contemplan como un medio de garantía del cumplimiento de las obligaciones derivadas de la compraventa.

Son una cantidad de dinero que el comprador entrega al vendedor si incumple aquél la pierde y hace suya el vendedor y si es éste el que incumple, la tiene para devolver duplicada al comprador.

2.- Las arras, en todo caso, son *confirmatorias* en el sentido de que acreditan la perfección del contrato de compraventa y constituyen parte del precio (si se ha dado 100 como arras y el precio era de 1.000, al cumplir el comprador su obligación de pago del precio, le bastará con pagar 900).

Las arras *penales* tienen la naturaleza de cláusula penal. Las partes pueden exigir una a otra el cumplimiento de las obligaciones y sólo en caso de incumplimiento, si es el comprador quien cumple, las pierde, y si es el vendedor, las devuelve duplicadas; pero ni uno ni otro están autorizados a desistir del contrato.

Las arras *de desistimiento* o *penitenciales* autorizan a las partes a desistir del contrato, perdiéndolas el comprador o devolviéndolas duplicadas el vendedor; tienen la naturaleza de obligación facultativa; deben cumplir, pero si no quieren, pierden las arras. A ellas se refiere el art. 1454.

3.- Interpretado debidamente el contrato, las arras serán penales o de desistimiento, según conste en el contrato o resulte de la intención de los contratantes. Pero si simplemente expresan que hay una entrega en concepto de arras, debe entenderse que son las que contempla el Código, las de desistimiento.

4.- Distinto de las arras es la entrega de una cantidad a cuenta del precio; las arras funcionan como parte del precio; pero es frecuente que el comprador entregue una cantidad a cuenta en cuyo caso no tiene el concepto de arras y simplemente es un pago parcial inmediato a la perfección del contrato, sin perjuicio de pagar el resto en el tiempo adecuado, que será en el pactado o a la entrega de la cosa. Si en la compraventa media un pago inicial y no consta exactamente en qué concepto se ha hecho, debe entenderse que no lo fue como arras, sino como entrega de precio a cuenta.

JURISPRUDENCIA

«el empleo de la palabra señal no cabe entender que exprese siempre y necesariamente la facultad de separarse del contrato, por lo que puede ser estimada, en los casos en los que así actúe y proceda, como anticipo y parte del precio (SS 24 Dic. 1992, 11 Abr. 1994, 15 Mar. 1995 y 28 Mar. 1996); sin embargo sí tiene proyección de conformar efectivas arras penitenciales, dado que el art. 1454 no tiene carácter imperativo, siempre y cuando la voluntad negocial de las partes establezca de forma precisa y rotundamente expresada la condición de arras de tal clase y de forma que los anticipos entregados tengan esa finalidad, que debe resultar bien constatada en el documento que refleja el contrato». (22 septiembre 1999, LA LEY 12046/1999)

«Ante la imposibilidad de dar un concepto unitario de las arras, la doctrina moderna distingue las siguientes modalidades de ellas: a) Confirmatorias. Son las dirigidas a reforzar la existencia del contrato, constituyendo una señal o prueba de su celebración, o bien representando un principio de ejecución. b) Penales. Su finalidad es la de establecer una garantía del cumplimiento del contrato mediante su pérdida o devolución doblada, caso de incumplimiento. c) Penitenciales. Son un medio lícito de desistir las partes del contrato mediante la pérdida o restitución doblada. Esta última es la finalidad reconocida por el art. 1454. Siendo doctrina constante de la jurisprudencia la de que las arras o señal que, como garantía permite el art. 1454, tienen un carácter excepcional que exige una interpretación restrictiva de las cláusulas contractuales de las que resulte la voluntad indubitada de las partes en aquel sentido, según declararon las SS 24 Nov. 1926, 8 Jul. 1945, 22 Oct. 1956, 7 Feb. 1966 y 16 Dic. 1970, entre otras, debiendo entenderse en caso contrario que se trata de un simple anticipo a cuenta del precio que sirve, precisamente, para confirmar el contrato celebrado (S 10 Mar. 1986)». (24 octubre 2002, LA LEY 691/2003) (Doctrina reiterada por la sentencia de 24 marzo 2009, rec. 946/2005, LA LEY 14601/2009 y por la sentencia de 29 junio 2009, rec. 315/2005, LA LEY 119077/2009)

«La calificación de esta cláusula es clara: es una cláusula penal que se impone a la vendedora, caso de que incumpla y no entregue el inmueble libre de ocupantes. Se puede calificar de arras penales que no son sino una cláusula penal, por la que la parte puede exigir el cumplimiento de la obligación y sólo en caso de incumplimiento, exigir que se ejecute dicha cláusula; en ningún caso aparece formulada como las arras de desistimiento que prevé el art. 1454 del Código Civil». (25 octubre 2006, LA LEY 112192/2006) (Doctrina reiterada por la sentencia de 27 octubre 2010, rec. 2026/2006, LA LEY 181844/2010 y por la sentencia de 1 diciembre 2011, rec. 1881/2008, LA LEY 236063/2011)

CONCORDANCIAS

Véase Código de Comercio: art. 343.

Artículo 1.455

Los gastos de otorgamiento de escrituras serán de cuenta del vendedor, y los de la primera copia y los demás posteriores a la venta serán de cuenta del comprador, salvo pacto en contrario.

COMENTARIO

1.- Contempla este artículo gastos coetáneos a la perfección del contrato de compraventa y gastos posteriores. Unos y otros constituyen obligación del comprador o vendedor, según se haya pactado en el propio contrato (tal como se dispone en el último inciso): principio de autonomía de la voluntad.

2.- Si nada se ha pactado, es obligación del vendedor el pago de los gastos de otorgamiento de escritura pública, es decir, gastos de constancia documental del contrato, sea público (gastos de Notaría) o privado (difíciles de pensar, en la práctica).

3.- Si tampoco nada se ha pactado, es obligación del comprador el pago de los gastos posteriores a la perfección del contrato de compraventa: de primera copia de la escritura, y «demás posteriores» dice este artículo, que serán esencialmente los de inscripción en el Registro de la Propiedad y el pago del impuesto de transmisiones patrimoniales o del IVA.

JURISPRUDENCIA

«Si bien el artículo 1.455 del Código Civil atribuye los gastos de perfección del contrato de compraventa al vendedor, también autoriza, dada la expresión "salvo pacto en contrario", que por la voluntad concorde de los interesados se pueda variar dicha atribución legal de abono de gastos y de esta manera los puede asumir con plenitud obligatoria la parte compradora. En el concepto de dichos gastos cabe comprender los derivados del impuesto municipal de Plusvalía». (9 julio 1994, LA LEY 27305-JF/0000)

CONCORDANCIAS

Véase art. 1.465 de este Código.

Artículo 1.456

La enajenación forzosa por causa de utilidad pública se regirá por lo que establezcan las leyes especiales.

COMENTARIO

Se trata de una simple norma de remisión. Dispone que la expropiación forzosa se rige por sus propias leyes. Lo dice con la terminología de la época del Código: «enajenación forzosa» cuando ciertamente se considera hoy una privación de derechos; y añade «por causa de utilidad pública (al igual que el art. 349) y hoy (art. 33.3 de la Constitución) se entiende que es por causa de utilidad pública o de interés social.

Las leyes especiales a que se remite son numerosas. Pero las esenciales son la de Expropiación Forzosa de 16 diciembre 1954 y su Reglamento de 26 abril 1957.

CONCORDANCIAS

Véase:
— arts. 348 y 349 de este Código.
Constitución Española: art. 33.
— Ley de Expropiación Forzosa, de 16 de diciembre de 1954 (*«B.O.E.»*, 17 diciembre).
— Reglamento de Expropiación Forzosa, de 26 de abril de 1957 (*«B.O.E.»*, 20 junio).

CAPÍTULO II
DE LA CAPACIDAD PARA COMPRAR O VENDER

Artículo 1.457

Podrán celebrar el contrato de compra y venta todas las personas a quienes este Código autoriza para obligarse, salvo las modificaciones contenidas en los artículos siguientes.

COMENTARIO

1.- Los sujetos del contrato de compraventa, vendedor y comprador, precisan de la capacidad de obrar para celebrarlo. Así lo dispone el presente artículo, que no añade ninguna disposición nueva, sino que ratifica el concepto general de capacidad de obrar para realizar contratos.

La referencia el último inciso a las «modificaciones contenidas en los artículos siguientes» no tiene especial sentido, ya que el artículo siguiente nada añade ni modifica, y el otro (1459) contiene una serie de prohibiciones.

2.- En consecuencia, el menor, que carece de capacidad de obrar, si realiza el contrato de compraventa será inexistente si carece absolutamente de conciencia y voluntad; será anulable si tiene conciencia y voluntad, pero no ha alcanzado la mayoría de edad, dieciocho años.

Si es menor emancipado, podrá comprar, pero no podrá vender bienes inmuebles, establecimientos mercantiles o industriales, ni objetos de extraordinario valor sin el complemento de capacidad que le deberán prestar los padres (antiguos titulares de patria potestad) o el curador, tal como establece el art. 323.

Si el menor emancipado es casado, precisará el complemento de capacidad —para la venta de los mencionados bienes que sean comunes— del otro cónyuge si es mayor; si es menor, necesitará además el de los padres o curadores de uno y otro, tal como dispone el art. 324.

Si es un incapacitado, la sentencia de incapacitación decidirá si alcanza o no a la compraventa y en qué medida (si como vendedor o como comprador, qué tipo de bienes, etc.), tal como dice con carácter general el art. 760.1 LEC. Si la alcanza, la compraventa será anulable, a no ser que el incapacitado esté en tal estado que carezca totalmente de conciencia y voluntad, en cuyo caso sería inexistente.

Si es mayor de edad, tiene capacidad para celebrar el contrato de compraventa, sin perjuicio —claro está— de los vicios del consentimiento y salvo que concurra alguna prohibición legal de comprar (de vender no la hay).

Artículo 1458

Los cónyuges podrán venderse bienes recíprocamente.

COMENTARIO

En el matrimonio rige el principio de libre contratación entre cónyuges (desde la Ley de 13 mayo 1981), que proclama explícitamente este artículo, al disponer que los cónyuges (según texto redactado por la Ley de 1 julio 2005; antes decía «el marido y la mujer») podrán venderse —típico acto dispositivo— bienes recíprocamente.

Fue una norma de contraste con la normativa tradicional del Código Civil, anterior a 1981, que prohibía la contratación entre los cónyuges a título oneroso (el antiguo art. 1458) y a título gratuito (el antiguo art. 1334).

Actualmente, los cónyuges carecen de toda limitación para celebrar entre sí el contrato de compraventa, como declara este artículo, permuta (art. 1541), transacción y todo contrato a título oneroso o a título gratuito.

JURISPRUDENCIA

«la impugnación de la sentencia con divagaciones poco afortunadas acerca del régimen económico matrimonial de separación de bienes y de sus consecuencias sobre la escritura de compraventa que no son atinentes, pues, al parecer, descansan en una supuesta incomunicabilidad entre patrimonios de los respectivos consortes, claramente contrarias a las previsiones conferidas legalmente por los artículos 1.458 (el marido y la mujer podrán venderse bienes recíprocamente) y 1323 (el marido y la mujer podrán transmitirse por cualquier título bienes y derechos y celebrar entre sí toda clase de contratos), del Código Civil». (15 diciembre 1992, LA LEY 13614/1993)

CONCORDANCIAS

Véase art. 1323 de este Código.
Modificado por Ley 13/2005, de 1 julio (*«B.O.E.»* 2 julio).

Artículo 1.459

No podrán adquirir por compra, aunque sea en subasta pública o judicial, por sí ni por persona alguna intermedia:

1.º Los que desempeñen algún cargo tutelar, los bienes de la persona o personas que estén bajo su guarda o protección.

2.º Los mandatarios, los bienes de cuya administración o enajenación estuviesen encargados.

3.º Los albaceas, los bienes confiados a su cargo.

4.º Los empleados públicos, los bienes del Estado, de los Municipios, de los pueblos y de los establecimientos también públicos, de cuya administración estuviesen encargados.

Esta disposición regirá para los Jueces y peritos que de cualquier modo intervinieren en la venta.

5.º Los Magistrados, Jueces, individuos del Ministerio Fiscal, Secretarios de Tribunales y Juzgados y Oficiales de justicia, los bienes y derechos que estuviesen en litigio ante el Tribunal, en cuya jurisdicción o territorio ejercieran sus respectivas funciones, extendiéndose esta prohibición al acto de adquirir por cesión.

Se exceptuará de esta regla el caso en que se trate de acciones hereditarias entre coherederos, o de cesión en pago de créditos, o de garantía de los bienes que posean.

La prohibición contenida en este número 5.º comprenderá a los Abogados y Procuradores respecto a los bienes y derechos que fueren objeto de un litigio en que intervengan por su profesión y oficio.

COMENTARIO

1.- Este artículo impone unas prohibiciones para comprar a ciertas personas por su particular posición o relaciones que les unen a determinados sujetos. No es una cuestión de capacidad, sino una prohibición. La consecuencia de la infracción a las mismas es la nulidad absoluta del contrato de compraventa (art. 6.3). Expresamente, alcanza a la compraventa en subasta como dispone el inicio del art. 1.459. Lo cual no era preciso declarar, pues la compra por subasta no modifica su naturaleza: es una compra que tiene una característica forma de celebración. Por tanto, aunque este artículo nada dijera sobre ello, la compra por subasta igualmente caería bajo la prohibición.

Asimismo, el inicio del art. 1.459 impone la prohibición al comprador por sí ni por persona alguna intermedia, la cual es el representante o el caso de interposición ficticia (simulación subjetiva) de persona.

2.- Las concretas prohibiciones que enumera este artículo son las siguientes:

Primera. Cargos tutelares. En consonancia con el art. 221 que prohíbe a quien desempeñe algún cargo tutelar: núm. 3.º: adquirir por título oneroso bienes del tutelado —por tanto, incluye la compraventa— o transmitirle por su parte bienes por igual título, por lo cual incluye la prohibición no sólo de comprar, sino también de vender.

Alcanza, en su ámbito subjetivo, a todos los cargos tutelares: tutor, curador y defensor judicial. Y en el ámbito objetivo a todos los bienes y derechos del tutelado que pretenda comprarle y a los bienes y derechos del tutor, curador o defensor que pretenda venderle.

Segunda. Mandatarios, los bienes de cuya administración o enajenación estuviesen encargados. Siendo el mandato un contrato que se basa en la confianza, la cual inspira su normativa (incluso normas tan características como las que permiten —revocación y renuncia— la extinción del contrato por voluntad unilateral de una de la partes), se prohíbe al mandatario que compre bienes que se hallen comprendidos en el concreto mandato (ámbito objetivo).

Tercera. Albaceas, los bienes confiados a su cargo (art. 1.459.3.º). Con la expresión bienes confiados a su cargo se incluyen todos los que el albacea controle para cualquier tipo de misión, sea para su administración, su enajenación, sea para la simple custodia. Por tanto, si el albacea es universal, la prohibición alcanzará a todos los bienes de la herencia; si es particular, sólo a aquellos que quedan dentro de su encargo o misión encomendada por el testador; si el testador no le ha nombrado como universal ni le ha encargado una misión particular, será albacea particular con las facultades que le confieren los artículos 902 y 903, pero al referirse alguna de éstas a todos los bienes de la herencia (así, núms. 3.º y 4.º del art. 902), la prohibición alcanzará a todos ellos.

Cuarta. Los funcionarios públicos, bienes de cuya administración estuviesen encargados (art. 1.459.4.º). El ámbito subjetivo es toda clase de funcionarios, estatal, de comunidad autónoma o local; civil o militar; de carrera, interino, contratado, sustituto, etc.; incluso funcionario político (Ministro, Director General, etc.). El ámbito objetivo está formado por los bienes del Estado, Comunidades Autónomas, entes locales y entidades públicas, de los cuales además, estuviera encargado aquel funcionario de su administración, control o gestión en amplio sentido.

Este núm. 4.º, acaba, en párrafo aparte, con una extraña inclusión de Jueces y peritos, en esta prohibición que intervenga en la venta. Los Jueces, como tales, integrantes del Poder Judicial, se hallan contemplados en el núm. 5.º. Estos Jueces y peritos son aquellos funcionarios o particulares que como Jueces —en sentido vulgar (también se llama Jueces a personas decisorias en competiciones deportivas)— o peritos que intervengan en la venta de bien público.

Quinta. Autoridades y funcionarios de la Administración de Justicia, Abogados, Procuradores, respecto de bienes y derechos que estuviesen en litigio ante los Tribunales o fueron objeto de litigio en el que intervinieran (art. 1459.5.º).

El ámbito subjetivo de esta prohibición comprende los Jueces, Fiscales, Secretarios, Oficiales, Auxiliares, Agentes, Abogados, Procuradores. El objetivo comprende los bienes concretos sobre los que recae o a los que se refiere el litigio en que los anteriores sujetos intervienen por razón de su cargo o profesión. Por otra parte, alcanza la prohibición no sólo a la compra, sino también a la adquisición por cesión.

Esta prohibición de la cesión tiene una triple excepción, que se expresa en el párrafo segundo de este mismo número 5.º; se exceptuará de esta regla el caso en que se trate de acciones hereditarias entre herederos o de cesión en pago de créditos o de garantía de los bienes que posean. El sentido de tales excepciones es: en cuanto a la primera: se refiere a la adquisición por la autoridad, funcionario, abogado o procurador que sea al mismo tiempo coheredero del litigante, de alguna cuota o participación hereditaria, por compra directa o en virtud del retracto sucesorio. En cuanto a la segunda: supone un litigio pendiente entre dos personas, una de las cuales es, a su vez, deudor del funcionario judicial por otra causa, y en pago de esta deuda cede al mismo el crédito litigioso. En cuanto a la tercera, se otorga una garantía sobre un bien poseído por la autoridad o funcionario judicial, abogado o procurador, que ha sido objeto del litigio.

JURISPRUDENCIA

Sobre el número 2.º:

«La doctrina más reciente sentada por la Sala se pronuncia en el sentido que la interpretación de dicho precepto debe realizarse en forma restrictiva. Así por ejemplo en la S 22 de febrero de 1958 que “las prohibiciones en este orden establecidas en la Ley, y, por aplicación del principio de derecho odiosa sunt reistrigenda, la contenida en el núm. 2 de este artículo sólo puede ser objeto de interpretación estricta y nunca extensiva”. En el mismo sentido, las SS 14 de octubre de 1966 y de 8 de noviembre de 1989. La letra del precepto prohíbe a los mandatarios adquirir los bienes de cuya administración o enajenación estuvieran encargados, pero en la compraventa a que se refiere la sentencia recurrida existen dos mandatarios distintos: el recurrente que obra totalmente independiente del mandato, es decir, como comprador directo en representación de una sociedad, pero sin actuar al tiempo como representante del vendedor y el Sr. E.A. quien obra como mandatario del vendedor, pero el que en forma alguna intervine o participa con el carácter de comprador. La S 4 de enero de 1991 reitera la doctrina sentada en anteriores resoluciones, de la forma siguiente: “Conforme a la reiterada jurisprudencia de esta Sala —SS 3 de junio de 1949, 27 de mayo de 1959 y 20 de febrero de 1967—, cabe sostener que el mandato queda tácitamente revocado cuando interviene en la venta el propio mandante, o bien que los bienes vendidos quedan excluidos de la relación de mandato, produciéndose una novación objetiva extintiva, y que en definitiva es doctrina legal que la prohibición no rige en caso de que el mandatario no actúe con la doble personalidad de comprador y vendedor; sin que al respecto pueda establecerse en contra del mandatario una presunción de fraude cuando, como en el caso sub judice, no se ha probado, constando únicamente afirmaciones del recurso que no han sido demostradas; en definitiva, como indicó la S 17 de junio de 1920, la prohibición del art. 1459, núm. 2, no rige cuando el mandatario no interviene a un mismo tiempo con la doble personalidad de vendedor y comprador"». (3 septiembre 1996, LA LEY 2072/1997)

Sobre el número 5.º:

«se denuncia infracción del art. 1459.5 del Código Civil. Dice la sentencia de 29 de octubre de 1964, que para que la prohibición de comprar bienes litigiosos contenida en el número 5.º, párrafo 3.º, de este artículo (el 1459 del Código Civil), puede provocar la nulidad del negocio concertado, es indispensable no sólo que las cosas y derechos sobre que recaiga "fueran objeto de un litigio" en el que el comprador "intervenga por razón de su profesión", sino también, que aquella contienda judicial y esta intervención existan precisamente en el momento de celebrarse el contrato y no en otro posterior y que la actuación del Letrado en el proceso no obedezca a la defensa de sus propios intereses, sino a la de alguno de sus contendientes». (6 de abril de 2006, rec. 3555/1999)

CONCORDANCIAS

— Véase: Código de Comercio: art. 96 y Reglamento Notarial, de 2 de junio de 1944 (*«B.O.E.»,* 7 julio): art. 139.

— Véase arts. 221.3.º, 267 y 271.2.º de este Código.

— Véase art. 267 de este Código.

— Véase L.O. 6/1985, de 1 julio, del Poder Judicial (*«B.O.E.»,* 2 julio): arts. 389 a 397.

— Número redactado por LO 1/1996, 15 enero, de Protección Jurídica del Menor.

CAPÍTULO III
DE LOS EFECTOS DEL CONTRATO DE COMPRA Y VENTA CUANDO SE HA PERDIDO LA COSA VENDIDA

Artículo 1.460

Si al tiempo de celebrarse la venta se hubiera perdido en su totalidad la cosa objeto de la misma, quedará sin efecto el contrato.

Pero si se hubiese perdido sólo en parte, el comprador podrá optar entre desistir del contrato o reclamar la parte existente abonando su precio en proporción al total convenido.

COMENTARIO

1.- El presente artículo contempla un supuesto anómalo y de nula trascendencia jurídica. Si la cosa objeto de la compraventa se pierde tras la perfección del contrato, se aplican las normas sobre extinción de la obligación (del vendedor: de entregar la cosa) por imposibilidad sobrevenida de la prestación (art. 1182) según sea imputable o no al deudor, con las consecuencias en orden a la resolución del contrato (art. 1124), o bien, en su caso, se aplica la doctrina de los riesgos (art. 1452).

Pero este artículo presenta el supuesto de pérdida de la cosa, o, en general, imposibilidad de cumplir la prestación de entrega de la cosa, originaria, es decir, tras los tratos previos (puede ser incluso, tras únicamente de la oferta).

2.- Si esta pérdida de la cosa es total, tal como expresa el primer párrafo de este artículo, se ha perdido la cosa al tiempo de la perfección del contrato de compraventa y ésta no llega a existir; el texto legal dice «quedará sin efecto el contrato», pero no es que quede sin efecto, sino que el contrato no llega a existir. Es la inexistencia del contrato por falta de objeto, elemento esencial del mismo.

Que esta pérdida sea o no culpable, no lo considera este artículo, que es ajeno al tema de la responsabilidad *in contrahendo*, precontractual.

3.- Si la pérdida de la cosa es parcial, dice el segundo párrafo que el comprador tiene una opción: de desistir del contrato o reclamar la parte existente. No es así exactamente: primero: puede no celebrar el contrato, simplemente porque no presta el consentimiento en el contrato de compraventa con la cosa perdida parcialmente y no incurre en responsabilidad *in contrahendo*; segundo, puede prestar el consentimiento, siempre de acuerdo con el vendedor, y perfeccionar el contrato sobre la cosa que queda (la parte no perdida) y el precio proporcional.

JURISPRUDENCIA

«el art. 1460 regula el supuesto de pérdida de la cosa producida al tiempo de perfeccionarse la compraventa ("Si al tiempo de celebrarse la venta...", dice el precepto) y no el caso de pérdida sobrevenida de su objeto acontecida posteriormente, como sería el que nos ocupa, cuyo régimen, en lo que ahora interesa, sería el establecido en el art. 1184 CC, ello sin perjuicio de apreciarse la evidente culpa imputable a la vendedora». (11 octubre 1995, LA LEY 992/1995)

CONCORDANCIAS

Véase arts. 1.182 y 1.183 de este Código.

CAPÍTULO IV
DE LAS OBLIGACIONES DEL VENDEDOR

SECCIÓN PRIMERA
Disposición general

Artículo 1.461

El vendedor está obligado a la entrega y saneamiento de la cosa objeto de la venta.

COMENTARIO

1.- Este artículo, más que normativo, es simplemente enunciativo. No dispone ni regula nada; enuncia las dos obligaciones esenciales del vendedor, entrega y saneamiento, que sí regulan los artículos siguientes.

Incluso ente ambos hay diferencias: la de entrega es la básica del vendedor, cuyo incumplimiento da lugar a la aplicación del art. 1124; la de saneamiento puede ser exigida, pero sin dar lugar a la resolución.

2.- Además de estas obligaciones esenciales del vendedor, éste tiene otras, como los gastos de otorgamiento de escritura (art. 1455) y las obligaciones generales de conservación de la cosa que debe entregar (art. 1094) o de entrega de los accesorios (art. 1097).

3.- Tal como se dijo al comentar el art. 1445, el vendedor no está obligado a transmitir la propiedad de la cosa vendida; sus obligaciones se reducen a su entrega y saneamiento. Si bien, en caso (que será el normal) de que sea propietario, al entregar la cosa (tradición) se producirá la transmisión de la propiedad.

JURISPRUDENCIA

Sobre la obligación de entrega:

«Es doctrina reiterada de esta Sala, en la que la sentencia recurrida se funda expresamente, la que declara que se está en presencia de la entrega de una cosa diversa o aliud pro alio, cuando existe pleno incumplimiento del contrato de compraventa, por inhabilidad del objeto vendido para cumplir la finalidad para la que se vendió, y consiguientemente se ha producido la insatisfacción del comprador, lo que en estos casos permite acudir a la protección que dispensan los arts. 1.101 y 1.124 del CC; tal inhabilidad ha de nacer de defectos de la cosa vendida que impidan obtener de ella la utilidad que motivó su adquisición, sin que sea suficiente para instar la resolución una insatisfacción puramente subjetiva del comprador». (16 noviembre 2000, LA LEY 2645/2002)

«la doctrina de esta Sala tiene declarado que el cumplimiento gravemente defectuoso apareja incumplimiento —SS 26 Oct. 1981, 5 Jun. y 29 Nov. 1985, 17 Sep. 1987, 1 y 22 Jul. 1995, 8 Feb. y 1 Abr. 1996—. Así se repite por la S 17 Feb. 1994 cuando se da inhabilidad del objeto y consiguiente insatisfacción del comprador, se produce incumplimiento pleno, mientras los demás defectos encajan en la calificación más benigna. La de 23 Ene. 1998 repite que cuando se entrega cosa distinta a la pactada, es imposible el cumplimiento por inhabilidad del objeto, porque no se precisa una tenaz y persistente resistencia obstativa al cumplimiento, pues basta frustrar las legítimas aspiraciones de la contraparte —SS 31 May. y 13 Nov.

1985—. Determina la resolución la entrega de cosa inservible, con independencia de que la compraventa sea civil o mercantil —SS 29 Feb. 1988, 24 May. y 30 Sep. 1989, 29 Abr. y 10 Nov. 1994 y 1 Dic. 1997—. La evidencia de la frustración del fin del contrato, eliminando las legítimas expectativas de la parte perjudicada desencadena la resolución, como adoctrina la S 28 Feb. 1986 y repiten las de 8 Feb. y 29 May. 1996. En definitiva, la inhabilidad del objeto, como recoge la S 26 Feb. 1996.» (31 julio 2002, LA LEY 334/2003)

«la acción por incumplimiento cuando existe un aliud por alio *no está sujeta al plazo de caducidad de las acciones edilicias (SSTS de 10 de mayo de 1995, 30 de noviembre de 1972; 29 de enero de 1983, 23 de marzo de 1983; 20 de febrero de 1884; 12 de febrero de 1988, 2 de septiembre de 1998, 12 de abril de 1993, 14 de octubre de 2000, 28 de noviembre de 2003, 15 de diciembre de 2005). Mediante esta doctrina se remedian los abusos en que se traduciría la aplicación excluyente de la acción de saneamiento, pues las acciones redhibitoria y* quanti minoris *[en cuanto menos], sujetas al plazo de caducidad establecido en el art. 1486 CC, resultan inaplicables en aquellos supuestos en que la demanda no se dirija a obtener las reparaciones provenientes de los vicios ocultos, sino las derivadas por defectuoso cumplimiento al haber sido hecha la entrega de cosa distinta o con vicios que hagan impropio el objeto de la compraventa para el fin a que se destina (STS 29 de septiembre de 2008, RC n.º 3861/2001)».* (17 febrero 2010, rec. 2579/2005, LA LEY 3997/2010)

«Ante el incumplimiento, concretamente, de la obligación de entregar de la cosa vendida, en este caso, un edificio de locales y viviendas, en el sentido expuesto como hecho probado, los compradores tienen opción de utilizar diversas vías para resarcirse. La primera, la acción de responsabilidad decenal que les brindaba el artículo 1591 del Código civil (anterior a la Ley de Ordenación de la edificación de 5 de noviembre de 1999) que efectivamente fue ejercitada en la jurisdicción contencioso-administrativa. La segunda, las acciones edilicias, inviables si ha transcurrido el breve plazo de caducidad de seis meses, que impone el artículo 1490 del Código civil. La tercera, la acción tendente a exigir el cumplimiento correcto, que prevé explícitamente el artículo 1124 del mismo cuerpo legal. La cuarta, conforme al mismo artículo 1124, la resolución siempre que el incumplimiento sea esencial. La quinta, la indemnización de daños y perjuicios que contempla el artículo 1101. Respecto a la acción de cumplimiento que aquí ha sido ejercitada se suma la doctrina de aliud pro alio *que contempla una doble situación: que se haya entregado cosa distinta a la pactada o que se haya entregado cosa que, por su inhabilidad, provoque una insatisfacción objetiva, es decir, una completa frustración del fin del contrato (éste es el caso producido aquí) y así lo expresan, casi con las mismas palabras y con abundante referencia de sentencias anteriores, las sentencias de 16 de noviembre de 2000 y 31 de julio de 2002».* (25 febrero 2010, rec. 1877/2005, LA LEY 3983/2010)

CONCORDANCIAS

Véase Código de Comercio: art. 345.

SECCIÓN SEGUNDA
De la entrega de la cosa vendida

Artículo 1.462

Se entenderá entregada la cosa vendida, cuando se ponga en poder y posesión del comprador.

Cuando se haga la venta mediante escritura pública, el otorgamiento de ésta equivaldrá a la entrega de la cosa objeto del contrato, si de la misma escritura no resultare o se dedujere claramente lo contrario.

COMENTARIO

1.- A partir del presente artículo se desarrolla la esencial y básica obligación del vendedor, que es la entrega de la cosa objeto del contrato de compraventa, que enuncia el artículo anterior.

La entrega de la cosa, tal como dice el primer párrafo de este artículo, consiste en ponerla «en poder y posesión del comprador». Es la *tradición real*. Es la entrega efectiva, real, de la posesión de hecho sobre la cosa, se cede la posesión (art. 460.2.º), se traspasa el poder efectivo de la cosa.

Esta tradición real puede consistir en una entrega material, física, completa, de la cosa. Pero no es imprescindible que se llegue al extremo físico. Así, se entiende que es una práctica entrega, como traspaso del poder efectivo sobre la cosa, cuando ésta se pone materialmente a disposición del adquirente, que constituirá tradición real.

2.- A partir del párrafo 2.º de este artículo y en los siguientes, se contemplan diversos supuestos de *traditio ficta*, tradición en que no se da un traspaso o entrega efectiva de la cosa, poder y posesión, sino un signo que la representa, como ficción de entrega, produciendo los mismos efectos que ésta. Representa el proceso de espiritualización que han tenido tantas instituciones jurídicas; en materia de tradición, puede afirmarse que en muchos casos, precisamente los de mayor importancia económica (así inmuebles), es siempre fingida.

3.- El primero de los casos, es la *tradición instrumental*. Se considera tradición (ficticia) al otorgamiento de escritura pública. Si se da tradición como modo de adquirir sin necesidad de desplazamiento posesorio, que pudo haber o no, lo que es indiferente, aunque si la hubo, se habrá producido una tradición real.

La escritura pública es tradición, a no ser, como añade el artículo 1.462 en su último inciso, que «de la misma escritura no resultare o se dedujere claramente lo contrario»: las partes excluyen expresamente el concepto de tradición que tiene la escritura pública, tienen la voluntad opuesta a la tradición instrumental, es decir, la voluntad de las partes es contraria a que el otorgamiento sea tradición.

JURISPRUDENCIA

«la tradición instrumental representada por la escritura pública (art. 1462, p. segundo, CC) tiene lugar aunque el vendedor no tenga la posesión material o de hecho de la finca (SS, entre otras, 8 May. 1982, 8 Jul. 1983, 29 May. y 9 Oct. 1997, 14 Dic. 1998), de tal manera que la retención de la posesión material por el primitivo poseedor no anula el efecto traditorio de la escritura pública (S 22 Dic. 2000), y sin que por lo demás quepa olvidar la existencia de la inscripción registral como refuerzo de la concurrencia de la traditio ficta (S 18 May. 1994).» (4 abril 2002, LA LEY 5872/2002)

«Las fórmulas reducidas de tradición que refiere el art. 1462 CC no son numerus clausus y comprende diversas modalidades como son la entrega de llaves (SS 13 May. 1996 y 20 Jun. 2002), y también en virtud del progresivo proceso de espiritualización experimentado por las formas de tradición, las derivadas del hecho posesorio en relación con el título adquisitivo que entra en juego cuando prevé la puesta a disposición de lo transmitido a favor del

adquirente (SS 18 Feb. 1995 y 18 Jul. 1997), como aquí sucede, al cumplirse las previsiones reglamentarias del contrato que evidencian la intención de las partes de llevar a cabo la transmisión efectiva.» (14 marzo 2003, LA LEY 2016/2003)

«La entrega de la cosa vendida constituye la obligación principal del vendedor. Entrega quiere decir, sustancialmente, transmisión de la posesión al comprador y se define la entrega como el transferimiento de la posesión jurídica de la cosa, que hace adquirir su propiedad o derecho real por el comprador.» (12 junio 2003, LA LEY 13178/2003)

«La compraventa quedó perfeccionada como tal conforme a los artículos 1445 y 1450 CC al otorgarse escritura pública que, asimismo, produjo la adquisición de la propiedad por tradición instrumental que prevé el artículo 1462. El precio de la compraventa, superior al que consta en la escritura, se pagó en parte por medio del préstamo hipotecario mientras estuvo vigente el matrimonio y en parte, tal como aparece en la escritura de compraventa, al contado y antes del matrimonio, sin que conste que lo fuera mediante préstamo personal también pagado constante matrimonio». (3 noviembre 2006, LA LEY 135258/2006)

«deben coincidir la voluntad de quien entrega y la de quien recibe, de modo que el efecto traslativo de la entrega solamente tiene lugar cuando ambas concuerdan. Aunque no sea necesaria una declaración especial del adquirente para conseguir la propiedad, lo que sí resulta cierto es que cuando hay una negativa expresa a aceptar lo que el tradens le ofrece, no se va a producir la adquisición, como afirma la sentencia de 28 octubre 2002, que dice que la intención de la demandada de poner el piso libre de cargas a disposición de la actora no se vio correspondida por la correlativa voluntad de ésta de recibirlo, por lo que no hubo tradición ni adquisición del dominio: "[n] o se vio correspondida por una correlativa voluntad de recibirlo de la hoy recurrente, quien por tanto no entró en posesión de la finca sencillamente porque no quiso y, en consecuencia, no adquirió su propiedad porque, pura y simplemente, no tenía voluntad de ello" (asimismo, STS de 7 julio 2009)». (13 noviembre 2009, rec. 552/2005, LA LEY 226647/2009)

«de los propios términos de la escritura pública de 8 de enero de 2004, y abstracción hecha de si el vendedor era en verdad propietario en virtud de la escritura de mero complemento de partición de herencia inmediatamente anterior, su otorgamiento no equivalía a la entrega de la cosa objeto del contrato, dándose así la salvedad final contemplada en el párrafo segundo del art. 1462 CC, artículo sí citado expresamente en el motivo segundo del recurso. Por tanto, el contrato de compraventa, apto en principio para transmitir el dominio, no vino acompañado de la tradición». (5 noviembre 2010, rec. 2193/2006, LA LEY 195091/2010)

«Y si bien es cierto que algunas veces el traspaso posesorio por sí solo no tiene el efecto de transmitir la propiedad, sin traspaso posesorio no existe transmisión, aunque haya título, de modo que lo que debe cumplirse es la exigencia del art. 1462 CC de que la cosa "se ponga en poder y posesión del comprador", lo que resulta más evidente cuando, como en este caso, los documentos privados confieren amplias facultades al promotor para redactar o modificar la declaración de obra nueva, lo que, en definitiva, hizo en el tiempo en que podía hacerlo». (2 diciembre 2010, rec. 35/2007, LA LEY 217659/2010)

CONCORDANCIAS

Véase arts. 1.094 a 1.097 y 1.125 de este Código.

Artículo 1.463

Fuera de los casos que expresa el artículo precedente, la entrega de los bienes muebles se efectuará por la entrega de las llaves del lugar o sitio donde se hallan almacenados o guardados; y por el solo acuerdo o conformidad de los contratantes, si la cosa vendida no puede trasladarse a poder del comprador en el instante de la venta, o si éste la tenía ya en su poder por algún otro motivo.

COMENTARIO

1.- El presente artículo contempla varios supuestos de tradición, referidos a cosas muebles y dejando subsistentes los casos de tradición real e instrumental previstos en el artículo anterior.

2.- En primer lugar, dispone que constituye tradición «la entrega de las llaves del lugar o sitio donde se hallan almacenadas o guardadas». Es un supuesto de tradición real, ya que la entrega efectivas de la cosa mueble tanto se produce por el traspaso efectivo y material, como por la puesta a disposición del adquirente, como es el caso de entrega de las llaves en que están: es conocida con el nombre de *traditio longa manu.*

3.- En segundo lugar, «el solo acuerdo o conformidad de los contratantes» si la cosa mueble no puede entregarse materialmente al adquirente. La imposibilidad no es preciso que sea absoluta, basta que sea relativa. Si por razón de esta imposibilidad sigue poseyendo la cosa el vendedor, nos hallamos en un caso de *constitutum possessorium.*

4.- En tercer lugar, es tradición ficticia también el solo acuerdo de los contratantes, vendedor y comprador, «si éste la tenía ya en su poder por algún otro motivo». Es la tradición ficticia conocida como *brevi manu.* No es, pues, un desplazamiento de posesión, sino que el transmitente pierde la posesión mediata que tenía sobre la cosa y el adquirente sigue siendo poseedor, pero no como poseedor inmediato reconociendo el derecho de otro (el transmitente), sino como poseedor titular del derecho de propiedad u otro derecho real poseíble que adquiere por la tradición.

Como variante de este supuesto, es el inverso, conocido con el nombre de *constitutum possessorium*: es el caso de que el vendedor, transmitente, continúa poseyendo la cosa como arrendatario, depositario o en cualquier otro concepto. El Código Civil no lo prevé expresamente.

En el constituto posesorio se pacta la relación jurídica, que a partir del mismo —tradición— permite al transmitente la posesión de la cosa, como un arrendamiento, un depósito, un usufructo, etc. (constituto individualizado); si no se pactara (constituto abstracto), debería entenderse que sigue poseyendo el transmitente en concepto de precario si es inmueble o de depósito si es mueble.

JURISPRUDENCIA

«El supuesto se contempla en el art. 1463 CC y aunque allí se refiere a los bienes muebles, la mejor doctrina entiende que ningún obstáculo hay para extender su aplicación a los bienes inmuebles (se admite en el caso que resolvía la TS S 12 Abr. 1957; también en la de 17 Dic. 1984, que trataba de venta de inmueble con reserva de usufructo). Tampoco debe haber obstáculo para admitirlo respecto de una venta realizada en documento privado; en su favor se cuenta con que nuestro derecho admite la adquisición de la posesión (mediata en este caso), por los actos y formalidades propios para adquirir tal derecho (art.

438 CC...) en el sentido de que habida cuenta que se trata de una compraventa con reserva de usufructo concertada en documento privado, es evidente que, la disciplina conteste que se requiere por este Tribunal, de que cuando se trata de una compraventa en documento privado, para que se consuma el efecto traslativo, es preciso que al título, esto es, al documento o contrato, acompañe la traditio o la entrega posesoria de la cosa». (3 diciembre 1999, LA LEY 346/2001)

«Establece el art. 1.463 CC entre las formas de tradición de las cosas muebles la denominada por la doctrina solu consensu, al disponer que "la entrega de los bienes muebles se efectuará:... y por el solo acuerdo o conformidad de los contratantes, si la cosa vendida no puede trasladarse a poder del comprador en el instante de la venta, o si éste la tenía ya en su poder por algún otro motivo"; la imposibilidad a que se refiere el precepto no consiste en una imposibilidad física, habiéndose interpretado por la doctrina el precepto con gran amplitud incluyendo la falta de conveniencia de los interesados, que es lo que sucede en este caso en que se hacía innecesaria la entrega material al tener concertada los interesados la celebración del contrato de arrendamiento financiero; debe tenerse en cuenta, asimismo, que la enumeración de las formas de tradición del CC no es limitativa excluyente de otras posibles formas y así es admisible que la cosa vendida quede en la posesión del vendedor, no por título de dominio, sino por otro título distinto». (20 noviembre 1999, LA LEY 775/2001)

«artículos 1462.1 y 1463 del mismo Código (por cierto, el último respecto de los bienes muebles) regulan el cumplimiento de la obligación principal del vendedor, mediante la entrega de la posesión de la cosa con ánimo en el que la da y del que la recibe de transmitir y adquirir, respectivamente, la propiedad. Esa transmisión posesoria puede ser real (poniendo la cosa en poder y posesión del comprador) o ficticia, esto es, por otros medios espiritualistas pero jurídicamente equivalentes, con una validez que ha sido destacada, entre otras muchas, por la mencionada sentencia de 20 de octubre de 1989 (... este segundo requisito, constitutivo o consumador de la transmisión dominical, se entiende cumplido no solo cuando se produce una entrega física o material de la cosa —tradición real—, sino también, a virtud del progresivo proceso de espiritualización experimentado por las formas de tradición...)». (10 mayo 2004, rec. 1814/1998)

«Es cierto que, como señala la sentencia de esta Sala de 26 de junio de 2008, un sector significado de la doctrina científica ha manifestado que, aún limitado a la traditio brevi manu *y* constitutum possessorium, *el artículo 1463 del Código Civil es claramente aplicable a la entrega de inmuebles, donde, precisamente, se dan en la práctica más abundantemente las razones que justifican aquella forma de entrega: evitar una duplicidad innecesaria de traspasos posesorios; asimismo, la jurisprudencia ha compartido la posición referida en SSTS de 6 de julio de 1982 y 6 de mayo de 1994, entre otras, siendo así que esta última afirma que "la entrega está presidida por una progresiva espiritualización, entendiéndose que existe si el* accipiens *tenía ya en su poder el inmueble por algún motivo* (traditio brevi manu), *lo que es aplicable a los inmuebles por una evidente aplicación analógica del artículo 1463, in fine, del Código Civil"».* (19 julio 2011, rec. 1605/2006, LA LEY 111577/2011)

Artículo 1.464

Respecto de los bienes incorporales, regirá lo dispuesto en el párrafo segundo del artículo 1.462. En cualquier otro caso en que éste no tenga aplicación se entenderá por entrega el hecho de poner en poder del comprador los títulos de pertenencia, o el uso que haga de su derecho el mismo comprador, consintiéndolo el vendedor.

COMENTARIO

1.- Contempla este artículo la llamada cuasitradición. Es la tradición de derechos. Si las clases de tradición vistas hasta ahora se referían a las cosas y tenían por objeto la transmisión del derecho de propiedad sobre ellas, u otro derecho real que implicaba la posesión de la cosa, se llama cuasitradición cuando no se entrega la posesión de la cosa porque el derecho que se transmite no implica tal posesión de la cosa, sino que se transmite la posesión del derecho (que se llama también cuasiposesión): se entrega el poder de hecho en que consiste el derecho (por ejemplo, de una servidumbre de paso): En todo caso, se refiere a los derechos reales poseíbles, únicos objeto de la teoría del título y modo en Derecho español (art. 609), que se transmiten por contrato (título) y como modo, por tradición.

2.- Esta cuasitradición puede ser real cuando se entrega materialmente el poder de hecho: a ella se refiere el último inciso del art. 1464: El uso que haga de su derecho el adquirente, con consentimiento del transmitente.

Puede ser también fingida: instrumental, por otorgamiento de escritura pública, si de la misma no resulta o se deduce lo contrario (primer inciso del art. 1464, que se remite al 1462, segundo párrafo) y documental (segundo inciso del art. 1464) por el hecho de poner en poder del comprador los títulos de pertenencia.

Artículo 1.465

Los gastos para la entrega de la cosa vendida serán de cuenta del vendedor, y los de su transporte o traslación de cargo del comprador, salvo el caso de estipulación especial.

COMENTARIO

1.- Este artículo completa lo dispuesto en el art. 1455. Trata de los gastos de entrega de la cosa vendida y de los de su transporte. Constituyen obligación de pago del vendedor o comprador, tal como se haya pactado en el contrato.

2.- Si nada se ha pactado, es obligación del vendedor el pago de los gastos de entrega de la cosa. Lo que es una regla lógica, pues si el vendedor tiene la obligación de entrega, los gastos de ésta, en el lugar y tiempo adecuados, son obligación del mismo.

3.- Pero, tras la entrega, los gastos de su transporte o traslación —añade el mismo art. 1.465— son de cargo del comprador. Se entiende que éstos son los que se producen, si hace falta, desde el lugar de entrega al lugar de utilización por el comprador.

CONCORDANCIAS

Véase:
— art. 1.455 de este Código.
— Código de Comercio: art. 338.

Artículo 1.466

El vendedor no estará obligado a entregar la cosa vendida, si el comprador no le ha pagado el precio o no se ha señalado en el contrato un plazo para el pago.

COMENTARIO

1.- La compraventa es un contrato bilateral y éste da lugar al nacimiento de obligaciones recíprocas, uno de cuyos efectos es su cumplimiento simultáneo y su correlativa excepción non adimpleti contractus.

Consecuencia de ello es que este artículo dispone que el vendedor no debe cumplir su obligación básica (la entrega de la cosa) si el comprador no cumple la suya (pago del precio). es decir, que el cumplimiento de las obligaciones básicas de vendedor (entrega de la cosa) y comprador (pago del precio), debe ser simultáneo. O lo que es lo mismo, cada parte, cuando cumpla su obligación básica, puede exigir de la otra el simultáneo cumplimiento de la suya. Esta es la interpretación correcta y comúnmente aceptada,

de este artículo, que parece referirse tan sólo al vendedor y a una suspensión de su obligación.

2.- Lo anterior no es aplicable cuando, como prevé el último inciso de este artículo, se ha pactado un término o plazo para el cumplimiento por el comprador, de su obligación de pago del precio. En tal caso, la simultaneidad no rige: el vendedor cumplirá su obligación de entrega de la cosa en el momento de la perfección del contrato de compraventa y el comprador cumplirá la suya de pago del precio cuando venza el plazo.

JURISPRUDENCIA

«La parte vendedora tiene a su favor un derecho a que el comprador realice una manifestación de voluntad —la firma de la disposición de efectivo— para acceder al dinero que le pertenece, que, ante una hipotética e injustificada negativa del actor a facilitar dicho acceso, habría fundado la oposición a entregar la vivienda o, una vez entregada esta, a entablar acciones legales en defensa de su derecho a percibir el importe del precio. En este caso no consta la oposición al pago de la parte compradora, por lo que los vendedores no pueden ampararse en el artículo 1466 CC». (8 noviembre 2010, rec. 1426/2006, LA LEY 199001/2010)

Artículo 1.467

Tampoco tendrá obligación el vendedor de entregar la cosa vendida cuando se haya convenido en un aplazamiento o término para el pago, si después de la venta se descubre que el comprador es insolvente, de tal suerte que el vendedor corre inminente riesgo de perder el precio.

Se exceptúa de esta regla el caso en que el comprador afiance pagar en el plazo convenido.

COMENTARIO

1.- Según el artículo anterior, no rige el principio de simultaneidad en el cumplimiento de las obligaciones recíprocas del vendedor, de entrega de la cosa y del comprador, de pago del precio, en el caso de que éste haya sido aplazado: no rige aquel principio de simultaneidad, sino que se cumple el plazo.

Pero se elimina el plazo —y se vuelve a la simultaneidad— si el vendedor descubre que el comprador es insolvente y corre «inminente riesgo de perder el precio». La insolvencia no es preciso que esté declarada judicialmente, ni tampoco es suficiente la mera sospecha de dificultades económicas, sino la constancia de una situación económica de insolvencia. La expresión «riesgo de perder el precio» es evidentemente incorrecta: el vendedor no tiene el riesgo de perder el precio sino de no cobrarlo, es decir, de perder la cosa que ha entregado sin cobrar a cambio precio alguno.

2.- Todo lo anterior lo evita el comprador que «afiance pagar en el plazo convenido». Cualquier tipo de fianza, contrato civil (arts. 1.822 y ss.) o aval bancario u otro tipo de garantía segura (como una hipoteca). En cuyo caso, el comprador puede exigir la entrega de la cosa y el vendedor deberá entregarla y esperar el vencimiento del plazo, para recibir el precio, que ha sido garantizado.

JURISPRUDENCIA

«la aplicación analógica del art. 1467 no es posible, en tanto no se trata aquí de ninguna entrega de cosa, sino el de continuar ejecutando una obra contratada. El contratista tiene derecho a la suspensión de su actividad cuando el comitente no cumpla las obligaciones principales que le incumben, en este caso la de pagar el precio de ejecución en los plazos convenidos.» (26 mayo 2003, LA LEY 2587/2003)

CONCORDANCIAS

Véase art. 1.129.1.º de este Código.

Artículo 1.468

El vendedor deberá entregar la cosa vendida en el estado en que se hallaba al perfeccionarse el contrato.

Todos los frutos pertenecerán al comprador desde el día en que se perfeccionó el contrato.

COMENTARIO

1.- El cumplimiento de la obligación tiene como requisitos del objeto, la identidad, la integridad y la indivisibilidad. En relación con la compraventa y con el cumplimiento de la obligación de entrega por el vendedor, este artículo exige la identidad, como expresión de la norma general del art. 1166, primer párrafo: el vendedor debe entregar la cosa en el estado en que se hallaba en el momento de la perfección del contrato, tanto cuantitativa, como cualitativamente, tanto física, como jurídicamente. Lo cual vendrá, a su vez, matizado según se trate de cosa específica o genérica, fungible o no fungible. En todo caso, será la cosa que ha pactado, en su número, sus cualidades, materiales y jurídicas (en el sentido de cargas y gravámenes), en el momento de la perfección del contrato de compraventa.

2.- El párrafo segundo añade que los frutos de la cosa, naturales o civiles producidos desde el momento de la perfección del contrato de compraventa, pertenecen al comprador, aunque la entrega de la misma sea en un tiempo posterior, lo que es expresión de lo dispuesto con carácter general en el art. 1095.

Es el requisito de integridad (a que se refiere también el primer párrafo del artículo siguiente).

3.- Asimismo, se debe incluir en la obligación de entrega, consecuencia también del requisito de integridad, la de los títulos de pertenencia y la documentación precisa para permitirle el reconocimiento de su derecho, que le será útil o de trascendente eficacia jurídica (como para la inscripción en el Registro de la Propiedad) o incluso necesario (para uso, por ejemplo, de ciertas máquinas o vehículos).

JURISPRUDENCIA

«La jurisprudencia de esta Sala se ha pronunciado con reiteración sobre los efectos de la publicidad en la determinación del contenido obligacional de los contratos; así, dice la sentencia de 7 de noviembre de 1938 que "la publicidad sobre un objeto, sobre todo si es un objeto aún no existente, forma parte esencial de la oferta, como se reconoce por la doctrina y ha venido a proclamar el art. 8 de la Ley 26/1984, general para la defensa de los consumidores y usuarios, y origina responsabilidad del oferente"; la de 3 de julio de 1993 señala "la obligación exclusiva de la promotora de finalizar la obra de modo que reúna las características constructivas ofrecidas públicamente a los futuros compradores, conforme a lo que establecen los arts. 1096, 1101, 1256 y 1258 del Código Civil y art. 8 de la Ley General para la Defensa de los Consumidores y Usuarios". La sentencia de 8 de noviembre de 1996, después de citar las dos anteriores además de otras varias, concluye: "Quiere decirse con el resumen jurisprudencial que antecede que, bien por la vinculación a la oferta, ya por la Ley General de Protección de Consumidores y Usuarios, sea por los artículos generales sobre obligaciones y contratos que se han ido citando, la Audiencia no podía prescindir de los treinta y cinco folletos de propaganda aportados a los autos; y al tenerlos en cuenta, su valoración de la prueba se muestra, cuando menos, ilógica, ya que se trata de documentos que contienen actividad publicitaria, con intención de atraer a los clientes (art. 2 del Estatuto de la Publicidad, Ley 61/1964, de 11 de junio), constituyendo una clara oferta, de forma que al no entenderlo así se infringen los arts. 57 del Código de Comercio, el principio de la buena fe y el art. 1283, a que alude el motivo tercero, debiendo tal publicidad integrar los contratos, pues para que no fuese así tenía que excluirse expresamente de los mismos el contenido de los folletos, sin que para tal consideración fuera necesario apreciar engaño o fraude, extremo que no requiere el art. 8 de la Ley de Consumidores (sobre sus principios y compatibilidad con las normas de derecho sustantivo, civil y mercantil, ver sentencia de 22 de julio de 1994), que también ha de considerarse infringido (motivos 4.º y 5.º, en relación con la jurisprudencia acotada), máxime si la interpretación se relaciona con el Real Decreto 515/1989, de 21 de abril". Doctrina que igualmente mantiene la sentencia de 30 de junio de 1997 con cita expresa del art. 8 de la Ley 26/1984». (29 septiembre 2004, rec. 2253/1998)

«La doctrina científica entiende que para que surja la responsabilidad del vendedor han de concurrir los siguientes requisitos: 1.º, el vicio ha de ser oculto, es decir, no conocido ni fácilmente reconocible por el comprador; se tiene en cuenta la persona del comprador y se exime de responsabilidad al vendedor "si el comprador es un perito que, por razón de su oficio o profesión, debía fácilmente conocerlos"; 2.º, el vicio ha de ser preexistente a la venta, sin que se responda de los defectos sobrevenidos, pues la cosa ha de entregarse en el estado en que se hallaba al perfeccionarse el contrato (artículo 1468 del Código Civil)». (17 octubre 2005, rec. 1093/1999)

«Uno de los supuestos de incumplimiento que abren paso a la protección que dispensan los artículos 1101 y 1124 CC, susceptible también de ser contemplado bajo el principio de la identidad e integridad del pago (art. 1166 CC), es el de entrega de cosa distinta o aliud pro alio, *que se produce cuando el objeto entregado por el vendedor es inhábil para el cum-*

plimiento de su finalidad (SSTS, entre otras, de 26 de octubre de 1987, 29 de abril de 1994, 10 de julio de 2003, 28 de noviembre de 2003, 21 de octubre de 2005, 15 de noviembre de 2005, 14 de febrero de 2007 y 23 de marzo de 2007). La acción de saneamiento por vicios ocultos no presupone necesariamente un incumplimiento sustancial de la obligación de entrega, pues ésta tiene por objeto la cosa vendida en el estado en que se hallare al tiempo de la perfección del contrato (artículo 1468 I CC) y, en consecuencia, la acción por incumplimiento cuando existe un aliud pro alio *no está sujeta al plazo de caducidad de las acciones edilicias».* (17 febrero 2010, rec. 2579/2005, LA LEY 3997/2010)

CONCORDANCIAS

Véase arts. 1.095 a 1.097 y 1.519 de este Código.

Artículo 1.469

La obligación de entregar la cosa vendida comprende la de poner en poder del comprador todo lo que exprese el contrato, mediante las reglas siguientes:

Si la venta de bienes inmuebles se hubiese hecho con expresión de su cabida, a razón de un precio por unidad de medida o número, tendrá obligación el vendedor de entregar al comprador, si éste lo exige, todo cuanto se haya expresado en el contrato; pero si esto no fuere posible, podrá el comprador optar entre una rebaja proporcional del precio o la rescisión del contrato, siempre que, en este último caso, no baje de la décima parte de la cabida la disminución de la que se le atribuyera al inmueble.

Lo mismo se hará, aunque resulte igual cabida, si alguna parte de ella no es de la calidad expresada en el contrato.

La rescisión en este caso, sólo tendrá lugar a voluntad del comprador, cuando el menor valor de la cosa vendida exceda de la décima parte del precio convenido.

COMENTARIO

1.- El requisito de integridad en el cumplimiento de la obligación de entrega de la cosa está recogido explícitamente en el primer inciso del primer párrafo del presente artículo, referido a toda cosa objeto del contrato de compraventa.

Tal obligación alcanza a «todo», con relación a la cosa, que haya sido objeto del contrato de compraventa. La entrega engloba el total de la cosa, íntegramente.

2.- Este artículo y los dos siguientes dan unas reglas sobre la integridad de la cosa en el caso de compraventa de inmueble, acerca de si éste adolece de diferencias de cantidad y calidad. Son reglas que tienen carácter dispositivo, es decir, prevalece lo previsto por las partes si han contemplado esta eventualidad.

3.- En la regulación se distingue: 1.º) si el precio se ha fijado por unidad de medida, en que se entiende que las partes han concedido gran importancia a esta circunstancia (arts. 1.469 y 1.470), o 2.º) si el inmueble se ha vendido por precio alzado (art. 1.471).

1.º) Si el precio se ha fijado por unidad de medida tendrá obligación el vendedor de entregar al comprador, si éste lo exige, todo cuanto (la cabida) se haya expresado en el contrato, dice el art. 1469.2.º.

Si esto no es posible —es decir, el vendedor no puede entregar la integridad del inmueble— se distingue: si la diferencia es superior al 10%, el comprador tiene opción para reclamar la resolución del contrato de compraventa o para exigir una rebaja proporcional del precio; si la disminución no excede el 10%, sólo podrá pedir la disminución del precio (art. 1.469.2.º).

La misma solución se establece si se da una diferencia de calidad en alguna parte de la finca (art. 1.469.3.º y 4.º).

Si la cuestión es inversa, es decir, la finca tiene una cantidad —cabida— mayor que la expresada en el contrato, el comprador tendrá la obligación de pagar el exceso de precio: pero si el exceso supera el 5%, tiene la facultad de resolver el contrato (art. 1470). El CC nada dice si la finca es de mejor calidad, pero puede aplicarse por analogía la misma regla.

2.º) Si el inmueble se ha vendido por un precio alzado o se han vendido varias fincas por un precio alzado conjunto, el vendedor deberá entregar la integridad de la cosa vendida y el comprador deberá pagar el precio pactado, sin el aumento o disminución previsto en los casos anteriores (art. 1471).

JURISPRUDENCIA

«Debe considerarse, asimismo, como establece la TS S 26 Jun. 1956 que "la venta a cuerpo cierto indudablemente se verifica cuando en el contrato no sólo no es precisado el precio singular por unidad de medidas, sino que tampoco son indicadas las dimensiones globales del inmueble", pero también se verifica cuando aún no habiendo sido indicado un precio singular por unidad de medida, sin embargo, es especificada la dimensión total del inmueble, en cuyo último caso entre los dos índices en contraste, constituido uno por la falta de un precio singular por unidad de medida, y el otro por la concreción de las dimensiones globales del inmueble, la Ley da prevalencia al primero y presume que aquella individualización no había tenido para las partes valor esencial, que sólo constituía una superabundancia, y no significa que las partes hayan convenido aquel precio global sólo en cuanto el inmueble tuviese efectivamente aquellas dimensiones totales, siendo de estimar que ésta es una presunción absoluta, contra la cual ni el comprador ni el vendedor pueden articular prueba contraria». (29 mayo 2000, LA LEY 7819/2000)

«la extensión de una mayor cabida en la inscripción registral otorga la facultad o derecho a los colindantes limítrofes a una actio finium regundorumo deslinde, y al propietario a la rectificación registral por exceso o defecto de cabida, pero nunca a ninguna acción de reivindicación de parte de lo vendido como cuerpo cierto y por precio alzado, y menos a tener por constituida una extraña copropiedad entre el comprador de la finca y el posterior comprador Badalona Park, S.A., de una superficie determinada». (18 julio 2000, LA LEY 10289/2000)

«Dice la sentencia de esta Sala de 30 Sep. 1992 que "cuando es vendido un inmueble, para la determinación del mismo, no es necesario que sean precisadas en el contrato las dimensiones, la medida, pudiendo tener esta indicación dos significaciones, dos valores bien distintos: primero, que las partes hayan querido obtener aquella determinada medida por aquel determinado precio, estableciendo que en tanto se convenía aquel precio en cuanto el inmueble tenía tal medida, siendo obvio que si después resulta que el inmueble tenía dimensiones distintas, también el importe del precio debe modificarse proporcionalmente, en más o en menos, hipótesis de la venta de inmuebles por unidad de medida o número prevista y disciplinada por los arts. 1.469 y 1.470 CC; y segundo, que el inmueble sea vendido como cuerpo cierto, es decir, por lo que es, independientemente de sus dimensiones efectivas,

hipótesis regulada por el art. 1.471 del propio cuerpo legal", y la S 25 Feb. 1997 afirma que "esta Sala tiene declarado, entre otras, en SS 28 Nov. 1962 y 4 Feb. 1979, que para la determinación del objeto vendido no es preciso determinar sus dimensiones, y aunque así se haga, siempre que falte la indicación del precio concreto por unidad de medida, la ley supone que tal individualización no ha tenido para las partes valor esencial, y constituía tan sólo una superabundancia de datos, que es una presunción de valor absoluto"». (21 julio 2000, LA LEY 10301/2000)

«las sentencias de 26 de junio de 1956 y 27 de julio de 1992 dicen literalmente: "las reglas especiales de los arts. 1469 a 1472 no se refieren a la hipótesis de una diferencia entre la cantidad efectiva del inmueble en el momento de la conclusión del contrato y la cantidad entregada, y por tanto, a un inexacto cumplimiento de la obligación de entregar"; efectivamente, la reducción voluntaria de la cabida de la cosa vendida por el vendedor da lugar a la aplicación del art. 1124 del Código Civil, en cualquiera de las dos opciones que se reconocen a favor del comprador y así las sentencias de 24 de septiembre de 1986 y 13 de octubre de 1987 establecen que "el hecho de que la vendedora hubiera reducido en más de un quince por ciento la cabida de la vivienda acordada, se estima como incumplimiento del contrato, dando paso a la acción derivada del art. 1124 del Código Civil que autoriza a la restitución de la prestación y el resarcimiento de daños y perjuicios"». (19 enero 2005, rec. 3527/1998)

«si bien es cierto, como se dice en él, que el volumen de la edificabilidad era mayor que el previsto en el contrato y que el aprovechamiento urbano se halla en el volumen y no en la altura y que, por ende, determina el valor del terreno, ello no está recogido en el Código civil y, como ya dijo la sentencia de esta Sala de 31 de octubre de 1992 que ahora se reitera, el demandante y "ahora recurrente funda su pretensión en un aumento o disminución del volumen de edificabilidad en relación con el previsto contractualmente, en tanto que los preceptos legales se están refiriendo a un error sobre la cabida, concepto este distinto al del volumen de edificabilidad, y que se identifica con la extensión superficial de la finca, atendida su superficie horizontal planimétrica, por lo que es clara la inaplicabilidad al presente caso de los arts. 1469 y 1470 del Código Civil"... El tema de la edificabilidad es importante económica y socialmente y está sumamente regulado en la normativa administrativa, pero no lo está en la civil. Siendo la base de la analogía la identidad de razón (semejanza que es destacada por las sentencias de 21 de noviembre de 2000, 5 de febrero de 2004, 28 de junio de 2004) —ubi eadem ratio est, ibi eadem iuris dispositio esse debet— *que comprende los dos presupuestos de falta de norma e igualdad esencial, no se da en el caso presente. La normativa no regula los excesos o defectos de edificabilidad, al igual que no regula tantas otras cuestiones de divergencia que se pueden dar en la compraventa, tanto de inmuebles como de cosas muebles. El que no contemple una determinada cuestión no permite que se pueda aplicar por analogía otra distinta».* (30 junio 2009, rec. 304/2005, LA LEY 112710/2009)

CONCORDANCIAS

Véase arts. 1.094 a 1.097, 1.290 y 1.291 de este Código.

Artículo 1.470

Si, en el caso del artículo precedente, resultare mayor cabida o número en el inmueble que los expresados en el contrato, el comprador tendrá la obligación de pagar el exceso de precio si la mayor cabida o número no pasa de la vigésima parte de los señalados en el mismo contrato; pero, si excedieren de dicha vigésima parte, el comprador podrá optar entre satisfacer el mayor valor del inmueble, o desistir del contrato.

COMENTARIO

Véase el comentario al artículo anterior.

JURISPRUDENCIA

«dos valores bien distintos: primero, que las partes hayan querido obtener aquella determinada medida por aquel determinado precio, estableciendo que en tanto se convenía tal precio en cuanto el inmueble tenía tal medida, siendo obvio entonces que si después resulta que en realidad el inmueble tenía dimensiones distintas, también el importe del precio debe modificarse proporcionalmente, en más o en menos, hipótesis de la venta de inmuebles por unidad de medida o número prevista y disciplinada por los arts. 1.469 y 1.470 del CC; y segundo, que el inmueble sea vendido como cuerpo cierto, es decir, por lo que es, independientemente de sus dimensiones efectivas, hipótesis regulada por el art. 1.471 del propio cuerpo legal». (30 septiembre 1992, LA LEY 34/1994)

CONCORDANCIAS

Véase arts. 1.290 y 1.291 de este Código.

Artículo 1.471

En la venta de un inmueble, hecha por precio alzado y no a razón de un tanto por unidad de medida o número, no tendrá lugar el aumento o disminución del mismo, aunque resulte mayor o menor cabida o número de los expresados en el contrato.

Esto mismo tendrá lugar cuando sean dos o más fincas las vendidas por un solo precio pero, si, además de expresarse los linderos, indispensables en toda enajenación de inmuebles, se designaren en el contrato su cabida o número, el vendedor estará obligado a entregar todo lo que se comprenda dentro de los mismos linderos, aun cuando exceda de la cabida o número expresados en el contrato; y, si no pudiere, sufrirá una disminución en el precio, proporcional a lo que falte de cabida o número, a no ser que el contrato quede anulado por no conformarse el comprador con que se deje de entregar lo que se estipuló.

COMENTARIO

Véase el comentario al artículo 1.469.

JURISPRUDENCIA

«fijando así el objeto de la compraventa con designación de unos linderos que son los que efectivamente hay que tener en cuenta para determinar la realidad física de la finca vendida, según se desprende de lo dispuesto por el artículo 1471 del Código Civil del que resulta la preferencia de dicho comprador —y de su adquirente Jagope S.A.— en la situación de doble inmatriculación creada. Ello porque esta Sala ha declarado con reiteración que la fijación de linderos en la transmisión de fincas es la determinante del objeto vendido [sentencias de 2 febrero 1994, 18 junio 1999 (LA LEY 9313/1999), 18 julio 2000 (LA LEY 10289/2000) y 21 abril 2006]». (6 mayo 2008, LA LEY 31937/2008)

«casos de diferencia en la cabida de los inmuebles objeto del contrato; cuestión que aparece regulada en el artículo 1471, según el cual en el caso de venta como "cuerpo cierto", con precisión de los linderos de la finca, son estos los que fijan la extensión que ha de ser

entregada al comprador aun en el supuesto de que se hubiera designado en el contrato su cabida y resultare una cabida mayor o menor de la mencionada, supuestos en los que, como dice la sentencia de esta Sala de 18 mayo 1982, seguida por la de 5 mayo 2008, "como reconoce la doctrina científica, la venta en cuanto a la superficie vendida ofrece un cierto aire aleatorio, estando en estos casos determinada la fisonomía del inmueble vendido, como declaró la sentencia de 12 marzo 1948, por su naturaleza y por el enclavamiento geográfico que marcan sus linderos". La de 31 enero 2001 afirma que "la venta a cuerpo cierto requiere que el precio no se haya pactado por unidad de medida, y estipulándose un precio sin referencia a este dato, sino de forma alzada, ninguna trascendencia tiene para su calificación como tal venta el que se haga mención de la extensión del objeto comprado". Ello se ha de poner en relación con la postura mantenida por la generalidad de la doctrina científica en el sentido de considerar que, partiendo de la claridad de la disposición contenida en el párrafo primero del artículo 1471 en el sentido de que en la venta a precio alzado no tendrá lugar el aumento o disminución del precio aunque resulte mayor o menor cabida o número de los expresados en el contrato, no existe verdadera contradicción con lo señalado en el párrafo segundo, que prevé la venta de cuerpo cierto con designación añadida de cabida o número, supuesto en el cual, si la cabida real es mayor que la expresada en el contrato, el vendedor está obligado a entregar "todo lo que se comprenda dentro de los mismos linderos", y si no pudiere entregar la totalidad del terreno comprendido en los linderos determinados en el contrato —así, por ejemplo, cuando exista un enclave propiedad de tercero— "sufrirá una disminución en el precio proporcional a lo que falte de cabida o número, a no ser que el contrato quede anulado por no conformarse el comprador con que se deje de entregar lo que se estipuló"». (24 noviembre 2009, rec. 1230/2005, LA LEY 223145/2009)

«no se da la base fáctica para que se pueda aplicar el artículo 1471 del Código civil. Esta norma se aplica al caso del inmueble vendido por un precio alzado; es el caso de venta de cuerpo cierto, como cosa identificada por sí misma sobre la que las partes pueden hacer las mediciones y comprobaciones que estimen convenientes (a ello se refiere la sentencia de 29 de mayo de 2000 que reitera la doctrina de la sentencia de 26 de junio de 1956). Pero no cabe aplicarla a la compraventa de cosa futura, en que se ha identificado la finca vendida por sus caracteres y dimensiones que, si no se cumplen, se aplicará el artículo 1124 o 1101 del Código civil y, por ello, puede exigirse el cumplimiento o la indemnización o, incluso en su caso, si procede, la resolución. Tal como dice la sentencia de primera instancia, "el precio de la compraventa se fijó de acuerdo con los metros cuadrados construidos y que éstos fueron menos que los fijados en contrato, por lo tanto había que acomodar el precio a los reales metros cuadrados que la vivienda tiene"». (18 febrero 2010, rec. 1843/2005, LA LEY 3098/2010)

Artículo 1.472

Las acciones que nacen de los tres artículos anteriores prescribirán a los seis meses mencionados, contados desde el día de la entrega.

COMENTARIO

1.- Las concretas acciones que expresan los artículos 1.469 a 1.471 tienen un plazo de caducidad de seis meses. No se trata de que este plazo afecte a las acciones que puedan nacer de las compraventas de inmuebles a que se refieren los anteriores artículos, sino que se aplica a las acciones de resolución del contrato o de rebaja del precio, o de aumento del precio o resolución del contrato.

2.- El *dies a quo*, tal como dice el presente artículo, es el de la entrega de la cosa, como tradición real, sin que pueda ser igualada a este efecto por la *traditio ficta*, especialmente la más frecuente, la tradición instrumental (art. 1462, segundo párrafo).

JURISPRUDENCIA

«el plazo figurado en el art. 1.472, es de prescripción y no, de caducidad, y así se viene entendiendo en la doctrina y en la jurisprudencia, la que ha interpretado en sentido literal el verbo "prescribir" empleado, lo que supone, por tanto, la posibilidad de su interrupción y la necesidad de alegación de parte». (10 julio 1999, LA LEY 10535/1999)

«se está claramente dentro del supuesto de la reducción del precio de la cosa vendida, acción que tienen los compradores en base de lo dispuesto en el art. 1.471 del CC, pero esa acción de acuerdo con el art. 1.472 sólo se puede ejercitar con éxito, si se hace dentro de los seis meses siguientes a la fecha de la entrega cosa vendida, por lo que resultando evidente que la acción la ha promovido fuera del plazo citado, el ejercicio de la misma resulta ineficaz». (23 junio 2000, LA LEY 8761/2000)

Artículo 1.473

Si una misma cosa se hubiese vendido a diferentes compradores, la propiedad se transferirá a la persona que primero haya tomado posesión de ella con buena fe, si fuere mueble.

Si fuere inmueble, la propiedad pertenecerá al adquirente que antes la haya inscrito en el Registro.

Cuando no haya inscripción, pertenecerá la propiedad a quien de buena fe sea primero en la posesión; y faltando ésta, a quien presente título de fecha más antigua, siempre que haya buena fe.

COMENTARIO

1.- Este artículo contempla el supuesto de la doble venta o venta múltiple si se da más de dos veces, que consiste en que una misma cosa es vendida dos o más veces por su propietario actual a distintos compradores. Por tanto, se produce tras la perfección del contrato de compraventa y antes de su consumación. Habiendo de ser adquirida la cosa por uno de los varios compradores, se plantea el conflicto de adquisiciones.

Lo que es importante destacar es que las varias ventas se han celebrado antes de que la propiedad de la cosa haya sido adquirida por un comprador: el problema de la doble venta estriba en determinar quién, de los varios compradores, va a adquirir la cosa. Por tanto, no debe confundirse con la cuestión distinta de la venta de cosa ajena. Si un vendedor vende la misma cosa a dos personas, deberá solucionarse quién adquiere; pero si vende una cosa a uno, que la recibe y adquiere, y a otro más, esta segunda venta, no será una doble venta, sino una venta de cosa ajena.

2.- El Código Civil regula la doble venta en este artículo 1.473 y da las reglas para determinar quién de los compradores adquiere la propiedad de la misma.

Primera. Si la cosa vendida es mueble, el que primero haya tomado posesión de ella con buena fe.

Segunda. Si es inmueble, la adquiere: 1.º) el que antes la haya inscrito en el Registro de la Propiedad, lo que presupone que antes hubo tradición real o instrumental (escritura pública): se exige la buena fe, aunque no lo diga expresamente el texto legal, pero se deduce del conjunto del mismo y de ponerlo en relación con el art. 34 de la Ley Hipotecaria y así lo exige reiterada jurisprudencia; 2.º) si no hay inscripción, la adquiere el comprador que primero haya tomado posesión de ella de buena fe; la toma de posesión se refiere a la entrega por el vendedor y consiguiente recepción por el comprador, es decir, a la tradición real o ficticia; 3.º) si no hay inscripción ni posesión, la adquiere el que tenga título de fecha más antigua y buena fe.

En todos estos casos la buena fe consiste en ignorar que la cosa que se le vendió a él había sido vendida también a otro. Esta es fundamental, pues, de no exigirse, bastaría la entrega para decidir la adquisición; sin embargo, con este artículo, esta entrega no basta, sino que se precisa buena fe.

JURISPRUDENCIA

«El art. 1473 resuelve el problema de la doble venta de inmueble concediendo prioridad adquisitiva a quien antes inscribe su título de compraventa en el Registro de la Propiedad y si esta inscripción no se hubiere llevado a efecto por ninguno de los compradores la propiedad pertenecerá a quien, como tal adquirente, fuere de buena fe primero en la posesión —al modo que lo establece el art. 1462 del CC en transmisión de la posesión jurídica con la finalidad traslativa de la propiedad— y a falta de una y otra posibilidad será propietario quien, mediando siempre buena fe presente título de fecha mas antigua que si está constituido por escritura pública conlleva en su fecha la de la entrega de su objeto». (5 abril 2001, LA LEY 4626/2001)

«la más moderna jurisprudencia precisa que ese conflicto debe ser resuelto en el proceso declarativo conforme a las normas del derecho civil y no por aquellas del derecho hipotecario que, en otro caso, serían aplicables. La coexistencia de dos asientos incompatibles de igual rango y naturaleza origina la quiebra de los principios rectores del sistema tabular (sentencias de 16 de diciembre de 1993, 30 de diciembre de 1993, 30 de septiembre de 1994, 28 de enero de 1997, 29 de mayo de 1997, 12 de marzo de 1999, 18 de diciembre de 2000). Entre esas normas aplicables ocupa un lugar la reflejada en la regla prior tempore, potior est iure, que atiende a la prioridad de toda adquisición válida respecto de la posterior (sentencia de 29 de mayo de 1997), ya que, en los casos en que la propiedad haya tenido un titular anterior único, en la transmisión que sea segunda en el tiempo el transmitente carecerá de poder de disposición sobre la cosa en cuanto la misma habrá sido adquirida antes por otro como consecuencia del precedente negocio. Y tal facultad de disponer constituye condición necesaria para que el pago (que, a la vez, es traditio) complete los efectos transmisivos de la propiedad a favor de quien contrató dicha segunda adquisición (artículo 1160 del Código Civil). También cuenta la prioridad de la propia inscripción cuando, como sucede en los casos de doble venta (artículo 1473 del Código Civil), la norma aplicable, según lo dicho, supedite a ella la decisión del conflicto entre los compradores». (11 octubre 2004, rec. 2512/1998)

«Lo que se expone porque, según la jurisprudencia (sentencias de 30 de septiembre de 1992, 17 de noviembre de 1992, 25 de noviembre de 1996, 5 de diciembre de 2002, 15 de julio de 2004, 18 de mayo de 2005...) la doble venta, prevista en el artículo 1473 del Código Civil, constituye un supuesto de dos o más ventas de la misma cosa por un único vendedor a

distintos compradores, caracterizado porque ninguno de éstos ha adquirido el dominio de lo comprado al perfeccionarse el contrato posterior. De no ser así, esto es, de ser ya dueño un comprador cuando el mismo vendedor concierta la venta con un tercero, el segundo contrato tendría por objeto una cosa ajena y su régimen jurídico no sería el mismo. En tal caso no se trataría de decidir cuál de los compradores era el dueño, sino de determinar qué consecuencias tendría sobre el derecho del propietario la venta de un bien que es de otro. Lo determinante, al fin, para entender vendida una cosa ajena es que, al perfeccionarse el segundo o posterior contrato, el vendedor no es el dueño. Lo que puede resultar que nunca lo hubiera sido o que hubiera dejado de serlo por haberla enajenado antes, para lo que, en el caso de venta, sería necesario no sólo el contrato sino también que el primer comprador hubiera recibido la posesión de la cosa (artículos 609 y 1095 del Código Civil), con independencia del cumplimiento o no de la contraprestación a su cargo, esto es, de que fuera o no deudor del precio. En efecto, dejando a un lado las consecuencias jurídicas que el incumplimiento de la obligación de pagar el precio pueda producir en el funcionamiento de la relación de obligación sinalagmática y de aquellas otras que hubieran pactado los contratantes en libre ejercicio de su potestad normativa creadora (artículo 1255 del Código Civil), es lo cierto que la ejecución del contrato ex parte emptore *carece de significación en el Código Civil a los fines de distinguir la venta de cosa ajena de la doble venta. Precisamente en este punto se apartó el Código Civil del precedente representado por el artículo 1034 del Proyecto de 1836 (si alguno vendiese a dos personas distintas una misma cosa, será preferido el primer comprador en el caso de que hubiere entregado ya el precio y subsistirá el contrato celebrado con él, aunque la cosa vendida se haya entregado al segundo) y la ley 50 del título 5 de la Partida 5.ª (una cosa vendiendo un ome dos vezes a dos omes en tiepos departidos, si aquel aquien la vendio, primeramente, passa a la tenencia de las cosa e paga el precio, esse la debe aver e non el otro)».* (11 octubre 2006, LA LEY 129028/2006)

«El artículo 1473 del Código Civil no altera el sistema transmisivo mediante título y modo, sino que ante la anomalía de dos o más ventas de una misma cosa por su propietario, es decir, por quien en principio tenía poder de disposición, ofrece una serie de soluciones, según las casos, al estricto problema de cuál de los dos o más compradores vencerá definitivamente en la controversia sobre el dominio de la cosa comprada, pues no debe olvidarse la ubicación del artículo 1473 precisamente en la sección del Código que trata "De la entrega de la cosa vendida", dentro del capítulo correspondiente a las obligaciones del vendedor. 5.ª En la jurisprudencia de esta Sala sobre el artículo 1473 del Código Civil cabe advertir un importante cambio de orientación a partir de los años 90. Mientras hasta entonces no hubo inconveniente en aplicarlo para resolver los conflictos planteados por dos ventas separadas entre sí incluso por más de diez años (SSTS 6-12-62 y 13-4-93) (LA LEY 13094/1993) y lógicamente también por menos tiempo (STS 4-3-88) (LA LEY 101634-NS/0000) en los años 90 se impone el criterio de excluir de su ámbito la denominada "venta de cosa ajena", entendiendo por tal no aquella en que el vendedor no propietario se obliga a entregar la cosa, sino la segunda venta de una misma cosa por quien, habiendo sido su propietario, ya se la ha vendido y entregado anteriormente a otro. En suma, para poder aplicar el artículo 1473 del Código Civil empieza a exigirse el requisito de "una cierta coetaneidad cronológica" entre las dos ventas: si concurre, se dará un caso de "doble venta", a resolver aplicando dicho precepto; si no, se dará un caso de "venta de cosa ajena", excluido de su ámbito de aplicación [SSTS 8-3-93 (LA LEY 13059/1993), 25-3-94 (LA LEY 13814/1994), 6-5-04 (LA LEY 1487/2004), 24-6-04 (LA LEY 150078/2004) y 30-12-05 (LA LEY 254383/2005), entre otras muchas]. Es más, en algunas de las sentencias de esta Sala se niega también la aplicabilidad del artículo 34 de la Ley Hipotecaria a favor del segundo comprador porque su adquisición habría sido nula o inexistente, conforme al artículo 33 de la misma ley, por falta de objeto o por falta de poder de disposición del vendedor [así, SSTS 10 (LA LEY 13056/2003) y 16-6-03 (LA LEY 13057/2003) y 25-5-06 (LA LEY 60469/2006] aludiendo incluso la primera de ellas a la plena consumación de la primera venta "por pago íntegro del precio y entrega de la

cosa". Lo que acaba sucediendo, así, es que un mismo concepto, "venta de cosa ajena", se aplica a dos figuras diferentes: una perfectamente compatible con nuestro sistema de compraventa consensual, en que el vendedor no propietario se obliga a procurar al comprador la entrega de la cosa para lograr el efecto traslativo, y otra anómala, que incluso puede llegar a constituir delito de estafa tipificado en el artículo 251-1 del Código Penal, necesitada por ello de reglas específicas, en la que quien era propietario vende la cosa y luego se la vende a otro. En la mayoría de los casos la primera venta suele ir acompañada de tradición material, mediante entrega de la posesión, y la segunda de tradición instrumental, mediante el otorgamiento de escritura pública que, permitiendo la inscripción registral, adolecerá sin embargo de la irregularidad, en cuanto tradición instrumental, de la falta de poder de disposición del transmitente. Mucho más raro en la práctica será, en cambio, el puro conflicto entre títulos contemplado en el último inciso del párrafo tercero del artículo 1473». (7 septiembre 2007, LA LEY 125166/2007) (Doctrina reiterada por la sentencia de 18 diciembre 2008, rec. 2468/2003, LA LEY 207457/2008)

«el supuesto litigioso es subsumible en las previsiones del meritado precepto del Código civil. Se trata de una doble venta en la que, no habiendo aún adquirido el primer comprador la propiedad del inmueble, por falta de tradición (artículo 609 CC), se produce una segunda venta a favor de un adquirente que, en buena fe, puesto que no hay prueba de lo contrario y se ha de presumir que se halla en esta situación, la inscribe antes en el Registro. Así lo ha ido configurando una copiosa jurisprudencia (SSTS 22 de junio de 2001, 21 de junio y 22 de diciembre de 2000, 21 de octubre de 2003, 11 de octubre de 2006, etc.), precisándose la buena en el comprador y la ignorancia sobre la venta anterior (SSTS 17 de diciembre de 1984, 3 de mayo de 1985, 24 de noviembre de 1995, 8 de febrero de 2001, 14 de septiembre de 2007, etc.)». (5 junio 2009, rec. 2261/2004, LA LEY 167300/2009)

«El concepto de buena fe aplicado al caso de la doble venta consiste en ignorar que la cosa había sido vendida a otro. No es un estado de conducta como ocurre en las obligaciones y contratos sino de conocimiento: el creer o ignorar si la situación registral es o no exacta, respecto a la titularidad registral: así lo expresa la sentencia de 27 de septiembre de 1996 con remisión a otras anteriores. Y añade la de 22 de diciembre de 2000 que el concepto de buena fe en materia de propiedad y derechos reales consiste, en su aspecto positivo, en la creencia por parte de quien pretende ampararse en la protección registral, de que la persona de quien adquirió la finca de que se trate era dueño de ella y podía transmitirle su dominio y, en su sentido negativo, en la ignorancia y desconocimiento de inexactitudes o de vicios invalidatarios que puedan afectar a la titularidad del enajenante, por lo que carecen de tal cualidad quienes tienen noticia perfecta de la situación extratabular o de las posibles causas capaces de enervar el título de su transferente (por todas, sentencia de 19 de julio de 1989). Una y otra recuerdan que es una cuestión de hecho de incumbencia del juzgador de instancia, cuya apreciación probatoria procede ser mantenida en casación. La exigencia de la buena fe al caso de doble venta de inmuebles prevista en el aludido párrafo tercero del artículo 1473 que no la contempla expresamente, se deduce de los principios generales del derecho —ejercicio de los mismos de buena fe— y de relacionar esta norma con el artículo 34 de la Ley Hipotecaria. Lo cual ha sido mantenido por una jurisprudencia reiteradísima, desde las antiguas sentencias de 13 de mayo de 1908, 29 de noviembre de 1928 y 31 de octubre de 1929 hasta las recientes de 1 de junio de 2000, 24 de julio de 2000 y 11 de junio de 2004, pasando por las de 30 de junio de 1986, 29 de julio de 1991, 24 de noviembre de 1995». (13 noviembre 2009, rec. 1859/2005, LA LEY 226655/2009)

«Cuando el artículo 1473 del Código civil contempla el supuesto patológico de la doble venta o, por mejor decir, la pluralidad de ventas sobre la misma cosa, prevé el conflicto de adquisiciones ya que la cosa múltiplemente vendida debe ser adquirida por uno solo de los compradores y dice exactamente que si fuera inmueble, la propiedad pertenecerá al adquirente que antes la haya inscrito en el Registro y, añade la jurisprudencia (sentencia de 1 de

junio de 2000, 13 de noviembre de 2009) concurriendo el requisito de buena fe». (28 enero 2010, rec. 225/2006, LA LEY 364/2010)

CONCORDANCIAS

Véase:
— arts. 434, 445, 464, 606 y 609 de este Código.
— Ley Hipotecaria, de 8 febrero 1946 (*«B.O.E.»,* 29 mayo): arts. 17, 24, 25, 34, 37 y 38.

SECCIÓN TERCERA
Del saneamiento

Artículo 1.474

En virtud del saneamiento a que se refiere el artículo 1.461, el vendedor responderá al comprador:

1.º De la posesión legal y pacífica de la cosa vendida.

2.º De los vicios o defectos ocultos que tuviere.

COMENTARIO

1.- El art. 1.461 enuncia que el vendedor tiene la obligación de entrega y saneamiento, artículo enunciativo, no normativo, pues la normativa de la entrega se halla en los arts. 1.462 y ss. y la del saneamiento, en los arts. 1.474 y ss. Este art. 1.474 es también enunciativo, más que normativo; la regulación de la obligación de saneamiento se encuentra a partir del artículo siguiente.

Significa que el vendedor está obligado a proporcionar al comprador la posesión pacífica y las características aparentes de la cosa entregada. Se designa con el nombre de saneamiento por evicción la obligación de proporcionar la posesión pacífica; con el nombre de saneamiento por vicios ocultos, la de proporcionar las condiciones aparentes de la cosa.

2.- Es una obligación complementaria de la de entrega de la cosa que no cabe sin ésta. La obligación de sanear cubre el vacío que hubiere en lo entregado (que es reclamada por otro o que tiene un defecto o un gravamen). Por tanto, no se trata de ésta si se entregó una cosa distinta o se previeron los derechos de un tercero o los defectos de la cosa en el propio contrato de compraventa.

Esta obligación puede ser reducida o suprimida por las partes contratantes, aunque es nulo el pacto si el vendedor ha actuado de mala fe. La infracción por el vendedor de esta obligación no produce la resolución por incumplimiento que prevé con carácter general el artículo 1.124, sino que da lugar a las específicas acciones que contempla.

La obligación de saneamiento es aplicable a otras transmisiones del dominio a título oneroso: permuta, arrendamiento, enfiteusis, sociedad. Incluso se deduce la regla general de extensión de la obligación de saneamiento a todos los contratos onerosos.

3.- Es transmisión onerosa de un piso o local en régimen de propiedad horizontal, el art. 9.5.º, último párrafo de la Ley de Propiedad Horizontal (párrafo añadido por Ley 23 de febrero de 1988), establece que el transmitente —además de su deber de declarar si tiene pendientes de pago gastos generales de la comunidad— quedará sujeto a la obligación legal de saneamiento por la carga no aparente de los gastos a cuyo pago esté afecto el piso o local.

JURISPRUDENCIA

«Dispone el artículo 1474 del Código Civil que, en virtud del saneamiento a que se refiere el artículo 1461, el vendedor responderá al comprador de la posesión legal y pacífica de la cosa vendida, lo que viene a integrar el llamado saneamiento por evicción (vencimiento) en cuya virtud el vendedor resulta obligado a responder de sus consecuencias frente al comprador que se ve privado, por sentencia firme y en virtud de un derecho anterior a la compra, de todo o parte de la cosa comprada (artículo 1475 del Código Civil) con los efectos que el propio código señala (artículos 1478 y 1479). De ello resulta que cualquier privación que sufra el comprador, sea total o parcial, de la cosa adquirida por compraventa dará lugar a la obligación de sanear por parte del vendedor, salvo que ello ocurra en virtud de un derecho que sea posterior a la celebración de la compraventa». (17 julio 2007, LA LEY 79277/2007)

«todos los demandados —sucesivos vendedores— respecto de la obligación de saneamiento, concurren las notas de la solidaridad pasiva, como son la pluralidad de deudores, unidad de objeto y que de un mismo hecho se haya generado obligación para todos (sentencias de 18 diciembre 1997 y 20 marzo 2003). Todos los vendedores quedarían obligados a sanear respecto de su comprador y especialmente quien fue el primero en la cadena sucesiva de compraventas —el ahora recurrente don J.— que además fue quien otorgó la escritura pública de compraventa a favor de los demandantes». (8 octubre 2008, rec. 2783/2002, LA LEY 148019/2008)

CONCORDANCIAS

Véase:
— arts. 638, 860, 1.069 a 1.071, 1.540, 1.553, 1.554.3, 1.643 y 1.681 de este Código.
— Código de Comercio: art. 345.

§ 1.º Del saneamiento en caso de evicción

Artículo 1.475

Tendrá lugar la evicción cuando se prive al comprador, por sentencia firme y en virtud de un derecho anterior a la compra, de todo o parte de la cosa comprada.

El vendedor responderá de la evicción aunque nada se haya expresado en el contrato.

Los contratantes, sin embargo, podrán aumentar, disminuir o suprimir esta obligación legal del vendedor.

COMENTARIO

1.- La evicción es la privación total o parcial de la cosa que sufre el comprador, por sentencia firme y en virtud de un derecho anterior a la perfección del contrato de compraventa. A la obligación del vendedor de saneamiento en caso de evicción, se destinan este artículo y los siguientes.

No teniendo el vendedor obligación de transmitir la propiedad, es esencial ésta, de saneamiento por evicción, pues asume frente al comprador la obligación y responsabilidad de proporcionarle la posesión pacífica de la cosa a salvo de cualquier reclamación por un tercero.

La persona que tiene tal obligación es el vendedor y sus herederos, tal como prevé el art. 1.257. No comprende la evicción a los transmitentes anteriores.

2.- Los requisitos de la obligación de saneamiento por evicción, del vendedor, son los siguientes.

Primero. Privación total o parcial de la posesión de la cosa. Los efectos —que luego se verán— son distintos según sea total o parcial. Debe ser una verdadera privación; el simple temor daría lugar a la aplicación del art. 1.502, pero no al saneamiento por evicción. La privación ha de ser de derecho. La de mero hecho permite al comprador defenderse contra el perturbador sin necesidad de reclamar al vendedor.

Segundo. Privación en virtud de sentencia firme. La causa de la privación ha de ser sentencia firme, que presupone un proceso civil. A dicha sentencia se refiere el art. 1.480.

Tercero. Notificación de la demanda de evicción al vendedor, lo que está contemplado en los arts. 1.481 y 1.482.

Cuarto. La privación acordada en sentencia debe ser en virtud de un derecho adquirido con anterioridad a la entrega de la cosa. El vendedor —es evidente— no puede responder de los derechos que un tercero pueda ostentar sobre la cosa vendida que los haya adquirido con posterioridad a la venta.

3.- El vendedor tiene la obligación de saneamiento por evicción, aunque nada se haya dicho sobre ello en el contrato, como dice, innecesariamente, el segundo párrafo de este artículo.

4.- En el tercer párrafo, se prevén los pactos sobre el saneamiento. Si se amplía la obligación de saneamiento el pacto no será otra cosa que una cláusula penal. Si se renuncia, total («suprimir» tal obligación, según dicción del texto legal) o parcialmente («disminuir» según dicción legal), están previstas unas distinciones en los artículos siguientes.

JURISPRUDENCIA

«Los demandantes que recurren ejercitaron la acción de saneamiento por evicción, autorizada en el artículo 1475 del Código Civil —evicción significa etimológicamente el acto de vencer a otro— y que faculta al comprador a reclamar al vendedor (Ayuntamiento de Jávea) daños y perjuicios por haber sido privado de todo o parte de la cosa comprada por sentencia firme, que la hace ejecutoria (artículo 1480) y en virtud de un derecho anterior». (12 febrero 2004, rec. 1282/1998)

«El concepto legal de evicción es inaplicable al supuesto descrito, pues no se ha privado al permutante por sentencia firme de la cosa permutada, ya que no ha existido ningún procedimiento en que se haya discutido la propiedad del adquirente por permuta, sino que el ejecutante Banco Central siguió el proceso ejecutivo contra el Sr. Sergio por deudas suyas, y como resultado se le privó de la nave de la que figuraba registralmente como propietario. Tampoco, y como consecuencia de lo expuesto puede afirmarse que la privación de la nave a su propietario real haya sido por la existencia de un derecho anterior a la compra». (15 marzo 2007, LA LEY 8946/2007)

«La normativa sobre responsabilidad por evicción no específica ni distingue qué tipo de derecho anterior al perfeccionamiento del contrato de compraventa ha de ser el que provoque la pérdida del derecho de propiedad sobre lo comprado, artículo 1475 del Código civil, ni por medio de qué mecanismo jurídico, más allá de exigir la existencia de una sentencia firme que declare dicha pérdida, artículo 1480 del Código civil. Tampoco establece que el conocimiento del riesgo por evicción por parte del comprador implique la pérdida de su derecho a reclamar». (9 marzo 2009, rec. 86/2004, LA LEY 8761/2009)

CONCORDANCIAS

Véase arts. 1.069, 1.255, 1.258, 1.461, 1.479 a 1.482 de este Código.

Artículo 1.476

Será nulo todo pacto que exima al vendedor de responder de la evicción, siempre que hubiere mala fe de su parte.

COMENTARIO

1.- Los pactos sobre la obligación de saneamiento por evicción tienen un límite: la mala fe del vendedor. Si se renuncia, será nula si el vendedor obraba de mala fe, entendiéndose que la hay si aquél tenía conocimiento de las causas que dan lugar a la evicción, es decir, el derecho del tercero que le permite privar de la posesión al comprador adquirente de la cosa.

2.- Esta norma guarda íntima relación con la del art. 1.102 que declara nula la renuncia a todo supuesto de incumplimiento de la obligación (como es ésta, de la de saneamiento por evicción) procedente del dolo.

CONCORDANCIAS

Véase arts. 1.102 y 1.255 de este Código.

Artículo 1.477

Cuando el comprador hubiese renunciado el derecho al saneamiento para el caso de evicción, llegado que sea éste, deberá el vendedor entregar únicamente el precio que tuviere la cosa vendida al tiempo de la evicción, a no ser que el comprador hubiese hecho la renuncia con conocimiento de los riesgos de la evicción y sometiéndose a sus consecuencias.

COMENTARIO

1.- El artículo anterior prohíbe y declara nula la renuncia por el comprador, a su derecho correspondiente a la obligación de saneamiento por evicción del vendedor, si éste actuaba con dolo (mala fe).

En el presente artículo se contempla la validez y se prevén los efectos de dicha renuncia, no incluida en el caso anterior. Y distingue una renuncia total, plena, que se conoce doctrinalmente con el nombre de cualificada, en el último inciso, y una renuncia llamada simple, en el primer inciso.

2.- La *renuncia cualificada* por el comprador, a su derecho al saneamiento por evicción, es la que hace «con conocimiento de los riesgos de la evicción y sometiéndose a sus consecuencias», según dice literalmente el texto legal; lo que implica hacerlo constar así en el contrato de compraventa, expresamente declarando el conocimiento y asumiendo el riesgo, lo que lleva tal compraventa a una situación que no puede calificarse de naturaleza aleatoria, pero sí se aproxima a la misma.

3.- La *renuncia simple* del comprador a su derecho al saneamiento por evicción, no reúne ninguna circunstancia que revele el conocimiento de las causas de evicción y la aceptación de someterse a sus consecuencia. En esta renuncia simple no se elimina plenamente la obligación del saneamiento por evicción, sino que, de darse efectivamente, el vendedor deberá devolver al comprador el precio (valor) de la cosa al tiempo de la evicción.

Artículo 1.478

Cuando se haya estipulado el saneamiento o cuando nada se haya pactado sobre este punto, si la evicción se ha realizado, tendrá el comprador derecho a exigir del vendedor:

1.º La restitución del precio que tuviere la cosa vendida al tiempo de la evicción, ya sea mayor o menor que el de la venta.

2.º Los frutos o rendimientos, si se le hubiere condenado a entregarlos al que le haya vencido en juicio.

3.º Las costas del pleito que haya motivado la evicción, y, en su caso, las del seguido con el vendedor para el saneamiento.

4.º Los gastos del contrato, si los hubiese pagado el comprador.

5.º Los daños e intereses y los gastos voluntarios o de puro recreo u ornato, si se vendió de mala fe.

COMENTARIO

1.- El incumplimiento de la obligación de saneamiento por evicción, por parte del vendedor, no da lugar a la aplicación de las normas generales sobre incumplimiento de las obligaciones (arts. 1.101 y ss.) sino que establece unos efectos específicos, distinguiendo si la evicción es total, en el presente artículo, o parcial, en el artículo siguiente. La idea que preside estas normas es dejar el patrimonio del comprador, como si la compraventa no se hubiera producido, ya que ha perdido la cosa objeto de la misma. Por lo cual, va más allá de la devolución del precio.

2.- En este sentido, se exponen en este artículo los efectos de la evicción. Son los efectos que se producen si no ha habido la renuncia que prevé el artículo anterior y tanto si se ha pactado expresamente la obligación de saneamiento (lo que no es preciso, pues ya la prevé el Código), como si nada se ha pactada sobre ello.

3.- Los efectos son los siguientes, en el sentido de que producida la evicción, el comprador tiene derecho a exigir del vendedor:

Primero. Restitución del precio que tuviere la cosa vendida al tiempo de la evicción. Se trata del precio objetivo que «tuviere», no el que se pagó en la realidad, que pudo ser mayor o menor, es decir, su valor, al tiempo de la evicción, que puede ser mayor, si el valor de la cosa ha aumentado, o menor, si ha disminuido, que el que tenía al tiempo de la compraventa («... ya sea mayor o menor que el de la venta» dice el texto legal).

Segundo. En el caso en que la sentencia que privó de la cosa al comprador, hubiera además condenado a éste a la entrega de los frutos («o rendimientos» añade el texto legal, lo cual es una redundancia), el comprador podrá también exigir su valor al vendedor.

Tercero. En el caso en que la sentencia que privó de la cosa al comprador, haya condenado a éste en las costas, podrá exigir su importe al vendedor.

El número 3.º de este artículo incluye también las costas del proceso para exigir el saneamiento por evicción, pero esta regla se debe entender vacía de contenido, pues se aplica en todo caso, el art. 394 de la Ley de Enjuiciamiento Civil que sigue, en principio, el criterio objetivo del vencimiento. Por tanto, en el proceso sobre saneamiento por evicción que interpone el comprador como demandante, si se estima la demanda y condena al demandado-vendedor, a éste, en principio, se le condenará en costas, pero por aplicación del art. 394 LEC y no por esta norma del Código Civil.

Cuarto. Los gastos del contrato, si los hubiere pagado el comprador, en el amplio sentido que engloba los distintos conceptos que incluyen los arts. 1.455 y 1.465.

Quinto. Los daños e intereses y los gastos voluntarios o de puro recreo u ornato si el vendedor le vendió la cosa de mala fe. La mala fe no se presume; sufrirá el comprador la carga de la prueba de la misma. Es mala fe el conocimiento por el vendedor del derecho del tercero que ha provocado la evicción.

JURISPRUDENCIA

«interpretación correcta del artículo 1478.1.º, pues la restitución del precio que tuviera la cosa vendida al tiempo de la evicción, ya sea mayor o menor que el de la venta, ha de acomodarse a la naturaleza y condición de las parcelas vendidas, y, conforme a lo que se deja dicho, no pueden valorarse como solares, pues su incorporación y aceptación en el mercado inmobiliario resulta carente del necesario interés adquisitivo por terceros, de ahí que lo procedente es partir del precio de compra (diez mil pesetas) y actualizarlo». (12 febrero 2004, rec. 1282/1998)

Artículo 1.479

Si el comprador perdiere, por efecto de la evicción, una parte de la cosa vendida de tal importancia con relación al todo que sin dicha parte no la hubiera comprado, podrá exigir la rescisión del contrato; pero con la obligación de devolver la cosa sin más gravámenes que los que tuviese al adquirirla.

Esto mismo se observará cuando se vendiesen dos o más cosas conjuntamente por un precio alzado, o particular para cada una de ellas, si constase claramente que el comprador no habría comprado la una sin la otra.

COMENTARIO

1.- La evicción puede ser total o parcial, como su desprende el art. 1.475, primer párrafo («... de todo o parte de la cosa comprador»). Si la evicción es parcial, el comprador, en todo caso, puede ejercer la acción que contempla el art. 1478 exigiendo lo que prevé dicho artículo en proporción a la parte de la cosa que ha perdido por razón de la evicción.

Pero este artículo 1.479 regula un supuesto de evicción parcial especialmente grave, otorgando efectos específicos.

2.- El supuesto es que el comprador pierda por evicción, una parte de la cosa vendida tan importante que sin dicha parte, no la hubiera comprado; o hubiera comprado dos o más cosas conjuntamente, pierde por evicción alguna o algunas, y el comprador no hubiera comprado una sin la otra.

El efecto es la resolución del contrato de compraventa, aunque el Código, con su inexactitud terminológica habitual, especialmente en materia de ineficacia, lo llama «rescisión». Se volverá a la situación anterior a la compraventa, por lo que el vendedor devolverá el precio recibido y el comprador la parte de la cosa o las cosas que no ha perdido por evicción; el código añade que el comprador devolverá la cosa al vendedor «sin más gravámenes que los que tuviese al adquirirla» o sin ningún gravamen, sin ninguno tenía cuando la compró.

CONCORDANCIAS

Véase arts. 1.471 y 1.483 de este Código.

Artículo 1.480

El saneamiento no podrá exigirse hasta que haya recaído sentencia firme, por la que se condene al comprador a la pérdida de la cosa adquirida o de parte de la misma.

COMENTARIO

1.- Uno de los requisitos del saneamiento por evicción es la privación de la cosa por sentencia firme, tal como dispone el art. 1.475, primer párrafo, lo que reproduce este art. 1.480, que es ciertamente inútil y vacío de contenido por repetitivo.

Se trata, pues, de sentencia firme, que es la que ya no admite recurso alguno. Y presupone un proceso. Proceso y sentencia civiles, en principio. Lo que no impide que también se produzca evicción y, por tanto, el saneamiento, si la cosa la pierde el comprador por razón de un proceso y una sentencia penal en cuya condena se incluye la restitución de la cosa que había comprado, a un tercero.

2.- La sentencia firme, es decir, la notificación de la misma, es el momento del nacimiento de la acción y el comienzo del cómputo del plazo de prescripción, que no está determinada específicamente y, por tanto, es el general de las acciones personales, de quince años (art. 1964, segundo inciso).

JURISPRUDENCIA

«el artículo 1.480 establece que "el saneamiento no podrá exigirse hasta que haya recaído sentencia firme, por la que se condene al comprador a la pérdida de la cosa adquirida o de parte de la misma". Se requerirá, por consiguiente, un nuevo juicio del comprador contra el vendedor partiendo de la existencia de una sentencia firme condenatoria para el comprador». (13 mayo 1992, LA LEY 3273/1992)

CONCORDANCIAS

Véase art. 1.475, párrafo 1.º de este Código.

Artículo 1.481

El vendedor estará obligado al saneamiento que corresponda, siempre que resulte probado que se le notificó la demanda de evicción a instancia del comprador. Faltando la notificación, el vendedor no estará obligado al saneamiento.

COMENTARIO

1.- Uno de los requisitos del saneamiento por evicción es la notificación de la demanda de evicción, que se ha interpuesto contra el comprador, al vendedor: la sentencia, causa de la privación de la posesión, presupone un proceso y ésta se inicia por demanda; ésta ha de notificarse al vendedor, en la forma que prevé el artículo siguiente, 1.482.

Así, el vendedor puede comparecer en el proceso y utilizar las excepciones pertinentes para evitar que se le prive de la cosa a su comprador y, en consecuencia, evitar la evicción y su consiguiente obligación de saneamiento.

2.- Esta notificación de la demanda de evicción, por la que un tercero reclama la cosa al que la compró, es un requisito formal o procesal de la obligación de saneamiento por evicción. La doctrina procesalista destaca que esta denominada «llamada en garantía» se trata de permitir la entrada del vendedor, que es un tercero en el proceso de evicción, que se tramita entre el demandante de la cosa vendida y el comprador demandado, provocada por

la llamada del comprador y derivada de la obligación de saneamiento que corresponde al vendedor.

3.- El último inciso de este art. 1.481 añade que si no se practica esta notificación, «el vendedor no estará obligado al saneamiento», lo que no hace sino ratificar el carácter de requisito esencial de la notificación para la obligación de saneamiento.

Artículo 1.482

El comprador demandado solicitará, dentro del término que la Ley de Enjuiciamiento Civil señala para contestar a la demanda, que ésta se notifique al vendedor o vendedores en el plazo más breve posible.

La notificación se hará como la misma ley establece para emplazar a los demandados.

El término de contestación para el comprador quedará en suspenso ínterin no expiren los que para comparecer y contestar a la demanda se señalen al vendedor o vendedores, que serán los mismos plazos que determina para todos los demandados la expresada Ley de Enjuiciamiento Civil, contados desde la notificación establecida por el párrafo primero de este artículo.

Si los citados de evicción no comparecieren en tiempo y forma, continuará, respecto del comprador, el término para contestar a la demanda.

COMENTARIO

1.- Este artículo es una más de las normas procesales que contiene el Código Civil. La llamada en garantía al vendedor, en el proceso de reclamación por un tercero, de la cosa comprada, que puede provocar la evicción. Es un requisito esencial de la obligación de saneamiento del vendedor, tal como dispone el art. 1475, primer párrafo y repite el 1.481. Este art. 1482 dispone el trámite, contenido y efecto procesal de esta «llamada en garantía».

2.- El tercero-demandante ha interpuesto la demanda reclamando la cosa que había sido objeto del contrato de compraventa, contra el comprador. Este es emplazado y en el plazo que tiene para contestar la demanda, debe solicitar (y si no lo hace pierde el derecho a reclamar a su vendedor el saneamiento por evicción) que practique esta «llamada en garantía», que es la notificación de la misma demanda al que fue su vendedor de la cosa. O bien, si se trata de juicio verbal, antes del día señalado para la vista. Las reglas procesales para cumplir esta llamada, *litisdenuntiatio,* se hallan en el art. 14.2 de la LEC (de 7 julio 2000)

JURISPRUDENCIA

«Aparte de que en la demanda inicial no se ejercita ninguna acción real fundada en un derecho de esa naturaleza anterior a la compraventa en virtud de la cual el comprador demandado pudiese ser privado de la posesión o dominio de la cosa, sino una acción de naturaleza personal como es la rescisoria del contrato en razón a su carácter fraudulento, por lo que no sería aplicable al caso y para el supuesto de que prosperase esa acción rescisoria, el art. 1.475.1.º del Código Civil que está presuponiendo, en todo caso, la privación como consecuencia del ejercicio de acciones dominicales, aparte de ello, se repite, el vendedor al que se ha hecho la llamada en garantía del art. 1.482 del Código Civil, cualquiera que sea la postura que se adopte acerca de su posición en el proceso, es evidente que la sentencia que se dicte en el juicio de evicción no podrá contener ningún pronunciamiento absolutorio o condenatorio para él, aunque quede vinculado a las declaraciones que en ella se hagan que no podrán ser discutidas en un posterior y eventual proceso que el comprador promueva para exigir la indemnización compensatoria de la privación sufrida frente al vendedor, dado que el vendedor llamado en garantía no es demandado en el juicio de evicción y la única consecuencia que para él tiene la sentencia estimatoria de la demanda de evicción, al haber quedado preparada la acción de saneamiento con la notificación es la de venir obligado a sanear». (11 octubre 1993, LA LEY 14115/1994)

CONCORDANCIAS

Véase art. 14 de la LEC 2000.

Artículo 1.483

Si la finca vendida estuviese gravada, sin mencionarlo la escritura, con alguna carga o servidumbre no aparente, de tal naturaleza que deba presumirse no la habría adquirido el comprador si la hubiera conocido, podrá pedir la rescisión del contrato, a no ser que prefiera la indemnización correspondiente.

Durante un año, a contar desde el otorgamiento de la escritura, podrá el comprador ejercitar la acción rescisoria, o solicitar la indemnización.

Transcurrido el año, sólo podrá reclamar la indemnización dentro de un período igual, a contar desde el día en que haya descubierto la carga o servidumbre.

COMENTARIO

1.- Contempla este artículo el llamado saneamiento por gravámenes ocultos que, pese a estar como último artículo en la sección destinada al saneamiento por evicción, participa de la naturaleza de saneamiento por vicios ocultos, tratándose de un vicio de tipo jurídico, que produce efectos semejantes a éste y no precisa una sentencia firme para dar lugar al saneamiento (que sí es un requisito de la evicción).

La idea es que el vendedor tiene esta obligación de saneamiento en el caso de que la cosa vendida estuviera gravada y concurran determinados requisitos.

2.- Los requisitos del saneamiento por gravámenes ocultos son los siguientes:

Primero. Que la finca esté gravada con alguna carga o servidumbre. La cosa vendida debe ser una finca, inmueble por naturaleza; no se refiere esta obligación a la cosa mueble. La finca está gravada con un derecho real limitativo de la propiedad. No basta un derecho personal, ni siquiera un arrendamiento urbano o rústico por tiempo indefinido o sujeto a prórroga forzosa (aunque esto es discutible). No se incluyen en esta obligación los límites de la propiedad.

Segundo. Oculta. Lo que comprende varios extremos: en primer lugar, tal como dice el propio art. 1.483, que no esté mencionada en la escritura en el sentido de no escritura pública, sino de perfección del contrato (escritura notarial, documento privado o acuerdo verbal), pues de estarlo, ni es oculta ni puede alegar ignorancia el comprador; en segundo lugar, que el comprador, por la razón que fuere, no tenga conocimiento de su existencia; en tercer lugar, que la carga o servidumbre no sea aparente, tal como exige el art. 1.483, pues de serlo, el comprador no puede tampoco alegar ignorancia. En cuarto lugar, que no esté inscrita en el registro de la Propiedad, pues el contenido de éste se presume conocido por todos; así, nunca podrá darse en la hipoteca, pues la inscripción en el Registro es elemento esencial para la existencia de dicho derecho real.

Tercero. Que el gravamen sea tan importante que, de haberla conocido el comprador, no habría adquirido la finca.

3.- Los efectos de este saneamiento son: el comprador tiene opción (art. 1.483, primer párrafo *in fine)* para resolver (se trata de resolución, aunque el código la llame rescisión) el contrato (acción redhibitoria) o para exigir indemnización (acción estimatoria o *quanti minoris),* que será la correspondiente al valor del gravamen que tiene que soportar, es decir, el menor precio que a la finca se le atribuye por causa del gravamen.

El plazo, que es de caducidad, para exigir tales derechos es de un año, a contar desde el otorgamiento de la escritura (art. 1.483, segundo párrafo) y, de no haberse otorgado, desde la perfección del contrato en documento privado o forma verbal. Pero además, aparte de este plazo, hay otro (último párrafo del mismo art. 1.483): un año desde que el comprador descubrió el gravamen, pero sólo para la segunda opción, la de exigir la indemnización.

JURISPRUDENCIA

«debe entrar en juego lo dispuesto en el art. 1483 CC, pues en dicha relación fáctica se dan los requisitos necesarios para la aplicación de tal precepto, como son: a) Que se venda una finca gravada con alguna carga o servidumbre no aparente; b) Que no se concrete tal carga o servidumbre en la escritura de transmisión, y c) Que deba presumirse que de haberse conocido tal gravamen el comprador no hubiera adquirido la finca en cuestión (así se proclama en la sentencia de esta Sala de 25 Abr. 1983).» (26 diciembre 2002, LA LEY 50320/2003)

«el artículo 1483 del Código civil, cuyo carácter problemático es casi unánimemente destacado por la doctrina, contempla un supuesto en el que el adquirente se encuentra con que la finca vendida está gravada, sin mencionarlo en la escritura, con alguna carga o servidumbre no aparente de tal naturaleza que deba presumirse que el comprador no la hubiera adquirido, y en tal supuesto permite que pida la rescisión a no ser que prefiera la indemnización, a cuyo efecto le concede acción durante un año desde el otorgamiento de la escritura, o, transcurrido el año, durante un año desde que se descubriera la carga o servidumbre, en este último caso para solicitar sólo la indemnización». (17 noviembre 2006, LA LEY 144992/2006)

«no es baldío hacer mención de dos sentencias de esta Sala. La primera, de 8 de junio de 1994, trata de un caso importante, la existencia de un transformador en un edificio, también de Barcelona y, casando la sentencia de instancia que había desestimado la demanda, la estima por tratarse de una servidumbre no aparente, darse un estado de ocultación, no probarse por los demandados que la servidumbre permaneciera visible y no ser éstos desconocedores del gravamen que ocultaron en el momento de la venta. La segunda, con carácter general, de 26 de diciembre de 2002, expone los requisitos para la aplicación del artículo 1483: que se venda una finca gravada con alguna carga o servidumbre no aparente, que no se concrete la misma en la escritura de transmisión, que deba presumirse que de haberla conocido el comprador no la habría comprado». (22 febrero 2007, LA LEY 3248/2007)

«el supuesto de hecho a que se refiere el artículo 1483 del Código Civil, encuadrado bajo el epígrafe del "saneamiento por evicción", se ajusta al planteado en la demanda en cuanto se trata de venta de finca gravada con servidumbre no aparente, sin mencionarlo la escritura, pero también lo es que no sólo no existe incompatibilidad entre las acciones de saneamiento y las generales derivadas del incumplimiento contractual, sino que incluso aquéllas son una manifestación concreta de estas últimas. Así la sentencia de esta Sala de 12 abril 1993, citada por las de 10 mayo 1995, 10 octubre 2000 y 28 noviembre 2003, afirma que "es constante doctrina jurisprudencial [SS. 30-11-1972, 29 enero y 23 marzo 1983, 20-2-1984 y 12-2-1988, entre otras], la precisada recientemente (SS. 28 enero y 20 julio 1992) en los siguientes términos: se está en presencia de entrega de cosa diversa o aliud pro alio *cuando existe pleno incumplimiento por inhabilidad del objeto y consiguiente insatisfacción del comprador, que le permite acudir a la protección dispensada en los arts. 1101 y 1124 del CC, y, por consiguiente, sin que sea aplicable el plazo semestral que señala el art. 1490 para el ejercicio de las acciones edilicias porque los arts. 1484 y 1490 del CC, como reguladores de las acciones redhibitoria y* quanti minoris, *integradas en el art. 1486, resultan inaplicables en aquellos supuestos en que la demanda no se dirija a obtener las reparaciones provenientes de los vicios ocultos, sino las derivadas por defectuoso cumplimiento al haber sido hecha la entrega de cosa distinta o con vicios que hagan impropio el objeto de la compraventa».* (29 septiembre 2008, rec. 3861/2001, LA LEY 152106/2008)

«Es cierto que el dominio se presume libre, pero ello no impide la existencia de las llamadas "limitaciones", por lo que la apariencia de una servidumbre debe llevar al comprador a la conclusión de que aquella propiedad que está adquiriendo ciertamente viene afectada por un gravamen explícito, que no puede dejar de perjudicarle. Por ello, el artículo 1483 CC atribuye al comprador una acción de saneamiento cuando los gravámenes consistan en "alguna carga o servidumbre no aparente", porque al quedar ocultas, representan una libertad de la propiedad que no es real porque en realidad está gravada... ... es responsabilidad del comprador comprobar el estado de los terrenos adquiridos, de modo que cuando la servidumbre, como ocurre en este caso, es fácilmente identificable con una simple inspección de aquello que se compra, le impide ejercitar la acción prevista en el artículo 1483 CC». (22 diciembre 2008, rec. 2259/2002, LA LEY 216100/2008)

«Pues bien, para fijar el contenido de la expresión convencional de que la vendedora asegura que la finca vendida "está libre de cargas, gravámenes, así como de arrendatarios", hay que partir del texto del art. 1.483 del Código Civil, según el cual "si la finca estuviese gravada, sin mencionarla en la escritura, con alguna carga o servidumbre no aparente...", "texto que ha sido interpretado por la doctrina científica en el sentido de que tales gravámenes han de ser constitutivos de derechos reales, limitativos de los derechos de goce o disposición del propietario, en tanto que la carga impone al propietario la obligación de satisfacer una prestación, generalmente periódica, a favor del titular del derecho; por el contrario no se incluyen dentro de las cargas y gravámenes a que se refiere el precepto las limitaciones legales del dominio que tiene carácter institucional y configuran el contenido normal del dominio por lo que no pueden ser desconocidas por el comprador, como sucede en este caso, en el que lo que se califica de carga no son más que de gastos de mantenimiento de un elemento común a las viviendas que integran la Comunidad"». (30 septiembre 2010, rec. 2108/2006, LA LEY 171471/2010)

CONCORDANCIAS

Véase arts. 1.106, 1.107, 1.266, 1.269, 1.270, 1.289, 1.300 y 1.471 de este Código.

§ 2.º Del saneamiento por los defectos o gravámenes ocultos de la cosa vendida

Artículo 1.484

El vendedor estará obligado al saneamiento por los defectos ocultos que tuviere la cosa vendida, si la hacen impropia para el uso a que se la destina, o si disminuyen de tal modo este uso que, de haberlos conocido el comprador, no la habría adquirido o habría dado menos precio por ella; pero no será responsable de los defectos manifiestos o que estuvieren a la vista, ni tampoco de los que no lo estén, si el comprador es un perito que, por razón de su oficio o profesión, debía fácilmente conocerlos.

COMENTARIO

1.- Este artículo contempla el saneamiento por vicios ocultos, obligación del vendedor de saneamiento por vicios que tuviere la cosa vendida, siempre que concurran los requisitos que enumera este mismo artículo y con los detalles y efectos que desarrollan los artículos siguientes. No se debe confundirse esta obligación con el deber general de cumplir las obligaciones contractuales, ni con la obligación del vendedor de entregar la cosa, ni con la anulabilidad por vicios de la voluntad. La jurisprudencia ha declarado con reiteración que son compatible las acciones derivadas de esta obligación de saneamiento, con las relativas al cumplimiento contractual o incumplimiento o a la anulabilidad del contrato por error o dolo.

2.- Los requisitos para el saneamiento por gravámenes ocultos, que se expresan en el presente artículo, son los siguientes:

Primero. Existencia de vicio oculto. Se trata de que la cosa vendida adolezca de un defecto no manifiesto en el sentido de que no lo conozca el comprador o de que no deba conocerlo por ser manifiesto o estar a la vista o debiera fácilmente conocerlo por razón de su oficio o profesión (tal como dispone el último inciso de dicho artículo 1.484).

Segundo. Gravedad del vicio. El vicio debe ser de gravamen suficiente, que hace la cosa impropia para el uso a que se la destina o disminuye de tal modo este uso que, de haberlo conocido el comprador, no la habría adquirido o habría dado menos precio por ella (como dice el primer inciso de este artículo 1.484).

Tercero. Preexistencia del vicio. El vicio debe existir en el momento de la perfección del contrato de compraventa. Tenerlo ya, de antes, la cosa vendida. Es evidente que el vendedor no puede responder de vicios que surjan en la cosa después de la perfección del contrato.

JURISPRUDENCIA

«El saneamiento por vicios ocultos que el art. 1.484 impone al vendedor, se proyecta directamente a la cosa específica enajenada, que adolece de defectos o imperfecciones desconocidas por el comprador. En el caso de autos se trata de licencia municipal ocultada, en cuanto se dice en el contrato que se contaba con todas las licencias, la que incluye la de apertura y, por tanto más que relacionarse la cosa, se está refiriendo a actividad o conducta precontractual del Estado vendedor, que resultó omisiva, al no haberse preocupado de constatar si se había concedido la licencia, lo que resultaba fácil y posible con la simple consulta a las oficinas municipales, sin perjuicio que no se desconocía su inexistencia, ya que se trató de obtenerla sin resultado y, por contrario, se asumió y dio por hecha su concesión, con lo que se está ante situación que rebasa la propia de los vicios ocultos, para presentarse como efectivo incumplimiento del contrato, dada la intensidad y desembolsos económicos que se requieren para la obtención de la licencia administrativa, que la parte vendedora aportó como efectivamente otorgada, incidiendo tal conducta contractual en la base y motivo causal del negocio y también resulta y se presenta situación amenazante notoria, acomodada a la ley, por la posibilidad de suspensión y clausura de las actividades industriales y demolición incluso por orden de la autoridad gubernativa competente». (30 junio 2000, LA LEY 135486/2000)

«Aun cuando la problemática que plantea la materia jurídica controvertida (vicios internos u ocultos, e incumplimiento por inhabilidad del objeto) es un tema doctrinal y jurisprudencialmente (entre otras sentencias, entre las más recientes, las de 6 Abr. 1989; 6 Oct. 1990; 10 Mar., 7 y 12 Abr. y 7 May. 1993; 17 Feb., 10 Mar., 25 Oct. y 14 Nov. 1994; 10, 11 y 17 May., 12 Jun. y 21 Jul. 1995; 10 Sep., 29 Nov. y 16 Dic. 1996; 25 y 28 Feb., 12 y 30 Jun. y 1 Dic. 1997; 23 Ene. y 19 May. 1998; 11 May., 6 y 27 Nov. 1999; 10 y 14 Oct. y 13 y 16 Nov. 2000), difícil, en el que en ocasiones las soluciones vienen apoyadas por sólidas razones de justicia material en relación con la imprecisión legislativa... No estamos en presencia de un supuesto de incumplimiento contractual porque no se ha producido la entrega (puesta a disposición) de cosa distinta (aliud pro alio), ni ninguna de las hipótesis que la jurisprudencia asimila, de inidoneidad, inhabilidad, o inaptitud total del objeto, o defecto tan grave que produzca la absoluta insatisfacción del comprador. Se ha entregado la mercancía pedida por el adquirente, se corresponde en su sustancia y calidad ("genus limitatum") con la elegida, y no se da la inidoneidad total». (20 diciembre 2000, LA LEY 4452/2001)

«erróneo planteamiento de la sentencia recurrida, que califica de vicios ocultos de la cosa vendida los gravísimos que afectaban a la estructura y piso de la planta, que hacían inhábil su destino a parking de vehículos, y que, ante el peligro que suponían para la estabilidad del edificio las grietas y fisuras en la planta, que se iban agrandando con el paso del tiempo, la autoridad municipal hubo de ordenar su urgente reparación a los propietarios, lo que hicieron a su costa. La sentencia olvida que los compradores, no sólo tienen las acciones protectoras de los vicios ocultos, sino también las que nacen del incumplimiento o defectuoso cumplimiento del contrato (SS 1 Jun. 1982, 10 Jun. 1983, 20 Feb. y 19 Dic. 1984, 6 Mar. 1985, 15 Jun. 1987).» (3 abril 2002, LA LEY 4536/2002)

«nos hallamos ante defectos redhibitorios, como con fundadas razones se ha sostenido en la instancia, de considerable entidad y no ante la entrega de cosa distinta (aliud pro alio), ello conforme a lo declarado jurisprudencialmente al distinguir los supuestos de incumplimiento por prestación diversa, de los atinentes vicios, radicando el incumplimiento pleno

cuando se da inhabilidad del objeto y consiguiente insatisfacción del comprador, que posibilita la sanción de los arts. 1124 y 1101 CC, mientras que los demás desperfectos encajan en la calificación de los arts. 1484 y ss. del CC (S 27 Nov. 1999, con cita de anteriores)». (1 julio 2002, LA LEY 7276/2002)

«Es evidente que los defectos que hacen inhabitable el inmueble adquirido no son meras imperfecciones que no lo impiden, sino que frustran la finalidad perseguida por la compraventa, y así lo ha declarado reiteradamente esta Sala (SS 6 marzo 1985 y 6 abril 1989, entre otras muchas). Tales vicios son cuantiosas humedades por capilaridad ascendente del suelo, que han aparecido varios años después de procederse a la venta del inmueble. Sería enormemente injusta la aplicación del art. 1484 a unos vicios que está probado que se ponen de relieve con el tiempo, no dentro del reducido plazo de seis meses que concede el CC para la acción de saneamiento por vicios ocultos (art. 1490), y que son causa de una ruina potencial del inmueble, que tiene su tratamiento legal propio y específico en los arts. 1101 y 1591 del CC.» (19 mayo 2003, LA LEY 2486/2003)

«Es doctrina reiterada de esa Sala la de que se está en presencia de la entrega de una cosa por otra o aliud pro alio, cuando existe pleno incumplimiento del contrato de compraventa, por inhabilidad del objeto vendido para cumplir la finalidad para la que se vendió, y consiguientemente se ha producido la insatisfacción del comprador, lo que en estos casos permite acudir a la protección que dispensan los artículos 1101 y 1124 del Código Civil; tal inhabilidad ha de nacer de defectos de la cosa vendida que impidan obtener de ella la utilidad que motivó su adquisición (STS de 14 de octubre de 2000 y, en igual sentido, STS de 16 de noviembre de 2000), pero, en el supuesto del debate, nos encontramos ante una situación ajena a aliud pro alio, sin entidad para impedir el fin normal del contrato y que puede remediarse». (22 abril 2004, rec. 1682/1998)

«Sistematizando la doctrina de los preceptos del Código Civil y la jurisprudencia relativos al saneamiento por vicios ocultos de la cosa vendida se pueden establecer estos principios: a) que el vicio consiste en una anomalía por la cual se distingue la cosa que lo padece de las de su misma especie y calidad; b) que es preciso que el vicio sea anterior a la venta aunque su desarrollo sea posterior; c) que es preciso que el vicio no fuera conocido por el adquirente, ni conoscible por la simple contemplación de la cosa teniendo en cuenta la preparación técnica del sujeto al efecto; d) que ha de ser de tal naturaleza que haga la cosa impropia para el uso a la que la destina o disminuya de tal modo ese uso, que de haberlo conocido el comprador no lo hubiera adquirido o habría dado menosprecio, es decir, que no se trata de que sea inútil para todo uso, sino para aquel que motivó la adquisición, si nada se hubiere pactado sobre el destino, debiendo entenderse que la cosa fue comprada para aplicarla al uso más conforme con su naturaleza y más en armonía con la actividad a que se dedicaba el adquirente (sentencia del Tribunal Supremo de 31 de enero de 1970)». (29 junio 2005, rec. 148/1999; en el mismo sentido, la de 17 octubre 2005)

«se ha ido afirmando en la jurisprudencia la idea de que las limitaciones legales del dominio, que muchas veces son verdaderos límites conformadores en el sentido antes apuntado, al ser de carácter institucional y aplicarse de modo automático, a lo que cabría añadir que gozan de mecanismos de publicidad de fácil acceso, no pueden ser ignoradas por el comprador, de modo que no alcanza a ellos la responsabilidad del vendedor. La Sentencia de 28 de febrero de 1990 (LA LEY 12840-R/1990) hacía hincapié en que el comprador conocía las "limitaciones" urbanísticas. Se había discutido la aplicación del artículo 62 de la entonces vigente Ley del Suelo, en cuanto obligaba a expresar las cualidades urbanísticas, facultando para resolución en plazo de un año, con indemnización de los daños y perjuicios que se hubieren irrogado al comprador, así como la aplicabilidad del artículo 1483 CC. La Sentencia de 15 de diciembre de 1992 (LA LEY 12917/1992) que invocaba como precedente la de 27 de enero de 1906, destacaba que las "limitaciones legales del dominio" no se inclu-

yen en las previsiones del precepto a que nos referimos. La Sentencia de 8 de junio de 1994 (LA LEY 749/1994) que se apoya en la de 25 de abril de 1983, aplicó el artículo 1483 a un caso en el que se encontró el comprador afectado por una estación transformadora eléctrica, "en configuración jurídica de servidumbre no aparente", y destacaba la exigencia de buena fe, que impone que los vendedores sean veraces en la descripción de las realidades concurrentes en las cosas o bienes que transmiten. La Sentencia de 23 de octubre de 1997 (LA LEY 10313/1997) que tiene precedente en las 19 de enero de 1990 (LA LEY 12799-R/1990), 24 de febrero de 1993 (LA LEY 531-5/1993) y 28 de mayo de 1996 (LA LEY 6117/1996) entre otras, señalaba que los impedimentos urbanísticos y administrativos, cuando los compradores no alcanzan su conocimiento, actúan como causa de resolución, y subrayaba que la jurisprudencia de esta Sala ha excluido las limitaciones derivadas del régimen urbanístico del concepto de cargas y gravámenes, que deja referidos a los constitutivos de derechos reales, limitativos del derecho de goce o de los dispositivos que corresponden al propietario, en tanto que la carga supone generalmente para el titular dominical la obligación de satisfacer alguna prestación. La Sentencia de 3 de marzo de 2000 (LA LEY 51502/2000) subordina la aplicación de la norma a que nos referimos a la posibilidad de conocimiento de sus respectivas circunstancias —dice— por parte del comprador en razón de su oficio (artículo 1484 CC) o de la posibilidad de alcanzarlo (artículo 1483 CC) por facilidad de consultar el medio establecido de registración de tales circunstancias, afectaciones o limitaciones». (17 noviembre 2006, LA LEY 144992/2006)

«Con el fin de mantener la función económica típica de la compraventa de cosa específica —o especificada de mutuo acuerdo—, el artículo 1484 del Código Civil atribuye al vendedor el riesgo de la existencia de vicios en la cosa, facultando al comprador a optar, en tal caso, por el ejercicio de la acción redhibitoria o de la quanti minoris. La primera condición exigida para que resulte aplicable esa regla legal es que la cosa vendida esté viciada, esto es, que exista un vicio o defecto y que lo tenga ella... ... Por ello, no es aplicable el artículo 1484 del Código Civil a los contratos celebrados por demandantes y demandados, por el hecho de que el pasivo de la sociedad hubiera resultado superior al esperado por aquellos. La garantía que el vendedor debe prestar en la compraventa, conforme al mencionado artículo, se ha de referir a la cosa que constituyó objeto inmediato del contrato». (30 marzo 2011, rec. 1569/2007, LA LEY 17273/2011)

CONCORDANCIAS

Véase:
— arts. 1.266 y 1.493 a 1.499 de este Código.
— Código de Comercio: arts. 336 a 342.

Artículo 1.485

El vendedor responde al comprador del saneamiento por los vicios o defectos ocultos de la cosa vendida, aunque los ignorase.

Esta disposición no regirá cuando se haya estipulado lo contrario, y el vendedor ignorara los vicios o defectos ocultos de lo vendido.

COMENTARIO

1.- El primer párrafo del presente artículo proclama que esta obligación de saneamiento es independiente del conocimiento por el comprador de los vicios que tenga la cosa vendida.

Tiene tal obligación el vendedor, «aunque los ignorase», dice el texto legal (si los conocía se agrava la obligación, tal como dispone el art. 1.486, segundo párrafo).

2.- El segundo párrafo proclama el principio de autonomía de la voluntad, con un concreto límite, en esta obligación. Es el pacto de exención: pueden las partes pactar que el vendedor quede exento de la obligación de saneamiento por vicios ocultos; con tal pacto, el vendedor carece totalmente de esta obligación de saneamiento.

Este pacto es nulo si el vendedor conocía la existencia de los vicios ocultos.

CONCORDANCIAS

Véase art. 1.490 de este Código.

Artículo 1.486

En los casos de los dos artículos anteriores, el comprador podrá optar entre desistir del contrato, abonándosele los gastos que pagó, o rebajar una cantidad proporcional del precio, a juicio de peritos.

Si el vendedor conocía los vicios o defectos ocultos de la cosa vendida y no los manifestó al comprador, tendrá éste la misma opción y además se le indemnizará de los daños y perjuicios, si optare por la rescisión.

COMENTARIO

1.- El contenido de la obligación de saneamiento por vicios ocultos es optativo para el comprador; en otras palabras, éste tiene opción entre dos reclamaciones que el Código Civil trata procesalmente como dos acciones. No se incluye, sin embargo, la posibilidad de que

se cambie la cosa defectuosa por vicios o de que pueda exigir la eliminación de aquellos defectos.

2.- La *acción redhibitoria* permite al comprador resolver el contrato (desistir del contrato dice incorrectamente el art. 1.486, primer párrafo) con todos los efectos de la resolución: restitución de la cosa y del precio y los gastos. Si además el vendedor tenía mala fe ("conocía los vicios o defectos ocultos de la cosa vendida y no los manifestó al comprador", dice el art. 1.486, segundo párrafo), tiene el comprador, además, derecho a indemnización de daños y perjuicios. Esta indemnización no se da en caso de venta judicial (tal como dispone el art. 1.489).

La *acción estimatoria* o *quanti minoris* permite al comprador, rebajar una cantidad proporcional del precio, a juicio de peritos, dice el art. 1486, párrafo primero. Es decir, exigir que se le devuelva la parte del precio proporcional al valor del vicio. Se trata de una reducción del precio de la cosa: entiende la ley que ha habido una disminución del precio por razón del vicio, y la reducción se determina con base en el precio pactado y en el valor real de la cosa defectuosa en relación con el que la cosa hubiera tenido si el defecto.

3.- Este artículo, como tantos otros del Código Civil, emplea una terminología incorrecta cuando se refiere a situaciones de ineficacia. La acción redhibitoria tiene como finalidad la *resolución* del contrato de compraventa. No es un desistimiento (como dice el párrafo primero) que es un concepto puramente procesal, ni una rescisión (como dice el segundo párrafo, *in fine*) cuyos efectos son muy distintos.

JURISPRUDENCIA

«Mediante esta doctrina se remedian los abusos en que se traduciría la aplicación excluyente de la acción de saneamiento, pues las acciones redhibitoria y quanti minoris *[en cuanto menos], sujetas al plazo de caducidad establecido en el art. 1486 CC, resultan inaplicables en aquellos supuestos en que la demanda no se dirija a obtener las reparaciones provenientes de los vicios ocultos, sino las derivadas por defectuoso cumplimiento al haber sido hecha la entrega de cosa distinta o con vicios que hagan impropio el objeto de la compraventa para el fin a que se destina (STS 29 de septiembre de 2008, RC n.º 3861/2001)».* (17 febrero 2010, rec. 2579/2005, LA LEY 3997/2010)

«Sin embargo el párrafo segundo del art. 1486 CC no impone al vendedor el deber exhaustivo de información que parece exigirle la sentencia recurrida al razonar que "con independencia del destino que quiera asignarle a la finca el comprador, este debe tener toda la información para valorar el alcance de su inversión y se han de hacer constar todas las circunstancias relevantes que afectan a la finca y que pueden influir en el precio". Antes bien, al referirse expresamente dicho párrafo a "los vicios o defectos ocultos de la cosa vendida" está excluyendo del deber de información del vendedor los que no sean ocultos, es decir aquellos a los que se refiere el último inciso del art. 1484 CC. En consecuencia el art. 1486 no puede interpretarse prescindiendo del art. 1484 y, por ello, si los vicios o defectos de la cosa eran manifiestos o el comprador, por su condición de experto, hubiera debido conocerlos, el vendedor no responderá aunque no se los manifestara al comprador. Así se desprende de la jurisprudencia de esta Sala representada por las sentencias de 31 de enero de 1970 (vicio no conocido ni "cognoscible"), 8 de julio de 1994 y 29 de junio de 2005 (vicio que "no haya podido trascender ni ser conocido"), citadas las tres por la recurrente, y 8 de julio de 2010 (vicio no conocido por el adquirente, "ni conoscible por la simple contemplación de la cosa teniendo en cuenta la preparación técnica del sujeto al efecto")». (22 julio 2011, rec. 1102/2008, LA LEY 119759/2011)

CONCORDANCIAS

Véase:
— arts. 1.102, 1.106 y 1.107 de este Código.
— Código de Comercio: art. 336.

Artículo 1.487

Si la cosa vendida se perdiere por efecto de los vicios ocultos, conociéndolos el vendedor, sufrirá éste la pérdida, y deberá restituir el precio y abonar los gastos del contrato, con los daños y perjuicios. Si no los conocía, debe sólo restituir el precio y abonar los gastos del contrato que hubiese pagado el comprador.

COMENTARIO

1.- Este artículo y el siguiente complementan los artículos anteriores, relativos a la obligación de saneamiento por vicios ocultos, en el caso extremo de la cosa con vicios se pierda: se distingue si tal pérdida es por razón de los vicios ocultos (de lo que se ocupa el presente artículo) o es por caso fortuito o por culpa del comprador (de que trata el artículo siguiente).

2.- Si la cosa vendida tiene vicios ocultos y se pierde por efecto de los mismos, el comprador podrá ejercitar la acción redhibitoria especialmente adaptada a este supuesto que, a su vez, tiene dos subsupuestos: primero; si el vendedor tenía buena fe, en el sentido de que ignoraba la existencia de los vicios, se resolverá el contrato y el vendedor deberá restituir al comprador el precio y los gastos que éste hubiera pagado; segundo: si el vendedor tenía mala fe y conocía los vicios, deberá restituir lo mismo, pero además, deberá indemnizar al comprador de los daños y perjuicios que hubiera sufrido. El comprador no devolverá la cosa (que debería hacer en todo caso de resolución) pues se ha perdido, precisamente por razón de los vicios.

La acción estimatoria o *quanti minoris* no tiene sentido si la cosa se ha perdido.

CONCORDANCIAS

Véase arts. 1.102, 1.106, 1.107, 1.122, 1.182, 1.452 y 1.490 de este Código.

Artículo 1.488

Si la cosa vendida tenía algún vicio oculto al tiempo de la venta, y se pierde después por caso fortuito o por culpa del comprador, podrá éste reclamar del vendedor el precio que pagó, con la rebaja del valor que la cosa tenía al tiempo de perderse.

Si el vendedor obró de mala fe, deberá abonar al comprador los daños e intereses.

COMENTARIO

1.- Relacionado con el artículo anterior, el presente artículo lo completa al prever que la cosa vendida, con vicios, llega al caso extremo de perderse, por caso fortuito o por causa imputable («culpa» dice el texto legal) al comprador. Este no puede ejercer la acción redhibitoria, ya que no puede devolver la cosa ni se prevé que el vendedor devuelva el precio. Lo que se contempla es una acción estimatoria o quanti minoris adaptada al caso: el comprador puede exigir al vendedor el precio que pagó por la cosa, rebajando el valor que la cosa tenía al tiempo de perderse; es decir, le reclamará la diferencia de valor entre el precio que pagó y el precio (o valor) actual (en el momento en que se perdió) de la cosa.

2.- Si el vendedor tenía mala fe, es decir, conocía los vicios ocultos, deberá además, indemnizar al comprador de los daños sufridos y abonarle intereses del precio y de la indemnización a contar desde la pérdida de la cosa.

CONCORDANCIAS

Véase arts. 1.102, 1.104, 1.106, 1.107, 1.122, 1.182, 1.452 y 1.490 de este Código.

Artículo 1.489

En las ventas judiciales nunca habrá lugar a la responsabilidad por daños y perjuicios; pero sí a todo lo demás dispuesto en los artículos anteriores.

COMENTARIO

1.- La venta judicial es aquella que se celebra por el Juez o por orden del Juez; esencialmente, es la celebrada en pública subasta, por razón de un embargo practicado en juicio ejecutivo o juicio ordinario o por ejecución hipotecaria o por división de cosa común, etc.

La parte vendedora no es el Juez, sino el propietario de la cosa, a quién el Juez le ha embargado o condenado o ejecutado la hipoteca, etc. Pero no participa personalmente, ni interviene ni forma parte de los tratos ni del consentimiento.

2.- En consecuencia de todo ello, el vendedor está obligado al saneamiento por vicios ocultos, como todo vendedor. Pero el presente artículo *elimina al vendedor la obligación de indemnizar daños y perjuicios*, que se produce cuando tiene mala fe consistente en conocer los vicios ocultos.

En las ventas judiciales, el vendedor no toma parte, materialmente, en el contrato. Por lo que se piensa que no pudo tener mala fe. Además, el estado de la cosa y sus posibles vicios deberían ser analizada aquélla y determinados éstos por el dictamen pericial, que examina y valora la cosa.

3.- En definitiva, el vendedor en venta judicial no tiene que indemnizar daños y perjuicios en la acción redhibitoria en que él conocía los vicios (art. 1.486, segundo párrafo), ni en la misma acción cuando la cosa se ha perdido por razón de los vicios y éstos los conocía el vendedor (art. 1.487), ni en la acción estimatoria cuando la cosa tiene vicios, que conoce el vendedor y aquélla se pierde por caso fortuito o por causa imputable al comprador (art. 1.488).

JURISPRUDENCIA

«el sentido del precepto que se contiene en el artículo 1489 CC. Este artículo, interpretado de acuerdo con sus antecedentes históricos y legislativos, en relación con su contexto, como ordena el artículo 3 del Código civil, no niega las acciones que prevé el artículo 1486, párrafo primero, del Código civil (las acciones redhibitoria y estimatoria o quanti minoris*), sino que impide la responsabilidad por dolo según está prevista en los artículos 1486 II, 1487 y 1488 II CC. Así lo explica GARCÍA GOYENA (Sub artículo 1411 del Proyecto isabelino, en Concordancias, III, 402): "... Nuestro artículo se aparta de los Códigos modernos. Niega, sí, la responsabilidad y acción de daños y perjuicios, porque solo tiene lugar contra el vendedor de mala fe, y ésta no puede existir en las ventas judiciales. Pero conserva en ellas el beneficio del primer párrafo del artículo 1408 (actual 1486 CC)...". La razón es que, a diferencia de lo que se entendió bajo el Code civil, estamos ante una verdadera compraventa, en la que no cabe decir que "vende la justicia", sino que la justicia vende, pero en nombre del propietario. Como ha señalado un autorizado sector de la doctrina, la actuación judicial conduce a una compraventa en la que puede ser sustituido el deudor. Ello justifica el saneamiento por vicios, además de que conviene al tráfico que sea así, pues limitar las garantías en las ventas judiciales haría realizables en peores condiciones los bienes de los deudores. Cabrían, pues, las acciones edilicias, que no están limitadas por aplicación del artículo 1489 CC».* (6 septiembre 2006, LA LEY 103067/2006)

Artículo 1.490

Las acciones que emanen de lo dispuesto en los cinco artículos precedentes se extinguirán a los seis meses, contados desde la entrega de la cosa vendida.

COMENTARIO

1.- Las acciones edilicias, redhibitoria y estimatoria o quanti minoris, previstas en los artículos precedentes, tienen un plazo de caducidad de seis meses. El cómputo del dies a quo, es el momento de la entrega real de la cosa al comprador.

2.- El plazo es de *caducidad*, no de prescripción, según práctica unanimidad en doctrina y jurisprudencia. Pero no siempre ha sido tan claro y todavía quedan atisbos de duda sobre tal tema.

JURISPRUDENCIA

«el plazo de caducidad de la acción quanti minoris objeto del actual proceso, está establecido legalmente en seis meses, a tenor de lo dispuesto en el art. 1.490 CC... Pero teniendo en cuenta que el referido plazo es un plazo civil, que no puede confundirse con un plazo procesal, no hay lugar a dudas que a tenor de lo dispuesto en el art. 5 CC, y al tratarse de un plazo fijado por meses, el referido plazo debe computarse en fecha a fecha y sin excluirse los días inhábiles». (28 septiembre 2000, LA LEY 1747/2002)

«El artículo 1490, por lo expuesto no resulta de aplicación, ya que la demanda de reconvención se proyecta a defectuoso cumplimiento contractual imputable a la recurrente, al haber vendido e instalado las máquinas con defectos que las hacen impropias para el fin a que estaban destinadas, por lo que se autoriza la aplicación del artículo 1101 del Código Civil, en relación al 1103 y al 1104, y al tratarse de vicio de calidad constitutivo de prestación defectuosa (Sentencias de 20-11-1991, 2-4-1993 y 30-6-1997), determinante de incumplimiento contractual y consiguiente insatisfacción de la compradora (sentencia de 17-2-1994)». (7 diciembre 2006, LA LEY 149988/2006)

«Como plazo de caducidad que es comporta, como recuerda la Sentencia de esta Sala de 12 de junio de 2008, que transcurrido el mismo no puede ser ejercitado ya el derecho que alberga, nota característica que diferencia la caducidad de la prescripción, pues así como ésta tiene por finalidad la extinción de un derecho ante la razón objetiva de su no ejercicio por el titular, y a fin de evitar la inseguridad jurídica, en la caducidad se atiende sólo al hecho objetivo de la falta de ejercicio dentro del plazo prefijado, hasta el punto de que puede sostenerse en realidad que es de índole preclusiva, al tratarse de un plazo dentro del cual, y únicamente dentro de él, puede realizarse un acto con eficacia jurídica, de tal manera que transcurrido sin ejercitarlo impone la decadencia fatal y automática de tal derecho en razón meramente objetiva de su no utilización». (22 enero 2009, rec. 1213/2004, LA LEY 98/2009)

CONCORDANCIAS

Véase art. 1.472 de este Código.

Artículo 1.491

Vendiéndose dos o más animales juntamente, sea en un precio alzado, sea señalándolo a cada uno de ellos, el vicio redhibitorio de cada uno dará solamente lugar a su redhibición, y no a la de los otros, a no ser que aparezca que el comprador no habría comprado el sano o sanos sin el vicioso.

Se presume esto último cuando se compra un tiro, yunta, pareja o juego, aunque se haya señalado un precio separado a cada uno de los animales que lo componen.

COMENTARIO

1.- A partir de este artículo, hasta el final de esta sección, se tratan los vicios de animales y ganados, con distinta calificación jurídica según el tipo de vicio. Es anecdótico que, entre todas las cosas posibles objeto de compraventa, el Código dedique tan sólo especial atención a los animales, lo que es explicable a la vista de la economía esencialmente agrícola que había al tiempo de promulgarse el Código Civil, hace más de un siglo.

En este artículo se contempla el caso de animales con defectos o vicios ocultos. Cualquier tipo de animales; y de vicio oculto, que es uno que reúne los requisitos que enumera el art. 1.484.

2.- El supuesto que se prevé no es sencillamente el de animales con vicios ocultos, sino el que se hayan vendido dos o más conjuntamente, sin importar que el precio se haya señalado para el conjunto o para cada uno. Y el vicio afecte a uno o más de uno. Se individualiza el saneamiento por vicios ocultos de cada animal. Y se parte de la idea del mantenimiento del contrato.

El efecto es que dándose el caso y requisitos de saneamiento de un animal, habiéndose comprado dos o más o un ganado, se ejercerá la acción redhibitoria en cuanto al «vicioso» (como le llama este artículo, primer párrafo, al final) pero no en cuanto a los demás. Y también, aunque no lo diga este artículo, puede dar lugar a la acción estimatoria o *quanti minoris*.

3.- Como excepción, no se aplica lo anterior sino la regla de la indivisibilidad del objeto, pudiendo ejercerse la acción redhibitoria o estimatoria por el todo, en el caso que conste («aparezca» dice el texto legal) por la interpretación del contrato, que el comprador no habría comprado separadamente uno de otro de los animales («no habría comprado el sano o sanos sin el vicioso» dice este artículo).

Lo cual se presume (añade el párrafo segundo) cuando se compra un tiro, yunta, pareja o juego, prescindiendo de cómo se haya fijado el precio, si por cada animal o por el conjunto.

CONCORDANCIAS

Véase arts. 1.479, 1.483 y 1.484 de este Código.

Artículo 1.492

Lo dispuesto en el artículo anterior respecto de la venta de animales se entiende igualmente aplicable a la de otras cosas.

COMENTARIO

1.- El artículo anterior contempla el supuesto de venta de un conjunto de animales y el saneamiento parcial por vicios ocultos. Este artículo simplemente añade que tal regla —saneamiento parcial— es asimismo aplicable a otras cosas que se hayan comprado conjuntamente (por cjcmplo, una flota de camiones), a no ser que aparezca que no se habrían comprado las cosas separadamente, que se presume en la compra de una pareja o juego (por ejemplo, un par de gemelos).

2.- El problema es si esta regla se aplica al caso del vicio oculto que afecte a una parte, sólo una parte, de una cosa que sea divisible. Sí efectivamente, parece aplicable: el vicio afecta sólo a una parte de la cosa divisible, se exigirá el saneamiento de tal parte, a no ser que aparezca que no se habría comprado la parte sana sin la viciosa.

Artículo 1.493

El saneamiento por los vicios ocultos de los animales y ganados no tendrá lugar en las ventas hechas en feria o en pública subasta, ni en la de caballerías enajenadas como de desecho, salvo el caso previsto en el artículo siguiente.

COMENTARIO

1.- Por las razones más sociales que jurídicas se establecen en este artículo tres excepciones a la obligación de saneamiento por vicios ocultos de animales y ganados.

Primera. En caso de que el animal o ganado se haya vendido en una feria. El Código no incluye la venta en un mercado.

Segunda. En caso de que se haya vendido en pública subasta. Se entiende por tal aquella en que intervenga una autoridad o funcionario: subasta judicial, notarial o administrativa. No, si es una subasta que un particular hace para vender al mejor postor sus animales.

Tercera. Caso, relativo sólo a caballos, en que éstos se vendan como de desecho. Lo que tiene el significado de «caballerías» (como expresa el texto legal) que se estiman como prácticamente inservibles para un uso general.

2.- Esta exclusión de la obligación de saneamiento nada tiene que ver con la nulidad y anulabilidad del contrato que se recoge en el artículo siguiente. Dice el segundo párrafo de este artículo 1.493: «... salvo el caso previsto en el artículo siguiente». No es un caso de saneamiento, sino de nulidad (en el primer párrafo) y anulabilidad (en el segundo).

CONCORDANCIAS

Véase:
— art. 1.529 de este Código.
— Código de Comercio: arts. 81 a 85.

Artículo 1.494

No serán objeto del contrato de venta los ganados y animales que padezcan enfermedades contagiosas. Cualquier contrato que se hiciere respecto de ellos será nulo.

También será nulo el contrato de venta de los ganados y animales, si, expresándose en el mismo contrato el servicio o uso para que se adquieren, resultaren inútiles para prestarlo.

COMENTARIO

1.- El primer párrafo de este artículo elimina del tema del saneamiento por vicios ocultos, el supuesto de animales y ganados que padezcan enfermedades contagiosas y declara nula la compraventa que a ellos se refiere. Nulidad absoluta, ipso iure (art. 6.3) que puede encuadrarse en la ilicitud de la cosa.

Se trata de que el concreto o concretos animales padezcan enfermedades que puedan producir contagio en otros animales o en el ser humano. Y además de esta sanción civil, recaerán las sanciones y medidas administrativas correspondientes a cada caso.

2.- El segundo párrafo también sustrae otro supuesto al saneamiento por vicio oculto. Se trata de compraventa de animales o ganados en que se expresa en el contrato, oral o escrito, el servicio o uso para el que se adquieren; y resultan inútiles para el mismo.

Se dispone en este artículo que «será nulo» pero debe entenderse que no es nulidad, sino anulabilidad, con todas las diferencias de concepto, requisitos y efectos que ello implica *(vid.* los comentarios a los arts. 1.300 y ss.).

JURISPRUDENCIA

«entenderse que la enfermedad de las ovejas debía existir en el momento de perfección del contrato de compraventa o si se quiere al menos en el momento de la entrega de las mismas, pareciendo razonable no hacer extensible la prohibición a los animales simplemente sospechosos, es decir aquellos que pese a haber estado en contacto directo con otros infectados o parasitados presentan un buen aspecto sanitario y no se detectan signos de la enfermedad, y así es de ver que adquiridas 100 cabezas de ganado del demandado en junio 1993 se expide guía de vida para aprovechamiento de pastos el 1 junio 1993, sin que se advirtiera por el veterinario oficial que en la explotación ganadera indicada existiera enfermedad infecto-contagiosa, apareciendo que en octubre 1993 únicamente 14 de ellas resultaban positivas a la enfermedad, siendo las restantes infectadas, sucesivamente 59 en junio de 1994, 20 en noviembre 1994, 6 en febrero 1995 y 2 en junio 1995, por lo que, en principio habría que entender que el contrato se consumó al menos respecto a unos animales que en octubre 1993 no se había detectado que estuvieran enfermos —un total de 86—, pues no parece razonable extender ilimitadamente el ámbito de protección a aquellos otros animales a los que incluso no afectaban las medidas restrictivas, ya que el tiempo de incubación de la enfermedad es de 2 semanas, y se produce la determinación de nuevos animales infectados casi un año después». (19 diciembre 2004, rec. 2205/1998)

Artículo 1.495

Cuando el vicio oculto de los animales, aunque se haya practicado reconocimiento facultativo, sea de tal naturaleza que no basten los conocimientos periciales para su descubrimiento, se reputará redhibitorio.

Pero si el profesor, por ignorancia o mala fe, dejara de descubrirlo o manifestarlo, será responsable de los daños y perjuicios.

COMENTARIO

1.- La obligación de saneamiento por vicios ocultos requiere que el vicio no esté a la vista ni sea conocido por el comprador ni éste debiera conocerlo por su pericia (art. 1.484). El presente artículo hace una aplicación especial, un tanto inútil, al saneamiento por vicios ocultos de animales y ganados.

Establece que se mantiene la obligación de saneamiento por vicios ocultos y se podrán ejercitar las acciones edilicias (redhibitoria, que menciona este artículo y estimatoria, que añade el 1499) si el animal o ganado adolece de vicios, ocultos pese al reconocimiento hecho por un facultativo (veterinario).

2.- Es decir, que el reconocimiento por un facultativo no ha sido suficiente para descubrir el vicio oculto.

Pero si ha sido suficiente tal reconocimiento y el facultativo no lo ha advertido por su negligencia profesional («por ignorancia» dice el texto legal) o por dolo («mala fe»), responde personalmente por responsabilidad contractual, aplicándose los artículos 1.101 y ss. a su cumplimiento defectuoso o incumplimiento de su contrato de prestación de servicios.

CONCORDANCIAS

Véase arts. 1.101 y ss. de este Código.

Artículo 1.496

La acción redhibitoria que se funde en los vicios o defectos de los animales, deberá interponerse dentro de cuarenta días, contados desde el de su entrega al comprador, salvo que, por el uso en cada localidad, se hallen establecidos mayores o menores plazos.

Esta acción en las ventas de animales sólo se podrá ejercitar respecto de los vicios y defectos de los mismos que están determinados por la ley o por los usos locales.

COMENTARIO

1.- El segundo párrafo de este artículo hace una concreción relativa a todo vicio oculto de animales o ganados. Sólo son tales los que están determinados por la ley o por los usos locales: esta ley no se ha dictado nunca, por lo que hay que acudir a la costumbre local.

2.- El primer párrafo establece el *plazo de caducidad* de las acciones edilicias relativas a animales y ganados, la redhibitoria (a que se refiere este artículo expresamente) y la estimatoria (referida en el 1499): es el plazo señalado por la costumbre local y, si no la hay, el de cuarenta días.

El *dies a quo*, para el cómputo de tal plazo, es el de la tradición real: la entrega efectiva del animal o animales, al comprador.

3.- Todo lo anterior no se aplica a los supuestos que como expresión enumera el art. 1.493, ni tampoco a los casos de nulidad y anulabilidad del art. 1.494, en que se aplican sus plazos propios.

Artículo 1.497

Si el animal muriese a los tres días de comprado, será responsable el vendedor, siempre que la enfermedad que ocasionó la muerte existiera antes del contrato, a juicio de los facultativos.

COMENTARIO

Este artículo hace una aplicación específica al saneamiento por vicios ocultos de animales y ganados, respecto al caso que perezca la cosa (muera el animal, en este supuesto). Los arts. 1.487 y 1.488 distinguen si se pierde la cosa por efecto del vicio o por caso fortuito o culpa del comprador.

Sin embargo, en caso de venta de un animal, que sufre una enfermedad y muere en el plazo de tres días a consecuencia de ella, el vendedor está obligado al saneamiento por vicio oculto, en todo caso, debiendo (art. 1.487) restituir el precio, abonar los gastos del contrato e indemnizar daños y perjuicios.

Artículo 1.498

Resuelta la venta, el animal deberá ser devuelto en el estado en que fue vendido y entregado, siendo responsable el comprador de cualquier deterioro debido a su negligencia, y que no proceda del vicio o defecto redhibitorio.

COMENTARIO

1.- Los efectos de la obligación de saneamiento por vicios ocultos en la compraventa de animales y ganados son los comunes, determinados esencialmente en el art. 1.486, con ciertas especialidades. El comprador podrá ejercer la acción redhibitoria o la acción estimatoria o quanti minoris, este art. 1.498 trata de la primera; el siguiente de la segunda.

2.- Se contempla en este artículo la *acción redhibitoria.* En virtud de ella, se produce la resolución de la compraventa. El comprador deberá devolver al vendedor el animal «en el estado en que fue vendido y entregado», dice el texto legal, lo que se resume en que deberá devolverlo tal como lo recibió, que es el momento de la tradición real y si desde este momento ha sufrido algún deterioro, por culpa suya, responde del mismo, por lo que deberá rebajarse su valor del precio que le será devuelto por el vendedor. Este devolverá al comprador el precio que recibió y demás gastos, aplicando la norma general del art. 1.486.

CONCORDANCIAS

Véase art. 1.295 de este Código.

Artículo 1.499

En las ventas de animales y ganados con vicios redhibitorios, gozará también el comprador de la facultad expresada en el artículo 1.486; pero deberá usar de ella dentro del mismo término que para el ejercicio de la acción redhibitoria queda, respectivamente, señalado.

COMENTARIO

1.- Este artículo es continuación del anterior. El comprador, ante los vicios ocultos, puede ejercer la acción estimatoria o quanti minoris que contempla el art. 1.486 y rebajará una cantidad del precio proporcional al valor del vicio oculto: se rebajará efectivamente si no lo ha pagado todavía y, si lo ha pagado, se la devolverá el vendedor.

2.- Además de remitirse a la normativa general de esta acción, añade que el plazo de caducidad es el específico que se prevé para el saneamiento por vicios ocultos de animales, en el art. 1.496.

CAPÍTULO V
DE LAS OBLIGACIONES DEL COMPRADOR

Artículo 1.500

El comprador está obligado a pagar el precio de la cosa vendida en el tiempo y lugar fijados por el contrato.

Si no se hubieren fijado, deberá hacerse el pago en el tiempo y lugar en que se haga la entrega de la cosa vendida.

COMENTARIO

1.- La obligación de pago del precio es la esencial del comprador, que con la entrega de la cosa forma la causa del contrato. El artículo 1.445 se refiere a esta obligación y el artículo 1.500 la enuncia expresamente: «el comprador está obligado a pagar el precio...».

El incumplimiento de esta obligación, al igual que la de la entrega de la cosa por el vendedor, da lugar a la resolución, típica de las obligaciones bilaterales, prevista en el artículo 1.124 en general, pero para inmuebles, los artículos 1.503 y 1.504 añaden unas reglas particulares y el 1.505 establece un caso especial de resolución para muebles.

Es una obligación de dar, de dar una cantidad de dinero, como elemento objetivo del contrato: típica obligación pecuniaria, con todos sus problemas.

2.- Tras declararse la esencial obligación de pago del precio, se añade que se cumplirá en el tiempo y lugar, primero, que se hubieran fijado en el contrato, según el principio de autonomía de la voluntad y, en defecto de pacto, dispone el párrafo segundo del mismo artículo 1.500 que deberá hacerse el pago en el tiempo y lugar en que se haga la entrega de la cosa vendida. Lo que es expresión —en cuanto al tiempo— de la regla de cumplimiento simultáneo (y *exceptio non adimpleti contractus*) de las obligaciones bilaterales. Y en cuanto al lugar, es excepción de la regla general del art. 1.171 sobre lugar de cumplimiento de las obligaciones.

JURISPRUDENCIA

«la venta ofrecida por el señor Antonio de sus acciones a los demás accionistas era una venta al contado, por tratarse de una compraventa mercantil, a igual conclusión se llega desde la calificación de la compraventa como civil, de acuerdo con el art. 1500 del Código Civil, pues al no establecerse en la oferta de enajenación el tiempo en que habría de efectuarse el pago, éste habría de hacerse al tiempo de la entrega de la cosa vendida; se establece así una simultaneidad, a falta de pacto en contrario, entre la entrega de la cosa vendida y el pago del precio». (14 marzo 2005, rec. 3368/1999)

«la obligación fundamental del comprador de pago del precio (art. 1500 del Código Civil) no puede desligarse del resto de obligaciones prefijadas en el contrato que afectan al vendedor de modo que la suspensión de la obligación de pago del precio pactado no ha de quedar reducida al supuesto de perturbación en la posesión o dominio de la cosa adquirida a que se refiere el artículo 1502, que parte del cumplimiento por el vendedor de sus propias obligaciones y únicamente constituye un caso concreto para tal suspensión, ya que la facultad resolutoria formulada de modo general en el párrafo primero del art. 1124 contempla el caso de que sea únicamente uno de los obligados el que no cumpliere lo que le incumbe dado que las obligaciones de carácter recíproco implican

la necesidad de adecuado cumplimiento por cada una de las partes». (9 octubre 2007, LA LEY 161971/2007)

CONCORDANCIAS

Véase arts. 1.113 y 1.171, párrafo 1.º de este Código.

Artículo 1.501

El comprador deberá intereses por el tiempo que medie entre la entrega de la cosa y el pago del precio, en los tres casos siguientes:

1.º Si así se hubiere convenido.

2.º Si la cosa vendida y entregada produce fruto o renta.

3.º Si se hubiese constituido en mora, con arreglo al artículo 1.100.

COMENTARIO

1.- Como obligación complementaria —es obligación accesoria— a la de pago del precio, el comprador está obligado a pagar intereses en los tres casos que enumera el art. 1.501, por el que pueden distinguirse los tres tipos de intereses a que puede estar obligado el comprador: convencionales, compensatorios, moratorios.

No se refiere esta norma sólo al caso de que se haya pactado un aplazamiento en el pago del precio, sino a todo caso en que el pago del precio no se haya hecho precisamente en el tiempo en que debía, tal como prevé el art. 1.500, una vez entregada la cosa, dándose los supuestos que contempla dicho artículo 1.501. Así lo expresa su primer párrafo.

2.- A continuación enumera los casos en que se da esta obligación, que corresponden a los tres tipos de intereses a cuyo pago puede estar obligado el comprador.

Primero. Convencionales. Si así se hubiese convenido, dice el primer número del art. 1.501. El pacto, al amparo del principio de la autonomía de la voluntad, alcanza no sólo a la obligación del pago de intereses, sino también a la cuantía de éstos: si no la hubieran fijado, serán los legales que determina la Ley de 29 de junio de 1984.

Segundo. Compensatorios. Los dispone el número 2.º del mismo artículo 1.501: si la cosa vendida y entregada produce fruto o renta. Alcanza a cualquier tipo de fruto, natural o civil. Pero no alcanza a la utilidad que pueda reportar al comprador. La cuantía del interés será el legal.

Tercero. Moratorios. Dispone por último el número 3.º del artículo 1.501 la obligación de intereses del comprador si se hubiese constituido en mora, con arreglo al artículo 1100. No es una norma especial, sino la simple repetición con subsiguiente remisión a la norma general sobre la mora del deudor, en este caso, del comprador deudor de la obligación de pago en obligaciones recíprocas.

JURISPRUDENCIA

«Conforme a lo dispuesto en el artículo 1501 del Código Civil, el comprador debe intereses por el tiempo que medie entre la entrega de la cosa y el pago del precio, entre otros casos

(que no se toman en consideración, porque no han sido alegados ni probados), si se hubiere constituido en mora con arreglo al artículo 1100 (precepto que ha sido el invocado por la recurrente). El artículo 1100 del Código Civil, con precedente en los artículos 1117 del Anteproyecto 1882-1888 y 1007 del Proyecto de 1851, exige para que se entienda producida la mora, además de un retraso en el cumplimiento de la prestación debida, que el acreedor lo reclame al deudor (sentencias de 12 de febrero de 1972, 12 de febrero de 1979, 5 de mayo de 1986 y 8 de febrero de 2000). Esa intimación, que puede ser judicial o extrajudicial y que no está sometida a la exigencia de forma determinada, no es precisa en todo caso. Según el mismo precepto, no lo es cuando su necesidad hubiera sido excluida por pacto o por ley ni cuando de la naturaleza y circunstancias de la obligación resulte que la designación de la época en que había de cumplirse la prestación fue motivo determinante para establecer la obligación». (1 septiembre 2004, rec. 2442/1998)

«la compraventa es civil porque no se adquirieron los bienes comprados para revenderlos, bien en la misma forma que se compraron, o bien en otra diferente, con ánimo de lucrarse en la reventa, como exige el art. 325 del Código de Comercio para que la compraventa sea mercantil. Por ello, debe aplicarse el art. 1100 CC, al que se remite el art. 1501.3.ª CC, y, por ende, condenar al pago de los intereses desde la intimación judicial-presentación de la demanda (art. 410 LEC)». (19 octubre 2011, rec. 465/2008, LA LEY 195734/2011)

CONCORDANCIAS

Véase:
— art. 1.108 de este Código.
— Código de Comercio: art. 341.

Artículo 1.502

Si el comprador fuere perturbado en la posesión o dominio de la cosa adquirida, o tuviere fundado temor de serlo por una acción reivindicatoria o hipotecaria, podrá suspender el pago del precio hasta que el vendedor haya hecho cesar la perturbación o el peligro, a no ser que afiance la devolución del precio en su caso, o se haya estipulado que, no obstante cualquier contingencia de aquella clase, el comprador estará obligado a verificar el pago.

COMENTARIO

1.- Como expresión de que la obligación del comprador de pagar el precio es una obligación recíproca o sinalagmática respecto de la entrega de la cosa, se establece la facultad del comprador de suspender el pago, en caso de grave perturbación o de fundado temor; no la tiene si se ha pactado su exclusión.

2.- Los presupuestos son una compraventa ya perfecta sobre mueble o inmueble, perfección por el consentimiento; consumación en cuanto al vendedor, que entregó la cosa; no consumación en cuanto al comprador, que aún no pagó el precio.

Habiéndose, pues, entregado la cosa y no pagado el precio, se producen los hechos base de esta norma: la perturbación en la posesión o dominio de la cosa adquirida o fundado temor de serlo por una acción reivindicatoria o hipotecaria, que son las que más duramente pueden afectar a la cosa que ha sido comprada. Si bien insiste la jurisprudencia en que este precepto es de interpretación restrictiva y que no se comprenden más acciones que las dos enumeradas, ha de estimar que se incluyen también las que pueden producir un efecto semejante como la acción declarativa de dominio, los interdictos de retener o recobrar, o la acción del art. 41 de la Ley Hipotecaria; incluso la acción de retracto o la de revocación de donaciones que se refiera a la cosa.

3.- Dándose los presupuestos y los hechos base, el efecto es que el comprador puede suspender el pago del precio: no es un efecto liberatorio, sino una facultad de suspensión.

Dicha suspensión se mantendrá (1.º) hasta que el vendedor haya conseguido eliminar o hacer cesar la perturbación o el fundado temor (es decir, el peligro); (2.º) o el vendedor afiance la devolución del precio, si el comprador perdiera la cosa. Como se ha dicho al principio, el comprador carece de esta facultad de suspensión si en el propio contrato de compraventa se ha pactado su exclusión (último inciso de este art. 1.502).

JURISPRUDENCIA

«jurisprudencia reiterada de esta Sala la de la interpretación estricta de los términos "acción reivindicatoria o hipotecaria" contenidos en el art. 1.502 CC (TS SS 27 Abr. 1989, 15 Jul. 1991, 16 Jun. 1992 y 16 Feb. 1999), también tiene declarado, por una parte, que la facultad de suspender el pago del precio requiere, antes de su ejercicio, su notificación por el comprador al vendedor a fin de que éste pueda en su caso afianzar la devolución conforme a la previsión legal (TS SS 15 Feb. 1958, 25 Jun. 1964, 10 Oct. 1984 y 20 Jul. 1991) y, por otra, que el primer requisito condicionante de la operatividad del art. 1.502 es que el comprador se halle en la posesión de la cosa vendida (TS S 25 Oct. 1995)». (10 julio 2000, LA LEY 9235/2000)

«se habrían evitado las deudas de los vendedores y embargos consiguientes si se hubiera pagado a su debido tiempo la parte de precio aplazado; a lo que debe añadirse que han sido los compradores los que al negarse al otorgamiento de la escritura pública impidieron el acceso a la titularidad registral, sin que quepa discurrir acerca de la razón de dicha negativa por haberse ya resuelto en el fundamento anterior en sentido negativo para los mismos. Y por lo que hace referencia a la hipotética perturbación en la explotación no puede servir de fundamento a la aplicación del art. 1502 CC, dado que no tiene nada que ver con una acción hipotecaria o reivindicatoria.» (10 abril 2003, LA LEY 68907/2003)

«el artículo 1502 del Código Civil monopoliza, salvo pacto, la regulación de la facultad del comprador de suspender el pago del precio en el supuesto que contempla, determinando el funcionamiento concreto de la relación sinalagmática en el mismo. Por otro lado, se trata de una norma que reclama una interpretación restrictiva, como recuerdan las sentencias de 23 de marzo de 1993 y 18 de octubre de 1994, y que presupone la cumplida demostración de los requisitos que condicionan la facultad que al comprador atribuye; entre ellos, que el temor de perturbación sea fundado (sentencia de 4 de junio de 1992) y tenga su génesis en el futuro ejercicio de una acción reivindicatoria o hipotecaria (sentencias de 29 de septiembre de 1978, 20 de mayo de 1985 y 4 de junio de 1992)». (11 mayo 2004, rec. 1597/1998)

«es doctrina jurisprudencial, ya clásica, la que determina que el artículo 1502 del Código Civil debe ser objeto de interpretación restrictiva, por cuanto socava temporalmente la obligación del comprador de abonar el precio —por todas las sentencias de 16 de febrero de 1999, 10 de julio de 2000 y 14 de diciembre de 2000—». (1 diciembre 2005, rec. 1160/1999)

«el artículo 1502 del Código Civil debe ser interpretado restrictivamente, en la medida en que establece una excepción al regular cumplimiento de las obligaciones del comprador

derivadas del contrato de compraventa, y en la medida en que altera el sinalagma funcional propio del mismo. Pero esta interpretación restrictiva, propugnada por reiterada jurisprudencia, no debe llevar a excluir del ámbito de aplicación del precepto aquellos casos en los que el temor fundado a ser perturbado en el dominio de la cosa adquirida deriva del ejercicio de acciones con idénticas consecuencias que las que se anudan a la acción reivindicatoria, que se resumen en la privación de la titularidad dominical sobre la cosa objeto de la compraventa. Una adecuada exégesis del precepto, respetuosa con su teleología, conduce a la solución indicada, que esta Sala ha tenido oportunidad de recoger en la Sentencia de 21 de mayo de 1993, en la que, frente al temor fundado del comprador de verse perturbado en la propiedad de la cosa objeto de la compraventa como consecuencia del ejercicio de una acción de división de cosa común, que afectaba a la que era objeto del contrato, se justificó la suspensión del pago del precio por el comprador en aplicación del artículo 1502 del Código Civil, apreciando la existencia de una identidad de razón, a estos efectos, entre la acción de división y la acción reivindicatoria, y tomando en consideración que los compradores nada podían oponer al ejercicio de la primera, que no tenían una voluntad rebelde al cumplimiento, y, en fin, que la suspensión del pago del precio no era más que una cautela lícita frente al engaño u ocultación del vendedor». (19 noviembre 2008, rec. 2839/2002, LA LEY 176069/2008)

Artículo 1.503

Si el vendedor tuviere fundado motivo para temer la pérdida de la cosa inmueble vendida y el precio, podrá promover inmediatamente la resolución de la venta.

Si no existiere este motivo, se observará lo dispuesto en el artículo 1.124.

COMENTARIO

1.- Este artículo y el siguiente establecen unas especialidades, como garantías para el vendedor, en caso de compraventa de cosa inmueble; el art. 1.505 la establece en caso de cosa mueble.

Ante todo, se recuerda (innecesariamente) en su segundo párrafo, que es aplicable el art. 1.124 que permite al vendedor (y al comprador, en su caso) exigir el cumplimiento o la resolución si el comprador no le paga el precio.

2.- La especialidad está prevista en el primer párrafo. Se concede al vendedor la *facultad de resolver el contrato de compraventa de cosa inmueble*, no por incumplimiento de la otra parte (pago del precio por el comprador) sino por temor a dicho incumplimiento: «fundado motivo para temer la pérdida de la cosa inmueble vendida y el precio». En otras palabras: el vendedor, que ha entregado la cosa vendida, tiene «fundado motivo» para temer que no le será pagado el precio. En tal caso, puede resolver el contrato de compraventa.

CONCORDANCIAS

Véase arts. 1.295, párrafo 2.º y 1.298 de este Código.

Artículo 1.504

En la venta de bienes inmuebles, aun cuando se hubiera estipulado que por falta de pago del precio en el tiempo convenido tendrá lugar de pleno derecho la resolución del

contrato, el comprador podrá pagar, aun después de expirado el término, ínterin no haya sido requerido judicialmente o por acta notarial. Hecho el requerimiento, el Juez no podrá concederle nuevo término.

COMENTARIO

1.- En la compraventa de cosa inmueble se establece una especialidad en la resolución, cuando ésta se produce por el incumplimiento por el comprador de su obligación de pago del precio. Esta especialidad existe tanto si nada se ha pactado al respecto, como se ha pactado expresamente «que por falta de pago del precio en el tiempo convenido tendrá lugar de pleno derecho la resolución del contrato», lo que se conoce con el nombre de pacto comisorio o pacto de lex commissoria. La especialidad que establece este artículo es que, ante el impago del precio en la compraventa de inmueble, haya o no pacto comisorio, debe ser requerido de pago el comprador: antes del requerimiento, podrá pagar, aunque haya pasado el tiempo adecuado para ello (haya o no plazo para el cumplimiento de esta obligación) y después del requerimiento, se resuelve el contrato y el Juez ya no puede conceder nuevo plazo para el pago.

2.- Este artículo 1.504 es complemento del 1124, es una modalidad de la resolución que contempla este último artículo, el cual tiene un carácter general que el art. 1.504 aplica específicamente a la compraventa de inmuebles. Por ello, los requisitos generales de la resolución que contempla el art. 1.124 son aplicables a la del presente art. 1.504.

3.- El vendedor, es el sujeto, o el demandante si ejercita una acción, de la facultad de resolución. Este debe haber cumplido sus respectivas obligaciones como tal, esencialmente la entrega de la cosa vendida; o bien, estar dispuesto a cumplir; o incluso haber intentado cumplir, pero dejó de hacerlo al admitir que el comprador no cumplía su obligación de pago. Se trata del cumplimiento de las obligaciones básicas, prescindiendo que haya incumplido alguna accesoria o algún extremo circunstancial o intrascendente.

4.- El comprador es el sujeto contra quien se ejercita la resolución o el demandado en la acción de resolución. Es el que ha incumplido su esencial obligación de pago del precio. La jurisprudencia había exigido que el comprador debía tener una actitud «deliberadamente rebelde al cumplimiento», lo que era tanto como exigirle dolo, pero a partir de 1990 cambia la doctrina jurisprudencial y, con buen criterio, se limita a exigir que se frustre el fin del contrato, que haya un incumplimiento inequívoco y objetivo, incumplimiento total sin que baste un incumplimiento parcial o cumplimiento defectuoso o simple retraso.

5.- Para que se produzca la resolución es preciso que el vendedor haya requerido al comprador notarial o judicialmente. No es muy claro qué significa requerimiento. En puridad, significa la intimación al deudor (comprador) para que cumpla (pague el precio). Pero en principio se estima suficiente que el vendedor comunique (notifique) al comprador su voluntad de resolución: lo cual no es un requerimiento, sino una notificación y, precisamente, el art. 59 del Reglamento hipotecario exige la «notificación», no requerimiento. De lo que no hay duda es que, tal como mantiene la jurisprudencia, se puede en el requerimiento, dar un nuevo plazo (un plazo de gracia) para que el requerido pueda cumplir, lo que responde al concepto auténtico de requerimiento.

6.- El efecto es que, dándose el supuesto de hecho (impago del precio en compraventa de inmueble) y verificado el requerimiento, se produce la resolución del contrato, destrucción de los efectos del mismo, con efecto retroactivo. Tras el requerimiento, el Juez no puede conceder un nuevo plazo al comprador para que cumpla su obligación de pago.

JURISPRUDENCIA

I. Conceptos generales:

«El carácter de generalidad que presenta el art. 1.124 CC que proclama la facultad que se confiere al contratante cumplidor para poner fin a una relación obligatoria que le liga con el contratante incumplidor, hace que el art. 1.504 de dicho Cuerpo Legal sea estimado como una norma especial del anterior precepto concretada a determinados contratos de compraventa y a determinar exigencias de forma de incumplimiento, sin que dicha especialidad suponga en momento alguno desvinculación entre el contenido y efectos de ambos artículos. Además para la plena eficacia resolutoria que patrocinan dichos preceptos, es ineludible que concurran los siguientes requisitos: a) Que exista un contrato de compraventa con precio aplazado. b) Impago de dicho precio. c) Voluntad obstativa y deliberadamente rebelde para el cumplimiento de lo convenido. d) Requerimiento en el sentido de declaraciones de voluntad unilateral y recepticia encaminada a la resolución del contrato. e) Cumplimiento de lo obligado por la otra parte». (20 julio 2000, LA LEY 10295/2000)

«Es doctrina reiterada emanada de las sentencias de esta Sala, la que establece que los presupuestos necesarios para el éxito de lo dispuesto en el art. 1504 en relación al art. 1124 del CC, son los siguientes: a) La reciprocidad de las prestaciones convenidas; b) la exigibilidad de las mismas; c) la observancia por el reclamante de lo de su incumbencia; d) la voluntad manifiesta de la parte adversa a no satisfacer su obligación, y e) requerimiento resolutorio como expresión formal del acto volitivo del vendedor de dar por resuelto el contrato (por todas la S 16 Nov. 1998).» (18 abril 2002, LA LEY 4921/2002)

«El pacto por el que vendedor y comprador consienten en que, si el precio no se paga en el día señalado, se resuelva automáticamente el vínculo contractual, previsto en el Digesto (18.3.2: "quum venditor fundi in lege ita caverit: si ad diem pecunia soluta non sit, ut fundus inemtus sit, ita accipitur inemtus esse fundus, si venditor eum esse velit, quia id venditoris causa caveretur"), declarado válido en las Partidas (5.5.38: "otrosi dezimos que si el vendedor, e el comprador pone pleyto entresi que el comprador pague el precio a dia señalado e si no lo pagare aquel dia que sea desfecha porende la vendida, que tal pleyto como este es valedero... e desfazese la vendida"), así como en el Proyecto de Código Civil de 1851 (art. 1433), que lo tomó del art. 1656 del Código francés, está sujeto en el art. 1504 CC a una limitación de la autonomía de la voluntad de las partes, pues al permitir al comprador un pago liberatorio retrasado, pese a que lo pactado hubiera sido otra cosa, priva de entidad resolutoria al mero incumplimiento, mientras no haya sido requerido el deudor por el vendedor, por vía judicial o notarial. Y como el comprador pudo pagar hasta ser requerido (en los términos en que se interpreta, al respecto, el art. 1504), la resolución de la relación contractual nacida del contrato de compraventa de inmueble no se entiende producida sólo por el incumplimiento (en todo caso necesario, dada la relación existente entre dicho artículo y el 1124 CC, destacada por la jurisprudencia: sentencias de 5 de mayo de 1983, 15 de octubre de 1984, 6 de noviembre de 1984, 29 de abril de 1985, 22 de marzo de 1985, 10 de junio de 1985, 18 de marzo de 1994, 29 de abril de 1994, 21 de junio de 1996), sino, supuesto aquel, por el requerimiento del vendedor (sentencias de 27 de abril de 1988, 15 de noviembre de 1989, 2 de febrero de 1990, 27 de noviembre de 1995, 21 de junio de 1996)». (4 julio 2005, rec. 282/1999)

«el artículo 1504 CC se está refiriendo al incumplimiento por el comprador del plazo fijado contractualmente para el pago del precio en la compraventa de inmuebles y permite que, aun transcurrido éste, el obligado pueda satisfacerlo en tanto no haya sido requerido de resolución por tal causa; mientras que, en el caso del contrato de opción, el optante no está obligado a pagar precio alguno por razón de un contrato que aún no se ha perfeccio-

nado, por lo que carece de sentido que el concedente u optatario haya de requerirle a tales efectos». (2 junio 2009, rec. 2544/2004, LA LEY 84754/2009)

«Dicha norma resulta de aplicación a las compraventas de bienes inmuebles ya perfeccionadas, pero no a la promesa unilateral de venta o derecho de opción en que dicha perfección queda pendiente de la decisión del comprador expresada en un plazo determinado, por lo que no existe en tal caso compraventa ni obligación alguna de pago del precio pactado hasta que dicha perfección se produzca y, en definitiva, no opera la previsión excepcional de dicha norma en el sentido de permitir al comprador pagar el precio —en las compraventas de bienes inmuebles— aún después de expirado el término fijado para ello mientras no haya sido requerido de resolución por el vendedor». (22 septiembre 2009, rec. 242/2005, LA LEY 187272/2009)

«Es hecho probado de la sentencia que hubo incumplimiento mutuo de comprador y vendedor, es decir, el incumplimiento ha procedido de ambas partes contratantes, situación que es resuelta por la doctrina de esta Sala en el sentido de que tratándose de negocios jurídicos sinalagmáticos, como es el de compraventa, el incumplimiento recíproco impide que pueda constituirse en causa de resolución, y esta la cuestión de orden fáctico del incumplimiento por ambas partes de sus respectivas obligaciones impide acceder a la concesión de la indemnización de daños y perjuicios (SSTS 16 de abril de 1991; 20 de diciembre de 1993; 24 de abril 2001; 4 de mayo 2010 entre otras)». (8 octubre 2010, rec. 1953/2006, LA LEY 171467/2010)

II. Sujeto demandante (vendedor) cumplidor:

«El art. 1504 CC que regula la resolución de la compraventa de inmueble por impago del precio, tras un requerimiento de resolución, que se hizo en el presente supuesto, prevé como ha precisado la jurisprudencia, que el sujeto que puede exigir la resolución es aquel vendedor que ha cumplido su obligación, el sujeto cumplidor.» (14 marzo 2003, LA LEY 22131/2003)

«la doctrina de esta Sala no exige que tenga el vendedor su título inscrito en el Registro de la Propiedad para poder otorgar escritura pública, salvo que a ello se haya condicionado el otorgamiento, cosa que en este caso no se hizo. Sin embargo, con ser cierta esta doctrina, que se ratifica, aquí no se trata más que del cumplimiento de la obligación legal de documentar el contrato de compraventa (arts. 1279 y 1280.1.º Cód. civ.), que se sometió al pago del precio aplazado». (29 septiembre 2004, rec. 1131/1998)

«siendo la conducta de la parte vendedora, que se negó a otorgar la escritura sin causa justificada, la única razón que impidió que se efectuara el pago previsto, sin que ningún incumplimiento pueda imputarse a la parte compradora en la medida en que el incumplimiento sólo ha de atender a las obligaciones del momento en que se alega por la parte que pretende la resolución, y al momento en que tenía que elevarse a público el compromiso privado la única obligación que vinculaba al comprador pasaba por abonar aquella suma y no la correspondiente a unos aumentos de obra, que pese a ser consentidos, no estaban cuantificados de común acuerdo, sino que habían sido liquidados por la parte vendedora unilateralmente, sin valor obligacional para la parte compradora, que de este modo se torna en perfecta cumplidora de lo que debía cuando requirió a la vendedora a otorgar la escritura, siendo por ello atendible el incumplimiento de esta última de su obligación de otorgarla a la hora de estimar la acción de cumplimiento por la que optó la parte adquirente». (7 noviembre 2008, rec. 1638/2002, LA LEY 169534/2008)

«Sobre la resolución de las obligaciones recíprocas o sinalagmáticas, es preciso matizar la facultad de resolución, por parte del que ha cumplido su obligación recíproca, por el

incumplimiento de la del otro sujeto. Ello, conforme a la norma general del artículo 1124 del Código civil y a la especial, referida a la falta de pago en la compraventa de bienes inmuebles, del artículo 1504 del mismo código. En todo caso, únicamente puede exigir la resolución aquel sujeto que ha cumplido su obligación o, con mayor precisión, aquel sujeto que, a su vez, no haya incurrido en incumplimiento de su respectiva obligación; y sólo puede exigirse la resolución a aquel sujeto que, respecto a su propia obligación recíproca (en el caso del artículo 1504, el comprador respecto al pago del precio) la incumple, en el sentido de incumplimiento objetivo (así lo destaca especialmente la sentencia de 19 de noviembre de 2009), que provoca la frustración del fin del contrato y la insatisfacción del interés del acreedor». (28 enero 2010, rec. 225/2006, LA LEY 364/2010)

«las sentencias de 7 julio 1992 y 18 marzo 1994, entre otras, afirman que la jurisprudencia de esta Sala ha reiterado que los artículos 1124 y 1504 del Código Civil no constituyen compartimentos estancos, de manera que sus contenidos normativos deben armonizarse en cuanto sea posible, sin merma de la especialidad que respecto a los inmuebles compete al segundo de los citados. Esta coordinación aplicativa determina que sea necesario, a los efectos de admitir la vinculación automática que produce el requerimiento resolutorio, con sus derivadas consecuencias jurídicas, que el vendedor no ha incurrido en un incumplimiento anterior de sus obligaciones, pues, en este caso, carecería de derecho para accionar con base en los referidos preceptos, si tal incumplimiento ha condicionado o condiciona, a su vez, la realización del oportuno pago, pues así resulta justificada la resistencia del comprador al pago ya que siendo el art. 1504, una manifestación específica del mencionado art. 1124, o sea, una especie concreta, para el supuesto de venta de bienes inmuebles, de la facultad genérica que para toda clase de obligaciones bilaterales con prestaciones recíprocas, previene el último de tales artículos, claro es que no puede existir causa resolutoria por incumplimiento contractual, cuando éste sea previamente debido al comportamiento de quien pretende la resolución o venga justificada la resistencia del pretendido incumplidor (Sentencias de 31 octubre 1968, 3 junio 1970 y 5 junio 1979)». (17 marzo 2011, rec. 880/2007, LA LEY 14445/2011)

III. Sujeto demandado (comprador): incumplidor

«la doctrina más reciente de la sala viene proclamando que la resolución a tenor del art. 1.504, no requiere una actitud dolosa del incumplidor, que es lo que apunta la frase "actitud deliberadamente rebelde" al incumplimiento, sino que es suficiente que se frustre el fin del contrato para la contraparte, que haya un incumplimiento inequívoco y objetivo, sin que sea precisa una tenaz y persistente resistencia al cumplimiento, bastando con que al incumplidor pueda atribuírsele una conducta voluntaria obstativa al cumplimiento del contrato en los términos en que se pactó, y siendo aconsejable la resolución en los que concurran el impago prolongado, duradero, injustificado o quedar frustrados el fin económico-jurídico que implica el negocio de compraventa y las legítimas aspiraciones del vendedor, y aconsejable, asimismo, mantener el pacto, en homenaje a la voluntad contractual, cuando no aparezca definida e incuestionable una decidida voluntad negativa». (30 julio 1997, LA LEY 9121/1997) (doctrina mantenida literalmente por la sentencia de 11 marzo 2002, LA LEY 3657/2002)

«si bien pudiera entenderse no incursa en el supuesto de voluntad deliberadamente rebelde al cumplimiento de la obligación, requisito que en interpretación del art. 1.504 CC, venía siendo exigido tradicionalmente por la jurisprudencia para la eficacia de la acción resolutoria, si constituye reflejo de una voluntad de falta de cumplimiento del contrato por el comprador, frustrando así el fin específico perseguido por las partes al contratar, actitud contrastada en la litis que la jurisprudencia del TS, de la que son ejemplo las SS 31 Dic. 1993 y 17 May. 1994, viene estimando suficiente para acceder a la resolución del contrato». (3 abril 2000, LA LEY 234353/2000)

«La aplicación del art. 1504 del CC, o, dicho de otra manera, el examen de su aplicación exige como primer presupuesto (aparte otros que aquí no hacen al caso) que exista un verdadero y propio incumplimiento, por lo que, si falta este antecedente, el análisis del precepto carece de sentido, y, por otra parte, además, la determinación de si existe o no incumplimiento constituye en principio una "quæstio facti" que ha de plantearse en casación mediante motivo idóneo, y aunque su apreciación puede responder a una consideración de "quæstio iuris" cuando se cuestiona la significación jurídica, como constitutivos de tal incumplimiento propio y verdadero de determinados hechos, sin embargo para que sea posible la verificación casacional del tema es preciso partir de la base fáctica reconocida.» (28 diciembre 2000, LA LEY 166420/2001)

«Ese requisito intimatorio y obstativo al pago posterior del precio es de imprescindible observancia, como dice la S 12 Jun. 1989 y demás que esta cita, para producir los efectos resolutorios buscados, pero no constituye, él solo, el núcleo de la cuestión porque éste ha de arropar la desatención clara ya producida a la obligación de pagar el precio convenido en el plazo para ello fijado, haciéndonos necesario la clara determinación de lo que constituye ese precio y la postura que, de la misma forma, suponga ese atribuido impago o desatención de las obligaciones contraídas.» (29 diciembre 2000, LA LEY 168642/2001)

«El incumplimiento de la obligación de pago del comprador recurrido obedece, pues a un cálculo meramente subjetivo e interesado de que lo que cree deberle a él la sociedad vendedora por retrasarse, también durante el tiempo que estimó subjetivamente, el local. Es claro que no es admisible que semejante presupuesto convierta un incumplimiento obligacional en justificado, y se estima que no debe ser sancionado con la resolución del contrato. Es una mera creencia del comprador que la aplica por sí y ante sí a su obligación de pago. Por otra parte, no es exigible que se detecte una voluntad de incumplir para que se justifique la resolución. No hay que buscarla, sino sólo el hecho objetivo del incumplimiento, no justificado, o producido por causa imputable al que pide la resolución.» (7 mayo 2003, LA LEY 12687/2003)

«la moderna doctrina jurisprudencial no exige para la estimación de una situación de incumplimiento una patente voluntad rebelde (entre otras, SS 10 Oct. 1994, 3 Abr. y 26 Sep. 2000, 26 Jul. 2001, 13 Nov. y 23 Dic. 2002, 13 Feb. 2003). Ni siquiera es exigible una voluntad de incumplir, sino sólo el hecho objetivo del incumplimiento, no justificado, o producido por causa imputable al que pide la resolución, como resalta la reciente S 7 May. 2003.» (15 julio 2003, LA LEY 13180/2003)

«la S de 7 de mayo de 2003, dice, a su vez, que "no es exigible que se detecte una voluntad de incumplir para que se justifique la resolución; no hay que buscarla, sino sólo el hecho objetivo del incumplimiento... no justificado o producido por causa imputable al que pide la resolución", y la del 15 de julio de 2003, que "la moderna doctrina jurisprudencial no exige para la estimación de una situación de incumplimiento una patente voluntad rebelde (entre otras, SS de 10 de octubre de 1994, 3 de abril y 26 de septiembre de 2000, 26 de julio de 2001, 13 de noviembre y 23 de diciembre de 2002 y 13 de febrero de 2003); ni siquiera es exigible una voluntad de incumplir, sino sólo el hecho objetivo del incumplimiento, no justificado o producido por causa imputable al que pide la resolución, como resalta la reciente S de 7 de mayo de 2003"». (18 octubre 2004, rec. 2880/1998)

«La facultad resolutoria que otorga al vendedor el artículo 1504 del Código Civil requiere la existencia de un incumplimiento de la principal obligación que para el comprador surge del contrato de compraventa, requisito que ha sido matizado por la más moderna doctrina jurisprudencial en el sentido de que no se requiere una actitud dolosa del incumplidor que es a lo que apunta la frase "actitud deliberadamente rebelde" al cumplimiento, sino que es suficiente que se frustre el fin del contrato para la otra parte, que haya un incumplimiento

inequívoco y objetivo, sin que sea preciso una tenaz y persistente resistencia obstativa al cumplimiento, bastando frustrar, como ya se dice, las legítimas aspiraciones de la contraparte siempre que tal conducta del incumplidor no represente dejar de cumplir prestaciones accesorias o complementarias (sentencia de 5 de noviembre de 1989), invocada en sentencia de 6 de noviembre de 1991. En el mismo sentido las sentencias de 3 y 18 de diciembre de 1991, 14 de febrero, 4 de marzo, 31 de marzo, 23 de abril, 8 de mayo, 14 de mayo, 21 de mayo, 1 de junio y 2 de junio de 1992. En definitiva, la sentencia de 3 de mayo de 1994 resume en el sentido de señalar que la interpretación de la jurisprudencia de esta Sala, que impone que el incumplimiento que ha de dar lugar a la resolución ha de ser grave, sustancial y esencial, y no lo es dejar de pagar una pequeña cantidad del precio. Por otra parte, el incumplimiento previsto en el artículo 1504 (impago del precio en el tiempo convenido), no puede estar representado por un simple retraso en el cumplimiento de semejante obligación, pues requiere la concurrencia de una voluntad inequívocamente obstativa al respecto, que venga a frustrar el fin económico del contrato y las legítimas aspiraciones del vendedor, es decir, en definitiva, la existencia de un impago en el tiempo y carente de justificación razonable (sentencia de 4 de octubre de 1996)». (2 febrero 2005, rec. 3615/1998; doctrina reiterada por la de 9 marzo 2005, rec. 3986/1998) (Doctrina reiterada por la sentencia de 13 febrero 2009, rec. 1416/2004, LA LEY 1915/2009 y por la sentencia de 19 noviembre 2009, rec, 1017/2005, LA LEY 223134/2009)

«a tenor de la jurisprudencia más reciente (SSTS de 2 de febrero de 2005, 9 de julio de 2007, RC n.º 2863/2000 y 13 de febrero de 2009), la estrecha conexión existente entre la norma general en materia de resolución de obligaciones recíprocas (artículo 1124 CC) y el precepto que regula su ejercicio por el vendedor en supuestos de compraventa de inmuebles por precio aplazado, impone que el incumplimiento del comprador que constituye su presupuesto sea grave o sustancial, lo que no exige una tenaz y persistente resistencia renuente al cumplimiento pero sí que su conducta origine la frustración del fin del contrato, esto es, que se malogren las legítimas aspiraciones de la contraparte (STS de 9 de julio de 2007, RC n.º 2863/2000, con cita de las de 18 de noviembre de 1983, 31 de mayo de 1985, 13 de noviembre de 1985, 18 de marzo de 1991, 18 de octubre de 1993, 25 de enero de 1996, 7 de mayo de 2003, 11 de diciembre de 2003, 18 de octubre de 2004, 3 de marzo de 2005, 20 de septiembre de 2006, 31 de octubre de 2006 y 22 de diciembre de 2006), cosa que ocurre, en los términos de los Principios de Unidroit (art. 7.3.1 [2.b]), cuando se "priva sustancialmente" al contratante, en este caso, al vendedor, "de lo que tenía derecho a esperar en virtud del contrato", encontrándose sin duda entre sus lógicas expectativas el cobro del precio acordado en el tiempo, lugar y forma que se hubiera estipulado, pues, no en vano, constituye la obligación esencial y más característica de la compraventa para el comprador (artículo 1500 CC, en relación con el artículo 1445 CC). En todo caso, la singularidad del artículo 1504 CC conlleva que no pueda otorgarse validez a la resolución instada por el vendedor por el mero hecho de no haberse pagado el precio en el tiempo establecido; dado que el comprador se encuentra facultado para pagar incluso después de expirar el término estipulado en el contrato mientras el vendedor no le haya requerido de pago, judicialmente o por acta notarial». (14 junio 2011, rec. 369/2008, LA LEY 98632/2011)

IV. Requerimiento:

«La doctrina jurisprudencial ha venido considerando el requerimiento resolutorio del art. 1504 del CC como una declaración de carácter recepticio, así la S 27 Abr. 1988 dice que "conforme a la más depurada doctrina el requerimiento a que hace referencia el art. 1504 ha sido entendido como un acto jurídico complejo integrado por una declaración unilateral y recepticia de voluntad a la que la Ley añade determinadas consecuencias en orden a posibilitar judicialmente la resolución de la compraventa por impago del precio de unos plazos"; este carácter recepticio del requerimiento resolutorio impone que el mismo llegue a poder y conocimiento del requerido, si bien se entiende cumplido este requisito cuando es

el propio comprador requerido quien, recibió el requerimiento, voluntariamente no toma conocimiento de su contenido.» (28 septiembre 2001, LA LEY 8419/2001)

«según reiterada doctrina de esta Sala (sentencia del TS, entre otras de 9 Mar. 1990) el requerimiento a que se refiere el art. 1504 presupone la expresión formal del acto volitivo del vendedor de dar por resuelto el contrato de compraventa, por el incumplimiento del comprador del pago del precio sin que al mismo tiempo pueda imponerse la obligación de requerir previamente al pago.» (10 diciembre 2001, LA LEY 249/2003)

«La doctrina jurisprudencial relativa al art. 1504 del CC contempla el requerimiento al deudor como un acto obstativo al pago y declarativo de la voluntad del vendedor de tener por resuelto el contrato (entre otras, TS SS de 2 Dic. 1993 y 25 Feb. 2002), de modo que sólo queda abierta la finalidad de pagar en tanto no haya requerimiento propiamente resolutorio (aparte de otras, TS SS de 16 Mar. 1995 y 25 Feb. 2002).» (11 marzo 2002, LA LEY 3657/2002)

«hecho el requerimiento del art. 1504 carece de valor alguno el intento de pago del precio aplazado. Ya se ha producido el efecto resolutorio, con independencia de la necesidad del reconocimiento judicial cuando exista oposición del comprador, y aunque en algunas ocasiones se ha flexibilizado el alcance del precepto atribuyendo eficacia a pagos próximos o inmediatos a la intimación, tal posibilidad no es aplicable a casos como el que se enjuicia de impago muy prolongado en el tiempo». (15 julio 2003, LA LEY 13180/2003)

«sobre si la inserción en el requerimiento de resolución, de otro de pago previo, desvirtúa o no a aquél, se dice en la S de 18 de abril de 1997, que "el requerimiento del art. 1504 CC es notificación al deudor obstativa al pago y declarativa de la voluntad del vendedor de tener por resuelto el contrato (SS de 26 de junio de 1978, 6 de febrero de 1979, 30 de marzo, 10 de abril y 23 de mayo de 1981) y no una intimación al pago del precio; pero es normal que a aquella notificación se incorpore este requerimiento (SS de 30 de mayo de 1942, 26 de junio de 1978, 10 de abril de 1981), sin que desvirtúe su eficacia obstativa y resolutoria porque, siendo normal, no hay objeción jurídicamente atendible para considerar el requerimiento como acto jurídico complejo y porque el condicionamiento de su eficacia obstativa no choca tampoco contra ningún postulado de licitud de las condiciones ni del ejercicio de los derechos"; y la de 14 de noviembre de 1997, que "la concesión del plazo de 15 días en el requerimiento fue algo convenido y conforme con el pacta sunt servanda que consagra el art. 1255 CC, pues tal plazo de gracia no es contrario a las leyes, ni a la moral, ni al orden público, de manera que pasado ese breve plazo de tiempo entra en juego el carácter obstativo al pago del requerimiento"; y este criterio se repite en la de 28 de enero de 1999». (18 octubre 2004, rec. 2880/1998)

«este artículo 1504 contempla un específico caso de resolución de la compraventa de inmueble por el concreto incumplimiento de la obligación de pago del precio por parte del comprador, háyase o no pactado expresamente la resolución por tal incumplimiento (pacto comisorio o de lex commisoria*). Pero para la aplicación de tal norma, ésta exige un requisito previo, el requerimiento resolutorio, judicialmente o por acta notarial. Cuyo requerimiento, en esta forma, no se ha hecho en el presente caso, ni siquiera en la demanda».* (10 junio 2011, rec. 651/2007, LA LEY 83091/2011)

«razones ligadas con la especial protección que otorga el CC a las transmisiones de bienes inmuebles, que se traducen, por ejemplo, en la subsistencia de especiales solemnidades (artículos 1280.1.º CC) y 633 CC, unidas a la conveniencia de entender el precepto en sus estrictos términos, en tanto que no cabe interpretar extensivamente un presupuesto que, de darse, va a impedir que el comprador haga uso de la facultad de pagar después de expirado el plazo, la cual se le reconoce expresamente en la citada norma y constituye la razón fundamental de su especialidad, aconsejan a esta Sala, reunida en Pleno, mantener el

criterio tradicional y fijar doctrina jurisprudencial en el sentido de que no procede reconocer válidos efectos resolutorios en el ámbito del artículo 1504 CC al requerimiento efectuado mediante burofax, por continuar siendo imprescindible en la actualidad —el legislador ha tenido oportunidad de mitigar el rigor del precepto y no lo ha hecho— que el conocimiento fehaciente del hecho notificado cuente con la singular garantía que le otorga la supervisión de la autoridad judicial o de un fedatario público notarial». (4 julio 2011, rec. 2228/2006, LA LEY 119766/2011)

«La resolución por incumplimiento es un efecto especial de las obligaciones recíprocas que contempla el artículo 1124 del Código civil como si de una condición se tratara y el 1504 del mismo código, como garantía para el vendedor de cosa inmueble, complemento del anterior, para el caso de que el comprador no pague el precio. En este caso, exige la norma que se practique un requerimiento, en el sentido de que el vendedor declara su voluntad de que ha optado por la resolución. En tal momento, esta se produce ipso iure pero si no es aceptada por la otra parte, la compradora, extrajudicialmente, se precisa declaración judicial que lo declare. Así lo ha dicho reiteradamente esta Sala en sentencias de 12 de marzo en 1990, 15 de febrero de 1993, 28 de junio de 2002 y 1 de octubre de 2009». (19 julio 2010, rec. 981/2006, LA LEY 114044/2010)

V. Efectos de la resolución:

«La resolución se produce por el requerimiento y se habrá de acudir a la vía judicial cuando el incumplidor lo desatiende y no se allana al mismo (sentencia de 7 de noviembre de 1996). Por tanto, si las partes no están conformes con la resolución, esencialmente si la parte compradora se opone a ella, será preciso acudir al proceso y la sentencia no constituye la resolución, sino declara la ya operada (sentencia de 29 de abril de 1998), con efecto retroactivo (sentencia de 15 de julio de 2003)». (17 julio 2009, rec. 143/2005, LA LEY 125363/2009) (Doctrina reiterada por la sentencia de 15 diciembre 2011, rec. 1566/2008, LA LEY 274007/2011)

«Hecho el requerimiento del artículo 1504 Código Civil, la resolución se produce ipso iure *(por ministerio de la ley), pero si no es aceptada por la otra parte, la compradora, extrajudicialmente, se precisa declaración judicial que la declare bien hecha o, por el contrario, no ajustada a Derecho. Así lo ha dicho reiteradamente esta Sala en sentencias de 12 de marzo en 1990, 15 de febrero de 1993, 28 de junio de 2002, 1 de octubre de 2009 y 19 de julio de 2010».* (4 abril 2011, rec. 163/2007, LA LEY 14435/2011)

«El efecto retroactivo de la resolución contractual supone que esta tiene lugar, no desde el momento de la extinción de la relación, sino desde la celebración del contrato, lo que implica volver al estado jurídico preexistente al mismo, con obligación de cada parte de restituir las cosas o prestaciones que hubiera recibido (SSTS de 30 de diciembre de 2003, RC n.º 447/1998, de 6 de mayo de 1988 y de 17 de junio de 1986). Esto es así porque la consecuencia principal de la resolución es destruir los efectos producidos, como se halla establecido en el artículo 1295 CC para el caso de rescisión, —precepto al que expresamente se remite el 1124 CC que, como se ha dicho, a salvo de las especialidades antes indicadas, ha de entenderse aplicable a la resolución del contrato de compraventa de inmuebles—, y también en el 1123 CC y en el 1303 CC para el caso de nulidad (STS de 17 de junio de 1986)». (4 julio 2011, rec. 2228/2006, LA LEY 119766/2011)

CONCORDANCIAS

Véase:
— art. 1.100 de este Código.
— Reglamento Hipotecario, de 14 febrero 1947 (*«B.O.E.»*, 16 abril): art. 59.

Artículo 1.505

Respecto de los bienes muebles, la resolución de la venta tendrá lugar de pleno derecho, en interés del vendedor, cuando el comprador, antes de vencer el término fijado para la entrega de la cosa, no se haya presentado a recibirla, o, presentándose, no haya ofrecido al mismo tiempo el precio, salvo que para el pago de éste se hubiese pactado mayor dilación.

COMENTARIO

1.- Este artículo establece una garantía en favor del vendedor de la cosa mueble; en un caso de resolución de la compraventa, en interés del vendedor, como facultad de éste y de mora accipiendi del comprador.

Se trata de venta de mueble, perfecta, pero no consumada ni por vendedor ni por comprador, habiéndose fijado por las partes o por la norma legal el tiempo —plazo— para la entrega de la cosa. Y cuando llega este tiempo el comprador incurre en mora en un doble concepto: o bien no se haya presentado a recibirla, o bien presentándose, no haya ofrecido al mismo tiempo el precio, tal como dice el artículo 1.505.

2.- El efecto es la resolución del contrato de compraventa de cosa mueble, pero no *ipso iure* (pese a que el texto de este artículo dice que la resolución «tendrá lugar de pleno derecho») sino como facultad del vendedor si el comprador no se presenta a recibir la cosa en el momento adecuado (previsto por la ley o por las partes) o presentándose, no ofrece el pago del precio. En este último caso, no habrá, lógicamente, facultad de resolución si se ha previsto un aplazamiento del pago del precio. Es decir, si en el propio contrato de compraventa o en un momento posterior, la obligación del comprador de pago del precio se ha establecido como obligación a plazo, no podrá el vendedor hacer uso de esta facultad de resolver si se presenta el comprador para la entrega de la cosa y no paga el precio al mismo tiempo.

CAPÍTULO VI
DE LA RESOLUCIÓN DE LA VENTA

Artículo 1.506

La venta se resuelve por las mismas causas que todas las obligaciones, y además por las expresadas en los capítulos anteriores, y por el retracto convencional o por el legal.

COMENTARIO

Incluye este artículo dos nuevas causas de resolución específicas de la compraventa. Así junto a las causas de resolución de las obligaciones en general y a las establecidas por los artículos anteriores para el contrato de compraventa, se refiere al retracto convencional y al retracto legal.

Vendida una cosa con retracto convencional el ejercicio de este derecho supondría la resolución de aquélla.

Atribuido por ley un retracto legal, su ejercicio supondría la resolución de la compraventa en favor del tercero, cuya celebración da lugar al retracto.

Sin embargo, y a pesar del tenor literal de este artículo, no cabe calificar al retracto convencional y al retracto legal como causas de resolución de una compraventa. Ambos constituyen dos modalidades de derechos reales de adquisición; y su ejercicio lejos de significar la resolución de una compraventa anterior, suponen la celebración de una nueva transmisión en favor de quienes retraen.

CONCORDANCIAS

Véase arts. 1.124 y 1.156 de este Código.

SECCIÓN PRIMERA
Del retracto convencional

Artículo 1.507

Tendrá lugar el retracto convencional cuando el vendedor se reserve el derecho de recuperar la cosa vendida, con obligación de cumplir lo expresado en el artículo 1.518 y lo demás que se hubiese pactado.

COMENTARIO

1.- Conforme a la caracterización del artículo 1.506 como causa de resolución, el ar-tículo 1.507 define el retracto convencional como un derecho pactado con ocasión de un contrato de compraventa, cuyo ejercicio permitir al vendedor inicial recuperar la cosa salida de su patrimonio, cumpliendo los requisitos establecidos en el artículo 1.518 (devolución del precio de compraventa y de los gastos producidos como consecuencia de ésta). Se trataría de que ejercitado el retracto, las cosas volviesen a su estado inicial, como si nada hubiera pasado.

Y sin embargo, tal como se ha apuntado en el comentario del artículo 1.506, no cabe caracterizar el retracto convencional como una causa de resolución de una compraventa anterior. Quien vende con pacto de retro lo hace interesado en que esa venta se consume, sea perfecta y despliegue todos sus efectos. El ejercicio del retracto no deber suponer la resolución de esa compraventa, la desaparición de sus efectos, sino la celebración de una compraventa «en sentido contrario».

Quien vende con retracto convencional, vende y además y de forma simultánea pacta un derecho de opción que le concede un derecho de carácter real, *erga omnes,* de adquirir de nuevo la cosa que en ese momento es objeto de venta.

2.- La compraventa celebrada no desaparece *ex tunc* (así el propio artículo 1.520 se refiere a la continuidad de los arrendamientos suscritos de buena fe); lo que se produce es una nueva compraventa por ejercicio del derecho de opción pactado, y en las condiciones y términos acordados. El retracto convencional es un derecho de opción específico (pactado simultáneamente a una compraventa), y como tal, un derecho real de adquisición que concede a su titular un derecho de adquirir la cosa.

Desde este artículo hasta el 1525 ha colaborado Rosa Medina SÁnchez, Doctora en Derecho, Abogado del ICAM.

JURISPRUDENCIA

«la doctrina jurisprudencial de esta Sala, que establece en su S 14 de diciembre de 1956, que a su vez recoge lo establecido en las SS 13 de noviembre de 1906, 13 de marzo de 1913, 26 de mayo de 1930, y que dice "... la persona que enajenó el dominio de una cosa en virtud de un contrato de compraventa y que se reservó durante cierto tiempo el derecho a recuperarlo, devolviendo al otro contratante la suma recibida y los gastos consignados en el art. 1.518 CC; el convenio concertado constituye una venta con pacto de retro regulador en el art. 1.507 del cuerpo legal citado, aun cuando el inmueble transmitido hubiese quedado en poder del primero hasta el vencimiento de aquel plazo..."; todo ello recogido, a su vez, por la S 23 de marzo de 1957, que asimismo proclama "... sin que pueda estimarse que altera su naturaleza jurídica (compraventa en pacto de retro) la conversión pactada de que el vendedor continuará en posesión de las fincas vendidas hasta el cumplimiento de la condición resolutoria, porque este particular no afecta a la esencia del contrato y es sólo una consecuencia del carácter convencional del contrato voluntario"». (19 septiembre 1997, LA LEY 9297/1997)

«El art. 1507 dice que tendrá lugar el retracto convencional cuando el vendedor se reserve el derecho de recuperar la cosa vendida, con obligación de cumplir lo expresado en el art. 1518 y lo demás que se hubiese pactado. Según la jurisprudencia consiste en un convenio por el que la persona que enajenó el dominio de una cosa en virtud de un contrato de compraventa, se reserva el derecho a recuperarla, devolviendo al otro contratante la suma recibida y los gastos consignados (S 17 Mar. 1997); se trata en definitiva de un pacto de reversión estipulado con el carácter de condición potestativa (S 26 Dic. 1984). Son notas características: a) que su ejercicio dependa de la simple voluntad del vendedor (SS 28 Dic. 1984 y 25 Abr. 1992) —a su iniciativa unilateral, SS 3 Abr. 1981 y 17 Mar. 1997—, por lo que no concurre tal requisito en los supuestos de operatividad de condición resolutoria expresa (casos de las SS 28 Dic. 1984 y 17 Mar. 1997); b) que consista en un derecho a retraer o recuperar, no a adquirir de nuevo, y por faltar esta nota de readquisición no se consideró retracto convencional el supuesto examinado en la S 25 Abr. 1992; c) que el derecho se ejercite durante el plazo contractual o legal marcado (art. 1508, SS 3 Abr. 1981, 12 May. 1992, 17 Mar. 1997), pues en otro caso se produce irremisiblemente el fenecimiento del retracto convencional y el comprador adquiere de modo irrevocable el dominio de la cosa vendida por caducidad del derecho a recuperarla (S 26 Ene. 1952); y d) satisfacción de las prestaciones del art. 1518 CC (arts. 1057 y 1509; S 19 Sep. 1997).» (23 octubre 2002, LA LEY 29/2003)

CONCORDANCIAS

Véase:
— Ley Hipotecaria, de 8 febrero 1946 (*«B.O.E.»*, 29 mayo): arts. 2.1 y 23.
— Reglamento Hipotecario, de 14 de febrero de 1947 (*«B.O.E.»*, 16 abril): art. 177.

Artículo 1.508

El derecho de que trata el artículo anterior durará, a falta de pacto expreso, cuatro años contados desde la fecha del contrato.

En caso de estipulación, el plazo no podrá exceder de diez años.

COMENTARIO

1.- El plazo de duración (caducidad) del retracto convencional que prevé este artículo es el siguiente: establece dos plazos para el ejercicio del retracto convencional, uno de carácter subsidiario (cuatro años), para el supuesto de que las partes no hayan pactado ninguno, y otro de carácter imperativo y obligatorio que actúa como límite máximo para los casos en los que los contratantes si hayan establecido una duración para ejercitar el retracto convencional (diez años). Este último plantea algunos problemas.

Primero. Si las partes, haciendo caso omiso de lo establecido en el artículo 1.508 establecen que el retracto convencional podrá ejercerse durante un plazo superior a 10 años, habrá que entender que la estipulación es nula en cuanto al tiempo que sobrepase los 10 años; dicha solución podría entenderse incluso implícitamente recogida en la letra del artículo 1.508.2 al disponer que en caso de estipulación, es decir cualquiera que sea el acuerdo de las partes y tanto si es el plazo inicial como si es por prórroga, el plazo no podrá exceder de 10 años, produciéndose una conversión legal al plazo máximo, en lugar de la nulidad del negocio.

Segundo. En el supuesto de que la compraventa que se celebra de forma simultánea al precontrato creador del retracto convencional estuviera sometida a condición suspensiva, y por tanto sometida su eficacia al cumplimiento de un determinado hecho, el plazo para ejercitarse el retracto convencional no comenzar hasta el cumplimiento de la condición suspensiva, por cuanto mientras ello no ocurra, el vendedor sigue ostentando el derecho de propiedad sobre la cosa, y lógicamente no podrá recuperar algo de lo que todavía no se ha desprendido.

Tercero. Establecido un plazo por las partes, o rigiendo el plazo legal, existe la posibilidad de, por acuerdo posterior, prorrogar su duración. Ello siempre y cuando se respeten tres limitaciones:

— que la prórroga se acuerde antes de que expire el plazo estipulado por cuanto una vez vencido, el derecho se ha extinguido por caducidad, y no cabe prorrogar un plazo para ejercitar algo que ya no existe.

— que no exceda, sumada con el plazo ya transcurrido, los diez años. De no ser así, sería una vía fácil de transgredir la norma imperativa del artículo 1.508.

— hacerlo constar en el Registro con el fin de que surta efectos contra terceros.

2.- Los plazos son de caducidad; en consecuencia no admiten interrupción ni se suspenden por causa alguna. El transcurso del plazo establecido, ya sea el pactado por las partes, ya sea el legal, sin que el retrayente haya ejercitado su derecho, supondrá en consecuencia la extinción por caducidad del retracto convencional y la desaparición del gravamen sobre el derecho de propiedad.

3.- En cuanto al comienzo del cómputo del plazo de caducidad, el Código Civil establece que el plazo de cuatro años se contará a partir de la fecha del contrato, regla que hay que aplicar igualmente al plazo de los diez años.

La razón de esta regla hay que buscarla en el propio concepto del retracto convencional. El retracto es un derecho real de adquisición, esto es, un derecho que permite adquirir con preferencia a cualquier otro una cosa, que en el caso concreto del retracto convencional salió de su patrimonio. Para que este derecho pueda ser ejercitado, es necesario que el objeto no le pertenezca, que haya salido de su patrimonio de una manera real y efectiva, que, en definitiva, el contrato por el que la cosa dejó de pertenecerle sea perfecto y haya desplegado todos sus efectos. Y sin embargo y a pesar del tenor literal de este artículo, no basta con identificar la fecha del contrato con el de su celebración, porque puede ocurrir que el contrato celebrado nunca llegue a consumarse por falta de tradición. Es necesario entender por fecha de contrato aquella en la que éste se consumó mediante alguna de las formas de tradición, correspondiendo al retrayente probar esta fecha. Consumado el contrato, inmediatamente después, salvo pacto en contrario de las partes, el retrayente puede ejercitar su derecho, de ahí que la fecha a tener en cuenta como punto inicial sea la del contrato, que no ha de coincidir necesariamente con la fecha que figure en el documento, sino con aquella en la que la transmisión inicial sea perfecta.

En cuanto al modo de contar el plazo de ejercicio del retracto convencional hay que partir de la base de que se trata de un cómputo civil, en el que no se descuentan los días inhábiles (artículo 5.2. del Código Civil). Como tal cómputo civil, en los plazos fijados por días, y salvo acuerdo en contra de las partes (artículo 5 del Código Civil) el día inicial no se incluye, empezándose a contar desde el siguiente *(dies a quo non computatur in termino)* regla que es recogida con carácter general. En cuanto al día final aunque nada diga el Código Civil, con carácter general (sí lo hace para determinadas instituciones —artículo 1.960, usucapión—), se incluirá por entero dentro del tiempo: *«explito último die eiusdem numeri»*. Si el tiempo se ha fijado por meses o años, se computarán de fecha a fecha (artículo 5).

JURISPRUDENCIA

«se declara la extinción y caducidad del derecho de retracto objeto de la litis, por el transcurso del plazo legal sin haberlo ejercitado debidamente, y no cumplir los demás requisitos que la Ley exige». (8 noviembre 1986, LA LEY 11474-JF/0000)

Artículo 1.509

Si el vendedor no cumple lo prescrito en el artículo 1.518, el comprador adquirirá irrevocablemente el dominio de la cosa vendida.

COMENTARIO

Con la concepción del retracto convencional como causa de resolución de la compraventa, este artículo 1.509 regula los efectos de su no cumplimiento.

Si el retracto convencional no se ejercita en los términos establecidos con carácter imperativo por el artículo 1.518, la condición resolutoria no se cumple, y en consecuencia el derecho de propiedad «ser irrevocable». Ese sería el efecto si el retracto fuera una condición resolutoria. Pero, teniendo —como se ha dicho en los comentarios a los dos artículos anteriores— la naturaleza de derecho real, su no ejercicio, en el tiempo o en los términos pactados por las partes, supone su extinción, y, consecuentemente, que la propiedad deviene plena y sin carga ni gravamen alguno.

Artículo 1.510

El vendedor podrá ejercitar su acción contra todo poseedor que traiga su derecho del comprador, aunque en el segundo contrato no se haya hecho mención del retracto convencional; salvo lo dispuesto en la Ley Hipotecaria respecto de terceros.

COMENTARIO

1.- Este artículo 1.510 que caracteriza como derecho real al retracto convencional permite introducir un supuesto específico de sujeto pasivo, es decir un supuesto en el que la persona del retraído no coincide con la del comprador. No obstante dicha falta de coincidencia, y dado el carácter real del retracto convencional, el vendedor puede ejercitar su derecho y dirigirse contra cualquier tercero que en el momento de ejercicio sea poseedor de la cosa.

Y así, en el caso de que el primitivo comprador, haciendo uso de una de las facultades que configura su derecho de propiedad, la de disposición, hubiera dejado de ser propietario de la cosa y por tanto sujeto pasivo del retracto convencional, esta posición pasará a ser ocupada por quien la hubiera adquirido, o por quien simplemente la posea en el momento de ejercicio del retracto convencional; ello con independencia de que en el contrato de transmisión se hubiera hecho mención o no de la existencia del retracto convencional.

2.- Si el pacto de retro recae sobre inmueble, pero no figura inscrito en el Registro de la Propiedad, bien porque no se ha inscrito el pacto, bien porque está interrumpido el tracto, bien porque la finca nunca estuvo inscrita, el carácter real de la acción no desaparece y podrá ejercitarse contra el comprador o contra cualquiera que de él traiga causa. Salvo, dice el propio artículo 1.510 del Código Civil, lo dispuesto por la Ley Hipotecaria respecto a terceros.

El tercero hipotecario es el tercer adquirente, por negocio jurídico, de un derecho real inmobiliario inscrito, que es mantenido en la adquisición por la fe pública registral, siempre que concurran los presupuestos exigidos por la Ley Hipotecaria para tal protección. Cuando concurren todos los presupuestos se produce el efecto establecido por el artículo 34 de la Ley Hipotecaria: mantener al tercero en su adquisición en los términos resultantes del Registro. A tenor de este artículo 34 la no constancia en el Registro, por las circunstancias que fueren del retracto convencional, y la concurrencia de los presupuestos en él establecidos, supondrían la protección de quien, fiándose en el Registro, hubiera adquirido como libre de cargas lo que está gravado con un derecho de retracto convencional; el artículo 32.8 de la Ley Hipotecaria y el 606 del Código Civil establecen para el supuesto de no constancia que «los títulos de dominio u otros derechos reales sobre bienes inmuebles que no estén debidamente inscritos o anotados en el Registro, no perjudican a terceros».

Si por el contrario, el comprador no reuniera los requisitos necesarios para ser configurado como tercero hipotecario, el titular del retracto convencional podrá dirigirse contra él (artículo 1.510), y éste sólo contará con una acción personal contra su causante por haberle vendido como libre algo que no lo estaba.

Tradicionalmente, sin embargo y en base a la caracterización del retracto convencional como condición resolutoria, se ha mantenido que en el supuesto de constancia en el registro de la Propiedad, y de, consecuentemente, inexistencia de tercero hipotecario, el artículo de aplicación era el artículo 37.1 de la Ley Hipotecaria conforme al que «se darán contra tercero las acciones resolutorias que deban su origen a causas que consten explícitamente en el Registro».

3.- Si el objeto del retracto convencional es un bien mueble, igualmente el vendedor podrá dirigirse contra cualquier tercero, sea o no el primitivo comprador, que esté en posesión del bien, se haya hecho constar o no la existencia de este derecho en el documento por el que ha adquirido ésta, y la haya adquirido legal o ilegalmente.

Los problemas se plantean en el supuesto de que ese tercero haya adquirido la cosa sin conocer la existencia del derecho real que grava su propiedad; en este supuesto y con independencia de la reivindicabilidad o irreivindicabilidad de la cosa por parte del propietario (primitivo comprador) —en función según lo dispuesto en el artículo 464, de si se mantiene la teoría romanista o la germanista—, el vendedor, en base al artículo 1.510, podrá ejercitar su derecho frente a cualquiera, en las condiciones pactadas con el primitivo comprador.

Si el actual titular hubiera adquirido el bien mueble en pública subasta, el precio a abonar por el ejercicio del retracto no sería el abonado en dicha subasta, sino el inicialmente pactado al constituirse el retracto.

CONCORDANCIAS

Véase Ley Hipotecaria, de 8 febrero 1946 (*«B.O.E.»,* 29 mayo): arts. 37, 38, 107.7.º y 8.º.

Artículo 1.511

El comprador sustituye al vendedor en todos sus derechos y acciones.

COMENTARIO

1.- Nuevamente este artículo recoge la concepción de que el retracto convencional es una condición resolutoria y que, en consecuencia, hasta su ejercicio, la propiedad se encuentra pendente conditione, en una situación de interinidad. De la lectura de este artículo parece deducirse que lo pretendido por el legislador es poner de relieve que la existencia del retracto convencional no supone una disminución en la titularidad derivada del contrato de compraventa, si bien ésta queda sujeta a los efectos de la resolución.

La expresión «el comprador sustituye al vendedor...», se debe a la situación de interinidad en la que se sitúa al comprador; sólo en el supuesto de que el retrayente no llegue a ejercitar el retracto convencional y, en consecuencia, éste quede extinguido, el comprador adquirir irrevocablemente el dominio, como señala el artículo 1.509. Mientras tanto sólo se subroga en su lugar.

2.- Lo cierto es que el comprador es propietario de la cosa y tiene por lo tanto todos los derechos y acciones derivados de esa titularidad, si bien limitada por la existencia de un derecho real en cosa ajena: el retracto.

Los derechos y acciones en los que «sustituye» son todas las facultades que integran la relación de propiedad, así, como las acciones para hacerlas valer; con la limitación recogida en el artículo 1.572 del Código Civil según la cual «el comprador con pacto de retraer no puede usar de la facultad de desahuciar al arrendatario hasta que haya concluido el plazo para usar el retracto».

De entre los derechos reconocidos por el artículo 1.511 como pertenecientes al comprador, el derecho de hipotecar los bienes objeto del retracto, se regula expresamente en el ar-tículo 107.7 de la Ley Hipotecaria: «podrán hipotecarse los bienes vendidos con pacto de retro o a carta de gracia; si el comprador o causahabiente limita la hipoteca a la cantidad que deba recibir en caso de resolverse la venta, dando conocimiento del contrato al vendedor, a fin de que si se retrayesen los bienes antes de cancelarse la hipoteca, no devuelva el precio sin conocimiento del acreedor, de no mediar para ello precepto judicial». Aunque hay que señalar que la hipoteca puede ser constituida por cualquiera que sea el propietario, no necesariamente el comprador o su causahabiente, y que la hipoteca recae sobre la propiedad de la cosa, no sobre la cantidad.

CONCORDANCIAS

Véase Ley Hipotecaria, de 8 febrero 1946 (*«B.O.E.»,* 29 mayo): art. 107.8.º.

Artículo 1.512

Los acreedores del vendedor no podrán hacer uso del retracto convencional contra el comprador, sino después de haber hecho excusión en los bienes del vendedor.

COMENTARIO

1.- Este artículo 1.512 establece la posibilidad de que unas personas distintas a la del vendedor puedan ejercitar el derecho de retracto contra el comprador; se trata de los acreedores de aquél, que persiguen obtener el cobro de sus créditos. Éstos, para ejercitar este derecho atribuido por el artículo 1.512, han de verse perjudicados por la posibilidad de que el deudor deje pasar el plazo de ejercicio sin hacer uso del retracto convencional, que haga volver el bien a su patrimonio.

Es necesario precisar que a pesar del tenor literal del artículo, no se requiere que el deudor sea el primitivo vendedor, lo importante es que sea el actual titular del retracto convencional. Tampoco se requiere que el que solicite el beneficio de excusión sea el comprador, siendo sólo exigible que se trate del actual propietario de la cosa gravada.

En cuanto al beneficio de excusión, al que presiden normas de equidad y justicia, y a pesar del tenor literal de este artículo, no cabe entender que sea de aplicación la normativa establecida en los artículos 1.830 y siguientes del Código Civil para la fianza.

2.- El comprador, en defensa de lo que es suyo, a tenor de lo establecido en el artículo 1.512, podrá exigir al acreedor que intenta ejercitar el retracto convencional, que busque la satisfacción de su crédito en otros bienes del deudor, sin que nada obligue al comprador, en el momento de oponer su derecho a designar qué bienes pueden ser objeto de excusión; no obstante esto, si el comprador conociera por cualquier motivo la existencia de esos bienes, podrá si ése fuera su interés, comunicarlo al acreedor para que éste intente cobrar su crédito sobre ese bien en cuestión.

Demostrado por el acreedor que tal excusión ha sido efectuada, podrá ejercitar el retracto convencional ocupando el lugar del vendedor, y cumpliendo por tanto las condiciones y requisitos establecidos por éste junto con el comprador, en el precontrato creador del derecho de retracto.

3.- Si finalmente el acreedor ejercita el derecho de retracto, entregando el primitivo comprador lo estipulado en el precontrato creador y en el plazo establecido en éste, el objeto de dicho retracto volver el patrimonio del deudor donde el acreedor podrá hacer efectivo su crédito, sin que quepa que el acreedor lo recupere para su propiedad. El acreedor actúa solamente en lugar del vendedor, para, de esa forma indirecta, satisfacer su crédito; pero en ningún momento cabe entender que retrae para sí.

En ese sentido, hay que tener en cuenta lo establecido por el artículo 107.8 de la Ley Hipotecaria: «Podrán también hipotecarse... 8. El derecho de retracto convencional, si bien el acreedor no podrá repetir contra los bienes hipotecados sin retraerlos previamente en nombre del deudor en el tiempo en que éste tenga derecho y anticipando lo que para ello fuere necesario». Hipotecado el derecho de retracto, que no los bienes objeto de éste (supuesto que recoge el número 7 de este mismo artículo 107), el acreedor para cobrar la deuda, debe ejercitar el derecho de retracto convencional del que es titular el deudor, de forma que readquiridos los bienes o integrados éstos en el patrimonio del deudor proceder ejecutivamente contra ellos (con el lastre que ello supone para el acreedor, que debe anticipar la cantidad necesaria para el retracto, cuando en ocasiones, el valor de la finca no alcanza a cubrir el importe del crédito).

CONCORDANCIAS

Véase arts. 1.111, 1.831 y 1.832 de este Código.

Artículo 1.513

El comprador con pacto de retroventa de una parte de finca indivisa que adquiera la totalidad de la misma en el caso del artículo 404, podrá obligar al vendedor a redimir el todo, si éste quiere hacer uso del retracto.

COMENTARIO

1.- Se refiere este artículo al supuesto en el que, conforme al artículo 404 del Código Civil, uno de los condóminos solicita la división de la cosa común, no siendo ésta posible por el carácter indivisible de la cosa, y siendo necesario recurrir a la pública subasta. Si con ocasión de esa subasta, por ser el mejor postor, el comprador a retro de una o varias de las cuotas, se adjudica la totalidad de la finca, se plantea la cuestión de cuál será el objeto del derecho de retracto: la cuota originariamente adquirida, o por el contrario el total objeto. De acuerdo con este artículo 1.513, el primitivo comprador podrá exigir el retracto sobre la totalidad de la cosa, cambiando en consecuencia el objeto del retracto.

De haberse adjudicado la cosa a un tercero al ejercitarse la «actio communi dividundo», el retracto convencional del primitivo vendedor subsistiría sobre la cuota vendida a retro, no aplicándose, en consecuencia el artículo 1.513 del Código Civil.

2.- La concesión de este derecho al comprador supone un cambio en el objeto del derecho; el vendedor primitivo, ahora retrayente va a ejercitar el retracto no sobre la cuota que vendió sino sobre la total finca. Ello plantea dos cuestiones:

Primero: El retrayente estará obligado a adquirir algo que antes no le pertenecía, con lo que no se tratará realmente de un verdadero retracto convencional. Caracterizado el retracto convencional como el derecho que concede a su titular el derecho a recuperar, en las condiciones y plazos establecidos en el negocio creador, lo que sale de su patrimonio, no cabe considerar que la adquisición por parte del vendedor de la totalidad de la cosa sea un retraer, sino simplemente una obligación legalmente establecida. Al no haber existido compraventa anterior, cabría quizás pensar en un derecho de opción, es decir un derecho que confiriera al vendedor la posibilidad de adquirir la cosa objeto del mismo, con independencia de que el excomprador lo quisiera o no. Sin embargo, hay un matiz importante que diferencia este supuesto de la opción, y es que el retrayente no tiene el derecho, sino la obligación de adquirir. Se trata en definitiva de un deber de adquisición establecido por el legislador para evitar una situación de comunidad considerada siempre como algo anómalo en nuestro derecho.

Segundo: Habrá que fijar el precio a pagar por el retrayente por las cuotas adquiridas por el comprador en uso del procedimiento establecido en el artículo 404.

Cabe seguir dos criterios:

— partir del precio de la parte vendida con pacto de retro y establecer una proporción entre el valor de la parte de la finca vendida en esta forma y las partes no sujetas a este pacto;

— o bien, lo que en principio parece la solución más justa, atender al precio total de la venta hecha en virtud de lo establecido en el artículo 404 del Código Civil; el comprador deberá detraer del valor total de la finca, la cantidad que debería cobrar del retrayente si éste ejercitara su derecho, el resto de lo pagado será el precio de las demás partes alícuotas compradas puramente. El retrayente, de esta forma, deberá invertir la misma cantidad invertida por el condómino.

Artículo 1.514

Cuando varios, conjuntamente y en un solo contrato, vendan una finca indivisa con pacto de retro, ninguno de ellos podrá ejercitar este derecho más que por su parte respectiva.

Lo mismo se observará si el que ha vendido por sí solo una finca ha dejado varios herederos, en cuyo caso cada uno de éstos sólo podrá redimir la parte que hubiese adquirido.

COMENTARIO

1.- El primer párrafo de este artículo se refiere al supuesto, en el que varias personas titulares de una finca indivisa, venden sus cuotas, conjuntamente, reservándose el derecho a recuperarlas en el tiempo y condiciones pactadas simultáneamente al momento de la venta.

Se parte de una situación en la que los vendedores son titulares de una finca con un sistema de copropiedad romana, es decir con cuotas ideales, teniendo cada uno de ellos a tenor de lo establecido en el artículo 399 del Código Civil la plena propiedad de la cosa, y pudiendo, en consecuencia, enajenarla.

Esta enajenación puede realizarse libremente, en los términos que cada copropietario desee; términos que habitualmente coincidirán si la transmisión se efectúa en un solo contrato, de forma conjunta.

Sin embargo, el hecho de que se transmita conjuntamente no modifica la propiedad de cada uno sobre su propia cuota, por lo que, pactado un derecho de retracto en el contrato, habrá de entenderse que dicho derecho de retracto afecta de forma individual e independiente a cada una de las cuotas y que, en consecuencia, y a salvo lo establecido en el artículo siguiente, podrá ser ejercitado en esa misma forma individual e independiente.

2.- La nota de transmisibilidad que caracteriza el retracto convencional posibilita que al vendedor le sucedan en el derecho de retracto convencional uno o varios herederos. La sucesión de un único heredero tendría el mismo tratamiento que el supuesto denominado como normal o habitual del retracto convencional, en el que el vendedor ejercita el derecho de retracto convencional.

Los problemas aparecen si han sido varios los herederos. El Código Civil establece en el artículo 1.514.2 que cada uno de ellos podrá redimir la parte que hubiere adquirido, sin embargo es necesario hacer la siguiente matización:

— Si la herencia se halla aún indivisa por no haberse realizado la partición, aparece una comunidad de tipo germánico, en mano común, o *zur gesamten hand,* en la que todos los titulares tienen conjuntamente la cotitularidad de la cosa o derecho. No existe división de cuotas (si bien existe una participación abstracta con efectos en el momento de la división *quotenteilung),* y deben actuar asimismo conjuntamente. El ejercicio del derecho de retracto convencional en este supuesto requerirá la actuación conjunta de todos. Si por el contrario ya se ha realizado la partición, cabe que el derecho de retracto se haya adjudicado a uno solo, o bien que se haya adjudicado a varios herederos en cuyo caso se aplicará lo establecido en el artículo 1.514, es decir, cada uno de los herederos podrá ejercitar el retracto convencional de forma individual e independiente, salvo asimismo lo establecido en el artículo 1.514, sobre la parte que le haya correspondido en la sucesión *mortis causa* del causante-primitivo vendedor.

Hay que entender que el precio y las condiciones establecidas de forma unitaria por el vendedor para el ejercicio sobre el bien en su totalidad, habrán de ser cumplidos por los coherederos en proporción al valor de la cuota recibida *mortis causa* por cada uno de ellos.

Finalmente hay que destacar que a pesar de su tenor literal, este artículo, como en el caso del artículo 1.513, es aplicable tanto a bienes muebles como a bienes inmuebles.

CONCORDANCIAS

Véase arts. 392 y ss. y 1.522 de este Código.

Artículo 1.515

En los casos del artículo anterior, el comprador podrá exigir de todos los vendedores o coherederos que se pongan de acuerdo sobre la redención de la totalidad de la cosa vendida; y, si así no lo hicieren, no se podrá obligar al comprador al retracto parcial.

COMENTARIO

1.- La venta a un único comprador de la totalidad de una finca en copropiedad, supone la extinción de una comunidad tradicionalmente mal considerada por nuestro Derecho. Esa tendencia legal a terminar con la indivisión, unida al hecho de que si sólo parte de los retrayentes ejercitan su derecho, el comprador podría verse en una situación de comunidad no deseada, y unida también al aparente vínculo existente entre los vendedores que les ha llevado a celebrar una compraventa conjunta, han movido al legislador a establecer un derecho a favor del comprador que cabe calificar como de excepción del retracto total.

El comprador tiene la posibilidad de exigir a los vendedores que retraigan la totalidad.

2.- El problema que plantea este artículo 1.515 es qué puede suceder en el supuesto de que no todos los retrayentes quieran o puedan ejercitar su derecho.

De no haberse pactado nada y en base a la reiterada doctrina jurisprudencial que mantiene que cualquiera de los condóminos puede ejercitar acciones que redunden en provecho de los demás, cabe entender que ante la pasividad o inactividad de algunos retrayentes, pueden los demás, ejercitar la acción de retracto por el todo en su propio nombre y en el de los demás sin perjuicio del posterior reembolso de lo anticipado, en caso de que posteriormente el condómino «pasivo» mostrara su interés en recuperar su parte.

De no ser así los condóminos retrayentes devendrían propietarios de esa cuotas, no como consecuencia de un retracto convencional (cuyo titular sería el primitivo condómino) sino por pura compraventa.

Uno o varios de los primitivos vendedores retraería de esta forma la totalidad de lo vendido, en nombre de los demás, y en beneficio de todos, siempre y cuando ninguno de los no intervinientes se hubiera opuesto a este retracto.

Para evitar esa situación cabría estipular en el precontrato creador del retracto convencional, su ejercicio por uno solo de los varios propietarios *pro indiviso* de la finca que enajenan, e incluso la autorización mutua para el ejercicio por todos o cualquiera de ellos del derecho de retraer.

Artículo 1.516

Cada uno de los copropietarios de una finca indivisa, que hubiese vendido separadamente su parte, podrá ejercitar, con la misma separación, el derecho de retracto por su porción respectiva, y el comprador no podrá obligarle a redimir la totalidad de la finca.

COMENTARIO

1.- Como en el caso del artículo 1.514, este artículo contempla también la venta con pacto de retro de una finca titularidad de varias personas; siendo cada una de ellas pleno titular de una cuota ideal, vendida esa cuota con pacto de retro, el retracto se podrá ejercitar única y exclusivamente sobre esa parte de la que se es propietario.

Sin embargo, y a diferencia del supuesto regulado en el artículo 1.514, en el que todos vendían conjuntamente y en un solo contrato sus cuotas, en este caso la venta se produce de forma separada. Independientemente de que existan uno o varios compradores, y de que exista un precio igual o distinto por cada parte, lo fundamental es que son ventas separadas, derechos de retracto separados y retrayentes separados, a los que resultaría ilógico hacerse poner de acuerdo, y más ilógico aún hacerles perder su derecho si el acuerdo no se lograra. A ello hay que unir que el comprador, al haber comprado por separado e independientemente, no puede alegar que, de no retraer todos, se encontraría en una comunidad no deseada. Por ello, por muchas ventajas que reporte evitar la indivisión, no cabe otorgar al comprador la excepción de retracto total.

2.- Existe la posibilidad de que uno de los condueños ejercite el retracto convencional por el todo, con poder de los demás, pero hay que advertir que dada la total falta de vínculo o nexo entre los vendedores, no bastaría el silencio de algunos para legitimar a los otros a actuar en nombre de una comunidad que no ha estado presente como tal en el nacimiento del retracto convencional.

Artículo 1.517

Si el comprador dejare varios herederos, la acción de retracto no podrá ejercitarse contra cada uno sino por su parte respectiva, ora se halle indivisa, ora se haya distribuido entre ellos.

Pero, si se ha dividido la herencia, y la cosa vendida se ha adjudicado a uno de los herederos, la acción de retracto podrá intentarse contra él por el todo.

COMENTARIO

1.- Regula este artículo el caso de pluralidad de sujetos pasivos sobrevenida por causa de sucesión hereditaria del primitivo comprador, siendo necesario analizar los efectos que se producen dependiendo de la situación en que se encuentre la sucesión: «ora se halle indivisa, ora se haya distribuido entre ellos».

Primer caso: Si se halla indivisa la herencia.

Aceptada la herencia por varios herederos, no se ha producido todavía la partición y existe todavía una comunidad hereditaria; ninguno de los herederos tiene todavía derechos sobre los bienes concretos que integran la herencia, sino sólo partes sobre la totalidad del patrimonio hereditario. Al contrario de lo que establece este artículo (puede dirigirse contra cada uno por su parte respectiva), el vendedor retrayente no puede dirigirse contra cada uno por su cuota, por la sencilla razón de que esas cuotas todavía no existen. No obstante, y para evitar que el plazo que ha de transcurrir para la partición suponga la caducidad del retracto convencional, podrá el contratante dirigirse contra la comunidad hereditaria en la persona de todos los coherederos solicitando una sentencia cuyos efectos se produzcan después de la partición.

Segundo caso: Si se ha distribuido entre los herederos:

— Si como consecuencia de la adjudicación, la cosa objeto del retracto convencional perteneciera en copropiedad a una pluralidad de herederos, serían de nuevo aquí aplicables las normas reguladoras de la copropiedad romana: cada heredero tiene la plena e independiente propiedad de la cuota ideal que le corresponda. El vendedor primitivo, ahora retrayente deber dirigirse para el ejercicio del retracto convencional contra cada uno de ellos por su parte respectiva. Sería por tanto de aplicación en este supuesto el primer párrafo del artículo 1.517.

— Si por la partición, hubiera un único adjudicatario, se estaría en presencia del supuesto normal o habitual de sujeto pasivo, para el que el propio artículo 1.517 establece que «podrá intentarse contra él por el todo».

2.- Este artículo aplicable a la pluralidad de sujetos pasivos por sucesión universal, es asimismo aplicable (al igual que lo era el articulado referente a los sujetos activos) para todo supuesto de pluralidad sobrevenida: venta, cesión, donación.

Artículo 1.518

El vendedor no podrá hacer uso del derecho de retracto sin reembolsar al comprador el precio de la venta, y además:

1.º Los gastos del contrato y cualquier otro pago legítimo hecho para la venta.

2.º Los gastos necesarios y útiles hechos en la cosa vendida.

COMENTARIO

1.- Entendido el retracto convencional como un derecho real de adquisición consistente en la posibilidad de su titular para adquirir una cosa que antes había salido de su patrimonio, hay que interpretar los arts. 1.518, 1.519 y 1.520 como artículos reguladores de los presupuestos a establecer en el precontrato celebrado de forma simultánea a la compraventa, y del que nace el retracto convencional.

Este artículo 1.518, interpretado a la luz de lo establecido en el art. 1.507 («... con obligación de cumplir lo expresado en el artículo 1.518 y lo demás que se hubiese pactado»), viene a imponer un mínimo a cumplir, pero no prohíbe el establecimiento de un mayor número de obligaciones para el retrayente.

2.- Dice el art. 1.518 que el retrayente habrá de reembolsar el precio de la venta, por tanto lo que pagó el primitivo comprador al vendedor en el momento de celebración de la compraventa con independencia del valor que la cosa tenga en el momento de ejercitarse el retracto.

Existe además la posibilidad de, establecido un precio de una compraventa y por tanto una cantidad determinada para el ejercicio del retracto convencional, esta cantidad sea aumentada posteriormente por nuevo contrato complementario suscrito entre las partes, modificando o no, además el *dies a quo* para el plazo de ejercicio, vigilando no obstante, que a través de progresivos y pequeños aumentos del precio no se burlara el plazo máximo de diez años establecidos por el Código Civil.

El precio ha de ser cierto y es insuficiente el establecimiento de un precio alzado para varias fincas vendidas en dos contratos distintos, por cuanto no es posible para el retraído fijar la parte del precio total que corresponde a cada una.

Fijado que la cantidad a reembolsar por el retrayente es el precio de la cosa y no su valor en el momento de ejercicio del retracto convencional, se plantea el problema de determinar qué precio es el que debe ser abonado: el realmente pagado o el que aparece en la escritura pública de compraventa. El precio a pagar es el realmente abonado aunque se haya hecho constar otro: consecuentemente el retracto convencional habrá de ser desestimado cuando quien lo ejercite lo haga con un precio que aunque conste en la escritura pública no sea real, asignando a los Tribunales la función de apreciar en cada caso, y aunque sólo sea en virtud de presunciones, si el precio entregado es o no el verdadero.

Una tercera cuestión planteada por el artículo 1518 al exigir el reembolso del precio es el momento y la forma del pago. El momento es la declaración del ejercicio del retracto convencional y la forma es la consignación en el Juzgado en el momento de la presentación de la demanda, en metálico, en cheque conformado o bancario o en aval bancario.

Una cuarta cuestión que se plantea en la devolución del precio es la de los intereses. La concepción tradicional del retracto convencional como una condición resolutoria ha hecho plantearse a la doctrina la posible necesidad de, junto al precio, tener que devolver los intereses producidos por ese dinero por el tiempo durante el primitivo vendedor ha disfrutado del mismo. Si bien, entendiendo el retracto convencional como un derecho real de adquisición preferente cuyo ejercicio da lugar no a la resolución de un contrato de compraventa, sino a una nueva adquisición, no cabe plantearse tal problema.

3.- Con el objetivo de que ejercitado el retracto convencional no quede lesionado el patrimonio del comprador, el Código Civil incluye en el mínimo de prestaciones a realizar por el retrayente, la devolución de los gastos del contrato y cualquier otro pago legítimo hecho para la venta.

El Código Civil establece una serie de reglas para el pago de los gastos derivados del contrato de compraventa en los artículos 1.455 y 1.465; ninguna de ellas tiene carácter imperativo al admitir en ambos casos la estipulación de contrario de las partes.

De regirse por lo establecido en estos dos artículos, corresponde:

— Al comprador: los gastos de primera copia, los demás posteriores a la venta, los de transporte o traslación (art. 1.465), en ambos casos salvo pacto en contrario (1.455 del Código Civil).

— Al vendedor: los gastos de otorgamiento de escritura y los necesarios para la entrega de la cosa vendida.

Consecuentemente y salvo que en el contrato hayan convenido otra cosa, el retrayente, junto al importe del precio, deberá abonar al retraído, si realmente lo ha efectuado, los gastos de primera copia y los demás posteriores a la venta, y los de transporte en su caso; en relación con los gastos para el transporte de la cosa, es necesario distinguir entre aquellos necesarios para recibir la cosa en el lugar de entrega que son de cuenta del vendedor (la obligación de entrega de éste no puede entenderse cumplida si la cosa no se traslada antes al lugar convenido); y aquellos ocasionados por pura conveniencia del comprador, al margen del contrato, que son a su cargo.

Del análisis de los gastos abonados por el comprador y, en consecuencia, a devolver por el retrayente en el ejercicio del retracto, cabe observar la existencia de otros gastos realizados por el vendedor al celebrar el contrato de compraventa, sin que a ello se haga referencia en el articulado del Código Civil al regular el retracto convencional.

Cierto es que entendiendo el retracto convencional como un derecho creado por un precontrato celebrado por las partes que simultáneamente se celebra en una compraventa, no existe ningún problema para que en el citado precontrato, se establezca el pago en favor del retraído que «compense de las cantidades a abonar obligatoriamente al retraído». No se trataría de buscar una retroactividad en la situación de las partes intervinientes en la compraventa con pacto de retro, por no ser ésa la filosofía del retracto convencional, sino en compensar las disposiciones establecidas imperativamente por el Código Civil en favor del comprador y pactar el abono de otros gastos.

Siendo el retracto convencional un derecho creado por un precontrato, el ejercicio judicial del mismo tal como se ha dicho, se habrá de regir por el proceso declarativo que en función del importe del precio de la cosa, corresponda.

El retrayente para ejecutar su derecho, debe, a tenor del art. 1.518 del CC reembolsar el precio y también los gastos del contrato, cualquier otro pago legítimo hecho para la venta y los gastos necesarios y útiles hechos en la cosa vendida.

4.- El retrayente que ejercite su derecho de retracto, además de abonar el precio de la compra y los gastos ocasionados por el contrato de compraventa ha de pagar por imperativo legal al retraído, también los gastos necesarios y útiles hechos en la cosa vendida. Con el fin de poder determinar qué gastos son exigibles al retrayente es necesario una referencia al concepto y caracteres de este tipo de gastos.

Primero. Gastos necesarios de conservación. Aquellos referidos al mantenimiento de la función económica de la cosa, ponderados según las circunstancias concretas e incluyendo las que se refieren a su disponibilidad jurídica y exceden las atenciones normales de simple mantenimiento o aquellos que jurídicamente constituyen cargas que de modo normal y periódico recaen sobre la cosa.

Segundo. Gastos útiles; aquellos que poniendo la cosa en condiciones de procurar más provecho, más comodidad, más frutos, más intereses, aumentan su valor.

Tercero. Gastos de puro lujo.

Son gastos voluntarios o de puro placer que producen mejoras en la cosa, planteándose la dificultad de separar las mejoras producidas por gastos útiles y las producidas por gastos de puro lujo.

En el supuesto concreto del retracto convencional al ejercitar el retracto, el vendedor ha de reembolsar los gastos necesarios y útiles hechos por el comprador-retraído, según establece el artículo 1.518.2. A pesar de la aparente claridad del núm. 2 de este artículo, se plantean una serie de problemas. — Del derecho de reembolso se excluyen unánimemente los gastos necesarios ordinarios considerados como cargas naturales de la cosa que son baja de los frutos. — En cuanto a los gastos útiles, se plantea la posibilidad de que las impensas en mejorar la cosa resulten excesivas o más aún realizadas con la intención de dificultar el ejercicio del retracto convencional.

JURISPRUDENCIA

«el concepto de utilidad o gasto reembolsable a los fines del art. 1518 de reenvío atinente, proviene porque así se indemniza "ad totum" o, mejor dicho, se consuma la indemnidad de aquel comprador que tras el negocio efectuado se ve privado del objeto adquirido en aras de un superior derecho que la ley concede a otra persona por razones de utilidad o eminente interés —en el caso de autos, en beneficio de la colindancia telúrica— pero, que por ello, se le ha de resarcir de lo satisfecho por el mismo y, de todas las expensas o gastos que el precepto enumera —entre ellos, los gastos útiles hechos en la finca— y que, por remisión del art. 1523, tras la remesa expresa del 1525 conducen al repetido art. 1518, que en el litigio, implica que el retrayente colindante, trasunto de ese "vendedor", deba abonar además del precio, los otros gastos, entre ellos los necesarios y útiles, entendiéndose por esa "totalidad" el beneficio o incremento del valor que haya experimentado la finca retraída y que, al deberse a una inversión del retraído, ha supuesto un aumento de valor de la finca así "mejorada", por lo que, aquél que se beneficia "ope legis" con su adquisición, habrá de asumir el abono de esa plusvalía o aumento de valor, a quien la produjo con su aportación económica, el cual viene a ostentar un derecho análogo al de buena fe en la hipótesis del art. 435 CC. En definitiva, esa utilidad implica, sin más, resarcir el incremento de valor o plusvalía o beneficio que, por ello, experimenta quien la adquiere "ex post", según jurisprudencia aplicable, SS 3 May. 1992 y 3 Mar. 1995.» (20 marzo 2003, LA LEY 2508/2003)

«En cuanto a la cuestión que se refiere a la presentación por el retrayente de aval bancario, como instrumento consignatario del precio del retracto, ha de tenerse en cuenta la más reciente y reiterada doctrina de esta Sala de Casación Civil, pues se ha producido cambio de la doc-

trina consolidada que no lo autorizaba y sólo admitía la consignación en metálico o mediante cheque conformado (sentencias de 24-5-1982, 21-10-1985, 12-12-1986, 9-2-1994, 20-4-1994, 27-9-1994, 30-5-1995, 11-7-1996 y 17-6-1997) por otro más conforme a las directrices del artículo 3-1 del Código Civil y que viene a reconocer la plena eficacia de la consignación llevada mediante aval bancario, que ha de cumplir los requisitos de exigencia legal para ser eficaz (sentencias de 15-4-1998, 17-5-2000, 3-4-2001 y 17-5-2002, y sentencias del Tribunal Constitucional de 27 de enero de 1992 y 30 de junio de 1998)». (14 mayo 2004, rec. 2011/1998)

«el art. 1618.2 LEC establece un requisito estrictamente procesal para la admisión y la tramitación de las demandas de retracto —y con ámbito distinto al establecido en el art. 1518 CC—, cuya finalidad es impedir el planteamiento y tramitación del juicio de retracto, por quien no haya demostrado la capacidad económica suficiente para subrogarse o colocarse en la posición que ostenta el adquirente en la transmisión onerosa de la que nace el derecho de retracto, al no poder satisfacer el precio o la contraprestación necesaria para el ejercicio de este derecho de adquisición preferente —por todas, la sentencia del Tribunal Constitucional de 30 de junio de 1998, 145/1998—. En conclusión, que una persona que no cumplió con el requisito esencial de procedibilidad al no consignar la totalidad del precio ya especificado, no puede ni debe beneficiarse de un derecho preferente de adquisición legalmente establecido, ya que nunca se puede estimar como un puro y simple formalismo la necesidad de tal consignación». (19 octubre 2005, rec. 5511/2000)

«la referida doctrina jurisprudencial sí debe ser matizada o precisada en el sentido de considerar reembolsable la comisión del mediador satisfecha por el comprador cuando se pruebe que la mediación fue razonablemente necesaria para la compra y se hubiera comunicado el importe de la comisión al retrayente junto con las condiciones esenciales de la compraventa, es decir como uno más de los datos con base en los cuales el facultado para el retracto ha de decidir si lo ejercita o no. En cambio la misma doctrina jurisprudencial se mantiene sin matices en cuanto a los gastos e intereses del préstamo o crédito obtenido por el comprador para financiar la adquisición de la finca, pues no merecen la consideración de "gastos del contrato" ni de "pagos legítimos" hechos para la compra: en primer lugar porque su relación con la compra es solamente indirecta, y en segundo lugar porque son la consecuencia de un riesgo que libremente decide correr el comprador cuando carece de liquidez para la adquisición o prefiere realizarla acudiendo a la financiación de un tercero». (30 junio 2011, rec. 712/2008, LA LEY 119767/2011)

CONCORDANCIAS

Véase arts. 1.455, 1.465, 1.507, 1.509 y 1.525 de este Código.

Artículo 1.519

Cuando al celebrarse la venta hubiese en la finca frutos manifiestos o nacidos, no se hará abono ni prorrateo de los que haya al tiempo del retracto.

Si no los hubo al tiempo de la venta, y los hay al del retracto, se prorratearán entre el retrayente y el comprador, dando a éste la parte correspondiente al tiempo que poseyó la finca en el último año, a contar desde la venta.

COMENTARIO

1.- A pesar de que el pensamiento del legislador está en los bienes inmuebles (se refiere exclusivamente a fincas), nada obsta para que la regla establecida se aplique a todo bien fructífero.

El primer problema que plantea es si este artículo se aplica a las tres clases de frutos que regula el Código Civil (naturales, industriales y civiles), o sólo a los naturales e industriales, regulándose los civiles por lo dispuesto para el poseedor de buena fe (artículo 451.3). Cabe entender que la aplicación del artículo 451.3 sólo tendrá lugar en el supuesto de que no haya frutos en el momento de la venta y sí en el de ejercicio del retracto, por cuanto ha de procederse a un prorrateo que exige conocer el momento en que esos frutos pueden ser considerados como tales.

2.- Pueden producirse varias situaciones:

— Existencia de frutos manifiestos o nacidos en el momento de la compraventa y no en el de ejercicio del retracto convencional. Es de aplicación lo establecido en los artículos 1.095 y 1.468 del Código Civil: todos los frutos pertenecen al comprador desde el momento en que se perfeccionó el contrato, abonando los gastos de producción.

— Existencia de frutos en el momento de la compraventa y en el de ejercicio del retracto convencional. Con independencia de la cuantía o los gastos que hubiera sido necesario realizar, los frutos existentes en el momento de la compraventa son para el comprador, y los existentes en el momento de ejercicio de retracto para el vendedor. Solución que si en ocasiones puede dar lugar a situaciones no demasiado justas, trata de evitar cálculos complicados y costosos.

— No existencia de frutos en la compraventa y existencia en el momento de ejercicio del retracto convencional. Establece un prorrateo entre comprador-propietario y vendedor-retrayente, que se separa de la regla general de los artículos 1.095 y 1.468. Caracterizado el retracto convencional como un derecho real de adquisición preferente e independiente de la voluntad del propietario, en un precio establecido de antemano, parece más justo el prorrateo en base al tiempo de posesión en el último año, que evite que el retrayente ejercite su derecho, justo en el momento en que se produzcan los frutos. En relación al prorrateo, ante el silencio del Código Civil, serán las partes quienes al constituir el retracto deberán pactar la forma de llevarlo a cabo.

Artículo 1.520

El vendedor que recobre la cosa vendida, la recibirá libre de toda carga o hipoteca impuesta por el comprador, pero estará obligado a pasar por los arriendos que éste haya hecho de buena fe, y según costumbre del lugar en que radique.

COMENTARIO

1.- Este artículo es, en principio, el corolario de la concepción del retracto convencional como condición resolutoria: todos los actos que realiza el comprador mientras esté pendiente la condición resolutoria, están subordinados a ésta y se produce por consiguiente la extinción de las relaciones con posterioridad a su establecimiento.

A pesar del tenor literal de este artículo, cabe que quienes «ocupan» los lugares de retrayente y retraído no sean los primitivos vendedor y comprador, por razón de cambios producidos por transmisión *inter vivos* o sucesión *mortis causa.*

2.- Cargas y gravámenes de los que debe ser liberado el objeto del Retracto Convencional: no cabe que subsista ningún tipo de carga o límite al derecho de propiedad, ni siquiera de naturaleza personal.

Sólo queda excluido el arrendamiento de buena fe y según costumbre del lugar. La razón de la excepción radica en la protección de la agricultura; concebido el retracto como un derecho a recaer principalmente sobre fincas, el comprador tendría dificultades en encontrar arrendatarios si no pudiera darles la seguridad de que su derecho subsistirá aun en caso de ejercicio del retracto.

CONCORDANCIAS

Véase:
— art. 1.572 de este Código.
— Reglamento Hipotecario, de 14 febrero 1947 (*«B.O.E.»,* 16 abril): art. 175.

SECCIÓN SEGUNDA
Del retracto legal

Artículo 1.521

El retracto legal es el derecho de subrogarse, con las mismas condiciones estipuladas en el contrato, en lugar del que adquiere una cosa por compra o dación en pago.

COMENTARIO

1.- Frente a los efectos resolutorios que el artículo 1.506 atribuye al retracto legal, este artículo 1.521 intenta definirlo como un derecho de subrogación. En base a este artículo se ha venido manteniendo que el que retrae se subroga en el lugar del que adquiere, sustituyéndole en un todo, como primer adquirente: sólo cambia la persona del adquirente, el contrato permanece inalterable.

Celebrada la compraventa o una dación en pago, quien por ley puede ser retrayente y ejercita su derecho vendrá a ocupar el puesto de quien ha adquirido o de quien ha dado en pago, sin que en consecuencia, cambie otra cosa que la persona, manteniéndose el mismo precio y las mismas obligaciones.

Sin embargo no se puede olvidar que, en el momento de ejercicio del retracto legal, el contrato de compraventa o de dación en pago ya se ha consumado y que por tanto no es posible que la transmisión de la cosa se realice en favor del retrayente. Será necesario que se produzca una nueva transmisión entre el tercero y el retrayente, transmisión que efectivamente habrá de efectuarse en las mismas condiciones que la primera.

2.- El retracto legal no es ni causa de resolución de la compraventa, ni un derecho de subrogarse en el puesto de quien ha adquirido. Se trata de un derecho real de adquisición que confiere a su titular, en aquellas circunstancias establecidas por la Ley, y con ocasión de una compraventa o dación en pago, el derecho a adquirir la cosa objeto del derecho, en las mismas condiciones en que éste a su vez lo hubiera adquirido.

El retracto legal sólo puede ser ejercitado una vez consumada la compraventa, originando una nueva transmisión entre el tercero y el retrayente. Este retracto en ocasiones se concede con carácter acumulativo al tanteo (lo que ha originado grandes críticas por la inseguridad que produce en el tráfico), y en ocasiones, con carácter subsidiario al tanteo, cuando éste no ha podido ser ejercitado.

3.- Es importante destacar el error terminológico existente en este derecho. El retracto legal no es un verdadero retracto; retraer supone «traer» al patrimonio algo que previamente ha salido de él; y eso no ocurre en el retracto legal, que supone una preferencia para adquirir algo que no ha pertenecido previamente al retrayente.

Tal error terminológico ha supuesto considerar que retracto convencional (verdadero retracto) y retracto legal son un único derecho, de carácter negocial el primero y legal el segundo, olvidando en consecuencia la posibilidad de existencia de una retroventa legal y de un retracto voluntario.

4.- Los supuestos en los que se concede el retracto legal son numerosos y están regulados en distintos textos legales; clasificándolos por la función económico-social que realizan se distinguen:

— por comunidad: de comuneros (artículo 1.522 del Código Civil); de coherederos (artículo 1.067 del Código Civil).

— por propiedad dividida: enfiteútico (artículos 1.636 y siguientes del Código Civil); foros y otros gravámenes (artículo 1.665 del Código Civil); superficie urbana si es por tiempo indefinido; derecho independiente sobre plantaciones (artículo 1.656 del Código Civil).

— por vecindad de fundos: de colindantes (artículo 1.523 del Código Civil).

— por interés social: arrendatario de vivienda para uso distinto del de vivienda (artículos 25 y 31 de la nueva Ley de Arrendamientos Urbanos de 24 de noviembre de 1994); arrendatario o aparcero profesional de la agricultura que no sea propietario de más de 20 hectáreas de regadío, o 200 de secano (artículos 84 a 89 y 118 de la Ley de Arrendamientos Rústicos de 31 de diciembre de 1980). Ley que se mantiene aplicable a todo contrato de arrendamiento y de aparcería que se celebró bajo la vigencia de la misma, según dispone la disposición transitoria primera de la Ley de arrendamientos rústicos, actual de 26 de noviembre 2003 que no reconoce el retracto.

JURISPRUDENCIA

«El retracto legal faculta a su titular, el retrayente, para convertirse en propietario de la cosa sobre la que recae; es el poder sobre una cosa para adquirirla después de haber sido transmitida a un tercero, en las mismas condiciones que éste; lo cual coincide con la definición legal que da el art. 1.521 CC... Como consecuencia, al ejercitar el retracto, adquiere el retrayente la cosa retraída en el estado que tenía al tiempo de la transmisión onerosa que dio lugar al mismo; no puede verse la cosa disminuida por posteriores cambios, como pudieran ser segregaciones. No puede olvidarse que el retracto legal es un límite al derecho de propiedad, no precisa su inscripción en el Registro de la Propiedad y no puede ser restringido por operaciones del titular dominical y registral frente al que se ejercita el retracto». (9 marzo 1999, LA LEY 3736/1999) (doctrina reiterada por la de 14 junio 2004)

«el art. 1.521 CC (Código Civil) define con claridad, aun con escasa precisión técnico-jurídica el retracto legal, destacando la idea de que, como límite al derecho de propiedad, es el poder que tiene el retrayente frente al adquirente de una cosa, para adquirir él ésta en las mismas condiciones que la anterior adquisición; lo que contempla el art. 1.618 LEC (Ley de Enjuiciamiento Civil) al exigir en su núm. 2.º que el retrayente al interponer la demanda de retracto consigne el precio si es conocido y, si no lo es, dé fianza, es decir, garantice consignarlo». (25 febrero 2000, LA LEY 196619/2000)

«No se plantea problema alguno en la aplicación del artículo 1521 del Código civil, es decir, el derecho de retracto, a la subasta judicial pues, como dice la sentencia de esta Sala de 8 de junio de 1995, que cita reiterada jurisprudencia anterior, aun cuando la doctrina jurisprudencial es favorable a una orientación restrictiva respecto a la admisión de los supuestos del retracto legal prevenido en el artículo 1521 del Código Civil, viniendo a excluir del mismo los actos transmisivos del dominio distintos de la compra y de la dación en pago o cesión solutoria, como, por vía de ejemplo, los casos consistentes en transmisión hereditaria, y por permuta, donación y renta vitalicia, y aun cuando dicho precepto hable de compra y el 1522 de enajenación, ello no autoriza a entender limitado el retracto a las adquisiciones derivadas del contrato de compraventa, con rechazo de las efectuadas en el curso de una subasta judicial, no sólo porque estas segundas ofrezcan respecto a las primeras notoria semejanza, sino debido, principalmente, a la correlación substancial que existe entre los efectos y consecuencias de las adquisiciones verificadas por uno u otro mecanismo. Este criterio de equiparación entre las enajenaciones contractuales y en pública subasta judicial a los fines del retracto legal de que tratamos, es el mantenido por la doctrina de esta Sala. Lo que reitera la de 12 de febrero de 1996: sean cuales fueren las opiniones doctrinales sobre la adjudicación en subasta judicial, lo cierto es que el legislador las considera aptas para dar lugar al ejercicio de los derechos de tanteo y retracto, equiparándolas a las ventas ... El problema es el que se ha expuesto: si se puede ejercitar el retracto antes del acto de aprobación del remate y adjudicación del bien subastado. La misma sentencia citada, de 8 de junio de 1995, confirma tal posibilidad, con apoyo de reiterada jurisprudencia, en estos términos: en un caso en que la retrayente no esperó al otorgamiento de la escritura para deducir su pretensión, sino que lo hizo en los días siguientes a la adjudicación en una subasta del procedimiento del artículo 131 de la Ley Hipotecaria, el Tribunal Supremo en Sentencia de 25 de junio de 1927, dijo: "... el artículo 1254 del Código Civil, orientándose en sus concordantes, 1258, 1445 y 1450, ni prohíbe la presentación de las demandas de retracto antes de que los actos de cesión en los procedimientos judiciales sean formalizados y convalidados por la escritura pública, ni establece otra exigencia que la de que las acciones que se utilicen resulten ejercitadas dentro de los nueve días siguientes al de que se tenga conocimiento de la perfección y consumación de la enajenación por la transmisión y entrega del inmueble a la libre disposición del comprador...", y otra de 11 de junio de 1885, ya se había pronunciado de manera semejante. Antes de ésta, la de 11 de julio de 1992». (25 mayo 2007, LA LEY 26733/2007)

«El retracto legal, como establecido por el ordenamiento jurídico, es un límite al derecho de propiedad en el sentido de que constriñe el poder disposición del propietario en cuanto a la persona del adquirente; ello, por establecer la ley una preferencia para adquirir una cosa, en caso de enajenación de ésta, a favor de ciertas personas. Es, pues, esencial el concepto de enajenación, a partir de la cual se perfila el retracto, como poder que tiene el retrayente sobre una cosa para adquirirla después de haber sido transmitida a un tercero (así, sentencia de 9 de marzo de 1999), conforme dispone, con confusa terminología, el artículo 1521 del Código civil y el artículo siguiente, 1522, contempla el retracto de comuneros. En ambos artículos y en la abundante jurisprudencia recaída sobre el retracto en general y el retracto de comuneros en particular, destacan los conceptos de transmisión y de adquisición de la cosa retraída, que son determinantes del ejercicio de la acción de retracto y del plazo de caducidad». (14 diciembre 2007, LA LEY 202414/2007)

«El retracto legal puede ser definido como el derecho que por ministerio de la ley tienen ciertas personas y en determinadas situaciones para adquirir la cosa que fue objeto de un contrato de compraventa, subrogándose en el lugar del comprador; aunque, en realidad, no supone una subrogación en sentido propio, sino más bien una venta forzosa por parte del comprador al retrayente. Se trata en cualquier caso, y concretamente en el del retracto de colindantes o asurcanos, de limitaciones impuestas a la propiedad rústica a modo de cargas

de derecho público, pues aunque puedan redundar en provecho de particulares están motivadas por el interés general [sentencia de 2 febrero 2007 (LA LEY 1503/2007) que cita en igual sentido las de 12 de febrero de 2000 (LA LEY 6185/2000) y de 20 de julio de 2004 (LA LEY 172175/2004)]. En cuanto supone una limitación a la libre disponibilidad de los bienes por su propietario y una excepción al principio de libertad de contratación, es objeto de una rigurosa regulación legal y merece una interpretación restrictiva, pues en definitiva supone que quien ha adquirido una finca, por compraventa o dación en pago, pierde la propiedad en virtud de una disposición legal que le impone su transmisión a un tercero, quedando sin efecto su adquisición por causas ajenas a la misma». (4 febrero 2008, LA LEY 8954/2008)

«Las circunstancias expresadas en los párrafos precedentes determinan el seguimiento de la jurisprudencia de esta Sala sobre que el retrayente no está obligado a efectuar la consignación hasta que tenga conocimiento del precio real de la venta, recogida en la STS de 6 de octubre de 2005, donde se declara que " (...) la cantidad escriturada es la que conocen los retrayentes cuando formulan la demanda y es de la que debe partirse y tener en cuenta para su desembolso, sin perjuicio de que el retracto se realice por el precio real y verdadero en que fue vendida la finca no por el simulado e inferior que se hizo constar en la escritura pública de venta, sobre el que se suscitó la oportuna controversia en este sentido y determinó finalmente la sentencia a partir de las alegaciones y pruebas de las partes, pues ello no elimina la procedencia de admitir prueba tendente a demostrar ese extremo (SSTS de 12 de junio de 1984, 4 de julio, 20 de septiembre de 1988, 11 de julio de 1996, entre otras), sin que se obligue al retrayente a consignar la diferencia una vez conocido el resultado de dicha prueba, pues lo contrario sería prejuzgar la determinación del precio, sin controversia" (STS de 8 de junio de 1977)». (7 febrero 2012, rec. 184/2009, LA LEY 12850/2012)

Artículo 1.522

El copropietario de una cosa común podrá usar del retracto en el caso de enajenarse a un extraño la parte de todos los demás condueños o de alguno de ellos.

Cuando dos o más copropietarios quieran usar del retracto, sólo podrán hacerlo a prorrata de la porción que tengan en la cosa común.

COMENTARIO

1.- Regula este artículo el llamado retracto de comuneros. Con el fin de facilitar la extinción de las situaciones de comunidad, el legislador atribuye el derecho de retracto a los copropietarios, en aquellos casos en los que uno o varios copropietarios deseen transmitir su cuota a terceros extraños o a la comunidad.

En este supuesto, el Código Civil concede solamente el derecho de retracto y no el de tanteo; habrá que esperar por tanto a que uno de los comuneros haya transmitido su cuota a un tercero, para que él o los demás copropietarios interesados en adquirir lo transmitido puedan retraerlo.

El ejercicio de su derecho supondrá la celebración de una nueva transmisión entre el tercer extraño y el retrayente, en las mismas condiciones en las que ese tercero hubiera adquirido.

2.- Este artículo aporta además la solución para los casos en que sean varios los copropietarios interesados en el ejercicio de su derecho: cada uno de ellos podrá retraer una parte de la cuota vendida, proporcional a aquella de la que ya sean titulares en la cosa común.

JURISPRUDENCIA

«el retracto de comuneros, derecho de adquisición preferente concedido por ministerio de la ley, tiene la naturaleza de derecho real, eficaz "erga omnes", y ha de hacerse valer dentro del plazo de caducidad fijado a su especie... Obligar a dirigir la demanda contra todos los sucesivos posibles adquirentes de una porción de finca sujeta al derecho de retracto es tanto como hacer claudicar el derecho de la retrayente o dejar a la voluntad del primer comprador la eficacia de derecho reconocido en la ley. Es sentir general de la doctrina y de la jurisprudencia que cuando antes de caducar el plazo de ejercicio del retracto, si se ha producido otra transmisión y ésta la conoce también el actor retrayente, puede dirigir su acción contra ambos sucesivos adquirentes (STS 10 de abril de 1904, 8 de junio de 1906, 13 de marzo de 1959, 27 de mayo de 1927, etc.), con lo cual, si prospera el retracto, hará efectivo su derecho sin que se plantee cuestión alguna en ejecución de sentencia. Naturalmente el precio a satisfacer ha de ser el pagado por el primer adquirente, en cuya posición se subroga la retrayente». (7 julio 1995, LA LEY 14597/1995)

«La primera, sobre la carga procesal de demandar, en la acción de retracto, al vendedor de la cosa retraída; doctrinalmente, se ha destacado que esta acción produce como efecto el cambio subjetivo del adquirente, sin que afecte al transmitente y jurisprudencialmente, es reiterada y está consolidada la doctrina de que la relación jurídico-procesal se constituye correctamente con el comprador, adquirente, como demandado, lo que precisan las SS 30 Ene. 1989 y 11 May. 1992, entre otras. La segunda, sobre el derecho a retraer del nudo propietario, como es el caso presente, no plantea duda alguna la respuesta afirmativa, ya que el propietario puede ejercer el retracto, según el art. 1.522 CC sin distinciones entre nudo o pleno, y el retracto, como derecho subjetivamente real, corresponde al propietario, en todo caso». (27 junio 2000, LA LEY 21892/2000)

CONCORDANCIAS

Véase arts. 392 y ss. de este Código.

Artículo 1.523

También tendrán el derecho de retracto los propietarios de las tierras colindantes cuando se trate de la venta de una finca rústica cuya cabida no exceda de una hectárea.

El derecho a que se refiere el párrafo anterior no es aplicable a las tierras colindantes que estuvieren separadas por arroyos, acequias, barrancos, caminos y otras servidumbres aparentes en provecho de otras fincas.

Si dos o más colindantes usan del retracto al mismo tiempo será preferido el que de ellos sea dueño de la tierra colindante de menor cabida; y si las dos la tuvieran igual, el que primero lo solicite.

COMENTARIO

1.- Se regula en este artículo el llamado retracto de colindantes; la finalidad, remediar la división excesiva de la propiedad de fincas rústicas, favoreciendo el desarrollo del cultivo agrícola.

También en este supuesto (como en el del artículo anterior), el legislador concede sólo el derecho de retracto y no un derecho de tanteo; sólo podrá ejercitarse cuando ya se haya producido la transmisión de la finca en favor de un tercero, y siempre que esta finca: sea colindante a la transmitida; sea de carácter rústico; tenga una superficie igual o inferior a una hectárea; no esté separada por arroyos, barrancos, caminos u otras servidumbres aparentes.

2.- Como en el caso anterior, plantea este artículo, el supuesto de que sean varios los retrayentes, es decir varios los propietarios de fincas colindantes que reuniendo los demás requisitos establecidos por este artículo, deseen adquirir la finca transmitida. La solución ofrecida no es la proporcionalidad del artículo anterior, sino, con esa finalidad de evitar en lo posible un excesivo fraccionamiento concede la preferencia adquisitiva al dueño de la tierra colindante más pequeña; y subsidiariamente para el caso de que los retrayentes fueran propietarios de fincas de igual cabida, a aquel que primero en el tiempo haya ejercitado su derecho.

JURISPRUDENCIA

«Es doctrina jurisprudencial de esta Sala la que determina que la finalidad del retracto de colindantes es facilitar con el transcurso del tiempo algún remedio a la división excesiva de la propiedad territorial rústica —minifundismo—, allí donde tal exceso ofrece obstáculo insuperable al desarrollo de la riqueza; finalidad expresada que debe presidir la interpretación del art. 1.523 CC, y que como todos los retractos legales, y lo es el de fincas rústicas colindantes, son limitaciones de tal clase de propiedad, a modo de cargas de derecho público, pues aunque pueden redundar en provecho de particulares están motivadas por el interés general, por lo que habrá de orientarse la cuestión a cada caso concreto, a fin de que se obtenga el resultado querido por el legislador... el carácter o condición de rusticidad de una finca es una cuestión de hecho a definir por el Tribunal de instancia, cuya posición solamente podrá ser alterada en casación cuando se acredite que la misma es errónea, ilógica o absurda». (18 abril 1997, LA LEY 8276/1997) (Doctrina reiterada por la de 20 julio 2004 y por la sentencia de 29 mayo 2009, rec. 2539/2004, LA LEY 92042/2009)

«es consolidada la doctrina jurisprudencial que establece que el retracto de colindantes sólo puede tener lugar cuando el contrato de compraventa está consumado, no valiendo para el cómputo la simple perfección de dicho contrato, cosa lógica pues la acción de retracto de eminente naturaleza real, no nace hasta que el adquirente de la cosa entra en su posesión (SS 14 Nov. 1953 y 1 Abr. 1960, entre otras). Y estos criterios son de especial aplicación a las enajenaciones efectuadas en pública subasta, en las que el plazo empezará a contarse no desde su celebración, sino desde el otorgamiento de la escritura pública de venta secuela de la misma». (28 octubre 1999, LA LEY 1710/2001)

«la jurisprudencia de esta Sala establece que la justificación del retracto de colindantes viene a ser de interés público a fin de evitar la excesiva división de la propiedad y no la de satisfacer aspiraciones de mejoramiento económico, más o menos legítimas, de los particulares (SS 25 Nov. 1895, 11 Feb. 1911, 5 Jun. 1945, 17 Dic. 1958 y 31 May. 1959), prevaleciendo el interés de la agricultura y esta finalidad es la que debe presidir la interpretación del art. 1.523, por lo que esta clase de retracto actúa como carga de derecho público que limita la propiedad, motivada por el interés general (S 22 Ene. 1991)». (12 febrero 2000, LA LEY 207/2001) (Doctrina reiterada por la sentencia de 18 octubre 2007, LA LEY 161980/2007)

CONCORDANCIAS

Véase:

— Ley de Reforma y Desarrollo Agrario, de 12 de enero de 1973 (*«B.O.E.»*, 3 febrero): art. 227.

Artículo 1.524

No podrá ejercitarse el derecho de retracto legal sino dentro de nueve días contados desde la inscripción en el Registro, y en su defecto, desde que el retrayente hubiera tenido conocimiento de la venta.

El retracto de comuneros excluye el de colindantes.

COMENTARIO

1.- Se establece en este artículo una regulación unitaria para el plazo de ejercicio del retracto de comuneros y del de colindantes.

El plazo de nueve días es de caducidad, por lo que una vez transcurrido, no cabrá ejercitar el derecho de retracto. En ese sentido es importante destacar que el retracto se podrá ejercitar con ocasión de cuantas transmisiones se produzcan, y que el plazo de caducidad operará con referencia a cada una de ellas. Por ello el retrayente cuyo derecho se ha extinguido por caducidad en una primera transmisión, podrá ejercitarlo si la cosa vuelve a ser transmitida.

A pesar del tenor literal de este artículo, el dato básico para el inicio del cómputo —*dies a quo*— es el de la toma de conocimiento de la enajenación por parte del retrayente, conocimiento que ha de ser completo, es decir, noticia exacta de todos los extremos que interesan para que con los suficientes elementos de juicio pueda el retrayente decidir si le conviene el ejercicio del derecho. El conocimiento ha de recaer, además, sobre el hecho de la consumación de la enajenación.

En cuanto al segundo dato, la inscripción registral, sólo juega cuando no consta que el conocimiento es de fecha anterior; la inscripción se equipara al conocimiento efectivo por estimar que la publicidad registral (entendiendo ésta como fecha efectiva de inscripción, y no simplemente de presentación), permite tomar aquél. Hacer coincidir, no obstante, el inicio del cómputo con la fecha de inscripción, exigiría tener un servicio permanente de información registral. Habrá que entender por tanto que la inscripción sólo iniciará el plazo si efectivamente el posible retrayente ha tenido conocimiento de la transmisión al producirse la inscripción.

Al ser un plazo civil establecido por días, se contará desde las 0 horas del día siguiente al de la toma de conocimiento, ya sea por la inscripción registral, ya sea por otro medio, sin descontar los días inhábiles.

2.- Al ser el contenido de estos derechos la adquisición de una cosa, el ejercicio de uno, excluye necesariamente el de los demás, siendo necesario establecer un orden de preferencia para el caso de que concurran varios.

Junto con los supuestos de colisión entre derechos de igual fundamento, más bien entre titulares, algunos de los cuales son regulados por los artículos 1.522 y 1.523 del Código Civil, aparecen los de colisión entre derechos de distinto fundamento, denominados también como supuestos de concurrencia heterogénea, pluralidad de retractos, o colisión de títulos.

Con la finalidad siempre perseguida por el Código Civil de evitar las situaciones de condominio, este artículo establece una prelación del retracto de comuneros sobre el de colindantes, de forma que realizada una transmisión y concurriendo un comunero y un colindante (en los términos establecidos por el artículo 1.523 del Código Civil) tendrá a su vez preferencia aquél.

JURISPRUDENCIA

«la interpretación jurisprudencial sobre el cómputo del día inicial para el ejercicio no del derecho de tanteo, sino del derecho de retracto. A este respecto la sentencia del Tribunal Supremo de 7 de marzo de 1996 manifiesta que el conocimiento de la venta por el retrayente a que se refiere el artículo 1524.1.º ha de incluir todos los pactos y condiciones de la transmisión, para que en base a ellos puedan los interesados decidir si les conviene o no el ejercicio de la acción de retracto, sin que basten referencias a la venta, de datos incompletos de sus condiciones o la mera noticia de la misma (sentencia de 20 de mayo de 1991). Tanto dicho conocimiento como su extensión constituyen cuestiones de hecho sobre las que habrá de estarse en lo declarado por la Sala de Instancia (sentencias de 19 de octubre de 1991 y 19 de mayo de 1992). En lo relativo especialmente a la extensión del conocimiento, se pronuncian en igual sentido las sentencias de 7 de octubre de 1996, 21 de marzo de 1990 y 18 de noviembre de 1971». (20 octubre 2005, rec. 1146/1999)

«La sentencia de esta Sala de 30 de septiembre de 1992 señala al respecto que el plazo de nueve días tiene la naturaleza propia de la caducidad, no admitiéndose por consiguiente interrupción alguna del mismo; que dentro del referido plazo es obligado presentar la demanda y hacer la consignación, aunque estos trámites no se efectúen al mismo tiempo; y que la demanda de retracto, o la consignación efectuada ante Juez que carece de jurisdicción para el conocimiento del proceso, no puede surtir efectos de clase alguna (SS 21-2-1953; 4-5-1956; 8-6-1979, etc.). De ahí que incluso el intento de conciliación no pueda suplir al ejercicio de la acción propiamente dicho como queda acreditado por el hecho de que, incluso en momento en que la conciliación previa resultaba preceptiva, el artículo 1621 de la Ley de Enjuiciamiento Civil de 1881 determinaba que, presentada la demanda, el juez se reservara proveer sobre el curso de la misma hasta la presentación de la certificación del acto de conciliación celebrado, en consonancia con el artículo 1618.1.º que ya exigía la interposición de la demanda de retracto dentro del breve plazo de nueve días». (29 mayo 2006, rec. 3262/1999)

«necesidad del completo conocimiento de la transmisión para el ejercicio del retracto, es decir, para la determinación del dies a quo *del plazo de caducidad. La sentencia de 30 de octubre de 1990 rechaza, por aplicación del breve término de caducidad, el retracto de comuneros por razón de que antes de la inscripción en el Registro de la Propiedad e incluso, a la de la fecha del otorgamiento de la escritura pública, había conocido las condiciones de venta por razón de la subasta practicada y dice literalmente: la finalidad de este plazo es fomentar la diligencia del comunero para que, cuando por los medios que sean al margen de la constancia registral en su caso, se ha acreditado que conoce la transmisión a un extraño de la parte correspondiente al otro u otros condueños o comuneros, pueda actuar ejercitando su derecho de adquisición preferente siempre y cuando la realice en este plazo de nueve días; y concluye: en el plano sustantivo en que ha de ubicarse esta decisión, la disociación entre esa perfección y esa "consumación" no puede tener acogida porque, se repite, remitiendo ese art. 1524 al dato de que el retrayente hubiera tenido conocimiento de la venta, dicha venta o dicho contrato de compraventa existe desde que el mismo se perfecciona y la perfección, en los términos fijados en tales preceptos en su adecuada contemplación al proceso de adjudicación judicial de que trae causa la adquisición del demandado, ha de ceñirse a cuando se da la concurrencia de los elementos esenciales del contrato, esto es, la existencia de ese mero consentimiento o cuando se haya convenido sobre la cosa objeto del contrato y el precio, y a lo que, sin más, equivale que después de la subasta se efectúa la cesión y correspondiente adjudicación al Banco demandado en la fecha calendada, en cuyo caso o desde entonces es, pues, cuando existen o acontecen, aquellos presupuestos determinantes de la constitución o perfección del contrato, y ello con independencia de que la llamada "consumación" del mismo (que no es, sino en rigor, más que la observancia de la forma adecuada*

por el art. 1280 del CC) no tenga lugar hasta posteriormente el momento de la suscripción de la escritura de compraventa». (25 mayo 2007, LA LEY 26733/2007)

«la sentencia objeto de este recurso parte de la idea (equivocada) de que la acción de retracto tiene el dies a quo *del breve plazo de caducidad en el conocimiento de la celebración de la subasta; concretamente, conoció la sociedad demandante el expediente en que se produjo el embargo, la tasación de las fincas objeto del mismo, el anuncio de la subasta y la celebración de ésta y, asimismo, hubo conversaciones en torno a ella. Pero en ningún momento habla del conocimiento de la escritura de compraventa que es la verdadera venta no antes, como dice el artículo 1524 del Código civil y la jurisprudencia que insiste (sentencias de 11 de julio de 1992 y 8 de junio de 1995) en que la acción de retracto nace desde la subasta con aprobación judicial del remate y adjudicación al rematante. En ningún momento se dice en la sentencia que conociera no ya la aprobación judicial, ya que no es un procedimiento judicial, sino el otorgamiento de la escritura pública de compraventa de 29 diciembre de 1998 y el único dato del conocimiento de la venta es la notificación de la adjudicación y compraventa en escritura pública de fincas hecha el 1 de febrero de 1999».* (14 diciembre 2007, LA LEY 202414/2007)

«El retracto legal puede ser definido como el derecho que por ministerio de la ley tienen ciertas personas y en determinadas situaciones para adquirir la cosa que fue objeto de un contrato de compraventa, subrogándose en el lugar del comprador; aunque, en realidad, no supone una subrogación en sentido propio, sino más bien una venta forzosa por parte del comprador al retrayente. Se trata en cualquier caso, y concretamente en el del retracto de colindantes o asurcanos, de limitaciones impuestas a la propiedad rústica a modo de cargas de derecho público, pues aunque puedan redundar en provecho de particulares están motivadas por el interés general [sentencia de 2 febrero 2007 (LA LEY 1503/2007) que cita en igual sentido las de 12 de febrero de 2000 (LA LEY 6185/2000) y de 20 de julio de 2004 (LA LEY 172175/2004)]. En cuanto supone una limitación a la libre disponibilidad de los bienes por su propietario y una excepción al principio de libertad de contratación, es objeto de una rigurosa regulación legal y merece una interpretación restrictiva, pues en definitiva supone que quien ha adquirido una finca, por compraventa o dación en pago, pierde la propiedad en virtud de una disposición legal que le impone su transmisión a un tercero, quedando sin efecto su adquisición por causas ajenas a la misma». (4 febrero 2008, LA LEY 8954/2008)

«El artículo 1524 parece claro respecto al dies a quo del retracto legal: la inscripción en el Registro de la Propiedad o, sólo en su defecto, si no se produce la inscripción, es desde que el retrayente hubiera tenido conocimiento de la venta. La jurisprudencia ha matizado que si antes de la inscripción el retrayente hubiera tenido conocimiento completo de la transmisión, la fecha de tal conocimiento sería el dies a quo. *En caso de subasta administrativa, se entendió que el dies a quo fue la notificación de la adquisición y compraventa en escritura pública, en la sentencia de 14 de diciembre de 2007. En caso de subasta judicial, sólo si consta el conocimiento de la transmisión —aprobación judicial del remate y adjudicación al rematante— será éste el dies a quo; en otro caso, la inscripción en el Registro de la Propiedad: lo cual lo dice también la citada sentencia de 14 de diciembre de 2007».* (26 febrero 2009, rec. 471/2003, LA LEY 4667/2009)

«Baste recordar la constante jurisprudencia que exige el conocimiento completo del acto transmitido que da lugar al retracto, como dies a quo para el plazo de caducidad del artículo 1524 del Código civil antes de la inscripción en el Registro de la Propiedad: sentencias de 26 de febrero de 2009 y 1 de abril de 2009. Producida la inscripción, la sentencia de 25 de mayo de 2001 considera dies a quo la facilitación de la certificación de la transmisión. Otras sentencias que se citan en el recurso nada tienen que ver con este supuesto. Son constantes las que mantienen que el dies a quo *es el marcado por la inscripción registral que no es contrario al principio constitucional de la tutela judicial efectiva, como así declaró la sentencia*

del Tribunal Constitucional 54/1994, de 24 de febrero; así, las sentencias de esta Sala de 27 de junio de 2000 y 11 de mayo de 2007. Las sentencias de 2 de julio de 1993 y 7 de abril de 1997 resumen la doctrina jurisprudencia en el sentido de que "la inscripción registral implica una presunción iuris et de iure de conocimiento por el retrayente de la transmisión, pero si se acredita que antes tuvo conocimiento cabal de la misma el plazo se computará a partir de dicho conocimiento, pero no así cuando se invoque que el conocimiento fue posterior a la inscripción"». (26 febrero 2010, rec. 808/2006, LA LEY 3994/2010)

«el Pleno de esta Sala, en sentencia de 29 de abril de 2009 (recurso conjunto de casación y extraordinario por infracción procesal número 511/2004), considera adecuado presentar la demanda el primer día hábil siguiente a aquel en el que finaliza el plazo para el ejercicio del derecho de retracto porque "una interpretación razonable de la norma y de los intereses en juego no puede originar como resultado final un efecto contrario al derecho fundamental a obtener la tutela judicial efectiva de los Jueces y Tribunales en el ejercicio de los derechos e intereses legítimos, desde el momento en que se privaría al titular de un derecho, como el de retracto, a disponer de la totalidad del plazo concedido por la Ley, incluso aunque se arbitraran mecanismos organizativos distintos de acceso a los órganos judiciales (inexistentes en la actualidad, puesto que los Juzgados no permanecen abiertos durante las veinticuatro horas del día, y no es posible la presentación de escritos ante el Juzgado que presta servicio de guardia), pues siempre dispondría de la facultad de agotarlo en su integridad, y de esta facultad no puede ser privado por las normas procesales u orgánicas que imposibilitan el pleno ejercicio de la acción ante los órganos judiciales"». (28 julio 2010, rec. 1688/2006, LA LEY 148056/2010)

CONCORDANCIAS

Véase:
— art. 1.642 de este Código.
— Ley 29/1994, 24 noviembre («*B.O.E.*», 25 noviembre), de Arrendamientos Urbanos: arts. 25 y 31.

Artículo 1.525

En el retracto legal tendrá lugar lo dispuesto en los artículos 1.511 y 1.518.

COMENTARIO

Caracterizado el retracto legal como una causa de resolución de la compraventa en el artículo 1.506, su ejercicio debe «devolver las cosas a su estado inicial». Por eso este artículo 1.525 se remite a lo establecido en los artículos 1.511 y 1.518 para el retracto convencional.

Ejercitado el retracto, el comprador-retrayente deberá abonar al tercero-retraído, el precio de la cosa (el real, con independencia del que aparezca en el documento) y los gastos que se hayan originado con ocasión de la transmisión.

En contraprestación, el comprador-retrayente sustituirá al tercero-retraído en todos los derechos y acciones de los que éste fuera titular en relación a la cosa objeto de retracto. En este sentido, es importante destacar que la aplicación de lo dispuesto en el artículo 1.511 no se produce antes del ejercicio del retracto, como ocurre en el convencional, sino una vez ejercitado, momento en el que el comprador-retrayente se «subroga» (en terminología del Código Civil), en el lugar del tercero que con su adquisición ha dado origen al retracto legal.

JURISPRUDENCIA

«el precio se conoce perfectamente y se está por ello en la disposición de consignarlo en su real dimensión dineraria, no resulta procedente, careciendo de todo amparo legal, pues, al contrario, supone vulneración del artículo 1.518 del Código Civil, en relación al 1618 de la Ley de Enjuiciamiento Civil, cuyos términos no dejan lugar a duda y resultan imperantes en cuanto a que se produzca ineludible consignación efectiva del precio sabido». (14 julio 1994, LA LEY 924/1994)

CAPÍTULO VII
DE LA TRANSMISIÓN DE CRÉDITOS Y DEMÁS DERECHOS INCORPORALES

Artículo 1.526

La cesión de un crédito, derecho o acción no surtirá efecto contra tercero sino desde que su fecha deba tenerse por cierta en conformidad a los artículos 1.218 y 1.227.

Si se refiere a un inmueble, desde la fecha de su inscripción en el Registro.

COMENTARIO

1.- Este artículo comienza la normativa sobre la cesión de créditos, como sustitución de un acreedor (titular del derecho de crédito que se transmite) por otro, con respecto al mismo crédito que se transmite) por otro, con respecto al mismo crédito. Cambia el sujeto activo o acreedor, quedando el nuevo con los mismos derechos accesorios, con las mismas acciones y sometido a las mismas excepciones que el antiguo. El nuevo acreedor —cesionario— es el titular del derecho subjetivo de crédito, frente al deudor, habiendo quedado desligado de la relación jurídica obligatoria el antiguo acreedor —cedente—. La esencia de la cesión de créditos es la sustitución de un nuevo acreedor al antiguo, sin novación de la relación obligatoria. La cesión de créditos es aplicación del principio que proclama el art. 1.112, de transmisibilidad de los derechos adquiridos en virtud de una obligación. La normativa del código la considera como un supuesto de compraventa, pero puede serlo también por permuta, por donación o solvendi causa (para pagar una deuda de cedente a cesionario). La definición precisa de cesión de crédito es: negocio jurídico celebrado por el acreedor cedente con otra persona, cesionario, por virtud del cual aquél transmite a éste la titularidad del derecho de crédito cedido. No es un negocio jurídico abstracto, que no cabe en el sistema jurídico español, sino que, como se ha dicho antes, puede admitir varias causas, lo que significará uno u otro tipo negocial (compraventa, permuta, donación, etc.). La cesión de crédito es, como tal, un negocio jurídico de disposición, que se celebra entre cedente y cesionario, que recae sobre un derecho de crédito que tiene el cedente frente a un tercero.

Es un negocio jurídico bilateral: está formado, al menor, por dos partes: antiguo acreedor —cedente— y el nuevo —cesionario—, por lo que requiere: 1.º) el consentimiento del primero, y 2.º) el consentimiento del segundo, que adquiere el crédito cedido. Y no es necesario el consentimiento del deudor, que sigue siéndolo, pero no frente al cedente, sino frente al cesionario, nuevo acreedor.

2.- Como negocio jurídico, en general, en la cesión de créditos rige el principio de libertad de forma, que proclama el art. 1.278. Sin perjuicio de que, como forma *ad probationem* con el escaso efecto que impone el artículo 1.279 (... compelerse recíprocamente a llenar aquella forma), el artículo 1.280 imponga escritura o documento privado en ciertos casos; su número 6.º se refiere, con carácter general, a la cesión de créditos: la cesión de acciones o derechos procedentes de un acto consignado en escritura pública (se cita con frecuencia, también el caso del número 4.º, pero no se refiere a la cesión de créditos en el sentido que aquí se estudia, crédito de una obligación, sino que es relativo a derechos económico-matrimoniales y hereditarios).

Ya se ha dicho que la cesión de créditos no es un negocio abstracto, sino que adoptará uno u otro tipo negocial, según su causa. Los artículos 1.526 y siguientes contemplan sólo el tipo de compraventa, pero puede ser cualquier otro. Por ello, requerirá la forma del negocio que se realice, aunque también en los contratos rige el principio de libertad de forma.

Una especialidad de forma establece para el crédito hipotecario el art. 149 de la Ley Hipotecaria: el crédito hipotecario puede enajenarse o cederse en todo o en parte, siempre que se haga en escritura pública de la cual se dé conocimiento al deudor y se inscriba en el Registro.

3.- Es importante la *fecha de la cesión de créditos* respecto a su eficacia frente a tercero, no tanto en lo que se refiere a la eficacia en sí, sino en la prueba de la cesión frente a tercero.

La certeza de la fecha viene dada por las normas procesales del propio Código, a que se remite este artículo. Si se ha consignado en documento público, la fecha de éste (art. 1.218). Si lo ha sido en documento privado, la de su constancia en un registro público o la muerte de alguna de las partes o la de su entrega a un funcionario público (art. 1.227). Si se refiere a un inmueble (como el caso del crédito hipotecario) desde la fecha de su inscripción en el Registro de la Propiedad.

JURISPRUDENCIA

«La cesión de crédito, como sustitución de la persona del acreedor por otra respecto al mismo crédito, supone un cambio de acreedor quedando el nuevo con el mismo derecho que el anterior, permaneciendo incólume la relación obligatoria, como han destacado las sentencias de esta Sala de 15 Nov. 1990 y 22 Feb. 1994. Cuya cesión es admitida, con carácter general, por el art. 1112 del CC y está regulada, con carácter particular, en los arts. 1526 y ss. del mismo cuerpo legal, como negocio jurídico, sea o no contrato de compraventa.» (26 septiembre 2002, LA LEY 7810/2002) (doctrina reiterada por la de 18 julio 2005 y la de 25 enero 2008, LA LEY 874/2008)

«la jurisprudencia admite que pueda cada una de las partes contratantes hacerse sustituir por un tercero en las relaciones derivadas de un contrato con prestaciones sinalagmáticas, si éstas no han sido todavía cumplidas, con tal que la otra parte lo consienta, como se desprende de las sentencias de 26 de junio de 1926, 2 de junio de 1927, 7 de junio de 1999, 4 de enero de 1930, 11 de abril de 1944, 23 de junio de 1947, 4 de enero de 1952, 17 de mayo de 1954, 27 de enero de 1960, 5 de junio de 1961 y 28 de abril de 1966, quedando amparada la cesión de un contrato sinalagmático respecto a los derechos por el artículo 1526, como recoge con cita de estas sentencias la dictada por esta Sala de fecha 14 de junio de 1966». (19 febrero 2004, rec. 941/1998)

«cesión de un crédito no extinguido, esta figura jurídica, reconocida en los arts. 1112 y 1526 y ss. del Código Civil, y sobre la que se pronunció una profusa jurisprudencia, produce, en lo que aquí interesa, tres importantes efectos jurídicos: a) el cesionario adquiere la titularidad del crédito, con el mismo contenido que tenía el acreedor cedente, permaneciendo incólume la relación obligatoria (SS 15 Nov. 1990, 22 Feb. 2002, 26 Sept. 2002, 18 Jul. 2005); b) el deudor debe pagar al nuevo acreedor (SS 15 Mar. y 15 Jul. 2002, 13 Jul. 2004); y c) al deudor le asiste el derecho de oponer al cesionario, todas las excepciones que tuviera frente al cedente (SS 29 Sep. 1991, 24 Sep. 1993, 21 Mar. 2002)». (30 abril 2007, LA LEY 23105/2007)

«Como han destacado las sentencias de esta Sala de 15 de noviembre de 1990, 22 de febrero de 1994, 26 de septiembre 2002 y 18 de julio de 2005, entre otras, la cesión de crédito, como sustitución de la persona del acreedor por otra respecto al mismo crédito, es admitida, con carácter general, por el artículo 1112 del Código civil y está regulada, con carácter particular, en los artículos 1526 y siguientes del mismo cuerpo legal, como negocio jurídico,

sea o no contrato de compraventa, y supone un cambio de acreedor quedando el nuevo con el mismo derecho que el anterior, permaneciendo incólume la relación obligatoria. Por su propia naturaleza requiere el conocimiento del deudor a los efectos del pago o cumplimiento por éste a favor del cesionario (artículo 1527 Código Civil), si bien no es necesario su consentimiento pues no supone una novación del contrato de modo que el cesionario quedara a su vez obligado frente al deudor cedido». (13 julio 2007, LA LEY 79266/2007)

«la cesión de créditos, regulada básicamente en el Código Civil, dentro del título destinado a la compraventa —capítulo VII—, tiene la naturaleza de un contrato traslativo, en el sentido de que el cedente no ha de efectuar ningún acto de entrega o traspaso de la posesión del derecho cedido para dejar de ser titular del mismo y, correlativamente, para convertir en tal al cesionario —el artículo 609 del Código Civil exige el título y el modo para la transmisión de la propiedad y demás derechos reales—. Así lo declaran las sentencias de 12 de noviembre de 1993 —"...se configura la cesión como una compraventa especial, caracterizada por su contenido de cosas incorporales que matiza de distinta manera que en la compraventa la entrega y saneamiento de lo que se cede y de lo que se vende", razón por la que "al firmar éste el contrato, en prueba de conformidad, la cesión, como tal, quedó consumada..."— y 23 de noviembre de 1993 —"que se haya o no cumplido lo previsto en el artículo 1.464 sobre entrega al comprador de la cosa vendida— en este caso habrá de referirse a los títulos de crédito, para su efectividad —es irrelevante... pues la... cesión no depende de la entrega"—». (4 febrero 2009, rec. 2768/2003, LA LEY 1162/2009)

«Las participaciones sociales no tienen el carácter de valores ni están representadas por medio de títulos o de anotaciones en cuenta —artículos 5, apartado 2, de la Ley 2/1995, y 92, apartado 2, de Real Decreto Legislativo 1/2010—, razón por la que su transmisión tiene lugar según el régimen común de la de los créditos y demás derechos incorporales —artículo 1526 del Código Civil—, como expresamente se establece para las acciones representativas del capital de las sociedades anónimas antes de que se hayan impreso y entregado los títulos —artículos 56, apartado 1, del Real Decreto Legislativo 1.564/1.989, de 22 de diciembre, y 120, apartado 1, del Real Decreto Legislativo 1/2010—. La entrega de bienes de tal clase, necesaria para que quepa entender cumplida la forma real propia de la donación manual, ofrece particularidades tratándose de bienes sin expresión material. Pero no puede haber inconveniente en entenderla probada cuando el donante, o quien lo hiciera por él, dejara de poseer los derechos de los que aquellos son expresión y pasara a hacerlo el donatario». (14 abril 2011, rec. 1147/2007, LA LEY 52208/2011)

Vid. cesión de crédito en el artículo 1.112 y la cesión del contrato en este mismo artículo.

CONCORDANCIAS

Véase:
— arts. 151, 166, párrafo 1.º, 272.7.º, 336, 346, 1.112, 1.280.4.º y 6.º y 1.464 de este Código.
— Código de Comercio: arts. 347 y 348.
— Ley Cambiaria y del Cheque, de 16 de julio de 1985 (*«B.O.E.»*, 19 julio): arts. 14 y 24.
— Ley Hipotecaria, de 8 febrero 1946 (*«B.O.E.»*, 29 mayo). arts. 24, 32 y 149 a 152.
— Ley de Hipoteca Mobiliaria, de 16 diciembre 1954 (*«B.O.E.»*, 18 diciembre): arts. 8 y 68.b).
— Ley 29/1994, 24 noviembre (*«B.O.E.»*, 25 noviembre), de Arrendamientos Urbanos: arts. 8 y 32.
— Reglamento Hipotecario, de 14 febrero 1946 (*«B.O.E.»*, 16 abril): arts. 176 y 242 a 244.
— Reglamento de Hipoteca Mobiliaria, de 17 junio 1955 (*«B.O.E.»*, 17 julio): arts. 18 y 27.

Artículo 1.527

El deudor, que antes de tener conocimiento de la cesión satisfaga al acreedor, quedará libre de la obligación.

COMENTARIO

1.- La cesión de créditos es eficaz desde que se produce el consentimiento entre cedente y cesionario. Sin embargo, para su eficacia frente al deudor (cedido) es preciso que éste tenga conocimiento de la misma. En consecuencia, el presente art. 1.527 dispone que si el deudor satisface su deuda (es decir, cumple la obligación o, lo que es lo mismo, paga) al acreedor cedente, se extingue su obligación, sin perjuicio de la reclamación que haga el cesionario al cedente. El conocimiento por el deudor, pues, no es un elemento formal propiamente dicho, preciso para la perfección del negocio jurídico de cesión, sino simplemente un requisito de eficacia para obligarle con el nuevo acreedor (cesionario).

Por tanto, si el deudor no tiene conocimiento de la cesión y paga al acreedor antiguo (cedente) queda liberado de la obligación: ha sido un cumplimiento normal o correcto; sin perjuicio de las acciones que pueda tener el nuevo acreedor (cesionario) contra el antiguo (cedente) que recibió el pago.

2.- Una vez conocida la cesión, el deudor debe pagar al nuevo acreedor (cesionario) no quedando cumplida la obligación si lo hace el antiguo (cedente), a no ser que se dé el caso del art. 1.163, párrafo 2.º: «... será válido el pago hecho a un tercero» (el antiguo acreedor, cedente, se ha convertido por la cesión en un tercero en la obligación) en cuanto se hubiere convertido en utilidad del acreedor (el nuevo, cesionario, ya único en la obligación). El artículo 1.49 de la Ley Hipotecaria aunque parece decir que el conocimiento por el deudor de la cesión es un elemento del negocio, debe interpretarse según lo expuesto, en sentido idéntico al que se desprende del art. 1.527.

El medio más idóneo para el conocimiento por el deudor de la cesión es la notificación de ésta. Es el medio para vincular al deudor con el nuevo acreedor, el cesionario.

JURISPRUDENCIA

«el Tribunal Supremo ha declarado que el consentimiento del cedido no es requisito que afecte a la existencia de la cesión, sino que queda al margen del contrato, y sólo es necesario para que sea eficaz la cesión, obligándose con el nuevo acreedor (sentencias de 16 de octubre de 1982 y 23 de octubre de 1984, entre otras), mientras que la simple puesta en su conocimiento sólo tiene la finalidad de impedir que se produzca la liberación consentida por el artículo 1527 del Código Civil (sentencia de 13 de junio de 1997)». (19 febrero 2004, rec. 941/1998)

«Las sentencias de 19 de febrero de 1.993 (número 130/93), 13 de junio de 1.997 (número 516/97), 19 de febrero de 2.004 (número 126/04) y 13 de julio de 2.004 (número 829/04), entre otras muchas, repitieron la que constituye doctrina tradicional al respecto: el deudor cedido no es parte del contrato de cesión de crédito, de modo que no se necesita su consentimiento para que quede perfeccionado. Y las sentencias de 21 de marzo de 2.002 (número 274/02), 19 de febrero de 2.004 (número 126/04), 28 de mayo de 2.004 (número 460/04), de 11 de julio de 2.005 (número 570/05), entre otras muchas, fijaron el alcance del artículo 1.527 del Código Civil, al declarar que, conforme al mismo, si el deudor cedido paga la deuda a su acreedor originario antes de haber tenido conocimiento de la cesión, queda libre de la obligación contraída y nada le puede reclamar el nuevo acreedor. Ello sentado, hay que precisar que no se trata de determinar si los pagos efectuados por las deudoras cedidas fueron liberatorios para ellas, sino si el cobro por la cesionaria resultó alcanzado o no por la retroacción de la quiebra de la cedente. La cuestión se ha de resolver teniendo en cuenta que, perfeccionada la cesión por el consentimiento de cedente y cesionaria, ésta adquirió desde entonces —al no constar que otra cosa se hubiera pactado— la titularidad del crédito, con

el mismo contenido que tenía para aquella, como señala la sentencia de 30 de abril de 2.007 (número 459/07), y que, tal como declaró la de 20 de febrero de 1.995 (número 105/95), la cesión legitimó a la cesionaria para reclamar a las deudoras el pago de lo debitado». (3 noviembre 2009, rec. 1098/2005, LA LEY 205756/2009)

CONCORDANCIAS

Véase arts. 1.157, 1.198 y 1.842 de este Código.

Artículo 1.528

La venta o cesión de un crédito comprende la de todos los derechos accesorios, como la fianza, hipoteca, prenda o privilegio.

COMENTARIO

1.- Este artículo es una consecuencia del principio en virtud del cual la transmisión de un derecho implica la de los derechos accesorios al mismo. Así, la cesión de un crédito comprende la de los derechos accesorios.

Este artículo enumera la fianza, hipoteca, prenda o privilegio, pero lo hace *ad exemplum* y deben añadirse otros derechos accesorios, aunque no estén incluidos aquí, como la anticresis.

2.- No es una norma de derecho cogente. No se producirá la transmisión de un derecho accesorio si se ha pactado que no se comprende en la del derecho principal. Pacto que se puede incluir en la propia cesión del contrato, celebrado entre cedente y cesionario, o bien por el sujeto o sujetos del derecho accesorio (fiador, hipotecante, etc.) con el deudor garantizado.

CONCORDANCIAS

Véase art. 1.097 de este Código.

Artículo 1.529

El vendedor de buena fe responderá de la existencia y legitimidad del crédito al tiempo de la venta, a no ser que se haya vendido como dudoso; pero no de la solvencia del deudor, a menos de haberse estipulado expresamente, o de que la insolvencia fuese anterior y pública.

Aun en estos casos sólo responderá del precio recibido y de los gastos expresados en el número 1.º del artículo 1.518.

El vendedor de mala fe responderá siempre del pago de todos los gastos y de los daños y perjuicios.

COMENTARIO

1.- El objeto básico de la cesión de créditos es que el crédito, como derecho subjetivo del acreedor, se transmite y lo adquiere un nuevo deudor, el cesionario. Este artículo 1.529 prevé un efecto inherente al anterior, la responsabilidad del acreedor cedente respecto a la existencia y legitimidad del crédito y solvencia del deudor.

Debe distinguirse según en el acreedor cedente concurra buena o mala fe; la responsabilidad se refiere a que el acreedor cedente responde frente al nuevo acreedor cesionario de la existencia y legitimidad del crédito cedido y de la solvencia del deudor, todo con determinados criterios y ciertos límites. En todo caso, si la cesión ha sido a título gratuito, con el negocio jurídico de donación, el acreedor cedente no responde de la una ni de la otra, como se desprende del artículo 638.

2.- Los efectos, en este extremo y con dicha situación, son:

Primero. Acreedor cedente de buena fe. Este responde de la existencia y legitimidad del crédito, como dispone el artículo 1.529, a no ser (como excepción) que se haya vendido como dudoso, en cuyo caso la cesión es un contrato aleatorio. No responde de la solvencia del deudor, a menos (como excepción) 1.º) que se haya estipulado expresamente o 2.º) que la insolvencia fuese anterior y pública, como añade el mismo artículo 1.529, primer párrafo.

En estos casos en que se da la responsabilidad del acreedor cedente de buena fe, éste responde frente al acreedor cesionario del precio que hubiera recibido de él y de los gastos del contrato y cualquier otro pago legítimo hecho para la cesión del crédito, tal como dispone el segundo párrafo del art. 1.529 y, por remisión, el número 1.º del artículo 1.518.

Segundo. Acreedor cedente de mala fe. Este responde frente al cesionario tanto de la existencia y legitimidad del crédito como de la solvencia del deudor. La mala fe consiste en conocer la falta de una o de la otra. La responsabilidad, como dispone el último párrafo del ar-tículo 1.529, comprende todos los gastos (incluyendo el precio que hubiera recibido por la cesión) y los daños y perjuicios.

CONCORDANCIAS

Véase:
— arts. 1.102, 1.106, 1.107 y 1.206 de este Código.
— Código de Comercio: art. 348.

Artículo 1.530

Cuando el cedente de buena fe se hubiese hecho responsable de la solvencia del deudor, y los contratantes no hubieran estipulado nada sobre la duración de la responsabilidad, durará ésta sólo un año, contado desde la cesión del crédito, si estaba ya vencido cl plazo.

Si el crédito fuere pagadero en término o plazo todavía no vencido, la responsabilidad cesará un año después del vencimiento.

Si el crédito consistiere en una renta perpetua, la responsabilidad se extinguirá a los diez años, contados desde la fecha de la cesión.

COMENTARIO

1.- El artículo anterior contempla el pacto entre acreedor cedente de buena fe y acreedor cesionario de que el primero era responsable de la solvencia del deudor. Este pacto puede prever el tiempo de duración de tal responsabilidad.

2.- Si nada se ha previsto sobre tal duración, este artículo dispone que alcanzará un año, desde la cesión del crédito, si estaba vencido al tiempo de cumplimiento de la deuda correspondiente a tal crédito. Si tenía previsto un plazo, el año se contará desde que éste vence. Si el crédito corresponde a una obligación de renta perpetua (o aunque no lo diga el Código, de renta vitalicia o de renta superior a diez años) la responsabilidad dura diez años, a contar desde la cesión del crédito, o del vencimiento del plazo inicial de cumplimiento, si era distinto.

Artículo 1.531

El que venda una herencia sin enumerar las cosas de que se compone, sólo estará obligado a responder de su cualidad de heredero.

COMENTARIO

1.- Este artículo contempla la figura de la venta de herencia. Se trata de herencia tras la apertura de la sucesión, producida por la muerte o declaración de fallecimiento del causante; antes no sería verdadera herencia y caería en la prohibición legal del párrafo segundo del art. 1.271, de la herencia futura como objeto de contrato o negocio jurídico inter vivos en general. La venta de herencia es la cesión general de derechos de crédito, de derechos reales y de deudas, es decir, del íntegro contenido patrimonial, que hace el heredero de toda la herencia o de una cuota-parte de la misma o que hace el coheredero de toda o parte de su cuota de la herencia. No es venta de herencia si el heredero o coheredero transmite un conjunto de bienes o derechos o incluso el activo patrimonial que le corresponde. El adquirente, comprador, adquiere los derechos de crédito y reales y asume las deudas, en bloque; aunque no se convierte en heredero, ni deviene sucesor en derechos y acciones personalísimas del causante (como acciones de filiación o de reclamación del honor, intimidad o imagen, Ley Orgánica 1/1982, de 5 de mayo).

2.- El heredero vendedor de la herencia no responde de los vicios o defectos de cada una de las cosas que se hallan en la herencia. Sí responde de ello si en la venta se enumeran las cosas o derechos de que se compone, pero en tal caso no hay venta de herencia sino venta del conjunto de cosas enumeradas, a la que se aplica la normativa del contrato de compraventa.

En el caso de venta de herencia, el heredero transmitente «sólo estará obligado a responder de su cualidad de heredero», lo que comprende la realidad de la herencia y de su carácter de heredero respecto a la misma.

CONCORDANCIAS

Véase:
— arts. 1.271, párrafo 2.º, 1.280.4.º y 1.474 y ss. de este Código.
— Ley Hipotecaria, de 8 febrero 1946 (*«B.O.E.»*, 29 mayo): art. 46.

Artículo 1.532

El que venda alzadamente o en globo la totalidad de ciertos derechos, rentas o productos, cumplirá con responder de la legitimidad del todo en general; pero no estará obligado al saneamiento de cada una de las partes de que se componga, salvo en el caso de evicción del todo o de la mayor parte.

COMENTARIO

1.- Se trata de la venta de universalidad, cesión de un conjunto de créditos. El acreedor que cede a otro un conjunto de créditos, como tal conjunto y aun precio global, alzado, no tiene global. Responde de la existencia, legitimidad y solvencia, globalmente, por el conjunto, no por cada uno de ellos, individualmente. Es decir, responde del conjunto o de la mayor parte de éste, no de cada crédito individual.

2.- Si se produce la evicción de toda la universalidad o de la mayor parte de las cosas o derechos que comprende, el vendedor sí responde y está obligado al *saneamiento por evicción*, según las reglas generales de la compraventa. Lo que se dispone en este artículo sobre evicción es aplicable al saneamiento por vicios ocultos.

CONCORDANCIAS

Véase arts. 1.474 y ss. de este Código.

Artículo 1.533

Si el vendedor se hubiese aprovechado de algunos frutos o hubiese percibido alguna cosa de la herencia que vendiere, deberá abonarlos al comprador, si no se hubiese pactado lo contrario.

COMENTARIO

1.- En la venta de herencia, que prevé el art. 1.531, el vendedor debe entregar al comprador la herencia que le ha vendido (cuyo concepto se ha dado al comentar dicho artículo 1.531): es decir, el conjunto, el bloque, de derechos y obligaciones.

El supuesto de hecho que contempla el presente artículo es la venta de herencia, pero antes de ella o después, pero antes de la entrega, el heredero vendedor ha aprovechado algunos frutos o percibido alguna cosa de la herencia. Comprende cualquier aspecto y cualquier cosa o fruto: así, puede haber gastado dinero de la herencia o de las rentas de fincas arrendadas o consumido cosas consumibles, o vendido o regalado alguna cosa de la herencia, etc.

2.- El efecto es, en primer lugar, el que se haya pactado en el contrato de compraventa, ya que al heredero-vendedor puede haberle interesado prever lo que ha gastado, consumido o transmitido de la herencia o lo que calcula que hará antes de la entrega.

En segundo lugar, en defecto de pacto, el heredero-vendedor deberá abonar su valor al comprador-adquirente de la herencia. Valor de la cosa o fruto en el momento de la venta de la herencia o, más exactamente, en el momento de la entrega al comprador-adquirente.

Artículo 1.534

El comprador deberá, por su parte, satisfacer al vendedor todo lo que éste haya pagado por las deudas y cargas de la herencia y por los créditos que tenga contra la misma, salvo pacto en contrario.

COMENTARIO

1.- Este artículo es continuación del anterior, del que podría haber sido su segundo párrafo. Si en el precedente se preveía que se debía reintegrar al comprador-adquirente lo que había percibido al vendedor-heredero, en éste se contempla el caso inverso: aquél debe reembolsar a éste lo que haya pagado por razón de la herencia.

El supuesto de hecho es que el heredero pagas deudas o cualquier carga, en el sentido amplio de la palabra, o tiene un crédito que debería ser pagado por la masa patrimonial hereditaria, todo ello antes de la venta, o más propiamente, de la entrega de la herencia vendida al comprador.

2.- El efecto es, en primer lugar, el que se haya pactado por las partes, heredero-vendedor y adquirente-comprador. Si verdaderamente se ha producido dicho supuesto de hecho, lo más lógico y correcto es prever los efectos.

En segundo lugar, si nada se ha previsto, el adquirente-comprador debe reintegrar al heredero-vendedor todo lo que éste ha pagado por deudas y cargas de la herencia y satisfacerle los créditos que tenga éste frente a la herencia. Esto último es verdaderamente redundante: el comprador-adquirente de la herencia adquiere derechos y obligaciones de ésta, por lo que asume todas las deudas de la misma; entre ellas, evidentemente, deberá pagar aquéllas cuyo acreedor es el heredero que le vendió la herencia.

Artículo 1.535

Vendiéndose un crédito litigioso, el deudor tendrá derecho a extinguirlo, reembolsando al cesionario el precio que pagó, las costas que se le hubiesen ocasionado y los intereses del precio desde el día en que éste fue satisfecho.

Se tendrá por litigioso un crédito desde que se conteste a la demanda relativa al mismo.

El deudor podrá usar de su derecho dentro de nueve días, contados desde que el cesionario le reclame el pago.

COMENTARIO

1.- Trata este artículo de la cesión de crédito litigioso. Este es el que ha dado lugar a la incoación de un proceso y lo define su segundo párrafo, centrando el concepto en el momento de la contestación a la demanda. Se refiere tanto a un derecho de crédito como a un derecho sobre cosa mueble o inmueble.

Para evitar abusos, consistentes esencialmente en la compra a bajo precio de un crédito que está bajo la dilación en el tiempo y la incertidumbre de un proceso, tiene una regulación especial procedente del Derecho romano (la llamada Lex Anastasiana), que se reduce a que el deudor cedido se libera pagando al nuevo acreedor cesionario lo que éste realmente pagó por la cesión del crédito y los gastos e intereses, que serán los legales, desde que hizo aquel pago.

2.- En caso de cesión de crédito litigioso a título oneroso, el deudor extingue y se libera de la obligación pagando al acreedor cesionario, no el importe originario del crédito que es objeto del litigio, sino el precio real que éste último pagó, con los intereses desde que hizo el pago y los gastos del mismo. El deudor podrá ejercitar este derecho en el plazo, que es de caducidad, de nueve días, a contar desde que el acreedor cesionario le reclame el pago.

JURISPRUDENCIA

«El tema más relevante que plantea la normativa, que es precisamente el nuclear del presente proceso, hace referencia al alcance del vocablo "crédito", con relación al que cabe mantener: bien una postura muy restrictiva, reduciendo su aplicación a los créditos dinerarios; bien un criterio más abierto, comprensivo de otros derechos de crédito o personales; o bien una solución amplia que abarque todos los derechos y acciones. La doctrina jurisprudencial utiliza la fórmula amplia en la Sentencia de 14 de febrero de 1903 y sigue un criterio más restrictivo en las Sentencias de 4 de febrero de 1952 y 28 de febrero de 1991. La doctrina civilista en su casi totalidad, y especialmente, de modo decidido, su sector más relevante, se inclinan por la interpretación más amplia. Se pone de relieve que, a pesar del tenor literal del art. 1.535 en relación con la acepción vulgar del vocablo crédito, dicha interpretación amplia es la que se deduce de nuestra tradición jurídica y del contenido del Código. En cuanto a este último debe tenerse en cuenta: a) que el art. 1.536 CC (que establece las excepciones al anterior) se refiere dos veces a "derecho", y que, de mantenerse una interpretación restrictiva, resultaría un precepto estéril porque de hecho serían innecesarias sus exclusiones; b) por otro lado, que el art. 1.535 CC figura en el Capítulo VII que lleva por rúbrica la transmisión de créditos y demás derechos "incorporales" y que, si bien, a diferencia del art. 1.526, que menciona la cesión de un crédito, derecho o acción, sólo alude a "crédito", ello se ha venido entendiendo que responde a evitar el alargamiento innecesario de la referencia (frase); y, c), finalmente, numerosos artículos del Código Civil que hablan del derecho de crédito revelan que no se utiliza la expresión en el sentido restrictivo, sino en el amplio de exigir tanto una cantidad, como una cosa o la prestación de un servicio, y ello nazca de un contrato unilateral o bilateral. A los argumentos anteriores se añade que, desde la perspectiva de la "ratio" del precepto, no hay razones para establecer el diferente tratamiento que resulta de la opinión restrictiva, pues el fundamento originario relativo a la desincentivación de los especuladores de pleitos (en sintonía con la general enemiga y repugnancia del Derecho Romano respecto de los "compradores de pleitos"), así como el fundamento posterior de "cortar pleitos", se dan por igual respecto de todos los derechos, y, por otra parte, ya se puso de relieve por nuestra mejor doctrina que carece de sentido excluir los derechos nacidos de relaciones jurídicas con obligaciones recíprocas (los "denominados" como contratos bilaterales o sinalagmáticos), a que conduce la postura de reducir la expresión crédito a "créditos simples". Por último, también se argumenta por un importante sector doctrinal, en apoyo de una "interpretación extensiva, por analogía", que el precepto del art. 1.535 CC no tiene carácter excepcional ya que responde a un criterio general de nuestro ordenamiento jurídico (así art. 1.459.5.º CC), sin embargo la postura acerca de si es o no un precepto de excepción no es pacífica en nuestra más moderna doctrina... ...La transmisión se refiere a un derecho de crédito litigioso, considerándose litigiosos aquellos que no pueden tener realidad sin una sentencia firme (SS. 14 de febrero de 1903 y 8 de abril de 1904), y desde la contestación de la demanda (exigiéndose por la doctrina una oposición de fondo, aunque debe admitirse la eventualidad de la oposición tácita de la rebeldía ex art. 496.2 LEC). Y se ejercitó dentro del plazo legal de caducidad». (31 octubre 2008, rec. 1429/2003, LA LEY 164125/2008)

CONCORDANCIAS

Véase arts. 1.165, 1.291.4.º y 1.785 de este Código.

Artículo 1.536

Se exceptúan de lo dispuesto en el artículo anterior la cesión o ventas hechas:

1.º A un coheredero o condueño del derecho cedido.

2.º A un acreedor en pago de su crédito.

3.º Al poseedor de una finca sujeta al derecho litigioso que se ceda.

COMENTARIO

1.- De la restricción de la cesión del crédito litigioso, en contra del acreedor cesionario y en favor del deudor (cedido), que establece el artículo anterior, se exceptúan tres casos que enumera como numerus clausus el presente artículo. Son casos en que el interés del cesionario, nuevo acreedor, se considera legítimo y digno de protección, fuera del disfavor con que contempla el artículo anterior la cesión de crédito litigioso en general.

2.- Los tres casos son los siguientes:

Primero. Cuando el cesionario es coheredero o cotitular (o «condueño» como dice el texto legal) del crédito litigioso («derecho cedido»). Se estima legítimo el interés del acreedor cesionario en eliminar o reducir la cotitularidad, respondiendo así al criterio general del Código, desfavorable a todo tipo de comunidad, criterio heredado directamente del Derecho romano.

Segundo. La cesión del crédito litigioso que se hace a un tercero, en pago de su crédito; es decir, el acreedor cedente era deudor del acreedor cesionario y le paga cediéndole el crédito litigioso. El interés legítimo de este último es el pago de su respectivo crédito.

Tercero. La cesión del crédito o derecho litigioso que se refiere a una finca, que se hace al poseedor de ésta. Su interés es asegurar la pacífica posesión de la misma. Así, el caso de la cesión del crédito litigioso hipotecario, al poseedor de la finca.

CAPÍTULO VIII
DISPOSICIÓN GENERAL

Artículo 1.537

Todo lo dispuesto en este título se entiende con sujeción a lo que respecto de bienes inmuebles se determina en la Ley Hipotecaria.

COMENTARIO

El Código Civil mantiene y respeta la legislación hipotecaria. Hay que tener en cuenta que fue promulgada antes la Ley Hipotecaria que el Código Civil. Así, los artículos 605 y 608 son típica expresión de ello.

Este art. 1.537, totalmente inútil, responde al mismo principio. Toda la normativa que se establece para la compraventa coexiste con la que establece la LH para los inmuebles. Lo que es evidente.

JURISPRUDENCIA

«aunque el contrato privado reúne las condiciones y requisitos necesarios de validez (arts. 1.261 y 1.445 del Código Civil), el compromiso de su constatación pública obliga en sus términos a las partes, pues resulta preciso para el acceso al Registro, conforme los preceptos 1537 del Código Civil, 2.1; 3.1 y concordantes de la Ley Hipotecaria, siendo derecho que adquirió el recurrente por el documento de referencia, que, precisamente no necesita su efectiva protocolización, si bien en su contenido negocial esencial deberá ser respetado en la escritura pública a otorgar, salvo que los litigantes acuerden otra cosa, conforme autoriza la normativa reglamentaria notarial, tratándose como se trata de ejecución de un contrato lícito y válido, llenándose una forma, que si bien no afecta a la eficacia en sí del negocio, sino a su formulación documentaria pública en su consecuencia de amparar en lo posible los derechos del comprador, con lo que se da de esta manera cumplimiento efectivo al pacto accesorio de instrumentar públicamente la compraventa llevada a cabo». (27 marzo 1995, LA LEY 14412/1995)

CONCORDANCIAS

Véase Ley Hipotecaria, de 8 febrero 1946 (*«B.O.E.»*, 29 mayo): arts. 37.3.º y 107.7.º y 8.º.

TÍTULO V
De la permuta

Artículo 1.538

La permuta es un contrato por el cual cada uno de los contratantes se obliga a dar una cosa para recibir otra.

COMENTARIO

1.- El contrato de permuta se define como aquel por el que una parte se obliga a transmitir a la otra la propiedad de una cosa, a cambio de que ésta, a su vez, se obliga a transmitirle la propiedad de otra cosa.

La permuta se puede descomponer en dos compraventas: A le vende a B una joya por 100; y luego le compra a B otra joya con las 100 que había cobrado; es lo mismo que si le cambia una joya por otra. Así, lo que caracteriza la permuta es su naturaleza de contrato de cambio *in natura* y la inexistencia de precio en dinero.

2.- Se contempla y matiza el concepto de permuta con la enumeración de sus caracteres.

Primero. Consensual. Se perfecciona por el consentimiento, sin necesidad —para su perfección— de entregar una y otra cosa. Lo que se deduce claramente del presente artículo 1.538.

Segundo. Bilateral o recíproco. El contrato de permuta da lugar a dos obligaciones recíprocas, de cada uno de los permutantes, que, además, tienen la misma naturaleza.

Tercero. Oneroso. Cada obligación tiene su contraprestación en la del otro permutante.

Cuarto. Obligacional, traslativo de la propiedad. La permuta produce obligaciones, no transmite por sí misma la propiedad. Pero es traslativo de propiedad, es título para ello que, junto con el modo, consistente en la tradición real o ficticia, produce la adquisición de la propiedad en la otra parte.

Quinto. Obliga a cada permutante a transmitir la propiedad de la cosa permutada. Es una importante diferencia con la compraventa: en ésta, el vendedor se obliga a la entrega y al saneamiento de la cosa; en la permuta se obliga además, precisamente, a la transmisión de la propiedad. Lo cual tiene como consecuencia la posibilidad de resolución de la permuta de cosa ajena (art. 1.539).

JURISPRUDENCIA

«se produjo un contrato de permuta de cosa futura, que la jurisprudencia (SS 31 Oct. 1986, que resume la anterior; 5 Jul. 1989, 10 Mar. 1990, 7 Jun. 1990, 18 Dic. 1990, 7 May. 1993, 30 Sep. 1993, 24 Nov. 1993, 19 Nov. 1994) ha calificado de contrato atípico, do ut des,

asimilable a la permuta; cuya permutante D.ª Isabel T., transmitió la propiedad del solar a los otros permutantes Sres. M. y Mo. y de cuyo contrato de permuta no consta su resolución; estos últimos, propietarios, vendieron a D. Justo G. L. un determinado piso y le entregaron la posesión: éste ha adquirido su derecho de propiedad, por título (contrato de compraventa) y modo (tradición real por entrega de la posesión); cuya propiedad tiene su fundamento en los arts. 1538 y 1541 del CC en cuanto a la permuta que produjo la tularidad dominical de los vendedores, arts. 1445 y 1462, primer párrafo, en cuanto a la compraventa y a la tradición, y arts. 1095 y 609 relativos al título y al modo como traslativos del derecho de propiedad.» (8 marzo 2001, LA LEY 66996/2001)

«Este contrato se califica de permuta, aplicando lo dispuesto en el art. 1446 CC ya que la intención de las partes se manifiesta claramente en este sentido y, además, el valor de la cosa (el solar y el 45% de la edificación futura) es muy superior al dinero entregado. Como permuta, es una permuta de cosa futura, ya que el objeto es una cosa presente —el solar— que se obliga a entregar una parte a cambio de una futura —parte de la nueva edificación— que la otra parte permutante se obliga a entregar cuando construya la edificación que asimismo se obliga a hacer. La jurisprudencia ha contemplado este contrato y lo ha calificado de contrato de permuta atípico: SS 31 Oct. 1986 que recoge jurisprudencia anterior, 5 Jul. 1989, 10 Mar. 1990, 7 Jun. 1990, 18 Dic. 1990, 7 May. 1993, 30 Sep. 1993, 24 Nov. 1993.» (19 julio 2002, LA LEY 328/2003)

«Se trata del planteamiento de una permuta de cosa futura, que más que un contrato atípico, se califica de una especie del contrato de permuta, semejante a la compraventa de cosa futura, pues no en vano compraventa y permuta son contratos análogos ya que realmente la permuta se puede descomponer en dos compraventas y a aquélla se aplican las normas de ésta conforme dispone el artículo 1541 del Código civil. La validez de la misma se ha admitido en la práctica en la doctrina y en la jurisprudencia (así, entre otras muchas que son citadas por éstas, sentencias de 8 de marzo de 2001 y 19 de julio de 2002)». (30 mayo 2006, rec. 4069/1999)

«Hubo por tanto un negocio jurídico atípico de puesta de disposición de solar a cambio de obra futura o dinero, a elección del propietario del solar, garantizado mediante la conservación por éste de la propiedad, la fijación de unos plazos para obtener licencia de obras y, en fin, la propia facultad de elección, garantía en sí misma frente a retrasos o mala ejecución de los chalés y salvaguarda a su vez, totalmente legítima conforme a la libertad de pactos reconocida en el art. 1255 CC, de la pura conveniencia de la parte contratante que ponía la parcela a disposición de la hoy recurrente para construir. Y semejante configuración no generaba incertidumbre alguna ni enturbiaba la naturaleza del negocio querido por las partes, ya que permuta y compraventa se consideran por el Código Civil como contratos tan próximos entre sí que su art. 1541 prevé la aplicación de las disposiciones concernientes a la venta en todo lo no determinando por los artículos que regulan la permuta». (3 noviembre 2009, rec. 217/2005, LA LEY 212163/2009)

«En los contratos de autos, de la misma fecha, celebrados uno a continuación del otro, se vende una finca por un precio y la otra parte le vende futuros locales (que construirá) por el mismo precio. Por más que así los denominen no son dos compraventas, sino que con una causa única es una permuta que, como tal, se descompone en dos compraventas: una parte se obliga a transmitir (como si vendiera) una cosa, a cambio de que la otra parte se obliga a transmitir (a venderle por el mismo precio) otra cosa. Esto es lo sucedido aquí, dándose el concepto que define el artículo 1538 del Código civil con la especialidad de que se trata de una permuta de cosa futura; se permuta una finca a cambio de determinados elementos del edificio a construir en un plazo concreto, como han contemplado las sentencias de esta Sala, entre otras muchas, de 8 de marzo de 2001, 19 de julio de 2002 y 1 de julio de 2010». (10 noviembre 2010, rec. 456/2007, LA LEY 203295/2010)

CONCORDANCIAS

Véase:
— art. 1.446 de este Código.
— Código de Comercio: art. 346.

Artículo 1.539

Si uno de los contratantes hubiese recibido la cosa que se le prometió en permuta, y acreditase que no era propia del que la dio, no podrá ser obligado a entregar la que él ofreció en cambio, y cumplirá con devolver la que recibió.

COMENTARIO

1.- No hay en la permuta partes distintas, como en la compraventa (comprador y vendedor), sino que una y otra son permutantes iguales y tienen las mismas obligaciones. No hay, pues, diferencia: cada permutante tiene la obligación de entregar la cosa y de saneamiento, respecto al otro permutante.

La especialidad es que cada permutante está obligado a transmitir la propiedad de cada cosa permutada; la transmitirá por la permuta —título— y la entrega (tradición real o ficticia) —modo—, pero siempre siendo propietario cada uno de sus respectiva cosa. De aquí que la primera especialidad del contenido de la permuta es la resolución si se acredita que uno de los permutantes no era propietario de la cosa que entregó.

2.- Tal *resolución* no es un imperativo legal; es una norma dispositiva que concede al permutante una facultad, no le impone un deber. Por ello, el permutante que ha recibido o va a recibir la cosa que no es propiedad de la otra parte, tiene la opción de mantener la vigencia del contrato (así, si confía en que no será perturbado en la posesión pacífica de la misma) o bien resolverlo.

Lo cual significa que el permutante que ha recibido o incluso que no ha recibido todavía la cosa del otro permutante y acredita que no es de propiedad de éste (es cosa ajena), tiene la facultad de resolución del contrato de permuta y, en su consecuencia, no entregará la cosa que él debía transmitir o, si la ha entregado ya, podrá exigir su devolución.

CONCORDANCIAS

Véase arts. 1.124 y 1.771 de este Código.

Artículo 1.540

El que pierda por evicción la cosa recibida en permuta, podrá optar entre recuperar la que dio en cambio, o reclamar la indemnización de daños y perjuicios; pero sólo podrá usar el derecho a recuperar la cosa que él entregó mientras ésta subsista en poder del otro permutante, y sin perjuicio de los derechos adquiridos entretanto sobre ella con buena fe por un tercero.

COMENTARIO

1.- Los permutantes tienen entre sí, la obligación de entrega y saneamiento. El saneamiento por evicción tiene una regulación específica en este artículo. Su concepto y requisitos son los mismos que en la compraventa, pero varían sus efectos.

2.- Dándose efectivamente la evicción de una de las cosas dadas en permuta («el que pierda por evicción la cosa recibida en permuta...» comienza el texto de este artículo), el permutante que ha sufrido tiene dos opciones contra el otro permutante, como dos acciones de naturaleza distinta.

Primera opción. Resolución del contrato: recuperar la que dio en cambio, dice el art. 1.540; es decir, no devuelve la que recibió porque la ha perdido por evicción, pero sí recupera la que él entregó.

Pero sólo puede ejercitar esta opción —añade el mismo art. 1.540— si la cosa que él entregó subsiste en poder del otro permutante: es evidente; no puede recuperar algo que ya no está en poder de éste, ya que la permuta, como todo contrato, crea una relación personal entre las partes contratantes sin que pueda alcanzar a tercero.

Además —sigue el art. 1.540— se mantienen por la misma razón de protección a tercero, los derechos adquiridos entretanto sobre ella con buena fe por un tercero; por tanto, si la cosa ha sido gravada con derecho real a favor de un tercero de buena fe (usufructo, servidumbre, hipoteca, etc.) el permutante que, pese a ello, ha optado por recuperar la cosa deberá soportarlo, sin perjuicio de la reclamación personal contra el permutante que la gravó. No si es derecho personal el que se ha impuesto sobre la cosa, aunque si es de protección especial, sí habrá de soportarlo el permutante que recupera la cosa.

Segunda opción. Indemnización de daños y perjuicios. El permutante que ha perdido la cosa recibida, por evicción y no le interesa la primera opción, recuperación de la que él entregó (porque ha sido transmitida a un tercero o gravada, o ha perdido valor o simplemente porque ya no la quiere), puede reclamar la indemnización de daños y perjuicios, como prevé el mismo artículo 1.540.

El importe de la indemnización será, en principio, el valor —en este momento— de la cosa que él había entregado y todos los gastos que haya tenido por razón del contrato de permuta como por el proceso de evicción: aplicado convenientemente, se da una remisión al artículo 1.478.

CONCORDANCIAS

Véase arts. 1.122, 1.295, 1.298, 1.303 y 1.475 y ss. de este Código.

Artículo 1.541

En todo lo que no se halle especialmente determinado en este título, la permuta se regirá por las disposiciones concernientes a la venta.

COMENTARIO

1.- El Código apenas regula el contrato de permuta. Da una innecesaria definición (art. 1.538) y dispone dos efectos específicos (arts. 1.539 y 1.540). En el resto, lo no regulado, se remite a las normas de la compraventa.

2.- Esta remisión no es automática y aplicable en todo caso, sino que habrá que advertir si la norma de la compraventa que se pretende aplicar a una permuta no es incompatible con ésta. El caso más frecuente será si aquélla hace referencia, directa o indirecta, al precio, típico de la compraventa e inexistente en la permuta.

JURISPRUDENCIA

«aún no ha tomado posesión la recurrida, lo que faculta a ésta para rescindir el contrato de permuta, por haber optado por la rescisión que le concede el art. 1.469, párrafo 2, en relación con el 1.541 del Código Civil, en cuanto la cabida de la finca que el recurrente ofrece es inferior en más de la décima parte de la cabida prevista en el contrato». (30 enero 1988, LA LEY 303-1/1988)

CONCORDANCIAS

Véase arts. 1.445 y ss. de este Código.

TÍTULO VI
Del contrato de arrendamiento

CAPÍTULO PRIMERO
DISPOSICIONES GENERALES

Artículo 1.542

El arrendamiento puede ser de cosas, o de obras o servicios.

COMENTARIO

1.- Frente a los contratos que constituyen negocios jurídicos de disposición —como la compraventa, permuta y donación— se halla el contrato que constituye negocio jurídico de administración, de cesión del uso o del disfrute, que es el arrendamiento de cosas.

El «arrendamiento de obras» como lo denomina este artículo es el contrato de obra, por el que una de las partes se obliga a ejecutar una obra por precio cierto.

Y en el «arrendamiento de servicios» una de las partes se obliga a prestar a la otra un servicio por precio cierto. Incluir la prestación de servicios dentro del arrendamiento y utilizar tal terminología es un error sólo explicable por la inercia de mantener una consideración de la época romana: en ésta, el trabajo —prestación de servicios— lo realizaban los esclavos, considerados jurídicamente como cosas y su contratación, lógicamente, era por arrendamiento de cosa. Así, es incorrecta la terminología del Código: no es ni debe llamarse arrendamiento, sino contrato de prestación de servicios.

2.- El arrendamiento de cosas está regulado en los artículos 1.546 y ss. aunque los de más trascendencia económica y social estén regulados por las leyes especiales, de Arrendamientos Urbanos, 29/1994, de 24 noviembre y de Arrendamientos Rústicos, 49/2003, de 26 noviembre.

El contrato de obra tiene una escasa normativa en el Código, arts. 1.588 y ss. que la práctica y la jurisprudencia han tenido que contemplar.

El contrato de prestación de servicios tiene unas poquísimas normas, arts. 1.583 a 1.588, que la mayoría están derogadas. El más importante de los contratos de prestación de servicios es el contrato de trabajo que ha dado lugar a una rama distinta del Derecho, el Derecho del trabajo.

3.- Los tres llamados arrendamientos tienen distinta naturaleza entre sí y muy poco en común. El verdadero concepto de arrendamiento —cambio de posesión por precio— es el de cosas. Los otros no son propiamente arrendamientos y en la doctrina y en algún proyecto de reforma de estos artículos del Código se emplea la correcta terminología de contratos de obra y de prestación de servicios.

CONCORDANCIAS

Véase art. 1.655 de este Código.

Artículo 1.543

En el arrendamiento de cosas, una de las partes se obliga a dar a la otra el goce o uso de una cosa por tiempo determinado y precio cierto.

COMENTARIO

1.- El arrendamiento de cosas se define como el contrato por el cual una parte —arrendador— se obliga a entregar y mantener la posesión de una cosa a la otra —arrendatario— por un precio cierto.

2.- El concepto queda matizado por los caracteres del mismo:

Primero. Consensual. Se perfecciona por el consentimiento de los contratantes, sin especial exigencia de forma o de entrega de cosa, propia de los contratos formales y reales, respectivamente; responde a los principios generales de la contratación que proclaman los arts. 1.258 y 1.278.

Segundo. Oneroso. Las obligaciones que contrae el arrendador son a cambio de las que contrae el arrendatario: debe entregar la cosa y mantener la posesión, pero no por favor y sin nada a cambio (gratuitamente) —en cuyo caso sería comodato—, sino por razón del precio que recibe; viceversa, las obligaciones del arrendatario, esencialmente el pago del precio, se contraen por razón de recibir la posesión de la cosa durante un tiempo.

Tercero. Bilateral. Produce obligaciones recíprocas, bilaterales o sinalagmáticas para ambas partes. Por tanto, le son aplicables las reglas de éstas: la *exceptio non adimpleti contractus, la compensatio mora* y la resolución por incumplimiento.

Cuarto. Temporal. No cabe que se produzca separación permanente entre propiedad y posesión; por lo cual no se concibe un arrendamiento por tiempo perpetuo o indefinido (en caso de contrato por tiempo indefinido, la ley pone muy precisos límites: artículos 1.577 y 1581). El propio artículo 1.543 exige que el arrendamiento sea por tiempo determinado.

3.- La constitución del arrendamiento es un acto de administración, no de disposición. Si se trata de un arrendamiento sujeto a prórroga forzosa o plazo mínimo de duración (caso de arrendamientos rústicos o urbano regulados por leyes especiales) o con un largo plazo de duración o inscribible en el registro de la Propiedad (el que recae sobre inmueble: art. 2.5.º LH) se considera acto de administración extraordinaria.

El derecho nacido del arrendamiento es un derecho personal, de obligación, de crédito. El arrendatario no tiene sobre la cosa un derecho real, aun en el caso de que el arrendamiento se inscriba en el registro de la Propiedad. Tiene un derecho de crédito frente al arrendador por el que éste le debe mantener en la posesión de la cosa. No se trata de un derecho personalísimo. El derecho del arrendador y el del arrendatario son transmisibles: *inter vivos* (sin perjuicio de normas limitativas en la legislación especial de arrendamientos rústicos y urbanos) y *mortis causa,* sin que se extinga por muerte de las partes: no crea obligaciones *intuitu personae.*

JURISPRUDENCIA

Sobre el contrato de arrendamiento de cosa:

«Aunque es cierto que la falta de exigencia en el art. 1543 del CC de que el precio del arrendamiento sea en dinero, permite afirmar, como hace un importante sector de la doctrina y reconoció una antigua sentencia de esta Sala, que la contraprestación por el uso de la cosa puede consistir en la entrega de cosa distinta al dinero o en la prestación del algún servicio por el arrendatario al arrendador.» (1 diciembre 2001, LA LEY 10678/2003)

«el arrendamiento de parte del local destinado a centro médico, a médico para el ejercicio libre de sus actividades médicas (como dice el pacto segundo del mismo contrato) unido a otros pactos que pueden ser de prestación de servicios o de exclusividad (como se prevé en los pactos quinto y sexto) es un contrato mixto, como contrato en que se combinan elementos de uno típico y elementos distintos, que dan lugar a un contrato nuevo; es arrendamiento de cosa, al que se añaden obligaciones de no hacer (pacto quinto: exclusividad) y de hacer (pacto sexto: uso de las instalaciones del centro, en exclusiva). No es un contrato de arrendamiento de local de negocio sometido a la normativa —derecho excepcional— de la LAU que estaba vigente en aquel momento, texto refundido aprobado por D 4104/1964, de 24 Dic.; carece de trascendencia jurídica la alusión a dicho texto legal en el pacto cuarto del contrato pues éste tiene la naturaleza jurídica que deriva de su contenido y no de las expresiones de las partes: los contratos son lo que son, y no lo que las partes dicen que son. Se regula por la normativa del arrendamiento de cosa de los arts. 1546 y ss. del CC y por el principio de autonomía de la voluntad que proclama el art. 1255 en relación con la lex contractus consagrada en el art. 1091 del mismo cuerpo legal.» (8 marzo 2002, LA LEY 12269/2002)

Sobre el arrendamiento de industria:

«el contrato cuya resolución se postula era claramente de los calificados de industria, excluidos expresamente del ámbito de la legislación especial, y sometidos a la del Código Civil. Basta leer el contrato privado de fecha 25-9-1989 para entender, que, no solamente por la calificación que en el mismo hacen las partes, sino por su propio contenido y regulación, se trata de la cesión del uso mediante precio de un complejo industrial dotado de todas los elementos necesarios para su desarrollo, y que se encuentra efectivamente funcionando, sin que sea óbice para ello la necesidad de efectuar ciertas obras de restauración y remodelación». (26 julio 1996, LA LEY 8260/1996)

«Según destacada doctrina científica no cabe confundir el arrendamiento de un local para que el arrendatario establezca su propio negocio, con el arrendamiento de una industria en funcionamiento, pues aquí se alquilan una serie de elementos —la empresa, las instalaciones, la clientela, etc.—, entre los que se encuentra el local, que ha de quedar fuera de la Ley arrendaticia, toda vez que, como dice el Texto Refundido de la Ley de 1964, donde la exclusión es tajante, lo que se alquila es "una unidad patrimonial con vida propia y susceptible de ser inmediatamente explotada o pendiente de meras formalidades administrativas". Aunque algunos autores han manifestado la integración de los arrendamientos de industria en el régimen de la presente Ley, pues si el legislador lo hubiera querido, debió determinar la exclusión de forma expresa, como en el Texto Refundido de 1964; pero no obstante esta observación, de la interpretación del artículo 3 de la Ley de 1994 se desprende que no cabe equiparar el arrendamiento para una actividad industrial, que crea el arrendatario en el local objeto de la locación, con el hecho de arrendar una industria en pleno funcionamiento y con los elementos precisos para ello. La doctrina jurisprudencial ha proclamado que los arriendos de locales para negocio se diferencian de los de industria en que, respecto a los primeros, lo que se cede es el elemento inmobiliario, en cambio, en los segundos, el objeto contractual está determinado por una doble composición integradora; por un lado, el local,

como soporte material; y, por otro, el negocio o empresa instalada y que se desarrolla en el mismo, con los elementos necesarios para su explotación, que conforman un todo patrimonial autónomo, sin que sea preciso que el arrendador facilite necesariamente todos los medios para la comercialización de la actividad negocial a desarrollar, que pueden ser ampliados o mejorados con los que aporte el arrendatario, incluso sustituidos, sin que ello afecte a la calificación y naturaleza del contrato como de locación industrial». (18 marzo 2009, rec. 665/2003, LA LEY 8764/2009)

Sobre el arrendamiento de buque:

«El hecho de que en esta modalidad de contrato de "bareboat-charter" se ceda el uso del buque sin armar ni equipar, de modo que el arrendatario se encarga de la equipación y de la gestión náutica, en nada afecta a que el propietario-arrendador tenga la obligación de que el buque que entrega esté en buenas condiciones de navegabilidad, es decir, que "sea apto para hacer frente al tipo de navegaciones y transportes que por su clase y tipo le corresponden"; y, en cambio, no deja de resultar razonable que se atribuyan al arrendatario [fletador] los gastos de mantenimiento en tanto que asume el pleno control náutico y comercial del buque. Todo ello en el terreno de la normalidad jurídica, porque se trata de materia sujeta al pacto contractual, con gran variedad de cláusulas posibles». (23 noviembre 2010, rec. 888/2007, LA LEY 204548/2010)

Sobre el leasing:

«Carente este contrato de una regulación jurídico privada, la jurisprudencia de esta Sala (SS 10 de abril de 1981 y 18 de noviembre de 1983) ha puesto de relieve que se trata de un contrato jurídicamente distinto de la compraventa a plazos de bienes con reserva de dominio "ya se entienda que el leasing constituye un negocio mixto en el que se funde la cesión de uso y la opción de compra con causa única, ora se trate de un supuesto de conexión de contratos que deben ser reducidos a una unidad esencial. El parecer más autorizado, y desde luego mayoritario, la conceptúa de contrato complejo y atípico, gobernado por sus específicas estipulaciones y de contenido no uniforme, lo que lleva a concluir que si no se prueba la mediación de un acuerdo simulatorio en el que el leasing opere como negocio aparente para encubrir como realmente querida una compraventa a plazos, lo que permitiría la aplicación del art. 2.2 L 17 de julio de 1965, habrá de ser excluida esta normativa como ajena que es a la intención y querer de las partes y no venir estructurado el arrendamiento financiero o leasing como si fuera una compraventa de aquella modalidad, pues la finalidad económica perseguida por una y otra operación es distinta, y contrato, igualmente, distinto del préstamo de financiación a comprador regulado en el art. 3.2 de la expresada L 17 de julio de 1965, por tratarse en este caso de un simple préstamo con la única especialidad de ser el comprador de una cosa mueble corporal no consumible el prestatario, estar limitado su importe por el precio aplazado de la compraventa y estar limitado, igualmente, el número máximo de plazos para satisfacerlo a lo que determine el Gobierno"». (30 julio 1998, LA LEY 8898/1998) (doctrina reiterada por la de 19 julio 1999, LA LEY 8618/1999 y la de 18 mayo 2005, rec. 3797/1998)

«no es suficiente, por sí solo, para poder desvirtuar la calificación de un contrato como de arrendamiento financiero o leasing el importe más o menos elevado de la cuota residual pactada para ejercitar el arrendatario la opción de compra». (26 noviembre 1999, LA LEY 3127/2001) (en este sentido, sentencias de 6 marzo 2001, LA LEY 3755/2001; 7 marzo 2001, LA LEY 3754/2001; 12 marzo 2001, LA LEY 39884/2001; 23 diciembre 2001, LA LEY 4105/2002; 12 marzo 2002, LA LEY 3654/2002; 2 diciembre 2002, LA LEY 10823/2003)

«En el contrato de arrendamiento con opción de compra o leasing concurren tres partes, la empresa de leasing que financia la operación conjunta y celebra con el proveedor el contrato de compraventa y con el usuario el de arrendamiento con opción de compra, el

proveedor que ha celebrado el anterior contrato de compraventa y entrega la cosa al usuario y éste, el usuario, que celebra el contrato con la empresa de leasing, y recibe la cosa del proveedor, normalmente elegida por él mismo. Tal contrato de leasing, como dice la S 28 Nov. 1997, institución del derecho comercial importado del área jurídica de los Estados Unidos de América, y plenamente incorporada a nuestro tráfico económico y comercial, es un contrato complejo y en principio atípico regido por sus específicas disposiciones y de contenido no uniforme, que jurisprudencialmente es conceptuado como un contrato con base a los principios de autonomía negocial y de la libertad que proclama el art. 1.255 CC (Código Civil) (S 26 Jun. 1989)... aliud pro alio, entrega de cosa distinta, un aparato con apariencia pero que no puede usarse como camión hormigonera. Lo cual implica el incumplimiento de la principal obligación del arrendador, la sociedad de leasing, que es la entrega de la cosa objeto del contrato lo que lleva consigo la resolución del mismo con la devolución del precio recibido y la del camión hormigonera por la sociedad contratante, arrendataria con opción de compra. La cláusula de subrogación (rectius, cesión de acciones) y de exención de responsabilidad de la entidad de leasing puede ser de aplicación en caso de vigencia de la relación jurídica derivada del contrato pero no en el supuesto presente en que la relación jurídica (relación de hecho regulada por el derecho que la hace devenir relación jurídica) no ha llegado a iniciarse». (3 febrero 2000, LA LEY 197/2001)

«La expresada cláusula mira a la situación de incumplimiento contractual por parte del arrendatario y a sus consecuencias que en este caso se contraen a la posibilidad de exigir el cumplimiento por vencimiento de las cuotas de arrendamiento a causa del impago de dos de ellas la recurrente dejó de pagar desde noviembre de 1988 o la resolución con devolución de las prestaciones realizadas, pacto de posibilidad doble que no pugna con la libertad consagrada en el art. 1.255 CC». (7 febrero 2000, LA LEY 90/2001; en el mismo sentido, 5 octubre 2000, LA LEY 2268/2002))

«Lo que caracteriza al "leasing", en su versión de arrendamiento financiero, es su constitución en función de un bien determinado. La razón ontológica de la figura jurídica que explica e integra su función económico-social, o práctica, es la necesidad de un objeto, y, además, según la disp. adic. 7.ª, apartado uno, de la L 26/88, su destino a una explotación agrícola, pesquera, industrial, comercial, artesanal, de servicio o profesional del financiado, el cual acepta dicha fórmula jurídica, porque precisa o desea dicha cosa y carece de soporte económico para adquirir su dominio, o por otras razones, reservándose la facultad de adquisición para un tiempo posterior mediante el mecanismo de la opción de compra. En cambio lo que caracteriza el préstamo de dinero es la necesidad de este, que además de cosa fungible, es consumible por naturaleza, produciéndose en relación con el mismo una transmisión de dominio, con obligación de devolver el tatumdem, con precio o sin él. En el préstamo, por consiguiente, lo relevante o trascendente, la razón de ser del contrato, es recibir dinero; se financia la empresa, mientras que en el "leasing" se financia directamente la adquisición del objeto. En el caso de autos no hay un "leasing", como se deduce además claramente de la naturaleza del bien hipotéticamente financiado, y del análisis en conjunto de las cláusulas del contrato en relación con dicho objeto. La finalidad del contrato no fue la de obtener, o mantener, el garaje, sino conseguir el dinero, por lo que el verdadero contrato celebrado, el querido por la voluntad concordada de las partes consentimiento (de cum sentire, o sentir conjunto), como concurso de oferta y aceptación sobre la cosa y causa del contrato (arts. 1.261, p. primero, 1.274 y 1.740 CC) fue un préstamo simple, o mutuo. Para la sentencia del Juzgado el contrato debe ser calificado como de "lease back". Esta figura jurídica (también denominada "retroleasing"), que en su versión mobiliaria y como modalidad de "leasing" ya fue contemplada en diversas sentencias de esta Sala (1 Mar. 1998, 1 Feb., 17 Mar. y 20 Nov. 1999), y que, por cierto, no fue aludida en el proceso por la parte demandante, no concurre en el supuesto de autos, con independencia de la consideración jurídica que pueda tener en la legislación contable y financiera, que no es significativa para el campo del dere-

cho civil, y cualquiera que sea la apariencia externa que pueda presentar la operación. Ello es así porque, aunque con ciertas peculiaridades (que hacen que en el caso la disimilitud sea más difusa), es una modalidad de leasing, y por lo tanto lo trascendente es el bien concreto sobre el que se constituye, de tal modo que si el mismo, y más concretamente su transmisión, obedece a una función de garantía de la devolución de una suma de dinero, obviamente no se da tal hipótesis jurídica. Y ello se revela singularmente cuando resultan indiferentes las características o naturaleza del bien inmueble transmitido y luego arrendado con opción de compra y no responde a la finalidad prevista en la Ley (disp. adic. 7.ª ap. uno, párrafo primero, L 26/1988, de 29 Jul.)». (16 mayo 2000, LA LEY 101074/2000)

«El concepto de contrato de arrendamiento con opción de compra o leasing ha sido expuesto reiteradamente por doctrina y jurisprudencia; así, la S 28 Nov. 1997 dice: institución del derecho comercial importado del área jurídica los Estados Unidos de América y plenamente incorporada a nuestro tráfico económico y comercial, es un contrato complejo y en principio atípico regido por sus específicas disposiciones y de contenido no uniforme, que jurisprudencialmente es conceptuado como un contrato con base a los principios de autonomía negocial y de la libertad que proclama el art. 1.255 CC (S 26 Jun. 1989). Además, desde un punto de vista legislativo y como definición auténtica, hay que tener en cuenta lo que proclama la disp. adic. 7.ª en su ap. 1.º de la L 29 Jul. 1988, que dice que tendrá la consideración de operaciones de arrendamiento financiero aquellos contratos que tengan por objeto exclusivo la cesión de uso de bienes muebles o inmuebles, adquiridos para dicha finalidad según las especificaciones del futuro usuario, a cambio de una contraprestación consistente en el abono periódico de cuotas, y que incluir necesariamente una opción de compra a su término, en favor del usuario. Por otra parte en el ap. 8.º de dicha disposición adicional se dice que las Sociedades de Arrendamiento Financiero tendrán como objeto social exclusivo la realización de operaciones de arrendamiento financiero prevista en la presente disposición. Doctrina que han seguido sentencias posteriores, como, entre otras, de 21 Nov. 1998, 2 Dic. 1998, 20 Nov. 1999, 19 Ene. 2000... Ciertamente, hay sentencias que califican el contrato como de compraventa de bien mueble a plazos, pero, como dice la de 30 Jul. 1998, habrá que probar, en el caso y con las circunstancias concretas, que medió un acuerdo simulatorio en el que el leasing opera como negocio aparente para encubrir como realmente querida una compraventa a plazos; así, en el caso de la S 29 May. 1989; por el contrario, la de 7 Feb. 2000, citada anteriormente, calificó el contrato de leasing rechazando la argumentación de la parte de que se trataba de compraventa a plazos». (20 julio 2000, LA LEY 10300/2000) (doctrina reiterada literalmente por la de 14 diciembre 2004, rec. 3502/1998)

«En los contratos de lease-back desaparece la figura del tercero proveedor del bien y si bien se trata de un contrato lícito y válido, al amparo del art. 1255 del CC, para registrarlo como tal se exige que haya mediado efectiva compra de la financiera a la arrendataria con la consiguiente tradición, aún en la forma simbólica de "solo consensu" (art. 1463 del CC), pero, en todo caso, es necesario, y determinante dejar de poseer en concepto de dueño o como dueño.» (22 junio 2001, LA LEY 5737/2001)

«en el arrendamiento financiero, aunque se establezcan cuotas periódicas de amortización, la exigibilidad del precio del arrendamiento surge desde el momento mismo de la firma, por lo que, producido el impago en los términos pactados, la liquidez de la deuda se consigue mediante una sencilla operación aritmética, al igual que sucede con el préstamo en que se haya pactado su amortización en plazos (por todas, TS S de 8 May. 2001).» (12 marzo 2002, LA LEY 3654/2002)

«teniendo en cuenta que la L 26/1988, de 29 Jul., de Disciplina e Intervención de las Entidades de Crédito, establece en su disp. adic. 7, ap. 1, que tendrán la consideración de operaciones de arrendamiento financiero aquellos contratos que tengan por objeto exclusivo la cesión del uso de bienes muebles o inmuebles, adquiridos para dicha finalidad según

las especificaciones del futuro usuario, a cambio de una contraprestación consistente en el abono periódico de las cuotas a que se refiere el núm. 2 de esta disposición. Los bienes objeto de esta cesión habrán de quedar afectados por el usuario únicamente a sus explotaciones agrícolas, pesqueras, industriales, comerciales, artesanales de servicios o profesionales. El contrato de arrendamiento financiero incluirá necesariamente una opción de compra, a su término, a favor del usuario.» (4 abril 2002, LA LEY 5512/2002)

«Debe, además, recordarse que, según jurisprudencia de esta Sala, reiterada por la S 7 Feb. 2000, en casos análogos al presente (distinción entre leasing y compraventa a plazos) se ha mantenido la doctrina general que declara que la calificación de los contratos es facultad que corresponde fijar a los juzgadores de instancia y su conclusión ha de ser mantenida en casación salvo que resulte ilógica o vulnere las norma de hermenéutica contractual de los arts. 1281 y cc. del CC.» (30 abril 2002, LA LEY 5883/2002)

«Ciertamente esta Sala viene reiterando desde la S 28 Nov. 1997 que la nimiedad o escasa entidad económica del valor residual no es bastante para negar la calificación de arrendamiento financiero al contrato (entre las sentencias más recientes, las de 16 Sep. y 7 Oct. 2002). Sin embargo, sin alterar un ápice dicha jurisprudencia, lo que en la misma se sostiene es que el valor reducido de dicha cuota no es obstáculo a la calificación de leasing, pero ello no impide que un valor ridículo o puramente simbólico, en unión de otros factores o circunstancias —entre ellas, la naturaleza de los bienes objeto del contrato y la conducta de los contratantes—, pueda ser tomado en cuenta para fundamentar otra calificación contractual, u otra conclusión jurídica en sede de tercería de dominio (v. S 21 Nov. 1998 sobre leasing de amortización total)». (7 noviembre 2002, LA LEY 10537/2003)

«el contrato celebrado por la entidad de leasing demandada y un tercero ajeno a esta litis Artes Gráficas Vicent, S.L., es un contrato de esa naturaleza, creadora de derechos y obligaciones entre las partes contratantes y que han sido las que suscribieron la póliza, pero no respecto de un tercero, como ha sido la entidad proveedora o suministradora al arrendatario, que lo hace en virtud de un contrato de compraventa con el arrendatario, que adquiere la propiedad objeto vendido, en virtud de ese contrato de compraventa, y como propietario, cede el uso del mismo a la entidad arrendataria, sin que se confundan ni se entrelacen las relaciones entre uno y otro contrato, el de la venta y el de arrendamiento, aunque se haya permitido por la jurisprudencia, al arrendatario usuario, la subrogación en los derechos del comprador para hacerlo efectivo frente a vendedor, pero sólo en el caso de que en el contrato de arrendamiento exista una cláusula en virtud de la cual se exima al arrendador de la responsabilidad del adecuado funcionamiento de la máquina dada en arrendamiento, ya que sólo en este caso, y para que la cláusula no sea considerada como abusiva, se le concede a la arrendataria la facultad de subrogarse en los derechos del comprador (S 24 May. 1995), subrogación que no implica que asuma para los demás supuestos la condición del comprador, y pueda exigirse el pago del precio del negocio anterior, cuando en virtud del contrato de leasing la obligación que tiene el arrendatario, es la del pago de las rentas o canon en los periodos fijados en el contrato del leasing.» (5 marzo 2003, LA LEY 11248/2003)

«El contrato de leasing o arrendamiento financiero constituye una figura mediante la cual el arrendador financiero, siguiendo las indicaciones del arrendatario, adquiere de un tercero o proveedor determinados bienes dedicados a usos industriales, comerciales, o de servicios, y, manteniendo su propiedad, los pone a disposición de éste para su uso con arreglo al ámbito de sus actividades productivas, empresariales o profesionales, a cambio del abono de determinadas prestaciones periódicas mientras dura el arrendamiento —en las que se distinguen las cuotas de amortización del bien y los intereses imputables a la carga financiera— concediendo una opción de compra en favor del arrendatario, que éste puede ejercitar en el plazo estipulado o al término del contrato, por la cantidad fijada como valor residual del bien. Esta figura no está regulada en nuestro ordenamiento jurídico, por lo que

carece de naturaleza típica, si bien no puede decirse que tenga carácter innominado, pues son diversas las referencias que se efectúan a ella, desde un punto de vista sustancialmente tributario. El Real Decreto-ley 15/1977, de 25 de febrero (artículos 19 a 26) inició la caracterización a efectos tributarios de esta figura, restringiendo su ámbito objetivo a los bienes de equipo, capital productivo y vehículos susceptibles de ser afectados a fines agrarios, industriales, comerciales y de servicios o profesionales. El Real Decreto 1669/1980, de 31 de julio (artículo primero), haciendo uso de la previsión contenida en el artículo 20.2 del citado Real Decreto-ley, admitió de las operaciones de arrendamiento financiero respecto de algunos bienes inmuebles. La Ley 26/1988, de 29 de julio, de Disciplina e intervención de las entidades de crédito (LDIEC), con derogación de la regulación anterior, estableció (disposición adicional séptima) una regulación descriptiva de este contrato precisando, entre otros extremos, que "los bienes objeto de cesión habrán de quedar afectados por el usuario únicamente sus explotaciones agrícolas, pesqueras, industriales, comerciales, artesanales, de servicios o profesionales" y que "el contrato de arrendamiento financiero incluirá necesariamente una opción de compra, a su término, en favor del usuario". Los apartados 2 a 7 de la citada disposición adicional séptima, que establecían el tratamiento fiscal del mismo, fueron derogados por la Ley 43/1995, de 27 de diciembre, reguladora del Impuesto de Sociedades que incorpora su contenido a su articulado (artículo 115 del vigente texto refundido aprobado por el Real Decreto legislativo 4/2004, de 5 de marzo, TR LIS), con modificaciones. La Ley 28/1998, de 13 de junio, de Venta a plazos de bienes muebles (LVPBM), a pesar de que excluye de su ámbito la aplicación a los contratos de arrendamiento financiero (artículo 5.5), se refiere específicamente a los mismos, estableciendo que podrán ser inscritos el Registro de Bienes Muebles, entre otras especificaciones encaminadas a su efectividad mediante procesos judiciales (disposición adicional primera) La Ley de Contratos de las Administraciones públicas, aprobada por Real Decreto legislativo 2/2000, de 16 de junio (artículos 14.2 y 4, 39.b, 103.2, y 171, que tienen carácter básico, según la disposición final primera), admite el arrendamiento financiero como una de las modalidades de los arrendamientos que pueden concertar, calificándolo como contrato administrativo de suministro cuando recae sobre bienes muebles y defiriendo su regulación a la legislación de patrimonio cuando su objeto sean propiedades incorporales o valores negociables. Frente a las posiciones doctrinales que consideran asimilable la naturaleza del contrato de leasing a un préstamo partiendo de su carácter financiero y que ven en él un negocio fiduciario en virtud del cual la transmisión de la propiedad sería puramente formal y limitada a los efectos propios de garantía, la jurisprudencia ha venido reconociendo la autonomía del contrato de leasing, en cuanto responde a una finalidad económico-social propia, tanto desde el punto de vista fiscal como desde el punto de vista mercantil, por lo que con carácter general se reconoce la virtualidad del mismo para la transmisión efectiva de la propiedad de los bienes objeto del mismo (v. gr., STS, Sala Primera, de 1 de febrero de 1999). Este reconocimiento se efectúa partiendo del principio de autonomía de la voluntad reflejado en el artículo 1255 CC para dar contenido a las nuevas figuras contractuales surgidas en el ámbito de los usos mercantiles propios de la sociedad contemporánea y que, extraños algunos de ellos a nuestra tradición jurídica, no por ello deben ser rechazados en un sistema que admite, dentro de los límites imperativamente impuestos por la ley, la libre configuración del contenido de las obligaciones. Por ello para reconocer la autonomía de esta figura contractual se exige que cumpla determinados requisitos que deben ser aquilatados, atendiendo a la interpretación del contrato con arreglo a la intención de las partes contratantes y demás elementos hermenéuticos que suministra el Código civil, teniendo en cuenta los parámetros fijados por la legislación fiscal, en cuanto a falta de una regulación sustantiva que pueda introducir elementos imperativos específicos en la determinación del contenido de esta figura contractual y dotarla de un contenido típico, pueden contribuir a precisar y determinar la finalidad económico-social definitoria de este contrato dentro de los usos mercantiles». (2 febrero 2006, rec. 4809/2000)

CONCORDANCIAS

Véase arts. 1.447 y 1.546 de este Código.

Artículo 1.544

En el arrendamiento de obras o servicios, una de las partes se obliga a ejecutar una obra o a prestar a la otra un servicio por precio cierto.

COMENTARIO

1.- En este artículo se dan, conjuntamente, los conceptos del contrato de obra y del de prestación de servicios, aunque son bien distintos entre sí, el primero tiene por objeto la realización de un resultado y el segundo recae sobre una actividad; precisamente es en estos contratos donde puede hacerse la importante distinción entre obligaciones de actividad y de resultado.

2.- El contrato de obra es aquel en virtud del cual una parte se obliga a la realización de una obra o consecución de un resultado y la otra a pagar por ello una remuneración o precio cierto. Por tanto, la función del contrato de obra no es tanto la actividad conducente a ello, sino el resultado de la misma: la prestación de servicio no es debida como tal, sino sólo como medio para el resultado a obtener, que es la obra.

La obra puede consistir en la creación (una casa) o modificación (reparación de un vehículo) de una cosa o en cualquier otro resultado producto de la actividad humana (dictamen de un abogado, proyecto de un arquitecto, arreglo de la nariz por operación de cirugía estética, etc.).

3.- El contrato de prestación de servicios forma parte de aquel importante grupo de contratos obligatorios (mandato, depósito, etc.) por los que una persona se obliga a realizar una actividad en servicio o interés de otra. Se define como el contrato por el que una parte se obliga a realizar prestaciones de servicios de cualquier clase a cambio de un precio o remuneración. De este contrato se desgajó el de trabajo, formándose una nueva rama del derecho. Se distingue del contrato de obra, en que en éste el objeto es el resultado a obtener con la actividad humana; en el de prestación de servicios, el objeto es la actividad humana en sí misma. Aunque, ciertamente, siempre se da una mayor o menor mezcla de los anteriores conceptos, porque cuando se contrata un servicio siempre se pensará en el resultado y cuando se contrate la obra siempre será inevitable tener en cuenta, por una y otra parte, la actividad conducente a ella.

4.- Donde se plantean más problemas de distinción entre el contrato de prestación de servicios y el de obra es en los supuestos relativos a profesiones liberales.

En principio, se estima que se trata de prestación de servicios (así, médico, abogado, arquitecto, ingeniero, etc.), pero se califica de contrato de obra cuando el profesional es contratado para la ejecución de una obra concreta. En el caso del médico, el supuesto claro de contrato de obra es el de cirugía estética, pues el objeto del mismo es la obra, el resultado, que es el mejoramiento o perfección del cuerpo humano; en este sentido, la sentencia de 21 de marzo de 1950. También es de obra el del dentista para la colocación de una prótesis o el arreglo de dentadura. En el caso del abogado, se considera contrato de obra la confección de un dictamen; también lo es la emisión de laudo arbitral. En el caso del arquitecto, es contrato de obra la confección del proyecto de obra. Lo mismo ocurre con el ingeniero respecto a la confección de un proyecto, planos, estructuras, etc., y con profesionales análogos. Hay que hacer una salvedad: la relación del abogado con el cliente o del arquitecto, u otro profesional, es, en principio, de contrato de prestación de servicios. Se ha dicho que el dictamen de aquél o el proyecto de éste es contrato de obra. Sin embargo, si se da el caso —frecuente en la práctica— de que al abogado se le pide un informe o dictamen, para que luego lleve el pleito o al arquitecto se le encarga el proyecto y luego la dirección de la obra, en tales casos no se dan dos contratos —de obra y luego de prestación de servicios—, sino que la voluntad de las partes y la propia unidad de la relación suponen una sola relación contractual que es derivada del úncio contrato de prestación de servicios, el cual comprende la obra (dictamen, proyecto) y el servicio subsiguiente.

JURISPRUDENCIA

Sobre el contrato de obra y prestación de servicios en general:

«se trata de un arrendamiento de obra. La diferencia de esta locación y el arrendamiento de servicios radica, según el art. 1544 del Código Civil, en que en el primero, arrendamiento de obra, una de las partes se obliga a ejecutar una obra y en el de servicios a prestar un servicio. Se trata de la conocida distinción procedente del Derecho Romano entre la locatio operis y la locatio operarum y cuya diferencia radica en que en el primero se compromete el resultado, sin consideración al trabajo que lo crea, mientras que en el último es la prestación del trabajo en sí misma y no el resultado que produce. Como ha recogido la doctrina jurisprudencial de esta Sala, en el arrendamiento de obra la prestación del arrendador va dirigida a un resultado —sentencias de 19 de octubre de 1995 y 13 de marzo y 10 de mayo de 1997— cuyo objeto, no es tanto la actividad como el resultado, al paso que en el arrendamiento de servicios supone una actividad independiente del resultado —sentencia de 3 de noviembre de 1983—». (6 mayo 2004, rec. 1790/1998)

«La sentencia del Tribunal Supremo de 11 de septiembre de 1996, manifiesta que, de conformidad con una reiterada doctrina jurisprudencial, dictada en aplicación de las normas generales de los artículos 1273 y 1544 del Código Civil, la indeterminación contractual o la falta de prueba del precio pactado no da lugar a la nulidad del contrato, puesto que debe tenerse como precio cierto el que resulte del uso o de la tasación pericial de la obra (sentencias del Tribunal Supremo de 12 de junio de 1984, 16 de enero y 21 de octubre de 1985 y 14 de febrero de 1987, entre otras muchas)». (18 noviembre 2005, rec. 776/1999)

«esta Sala ha declarado reiteradamente como inidónea tal denuncia para fundamentar el recurso porque se trata de un precepto de carácter genérico meramente enunciativo de las figuras de los contratos de arrendamiento de obras y servicios (sentencias de 20 marzo y 9 octubre 1984, 7 diciembre 1998 y 25 febrero 2002, entre otras), que se limita a definir los referidos contratos (sentencias de 7 diciembre 1998 y 20 diciembre 2002); doctrina que se reitera en las sentencias más recientes de 2 abril 2004, 10 noviembre 2005, 22 septiembre 2006 y 29 noviembre 2007)». (25 junio 2009, rec. 2534/2004, LA LEY 104388/2009 (Doctrina reiterada por la sentencia de 15 diciembre 2009, rec. 1477/2005, LA LEY 247487/2009; 13 abril 2011, rec. 1667/2007, LA LEY 17269/2011)

Sobre el contrato de obra:

«Si bien es cierto que, como reiteradamente tiene declarado esta Sala, la falta de determinación inicial del precio en el arrendamiento de obras no es obstáculo a la validez y eficacia del contrato, pudiendo éste determinarse pericialmente, olvida la Sala a quo que tratándose de un contrato de ejecución de obra por administración, y así lo define la propia Sala, los elementos sobre los que ha de versar el informe pericial en este tipo de contratos

para determinar el precio inicialmente indeterminado, son la mano de obra y los materiales puestos por el contratista.» (16 febrero 2001, LA LEY 58200/2001)

«La cuestión jurídica esencial de la que debe partirse es que el contrato de obra comprende la total terminación y entrega de ésta, tal como se desprende del art. 1544 del CC que destaca la obra como objeto de la obligación del contratista y comprende, asimismo como dice el art. 1258 todo aquello (las consecuencias, dice el texto legal) que sean conformes a la buena fe, al uso y a la ley. En este sentido, la S 30 Ene. 1997 dice, respecto a ambos extremos: el contrato de obra, que el CC (art. 1544) denomina arrendamiento de obras, tiene por objeto la obra y el precio. La obra es el resultado previsto en el contrato, expresa o tácitamente o derivado de la buena fe y el uso (art. 1258), siendo este resultado de la actividad el elemento (objetivo) que caracteriza y constituye la esencia del contrato de obra (lo que se desprende, entre otras más antiguas, de las SS 14 Jun. 1989, 4 Oct. 1989, 4 Sep. 1993, 12 Jul. 1994).» (24 octubre 2002, LA LEY 7989/2002)

«el contrato celebrado por las partes fue el denominado en el Código Civil (arts. 1542, 1544 y rúbrica del Cap. III, del Tít. VI, del Libro IV) arrendamiento de obra, aunque en la doctrina se prefiere denominarle contrato de obra o de ejecución de obra, el cual se distingue del de arrendamiento de servicios, según criterio que viene prevaleciendo en la doctrina jurisprudencial (SS, entre otras, de 4 febrero 1950; 23 noviembre 1964; 10 junio 1975; 3 noviembre 1983; 14 junio 1989; 4 septiembre 1993; 12 julio 1994; 7 febrero y 17 octubre 1995; 30 enero, 17 marzo y 10 mayo 1997; 13 abril 1999; 8 octubre 2001; 24 octubre 2002 y 6 mayo 2004), por el objeto inmediato de la obligación del contratista —arrendador, empresario—, de modo que la esencialidad de la prestación no radica en el trabajo o actividad a desplegar, sino en su resultado. Y de la realización y perfección de este resultado —opus consumatum et perfectum: S 7 febrero 1995— depende que el contratista haya o no cumplido, o lo haya hecho defectuosamente, pues la parte llamada contratista está obligada, como resalta la sentencia de 30 de enero de 1997, a realizar y entregar la obra y que ésta sea la prevista, correcta y adecuada, siendo ello determinante del derecho al pago o retribución». (9 enero 2006, rec. 1830/1999)

«Es doctrina reiterada de esta Sala la de que los preceptos definitorios de una institución o contrato, así como los de carácter general no son idóneos para fundar sobre ellos un motivo de casación. La sentencia de 2 de abril de 2004 cita la de 20 de diciembre de 2002 que en relación con la invocación en casación del art. 1544 del Código Civil dice: "este motivo no puede prosperar, pues, en primer lugar, es una norma que define el contrato de ejecución de obra y el de prestación de servicios, sin más, y no cabe en casación la cita, como infringido, de un precepto tan genérico y amplio como el presente que es, simplemente, definitorio"; la sentencia de 25 de febrero de 2002 afirma: "la reiterada doctrina de esta Sala (que) establece que el art. 1544 es meramente enunciativo de las figuras de los contratos de arrendamiento de obras y de servicios por lo que su aislada invocación no puede servir para obtener la casación de la sentencia (sentencias del Tribunal Supremo de 20 de marzo de 1984, 9 de octubre de 1984 y 7 de diciembre de 1998, entre otras)"; "el art. 1544 tiene carácter definitorio y, por su generalidad, no es válido para servir de soporte a un motivo de casación", dice la sentencia de 7 de diciembre de 1998». (22 septiembre 2006, LA LEY 106013/2006)

«Ciertamente, es ilógico, llegando al absurdo, la calificación de mandato entre las partes, siendo así que se trata de una función mercantil, por el que la sociedad de responsabilidad limitada, demandante y recurrente en casación, prestaba un servicio al Comité demandado, a cambio de un precio, lo cual merece la calificación de contrato de prestación de servicios que define el artículo 1544 del Código civil y no de mandato, cuya esencia es la actividad jurídica, como dicen claramente las sentencias de 27 de noviembre de 1992 reiterada por la de 26 de marzo de 2007». (7 mayo 2007, LA LEY 20294/2007)

«Los dos primeros, sin entrar en el tema de su validez, son contratos de obra o, por mejor decir, con más precisión, un contrato de obra el primero, modificado por el segundo. Conforme al artículo 1544 del Código civil y ha desarrollado la doctrina, es un contrato bilateral por el que una parte (el demandante y recurrente en casación D. Serafín G) se comprometió a realizar una prestación (recuperar unos bienes en beneficio de la otra parte (COMPAÑÍA MERCANTIL) por un determinado precio (una comisión por el valor de los mismos). Así lo ha calificado la sentencia de instancia y así lo califica esta Sala. Del contrato se deriva claramente que no se contratan unos servicios, es decir, el objeto del contrato no son unos determinados servicios, que sería el contrato de prestación de servicios, sino la obtención de un resultado y, lo que es decisivo para la resolución del presente caso, este resultado no se ha obtenido: no se trata de un contrato bajo la condición de lograr el resultado, sino que es un contrato de obra cuyo resultado es la esencia del mismo, de tal forma que al no conseguirse no podrá ser reclamado el precio». (26 junio 2008, rec. 2227/2001)

Sobre el contrato de prestación de servicios:

«El contrato de fecha 3 Ene. 1990, antes referido, tiene la naturaleza jurídica del contrato de prestación de servicios, que define, junto con el de obra, el art. 1544 del CC y se produjo el hecho, también mencionado, de que el empleador, la sociedad demandada, dejó de suministrar al empleado, el médico, el material, muestras de sangre, para que éste pudiera cumplir el servicio, por lo que dejó de percibir el precio pactado, que lo era en relación con los análisis efectuados. Lo cual constituye incumplimiento del contrato por parte de la sociedad, empleadora, demandada, Centro Médico y de Rehabilitación, S.A., como así reconoce la sentencia de la Audiencia Provincial.» (4 diciembre 2001, LA LEY 649/2003)

«La jurisprudencia de esta Sala, ante encargos similares a profesionales para hacer gestiones ante organismos oficiales, suele inclinarse por su calificación como arrendamiento de servicios (TS SS 15 Dic. 1994 en Rec. 2845/91 y 26 May. 2000 en Rec. 2021/95).» (25 abril 2002, LA LEY 4790/2002)

*«La relación jurídica litigiosa se encuadra en el ámbito de los denominados en el Código Civil arrendamientos de servicios (arts. 1.542 y 1.544), —aunque mejor sería hablar de contrato de prestación de servicios—, o, como hace la doctrina moderna, con referencia a una categoría más amplia, en las que califica como relaciones de gestión. El contrato de servicios, según el "facere" en que consista, puede cobijar múltiples modalidades —la del caso, que ya tiene precedentes en esta Sala en Sentencias de 20 de mayo de 1.992 y 15 de diciembre de 2.009 entre otras, se refiere a "asesoramiento y gestiones para ahorro de costes de consumo de energía eléctrica"— y presentarse con diversidad de estipulaciones, que, en virtud del pacto —*lex privata*—, conforman distintas perspectivas en cuanto a la duración, indemnización y otros aspectos y condicionan diversas consecuencias jurídicas. Con carácter general, cuando concurre al* intuitu personae, *se admite el disentimiento unilateral, con indemnización de daños y perjuicios (SS. 6-10-1989; 30-3-1992; 11-5-1993; 20-6-1995; 12-5-1997; 25-3-1998; 24-6-2010, entre otras) salvo causa justificada».* (23 diciembre 2010, rec. 887/2007, LA LEY 217667/2010)

Contrato entre abogado y cliente:

«en el arrendamiento de servicios profesionales de Abogado, como en la generalidad de los arrendamientos (arts. 1543 y 1544 CC, aunque este precepto es el de aplicación específica al de obras o servicios), constituye elemento estructural la existencia de precio cierto, el cual ha de pagar quien ha contratado personalmente la prestación —cliente— (sentencias 15 de noviembre de 1996, 17 de diciembre de 1997, 16 de febrero de 2001), y para cuya determinación se habrá de estar a lo acordado por los interesados (art. 1255 CC, S 26 de febrero de 1987) y, en su defecto, a la fijación jurisdiccional, atendiendo en este caso a las pautas

que fija la jurisprudencia, que son fundamentalmente las que indican las sentencias de 15 de marzo de 1994 (dictamen del Colegio de Abogados, cuantía de los asuntos, trabajo realizado, grado de complejidad, dedicación requerida y resultados obtenidos), 24 de febrero de 1998 (naturaleza del asunto, valor económico, amplitud y complejidad de la labor desarrollada) y 16 de febrero de 2001 (tiempo de dedicación, número de asuntos, complejidad de las cuestiones y resultados favorables), sin descuidar la costumbre o uso del lugar (S 3 de febrero de 1998) y la ponderación mediante un criterio de prudencia y equidad (SS 16 de septiembre de 1999 y 4 de mayo de 1988), si bien constituye un prius inexcusable la prueba por el Letrado de la realidad de los servicios prestados (S 24 de septiembre de 1988)». (30 abril 2004, rec. 1732/1998)

«aunque la existencia de un precio cierto sea elemento necesario para la validez del contrato de arrendamiento de servicios y, también, por ello, del contrato de arrendamientos de servicios profesionales por Abogado, esta exigencia se cumple no sólo cuando el precio se pactó, expresamente, sino, también, cuando es conocido por costumbre o uso frecuente en el lugar en que se prestan los servicios (sentencias de 10 de noviembre de 1944 y 19 de diciembre de 1953); tratándose de profesionales que figuran inscritos en una corporación o colegio profesional, la retribución o el precio de sus servicios puede estar regulado por aranceles o tarifas o, como es el caso de los abogados, por normas orientadoras de honorarios mínimos que protegen frente a la competencia desleal, pero que también proporcionan criterios indicativos sobre el coste de los servicios; cuando se trata de varios asuntos de diferente naturaleza, la falta de fijación de cantidades al menos globales (aunque lo deseable es que sean parciales) por cada asunto, genera una auténtica indeterminación que impide el ejercicio prudente del arbitrio judicial para fijar el precio de los servicios (sentencia de 3 de febrero de 1998). Pues bien, en el presente caso no se comprende en modo alguno la necesidad del uso del arbitrio para fijar los honorarios debidos a los asesores fiscales demandantes, toda vez que los trabajos por los que quieren presentar un peculiar "proyecto de minuta" (no una factura por esos trabajos realizados) tienen que ser entendidos como comprendidos dentro del contrato de iguala, ya que se realizaron mientras que ésta estaba vigente; y por la naturaleza de la iguala, es indiferente la mayor o menor complejidad de los trabajos, pues éstos se remuneran con un precio único (4.000.000 de pesetas para cada uno de los asesores), al margen de la complejidad o falta de complejidad de los trabajos, y al margen incluso de si éstos llegan a producirse». (19 enero 2005, rec. 3558/1998)

«hablar en el presente proceso de la falta de un precio cierto en un arrendamiento de servicios, significa pura y llanamente desconocer que los honorarios de los abogados son libres y que las normas que sobre el particular recogen los Colegios de Abogados tienen un carácter meramente orientativo. Y ello nunca podrá provocar la indefensión prohibida por el artículo 24.1 de la Constitución Española. Y en este sentido hay que tener en cuenta lo que dice la sentencia de 25 de octubre de 2002, que afirma "Como se ha apuntado, esta Sala reitera ahora que el precio cierto del contrato de prestación de servicios, profesionales de Abogado, que contempla el art. 1544 del Código civil puede ser acordado por las partes, cuando no exigen una determinación previa, que se fije con criterios objetivos por el dictamen, no vinculante y orientativo, del Colegio de Abogados"». (15 junio 2005, rec. 138/1999)

«en anteriores sentencias, esta Sala ha concluido que era posible la solución tomada por la sentencia recurrida en orden a determinar la cuantía de unos honorarios debidos, pero no adecuadamente presentados al no contener la minuta determinación de las partidas imputadas. Así la sentencia de 23 junio 1982 afirmó que esta "es materia que se plantea en terreno eminentemente discrecional y que escapa al ámbito de la casación reservada para cuestiones jurídicas"; la sentencia de 4 mayo 1988 dice que la sentencia recurrida "ante la realidad de unos ciertos servicios y la necesidad de retribuirlos, acude a la equidad y no por otra razón, los señala en una cierta suma, por lo que no parece que ninguno de los mencionados preceptos hayan sido infringidos" y por último, la sentencia de 30 noviembre 2003 señala

que el recurrente multiplica alegaciones que no conducen "directamente al nudo gordiano del litigio que es el de la cuantía, de lo que se trasluce la conciencia de que dicho tema no puede ser revisado en casación, como así es, porque sólo excepcionalmente y por razones muy concretas [que hasta ahora no se advierten] no cabe verificar en este recurso extraordinario las apreciaciones de la instancia en sede del quantum". *Pero es que, además, la sentencia recurrida utiliza una serie de parámetros para fijar la cuantía final de los honorarios debidos, como son "la naturaleza del asunto, valor económico y complejidad, así como el trabajo que se extrae realizado por el Abogado demandante, en función del tiempo que media entre el encargo y la culminación, que en la demanda se cifra a lo largo de los meses de mayo, junio y julio, en forma coherente con la fecha de la primera visita y la de la fecha de la escritura de aceptación y adjudicación de la herencia del padre del demandado, con la no probada intervención en la totalidad de las operaciones",, lo que demuestra que ante la falta de concreción de la minuta, se han valorado las pruebas que llevan a la determinación más acorde con los trabajos realizados y que no se han fijado tanto por equidad, sino por la aplicación de los parámetros explicitados en la sentencia recurrida».* (15 noviembre 2006, LA LEY 138545/2006)

«La cuantía de la compensación económica a que tiene derecho el abogado por los servicios prestados, en el caso de que no hubiera sido convenida, se determina teniendo en cuenta, como referencia, los baremos orientadores del Colegio en cuyo ámbito aquel actúe, los cuales no tienen carácter vinculante para el Juez, al que proporcionan meros criterios indicativos (sentencias de 25 de febrero de 1982, 5 de febrero de 1983, 4 de mayo de 1988, 15 de diciembre de 1994, 10 de noviembre de 1995, 25 de octubre de 2002, 20 de noviembre de 2003, 19 de enero y 24 de junio de 2005), por más que en ningún caso está justificada una decisión arbitraria o no razonable (sentencia de 25 de octubre de 2002)». (9 febrero 2007, LA LEY 1510/2007)

«Específicamente en relación con los servicios de abogado, declaran las SSTS de 25 de octubre de 2002, 1 de junio de 2005, 15 de junio de 2005 y 22 de diciembre de 2006, entre las más recientes, que se remunerarán, según costumbre en forma notoria ya admitida por esta Sala, con lo que el profesional señale en su minuta y, en caso de disconformidad, con lo que resuelvan los tribunales oyendo previamente a los colegios de abogados, a título de asistencia pericial no vinculante, teniendo en cuenta las normas colegiales orientadoras sobre honorarios profesionales, o, en todo caso, especialmente tratándose de servicios extrajudiciales, con lo que corresponda a la costumbre y uso frecuente en el lugar en que se suponen prestados, ya que el artículo 1544 CC no exige que el precio esté fijado al tiempo de celebración del contrato, sino que basta con que sea determinable, incluso por arbitrium boni viri *[juicio de un hombre bueno]. La STS de 15 de noviembre de 2006 declara, en relación con la determinación del precio de los servicios de un abogado no fijado previamente y su apreciación equitativa por el tribunal, que el criterio de equidad mantenido en la instancia no puede tener acceso a la casación más que cuando sea arbitrario o desorbitado».* (16 febrero 2007, LA LEY 4505/2007)

«ha de comenzarse señalando, como ya consideró la Audiencia Provincial en sus argumentos preliminares, que la circunstancia relativa a la ausencia de informe del Colegio de Abogados correspondiente sobre las minutas reclamadas en estos autos (que, recuérdese, no es vinculante) o a la falta de concreción de las normas colegiales aplicadas al elaborar las facturas, no fue el criterio tomado en consideración en la instancia para rechazar las concretas minutas que ahora se examinan porque, de haberlo sido, se debió desestimar en bloque la íntegra pretensión económica del ahora recurrente. Pues bien, sentado lo precedente, para desestimar este motivo no cabe sino recordar al recurrente que le competía a él, con formulación de minuta detallada, justificar la procedencia del importe de los honorarios devengados y que, si en la instancia se entendió que no cumplió tal cometido, tal carga, ha de soportar las consecuencias negativas de su proceder, sin que quepa a través del presente

recurso extraordinario modificar las conclusiones probatorias sentadas por la resolución recurrida». (18 febrero 2009, rec. 1175/2004, LA LEY 3324/2009)

«La STS de 30 de octubre de 2004 recoge la doctrina jurisprudencial sobre esta materia, y dice lo siguiente: "En el arrendamiento de servicios profesionales de Abogado constituye elemento estructural la existencia de precio cierto, el cual ha de pagar quien ha contratado personalmente la prestación —cliente— (SSTS de 15 de noviembre de 1996, 17 de diciembre de 1997 y 16 de febrero de 2001), y para cuya determinación se habrá de estar a lo acordado por los interesados (STS de 26 de febrero de 1987) y, en su defecto, a la fijación judicial, atendiendo en este caso a las pautas indicadas en la doctrina jurisprudencial, que son fundamentalmente las que fijan las SSTS de 15 de marzo de 1994 (dictamen del Colegio de Abogados, cuantía de los asuntos, trabajo realizado, grado de complejidad, dedicación requerida y resultados obtenidos), 24 de febrero de 1998 (naturaleza del asunto, valor económico, amplitud y complejidad de la labor desarrollada) y 16 de febrero de 2001 (tiempo de dedicación, número de asuntos, complejidad de las cuestiones y resultados favorables), sin descuidar la costumbre o uso del lugar (STS de 3 de febrero de 1998) y la ponderación mediante un criterio de prudencia y equidad (SSTS de 4 de mayo de 1988 y 16 de septiembre de 1999), si bien constituye un 'prius' inexcusable la prueba por el Letrado de la realidad de los servicios prestados (STS de 24 de septiembre de 1988)"». (28 abril 2009, rec. 1004/2004, LA LEY 40393/2009. Doctrina reiterada por la sentencia de 28 septiembre 2010, rec. 1905/2006, LA LEY 175895/2010)

Contrato entre arquitecto y cliente:

«contrato de arquitecto (SS 29-9-1983 y 2-10-1995), puede presentarse en dos modalidades, como simple arrendamiento de servicios o de ejecución de obra, esta última es la aplicable al negocio de autos, como certeramente así lo calificó el Tribunal de Instancia, toda vez que en la hoja de encargo el trabajo contratado no se refería solamente al proyecto básico, que justificaría el contrato de prestación de servicios, sino que también incluía, como objeto del negocio, el encargo de ejecución y dirección de obra». (31 enero 1997, LA LEY 1344/1997)

«El art. 1.544 CC engloba dos tipos contractuales de arrendamientos, y sin duda la parte recurrente cuando habla de inaplicación de dicho precepto se refiere, en primer lugar, al de obra, pues como tiene dicho esta Sala, si un arquitecto se obliga a redactar un proyecto el contrato es de obra y así lo especifica, por todas, la sentencia de esta Sala de 26 de septiembre de 1986, cuando en ella se dice que la relación del arquitecto y cliente es de obra, en cuanto que el profesional, mediante remuneración, se obliga a prestar al comitente más que una actividad, el resultado de la misma prestación ligada a la finalidad perseguida por los contratantes, consistente en el "opus" constituido por el proyecto, que siempre ha de estar revestido de las condiciones o cualidades de viabilidad para que la obra pueda ser ejecutada. Así mismo se refiere también al de servicios, que lo será, según la sentencia de 25 de mayo de 1988, cuando en el contrato del arquitecto se conviniere la prestación de un trabajo o actividad en sí mismo considerada y con independencia del resultado, circunstancia que también se da en el presente caso». (25 mayo 1998, LA LEY 5617/1998)

«resulta obvio que la relación profesional entre cliente y arquitectos actores, no otra que el arrendamiento de servicios». (29 septiembre 1998, LA LEY 98971/1999)

«el debate se centró fundamentalmente en si el trabajo encomendado al arquitecto exigía o no la redacción del PERI desde un principio, pues ciertamente la jurisprudencia de esta Sala interpretativa del art. 1544 CC, en relación con las obligaciones que contrae el arquitecto, acentúa el aspecto de su resultado en el sentido de que el proyecto sea viable para que la obra pueda ser ejecutada (SSTS 27-10-86, 31-1-97 y 25-5-98, con cita a su vez

de otras muchas). Precisamente para esclarecer este punto central del debate se practicó a instancia de la parte hoy recurrente una exhaustiva prueba pericial, en la que se funda muy especialmente la sentencia recurrida, de la que se desprende en esencia, por un lado, que al comenzar el arquitecto la ejecución de su encargo el Ayuntamiento no consideraba necesaria la realización del PERI; de otro, que el orden seguido por el arquitecto en sus trabajos se ajustó a la lógica "habida cuenta de las circunstancias acaecidas hasta obtener la aprobación del PERI y de las Normas"; y finalmente, que "la tramitación del PERI se complicó por el hecho de interferirse con la revisión de las Normas Subsidiarias, incidiendo en varias determinaciones contenidas en él, tales como el perímetro, superficie y viales. Ello alargó el trámite y obligó a sintonizar la redacción del PERI con las normas Subsidiarias por ser éstas de mayor rango"». (13 febrero 2007, LA LEY 3257/2007)

Contrato de Director General:

«el vínculo entre el órgano de Director y la Sociedad, tiene carácter de arrendamiento de servicios, que como a su propia naturaleza corresponde, no es un contrato de resultados (no es contrato de obras), es de actividad. Dicha actividad ha de ejercitarse sin abuso de facultades, y podrá extinguirse en caso de incidir el Administrador en abuso de facultades, actuar con negligencia grave, con deslealtad o con ineptitud, pero es absolutamente desaconsejable, a través de una laxa interpretación de sus deberes, exigirle responsabilidades por actos singulares, pues ello los convertiría en órganos absolutamente responsables frente a la entidad que, precisamente, los designa y mantiene». (30 mayo 1995, LA LEY 16890-R/1995)

Contrato de enseñanza:

«tratándose de servicios de enseñanza de Corte y Confección, se configura un negocio consensual, oneroso, bilateral y conmutativo, en el que el objeto viene determinado por la específica actividad de enseñanza que se presta por una de las partes a otra, a la que le asiste intencionalidad de alcanzarla para su progreso intelectual, profesional e incluso enriquecimiento humano de su caudal de saber y conocer. Por consecuencia, no se promete ni se contrata un efectivo resultado, ya que éste depende de la disponibilidad del alumno para conseguirlo, con la captación útil y aprovechamiento positivo de las enseñanzas que se le imparten, por lo que el negocio se concreta a llevar a cabo la actividad pactada, aunque la misma se oriente directamente a producir el resultado que se espera de la prestación docente que se recibe y por ello exige la necesaria disponibilidad colaboradora del alumnado». (24 diciembre 1994, LA LEY 3521/1995)

Contrato entre médico y paciente:

«En esta línea la jurisprudencia de esta Sala ha venido a declarar que en estos supuestos la relación participa en gran medida del arrendamiento de obra, pues sin perder por completo su identidad jurídica de arrendamiento de servicios, se aproxima a dicho arrendamiento al presentarse como protagonista el resultado a lograr, lo que propicia la exigencia de una mayor garantía en la consecución del mismo, pues si así no sucediera, es obvio que el interesado no acudiría al facultativo para lograr la finalidad buscada (sentencia de 28 de junio de 1997, que cita las de 21-3-1950 y 25-4-1994, así como las de 11 de febrero de 1997 y más directamente las sentencias de 22-7-2003, 21-10-2005 y 4-10-2006). Por lo que se deja estudiado en el presente supuesto ha habido un resultado prometido u ofertado que no se ha conseguido en la forma satisfactoria y adecuada que el interesado esperaba, pues, como queda dicho, la incurvación no se ha corregido, no obstante haberse llevado a cabo dos intervenciones quirúrgicas y la segunda ya pone bien de manifiesto las deficiencias y mala práctica médica de la primera que no las superó, por lo que la responsabilidad del médico demandado resulta suficientemente evidenciada». (26 abril 2007, LA LEY 17309/2007)

«la llamada doctrina de la "pérdida de oportunidad", en relación con los artículos 1544 y 1101 del Código Civil, cuya teoría se concreta en que basta con cierta probabilidad de que la actuación médica pudiera evitar el daño, aunque no quepa afirmarlo con certeza, para que proceda la indemnización, por cuanto que, según acusa, la sentencia impugnada no ha acordado una indemnización por los conceptos de la muerte fetal y la secuela de la cicatriz, pues, aunque de acuerdo con la prueba practicada no es posible deducir una relación directa de la negligencia con estos daños, sí que es evidente que de haberse tomado todos los medios de que dispone la medicina actual, acaso no se hubieran producido, se desestima porque no está demostrada la relación de causalidad entre la muerte fetal y la secuela de la cicatriz por cesárea con la conducta del demandado, y esta Sala tiene declarado que es doctrina básica y reiterada la que establece que no tienen entrada en sede de nexo causal meras deducciones, conjeturas o probabilidades, sino que se precisa la certeza probatoria (STS de 8 de febrero de 2000)». (8 noviembre 2007, LA LEY 179996/2007)

CONCORDANCIAS

Véase arts. 1.583 a 1.603 de este Código.

Artículo 1.545

Los bienes fungibles que se consumen con el uso no pueden ser materia de este contrato.

COMENTARIO

1.- Dos observaciones previas sobre sendos errores de este artículo. En primer lugar, pese a estar incluido en el capítulo dedicado a «disposiciones generales» del contrato de arrendamiento, sólo es aplicable, por su propio sentido, al de cosas, no al de servicios ni al de obra. En segundo lugar, la expresión «bienes fungibles» debe entenderse como cosas consumibles, que son las que se destruyen material (como la leña o la comida y bebida) o jurídicamente (como el dinero) por su uso; la confusión de términos fungible-consumible es frecuente en el Código, desde el propio art. 337 que las define.

2.- Lo que dispone este artículo es que no puede ser objeto de arrendamiento de cosas una que sea consumible, ya que si se cede su posesión y se usa («goce o uso de una cosa» según dice literalmente el art. 1.543) se destruirá y el arrendamiento no transmite la propiedad, sino sólo la posesión con la exigencia de devolución de la misma cosa. Lo anterior no tiene aplicación si se pacta que no se consumirá la cosa consumible objeto del arrendamiento, es decir, que se arrienda para un uso no conforme con su destino intrínseco (un cesto de fruta para adorno, por ejemplo, siendo así que el destino de la fruta es ser comida). Es clásica frase *ad pompam vel ostentationem*. En tal caso, sí puede ser objeto de arrendamiento la cosa consumible.

CONCORDANCIAS

Véase art. 337 de este Código.

CAPÍTULO II
DE LOS ARRENDAMIENTOS DE FINCAS RÚSTICAS Y URBANAS

SECCIÓN PRIMERA
Disposiciones generales

Artículo 1.546

Se llama arrendador al que se obliga a ceder el uso de la cosa, ejecutar la obra o prestar el servicio; y arrendatario al que adquiere el uso de la cosa o el derecho a la obra o servicio que se obliga a pagar.

COMENTARIO

1.- A partir de este artículo se regula el arrendamiento de cosas. El Código titula a este capítulo «de los arrendamientos de fincas rústicas y urbanas» pero se aplica a todo arrendamiento de cosas, en general, al que no destina formalmente norma alguna. Algún artículo se refiere exclusivamente a inmueble y, evidentemente, sólo se aplicará al arrendamiento de la misma.

2.- Trata de los sujetos. Son sujetos el arrendador, que se obliga a entregar la cosa y mantener la posesión en el arrendatario, y este que se obliga a pagar el precio y recibe la posesión de la cosa. En principio, se requiere simplemente la capacidad para contratar. En algunos casos, se considera acto de administración extraordinaria y requiere un mayor grado de capacidad. Así, en arrendamientos por tiempo superior a seis años (art. 1.548), arrendamientos inscribibles, o sujetos a prórroga forzosa. No es preciso ser propietario de la cosa sobre la que recae el arrendamiento; basta con tener la posesión de forma transmisible; así, no puede dar la cosa en arrendamiento el titular del derecho de uso o de habitación por su intransmisibilidad (art. 525); sí puede hacerlo el usufructuario con ciertas limitaciones en el tiempo (art. 480).

3.- Fuera de lugar, en este primer artículo del capítulo que regula el arrendamiento de cosas, define quién es el arrendador y el arrendatario en el mal llamado «arrendamiento» de obras o de servicios. Llama arrendador «al que obliga a... ejecutar la obra o prestar el servicio» y arrendatario al que adquiere «el derecho a la obra o servicio». Terminología confusa y no utilizada en la práctica cotidiana ni forense, pues no son verdaderos arrendamientos ni, por tanto, pueden emplearse correctamente los términos «arrendador» y «arrendatario».

Artículo 1.547

Cuando hubiese comenzado la ejecución de un contrato de arrendamiento verbal y faltare la prueba del precio convenido, el arrendatario devolverá al arrendador la cosa arrendada, abonándole, por el tiempo que la haya disfrutado, el precio que se regule.

COMENTARIO

1.- Uno de los elementos objetivos del contrato de arrendamiento de cosas es el precio. El art. 1.547 exige precio cierto, sin que haya en el Código más requisitos del precio que éste, de la certeza.

En cuanto a la forma, rige el principio de libertad que proclama el art. 1.278, con las excepciones del 1.280 que tienen el escaso efecto que señala el 1.279. Se cual fuere la forma, deben las partes pactar y deben constar de alguna forma todos los elementos, entre los que se cuenta el precio y su certeza.

2.- Consecuencia de ello es el presente artículo que establece la extinción del arrendamiento de cosas que ha comenzado a consumarse, pero *no consta el precio*. La cuestión es que hay arrendamiento: una parte tiene la posesión de la cosa y la otra debería percibir el precio. Pero éste, o no se ha fijado, en cuyo caso falta un elemento esencial (el precio) o no consta («faltare la prueba del precio» dice el texto legal), en cuyo caso falta un elemento (la certeza del precio). Por tanto, se parte de que existe arrendamiento, pero no hay prueba del precio. Ante la inseguridad de un elemento esencial del contrato, se declara legalmente extinguido el contrato. Aunque el transcrito artículo 1.547 se refiere al arrendamiento verbal, la misma regla es aplicable al que se celebró por escrito, pero también falta la prueba.

3.- La consecuencia es la extinción del arrendamiento de cosas. El arrendatario devolverá la cosa al arrendador y le pagará el precio «que se regule» dispone este artículo, por el tiempo que ha durado el arrendamiento; lo que significa que las partes acordarán tal precio y, a falta de acuerdo deberá acudirse al proceso y el Juez resolverá en sentencia.

Artículo 1.548

Los padres o tutores, respecto de los bienes de los menores o incapacitados, y los administradores de bienes que no tengan poder especial, no podrán dar en arrendamiento las cosas por término que exceda de seis años.

COMENTARIO

1.- La capacidad para celebrar el contrato de arrendamiento como arrendador o arrendatario es, en principio, la general para contratar, es decir, capacidad de obrar. Sin embargo, para ser arrendador en algunos arrendamientos de especial trascendencia o duración, hay ciertas limitaciones por considerarse actos de administración extraordinaria. No se trata de que se exija al arrendador una capacidad especial, sino que se limita la actuación del representante legal o voluntario.

2.- En cuanto al representante legal, hay que distinguir el titular o titulares de la patria potestad y el tutor. Aquel regulado bajo el principio de la confianza y éste, bajo el de la desconfianza. El titular o titulares de la patria potestad, como representantes del menor, o del mayor incapacitado con patria potestad prorrogada o rehabilitada (art. 171), puede celebrar como arrendador contrato de arrendamiento de cosa propiedad del menor o incapacitado. Pero con una limitación: no puede hacerlo (no le alcanza para ello su representación legal) si la cosa es inmueble (aunque no lo diga expresamente, este artículo se refiere al arrendamiento de finca rústica o urbana, como reza el título del capítulo) y si contrata por duración superior a seis años, sea por pacto o por prórroga forzosa (posible en arrendamiento rústico, aunque no en el urbano según la nueva LAU de 24 noviembre 1994 en que la única prórroga llega a cinco años). El tutor tiene la misma limitación (no le alcanza la representación legal) que la impuesta al titular de la patria potestad, pero matizada por sus normas específicas. Precisa autorización judicial para celebrar contrato de arrendamiento, como arrendador, por tiempo superior a seis años (art. 271.7.º).

3.- En cuanto al representante voluntario con poder de representación general («administrador de bienes que no tengan poder especial», dice el texto legal) carece de tal poder de representación para celebrar contrato de arrendamiento como arrendador, sobre cosa inmueble y por una duración superior a seis años. Para ello le es preciso poder de representación expreso (art. 1.713).

JURISPRUDENCIA

«el art. 1.548 citado como infringido es evidentemente una norma que por su especial naturaleza protectora e impeditiva de posibles abusos tiene un carácter imperativo y prohibitivo, tal como resulta del propio texto, lo cual supone que, puesto en relación con el art. 6 n.º 3 del propio Código Civil, su posible infracción conlleva y produce los efectos propios de la nulidad de pleno derecho, superadora y distinta de los casos de mera anulabilidad, sin que pueda llevar a tan interesada asimilación el hecho cierto en la práctica de que muchos actos nulos pueden generar una apariencia de regularidad mientras no se produzca la denuncia o impugnación de aquéllos por parte de los interesados, sin que ello equivalga a un supuesto de anulabilidad... la doctrina antigua y reiterada de esta Sala que califica de actos nulos los efectuados "por una madre que, sin autorización judicial, promete arrendar por más de seis años bienes de los que es propietaria por tres cuartas partes y su hijo menor por una cuarta parte"». (26 junio 1989, LA LEY 2021/1989)

CONCORDANCIAS

Véase:
— art. 272 de este Código.
— Ley Hipotecaria, de 8 febrero 1946 (*«B.O.E.»*, 29 mayo): art. 2.5.º.
Texto vigente según Ley 14/1975, 2 mayo (*«B.O.E.»*, 5 mayo).

Artículo 1.549

Con relación a terceros, no surtirán efecto los arrendamientos de bienes raíces que no se hallen debidamente inscritos en el Registro de la Propiedad.

COMENTARIO

1.- Este artículo viene referido al arrendamiento de cosa inmueble, finca rústica o urbana. Partiendo del principio de libertad de forma (art. 1.278), si el contrato se plasma en escritura pública (vid. art. 1.280.2.º) tiene acceso al Registro de la Propiedad, conforme dispone el art. 2.5.º de la Ley Hipotecaria (según redacción dada por la disposición adicional 2.ª de la LAU de 24 noviembre 1994): se inscriben «los contratos de arrendamiento de bienes inmuebles y los subarriendos, cesiones y subrogaciones de los mismos».

2.- Los efectos según ha destacado la doctrina hipotecarista, se reducen a imponer la subrogación en los derecho y obligaciones propias del arrendador, en la persona del posible tercer adquirente, gracias a lo cual se logra la estabilidad arrendaticia, que es el designio perseguido por la ley.

Este artículo dispone que los arrendamientos sobre cosa inmueble (que son inscribibles) que no se hallen inscritos en el Registro de la Propiedad, no surtirán efecto contra tercero. Lo cual coincide con el texto del art. 32 de la Ley Hipotecaria, que dispone lo mismo respecto a los títulos de dominio y de otros derechos reales.

Es expresión, pues, del principio de exactitud registral y, dentro de éste, de la eficacia ofensiva de la inscripción, que se plasma en el principio de fe pública registral. El tercero está protegido contra la realidad no inscrita en el Registro, tanto si no hay nada inscrito respecto a la misma (un usufructo o un arrendamiento no inscrito, por ejemplo), como si hay inscrita una realidad aparente (una propiedad verdadera no inscrita, una propiedad aparente sí inscrita, por ejemplo). Frente al tercero hipotecario, lo inscrito se tiene por válido y lo no inscrito, como inexistente.

CONCORDANCIAS

Véase:
— arts. 1.280.2.º y 1.571 de este Código.
— Ley Hipotecaria, de 8 febrero 1946 (*«B.O.E.»,* 29 mayo): arts. 2.5.º, 32 y 38.
— Ley 29/1994, de 24 noviembre, de Arrendamientos Urbanos, disposición adicional segunda y Real Decreto 297/1996, sobre inscripción en el Registro de la Propiedad de los contratos de Arrendamientos Urbanos.

Artículo 1.550

Cuando en el contrato de arrendamiento de cosas no se prohiba expresamente, podrá el arrendatario subarrendar en todo o en parte la cosa arrendada, sin perjuicio de su responsabilidad al cumplimiento del contrato para con el arrendador.

COMENTARIO

1.- El subarriendo es una figura del subcontrato. Se mantiene el contrato de arrendamiento y el arrendatario celebra un nuevo contrato como arrendador (subarrendador) con otra persona que pasa a ser arrendatario (subarrendatario). El derecho en virtud del cual se celebra el subarrendamiento es el arrendamiento vigente, que es transmisible.

Es distinto que la transmisión o cesión del arrendamiento. En éste el arrendatario cede, transmite, su derecho de tal a otra persona que pasará a ser el nuevo y único arrendatario, aunque ello precisará del consentimiento del arrendador.

2.- Como dispone el último inciso de dicho artículo, el arrendatario primitivo sigue responsable frente al arrendador del cumplimiento de su propio contrato.

El subarrendatario, directamente frente al arrendador, tiene la obligación de usar y conservar la cosa, como señala la ley (art. 1.555.2.º) y como haya previsto el contrato tal como dispone el artículo 1.551; el arrendador tiene acción directa contra él por razón del cumplimiento de esta obligación. La explicación es lógica, pues la posesión la tiene el subarrendatario y a él atañe la obligación de uso y conservación que no la puede tener más que frente al arrendador. Por último, entre subarrendador y subarrendatario se dan las obligaciones propias del contrato de arrendamiento (que es subcontrato, subarriendo) que han celebrado, aplicándose las normas del Código Civil sobre aquel contrato.

CONCORDANCIAS

Véase:
— Ley 29/1994, 24 noviembre (*«B.O.E.»,* 25 noviembre), de Arrendamientos Urbanos: arts. 8 y 32.

Artículo 1.551

Sin perjuicio de su obligación para con el subarrendador, queda el subarrendatario obligado a favor del arrendador por todos los actos que se refieran al uso y conservación de la cosa arrendada en la forma pactada entre el arrendador y el arrendatario.

COMENTARIO

1.- El artículo anterior proclama la posibilidad del subarriendo. A partir de éste se regula esta figura de una manera muy incompleta, por lo que se llenará su régimen jurídico por lo pactado entre las partes y por la normativa del arrendamiento, ya que el subarriendo no es sino un subcontrato de arrendamiento. Las escasas normas que el Código le dedica se refieren esencialmente a particulares especialidades que tiene el subarriendo como tal respecto al arrendador. Además, las leyes especiales de los arrendamientos más trascendentes, rústico y urbano, tienen normas específicas sobre el subarriendo.

2.- Las relaciones jurídicas entre subarrendador y subarrendatario son las que hayan pactado en el contrato de subarrendamiento. En su defecto y en lo que no hayan pactado, habrá que estar a la normativa que en este mismo capítulo el Código dedica al arrendamiento. A ello no hace sino una ligera y abstracta, por demás inútil alusión en su inicio: «sin perjuicio de su obligación para con el subarrendador, queda el subarrendatario...».

3.- Respecto a relaciones entre subarrendatario y arrendador, este artículo se refiere a la *obligación de uso y conservación* del primero, que, en definitiva, es el que posee la cosa arrendada. Dicha obligación del subarrendatario se regirá por lo mismo que regía entre arrendador y arrendatario, es decir, por lo pactado entre ellos en el contrato de arrendamiento y, en su defecto, por lo previsto por el Código para el arrendamiento.

Artículo 1.552

El subarrendatario queda también obligado para con el arrendador por el importe del precio convenido en el subarriendo que se halle debiendo al tiempo del requerimiento, considerando no hechos los pagos adelantados, a no haberlos verificado con arreglo a la costumbre.

COMENTARIO

1.- En caso de impago de renta por el arrendatario, el arrendador tiene acción directa contra el subarrendatario, por el importe de las rentas u otros débitos que el arrendatario se halla debiendo. La renta —precio cierto— que debe pagar el subarrendatario, lo debe hacer al subarrendador (que es el arrendatario en el arrendamiento principal). La especialidad que prevé este artículo es la acción directa, de arrendador a subarrendatario.

2.- Para el ejercicio de la acción directa, el arrendador debe requerir al subarrendatario. A partir del momento del requerimiento, el subarrendatario deberá pagar la renta del subarriendo al arrendador (no al subarrendador).

3.- La deuda que ha provocado la acción directa es, normalmente, la de la renta de arrendatario (que es el subarrendador) al arrendador, pero pueden ser otras deudas. El límite de lo que el subarrendatario debe pagar al arrendador, es la cantidad que aquél debía al subarrendador, al tiempo del requerimiento. El subarrendador es el arrendatario que debe la renta u otros débitos al arrendador.

4.- Los pagos adelantados que el subarrendatario haya hecho al subarrendador, salvo los apoyados en la costumbre, no excluyen la acción directa. Es decir, en el momento del requerimiento, el subarrendatario deberá pagar al arrendador lo que deba por las rentas del subarriendo, sin contar (como si no los hubiera hecho) los pagos adelantados.

Artículo 1.553

Son aplicables al contrato de arrendamiento las disposiciones sobre saneamientos contenidas en el título de la compraventa.

En los casos en que proceda la devolución del precio, se hará la disminución proporcional al tiempo que el arrendatario haya disfrutado de la casa.

COMENTARIO

1.- El arrendador tiene la obligación de saneamiento por evicción y por vicios ocultos, aplicando, en lo que sea posible y debidamente adaptadas, las normas del saneamiento en la compraventa. La particularidad destacable es que esta obligación se mantiene, sin plazos, todo el tiempo que dura el arrendamiento y ni un día más, una vez extinguido.

El saneamiento por evicción significa que el arrendatario pierde la posesión (el uso y disfrute) de la cosa arrendada por sentencia firme y en virtud de un derecho anterior al contrato de arrendamiento. El saneamiento por vicios ocultos implica que la cosa arrendada tiene unos defectos que la hacen impropia para el uso para que se arrendó o disminuyen tal uso de manera que el arrendatario, de haberles conocido, no la había arrendado o habría pagado menos precio. Es preciso que concurran los requisitos del saneamiento, previstos para la compraventa, adaptadas al arrendamiento.

2.- Los efectos son también los mismos que prevé el Código para la obligación de saneamiento en la compraventa. Hay una especialidad: si a consecuencia del saneamiento, el arrendador debe devolver el precio al arrendatario, dispone el segundo párrafo de este artículo que «se hará la disminución proporcional al tiempo que el arrendatario haya disfrutado de la cosa». Esta norma tiene general y fácil aplicación al caso en que tal precio se haya pagado de una vez (tanto dinero por un año de arrendamiento de tal cosa); si se paga como renta periódica (tanto al mes, por ejemplo) normalmente el arrendador no deberá devolver nada, ya que el precio que recibió correspondía al tiempo que el arrendatario usó la cosa.

CONCORDANCIAS

Véase arts. 1.474 a 1.499 de este Código.

SECCIÓN SEGUNDA

De los derechos y obligaciones del arrendador y del arrendatario

Artículo 1.554

El arrendador está obligado:

1.º A entregar al arrendatario la cosa objeto del contrato.

2.º A hacer en ella durante el arrendamiento todas las reparaciones a fin de conservarla en estado de servir para el uso a que ha sido destinada.

3.º A mantener al arrendatario en el goce pacífico del arrendamiento por todo el tiempo del contrato.

COMENTARIO

1.- Enumera este artículo concretas obligaciones del arrendador, pero hay que tener en cuenta que los siguientes artículos complementan y matizan estas obligaciones. Los tres números se resumen en dos obligaciones esenciales: la de entrega de la cosa arrendada y la de mantener la posesión útil de la cosa al arrendatario.

2.- La primera obligación del arrendador es la de entregar al arrendatario la cosa arrendada, lo que es indispensable para que éste entre en la posesión de la misma y pueda ejercer el uso y disfrute de la misma. La cosa debe ser entregada con todos sus accesorios, según la norma general del art. 1.097. La cosa se presume entregada en buen estado, según dispone el art. 1.562.

3.- La obligación de mantener la posesión útil de la cosa al arrendatario, se relaciona también con la obligación de saneamiento del arrendador que establece el art. 1.553. La esencia del contrato de arrendamiento es la posesión de la cosa por el arrendatario mantenido en forma adecuada, útil y pacífica por el arrendador. Este debe mantener, en todos los aspectos, por actos positivos y negativos, actos propios y de tercero (no de hecho) la posesión de la cosa en estado adecuado al uso previsto.

En consecuencia, el arrendador debe hacer las reparaciones necesarias a fin de conservarla en estado de servir para el uso a que ha sido destinada (núm. 2.º de este artículo). Se trata de reparaciones indispensables para ello; no alcanza a obras de reconstrucción, si la cosa se ha destruido total o parcialmente.

Asimismo (añade el núm. 3.º) debe el arrendador mantener al arrendatario en el uso y goce pacífico de la cosa, absteniéndose de realizar actos que lo perturben (así, variar la forma: art. 1.557) y salvaguardándole de los actos jurídicos que le perturben, procedentes de un tercero (no si son de hecho: art. 1.560).

JURISPRUDENCIA

Sobre el número 1.º:

«Había por tanto una inadecuación del local al fin pactado desde la propia firma del contrato, pero la arrendataria no pudo advertirla hasta que acometió las obras previas al inicio de su actividad. De ahí que el arrendador no cumpliera desde un principio su obligación esencial en cuanto tal, la de dar al arrendatario el goce de la cosa (art. 1543 CC), como tampoco la de entregarle la cosa objeto del contrato (art. 1554.1.º CC), es decir, un local con su estructura en perfecto estado, dándose así una situación muy similar a la de inhabilidad del objeto vendido que la jurisprudencia de esta Sala equipara a su falta de entrega a efectos de resolución de la compraventa por incumplimiento del vendedor.» (11 febrero 2002, LA LEY 5771/2002)

Sobre el número 2.º:

«La cuestión de la determinación de la causa de los incendios siempre se presenta difícil al moverse en un mar de conjeturas e hipótesis para todos los gustos, acudiéndose muchas veces a la socorrida justificación de haberse producido por un cortocircuito. Ante esta situación la más reciente jurisprudencia del Tribunal Supremo ha adoptado una línea que se

presenta definitiva y acorde a la realidad social de estos tiempos y así declara que cuando se desconoce la causa que produjo el incendio y se presenta indiscutible que el incendio ha tenido lugar y fue la causa determinante para poder decretar la reparación de los daños corporales, materiales y morales que se reclaman en la demanda, lo que se exige es la prueba de la realidad del incendio, como hecho material que aconteció, no la prueba —normalmente imposible— de la causa concreta que fue la determinante directa del fuego, por lo que el nexo causal está entre el incendio y el daño ocasionado, no respecto a la causa y mucho menos la culpa (sentencia de 24 de enero de 2002, que cita la de 22-5-1999), doctrina que fue ratificada por la de 27 de febrero de 2003». (9 junio 2005, rec. 110/1999)

«al no tratarse de obras de conservación, sino de reconstrucción, lo que es incuestionable, tanto en la perspectiva fáctica que resultó indemne en la casación, como en la jurídica, pues no pueden considerarse de mera conservación lo que exige una reedificación y con un coste como el de autos, no concurre infracción de los arts. 1554.2.º CC y 107 LAU. Y al no obedecer la causa de la ruina económica a la falta de meras obras de conservación o reparaciones necesarias a cargo de la propiedad, no cabe apreciar incumplimiento contractual, y por consiguiente no se genera obligación de indemnizar daños y perjuicios (art. 1101 CC)». (5 enero 2006, rec. 1728/1999)

«no se está ante supuesto demostrado de caso fortuito o fuerza mayor, sino ante situación de incumplimiento contractual desde el principio, ya que el artículo 1554 del Código Civil impone al arrendador no sólo la obligación de entrega de la cosa objeto del arrendamiento en estado de servir al uso para el que está destinado, sino que también es exigente en cuanto al deber de conservarla para facilitar su adecuada utilización durante la vigencia del arriendo, y así las cosas se aportó al mercado un edificio que desde el primer momento no reunía las condiciones de seguridad necesarias y de permanencia estable en sus elementos estructurales, manteniéndose de esta manera vigentes los arrendamientos de los locales y viviendas de la casa del pleito, respecto a la cual las actividades de conservación resultan nulas». (11 mayo 2007, LA LEY 20316/2007)

«los hechos probados de la sentencia indican que las obras no eran de conservación, sino de rehabilitación integral, conforme al dictamen emitido por el Técnico del Ayuntamiento de Cádiz, lo que excluye la aplicación de los artículos 1.554.2.º del Código Civil y 107 de la Ley especial arrendaticia ya que ambos preceptos se están refiriendo a obras de conservación, y, asimismo, aquella declaración impide la aplicación de los artículos 1.101, 1.102 y 1.107 del citado Código (SSTS 29 diciembre 1995; 5 de enero de 2006), en cuanto que en la conducta omisiva de los demandados, propietarios del inmueble, no cabe apreciar negligencia o incumplimiento contractual en orden a una directa y substancial producción de la ruina del mismo, porque ninguna prueba se practicó para demostrarlo y ningún hecho atribuye al propietario la ruina, es más, ni tan siquiera en el expediente de ruina el arrendatario alegó que el local no se encontraba en perfecto estado de conservación, como sostiene la sentencia del Juzgado, a la que se remite la recurrida, y es evidente que la pérdida o destrucción de la vivienda o local de negocio constituye el límite al cumplimiento de los derechos y obligaciones derivados de la relación arrendaticia, con independencia de la causa que la origina». (26 noviembre 2008, rec. 2417/2003, LA LEY 176086/2008)

«la doctrina jurisprudencial contenida en la STS de 20 de febrero de 1975, según la cual "la obligación establecida en el número 2.º del artículo 1554 del Código Civil, de reparar el arrendador la cosa arrendada a fin de conservarla en el estado de servir al uso a que ha sido destinada, no puede tener otro alcance que el expresado en el precepto legal, esto es, el de realizar las operaciones necesarias durante el arrendamiento, pero no es el reconstruir o reedificar, porque estas obras son de mayor empeño e importancia y no se pueden confundir con los simples reparos"; asimismo, las SSTS de 22 de octubre de 1951, 6 de febrero de 1954 y 14 de junio de 1956 mantienen el criterio de que si la reparación necesaria es de tal

entidad queda fuera de toda duda que debe equipararse a la pérdida de la vivienda». (18 marzo 2009, rec. 1532/2002, LA LEY 8744/2009)

Sobre el número 3.º:

«el mero temor del arrendatario de sufrir alteraciones en su derecho no equivale a falta de cumplimiento por el arrendador de la obligación impuesta por el art. 1554.3.º CC sancionable con la facultad resolutoria (art. 1556), de análoga manera que en la compraventa, cuando el comprador tiene fundado temor a la pérdida de la posesión o dominio de la cosa comprada, no se le concede otra facultad que la de suspender el pago del precio, no la resolución del contrato (art. 1502)». (18 junio 2001, LA LEY 6815/2001)

«estos hechos y criterios jurídicos no excluyen que se pueda valorar como indemnizable el incumplimiento contractual, causado por la entidad propietaria y arrendadora por no haber procedido, en su momento, a efectuar las reparaciones necesarias a que estaba obligada, facilitando de ese modo, por un proceder, al menos negligente, la producción del estado de ruina de la finca, en perjuicio de los inquilinos y en beneficio de la arrendadora como consecuencia de las plusvalías obtenidas por la venta del solar del antiguo inmueble. De lo contrario sería muy fácil, como explica la TS S 11 Mar. 2002, la burla de las obligaciones que el art. 1554.2.º y 3.º del CC impone al arrendador: bastaría su pasividad para dejar que el edificio llegue al estado de ruina y como su desaparición requeriría la reconstrucción, el arrendador no tendría ninguna obligación». (11 marzo 2002, LA LEY 3515/2002)

CONCORDANCIAS

Véase Ley 29/1994, 24 noviembre (*«B.O.E.»,* 25 noviembre), de Arrendamientos Urbanos: arts. 21, 22, 29 y 30.
— arts. 1.559 y 1.560 de este Código.
— Ley de Arrendamientos Rústicos, de 26 noviembre 2003 (*«B.O.E.»,* 27 noviembre): arts. 1, 18 y 47.

Artículo 1.555

El arrendatario está obligado:

1.º A pagar el precio del arrendamiento en los términos convenidos.

2.º A usar de la cosa arrendada como un diligente padre de familia, destinándola al uso pactado; y, en defecto de pacto, al que se infiera de la naturaleza de la cosa arrendada según la costumbre de la tierra.

3.º A pagar los gastos que ocasione la escritura del contrato.

COMENTARIO

1.- Establece este artículo las obligaciones esenciales del arrendatario, aunque, como también ocurre en el anterior, se complementan y matizan en los siguientes. Son el pago del precio, el uso de la cosa como un diligente padre de familia y el pago de gastos de la escritura.

2.- La primera y esencial obligación del arrendatario es el pago del precio, que puede consistir en un solo pago o en pagos periódicos (renta). Los detalles y cláusulas del pago serán las convenidas por las partes; en lo no pactado, se aplicarán las normas generales. Al tiempo y lugar se refiere el art. 1.574.

3.- La segunda obligación del arrendatario es usar la cosa como un diligente padre de familia. El uso de la cosa es un derecho del arrendatario, no una obligación. Lo que sí es obligación es el uso «como un diligente padre de familia», es decir, un uso correcto y de acuerdo, como añade el núm. 2.º de este artículo, al uso pactado, al que hay que destinarlo. Si no se ha pactado el uso, éste será el que «se infiera de la naturaleza de la cosa arrendada según la costumbre de la tierra». Esta obligación se relaciona con la responsabilidad que establecen los artículos 1.563 y 1.564.

JURISPRUDENCIA

En general:

«La Ley de Arrendamientos Urbanos no prohíbe la solidaridad arrendaticia, por más que esté contemplando en términos generales situaciones de arrendador y arrendatario únicos, y ello permite transformar una relación singular en plural, como tiene reconocido la doctrina de esta Sala, sin que conlleve el que a este último supuesto hayan de aplicarse las mismas reglas, especialmente cuando la situación de solidaridad se ha pactado haciendo uso de la libertad de contratación que consagra el Código Civil en los artículos 1254 y 1255. Este vínculo no se presume, como dice el artículo 1137 del Código Civil, lo cual tampoco impide que pueda ser aplicable la solidaridad tácita, cuando entre los obligados se da una comunidad jurídica de objetivos manifestándose una interna conexión entre todos ellos a partir de las pruebas que en autos se practiquen o de la interpretación que los Tribunales puedan hacer de un determinado contrato, de tal forma que en lo sustancial, es decir, en lo que aquí se cuestiona, la jurisprudencia es pacífica al interpretar el artículo 114.5 de la LAU de 1964, en función de que pueda darse o no esta situación que se crea a partir de la aceptación por ambas partes de la solidaridad en las obligaciones, sin presumirla en ningún caso, por lo que, en principio, establecida la relación arrendaticia con una pluralidad de arrendatarios, la separación de alguno o algunos de ellos continuando los demás en la ocupación del local implica un cambio o modificación subjetiva en la persona del arrendatario, determinante de la resolución del contrato de arrendamiento por la causa quinta del artículo 114 LAU (STS 26 noviembre 2008, rec. 2417/2003, LA LEY 176086/2008)

Sobre el número 2.º:

«si la actora estima que se han causado daños a su finca, los mismos deben ser imputados a los arrendatarios por incumplimiento de su obligación de usar de la cosa arrendada diligentemente (art. 1555.2.º CC). El art. 1563 CC le impone al mismo la responsabilidad del deterioro o pérdida que tuviere la cosa arrendada, que presume haberse ocasionado por culpa del arrendatario, y el art. 1561 CC la obligación de devolver la finca, al concluir el arriendo tal como la recibió, salvo perecimiento o menoscabo por el tiempo o por causa inevitable.» (17 enero 2001, LA LEY 19251/2001)

«el arrendatario está sujeto a las cláusulas del pacto contractual, en virtud del principio de autonomía de la voluntad, y a lo establecido en artículo 1555.2.º CC, que lo obliga a usar la cosa como diligente padre de familia, destinarla al uso pactado y, en defecto de pacto, al que se infiera de la naturaleza de la cosa arrendada según la costumbre de la tierra. Además de la acción de cumplimiento contractual que establece el art. 1124 CC, el artículo 1556 CC permite la resolución por el incumplimiento de las obligaciones establecidas, y este precepto es de aplicación supletoria en caso de silencio en el documento contractual y en las normas legales que regulan los arrendamientos urbanos». (21 diciembre 2007, LA LEY 232450/2007)

«el thema decidendi *del presente recurso se centra en la interpretación de la obligación que impone al arrendatario el n.º 2.º del artículo 1555 del Código Civil en relación con la causa de desahucio comprendida en el n.º 4.º del artículo 1569 y, en concreto, si el ejercicio de tal facultad resolutoria procederá sólo en los casos de que el arrendatario destine la cosa a uso distinto del pactado o, en su defecto, al que convenga a la naturaleza de la cosa objeto de locación, o si tal facultad resolutoria se dará también en el supuesto de falta de uso. Aun cuando, en principio, se pueda considerar que el uso de la cosa es un derecho del arrendatario, también es cierto que parte de la doctrina considera que se trata igualmente de una obligación porque, si no se usa la cosa, no se la estará destinando al uso pactado y, en todo caso, la pretensión del arrendatario de mantener la situación arrendaticia pese a la falta de uso, prolongada y no justificada, constituiría un ejercicio abusivo del derecho frente a la plenitud del derecho de propiedad. La causa onerosa en el contrato de arrendamiento de cosas viene integrada, para el arrendador, por la prestación consistente en el pago de la renta por parte del arrendatario; y, para éste, por la prestación de uso de la cosa concedido por el arrendador (artículo 1274 Código Civil) de modo que la falta de uso desnaturaliza el propio contrato, y su finalidad, cuando se produce en determinadas condiciones de prolongación en el tiempo».* (15 julio 2009, rec. 326/2005, LA LEY 125222/2009)

CONCORDANCIAS

Véase Ley 29/1994, 24 noviembre (*«B.O.E.»*, 25 noviembre), de Arrendamientos Urbanos: arts. 17 a 19.

— Ley 29/1994, 24 noviembre (*«B.O.E.»*, 25 noviembre), de Arrendamientos Urbanos: arts. 22 a 24, 26, 27.2.e), 27.3 b) y 30.

— arts. 1.922.7.º y 1.574 de este Código.

— Ley de Arrendamientos Rústicos, 49/2003, de 25 noviembre (*«B.O.E.»*, 27 noviembre): arts. 20 y 21.

Artículo 1.556

Si el arrendador o el arrendatario no cumplieren las obligaciones expresadas en los artículos anteriores, podrán pedir la rescisión del contrato y la indemnización de daños y perjuicios, o sólo esto último, dejando el contrato subsistente.

COMENTARIO

1.- Si una de las partes incumple alguna de sus obligaciones, esencialmente las enumeradas en los dos artículos anteriores, la otra parte tiene varios remedios: pedir el cumplimiento forzoso en forma específica o pedir indemnización de daños y perjuicios, es decir, el cumplimiento por equivalencia, y en ambos casos se mantiene subsistente el arrendamiento, o bien, por último, exigir la resolución del contrato e indemnización de daños y perjuicios, con lo que se extingue el arrendamiento. Este artículo se refiere a ello, aunque no menciona la primera, la más evidente, la exigencia del cumplimiento forzoso.

2.- En primer lugar, pues, aunque no lo mencione este artículo, una parte puede exigir, judicial o extrajudicialmente, el cumplimiento a la otra parte de alguna de las obligaciones que ha incumplido.

En segundo lugar, le puede exigir el cumplimiento por equivalencia, la indemnización de daños y perjuicios. Un caso concreto es el de pérdida o deterioro de la cosa, ya que no cabe más que indemnización: se presume culpable, según el artículo 1.563 y, con carácter general, el 1183; no hay responsabilidad si se prueba la ausencia de culpa, según dispone el art. 1.568 en su remisión al 1.182.

En último lugar, puede exigir la resolución del contrato. Es una expresión del art. 1.124 ya que el arrendamiento es contrato bilateral. Dicha resolución dará lugar a la extinción del arrendamiento y el arrendatario devolverá la cosa, aunque si ésta la ha poseído, el arrendador no deberá devolverle el precio que ha pagado por este uso; si pagó el total, le devolverá la parte proporcional, si pagaba por períodos (renta) no le devolverá la cantidad que ha percibido por el uso que efectivamente ha hecho. El texto legal emplea la palabra «rescisión» con su mala terminología habitual, especialmente en este tema de ineficacia.

JURISPRUDENCIA

«Así las cosas, difícilmente cabe sostener que en el caso examinado la entidad arrendataria careciera de causa justificada para resolver (rescindir según el art. 1556 CC) el contrato, ya que además de no ser cierto que nada se pactara acerca del destino del local, pues en su propia demanda el hoy recurrente alegó tener conocimiento de que la arrendataria pretendía dedicarlo a centro de reunión del personal, así como garaje de vehículos y almacén de equipos, lo cierto y verdad es que en su estipulación segunda, transcrita ya en el fundamento jurídico segundo de esta sentencia de casación, se decía que la estructura del local se encontraba en perfecto estado, algo que la realidad desmintió rotundamente cuando al acometerse por la arrendataria las obras de adaptación se detectaron importantes deficiencias estructurales que finalmente resultaron deberse a la aluminosis.» (11 febrero 2002, LA LEY 5771/2002)

Vid. la sentencia de 21 diciembre 2007 contenida en el artículo anterior.

CONCORDANCIAS

Véase:
— arts. 1.101, 1.124 y 1.129 de este Código.
— Ley de Arrendamientos Rústicos, 49/2003, 26 noviembre (*«B.O.E.»*, 27 noviembre): art. 25.
— Ley 29/1994, 24 noviembre (*«B.O.E.»*, 25 noviembre), de Arrendamientos Urbanos: arts. 27 y 35.

Artículo 1.557

El arrendador no puede variar la forma de la cosa arrendada.

COMENTARIO

1.- Como expresión de la obligación esencial del arrendador de mantener la posesión útil al arrendatario, se halla la prohibición para éste de variar la forma de la cosa arrendada, que proclama el presente artículo.

Puede pensarse que no es fácil para el arrendador, que carece de la posesión de la cosa arrendada, que pueda variar su forma. Ocurre normalmente, en la práctica, en el caso de que haga reparaciones (art. 1.558) y, al hacerse, produzca variación en la forma de la cosa.

2.- El problema es conocer cuál es el concepto exacto de «forma de la cosa». Se considera como tal el conjunto de cualidades que objetivamente configuran una cosa determinada. A ello, hay que añadir, para perfilar tal concepto a efectos de esta prohibición, el destino de la cosa. Y, en todo caso y teniendo en cuenta las ideas anteriores, atender a cada caso y a las circunstancias concretas.

CONCORDANCIAS

Véase Ley 29/1994, 24 noviembre (*«B.O.E.»,* 25 noviembre), de Arrendamientos Urbanos: art. 23.

Artículo 1.558

Si durante el arrendamiento es necesario hacer alguna reparación urgente en la cosa arrendada que no pueda diferirse hasta la conclusión del arriendo, tiene el arrendatario obligación de tolerar la obra, aunque le sea muy molesta, y aunque durante ella se vea privado de una parte de la finca.

Si la reparación dura más de cuarenta días, debe disminuirse el precio del arriendo a proporción del tiempo y de la parte de la finca de que el arrendatario se vea privado.

Si la obra es de tal naturaleza que hace inhabitable la parte que el arrendatario y su familia necesitan para su habitación, puede éste rescindir el contrato.

COMENTARIO

1.- El arrendador tiene obligación de hacer durante el arrendamiento las reparaciones necesarias en la cosa arrendada, tal como expresa el art. 1.554, núm. 2.º. El presente artículo añade el caso de que tal reparación sea urgente, en el sentido de que «no pueda diferirse hasta la conclusión del arriendo». Se refiere sólo al arrendamiento de cosa inmueble; los dos primeros párrafos concretan el caso de una «finca» y el párrafo tercero prevé una especialidad en caso de finca urbana.

2.- El supuesto de hecho que contempla es la necesidad de que el arrendador haga una reparación en la cosa inmueble arrendada. Y tal reparación sea urgente, en el sentido de que no puede diferirse hasta la terminación del arrendamiento. En tal supuesto, el arrendatario debe tolerar la obra aunque le sea muy molesta y aunque le prive de la posesión de un parte de la cosa inmueble arrendada. Sin embargo, si esta reparación urgente, que le priva de parte de la finca arrendada, dura más de cuarenta días, el arrendatario tiene derecho a que le sea disminuido el precio del arrendamiento, en proporción al tiempo y a la parte de la finca de cuya posesión se ha visto privado.

3.- El tercer párrafo de este artículo contempla un caso extremo, aplicable a la finca urbana: el que el arrendatario y su familia no puedan vivir en ella, porque la reparación hace inhabitable la parte de la finca que necesitan como vivienda. En tal caso, el arrendatario puede aplicar el párrafo anterior y obtener una disminución del precio, o acogerse a lo dispuesto en este párrafo y extinguir el contrato. El texto legal emplea la expresión «rescindir el contrato», pero no es rescisión, ni siquiera resolución, sino que el arrendamiento se termina por este motivo, sin más, a voluntad del arrendatario y aunque no haya vencido el plazo.

CONCORDANCIAS

Véase:
— Ley de Arrendamientos Rústicos, 49/2003, 26 noviembre (*«B.O.E.»,* 27 noviembre): arts. 17 y 18.
— Ley 29/1994, 24 noviembre (*«B.O.E.»,* 25 noviembre), de Arrendamientos Urbanos: arts. 22, 26 y 30.

Artículo 1.559

El arrendatario está obligado a poner en conocimiento del propietario, en el más breve plazo posible, toda usurpación o novedad dañosa que otro haya realizado o abiertamente prepare en la cosa arrendada.

También está obligado a poner en conocimiento del dueño, con la misma urgencia, la necesidad de todas las reparaciones comprendidas en el número 2.º del artículo 1.554.

En ambos casos será responsable el arrendatario de los daños y perjuicios que por su negligencia se ocasionaren al propietario.

COMENTARIO

1.- En la cosa arrendada, especialmente si es inmueble y más si es finca rústica, puede producirse alguna usurpación por parte de un tercero o cualquier daño («novedad dañosa» dice el texto legal) o puede darse una certeza o probabilidad de que se vaya a producir porque abiertamente se prepare. En tal caso, el arrendatario tiene obligación de ponerlo en conocimiento del arrendador, en el plazo más breve posible, a fin de que éste pueda tomar las medidas que sean pertinentes. Tanto más cuanto el arrendador tiene la obligación de hacer las reparaciones necesarias, que pueden ser provocadas por tales usurpaciones o daños. Es la obligación del arrendatario, llamada de custodia.

2.- El párrafo segundo de este artículo extiende la obligación anterior a todo supuesto de que sea necesario que el arrendador realice tales reparaciones necesarias, a que le obliga su deber de mantener la posesión útil de la cosa al arrendatario, que expresa el núm. 2.º del art. 1.554.

3.- Si el arrendatario no cumple la obligación, por culpa, en uno y otro caso, de poner en conocimiento del arrendador la usurpación, el daño o la precisión de hacer reparaciones necesarias, responde frente al mismo de los daños y perjuicios que le haya causado.

JURISPRUDENCIA

«El párrafo segundo del art. 1.559 del CC, incidiendo una vez más en la brevedad de plazo, establece la obligación del arrendatario de poner en conocimiento del dueño, con la misma urgencia, la necesidad de llevar a cabo todas las reparaciones comprendidas en el núm. 2.º del art. 1.554, y aun cuando ambas expresiones repudien toda demora, es lo cierto que no fijan temporalmente el plazo dentro del cual ha de verificarse la notificación o aviso por lo que ha venido entendiéndose en función del daño producido y de las causas generadoras del mismo, exigiéndose un plazo perentorio y urgente en aquellos supuestos en que el resultado dañoso se viene produciendo de forma continuada y agravando el mal causado con el transcurso del tiempo y permitiéndose mayor elasticidad cuando el mal ocasionado haya sido debido a causa única y en la que el transcurso del tiempo no agrave sus consecuencias, todo ello con el fin de que el arrendador, al tener cabal conocimiento, pueda proceder a hacer las reparaciones necesarias para conservar las cosas en estado de servir para el uso a que están destinadas, conforme conmina el núm. 2.º del art. 1.554 del CC». (10 junio 1987, LA LEY 91448-NS/0000)

Artículo 1.560

El arrendador no está obligado a responder de la perturbación de mero hecho que un tercero causare en el uso de la finca arrendada; pero el arrendatario tendrá acción directa contra el perturbador.

No existe perturbación de hecho cuando el tercero, ya sea la Administración, ya un particular, haya obrado en virtud de un derecho que le corresponde.

COMENTARIO

1.- Es obligación del arrendador mantener la posesión útil de la cosa al arrendatario, lo que implica que aquél debe mantener a éste la posesión en estado adecuado al uso previsto, tanto respecto a actos propios como de tercero, pero no comprende los actos de puro hecho de un tercero (vid. comentario al art. 1.553). Esto último lo expresa el inicio de este artículo 1.560. Pero el arrendatario no queda desprotegido, sino que se le concede acción directa contra el perturbador.

2.- La perturbación de hecho es la meramente material, física, no lo que se apoya en un derecho que se pretende tener y se ejercita legítimamente. No es perturbación de hecho la reclamación que hace un tercero que cree asistirle un derecho. Sí lo es la física, por más que alegue un derecho.

JURISPRUDENCIA

«si bien es conforme a Derecho que el arrendador está obligado a mantener al arrendatario en el goce pacífico del arrendamiento por todo el tiempo del contrato (art. 1.554.3.º del Código Civil), esta obligación no alcanza a responder de las perturbaciones de mero hecho que los terceros causen en el uso de la finca arrendada (art. 1.560 del Código Civil), esto es, que el arrendador sólo responde de las perturbaciones causadas por el mismo tanto de hecho como de derecho y de las perturbaciones de derecho, causadas por terceros; de aquí, que el Código Civil (artículo 1.560 párrafo primero), confiera acción directa al arrendatario para hacer frente a las perturbaciones de las que no responde el arrendador; esta posición no prejuzga, desde luego, las responsabilidades de los terceros o de los sujetos que deban responder, por ellos, respecto de los perjuicios causados». (24 enero 1992, LA LEY 14622-R/1992)

Artículo 1.561

El arrendatario debe devolver la finca, al concluir el arriendo, tal como la recibió, salvo lo que hubiese perecido o se hubiera menoscabado por el tiempo o por causa inevitable.

COMENTARIO

1.- La principal obligación del arrendatario, al extinguirse el arrendamiento (la causa más típica es el transcurso del plazo, pero también se extingue por pérdida del derecho del arrendador, o por la falta de prueba del precio, art. 1.547) es la de devolver la cosa arrendada al arrendador. La debe devolver en el mismo estado en que la recibió; «tal como la recibió», dice el texto legal; y hay que tener en cuenta que el artículo siguiente presume que se recibió en buen estado. Se devolverá, a no ser que la cosa se hubiera perdido («hubiese perecido», dice el texto legal) o hubiera sufrido perjuicios («se hubiera menoscabado»). Si la pérdida o el menoscabo es por dolo o culpa del arrendatario, éste responde por incumplimiento de su obligación como arrendatario, de conservación y custodia. Si es sin culpa, es decir, por caso fortuito o fuerza mayor o por el mero transcurso del tiempo, no incurre en responsabilidad y no devolverá la cosa o la devolverá menoscabada.

2.- Todo lo anterior se aplica en defecto de pacto, las partes, arrendador-arrendatario, pueden convenir otros detalles o circunstancias —toda clase de previsiones— para esta obligación de devolver la cosa. Si no se pacta nada sobre ello, se aplicará lo previsto en este art. 1.561.

JURISPRUDENCIA

«obligado el arrendatario a devolver la cosa arrendada al concluir el arriendo, en el mismo estado que la recibió (artículo 1561), el artículo 1563 establece la responsabilidad del arrendatario para el caso de incumplimiento de esa obligación a causa de la pérdida de la cosa o por devolverla en peor estado del que la recibió. Entiende el legislador que, al estar la cosa en poder del arrendatario, su pérdida o deterioro es imputable, en principio, al mismo, si bien puede eximirse de responsabilidad probando que la pérdida o deterioro no es debido a culpa suya. Para apreciar si hay pérdida o deterioro de la cosa, hay que partir del estado en que se hallaba al momento de la entrega al arrendatario, teniendo en cuenta lo dispuesto al efecto en el artículo 1562 a cuyo comentario nos remitimos. El principio de responsabilidad del arrendatario es aplicación de los principios generales, en materia de contratación, concretamente, del artículo 1183 al disponer que siempre que la cosa se hubiese perdido en poder del deudor, se presumirá que la pérdida ocurrió por su culpa y no por caso fortuito, salvo prueba en contrario, y sin perjuicio de lo dispuesto en el artículo 1096. Y con referencia concreta al incendio, la jurisprudencia establece que cuando el hecho determinante del daño se produce en un inmueble arrendado, el artículo 1563 del Código civil, en cuanto responsabiliza al arrendatario del deterioro o pérdida que tuviere la cosa arrendada, a no ser que pruebe haberse ocasionado sin culpa suya, viene a establecer una presunción iuris tantum de culpabilidad contra el arrendatario, que impone a éste la obligación de probar que actuó con toda la diligencia exigible para evitar la producción del evento dañoso (sentencias de esta Sala de 10 de marzo de 1971, 24 de septiembre de 1983 y 7 de junio de 1988), cuya prueba no se ha producido en el caso aquí contemplado, a lo que ha de agregarse que no todo incendio es debido a caso fortuito y no basta estimar tal carácter al siniestro producido por causas desconocidas (sentencias 26 de marzo de 1928, 30 de junio de 1952, 10 de marzo de 1971; sentencia de 9 de noviembre de 1993)». (24 enero 2006, rec. 2409/1999)

CONCORDANCIAS

Véase:
— art. 1.573 de este Código.
— Ley de Arrendamientos Rústicos, 49/2003, 26 noviembre (*«B.O.E.»,* 27 noviembre): art. 20.
— Ley 29/1994, 24 noviembre (*«B.O.E.»,* 25 noviembre), de Arrendamientos Urbanos: arts. 21.4 y 23.2.

Artículo 1.562

A falta de expresión del estado de la finca al tiempo de arrendarla, la ley presume que el arrendatario la recibió en buen estado, salvo prueba en contrario.

COMENTARIO

1.- El arrendador debe entregar la cosa arrendada al comienzo del arrendamiento. El arrendatario la debe devolver a su extinción. El presente artículo presume que la cosa se entregó y recibió en buen estado. Y el artículo anterior exige que el arrendatario devuelva la cosa en el mismo estado en que se recibió. Por tanto, la presunción alcanza también a la obligación del arrendatario de devolución de la cosa, en buen estado.

2.- Parece que este artículo se refiere sólo a la «finca», es decir, al arrendamiento de cosa inmueble. Por interpretación extensiva, se aplica a todo arrendamiento de cosa, sea mueble o inmueble.

3.- La presunción que establece este artículo es *iuris tantum*, es decir, que cabe prueba en contrario. Así lo dispone este artículo, que en su último inciso dice «salvo prueba en contrario». Por otra parte, esta presunción cabe también en caso de que se haya previsto en el contrato el estado en que se halla la cosa: «a falta de expresión del estado de la finca...» dice este artículo, en su inicio.

Artículo 1.563

El arrendatario es responsable del deterioro o pérdida que tuviere la cosa arrendada, a no ser que pruebe haberse ocasionado sin culpa suya.

COMENTARIO

1.- En los artículos anteriores se prevé la devolución de la cosa por el arrendatario en el mismo estado que tenía al serle entregada, que se presume en buen estado. Pero también se prevé la pérdida o deterioro de la cosa. Si éstos se producen por culpa del arrendatario, incurre en responsabilidad contractual (art. 1.101). No, si es por caso fortuito o fuerza mayor (o por el transcurso del tiempo, como prevé el art. 1.561).

2.- El presente artículo presume que el deterioro o pérdida se ha producido por culpa del arrendatario y éste es responsable, lo cual concuerda con el criterio general de presunción de culpabilidad en la responsabilidad contractual (que se deduce del art. 1.183). Presunción *iuris tantum*, ya que cabe que el arrendatario pruebe que la pérdida o el deterioro se ocasionó sin su culpa.

JURISPRUDENCIA

«Para que el arrendatario quede liberado de responsabilidad debe probar que en el incendio no hubo por su parte culpa ni negligencia alguna o al menos que se habían tomado las medidas de cuidado, vigilancia o previsión necesarias (S 29 de enero de 1996). La exigencia de probar la falta de culpa para quedar exonerado —y ello comprende a los incendios (SS 9 de noviembre de 1993, 29 de enero de 1996, 13 de junio de 1998, 12 de febrero de 2001, entre otras)—, constituye doctrina jurisprudencial pacífica, por más que unas veces se hable de inversión de la carga de la prueba (S 25 de septiembre de 2000) o de regla especial de la carga de la prueba (que viene impuesta por la normativa legal específica a una de las partes en el proceso significada por la circunstancia de que por hallarse el arrendatario en posesión de la cosa se encuentra en situación de más fácil demostración de que el evento dañoso se produjo por causas a él no imputables: S 12 de diciembre de 1988), y otras de presunción iuris tantum de culpabilidad contra el arrendatario (S 9 de noviembre de 1993) o de

presunción iuris tantum, más que de culpa, de responsabilidad (SS 28 de noviembre de 1991, 30 de diciembre de 1995, 29 de enero de 1996, 12 de febrero de 2001). Lo que sucede (y nos hallamos en el campo de la responsabilidad contractual, y no en el de la extracontractual a la que se alude en el motivo) es, como dice la sentencia de 25 de septiembre de 2000, "que con la pérdida o deterioro se da incumplimiento a la obligación de guarda y custodia de la cosa, y para que quede libre de esa responsabilidad contractual se exige al arrendatario que acredite que se perdió o deterioró sin su culpa". Por otra parte, la jurisprudencia viene reiterando (entre otras, las SS 13 de junio de 1998 y 12 de febrero de 2001, y las que citan) que no todo incendio es debido a caso fortuito y no basta para llegar a tal conclusión que el siniestro se hubiera producido por causas desconocidas». (4 marzo 2004, rec. 1164/1998)

«ejercitándose por la aseguradora demandante la acción del artículo 43 de la Ley del Contrato de Seguro y por tanto "frente a las personas responsables" (párrafo primero de dicho artículo) o "contra el causante del siniestro" (párrafo tercero del mismo artículo), por más que en virtud del artículo 76 de la misma ley la entablara directamente también contra la aseguradora del presunto responsable, difícilmente cabe atribuir al arrendatario de la nave dicha condición de responsable o causante del siniestro sin alterar exageradamente en su contra la noción de causa. Siendo hecho probado que el incendio fue debido a la acción intencionada de personas desconocidas que lograron acceder al interior de la nave industrial sin forzar la puerta, y descartada por tanto cualquier influencia causal de la única omisión concretamente imputada al arrendatario en la demanda (falta de protección de las ventanas que impidiera el lanzamiento de elementos incendiarios desde el exterior), la solución de la sentencia impugnada revela una objetivación de la responsabilidad del arrendatario tan extremada que no se compagina con los términos del art. 1902 CC ni con los más rigurosos del art. 1563 del mismo Cuerpo legal, pues de aceptarse comportaría hacer al arrendatario responsable de todo incendio originado por "malquerencia de extraños" (en términos del artículo 48 de la Ley del Contrato de Seguro), asociando siempre indefectiblemente esta causa a la negligencia del arrendatario por no haber sabido o podido evitarlo». (22 marzo 2005, rec. 4216/1998)

«Cuando se produce un incendio en un inmueble, al perjudicado le corresponde probar su existencia y que se produjo en el ámbito de operatividad del demandado (SS 11 de febrero 2000, 16 julio 2003). A la persona que tiene la disponibilidad —contacto, control o vigilancia— de la cosa en que se produjo el incendio le corresponde acreditar la existencia de la actuación intencionada de terceros (SS 2 junio 2004, 22 marzo 2005) o de serios y fundados indicios de que la causa haya podido provenir de agentes exteriores —incidencia extraña— (SS 9 diciembre 1986, 4 junio 1987, 18 diciembre 1989, 2 junio 2004, 3 febrero 2005); admitiendo —incluso— alguna sentencia (S 24 octubre 1987), la posibilidad de exoneración cuando se pruebe que en el lugar no había nada que representase un especial riesgo de incendio. Esta Sala tiene declarado repetidamente que no todo incendio es debido a caso fortuito, sin que baste para atribuir tal carácter al siniestro producido por causas desconocidas (SS 29 enero 1996, 13 junio 1998, 11 febrero 2000, 12 febrero 2001, 23 noviembre 2004, 3 febrero 2005), y "que no resulta suficiente que no esté probada la causa concreta del incendio" (SS 24 enero, 14 marzo y 29 abril 2002, 27 febrero y 26 junio 2003, 23 noviembre 2004 y 3 febrero 2005); habiendo aplicado dicha doctrina de la responsabilidad del dueño o del que tiene el control de la casa a los casos en que el incendio se produjo en el ámbito empresarial (S 22 mayo 1999), círculo de la actividad empresarial (S 31 enero 2000), o nave en la que se desarrolla tal actividad (S 23 noviembre 2004) del demandado. Con arreglo a esta doctrina no es preciso acudir a la responsabilidad por riesgo, ni se requiere discurrir acerca de la inversión de la carga de la prueba, pues es suficiente haberse declarado probado el almacenamiento de los materiales de combustión sin haber adoptado las medidas de seguridad adecuadas, respecto de cuyos materiales se beneficiaba la demandada con su actividad (S 29 abril 2002). La aplicación de la doctrina expuesta resulta además corroborada, en

cuanto a la responsabilidad del empresario, en los casos en que el incendio se produce en un inmueble arrendado, pues el art. 1563 CC dispone que "el arrendatario es responsable del deterioro o pérdida que tuviere la cosa arrendada, a no ser que prueba haberse ocasionado sin culpa suya", lo que supone establecer una presunción iuris tantum de culpabilidad (SS 13 junio 1998, 11 febrero 2000, 12 febrero 2001), o si se prefiere, en puridad técnica, una regla especial de carga de la prueba (en la actualidad con reconocimiento legal genérico en el art. 217.5 LEC 2000)"». (20 mayo 2005, rec. 4491/1998; doctrina reiterada por la de 24 enero 2006, rec. 2409/1999)

«Cuando se produce un incendio en un inmueble, al perjudicado le corresponde probar su existencia y que se produjo en el ámbito de operatividad del demandado (SS 11 de febrero 2000, 16 julio 2003). A la persona que tiene la disponibilidad —contacto, control o vigilancia— de la cosa en que se produjo el incendio le corresponde acreditar la existencia de la actuación intencionada de terceros (SS 2 junio 2004, 22 marzo 2005) o de serios y fundados indicios de que la causa haya podido provenir de agentes exteriores —incidencia extraña— (SS 9 diciembre 1986, 4 junio 1987, 18 diciembre 1989, 2 junio 2004, 3 febrero 2005); admitiendo —incluso— alguna Sentencia (S 24 octubre 1987) la posibilidad de exoneración cuando se pruebe que en el lugar no había nada que representase un especial riesgo de incendio. Esta Sala tiene declarado repetidamente que no todo incendio es debido a caso fortuito, sin que baste para atribuir tal carácter al siniestro producido por causas desconocidas (SS 29 enero 1996, 13 junio 1998, 11 febrero 2000, 12 febrero 2001, 23 noviembre 2004, 3 febrero 2005), y "que no resulta suficiente que no esté probada la causa concreta del incendio" (SS 24 enero, 14 marzo y 29 abril 2002, 27 febrero y 26 junio 2003, 23 noviembre 2004 y 3 febrero 2005); habiendo aplicado dicha doctrina de la responsabilidad del dueño o del que tiene el control de la casa a los casos en que el incendio se produjo en el ámbito empresarial (S 22 mayo 1999), círculo de la actividad empresarial (S 31 enero 2000), o nave en la que se desarrolla tal actividad (S 23 noviembre 2004) del demandado...La aplicación de la doctrina expuesta resulta además corroborada, en cuanto a la responsabilidad del empresario, en los casos en que el incendio se produce en un inmueble arrendado, pues el art. 1563 CC dispone que "el arrendatario es responsable del deterioro o pérdida que tuviere la cosa arrendada, a no ser que prueba haberse ocasionado sin culpa suya", lo que supone establecer una presunción iuris tantum *de culpabilidad (SS 13 junio 1998, 11 febrero 2000, 12 febrero 2001), o si se prefiere, en puridad técnica, una regla especial de carga de la prueba (en la actualidad con reconocimiento legal genérico en el art. 217.5 LEC 2000)».* (27 diciembre 2011, rec. 1736/2008, LA LEY 281900/2011)

Artículo 1.564

El arrendatario es responsable del deterioro causado por las personas de su casa.

COMENTARIO

1.- La responsabilidad contractual del arrendatario por el deterioro de la cosa arrendada que establece el artículo anterior, lo extiende éste al que sea causado «por las personas de su casa». Por esta expresión debe entenderse aquellas personas que conviven permanente con el arrendatario, como puede ser su familia en sentido amplio (no sólo la familia nuclear: cónyuge e hijos) y también aquellos que se hallan en la casa arrendada transitoriamente, como puede ser huéspedes gratuitos o remunerados o cualquier persona que se encuentre en la misma.

2.- Este artículo se refiere a cosa arrendada inmueble, esencialmente finca urbana («casa») o incluso finca rústica en la que se halle una «casa» donde resida el arrendatario.

3.- El texto legal sólo se refiere a «deterioro» pero debe extenderse a la pérdida, que no es sino la máxima expresión del deterioro.

CONCORDANCIAS

Véase:
— arts. 1.903 y 1.910 de este Código.
— Ley 29/1994, 24 noviembre (*«B.O.E.»*, 25 noviembre), de Arrendamientos Urbanos: art. 27.2 d) y e).

Artículo 1.565

Si el arrendamiento se ha hecho por tiempo determinado, concluye el día prefijado sin necesidad de requerimiento.

COMENTARIO

1.- El contrato de arrendamiento se extingue por las causas generales de extinción de los contratos: así, por mutuo disenso, cumplimiento de la condición resolutoria, confusión, por pérdida de la cosa, por resolución por incumplimiento de las obligaciones de una de las partes, etc.

2.- Como causas específicas, la más típica en este contrato de tracto sucesivo y esencialmente temporal, es el *transcurso del plazo de duración* previsto en el propio contrato. Este plazo puede estar determinado en el contrato (por un año o hasta tal día) en cuyo caso, como dispone este artículo, se extingue el día prefijado y no es preciso que el arrendador notifique al arrendatario su voluntad de extinguirlo en dicho día. Si no se ha determinado en el contrato y se trata de una finca rústica, el plazo de duración, o lo que es lo mismo, el momento de la extinción, lo fija el art. 1.577; si es finca urbana, lo fija el art. 1.581.

En ambos casos, el arrendamiento concluye en tal fecha, sin necesidad tampoco de que el arrendador notifique al arrendatario su voluntad de extinguirlo. «Sin necesidad de requerimiento» dice el texto legal, que es lo mismo que la notificación de la voluntad de extinción.

El plazo puede no estar determinado en el contrato, pero sí ser determinable (por ejemplo, el día que termine la construcción de mi casa) o determinarse por una concreta finalidad (que será el caso de las cosas muebles en que no se ha fijado plazo), en cuyo caso, el plazo se determina por la consecución de éste. En tal caso, sí será preciso el requerimiento, es decir, la notificación de arrendador a arrendatario de tener por concluido el arrendamiento.

JURISPRUDENCIA

«la sentencia dictada por la Sala Primera de este Tribunal, de fecha 18 de marzo de 2009, fija como doctrina jurisprudencial que la legislación aplicable a los arrendamientos de industria ha de ser la contenida en el Código Civil. Dicha doctrina jurisprudencial es aplicable al supuesto enjuiciado en el presente procedimiento, ya que el arrendamiento suscrito entre las partes, y cuya calificación jurídica no ha resultado controvertida por las partes litigantes, fue el de arrendamiento de industria para la explotación de ganado, por lo que, el mismo habrá de regirse por las disposiciones contenidas en el Código Civil, por consiguiente, y de conformidad con lo establecido en el artículo 1565 CC, expirado el plazo inicialmente pactado por las partes en la estipulación segunda del contrato de arrendamien-

to así como expiradas igualmente las prórrogas determinadas en aquél, procede acordar el desahucio del demandado por expiración del plazo del contrato de arrendamiento litigioso». (25 marzo 2011, rec. 1904/2007, LA LEY 14427/2011)

CONCORDANCIAS

Véase:
— arts. 1.569, 1.577, 1.581 y 1.656 de este Código.
— Ley de Arrendamientos Rústicos, 49/2003, 26 noviembre (*«B.O.E.»*, 27 noviembre): art. 12.
— Ley 29/1994, 24 noviembre (*«B.O.E.»*, 25 noviembre), de Arrendamientos Urbanos: arts. 9, 10 y 28.

Artículo 1.566

Si al terminar el contrato, permanece el arrendatario disfrutando quince días de la cosa arrendada con aquiescencia del arrendador, se entiende que hay tácita reconducción por el tiempo que establecen los artículos 1.577 y 1.581, a menos que haya precedido requerimiento.

COMENTARIO

1.- Una vez transcurrido el plazo, los sujetos del contrato de arrendamiento pueden prorrogarlo o renovarlo. La prórroga significa continuar más tiempo —dilatar el plazo— el mismo contrato, con las mismas cláusulas y obligaciones. Renovación implica nuevo contrato.

2.- Este artículo contempla la *tácita reconducción*, que es una renovación legal. Consiste en que si el arrendatario sigue poseyendo la finca rústica o urbana durante quince días, «con aquiescencia del arrendador» se renueva el contrato de arrendamiento por el tiempo que fijan los artículos 1.577 y 1.581 según la finca sea rústica o urbana. «Aquiescencia del arrendador» significa que, al continuar el arrendatario poseyendo la finca arrendada, el arrendador no le ha hecho un requerimiento de que dé por extinguido el contrato por haber transcurrido el plazo previsto. Requerimiento que le deberá hacer cuando vea que el arrendatario sigue ocupando la finca, pese a haber transcurrido el plazo.

3.- Se basa en la presunta voluntad de las partes de continuar arrendando la cosa: el arrendatario permanece quince días y el arrendador manifiesta expresa o tácitamente (con su silencio al no haber practicado requerimiento de extinción) su aquiescencia. Pero no es el mismo contrato, sino otro nuevo: el art. 1.567 dispone que se extinguen todas las garantías que hubiese prestado un tercero y —lo que es más importante— el plazo no es el que hubieran fijado en el primitivo contrato, sino el mencionado de los artículos 1.577 y 1.581 y, a su vez, cuando pase el nuevo plazo (del mes, año, etc.) se producirá o no otra tácita reconducción, y así sucesivamente.

4.- Es discutible si esta norma se aplica al arrendamiento de cosas muebles. Parece que no, puesto que se contemplan para la tácita reconducción los plazos de los arts. 1.577 y 1.581 los cuales sólo están previstos para fincas rústicas y urbanas, respectivamente. De aplicar la tácita reconducción a la cosa mueble, nos hallaríamos ante el vacío legal de no tener plazo para este contrato renovado.

JURISPRUDENCIA

«el arrendamiento del pleito no estaba sujeto a las prórrogas establecidas en la Ley de Arrendamientos Urbanos y nada se pactó expresamente de que tuvieran lugar las mismas

por la sola voluntad del arrendatario, por lo que, y ya queda establecido, la relación se disciplinaba por lo dispuesto en los artículos 1581 y 1566 del Código Civil y en modo alguno procedía una duración indefinida como impuesta y de obligado cumplimiento y, en su caso, podría tener lugar con duración razonable, supuestamente cumplida en este caso». (28 junio 2007, LA LEY 72181/2007)

«La tácita reconducción prevista en el artículo 1566 del CC supone un nuevo contrato de arrendamiento sobre la misma cosa regido por las previsiones contractuales anteriores, excepto por lo que se refiere a la duración del mismo, y a lo relativo a cualquier obligación accesoria incorporada al contrato, como son las garantías prestadas por un tercero para asegurar el cumplimiento de las obligaciones contraídas por el arrendatario, que no se extienden al nuevo contrato (art. 1467 CC)». (14 septiembre 2010, rec. 1477/2006, LA LEY 152842/2010)

Artículo 1.567

En el caso de la tácita reconducción, cesan respecto de ella las obligaciones otorgadas por un tercero para la seguridad del contrato principal.

COMENTARIO

1.- La tácita reconducción prevista en el artículo anterior no es una prórroga del contrato, sino una renovación del mismo, que implica uno nuevo. Consecuencia de ello es que el plazo no es el del contrato anterior, sino el que marca el artículo anterior (que se remite a los arts. 1.577 y 1.581), y que las garantías que se hubieran prestado por un tercero («obligaciones otorgadas por un tercero para la seguridad del contrato principal» dice el texto legal para referirse a las garantías personales o reales) para asegurar el cumplimiento de las obligaciones de las partes, no se mantienen en el nuevo contrato, tal como dispone el presente artículo.

2.- Cabe pacto en contrario, pero éste no sería entre las partes, sino entre el tercero que presta la garantía y la parte garantizada, con intervención o no (es intrascendente) de la otra parte.

JURISPRUDENCIA

«Es cierto que la tácita reconducción genera una nueva relación de arrendamiento, como ha declarado reiteradamente la jurisprudencia (sentencias de 30 de diciembre de 1981, 14 de junio de 1984, 20 de septiembre de 1989, 15 de octubre de 1996...), con la consecuencia de que, como resultado de ese efecto novatorio extintivo, los terceros garantes queden liberados (artículo 1567 del Código Civil)». (14 abril 2004, rec. 1538/1998)

Artículo 1.568

Si se pierde la cosa arrendada o alguno de los contratantes falta al cumplimiento de lo estipulado, se observará, respectivamente, lo dispuesto en los artículos 1.182 y 1.183 y en los 1.101 y 1.124.

COMENTARIO

1.- Este artículo es una norma de remisión, relativa a dos aspectos distintos del contrato de arrendamiento, aunque uno y otro reflejan sendos casos de irregularidad en el mismo. Puede considerarse como una norma, si no vacía de contenido, sí perfectamente inútil ya que los artículos a los que se remite, se aplicarían igualmente sin tal remisión.

2.- En primer lugar, en caso de pérdida de la cosa arrendada se produce la extinción de las obligaciones de una y otra parte, que son sinalagmáticas, en virtud de lo dispuesto en el art. 1.182, a que se remite el presente artículo.

Pero se presume que la cosa se perdió por culpa de su poseedor, el arrendatario, no sólo porque así lo dispone el art. 1.183 a que también se remite el presente artículo, sino porque lo prevé expresamente para el arrendamiento el art. 1.563.

3.- Si una de las partes, arrendador o arrendatario, incumple alguna de sus obligaciones derivadas del contrato de arrendamiento, la otra podrá exigir la ejecución forzosa en forma específica de la misma y si no es posible, reclamará la indemnización por los daños y perjuicios sufridos, como prevé el art. 1.101 a que se remite el presente artículo.

Asimismo, si una de las partes incumple una de sus obligaciones esenciales, puede aplicarse el art. 1.124 que prevé la resolución por incumplimiento de una de las obligaciones bilaterales o sinalagmáticas, siempre que se den los requisitos de la misma *(vid.* su comentario).

JURISPRUDENCIA

«el caso fortuito, ya que la evitabilidad del acaecimiento —incendio del local arrendado en la madrugada del 27 de octubre de 1986— en que, la sentencia recurrida, apoya —al hilo de lo que sobre el particular dictamina la pericial— el razonamiento que excluye el caso fortuito, permanece vivo en la misma medida en que ha de reputarse razonable la afirmación del Tribunal de apelación de haber faltado en la conducta del arrendatario, a la hora de cerrar el local el viernes 24 para permanecer en tal situación, sin vigilancia, hasta la mañana del lunes siguiente, "la operación tan simple de desconectar la instalación eléctrica durante el fin de semana en que se produjo el incendio". La evidencia de esta aseveración es seguida de la no menos razonable de que con tal elemental diligencia "se hubiese evitado la causación del mismo (incendio)", con que concluye la tesis de negación del caso fortuito y consiguiente la presunción de culpa que establece aquel artículo 1183 del Código que funda la obligación de indemnizar, conforme al artículo 1101 del mismo Código». (30 noviembre 1994, LA LEY 749/1996)

CONCORDANCIAS

Véase:
— Ley de Arrendamientos Rústicos, 49/2003, 26 noviembre (*«B.O.E.»,* 27 noviembre): art. 24, a).
— Ley 29/1994, 24 noviembre (*«B.O.E.»,* 25 noviembre), de Arrendamientos Urbanos: arts. 27, 28 y 35.

Artículo 1.569

El arrendador podrá desahuciar judicialmente al arrendatario por alguna de las causas siguientes:

1.ª Haber expirado el término convencional o el que se fija para la duración de los arrendamientos en los artículos 1.577 y 1.581.

2.ª Falta de pago en el precio convenido.

3.ª Infracción de cualquiera de las condiciones estipuladas en el contrato.

4.ª Destinar la cosa arrendada a usos o servicios no pactados que la hagan desmerecer; o no sujetarse en su uso a lo que se ordena en el número 2.º del artículo 1.555.

COMENTARIO

1.- En anteriores artículos se establece la obligación del arrendatario de devolver la cosa al arrendador, cuando se extingue el arrendamiento por la causa que sea.

Si no la cumple, el arrendador la podrá exigir por una acción judicial. Si se trata de inmueble, la contempla el art. 250.1.º LEC, como juicio verbal y era conocido con el nombre de desahucio. La palabra desahucio viene del latín *dejicio*, lanzar, y lo define el Diccionario de la Real Academia (acepción 3) como despedir al inquilino o arrendatario porque ha cumplido su arrendamiento o por otra razón». En un preciso sentido jurídico, es el medio de recobrar el arrendador judicialmente la cosa inmueble arrendada como aquél se acaba por la concurrencia de ciertas causas extintivas. El artículo 1.569 enumera las causas que dan lugar al desahucio; la primera se refiere al transcurso del plazo, la tercera al incumplimiento del contrato y la segunda y la cuarta al incumplimiento de las obligaciones que impone el Código.

2.- Las causas que enumera este artículo, que dan lugar al desahucio son las siguientes: Primera. El transcurso del plazo, sea el determinado por las partes, sea el de los artículos 1.577 y 1.581.1.º. Segunda. Incumplimiento de obligaciones por el arrendatario, que son la esencial del pago del precio (núm. 2.º) y la de usar la cosa arrendada como un diligente padre de familia (núm. 4.º). Tercera. Incumplimiento del contrato, en el sentido de que el arrendatario no cumple alguna de las cláusulas pactadas, contenidas en el mismo: «condiciones estipuladas» dice este artículo, pero es evidente que no se trata de condición en su sentido propio, sino de cláusulas contractuales.

JURISPRUDENCIA

Vid. las sentencias relacionadas en el artículo 1.555, apartado *sobre el número 2.º*.

CONCORDANCIAS

Véase Ley de Arrendamientos Rústicos, 49/2003, 26 noviembre (*«B.O.E.»*, 27 noviembre): arts. 25 y 26.

Artículo 1.570

Fuera de los casos mencionados en el artículo anterior, tendrá el arrendatario derecho a aprovechar los términos establecidos en los artículos 1.577 y 1.581.

COMENTARIO

1.- El artículo anterior prevé los casos de desahucio. Fuera de tales casos, añade este artículo, el arrendatario poseerá la cosa hasta que transcurra el plazo establecido por las partes en el contrato o, en su defecto, por los artículos 1.577 y 1.581 según se trate de finca rústica o urbana.

2.- El sentido de este artículo es que cualquier incumplimiento secundario de sus obligaciones, por el arrendatario no impide que éste siga manteniendo el arrendamiento y poseyendo la cosa arrendada hasta que transcurra todo el plazo de duración. Se trata del incumplimiento de obligaciones secundarias, de las que no dan lugar al desahucio. Obsérvese que el artículo anterior, al enumerar las causas de desahucio, comprende los dos números del art. 1.555 (pagar y usar la cosa como diligente padre de familia), es decir, todas las obligaciones esenciales del arrendatario. El incumplimiento de las obligaciones secundarias, como el pago de gastos de la escritura (número tercero del art. 1.555) o la de dar aviso de usurpaciones o daños (art. 1.559), no es causa de desahucio y en consecuencia, el arrendatario continuará como tal, poseyendo la cosa arrendada hasta el final del plazo pactado o de los términos establecidos en los arts. 1.577 y 1.581.

Artículo 1.571

El comprador de una finca arrendada tiene derecho a que termine el arriendo vigente al verificarse la venta, salvo pacto en contrario y lo dispuesto en la Ley Hipotecaria.

Si el comprador usare de este derecho, el arrendatario podrá exigir que se le deje recoger los frutos de la cosecha que corresponda al año agrícola corriente y que el vendedor le indemnice los daños y perjuicios que se le causen.

COMENTARIO

1.- Frente a la transmisión de la cosa arrendada, por el arrendador a un tercero, y ante el problema de si se extingue el arrendamiento, hay dos principios contrapuestos: el germánico Kauf bricht nicht Miete (la compra no rompe el arrendamiento) y el romano emptio tollit locatio (la compra destruye el arrendamiento). El Código Civil sigue este segundo principio, el romano, aunque no automáticamente. En una venta de finca arrendada, no se extingue automáticamente el arrendamiento, sino que el comprador tiene derecho a que se extinga. Este artículo se refiere a finca, cosa inmueble (prevé la inscripción en el Registro y la recogida de frutos lo que tan sólo es pensable respecto de inmuebles) pero aunque no contemple el caso de cosa mueble, se aplicará la misma norma, por analogía, si no por interpretación extensiva.

2.- Hay dos excepciones a este principio. El primero es el pacto en contrario, pacto que deberá celebrarse entre el comprador y el arrendador-vendedor, sin que intervenga el arrendatario. El segundo, dice este artículo, «salvo... lo dispuesto en la Ley Hipotecaria» lo que significa (de acuerdo también con lo dispuesto en el art. 1.549) que si el arrendamiento de la finca está inscrito en el Registro de la Propiedad antes que la inscripción de la compraventa a tercero, el comprador no puede provocar la extinción de aquél y deberá seguir como arrendador hasta que se extinga el arrendamiento.

3.- La normativa expuesta no se aplica si un arrendamiento está sometido a leyes especiales. Así ocurre con el arrendamiento urbano y el rústico, que regulan expresamente las leyes de arrendamientos urbanos y de arrendamientos rústicos.

4.- En caso de que el comprador ejercite efectivamente este derecho y provoque la extinción del arrendamiento y éste sea de finca rústica en explotación, el arrendatario tiene derecho a exigir que se le dejen recoger los frutos de la cosecha del año agrícola.

Sea cualquiera el objeto del arrendamiento (y aparte de lo previsto en el inciso anterior: segundo párrafo del artículo 1.571, último inciso) al extinguirse el arrendamiento porque lo ha exigido el comprador de la finca arrendada, el arrendatario tiene derecho a exigir al arrendador-vendedor que le indemnice de los daños y perjuicios que ha sufrido por este adelante del momento de extinción del arrendamiento.

JURISPRUDENCIA

«todo arrendamiento se extingue por resolución del derecho del arrendador, ocurriendo así con el otorgado por el usufructuario al finalizar su usufructo (art. 480) y en la norma general contenida en el art. 1.571 del CC, si bien ya las sentencias de 23 de abril de 1942 y 9 de enero de 1948 señalaron que este artículo no es aplicable a los arrendamientos regidos por la legislación especial de arrendamientos urbanos y rústicos». (9 junio 1990, LA LEY 52-JF/0000)

«La ley general no ha procurado una protección singular al arrendatario, por lo que, al desaparecer el derecho del arrendador, la locación se extingue y el nuevo titular no viene obligado a respetarlo, tal como acaece en el supuesto de transmisión contemplado en el art. 1.571 CC». (21 julio 1998, LA LEY 8901/1998)

CONCORDANCIAS

Véase:
— Ley de Arrendamientos Rústicos, 49/2003, 26 noviembre (*«B.O.E.»,* 27 noviembre): art. 22.
— Ley Hipotecaria, de 8 de febrero 1946 (*«B.O.E.»,* 29 mayo): art. 2.5.
— Ley 29/1994, 24 noviembre (*«B.O.E.»,* 25 noviembre), de Arrendamientos Urbanos: arts. 14 y 29.
— Reglamento Hipotecario, de 14 febrero 1947 (*«B.O.E.»,* 29 de mayo): art. 13.

Artículo 1.572

El comprador con pacto de retraer no puede usar de la facultad de desahuciar al arrendatario hasta que haya concluido el plazo para usar del retracto.

COMENTARIO

1.- Este artículo tiene más interés práctico que teórico. El comprador de una cosa, con pacto de retro (retracto convencional: arts. 1.507 y ss.), es propietario de la misma. Sin embargo, puede perder la cosa si se ejercita el retracto. Por ello, no puede utilizar el derecho de dar por extinguido el arrendamiento por haber comprado la cosa (que prevé el artículo anterior) hasta que haya transcurrido el plazo para el ejercicio del retracto convencional. Es decir, se le retrasa el derecho a extinguir el arrendamiento: si se ejercita el retracto, pierde la cosa comprada; si no se ejercita, a partir del final del plazo para ello, no antes, podrá extinguirla, en virtud de lo dispuesto en el artículo anterior.

2.- Este artículo dice, en general, que en tal caso el comprador de la finca arrendada «no podrá usar de la facultad de desahuciar...» como si alcanzara la limitación a todo supuesto extintivo del arrendamiento. No es así, si el arrendatario incurre en causa de desahucio, el comprador, como continuador del arrendador anterior (el vendedor) podrá ejercitar la acción de desahucio. Si no se admite tal cosa, el arrendatario podría hacer cualquier acto extintivo (no pagar, causar daños, etc.) sin que se le extinguiera el arrendamiento, lo cual iría contra la *necessitas*, esencia de la obligación. Esta *facultad de desahuciar* se refiere sólo a la aplicación del principio *emptio tollit locatio*, proclamado en el artículo anterior.

CONCORDANCIAS

Véase:
— arts. 1.507, 1.508 y 1.520 de este Código.

Artículo 1.573

El arrendatario tendrá, respecto de las mejoras útiles y voluntarias, el mismo derecho que se concede al usufructuario.

COMENTARIO

1.- Es un hecho real que el arrendatario mejora a veces la cosa arrendada. Este artículo prevé el derecho del arrendatario respecto a las mejoras útiles y voluntarias. En primer lugar, aunque no se mencione en el texto legal, el régimen será el que se haya pactado en el propio contrato de arrendamiento o en un pacto posterior (así, cuando el arrendatario pretenda acometer obras de mejora). Lo cual se da en arrendamientos ad meliorandum, es decir, arrendamientos de cosa en los que se prevé que el arrendatario la mejore (porque la cosa está en mal estado, o porque no sirve para el uso normal, etc.).

2.- Si no hay tal pacto, el presente artículo dispone que el arrendatario tiene en las mejoras útiles y voluntarias, «el mismo derecho que se concede al usufructuario» y éste se halla previsto en los artículos 467 y 468. El derecho sobre las mejoras útiles («y voluntarias», dice el texto legal, pero esto es una redundancia ya que evidentemente las mejoras son voluntarias, no las hay que se impongan legalmente) es que puede retirarlas si no produce detrimento en la cosa arrendada, pero carece de derecho a indemnización. Así lo dispone el art. 467 que habla de «mejoras útiles o de recreo», pero ambos conceptos se identifican a los efectos del arrendamiento. Asimismo, el arrendatario, según el art. 488 a que se remite también el presente artículo, puede compensar, al extinguirse el arrendamiento y devolver la cosa arrendada, los deterioros (arts. 1.563 y 1.564) con las mejoras que hubiera hecho. Lo cual planteará los mismos problemas que en el usufructo.

JURISPRUDENCIA

«al estar regulado el régimen de las mejoras en el contrato de arrendamiento en el art. 1.573 del CC, que como ley especial es de aplicación preferente al art. 453 del CC y que se remite al régimen aplicable al efecto al derecho de usufructo recogido en los arts. 487 y 488 del CC. Son estas las normas aplicables al caso de litis, en que según el propio contrato correspondía a la parte arrendataria la realización de las obras precisas para transformar la parcela entregada en un campo deportivo, de modo que la conceptuación de tales obras no es la de gasto necesario o reparación, sino de mejoras que comportan una revalorización del terreno en cuanto el mismo puede ser dedicado a la actividad deportiva, pero que poco provecho pueden revestir sino más bien lo contrario si se pretende dar una utilidad distinta a la finca arrendada. Es aplicable, por tanto, el régimen del art. 487 del CC, y no previéndose en el mismo, ni en el contrato, derecho a indemnización a favor de la parte que realizara las reformas, no procede reconocérselo a la parte demandada, sin perjuicio, de que la misma pueda ejercitar su derecho a retirar dichas mejoras sin causar detrimento al bien arrendado». (14 noviembre 2000, LA LEY 126043/2001)

«Los bienes muebles colocados por la arrendataria en el local para la explotación del negocio, con consentimiento de la arrendataria, se incorporan al mismo si no pueden separarse sin quebranto de la materia o deterioro del objeto (art. 334.3.º CC). Es cierto que el arrendador se enriquece, pero para evitarlo debieron las partes estipular lo perteneciente en el contrato de arrendamiento. Si no lo hicieron, no se puede impedir la aplicación de los artículos 1573 y 487 del Código civil (sentencias de 13 de diciembre de 1993 y 14 de noviembre de 2000)». (3 enero 2006, rec. 1891/1999)

CONCORDANCIAS

Véase:
— arts. 487, 488 y 502 de este Código.
— Ley de Arrendamientos Rústicos, 49/2003, 26 noviembre (*«B.O.E.»*, 27 noviembre): art. 21.
— Ley 29/1994, 24 noviembre (*«B.O.E.»*, 25 noviembre), de Arrendamientos Urbanos: arts. 19, 22 y 30.

Artículo 1.574

Si nada se hubiere pactado sobre el lugar y tiempo del pago del arrendamiento, se estará, en cuanto al lugar, a lo dispuesto en el artículo 1.171; y, en cuanto al tiempo, a la costumbre de la tierra.

COMENTARIO

1.- El lugar y el tiempo en que debe ser cumplida la obligación esencial del arrendatario, el pago del precio o renta, son las fijadas en el contrato o en un pacto posterior entre las partes. Rige, pues, en primer lugar, el principio de la autonomía de la voluntad.

2.- En defecto de pacto, respecto al lugar del pago, este artículo se remite al art. 1.171, norma general sobre el lugar de cumplimiento de las obligaciones. Dicho artículo dispone, en su primer párrafo, que será el lugar que se hubiese designado (principio de autonomía de la voluntad) lo que coincide con este artículo 1.574; en segundo lugar, dispone que si es una cosa determinada, deberá hacerse el pago donde ésta existía en el momento de constituirse la obligación, lo cual es aplicable al arrendamiento en el caso insólito en que se hubiera pactado que el precio de éste fuera en cosa concreta y determinada, pero si es una cantidad de dinero, no será aplicable este criterio. En tercer lugar, en el párrafo tercero, dispone que el lugar del pago será el del domicilio del deudor, y éste es el criterio general del lugar del pago del precio, en dinero, del arrendamiento, como obligación esencial del arrendatario.

3.- Respecto al tiempo del pago si no se ha pactado entre las partes, será el de la costumbre de la tierra.

CONCORDANCIAS

Véase:
— Ley de Arrendamientos Rústicos, 49/2003, 26 noviembre (*«B.O.E.»*, 27 noviembre): art. 14.
— Ley 29/1994, 24 noviembre (*«B.O.E.»*, 25 noviembre), de Arrendamientos Urbanos: art. 17.2. y 3.

SECCIÓN TERCERA

Disposiciones especiales para los arrendamientos de predios rústicos

Artículo 1.575

El arrendatario no tendrá derecho a rebaja de la renta por esterilidad de la tierra arrendada o por pérdida de frutos provenientes de casos fortuitos ordinarios; pero sí, en caso de pérdida de más de la mitad de frutos por casos fortuitos extraordinarios e imprevistos, salvo siempre el pacto especial en contrario.

Entiéndese por casos fortuitos extraordinarios: el incendio, guerra, peste, inundación insólita, langosta, terremoto u otro igualmente desacostumbrado, y que los contratantes no hayan podido racionalmente prever.

COMENTARIO

1.- El arrendamiento de finca rústica se rige por las normas generales del arrendamiento de cosas contenidas en los artículos precedentes, y por las normas específicas que al mismo se refieren, que comienzan por el presente artículo. Sin embargo, es preferente la legislación especial que hoy se halla contenida en la breve (tiene 34 artículos) Ley de Arrendamientos Rústicos de 26 noviembre 2003, que contiene escasas normas, por lo que se completan por la normativa general. La normativa de Derecho común sobre los arrendamientos rústicos se aplica en aquéllos no sometidos a la normativa de la legislación especial; es decir, un ámbito negativo, residual: no se puede decir qué arrendamientos rústicos son los de Derecho común, sino simplemente afirmar, a la vista de la legislación especial, que aquéllos son los excluidos de ésta.

2.- El presente artículo prevé el supuesto de la rebaja del precio o renta del arrendamiento por motivos extraordinarios. En primer lugar, la rebaja se regirá por lo que se haya pactado entre las partes.

3.- En defecto de pacto, dispone este artículo, primer párrafo, primer inciso, el arrendatario no tiene derecho a rebaja de la renta por esterilidad de la tierra arrendada o por pérdida de los frutos por razón de caso fortuito ordinario. El concepto de caso fortuito ordinario se desprende, *a sensu contrario*, del concepto de extraordinario que da el párrafo siguiente. Por el contrario, también en defecto de pacto, si se pierde más de la mitad de los frutos por caso fortuito extraordinario («e imprevistos» dice el texto legal, lo que es una redundancia) sí tiene derecho a una rebaja del precio o renta del arrendamiento. No se expresa cuál es la cuantía de la rebaja. Será proporcional a la pérdida de frutos que ha sufrido el arrendatario. Se determinará por acuerdo las partes y, si no lo hay, por resolución judicial (sentencia, en el proceso declarativo ordinario seguido al efecto).

4.- El concepto de caso fortuito extraordinario que permite la rebaja del precio, y *a sensu contrario*, la de ordinario, que no la permite, se expresa en el segundo párrafo de este artículo, con una definición descriptiva y pintoresca. Pero la descripción que hace es *ad exemplum*, porque acaba añadiendo: «... u otro igualmente desacostumbrado, y que los contratantes no hayan podido racionalmente prever», es decir, es el concepto de fuerza mayor, como suceso ajeno a la voluntad de los seres humanos y de extraordinaria gravedad e imposibilidad de previsión.

CONCORDANCIAS

Véase Ley de Arrendamientos Rústicos, 49/2003, 26 noviembre («B.O.E.», 27 noviembre).

Artículo 1.576

Tampoco tiene el arrendatario derecho a rebaja de la renta cuando los frutos se han perdido después de estar separados de su raíz o tronco.

COMENTARIO

1.- Complementando el artículo anterior, este artículo dispone que la pérdida, por el motivo que fuere, de los frutos separados y percibidos, no da lugar a la rebaja del precio o renta. Lo cual responde al concepto de frutos (arts. 355, 356 y 357): los percibidos son los ya separados de la cosa fructífera, que han pasado a ser cosa nueva y han sido atribuidos al titular, que es el arrendatario.

2.- Por tanto, el fruto ya percibido es una cosa mueble propiedad del arrendatario de la finca rústica y nada puede reclamar al arrendador si se pierde o deteriora.

Artículo 1.577

El arrendamiento de un predio rústico, cuando no se fija su duración, se entiende hecho por todo el tiempo necesario para la recolección de los frutos que toda la finca arrendada diere en un año o pueda dar por una vez, aunque pasen dos o más años para obtenerlos.

El de tierras labrantías, divididas en dos o más hojas, se entiende por tantos años cuantas sean éstas.

COMENTARIO

1.- El tiempo de duración del arrendamiento de cosas, en general, y el de fincas rústicas, en particular, es el fijado por las partes. Hay que tener en cuenta que el arrendamiento es un contrato de tracto sucesivo y esencialmente temporal. Si las partes no han fijado plazo de duración del arrendamiento de finca rústica, éste viene determinado por este artículo, como norma supletoria de la voluntad de las partes.

2.- Este plazo tiene tres variantes: Primera. El plazo necesario para la recolección de los frutos que toda la finca arrendada diere en un año. Segunda. El plazo necesario para la obtención de los frutos que la finca diere una vez, aunque pasen dos o más años para obtenerlos (caso, por ejemplo, de aprovechamientos forestales). Tercera. En tierras labrantías en que se ha dividido la finca en porciones, sembrando cada hoja un año distinto, el plazo es de tantos años cuántas sean las hojas.

CONCORDANCIAS

Véase:
— art. 480 de este Código.
— Ley de Arrendamientos Rústicos, 49/2003, 26 noviembre (*«B.O.E.»,* 27 noviembre): art. 12.

Artículo 1.578

El arrendatario saliente debe permitir al entrante el uso del local y demás medios necesarios para las labores preparatorias del año siguiente; y, recíprocamente, el entrante tiene obligación de permitir al colono saliente lo necesario para la recolección y aprovechamiento de los frutos, todo con arreglo a la costumbre del pueblo.

COMENTARIO

Al producirse la extinción del contrato, por cualquier causa, se regula un aspecto práctico atinente al arrendatario —poseedor— saliente y al entrante. Aquél debe permitir a éste el uso del local y demás medios necesarios, para preparar la próxima labor en la finca; y, a la inversa, el entrante debe permitir al saliente la recolección y aprovechamiento de los frutos; todo ello según la costumbre de la tierra (artículo 1.578).

CONCORDANCIAS

Véase Ley de Arrendamientos Rústicos, 49/2003, 26 noviembre (*«B.O.E.»*, 27 noviembre): art. 27.

Artículo 1.579

El arrendamiento por aparcería de tierras de labor, ganados de cría o establecimientos fabriles e industriales, se regirá por las disposiciones relativas al contrato de sociedad y por las estipulaciones de las partes, y, en su defecto, por la costumbre de la tierra.

COMENTARIO

1.- Este artículo da una norma sobre la aparcería, pero en cuanto ésta tenga por objeto una finca rústica, dicha norma de Derecho común queda desplazada por la aplicación de la Ley de Arrendamientos Rústicos que regula la de finca rústica y el arrendamiento parciario.

2.- La idea mínima de aparcería viene dada por su propio nombre: «ir a la parte» en el reparto de los productos obtenidos de la explotación. La Ley de Arrendamientos Rústicos de 26 noviembre 2003 contempla el contrato de aparcería como una especie de arrendamiento, cuya normativa se aplica supletoriamente a lo pactado por las partes; también contempla la llamada «aparcería asociativa» como una especie de sociedad, cuya normativa de tal contrato se aplica supletoriamente.

JURISPRUDENCIA

«No obstante las dificultades que ofrece la determinación neta de la naturaleza jurídica de la aparcería, dada la redacción del art. 1579 del CC, que la diseña como una especie híbrida entre los contratos de arrendamiento y de sociedad, tanto la doctrina como la jurisprudencia (sentencia del TS de 5 Nov. 1959) atribuye a la misma sustantividad propia, pues la aplicación, en su caso, de reglas de otros contratos, establecidas legalmente, por analogía, no invalida sus diferencias ni con el arrendamiento por las peculiaridades de las prestaciones, ni con la sociedad al no existir en la aparcería un sujeto de imputación, distinto de las partes, ni por tanto, un patrimonio separado. Máxima importancia revisten, en orden a la fijación del contenido del contrato, las estipulaciones que libremente hayan acordado las partes, conforme a lo dispuesto por el art. 1255 del CC, de manera que es, también, opinión aceptada la que considera que el art. 1579 no establece, en su inciso segundo, un orden de prelación de fuentes normativas, sino una simple enumeración que obliga, según las reglas generales de los contratos, a conceder prioridad en la regulación a los pactos libremente establecidos por voluntad concorde de las partes, lo que, obviamente, según los supuestos, podrá acentuar, en unos, los elementos arrendaticios y, en otros, los societarios, asemejándose, más o menos, a los expresados contratos.» (8 julio 2002, LA LEY 7285/2002)

CONCORDANCIAS

Véase Ley de Arrendamientos Rústicos, 49/2003, 26 noviembre (*«B.O.E.»*, 27 noviembre): arts. 28 a 32.

SECCIÓN CUARTA
Disposiciones especiales para el arrendamiento de predios urbanos

Artículo 1.580

En defecto de pacto especial, se estará a la costumbre del pueblo para las reparaciones de los predios urbanos que deban ser de cuenta del propietario. En caso de duda se entenderán de cargo de éste.

COMENTARIO

1.- El arrendamiento de finca urbana se rige por las normas generales del arrendamiento de cosas, del Código Civil, y por las escasas (tres) normas específicas, que comienzan por el presente artículo. Sin embargo, es la legislación especial arrendaticia urbana la que regula con detalle este arrendamiento y se aplica en la inmensa mayoría de los casos. Es la Ley 29/1994, de 24 noviembre, de Arrendamientos Urbanos.

2.- El arrendador, en general, está obligado a mantener la posesión útil de la cosa al arrendatario (art. 1.554, números 2.º y 3.º), haciendo las reparaciones necesarias para ello (arts. 1.558 y 1.559). Como consecuencia de tal norma general, el presente artículo prevé la cuestión de reparaciones en la finca urbana objeto del contrato de arrendamiento. En primer lugar, se aplica el régimen que hayan pactado las partes: preferente principio de autonomía de la voluntad (primer inciso de este artículo) para las reparaciones que sean de cuenta del arrendador.

En segundo lugar, en defecto de pacto, se aplica la costumbre del pueblo, respecto a las mismas reparaciones.

3.- Las reparaciones, en principio, son de cargo del arrendador, que tiene la obligación de mantener la posesión útil. A mayor abundamiento, este artículo acaba con una presunción: «en caso de duda se entenderán de cargo de éste» (el arrendador).

JURISPRUDENCIA

«El RDL 2/1985, de 30 abril, y concretamente el artículo 9, no suprime de plano la prórroga forzosa en los arrendamientos. Lo que ha hecho es liberar a los nuevos arrendadores de la restricción que de forma imperativa sujetaba a los contratos arrendaticios a través de la prórroga forzosa para el arrendador y potestativa para el arrendatario, a que venía respondiendo el artículo 57 LAU, más sin impedir su inclusión en el contrato por voluntad expresa de las partes, como ocurre en este caso, en el que se convine una duración mínima de cinco años, tácitamente prorrogado por iguales periodos de tiempo, siempre que la arrendataria no exprese su deseo de darlo por terminado, avisando con un mes de antelación, y ello no es incompatible con el carácter temporal consustancial a los arrendamientos puesto que su vigencia es la propia de un contrato celebrado al amparo de un sistema normativamente previsto y jurisprudencialmente aceptado en el que lo que se pacta es un tiempo

determinado expresamente vinculado a la prórroga, lo cual no supone "perpetuidad" sino sujeción a un periodo cierto condicionado a las causas de resolución legalmente previstas y al cumplimiento de las obligaciones que a cada parte contratante compete, en un sistema que el propio legislador ha respetado y que toma como referencia la unidad del contrato de arrendamiento y la consideración de la totalidad de los derechos y obligaciones que las partes voluntariamente asumieron desde la diversa posición que una y otra tienen dada la particular naturaleza del mismo. La Sentencia del Tribunal Constitucional de 17 de marzo de 1994 precisó que lo que pretende la nueva normativa es "combatir de otro modo el endémico mal de la escasez de viviendas, pero hay también un reconocimiento de la necesaria persistencia de la legislación anterior, dadas la complejidad y trascendencia referidas, las cuales, de no concurrir, hubieran posibilitado una mayor extensión de la reforma. Así, es el mismo legislador de 1985 quien se ha pronunciado favorablemente acerca del sentido actual del art. 57 LAU respecto de los contratos celebrados a su amparo... no puede olvidarse la relevancia que la continuidad del arrendamiento reviste para la protección de la estabilidad del domicilio familiar, y de la misma familia, en la línea de lo dispuesto en el art. 39.1.º CE... Y debe señalarse que un razonamiento similar puede llevarse a cabo respecto del arrendamiento de locales de negocio, en cuanto que la prórroga forzosa representa un favorecimiento, por el legislador, del mantenimiento de empresas o actividades económicas ya establecidas, atendiendo a consideraciones de apoyo a la producción y al empleo, respaldadas por los mandatos de los arts. 35, 38 y 40 CE"». (31 octubre 2008, rec. 690/2003, LA LEY 164131/2008)

«Si bien el artículo 4 de la Ley 29/1994, de 24 noviembre, de Arrendamientos Urbanos, dispone que en los arrendamientos para uso distinto de vivienda, como es el caso, la voluntad de las partes será la que de modo preferente determine el contenido del contrato, la duración pactada no podría ser indefinida dado que ello vulnera la esencia misma del arrendamiento, por el cual "una de las partes se obliga a dar a la otra el goce o uso de una cosa por tiempo determinado y precio cierto" (artículo 1.543 del Código Civil). Y es que el hecho de que el legislador pueda imponer a las partes en un contrato de arrendamiento el sometimiento a una prórroga forzosa por motivos de política legislativa no permite que, al amparo de la actual legislación, y, más concretamente, del artículo 4 de la Ley 29/1994, de 24 noviembre, de Arrendamientos Urbanos, y del principio de libertad contractual que preconiza el artículo 1.255 del Código Civil, las partes fijen una duración contractual que se caracterice por la posibilidad de prorrogar el arriendo indefinidamente, año tras año, a voluntad del arrendatario. Señala la sentencia del Pleno de esta Sala de 9 de septiembre de 2009 que, "sentado que la intemporalidad que supone el hecho de dejar exclusivamente a voluntad del arrendatario, de modo indefinido, el tiempo durante el que habrá de usar la cosa arrendada, conculca la propia naturaleza del contrato al ser fijada por las propias partes contratantes —lo que determina que la cláusula que así lo establece no puede desplegar sus íntegros efectos en la forma convenida— tampoco puede aceptarse que ello deba equivaler a una absoluta falta de previsión contractual que pudiera reclamar la directa aplicación de lo establecido en el artículo 1581 del Código Civil y ni siquiera la consideración de que el plazo de duración sería de un año, dejando entonces al arrendador la facultad de extinción a la finalización del primer año y posteriores. La solución que, por vía jurisprudencial, cabe dar al planteamiento de tales situaciones ha de llevar a integrar la cláusula de la forma más adecuada a efectos de que no se produzcan unos u otros efectos indeseables. A este respecto, en relación con arrendamientos sujetos al Código Civil y con base en argumentos que resultan también aquí aplicables, parte de la doctrina se ha inclinado por acudir a la analogía del arrendamiento con la figura del usufructo y, en consecuencia, entender que cuando —como aquí sucede— el arrendatario es persona jurídica la duración máxima que cabe imponer al arrendador, sin perjuicio de que la voluntad de las partes pueda llevar los efectos del contrato más allá del indicado tiempo, es la de treinta años que la ley establece como límite temporal para el usufructo en el artículo 515 del Código Civil; solución que en el presente caso lleva a concluir que el arrendador no puede dar por extinguidos en este momento unos contratos de

arrendamiento sobre local de negocio celebrados el 1 de diciembre de 1998, pues se halla vinculado por la cláusula establecida sobre duración en cada uno de ellos por treinta años, esto es hasta la misma fecha del año 2028, lo que resulta además acorde con las exigencias de la buena fe y la contemplación de circunstancias tales como las expectativas de uso del arrendatario y las posibles inversiones realizadas —tal como estaba autorizado— para habilitar los locales a efectos de desarrollar en ellos el negocio de hostelería"». (14 julio 2010, rec. 2206/2005, LA LEY 113853/2010)

CONCORDANCIAS

Véase Ley 29/1994, 24 noviembre (*«B.O.E.»,* 25 noviembre), de Arrendamientos Urbanos: arts. 21 y 22.

Artículo 1.581

Si no se hubiese fijado plazo al arrendamiento, se entiende hecho por años cuando se ha fijado un alquiler anual, por meses cuando es mensual, por días cuando es diario.

En todo caso cesa el arrendamiento, sin necesidad de requerimiento especial, cumplido el término.

COMENTARIO

1.- Si en el contrato de arrendamiento de finca urbana se ha fijado un plazo de duración determinado, termina en el día prefijado (art. 1.565). El plazo puede ser determinable. Pero si no se ha fijado ningún plazo, este artículo (que se corresponde al 1577 relativo al arrendamiento de finca rústica) lo determina, como norma supletoria de la voluntad de las partes.

2.- La norma es sencilla: el arrendamiento durará un año si el pago de la renta es anual, un mes si es mensual o un día si es diario. Sin perjuicio de la prórroga que pacten las partes y de la tácita reconducción que impone el art. 1.566. Y, sin necesidad de requerimiento previo, el arrendamiento termina el último día de los mencionados plazos.

3.- Esta norma, pues, contempla el supuesto de arrendamiento por tiempo indefinido (que se ha pactado así o no se ha fijado plazo) y no admite que se pueda entender que es perpetuo, ya que no cabe una separación permanente entre propiedad y posesión. Por ello, entiende que en tal caso el plazo debe ser el período de utilidad y éste se deduce de la forma en que se ha fijado la renta: si se ha fijado por trimestres, por ejemplo, se entiende que el plazo de duración del arrendamiento es de tres meses, al cabo de los cuales, sin necesidad de requerimiento se extingue el arrendamiento.

JURISPRUDENCIA

«la aplicación por analogía al artículo 1.581 del Código Civil (referido a los arrendamientos urbanos) que solicita la demandada y acordó la juzgadora de Instancia, es pertinente para el caso de autos, en que se trata del cese en la actividad por la Residencia. Y ello desde la doble perspectiva de fijación de un término, de acuerdo con la forma en que, según el Reglamento se pagaba el precio del hospedaje, que haga posible la finalización de la prestación por cese en la actividad en la demandada; y de la propia naturaleza del hospedaje, uno de cuyos aspectos es precisamente el arrendamiento de cosas, en que no se ha fijado plazo. Por esa razón, en aplicación, por analogía del artículo 1.581 del Código Civil, debe entenderse que el contrato se estableció por meses». (20 junio 1995, LA LEY 801/1995)

«la duración del contrato en cuestión, ha de ser por tiempo determinado, e incluso cuando dicha concreción no exista plasmada en el contrato, como ocurre en el presente caso, el art. 1.581 CC establece la norma consistente en determinar que si se fija un alquiler anual, como así también sucede en la presente cuestión, el arrendamiento se entenderá hecho por años». (20 septiembre 1996, LA LEY 8599/1996)

«Sentado que la intemporalidad que supone el hecho de dejar exclusivamente a voluntad del arrendatario, de modo indefinido, el tiempo durante el que habrá de usar la cosa arrendada, conculca la propia naturaleza del contrato al ser fijada por las propias partes contratantes —lo que determina que la cláusula que así lo establece no puede desplegar sus íntegros efectos en la forma convenida— tampoco puede aceptarse que ello deba equivaler a una absoluta falta de previsión contractual que pudiera reclamar la directa aplicación de lo establecido en el artículo 1581 del Código Civil y ni siquiera la consideración de que el plazo de duración sería de un año, dejando entonces al arrendador la facultad de extinción a la finalización del primer año y posteriores. La solución que, por vía jurisprudencial, cabe dar al planteamiento de tales situaciones ha de llevar a integrar la cláusula de la forma más adecuada a efectos de que no se produzcan unos u otros efectos indeseables. A este respecto, en relación con arrendamientos sujetos al Código Civil y con base en argumentos que resultan también aquí aplicables, parte de la doctrina se ha inclinado por acudir a la analogía del arrendamiento con la figura del usufructo y, en consecuencia, entender que cuando —como aquí sucede— el arrendatario es persona jurídica la duración máxima que cabe imponer al arrendador, sin perjuicio de que la voluntad de las partes pueda llevar los efectos del contrato más allá del indicado tiempo, es la de treinta años que la ley establece como límite temporal para el usufructo en el artículo 515 del Código Civil». (9 septiembre 2009, rec. 1071/2005, LA LEY 177102/2009)

CONCORDANCIAS

Véase Ley 29/1994, 24 noviembre (*«B.O.E.»*, 25 noviembre), de Arrendamientos Urbanos: arts. 9 a 16, 34 y 35.

Artículo 1.582

Cuando el arrendador de una casa, o de parte de ella, destinada a la habitación de una familia, o de una tienda, o almacén, o establecimiento industrial, arrienda también los muebles, el arrendamiento de éstos se entenderá por el tiempo que dure el de la finca arrendada.

COMENTARIO

1.- Establece este artículo una norma que presume la voluntad de las partes, cuando no hay pacto expreso. El supuesto de hecho es que se celebre un contrato de arrendamiento de finca urbana, con mobiliario incluido. Es decir, no dos arrendamientos, el de la finca y el de los muebles, sino uno solo, el de finca con muebles; lo cual supone identidad de partes contratantes, arrendador y arrendatario. El concepto de muebles es el gramatical de mobiliario de la casa; y también, en un sentido más amplio, el de máquinas, aparatos u otros enseres que se hallan normalmente (no excepcionalmente) en la casa.

2.- El plazo de duración del arrendamiento es el determinado por las partes, en todo caso. Así, arrendador y arrendatario pueden pactar un plazo de duración conjunto para la finca urbana y sus muebles; o pactar dos plazos distintos (lo que, ciertamente, sería insólito). Si nada han pactado sobre el plazo de duración del arrendamiento de los muebles, se presume (*iuris tantum*, cabe prueba en contrario) que es el mismo que el del arrendamiento de la finca urbana.

CONCORDANCIAS

Véase Ley 29/1994, 24 noviembre (*«B.O.E.»*, 25 noviembre), de Arrendamientos Urbanos: art. 2.2.

CAPÍTULO III
DEL ARRENDAMIENTO DE OBRAS Y SERVICIOS

SECCIÓN PRIMERA
Del servicio de criados y trabajadores asalariados

Artículo 1.583

Pueden contratarse toda clase de servicios sin tiempo fijo, por cierto tiempo, o para una obra determinada. El arrendamiento hecho por toda la vida es nulo.

COMENTARIO

1.- Este y los artículos siguientes regulan el contrato de prestación de servicios (cuyo concepto aparece en los comentarios a los arts. 1.542 y 1.544) pero concretados a los «del servicio de criados y trabajadores asalariados» (es el título de esta sección). Sin embargo, el contrato de prestación de servicios en que hay una dependencia con los empleados o se desarrolla dentro del ámbito de organización y dirección de otra persona, sale del Derecho civil y del Código Civil y cae en el ámbito del Derecho del Trabajo.

2.- El presente artículo es una norma de principio, que responde a uno de los caracteres del contrato de prestación de servicios, el de temporalidad.

Siendo la prestación de servicios una actividad humana y, por otra parte, más o menos duradera, si fuera permanente implicaría una transmisión del ser humano y lo mismo ocurriría si el tiempo pactado fuera igual o superior al que razonablemente dura la vida humana.

Por ello, este artículo permite fijar en el contrato el plazo de duración de forma determinada o determinable, pero declara nulo el hecho por toda la vida.

JURISPRUDENCIA

«destacada doctrina científica ha señalado que el artículo 1583, integrado en el Libro IV, Capítulo III, Sección Primera —"Del servicio de criados y trabajadores asalariados"—, inicia la exclusiva Sección relativa al arrendamiento de servicios en el Código Civil, excepto la definición generalista contenida en su artículo 1544; y, en la actualidad, la aplicación de esta Sección en su conjunto resulta prácticamente nula, por el carácter desfasado y poco coherente de los artículos 1583 a 1587, a lo que se añade la singular razón concerniente a la derogación de estos preceptos por la legislación laboral aplicable al contrato de trabajo, ya sea el Estatuto de Trabajadores o la legislación complementaria. No obstante, aunque el tenor literal del artículo 1583 se refiera a los servicios de "criados y trabajadores asalariados", las doctrinas científica y jurisprudencial amplían el espacio de aplicación del precepto a cualquier contrato de servicios, incluidos los prestados en el ejercicio de profesiones liberales, desde la perspectiva de la interpretación conjunta de esa norma y del artículo 1544 del Código Civil». (5 junio 2009, rec. 303/2003, LA LEY 92013/2009)

Artículo 1.584

El criado doméstico destinado al servicio personal de su amo, o de la familia de éste, por tiempo determinado, puede despedirse y ser despedido antes de expirar el término; pero, si el amo despide al criado sin justa causa, debe indemnizarle pagándole el salario devengado y el de quince días más.

El amo será creído, salvo prueba en contrario:

1.º Sobre el tanto del salario del sirviente doméstico.

2.º Sobre el pago de los salarios devengados en el año corriente.

COMENTARIO

El Código Civil da unas pobrísimas normas sobre el contrato de prestación de servicios en sus artículos 1.583 a 1.587. Además, la mayoría de ellos —por si fuera poco— están derogados tácitamente por las normas laborales. Los artículos 1.584 y 1.585 se refieren a la prestación de servicios de los criados domésticos, la cual está regulada hoy por el Real Decreto de 1 de agosto de 1985, por el que se prevé la relación laboral de carácter especial del servicio del hogar familiar. Por tanto, el único artículo que puede considerarse vigente es el 1583.

Artículo 1.585

Además de lo prescrito en los artículos anteriores, se observará acerca de los amos y sirvientes lo que determinen las leyes y reglamentos especiales.

COMENTARIO

Tal como se ha dicho en el comentario al artículo anterior, éste está derogado por la legislación laboral especial del servicio del hogar familiar.

Artículo 1.586

Los criados de labranza, menestrales, artesanos y demás trabajadores asalariados por cierto término para cierta obra, no pueden despedirse ni ser despedidos antes del cumplimiento del contrato, sin justa causa.

COMENTARIO

1.- Sólo quedan sometidos a la normativa civil aquellos contratos de prestación de servicios que no tienen naturaleza de contrato de trabajo sometido a la normativa laboral. Y la normativa civil es prácticamente inexistente: sólo el concepto que da el art. 1.544 y el límite temporal del art. 1.583. Por tanto, los contratos de prestación de servicios de naturaleza civil —no laboral— serían aquellos manuales o intelectuales, especialmente estos, que carecen de la relación de dependencia que los calificaría de contrato de trabajo.

2.- Este artículo, pues, está derogado por la normativa laboral.

Artículo 1.587

La despedida de los criados, menestrales, artesanos y demás trabajadores asalariados, a que se refieren los artículos anteriores, da derecho para desposeerles de la herramienta y edificios que ocuparen por razón de su cargo.

COMENTARIO

Artículo también derogado por la legislación laboral.

SECCIÓN SEGUNDA
De las obras por ajuste o precio alzado

Artículo 1.588

Puede contratarse la ejecución de una obra conviniendo en que el que la ejecute ponga solamente su trabajo o su industria, o que también suministre el material.

COMENTARIO

1.- Con este artículo comienza la regulación del contrato de obra, incompleta y anticuada. A los conceptos se referían los artículos 1.542 y 1.544. En éste se hace la distinción entre el contrato de obra puro («ponga solamente su trabajo o industria») y el contrato de obra con suministro de material. Este último es el que puede resultar problemático. En ocasiones, no es fácil distinguir si se ha querido el contrato de obra o una compraventa. En el Código Civil se configura, en todo caso, como contrato de obra y sólo tiene una especial consecuencia en orden a los riesgos, perecimiento de la obra, en los artículos 1.589 y 1.590. En todo caso, será decisivo averiguar la voluntad de los contratantes para calificar el contrato de compraventa o de obra.

2.- A la vista de este artículo, parece que la obra siempre es material, es decir, que tiene que tener alguna materialidad. Pero no es preciso, puede ser totalmente inmaterial: recitar una poesía, dar una conferencia, etc.

3.- El Código Civil incluye el contrato de obra como subtipo del arrendamiento. Pero no le aplica ninguna regla del arrendamiento, pese a que lo denomina «arrendamiento de obra» como al «arrendamiento de servicios» y, por la misma razón que en éste: por la tradición romana de que todo trabajo, como actividad —prestación de servicios— o como resultado —obra— era propio de los esclavos, con la consideración jurídica de cosa.

JURISPRUDENCIA

«contrato calificado como de obra con suministro de materiales por parte del contratista, a que se refieren los artículos 1544 y 1588 del Código civil, regulado en el título VI del libro IV, y en las disposiciones generales sobre las obligaciones y contratos de dicho texto legal, por lo que no es aplicable a dicha acción el plazo de caducidad de seis meses previsto en el artículo 1490, invocado por la demanda, sino el de prescripción de quince años establecido con carácter general para las acciones personales en el artículo 1964

del Código civil, como acertadamente señala la sentencia apelada». (21 junio 2005, rec. 374/1999)

Vid. Jurisprudencia sobre el contrato de obra contenida en el artículo 1.544.

Artículo 1.589

Si el que contrató la obra se obligó a poner el material, debe sufrir la pérdida en el caso de destruirse la obra antes de ser entregada, salvo si hubiese habido morosidad en recibirla.

COMENTARIO

1.- De la misma forma que el Código Civil contempla la cuestión de los riesgos en el contrato de compraventa, en el artículo 1.452, confuso y contradictorio, para el caso de que la cosa vendida se pierda o deteriore entre la perfección y consumación (entrega) del contrato, igualmente en el contrato de obra se contemplan los riesgos: pérdida o destrucción de la obra, antes de la entrega al comitente o dueño; por tanto, evidentemente, después de perfeccionado el contrato y antes de la consumación del mismo. En el contrato de obra el Código hace una distinción para el puro y para el con suministro de material, el primero en el artículo 1.590 y el segundo en el 1.589. No son dos regulaciones distintas, sino que es la misma con la lógica especialidad para el contrato de obra puro, si la pérdida se ha producido por defectos del material suministrado por el comitente o dueño de la obra.

2.- En todo caso, en toda cuestión de riesgos se parte de que la cosa o la obra se ha perdido sin culpa de ninguna de las partes. Habiendo culpa, se producirá un incumplimiento culpable que dará lugar a la aplicación de la normativa sobre resolución e indemnización de daños y perjuicios que el artículo 1.124 prevé para los contratos bilaterales. Produciéndose la pérdida de la obra sin culpa, la regla general es que el riesgo lo sufre el contratista, lo cual significa que la obra se pierde y el contratista, que la ha realizado, no percibe precio alguno por ella; el comitente no recibirá la obra, evidentemente, pero nada tendrá que pagar: todo ello lo establecen los artículos 1.589 y 1.590, en los primeros incisos de uno y otro.

3.- Se establecen dos reglas especiales que constituyen excepciones a la anterior regla. En tales casos, pérdida de la obra, pese a ello, el comitente deberá pagar el precio de la misma, es decir, el riesgo lo sufre el comitente en los siguientes casos:

Primero. Morosidad en recibirla (inciso último del artículo 1.589 e inciso intermedio del artículo 1.590). Si el comitente o dueño de la obra incurre en *mora accipiendi,* morosidad en recibirla, sufre el riesgo de su pérdida: si se pierde, pagará el precio como si la hubiera recibido.

Segundo. Sólo en el contrato de obra puro (no el con suministro de material), en el que los materiales los ha puesto el comitente o dueño de la obra, éste sufre el riesgo de la pérdida de la obra y tendrá, por tanto, que pagarla en el caso de «que la destrucción haya provenido de la mala calidad de los materiales, con tal que haya advertido oportunamente esta circunstancia al dueño»: artículo 1.590, último inciso.

JURISPRUDENCIA

«la regla general de responsabilidad del constructor, que pone el material, por la pérdida (o deterioro) de la obra antes de ser entregada, tiene la excepción legal, que el propio pre-

cepto invocado establece, de que haya habido morosidad en recibirla por parte del comitente o dueño de la obra, supuesto excepcional que es el aquí concurrente, ya que es un hecho que la sentencia declara probado y que ha de ser mantenido incólume en esta vía casacional (como ya se ha dicho en el Fundamento jurídico segundo de esta resolución) el de que la obra (construcción del chalet o "villa") fue terminada, conforme a lo pactado, a finales de septiembre de 1982, en cuya fecha la entidad constructora la puso a disposición de los dueños, pero éstos, en septiembre de 1984, por causas que no han sido justificadas, todavía no se habían hecho cargo de la misma, durante cuyo período de tiempo (septiembre de 1982, fecha de terminación de la obra y puesta de la misma a disposición de los dueños-comitentes, y septiembre de 1984, en que éstos todavía no se habían hecho cargo de la misma) se produjeron los deterioros del chalet, por causas, además, totalmente ajenas a la construcción del mismo». (3 mayo 1993, LA LEY 765-5/1993)

«derrumbamiento de uno de los muros del edificio a rehabilitar con el consiguiente daño de los otros muros que obligó a su demolición, fue debido a la negligencia del actor al realizar las operaciones de vaciado del semisótano sin adoptar las medidas de aseguramiento del muro ordenadas por la dirección técnica de la obra ni de las más elementales normas de la construcción que, por su profesión, no podía desconocer el contratista, no son aplicables al caso las normas de los arts. 1.589 y 1.590 determinante de cuál de las dos partes, el contratista o dueño de la obra, ha de asumir el riesgo de la pérdida hasta que se produzca la entrega de la obra, preceptos que han de ser interpretados, de acuerdo con la doctrina mayoritaria, en el sentido de que el riesgo a que se refiere el texto legal es el proveniente de caso fortuito; en tanto que la responsabilidad nacida de la conducta culposa o dolosa del contratista se rige por las normas generales de las obligaciones contenidas en los arts. 1101 y siguientes del Código Civil». (15 junio 1994, LA LEY 768/1994)

Artículo 1.590

El que se ha obligado a poner sólo su trabajo o industria, no puede reclamar ningún estipendio si se destruye la obra antes de haber sido entregada, a no ser que haya habido morosidad para recibirla, o que la destrucción haya provenido de la mala calidad de los materiales, con tal que haya advertido oportunamente esta circunstancia al dueño.

COMENTARIO

Véase el comentario al artículo anterior, ya que el de éste está inmerso en aquél.

JURISPRUDENCIA

Vid. sentencia de 15 junio 1994, LA LEY 768/1994, contenida en el artículo anterior, que se refiere también a éste.

Artículo 1.591

El contratista de un edificio que se arruinase por vicios de la construcción, responde de los daños y perjuicios si la ruina tuviere lugar dentro de diez años, contados desde que concluyó la construcción; igual responsabilidad, y por el mismo tiempo, tendrá el arquitecto que la dirigiere, si se debe la ruina a vicio del suelo o de la dirección.

Si la causa fuere la falta del contratista a las condiciones del contrato, la acción de indemnización durará quince años.

COMENTARIO

1.- Contempla este artículo la llamada responsabilidad decenal por ruina de un edificio. Es uno de los artículos (con el 1902 y 1504) que más jurisprudencia produce. Se trata de un incumplimiento del contrato de obra, por razón de ruina del edificio, que está muy someramente enunciado y, por ello, muy desarrollado por la jurisprudencia.

Es importante destacar que el caso de ruina, que no es otra cosa que defectos en la construcción, no es un supuesto de saneamiento por vicios ocultos —con brevísimo plazo de caducidad—, sino uno distinto, con varias posibilidades de configuración jurídica y de ejercicio de distintas acciones.

También débese destacar que el Código se refiere en el art. 1.591 a la obra consistente en un edificio, pero la responsabilidad por ruina, en sus varios aspectos, se refiere a edificios o a cualquier otra obra en el suelo o en el vuelo o en el subsuelo.

El concepto de ruina, que da lugar a la responsabilidad que ahora se analiza, no es restrictivo con el significado de total destrucción o derrumbamiento de la obra, sino amplio: comprende: 1.º) que la obra quede destruida; 2.º) que sufra vicios graves, defectos constructivos que entrañan una ruina potencial que haga temer su pérdida futura; 3.º) que adolezca de vicios que la hagan inútil para la finalidad que les es propia; 4.º) que tengan defectos o vicios que afecten a los elementos esenciales de la construcción, excediendo de imperfecciones corrientes, o 5.º) que incidan en la habitabilidad del edificio, si de este tipo de obra se trata.

2.- El párrafo 2.º del artículo 1.591 contempla el supuesto de incumplimiento contractual culpable por parte del contratista; lo prevé tan sólo a los efectos de contrastar un plazo de prescripción con el supuesto del primer párrafo; éste impone un plazo de caducidad de diez años para un supuesto muy especial; este párrafo 2.º impone el plazo normal de prescripción de quince años. Es, por tanto, el supuesto normal de incumplimiento contractual culpable por lo que la acción de resarcimiento tiene el plazo de prescripción normal de quince años que establece con carácter general para las acciones personales el artículo 1964, segundo inciso.

3.- Aparte de lo anterior, el comprador de un edificio, local o piso, que sufre ruina, puede ejercer, entre otras acciones las relativas al incumplimiento de la obligación de entrega derivada del contrato de compraventa: no le fue entregada la cosa debida, sino una en tan mal estado que sufrió ruina. Es decir, que la obligación de entrega del inmueble o de sus departamentos (viviendas o locales) se interpreta en el sentido de que debe entregarse en su concepto real como lugar en que se establece una persona, familia o empresa, habitable, segura y digna por un número racional de años. La entrega de una apariencia de tal, que al cabo del tiempo presenta defectos que causen su ruina total o parcial o la hacen inhabitable implica un incumplimiento de dicha obligación de entrega. Por lo cual, los perjudicados pueden exigir al vendedor (promotor) que se cumpla fielmente la obligación de entrega de la cosa —inmueble o departamentos— en el sentido auténtico de esta palabra, reparando la ruina total o parcial o defectos que se hubieran presentado o indemnizando los perjuicios causados.

4.- La responsabilidad decenal derivada del contrato de obra está contemplada en el primer párrafo del presente artículo. Es una especial responsabilidad, de naturaleza contractual (aunque esto ha sido discutido) en que se establece un plazo de garantía, de diez años, en el que la ruina da lugar a la responsabilidad de quienes enumera el código y de quienes amplía la jurisprudencia. En este plazo de diez años se establece una presunción de culpabilidad en las personas responsables, en caso de ruina.

Las personas que pueden reclamar esta responsabilidad son, en principio y según el código, el contratante, ya que se reclama por incumplimiento del contrato de obra (obligación de hacer la obra correcta), es decir, el dueño de la obra; y, por ampliación de la jurisprudencia, el adquirente o ulteriores adquirentes de la edificación; en caso de constituirse propiedad horizontal, será el presidente de la comunidad el que tiene la legitimación activa, como órgano de la misma, para ejercitar esta acción.

Las personas responsables son, en primer lugar, el contratista por vicios de la construcción; en segundo lugar, el arquitecto, si la ruina se debe a vicio del suelo o de la dirección; el arquitecto se asimilan los demás técnicos que hayan intervenido en la obra: ingenieros, aparejador, etc.; en tercer lugar, por ampliación de la jurisprudencia, el promotor.

Si hay varias personas responsables, se mantiene por reiterada jurisprudencia, la solidaridad de todos ellos, cuya idea es que, habiendo varios responsables, habrá solidaridad siempre que no sea posible determinar la proporción o el grado en que cada uno de ellos ha influido o participado en la causación del daño; no habrá solidaridad, sino mancomunidad, cuando sea posible deslindar la responsabilidad individual de cada uno.

El artículo 1.591 prevé que en el supuesto de ruina, en su amplio concepto, el sujeto pasivo, frente al sujeto activo, responde de los daños y perjuicios. Lo cual significa que el sujeto activo (comitente o propietario ulterior de la obra) debe quedar indemne, pese a la ruina, es decir, debe quedar la obra en la situación y estado que le correspondería de no haberse producido.

Tal responsabilidad se traduce en: 1º) la ejecución en forma específica, que significa la reparación de los desperfectos o vicios constitutivos de la ruina, haciendo las obras necesarias para eliminar ésta, o bien, 2º) la indemnización de daños y perjuicios, que comprende el coste de la reparación ya realizada, el daño emergente que se haya producido (gastos de hospedaje o alquiler de otra vivienda mientras duraban las obras) y el lucro cesante (beneficios que se obtienen en un local de negocio, por ejemplo).

El artículo 1.591 establece esta responsabilidad —contractual, pero con especialidades— en caso de ruina con un plazo de caducidad; dicha responsabilidad se da si la ruina tuviere lugar dentro de diez años, contados desde que concluyó la construcción; por tanto, para la aplicación de este precepto tiene que producirse la ruina en el plazo de caducidad de diez años; plazo como garantía para la obra. Pero una vez, producida la ruina en tal plazo, el sujeto activo tiene desde este momento el plazo de prescripción de quince años, establecido con carácter general en el segundo inciso del artículo 1964, para reclamar tal responsabilidad.

5. La Ley 38/1999, de 5 de noviembre, de ordenación de la edificación, ha supuesto un cambio esencial en la normativa vigente. La disposición derogatoria primera dispone que quedan derogadas todas las disposiciones de igual o superior rango que se opongan a lo dispuesto en esta ley. Y se oponen las que regulan la responsabilidad de los agentes que intervienen en el proceso de edificación, que regula específicamente la nueva ley. Por tanto, desde la entrada en vigor de esta ley, la responsabilidad por ruina de los edificios cuya construcción ha comenzado vigente la misma, se regirá por ella.

El interés que tiene todavía el art. 1.591 es doble: por una parte, sigue aplicándose a los edificios cuya construcción se hizo o bien simplemente comenzó antes de la entrada en vigor de la Ley de ordenación de la edificación (*vid.* disp. trans. 1.ª); por otra parte, el art. 1.591 sigue aplicándose a construcciones que no sean edificaciones, ya que sólo a éstas se refiere la nueva ley, y dicho artículo del Código se aplica, por interpretación extensiva llevada a cabo por la jurisprudencia, a obras que no son edificios.

JURISPRUDENCIA

1.- Responsabilidad decenal derivada del contrato de obra: conceptos generales.

«La jurisprudencia de esta Sala admite la compatibilidad de la acción por ruina funcional del artículo 1591 del Código Civil con las de cumplimiento o resolución contractual del artículo 1124 o incumplimiento o cumplimiento defectuoso del artículo 1101, todos ellos del Código Civil (sentencias de 8 de junio de 1993, 27 de julio de 1994, 21 de marzo y 24 de septiembre de 1996, 19 de mayo y 8 de junio de 1998 y 27 de enero de 1999). De tal modo que el perjudicado legitimado (lo está el subadquirente) puede optar por la acción que considere más conveniente a sus intereses, pues en ningún precepto legal se exige plantear una con carácter preferente a otra. Por lo tanto, los actores podían ejercitar la acción del artículo 1591 y no la resolutoria del contrato por incumplimiento contractual por inhabilidad del objeto aliud pro alio, aunque el supuesto de hecho normativo sea coincidente (sentencia del Tribunal Supremo de 2 de octubre de 2003)». (30 junio 2005, rec. 311/1999)

«el derecho del perjudicado a obtener la reparación in natura es preferente sobre la indemnizatoria, siempre que ello sea posible y el perjudicado la prefiera (sentencias de 2 diciembre 1994 y 13 mayo 1996). Sin embargo, esto no ha impedido que la misma jurisprudencia haya considerado que en el caso de que el perjudicado haya pretendido infructuosamente la reparación de los defectos constatados, haya que considerar que se ha efectuado la reparación incorrectamente o bien, que habiéndose requerido el cumplimiento de la obligación, el obligado no lo ha realizado, por lo que el principio indemnizatorio está también presente en el artículo 1591 CC (sentencia de 7 de mayo de 2002), ya que responde a la protección del interés más fundado en derecho». (13 julio 2005, rec. 664/1999; doctrina reiterada por la de 27 septiembre 2005, rec. 683/1999)

«En el caso de existencia de defectos constructivos constitutivos de ruina —sea física, potencial o funcional—, la doctrina jurisprudencial admite la compatibilidad de las acciones (SS 30 de septiembre de 1986, 27 de enero de 1999, 30 de junio 2005) para obtener la satisfacción del interés lesionado, de tal modo que el perjudicado legitimado puede optar por la acción que considere más conveniente a sus intereses, pues en ningún precepto legal se exige plantear una de ellas con carácter preferente a otra. Pero para que esta compatibilidad tenga lugar, se hace necesario que las acciones partan de un mismo hecho, que lo es en este caso la obra construida y recibida en los términos que establece el artículo 1591 del CC, y ahora la Ley de Ordenación de la Edificación, a partir del cual el perjudicado puede optar por una y otra en función de lo que reclame, con legitimación también distinta en uno y en otro caso. Obra construida y recibida y obra en construcción es, por consiguiente, lo que diferencia el régimen jurídico de aplicación. Por ello, no se trata de que las dos acciones (arts. 1101 y 1591) sean compatibles y acumulables en su ejercicio, sino de que estamos ante una obra en construcción paralizada por la promotora en razón a las deficiencias observadas para la que se habilitan las acciones apoyadas en el cumplimiento defectuoso del contrato que posibilitó la construcción entre los distintos Agentes y la promotora». (11 octubre 2006, LA LEY 110233/2006)

«constituye doctrina jurisprudencial la referente a los siguientes aspectos: a) las responsabilidades derivadas del artículo 1591 del Código Civil cabe que se atribuyan a arquitectos y a constructores, según el origen de las mismas (vicios de dirección, del suelo, de construcción o de infracción de condiciones del contrato; b) el concepto de arquitectos puede comprender a otros técnicos directores de las obras y el de constructor abarcar incluso al promotor; c) la concurrencia en los demandados de hechos susceptibles de ser determinantes de su declaración de responsabilidad es manifestada por los Tribunales de instancia con el carácter de hecho; d) proclamada la responsabilidad solidaria por el todo o con atribución de cuotas, puede cualquiera de los condenados recurrir en casación por el sistema estable-

cido y con los requisitos legales; e) un condenado carece de facultad procesal para pedir en casación la condena por el todo a otro codemandado, y sólo ha de tratar de demostrar que la suya propia ha sido producida por infracción de ley sustantiva o procesal (STS de 19 de noviembre de 1997)». (3 diciembre 2008, rec. 1835/2002, LA LEY 193658/2008)

«El Código Civil utiliza el vocablo "edificio" sin definir lo que se entiende por éste; el Diccionario de la Real Academia de la Lengua Española dice que edificio "es obra o fábrica construida para habitación o usos análogos, como casa, templo, teatro, etc.". Tanto la doctrina científica como la jurisprudencia se pronuncian por una concepción amplia de este término; así, los juristas lo consideran como "toda obra de albañilería, forjada con materiales de varias clases, adherida de una manera permanente al suelo, ya esté en la superficie, ya en el subsuelo y destinada a un fin de la vida humana", o "si bien el Código Civil habla restringidamente de edificios, habrá que entender referidos sus preceptos a toda obra mural, como diques, puentes, etc., porque hay la misma razón pare decidir". Esta concepción amplia se matiza en el sentido de que se trate de construcciones permanentes o duraderas, con exclusión de las construcciones provisionales. De lo expuesto, se desprende que el artículo 1591 no es de aplicación a las obras de urbanización. Por demás, la Ley 38/1999, de 5 de noviembre, de Ordenación de la Edificación —no utilizable para la resolución el supuesto enjuiciado—, caracteriza los edificios sujetos a su ámbito por razón de su permanencia y de su uso principal». (10 febrero 2010, rec. 1971/2005, LA LEY 1536/2010)

«La Ley de Ordenación de la Edificación 38/1.999, de 5 de noviembre, que publica el B.O.E. del día 6 de noviembre de 1.999, para su entrada en vigor seis meses después, conforme señala la Disposición Transitoria Primera, es una Ley de aplicación a las obras de nueva construcción y a obras en los edificios existentes, para cuyos proyectos se hubiera solicitado la correspondiente licencia de edificación, a partir de su entrada en vigor. Es una ley que no traslada de forma automática todo el régimen normativo anterior, contenido en el artículo 1591 del CC, y muy especialmente en la jurisprudencia que lo interpreta, sino que dota al sector de la construcción de una configuración legal específica, tanto respecto a la identificación, obligaciones y responsabilidades de los agentes que intervienen en el mismo, como de las garantías para proteger al usuario a partir, no solo de unos plazos distintos de garantía y de prescripción, sino de una distinción, hasta ahora inexistente, entre obras mayores y menores; de unos criterios también distintos de imputación, con responsabilidad exigible exclusivamente por vicios o defectos como causa de daños materiales y que es, en principio, y como regla general, individualizada, tanto por actos u omisiones propios, como por actos u omisiones de personas por las que, con arreglo a la Ley, se deba responder, en armonía con la culpa propia de cada uno de los Agentes en el cumplimiento de la respectiva función que desarrollan en la construcción del edificio, salvo en aquellos supuestos muy concretos que la propia Ley tiene en cuenta para configurar una solidaridad expresa, propia o impropia o especial, según se trate del promotor y de los demás agentes». (22 marzo 2010, rec. 691/2006, LA LEY 16950/2010)

«El promotor, por tanto, se comporta frente al comprador del inmueble de una forma ambivalente porque, por una parte, es un encargado de la construcción del edificio que ha vendido sobre plano y, en consecuencia, será responsable de los defectos o vicios de la construcción que presente el inmueble, y por otra parte, el promotor actúa como vendedor del inmueble. En estos casos nos encontramos con un contrato de los denominados llaves en mano, por lo que no puede excluirse la aplicación de lo dispuesto en el art. 1591.2 CC, que establece un plazo de 15 años para la responsabilidad ocasionada por el incumplimiento del contrato. Efectivamente, no se trata únicamente de un contrato de arrendamiento de obra en el que se demanda al promotor como tal, sino de una compraventa de cosa futura, que el promotor está encargado de poner a disposición del adquirente, con las condiciones expresadas en la memoria de calidades y por ello hay que aplicar la regla del art. 1591.2 CC,

dado que el promotor es el vendedor y responde por el incumplimiento de las calidades». (8 marzo 2011, rec. 787/2007, LA LEY 4443/2011)

«La responsabilidad que impone el artículo 1591 del Código Civil, y ahora el artículo 17.8 de la Ley de Ordenación de la Edificación, a las personas físicas o jurídicas que intervienen en el proceso de la edificación se establece en favor de los propietarios y de los terceros adquirentes de los edificios o parte de los mismos en el caso de que fueran objeto de división, y no será "exigible a los agentes que intervengan en el proceso de la edificación, si se prueba que aquellos fueron ocasionados por caso fortuito, fuerza mayor, acto de tercero o por el propio perjudicado por el daño" —artículo 17.8—». (7 junio 2011, rec. 1031/2008, LA LEY 72144/2011)

«la Jurisprudencia de esta Sala admite que el daño moral se identifica con las consecuencias no patrimoniales representadas por el impacto o sufrimiento psíquico o espiritual que en algunas personas pueden producir ciertas conductas, actividades e incluso resultados, con independencia de la naturaleza, patrimonial o no, del bien, derecho o interés que ha sido infringido, y se indemniza junto al daño patrimonial, bien mediante la aplicación de reglas específicas, como la del artículo 1591 del Código Civil, bien mediante las generales de responsabilidad contractual o extracontractual de los artículos 1101 y 1902 del mismo texto legal (SSTS 16 de noviembre de 1986: trastorno y angustia ocasionada a una familia que se vio obligada a abandonar la casa; de 10 de noviembre de 2005: pérdida de las vacaciones estivales; de 22 de noviembre de 2007: abandono de vivienda por obras defectuosas graves, entre otras). En lo que aquí interesa supone que la existencia de un vicio constructivo no lleva aparejada de forma inseparable la situación de "zozobra e intranquilidad" que refiere la sentencia, ni supone tampoco la frustración del deseo de obtener una vivienda en circunstancias óptimas para ser habitada. La responsabilidad deriva del daño y no del incumplimiento y este daño no resulta de los datos de carácter fáctico que refiere la sentencia pues de ninguno resulta una realidad especialmente grave que permita apreciar una situación de molestia, disgusto, aflicción o perturbación de alguna entidad determinante de una indemnización distinta del daño material causado por no haberse adoptado las necesarias medidas de buena construcción, susceptible de reparación a través del artículo 1591 del Código Civil». (15 julio 2011, rec. 1122/2008, LA LEY 111584/2011)

2.- Concepto de ruina.

«Se reputan defectos graves, incluidos en el concepto de ruina del artículo 1591 del Código Civil, todos aquellos vicios que impiden el disfrute, la normal utilización y habitabilidad, por representar riesgo potencial de llegar a hacer inútil la edificación, que acrecienta el transcurso del tiempo, si no se adoptan las medidas correctoras necesarias y efectivas (sentencias de 13 de octubre de 1994 y 7 de febrero y 22 de mayo de 1995; sentencia del Tribunal Supremo de 21 de marzo de 1986). En igual sentido, la sentencia de 8 de mayo de 1998». (18 junio 2004, rec. 2378/1998)

«artículo 1591 del Código Civil, porque probado el lamentable estado de la vivienda del actor recurrente antes de transcurrir dos años desde su entrega, mereciendo calificarse tal estado de ruina funcional conforme a la constante doctrina de esta Sala que entiende por tal la inutilidad de la vivienda para cumplir su fin (sentencias de 28 de octubre de 1989, 30 de septiembre de 1991 y 27 de junio de 1994, entre otras muchas), pues no de otra forma cabe considerar el hundimiento progresivo de la casa y sus muchas humedades, teniendo su origen ese estado en el proceso de edificación por más que también pudieran contribuir las deficiencias del alcantarillado y, finalmente, no habiendo probado su falta de culpa el arquitecto demandado ni la promotora igualmente demandada, asimilada a la constructora según reiteradísima jurisprudencia de esta Sala (por ejemplo, sentencias de 21 de febrero de 2000, 24 de enero de 2001, 8 de febrero de 2001 y 13 de marzo de 2001), ambos demandados

habrán de responder solidariamente frente al actor recurrente sin perjuicio de su derecho de repetición contra otros partícipes en el proceso de edificación, conforme a doctrina de esta Sala tan conocida y reiterada que huelga su cita». (22 julio 2004, rec. 2505/1998)

«vicios como ruinógenos, atendiendo al amplio concepto de ruina de la edificación elaborado por la jurisprudencia de esta Sala, comprensivo de la denominada "ruina funcional", que abarca los defectos que exceden de imperfecciones corrientes, extendiéndose por tanto a las graves, que son las que inciden en la habitabilidad o goce del inmueble haciéndolo imposible o dificultoso (sentencias de 30 de enero de 1997, 18 de diciembre de 1999 y 15 de diciembre de 2000, entre otras)». (26 septiembre 2005, rec. 1212/1999)

«Dice la sentencia de 4 de noviembre de 2002 que "en materia de vicios ruinógenos incardinables en el art. 1591 del Código Civil, la doctrina de esta Sala distingue, junta a las hipótesis de derrumbamiento total o parcial (ruina física) y de peligro de derrumbamiento o deterioro progresivo (ruina potencial), en las que se destaca el valor físico de la solidez, la denominada ruina funcional que tiene lugar en aquellos supuestos en los que los defectos constructivos inciden en la idoneidad de la cosa para su normal destino, y por consiguiente afecta al valor práctico de la utilidad, como exigencia, junto a la seguridad, de una adecuada construcción. Se aprecia la ruina funcional cuando los defectos tienen una envergadura o gravedad que exceden de las imperfecciones corrientes haciendo inútil o impropia la cosa para su finalidad". Por otra parte, como dice la sentencia de 2 de octubre de 2003, la declaración de existencia de ruina, a los efectos del art. 1591 del Código Civil, precisa una doble apreciación. Una de índole fáctica, que consiste en la fijación de los hechos y circunstancias que integran el vicio o defecto constructivo, y otra de índole jurídica, que consiste en la calificación de aquella base fáctica como constitutiva de ruina, en alguna de las modalidades que la jurisprudencia admite como tal: física, potencial o funcional». (15 noviembre 2005, rec. 991/1999)

«la doctrina jurisprudencial, sobre el concepto de ruina, en proyección progresiva, entiende que la conforman todos aquellos vicios que impiden, y con ello también dificulten, el disfrute, la normal utilización y habitabilidad, por presentar un riesgo potencial de llegar a hacer inútil la edificación, incrementándose con el transcurso del tiempo si no se adoptan oportunamente las medidas correctas y efectivas necesarias (SSTS de 13 de octubre de 1994, 7 de febrero y 5 de mayo de 1995 y 21 de marzo de 1996), y debe considerarse que a los compradores de las viviendas también les asiste el derecho de su uso con la tranquilidad que aporta una construcción correcta y no están obligados a soportar las inquietudes y desasosiegos que proporcionan estados edificativos imperfectos (STS de 18 de diciembre de 1999), amén de que la ruina funcional, en los supuestos de casas con viviendas destinadas a morada de personas físicas y sus familias ha de relacionarse con su derecho a disfrutar de la dignidad y adecuación convenientes y que la Constitución proclama en su artículo 47 (STS de 30 de septiembre de 1991, y, en parecidos términos, SSTS de 16 de noviembre de 1996 y 8 de mayo de 1998)». (19 octubre 2006, LA LEY 112196/2006)

«El concepto de ruina (que no es un supuesto de saneamiento por vicios ocultos) no es el restrictivo que significa destrucción de la obra, sino uno mucho más amplio, el de ruina funcional que alcanza o bien a toda la construcción o bien a una parte o elementos de la misma, excediendo de imperfecciones corrientes. La doctrina de esta Sala es reiterada: lo que expresaron las sentencias de 4 de abril de 1978 y 8 de junio de 1987 se ha venido repitiendo una y otra vez; la doctrina que reiteradamente ha venido manteniendo esta Sala para perfilar el concepto de ruina, abunda en la idea de separarle de una interpretación literal, identificativa con el derrumbamiento de un edificio, para comprender en él aquellos graves defectos que hacen tener la pérdida del inmueble o le hagan inútil para la finalidad que le es propia, así como aquellos otros que por exceder de las imperfecciones corrientes, configuren una violación del contrato o incidan en la inhabilidad del edificio. Lo que significa que la ruina funcional configura una auténtica violación del contrato y superador del significado

riguroso y estricto del arruinamiento total o parcial de la obra hecha, tal como dijo la sentencia de 1 de febrero de 1988 y en el mismo sentido, la de 6 de marzo de 1990 (sentencia de 30 de enero de 1997)». (25 octubre 2006, LA LEY 119530/2006)

«El término "ruina" surge cuando el artículo 1591 del Código Civil menciona las diversas responsabilidades por un edificio que se arruinare por vicio en la construcción; literalmente "arruinar" significa "causar ruina", esto es, la "acción de caer o destruirse una cosa", "el derrumbamiento", y, en sentido figurado, también quiere decir "destruir o causar grave daño"; interpretado así, el vocablo "ruina" determina que el vicio de la construcción ha de ser de tal gravedad que cause el derrumbamiento del edificio. Las doctrinas científica y jurisprudencial se apartan de esta interpretación literal, y dan una significación más flexible al concepto de ruina. En primer lugar, no se limita la aplicación del precepto al supuesto de ruina real, que exige un derrumbamiento actual y efectivo, sino que se extiende su ámbito al caso de amenaza o peligro de ruina, manifestado exteriormente por signos visibles, como son las modificaciones o alteraciones en los elementos esenciales para la estabilidad del edificio, que denotan por sí una situación de peligro; bastan, como declara la doctrina jurisprudencial, graves defectos que hacen "temer la próxima pérdida" de la obra, o la "inmediata posible ruina", en un plazo más o menos breve. En segundo lugar, el texto del artículo 1591 no precisa si la ruina ha de ser total o parcial. En general, la doctrina científica entiende que el precepto se refiere a la ruina total y a la parcial, al derrumbamiento de la construcción o de los elementos sustanciales de la misma, o de una parte de ella, cuya posición es seguida por la jurisprudencia. Junto a esta amplia concepción del término "ruina", un significado sector doctrinal, extiende la responsabilidad decenal a aquellos supuestos de vicios o defectos constructivos que, sin afectar a la solidez del edificio, hacen impropia la construcción para el uso al cual es destinada; en este espacio se dice que el artículo 1591 es aplicable al caso de ruina parcial, aunque ésta no afecte en lo más mínimo a la subsistencia de la construcción; que el concepto de ruina comprende todo detrimento o menoscabo grave que experimente una edificación, y que, sin afectar a su solidez, exceda de la medida de las imperfecciones corrientes, configurándose como una violación de las reglas de la lex artis *o del contrato. Con mención a la doctrina jurisprudencial hay que traer a colación la STS de 27 de diciembre de 1983, la cual explica que "el concepto de ruina ha de ser referido no sólo a lo que en sentido riguroso y estricto pudiera implicar derrumbamiento o destrucción total o parcial de una obra, sino a un más amplio contenido de arruinamiento, extensivo a defectos o vicios que afecten a los elementos esenciales de la construcción, que, por exceder de las imperfecciones corrientes, configuran una violación del contrato de obra", cuya sentencia constituye doctrina jurisprudencial de la Sala Primera del Tribunal Supremo, pacífica y consolidada, y puede estimarse como epítome de otras posteriores, muy numerosas».* (26 octubre 2006, LA LEY 114890/2006)

«los defectos de las viviendas eran encuadrables en el art. 1591 conforme a la jurisprudencia de esta Sala interpretativa del concepto "ruina" en un sentido amplio (SSTS 4-11-02 y 20-12-04, entre otras muchas) porque, apreciados en conjunto ("conjunto de imperfecciones" según la citada STS 4-11-02), excedían con mucho de las imperfecciones corrientes, hasta el punto de que la propia parte recurrente admite en el alegato del motivo cuarto el desplome de las puertas balconeras en cuatro viviendas, aunque intente minimizar su importancia en función del número total de viviendas construidas, como igualmente admite que según el perito que dictaminó en el proceso los vicios señalados podían acabar convirtiéndose, en el futuro, en ruinógenos, lo que por sí solo indica ese exceso respecto de las imperfecciones corrientes». (13 diciembre 2007, LA LEY 232447/2007)

«No es aceptable la afirmación de que no se trata de un supuesto de ruina contemplado en el artículo 1591 CC, entonces aplicable. La sentencia recurrida afirma que los defectos eran graves y ostensibles y que comportaban una merma notable en la habitabilidad del inmueble. Tanto con arreglo a la jurisprudencia dictada en aplicación e interpretación del artículo 1591 CC, como con arreglo a la LOE, un defecto de tales características que afecta

a la habitabilidad del inmueble constituye un defecto de construcción que en la vieja tipología aplicable al artículo 1591 CC debía calificarse como de ruina funcional». (23 febrero 2010, rec. 129/2006, LA LEY 8714/2010)

«La existencia de ruina, a los efectos del art. 1591 del Código Civil, precisa una doble apreciación: una, de índole fáctica, que consiste en la fijación de los hechos y circunstancias que integran el defecto constructivo, incluida la entidad o gravedad del mismo, y otra, de índole jurídica, que consiste en la calificación de aquella base fáctica como constitutiva de ruina, en alguna de las modalidades que la jurisprudencia admite como tal: física, potencial o funcional. Para la primera apreciación es preciso tener en cuenta las alegaciones de las partes y los medios de prueba, pues se trata de una cuestión de hecho, cuya fijación corresponde al Tribunal de instancia, y que, por consiguiente, no puede ser sometida a la revisión casacional, sino a través del recurso extraordinario por infracción procesal, a partir de una valoración absurda, irracional o ilógica de la prueba. La segunda, en cambio, es una cuestión jurídica, que incumbe exclusivamente a los órganos jurisdiccionales en consideración a los defectos acreditados por las pruebas practicadas, y puede impugnarse por vulneración del reiterado artículo 1591 del Código Civil y de la jurisprudencia que lo interpreta (SSTS 22 de junio de 2006; 26 de marzo y 10 de septiembre de 2007; 13 de marzo 2008)». (7 junio 2010, rec. 714/2006, LA LEY 86130/2010) (Doctrina reiterada por la sentencia de 10 junio 2010, rec. 294/2006, LA LEY 76114/2010 y por la sentencia de 19 julio 2010, rec. 1368/2006, LA LEY 148059/2010)

3.- Legitimación activa: personas que pueden exigir la responsabilidad.

«la legitimación de cualquiera de los propietarios posteriores para reclamar del promotor y constructor la reparación solidaria de los daños; de ahí que el promotor arrendador trate, legítima y legalmente, de eludir esa responsabilidad demandando anticipadamente al arrendatario-ejecutor material, para que éste se responsabilice de su conducta incumplidora, origen del defecto constructivo (STS de 7 de julio de 1990) (...) "Pero de toda la línea jurisprudencial no se deriva la consecuencia de que el círculo de los legitimados activamente se reduzca a los propietarios, ni que éstos se vean necesariamente obligados a litigar contra todo el círculo de posibles obligados solidarios. Su legitimación adquirida por subrogación junto con el piso, no borra la legitimación de los promotores que contrataron con los constructores y técnicos y conservan acción para exigir el correcto cumplimiento del contrato con base en el vínculo nacido precisamente del mismo. Que los promotores no asuman frente a los propietarios de los pisos el ejercicio de las acciones para reparar lo mal hecho puede generar que sean ellos mismos demandados y condenados con el constructor y los técnicos, pero no se impone que siempre deban figurar en los litigios como demandados" (STS de 8 de junio de 1992 y, en igual sentido, SSTS 27 de abril de 1995 y 3 de julio de 2000)». (7 noviembre 2005, rec. 842/1999)

«Se precisa con carácter previo que no es de aplicación al caso la Ley de Ordenación de la Edificación, en razón al tiempo en que se le inició la construcción, por lo que la cuestión suscitada debe resolverse exclusivamente con los criterios expresados en la jurisprudencia respecto del artículo 1.591 CC, que admite reiteradamente la legitimación activa del promotor frente al contratista y técnicos intervinientes en el proceso constructivo (entre otras, SSTS de 26 de noviembre de 1984, 9 de junio de 1989 y 21 de junio de 1999), no sólo para el caso de que continúe siendo propietario de la edificación, sino también cuando los posteriores adquirentes le hubieran reclamado, de forma fehaciente, la reparación de los daños sobrevenidos a la construcción; así, esta Sala ha establecido que la responsabilidad solidaria del constructor y promotor frente a los terceros adquirentes de los pisos trae derivativamente su causa del contrato de obra (SSTS de 22 de marzo de 1986 y 1 de diciembre de 1984); doctrina que de ningún modo contradice, sino más bien reafirma la legitimación de cualquiera de los propietarios posteriores para reclamar del promotor y constructor la reparación

solidaria de los daños; de ahí que el promotor arrendador trate, legítima y legalmente, de eludir esa responsabilidad, demandando anticipadamente al ejecutor material, para que éste se responsabilice de su conducta incumplidora, origen del defecto constructivo (STS de 17 de julio de 1990), y, por consiguiente, no cabe la más mínima duda de que el promotor está legitimado, no sólo pasivamente, sino también de una manera activa en cuanto al ejercicio de la acción decenal derivada de una declaración de ruina (SSTS 7 de noviembre de 2005; 28 de junio 2006; 20 de diciembre 2007)». (28 febrero 2011, rec. 1813/2007, LA LEY 3680/2011)

«Dice la sentencia de 18 de julio de 2007, y reproduce la posterior de 30 de abril de 2008, en línea con la jurisprudencia contenida, entre otras, en la Sentencia de 8 de julio de 2003, que las Comunidades de Propietarios, con la representación conferida legalmente a los respectivos Presidentes, ex artículo 13.3 de la Ley de Propiedad Horizontal, gozan de legitimación "para demandar la reparación de los daños causados tanto a los elementos comunes como a los privativos del inmueble —STS de 26 de noviembre de 1990—, y no puede hacerse por los extraños discriminación en punto a si los distintos elementos objetivos son de titularidad dominical privada o común, pues tal cuestión queda reservada a la relación interna entre los integrantes subjetivos de esa Comunidad —STS de 24 de septiembre de 199—, sin perjuicio, por ello, de las obligaciones del Presidente de responder de su gestión —SSTS de 15 de enero y 9 de marzo de 1988—, pero cuya voluntad vale como voluntad de la Comunidad frente al exterior —STS de 20 de abril de 199—. En definitiva, la jurisprudencia del Tribunal Supremo ha extendido las facultades del Presidente a la defensa de los intereses afectantes a los elementos privativos del inmueble, cuando los propietarios le autoricen. Lo anterior deriva de las peculiaridades de que gozan las facultades de representación conferidas legalmente a los Presidentes de las Comunidades de Propietarios». (16 marzo 2011, rec. 1642/2007, LA LEY 52214/2011)

«Procede manifestar que la doctrina jurisprudencial del Tribunal Supremo ha reconocido la condición de promotoras a cooperativas de viviendas y asociaciones, y, con tal carácter, pueden esgrimir la acción decenal contra los agentes intervinientes en el proceso de la construcción, cuya facultad subsiste aunque hayan transmitido todo o parte de la propiedad del edificio a otros adquirentes (entre otras, SSTS de 21 de junio de 1989, 7 de julio de 1990, 8 de mayo de 1995 y 21 de junio de 1999), sin embargo no es menos cierto que, para ejercitar tal acción decenal, es preciso que la totalidad de las viviendas no hayan sido transmitidas a terceras personas, o si lo han sido, la cooperativa o asociación haya reparado los desperfectos, o bien, se hubiera comprometido a abonarlos, es decir, es necesario la existencia de un perjuicio patrimonial real y efectivo». (11 octubre 2011, rec. 1474/2008, LA LEY 20817/2011)

4.- Legitimación pasiva: personas responsables.

«El art. 1.591 resultó correctamente aplicado por el Tribunal de Instancia conforme a la doctrina jurisprudencial de esta Sala de Casación Civil, en cuanto tiene declarado que no impide la responsabilidad del Arquitecto el hecho de que el proyecto cumpliese con la normativa vigente, ya que lo demostrado es que la construcción resultó defectuosa (S 12 Dic. 1992) por razón de las humedades que la afectaron, respondiendo dicho técnico por las irregularidades apreciadas en el proyecto y diseño de la edificación, al no haberse ajustado a las exigencias de la lex artis (SS 16 Jul. 1992 y 15 May. 1995). La responsabilidad que se le exige se centra en la especialidad de sus conocimientos y la garantía técnica y profesional que implica su intervención (SS 14 Nov. 1981 y 27 Jun. 1994), lo que se traduce en la creación de una confianza en quien es encargado de confeccionar el proyecto y que indirectamente trasciende a los futuros compradores, a los que se defrauda si lo encomendado se ejecuta mal, causando daños materiales que incluso pueden resultar personales, como suele suceder por desgracia en los casos de derrumbe de los edificios, frecuentes en estos tiempos». (9 marzo 2000, LA LEY 1334/2001) (doctrina reiterada por la de 6 mayo 2004, rec. 1934/1998)

«Hay que tener en cuenta que dicho art. 1591 del CC distingue tres clases de vicios: de la construcción, de la dirección y del suelo; de estos dos últimos responsabiliza al arquitecto; del vicio del suelo es responsable por no haber tenido el debido conocimiento del mismo, sobre el que se va a edificar. El vicio es, en realidad, del proyecto, ya que para su confección se ha debido tener en cuenta necesariamente el asentamiento de la construcción. Conociendo el vicio, no ya es deber del arquitecto tomar medidas para evitarlo, sino no realizar la edificación si el vicio no es subsanable. Dándose la presunción de culpabilidad, el código se acerca a la objetivación en el sentido de que si la ruina procede de no haber examinado y percatado del vicio del suelo, se impone la responsabilidad al arquitecto». (15 marzo 2001, LA LEY 26608/2001)

«el Arquitecto (aquí recurrente) de las obligaciones inherentes a su importante función en el proceso constructivo en sintonía con la garantía técnica y profesional que implica su intervención, y cuya responsabilidad resulta incuestionable dado que, conforme a la ley (art. 1591 CC) y la doctrina jurisprudencial, le corresponde la superior dirección de la obra (SS 19 Nov. 1996, 19 Oct. 1998, 3 Abr. 2000), lo que implica actividades importantes de control o vigilancia de la ejecución (SS 23 Mar. y 23 Dic. 1999), e inspección adecuada (SS 15 May. 1995, 24 Feb. 1997, 3 Abr. 2000) con el deber de dar las instrucciones y órdenes oportunas para la corrección de la labor constructiva (SS 24 Feb. 1997 y 9 Mar. 2000), respondiendo por culpa in vigilando de las deficiencias fácilmente perceptibles (S. 29 Dic. 1998)». (5 abril 2001, LA LEY 4649/2001)

«La figura del promotor no tiene que corresponder necesariamente a una persona individualizada o a una persona jurídica y así el art. 9 Ley de Ordenación de la Edificación de 5 Nov. 1999 (vigente desde el 6 May. 2000), recogiendo la orientación marcada por la jurisprudencia de esta Sala, resuelve el problema de la figura del promotor, al reconocer la categoría legal y definir el mismo como "cualquier persona, física o jurídica, pública o privada, que, individual o colectivamente, decide, impulsa, programa o financia, con recursos propios o ajenos, las obras de edificación para sí o para su posterior enajenación, entrega o cesión a terceros bajo cualquier título. Por lo expuesto ninguna normativa legal impide que puedan actuar en el proceso constructivo los que resultan copropietarios del solar al asumir las actividades de una propia comunidad civil promotora"». (31 enero 2003, LA LEY 11435/2003)

«la ejecución de un proyecto y la actuación profesional del arquitecto y del arquitecto técnico no eximen al constructor de la responsabilidad por la mala realización efectiva de la obra». (27 febrero 2003, LA LEY 11249/2003)

«Aunque el promotor-vendedor no hubiera asumido tareas de constructor, no por esto, en los supuestos del artículo 1591 del Código Civil, está exento de toda responsabilidad, ya que la doctrina jurisprudencial, al haber incorporado la figura del promotor inmobiliario al ámbito de los responsables que por desfase histórico no contempla el referido artículo 1591 (sentencia de 10-11-1999), no ha dicho que solo su responsabilidad proceda cuando se declara la del constructor, pues se puede apreciar como autonómica teniendo en cuenta el hecho de que al ser vendedor está ligado a los adquirentes por los correspondientes contratos y como tal asume el deber de entregar las cosas en condiciones de utilidad, es decir, exenta de vicios constructivos que frustren su utilidad y uso (sentencias de 2-12-1994, 30-12-1998, 12-3 y 13-10-1999 y 11-12-200». (27 septiembre 2004, rec. 2928/1998)

«La jurisprudencia de esta Sala de Casación Civil mantiene una línea jurisprudencial bien definida para delimitar las responsabilidades de los Arquitectos, teniendo en cuenta que aquí se trata de múltiples defectos externos perfectamente visibles y detectables y así se ha declarado que el Arquitecto no cumple por entero su misión con la redacción del proyecto de obra, sino que cuando asume su dirección se alinea como protagonista principal en el proce-

so material de su ejecución, lo que le impone modificar, corregir y cumplimentar el proyecto en aquellos aspectos que suponen omisiones, insuficiencias o incorrecciones y si alguna pauta constructiva quedase sin revisar debidamente en el proyecto deberá adoptar las previsiones necesarias que se adecuasen a la obra (sentencia de 10-7-2001), correspondiéndole también como función principal, al ser el encargado de la obra y por imperativo legal, la superior dirección y control de la misma y el deber de vigilar que su ejecución sea lo más correcta posible (sentencia 19-11-1996), lo que no obsta el ejercicio de funciones convergentes atribuidas a los integrantes de otros cuerpos técnicos en las respectivas actividades que les incumben (sentencia de 15-4-1991), ya que los Arquitectos son responsables últimos como realizadores y directores del proyecto y por tal razón no basta con que se limiten a hacer constar en el Libro de Órdenes las imperfecciones que aprecien, pues se les impone un plus mayor en su gestión directora superior, ya que en todo momento deben comprobar las rectificaciones o subsanaciones ordenadas y antes de emitir el certificado final aprobatorio de la construcción, único medio de garantizar a los posteriores adquirentes que no resulten defraudados en sus aspiraciones a una habitabilidad posible, segura y cómoda, conforme a las directrices que sienta la sentencia de 12 de noviembre de 2003 (que cita las de 16-3-1984, 5-7-1986, 9-3-1988, 7-11-1989 y 19-11-1996)». (25 octubre 2004, rec. 4491/1999) (Doctrina reiterada por la sentencia de 26 mayo 2005, rec. 4740/1998)

«la jurisprudencia, tras destacar la importante función que cumple el arquitecto en la construcción, en sintonía con la garantía técnica y profesional que implica su intervención, exige al mismo el cumplimiento de funciones de control y vigilancia superior o mediata del proceso constructivo [sentencias de 3 de octubre de 1996 (LA LEY JURIS. 10776/1996), 26 de septiembre de 1997 (LA LEY JURIS. 9539/1997), 3 de abril de 2000 (LA LEY JURIS. 6728/2000) y 5 de abril de 2001 (LA LEY JURIS. 4649/2001] y, en particular, le hace responsable de la realidad de deficiencias que, aunque directamente atribuibles al constructor, debía haber percibido en el desempeño de aquellas competencias [sentencias de 29 de diciembre de 1998 (LA LEY JURIS. 1001315/1998) y 5 de abril de 2001 (LA LEY JURIS. 4649/2001)]». (10 octubre 2005, rec. 623/1999)

«si bien el Arquitecto Técnico es responsable de que la obra se ejecute con sujeción al proyecto y exacta observancia de las órdenes e instrucciones del Arquitecto director, esto no significa subordinación o sometimiento pleno y absoluto que suponga un actuar dotado de automatismo, pues, en todo caso, lo que se ha de alcanzar es una buena construcción, con observancia de las prácticas y reglas correspondientes (Decreto de 16 de julio de 1935). La función que desempeña el Arquitecto Técnico es propia, dotada de autonomía profesional operativa, de la que pueden derivarse las correspondientes responsabilidades, al ser colaborador técnico de la obra y sirve al Arquitecto en cuanto sirve a la obra técnicamente considerada, en la procura de que alcance la necesaria corrección y no resulte obra defectuosa (sentencias de 15-7-1987, 5-12-1988 y 10-7-2001). La sentencia de 10 de marzo de 2004 (que cita las de 5-2-1993, 22-9-1994 y 18-12-2001) declaró que la responsabilidad del Arquitecto Técnico está relacionada con la obligación que le corresponde de ejercer control directo y efectivo de las actividades constructivas y puede concurrir su incumplimiento con la responsabilidad derivada de deficiencias o irregularidades del proyecto, imputables al Arquitecto redactor del mismo, pues entre sus funciones están las de efectuar las correcciones necesarias para evitar daños, a fin de que el proceso constructivo resulte bien hecho y seguro, y cuando se trata de canalizaciones imperfectas u omitidas, las mismas constituyen defecto constructivo causante de ruina funcional (sentencia de 10-6-2004)». (15 diciembre 2005, rec. 1710/1999)

«según reiteradamente declara la jurisprudencia, corresponde al arquitecto, encargado de la obra por imperativo legal, la superior dirección de la misma y el deber de vigilar su ejecución de acuerdo con lo proyectado, y está obligado a dejar constancia en el libro de órdenes de las que haya impartido, tanto al constructor como a los demás técnicos intervinientes, que están sujetos a su estricto cumplimiento, de suerte que no basta con reflejar las

irregularidades que aprecie, sino que ha de comprobar su rectificación o subsanación antes de emitir la certificación final aprobatoria de la obra, único medio de garantizar que los dueños o posteriores adquirentes no resulten sorprendidos o defraudados en sus derechos contractuales (entre otras, SSTS de 16 de marzo de 1984, 5 de junio de 1986, 9 de marzo de 1988, 7 de noviembre de 1989, 19 de noviembre de 1996, 29 de diciembre de 1998, 3 de abril de 2000, 25 de octubre de 2004, 26 de mayo de 2005 y 10 de octubre de 2005). Esta doctrina aparece ratificada por la jurisprudencia más reciente. Las SSTS de 5 de abril de 2006, 24 de mayo de 2006 y 24 de julio de 2006, por ejemplo, la reproducen. Según la STS de 19 de mayo de 2006, la vigilancia para que la construcción se adecue al proyecto técnico y a las "buenas normas" de la construcción, así como en lo relativo a la utilización de materiales, realización de mezclas de productos, etc., corresponde al aparejador, en su concreción constante en la obra, pero no pueden omitirse las funciones de alta dirección de los arquitectos, dado que la inspección superior forma parte de la dirección de la obra, atribuida a los técnicos superiores, que deben cuidar que no se produzcan defectos de magnitud, que afecten a la globalidad de la obra o a sus elementos estructurales. Según la STS de 15 de noviembre de 2005, que sigue la doctrina sentada en la de 24 de febrero de 1997, el cometido profesional del arquitecto director de una obra no queda reducido a la confección del proyecto, sino que comprende también inspeccionar y controlar si la ejecución de la obra se ajusta o no a él y, en caso contrario, dar las oportunas órdenes de corrección. No son, concluye la sentencia, imputables al arquitecto los defectos de ejecución o los incumplimientos que no exceden de simples imperfecciones. Sí lo son, según las SSTS de 29 de diciembre de 1998 y 5 de abril de 2001, por culpa in vigilando *[en la vigilancia], las deficiencias en la labor constructiva fácilmente perceptibles».* (22 diciembre 2006, LA LEY 175846/2006) (Doctrina reiterada por la sentencia de 3 diciembre 2007, LA LEY 202392/2007)

«El Promotor ni diseña ni ejecuta o vigila la obra, al ser funciones propias de los demás agentes que intervienen en el proceso constructivo, si bien lo idea, lo controla, administra y dirige a fin de incorporar al mercado la obra hecha, por lo que de admitirse la tesis de la recurrente en ningún caso resultaría condenada solidariamente en un proceso por vicios constructivos (SSTS 13 de mayo 2002; 8 de junio de 2007). La responsabilidad de los promotores no es por tanto por culpa extracontractual, sino que opera dentro del ámbito jurídico del art. 1591 del Código Civil, en relación al 1596, como responsabilidad profesional, por tratarse de supuesto de ruina, y darse las razones que recogen las sentencias de 1 de octubre de 1991; 28 de enero de 1994 y 24 de mayo 2007, entre otras: a) que la obra se realiza en beneficio del promotor; b) que se destina al tráfico mediante la venta a terceros; c) que los adquirentes confían en su prestigio profesional; d) que es el promotor quien elige y contrata a los técnicos y al constructor, y e) que al adoptar criterio contrario produce desamparo o limita a los futuros compradores, frente a la mayor o menor solvencia del resto de los intervinientes en la construcción». (29 noviembre 2007, LA LEY 193563/2007) (Doctrina reiterada por la sentencia de 13 diciembre 2007, LA LEY 232451/2007 y la de 20 diciembre 2007, LA LEY 216816/2007)

«La STS de 3 de abril de 2000 recuerda que esta Sala ha declarado que "la responsabilidad de los arquitectos se centra en la especialidad de sus conocimientos y la garantía técnica y profesional que implica su intervención en la obra" (STS de 27 de junio de 1994); "en la fase de la ejecución de la obra le corresponde la dirección de las operaciones y trabajos, garantizando la realización ajustada al proyecto según la lex artis" (STS de 28 de enero de 1994); "al no tratarse de simples imperfecciones, sino de vicios que afectan a los elementos esenciales de la construcción, de los mismos no se puede exonerar al arquitecto en su condición de responsable creador del edificio" (STS de 13 de octubre de 1994); "al arquitecto le afecta responsabilidad en cuanto le corresponde la ideación de la obra, su planificación y superior inspección, que hace exigente una diligencia desplegada con todo el rigor técnico, por la especialidad de sus conocimientos" (STS de 15 de mayo de 1995, con cita de otras); "corresponde al arquitecto, encargado de la obra por imperativo legal, la superior dirección de la misma y el deber de vigi-

lar su ejecución de acuerdo con lo proyectado (...), no bastando con hacer constar las irregularidades que aprecie, sino que debe comprobar su rectificación o subsanación antes de emitir la certificación final aprobatoria" (STS de 19 de noviembre de 1996 y amplia cita); "responde de los vicios de dirección, es decir, cuando no se vigila que lo construido sea traducción fáctica de lo proyectado (...), y los defectos del caso son objetivos, obedecen a una falta de control sobre la obra y su origen se debe a una negligencia en la labor profesional" (STS de 18 de octubre de 1996); "en su función de director de la obra le incumbe inspeccionar y controlar si la ejecución de la misma se ajusta o no al proyecto por él confeccionado y, caso contrario, dar las órdenes correctoras de la labor constructiva" (STS de 24 de febrero de 1997). Como señala la indicada STS 3 de abril de 2000, los defectos constructivos reseñados afectan a la funcionalidad del inmueble, y, por lo tanto, a la idoneidad de las obras, concepto éste —aptitud o utilidad— que, junto con el de solidez, integra la exigencia de una buena habitabilidad y excluye la ruina, en cuyo sentido jurídico se comprende no sólo la física o potencial, sino también la funcional; en definitiva, de haber obrado el arquitecto demandado con la diligencia exigible a una correcta dirección de obra, conforme a los términos expuestos, no sólo se habría apercibido de los defectos imputados, haciendo eficaz su función de inspeccionar, sino que además habría exigido, en cumplimiento de su función de control, la correspondiente subsanación, no autorizando el resultado final, ni dando lugar a su "visado", en tanto no se hubieran rectificado las irregularidades o imperfecciones, con lo que se habría garantizado a los interesados (dueños o posteriores adquirentes) la adecuada ejecución de la obra, para evitar con tal actuación que resulten sorprendidos o defraudados en sus derechos contractuales, como declaran reiteradas resoluciones de esta Sala (entre otras, SSTS de 27 de junio de 1994 y 19 de noviembre de 1996 y las que cita). En el caso presente, con seguimiento de la línea jurisprudencial recogida en la STS de 18 de diciembre de 1999, no sólo declaramos la responsabilidad del arquitecto, sino también la de los arquitectos técnicos, también demandados, los cuales asumen la función de colaboradores especializados y las actividades de inspeccionar, controlar y ordenar la correcta ejecución de la obra le vienen impuestas por ley, siendo el profesional que debe mantener más contactos directos, asiduos e inmediatos con el proceso constructivo, conservando la necesaria autonomía profesional operativa; por lo que ante su defectuosa vigilancia y control y empleo de los materiales correctos, su responsabilidad concurrente se impone y así lo declara la doctrina jurisprudencial (SSTS de 15 de octubre de 1991, 11 de julio, 7 y 12 de noviembre de 1992, 5 de febrero de 1993 y 2 de diciembre de 1994), alcanzándoles cuando se produce mala ejecución de la obra y, además, una defectuosa dirección de la misma (STS de 22 de septiembre de 1994), extendiéndose a los mismos la responsabilidad del artículo 1591 (SSTS d por razón de la obra deficientemente ejecutada o en forma descuidada (SSTS de 29 de noviembre de 1993 y 2 de febrero de 1996)». (4 diciembre 2007, LA LEY 202379/2007) (Doctrina reiterada por la sentencia de 14 febrero 2011, rec. 909/2007, LA LEY 2154/2011)

«La responsabilidad de los promotores no es por tanto por culpa extracontractual, sino que opera dentro del ámbito jurídico del art. 1591 del Código Civil, en relación al 1596, como responsabilidad profesional, por tratarse de supuesto de ruina, y darse las razones que recogen las sentencias de 1 de octubre de 1991; 28 de enero de 1994 y 24 de mayo 2007, entre otras: a) que la obra se realiza en beneficio del promotor; b) que se destina al tráfico mediante la venta a terceros; c) que los adquirentes confían en su prestigio profesional; d) que es el promotor quien elige y contrata a los técnicos y al constructor y e) que al adoptar criterio contrario produce desamparo o limita a los futuros compradores, frente a la mayor o menor solvencia del resto de los intervinientes en la construcción. Estos criterios de jurisprudencia, señala la Sentencia de 24 de mayo de 2007, han sido incorporados a la Ley de Ordenación de la Edificación en la que el Promotor figura como uno más de los Agentes que la misma refiere, bien es cierto que con una ampliación del concepto al no venir ya caracterizado como el mero beneficiario del negocio constructivo. Y si no fuera por la declaración inicial contenida en el artículo 17, relativo a que "las personas físicas o jurídicas que intervienen en el proceso de edificación responderán frente a los propietarios y adquirentes de los

edificios...", se podría decir que la Ley constituye al Promotor en responsable exclusivo de los defectos constructivos, o lo que es igual, en garante de la calidad del producto final elaborado. El Promotor, dice el 17.3, responde solidariamente, "en todo caso" con los demás agentes intervinientes ante los posibles adquirentes de los daños materiales en el edificio ocasionado por vicios o defectos de construcción. Significa que responde aun cuando estén perfectamente delimitadas las responsabilidades y la causa de los daños sea imputable a otro de los agentes del proceso constructivo, pues otra interpretación no resulta de esas palabras "en todo caso" con la que se pretende unir a responsables contractuales con extracontractuales o legales y con la que se establece la irrenunciabilidad de la misma». (4 diciembre 2008, rec. 500/2004, LA LEY 189384/2008)

«La jurisprudencia sentada en aplicación del artículo 1591 del Código civil parte de la caracterización del promotor como beneficiario económico del negocio constructivo (STS 13 de diciembre de 2007) y esta misma jurisprudencia ha venido declarando con reiteración que el hecho de que la promotora no sea constructora no le priva de la legitimación pasiva en el ejercicio de la acción de responsabilidad decenal (SSTS de 21 de febrero de 2000; 8 de octubre de 2001; 13 de mayo de 2002). Como sostiene la sentencia de 10 de noviembre de 1999, la doctrina jurisprudencial al incorporar la figura del promotor al ámbito de los responsables que, por desfase histórico, contempla de forma incompleta el artículo 1591 del Código Civil, a través de la figura, sí contemplada, del "contratista", no ha dicho que el Promotor "solo" responde cuando deba responder el constructor, porque ello supondría exonerar al Promotor no constructor (que nunca construye, ni puede por tanto causar el daño propio de los demás agentes), entre otros casos, cuando los vicios fueren imputables a los técnicos, y haya existido culpa "in eligendo" en la elección de estos por parte del Promotor que los contrató. Además, el promotor del supuesto de autos es también vendedor, y como tal está obligado, en virtud del contrato, a entregar la cosa en condiciones de servir para el uso que se la destina. Si la edificación padece vicios ruinógenos que la hacen inidónea, es responsable de estos vicios frente al comprador. El promotor, señala la sentencia de 12 de marzo de 1999, viene a hacer suyos los trabajos ajenos, realizados por personas a las que ha elegido y confiado, y los enajena a los adquirentes de los pisos. Su obligación de entrega, caso de que tengan vicios incursos en el artículo 1591, la ha cumplido de modo irregular, defectuoso, y no puede quedar liberado alegando la responsabilidad de terceros ligados con él mediante los oportunos contratos. Está, por tanto, perfectamente admitido y declarado jurisprudencialmente, la procedencia de la legitimación pasiva para soportar la acción de responsabilidad decenal, sin que obste que también pudiera ser imputada a los técnicos intervinientes en la obra, pues la responsabilidad de que se trata nace también del incumplimiento contractual al no reunir las viviendas las condiciones de aptitud para su finalidad y la solidaridad en estos casos ha sido reiteradamente declarada por la jurisprudencia (SSTS 12 de febrero de 2002; 16 de marzo de 1006). Pero es que, además, estos criterios de jurisprudencia han sido incorporados a la Ley de Ordenación de la Edificación en la que el Promotor figura como uno más de los Agentes que la misma refiere». (19 julio 2010, rec. 1368/2006, LA LEY 148059/2010)

«Esta Sala tiene declarado que la responsabilidad de quienes intervienen en el proceso constructivo que impone el artículo 1591 del Código Civil es compatible con el ejercicio de acciones contractuales cuando, entre demandante y demandados, media contrato, de tal forma que la "garantía decenal" no impide al comitente dirigirse contra quienes con él contrataron, a fin de exigir el exacto y fiel cumplimiento de lo estipulado, tanto si los vicios o defectos de la construcción alcanzan tal envergadura que pueden ser incluidos en el concepto de ruina, como si suponen deficiencias que conllevan un cumplimiento defectuoso, como de forma expresa se autoriza a partir de la entrada en vigor de la Ley de Ordenación de la Edificación 38/1999, de 5 de noviembre, al regular la responsabilidad civil de los agentes que intervienen en el proceso de la edificación... y disponer». (2 marzo 2012, rec. 2177/2008, LA LEY 19375/2012)

5.- Solidaridad de los responsables.

«Si bien la presunción de mancomunidad es regla general, la solidaridad, estructurada como impropia, derivada del art. 1591 del CC, actúa en aquellos casos en los que resulta impreciso el grado de participación de los distintos intervinientes en la causación de la ruina (S 10 Jul. 1992), lo que imposibilita fijar correspondientes cuotas de responsabilidad individualizada (SS 8 Jun. 1992, 28 Jul. 1994, 17 Oct. 1995 y 24 Sep. 1996, entre otras). Resulta procedente, conforme al art. 1144 del CC, demandar a cualquiera de los deudores solidarios, alcanzando en las controversias referentes al proceso edificativo especial y destacado relieve la figura del promotor, que puede centrar las responsabilidades derivadas.» (8 febrero 2001, LA LEY 1638/2001)

«cuando no es posible determinar a quién de los responsables ex lege ha de imputarse la obligación reparatoria de la ruina del edificio, se proclama la solidaridad de todos. No cabe deducir por ello que por dirigirse tan sólo a uno de los responsables de tales vicios y deficiencias, produzca la extinción de la obligación de todos los demás no avisados o advertidos extrajudicialmente.» (16 abril 2001, LA LEY 5215/2001)

«la Jurisprudencia de esta Sala viene reiterando (entre las sentencias más recientes la de 3 Oct. 2002) que la solidaridad (impropia) no entra en juego cuando no hay acción plural y queda perfectamente delimitada la responsabilidad de los diversos agentes intervinientes en el proceso constructivo. Sin embargo, en el caso se da un supuesto de indiscernibilidad que justifica la condena solidaria (SS 15 Dic. 2000, 13 May. y 27 Jun. 2002).» (4 noviembre 2002, LA LEY 693/2003)

«doctrina jurisprudencial de la responsabilidad decenal solidaria (sentencia de 22-11-1997), que autoriza a atribuir la responsabilidad que establece el artículo 1591 del Código Civil a todos los que resultan intervinientes y han mantenido conductas que, en su convergencia, son la causa de los defectos constructivos, cuya reparación económica se insta en la demanda (sentencias de 26-2, 21-3 y 15-10-1996; 22-3, 29-5, 5-7, 3-9 y 22-11-1997; 4-3 y 8-6-1998 y 28-12-1998), siendo suficiente que en la producción de los daños las diversas causas que los motivaron pueden responder tanto a concurrencia simultánea, como sucesiva, que desembocan en una causa total eficiente (sentencias de 13-2 y 10-11-1999 y 18-12-1999)». (10 marzo 2004, rec. 763/2000)

«creación jurisprudencial del principio de responsabilidad solidaria en la construcción opera en las hipótesis en que la ruina de la edificación (ruina física o ruina funcional) se haya producido por la concurrencia de varias concausas, unas atribuibles a la dirección y otras a la ejecución, sin posibilidad de discernir las consecuencias de cada una (sentencias, entre otras, de 17 de junio y 30 de diciembre de 1985), de modo que la responsabilidad solidaria de los distintos elementos personales que cooperaron en la edificación sólo está justificada en caso de no poder individualizarse la correspondiente a cada uno de los culpables de los defectos constructivos, por lo que es manifiesto que cuando no se daba el presupuesto de hecho por haberse precisado a cada uno de ellos, la prestación de responsabilidad solidaria no puede prosperar (sentencia, por ejemplo, de 12 de junio de 1987; (sentencia del Tribunal Supremo de 20 de junio de 1989). En igual sentido, las sentencias de 31 de marzo y 16 de diciembre de 1991». (30 junio 2005, rec. 324/1999)

«doctrina mayoritaria y sostenida de esta Sala de Casación Civil, que ha contemplado supuestos de convergencia de concausas eficientes y no cabe considerar como no eficiente la causa que, concurriendo con otras, condiciona o completa la acción de la causa última (sentencias de 27-1-1993, 13-2-1999, 10-11-1999, 24-9-2003 y 26-5-2005). En el caso presente, atendiendo a los hechos probados, no hay base alguna para poder establecer coeficientes separados de la responsabilidad decenal que se demanda, pues se está ante

responsabilidades plurales conforme al artículo 1591 del Código Civil y no resultar demostrado la existencia de datos fácticos atendibles para sentar la proporción o grado en que la conducta de cada uno de los intervinientes en el proceso constructivo ha sido determinante de las deficiencias progresivas que afectan al edificio del pleito (sentencia de 15 de mayo de 2002)». (24 noviembre 2005, rec. 1342/1999)

«la responsabilidad por ruina regulada en el art. 1591 del Código Civil alcanza en principio a todos los intervinientes en la construcción y tal responsabilidad, como tiene declarado la jurisprudencia de esta Sala, es exigible con caracteres de solidaridad cuando resulte imposible individualizar la correspondiente a cada uno de los culpables o autores de los defectos constructivos». (29 noviembre 2006, LA LEY 145011/2006)

«El artículo 1591 del Código civil [CC], acorde con la diferenciación de tareas profesionales, distingue la ruina por vicio de la construcción y la ruina por vicio del suelo o de la dirección, atribuyendo en el primer supuesto la responsabilidad por los daños y perjuicios al constructor y en el segundo al arquitecto (SSTS de 12 de noviembre de 1970, 21 de diciembre de 1981, 15 de julio de 1983, 8 de junio de 1984, 16 de junio de 1984, 31 de enero de 1985, 1 de mayo de 1986 y 17 de junio de 1987, entre otras) y sólo cuando el suceso dañoso ha sido producido una acción plural, sin que pueda apreciarse la proporción en que cada uno de los factores ha influido en la ruina producida por la conjunción de causas, de modo que resulte imposible discernir las específicas responsabilidades de técnico y contratista en el resultado y consecuencias de la obra defectuosa, habrá lugar a la condena solidaria de los intervinientes en la edificación (SSTS de 17 de febrero de 1986, y 27 octubre de 1987, entre otras). Por consiguiente, si la causa de la ruina está delimitada, o está delimitado el grado de influencia de cada una de las causas en la producción de la ruina, será posible determinar cuál es el sujeto responsable; pero si no es posible determinar la participación de cada uno de ellos en la causación del resultado, la jurisprudencia se inclina por aplicar el principio de solidaridad, siguiendo la tendencia a apreciar con mayor rigor la responsabilidad de los profesionales de la construcción y de conseguir la adecuada reparación a favor del perjudicado. Estos criterios se siguen en la actualidad en el artículo 17 de la Ley de Ordenación de la Edificación». (15 diciembre 2006, LA LEY 160465/2006)

«La regla general es la de que cada uno de los intervinientes en el proceso constructivo responda de los daños y perjuicios ocasionados por la ruina que tenga causa en su respectiva actuación; por ello, si el origen de la ruina está perfectamente delimitado, no surge problema, ni tampoco cuando, siendo varias las causas, se encuentra igualmente determinado el grado de causalidad de cada una de ellas en la producción de los vicios ruinógenos. Sin embargo, si cuando concurren varios agentes responsables no es posible determinar la participación de cada uno de ellos, como sucede en el supuesto que nos ocupa, las doctrinas científica y jurisprudencial se inclinan por aplicar el principio de solidaridad, en la línea de apreciar con mayor rigor la responsabilidad de los profesionales de la construcción y de conseguir la adecuada reparación a favor del perjudicado». (4 diciembre 2007, LA LEY 202379/2007)

«Con mención a la solidaridad, corresponde explicar que para resolver esta cuestión, en relación con la responsabilidad decenal, ha de tenerse en cuenta lo siguiente: a) la regla de personalizar la responsabilidad, el "suum cuique tribuere", exige que cada uno de los agentes no responda más que de su propia culpa; y b) asimismo, se alza la necesidad de procurar una satisfacción al perjudicado. Como regla general, cada uno de los intervinientes en el proceso constructivo responde de los daños y perjuicios ocasionados por los vicios y defectos, derivados de su respectiva actuación; por ello, si la causa de las deficiencias está perfectamente delimitada, no surge problema alguno, y tampoco cuando, siendo varias, aparece delimitado el grado de causalidad de cada una de ellas en la producción del anómalo resultado. Sin embargo, sí cuando concurren varios sujetos responsables, no es posible

concretar la participación de cada uno de ellos en la efectividad de la consecuencia final, las doctrinas científica y jurisprudencial se inclinan por aplicar el principio de solidaridad, con la tendencia a apreciar con mayor rigor la responsabilidad de los profesionales de la construcción y de conseguir la adecuada reparación a favor del perjudicado». (27 abril 2009, rec. 836/2004, LA LEY 58191/2009)

«la doctrina jurisprudencial ha sentado que la institución del litisconsorcio pasivo necesario no opera en las responsabilidades derivadas de la construcción de edificios y a que se refiere el artículo 1591 del Código Civil, pues no es preciso la llamada al proceso de todos los intervinientes en el hacer constructivo, dado el principio de la responsabilidad solidaria, por no poderse concretar y depurar las diversas conductas y actividades concurrentes y que ocasionaría la mutación o integración de las responsabilidades plurales que surgen como prioritarias, si se individualizan con específica atribución a cada uno de los actuantes de la ejecución de la obra (STS de 13 de octubre de 1994, citada por la de 20 de junio de 1995); esta responsabilidad solidaria faculta al perjudicado a dirigirse contra todos o alguno de los responsables y ello sin perjuicio de que, al permanecer preexistentes las relaciones internas, se pueden utilizar las acciones de repetición que en su caso procedan por los que se declaren responsables y resultan condenados respecto a los demás intervinientes de la obra (STS de 22 de marzo de 1997, citada en la de 29 de noviembre de 2002 y reiterada por la STS de 31 de marzo de 2005)». (22 julio 2009, rec. 440/2005, LA LEY 125224/2009)

«En lo que aquí interesa supone que para poderlos incluir en el círculo de responsables solidarios se hace necesario, primero, que se les pueda imputar el daño, y, después, que no se pueda deslindar tal responsabilidad de la correspondiente a los demás agentes en el proceso constructivo, siempre teniendo en cuenta las características que impone un pleito de esta naturaleza en el que, según reiterada jurisprudencia, la existencia de ruina (concepto desaparecido de la LOE), a los efectos del artículo 1591 del Código Civil». (10 junio 2011, rec. 1014/2008, LA LEY 83085/2011)

6.- Plazos.

«Según la doctrina de esta Sala, en ese plazo de diez años han de aparecer los vicios, contándose a partir de tal evento la acción personal de responsabilidad de quince años (SS 6 Abr. 1994, 29 Dic. 1998 y 29 Dic. 1989, entre otras muchas), sin que se exija por el tan citado art. 1591 la obligación de poner en conocimiento la aparición de los vicios a los legitimados pasivos como requisito o presupuesto necesario para ejercitar contra ellos la acción de responsabilidad.». (8 octubre 2001, LA LEY 8438/2001)

«Sobre el plazo de responsabilidad decenal establecido en el art. 1591.1 del CC, la doctrina jurisprudencial entiende como dies a quo el de la terminación de la construcción o de la obra (entre otras, TS SS de 14 Feb. y 15 Oct. 1991), aunque alguna sentencia, como la de 1 Oct. 1992, se refiere asimismo a la entrega (desde la construcción o entrega); y si transcurre el plazo sin producirse el vicio ruinógeno, la obligación no nace y desaparece la posibilidad de exigir la responsabilidad (aparte de otras, TS SS de 3 y 17 Jul. 1989, 15 Oct. 1990, 14 Feb. 1991, 6 Abr. 1994 y 15 May. 1995). La acción de reclamación de que se trata surge por haber nacido la responsabilidad (TS S de 15 May. 1995), y la doctrina jurisprudencial considera aplicable el plazo de quince años dispuesto en el art. 1964 del CC con carácter general para las obligaciones personales; como día inicial de su cómputo, se ha declarado en esta sede que habrá de estarse a la fecha en que se produjo la ruina o manifestó el vicio ruinógeno (TS SS 15 Oct. 1990 y 28 Dic. 1998), desde la de la aparición de los vicios de la construcción (TS SS de 6 Abr. 1994 y 3 May. 1996), desde que se aprecie la ruina (TS S de 17 Sep. 1996), o desde el momento en que se detecta el desperfecto en que el vicio se hace patente (TS S de 29 Dic. 1999); esta Sala tiene exigido, en numerosas sentencias (entre otras, TS SS de 11 Oct. 1974, 4 Dic. 1989, 14 Feb., 15 Jul. y 15 Oct. 1991, 6 Abr. y 30 Dic. 1994),

el requisito de que los vicios ruinógenos se manifiesten dentro del plazo de garantía.» (20 julio 2002, LA LEY 7201/2002)

«Sobre el plazo de responsabilidad decenal establecido en el artículo 1591.1 del Código Civil, la doctrina jurisprudencial entiende como dies a quo el de la terminación de la construcción o de la obra (entre otras, SSTS de 14 de febrero y 15 de octubre de 1991), aunque alguna sentencia, como la de 1 de octubre de 1992, se refiere asimismo a la entrega ("desde la construcción o entrega"); y si transcurre el plazo sin producirse el vicio ruinógeno, la obligación no nace y desaparece la posibilidad de exigir la responsabilidad (aparte de otras, SSTS de 3 y 17 de julio de 1989, 15 de octubre de 1990, 14 de febrero de 1991, 6 de abril de 1994, 15 de mayo de 1995 y 20 de julio de 2002). La acción de reclamación de que se trata surge por haber nacido la responsabilidad (STS de 15 de mayo de 1995), y la doctrina jurisprudencial considera aplicable el plazo de quince años previsto en el artículo 1964 del Código Civil con carácter general para las obligaciones personales; como día inicial de su cómputo, se ha declarado en esta sede que habrá de estarse a la fecha en que se produjo la ruina o manifestó el vicio ruinógeno (SSTS de 15 de octubre de 1990 y 28 de diciembre de 1998), desde la de la aparición de los vicios de la construcción (SSTS de 6 de abril de 1994 y 3 de mayo de 1996), desde que se aprecie la ruina (STS de 17 de septiembre de 1996), o desde el momento en que se detecta el desperfecto en que el vicio se hace patente (STS de 29 de diciembre de 1999); esta Sala tiene exigido, en numerosas sentencias (entre otras, SSTS de 11 de octubre de 1974, 4 de diciembre de 1989, 14 de febrero, 15 de julio y 15 de octubre de 1991, 6 de abril y 30 de diciembre de 1994), el requisito de que los vicios ruinógenos se manifiesten dentro del plazo de garantía». (23 mayo 2005, rec. 4524/1998)

«dicha norma impone una responsabilidad objetiva pura y durísima; no se trata tanto de una presunción de culpa, sino de una imputación de responsabilidad a cargo de unas personas a quienes se atribuye la ruina por darse el nexo causal, siempre que el vicio se dé en el plazo de garantía, que es un plazo de caducidad. Una vez producida la ruina en este plazo, comienza el plazo de prescripción general de quince años para las acciones personales (artículo 1964, segundo inciso). Sobre el plazo, como plazo de garantía y plazo de caducidad, sentencias de 9 de abril de 1990, 4 de noviembre de 1992, 6 de abril de 1994, 17 de septiembre de 1996, 28 de diciembre de 1998. Y sobre el plazo de prescripción, sentencias de 8 de octubre de 2001 y 20 de julio de 2002. Esta última dice, en lo que interesa al presente caso: "La acción de reclamación de que se trata surge por haber nacido la responsabilidad (STS de 15 de mayo de 1995), y la doctrina jurisprudencial considera aplicable el plazo de quince años dispuesto en el artículo 1964 del Código Civil con carácter general para las obligaciones personales; como día inicial de su cómputo, se ha declarado en esta sede que habrá de estarse a la fecha en que se produjo la ruina o manifestó el vicio ruinógeno (SSTS 15 de octubre de 1990 y 28 de diciembre de 1998), desde la de la aparición de los vicios de la construcción (SSTS de 6 de abril de 1994 y 3 de mayo de 1996), desde que se aprecie la ruina (STS de 17 de septiembre de 1996), o desde el momento en que se detecta el desperfecto en que el vicio se hace patente (STS de 29 de diciembre de 1999); esta Sala tiene exigido, en numerosas sentencias (entre otras, SSTS de 11 de octubre de 1974, 4 de diciembre de 1989, 14 de febrero, 15 de julio y 15 de octubre de 1991, 6 de abril y 30 de diciembre de 1994), el requisito de que los vicios ruinógenos se manifiesten dentro del plazo de garantía"». (2 junio 2005, rec. 4691/1998)

CONCORDANCIAS

Véase:

— arts. 1.484, 1.553, 1.909, 1.930, 1.938 y 1.964 de este Código.

— art. 17 de la Ley 38/1999, 5 noviembre (*«B.O.E.»*, 6 noviembre), de Ordenación de la Edificación.

Artículo 1.592

El que se obliga a hacer una obra por piezas o por medida, puede exigir del dueño que la reciba por partes y que la pague en proporción. Se presume aprobada y recibida la parte satisfecha.

COMENTARIO

1.- La principal obligación del comitente o dueño de la obra, es la del pago del precio. Este la cumple según el sistema que se haya fijado. Puede hacerse: 1.º) por ajuste o precio alzado, a que se refiere el artículo siguiente; 2.º) por piezas o medida, de que trata este artículo; 3.º) por administración, sistema no contemplado en el código, frecuente en la práctica, en que el contratista va presentado al dueño de la obra sucesivas relaciones de importes parciales a medida que avanza la obra.

2.- Este artículo, pues, prevé el pago del precio de la obra, en sucesivos pagos parciales a medida que aquélla avanza. Lo cual puede ocurrir en todo tipo de obra, por pacto entre las partes. Pero aunque nada se hubiera pactado, si la obra, es por piezas o medida, el contratista puede exigir este sistema y tiene derecho a que el dueño de la obra la reciba por partes, al ritmo que se va haciendo y que se le pague el precio igualmente por partes, correspondientes a la obra que va ejecutando.

3.- El último inciso de este artículo se refiere a cuestión distinta, aunque relacionada con lo anterior. La parte de la obra que se va ejecutando, entregando y cobrando, se presume que ha sido hecha por el dueño de la obra, la recepción y aprobación de la misma. Así, una obra ejecutada y percibido el precio, con este sistema, carece de recepción final y ha estado jalonada de recepciones (y aprobaciones) parciales.

JURISPRUDENCIA

«La norma contempla el supuesto de que el obligado a hacer una obra por piezas o medida, puede exigir del dueño que la reciba por partes y que la pague en proporción, configurando en su inciso final una presunción relativa a que los contratos de ejecución de obra se presume aprobada y recibida la parte satisfecha. Ello implica la perfecta diferenciación y división de las partes que integran la obra, con referencia al total resultado perseguido, y es evidente que esta circunstancia no concurre cuando la prestación a que se refiere el contrato consiste en obtener un resultado concreto y adecuado al uso para el que está dirigido la maquinaria objeto de encargo, de tal forma que hasta que el mismo no se produce no se entiende cumplida la prestación». (30 noviembre 2007, LA LEY 193561/2007)

CONCORDANCIAS

Véase arts. 1.469 y 1.472 de este Código.

Artículo 1.593

El arquitecto o contratista que se encarga por un ajuste alzado de la construcción de un edificio u otra obra en vista de un plano convenido con el propietario del suelo, no puede pedir aumento de precio aunque se haya aumentado el de los jornales o materiales; pero podrá hacerlo cuando se haya hecho algún cambio en el plano que produzca aumento de obra, siempre que hubiese dado su autorización el propietario.

COMENTARIO

1.- Este artículo hace una simple referencia a la forma de cumplirse por el dueño de la obra su obligación de pago del precio, por el sistema de ajuste o precio alzado, que parece el contemplado preferentemente por el código, que titula esta sección: «de las obras por ajuste o precio alzado». Significa que se realiza la obra por un precio global («alzado») que es invariable y que se pagará, en principio, como prevé el art. 1.599.

2.- En tal supuesto, este artículo añade una previsión acerca de la modificación de la obra. Dispone (último inciso) que si se ha modificado la obra con autorización (o sea, por acuerdo) del dueño de la misma, el contratista podrá pedir aumento del precio pactado. Queda proscrita, por tanto, la modificación arbitraria por el contratista sin que lo consienta el dueño de la obra o comitente.

Lo que prevé este artículo es que, sin modificar el contrato, se altere la obra por el contratista con consentimiento del comitente o dueño de la obra —por tanto, acuerdo entre ambas— y este último deberá pagar el aumento del precio, que si no se ha fijado expresamente, se determinará de la misma forma que el precio total: por acuerdo, por tarifas, por dictamen pericial o, en último término por resolución judicial en sentencia.

Por último cabe —al amparo del principio de autonomía de la voluntad, proclamado por el artículo 1.255— que en el propio contrato se prevea el *ius variandi* del comitente con los requisitos, las fórmulas y los efectos que expresamente se hayan pactado.

JURISPRUDENCIA

Sobre el contrato de obra por ajuste o precio alzado y aumento de precio:

«una infracción del art. 1593 del CC, carece de todo fundamento, pues tras el análisis ponderado del contrato que vinculaba a los litigantes, según los elementos fácticos que describe y constata, llega a la certera conclusión que la obra convenida, se encargó por una ajuste alzado, es decir, conforme al precio pactado y cerrado de doscientos dieciocho millones quinientas mil pesetas (218.500.000 ptas.), de manera que los posibles aumentos en el precio sólo podían hacerse en razón de aumentos de obras autorizados». (6 noviembre 2001, LA LEY 164731/2002)

«Esa sentencia de 22 de julio de 2002 reza literalmente así: "tiene declarado esta Sala que el Código Civil no impone al acreedor la obligación de informar de cada una de las vicisitudes del crédito a los fiadores solidarios, y éstos deben (sic) desde que contraen la fianza, no nace su obligación cuando aquel crédito no es satisfecho. Carece de la más mínima base legal no considerar como deudor al fiador solidario hasta que no se produce el incumplimiento; entonces lo que tiene que hacer es cumplir, no constituirse en deudor" (STS 10-6-99 en recurso 3123/1994); así como que "el aval o fianza solidaria es una institución establecida para el derecho del acreedor al cobro de la deuda que no se refiere a la obligación subjetiva radicante en la persona del deudor, sino a la deuda misma que deberá pagarse por los avalistas en defecto del deudor principal... El deudor principal es un tercero en la relación obligacional entre el acreedor y el fiador, como así lo dice expresamente el párrafo primero del artículo 1822 del Código Civil..., aparte de que cuando el fiador lo es con carácter solidario, como ocurre en el caso aquí enjuiciado, el acreedor puede dirigirse directamente contra éste, sin tener que hacer reclamación previa o simultánea alguna al deudor principal" (STS 10-4-95 en recurso 551/1992). En cuanto a la incidencia sobre la fianza del convenio de quita logrado en la suspensión de pagos o la quiebra del deudor afianzado, la sentencia de 24 de enero de 1989 declaró que aceptar la tesis de la liberación del fiador,

porque en otro caso quedaría obligado a más que el deudor principal, "significaría desnaturalizar la extensión de la fianza en términos que resultarían en abierta contradicción con lo que la preceptiva contenida en el art. 1822 CC establece, dado que en el caso los fiadores recurrentes se obligaron solidariamente con el deudor principal a pagar las deudas contraídas por éste y sería absurdo entender que quedaran liberados en parte de su obligación de saldar totalmente la deuda impagada por el hecho de que en un juicio universal de quiebra otros acreedores adoptaran, con su voto en contra, el acuerdo de otorgar una quita, pues de ello derivaría que la garantía que para el cobro de las deudas la fianza representa, precisamente para el supuesto de insolvencia total o parcial del deudor principal, quedara vacía de contenido". La sentencia de 19 de diciembre del mismo año rechazó que la inclusión del demandante en la lista de acreedores de la suspensión de pagos del deudor afianzado supusiera novación del crédito y consiguiente extinción de la obligación del fiador como deudor solidario, razonando que, "por un lado, la presentación de la deudora principal en estado de suspensión de pagos y la inclusión del demandante, aquí recurrido, en la lista de acreedores de la misma, por el crédito objeto de litis, no entraña novación alguna de dicho crédito, el que se mantiene subsistente con sus caracteres originarios o congénitos, y, por otro, la reclamación formulada por el acreedor contra la deudora principal para el pago de la deuda (aunque sea a medio de su inclusión en la lista de acreedores del expediente de suspensión de pagos) no le impide que simultánea o posteriormente pueda dirigirse contra los demás deudores solidarios mientras no resulte cobrada la deuda por completo, conforme establece el art. 1144 CC, que es lo ocurrido en el presente supuesto litigioso, dada la condición de deudor solidario que tiene el recurrente en su calidad de avalista de la deudora principal, a lo que ha de añadirse que no ya la mera suspensión de pagos, sino ni siquiera el concurso o la quiebra del deudor principal pueden provocar la extinción de la obligación de los fiadores del mismo, como parece sostener el recurrente, pues el núm. 3 del art. 1831 y el párrafo 3.º del art. 1844 CC, ambos, declaran subsistente la obligación de los fiadores (y el recurrente lo es y, además, solidario, en su condición de avalista) ante el estado de quiebra o de concurso del deudor principal". La sentencia de 16 de noviembre de 1991, de especial importancia como exponente de la jurisprudencia sobre la materia de que se trata, declaró que "es doctrina de esta Sala que la eficacia del convenio entre acreedores y deudor en procedimiento de suspensión de pagos no impide que el acreedor pueda reclamar a los fiadores toda la deuda y en el momento oportuno, salvo que a ello hubiese renunciado, lo que no ocurre en el caso que nos ocupa, y así las SS 7 junio 1983 y 6 octubre 1986, que citan muchas otras, establecen que los efectos del convenio se limitan a los intervinientes en el proceso de suspensión y sólo a ellos afecta el mandato del Juez de estar y pasar por lo acordado en el convenio, sin que pueda perjudicar ni beneficiar al deudor distinto del que dio lugar al expediente, ni coartar o interferir la acción que contra alguno de ellos corresponda al acreedor para la efectividad de su crédito, de tal manera que la subsistencia de la responsabilidad de los terceros al abono con posterioridad al convenio no admite más lógica excepción que la del pago efectivo y completo del crédito garantizado, ya que los pactos sobre el tiempo y forma de hacerlo sólo afectan a los intervinientes en dicho convenio y modelan exclusivamente la responsabilidad del suspenso de acuerdo con la finalidad del proceso concursal, que es la de abrir cauce a una situación anómala, doctrina general que es de evidente aplicación a los supuestos en que los acreedores tienen individualmente asegurado su crédito con cualquiera de los medios que la ley permite, como el aval, el seguro o la fianza, pues precisamente la insolvencia del deudor que se evidencia mediante el expediente de suspensión de pagos es lo que sitúa al fiador en la obligación de responder por la deuda insatisfecha, sin que en forma alguna pueda aprovecharse de las moratorias o facilidades concedidas al suspenso en el convenio, con la única excepción de que el acreedor se hubiera conformado con no cobrar más que lo que le corresponda en la liquidación y repartimiento hechos en las diligencias de suspensión de pagos, renunciando expresamente al derecho de garantía". La sentencia de 10 de abril de 1995, ya citada al tratar de la obligación del fiador solidario, añadía que la inclusión del crédito avalado entre los que fueran objeto de convenio en la suspensión de pagos del deudor no desvirtúa la obligación resultante del aval, "salvo en el caso de que el acreedor se conforme con no cobrar más que lo que le corresponde en la liquidación y repartimientos hechos en las diligencias de la suspensión de pagos (sentencias de 18 de febrero de 1952 y 7 de junio de 1983)", así como que "el hecho de tener reconocido su crédito en la suspensión de pagos de la referida entidad mercantil, no impide en modo alguno que (el acreedor) pueda dirigir su acción contra los avalistas o fiadores solidarios de la misma". Finalmente, la sentencia de 8 de enero de 1997 ha señalado que, aun cuando los avales están conectados con el débito, la liberación de los fiadores sólo se produce cuando los acreedores renuncien a aquéllos, renuncia que no se produce si votan en contra del convenio o no asisten a la junta, añadiendo que si bien la sentencia de 4 de julio de 1966 estableció la vinculación al convenio de todos los acreedores, incluidos los ausentes o ajenos a la suspensión, tal doctrina "hace referencia a quienes están comparativamente en situación similar, sin privilegios o ventajas, máxime cuando también ha declarado, en la de 16 de noviembre de 1991, que la eficacia del convenio entre acreedores y deudor en procedimiento de suspensión de pagos no impide que aquellos puedan reclamar a los fiadores toda la deuda y en el momento oportuno, salvo que a ello hubiesen renunciado". También conviene añadir que poco después, el 17 de septiembre del mismo año, todavía se dictó por esta Sala otra sentencia más (recurso núm. 627/1997) declarando que por la suspensión de pagos del deudor sus avalistas "entran en función como sujetos pasivos de la obligación contraída y ni la inclusión del crédito avalado entre los que sean objeto del convenio desvirtúa la obligación resultante del aval (sentencia de 10 de abril de 1995, con referencia a las sentencias de 18 de febrero de 1952 y 7 de junio de 1983)"». (27 febrero 2004, rec. 1174/1998)

«Respecto de los efectos que el precio alzado ocasiona, debe señalarse que el artículo 1593 CC señala que quien contrata una obra a precio alzado, "a la vista de un plano convenido con el propietario del suelo", no puede pedir luego aumento del precio, aunque se hayan encarecido los jornales o los materiales. Esta es la regla general que deriva del principio de riesgo y ventura del contrato de obra. En cualquier caso, esta norma es dispositiva, de modo que cuando quede claro del contrato, en virtud de la interpretación de las cláusulas del mismo, que no se quiso pactar un precio invariable, no se aplicará la regla del artículo 1593 CC, cosa que no ocurre en el presente supuesto». (20 abril 2009, rec. 728/2004, LA LEY 49530/2009)

Sobre el contrato de obra por ajuste o precio alzado y la modificación de la misma (último inciso art. 1.593):

«El contrato de obra a tanto alzado puede modificarse introduciendo alteraciones o aumentos de precios, ya que el artículo 1593 del Código Civil no contiene una norma de derecho necesario, sino una regla interpretativa de la voluntad tácita de las partes que no implica limitación a su voluntad contractual, sino un complemento de la misma, de manera que la fijación del pago del precio en el contrato de obra quede encomendada a dicha voluntad (sentencia del Tribunal Supremo de 26 de julio de 1998). En igual sentido las sentencias de 16 de marzo de 1998, 23 de noviembre de 1987 y 18 de octubre de 1989. Es doctrina de esta Sala la de que el problema de si las obras que sustentan el aumento o precio están o no autorizadas por el dueño, es cuestión de hecho de libre determinación por el juzgador de instancia (sentencias de 28 de febrero de 1986, 26 de noviembre de 1999, 6 de abril de 1999, 31 de octubre de 1998, 2 de julio de 1998, 23 de julio de 1996, 28 de marzo de 1996, 19 de octubre de 1995 y 21 de julio de 1993). La realidad de la autorización por parte del recurrente para las partidas que discute es innegable si se atiende a la doctrina jurisprudencial conforme a la cual es suficiente la tácita (sentencia de 18 de abril de 1995), pudiendo incluso llegar a presumirse si las obras se han realizado sin oponerse a ellas (sentencias de 10 de junio de 1992 y 19 de octubre de 1995)». (22 enero 2004, rec. 828/1998)

«La sentencia de 14 de octubre de 1996 se hace eco del valor negocial que pueden tener esas actuaciones de voluntad jurídico negocial, distintas de las declaraciones y consistentes

en la recepción y utilización o apropiación de la prestación realizada por otro, al declarar, en la interpretación del artículo 1593 del Código Civil, que el principio de la invariabilidad del precio contratado para una determinada obra, tasado por ajuste alzado, no ha de aplicarse a los supuestos de obras no presupuestadas, que representan un incremento real, cambio o adición al proyecto primitivo —lo que se conoce como aumento de obra—, cuyo pago corresponde a quien encarga las mismas, las autoriza o simplemente las consiente, recibiéndolas y aceptándolas». (10 mayo 2004, rec. 1045/1998)

«como esta Sala tiene declarado con reiteración —dice la sentencia de 10 de mayo de 1997— que cuando haya aumento de obra por incremento de la construcción o un mayor valor de lo ejecutado por superior calidad de los materiales empleados, el contratista siempre que conste el consentimiento del comitente en cualquier forma, aunque sea tácita, tiene derecho al mayor precio, que puede ser concretado pericialmente o por simple diferencia de valor, pues que el propio art. 1593 así lo permite, pero se ha aclarado que dicho precepto no contiene una norma imperativa o de derecho necesario, sino una regla interpretativa de la voluntad de las partes, que no implica una limitación legal de voluntad contractual, constituyendo un simple complemento de la misma, de manera que la fijación de mayor precio del contrato de obra queda encomendada a la voluntad de las partes, pero si no llegan a acuerdo alguno es llano que corresponde la determinación a los Tribunales». (27 mayo 2005, rec. 4658/1998)

«ha existido un incumplimiento contractual por parte de la promotora al negarse a pagar las facturas remitidas por la contratista. Hubo un claro aumento de obra que se revelaba imprescindible para la ejecución de la construcción, sin que el mismo se hallase comprendido en el precio alzado y cerrado fijado en relación con la obra reflejada en el proyecto y documentación complementaria. La propia imprescindibilidad y ejecución revela la conformidad de los técnicos y de la promotora con los trabajos, derivándose la ajenidad al proyecto, y por consiguiente al precio prefijado para el mismo, de la naturaleza y características de las contingencias sobrevenidas». (11 enero 2012, rec. 1308/2010, LA LEY 2374/2012)

Artículo 1.594

El dueño puede desistir, por su sola voluntad, de la construcción de la obra aunque se haya empezado, indemnizando al contratista de todos sus gastos, trabajo y utilidad que pudiera obtener de ella.

COMENTARIO

1.- Este artículo permite el desistimiento del dueño de la obra, como declaración unilateral de voluntad del mismo, que extingue el contrato. La palabra «desistimiento» es típicamente procesal. En Derecho civil se trata de extinción del contrato por declaración unilateral de una sola de las partes contratantes, situación excepcional pues va, en principio, contra la necessitas, esencia de la obligación (art. 1.256).

2.- El efecto de este mal llamado «desistimiento» es la extinción del contrato de obra. El dueño de la obra deberá indemnizar al contratista por tres conceptos: 1.º) por los gastos que ha tenido, material, empleados, etc.; 2.º) por su trabajo, que incluye el llamado «beneficio industrial»; 3.º) por la utilidad que de la parte de la obra ejecutada, pueda obtener el dueño de ésta. En todo caso, se pretende que el contratista quede indemne, libre de todo perjuicio, por razón del «desistimiento».

JURISPRUDENCIA

«Es reiterada la doctrina de esta Sala que pone de manifiesto la autonomía e independencia de los arts. 1124 y 1594 del CC, entre sí, y en este sentido la S 24 Ene. 1970 afirma que

el derecho del contratista a percibir la indemnización a que se refiere el art. 1594 del CC, no depende en absoluto de los móviles o razones que hayan inducido al propietario del terreno a desistir unilateralmente del contrato de obra concertado y mucho menos de que concurran o no los requisitos exigidos por el art. 1124 y doctrina legal que lo desenvuelve para obtener la resolución de las obligaciones recíprocas, por tratarse de los preceptos autónomos e independientes entre sí que contemplan figuras jurídicas diferentes y se someten a distinto tratamiento, al quedar la facultad que el primero otorga, al libre arbitrio de su titular, sin necesidad de justificación de ninguna clase y depender la eficacia de la acción conferida por el segundo de la conducta observada por cada uno de los contratantes; en el mismo sentido, con cita de la anterior y de otras varias, se manifiesta la S 8 Jul. 1983». (4 febrero 2002, LA LEY 6220/2002) (Doctrina reiterada por la de 29 septiembre 2005, rec. 1025/1999 y por la sentencia de 19 febrero 2010, rec. 1642/2005, LA LEY 3975/2010)

«El art. 1594 CC que regula el desistimiento unilateral del dueño de la obra —ejercicio de una facultad "ad nutum" (por su sola voluntad): SS 4 Feb. 1997, 9 Mar. 1999, 28 Jul. 2000, entre otras— reconoce el derecho de indemnización a favor del contratista por los gastos, trabajo y "utilidad que pudiera obtener" de la construcción de la obra. Y la jurisprudencia viene declarando (SS 15 Abr. y 15 Oct. 1992, 30 May. 1993, 17 Oct. 1996, entre otras) que no se puede negar a los constructores el legítimo derecho de obtener beneficios económicos por razón de la actividad profesional realizada. Para el cálculo de dicho beneficio —utilidad— habrá de estarse a lo pactado, o al cálculo con arreglo a los márgenes o elementos que figuren en el contrato (S 30 May. 1993), y, en su defecto, la determinación es una facultad que corresponde al juzgador de instancia como una cuestión de hecho (S 28 Jul. 2000). Y dice la S 17 Oct. 1996 que la jurisprudencia "no ha establecido un porcentaje fijo y no sometido a las circunstancias económico-sociales de los tiempos, al tratarse de un uso general (S 13 May. 1993), cambiante y acomodado a cada realidad histórico-social". (25 abril 2003, LA LEY 12602/2003)

"La pretensión indemnizatoria ejercitada en la demanda principal por el contratista se ampara en el art. 1594 del Código Civil que impone al dueño de la obra que desiste, por su sola voluntad, de la construcción de la misma, de indemnizar al contratista de todos 'sus gastos, trabajo y utilidad que pudiera obtener de ella'; a estos conceptos se refiere la sentencia de esta Sala de 15 de diciembre de 1981, según la cual "la facultad de desistir está presidida en sus efectos por la idea de la indemnización del contratista o, lo que es igual, del respeto de la ganancia neta de éste, si la hubiese, o de la menor pérdida, subordinándose su ejercicio al reembolso al empresario de cuantos gastos haya efectuado a los que ha de agregarse una suma perteneciente a las ganancias que hubiere obtenido con la terminación de la obra, debiendo puntualizarse, en torno a los conceptos de la indemnización debida al mismo, que por `gastos´ y `trabajos´ han de entenderse los originados y realizados, respectivamente, en la parte de obra ejecutada, así jornales, honorarios y materiales invertidos e incorporados"». (12 marzo 2004, rec. 1337/1998)

«puede equipararse la noción de "desistimiento" —término empleado por el Código Civil en el artículo 1594— y la de "resolución unilateral" con consecuencias específicamente previstas en la ley, lo cierto es que el citado artículo 1594 obliga en tal caso al dueño de la obra a indemnizar al contratista de todos sus gastos, trabajo y utilidad que pudiera obtener de ella; de modo que, según la doctrina jurisprudencial surgida de los diversos pronunciamientos de esta Sala, el ejercicio de la facultad de "desistimiento" derivada del artículo 1594 del Código Civil tiene como contrapartida la indemnización que debe hacerse efectiva al contratista con independencia de los motivos que lo produjeron (sentencias de 30 mayo 1987 y 20 febrero 1993), tratándose de un resarcimiento integral del interés que el contratista tiene en el cumplimiento, de modo que habrá de ser indemnizado en su interés contractual positivo o de cumplimiento colocándole en aquella posición económica que tendría si el contrato se hubiera ejecutado, restituyéndole así todos los gastos, trabajo y utilidad que hubiera podido obtener. Por ello esta

Sala ha declarado que el concepto de utilidad a que se refiere el artículo 1594 se refiere a la de toda la obra y no sólo a la de la parte utilizada (Sentencias de 10 marzo 1979 y 15 diciembre 1981), incluido lógicamente el beneficio industrial que el contratista confiaba obtener y que deberá calcularse sobre la totalidad de la obra proyectada y no sólo sobre la parte ejecutada (sentencias de 13 mayo 1983 y 20 febrero 1993) descontando el beneficio efectivamente obtenido por la eventual realización de parte de la obra y cobro del precio correspondiente a la misma. Se trata, en definitiva, de que el contratista —en este caso, la empresa de arquitectura— quede indemne en cuanto a los efectos económicos que suponga la decisión unilateral de la contraparte, lo que significa que haya de percibir también la ganancia dejada de obtener».
(18 junio 2010, rec. 360/2006, LA LEY 93442/2010)

CONCORDANCIAS

Véase art. 1.256 de este Código.

Artículo 1.595

Cuando se ha encargado cierta obra a una persona por razón de sus cualidades personales, el contrato se rescinde por la muerte de esta persona.

En este caso el propietario debe abonar a los herederos del constructor, a proporción del precio convenido, el valor de la parte de obra ejecutada y de los materiales preparados, siempre que de estos materiales reporte algún beneficio.

Lo mismo se entenderá si el que contrató la obra no puede acabarla por alguna causa independiente de su voluntad.

COMENTARIO

1.- La obligación de hacer puede ser *intuitu personae* en el sentido de que han tomado en cuenta, como elementos esenciales, los subjetivos: así lo contempla el art. 1.161 que se refiere al cumplimiento, que debe ser hecho personalmente por el deudor y no por otra persona.

2.- Una típica expresión de obligaciones *intuitu personae* puede darse en el contrato de obra. El contrato de obra, en principio, no es *intuitu personae*, es decir, celebrado con el contratista en consideración al mismo y en función de que la ejecute personalmente. En cada caso deberá interpretarse la voluntad de las partes, si lo quisieron *intuitu personae* o no, lo que se deducirá de sus declaraciones de voluntad expresas o tácitas, o, más fácilmente, del tipo de obra (es evidente que un retrato contratado con tal pintor es *intuitu personae*; no lo es el pintado de una pared). En caso de contrato de obra *intuitu personae*, se extingue por muerte del contratista, pero en tal caso el comitente debe pagar el valor proporcional de la obra ejecutada y de los materiales, siempre que obtenga algún beneficio de éstos. Pago que hará, como es evidente, a los herederos del contratista.

3.- En todo contrato de obra, si ésta no se puede ejecutar por imposibilidad (no, por tanto, en caso de incumplimiento culpable) el comitente nada deberá pagar al contratista (lo que se deduce de los artículos 1.589 y 1.590). Si la obra había empezado a ejecutarse, pero por imposibilidad no pudo terminarse deberá el comitente pagar al contratista lo mismo que en caso de muerte, que se acaba de exponer: el valor de la parte de la obra y de los materiales, si de éstos reporta algún beneficio. Así lo dispone el último párrafo del artículo 1.595: lo mismo (lo previsto para caso de muerte del contratista *intuitu personae*) se entenderá si el que contrató la obra no puede acabarla por alguna causa independiente a su voluntad.

JURISPRUDENCIA

«La valoración jurídica de estos hechos está en el propio fundamento del contrato de prestación de servicios suscrito entre ambas partes, como relación "intuitu personae", del artículo 1595 CC, por tratarse de una obligación personalísima de quien debió realizar el proyecto y la dirección de la obra en su condición de arquitecto y no pudo cumplirla en su integridad por su fallecimiento. En la medida en que este contrato está basado en la confianza entre las partes, se estableció la posibilidad de rescindirlo unilateralmente pactándose una indemnización, que es la que se reclama en la demanda. Ocurre, sin embargo, que el arquitecto falleció y que esta singular situación produjo la imposibilidad sobrevenida de cumplimentar la obligación a la que se había comprometido, lo que constituye una justa causa de resolución de la relación obligatoria sinalagmática, que impide la aplicación del artículo 1124 CC, pues tiene en cuenta un incumplimiento que no ha existido, desde el momento en que una parte no pudo cumplir aquello a lo que se comprometió y no puede imponerse a la otra —dueño de la obra— que tenga que soportar la continuidad de los trabajos a cargo de un profesional distinto perteneciente a una la sociedad meramente instrumental cuando el contrato se formalizó en atención a la consideración profesional de Don Juan Alberto y el derecho a desistir mediante el establecimiento de las consecuencias económicas correspondientes solo era efectivo en vida y no por su fallecimiento y posterior baja colegial». (14 diciembre 2011, rec. 473/2008, LA LEY 246215/2011)

CONCORDANCIAS

Véase art. 1.161 de este Código.

Artículo 1.596

El contratista es responsable del trabajo ejecutado por las personas que ocupare en la obra.

COMENTARIO

En todo caso de responsabilidad del contratista, por incumplimiento total o parcial del contrato de obra y específicamente en el caso de la responsabilidad decenal prevista en el art. 1.591, responde frente al dueño de la obra (o frente a sucesivos adquirentes en el caso del art. 1.591).

Respecto al contrato de obra, las personas que han intervenido en la obra contratados por el contratista, son terceros. En consecuencia, en todo caso de responsabilidad por incumplimiento, no son responsables frente al dueño de la obra. Frente a éste, la única persona que puede resultar responsable por incumplimiento total o parcial del contrato es el contratista. Este, incluso, responde de la actuación de los trabajadores o colaboradores que él empleó en la obra.

Artículo 1.597

Los que ponen su trabajo y materiales en una obra ajustada alzadamente por el contratista, no tienen acción contra el dueño de ella sino hasta la cantidad que éste adeude a aquél cuando se hace la reclamación.

COMENTARIO

1.- Hay ciertas personas que son terceros respecto al contrato de obra, pero por estar relacionados con ésta, les alcanza el contenido del contrato. En primer lugar, el art. 1.597 prevé un caso de acción directa de los que ponen su trabajo o material frente al dueño de la obra. Solamente cabe dicha acción directa si el precio de la obra se ha fijado por un tanto alzado (modalidad prevista en el artículo 1.593). Tienen la acción directa los que en la misma obra hayan puesto trabajo y/o material. Como trabajadores o proveedores, o con sistema de subcontratación. La acción directa alcanza no a todo lo debido, sino hasta la cantidad que el dueño de la obra deba al contratista.

2.- El efecto, propio de toda acción directa, es que dichos acreedores (de trabajo y/o material) puede reclamar al deudor (dueño de la obra) de su deudor (contratista) lo que importa a la satisfacción de su crédito.

JURISPRUDENCIA

«art. 1.597, se le concede a éstos acción directa contra el primero, constituyendo una excepción al principio de relatividad del contrato que proclama el art. 1.257 CC... una interpretación progresiva y adecuada a dicha realidad social, hace interpretar el art. 1597 CC en los siguientes extremos: Primero: El tercero a quien el art. 1.597 explícitamente le concede la acción directa es a los terceros, que ponen su trabajo y materiales. Se interpreta como tercero que interviene en el contrato de obra poniendo trabajo o material o también, como subcontratista. Lo cual ya lo han aclarado sentencias anteriores, como las de 15 de marzo de 1990, 29 de abril de 1991 (que emplea la expresión "subempresarios") y 11 de octubre de 1994. Segundo. La acción directa la concede el art. 1.597 al tercero frente al dueño de la obra, pero la razón de ser de esta norma y su fundamento (que, como dice la S 11 de octubre de 1994 es: razones de equidad, evitar el enriquecimiento injusto, derecho a manera de refacción, especie de subrogación general derivada del principio de que "el deudor de mi deudor es también deudor mío", etc.) hacen que alcance también a los contratistas anteriores; es decir, si el dueño de la obra celebra contrato de obra con un contratista, éste subcontrata y éste a otro, etc., cualquiera de los subcontratistas tiene la acción directa frente al dueño de la obra, frente al contratista y frente a un subcontratista anterior. Tercero. Cuando se ejercita la acción directa, en general y en esta concreta del art. 1.597 CC, no se excluye la reclamación al deudor directo, y en tal caso la responsabilidad de ambos es solidaria. Así lo han admitido, para la acción directa del art. 1.597, las SS 29 de abril de 1991 y 11 de octubre de 1994. Cuarto. Uno de los presupuestos de la presente acción directa que conforma el contenido de la misma es la cantidad que el dueño de la obra (o contratista anterior) deba al contratista (o subcontratista anterior). En principio, aplicando la doctrina de la carga de la prueba, si no se prueba, debería sufrir las consecuencias de la falta de la prueba el demandante que ejercita la acción directa. Pero a éste le puede ser imposible tal prueba, pues no conoce ni puede conocer las relaciones internas entre uno y otro; por el contrario, el demandado sí tiene en sus manos la sencilla prueba de lo que ha pagado o si ha pagado totalmente lo debido a su contratista y, por tanto, que no concurre tal presupuesto. En consecuencia, se invierte la carga de la prueba y es el dueño de la obra (o el contratista anterior) el que sufre las consecuencias de la falta de prueba de que ha pagado y, por tanto, de que no concurre este presupuesto». (2 julio 1997, LA LEY 7407/1997; en el mismo sentido, 6 junio 2000, LA LEY 8815/2000 y 18 julio 2002, LA LEY 173547/2003 y 31 enero 2005, rec. 3477/1998, y 24 enero 2006, rec. 2094/1999)

«las relaciones contractuales (y por ende la interpretación a la que quiere acogerse del contrato) entre la dueña de la obra y la contratista, sobre autorizaciones respecto de subcontratas, tiene un valor interno o interpartes que, salvo que así se hubiera pactado con la entidad

involucrada, lo que no ocurrió, no afecta al tercero que suministra, efectivamente, el trabajo o materiales, o ambas cosas, para la ejecución de la obra de modo que su posición se halla protegida ex lege por el art. 1597 del CC (acción directa)». (21 mayo 2002, LA LEY 6286/2002)

«La subcontrata realizada (con consentimiento tácito del Ayuntamiento recurrente, según revela la abundante prueba analizada exhaustivamente en la sentencia recurrida) sin observancia de aquellos preceptos dará lugar a los efectos que procedan en las relaciones entre la Administración comitente y el contratista, pero en modo alguno merman los derechos concedidos por la legislación civil a los que ponen su trabajo y materiales en la obra contratada, entre los que la doctrina consolidada de esta Sala incluye a los subcontratistas (SS 6 Jul. 2000, 31 Ene. y 11 Oct. 2002)». (16 julio 2003, LA LEY 13412/2003)

«Por demás, en sentencia de 22 de diciembre de 1999, esta Sala tiene declarado que los subcontratistas no sólo son acreedores del precio ajustado, sino también del efectivamente debido por las obras realizadas, bien en el ámbito de la subcontrata o fuera de ella tratándose de mejoras autorizadas. Al no resultar excluidos los subcontratistas de la aplicación del artículo 1597 (STS de 29 de abril de 1991), la acción de reclamación de deuda que les asiste opera en forma directa y la pueden dirigir tanto contra el dueño de la obra como contra el contratista o subcontratista anterior, y asimismo frente a todos ellos simultáneamente al estar afectados y obligados en la relación contractual instaurada, que de esta manera se proyecta al comitente, y, en tal caso, la responsabilidad de éste y del contratista es solidaria. La doctrina de esta Sala, más reciente, resulta interpretadora de la realidad social, sobre todo del mundo de la construcción y se muestra atenta para evitar manipulaciones y abusos a cargo de los propietarios que se valen de contratistas afines, coincidentes con sus intereses o artificiales, a fin de eludir responsabilidades que les pudieran corresponder por la obra encargada y, a su vez, y consecuente con ello, para evitar situaciones de enriquecimiento injusto (SSTS de 15 de marzo de 1990, 11 de octubre de 1994, que cita las de 13 de abril de 1926, 12 de mayo de 1994 y las recientes que reafirman la doctrina establecida, de 2 de julio de 1997 y 28 de mayo de 1999)». (19 abril 2004, rec. 1625/1998)

«Desde una ya antigua sentencia de 29 junio 1936, esta Sala ha venido reconociendo la acción directa a quienes ponen su trabajo, "[s]in distinción de clase, de concepto ni de calidad, y por ello gramaticalmente incluye a quienes trabajen, sin singularizar que lo realicen manualmente o en otra forma, ni la modalidad de su retribución", lo que incluye asimismo a quienes la sentencia, en terminología de aquel momento, denomina "subempresarios", quien está también legitimado para reclamar porque su exclusión no está justificada "[...] si realiza su trabajo manual juntamente con otros jornaleros que haya contratado" y esta exclusión "haría posible, contra toda justicia, el enriquecimiento del dueño de la obra a costa de aquél". Esta sentencia fijó un principio que ha sido seguido de forma generalizada por la jurisprudencia de esta Sala en sentencias más modernas. Así la de 6 junio 2000, recogiendo en parte la doctrina de la de 2 julio 1997, pone de relieve la necesidad de interpretar dicho artículo de forma que contemple la realidad económica actual, muy distinta de la de 1889 y señala que "[e]l tercero a quien el artículo 1597 CC, explícitamente concede la acción directa es a los terceros que ponen su trabajo y materiales. Se interpreta como tercero que interviene en el contrato de obra poniendo trabajo, material o también como subcontratista". Esta doctrina ha sido ratificada por las sentencias de 27 julio 2000, 31 enero 2002, 19 abril 2004 y 10 marzo 2005, entre otras. Ello ha llevado también a la doctrina de esta Sala a declarar de forma taxativa que no se aplica en este caso el principio formulado en el artículo 1257 CC, que aquí se considera también como infringido. La sentencia de 27 julio 2000 afirma que "[n]o cabe estimar que se pueda producir infracción del principio de relatividad del contrato consagrado en el artículo 1257 CC, porque la norma del artículo 1597 constituye una excepción al mismo. Así se concibió originariamente para atenuar el rigor de la eficacia relativa de los contratos, con basamento en la equidad, y así lo viene entendiendo la doctrina de esta Sala". A esta

sentencia deben añadirse las de 29 octubre 1987, 15 marzo 1990, 29 abril 1991, 22 diciembre 1992, 12 mayo 1994, 2 julio 1997, 6 junio 2000 y 19 abril 2004. Finalmente, y como requisito de la acción, se requiere que exista un crédito del contratista contra el dueño de la obra, de manera que es la cantidad que éste o el subcontratista deba al contratista, o primer subcontratista en este caso, lo que forma el contenido de la acción (STS de 2 julio 1997); sin embargo, la jurisprudencia de esta Sala ha venido considerando que puede ocurrir que la prueba resulte imposible para el demandante, que no conoce las relaciones entre el comitente y el contratista, de manera que exigir esta prueba podría convertir en ilusoria la acción directa después de haberle sido reconocida al subcontratista; por ello se invierte la carga de la prueba y es el dueño de la obra (o el contratista anterior) el que sufre las consecuencias de la falta de prueba de que ha pagado y, por tanto, de que no concurre este presupuesto (SSTS de 2 julio 1997, 28 mayo 1999, 6 junio 2000, 18 julio 2002 y 24 enero 2006)». (12 diciembre 2007, LA LEY 216825/2007)

«Es cierto que la jurisprudencia ha efectuado una interpretación del artículo 1597 CC en el sentido de concebirla como una acción directa, que se puede ejercer contra el comitente o contra el contratista o subcontratista anterior, o frente a todos ellos simultáneamente, al estar afectados y obligados en la relación contractual instaurada, que de esta manera se proyecta al comitente y, en tal caso, la responsabilidad de éste y del contratista es solidaria (SSTS 15 de marzo de 1990, 29 de abril de 1991, 12 de mayo y 11 de octubre de 1994, 2 y 17 de julio de 1997, 28 de mayo y 22 de diciembre de 1999, 6 de junio y 27 de julio de 2000, etc.), señalando que no se trata de una acción sustitutiva, por lo que cabe ejercitarla sin reclamar previa o simultáneamente al contratista (SSTS 16 de marzo de 1998, 11 de octubre de 2002), al que basta con haber constituido en mora, sin necesidad de haber hecho excusión de sus bienes ni de haberle declarado en insolvencia (STS 12 de mayo de 1994). Además, otras decisiones han precisado que la responsabilidad del contratista y del dueño de la obra, cuando se ejercitan simultáneamente la acción de reclamación ordinaria del crédito y la acción directa contra el comitente, es de naturaleza indistinta o "in solidum", si bien la responsabilidad del dominus operis se limita al importe máximo señalado en el artículo 1597 CC (el del crédito del contratista contra el comitente), y así se dice, entre otras, en las SSTS 7 de febrero de 1968, 11 de octubre de 1994, 31 de diciembre de 2002, etc.». (26 septiembre 2008, rec. 155/2002, LA LEY 142514/2008)

«Al versar la acción directa del art. 1597 CC sobre la cantidad que el comitente o dueño de la obra "adeude" al contratista cuando el subcontratista hace su reclamación, es claro que se excluye todo lo que el comitente ya no "adeude" de ningún modo, cual sucede con los pagarés que la UTE hubiera hecho efectivos a su vencimiento a MIVALSA o las entidades de crédito que las recibieron de ésta antes de la reclamación de HISPANO SUIZA. Sin embargo es dudoso si la cantidad representada por los pagarés no a la orden recibidos del comitente por el contratista, entregados por éste a entidades bancarias a cambio de un anticipo de su importe y no vencidos aún al tiempo de la reclamación del subcontratista, se adeuda o no por el comitente al contratista. Si se considera que sí, deberá prosperar la acción directa del subcontratista contra el comitente; si no, la acción carecerá de uno de los presupuestos para su viabilidad y deberá ser desestimada. Pues bien, en trance de decidir sobre esta cuestión nuclear debe sentarse el criterio de que en tales casos la cantidad adeudada por el comitente al contratista comprende no sólo la representada por los pagarés aún no vencidos en poder del contratista sino también la representada por los que este último hubiera entregado a entidades de crédito pero quedando latente la posibilidad de retorno al contratista para que éste reclame el pago de su importe al comitente. En definitiva, será la naturaleza del contrato entre contratista y entidades de crédito lo que determine la solución aplicable en cada caso». (20 noviembre 2009, rec. 2363/2004, LA LEY 278251/2009)

«Como destaca la doctrina, dando por supuesto que la acción directa "ex artículo 159" beneficia a los subcontratistas, lo importante es que el contratista principal haya concertado

la ejecución de la obra de tal forma que su crédito futuro sea cierto y esté determinado en el contrato principal de obra. El artículo 1597 habla de "obra ajustada alzadamente", por lo que podría pensarse que sólo cuando se trate de una obra por ajuste o a tanto alzado tiene aplicación el artículo 1597; no obstante lo cual, el requisito de que el crédito del contratista sea cierto y determinado desde su inicio queda cumplido tanto si el precio de la obra principal se determina por el sistema de precio alzado, como si lo está por unidades de obra, siempre que estén también determinadas el número de unidades a ejecutar». (14 octubre 2010, rec. 1821/2006, LA LEY 171466/2010)

Artículo 1.598

Cuando se conviniere que la obra se ha de hacer a satisfacción del propietario, se entiende reservada la aprobación, a falta de conformidad, al juicio pericial correspondiente.

Si la persona que ha de aprobar la obra es un tercero, se estará a lo que éste decida.

COMENTARIO

1.- El contratista tiene, como esencial obligación, la de realizar la obra y entregarla al dueño o comitente. Este, a su vez, tiene el deber de recepción de la obra. Se entiende por recepción el acto de hacerse cargo de la obra. Parte consustancial de la recepción es la aprobación, que es la aceptación de la obra como correcta. Por tanto, recepción es el acto o manifestación del dueño de la obra, reconociendo que ésta ha sido ejecutada correctamente. Pueden acordar las partes una recepción provisional de la obra, a resultas de ulteriores comprobaciones, hasta llegar a la recepción definitiva, cuya recepción provisional no tendrá más efectos que los pactados.

2.- Con respecto a la recepción —y consustancial aceptación— de la obra, puede haberse pactado, como prevé el art. 1.598, que la obra se haga a satisfacción del propietario (que es el comitente o dueño de la obra). En tal caso, éste no es libre de aceptar y recibir la obra, sino que dicho artículo, para evitar arbitrariedades, dispone que si no lo acepta, será un dictamen pericial lo que decidirá si la obra debe entenderse a satisfacción del comitente.

3.- El párrafo segundo del mismo artículo prevé que la aprobación de la obra quede reservada a un tercero, designado nominativamente o por referencia a un cargo que no admita duda sobre su identificación (el Decano del Colegio de Arquitectos, por ejemplo): «si la persona que ha de aprobar la obra es un tercero, se estará a lo que éste decida». No se trata de un árbitro en el sentido que le da —con su normativa específica— la Ley de Arbitrajes, sino de arbitrador, persona que resuelve una cuestión, no jurídica, de las partes contratantes.

JURISPRUDENCIA

«en el contrato se había convenido que arquitecto y contratista, de común acuerdo, establecerían si las obras habían sido ejecutadas con arreglo a las condiciones establecidas hallándolas en estado satisfactorio y dándolas por recibidas provisionalmente (art. 13 del contrato de obra y su recepción el día 28 de enero de 1976); por lo que esa cláusula, aceptada previamente por los demandados recurrentes, equivale para ellos a transferir a un tercero (el arquitecto) la aprobación de la obra, y en tal circunstancia, como ordena el art. 1.598 del Código Civil, "se estará a lo que éste decida"». (8 julio 1987, LA LEY 64-1/1987)

CONCORDANCIAS

Véase art. 1.453 de este Código.

Artículo 1.599

Si no hubiere pacto o costumbre en contrario, el precio de la obra deberá pagarse al hacerse la entrega.

COMENTARIO

1.- El dueño de la obra, tiene, como esencial obligación, la de pagar el precio, que será por ajuste o precio alzado, por piezas o medida, o por administración. Pero el código contempla como supuesto tipo, el primero e incluso el título de la sección es «de las obras por ajuste o precio alzado». Así, la norma del presente artículo sobre el tiempo del pago viene referido a este sistema. El tiempo del pago del precio en el contrato de obra es, en primer lugar, el pactado; en segundo lugar, si no se ha pactado, el señalado por la costumbre; en tercer lugar, si no hay pacto ni costumbre, «el precio de la obra deberá pagarse al hacerse la entrega», dispone este artículo. Es decir, el tiempo del pago es simultáneo al de la entrega de la obra, lo que es expresión del principio general de cumplimiento simultáneo de las obligaciones bilaterales o sinalagmáticas.

2.- Respecto al lugar de pago del precio, ya que este artículo dispone que se paga (salvo pacto o costumbre que digan otra cosa) al hacerse la entrega, si se paga en este momento, el lugar será el de la entrega. Puede haberse pactado otro lugar, en cuyo caso será el lugar de pago (art. 1.171, primer párrafo) o bien, en último caso, será el domicilio del deudor, dueño de la obra, en este caso (art. 1.171, tercer párrafo).

Artículo 1.600

El que ha ejecutado una obra en cosa mueble tiene el derecho de retenerla en prenda hasta que se le pague.

COMENTARIO

1.- La obligación de pago del precio por el dueño de la obra tiene un importante medio de protección del crédito (a favor del contratista) siempre que la obra recaiga sobre cosa mueble. Es el derecho de retención de la cosa mueble sobre la que ha recaído la obra, hasta que el precio sea pagado. El uso de este derecho en la práctica es constante, en las obras consistentes en reparación de un automóvil o de tantas otras cosas muebles.

2.- Este derecho de retención es un medio de protección del crédito, derecho de crédito de que es titular el contratista, para percibir el pago del precio de la obra, obligación del dueño de ésta. Mientras no sea satisfecho el crédito por éste (deudor), cumpliendo su obligación de pago del precio, el acreedor (el contratista) posee la cosa, la retiene. No se trata de un derecho real de prenda, con la importante consecuencia de poder ejecutarla (*ius distrahendi*), sino de un simple derecho de retención que, como garantía del crédito, permite la posesión de la cosa mueble sobre la que ha recaído la obra, hasta que se pague el precio.

CONCORDANCIAS

Véase arts. 1.730, 1.780 y 1.858 de este Código.

SECCIÓN TERCERA
De los transportes por agua y tierra, tanto de personas como de cosas

Artículo 1.601

Los conductores de efectos por tierra o por agua están sujetos, en cuanto a la guarda y conservación de las cosas que se les confían, a las mismas obligaciones que respecto a los posaderos se determinan en los artículos 1.783 y 1.784.

Lo dispuesto en este artículo se entiende sin perjuicio de lo que respecto a transportes por mar y tierra establece el Código de Comercio.

COMENTARIO

1.- El centenario Código Civil califica el contrato de transporte como una variante del de obra y lo incluye dentro del capítulo destinado a los que llama «arrendamiento de obras y servicios». Pero esta calificación ha sido desbordada por el paso del tiempo y debe considerarse que, partiendo de unas normas generales de la contratación, tiene una regulación específica de carácter mercantil, con importante incidencia de normas administrativas.

2.- Lo que se establece en el presente artículo se reduce a tres puntos. En primer lugar, que el contrato de transporte es una modalidad del contrato de obra y, por lo tanto, rigen sus principios y tiene su concepto, es un contrato en que se realiza una obra (el transporte) por un precio, por lo que el transporte gratuito o de favor, queda fuera del ámbito contractual, para caer en el de mero hecho, tolerancia, sin trascendencia jurídica. En segundo lugar, el contratante que realiza el transporte tiene la responsabilidad que establecen los artículos 1783 y 1784 respecto a las cosas que transportan o que le confían las personas transportadas. En tercer lugar, se establece una remisión a las normas del Código de Comercio.

3.- Esto último es lo más importante. Hoy, se concibe el transporte no como un contrato civil (ni siquiera se estudia como tal en los tratados de Derecho civil) sino como un contrato mercantil, regido esencialmente por el Código de Comercio a que se remite el segundo párrafo de este artículo: arts. 349 y ss. y normas sobre el transporte marítimo.

CONCORDANCIAS

Véase Código de Comercio: arts. 349 a 379 y 652 a 718.

Artículo 1.602

Responden igualmente los conductores de la pérdida y de las averías de las cosas que reciben, a no ser que prueben que la pérdida o la avería ha provenido de caso fortuito o de fuerza mayor.

COMENTARIO

1.- Continúa este artículo con el criterio desfasado y fuera de lugar del anterior, contemplando el contrato de transporte como un contrato de naturaleza de derecho civil, modalidad del contrato de obra. No hace sino reiterar la presunción de culpa en caso de incumplimiento o cumplimiento defectuoso del contrato o en su caso de pérdida de la cosa, que establece el art. 1.183.

2.- Sin embargo, como se ha dicho al comentar el artículo anterior, apenas tendrá éste aplicación directa. El transporte es esencialmente un contrato mercantil, que se rige por normas mercantiles.

CONCORDANCIAS

Véase Código de Comercio: arts. 361 a 367 y 806 a 809.

Artículo 1.603

Lo dispuesto en estos artículos se entiende sin perjuicio de lo que prevengan las leyes y los reglamentos especiales.

COMENTARIO

Además de la remisión a las normas mercantiles que establece el artículo 1.601, segundo párrafo, el presente artículo se remite a las leyes y reglamentos especiales. Significa que el contrato de transporte de cosas y de personas, terrestre, aéreo y marítimo, se rige por el Código de Comercio y demás normas mercantiles, y por un cúmulo de normas administrativas. Además, son de aplicación una serie de Tratados Internacionales, ratificados por España, que, como tales, forman parte del Ordenamiento Jurídico (art. 1.5).

CONCORDANCIAS

Véase:

— Código de Comercio: arts. 349 a 379 y 652 a 718.

— Ley 16/1987, de 30 julio, de Ordenación de los Transportes Terrestres (*«B.O.E.»,* 31 julio).

— Ley de la Navegación Aérea, de 21 de julio de 1960 (*«B.O.E.»,* 23 julio).

— R.D. de 8 septiembre 1878, Reglamento de la Ley de Policía de Ferrocarriles (Gaceta, 12 septiembre). (Vigentes los capítulos III al VIII).

— R.D. 1211/1990, 28 septiembre (*«B.O.E.»,* 8 octubre), Reglamento de la Ley de Ordenación de los Transportes Terrestres. Publicado en A.C.L. 315/90.

— R.D. 13/1992, 17 enero (*«B.O.E.»,* 31 enero), Reglamento General de la Circulación, para la aplicación y desarrollo del texto articulado de la Ley sobre Tráfico, Circulación de Vehículos a Motor y Seguridad Vial. Publicado en A.C.L. 53/92. Modificado por R.D. 1333/1994, 20 junio (*«B.O.E.»,* 16 julio).

— R.D. 73/1992, 31 enero (*«B.O.E.»,* 19 febrero), Reglamento de la Circulación Aérea. Publicado en A.C.L. 80/92.

— R.D. 74/1992, 31 enero (*«B.O.E.»,* 22 febrero), Reglamento Nacional del Transporte de Mercancías Peligrosas por Carretera. Publicado en A.C.L. 77/92. Modificado por R.D. 599/1994, 8 abril (*«B.O.E.»,* 14 mayo), y por R.D. 1333/1994, 20 junio (*«B.O.E.»,* 16 julio).

— R.D. 1489/1994, 1 julio (*«B.O.E.»,* 11 agosto), Reglamento de la Circulación Aérea Operativa. Publicado en A.C.L. 748/94.

— R.D. 1812/1994, 2 septiembre (*«B.O.E.»,* 23 septiembre), Reglamento General de Carreteras. Publicado en A.C.L. 823/94.

— R.D.-Leg. 339/1990, 2 marzo (*«B.O.E.»,* 14 marzo), Texto articulado de la Ley sobre Tráfico, Circulación de Vehículos a Motor y Seguridad Vial. Publicado en A.C.L. 54/90.

— Orden de 3 febrero 1993 (*«B.O.E.»,* 16 febrero), publicada en A.C.L. 124/93; y Ordenes de 4 febrero 1993 (*«B.O.E.»,* 16 febrero), publicadas en A.C.L. 125/93 y 126/93, de desarrollo del Reglamento de la Ley de Ordenación de los Transportes Terrestres.

— Resoluciones de la Dirección General del Transporte Terrestre, de 7 febrero 1994 (*«B.O.E.»,* 15 febrero), sobre realización del visado de las autorizaciones de transporte y actividades auxiliares y complementarias del transporte. Publicado en A.C.L. 160/94; y sobre reglas de constitución, gestión y disposición de las fianzas que garantizan el cumplimiento de las responsabilidades y obligaciones de transporte público por carretera y de sus actividades auxiliares y complementarias. Publicado en A.C.L. 161/94, C.E., en A.C.L. 449/94.

TÍTULO VII
De los censos

CAPÍTULO PRIMERO
DISPOSICIONES GENERALES

Artículo 1.604

Se constituye el censo cuando se sujetan algunos bienes inmuebles al pago de un canon o rédito anual en retribución de un capital que se recibe en dinero, o del dominio pleno o menos pleno que se transmite de los mismos bienes.

COMENTARIO

1.- Este artículo inicia la regulación de los censos y de la enfiteusis y se halla en el libro IV del Código Civil, «de las obligaciones y contratos». Pero no son contratos, son derechos reales inmobiliarios; su naturaleza de derecho real se desprende de este mismo artículo y del art. 1.623. Ciertamente, se pueden constituir mediante contrato, pero una cosa es la manera de constitución, que puede ser contractual o no, y otra el derecho real constituido que puede tener origen contractual o no. Lo mismo ocurre con el usufructo, que el Código incluye entre los derechos reales, y la prenda, hipoteca y anticresis que incluye entre los contratos.

2.- En este artículo se pretende dar una concepción unitaria del censo y de la enfiteusis, pero no lo es. El censo es una institución y la enfiteusis otra, con distinta naturaleza y normativa. El propio Código distingue a continuación los censos —consignativo y reservativo— y la enfiteusis que, aunque lo llame censo enfitéutico, no entra en la categoría del censo, sino que es una figura independiente. Así, pues, el Código Civil considera tres clases: censo consignativo, censo reservativo y enfiteusis. A la vista de su naturaleza jurídica, independiente, se puede mantener decididamente —con toda la doctrina moderna— que hay dos clases: el censo y la enfiteusis, y esta última no es un tipo de censo.

3.- Cabe preguntarse qué aplicación y utilidad tienen hoy los censos y enfiteusis. La respuesta es que no tienen ninguna. Ni se constituyen actualmente ni se mantienen los antiguos. Las circunstancias económicas y sociales, actualmente, no responde a su concepción jurídica y el Derecho debe seguir a la sociedad, no al revés: la normativa sobre ellos, hoy, debe desaparecer.

CONCORDANCIAS

Véase Ley Hipotecaria, de 8 febrero 1946 (*«B.O.E.»*, 29 mayo): art. 2.2.º.

Artículo 1.605

Es enfitéutico el censo cuando una persona cede a otra el dominio útil de una finca, reservándose el directo y el derecho a percibir del enfiteuta una pensión anual en reconocimiento de este mismo dominio.

COMENTARIO

1.- En este artículo y en los dos siguientes, el Código sigue la mala técnica de definir una institución, la enfiteusis en este caso. Y comete tres errores: no es un censo, su naturaleza es distinta; no se constituye necesariamente por vía de reserva; no es preciso que el canon o pensión sea anual, basta con que sea periódica. Pero destaca un extremo que es esencial: su naturaleza es de dominio dividido.

2.- La naturaleza jurídica, que es imprescindible para dar su concepto, de la enfiteusis ha sido discutida. Se ha mantenido que era un derecho real en cosa ajena de que era titular el enfiteuta o que el enfiteuta en era el propietario y el titular del derecho real, el dueño directo que percibe el canon o pensión. Tal como la concibe el Código Civil la enfiteusis es un dominio dividido (copropiedad *pro indiviso*, con división jurídica de facultades).

3.- De lo anterior se desprende su concepto: aceptando la teoría del dominio dividido, puede darse esta definición del derecho de enfiteusis: derecho real de propiedad sobre una finca, cuyos cotitulares son el enfiteuta o dueño útil que tiene el uso y disfrute de la finca y el dueño directo, que tiene el derecho a percibir un canon sobre la misma finca y otros derechos.

JURISPRUDENCIA

«Dialécticamente, viene confirmado lo dicho por la clara ambigüedad de la postura de los recurrentes que tan pronto afirman su derecho dominical absoluto o pleno como parece quedan satisfechos con el reconocimiento de un mero dominio útil propio del enfiteuta, que no sólo por disposición de las Partidas (T. XIV, Ley 3. Partida 1. y T. VIII, Ley 28 Partida V), correctamente invocadas por la sentencia de primer grado, sino que por lógica jurídica plenamente consagrada por el Capítulo II, Título VII, Libro IV del Código Civil, esa escisión de las facultades soberanas del dominio necesitaría para su probanza no ya la escritura pública, sino ante su posible y eventual extravío o pérdida, el documento privado indicativo del pago del canon establecido, que en este caso sería del noveno de los frutos recolectados, cuya carencia absoluta es por demás sintomática, más aún con la significativa pretensión reconvencional de que subsidiariamente se señale el canon que proceda a pagar al Ayuntamiento». (8 octubre 1991, LA LEY 2789-JF/0000)

CONCORDANCIAS

Véase arts. 1.628 a 1.656 de este Código.

Artículo 1.606

Es consignativo el censo, cuando el censatario impone sobre un inmueble de su propiedad el gravamen del canon o pensión que se obliga a pagar al censualista por el capital que de éste recibe en dinero.

COMENTARIO

1.- El censo se puede definir como el derecho real en el que su titular —censualista— tiene sobre la finca (propiedad del censatario) que constituye su objeto, el poder de percibir un canon o pensión. El Código Civil no da una definición única, sino que el art. 1.606 dice que es consignativo el censo, cuando el censatario impone sobre un inmueble de su propiedad el gravamen del canon o pensión que se obliga a pagar al censualista por el capital que de éste recibe en dinero y el 1607 añade que es reservativo el censo, cuando una persona cede a otra el pleno dominio de un inmueble, reservándose el derecho a percibir sobre el mismo inmueble una pensión anual que debe pagar el censatario, pero esta contraposición del censo en consignativo y reservativo no es conceptual, no son dos figuras o instituciones jurídicas distintas, sino que es una distinción artificial que se hace por razón de su constitución.

En el consignativo se establece (se consigna) el censo a cambio del precio que paga el censualista y que percibe el censatario propietario de la finca. En el reservativo, el propietario transmite la finca a un adquirente que será censatario, ya que aquél se reserva el derecho —derecho de censo— a percibir, como censualista, el canon. De la misma forma, un usufructo o una servidumbre, sin perder su unidad conceptual, se puede constituir o estableciéndola (consignándola) sobre la finca propia o transmitiendo la finca y reservándose aquel usufructo o servidumbre.

2.- Aunque se habían destacado algunas semejanzas con otras instituciones (el censo consignativo con el préstamo hipotecario, el reservativo con la compraventa), todos los autores han mantenido sus sustantividad y su carácter de derecho real. Cuyo derecho real recae sobre la finca y, así, el poder del censualista de percibir el canon —que es lo que constituye el derecho real— recae sobre la misma finca, contra la que puede dirigirse la acción para exigirlo (arts. 1.623, 1.659 y 1.664), siendo la persona que deberá pagarlo el llamado censatario, que será el propietario —quien sea— de la finca, lo que permite mantener que el censo constituye una carga real.

3.- Considera, pues, este artículo el *censo consignativo* como aquel censo (concepto unitario) que se constituye por el propietario de un inmueble (que deviene el censatario) sobre éste, a cambio de un dinero que recibe del tercero (que deviene el censualista). El primero deberá pagar el canon o pensión al segundo, con cargo al propio inmueble.

CONCORDANCIAS

Véase arts. 1.657 a 1.660 de este Código.

Artículo 1.607

Es reservativo el censo, cuando una persona cede a otra el pleno dominio de un inmueble, reservándose el derecho a percibir sobre el mismo inmueble una pensión anual que deba pagar el censatario.

COMENTARIO

1.- Lo dicho en el comentario al artículo anterior sobre el censo es aplicable aquí. Es un solo concepto de censo, en el que puede variar su modo de constitución; se hace a cambio de un capital (consignativo) o se hace en formas de reserva (reservativo).

2.- Considera este artículo *censo reservativo* aquel censo que se constituye por el propietario del inmueble, sobre éste (y deviene censualista) cuando transmite su propiedad a un tercero (que deviene censatario). Este último, nuevo propietario pagará el canon o pensión al primero, con cargo al propio inmueble.

CONCORDANCIAS

Véase arts. 1.661 a 1.664 de este Código.

Artículo 1.608

Es de la naturaleza del censo que la cesión del capital o de la cosa inmueble sea perpetua o por tiempo indefinido; sin embargo, el censatario podrá redimir el censo a su voluntad aunque se pacte lo contrario; siendo esta disposición aplicable a los censos que hoy existen.

Puede, no obstante, pactarse que la redención del censo no tenga lugar durante la vida del censualista o de una persona determinada, o que no pueda redimirse en cierto número de años, que no excederá de veinte en el consignativo, ni de sesenta en el reservativo y enfitéutico.

COMENTARIO

1.- El presente artículo se aplica al censo y a la enfiteusis. Proclama el carácter perpetuo de uno y otra; perpetuo, no eterno, por lo que declara asimismo su perpetuidad. Lo cual se establece como norma de derecho cogente, indisponible, inmerso en su propia naturaleza (como dice el inicio de esta norma).

2.- La redimibilidad es un derecho del censatario o del enfiteuta y es causa de extinción del censo o de la enfiteusis, mediante el abono al censualista del valor del mismo. En posteriores artículos se prevé cuál es este valor y cómo se abona. Además, el art. 1.651 se refiere a la redención en la enfiteusis y los artículos 1.658 y 1.662 a la del censo. La redimibilidad, como se ha dicho, es de derecho cogente y no admite pacto en contrario («aunque se pacte lo contrario») dice el texto legal. Y se establece con carácter retroactivo, «aplicable a los censos que hoy existen» dice este artículo, es decir, a los existentes en 1889, aunque se hubieran constituido como irredimibles.

3.- El segundo párrafo de este artículo prevé un pacto de no redención, pero limitado al tiempo de la vida del censualista o dueño directo o de una persona determinada (nacida o concebida, no futura; singular, no un grupo de personas); o bien limitado a un número concreto de años, que no puede ser superior a veinte en el censo consignativo, ni a sesenta en el reservativo o en la enfiteusis.

JURISPRUDENCIA

«la redención de un censo por parte del que lo acepta, el censualista, es un acto de riguroso dominio, de efectos definitivos no transitorios, a diferencia de los actos de mera administración». (22 junio 1988, LA LEY 152523-JF/0000)

«En este artículo se establece que es de la naturaleza del censo que la cesión del capital o de la cosa inmueble sea perpetua o por tiempo indefinido. El carácter de perpetuidad convertiría al censo y a la enfiteusis en eternos si no se estableciera a continuación, en el mismo

precepto, también como esencial, el de la redimibilidad. Nada obsta al pacto que establece una reversión del dominio útil al dominio directo por el transcurso de un plazo establecido, como igualmente se prevé en el artículo la redimibilidad del censo para que el dueño del dominio útil adquiera el dominio directo. En ambos casos se consolida el dominio, en el primero, a favor del censualista, en el segundo, a favor del censatario. En la escritura de referencia el pacto de reversión es de aplicación automática, por autonomía de la voluntad de las partes, refiriéndose los artículos siguientes al que se dice infringido a la redención del censo para la consolidación del dominio en el censatario. En este supuesto, que regula el CC, se establecen los requisitos de tiempo de aviso y pago a cargo del censatario. Es de todo punto lógico que la reversión sea automática, extinguido el término pactado, y en tal fecha se produce también automáticamente la obligación de pago del censo a cargo del censatario». (21 noviembre 2002, LA LEY 698/2003)

CONCORDANCIAS

Véase:
— arts. 1.651, 1.658 y 1.662 de este Código.
— Ley Hipotecaria, de 8 febrero 1946 («*B.O.E.*», 29 mayo): art. 148.

Artículo 1.609

Para llevar a efecto la redención, el censatario deberá avisarlo al censualista con un año de antelación, o anticiparle el pago de una pensión anual.

COMENTARIO

1.- Prevista en el artículo anterior la esencial redimibilidad del censo y de la enfiteusis, este artículo, es el primero de los que regulan el procedimiento de la redención. Antes de iniciarse éste, el censatario o el enfiteuta debe dar un preaviso al censualista o al dueño directo. El cual tiene una doble opción: o consiste en un aviso con un año de antelación o se cumple mediante el pago de una pensión anual. Esta norma no es imperativa o de derecho cogente, sino dispositiva. Se puede pactar suprimir este preaviso, o disminuir el plazo o aumentarlo; o puede el censualista o el dueño directo renunciar al mismo.

2.- El aviso de redención con un año de antelación es una declaración de voluntad recepticia (no negocio jurídico, sino acto debido) en la que el censatario o el enfiteuta manifiesta el censualista o al dueño directo su intención de redimir. No es preciso dar más detalles, ni que sea fehaciente (aunque le puede interesar que conste indubitadamente). El anticipo de un canon o pensión anual es la segunda opción, no subsidiaria sino alternativa, de la anterior. Consiste en el abono al censualista o al dueño directo, por el censatario o el enfiteuta, del canon correspondiente a un año. Esta cantidad no se imputa a la que deba satisfacerse por razón de la redención.

Artículo 1.610

Los censos no pueden *redimirse* parcialmente sino en virtud de pacto expreso.

Tampoco podrán redimirse contra la voluntad del censualista, sin estar al corriente el pago de las pensiones.

COMENTARIO

1.- Un requisito de la redención del censo o de la enfiteusis, exigido por el primer párrafo de este artículo, es que la redención sea total. No cabe la parcial. Pero esta norma no es imperativa, de derecho cogente, sino dispositiva. Las partes pueden pactar, pacto expreso según exige esta norma, la redención parcial, que es un negocio jurídico bilateral, integrado por declaraciones de voluntad expresa de censualista y censatario (en el censo) o de dueño directo y útil o enfiteuta (en la enfiteusis), en que no sólo acuerdan una cantidad menor de redención, sino la previsión de qué parte de la finca queda redimida y sobre qué parte permanece el censo o la enfiteusis.

2.- Otro requisito de la redención se halla en el segundo párrafo. El que redime, censatario o enfiteuta, tiene que estar al corriente del pago del canon o pensión. Es decir, no puede redimir si no está al corriente de aquel pago. Tampoco es una norma de derecho cogente; las partes pueden pactar o el censualista o dueño directo permitir, que se redima, pese a no estar al corriente.

CONCORDANCIAS

Véase arts. 1.514 a 1.517 de este Código.

Artículo 1.611

Para la redención de los censos constituidos antes de la promulgación de este Código, si no fuere conocido el capital, se regulará éste por la cantidad que resulte, computada la pensión al 3 por 100.

Si la pensión se paga en frutos, se estimarán éstos, para determinar el capital, por el precio medio que hubiesen tenido en el último quinquenio.

Lo dispuesto en este artículo no será aplicable a los foros, subforos, derechos de superficie y cualesquiera otros gravámenes semejantes en los cuales el principio de la redención de los dominios será regulado por una ley especial.

COMENTARIO

1.- La redención consiste en el abono del valor del censo, como carga real, o de la enfiteusis, como valor del condominio de que es titular el dueño directo. El presente artículo fija cuál es este valor, en los censos o enfiteusis anteriores a la promulgación del Código Civil que pudo no estar determinado. En los posteriores, no hay problema de su determinación, pues se exige que conste en el propio negocio jurídico constitutivo del censo (arts. 1.658 y 1.662) y de la enfiteusis (art. 1.651).

2.- Si el valor es conocido, se abonará éste para la redención. Si no es conocido, será la cantidad que resulte, computando el canon o pensión al 3%; si ésta se paga en frutos, se calculará por el precio medio que hubiesen tenido en el último quinquenio y sabiendo así cuál es el canon, en dinero, se computará al 3% para conocer el valor.

3.- El tercer párrafo de este artículo excluye la aplicación de esta norma a los foros, subforos, derecho de superficie y otros gravámenes semejantes. Establece que su redención será regulada por una ley especial. Esta ley nunca ha sido promulgada.

JURISPRUDENCIA

Vid. la sentencia de 16 febrero 2001 (LA LEY 3518/2001), que se halla en el artículo 1628.

CONCORDANCIAS

Téngase en cuenta que los artículos 25 a 40 de la Compilación del Derecho Civil de Galicia, que regulaban los foros, subforos y otros gravámenes análogos, han sido derogados por Ley 7/1987, de 10 de noviembre, del Parlamento de Galicia. Actualmente la Ley 4/1995, de 24 de mayo (Parlamento de Galicia) de Derecho Civil de Galicia, ya no contempla tales instituciones.

Artículo 1.612

Los gastos que se ocasionen para la redención y liberación del censo serán de cuenta del censatario, salvo los que se causen por oposición temeraria, a juicio de los Tribunales.

COMENTARIO

1.- Una vez cumplidos los requisitos (arts. 1.609 y 1.610) y sabido el valor de la redención (art. 1.611) se procede a la redención. Esta se practicará de común acuerdo o, si hay oposición o no puede haber acuerdo (por ignorarse el paradero del censualista o del dueño directo, por ejemplo) deberá acudirse al proceso declarativo que corresponda según la cuantía (que será la del valor, que se abona con la redención).

2.- Se producirán *gastos extraprocesales*, que son esencialmente los notariales, registrales y fiscales. Este artículo dispone que son de cuenta del censatario o del enfiteuta. No es norma de derecho cogente, por lo que las partes pueden pactar que los pague el censualista o el dueño directo o se paguen entre ambas partes.

En cuanto a los *gastos procesales* o costas, dice este artículo que los causados «por oposición temeraria no son a cargo del censatario. Pero es una norma vacía de contenido, pues en estos gastos, que son las costas procesales, que se producen en caso de oposición, se aplica la norma del art. 394 de la Ley de Enjuiciamiento Civil y es el órgano jurisdiccional el que las impone, con el criterio objetivo del vencimiento».

Artículo 1.613

La pensión o canon de los censos se determinará por las partes al otorgar el contrato.

Podrá consistir en dinero o frutos.

COMENTARIO

1.- A partir de este artículo se regula el canon o pensión que paga el censatario al censualista (en el censo) o el enfiteuta o dueño útil al dueño directo (en la enfiteusis). Este y los siguientes artículos se aplican al censo y a la enfiteusis. El Código emplea indistintamente las expresiones pensión o canon. Es más adecuada esta última, pues la palabra pensión se aplica con mayor precisión a relaciones obligacionales (como la derivada del contrato de renta vitalicia) o administrativas o laborales.

2.- El canon se determina por los sujetos al constituirse el censo o la enfiteusis. Puede constituirse en dinero o en frutos. La cuantía queda bajo el principio de la autonomía de la voluntad, pudiendo incluirse una cláusula de estabilización. Si es en dinero, se establecerá una cantidad fija y determinada o, por lo menos, determinable y se pagará en dinero. Si es en frutos, se pagará en especie y en la enfiteusis puede consistir en una parte alícuota de las que produzca la finca (art. 1.630), pero no en el censo (arts. 1.657 y 1.663).

CONCORDANCIAS

Véase arts. 1.629, 1.657 y 1.663 de este Código.

Artículo 1.614

Las pensiones se pagarán en los plazos convenidos; y, a falta de convenio, si consisten en dinero, por años vencidos a contar desde la fecha del contrato, y, si en frutos, al fin de la respectiva recolección.

COMENTARIO

1.- Regula este artículo el tiempo de cumplimiento del pago del canon. Ante todo, el pago o cumplimiento debe ser periódico; no cabe que se pague de una sola vez. Aunque no es preciso que sea anual (pese a que lo dicen los arts. 1.604, 1.605 y 1.607).

2.- El primer criterio sobre el tiempo del pago del canon es el acuerdo de los sujetos: «en los plazos convenidos», dice el texto legal.

El segundo criterio es disyuntivo, según el canon esté fijado en dinero o en frutos. Si es en dinero, se paga anualmente y por años vencidos, a contar desde la fecha de su constitución (sea por contrato, único que es mencionado en el texto legal, o por otro negocio jurídico). Si es en frutos, se paga al término de la respectiva recolección.

Artículo 1.615

Si no se hubiere designado en el contrato el lugar en que hayan de pagarse las pensiones, se cumplirá esta obligación en el que radique la finca gravada con el censo, siempre que el censualista o su apoderado tuvieren su domicilio en el término municipal del mismo pueblo. No teniéndolo, y sí el censatario, en el domicilio de éste se hará el pago.

COMENTARIO

1.- El artículo anterior fija el tiempo; éste, el lugar de cumplimiento del pago del canon. El criterio preferente es que se pagará en el lugar que se hubiera pactado entre las partes: «designado en el contrato»; dice el texto legal, lo que debe extenderse a todo negocio jurídico de constitución o incluso, cualquier pacto posterior.

2.- Si no se ha pactado, hay varios criterios. En primer lugar, si el censualista o dueño directo o su representante tiene su domicilio en el término municipal donde radica la finca censida o enfiteuta, el lugar de pago del canon será la misma finca. En segundo lugar, si no se da el supuesto anterior y el censatario o enfiteuta tiene su domicilio en el término municipal donde radica la finca, el lugar de pago del canon será el domicilio del censatario o enfiteuta.

En tercer lugar, si no se da ninguno de los supuestos anteriores, se aplican las reglas generales del art. 1.171, que, ciertamente, sólo cabe aplicar la última, que es el domicilio del deudor, es decir, el domicilio del censatario o enfiteuta (coincidente con el criterio anterior).

CONCORDANCIAS

Véase art. 1.171 de este Código.

Artículo 1.616

El censualista, al tiempo de entregar el recibo de cualquier pensión, puede obligar al censatario a que le de un resguardo en que conste haberse hecho el pago.

COMENTARIO

1.- El derecho esencial del censualista y del dueño directo es el de percibir el canon; el deber fundamental del censatario y del enfiteuta es el de su pago. El presente artículo prevé la constancia del ejercicio de uno y otro; recibo que se entregará al censualista o dueño directo y resguardo que entregará al censatario o enfiteuta, de que se ha cumplido el deber y satisfecho el derecho respectivamente.

Este artículo se aplica tanto al censo como a la enfiteusis, aunque de su texto parezca deducirse que sólo contempla al censo (habla sólo de censualista y censatario), lo que se explica porque parte de que la enfiteusis (a la que llama *censo enfiteutico*) es una especie del censo.

2.- Tanto el recibo como el resguardo son una prueba del pago del canon. El censo y la enfiteusis tienen un carácter perpetuo, por tiempo indefinido, si bien son redimibles y tienen, normalmente, muy larga duración. Por ello, se prevé la constancia del pago del canon por censatario o enfiteuta, que es el recibo y para probar la propia existencia del censo o de la enfiteusis, que es el resguardo.

3.- Por tanto, al tiempo del pago del canon se libran —por lo menos, pueden exigirse— dos documentos: el recibo del pago en beneficio del censatario o enfiteuta, con el que evitará que se le pueda reclamar otra vez; y el resguardo, que acredita la existencia real del censo o la enfiteusis, en beneficio del censualista o del dueño directo, con el que impedirá que pueda alegarse prescripción extintiva.

Artículo 1.617

Pueden transmitirse a título oneroso o lucrativo las fincas gravadas con censos, y lo mismo el derecho a percibir la pensión.

COMENTARIO

1.- Este artículo contempla el poder de disposición del derecho del censualista y del censatario, en el derecho real de censo, y del dueño directo y del dueño útil o enfiteuta, en la enfiteusis. Disposición que puede ser a título oneroso y a título gratuito, inter vivos y mortis causa, total y parcial.

2.- Se prevé la disposición del derecho real de censo por su titular, que es el censualista, al que se refiere este artículo como *derecho a percibir la pensión*. También, la de la finca objeto del censo («gravadas con censos» dice el texto legal), que es propiedad del censatario, cuya propiedad y poder de disposición se mantienen pese a la carga real que supone el censo y que al disponer de aquélla seguirá con dicha carga para el adquirente, nuevo propietario-censatario. La enfiteusis es un dominio dividido (tal como se expone al comentar los primeros artículos de este título); es evidente, pues, el poder de disposición de uno y de otro (dueño directo y dueño útil o enfiteuta) y así lo prevé este artículo, aunque en forma poco clara, ya que parece como si no contemplara más que ese supuesto del censo.

3.- La disposición puede ser a título oneroso o a título gratuito. Si es onerosa y se trata de enfiteusis, el otro condómino tiene derecho de tanteo y retracto (arts. 1.637 y ss.).

Pueden ser *inter vivos* o *mortis causa* y en esta última, objeto de herencia o de legado. Puede ser total o parcial. La disposición parcial se refiere a que cada uno puede gravar su respectivo derecho. Si se trata de disponer de parte de la finca censida (por el censatario) o enfitéutica (por el enfiteuta) hay que tener en cuenta el artículo siguiente, que no permite dividir la finca sin consentimiento del censualista o del dueño directo.

CONCORDANCIAS

Véase arts. 1.636, 1.637 y 1.644 de este Código.

Artículo 1.618

No pueden dividirse entre dos o más personas las fincas gravadas con censo sin el consentimiento expreso del censualista, aunque se adquieran a título de herencia.

Cuando el censualista permita la división, se designará con su consentimiento la parte del censo con que quedará gravada cada porción, constituyéndose tantos censos distintos cuantas sean las porciones en que se divida la finca.

COMENTARIO

1.- En el censo y enfiteusis rige el principio de la indivisibilidad, que proclama el presente artículo, cuyo texto literal parece referirse sólo al derecho real de censo, pero también comprende la enfiteusis, ya que en éste y en los anteriores artículos, la enfiteusis es tratada como una especie del censo.

2.- La finca gravada con censo no puede dividirse entre dos o más personas, ordena este artículo. Sí puede dividirse el derecho real de censo, que faculta para exigir el canon, pues no lo prohíbe este artículo ni plantea problemas, ya que los nuevos cotitulares percibirán, cada uno, su parte del canon. En la enfiteusis, como condominio, no puede dividirse el dominio directo ni el útil. Así, este último, el enfiteuta no podrá dividir la finca, como expresa (con el nombre de censo) el inicio de este artículo. Ni tampoco lo podrá hacer el dueño directo, respecto a su propio condominio, aunque no parece expresarlo claramente este artículo, pues, si dividiera su derecho, ¿quién ejercitaría los derechos de tanteo y retracto, a quién se daría el preaviso del art. 1.630, quién daría el consentimiento del art. 1.634?

3.- En conclusión, pues, finca censida y enfiteusis no pueden dividirse. Ni *inter vivos* ni *mortis causa* («aunque se adquieran a título de herencia» dice el texto legal) y si hay varios titulares, se producirá una comunidad romana *pro indiviso* (como tal comunidad, regida por los arts. 392 y ss.).

Pero sí puede dividirse con el consentimiento del censualista o del dueño directo. O lo que es lo mismo, con el consentimiento o acuerdo mutuo de ambos sujetos. En tal caso, se extinguirá el censo o la enfiteusis, y se formarán tantos nuevos como partes hayan resultado por la división (tal como dispone el segundo párrafo de este artículo).

CONCORDANCIAS

Véase arts. 867 y 1.086 de este Código.

Artículo 1.619

Cuando se intente adjudicar la finca gravada con censo a varios herederos, y el censualista no preste su consentimiento para la división, se pondrá a licitación entre ellos.

A falta de conformidad, o no ofreciéndose por alguno de los interesados el precio de tasación, se venderá la finca con la carga, repartiéndose el precio entre los herederos.

COMENTARIO

1.- El principio de indivisibilidad que proclama el artículo anterior, lo desarrolla éste para el supuesto en que la finca censida o enfitéutica sea objeto de sucesión a favor de varios sucesores, universales o particulares.

El texto legal tiene un texto poco preciso, que hay que matizar. Se refiere a la adjudicación de finca censida a varios herederos: no es esto, sino que se trata de sucesión *mortis causa*; a título de herencia o legado, en que hay varios sucesores; y en la sucesión se halla la finca censida o enfitéutica.

2.- Partiendo de este supuesto, este artículo, siguiendo el principio del anterior, prohibe la división. Por tanto, puede hallarse dicha finca en la comunidad hereditaria o bien estar en comunidad romana *pro indiviso*.

3.- Como en el artículo anterior, sí cabe la división si hay acuerdo entre los sujetos, en cuyo caso se extinguirán censo o enfiteusis y se constituirán otros nuevos. Pero si no hay tal acuerdo, y si no se mantiene la finca en indivisión (como se ha dicho: en la comunidad hereditaria o en comunidad romana *pro indiviso*), la finca, al no poder dividirse, dispone este artículo que se pondrá en licitación entre las sucesores (herederos o legatarios). Si no se consigne que la adquiera uno de ello, se venderá la finca, manteniéndose el censo o la enfiteusis, y se repartirá el dinero obtenido entre los coherederos o colegatarios. Y el censo o la enfiteusis continuará con el adquirente.

Artículo 1.620

Son prescriptibles tanto el capital como las pensiones de los censos, conforme a lo que se dispone en el título XVIII de este libro.

COMENTARIO

1.- El presente artículo se refiere a la prescripción extintiva del canon ya vencido y del derecho real de censo (derecho a cobrar el canon). No se refiere al derecho de propiedad del censatario ni del dueño directo o del útil o enfiteuta. No da normas específicas, sino que se remite a la normativa general sobre la prescripción.

2.- El derecho a percibir el canon ya vencido, sea por razón de censo, sea por enfiteusis («las pensiones de los censos», dice el texto legal) prescribe según las reglas generales: si se paga por años o en plazos más breves prescribirá a los cinco años (art. 1.966.3.º), si se paga en plazos más largos, prescribirá a los quince años (art. 1.964, segundo inciso), pero si se ejercita acción real sobre la finca (art. 1.623), entonces prescribirá a los treinta años (art. 1.963).

3.- El derecho real de censo, como carga real de la finca, que comporta para el censualista el derecho a cobrar el canon (por tanto, no el canon vencido, sino el canon futuro) (que es llamado «el capital» en este artículo) prescribe en treinta años (art. 1.963).

El censatario no tiene derecho de censo; tiene la propiedad de la finca, gravada con la carga del censo. Por tanto, la prescripción es del derecho de propiedad, no la prevé el presente artículo.

4.- Tampoco prevé la prescripción de la enfiteusis, que es un dominio dividido y que se reconduce al tema de la prescripción del derecho de propiedad. Sí puede producirse la prescripción del derecho del dueño directo por *usucapio libertatis* y, para evitarla, el art. 1.647 prevé el reconocimiento de su derecho.

CONCORDANCIAS

Véase arts. 1.963 y 1.970 de este Código.

Artículo 1.621

A pesar de lo dispuesto en el artículo 1.110, será necesario el pago de dos pensiones consecutivas para suponer satisfechas todas las anteriores.

COMENTARIO

1.- El art. 1.110 dispone una presunción general del pago de débitos anteriores, por razón del recibo del último pago; es presunción iuris tantum, que permite prueba en contrario; se aplica no sólo a una obligación cuya deuda se satisface periódicamente (a plazos) sino a toda obligación, que se cumple con pagos periódicos.

2.- El pago del canon no es cumplimiento de una obligación, sino una manifestación, como deber esencial, del derecho real de censo o de la enfiteusis. Como pago periódico podría aplicarse la presunción del art. 1.110. Pero el presente artículo prevé otra presunción, más atenuada que aquélla y que admite prueba en contrario.

En beneficio del censualista o del dueño directo, establece este artículo que son precisos dos pagos del canon, consecutivos, por parte del censatario o del dueño útil o enfiteuta, para presumir que se han pagado todos los anteriores. Es presunción *iuris tantum*, que permite prueba en contrario.

Artículo 1.622

El censatario está obligado a pagar las contribuciones y demás impuestos que afecten a la finca acensuada.

Al verificar el pago de la pensión podrá descontar de ella la parte de los impuestos que corresponda al censualista.

COMENTARIO

1.- En el caso de censo, el propietario de la finca censida es el censatario, por lo que será él quien debe pagar toda clase de impuestos que recaen sobre la misma. Así lo dispone el primer párrafo de este artículo. Lo cual se extiende a la enfiteusis, en el sentido de que el dueño útil o enfiteuta, quien tiene la posesión (uso y disfrute) de la finca, será el que debe pagar todos los impuestos que afecten a la finca enfitéutica.

2.- Todo tipo de impuesto que pueda afectar al canon, lo pagará quien lo percibe, es decir, el censualista o bien el dueño directo.

3.- El segundo párrafo de este artículo, prevé un supuesto insólito en la práctica. Si el censatario o el dueño útil o enfiteuta ha pagado impuestos que debía haber pagado el censualista o el dueño directo (así, los afectantes al canon que perciben), aquéllos podrán descontar su importe al pagar a éstos el canon. Es decir, se produce una compensación legal.

Artículo 1.623

Los censos producen acción real sobre la finca gravada. Además de la acción real podrá el censualista ejercitar la personal para el pago de las pensiones atrasadas, y de los daños e intereses cuando hubiere lugar a ello.

COMENTARIO

1.- El término «acción» es estrictamente procesal. Cuando el presente artículo habla de «acción real» y «acción personal» se está refiriendo propiamente a reclamación que puede ser objeto de una acción, si no consigne su objeto de forma extraprocesal. Y este artículo la refiere, tal reclamación, al pago del canon por el censatario o por dueño útil o enfiteuta, o a cualquier otro pago que a éstos corresponda, como daños o intereses debidos.

La reclamación puede conseguir su objeto extraprocesalmente, es decir, por acuerdo de las partes. Si no lo hay, es preciso ir al ejercicio de una acción, por el proceso declarativo ordinario que corresponde según la cuantía de tal reclamación: acción que, alternativamente (no subsidiariamente) puede ser acción real o acción personal, cuya opción entre una y otra la tiene el acreedor que la ejercita, es decir, el censualista o el dueño directo.

2.- La *acción personal* se dirige contra el deudor del canon no pagado, o de los daños o intereses que procedan. Este es el censatario o el dueño útil o enfiteuta, pero puede no ser el actual, sino uno anterior que no pagó.

La *acción real* se dirige sobre la finca censida o enfitéutica, para la realización del valor, a semejanza de la hipoteca. A falta del pago, se ejecutará la finca, obteniendo de la subasta el dinero para pagar lo debido. Es la manifestación más clara de derecho real, en cosa ajena, del censo, y condominio, en la enfiteusis.

CONCORDANCIAS

Véase:
— art. 1.659 de este Código.
— Ley Hipotecaria, de 8 febrero 1946 (*«B.O.E.»*, 29 mayo): art. 116.

Artículo 1.624

El censatario no podrá pedir el perdón o reducción de la pensión por esterilidad accidental de la finca, ni por la pérdida de sus frutos.

COMENTARIO

1.- Este artículo y los siguientes prevén el tema de la destrucción o inutilización de la finca censida o enfitéutica. El censo o la enfiteusis se extinguen si desaparece la finca total y definitivamente; pero no ocurre así, si la destrucción, o más bien inutilización (porque la palabra destrucción presupone su carácter definitivo) es temporal, que es el supuesto que contempla este art. 1.624.

2.- La norma es que la *inutilización temporal de la finca* no provoca extinción y ni siquiera modificación del censo o de la enfiteusis. Lo expresa este artículo con la frase «esterilidad accidental de la finca» o «pérdida de sus frutos» y el efecto de no extinción ni modificación del censo o enfiteusis, con la expresión «el censatario» no podrá pedir el perdón o reducción de la pensión».

CONCORDANCIAS

Véase art. 1.575 de este Código.

Artículo 1.625

Si por fuerza mayor o caso fortuito se pierde o inutiliza totalmente la finca gravada con censo, quedará éste extinguido, cesando el pago de la pensión.

Si se pierde sólo en parte, no se eximirá el censatario de pagar la pensión, a no ser que prefiera abandonar la finca al censualista.

Interviniendo culpa del censatario, quedará sujeto, en ambos casos, al resarcimiento de daños y perjuicios.

COMENTARIO

1.- El primer párrafo de este artículo contempla el caso de destrucción o inutilidad total de la finca censida o enfitéutica. En tal caso, se extingue el censo o la enfiteusis y, por tanto, el esencial deber de pago de la pensión. Si esta destrucción o inutilización se ha producido por culpa del censatario o del dueño útil o enfiteuta, deberá indemnizar al censualista o al dueño directo, de los daños y perjuicios causados por tal extinción (así lo dispone el tercer párrafo).

2.- El segundo párrafo prevé el supuesto de *destrucción o inutilización parcial*. No produce extinción ni modificación del censo o la enfiteusis y el censatario o el dueño útil o enfiteuta deberá pagar totalmente el canon. Pero como podría ser muy duro para él, se le ofrece una opción: puede renunciar a todo derecho y ceder la finca al censualista en el censo o al dueño directo en la enfiteusis. Si se ha producido por culpa del censatario o del dueño útil o enfiteuta, responderá de las daños y perjuicios que haya causado (si las ha causado; que no las habrá si no se modifica el censo o enfiteusis) al censualista o al dueño directo.

CONCORDANCIAS

Véase art. 1.101 de este Código.

Artículo 1.626

En el caso del párrafo primero del artículo anterior, si estuviere asegurada la finca, el valor del seguro quedará afecto al pago del capital del censo y de las pensiones vencidas, a no ser que el censatario prefiera invertirlo en reedificar la finca en cuyo caso revivirá el censo con todos sus efectos, incluso el pago de las pensiones no satisfechas. El censualista podrá exigir del censatario que asegure la inversión del valor del seguro en la reedificación de la finca.

COMENTARIO

1.- Este artículo contempla el supuesto de destrucción o inutilización total de la finca censida o enfitéutica (caso del primer párrafo del artículo anterior), que está asegurada; y prevé el destino de la indemnización pagada por la compañía aseguradora: no la percibe el censatario o el enfiteuta, sino que se destina en primer lugar al censualista o al dueño directo, para compensarle la pérdida de su respectivo derecho.

2.- Producido el supuesto anterior, el censatario o el dueño útil o enfiteuta tiene una doble opción. Primera. Con la indemnización, pagar al censualista o al dueño directo el valor del censo o de la enfiteusis, respectivamente (como en la redención) y pagar todas las pensiones o canon que estuviera pendiente de pago. Si hay remanente, quedará para el censatario o el dueño útil o enfiteuta. Segunda. Con la indemnización, reconstruir la finca («reedificar la finca» dice el texto legal, pero no sólo puede tratarse de edificio destruido), sobre la que continúa (no «revive», pues no llega a extinguirse) el censo o la enfiteusis («incluso el pago de las pensiones no satisfechas» añade innecesariamente este artículo). En este caso, el censualista o el dueño directo puede exigir del censatario o del dueño útil o enfiteuta que asegure la inversión de la indemnización percibida por este último por razón del seguro, en la reconstrucción de la finca.

Artículo 1.627

Si la finca gravada con censo fuere expropiada por causa de utilidad pública su precio estará afecto al pago del capital del censo y de las pensiones vencidas, quedando éste extinguido.

La precedente disposición es también aplicable al caso en que la expropiación forzosa sea solamente de parte de la finca, cuando su precio baste para cubrir el capital del censo.

Si no bastare, continuará gravando el censo sobre el resto de la finca, siempre que su precio sea suficiente para cubrir el capital censual y un 25 por 100 más del mismo.

En otro caso estará obligado el censatario a sustituir con otra garantía la parte expropiada, o a redimir el censo, a su elección, salvo lo dispuesto para el enfitéutico en el artículo 1.631.

COMENTARIO

1.- La finca censida o enfitéutica puede ser objeto de la expropiación forzosa, en cuyo caso caben varios supuestos que contempla este artículo. Ante todo, hay que observar que, como en anteriores artículos, habla de finca «con censo», que comprende también la enfiteusis, pues ésta es considerada por el Código como un tipo de censo. Y también hay que precisar que se refiere a la expropiación forzosa «por causa de utilidad pública» (como hace también el art. 349) pero debe comprenderse también la expropiación por interés social (como dice el art. 33.3 de la Constitución y la propia Ley de Expropiación forzosa).

2.- El primer supuesto es el de expropiación forzosa de la totalidad de la finca. El censo o la enfiteusis se extingue. El precio pagado por la expropiación será destinado al pago del valor del censo o enfiteusis y al de las pensiones o canon pendiente; es igual que en el caso de destrucción total de la finca y que equivale a una redención.

3.- El segundo supuesto es el de expropiación de parte de la finca y el precio percibido es suficiente para cubrir el valor del censo o enfiteusis y las pensiones o canon pendiente. La solución es idéntica al supuesto anterior. El censo o enfiteusis quedará extinguido, incluso en la parte de la finca que no ha sido objeto de la expropiación.

4.- El tercer supuesto es la expropiación forzosa de parte de la finca, y el precio no basta para cubrir el valor del censo o enfiteusis. Y además, el resto de la finca, la parte no expropiada, tiene un valor superior al del censo o enfiteusis y un 25% más. En tal caso, el censo o la enfiteusis continúa incólume sobre la parte de la finca no expropiada.

5.- El cuarto supuesto es también de expropiación parcial. El precio no basta para cubrir el valor del censo o enfiteusis y el resto de la finca no tiene el valor (que prevé el inciso anterior) superior al del censo o enfiteusis y un 25% más. El censatario o el enfiteuta tiene una doble opción: o asegurar con otra garantía la parte expropiada o redimir el censo o la enfiteusis: para esta última queda a salvo lo dispuesto específicamente en el art. 1.631.

CAPÍTULO II
DEL CENSO ENFITÉUTICO

SECCIÓN PRIMERA
Disposiciones relativas a la enfiteusis

Artículo 1.628

El censo enfitéutico sólo puede establecerse sobre bienes inmuebles y en escritura pública.

COMENTARIO

1.- La enfiteusis («censo enfitéutico» la denomina este artículo, manteniendo el error del Código de considerar la enfiteusis como una subespecie del censo) recae, al igual que el censo (vid. art. 1.604), sobre cosa inmueble, tal como exige este artículo. Debe completarse en el sentido de que debe ser inmueble por naturaleza, es decir, una finca. Puede ser rústica o urbana. Debe ser fructífera, que produce o puede producir frutos naturales o civiles.

2.- La enfiteusis se constituye por negocio jurídico (aparte de usucapión y adquisición *a non domino*) que normalmente será un contrato. El negocio jurídico de constitución requiere, como elemento esencial, la forma de *escritura pública*, como forma *ad solemnitatem* cuya falta daría lugar a la inexistencia del negocio jurídico y, por ende, de la enfiteusis.

Tal escritura pública es inscribible en el Registro de la Propiedad (art. 2.2 de la Ley hipotecaria), incluso como primera inscripción que abre folio registral, tanto el dominio directo como el útil (art. 377 del Reglamento Hipotecario), lo que abona la naturaleza de dominio dividido con que el Código concibe la enfiteusis.

JURISPRUDENCIA

«Dado el origen que se señala al censo en litigio la exigencia de su constitución en escritura pública que establece el art. 1628 del CC ha pasado por diferentes etapas que en las Partidas estaba en el requisito del escrito, se mantiene éste en el Ordenamiento de Alcalá y sobre ello se evoluciona hasta permitir su prueba por los distintos medios admitidos en Derecho, como ha establecido la jurisprudencia en numerosas sentencias que van desde la de 20 Ene. 1896 a la de 8 Nov. 1930, estando en este supuesto reconocida la existencia del censo enfitéutico y su permanencia lo que, a efectos del valor de las fincas sobre que recae es trascendente a falta de otros datos en su constitución y aún a causa de su sustitución por otras al haberse practicado la concentración parcelaria en la zona, ha de llevarnos a la solución que proporciona el art. 1611 del CC cuyo párrafo primero es perfectamente aplicable, al igual que a los de otra clase, al censo enfitéutico según ha establecido esta Sala en las SS 14 Jun. y 3 Jul. 1946 y 19 Abr. 1965». (16 febrero 2001, LA LEY 3518/2001)

CONCORDANCIAS

Véase arts. 1.280 y 1.605 de este Código.

Artículo 1.629

Al constituirse el censo enfitéutico se fijará en el contrato, bajo pena de nulidad, el valor de la finca y la pensión anual que haya de satisfacerse.

COMENTARIO

1.- Este artículo completa lo dispuesto en el artículo anterior, al señalar el contenido mínimo del negocio jurídico («contrato») único al que se refiere el texto legal. Debe constar su objeto: el valor de la finca enfitéutica y el canon o pensión (que será «anual» como dice el artículo o no; periódica en todo caso).

2.- Se establece lo anterior en este artículo como norma imperativa y bajo sanción de nulidad. Es decir, si no se hace constar en el negocio jurídico constitutivo de la enfiteusis (necesariamente en escritura pública, según el artículo anterior), el valor de la finca y el canon, aquel negocio será nulo, nulidad contemplada en el art. 6.3: absoluta, *ipso iure*, imprescriptible, apreciable de oficio.

CONCORDANCIAS

Véase art. 1.613 de este Código

Artículo 1.630

Cuando la pensión consista en una cantidad determinada de frutos, se fijarán en el contrato su especie y calidad.

Si consiste en una parte alícuota de los que produzca la finca, a falta de pacto expreso sobre la intervención que haya de tener el dueño directo, deberá el enfiteuta darle aviso previo, o a su representante, del día en que se proponga comenzar la recolección de cada clase de frutos, a fin de que pueda, por sí mismo o por medio de su representante, presenciar todas las operaciones hasta percibir la parte que le corresponda.

Dado el aviso, el enfiteuta podrá levantar la cosecha, aunque no concurra el dueño directo ni su representante o interventor.

COMENTARIO

1.- El canon o pensión debe estar determinado en el negocio jurídico constitutivo de la enfiteusis (art. 1.629) necesariamente en escritura pública (art. 1.628). Puede ser en dinero o en frutos (art. 1.613). El presente artículo contempla el supuesto de que se haya fijado en frutos, que pueden ser determinados o una parte alícuota.

2.- Si el canon está determinado en frutos, éstos deben estar determinados en especie, calidad y cantidad, tal como prevé el primer párrafo.

3.- O bien, el canon puede consistir en una parte alícuota de los frutos, como prevé el segundo párrafo que se ocupa de procurar garantías de que se pague el canon correctamente, los frutos que le corresponden, al dueño directo. Se pagará el canon consistente en parte alícuota de los frutos de la finca enfitéutica, en primer lugar, en la forma en que se haya pactado: «pacto expreso sobre la intervención que haya de tener el dueño directo», dice el texto legal. Si no hay tal pacto, el enfiteuta debe dar al dueño directo o a su representante, aviso previo de que va a comenzar la recolección de los frutos; éste puede acudir o no, por sí o por representante o por interventor, para presenciar y controlar la recolección y percibir correctamente su parte.

Artículo 1.631

En el caso de expropiación forzosa se estará a lo dispuesto en el párrafo primero del artículo 1.627, cuando sea expropiada toda la finca.

Si sólo lo fuere en parte, se distribuirá el precio de lo expropiado entre el dueño directo y el útil, recibiendo aquél la parte del capital del censo que proporcionalmente corresponda a la parte expropiada, según el valor que se dio a toda la finca al constituirse el censo o que haya servido de tipo para la redención, y el resto corresponderá al enfiteuta.

En este caso continuará el censo sobre el resto de la finca, con la correspondiente reducción en el capital y las pensiones, a no ser que el enfiteuta opte por la redención total o por el abandono a favor del dueño directo.

Cuando, conforme a lo pactado, deba pagarse laudemio, el dueño directo percibirá lo que por este concepto le corresponda sólo de la parte del precio que pertenezca al enfiteuta.

COMENTARIO

1.- En caso de expropiación forzosa de la totalidad de la finca enfitéutica, se aplica la misma norma que para los censos y que con carácter general establece el primer párrafo del art. 1.627. Con el precio obtenido, se paga el valor del dominio directo y el canon pendiente de pago y la enfiteusis se extingue.

2.- Si la expropiación alcanza sólo a una parte de la finca, respondiendo a la concepción de la enfiteusis como dominio dividido, prevé tres soluciones alternativas para la parte de la finca no expropiada.

En la parte de la finca expropiada, evidentemente la enfiteusis queda extinguida. Ante todo, se distribuye el precio entre el dueño directo y el útil (enfiteuta); partiendo del valor de la finca, recibirá el dueño directo su parte (la mitad) como condominio y el resto (la otra mitad) el enfiteuta.

En cuanto a la parte de la finca no expropiada: primera solución; continúa la enfiteusis sobre esta parte, reduciéndose proporcionalmente el canon; segunda solución; redención de la enfiteusis que continúa (aunque reducida) sobre la parte de la finca; tercera solución: cesión («abandono» la llama el texto legal) de la finca por el enfiteuta al dueño directo, con lo que éste pasa a ser dueño total, extinguiéndose la enfiteusis.

3.- El laudemio se regula en los arts. 1.644 y ss. y se paga en caso de transmisión onerosa del dominio útil de la finca por el enfiteuta. La expresión es una transmisión onerosa, aun forzosa, y si es total no hay cuestión pues la enfiteusis se extingue, pero si es parcial, de la parte del precio que percibe el enfiteuta pagará laudemio al dueño directo.

Artículo 1.632

El enfiteuta hace suyos los productos de la finca y de sus accesiones.

Tiene los mismos derechos que corresponderían al propietario en los tesoros y minas que se descubran en la finca enfitéutica.

COMENTARIO

1.- La enfiteusis tiene naturaleza de dominio dividido; es una cotitularidad (del derecho subjetivo de propiedad) pro diviso, con división jurídica de facultades. Al llamado dueño útil o enfiteuta le corresponde la posesión de la finca enfitéutica, con la facultad esencial de aprovechamiento, ius fruendi: adquiere la propiedad de los frutos de la finca y de los frutos de las accesiones de ésta. Las accesiones acrecen a la finca y forman parte de ésta; sus frutos los adquiere el enfiteuta.

2.- En cuanto al tesoro, tiene la consideración de propietario, tal como dispone el segundo párrafo de este artículo, a los efectos del art. 351.

3.- Igualmente tiene la consideración de propietario en cuanto a las minas. La propiedad de éstas es del estado, como bienes de dominio público (art. 2.1 de la Ley de Minas de 21 julio 1973) pero el propietario de la finca donde se halla, tiene preferencias y derechos, en orden a su explotación o aprovechamiento. Estas corresponden, en caso de finca enfitéutica, al enfiteuta.

CONCORDANCIAS

Véase arts. 351 y 358 de este Código.

Artículo 1.633

Puede el enfiteuta disponer del predio enfitéutico y de sus accesiones tanto por actos entre vivos como de última voluntad, dejando a salvo los derechos del dueño directo, y con sujeción a lo que establecen los artículos que siguen.

COMENTARIO

1.- Contempla este artículo el poder de disposición del enfiteuta sobre la finca enfitéutica («y de sus accesiones»), dice, lo que es redundante porque forman parte de la finca, lo cual significa que puede disponer de su dominio útil, que implica la posesión y el aprovechamiento, de la finca enfitéutica, pero siempre «dejando a salvo» o, lo que es lo mismo, respetando los derechos del dueño directo, es decir, su dominio directo. Así, el adquirente, lo que adquirirá será el dominio útil del enfiteuta y se mantendrá la enfiteusis, respetando el dominio directo.

2.- La transmisión puede ser *inter vivos* o *mortis causa*, y ésta, a su vez, universal o particular.

3.- El presente artículo termina haciendo una remisión genérica a «los artículos que siguen»: necesidad de consentimiento del dueño directo, en cierto caso que prevé el art. 1.634; poner la disposición en conocimiento del dueño directo, en el caso del 1.635; derechos de tanteo y retracto, previstos en los arts. 1.636 a 1.642; laudemio, si procede, según los arts. 1.644 a 1.646.

Artículo 1.634

Cuando la pensión consista en una parte alícuota de los frutos de la finca enfitéutica, no podrá imponerse servidumbre ni otra carga que disminuya los productos sin consentimiento expreso del dueño directo.

COMENTARIO

Continuando con el poder de disposición del enfiteuta, enunciado en el artículo anterior, que se refiere al dominio útil de que es titular, respetando el dominio directo, el presente artículo prevé un supuesto de disposición parcial.

Se trata (1.º) de que el enfiteuta quiera constituir una servidumbre u otro derecho real limitado («carga» dice el texto legal) que disminuya los productos (o frutos) de la finca enfitéutica y (2.º) que el canon consista en una parte alícuota de los frutos. En tal caso, para la validez del acto constitutivo de tal derecho, es preciso el consentimiento del dueño directo. De no darse, aquél es nulo, con nulidad absoluta: art. 6.3.

CONCORDANCIAS

Véase art. 596 de este Código.

Artículo 1.635

El enfiteuta podrá donar o permutar libremente la finca, poniéndolo en conocimiento del dueño directo.

COMENTARIO

1.- El poder de disposición del enfiteuta sobre su dominio útil de la finca enfitéutica, que le proporciona la posesión y el aprovechamiento, es reconocido y concretado en el presente artículo en dos concretos negocios dispositivos, la donación y la permuta. En uno y en otro, bien distintos entre sí, se establece que se ponga en conocimiento del dueño directo.

2.- La donación es un contrato que transmite la propiedad de la cosa donada, de donante a donatario; si la finca es enfitéutica, la propiedad que se transmite no es plena, sino el dominio útil del enfiteuta. Este, transmitente (donante) debe poner en conocimiento del dueño directo, su donación del dominio útil. El adquirente (donatario) adquiere la finca, es decir, su posesión y aprovechamiento, lo que significa que adquiere el dominio útil de la misma, respetando el dominio directo, ya que la enfiteusis no se extingue.

3.- En la permuta, la enfiteusis tampoco se extingue si recae sobre la finca permutada por el dueño útil o enfiteuta. Este permuta la finca enfitéutica por otra cosa: debe ponerlo en conocimiento del dueño directo. La finca pasa al nuevo propietario, permutante, adquirente, como enfitéutica y respetará el dominio directo.

Artículo 1.636

Corresponden recíprocamente al dueño directo y al útil el derecho de tanteo y el de retracto, siempre que vendan o den en pago su respectivo dominio sobre la finca enfitéutica.

Esta disposición no es aplicable a las enajenaciones onerosas por causa de utilidad pública.

COMENTARIO

1.- El artículo 1.636 otorga cumulativamente, el tanteo y retracto en la enfiteusis, tanto del dueño útil o enfiteuta como al dueño directo, cuyo fundamento es la reunión o consolidación en una sola persona de los condominios, por la conveniencia de que desaparezca la división del dominio (es un fundamento mantenido por todos los autores y uno de los argumentos para mantener la teoría de que la enfiteusis es considerada en el Código Civil como un dominio dividido).

2.- Se concede el retracto legal (además del tanteo) cuando el enfiteuta o el dueño directo vendan o den en pago su respectivo derecho de propiedad sobre la finca enfitéutica: se ha de ejercitar sobre toda la enfiteusis, aunque afecte a varias fincas; éste es el sentido del art. 1.641, que dispone que si se enajenan varias fincas sujetas a la misma enfiteusis, no puede ejercerse el retracto legal respecto de unas con exclusión de las otras.

3.- El segundo párrafo del presente artículo excluye el tanteo y el retracto enfitéuticos, del caso de expropiación forzosa «por causa de utilidad pública» (como dice el texto legal) o de interés social (aunque no lo diga, pero sí lo expresa la Ley de Expropiación Forzosa y el art. 33.3 de la Constitución). Dicha exclusión es evidente y ni siquiera hacía falta recogerla explícitamente. En caso de expropiación de finca enfitéutica se aplican los arts. 1.627 y 1.631.

CONCORDANCIAS

Véase:
— art. 1.521 de este Código.
— Ley de Arrendamientos Rústicos, de 31 diciembre 1980 (*«B.O.E.»,* 30 enero): arts. 84 a 97.

Artículo 1.637

Para los efectos del artículo anterior, el que trate de enajenar el dominio de una finca enfitéutica deberá avisarlo al otro condueño, declarándole el precio definitivo que se le ofrece o en que pretenda enajenar su dominio.

Dentro de los veinte días siguientes al del aviso, podrá el condueño hacer uso del derecho de tanteo, pagando el precio indicado. Si no lo verifica, perderá este derecho y podrá llevarse a efecto la enajenación.

COMENTARIO

1.- Al dueño directo y al dueño útil o enfiteuta se le concede el derecho de adquisición preferente del otro condominio, en la doble vertiente del tanteo y del retracto, cumulativamente. Este artículo contempla el tanteo. Se concede a cada uno de los condóminos —dueño directo o útil— cuando el otro «trate de enajenar» su derecho, según dice esta norma, que comprende el que quiera vender o transmitir su derecho a un tercero o haya celebrado el negocio jurídico obligacional sin que haya procedido a la transmisión del dominio.

2.- Para el ejercicio del tanteo o retracto, este artículo impone el deber al que «y trate de enajenar» su derecho, de dar *aviso previo* al otro condómino, expresando su decisión de venta o transmisión de su derecho y el precio, que se le ofrezca o el que pretenda percibir.

3.- El párrafo segundo contempla el ejercicio del derecho. El condómino, que ha recibido el aviso previo, tiene el plazo de veinte días para ejercer el tanteo, pagando el precio (adquirir por el «tanto») indicado en aquel aviso. O bien, puede renunciar a la adquisición preferente. O, por último, puede dejar pasar el plazo de los veinte días sin ejercer el tanteo.

Artículo 1.638

Cuando el dueño directo, o el enfiteuta en su caso, no haya hecho uso del derecho de tanteo a que se refiere el artículo anterior, podrá utilizar el de retracto para adquirir la finca por el precio de la enajenación.

En este caso deberá utilizarse el retracto dentro de los nueve días útiles siguientes al del otorgamiento de la escritura de venta. Si ésta se ocultare, se contará dicho término desde la inscripción de la misma en el Registro de la Propiedad.

Se presume la ocultación cuando no se presenta la escritura en el Registro dentro de los nueve días siguientes al de su otorgamiento.

Independientemente de la presunción, la ocultación puede probarse por los demás medios legales.

COMENTARIO

1.- Este artículo contempla el derecho de retracto, que se concede al dueño directo y al útil o enfiteuta, como cumulativo al tanteo, que se halla en el artículo anterior. El retracto opera cuando ya la transmisión se ha realizado y el adquirente ha hecho suyo el derecho real, que es el dominio directo o el dominio útil. El retrayente adquiere el derecho retraído (este dominio) en virtud de una nueva transmisión por parte del primer adquirente.

2.- El plazo para el ejercicio del derecho de retracto es un breve plazo de caducidad, que se computa distinto en los dos casos que contempla.

Primero. Caso normal. Nueve días («útiles» dice el texto legal, pero nada significa: son días naturales, aplicando el art. 5.2) a contar desde el siguiente al del otorgamiento de la escritura de venta.

Segundo. Caso de ocultación de la escritura de venta. Nueve días a contar de la inscripción de la venta, fecha de tal inscripción, no la del asiento de presentación. La ocultación significa evitar que el otro condómino se entere de la transmisión (necesariamente por escritura pública: art. 1.628) a un tercero, de su dominio directo o útil. Se presume la ocultación cuando no se presenta la escritura en el Registro de la Propiedad dentro de los nueve días siguientes al de su otorgamiento.

Sin embargo, esta norma tiene dos paliativos: en primer lugar, la ocultación puede probarse por los demás medios legales (último párrafo de este artículo) pese a haberse presentado la escritura en el Registro en aquellos nueve días; en segundo lugar, pese a no haberse presentado, puede probarse que no hay ocultación, porque el retrayente tuvo conocimiento de la transmisión.

3.- El dueño directo o el útil o enfiteuta, como titular del derecho de retracto, puede ejercerlo cuando no haya ejercido el de tanteo. Se ejercerá por medio del proceso ordinario, tal como contempla el art. 249.1.7.º LEC.

JURISPRUDENCIA

«en todos los textos legales que se refieren a la constancia registral de una compraventa o dación en pago como inicio del cómputo para el ejercicio del derecho del retracto legal se hace mención expresa y concreta de la inscripción de la operación en el Registro y no de la fecha de la práctica de cualquier asiento registral relativo al título de la adquisición del predio en que el retrayente quiere subrogarse. Así se desprende no sólo de los términos del artículo 1524 del Código Civil, al que los recurrentes aluden, sino también al párrafo segundo del artículo 1638 y del artículo 1639 del mismo Cuerpo legal, así como de la ley 458.2 de la Compilación de Derecho Civil Foral de Navarra, artículo 150.2 de la de Aragón, artículo 123 de la Ley 3/1992, de 1 de julio, del Derecho Civil Foral del País Vasco y artículo 23.2 de la Ley 6/1990 de Censos del Parlamento de Cataluña. Las específicas referencias legales a la inscripción registral propiamente dicha y la improcedencia de la pretensión de que se asimilen a las mismas las anotaciones preventivas, a los efectos que aquí interesan, responde sin duda a la naturaleza principal, definitiva y de carácter positivo de las primeras, que hacen constar de modo completo y solemne los actos de constitución, transmisión o modificación de un derecho real inmobiliario, frente a las anotaciones preventivas, que aun siendo también asientos principales tienen, en cambio, un carácter provisional o transitorio. Esta nota resulta por demás evidente en la anotación que se menciona en el n.º 9.º del artículo 42 de la Ley Hipotecaria, que ha sido calificada como preinscripción de títulos que por sus defectos no pueden ser objeto del asiento de inscripción al que tienden, el cual puede llegar incluso a no practicarse, como ha sucedido en el caso de autos. De ahí que, como se dice en la sentencia de esta Sala de 14 de marzo de 1956, cuya doctrina se considera infringida por la parte recurrente, el asiento de inscripción se fije por la ley como fecha de referencia para el cómputo del plazo de caducidad retractual por constituir un medio seguro, que sirve de base al doble fin del conocimiento cabal del negocio por el futuro retrayente y del establecimiento de una fecha cierta para evitar la inseguridad en el tráfico jurídico, eliminando la permanente incertidumbre del comprador respecto a su posible sustitución en la adquisición realizada». (1 marzo 2005, rec. 3862/1998)

CONCORDANCIAS

Véase art. 1.524 de este Código.

Artículo 1.639

Si se hubiere realizado la enajenación sin el previo aviso que ordena el artículo 1.637, el dueño directo, y en su caso el útil, podrán ejercitar la acción de retracto en todo tiempo hasta que transcurra un año, contado desde que la enajenación se inscriba en el Registro de la Propiedad.

COMENTARIO

1.- El artículo anterior establece un plazo de caducidad brevísimo para el ejercicio del derecho de retracto. El presente artículo establece un plazo extraordinario, largo para un especial supuesto de hecho.

Este supuesto de hecho es que el dueño directo o el útil o enfiteuta haya transmitido su respectivo dominio sin dar el aviso previo que exige el art. 1.637.

2.- Tal plazo es de un año, contado desde que la transmisión se ha inscrito (inscripción: no, asiento de presentación) en el Registro de la Propiedad. Es de caducidad. Se impone con carácter de sanción, por el incumplimiento del deber del preaviso que impone el art. 1.637. Es intrascendente que el retrayente haya tenido conocimiento de la transmisión.

CONCORDANCIAS

Véase art. 1.524 de este Código.

Artículo 1.640

En las ventas judiciales de fincas enfitéuticas, el dueño directo y el útil, en sus casos respectivos, podrán hacer uso del derecho de tanteo dentro del término fijado en los edictos para el remate, pagando el precio que sirva de tipo para la subasta, y del de retracto dentro de los nueve días útiles siguientes al del otorgamiento de la escritura.

En este caso no será necesario el aviso previo que exige el artículo 1.637.

COMENTARIO

1.- Como es lógico, el dueño directo y el útil o enfiteuta, tienen los derechos de adquisición preferente —tanteo y retracto— también en las ventas judiciales, que son aquellas que se hacen en pública subasta por un órgano jurisdiccional (en vía de apremio, en ejecución hipotecaria, en división de cosa común, en juicios universales). Sus caracteres de publicidad y objetividad dan lugar a ciertas especialidades en el tanteo y en el retracto.

2.- Respecto al tanteo, no es preciso el requisito del aviso previo (del art. 1.637). El plazo es el tiempo que media entre la publicación de los edictos que anuncian la subasta, hasta el momento de esta en que resulte un remate efectivo. El precio es el que sirve de tipo para la subasta.

3.- Respecto al retracto, la especialidad es la del plazo, que es de nueve días siguientes al del otorgamiento de la escritura; son días naturales (art. 5.2), pese a la expresión «útiles» que emplea este artículo (al igual que el art. 1.638) y que no significa nada. Si se trata de un venta judicial en que no se otorga escritura, sino acto de adjudicación, la fecha del inicio del cómputo es la de notificación de éste. En el retracto no hay más especialidad. El precio será el del remate, recogido en la escritura pública o en el auto. No tiene aplicación, ni puede tenerla, el plazo extraordinario del art. 1.639, ya que en el caso de venta judicial no se exige el previo aviso.

JURISPRUDENCIA

«En cuanto a la cuestión que se refiere a la presentación por el retrayente de aval bancario, como instrumento consignatario del precio del retracto, ha de tenerse en cuenta

la más reciente y reiterada doctrina de esta Sala de Casación Civil, pues se ha producido cambio de la doctrina consolidada que no lo autorizaba y sólo admitía la consignación en metálico o mediante cheque conformado (sentencias de 24-5-1982, 21-10-1985, 12-12-1986, 9-2-1994, 20-4-1994, 27-9-1994, 30-5-1995, 11-7-1996 y 17-6-1997) por otro más conforme a las directrices del artículo 3.1 del Código Civil y que viene a reconocer la plena eficacia de la consignación llevada mediante aval bancario, que ha de cumplir los requisitos de exigencia legal para ser eficaz (sentencias de 15-4-1998, 17-5-2000, 3-4-2001 y 17-5-2002 y sentencias del Tribunal Constitucional de 27 de enero de 1992 y 30 de junio de 1998)». (14 mayo 2004, rec. 2211/1998)

CONCORDANCIAS

Véase art. 1.521 de este Código.

Artículo 1.641

Cuando sean varias las fincas enajenadas sujetas a un mismo censo, no podrá utilizarse el derecho de tanteo ni el de retracto respecto de unas con exclusión de las otras.

COMENTARIO

1.- Hay que hacer, ante todo, dos precisiones terminológicas. La primera es la expresión «fincas enajenadas sujetas a un mismo censo»: no es censo, es enfiteusis, aunque el Código considera a ésta como una subespecie del censo; por tanto, debe entenderse que se trata de fincas en situación de enfiteusis. La segunda es la expresión «fincas enajenadas»: no son fincas, sino el dominio directo o útil de las fincas, lo que se transmite o enajena.

2.- El principio de indivisibilidad de la enfiteusis (y del censo: art. 1.618) se refleja el caso de que varias fincas se hallen en una misma enfiteusis. En el caso de venta o transmisión, del dominio directo o útil, no cabe el ejercicio parcial del tanteo o retracto, es decir, respecto de unas y no de otras, ya que ello implicaría dividir la enfiteusis.

Artículo 1.642

Cuando el dominio directo o el útil pertenezca pro indiviso a varias personas, cada una de ellas podrá hacer uso del derecho de retracto con sujeción a las reglas establecidas para el de comuneros, y con preferencia el dueño directo, si se hubiese enajenado parte del dominio útil; o el enfiteuta, si la enajenación hubiese sido del dominio directo.

COMENTARIO

1.- El supuesto que contempla este artículo es el que el dominio directo o el útil pertenece pro indiviso a varias personas. El problema que plantea es que una de ellas transmite su derecho (que es la cuota que tiene sobre el dominio directo o sobre el útil) a un extraño: concurren dos retractos, el de comuneros y el enfitéutico.

2.- Preferencia del retracto enfitéutico, ante la concurrencia de ambos, tal como se desprende de la segunda parte de este artículo. Y subsidiariamente del retracto de comuneros, en el sentido de que sólo cabe si se ha ejercido el enfitéutico.

CONCORDANCIAS

Véase arts. 1.522 y 1.524 de este Código.

Artículo 1.643

Si el enfiteuta fuere perturbado en su derecho por un tercero que dispute el dominio directo o la validez de la enfiteusis, no podrá reclamar la correspondiente indemnización del dueño directo, si no le cita de evicción conforme a lo prevenido en el artículo 1.481.

COMENTARIO

1.- El presente artículo se refiere a la perturbación de derecho, por evicción, que sufra el enfiteuta. Es la obligación de saneamiento por evicción que se prevé para la compraventa (arts. 1.475 y ss.) y que es aplicable en la enfiteusis. Se aplica siempre que el enfiteuta haya recibido su dominio útil sobre la finca, a título oneroso, del dueño directo.

La perturbación es jurídica, no se refiere a perturbaciones de mero hecho, para las que puede defenderse directamente el enfiteuta. Dice este artículo que la perturbación es de un tercero «que dispute el dominio directo o la validez de la enfiteusis». Se trata del saneamiento por evicción. El supuesto de hecho es que se litigue sobre «el dominio directo», que podría provocar la invalidez del negocio jurídico oneroso constitutivo de la enfiteusis; o bien, se litigue sobre «la validez de la enfiteusis»; en uno y otro caso, el presupuesto de la obligación de sanear por evicción, es la privación al enfiteuta de la posesión de la finca. Recuérdese que es preciso también que el negocio jurídico que constituyó la enfiteusis (por el que el enfiteuta recibió el dominio útil y, por tanto, la posesión de la finca) sea a título oneroso y celebrado por el dueño directo.

2.- Los requisitos de la evicción son los previstos para la compraventa. Unicamente destaca este artículo, por remisión al 1,481, el de que el enfiteuta notifique al dueño directo la interposición de la demanda: «le cita de evicción» dice este artículo.

3.- En cuanto a los efectos, este artículo dice simplemente «la correspondiente indemnización», que será el valor de la enfiteusis, determinado a efectos de la redención, y los demás conceptos que señala el art. 1.478.

Artículo 1.644

En las enajenaciones a título oneroso de fincas enfitéuticas sólo se pagará laudemio al dueño directo cuando se haya estipulado expresamente en el contrato de enfiteusis.

Si al pactarlo no se hubiera señalado cantidad fija, ésta consistirá en el 2 por 100 del precio de la enajenación.

En las enfiteusis anteriores a la promulgación de este Código, que estén sujetas al pago de laudemio, aunque no se haya pactado, seguirá esta prestación en la forma acostumbrada, pero no excederá del 2 por 100 del precio de la enajenación cuando no se haya contratado expresamente otra mayor.

COMENTARIO

1.- En el presente artículo se regula el pago del laudemio: es el derecho que tiene el dueño directo, si se ha pactado, de percibir un porcentaje del precio, en caso de transmisión a título oneroso del dominio útil de la finca enfitéutica. En el texto literal parece confundir el dominio útil con la finca misma, pero esto ocurre otras veces en el Código, quizá porque externamente parece que lo que se transmite es la finca, al transmitir la posesión, con el uso y disfrute, que integra el dominio útil.

2.- Si se trata de enfiteusis constituidas antes de la promulgación del Código Civil (en 1889) en las que se pagaba laudemio, se seguirá pagando, prescindiendo de cómo se constituyó esta obligación. La cuantía será la pactada expresamente; sí no consta pacto expreso, será la acostumbrada, sin que pueda exceder del 2%.

3.- En las enfiteusis que se constituyan vigente el Código Civil se pagará laudemio, sólo en el caso de que se haya pactado expresamente. La cuantía será la prevista en aquel pacto expreso y, de no haberse previsto, el 2% del precio de la transmisión.

Artículo 1.645

La obligación de pagar el laudemio corresponde al adquirente, salvo pacto en contrario.

COMENTARIO

1.- El laudemio, que contempla el artículo anterior, se paga al dueño directo: es el sujeto activo de esta obligación de pago.

2.- El sujeto pasivo, es decir, el deudor, será el que se pacte; por ejemplo, el enfiteuta: principio de autonomía de la voluntad.

A falta de pago, deberá pagar el laudemio el adquirente del dominio útil de la finca, que deviene nuevo enfiteuta.

Artículo 1.646

Cuando el enfiteuta hubiese obtenido del dueño directo licencia para la enajenación o le hubiese dado el aviso previo que previene el artículo 1.637, no podrá el dueño directo reclamar, en su caso, el pago del laudemio sino dentro del año siguiente al día en que se inscriba la escritura en el Registro de la Propiedad. Fuera de dichos casos, esta acción estará sujeta a la prescripción ordinaria.

COMENTARIO

1.- Se establece en este artículo dos plazos para la reclamación, por el dueño directo, del laudemio; uno, breve, de caducidad, otro, largo, de prescripción.

2.- El plazo de caducidad es de un año y se cuenta desde la inscripción de la transmisión a título oneroso del dominio útil de la finca enfitéutica. Se aplica en el caso de que el enfiteuta hubiera dado al dueño directo el aviso previo que exige el art. 1.637 (para el ejercicio del derecho de tanteo).

Este artículo dice también que se aplica «cuando el enfiteuta hubiese obtenido del dueño directo licencia para la enajenación», pero es una frase sin contenido, ya que el Código no prevé en ningún momento la reminiscencia feudal de que el dueño directo daba autorización o licencia al dueño útil o enfiteuta, para que éste pudiera transmitir su dominio.

3.- El plazo de prescripción es residual: en todo caso que no sea el anterior (de haber dado el aviso previo) la acción para reclamar el laudemio «estará sujeta a la prescripción ordinaria». No es clara cuál sea ésta: si se considera un derecho derivado del dominio directo, como acción real sobre inmueble, prescribe a los treinta años (art. 1.963); si se considera un derecho nacido en el negocio jurídico de constitución de la enfiteusis, donde se ha pactado expresamente, como acción personal, prescribe a los quince años (art. 1.964). Parece más segura la primera solución: prescripción a los treinta años.

CONCORDANCIAS

Véase arts. 1.930, 1.964 y 1.966.3.º de este Código.

Artículo 1.647

Cada veintinueve años podrá el dueño directo exigir el reconocimiento de su derecho por el que se encuentre en posesión de la finca enfitéutica.

Los gastos del reconocimiento serán de cuenta del enfiteuta, sin que pueda exigírsele ninguna otra prestación por este concepto.

COMENTARIO

1.- La enfiteusis es una institución de muy dilatada extensión en el tiempo; además, el dominio directo no aparece visible en el exterior; para su seguridad jurídica y, concretamente, para evitar su prescripción extintiva o la usucapio libertatis, se prevé el reconocimiento de la enfiteusis por el enfiteuta.

El reconocimiento es una facultad que tiene el dueño directo y que puede exigir, cada veintinueve años, al dueño útil o enfiteuta, al que este artículo lo designa como «el que se encuentre en posesión de la finca enfitéutica».

Consiste en la declaración formal y expresa por el enfiteuta de que la finca de la que es dueño útil y que posee, es objeto de una enfiteusis, cuyo dominio directo corresponde a quien se hace dicho reconocimiento.

No se prevé la forma del reconocimiento. Puede ser cualquiera, pero la más segura es la escritura pública, que puede ser inscrita en el Registro de la Propiedad.

2.- Los gastos del reconocimiento son de cuenta del enfiteuta. Pero si se producen más gastos, u otros distintos o relacionados, o se pide el reconocimiento antes de los veintinueve años, se dispone expresamente que los mismos no serán del enfiteuta; *a sensu contrario*, pues, los satisfará el dueño directo.

Artículo 1.648

Caerá en comiso la finca, y el dueño directo podrá reclamar su devolución:

1.º Por falta de pago de la pensión durante tres años consecutivos.

2.º Si el enfiteuta no cumple la condición estipulada en el contrato o deteriora gravemente la finca.

COMENTARIO

1.- El comiso es una causa de extinción de la enfiteusis, en la que, por ciertos motivos, el dueño directo deviene propietario único de la finca enfitéutica y al enfiteuta se resuelve su dominio útil. Por tanto, se extingue la enfiteusis en perjuicio del enfiteuta y en beneficio del dueño directo; nunca al revés. Es un derecho del censualista a adquirir el dominio útil, consolidando el pleno dominio, en caso de que el enfiteuta incurra en determinados supuestos de incumplimiento de sus deberes.

2.- Las causas de comiso están determinadas taxativamente en este artículo; son tres.

Primera. Impago del canon durante tres años.

Segunda. Incumplimiento de pactos (que es texto legal llama «condición estipulada»; pero no es ninguna condición).

Tercera. Deterioro grave de la finca por culpa del enfiteuta; no por caso fortuito o fuerza mayor o acción de tercero, en cuyo caso se aplica el art. 1.625.

JURISPRUDENCIA

Número 1.º, por falta de pago:

«la Corporación ha venido consignando en sus presupuestos las cantidades precisas para el pago de la pensión, con la particularidad, que importa subrayar, de las últimas efectivamente abonadas lo fueron el año 1975 en las Oficinas Municipales a un apoderado o procurador de la señora M., no permite extraer, ni desde la perspectiva del contrato, que obligaba al pago de la pensión en el domicilio de la estabiliente mientras no lo tuviese fuera del partido de Vic, ni desde la vertiente de la buena fe que, como principio fundamental, en el ejercicio de los derechos introduce el art. 7.1 del Código Civil y consagra, en cuanto al cumplimiento de los contratos el art. 1.258 del mismo, imponiendo fidelidad a toda conducta que razonablemente engendre confianza ajena, la conclusión de incumplimiento por la Corporación demandada de la obligación que asumió de pagar la pensión en términos que la hagan merecedora de la pena de comiso, bajo la acusación de una negligencia en el cumplimiento de su deber de pago, tanto más desproporcionada —en sus efectos— cuanto que la quietud municipal estuvo, en buena medida, determinada por el comportamiento de los sucesores de la estabiliente personándose, en ocasiones, a cobrar según los hechos que incontrovertidamente sienta el juzgador la pensión debida, mediante apoderado, en las propias oficinas municipales, creando con su conducta la lógica creencia de haber asumido el deber de cobro en el domicilio del deudor». (3 diciembre 1987, LA LEY 111938-NS/0000)

Artículo 1.649

En el caso primero del artículo anterior, para que el dueño directo pueda pedir el comiso, deberá requerir de pago al enfiteuta judicialmente o por medio de Notario; y, si no paga dentro de los treinta días siguientes al requerimiento, quedará expedito el derecho de aquél.

COMENTARIO

1.- La primera de las causas que dan lugar al comiso, que prevé el artículo anterior, es el impago del canon durante tres años consecutivos. Dándose esta causa, el presente artículo añade una limitación, en protección del enfiteuta: antes de proceder al comiso, debe requerirse de pago al enfiteuta.

2.- El requerimiento de pago es requisito previo para llegar al comiso. Se hará judicialmente, por medio de demanda o de acto de conciliación, o notarialmente.

3.- Una vez practicado el requerimiento de pago, el enfiteuta puede hacerlo en el plazo de caducidad de treinta días: si paga, el comiso queda eliminado. Si no paga, el dueño directo puede ejercitar el comiso («quedará expedito el derecho de aquél» dice el texto legal), extinguiendo la enfiteusis y deviniendo dueño pleno.

JURISPRUDENCIA

«El art. 202 del Reglamento Notarial deja a la discreción del Notario efectuar, los requerimientos que se le encomienden, por correo certificado con aviso de recibo cuando una norma legal no disponga lo contrario y puesto que aquel art. 1649 no dispone cosa distinta en la diligencia de que aquí se trata, el requerimiento notarial hecho a los Ayuntamientos demandados es perfectamente válido cuando además consta, sin duda, su realización y el recibo por el destinatario como únicos presupuestos exigibles.» (16 febrero 2001, LA LEY 3518/2001)

Artículo 1.650

Podrá el enfiteuta librarse del comiso en todo caso, redimiendo el censo y pagando las pensiones vencidas dentro de los treinta días siguientes al requerimiento de pago o al emplazamiento de la demanda.

Del mismo derecho podrán hacer uso los acreedores del enfiteuta hasta los treinta días siguientes al en que el dueño directo haya recobrado el pleno dominio.

COMENTARIO

1.- Dándose cualquiera de las tres causas de comiso, el enfiteuta puede evitarlo mediante la redención de la enfiteusis, regulada en los arts. 1.608 y ss. y 1.651. Para la redención, es requisito común estar al corriente del pago del canon, lo que reitera innecesariamente el presente ar-tículo. La redención (evidentemente, con el pago del canon pendiente) debe hacerse en el plazo de caducidad de treinta días a contar desde el requerimiento de pago, en el caso de que la causa del comiso sea el impago del canon por tres años (requerimiento que exige el artículo anterior) o desde el emplazamiento al enfiteuta de la demanda del dueño directo en que pretende el comiso, en cualquiera de los tres casos (incluido el del impago) que son causa del comiso.

2.- El segundo párrafo de este artículo prevé una doble solución en favor de los acreedores del enfiteuta. Dándose las causas del comiso, pueden evitarlo mediante la redención de la enfiteusis, cumpliendo los requisitos generales de ésta y los plazos de este artículo. O bien, producido ya el comiso, pueden dejarlo ineficaz mediante la redención de la enfiteusis en el plazo de caducidad de treinta días tras dicho comiso.

CONCORDANCIAS

Véase arts. 1.610 y 1.611 de este Código.

Artículo 1.651

La redención del censo enfitéutico consistirá en la entrega en metálico, y de una vez, al dueño directo del capital que se hubiese fijado como valor de la finca al tiempo de constituirse el censo, sin que pueda exigirse ninguna otra prestación, a menos que haya sido estipulada.

COMENTARIO

1.- En los artículos 1608 y ss. se contiene la normativa de la redención de los censos y de la enfiteusis. En este art. 1.651 simplemente se concreta para la enfiteusis el ejercicio de la misma: pago de una vez y en metálico (o equivalente: cheque conformado, etc.) del valor de la finca, fijado en la escritura pública de constitución de la enfiteusis (arts. 1.628 y 1.629); si la enfiteusis es anterior al Código Civil el valor se fijará según prevé el art. 1.611.

2.- No cabe exigir ninguna prestación más, pese a que la enfiteusis contiene una gama más amplia que los censos, de derechos y deberes. Así lo dispone el segundo párrafo de este artículo, que también prevé la posibilidad de que las partes —dueño directo y dueño útil o enfiteuta— pacten otra cosa.

CONCORDANCIAS

Véase arts. 1.608 a 1.612 de este Código.

Artículo 1.652

En el caso de comiso, o en el de rescisión por cualquier causa del contrato de enfiteusis, el dueño directo deberá abonar las mejoras que hayan aumentado el valor de la finca, siempre que este aumento subsista al tiempo de devolverla.

Si ésta tuviese deterioros por culpa o negligencia del enfiteuta, serán compensables con las mejoras, y en lo que no basten quedará el enfiteuta obligado personalmente a su pago, y lo mismo al de las pensiones vencidas y no prescritas.

COMENTARIO

1.- Se contempla en este artículo el supuesto de extinción de la enfiteusis, por comiso o por cualquiera otra causa («rescisión» dice el texto legal) en que el dueño directo hace suyo el dominio pleno de la finca y el dueño útil o enfiteuta pierde su derecho.

2.- El dueño directo deberá abonar al enfiteuta el valor de las mejoras (calculado al tiempo de la extinción) que éste haya hecho en la finca, siempre que hayan aumentado

el valor de ésta y que subsista tal aumento de valor al tiempo de extinción de la enfitesis.

3.- A su vez, el dueño útil o enfiteuta debe abonar al dueño directo, todo el canon que esté pendiente de pago y no haya prescrito.

Asimismo, debe abonarle el valor del deterioro que haya sufrido la finca por culpa del enfiteuta. Si hubo mejoras, el valor de éstas (que debe abonar el dueño directo) se compensa con el de los deterioros culpables (que debe abonar el dueño útil o enfiteuta).

Artículo 1.653

A falta de herederos testamentarios descendientes, ascendientes, cónyuge supérstite y parientes dentro del sexto grado del último enfiteuta, volverá la finca al dueño directo en el estado en que se halle, si no dispuso de ella el enfiteuta en otra forma.

COMENTARIO

1.- Prevé este artículo el llamado (un tanto impropiamente) derecho de reversión. Consiste en que el dueño directo adquiere el dominio útil del enfiteuta, deviniendo así propietario único de la finca y extinguiéndose la enfiteusis, en el supuesto de que el enfiteuta muera sin herederos testamentarios ni parientes ab intestato; con exclusión, pues del Estado como último heredero intestado. Es un acrecimiento del derecho de propiedad, en este caso de condominio, en el que el condómino, enfiteuta (no si es el dueño directo) desaparece.

2.- Se da, pues, este llamado derecho de reversión cuando muere el enfiteuta y carece de sucesión testada del mismo y de sucesiones intestadas, sin incluir al Estado. Este artículo se refiere a «parientes dentro del sexto grado». El Real Decreto-Ley de 13 enero 1928 modificó el art. 954 en el sentido de que los últimos herederos *ab intestato*, antes del Estado, son los parientes colaterales, hasta el cuarto grado (en vez del sexto, como decía originariamente). No se modificó simultáneamente este art. 1.653, pero debe entenderse que no es sexto grado, como dice (pues no podría tener aplicación al no ser los de quinto y sexto grado, herederos intestados), sino cuarto grado.

CONCORDANCIAS

Véase art. 954 de este Código.

Artículo 1.654

Queda suprimido para lo sucesivo el contrato de subenfiteusis.

COMENTARIO

1.- La subenfiteusis es la constitución de enfiteusis sobre el dominio útil del enfiteuta. Este pasaría a ser dueño directo del subenfiteuta, manteniendo su carácter de enfiteuta respecto al primitivo dueño directo. La subenfiteusis queda prohibida («suprimido» dice el texto legal) y su futura constitución cae bajo la sanción de nulidad absoluta del art. 6.3. El texto legal se refiere al «contrato de subenfiteusis» pero no es preciso que sea contrato; cualquier negocio jurídico que la constituya, es nulo.

2.- Esta norma prohibitiva no es retroactiva. Se aplica «para lo sucesivo», es decir, la subenfiteusis que pretendan constituirse vigente el Código Civil. Pero no afecta a las que pudieran existir, constituidas anteriormente.

SECCIÓN SEGUNDA

De los foros y otros contratos análogos al de enfiteusis

Artículo 1.655

Los foros y cualesquiera otros gravámenes de naturaleza análoga que se establezcan desde la promulgación de este Código, cuando sean por tiempo indefinido, se regirán por las disposiciones establecidas para el censo enfitéutico en la sección que precede.

Si fueren temporales o por tiempo limitado, se estimarán como arrendamientos y se regirán por las disposiciones relativas a este contrato.

COMENTARIO

1.- Al promulgarse el Código en 1889 existían variedad de gravámenes, cargas y vinculaciones sobre las fincas, de antigua raigambre feudal y que paulatinamente iban extinguiéndose. El presente artículo contempla los foros u otros gravámenes de naturaleza análoga posteriores a la vigencia del Código. Los anteriores quedan fuera del mismo.

Los foros son una institución limitada a Galicia y zonas análogas, hoy desaparecida y no recogida en la Ley 4/1995, de 24 mayo, de Derecho Civil de Galicia.

2.- Todo gravamen de naturaleza análoga a los censos o a la enfiteusis (o a los antiguos foros) que implican una carga real o una división del dominio, se rigen, desde la promulgación del Código, si son perpetuos o por tiempo indefinido, por las normas de la enfiteusis.

Si son temporales o por tiempo limitado, por las normas del arrendamiento.

3.- Distinto es el caso del derecho de superficie. En términos muy semejantes, prácticamente toda la doctrina moderna define el derecho de superficie como el derecho real que confiere a su titular el poder de edificar (en su variedad urbana) o plantar (en la rústica) y mantener la edificación o plantación de su propiedad en suelo, subsuelo o vuelo propiedad de otra persona (que es quien sufre, como gravamen, el derecho de superficie). Es, pues, una derogación del principio de *superficies solo cedit.*

Este queda fuera de la presente norma, tiene sustantividad propia y se regirá por las escasas normas que a él se refieren (del Reglamento hipotecario y de la Ley del Suelo) y por el título constitutivo. En su defecto, se aplicarán los principios generales del Derecho.

JURISPRUDENCIA

«el derecho de superficie, en cuanto significa desmembración o grave limitación del dominio y constituye una excepción al principio "aedificium solo cedit" consagrado en el art. 358 del CC, ha de ser objeto de categórica constitución, no pudiendo presumirse, por lo que para que se reconozca su existencia es menester que ésta se demuestre con la escritura de creación o con algún otro documento justificativo. Por tanto, no ha llegado a exigirse por esta Sala, para la creación entre particulares de un derecho de superficie, la inscripción registral del mismo con carácter constitutivo, precisamente en atención al principio espiritualista de libertad de contratación que proclama el art. 1278 del CC, según el cual —como recuerda la S 15 Jun. 1984— la eficacia de los contratos no depende de sus formas externas, sino de la concurrencia de las condiciones necesarias que para la validez de los mismos establece el art. 1261 del mismo Cuerpo legal salvo que se trate de contratos estrictamente formales, en los que el requisito de forma es exigible ad substantiam y no solamente ad probationem. En cuanto se refiere a la institución que nos ocupa, aun cuando el CC carece de una regulación concreta de la misma su mención expresa en el art. 1611.3, la aplicación del principio de autonomía de la voluntad privada y la admisión del sistema de numerus apertus en materia de creación de derechos reales, han venido permitiendo sin la menor dificultad la constitución de derechos de superficie cuando así convenía a los sujetos interesados. Es a partir de 1956 cuando el legislador concede un especial relieve a esta figura al considerarla de utilidad para promover la edificación sobre terrenos pertenecientes a la Administración, incluyéndole en el texto de la Ley del Suelo, si bien tanto en la redacción originaria de la misma, como en las posteriores siempre se aludió a la posibilidad de que tal derecho fuese constituido también por simples particulares, sin necesidad de que éstos actuaran animados por la intención de conseguir fines de utilidad pública o de interés general, como expresamente recuerda el texto actual de aquella Ley. Ante la duplicidad normativa de esta forma existente, un importante sector de la doctrina entiende que al presente el derecho de superficie puede revestir dos modalidades: la urbana común o clásica, que por dar satisfacción a intereses puramente particulares y recaer, sobre suelos de esta naturaleza, no tiene por qué verse afectada por una regulación distinta de la que establece el Derecho Civil, y la urbanística que al constituir uno de los instrumentos de que la Administración desea valerse para intervenir en el mercado del suelo y promover la construcción de viviendas o de otras edificaciones determinadas en los Planes de Ordenación, ha de someterse a los preceptos imperativos de la Ley del Suelo». (26 noviembre 2002, LA LEY 573/2003)

«el titular de un derecho real de superficie no es propietario del terreno por lo que no se cumple el requisito que permitiría alargar la duración del contrato de arrendamiento de instalaciones y de suministro de carburante con cláusula de exclusividad más allá de cinco años por el periodo pactado de ocupación de los locales y terrenos por parte del comprador (revendedor). Esta apreciación se basa en que, sin necesidad de entrar en temas que aquí y ahora resultarían estériles (teorías dualistas y unitaria, alcance de la regulación del Código Civil, si la temporalidad es o no esencial, etc.), sí debe señalarse que la concepción tradicional que asimilaba al derecho de superficie a los derechos censarios ha sido superada, y el derecho de superficie no solo es un derecho real con autonomía y sustantividad propia sino que además su estructura es claramente diferente de la del censo enfitéutico, pues si en ambos hay un doble dominio, el dominio dividido del censo enfitéutico (dominio directo del constituyente y útil del enfiteuta) recae sobre el mismo y único objeto, la finca, en cambio en el derecho de superficie hay dos propiedades separadas que recaen sobre objetos distintos, la que recae sobre la finca que corresponde en exclusiva (a diferencia del derecho de vuelo

que hay cotitularidad) al concedente (constituyente del gravamen real), y la que rece sobre la edificación (o, en su caso, plantación), que constituye la propiedad superficiaria (claudicante, en cuanto de duración temporal); y, como consecuencia, el concedente conserva como propietario de la finca todos los derechos del dueño que sean de posible utilización y no incompatibles, en cada caso, con la superficie. Dicha estructura del derecho de superficie se recoge en la Legislación del Suelo (actualmente arts. 40 y ss., singularmente 40.1 y 41.4 y 5 del TR aprobado por RD Legislativo 2/2008, 23 de diciembre, disposición final 16.ª LPGE para 2.009) y en la legislación de Cataluña (art. 564-1, inciso segundo: "en virtud del derecho de superficie se mantiene la separación entre la propiedad de lo que se construye o planta y el terreno o suelo en que se hace", de la Ley 5/2006, de 10 de mayo, Libro 5.º del Código Civil de Cataluña, relativo a derechos reales) y de Navarra (leyes 430 y 434 de la Ley 1/1973, 1 de marzo sobre Compilación de Derecho Civil Foral)». (30 junio 2009, rec. 315/2004, LA LEY 125364/2009)

CONCORDANCIAS

Véase Reglamento Hipotecario, de 14 febrero 1947 (*«B.O.E.»*, 16 abril): arts. 69 a 74.

Artículo 1.656

El contrato en cuya virtud el dueño del suelo cede su uso para plantar viñas por el tiempo que vivieren las primeras cepas, pagándole el cesionario una renta o pensión anual en frutos o en dinero, se regirá por las reglas siguientes:

1.ª Se tendrá por extinguido a los cincuenta años de la concesión, cuando en ésta no se hubiese fijado expresamente otro plazo.

2.ª También quedará extinguido por muerte de las primeras cepas, o por quedar infructíferas las dos terceras partes de las plantadas.

3.ª El cesionario o colono puede hacer renuevos y mugrones durante el tiempo del contrato.

4.ª No pierde su carácter este contrato por la facultad de hacer otras plantaciones en el terreno concedido, siempre que sea su principal objeto la plantación de viñas.

5.ª El cesionario puede transmitir libremente su derecho a título oneroso o gratuito, pero sin que pueda dividirse el uso de la finca, a no consentirlo expresamente su dueño.

6.ª En las enajenaciones a título oneroso, el cedente y el cesionario tendrán recíprocamente los derechos de tanteo y de retracto, conforme a lo prevenido para la enfiteusis, y con la obligación de darse el aviso previo que se ordena en el artículo 1.637.

7.ª El colono o cesionario puede dimitir o devolver la finca al cedente cuando le convenga, abonando los deterioros causados por su culpa.

8.ª El cesionario no tendrá derecho a las mejoras que existan en la finca al tiempo de la extinción del contrato, siempre que sean necesarias o hechas en cumplimiento de lo pactado.

En cuanto a las útiles y voluntarias, tampoco tendrá derecho a su abono, a no haberlas ejecutado con consentimiento por escrito del dueño del terreno, obligándose a abonarlas. En este caso se abonarán dichas mejoras por el valor que tengan al devolver la finca.

9.ª El cedente podrá hacer uso de la acción de desahucio por cumplimiento del término del contrato.

10.ª Cuando después de terminado el plazo de los cincuenta años o el fijado expresamente por los interesados, continuare el cesionario en el uso y aprovechamiento de la finca por consentimiento tácito del cedente, no podrá aquél ser desahuciado sin el aviso previo que éste deberá darle con un año de antelación para la conclusión del contrato.

COMENTARIO

1.- Esta extensa y casuista norma regula la institución conocida como censo a primeras cepas (rabassa morta en Cataluña), análoga en la enfiteusis, pero con la diferencia de que es temporal y no susceptible de redención. Su función es la explotación de un viñedo. No es un contrato, como dice este artículo, sino que, pudiendo constituirse por contrato u otro negocio jurídico, es un derecho de propiedad, con cotitularidad, dominio dividido, pro diviso, con división jurídica de facultades. Es el derecho de propiedad sobre una finca destinada a viñedo cuyos condóminos son el cesionario que tiene el derecho a plantar viñas y a disfrutar de la finca durante un tiempo determinado y el cedente que tiene el derecho a percibir un canon («una renta o pensión anual») dice el texto legal, aunque puede ser anual o no.

2.- Las detalladas reglas que contiene este artículo se pueden resumir en cuanto al contenido: el cedente tiene el derecho a percibir el canon; el cesionario tiene la posesión de la finca, con el uso y disfrute de las vías y de los cultivos secundarios, y tiene poder de disposición de su derecho sobre la finca, pero no puede dividirlo sin consentimiento del cedente; ambos tienen los derechos de tanteo y de retracto.

3.- En cuanto a la extinción, se extingue el censo, además de por las causas generales al derecho de propiedad, por: transcurso del tiempo, destrucción del viñedo y renuncia.

CAPÍTULO III
DEL CENSO CONSIGNATIVO

Artículo 1.657

Cuando se pacte el pago en frutos de la pensión del censo consignativo, deberá fijarse la especie, cantidad y calidad de los mismos, sin que pueda consistir en una parte alícuota de los que produzca la finca acensuada.

COMENTARIO

1.- Este artículo y los tres siguientes dan normas específicas sobre el censo consignativo. El concepto se halla en los arts. 1.604 y 1.606 y hay que recordar que es un concepto unitario, el de censo, que será consignativo o reservativo, según el mecanismo de su constitución. Su naturaleza es de derecho real en cosa ajena, con el carácter de carga real.

2.- El pago del canon al censualista es el deber esencial del censatario. Debe estar el canon determinado al tiempo de constituirse el censo o ser determinable sin necesidad de nuevo convenio entre las partes. Puede ser el canon en dinero o en frutos. El presente artículo contempla el censo consignativo cuyo canon está fijado en frutos y reitera la necesidad de que sea determinado o determinable: establece que «deberá fijarse la especie, cantidad y calidad de los mismos». Además, prohíbe que pueda consistir en una parte alícuota de las que produzca la finca acensuada.

Artículo 1.658

La redención del censo consignativo consistirá en la devolución al censualista, de una vez y en metálico, del capital que hubiese entregado para constituir el censo.

COMENTARIO

1.- La redención del censo y de la enfiteusis se rige por las disposiciones generales (arts. 1.608 a 1.612). Pese a ello se establecen algunas normas específicas sobre la ejecución de la redención de la enfiteusis (art. 1.651), del censo reservativo (art. 1.662) y del censo consignativo en el presente artículo.

2.- El censo consignativo se constituye mediante la entrega de un capital al propietario de una finca, a cambio del cual éste impone el censo sobre ella. La redención consiste en «la devolución al censualista» de aquel capital; no es tal devolución, pues no se trata de un préstamo. Se trata de que se redime entregando al censualista el capital por el que se había constituido el censo.

3.- Exige esta norma que el capital se entregue en metálico, aunque puede hacerse en algo equivalente, como un cheque conformado, o censualista y censatario pueden estar conformes en que se entregue mediante una letra de cambio u otros medios de pago. Exige también que se entregue de una vez, pero también las partes pueden pactar que se haga en varios pagos.

Artículo 1.659

Cuando se proceda por acción real contra la finca acensuada para el pago de pensiones, si lo que reste del valor de la misma no fuera suficiente para cubrir el capital del

censo y un 25 por 100 más del mismo, podrá el censualista obligar al censatario a que, a su elección, redima el censo o complete la garantía, o abandone el resto de la finca a favor de aquél.

COMENTARIO

Este precepto es una norma vacía de contenido. Carece de aplicabilidad. Contempla el supuesto de que por acción real (que prevé el art. 1.623) que proceda contra la finca censida (o «acensuada» como dice el texto legal) y a resultas de ello disminuya el valor de la finca. Pero esto no es así. Si se ejercita una acción real sobre la finca censida para el pago del canon, se llega a ejecutar la misma y a la venta judicial en pública subasta. Esta producirá su adquisición por el rematante. Pero esta adquisición nunca disminuirá el valor de la finca, ya que la adquirirá incólume y pasará a ser nuevo censatario, sin afectar aquel valor.

En ningún caso, pues, se produce la disminución del valor de la finca por ejercicio de la acción real, sin perjuicio de que ésta pase a un adquirente, nuevo censatario. Este artículo, por ello, está vacío de contenido.

Artículo 1.660

También podrá el censualista hacer uso del derecho establecido en el artículo anterior en los demás casos en que el valor de la finca sea insuficiente para cubrir el capital del censo y un 25 por 100 más, si concurre alguna de las circunstancias siguientes:

1.ª Que haya disminuido el valor de la finca por culpa o negligencia del censatario.

En tal caso éste será además responsable de los daños y perjuicios.

2.ª Que haya dejado de pagar la pensión por dos años consecutivos.

3.ª Que el censatario haya sido declarado en quiebra, concurso o insolvencia.

COMENTARIO

1.- La finca es objeto del censo; a su vez, constituye la garantía frente al censualista del cumplimiento del deber esencial del censatario, que es el pago del canon, ya que aquél tiene acción real sobre la misma para exigir su percepción. Por ello la disminución del valor de la finca le puede perjudicar gravemente.

En este artículo se prevé que si el valor de la finca sufre la importante disminución de que no llega a cubrir el valor del censo («el capital del censo» dice el texto legal) y un 25% más, por tres motivos, el censualista tiene una triple opción, para no quedar perjudicado.

2.- Los motivos son: primero: que la disminución del valor de la finca se haya producido por culpa o negligencia del censatario; y también por dolo, aunque no lo incluya el texto legal; en este caso, además, responde de los daños y perjuicios causados al censualista, si efectivamente se los ha causado; segundo: que haya dejado de pagar el canon por dos años consecutivos, sin perjuicio de que el censualista puede exigirlo, en todo caso, por acción real o por acción personal (art. 1.623); tercero: que el censatario haya incurrido en insolvencia, que comprende la suspensión de pagos, quita y espera, quiebra o concurso.

3.- La triple opción que tiene el censualista de exigir al censatario, a elección de éste, ante el supuesto de este artículo, es: primero; la redención del censo; segunda: que el censatario complete la garantía; tercera: que abandone la finca censida, aun disminuido su valor, a favor del censualista: no es un abandono, sino una transmisión de su propiedad al censualista, que extinguirá el censo por consolidación.

CAPÍTULO IV
DEL CENSO RESERVATIVO

Artículo 1.661

No puede constituirse válidamente el censo reservativo sin que preceda la valoración de la finca por estimación conforme de las partes o por justiprecio de peritos.

COMENTARIO

1.- Este y los artículos siguientes dan normas específicas sobre el censo reservatario. Su concepto se halla en los arts. 1.604 y 1.607. El concepto de censo es unitario. El mecanismo de constitución del reservatario es mediante la entrega de la finca a cambio de percibir el canon: al que le entrega será el censualista y el que la recibe y paga el canon, censatario.

2.- Consecuencia de ello es la norma del presente artículo que exige que se valore la finca, para poder conocer el valor del censo, ya que ambos se identifican. Así, como norma de derecho cogente, imperativa, cuyo cumplimiento da lugar a la sanción de nulidad del negocio jurídico constitutivo (art. 6.3), antes de constituir el censo reservativo se procederá a la valoración de la finca, que será la finca censida.

La valoración se hará por acuerdo (o «estimación» como dice el texto legal) de las partes, o bien, por justiprecio de peritos.

Artículo 1.662

La redención de este censo se verificará entregando el censatario al censualista, de una vez y en metálico, el capital que se hubiese fijado conforme al artículo anterior.

COMENTARIO

1.- La redención del censo reservativo se rige por las disposiciones generales (arts. 1.608 a 1.612); el presente artículo contempla la ejecución de la misma.

El valor del censo reservativo se identifica con el valor de la finca, que se ha fijado según dispone el artículo anterior. En consecuencia, la redención se ejecutará entregando el censatario al censualista dicho valor.

2.- Añade esta norma que se entregará de una vez y en metálico, aunque no hay duda que censualista y censatario pueden acordar —pues no se trata de norma imperativa— que pueden pactar una entrega en varios plazos o no en metálico.

Artículo 1.663

La disposición del artículo 1.657 es aplicable al censo reservativo.

COMENTARIO

Siendo una simple remisión, hay que remitirse también al comentario del artículo correspondiente, el art. 1.657.

Artículo 1.664

En los casos previstos en los artículos 1.659 y 1.660, el deudor del censo reservativo sólo podrá ser obligado a redimir el censo, o a que abandone la finca a favor del censualista.

COMENTARIO

1.- Se remite este artículo a los supuestos de los arts. 1.659 y 1.660. Se ha dicho, en su respectivo comentario, que el primero de ellos es una norma vacía de contenido, y desde luego, también lo es para el censo reservativo.

2.- En cuanto a la remisión al supuesto del art. 1.660 varía la opción que tiene el censualista. No es triple, sino doble: el censualista puede exigir al censatario (a quien este artículo llama «deudor del censo reservativo») que redima el censo o que abandone (realmente, transmita) la finca a favor del censualista.

TÍTULO VIII
De la sociedad

CAPÍTULO PRIMERO
DISPOSICIONES GENERALES

Artículo 1.665

La sociedad es un contrato por el cual dos o más personas se obligan a poner en común dinero, bienes o industria, con ánimo de partir entre sí las ganancias.

COMENTARIO

1.- Este artículo, que comienza la normativa del contrato de sociedad, pretende definirlo partiendo la idea de la colaboración de los socios para obtener la finalidad común del lucro.

2.- La sociedad es definida como contrato, negocio jurídico bilateral productor de obligaciones; se da el consentimiento contractual, el objeto y la causa y aquel consentimiento es la voluntad de unión, la de constituir el contrato y permanecer unidos los contratantes en la actividad, con fin lucrativo, común y partible, consentimiento que coincide con la llamada *affectio societatis*.

La sociedad civil nace, pues, del acuerdo de voluntades de los sujetos. Es un contrato. Pero su especialidad es que tal contrato no se agota con la transmisión o entrega de cosa o derecho, como ocurre con otros contratos (compraventa, permuta, donación, etc.), sino que es un contrato de tracto continuo, que instaura una relación obligatoria que se caracteriza por su duración o perdurabilidad. Por ello, el contrato de sociedad es un tipo del llamado contrato asociativo; los contratantes no buscan ciertas prestaciones, sino la colaboración para conseguir el fin común; al no haber contraposición de intereses, sino que éstos son coincidentes, los socios —contratantes— buscan una colaboración que haga posible el logro del fin común.

3.- Asimismo, el contrato de sociedad da lugar a la sociedad como relación jurídica o entidad creada, y a ella se refiere el artículo siguiente.

JURISPRUDENCIA

«En el Código Civil (artículos 1665, 1666 y 1681) se condiciona la existencia del contrato de sociedad a la de un fin común (sentencias 17 de marzo de 1964 y 30 de junio de 1972), que ha de ser promovido por los socios mediante una comunidad de contribución, la cual se logra con el cumplimiento de la obligación de aportar industria o bienes (sentencias de 23 de mayo de 1962, 24 de octubre de 1975, 17 de febrero de 1978, 10 de febrero de 1984, 19 de noviembre de 1984), estos últimos por cualquier título apto (quoad dominium, quoad usum...: sentencia de 17 de febrero de 1978). Y, dada la naturaleza consensual del contrato de Sociedad, aquel fin común y esta obligación han de ser objeto del consentimiento de los contratantes (affectio societatis)». (29 abril 2005, rec. 4093/1998)

«el convenio establecido entre las partes, que los interesados llamaron "cuentas en participación", pero modularon de manera que habría de ser calificado como una sociedad, se habrá de regir no sólo por los concretos pactos establecidos, sino por las reglas que emanan del principio general de buena fe, por los usos negociales y por las normas legales, en especial por las que exige el tipo contractual, de acuerdo con la naturaleza de la relación convenida que fue una relación societaria, y buena prueba de ello que se formó un fondo común con aportaciones de los interesados y se previó la distribución de los resultados positivos o negativos, es decir, que pusieron en común bienes, dinero o industria con ánimo de partir entre sí las ganancias, como se dice en el artículo 1665 CC al delinear el tipo básico y general del contrato de sociedad». (15 julio 2005, rec. 3995/1998)

«Los elementos del contrato de sociedad, conforme es definido por el artículo 1665 del Código Civil y ha sido desarrollado por la jurisprudencia, son, primero, el consentimiento, como declaraciones concordes de los sujetos sobre la constitución del ente social, en el que está inmersa la llamada affectio societatis que no es otra cosa que la voluntad de crear la sociedad, es decir, el consentimiento contractual (art. 1261.1.º); segundo, el objeto, actividad de colaboración de los contratantes-socios, con interés y patrimonio común que implica la existencia de un fondo común y de un lucro común partible (art. 1666); tercero, la forma que, habiendo libertad de forma (art. 1667), debe constar cualquiera que haya sido. Cuya sociedad, ente creado por el contrato, tiene personalidad jurídica, a no ser que se trate de sociedad irregular (art. 1669) caso de la que no trasciende a terceros». (14 julio 2006, rec. 4435/1999)

«La jurisprudencia se ha inclinado por las tesis contractualistas, antes que por las institucionalistas, señalando predominantemente el fin lucrativo como causa del contrato de sociedad (SSTS de 11 de marzo de 1983, 10 de noviembre de 1986, 19 de enero de 1987, 18 de noviembre de 1988, 7 de abril de 1989, 19 de febrero de 1991, 9 de octubre de 1993, 27 de enero de 1997, 18 de septiembre de 1998, entre otras muchas). De este modo, los acuerdos sociales son consecuencia y cumplimiento del contrato de sociedad, y han de respetar su causa. Ello da sentido a preceptos como el artículo 48.2.a) LSA e impide que se lleven a efecto donaciones con cargo al patrimonio social, que serían contrarias al fin lucrativo, en perjuicio de los derechos individuales del socio, salvo que se verifiquen mediante acuerdo unánime, y con cargo a reservas de libre disposición. Aunque no se impide la realización de actos que signifiquen transmisión o enajenación a título lucrativo para alcanzar determinados fines estratégicos o el cumplimiento de fines éticos, culturales, altruistas, cuando no impliquen vulneración, impedimento u obstáculo a la realización de derechos como los que reconoce el artículo 48.2.a) LSA, como ocurre cuando se verifique moderada disposición de parte de los beneficios (RRDGRN 2 de febrero de 1966, 22 de noviembre de 1991, 25 de noviembre de 1997, etc.). Si para la realización de los fines que se proponían, los que el recurso llama "padres-accionistas" optaron por constituir una sociedad anónima, es claro que se sometieron a las reglas básicas de su configuración, que ahora no pueden exceptuar o desconocer, sobre todo cuando han podido llegar a establecer una Fundación, si ello les conviene, mediante un proceso en el que no resultare conculcado el derecho del accionista que se ha precisado». (29 noviembre 2007, LA LEY 193562/2007)

Sobre la sociedad irregular, *vid.* sentencias relacionadas en el artículo 392 y también las relacionadas en el artículo 1.669.

Sobre la doctrina del levantamiento del velo de la persona jurídica normalmente aplicable a supuestos de sociedades, *vid.* la jurisprudencia relacionada sobre ello en el art. 35.

CONCORDANCIAS

Véase Código de Comercio: arts. 116 y ss.

Artículo 1.666

La sociedad debe tener un objeto lícito y establecerse en interés común de los socios.

Cuando se declare la disolución de una sociedad ilícita, las ganancias se destinarán a los establecimientos de beneficencia del domicilio de la sociedad, y, en su defecto, a los de la provincia.

COMENTARIO

1.- El contrato de sociedad no se agota con un cumplimiento de prestaciones en forma instantánea (como ocurre en los contratos de tracto único), sino que nace una relación jurídica contractual duradera, con vocación de permanencia, a semejanza de otros contratos de tracto continuo (la del mandato, la arrendaticia).

La especialidad del contrato de sociedad es que esta relación jurídica tiene la forma de una entidad. Dicha entidad creada por el contrato de sociedad, que se denomina también sociedad, viene plasmada en el art. 1.666 primer párrafo.

A esta sociedad se le otorga personalidad jurídica *(vid.* art. 1.669).

2.- El primer párrafo de este mismo art. 1.666 también se refiere al objeto y toca dos puntos: la licitud y el interés común.

En cuanto a la licitud del objeto: si éste es ilícito, se producen los efectos comunes que se desprenden de los arts. 1.305 y 1.306: si los socios han hecho las aportaciones, podrán recuperarlas; si no las han hecho, quedarán exoneradas. El mismo artículo 1.666 dispone en su segundo párrafo el efecto de la ilicitud del objeto respecto a las ganancias: se destinan a establecimientos de beneficencia del domicilio de la sociedad y, en su defecto, de la provincia.

CONCORDANCIAS

Véase arts. 1.255, 1.258, 1.271 y 1.275 de este Código.

Artículo 1.667

La sociedad civil se podrá constituir en cualquier forma, salvo que se aportaren a ella bienes inmuebles o derechos reales, en cuyo caso será necesaria la escritura pública.

COMENTARIO

1.- En el contrato de sociedad rige el principio de libertad de forma: dice el primer inciso del art. 1.667, la sociedad civil se podrá constituir en cualquier forma.

2.- Pero dice el segundo inciso que si se aportan bienes inmuebles —propiedad o derechos reales sobre los mismos— será necesaria la escritura pública y —añade el artículo siguiente— inventario de ellos. Lo cual ha sido interpretado por la jurisprudencia en el sentido de que las partes quedan obligadas entre sí, aunque no hayan otorgado escritura y pueden exigirse mutuamente a llenar aquella forma, tal como dispone el art. 1.279. Si aportándose inmuebles no se ha cumplido la forma de escritura pública e inventario, se estima que se trata de una sociedad irregular.

3.- Es, pues, el contrato de sociedad consensual: basta el consentimiento de los contratantes para su perfección y, a la inversa, queda perfeccionado el contrato cuando se da el consentimiento contractual. Perfeccionado el contrato, quedan obligadas las partes y nace la sociedad, como persona jurídica.

JURISPRUDENCIA

«Esta situación juega frente a terceros, pero no en el ámbito de las relaciones que entre sí vinculaban a los socios participantes, pues el art. 1.667 ha de entenderse subordinado al 1278, también del Código Civil». (17 julio 1996, LA LEY 7834/1996)

«nos encontramos en presencia de relación societaria civil verbal (S 8 Jul. 1993), si bien no constituida con la formalidad que exige el art. 1667 del CC, al haber aportación de bienes inmuebles, pero no por ello deja de haber pacto societario vinculante entre los integrantes de la misma, en condición de socios civiles, concurriendo hecho jurídico determinante de la situación instaurada el darse unión de intereses dimanante de la voluntad de las partes que es decisiva a efectos de la concurrencia de "affectio societatis", sin dejar de lado que hubo un principio de fondo común y que el art. 1667 ha de entenderse subordinado al 1278 del CC (S 17 Jul. 1996, que cita las de 15 Jun. 1984, 5 May. 1986, 9 Oct. 1987, 21 Jun. 1990, 27 May. y 24 Jul. 1993 y 9 Oct. 1995).» (29 mayo 2001, LA LEY 6403/2001)

CONCORDANCIAS

Véase:
— arts. 1.278 y 1.280 de este Código.
— Código de Comercio: art. 119.

Artículo 1.668

Es nulo el contrato de sociedad, siempre que se aporten bienes inmuebles, si no se hace un inventario de ellos, firmado por las partes, que deberá unirse a la escritura.

COMENTARIO

Se trata de una norma vacía de contenido. El inventario, al ser necesaria escritura pública, se consigna en ésta. La falta de escritura y la falta de inventario no da lugar a nulidad absoluta del art. 6.3 sino que nace una sociedad irregular, las partes quedan obligadas entre sí y pueden exigirse que se cumpla la forma de escritura e inventario, como prevé el art. 1.279.

Artículo 1.669

No tendrán personalidad jurídica las sociedades cuyos pactos se mantengan secretos entre los socios, y en que cada uno de éstos contrate en su propio nombre con los terceros.

Esta clase de sociedades se regirá por las disposiciones relativas a la comunidad de bienes.

COMENTARIO

1.- La sociedad, entidad creada por el contrato de sociedad, tiene personalidad jurídica. Pero carece de ella si el contrato permanece secreto entre las partes, en el sentido de que no trascienda a terceros y, en consecuencia, los socios, contratan con ellos en su propio nombre; o bien, simplemente no reúne los requisitos legales, como la forma. Es la llamada sociedad irregular, objeto del presente artículo.

2.- La eficacia que produce la sociedad irregular ha sido muy perfilada por doctrina y jurisprudencia. El artículo 1.669, en su segundo párrafo, se remite a las normas de la copropiedad, arts. 392 y siguientes: esta clase de sociedades se regirá por las disposiciones relativas a la comunidad de bienes. Sin embargo, en el aspecto interno, los pactos que hayan celebrado los contratantes —estos pactos secretos— les obligan con preferencia a la normativa de la copropiedad (incluso el propio art. 392, segundo párrafo, antepone los pactos a la normativa legal).

JURISPRUDENCIA

«si bien es cierto que la sociedad civil irregular se regirá por las disposiciones relativas a la comunidad de bienes, conforme preceptúa el art. 1.669 CC, ello ha de entenderse referido exclusivamente al régimen de las relaciones internas entre los socios durante la vida de la sociedad, pero no para el supuesto de disolución de la misma (cualquiera que sea su causa), la cual no puede regirse estrictamente por lo preceptuado en los arts. 400 y 404 CC, pues al estar el patrimonio de la sociedad, aunque sea irregular, integrado por un heterogéneo activo (bienes, inmuebles, maquinaria, utensilios, mercaderías, créditos, etc.) y un pasivo (deudas del negocio), para poder conocer cuál sea el haber partible es absolutamente imprescindible llevar a efecto su previa liquidación, que es lo que con acierto resuelve la sentencia recurrida, liquidación que si se trata de sociedad civil, como ambas partes sostienen, habrá de efectuarse conforme a las reglas de partición de herencia, a las que se remite no sólo el art. 1.708 CC, sino también el art. 406 del mismo Código». (31 julio 1997, LA LEY 8626/1997) (doctrina reiterada por la de 22 diciembre 2005, rec. 1762/1999)

«La aplicación del régimen jurídico de las sociedades colectivas se reitera en la S 21 de junio de 1983, según la cual desde el momento que los contratantes se obligaron a poner en común determinados bienes con intención de obtener un lucro, ello denota la existencia de una sociedad de naturaleza mercantil, dada la naturaleza de las operaciones o actividades que la tal sociedad había de desarrollar, con lo que viene a aplicar el criterio objetivo que la doctrina científica mayoritariamente contempla para llegar a establecer la naturaleza civil o mercantil de la sociedad, criterio compartido por esta Sala en las sentencias que en la apelación se citan (seguimos con la S 3 de abril de 1991) y han de tenerse por reproducidas, determinando tal condición de irregular, a efectos plenamente mercantiles, la ausencia de escritura pública constitucional y la inscripción en el Registro Mercantil, pero sin que ello desnaturalice tal carácter mercantil en las relaciones mediantes entre los socios; así lo estima la doctrina jurisprudencial, interpretando el art. 117 CCom. que da validez al contrato, cualquiera que sea la forma de su celebración "entre los que lo celebren", siempre que reúna los requisitos del art. 1.261 CC, admitiendo la posibilidad de su concierto en documento privado y aun en forma verbal, siempre que su objeto sea mercantil, remitiendo como legislación aplicable a tal tipo de sociedades a las de las colectivas, con aplicación de la normativa específica del Código de Comercio, asimilación a las sociedades colectivas y consiguiente aplicación de la normativa específica del Código de Comercio que es acogida por la S 20 de febrero de 1988 que, con cita expresa de la de 21 de junio de 1983, afirma ser "evidentemente, en primer lugar, aplicable lo acordado y, en su defecto, las normas legales establecidas en los Códigos de Comercio y Civil"». (21 marzo 1998, LA LEY 3660/1998)

«la doctrina jurisprudencial de esta Sala sobre la llamada sociedad irregular y su adecuada diferenciación de la comunidad de bienes. Esta última, como reflejan las sentencias citadas por la parte recurrente (15 octubre 1940, 25 mayo 1972, 5 julio 1982, 6 marzo y 15 diciembre 1992) supone simplemente la existencia de una propiedad común sobre determinados bienes que se traduce en su mantenimiento y simple aprovechamiento plural, mientras que la sociedad comporta la puesta en común de dinero, bienes o industria con ánimo de partir entre sí los socios las ganancias (artículo 1665 Código Civil). De ahí que la figura societaria surja inevitablemente en el caso cuando se explota por las partes conjuntamente una academia de enseñanza, que radica en unos locales de propiedad común de ambas, siendo así que los ingresos y gastos se producen en cuentas bancarias comunes y se adquieren otros bienes en común con las ganancias obtenidas; los cuales, como ganancias, forman parte igualmente de la sociedad y han de ser objeto de partición con la liquidación final de aquélla. No se opone a ello el hecho de que el negocio figurara a nombre de la actora como autónoma, pues precisamente tal circunstancia constituye característica propia de la llamada sociedad irregular en la que los pactos se mantienen secretos entre los socios y en la que cada uno de ellos contrata en su propio nombre con los terceros, rigiéndose por las disposiciones relativas a la comunidad de bienes (artículo 1669 Código Civil) con la particularidad de que, dada la existencia de un conjunto patrimonial común, la liquidación ha de practicarse conforme a las normas propias de la división de la herencia (sentencias de 13 noviembre 1995, 31 julio y 14 noviembre 1997, 21 octubre 2005 y 5 diciembre 2007, entre otras)». (19 noviembre 2008, rec. 1531/2003, LA LEY 226017/2008)

CONCORDANCIAS

Véase:
— arts. 392 a 406 de este Código.
— Código de Comercio: art. 116.

Artículo 1.670

Las sociedades civiles, por el objeto a que se consagren, pueden revestir todas las formas reconocidas por el Código de Comercio. En tal caso, les serán aplicables sus disposiciones en cuanto no se opongan a las del presente Código.

COMENTARIO

1.- El criterio de distinción entre la sociedad civil y la mercantil es por la finalidad u objeto: si es simplemente conseguir un fin lucrativo, común partible, será sociedad civil; si este fin se pretende conseguir mediante la realización de actos de comercio, será sociedad mercantil (si ni siquiera se busca fin lucrativo, no será sociedad, sino otro tipo de agrupación. asociación, por ejemplo). La sociedad mercantil es la misma sociedad civil, con el añadido de otros requisitos (que no son sino la realización de actos de comercio).

Este criterio de distinción lo recoge el art. 1.670: «las sociedades civiles, por el objeto a que se consagren...»

2.- Sin embargo, añade que si una sociedad civil —por su objeto— adopta forma mercantil —sociedad colectiva o comanditaria— se aplican en primer lugar las normas del Código Civil y, en su defecto, las del Código de Comercio. Pero si la forma mercantil es de sociedad anónima o sociedad de responsabilidad limitada, será en todo caso sociedad mercantil, con aplicación de sus leyes mercantiles.

CONCORDANCIAS

Véase:
— Código de Comercio: arts. 116 a 237.
— Ley de Sociedades Anónimas, de 22 diciembre 1989 («*B.O.E.*», 27 diciembre): art. 3.
— Ley 2/1995, de 23 marzo, de Sociedades de Responsabilidad Limitada («*B.O.E.*», 24 marzo): art. 3.

Artículo 1.671

La sociedad es universal o particular.

COMENTARIO

Establece el art. 1.671 esta distinción, siguiendo una tradición romanista que no responde a la realidad actual —ni siquiera a la época del Código Civil—, pues no existen sociedades universales, no son ni imaginables siquiera.

La sociedad universal parece que tiene su antecedente remoto en el *consortium* familiar romano, que derivó en la *societas omnium bonorum*; comprende todos los bienes de los socios, haciéndose común el patrimonio de cada uno de ellos y comprendiendo todo tipo de actividad. El Código Civil recoge la tradición romana, aunque no esta sociedad con amplitud originaria y distingue dos tipos de la misma en su artículo 1.672.

Artículo 1.672

La sociedad universal puede ser de todos los bienes presentes, o de todas las ganancias.

COMENTARIO

Como distinción dentro de la sociedad universal está la de todos los bienes presentes, que desarrollan los artículos siguientes, y la de ganancias, a que se refiere el artículo 1.675; además de la presunción del art. 1.676 y de la prohibición del 1.677.

Artículo 1.673

La sociedad de todos los bienes presentes es aquella por la cual las partes ponen en común todos los que actualmente les pertenecen, con ánimo de partirlos entre sí, como igualmente todas las ganancias que adquieran con ellos.

COMENTARIO

1.- Se trata de la sociedad universal de todos los bienes presentes y se distingue que pasan a ser propiedad de la sociedad («propiedad común de los socios») los bienes que pertenecen a cada socio. Con la palabra «bienes», se comprende no sólo los derechos de propiedad sobre cosas materiales o inmateriales, sino también, otros derechos reales y derechos de crédito.

2.- También pasan a ser propiedad de la sociedad las ganancias procedentes de tales bienes, es decir, los frutos naturales y civiles. Lo dispone expresamente el último inciso de este artículo, pero es norma superflua porque se desprenden igualmente de las normas generales sobre los frutos, que pertenecen al propietario (en este caso, la sociedad) de la cosa que los produce.

Artículo 1.674

En la sociedad universal de todos los bienes presentes, pasan a ser propiedad común de los socios los bienes que pertenecían a cada uno, así como todas las ganancias que adquieran con ellos.

Puede también pactarse en ella la comunicación recíproca de cualesquiera otras ganancias; pero no pueden comprenderse los bienes que los socios adquieran posteriormente por herencia, legado o donación, aunque sí sus frutos.

COMENTARIO

1.- El primer párrafo reitera, casi reproduce literalmente, lo dispuesto en el artículo anterior.

2.- El segundo párrafo establece la norma prohibitiva de que no pueden pasar a propiedad de la sociedad los bienes o derechos adquiridos por los socios a título gratuito (aunque sí sus frutos).

CONCORDANCIAS

Véase art. 1.271, párrafo 2.º de este Código.

Artículo 1.675

La sociedad universal de ganancias comprende todo lo que adquieran los socios por su industria o trabajo mientras dure la sociedad.

Los bienes muebles o inmuebles que cada socio posee al tiempo de la celebración del contrato, continúan siendo de dominio particular, pasando sólo a la sociedad el usufructo.

COMENTARIO

1.- La sociedad universal de ganancias es como una comunidad de actividades. Forman su activo los productos de la «industria o trabajo» de los socios, es decir, de la actividad profesional de los mismos.

2.- Asimismo, forma parte de esta sociedad el «usufructo» de los bienes de los socios. No es un usufructo en sentido técnico-jurídico, sino que las cosas muebles e inmuebles que son propiedad de los socios (que «posee» dice este artículo, pero no se trata de posesión, sino de propiedad), siguen siendo de su propiedad, pero los frutos naturales y civiles los adquiere esta sociedad.

Artículo 1.676

El contrato de sociedad universal celebrado sin determinar su especie, sólo constituye la sociedad universal de ganancias.

COMENTARIO

1.- Partiendo de que los contratantes han celebrado un contrato de sociedad y han configurado ésta con el carácter de universal, «sin determinar su especie», este artículo dispone que será universal de ganancias.

2.- Se trata de una norma interpretativa de la voluntad de las partes contratantes cuando éstas no han determinado, ni expresa ni tácitamente, el subtipo de universal; ni se puede deducir de la interpretación de sus declaraciones (según los arts. 1.281 y ss.). En defecto de ello, la sociedad universal, se entiende que las partes han querido que sea de ganancias.

Artículo 1.677

No pueden contraer sociedad universal entre sí las personas a quienes está prohibido otorgarse recíprocamente alguna donación o ventaja.

COMENTARIO

Esta norma está prácticamente vacía de contenido. Tenía interés en la época de promulgación del Código que imponía la nulidad de las donaciones entre cónyuges y la inmutabilidad del régimen económico-matrimonial. Hoy no existen «personas a quienes esté prohibido otorgarse recíprocamente alguna donación o ventaja», como dice este artículo, salvo algunos supuestos muy específicos (prácticamente de laboratorio) como los tutores, curadores y defensor judicial (art. 221) en que el conflicto de intereses o la intervención judicial impedirán normalmente el supuesto de este artículo.

CONCORDANCIAS

Véase arts. 221, 752 y 1.323 de este Código.

Artículo 1.678

La sociedad particular tiene únicamente por objeto cosas determinadas, su uso, o sus frutos, o una empresa señalada, o el ejercicio de una profesión o arte.

COMENTARIO

1.- La sociedad particular se caracteriza por su nota negativa: no es universal. es la única que se da hoy en la práctica. La define descriptivamente el art. 1.678. Se trata de una sociedad, con limitación de aportaciones, no comprendiendo todos los bienes de los socios (societas alicuius rei) y limitación del objeto (*societas alicuius negotationis»).*

2.- A su vez, recoge la distinción entre (1.º) sociedad particular sobre cosa o cosas determinadas, (2.º) sociedad de uso y disfrute, de una cosa o de una empresa, (3.º) sociedad de profesionales, en la que se ponen en común los rendimientos de una «profesión o arte» (como dice el texto legal) o más bien, de cualquier tipo de actividad profesional.

CAPÍTULO II
DE LAS OBLIGACIONES DE LOS SOCIOS

SECCIÓN PRIMERA
De las obligaciones de los socios entre sí

Artículo 1.679

La sociedad comienza desde el momento mismo de la celebración del contrato, si no se ha pactado otra cosa.

COMENTARIO

1.- El contrato de sociedad es consensual, que se perfecciona con el consentimiento de las partes (vid. el comentario al art. 1.667) y produce sus efectos: los socios quedan obligados por lo pactado y nace la sociedad como entidad y con personalidad jurídica.

Esto último es lo que dispone el presente artículo: el contrato de sociedad civil da lugar a la inmediata creación de la entidad social, sociedad civil con personalidad jurídica.

2.- Las partes pueden eludir esta norma, que no es imperativa, sino dispositiva y que se deriva de los principios que rigen este contrato y esta entidad, y pactar «otra cosa», como dice el último inciso de este artículo. Lo cual puede darse si pactan que la sociedad exista más tarde, al poner un término o una condición. Lo que no puede darse es que nazca antes del contrato, sería una *contradictio in terminis*, aunque sí pueden las partes dar eficacia o ratificar actuaciones realizadas por los socios antes de la perfección del contrato.

Artículo 1.680

La sociedad dura por el tiempo convenido; a falta de convenio, por el tiempo que dure el negocio que haya servido exclusivamente de objeto a la sociedad, si aquél por su naturaleza tiene una duración limitada; y en cualquier otro caso, por toda la vida de los asociados, salvo la facultad que se les reserva en el artículo 1.700 y lo dispuesto en el artículo 1.704.

COMENTARIO

1.- Contempla este artículo varios supuestos sobre el tiempo de duración de la sociedad civil, como entidad con personalidad jurídica: sociedad por tiempo determinado y por tiempo indeterminado; sociedad permanente y sociedad ocasional.

2.- La sociedad por tiempo determinado dura el tiempo fijado en el contrato y se extingue al fin de éste. Si es por tiempo indeterminado, dura «toda la vida de los asociados» dice el presente artículo, si bien las partes pueden pactar una duración mayor o, por el contrario, pueden extinguirla antes, en aplicación de los arts. 1.700 y 1.704.

3.- La sociedad permanente es lo que no se ha establecido para un acto o negocio o actividad, sino que tiene una duración ajena al objeto; dura el tiempo determinado y si no se ha pactado, es sociedad por tiempo indeterminado y durará según lo dicho. Si se ha establecido para un objeto, cumplido éste se extingue la sociedad.

CONCORDANCIAS

Véase Código de Comercio: art. 221.

Artículo 1.681

Cada uno es deudor a la sociedad de lo que ha prometido aportar a ella.

Queda también sujeto a la evicción en cuanto a las cosas ciertas y determinadas que haya aportado a la sociedad, en los mismos casos y de igual modo que lo está el vendedor respecto del comprador.

COMENTARIO

1.- La primera de las obligaciones que alcanza a la socios, en sus relaciones internas, es la relativa a las aportaciones de cada uno, para la formación del patrimonio social. Es expresión de lo que expresa el art. 1.665 al dar el concepto de contrato de sociedad: «se obligan a poner en común...».

Las aportaciones son aquellas a que se han obligado, «lo que ha prometido aportar a ella». Lo cual es obvio.

2.- Si la aportación es de cosa cierta y determinada, una vez que el socio la ha efectivamente aportado, queda obligado al saneamiento por evicción y vicios ocultos, según la normativa general que se halla en el contrato de compraventa.

JURISPRUDENCIA

«si bien la aportación social no puede ser equiparada totalmente a una compraventa, sí constituye un negocio jurídico transmisivo —S 11 de noviembre de 1970—, un negocio de enajenación verdaderamente dispositivo que por semejanza ha permitido la expresión tradicional «apport en société vaut vente»... aportación que por otra parte no necesita inscripción registral». (11 noviembre 1995, LA LEY 9846/1996)

CONCORDANCIAS

Véase arts. 1.094 a 1.097 y 1.475 y ss. de este Código.

Artículo 1.682

El socio que se ha obligado a aportar una suma en dinero y no la ha aportado, es de derecho deudor de los intereses desde el día en que debió aportarla, sin perjuicio de indemnizar además los daños que hubiese causado.

Lo mismo tiene lugar respecto a las sumas que hubiese tomado de la caja social, principiando a contarse los intereses desde el día en que las tomó para su beneficio particular.

COMENTARIO

1.- Continúa el primer párrafo la norma del artículo anterior. Si la aportación es de dinero y se retrasa en cumplir (aportándolo efectivamente a la sociedad), debe intereses que, si no se han pactado otros, son los legales. Si este retraso es culpable, deberá además, indemnizar los daños y perjuicios que haya causado a la sociedad.

2.- El segundo párrafo contempla un supuesto totalmente distinto, expresión del genérico deber de fidelidad. El socio que tome para sí («beneficio particular» dice el texto legal) dinero de la sociedad, deberá devolverlo, pagar intereses (pactados o, en su defecto legales) e indemnizar los daños y perjuicios que le hubiera causado; sin perjuicio, claro está de la sanción penal que pueda corresponderle.

Ello, a no ser, claro está, que el socio esté autorizado a tomar sumas del patrimonio social.

CONCORDANCIAS

Véase:
— art. 1.100 de este Código.
— Código de Comercio: art. 218.

Artículo 1.683

El socio industrial debe a la sociedad las ganancias que durante ella haya obtenido en el ramo de industria que sirve de objeto a la misma.

COMENTARIO

1.- El deber de fidelidad alcanza a todos los socios, y se refleja en múltiples preceptos, como el presente, que prohíbe obtener ventajas propias a costa del sacrificio de la sociedad (como destaca la doctrina mercantilista).

Así, el deber de no concurrencia en la misma actividad, corresponde tanto al socio industrial como al socio capitalista. Y si, pese a ello, lo hacen, deberá indemnización por los daños y perjuicios que cause a la sociedad.

2.- Este artículo da, además, una sanción específica para el socio industrial que incumple el deber de fidelidad, infiriendo el de no concurrencia: debe a la sociedad las ganancias, que ha obtenido, mientras sea socio, en la misma actividad que la sociedad («en el ramo de industria que sirve de objeto a la misma» dice el texto legal).

Artículo 1.684

Cuando un socio autorizado para administrar cobra una cantidad exigible, que le era debida en su propio nombre, de una persona que debía a la sociedad otra cantidad también exigible debe imputarse lo cobrado en los dos créditos a proporción de su importe, aunque hubiese dado el recibo por cuenta de sólo su haber; pero, si lo hubiere dado por cuenta del haber social, se imputará todo en éste.

Lo dispuesto en este artículo se entiende sin perjuicio de que el deudor pueda usar de la facultad que se le concede en el artículo 1.172, en el solo caso de que el crédito personal del socio le sea más oneroso.

COMENTARIO

1.- Como una nueva expresión del deber de fidelidad de los socios, este artículo establece una norma específica de la imputación de pagos en el supuesto de hecho de que un mismo deudor tuviera dos (o más) deudas del mismo tipo, una frente a la sociedad, como acreedora, y otra frente a un socio administrador, como acreedor personal. Este socio, administrador de la sociedad, percibe el importe de una de las deudas.

2.- El deudor puede hacer imputación del pago, a la deuda de la sociedad, sin problema. Puede hacerla a la deuda personal del socio administrador, pero tan sólo en el caso de que ésta sea más onerosa.

3.- Si no se ha hecho imputación de pagos por el deudor, y el socio administrador le ha dado un recibo como pago hecho a la sociedad, el pago se imputa a la deuda a favor de la sociedad. Si no ha hecho tal recibo o, pero todavía, lo ha hecho como pago hecho a su deuda personal, se imputa el pago a los dos créditos —de la sociedad y del socio administrador— a prorrata de su importe.

Artículo 1.685

El socio que ha recibido por entero su parte en un crédito social sin que hayan cobrado la suya los demás socios, queda obligado, si el deudor cae después en insolvencia, a traer a la masa social lo que recibió, aunque hubiera dado el recibo por sólo su parte.

COMENTARIO

1.- Este artículo, trasunto también del deber de fidelidad de los socios, parte, ante todo, teóricamente, que ningún socio puede cobrar ni entero ni su parte, un crédito social; y si lo cobra, lo tiene que aportar al fondo social.

2.- El precepto concreto es que si el socio cobró sólo su parte, no cobraron la suya los demás socios, y el deudor cae en insolvencia, deberá aportarla al fondo social, «aunque hubiera dado el recibo por sólo su parte».

Artículo 1.686

Todo socio debe responder a la sociedad de los daños y perjuicios que ésta haya sufrido por culpa del mismo y no puede compensarlos con los beneficios que por su industria le haya proporcionado.

COMENTARIO

1.- El socio que en el incumplimiento de las obligaciones derivadas del contrato de sociedad o del deber de fidelidad o, en fin, en su actuación en la entidad social, causa un daño a la sociedad, por culpa, responde del mismo.

El daño puede ser de cualquier tipo de cualquier procedencia. La culpa, que comprende el dolo, aunque no lo mencione este artículo, es la negligencia, la falta de diligencia, en abstracto o general, que corresponde a un buen padre de familia, como expresa el art. 1.104. La responsabilidad comprende la indemnización del daño y perjuicio causado a la sociedad.

2.- Tal como añade el segundo inciso, no rige el principio *compensatio lucri cum damno*. El socio que causa a la sociedad daños culpablemente, responde de ellos. El mismo, puede proporcionar beneficios. Ambas cosas —daño y beneficios— no se compensan.

CONCORDANCIAS

Véase Código de Comercio: art. 144.

Artículo 1.687

El riesgo de las cosas ciertas y determinadas, no fungibles, que se aportan a la sociedad para que sólo sean comunes su uso y sus frutos, es del socio propietario.

Si las cosas aportadas son fungibles, o no pueden guardarse sin que se deterioren, o si se aportaron para ser vendidas, el riesgo es de la sociedad. También lo será, a falta de pacto especial, el de las cosas aportadas con estimación hecha en el inventario, y en este caso la reclamación se limitará al precio en que fueron tasadas.

COMENTARIO

Una vez realizada la aportación de una cosa, el riesgo de que se pierda o menoscabe lo sufre quien sea su propietario, el socio o la sociedad: así lo dice, en complicada terminología, el art. 1.687, cuyo primer párrafo se refiere a cosas no fungibles, cuya propiedad conserva el socio y de él es el riesgo («el riesgo de las cosas ciertas y determinadas, no fungibles, que se aportan a la sociedad para que sólo sean comunes su uso y sus frutos, es del socio propietario») y el segundo párrafo, a las cosas fungibles o con valor estimado, cuya propiedad ha adquirido la sociedad y de ella es el riesgo.

CONCORDANCIAS

Véase arts. 1.452, 1.589 y 1.590 de este Código.

Artículo 1.688

La sociedad responde a todo socio de las cantidades que haya desembolsado por ella y del interés correspondiente; también le responde de las obligaciones que con buena fe haya contraído para los negocios sociales y de los riesgos inseparables de su dirección.

COMENTARIO

1.- En contrapartida del deber de fidelidad que tiene el socio respecto a la sociedad, la presente norma impone una especial responsabilidad a ésta frente al socio. No todo socio, sino sólo el socio administrador, que es el único que puede dar lugar al supuesto de hecho que prevé este artículo para dar lugar a la responsabilidad.

2.- La responsabilidad de la sociedad respecto al socio administrador es por: — las cantidades que éste haya desembolsado por la sociedad y los intereses, pactados o, en su defecto, legales; — las obligaciones que con buena fe haya contraído personalmente por cuenta y en interés (es una representación indirecta) de la sociedad; — «los riesgos inseparables de su dirección», que comprenden los pactos o los daños que ha sufrido el socio administrador derivados, directa o indirectamente, de la administración.

CONCORDANCIAS

Véase Código de Comercio: art. 142.

Artículo 1.689

Las pérdidas y ganancias se repartirán en conformidad a lo pactado. Si sólo se hubiera pactado la parte de cada uno en las ganancias, será igual su parte en las pérdidas.

A falta de pacto, la parte de cada socio en las ganancias y pérdidas debe ser proporcionada a lo que haya aportado. El socio que lo fuere sólo de industria tendrá una parte igual a la del que menos haya aportado. Si además de su industria hubiere aportado capital, recibirá también la parte proporcional que por él corresponda.

COMENTARIO

1.- Prevé este artículo la distribución de ganancias y pérdidas de la sociedad. La sociedad, como tal, tiene un fin común y los socios, por su parte, tienen su propio interés particular —no hay que olvidar que el contrato de sociedad es oneroso— compatible con aquél. Como consecuencia, a cada socio le corresponde una parte de las ganancias y, como la sociedad implica también una comunidad de riesgos, también le compete asumir una parte de las pérdidas.

2.- A falta de pacto, se distribuyen ganancias y pérdidas en forma proporcionada a lo que se haya aportado, dispone el art. 1.689, segundo párrafo, y el socio industrial tienen la participación igual a la del que menos haya aportado (sin perjuicio de que si ha aportado capital, también tenga la parte proporcional a éste).

JURISPRUDENCIA

«cuyo precepto, si bien se refiere a la designación de la parte de cada uno de los socios en las ganancias y pérdidas sociales, sin embargo, según se sostiene por la mejor doctrina, es aplicable a las otras hipótesis de arbitrador que no contienen la previsión explícita del "arbitrium boni viri", siempre que las partes no optaran por el "arbitrium merum" —en el que por las mismas se deja la decisión a la libre voluntad o leal saber y entender del arbitrador—, y en tal sentido se consideran instituciones paralelas las normas de los arts. 1.690 y 1447 CC, por lo que es aplicable a éste, que se refiere a la fijación del precio de la compraventa y guarda una práctica identidad con el caso de autos, la regla de la equidad que explícitamente prevé el primero. El concepto de equidad al que se refiere el art. 1.690 CC es el del precio justo —iustum pretium"—, en relación con el concepto de "justicia del caso particular". Habrá de estarse al auténtico valor de la cosa, en el que la certeza se somete a las reglas de la experiencia. Prevalece la idea objetiva y requiere adecuación a las circunstancias. Como sostiene la buena doctrina, el arbitrador queda sujeto a observar "un criterio objetivamente adecuado al criterio normal dentro del sector de la comunidad en que se realiza la determinación". Y es impugnable la decisión cuando manifiestamente se haya faltado a la equidad —"manifiesta iniquitas"—, como también lo sería —ahora con criterio de imputación subjetivo— en el caso de obrar el arbitrador con mala fe». (9 marzo 2010,

rec. 2460/2005, LA LEY 6881/2010) (Doctrina reiterada por la sentencia de 22 marzo 2010, rec. 2274/2005, LA LEY 6881/2010)

CONCORDANCIAS

Véase:
— arts. 1.691 y 1.708 de este Código.
— Código de Comercio: arts. 140 y 141.

Artículo 1.690

Si los socios se han convenido en confiar a un tercero la designación de la parte de cada uno en las ganancias y pérdidas, solamente podrá ser impugnada la designación hecha por él cuando evidentemente haya faltado a la equidad. En ningún caso podrá reclamar el socio que haya principiado a ejecutar la decisión del tercero, o que no la haya impugnado en el término de tres meses, contados desde que le fue conocida.

La designación de pérdidas y ganancias no puede ser encomendada a uno de los socios.

COMENTARIO

1.- El artículo anterior prevé la distribución de ganancias y pérdidas. El presente artículo se refiere a la determinación de las mismas, pero sólo en dos aspectos.

2.- El primero, que contempla el segundo párrafo, es la prohibición (con sanción de nulidad absoluta: art. 6.3) del pacto en que se encomiende tal determinación a un socio, es decir, a alguien que es parte en el contrato de sociedad. Responde el principio de la *necessitas*, esencia de la obligación, que proclama el art. 1.256.

3.- El segundo, que contempla el primer párrafo, es la posibilidad de que tal determinación se encomiende a un tercero. Este es un arbitrador, que actuará bajo el criterio de la equidad, ya que sólo puede ser impugnada si ha faltado a ésta y con dos requisitos: que un socio la impugne en el plazo de caducidad de tres meses, a contar desde que haya tenido conocimiento de la misma y que el socio que pretende impugnarla, no la haya empezado a ejecutar. La impugnación se hará judicialmente en el proceso declarativo ordinario que corresponda según la cuantía.

JURISPRUDENCIA

«cuyo precepto, si bien se refiere a la designación de la parte de cada uno de los socios en las ganancias y pérdidas sociales, sin embargo, según se sostiene por la mejor doctrina, es aplicable a las otras hipótesis de arbitrador que no contienen la previsión explícita del "arbitrium boni viri", siempre que las partes no optaran por el "arbitrium merum" —en el que por las mismas se deja la decisión a la libre voluntad o leal saber y entender del arbitrador—, y en tal sentido se consideran instituciones paralelas las normas de los arts. 1.690 y 1447 CC, por lo que es aplicable a éste, que se refiere a la fijación del precio de la compraventa y guarda una práctica identidad con el caso de autos, la regla de la equidad que explícitamente prevé el primero. El concepto de equidad al que se refiere el art. 1.690 CC es el del precio justo —"iustum pretium"—, en relación con el concepto de "justicia del caso particular". Habrá de estarse al auténtico valor de la cosa, en el que la certeza se somete a las reglas de la experiencia. Prevalece la idea objetiva y requiere adecuación a las

circunstancias. Como sostiene la buena doctrina, el arbitrador queda sujeto a observar "un criterio objetivamente adecuado al criterio normal dentro del sector de la comunidad en que se realiza la determinación". Y es impugnable la decisión cuando manifiestamente se haya faltado a la equidad —"manifiesta iniquitas"—, como también lo sería —ahora con criterio de imputación subjetivo— en el caso de obrar el arbitrador con mala fe». (9 marzo 2010, rec. 2460/2005, LA LEY 6881/2010) (Doctrina reiterada por la sentencia de 22 marzo 2010, rec. 2274/2005, LA LEY 6881/2010)

Artículo 1.691

Es nulo el pacto que excluye a uno o más socios de toda parte en las ganancias o en las pérdidas.

Sólo el socio de industria puede ser eximido de toda responsabilidad en las pérdidas.

COMENTARIO

1.- Dispone este artículo un límite al principio de la autonomía de la voluntad, que rige la distribución de las pérdidas y ganancias entre los socios (primer inciso, del primer párrafo, del art. 1.689). Está prohibido, con la sanción de nulidad absoluta (art. 6.3), el pacto que excluye a uno o más socios de toda parte en las ganancias o en las pérdidas. En otras palabras, más gráficas: que uno o varios socios se excluyan de las pérdidas y se atribuyen todas las ganancias, en detrimento de las demás.

2.- Como excepción a la prohibición anterior, sí está permitido el pacto por el que se excluye al socio industrial, que no ha aportado capital, de la responsabilidad en las pérdidas.

CONCORDANCIAS

Véase Código de Comercio: art. 141.

Artículo 1.692

El socio nombrado administrador en el contrato social, puede ejercer todos los actos administrativos, sin embargo de la oposición de sus compañeros, a no ser que proceda de mala fe; y su poder es irrevocable sin causa legítima.

El poder otorgado después del contrato, sin que en éste se hubiera acordado conferirlo, puede revocarse en cualquier tiempo.

COMENTARIO

1.- La administración de la sociedad civil está regulada en este artículo y los siguientes, hasta el 1695. La explicación sistemática de la misma comprende el breve comentario de todos ellos.

2.- Distingue el Código dos supuestos, según se haya nombrado administrador o no se haya nombrado, en cuyo caso corresponde a todos los socios. En la administración incluye la representación de la sociedad.

Primer supuesto: se ha nombrado un socio administrador, art. 1.692; si lo ha sido en el contrato de sociedad, el nombramiento es irrevocable sin causa legítima: si lo ha sido posteriormente, es revocable en cualquier momento. El administrador actuará incluso con la oposición de los demás socios, a no ser que proceda de mala fe (en cuyo caso se podrá impedir su actuación o ser revocado su nombramiento).

Como variante de este supuesto, se han nombrado no uno, sino dos o más socios administradores; el art. 1.693 prevé: 1.º) que se especifiquen las funciones de cada uno, en cuyo caso ejercitará las que se le han atribuido; 2.º) que se les otorgue la administración conjunta, por lo que no podrán actuar sin el consentimiento de todos ellos (art. 1.694); 3.º) que se les otorgue solidariamente y cada uno podrá ejercer actos de administración separadamente, y a su vez, oponerse a lo que hagan los otros, antes de que hayan producido efecto.

Segundo supuesto: no se ha nombrado socio administrador: en tal caso, todos los socios son administradores y apoderados, dice el art. 1.695.1.º, con un efecto positivo: lo que cualquiera de ellos hiciere por si sólo obligará a la sociedad, y un efecto negativo: cada uno podrá oponerse a las operaciones de los demás antes que hayan producido efecto legal. Además de ello, y con relación al patrimonio social, añade el mismo artículo 1.695 una serie de facultades de todos los socios: — pueden servirse de las cosas que componen el fondo social, según costumbre, sin ir contra el interés de la sociedad, sin impedir su uso por los demás socios (art. 1.695.2.º); — obligar a los demás a contribuir a los gastos de conservación (art. 1.695.3.º); — no pueden hacer novedades en las cosas inmuebles de la sociedad, sin consentimiento de todos los socios (art. 1.695.4.º).

Artículo 1.693

Cuando dos o más socios han sido encargados de la administración social sin determinarse sus funciones, o sin haberse expresado que no podrán obrar los unos sin el consentimiento de los otros, cada uno puede ejercer todos los actos de administración separadamente; pero cualquiera de ellos puede oponerse a las operaciones del otro antes de que éstas hayan producido efecto legal.

COMENTARIO

Vid. el comentario al artículo anterior.

Artículo 1.694

En el caso de haberse estipulado que los socios administradores no hayan de funcionar los unos sin el consentimiento de los otros, se necesita el concurso de todos para la validez de los actos, sin que pueda alegarse la ausencia o imposibilidad de alguno de ellos, salvo si hubiere peligro inminente de un daño grave o irreparable para la sociedad.

COMENTARIO

Vid. el comentario al artículo 1.692.

Artículo 1.695

Cuando no se haya estipulado el modo de administrar, se observarán las reglas siguientes:

1.ª Todos los socios se considerarán apoderados, y lo que cualquiera de ellos hiciere por sí solo, obligará a la sociedad pero cada uno podrá oponerse a las operaciones de los demás antes que hayan producido efecto legal.

2.ª Cada socio puede servirse de las cosas que componen el fondo social según costumbre de la tierra, con tal que no lo haga contra el interés de la sociedad, o de tal modo que impida el uso a que tienen derecho sus compañeros.

3.ª Todo socio puede obligar a los demás a costear con él los gastos necesarios para la conservación de las cosas comunes.

4.ª Ninguno de los socios puede, sin el consentimiento de los otros, hacer novedad en los bienes inmuebles sociales, aunque alegue que es útil a la sociedad.

COMENTARIO

Vid. el comentario al artículo 1.692.

CONCORDANCIAS

Véase arts. 394, 395 y 397 de este Código.

Artículo 1.696

Cada socio puede por sí solo asociarse un tercero en su parte; pero el asociado no ingresará en la sociedad sin el consentimiento unánime de los socios, aunque aquél sea administrador.

COMENTARIO

1.- Los sujetos del contrato de sociedad son los contratantes o socios: celebran el contrato como contratantes y forman parte de la entidad creada —la sociedad— como socios. Pueden ser dos o más, tal como dice el art. 1.665. El número de socios puede ampliarse, entrando más en la sociedad ya constituida. Se trata de nuevos contratos de sociedad, cuyos nuevos contratantes devienen en nuevos socios de la sociedad; pero para ello se requiere acuerdo unánime de todos los que ya eran socios: lo cual es lógico, pues es nuevo contrato con los antiguos contratantes iniciales, todos ellos; así lo dispone el art. 1.696.

2.- Añade este artículo otro extremo, que es la subparticipación o asociación en la parte del socio. Significa que uno de los socios, por su cuenta, celebra un nuevo contrato y constituye una nueva y distinta sociedad con un tercero, cuyo objeto es la participación social que aquél tiene en la originaria sociedad. Este tercero no pasa a ser socio de la misma. Para serlo, requiere el consentimiento unánime de todos sus socios, caso que se expone en el apartado anterior.

JURISPRUDENCIA

«La figura del "cambio de socio" no ofrece especiales dificultades en nuestro Derecho, según expresa la doctrina, pues aunque no aparezca normalmente contemplada por el art. 1.696 CC, la posibilidad deriva de las modificaciones subjetivas que se producen en el contrato de sociedad, una de cuyas modalidades la constituye la transmisión "intervivos" de los derechos y obligaciones del socio, mediante la cesión del derecho de participación. Cierto que este "cambio" exige el consentimiento del otro socio, consentimiento que puede ser tácito e incluso prestarse a posteriori. En el caso, de los actos, peticiones y manifestaciones del actor se infiere la constancia de referido consentimiento al nuevo socio que sustituye al primero». (10 febrero 1997, LA LEY 1448/1997)

CONCORDANCIAS

Véase Código de Comercio: arts. 239 a 243.

SECCIÓN SEGUNDA

De las obligaciones de los socios para con un tercero

Artículo 1.697

Para que la sociedad quede obligada con un tercero por los actos de uno de los socios, se requiere:

1.º Que el socio haya obrado en su carácter de tal, por cuenta de la sociedad.

2.º Que tenga poder para obligar a la sociedad en virtud de un mandato expreso o tácito.

3.º Que haya obrado dentro de los límites que le señala su poder o mandato.

COMENTARIO

1.- La sociedad es persona jurídica —salvo la llamada sociedad irregular—, por lo que en las obligaciones que contraiga con tercero será acreedor y deudor la sociedad. Respecto a ello, el Código establece algunas normas, respecto al poder de obligar, y respecto a las deudas que se han contraído con tercero.

Respecto al poder de obligar, dispone el art. 1.697, de acuerdo con la normativa general sobre la representación y el art. 1.259, que obliga a la sociedad el socio que tenga poder de representación y actúe dentro de los límites de éste, es decir, como administrador.

2.- Es preciso, pues, respecto a las *relaciones externas de la sociedad*, para que en la actuación del socio con un tercero, quede obligada la misma, que (1.º) el socio haya obrado como socio, y por cuenta de ella, es decir, *contemplatio domini*, (2.º) tenga poder de representación, y (3.º) haya actuada en el ámbito, es decir, dentro de los límites de dicho poder de representación.

CONCORDANCIAS

Véase arts. 1.714 y 1.715 de este Código.

Artículo 1.698

Los socios no quedan obligados solidariamente respecto de las deudas de la sociedad; y ninguno puede obligar a los otros por un acto personal, si no le han conferido poder para ello.

La sociedad no queda obligada respecto a tercero por actos que un socio haya realizado en su propio nombre o sin poder de la sociedad para ejecutarlo, pero queda obligado para con el socio en cuanto dichos actos hayan redundado en provecho de ella.

Lo dispuesto en este artículo se entiende sin perjuicio de lo establecido en la regla 1.ª del artículo 1.695.

COMENTARIO

1.- Como aclaración (realmente, redundancia) de lo dispuesto en el artículo anterior, la actuación de un socio sin poder de representación o más allá del ámbito de ésta, no obliga a la sociedad, en las relaciones externas de ésta, frente a un tercero, tal como dispone el segundo párrafo del presente artículo. Pese a ello, si la sociedad se ha aprovechado de tal actuación del socio, queda obligada frente al mismo por sus actos, sin que puedan redundar en perjuicio suyo (último inciso del mismo segundo párrafo). Además (tercer párrafo) hay que tener en cuenta, respecto a lo anterior, que los socios, en la sociedad civil, se considera que tienen poder para actuar en nombre de la misma.

2.- Respecto a las deudas, responde la sociedad como persona jurídica, con todo su patrimonio (art. 1.911) no respondiendo los socios, con su patrimonio personal, tal como dice el art. 1.698.1.º. Pero si el patrimonio de la sociedad es insuficiente para responder de las deudas sociales, responde subsidiariamente el patrimonio de los socios, tal como se deduce, *a sensu contrario,* del propio artículo 1.698.

CONCORDANCIAS

Véase Código de Comercio: arts. 127, 148 y 237.

Artículo 1.699

Los acreedores de la sociedad son preferentes a los acreedores de cada socio sobre los bienes sociales. Sin perjuicio de este derecho, los acreedores particulares de cada socio pueden pedir el embargo y remate de la parte de éste en el fondo social.

COMENTARIO

1.- El inciso primero de este artículo habla de una preferencia de créditos, pero no se trata de preferencias, sino que quiere decir que los créditos frente a la sociedad deben cobrarse con los bienes sociales y los créditos frente a los socios, con los bienes particulares de éstos, entre los que se cuenta su parte patrimonial en la sociedad. Es decir, la separación del patrimonio de la sociedad y del particular del socio, derivado de la personalidad jurídica independiente de una y otro, impide hablar de concurrencia, por ello de preferencia.

2.- El segundo inciso prevé la posibilidad de que un tercero acreedor de un socio, pueda dirigirse contra el patrimonio del mismo (art. 1.911) en el que se encuentra la parte del mismo en el patrimonio social. La sociedad no responde de las deudas de los socios, sin perjuicio de que los acreedores de éstos puedan dirigirse contra la participación social de los mismos en la sociedad.

CAPÍTULO III
DE LOS MODOS DE EXTINGUIRSE LA SOCIEDAD

Artículo 1.700

La sociedad se extingue:

1.º Cuando expira el término por que fue constituida.

2.º Cuando se pierde la cosa, o se termina el negocio que le sirve de objeto.

3.º Por muerte, insolvencia, incapacitación o declaración de prodigalidad de cualquiera de los socios y en el caso previsto en el artículo 1.699.

Número redactado por LO 1/1996, 15 enero, de Protección Jurídica del Menor.

4.º Por la voluntad de cualquiera de los socios, con sujeción a lo dispuesto en los artículos 1.705 y 1.707.

Se exceptúan de lo dispuesto en los números 3.º y 4.º de este artículo las sociedades a que se refiere el artículo 1.670, en los casos en que deban subsistir con arreglo al Código de Comercio.

COMENTARIO

1.- El art. 1.700 enumera cuatro causas específicas de extinción de la sociedad, como relación jurídica derivada del contrato, entidad creada por él: se extingue la relación, la entidad que tiene personalidad jurídica y, con ella, el contrato que le dio origen. Son dos causas subjetivas —voluntad de los socios y muerte o insolvencia de cualquiera de ellos— y dos causas objetivas —expiración del término o pérdida o imposibilidad del objeto— que conviene estudiar por separado y por este orden.

Primera causa subjetiva: art. 1.700.4.º: por voluntad de cualquiera de los socios, con sujeción a lo dispuesto en los arts. 1.705 y 1.707. Aunque se identifica (en los artículos 1705 y 1.706) con la renuncia, no es tal, sino que es el caso de extinción de la relación obligatoria por voluntad unilateral de una de las partes.

Segunda causa subjetiva: art. 1.700.3.º: por muerte, insolvencia, incapacitación o declaración de prodigalidad de cualquiera de los socios y en el caso previsto en el art. 1.699.

La muerte de uno de los socios extingue la sociedad por el carácter de *intuitu personae* del contrato. Pero las partes pueden evitar este duro efecto y pactar que continúe la sociedad entre los que sobrevivan, satisfaciendo a los herederos del fallecido el valor de la participación social del mismo, como prevé el art. 1.704, primer párrafo; y el segundo párrafo prevé que se pacte continuar la sociedad con el heredero del fallecido.

La insolvencia significa que un socio haya caído en suspensión de pagos, quiebra, quita o espera, o concurso, es decir, situaciones legales de insolvencia, no bastando el simple —y discutible— hecho de que el socio no pueda cumplir sus obligaciones patrimoniales.

La incapacitación es la privación de la capacidad de obrar por sentencia *(vid.* el comentario al art. 199), cuya privación puede ser total o parcial, dando lugar a la incapacitación total o parcial y, en esta última, se incluye la prodigalidad. Cualquier tipo de incapacitación da lugar a esta causa de extinción de la sociedad.

Primera causa objetiva: art. 1.700.1.º; cuando expira el término por lo que fue constituida; es decir, se trata de un contrato de sociedad con término final y la sociedad creada lo será por tiempo determinado; lo cual lo expresa también el primer inciso del art. 1.680: «la sociedad dura por el tiempo convenido».

Segunda causa objetiva: art. 1.700.2.º: cuando se pierde la cosa, o se termina el negocio que le sirve de objeto. La pérdida de la cosa significa la desaparición de la base material imprescindible para el desempeño de la actividad social. La conclusión del negocio es causa de extinción en aquel tipo de *societas unius negotii*: se constituye sociedad para una actividad concreta (explotar una patente, construir un edificio) y ésta acaba (caduca la patente, se termina y vende el edificio). A este caso se asimila la imposibilidad de obtención del fin social, como caso de desaparición objetiva de la base del negocio: tiene lugar cuando la obtención del fin ha llegado a ser completa y definitivamente imposible; no, si es simplemente transitoria. Y, desde luego, siempre que el fin social sea concreto, determinado, *unius negotii* y pueda darse el caso de la imposibilidad de lograr el fin social.

2.- Cuando se da una causa de disolución de la sociedad, no desaparece ésta de inmediato, sino que entra en liquidación. Se procede a la división y adjudicación del patrimonio social, según lo que hayan pactado los socios en el contrato de sociedad o pacten en el momento mismo de la liquidación. A falta de pacto, se aplican las reglas de la partición de la herencia, según establece el art. 1.708, pero en cuanto sean aplicables a una sociedad.

A cada socio se le devolverán los bienes cuyo uso hubiera cedido a la sociedad y el valor de los mismos si los aportó en propiedad. El remanente se dividirá y adjudicará a los socios en proporción a su participación social.

JURISPRUDENCIA

Sobre la extinción en general:

«la enumeración de causas de disolución que contiene el artículo 1700 del Código Civil no es cerrada, sino que debe ser integrada con otras de indudable efecto disolutorio por su aptitud para abrir la fase de liquidación, como es, dada la naturaleza contractual de la sociedad, el mutuo disenso o acuerdo de quienes celebraron el contrato de extinguir la relación jurídica nacida de él. O, en términos de la sentencia de 5 de abril de 1979, la retractación bilateral del contrato (causa, por lo demás, prevista expresamente en legislaciones que se apartaron del silencioso artículo 1844.7 del Código Civil francés: artículos 2272.3 del Código Civil italiano y 1007.a del portugués). A ese negocio jurídico consensual y extintivo se puede llegar no sólo por medio de declaraciones expresas, sino también mediante declaraciones tácitas o actos concluyentes, esto es, con palabras, signos o actos que no sirven para exteriorizar directamente la voluntad extintiva de quienes los emplean o ejecutan, pero de los que la misma se infiere o deduce inequívocamente». (14 septiembre 2006, LA LEY 103050/2006)

«la doctrina y la jurisprudencia coinciden en afirmar el carácter no taxativo de las causas previstas en el artículo 1700 del Código Civil y la imposibilidad de desconocer el mutuo disenso como causa general de extinción de los contratos, que fue apreciado por la Audiencia a partir de la correcta valoración de la prueba practicada. Así lo ha expresado esta Sala, entre otras en sentencia de 14 de septiembre de 2006, al decir que "la enumeración de causas de disolución que contiene el artículo 1700 del Código Civil no es cerrada,

sino que debe ser integrada con otras de indudable efecto disolutorio por su aptitud para abrir la fase de liquidación, como es, dada la naturaleza contractual de la sociedad, el mutuo disenso o acuerdo de quienes celebraron el contrato de extinguir la relación jurídica nacida de él". O, en términos de la sentencia de 5 de abril de 1979, la retractación bilateral del contrato (causa, por lo demás, prevista expresamente en legislaciones que se apartaron del silencioso artículo 1844.7 del Código Civil francés: artículos 2272.3.º del Código Civil italiano y 1007.a del portugués)». (26 septiembre 2008, rec. 2366/2002, LA LEY 137759/2008)

Sobre el número 1.º: extinción por transcurso del plazo: *vid.* la jurisprudencia relacionada en el artículo 1.703.

Sobre el número 2.º: extinción por pérdida de la cosa o término del negocio:

«La caducidad de la línea produjo necesariamente la extinción de la sociedad civil primitiva, aun admitiendo (aunque no está probado) que los socios pactasen su continuidad con los herederos al fallecimiento de cualquiera de ellos. Es innegable que la caducidad de la concesión para explotar la línea produjo la extinción de la sociedad por desaparición de su objeto (art. 1700.2 Cód. Civ.), sin que exista ninguna prueba de la liquidación y adjudicación del haber social». (29 noviembre 2007, LA LEY 202405/2007)

Sobre el número 4.º: renuncia de uno de los socios:

«El artículo 1.700 número 4 (en relación a la remisión que se efectúa al 1.670, sobre normativa a aplicar) prevé la disolución y extinción de las sociedades no inscritas por la voluntad de cualquiera de los socios y, en su caso, hay que comprender las voluntades conjuntas de todos ellos, que es el supuesto de autos, ya que se trata de un derecho potestativo, concedido a todos los socios que pueden ejercitar individualmente o en forma conjunta y contemporánea todos ellos y que no lo obstaculiza el artículo 1.705, que contempla la denominada denuncia ordinaria de uno solo de los socios, cuando no se hubiera señalado término de duración de la sociedad o no resulte éste de la naturaleza del negocio. Y lo mismo sucede con el precepto sustantivo 1.707, que es especial, ya que la denuncia que establece reviste condición de particular y extraordinaria, pues exige, tratándose de sociedades por tiempo determinado, la concurrencia de "justo motivo"». (3 julio 1995, LA LEY 14591/1995)

«ningún impedimento objetivo se aprecia para que la renuncia, manifestada por los demandados en la forma expuesta, y con antelación comunicada formalmente, al otro socio, despliegue los efectos que le son propios a tenor de la normativa civil representada por el apartado 4.º del artículo 1.700 del Código Civil en relación con los 1.705 y 1.706 del mismo Ordenamiento, provocando la extinción de la sociedad a partir de la renuncia, cuando esta renuncia a la sociedad indefinidamente constituida no fue realizada de mala fe, ya que, como se insiste en la sentencia inicial, no cabe admitir que se verificase buscando indebidos beneficios propios, ni asimismo con intención de perjudicar a los demás interesados, aparte del que pueda derivar para algún socio de la finalización del vínculo societario». (29 julio 1995, LA LEY 931/1995)

«El artículo 1.707 del Código Civil, en relación con el ordinal cuarto del artículo 1.700 del mismo texto, regula —con precedente en el artículo 1.595 del Proyecto de 1.851 y en el 1.871 del Código Civil francés, en su inicial numeración— la llamada denuncia extraordinaria o causal del contrato de sociedad, como una alternativa a la conocida por ordinaria, que contempla el artículo 1.705. En la primeramente mencionada norma se atribuye al socio la facultad de extinguir unilateralmente la relación jurídica nacida del contrato de sociedad, cuando no sea admisible hacerlo en los términos del artículo 1.705 —por haberse pactado un plazo determinado de vigencia de aquel— y siempre que concurra un justo motivo a criterio

de los Tribunales, no necesariamente consistente en el incumplimiento de las obligaciones contractuales». (18 octubre 2010, rec. 1797/2006, rec. 181851/2010)

Vid. también acerca del número 4.º la jurisprudencia relacionada en el art. 1.705.

CONCORDANCIAS

Véase:
— Código de Comercio: arts. 218 y ss.
— Ley de Sociedades Anónimas, de 22 diciembre 1989 *(«B.O.E.»,* 27 diciembre): arts. 260 a 281.
— Ley 2/1995, 23 marzo, de Sociedades de Responsabilidad Limitada *(«B.O.E.»,* 24 marzo): arts. 104 a 124.
Texto vigente según Ley 8/1984, 31 marzo (*«B.O.E.»,* 3 abril).

Artículo 1.701

Cuando la cosa específica, que un socio había prometido aportar a la sociedad, perece antes de efectuada la entrega, su pérdida produce la disolución de la sociedad.

También se disuelve la sociedad en todo caso por la pérdida de la cosa, cuando, reservándose su propiedad el socio que la aporta, sólo ha transferido a la sociedad el uso o goce de la misma.

Pero no se disuelve la sociedad por la pérdida de la cosa cuando ésta ocurre después que la sociedad ha adquirido la propiedad de ella.

COMENTARIO

1.- Este artículo guarda relación con el 1.687, pero con el efecto de disolución de la sociedad civil. Si la cosa específica que un socio se ha obligado a aportar a la sociedad, se pierde cuando ya aquel socio la ha aportado y la sociedad ha adquirido su propiedad, ésta sufre tal pérdida, sin que ello provoque la extinción de la misma (tercer párrafo).

2.- Si el socio ha contraído la obligación de aportar una cosa específica a la sociedad y, antes de ello y, por tanto, antes de ésta adquiera su propiedad, se pierde, se extingue la sociedad (primer párrafo).

3.- Si el socio ha transmitido a la sociedad el uso y disfrute de una cosa específica, y la propiedad sigue de aquél, si la cosa se pierde, se extingue la sociedad.

Artículo 1.702

La sociedad constituida por tiempo determinado puede prorrogarse por consentimiento de todos los socios.

El consentimiento puede ser expreso o tácito, y se justificará por los medios ordinarios.

COMENTARIO

1.- La sociedad se extingue por el transcurso del tiempo para la que fue constituida, según expresa el art. 1.700.1.º. Sin embargo, esta norma no es de derecho cogente y puede ser alterada por la autonomía de la voluntad de los socios. Cabe la prórroga de la sociedad, que deberá ser acordada antes de expirar el tiempo previsto, ya que si se produce después, no es prórroga, sino constitución de una sociedad, como prevé el artículo siguiente.

2.- Esta prórroga, dice el presente artículo, que debe acordarse «por consentimiento de todos los socios», expreso o tácito, es decir, por unanimidad de todos ellos. Sin embargo, en el propio contrato de sociedad, puede incluirse el pacto de que pueda prorrogarse la sociedad, con el acuerdo de la mayoría de los socios.

CONCORDANCIAS

Véase Código de Comercio: art. 223.

Artículo 1.703

Si la sociedad se prorroga después de expirado el término, se entiende que se constituye una nueva sociedad. Si se prorroga antes de expirado el término, continúa la sociedad primitiva.

COMENTARIO

1.- Tal como se ha apuntado en el comentario al artículo anterior, una vez transcurrido el término de duración de la sociedad, ésta se extingue si no ha habido un acuerdo de prórroga. Este artículo aclara que si la prórroga es posterior a la expiración de aquel término, no es tal prórroga sino que se ha extinguido y se constituye una nueva sociedad, como continuación de la anterior.

2.- Si la prórroga se ha acordado antes del transcurso del plazo de duración, continúa la misma sociedad, por el tiempo pactado en el propio pacto de prórroga o por tiempo indefinido.

JURISPRUDENCIA

«al amparo del artículo 1.703 aplicable subsidiariamente, como la constitución de una nueva sociedad, pero por la remisión que el pacto primero del citado contrato de 1959 hace al antiguo, prácticamente éste se prorroga, por lo que, no habiendo nuevo contrato hay que entender que aquel contrato de 1950 se encuentra prorrogado... la sociedad existente en el momento de iniciarse la litis y cuya extinción propugnó el actor, no era nueva, sino la surgida en dicho año 1950 y mantenida hasta el indicado momento». (18 julio 1986, LA LEY 3843/1986)

CONCORDANCIAS

Véase Código de Comercio: art. 223.

Artículo 1.704

Es válido el pacto de que, en el caso de morir uno de los socios, continúe la sociedad entre los que sobrevivan. En este caso el heredero del que haya fallecido sólo tendrá derecho a que se haga la partición, fijándola en el día de la muerte de su causante; y

no participará de los derechos y obligaciones ulteriores, sino en cuanto sean una consecuencia necesaria de lo hecho antes de aquel día.

Si el pacto fuera que la sociedad ha de continuar con el heredero, será guardado, sin perjuicio de lo que se determina en el número 4.º del artículo 1.700.

COMENTARIO

1.- En el art. 1.700.3.º, se incluye como causa de extinción de la sociedad, la muerte de uno de los socios. Sin embargo, este art. 1.704 contempla la validez de dos pactos el de continuación de la sociedad entre los sobrevivientes (cláusula de continuación) y el de continuación de la sociedad con el heredero o los herederos (cláusula de sucesión).

2.- El pacto de continuación de la sociedad entre los sobrevivientes, da lugar a que se haga la liquidación de la parte en el patrimonio social que corresponda al fallecido, fijada al momento de su muerte, y se le entregue al heredero. Además, se prevé algo que es evidente: que el heredero o herederos no participan, a favor o en contra, de los derechos y obligaciones que nazcan después de la muerte del socio que es su causante; a no ser, claro está, que los mismos traigan causa de un hecho anterior a la muerte.

3.- El pacto de continuación de la sociedad con el heredero o los herederos, es válido y continúa la sociedad con los mismos. Es aplicable, dice este artículo en el último inciso del último párrafo, el art. 1.704.4.º, lo cual es algo obvio y que ninguna necesidad había de decirlo expresamente.

CONCORDANCIAS

Véase Código de Comercio: arts. 143 y 222.

Artículo 1.705

La disolución de la sociedad por la voluntad o renuncia de uno de los socios únicamente tiene lugar cuando no se ha señalado término para su duración, o no resulta éste de la naturaleza del negocio.

Para que la renuncia surta efecto, debe ser hecha de buena fe en tiempo oportuno; además debe ponerse en conocimiento de los otros socios.

COMENTARIO

1.- La sociedad que se ha constituido sin haberse pactado un término de duración y sin haberse constituido para un negocio determinado (en cuyos casos se extingue la sociedad cuando llega el término o concluye el negocio: art. 1.700.1.º y 2.º), es decir, por tiempo indefinido, se extingue por voluntad unilateral de cualquiera de los socios, como establece el art. 1.700.4.º y desarrolla este art. 1.705, que la llama «renuncia» aunque no es propiamente, es preciso sentido técnico-jurídico, una renuncia.

2.- Como requisitos de la validez de esta voluntad unilateral como causa de extinción, es precio: (1.º) buena fe, que desarrolla el artículo siguiente; (2.º), en tiempo oportuno, que también desarrolla el artículo siguiente; (3.º) que se ponga en conocimiento de los demás socios.

JURISPRUDENCIA

«El tema principal del pleito es pues el de la disolución de la sociedad, y nos encontramos ante lo que en la doctrina científica es conocido como "la denuncia ordinaria" de uno de los socios, causa de disolución de la sociedad, y supuesto contemplado en el artículo 1.705 del Código Civil, que se distingue de la "denuncia extraordinaria", que recoge el artículo 1.707 del mismo cuerpo legal, en que la primera puede ejercitarse libremente, y la segunda requiere la concurrencia de un "justo motivo". En ambos casos se trata de un derecho potestativo cancelatorio concedido a todos los socios, a fin de que puedan poner término al vínculo societario; estando sometida la eficacia de la primera de las denuncias, a la condición de que haya llegado al conocimiento de todos los socios, sin que sea necesario su consentimiento, y solamente limitado por el principio de la buena fe y de la oportunidad. Se trata pues de una denuncia libre, que tiene su fundamento en la inadmisibilidad de las vinculaciones perpetuas, incompatibles con la libertad personal, pero que sólo puede ejercitarse cuando no se ha señalado término para la duración de la sociedad, ni cuando éste resulte de naturaleza del negocio, supuestos en los que deberá tenerse en cuenta "la denuncia extraordinaria" del artículo 1.707, ya definida con anterioridad, y en la que el renunciante debe probar el "justo motivo"». (17 febrero 1993, LA LEY 1230/1993)

«no siendo exigido por el artículo 1.700 como requisito sine qua non de la extinción de la sociedad que concurra buena fe, no puede dejarse de aplicar dicha causa de extinción so pretexto de la mala fe a que se refiere el artículo 1.706, que como se anticipó sí es generadora de la obligación de indemnizar daños y perjuicios que se hayan producido a los consocios aunque sobre éstos no se ha formulado petición... y entender que quedó válidamente disuelta la sociedad civil desde la fecha en que dos de los tres socios comunicaron a la actora la voluntad de separarse de la misma». (16 junio 1995, LA LEY 14567/1995)

«El art. 1700.4.º CC dispone que la sociedad se extingue por la voluntad de cualquiera de los socios con sujeción a lo dispuesto en los arts. 1705 (denuncia ordinaria o libre, cuando la sociedad no está sujeta tiempo determinado) y 1707 (denuncia extraordinaria, para cuando existe dicho tiempo pero concurre un justo motivo), supeditando el primero de dichos preceptos el efecto de la renuncia a que se ponga en conocimiento de los otros socios. La denuncia ordinaria constituye un derecho potestativo del socio que responde a la inadmisibilidad de las vinculaciones perpetuas (S 17 Feb. 1993) y a la oportunidad de facilitar la extinción del vínculo en aquellas sociedades en que destaca el elemento personal de la mutua confianza, cuando ha desaparecido la armonía (SS 20 Jun. 1959 y 10 Nov. 1995). La ley sólo exige por parte del socio renunciante que lo ponga en conocimiento de los otros, y aunque no especifica la forma, obviamente ha de ser por un medio apto para posibilitar aquél, pues el fundamento de la exigencia, como entiende la doctrina, radica en el interés de ambas partes y para evitar fraudes, por lo que puede tener lugar en forma judicial o extrajudicial (S 7 Mar. 1964 que se apoya en el principio general del derecho "ubi lex non distinguit, nec nos distinguere debemus"), de ahí que sea acertado admitir la posibilidad del ejercicio de la facultad por medio de la reconvención.» (4 junio 2001, LA LEY 5847/2001)

CONCORDANCIAS

Véase Código de Comercio: art. 224.

Artículo 1.706

Es de mala fe la renuncia cuando el que la hace se propone apropiarse para sí solo el provecho que debía ser común. En este caso el renunciante no se libra para con sus socios, y éstos tienen facultad para excluirle de la sociedad.

Se reputa hecha en tiempo inoportuno la renuncia, cuando, no hallándose las cosas íntegras, la sociedad está interesada en que se dilate su disolución. En este caso continuará la sociedad hasta la terminación de los negocios pendientes.

COMENTARIO

1.- Como desarrollo del requisito de la buena fe, que el artículo anterior exige para la validez de la voluntad unilateral de un socio como causa de extinción de la sociedad, el primer párrafo del presente artículo da ad exemplum un supuesto concreto: que el socio pretenda con ello apropiarse de un provecho que debía ser común. En tal caso, la renuncia es ineficaz, debe indemnizar a la sociedad los daños y perjuicios que hubiere causado, si efectivamente los ha causado y los demás socios lo pueden excluir de la sociedad, precisamente por la infracción de este elemental deber de fidelidad. De lo expresado en el texto legal ad exemplum, se pueden deducir casos más generales de mala fe en la extinción de la sociedad por voluntad unilateral: la hecha con ánimo de defraudar a los demás socios, o contraria a los actos propios, o, en general, la desleal o abusiva.

2.- También como desarrollo del artículo anterior, concretamente, del requisito del *tiempo oportuno*, el segundo párrafo de este artículo dispone que no se cumple este requisito («tiempo inoportuno») cuando, no hallándose las cosas íntegras (o los negocios concluidos), interesa a la sociedad que no se extinga inmediatamente («se dilate su disolución»); en tal caso, se mantiene la sociedad sin extinguirse, hasta que concluyan los negocios pendientes.

JURISPRUDENCIA

«la norma del artículo 1.706 del Código Civil no contempla los daños posibles derivados de no poder obtener un socio los beneficios esperados y que el posible daño consiguiente a una súbita decisión de renuncia, ha sido cubierto aquí, con el preaviso que en la sentencia se declara existente a la vista de los tratos previos entre las partes». (29 julio 1995, LA LEY 931/1995)

Vid. jurisprudencia relacionada en el artículo anterior.

CONCORDANCIAS

Véase Código de Comercio: arts. 224 y 225.

Artículo 1.707

No puede un socio reclamar la disolución de la sociedad que, ya sea por disposición del contrato, ya por la naturaleza del negocio, ha sido constituida por tiempo determinado, a no intervenir justo motivo, como el de faltar uno de los compañeros a sus obligaciones, el de inhabilitarse para los negocios sociales, u otro semejante, a juicio de los Tribunales.

COMENTARIO

1.- Si una sociedad se ha constituido por tiempo determinado, se puede extinguir por voluntad unilateral de uno de los socios, como prevén los arts. 1.700.4.º y 1.705, desarrollado por el 1706. Si se ha constituido por tiempo determinado, también se puede extinguir por voluntad unilateral de uno de los socios, pero sólo si concurre justo motivo, según prevé el presente artículo.

2.- El justo motivo, añade este artículo, que es (1.º) por el incumplimiento de uno de los socios de las obligaciones sociales, (2.º) por la imposibilidad de ejecutar los negocios sociales, (3.º) por otra causa semejante («a juicio de los Tribunales»), dice el texto legal, lo que se refiere sólo a si es preciso acudir al proceso), que alcanza a todo supuesto de fundada pérdida de confianza o una alteración de la situación económica.

JURISPRUDENCIA

Vid. jurisprudencia relacionada en el artículo 1.705.

CONCORDANCIAS

Véase:
— arts. 1.680 y 1.700 de este Código.
— Código de Comercio: art. 224.

Artículo 1.708

La partición entre socios se rige por las reglas de las herencias, así en su forma como en las obligaciones que de ella resultan. Al socio de industria no puede aplicarse ninguna parte de los bienes aportados, sino sólo sus frutos y los beneficios, conforme a lo dispuesto en el artículo 1.689, a no haberse pactado expresamente lo contrario.

COMENTARIO

1.- Habiendo tratado los artículos anteriores de la extinción de la sociedad, contempla éste la liquidación de la misma, o, como la llama, «la partición». Al concurrir una causa de extinción, no pierde la sociedad inmediatamente la personalidad jurídica, sino que la mantiene a los efectos de la liquidación. En cuanto a la liquidación o partición, se remite a la normativa de la misma en el derecho de sucesiones, la partición de la herencia, aunque esta remisión no es literal y absoluta: (1.º) se remite sólo a las normas sustantivas y tampoco absolutamente, sino sólo aquellas que sean adoptables y aplicables a la liquidación de una sociedad, que no es lo mismo que una herencia; (2.º) no se remite a la normativa procesal de la partición de la herencia; (3.º) esta norma no es de derecho imperativo, por lo que los socios pueden disponer de otra forma y con otra normativa la liquidación de la sociedad.

2.- El socio industrial es mirado con disfavor, o por lo menos con precaución por el código. Y de la misma forma que el art. 1.689 no lo trata bien, el presente artículo ordena, en primer lugar, que en la liquidación y con respecto a dicho se regirá según lo pactado y, en defecto de pacto, no se le puede adjudicar ningún bien de los que habían sido aportados por los demás socios, sino tan sólo los frutos o beneficios que le correspondan según lo pactado o según lo previsto en aquel art. 1.689.

JURISPRUDENCIA

«Ha de atenderse al contrato de 1 de julio de 1984 que rige la relación societaria civil de referencia y en el mismo no se pactó nada al respecto, por lo que la Sala sentenciadora entendió, a falta de convenio expreso, que las participaciones eran iguales y conforme a ello debía de distribuirse el patrimonio social, por entrar en juego el art. 393 CC, párrafo segundo, que iguala las porciones correspondientes a los partícipes, dada la remisión que hace el art. 1.669 y tratarse de sociedad interna (S 29 marzo de 1991)... Tratándose en este caso de

una sociedad interna, carente de personalidad jurídica, cuyos pactos se mantienen secretos entre los socios y les obligan; en los supuestos de disolución es necesaria la liquidación del haber común y rendición de cuentas precisas para determinar en este caso el heterogéneo activo y pasivo (representado por las deudas propias del negocio), lo que ha de cumplirse conforme a las reglas de la partición de herencia y así lo dispone el art. 1.708, en relación al 406 CC y es doctrina jurisprudencial de esta Sala de Casación Civil». (13 noviembre 1995, LA LEY 9898/1996)

CONCORDANCIAS

Véase arts. 1.051 a 1.089 de este Código.

TÍTULO IX
Del mandato

CAPÍTULO PRIMERO
DE LA NATURALEZA, FORMA Y ESPECIES DEL MANDATO

Artículo 1.709

Por el contrato de mandato se obliga una persona a prestar algún servicio o hacer alguna cosa, por cuenta o encargo de otra.

COMENTARIO

1.- El contrato de mandato es definido en este artículo, con tal vaguedad que permite confundirlo con cualquier otro de cooperación por cuenta ajena, especialmente el de prestación de servicios. Por ello, hay que buscar cuál es su esencia y no cabe hacerlo con criterios tradicionales, como el de gratuidad o el de representación, sino en el objeto. El objeto del mandato, que constituye su esencia, es la actividad jurídica, los actos jurídicos. De la regulación total de este contrato en el Código Civil se desprende que la función del mandatario es ejercitar una actividad jurídica relevante, que incidirá en la esfera jurídica del mandante. Aunque no es preciso que los actos lleguen a la categoría de negocios jurídicos.

Por ello, siendo la esencia del mandato su objeto y éste la actividad jurídica, se puede definir, con Albaladejo, como el contrato consensual por el que una persona, mandatario, se obliga hacia otra, mandante, a realizar algún acto jurídico, por cuenta de ésta.

2.- Los caracteres del contrato de mandato, son: (1.º), consensual, se perfecciona por el consentimiento de las partes; (2.º) unilateral, si es gratuito y bilateral, si es retribuido; (3.º) *intuitu personae*, basado en la individualidad de la persona y en la confianza mutua.

3.- El mandato puede ir unido a la representación. En tal caso, el mandatario no sólo actúa por cuenta y en interés del mandante —por razón del mandato—, sino también en nombre de éste —por razón de la representación—, pero la relación contractual mandatario-mandante, tiene su origen en el contrato de mandato, negocio jurídico bilateral, mientras que la representación tiene su origen en el apoderamiento, negocio jurídico unilateral. En tal caso de mandato con representación, aquél será la relación jurídica subyacente de ésta —la llamada relación representativa—, pero hay que tener en cuenta que esta relación tanto puede ser de mandato, como tantas otras, como sociedad, prestación de servicios, etc.

Y también cabe un mandato sin representación. El mandatario actúa por cuenta e interés del mandante, pero no es su nombre. Se aplica la normativa del mandato, pero no las reglas de la representación, lo que tiene importancia especial respecto a los terceros que se relacionan con el mandatario.

El Código Civil español supera a su modelo francés, pero no establece con rigurosa lógica la separación de ambas instituciones, aunque de sus artículos se deduce claramente que no es la representación la esencia del mandato. Con acierto regula independientemente la representación en el art. 1.259 y en la definición del mandato no incluye la nota de representación (art. 1.709), admitiendo en el art. 1.717 la hipótesis de que el mandatario obre en su propio nombre, aunque en otros artículos confunde el mandato con el poder de representación.

JURISPRUDENCIA

«El art. 1.709 ha sido correctamente aplicado, ya que el contrato de mandato se presenta como de efectiva cooperación que tiene por objeto cumplir el encargo recibido para llevar a cabo cualquier acto, servicios o realización de alguna cosa, ya que el precepto citado tiene contenido amplio. En el caso de autos se trata de efectiva relación de mandato, aunque no medió otorgamiento de poder escrito y por ello, si bien el mandatario compró en nombre propio, no lo fue para sí, sino también por cuenta y para su mandante, no obstante ser mandatario nomine propio y resultar de este modo obligado directamente con la parte vendedora, por lo que le pertenece la titularidad de las relaciones jurídicas, pero lo es sólo a título provisional, en tránsito hacia el patrimonio del mandante, el que es titular de la participación correspondiente». (18 enero 2000, LA LEY 1421/2001)

«El concepto que da el artículo 1709 del Código civil y que completan doctrina y jurisprudencia [sentencias de 27 de noviembre de 1992 (LA LEY 15116-R/1993), 21 de diciembre de 1992 (LA LEY 351-5/1993)] se centra en la idea del acuerdo expreso o tácito por el que una persona —mandatario— se ha obligado hacia otra —mandante— a realizar algún acto jurídico por cuenta de ésta. De ello se desprende que no puede concebirse que la verificación de cargas que tan sólo aparece del cobro por este concepto, por el Banco a la sociedad compradora demandante, sea constitutivo de mandato». (26 marzo 2007, LA LEY 9699/2007)

CONCORDANCIAS

Véase:
— arts. 1.544, 1.583 y ss. y 1.888 a 1.894 de este Código.
— Código de Comercio: arts. 224 y 244 a 302.

Artículo 1.710

El mandato puede ser expreso o tácito.

El expreso puede darse por instrumento público o privado y aun de palabra.

La aceptación puede ser también expresa o tácita, deducida esta última de los actos del mandatario.

COMENTARIO

1.- El mandato es un contrato consensual que se perfecciona por el consentimiento de las partes, coincidencia de las declaraciones de voluntad de una y otra parte, de querer encargar el acto o los actos jurídicos, el mandante y de querer realizarlos, el mandatario, rigiendo en todo caso el principio de libertad de forma, que proclama el art. 1.278.

Tanto la declaración de uno como la del otro pueden ser expresas o tácitas. «El mandato puede ser expreso o tácito», dice el primer párrafo del artículo 1.710. El párrafo segundo se refiere a la declaración expresa del mandante: el expreso puede darse (encargarse, el mandante que encarga) por instrumento público o privado y aun de palabra. Y el tercero se refiere al mandatario: la aceptación (piensa en el mandatario, aunque éste puede hacer la oferta, y el mandante, la aceptación) puede ser también expresa o tácita, deducida esta última de los actos del mandatario.

2.- En todo caso, pues, el mandante o el mandatario pueden hacer su declaración de voluntad expresa o tácitamente, prescindiendo de quién haga la oferta y quién la aceptación (es lo mismo: ¿aceptas comprar para mí tal cosa? qué ¿quieres que te compre tal cosa?). La declaración tácita puede plantear problemas a la hora de su calificación, que se soluciona aplicando la doctrina general sobre la forma de la declaración de voluntad en el negocio jurídico.

JURISPRUDENCIA

«es cierto que la jurisprudencia de esta Sala determina que para la transmisión del dominio de inmuebles, se requiere según el artículo 1713 en relación con el 1710 —ambos del Código Civil—, mandato «expreso», mandato éste que no es necesario que conste por escrito, pero que sí ha de ser suficientemente probado, es más, que el mandato esté claramente precisado en su objeto y extensión. Y que desde luego ese mandato expreso puede darse verbalmente —no es necesario que conste por escrito—. Por todas las sentencias de 21 de febrero de 1990 y 30 de junio de 1993, entre otras muchas». (7 noviembre 2005, rec. 1433/1999)

«la jurisprudencia de esta Sala tiene declarado: a) Que es compatible el art. 1710 del Código civil [CC], que admite el mandato tácito, con el art. 1713 CC (STS de 30 de abril de 1992), que exige que el mandato para enajenar sea expreso, en los términos que seguidamente se verá. b) Que la existencia del consentimiento puede manifestarse de forma expresa o tácita, por escrito o verbalmente (STS de 25 de octubre de 1975 y 12 febrero de 1983). Según la STS de 4 de abril de 2006, recurso número 3550/1999, el artículo 1713 CC exige para enajenar la existencia de mandato expreso, pero el mismo puede darse incluso de palabra como establece el artículo 1710 CC. Así lo admiten también las SSTS de 6 de octubre de 1994, 12 de abril de 1996 y 28 de julio de 1999. c) Que el mandato tácito ha de derivarse de actos que impliquen necesariamente de modo evidente y palmario la intención de obligarse (STS de 2 de junio de 1981, 13 de julio de 1987, 1 de marzo de 1988 y 24 de noviembre de 2004). d) Y que el mandato expreso puede darse no sólo en instrumento público o privado, sino también de palabra (STS de 28 de junio de 1996, 14 de diciembre de 1987 y 7 de febrero de 1997)». (18 diciembre 2006, LA LEY 214325/2006)

«el mandato puede darse de palabra, conforme al artículo 1710, al tratarse de negocio consensual (sentencias de 30-6-1993, 12-3-1994, 28-6-1996, 7-2 y 8-11-1997) y no resultan incompatibles los artículos 1710 y 1713, al referirse el primero a la forma del mandato y el segundo al contenido propio del acto. En consecuencia el mandato se daba concurrente al tiempo de la compraventa privada y la cláusula adicional que contiene el documento lo que autoriza es una demora voluntaria en el pago del precio que quedó aplazado hasta que el mandatario otorgara al adquirente carta de autorización expedida por el mandante, que no excluía su abono precedente». (1 marzo 2007, LA LEY 6591/2007)

«De acuerdo con la interpretación jurisprudencial del art. 1710 CC, el mandato tácito ha de derivarse de actos que impliquen necesariamente de modo evidente y palmario la intención de obligarse (STS de 2 de junio de 1981, 13 de julio de 1987, 1 de marzo de 1988 y 24 de noviembre de 2004, 18 de diciembre de 2006 y 29 de diciembre de 2006), mientras que es expreso no sólo el mandato que se da en instrumento público o privado, sino también

de palabra (STS de 28 de junio de 1996, 14 de diciembre de 1987 y 7 de febrero de 1997)». (21 marzo 2007, LA LEY 9691/2007)

«Es doctrina reiterada de esta Sala que el mandato expreso aludido en el párrafo segundo del artículo 1713 del Código Civil es perfectamente conciliable con las dos formas de exteriorización de tal negocio jurídico previstas en el artículo 1710 del propio Código y que el artículo 1713 al hablar en su segundo párrafo de mandato expreso se refiere más bien al mandato especial y, por tanto, no excluye la posibilidad de que aun dentro de la esfera de actos de riguroso dominio pueda ser suplida la falta de apoderamiento previo por la ratificación, sancionando la sentencia de 2 de junio de 1981 que el mandato tácito ha de derivar de actos que impliquen necesariamente de un modo evidente y palmario la intención de obligarse, debiendo acreditarse en debida forma las facultades conferidas al mandatario, lo que es cuestión de hecho reservada a la apreciación del Tribunal sentenciador en la instancia, apreciación que sólo es dable desvirtuar acusando error en la valoración de la prueba, resaltando, por último, la sentencia de 5 de abril de 1950, en interpretación de lo dispuesto en el párrafo segundo del artículo 1727 del Código Civil, que la ratificación tácita tiene lugar cuando el mandante sin hacer uso de la acción de nulidad por él ejercitable, acepta en su provecho los efectos de lo ejecutado sin su autorización, poniendo con ello de manifiesto su consentimiento concordante con el del tercero (SSTS 27 de diciembre de 1966; 10 de octubre de 1963; 10 de mayo de 1984; 3 de julio 1987; 18 de diciembre 2006; 10 de mayo 2007)». (11 febrero 2010, rec. 2319/2005, LA LEY 3089/2010)

CONCORDANCIAS

Véase arts. 1.280.5.º y 1.892 de este Código.

Artículo 1.711

A falta de pacto en contrario, el mandato se supone gratuito.

Esto no obstante, si el mandatario tiene por ocupación el desempeño de servicios de la especie a que se refiera el mandato, se presume la obligación de retribuirlo.

COMENTARIO

1.- El mandato es normalmente gratuito, pero puede ser retribuido. Este artículo establece la presunción de gratuidad. Si hay pacto de retribución, será retribuido. Hay una excepción: se presume que es retribuido si el mandatario tiene por ocupación, o más bien es su profesión, «el desempeño de servicios de la especie a que se refiera el mandato».

2.- Por tanto, en el mandato retribuido, la primera obligación del mandante es pagar la retribución al mandatario. La cuantía será la que se hubiese determinado; de no haberse hecho, se fijará por baremos u honorarios profesionales, por dictamen pericial, por usos del tráfico o, en último término, por resolución judicial en sentencia (lo mismo ocurre en los contratos de prestación de servicios y de obra).

JURISPRUDENCIA

«La alegación subsidiaria de la violación del art. 1711, párrafo segundo, del CC, con mención a la presunción de retribución cuando el mandatario tiene por ocupación el desempeño de servicios de la especie a que se refiere el mandato, se contradice en este caso con el hecho probado de que los propios esposos recurrentes obran documental y registralmente

como compradores del inmueble sito en Ribadeo, por lo que es aquí de aplicación la doctrina de que de que ninguna retribución será debida si la falta de éxito del negocio, o la falta de ejecución total o parcial del mismo, depende de causas imputables al mandatario». (29 enero 2001, LA LEY 1687/2001)

Artículo 1.712

El mandato es general o especial.

El primero comprende todos los negocios del mandante.

El segundo uno o más negocios determinados.

COMENTARIO

1.- El objeto del mandato es la actividad jurídica que realiza el mandatario por cuenta y en interés del mandato; dicho en otras palabras, los actos jurídicos que el mandante encarga al mandatario y éste debe realizar.

En relación con el objeto, este artículo distingue el *mandato general*, que es el que «comprende todos los negocios del mandante», como dice el texto legal, y quiere decir que el objeto del mandato alcanza a toda la actividad jurídica del mandante o toda la relativa a cierta parte de la misma; y el *mandato especial* que comprende «uno o más negocios determinados», es decir, relaciones jurídicas concretas.

2.- Esta clasificación es independiente y puede ser o no coincidente con la que expone el artículo siguiente. Es decir, el general o el especial, puede ser, a su vez, en términos generales o específico, según alcance actos de administración o disposición de toda la actividad del mandante o de una concreta.

JURISPRUDENCIA

«Así el encargo de dar crédito a persona determinada pasa a constituir, como cualquier otro encargo, una proposición de mandato con sus propios efectos jurídicos, cuando esa invitación o incitación a la concesión de crédito va acompañada de una promesa de garantía, asumiendo más o menos directamente el exhortante (mandante) el riesgo de la operación (promesa atípica de garantía), susceptible de llevarse a cabo por cualquiera de las formas admitidas en el CC —STS de 10 de julio de 1995— (LA LEY 16995-R/1995). Así quien inste a otro a dar crédito a un tercero y logra efectivamente la concesión del crédito solicitado puede quedar obligado jurídicamente, no ya tanto por mediar contactos previos más o menos explicitados en acuerdos, sino porque el ordenamiento viene a contemplar y dar relevancia al hecho de haber obtenido la satisfacción del interés que el encargo expresaba, pudiendo el destinatario de la carta de patrocinio (concedente) dirigirse para reclamar la efectividad y cumplimiento del contrato de crédito contra el también interesado (patrocinador-mandante) cuando el acreditado incumpla —artículos 1712, 1729 CC y 287 del Código de Comercio—, ello al margen de la responsabilidad que pueda apreciarse en el emisor de la carta de patrocinio, en cada caso concreto, como verdadero interesado en la subsiguiente operación de crédito y beneficiado en definitiva por la misma, cual sucede a menudo en los supuestos de sociedades participadas o integrantes de grupo». (13 febrero 2007, LA LEY 4494/2007)

Vid. jurisprudencia relacionada en el artículo siguiente.

Artículo 1.713

El mandato, concebido en términos generales, no comprende más que los actos de administración.

Para transigir, enajenar, hipotecar o ejecutar cualquier otro acto de riguroso dominio, se necesita mandato expreso.

La facultad de transigir no autoriza para comprometer en árbitros o amigables componedores.

COMENTARIO

1.- Distingue este artículo entre el mandato en términos generales y el específico, al que llama «expreso», pero esta palabra induce a confusión con la distinción entre mandato expreso y tácito.

El mandato en términos generales comprende solamente los actos de administración. El específico (o «expreso») comprende también los actos de disposición, lo que expresa el segundo párrafo de este artículo a modo de ejemplo («transigir, enajenar, hipotecar»), terminando con la fórmula general de «otro acto de riguroso dominio».

2.- El tercer párrafo de este artículo da una norma interpretativa un tanto fuera de lugar: el mandato que comprenda la facultad de transigir, no alcanza a la facultad de celebrar el contrato de compromiso. Se supone que se trata de un mandato representativo, ya que de lo contrario (es decir, en mandato sin representación) no es imaginable que se puede dar este supuesto.

JURISPRUDENCIA

«El artículo 1713 del Código Civil exige para enajenar la existencia de mandato expreso, pero el mismo puede darse incluso de palabra como establece el artículo 1710 del mismo código, y así debe estimarse que sucede en el caso enjuiciado ya que el mandatario había recibido el encargo de buscar un comprador para la vivienda y tenía en su poder las llaves de la misma, lo que evidencia la presencia de un mandato conferido por el titular que, como tal contrato, ha de interpretarse con arreglo a los criterios hermenéuticos previstos en el propio Código Civil». (4 abril 2006, rec. 3550/1999)

«además de aquellos actos determinados en el artículo 1713.2 del Código Civil, se requiere mandato expreso para las actuaciones del mandatario que impliquen el ejercicio de facultades dominicales del mandante, como para realizar actos que alteren el patrimonio de éste, sustituir bienes, constituir derechos reales o gravar de cualquier modo sus bienes, sin que sea preciso que se detalle en el otorgamiento del mandato a qué actos dominicales concretos se refiere, sino que basta con que de un modo claro se desprenda la autorización del mandante al mandatario para ejercitar cualesquiera actos que excedan de la mera administración; y si el mandatario realiza un acto de riguroso dominio sin contar con mandato expreso, el mandante puede otorgar "a posteriori" su ratificación (por todas, STS de 1 de marzo de 1990)». (3 diciembre 2008, rec. 477/2002, LA LEY 184910/2008)

«La jurisprudencia tiene reiteradamente declarado que para transigir es necesario un mandato especial, pues así debe entenderse la exigencia de mandato expreso que se contiene en el artículo 1713 CC. Mandato especial, según las sentencias de esta Sala, es aquel que contiene una designación concreta del objeto para el cual se confiere, pues no basta una

referencia general al tipo de actos para el cual se confiere. El grado de concreción necesario en la designación del objeto del mandato depende del carácter y circunstancias de aquél. Así, la jurisprudencia tiene declarado que cuando el mandato tiene por objeto actos de disposición es menester que se designen específicamente los bienes sobre los cuales el mandatario puede ejercitar dichas facultades, y no es suficiente con referirse genéricamente al patrimonio o a los bienes del mandante. En el caso del mandato para transigir es necesario que se especifique con precisión el conflicto al que se refiere la transacción en términos objetivos y subjetivos, distinguiéndolo de cualquier otro, y los aspectos jurídicos o de hecho sobre los que se autoriza a transigir. No es necesario, sin embargo, que se establezcan los términos en los cuales ha de tener lugar la negociación o la transacción ni que se especifiquen límites máximos o mínimos para llevarla a cabo». (26 noviembre 2010, rec. 861/2006, LA LEY 244357/2010)

Vid. jurisprudencia del art. 1.710

CONCORDANCIAS

Véase:
— Ley 60/2003, 23 diciembre, de Arbitraje (*«B.O.E.»*, 26 diciembre).
— Ley Hipotecaria, de 8 febrero 1946 (*«B.O.E.»*, 29 mayo): art. 139.

Artículo 1.714

El mandatario no puede traspasar los límites del mandato.

COMENTARIO

1.- Este artículo se refiere al objeto del contrato del mandato y está en íntima relación con el siguiente. Dispone que el mandatario «no puede traspasar los límites del mandato». Lo cual significa que el objeto del mandato, expreso o tácito, general o especial, en términos generales o específico, no puede ser traspasado por el mandatario, en el sentido de que no puede ejecutar una actividad jurídica que vaya más allá del contenido del concreto contrato de mandato.

2.- A su vez, este contenido, que está fijado en el contrato, se ejecutará según instrucciones del mandato y el mandatario no puede actuar más allá de estas instrucciones, lo que está en relación con lo dispuesto en el artículo siguiente. En cuanto al traspaso de límites, lo contempla el art. 1.727.

JURISPRUDENCIA

«Se produce uso incorrecto del mandato en el supuesto de extralimitación en el ejercicio del mismo, conforme al art. 1.714, pues las facultades concedidas a los mandatarios para realizar negocios jurídicos por cuenta de la mandante tienen su origen en la conforme declaración de voluntad que proviene del mismo, a la que deben de acomodarse y ajustarse, lo que no autoriza al mandatario a excederse para llevar a cabo negocios con terceros que no eran los previstos, ni queridos y, por tanto, autorizados por quien otorgó el poder. El exceso del mandato repercute en las relaciones creadas por consecuencia del ejercicio abusivo, en el sentido de que el mandante puede considerarse ajeno a los mismos, los que carecen de validez y eficacia frente al principal, por no conformarse a su voluntad, respondiendo entonces el mandatario personalmente de las obligaciones que vino a contraer (arts. 1.101 y

1.718 CC)». (27 enero 2000, LA LEY 238318/2000) (Doctrina reiterada literalmente por la sentencia de 30 junio 2009, rec. 336/2005, LA LEY 119065/2009)

CONCORDANCIAS

Véase:
— arts. 1.725 y 1.727, párrafo 2.º de este Código.
— Código de Comercio: arts. 254 a 256.

Artículo 1.715

No se consideran traspasados los límites del mandato si fuese cumplido de una manera más ventajosa para el mandante que la señalada por éste.

COMENTARIO

1.- Tras la norma del artículo anterior de que el mandatario no puede traspasar los límites del mandato, éste añade un paliativo relativo al caso en que sí los traspasa pero en beneficio del mandante.

El supuesto de que el mandatario actúe más allá de los límites del mandato, puede ser: (1.º) porque su actuación comprenda una actividad (el objeto) que no estaba prevista en el contrato de mandato; (2.º) porque su actividad recaiga sobre el objeto previsto en el contrato, pero realiza una actividad, sobre este objeto, que no estaba prevista; (3.º) porque realiza la actividad prevista sobre el objeto, pero va más allá de las instrucciones que le ha dado el mandante.

2.- En el primer caso, en que el mandatario realiza una actividad jurídica por cuenta del mandante, pero ésta no está prevista en el mandato, no sólo ha traspasado los límites del mandato, sino que ha ejecutado acto o actos jurídicos ajenos al mismo. No importa que sean beneficiosas o no para el mandante; son ajenos al mandato; sería un caso de gestión de negocios ajenos. En ésta, a su vez, se prevé que el mandante, si le interesa, ratifique lo hecho. Pero no cae en el ámbito de este artículo 1.715.

3.- En el segundo y en el tercer caso, en que el mandatario realizó la actividad prevista en el mandato o siguió las instrucciones del mandante, pero fue más allá de la actividad o más allá de las instrucciones, si lo hizo de manera «más ventajosa para el mandante», establece este artículo que no se han traspasado los límites del mandato y su actuación queda dentro de éste.

CONCORDANCIAS

Véase Código de Comercio: art. 255.

Artículo 1.716

El menor emancipado puede ser mandatario, pero el mandante sólo tendrá acción contra él en conformidad a lo dispuesto respecto a las obligaciones de los menores.

COMENTARIO

1.- El mandante precisa la capacidad general para contratar, que es la capacidad de obrar. Aunque también precisa la capacidad específica para el acto que el mandatario tenga el encargo de realizar. De lo contrario podría realizar un acto del que carece de capacidad o que le está prohibido por persona interpuesta, el mandatario. El mandante no puede realizar por medio del mandatario más actos de los que pueda realizar por sí.

Al mandatario le basta la capacidad general para contratar, pero si es menor emancipado, en sus relaciones con el mandante dispone el art. 1.716 que éste «sólo tendrá acción contra él en conformidad a lo dispuesto respecto a las obligaciones de los menores»: queda el mandatario menor emancipado, frente al mandante obligado según su propia capacidad con aplicación del art. 1.304.

2.- Sin embargo, su el mandato no es con representación, el mandatario deberá tener la capacidad específica para el acto jurídico concreto que deba realizar, pues lo hará en su propio nombre, aunque luego transmita sus efectos al mandante. Por el contrario, si es con representación, le bastará la capacidad general, pues el acto lo realizará en nombre del mandante.

CONCORDANCIAS

Véase art. 1.304 de este Código.
Texto vigente según Ley 14/1975, 2 mayo (*«B.O.E.»,* 5 mayo).

Artículo 1.717

Cuando el mandatario obra en su propio nombre, el mandante no tiene acción contra las personas con quienes el mandatario ha contratado, ni éstas tampoco contra el mandante.

En este caso el mandatario es el obligado directamente en favor de la persona con quien ha contratado, como si el asunto fuera personal suyo. Exceptúase el caso en que se trate de cosas propias del mandante.

Lo dispuesto en este artículo se entiende sin perjuicio de las acciones entre mandante y mandatario.

COMENTARIO

1.- Se refiere este artículo al mandato sin representación, en que el mandatario obra en su propio nombre y se produce la relación jurídica directamente entre el mandatario y los terceros, no entre el mandante y éstos. Lo expresa el texto legal diciendo que «el mandatario es el obligado directamente en favor de la persona con quien ha contratado, como si el asunto fuera personal suyo» y por el contrario, respecto al mandante, dice que «no tiene acción contra las personas con quienes el mandatario ha contratado, ni éstos tampoco contra el mandante».

2.- Así, en el mandato no representativo, las relaciones externas respecto al mandatario son de éste con el tercero; es decir, los efectos se producen entre mandatario y tercero. Sin perjuicio, claro está, de las relaciones internas que tiene el mandatario con el mandante, tal como dice el último párrafo del mismo artículo 1.717: «lo dispuesto en este artículo se entiende sin perjuicio de las acciones entre mandante y mandatario».

Por tanto, en un acto jurídico (contrato, por ejemplo, negocio jurídico bilateral, subtipo de acto) los efectos (así, derechos y obligaciones del contrato) se producen entre mandatario y el otro contratante. Pero, a su vez, el mandatario deberá cumplir sus obligaciones derivadas del mandato, frente al mandante, esencialmente la de transmitirle las cosas y derechos que hubiere recibido de aquel contratante, cumpliendo la obligación que le impone el artículo 1.720.

3.- Un caso especial asimilable al mandato representativo es contemplado en el último inciso del segundo párrafo del artículo 1.717, ya analizado, relativo al mandato sin representación; dispone: «exceptúase el caso en que se trate de cosas propias del mandante». Puesta esta disposición en relación con el resto del articulo se interpreta en el sentido de que en el mandato sin representación, a que se refiere el artículo 1.717, se produce el mismo efecto frente a tercero que en el mandato representativo, «si se trata de cosas propias del mandante»; no significa cosas propiamente dichas, sino asuntos, empresas o negocios pertenecientes al mandante, o más bien relaciones jurídicas o actividades propias del mandante que sólo él debe afrontar ante los terceros; incluso se dará este mismo supuesto, si hay un conocimiento por el tercero de que el mandatario actúa para el mandante.

JURISPRUDENCIA

«en el caso de actuación por el mandatario en nombre propio sobre cosas propias del mandante, el conocimiento de esta situación por los que contratan con el mandatario determina una contemplatio in re que hace desaparecer la denegatio actionis (típica del mandato puro —no representativo—) entre el mandante y aquellos contratantes. Es decir, se producen, en tal perspectiva, los mismos efectos de la representación directa (mandato representativo). No obstante, el precepto —"exceptúase el caso en que se trate de cosas propias del mandante"— (por cierto sin precedente legislativo, a salvo el art. 287 del Código de Comercio, ni siquiera prelegislativo pues fue añadido al Código Civil a última hora) no aclara cuál es la situación en que queda el mandatario respecto de las personas con quien contrató, pudiéndose llegar a diversas conclusiones, según que se le ponga en relación con el inciso que le precede, o con el conjunto del precepto (art. 1717). El criterio que parece más seguro es el de entender que el mandatario no queda desvinculado respecto de quienes celebraron el contrato. Se fundamenta en la manera de producirse exteriormente, la intervención del mandatario en ejercicio de su propia personalidad —autonomía— jurídica y la perspectiva de los que con él contrataron, lógicamente interesados en su solvencia o responsabilidad. A lo dicho sólo resta añadir que las diversas situaciones que pueden plantearse cabe den lugar a consecuencias jurídicas disímiles, respecto de dichos contratantes, para el mandante y el mandatario». (22 abril 2005, rec. 4313/1998)

«Esta Sala, en sentencia de 1 diciembre 2006, entre las más recientes, tiene declarado que "cuando una sociedad carece de funcionamiento real e independiente respecto de otras personas que la controlan realmente, se ha de proceder al 'levantamiento del velo' de la personalidad jurídica, para buscar a los sujetos y a los patrimonios realmente actuantes y responsables (Sentencias de 31 de enero y 17 de octubre de 2000, 22 de julio de 1998, 18 de abril y 8 de mayo de 2001, 21 de mayo de 2002, 23 de diciembre de 1997, entre otras muchas) y es lo procedente en todos los casos en que se haya utilizado, con fines fraudulentos, la interposición de una persona jurídica para eludir la responsabilidad personal en perjuicio de derechos de terceros o para evitar una justa reacción de los terceros por vía de oponer excepciones personales que se tratan de evitar creando, a través del velo de la persona jurídica, un aparente tercero". En tales casos la responsabilidad ha de extenderse a cada una de las sociedades concurrentes a efectos de no permitir que las operaciones realizadas entre ellas con la finalidad de asignar el patrimonio real a una u otra redunde en perjuicio de los acreedores que pudieran ver burlado su derecho de este modo. Es por ello que la confusión de personalidad jurídica creada entre la demandada —constituida ad hoc *para hacerse en definitiva con la propiedad de lo construido— y las sociedades que en principio resultaban obligadas al pago del precio de la obra, minimiza la relevancia de la presencia de un contrato de mandato entre ellas ante la evidencia de una actuación conjunta y predeterminada para constituirse en titulares de la planta eólica construida y, en consecuencia, la derivación de una responsabilidad para la demandada extraída de la aplicación del artículo*

1717 del Código Civil, pues dicha responsabilidad aparece en cualquier caso justificada en virtud de los anteriores razonamientos». (30 marzo 2007, LA LEY 11198/2007)

«el mandante ya adquirido, dando sentido con ello a lo previsto en el artículo 1717 del Código civil, como ha dicho esta Sala en un conjunto de decisiones que constituyen una línea constante, como las de 22 de mayo de 1964, 22 de noviembre de 1965, 26 de noviembre de 1970, sin necesidad de que el mandatario otorgue un documento en que el mandatario confiese o testimonie el origen del dinero con el que adquiere (lo que ocurre, en cambio, en las Sentencias de 26 de mayo de 1950, 3 de junio de 1953, y 19 de diciembre de 1963). Una línea que sigue en las Sentencias de 16 de mayo de 1983, 24 de junio de 1984, 14 de octubre de 1989 (LA LEY 154354-JF/0000), 13 de abril de 1994 (LA LEY 588/1994), 18 de enero (LA LEY 4212/2000) y 4 de julio de 2000, entre otras. La doctrina lo ha explicado al señalar que "el mandante adquiere una propiedad sustancial, mientras que el mandatario, frente a terceros ajenos al mandante, desconocedores del mandato, una propiedad formal". A lo que se añadiría, según la autorizada doctrina a que nos referimos, que se trata "en suma, de algo idéntico a lo que ocurre en el negocio fiduciario, entre fiduciante y fiduciario"». (7 mayo 2007, LA LEY 23111/2007)

CONCORDANCIAS

Véase:
— art. 1.259 de este Código.
— Código de Comercio: art. 246.

CAPÍTULO II
DE LAS OBLIGACIONES DEL MANDATARIO

Artículo 1.718

El mandatario queda obligado por la aceptación a cumplir el mandato, y responde de los daños y perjuicios que, de no ejecutarlo, se ocasionen al mandante.

Debe también acabar el negocio que ya estuviese comenzado al morir el mandante, si hubiere peligro en la tardanza.

COMENTARIO

1.- El mandatario debe realizar la actividad jurídica, los actos jurídicos a que se comprometió por cuenta y en interés del mandante (y además en su nombre, si es mandato representativo). Así lo dispone el primer inciso del primer párrafo del artículo 1.718: el mandatario queda obligado por la aceptación (perfección del contrato) a cumplir el mandato.

2.- Incurre el mandatario en responsabilidad en caso de incumplimiento de las obligaciones que se derivan del contrato de mandato. Si incumple totalmente, es decir, no realiza los actos jurídicos objeto del mandato, dice el artículo 1.718, primer párrafo, segundo inciso, «responde de los daños y perjuicios que, de no ejecutarlo, se ocasionen al mandante». Si incumple parcialmente —cumplimiento defectuoso—, responde por dolo y por culpa, graduándose ésta según si el mandato es gratuito o retribuido. Así lo dispone el artículo 1.726.

3.- Añade una última obligación del mandatario, el segundo párrafo del presente artículo. Una vez extinguido el mandato por muerte del mandante, aquél se extingue, pero, pese a ello, el mandatario debe seguir cumpliendo la actividad del objeto del objeto del mandato, cuando hay «peligro en la tardanza», dispone esta norma, es decir, aquellos actos que no admiten espera; sin que el mandatario pueda cesar en su actividad hasta que resuelvan los herederos.

CONCORDANCIAS

Véase arts. 1.737 y 1.738 de este Código.

Artículo 1.719

En la ejecución del mandato ha de arreglarse el mandatario a las instrucciones del mandante.

A falta de ellas, hará todo lo que, según la naturaleza del negocio, haría un buen padre de familia.

COMENTARIO

1.- Como continuación del artículo anterior, que establece la obligación del mandatario de realizar la actividad jurídica objeto del mandato, éste añade que deberá hacerlo siguiendo las instrucciones del mandante. El concepto de instrucciones no es preciso; la doctrina distingue las instrucciones imperativas o necesarias, que debe cumplir el mandatario; las instrucciones dispositivas o facultativas, que conceden al mandatario un cierto margen de discrecionalidad;

y las instrucciones demostrativas o variables, de las que el mandatario puede apartarse; la sentencia, un tanto antigua, de 26 mayo 1964 analiza con detalle el tema de las instrucciones.

2.- Si el mandante no ha dado instrucciones o las ha dado insuficiente o vagamente, dispone el segundo párrafo de este artículo que el mandatario deberá cumplir el mandato de acuerdo con el principio de la buena fe, que se traduce en este caso por la actuación diligente, con la diligencia general del «buen padre de familia» y la concreta, relativa a la «naturaleza del negocio».

JURISPRUDENCIA

«El mandatario está obligado a realizar la actividad, objeto del mandato, diligentemente y en interés del mandante: es el llamado deber de fidelidad. La extensión de la actividad que realiza el mandatario deriva de tal deber de fidelidad, que constituye el factor jurídico personal de la relación de mandato y que tiene su fundamentación legal en el artículo 1719 del Código civil y que constituye asimismo la exigibilidad de la buena fe, cuya base legal es el artículo 1258 del mismo cuerpo legal». (28 octubre 2004, rec. 2968/1998)

CONCORDANCIAS

Véase Código de Comercio: arts. 254 a 256.

Artículo 1.720

Todo mandatario está obligado a dar cuenta de sus operaciones y a abonar al mandante cuanto haya recibido en virtud del mandato, aun cuando lo recibido no se debiera al segundo.

COMENTARIO

1.- La primera obligación que este artículo impone al mandatario, en su primer inciso, es la de rendir cuentas de su gestión, al mandante, lo que conlleva la de tenerle informado. La información puede hacerla antes de llevar a cabo la gestión. La rendición de cuentas la puede hacer durante la gestión y la debe hacer, en todo caso, al terminar el mandato. Información y rendición de cuentas se harán a iniciativa del mandatario o a petición del mandante. Puede estar previsto el cumplimiento de esta obligación en el propio contrato de mandato o en pacto posterior o simplemente no prevista por las partes; incluso puede haberse pactado expresamente la exoneración de esta obligación.

2.- El segundo inciso de este artículo establece la obligación de *transmisión* de lo recibido por el mandatario, de terceras personas, al mandante. Se trata de todo lo que haya recibido «en virtud del mandato» dice el texto legal, que añade: «aun cuando lo recibido no se debiera» al mandante; es decir, todo aquello recibido por el mandatario, no para sí, sino para el mandante, por razón del mandato y sin importar que se le deba efectivamente o no.

JURISPRUDENCIA

«Ya de principio se presenta una actuación despojada de legalidad la que se imputa al Procurador, pues reunía condición de mandatario, autorizado para el percibo de cantidades del Juzgado, al estar vinculado a la cliente por relación de mandato (art. 5.2 LEC). La nota de independencia profesional hay que referirla al aspecto técnico de la representación

procesal que ostentaba por el poder conferido. En esta situación debió de cumplir con la obligación que le imponía el art. 1.720 CC, que se presenta como imperativa al emplear la expresión «está obligado», procediendo a transmitir el precepto emplea el vocablo abonar, que no es afortunado a su mandante lo recibido en virtud del mandato, que es consecuencia del principio fundamental de que el mandatario obra siempre por cuenta del mandante (SS 22 May. 1964 y 6 Oct. 1994), con lo que se vino a practicar una retención que el CC no autoriza, ya que sólo procede en los supuestos de los arts. 453, 502, 1.034, 1.196.5, 1.600, 1.730, 1747, 1780 y 1886 y al tiempo llevó a cabo disposición para verificarse autopago sobre la cantidad detenida, sin contar con el debido consentimiento expresado de la recurrente». (12 julio 2000, LA LEY 10028/2000)

«El artículo 1720 del Código Civil, con precedente en el 1611 del Proyecto de 1851 (de contenido sustancialmente igual) y en la afirmación de Paulo de que por razón del mandato no debe quedar nada en poder de aquel que lo aceptó (ex mandato apud eum, qui mandatum suscepit, nihil remanere oportet...: Digesto 17.120), impone al mandatario, además de la obligación de rendir cuenta, la de entregar al mandante todo cuanto hubiera recibido en virtud del mandato, aunque no le fuera realmente debido». (5 abril 2005, rec. 4206/1998)

«En cuanto al fondo, partiendo de hechos acreditados y, especialmente, de hechos admitidos, el demandado D. Emilio hizo suyo el importe del precio por razón de la expropiación de una finca que era propiedad, en condominio romano, del mismo y de los demandantes, sus hermanos, D. Luis y D. Juan Pablo, por terceras partes iguales. Por tanto, siendo el dinero una cosa esencialmente divisible y siendo esencial la actio communi dividundo, estos últimos pueden exigir al primero las dos terceras partes de aquella cantidad de dinero, en virtud de lo dispuesto en el artículo 400 del Código Civil y, asimismo, habiendo percibido aquel precio en virtud de mandato representativo, también es aplicable el artículo 1720 que le obliga a abonar a sus hermanos, mandantes, la parte que les corresponde, además de los intereses que le impone el artículo 1724 del mismo código». (1 junio 2005, rec. 4756/1998)

CONCORDANCIAS

Véase:
— art. 1.730 de este Código.
— Código de Comercio: art. 263.

Artículo 1.721

El mandatario puede nombrar sustituto si el mandante no se lo ha prohibido; pero responde de la gestión del sustituto:

1.º Cuando no se le dio facultad para nombrarlo.

2.º Cuando se le dio esta facultad, pero sin designar la persona, y el nombrado era notoriamente incapaz o insolvente.

Lo hecho por el sustituto nombrado contra la prohibición del mandante será nulo.

COMENTARIO

1.- En principio, el mandatario realizará la actividad jurídica personalmente, como es propio de este contrato *intuitu personae*. Sin embargo, la efectividad de su práctica exige que pueda utilizar auxiliares o colaboradores. Pero también algo más: el que el mandatario puede nombrar sustituto, lo que permite el artículo 1.721, si el mandante no se lo ha prohibido. Es un mandatario del mandante, caso típico de subcontrato.

2.- En este caso de que el mandante no se lo ha prohibido y el mandatario nombra un sustituto, responde de su gestión en los casos que prevé el mismo artículo 1.721: 1.º) cuando no se le dio facultad para nombrarlo; 2.º) cuando se le dio esta facultad, pero sin designar la persona, y el nombrado era notoriamente incapaz o insolvente.

3.- En el caso de que el mandante haya prohibido el nombramiento de un sustituto, y el mandatario, pese a la prohibición, lo nombra, lo que haga será ineficaz en el sentido de que no producirá efecto respecto al mandante. Así lo expresa el último párrafo del artículo 1.721: «lo hecho por el sustituto nombrado contra la prohibición del mandante será nulo». Aunque no es nulidad, sino ineficacia. El mandante, a pesar de aquella prohibición y de esta consiguiente ineficacia, puede ratificar la actuación del sustituto y recibir los efectos de la misma.

JURISPRUDENCIA

«hubo en el caso debatido una transmisión del mandato, ya que el mandatario obrando en nombre del mandante y en virtud de las facultades específicamente conferidas traslada a otro las facultades de que fue investido, con el efecto de quedar desligado del mandato, y puesto en su lugar el sustituto, para que actúe éste en nombre del mandante (doctrina recogida de las sentencias de esta Sala de 14 de diciembre de 1943 y 2 de marzo de 1992). Y sobre todo interesa en este litigio dejar bien sentado, como confirman las sentencias anteriores de 16 de diciembre de 1897 y 22 de octubre de 1991, que el mandatario queda desligado en el supuesto de sustitución de la clase referida de todas sus relaciones con el mandante, quedando en su lugar el sustituto, único que desde entonces tiene carácter de mandatario con relación al poderdante». (22 abril 1994, LA LEY 13900/1994)

«Del régimen establecido en los artículos 1721 y 1722 del Código Civil cabe extraer los siguientes supuestos: 1.º) Que el mandante hubiere dado facultad al mandatario para nombrar sustituto. En este caso el responsable, en caso de sustitución en el mandato, será el propio sustituto, aunque también responderá, junto a él, el mandatario cuando no se designó la persona del sustituto y el nombrado era notoriamente incapaz o insolvente; 2.º) Que el mandante, sin dar expresamente facultad al mandatario para operar la sustitución en el mandato tampoco lo hubiera prohibido; supuesto en el que mandatario y sustituto responderán ante el mandante conjuntamente; y 3.º) Que el mandante haya prohibido expresamente cualquier sustitución en el mandato; supuesto en el que lo hecho por el sustituto será nulo y en el que el mandante carece de toda acción contra el sustituto». (27 noviembre 2007, LA LEY 193542/2007)

CONCORDANCIAS

Véase Código de Comercio: arts. 261 y 296.

Artículo 1.722

En los casos comprendidos en los dos números del artículo anterior puede además el mandante dirigir su acción contra el sustituto.

COMENTARIO

1.- La acción directa es la que tienen los acreedores para reclamar del deudor de su deudor lo que importa a la satisfacción de su crédito. El Código Civil no la contempla como figura general, pero la prevé en supuestos concretos; así, en el presente artículo. En el artículo anterior se establece que el mandatario, a quien el mandante no le ha prohibido nombrar un sustituto, pero tampoco le dio facultad para ello o bien se la dio pero sin designar persona y ésta es notoriamente incapaz o insolvente, responde de la gestión del sustituto. En el presente artículo se añade que esta responsabilidad que tiene el sustituto frente al mandatario que le nombró, también la tiene frente al mandante. Dicho a la inversa, el mandante tiene acción directa frente al sustituto.

2.- En consecuencia, si el sustituto que se halla en los dos casos del artículo anterior, incumple las obligaciones propias del mandato, el mandante tiene acción para exigir responsabilidad, primero, contra el mandatario (que nombró el sustituto), segundo, contra el sustituto (nombrado por el mandatario), esta última es la acción directa. Ciertamente, el deudor del mandante, por razón del incumplimiento, es el mandatario; a su vez, el deudor de éste es el sustituto. En virtud de la acción directa, el mandante se dirige contra el sustituto. Lo cual no empece que se pueda dirigir también contra el mandatario. O contra ambos. La responsabilidad de ambos es solidaria.

Artículo 1.723

La responsabilidad de dos o más mandatarios, aunque hayan sido instituidos simultáneamente, no es solidaria, si no se ha expresado así.

COMENTARIO

1.- Un principio general es el de mancomunidad de las obligaciones con pluralidad de sujetos. No parece que haya necesidad de recordarlo en el contrato de mandato. Pero este artículo sí lo hace, ad cautelam, quizá porque podría entenderse que un mandato conjunto a varios mandatarios podría dar lugar a pensar que las obligaciones que contraen son solidarias y, por ende, su responsabilidad. Precisamente en este extremo, la doctrina ha criticado la mancomunidad.

2.- Lo que dispone, pues este artículo, es que si en el contrato de mandato concurren varios mandatarios, nombrados simultáneamente o no, sus obligaciones y su consiguiente responsabilidad en caso de incumplimiento, son solidarias si se ha pactado expresamente; a falta de pacto, son mancomunados. Así, aplica a este caso el principio general proclamado en los arts. 1.137 y 1.138. Por tanto, cada mandatario responde de su propio incumplimiento, total o parcial (cumplimiento defectuoso), es decir, de su actuación personal. Y sólo en el caso de que el perjuicio que sufra el mandante no se pueda atribuir a uno u otro de los mandatarios o bien proceda de todos ellos sin poder distribuir responsabilidades concretas, entonces la responsabilidad será solidaria.

JURISPRUDENCIA

«en el caso de que dos o más mandatarios hayan sido instituidos simultáneamente, la responsabilidad de los mismos no es solidaria si no se ha expresado así, no siendo exigible la rendición de cuentas a uno solo de los coadministradores, cuando son varios los llamados a liquidar la administración que les fue encomendada y debiendo aportar a la liquidación que todos ellos practiquen las resultas de los actos de gobierno que cada uno haya realizado». (22 septiembre 1989, LA LEY 13338-R/1991)

CONCORDANCIAS

Véase art. 1.731 de este Código.

Artículo 1.724

El mandatario debe intereses de las cantidades que aplicó a usos propios desde el día en que lo hizo, y de las que quede debiendo después de fenecido el mandato, desde que se haya constituido en mora.

COMENTARIO

1.- El hecho de que el mandatario aplique a usos propios cantidades que recibió en virtud del mandato (vid. art. 1.720), es una muestra de deslealtad del mismo, que puede caer en el tipo delictivo de apropiación indebida (art. 252 del Código Penal de 23 noviembre 1995). La sanción civil que impone este artículo al mandatario es que debe intereses que se computan desde el mismo día en que hizo tal aplicación a usos propios. Además, claro está, de que deberá devolver tales cantidades, aplicando el art. 1.729. Y también, deberá indemnizar daños y perjuicios, si los ha causado.

2.- Al terminar el mandato, el mandatario deberá abonar al mandante las cantidades que haya recibido en virtud del mandato (art. 1.720). De las que esté debiendo al terminar el mandato, deberá intereses desde que se haya constituido en mora, aplicándose la norma general del art. 1.100; su cómputo comenzará desde que haya habido la intimación judicial que exige dicho artículo.

JURISPRUDENCIA

«La sentencia recurrida condena al reintegro de una cantidad dineraria, reintegro que procede del hecho de que tal cantidad la aplicó a usos propios, por lo menos a partir de que depositó unas determinadas acciones adquiridas con aquella cantidad, en una entidad bancaria a su nombre. Al no condenar al mandatario al pago de los intereses, infringe la sentencia recurrida el mencionado art. 1.724 CC y debe añadirse la condena a tales intereses». (25 abril 2000, LA LEY 7011/2000)

«El art. 1724 CC obliga al mandatario al pago de intereses de las cantidades que aplicó a usos propios y aclara el dies a quo*: desde el día en que lo hizo, y no precisa el dies ad quem. La sentencia recurrida entiende, acertadamente, que éste es el día en que se ofrece al mandante, sin que pueda tener trascendencia jurídica el que éste se niegue a recibirlo. Lo cual responde a la función de esta obligación de pago de intereses, que es la indemnización en razón del daño causado (cantidad no percibida por el mandante y aprovechada por el mandatario) en virtud de incumplimiento culpable; efecto sancionatorio de la infidelidad o enriquecimiento del mandatario; en definitiva, cumplimiento defectuoso de sus obligaciones, que exigen una culpabilidad, la que desaparece si la causa de no percibir la cantidad no es la voluntad del mandatario, sino la negativa del mandante».* (11 octubre 2002, LA LEY 685/2003)

CONCORDANCIAS

Véase arts. 282 a 284 de este Código.

Artículo 1.725

El mandatario que obre en concepto de tal no es responsable personalmente a la parte con quien contrata sino cuando se obliga a ello expresamente o traspasa los límites del mandato sin darle conocimiento suficiente de sus poderes.

COMENTARIO

En el mandato unido a la representación, en que el mandatario es también representante del mandante, las relaciones externas se producen directamente entre el mandante y tercero; es decir, los efectos del mandato se producen directamente frente al mandante. Lo anterior viene recogido, con mala terminología y confundiendo mandato con representación, en el artículo 1.725: el mandatario que obre en concepto de tal (confunde términos: quiere decir mandatario-representante que actúe como tal representante) no es responsable personalmente a la parte con quien contrata, porque queda obligado directamente el mandante, ya que los efectos del mandato se producen directamente frente a él. Pese a ser mandato representativo, queda obligado directamente el mandatario si se pacta o si traspasa los límites; el mismo ar-tículo 1.725 añade que el mandatario representante responde personalmente cuando se obliga a ello expresamente o traspasa los límites del mandato sin darle conocimiento suficiente de sus poderes.

JURISPRUDENCIA

«los terceros, en este caso los adquirentes de las fincas enajenadas, ya que los mismos no resultan totalmente desamparados por la actuación de mandatario que sobrepasa lo encargado, pues si bien en estos casos el mandante no queda vinculado, salvo que otorgue su aprobación, es entonces cuando se produce la responsabilidad del mandatario, en forma personal y directa, conforme al art. 1.725 CC». (27 enero 2000, LA LEY 238318/2000)

«Con base en el art. 1.725 CC... aparece plenamente probado que el codemandado D. Manuel S. P., en la gestación y posterior celebración del contrato de arrendamiento litigioso, actuó única y exclusivamente como simple mandatario del arrendador a virtud del poder que éste le tenía conferido para ello, sin obligarse, como tal mandatario, absolutamente a nada y sin traspasar los límites del mandato, por lo que carece en absoluto de legitimación pasiva ad causam para ser demandado en este proceso». (3 abril 2000, LA LEY 184561/2000)

«Cuando el representante celebra el contrato no en nombre propio, esto es, ocultando su condición de tal, sino en el de su poderdante (alieno nomine o con contemplatio domini), *dando así a conocer a la otra parte que el asunto es ajeno y que no asume los efectos de la gestión, estos se producen directamente en la esfera jurídica del representado, como si hubiera sido él, y no el apoderado, quien hubiera contratado. Ello es consecuencia de haberse producido una concorde voluntad de dotar de heteroeficacia a la actuación de éste último, que desaparece de la escena de producción de los efectos. Así lo establece, para el caso de que entre representante y representado medie una relación de mandato, el artículo 1725 del Código Civil (sentencias de 11 de febrero de 1991, 4 de diciembre de 1992, 25 de febrero de 1994, 3 de abril de 2000 y 7 de marzo de 2006), a cuyo tenor el mandatario (representante), cuando obre en concepto de tal (esto es, no en su propio nombre, supuesto para el que es aplicable el artículo 1717 del mismo Código) no responde personalmente a la parte con quien contrata»*. (10 noviembre 2006, LA LEY 135265/2006)

CONCORDANCIAS

Véase Código de Comercio: art. 247.

Artículo 1.726

El mandatario es responsable, no solamente del dolo, sino también de la culpa, que deberá estimarse con más o menos rigor por los Tribunales según que el mandato haya sido o no retribuido.

COMENTARIO

1.- El artículo 1.718 establece la obligación esencial del mandatario, de realizar la actividad jurídica objeto del mandato e impone la responsabilidad por su incumplimiento. El presente artículo desarrolla esto último. Dispone tal responsabilidad por incumplimiento total y por incumplimiento parcial o cumplimiento defectuosos. Tal responsabilidad es por dolo y por culpa, con lo que aplica al mandatario lo que disponen los artículos 1102 y 1104 para las obligaciones en general, así como el art. 1.107.

2.- La responsabilidad por culpa puede ser moderada por los Tribunales, según establece con carácter general el art. 1.103. El presente artículo hace una aplicación concreta de la anterior norma general, al caso del mandatario. La responsabilidad de éste por el incumplimiento total o parcial debido a culpa, se moderará judicialmente («deberá estimarse con más o menos rigor por los Tribunales», dice el texto legal) según que el mandato haya sido retribuido o gratuito.

CONCORDANCIAS

Véase arts. 1.101 y 1.104 de este Código.

CAPÍTULO III
DE LAS OBLIGACIONES DEL MANDANTE

Artículo 1.727

El mandante debe cumplir todas las obligaciones que el mandatario haya contraído dentro de los límites del mandato.

En lo que el mandatario se haya excedido, no queda obligado el mandante sino cuando lo ratifica expresa o tácitamente.

COMENTARIO

1.- El mandante queda vinculado, en sus relaciones externas, como efecto frente a tercero, por los actos que ha realizado el mandatario, dentro de los límites del mandato. Lo que significa hacerse cargo del asunto, de la actividad, de los actos jurídicos, que ha realizado el mandatario.

Si es mandato representativo, su vinculación es directa frente al tercero, prescindiendo del mandatario-representante; si es mandato sin representación, la vinculación es directa entre mandatario —no mandante— y tercero; tal como se ha visto en el apartado anterior. Pero en todo caso, el mandante no queda al margen. El artículo 1.727 así lo dispone, aunque parece referirse, y su texto es más claramente aplicable, al mandato con representación; dispone que el mandante debe cumplir todas las obligaciones que el mandatario haya contraído dentro de los límites del mandato.

2.- En lo que el mandatario actúe traspasando los límites del mandato, no queda obligado el mandante a no ser que ratifique tal actuación, como dispone el artículo 1.727, segundo párrafo: en lo que el mandatario se haya excedido, no queda obligado el mandante, sino cuando lo ratifica expresa o tácitamente. Varias sentencias se han pronunciado sobre la ratificación tácita, manteniendo que se da cuando el mandante «sin hacer uso de la acción de nulidad acepta en su provecho los efectos de lo ejercitado».

JURISPRUDENCIA

Párrafo 1.º:

«mandato representativo, en virtud del cual los efectos del acto de gestión representativa se producen de forma inmediata en la esfera jurídica del representado, eficacia directa implícitamente aludida en los arts. 1.259 y 1.717 del Código Civil, y consagrada en el art. 1.725 del mismo Cuerpo legal, de tal manera que las consecuencias del contrato que constituye el acto de gestión representativa afectan inmediatamente al mandante quien a partir de ese momento ostenta la condición de parte en el negocio jurídico concluido y deviene titular de todas las acciones que del mismo surgen frente al tercero que contrató, sin perjuicio de las acciones que nacen para mandante y mandatario en la esfera interna del mandato; por ello, en el presente caso, la mandante se halla asistida de acción para pedir la declaración de nulidad del contrato por inexistencia de la causa, cuestión ésta cuyo examen ha sido obviado tanto por la sentencia primera como de segunda instancia al relegarla al ámbito de las relaciones internas entre mandante y mandatario, pues si bien es cierto que la mandante queda vinculada frente a los terceros por los actos realizados por el mandatario dentro de los límites del mandato, es necesario que tal acto o negocio jurídico sea válido y eficaz en derecho; en otro caso se impediría la impugnación del acto

cualesquiera que fuesen los vicios de que adoleciere al carecer el mandatario de acción frente al tercero de acuerdo con el art. 1.725, según el cual "el mandatario que obre en concepto de tal no es responsable personalmente a la parte con quien contrata"». (19 noviembre 1990, LA LEY 11296/1991)

Párrafo 2.º:

«según reiterada doctrina que se recoge, entre otras, en las SS 13 de julio y 18 de septiembre de 1987, si el mandante se aprovecha de los actos efectuados por el mandatario sin su autorización los ratifica tácitamente y ya no puede ejercitar las acciones de inexistencia o nulidad que contemplan los arts. 1.259 y 1.727.2 del CC, lo que ocurre también cuando el representado crea una apariencia de mandato o apoderamiento, o cuando permite con su actitud que así se crea por terceras personas, vulnerando el principio de buena fe». (18 marzo 1993, LA LEY 15350-R/1993)

«La ratificación tácita del mandato, a la que, con invocación del artículo 1.727 del Código Civil y de la jurisprudencia que lo interpreta, se refiere el recurrente, presupone, por un lado, la existencia de un mandato en cuyo cumplimiento se haya extralimitado el mandatario y, por otro, que el mandante se aproveche de los actos celebrados por aquél con dicha extralimitación». (17 julio 1995, LA LEY 905/1995)

«que supone una ratificación tácita, cuando el mandante acepta en su provecho los efectos de lo ejecutado sin su autorización, poniendo de manifiesto con ello su consentimiento a lo que se realizó excediéndose, por lo que el contrato no puede reputarse como inexistente y queda de esta forma dotado de validez». (2 octubre 1995, LA LEY 17062-R/1995)

«La jurisprudencia declara, en aplicación del artículo 1727.2 CC, que el mandante puede ratificar de manera expresa los actos en que el mandatario se ha excedido (ratihabitio mandato comparatur [la ratificación se equipara al mandato]: Ulpiano), y también puede hacerlo de manera tácita mediante actos inequívocos o cuando acepta en su provecho los efectos de lo ejecutado sin su autorización (non tantum verbis ratum haberi potest, sed etiam actu [no sólo con palabras se puede ratificar, sino también con un acto]: Scévola) (SSTS de 6 de abril de 1934, 14 de diciembre de 1940, 25 de junio de 1946, 14 de junio de 1974, 30 abril de 1976, 23 de octubre de 1990, 13 de junio de 2002), supuestos a los que cabe añadir, en atención a lo previsto en el art. 1717 II CC, aquel en que, aun actuando el mandatario en su propio nombre, se trate de cosas propias del mandante, pues surge entonces una contemplatio domini tacita [contemplación tácita del dueño] y se genera un poder ex facti circunstantiis sive ex re [de las circunstancias del hecho o del objeto] (SSTS de 1 de diciembre de 1982, de 8 de junio de 1966, 26 de noviembre de 1973 y 3 de enero de 2006). La vinculación nacida de la apariencia de mandato surge cuando la jurisprudencia equipara a la ratificación el supuesto en que el representado crea una apariencia de mandato o apoderamiento o permite con su actitud que terceras personas se obliguen creyendo en su existencia, y entonces el mandante queda obligado por el principio de buena fe (STS de 13 de julio de 1987)». (18 diciembre 2006, LA LEY 214325/2006)

CONCORDANCIAS

Véase:
— arts. 1.714 y 1.829 de este Código.
— Código de Comercio: arts. 253 y 254.

Artículo 1.728

El mandante debe anticipar al mandatario si éste lo pide, las cantidades necesarias para la ejecución del mandato.

Si el mandatario las hubiera anticipado, debe reembolsarlas el mandante, aunque el negocio no haya salido bien, con tal que esté exento de culpa el mandatario.

El reembolso comprenderá los intereses de la cantidad anticipada, a contar desde el día en que se hizo la anticipación.

COMENTARIO

1.- Se trata de la indemnidad del mandatario, para referirse a la obligación del mandante frente al mandatario, de que éste quede indemne, en su patrimonio, por la actividad que ha realizado por razón del mandato. Se trata de dos cuestiones: la primera, la provisión de fondos de mandante o mandatario (primer párrafo); la segunda, el reembolso por el mandante de los anticipos hechos por el mandatario (segundo y tercer párrafos).

Hay que tener en cuenta que la indemnidad del mandatario está contemplada por el artículo siguiente, y tanto éste como el presente se ven garantizados por el derecho de retención del art. 1.730.

2.- La primera cuestión de la indemnidad del mandatario es la provisión de fondos, a éste, por parte del mandante. Pero sólo se ejercita tal obligación si lo exige el mandatario: «... anticipar al mandatario, si éste lo pide, las cantidades necesarias para la ejecución del mandato».

3.- La segunda cuestión es el reembolso por el mandante, si éste ha anticipado las cantidades precisas para cumplirlo. Esta es la situación normal. Nada se ha previsto no anticipado por el mandante; si hay algún gasto, lo cubre el mandatario. El mandante le deberá reembolsar lo gastado, en el momento del gasto o en cualquier momento durante la vigencia del mandato o, en todo caso, cuando éste se extingue.

Este reembolso comprende los intereses pactados o, si no se han pactado, los legales (Ley de 29 junio 1984), desde que el mandatario hizo aquel gasto. Tal reembolso lo deberá hacer el mandante en todo caso, aunque la actividad objeto del mandato haya salido mal («aunque el negocio no haya salido bien», dice el texto legal). Hay una excepción: si ha salido mal por razón de actuación culposa del mandatario, éste no tiene derecho al reembolso de las cantidades que había anticipado.

JURISPRUDENCIA

«cuando el mandatario anticipa cantidades tiene derecho al reembolso aunque el negocio salga mal con tal que esté exento de culpa al mandatario». (12 marzo 1993, LA LEY 589-5/1993)

«Por consecuencia de dicho contrato asiste al mandatario el derecho a ser reembolsado por la demandante de las cantidades que aquél anticipó para la ejecución del encargo, conforme al art. 1.728 CC y a ser indemnizado de los daños y perjuicios que le haya causado el cumplimiento del mandato recibido y no debidos a su culpa o negligencia (art. 1.729)». (12 abril 1996, LA LEY 4338/1996)

CONCORDANCIAS

Véase Código de Comercio: arts. 250 y 251.

Artículo 1.729

Debe también el mandante indemnizar al mandatario de todos los daños y perjuicios que le haya causado el cumplimiento del mandato, sin culpa ni imprudencia del mismo mandatario.

COMENTARIO

1.- La indemnidad del mandatario comprende, además de los dispuesto en el artículo anterior, la obligación del mandante de indemnizar al mandatario de los daños y perjuicios que éste haya sufrido por causa directa o con ocasión (causa indirecta) del mandato. Se trata de que el mandatario no quede perjudicado por el mandato.

2.- Como excepción a la norma anterior, si estos daños y perjuicios se han producido por dolo (que no menciona este artículo) o por culpa («ni imprudencia» añade el texto legal, con redundancia) no tiene el mandante esta obligación de indemnizar.

CONCORDANCIAS

Véase Código de Comercio: art. 278.

Artículo 1.730

El mandatario podrá retener en prenda las cosas que son objeto del mandato hasta que el mandante realice la indemnización y reembolso de que tratan los dos artículos anteriores.

COMENTARIO

1.- Como garantía de la indemnidad del mandatario, para asegurar el cumplimiento por el mandante de sus obligaciones de reembolso e indemnización de los dos artículos anteriores, el mandatario tiene *derecho de retención sobre las cosas que son objeto del mandato.*

El derecho de retención concede al acreedor (en este caso, el mandatario) la posesión de una cosa que deba entregar al deudor (al mandante, las cosas del mandato; es el deudor de las obligaciones de reembolso e indemnización), hasta que éste cumpla la obligación relacionada con aquella cosa. Es un medio de protección del crédito, en el sentido de que puede retener la cosa hasta que se cumpla la obligación. Pero no es un derecho real de garantía. Concede la facultad de poseer la cosa *(ius retentionis)* pero no la de ejecutarla, realizar su valor *(ius distrahendi).*

2.- Este artículo, al establecer este derecho de retención, lo expresa equivocadamente al decir «el mandatario podrá retener en prenda». No es un derecho de prenda, sino sólo el de retención: el mandatario, como acreedor de derecho de reembolso y del derecho a indemnización, puede retener las cosas objeto del mandato (*ius retentionis*) pero no puede ejecutarlas (*ius distrahendi*). Una sentencia aislada (de 7 julio 1987, LA LEY 12446-JF/0000) mantuvo erróneamente la literalidad del texto legal y mantuvo que era un verdadero derecho real deprenda.

CONCORDANCIAS

Véase:
— art. 1.720 de este Código.
— Código de Comercio: art. 276.

Artículo 1.731

Si dos o más personas han nombrado un mandatario para un negocio común, le quedan obligadas solidariamente para todos los efectos del mandato.

COMENTARIO

Las obligaciones del mandante, cuando esta parte contratante es pluripersonal, es decir, cuando son varios los mandantes, son solidarios. El principio de solidaridad de los mandantes plurales contrasta con el principio de mancomunidad de los mandatarios, que plasma el art. 1.723 y que responde al principio general de mancomunidad de las obligaciones plurales, que proclaman los arts. 1.137 y 1.138 del Código Civil.

CONCORDANCIAS

Véase art. 1.723 de este Código.

CAPÍTULO IV
DE LOS MODOS DE ACABARSE EL MANDATO

Artículo 1.732

El mandato se acaba:

1.º Por su revocación.

2.º Por renuncia o incapacitación del mandatario.

3.º Por muerte, declaración de prodigalidad o por concurso o insolvencia del mandante o del mandatario.

El mandato se extinguirá, también, por la incapacitación sobrevenida del mandante a no ser que en el mismo se hubiera dispuesto su continuación o el mandato se hubiera dado para el caso de incapacidad del mandante apreciada conforme a lo dispuesto por éste. En estos casos, el mandato podrá terminar por resolución judicial dictada al constituirse el organismo tutelar o posteriormente a instancia del tutor.

COMENTARIO

1.- El contrato de mandato, como tal contrato, se extingue por las causas comunes a éste: mutuo disenso, condición, término, etc. Cuya extinción se produce para el futuro, permaneciendo válidos y eficaces los efectos que se han producido hasta este momento. Asimismo, puede darse la ineficacia del contrato de mandato con efectos retroactivos o no, según sea la causa de la misma: inexistencia, nulidad, anulabilidad, resolución. Cuando se celebra un contrato de mandato, por razón de una relación que le sirve de base, se extingue el mandato en cuanto ésta, a su vez, se extinga. Pero tiene que estar claro que el mandato se basa en aquella relación subyacente; por tanto, si la celebración del mandato por una relación básica no se recoge expresa ni tácitamente en el mandato, debe presumirse que se trata de un mandato independiente.

2.- El presente artículo 1.732 hace una enumeración de *causas específicas de extinción del mandato*. Es una enumeración enunciativa, no limitativa. Marca las causas específicas, típicas de un contrato basado en la confianza y esencialmente *intuitu personae*. Señala varias, que son desarrollados en los artículos posteriores.

Primera. Revocación por el mandante. Es uno de los pocos negocios jurídicos que pueden revocarse por uno de los sujetos. Puede revocarse tanto si es gratuito como si es retribuido. Desarrollan esta causa los artículos 1733 y ss.

Segunda. Renuncia del mandatario. De la misma forma que el mandante puede extinguir el mandato por su sola voluntad, por la revocación, también se prevé la renuncia del mandatario. Lo desarrollan los artículos 1736 y 1737.

Tercera. Incapacitación del mandante. Se trata de la incapacitación sobrevenida del mandante, que produce la extinción del mandato, tal como establece el último párrafo de este artículo, añadido por la Ley 41/2003, de 18 de noviembre, de protección patrimonial de las personas con discapacidad. Como excepción: tal incapacitación del mandante no extingue el mandato, si en el contrato se dispuso que no se extinguiera por tal causa o si se dio precisamente para el supuesto de que se constituyera tal incapacitación. Excepción a la excepción: en los dos casos de la excepción, pese a ella se extingue el mandato por resolución judicial, que se puede dictar o bien de oficio al constituir la tutela, o bien a instancia del tutor, una vez constituida.

Cuarta. Incapacitación del mandatario. No puede seguir siendo parte contratante, como mandatario, que debe realizar actos jurídicos, el que ha sido privado de su capacidad de obrar. Por lo cual, si después de celebrado el contrato de mandato, queda incapacitado el mandatario, se extingue aquél.

Quinta. Declaración de prodigalidad de mandante o mandatario. La prodigalidad es un tipo de incapacitación parcial, por lo que produce los mismos efectos vistos, respecto a la extinción del mandato, que la incapacitación. Con una particularidad: no se aplican las excepciones que en caso de incapacitación se prevén para el mandante.

Sexta. Concurso o insolvencia del mandante o del mandatario. El fundamento es la pérdida de confianza en cualquiera de las partes de un contrato que se basa, precisamente, en la confianza. Hay que aplicar, para los conceptos básicos, la Ley 22/2003, de 9 de julio, concursal.

Séptima. Muerte del mandante o mandatario. Es una causa de extinción basada en la relación de confianza que inspira este contrato, que impide que continúe, para el mandante o mandatario, con los herederos de uno u otro. Sin embargo, los contratantes pueden pactar que sí continúe, en caso de muerte, con tales herederos.

JURISPRUDENCIA

Sobre el número 1.º: extinción del mandato por revocación:

«Según se deduce de la jurisprudencia de esta Sala (sentencias de 22 de mayo de 1942, 1 de diciembre de 1944, 12 de junio de 1947, 3 de junio de 1950, 2 de noviembre de 1961, 20 de abril de 1981, etc.) la irrevocabilidad del mandato deviene, no sólo cuando existe pacto expreso que así lo establezca siempre que tal pacto sea conforme con su finalidad y no esté en contradicción con la moral en cuanto es una manifestación de la renuncia de derechos, sino, también, cuando el mandato no es simple expresión de una relación de confianza o del simple interés del mandante, sino que responde a exigencias de cumplimiento de otro contrato en el que están interesados, no sólo el mandante o representado, sino también el mandatario y terceras personas, es decir, cuando el mandato es, en definitiva, mero instrumento formal de una relación jurídica subyacente bilateral o plurilateral que le sirve de causa o razón de ser y cuya ejecución o cumplimiento exige o aconseja la irrevocabilidad para evitar la frustración del fin perseguido por dicho contrato subyacente por la voluntad de un solo de los interesados». (31 octubre 1987, LA LEY 110293-NS/0000; en el mismo sentido, sentencia de la misma fecha LA LEY 2287/1988 y con las mismas palabras, 26 noviembre 1991, LA LEY 10428/1992 y 11 mayo 1993, LA LEY 773-5/1993 y también con las mismas palabras, 30 enero 1999, LA LEY 2056/1999)

«si el mandato es esencialmente revocable y cualquiera puede pedir la extinción de la sociedad, no es menos cierto que la irrevocabilidad del mandato ha sido acogida por la jurisprudencia en Sentencias como las de 22 de mayo de 1942, 1 de diciembre de 1944, 10 de julio de 1946, 12 de junio de 1947, 3 julio de 1950, 2 de noviembre de 1961, 26 de mayo de 1964 y 6 de mayo de 1968, cuando el poder se da en interés común de mandante y mandatario o de alguno de ellos y un tercero, o cuando constituye cláusula de otro contrato y no constituye un negocio autónomo, y a la extinción de la sociedad subsigue la liquidación y cumplimiento de las obligaciones previamente contraídas». (1 junio 1991, LA LEY 2833-JF/0000)

«Dando por sentado que la irrevocabilidad del mandato, no obstante su normal esencia de revocable, es admisible cuando así se hubiese pactado expresamente con una finalidad concreta que responda a exigencias de cumplimiento de otro contrato en el que estén interesados, no sólo el mandante o representado, sino también el mandatario o terceras personas, es decir, cuando el mandato es, en definitiva, mero instrumento formal de una relación jurídica subyacente bilateral o plurilateral que le sirve de causa o razón de ser y cuya ejecución o cumplimiento exige o aconseja la irrevocabilidad para evitar la frustración del fin perseguido por dicho contrato subyacente por la voluntad de uno de los interesados (Sentencias de esta Sala de 24 de abril de 1981, 31 de octubre de 1987, 27 de abril de 1989, 26 de noviembre de 1991 entre otras)». (24 diciembre 1993, LA LEY 4111/1994)

«Se ha discutido en el proceso si la mandataria estaba facultada para otorgar la escritura pública de venta, una vez fallecido el mandante, en virtud de lo dispuesto por el párrafo segundo del artículo 1718 del Código Civil, según el cual «debe también —el mandatario— acabar el negocio que ya estuviere comenzado al morir el mandante, si hubiere peligro en la tardanza». Dicha norma, establecida en beneficio de la comunidad hereditaria del mandante fallecido, ha de interpretarse restrictivamente en cuanto supone el ejercicio por el mandatario de facultades que se han extinguido al haber finalizado el mandato por la causa prevista en el artículo 1732-3 del Código Civil, y habrá de referirse únicamente a los supuestos de urgencia en la actuación para evitar que la extinción del mandato suponga la ineficacia del negocio comenzado. No ocurre así cuando, como en el caso, se trata del cumplimiento de la forma «ad probationem» prevista por la ley —en este caso la elevación a escritura pública del negocio ya perfeccionado— para lo que han de entenderse legitimados únicamente los herederos del mandante fallecido». (29 enero 2007, LA LEY 1053/2007)

CONCORDANCIAS

Véase arts. 102.2.º, 106, 183 y 188 de este Código.
— arts. 1.733 a 1.735 de este Código.
— Código de Comercio: art. 275.
— arts. 1.736 y 1.737 de este Código.
— Código de Comercio: art. 248.
— arts. 1.738 y 1.739 de este Código.
— Código de Comercio: art. 280.
Texto vigente según Ley 41/2003, 18 noviembre (*«B.O.E.»,* 19 noviembre).

Artículo 1.733

El mandante puede revocar el mandato a su voluntad, y compeler al mandatario a la devolución del documento en que conste el mandato.

COMENTARIO

1.- La revocación del mandato por el mandatario es la primera de las causas de extinción del mandato, basada en la confianza y en ser un contrato intuitu personae. La revocación es una declaración de voluntad unilateral y recepticia —dirigida al mandatario— que puede ser expresa o tácita, que se deduce de actos concluyentes del mandante.

La revocación, pese a ser una facultad del mandante, si produce perjuicios al mandatario da lugar a la indemnización de los mismos, por aplicación del principio general del artículo 1.258 o bien del principio especial del artículo 1.729.

2.- Las partes pueden pactar la irrevocabilidad del mandato. O, incluso, puede ser irrevocable el mandato aunque no haya pactado expreso, cuando es el medio de ejecución específicamente pactado de un contrato bilateral: en este caso, será irrevocable y se extinguirá cuando se extinga este contrato.

3.- El segundo inciso de este artículo dispone que el mandante puede «compeler al mandatario a la devolución del documento en que conste el mandato». Lo cual tiene un doble significado: por un lado, es expresión de la voluntad del mandante de revocar el mandato; por otro, es la precaución que toma el mandante para que el mandato extinguido (por su revocación) no se pueda seguir ejerciendo frente a un tercero de buena fe.

JURISPRUDENCIA

«El artículo 1733 CC permite al mandante revocar el mandato a su voluntad. En parecidos términos, el artículo 279 CCom reconoce al comitente la facultad de revocar la comisión conferida al comisionista en cualquier estado del negocio. Así pues, constituye un principio tradicional, sentado ya por el Derecho romano y recogido por el Código francés y la generalidad de los modernos, el que el mandato y la comisión son revocables a voluntad del mandante y del comitente, respectivamente, siendo regla general la revocabilidad y excepción lo contrario (SSTS de 17 de enero de 2007, RC n.º 1369/2000 y 20 de noviembre de 2007, RC n.º 4751/2000), ya porque se haya pactado expresamente la irrevocabilidad o porque el contrato sirva de instrumento formal al negocio subyacente». (15 noviembre 2010, rec. 2637/2005, LA LEY 204552/2010)

«Revocación del mandato: justa causa. Como tal mandato, se extingue por revocación del mandante, conforme a los artículos 1732 y 1733 del Código civil cuya revocación, pese a ser una facultad del mandante, da lugar a indemnización si produce perjuicios al mandatario y si no respeta el plazo señalado en el contrato. En todo caso, no debe obviarse que el mandato se basa en la confianza entre las partes, es intuitu personae y explica normas tales como la propia revocación. En el presente caso, las sentencias de instancia han destacado la pérdida de confianza del torero, poderdante, hacia sus apoderados». (24 junio 2011, rec. 1301/2007, LA LEY 98619/2011)

Sobre la revocación en general, *vid.* la jurisprudencia relacionada en el artículo anterior.

CONCORDANCIAS

Véase Código de Comercio: art. 279.

Artículo 1.734

Cuando el mandato se haya dado para contratar con determinadas personas, su revocación no puede perjudicar a éstas si no se les ha hecho saber.

COMENTARIO

Aunque la revocación es una declaración recepticia dirigida al mandatario, debe hacerse saber también al tercero, con quien éste tenga relaciones jurídicas por razón del mandato. De no notificárselo, el mandato sigue surtiendo efecto respecto a dicho tercero, en tanto aquella revocación no puede perjudicarle.

JURISPRUDENCIA

Vid. la jurisprudencia relacionada en el art. 1.732.1.º.

CONCORDANCIAS

Véase Código de Comercio: arts. 290 y 291.

Artículo 1.735

El nombramiento de nuevo mandatario para el mismo negocio produce la revocación del mandato anterior desde el día en que se hizo saber al que lo había recibido, salvo lo dispuesto en el artículo que precede.

COMENTARIO

1.- La revocación (como se ha dicho al comentar el artículo 1.733) es una declaración de voluntad del mandante que puede ser expresa o tácita. El presente artículo prevé una presunción iuris tantum de revocación tácita: que el mandante haya nombrado un nuevo mandatario para el mismo acto o actos jurídicos («para el mismo negocio» dice el texto legal) objeto del mandato.

Hay otros casos de revocación tácita del mandato, aunque no recoge expresamente este artículo. Así, que el mandante se haga carga por sí mismo del acto o actos jurídicos objeto del mandato.

2.- Este artículo exige, para la eficacia de dicha revocación tácita, que se le haga saber al mandatario. Siendo la revocación una declaración recepticia, es lógica esta exigencia del conocimiento de la misma por el mandatario.

3.- Lo mismo ocurre respecto a terceros. El último inciso de este artículo se remite al anterior, en el sentido de que, si el mandato se concertó para celebrar actos jurídicos con determinados terceros, deben conocer éstos la extinción del mandato, aun producida por revocación tácita: en caso contrario, sigue produciendo efecto el mandato, en el sentido de que no puede perjudicarles dicha revocación tácita.

JURISPRUDENCIA

Vid. la jurisprudencia relacionada en el art. 1.732.1.º.

Artículo 1.736

El mandatario puede renunciar al mandato poniéndolo en conocimiento del mandante. Si éste sufriere perjuicios por la renuncia, deberá indemnizarle de ellos el mandatario, a menos que funde su renuncia en la imposibilidad de continuar desempeñando el mandato sin grave detrimento suyo.

COMENTARIO

1.- De la misma forma que el mandato se extingue por la revocación del mandante, también se produce por la renuncia del mandatario. Esta es una declaración de voluntad recepticia dirigida por éste a aquél, de querer extinguir el mandato. Por lo cual, tal como exige el primer inciso de este artículo, debe tener conocimiento de la misma el mandante.

2.- Si con la renuncia causa perjuicios al mandante, deberá indemnizar, tal como añade el art. 1.736 («si éste sufriere perjuicios por la renuncia, deberá indemnizarle de ellos al mandatario»), si bien no habrá lugar a tal indemnización si la renuncia es por justa causa, aunque el mismo artículo sólo contempla la justa causa consistente en la imposibilidad («... a menos que funde su renuncia en la imposibilidad de continuar desempeñando el mandato sin grave detrimento suyo»).

Artículo 1.737

El mandatario, aunque renuncie al mandato con justa causa, debe continuar su gestión hasta que el mandante haya podido tomar las disposiciones necesarias para ocurrir a esta falta.

COMENTARIO

Pese a la renuncia, el mandatario debe continuar su actividad objeto del mandato para no perjudicar al mandante, hasta que éste pueda proveer por sí mismo o por otro mandatario. Lo cual responde a exigencia mínimas de buena fe, de equidad y del carácter de confianza que inspira el mandato.

CONCORDANCIAS

Véase art. 1.718 de este Código.

Artículo 1.738

Lo hecho por el mandatario, ignorando la muerte del mandante u otra cualquiera de las causas que hacen cesar el mandato, es válido y surtirá todos sus efectos respecto a los terceros que hayan contratado con él de buena fe.

COMENTARIO

1.- Una vez extinguido el mandato, debe la parte a quien afecte —mandatario o mandante— o sus herederos si es por muerte, notificarlo a la otra, tal como se deduce de los artículos 1735, 1736 y 1739.

Asimismo, todos ellos —mandatario o mandante o herederos— deben tomar las medidas oportunas para evitar perjuicios a la otra parte, lo que se deduce de los artículos 1.737 y 1.739. Pero también, si el mandatario ignora la extinción del mandato y sigue actuando como tal, ello no perjudica a tercero de buena fe, por lo que subsisten los efectos del mandato respecto a éste. Así lo expresa el artículo 1.734 respecto a la revocación y el artículo 1.738 respecto a todas las causas de extinción.

2.- Se trata de una protección de buena fe de los terceros (sin necesidad de que concurra la buena fe del mandatario) confiado en la apariencia objetiva de la subsistencia del mandato.

JURISPRUDENCIA

«Lo realizado por el mandatario tras las extinción del mandato es nulo (artículo 1259 CC) y como tal no vincula al mandante (artículo 1727 CC) y deja al mandatario como responsable frente al tercero (artículo 1725 CC). La excepción a la regla general viene dada por el citado artículo 1738 que exige, no obstante, la concurrencia de dos condiciones: en primer lugar, que el tercero con el que contrata haya actuado de buena fe; esto es, que desconociera la anterior extinción del mandato; y en segundo lugar, que el mandatario, en el momento de hacer uso del poder, ignorara la muerte del mandante u otra cualquiera de las causas que hacen cesar el mandato». (24 octubre 2008, rec. 1030/2003, LA LEY 158315/2008)

Artículo 1.739

En el caso de morir el mandatario, deberán sus herederos ponerlo en conocimiento del mandante y proveer entretanto a lo que las circunstancias exijan en interés de éste.

COMENTARIO

La muerte del mandatario extingue el mandato. Pese a ello, nacen de este hecho (la muerte) y por disposición de la ley, dos obligaciones a cargo de los herederos del mandante.

La primera, de tracto único: deben dar conocimiento de tal muerte al mandante. Obligación que no llega a nacer si éste ya tiene conocimiento directamente.

La segunda, de tracto sucesivo: deben continuar la actividad jurídica objeto del mandato, aunque sólo en lo que sea urgente y necesario. Lo expresa el texto legal diciendo: «proveer entretanto a lo que las circunstancias exijan en interés de éste» (el mandante).

TÍTULO X
Del préstamo

DISPOSICIÓN GENERAL

Artículo 1.740

Por el contrato de préstamo, una de las partes entrega a la otra, o alguna cosa no fungible para que use de ella por cierto tiempo y se la devuelva, en cuyo caso se llama comodato, o dinero u otra cosa fungible, con condición de devolver otro tanto de la misma especie y calidad, en cuyo caso conserva simplemente el nombre de préstamo.

El comodato es esencialmente gratuito.

El simple préstamo puede ser gratuito o con pacto de pagar interés.

COMENTARIO

1.- El contrato de préstamo tiene dos modalidades, que son recogidas —una detrás de otra— en el artículo 1.740 y que se denominan comodato y mutuo o simple préstamo, estando regulados separadamente, el primero en los artículos 1.741 y ss., y el segundo en los artículos 1.753 y ss.

El comodato es el préstamo de uso; se transmite la posesión inmediata de la cosa prestado, pero no la propiedad, por lo que hay que devolver la misma cosa; y, como dice el segundo párrafo del artículo 1.740, es esencialmente gratuito. El mutuo, que el Código llama también simple préstamo, es el préstamo de consumo; se transmite la propiedad de la cosa prestada, por lo que el prestatario debe devolver otra cosa de la misma especie y calidad; y, como dice el tercer párrafo del art. 1.740, puede ser gratuito o con pacto de pagar interés. El ejemplo del primero es el préstamo de un libro o de un paraguas: gratis, porque si fuera por precio sería un arrendamiento de cosa. El ejemplo del segundo es el préstamo de dinero o de un litro de aceite, que devolverá la misma cantidad con o sin interés.

2.- Siempre se había mantenido la naturaleza del contrato de préstamo como contrato real, que se perfecciona con la entrega de la cosa prestada. Es claro que no nacerá la obligación de devolver si no se ha entregado la cosa prestada por el prestamista, pero esto alcanza más a la cuestión de consumación del contrato que a la perfección del mismo. El Código, desde luego, configura el préstamo como contrato real; parte de que se perfecciona con la entrega de la cosa y regula los derechos y obligaciones conforme a ello.

Pero se ha planteado si las partes, en base al principio de la autonomía de la voluntad, pueden configurarlo como consensual. Y, efectivamente, sí pueden hacerlo: pueden pactar y perfeccionar con el solo consentimiento, sin entrega inmediata de la cosa, un préstamo, configurándolo como contrato consensual atípico o bien como precontrato. Con lo cual una de las partes se obliga a prestar una cosa y la otra, una vez recibida a devolverla.

JURISPRUDENCIA

«El contrato de préstamo o mutuo con o sin intereses es un contrato real, en cuanto sus efectos propios no surgen hasta que se realiza la entrega de la cosa, o sea que además del consentimiento precisan la entrega de la cosa por una de las partes a la otra y tal entrega implica un elemento esencial que sólo se da en algunos grupos de contratos. Además, es un contrato unilateral en cuanto sólo produce obligaciones para una de las partes, el mutuario o prestatario. El pago de intereses no altera tal carácter, pues hace nacer una segunda obligación a cargo del mutuario pero no dan al prestamista la posición de obligado. Pese a alguna construcción de la doctrina francesa y parte de la italiana sobre la bilateralidad del préstamo con interés, nuestra doctrina jurisprudencial ha hecho inaplicable el art. 1124 del CC, tratándose de un contrato unilateral —sentencia de 22 Dic. 1997—. Por otra parte, el contrato de préstamo exige para su perfección la entrega de la cosa — SS 4 May. 1943, 28 Mar. 1983 y 7 Oct. 1994— al punto que si no se entregó la cosa o el dinero, no existe contrato de préstamo —sentencia de 27 Oct. 1994— y así surgido el contrato con la entrega, no produce obligaciones más que para el prestatario por tratarse de un contrato real —sentencia de 22 Dic. 1997—» (22 mayo 2001, LA LEY 5199/2001)

«El CC parece asignar carácter real tanto al préstamo de uso (comodato), como al préstamo de consumo (mutuo), puesto que en el art. 1740 se menciona la entrega de la cosa como elemento de especial significación en la formación y perfección de los contratos de comodato y mutuo. La jurisprudencia ha interpretado este precepto en el sentido de considerar que la entrega de la cosa en estos contratos es uno de sus requisitos esenciales, juntamente con el consentimiento, objeto y causa (TS SS 4 May. 1943, 12 Feb. 1946, 26 Feb. 1957, 8 Jul. 1974 y 28 Feb. 1983). La más reciente doctrina jurisprudencial insiste en el carácter real del contrato de préstamo, aunque alguna resolución no descarta la posibilidad del contrato consensual. La TS S 7 Oct. 1994 declara que no puede tenerse por existente un préstamo de dinero e imponer la obligación de devolver determinada cantidad, sin la entrega de numerario por el prestamista al prestatario, por lo mismo que el mutuo es un contrato real. Y la TS S 27 Oct. 1994 afirma que el contrato de préstamo no nace por el mero consentimiento de las partes, sino por la recepción de la cosa, en el caso que nos ocupa, el dinero.» (11 julio 2002, LA LEY 308/2003)

«Aunque el préstamo es una obligación a plazo, el Código Civil no contiene preceptos específicos sobre este particular, por lo que ha de acudirse a las normas generales de las obligaciones a plazo (artículos 1125 y siguientes). La STS de 29 de septiembre de 1966, que estudia la cuestión derivada del señalamiento del plazo en este contrato, expresa que en las obligaciones a plazo, el término se establece en beneficio del acreedor y del deudor, a no resultar otra cosa del tenor o circunstancias de la obligación (artículo 1127 del Código Civil), por lo que para no aplicar esta presunción se requiere la prueba de lo contrario (presunción iuris tantum), y siempre ha de pactarse la modalidad de la obligación a término de un modo expreso, aunque la fijación del plazo puede ser tácita, cual revela el artículo 1128 del Código Civil, al disponer que si la obligación no señalare plazo, pero si de su naturaleza y circunstancias se dedujera que ha querido concederse al deudor, los Tribunales fijarán la duración de aquél; plazo que siempre existe en el contrato de préstamo, en atención a que el deudor ha de disponer de un término más o menos largo para la devolución de lo que recibió; pero si no se justifica que la voluntad del acreedor fue conceder al deudor uno mayor que el transcurrido al formular la demanda, el citado precepto no es aplicable; y no habiéndose fijado en este caso plazo para la devolución del préstamo y no existiendo acuerdo entre las partes para este punto, el deudor se haya obligado a dicha devolución cuando el acreedor lo reclame; cuya doctrina es aplicable al supuesto del debate. Asimismo, la STS de 29 de enero de 1982 sienta que, en supuesto de indeterminación del plazo, el mismo lo será el transcurrido desde su celebración al de la presentación de la demanda, de no justificarse la necesidad por el deudor de uno mayor o por desprenderse de la voluntad del acreedor,

a lo que hay que afirmar que en el contrato de préstamo siempre hay plazo». (15 octubre 2004, rec. 2408/1998)

«En el Derecho romano el mutuo requería, además de la conventio o acuerdo de devolver lo prestado, la datio rei o traditio de la suma de dinero o de las cosas fungibles (Digesto 12.2.2: "appellata est autem mutui datio ab eo, quod de meo tuum fit; et ideo si non fiat tuum, non nasciturus obligatio —mas se llama dación de mutuo, por esto, porque de mío tuyo se hace algo; y, por lo tanto, si no se hiciera tuyo, no nace la obligación—"). El artículo 1740 del Código Civil ("por el contrato de préstamo una de las partes entrega a la otra...") se apartó del precedente representado por el artículo 1630 del Proyecto de 1851 ("préstamo es un contrato por el cual una de las partes se obliga a entregar a la otra alguna cosa...") y atribuyó a la datio rei la función de presupuesto del nacimiento de la obligación del prestatario, con lo que configuró el préstamo como un contrato de naturaleza real, en el que la entrega quedó convertida en elemento constitutivo o necesario para la existencia del mismo [sentencias de 11 de mayo de 1962 y 8 de julio de 1974, 7 (LA LEY 71/1995) y 27 de octubre de 1994 (LA LEY 103/1995)22 de mayo de 2001 (LA LEY 5199/2001) y 11 de julio de 2.002 (LA LEY 308/2003)]. Sin embargo, esa consideración de la entrega como requisito de la perfección del préstamo en nuestro Código Civil y la falta de toda regulación de su fase consensual no constituyen obstáculo para admitir la validez y eficacia del contrato por el que, en ejercicio de su autonomía de voluntad (artículo 1255 del Código Civil), una de las partes se obligue a entregar en préstamo y la otra a devolver lo prestado, claro está, en el caso de recibirlo». (26 marzo 2007, LA LEY 9697/2007)

CONCORDANCIAS

Véase:
— arts. 1.741 a 1.752 y 1.753 a 1.757 de este Código.
— Código de Comercio: arts. 311 a 324.

CAPÍTULO PRIMERO
DEL COMODATO

SECCIÓN PRIMERA
De la naturaleza del comodato

Artículo 1.741

El comodante conserva la propiedad de la cosa prestada. El comodatario adquiere el uso de ella, pero no los frutos; si interviene algún emolumento que haya de pagar el que adquiere el uso, la convención deja de ser comodato.

COMENTARIO

1.- El contrato de comodato es aquel por el que una parte —comodante— entrega a la otra —comodatario— una cosa para que use de ella por cierto tiempo y se la devuelva.

Es un contrato real, tal como lo configura el Código (sin perjuicio de que las partes lo pacten como consensual), que se perfecciona con la entrega de la cosa prestada, de comodante a comodatario. Consecuencia del carácter de contrato real, el comodato es unilateral. Sólo nacen obligaciones para el comodatario, que se concretan en conservar y servirse de la cosa y devolverla. Ciertas obligaciones que pueda tener el comodante no son recíprocas de las del comodatario y no nacen del contrato, sino de hechos posteriores que se producen en la vida del mismo, como gastos extraordinarios o vicios (casos de los artículos 1.751 y 1.752).

Es, asimismo, un contrato gratuito, como exige el segundo párrafo del artículo 1.740 («el comodato es esencialmente gratuito») y ratifica el último inciso del artículo 1.741: «si interviene algún emolumento que haya de pagar el que adquiere el uso, la convención deja de ser comodato» y será, normalmente, arrendamiento.

Es un contrato de duración temporal. El comodato es el préstamo de uso y éste se otorga durante cierto tiempo, pactado, no pactado o al arbitrio del comodante.

2.- Partiendo de los conceptos anteriores, este artículo destaca la esencia del comodato. El comodante sigue siendo el propietario de la cosa y el comodatario adquiere el derecho de usarla, sin incluir el disfrute, es decir, el derecho a hacer suyos los frutos si la cosa los produce. Asimismo, destaca el carácter esencial de gratuidad, que ya expresaba el artículo anterior.

Artículo 1.742

Las obligaciones y derechos que nacen del comodato pasan a los herederos de ambos contrayentes, a no ser que el préstamo se haya hecho en contemplación a la persona del comodatario, en cuyo caso los herederos de éste no tienen derecho a continuar en el uso de la cosa prestada.

COMENTARIO

1.- Este artículo, en su primer inciso, es expresión de la norma general del art. 1.257 que establece que los efectos del contrato se producen entre las partes contratantes y sus herederos. Así, en principio, el comodato no se extingue por la muerte de comodante o comodatario, sino que sus efectos los continúan sus herederos.

2.- Como excepción, se extingue el contrato de comodato por muerte de las partes, cuando se ha contraído *intuitu personae*. El segundo inciso de este artículo contempla la extinción por la muerte del comodatario cuando se haya hecho el contrato «en contemplación a la persona del comodatario», es decir, *intuitu personae*, y como consecuencia, sus herederos «no tienen derecho a continuar en el uso de la cosa prestada».

Aunque no lo exprese esta norma, igualmente se extingue el comodato por muerte del comodante, si se ha celebrado el contrato *intuitu personae* de éste, lo cual no es caso frecuente, ni siquiera imaginable en la práctica. En todo caso, extinguido el contrato, los herederos del comodatario deberán devolver la cosa objeto del comodato al comodante. Y si es por muerte de éste, el comodatario la deberá devolver a sus herederos.

CONCORDANCIAS

Véase arts. 659 y 1.257 de este Código.

SECCIÓN SEGUNDA
De las obligaciones del comodatario

Artículo 1.743

El comodatario está obligado a satisfacer los gastos ordinarios que sean de necesidad para el uso y conservación de la cosa prestada.

COMENTARIO

1.- Derivada tanto del derecho al uso como de la obligación de devolver, el comodatario tiene la obligación de conservar la cosa con la diligencia de un buen padre de familia, según la norma general del artículo 1.094, y, en consecuencia está obligado a satisfacer los gastos ordinarios (no los extraordinarios: artículo 1.751) que sean de necesidad para el uso y conservación de la cosa prestada.

2.- Tales gastos son los normales para la utilización de la cosa conforme a su destino, que es el correspondiente a su naturaleza o a lo que se haya pactado. Y aunque no se refieran directamente a su uso, debe el comodatario cubrir todos aquellos que sean necesarios para su conservación.

Artículo 1.744

Si el comodatario destina la cosa a un uso distinto de aquel para que se prestó, o la conserva en su poder por más tiempo del convenido, será responsable de su pérdida, aunque ésta sobrevenga por caso fortuito.

COMENTARIO

1.- Prevé este artículo un caso de incumplimiento de las obligaciones del comodatario e impone una sanción civil.

En primer lugar, si el comodatario *destina la cosa a un uso distinto* del objeto del comodato («uso distinto de aquel para el que se prestó» dice el texto legal), responde de su pérdida, no sólo por dolo o culpa según las normas generales, sino también por caso fortuito, lo que es una especialidad. Sin perjuicio de que, ante tal incumplimiento, el comodante pueda instar la resolución del contrato al amparo de lo dispuesto en el art. 1.124.

2.- En segundo lugar, si el comodatario *retiene la cosa* objeto del comodato más tiempo del convenido, es decir, después de la extinción por el transcurso del tiempo, también responde de su pérdida, aun por caso fortuito.

CONCORDANCIAS

Véase arts. 1.096, párrafo 3.º y 1.182 y ss. de este Código.

Artículo 1.745

Si la cosa prestada se entregó con tasación y se pierde, aunque sea por caso fortuito, responderá el comodatario del precio, a no haber pacto en que expresamente se le exima de responsabilidad.

COMENTARIO

1.- Este artículo dispone que si la cosa objeto del comodato se entregó con tasación (determinación de su valor), el comodatario responde de su pérdida, aunque se haya producido por caso fortuito, a no ser que por pacto expreso se le haya eximido de tal responsabilidad. Esta responsabilidad por pérdida queda concretada en que deberá abonar al comodante el precio o valor que se fijó en la tasación.

2.- Lo anterior significa que el hecho de haber procedido a la tasación de la cosa implica un pacto tácito de la responsabilidad del comodatario por la pérdida, aun por caso fortuito. Lo que no significa es que el mandatario pueda, facultativamente, abonar aquel precio o valor y quedarse definitivamente con la cosa, como si se hubiera perdido.

CONCORDANCIAS

Véase art. 1.182 de este Código.

Artículo 1.746

El comodatario no responde de los deterioros que sobrevengan a la cosa prestada por el solo efecto del uso y sin culpa suya.

COMENTARIO

La primera obligación del comodatario es la conservación de la cosa (vid. comentario al art. 1.743) y derivada de ello, el presente artículo establece la responsabilidad del comodatario, según las reglas generales.

No responde del deterioro de la cosa que se produce por el efecto de su uso normal y de acuerdo con su destino (si hace un uso distinto, *vid.* art. 1.744).

Responde del deterioro si se produce por dolo (que no menciona este artículo pero se debe dar por supuesto), o por culpa.

Artículo 1.747

El comodatario no puede retener la cosa prestada a pretexto de lo que el comodante le deba, aunque sea por razón de expensas.

COMENTARIO

La obligación esencial del comodatario, junto a la de conservación de la cosa, es la de devolución de ésta, al tiempo de la extinción del comodato. Asimismo, la obligación del comodante, no sinalagmática, cuando se producen gastos extraordinarios para la conservación de la cosa (art. 1.751) o se produzcan daños al comodatario (art. 1.752), es abonarlos al comodatario.

Partiendo de ambas obligaciones, el presente artículo establece que cuando se extinga el comodato, el comodatario debe devolver la cosa al comodante, *sin poder retener* la cosa, aunque el comodante le debe abonos por razón de gastos extraordinarios o de daños («de expensas» dice el texto legal). Es decir, expresamente le niega el derecho de retención, que sí se le concede al mandatario (en el art. 1.730).

CONCORDANCIAS

Véase art. 1.730 de este Código.

Artículo 1.748

Todos los comodatarios a quienes se presta conjuntamente una cosa responden solidariamente de ella, a tenor de lo dispuesto en esta sección.

COMENTARIO

En caso de pluralidad de deudores, la regla general es la mancomunidad (arts. 1.137 y 1.138). Como excepción, el presente artículo establece la solidaridad de las obligaciones de los comodatarios, cuando éstos son plurales, es decir, cuando la cosa se ha dado en comodato a varias personas, comodatarios, conjuntamente.

CONCORDANCIAS

Véase arts. 1.137 y ss. de este Código.

SECCIÓN TERCERA
De las obligaciones del comodante

Artículo 1.749

El comodante no puede reclamar la cosa prestada sino después de concluido el uso para que la prestó. Sin embargo, si antes de estos plazos tuviere el comodante urgente necesidad de ella, podrá reclamar la restitución.

COMENTARIO

1.- Este artículo y el siguiente, pese a encabezar la sección titulada «de las obligaciones del comodante» contempla la extinción del comodato. La causa típica de extinción es el transcurso del plazo. Este será el pactado, que curiosamente no menciona este artículo, aunque sí el siguiente. También el plazo puede estar determinado por el destino natural de la cosa («uso para el que la prestó», dice este artículo, primer inciso).

2.- Transcurrido el plazo que resulta de los expuesto, el comodatario tiene el deber de devolver la cosa al comodante y éste el derecho de reclamarla. A este último se refiere tan sólo el primer inciso de este artículo.

3.- Sin embargo, pese a no haber transcurrido el plazo, el comodante tiene derecho a exigir la devolución de la cosa al comodatario y éste debe de devolvérsela, si aquél tiene «urgentemente necesidad de ella» (segundo inciso de este artículo). Lo cual responde a la idea de que se trata de un contrato gratuito y, en el fondo, de mero favor al mandatario. El problema práctico es la apreciación de si hay verdaderamente urgente necesidad.

JURISPRUDENCIA

«el art. 1749 consiente la fijación de un plazo para la duración del contrato, como ha recogido la añeja sentencia de 18 de junio de 1900. En definitiva, que el comodante, una vez concluido el término por el que se pactó puede reclamar la cosa y no antes, salvo que tuviese urgente necesidad de ello —sentencia de 31 de diciembre de 1992—». (16 marzo 2004, rec. 1309/1998)

«Que exista una auténtica relación contractual que justifica la posesión; deben aplicarse los efectos que el Código civil atribuye al comodato, de manera que deberá aplicarse el artículo 1750 del Código Civil, sin olvidar las limitaciones que establece el artículo 1749 del Código Civil cuando se pactó un uso concreto y determinado, en este caso, la utilización por la familia del hijo del concedente. Pero hay que tener en cuenta que la relación contractual debe constar de forma clara, aunque puede deducirse también de los actos tácitos de las partes. Pero si cuando cesa este uso, el concedente no reclama la devolución del inmueble dado en comodato, la situación del usuario es la de un precarista». (26 diciembre 2005, rec. 1551/1999)

«Para resolver la cuestión objeto del debate se debe tener a la vista la fundamentación jurídica y el fallo de la Sentencia de esta Sala de fecha 2 de octubre de 2008 (recurso de casación n.º 1745/2003), donde se fija la doctrina jurisprudencial con arreglo a la cual ha de decidirse la controversia. Conforme a la misma, y como se expone en las sentencias que, aplicándola, han resuelto los anteriores recursos de casación análogos, se ha de comprobar, ante todo, si existe o no un contrato entre las partes, y particularmente, un contrato de

comodato, caracterizado por la cesión gratuita de la cosa por un tiempo determinado o para un uso concreto y determinado, que faculta al comodante para reclamar la cosa prestada únicamente cuando ha trascurrido dicho plazo o ha concluido el uso para el que se prestó, excepción hecha de los casos en que tuviere la urgente necesidad de ella (artículo 1749 del Código Civil). Si existe el préstamo de uso, han de aplicarse las normas reguladoras de la figura negocial; de lo contrario, se ha de considerar que la situación jurídica es la propia de un precario, estando legitimado el propietario o titular de la cosa cedida para reclamarla a su voluntad. Ciertamente, en la cesión de una vivienda a un hijo para que constituya en él el hogar conyugal o familiar, pueden apreciarse las notas caracterizadoras del préstamo de uso; pero para ello es preciso que tales elementos —la concreción y determinación del uso al que se destina el inmueble, en ese caso, para subvenir las necesidades familiares y facilitar un lugar destinado a servir de vivienda o domicilio conyugal y familiar— aparezcan con claridad, y que los hechos sean reveladores de que el uso para el que se cede la cosa se encuentra definido más allá del que es propio de la cosa genérica, e incluso específicamente considerada —in casu, servir de morada o residencia—, lo que no empece a que puedan inferirse de las circunstancias fácticas del caso (vide Sentencias de 26 de diciembre de 2005 y de 2 de octubre de 2008 —recurso de casación n.º 1745/2003—). Paralelamente, se debe considerar que cuando desaparece el uso concreto y determinado al que se ha destinado la cosa —lo que puede suceder cuando se rompe la convivencia conyugal—, y el propietario o titular de la cosa no la reclama, la situación de quien la posee es la propia de un precarista (Sentencias de 26 de diciembre de 2005 y de 2 de octubre de 2008 —recurso de casación n.º 1745/2003—); y, en fin, que la atribución por resolución judicial del derecho de uso y disfrute de la vivienda no sirve para hacer desaparecer la situación de precario, ni para enervar la acción de desahucio, en la medida en que no constituye un título jurídico hábil para justificar la posesión que resulte oponible a terceros ajenos a las relaciones surgidas por el matrimonio y por el procedimiento matrimonial, ni permite reconocer al beneficiario una posición jurídica y una protección posesoria de vigor jurídico superior al que la situación de precario proporciona a la familia, pues ello entrañaría subvenir necesidades familiares, desde luego muy dignas de protección, con cargo a extraños al vínculo matrimonial y titulares de un derecho que posibilita la cesión del uso de la vivienda (Sentencia de 31 de diciembre de 1994, cuya doctrina se recoge en las de 26 de diciembre de 2005 y de 2 de octubre de 2008 —recurso de casación n.º 1745/2003—)». (30 octubre 2008, rec. 1720/2004, LA LEY 164143/2008) (Doctrina reiterada por dos sentencias más de la misma fecha que ésta: rec 2771/2004, LA LEY 164139/2008 y rec. 2630/2003, LA LEY 169523/2008 y por las sentencias de 13 noviembre 2008, rec. 64/2004, LA LEY 169536/2008; 13 abril 2009, rec. 1624/2005, LA LEY 34586/2009, 30 julio 2009, rec. 1738/2004, LA LEY 104392/2009, 14 julio 2010, rec. 1741/2005, LA LEY 113866/2010, 30 abril 2011, rec. 1236/2008, LA LEY 37934/2011)

Artículo 1.750

Si no se pactó la duración del comodato ni el uso a que había de destinarse la cosa prestada, y éste no resulta determinado por la costumbre de la tierra, puede el comodante reclamarla a su voluntad.

En caso de duda, incumbe la prueba al comodatario.

COMENTARIO

1.- En un primer aspecto, este artículo insiste en la extinción del comodato por transcurso del plazo, que ya contemplaba el artículo anterior. Reitera que el comodato se extingue y el comodante puede reclamar la cosa y el comodatario debe devolverla, cuando transcurre el plazo: éste es el que se haya pactado en el contrato, o resulte del uso o destino de la cosa y si tampoco se pactó éste, será el determinado por la costumbre del lugar (o «de la tierra», como dice el texto legal). Si ninguna de las formas anteriores se ha determinado o es determinable el plazo y teniendo en cuenta que el comodato es esencialmente temporal, dispone este artículo que el comodante puede reclamar la cosa cuando quiera («a su voluntad», dice el texto legal) y el comodatario deberá devolverla ante su reclamación. Es decir, la extinción del contrato queda a voluntad del comodante; lo cual es una norma que deroga para este contrato lo dispuesto con carácter general en el art. 1.128 y que hace una especificación, para este supuesto concreto, de la necessitas, esencia de la obligación, que proclama el art. 1.256.

2.- En un segundo aspecto, este artículo contempla el llamado *precario*. La posesión de una cosa, por tolerancia, sin determinación del tiempo ni del uso y sin precio, es conocido, por tradición que viene del Derecho romano, con el nombre de precario. En Derecho español, el precario es considerado como una variedad del comodato, tal como se ha apuntado en que el comodante puede exigir, cuando quiera, la devolución de la cosa.

Precario es toda situación posesoria que puede cesar a voluntad del titular del derecho de propiedad u otro derecho real. Puede provenir del contrato de comodato en el supuesto del artículo 1.750 o también, faltando todo título, ser una situación de hecho producida por tolerancia o incluso sin conocimiento del titular. En caso de precario de una finca, se arbitra un proceso sumario para recuperar la cosa, el juicio de desahucio: arts. 1.561 y ss. de la Ley de Enjuiciamiento Civil, refiriéndose expresamente al precario el número 3.º del art. 1.565.

3.- El segundo breve párrafo establece una regla procesal sobre la carga de la prueba. Si no está clara la duración del contrato, es el comodatario el que debe probar (y si no lo hace sufrir las consecuencias de la falta de prueba) que se ha pactado el plazo o fijado el uso o lo hay según costumbre.

JURISPRUDENCIA

«El citado comodato se pactó sin referirse a la duración del contrato, aunque el uso del local venía acordado, si no de forma expresa al menos presumible por las actividades que anteriormente desarrollaba en otro local que debido a su mal estado hubo de abandonar, lo que hubiera hecho difícil para el Movimiento Nacional, desde un plano jurídico, hacer aplicación de la reclamación a su voluntad prevista por el artículo 1.750 del Código Civil. Pero al comodato en cuestión se llegó meridianamente porque la referida utilización correspondía a actividades que, aunque materialmente, pudieran ser iguales a las de otros centros culturales, formalmente se caracterizaban por responder a una orientación política determinada, la procedente de Movimiento Nacional que daba sentido a la vida de la asociación en cuyo seno y bajo cuyas directrices nació y se desarrolló. Dicho uso, por tanto, estaba condicionado a la subsistencia del mismo Movimiento Nacional de modo que al desaparecer la organización y su sentido informador del régimen político anterior, en virtud, primero de las leyes de reforma política y, más tarde, como culminación por la Constitución vigente, que confirmaba el pluripartidismo político, finalizaba, por definición, el tiempo de uso conferido por el expresado comodato. Cuando el Estado se hace cargo a título de dueño, entre otros bienes, del concreto objeto de la litis, el deber genérico de dedicar tales bienes a actividades de promoción sociocultural, no equivalía a la aceptación de obligaciones precedentes con concretas asociaciones que por realizar actividades, en sentido amplio, de esta naturaleza, se consideran a sí mismas, como continuadoras de los intereses generales, referidas en el título de adquisición, puesto que dicho uso dependía de la orientación política del Movimiento Nacional, que, al desaparecer, concluía con ella y con aquél. En el momento, por tanto, de la adquisición de los bienes por el Estado se produjo ya la extinción del comodato en los

términos relatados por haber concluido el uso para el que se prestó la cosa (artículos 1749 y 1750 del Código Civil)». (31 diciembre 1992, LA LEY 321/1994)

«Que se trate de una posesión simplemente tolerada por la condescendencia o el beneplácito del propietario. En este caso nos hallamos ante un simple precario, que la sentencia de 30 de octubre de 1986 (LA LEY JURIS. 155216-JF/0000) define como el "[...] disfrute o simple tenencia de una cosa sin título y sin pagar merced, por voluntad de su poseedor, o sin ella", por lo que la oposición del propietario pone fin a la tolerancia y obliga al que posee a devolver la cosa a su dueño. Por lo tanto, cuando exista un contrato, que debe probarse por cualquiera de los medios aceptados en derecho, se aplicarán los efectos de este contrato; a falta de prueba del mismo, nos hallaremos ante un precario». (26 diciembre 2005, rec. 1551/1999)

CONCORDANCIAS

Véase art. 444 de este Código.

Artículo 1.751

El comodante debe abonar los gastos extraordinarios causados durante el contrato para la conservación de la cosa prestada, siempre que el comodatario lo ponga en su conocimiento antes de hacerlos, salvo cuando fueren tan urgentes que no pueda esperarse el resultado del aviso sin peligro.

COMENTARIO

1.- Los gastos ordinarios para la conservación de la cosa los debe satisfacer el comodatario, según dispone el art. 1.743. Los gastos extraordinarios, por el contrario, los debe pagar el comodante, como establece el presente artículo. Son extraordinarios aquellos gastos que se producen en situaciones fuera de la normalidad.

2.- El comodatario no puede, sin más, hacer tal gasto. Cuando se produzca la necesidad del gasto debe ponerlo en conocimiento del comodante y éste lo autorizará expresa o tácitamente; si no lo autoriza, no puede hacerlo el comodatario, o por decir mejor, si lo hace no podrá reclamar su importe al comodante.

La autorización no se recoge expresamente en el texto literal de este artículo, pero se deduce, sin lugar a dudas, del último inciso: «... no puede esperarse el resultado del aviso...» y tal resultado no puede ser otro que la respuesta del comodante, es decir, la autorización.

Se exime de la necesidad de dar conocimiento al comodante y esperar la autorización, si la necesidad de hacer el gasto extraordinario es tan urgente que no pueda esperarse sin peligro a que llegue la autorización, o, como dice el texto legal: «.... el resultado del aviso».

Artículo 1.752

El comodante que, conociendo los vicios de la cosa prestada, no los hubiere hecho saber al comodatario, responderá a éste de los daños que por aquella causa hubiese sufrido.

COMENTARIO

1.- Se establece en este artículo una responsabilidad del comodante por los daños que la cosa objeto del comodato causen al comodatario. Se requiere que tales daños se hayan producido por un vicio de la cosa, que aquél conocía y no los hizo saber a éste; lo que se extiende al caso de que los pudo haber conocido con una diligencia razonable.

2.- Se trata de una responsabilidad que deriva del contrato de comodato; por tanto, responsabilidad contractual. Se ha discutido en la doctrina tal naturaleza y, a veces, se ha mantenido que es extracontractual, lo que tiene importancia a efectos de la prescripción.

CAPÍTULO II
DEL SIMPLE PRÉSTAMO

Artículo 1.753

El que recibe en préstamo dinero u otra cosa fungible, adquiere su propiedad, y está obligado a devolver al acreedor otro tanto de la misma especie y calidad.

COMENTARIO

1.- El contrato de mutuo o simple préstamo es aquel por el que una parte —mutuante o prestamista— entrega a la otra —mutuatario o prestatario— una cosa fungible, con la obligación de devolver otro tanto de la misma especie y calidad. Puede pactarse expresamente que este último contradiga, además, la obligación de pagar interés.

2.- Es un contrato real, como todo préstamo aunque, las partes pueden configurarlo como consensual: atípico o precontrato (me obligo a prestarte tanto dinero, con lo cual tú puedes ya empezar a organizar un negocio desde ahora). Es unilateral, sólo tiene obligaciones el mutuatario o prestatario. El mutuante no contrae ninguna en contraprestación o reciprocidad con aquél.

Es gratuito, pero si se pacta obligación de pago de intereses, es oneroso, el mutuante (pensemos en todas las entidades de crédito) busca un beneficio económico mediante el préstamo de dinero con pacto de intereses.

Es también, como todo préstamo, un contrato de duración temporal: supone que hay un mínimo de tiempo entre la entrega y la devolución de otro tanto; y un máximo en el que debe devolver.

Es un contrato traslativo de dominio: el mutuante transmite la propiedad de la cosa fungible, que la recibirá el mutuatario, el cual, con el título y el modo, adquiere la propiedad.

JURISPRUDENCIA

«supuesta por mandato legal la existencia de una causa y su licitud en cuanto a la entrega verificada, entrega que según un principio general de Derecho exige salvo prueba de gratuidad, la reciprocidad y equivalencia de las prestaciones principales, y no habiéndose practicado, por la otra parte, ninguna prueba convincente que justificara el desplazamiento patrimonial, debe presumirse por inferencias lógicas y de inmediata conexión con el hecho demostrado que, efectivamente, existió un contrato de préstamo mutuo con la obligación, por ello, de restituir una prestación igual (artículo 1.752 del Código Civil) pasado un tiempo». (10 mayo 1994, LA LEY 646/1994)

«No hubo pues, en rigor, préstamo de dinero del demandante-vendedor al demandado-comprador, porque nunca medió entrega de dinero de aquél a éste (arts. 1740 y 1753 CC), ni tampoco novación, porque según la jurisprudencia no constituyen novación las alteraciones en la forma de pago del precio, el reforzamiento de las garantías del cumplimiento ni la mera alteración del plazo (SSTS 26-11-58, 28-3-85, 20-2-86 y 10-5-02)». (7 noviembre 2007, LA LEY 179980/2007)

Vid. también las sentencias relacionadas en el art. 1.740.

Artículo 1.754

La obligación del que toma dinero a préstamo se regirá por lo dispuesto en el artículo 1.170 de este Código.

Si lo prestado es otra cosa fungible, o una cantidad de metal no amonedado, el deudor debe una cantidad igual a la recibida y de la misma especie y calidad, aunque sufra alteración en su precio.

COMENTARIO

1.- La cosa objeto de mutuo es siempre fungible, cosa sustituible considerada por su masa cuantitativa: el prestatario no tiene que devolver la misma cosa que recibió, sino otro tanto de la misma especie y calidad. La cosa fungible más típica es el dinero. Por ello, el Código emplea la expresión «dinero u otra cosa fungible» (arts. 1.740, 1.753 y 1.754), tanto más cuanto el préstamo de dinero es el que tiene importancia individual y social (que será casi siempre mercantil, artículos 311 y ss. del Código de Comercio). El préstamo de cosa fungible que no es dinero es poco frecuente. En numerosas ocasiones, la cosa fungible será además consumible —es el caso del dinero—, pero no es esencial.

2.- Cuando el préstamo es de dinero, se aplica el art. 1.170 en cuanto a la devolución del mismo; es decir, rige el principio nominalista, sin perjuicio de que se haya establecido alguna cláusula de estabilización o se hayan pactado intereses.

Si no es de dinero, el prestatario debe devolver otro tanto de la misma especie y calidad, aunque haya variado el precio de la cosa.

CONCORDANCIAS

Véase Código de Comercio: art. 312.

Artículo 1.755

No se deberán intereses sino cuando expresamente se hubiesen pactado.

COMENTARIO

1.- El contrato de préstamo puede ser gratuito, o bien puede pactarse que sea con interés. Habrá obligación, para el prestatario, de pagar interés, tan sólo en el caso de que haya pactado expresamente en el contrato (el Código de Comercio, art. 314, exige, además, que tal pacto sea escrito, para el préstamo mercantil, siendo así que un préstamo mercantil sin interés es inconcebible).

2.- La cuantía del interés es libre. La Ley de 14 de marzo de 1856 abolió la tasa del interés. Posteriormente, la Ley de 23 de julio de 1908 (llamada «Ley Azcárate» por ser debida

a la iniciativa de don Gumersindo Azcárate) declara nulos los préstamos usurarios y leoninos (art. 1.º) o cualquier otra operación sustancialmente equivalente a un préstamo de dinero

(art. 9.º).

Es nulo, en primer lugar, el préstamo usurario, que es aquel en que se estipula un interés notablemente superior al normal del dinero y manifiestamente desproporcionado con las circunstancias del caso (artículo 1.º, primer inciso del primer párrafo).

Es nulo, en segundo lugar, el préstamo leonino, que es aquel que ha sido aceptado por el prestatario a causa: 1.º) de su situación angustiosa; 2.º) de su inexperiencia, o, 3.º) de lo limitado de sus facultades mentales (art. 1.º, primer párrafo, segundo inciso).

Es nulo, en tercer lugar, el préstamo en que se suponga recibida mayor cantidad que la verdaderamente entregada, cualesquiera que sean su entidad y circunstancias.

El efecto de la declaración de préstamo usurario es la nulidad parcial, que afecta a todo el interés, aunque no al capital. Así, el prestatario deberá devolver la suma recibida (art. 3.º).

3.- La Ley de Enjuiciamiento Civil 1/2000, de 7 de enero, ha derogado (disposición derogatoria única, 2, 4.º) los artículos 2, 8, 12 y 13 de este Ley de usura, que tenían contenido procesal puro, salvo el art. 2 que proclamaba el principio de libre convicción de los Tribunales («Los Tribunales resolverán en cada caso, formando libremente su convicción en vista de las alegaciones de las partes»). Sin embargo, la jurisprudencia dictada sobre esta norma puede seguir siendo útil, pese a haber sido derogada.

JURISPRUDENCIA

«Establecida la realidad del préstamo, que la sentencia atacada expresamente admite, el reintegro de intereses correspondientes a la cantidad objeto del contrato, sólo se produce si expresamente se pactaron (artículo 1.715 del C.Civil); lo que sucede en la presente cuestión, pues se incluyó en la cláusula segunda controvertida, cuya ineficacia es sólo operativa respecto a que el cumplimiento del negocio quedó supeditado a la exclusiva voluntad del deudor, pero no afecta a los intereses convenidos». (31 octubre 1994, LA LEY 2604-TC/1995)

APLICACIÓN DE LA LEY DE USURA, DE 23 JULIO 1908:

1.- CONCEPTOS GENERALES:

«la Orden de 17 de julio de 1981 que reconoce la libertad de pacto para la fijación de los intereses bancarios no contradice en modo alguno lo establecido en la Ley de 23 de julio de 1908 sobre represión de la usura, puesto que la característica de "normalidad" que habrá de concurrir en el interés pactado para no ser calificado el préstamo de usurario, habrá de referirse tanto a lo establecido por la legalidad vigente en ese momento como a la práctica y usos mercantiles». (27 septiembre 1989, LA LEY 1569-TC/1991; en el mismo sentido 7 noviembre 1990, LA LEY 9322/1991; 18 febrero 1991, LA LEY 13718-R/1991; 6 noviembre 1992, LA LEY 131/1994; 9 julio 1993, LA LEY 999-5/1993)

«El dato cierto de que la Ley tiene un superior rango normativo respecto a la Orden Ministerial, no permite la posibilidad de establecer una contraposición o contradicción entre la Ley y Orden acabadas de indicar, por el hecho de que la segunda dejara "en libertad total a las partes para fijar los tipos de interés", como se dice en el segundo considerando de la sentencia recurrida, puesto que esa posibilidad tan sólo pudiera haber concurrido en el caso de que la Ley de 1908 hubiera señalado una "tarifa" para el interés a devengar en los préstamos bien fijando cuantitativamente el permitido, bien marcando el máximo superior a admitir como lícito, lo cual, no ocurrió con dicha Ley». (7 febrero 1990, LA LEY 301-1/1990)

«la prueba pericial ha constatado la cuantía de los intereses no superiores a un 12,50%; que no se ha acreditado de forma alguna la situación angustiosa de los prestatarios, determinante de la aceptación del pretendido contrato leonino, salvo las lógicas dificultades económicas que preceden a toda aceptación de un préstamo; que de ningún modo aparece la entrega de menor cantidad de dinero de la que figura en el conjunto documental... la intervención en todas las operaciones de asesores Letrados, incluido uno de los propios recurrentes, elimina la posible alegación de cualquier clase de inexperiencia». (27 mayo 1991, LA LEY 2567/1991)

«para calificar de usurario al préstamo ha de atenderse al momento de la perfección del contrato, por ser el en que otorgándose el consentimiento puede estimarse si éste estaba o no viciado, siendo la de ese momento la realidad social que ha de contemplarse y no la vigente cuando se pretende que el contrato tenga efectividad, aunque se hayan variado las circunstancias iniciales». (29 septiembre 1992, A.C.74/1993)

«cualesquiera que sea la conceptuación de la naturaleza del negocio, desde el punto y hora en que hay una entrega de dinero para su devolución en circunstancias o tiempo determinadas, mediante la percepción de un interés y aunque sea con adiciones complejas de garantías añadidas, está dentro del ámbito de la Ley de Represión de la Usura y con esa libertad de apreciación del Tribunal de instancia». (26 marzo 1993, LA LEY 638-5/1993)

«en la Ley de Usura, cuyo vigoroso contenido permite la declaración de nulidad de la hipoteca, para que sea cierta tal declaración se ha de extender naturalmente a todo el proceso de ejecución que culmina en la subasta». (18 noviembre 1993, LA LEY 14546/1994)

«La aplicabilidad de la Ley de Usura de 23 de julio de 1908 presupone necesaria e inexcusablemente la existencia de un préstamo de dinero en forma directa o encubierta (artículo 1.º de la citada Ley), circunstancia o requisito esencial que no se da en la escritura pública de 25 de marzo de 1983, a través de la cual no se instrumentó ningún préstamo de dinero, sino estrictamente una liquidación transaccional de lo adeudado por razón de unos muy numerosos y dilatados en el tiempo (unos trece años) préstamos anteriores, por lo que si éstos no pueden calificarse de usurarios, pues los intereses pactados en los mismos oscilan en una banda que va del 6% al 19% (en ningún caso integrantes de usura), difícilmente puede atribuirse dicha calificación a una escritura pública que, como antes se ha dicho, se limita, mediante una transacción, a liquidar lo adeudado por razón de esos muy numerosos préstamos no usurarios». (8 noviembre 1994, LA LEY 820/1996)

«para calificar de usurario el préstamo ha de atenderse al momento de la perfección del contrato, por ser el en que otorgándose el consentimiento puede estimarse si éste estaba o no viciado, siendo la de ese momento la realidad social que ha de contemplarse y no la vigente cuando se pretende que el contrato tenga efectividad, pues otra cosa implica infracción de los arts. 2.3 y 3.1 CC». (7 marzo 1998, LA LEY 3548/1998)

«La jurisprudencia de esta Sala tiene declarado que para calificar de usurario determinado préstamo ha de atenderse al momento de la celebración del contrato (S 29 de septiembre de 1992) y es la realidad socio-económica de entonces la que ha de contemplarse y no la actual; así de esta manera no alcanzaba la calificación de préstamo usurario cuando el interés fijado fue el 20% (S 10 de diciembre de 1992), e incluso el 22% (S 6 de noviembre de 1992), y sin perjuicio de que el artículo segundo de la Ley de Usura concede a los Tribunales libertad apreciativa en cada caso concreto, sin sujeción estricta a pruebas tasadas, para calificar como usurario los préstamos que enjuicien, lo que no excluye su revisión en vía casacional si resulta demostrada debidamente la concurrencia de circunstancias justificativas de la incorrecta apreciación de los juzgadores de instancia, por resultar manifiesta la disconformidad que se denuncia con los presupuestos procesales sobre los que actuó su

libertad de juzgar (S 27 de mayo de 1991, que cita las SS 24 de noviembre de 1984, 30 de diciembre de 1987, 24 de mayo y 4 de julio de 1988 y 25 de enero de 1989)». (30 junio 1998, LA LEY 7549/1998)

2.- NULIDAD

«Los efectos de tal nulidad los declara la propia ley de usura de 1908 (art. 3.º), al disponer que "declarada con arreglo a esta Ley la nulidad de un contrato, el prestatario estará obligado a entregar tan sólo la suma recibida; y si hubiera satisfecho parte de aquélla y los intereses vencidos, el prestamista devolverá al prestatario lo que, tomando en cuenta el total de lo percibido, exceda del capital prestado"». (24 abril 1991, LA LEY 2467/1991)

«Esa obligada calificación del contrato litigioso, como usurario, conlleva su nulidad legalmente impuesta por el precitado art. 1 de la Ley de Usura —nulidad radical que no admite convalidación sanatoria, en cuanto queda fuera de la disponibilidad de las partes, según la S 31 Dic. 1987, nulidad absoluta que ya habían establecido las SS 9 Ene. 1933, 6 Abr. 1963 y 14 Abr. 1966— con la consecuencia de producir los únicos efectos establecidos en el art. 3 de aquella Ley de que el prestatario no está obligado a devolver más que la suma recibida». (12 julio 2001, LA LEY 7021/2001)

«es doctrina jurisprudencial emanada de sentencias de esta Sala, la que determina que la nulidad de los contratos a los que se refiere el artículo 1 de la Ley de 1908 es la radical, ya que no admite convalidación sanatoria en cuanto queda fuera de la disponibilidad de las partes y como consecuencia de ello, si la convención inicial que aparece en el contrato en cuestión es radicalmente nula, la novación no puede operar su consolidación por prohibirlo así expresamente el artículo 1208 del Código Civil en relación al artículo 6.3 de dicho Cuerpo legal; cabe por tanto decir, con frase jurídicamente aceptada, que en estos casos la novación opera en vacío, al carecer del imprescindible sustento que dicha figura exige, representado por la obligación primitiva que se pretende novar —por todas las sentencias de 26 de octubre de 1959 y 30 de diciembre de 1987—. (LA LEY JURIS. 151981-JF/0000)». (28 octubre 2004, rec. 1582/1998)

3.- INTERÉS SUPERIOR AL NORMAL Y DESPROPORCIONADO

«Reconocido el principio de libertad de pacto en orden a la fijación de los tipos de interés de las operaciones activas y pasivas de las Entidades de crédito (OM 12 de diciembre de 1989), y pactado en la póliza de crédito suscrita entre los litigantes un interés del 17,50%, el mismo se encuentra dentro de los límites de "normalidad" de los aplicados por las Entidades bancarias en operaciones de esa clase en la época en que se formalizó el contrato». (7 marzo 1998, LA LEY 3548/1998)

«El interés pactado debe conceptuarse de notablemente superior al valor del dinero en la época en que se contrajo el préstamo. Es cierto que en la misma (1983) el interés bancario del dinero era del 18'5% según la sentencia recurrida, pero este dato no puede ser sino orientador del interés del mercado, de ninguna manera un parámetro exacto con arreglo al que haya de calificarse todo préstamo, pues aquel interés se calcula en función de circunstancias propias de la intermediación en el mercado del dinero de las entidades financieras, tales como costo de la obtención del mismo, gastos de funcionamiento, previsiones de fallidos, etc.: el interés no es sinónimo de beneficio por el préstamo. De ahí que cuando es un particular el prestamista, no se puedan aplicar los mismos criterios, debe lógicamente ser el interés inferior. Por otra parte, al percibirse por anualidades adelantadas, la diferencia es todavía mayor» (20 junio 2001, LA LEY 5114/2001)

«Al hilo de lo establecido en el art. 1 de la L 23 Jul. 1908, esta Sala ha reconocido tres posibilidades de contrato de préstamo usurario incluyendo en la primera "aquellos en que se estipule un interés notablemente superior al normal del dinero y manifiestamente desproporcionado con las circunstancias del caso" —además de las ya citadas, las SS 21 Oct. 1911, 24 Mar. 1942, 13 Dic. 1958, 15 Dic. 1965, 18 Oct. 1968 y 19 Dic. 1974—, grupo en el que puede incluirse el préstamo litigioso pues, reconocida la deuda, la estipulación sobre ella de un interés del 5% mensual, precisión esta de período de tiempo que se omite en la instancia pero que resulta del simple cálculo que en ella se hizo para el establecimiento de la cantidad debida por ese concepto además de resultar de lo para ello pactado en el documento privado al que continuamente se viene haciendo referencia, el interés del 60% anual está y ha estado siempre superando muy notablemente lo que puede estimarse normal en este tipo de operaciones cuando no concurre circunstancia alguna que lo explique». (12 julio 2001, LA LEY 7021/2001)

«la comparación no debe tener lugar con el denominado interés legal, sino con el interés normal o habitual, en concurrencia con las circunstancias del caso y la libertad contractual existente en esta materia para supuestos como el presente, habida cuenta de que, según el art. 2 de aquella Ley, los Tribunales resolverán en cada caso, formando libremente su convicción en vista de las alegaciones de las partes». (2 octubre 2001, LA LEY 7252/2001)

«la calificación de los intereses a efectos de la usura en sentido legal no puede hacerse por el tanto por ciento de devengo sobre el principal, sino que depende de las circunstancias en que se desenvuelva el mercado monetario. De ahí que un tipo de interés que en una época es muy alto, en otra se entienda que es normal». (7 mayo 2002, LA LEY 4875/2002)

4.- INTERÉS LEONINO

«alegada por el recurrente la situación angustiosa de la deudora principal, tal alegación no se deduce de prueba alguna que demuestre un estado de necesidad determinado por tal angustiosa situación, ni la conducta consecuente del prestamista para aprovechar esa circunstancia, aplicando intereses superiores al normal del dinero». (25 septiembre 1987, LA LEY 119-1/1987)

5.- CANTIDAD QUE DICE RECIBIDA, MAYOR QUE LA ENTREGADA

«la suma que en él se fija como entregada supera en casi la mitad a la que realmente se entregó. c) La consecuencia de todo ello es la nulidad del préstamo discutido, sin necesidad de que concurra ningún otro requisito (S 15 de febrero de 1964, ya citada). Nulidad declarada por disposición de la Ley, aunque no inexistente (S 6 de marzo de 1961)». (24 abril 1994, LA LEY 2467/1991)

«Siendo cierta la cita de las sentencias de esta Sala, conforme a las cuales, en ocasiones, se ha dado substantividad propia a la suscripción de un documento de reconocimiento de deuda y ha liberado al acreedor de la carga de la prueba, ello no es óbice para que en esta ocasión la Audiencia haya llegado, tras la valoración de las pruebas, a declarar la existencia de un contrato de préstamo y que el reconocimiento de deuda de 10.000.000 de pesetas sea un dato que permita afirmar su carácter usurario, dada la elevada cantidad de interés que supone devolver el doble de lo percibido en el lapso de dieciocho meses y por el hecho de hacer figurar mayor cantidad que la realmente prestada... cualquiera que sea el destino del dinero, recibido sin carácter de aportación a negocio y riesgos comunes, es evidente que la cantidad documentada, la realmente entregada por los prestamistas y el plazo de restitución ponen claramente de manifiesto el carácter usurario». (7 abril 1997, LA LEY 4453/1997)

6.- TODA OPERACIÓN CREDITICIA

«la circunstancia de que la específica mecánica del contrato de fianza, desemboque, en su fase final, en la necesidad de responder de los débitos contraídos por la persona garantizada y dejados impagados, ello no consiente equiparación con una operación de préstamo, aun cuando, incluso, los fiadores fuesen los socios de la sociedad afianzada». (18 febrero 1991, LA LEY 13718-R/1991)

«Aun cuando la Ley contra la Usura incluye en ella toda operación, sustancialmente equivalente a un préstamo de dinero, cualquiera que revista el contrato y la garantía ofrecida para su cumplimiento, ello requiere la previa calificación por el juzgado de considerar como usura la operación litigiosa». (13 mayo 1991, LA LEY 2515/1991)

«conclusión de que lo en ellos contenido no es un verdadero contrato de compraventa, si no de un préstamo usurario, ya que no otra interpretación puede resultar de un supuesto como el de autos, en el cual y bajo la apariencia de una compraventa con pacto de retro relativa a unas joyas que habían sido previamente pignoradas». (8 noviembre 1991, LA LEY 256-5/1993)

«El artículo 9 de la Ley de Usura no ha sido incorrectamente aplicado, pues dicho precepto establece que la Ley de Represión de Usura se aplicará a toda operación, es decir, de cualquier clase, substancialmente equivalente a un préstamo de dinero y con independencia de la forma que revista el contrato y la garantía que para su cumplimiento se haya ofrecido, puntualizando la sentencia de 13 de mayo de 1991, que es preciso la previa calificación por el Tribunal de Instancia de considerar usuraria la operación litigiosa correspondiente, lo que no ocurre en el presente caso, al no haber calificado tampoco el Juzgado, que se presentase como efectiva usura las relaciones jurídicas y comerciales mantenidas por los litigantes y, cualesquiera que fueran las presuntas irregularidades en el desarrollo de las negociaciones, lo cierto es que no ha existido base fáctica ni legal para poder definir como usurario el préstamo del pleito, bajo la denominación nominal de contrato de crédito en cuenta corriente». (23 marzo 2004, rec. 1474/1998)

7.- LIBRE CONVICCIÓN DE LOS TRIBUNALES

«Es cierto que con arreglo al art. 2 de la Ley de Usura de 23 Jul. 1908, en los recursos de casación que versan sobre su aplicación, puede entrar el TS en el estudio y análisis de la prueba practicada en el pleito, toda vez que, como dice la S 8 Nov. 1994, el juicio que haya formado el Tribunal de instancia es siempre respetable, pero no intangible; y también es cierto que rige en la materia una mayor libertad apreciativa en orden a la fijación de los hechos, y su calificación, pero una cosa es que no rijan con el mismo rigor las pruebas tasadas (SS 31 Mar. 1997 y 30 Jun. 1998), y otra distinta que no quepa atribuir a los documentos públicos el valor que exteriorizan, porque el que se pueda seguir un criterio práctico

(S 24 Nov. 1984, citada en el escrito del recurso), no significa que sea razonable en el caso el criterio jurídico, ni la aplicación de éste supone necesariamente que se excluya aquél». (23 noviembre 1999, LA LEY 251/2001)

«El interés que quedó fijado no se reputa usurario, y así la S 10 Dic. 1992 dice que no merece la calificación de interés notablemente superior al normal del dinero el fijado en el 20%, la de 6 Nov. 1992 llega a la misma conclusión respecto al interés del 22%, la de 22 Sep. 1992 se refiere al interés del 18% y la de 18 Feb. 1991 al 19,50% que figuraba en contrato de crédito y afianzamiento concertado en mayo de 1982. El art. 2 de la Ley contra la Usura autoriza a los Tribunales a resolver en cada caso, formulando libremente su convicción a la vista de las alegaciones de las partes y reiterada doctrina de esta Sala (SS 16 Ene. 1914, 17

Feb. 1921, 4 Jul. 1956, 15 Dic. 1965, 24 Nov. 1966, 18 Oct. 1968, 26 Jun. 1974 y 30 Sep. 1991), proclama que la libertad de apreciación que concede la referida Ley es tan absoluta que los juzgadores pueden formar su convicción sin prueba alguna, aunque no se impide que se tenga en cuenta el material probatorio obrante en el pleito. El uso de la especialísima facultad discrecional para resolver estas cuestiones alcanza también al TS. Para que el recurso de casación no se convierta en una tercera instancia, procede de aceptar los hechos fundamentales de la sentencia recurrida y en tanto no se encuentren en manifiesta disconformidad con las resultancias demostradas, con arreglo al referido artículo segundo de la Ley especial citada. No obstante esta Sala, en estos supuestos, no puede hacer dejación de las facultades que el legislador le atribuye de definir lo que en cada caso concreto consiste en interés superior al dinero o manifiestamente desproporcionado». (10 mayo 2000, LA LEY 7344/2000)

«Por razón del interés establecido en contrato, la Ley de Usura tiene por nulo, desde su art. 1, el préstamo para el que se estipule un interés notablemente superior al normal del dinero y manifiestamente desproporcionado con las circunstancias del caso o en condiciones tales que resulte aquél leonino —adjetivaciones que encierran referencia a lo que es descarado en lo desmesurado con grado sumo— llevando a suponer que fue aceptado en situación angustiosa, de inexperiencia o de limitación mental porque en la normalidad del aceptante produciría inmediato rechazo, disponiendo el art. 2 que en cada caso los tribunales, para resolver, formarán libremente su convicción ante las alegaciones de las partes —así lo ha establecido la jurisprudencia en SS 25 Sep. 1962, 18 Jun. 1963, 28 Feb. 1988, 4 Jul. 1989, 24 Abr. 1991, 6 Nov. 1992 y 31 Mar. 1997, disponiendo la de 24 Nov. 1984 que la facultad de libre convicción del TS ha de ser aceptando los supuestos y apreciaciones de hecho de la sentencia recurrida— y siendo muy variable la cuantificación jurisprudencial de los intereses dentro de la normalidad, la Sala de instancia —teniendo en cuenta lo ya establecido por el Juzgado al señalar como interés nominal pactado el anual del 21,504% y como interés de demora un 24% anual— hace un minucioso estudio partiendo de que la operación comprensiva del préstamo es un arrendamiento financiero». (1 febrero 2002, LA LEY 4870/2002)

CONCORDANCIAS

Véase:
— arts. 1.108 y 1.109 de este Código.
— Código de Comercio: arts. 314 y 315.

Artículo 1.756

El prestatario que ha pagado intereses sin estar estipulados, no puede reclamarlos ni imputarlos al capital.

COMENTARIO

1.- Prevé este artículo el caso de que en un préstamo no se haya pactado la obligación de pago de intereses y, sin embargo, el prestatario sí los paga: no podrá ni reclamar su devolución, ni imputarlos al capital.

2.- Se ha querido ver en esta norma un caso de obligación natural en el concepto romano de la misma: obligación desprovista de acción. Pero el Código da al pago de intereses no pactados una justa causa de la atribución patrimonial, en virtud de la cual no puede exigir su devolución ni imputarlos al capital.

Artículo 1.757

Los establecimientos de préstamos sobre prendas quedan además sujetos a los reglamentos que les conciernen.

COMENTARIO

Si se trata de préstamos con garantía pignoraticia —derecho real de prenda— otorgados por establecimientos públicos privados destinados al efecto (es el caso de los Montes de Piedad), el artículo 1.757 hace remisión a su normativa propia, administrativa.

CONCORDANCIAS

Véase:
— art. 1.109 de este Código.
— Ley de Represión de la Usura, de 23 de julio de 1908 (Gaceta, 24 de julio): art. 5.
— Reglamento sobre casas de préstamo y establecimientos similares, de 12 de junio de 1909 (Gaceta, 15 junio).

TÍTULO XI
Del depósito

CAPÍTULO PRIMERO
DEL DEPÓSITO EN GENERAL Y DE SUS DIVERSAS ESPECIES

Artículo 1.758

Se constituye el depósito desde que uno recibe la cosa ajena con la obligación de guardarla y de restituirla.

COMENTARIO

1.- El Código prevé en numerosas ocasiones la obligación de custodiar una cosa ajena derivada de un derecho de obligación (por ejemplo, el arrendamiento) o de un derecho real (por ejemplo, el usufructo) y, con carácter general, se añade a toda obligación de dar (artículo 1.094). Fuera de estos casos que carecen de autonomía, la obligación de custodia es la esencia de un contrato típico, el de depósito que es definido en el art. 1.758. En forma precisa, puede ser definido como aquel por el que una parte —depositante— entrega a la otra —depositario— una cosa mueble, que se obliga a custodiar y a restituírsela cuando le sea reclamada.

2.- De la definición se desprende la naturaleza jurídica del depósito como contrato real, que se perfecciona por la entrega de la cosa de depositante a depositario. El Código, efectivamente, configura el depósito, como también el préstamo, como contrato real. Pero, al igual que en éste, las partes, en base al principio de autonomía de la voluntad, pueden configurarlo como consensual (no te entrego esta joya para que me la guardes, sino que pactamos que cuando me vaya de vacaciones, tú me guardaras esta joya). En tal caso —depósito consensual— se tratará de un contrato atípico, o bien de un precontrato del contrato típico de depósito.

3.- Los caracteres del contrato de depósito son, en primer lugar, contrato real, que se perfecciona con la entrega de la cosa mueble dada en depósito, tal como se desprende del artículo 1.758 y en el sentido de que no debe olvidarse que las partes pueden constituir el contrato consensual atípico de depósito o el precontrato de depósito.

Es normalmente gratuito, aunque cabe el pacto de que sea retribuido (custodia y retribución); salvo si se pacta que sea retribuido, en cuyo caso es bilateral, pues frente a las obligaciones de depositario está la del depositante de pagar la retribución pactada como contraprestación de aquéllas.

JURISPRUDENCIA

«El depósito es figura jurídica que, si bien parece aplicable dado el carácter de bienes muebles cedidos para su custodia con carácter gratuito (no consta que se pactare precio) y que permite, en cualquier momento, a voluntad del depositante pedir la restitución (art.

1.766 del Código Civil), es figura contractual que no comprende las complejas relaciones de la cesión del ganado de autos. No se puede ignorar que el depósito no da al depositario derecho a usar las cosas y en un ganado, destinado por su propia naturaleza a la recría, es imposible pensar en la simple conservación de la cosa hasta su restitución. Requiere prestar servicios, subsumibles tanto en el contenido del contrato de mandato como en el de arrendamiento, y aun si hubiere faltado la voluntad expresa de pactar es evidente que el custodio del ganado habrá tenido que actuar con la diligencia que se exige incluso al simple gestor de negocios ajenos». (20 marzo 1991, LA LEY 13810-R/1991; vid. esta misma sentencia relacionada en el art. 1.779)

«El contrato de depósito se puede definir legalmente como el pacto en virtud del cual uno recibe la cosa ajena con la obligación de guardarla y restituirla; siendo esencial al mismo la obligación de custodiar y devolver lo que se recibió, cuando sea pedido por el depositante». (13 diciembre 1996, LA LEY 191/1998)

«art. 1.758 CC que da el esencial concepto del contrato de depósito, pero, en lo que aquí interesa, destaca la obligación de restitución, tal obligación debe ser cumplida y en caso de incumplimiento se impone el cumplimiento forzoso que será en forma específica, in natura y, de no ser posible, lo será por equivalencia, tal como prevé el art. 1.101 CC». (4 noviembre 1997, LA LEY 9362/1998)

CONCORDANCIAS

Véase Código de Comercio: arts. 303 a 310.

Artículo 1.759

El depósito puede constituirse judicial o extrajudicialmente.

COMENTARIO

1.- El Código Civil distingue varias clases de depósito, que no todas merecen la calificación de contrato. En primer lugar, distingue el depósito extrajudicial y el judicial (art. 1.759). A su vez, el extrajudicial, se subdivide en voluntario y necesario (art. 1.762). El voluntario es el llamado también depósito ordinario y lo denomina depósito propiamente dicho el epígrafe del capítulo II del título destinado a este contrato.

2.- Por otra parte, el depósito puede ser civil, regulado por el Código Civil, y mercantil, regulado por normas mercantiles; es mercantil, como dice el art. 303 del Código de Comercio, cuando el depositario, al menos, sea comerciante, las cosas depositadas objetos de comercio o que constituyan una operación mercantil o se haga como causa o a consecuencia de operaciones mercantiles; la doctrina mercantilista destaca que la custodia de la cosa se da en muchos contratos, pero sólo es depósito cuando la finalidad esencial sea precisamente la custodia; así ocurre en los depósitos bancarios, que son depósitos irregulares.

CONCORDANCIAS

Véase R.D. 34/1988, de 21 de enero, por el que se regulan los pagos, depósitos y consignaciones judiciales (*«B.O.E.»*, 30 enero).

CAPÍTULO II
DEL DEPÓSITO PROPIAMENTE DICHO

SECCIÓN PRIMERA
De la naturaleza y esencia del contrato de depósito

Artículo 1.760

El depósito es un contrato gratuito, salvo pacto en contrario.

COMENTARIO

El contrato de depósito es gratuito, salvo pacto en contrario (art. 1.760). Si media tal pacto, el contrato deviene oneroso y bilateral.

La retribución puede ser en dinero (lo será normalmente) o en otra cosa o servicio (me guardas esto y te daré tal cosa o te pintaré tu casa, por ejemplo).

CONCORDANCIAS

Véase Código de Comercio: art. 304.

Artículo 1.761

Sólo pueden ser objeto del depósito las cosas muebles.

COMENTARIO

1.- Como carácter esencial y norma indisponible por las partes, este artículo dispone que el objeto del mandato sólo pueden serlo las cosas muebles.

2.- Si las partes, en aras del principio de la autonomía de la voluntad, celebran un contrato de custodia de cosa inmueble —un contrato de guarda— no será un depósito no sólo por la norma citada, sino porque toda la normativa del mismo está pensada en la entrega, retención y devolución de una cosa mueble; se tratará de un contrato atípico al que se aplicarán ciertas normas del depósito y de otros contratos con los que guarde analogía (así, si es retribuido, estará más cerca del contrato de prestación de servicios que del depósito).

CONCORDANCIAS

Véase art. 1.786 de este Código.

Artículo 1.762

El depósito extrajudicial es necesario o voluntario.

COMENTARIO

El artículo 1.759 prevé que el depósito puede ser judicial, llamado también secuestro, regulado en los arts. 1.785 y ss. o extrajudicial, que es el contractual, contrato de depósito.

Este, a su vez, añade el presente artículo, puede ser voluntario o necesario. La terminología, desde luego, es incorrecta y confusa. El llamado *depósito voluntario* es el depósito normal, típico, el contrato que coincide plenamente con el concepto, naturaleza y caracteres comunes del depósito. El llamado *depósito necesario*, es aquel que comprende varios subtipos, todos de contrato de depósito, pero con alguna especial característica, regulados en los arts. 1.781 a 1.784 y que son llamados legal, miserable y en hospedaje.

CONCORDANCIAS

Véase arts. 1.763, 1.781 y 1.783 de este Código.

SECCIÓN SEGUNDA
Del depósito voluntario

Artículo 1.763

Depósito voluntario es aquel en que se hace la entrega por la voluntad del depositante. También puede realizarse el depósito por dos o más personas, que se crean con derecho a la cosa depositada, en un tercero, que hará la entrega en su caso a la que corresponda.

COMENTARIO

1.- En el primer inciso de este artículo se hace una especie de (mala) definición del contrato de depósito, al que llama depósito voluntario y que es el normal, típico: contrato por el que una parte (depositante) entrega a la otra (depositario) una cosa mueble, que se obliga a custodiarla y a restituírsela cuando le sea reclamada. Este artículo destaca la primera parte de este concepto: la entrega de la cosa por el depositante, que es, evidentemente, voluntaria, respondiendo al principio de autonomía de la voluntad que domina la normativa contractual.

2.- Se denomina secuestro convencional al contrato por el que dos o más personas, que se creen con derecho a una cosa, la depositan en un tercero que hará la entrega (restitución), en su caso, a la que corresponda; este concepto lo expresa el segundo inciso del artículo 1.763, considerándolo como un depósito voluntario. Pero se le califica como secuestro, pues responde a la función de custodia de la cosa en un tercero —depositario— mientras se resuelve la controversia sobre la misma.

Es un contrato de depósito —depósito voluntario— sometido a la normativa de éste, con la única especialidad de que la restitución debe hacerse al contratante que corresponda, es decir, el que resulte con derecho a la cosa y, por tanto, no se hará la restitución hasta que se sepa —resolviéndose la controversia— quién es a quien corresponde la cosa.

CONCORDANCIAS

Véase Reglamento Notarial, de 2 de junio de 1944 *(«B.O.E.»,* 7 julio): arts. 216 a 220.

Artículo 1.764

Si una persona capaz de contratar acepta el depósito hecho por otra incapaz queda sujeta a todas las obligaciones del depositario, y puede ser obligada a la devolución por el tutor, curador o administrador de la persona que hizo el depósito, o por ésta misma, si llega a tener capacidad.

COMENTARIO

1.- Son sujetos del contrato de depósito, el depositante, que entrega la cosa, y el depositario, que la recibe y se obliga a custodiarla y restituirla. La capacidad es la general para contratar.

Si el depositante es incapaz, el contrato será anulable, pero en todo caso el depositario queda sujeto a todas las obligaciones del mismo y, no ya el depositante incapaz, sino su representante legal o el mismo depositante cuando adquiera capacidad plena, podrán exigir la devolución, tal como establece el artículo 1.764; y lo mismo ocurre si el depositante o pierde la capacidad (caso de incapacitación) tras haber constituido el depósito: podrá reclamar la devolución su representación legal, tal como dice el artículo 1.773, o incluso él mismo si recupera la capacidad.

2.- La incapacidad del depositante está motivada por ser menor de edad o estar judicialmente incapacitado. No puede actuar por sí, sino por representante legal, que es el titular o titulares de la patria potestad o el tutor. Si es un menor emancipado o un incapacitado parcial o un pródigo, reclamará la devolución él mismo, aunque en los dos últimos casos, puede precisar el complemento de capacidad del curador. Pero nunca podrá el curador reclamar la cosa o recibirla, pues no es representante legal. El Código se equivoca al incluir al curador, entre los que pueden obligar al depositario a devolver la cosa. Y cuando incluye al administrador del depositario incapaz o incapacitado hay que entenderlo con reserva, ya que lo podrá hacer en contados casos: así, en el art. 227.

Sin embargo, este artículo, curiosamente, no incluye —aunque hay que interpretarlo como sí incluido— al titular o titulares de la patria potestad, entre las personas que pueden obligar al depositario a devolver la cosa al depositante incapaz o incapacitado. A no ser, claro está que se les considere dentro del concepto de «administrador». Tampoco incluye al defensor judicial y, ciertamente, reclamará la cosa cuando el depositante es incapaz o incapacitado y el depositario es el titular de la patria potestad o el tutor, por el conflicto de intereses que supone.

Artículo 1.765

Si el depósito ha sido hecho por una persona capaz en otra que no lo es, sólo tendrá el depositante acción para reivindicar la cosa depositada mientras exista en poder del depositario, o a que éste le abone la cantidad en que se hubiese enriquecido con la cosa o con el precio.

COMENTARIO

Como continuación y contraposición del artículo anterior, este artículo contempla el supuesto de que es el depositario la persona incapaz por menor edad o incapacitado judicialmente.

Este no tiene las obligaciones propias de tal, pero, por razón de la entrega, el depositante puede exigirle la devolución de la cosa mientras exista en su poder o, en su defecto, que le abone la cantidad en que se hubiese enriquecido con la cosa o con el precio.

CONCORDANCIAS

Véase art. 1.304 de este Código.

SECCIÓN TERCERA
De las obligaciones del depositario

Artículo 1.766

El depositario está obligado a guardar la cosa y restituirla, cuando le sea pedida, al depositante, o a sus causahabientes, o a la persona que hubiese sido designada en el contrato. Su responsabilidad en cuanto a la guarda y la pérdida de la cosa, se regirá por lo dispuesto en el título I de este libro.

COMENTARIO

1.- La obligación de guarda o de custodia, es la esencial del depositario, que marca el propio concepto del contrato de depósito. La establece el primer inciso de este artículo 1.766: el depositario está obligado a guardar la cosa y debe hacerlo con la diligencia de un buen padre de familia, que es lo que se prevé con carácter general para toda obligación (Título I del Libro IV a que se remite el segundo inciso del mismo artículo 1.766), a no ser que los sujetos hayan pactado expresamente la forma de custodia (en una caja fuerte, por ejemplo).

2.- La *obligación de restitución* es la consecuencia del final de la custodia y es también esencial del depositario. Se produce cuando se extingue el contrato y, en todo caso, «cuando le sea pedida», como expresa este artículo.

La restitución debe hacerse a la persona que la reclama, que es el depositante o, si es incapaz o incapacitado, las que señala el artículo anterior. O bien, a la persona designada en el contrato.

JURISPRUDENCIA

«en la sentencia recurrida no se ha aplicado correctamente lo dispuesto en el art. 1766 del Código Civil, el cual establece la obligación de devolver el depósito constituido al depositante o sus causahabientes y para ello, y dada la muerte del titular, el depositario debe saber quién o quiénes son los referidos causahabientes, cuya determinación dependía de una resolución firme dictada en un proceso de reclamación de filiación». (18 marzo 2009, rec. 1611/2005, LA LEY 14372/2009)

CONCORDANCIAS

Véase:
— arts. 1.769 a 1.778 de este Código.
— Código de Comercio: art. 306.

Artículo 1.767

El depositario no puede servirse de la cosa depositada sin permiso expreso del depositante.

En caso contrario, responderá de los daños y perjuicios.

COMENTARIO

1.- La esencial obligación de custodia, del depositario, incluye que éste no puede servirse de la cosa depositada. Si, pese a ello, la usa, responde de los daños y perjuicios que sufra.

2.- Pero sí puede el depositario usar y servirse de la cosa depositada en el caso que tenga permiso expreso del depositante (tal como prevé el primer párrafo de este artículo), que no se presume, sino que debe probarse su existencia (como añade el segundo párrafo del artículo siguiente). Se trata del llamado depósito irregular, a que se refiere el artículo siguiente.

CONCORDANCIAS

Véase art. 1.101 de este Código.

Artículo 1.768

Cuando el depositario tiene permiso para servirse o usar de la cosa depositada, el contrato pierde el concepto de depósito y se convierte en préstamo o comodato.

El permiso no se presume, debiendo probarse su existencia.

COMENTARIO

1.- Se conoce por toda la doctrina y por la jurisprudencia con el nombre de depósito irregular aquel que recae sobre cosa fungible, se transmite su propiedad al depositario, el cual tiene la obligación de restituir no la misma cosa, sino otro tanto de la misma especie y calidad. Incluso, en un sentido amplio, también puede denominarse depósito irregular simplemente a aquel en que el depositario tiene permiso expreso del depositante para usar la cosa.

En todo caso, hay que recordar lo que disponen los artículos 1767 y 1768: el depositario no puede servirse de la cosa depositada sin permiso expreso del depositante, y si éste lo da, el depósito queda desnaturalizado y no es tal, sino préstamo o comodato. En todo caso, hay que tener en cuenta que si este uso es accesorio o incluso es necesario o útil para la conservación de la cosa (es accesorio que el perro depositado lo tenga en mi jardín y, de paso, me vigila la casa: es necesario que monte un buen caballo si quiero que siga siendo apto para las carreras) no desnaturaliza el depósito.

2.- Se ha mantenido, en principio, por doctrina y jurisprudencia que el depósito irregular es inadmisible en nuestro Derecho y no existe como tal depósito, porque le falta su típica característica que es la custodia, y, por ello, es un préstamo o comodato, como dice el artículo 1.768, o un contrato atípico.

Sin embargo, el depósito se celebra en interés del depositante: es un contrato de favor en su beneficio; el préstamo o comodato son contratos en interés del prestatario: son contratos de favor por parte del prestamista en beneficio del prestatario.

Por ello, si un depósito irregular se hace en beneficio, en interés del depositante, no puede afirmarse rotundamente que sea un préstamo (mutuo o comodato). Basta, para ello, contemplar la realidad y atenerse a la verdadera voluntad de las partes: si me voy unos meses fuera de España, y le dejo mi coche a un amigo, para que éste lo guarde, lo use y me lo devuelva, no le hago ningún favor, sino que me lo hace él a mí, no pudiendo pensarse que le he «prestado» el coche, sino que se lo he dejado «en depósito»; si me interesa que un amigo me guarde un dinero por miedo a que me lo roben o me lo gaste, y el amigo, con buen criterio, lo mezcla con el suyo y lo gasta y me lo devuelve cuando se lo pido, me hace un favor, no puede imaginarse que le he «prestado dinero». Por tanto, el depósito irregular, si verdaderamente se ha hecho en beneficio, en interés, del depositante, no será un préstamo, sino o un depósito o un contrato atípico de guarda al que se le aplicarán por analogía las propias normas del depósito.

El caso más frecuente es mercantil, el depósito de dinero en entidad bancaria; no es ciertamente un préstamo al banco, sino un depósito irregular, en el sentido expresado, de contrato atípico, semejante al depósito.

JURISPRUDENCIA

«el depósito irregular, en general, al transferir la propiedad del dinero o de la cosa fungible que se entrega al receptor hace desaparecer la característica típica del depósito, la custodia, que es sustituida por la obligación de restitución de cantidad, típica del préstamo o del contrato sui generis, de que se trata, no pudiendo entenderse por tanto, que nos encontremos ante un depósito común con los efectos propios del mismo, como parece sostener la actora, y acepta la sentencia recurrida, por la simple circunstancia accesoria de haberse constituido aparentemente, sobre él un derecho de prenda». (19 septiembre 1987, LA LEY 12566-JF/0000)

«no conduce a sustituir la calificación de depósito por la de prenda, pues es evidente que en la escritura no se constituyó esta garantía real (art. 1.281.1.º del Código Civil), para lo que, además, no consta estuviera facultado el Presidente del Consejo de Administración de "C.G., S.A.", otorgante de aquélla; ha de observarse asimismo que carece de sentido que el prestatario entregue al prestamista, en concepto de prenda, la totalidad del dinero prestado, para asegurar su devolución. En conclusión, ha de afirmarse que el denominado "depósito irregular de disposición condicionada sin interés" ofrece un carácter atípico que, sin embargo, no obsta a su validez (arts. 1.254 y 1.255 CC), pero que no dio lugar a la constitución del derecho real de prenda oponible a terceros». (10 enero 1991, LA LEY 2754/1992)

CONCORDANCIAS

Véase Código de Comercio: art. 309.

Artículo 1.769

Cuando la cosa depositada se entrega cerrada y sellada, debe restituirla el depositario en la misma forma, y responderá de los daños y perjuicios si hubiese sido forzado el sello o cerradura por su culpa.

Se presume la culpa en el depositario, salvo la prueba en contrario.

En cuanto al valor de lo depositado, cuando la fuerza sea imputable al depositario, se estará a la declaración del depositante, a no resultar prueba en contrario.

COMENTARIO

1.- La primera de las obligaciones esenciales del depositario es la de custodia de la cosa; la segunda, al término de la custodia y del contrato, la de restituirla. Derivada de la primera en relación con la segunda, se establece la responsabilidad del depositario por el deterioro (y la pérdida) de la cosa, en el último inciso del art. 1.766, que se remite a la normativa general del incumplimiento o cumplimiento defectuoso del contrato.

En el presente artículo se hace aplicación de que la *cosa depositada ha sido entregada sellada y cerrada*. En tal caso, el depositario la debe guardar y custodiar cerrada y sellada y restituirla de igual forma. Si incumple tal obligación, por dolo o culpa incurre en responsabilidad; el texto legal sólo se refiere a la culpa, sin mencionar el dolo, pero sin duda lo comprende.

En el caso de incumplimiento, se presume la culpa (no el dolo).

2.- Tal responsabilidad se produce si se ha forzado el sello o la cerradura (por dolo o culpa del depositario, como se ha dicho).

Consiste en indemnizar los daños y perjuicios que se hayan causado al depositante. Pueden éstos referirse al valor de la cosa depositada; establece este artículo una regla procesal: el valor será el que declare el depositante, aunque cabe prueba del verdadero valor.

JURISPRUDENCIA

«La naturaleza jurídica del contrato bancario denominado de alquiler de cajas de seguridad no es la de depósito en su variedad de depósito cerrado, sino la de un contrato atípico, surgido de la conjunción de prestaciones del arriendo de cosas y de depósito, en el que la finalidad pretendida por el cliente no es el mero goce de la cosa arrendada, sino el de la custodia y seguridad de lo que se guarda en la caja, que se consigue de una forma indirecta, a través del cumplimiento por el banco de una prestación consistente en la vigilancia de la misma y de su integridad a cambio de una remuneración. La entidad bancaria no asume la custodia de ese contenido, sino del daño que la ruptura, sustracción o pérdida de la caja pueda ocasionar al cliente. Es claro que la situación más análoga a la descrita es la determinada por la existencia de un depósito cerrado y sellado, contemplada en el art. 1.769 del Código civil. El contrato litigioso, en suma, tiene una causa mixta... ...Según el párrafo 3.º del art. 1.769 del Código civil, en el depósito cerrado el depositante será creído en cuanto al valor de los objetos depositados, salvo prueba en contrario. Por tanto, no se trata más que de una norma probatoria favorable el depositante como presunción iuris tantum. La prueba contraria a la declaración del depositante no consistirá en la inmensa mayoría de casos más que en la aportación de indicios sobre los que fundamentar la presunción de que no es verdadera la declaración». (4 noviembre 2008, rec. 1371/2003, LA LEY 169522/2008)

CONCORDANCIAS

Véase Código de Comercio: arts. 306, 307, 309 y 310.

Artículo 1.770

La cosa depositada será devuelta con todos sus productos y accesiones.

Consistiendo el depósito en dinero, se aplicará al depositario lo dispuesto respecto al mandatario en el artículo 1.724.

COMENTARIO

1.- Matiza este artículo la obligación del depositario de restituir la cosa. La deberá restituir «con todos sus productos y accesiones». La cosa mueble depositada puede producir frutos (como las crías de un animal) o tener aumentos por accesión (accesión de cosas muebles): los deberá restituir con la cosa.

Los cuales pueden no pertenecer al depositante o a la persona a quien debe hacerse la restitución, ya que los productos y accesiones pertenecen al propietario y pueden no coincidir. Pero la obligación del depositario es restituir la cosa a la persona a quien debe hacerlo, con sus productos y accesiones. Y éste tendrá la relación que proceda con el propietario, respecto a tales productos y accesiones.

2.- El párrafo segundo tan sólo es aplicable al caso de depósito irregular, de dinero. Si el depositario lo aplica, en todo o en parte, a usos propios, deberá intereses desde el día en que lo hizo, y si retrasa la restitución, los deberá desde que se constituyó en mora, tal como establece el art. 1.724 para el mandato, al que se remite el presente artículo.

CONCORDANCIAS

Véase arts. 1.094 a 1.097 y 1.777 de este Código.

Artículo 1.771

El depositario no puede exigir que el depositante pruebe ser propietario de la cosa depositada.

Sin embargo, si llega a descubrir que la cosa ha sido hurtada y quién es su verdadero dueño, debe hacer saber a éste el depósito.

Si el dueño, a pesar de esto, no reclama en el término de un mes, quedará libre de toda responsabilidad el depositario, devolviendo la cosa depositada a aquél de quien la recibió.

COMENTARIO

1.- Para celebrar el contrato de depósito como depositante, no es preciso ser propietario de la cosa, sino que basta con ser poseedor. Ni, por tanto, el depositante puede exigir que le pruebe su propiedad. Como consecuencia de ello, el primer párrafo de este artículo matiza la obligación de restitución del depositario, al disponer que éste debe cumplirla, sin que pueda exigir que el depositante pruebe que es propietario de la cosa depositada.

Lo cual hay que completarlo en el sentido de que el depositario cumplirá su obligación de restitución de la cosa, entregándola al depositante, o a sus causahabientes, o a la persona designada en el contrato (art. 1.766) o a su representante legal (art. 1.764) sin poder exigir que el primero pruebe su derecho de propiedad.

2.- Los párrafos segundo y tercero añaden una especialidad en el caso de que «la cosa ha sido hurtada», aunque hay que entender que se refiere a todo supuesto en que la cosa ha sido objeto de delito (hurto, robo, estafa, apropiación indebida, etc.).

No basta con que se dé tal caso, sino que, además, el depositario lo descubra y sepa quién es el propietario. Deberá dar conocimiento a éste de la existencia del depósito. Este puede reclamarle la casa y el depositario se la entregará a él.

Pero si no la reclama en el plazo de un mes, el depositario deberá cumplir normalmente y en la forma ordinaria su obligación de restituir la cosa al depositante o a la persona a quien corresponda.

Artículo 1.772

Cuando sean dos o más los depositantes, si no fueren solidarios y la cosa admitiere división, no podrá pedir cada uno de ellos más que su parte.

Cuando haya solidaridad, o la cosa no admita división, regirá lo dispuesto en los artículos 1.141 y 1.142 de este Código.

COMENTARIO

1.- Este artículo matiza también, como el anterior, la obligación de restitución del depositario y contempla el supuesto de pluralidad de depositantes. Distingue dos subsupuestos.

En todo caso, habiendo varios depositantes, solidarios o no, la cosa indivisible o no, se aplica la presente norma sobre el depósito; parte de la cosa o toda ella se entrega a uno u otro de los depositantes, pero ello no prejuzga ni determina la relación jurídica que hay entre ellos, entre sí o sobre la titularidad de la cosa (dos depositantes solidarios de una cantidad de dinero o tres personas que depositan una joya: el depósito no prejuzga de quién es aquel dinero o en qué proporción son propietarios de la joya).

2.- El primero de ellos es que los depositantes no hayan constituido el depósito con el carácter de solidaridad y, además, la cosa sea divisible. Cada uno de los depositantes podrá reclamar la restitución de su parte, no más. Y el depositario deberá restituir a cada uno su parte exclusivamente.

3.- El segundo es que los depositantes sean solidarios, porque así se ha previsto en el contrato, o, aunque no haya solidaridad, la cosa sea indivisible. Con la remisión que hace el segundo párrafo de este artículo a los arts. 1.141 y 1.142, resulta: cualquiera de los depositantes puede exigir la restitución de la cosa por entero y el depositante a él deberá restituírsela e incluso, al término del depósito, la restituirá a cualquiera de los depositantes.

Artículo 1.773

Cuando el depositante pierde, después de hacer el depósito, su capacidad para contratar, no puede devolverse el depósito sino a los que tengan la administración de sus bienes y derechos.

COMENTARIO

1.- El artículo 1.764 prevé el supuesto de que el depositante era incapaz (menor de edad) o estaba incapacitado, al tiempo de celebrarse el contrato de depósito. El presente artículo contempla el supuesto de incapacidad sobrevenida; dice: «cuando el depositante pierde, después de hacer el depósito su capacidad para contratar...», lo que no significa otra cosa que el depositante tras haber hecho el depósito es incapacitado (arts. 199 y ss.).

2.- El efecto de tal supuesto, es que el depositario debe hacer la restitución de la cosa depositada, cuando proceda, no al incapacitado (en cuyo caso, se aplicaría el art. 1.163), sino a la persona que tenga la «administración de sus bienes y derechos», como dice el texto legal, que es el tutor o el titular o titulares de la patria potestad rehabilitada.

CONCORDANCIAS

Véase arts. 200 y ss. y 1.163 de este Código.

Artículo 1.774

Cuando al hacerse el depósito se designó lugar para la devolución, el depositario debe llevar a él la cosa depositada; pero los gastos que ocasione la traslación serán de cargo del depositante.

No habiéndose designado lugar para la devolución, deberá ésta hacerse en el que se halle la cosa depositada, aunque no sea el mismo en que se hizo el depósito, con tal que no haya intervenido malicia de parte del depositario.

COMENTARIO

1.- El lugar donde el depositante debe cumplir su obligación de restituir la cosa depositada, es, en primer lugar, el que se designe en el contrato: principio de la autonomía de la voluntad.

Es una obligación accesoria (a la restitución) que se le ha impuesto en el contrato al depositario. En consecuencia, éste deberá llevar la cosa al lugar pactado, cuando cumpla la obligación de restitución. Los gastos de traslación no los cubre el depositario, sino que son «de cargo del depositante», tal como dice el último inciso del primer párrafo; sin embargo cabe pacto en contrario y puede estar previsto que tales gastos los pague el depositario.

2.- A falta de designación del lugar de entrega de la cosa depositada, será el lugar donde ésta se halla al tiempo de cumplir la obligación de restitución. Éste será el lugar, aunque no sea el mismo de aquel en que se constituyó el depósito.

Hay una excepción «con tal que no haya intervenido malicia de parte del depositario»; es decir, el depositario no podrá hacer la restitución de la cosa en el lugar donde se halla, distinto a aquel en que se constituyó el depósito, si se encuentra en tal lugar por dolo («malicia», dice el texto legal), lo que implica que el depositario llevó la cosa a otro lugar con ánimo de perjudicar o dificultar la restitución. En tal caso, según se desprende del texto del párrafo segundo, deberá cumplir la obligación de restituir en el lugar en que se hizo el depósito.

JURISPRUDENCIA

«si bien es cierto que el párrafo 1.º del art. 1.774 del Código Civil... impone los gastos del transporte de la cosa depositada al lugar designado para la devolución, al depositario, tal precepto no tiene un carácter imperativo tal que impida que las partes, en uso de la literalidad de pacto que les concede el art. 1.255 del Código Civil». (18 diciembre 1991, LA LEY 15155-R/1993)

CONCORDANCIAS

Véase art. 1.171 de este Código.

Artículo 1.775

El depósito debe ser restituido al depositante cuando lo reclame, aunque en el contrato se haya fijado un plazo o tiempo determinado para la devolución.

Esta disposición no tendrá lugar cuando judicialmente haya sido embargado el depósito en poder del depositario, o se haya notificado a éste la oposición de un tercero a la restitución o traslación de la cosa depositada.

COMENTARIO

1.- El depósito se extingue y, por tanto, se produce la inmediata obligación de restituir la cosa, como última del depositario, cuando vence el término o plazo que se había pactado en el contrato, si se ha pactado.

Tanto si se ha pactado un tiempo como si no, el depósito se extingue igualmente y procede la restitución, por parte del depositante, cuando éste reclame la cosa (primer párrafo de este artículo) y por parte del depositario, por renuncia con justa causa (artículo siguiente).

Así, en todo caso se extingue el depósito, cuando el depositante reclama la restitución de la cosa, incluso si lo hace antes del tiempo previsto, en el supuesto de que se haya pactado.

2.- Sin embargo, se suspende la obligación de restitución, aunque llegue el término pactado o la reclame el depositante, en los dos supuestos que prevé el segundo párrafo. El primero es el embargo de la cosa depositada, pero siempre que se designe al propio depositario, como depositario judicial. El segundo es la oposición de un tercero, pero ésta no provoca por sí misma la suspensión de la restitución, sino que es precisa una orden judicial (motivada por tal oposición) que ordene al depositario retener la cosa.

Artículo 1.776

El depositario que tenga justos motivos para no conservar el depósito, podrá, aun antes del término designado, restituirlo al depositante; y, si éste lo resiste, podrá obtener del Juez su consignación.

COMENTARIO

1.- Como continuación de lo dispuesto en el artículo anterior, el depósito se extingue por el transcurso del tiempo pactado y, aun antes o si no se ha pactado término, el depositario puede extinguir el contrato y restituir la cosa, cuanto «tenga justos motivos para no conservar el depósito», como expresa este artículo. El concepto «justos motivos» no puede darse en abstracto. Se verá en cada caso, teniendo en cuenta que puede tener una base subjetiva (necesidad de un viaje del depositante, enfermedad de éste, etc.) u objetiva (gastos imprevistos que provoca la cosa, etc.).

2.- Añade innecesariamente que, en tal caso, si el depositante se niega a recibir la cosa («lo resiste» dice el texto legal), el depositario se liberará con el ofrecimiento de pago y consignación prevista en los arts. 1.176 y ss. Pero esto ocurre en éste y en los demás casos en que se extinga el contrato de depósito y el depositario quiera restituir la cosa y concurran las causas del subrogado en el pago, que prevé el art. 1.176.

JURISPRUDENCIA

«siendo éste el caso que nos ocupa, en el que la sentencia recurrida, considerando probados todos los hechos que acreditan los documentos aquí citados por el recurrente, entiende que ninguno de dichos hechos integra alguno de los "justos motivos" que el artículo 1.776 del Código Civil exige para el depositario, aun antes del término designado, pueda "no conservar el depósito y restituirlo al depositante"... Partiendo, por un lado, de que la expresión "justos motivos" que utiliza el artículo 1.776 del Código Civil, en cuanto concepto jurídico indeterminado que es, exige la apreciación, en cada caso concreto, de si el motivo aducido por el depositario es razonable y ciertamente justificativo de su pretensión exoneratoria de las obligaciones que contrajo como tal depositario, y, por otro lado, de que, en el caso que nos ocupa, el demandante, aquí recurrente, Sr. Z.P. (que no alega ninguna causa o razón de índole subjetiva o personal, como podría ser una enfermedad, una prolongada ausencia, etc.) pretende exclusivamente basar esos supuestos "justos motivos" en razones estrictamente objetivas y legales que, según él, no ya le facultaban, sino que le obligaban a dejar de ser depositario, la cuestión a decidir en esta vía casacional se reduce a determinar si alguno de los tres referidos hechos tienen algún fundamento legal que permita atribuirles la condición de "justos motivos" al objeto expresado». (21 octubre 1991, LA LEY 163-5/1993)

Artículo 1.777

El depositario que por fuerza mayor hubiese perdido la cosa depositada y recibido otra en su lugar, estará obligado a entregar ésta al depositante.

COMENTARIO

Si el depositario incumple esta obligación de restituir la cosa, el depositante (o su causahabiente o su representante) puede exigir el cumplimiento forzoso en forma específica o, si no es posible, indemnización de daños y perjuicios. El Código da dos reglas sobre incumplimiento no culpable: si por fuerza mayor el depositario pierde la cosa y recibe otra en su lugar (por ejemplo, indemnización en dinero por aquella pérdida) debe entregar ésta al depositante (art. 1.777), y si de buena fe, el heredero del depositario vende la cosa, ignorando que era depositada, entregará al depositante su precio o le cederá las acciones contra el comprador si no le ha pagado (art. 1.778).

CONCORDANCIAS

Véase arts. 1.186 y 1.766 de este Código.

Artículo 1.778

El heredero del depositario que de buena fe haya vendido la cosa que ignoraba ser depositada, sólo está obligado a restituir el precio que hubiese recibido o a ceder sus acciones contra el comprador en el caso de que el precio no se le haya pagado.

COMENTARIO

Véase el comentario al artículo anterior.

CONCORDANCIAS

Véase art. 1.897 de este Código.

SECCIÓN CUARTA
De las obligaciones del depositante

Artículo 1.779

El depositante está obligado a reembolsar al depositario los gastos que haya hecho para la conservación de la cosa depositada y a indemnizarle de todos los perjuicios que se le hayan seguido del depósito.

COMENTARIO

1.- El depositante tiene una obligación de reembolso frente al depositario por los gastos y perjuicios que éste haya tenido por razón del depósito. No es una obligación sinalagmática que convierta el depósito en contrato bilateral, sino que surge, no por razón del contrato, sino posteriormente, por razón de los hechos (los gastos o los daños) que han sido fuente de esta obligación.

2.- Los gastos que debe reembolsar el depositante al depositario son los necesarios para la conservación de la cosa depositada. No comprende los útiles para la mejora de la misma; a no ser que se haya pactado que sí los reembolsaría (pacto que se incluyó en el contrato o se ha podido celebrar en el momento en que surge la ocasión de hacer el gasto útil).

3.- También debe reembolsar los perjuicios que el depósito ha provocado, directamente, al depositario (así, la enfermedad del animal depositado, que ha contagiado a los demás animales del depositario, por ejemplo).

JURISPRUDENCIA

«No se puede ignorar que el depósito no da al depositario derecho a usar las cosas y en un ganado, destinado por su propia naturaleza a la recría, es imposible pensar en la simple conservación de la cosa hasta su restitución. Requiere prestar servicios, subsumibles tanto en el contenido del contrato de mandato como en el de arrendamiento, y aun si hubiere faltado la voluntad expresa de pactar es evidente que el custodio del ganado habrá tenido que actuar con la diligencia que se exige incluso al simple gestor de negocios ajenos. Pues bien, sea el contrato incardinable en cualquiera de las figuras enunciadas o en una mezcla atípica e innominada de todas ellas, en cualquier caso habrá de rendirse cuentas al propietario y, entre ambos, deberá liquidarse la situación posesoria... no se puede ignorar que todo depositante está obligado a reembolsar al depositario los gastos que haya efectuado en la conservación de la cosa y a indemnizarle todos los perjuicios que le haya causado (art. 1.779 del Código Civil)». (20 marzo 1991, LA LEY 13810-R/1991)

«la obligación que el art. 1.779 CC impone al depositante de indemnizar al depositario de todos los perjuicios que se hayan seguido del depósito, ha sido entendida por la doctrina científica como limitada a la indemnización de los perjuicios directos, nacidos de los vicios de las cosas, que el depósito le haya ocasionado al depositario, sin que puedan incluirse las expectativas que hubiera podido aprovechar de no tener el depósito». (27 noviembre 1998, LA LEY 2238/2000)

Artículo 1.780

El depositario puede retener en prenda la cosa depositada hasta el completo pago de lo que se le deba por razón del depósito.

COMENTARIO

1.- Las obligaciones del depositante frente al depositario, por consecuencia de hechos producidos durante la vigencia del contrato de depósito, que por tanto, no convierten el contrato en bilateral o sinalagmático, abarcan un triple aspecto: reembolso de gastos (art. 1.779, primer inciso), indemnización de perjuicios (art. 1.779, segundo inciso) y pago de los gastos de traslación (art. 1.774, primer párrafo, segundo inciso).

En garantía del cumplimiento de esta triple obligación, el depositario tiene *derecho de retención* sobre la cosa depositada, hasta que el depositante no la cumpla.

2.- No se trata de un derecho de prenda, con el *ius distrahendi* que lleva consigo, sino de un simple derecho de retención, con *ius retentionis*; es decir, el depositario retendrá en posesión la cosa depositada hasta que el depositante cumpla esta obligación de indemnización, pero no podrá proceder a la venta y hacerse pago.

CONCORDANCIAS

Véase arts. 1.730 y 1.922.1.º de este Código.

SECCIÓN QUINTA
Del depósito necesario

Artículo 1.781

Es necesario el depósito:

1.º Cuando se hace en cumplimiento de una obligación legal.

2.º Cuando tiene lugar con ocasión de alguna calamidad como incendio, ruina, saqueo, naufragio u otras semejantes.

COMENTARIO

1.- En este artículo y los siguientes se regulan los llamados depósitos necesarios. En éste se pretende dar el concepto del llamado depósito legal y del llamado depósito miserable.

2.- El depósito necesario legal es aquel —dice el artículo 1.781, núm. 1— que «se hace en cumplimiento de una obligación legal». Así, en caso de contienda sobre la posesión (art. 445), depósito de títulos-valores en caso de que el usufructuario no preste fianza (art. 494), depósito de cosa pignorada en caso de uso o abuso por el acreedor pignoraticio (art. 1.870), etc.

Se trata de un contrato de depósito, como el voluntario, con la especialidad de que la ley ha impuesto el deber de celebrarlo. Este depósito tiene normalmente una función cautelar, para asegurar la integridad de la cosa depositada, incluso frente al depositante, el cual no podrá exigir la restitución, sino hasta que termine la situación que dio lugar al depósito.

3.- El depósito necesario llamado «miserable» está definido descriptiva y pintorescamente en el número 2.º, como el que «tiene lugar con ocasión de alguna calamidad, como incendio, ruina, saqueo, naufragio u otros semejantes». Significa, pues, que el depositante no actúa con plena libertad para constituir el depósito y elegir depositario, sino que está forzado por una calamidad que sufre.

CONCORDANCIAS

Véase arts. 257, 445, 494, 1.355 y 1.870 de este Código.

Artículo 1.782

El depósito comprendido en el número 1.º del artículo anterior se regirá por las disposiciones de la ley que lo establezca, y, en su defecto, por las del depósito voluntario.

El comprendido en el número 2.º se regirá por las reglas del depósito voluntario.

COMENTARIO

Contempla este artículo lo dispuesto en el anterior, en el sentido de que dispone la regulación de los depósitos necesarios. El depósito necesario legal se regula por las normas de la ley que lo impone y en lo que no prevea ésta, por las normas del contrato de depósito que se hallan en el Código Civil.

El depósito necesario miserable tiene la misma consideración y regulación que el depósito voluntario: es decir, tras ser definido como depósito necesario, se le trata como voluntario: artículo 1.782, párrafo 2.º: «... se regirá por las reglas del depósito voluntario».

CONCORDANCIAS

Véase arts. 1.763 a 1.780 de este Código.

Artículo 1.783

Se reputa también depósito necesario el de los efectos introducidos por los viajeros en las fondas y mesones. Los fondistas o mesoneros responden de ellos como tales depositarios, con tal que se hubiese dado conocimiento a los mismos, o a sus dependientes, de los efectos introducidos en su casa, y que los viajeros por su parte observen las prevenciones que dichos posaderos o sus sustitutos les hubiesen hecho sobre cuidado y vigilancia de los efectos.

COMENTARIO

1.- También el Código llama depósito necesario a la introducción de cosas en un alojamiento, como hotel, pensión, casa de huéspedes, etc. Dice el primer inciso del artículo 1.783: se reputa también depósito necesario el de los efectos (cosas) introducidas por los viajeros en las fondas y mesones.

Pero ni es depósito porque no ha habido contrato —consentimiento contractual—, ni se le impone al pseudodepositario —titular del alojamiento— las obligaciones de depositario. Caso distinto es el verdadero contrato de depósito —depósito voluntario— respecto a las cosas que el huésped entrega expresamente al titular del alojamiento para que se las custodie.

Simplemente, dicho artículo 1.783 le impone a éste la responsabilidad propia del depositario por los daños o la pérdida de las cosas que haya introducido el huésped; cuya responsabilidad comprende los daños —y también la pérdida, que es el máximo daño— que sufran las cosas por la actuación de criados o dependientes y aun de extraños, pero no alcanza a los sufridos por robo a mano armada o por otro suceso de fuerza mayor, tal como dispone el artículo 1.784.

2.- Para que se dé esta responsabilidad es preciso que concurran dos requisitos que enumera el artículo 1.783: 1.º) que el huésped dé conocimiento de la introducción de las cosas al titular del alojamiento o a sus dependientes; 2.º) que observe las prevenciones que le hayan hecho sobre su cuidado y vigilancia.

Sin embargo, la responsabilidad del titular del alojamiento cesa cuando no se trate de efectos introducidos por el viajero, sino, por ejemplo, por amigos o visitantes: o cuando no se ejerce la actividad de hospedaje, como el alojamiento en casa de un amigo: o cuando media culpa o negligencia del propio viajero: o cuando el daño proviene de las personas que acompañan al viajero: o cuando el daño proviene del vicio o naturaleza de la cosa.

JURISPRUDENCIA

«La responsabilidad excepcional de los hoteleros, regulada en los arts. 1.783 y 1.784 del Código Civil, fundada en el riesgo profesional o de empresa, nace por el hecho de la introducción en el hotel de los efectos por el huésped, sin necesidad de un previo contrato de depósito y sin requerirse la aceptación del fondista que queda, desde ese momento y hasta la terminación del contrato de hospedaje, responsable por los daños o la pérdida de los efectos introducidos en los términos establecidos en los citados preceptos legales; de ahí que no sea admisible la tesis sustentada por la recurrente sobre constitución de un depósito voluntario de los definidos en el art. 1.763 del Código Civil a consecuencia de esa entrega de los efectos, ya que la misma trae su causa en el contrato de hospedaje celebrado, no constituyendo, por tanto, un contrato de depósito autónomo e independiente, distinto de la prestación por el Hotel de los varios servicios integrantes del complejo contrato de hospedaje, configurándose esa entrega como la adopción por el cliente de las prevenciones hechas por el hotelero o sus empleados sobre cuidado y vigilancia de los efectos valiosos (art. 1.783 in fine)». (11 julio 1989 LA LEY 814-JF/0000)

«El suceso de fuerza mayor que dio lugar a la pérdida de los efectos de las demandantes encaja perfectamente según el concepto dado por esta Sala (Sentencia de 2 de enero de 1945) "en aquellos hechos que están fuera del círculo industrial de la empresa, que causen un daño material y que excedan visiblemente de los accidentes propios del curso normal de la vida por la importancia de su manifestación", a cuyos hechos hay que asimilar desde luego el robo o atraco a mano armada como el que se contempla en estas actuaciones, hecho frente

al cual no pudieron reaccionar los empleados de la empresa por ser imprevisto y a la sazón inevitable». (15 marzo 1990, LA LEY 1256-JF/0000)

«Y todo ello corroborado por una interpretación "a contrario" de los artículos 1.783 y 1.784, que se invocan, y de la doctrina que se deduce de las sentencias de esta Sala de 11 de julio de 1989 y 15 de marzo de 1990. El espíritu de esta normativa legal y jurisprudencial se refleja en declarar una evidente responsabilidad por dolo o culpa del depositario, que habrá de regularse por lo dispuesto en el Título 1.º del Libro 4.º del Código Civil, de las obligaciones en general; entre cuyos preceptos se hallan los que impiden que la validez y el cumplimiento de los contratos quede al arbitrio de uno de los contratantes, (artículo 1.256) y los que preceptúan que el contrato obliga a las consecuencias que se deriven de la buena fe y del uso, no menos que de la Ley (artículos 1.255 y 1.258); que las obligaciones han de cumplirse con la diligencia que la ley exija en cada caso respondiendo el deudor de su incumplimiento (artículos 1104 y 1101 del mismo Código Civil); que los hoteleros responden de los casos fortuitos que impidan el cumplimiento de sus obligaciones, aunque no de los casos de fuerza mayor incluidos en los artículos 1783 y 1784; fuerza mayor que en el caso discutido no ha sido invocada, sino que los hechos origen de la responsabilidad de los demandados surgieron dentro del círculo industrial que dominan y sin exceder visiblemente de los accidentes propios del curso normal de la vida, tratándose de un hecho frente al que con una mayor diligencia pudieron muy bien reaccionar los implicados dependientes de los demandados y recurrentes». (27 enero 1994, LA LEY 13688/1994)

CONCORDANCIAS

Véase art. 1.601 de este Código.

Artículo 1.784

La responsabilidad a que se refiere el artículo anterior comprende los daños hechos en los efectos de los viajeros, tanto por los criados o dependientes de los fondistas o mesoneros, como por los extraños; pero no los que provengan de robo a mano armada, o sean ocasionados por otro suceso de fuerza mayor.

COMENTARIO

Véase el comentario al artículo anterior.

JURISPRUDENCIA

Vid. la jurisprudencia relacionada en el artículo anterior.

CONCORDANCIAS

Véase art. 1.903 de este Código.

CAPÍTULO III
DEL SECUESTRO

Artículo 1.785

El depósito judicial o secuestro tiene lugar cuando se decreta el embargo o el aseguramiento de bienes litigiosos.

COMENTARIO

El llamado secuestro convencional es un contrato de depósito, al que se refiere el segundo inciso del art. 1.763 que lo trata como un depósito voluntario, normal.

El *secuestro judicial*, por el contrario, no es un contrato. Es una decisión judicial por la que se ordena el depósito «cuando se decreta el embargo o el aseguramiento de bienes litigiosos», como dice el artículo 1.785.

El depositario, como tal, aceptará el cargo que, para él, no es obligatorio y, aceptado, se le aplican las normas del depositario en el contrato de depósito, con la particularidad de que la restitución no puede hacerla «hasta que termine la controversia o el Juez lo ordenare», como dispone el artículo 1.787.

JURISPRUDENCIA

«la facultad que al acreedor ejecutante reconoce el art. 1.454.2.º, de hacer la designación del depositario, no convierte al depósito judicial o secuestro en un depósito voluntario como parece dar a entender la sentencia recurrida, es decir, en un secuestro "convencional", sino que el depósito así constituido mantiene su propia naturaleza de depósito judicial regulado en los arts. 1.785 a 1.789 CC, sin que le sean aplicables las normas reguladoras del depósito voluntario, aunque esa especifica regulación del depósito judicial o secuestro no impida que el mismo pueda ser retribuido cuando así lo disponga la ley en supuestos concretos, o se haya pactado entre el depositario y el acreedor que lo designa o aquél la reclame en el momento de su constitución y como condición previa a su aceptación del cargo». (27 noviembre 1998, LA LEY 2238/2000)

«la doctrina específica de esta Sala sobre el depósito judicial o secuestro, en que el depositante pasa a ser en realidad el propio órgano judicial que lo acuerda en cuanto sin su permiso expreso no puede el depositario servirse de la cosa depositada (TS SS 1 Feb. 1962 y 27 Nov. 1998)». (10 marzo 2003, LA LEY 1616/2003)

Artículo 1.786

El secuestro puede tener por objeto así los bienes muebles como los inmuebles.

COMENTARIO

En el contrato de depósito, su objeto son cosas muebles, solamente, no cabe sobre cosa inmueble, tal como dispone el art. 1.761. Sin embargo, en el secuestro judicial, que no es un contrato, el objeto puede ser tanto los bienes muebles como inmuebles.

CONCORDANCIAS

Véase Ley Hipotecaria de 8 febrero 1946 *(«B.O.E.»,* 29 mayo): art. 42.4.º.

Artículo 1.787

El depositario de los bienes u objetos secuestrados no puede quedar libre de su encargo hasta que se termine la controversia que lo motivó, a no ser que el Juez lo ordenare por consentir en ello todos los interesados o por otra causa legítima.

COMENTARIO

1.- El secuestro judicial no es un contrato. Es una decisión judicial. El depositario, una vez, ha aceptado el cargo, debe cumplir las obligaciones que se determinan en el Código para el contrato de depósito.

El presente artículo se refiere a la extinción, al expresar que el depositario «no puede quedar libre de su encargo hasta...». Siendo la constitución por decisión judicial, es también la extinción por resolución judicial.

2.- La resolución judicial que ordena la extinción del secuestro judicial está fundada en alguno de los siguientes tres supuestos.

Primero. El término de la controversia que lo motivó. Según el texto legal, parece que se extingue el secuestro judicial y el depositario queda «libre de su encargo» por el final de la controversia; pero no es así: partiendo de que ha terminado la misma, el Juez dictará resolución que ordenará la extinción del secuestro. Si éste se ha ordenado por resolución judicial, también se extingue por otra resolución.

Segundo. Consentimiento de todos los interesados. Estos son los que sean parte en el proceso en el que se ha dictado la resolución judicial ordenando el secuestro judicial.

Tercero. «Por otra causa legítima» que el Juez apreciará para declarar extinguido el secuestro judicial o para cambiar de depositario (en el caso de que éste le alegue motivos por los que hacen muy gravoso, difícil o imposible cl desempeño de su función de depositario).

Artículo 1.788

El depositario de bienes secuestrados está obligado a cumplir respecto de ellos todas las obligaciones de un buen padre de familia.

COMENTARIO

1.- Este artículo, en principio, parece vacío de contenido. Es evidente que el depositario, en el secuestro judicial, debe conservar la cosa con la diligencia propia de un buen padre de familia (art. 1.094) y con la diligencia adecuada a cada caso concreto (art. 1.104), normas generales que se aplican por mor de los artículos de remisión 1.766 y 1.789.

2.- Este artículo exige específicamente al depositario en el secuestro judicial, cuidar de las cosas muebles e inmuebles objeto del mismo, como un *buen padre de familia.* Lo expresa en forma un tanto confusa, pero significa esto, coincidente con lo que se ha comentado en el apartado anterior.

JURISPRUDENCIA

«Si se elimina, conforme a lo señalado en el número anterior como causa del deterioro y lamentable estado en que se encontraban los bienes depositados, la conducta omisiva del demandante sólo a conducta antijurídica del depositario cabe imputar la diferencia perjudicial para el adjudicatario entre el estado de los bienes en el momento del depósito y su situación en el momento dispuesto para la entrega, lo que supone clara violación de lo que establecen los preceptos relativos al "secuestro" y, en particular del artículo 1.788 que manda al depositario de bienes secuestrados cumplir respecto de ellos todas las obligaciones de un buen padre de familia». (19 abril 1991, LA LEY 13854-R/1991)

«a) La función del depositario administrador de bienes secuestrados conforme a los arts. 1.785 a 1.789 del Código Civil no puede considerarse derivada de acción extracontractual, por tratarse de realizar actos de administración correspondiente en este caso al depósito de bienes muebles embargados, ejercido por quien fue nombrado en forma, aceptó el cargo y fue puesto en posesión de los bienes, con las consiguientes obligaciones que asumió. b) Obligaciones éstas no derivadas en absoluto de actos ilícitos extracontractuales, sino de la ley, mediante resolución judicial (art. 1.454 de la Ley de Enjuiciamiento Civil), en cuyo cumplimiento incurrió en grave negligencia con infracción de la guarda y custodia que le incumbía conforme al art. 1.758 del Código Civil, y de cuyo encargo, según el art. 1.787, no podía liberarse hasta que termine la controversia que lo motivó, a no ser que el Juez lo ordenare por consentir en ello todos los interesados o por causa legítima; circunstancias que no constan en autos. Por lo tanto, salvo causa justificada, no podía renunciar a su cargo de depositario administrador, según se deduce de la sentencia de 3 de octubre de 1902; habiendo incumplido, por lo demás, lo que ordena el art. 1.788 en relación con el 1.766. c) Todo ello impide aplicar el plazo de prescripción que señala el art. 1.968 (cuyo número el recurso no señala) a la cuestión ahora debatida, máxime cuando el art. 1.964 manda atender al plazo de quince años cuando, como en este caso, la acción no tiene término especial y no puede equipararse a las extracontractuales». (28 julio 1994, LA LEY 17076/1994)

CONCORDANCIAS

Véase art. 1.094 de este Código.

Artículo 1.789

En lo que no se hallare dispuesto en este Código, el secuestro judicial se regirá por las disposiciones de la Ley de Enjuiciamiento Civil.

COMENTARIO

Dispone esta norma que la normativa sustantiva del secuestro judicial es la del contrato de depósito, en lo que no sea incompatible con su concepto (por ejemplo, la revocación o la renuncia) y en lo que no esté previsto expresamente en sus normas específicas (por ejemplo, la posibilidad de que su objeto sea cosa inmueble). Y la normativa procesal se halla en la Ley de Enjuiciamiento Civil o en otras normas procesales, separadas de ésta.

CONCORDANCIAS

Véase Ley Enjuiciamiento Civil de 1.881: arts. 1.173 a 1.192 y 2.119 a 2.126.

TÍTULO XII
De los contratos aleatorios o de suerte

CAPÍTULO I
DISPOSICIÓN GENERAL

Artículo 1.790

Por el contrato aleatorio, una de las partes, o ambas recíprocamente, se obligan a dar o hacer alguna cosa en equivalencia de lo que la otra parte ha de dar o hacer para el caso de un acontecimiento incierto, o que ha de ocurrir en tiempo indeterminado.

COMENTARIO

1.- En la clasificación de los contratos, dentro de los onerosos se distingue el conmutativo y el aleatorio. El primero es aquel en que las prestaciones de las partes están determinadas, sin riesgo de pérdida o ganancia. Y el aleatorio (de alea, suerte) es aquel en que las partes asumen, cada una, el riesgo de pérdida o ganancia. La idea fundamental para la formulación del concepto de contrato aleatorio es la de imposibilidad de determinar, al tiempo de su celebración, las ventajas o desventajas que, en definitiva, producirá para los interesados: hasta que el contrato no haya consumado la totalidad de sus efectos, se desconoce el resultado económico. Los elementos que tipifican el concepto son: la indeterminación inicial del resultado; dependencia definitiva del mismo de circunstancias aleatorias que lo hacen incierto, y voluntariedad de los interesados al asumir ese riesgo.

2.- El Código Civil define el contrato aleatorio en este art. 1.790. Esta definición parece confundir el contrato aleatorio con el condicional. Pero la condición decide la existencia del contrato: existirá o no según se cumpla o no la condición. Sin embargo, el contrato aleatorio desde su perfección y el alea se refiere al nacimiento o a la cuantía de las obligaciones que nacen del mismo.

3.- El Código prevé como contratos aleatorios el seguro, el juego y la apuesta y la renta vitalicia. Estos son los que se pueden llamar típicos. Pero las partes pueden constituir otros contratos aleatorios, no previstos en la ley, atípicos, o añadir a contratos típicos conmutativos elementos de alea que los convierten en aleatorios (*emptio spei*, por ejemplo).

El contrato de seguro está regulado hoy por la Ley de 8 de octubre de 1980, que ha derogado los escasos artículos que le dedicaba el Código Civil, los cuales han quedado sin contenido (arts. 1.791 a 1.797). Tiene una naturaleza eminentemente mercantil hasta el punto que se considera como contrato mercantil, fuera del Derecho civil y perteneciente y estudiado en el Derecho mercantil.

CAPÍTULO II
DEL CONTRATO DE ALIMENTOS

Artículo 1.791

Por el contrato de alimentos una de las partes se obliga a proporcionar vivienda, manutención y asistencia de todo tipo a una persona durante su vida, a cambio de la transmisión de un capital en cualquier clase de bienes y derechos.

COMENTARIO

1. La Ley 41/2003, de 8 de noviembre, de protección patrimonial de las personas con discapacidad introduce en el Código Civil los artículos 1791 al 1797, ambos inclusive, que antiguamente regulaban bien pobremente el contrato de seguro y que habían sido derogados por la Ley de contrato de seguro de 8 octubre 1980 que lo reguló en forma completa y unitaria.

En este nuevo articulado, se regula el llamado *contrato de alimentos*, que ya se conocía en la realidad jurídica y había dado lugar a doctrina y jurisprudencia, aunque ambos son escasos. En el primer artículo se da la definición legal (aunque es bien cierto que las leyes no deben dar definiciones, sino que regulan una institución y sea la doctrina, siempre cambiante, quien la defina), que coincide con aquel contrato vigente en la realidad y llamado *de vitalicio*. En una de las pocas, quizá la única monografía sobre éste, de Susana CHILLON PEÑALVER lo define, de forma descriptiva, en estos términos: aquel por el cual una o varias personas (alimentista o cedente) se obligan frente a otra u otras (alimentante o cesionario) a transmitir el dominio de un bien mueble o inmueble, u otro derecho real o incluso la facultad de goce o disfrute de un bien o derecho, a cambio de ser alimentado (generalmente, *in natura*) y atendido o asistido con convivencia o sin ella, durante el tiempo que se pacte (generalmente la vida del alimentista) y con la extensión que asimismo se acuerde en medida variable, según las necesidades del alimentista.

2. Este contrato se incluye dentro del título destinado a los *contratos aleatorios o de suerte*, cuya alea es, como la renta vitalicia, la duración siempre ignorada, de la vida del alimentista; por más que se asemeje a la renta vitalicia, es autónomo de ésta y atípico (lo que destacan las sentencias de 9 julio 2002 y 1 julio 2003), «autónomo, innominado o atípico» (dice la de 18 enero 2001), bilateral y oneroso, y de tracto sucesivo que dura la vida del alimentista.

En definitiva y, en síntesis, es un contrato por el que una persona se obliga a prestar alimentos a otra a cambio de lo que éste le ha transmitido.

JURISPRUDENCIA

«Es el contrato que doctrinal y jurisprudencialmente ha sido calificado como contrato de vitalicio, contrato autónomo, innominado o atípico, que participa en parte del carácter del de renta vitalicia aunque no es enteramente el mismo, por el que se hace cesión de bienes a cambio de la obligación de dar asistencia y cuidados durante toda la vida del o de los cedentes: SS de 14 Nov. 1908, 16 Dic. 1030 (sic), 28 May. 1965, 6 May. 1980, 30 Nov. 1987 y 31 Jul. 1991.» (18 enero 2001, LA LEY 3253/2001)

«El contrato objeto del debate es el denominado de vitalicio, respecto al que, en S 23 May. 1965, esta Sala ha declarado que no es una modalidad de renta vitalicia, regulada en los arts. 1802 y 1805 del CC, sino un contrato autónomo, innominado y atípico, susceptible de las variedades propias de su naturaleza y finalidad, regido por las cláusulas, pactos y condiciones

incorporadas al mismo en cuanto no sean contrarias a la ley, la moral y el orden público —artículo 1255 del CC—, y al que son aplicables las normas generales de las obligaciones. Se trata de un contrato conocido en otros países, así: el arrendamiento à nourriture (de manutención), que tiene lugar en zonas rústicas de Francia entre padres ancianos y sus hijos, sometido al Derecho común y no a las normas relativas a la renta vitalicia; el derecho de altenteil (parte de viejo) en el Derecho alemán, concerniente al conjunto de prestaciones debidas al viejo labrador que se retira y cede su hacienda agrícola a otro, quien se obliga a concederle habitación, manutención y dinero para los gastos corrientes, el cual, según la doctrina científica germana, no cabe calificarlo como renta vitalicia; la zádruga en Yugoslavia, por la que una comunidad acoge con todos sus derechos de miembro a los ancianos sin hijos o que no puedan administrar sus bienes, cuyo patrimonio será explotado por la familia hospitalaria, y que será cedido a ésta durante la vida de aquél o a título de legado después de su muerte; el contrato dentretien viager, por el que una persona se obliga a transferir determinados bienes a otra y ésta a proporcionarle manutención y asistencia durante su vida, que, en el CC de obligaciones de Suiza, se distingue también de la renta vitalicia. Otras similitudes se encuentran en la dación personal, institución consuetudinaria del Alto Aragón, mencionada en el art. 33 de la Compilación del Derecho Civil de Aragón (L 15/1967, de 8 Abr., modificada por L 31/1985, de 21 May., y por L 4/1995, de 29 Mar.), por la que un célibe o viudo sin hijos u otros descendientes se asocia con todos sus bienes a una casa o familia, y se obliga a trabajar en la medida de sus aptitudes en beneficio de la misma, y la instituye heredero universal al fin de sus días a cambio de ser mantenido y asistido, sano y enfermo, con lo necesario, así como vestido y calzado según su clase, y de que, a su fallecimiento, se costeen el entierro, funeral, misas y sufragios de costumbre en la parroquia; en la pensión alimenticia de Cataluña —ajena a los censales, violarios y vitalicios regulados en su Derecho escrito—, en virtud de cuyo contrato una persona se obliga a prestar alimentos en su domicilio en compensación de la cesión de bienes, generalmente inmuebles, que le hace el alimentado, por durante la vida de éste, con la particularidad de que si surgen desavenencias y viene la separación, los alimentos se sustituyen por una pensión en efectivo; y, claramente, en el art. 95 de la L 4/1995, de Derecho Civil de Galicia, el cual dispone que por el contrato de vitalicio una o varias personas se obligan, respecto de otra u otras, a prestar alimentos con la extensión, amplitud y términos que convengan a cambio de la cesión o entrega de bienes por el alimentista, y que, en todo caso, la prestación alimenticia comprenderá el sustento, la habitación, la vestimenta y la asistencia médica del alimentista, así como las ayudas y cuidados, incluso los afectivos, ajustados a las circunstancias de las partes, con la precisión, en su art. 99, que el alimentista podrá rescindir el contrato en los siguientes casos: a) conducta gravemente injuriosa o vejatoria del obligado a prestar alimentos; b) incumplimiento total o parcial de la prestación alimenticia, siempre que no sea imputable a su perceptor; c) cuando el cesionario no cuidase o no atendiese en lo necesario al cedente, según la posición social o económica de las partes y en todo cuanto haga posible el capital cedido, en la procura del mantenimiento de su calidad de vida.» (9 julio 2002, LA LEY 2903/2003). (Lo que reitera literalmente en la sentencia de 1 julio 2003, LA LEY 2570/2003)

«El convenio regulador es un negocio jurídico de derecho de familia que se otorga con ocasión de la crisis matrimonial y que puede presentar un contenido atípico. La autonomía de la voluntad de los cónyuges fue ya reconocida en la sentencia de 22 de abril de 1997, que puso de relieve que en las situaciones de crisis matrimoniales pueden coincidir tres tipos de acuerdos: "en primer lugar, el convenio, en principio y en abstracto, es un negocio jurídico de derecho de familia; en segundo lugar, el convenio regulador aprobado judicialmente queda integrado en la resolución judicial, con toda la eficacia procesal que ello conlleva; en tercer lugar, el convenio que no ha llegado a ser aprobado judicialmente, tiene la eficacia correspondiente a todo negocio jurídico, tanto más si contiene una parte ajena al contenido mínimo que prevé el art. 90 C.c.". Del mismo modo, pueden existir pactos referidos a las consecuencias del matrimonio fuera del propio convenio, ya sea en unas capitulaciones matrimoniales (STS 1053/2007, de 17 octubre), ya sea en documentos complementarios (STS 217/2011, de 31 marzo). De aquí se

deduce que los cónyuges pueden pactar un contrato de alimentos en el convenio regulador, que tendrá las características del Art. 153 CC, es decir, se tratará de alimentos voluntarios, que pueden ser onerosos, en cuyo caso se regirán por lo dispuesto en el Art. 1791 CC, o gratuitos, como ocurre en este caso. El pacto de alimentos debe incluirse en esta categoría porque los contratantes no tienen ya un derecho legal a reclamárselos al haber cesado su cualidad de cónyuges». (4 noviembre 2011, rec. 1722/2008, LA LEY 208022/2011)

CONCORDANCIAS

Texto vigente según Ley 41/2003, 18 noviembre (*«B.O.E.»,* 19 noviembre).

Artículo 1.792

De producirse la muerte del obligado a prestar los alimentos o de concurrir cualquier circunstancia grave que impida la pacífica convivencia de las partes, cualquiera de ellas podrá pedir que la prestación de alimentos convenida se pague mediante la pensión actualizable a satisfacer por plazos anticipados que para esos eventos hubiere sido prevista en el contrato o, de no haber sido prevista, mediante la que se fije judicialmente.

COMENTARIO

1. Este artículo prevé un doble supuesto de modificación del contrato de alimentos en su aspecto objetivo.

Primer Supuesto. Muerte del alimentante. La muerte del deudor de la prestación de alimentos, como parte contratante, no extingue el contrato sino que pasa su obligación a sus herederos. Contrario es el caso en que si muere el alimentista, sí se extingue el contrato.

Segundo Supuesto. Sobreveniencia de circunstancia grave que impida la pacífica convivencia de las partes. No es elemento del contrato la convivencia; se puede cumplir la obligación sin necesidad de convivir; pero si se convive, puede darse el caso de una circunstancia o un cúmulo o una sucesión de circunstancias, que por su gravedad impida la pacífica convivencia: El concepto de gravedad y el concepto de paz son muy relativos y no se pueden dar más pautas que el criterio sensato, razonable y relativamente objetivo de apreciar en cada caso uno y otro concepto.

2. Efecto: Potestativa modificación objetiva del contrato. Dándose uno u otro supuesto, el alimentante o sus herederos si éste ha muerto y el alimentista, uno u otro, pueden modificar objetivamente el contrato en el sentido de que su objeto, la prestación de alimentos (vivienda, manutención y asistencia) desaparezca y en su lugar se pague una pensión en dinero.

Esta pensión deberá ser actualizable y se pagará en plazos anticipados. La cuantía será, en primer lugar, la que se hubiera pactado en el contrato por las partes (especialmente previsoras), y, en segundo lugar, si no se ha previsto (que será lo normal), la fijará el Juez; no dice el procedimiento, pero será un proceso declarativo, ordinario, si la cuantía es superior a tres mil euros, y, si es inferior, verbal.

CONCORDANCIAS

Texto vigente según Ley 41/2003, 18 noviembre (*«B.O.E.»,* 19 noviembre)

Artículo 1.793

La extensión y calidad de la prestación de alimentos serán las que resulten del contrato y, a falta de pacto en contrario, no dependerá de las vicisitudes del caudal y necesidades del obligado ni de las del caudal de quien los recibe.

COMENTARIO

1. La obligación legal de prestar alimentos, regulada en los artículos 142 y siguientes, tiene una cuantía prevista en la ley, ya que la obligación viene impuesta por ésta: es la proporcionada al caudal o medios del alimentante y a las necesidades del alimentista, dice el artículo 146. Por el contrario, la obligación de alimentos que el artículo 1791 concreta en «vivienda, manutención y asistencia», no tienen una cuantía prefijada por ley y este artículo da una norma positiva, otra negativa y deja una incógnita.

Norma positiva. La cuantía —extensión y calidad, dice el texto legal— de la prestación de alimentos será la pactada en el contrato; norma evidente, pues se trata de un contrato, expresión del principio de autonomía de la voluntad, que da lugar a la obligación de las partes y el alimentante la tiene en la cuantía pactada.

Norma negativa. Se excluye expresamente que, a falta de pacto, la cuantía sea la que determina el art. 146, es decir, proporcional al caudal y necesidades de alimentante y alimentista. A no ser, claro está, que en el contrato se ha previsto precisamente la cuantía en estos términos.

Incógnita. El problema que se plantea es lo que no dice este artículo. ¿Cuál será la cuantía si nada concreto se ha previsto en el contrato? Es decir, en el contrato se entrega el capital y el alimentante se obliga a «proporcionar vivienda, manutención y asistencia de todo tipo», como dice el art. 1791, sin concretar nada. La cuantía no puede tener la proporcionalidad del artículo 146, pero al no pactarse nada, deberá acudirse al principio de la buena fe que proclama como efecto del contrato el art. 1258 y adaptarlo a las circunstancias económicas y sociales del caso concreto.

2. En definitiva, debe pactarse en el contrato la cuantía o concretar la obligación de alimentos, porque si nada se pacta, el contrato queda excesivamente indefinido y, si se plantean problemas, tendrán difícil solución.

CONCORDANCIAS

Texto vigente según Ley 41/2003, 18 noviembre (*«B.O.E.»,* 19 noviembre).

Artículo 1.794

La obligación de dar alimentos no cesará por las causas a que se refiere el artículo 152, salvo la prevista en su apartado primero.

COMENTARIO

1. Este artículo da, en primer lugar, una norma positiva. El contrato de alimentos se extingue por muerte del alimentista. Es un contrato esencialmente vitalicio, hasta el punto de que si se previera que continuara con sus herederos, por ejemplo, sería otro contrato atípico, fundado en la autonomía de la voluntad que proclama el art. 1255 pero no éste. Distinto es el

caso que se celebrara un contrato de alimentos con una pluralidad de alimentistas, lo cual no sería óbice para su validez y se extinguiría a la muerte del último de ellos.

2. En segundo lugar, establece una norma negativa. El contrato no se extingue por los demás (aparte de la muerte del alimentista) causas que contempla el art. 152. Es una norma de tipo preventivo; dicho artículo no tiene por qué aplicarse a una relación contractual, pero para evitar malas interpretaciones, se declara expresamente que no extinguen el contrato: ni la peor fortuna del alimentante, ni la mejor fortuna del alimentista, ni la agresión de éste a aquél, ni la mala conducta del mismo.

CONCORDANCIAS

Texto vigente según Ley 41/2003, 18 noviembre *(«B.O.E.»,* 19 noviembre).

Artículo 1.795

El incumplimiento de la obligación de alimentos dará derecho al alimentista sin perjuicio de lo dispuesto en el artículo 1792, para optar entre exigir el cumplimiento, incluyendo el abono de los devengados con anterioridad a la demanda, o la resolución del contrato, con aplicación, en ambos casos, de las reglas generales de las obligaciones recíprocas.

En caso de que el alimentista opte por la resolución, el deudor de los alimentos deberá restituir inmediatamente los bienes que recibió por el contrato, y, en cambio, el juez podrá, en atención a las circunstancias, acordar que la restitución que, con respeto de lo que dispone el artículo siguiente, corresponda al alimentista quede total o parcialmente aplazada, en su beneficio, por el tiempo y con las garantías que se determinen.

COMENTARIO

1. La extinción por muerte la contempla el artículo anterior; la modificación objetiva, el 1792; este art. 1795 contempla el incumplimiento que puede dar lugar a la resolución. La referencia, o más bien remisión, que hace al art. 1792 no tiene sentido, pues tratan situaciones distintas.

El incumplimiento a que se refiere este artículo es el esencial de la obligación del alimentante: proporcionar vivienda, manutención y asistencia de todo tipo al alimentista, como dice el art. 1791.

El efecto del incumplimiento es doble, optativamente para el alimentista, acreedor, lo que coincide con el art. 1124 sobre resolución por incumplimiento y diverge del art. 1805 que niega la resolución en la renta vitalicia. El alimentista, pues, ante el incumplimiento del alimentante, puede optar:

Primero: Resolver el contrato de alimentos; en tal caso, el alimentante devolverá los bie-nes que había recibido en su día, al alimentista; el juez puede acordar, evidentemente en juicio declarativo, que esta devolución se aplace por el tiempo y las garantías que determine;

Segundo: Exigir el cumplimiento, lo que implica la reclamación de lo debido por no haber cumplido y la exigencia de que cumpla en el futuro.

2. El último inciso del primer párrafo de este artículo hace una remisión a las reglas generales de las obligaciones recíprocas, lo que significa, en este tema de la resolución, que

tanto en una como en la otra opción, el alimentista podrá reclamar indemnización de daños y perjuicios. Asimismo, se aplicará, si procede, la *exceptio non adimpleti contractus* en el caso de que el alimentista no haya cumplido totalmente su obligación de entregar los bienes y, también si procede, la *compensatio morae.*

CONCORDANCIAS

Texto vigente según Ley 41/2003, 18 noviembre (*«B.O.E.»,* 19 noviembre).

Artículo 1.796

De las consecuencias de la resolución del contrato, habrá de resultar para el alimentista, cuando menos, un superávit suficiente para constituir, de nuevo, una pensión análoga por el tiempo que le quede de vida.

COMENTARIO

1. Se contempla en este artículo el supuesto de que se ha producido la resolución, el alimentante devuelve los bienes y puede ocurrir que algunos se hayan gastado o consumido. Lo que impone este artículo es que la devolución alcance una cuantía suficiente para que pueda constituir un nuevo contrato de alimentos, análogo en cuantía y extensión, al anterior. Para lo cual, si hace falta, el alimentante incumplidor responderá con sus propios bienes, conforme a la norma general del art. 1911.

2. Este artículo termina con un inciso que puede parecer una broma: «... una pensión análoga por el tiempo que le queda de vida». En primer lugar, no es una pensión, sino que, con el capital, constituir nuevo contrato de alimentos y le sea proporcionada «vivienda, manutención y asistencia de todo tipo», como dice el art. 1791. En segundo lugar, nadie es profeta que pueda adivinar el «tiempo que le queda de vida», como dice este artículo; ni tampoco importa, pues es un contrato aleatorio y lo que se pretende es que, con los bienes que le han sido devueltos, pueda constituir nuevo contrato de alimentos, análogo al anterior, por el tiempo, como lo fue el anterior, que dure su vida, que nunca sabrá, ni alimentante ni alimentista, si será mucho o poco.

CONCORDANCIAS

Texto vigente según Ley 41/2003, 18 noviembre (*«B.O.E.»,* 19 noviembre).

Artículo 1.797

Cuando los bienes o derechos que se transmitan a cambio de los alimentos sean registrables, podrá garantizarse frente a terceros el derecho del alimentista con el pacto inscrito en el que se dé a la falta de pago el carácter de condición resolutoria explícita, además de mediante el derecho de hipoteca regulado en el artículo 157 de la Ley Hipotecaria.

COMENTARIO

1. En este artículo se plantea el tema de la garantía registral de la obligación del alimentante de «proporcionar vivienda, manutención y asistencia de todo tipo», pero apunta otra

cuestión: la inscripción registral del contrato. Si los bienes —lo que el art. 1791 llama «capital»— son inmuebles o derechos reales sobre los mismos, se puede inscribir la transmisión al adquirente, alimentante, constando, evidentemente, el contrato dispositivo, causante de la transmisión, que es el contrato de alimentos. Lo que no significa que el derecho del alimentista sea de carácter real, es decir, no es una carga real; es un derecho personal, como lo puede ser, por ejemplo, el derecho a cobrar el precio si el contrato dispositivo fue la compraventa.

2. Precisamente por ello, este artículo prevé dos garantías en beneficio del alimentista, garantías del incumplimiento de la obligación del alimentante.

Primera. Hipoteca, del tipo de hipoteca en garantía de rentas o prestaciones periódicas, que regula el art. 157 de la Ley hipotecaria.

Segunda. Pacto comisorio, condición resolutoria expresa cuyo supuesto fáctico —hecho objetivo e incierto— es la falta de cumplimiento de la obligación del alimentante; en tal caso, los bienes volverían al alimentista.

Tales garantías, una y otra, tan sólo pueden darse si los bienes o derechos que transmitió el alimentista al alimentante sean inscribibles en el Registro de la Propiedad.

JURISPRUDENCIA

«Es evidente que, en estas circunstancias, no es posible la permanencia del sistema alimenticio convenido en los estrictos términos pactados, pues no se puede obligar a quien no quiere en una relación contractual como la que nos ocupa, donde, por encima de lo establecido, de ámbito económico o patrimonial, incide el necesario ajuste de dos o más personas en caracteres, costumbres y aficiones para lograr la convivencia, es decir, en lo que se denomina "congeniar". Así, en un supuesto similar al de este juicio, esta Sala dispuso el establecimiento del abono de una cantidad mensual para cubrir las necesidades de la actora, que era una de las peticiones del escrito inicial en aquel caso, y, aunque no estaba recogida en el contrato, constituía la respuesta a la problemática, mediante la aplicación analógica del art. 149 del CC, pero esta solución no cabe para este litigio, en virtud del contenido del suplico de la demanda y en aras del respeto al principio de congruencia de las sentencias.» (1 julio 2003, LA LEY 2570/2003)

CONCORDANCIAS

Texto vigente según Ley 41/2003, 18 noviembre (*«B.O.E.»,* 19 noviembre).

CAPÍTULO III
DEL JUEGO Y DE LA APUESTA

Artículo 1.798

La ley no concede acción para reclamar lo que se gana en un juego de suerte, envite o azar; pero el que pierde no puede repetir lo que haya pagado voluntariamente, a no ser que hubiese mediado dolo, o que fuera menor, o estuviera inhabilitado para administrar sus bienes.

COMENTARIO

1.- El Código Civil contempla el juego y apuesta como contratos aleatorios sin que de su normativa se deduzca el concepto. Este es unitario, ya que el Código los identifica en su regulación y socialmente se considera que vienen a ser lo mismo, aunque se apuntan ciertas diferencias que son jurídicamente intrascendentes: así, la distinción más aceptada es que media participación activa de los sujetos en el juego y no en la apuesta.

Define ALBALADEJO el contrato de juego o apuesta como aquel en que las partes se obligan a que la que pierde en el juego o yerre en la apuesta de que se trate, realice determinada prestación (normalmente el pago de una cantidad de dinero) a favor de la que gane o acierte.

2.- El Código Civil trata como juego (art. 1.798) o apuesta (art. 1.799) prohibido los que sean de suerte, envite o azar. Lo cual no significa que sea una prohibición —fruto de norma prohibitiva— que da lugar a la nulidad que impone el art. 6.3, sino que simplemente dispone que la ley no concede acción para reclamar lo que se gana en un juego de suerte, envite o azar (art. 1.789, primer inciso) ni en una apuesta análoga (art. 1.798).

Por tanto, el ganador carece de posibilidad de reclamar el cumplimiento forzoso en forma específica (normal si la prestación era dinero) o la indemnización en caso de incumplimiento del perdedor, es decir, éste no queda obligado civilmente, como se desprende, *a sensu contrario,* del artículo 1.801, primer párrafo.

3.- Si bien el art. 1.789 no concede acción para reclamar lo ganado en juego llamado prohibido, sin embargo, el mismo artículo, en su inciso segundo, añade: «pero el que pierde no puede repetir lo que haya pagado voluntariamente, a no ser que hubiese mediado dolo o que fuera menor de edad, o estuviera inhabilitado para administrar sus bienes».

De esta norma se desprende, para algún autor, que se trata de una obligación natural en el clásico sentido de este concepto: obligación desprovista de acción, pero que puede ser objeto de pago válido e irrepetible; sin embargo, más que este concepto, ya prácticamente abandonado por la doctrina actual, se trata de que se excluye la responsabilidad por la consideración de que es negocio jurídico con causa ilícita y de acuerdo con lo dispuesto en el artículo 1.306 no puede el contratante repetir lo que hubiese pagado voluntariamente.

JURISPRUDENCIA

«Dimanante la obligación cuyo cumplimiento se exige en la demanda de pérdidas sufridas por el demandado en juego prohibido, carente por lo tanto el actor de acción para su reclamación, no puede hablarse de que el demandado haya actuado, en su oposición al pago, de mala fe, en contradicción con su anterior conducta; estimarlo así sería contravenir por tal vía la prohibición de los juegos de azar desarrollados fuera de los lugares autorizados para ello,

haciendo inoperante la ilicitud de la causa que justifica la denegación de acción para exigir al que pierde en tales juegos el pago de lo perdido». (8 julio 2000, LA LEY 10803/2000)

«si bien es cierto que el juego en los casinos autorizados no es juego prohibido que conforme al art. 1798 del Código Civil prive de acción al ganador, no lo es menos que la doctrina de las sentencias de 23 de febrero de 1988 y 30 de enero de 1995 debe ser rectificada en cuanto considera que la sanción administrativa por infringir la prohibición de préstamo a los jugadores excluye cualesquiera consecuencias civiles en contra del infractor; o dicho de otra forma, en cuanto declara que la infracción de dicha prohibición no transforma el juego de lícito en ilícito porque las sanciones administrativas agotarían toda la reacción del ordenamiento jurídico contra el infractor. Por el contrario, la doctrina que ahora se sienta por el pleno de los magistrados de esta Sala es que la potencial sanción administrativa por infringir la prohibición de que se trata no agota la respuesta del ordenamiento jurídico contra el infractor, porque también caben consecuencias civiles en su contra debido al alcance y trascendencia de dicha prohibición». (10 octubre 2008, rec. 5707/2000, LA LEY 148020/2008)

«si bien es cierto que el juego en los casinos autorizados no es juego prohibido que conforme al art. 1798 del Código Civil prive de acción al ganador, no lo es menos que la doctrina de las sentencias de 23 de febrero de 1988 y 30 de enero de 1995 debe ser rectificada en cuanto considera que la sanción administrativa por infringir la prohibición de préstamo a los jugadores excluye cualesquiera consecuencias civiles en contra del infractor; o dicho de otra forma, en cuanto declara que la infracción de dicha prohibición no transforma el juego de lícito en ilícito porque las sanciones administrativas agotarían toda la reacción del ordenamiento jurídico contra el infractor. Por el contrario, la doctrina que ahora se sienta por el pleno de los magistrados de esta Sala es que la potencial sanción administrativa por infringir la prohibición de que se trata no agota la respuesta del ordenamiento jurídico contra el infractor, porque también caben consecuencias civiles en su contra debido al alcance y trascendencia de dicha prohibición». (10 abril 2010, rec. 862/2006, LA LEY 21101/2010)

CONCORDANCIAS

Véase arts. 1.371 y 1.372 de este Código.

Artículo 1.799

Lo dispuesto en el artículo anterior respecto del juego es aplicable a las apuestas.

Se consideran prohibidas las apuestas que tienen analogía con los juegos prohibidos.

COMENTARIO

En el comentario al artículo anterior se ha dicho que es unitario el concepto de juego y apuesta. Y el código establece también una regulación unitaria. En el presente artículo se declaran «prohibidas» las apuestas que guardan analogía con los juegos de suerte, envite o azar y las somete a la normativa del artículo anterior, a cuyo comentario hay que remitirse.

Artículo 1.800

No se consideran prohibidos los juegos que contribuyen al ejercicio del cuerpo, como son los que tienen por objeto adiestrarse en el manejo de las armas, las carreras a pie o a caballo, las de carros, el juego de pelota y otros de análoga naturaleza.

COMENTARIO

Frente al juego o apuesta prohibido, se halla el permitido, que tiene un concepto negativo: el que no es de suerte, envite o azar, o aunque intervengan estos factores (que quizá intervienen en todos los actos de la vida humana) no son decisivos del resultado. El artículo 1.800 da una descripción, pintoresca hoy día, de los mismos, que de poco sirve.

Artículo 1.801

El que pierde en un juego o apuesta de los no prohibidos queda obligado civilmente.

La Autoridad judicial puede, sin embargo, no estimar la demanda cuando la cantidad que se cruzó en el juego o en la apuesta sea excesiva, o reducir la obligación en lo que excediere de los usos de un buen padre de familia.

COMENTARIO

1.- En el juego y puesta que no se considera prohibido, es decir, el «permitido», que no sea de suerte, envite o azar, el que pierde «queda obligado civilmente», dispone el presente artículo, lo que significa que se la da valor contractual y el que pierde queda como deudor de la obligación de pagar lo perdido en el contrato de juego y apuesta, con todos los efectos y caracteres de una obligación nacida de contrato. Por lo que, si no la cumple voluntariamente, se le puede exigir judicialmente por medio de una acción.

2.- Sin embargo, pese a ello, si la cantidad que fue objeto del juego o de la apuesta es excesiva, se atribuye al órgano jurisdiccional la facultad basada en la equidad, de desestimar la demanda en la que se reclama su cumplimiento o reducir aquella cantidad «en lo que excediese de los usos de un buen padre de familia».

JURISPRUDENCIA

«este precepto confía sin equívocos, ni ambigüedades de clase alguna a la «autoridad judicial» el ejercicio de la moderación que admite en cada caso concreto, lo que no obsta a la aplicación, también, de la normativa reglamentaria bajo el control de los funcionarios correspondientes. Esto es, no hay incompatibilidad entre las normas administrativas y las civiles que responden a fines distintos ni, desde luego, tal reglamentación altera, sustituye o disminuye los poderes de la autoridad judicial como órgano directamente concernido por la Ley, para no estimar la demanda cuando la cantidad que se cruzó en el juego o en la apuesta sea excesiva o reducir la obligación en lo que excede de los usos de un buen padre de familia». (30 enero 1995, LA LEY 14263/1995)

CAPÍTULO IV
DE LA RENTA VITALICIA

Artículo 1.802

El contrato aleatorio de renta vitalicia obliga al deudor a pagar una pensión o rédito anual durante la vida de una o más personas determinadas por un capital en bienes muebles o inmuebles, cuyo dominio se le transfiere desde luego con la carga de la pensión.

COMENTARIO

1.- Pretende este artículo dar un concepto del contrato de renta vitalicia, aunque más bien expone la idea básica de los sujetos y de los derechos y obligaciones de los mismos.

A este texto legal deben hacérsele varias precisiones: a pesar de que se refiere a pensión o rédito anual, no es preciso que sea anual, sino que puede ser mensual, trimestral, etc.; prevé la entrega de un capital en bienes muebles o inmuebles, cuyo dominio se le transfiere, pero no sólo cabe la transmisión dominical, sino que puede transmitirse cualquier otro derecho, real (un usufructo, una enfiteusis, etc.) o personal (un derecho de crédito, por ejemplo); cuando dice que se transfiere el dominio con la carga de la pensión, no significa que el dominio o el derecho se reciba con una carga real —es decir, derecho real en cosa ajena—, sino que el sujeto pagador de la renta recibe aquellos derechos, no gratuitamente, sino como una carga, en el sentido de obligación de pagar la renta, de la cual responde con todo su patrimonio (art. 1.911), en la que se incluyen, incluso, los bienes o derechos recibidos.

De lo anterior puede deducirse una definición correcta: es el contrato en virtud del cual un aparte —rentista— se obliga a transmitir a la otra —pagador— unos determinados derechos (de propiedad u otros derechos reales u obligacionales) a cambio de que éste se obliga a pagarle a aquél una cantidad periódica, en dinero u otra cosa.

2.- Los caracteres de este contrato son: consensual, se perfecciona por el consentimiento de las partes, si bien la doctrina más clásica había mantenido que era real y se perfeccionaba con la entrega de los bienes de rentista a pagador; bilateral, productor de obligaciones recíprocas o sinalagmáticas entre las partes; oneroso, aunque cabe una renta vitalicia no constitutiva de este contrato, que es a título gratuito y que prevé el art. 1.807; aleatorio, por el desconocimiento de la duración de la obligación de pagar la renta, que depende de la duración de la vida humana, desconocida por las partes.

3.- Este artículo se refiere también a los dos sujetos esenciales del contrato de renta vitalicia. El «deudor» (lo llama así este artículo) es el que está obligado a pagarla y ha recibido los bienes o derechos: es el pagador. El rentista es el perceptor de la renta, pensionista: es el acreedor de la renta; es también el que transmite los bienes o derechos, a no ser que se trate de contrato a favor de tercero. La vida contemplada es la vida módulo durante la cual el pagador debe satisfacer la renta al rentista («durante la vida de una o más personas determinadas», dice el texto legal); a ella se refieren los dos artículos siguientes.

4.- También este artículo se refiere a las obligaciones esenciales del pagador y del rentista. El pagador de la renta tiene el derecho a recibir los bienes o derechos que debe transmitir el rentista (o el otro contratante, si es un contrato a favor de tercero y el rentista es este tercero). Si no se los transmite, podrá resolver el contrato, al amparo del artículo 1.124. Tiene la obligación de pagar la renta al rentista. Es una obligación a término final: se mantiene mientras dura la vida contemplada. Es de tracto sucesivo: la debe cumplir periódicamente, en el tiempo pactado, anual, trimestral, mensual, etc. A ella se refiere el art. 1.802 al expresar que este contrato «obliga al deudor a pagar una pensión o rédito anual...».

El rentista tiene la obligación esencial de transmitir al pagador los bienes o derechos a cambio de los cuales éste tiene la obligación de pago de la renta. A ella se refiere el artículo 1.802, segundo inciso: «... por un capital en bienes muebles o inmuebles, cuyo dominio se le transfiere desde luego con la carga de la pensión». La anterior obligación de entrega se completa con la de saneamiento por evicción y vicios ocultos, aplicándose la normativa del contrato de compraventa.

JURISPRUDENCIA

«El contrato de renta vitalicia viene definido en el art. 1.802 CC que destaca su carácter de contrato a título oneroso y aleatorio (lo que resalta, a su vez, las SS 9 de febrero de 1990, 5 de junio de 1991 y 18 de enero de 1996) y las obligaciones de carácter personal, sin carácter real (como dice expresamente la S 8 de mayo de 1992) del pagador y del rentista: el primero tiene la esencial de pagar la renta durante la vida que se determine, que la normal es la del propio rentista y el segundo tiene la esencial de la entrega y transmisión dominical de un capital en bienes muebles o inmuebles, como dice literalmente dicho art. 1.802 pero que se interpreta en un sentido amplio que comprende no sólo la transmisión del derecho de propiedad de cosa mueble o inmueble, sino también la de cualquier otro derecho real que no sea el de propiedad o incluso un derecho personal; entenderlo así se corresponde a una interpretación progresiva del articulado de un más que centenario código, adaptándolo a la siempre cambiante realidad social (art. 3.1 CC) y entenderlo de otra forma sería admitir el contrato como atípico, en base al principio de autonomía de la voluntad (art. 1.255 CC) y aplicar por analogía las mismas normas del contrato de renta vitalicia». (11 julio 1997, LA LEY 8481/1997)

«se trata de un contrato de renta vitalicia contemplado en los artículos 1802 y siguientes del Código civil por el que el actual demandante y recurrente don C. se obligó a pagar una pensión, con carácter vitalicio, a su madre demandada, doña M., a cambio de la transmisión dominical de una serie de acciones en sendas sociedades anónimas; todo ello, aparte de otros pactos. Cuyo contrato fue elevado a escritura pública, de 15 de febrero de 1988 en la que se constituyó hipoteca, en estos términos; "En garantía del pago de las pensiones establecidas, ascendentes a 350.000 pesetas mensuales, se constituye sobre las fincas que se describen en el expositivo I antecedente, hipoteca por parte de su titular y a favor de la pensionista, de conformidad con lo dispuesto en el artículo 157 de la Ley Hipotecaria y 248 del Reglamento para su ejecución"». (18 junio 2010, rec. 1537/2006, LA LEY 93454/2010)

CONCORDANCIAS

Véase:
— arts. 99 y 1.257 de este Código.
— Ley Hipotecaria, de 8 febrero 1946 (*«B.O.E.»,* 29 mayo): art. 157.

Artículo 1.803

Puede constituirse la renta sobre la vida del que da el capital, sobre la de un tercero o sobre la de varias personas.

También puede constituirse a favor de aquella o aquellas personas sobre cuya vida se otorga o a favor de otra u otras personas distintas.

COMENTARIO

1.- Se refiere el primer párrafo de este artículo a la vida contemplada, la vida módulo, durante la cual el pagador satisfará la renta al rentista. Es decir, determina la duración de la renta vitalicia. Lo normal es que sea la vida del rentista («sobre la vida del que da el capital» dice este artículo) o la del pagador, o la de un tercero (esto último sería caso insólito).

En todos estos casos, la vida contemplada puede ser la de una persona o de una pluralidad, en cuyo caso la duración de la renta es hasta la muerte de la última de tales personas. No hay posibilidad de que la vida módulo sea de una persona jurídica, ya que podría ser perpetua y el Derecho no lo permite y las personas jurídicas no tienen «vida» propiamente dicha.

2.- Si el párrafo primero se refiere más bien a la duración de la renta vitalicia, el segundo se refiere al rentista; éste puede ser: primero, el de la vida contemplada, que será el caso normal; si en un contrato de renta vitalicia no aparece expresamente indicada la persona cuya vida es la contemplada, hay que interpretar que será la del rentista; segundo: otra u otras personas distintas: puede ser un tercero. Este último caso, poco frecuente, es un contrato a favor de tercero: los sujetos del contrato acuerdan que, con la vida módulo que se pacte, se pague renta vitalicia a un tercero, que no ha sido sujeto del mismo.

CONCORDANCIAS

Véase arts. 781 y 785.3 de este Código.

Artículo 1.804

Es nula la renta constituida sobre la vida de una persona muerta a la fecha del otorgamiento, o que en el mismo tiempo se halle padeciendo una enfermedad que llegue a causar su muerte dentro de los veinte días siguientes a aquella fecha.

COMENTARIO

1.- La vida contemplada, en el contrato de renta vitalicia, a que se refiere el primer párrafo del artículo anterior, es la esencia de la aleatoriedad, carácter básico de este contrato. Por ello, el presente artículo la exige, bajo sanción de nulidad. Dispone que si la vida contemplada, la vida módulo de este contrato, ya no existe o está a punto de desaparecer, es decir, que se establece sobre la vida de una persona muerta o que padece una enfermedad que le causa la muerte en veinte días, el contrato de renta vitalicia es nulo.

Los casos son, pues, que la vida módulo no exista, es decir, que la persona sobre cuya vida se modele la renta vitalicia esté ya muerta en el momento de la perfección del contrato o que ésta esté en el mismo momento, enferma y tal enfermedad le provoque la muerte en el plazo de veinte días a contar de aquel mismo momento.

2.- Es norma imperativa, de derecho cogente, indisponible por las partes. Su incumplimiento da lugar a la sanción de nulidad absoluta, del art. 6.3 del CC.

Artículo 1.805

La falta de pago de las pensiones vencidas no autoriza al perceptor de la renta vitalicia a exigir el reembolso del capital ni a volver a entrar en la posesión del predio enajenado; sólo tendrá derecho a reclamar judicialmente el pago de las rentas atrasadas y el aseguramiento de las futuras.

COMENTARIO

1.- Prevé este artículo que el incumplimiento por el pagador de su obligación del pago de la renta da lugar a la reacción que por incumplimiento de las obligaciones está prevista en el Código: la exigencia extrajudicialmente o por acción judicial del cumplimiento forzoso de aquella obligación, y además, el aseguramiento de las rentas futuras, por garantía personal (como la fianza) o real (como la hipoteca).

2.- Lo que excluye el primer inciso de este artículo es la resolución por incumplimiento de la obligación bilateral (o recíproca o sinalagmática) de una de las partes, el pagador de la renta. Pero esto plantea problemas y requiere matices, que ha destacado la doctrina más moderna (ALBALADEJO).

Este precepto parece indicar que no cabe la resolución por incumplimiento que establece el artículo 1.124 para todo lo contrario bilateral en caso de que el pagador incumpla su obligación. Pero no es así: este artículo se refiere al caso de que el pagador haya comenzado a pagar la renta y deje de pagarla: el rentista no podrá resolver el contrato (recuperar los bie-nes), sino sólo reclamar las vencidas y asegurar las futuras; pero si el pagador ni siquiera empezó a pagar (es decir, no hubo incumplimiento parcial, sino incumplimiento total y absoluto), en tal caso sí el rentista puede exigir la resolución en base a la norma general del artículo 1.124.

Por otra parte, cabe pacto en contrario, en el sentido de que los sujetos pueden pactar la resolución en caso de incumplimiento total o parcial.

En conclusión, procede la resolución del contrato de renta vitalicia: 1.º) si el pagador incumple, desde el principio, la obligación de pago de la renta; 2.º) si el rentista incumple la obligación de transmitir los bienes o derechos; 3.º) si se pactó así, por cesar el pagador en el cumplimiento de la obligación de pagar la renta que ya había comenzado a pagarla.

JURISPRUDENCIA

«el condicionamiento incluido en la norma perfectamente compatible con la expresa condición resolutoria que para el supuesto de incumplimiento las partes hayan establecido voluntariamente, en mutuo acuerdo, al amparo del art. 1255 del CC. La posibilidad de ese pacto es aceptada por la generalidad de la doctrina al haberse suprimido en el art. 1805 la prohibición que para él establecía el art. 1709 del Proyecto de CC de 1851 y así lo ha admitido la jurisprudencia en SS 13 May. 1959, 14 Oct. 1960 y 15 Ene. 1963.» (29 junio 2001, LA LEY 5862/2001)

«El Art. 1805 CC no se ha infringido, porque, a diferencia de lo que señala la recurrente, no se exige en la mencionada disposición que exista un pacto entre las partes que fije el tipo de garantía que debe prestarse por el deudor de las pensiones en el caso de impago de las mismas y ello con la finalidad de asegurar las pensiones futuras. La disposición presuntamente infringida contiene dos reglas: i) el impago de las pensiones vencidas no autoriza la resolución del contrato de renta vitalicia, y ii) pero sí permite reclamarlas judicialmente, además de requerir el "aseguramiento" de las rentas futuras. Por ello se ha afirmado que

"el Art. 1805 CC no implica una prohibición del pacto resolutorio, sino una previsión legal de carácter dispositivo para el caso de silencio contractual al respecto" (RDGRN de 26 abril 1991)». (16 diciembre 2010, rec. 551/2007, LA LEY 217664/2010)

Artículo 1.806

La renta correspondiente al año en que muere el que la disfruta, se pagará en proporción a los días que hubiese vivido; si debía satisfacerse por plazos anticipados, se pagará el importe total del plazo que durante su vida hubiese empezado a correr.

COMENTARIO

Se pagará la renta, en el momento en que haya pactado; en cada período temporal, será al final del mismo; si hay pacto expreso se pagará al comienzo.

En el primer caso, cuando se paga al final del período (anual, trimestral, etc.) si ha muerto el rentista durante el mismo, se pagará (a los herederos, claro) en proporción al tiempo que ha vivido, como dispone el art. 1.806, primer inciso: «la renta correspondiente al año (u otro período de tiempo) en que muere el que la disfruta, se pagará en proporción a los días que hubiese vivido».

En el segundo caso, pago periódico anticipado, no permite la mezquindad de devolución por los herederos de la parte de renta proporcional a los días en que estuvo muerto: así lo dispone el segundo inciso del art. 1.806: «si debía satisfacerse por plazos anticipados, se pagará el importe total del plazo que durante su vida hubiese empezado a correr». Todo lo anterior lo está ordenando el Código pensando en que la vida contemplada es la del rentista, que será lo más frecuente; pero no hay que olvidar que ésta puede ser la del pagador o la de un tercero (tal como dice el

art. 1.803) y, en todo caso se aplicará igualmente lo dispuesto en este artículo 1.806.

Artículo 1.807

El que constituye a título gratuito una renta sobre sus bienes, puede disponer, al tiempo del otorgamiento, que no estará sujeta dicha renta a embargo por obligaciones del pensionista.

COMENTARIO

1.- La renta vitalicia puede constituirse por contrato, tal como contemplan los artículos anteriores o a título gratuito. En este último caso, puede ser inter vivos o mortis causa como legado de pensión (art. 880).

Este artículo prevé la constitución de renta vitalicia *a título gratuito* con la naturaleza jurídica de donación, cuyo objeto es la renta.

2.- Prevé que el donante-constituyente de la renta vitalicia puede ordenar, en el mismo negocio jurídico de constitución, que la renta no puede ser objeto de embargo por obligaciones del rentista.

CONCORDANCIAS

Véase art. 820.3.º de este Código.

Artículo 1.808

No puede reclamarse la renta sin justificar la existencia de la persona sobre cuya vida esté constituida.

COMENTARIO

Es evidente que para cobrar la renta debe estar viva la persona cuya vida es la contemplada. Así, para que cumpla el pagador su obligación de pagarla, debe acreditarse aquélla, tal como dispone este artículo 1.808.

La importancia práctica de esta norma es que el pagador puede exigir la prueba de la vida del rentista antes de pagar la renta; no necesariamente en forma documental, sino que bastaría su simple presencia física. Así, no se puede obligar al pagador que pague o sólo deje de hacerlo cuando compruebe que no está vivo, sino que se le debe acreditar que vive. En caso de proceso, la carga de la prueba recae sobre el rentista, que sufrirá las consecuencias de la falta de prueba de que está vivo.

TÍTULO XIII
De las transacciones y compromisos

CAPÍTULO PRIMERO
DE LAS TRANSACCIONES

Artículo 1.809

La transacción es un contrato por el cual las partes, dando, prometiendo o reteniendo cada una alguna cosa, evitan la provocación de un pleito o ponen término al que había comenzado.

COMENTARIO

1.- El que es, o si pone ser, titular de un derecho subjetivo y otra persona le discute o le niega tal derecho, puede permanecer en la incertidumbre o buscar la certeza por medio de la acción judicial (cuyo derecho a la tutela judicial le está reconocido por la Constitución, art. 24.1) o por sometimiento a una decisión arbitral (contrato de compromiso) o bien, puede solventar la controversia con la otra parte, mediante recíprocas concesiones: éste es el contrato de transacción.

Así, se puede definir como el contrato por el que las partes solucionan una controversia jurídica mediante recíprocas concesiones. El derecho o los derechos que son objeto de concesiones pueden ser los mismos que son controvertidos o bien ser ajenos a ellos; se habla en el primer caso de transacción pura, y en el segundo, compleja (por ejemplo, es pura si te reclamo cinco joyas, a lo que tú te niegas; transigimos en que me entregas tres y yo renuncio a mi pretensión sobre las otras dos; es compleja si ante la misma reclamación, me entregas una y además 100.000 ptas., renunciando yo al resto).

2.- Por tanto, los dos elementos que integran el concepto son:

1.º) *Res dubia* significa un derecho discutido, en su propia existencia o en su contenido; por tanto, supone una controversia jurídica, sin necesidad de que haya llegado al extremo de haber provocado la incoación de un proceso. Evitar el pleito o pone término al ya comenzado, dice el art. 1.809. Tal controversia se apoya en una incertidumbre de las partes acerca de la relación jurídica; basta que tal incertidumbre esté en el pensamiento de una o todas las partes, sin necesidad de que sea objetivamente fundada.

2.º) Recíprocas concesiones significa sacrificio de los supuestos derechos o pretensiones a que se refiere la *res dubia*. No se trata, pues, de una renuncia o cesión de un derecho, sino del sacrificio de pretensiones, sin que se pueda afirmar con total seguridad que tenían una base segura y cierta, sino que se movían en una incertidumbre por lo menos subjetiva. «Dando prometiendo o reteniendo cada una alguna cosa» dice el art. 1.809, aunque en el término de cosa, debe incluirse el de derecho.

3.- Como caracteres del contrato de transacción, es, en primer lugar, consensual, que se perfecciona por el consentimiento de las partes; oneroso, por cuanto cada parte obtiene una certeza jurídica a cambio de su propia concesión; como oneroso, es contrato bilateral recíproco o sinalagmático: cada parte contrae obligaciones, pero en correlación —reciprocidad— con las de la contraria; la obligación u obligaciones de uno son contrapartida de las del otro. Por ello, si sólo una parte cede y hace concesiones no se tratará de una transacción, sino de una mera renuncia o donación.

JURISPRUDENCIA

«En relación con la transacción, dice la S 6 Nov. 1993 que "la específica intención de los contratantes de sustituir la relación o relaciones dudosas por otra cierta e incontestable, con efecto novatorio, ha llevado a considerarla en ocasiones como un contrato abstracto; y la jurisprudencia de esta Sala ha declarado que no constituye requisito esencial de la transacción la entrega recíproca de prestaciones, ya que en ocasiones el deseo de poner término a un litigio, soslayar discusiones y no extraer del olvido hechos y actos ya ocurridos, mueve a los contratantes a la aceptación de acuerdos sin iguales alcances y paridad de condiciones (SS 8 Mar. 1962 y 30 Oct. 1989), y aunque si una de las partes no da, promete o cede su derecho, existiría una mera renuncia de la otra, no obstante las prestaciones pueden ser sacrificios de orden moral y no han de tener necesariamente contenido económico (SS 26 Jun. 1969 y 14 Mar. 1955), radicando sus medios en cierto y recíproco sacrificio de parte de las respectivas posiciones y pretensiones de las partes, con el fin de evitar la provocación de un pleito o poner término al que habían comenzado (S 26 Abr. 1963), pudiendo afectar la transacción a una relación jurídica no litigiosa, pero susceptible de serlo (SS 9 Mar. 1948, 19 Dic. 1960 y 2 Jun. 1989)". Se configura así la finalidad de poner término a una relación jurídica incierta ("res dubia") como la causa de la transacción.» (20 diciembre 2000, LA LEY 3218/2001)*«es doctrina jurisprudencial consolidada, la que entiende que no se requiere que haya equivalencia u otro genero de igualdad entre las concesiones que recíprocamente se hagan las partes en los contratos de transacción, y ni siquiera se exige, que estas concesiones tengan que ser siempre de orden económico, pues las mismas pueden tener un contenido exclusivamente moral, por lo que es claro, que carece en lo que a este extremo se refiere de fundamento el motivo primero del recurso, aunque sí es cierto, como se pone de manifiesto en la motivación del recurso por la parte recurrente, que de forma general por la doctrina se exige la existencia como requisito de la transacción de mutuas concesiones (SS 30 Mar. 1950, 20 Abr. 1955 y 30 May. 1992).»* (30 junio 2001, LA LEY 5873/2001)

«lo decisivo de la transacción es, conforme al art. 1809 CC y su interpretación por esta Sala en reciente S 30 Jun. 2001 (Rec. 1576/96), que las partes se hagan concesiones mutuas, no que tales concesiones sean necesariamente equivalentes.» (29 octubre 2001, LA LEY 150664/2002)

«La transacción borra el pasado y es fuente de una relación jurídica nueva, y desde esta óptica, esta Sala tiene reiteradamente declarado que toda transacción provoca el nacimiento de nuevos vínculos u obligaciones, en sustitución de los extinguidos, o la modificación de éstos (aparte de otras, SS de 16-IV-63, 27-XI-87, 20-IV-89 y 6-XI-93), de suerte que, sea judicial o extrajudicial, tiene carácter novatorio y produce el efecto de la sustitución de una relación jurídica puesta en litigio por otra cierta e incontrovertida (S de 29-VII-98). La jurisprudencia de esta Sala ha declarado que no constituye requisito esencial de la transacción la entrega recíproca de prestaciones, ya que en ocasiones, el deseo de poner término a un litigio, soslayar discusiones y no extraer del olvido hechos y actos ya ocurridos, mueve a los contratantes a la aceptación de acuerdos sin iguales alcances y paridad de condiciones (SS de 8-III-62 y 30-X-89) ... pudiendo afectar la transacción a una relación jurídica no litigiosa, pero susceptible de serlo (SS de 9-III-48, 19-XII-68 y 2-VI-89). Se configura así la

posibilidad de poner término a una relación jurídica incierta (res dubio) como la causa de la transacción (S de 20- XII-00). "Es doctrina jurisprudencial consolidada, la que entiende que no se requiere que haya equivalencia u otro género de igualdad entre las concesiones que recíprocamente se hagan las partes en los contratos de transacción, y ni siquiera se exige que estas concesiones tengan que ser siempre de orden económico, pues las mismas pueden tener un contenido exclusivamente moral (SS de 30-III-50, 20-IV-55 y 30-V-92)". (S de 30-VI-01)». (20 octubre 2004, rec. 2563/1998)

«El tercero de los contratos es un contrato de transacción por el que, conforme al artículo 1809 del Código civil, tres partes codemandadas dan fin a sus controversias y litigios mediante recíprocas concesiones, consiguiendo así que las relaciones jurídicas dudosas (res dubia) *queden eliminadas y pase a establecerse una relación jurídica cierta con autoridad de cosa juzgada, según expresa el artículo 1816 del Código civil»*. (26 junio 2008, rec. 2227/2001)

«El contrato de transacción lo define el art. 1809 CC partiendo de los dos elementos del mismo, la res dubia *y las recíprocas concesiones y la transacción judicial, con el mismo efecto ejecutorio que una sentencia (art. 1816), es aquella que queda incorporada al proceso, aprobada por resolución judicial y produce los efectos propios del acto procesal que termina el proceso, quedando resuelta la* res dubia *que se trató en el mismo. La transacción borra el pasado y sustituye la relación jurídica litigiosa por otra nueva e incontrovertida, como dice la sentencia de 29 julio 1998 y añade la de 20 diciembre 2000 que su finalidad es poner término a la relación jurídica incierta, lo que reitera la de 20 octubre 2004»*. (8 julio 2008, rec. 3182/2001)

*«Por otra parte, la transacción extrajudicial es un contrato (art. 1.809 CC; SS., entre otras, 30 de octubre de 1.989, 6 de noviembre de 1.993, 30 de julio de 1.996) por lo que genera un vínculo obligacional cuyo cumplimiento está sujeto a las reglas generales de los contratos. Como consecuencia de ello carecen de fundamento los planteamientos del motivo en que se alegan como infringidos el art. 1.901 CC y la doctrina del enriquecimiento injusto. En relación con el primero, y con independencia de que no se invoca error alguno, lo que en su caso debía haber dado lugar a la invocación del art. 1.817 CC, la condictio de prestación de que se trata —*condictio indebiti*— no es aplicable a supuestos regidos por reglas contractuales (SS. 28 de junio y 12 de julio de 2.007, 17 de julio de 2.009). Y lo mismo sucede con la doctrina del enriquecimiento injusto, cuando el desplazamiento patrimonial tiene su justificación —razón de ser— en un contrato que lo fundamenta (SS. 30 de marzo, 4 de junio, 12 de julio, y 10, 23 y 30 de octubre de 2.007, y 29 de febrero de 2.008, entre otras)»*. (30 noviembre 2009, rec. 349/2005, LA LEY 226658/2009)

«Aunque después no lo regula de forma expresa, el Código civil admite la figura de la transacción judicial que queda incluida en la definición que proporciona el art. 1809. De acuerdo con la doctrina de esta Sala, este tipo de transacción es aquella que efectúan las partes para acabar un pleito ya comenzado, de modo que es necesario que no solo se adopte el acuerdo, sino que, además, se incorpore a los autos. De este modo, la antigua sentencia de esta Sala de 21 abril 1942 dice que junto al aspecto de tratarse de un acto de Derecho material, la transacción en este caso integra un acto procesal propiamente dicho, de modo que para que finalice el proceso iniciado, se le debe incorporar en aquellos supuestos en que debe pedirse la ejecución al organismo jurisdiccional. Esta postura ha sido ratificada por lo dispuesto en el art. 19 LECiv, previéndose, además, el procedimiento para incorporar el acuerdo transaccional en el art. 415 LECiv». (14 julio 2010, rec. 1459/2006, LA LEY 114043/2010)

CONCORDANCIAS

Véase art. 1.713, párrafos 2.º y 3.º de este Código.

Artículo 1.810

Para transigir sobre los bienes y derechos de los hijos bajo la patria potestad se aplicarán las mismas reglas que para enajenarlos.

COMENTARIO

1.- Los sujetos de la transacción son los que tienen la controversia jurídica: sujetos de la relación jurídica controvertida, o, lo que es lo mismo, titulares de los titulares de los derechos subjetivos discutidos.

La capacidad de los mismos, es la general para contratar, es decir, la capacidad de obrar. Sin embargo, la normativa sobre ella en el Código Civil recibe la influencia decisiva del principio *transigere est alienare*; la naturaleza jurídica de la transacción es declarativa; pero en el medio, recíprocas concesiones, pueden producirse actos dispositivos, lo cual siempre se dará en la transacción compleja y puede darse también en la pura. No hay que olvidar que la transacción consigue la superación de la controversia mediante recíprocas concesiones, por ello, las partes precisan capacidad de disposición para las mismas.

En conclusión, se precisa, para la transacción, capacidad de obrar y, además, poder de disposición sobre aquel derecho que, aunque sea como simple apariencia, se cede o se renuncia por una de las partes; poder de disposición sobre lo que realmente se disponga.

2.- Aplicando esta regla general, el código la desarrolla para casos concretos en este ar-tículo y los dos siguientes. En éste contempla la transacción hecha por los *titulares de la patria potestad* en representación (legal) de sus hijos, menores no emancipados o mayores bajo patria potestad prorrogada o rehabilitada, sobre los bienes o derechos de los mismos. Dispone que «se aplicarán las mismas reglas que para enajenarlos», es decir, se aplicará el art. 166 del CC y el 2025 de la LEC: autorización judicial.

JURISPRUDENCIA

«carece en absoluto de eficacia en lo atinente al derecho que a su menor hijo le pueda corresponder a ser indemnizado por la muerte de su padre, pues D. María Dolores M. R. carecía de facultades para transigir sobre el expresado derecho de su menor hijo, pues para ello tenía que haber obtenido previamente la preceptiva autorización judicial (artículo 1.810 en relación con el 166, ambos del Código Civil), que no obtuvo». (22 diciembre 1989, LA LEY 153714-JF/0000)

CONCORDANCIAS

Véase:
— arts. 163, 164 y 166 de este Código.
— Ley Enjuiciamiento Civil de 1881: arts. 2.025 y ss.
Texto vigente según Ley 11/1981, 13 mayo (*«B.O.E.»,* 19 mayo).

Artículo 1.811

El tutor no puede transigir sobre los derechos de la persona que tiene en guarda, sino en la forma prescrita en el presente Código.

COMENTARIO

1.- Lo expuesto en el comentario al artículo anterior, apartado 1, es aplicable a éste, como regla general: es precisa para la transacción, no solo capacidad de obrar de los sujetos, sino también poder de disposición sobre aquel derecho que se cede o renuncia.

2.- Aplicando esta regla general al caso de la transacción que realiza el *tutor*, en representación (legal) de la persona que tiene como tutelada, que será un menor no emancipado o un incapacitado, dispone que lo hará «en la forma prescrita en el presente Código». La expresión «forma» no tiene, evidentemente, el sentido de forma del negocio jurídico, sino que significa que la transacción en nombre del tutelado deberá ajustarse a la normativa que sobre disposición de bienes (en este caso, bienes o derechos de que se dispone en la transacción) establece el Código.

CONCORDANCIAS

Véase art. 271.3.º de este Código.
Texto vigente según Ley 11/1981, 13 mayo (*«B.O.E.»,* 19 mayo).

Artículo 1.812

Las corporaciones que tengan personalidad jurídica sólo podrán transigir en la forma y con los requisitos que necesiten para enajenar sus bienes.

COMENTARIO

1.- También al caso de las personas jurídicas se aplica la regla general que se expone en el comentario (apartado) del art. 1.810.

2.- El presente artículo ordena que en la transacción, «las corporaciones» deben cumplir las formas y requisitos «que necesiten para enajenar sus bienes». Lo cual significa: no ya las corporaciones, sino todas las personas jurídicas (asociaciones, fundaciones y corporaciones) transigirán de acuerdo con su propia capacidad y con el poder de disposición que tengan sobre los bienes y derechos de que dispongan en la transacción.

Respecto a las fundaciones, se aplicará el art. 19 de la Ley 30/1994, de 24 noviembre, de Fundaciones.

CONCORDANCIAS

Véase:
— arts. 36 a 38 de este Código.
— Ley 33/2003, 3 noviembre, del Patrimonio de las Administraciones Públicas (*«B.O.E.»,* 4 noviembre): art. 31.
— Reglamento del Patrimonio del Estado, de 5 de noviembre de 1964 (*«B.O.E.»,* 17 noviembre): art. 83.

Artículo 1.813

Se puede transigir sobre la acción civil proveniente de un delito; pero no por eso se extinguirá la acción pública para la imposición de la pena legal.

COMENTARIO

Puede ser objeto de transacción las obligaciones nacidas de acto ilícito, tanto si son de ámbito exclusivamente civil (art. 1.902 en relación con el 1093) como se derivan de acto penal, delito o falta (art. 1.092); lo que no es objeto de transacción es este mismo acto penal; a ello se refiere este art. 1.813.

CONCORDANCIAS

Véanse arts. 1.271 y 1.305 de este Código.

Artículo 1.814

No se puede transigir sobre el estado civil de las personas, ni sobre las cuestiones matrimoniales, ni sobre alimentos futuros.

COMENTARIO

1.- El objeto de la transacción es la relación jurídica controvertida o los derechos subjetivos discutidos. Pueden ser objeto de transacción todos aquellos que tengan posibilidad de disposición por los sujetos. En consecuencia, por no ser disponibles, no pueden ser objeto de transacción los derechos de la personalidad ni los de familia; ni, por expreso mandato legal, los alimentos futuros ni la legítima futura.

2.- Sobre la legítima futura la prohibición se halla en el art. 816. Los derechos de la personalidad son indisponibles, por principio; el art. 1.3 de la Ley Orgánica 1/1982, de 5 mayo de protección del derecho al honor, a la intimidad personal y familiar y a la propia imagen, lo dice respecto de estos derechos.

3.- Sobre extremos concretos, el presente artículo excluye de la transacción: el estado civil de las personas, las cuestiones matrimoniales y los alimentos futuros.

No cabe transacción sobre el estado civil de la persona, lo que responde a su propio concepto. Se ha dudado si se puede transigir sobre derechos patrimoniales derivados de un determinado estado civil. La respuesta más aceptable es que no es posible si la materia patrimonial está indisolublemente unida a la cuestión del estado civil; sí cabe si es derivada, pero separable de ella.

No cabe tampoco transacción en cuestiones matrimoniales; se trata de éstas, propiamente dichos: validez, invalidez, eficacia, etc. aunque sí cabe el convenio regulador, que no tiene naturaleza de transacción y tiene que ser aprobado por el Juez; y también cabe transacción sobre cuestiones patrimoniales derivadas del matrimonio (pensión compensatoria, liquidación de gananciales, etc.).

Tampoco cabe sobre alimentos futuros. Se trata de alimentos legales, no los impuestos por negocio jurídico (art. 153) y lo que no es transigible es tanto el derecho que concede la ley para reclamar alimentos, como el derecho a pensiones futuras, es decir, aún no vencidas. Sí cabe transacción sobre pensiones alimenticias vencidas y no pagadas. Lo dispuesto sobre este extremo no es sino aplicación a la transacción de los dispuesto en el art. 151 respecto a los alimentos en general.

CONCORDANCIAS

Véase art. 151 de este Código.

Artículo 1.815

La transacción no comprende sino los objetos expresados determinadamente en ella, o que, por una inducción necesaria de sus palabras, deban reputarse comprendidos en la misma.

La renuncia general de derechos se entiende sólo de los que tienen relación con la disputa sobre que ha recaído la transacción.

COMENTARIO

1.- La interpretación del contrato de transacción se rige por las reglas generales. Sin embargo, el objeto del mismo debe ser muy claro y preciso por las consecuencias que recibe por razón de la transacción. Por ello, el primer párrafo de este artículo impone una limitación de la interpretación, centrándola en el criterio literal en lo relativo al objeto: éste no será, es decir, no irá más allá de «los objetos expresados determinadamente en ella, o que, por una inducción necesaria de sus palabras, deban reputarse comprendidos en la misma».

2.- En el segundo párrafo impone una interpretación restrictiva a la renuncia que pueda contener el contrato de transacción, que responde al criterio general de interpretación restrictiva de toda renuncia: debe entenderse limitada a los derechos que tengan relación con la controversia jurídica («disputa» la llama este artículo) que ha dado lugar a la transacción, en otras palabras, con la relación jurídica controvertida o los derechos subjetivos discutidos. Sin embargo, si en un caso concreto, las partes declaran expresamente o con claridad, que la renuncia se refiere a todo derecho, incluso las que nada tienen que ver con la controversia, se aplicará la voluntad de las mismas.

JURISPRUDENCIA

«El artículo 1815 del Código Civil prácticamente reproduce para la transacción la norma del artículo 1283 del mismo Código, que, como las demás del propio capítulo, es también aplicable a la interpretación de este contrato (sentencia 30 de enero de 1999). En su párrafo segundo, inspirado en la regla transigere est alienare, *sanciona el principio de la menor extensión de las renuncias (sentencia de 17 de noviembre de 1997)».* (13 abril 2007, LA LEY 11501/2007)

«en la transacción las partes daban por finiquitadas sus relaciones no teniéndose nada más de reclamar y comprometiéndose mutuamente a no ejercitar ningún tipo de acción derivada del arrendamiento que extinguían, lo que emplea como argumento de refuerzo. Como dice la sentencia de esta Sala de 23 marzo 2006 "el recurso de casación sólo se da contra el fallo, y los argumentos de la resolución recurrida que constituyan ratio decidendi, *no pudiendo fundarse en la impugnación de argumentos 'dialécticos',* obiter, *de refuerzo, o a mayor abundamiento". Pero además, tampoco cabe entender que la Audiencia ha aceptado una interpretación de la transacción más allá de lo autorizado por el artículo 1815 del Código Civil y ha vulnerado lo dispuesto por el artículo 1282 del Código Civil, pues el primero dice que la transacción comprende los objetos que, por una inducción necesaria de sus palabras, deban reputarse comprendidos en la misma, y resulta adecuada la inducción a través de la cual la Audiencia entiende que las partes, al dar por finalizadas sus relaciones, no teniéndose nada más que reclamar y comprometiéndose a no ejercitar mutuamente ningún tipo de acción derivada del arrendamiento que extinguían, se referían a todas las consecuencias del referido contrato y entre ellas a las que podían derivar de la indemnización debida a los trabajadores».* (31 octubre 2007, LA LEY 170562/2007)

«art. 1815 CC Este es un precepto complementario de los artículos del código relativos a la interpretación de los contratos, tal como ha dicho la sentencia de 30 de enero de 1999, conforme a toda la doctrina, lo cual es por demás evidente y es también claro que la función de interpretación de los contratos pertenece a los Tribunales de instancia, a no ser que sea arbitraria, ilógica o contraria a 1.º: sentencias de 14 de marzo 2000, 26 mayo 2000, 25 julio 2000, 15 julio 2005, 22 diciembre 2005». (8 julio 2008, rec. 3182/2001)

«Del texto del acta infiere la Sala de instancia (FJ 2.º) que este pacto de reserva de acciones de impugnación, si se tiene en cuenta el criterio de interpretación estricta de la transacción, que deriva del artículo 1815 del Código civil, suponía "sujetar la eficacia del pacto transaccional al resultado de las acciones de impugnación de validez de la propia Junta y, por ello, también de los acuerdos en ella adoptados". Tal es, en efecto, el criterio de esta Sala, en Sentencias como las de 1 de junio de 1983, 30 de enero de 1999, 30 de mayo y 7 de julio de 2006, entre otras. Pero además, y coincidiendo con la posición de fondo de la sentencia recurrida, se viene a llamar aquí "transacción" a la aceptación por parte de la minoría de una propuesta de la mayoría sobre el nombramiento de determinados consejeros, cuando no estaría ahí el caput controversum, *sino en la validez de tal acuerdo».* (13 mayo 2009, rec. 1975/2004, LA LEY 75426/2009)

Artículo 1.816

La transacción tiene para las partes la autoridad de la cosa juzgada; pero no procederá la vía de apremio sino tratándose del cumplimiento de la transacción judicial.

COMENTARIO

1.- La transacción extrajudicial es la ordinaria, normal. Es un contrato consensual, oneroso y bilateral.

La transacción judicial es mencionada en el segundo inciso del artículo 1.816 para establecer el efecto propio de la misma (procederá la vía de apremio) en contraposición a la transacción ordinaria —extrajudicial— cuya eficacia es meramente contractual.

Sin embargo, no hay plena unanimidad ni en doctrina no en jurisprudencia en cuál sea el concepto de transacción judicial, en su diferencia con la extrajudicial. No puede caerse en la fácil —y equivocada— solución de pensar que la da el art. 1.809 al distinguir la transacción que evita la provocación de un pleito que sería la extrajudicial, y la que le pone término, que sería la judicial.

Es transacción extrajudicial la que se celebra fuera de todo proceso y sin incorporar a ningún proceso; lo cual ocurriría si no se había incoado proceso: pero igualmente, si hay proceso incoado, es extrajudicial la transacción que no se aporta al mismo y el proceso termina por otros medios: desistimiento, allanamiento, caducidad.

Para que se dé el concepto de transacción judicial, con el mismo efecto ejecutorio que una sentencia (art. 1.816), es preciso que exista un proceso incoado sobre la controversia que aquélla soluciona y que la transacción, como tal, quede incorporada al proceso; esto último puede ocurrir de dos formas: o bien las partes celebran fuera del proceso la transacción y la aportan al mismo, en cualquier momento, con lo que el Juez dicta auto aprobándola, con los efectos ejecutorios de una sentencia (vía de apremio, dice el artículo 1.816) o bien las partes la celebran dentro del mismo proceso.

2.- El efecto esencial de la transacción es de cese de la controversia jurídica. Lo cual se ha conseguido por las recíprocas concesiones. Y da lugar a un nuevo estado de cosas; se ha producido la «sustitución de una relación jurídica dudosa por otra cierta».

Como consecuencia de la perfección de este contrato, las partes, están obligadas a su cumplimiento, que consiste en aceptar esta situación jurídica nueva y en cumplir las concesiones a que recíprocamente se han comprometido; lo cual lo ordena con carácter general el art. 1.091 y expresamente referido a la transacción, lo dice metafóricamente el art. 1.816, primer inciso: «la transacción tiene para las partes la autoridad de la cosa juzgada»; destaca el parecido de la transacción que termina una controversia, con la sentencia, que también la termina, siempre con relación a las partes.

Las partes han zanjado su controversia y no pueden volver a provocarla, ni siquiera ante los Tribunales de Justicia. Si una de ellas ejercitara una acción la otra podría oponerle la *exceptio litis per transactionem finitae*; a esto se refiere la expresión «cosa juzgada» del art. 1.816.

En la transacción judicial, además, las partes pueden exigir tal cosa por los trámites de ejecución de sentencia previstos en los arts. 517 y siguientes de la Ley de Enjuiciamiento Civil, tal como dice el segundo inciso del art. 1.816: «... no procederá a la vía de apremio, sino tratándose del cumplimiento de la transacción judicial».

JURISPRUDENCIA

«El acuerdo adoptado se ajusta plenamente a una de las posibilidades de la transacción: la de poner término a un litigio (SS. 21 de octubre de 1.997, 27 de noviembre de 1.987), eliminar un pleito (SS. 8 de marzo de 1.962, 4 de noviembre de 1.969), terminar con la controversia judicial pendiente (SS. 16 de mayo de 1.991, 13 de octubre de 1.997). Esa ha sido, y no otra, la intención común de los contratantes, según se deduce de los términos del acuerdo —transacción extrajudicial— y es coherente con las circunstancias concurrentes, pues no es coherente ni se ajusta a la lógica y normalidad de las cosas que un acreedor que tiene a su favor una sentencia (aunque no firme) rebaje su derecho de crédito (pretensión) a cambio de obtener un pago provisional. Se trató de sustituir una situación o relación jurídica incierta, por estar pendiente de una apelación entablada por los demandados, por otra cierta e incontrovertible (SS. 19 de julio de 1.998, 10 de julio de 2.002), sin que el ardid utilizado por aquéllos de continuar el recurso, a pesar del requerimiento para desistir o dejarlo desierto efectuado por el Banco, pueda desvirtuar la realidad contractual de la transacción y su eficacia de cosa juzgada (art. 1.816 CC)». (30 noviembre 2009, rec. 349/2005, LA LEY 226658/2009)

«Si la transacción tiene para las partes efectos de cosa juzgada, según el artículo 1816 CC, vincula al órgano jurisdiccional en un proceso posterior cuando concurre identidad de elementos subjetivos y objetivos (SSTS de 30 de enero de 1999, RC n.º 2281/1994). Sin embargo, la jurisprudencia ha declarado que la transacción no puede identificarse totalmente con los efectos de la cosa juzgada propia de las sentencias firmes (SSTS de 28 de septiembre de 1984, 10 de abril de 1985 y 14 de diciembre de 1988) y que la imposibilidad de replantear las cuestiones transigidas no implica que la transacción sea invulnerable, ya que puede impugnarse su validez y eficacia, dejándola sin efecto y reavivando la situación jurídica anterior. La interpretación del artículo 1816 CC ha de hacerse sin mengua de la naturaleza contractual propia de la transacción (STS de 8 de julio de 1999, RC n.º 3614/1994). La transacción judicial tiene una naturaleza dual, ya que, manteniendo su carácter sustantivo, la aprobación judicial le confiere un carácter procesal como acto que pone fin al proceso, con el efecto de hacer posible su ejecución como si se tratara de una sentencia (artículos

1816 CC y 517 LEC). En esta circunstancia radica la diferencia entre la transacción judicial y la extrajudicial, ya que esta última no puede ser ejecutada forzosamente si no se obtiene, con carácter previo, un pronunciamiento judicial sobre su existencia y eficacia que sirva de título ejecutivo». (5 abril 2010, rec. 2371/2005, LA LEY 27010/2010)

«A partir de la STS de 21 abril 1942, se interpreta que para que sea eficaz una transacción judicial, es preciso que se incorpore en el pleito seguido, porque solo así quedará ultimado el proceso pendiente. Esta doctrina es la que ha incorporado a la sentencia que ahora se recurre. Las partes quisieron una transacción judicial, como se deduce de las cláusulas del contrato, como antes se ha argumentado. Para ello debía cumplir tres requisitos: presentación, ratificación y homologación. Ni se ratificaron las partes ni se homologó el convenio transaccional, porque no se presentó al Juez del procedimiento. De modo que hay que concluir que la presente es una transacción judicial con unos requisitos exigidos por las propias partes, por lo que, no ratificada, carece de eficacia». (14 julio 2010, rec. 1459/2006, LA LEY 114043/2010)

«la transacción, homologada judicialmente, posee iguales efectos que la sentencia firme referida en el artículo 198.1 del Reglamento Hipotecario; en verdad, al ser la transacción un sustitutivo de la sentencia, es lógico que produzca entre los interesados la resulta de cosa juzgada; asimismo, podrá llevarse a cabo por los trámites previstos para la ejecución de sentencia y convenios judicialmente aprobados (artículo 415.2 de la Ley de Enjuiciamiento Civil), y constituye título para la vía de apremio (artículo 1816 del Código Civil)». (31 octubre 2011, rec. 1170/2008, LA LEY 232369/2011)

Vid. también las sentencias relacionadas en el art. 1.809.

CONCORDANCIAS

Véase:
— arts. 1.835 y 1.839 de este Código.
— Ley Hipotecaria, de 8 febrero 1946 (*«B.O.E.»*, 29 mayo): art. 144.
— art. 19 de LEC 2000.

Artículo 1.817

La transacción en que intervenga error, dolo, violencia o falsedad de documentos, está sujeta a lo dispuesto en el artículo 1.265 de este Código.

Sin embargo, no podrá una de las partes oponer el error de hecho a la otra siempre que ésta se haya apartado por la transacción de un pleito comenzado.

COMENTARIO

1.- La ineficacia de la transacción se puede producir por las causas generales de ineficacia del contrato. Así, los casos de invalidez, por inexistencia (falta de consentimiento, objeto y causa), por nulidad (como el caso del objeto no permitido) y por anulabilidad: defecto de capacidad o vicios del consentimiento: error, dolo, violencia o intimidación.

El artículo 1.817 somete la transacción a las reglas generales respecto a la concurrencia de *vicios del consentimiento*: la transacción en que intervenga error, dolo, violencia o falsedad de documentos, está sujeta a lo dispuesto en el artículo 1.265 de este Código.

El error, como vicio, es sólo aquel que recae sobre lo que no sea propiamente el objeto de la transacción es, precisamente, la controversia que necesariamente se basa en una incertidumbre en la que una de las partes, o las dos, están en error (discutimos sobre la propiedad de una joya; uno de los dos está en error y ello no es vicio; lo que sí es vicio, es si uno sabe que la joya es falsa y percibe una fuerte suma de dinero a cambio de renuncia de toda pretensión). Este error puede ser de hecho o de derecho.

2.- El segundo párrafo establece una regla limitativa de la alegación del error de hecho. No puede alegarse, en el sentido de que producirá ineficacia del contrato de transacción, si una de las partes «se haya apartado por la transacción de un pleito comenzado», lo que significa que una de las partes ha desistido, ha dejado caducar la instancia o renunciado a las acciones, en un proceso ya comenzado sobre una determinada controversia jurídica, por razón de preferir solucionarla mediante transacción; en tal caso, la otra parte no le puede alegar error de hecho para obtener la declaración de ineficacia de ésta.

JURISPRUDENCIA

«La homologación judicial, sin embargo, no modifica la naturaleza consensual de la transacción como negocio jurídico dirigido a la autorregulación de los intereses de las partes y, por tanto, aunque las transacciones judiciales puedan hacerse efectivas por la vía de apremio, el artículo 1817 CC no las elimina de la impugnación por vicios del consentimiento (STS de 26 de enero de 1993)». (5 abril 2010, rec. 2371/2005, LA LEY 27010/2010)

Artículo 1.818

El descubrimiento de nuevos documentos no es causa para anular o rescindir la transacción, si no ha habido mala fe.

COMENTARIO

1.- El artículo 1.818 contempla otro supuesto de error, el relativo al descubrimiento de nuevos documentos; estima que es vicio y hace anulable la transacción si ha habido mala fe por una de las partes; siempre —aunque no lo diga el precepto— que se trate de documentos decisivos. En caso contrario —buena fe o documentos no decisivos—, no es vicio que dé lugar a la anulabilidad de la transacción.

2.- En este artículo se emplea la expresión «anular o rescindir»; realmente se trata de anulabilidad de la transacción. La mala fe es la ocultación o no hacer saber a la otra parte la existencia de los documentos lo cual implica que, más que error, se trata de dolo. Y los documentos, como se ha dicho, son los decisivos que tienen relación directa con la controversia.

Artículo 1.819

Si estando decidido un pleito por sentencia firme, se celebrare transacción sobre él por ignorar la existencia de la sentencia firme alguna de las partes interesadas, podrá ésta pedir que se rescinda la transacción.

La ignorancia de una sentencia que pueda revocarse, no es causa para atacar la transacción.

COMENTARIO

1.- Plantea este artículo un nuevo caso de anulabilidad (no rescisión) por error, consistente en ignorar la existencia de una sentencia que se ha discutido sobre la controversia jurídica, sobre la que recae el contrato de transacción. Por tanto, es un error sobre el presupuesto básico de la transacción: la realidad de una controversia, ya que no hay tal porque está resuelta por sentencia. Sin embargo, se hace una distinción respecto a la sentencia, sobre si es firme o está sujeta a posibles recursos.

2.- Si la sentencia no es firme, no es considerada (párrafo segundo) como causante de error, que provocaría la anulabilidad.

3.- Si la sentencia es firme, el error sobre la misma (la ignorancia de su existencia) permite a la parte que lo sufra, ejercer la acción de anulabilidad de la transacción.

Distinto es el caso, que es válido de la transacción sobre la ejecución de una sentencia firme o sobre extremos que no han sido resueltos en ella.

CAPÍTULO II
DE LOS COMPROMISOS

Artículo 1.820

Derogado por Ley 36/1988, 5 diciembre (*«B.O.E.»*, 7 diciembre), de Arbitraje.

Artículo 1.821

Derogado por Ley 36/1988, 5 diciembre (*«B.O.E.»*, 7 diciembre), de Arbitraje.

TÍTULO XIV
De la fianza

CAPÍTULO PRIMERO
DE LA NATURALEZA Y EXTENSIÓN DE LA FIANZA

Artículo 1.822

Por la fianza se obliga uno a pagar o cumplir por un tercero, en el caso de no hacerlo éste.

Si el fiador se obligare solidariamente con el deudor principal, se observará lo dispuesto en la sección cuarta, capítulo III, título I de este libro.

COMENTARIO

1.- Si bien el ordenamiento jurídico utiliza la expresión fianza con una pluralidad de sentidos, el precepto, en su apartado primero, emplea el término, no en sentido lato e impropio de garantía, presente en otros artículos del Código y de la Ley de Enjuiciamiento Civil, sino en su acepción restringida y técnica de obligación de garantía de la deuda ajena, como manifestación más propia y extendida de las denominadas garantías personales del crédito y sin referirse, por tanto y no obstante el emplazamiento sistemático de la norma, al contrato de fianza como fuente de la que generalmente surge aquélla. La noción legal, que alude explícitamente al carácter subsidiario de la obligación del fiador (al decir que se obliga a pagar o cumplir por un tercero, en el caso de no hacerlo éste), guarda silencio sobre la nota de accesoriedad y función de seguridad propias del instituto, omitiendo asimismo una referencia expresa a la posición del fiador como verdadero obligado y deudor de su propia y autónoma obligación, y no como mero responsable de una deuda ajena.

De modo que, en la compleja situación de garantía que la fianza entraña, existen dos obligaciones tendentes a satisfacer un mismo interés y no una sola relación obligatoria con dos deudores. Así, y no obstante la formulación literal del precepto, se deriva del conjunto de la reglamentación que el Código dispensa a la fianza, de sus precedentes y de muchos de sus preceptos concretos, cuyo contenido, como se verá, sólo se explica por cuanto queda dicho.

2.- El artículo contempla la existencia de dos especies de fianza: Una, representada por la fórmula contenida en el apartado primero, denominada simple y constituye el supuesto normal de aquélla, en cuanto queda sujeta al conjunto de normas integrantes del régimen previsto en el Código y en cuya virtud, básicamente, no cabe exigir al fiador el cumplimiento de la obligación asumida hasta tanto no haya tenido lugar el incumplimiento de la fiada y la excusión de bienes del deudor principal.

La otra modalidad, expresamente citada en el apartado segundo del artículo, y que con escasa propiedad denomina fianza solidaria (denominación que, además del reconocimiento legal, está difundida en la doctrina científica y se acoge por la jurisprudencia, no obstante el profundo matiz diferencial entre la situación de fianza y la obligación solidaria, al ser característica de aquélla la existencia de dos obligaciones, mientras que en ésta sólo hay una), ofrece como particularidad la de regirse por lo dispuesto en la sección cuarta, capítulo III, Título I, del Libro IV, o sea, por las reglas contenidas en los arts. 1.137 a 1.148, que disciplinan la obligación solidaria. En nuestro sistema a diferencia de otros, rige el principio de no solidaridad de la obligación del fiador, por lo que la fianza simple constituye la regla general y la fianza solidaria la excepción.

En relación con la denominada fianza solidaria debe advertirse que, aunque el fiador se obligue solidariamente con el deudor principal, la fianza no queda desnaturalizada y, en cuanto a su régimen positivo, que básicamente será aplicable el de la fianza y las normas contenidas en el inciso final del art. 1.837 y en el art. 1.834, al disponerlo así el art. 1.831, que elimina el juego del art. 1.830.

Estos artículos sobre la transacción, desde el 1822 al 1856, han sido redactados íntegra y exclusivamente por Vicente Guilarte Zapatero, Catedrático de Derecho civil de la Facultad de Derecho de la Universidad de Valladolid.

JURISPRUDENCIA

«La fianza es un contrato accesorio subordinado que existe en tanto en cuanto hay una obligación principal que otro debe cumplir y que el fiador se obliga a pagar en caso de no hacerlo aquél (artículo 1.822). Admite pluralidad de personas en la posición de fiadores. Cuando éstos garantizan singularmente porciones independientes del monto total, se dice que hay tantas fianzas como fiadores. Cuando la obligación garantizada es única y son varios los fiadores, se está en el supuesto de la cofianza, que naturalmente se entiende dividida en tantas partes como fiadores porque la regla general es la mancomunidad simple (artículo 1.137). Pero si los varios fiadores aceptan un vínculo solidario, la obligación nacida, por expreso mandato del artículo 1.822 párrafo 2.º, habrá de sujetarse a lo dispuesto en la Sección 4 del Capítulo III del Título I de este libro, esto es, a los preceptos específicos de las obligaciones solidarias». (4 mayo 1993, LA LEY 13176/1993)

«por el contrato de fianza, regulado en los arts. 1.822 y siguientes CC, se crean relaciones obligatorias entre el acreedor, el deudor y el fiador, de ahí que para la constitución de un contrato de fianza sea necesario, con carácter inexcusable, el consentimiento del acreedor, ya se manifieste este consentimiento por la intervención del mismo en el contrato constitutivo, ya mediante su aceptación del contrato celebrado entre el deudor y el fiador». (30 junio 1996, LA LEY 7548/1996)

Sobre la fianza solidaria, párrafo segundo de este artículo 1.822:

«se trata de una fianza mercantil; en ésta se ha mantenido —aunque no en forma pacífica— que la obligación del fiador tiene carácter solidario, por lo que no goza del beneficio de excusión (artículo 1831.2.º, del Código civil); así lo sigue la sentencia recurrida y, pese a ser discutible, lo mantiene la jurisprudencia; la sentencia de 16 de octubre de 1989 lo dice breve e incidentalmente, la de 7 de marzo de 1992 claramente lo expresa ("lo que determina su carácter solidario según la práctica mercantil y la jurisprudencia —sentencias de 4 de diciembre de 1950, 7 de diciembre de 1968, 25 de abril de 1969 y 16 de junio de 1970—, siendo su consecuencia que el fiador mercantil carece de los beneficios de excusión y de división de que goza el fiador civil. Sin que por ello se desconozca cierta corriente jurisprudencial que entiende que la fianza mercantil no goza del carácter de solidaria en nuestro ordenamiento jurídico, a pesar de la corriente casi unánime de la doctrina científica que lo entiende así; criterio este último que debe apoyarse en nuestra época, al amparo del art. 3,

párrafo 1.º, del Código Civil, dada la necesidad de garantías firmes en las transacciones mercantiles y el auge que tiene la obligación solidaria en otros ámbitos jurídicos —por ejemplo, en materia de seguros, y de las obligaciones extracontractuales—, precisamente en beneficio de la seguridad jurídica en la realidad social de nuestro tiempo caracterizada por la complejidad y multiplicadas de variantes en las relaciones jurídicas, tanto dentro del comercio como fuera de él; sentencia de 20 de octubre de 1989"), lo reitera la de 14 de febrero de 1997 ("la nueva doctrina jurisprudencial de esta Sala, haya proclamado con base al artículo 3.1 del Código Civil la necesidad de otorgar carácter solidario a las obligaciones derivadas de la contratación mercantil, y con ello añadir una especificidad más al derecho mercantil en relación a su tronco origen del derecho civil"), y lo remacha la de 26 de mayo de 2004 ["siendo también jurisprudencia de esta Sala, no exenta ciertamente de excepciones, la relativa al carácter solidario de la fianza mercantil (SSTS 4-12-50, 7-12-68, 25-4-69, 16-6-70, 20-10-89 y 7-3-92)"]». (15 abril 2005, rec. 5394/1999)

«La solidaridad establecida determina, por la remisión que expresamente verifica el artículo 1822 II CC, la aplicación de las reglas dictadas para las obligaciones solidarias, entre las cuales el artículo 1145 CC, precepto que, tras declarar que el pago extingue la obligación, concede al deudor solidario que pagó la facultad de reclamar de sus codeudores la parte que a cada uno corresponda, por vía de subrogación, que el artículo 1210.3 CC presume cuando pague el que tenga interés en el cumplimiento, salvo los efectos de la confusión en cuanto a la porción que corresponda. Y no puede exigirse de cada uno de los fiadores sino su parte, y no el todo de cualquiera de ellos». (20 julio 2007, LA LEY 132423/2007)

«aunque se tratara de un auténtico fiador, el carácter solidario con el que se asumió la pretendida fianza llevaba consigo la misma solución, puesto que el art. 1822. 2 CC dice que si el fiador se obliga solidariamente con el deudor principal, se observará lo dispuesto en la sección cuarta capítulo tercero libro primero de este libro, es decir se remite a la regulación de las obligaciones solidarias. Por ello, se aplicó correctamente el art. 1137 CC». (20 diciembre 2010, rec. 427/2007, LA LEY 217669/2010)

CONCORDANCIAS

Véase:
— arts. 1.137 a 1.148 de este Código.
— Código de Comercio: arts. 439 a 442.

Artículo 1.823

La fianza puede ser convencional, legal o judicial, gratuita o a título oneroso.

Puede también constituirse no sólo a favor del deudor principal, sino al del otro fiador, consintiéndolo, ignorándolo y aun contradiciéndolo éste.

COMENTARIO

1.- En su apartado primero, el precepto, atendiendo al origen de la garantía, recoge la distinción de la fianza en convencional, legal y judicial, señalando así que puede nacer de la voluntad de los particulares, de la ley, o del mandato judicial. Ahora bien, y no obstante la literalidad de la norma, es incuestionable que la fianza tiene siempre origen voluntario, ya que nadie llega a ser fiador sin haberlo querido y que, si bien existen situaciones en las que debe constituirse fianza por disponerlo así la ley o la autoridad judicial, aquélla sólo llega a nacer mediante la manifiesta voluntad del presunto fiador de asumirla. De manera que debe distinguirse entre obligación de dar fianza, obligación que puede imponer la ley, la disposición judicial o la voluntad, y la condición de fiador que sólo surge de ésta.

La fianza es legal cuando se presta por imperativo de una disposición de la ley para asegurar el cumplimiento de deberes y obligaciones o proteger derechos y facultades previstos en el correspondiente supuesto normativo. La fianza es judicial cuando la imponen el Juez o los Tribunales en cumplimiento de preceptos legales y generalmente para fines de procedimiento. Resulta así que si bien toda fianza judicial es legal (el Juez sólo la impone en los supuestos previstos por las normas), no toda fianza legal tiene carácter judicial, ya que para su constitución no siempre es precisa la intervención del Juez. La fianza es convencional cuando se constituye por voluntad de los interesados manifestada generalmente en un contrato; es de advertir, sin embargo, que siendo éste la fuente más normal y propia de la garantía, también puede surgir ésta en virtud de acto debido emanado de negocio distinto al contrato como una promesa unilateral o una disposición testamentaria. Aunque el contrato de fianza proyecta sus efectos sobre el deudor principal, el acreedor y el fiador, sólo los dos últimos son partes del mismo. Será unilateral si se asume gratuitamente por el fiador, y bilateral, cuando constituido a título oneroso, derivan del contrato obligaciones para ambas partes (la existencia de regreso a favor del fiador no supone *per se* la bilateralidad de la fianza). Para su perfección, el contrato de fianza exige que sea aceptado por el acreedor en tiempo hábil, si bien no se requiere forma especial para ello.

Sin establecer presunción alguna a favor o en contra de la gratuidad o de la onerosidad, expresamente recoge el precepto la distinción entre fianza gratuita y fianza a título oneroso, según que el fiador se exponga a la agresión del acreedor sin mediar o mediando una compensación y sin que el derecho del fiador a repetir contra el deudor resulte significativo para determinar el carácter de la fianza, que se explica sólo atendiendo a la existencia o no de recíprocas atribuciones patrimoniales. No obstante y en sentido distinto, la consideración de la fianza como negocio abstracto lleva a calificar la fianza de gratuita u onerosa atendiendo a las características e intereses que concurren en la relación entre deudor principal y fiador.

2.- El apartado segundo del artículo sanciona, por una parte, la figura de la subfianza y, por otra, la validez y eficacia de la fianza con independencia de la actitud del deudor principal. La subfianza, denominada también fianza doble o fianza de segundo grado, vincula al subfiador con el acreedor y tiene por objeto no garantizar la obligación principal, aunque ésta se afiance también directamente, sino la obligación de garantía asumida por el primer fiador. Trata, pues, de asegurar la solvencia del fiador y no la del deudor principal.

Finalmente, la norma declara la validez de la fianza, ya la consienta, ya la ignore o la contradiga el deudor. Aunque otra cosa pudiera hacer pensar la literalidad de aquélla, es incuestionable que la afirmación que contiene se refiere al deudor fiado y no al fiador y significa, en síntesis, que aquél queda vinculado a las consecuencias y efectos derivados de la garantía, incluso antes de pagar el fiador, cuando medien las circunstancias legalmente previstas, al margen de su voluntad e, incluso, aun cuando se hubiera opuesto la fianza. La fianza *prohibente debitore*, silenciada en otros Códigos, válida en el nuestro, suscita sin embargo encontradas opiniones respecto a algunos de sus efectos.

CONCORDANCIAS

Véase arts. 1.854 a 1.856 de este Código.

Artículo 1.824

La fianza no puede existir sin una obligación válida.

Puede, no obstante, recaer sobre una obligación cuya nulidad pueda ser reclamada a virtud de una excepción puramente personal del obligado, como la de la menor edad.

Exceptúase de la disposición del párrafo anterior el caso de préstamo hecho al hijo de familia.

COMENTARIO

1.- La declaración contenida en el apartado primero del precepto, exigiendo una obligación válida como presupuesto de la fianza, pone de manifiesto el reconocimiento de la accesoriedad de la obligación del fiador, ya que sin la presencia de aquélla, la garantía carecerá de la finalidad y función, dada la imposibilidad de asegurar la satisfacción de un interés inexistente. En el régimen del Código, está fuera de duda la posibilidad de afianzar cualquier tipo de obligación, si bien sea la obligación de carácter dinerario la que con mayor frecuencia resulta objeto de esta garantía.

2.- No obstante lo anterior, el apartado segundo del artículo, con claros precedentes en el Derecho histórico, al declarar la aptitud de la fianza para recaer sobre una obligación cuya nulidad pueda ser reclamada a virtud de una excepción puramente personal del obligado, como la de la menor edad, parece sancionar, en principio, una regla contraria a la accesoriedad, en abierta contradicción con la declaración inicial y con el concepto mismo de fianza que, por esencia, presupone siempre la realidad de una obligación ajena y válida como objeto de aquélla.

La declaración normativa, en este extremo, contiene, pues, una regla excepcional y anómala desde la perspectivas apuntadas significando el precepto en su conjunta interpretación:

a) Que si bien resultará ineficaz la fianza en garantía de obligación principal, inexistente o radicalmente nula, es posible afianzar la obligación principal anulable, cualquiera que sea su causa determinante, en cuanto ésta es susceptible de existencia definitiva, en cuyo caso, la garantía seguirá la suerte de la principal y, en función de que ésta se convalide o anule;

b) Que con independencia de esto, el apartado segundo del precepto contempla específicamente la fianza de obligación anulable, no sólo con base en una excepción como la de la menor edad, sino también por las derivadas de cualquier incapacidad del deudor principal, que no procedan de vicios del consentimiento (aplicándose a estas últimas, el mismo criterio anterior);

c) Que la excepción implica la subsistencia de la fianza, debiendo el fiador cumplir su obligación, incluso declarada la nulidad de la obligación principal, cuya nulidad no podrá oponerse como excepción al acreedor, primando este artículo y el 1853 sobre el art. 1.822;

d) Que en los supuestos amparados por la excepción, cesará la responsabilidad del fiador, sólo cuando el deudor y acreedor le hayan inducido a error, esencial y excusable, sobre la incapacidad del primero. Pagando el fiador, debe aplicarse el art. 1.163.

3.- El párrafo tercero del artículo, excluye del régimen establecido en el anterior el caso del préstamo hecho al hijo de familia, con cuya regla el Código reproduce la solución tradicional y en virtud de la misma habrá de aplicarse a la garantía, bien el régimen señalado para la que asegura obligaciones anulables en general, bien el que corresponde a la obligación radicalmente nula, al contravenir el préstamo la regla prohibitiva contenida en el art. 323, con la distinta legitimación, en uno y en otro caso, para excepcionar la invalidez.

JURISPRUDENCIA

«la necesidad de la autorización administrativa no depende de la voluntad de las partes sino que viene impuesta legalmente, por lo que el contrato celebrado sin esa autorización devendría nulo de pleno derecho conforme al art. 6.3 del Código Civil, lo que daría lugar a la inexistencia de la fianza que requiere, como establece el art. 1.824 citado, una obligación válida sin que pueda extenderse la obligación del fiador a garantizar la devolución de aquello que, por efecto de esa nulidad, que no cumplimiento del contrato, deban restituirse, en su caso, las partes de acuerdo con lo dispuesto en los arts. 1.303 y siguientes del Código Civil». (23 noviembre 1990, LA LEY 8460/1991)

«art. 1.824 CC cuyo primer párrafo dispone: la fianza no puede existir sin una obligación válida lo que excluye una obligación inexistente, pero no impide la fianza de una obligación inexistente hoy pero que existirá mañana, ya que la obligación futura la permite afianzar el artículo siguiente, 1825... se trata de obligación no nacida pero sí determinable sin necesidad de nuevo convenio (que sería un nuevo contrato de fianza), que no infringe el principio de accesoriedad de la fianza, ya que para su efectividad será preciso que la obligación haya nacido y sea líquida... la cuestión de la validez de las garantías fideusorias globales. El texto transcrito alcanza a las obligaciones presentes ("las cantidades que les adeude") y futuras ("o llegue a adeudarles") y concreta el límite máximo... se debe admitir, en principio, su validez, ya que no hay norma que le impida y restrinja la autonomía de la voluntad, siempre que: primero: no se atente a la normativa sobre condiciones generales de la contratación o cláusulas abusivas, tal como aparecen reguladas en las LL 7/1998 de 13 Abr. y 26/1984 de 19 Jul., modificada por aquélla, no aplicables al caso presente, por ser anteriores a su entrada en vigor; segundo: la obligación garantizada sea determinada o determinable, lo que significa, no sólo que exista la obligación y se desconozca su importe, sino también que no haya nacido la obligación y pueda nacer en el futuro, quedando determinada o determinable por fijarse es el caso más frecuente, como el presente las partes cuyas relaciones jurídicas hagan nacer las obligaciones que se garantizan y el importe máximo de las mismas; tercero. Se armonice la indeterminación de la obligación garantizada con la fianza con el carácter expreso de ésta, que contempla el art. 1.827 CC de tal manera que sólo se admite la obligación que sea determinable, no la absolutamente indeterminada por como mínimo la concreción subjetiva de las partes entre quienes nacerá la obligación y por la concreción objetiva de la cuantía, aunque sólo sea como máximo». (23 febrero 2000, LA LEY 3483/2000)

CONCORDANCIAS

Véase arts. 200 y ss., 1.114, 1.208, 1.828 y 1.847 de este Código.

Artículo 1.825

Puede también prestarse fianza en garantía de deudas futuras, cuyo importe no sea aún conocido; pero no se podrá reclamar contra el fiador hasta que la deuda sea líquida.

COMENTARIO

1.- El precepto reconoce expresamente la validez del afianzamiento de la obligación futura. Ratifica la regla romana fideiussor et praecedere obligationem et sequi potest, en cuya virtud y acaso en contra de una estricta valoración de la esencial accesoriedad de la fianza y de lo declarado en el art. 1.824, párrafo primero, se admite la constitución de la fianza precediendo al nacimiento de la obligación objeto de la garantía. No obstante, la propia norma y la fianza que sanciona se justifican señalando que así como la cosa futura puede, por disposición expresa de preceptos positivos, ser objeto de obligación y contrato, no hay razones para impedir la garantía de una obligación futura, ni para que la voluntad de los interesados aprecie anticipadamente el interés a satisfacer y su eventual protección, refiriéndolo a la deuda futura y alterando el orden cronológico de la formación del complejo negocial. Sin que tal forma de actuar constituya infracción de la regla de la accesoriedad, pues la fianza precisará siempre para su efectividad, ya que no para su nacimiento, de la vigencia real de la obligación futura, es decir, que ésta llegue a existir válida y eficazmente. Si bien y hasta que tal momento llegue, el fiador carece de facultades para desistir de la obligación asumida, mediante la revocación del consentimiento anticipado.

2.- A los fines del artículo, debe entenderse que si bien no es preciso la existencia entre acreedor y deudor de un vínculo del que surja la obligación fiada en el momento de acordarse la fianza, sí resulta necesaria la concurrencia, en dicho momento, de circunstancias objetivas que, referidas a personas y al montante de la deuda, permitan la determinación de la obligación futura y la constitución eficaz de la garantía.

Es decir, ni cabe afianzar cualquier obligación futura, con independencia de las apuntadas determinaciones objetivas que permitan su configuración definitiva, ni sólo será susceptible de garantía la obligación futura que surja de un vínculo jurídico preexistente. De admitirse, en una interpretación estrictamente literal de la norma, que sólo cabe prestar fianza en garantía de deudas futuras, cuyo importe no sea aún conocido, habría de objetarse que no debe confundirse obligación futura con obligación indeterminada y que aquélla puede ser determinada o indeterminada pero determinable.

La futuridad, pues, se refiere propiamente a la obligación que precisamente tiene tal carácter por ser inexistente en el momento de constituirse la garantía y no a la que, existiendo en dicho momento, resulta indeterminada en su *quantum*. De modo que será afianzable cualquier obligación futura en los términos precisados, si bien tal posibilidad debe armonizarse con las exigencias del carácter expreso de la fianza, el de su menor onerosidad respecto de la obligación fiada y con el requisito de su determinabilidad. Y sin que, como ordena la propia norma, hasta que la deuda sea líquida se pueda reclamar al fiador.

JURISPRUDENCIA

«la posibilidad del afianzamiento de las deudas futuras, sin que ello entre en contradicción con lo dispuesto en el primer párrafo del art. 1824 del CC, que establece que la fianza no puede existir sin una obligación válida, consagrando el carácter accesorio de esta modalidad contractual, pues hay que entender que la fianza en los casos de aseguramiento de deudas futuras, está subordinada al nacimiento de la obligación principal y el fiador se obliga solo condicionalmente, para el caso de que la obligación futura llegue a tener realidad... esta especie de afianzamientos, que han sido reconocidos (hay antecedentes en el derecho histórico, en la L 6.ª tít. XII Partida 5.ª y en el art. 1376 del proyecto de Código de 1851), tanto por la doctrina científica como por la jurisprudencia, como aquellos afianzamientos que se contraen para asegurar el cumplimiento de obligaciones no nacidas en el momento de constituirse el contrato de fianza, pero sí son previsibles o determinables en el momento de constituirse el contrato, haciendo innecesario a raíz del nacimiento de la deuda, un nuevo contrato de fianza, concretándose esa determinación en que estén fijadas las partes cuyas relaciones jurídicas hagan nacer las obligaciones que se garantizan, y el importe máximo de las mismas, como se reconoce en la sentencia de esta Sala de 23 Feb. 2000». (18 marzo 2002, LA LEY 4148/2002)

«La interpretación de la expresión en garantía de deudas futuras contenida en el artículo 1825 del Código civil ha sido interpretada por la jurisprudencia más reciente en el sentido de

comprender aquellas deudas realmente futuras, es decir, las que aun no vinculan al deudor principal. La vinculación del deudor principal actúa como condición suspensiva, de manera que cuando llegue a estarlo, adquirirá su vigencia la fianza. La jurisprudencia ha exigido, además y de acuerdo con el propio artículo 1825 del Código civil, que la obligación futura "quede determinada en este acto o sea susceptible de serlo en el futuro sin necesidad de un nuevo consentimiento entre fiador y quien con él hubiere contratado" (sentencia de 13 octubre 2005, con cita de las de 27 septiembre 1993 y 23 febrero 2000)». (30 octubre 2006, LA LEY 119541/2006) (Doctrina reiterada por la sentencia de 26 junio 2009, rec. 361/2005, LA LEY 112698/2009)

Artículo 1.826

El fiador puede obligarse a menos, pero no a más que el deudor principal, tanto en la cantidad como en lo oneroso de las condiciones.

Si se hubiera obligado a más, se reducirá su obligación a los límites de la del deudor.

COMENTARIO

1.- Aunque también los arts. 1.825 y 1.827, relacionados con el 1.824, párrafo primero, se refieren al contenido de la fianza, el Código, en este precepto, es donde más propiamente delimita la extensión y caracteres de la obligación del fiador, precisando el alcance de su responsabilidad per relationem con la obligación fiada, que, en ningún caso, podrá exceder de los límites concretos fijados en el art. 1.826 en cuanto dispone que el fiador puede obligarse a menos, pero no a más que el deudor principal, tanto en la cantidad como en lo oneroso de las condiciones. Frente a la exigencia de la identidad absoluta entre la obligación fiada y la del fiador, propia de algún momento de la fianza romana, estimando que sólo así puede satisfacerse el interés del acreedor, el Código admite una identidad meramente parcial entre ambas y considera que ésta tiene lugar cuando el garante se obliga in leviorem causam.

La formulación del principio de identidad en tales términos deriva la posibilidad, antes apuntada, de afianzar obligaciones de cualquier naturaleza, aunque tratándose de obligación principal infungible, cualquiera que dentro de ésta sea su especie, la fianza garantizará, en rigor, las consecuencias del incumplimiento o cumplimiento defectuoso del deudor principal de aquélla.

Afianzada una obligación dineraria u otra no dineraria pero también fungible, la obligación fideiusoria alcanzará, como máximo, el importe de las fiadas. En suma, la función de garantía y el contenido mismo de la obligación principal determinan el de la fianza que, en síntesis, puede consistir en entregar al acreedor lo que éste hubiera obtenido de cumplirse normalmente la obligación principal por su deudor; en entregar cuanto el acreedor no haya obtenido del deudor principal, de un cofiador que resulte insolvente o incapaz, o del primer fiador; en lo que otro fiador no haya podido obtener del deudor principal después de ejercitado el regreso, en la fianza de este nombre: en lo que el acreedor no haya conseguido después de ejecutar al deudor principal en la fianza de indemnidad; en el importe del resarcimiento que por el incumplimiento del deudor proceda para satisfacer al acreedor.

De modo que, si bien la obligación del fiador puede tener por objeto una prestación cualitativamente distinta o de la misma naturaleza que la del deudor, en ningún caso, conforme a la regla sancionada en el precepto, podrá ser superior a ésta, como lógica consecuencia de la finalidad de garantía, causa propia de la obligación del fiador, que no existiría si su contenido fuera mayor que el de la fiada.

La menor onerosidad, aplicable a toda especie de fianza y que debe estar presente durante toda la vida de la garantía y no sólo al constituirse ésta, implica que no debe suponer para el fiador un mayor sacrificio económico que el representado por la obligación principal para el deudor y se refiere, según el precepto, por una parte, a la cantidad o valor de la prestación, y, por otra, a las condiciones de la propia obligación de fianza, es decir, a las circunstancias de término, lugar, condición y modo que, en cada caso, la configuren. El momento para calificar la fianza como de mayor o menor onerosidad que la obligación principal es el de cumplimiento de la garantía y no el de su constitución, admitiéndose que el fiador puede obligarse más intensamente que el deudor principal sin que, en tal caso, se entienda quebrantada la regla del precepto.

2.- En su apartado segundo, el artículo establece la reducción del exceso cuando el fiador asume la garantía en condiciones de mayor onerosidad que el deudor principal. La solución resulta acorde con la formulación del principio de identidad, en los términos señalados, y tiene su fundamento en la causa de garantía que el fiador se comprometió a prestar. De modo que sólo será posible mantener la obligación del fiador por el exceso, si se acredita la existencia de causa distinta a la de la garantía que lo ampare como deuda principal.

JURISPRUDENCIA

«el carácter de deudor principal solidario del recurrente, no resulta aplicable al caso el art. 1.826 limitativo de la obligación de fiador en el sentido de que no puede obligarse a más que el deudor principal, tanto en la cantidad como en lo oneroso de las condiciones, ya que la cláusula penal aceptada por el garante lo fue precisamente para el caso de incumplimiento por él de esa obligación que, con carácter principal y solidario, voluntariamente aceptó; nada impide que un socio de una sociedad se obligue de modo personal frente a los acreedores de aquélla, garantizando el cumplimiento de una obligación como deudor solidario, reforzando su obligación incluso con el establecimiento, como en este caso, de una pena convencional para caso de su propio incumplimiento, pues no debe olvidarse que la solidaridad podrá existir aunque los acreedores y deudores no estén ligados del propio modo y por unos mismos plazos y condiciones (art. 1.140 del Código Civil)». (30 diciembre 1994, LA LEY 6746/1995)

CONCORDANCIAS

Véase arts. 1.824 y 1.843 de este Código.

Artículo 1.827

La fianza no se presume: debe ser expresa y no puede extenderse a más de lo contenido en ella.

Si fuere simple o indefinida, comprenderá, no sólo la obligación principal, sino todos sus accesorios, incluso los gastos del juicio, entendiéndose, respecto de éstos, que no responderá sino de los que se hayan devengado después que haya sido requerido el fiador para el pago.

COMENTARIO

1.- El Código no exige forma especial para la constitución de la fianza; el precepto se limita, en su apartado primero, a declarar que ésta no se presume, debe ser expresa y no extenderse a más de lo contenido en ella. El apuntado carácter expreso de la fianza se predica sólo de la manifestación de voluntad del fiador dirigida a la asunción de la garantía y a través de ella debe acreditarse de modo inequívoco no sólo la intención del fiador, sino que deben quedar precisados también la persona a quien se garantiza, la obligación que se afianza y los límites de la misma.

Por otra parte, al no exigirse forma especial, la observancia del carácter expreso ha de estimarse que tiene lugar siempre que resulte claro e inequívoco el propósito del fiador de constituir la fianza y así derive de manera concreta y determinada. Sin que deba admitirse la existencia de fianza por vía de conclusión apoyada en datos o elementos indirectos de cuya interpretación se obtenga o presuma la voluntad del fiador de serlo. Sin embargo, no obstante la exigencia del carácter expreso de la fianza, no cabe prescindir, con carácter general, de las presunciones, si de su contenido deriva una manifestación directa de prestar la garantía. De modo distinto, la aceptación de ésta por parte del acreedor, necesaria siempre para la perfección del contrato, puede ser tácita.

Según el mismo apartado del precepto, la fianza no debe extenderse a más de lo contenido en ella. La disposición significa que la obligación del fiador ha de estar determinada en su contenido y que se precise el alcance de la responsabilidad sumida por el garante. Contenido y responsabilidad que pueden aparecer inicialmente determinados, bien por referencia al propio contenido de la obligación fiada, bien por específicas concreciones de los interesados al configurar la obligación accesoria. Pero resulta, asimismo, admisible una inicial indeterminación con arreglo a circunstancias previstas al constituirse. La fianza es de interpretación estricta, no necesariamente restrictiva, en beneficio del fiador.

2.- De acuerdo con el apartado segundo del artículo, debe entenderse que la fianza es definida cuando los interesados, al constituirla, han determinado con precisión el alcance de la responsabilidad del fiador, directamente o por referencia a datos objetivos que sin duda la delimitan o la delimitarán. En este caso, la fianza no podrá extenderse a más de lo contenido en ella. De modo distinto y según la terminología del precepto, la fianza será simple o indefinida en ausencia de las anteriores previsiones y el fiador, por ser expresa declaración legal, responderá de la obligación principal fiada, de sus accesorios y, mediando requerimiento de pago al garante, de los gastos del juicio. En defecto de manifestación contraria de los afectados, la norma trata de garantizar al máximo la satisfacción del interés perseguido por el acreedor al constituir la relación obligatoria fiada. De suerte que el fiador responderá de cuanto es objeto natural del contrato, y de cuanto es inexcusable y legítima consecuencia del mismo; así por ejemplo, los intereses convencionales y los moratorios.

JURISPRUDENCIA

«el texto del aval no permite su extensión a actos anteriores a su vigencia, tanto más cuanto la fianza debe ser expresa y no debe extenderse a más de lo contenido en ella, como dice el artículo 1827 del Código civil, de lo que se desprende que la interpretación debe ser restrictiva en beneficio del deudor». (21 mayo 2004, rec. 2079/1998)

«la jurisprudencia de esta Sala en concreto la sentencia ya mencionada de 16 de diciembre de 1985 (LA LEY JURIS. 10601-JF/0000) admite la posibilidad y eficacia en nuestro derecho de dichas cartas de patrocinio, basadas en el principio de libertad de contratación que establecen los artículos 1255 del Código Civil y concordantes, pero estableciendo los siguientes requisitos o presupuestos: 1. Que exista intención de obligarse la sociedad matriz a prestar apoyo financiero a la filial o a contraer deberes positivos de cooperación a fin de que la Compañía subordinada pueda hacer afectivas las prestaciones que le alcanzan en sus tratos con el tercero favorecido pro la carta, careciendo de aquella obligatoriedad las declaraciones meramente

enunciativas; 2. Que la vinculación obligacional resulte clara, sin que pueda basarse en expresiones equívocas, por aplicación analógica de los requisitos de la declaración constitutiva de la fianza del art. 1827 Código Civil; 3. Que el firmante de la carta tenga facultades para obligar al patrocinador en un contrato análogo al de fianza; 4. Que las expresiones vertidas en la carta sean determinantes para la conclusión de la operación que el patrocinado pretenda realizar; y 5. Que la relación de patrocinio tenga lugar en el ámbito o situación propia de sociedad matriz de sociedad filial». (30 junio 2005, rec. 108/1999)

«el art. 1827 CC —precepto que es aplicable al afianzamiento mercantil con base en el art. 50 del Código de Comercio (SS 16 noviembre 1900, 22 diciembre 1941, 28 febrero 1977)—, exige que la fianza sea expresa, cuya norma ha sido objeto de aplicación por numerosas sentencias de esta Sala (9 Oct. 1930, 8 Oct. 1932, 3 Mar. 1947, 13 Jun. 1957, 18 Nov. 1963, 22 Dic. 1972, 8 Nov. 1973, 31 Ene. 1977, 16 Dic. 1985, 5 Feb. 1992, 31 Dic. 1996), en las cuales se declara que la fianza requiere la expresión en términos concretos que claramente determinen su extensión y efectos (SS 3-3-47 y 22-12-72), que no se admite la presunta, ni la tácita (SS 5-2-92 y 31-12-96) y que la manifestación de voluntad ha de ser expresa (SS 18-11-63 y 31-1-77), y clara, sin que pueda basarse en expresiones equívocas (S 16-12-85)». (6 octubre 2005, rec. 1138/1999)

«La STS de 16 de diciembre de 1985 (LA LEY 10601-JF/0000) en doctrina que sigue la de 30 de junio de 2005 (LA LEY 1684/2005) establece a tal efecto los siguientes requisitos o presupuestos, necesarios para que pueda atribuirse a una carta de patrocinio el efecto propio de un contrato de garantía: 1) que exista intención de obligarse la sociedad matriz a prestar apoyo financiero a la filial o a contraer deberes positivos de cooperación a fin de que la Compañía subordinada pueda hacer efectivas las prestaciones que le alcanzan en sus tratos con el tercero favorecido por la carta, careciendo de aquella obligatoriedad las declaraciones meramente enunciativas; 2) que la vinculación obligacional resulte clara, sin que pueda basarse en expresiones equívocas, por aplicación analógica de los requisitos de la declaración constitutiva de la fianza del art. 1827 CC; 3) que el firmante de la carta tenga facultades para obligar al patrocinador en un contrato análogo al de fianza; 4) que las expresiones vertidas en la carta sean determinantes para la conclusión de la operación que el patrocinado pretenda realizar; y 5) que la relación de patrocinio tenga lugar en el ámbito o situación propia de sociedad matriz de sociedad filial, lo que es algo distinto de la posición de accionista mayoritario de la patrocinadora en la patrocinada, haciendo referencia además a que la traslación de responsabilidad —sólo admisible en casos excepcionales— que dichas cartas significan tienen su actuación propia en la esfera de los créditos bancarios solicitados por la sociedad filial, con promesa de garantía asumida por la sociedad cabeza de grupo». (13 febrero 2007, LA LEY 4494/2007)

«Como puso de manifiesto la sentencia de 30 de enero de 2.007, en el contrato de fianza el tiempo puede cumplir diversas funciones; así, puede estar previsto como plazo en el que la reclamación de la acreedora haya de formularse para ser atendible o como plazo en el que la deuda garantizada ha de nacer o ser exigible para que el fiador venga obligado a pagarla si no lo hiciera el deudor principal. Al fin, la finalidad con la que se utilice dependerá de la voluntad de los contratantes, en ejercicio de su potencialidad normativa creadora —artículo 1.255 del Código Civil—. Precisamente, por esa razón las sentencias de 26 de junio de 1.986, 28 de diciembre de 1.992, 13 de octubre de 2.005 y 21 de septiembre de 2.006 trataron la cuestión en sede de interpretación del contrato». (13 mayo 2009, rec. 2098/2004, LA LEY 67145/2009)

CONCORDANCIAS

Véase Código de Comercio: art. 440.

Artículo 1.828

El obligado a dar fiador debe presentar persona que tenga capacidad para obligarse y bienes suficientes para responder de la obligación que garantiza. El fiador se entenderá sometido a la jurisdicción del Juez del lugar donde ésta obligación deba cumplirse.

COMENTARIO

1.- Tratándose de fianza debida, es decir, cuando el deudor principal se ha comprometido a asegurar la deuda mediante la presentación de un fiador dispuesto a constituir la correspondiente garantía, éste deberá reunir la doble condición de tener capacidad para obligarse y bienes suficientes para responder de la obligación que garantiza. La concurrencia de ambas determina la idoneidad del garante, necesaria sólo cuando existe la obligación de dar fiador, contrariamente al requisito general de capacidad exigible en todo supuesto de fianza para su validez. Serán de aplicación las reglas generales determinantes de la capacidad para contratar, habiendo desaparecido del Código las especiales reglas restrictivas de aquella que respecto del negocio de fianza tenían vigencia en el Derecho histórico. En principio, no existe obstáculo en nuestro Derecho para que puedan afianzar las personas jurídicas. Discutiéndose en nuestra doctrina si el menor emancipado está o no capacitado para prestar fianza. La asunción de fianza es acto de extraordinaria administración.

El Código, cuando se refiere a la obligación de dar fiador a determinadas situaciones en que por haberse convenido contractualmente, imponerlo la ley o decidirlo la autoridad judicial, el deudor aparece constreñido a presentar un fiador que otorgue la correspondiente garantía y a cuya constitución se subordina el disfrute de determinados o la obtención de una situación de ventaja por el deudor.

Admitido el fiador ofrecido como idóneo y constituida la fianza por éste se tendrá por cumplida la obligación de referencia, a no ser que erróneamente aquél aparezca como titular de unos bienes que en realidad no le corresponden, con lo que faltaría uno de los requisitos de la idoneidad.

Para determinar la suficiencia de los bienes del fiador, como presupuesto de su idoneidad, habrá de ponderarse, en cada caso, el valor de aquéllos, las cargas a que están afectos, así como su eventual situación más o menos comprometida, poniendo todo ello en relación con el importe de la obligación objeto de la garantía. Ahora bien, si el fiador ofrecido por el deudor es el designado por el acreedor, parece que la obligación ha de estimarse cumplida, con independencia de que tenga o no bienes suficientes. En todo caso, corresponderá al deudor la prueba de concurrir en el fiador presentado las circunstancias objetivas de su idoneidad.

2.- En su inciso final, el artículo establece una regla especial de competencia al someter a la jurisdicción del Juez del lugar donde deba cumplirse la obligación principal. Representa una facilidad procesal para el acreedor al impedir que la garantía pierda eficacia por dificultades de ejecución, y en rigor, representa una consecuencia más de la accesoriedad de la fianza. Los pactos del deudor principal, sometiéndose al Juez del domicilio del acreedor, en principio, vinculan también al fiador.

CONCORDANCIAS

Véase arts. 1.263 y 1.264 de este Código.

Artículo 1.829

Si el fiador viniere al estado de insolvencia, puede el acreedor pedir otro que reúna las cualidades exigidas en el artículo anterior. Exceptúase el caso de haber exigido y pactado el acreedor que se le diera por fiador una persona determinada.

COMENTARIO

1.- El presente artículo, complemento del anterior, contiene una regla y una excepción. La solución que establece con carácter general trata de que la entidad de la garantía se mantenga durante toda la vida de la obligación fiada, de modo que, si aquélla desaparece o disminuye por la insolvencia sobrevenida al fiador, el acreedor puede exigir otro con las condiciones que concurrían en el primero, imponiéndose al deudor el deber de sustitución. Si no fuera así, la situación inicial, convenida o impuesta, se alteraría al no conservarse el mismo grado de seguridad, determinante, en muchos casos, de la conclusión del negocio de dónde dimana la obligación principal fiada.

La excepción a la regla general, eximiendo al deudor de presentar nuevo fiador, cuando el primero, determinado y pedido por el acreedor, deviene insolvente, encuentra plena justificación ya que, al no exigirse el requisito de idoneidad en el supuesto, no hay razón para imponer al deudor la presentación de un nuevo garante, al no serle imputable las eventuales deficiencias del fiador solicitado por aquél.

2.- Son presupuestos de la sustitución prevista en la norma: 1) Que se trate de afianzamiento debido, legal o judicial, o convencional cuando la prestación de la fianza fue elemento determinante para concluir el negocio de donde nace la obligación asegurada. 2) Que el primer fiador venga a situación de insolvencia, estimando como tal no sólo la que surge como consecuencia de la declaración de concurso o quiebra de aquél, sino también la que tiene lugar por la alteración de las condiciones objetivas que configuraban al fiador como idóneo (pérdida o salida de bienes de su patrimonio, incremento de las deudas que lo gravan, etc.).

Corresponde al acreedor que pide el cambio de fiador, probar la insolvencia sobrevenida y la insuficiencia actual de sus bienes para asegurar la deuda. Acreditada la insolvencia del primer fiador, el deudor viene obligado a ofrecer otro en quien concurran las correspondientes condiciones de idoneidad y si no lograra el resultado previsto, el incumplimiento del deber que le incumbe se proyectará sobre la obligación principal.

Si la fianza es legal o judicial, el deudor perderá la situación de ventaja obtenida al constituir aquélla; si es convencional, disponiendo el deudor de plazo, lo perderá (art. 1.129.3.º). Parece razonable admitir que el deudor, en vez de presentar nuevo fiador, puede liberarse del deber que le impone el artículo ofreciendo la constitución de garantías reales suficientes.

CAPÍTULO II
DE LOS EFECTOS DE LA FIANZA

SECCIÓN PRIMERA
De los efectos de la fianza entre el fiador y el acreedor

Artículo 1.830

El fiador no puede ser compelido a pagar al acreedor sin hacerse antes excusión de todos los bienes del deudor.

COMENTARIO

1.- Incumplida la obligación principal y como efecto propio de la función de garantía, el fiador vendrá obligado al cumplimiento de su propia obligación, a cuyo pago, sin embargo, de conformidad con el precepto, no puede ser compelido sin hacerse antes excusión de todos los bienes del fiador.

Se reconoce, así, la condición de éste como deudor subsidiario, al otorgársele *ex lege* el denominado beneficio de excusión o de orden como facultad que le compete para, incumplida la obligación principal, aplazar el cumplimiento de la suya y paralizar la pretensión de cobro del acreedor hasta no haber intentado éste, sin éxito, la ejecución forzosa del deudor, observando ciertas exigencias. Para precisar el exacto significado y alcance del beneficio de excusión es necesario completar la aislada referencia que del mismo contiene el presente artículo con cuanto después se establece en los arts. 1.832, 1.833 y 1.834.

2.- Con independencia de lo que luego se precisa en relación con los preceptos citados, debe advertirse ahora que el beneficio de excusión tiene lugar en toda clase de fianzas con las excepciones precisadas en el art. 1.831 y la fianza judicial y que no obstante el silencio del art. 1.830, sólo entrará en juego si el fiador lo alega oportunamente, correspondiendo al acreedor el deber o la carga de intentar la excusión de los bienes señalados del deudor principal.

Relacionando las consecuencias sustantivas del beneficio, con los aspectos procesales de su ejercicio, cabe resumir:

a) si el acreedor requiere de pago extrajudicialmente al fiador, éste deberá seguidamente señalar bienes del deudor;

b) si el acreedor, sin previo requerimiento extrajudicial de pago, demanda exclusivamente al fiador, el demandado deberá oponer el beneficio oportunamente, es decir, antes de contestar a la demanda o al formalizar este escrito, según la naturaleza del procedimiento que se siga;

c) si, por última, el acreedor demanda conjuntamente a ambos deudores, el fiador está en condiciones de oponer el beneficio hasta el momento de la ejecución (art. 1.834).

JURISPRUDENCIA

«En realidad todo el planteamiento de estos cuatro motivos adolece de un error de base, consistente en prescindir de la propia finalidad de la fianza como garantía del acreedor

frente a la insolvencia total o parcial del deudor (art. 1830 CC) o frente a su mera iliquidez cuando el fiador haya renunciado a la excusión o se haya obligado solidariamente con el deudor (art. 1831 CC), supuesto este último en que, como declara la S 3 Oct. 1995, el acree-dor puede dirigir su acción contra el deudor que estime más conveniente, incluido el fiador.» (22 julio 2002, LA LEY 7200/2002) (doctrina reiterada por las de 27 febrero 2004, rec. 1174/1998 y 14 junio 2004, rec. 2276/1998)

«haya señalado o no bienes de los deudores —que sí los ha señalado— puede el fiador ser demandado y ser condenado, subsidiariamente respecto a los deudores principales. Lo cual es corroborado por el artículo 1834 del Código civil que permite al acreedor demandar al fiador e instar su condena, en la condición del deudor subsidiario que corresponde a éste: al ser demandado subsidiariamente, el fiador está en condiciones de oponer el beneficio de excursión desde la contestación a la demanda hasta la ejecución de la sentencia. Asimismo, la sentencia de 20 de enero de 1999, con cita de sentencias anteriores, dice que "el artículo 1834 permite demandar conjuntamente al deudor y al fiador, si bien ha de quedar a salvo el beneficio de excursión de éste, no puede hacerse efectiva inmediatamente su condena"». (20 febrero 2008, rec. 5263/2000)

CONCORDANCIAS

Véase arts. 1.111 y 1.856 de este Código.

Artículo 1.831

La excusión no tiene lugar:

1.º Cuando el fiador haya renunciado expresamente a ella.

2.º Cuando se haya obligado solidariamente con el deudor.

3.º En el caso de quiebra o concurso del deudor.

4.º Cuando éste no pueda ser demandado judicialmente dentro del Reino.

COMENTARIO

El precepto enumera cuatro supuestos de fianza en los que no tiene lugar el beneficio de excusión. Si éste persigue, en general, no agravar de forma innecesaria la situación del fiador, las excepciones establecidas responden a la idea de no originar inconvenientes ni dilaciones infructuosas al acreedor, que derivarían de otorgarse el beneficio de orden en los supuestos exceptuados. Así, pues, la excusión no tendrá lugar:

1.º) Cuando el fiador haya renunciado expresamente a ella. Sin duda, éste aparece facultado para renunciar a un ventaja de carácter potestativo y para obligarse prescindiendo de la prevista en el art. 1.830. Puede, igualmente, renunciarla con posterioridad a la constitución de la fianza y antes del vencimiento de la obligación o, con posterioridad a dicho momento, si no realiza los actos legalmente previstos para ejercitar el beneficio. La eficacia de la renuncia se subordina a su carácter expreso, requisito que debe entenderse observado siempre que la voluntad del fiador de no alegar la excusión sea clara e inequívoca, y así se desprenda de la propia declaración de aquél o del tenor de la obligación.

2.º) Cuando (el fiador) se haya obligado solidariamente con el deudor. La excepción se justifica plenamente ya que el beneficio de que se trata y la solidaridad son términos esencialmente contrarios e incompatibles entre sí. Conforme a los principios generales, la solidaridad debe ser objeto de pacto expreso.

3.º) En el caso de quiebra o concurso del deudor. Si el beneficio de excusión requiere como exigencia de viabilidad y eficacia la designación de bienes suficientes y realizables del deudor, resulta incuestionable que, por definición, ni el concursado ni el quebrado pueden disponer de ninguno en las citadas condiciones. Si la disponibilidad de los bienes es presupuesto necesario para la realización de valor de los mismos, mantener el beneficio de orden, cuando no concurre tal circunstancia, sería imponer un trámite inútil carente de finalidad y dilatar injustificadamente la satisfacción del interés del acreedor.

Conforme al precepto, sólo la declaración de quiebra o concurso del deudor acreditan la insolvencia del deudor, sin necesidad de ninguna otra comprobación, sin que pueda equipararse a tales situaciones una insolvencia más o menos notoria de aquél, ni el mero hecho de no atender otras obligaciones, ni siquiera la concurrencia de circunstancias objetivas determinantes de una eventual declaración de concurso o de quiebra. Silenciado el supuesto de suspensión de pagos en el precepto (su regulación positiva es posterior a la vigencia del Código), parece debe ser causa de pérdida del beneficio si se considera que, aun disponiendo el suspenso de bienes suficientes para cubrir el importe de sus deudas, tales bienes quedan intervenidos y fuera de la disponibilidad de su titular, por lo que será difícil admitir esté en condiciones de señalar algunos realizables y de inmediata ejecución por el acreedor. Hoy, hay que tener en cuenta la Ley concursal vigente.

4.º) Cuando éste (el deudor) no pueda ser demandado judicialmente dentro del Reino. La excepción tiene carácter subjetivo y supone sin más la pérdida del beneficio, con independencia de que el deudor tenga o no bienes dentro del territorio español. La condición de extranjero del deudor principal no determinará siempre y sin más la pérdida del beneficio, que, por ejemplo, no tendrá lugar, cuando exista cláusula válida de sumisión a los Tribunales españoles.

CONCORDANCIAS

Véase arts. 1.137 a 1.148 y 1.911 a 1.920 de este Código.
Ley 22/2003, de 9 julio, concursal.

Artículo 1.832

Para que el fiador pueda aprovecharse del beneficio de la excusión, debe oponerlo al acreedor luego que éste le requiera para el pago, y señalarle bienes del deudor realizables dentro del territorio español, que sean suficientes para cubrir el importe de la deuda.

COMENTARIO

1.- Aunque otra cosa pudiera dar a entender el art. 1.830, el beneficio de excusión no impide al acreedor demandar al fiador, exigiéndole el cumplimiento de su obligación de garantía, sino que sólo permite a éste un aplazamiento en el pago de la deuda, observando ciertos requisitos a los que se subordina la eficacia del mencionado beneficio. Requisitos que enuncia el presente precepto y que se refieren, por una parte, al tiempo y forma en que debe alegarse el beneficio; y, de otra, a la designación de bienes del deudor en los que concurran determinadas circunstancias de idoneidad para su ejecución.

Así pues, para aprovecharse del beneficio de la excusión, el fiador debe, en primer lugar, oponerlo al acreedor luego que éste le requiera para el pago, lo cual significa que, en cada caso, la determinación del momento oportuno en que aquél debe formalizarse dependerá de la relación entre la expresión luego que emplea la norma y el acto del acreedor en cuya virtud exige el cumplimiento al fiador. En general, ha de concluirse que el beneficio deberá oponerse tan pronto tiene lugar el requerimiento de pago, es decir, de forma inmediata al mismo y sin esperar a ningún otro trámite o diligencia, y debe entenderse, asimismo, que la propia demanda interpuesta contra el deudor subsidiario contiene ya dicho requerimiento, sin necesidad de que medie uno previo y específico. De manera que si media requerimiento de pago anterior a la demanda, el fiador deberá oponer el beneficio seguidamente, no limitándose a una simple alegación del mismo, sino designando ya los bienes del deudor principal objeto de la excusión. De no actuar en los términos precisados, el fiador perderá la facultad de oponer el beneficio una vez demandado. Mediando demanda de conciliación, el período hábil para oponer el beneficio es el comprendido entre la entrega de la papeleta al fiador y el acto de conciliación. De ejercitarse directamente la demanda contra el fiador, reclamando el cumplimiento de la obligación insatisfecha, el beneficio de excusión deberá oponerse en inmediata contigüidad procesal, durante el período expositivo del pleito y no en escritos distintos a los contemplados en los arts. 524, 549 y 548 LRC. Demandándose conjuntamente al deudor y fiador, al amparo de lo previsto en el art. 1.834, podrá éste oponer el beneficio y designar bienes de su codemandado al contestar a la demanda o hasta el trámite de ejecución de sentencia, si antes no lo hizo y medió condena de ambos.

2.- También el fiador, como segundo requisito de carácter objetivo, viene constreñido a designar los bienes del deudor principal, cuya idoneidad a los fines del precepto, viene determinada de una parte, por su suficiencia para cubrir el importe de la deuda, y, de otra, por ser realizables en territorio nacional.

La designación de los bienes exige una precisa referencia a los mismos, así como a las circunstancias que configuran su existencia real y efectiva y su pertenencia al deudor, de modo que, sin otras diligencia, el acreedor pueda proceder a su excusión. Si ejecutados los bienes no resultaran suficientes para cubrir la totalidad de la deuda, el fiador responderá de la parte insatisfecha. Ante el silencio del Código, cabe entender que el fiador no debe anticipar los gastos de excusión (carga que le venía impuesta en el Derecho anterior al Código).

JURISPRUDENCIA

«a fines del expresado beneficio de excusión, según tiene declarado esta Sala en Sentencia de 31 de enero de 1986, no basta la cita de un bien, sino que se precisa la justificación que es realizable, suficiente para el completo pago y con garantía de existencia real y efectiva». (29 octubre 1991, LA LEY 179-5/1993) (lo que reitera la sentencia de 21 febrero 2003, LA LEY 5129/2003)

«precepto que establece unos requisitos formales y otros objetivos, el formal, es que ha de oponer el beneficio de excusión "luego" que sea requerido, requisito que se entiende cumplido al oponerse al pago al contestar a la demanda (SS 25 Feb. y 3 Oct. 1985), en cuanto no consta en autos, requerimiento hecho al fiador antes de demandar. En segundo lugar, el precepto exige el cumplimiento de otros requisitos de carácter objetivo y que se refiere a los bienes que son objeto de designación; el primero, la exigencia de que sean propios del deudor principal, y después que los bienes designados, sean idóneos a los efectos del precepto, esto es, que sean suficientes para cubrir el importe de lo adeudado, y además, como último requisito que sean realizables en el territorio nacional». (21 febrero 2003, LA LEY 5129/2003)

«tampoco los demandados cumplieron la exigencia del artículo 1832 del Código civil de señalar bienes del deudor al acreedor, en territorio español suficientes para cubrir el importe de la deuda, que al no haber sido requeridos de pago, lo debieron hacer en la contestación a la demanda, exigencia reiterada por la jurisprudencia en sentencias de 31 de enero de 1986, 29 de octubre de 1991 y 21 de febrero de 2003». (15 abril 2005, rec. 5394/1999)

Vid. sentencia de 20 febrero 2008, que se encuentra en Jurisprudencia del artículo 1830.

Artículo 1.833

Cumplidas por el fiador todas las condiciones del artículo anterior, el acreedor negligente en la excusión de los bienes señalados es responsable, hasta donde ellos alcancen, de la insolvencia del deudor que por aquel descuido resulte.

COMENTARIO

1.- Establecidos en el artículo anterior los requisitos que debe observar el fiador en el ejercicio del beneficio de orden, el presente artículo precisa las consecuencias de una conducta negligente del acreedor en la excusión de los bienes señalados. Se trata de amparar al fiador, como deudor subsidiario, de perjuicios injustificados que no debe soportar, al derivar de una conducta perturbadora que no cabe imputarle.

Si bien no resulta fácil formular un criterio general que permita concluir si el acreedor ha incurrido o no en negligencia al perseguir los bienes objeto de la excusión, parece claro que su conducta, a los fines de la norma, debe valorarse sólo a partir de la designación de bienes efectuada por el fiador y que, presupuesta la misma, la calificación de la conducta del acreedor como correcta o negligente vendrá en buena medida determinada por la propia naturaleza, circunstancias o caracteres y situación de los bienes designados por el fiador, configuradores de su aptitud para ser realizados.

2.- Parece debe excluirse la aplicación al acreedor de lo dispuesto en el art. 1.104 del Código. Corresponderá al fiador acreditar que formalizó oportunamente la designación de bienes, así como su idoneidad para ser realizados y su suficiencia para, al menos en parte, satisfacer el interés del acreedor.

Acreditados tales extremos, éste será responsable si no actuó con la debida diligencia; corresponderá al acreedor, probar que, de ser ineficaz la excusión, tal resultado no se debió a su conducta y si no desenvolvió ninguna acreditar que, aun intentada la realización de los bienes designados, la excusión hubiera sido infructuosa.

3.- El precepto impone al acreedor negligente en la excusión la responsabilidad por la insolvencia del deudor, en cuanto de aquel descuido resulte y hasta donde ellos alcancen (los bienes señalados). Solución que no obstante la literalidad del precepto y a diferencia de cuanto acontecía en el Derecho anterior, significa que la exoneración del fiador y la eventual responsabilidad del acreedor no viene, en rigor, referidas a la insolvencia del deudor principal, sino que se determinarán cuantitativamente por el valor de los bienes oportunamente señalados y dejados perder por la inadecuada conducta del acreedor. Es decir, con independencia de que el deudor, como consecuencia de la pérdida de tales bienes, devenga o no en una situación de insolvencia, el fiador quedará liberado de su obligación hasta donde acredite que alcanzaba el valor de aquéllos.

Artículo 1.834

El acreedor podrá citar al fiador cuando demande al deudor principal, pero quedará siempre a salvo el beneficio de excusión, aunque se dé sentencia contra los dos.

COMENTARIO

La disposición contenida en el artículo anterior no representa perjuicio para el fiador, pues no altera el orden de responsabilidades, es compatible con el beneficio de excusión, que tal como lo acoge el Código no supone una excepción a reclamación anticipada, y cuenta en su apoyo con razones de economía procesal. Si se permite al acreedor dirigirse contra el deudor subsidiario antes de hacerlo contra el deudor principal, resulta de plena coherencia facultarle también para interponer conjuntamente la demanda contra ambos. La expresión citar al fiador tiene el mismo significado que el de emplazamiento al fiador y supone para éste una verdadera demanda con sus consecuencia propias de carácter sustantivo y procesal.

Si comparece el fiador podrá alegar las excepciones que considere oportunas, incluidas las previstas en el art. 1.853, oponer, asimismo, el beneficio de excusión y proceder contra el deudor en los términos previstos en el art. 1.843.

De no comparecer, podrá, en su caso, dictarse sentencia condenatoria contra él, sin que su condición de deudor subsidiario desfigure su legitimación pasiva y sin que, para evitar la interpretación, le quepa ampararse en el beneficio de excusión.

En suma, el acreedor puede citar o no al fiador, pero si lo hace será como demandado y deberá instar su condena en la condición de deudor subsidiario que corresponde a éste.

Ahora bien, como el artículo expresamente deja a salvo el beneficio de excusión, aunque medie sentencia condenatoria contra ambos deudores, el fiador está en condiciones de oponerlo, suscitándose alguna duda respecto al momento oportuno para hacerlo.

Así, cabe entender que, habiendo comparecido el fiador, la excusión será válida y eficaz si se alegó al contestar a la demanda, formalizándose al tiempo la oportuna designación de bienes. De no comparecer el fiador citado, la referencia a dejar a salvo el beneficio de excusión, aunque se dé sentencia contra los dos, y sin haberse alegado por tanto excepciones por el fiador para eludir el pronunciamiento condenatorio, podrá oponer el beneficio en el trámite de ejecución de sentencia, estimándose la solicitud de tal ejecución como requerimiento de pago: ejecución que respecto del deudor solidario se aplazará hasta que se realicen los bienes señalados del deudor principal.

Es posible entender también que, citados conjuntamente deudor y fiador, personado éste en el procedimiento, está en condiciones de oponer el beneficio al contestar a la demanda con posterioridad a la sentencia recaída, en el trámite de ejecución de la misma, e incluso sucesivamente en los dos momentos indicados.

Es de advertir, finalmente, que tratándose de citación conjunta, no se suspenderá el curso de los autos, si se alegó el beneficio al contestar a la demanda, la sentencia que recaiga en la reclamación decidirá también sobre las cuestiones derivadas de su alegación; si se opone en el trámite de ejecución de la sentencia, las que suscite se resolverán en el incidente planteado.

JURISPRUDENCIA

«haya señalado o no bienes de los deudores —que sí los ha señalado— puede el fiador ser demandado y ser condenado, subsidiariamente respecto a los deudores principales. Lo

cual es corroborado por el artículo 1834 del Código civil que permite al acreedor demandar al fiador e instar su condena, en la condición del deudor subsidiario que corresponde a éste: al ser demandado subsidiariamente, el fiador está en condiciones de oponer el beneficio de excursión desde la contestación a la demanda hasta la ejecución de la sentencia. Asimismo, la sentencia de 20 de enero de 1999, con cita de sentencias anteriores, dice que "el artículo 1834 permite demandar conjuntamente al deudor y al fiador, si bien ha de quedar a salvo el beneficio de excursión de éste, no puede hacerse efectiva inmediatamente su condena"». (20 febrero 2008, rec. 5263/2000)

Vid. sentencia de 20 febrero 2008, que se encuentra en Jurisprudencia del artículo 1830.

Artículo 1.835

La transacción hecha por el fiador con el acreedor no surte efecto para con el deudor principal.

La hecha por éste tampoco surte efecto para con el fiador, contra su voluntad.

COMENTARIO

1.- En su apartado primero, el precepto dispone que la transacción hecha por el fiador con el acreedor no surte efecto para con el deudor principal; el apartado segundo, determina que la formalizada entre aquél y éste carece de consecuencias para el fiador, contra su voluntad. Sancionándose, en suma, una doctrina inobjetable desde el punto de vista de los principios, en cuya virtud los efectos de los actos deben limitarse a quienes fueron parte en los mismos.

2.- En cuanto a la transacción del fiador con el acreedor, es suficiente subrayar que lógicamente el objeto de su acuerdo se referirá a cuestiones relativas a la eficacia, existencia o alcance de la fianza y, aunque a veces contenga aclaraciones que, tendentes a clarificar extremos dudosos de aquélla, puedan suponer indirectamente aclaraciones sobre algún punto de la relación fiada, la recta interpretación del precepto impone la inviabilidad de proyectar lo convenido sobre el deudor o sobre la deuda principal.

3.- Tratándose de transacción entre acreedor y deudor principal, la proyección de lo acordado sobre la garantía depende exclusivamente de la voluntad del propio fiador. Si el acuerdo supone un agravamiento de la onerosidad de la obligación fiada, la regla y su efecto de impedir que la nueva situación se proyecte sobre el fiador se fundamentan no sólo en principios generales, sino, además, en cuanto dispone el art. 1.827 (la fianza no se presume: debe ser expresa y no puede extenderse a más de lo contenido en ella).

Si, en distinto sentido, mediante el acuerdo se disminuye la onerosidad de la obligación principal, la solución que permite al fiador beneficiarse del convenio encuentra su apoyo en el propio artículo 1.826 (el fiador puede obligarse a menos...), radicando la singularidad de la regla contenida en este apartado del precepto en no imponerse automáticamente las consecuencias del acto concluido son la intervención del fiador y dejar a éste que, mediante la oportuna valoración, inste la aplicación de la solución prevista.

Es de advertir, sin embargo, que no siempre el fiador está facultado para invocar en su beneficio la consecuencia de una novación mediante la que se haga menos gravosa la obligación fiada. Así, en general, ocurrirá en los supuestos de concurso, quiebra o suspensión de pagos del deudor principal, cuando entre éste y sus acreedores se llegue a determinados acuerdos modificando las obligaciones fiadas en el sentido dicho.

En tales casos, la solución de mantener la fianza en los términos precisados al constituirla, frente a determinados argumentos contrarios, radica en la propia esencia y finalidad de garantía propia de aquélla, sin perjuicio de posibles excepciones derivadas de la aplicación de los arts. 1.847, 1.849, 1.851 o 1.852.

JURISPRUDENCIA

«si bien algún sector doctrinal mantiene la tesis de la liberación o reducción de la obligación del fiador cuando en los supuestos de concurso, quiebra y suspensión de pagos el deudor llegue a determinados acuerdos con sus acreedores, sobre todo si el acuerdo consiste en una reducción de la cuantía de los créditos con extinción por el exceso, las sentencias anteriormente citadas y transcritas demuestran que la jurisprudencia de esta Sala se inclina por el criterio, asimismo mantenido por prestigiosos autores de la doctrina científica, de que en tales casos subsiste la responsabilidad del fiador por la cuantía total de la obligación garantizada, tanto por persistir el interés del acreedor en la finalidad de garantía propia de la fianza como por no ser verdaderamente incardinable el convenio de la suspensión de pagos en el concepto de transacción según el sentido del art. 1835 CC, ya que el convenio se impone por una determinada mayoría de los acreedores y no tiene por qué eliminar la garantía adicional que, sobre el patrimonio del deudor, representa la fianza para aquel acreedor que, pese a quedar vinculado por el convenio frente al deudor común, no renuncie expresamente a dicha garantía frente a su fiador singular». (22 julio 2002, LA LEY 7200/2002) (doctrina reiterada por la de 14 junio 2004, rec. 2276/1998)

«la actuación de esos dos demandados, al transigir con el acreedor la deuda (parte de ella —dos tercios de la misma—), no perjudica al actual actor-fiador (al que se le reclama el resto —un tercio—), pues, al serlo solidariamente con aquéllos, pudo responder de la totalidad de la deuda reclamada, y al minorarse ésta por el actuar de los contrarios, ello le beneficia». (10 junio 2005, rec. 4818/1998)

CONCORDANCIAS

Véase arts. 1.193, 1.207 y 1.816 de este Código.

Artículo 1.836

El fiador de un fiador goza del beneficio de excusión, tanto respecto del fiador como del deudor principal.

COMENTARIO

Como se ha indicado en relación con el art. 1.823, apartado segundo, la subfianza, al vincular al subfiador con el acreedor, asegura a éste la obligación de garantía sumida por el primer fiador, la solvencia de éste, y, por tanto, indirectamente la obligación principal. El precepto otorga al subfiador el beneficio de excusión, tanto respecto del fiador como del deudor principal. Afirmación que, dada su escueta literalidad y la situación, ciertamente compleja, originada por la subfianza, exige precisar en qué supuestos corresponde al subfiador el beneficio de excusión.

Al respecto cabe concluir:

1.º) si el primer fiador ha asumido la fianza sin renunciar al beneficio y sin carácter solidario respecto del deudor principal y la subfianza aparece constituida en idénticas condiciones y términos respecto del primer garante, el subfiador dispondrá de la excusión en los términos previstos en la norma.

2.º) si la fianza fue asumida por el fiador solidariamente con el deudor o con renuncia al beneficio de excusión, y la subfianza se conviene sin carácter solidario con el fiador y sin renunciar al beneficio de orden, el subfiador dispondrá de éste respecto de los bienes del fiador pero no respecto de los del deudor principal.

3.º) si la fianza se constituye sin solidaridad con el deudor principal y sin renuncia al beneficio de excusión, pactándose la subfianza con carácter solidario con el primer fiador o con renuncia al beneficio respecto de éste, el subfiador sólo podrá invocar la excusión sobre los bienes del deudor principal pero no respecto de los del fiador.

4.º) si la fianza y la subfianza se constituyen por sus titulares de forma solidaria (el fiador con el deudor y el subfiador con el primer fiador), el subgarante carecerá del beneficio respecto de los bienes de aquél y de los de éste. Además, debe tomarse en cuenta que la pérdida del beneficio por el subfiador vendrá impuesta, en su caso, por la concurrencia de alguna de las situaciones previstas en el art. 1.831.

Por último, en relación con la forma de ejercicio del beneficio de excusión por parte del subfiador, carente de norma específica y propia que lo regule, resultan aplicables las disposiciones contenidas en el art. 1.832, en su relación con los artículos 1.833 y 1.834, que habrán de acomodarse a la especial situación que surge cuando el acreedor reclama al subgarante y en función de las distintas situaciones susceptibles de producirse en los términos señalados, atendiendo sobre todo a la circunstancia de respecto a quién corresponda ejercitar la excusión.

CONCORDANCIAS

Véase art. 1.856 de este Código.

Artículo 1.837

Siendo varios los fiadores de un mismo deudor y por una misma deuda, la obligación a responder de ella se divide entre todos. El acreedor no puede reclamar a cada fiador sino la parte que le corresponda satisfacer, a menos que se haya estipulado expresamente la solidaridad.

El beneficio de división contra los cofiadores cesa en los mismos casos y por las mismas causas que el de excusión contra el deudor principal.

COMENTARIO

1.- El precepto, profundamente contradictorio y de difícil armonización en cuanto a los que dispone en cada uno de sus apartados contempla la hipótesis de una pluralidad de fiadores, por una misma deuda, aludiendo, por tanto, al supuesto de la cofianza.

En su apartado primero se establece la división *ex lege* de la deuda y se niega al acreedor la facultad de reclamar a cada fiador mayor parte que la que corresponde satisfacer, a menos que se haya estipulado la solidaridad. En principio, el legislador considera la situación contemplada como un caso de obligación mancomunada. En consecuencia, desde esta perspectiva las relaciones entre el acreedor y los cofiadores pueden resumirse en lo siguiente: a) si los cofiadores garantizan la obligación principal conservando el beneficio de excusión y en forma mancomunada, superadas las consecuencias que derivan de la oposición de aquél, cada cofiador deberá responder sólo de la parte de la deuda que le corresponda, según los términos acordados al constituir la garantía; b) si la cofianza se asume solidariamente por los cofiadores y en la misma forma con el deudor principal, el acreedor está facultado para reclamar a cualquiera de aquéllos la totalidad de la deuda vencida e insatisfecha, sin necesidad de ningún otro trámite. La asunción en tal forma solidaria debe ser expresa, tiene carácter excepcional y es objeto de interpretación estricta; c) si los cofiadores garantizan la deuda mancomunadamente entre sí y en forma solidaria con el deudor, el acreedor puede exigir directamente de cada cofiador la parte asumida por cada uno; si ésta no aparece especificada se aplicará el art. 1.138 (división por iguales partes); d) si la cofianza se asume por un grupo de cofiadores mancomunadamente y por otro de forma solidaria, cada grupo responderá conforme a la naturaleza mancomunada o solidaria de su obligación.

2.- El apartado segundo del precepto dispone que el beneficio de división contra los cofiadores cesa en los mismos casos y por las mismas causas que el de excusión contra el deudor principal. Es decir, el artículo se remite al 1831 y la referencia que en este se hace al deudor debe entender formulada ahora respecto de cualquiera de los cofiadores. En su desafortunada redacción, la norma significa que la renuncia al beneficio, la solidaridad de los cofiadores, la quiebra y el concurso de alguno de éstos, así como la imposibilidad de demandarlo dentro del Reino, dará lugar, en los dos primeros casos, a la existencia de una responsabilidad solidaria de los cofiadores, desde el momento de constituirse la garantía, y a la conversión de la inicialmente mancomunada en solidaria en los otros dos.

La insolvencia del deudor no determina la pérdida de la división, limitada en nuestro Código al concurso y a la quiebra. Si la facultad de dividir la deuda existía inicialmente, sobrevenida su pérdida por quiebra, concurso o imposibilidad de demandar a alguno de los cofiadores dentro del Reino, la obligación no se convierte en solidaria, pero la concurrencia de alguna de las hipótesis dichas permite al acreedor reclamar de todos los restantes cofiadores, en la proporción que proceda, la cuota del cofiador afectado por la situación prevista, sin que, sin embargo, le resulte factible exigírsela en su totalidad a sólo uno o alguno de aquéllos.

CONCORDANCIAS

Véase arts. 1.137 y 1.138 de este Código.

SECCIÓN SEGUNDA

De los efectos de la fianza entre el deudor y el fiador

Artículo 1.838

El fiador que paga por el deudor, debe ser indemnizado por éste.

La indemnización comprende:

1.º La cantidad total de la deuda.

2.º Los intereses legales de ella desde que se haya hecho saber el pago al deudor, aunque no los produjese para el acreedor.

3.º Los gastos ocasionados al fiador después de poner éste en conocimiento del deudor que ha sido requerido para el pago.

4.º Los daños y perjuicios, cuando procedan.

La disposición de este artículo tiene lugar aunque la fianza se haya dado ignorándolo el deudor.

COMENTARIO

1.- Con el precepto presente, el Código inicia la regulación de las relaciones entre el fiador y el deudor principal y cuyos efectos, consecuencia de un acto o negocio en que éste puede no haber intervenido, no se justifican y explican sólo por el hecho del pago (vid. art. 1.843). La idea básica que preside la aludida regulación es la de procurar que la fianza origina los perjuicios mínimos e inevitables al deudor subsidiario. Se trata así de facilitarle la recuperación de cuanto ha satisfecho por causa de la garantía (mediante el reintegro o regreso frente al deudor y subrogación en los derechos de acreedor) y se arbitran determinados medios para, en lo posible y concurriendo ciertas circunstancias, ponerlo a cubierto del riesgo de no resarcirse de los perjuicios que experimente.

Efectuado el pago de la obligación fideiusoria, presupuesto necesario del remedio que se otorga, el artículo, en los términos y con la extensión que precisa, concede al fiador el derecho de reembolso o regreso frente al obligado principal, mediante una *cessio ipso lege* de los derechos del acreedor, de modo automático y sin necesidad de requisito alguno, que se fundamenta en el hecho del pago y en la propia naturaleza de la obligación de garantía asumida por el fiador.

2.- Esta acción de regreso es distinta y de contenido diverso a la de subrogación, prevista en el artículo siguiente, correspondiendo al fiador optar por ejercitar una u otra. Ejercitada la elegida, se agota en su contenido, pero podrá intentar la otra si con la primera no logró resarcirse de todos los perjuicios derivados del pago. En concreto, mediante el derecho de reembolso o de regreso, cuyo ejercicio aparece subordinado a la existencia de una fianza válida y a la liberación del deudor por el pago (en cualquiera de sus formas) realizado por el fiador, éste puede exigir la totalidad de los que ésta enuncia, la cantidad a reclamar por el fiador excederá de la realmente debida por el deudor (a diferencia de lo que dispone el art. 1.158 del Código).

3.- Los conceptos recogidos en los núms. 2.º, 3.º y 4.º los percibirá el garante en virtud del regreso y, a diferencia del enunciado en el núm. 1.º, su derecho respecto a ellos surge *ex novo*. Si bien el precepto señala que la indemnización comprende, la cantidad total de la deuda, resulta obvio que, en su caso, la reclamación por tal concepto deberá limitarse a la realmente pagada por el fiador, incluidos los intereses convencionales si se pactaron.

Respecto de lo intereses legales, aludidos en el núm. 2.º debe precisarse que son los correspondientes a la cantidad abonada por el fiador, desde que se hace saber el pago al deudor, en cuyo momento éste se constituye en mora.

Los gastos previstos en el núm. 3.º, como expresamente señala, son sólo los que se ocasionan al fiador después de poner éste en conocimiento del deudor que ha sido requerido de pago y no sean imputables al garante, por lo que si aquél no cumple tal requisito no procederá su reclamación.

Y en relación con los demás daños y perjuicios, a que se refiere el núm. 4.º, procederá su indemnización, a mi juicio, cuando se acrediten conforme a las reglas generales.

4.- Finalmente, ha de subrayarse que lo dispuesto en la norma será aplicable aunque la fianza se haya dado ignorándolo el deudor, pero no procederá en toda su extensión cuando la fianza se constituyó *prohibente debitore*.

JURISPRUDENCIA

«El referido precepto 1838 efectivamente autoriza al fiador que paga por el deudor a ser indemnizado por éste, pues se produce subrogación en todos los derechos que el acreedor tuviera contra el deudor liberado (artículo 1839), con lo que surge una acción de regreso a favor del fiador. Ahora bien, la aplicación del precepto exige se dé el presupuesto fáctico de haberse producido pago por el fiador y que resulte suficientemente demostrado que éste fue quien afrontó la deuda». (28 diciembre 2006, LA LEY 186795/2006)

Artículo 1.839

El fiador se subroga por el pago en todos los derechos que el acreedor tenía contra el deudor.

Si ha transigido con el acreedor, no puede pedir al deudor más de lo que realmente haya pagado.

COMENTARIO

1.- La declaración contenida en el apartado primero de este artículo supone una especificación o subespecie de la subrogación prevista en el art. 1.210.3.º del Código Civil. En unión de la acción de reembolso sancionada en el artículo precedente integra el mecanismo legalmente previsto para asegurar el régimen que les dispensa el Código es distinto en función de sus presupuestos, forma de originarse y de actuar, así como por su contenido.

Como en el regreso, el pago efectuado por el fiador resulta presupuesto incuestionable de la subrogación. Mediando aquél, ésta tendrá lugar en todo caso, incluso cuando la fianza fue asumida *prohibvente debitore*, pues, a diferencia del regreso, no existen argumentos para fundamentar la solución contraria: de la subrogación no se derivan perjuicios para el deudor, a quien le resultará indiferente pagar al acreedor inicial o a quien le sustituya.

El máximo alcance objetivo de este remedio legal lo establece la norma cuando precisa que el fiador se subroga por el pago en todos los derechos que el acreedor tenía contra el deudor. Es decir, le corresponden tal y como pertenecían al primero, con las garantías y privilegios propios de la obligación principal, respecto de los que el acreedor deberá cuidar que no se pierdan (art. 1.852) y beneficiándose asimismo el fiador, frente a otros posibles acreedores, de la fecha de constitución de aquélla.

En principio, le corresponderá también las acciones del acreedor de ejercicio indirecto, pero no las intransmisibles por su carácter personalísimo y, aunque discutido, probablemente tampoco aquellos derechos que, como presupuesto de ejercicio, exigen una particular forma de legitimación. Desde otro punto de vista, ha de señalarse que no corresponderán al fiador los conceptos indemnizatorios previstos en el artículo anterior.

2.- En el apartado segundo, el precepto contempla la transacción del fiador con el acreedor y, mediando la subrogación, limita la reclamación de aquél al deudor a la cantidad realmente satisfecha. Se trata de evitar un enriquecimiento sin causa en perjuicio del deudor.

La expresión lo que realmente haya pagado debe entenderse en sentido amplio, comprendiendo no sólo lo que el fiador haya desembolsado estricta y materialmente, sino también las prestaciones onerosas o ventajas dejadas de percibir, como contrapartidas frente al acreedor y siempre que éstas se hayan traducido en liberación del deudor.

JURISPRUDENCIA

«El artículo 1852 del Código civil dispone que los fiadores, aunque sean solidarios, quedan libres de su obligación siempre que por algún hecho del acreedor no puedan quedar subrogados en los derechos, hipotecas y privilegios del mismo. Es una causa específica y directa de extinción de fianza. El artículo 1839, primer párrafo (El fiador se subroga por el pago en todos los derechos que el acreedor tenía contra el deudor) contempla la subrogación legal del fiador que paga, por lo que es lógica consecuencia sancionar la conducta del acreedor que impida no sólo la subrogación en el crédito, sino también en los derechos accesorios». (4 mayo 2007, LA LEY 20319/2007)

CONCORDANCIAS

Véase arts. 1.209 a 1.213 de este Código.

Artículo 1.840

Si el fiador paga sin ponerlo en noticia del deudor, podrá éste hacer valer contra él todas las excepciones que hubiera podido oponer al acreedor al tiempo de hacerse el pago.

COMENTARIO

Las acciones y remedios otorgados en los artículos anteriores al fiador aparecen limitados en su ejercicio bien por algunas excepciones reconocidas al deudor, bien por la existencia de cargas o deberes que aquél debe observar para la realización de su derecho, en los términos establecidos en este artículo y en los dos siguientes. Así, en efecto, el presente precepto impone al fiador el deber de comunicar al deudor su intención de pagar, a fin de que éste le ofrezca la necesaria información sobre las circunstancias y situación configuradoras de la obligación fiada, así como las posibles excepciones oponibles al acreedor; de suerte que el fiador pueda valorar si el pago que proyecta será o no de utilidad al principal obligado. Existe, pues, un recíproco deber de información, establecido en interés del garante y deudor. De modo que si aquél paga sin poner su propósito en conocimiento de éste, sus derechos de reembolso y de subrogación aparecerán subordinados en su efectividad a posibles excepciones oponibles por el deudor. Si éste, correctamente notificado por el fiador de su intención de pagar, nada le manifiesta quedará impedido de alegar aquéllas.

En general, el deber de notificar correspondiente al fiador debe exigirse en las fianzas de toda especie, salvo cuando el deudor tenga ya cabal conocimiento de la reclamación formulada al garante por el acreedor y en supuesto de demanda conjunta de ambos deudores. La comunicación al deudor del propósito de pagar no requiere forma especial correspondiendo al fiador la prueba de haberla efectuado. Debe advertirse que la notificación cuestionada no es requisito o presupuesto del reembolso y de la subrogación, susceptibles de ejercitarse por el hecho del pago válido y de la liberación del deudor, sino un mero deber impuesto al fiador, cuya inobservancia faculta al deudor para utilizar frente a él de cuantas excepciones disponía contra el acreedor.

La solución prevista en el precepto se limita a mantener vivos los remedios defensivos

del deudor (a quien corresponde la prueba de sus existencia) que hubiera podido oponer al acreedor al tiempo de hacerse el pago, pero sin prejuzgar su eficacia frente a la reclamación del fiador. De no existir excepciones, los derechos al resarcimiento del fiador tendrán lugar sin limitación alguna. Cabe advertir, por último y no obstante el silencio del precepto, que si el fiador, con inobservancia del deber que le incumbe, paga y en vía de regreso se estima, en virtud de las alegaciones del deudor, que el crédito no se debía o no se debía en la cantidad satisfecha por el garante, podrá éste reclamar del acreedor el pago efectuado en cuanto carezca de apoyo en la obligación de garantía, desaparecida, en todo o en parte, con la principal.

CONCORDANCIAS

Véase arts. 1.148, 1.158, 1.159 y 1.853 de este Código.

Artículo 1.841

Si la deuda era a plazo y el fiador la pagó antes de su vencimiento, no podrá exigir reembolso del deudor hasta que el plazo venza.

COMENTARIO

La disposición contenida en el precepto es clara y no plantea dificultades interpretativas. Se fundamenta, conforme con la esencia de la fianza como obligación accesoria y con su propia finalidad, en la voluntad del fiador no puede agravar la situación del deudor principal, consecuencia que tendría lugar de permitirse al garante la exigencia del reembolso, antes del vencimiento de la deuda fiada, circunstancia de la que, conceptualmente, depende la exigibilidad y vencimiento de la obligación fideiusoria.

El pago extemporáneo y no debido de la obligación accesoria resulta irrelevante para anticipar el vencimiento de la obligación principal. Inexistente la norma, habría de llegarse a idéntica solución. Solución que no será aplicable si el deudor, por la circunstancia que sea, pierde el plazo, en cuyo caso la deuda resulta exigible y pagando el fiador no es posible imponerle demora alguna para el ejercicio de sus derechos de resarcimiento.

CONCORDANCIAS

Véase art. 1.126 de este Código.

Artículo 1.842

Si el fiador ha pagado sin ponerlo en noticia del deudor, y éste, ignorando el pago, lo repite por su parte, no queda al primero recurso alguno contra el segundo, pero sí contra el acreedor.

COMENTARIO

1.- El precepto se justifica por las mismas razones que explican el 1840 y pretende, en concreto, evitar las consecuencias perjudiciales que se derivarían de un doble pago para el deudor y para el fiador, imponiéndose a éste, a tal finalidad, el deber de notificar el efectuado tan pronto como haya tenido lugar. La norma considera que no cabe impedir al deudor que se libere de su deuda mediante el pago, no obstante la existencia de la fianza, cuya constitución pudo oponerse o puede ignorar.

2.- La liberación del deudor al amparo del precepto se subordina a un triple requisito: 1.º) falta de notificación del pago efectuado por el fiador; 2.º) desconocimiento del mismo por el deudor; 3.º) pago de éste al acreedor.

Es de advertir que la notificación del propósito de pagar, contemplada en el art. 1.840, tiene finalidad distinta a la prevista en el artículo presente y que, efectuada aquélla, no libera al fiador de realizar ésta.

Ahora bien, el deudor por el pago que efectúa, el precepto contiene una segunda regla orientada a proteger al fiador, privado con anterioridad en la hipótesis que configura el precepto, de los remedios normales para satisfacer su interés y tendente, asimismo, un enriquecimiento sin causa que surgiría del doble pago.

Debe advertirse que en la situación prevista en el precepto, el fiador realiza un pago que, en el momento de efectuarse, es debido, tiene causa y que es el posteriormente realizado por el deudor el que carece de justificación, al haberse satisfecho con anterioridad el interés al acreedor. Sin embargo, ante la contraposición de intereses entre ambos deudores, la norma opta por imponer al fiador la carga de la reclamación al acreedor, ante la inobservancia del deber de notificar el pago que llevó a cabo. Ahora bien, si el deudor principal paga a pesar de haberle notificado el fiador el que él ha realizado con anterioridad, de conformidad con la interpretación a contrario de la norma, nada podrá oponer aquél a la reclamación de éste en vía de regreso, pero podrá exigir del acreedor lo que éste ha cobrado sobre la base de un pago que ha de calificarse de indebido.

CONCORDANCIAS

Véase arts. 1.895 a 1.901 de este Código.

Artículo 1.843

El fiador, aun antes de haber pagado, puede proceder contra el deudor principal:

1.º Cuando se ve demandado judicialmente para el pago.

2.º En caso de quiebra, concurso o insolvencia.

3.º Cuando el deudor se ha obligado a relevarle de la fianza en un plazo determinado, y este plazo ha vencido.

4.º Cuando la deuda ha llegado a hacerse exigible, por haber cumplido el plazo en que debe satisfacerse.

5.º Al cabo de diez años, cuando la obligación principal no tiene término fijo para su vencimiento, a menos que sea de tal naturaleza que no pueda extinguirse sino en un plazo mayor de los diez años.

En todos estos casos la acción del fiador tiende a obtener relevación de la fianza o una garantía que lo ponga a cubierto de los procedimientos del acreedor y del peligro de insolvencia en el deudor.

COMENTARIO

1.- El precepto cierra la sección correspondiente a regular los efectos de la fianza entre el fiador y el deudor. Mediante los remedios que establece y atendiendo al principio favor fideiussoris trata de proteger al garante del riesgo de los perjuicios derivados de las distintas situaciones que contempla, configuradas básicamente por la insolvencia del deudor y por la propia conducta del acreedor. La norma permite la actuación del fiador antes de haber pagado y le otorga acciones de cobertura o indemnidad, que resultarán, en general de muy dudosa eficacia, dadas las situaciones en que precisamente pueden ejercitarse aquéllas.

2.- Inicialmente el precepto enumera ciertas situaciones en las que el fiador aún antes de haber pagado, puede proceder contra el deudor principal. Será así:

1.º) cuando (el fiador) se ve demandado judicialmente para el pago. Históricamente, se trataba en el supuesto de poner al fiador a cubierto de una eventual insolvencia del deudor durante la tramitación del litigio, se considera que no es suficiente para que proceda el fiador en los términos previstos por la norma ni el mero requerimiento de pago que le haya formalizado el acreedor, ni la mera papeleta de conciliación. Se estima que el remedio sancionado en la norma es compatible con el beneficio de excusión.

2.º) en caso de quiebra, concurso o insolvencia. La norma se refiere a tales situaciones cuando afectan al deudor. Respecto del concurso y la quiebra parece anómalo considerarlas como determinantes del juego de lo previsto en el art. 1.843 cuando el deudor dada su situación legal, está legalmente imposibilitado de observar la conducta prevista en su párrafo final.

3.º) cuando el deudor se ha obligado a relevarle (al fiador) de la fianza en un plazo determinado, y este plazo ha vencido. Naturalmente, la relevación de la fianza, entendida en su sentido estricto, sólo tendrá lugar mediante el consentimiento del acreedor.

4.º) cuando la deuda ha llegado a hacerse exigible, por haber cumplido el plazo en que deba satisfacerse. Se justifica el supuesto, por una parte, porque vencida la deuda es inminente el riesgo para el fiador de tener que pagarla, y, por otra, parte, porque mientras el acreedor no le requiera de pago no se encuentra aquél en condiciones de oponer el beneficio de excusión.

5.º) al cabo de diez años cuando la obligación principal no tiene término fijo para su vencimiento, a menos que sea de tal naturaleza que no pueda extinguirse sino en un plazo mayor de diez años. El precepto parece referirse a fianza indefinidas temporalmente.

3.- En tales supuestos, según dispone el párrafo final del artículo, la acción del fiador tiene una doble finalidad: lograr que el deudor le releve de la fianza, liberándole de las responsabilidades asumidas como garante frente al acreedor, u obtener una garantía que le ponga a cubierto de la insolvencia del propio deudor, asegurándole la eficacia del regreso. Parece obvio señalar que la relevación del fiador sólo la podrá lograr el deudor pagando la obligación fiada o llegando a un acuerdo con el acreedor, para que éste renuncie a la garantía. Y se trata de un deber de imposible cumplimiento coactivo.

Respecto de la otra solución prevista en la norma, obtención de una garantía que le ponga a cubierto de los procedimientos del acreedor y del peligro de insolvencia en el deudor, debe considerarse observada si el deudor la proporciona, cualquiera que sea su naturaleza y tiene entidad suficiente dada la cuantía de la fianza. Ante la negativa del deudor a constituir la garantía se discute si el fiador está o no facultado para obtener embargo preventivo sobre los bienes del deudor.

JURISPRUDENCIA

«la relevación de la fianza a que se refieren los supuestos que contempla el artículo 1.843 del Código Civil no se produce automáticamente e ipso iure, sino que requiere ineludiblemente, según el propio precepto expresa, que el fiador ejercite contra el deudor la pertinente acción judicial para obtener dicha relevación de fianza». (31 octubre 1994, LA LEY 2608-TC/1995)

«El artículo 1.843, permite en los supuestos por él contemplados ejercitar una acción para obtener la relevación de fianza o una garantía que le ponga a cubierto de los procedimientos del acreedor y del peligro de insolvencia del deudor. Es en definitiva, una acción cautelar, de utilidad difícil de imaginar, porque la relevación de fianza requiere consentimiento del acreedor afianzado y la garantía frente a los procedimientos del acreedor no parece razonable extenderla a la hipoteca en que, precisamente el titular dominical ha enajenado el poder de realización y disminuido el contenido natural de su propiedad, en virtud del contrato de constitución de la hipoteca, cuya causa incluso puede ser onerosa y que en todo caso se presume. La ratio legis de la norma, contenida en el artículo 1.843.1.º, no se da en la ejecución hipotecaria, en que no se conoce la cantidad que podrá reclamarse hasta la celebración de la subasta; es posible hasta discutir si el propietario es demandado en el sentido de dicho precepto, y no parece que deba tenerse en cuenta el periculum in mora, propio de las medidas cautelares, cuando el propietario conscientemente constituyó el gravamen». (6 octubre 1995, LA LEY 14709/1995)

«los actores expresamente han concretado su demanda a la obtención de una relevación de la fianza, lo que permite el art. 1.843 CC. Esta acción se dirige exclusivamente contra el deudor, y tiende a obligarle a proporcionar al garante la cobertura necesaria por si tiene que hacer frente a la deuda garantizada, caso de que el acreedor no consienta en relevarle de la garantía, cosa que depende exclusivamente de su voluntad; no hay precepto legal que a ello le obligue. La acción tiene como legitimado pasivo al deudor por imperativo del citado precepto. Así las cosas, no se alcanza a comprender qué relación tiene un cofiador solidario con el art. 1.843, y se revela como auténticamente peregrino que dicho cofiador pueda ser obligado al pago de su deuda incluso antes de que el otro cofiador requerido de pago por el acreedor lo haya hecho efectivo». (7 mayo 1997, LA LEY 5745/1997)

«La acción de relevación ha de ejercitarse por el fiador antes de producirse dicho pago, es en esa situación cuando están en vigor las obligaciones dimanantes de la fianza y el riesgo que ésta comporta. El motivo se estima porque el cofiador que paga la deuda extingue la obligación principal afianzada, teniendo el derecho de regreso contra los demás fiadores (art. 1844). Cualquiera que fuese la tesis doctrinal que se acoja en torno a la naturaleza de este derecho de regreso, lo cierto y evidente es que se produce después del pago, una vez extinguida por el mismo la obligación garantizada. En cambio, la acción llamada "de relevación" de la fianza sólo puede ser ejercitada por el fiador contra el deudor antes del pago. En el caso litigioso es un cofiador el que, ante el ejercicio de la acción de regreso por el que paga, se dirige contra el deudor cuando la fianza está ya extinguida, por lo que no se dan en absoluto los presupuestos requeridos para la viabilidad de la acción del art. 1843 del Código civil». (13 julio 2007, LA LEY 79272/2007)

SECCIÓN TERCERA
De los efectos de la fianza entre los cofiadores

Artículo 1.844

Cuando son dos o más los fiadores de un mismo deudor y por una misma deuda, el que de ellos la haya pagado podrá reclamar de cada uno de los otros la parte que proporcionalmente le corresponda satisfacer.

Si alguno de ellos resultare insolvente, la parte de éste recaerá sobre todos en la misma proporción.

Para que pueda tener lugar la disposición de este artículo, es preciso que se haya hecho el pago en virtud de demanda judicial, o hallándose el deudor principal en estado de concurso o quiebra.

COMENTARIO

1.- Este precepto y el siguiente disciplinan la relación entre los cofiadores otorgando el primero de ellos, en su párrafo inicial, un derecho de regreso a favor del cofiador que ha pagado y que, discutido en su fundamento, debe apoyarse en la propia naturaleza de la cofianza como obligación pluripersonal de garantía, reveladora de un interés común de todos los cofiadores al prestarla, del que surge el deber de cada uno de contribuir al pago de la cuota propia y de responder de su cumplimiento frente al cofiador que pagó por todos. Si, efectivamente, mediando los requisitos a que luego aludo, uno de los cofiadores satisface la totalidad de la deuda fiada por todos, podrá reclamar de cada uno de los otros la parte que proporcionalmente le corresponda satisfacer.

2.- El apartado segundo del propio artículo establece que si alguno de ellos (de los fiadores) resultara insolvente, la parte de éste recaerá sobre todos en la misma proporción. La disposición, clara en cuanto al criterio que sanciona, parece incongruente con el principio de mancomunidad (no de solidaridad) de que parte el régimen sobre la cofianza en este extremo, si bien encuentra también en su apoyo la solución prevista en el apartado segundo del art. 1.837.

3.- En su apartado tercero, el precepto limita, a ciertos casos el regreso del cofiador. Antes de examinarlos, debe precisarse que, en todo supuesto, es presupuesto del eficaz ejercicio de aquél la existencia de un pago total válido y debido. Como se ha dicho, el precepto, sin razones serias para ello, limita la acción de regreso al establecer que es preciso que se haya hecho el pago en virtud de demanda judicial, o hallándose el deudor principal en estado de concurso o quiebra, cuando hubiera sido más acorde con la propia naturaleza de la situación de cofianza conceder el regreso siempre que el pago no se debe a una voluntad exclusiva del cofiador, facultando a los restantes para alegar excepciones susceptibles de amparar, en su caso, la oposición al regreso.

Si el cofiador paga sin mediar demanda judicial, ni concurso del deudor, parece que, conforme a la letra del precepto, el pago debe considerarse voluntario y el cofiador carece de acción frente a los restantes para reclamarles la parte que satisfizo por ellos, según unos, que sólo tendrán las acciones ordinarias del que paga por otro, de acuerdo con otra opinión, o que le corresponde el reembolso y la subrogación, según un tercer criterio. En cualquier caso, ha de señalarse la tendencia de la doctrina jurisprudencial a suavizar la interpretación del precepto y admitir el regreso del cofiador siempre que el pago no sea imprudente, malicioso o prematuro. En cualquier caso, si la cofianza es solidaria, el art. 1.145 debe anteponerse al precepto presente.

JURISPRUDENCIA

«el derecho de regreso del fiador que paga frente a sus cofiadores nace en el momento en que aquél paga al acreedor en virtud de demanda judicial, o hallándose el deudor principal en estado de concurso o quiebra, como establece el pfo. 3.º del art. 1844 del CC, aplicable siempre con preferencia, por su especialidad, a las normas generales de las obligaciones solidarias. No consta en autos que el referido pago hecho por los cofiadores demandantes para la amortización del crédito hipotecario, único que se declara hecho por la sentencia recurrida, se hiciera en las circunstancias que requiere el art. 1844, párrafo tercero. En consecuencia, al tiempo de interponerse la demanda, no había nacido el derecho de regreso a favor de los actores frente a sus cofiadores por lo que carecían de interés jurídico para el ejercicio de las acciones postuladas». (24 mayo 2002, LA LEY 285/2003)

«Establecida la solidaridad en la confianza, el fiador que paga no sólo posee la acción de regreso del artículo 1844, sino también se subroga en los derechos del acreedor contra el deudor y cofiadores solidarios (artículo 1145), sin que a ello sea óbice que al dirigirse contra los demás cofiadores tenga que eliminar de la reclamación la parte de la deuda que le corresponda en la obligación, pues precisamente el artículo 1210.3.º ya prevé este efecto (confusión parcial en la titularidad acreedora y deudora), y que no puede exigirse de los mismos sino su parte y no el todo de cualquiera de ellos como acreedor. La solidaridad es un carácter de la obligación que afecta a la relación externa del grupo de deudores frente al acreedor o grupo de acreedores, pero no borra la fragmentación de la obligación en las relaciones internas entre los primeros. En suma, la acción del artículo 1844 no elimina la subrogación. Pero el mejor derecho del fiador que hubiere abonado el crédito sólo puede predicarse del derecho que realmente tenga, es decir, de la parte correspondiente contra el resto de los fiadores, ya que no tiene el derecho al reintegro de la totalidad de lo abonado a cargo de estos últimos». (11 junio 2004, rec. 2424/1998)

«al servirse de la figura de cesión del crédito litigioso por el Banco acreedor a dos de los diecisiete fiadores ya citados de remate en juicio ejecutivo, buscando una sucesión procesal de los dos cesionarios en la posición del Banco ejecutante, eludían el régimen jurídico aplicable al pago hecho por un cofiador solidario, quien conforme a los arts. 1822, párrafo segundo en relación con el párrafo segundo del 1145, 1839 y 1844 párrafo primero, todos del Código Civil, se subroga en todos los derechos que el acreedor tenga contra el deudor afianzado pero sólo puede reclamar de cada uno de los otros cofiadores la parte que proporcionalmente le corresponda satisfacer». (7 febrero 2006, rec. 2282/1999)

«La acción de reembolso es también viable, en base al artículo 1844 CC, dado que concurren las circunstancias que se contemplan en su supuesto de hecho. Así lo tiene establecido esta Sala: la Sentencia de 3 de julio de 1998 señalaba que el cofiador que paga puede ejercitar de forma acumulada sus acciones contra el deudor y los cofiadores, de forma alternativa o subsidiaria, sin desbordar nunca la suma acreedora. La acción de regreso del cofiador que paga no exige que previa o simultáneamente se haya demandado al deudor [SSTS 29 de noviembre de 1997 (LA LEY 11779/1997), 30 de marzo de 2001 (LA LEY 3645/2001)] ya que la acción de regreso del artículo 1844 CC es independiente de las que corresponden al fiador frente al deudor (arts. 1838 y 1839 CC); y no cabe exigir el estricto cumplimiento del párrafo 3.º del artículo 1844 en los supuestos de pago por un cofiador solidario que a todos beneficia, sólo en aquellos supuestos en que el pago entero y espontáneo del cofiador se produzca por móviles torcidos, buscando su propio beneficio o en perjuicio de los demás fiadores [SSTS 2 de diciembre de 1988 (LA LEY 55664-

JF/0000), 4 de mayo de 1993 (LA LEY 13176/1993), 27 de febrero (LA LEY 3803/1997), 18 de septiembre (LA LEY 9777/1997) y 29 de noviembre de 1997 (LA LEY 11779/1997), 16 de julio de 1999 (LA LEY 11562/1999), 20 de marzo de 2001, etc.)». (20 julio 2007, LA LEY 132423/2007)

«El artículo 1844.1 CC admite la existencia de una acción de reintegro del fiador que paga frente a sus cofiadores. Esta acción de reintegro, en el caso de que la fianza sea solidaria, no es más que una aplicación de la regla general sobre solidaridad establecida en el artículo 1145 CC, teniendo en cuenta que cuando el fiador realiza la prestación frente al deudor, paga su propia obligación y la de sus cofiadores, de manera que el fiador que paga es siempre un interesado en el cumplimiento de la obligación ... La jurisprudencia de esta Sala ha venido interpretando esta disposición en el sentido que aparece en la sentencia de 4 mayo 1993, de acuerdo con la cual, "La jurisprudencia, sin plantearse la cuestión del ámbito de aplicación del precepto en atención a la naturaleza de la fianza, mancomunada o solidaria, ha procurado mitigar las consecuencias de su rigurosa aplicación, como recuerda la Sentencia recurrida con cita de la de esta Sala de 2-12-1988 y también la de 7-6-1991, acudiendo el expediente técnico de averiguar la razón de ser de la norma, y razonable encuentra que a los supuestos de concurso o de quiebra se asimilen aquellos en que la insolvencia general, aun no declarada, es evidente, y que no debe esperarse a la demanda judicial pues en nada favorece a los cofiadores" (ver asimismo las sentencias de 29 septiembre y 29 noviembre 1997, 9 julio 2001, 11 junio 2004). En este caso nos hallamos ante una confianza asumida solidariamente entre los fiadores, según los términos de la cláusula y también solidariamente con el deudor principal. Esta Sala ha considerado que el fiador que paga está legitimado para reclamar la parte que corresponde a los restantes cofiadores en virtud de la solidaridad, de acuerdo con las disposiciones generales (sentencias de 2 diciembre 1988, 29 septiembre 1997 y 11 junio 2004), sin necesidad de demandar previamente al deudor principal (sentencias de 7 julio 1988 y 28 septiembre 1997), sin tener en cuenta las limitaciones del artículo 1844.3 (sentencias de 24 enero 1989 y 4 mayo 1993, entre otras) y siempre que sea beneficioso para los cofiadores. La acción de repetición se ejercita para evitar situaciones de enriquecimiento que se producirían, según afirma la sentencia de 29 septiembre 1997, cuando quien ha pagado en beneficio de todos los obligados, no pudiera resarcirse de la cuantía proporcional correspondiente». (5 febrero 2007, LA LEY 2437/2007)

«El actor paga la totalidad de lo reclamado por razón de hallarse en solidaridad con la entidad deudora, frente a la acreedora, y en virtud de la reclamación judicial que verifica la acreedora contra la propia deudora y contra la mayor parte de sus avalistas. La solidaridad establecida determina, por la remisión que expresamente verifica el artículo 1822 II CC, la aplicación de las reglas dictadas para las obligaciones solidarias, entre las cuales el artículo 1145 CC, precepto que, tras declarar que el pago extingue la obligación, concede al deudor solidario que pagó la facultad de reclamar de sus codeudores la parte que a cada uno corresponda, por vía de subrogación, que el artículo 1210.3.º CC presume cuando pague el que tenga interés en el cumplimiento, salvo los efectos de la confusión en cuanto a la porción que corresponda. Y no puede exigirse de cada uno de los fiadores sino su parte, y no el todo de cualquiera de ellos. La acción de reembolso es también viable, en base al artículo 1844 CC, dado que concurren las circunstancias que se contemplan en su supuesto de hecho. Así lo tiene establecido esta Sala: la Sentencia de 3 de julio de 1998 señalaba que el cofiador que paga puede ejercitar de forma acumulada sus acciones contra el deudor y los cofiadores, de forma alternativa o subsidiaria, sin desbordar nunca la suma acreedora. La acción de regreso del cofiador que paga no exige que previa o simultáneamente se haya demandado al deudor (SSTS 29 de noviembre de 1997, 30 de marzo de 2001), ya que la acción de regreso del artículo 1844 CC es independiente de las que corresponden al fiador frente al deudor (arts. 1838 y 1839 CC); y no cabe exigir el estricto cumplimiento del párrafo 3.º

del artículo 1844 en los supuestos de pago por un cofiador solidario que a todos beneficia, sólo en aquellos supuestos en que el pago entero y espontáneo del cofiador se produzca por móviles torcidos, buscando su propio beneficio o en perjuicio de los demás fiadores (SSTS 2 de diciembre de 1988, 4 de mayo de 1993, 27 de febrero, 18 de septiembre y 29 de noviembre de 1997, 16 de julio de 1999, 20 de marzo de 2001, etc.)». (13 octubre 2009, rec. 1145/2005, LA LEY 191971/2009)

CONCORDANCIAS

Véase arts. 1.145 y 1.837 de este Código.

Artículo 1.845

En el caso del artículo anterior podrán los cofiadores oponer al que pagó las mismas excepciones que habrían correspondido al deudor principal contra el acreedor y que no fueren puramente personales del mismo deudor.

COMENTARIO

1.- El precepto, como el 1.837 y el 1.844, dedicados también a la cofianza, ofrece serias dificultades interpretativas. Así, parece dudoso, en principio, si cuando se alude a «En el caso del artículo anterior» se refiere a la hipótesis de haber pagado el fiador, precisada en el apartado primero del artículo 1.844, o si, como parece más seguro, se refiere al pago realizado en alguno de los supuestos de su apartado tercero. Por lo demás, la solución que sanciona, responde al mismo fundamento que la establecida en el art. 1.840, permitiendo al deudor, frente al regreso del fiador, oponer las excepciones que le correspondían contra el acreedor.

2.- En síntesis, cabe generalizar que las excepciones de posible alegación por los cofiadores frente al cogarante que pagó más de la propia cuota son las siguientes: a) las excepciones que habrían correspondido al deudor principal contra el acreedor que no fueren puramente personales del deudor; b) las derivadas del propio pago realizado, si resultara indebido (así cuando el cofiador paga sin tener en cuenta lo previsto en los arts. 1.849, 1.850, 1.851 o 1.853);

c) las surgidas del propio negocio en cuya virtud fue asumida la cofianza; d) las dimanantes de la propia relación de garantía considerada desde la perspectiva interna de los cofiadores.

Sin que puedan ampararse para eludir el reintegro pretendido en las excepciones ya opuestas y utilizadas por el cofiador que pagó frente al acreedor, ni en las que, por la propia situación de quiebra o concurso del deudor principal cuando se efectuó el pago, se revelan ya como inútiles (por ejemplo, oponer el beneficio de excusión).

Por lo demás, debe aclararse que la circunstancia de verificarse el pago en alguno de los casos previstos en el art. 1.844 no determina *per se* la posible alegación de excepciones, en general, cuando el pago, por las razones que sean, no satisface el interés de los cofiadores. Tampoco es dudoso que el cofiador reclamado podrá oponer las excepciones personales propias que tenga frente al cofiador reclamante. Ofreciéndose con cierto margen de duda la posibilidad del cofiador para utilizar, frente al cofiador que pagó, excepciones personales que le correspondían frente al acreedor. Cuestión que acaso deba resolverse tomando en cuenta el carácter mancomunado o solidario de la cofianza asumida.

CONCORDANCIAS

Véase arts. 1.111, 1.148, 1.840 y 1.853 de este Código.

Artículo 1.846

El subfiador, en caso de insolvencia del fiador por quien se obligó, queda responsable a los cofiadores en los mismos términos que lo estaba el fiador.

COMENTARIO

1.- Carece el Código de una disposición general que contemple la figura de la subfianza y la posición del subfiador, limitándose a resolver aspectos parciales de la compleja situación derivada de aquélla; así ocurre en los arts. 1.836, 1.848 y 1.856 y, en el precepto presente que trata de solucionar un eventual aspecto también parcial de la relación entre aquél y los cofiadores que asumieron la cofianza en unión del cofiador asegurado con la fianza de segundo grado. Se justifica la solución del precepto subrayando que el subfiador representa al cofiador que asegura, tanto en lo favorable como en lo gravoso.

Sin embargo, la realidad es que subfiador garantiza la solvencia del cofiador, no frente a los restantes cogarantes, sino más bien en la subrogación del subfiador en el lugar del cofiador insolvente, sino más bien en la subrogación del cofiador o cofiadores que pagan en el lugar del acreedor, entendiendo así, con apoyo en el artículo 1.212 que se les transfiere, además del crédito, los derechos a él anexos.

2.- En cuanto a la posición del subfiador ha de entenderse que responderá a los cofiadores en los mismos términos en que debió hacerlo el cofiador afianzado y únicamente en el supuesto de insolvencia de éste.

Presupuestada la insolvencia del cofiador garantizado, como requisito para que el subfiador responda frente a los cofiadores que pagan, ha de señalarse que tal responsabilidad puede tener distinto alcance según que se concrete en la cuota estricta inicialmente asignada al cofiador al constituirse la cofianza, o en una mayor cantidad que, como consecuencia del funcionamiento previsto en el art. 1.844 y de la existencia de algún otro cofiador insolvente, puede haberle correspondido a aquél.

3.- Aunque nada diga el Código, si el subfiador paga por el cofiador afianzado podrá exigir del deudor principal la cantidad satisfecha, estando facultado éste para oponerle las excepciones que tuviera frente a dicho cofiador.

Asimismo, el subgarante podrá reclamar de los otros cofiadores la cantidad que, satisfecha al acreedor, exceda de la cuota propia del cofiador subafianzado, en los mismos términos que podría hacerlo éste y aquéllos los están para oponer al subfiador las excepciones de que dispusieran contra el cofiador.

CAPÍTULO III
DE LA EXTINCIÓN DE LA FIANZA

Artículo 1.847

La obligación del fiador se extingue al mismo tiempo que la del deudor, y por las mismas causas que las demás obligaciones.

COMENTARIO

1.- Los artículos 1847 a 1853, integrados en el capítulo III, establecen el régimen de extinción de la fianza, si bien, como ser verá, el último de aquéllos se refiere a las excepciones del fiador frente a la reclamación del acreedor. El artículo 1.847 sanciona dos distintas categorías de causas extintivas de la obligación del fiador, representada la primera por la extinción de la obligación del deudor y la segunda por las mismas causas que las demás obligaciones.

La extinción de la obligación principal impone como consecuencia propia de la accesoriedad de la desaparición de la obligación de garantía, aún sin satisfacerse el interés del acreedor, salvo supuestos excepcionales, al faltar el presupuesto de su existencia y carecer de objeto la finalidad auxiliar que la justifica. Consecuentemente son causas extintivas de la fianza:

a) El pago o cumplimiento de la obligación principal, cuando sea válido y eficaz. El pago parcial la extinguirá en la medida correspondiente y el pago por cesión de bienes lo hará por el importe líquido de éstos. La consignación de la cosa debida en forma legal, extingue asimismo la fianza, quedando liberado el fiador también en el caso del art. 1.181.

b) La compensación. El art. 1.197 faculta expresamente al fiador para oponerla.

c) La novación de la obligación principal, entendida en sentido propio, es decir, con efecto extintivo, extingue también la fianza de conformidad con el art. 1.207, si bien con la limitación que el precepto enuncia.

d) La remisión de la deuda extingue la fianza por determinación expresa del art. 1.190, con la regla especial del art. 1.850 para la cofianza que luego se analiza.

e) La prescripción de la obligación principal determina la extinción de la fianza.

2.- La referencia del precepto a la extinción de la fianza por las mismas causas que las demás obligaciones, implica, en primer término, la aplicabilidad del art. 1.156 del Código y la doctrina general sobre la extinción de las obligaciones, sin que su carácter accesorio impida cierta autonomía de la fianza en la materia.

En síntesis, parece suficiente recordar como modos generales de extinción de las obligaciones, en su proyección sobre la fianza, que ésta se extinguirá por el propio cumplimiento que realice el fiador de su obligación de garantía (permaneciendo viva la fiada a efectos del regreso); por la compensación del crédito que el fiador pueda tener frente al acreedor de la obligación fiada (en trance pagar, ambos créditos son principales); por novación; por prescripción, con independencia de la obligación principal, al amparo del art. 1.975; así como por la renuncia del acreedor a la garantía, la condonación, la confusión, etc. (algunas de estas causas se contemplan en artículos posteriores), y por la concurrencia de circunstancias que específicamente afecten al negocio constitutivo de la fianza a sus condiciones.

JURISPRUDENCIA

«La sentencia de esta Sala de 25 de mayo de 1999, con cita de la de 12 de noviembre de 1991, señala que la obligación del fiador se extingue al mismo tiempo que la del deudor, y por las mismas causas que las demás obligaciones y la dación en pago es una forma de extinguir la obligación, mientras que la de 26 de mayo de 1988 alude a que el convenio aprobado judicialmente refleja una datio in solutum, *con renuncia al resto no cubierto por los bienes adjudicados* in valorem *o* in genere *—como sucede en este caso en que los acreedores dan "por saldados y finiquitados sus créditos"— lo que supone pago del crédito con exoneración de responsabilidades accesorias, aunque sean solidarias, de los fiadores».*

CONCORDANCIAS

Véase arts. 1.156 a 1.213 de este Código.

Artículo 1.848

La confusión que se verifica en la persona del deudor y en la del fiador cuando uno de ellos hereda al otro, no extingue la obligación del subfiador.

COMENTARIO

1.- La norma alude sólo a las consecuencias que la confusión de las cualidades del fiador y del deudor principal tiene para la subfianza, silenciando otros aspectos de aquélla en relación con la fianza y su efecto extintivo. Sobre ello cabe recordar, en síntesis, que la confusión del deudor principal con el fiador y la de éste con el acreedor extingue la fianza directamente. La que tiene lugar entre el acreedor y el deudor, contemplada en el art. 1.193, extingue la fianza por aplicación del art. 1.192.

Tratándose de cofianza asumida en forma mancomunada, la confusión del acreedor con alguno de los cofiadores, no impide que se mantenga la obligación de garantía de los restantes; solución que debe aplicarse en el caso de confianza solidaria.

2.- Tampoco aparece expresamente prevista la solución, respecto de la fianza, cuando tienen lugar la confusión de las cualidades de deudor principal y de fiador. Al declarar el precepto que la confusión que se verifica en la persona del deudor y en la del fiador cuando uno de ellos hereda al otro, no extingue la obligación del subfiador, hace pensar si, de distinto modo, el legislador considera que dicha confusión extingue la fianza. En apoyo de tal consecuencia cabe argumentar que, al reunirse en un misma persona las cualidades de fiador y de deudor principal, se borra la esencia propia de la fianza como garantía de obligación ajena. La fianza subsistirá, sin duda, en los supuestos de aceptación de la herencia a beneficio de inventario. La confusión entre deudor principal y alguno de los cofiadores, no extingue la cogarantía respecto de los otros.

En cuanto a la hipótesis expresamente contemplada en la norma, confusión entre la persona del deudor y en la del fiador, se opta por privarla de eficacia extintiva respecto de la obligación del subfiador. No hay fusión de los patrimonios del deudor o del fiador con el del subfiador, y, por lo mismo, ningún obstáculo cabe oponer al acreedor en el ejercicio de la acción que le corresponde contra el subgarante, exigiéndole el cumplimiento de su obligación de garantía.

En otro sentido, debe subrayarse que la solución puede perjudicar al subfiador si, después de haber pagado al acreedor, al intentar el regreso contra el fiador, el patrimonio de éste, dada la confusión con el del deudor principal, se ve afectado ahora por otros créditos contra éste y de los que antes de aquélla no debían responder los bienes del garante afianzado. Obviamente, la confusión de los patrimonio del fiador y del subfiador cuando uno hereda al otro, carece de significación respecto del acreedor y del deudor principal.

CONCORDANCIAS

Véase arts. 1.192 y ss. de este Código.

Artículo 1.849

Si el acreedor acepta voluntariamente un inmueble, u otros cualesquiera efectos en pago de la deuda, aunque después los pierda por evicción, queda libre el fiador.

COMENTARIO

1.- El precepto contempla un supuesto de dación en pago que tiene lugar en virtud de acuerdo concluido entre el acreedor y el deudor principal. La aceptación por el acreedor de una prestación distinta a la que es objeto de la obligación fiada, determina la desaparición de la garantía independientemente de que la expresada dación en pago extinga o no aquélla de modo definitivo. La solución sancionada, de que se armoniza mal con el carácter accesorio de la fianza y se explica mediante variados argumentos, plantea algunas dudas y cuestiones en su aplicación práctica.

2.- No parece dudoso, en principio, que cualquiera que sea la cosa objeto de la dación, aceptada por el acreedor en pago de la obligación garantizada, extinguirá la fianza. Suscita dudas, por el contrario, el significado que debe atribuirse a la expresión acepta que utiliza el precepto; en concreto, si resulta suficiente para que tenga lugar la liberación del fiador el simple acuerdo entre el deudor y el acreedor, en cuya virtud éste se aviene a darse por pagado aceptando un prestación distinta a la inicialmente convenida, o si tal efecto extintivo de la garantía, requiere, además, la propia entrega de la cosa misma, lo que ciertamente, es la intención del precepto. Es, pues, la aceptación voluntaria de la cosa, el hecho de recibirla, lo que extingue la obligación del fiador, ya que en sólo en tal momento se ha producido el verdadero efecto del pago.

Corresponderá al fiador probar que el acreedor ha aceptado un inmueble u otros cualesquiera efectos, y que lo hizo voluntariamente en pago de la deuda fiada.

3.- El efecto extintivo previsto en la norma se producirá cualquiera que sea la naturaleza de la cosa aceptada y su valor, a no ser que haga constar que se acepta, no como tal dación en pago, sino como cesión para pago de la deuda. La entrega de letras de cambio por el deudor aceptadas por él u otro documento de los previstos en el art. 1.170 no implica dación, aunque puede determinar la liberación del fiador por aplicación del art. 1.851.

También es dudosa la solución procedente en el caso de haberse reservado el acreedor la facultad de reclamar el cumplimiento de la obligación primitiva, si la dación resultara ineficaz por evicción. La literalidad de la norma y su carácter específico hace preferible entender que también en este caso tiene lugar la extinción de la garantía. Solución que, obviamente será distinta, si el fiador interviene aceptando mantener la garantía en el apuntado supuesto de evicción. Sin embargo, el mero conocimiento por parte del fiador de la existencia de la *datio* es irrelevante a los fines extintivos en la norma. Si, finalmente, la evicción proviene del propio fiador, se considera que debe mantenerse la garantía de éste.

JURISPRUDENCIA

«art. 1.849 del Código Civil según el cual "si el acreedor acepta voluntariamente un inmueble u otros cualesquiera efectos en pago de la deuda, aunque después los pierda por evicción queda libre el fiador", ha de ser rechazado ya que el supuesto contemplado por el precepto es el relativo a la dación en pago concertada entre el acreedor y el deudor principal, quedando fuera de su ámbito la dación en pago aceptada por el acreedor y ofrecida por el fiador, en cuyo caso esa datio in solutum queda sometida a las reglas propias que la regulan como institución general, siendo este último supuesto el que se ha planteado en el presente litigio en que el bien inmueble ofrecido en pago y aceptado por el acreedor era propiedad de los fiadores, el hoy recurrente y su esposa codemandada; en consecuencia no era de aplicación al caso litigioso el invocado art. 1.849». (12 noviembre 1991, LA LEY 270-5/1993)

CONCORDANCIAS

Véase arts. 1.156, 1.172 y 1.842 de este Código.

Artículo 1.850

La liberación hecha por el acreedor a uno de los fiadores sin el consentimiento de los otros, aprovecha a todos hasta donde alcance la parte del fiador a quien se ha otorgado.

COMENTARIO

1.- La solución prevista en el precepto, estableciendo que la liberación de uno de los fiadores aprovecha a todos hasta donde alcance la parte del fiador a quien se ha otorgado, se justifica atendiendo a la justa reciprocidad que debe existir entre los cofiadores obligados a responder en proporción a sus cuotas de la del insolvente.

A ello debe añadirse que el acreedor no puede agravar con sus actos la situación de los fiadores no liberados, que se verían perjudicados al tener que asumir las cuotas y las consecuencias del que lo fue (sin posibilidad de actuar el regreso por parte de éste), de no mediar la solución del precepto, de evidente semejanza con la prevista en el art. 1.146, referida a la remisión de la parte de la deuda que afecta a uno de los deudores solidarios.

Tal criterio legal será aplicable siempre que en el supuesto se trate de una situación de verdadera cofianza, no de un caso de pluralidad de fianzas, y que la liberación del cofiador o de los cofiadores tenga lugar sin consentimiento de los restante.

2.- Ante el silencio del Código, debe considerarse que será válido el consentimiento prestado en cualquier forma y la existencia del mismo deberá probarla el cofiador remitido. Prestado el consentimiento a la liberación del fiador sólo por uno o algunos de los otros garantes, la solución del precepto será aplicable a los que no consintieron, que seguirán vinculados a la garantía y a sus consecuencias, pero aprovechándose de la parte del liberado.

La liberación del fiador, prevista en el artículo y que sólo adquiere relieve efectuada con anterioridad al pago de la obligación, aprovecha a todos hasta donde alcance la parte del fiador a quien se ha otorgado y significa, que se extingue la obligación de garantía en la parte representada por la cantidad remitida al cofiador liberado, y no, como acaso pudiera deducirse de la literalidad de la norma, que se reparte la liberación entre todos los cofiadores directamente.

La interpretación propugnada se apoya en que, si bien el acreedor no puede alterar la relación interna de garantía, tiene plena facultad para liberar al fiador que quiera y en la medida que considere: en que no se agrava la responsabilidad de los cofiadores no liberados, finalidad buscada por la norma: y en que coincide con el criterio del art. 1.146, en relación con el 1.143, en situación de gran semejanza.

Así pues, la obligación principal se mantiene intacta, pero garantizada sólo en la cuantía que resulta después de reducir la cuota del fiador remitido. Este, en principio, deja de ser fiador, salvo insolvencia de alguno de los otros garantes de la que, no obstante su liberación, habrá de responder en proporción a la cuota que proceda, de suerte que los otros cofiadores no se vean afectados por aquélla.

CONCORDANCIAS

Véase arts. 1.143, 1.146, 1.837 y 1.844 de este Código.

Artículo 1.851

La prórroga concedida al deudor por el acreedor sin el consentimiento del fiador extingue la fianza.

COMENTARIO

1.- Nuestro Código, a diferencia de otros, considera la prórroga de la obligación principal concedida al deudor sin consentimiento del fiador como causa específica de extinción de la fianza, criterio que se explica, bien porque la solución contraria agravaría la situación del fiador, ante la prolongación del riesgo de insolvencia del deudor y la mas larga vinculación de aquél, bien porque no cabe dotar de eficacia a un convenio respecto de quien no fue parte.

Debe advertirse, en principio, que la distinción entre prórroga de un contrato, cuyas obligaciones están garantizadas mediante fianza, y la simple prórroga del vencimiento de la obligación carece de significado a los fines del precepto, ya que, en ambos casos, si tiene lugar sin consentimiento del garante, extingue la obligación de éste.

2.- Aunque el precepto parece aludir a la prórroga concedida por el acreedor vencida la obligación fiada, es opinión común considerar que también tiene efecto extintivo la concedida con anterioridad a tal momento. Conforme al art. 1.851 debe conceptuarse como prórroga la concesión de un nuevo plazo al deudor para que pague la obligación, de modo que el acreedor quede imposibilitado de actuar contra aquél, reclamándole el cumplimiento, hasta que venza el nuevo término. Sin embargo, no debe considerarse como prórroga, a los fines del precepto, la mera tolerancia del acreedor al no reclamar al deudor el cumplimiento de la obligación vencida, ya que en el supuesto aquél no ha perdido su facultad de actuar contra éste, y sin que se deduzca de tal inactividad una intención de prórroga.

Esta debe tener carácter expreso, es decir, la intención de prorrogar ha de manifestarse de forma clara y terminante, por actos positivos o negativos, pero inequívocos. La prórroga sólo tiene efecto extintivo cuando obedece a la exclusiva voluntad del acreedor, por lo que carecerá del mismo cuando es consecuencia de acuerdo previamente fijado en el contrato, se acuerda por autoridad competente o viene impuesta en procedimiento de concurso, quiebra o de suspensión de pagos. Asimismo, el efecto extintivo de la prórroga procede sólo cuando se ha otorgado sin el consentimiento del fiador, cuya existencia deberá probar, en su caso, el acreedor, No tiene lugar en el caso de obligaciones indefinidas o futuras. Determinar si existe o no la prórroga es cuestión de hecho que incumbe a los tribunales de instancia. En caso de cofianza, la prórroga consentida por uno de los perjudicados sólo perjudicará al que la consiente, quedando liberados los restantes.

JURISPRUDENCIA

«el establecimiento de un plazo, no para el pago de la obligación principal, sino para la ejecución de la hipoteca no significa prórroga de aquélla, según ya se ha razonado, sino una posposición del ejercicio de la acción judicial en evidente beneficio del hipotecante, por si éste pudiera obtener una mejor contraprestación por la enajenación de la finca gravada que la que habría de conseguirse a través de la ejecución hipotecaria (...). En tal contexto, la manifestación que se realizó en la escritura de hipoteca respecto a la subsistencia de la exigibilidad de la deuda y de las demás garantías establecidas para su cumplimiento no precisaba la conformidad de los fiadores, por cuanto dicha subsistencia era una consecuencia lógica de la evidente ineficacia extintiva de la hipoteca superpuesta respecto a los derechos del acreedor que dimanaban de la póliza de crédito, por lo que la mención aludida no era sino una reiteración —si se quiere, innecesaria— de la circunstancia de que tales derechos no resultaban en modo alguno afectados por el contrato que se formalizaba». (28 abril 2005, rec. 4188/1998)

«La doctrina de la Sala, que aquí se reitera, es que el convenio aprobado judicialmente no afecta al fiador; en el mismo se puede fijar y se hará normalmente un nuevo plazo (la "espera") y ello no provocará la aplicación del artículo 1851 del Código civil con la consiguiente extinción de la fianza. Es distinto el caso en que un acuerdo (o convenio) entre acreedor y deudor principal prorrogue el plazo de la obligación y, por ende, la obligación del fiador, que sí extinguirá la fianza. Pero el convenio en la suspensión de pagos, hoy concurso, no extingue las garantías, la fianza entre ellas, aunque respecto a ésta quede prorrogado el plazo para cumplir la obligación. En la ley 22/2003, de 9 de julio, concursal, su artículo 135.2 dispone: La responsabilidad de los obligados solidarios, fiadores o avalistas del concursado frente a los acreedores que hubiesen votado a favor del convenio se regirá por las normas aplicables a la obligación que hubieren contraído o por los convenios, que sobre el particular hubieran establecido, lo que no deja clara la aplicación del artículo 1851 del Código civil debiendo mantenerse la doctrina de esta Sala que aquí se reitera en el sentido expresado». (7 mayo 2009, rec. 2215/2004, LA LEY 67157/2009)

«El Art. 1851 CC es una norma que, apartándose de sus precedentes, declara la extinción de la fianza y el consiguiente derecho del fiador a pedirla cuando se haya concedido una prórroga al deudor "sin el consentimiento del fiador". La interpretación del artículo se ha centrado, por consiguiente, en determinar el sentido que haya que darle a la expresión "sin el consentimiento del fiador". Este consentimiento puede ser expreso (SSTS de 20 diciembre 2002, 20 septiembre 2001), de forma que si el fiador consintió la prórroga en el momento de constituir la fianza (consentimiento genérico, mediante la renuncia a la excepción de liberación), o bien en un momento posterior, cuando la prórroga tiene lugar, no va a producirse el efecto liberatorio previsto en el Art. 1851 CC. Pero también se excluye cuando por hechos concluyentes del propio fiador (consentimiento tácito), pueda llegarse a la conclusión de que la prórroga se ha consentido. Un problema discutido por la doctrina lo constituye el caso en que fiador y deudor componen un centro de imputación único o bien cuando el fiador crea la fianza porque está interesado en la buena marcha de la propia deuda, como ocurre en el presente recurso, en que los fiadores eran socios de la deudora y, algunos de ellos eran,

además, sus administradores sociales. En estos casos se ha venido considerando vigente la fianza, como puede comprobarse de las sentencias de 23 mayo 1977, 8 mayo 1984 y, sobre todo, 30 diciembre 1997, aunque con argumentos distintos, todos ellos consecuentes con el caso resuelto en cada sentencia». (21 mayo 2009, rec. 722/2004, LA LEY 67160/2009)

Artículo 1.852

Los fiadores, aunque sean solidarios, quedan libres de su obligación siempre que por algún hecho del acreedor no puedan quedar subrogados en los derechos, hipotecas y privilegios del mismo.

COMENTARIO

1.- El precepto sanciona también una causa específica y directa de extinción de la fianza. Si el artículo 1.839 tipifica un caso de subrogación legal a favor del fiador que paga, es plenamente consecuente tutelar la posibilidad de su ejercicio y sancionar la conducta del acreedor que lo impida. En resumen, la norma impone al acreedor el deber de no alterar, ni de contribuir con su conducta a que se altere, la relación entre débito y responsabilidad, tal como aparecía configurada en el momento de constituirse la fianza, observando para ello la debida diligencia. El incumplimiento de tal deber, que presume la presente disposición y que está implícito en la propia relación de garantía, se sanciona con la extinción de la fianza, como fórmula más adecuada para evitar injustificados perjuicios al garante.

En perjuicio de la subrogación del fiador debe originarse, como señala el precepto, en algún hecho del acreedor, expresión que comprende lo mismo la conducta positiva que la negativa de éste, si bien su simple inercia o abstención no será, por regla general, suficiente para provocar el efecto extintivo previsto, si el acreedor no tenía un deber suficiente para provocar el efecto extintivo previsto, si el acreedor no tenía un deber de actuar o de su inactividad no derivan concretas consecuencias perjudiciales. Si bien alguna opinión considera que sólo el hecho del acreedor personal, directo y de carácter positivo es relevante a los fines del precepto, careciendo de significado su conducta omisiva, es preferible entender trascendente como hecho propio del acreedor cualquier conducta de este que le sea imputable y que no obedezca a caso fortuito, ya se trate de un comportamiento positivo o de una simple omisión.

El hecho del acreedor debe haberse producido con anterioridad al pago realizado por el fiador y es relevante aunque éste hubiera podido evitar las consecuencias perjudiciales de

la falta de subrogación, mediante el ejercicio de la acción de relevación. La conducta del acreedor orientada a conservar las garantías existente, distintas de la fianza, tiene una significación jurídica y no económica, dirigida a que, mediante la subrogación, pueda el fiador ejercitar las facultades propias del titular de la garantía pero sin exigencia alguna respecto al resultado económico positivo de su ejercicio.

2.- En la expresión legal derechos, hipotecas y privilegios, que se han de conservar, deben entenderse comprendidas no sólo las garantías específicas, sino también cualquier facultad distinta a éstas, pero inherente, por cualquier título o causa, a la misma obligación principal, útil para asegurar el regreso del fiador.

En resumen, cabe concluir que la liberación del fiador, prevista en el precepto, se subordina, por una parte, a la existencia de una directa relación de causalidad entre el hecho del acreedor y la pérdida del derecho, garantía o privilegio de que se trate, con independencia de toda idea de ilicitud o culpabilidad en la conducta de aquél, y, por otra, a que la imposibilidad de la subrogación determine para el fiador un perjuicio cierto y no mera dificultad.

JURISPRUDENCIA

«El art. 1852 CC se refiere a un hecho positivo, o negativo consistente en una abstención de lo que legítimamente se debía llevar a cabo, sin que baste la mera pasividad, con entidad causal para impedir la subrogación —imposibilitándola o incidiendo negativamente en la efectividad o utilidad— en la titularidad de garantías, privilegios o derechos inherentes al crédito. Ha de tratarse de titularidades específicas, pues no existe una garantía general sobre el patrimonio, ni le compete al acreedor preservar la capacidad económica genérica del deudor. Por otra parte, la subrogación no es aplicable al derecho, privilegio o garantía mediante cuyo ejercicio, y consiguiente extinción, el acreedor hace efectivo su derecho de crédito, o cobra parte del mismo... la Jurisprudencia de esta Sala dictada en aplicación del art. 1852, ni la representada por las sentencias citadas por la parte recurrente, ni la de ninguna otra, como es de ver en la relación sintética siguiente. La S de 9 Jul. 1908 aprecia la extinción de la fianza porque el acreedor consiente la pérdida de la garantía sin intervención del fiador y sin utilidad alguna para el crédito afianzado; la S de 20 Dic. 1910 se refiere a la exigencia de hechos propios del acreedor; la de 22 Nov. 1916 no libera al fiador por haberse omitido los oportunos protestos de unos pagarés, por las razones que expresa; la de 31 Mar. 1927 hace referencia a la necesidad de un hecho personal y directo del acreedor que haga imposible que los fiadores puedan utilizar sus derechos, y no considera privilegio un reparto de géneros que hicieron los acreedores del deudor en situación concursal; la S de 7 Oct. 1993 condiciona la liberación a que exista actividad, acción, hechos del acreedor, no bastando cualquier falta de diligencia o actividad; la S de 7 Oct. 1942 resuelve un caso de cooperación activa del acreedor (prestamista y gerente de la sociedad prestataria) en la producción, indebida, de la situación de insolvencia de la entidad deudora; en la S de 9 Oct. 1962 no consta la existencia de una actividad real de la parte demandada susceptible de impedir la subrogación; la de 10 Jun. 1966 libera porque el primitivo acreedor al transmitir el crédito sin guardar las solemnidades de la cesión ocasionó que desapareciera la garantía prendaria; en la de 1 Mar. 1983 se insiste en la exigencia de actividad, acción, hechos y que no es suficiente cualquier falta de diligencia, y se aprecia pasividad del fiador por no exigir del acreedor que ejercitara la reserva de dominio que significaba una garantía; la de 28 Feb. 1985 estima (a efectos meramente dialécticos) que la simple pérdida de un puesto en el rango hipotecario no puede asimilarse a la imposibilidad de subrogarse en los derechos... (y añade)... ni como cuestión de hecho está acreditado que los fiadores se hayan visto privados de su derecho a resarcirse en los bienes del deudor principal; la de 1 Jul. 1988 aprecia la liberación del fiador por haber hecho dejación el acreedor del ejercicio del derecho de abstención en suspensión de pagos que da lugar a la conversión en común de un crédito privilegiado; la S de 30 Dic. 1988 no hace referencia al tema, pero en la instancia se aplicó el art. 1852 a cancelación de embargo permaneciendo íntegro el crédito; las SS de 27 Oct. 1993 y 29 Nov. 1997 declaran que no libera al fiador el hecho de ejecutarse la hipoteca que garantizaba el crédito para el cobro de éste, puntualizando la primera que no se infringe el art. 1852 CC aunque no se comunique al fiador la ejecución hipotecaria; la S de 21 Feb. 1997 libera al fiador porque el acreedor aplicó la garantía prendaria a un crédito distinto del que también era objeto de fianza; y la de 25 Oct. 1997 también declara extinguida la fianza porque el prestamista hizo efectivo el préstamo a quien no estaba autorizado para el cobro». (8 mayo 2002, LA LEY 5492/2002) (Doctrina reiterada por la sentencia de 15 noviembre 2011, rec. 544/2008, LA LEY 279839/2011)

«la subordinación del artículo 1852 del Código Civil al oportuno ejercicio por el fiador de la acción de relevación o la aparente restricción del concepto "hecho del acreedor", a un acto necesariamente positivo, no pueden ser compartidas por esta Sala, pues aun que tal identificación de hecho con acción, pueda hallarse en sentencias de 1

de marzo de 1983, que a su vez cita las de 7 de octubre de 1933 y 9 de octubre de 1962, otras más recientes, como las de 20 de octubre de 1993 y 29 de noviembre de 1997, no descartan que la conducta del acreedor determinante de la liberación del fiador pueda ser "incluso pasiva" (sentencia del Tribunal Supremo de 14 de junio de 2002). La fianza debe interpretarse siempre en beneficio del fiador y ha de interpretarse por ello en sentido restrictivo en los casos dudosos (sentencias de 1 de junio de 1964 y 3 de marzo de 1947) sentencia del Tribunal Supremo de 26 de noviembre de 1997». (19 mayo 2005, rec. 4672/1998)

«La jurisprudencia se ha pronunciado reiterada y muy recientemente sobre la norma del artículo 1852. La sentencia de 30 de enero 1999 (LA LEY 6206/1999) no trata directamente este supuesto, sino la adquisición de finca hipotecada en fase de ejecución, subrogación legal del acreedor hipotecario adjudicatario en las cargas y gravámenes preferentes y también en la obligación de pago del crédito, a favor del mismo acreedor hipotecario y la consiguiente extinción por confusión del crédito (garantizado con la hipoteca) y por accesoriedad, consolidación del derecho real de la hipoteca. La sentencia de 25 de octubre de 1999 (LA LEY 664/2000) contempla el caso de un derecho del acreedor que impide, por su culpa o negligencia, el buen fin del derecho al reembolso del préstamo exigible a la prestataria. La de 8 de mayo de 2002 (LA LEY 5492/2002) hace un estudio muy completo de la jurisprudencia dictada que declara que es precisa la conducta del acreedor impeditiva de la subrogación. Lo que reitera la de 19 mayo de 2005. (LA LEY 12657/2005)». (4 mayo 2007, LA LEY 20319/2007)

«La sentencia de esta Sala, de 8 mayo 2002, ampliamente citada en este procedimiento, recoge la doctrina pronunciada en torno a la interpretación del art. 1852 CC a partir de la antigua resolución de 9 de julio de 1908. De los distintos supuestos estudiados en la citada sentencia, debe llegarse a la conclusión que esta Sala ha centrado el concepto "hecho del acreedor" que no permita al fiador quedar subrogado en las garantías. Según esta jurisprudencia, el Art. 1852 CC se refiere a los perjuicios que el acreedor puede producir con el cambio de las condiciones de la obligación garantizada por medio de un actuación o una abstención, que produzca un perjuicio al fiador, de modo que la sentencia de 8 de mayo de 2002 dice que este artículo trata de evitar que por cualquier medio, como puede ser un acuerdo entre acreedor y deudor, se perjudique al fiador y acabe pagando la deuda ajena. Hay, en consecuencia, una carga de preservar el derecho de subrogación del fiador con plenitud de sus efectos y la norma del 1852 CC es una sanción por el incumplimiento de dicha carga». (4 diciembre 2008, rec. 767/2004, LA LEY 189370/2008)

«El tema básico del motivo se centra en la aplicación del art. 1.852 CC. Su planteamiento en casación ha sido formalmente correcto porque, al no existir en nuestro ordenamiento positivo un precepto que de modo expreso reconozca el derecho previsto en dicha norma al hipotecante por deuda ajena (como sucede en otros ordenamientos jurídicos), sólo es posible acudir a la vía de la analogía. La doctrina está dividida en relación con la solución de fondo a adoptar, pues en tanto algunos autores se muestran totalmente favorables a la aplicación analógica, otros manifiestan una opinión contraria, planteándose incluso entre los favorables, que sintonizan con la idea de la aproximación o asimilación de la hipoteca por deuda ajena (fianza real) con la fianza personal, matices diferentes en cuanto al alcance de las reglas de la fianza que son aplicables, dada la indefinición de lo que es incompatible con la hipoteca, procediendo advertir que incluso en los países cuyo ordenamiento jurídico admite expresamente la aplicabilidad de una norma similar a la aquí controvertida se presentan dificultades, e incluso la rechazan para el caso del tercer poseedor (adquirente de la finca hipotecada). En favor de la aplicación del art. 1.852 CC se señala que si el fiador tiene el derecho de liberación respecto del hipotecante no deudor, éste debe tener la misma facultad respecto de la liberación de fiador, y, sobre todo, se aduce la común finalidad de garantía. En contra se discurre en relación con las distintas técnicas de garantía y las diferencias estructurales entre la hipoteca y la fianza, y se argumenta que el hipotecante no deudor paga como tercer interesado no como garante; que dicho hipotecante no está obligado y el acreedor no tiene acción contra el mismo para reclamar el crédito impagado por el deudor; que la responsabilidad del fiador se extiende a todo el patrimonio, y la del hipotecante se limita

al bien dado en garantía; y que el art. 1.852 CC es un medio específico de tutela de la subrogación procedente del art. 1.839 CC». (3 febrero 2009, rec. 3128/2002, LA LEY 1913/2009)

Artículo 1.853

El fiador puede oponer al acreedor todas las excepciones que competan al deudor principal y sean inherentes a la deuda; más no las que sean puramente personales del deudor.

COMENTARIO

El artículo, cuyo emplazamiento en este lugar no resulta acertado, pues debió integrarse entre los que regulan la relación entre el fiador y el acreedor, completa el cuadro de remedios que aquél tiene frente a éste, previstos en los arts. 1.830, 1.835, párrafo segundo y 1.847 a 1.852. Si bien el art. 1.853 otorga al fiador sólo las excepciones procedentes de la obligación principal, es obvio que también corresponderán al garante las excepciones directamente derivadas de la relación de fianza y del negocio constitutivo de la misma. Es de advertir, asimismo, que tratándose de confianza solidaria asumida para garantizar una obligación solidaria, el art. 1.853, debe ser interpretado juntamente con los artículos reguladores de la solidaridad.

La concesión al fiador de las excepciones derivadas de la obligación principal, frente a las pretensiones del acreedor, son consecuencia lógica de la identidad entre obligación fiada y obligación de garantía, de la naturaleza accesoria de ésta y del principio de su menor onerosidad. Entre aquéllas, el fiador podrá invocar cuantas afecten a la existencia, legitimidad y validez de la obligación garantizada, así como las referidas a su posible extinción por la eventual concurrencia de alguno de los medios aptos para producir tal efecto. El fiador podrá utilizar también cualquier remedio defensivo que, amparado en circunstancias objetivas, hubiera permitido el incumplimiento del deudor principal. De conformidad con lo expuesto en relación con el art. 1.824, párrafo segundo, las excepciones puramente personales del deudor, que el art. 1.853 considera no oponibles, deben interpretarse restrictivamente y conceptuar como tales las que nacen de la incapacidad de aquél para obligarse, si bien alguna opinión estima como tales sólo las personalísimas o inherentes a la persona del deudor.

En suma, corresponden al fiador cuantas excepciones derivan de la validez, de la eficacia y del contenido de la obligación fiada, de su resolución y extinción, de vicios del consentimiento, de la novación, confusión, compensación, transacción, y en general de cualquier hecho o acto que haya extinguido total o parcialmente el crédito garantizado, así como la evicción de la cosa vendida, si el fiador garantizó el pago del precio, la pérdida de la cosa depositada o dada en comodato cuando se afianzó la devolución, si el depositario y comodatario no deben responder, etc. La facultad del fiador de oponer las excepciones previstas en la norma es independiente de la conducta de deudor respecto de ellas. Si éste las ha renunciado, no las opone cuando se le demanda, por descuido o por mala fe, el fiador podrá alegarlas eficazmente en el procedimiento que el acreedor le promueva, cualquiera que haya sido el resultado del procedimiento anterior entre el acreedor y el deudor.

JURISPRUDENCIA

«en el ámbito de las excepciones oponibles el fiador puede aducir tanto las que afecten a la existencia y validez de la obligación principal, como las relativas a su posible extinción, e incluso utilizar los remedios defensivos que, fundados en razones objetivas permitan el incumplimiento del deudor principal». (25 octubre 1999, LA LEY 139590/2000)

«Debe tenerse en cuenta que la imputación se efectúa perentoriamente en el momento del pago y no puede ser modificada después sin el consentimiento de acreedor y deudor. Y, también, que la oposición de la fiadora a tal variación merece ser atendida, al estar legitimada para oponer una excepción inherente a la deuda —artículo 1.853 del Código Civil—». (3 abril 2009, rec. 640/2004, LA LEY 23072/2009)

CONCORDANCIAS

Véase arts. 1.148, 1.824, 1.845 y 1.937 de este Código.

CAPÍTULO IV
DE LA FIANZA LEGAL Y JUDICIAL

Artículo 1.854

El fiador que haya de darse por disposición de la ley o de providencia judicial, debe tener las cualidades prescritas en el artículo 1.828.

COMENTARIO

Como determina el precepto, las cualidades que debe reunir el fiador legal y el judicial son las prescritas en el art. 1.828 por lo que nada procede añadir a lo ya comentado. Conviene recordar que la fianza legal se apoya en dos principios básicos: uno, que su imposición requiere una norma expresa y especial que ordene la prestación de la misma, y otro, que el precepto estableciendo la necesidad de prestarla es de interpretación estricta.

Artículo 1.855

Si el obligado a dar fianza en los casos del artículo anterior no la hallase, se le admitirá en su lugar una prenda o hipoteca que se estime bastante para cubrir su obligación.

COMENTARIO

Ni la inteligencia del precepto, ni su aplicación práctica suscitan particulares cuestiones. Ante la imposibilidad de encontrar fiador idóneo, lo que presupone el teórico deber de buscarlo, el legislador admite lógicamente que el deudor sustituya la garantía personal por otra de naturaleza real que se estime bastante para cubrir su obligación, de modo que, observándose tal requisito, se obtenga la misma seguridad de que aquélla será satisfecha. No obstante la literalidad del precepto, no parece dudoso que como garantía sustitutiva deberá admitirse también la prenda sin desplazamiento y la hipoteca mobiliaria, así como la garantía real prestada por persona distinta al deudor.

CONCORDANCIAS

Véase art. 1.857 de este Código.

Artículo 1.856

El fiador judicial no puede pedir la excusión de bienes del deudor principal.

El subfiador, en el mismo caso, no puede pedir ni la del deudor ni la del fiador.

COMENTARIO

1.- De los tres artículos que el Código dedica a las fianzas legales y judiciales acaso sea éste el único necesario y que plantea algunas cuestiones. En concreto, si la supresión del beneficio de orden alcanza sólo al fiador judicial o también al legal y al convencional, cuando la fianza se prestó en acatamiento a lo ordenado por una sentencia, y si el fiador judicial está privado sólo del beneficio de excusión o también, en su caso, del de división. La letra de la norma es clara y no permite ampliar la supresión del beneficio al fiador legal. Igualmente la norma no impone la supresión del beneficio de división, cuando haya sido asumida la garantía por varios fiadores. De haber querido el Código eliminar también el citado beneficio, lo hubiera hecho constar así, sin que se acierte a comprender, en otro caso, la razón de su silencio, que ni siquiera cabe justificar por la existencia de la oscura norma contenida en el art. 1.837, párrafo segundo.

2.- En la misma hipótesis de fianza judicial, el artículo priva también al subfiador del beneficio de excusión respecto del deudor y del fiador afianzado. La norma parece claramente discutible tratándose de la subfianza ya que se altera la esencia propia de esta garantía a la que la solución del precepto convierte en una cofianza de carácter solidario al situar en el mismo plano el afianzamiento del fiador y del subfiador, y se permite al acreedor, vencida la obligación fiada y sin esperar las consecuencias del funcionamiento de la fianza, cuya insuficiencia es presupuesto del de la subfianza, proceder contra quien prestó ésta como si fuera un fiador y no un subgarante, cuya condición fue realmente la que aceptó asumir.

TÍTULO XV
De los contratos de prenda, hipoteca y anticresis

CAPÍTULO PRIMERO
DISPOSICIONES COMUNES A LA PRENDA Y A LA HIPOTECA

Artículo 1.857

Son requisitos esenciales de los contratos de prenda e hipoteca:

1.º Que se constituya para asegurar el cumplimiento de una obligación principal.

2.º Que la cosa pignorada o hipotecada pertenezca en propiedad al que la empeña o hipoteca.

3.º Que las personas que constituyan la prenda o hipoteca tengan la libre disposición de sus bienes o, en caso de no tenerla, se hallen legalmente autorizadas al efecto.

Las terceras personas extrañas a la obligación principal pueden asegurar ésta pignorando o hipotecando sus propios bienes.

COMENTARIO

1.- Tanto la prenda como la hipoteca son derechos reales de garantía o de realización de valor. La naturaleza de derecho real de los derechos de prenda o hipoteca es indudable, pese a que el código los trata como si fueran contratos (lo mismo ocurre con la enfiteusis): se constituyen tales derechos reales por negocio jurídico, cualquiera, inter vivos (como un contrato) o mortis causa (como un testamento). Deben concurrir los siguientes requisitos.

Primero. Que tanto la hipoteca como la prenda se constituyan para asegurar el cumplimiento de una obligación principal. Tal exigencia supone que son, necesariamente, accesorios, y tal accesoriedad tiene como consecuencia que van a ser objeto de las mismas vicisitudes que la obligación principal.

Segundo. Que la cosa pignorada o hipotecada pertenezca a quien constituye sobre la misma el derecho real: es consecuencia del hecho de que la constitución de una hipoteca o una prenda es un acto de disposición; por tanto, sólo podrá hipotecarse o pignorarse aquello de lo que se puede disponer: *nemo plus iuris ad alium transferre potest, quam ipse habet.*

Tercero. Que quienes constituyan la prenda o la hipoteca tengan la libre disposición de sus bienes o estén legalmente autorizados a disponer de los mismos: tal exigencia es un matiz del anterior.

2.- El último párrafo del artículo contempla la posibilidad de que un tercero constituya una prenda o una hipoteca para asegurar el cumplimiento de una obligación. Con ello se crea la posibilidad de que el propietario del bien pignorado o hipotecado no sea el deudor, sino alguien ajeno a la relación jurídica que dio origen a la constitución de la garantía.

Desde este artículo hasta el 1886 ha colaborado en sus comentarios Eva Saavedra Montero, Doctora en Derecho y Magistrada.

JURISPRUDENCIA

«el propio art. 1875, citado en el Motivo, sanciona que para su válida constitución es "indispensable" que el documento en que conste sea inscrito en el Registro de la Propiedad, con lo que, al accederse de este modo a la disciplina de ese Registro, habrá de compartirse que si se admite por lo razonado, la eventualidad de que la "adquisición a non domino" no doblega la condición de tercero hipotecario en el adquirente en mejor modo, habrá de admitirse aquella carga real, al margen de que su constituyente no fuese, en la hipótesis, dueño de la cosa hipotecada, ya que, claro es, únicamente dispone en parte de su derecho al convenir esa carga real, mientras que en aquélla se desprende por completo de la cosa enajenada, juego, pues, de una suerte de argumento a maiore ad minus». (25 octubre 2004, rec. 2274/2001)

«la posición que debe aceptarse es que la persona que constituye la hipoteca debe ser propietaria del inmueble que se hipoteca y si no lo es, falta un presupuesto de eficacia que puede determinar la ineficacia del gravamen (del mismo modo que no puede venderse la cosa de otro) por falta del poder disposición; pero ello se entiende sin perjuicio del efecto convalidante de la protección registral o de la adquisición a non domino (como también ocurre en la venta de cosa ajena) ... Y éste no sólo es el criterio doctrinal, sino también el jurisprudencial. Así, como más reciente y explícita, la sentencia de 25 de octubre de 2004 afirma rotundamente la validez de la hipoteca constituida por el titular registral no propietario respecto al tercero hipotecario». (10 octubre 2007, LA LEY 154038/2007)

«El derecho real de hipoteca, como derecho real de garantía, ius in re aliena, es un derecho accesorio (así, artículo 1528 del Código civil) por esencia (artículo 1857, 1.º y sentencia de 3 de julio de 1997) que está al servicio del crédito conectado a él y que sigue todas sus vicisitudes, en orden a garantizar el cumplimiento de las obligaciones. En consecuencia, no puede aceptarse la afirmación que hace la sentencia recurrida de que el funcionamiento en caso de impago del préstamo haya de separarse del derecho real de hipoteca. Este garantiza aquél y, como derecho real accesorio que es, depende del mismo en todos sus términos, incluyendo los temporales. Por ello, nunca, en ningún caso, puede la hipoteca responder, como garantía, de cantidad —sea principal, sea de intereses remuneratorios o moratorios— superior a la debida por el deudor principal garantizado». (2 diciembre 2009, rec. 1928/2005, LA LEY 233111/2009)

CONCORDANCIAS

Véase:
— arts. 166, 271.2.º y 323 de este Código.
— Ley Hipotecaria, de 8 febrero 1946 (*«B.O.E.»,* 29 mayo): art. 138.

Artículo 1.858

Es también de esencia de estos contratos que, vencida la obligación principal, puedan ser enajenadas las cosas en que consiste la prenda o hipoteca para pagar al acreedor.

COMENTARIO

1.- Este artículo contempla la posibilidad de enajenar la cosa gravada, es decir, de realizar el valor de la cosa una vez incumplida la obligación asegurada, para con el precio obtenido satisfacer al acreedor. El acreedor tiene preferencia sobre el precio obtenido para el cobro de su crédito. Dicha preferencia no se da como consecuencia del negocio jurídico constitutivo, sino por la naturaleza real de la prenda y la hipoteca. No se trata de la facultad genérica contemplada en el art. 1.911 (la responsabilidad patrimonial universal), sino de una facultad concedida al titular del derecho real de prenda y de hipoteca.

2.- La enajenación del bien gravado, esto es, la realización de su valor, seguirá las reglas contempladas en el art. 1.872 del CC si el mismo ha sido pignorado: si ha sido hipotecado se regirá por la reglas contempladas en la Ley Hipotecaria.

CONCORDANCIAS

Véase art. 1.872 de este Código.

Artículo 1.859

El acreedor no puede apropiarse las cosas dadas en prenda o hipoteca, ni disponer de ellas.

COMENTARIO

1.- El artículo, de carácter imperativo, plasma la proscripción del pacto comisorio. Excluye la posibilidad de que el acreedor haga suya la cosa gravada con el fin de satisfacer su crédito y excluye, asimismo, cualquier forma de disposición del acreedor sobre la cosa gravada.

2.- El Código no sólo prohíbe la apropiación de la cosa gravada por parte del acreedor en cuanto una forma de satisfacer el crédito del que el mismo es titular, sino que por su carácter imperativo elimina la posibilidad de que dicha apropiación se produzca previo pacto entre las partes, es decir, no admite el pacto comisorio.

3.- Además, tampoco admite el Código que el acreedor disponga del bien gravado, sino que para satisfacer su crédito deberá instar la venta del mismo de acuerdo con las reglas establecidas a tal efecto. Con ello trata el legislador de garantizar que en la enajenación del bien obtenga el mejor precio.

JURISPRUDENCIA

«prohibición del pacto comisorio. Esta prohibición, con base en la que el acreedor, en caso de impago de su crédito, no puede pretender hacer suya la cosa dada en garantía, haciendo abstracción de su valor, tiene su origen en un texto del Derecho Romano (Constantino, libro VIII, tít. XXXVI, L 3, del C.), fue acogida en nuestro Derecho Histórico (Partidas 5.ª, L 41 del tít. V, y 12 del tít. XIII, y Proyecto de 1851; aunque no por el Proyecto de 1882), y se considera recogida en los arts. 1.859 y 1.884 CC, respectivamente para la prenda e hipoteca, y la anticresis. La prohibición hace referencia únicamente al pacto contemporáneo (previo o simultáneo) a la generación del crédito, no a las adjudicaciones o transmisiones posteriores en pago (S 27 Jun. 1980); resultando indiferente que adopte la fórmula clásica de apropiación en el supuesto de que se produzca el incumplimiento de la deuda, u otra distinta (aunque de efecto similar), como ocurre en el caso, de transmisión inmediata o simultánea

del dominio en el momento de la generación del crédito, con efecto claudicante si se abonare totalmente la deuda, mediante el ejercicio de la opción de compra, actuando el denominado "valor residual" como último plazo de amortización del préstamo. La vigencia inequívoca de la prohibición está reconocida en la Jurisprudencia (SS 25 May. 1971, 25 Sep. 1986, 22 Dic. 1988, 18 Feb. 1997, 13 May. 1998 y 15 Jun. 1999) y en la doctrina de la Dirección General de Registros (RR 10 Jun. 1986; 3 Jun., 29 Sep. y 16 Nov. 1987; 5 Jun. y 19 Jul. 1991; 5 May. y 22 Sep. 1992; 18 Oct. 1994), siendo incuestionable su aplicabilidad a todo tipo de garantía atípica por coherencia del sistema, analogía (art. 4.1 CC), evitar el fraude de ley (S 18 Feb. 1997), y, como dice la S 13 May. 1998, dadas las razones de moralidad e interés general en que se asienta, por lo que constituye un límite al principio de la autonomía privada (art. 1.255 CC)». (16 mayo 2000, LA LEY 101074/2000)

«Dado que el citado art. 6.4.º CC es una norma que obliga a la represión del fraude a otra de carácter imperativo para que la eficacia de lo ordenado por el legislador se consiga, y dado también que la prohibición del pacto comisorio (arts. 1.859 y 1.884 CC) es imperativa y de orden público por afectar a la satisfacción forzosa de obligaciones en la que están involucrados no sólo los intereses del deudor sino de sus acreedores, dados, pues, estos presupuestos, esta Sala se ve obligada a examinar si la escritura pública de compraventa cuya nulidad se solicita en la demanda constituye un fraude a la ley prohibitiva del pacto comisorio. Es evidente que los actores transmitieron a la demandada la propiedad de la cosa en garantía de la obligación de pago asumida por Acabados Textiles Bellido, S.A. No hubo compra por la demandada ni se ha demostrado lo más mínimo el pago del precio que se confesó recibido por los vendedores. Hasta tal punto ello es así, que la retroventa no se podía pedir por los vendedores si Acabados Textiles no satisfacía sus obligaciones de pago, y si lo hacía, no tendrían más que reembolsar los gastos necesarios y útiles, no el precio (inexistente) de la venta. Ese precio era aquel pago de lo debido, no los 23.500.000 ptas., además. En definitiva, lo que realizaron las partes fue el típico negocio de transmisión de propiedad en garantía, a través de un medio indirecto cual es la instrumentación de una compraventa simulada, que la jurisprudencia de esta Sala ha conocido ya en bastantes ocasiones (SS 2 Jun. 1982, 12 y 25 Feb. y 8 Mar. 1988, 7 Mar. 1990, 13 Mar. 1995 y 15 Jun. 1999, entre otras).» (26 abril 2001, LA LEY 4345/2001)

«Los mismos siguen siendo propietarios reales de los bienes que enajenaron a Exager, S.A., de forma simulada para garantizar el préstamo que les concedió, y a su vencimiento no puede quedarse como propietarios de los bienes si no pagan ha de ejecutarlos como cualquier acree-dor. De lo contrario se vulneraría la prohibición del pacto comisorio (SS 26 Abr. 2001 y las que cita). Los actores han enfocado muy simplemente el tema de las relaciones deudores (prestatarios) y Exager, S.A. (prestamista), pues lo han considerado como una enajenación ficticia, cuanto está probado en autos, además del documento privado que al efecto acompañaron con su demanda, que hubo un préstamo efectivo y que para garantizarlo se acudió a la enajenación con finalidad de garantía, que la jurisprudencia de esta Sala ha admitido en las sentencias antecitadas, con limitaciones que en ellas constan, entre ellas la de la observancia de la prohibición del pacto comisorio.» (5 diciembre 2001, LA LEY 4431/2002)

«con la finalidad de eludir y vulnerar la prohibición que del pacto comisorio se contiene en los artículos 1859 y 1884 del Código Civil, prohibición que inequívocamente se mantiene vigente (sentencias de esta Sala de 15 de junio de 1999, 13 de mayo de 1998 y 18 de febrero de 1997, entre otras) las partes han optado por acudir al artificio de simular que Emison vendía un inmueble si bien conservaba la posesión inmediata del mismo como simple arrendatario, sin que se produjera una verdadera transmisión del dominio, incurriendo en un incuestionable fraude de ley que determina la nulidad radical de la supuesta transmisión patrimonial y, por ende, de todo el negocio jurídico complejo concluido por los interesados». (10 febrero 2005, rec. 3559/1998)

«no se trataba de una fiducia de tipo cum creditore (ni mucho menos cum amico) sino de una clara simulación, negocio jurídico simulado, compraventa, con simulación relativa, en el sentido de que encubría un préstamo con garantía y la garantía era, nada menos, que el acreedor (que fue querellado por usura) hacía suyas las fincas si no devolvía el capital prestado y sus intereses, lo cual no es otra cosa que el pacto comisorio, consistente en que el acreedor hace suya la cosa si se incumple la obligación y el artículo 1859 (y 1884 en la anticresis) dispone que el acreedor no puede apropiarse las cosas dadas en prenda o hipoteca, ni disponer de ellas». (20 diciembre 2007, rec. 4693/2000, LA LEY 224578/2007)

«En relación con la posibilidad de que en el fondo de la operación pueda alojarse el pacto comisorio, que se considera prohibido en nuestro derecho en virtud de lo dispuesto por los artículos 1859 y 1884 del Código Civil, afirma la sentencia que "En general, se ha considerado que la interpretación del contrato puede conducir a entender que el lease-back, aun faltándole el requisito de la intervención de un tercero como propietario del bien suministrado por el arrendatario financiero, mantiene las características y la finalidad económico-social propia del contrato de arrendamiento financiero o leasing, con su peculiar estructura causal y su autonomía contractual frente al préstamo puro, en el caso de que se mantengan los rasgos teleológicos fundamentales que caracterizan a esta figura 'en el mismo sentido, frente a las posiciones iniciales, la jurisprudencia italiana: sentencia de la Corte de Casación de 16 de octubre de 1995', para lo cual es menester tener en cuenta determinados elementos, cuya concurrencia o no determinan que pueda sostenerse la existencia de un contrato de leasing o, por el contrario, conducir a la conclusión de que se trata de un negocio de fiducia en que la transmisión de la titularidad de la propiedad tiene lugar a los meros efectos de garantía de un préstamo, con las consiguientes consecuencias en relación con la falta de legitimación del arrendador para formular tercería de dominio, con la posible aplicación de la LRU o con la vulneración de la prohibición del pacto comisorio"». (15 abril 2010, rec. 306/2006, LA LEY 49073/2010)

«la prohibición del pacto comisorio. La doctrina que ahora se reitera es que un préstamo o un contrato simulado que disimula un préstamo, que incluye un pacto comisario, es decir, pacto por el cual si no se devuelve una cantidad determinada (del verdadero préstamo) el contratante (prestamista) hace suya la propiedad de una cosa también determinada, tal pacto incurre en nulidad ipso iure conforme al artículo 1859 del Código civil. Un caso típico, incluso históricamente, es la llamada "venta a carta de gracia": es una compraventa simulada (que disimula el préstamo) una persona (el supuesto vendedor, realmente el prestatario) vende la cosa al comprador (realmente, el prestamista) con el pacto de retro: si en tal plazo no ejercita el retracto (realmente, no devuelve el dinero, que se fijó como precio) el comprador (prestamista; tantas veces usurero) adquiere la propiedad de la cosa. Lo cual es el clásico pacto comisorio: el prestamista, que aparece como comprador, adquiere la cosa si no se le devuelve, mediante el retracto, la cantidad prestada. Tal pacto comisorio es nulo: el vendedor (prestatario) devolverá el dinero, pero el comprador (prestamista) no adquirirá la cosa, si no lo hace». (27 enero 2012, rec. 1660/2008, LA LEY 3557/2012)

CONCORDANCIAS

Véase arts. 1.869 y 1.870 de este Código.

Artículo 1.860

La prenda y la hipoteca son indivisibles, aunque la deuda se divida entre los causahabientes del deudor o del acreedor.

No podrá, por tanto, el heredero del deudor que haya pagado parte de la deuda pedir que se extinga proporcionalmente la prenda o la hipoteca mientras la deuda no haya sido satisfecha por completo.

Tampoco podrá el heredero del acreedor que recibió su parte de la deuda devolver la prenda ni cancelar la hipoteca en perjuicio de los demás herederos que no hayan sido satisfechos.

Se exceptúa de estas disposiciones el caso en que, siendo varias las cosas dadas en hipoteca o en prenda, cada una de ellas garantice solamente una porción determinada del crédito.

El deudor, en este caso, tendrá derecho a que se extingan la prenda o la hipoteca a medida que satisfaga la parte de deuda de que cada cosa responda especialmente.

COMENTARIO

1.- Una de las características básicas de la prenda y la hipoteca es la indivisibilidad. La misma supone que la garantía es intangible, es decir, que se mantiene inalterada y en los mismos términos en los que se constituyó durante toda su vigencia, o lo que es lo mismo, hasta la total satisfacción del crédito que garantiza. La indivisibilidad implica además que es indiferente el cumplimiento parcial de la obligación asegurada o la división de la cosa gravada, pues la misma está afecta al pago de la totalidad de la deuda. Asimismo, el artículo matiza que la prenda y la hipoteca son indivisibles con independencia de que la titularidad de la deuda o del crédito recaiga en los causahabientes del deudor o del acreedor y se divida entre éstos. A ello hay que añadir que tal consecuencia no se altera aunque el crédito o la deuda sean objeto de transmisión por un medio distinto al citado, es decir, la transmisión inter vivos, tanto del sujeto pasivo —deudor— como del activo —acreedor— no afecta a la garantía, ni aun en el caso de que exista pluralidad de sujetos en alguna o las dos partes.

2.- No podrá el heredero deudor, en el caso de haber pagado la parte de la deuda que en calidad de heredero le corresponde, pedir la extinción proporcional de la prenda o la hipoteca. Ello no es más que la confirmación de la indivisibilidad de la hipoteca.

Por lo que se refiere al acreedor, tampoco podrá cancelar la hipoteca ni devolver la prenda aunque haya recibido su parte hasta que la deuda se encuentre totalmente satisfecha. Esta precisión no es sólo consecuencia de la indivisibilidad de la hipoteca, sino de la renuncia de derechos en perjuicios de terceros.

3.- En el caso de que se constituya una prenda o hipoteca sobre varias cosas y cada una de las mismas garantice el cumplimiento de una parte determinada de la obligación, sí podrá cancelarse la hipoteca o devolverla la cosa pignorada cuando se cumpla cada una de la porciones de la obligación asegurada. Pero en este caso no se trata de una excepción a la indivisibilidad de la hipoteca y la prenda, sino una consecuencia lógica de la afección de cada bien al cumplimiento de una parte de la obligación, es decir, de una división de la garantía y la obligación.

JURISPRUDENCIA

«es también elemento característico de la hipoteca como derecho real de garantía dirigido a asegurar el cumplimiento de una obligación, su indivisibilidad; de ahí, que en tanto el débito del que responde no se satisfaga íntegramente seguirá la hipoteca gravando la totalidad del fundo a ella sujeto». (25 febrero 1986, LA LEY 7588-R/1986)

«A la indivisibilidad del derecho de hipoteca, que llevaría aparejada la nulidad de todo el contrato, si uno de los otorgantes es declarado inhábil para contratar». (12 diciembre 1995)

CONCORDANCIAS

Véase Ley Hipotecaria, de 8 febrero 1946 *("B.O.E.",* 29 mayo): arts. 122 a 125.

Artículo 1.861

Los contratos de prenda e hipoteca pueden asegurar toda clase de obligaciones, ya sean puras, ya estén sujetas a condición suspensiva o resolutoria.

COMENTARIO

1.- La redacción de este artículo pone de manifiesto que el mismo no es taxativo sino ejemplificativo, de manera que la prenda y la hipoteca pueden asegurar cualquier obligación; su contenido complementa el artículo 1.857, dado que este último establece que toda obligación principal puede ser asegurada con prenda o hipoteca. Por tanto, puede concluirse: podrá garantizarse el cumplimiento de todo tipo de obligaciones con prenda o con hipoteca, ya sean puras, condicionales, futuras, dinerarias, de hacer o no hacer.

2.- Cuando la obligación asegurada es dineraria, es decir, consiste en la devolución de una cantidad de dinero en un tiempo y forma determinados, no se presentan problemas de entidad en la ejecución de la prenda o la hipoteca. Las dudas surgen en la realización del gravamen cuando la obligación es de hacer, no hacer o de dar algo determinado. En cualquier caso, la obligación garantizada, para ser satisfecha con el precio obtenido por el bien gravado tras su venta en pública subasta, debe, necesariamente, ser transformada en una obligación dineraria. Dicho cambio, no presenta problemas si las partes han determinado, al constituir la garantía, la responsabilidad del deudor, pues en este caso se considera que la cuantía por la que responda el bien gravado es la indemnización por daños y perjuicios derivada del incumplimiento por lo que tras la realización del valor de la cosa, el acreedor recibirá aquella cantidad a la que asciende la responsabilidad del deudor, que es en la que se determinó la indemnización.

Si las partes no han previsto la responsabilidad del deudor, pero si la cantidad máxima por la que responde la cosa gravada o, no han previsto ni siquiera esto último, se habrá de proceder, en primer lugar, a la determinación del alcance económico del incumplimiento y, en segundo lugar, al ejercicio del *ius distrahendi* para la realización del valor del bien y el pago con el precio obtenido al acreedor.

3.- Si la obligación es condicional, ya sea suspensiva o resolutoria o, si es una obligación futura, la prenda y la hipoteca, debido a su carácter accesorio, se verán afectadas por las mismas peculiaridades de la obligación que aseguran.

JURISPRUDENCIA

«El art. 1861 Cód. civ. dice que la hipoteca o la prenda pueden asegurar toda clase de obligaciones, ya sean puras, ya estén sujetas a condición suspensiva o resolutoria. El crédito futuro puede ser considerado jurídicamente como sometido a la condición suspensiva de que llegue a existir, y la garantía quedará entonces condicionada de la misma forma. Además, si la ley admite la hipoteca en garantía de créditos futuros (art. 142 Ley Hipotecaria) y la fianza por deudas futuras (art. 1825 Cód. civ.), no hay obstáculo que impida la constitución de una prenda en garantía de tales obligaciones». (20 junio 2007, LA LEY 51919/2007)

CONCORDANCIAS

Véase:
— Ley Hipotecaria, de 8 febrero 1946 (*«B.O.E.»*, 29 mayo): arts. 105, 142 y 143.
— Reglamento Hipotecario, de 14 febrero 1947 (*«B.O.E.»*, 16 abril): arts. 232 y 238 a 240.

Artículo 1.862

La promesa de constituir prenda o hipoteca sólo produce acción personal entre los contratantes, sin perjuicio de la responsabilidad criminal en que incurriere el que defraudare a otro ofreciendo en prenda o hipoteca como libres las cosas que sabía estaban gravadas, o fingiéndose dueño de las que no le pertenecen.

COMENTARIO

1.- Este artículo contempla, en primer lugar, la promesa de constituir prenda o hipoteca. Dicha promesa tiene como consecuencia la obligación, para cada una de las partes, de desarrollar la conducta necesaria para la constitución de la prenda o hipoteca, es decir, para que el gravamen quede válidamente constituido. Prescribe asimismo, que la misma sólo generará acción personal entre las partes, lo cual supone que el incumplimiento tiene, como consecuencia, el derecho del acreedor a exigir la constitución de la prenda o hipoteca (ejecución forzosa) o subsidiariamente, indemnización de los daños y perjuicios que pudiera haber sufrido.

2.- En segundo lugar, este artículo hace referencia a la responsabilidad criminal que pudiera producirse, pero no por el incumplimiento de la promesa de constituir prenda o hipoteca, sino como consecuencia del fraude que supone el ofrecimiento de pignorar o hipotecar como libre algo que se sabe previamente gravado o, el ofrecimiento de gravar aquello sobre lo que no se ostenta la libre disposición. Dicha puntualización resulta estéril, porque la responsabilidad criminal derivada de la conducta descrita sólo se dará cuando la misma esté tipificada en el Código Penal como delito; además, si el ofrecimiento referido estuviese tipificado, aunque el Código Civil no hiciese referencia alguna, la responsabilidad criminal no variaría lo más mínimo.

JURISPRUDENCIA

«asiste acción personal al acreedor —como ocurre en los supuestos de promesa de constituir hipoteca (art. 1.862 CC)— que la ejercita al efecto, para que la garantía a la que se comprometió la demandada y que, sin duda, asumió, nazca con la plenitud de los efectos propios de su naturaleza de derecho real, que no tiene hasta el momento, pero que puede adquirir, por constar todos los datos necesarios, bien con la colaboración voluntaria de la demandada, ya con la sustitución de su consentimiento por la declaración judicial. De no accederse a ello y de entenderse que la recurrente sólo asumió un crédito personal, sin obligación de constituir la garantía hipotecaria, que creyó erróneamente constituida, podría traficar con la diferencia de valor económico y llegar a que el crédito de la actora resultase perjudicado». (6 abril 1996, LA LEY 4637/1996)

CONCORDANCIAS

Véase Código Penal: art. 251.

CAPÍTULO II
DE LA PRENDA

Artículo 1.863

Además de los requisitos exigidos en el artículo 1.857, se necesita, para constituir el contrato de prenda, que se ponga en posesión de ésta al acreedor, o a un tercero de común acuerdo.

COMENTARIO

1.- La prenda, en cuanto derecho real de realización de valor, tiene las mismas especialidades y características que la hipoteca. Existen dos caracteres diferenciadores entre ambas figuras; el primero radica en la cosa sobre el que una y otra son susceptibles de imponerse, así la hipoteca puede recaer tanto sobre cosa inmueble o un derecho real enajenable que recaiga sobre aquél como sobre cosas muebles expresamente enumerados en la Ley de Hipoteca Mobiliaria, mientras que la prenda sólo podrá gravar cosas muebles; el segundo, es el traslado posesorio del bien gravado que conlleva la constitución de la prenda y no la hipoteca.

2.- Es consustancial al contrato de prenda que la cosa sobre la que se constituye sea objeto de traslado posesorio, es decir, pase a la posesión bien del acreedor pignoraticio, bien de un tercero elegido por las partes. Este desplazamiento posesorio supone, obviamente, la pérdida para su titular de la utilidad de la cosa, pero sin que ello signifique que el nuevo poseedor tenga derecho a usar, en modo alguno, la misma. La prenda es un derecho de realización de valor lo cual quedaría desvirtuado si se reconociese al acreedor pignoraticio o tercer poseedor el derecho de uso de la cosa.

3.- Si quien ostenta la posesión es el acreedor pignoraticio éste es el poseedor inmediato; si las partes estipulan que ostente la posesión de la misma un tercero, el acreedor pignoraticio sea poseedor mediato, a través de la posesión inmediata de dicho tercero.

JURISPRUDENCIA

«La calificación de aquel negocio jurídico de 24 de octubre de 1995 es de constitución de un derecho real de prenda y así se ha aceptado en el curso de los autos y en las sentencias de instancia. La que, como ya recogió la sentencia de esta Sala de 26 de septiembre de 2002, como prenda de derechos es el derecho real de prenda que no recae sobre una cosa, sino sobre un derecho y al acreedor pignaticio se le transmite, no la posesión de la cosa, sino el poder en que el derecho consiste, que le permite realizarlo. En el caso de prenda sobre derecho de crédito se producen los mismos efectos que la posesión, por la notificación al deudor y por la facultad del acreedor pignoraticio de percibir directamente el crédito que ha sido objeto de aquella prenda. Es verdaderamente una prenda de derecho el crédito frente al Estado. El acreedor pignoraticio podrá ejercitar en su día y percibir directamente el crédito objeto de la prenda que, si es de dinero, cumplirá con él la obligación garantizada. Hasta este momento no hay transmisión del crédito: éste se produce si se incumple la obligación garantizada... ...El concepto del derecho de prenda implica la posesión de la cosa pignorada por el acreedor pignoraticio; en la prenda del derecho de crédito no cabe tal posesión, sino que se sustituye por la notificación al deudor y no se exige una inscripción constitutiva». (3 febrero 2009, rec. 2310/2003, LA LEY 1901/2009)

Artículo 1.864

Pueden darse en prenda todas las cosas muebles que están en el comercio, con tal que sean susceptibles de posesión.

COMENTARIO

1.- El texto legal contempla las cosas que pueden ser pignoradas, y lo hace a través de una proposición muy abierta en la que sólo aparecen como requisitos la categoría mueble de la cosa, la enajenabilidad de la posesión.

2.- En principio, no parece que la determinación de las cosas que pueden ser objeto de prenda implique grandes problemas, pues el primer requisito, la categoría mueble de la que debe gozar la cosa para ser pignorada, se determina aplicando las normas que el Código Civil contiene en los arts. 335 y 336; respecto del segundo, basta con tener presentes las normas sobre enajenación de bienes; y el último, se resuelve también aplicando el primero de los dos artículos ya citados. No obstante, a pesar de que todo ello disipa gran parte de las dudas que se pueden plantear respecto de la posibilidad de pignorar un bien, no resuelve todos los problemas que pueden darse, de modo que quedan algunos casos particulares sobre los que no está clara la posibilidad de pignorar, como son:

a) Prenda de dinero. Cabe distinguir dos situaciones: la primera, en la que se recibe en prenda una cantidad de dinero, previamente señalado y el acreedor debe devolver, en ese caso la prenda se ajustaría a las normas establecidas para la misma y es plenamente admisible; la segunda posibilidad consiste en que el acreedor pignoraticio (o un tercero designado de mutuo acuerdo entre las partes) reciba del deudor una cantidad de dinero debiendo devolver la misma cantidad si la obligación se cumpliese, pero no el mismo dinero, en cuyo caso se está en presencia de la llamada prenda irregular. Esta recae sobre dinero u otra cosa fungible y el acreedor pignoraticio no tiene que devolver la misma cosa, sino otro tanto de la misma especie y calidad. Lo cual implica que el acreedor no tiene la mera posesión, sino la propiedad de la cosa fungible pignorada. Por lo que no hay verdadera prenda en sentido jurídico, aunque sí en sentido económico. Por ello se llama prenda irregular, porque no coincide con la plenitud de la normativa de la ordinaria. Así, en esta prenda irregular, el acreedor pignoraticio adquiere la propiedad de la cosa, al constituirse la prenda; si se cumple la obligación garantizada, deberá devolver al constituyente de la prenda otro tanto de la misma especie y calidad; si se incumple, imputará el valor de la cosa a la obligación (que se incumplió).

b) Prenda de cosa futura. Dado que uno de los requisitos de la prenda es el traslado posesorio no puede entenderse posible la prenda de cosa futura pues dicho traslado deviene imposible.

c) Prenda de cosa ajena. El art. 1.857.2.º exige que la cosa pignorada sea de propiedad de quien constituye la prenda, lo cual excluye la posibilidad de pignorar algo ajeno. Las dudas se planean en aquellos casos en que no siendo el deudor dueño de la cosa cuando la pignora, la adquiera con posterioridad. Tampoco debe admitirse en este caso la prenda como válidamente constituida, pues si no era dueño en el momento de la constitución de la prenda, no podrá sanarse el contrato que no llegó a nacer.

d) Prenda de derechos. Si el derecho de prenda se constituye, no sobre una cosa, sino sobre un derecho, será un prenda especial, prenda de derechos. Al acreedor pignoraticio se le transmite no la posesión de la cosa, sino el poder en que el derecho consiste (*ius retentionis*) y la facultad de realizar el derecho (*ius distrahendi*). Sobre la naturaleza jurídica, se reproduce toda la problemática de los derechos sobre derechos. Se puede afirmar que el derecho de prenda sobre un derecho recae, en realidad, sobre la cosa o prestación objeto de este último.

El derecho de prenda de un derecho real será posible, si éste es transmisible (como el usufructo). El derecho de prenda de un derecho de crédito es posible, aunque no quepa propiamente una posesión; cabe, sin embargo, que se produzcan los mismos efectos de una posesión, por la notificación al deudor; para la realización de esta prenda se aplicará por analogía los arts. 486 y 507 relativos al usufructo de créditos; así, el acreedor pignoraticio podrá ejercitar y percibir directamente el crédito objeto de la prenda; si es dinero, cumplirá con él la obligación garantizada; si consiste en entrega de una cosa, adquirirá sobre ella un derecho de prenda ordinaria si es mueble o de hipoteca si es inmueble, que realizará, a su vez, en la forma ordinaria.

e) Prenda sobre valores cotizables. Sí es admisible la prenda de valores cotizables que contempla el último párrafo del art. 1.872.

JURISPRUDENCIA

«La prenda de derechos es el derecho real de prenda que no recae sobre una cosa, sino sobre un derecho y al acreedor pignaticio se le transmite, no la posesión de la cosa, sino el poder en que el derecho consiste, que le permite realizarlo. En el caso de prenda sobre derecho de crédito se producen los mismos efectos que la posesión, por la notificación al deudor y por la facultad del acreedor pignoraticio de percibir directamente el crédito que ha sido objeto de aquella prenda». (26 septiembre 2002, LA LEY 7810/2002)

«Se trata por tanto de una norma imperativa (la no transmisibilidad 'inter vivos') que impedía la constitución de la garantía real de prenda sobre la deuda pública especial de conformidad con lo dispuesto en el artículo 1864 del Código Civil (cosa mueble fuera del comercio), dando lugar su contravención a la nulidad del negocio y, por tanto, del título que sirvió de base para el seguimiento del juicio ejecutivo n.º 17/96, cuya nulidad se postuló en la demanda argumentando además, como ahora se reitera en la formulación del motivo tercero, que siendo garante de la obligación mediante la constitución de la prenda una persona distinta del deudor —lo que permite el artículo 1857 del Código Civil— tal hecho no lo convierte en fiador personal frente al que pudiera reclamarse íntegramente la deuda por vía ejecutiva con la consecuencia de que su responsabilidad no quedaría limitada al valor de la prenda, sino que se extendería a todos sus bienes». (23 noviembre 2006, LA LEY 144995/2006)

«La cuestión de si los créditos pueden ser objeto de prenda ha sido estudiada y resuelta por la jurisprudencia de esta Sala en un sentido positivo. A sus sentencias de 19 de abril y 7 de octubre de 1977, 27 de octubre de 1999, 25 de junio de 2001, 26 de septiembre de 2002 y 10 de marzo de 2004, nos remitimos para evitar superfluas repeticiones. Ha de resaltarse, además, que esta jurisprudencia ha encontrado su respaldo en la Ley Concursal de 9 de julio de 2003, que reconoce la aptitud de los créditos para ser objeto de derecho real de prenda, con el consiguiente privilegio especial del acreedor pignoraticio sobre ellos (art. 91.1.6.º)». (20 junio 2007, LA LEY 51919/2007)

CONCORDANCIAS

Véase arts. 437, 1.271 y 1.272 de este Código.

Artículo 1.865

No surtirá efecto la prenda contra tercero si no consta por instrumento público la certeza de la fecha.

COMENTARIO

Este artículo sanciona la efectividad de la prenda frente a terceros siempre que conste en documento público la fecha de la misma. Ello supone que la prenda se perfecciona entre las partes, desde su constitución, siempre que cumpla los requisitos de validez, y sin que sea necesario que conste en documento público; así la constitución de la prenda podrá llevarse a acabo por cualquiera de las formas de constitución de los derechos reales.

Por lo que respecta a los terceros, la prenda será eficaz desde que conste en documento público; así la constitución de la prenda podrá llevarse a cabo por cualquiera de las formas de constitución de los derechos reales. Por lo que respecta a los terceros, la prenda será eficaz desde que conste en documento público, pero ello no es más que una reiteración del contenido del artículo 1.218 del Código Civil.

JURISPRUDENCIA

«El derecho de prenda es un derecho real de garantía que para asegurar el cumplimiento de una obligación otorga a su titular el poder sobre una cosa mueble que le permite po-seerla y, si se incumple aquélla, realizarla. Se constituye, además de otros medios, por contrato. Siendo todo derecho real oponible erga omnes, sin embargo el art. 1.865 CC dispone que sólo lo será desde que consta por instrumento público la certeza de la fecha. Y la sentencia de instancia declara como hecho, inatacable en casación, que no hay ningún dato que permita entender que la constitución de la prenda fue anterior al 28 de diciembre de 1993». (26 marzo 1997, LA LEY 4174/1997)

CONCORDANCIAS

Véase arts. 1.278 y ss. de este Código.

Artículo 1.866

El contrato de prenda da derecho al acreedor para retener la cosa en su poder o en el de la tercera persona a quien hubiese sido entregada, hasta que se le pague el crédito.

Si mientras el acreedor retiene la prenda, el deudor contrajese con él otra deuda exigible antes de haberse pagado la primera, podrá aquél prorrogar la retención hasta que se le satisfagan ambos créditos, aunque no se hubiese estipulado la sujeción de la prenda a la seguridad de la segunda deuda.

COMENTARIO

1.- Este artículo contempla, en primer lugar, el derecho de retención de la cosa gravada, que tiene el acreedor pignoraticio o el tercero a quien se entregó la cosa, en tanto no se cumpla la obligación garantizada; y en segundo lugar, el derecho del acreedor a prolongar la retención de la prenda si el deudor, antes de pagar su primera deuda, contrajese una segunda deuda exigible antes que aquélla, con independencia de que se estipule la sujeción de la prenda a la seguridad de la segunda deuda.

2.- El derecho de retención contemplado en el primer párrafo no plantea problemas de entidad. Su contenido es, exclusivamente, el de continuar poseyendo mediata o inmediatamente, sin que exista obligación alguna de instar la venta de la cosa. La situación posesoria no tiene más límite temporal que el de la prescripción de la obligación garantizada, es decir, que prescrita ésta desaparece el derecho de prenda y el derecho de retención.

3.- El segundo párrafo contempla la extensión del derecho de retención. Tal derecho sólo se da si concurren los dos requisitos siguientes: a) que exista entre deudor y acreedor dos o más deudas, estando la primera garantizada con prenda y sin garantía alguna la segunda; y b) que la segunda deuda venza antes que la primera. Si se dan ambos requisitos el acreedor tendrá el derecho de prolongar la retención de la cosa pignorada hasta el cumplimiento de la segunda obligación, pero no tendrá el derecho de instar la realización de la cosa (*ius distrahendi*) en caso de incumplimiento de dicha segunda obligación; sólo contempla el texto legal la extensión del derecho de retención, no la extensión del derecho de prenda. Lo anterior implica, además, que no tendrá, el acreedor pignoraticio, un derecho preferente frente a otros acreedores, por lo que tal prolongación del derecho de retención tiene escasa relevancia práctica.

JURISPRUDENCIA

«Sobre esta cuestión, hay que tener ineludiblemente en cuenta la emblemática sentencia de esta Sala de 24 de junio de 1941, que ha sido desarrollada por importante doctrina civilista, en el sentido de exigir a esta figura de garantía dos requisitos esenciales, como son: a) Que entre el acreedor pignoraticio y el deudor principal existan dos o más deudas, de las que la primera de ellas esté garantizada con prenda, mientras que sobre la segunda no se ha pactado garantía alguna, y b) que la segunda deuda, que carece de garantía, tenga vencimiento anterior a la primera que se constituyó y que está garantizada con la prenda. En resumen, que lo que se pretende en el art. 1.866 CC, es otorgar al acreedor la facultad de prorrogar la retención de la cosa dada en prenda a otras deudas, en principio no garantizadas con tal prenda, pero ello no significa que dicha prenda pueda ser realizada en caso de incumplimiento en "esas otras deudas" para su satisfacción, y ni mucho menos que con ello pueda perjudicarse a terceros afectados por la deuda principalmente garantizada». (21 febrero 1997, LA LEY 1990/1997)

CONCORDANCIAS

Véase art. 1.926.1.º de este Código.

Artículo 1.867

El acreedor debe cuidar de la cosa dada en prenda con la diligencia de un buen padre de familia; tiene derecho al abono de los gastos hechos para su conservación, y responde de su pérdida o deterioro conforme a las disposiciones de este Código.

COMENTARIO

1.- El Código contempla el deber del acreedor de cuidar la cosa pignorada, nada dice respecto al deber del tercer poseedor de la misma, pero es obvio que deben aplicarse las mismas reglas a ambos.

2.- El deber de cuidado del poseedor de la cosa es difícilmente determinable de forma abstracta, de manera que hay que contemplar cada caso concreto y ateniendo a los distintos condicionantes que concurran. No obstante, sí puede apuntarse un esquema de la responsabilidad del poseedor, en caso de pérdida o deterioro de la cosa, según las diversas circunstancias que concurran. Así, el poseedor no responderá de la pérdida o deterioro del objeto si ésta se da por caso fortuito, fuerza mayor o debido a vicios ocultos de la cosa, aunque en todos los casos corresponde la carga de la prueba al poseedor; si la pérdida o deterioro es debida al dolo con el que actuó el poseedor, éste deberá responder de ella, y si la causa es la falta de diligencia sin que concurra dolo, deberá responder también pero según la graduación que establezcan los Tribunales.

3.- El artículo se refiere también, y como consecuencia del deber de conservación, al derecho del acreedor al reembolso de los gastos realizados para el cuidado y mantenimiento de la cosa en buen estado. El citado derecho se refiere exclusivamente a los gastos de conservación, no es aplicable a los gastos de adorno, mejora, o de índole similar de la cosa.

Si el poseedor realizase tales gastos no podrá repercutir los mismos al deudor. La falta de reembolso de dichos gastos da derecho a la retención de la cosa. Por último, si la posesión de la cosa le ocasionare al acreedor algún perjuicio, éste no será tampoco repercutible, no puede aplicarse por analogía las normas del depósito, pues el acreedor asume la posesión en su propio beneficio y debe asumir también los riesgos de esa posesión.

CONCORDANCIAS

Véase arts. 1.094 a 1.096 de este Código.

Artículo 1.868

Si la prenda produce intereses, compensará el acreedor los que perciba con los que se le deben; y si no se le deben, o en cuanto excedan de los legítimamente debidos, los imputará al capital.

COMENTARIO

1.- El Código Civil contempla la posibilidad de compensar los intereses de la obligación asegurada con los frutos que produzca la cosa, y, si la obligación no produjese intereses, aplicarlos al pago de la misma.

2.- Aunque en principio no ofrece dudas el contenido del artículo, no es así cuando se analiza más detenidamente, porque los frutos deberán ser previamente valorados y convertidos en dinero para que pueda aplicarse, la cantidad a la que los mismos ascienda, al pago de los intereses o de la deuda principal si aquéllos no se dieran o se hubiesen satisfecho ya.

JURISPRUDENCIA

«Conclusión favorable a considerar gravados, ex voluntate, los intereses que se reafirma en su validez si se tiene en cuenta que la llamada compensación anticrética, esto es, la imputación de los frutos civiles de la cosa a los intereses de la deuda garantizada y, si procede, al capital, está expresamente admitida en el Código Civil para los casos en que la prenda produzca intereses (artículo 1868), como lo estaba en el artículo 1777 del Proyecto de 1851 y, anteriormente, en el Código justinianeo (Codex IV.XXIV.I: ex pignore percepti fructus imputantur in debitum...), así como, hoy, en otras legislaciones españolas (artículo 471 de la

Ley 1/1973, de 1 de marzo, por la que se aprobó la Compilación del Derecho Civil formal de Navarra; artículo 2.1b de la Ley catalana 22/1991, de 29 de noviembre, de Garantías Posesorias sobre Cosa Mueble)». (2 diciembre 2005, rec. 1541/1999)

CONCORDANCIAS

Véase art. 1.173 de este Código.

Artículo 1.869

Mientras no llegue el caso de ser expropiado de la cosa dada en prenda, el deudor sigue siendo dueño de ella.

Esto no obstante, el acreedor podrá ejercitar las acciones que competan al dueño de la cosa pignorada para reclamarla o defenderla contra tercero.

COMENTARIO

1.- El primer párrafo del artículo contiene una declaración innecesaria, porque es inherente a los derechos reales de realización de valor el hecho de que el propietario del bien gravado conserve su derecho de propiedad sobre la cosa. El dominio de la cosa corresponde a su titular al margen de que el derecho real de que se trate implique o no desplazamiento posesorio.

2.- El segundo párrafo sí contiene aspectos de importancia respecto del acreedor. Contempla el derecho del acreedor a *ejercitar acciones* que correspondan al propietario siempre que estén aquéllas encaminadas a defender su derecho, ya sea reclamando la cosa pignorada, o defendiéndola ante un tercero.

Las acciones citadas se fundan en la defensa del derecho del acreedor, por tanto, derivan de la constitución del derecho de prenda, lo cual implica, que las mismas corresponden al acreedor pignoraticio en lugar de al propietario de la cosa.

Si las acciones no correspondiesen al acreedor por derecho propio, éste debería ejercer la defensa de la cosa subrogándose en el derecho del dueño, es decir, que la ley le reconoce al acreedor el derecho de ejercer la defensa de la cosa, siempre que ello comporte la defensa de su crédito. Ello implica además, que tales acciones pueden ir encaminadas a cesar cualquier acto que redunde en perjuicio del acreedor pignoraticio con independencia de que las mismas las realice un tercero o el propio dueño de la cosa.

Artículo 1.870

El acreedor no podrá usar la cosa dada en prenda sin autorización del dueño, y si lo hiciere o abusare de ella en otro concepto, puede el segundo pedir que se la constituya en depósito.

COMENTARIO

1.- El texto legal establece la prohibición para el acreedor de usar la cosa. Dicha prohibición debe ser considerada siempre incardinada en la naturaleza de la cosa, de modo que, dependiendo del bien pignorado, el uso puede ser un acto tendente a la conservación del mismo, en cuyo caso, obviamente, estaría, no sólo permitido, sino que sería de obligado cumplimiento.

2.- El segundo inciso de este artículo constituye el reverso del segundo párrafo del artículo anterior, en el sentido de que aquél legitimaba al acreedor para defender su derecho y proteger, en consecuencia, su garantía, y el presente inciso, hace lo propio respecto del dueño de la cosa, es decir, legitima al mismo para que la defienda, en este caso, del acreedor pignoraticio. Ahora bien, a lo anterior hay que añadir que aunque el Código Civil no lo diga, el deudor tiene acción también frente a cualquier tercero depositario de la cosa que la use sin autorización o que abuse de ella de cualquier modo.

CONCORDANCIAS

Véase art. 1.859 de este Código.

Artículo 1.871

No puede el deudor pedir la restitución de la prenda contra la voluntad del acreedor mientras no pague la deuda y sus intereses, con las expensas en su caso.

COMENTARIO

Este artículo corrobora el sentido de la prenda como derecho de garantía, y lo hace reconociendo al acreedor el derecho a permanecer en la posesión de la cosa, ya sea de forma inmediata, ya de forma mediata, hasta que la obligación garantizada no haya sido cumplida y los gastos derivados del depósito y conservación de la cosa abonados.

Artículo 1.872

El acreedor a quien oportunamente no hubiese sido satisfecho su crédito, podrá proceder por ante Notario a la enajenación de la prenda. Esta enajenación habrá de hacerse precisamente en subasta pública y con citación del deudor y del dueño de la prenda en su caso. Si en la primera subasta no hubiese sido enajenada la prenda, podrá celebrarse una segunda con iguales formalidades; y, si tampoco diere resultado, podrá el acreedor hacerse dueño de la prenda. En este caso estará obligado a dar carta de pago de la totalidad de su crédito.

Si la prenda consistiere en valores cotizables, se venderán en la forma prevenida por el Código de Comercio.

COMENTARIO

1.- Este artículo contempla el proceso de enajenación de la cosa pignorada, es decir, las normas para la realización del valor de la misma siempre que medie el incumplimiento de la obligación asegurada. Pero las normas contenidas en este artículo no son más que un mero resumen de las contempladas en la LHMPD, de manera que no hace referencia alguna a la valoración previa a la subasta, al anuncio público de la misma con suficiente antelación para que sea efectivo, así, en todo lo no previsto por el Código Civil habrá que estar a lo dispuesto por la citada Ley.

No obstante la parquedad del artículo, sí contiene la consecuencia que se produce en el caso de que la segunda subasta quede desierta. En dicho caso el acreedor podrá apropiarse de la cosa entregando carta de pago al deudor por la totalidad del crédito; puede considerarse como una variante del pacto comisorio, peor no hay que olvidar que sólo surge tal derecho después de haber seguido los trámites para la realización del valor de la cosa sin que se haya conseguido resultado positivo alguno, por lo que, en realidad, no es más que un modo subsidiario de saldar la deuda entre las partes.

2.- Nada dice el texto legal de la preferencia del acreedor pignoraticio respecto de otros posibles acreedores del deudor, pero se deriva la preferencia de la propia naturaleza de la prenda.

3.- En el caso de que la prenda se haya constituido sobre valores cotizables en bolsa el procedimiento para la realización de su valor, siempre una vez que se ha cumplido la obligación asegurada, no es el prescrito en el Código Civil y desarrollado en la LHMPD, sino el contemplado para la enajenación de tales efectos en el Código de Comercio, es decir, el recogido en su art. 322.

JURISPRUDENCIA

«los términos "podrá" y "salvo pacto en contrario" de los arts. 1.872 CC y 323 CCom., no tienen la interpretación facultativa que les da el juzgador a quo sino que el término "podrá" del art. 1.872 quiere decir que el acreedor está facultado y no obligado a utilizar el procedimiento que el precepto establece, pudiendo prescindir de él sin abandonar sus derechos a la prenda, pues podrá proceder a la realización de su crédito persiguiendo otros bienes del deudor». (26 diciembre 1995, LA LEY 10790/1996)

«Arrogándose el poder de ejecutar, por sí y ante sí se ha acogido el art. 1.872 CC, y ha subastado notarialmente el inmueble y las joyas transmitidas en garantía por el deudor, sin tener en cuenta algo que parece obvio, y es que el precepto citado, en el que trata de amparar su conducta, está dictado sólo y exclusivamente para la realización de un derecho real de prenda, mientras que ella tenía un derecho real atípico, no regulado legalmente, con los caracteres que antes le hemos asignado. En la transmisión de la propiedad con fines de garantía, ante la falta de todo convenio de las partes sobre la realización de los bienes, ni el acreedor puede apropiárselos porque incurriría en la prohibición del pacto comisorio, que es una prohibición aplicable a toda garantía dada las razones de moralidad e interés general en que se asienta, ni puede determinar el procedimiento de realización forzosa de su crédito: ha de hacerlo acudiendo a las normas de procedimiento legalmente establecidas, que son de ius cogens y de interés público, cuya observancia obliga a los jueces y tribunales a declarar de oficio las nulidades de cuantos actos la contravengan». (13 mayo 1998, LA LEY 58095/1998)

CONCORDANCIAS

Véase:
— art. 1.858 de este Código.
— Código de Comercio: arts. 322, 323 y 324.

Artículo 1.873

Respecto a los Montes de Piedad y demás establecimientos públicos, que por instituto o profesión prestan sobre prendas, se observarán las leyes y reglamentos especiales que les conciernan y subsidiariamente las disposiciones de este título.

COMENTARIO

Este artículo es una norma de remisión; establece que las prendas establecidas por las entidades cuyo objeto sea el préstamo con garantía pignoraticia se regularán de acuerdo con lo dispuesto por la legislación especial aplicable a tales efectos. No obstante, es también de carácter supletorio, dado que prescribe la aplicación del Código Civil en todo lo no previsto por la legislación especial.

CONCORDANCIAS

Véase Ley de la Represión de la Usura, de 23 de julio de 1908 («Gaceta», 24 julio): art. 15.

CAPÍTULO III
DE LA HIPOTECA

Artículo 1.874

Sólo podrán ser objeto del contrato de hipoteca:

1.º Los bienes inmuebles.

2.º Los derechos reales enajenables con arreglo a las leyes, impuestos sobre bienes de aquella clase.

COMENTARIO

1.- El texto legal contempla el objeto de la hipoteca; las cosas inmuebles y los derechos reales enajenables que recaigan sobre ellos. Hay que hacer una puntualización; no es susceptible de hipoteca la cosa inmueble, sino que lo que se hipoteca es el derecho real de propiedad (o cualquier derecho real enajenable) que recae sobre el mismo. En consecuencia, si el objeto de la hipoteca es el derecho real que recae sobre un inmueble, puede concluirse que son susceptibles de hipoteca: los derechos reales que recaigan sobre un bien inmueble, ya sean el derecho real de propiedad pleno o cualquier derecho real limitado.

2.- No obstante, la afirmación anterior no es completa, pues este artículo contempla un requisito, respecto a los derechos reales limitados, que debe hacerse extensivo al derecho real de propiedad; para que los derechos reales puedan ser objeto de hipoteca deben ser enajenables de acuerdo con la Ley. Ahora bien, tal exigencia, más que una condición propia de la hipoteca, es una consecuencia del carácter de la misma, es decir, constitución de la hipoteca implica un acto de disposición del bien que implica a su vez, la aptitud intrínseca del mismo para ser enajenado; por tanto, es obvio que no podrá ser hipotecado aquello que no es enajenable. Lo anterior supone que no es susceptible de hipoteca: el derecho real de uso y habitación y las servidumbres legales de forma independiente del predio dominante.

JURISPRUDENCIA

«la esencia de la garantía hipotecaria estriba en la facultad "erga onmes", que le es inherente, de promover la realización del valor del bien hipotecado con la consiguiente enajenación del mismo en la subasta pública como instrumento legal de tal realización de valor, lo que no puede ser desconocido por nadie». (6 octubre 1993, LA LEY 14104/1994)

«principio de veda la hipoteca de propietario, que pareció oportuno conservar en nuestro sistema hipotecario en armonía con el apotegma "nemine res sua servit" —la hipoteca constituye un "ius in re aliena"— y el carácter accesorio (E. de M. de la L 1944; Res. 17 Ene. 1994), pues (sin necesidad de entrar aquí en la incidencia de la hipoteca de seguridad en el principio de la especialidad), se entiende que se vulneraría tal prohibición cuando se constituye una hipoteca en favor de cualquier deuda futura de no importa que acreedor (Res. 22 Mar. 1988), o cuando la hipoteca constituida supone una reserva de rango abstracta (prohibida en nuestro Derecho, Ress. 5 Nov. 1990, 17 Ago. 1993) por no constar el desembolso o entrega alguna de dinero en contrapartida a los títulos suscritos». (16 noviembre 2000, LA LEY 131251/2001)

CONCORDANCIAS

Véase:

— Ley Hipotecaria, de 8 febrero 1946 (*«B.O.E.»,* 29 mayo): arts. 104 y ss.

— Ley de Hipoteca Mobiliaria y prenda sin desplazamiento de posesión, de 16 diciembre 1954 (*«B.O.E.»,* 18 diciembre): art. 12.

Artículo 1.875

Además de los requisitos exigidos en el artículo 1.857, es indispensable, para que la hipoteca quede válidamente constituida, que el documento en que se constituya sea inscrito en el Registro de la Propiedad.

Las personas a cuyo favor establece hipoteca la ley, no tienen otro derecho que el de exigir el otorgamiento e inscripción del documento en que haya de formalizarse la hipoteca, salvo lo que dispone la Ley Hipotecaria en favor del Estado, las provincias y los pueblos, por el importe de la última anualidad de los tributos, así como de los aseguradores por el premio del seguro.

COMENTARIO

1.- El Código contempla en este artículo el carácter constitutivo de la inscripción de la hipoteca, el alcance de las hipotecas legales y el de las hipotecas tácitas.

2.- *Carácter constitutivo de la inscripción de la hipoteca*: el art. 1.857 señala los requisitos que deben reunir prenda e hipoteca para su válida constitución; a ellos hay que añadir, respecto de la hipoteca, el de la inscripción de ésta en el Registro de la Propiedad. El fundamento de dicha inscripción se encuentra en el hecho de que la hipoteca supone, por su propia naturaleza, la ausencia de traslado posesorio del bien sobre el que se impone el gravamen, y tal falta de posesión implica, para el acreedor hipotecario, un obstáculo a la publicidad de su derecho a la vez que una excepción al carácter de inmediatez del que participan todos los derechos reales.

La inscripción resuelve tanto el problema de la publicidad como el de la inmediatividad del derecho real, dado que esta última se materializa a través de las facultades que le corresponden al acreedor hipotecario (siempre que la hipoteca haya sido constituida válidamente) por el hecho de la constitución del gravamen.

Respecto a las consecuencias de la necesidad de inscripción, son básicamente dos, la primera: si faltase tal inscripción aún cumpliéndose todos los requisitos exigidos para la válida constitución de la hipoteca, ésta no existirá como tal hipoteca, es decir, no se entenderá constituido el derecho real; y la segunda: entre las partes, existirá un contrato de préstamo, un reconocimiento de deuda o cualquier otro contrato típico o atípico, con efecto *inter partes*, ya que es válido el negocio jurídico de constitución de hipoteca, quedan obligadas y deberán practicar la inscripción.

3.- Las *hipotecas legales*: en el segundo párrafo el artículo prevé el derecho que ostentan las personas a cuyo favor se establece la hipoteca legal. Este derecho consiste en la facultad de exigir que se constituya la hipoteca, es decir, el texto legal reconoce a dichas personas el poder de exigirle al titular dominical que otorgue, en favor suyo, escritura en la que se constituya el derecho real de hipoteca y que acceda la misma al Registro de la Propiedad. Consecuencia de lo anterior es que no existirá la hipoteca por el hecho de que la Ley establezca el derecho de hipoteca legal en favor de determinadas personas, sino que nacerá el gravamen desde el momento en que el titular de tal derecho ejerza la facultad que el Código le reconoce, esto es, exija la constitución de la misma y ésta se lleve a cabo.

4.- Las *hipotecas tácitas* el texto legal contempla, a través de la remisión a la Ley Hipotecaria (arts. 193 a 197), una excepción a la inscripción de la hipoteca en cuanto elemento constitutivo de la hipoteca. El estado, las Provincias y los Municipios tendrán derecho a cobrar el importe al que asciendan los impuestos que graven la propiedad con preferencia absoluta respecto de cualquier tercero, incluso, respecto al acreedor hipotecario que tenga inscrito su derecho con anterioridad al devengo del impuesto, sin que sea necesario que tales entes públicos exijan la inscripción de su derecho.

JURISPRUDENCIA

«En el caso presente se ha constituido una hipoteca ante Notario para garantizar obligaciones contenidas en títulos al portador, conforme prevé el artículo 150 de la Ley Hipotecaria. Tal hipoteca debe inscribirse en el Registro de la Propiedad como esencial para la constitución de toda hipoteca y así lo especifica para este caso el artículo 154 que exige además que en el título se haga constar la fecha y el Notario y los datos de la inscripción en el Registro de la Propiedad y el artículo 247 del Reglamento Hipotecario exige que los títulos tengan doble matriz, una de las cuales de deposita en el Registro de la Propiedad. Nada de esto se ha cumplido en el caso presente: la hipoteca no se ha inscrito en el Registro de la Propiedad, por lo cual es inexistente como derecho real de garantía (artículo 1875 del Código civil); en consecuencia, en el título al portador no constan los datos de la inscripción; tampoco existe doble matriz, ni en consecuencia, una de ellas se ha depositado. Por tanto, la obligación hipotecaria en que se ha basado la demanda carece de los requisitos esenciales para ser un título; una obligación al portador reúne los requisitos y vale como título valor o carece de toda validez; no existen obligaciones al portador, ya que la obligación es una relación jurídica entre una concreta persona —acreedor— que tiene el derecho —derecho de crédito— a exigir una prestación y otra concreta persona —deudor— que tiene el deber —deber jurídico— de cumplirla; lo que sí existen son títulos valores y éstos pueden ser al portador, exigibles siempre que reúnan los requisitos, que no los reúne en el caso presente». (17 noviembre 2006, LA LEY 138563/2006)

«Se trata de la constitución de una hipoteca en garantía de una cantidad máxima; es la hipoteca de máximo, variante de la hipoteca de seguridad, admitida en nuestro Derecho (artículo 153 de la Ley Hipotecaria), cuya hipoteca, como derecho real, no llegó a perfeccionarse por falta de su inscripción en el Registro de la Propiedad, elemento constitutivo del mismo (artículo 1875 del Código civil).

Sin embargo, debe distinguirse el negocio jurídico de constitución de hipoteca, formal o solemne, del derecho real. La inscripción en el Registro de la Propiedad es elemento constitutivo del derecho real de hipoteca. Pero aquel contrato constitutivo de hipoteca queda perfeccionado cuando han concurrido sus elementos, incluida la forma y desde tal momento las partes quedan obligadas: se ha formado la relación jurídica que les vincula entre ellos y sin alcanzar a tercero (artículos 1255 y 1257 del Código civil)». (18 octubre 2007, LA LEY 161999/2007)

Véase sentencia de 25 octubre 2004, consignada en el art. 1857.

CONCORDANCIAS

Véase:
— Ley Hipotecaria, de 8 febrero 1946 (*«B.O.E.»*, 29 mayo): arts. 145, 158, 159 y 193 y ss.

— Ley de Hipoteca Mobiliaria y prenda sin desplazamiento de posesión, de 16 diciembre 1954 (*«B.O.E.»*, 18 diciembre): art. 3.
— Reglamento Hipotecario, de 14 febrero 1947 (*«B.O.E.»*, 16 abril): arts. 270 y 271.

Artículo 1.876

La hipoteca sujeta directa e inmediatamente los bienes sobre que se impone, cualquiera que sea su poseedor, al cumplimiento de la obligación para cuya seguridad fue constituida.

COMENTARIO

Este artículo no viene sino a sancionar la naturaleza de la hipoteca como derecho real. Destaca la sujeción del bien gravado al cumplimiento de la obligación con absoluta independencia de quien posea el mismo, y de quien sea su titular si hubiese sido transmitido su dominio.

JURISPRUDENCIA

«Según autorizada doctrina científica, la hipoteca de máximo, que se sitúa dentro del grupo genérico de las hipotecas de seguridad, y que, salvo en la modalidad de hipoteca de garantía de apertura de crédito en cuenta corriente, carece de regulación global específica en nuestra legislación hipotecaria, es la que se constituye por una cantidad máxima, en garantía de créditos indeterminados en su existencia o cuantía, que sólo se indican en sus líneas fundamentales, y cuya determinación se efectúa por medios extrahipotecarios; de este concepto se desprenden las siguientes notas básicas en esta clase de hipoteca: a) fijación de un límite superior de responsabilidad hipotecaria; b) indeterminación de la existencia o cuantía de los créditos garantizados por la misma; c) indicación del crédito en sus líneas fundamentales; y d) concreción por medios extrahipotecarios del crédito que en definitiva resulte garantizado». (27 mayo 2002, LA LEY 5802/2002)

«hipoteca voluntaria, de las denominadas de máximo, en la singularidad de las constituidas en garantía de cuentas corrientes de crédito, que se constituyen como cobertura del saldo definitivo resultante de la liquidación de un contrato consensual de apertura de crédito en cuenta corriente; y, asimismo, indica que se trata de una modalidad en la que por el hipotecante se ofrece un bien en garantía del pago del saldo que tenga una determinada cuenta, pudiendo ser el hipotecante el mismo titular de la cuenta o un tercero, como ocurre en este caso, siendo siempre el beneficiario de la hipoteca el acreedor de la cuenta corriente». (31 julio 2002, LA LEY 7759/2002)

«El art. 1876 CC atribuye de un poder de realización del objeto directamente al acreedor para la satisfacción del crédito que garantizaba, la llamada acción real. Establece también el efecto erga omnes que tiene la hipoteca, pues cualquiera que sea el poseedor del objeto está sujeto al ius distrahendi del acreedor. Del mismo se deduce el carácter accesorio de la hipoteca; está al servicio de un crédito para garantizar su satisfacción, no de cualquier crédito sino solo de aquel para cuya seguridad fue constituida. Bajo esta indiscutible naturaleza de la hipoteca se ha de concluir que no afectan a su vigencia las incidencias que ocurran en las titularidades del crédito o del patrimonio». (30 diciembre 2002, LA LEY 1039/2003)

«No constituía óbice alguno a la validez de la carga hipotecaria que pesaba sobre la finca NUM000 la circunstancia de que la sociedad constituyente de la misma hubiera dejado de ser su propietaria y de que existiese un nuevo titular registral del predio, pues, como

señalan los artículos 1876 del Código Civil y 104 de la Ley Hipotecaria (precisamente es este último el que la recurrente cita como infringido) la hipoteca sujeta directa e inmediatamente los bienes sobre que se impone al cumplimiento de la obligación que garantiza, cualquiera que sea el poseedor de los mismos». (23 noviembre 2004, rec. 3189/1998)

«los artículos 104 de la Ley Hipotecaria y 1876 del Código civil que dicen lo mismo y no hacen sino proclamar la idea básica de la hipoteca que es la afección real del bien inmueble al cumplimiento de una obligación y destaca el carácter de adherencia e inseparabilidad clásicamente atribuido a la hipoteca». (26 enero 2007, LA LEY 1066/2007)

«no procede estimar los motivos orientados a la nulidad de la constitución de la hipoteca porque ésta respondió a un préstamo a la construcción concedido al promotor cuando éste y su esposa eran aún propietarios de toda la finca, teniendo la Caja de Ahorros la condición de tercero hipotecario respecto de los contratos privados de compraventa previamente celebrados por el promotor y no pesando sobre dicha entidad las obligaciones impuestas a promotores y vendedores de viviendas por la normativa protectora de los consumidores y usuarios. En cambio, sí procede estimar dos de los tres motivos orientados a la nulidad de la distribución de la responsabilidad hipotecaria y cancelación parcial de esa misma hipoteca, así como el dirigido a la anulación del procedimiento judicial de ejecución hipotecaria, porque el art. 123 de la Ley Hipotecaria no puede interpretarse sin ponerlo en relación con el párrafo segundo del art. 20, con el párrafo segundo del art. 34, con los arts. 38 y 39, todos de la misma ley, y con el art. 221 del Reglamento Hipotecario, ni al margen de los arts. 6.2, 1876 y 1879 del Código Civil o del régimen jurídico del propio Código para las obligaciones solidarias. En definitiva, la Caja de Ahorros faltó a la buena fe actuando a espaldas de quienes, como admite la propia sentencia recurrida, eran terceros poseedores y resultaban notablemente perjudicados». (2 diciembre 2008, rec. 339/2003, LA LEY 189377/2008)

Hipoteca de máximo:

«El que se trate de una hipoteca de máximo en nada altera lo dicho. Ésta, como modalidad de la hipoteca de seguridad, garantiza el crédito que está fijado en líneas generales constando el importe máximo que queda garantizado; la cuantía del mismo se acredita en el momento de la realización de la hipoteca; así, la presunción de exactitud del Registro de la Propiedad se concreta a la hipoteca, debiendo acreditarse el crédito y su cuantía no por lo que conste en los libros sino extrarregistralmente. Lo cual no empece que se trate de un crédito hipotecario, cuya acción prescribe a los veinte años. Así lo dice muy claramente la sentencia de esta Sala de 27 de mayo de 2002 (LA LEY 5802/2002), que ahora reiteramos, en estos términos: "la hipoteca de máximo, que se sitúa dentro del grupo genérico de las hipotecas de seguridad, y que, salvo en la modalidad de hipoteca de garantía de apertura de crédito en cuenta corriente, carece de regulación global específica en nuestra legislación hipotecaria, es la que se constituye por una cantidad máxima, en garantía de créditos indeterminados en su existencia o cuantía, que sólo se indican en sus líneas fundamentales, y cuya determinación se efectúa por medios extrahipotecarios; de este concepto se desprenden las siguientes notas básicas en esta clase de hipoteca: a) fijación de un límite superior de responsabilidad hipotecaria; b) indeterminación de la existencia o cuantía de los créditos garantizados por la misma; c) indicación del crédito en sus líneas fundamentales; y d) concreción por medios extrahipotecarios del crédito que en definitiva resulte garantizado"». (10 diciembre 2007, LA LEY 202397/2007)

Hipoteca rentaria:

«Es la hipoteca rentaria, así denominada, que responde a las líneas institucionales de ésta, pero tiene una configuración propia que la separa de la hipoteca normal que garantiza una deuda-capital. El problema se plantea, en la norma transcrita, en el caso de la transmi-

sión de la finca hipotecada, en el sentido de que la obligación de satisfacer la renta pasa al adquirente de la misma, como subrogación real por ministerio de la ley. No se trata de una asunción de deuda, con normativa propia, sino de transmisión de la obligación ope legis, lo que se ha destacado que es la razón vital de la existencia de la hipoteca de renta. Cuando se trata de una enajenación forzosa de la finca hipotecada, tal como dispone el artículo 157 de la Ley Hipotecaria, tanto si ha sido por ejecución hipotecaria, como si lo ha sido por ejecución de un embargo (producido por ejecución de sentencia que condenó al pago, precisamente, de la renta, en el caso presente) el adquirente (el que remate los bienes gravados con tal hipoteca... dice dicho artículo) no sólo se subroga en la responsabilidad real por la hipoteca (... los adquirirá con subsistencia de la misma...) sino también se subroga en la obligación personal garantizada (... y de la obligación de pago de la pensión). Por tanto, aplicando esta norma e interpretándola por su texto, por sus antecedentes y por su función teleológica, atendiendo también a la doctrina de los autores, no siempre conforme, se entiende que el adquirente por enajenación forzosa (no procede entrar en la transmisión voluntaria, que no se plantea en el presente caso) de una finca hipotecada con hipoteca rentaria, la adquiere con la carga de tal hipoteca y, al tiempo, asume la obligación de pago de la renta que está garantizada con tal hipoteca». (18 junio 2010, rec. 1537/2006, LA LEY 93454/2010)

CONCORDANCIAS

Véase:

— Ley Hipotecaria, de 8 febrero 1946 (*«B.O.E.»*, 29 mayo): arts. 104, 105 y 140.

— Ley de Hipoteca Mobiliaria y prenda sin desplazamiento de posesión, de 16 diciembre 1954 (*«B.O.E.»*, 18 diciembre): arts. 15 y 16.

Artículo 1.877

La hipoteca se extiende a las accesiones naturales, a las mejoras, a los frutos pendientes y rentas no percibidas al vencer la obligación, y al importe de las indemnizaciones concedidas o debidas al propietario por los aseguradores de los bienes hipotecados, o en virtud de expropiación por causa de utilidad pública, con las declaraciones, ampliaciones y limitaciones establecidas por la ley, así en el caso de permanecer la finca en poder del que la hipotecó, como en el de pasar a manos de un tercero.

COMENTARIO

1.- El contenido del texto legal en el presente número concuerda con el de los arts. 109 a 112 de la Ley Hipotecaria y el 25 del Reglamento Hipotecario. El Código Civil no establece ninguna distinción entre los distintos elementos a los que se refiere la extensión del gravamen, pero sí lo hace la Ley Hipotecaria cuando desarrolla los preceptos de aquél, de modo que, de acuerdo con los citados artículos concordantes habría que distinguir los siguientes:

— La extensión necesaria de la hipoteca a determinados bienes.

— La extensión de la hipoteca en virtud de pacto expreso.

— La extensión de la hipoteca cuando el bien haya pasado a un tercero.

2.- La extensión necesaria de la hipoteca a determinados bienes. La Ley Hipotecaria contempla una doble extensión *necesaria* del gravamen, en el art. 109 prescribe que la hipoteca se extiende a las accesiones naturales, a las mejoras y a las indemnizaciones concedidas o debidas al propietario por razón de la finca y; en el siguiente, el 110 del mismo cuerpo legal, preceptúa que se extenderá también la hipoteca a las mejoras, nuevas plantaciones, obras de riego o desagüe, obras de reparación, seguridad, transformación, comodidad, adorno o elevación de edificios, así como a las indemnizaciones concedidas o debidas al propietario por razón de la finca y que el hecho causante haya tenido lugar después de la constitución del gravamen. Pero, una vez, que se analizan los conceptos contemplados en ambos artículos se pone de manifiesto que el término extensión no es el más adecuado para determinar el ámbito objetivo de la hipoteca.

a) De un breve estudio de los conceptos «mejora» y «accesión natural» se pone de manifiesto que cada uno de los elementos que pueden subsumirse en uno u otro pierde su identidad y se incorpora de forma inseparable al bien principal del que se trate, de forma que el derecho real que recae sobre el principal se extiende necesariamente al bien que mejora o que acrece por accesión al primer, es decir, los bienes que mejoran o acrecen pasan a formar parte del bien principal y, en consecuencia, el derecho de propiedad que recae sobre éste recaerá en adelante sobre el bien resultante. Por tanto, no debería hablar de extensión de la hipoteca a las mejoras y accesiones naturales, sino de hipoteca del bien, el cual, si recibe accesiones o es mejorado, seguirá hipotecado y recaerá el gravamen sobre el bien resultante.

b) Por lo que se refiere a la extensión de la hipoteca a las indemnizaciones por razón de la finca, hay que aclarar, en primer lugar, que tanto las citadas de forma genérica en el art. 109 como las brevemente determinadas en el 110.2.º son las mismas, y, en segundo lugar, que toda indemnización que lo sea por razón de la finca viene a sustituir a aquélla, de modo que no es correcto establecer la extensión de un gravamen a la indemnización que sustituye al bien pues aquélla se ve afectada por éste desde el momento en que se produce, y ello es debido a su ya citado carácter de sustituta.

c) En cuanto a las mejoras citadas en el art. 110.1.º de la LH a las que sólo se refiere la extensión si pertenecen al propietario, hay que hacer una salvedad: una vez analizadas, tanto cada una de las citadas, como el contenido de la cláusula genérica «otras mejoras semejantes», se pone de relieve que todas ellas son las mejoras que pasan a formar parte integrante de la finca, que se incorporan al bien, de modo que el matiz de la Ley, en el que exige que las mismas pertenezcan al propietario para prescribir la extensión, deviene vacío de contenido por cuanto todas ellas, por accesión artificial, pertenecen al propietario. Todo ello, obviamente sin perjuicio del derecho que tenga al precio de la cosa el dueño del bien integrado.

No obstante todo lo anterior, hay un caso particular, que es la nueva construcción en finca gravada con hipoteca. Es obvio que según las reglas de la accesión artificial la construcción se une al edificio y la misma se convierte en parte integrante de él, por lo que la extensión debería ser automática, pero también es clara la excepción, por lo que respecto a la misma debe prescribirse la no extensión. Ahora bien, por lo que se refiere a los problemas que puede conllevar la ejecución hipotecaria, hay que aclarar que no se dan controversias de entidad, pues la no extensión no elimina la ejecución conjunta, por lo que en caso de no extensión se ejecutaría el bien completo y se abonaría con preferencia el valor de la construcción a su legítimo dueño.

3.- La extensión de la hipoteca en virtud de pacto expreso. La Ley Hipotecaria contempla la posibilidad de pactar la extensión de la hipoteca, en primer lugar en el art. 110.2.º, respecto a las agregaciones de terrenos y las nuevas construcciones y, en segundo lugar, en el 111, respecto de los bienes muebles, los frutos y las rentas. El nexo común de todos ellos es su no incorporación a la cosa, salvo pacto expreso.

4.- La extensión de la hipoteca cuando el bien haya pasado a un tercero. El art. 112 contempla la extensión de la hipoteca cuando el bien haya pasado aun tercer poseedor y establece una extensión distinta en función de los elementos y de quien los haya pagado. Se contempla la posibilidad de no extensión de la hipoteca a aquellos bienes que no son parte integrante de la finca, incluso aunque se encuentren unidos a ella, es decir, establece la extensión respecto de los bienes que se integran en el bien gravado y, determina la extensión en función de quien pague las obras cuando los bienes susceptibles de ser gravado con hipoteca no son parte integrante de la finca pero se han unido a ella, enriqueciéndola de algún modo.

JURISPRUDENCIA

«El art. 111 de la Ley Hipotecaria regulador de la extensión de la hipoteca a otros bie-nes distintos del estrictamente hipotecado contempla dos posibles contenidos de la referida extensión, uno mínimo, de carácter legal, y, otro eventual, más amplio, de carácter convencional y prevalente. Conforme al criterio supletorio legal, los bienes en cuestión no estarían afectados por la extensión de la hipoteca y, en puridad, habrían de quedar excluidos del alcance de la propiedad surgida, como consecuencia de la enajenación judicial de la finca hipotecada. En efecto, los objetos muebles de referencia, aunque estén al servicio de la explotación agrícola, pueden "separarse sin quebranto de la materia o deterioro del objeto"». (n.º 1.º art. 111)". (21 diciembre 1990, LA LEY 2727/1992)

«a) En primer lugar hay un pacto claramente establecido de que el gravamen se extiende a "las obras nuevas, hechas y hacederas", lo que significa, sin lugar a dudas, que la hipoteca se extiende por pacto a las obras "nuevas", es decir al 90 por 100 de la obra ya hecha al nacer el gravamen, y, además a lo que faltaba de ella, es decir hasta su terminación, porque este resto de obra que faltaba al constituirse la hipoteca es indudablemente una obra "hacedera". b) En segundo lugar el artículo 110 de la Ley Hipotecaria en su apartado 1.º entiende hipotecados juntamente con la finca, aunque no se menciona en el contrato, entre otras, las obras que no consistan en "nueva" construcción de edificios "donde antes no los hubiere"; y resulta probado que al constituirse la hipoteca había un edificio "ya construido" en casi su totalidad». (2 enero 1991, LA LEY 2776-JF/0000)

CONCORDANCIAS

Véase:
— Ley Hipotecaria, de 8 febrero 1946 (*«B.O.E.»,* 29 mayo): arts. 109 a 113.
— Reglamento Hipotecario, de 14 febrero 1947 (*«B.O.E.»,* 16 abril): art. 215.

Artículo 1.878

El crédito hipotecario puede ser enajenado o cedido a un tercero en todo o en parte, con las formalidades exigidas por la ley.

COMENTARIO

1.- Según la dicción del texto legal el crédito hipotecario puede cederse o enajenarse y nada impide que el mismo pueda ser objeto de donación, compraventa, transmisión mortis causa, etc.; el crédito hipotecario puede ser objeto de transmisión por cualquier medio.

2.- El objeto de la transmisión es el crédito hipotecario, de modo que no puede transmitirse el derecho de crédito sin la transmisión conjunta de la hipoteca que lo garantiza, debe transmitirse el derecho de crédito y la garantía hipotecaria del mismo.

La transmisión debe ajustarse siempre a las formalidades exigidas por la Ley, estas, que se encuentran en los artículos 149 a 152 de la LH, son las siguientes:

— Formalización de la transmisión en escritura pública: este requisito no debe interpretarse de forma rígida, sino más bien un tanto amplia, de modo que la exigencia no es escritura pública sino cualquier título inscribible en el Registro de la Propiedad. Ello no sólo porque una interpretación rígida llevaría a imposibilitar la validez de la cesión cuando el documento en el que conste sea el de adjudicación judicial, notarial, u otro similar, sino porque además, de la interpretación sistemática de los arts. 1.280.6.º y 1.279 se deduce que no se exige la escritura pública como forma solemne, sino en el sentido de que cualquiera de las partes puede compelerse recíprocamente a elevar un contrato a escritura pública.

— Inscripción en el Registro de la Propiedad: la inscripción de la cesión no es constitutiva, por tanto este requisito sólo se exige para que la cesión produzca efectos frente a terceros. De acuerdo con ello, la cesión no inscrita en el registro de la Propiedad no será oponible a terceros en ningún caso: mientras que la cesión inscrita, tendrá plenos efectos a aquéllos desde la fecha en que la misma accedió al Registro.

— Notificación del deudor: este último requisito no tiene más sentido que el de vincular al deudor y retirar, de la relación jurídica, al acreedor cedente. El deudor que ha recibido la notificación de la cesión quedará obligado con el nuevo acreedor en los mismos términos en que ya lo estaba con el anterior acreedor hipotecario. El acreedor hipotecario cedente quedará al margen de la relación jurídica que crea la cesión de su derecho, todo ello sin perjuicio de la responsabilidad que pueda tener frente al nuevo acreedor respecto de las circunstancias que concurran en el crédito cedido.

CONCORDANCIAS

Véase:
— Ley Hipotecaria, de 8 febrero 1946 (*«B.O.E.»*, 29 mayo): arts. 149 a 152.
— Reglamento Hipotecario, de 14 de febrero 1947 (*«B.O.E.»*, 16 abril): arts. 176 y 242.

Artículo 1.879

El acreedor podrá reclamar del tercer poseedor de los bienes hipotecados el pago de la parte de crédito asegurada con los que el último posee, en los términos y con las formalidades que la ley establece.

COMENTARIO

1.- Constituida una hipoteca, es posible que los bienes hipotecados sean objeto de transmisión a un tercero antes de que se haya producido el vencimiento de la obligación garantizada. Ante tal situación, el nuevo dueño se convierte en titular de un bien gravado con hipoteca, la cual, según el presente artículo y la Ley Hipotecaria, no se ve alterada en forma alguna. La consecuencia de ello es que el acreedor hipotecario, una vez que se produzca el incumplimiento de la obligación garantizada, podrá exigir el cumplimiento de la misma al nuevo titular y, en su defecto, proceder a la ejecución del gravamen, siempre de acuerdo con las formalidades que exige la ley.

2.- Ahora bien, dependiendo del contrato que el nuevo titular de los bienes haya concluido con el anterior, la responsabilidad del tercer poseedor es distinta: hay que diferenciar las siguientes situaciones:

Primera.- Si el deudor transmitió los bienes gravados y también la deuda garantizada, siempre que exista notificación al acreedor y aceptación tácita o expresa de éste, el nuevo titular no sólo deberá soportar la realización del valor de los bienes gravados si no se cumpliese la obligación, sino que además deberá asumir, con el resto de su patrimonio, la parte de la deuda que no hubiese sido satisfecha con la venta de los bienes gravados.

Segunda.- En el caso de que el deudor sólo transmita los bienes gravados porque el acreedor no consienta la transmisión de la deuda garantizada, es decir, no admita al tercero como nuevo deudor (asunción de deuda), este último, en caso de incumplimiento de la obligación garantizada, sólo deberá soportar la realización de valor de los bienes gravados y no responderá de la parte de deuda no satisfecha con su patrimonio.

Todo ello, sin perjuicio de que el deudor haya hecho uso del derecho que le reconoce el art. 145 de la Ley Hipotecaria, en virtud del cual puede limitar la responsabilidad al valor del bien gravado.

CONCORDANCIAS

Véase Ley Hipotecaria, de 8 febrero 1946 (*«B.O.E.»,* 29 mayo): arts. 126 y 127.

Artículo 1.880

La forma, extensión y efectos de la hipoteca, así como lo relativo a su constitución, modificación y extinción y a lo demás que no haya sido comprendido en este capítulo, queda sometido a las prescripciones de la Ley Hipotecaria, que continúa vigente.

COMENTARIO

1.- El texto legal se remite a lo que prescriba la Ley Hipotecaria en los aspectos que expresamente menciona y, obviamente, en aquellos que el Código Civil no menciona.

2.- Las cuestiones que aparecen citadas en el Código Civil y reguladas en la Ley Hipotecaria son:

a) La forma que debe observar toda hipoteca se encuentra regulada en los arts. 145, la hipoteca voluntaria y 159, la hipoteca legal.

b) La extensión se contempla en los arts. 109 a 112 la extensión respecto al objeto gravado y en el 114 la extensión en cuanto al crédito garantizado.

c) La modificación se encuentra en el art. 144 de la Ley.

d) La extinción se contempla en el art. 122 de la Ley Hipotecaria.

JURISPRUDENCIA

«según explícita, además, entre otras la STC 167/1987 de 28 de octubre, al declarar "que la titularidad de la potestad de ejecución corresponde exclusivamente a los propios órganos judiciales como una manifestación típica de la potestad jurisdiccional que la CE les ha conferido en su art. 117.3"... La confrontación de estos conceptos y criterios con la posible legitimidad preconstitucional de un procedimiento de ejecución "extrajudicial", arroja un resultado francamente contrario a la vigencia del referido procedimiento, cuya naturaleza de ejecución, al margen de la jurisdicción, no es objeto de debate doctrinal serio. Ni siquiera soslayando su carácter de inadmisible ejecución privada, como practicada con publicidad notarial, mediante el artilugio de considerarla una ejecución pública notarial, cabe que se

acepte su legitimidad puesto que la función notarial (tan valiosa, de otra parte) no puede sustituir a la estrictamente jurisdiccional, como es la actividad de ejecución, aunque otra cosa pueda decirse de la "jurisdicción voluntaria" que no es en puridad actividad jurisdiccional, no obstante que, contingentemente, por razones variables y coyunturales de política legislativa, sea en gran parte actividad judicial compartida, en algunos aspectos, con los notarios y otros funcionarios públicos. Consecuentemente, el art. 129.2 LH debe considerarse derogado por la Disp. Trans. 3.ª CE (sic) por oposición al art. 117.3 de la misma». (4 mayo 1998, A.C 784/1998; en el mismo sentido la de 20 abril 1999, LA LEY 6440/1999).

CAPÍTULO IV
DE LA ANTICRESIS

Artículo 1.881

Por la anticresis el acreedor adquiere el derecho de percibir los frutos de un inmueble de su deudor, con la obligación de aplicarlos al pago de los intereses, si se debieren, y después al del capital de su crédito.

COMENTARIO

1.- La anticresis presupone la existencia de una deuda que, en caso de que produzca intereses serán satisfechos con el fruto de la finca sobre la que se impone; en segundo lugar, en caso de no producirlos, el fruto se destinará al pago del crédito asegurado.

De lo anterior se deriva que la anticresis presupone la existencia de una deuda, la cual será satisfecha con los frutos que produzca el bien gravado, lo que presupone a su vez que la anticresis debe recaer sobre un bien susceptible de producir frutos, los cuales, habrán de ser valorados antes de proceder a imputarlos al pago, ya sea de los intereses, ya del capital prestado.

2.- Asimismo, aunque el artículo no lo diga, la institución puede implicar la posesión del bien gravado, por el acreedor anticrético, es decir, ésta no es esencial sino convencional.

JURISPRUDENCIA

«la anticresis es un derecho de garantía, de carácter accesorio respecto a la obligación principal garantizada, y a que la existencia de la deuda reconocida y su correlativa exigibilidad viene a constituir la relación obligatoria causal y principal, resulta indudable que la resolución de la cuestión planteada depende ineludiblemente del contenido de los pactos o estipulaciones figurados en la escritura constitutiva de la anticresis, de 27 de abril de 1983, y en el documento complementario de 23 de mayo del mismo año, así como de determinados datos fácticos fijados». (10 mayo 1990, LA LEY 503-1/1990)

Artículo 1.882

El acreedor, salvo pacto en contrario, está obligado a pagar las contribuciones y cargas que pesen sobre la finca.

Lo está asimismo a hacer los gastos necesarios para su conservación y reparación.

Se deducirán de los frutos las cantidades que emplee en uno y otro objeto.

COMENTARIO

En el primer párrafo se hace referencia a la obligación que supone para el acreedor la constitución de la anticresis, es decir, al deber de asumir las contribuciones y las cargas que pesen sobre la finca. Contempla en el segundo párrafo el deber, también del acreedor, de asumir los gastos necesarios para la conservación y reparación del bien gravado. No obstante, dicho deber sólo procederá si no se ha concluido pacto en contrario. De cualquier manera, en lo que respecta al fondo, es indiferente la existencia de pacto o no, y ello porque el tercer párrafo prescribe que se deducirán tales desembolsos de los frutos, con lo cual, quien en definitiva asume los gastos de conservación, reparación, contribuciones y demás cargas es el dueño del bien.

Artículo 1.883

El deudor no puede readquirir el goce del inmueble sin haber pagado antes enteramente lo que debe a su acreedor.

Pero éste, para librarse de las obligaciones que le impone el artículo anterior, puede siempre obligar al deudor a que entre de nuevo en el goce de la finca, salvo pacto en contrario.

COMENTARIO

1.- El primer párrafo contiene una norma de importancia, pues establece la imposibilidad del deudor de readquirir nuevamente la posesión de la finca si previamente no ha satisfecho completamente su deuda. Tal prohibición supone un importante derecho para el acreedor que podrá continuar en el uso del bien y compensar su crédito con los frutos del mismo.

2.- Por el contrario, el acreedor que esté en uso del bien, podrá compeler al deudor a que asuma nuevamente la posesión del bien con el fin de liberarse de las obligaciones que prescribe el artículo anterior. Ello no supone que los frutos pierdan su destino de aplicarlos a los intereses y al capital si lo hubiere, ni que el acreedor pierda ningún derecho más que aquel al que renuncia, el de la posesión y dirección en orden al ejercicio del derecho de fruición.

3.- Aunque pueda parecer que el artículo contempla un posible condicionante respecto del derecho del acreedor a pedir que el bien vuelva a la posesión del deudor, es decir, el requisito de que la razón de tal pedimento se encuentre en la conveniencia de ser liberado de las cargas que le impone el artículo anterior, el mismo no lo es en absoluto, y ello, porque si la posesión del acreedor no es inherente a la institución, sino tan sólo una posibilidad que reconoce el derecho dentro de la misma, es evidente que puede el titular del derecho ejercerlo como mejor convenga a sus intereses, por lo que no deberá justificar la razón de su renuncia a la posesión. Ahora bien, todo lo anterior no implica que no pueda existir pacto entre las partes en el que se contemple la posesión del acreedor como derecho inherente a la institución, en cuyo caso, el acreedor no podrá renunciar a la posesión, y de hacerlo, deberá asumir las consecuencias que de ello se deriven.

Artículo 1.884

El acreedor no adquiere la propiedad del inmueble por falta de pago de la deuda dentro del plazo convenido.

Todo pacto en contrario será nulo. Pero el acreedor en este caso podrá pedir, en la forma que previene la Ley de Enjuiciamiento Civil, el pago de la deuda o la venta del inmueble.

COMENTARIO

1.- El texto legal contempla el incumplimiento falta de pago dentro del plazo convenido, lo que implica que, aunque no aparezca expresamente mencionado, la devolución del capital debe estar sometida a término, de lo contrario se daría una situación ilimitada en el tiempo con la consiguiente imposibilidad de incumplimiento, lo que además, desvirtuaría la figura por completo.

2.- Alude también, una vez más, a la *prohibición del pacto comisorio*, incluso aún en el caso de que se hubiese dado pacto expreso entre las partes a tal efecto. Contempla el segundo párrafo el derecho le asiste al mismo de ejercer las normas previstas en la Ley de Enjuiciamiento Civil en orden a la realización del valor del bien y la consiguiente aplicación del mismo al pago de la deuda no satisfecha. Ello, a la vez que supone un derecho para el acreedor, pues queda determinada la forma de la realización de valor en la ley citada, implica una limitación, pues al no mencionar expresamente la subasta extrajudicial y sí la judicial debe entenderse que sólo la segunda es ajustada a derecho para concluir la venta pública del bien.

Vid. la jurisprudencia relacionada en el artículo 1.859 sobre la interdicción del pacto comisorio.

CONCORDANCIAS

Véase art. 1.859 de este Código.

Artículo 1.885

Los contratantes pueden estipular que se compensen los intereses de la deuda con los frutos de la finca dada en anticresis.

COMENTARIO

El presente artículo difícilmente puede interpretarse si no se concreta el supuesto al que es aplicable: el dueño de un bien toma un capital prestado y entrega, al acreedor, una finca de su propiedad para compensar los intereses que produzca el capital con los frutos de aquélla. Sólo tal caso, sería de aplicación el precepto, lo cual significa que el Código Civil contempla, bajo la figura de la anticresis, un contrato de doble préstamo o una anticresis compensatoria.

CONCORDANCIAS

Véase art. 1.868 de este Código.

Artículo 1.886

Son aplicables a este contrato el último párrafo del artículo 1.857, el párrafo segundo del artículo 1.866, y los artículos 1.860 y 1.861.

COMENTARIO

1.- Este último artículo prescribe la aplicabilidad a la anticresis de ciertos artículos contemplados en el capítulo primero, que contiene las disposiciones comunes a la prenda y la hipoteca y en el capítulo segundo, dedicado a la prenda.

2.- El último párrafo del art. 1.857 hace referencia a la posibilidad de que sean terceras personas quienes graven sus bienes para asegurar el cumplimiento de la obligación. La aplicación de tal párrafo implica que el tercero que grava su finca podrá exigir al deudor, tras cada vencimiento, el importe al que asciendan los frutos destinados al pago de la deuda.

3.- El segundo párrafo del art. 1.866 precisa también de una aclaración: como ya se puso de manifiesto al comentar dicho precepto: el derecho de retención contemplado no implica el *ius distrahendi* lo cual significa que tampoco podrá, respecto a la anticresis, entenderse que procede aquél; por tanto, lo único que existe es un derecho de retención que, además, no sería oponible a un posterior acreedor hipotecario.

4.- El art. 1.860 contempla la indivisibilidad de la anticresis, lo cual es aplicable a la misma en los términos que para la prenda y la hipoteca.

5.- Por último, el art. 1.861 contempla la posibilidad de asegurar con anticresis cualquier tipo de obligación, ya sea pura, condicional suspensiva o resolutoria. Ello implica ciertos problemas en la práctica, de modo que no puede asegurarse con anticresis una obligación suspensiva, pues la figura implica el derecho a percibir los frutos desde su constitución, ahora bien, ello es fácilmente salvable si la efectividad de la institución se remite al momento en el que la obligación se confirme, es decir, se torne pura. No puede decirse lo mismo para las obligaciones condicionales sometidas a condición resolutoria, en este caso, dada la naturaleza de la anticresis y de la condición la incompatibilidad es insalvable.

TÍTULO XVI
De las obligaciones que se contraen sin convenio

CAPÍTULO PRIMERO
DE LOS CUASI CONTRATOS

Artículo 1.887

Son cuasi contratos los hechos lícitos y puramente voluntarios, de los que resulta obligado su autor para con un tercero y a veces una obligación recíproca entre los interesados.

COMENTARIO

1.- Se pretende dar una definición de cuasi contrato y se cometen dos errores: la definición es mala porque nada define y el cuasicontrato no existe como categoría jurídica.

Ya el art. 1.089 consideraba el cuasicontrato como fuente de obligaciones, lo cual se debe a un error histórico: en las Instituciones de JUSTINIANO, completando un texto de GAIO, se añadió al contrato, como fuente de las obligaciones, otros hechos asimilables, *quasi ex contratus*; posteriormente se alteró el orden de las palabras y a la obligación que nacía del contrato, se añadió la que nacía *ex quasi contractus*, lo que pasó al Código de Napoleón y, por su influencia al Código Civil, con la expresión *cuasi contrato*.

Y en cuanto a la definición que da este artículo 1.887 también es un error: la nota de *licitud* separa el llamado cuasi contrato de la obligación nacida de acto ilícito que prevé el artículo 1.902 (en relación con el art. 1.093) o que tipifica el Código Penal (en relación con el 1092). La nota de *voluntariedad* destaca ésta, en contraposición al acuerdo de fuente de obligaciones, que es el contrato (a que se refiere el artículo 1.091). La referencia a la obligación *recíproca* no significa que el cuasi contrato la produzca —que en ningún caso la produce—, sino que es una expresión poco técnica que indica que puede quedar obligado cualquiera de las personas que intervienen en la relación cuasi contractual. Por tanto, el Código viene a decir del cuasi contrato que es un acto lícito, no contractual, productor de obligaciones. Pero es una definición tan vaga, que no individualiza la figura y no la separa de otros actos que, sin ser tenidos como cuasi contratos, producen también obligaciones.

2.- El llamado cuasicontrato, como categoría jurídica y concepto unitario, no existe. Lo que el Código denomina cuasicontrato no son sino casos de negocios jurídicos que producen obligaciones (como los contratos; no como contratos o cuasicontratos) pero careciendo de causa; lo que lleva consigo la obligación de devolver aquello en que consistió la prestación sin causa. Es decir, todos los llamados cuasicontratos no son sino expresión del enriquecimiento injusto o enriquecimiento sin causa y éste no es, ni lo considera el Código, cuasicontrato, sino que responde al principio general de que nadie puede enriquecerse injustamente a costa de otro y es expresión de la regla general de que la relación obligatoria que carece de causa debe reponerse y devolverse aquello que fue objeto de una prestación.

Por tanto, los llamados cuasicontratos son, todos ellos, expresión o subtipos del enriquecimiento injusto o sin causa.

En este sentido, aun negando la categoría unitaria, se puede definir el cuasicontrato como el acto jurídico productor de obligación, en base al enriquecimiento injusto. Y en forma más precisa, como el acto de atribución patrimonial sin causa, que produce la obligación de reponer la situación a su estado anterior (normalmente, consistirá en devolver las prestaciones que se habían entregado sin causa).

3.- El Código regula como cuasi contratos, la gestión de negocios ajenos y el pago de lo indebido. El enriquecimiento injusto, paradójicamente, no está regulado en el Código.

Se había planteado la cuestión de si caben cuasi contratos atípicos. Pero no hay tal posibilidad, como no hay cuasicontratos como figura general. Si en la realidad se plantea algún supuesto semejante a los casos que el Código llama cuasicontratos, no será otra cosa que —como lo son estos mismos— expresión del enriquecimiento injusto.

4.- El *enriquecimiento sin causa*, no regulado específicamente en el Código Civil pese a sus antecedentes procedentes del Derecho romano y constante aplicación práctica, está muy estudiado por la doctrina y desarrollado por la jurisprudencia. Se trata de la actuación de una persona que, sin ser ilícita, provoca su enriquecimiento a costa del empobrecimiento de otro, sin causa, por lo que el primero debe indemnizar al segundo.

La prohibición del enriquecimiento sin causa es un auténtico principio general del derecho y asimismo es fuente de la obligación de indemnizar o reparar el perjuicio causado a quien se empobreció. Su fundamento es la falta de causa.

Los requisitos son:

1.º) Enriquecimiento. El primer requisito es que la persona contra quien se dirige la acción se haya enriquecido. El enriquecimiento significa cualquier utilidad o provecho de carácter patrimonial: es un incremento patrimonial de cualquier clase; no alcanza una utilidad de carácter moral, a no ser que ésta tenga consecuencias económicas. El enriquecimiento tanto puede ser un aumento del patrimonio (*lucrum emergens*) como la no disminución del mismo (*damnum cessans*). El primero implica un incremento del activo o una disminución del pasivo. En el segundo, se evita una disminución del patrimonio.

2.º) Empobrecimiento. El segundo requisito es el correlativo empobrecimiento de la otra parte, que es quien ejercita la acción. Dicho empobrecimiento deber ser correlativo al enriquecimiento, ha de existir perfecta conexión entre uno y otro. Es decir, al enriquecimiento de una persona debe corresponder un empobrecimiento de otra con relación o nexo causal. El empobrecimiento es una pérdida o perjuicio patrimonial.

Puede consistir tanto en la salida de un valor del patrimonio como en la no obtención de un beneficio económico determinado. Así puede tratarse de una cosa que se ha entregado, de un servicio prestado, de una obra ejecutada, de lo que se ha enriquecido uno a costa de otro.

3.º) Sin causa. Del enriquecimiento y correlativo empobrecimiento, no ha de haber

como tercer requisito —éste de índole negativa— causa que justifique la atribución patrimonial del enriquecido. Se trata, pues, de un desplazamiento patrimonial, sin causa, de un patrimonio a otro.

No hay tal falta de causa cuando la atribución patrimonial corresponde a un relación jurídica patrimonial o a un precepto legal, pues cuando existe un contrato válido o cuando al legislador, por razones de interés social, tolera consecuencias en casos concretos, no puede sostenerse que los beneficiados indirectamente por ella se enriquezcan injustamente.

JURISPRUDENCIA

El enriquecimiento sin causa o enriquecimiento injusto no está recogido de forma explícita en el Código Civil, pero, sin embargo, es la esencia de los llamados «cuasicontratos»; se ha producido numerosa jurisprudencia sobre el mismo, de forma autónoma, que debe ser relacionada.

Sobre el enriquecimiento injusto:

«la acción de enriquecimiento deba entenderse subsidiaria, en el sentido de que cuando la ley conceda acciones específicas en un supuesto regulado por ella para evitarlo, son tales acciones las que se deben ejercitar, y ni su fracaso ni su falta de ejercicio legitiman para el de la acción de enriquecimiento. Esta es la doctrina que se desprende de las sentencias de esta Sala de 25 Nov. 1985, 12 Mar. 1987, 23 Nov. 1998 y 3 Mar. 1990, que sostuvieron, como una de las ratio decidendi de sus fallos, la subsidiariedad de la acción. Cierto que otras han manifestado criterio contrario, así las 19 y 20 May. 1993 (citadas ambas por la sentencia recurrida), 14 Dic. 1994, 18 Dic. 1996 y 5 May. 1997. Pero si se analizan con detenimiento, se verá inmediatamente que sus declaraciones sobre la no subsidiariedad nada tiene que ver con los litigios que resolvieron, no son ratio decidendi de sus fallos, sino meros obiter dictum que no crean ninguna jurisprudencia vinculante (art. 1.6 CC). Sólo con toda claridad ha admitido esta Sala la confluencia ante un mismo supuesto fáctico de la acción de enriquecimiento y la aquiliana del art. 1.902 CC en sus SS 12 Abr. 1955, 10 Mar. 1958, 22 Dic. 1962 y 5 May. 1964 (aunque la S 5 Oct. 1985 estime cuestionable la acumulación de la acción de indemnización y la de enriquecimiento). Pero en este procedimiento no hay ningún motivo para aplicar la doctrina antedicha ni para modificarla, porque los daños y perjuicios no los pide la parte actora por vía de acción de responsabilidad extracontractual, sino por la acción de evicción, subsidiariamente por acción pauliana, y subsidiariamente por vía de enriquecimiento injusto». (19 febrero 1999, LA LEY 2845/1999) (Doctrina reiterada por la sentencia de 28 febrero 2003, LA LEY 12135/2003 y la de 30 noviembre 2005, rec. 1477/1999)

«no cabe aplicar dicha doctrina cuando el beneficio patrimonial de una de las partes es consecuencia de pactos libremente asumidos (S 26 Jun. 2002) o existe una expresa disposición legal que lo autoriza (S 31 Jul. del mismo año), debiendo exigirse para considerar un enriquecimiento como ilícito e improcedente que el mismo carezca absolutamente de toda razón jurídica, es decir, que no concurra justa causa, entendiéndose por tal una situación que autorice el beneficio obtenido, sea porque existe una norma que lo legitima, sea porque ha mediado un negocio jurídico válido y eficaz (S 18 Feb. del año en curso)». (8 julio 2003, LA LEY 2655/2003)

«La doctrina de esta Sala (entre las sentencias más recientes, las de 7 y 15 de junio de 2004) exigen, para aplicar la doctrina del enriquecimiento injusto, que exista un aumento del patrimonio o, una no disminución del mismo, en relación al demandado; un empobrecimiento del actor representado por un daño positivo o por un lucro frustrado; y la inexistencia de una justa causa, entendiéndose como causa justa, aquella situación jurídica que autorice al beneficiario de un bien a recibirle, sea porque exista una expresa disposición legal en ese sentido, o sea porque se ha dado un negocio jurídico válido y eficaz». (27 septiembre 2004, rec. 2930/1998; doctrina reiterada por las de 27 octubre 2005, rec. 723/1999, 18 noviembre 2005, rec. 1151/1999)

«concepto que, procedente del Derecho romano se recoge en las Partidas (7, 34, 17) con definición válida actualmente: "ninguno non deve enriqueszer tortizeramente con daño de otro". Pertenece al concepto la idea de que su aplicación es subsidiaria (sentencias de 18 de diciembre de 1996 y especialmente la de 19 de febrero de 1999) sin que quepa su aplicación en los casos en que la ley conceda acciones específicas para evitar el supuesto enriquecimiento. Corresponde a los presupuestos —es el esencial— la exigencia de que el enriquecimiento sea sin causa; no hay falta de causa cuando la atribución patrimonial corresponde a una relación jurídica patrimonial, pues si de ésta deriva aquélla no puede decirse que falta la causa». (4 noviembre 2004, rec. 2903/1998)

«Esta Sala ha declarado reiteradamente que la doctrina del enriquecimiento injusto o sin causa no puede ser aplicado cuando la relación jurídica está disciplinada por normas legales que le son aplicables, como ocurre en el caso examinado con la regulación —analizada en los anteriores motivos— de los elementos que deben concurrir para la validez de las compraventas de inmuebles como consecuencia de las cuales se arguye haberse producido dicho enriquecimiento (como dice la sentencia de 6 de octubre de 2005, "para hacer entrar en juego la técnica del enriquecimiento injusto o torticero, hay que afirmar que la misma no es de aplicación al supuesto de autos, por la simple razón de que no cabe acudir a dicha doctrina cuando existe una normativa específica que regula el supuesto concreto"». (5 diciembre 2005, rec. 1173/1999)

«Esta institución concebida en nuestro Derecho como principio general y, como tal informador de las normas legales (especialmente, el cobro de lo indebido y la gestión de negocios ajenos) se aplica directamente a un caso concreto subsidiariamente; es decir, si el supuesto se apoya en otra institución, no puede alegarse este principio: aquélla tendrá sus respectivas acciones, ésta la tiene a falta de acciones específicas». (8 mayo 2006, rec. 2852/1999)

«Esta Sala ha visto el núcleo del enriquecimiento injusto en un "resultado injustificado" de la operación económica (Sentencias de 13 de octubre de 1995, 12 de julio de 2000, 25 de abril de 2002) y ha dicho que la doctrina jurisprudencial a que nos referimos "va encaminada a evitar un lucro contrario a la equidad" que se produciría mediante "adquisiciones patrimoniales que no se corresponden con una causa válida de atribución" (Sentencias de 28 de enero de 1956, 15 de noviembre de 1990, 17 de febrero de 1994). Esta causa puede encontrarse en la consecuencia de pactos libremente asumidos o en una expresa disposición legal que autorice el desplazamiento patrimonial (Sentencias de 18 de febrero y 8 de julio de 2003), de modo que la justificación del resultado, o la consolidación de la atribución realizada han de ser discutidos, en principio, al socaire del derecho de contratos o de la específica norma legal aplicable. Razón por la cual solo cabe acudir a la aplicación de la doctrina en defecto de "acciones específicas", entendiendo que se trata de un remedio residual, subsidiario, pues si existen acciones específicas, éstas son las que deben ser ejercitadas y "ni su fracaso ni su falta de ejercicio" legitiman para el ejercicio de la acción de enriquecimiento, como se dice en las Sentencias de 19 de febrero de 1999 o de 28 de febrero de 2003, que recogen una amplia doctrina, si bien se ha de destacar que otras sentencias sientan un criterio distinto, como la ya citada de 19 de mayo de 1993, y las de 14 de diciembre de 1994, 18 de diciembre de 1996, 5 de mayo de 1997, si bien, como ha señalado la Sentencia de 19 de febrero de 1999, la negación de la subsidiariedad constituye en tales decisiones un obiter dictum». (22 febrero 2007, LA LEY 8958/2007)

«este principio sólo puede aplicarse cuando no hay norma que directamente solucione la cuestión planteada, en virtud del sistema de jerarquía de las fuentes establecido en el artículo 1 CC, de modo que esta Sala ha venido declarando ya desde la sentencia de 12 abril 1955, que es de aplicación subsidiaria; a tal efecto, la sentencia de 19 febrero 1999 (LA LEY 2845/1999) recuerda que "la acción de enriquecimiento injusto debe entenderse subsidiaria, en el sentido de que cuando la Ley concede acciones específicas en un supuesto concreto,

son tales acciones las que se deben ejercitar, y ni su fracaso ni falta de ejercicio legitiman la utilización de la acción de enriquecimiento injusto o sin causa" (en este mismo sentido las recientes sentencias de 21 octubre (LA LEY 14041/2005) y 30 noviembre 2005 (LA LEY 234048/2005) y 3 enero (LA LEY 10716/2006) y 8 mayo 2006). (LA LEY 48399/2006). (Doctrina reiterada por la sentencia de 24 junio 2010, rec. 1257/2006)». (30 abril 2007, LA LEY 17283/2007)

«2007 (LA LEY 72187/2007) un paso más adelante, señala que "la obligación de indemnizar por clientela y por los gastos susceptibles de amortización constituye una obligación establecida por la LCA que puede estimarse fundada en la existencia de un enriquecimiento injusto o sin causa a favor del empresario cuando la denuncia del contrato, aun cuando sea justificada comporte la imposibilidad de amortizar gastos realizados por el agente para la ejecución del contrato con arreglo a instrucciones o para desarrollar convenientemente el encargo (STS 19 de noviembre de 2003) (LA LEY 10968/2004) o bien un incremento futuro de la clientela a favor del empresario propiciada por la actividad del agente, en virtud de una apreciación potencial, fundada en un pronóstico razonable de conducta acerca de la susceptibilidad de continuar el empresario disfrutando de la clientela con aprovechamiento económico [SSTS 21 de noviembre de 2005 (LA LEY 10104/2006), 9 de febrero de 2006 (LA LEY 11147/2006)]». (22 junio 2007, LA LEY 132446/2007)

«la doctrina del enriquecimiento injusto resulta inaplicable a supuestos como el presente en que, adjudicada una finca en subasta judicial como rústica, resulta ser urbana y contener una edificación, pues, como tiene declarado esta Sala, tal doctrina no es de aplicación cuando el enriquecimiento es impuesto al enriquecido (sentencias de 1 marzo 2000 y 3 marzo 2003) y nadie se enriquece injustamente cuando procede en virtud de un contrato que no ha sido anulado o de una sentencia (sentencia de 5 de noviembre de 2004 y las que en ella se citan), y lo mismo cabe decir respecto de un proceso de ejecución que no se ha anulado, por obvias razones de semejanza (sentencia de 10 julio 2006)». (29 octubre 2007, LA LEY 170352/2007)

«Con independencia de si ha habido empobrecimiento o enriquecimiento, lo cierto es que hubo un desplazamiento patrimonial de las fincas de la actora a los Srs. Ángel Jesús y Sergio en virtud de un contrato de compraventa habiéndose hecho efectivo el importe del precio (documentos de 22 de marzo de 1969 y 26 de julio de 1979 (fs. 79 y 113). Por lo tanto no hay falta de causa en el desplazamiento, ya que éste obedeció a una compraventa, y no se produce, por lo general, dicha falta cuando tiene lugar en virtud de una disposición legal o de un contrato que lo justifique; a lo que debe añadirse, a los meros efectos dialécticos, que el planteamiento de la tutela jurisdiccional del enriquecimiento injusto como mecanismo subsidiario requiere el ejercicio de la pretensión correspondiente (condictio sine causa) *en la demanda».* (5 noviembre 2007, LA LEY 170563/2007)

«En cuanto a una posible indemnización por enriquecimiento injusto, no cabe duda de que la situación económica del demandante empeoró, al menos inicialmente, como consecuencia de la pérdida de la concesión al ver disminuidos sus ingresos y tener que soportar el coste de unas instalaciones y una mano de obra. Mas esta situación puede considerarse una consecuencia del tipo de contrato que vinculaba a las partes en donde la mutua confianza era esencial y estaba permitido el desistimiento unilateral sin derecho a indemnización, con un plazo de preaviso de un año». (21 enero 2009, rec. 2815/2002, LA LEY 596/2009)

«La figura del enriquecimiento sin causa es en nuestro derecho de construcción jurisprudencial y doctrinal, que sólo recientemente ha tenido reflejo en normas legales (así el artículo 10.9 del Código Civil —para la fijación de la norma de conflicto aplicable en Derecho Internacional Privado— y el artículo 65 de la Ley Cambiaria y del Cheque), habiendo declarado la doctrina jurisprudencial como requisitos para su aplicación los siguientes:

a) La adquisición de una ventaja patrimonial por parte del demandado con el correlativo empobrecimiento del actor; b) Conexión entre enriquecimiento y empobrecimiento y c) Falta de causa que justifique el enriquecimiento (sentencias de 28 enero 1956; 5 diciembre 1980; 16 marzo 1995; 7 y 15 junio, y 24 septiembre 2004; y 21 marzo 2006)». (9 febrero 2009, rec. 2689/2003, LA LEY 1166/2009)

«la jurisprudencia de esta Sala sobre el principio prohibitivo del enriquecimiento injusto, porque este principio no puede convertirse en una fuente indiscriminada de obligaciones que haga responder a sujetos distintos del legalmente obligado por la sola circunstancia de haber obtenido aquéllos alguna ventaja o provecho cuando, como en este caso, existe un régimen legal». (14 abril 2009, rec. 686/2004, LA LEY 49550/2009)

«como enseña, entre otras, la sentencia de 7 de junio de 2004 la doctrina sobre la evitación del enriquecimiento injusto o sin causa no permite al juzgador que decida sobre la mayor o menor equivalencia de las prestaciones en un contrato oneroso, y en consecuencia quién se debe beneficiar o hasta qué punto. La doctrina de esta Sala veda la invocación de dicha doctrina cuando existe entre los presuntos enriquecido y empobrecido una relación contractual que no ha sido Invalidada (sentencias de 24 de marzo de 1998, 28 de marzo de 1990, 30 de marzo de 1988, 21 de octubre de 1977, y las que en ellas se citan). Pero tales conclusiones, que resultan válidas para los supuestos de desequilibrio sobrevenido de las prestaciones con subsistencia de la "causa contrahendi" —como ocurre, por ejemplo, en los casos de incremento inmediato de valor de la cosa vendida, que evidentemente produce un enriquecimiento para el comprador— no lo son para los casos, como el presente, en que se da una verdadera ruptura de la base negocial sobre la cual se han contraído las obligaciones por las partes, pues aquí el enriquecimiento no es más que una consecuencia de la inexistencia sobrevenida de la causa (causa fallida *o* causa non secuta) *que destruye los efectos del contrato —entre ellos el de enriquecimiento— pero no directamente, sino en cuanto afecta a la propia esencia del mismo por el defecto en uno de sus elementos esenciales como es el de la causa que, al desaparecer, arrastra consigo los mencionados efectos en cuanto supongan alteración en el contenido de las prestaciones inicialmente proyectadas».* (21 julio 2010, rec. 1965/2006, LA LEY 114021/2010)

CONCORDANCIAS

Véase arts. 1.089 y 1.090 de este Código.

SECCIÓN PRIMERA
De la gestión de negocios ajenos

Artículo 1.888

El que se encarga voluntariamente de la agencia o administración de los negocios de otro, sin mandato de éste, está obligado a continuar su gestión hasta el término del asunto y sus incidencias, o a requerir al interesado para que le sustituya en la gestión, si se hallase en estado de poder hacerlo por sí.

COMENTARIO

1.- La gestión de negocios ajenos es definida en el primer inciso de este artículo, pero se puede definir con mayor precisión: una persona (gestor) se encarga de un asunto de otro (dueño del negocio) en interés de ésta, lícitamente, sin obligación, sin oposición y sin poder de representación. Los elementos que se desprenden del concepto y de la normativa son:

Primero. Gestión del asunto de otro y en interés de éste. El asunto —lo que se denomina «negocios»— puede ser cualquier clase, material (arreglar los desperfectos de la casa del vecino) o jurídica (pagar una contribución o pagar unos alquileres a un amigo que está enfermo y no se entera que vencen, por ejemplo); un asunto aislado o un conjunto o una actuación continuada (así, una administración). El gestor actúa en interés del dueño del negocio. Si lo hace en interés propio (*animus depraedandi*), el dueño le podrá exigir responsabilidad, sin obligación alguna para con él.

Segundo. Licitud. Todos tienen el elemento de la licitud, que expresa el artículo 1.887 y que los diferencia de los ilícitos fuente de la obligación de reparar el daño, que sanciona el artículo 1.902.

Tercero. Sin obligación, sin oposición y sin poder. El gestor, para hallarse en este supuesto, actúa voluntariamente en el asunto o negocio ajeno, sin obligación; obligación que puede derivar del contrato de mandato —único supuesto obligacional al que se refiere el artículo 1.888— o de cualquier otro (de prestación de servicios, de obra, de sociedad, etc.); o bien puede tratarse de un deber jurídico impuesto por Ley (derivado de la patria potestad, o de la tutela, por ejemplo). Si se trata de una obligación o deber moral, de piedad, de humanidad (es decir, no obligación en sentido jurídico), no se excluye la gestión de negocios ajenos. Sin oposición significa que el dueño del negocio o no se entera de la gestión o si se ha enterado, no se opone a la misma. El caso típico de la gestión de negocios ajenos es el asunto olvidado, abandonado o dejado, por un dueño (descuidado, ausente, impedido) que es atendido —gestionado— por el gestor, pero sin que aquél, de saberlo, se oponga. Sin poder, significa, que el gestor no tiene poder de representación del dueño del negocio; poder en base al artículo 1.259 del Código Civil, no como obligación derivada de un contrato. Una de las notas esenciales de la gestión de negocios ajenos es, como se ha dicho, que el gestor realiza una actividad de sustitución del dueño del negocio, y ésta no puede ser en virtud de un poder del mismo.

2.- En la gestión de negocios se distinguen, en relación con su contenido, si es ratificada por el dueño del negocio, en cuyo caso, produce los efectos del mandato, según el art. 1.892, y si no es ratificada, que es la propia gestión de negocios ajenos. En ésta, el gestor tiene la obligación de continuar la gestión hasta terminarla bien o requerir al dueño del negocio para que la termine él, si puede hacerlo, tal como dispone el segundo inciso de este artículo.

JURISPRUDENCIA

«El artículo 1888 del Código Civil dispone que el que se encarga voluntariamente de la agencia o administración de los negocios de otro, sin mandato de éste, está obligado a continuar su gestión hasta el término del asunto y sus incidencias, o a requerir al interesado para que le sustituya en la gestión, si se hallase en estado de poder hacerlo por sí. Y respecto a este artículo la jurisprudencia dice que son de nuestro derecho las características del "cuasi contrato" de gestión de negocios ajenos, que los actos que se realicen con esa finalidad respecto a bienes que estén de hecho abandonados, lo sean espontáneamente y sin mandato ni conocimiento del dueño de los mismos, obrando, por lo tanto, sin autorización expresa ni tácita y sin su oposición, con desinteresada voluntad, pero sin el proposito de realizar un acto de mera liberalidad, y no siendo admisible tampoco, como ha declarado nuestra jurisprudencia que se haga con codicia de ganancia (sentencia del Tribunal Supremo de 2 de febrero de 1954)». (20 mayo 2004, rec. 2003/1998)

CONCORDANCIAS

Véase art. 1.259 de este Código.

Artículo 1.889

El gestor oficioso debe desempeñar su encargo con toda la diligencia de un buen padre de familia, e indemnizar los perjuicios que por su culpa o negligencia se irroguen al dueño de los bienes o negocios que gestione.

Los Tribunales, sin embargo, podrán moderar la importancia de la indemnización según las circunstancias del caso.

COMENTARIO

1.- Este artículo completa lo dispuesto en el segundo inciso del artículo anterior, dando la norma general de la actuación del gestor. El gestor que, voluntariamente y sin obligación, gestiona los asuntos de otro, queda obligado en ejercer la gestión con la diligencia de un buen padre de familia.

2.- Respecto a la gestión, que debe ser desempeñada con la diligencia de un buen padre de familia y ser continuada hasta su terminación o requerir al dueño, el gestor incurre en *responsabilidad* si causa perjuicios al dueño del negocio por culpa o negligencia, debiéndole indemnizar los mismos. Evidentemente, también en caso de dolo.

Respecto a tal indemnización, el Juez o Tribunal la puede moderar según las circunstancias del caso, si ha sido por culpa (no por dolo) único supuesto que se contempla, lo que está en consonancia con lo dispuesto en el art. 1.103 respecto a la responsabilidad del deudor en caso de incumplimiento de las obligaciones por culpa.

CONCORDANCIAS

Véase arts. 1.103, 1.104, 1.719 y 1.726 de este Código.

Artículo 1.890

Si el gestor delegare en otra persona todos o algunos de los deberes de su cargo, responderá de los actos del delegado, sin perjuicio de la obligación directa de éste para con el propietario del negocio.

La responsabilidad de los gestores, cuando fueren dos o más, será solidaria.

COMENTARIO

1.- Si son varios los gestores de un negocio ajeno, la responsabilidad a que se refiere el artículo anterior y el artículo siguiente, es solidaria según dispone el segundo párrafo de este artículo.

2.- Del primer párrafo se desprende, *a sensu contrario* la posibilidad del gestor de negocios ajenos de *delegar* tal gestión. El delegado o sustituto deberá cumplir las mismas obligaciones que se imponen al gestor.

Si tal delegado causa perjuicios al dueño del negocio se dan dos responsabilidades (no cumulativas, desde luego) frente al dueño del negocio; éste puede exigir la indemnización al gestor, que dispone el artículo anterior y además tiene acción directa frente al delegado del gestor.

CONCORDANCIAS

Véase arts. 1.137 y ss. y 1.721 a 1.723 de este Código.

Artículo 1.891

El gestor de negocios responderá del caso fortuito cuando acometa operaciones arriesgadas que el dueño no tuviese costumbre de hacer, o cuando hubiese pospuesto el interés de éste al suyo propio.

COMENTARIO

1.- Además de la responsabilidad que establecen los artículos anteriores, este artículo dispone una agravación de la misma, en el sentido de que responde incluso en caso fortuito en dos supuestos.

El primero es cuando el gestor acomete «operaciones arriesgadas que el dueño no tuviese costumbre de hacer». Es decir, cuando se aparta de lo acostumbrado por el dueño del negocio. Son dos elementos: la operación arriesgada y el no ser normal en el ámbito de actividad del dueño del negocio.

El segundo cuando el gestor antepone su propio interés al del dueño del negocio. Se da, pues, una concurrencia de intereses y el gestor antepone el suyo.

2.- En ambos casos, el gestor de negocios ajenos incurre en responsabilidad e indemnizará al dueño del negocio, de los perjuicios que le cause, pues no ha obrado con la diligencia debida. La especialidad de este artículo es que responde, no sólo en caso de dolo y de culpa, sino también si concurre caso fortuito.

CONCORDANCIAS

Véase art. 1.105 de este Código.

Artículo 1.892

La ratificación de la gestión por parte del dueño del negocio produce los efectos del mandato expreso.

COMENTARIO

Los artículos anteriores y el artículo siguiente regulan la gestión de negocios ajenos propiamente dicha, que es la no ratificada. El presente artículo contempla el caso de que el dueño del negocio, a la vista de la gestión, procede a la ratificación de ésta. Tal ratificación puede ser expresa o tácita. El efecto es que convierte la gestión de negocios ajenos en contrato de mandato con efecto retroactivo. Toda la actuación del gestor queda sometida a la normativa del mandato; «efectos del mandato expreso» dice el texto legal, aunque esta referencia al carácter de «expreso» no tiene trascendencia alguna.

CONCORDANCIAS

Véase arts. 1.259 y 1.727 de este Código.

Artículo 1.893

Aunque no hubiese ratificado expresamente la gestión ajena, el dueño de bienes o negocios que aproveche las ventajas de la misma será responsable de las obligaciones contraídas en su interés, e indemnizará al gestor los gastos necesarios y útiles que hubiese hecho y los perjuicios que hubiese sufrido en el desempeño de su cargo.

La misma obligación le incumbirá cuando la gestión hubiera tenido por objeto evitar algún perjuicio inminente y manifiesto, aunque de ella no resultase provecho alguno.

COMENTARIO

1.- Los artículos 1888 a 1891 relativos a la gestión de negocios ajenos no ratificada por el dueño del negocio, están dedicados a regular la posición del gestor en sus obligaciones y responsabilidades. El presente artículo 1.893 contempla la posición del dueño del negocio. Este, que ha aprovechado las ventajas de la gestión o ha evitado perjuicios por razón de la misma, debe asumir, en lógica consecuencia, los gastos y perjuicios que se le han ocasionado al gestor, reembolsando e indemnizando al mismo.

2.- Se parte de un dato objetivo: que la gestión de negocios ajenos haya producido al dueño del negocio alguna ventaja de la que se aproveche o le haya evitado un perjuicio inminente y manifiesto. En uno u otro caso, el dueño del negocio es responsable de las obligaciones contraídas en su interés y debe indemnizar al gestor de los gastos necesarios y útiles que hayan tenido y de los perjuicios que haya sufrido. No se incluye, sin embargo, la retribución por los servicios u honorarios del gestor.

Artículo 1.894

Cuando, sin conocimiento del obligado a prestar alimentos, los diese un extraño, éste tendría derecho a reclamarlos de aquél, a no constar que los dio por oficio de piedad y sin ánimo de reclamarlos.

Los gastos funerarios proporcionados a la calidad de la persona y a los usos de la localidad deberán ser satisfechos, aunque el difunto no hubiese dejado bienes, por aquéllos que en vida habrían tenido la obligación de alimentarle.

COMENTARIO

1.- Este último artículo de la sección destinada a la regulación de la gestión de negocios ajenos, prevé las que se han denominado generalmente gestiones especiales. Son la gestión alimentaria y la gestión funeraria.

2.- *La gestión alimentaria*, prevista en el primer párrafo se refiere a la gestión de negocios ajenos en materia de alimentos, prestados por persona no obligada a ello según los arts. 142 y ss. (un «extraño» dice el texto legal) que los puede reclamar a la persona que verdaderamente es el obligado a prestarlos.

Para ello —es decir, para que este gestor pueda reclamar los alimentos que prestó al alimentista, al verdadero alimentante— se exigen dos requisitos. En primer lugar, que lo haya hecho «sin conocimiento del obligado a prestar alimentos» (el alimentante), lo que constituye una especialidad del pago por tercero, que prevé con carácter general el art. 1.158. En segundo lugar, que no les haya prestado *animus donandi* o como dice el texto legal, «por oficio de piedad y sin ánimo de reclamarlo» en este punto, hay la presunción de que el obligado (el «extraño») presta los alimentos como gestión de negocios ajenos, pero presunción *iuris tantum*, que admite la prueba en contrario de que los prestó con *animus donandi*.

3.- La *gestión funeraria* se refiere a los gastos funerarios, que se producen por la muerte de una persona. Y se entiende que los gastos funerarios, en su más amplio sentido (no sólo entierro, sino funerales e incluso un costosa traslado de cadáver), son a cargo de las personas obligadas a cumplir la obligación de alimentos —los alimentantes— como una extensión del concepto de alimentos y, en lógica consecuencia, los gastos serán proporcionados a la situación económica y social del difunto.

Si tales gastos han sido pagados por un tercero no alimentante, será un caso de gestión de negocios ajenos y aquél tendrá derecho a reclamarlos al alimentante, verdadero obligado. Aunque si hay bienes de la herencia, son a cargo de éstos los gastos funerarios *(vid.* art. 903) y el gestor, que los pagó, deberá reclamarlos a quien corresponda (normalmente el heredero, que puede ser o no el alimentante) para que le sean satisfechas con dinero de la herencia o con dinero obtenido con otros bienes hereditarios.

CONCORDANCIAS

Véase arts. 142 a 153 de este Código.

SECCIÓN SEGUNDA
Del cobro de lo indebido

Artículo 1.895

Cuando se recibe alguna cosa que no había derecho a cobrar, y que por error ha sido indebidamente entregada, surge la obligación de restituirla.

COMENTARIO

1.- El pago de lo indebido es aquel pago que se hace no habiendo obligación que cumplir, por error, que es recibido por otra persona, que deberá restituir. El Código lo incluye dentro de los cuasicontratos y lo denomina «cobro de lo indebido» respondiendo a la definición de cuasicontrato que da el art. 1.887 que destaca que resulta obligado su autor; en el «cobro» de lo indebido resulta obligado el que ha recibido el pago, el que ha «cobrado». Es expresión, como todo cuasicontrato, del enriquecimiento injusto: el que recibe la cosa, indebidamente, se enriquece sin causa y, por tanto, debe restituirla.

2.- Los elementos del pago de lo indebido que se desprenden del concepto y de la normativa, son:

Primero. *Pago efectivo*. Y, en necesaria correlación, cobro por el *accipiens*. Es por tanto, la realización de una prestación a favor del *accipiens*, quien la acepta y recibe. Esta prestación puede ser de dar o de hacer: de dar, a su vez, puede ser de cosa genérica (dinero será el caso más típico) o específica; de hacer, un *facere* cualquiera.

La prueba de este primer elemento incumbe al que ha hecho el pago: dicho en forma más precisa: la carga de la prueba de este elemento la sufre el demandante, que pagó y que reclama la restitución. El artículo 1.900, en su primer inciso, lo dispone: *la prueba del pago incumbe al que pretende haberlo hecho*.

Segundo. *Inexistencia de obligación*. El que debidamente pagó —realizó la prestación— el *accipiens*, que recibió el pago, lo hizo sin que hubiera obligación. Lo cual puede ocurrir porque no existe (*indebitum ex causa*) o la prestación no corresponde (*indebitum ex re*) o los sujetos no son los auténticos *(indebitum ex persona*).

Este elemento —en realidad también el primero, es decir, todos entre sí— va íntimamente unido al tercero, el error. Lo cual tiene aquí importancia a efectos de la prueba del mismo. Si el demandante —el que pagó indebidamente y reclama la restitución— prueba el *indebitum*, se presume el error (art. 1.901) y si prueba el error, queda probada la inexistencia de obligación (art. 1.900).

Tercero. *Error*. El que hizo el pago efectivo (primer elemento), pese a la inexistencia de obligación (segundo elemento), lo hizo por error; es decir, con la equivocada creencia de que existía aquella obligación (segundo elemento) cuyo pago realizó (primer elemento).

3.- El efecto esencial del pago de lo indebido es la obligación de restituir por parte del *accipiens*, lo que recibió. Obligación que, como todas, puede cumplirse extrajudicialmente o por medio del ejercicio de una acción judicial, de carácter personal, por el que pagó indebidamente, legitimado activamente, frente al que recibió el pago, legitimado pasivamente.

El objeto de la restitución —lo que hay que devolver— es: si el pago fue un *dare* de cosa específica, la misma cosa; si lo fue de cosa genérica, otro tanto de la misma especie y calidad; si fue un *facere* el valor del mismo.

JURISPRUDENCIA

«El hecho de que se haya pactado en el contrato la retención en concepto de IVA no obsta a que la improcedencia del devengo tributario convierta en indebido el pago efectuado, toda vez que el pacto de abono del impuesto se perfeccionó con carácter subordinado a la aplicación de la legislación del impuesto y, consiguientemente, a la procedencia del mismo. Concurren, en consecuencia, los requisitos establecidos por la jurisprudencia (v. gr., SSTS de 21 de noviembre de 1957, 23 de marzo de 1992, 8 de junio de 1995, 7 de febrero de 1997, 20 de julio de 1998, 10 de junio de 1995, 31 de octubre de 2001, 15 de junio de 2004, 24 de septiembre de 2004, 1 de junio de 2005, 27 de octubre de 2005, 18 de noviembre de 2005, 6 de febrero de 2006, 15 de marzo de 2006 y 8 de enero de 2007) para que pueda prosperar la acción de repetición de lo indebido: pago efectivo hecho con la intención de extinguir la deuda; y error por parte del que hizo el pago o inexistencia de la obligación a que responde la atribución patrimonial solvendi causa *[en pago]»*. (6 marzo 2007, LA LEY 6609/2007)

«La más autorizada doctrina había señalado que la **condictio indebiti** *exige siempre "un aumento patrimonial que tenga su fundamento en un proyecto jurídico-obligatorio",*

es decir, en una actividad o comportamiento realizado con la finalidad de ejecutar un plan jurídico-obligatorio. El Código civil, por razón del peso de la tradición y del arrastre de concepciones doctrinales que han influido en su redacción, se basa en una concepción estricta, y los preceptos contenidos en los artículos 1895 y ss. exigen, como punto de partida, un acto con función solutoria que además se haya producido con error del solvens*. Es cierto que en ocasiones apunta la propia jurisprudencia una concepción más amplia de la* condictio *de prestación, para comprender una idea más laxa de prestación o para aproximar las soluciones que se dan en tema de este cuasi contrato de cobro de lo indebido a los supuestos de pagos indebidos sin error, en cuanto no estén cubiertos por las reglas restitutorias dictadas en materia contractual para las hipótesis de nulidad, anulabilidad, resolución o rescisión, pero se tenga el concepto que se tenga de esta* condictio *de prestación, y de la función del error del* solvens *(esto es, si constituye elemento esencial de la* condictio*, sin cuya presencia no cabe aplicar el régimen previsto, o si simplemente la modula, para convertirla en una* condictio sine causa*, como parece deducirse de las Sentencias de 30 de septiembre de 1987 (LA LEY 9638-R/1987), de 11 de diciembre de 2000 (LA LEY 789/2001), etc., el punto de partida se ha de encontrar en una entrega efectuada* solvendi animo *(Sentencias de 12 de abril de 1989 (LA LEY 464-JF/0000), 20 de octubre de 1993 (LA LEY 105/1994), 20 de julio de 1998 (LA LEY 8264/1998), etc. ... La entrega de cosa o cantidad no debida, y la presencia de error en el* solvens *son factores que ha destacado la jurisprudencia en muchas decisiones (desde las Sentencias de 20 de mayo de 1911, 5 de mayo de 1931, 4 de marzo de 1936, etc.), en tanto que otras declaraban que puede tratarse de error de hecho o de derecho (Sentencias de 4 de abril de 1903, 7 de julio de 1950, etc.). La Sentencia de 21 de noviembre de 1957, seguida por las de 6 de julio de 1968, 12 de noviembre de 1975, 30 de enero de 1986 (LA LEY 7488-R/1986) y 8 de julio de 1999 (LA LEY 11512/1999) señalaba que ha de haber un "pago efectivo hecho con la intención de extinguir la deuda* (animo solvendi) *o, en general, de cumplir un deber jurídico" y, además, la "inexistencia de obligación entre el que paga y el que recibe, y, por consiguiente, falta de causa en el pago", que puede ser indebido subjetivamente* (ex persona)*, cuando existiendo el vínculo relacione a personas distintas de la que da y de la que recibe el pago, u objetivamente* (ex re)*, cuando falta la relación de obligaciones entre solvens y accipiens, bien porque jamás ha existido la obligación o porque aún no ha llegado a constituirse o porque, habiendo existido la deuda, ya esté pagada o extinguida; y, finalmente, el error por parte del que hizo el pago. Las Sentencias de 24 de abril de 1976 y 26 de marzo de 1986 (LA LEY 72055-NS/0000) remarcaban la necesidad de que se dieran los dos elementos básicos: entrega de cosa o cantidad indebida y error en el* **solvens**. *La Sentencia de 25 de noviembre de 1989 (LA LEY 1444-JF/0000) insistía en la necesidad de una atribución sin causa producida por error».* (14 junio 2007, LA LEY 79275/2007)

«Pero, en un análisis del conflicto que tome como punto de partida que la relación ya se ha extinguido, cabe ver la aplicación del principio de interdicción del enriquecimiento injustificado, ya en su versión de condictio de inversión [a la que acude claramente la STS de 16 de mayo de 2007 (LA LEY 72187/2007)] ya en su manifestación como **condictio** *de prestación. Se trata, en ambos casos, de restituir el aumento del patrimonio, que en un caso se ha producido con fundamento en un proyecto jurídico obligatorio, y en el otro por transferencia patrimonial que no debe calificarse como prestación. Pero la dificultad de la construcción en este último caso, pues no estamos ni ante un regreso, que es el más típico de los supuestos, nos habría de llevar al supuesto descrito por la más autorizada doctrina como "***condictio** *por expensas", en virtud de cuya institución el beneficiado ha de restituir el valor derivado de la incorporación de trabajo o de la realización de gastos en una cosa ajena. En ausencia de preceptos como los contenidos en los parágrafos 812 y 951 BGB, la construcción de esta acción de recuperación, aunque sea extremadamente compleja, se ha de intentar en el Derecho español, por la vía de la* **condictio,** *sobre todo cuando, como ocurre en los casos que venimos tratando, la incorporación de trabajo o la realización de los gastos se producen en el marco de una relación contractual, y en el seno de un bien inmaterial que*

no es, exactamente, ajeno a quien realiza la incorporación de trabajo o las expensas. Por razones históricas que la doctrina científica ha puesto de relieve, la ubicación de las reglas sobre la condictio indebiti *se halla dispersa en el articulado del Código civil, fundamentalmente situadas en las reglas de restitución por ineficacia contractual (artículos 1303-1306, 1295, 1121, etc., del Código civil) y sólo ha llegado al llamado "cuasi contrato" de cobro de lo indebido el supuesto de pago por error que, por más que se fuerce la idea de un error presunto (cuando se pagó cosa que nunca se debió o que ya estaba pagada, artículo 1901 CC) no puede cubrir el conflicto que nos ocupa. El pago indebido por error, cuando no hay título de liberalidad ni justa causa que determine la adquisición de la propiedad, es, como se ha dicho en la doctrina, una laguna legal. Cabe entonces acudir a la idea de que el pago indebido sin error puede ser remediado por medio de una* condictio sine causa generalis, *dando al artículo 1895 del Código civil un alcance más amplio del que deriva de su literalidad, lo que implicaría tener por "cobro" otros supuestos de adquisición y se aplicaría a los desplazamientos patrimoniales de modo que sólo quedarían definitivos y eficaces cuando obedecieran a prestaciones realizadas para la consecución de finalidades lícitas, reales y existentes».* (22 junio 2007, LA LEY 132446/2007)

*«La doctrina jurisprudencial ha declarado que, para que pueda ejercitarse la acción de repetición de lo indebido, son necesarios los requisitos siguientes: 1.º, pago efectivo hecho con intención de extinguir la deuda (*animus solvendi*); 2.º, inexistencia de obligación entre el que paga y el que recibe, y, por consiguiente, falta de causa en el pago, que puede ser indebido subjetivamente, cuando existiendo el vínculo jurídico relacione a personas distintas del que da y recibe el pago, u objetivamente, cuando falta la relación de obligación entre* solvens *y* accipiens, *bien porque jamás haya existido la obligación, porque aún no haya llegado a constituirse, porque habiendo existido la deuda esté pagada o extinguida, o porque se haya entregado mayor cantidad de la debida; y 3.º, error por parte del que hizo el pago, sin que el artículo 1895 distinga entre el error de derecho y el error de hecho (por todas, STS de 21 de noviembre de 1957). Si el demandante —el que pagó indebidamente y reclama la restitución— prueba el* indebitum *se presume el error (artículo 1901 del Código Civil), y si prueba el error, queda acreditada la inexistencia de la obligación (artículo 1900 del Código Civil)».* (10 febrero 2009, rec. 1340/2002, LA LEY 1165/2009)

«según la jurisprudencia (por todas STS de 20 de julio de 1998), la aplicación del artículo 1895 del Código Civil, "sólo procede cuando se establece una relación entre quien percibe lo que no tenía derecho a recibir y el que paga por error, con lo que surge la obligación de restituir lo indebidamente abonado, que supone deuda inexistente y concurrencia de acreditado error en quien hizo el pago, verificado con intención de extinguir la deuda"». (30 julio 2010, rec. 1197/2006, LA LEY 148201/2010)

CONCORDANCIAS

Véase arts. 1.085, 1.126, 1.158, 1.163, 1.165, 1.756, 1.798 y 1.842 de este Código.

Artículo 1.896

El que acepta un pago indebido, si hubiera procedido de mala fe, deberá abonar el interés legal cuando se trate de capitales, o los frutos percibidos o debidos percibir cuando la cosa recibida los produjere.

Además responderá de los menoscabos que la cosa haya sufrido por cualquier causa, y de los perjuicios que se irrogaren al que la entregó, hasta que la recobre. No se prestará el caso fortuito cuando hubiese podido afectar del mismo modo a las cosas hallándose en poder del que las entregó.

COMENTARIO

1.- En el comentario al artículo anterior se ha dicho que el objeto de la restitución es la misma cosa, u otro tanto de su misma especie y calidad o el valor del facere. Sin embargo, los artículos 1896, 1897 y 1898 regulan de forma distinta esta obligación respecto a frutos e intereses, y desmejoras o pérdidas, y mejoras y gastos, según el accipiens sea de buena o de mala fe; además, el artículo 1.897, último inciso, hace referencia a los terceros adquirentes de la cosa que fue objeto del pago; por último, el artículo 1.899 prevé una exención de la obligación de restituir.

2.- Este artículo 1.896 contempla el caso del *accipiens de mala fe*: ésta se deriva del conocimiento del carácter indebido del pago. Si tiene que restituir una cantidad de dinero (porque la recibió o porque tiene que restituir el valor de un *facere*) deberá abonar el interés legal; se computa desde el momento que el *accipiens* recibió el pago indebido de mala fe; si lo recibió de buena y luego sobreviene la mala fe, se computará desde este momento; si el que pagó indebidamente le tiene que reclamar judicialmente la restitución, el interés, desde que se dicte sentencia en primera instancia (que después sea mantenida en apelación y casación, en su caso) será el ejecutorio, que señala el art. 576 LEC y que es el legal incrementado en dos puntos.

Si tiene que restituir una cosa fructífera, deberá devolver los frutos naturales o civiles que haya percibido y también los que haya debido percibir.

3.- En cuanto a las desmejoras o pérdidas, el segundo párrafo del mismo artículo 1.896, dispone que *responderá de los menoscabos que la cosa haya sufrido por cualquier causa, y de los perjuicios que se irroguen al que la entregó* (el que hizo el pago indebido) *hasta que la recobre*; cuyo texto legal no sólo comprende las desmejoras, sino también la pérdida de la cosa y todo perjuicio causado; alcanza incluso al supuesto de que se produzca por caso fortuito, con una sola excepción, que recoge el último inciso: *cuando hubiese podido afectar del mismo modo a las cosas hallándose en poder del que las entregó.*

JURISPRUDENCIA

«la existencia o inexistencia de buena fe es cuestión de hecho, y por tanto, de la libre apreciación del Juzgador de instancia —sentencias de 11 de junio de 1954, 5 de junio de 1981, 9 de mayo de 1983 y otras—; lo que no obsta para que también se haya declarado que la buena fe es un concepto jurídico deducido libremente por el Tribunal sentenciador, valorando los hechos que le sirven de origen, dentro de los hechos acreditados que a ellos se refieren —sentencia de 10 de abril de 1956— y que su calificación es impugnable al amparo del número uno (hoy, el cinco) del artículo 1.692 de la Ley de Enjuiciamiento Civil —sentencia de 24 de diciembre de 1956—... la anterior citada doctrina no es en realidad contradictoria, sino que denota que por un lado se ha de partir de los hechos acreditados, y, por otro, que su apreciación integra una valoración jurídica, en cuanto la buena fe en sí no es un hecho sino una de las llamadas en el proceso "máximas de experiencia", cuya apreciación compete a esta Sala de casación». (22 octubre 1991, LA LEY 168-5/1993)

Artículo 1.897

El que de buena fe hubiera aceptado un pago indebido de cosa cierta y determinada, sólo responderá de las desmejoras o pérdidas de ésta y de sus accesiones, en cuanto por

ellas se hubiese enriquecido. Si las hubiese enajenado, restituirá el precio o cederá la acción para hacerlo efectivo.

COMENTARIO

1.- Este artículo contempla el caso del accipiens de buena fe, que es el que ignora el carácter indebido del pago que se le hace. Tiene la obligación de restituir, pero no se le grava la misma. Así, debe devolver la cosa cierta y determinada con sus accesiones y debe indemnizar las desmejoras o pérdidas tan sólo en cuanto por ellas se haya enriquecido.

2.- En su último inciso se prevén los actos de disposición del *accipiens* de buena fe y la posición de terceros adquirentes; de esta breve norma se puede deducir la aplicable al *accipiens* de mala fe.

Si el pago de lo indebido fue un *dare*, una cosa y el *accipiens* dispone a título oneroso de ella, el que pagó tiene acción personal contra éste pero no puede reclamar al tercero que adquirió la cosa. Si el que pagó indebidamente era propietario de la cosa que entregó al *accipiens,* sí la podrá reclamar al tercero por medio de una acción reivindicatoria, aunque el tercero puede ser inatacable en virtud de la protección que le dispensa el art. 34 LH si es inmueble o el art. 464 CC si es mueble.

Aparte de esta posible reivindicación a un tercero adquirente, si el *accipiens* de buena fe dispone de la cosa a título oneroso, deberá restituir el precio o, de no haberlo percibido, la acción para cobrarlo. Esto es lo que dispone el último inciso del art. 1.897; el resto de las cosas de disposición, no los prevé pero se deducen de esta norma. Si ha dispuesto de la cosa a título gratuito, deberá restituir su valor.

Si se trata de un *accipiens* de mala fe y ha dispuesto de la cosa cobrada indebidamente, a un tercero, a título oneroso, deberá restituir al que se la pagó el precio recibido o cederle la acción para recobrarlo (como el de buena fe) y además, deberá indemnizar los perjuicios que le haya producido. Si la disposición de la cosa ha sido a título gratuito, deberá restituir su valor y además, indemnizar los perjuicios.

Artículo 1.898

En cuanto al abono de mejoras y gastos hechos por el que indebidamente recibió la cosa, se estará a lo dispuesto en el título V del libro segundo.

COMENTARIO

1.- Respecto a mejoras y gastos hechos por el *accipiens*, este artículo se remite a la normativa de la posesión sobre este tema. Por tanto, débese distinguir entre el que recibió la cosa indebidamente de buena fe y el que lo hizo de mala fe.

2.- En cuanto al *abono de mejoras y gastos* hechos por el *accipiens*, se aplican las normas relativas al poseedor de buena fe, tiene derecho a que le sean abonados los gastos necesarios, con derecho de retención hasta que se le satisfagan (art. 453, primer párrafo); igualmente en las mejoras y gastos útiles, aunque el que recupera la cosa puede optar por pagarle el aumento de valor (art. 453, segundo párrafo) y las mejoras o gastos de puro lujo o mero recreo, el que recupera la cosa puede optar por abonarle el importe de lo que costaron o por dejar que se la lleve el *accipiens*, sin causar deterioro en la cosa, pero carece de derecho a ser indemnizado.

3.- En cuanto al *abono de mejoras y gastos* hechos por el *accipiens*, se aplican las normas relativas al poseedor de mala fe; tiene derecho a que le sean abonados los gastos necesarios (art. 453, primer párrafo y 455): no tiene derecho a ser indemnizado por las mejoras y gastos útiles; en cuanto a las mejoras o gastos de puro lujo o mero recreo, puede el *accipiens* llevarse las mejoras objeto de tales gastos, si la cosa no sufre deterioro, pero el que recupera la cosa puede optar por quedárselas abonando su valor actual (art. 455, segundo inciso).

CONCORDANCIAS

Véase arts. 430 y ss. de este Código.

Artículo 1.899

Queda exento de la obligación de restituir el que, creyendo de buena fe que se hacía el pago por cuenta de un crédito legítimo y subsistente, hubiese inutilizado el título, o dejado prescribir la acción, o abandonado las prendas, o cancelado las garantías de su derecho. El que pagó indebidamente sólo podrá dirigirse contra el verdadero deudor o los fiadores respecto de los cuales la acción estuviese viva.

COMENTARIO

1.- Contempla el presente artículo un caso de exención de la obligación de restituir por parte del accipiens de buena fe, que ha percibido un pago indebido pensando que se hacía de un crédito legítimo y subsistente.

Se trata de un pago de lo indebido un tanto especial, con algunas particularidades en los elementos y que, por sus consecuencias, llega a producir la exención en el *accipiens* de su obligación de restituir.

Se da el pago efectivo (primer elemento) pero en el *indebitum* (segundo elemento) se trata de que, existiendo verdadera obligación, hay *indebitum ex persona*, en el sentido de que el que pago no es el verdadero deudor ni obra por él: el falso deudor paga a un verdadero acreedor; y el error (tercer elemento) se da en los dos: el que paga indebidamente (porque no es deudor) y el *accipiens*, de buena fe.

2.- Produciéndose estos particulares elementos de exención de la obligación de restituir tiene lugar cuando el crédito se perjudica por el *accipiens* de buena fe: 1.º) porque se deja *prescribir la acción*; 2.º) porque se destruye su prueba (*inutilizando el título*, dice el art. 1.899); 3.º) porque se extinguen sus garantías (*abonando las prendas o cancelando las garantías*).

Queda, pues, el *accipiens* de buena fe exento de la obligación de restituir y al que pagó indebidamente no le queda más solución que la de reclamar a los verdaderos deudores, principales o subsidiarios, tal como dice el último inciso del art. 1.899.

CONCORDANCIAS

Véase arts. 1.961 y ss. de este Código.

Artículo 1.900

La prueba del pago incumbe al que pretende haberlo hecho. También corre a su cargo la del error con que lo realizó, a menos que el demandado negare haber recibido la cosa que se le reclame. En este caso justificada por el demandante la entrega, queda relevado de toda otra prueba. Esto no limita el derecho del demandado para acreditar que le era debido lo que se supone que recibió.

COMENTARIO

1.- El pago efectivo es el primero de los elementos de pago de lo indebido, tal como se expresa en el comentario al art. 1.895. La prueba de que se ha hecho el pago, corresponde al que lo alegue, lo cual lo dispone innecesariamente el primer inciso del presente artículo, ya que recoge el principio de la distribución de la carga de la prueba; cada parte sufre las consecuencias de la falta de la prueba de los elementos del hecho, acto o negocio jurídico que alegue en apoyo de su derecho.

2.- Igualmente, el *error*, tercero de los elementos del pago de lo indebido, corresponde su prueba al que hizo el pago sufriendo tal error; responde también a la doctrina de la carga de la prueba. Lo que tiene importancia es la presunción del error que establece a continuación este artículo y la que establece el siguiente. Si el que cobró indebidamente («el demandado» lo llama el texto legal) niega haber recibido la cosa que se le reclama, y el que pagó («el demandante») lo prueba, se presume la concurrencia del error y de los demás elementos del pago de lo indebido.

Cuya presunción es *iuris tantum* y no impide que el que recibió el pago («demandado») acredite que le era debido.

JURISPRUDENCIA

Véase la sentencia de 10 febrero 2009 contenida en el artículo siguiente.

Artículo 1.901

Se presume que hubo error en el pago cuando se entregó cosa que nunca se debió o que ya estaba pagada; pero aquél a quien se pida la devolución puede probar que la entrega se hizo a título de liberalidad o por otra causa justa.

COMENTARIO

1.- Completando el artículo anterior, este artículo también presume error (tercer elemento del pago de lo indebido) cuando se paga una obligación inexistente o extinguida («cosa que nunca se debió o que ya estaba pagada»).

También es presunción *iuris tantum*. No impide que el que recibió el pago pruebe que éste se hizo, no pagando o cumpliendo una obligación, sino *animus donandi* («a título de liberalidad»), o bien por otra causa justa.

2.- El concepto de causa justa es muy poco claro. Demuestra una vez más que el pago de lo indebido, como todo cuasicontrato, no es sino la expresión de un enriquecimiento injusto.

Cuando no hay causa, hay pago de lo indebido. Cuando la hay, incluso si no hubo obligación que pagar, no hay pago de lo indebido.

JURISPRUDENCIA

«La doctrina jurisprudencial ha declarado que, para que pueda ejercitarse la acción de repetición de lo indebido, son necesarios los requisitos siguientes: 1.º, pago efectivo hecho con intención de extinguir la deuda (animus solvendi); *2.º, inexistencia de obligación entre el que paga y el que recibe, y, por consiguiente, falta de causa en el pago, que puede ser indebido subjetivamente, cuando existiendo el vínculo jurídico relacione a personas distintas del que da y recibe el pago, u objetivamente, cuando falta la relación de obligación entre* solvens *y* accipiens, *bien porque jamás haya existido la obligación, porque aún no haya llegado a constituirse, porque habiendo existido la deuda esté pagada o extinguida, o porque se haya entregado mayor cantidad de la debida; y 3.º, error por parte del que hizo el pago, sin que el artículo 1895 distinga entre el error de derecho y el error de hecho (por todas, STS de 21 de noviembre de 1957). Si el demandante —el que pagó indebidamente y reclama la restitución— prueba el indebitum se presume el error (artículo 1901 del Código Civil), y si prueba el error, queda acreditada la inexistencia de la obligación (artículo 1900 del Código Civil)».* (10 febrero 2009, rec. 1340/2002, LA LEY 1165/2009)

«la transacción extrajudicial es un contrato (art. 1.809 CC; SS., entre otras, 30 de octubre de 1.989, 6 de noviembre de 1.993, 30 de julio de 1.996) por lo que genera un vínculo obligacional cuyo cumplimiento está sujeto a las reglas generales de los contratos. Como consecuencia de ello carecen de fundamento los planteamientos del motivo en que se alegan como infringidos el art. 1.901 CC y la doctrina del enriquecimiento injusto. En relación con el primero, y con independencia de que no se invoca error alguno, lo que en su caso debía haber dado lugar a la invocación del art. 1.817 CC, la condictio de prestación *de que se trata* —condictio indebiti— *no es aplicable a supuestos regidos por reglas contractuales (SS. 28 de junio y 12 de julio de 2.007, 17 de julio de 2.009)».* (30 noviembre 2009, rec. 349/2005, LA LEY 226658/2009)

CONCORDANCIAS

Véase arts. 1.756 y 1.798 de este Código.

CAPÍTULO II
DE LAS OBLIGACIONES QUE NACEN DE CULPA O NEGLIGENCIA

Artículo 1.902

El que por acción u omisión causa daño a otro, interviniendo culpa o negligencia está obligado a reparar el daño causado.

COMENTARIO

1.- La fuente de la obligación es el hecho jurídico que tiene como efecto el nacimiento de ésta. Lo que ocurre porque lo quiere el sujeto —ex voluntate— cuyo caso más típico es el contrato, o porque lo dispone la ley —ex lege— cuyo caso más típico es el acto ilícito y lo declara expresamente como fuente de la obligación el último inciso del art. 1.089.

Esta *obligación es la de reparar el daño causado*. Está proclamada en el presente artículo 1.902, norma que tiene carácter de principio, que ha sido profusamente estudiado por la doctrina y que ha producido abundantísima jurisprudencia; ésta ha mantenido una unidad de criterio y ha dado una interpretación evolutiva, desarrollando una jurisprudencia de intereses, para la adaptación de la norma a la realidad social del mundo actual. Han sido dos factores los que han influido poderosamente en estas aludidas evolución y adaptación; el aumento de los riesgos y de los siniestros y la presencia de contratos de seguro que cubren aquellos riesgos y son deudores reales de la obligación de indemnizar.

De lo anterior se desprende una evidente consecuencia en orden a la terminología. Es claro que se trata de una obligación nacida de acto ilícito. No es una responsabilidad extra-contractual. Responsabilidad significa la situación en que se halla el patrimonio de un deudor que ha incumplido su obligación, en la que era sujeto pasivo. Obligación significa relación jurídica por la que el acreedor tiene el derecho (derecho subjetivo, derecho de crédito) de exigir al deudor que realice una prestación y éste tiene el deber (deber jurídico) de cumplirla. Por tanto, el acto ilícito hace nacer, como fuente de la obligación, la de reparar el daño que ha causado y consiste en la relación jurídica, por la que el perjudicado (acreedor) tiene el derecho de exigir al causante del daño (deudor) que le repare éste. Y si tal deudor incumpliera tal obligación, caería en responsabilidad.

Esta obligación nacida de acto ilícito es, evidentemente, de carácter civil y a la regulación de los artículos 1.902 y siguientes se remite el artículo 1.903. Junto a ella se encuentra la responsabilidad civil derivada de delito o falta, que se regula no sólo separadamente —en el Código Penal—, sino incluso de modo diferente —por ejemplo, admite la responsabilidad subsidiaria—, con lo que el Derecho español sigue un sistema dual, con graves consecuencias y grandes inconvenientes.

2.- La obligación nacida de acto ilícito tiene tres presupuestos: 1.º) la acción u omisión ilícita, 2.º) el daño, 3.º) el nexo causal entre aquélla y éste. Se añade también 4.º) la culpabilidad, pero, como se verá ha dejado de serlo por la progresiva objetivación de esta obligación.

Primero.- Acción u omisión ilícita. El artículo 1.902 comienza diciendo: el que por acción u omisión...

Supone, por principio un acto humano, que puede ser positivo o negativo. Supone la voluntad del ser humano.

Falta este primer presupuesto si no existe tal voluntad, lo que ocurre en todo supuesto de inconsciencia (como un desvanecimiento, un ataque al corazón o de epilepsia), si bien en el caso de que tal supuesto fuera ocasionado por un acto voluntario (embriaguez, toxicomanía) aquél no dejaría de ser voluntario: es la llamada *actio liberae in causa.*

Tal acción u omisión debe ser ilícita. No existe, en esta materia de Derecho civil una tipificación de conductas ilícitas, como en el Derecho penal. La antijuridicidad —ilicitud— no es otra cosa ni va más allá que el quebrantamiento del principio *alterum non laedere.*

Eliminan este primer presupuesto las causas de justificación que se han estudiado y aplicado principalmente en Derecho penal: legítima defensa y estado de necesidad. También cuando el sujeto obre en el ejercicio de un derecho: *qui iure suo utitur, neminem laedit.* A no ser que este ejercicio constituya un abuso de derecho, en cuyo caso entra en aplicación el art. 7.2 del Código Civil y el artículo 11.2 de la Ley Orgánica del Poder Judicial de 1 de julio de 1985.

Segundo.- Daño. El artículo 1.902 prevé también este presupuesto: el que por acción u omisión causa daño a otro...

La obligación nacida de acto ilícito sólo nace cuando se ha producido el daño. No se origina obligación civil por una conducta culposa —falta de diligencia— si no se causa daño, a pesar de la peligrosidad o antisocialidad de aquélla, sin perjuicio de la ilicitud penal en que pueda incurrir que, a su vez, tampoco daría lugar a obligaciones civiles.

El concepto de daño viene referido al perjuicio del derecho subjetivo que sufre su titular. Daño es el perjuicio que soporta el sujeto de un derecho subjetivo, por la perturbación, menoscabo o pérdida de éste o de un interés propio.

Se ha definido también como el menoscabo que, a consecuencia de un acaecimiento o evento determinado, sufre una persona, ya en sus bienes vitales naturales, ya en su propiedad o en su patrimonio.

El daño puede ser personal, cuando afecta a derecho subjetivos personales; material, cuando estos derechos subjetivos son patrimoniales; o moral, cuando comporta un daño espiritual o moral.

Tercero.- Nexo causal. Entre la acción u omisión y el daño (primero y segundo de los presupuestos) debe darse una relación de causalidad. Es la relación de causa a efecto entre la acción y el daño. La acción desempeña la función de generar el daño.

Hay varias teorías al respecto, que esencialmente pueden reducirse a dos: teoría de la equivalencia o *conditio sine qua non*, por la que el sujeto queda obligado a reparar el daño en el que ha intervenido como causa o con causa aunque sea mínima, remota o desproporcionada; o, en otras palabras, se reputa causa toda condición que ha contribuido al resultado, de forma que éste no se hubiera producido si la condición no se hubiera dado; y la teoría de la causalidad adecuada, que estima que se da el nexo causal entre un acto y el daño, cuando aquél es apropiado (adecuado) para producir éste, es decir, cuando se da la necesaria y correcta (adecuada) conexión entre el antecedente (causa) y la consecuencia (efecto) es decir, en síntesis, la aptitud de la causa para producir el resultado; teoría mantenida por la jurisprudencia.

Realizado un acto y producido un daño, se rompe la relación de causa a efecto, por causas externas que actúan como interferencias del nexo causal. Son 1.º) caso fortuito y fuerza mayor, 2.º) acción de un tercero, 3.º) acción del propio perjudicado.

1.º) El caso fortuito y la fuerza mayor rompen el nexo causal. Es decir, la acción u omisión humana no es causa adecuada del efecto dañoso, sino que éste tiene su causa en el caso fortuito y la fuerza mayor.

2.º) Acción proveniente de un tercero, que rompe el nexo causal con respecto al presunto causante.

3.º) Acción del propio perjudicado. Si el propio perjudicado realiza una acción que, con nexo causal, es causa del daño, sufre las consecuencias jurídicas del mismo. Es lo que se conoce con la expresión «culpa exclusiva de la víctima», que no es frecuente. Es más corriente que el perjudicado contribuya con su acción (por ejemplo, el peatón que cruza en semáforo en rojo o por lugar no adecuado) a la acción del causante del daño. Se habla entonces impropiamente de compensación de culpas; en puridad, de lo que se trata es de concurrencia de acciones que son concausas de su propio daño, es decir, se da concurrencia de causas. Es un tema, pues, atinente a la pluralidad de sujetos causantes (no culpables, sino causantes) del daño, cuyo efecto es el reparto de las consecuencias: se distribuye la obligación de reparación del daño.

Cuarto. Culpabilidad. El art. 1.902 la exige explícitamente:... interviniendo culpa o negligencia.

La culpabilidad es la atribución de la conducta dañosa al sujeto por suponer una infracción de las reglas de diligencia, atención, precaución.

Lo cual puede producirse por dolo o por culpa.

El dolo es la intención de causar el daño y la previsión del mismo.

No es precisa la previsión exacta del daño, basta con la intención y la previsión general de causarlo.

La culpa es la actuación que, por obrar sin la atención y sin la diligencia debidas, causa un resultado dañoso y previsible. Así como la previsión caracterizaba al dolo, la culpa es caracterizada por la previsibilidad; se refiere al daño, aunque sin necesidad de que se precise con exactitud.

No tiene trascendencia, a los efectos de la culpabilidad (ni mucho menos a los efectos de nexo causal) que el causante del daño haya observado las normas reglamentarias.

El presupuesto de la culpabilidad es el eje de la obligación nacida del acto ilícito. Pero su especial importancia la tiene en relación con la prueba. Si en base a la doctrina de la carga de la prueba se exige que el acreedor —víctima del daño— deba probarla, será muy difícil que nazca la obligación de reparar (no es fácil, por ejemplo, que el atropellado pruebe que el conductor del vehículo actuó con culpa, o que la víctima de una intoxicación alimenticia pruebe que el fabricante obró con culpa). Será más fácil, si se invierte la carga de la prueba (que sea el conductor del vehículo o el fabricante quienes prueben que actuaron sin culpa). O bien, el último paso es que, sin eliminar el presupuesto de culpabilidad, se mantenga que si hubo daño, éste supone que sc actuó culpablemente, pues, de no haber culpa, no se habría producido daño. Esta ha sido la evolución de la jurisprudencia en tres fases, bien marcadas.

1.ª Fase. En un principio, promulgado el Código Civil a finales del siglo pasado, en un ambiente social y económico de técnica inexistente o incipiente y sin apenas problemas de riesgos, se aplicó el artículo 1.902 con las reglas ordinarias de la doctrina de la carga de la prueba.

Según esta doctrina, debe cada parte demostrar los hechos en los que basa el derecho que alega: así, el demandante (el perjudicado por un acto ilícito) debe probar que se han reunido los elementos constitutivos de la obligación, mientras que al demandado (causante del daño) le corresponde probar los hechos que han impedido el nacimiento o han extinguido aquella obligación; uno y otro sufrirá las consecuencias de la falta de la prueba de los hechos que alega.

Aplicando esta doctrina al tema de la obligación derivada de acto ilícito, resultó que era preciso al demandante probar todos los presupuestos de la obligación, incluso el de la culpabilidad.

2.ª Fase. La fase anterior se mantuvo durante lustros, pero la realidad social cambiaba: poco a poco fue entrando la técnica y desarrollándose la industrialización; los daños a inocentes terceras personas se multiplicaron; aumentaron a una velocidad creciente las máquinas creadoras de riesgos, situaciones de peligro y daño; la más importante —en difusión y como causante de daños— fue el vehículo de motor; la conclusión es que un problema individual se convierte en social.

La jurisprudencia, dando una interpretación evolutiva al art. 1.902 busca soluciones generales y justas y le da una nueva interpretación adaptada a la realidad social.

Parte de un mecanismo procesal: la inversión de la carga de la prueba. Mantiene la doctrina de que el causante del daño es el que tiene la carga de la prueba de que no hubo culpabilidad por su parte: en otras palabras, también en sentido procesal: se presume que el causante del daño es culpable, a no ser que pruebe lo contrario.

El cambio jurisprudencial lo dio la sentencia de 10 de julio de 1943, y fue reiterada en sentencias posteriores y consagrada definitivamente en la de 30 de junio de 1959. A esta doctrina, concebida como procesal, se le puede dar un tratamiento sustantivo, puramente civil; el autor con nexo causal, de un daño, da lugar al nacimiento de la obligación de repararlo; la culpabilidad está inmersa en la relación causal de acción-daño; la ausencia de culpabilidad es un hecho impeditivo de la obligación y, como tal, como consecuencia procesal, sufrirá la carga de la prueba el deudor —demandado, causante del daño— que lo alegue.

3.ª Fase. A la interpretación evolutiva del Tribunal Supremo le faltaba dar un solo paso para llegar a una objetivación de la obligación nacida de acto ilícito y cumplir debida y definitivamente el interés social de proteger a las innumerables víctimas de los daños cada vez más numerosos; a su vez, cada vez es más impensable que un daño no se halle cubierto por un seguro, desplazándose así el riesgo, de un patrimonio individual a un patrimonio social, el de las Compañías de seguros con un movimiento económico formidable y una trascendencia social inmensa, hasta tal punto que se dictó la Ley de Contrato de Seguro de 8 de octubre de 1980, sustitutoria de las vetustas normas del Código Civil y del Código de Comercio, no adaptadas ya a la época actual.

Este último paso lo dio la jurisprudencia a partir de 1981. Consiste en fundamentar la obligación de reparar el daño, nacida de acto ilícito, no en la culpabilidad del autor, sino en la responsabilidad por riesgo: la persona que produce un riesgo (el que circula con vehículo de motor, la empresa que instala unos tendidos eléctricos, etc.) debe reparar los daños que se produzcan; la persona física y jurídica que se aprovecha de las ventajas de su actuación (circular en coche, fabricar productos) debe sufrir los inconvenientes, como los de tener que reparar los daños; en síntesis, toda persona debe pechar él (no las víctimas) con los daños que cause, por lo que reparará los que produzca a terceros.

Por tanto, a esta tercera fase de objetivizar la obligación nacida de acto ilícito, llega la jurisprudencia, valorando el interés social de las víctimas y fundamentándolo en la doctrina del riesgo. Llega a una conclusión; si el autor causó un daño, ello implica la culpabilidad, ya que, de no haberla habido, no se habría producido tal daño; y no cabe prueba en contrario. No se quebranta el art. 1.902, sino que cuando dice «interviniendo culpa o negligencia» esta se halla implícita en el daño causado, porque —como se ha dicho— si no hubo aquélla no se produce éste. Otro tema, es que sí puede probarse que se rompió el nexo causal, otro presupuesto, que puede sufrir, y probarse, las interferencias del caso fortuito o fuerza mayor, o que la causa fue la actuación de un tercero, o fue el propio perjudicado.

JURISPRUDENCIA

1.- CONCEPTOS GENERALES

«Procede observar que la doctrina jurisprudencial ha evolucionado en forma acomodada a las exigencias de la realidad social, a cuasi-objetivizar la responsabilidad extracontractual, sobre todo en casos como el presente, en que concurre un riesgo advertido y conocido y no obstante se mantiene, al no adoptarse medidas adecuadas para evitar lo que se presenta como peligro potencial y que se convirtió en realidad de efectivo peligro materializado (STS de 17 de abril de 1998, y, en la misma línea, SSTS de 24 de abril de 1986, 19 de julio de 1993 y 8 de octubre de 1996); igualmente, en los casos de grave riesgo, en que es necesario adoptar extremas, intensas y efectivas medidas previsoras y cuando se aprecia que las mismas no existieron, es precisamente lo que determina la negligencia empresarial y propicia la condena (STS de 12 de julio de 1999, y en parecidos términos, SSTS de 10 de marzo de 1994 y 18 de diciembre de 1997)». (7 febrero 2008, LA LEY 12927/2008)

«La doctrina jurisprudencial ha alcanzado una posición que hoy puede calificarse de predominante, con referencia a la teoría denominada de "la unidad de la culpa civil", en cuya virtud el perjudicado por un comportamiento dañoso puede basar su pretensión contra el dañador con la invocación conjunta o cumulativa de la fundamentación jurídica propia de la responsabilidad extracontractual (artículo 1902 y concordantes del Código Civil) y la de la responsabilidad contractual (artículos 1101 y concordantes del mismo Cuerpo legal)». (29 octubre 2008, rec. 942/2003, LA LEY 158321/2008)

«Diversas sentencias de esta Sala exigen, para que pueda exigirse responsabilidad extracontractual el requisito de la alteridad de los daños causados, pues el artículo 1902 CC impone la obligación de reparar el daño causado a quien lo produce, interviniendo culpa o negligencia, a otro. Este requisito constituye una consecuencia de la distinción entre la responsabilidad contractual y la responsabilidad extracontractual, pues cuando los daños por los que reclama el comprador afectan a la cosa vendida, la reclamación sólo es admisible, en el marco de la responsabilidad contractual, cuando lo permite la reglamentación del contrato de compraventa, pero no puede ampliarse arbitrariamente el alcance de la responsabilidad nacida del contrato apelando a la existencia de daños de naturaleza extracontractual, salvo cuando su alcance resulte ajeno a la órbita del contrato». (22 diciembre 2008, rec. 3992/2001, LA LEY 235219/2008)

«La relación entre el comprador del tabaco y los fabricantes, importadores y mayoristas no es una relación de carácter contractual libremente establecida entre ellos, por cuanto los distintos contratos de compraventa de cajetillas se celebran con los expendedores, los cuales actúan en establecimientos abiertos al público en nombre y por cuenta propia. Los expendedores son concesionarios del Estado habilitados para la venta al por menor, en régimen de exclusividad, de las llamadas labores de tabaco adquiridas de los correspondientes distribuidores mayoristas (Ley 13/1998, de 4 de mayo, de Ordenación del Mercado de Tabacos y

Normativa Tributaria, y RD 1129/1999). Según el RD 1129/1999, "estas expendedurías se emplazarán necesariamente en un establecimiento mercantil en funcionamiento de la localidad de que se trate, donde la venta de los productos monopolizados constituye una actividad complementaria de la comercial que, con carácter principal, aquél desarrolle"... ...En consecuencia, los daños por los que se reclama rebasan ampliamente el ámbito subjetivo y objetivo de la relación contractual establecida entre los expendedores en los distintos contratos de compraventa y el comprador fallecido y deben ser considerados como de naturaleza extracontractual. Consecuencia ineludible de la anterior apreciación es la consideración de que la acción ejercitada en la demanda estaba prescrita por el transcurso del plazo de un año establecido para el ejercicio de la acción de responsabilidad extracontractual en el artículo 1968 CC». (4 marzo 2009, rec. 489/2004, LA LEY 4640/2009)

2.- ELEMENTOS EN GENERAL

«los tres presupuestos de la llamada responsabilidad extracontractual: el primero, es la acción u omisión, que es voluntaria y libre y, en tanto productora de un daño, antijurídica en cuanto atenta al principio de "alterum non laedere"; el segundo, es el daño, que es, a su vez, el objeto de la obligación de reparar; el tercero, es el nexo causal entre aquella acción y este daño, que se rompe cuando se produce (y se prueba) una acción de tercero o del propio perjudicado o caso fortuito o fuerza mayor. El tan discutible elemento de la culpabilidad existe en el texto del art. 1.902 CC y en la realidad, pero lo que ha ido evolucionando es su prueba y se tiende a estimarla inmersa en el primero, la acción u omisión, en el sentido de que si ésta, con nexo causal, produce un daño, necesariamente la culpa se halla en la acción u omisión pues, a no ser que medie dolo, no se habría producido daño de no haber culpa; es decir, se da un desplazamiento de la culpa al nexo causal». (21 enero 2000, LA LEY 190731/2000) (doctrina reiterada, con las mismas palabras, por la de 29 julio 2001, LA LEY 6264/2001)

«Los elementos que de siempre ha destacado la jurisprudencia para entender constituida esta obligación son, además del daño, la acción u omisión antijurídica que en el presente caso es la omisión de las medidas de precaución que el propietario del embalse pudo haber adoptado para evitar cualquier caída en el mismo: cuya antijuricidad viene determinada simplemente por el principio de alterum non laedere; asimismo, el elemento del nexo causal, importante en el presente caso, en que se ha planteado la posibilidad de que la causa de la muerte fuera la voluntad de la propia víctima, es decir, suicidio, lo que ha negado la sentencia de instancia y constituye un hecho inalterable en casación. En cuanto a la culpabilidad, se halla inmersa en los anteriores elementos: la omisión de medidas causó, con nexo causal, el daño consistente en la pérdida de la vida de un ser humano, de lo que claramente se desprende que la culpabilidad va inmersa en la omisión causante del daño; o, en otras palabras, se aprecia por la producción del daño causado en virtud de la conducta omisiva». (18 marzo 2002, LA LEY 4907/2002)

«Como señalan las sentencias de esta Sala de 22 de julio de 2003 y 17 de diciembre de 2004 "la responsabilidad por culpa extracontractual requiere para su apreciación, la concurrencia de una acción u omisión objetivamente imputable al agente, la culpa o negligencia por parte de éste, la realidad del daño causado y el nexo o relación de causalidad entre la acción y omisión y el daño causado; de estos requisitos, unos (la acción y el daño causado) tienen naturaleza fáctica; otros (la culpa o negligencia y la relación de causalidad) tienen marcado matiz jurídico"». (9 noviembre 2005, rec. 709/1999)

«Dice la sentencia de esta Sala de 22 de julio de 2003 que "la responsabilidad por culpa extracontractual requiere para su apreciación, la concurrencia de una acción u omisión imputable al agente, la culpa o negligencia por parte de éste, la realidad del daño y el nexo o relación de causalidad entre la acción u omisión y el daño causado; de estos requisitos, unos (la acción y el daño causado) tienen naturaleza fáctica; otros (la culpa o negligencia

y la relación de causalidad) tienen marcado matiz jurídico"». (19 febrero 2007, LA LEY 3265/2007)

«Es cierto que en casos de actividades especialmente peligrosas, como la que se desarrollaba por la víctima, no es suficiente el cumplimiento de las normas y reglamentos, debiendo el empresario extremar su diligencia. Ahora bien, el riesgo que deriva de la manipulación de explosivos lo creó el propio lesionado, que lo conocía como parte de su actividad, pues no hubo ningún incremento o agravación imprevisible, desproporcionado o distinto del que figuraba en el manual de empleo de explosivos editado por la Unión Española de Explosivos, ni en particular en la ficha de seguridad del fabricante. Es hecho probado de la sentencia que Don Rodolfo, en la condición de ingeniero técnico de minas, con la especialidad de laboreo y explosivos, fue contratado para llevar la dirección facultativa de la obra, siendo responsable de que se cumplieran las medidas de seguridad en el manejo de explosivos, tanto en su activación como destrucción lo que llevó a cabo a partir de un plan de voladuras que tenía a su disposición y que era suficiente para el desarrollo de dicha actividad en la forma que figuraba en aquella documentación. Asumió como tal el riesgo que finalmente se materializó al no alejarse a la distancia mínima de seguridad del lugar donde se había prendido fuego a los trozos de cordón detonante. No es posible, por tanto, poner a cargo de la empresa a la que prestaba servicio el grave resultado producido —juicio de reproche subjetivo— pues nada omitió para un buen desarrollo de los trabajos que, de haberlo tenido en cuenta, hubiera evitado el accidente lesivo. La responsabilidad prevista en el artículo 1.902 del Código Civil no se funda única y exclusivamente en la situación de riesgo sino que exige la culpa o negligencia del demandado como presupuesto de su obligación de reparar el daño (SSTS 13 de marzo de 2.002, 4 de julio y 6 de septiembre de 2.005, 25 de enero de 2006, 7 de enero de 2.008, entre otras). Y si bien es cierto que la técnica de inversión de la carga de la prueba tiene su ámbito de aplicación precisamente en ese elemento subjetivo de la culpa o negligencia, también lo es que en todo caso (imputación objetiva o subjetiva), es preciso que se pruebe la existencia del nexo causal, correspondiendo la carga de la prueba al perjudicado que ejercita la acción». (30 enero 2012, rec. 275/2009, LA LEY 3552/2012)

3.-PRIMER ELEMENTO: ACCIÓN U OMISIÓN

«La jurisprudencia representada por la ya citada sentencia de 30 de marzo de 2007 y las de 18 de mayo de 2005 y 29 de marzo de 2006 declara la responsabilidad de las compañías suministradoras de gas cuando, como en este caso, el daño guarde relación con la omisión de sus deberes de inspección de la seguridad de las instalaciones. Así la sentencia de 25 de noviembre de 2010, pese a exonerar de responsabilidad a la compañía suministradora de gas, lo hace por considerar "muy difícil" que una inspección hubiera podido detectar el mal uso de la instalación, esto es, lo contrario del presente caso, en el que cualquier inspección habría permitido comprobar el peligro de la instalación y en el que la constancia del contratante del suministro como "cliente no activo" tendría que haber impedido el suministro sin esa inspección previa». (20 diciembre 2011, rec. 533/2008, LA LEY 270606/2011)

4.- SEGUNDO ELEMENTO: DAÑO

— En general:

«En la obligación de reparar el daño causado, partiendo de la concurrencia de los presupuestos de la acción u omisión que causa —nexo causal— el daño, que en este caso han sido admitidos y puestos de manifiesto como hechos acreditados en la sentencia de instancia, no cabe exigir al perjudicado la prueba de cómo era el estado anterior de la cosa dañada antes de sufrir el daño, pues se trataría de una típica probatio diabolica, de un caso en que tan sólo podría darse una prueba extrañamente preconstituida y de una imposición al que ha

sufrido el daño que no encajaría en los criterios normales de razonabilidad». (12 septiembre 2002, LA LEY 340/2003)

«En cambio sí es pertinente al caso examinado el criterio seguido por la sentencia de 28 de octubre de 2009 distinguiendo entre el daño continuado y el daño duradero o permanente, que es aquel que se produce en un momento determinado por la conducta del demandado pero persiste a lo largo del tiempo con la posibilidad, incluso, de agravarse por factores ya del todo ajenos a la acción u omisión del demandado. En este caso de daño duradero o permanente el plazo de prescripción comenzará a correr "desde que lo supo el agraviado", como dispone el art. 1968-2.º CC, es decir desde que tuvo cabal conocimiento del mismo y pudo medir su transcendencia mediante un pronóstico razonable, porque de otro modo se daría la hipótesis de absoluta imprescriptibilidad de la acción hasta la muerte del perjudicado, en el caso de daños personales, o la total pérdida de la cosa, en caso de daños materiales, vulnerándose así la seguridad jurídica garantizada por el artículo 9.3 de la Constitución y fundamento, a su vez, de la prescripción». (14 julio 2010, rec. 1968/2006, LA LEY 148064/2010)

— Daño moral:

«Nuestro CC no contempla la indemnización por daños morales, si bien su art. 1107 impone el resarcimiento de «todos» y ha sido la jurisprudencia casacional civil, que se invoca infringida en el motivo segundo —que ha de estudiarse conjuntamente con el tercero por infracción de los arts. 1101 y 1106 del CC— la que ha ido elaborando doctrina continuada y progresiva sobre su procedencia ya desde las antiguas SS 6 Dic. 1912 y de 19 Dic. 1949, declarando que si bien su valoración no puede obtenerse de pruebas directas y objetivas, no por ello se ata a los Tribunales y se les imposibilita legalmente para poder fijar su cuantificación, cuando efectivamente han concurrido (SS 3 Jun. 1991; 3 Nov. 1995; 21 Oct. 1996 y 19 Oct. 2000) y a tales efectos han de tenerse en cuenta y ponderarse las circunstancias concurrentes en cada caso, pues lo que se trata precisamente no es de llevar a cabo una reparación en el patrimonio, sino de contribuir de alguna manera a sobrellevar el dolor y angustia de las personas perjudicadas por el actuar injusto, abusivo o ilegal de otro. En términos generales, como de manera exhaustiva analiza la S 22 Feb. 2001, el daño moral se sustantiviza para referirlo a dolor inferido, sufrimiento, tristeza, desazón o inquietud que afecta a la persona que lo padece». (9 diciembre 2003)

«Esta Sala ha venido declarando que la determinación de la cuantía por indemnización por daños morales, como es aquella que se concede por la sentencia de instancia, debe ser objeto de una actividad de apreciación por parte del juzgador, habida cuenta de la inexistencia de parámetros que permitan con precisión traducir en términos económicos el sufrimiento en que el daño moral esencialmente consiste. En efecto, se viene manteniendo que la reparación del daño o sufrimiento moral, que no atiende a la reintegración de un patrimonio, va dirigida, principalmente, a proporcionar en la medida de lo humanamente posible una satisfacción como compensación al sufrimiento que se ha causado, lo que conlleva la determinación de la cuantía de la indemnización apreciando las circunstancias concurrentes [entre otras, SSTS 31 de mayo de 1983, 25 junio de 1984, 28 de marzo de 2005 (LA LEY JURIS. 914/2005) y 28 de abril de 2005 (LA LEY JURIS. 1984705/2005)]». (10 febrero 2006, rec. 2280/1999)

«El daño es independiente de la decisión de abortar y resulta no sólo del hecho de haber privado negligentemente a la madre de la posibilidad de decidir acerca de su situación personal y familiar y de consentir, en definitiva, dar vida a un nuevo ser, que afectará profundamente a la suya en todos los sentidos, sino de los efectos que dicha privación conlleva derivados de los sufrimientos y padecimientos ocasionados por el nacimiento de una hija afectada por un mal irremediable —daño moral—, y de la necesidad de hacer frente a gas-

tos o desembolsos extraordinarios o especiales —daños patrimoniales— teniendo en cuenta en cualquier caso que no estamos ante la concepción no deseada de un hijo, sino ante un embarazo voluntario en el que el niño no representa un daño más allá de lo que comporta ese plus que resulta de la incapacidad (STS 21 de diciembre 2005)». (31 mayo 2011, rec. 128/2008, LA LEY 72143/2011)

— *Quantum*:

«Esta Sala viene reiterando que la fijación de la cuantía de las indemnizaciones por resarcimiento de daños materiales o por compensación de daños morales no tiene acceso a la casación, pues corresponde a la función soberana de los tribunales de instancia sobre apreciación de la prueba (SSTS de 19 de octubre de 1990, 18 de julio de 1996, 14 de julio de 2000, 15 de marzo de 2001), sólo susceptible de revisión por error notorio o arbitrariedad, cuando existe una notoria desproporción (SSTS de 20 de octubre de 1988, 19 de febrero de 1990, 19 de diciembre de 1991, 25 de febrero de 1992, 15 de diciembre de 1994, 24 de marzo de 1998, 23 de noviembre de 1999, 5 de diciembre de 2000, 31 de enero de 2001, 25 de enero de 2002, 10 de junio de 2002, 3 de febrero de 2004, 28 de marzo de 2005, recurso de casación núm. 4185/989 de junio de 2005, 21 de abril de 2005, 17 de enero de 2006, 27 de febrero de 2006, 5 de abril de 2006, 9 de junio de 2006, 13 de junio de 2006, 16 de noviembre de 2006) o se comete una infracción del Ordenamiento en la determinación de las bases tomadas para la determinación del quantum *(SSTS de, 15 de febrero de 1994, 18 de mayo de 1994, 21 de diciembre de 2006)».* (31 octubre 2007, LA LEY 202423/2007)

«El procedimiento del que se trae causa se ejercitó una acción resarcitoria de daños, lo que confiere a la cantidad resultante la condición de deuda de valor, propia a la que corresponde a las indemnizaciones por responsabilidad extracontractual. Ello supone que el tribunal dispone de facultades para calcular la cuantía de la indemnización incluyendo la actualización de la concedida mediante un procedimiento adecuado, que puede consistir, entre otros, en el reconocimiento del interés legal desde el momento de la producción del siniestro o, como en este caso sucede, desde la sentencia de primera instancia en la que "se debió fijar", como se dice en la recurrida. En las deudas de valor, declaran las sentencias de 16 de diciembre de 2004 y de 3 de abril de 2006, entre las que se encuentran las resarcitorias, en las que el dinero es la medida de valor de otras cosas o servicios respecto de las cuales funciona como equivalente o sustitutivo, la reintegración económica habrá de responder a la finalidad de restablecer la situación al tiempo del daño, por lo que la indemnización habrá de ajustarse en lo posible, como indica la doctrina científica, al poder adquisitivo del importe que va a recibir». (24 octubre 2008, rec. 1894/2003, LA LEY 158316/2008)

«Esta Sala ha venido declarando que la determinación de la cuantía para la compensación de los daños no patrimoniales debe ser objeto de una actividad de apreciación por parte del juzgador, habida cuenta de que no existen parámetros que permitan con precisión traducir en términos económicos el menoscabo en que consiste el daño moral. Es, asimismo, muy amplia la facultad de apreciación de que dispone el juzgador en aquellos casos en los cuales, aun no tratándose estrictamente de la valoración del daño moral dimanante del daño corporal, sin embargo deben valorarse las consecuencias patrimoniales derivadas de la incapacidad que origina éste a raíz del mandato legal que ordena integrar en el importe de la indemnización el lucro cesante (STS 22 de diciembre de 2006, rec. 5188/1999, 2 de julio de 2008, rec. 1563/2001, 31 de octubre de 2007, rec. 3537/2000, 2 de julio de 2008, rec. 1563/2001)... ... la jurisprudencia más reciente de esta Sala ha aceptado que los criterios cuantitativos que resultan de la aplicación de los sistemas basados en la tasación legal, y en especial el que rige respecto de los daños corporales que son consecuencia de la circulación de vehículos de motor, pueden resultar orientativos para la fijación del pretium doloris y las consecuencias patrimoniales derivadas de daños corporales acaecidos en otros sectores de la actividad, teniendo en cuenta las circunstancias concurrentes en cada caso (SSTS 11

de noviembre de 2005, recurso de casación núm. 1575/1999, 10 de febrero de 2006, 19 de mayo de 2006, 22 de julio de 2008, rec. 553/2002, 2 de julio de 2008, rec. 1563/2001)». (9 diciembre 2008, rec. 1577/2002, LA LEY 189358/2008)

«La posibilidad de revisar en casación la cuantía de la indemnización es excepcional, y se puede llevar a cabo únicamente respecto a las bases en las que se asienta (SSTS de 15 de febrero de 1994 y 18 de mayo de 1994), y en supuestos de irrazonable desproporción de la cuantía fijada (STS de 23 de noviembre de 1999), especialmente cuando las razones en que se apoya su determinación no ofrecen la consistencia fáctica y jurídica necesaria y adolecen de desajustes apreciables a tenor de una racionalidad media (SSTS de 20 de octubre de 1988, 19 de febrero de 1990, 19 de diciembre de 1991, 25 de febrero de 1992, 15 de diciembre de 1994, y 21 de abril de 2005, todas ellas citadas por la de 9 de diciembre de 2008). Este criterio, restrictivo, pero no completamente excluyente de la revisión casacional, resulta igualmente aplicable cuando el tribunal de instancia toma como base orientativa para la fijación de los daños corporales el sistema de legal de tasación de los daños derivados del uso y circulación de vehículos de motor, pues puede examinarse en casación la infracción de esta base en aquellos casos en los cuales se aprecie una inexplicable o notoria desproporción entre lo que resulta de la aplicación del expresado sistema y la indemnización fijada por la sentencia (STS 20 de diciembre de 2006, RC n.º 5188/1999), tal como se infiere a sensu contrario [por contraposición lógica] de la STS de 10 de febrero de 2006». (9 marzo 2010, rec. 1469/2005, LA LEY 21085/2010)

«La función de cuantificar los daños a indemnizar es propia y soberana de los órganos jurisdiccionales, atendidos los hechos probados y el principio de indemnidad de la víctima, al amparo de los artículos 1106 y 1902 del Código Civil, y esta función es el resultado de una actividad de apreciación para lo que goza de amplia libertad que abarca la posibilidad de servirse a efectos orientativos de sistemas objetivos, como el del baremo anexo a la Ley sobre Responsabilidad Civil y Seguro en la Circulación de Vehículos a Motor, con el que se dota al sistema de criterios técnicos de valoración, así como de una seguridad y garantía para las partes mayor de la que deriva del simple arbitrio judicial, con la consecuencia de que solo pueda ser revisada en casación si la determinación por el Tribunal "a quo" resulta manifiestamente errónea o ilógica (STS 14 de mayo 2008, y las que cita)». (15 diciembre 2010, rec. 1159/2007, LA LEY 217660/2010)

«La jurisprudencia de esta Sala (SSTS de 16 de febrero de 2011, RC n.º 1387/2008, 20 de febrero de 2011, RC n.º 1957/2008, 31 de mayo de 2011, RC n.º 1899/2007) permite que la fijación de la cuantía de las indemnizaciones por resarcimiento de daños materiales tenga, excepcionalmente, acceso a la casación cuando en su fijación se ha producido un error notorio, hay arbitrariedad, existe una notoria desproporción (SSTS de 20 de octubre de 1988, 19 de febrero de 1990, 19 de diciembre de 1991, 25 de febrero de 1992, 15 de diciembre de 1994, 24 de marzo de 1998, 23 de noviembre de 1999, 5 de diciembre de 2000, 31 de enero de 2001, 25 de enero de 2002, 10 de junio de 2002, 3 de febrero de 2004, 28 de marzo de 2005, 9 de junio de 2005, 21 de abril de 2005, 17 de enero de 2006, 27 de febrero de 2006, 5 de abril de 2006, 9 de junio de 2006, 13 de junio de 2006, 16 de noviembre de 2006), o se comete una infracción del ordenamiento en la determinación de las bases tomadas para la fijación del quantum [cuantía] (SSTS de 15 de febrero de 1994, 18 de mayo de 1994 y 21 de diciembre de 2006)». (4 octubre 2011, rec. 713/2008, LA LEY 195733/2011)

— Lucro cesante:

«Lo que se cuestiona es que la indemnización no contempla una cantidad por lucro cesante que tome como referencia el trabajo estable que desarrollaba antes del accidente y las previsiones estadísticas de esperanza de vida. Sin duda, el resarcimiento tiene por finalidad volver el patrimonio afectado a la disposición en que se encontraría de no haber

mediado el incumplimiento (SSTS 6 de octubre de 1982; 2 de abril de 1997; 19 de noviembre de 2005). Lo que no procura es una ganancia o un enriquecimiento al perjudicado, y ello se evita a partir de una evaluación basada en la realidad y dotada de cierta consistencia, y, en particular, mediante la prueba de que realmente se han dejado de obtener unas ganancias concretas que no han de ser dudosas ni contingentes, como con reiteración ha declarado esta Sala (STS 14 de julio 2006, y las que en ella se citan). Y si bien es cierto que, en general, la fijación del quantum *corresponde a la Sala de instancia (SSTS 9 junio 2005; 22 de septiembre 2006, entre muchas otras), también lo es que esta doctrina tiene excepciones que se encuentran, entre otras, en la revisión de aquellas decisiones que implican arbitrariedad (SSTS 14 de julio de 2003; 18 de junio de 2001, entre otras), como sucede en este caso en el que la sentencia recurrida niega que exista el perjuicio a partir de criterios generales sobre esta suerte de daños, al margen de una valoración concreta de los hechos que se establecieron de base en la demanda».* (16 mayo 2007, LA LEY 23093/2007)

«El quantum *[cuantía] de la indemnización por lucro cesante se refiere a beneficios futuros y debe obtenerse mediante apreciaciones prospectivas (juicio de probabilidad, según la STS de 14 de julio de 2003, rec. 3427/1997), fundadas en criterios objetivos de experiencia, entre los que pueden servir los que operan en el mundo económico, contable, actuarial, asistencial o financiero según las disciplinas técnicas o científicas correspondientes, de acuerdo con el examen y la ponderación de las circunstancias de cada asunto; pero la existencia del perjuicio por este concepto, según reclama la jurisprudencia, debe ser probada con una razonable verosimilitud, cosa que no ocurre cuando la ganancia o beneficio futuro se presenta como meramente posible o hipotético, pero existen dudas sobre su producción o no se aprecia su existencia en el marco de una lógica presunción sobre cómo se habrían sucedido los acontecimientos en el caso de no haber tenido lugar el suceso dañoso (SSTS de 6 de septiembre de 1991, 5 de octubre de 1992, 31 de mayo 2007, 18 de septiembre de 2007, rec. 4426/2000, 4 de febrero de 2005, rec. 3744/19998)».* (31 octubre 2007, LA LEY 202423/2007)

«Constituye jurisprudencia de esta Sala, sentada por vez primera en STS de Pleno, de 25 de marzo de 2010, RC n.º 1741/2004, y luego recogida en SSTS de 25 de marzo de 2010, RC n.º 1262/2004, 29 de marzo de 2010, RC n.º 40/2005, 5 de mayo de 2010, RC n.º 556/2006 y 31 de mayo de 2010, RC n.º 1221/2005, que el lucro cesante por disminución de ingresos de la víctima en caso de incapacidad permanente, aunque no sea susceptible de ser resarcido íntegramente con arreglo al sistema legal de valoración del daño corporal incorporado a la LRCSCVM, sí cabe, al menos, que pueda ser compensado proporcionalmente (mediante la aplicación del factor de corrección por elementos correctores) por encima de lo que pueda resultar de la aplicación de los factores de corrección por perjuicios económicos y por incapacidad permanente previstos en la Tabla IV del Anexo, cuando concurran circunstancias que puedan calificarse de excepcionales, sin necesidad, en este caso, de limitarlo a los supuestos de prueba de la culpa relevante por parte del conductor». (20 julio 2011, rec. 1615/2008, LA LEY 199841/2011)

— Baremos:

«La recurrente postula la aplicación de los baremos de valoración del daño corporal de la disposición adicional 8.ª de la Ley 30/1995, de 8 de noviembre, pero esta Sala ya ha dicho que tales baremos han sido configurados para un específico sector de la responsabilidad civil dotado de peculiaridades tan propias como ajenas al caso enjuiciado (sentencia de 20 de junio de 2003), después de las reticencias que las sentencias de 26 de marzo de 1997 y 24 de mayo de 1997 mostraran en cuanto a la posible aplicación de los baremos en otros ámbitos de responsabilidad civil distintos de los accidentes de circulación, y de que la sentencia de 26 de febrero de 1998 rechazara la vinculación a los límites máximos establecidos por el RD Ley 9/1993 y la de 6 de noviembre de 2002 rehusara la aplicabilidad de la OM de 5

de marzo de 1991, antecesora del vigente sistema, a efectos de limitar las indemnizaciones por fallecimiento de un trabajador, en tanto que la sentencia del Tribunal Constitucional de 29 de junio de 2000, 181/2000 declaró el carácter vinculante del sistema, pero única y exclusivamente en el ámbito propio de la circulación de vehículos de motor. Doctrina, pues, que rehúsa la aplicación del baremo fuera de los casos de circulación de vehículos de motor, como revelan las posteriores sentencias, como la de 22 de julio de 2004». (2 marzo 2006, rec. 2438/1999)

«Esta Sala ha venido declarando que la determinación de la cuantía para la compensación de los daños morales debe ser objeto de una actividad de apreciación por parte del juzgador, habida cuenta de que no existen parámetros que permitan con precisión traducir en términos económicos el sufrimiento en que el daño moral esencialmente consiste. Es, asimismo, muy amplia la facultad de apreciación de que dispone el juzgador en aquellos casos en los cuales, aun no tratándose estrictamente de la valoración del daño moral dimanante del daño corporal, sin embargo deben valorarse las consecuencias patrimoniales derivadas de la incapacidad que origina éste a raíz del mandato legal que ordena integrar en el importe de la indemnización el lucro cesante. Entre otras razones, la conveniencia de evitar posibles disparidades entre las resoluciones judiciales que fijan el pretium doloris *[precio del dolor] o compensación por el daño moral y valoran de manera prospectiva o apreciativa las consecuencias patrimoniales de la incapacidad generada por los daños corporales ha aconsejado al legislador, partiendo del establecimiento de un régimen de aseguramiento del daño en determinados sectores, el establecimiento de sistemas de valoración fundados en la tasación con arreglo a tablas o baremos indemnizatorios, cuya aplicación tiene lugar según reglas fijadas por el propio legislador y no queda, desde luego, sustraída a las normas generales sobre interpretación de las leyes. En virtud de este principio (que informa los precedentes de esta Sala sobre inadmisibilidad de recursos o motivos de casación fundados en la falta de aplicación analógica del sistema de tasación legal de daños corporales derivados de accidentes de circulación: vgr., ATS de 5 mayo 1998, recurso de casación núm. 2418/1997 y STS de 19 de mayo de 2006), la jurisprudencia más reciente (rectificando criterios iniciales) ha aceptado que los criterios cuantitativos que resultan de la aplicación de los sistemas basados en la tasación legal, y en especial el que rige respecto de los daños corporales que son consecuencia de la circulación de vehículos de motor, pueden resultar orientativos para la fijación del* pretium doloris *y las consecuencias patrimoniales derivadas de daños corporales acaecidos en otros sectores de la actividad, teniendo en cuenta las circunstancias concurrentes en cada caso (STS 11 de noviembre de 2005, recurso de casación núm. 1575/1999, 10 de febrero de 2006 y la citada de 19 de mayo de 2006)».* (20 diciembre 2006, LA LEY 175844/2006)

«En cuanto a la aplicación de la Ley 30/1995, de 8 de noviembre, dice la sentencia de 2 de marzo de 2006 que "esta Sala ya ha dicho que tales baremos han sido configurados para un específico sector de la responsabilidad civil dotado de peculiaridades tan propias como ajenas al caso enjuiciado (sentencia de 20 de junio de 2003), después que las reticencias que las sentencias de 26 de marzo de 1997 y 24 de mayo de 1997 mostraran en cuanto a la posible aplicación de los baremos en otros ámbitos de la responsabilidad civil distintos de los accidentes de circulación, y de que la sentencia de 26 de febrero de 1998 rechazara la vinculación a los límites máximos establecidos por el Real Decreto Ley 9/1993 y la de 6 de noviembre de 2002 rehusara la aplicación de la Orden Ministerial de 5 de marzo de 1991, antecesora del vigente sistema, a efectos de limitar las indemnizaciones por fallecimiento de un trabajador, en tanto que la sentencia del Tribunal Constitucional de 29 de junio de 2000 declaró el carácter vinculante del sistema, pero única y exclusivamente en el ámbito propio de la circulación de vehículos de motor. Doctrina, pues, que rehúsa la aplicación del baremo fuera de los casos de circulación de vehículos de motor, como revelan las posteriores sentencias, como la de 22 de julio de 2004, y que, en consecuencia impide que quepa aceptar el

motivo en cuanto postula la aplicación en este supuesto de los baremos indicados". Doctrina que lleva a la desestimación del motivo». (29 diciembre 2006, LA LEY 181071/2006)

«Siguientes razones: primera, porque el tribunal sentenciador no aplica al caso ningún baremo vinculante, ya que los hechos sucedieron en el año 1991 y el "Sistema para la valoración de los daños y perjuicios causados a las personas en accidentes de circulación", de carácter vinculante en la materia, fue incorporado a la Ley sobre Responsabilidad Civil y Seguro en la Circulación de Vehículos a Motor (antes Ley sobre Uso y Circulación de Vehículos de Motor) por la Disposición adicional 8.ª de la Ley 30/1995, de 8 de noviembre, de Ordenación y Supervisión de los Seguros Privados; segunda, porque la inconstitucionalidad general de dicho Sistema por su carácter vinculante fue rechazada por el Tribunal Constitucional en su sentencia 181/2000, de 29 de junio; tercero, porque si bien es cierto que esta Sala se mostró en principio renuente a aplicar el referido Sistema como criterio orientativo en otros ámbitos de la responsabilidad civil, no lo es menos que su doctrina más reciente admite sin problemas que pueda ser uno de los criterios de referencia para los jueces y tribunales de instancia (SSTS 27-11-06 en recurso n.º 5382/1999, 17-5-07 en recurso n.º 2591/00, 19-7-07 en recurso n.º 3500/00 y 26-9-07 en recurso n.º 3653/00 entre las más recientes)». (20 febrero 2008, LA LEY 38993/2008)

«La doctrina de esta Sala no ha rechazado la posibilidad de tener en consideración, como criterio simplemente orientativo, no vinculante, para la fijación de la indemnización de daños y perjuicios, el sistema para la valoración de los daños y perjuicios causados a las personas en accidentes de circulación previstos en el Anexo a la Disposición adicional octava de la Ley 30/1995, de Ordenación y Supervisión de los Seguros Privados, en orden a efectuar el cálculo correspondiente en supuestos distintos de los previstos en la norma (STS 27 de noviembre de 2006, y las que se citan). Ahora bien, este carácter orientativo no impide que, en materia de responsabilidad por culpa extracontractual ajenos al hecho de la circulación, pueda el Tribunal atender al único principio que ha de tener en cuenta el juzgador para fijar el monto de la indemnización debida, según los hechos probados, como es el de indemnidad de la víctima que informan los arts. 1106 y 1902 del Código Civil». (11 septiembre 2009, rec. 1997/2002, LA LEY 187278/2009)

«la jurisprudencia de esta Sala que, ya sin fisuras, admite la aplicación del sistema en cuestión a casos de responsabilidad civil ajenos al ámbito de la circulación de vehículos a motor, no ciertamente por analogía, puesto que no hay vacío legal, pero sí con carácter orientativo para reparar el daño conforme a criterios de equidad e igualdad, sin discriminación ni arbitrariedad (SSTS 11-11-05, 10-2-06, 2-7-08, 22-7-08, 9-3-10, 10-12-10 y 9-2-11». (13 abril 2011, rec. 1814/2007, LA LEY 14451/2011)

5.- TERCER ELEMENTO: NEXO CAUSAL

«sentencia de 30 de abril de 1998, citada en la de 2 de marzo de 2001, que "como ha declarado esta Sala (sentencia de 2 de febrero de 1946 y otras posteriores) en el nexo causal entre la conducta del agente y la producción del daño ha de hacerse patente la imputabilidad de aquél y su obligación de repararlo; queda así expresado que la causalidad, como en el caso debatido, es más bien un problema de imputación; esto es que los daños y perjuicios deriven o fueren ocasionados por un acto u omisión imputable a quienes se exige indemnización por culpa o negligencia y que tales daños y perjuicios resulten consecuencia necesaria del acto u omisión de que se hacen dimanar". Por otra parte, la sentencia de 9 de octubre de 2000, citada en la de 12 de diciembre de 2002, dice que "el art. 1902 del Código Civil ha sufrido una evolución jurisprudencial acorde con la realidad social siempre cambiante (art. 3.1 del Código Civil) que, manteniendo un fondo de reproche culpabilístico, desplaza cada vez más la prueba de la culpa a la prueba del nexo causal, ya que se subsumen en la causa del daño la existencia de culpa"; asimismo tiene declarado esta Sala que "corresponde

la carga de la prueba de la base fáctica (del nexo causal), y, por ende, las consecuencias desfavorables de su falta, al demandante" y "en todo caso es preciso que se pruebe la existencia de nexo causal, correspondiendo la carga de la prueba al perjudicado que ejercita la acción" (sentencia de 6 de noviembre de 2001, citada en la de 23 de diciembre de 2002); siempre será requisito ineludible la exigencia de una relación de causalidad entre la conducta activa o pasiva del demandado y el resultado dañoso producido, de tal modo que la responsabilidad se desvanece si el expresado nexo causal no ha podido concretarse (sentencia de 3 de mayo de 1995 citada en la de 30 de octubre de 2002)». (31 mayo 2005, rec. 4600/1998; doctrina reiterada por la de 21 diciembre 2005, rec. 1619/1999)

«Es necesario que la causalidad no sólo exista lógicamente, sino que, además, sea adecuada, en el sentido de que la conducta tienda a producir el resultado según las reglas de experiencia general. Esa matización jurídica de la causalidad lógica se traduce en la posibilidad de que entre causas concomitantes o cooperantes a la producción de un resultado se pueda establecer una graduación de eficacia, por razón, por ejemplo, de la inadecuación de cualquiera o de la evitabilidad de sus consecuencias inmediatas. E, incluso, en que se entienda que alguna de ellas, por su mayor relevancia o significación, absorbe y elimina la influencia causal de las demás». (27 junio 2005, rec. 325/1999)

«Cuanto mayor es la objetivación de la responsabilidad, mayor es la importancia del nexo causal. Este es el enlace entre el hecho antecedente y el daño consecuente; el nexo entre la acción y el daño, como dice la sentencia de 15 de octubre de 2001, que permite la imputación del hecho a una persona, como añade la sentencia de 9 de julio de 2003. Para la apreciación del nexo causal sigue la jurisprudencia la teoría de la causalidad adecuada: así, sentencias de 30 de diciembre de 1995, 1 de abril de 1997, 9 de octubre de 1999, 5 de diciembre de 2002. En todo caso, debe quedar probada la concurrencia del nexo causal como uno de los presupuestos de la responsabilidad civil, presupuestos que reiteran las sentencias de 25 de octubre de 2001, 18 de marzo de 2002, 14 de mayo de 2002, 9 de julio de 2003». (14 julio 2005, rec. 365/1999)

«La fijación del nexo causal en su primera secuencia (material) tiene carácter indefectiblemente fáctico, y por ende probatorio, por lo que no es casacionalmente revisable mediante la invocación de un precepto como el art. 1902 CC que no contiene regla de derecho probatorio [sentencia de 16 de febrero de 1998 (LA LEY JURIS. 2288/1998)], y aunque el posterior juicio de imputación (causalidad jurídica-adecuación) es revisable como questo iuris, obviamente requiere como antecedente insoslayable como realidad de aquella causalidad material o física [sentencia del Tribunal Supremo de 20 de febrero de 2003 (LA LEY JURIS. 11244/2003)]. Dice la sentencia de esta Sala de 30 de noviembre de 2001 (LA LEY JURIS. 1151/2002) que la determinación del nexo causal no puede fundarse en conjeturas o posibilidades, y aunque no siempre es requisito la absoluta certeza, por ser suficiente (en casos singulares) un juicio de probabilidad cualificada; este juicio corresponde sentarlo al Juez de Instancia, cuya apreciación sólo puede ser atacada en casación si es arbitraria o contraria a un criterio de legalidad o buen sentido [sentencia del Tribunal Supremo de 7 de junio de 2002 (LA LEY JURIS. 290/2003)]». (29 septiembre 2005, rec. 692/1999)

«la sentencia de 10 de octubre de 2002 dice que "el art. 1902 del Código Civil ha sufrido una evolución jurisprudencial acorde con la realidad social siempre cambiante (art. 3.1 del Código Civil) que, manteniendo un fondo de reproche culpabilístico, desplaza cada vez más la prueba de la culpa a la prueba del nexo causal ya que se subsume en la causa del daño la existencia de culpa"; asimismo tiene declarado esta Sala que "corresponde la carga de la prueba de la base fáctica (del nexo causal) y por ende las consecuencias desfavorables de su falta al demandante" y "en todo caso es preciso que pruebe la existencia de nexo causal, correspondiendo la prueba al perjudicado que ejercita la acción (sentencia de 6 de noviembre de 2001, citada en la de 23 de diciembre de 2002); siempre será requisito ineludible la

exigencia de una relación de causalidad entre la conducta activa o pasiva del demandado y el resultado dañoso producido, de tal modo que la responsabilidad se desvanece si el expresado nexo causal no ha podido concretarse (sentencia de 3 de mayo de 1995, citada en la de 30 de octubre de 2002); como ya ha declarado con anterioridad esta Sala la necesidad de la cumplida demostración del nexo referido, que haga patente la culpabilidad del agente en la producción del daño —que es lo que determina su obligación de repararlo— no puede quedar desvirtuada por una posible aplicación de la teoría del riesgo o de la inversión de la carga de la prueba, soluciones que responden a la interpretación actual de los arts. 1902 y 1903 del Código Civil en determinados supuestos, pues el cómo y el porqué se produjo el accidente siguen constituyendo elementos indispensables en la identificación de la causa eficiente del evento dañoso (sentencia de 27 de diciembre de 2002)"». (16 octubre 2006, LA LEY 112217/2006)

«La relación entre la acción u omisión —causa— y el daño o perjuicio resultante —efecto—, es presupuesto previo al de imputación subjetiva, tanto si se opera en el campo de la responsabilidad subjetiva como en el de la objetiva, y no se crea a partir de meras conjeturas, deducciones o probabilidades (SSTS5 de abril y 26 de mayo 2006, entre otras muchas), pero tampoco se niega a partir de un juicio de probabilidad cualificada en razón a las circunstancias concurrentes (SSTS 29 de abril de 2002; 20 de mayo de 2005), siendo este juicio el que ha llevado a la sentencia de instancia a considerar, con un criterio de buen sentido, que el daño es la consecuencia de una mala ejecución de la obra, tanto desde un aspecto técnico como cronológico, lo que permite imputarlo objetivamente a esta parte». (31 enero 2007, LA LEY 6615/2007)

«En cuanto a la relación de causalidad como elemento integrante de la culpa, la sentencia de 25 de septiembre de 2003 recoge la doctrina jurisprudencial sobre la necesidad de un nexo causal entre la acción u omisión imputada al agente y el daño producido; así dice la sentencia de 30 de abril de 1998, citada en la de 2 de noviembre de 2001 que "como ha declarado esta Sala (sentencia de 22 de febrero de 1946 y otras posteriores) en el nexo causal entre la conducta del agente y la producción del daño ha de declararse patente la imputabilidad del aquél y su obligación de repararlo; queda así expresado que la relación de causalidad, como en el caso debatido, es más bien problema de imputación; es decir, que los daños y perjuicios se deriven o fueren ocasionados por un acto u omisión imputable a quienes se exige indemnización por culpa o negligencia y que tales daños y perjuicios resulten consecuencia necesaria del acto u omisión de que se hace dimanar". Por otra parte, la sentencia de 10 de octubre de 2002 dice que "el art. 1902 del Código Civil ha sufrido una evolución jurisprudencial acorde con la realidad siempre cambiante (art. 3.1 del Código Civil) que, manteniendo un fondo de reproche culpabilístico, desplaza cada vez más la prueba de la culpa a la prueba del nexo causal ya que se subsume en la causa del daño la prueba de la culpa"; asimismo tiene declarado esta Sala que "corresponde la carga de la prueba de la base fáctica (del nexo causal) y por ende las consecuencias desfavorables de su falta al demandante" y "en todo caso es preciso que se pruebe la existencia de nexo causal, correspondiendo la prueba al perjudicado que ejercita la acción (sentencia de 6 de noviembre de 2001, citada en la de 23 de diciembre de 2002)"; "siempre será requisito ineludible la exigencia de una relación de causalidad entre la conducta activa o pasiva del demandado y el resultado dañoso producido, de tal modo que la responsabilidad se desvanece si el expresado nexo causal no ha podido constatarse (sentencia de 3 de mayo de 1995, citada en la de 3 de octubre de 2002"; "como ya ha declarado con anterioridad esta Sala la necesidad de cumplida demostración del nexo referido que haga patente la culpabilidad del agente en la producción del daño —que es lo que determina su obligación de repararlo— no puede quedar desvirtuada por una aplicación de la teoría del riesgo o de la inversión de la carga de la prueba, soluciones que responden a la interpretación actual de los arts. 1902 y 1903 en determinados supuestos pues el cómo y el porqué se produjo el accidente siguen

constituyendo elementos indispensables en la identificación de la causa eficiente del evento dañoso" (sentencia de 27 de diciembre de 2002)». (15 febrero 2007, LA LEY 2401/2007)

«Ocurre, sin embargo, que muchas veces se cruzan ambas operaciones (la fijación de la relación de causalidad y la determinación de la imputación objetiva), pues se utiliza como criterio de imputación la denominada teoría (o principio) de causalidad adecuada, que contiene elementos fácticos y jurídicos y viene a expresar que el evento es una consecuencia que razonable y generalmente cabe conectar a la conducta del agente, sin concurrencia de elementos que permitieran descartar o denegar la imputación (tales como haber de aceptar que el daño es un riesgo habitualmente ligado a la vida natural del perjudicado, o la intervención de un tercero, o el incremento del riesgo derivado de la propia conducta de la víctima, etc.), pero las operaciones, aunque se realicen más o menos simultáneamente, tienen diversas entidad y trascendencia, y por ello, aun cuando numerosas decisiones han considerado que la "determinación del nexo causal" pertenece al ámbito de la quaestio iuris, *revisable en casación, a través del recurso que ahora se emplea, y "es un juicio de valor que está reservado a los tribunales de instancia, y que hay que respetar en casación en tanto no se demuestre que los mismos han seguido, al negar la existencia de dicho nexo o relación, una vía o camino erróneo, no razonable o contrario a las reglas de la sana lógica o buen criterio" (Sentencias de 26 de mayo de 1982, 26 de febrero de 1983, 11 de febrero de 1984, 13 de junio de 1988, 10 de junio de 1991, 19 de octubre de 1992, 23 de septiembre de 1996, 18 de junio de 1998, 1 de diciembre y 6 de febrero de 1999, etc.), parece más correcto referir la* quaestio iuris *al problema de imputación y seguir, en punto a la fijación de la relación de causalidad, el tratamiento que para los hechos y para su control determinan las normas vigentes en el recurso de casación».* (17 abril 2007, LA LEY 17298/2007)

«Es doctrina constante de la Sala 3.ª de este Tribunal Supremo que existe el deber de responder de las consecuencias derivadas de la actividad relacionada con el ejercicio de una competencia municipal de mantenimiento de la seguridad con ocasión de unas fiestas populares. La intervención directa del Ayuntamiento continúa existiendo, pues es el que autoriza la celebración de las fiestas, asumiendo con ello la responsabilidad de su buen desarrollo (sentencias de 15 de diciembre de 1997 y 29 de octubre de 2001). Por tanto, no demostrada la ruptura del nexo de causalidad entre el agujero existente en la caseta y el daño producido, ni que fuese debido a fuerza mayor o a intencionalidad o gravísima negligencia del dañado, se impone declarar la responsabilidad objetiva de la Administración local demandada. A la misma conclusión se llega juzgando los hechos a la vista de los arts. 1104 y 1902 del Código civil, también invocados en el recurso como infringidos, pues el núcleo de la culpa reside en una omisión de las previsiones a adoptar por si se produjesen determinados eventos según el desarrollo de la acción que los puede originar. Es de todos conocido que la gran afluencia de público en las casetas de la feria produce daños en un suelo cuyas imperfecciones se tratan de corregir mediante capas de alvero o zahorra, a fin de evitar cualquier accidente, y que ello obliga a una labor de vigilancia y de arreglo del mismo constante y reiterada. El accidente de que trata este pleito se origina a los tres días de apertura de la feria, por lo que una normal labor de vigilancia hubiera detectado cualquier irregularidad en el terreno, que debió de existir desde la inauguración de la caseta, pues ninguna prueba hay de lo contrario, y que debió de disimularse bajo el alvero o zahorra, hasta que la capa fue insuficiente por el continuo tráfico de personas». (16 abril 2008, LA LEY 17683/2008)

«la doctrina jurisprudencial que, al amparo del artículo 1902 del Código civil, ha desarrollado la teoría de la responsabilidad por riesgo o cuasiobjetiva; pues precisamente dicha teoría parte de una consideración puramente material de la relación causal para considerar que, acreditado por la parte perjudicada el origen del daño —en este caso la explosión de gas— queda cumplida por la demandante su carga probatoria para derivar hacia quien creó el riesgo la carga de acreditar que el resultado dañoso no es consecuencia de su actuación,

sino de la interferencia de elementos extraños a ella como pudieran ser la propia actuación de la víctima o la fuerza mayor». (16 diciembre 2008, rec. 1683/2002, LA LEY 216097/2008)

«La doctrina del riesgo como criterio de imputación ha sido claramente aplicada de forma restringida por la jurisprudencia de esta Sala que señala que "el riesgo, por sí solo, al margen de cualquier otro factor, no es fuente única de la responsabilidad establecida en los artículos. 1902 y 1903 CC" (STS de 2 julio 2008, entre muchas otras), a no ser que se trate de "riesgos extraordinarios, daño desproporcionado o falta de colaboración del causante del daño cuando está especialmente obligado a facilitar la explicación del daño por sus circunstancias profesionales o de otra índole" (SSTS de 22 febrero 2007 y las allí citadas, así como las de 3 de mayo de 2007, 2 marzo 2006 y 16 febrero 2009)... ...Como afirma la sentencia de 28 julio 2008, existen casos en que "[...]si bien concurre la causalidad física o material, [...], sin embargo no hay base alguna, en un juicio de causalidad jurídica, para atribuir participación o contribución causal de ningún tipo a la empresa titular del ferrocarril". La Sala ha aceptado así la denominada "imputación objetiva" en la que no se busca si uno de los elementos de la relación es la causa del resultado, sino si la conducta que se pretende sea la causa, es suficientemente relevante para la producción del daño por el que se reclama, de acuerdo con el criterio de la "adecuación" (SSTS de 6 septiembre 2005, 10 febrero y 12 diciembre 2006, así como otras posteriores)». (23 abril 2009, rec. 497/2003, LA LEY 40395/2009)

«la jurisprudencia reciente ha delimitado los casos en que la responsabilidad viene imputada por el riesgo de la actividad desarrollada. La sentencia 23 julio 2008 señala que "la jurisprudencia de esta Sala viene declarando que el riesgo por sí solo, al margen de cualquier otro factor, no es fuente única de la responsabilidad establecida en los artículos 1902 y 1903" y que "[...] la aplicación de la doctrina del riesgo en el ámbito de la responsabilidad civil exige que el daño derive de una actividad peligrosa que implique un riesgo considerablemente anormal". Esta misma jurisprudencia señala tres excepciones a esta regla, que son los riesgos extraordinarios, el daño desproporcionado y la falta de colaboración del causante del daño cuando está obligado a ello; en estos casos se invierte la carga de la prueba, pero el accidente objeto del proceso no se incluye en ninguno de los supuestos excepcionados. La regla general queda expresada en la sentencia de 22 febrero 2007 donde, se dice que la jurisprudencia "no ha aceptado una inversión de la carga de la prueba, que en realidad envuelve una aplicación del principio de la proximidad o facilidad probatoria o una inducción basada en la evidencia, más que en supuestos de riesgos extraordinarios, daño desproporcionado o falta de colaboración del causante del daño cuando está especialmente obligado a facilitar la explicación del daño por sus circunstancias profesionales o de otra índole", doctrina que se reitera en la sentencia de 23 mayo 2007». (21 mayo 2009, rec. 2005/2004, LA LEY 67164/2009)

«Se trata, por tanto, de un problema siempre difícil de cursos causales hipotéticos que debe resolverse conforme a criterios de imputación objetiva entre los que resulta aplicable al caso el del incremento del riesgo, indudable en este caso al emprender la marcha el grupo de alumnos bajo la dirección de una sola persona, cuando debían ser tres, y al detenerse el grupo precisamente sobre el puente, cuando no había ninguna necesidad de hacerlo y el haberlo hecho antes o después de pasar el puente no entrañaba peligro alguno. No puede compartirse, por tanto, el juicio del tribunal sentenciador sobre la ausencia de nexo causal, y esta Sala considera, por el contrario, que el resultado dañoso sí fue causado por la conducta negligente de la monitora al no poder descartarse con seguridad o probabilidad rayana con la certeza que la presencia de los dos profesores del colegio con el grupo no habría impedido el daño». (5 noviembre 2009, rec. 1241/2005, LA LEY 226656/2009)

«Esta Sala ha dicho con reiteración que la prueba del nexo causal resulta imprescindible, tanto si se opera en el campo de la responsabilidad subjetiva como en el de la objetiva (SSTS

11 de febrero de 1998; 30 de junio de 2000; 20 de febrero de 2003) y que ha de resultar de una certeza probatoria y no de meras conjeturas, deducciones o probabilidades (SSTS 6 de febrero y 31 de julio de 1999, 8 de febrero de 2000), aunque no siempre se requiere la absoluta certeza, por ser suficiente un juicio de probabilidad cualificada, que corresponde sentar al juzgador de instancia, cuya apreciación solo puede ser atacada en casación si es arbitraria o contraria a la lógica o al buen sentido (SSTS 30 de noviembre de 2001, 7 de junio y 23 de diciembre de 2002, 29 de septiembre y 21 de diciembre de 2005; 19 de junio, 12 de septiembre, 19 y 24 de octubre 2007)». (13 julio 2010, rec. 1523/2006, LA LEY 114030/2010)

«La jurisprudencia de esta Sala ha utilizado dos criterios a la hora de imputar o no la responsabilidad a REPSOL en los casos de accidentes causados por explosión de bombonas de gas licuado: a) se condena a la suministradora cuando se produce un defecto en la bombona (STS de 15 noviembre 2007), cuando se ha llevado a cabo el suministro del gas sin comprobar las instalaciones ni efectuar las oportunas revisiones (SSTS de 18 mayo 2005 y 29 marzo 2006), o bien cuando se ha producido la explosión por el mal funcionamiento de la bombona (STS 29 marzo 2006); b) en cambio, no se admite la responsabilidad de la suministradora del gas por falta de odoración, ya que no se había probado la relación de causalidad entre este hecho y la explosión que produjo el siniestro (STS de 12 febrero 2009), o bien por una reacción de los sistemas de seguridad de la bombona ante la proximidad de una fuente de calor por un manejo defectuoso (STS de 19 febrero 2009). De lo que hay que deducir que la línea para la resolución de los casos de accidentes causados por bombonas o instalaciones de gas se centra en la prueba de la relación de causalidad entre la conducta desarrollada por la suministradora del gas y el accidente, nunca el riesgo, como afirma la ya citada sentencia de 19 febrero 2009, recogiendo otras anteriores (ver SSTS 3 febrero 2009, 28 febrero y 28 junio 2006, 17 enero 2003 y 16 junio 2000, entre otras)». (25 noviembre 2010, rec. 619/2007, LA LEY 208820/2010)

«la STS de 24 de mayo de 2004 ha declarado que "se requiere una cumplida demostración del nexo causal, porque el cómo y el por qué se produjo el accidente constituyen elementos indispensables para el examen de la causa eficiente del evento dañoso (SSTS, entre otras, de 13 de febrero y 3 de diciembre de 1992, 27 de diciembre de 2002, 9 de julio y 26 de noviembre de 2003), y aunque para tal demostración no son suficientes las meras conjeturas, deducciones o probabilidades (SSTS de 4 de julio de 1998, 6 de febrero y 31 de julio de 1999, entre otras), sin embargo en determinados casos se admite la posibilidad de que la certeza se resuelva mediante una apreciación de probabilidad cualificada (SSTS de 30 de noviembre de 2001, 29 de abril de 2002 y 16 de abril de 2003, entre otras). Asimismo, viene entendiendo la jurisprudencia que la determinación del nexo causal debe inspirarse en la valoración de las conductas o circunstancias que el buen sentido señale en cada caso como índice de responsabilidad, dentro de infinito encadenamiento de causas y efectos (por todas, STS de 16 de mayo de 2001), y que no cabe considerar como no eficiente, la que, aun concurriendo con otras, prepare, condicione o complete la acción de la causa última (SSTS, entre otras, de 13 de febrero y 10 de noviembre de 1999, 29 de diciembre de 2000, 3 de diciembre de 2002 y 27 de marzo de 2004)». (25 octubre 2011, rec. 1737/2008, LA LEY 199832/2011)

«Para imputar a una persona un resultado dañoso (esto es, para determinar si una determinada acción u omisión imprudente es susceptible de haberlo causado) no basta con la constancia de la relación causal material o física, sino que además se precisa la imputación objetiva del resultado o atribución del resultado, lo que en la determinación del nexo de causalidad se conoce como causalidad material y jurídica (SSTS de 29 de marzo de 2006 y 25 de noviembre de 2010, RC n.º 619/2007). El examen de la primera, por su carácter fáctico, corresponde al tribunal de instancia; la segunda, de carácter jurídico, es susceptible de ser revisada en casación en el ámbito de la aplicación del artículo 1902 CC (STS de 1 de junio de 2011, RC n.º 791/2008)». (30 noviembre 2011, rec. 737/2008, LA LEY 283351/2011)

«Hay, por tanto, causalidad física o material, por cuanto la causa inmediata de la muerte de las truchas lo fue por la falta de oxigenación, que llevó a su asfixia, como consecuencia del corte de suministro de agua, pero no hay causalidad jurídica porque no ha sido la actuación de la empresa demandada la causa próxima o inmediata, ni la causa adecuada, pues si se creó el riesgo del resultado es porque siendo previsible o probable de una forma objetiva el corte del suministro de agua durante un tiempo, la demandante no tomó las medidas de seguridad pertinentes para evitar el daño pudiendo hacerlo, por lo que no concurren las condiciones imprescindibles para que nazca la obligación de resarcir el daño, conforme al artículo 1902 CC». (31 enero 2012, rec. 1713/2009, LA LEY 3554/2012)

— Culpa (causa) exclusiva de la víctima:

«La responsabilidad civil extracontractual de los demandados queda excluida porque concurre un supuesto de culpa exclusiva de la víctima (SS, entre otras, 18 Abr. y 21 Nov. 1985; 11 Jul. 1990; 11 Feb. 1992; 16 Dic. 1994; 8 Jul. 1995; 22 Sep. y 9 Dic. 1997; 12 Mar., 3 Abr., 23 Jun.; 1 y 31 Oct. y 28 Nov. 1998; 9 Jul., 8 y 16 Nov. 1999; 26 May. y 15 Jul. 2000; 24 Jul. 2002). La apreciación de culpa exclusiva efectuada en la instancia es acertada por ajustarse plenamente a las circunstancias del caso, pues la conducta irreflexiva del joven ha sido la causa única, la determinante en exclusiva, del evento. Además hay que tener en cuenta que la situación de «culpa exclusiva» se produce no solamente cuando la «culpa» de la víctima es total (S 9 Jul. 1999) o el único fundamento del resultado (S 31 Ene. 1989), sino también cuando dándose una circunstancia concurrente existe una gran desproporción o la actuación de la víctima es de tal gravedad que anula o absorbe aquella (SS 7 Ene. 1992, a contrario sensu; 3 Abr. 1998; 15 Jul. 2000)». (24 enero 2003, LA LEY 11340/2003)

«esta circunstancia no permite que, en análisis del nexo causal —quaestio iuris—, pueda establecerse relación entre la situación descrita y el resultado dañoso, y ello porque: a) Lo sucedido no es consecuencia de las circunstancias propias de un lugar en que se han depositado grava y cascotes, sino de la entrada —sin motivación conocida— de la Sra. E. en dicho lugar sin que exista el menor atisbo de la razón de aquella conducta realmente inexplicable; b) La causa determinante de lo sucedido fue indudablemente esta extraña conducta de la Sra. E. penetrando en el terreno de referencia y caminando por el mismo cuando eran tan evidentes las dificultades para ello y la posibilidad de una caída, por lo que ha de concluirse que la conducta de la víctima interfirió en tal grado en la causación del accidente». (12 febrero 2003, LA LEY 1161/2003)

«se alegó en este motivo que el accidente ocurrido ha sido debido a culpa exclusiva de la víctima sin que en él tuvieran nada que ver las actividades imputadas a don Benito. Se plantea así una cuestión relativa a la causa determinante del siniestro. Recoge la STS de 26 de mayo de 2006, en un caso que guarda similitud con el que nos ocupa, que la aplicación de la teoría del riesgo a los daños producidos por una conducta humana, como señala la STS de 17 de noviembre de 1998, "no es, sin embargo, causa ni motivo para que tal responsabilidad surja siempre, dado que también y como tiene proclamado esta Sala, es muy de tener en cuenta la conducta de quien sufrió el daño, de tal modo que cuando ésta sea fundadamente determinante de dicho resultado ha de tener influencia manifiesta desde un punto de vista de regulación, lo que indudablemente resulta por aplicación de los principios de justicia distributiva, conmutativa y social, así como de la seguridad jurídica". Para la determinación de la existencia de la relación o enlace preciso y directo entre la acción u omisión —causa— y el daño o perjuicio resultante —efecto—, la doctrina jurisprudencial viene aplicando el principio de la causalidad adecuada que, como explica la STS de 31 de enero de 1992, "exige la determinación de que si la conducta del autor del acto, concretamente la conducta generadora del daño, es generalmente apropiada para producir un resultado de la clase dada, de tal manera que si la apreciación es afirmativa, cabe estimar la existencia de un nexo causal que da paso a la exigencia de responsabilidad, así como la orientación

jurisprudencial viene progresiva y reiteradamente decantándose por la aceptación de la teoría de la causalidad adecuada, consecuencia de la expresión de una necesaria conexión entre un antecedente (causa) y una consecuencia (efecto), también es de apreciar que tales doctrina y orientación jurisprudencial sólo afectan al módulo cuantitativo responsabilizador cuando la causa originaria alcance tal trascendencia que haga inoperante cualquier otra incidencia, así como que ésta no sea generante de causa independiente"». (28 febrero 2007, LA LEY 6580/2007)

«desde la perspectiva de un exclusivo criterio de imputación objetiva, el riesgo por sí solo, al margen de cualquier otro factor, no es fuente única de la responsabilidad establecida en los artículos 1902 y 1903, a no ser que se trate de riesgos extraordinarios, daño desproporcionado o falta de colaboración del causante del daño cuando está obligado a facilitar la explicación del daño por sus circunstancias profesionales o de otra índole (SSTS 16 de febrero y 4 de marzo de 2009), y es evidente que una actividad reconocida y administrativamente admitida de riesgo no puede convertir a los organizadores en responsables de todo cuanto acaezca en su desarrollo si esta se cumplimenta en un marco adecuado y previsible en cuanto a los riesgos que pudieran derivarse para el conjunto de las personas que acceden libre y espontáneamente a la misma, cuando la actividad no comporta en sí misma un riesgo anormal o considerable y no se ha producido un incremento inesperado de los riesgos esperados que permita desplazar la responsabilidad hacia quien, aun de forma lícita y permitida, crea y controla la situación de peligro». (30 noviembre 2009, rec. 1648/2005, LA LEY 226652/2009)

«El ciclista, desde el momento en que se incorpora a la circulación, asume en parte y de forma consciente el riesgo creado por la conducción vehículos a motor que la Ley pone inicialmente a cargo del conductor del camión. Este riesgo finalmente se materializó mediante su atropello, estando a su alcance evitarlo, circulando el ciclista como y por donde lo hacía, como también pudo evitarlo el conductor del camión, de haber sido más cauteloso a la hora de descubrir la presencia del ciclista por su derecha. En un sistema de responsabilidad como el previsto en la LRCSVM, se debe limitar necesariamente la responsabilidad del conductor por negligencia de la víctima en razón a una ausencia, sino total, si parcial de relación causal entre su conducta y el resultado producido, con evidente reflejo en cuanto al alcance de la responsabilidad civil dimanante de aquélla, como así establece la sentencia de la 1.ª Instancia, cuyas conclusiones se admiten al asumir esta Sala la instancia, haciendo inútil el examen del segundo motivo basado en la infracción del art. 1902 del Código Civil». (26 noviembre 2010, rec. 1145/2007, LA LEY 203294/2010)

— Caso fortuito:

«la previsibilidad del daño constituye requisito esencial para el nacimiento de la responsabilidad por culpa extracontractual, de forma que en los supuestos en que exista imprevisibilidad cesará la obligación de responder por aplicación del art. 1105 CC, y entra en juego el mecanismo del caso fortuito, por el que se entiende todo suceso imposible de prever, o que, previsto, sea inevitable y, por tanto, realizado sin culpa alguna del agente, de manera que el vínculo de causalidad se produce entre el acontecimiento y el daño, sin que en él intervenga como factor apreciable la actividad dolosa o culposa del agente, por lo que para que tal suceso origine exención de responsabilidad es necesario que sea imprevisible e inevitable, y que cuando el acaecimiento dañoso fue debido al incumplimiento del deber relevante de previsibilidad, no puede darse la situación de caso fortuito, debido a que con ese actuar falta la adecuada diligencia por omisión de atención y cuidado requerido con arreglo a las circunstancias del caso, denotando una conducta interfiriente frente al deber de prudencia y cautela exigibles, que como de tal índole es excluyente de la situación de excepción que establece el indicado art. 1105, al implicar la no situación de imprevisibilidad, insufribilidad e irre-

sistibilidad requeridas al efecto (TS S 5 Feb. 1991, que cita también las de 22 Dic. 1981, 11 Nov. 1982, 15 May. 1983, 8 May. 1986 y 16 Feb. 1988)» (15 julio 2002, LA LEY 311/2003)

«La jurisprudencia de esta Sala viene declarando que para poder apreciar la existencia del caso fortuito se requiere inexcusablemente, a) desde el punto de vista del derecho material, que se trate de un hecho que hubiera podido preverse o que previsto fuera inevitable

—SS 29-4-88, 1-12-94, 31-3-95—, siendo inexcusable la imprevisibilidad del daño causado a terceros —S 20-9-89— (S 4 abril 2000), la cual se valorará dentro de la normal y razonable previsión que se exija adoptar en cada supuesto en concreto (S 20 julio 2000); y b) desde la perspectiva procesal, que se alegue su existencia y se prueba por quien lo alega (SS 20 septiembre 1989, 29 julio y 29 diciembre 1998, y 8 febrero 2000, entre otras)». (4 noviembre 2004, rec. 2945/1998)

«El caso fortuito o la fuerza mayor, entendidos como sucesos imprevisibles e inevitables fuera del control de aquellos niveles de exigencias que la determinan, servirán, en principio, para excluir la responsabilidad; pero estas excepciones deben oponerse y probarse por los proponentes, lo que no se da en la presente situación en la que la sentencia no acude al caso fortuito para razonar sobre la condena ni puede admitirse con los hechos que la sentencia toma como referencia, ajenos por completo al que se invoca sobre el escaso grosor de las venas del menor, que, en cualquier caso sería, por fortuna para la salud de los niños, un hecho previsible y evitable por quien está en disposición de llevarlo a cabo. Las demás alegaciones sobre la aplicación del artículo 1902, y por derivación del artículo 1903 del Código Civil, carecen de consistencia para alterar la solución jurídica dada en la instancia. En ningún caso se aplica contra la ATS la responsabilidad objetiva, ni se la condena por el simple resultado. Se la responsabiliza porque omitió la vigilancia que era necesaria en la atención del menor». (1 octubre 2009, rec. 1176/2005, LA LEY 187280/2009)

6.- CULPABILIDAD

«el art. 1.902 del CC ha sufrido una evolución jurisprudencial acorde con la realidad social siempre cambiante (art. 3.1 del CC) que, manteniendo un fondo de reproche culpabilístico, desplaza cada vez más la prueba de la culpa a la prueba del nexo causal, ya que se subsume en la causa del daño la existencia de la culpa; en las dos últimas décadas esta Sala ha mantenido que la persona que causa el daño, lo hace por dolo o por culpa, pues de no haber una y otra, no había causado nexo causal el daño y, asimismo, ha tomado consideración, cada vez más, de la omisión como causa del daño y se ha referido reiteradamente a la negligencia omisiva; el caso de autos acredita un sistema de actuación y un sistema de organización que no evita el atropello y muerte de un ser humano y éste es la imputación causal y el reproche culpabilístico que se hace a la empresa codemandada en la instancia y recurrida en casación». (9 octubre 2000, LA LEY 220711/2001) (lo que reitera la sentencia de 9 julio 2003, LA LEY 13411/2003)

«doctrina jurisprudencial emanada de las sentencias de esta Sala, que puede estimarse como consolidada, que establece la tesis del riesgo acreditado, preexistente y concurrente que, en línea cuasi-objetiva minoradora del culpabilismo subjetivo, presupone actuación voluntaria que obliga a extremar todas las precauciones y con mayor intensidad cuando puede estar en peligro la integridad física de las personas, entre las que cabe incluir las que suponen efectiva actividad material, como las de vigilancia, control y mantenimiento, a fin de evitar que se transforme en daño efectivo lo que consta como peligro potencial cierto, por resultar entonces de adecuada aplicación el art. 1902 del CC, con la consecuente inversión de la carga de la prueba (por todas, las SS 8 Oct. 1996 y 30 Jul. 1998)». (27 junio 2001, LA LEY 4304/2001)

«La interpretación progresiva del art. 1902 del CC que lo ha adaptado a la realidad social, pasó de la necesidad de la prueba de la culpa, a la inversión de la carga de la prueba y a la creciente objetivación, aplicando la doctrina del riesgo (la persona que provoca un riesgo que le reporta un beneficio, debe asumir la responsabilidad si causa un daño: SS 5 Dic. 1995, 8 Oct. 1996, 12 Jul. 1999, 21 Mar. 2000), yendo a soluciones cuasiobjetivas (se exige un reproche culpabilístico aunque sea mínimo: SS 11 May. 1996, 24 Abr. 1997, 30 Jun. 1998, 18 Mar. 1999) o llegando a la objetivación (al entender que si se causa un daño, se causa con dolo o culpa, pues de no haberla, no habría causado el daño: SS 23 Ene. 1996, 8 Oct. 1996, 21 Ene. 2000, 9 Oct. 2000)». (24 enero 2002, LA LEY 32448/2002)

«Como expresa la S 6 Jun. 2002, que resume la más reciente doctrina interpretativa del art. 1902 CC, no puede negarse la nueva tendencia de la responsabilidad civil consistente en orientar la interpretación y aplicación de los principios jurídicos tradicionales, basados en la doctrina de la culpa, por caminos de máxima protección de las víctimas de los sucesos dañosos. Por ahora, basta señalar que, atendidos los términos del art. 1902 y la línea de la tradición jurídica española, nuestra jurisprudencia permanece teóricamente fiel a la doctrina de la culpa, considerando a ésta elemento justificativo de la responsabilidad civil (al menos en los supuestos puros de responsabilidad por actos propios). Sin embargo, las soluciones prácticas que se perciben en los fallos, es decir, la forma en que realmente se interpretan los hechos en la sentencia, denuncian una evidente tendencia tuitiva en favor de las víctimas a costa de un innegable oscurecimiento del elemento culpa, pues, o se hace recaer sobre el presunto responsable la prueba de que no fue su negligencia la causante del resultado dañoso en que se basa la reclamación promovida contra él, o se parte de la afirmación teórica de que la culpa se presume. Si, como ocurre también, se identifica la negligencia no con un cuidado normal, sino con una exquisita previsión de todos los posibles efectos de cada acto y de cada movimiento, llegamos a la conclusión de que los postulados clásicos han experimentado, de hecho, una vigorosa conmoción». (22 noviembre 2002, LA LEY 1028/2003) (lo que reitera literalmente la sentencia de 27 febrero 2003, LA LEY 1250/2003)

«Sobre diligencia especial, presunción de culpa e inversión de la carga de la prueba, procede subrayar que en sentencias de 13 de febrero de 1928, 29 de junio de 1932, 25 de marzo de 1954, 4 de febrero de 1976, 8 de octubre de 1984 (LA LEY JURIS. 9212-JF/0000) y 22 de diciembre de 1986 (LA LEY JURIS. 11724-JF/0000) se consolida la interpretación jurisprudencial de que no basta con el cumplimiento de Reglamentos y demás disposiciones legales que obligan a la adopción de garantías para prevenir y evitar los daños, pues si estas medidas no han ofrecido resultados positivos, porque de hecho estos daños se han producido, se revela su insuficiencia y que falta algo por prevenir, no hallándose completa la diligencia. Así lo recoge la sentencia de 12 de abril de 2002 (LA LEY JURIS. 4739/2002). En igual sentido, las sentencias de 1 de octubre de 2003 (LA LEY JURIS. 2805/2003), 9 de octubre de 1996, 9 de febrero de 1996 (LA LEY JURIS. 2718/1996), 24 de diciembre de 1992 (LA LEY JURIS. 15190-R/1993), 31 de octubre de 1988 (LA LEY JURIS. 111601-NS/0000), 9 de mayo de 1986 (LA LEY JURIS. 7766-R/1986), 8 de noviembre de 1977 y 10 de octubre de 1975». (29 septiembre 2005, rec. 692/1999)

«El principio de la responsabilidad por culpa es básico en nuestro ordenamiento positivo, acogido en el art. 1902 CC, de tal suerte que se exige, por punto general, la necesidad ineludible de que el hecho pueda ser reprochado culpabilísticamente al eventual responsable, y si bien es cierto que la jurisprudencia ha evolucionado en el sentido de objetivar la responsabilidad extracontractual, no lo es menos que tal desarrollo sea hecho moderadamente, recomendando una inversión de la carga de la prueba o acentuando el rigor de la diligencia recurrida según las circunstancias del caso, pero sin excluir, en modo alguno, el clásico principio de la responsabilidad por culpa y sin erigir el riesgo en fundamento único de la obligación de resarcir [Doctrina que es recogida, entre otras, en las sentencias de 29 de marzo y 25 de abril de 1983, 9 de marzo de 1984, 21 de junio y 1 de octubre de 1985,

24 y 31 de enero y 2 de abril de 1986 (LA LEY JURIS. 72216-NS/0000) y 19 de febrero de 1987; sentencia del Tribunal Supremo de 6 de abril de 1992]. En igual sentido, las sentencias de 20 de mayo de 1999, 8 de mayo de 1999 (LA LEY JURIS. 5781/1999), 10 de marzo de 1997 (LA LEY JURIS. 3794/1997), 13 de junio de 1996 (LA LEY JURIS. 7425/1996), 27 de septiembre de 1995 (LA LEY JURIS. 17078-R/1995), 19 de junio de 1995 (LA LEY JURIS. 799/1995), 31 de mayo de 1995 (LA LEY JURIS. 741/1995), 5 de octubre de 1994 (LA LEY JURIS. 50215-JF/0000) y 31 de diciembre de 1990». (30 noviembre 2005, rec. 1646/1999)

«la doctrina jurisprudencial se inclina por la tesis de que no resulta suficiente la diligencia reglamentaria, si la realidad fáctica evidencia que las garantías adoptadas para evitar los daños previsibles han resultado ineficaces; y, en esta línea, la STS de 22 de abril de 1987 sintetiza la posición referida y declara que "si bien el artículo 1902 descansa en un principio básico culpabilista, no es permitido desconocer que la diligencia requerida comprende no sólo las prevenciones y cuidados reglamentarios, sino además todos los que la prudencia imponga para evitar el evento dañoso, con inversión de la carga de la prueba y presunción de conducta culposa en el agente, así como la aplicación, dentro de prudentes pautas, de la responsabilidad basada en el riesgo, aunque sin erigirla en fundamento único de la obligación a resarcir (entre otras, SSTS de 21 de junio y 1 de octubre de 1985, 24 y 31 de enero de 1982), no siendo suficiente para la inexistencia de culpa acreditar que se procedió con sujeción a las disposiciones legales que, al no haber ofrecido resultado positivo, revelan su insuficiencia y la falta de algo por prevenir, estando por tanto incompleta la diligencia (SSTS de 12 de febrero de 1981 y 3 de diciembre de 1983)"; este criterio ha sido mantenido, entre otras, por las SSTS de 15 de julio de 2002 y 22 de abril de 2003)». (4 octubre 2006, LA LEY 110189/2006)

«como ha sentado la STS de 15 de junio de 2001, la culpa extracontractual, sancionada en el artículo 1902 del Código Civil, consiste, siguiendo la doctrina de esta Sala, en un actuar no ajustado a la diligencia exigible según las circunstancias del caso concreto, de las personas, tiempo y lugar (SSTS de 12 de julio de 1989, 4 de junio de 1991, 26 de febrero de 1992, 27 de septiembre de 1993, 24 de septiembre de 1996, entre otras muy numerosas), y a quien se le atribuye la causación y responsabilidad del daño ocasionado está obligado a demostrar, a efectos de su exoneración, que en su actuar concurrió toda la prudencia, previsión y diligencia precisas para evitar tal resultado negativo; y, en el caso del litigio, en virtud de los hechos declarados probados en la instancia, no puede darse culpabilidad si falta la relación de causalidad entre la actividad de la entidad demandada y el daño sufrido por los actores, y, por consiguiente, por la ausencia de conexión entre ambos elementos, no se produce la obligación de reparar». (17 noviembre 2006, LA LEY 135273/2006)

«La respuesta casacional a la cuestión planteada, verdadero núcleo del litigio, pasa por hacer las siguientes consideraciones: 1.ª.- Como señala la sentencia de 31 de octubre de 2006 (recurso n.º 5379/1999), (LA LEY 119505/2006) seguida por la de 22 de febrero de 2007 (recurso n.º 3278/1999) (LA LEY 4500/2007) con cita en ambas de otras muchas sentencias de esta Sala, la jurisprudencia nunca ha llegado al extremo de erigir el riesgo en fuente única de la responsabilidad regulada en el art. 1902 CC, pues éste exige inequívocamente la intervención de culpa o negligencia en el sujeto cuya acción u omisión cause el daño. 2.ª.- Como también indican ambas sentencias con cita de otras anteriores, han de excluirse del ámbito del art. 1902 CC los pequeños riesgos que la vida obliga a soportar, el riesgo general de la vida o los riesgos no cualificados, pues riesgos hay en todas las actividades de la vida. 3.ª.- Al examinar esas dos sentencias la jurisprudencia de esta Sala sobre responsabilidad por daños a consecuencia de caídas en edificios en régimen de propiedad horizontal o acaecidas en establecimientos comerciales, de hostelería o de ocio, la conclusión es que para declarar tal responsabilidad ha de concurrir necesariamente una culpa o negligencia identificable, que no se dará cuando por distracción del perjudicado éste tropiece con un obstáculo que se encuentre dentro de la normalidad. 4.ª.- En los trabajos prepa-

ratorios de los "Principios de derecho europeo de la responsabilidad civil", actualmente en curso, se define el "Estándar de conducta exigible" como "el de una persona razonable que se halle en las mismas circunstancias, y depende, en particular, de la naturaleza y el valor del interés protegido de que se trate, de la peligrosidad de la actividad, de la pericia exigible a la persona que la lleva a cabo, de la previsibilidad del daño, de la relación de proximidad o de especial confianza entre las personas implicadas, así como de la disponibilidad y del coste de las medidas de precaución y de los métodos alternativos" (artículo 4: 102. -1-). 5.ª.- Tales criterios pueden tomarse como referencia para integrar la lacónica formulación del art. 1902 CC y completar el valor integrador generalmente aceptado de otros preceptos del propio Código encuadrados en el capítulo relativo a la naturaleza y efectos de las obligaciones, como el art. 1104 cuando alude tanto a la "diligencia que exija la naturaleza de la obligación y corresponda a las circunstancias de las personas, del tiempo y del lugar" como a "la que correspondería a un buen padre de familia" para, así, configurar un modelo de conducta diligente válido para la mayoría de los casos. 6.ª.- En el ámbito doméstico son fácilmente imaginables acciones u omisiones culposas o negligentes de los anfitriones para con sus invitados, como por ejemplo servir una comida sin haberse preocupado de que esté en buenas condiciones o no haber reparado antes de la visita defectos del material aislante de los cables eléctricos exteriores o a la vista. Pero ello no significa que absolutamente todas las situaciones hipotéticamente peligrosas sean merecedoras de imputación objetiva si el peligro es remoto y aquellas entran dentro de la normalidad de un hogar». (17 julio 2007, LA LEY 79294/2007)

«Es copiosa la jurisprudencia que sostiene la vigencia del principio general de responsabilidad extracontractual basada en la culpa, expresamente citada en el artículo 1902 del Código civil ("... interviniendo culpa o negligencia..."), si bien en los últimos tiempos numerosas decisiones, buscando la mejor protección de las víctimas, tratan de objetivar moderadamente la responsabilidad ya mediante una inversión de la carga de la prueba, que muchas veces más que una inversión de la carga se traduce en la imposición de la carga en base al criterio de proximidad o facilidad probatoria (SSTS 14 de diciembre de 2005, 3 de abril y 3 de julio de 2006, etc.), ya acentuando el rigor de la diligencia exigible (SSTS 29 de enero y 25 de abril de 1983, 10 de marzo de 1997, 8 de abril de 1992, 8 y 20 de mayo de 1999, etc.) para llegar a lo que se ha denominado "expedientes paliativos del principio de culpabilidad" (Sentencia de 22 de noviembre de 2002) hasta "soluciones cuasi objetivas", que acercan el tratamiento del caso a la responsabilidad por riesgo (SSTS 12 de noviembre de 1993, 23 de abril y 21 de mayo de 1998, 18 de marzo y 14 de diciembre de 1999, 2 de marzo de 2000, etc.). Esta posición ha sido descrita por la doctrina especializada subrayando la presunción de culpa en el autor del daño, con exigencia de la prueba de diligencia por razón del llamado principio de expansión de la apreciación de la prueba, lo que conduce a estimar que no basta con el cumplimiento de las prescripciones reglamentarias y demás disposiciones legales que obligan a la adopción de cautelas, previsiones o garantías, pues si no han evitado el daño se revela que algo quedó por prevenir y que la diligencia no ha sido completa (SSTS 9 de octubre de 1996, 12 de abril de 2002, 1 de octubre de 2003, entre otras). Se produce así una aplicación rigurosa del precepto contenido en el artículo 1104 del Código civil, en el sentido de exigir una diligencia que va más allá de los estándares habituales, atendiendo a una valoración severa de las circunstancias de las personas, tiempo y lugar, hasta alcanzar grados de prevención y de cautela exquisitos. Lo que en la doctrina se ha calificado alguna vez como la búsqueda de "briznas de culpa" o de "polvo de culpa", más allá incluso de la prestación de una culpa levísima (SSTS 22 de abril de 1987, 18 de diciembre de 1997, 9 de julio y 7 de octubre de 1998, 27 de junio, 17 de octubre y 29 de noviembre de 2001, etc.). Esta tendencia, sin embargo, encuentra un claro límite en el concepto de culpa como comportamiento no ajustado a los cánones éticos, comportamiento que contiene un elemento de falta de previsión, de falta de diligencia o de pericia. Esta concepción de la culpa no se deduce de un juicio de reprobabilidad subjetiva del comportamiento ni, por

tanto, de la actitud psicológica del agente con sus dotes de inteligencia y prudencia, sino de "la relación entre el comportamiento dañoso y el requerido por el ordenamiento en las mismas circunstancias concretas, a fin de evitar la lesión de intereses ajenos", esto es, que se trata de la conducta llevada a cabo por quien no cumple los deberes que le incumplen, pues la culpa se ha de entender a partir de una situación de deber, de un comportamiento exigible (SSTS 22 de abril 1987, 12 de julio de 1989, 8 de febrero y 4 de junio de 1991, 25 de febrero de 1992, 10 de marzo de 1993, 24 de diciembre de 1994, 7 y 24 de julio y 26 de septiembre de 1997, 7 de octubre de 1998, 13 de junio de 2002, etc.), en lo que se ha denominado concepto normativo de la culpa que, de este modo, interviene como criterio de imputación en su doble papel en la secuencia jurídica de la causalidad y en la resarcibilidad de ciertos daños, esto es, para determinar si una cierta persona ha de ser responsable y para fijar la extensión de los daños resarcibles (SSTS 1 de abril de 1997, 29 de junio y 15 de octubre de 2001, 12 de diciembre de 2005, 5 de enero, 9 de junio y 27 de julio de 2006, etc.)». (5 septiembre 2007, LA LEY 132435/2007)

«la jurisprudencia más reciente. Así, la propia sentencia de 14 diciembre 2005 afirma que "[f]rente a esa línea marcada por la objetivación existe otra, representada por un número muy considerable de sentencias, que rechaza muy decididamente la aplicabilidad en este ámbito de la responsabilidad por riesgo y exige la prueba tanto del nexo causal como de la culpa del empresario". Entre estas cita la propia sentencia las de 31 de marzo 2003, 8 octubre 2001, 9 julio y 6 noviembre 2001, 27 mayo 2003, 17 diciembre 2004 y 28 octubre y 15 noviembre 2005. En definitiva, como afirma la sentencia de 29 septiembre 2005, "[p]ara la aplicabilidad de la teoría del riesgo a los daños producidos por una conducta humana, es preciso que los mismos sean producidos en una actividad peligrosa, aplicándose esta doctrina del riesgo por esta Sala con un sentido limitativo (fuera de los supuestos legalmente prevenidos) no a todas las actividades de la vida, sino sólo a las que impliquen un riesgo considerablemente anormal en relación con los estándares medios [...]" (asimismo, sentencia de 30 de mayo 2007). La aplicación de la teoría del riesgo, en los casos en que proceda, no debe hacer olvidar que esta Sala ha negado reiteradamente que se haya sustituido la responsabilidad por culpa, convirtiéndose en objetiva. Esto sólo puede ser aplicable bien en aquellos casos en que este tipo de responsabilidad esté legalmente previsto (STS de 27 enero 1983), o cuando se trate de un riesgo extraordinario (STS 29 septiembre 2005). La responsabilidad extracontractual responde al principio de la culpa del autor del daño, no convirtiéndose en objetiva por la facilitación de la prueba, ya que como afirmaba la sentencia de 27 enero 1987, si ello fuera así, "[s]e caería en una responsabilidad por el resultado, propia de épocas primitivas, y que no puede por sola servir de base a aquella responsabilidad por creación de riesgos o peligros [...]"». (7 enero 2008, LA LEY 451/2008)

«La jurisprudencia (SSTS de 5 de abril de 2010, RC n.º 449/2005, 11 de septiembre de 2006, 10 de junio de 2006, 6 de septiembre de 2005, 17 de junio de 2003, 10 de diciembre de 2002, 6 de abril de 2000) no ha llegado al extremo de erigir el riesgo como criterio de responsabilidad con fundamento en el artículo 1902 CC, y ha declarado que la objetivación de la responsabilidad civil no se adecua a los principios que informan su regulación positiva. Por estas razones la aplicación de la doctrina del riesgo, además de que solo es posible en supuestos de riesgos extraordinarios (riesgo considerablemente anormal en relación a los parámetros medios), SSTS de 18 de julio de 2002, y de 21 de mayo de 2009, no implica una responsabilidad objetiva fundada en el resultado o en el propio riesgo creado (que no tiene en encaje en el artículo 1902 CC, como declara, entre otras, la STS de 25 de marzo de 2010, RC n.º 1018/2006), sino que, sin prescindir del elemento esencial de la culpa, a lo más que llega es aceptar la aplicación del principio de la proximidad o facilidad probatoria o una inducción basada en la evidencia a daño desproporcionado o falta de colaboración del causante del daño, cuando éste está especialmente obligado a facilitar la explicación del daño por sus circunstancias profesionales o de otra índole. De esto se sigue que, al margen

de cómo se distribuya la carga de la prueba, la doctrina del riesgo no elimina la necesidad de acreditar la existencia de una acción u omisión culposa a la que se pueda causalmente imputar el resultado lesivo, sin perjuicio, eso sí, de que, en orden a apreciar la concurrencia del elemento subjetivo o culpabilístico, deba de tenerse en cuenta que un riesgo mayor conlleva un deber de previsión mayor por parte de quien lo crea o aumenta». (14 marzo 2011, rec. 1970/2006, LA LEY 6077/2011)

7.- COMPENSACIÓN DE CULPAS (CONCURRENCIA DE CAUSAS)

«si bien es cierto que la conducta de los demandados ha contribuido a la efectividad del daño, no cabe olvidar que, en la realidad del suceso, participó, sin duda, la imprudente actuación de los perjudicados». (20 marzo 2001, LA LEY 70219/2001)

«Integrado, pues, ese factum, es claro que en el suceso concurran dos causas conjuntas: la primera, la caída de citada trampilla y, la segunda, fundamentalmente, el mal estado de la plataforma receptora por el descuido en su conservación por la Cooperativa demandada; en consecuencia, ha de apreciarse la concurrencia de esas dos culpas con el efecto compensador que se declara». (17 octubre 2001, LA LEY 7785/2002)

«teniendo en cuenta la acreditada actuación coadyuvante en la producción del referido resultado, a cargo de los fallecidos, hace aplicable la situación de concurrencia de culpas, que autoriza a moderar la cuantía económica de las responsabilidades, distribuyéndose proporcionalmente el quantum, en razón a las circunstancias concurrentes (SS 7 Oct. 1988, 12 Jul. y 23 Sep. 1988, 7 Jun. 1991, 11 Feb. 1993 y 23 Feb. 1996)». (29 noviembre 2001, LA LEY 180719/2002)

«esta Sala tiene declarado que cuando en la producción del daño concurren varias causas, debe acompasarse la cuantía de la responsabilidad al grado y naturaleza de la culpabilidad (SSTS 7 de octubre de 1988; 5 de octubre de 2006), de manera que, si no se produce culpa exclusiva de la víctima y es compartida por el agente, debe distribuirse proporcionalmente el quantum *(SSTS de 1 de febrero, 12 de julio y 23 de septiembre de 1989), siendo la moderación de responsabilidades prevenida en el artículo 1103 del Código Civil una facultad discrecional del Juzgador de instancia dependiente de las circunstancias del caso, no revisable en casación. Además, la jurisprudencia más reciente (rectificando criterios iniciales) ha aceptado que los criterios cuantitativos que resultan de la aplicación de los sistemas basados en valoración, y en especial el que rige respecto de los daños corporales que son consecuencia de la circulación de vehículos de motor, pueden resultar orientativos para la fijación del* pretium doloris *o indemnización por el daño moral teniendo en cuenta las circunstancias concurrentes en cada caso (STS 11 de noviembre de 2005, 10 de febrero 2006)».* (17 mayo 2007, LA LEY 23092/2007)

«La Sala, por ello, no comparte el criterio de la sentencia de apelación y entiende, dando a la cuestión un tratamiento en clave de imputación objetiva, que hay culpa concurrente por parte de las dos entidades contendientes en la causación del daño, lo que ha de conducir a una moderación de la responsabilidad, conforme a lo que se ha decidido en otras resoluciones [Sentencias de 22 de abril de 1987 (LA LEY 2527/1987)30 de junio (LA LEY 14595/1995) y 19 de diciembre de 1995 (LA LEY 2592/1996), 23 de febrero (LA LEY 2734/1996), 19 de julio (LA LEY 7931/1996) y 12 de noviembre de 1996 (LA LEY 10754/1996), 31 de diciembre de 1997 (LA LEY 2509/1998), 16 de febrero (LA LEY 2288/1998), 9 (LA LEY 8412/1998) y 30 de julio (LA LEY 8662/1998) y 7 de octubre de 1998, (LA LEY 9220/1998), 12 de julio de 1999 (LA LEY 9334/1999), 26 de junio (LA LEY 5750/2001) y 17 de octubre de 2001 (LA LEY 8718/2001) 23 de enero y 25 de abril de 2004, entre otras], pues ambas entidades han contribuido con sus respectivas culpas a la generación del daño, y es justo que quede a cargo de ambas, por mitad, el daño». (14 junio 2007, LA LEY 79275/2007)

«la limitación de la responsabilidad del conductor por negligencia de la víctima obedece a una ausencia total o parcial de relación causal entre su conducta y el resultado producido, y, en consecuencia, afecta al alcance de la responsabilidad civil dimanante de aquélla, cualquiera que sea el tipo de indemnización procedente y la persona que deba percibirla». (11 noviembre 2010, rec. 645/2007, LA LEY 198997/2010)

8.- SUJETOS

«Es doctrina jurisprudencial constante de esta Sala que están legitimadas para reclamar indemnización por causa de muerte, «iure proprio», las personas, herederos o no de la víctima, que han resultado personalmente perjudicadas por su muerte, en cuanto dependían económicamente del fallecido o mantenían lazos afectivos con él; negándose mayoritariamente que la pérdida en sí del bien «vida» sea un daño sufrido por la víctima que haga nacer en su cabeza una pretensión resarcitoria transmisible «mortis causa» a sus herederos y ejercitable por éstos en su condición de tales «iure hereditatis». (19 junio 2003, LA LEY 2602/2003)

«tiene en cuenta: a) que un hijo puede llegar a no ser heredero de su padre, por haber incidido en causa de desheredación o incluso por llegarse a demostrar que nunca tuvo tal condición; b) que el cónyuge separado tampoco llega a integrar la comunidad hereditaria que se crea por el fallecimiento del otro cónyuge; y c) que no es la condición de heredero, sino la de perjudicado, la que legitima a las personas para promover la acción que nos ocupa, y constituye pacífica y reiterada doctrina jurisprudencial la relativa a que el derecho a reclamar este tipo de indemnizaciones pertenece ex iure propio *a la persona que resulte perjudicada por el suceso y no* ex iure hereditatis, *pues tal derecho, en todos los casos y con mayor incidencia en los supuestos de muerte instantánea, no llegó a formar parte del caudal relicto y por tanto no ha podido transmitirse a los herederos, se estima por las razones que se dicen seguidamente. Procede traer a colación la STS de 2 de febrero de 2006, por su aplicación al supuesto debatido, la cual contiene la siguiente argumentación: "Sin duda el derecho a indemnización originado en el perjuicio moral y material a terceros por consecuencia de la muerte, no surge como* iure hereditatis, *sino como un derecho originario y propio del perjudicado (SSTS de 4 de mayo de 1983 y 14 de diciembre de 1996), cualidad que puede o no coincidir con la de heredero, pero que en cualquier caso es distinta y con efectos jurídicos muy diferentes, siendo doctrina de esta Sala, como recuerda la sentencia de 18 de junio de 2003, que están legitimadas para reclamar indemnización por causa de muerte* iure propio, *las personas, herederos o no de la víctima, que han resultado personalmente perjudicadas por su muerte"».* (4 octubre 2006, LA LEY 110189/2006)

«la renuncia se llevó a cabo por el perjudicado; no es una transacción, como contrato por el que las partes soluciona una controversia jurídica mediante recíprocas concesiones (artículo 1809 del Código civil) sino una renuncia, como negocio jurídico unilateral (pese a que el renunciante reciba algo a cambio) por el que el titular de un derecho subjetivo hace dejación del mismo. Aquel perjudicado pudo renunciar a su derecho a percibir indemnización por los daños que había sufrido, pero no pudo hacerlo por los daños que todavía no habían aparecido. No había entrado en su disponibilidad lo que todavía no existía, el daño no aparecido. La renuncia, como dejación del derecho subjetivo, no alcanzó ni podía alcanzar el derecho subjetivo a percibir indemnización por los daños futuros que no se podían conocer. Por tanto, no hay error en la renuncia: renunció a lo que tenía derecho (derecho subjetivo) que eran los daños presentes, ni faltó consentimiento alguno. Lo que sí es cierto es que no renunció a lo que no existía, no pudo renunciar a un derecho subjetivo que no había nacido a la vida jurídica, ni podía conocer que se produciría más tarde. Este mismo supuesto fue contemplado por la sentencia de 23 de febrero de 1995 (LA LEY 3274/1995) que llega a la misma solución que aquí se propone». (23 noviembre 2007, LA LEY 185038/2007)

9.- SOLIDARIDAD

«Cuando como en el caso que nos ocupa se puede especificar el grado de participación que en la producción de un daño tiene sus causantes, si éstos son varios, no ha lugar a la solidaridad, sino a la responsabilidad mancomunada de cada condenado, cada uno por su parte (S 3 Abr. 1987). En S 19 Jul. 1996, se declara que: «como en el caso que nos ocupa no hay concurrencia causal única, sino acciones u omisiones causales concurrentes, y su relevancia en relación al resultado ha podido individualizarse por la Sala de instancia, no procede declarar solidaria la obligación de los condenados frente a los perjudicados». (16 abril 2003, LA LEY 2310/2003)

«Se trata de uno de los casos de la llamada obligación in solidum, como los contemplados en las sentencias de 7 de marzo de 2002 y 14 de julio de 2003, en el que concurren los comportamientos, activos y omisivos, de una pluralidad de agentes, con eficacia causal valorable, sin que resulte factible individualizar la contribución de cada uno (lo que debe entenderse sin perjuicio de las reclamaciones que puedan formularse los condenados entre sí, las cuales pertenecen al ámbito de su no construida relación interna, que es ajena al proceso en que la condena solidaria se impone)». (15 junio 2005, rec. 4748/1998)

«Es reiterada la jurisprudencia que declara que existe solidaridad impropia entre los sujetos a quienes alcanza la responsabilidad por el ilícito culposo, con pluralidad de agentes y concurrencia de causa única. Esta responsabilidad, a diferencia de la propia, no tiene su origen en la ley o en pacto expreso o implícito, sino que nace con la sentencia de condena (SSTS de 17 de junio de 2002, 21 de octubre de 2002 y 14 de marzo de 2003). El reconocimiento de esta responsabilidad in solidum *[con carácter solidario] responde a razones de seguridad e interés social, en cuanto constituye un medio de protección de los perjudicados adecuado para garantizar la efectividad de la exigencia de la responsabilidad extracontractual, pero exige para su aplicación que no sea posible individualizar los respectivos comportamientos ni establecer las distintas responsabilidades (SSTS de 3 de abril de 1987, 14 de mayo de 1987, 7 de mayo de 1993, 18 de diciembre de 1995, 14 de diciembre de 1996, 20 de octubre de 1997, 22 de enero de 1998, 3 de diciembre de 1998, 8 de noviembre de 1999, 15 de diciembre de 1999, 21 de diciembre de 1999, 27 de junio de 2001, 12 de abril de 2002, 17 de junio de 2002, 16 de abril de 2003, 29 de mayo de 2003, 24 de mayo de 2004, 18 de mayo de 2005, 15 de junio de 2005, 28 de octubre de 2005 y, entre las más recientes, 17 de marzo de 2006, 18 de abril de 2006, 31 de mayo de 2006 y 7 de septiembre de 2006). En suma, la individualización de responsabilidades entre los causantes del daño (que excluye la condena solidaria), fundada en la noción de causalidad, debe fundarse en la posibilidad de determinar con claridad una determinada o mayor contribución causal a la producción del hecho dañoso por uno de los agentes en virtud de una ponderación del grado de participación en la producción del daño que respectivamente les incumbe y no cabe, al menos, en aquellos casos en que el daño, aun siendo originado, como en el caso enjuiciado, por varias acciones (u omisiones) independientes, puede considerarse como el resultado de cada una de ellas, pues los singulares agentes podrían haberlo causado por completo».* (2 enero 2007, LA LEY 238/2007)

«la solidaridad impropia, que, a diferencia de la propia no tiene su origen en la ley o en el pacto expreso o implícito, si bien responde a un fundamento de salvaguarda del interés social en cuanto constituye un medio de protección de los perjudicados, sin embargo exige para su aplicación —fijación en la resolución judicial—, no sólo la concurrencia de una pluralidad de agentes, sino además la indiscernibilidad en sus respectivas responsabilidad; esto es, que no sea factible, por el resultado de las actuaciones, la determinación individual y personal de las responsabilidades atribuibles a los agentes intervinientes. Por ello, cuando es posible la individualización —determinar la proporción o el grado en que cada uno de los agentes ha participado en la causación del daño— no cabe acordar la responsabilidad

"in solidum" (STS 24 de mayo de 2004, y las que en ella se citan)». (1 octubre 2008, rec. 2073/2002, LA LEY 142508/2008)

«Es reiterada la jurisprudencia que declara que existe solidaridad impropia entre los sujetos a quienes alcanza la responsabilidad por el ilícito culposo, con pluralidad de agentes y concurrencia de causa única. Esta responsabilidad, a diferencia de la propia, no tiene su origen en la ley o en pacto expreso o implícito, sino que nace con la sentencia de condena (SSTS 17 de junio de 2002, 21 de octubre de 2002, 14 de marzo de 2003, 2 de octubre de 2007, RC n.º 3779/1999). Se trata de una responsabilidad in solidum [con carácter solidario], que obedece a razones de seguridad e interés social, en cuanto constituye un medio de protección de los perjudicados adecuado para garantizar la efectividad de la exigencia de la responsabilidad extracontractual, pero exige para su aplicación que no sea posible individualizar los respectivos comportamientos ni establecer las distintas responsabilidades (SSTS 18 de mayo de 2005, 15 de junio de 2005, 28 de octubre de 2005, 17 de marzo de 2006, 18 de abril de 2006, 31 de mayo de 2006, 7 de septiembre de 2006, 2 de enero de 2007, RC n.º 1340/2006, 20 de mayo de 2008, RC n.º 1394/2001)». (18 julio 2011, rec. 2043/2007, LA LEY 165552/2011)

10.- RESPONSABILIDAD CIVIL MÉDICA

— Naturaleza:

«El médico asume una obligación de medios y como tal se compromete no solo a cumplimentar las técnicas previstas para la patología en cuestión, con arreglo a la ciencia médica adecuada a una buena praxis, sino a aplicar tales técnicas con el cuidado y precisión exigible de acuerdo con las circunstancias y los riesgos inherentes a cada intervención (STS de 18 diciembre de 2006). Es, en definitiva, lo que se conoce como la lex artis *aplicable a un determinado caso para obtener de una forma diligente la curación del enfermo, y a la que es ajena el resultado obtenido puesto que no asegura o garantiza el interés final perseguido por el paciente».* (16 enero 2008, LA LEY 48/2008)

«La responsabilidad se imputa a partir de la concurrencia de los requisitos que informan el artículo 1902 del CC, y que, junto al daño, exige no solo el llamado reproche culpabilístico o incumplimiento de la buena práctica médica, sino la demostración de la relación de causalidad, en su doble vertiente fáctica y jurídica, entre la conducta activa o pasiva de quien causa el daño y el resultado producido, y que es requisito común a la responsabilidad por culpa como la objetiva o por riesgo, pues la exigencia de responsabilidad tanto de los médicos o del personal sanitario como de la institución o entidad sanitaria se funda en la falta de una actuación diligente o de medidas de prevención o de precaución, independientemente de que la omisión pueda residenciarse en un sujeto determinado, y no tiene carácter objetivo, mientras que la causalidad se establece entre la actuación del servicio hospitalario y el daño producido, y, sin que pueda fundarse en simples conjeturas o posibilidades, admite lo que lo que califica de "probabilidad cualificada" (SSTS 31 de noviembre de 2001 y 5 de enero de 2007)». (20 julio 2009, rec. 173/2005, LA LEY 125226/2009)

«Según la más reciente jurisprudencia, dada su específica naturaleza, la responsabilidad fundada en la Ley de Consumidores y Usuarios no afecta a los actos médicos propiamente dichos, dado que es inherente a los mismos la aplicación de criterios de responsabilidad fundados en la negligencia por incumplimiento de la lex artis ad hoc. Por consiguiente, la responsabilidad establecida por la legislación de consumidores únicamente es aplicable en relación con los aspectos organizativos o de prestación de servicios sanitarios (SSTS de 5 de febrero de 2001; 26 de marzo de 2004; 17 de noviembre de 2004; 5 de enero y 26 de 2007; 4 de junio 2009)». (20 noviembre 2009, rec. 1945/2005, LA LEY 217910/2009) (Doctrina reiterada literalmente por las sentencias de 22 septiembre 2010, rec. 1004/2006,

LA LEY 161977/2010, 29 octubre 2010, rec. 951/2007, LA LEY 195096/2010, 4 noviembre 2010, rec. 444/2007, LA LEY 208802/2010, 25 noviembre 2010, rec. 1644/2006, LA LEY 213872/2010, 20 mayo 2011, rec. 124/2008, LA LEY 62790/2011)

«La distinción entre obligación de medios y de resultados no es posible mantener en el ejercicio de la actividad médica, salvo que el resultado se pacte o se garantice, incluso en los supuestos más próximos a la llamada medicina voluntaria que a la necesaria o asistencial, cuyas diferencias tampoco aparecen muy claras en los hechos, sobre todo a partir de la asunción del derecho a la salud como una condición de bienestar en sus aspectos, psíquicos y social, y no sólo físico (SSTS 30 de junio y 20 de noviembre 2009). Obligación del médico es poner a disposición del paciente los medios adecuados, y en especial ofrecerle la información necesaria». (27 septiembre 2010, rec. 2224/2006, LA LEY 161984/2010)

«La distinción entre responsabilidad contractual y extracontractual es relativizada en aplicación del principio pro actione por la jurisprudencia, pero esto no significa que pueda prescindirse de manera absoluta de la calificación procedente. La jurisprudencia (según dice la STS de 29 de noviembre de 2005, haciendo referencia a la doctrina de la unidad de culpa civil invocada por la parte recurrente) admite que la acción por responsabilidad contractual y la acción extracontractual frente a quien causa un daño antijurídico tienen carácter compatible, de tal suerte que el perjudicado puede alternativamente optar por una o por otra, con el efecto de que, en virtud del principio iura novit curia no cabe desestimar una pretensión de resarcimiento por culpa civil fundándose en que el fundamento jurídico aplicable a los hechos es la responsabilidad contractual, en vez de la extracontractual, o viceversa (SSTS 22 de octubre de 2007; 12 de junio de 2007; 23 de diciembre de 2004: de abril de 2004), pero, como precisa la STS 13 de marzo de 2008, en el caso de que se produzcan efectos por aplicación de uno u otro régimen jurídico cuya diferencia sea relevante y los elementos de la pretensión permitan determinar la naturaleza de la acción con carácter indiscutible, es admisible calibrarla con exactitud, diferenciadamente y con efectos excluyentes, con el fin de aplicar la disposición pertinente». (7 octubre 2010, rec. 1029/2004, LA LEY 165868/2010)

«En el ámbito de la responsabilidad del profesional médico debe descartarse la responsabilidad objetiva y una aplicación sistemática de la técnica de la inversión de la carga de la prueba, desaparecida en la actualidad de la LEC, salvo para supuestos debidamente tasados (artículo 217.5 LEC). El criterio de imputación del artículo 1902 CC se funda en la culpabilidad y exige del paciente la demostración de la relación o nexo de causalidad y la de la culpa en el sentido de que ha de quedar plenamente acreditado en el proceso que el acto médico o quirúrgico enjuiciado fue realizado con infracción o no-sujeción a las técnicas médicas o científicas exigibles para el mismo (STS 24 de noviembre de 2005; 10 de junio 2008; 20 noviembre 2009). La prueba del nexo causal resulta imprescindible, tanto si se opera en el campo de la responsabilidad subjetiva como en el de la objetiva (SSTS 11 de febrero de 1998; 30 de junio de 2000; 20 de febrero de 2003) y ha de resultar de una certeza probatoria y no de meras conjeturas, deducciones o probabilidades (SSTS 6 de febrero y 31 de julio de 1999, 8 de febrero de 2000), aunque no siempre se requiere la absoluta certeza, por ser suficiente un juicio de probabilidad cualificada, que corresponde sentar al juzgador de instancia, cuya apreciación solo puede ser atacada en casación si es arbitraria o contraria a la lógica o al buen sentido (SSTS 30 de noviembre de 2001, 7 de junio y 23 de diciembre de 2002, 29 de septiembre y 21 de diciembre de 2005; 19 de junio, 12 de septiembre, 19 y 24 de octubre 2007, 13 de julio 2010)». (1 junio 2011, rec. 791/2008, LA LEY 71522/2011)

«En el ámbito de la responsabilidad del profesional médico debe descartarse la responsabilidad objetiva y una aplicación sistemática de la técnica de la inversión de la carga de la prueba, desaparecida en la actualidad de la LEC, salvo para supuestos debidamente tasados (art. 217.5 LEC). El criterio de imputación del art. 1902 CC se funda en la culpabilidad y exige del paciente la demostración de la relación o nexo de causalidad y la de la culpa

en el sentido de que ha quedar plenamente acreditado en el proceso que el acto médico o quirúrgico enjuiciado fue realizado con infracción o no-sujeción a las técnicas médicas o científicas exigibles para el mismo (STS 24 de noviembre de 2005; 10 de junio 2008)». (29 octubre 2010, rec. 951/2007, LA LEY 195096/2010)

— Yuxtaposición de acciones (contractual y extracontractual):

«en lo que concierne, a los temas de culpa, que cuando un hecho dañoso es violación de una obligación contractual y, al mismo tiempo, del deber general de no dañar a otro, hay una yuxtaposición de responsabilidades (contractual y extracontractual) y da lugar a acciones que pueden ejercitarse alternativa y subsidiariamente, y optando por una o por otra, o incluso proporcionando los hechos al juzgador para que éste aplique las normas en concurso (de ambas responsabilidades) que más se acomoden a aquéllos, todo ello en favor de la víctima y para lograr un resarcimiento del daño lo más completo posible. Ya con anterioridad la TS S 29 Oct. 1992, había expresado: "No cabe duda que la relación existente entre una persona afiliada a la Seguridad Social y el Centro Hospitalario que, integrado en la misma, le presta asistencia médica, viene configurada como propiamente contractual, no obstante los matices y las peculiaridades que le caracterizan, por lo que es aplicable a la misma el art. 1.258 y demás concordantes del CC"». (30 diciembre 1999, LA LEY 3214/2001) (doctrina reiterada por la de 10 junio 2004, rec. 2354/1998)

«se puede afirmar en lo que concierne a los temas de la culpa, que cuando un hecho dañoso supone la violación de una obligación contractual y, al mismo tiempo el deber general de no dañar a otro, surge una yuxtaposición de responsabilidades contractual y extracontractual que da lugar a acciones que puedan ejercitarse alternativamente o conjuntamente». (8 febrero 2000, LA LEY 201/2001)

«Al tratarse de responsabilidad médica cabe la yuxtaposición de los aspectos contractual y extracontractual (SS 7 Feb. 1990, 22 Feb. 1991 y 31 Dic. 1997). En el caso que nos ocupa la relación se presenta más bien como propiamente contractual, al haber tenido la intervención en centro privado, lo que permite encuadrar la información médica omitida, que se deja estudiada, en el ámbito de la necesidad de actuar en forma acomodada la buena fe que debe presidir las relaciones contractuales, por estar inserta en el pacto médico-enfermo, y ello exige la previa información, que es iniciativa exclusiva del médico, como requisito previo para que el enfermo pueda emitir un consentimiento, de conformidad a los arts. 18 y 22 del Código de Deontología Médica y de conformidad a los arts. 7.1, 1107 y 1258 CC, 43 y 51.1 y 2 de la Constitución y 2.1 d) y 13 de la Ley General para la Defensa de los Consumidores y Usuarios (L 26/1984)». (26 septiembre 2000, 66/2001)

«A su vez, un daño causado por la actuación médica, es decir, la responsabilidad médica puede tener un origen extracontractual o derivar del contrato, si bien esta Sala ha mantenido reiteradamente la yuxtaposición de responsabilidades: SS 28 Jun. 1997, 10 Nov. 1999, 30 Dic. 1999». (11 diciembre 2001, LA LEY 83/2003)

— Culpabilidad:

«tenía que saber necesariamente que la quimioterapia que estaba siendo aplicada al paciente de extravasarse —como así ocurrió— podía producir graves lesiones, a pesar de lo cual no tuvo la precaución necesaria de controlar de forma, ni siquiera semipermanente tal operación, es más, cuando fue avisada de los síntomas de la extravasión, no interrumpió la transfusión, ni siquiera comunicó a los doctores la emergencia, por lo que no pudo dicho paciente ser atendido de inmediato. Todo lo cual sin necesidad de apelar a la tesis emanada de los principios generales aplicables a la determinación de la responsabilidad médica por actuación negligente, es preciso proclamar la existencia de dicha negligencia, que está

fuera de toda lex artis, y que supone una culpa incontestable que ha quedado plenamente constatada, y que ha provocado directamente unas graves lesiones». (10 julio 2002, LA LEY 7292/2002)

«*Como reitera la sentencia de 26 de marzo de 2004 (LA LEY JURIS. 1114/2004) es doctrina constante de esta Sala, recogida en sentencias de 26 de mayo de 1986 (LA LEY JURIS. 11067-JF/0000), 12 de julio de 1988 (LA LEY JURIS. 3583-JF/0000), 17 de junio de 1989 (LA LEY JURIS. 2141-JF/0000) y 7 (LA LEY JURIS. 20950-JF/0000) y 12 de febrero de 1990 (LA LEY JURIS. 12762-R/1990) que la obligación contractual o extracontractual del médico, y más en general, del profesional sanitario, no es la de obtener en todo caso la recuperación del enfermo, o lo que es igual, no es la suya una obligación de resultado, sino una obligación de medios, es decir, está obligado, no a curar al enfermo sino a proporcionarle todos los cuidados que requiera según el estado de la ciencia; además, en la conducta de los profesionales sanitarios queda, en general, descartada toda clase de responsabilidad más o menos objetiva, sin que opere la inversión de la carga de la prueba, admitida por esta Sala para los daños de otro origen, estando, por tanto, a cargo del paciente la prueba de la relación o nexo de causalidad y la de la culpa, ya que a la relación material o física ha de sumarse el reproche culpabilístico [sentencias de 7 de julio de 1987, 12 de julio de 1988 (LA LEY JURIS. 3583-JF/0000) y 7 de febrero de 1999] que puede manifestarse a través de la negligencia omisiva de la aplicación de un medio [sentencia de 7 de junio de 1988 (LA LEY JURIS. 10700-R/1988)] o más generalmente en una acción culposa [sentencia de 22 de junio de 1988 (LA LEY JURIS. 106983-NS/0000)]. Y así se ha estimado en aquellos casos en que se logró establecer un nexo causal entre el acto tachado de culpable o negligente o la omisión de los cuidados indicados y el resultado dañoso previsible y evitable, caso de las sentencias de 7 de febrero de 1973, 28 de diciembre de 1979, 28 de marzo de 1983 y 12 de febrero de 1990 (LA LEY JURIS. 12762-R/1990) cuando, por el contrario, no es posible establecer la relación de causalidad culposa no hay responsabilidad sanitaria, así en sentencias de 26 de mayo de 1986 (LA LEY JURIS. 11067-JF/0000), 13 de junio de 1987, 12 de febrero de 1988 (LA LEY JURIS. 100555-NS/0000) y 7 de febrero de 1990 (LA LEY JURIS. 20950-JF/0000); sentencia del Tribunal Supremo de 6 de noviembre de 1990 (LA LEY JURIS. 2073/1991)*». (23 septiembre 2004, rec. 2650/1998)

«*Con reiteración, este Tribunal, en el ámbito de la responsabilidad del profesional médico, ha descartado toda clase de responsabilidad más o menos objetiva, incluida la técnica de la inversión de la carga de la prueba, desaparecida en la actualidad de la Ley de Enjuiciamiento Civil, salvo para supuestos debidamente tasados (art. 217.5 LEC), bien es cierto que con algunas excepciones para los casos de resultado desproporcionado o medicina voluntaria o satisfactiva, en los que se atenúa la exigencia del elemento subjetivo de la culpa para proteger de manera más efectiva a la víctima, flexibilizando tales criterios. De esa forma, a partir del daño que fundamenta la responsabilidad, el criterio de imputación en virtud del art. 1902 CC, se basa, como no podía ser de otra forma, en el reproche culpabilístico y exige del paciente la demostración de la relación o nexo de causalidad y la de la culpa en el sentido de que ha de quedar plenamente acreditado en el proceso que el acto médico o quirúrgico enjuiciado fue realizado con infracción o no sujeción a las técnicas médicas o científicas exigibles para el mismo —lex artis ad hoc— (SSTS 15 febrero 1995 (LA LEY JURIS. 391/1995), 23 marzo 2001 (LA LEY JURIS. 4342/2001), 4 febrero 2002 (LA LEY JURIS. 3009/2002), 23 septiembre 2004 (LA LEY JURIS. 2076/2004), razón por la que habrá de responder incluso del riesgo típico si el daño se debió a su actuación descuidada o a la aplicación de técnicas inapropiadas [SSTS 26 de noviembre de 2001 (LA LEY JURIS. 474/2002) y 11 de abril de 2002 (LA LEY JURIS. 5871/2002)] pero en cambio no lo hará de ningún daño, por desproporcionado que parezca, si prueba que no fue debido a su negligencia [SSTS 20 (LA LEY JURIS. 3677/2001) y 23 de marzo 2001 (LA LEY JURIS. 4342/2001)] al no poder atribuírseles cualquier consecuencia, por nociva que sea, que caiga fuera de su campo de actuación [STS 13 de julio 1987 (LA LEY JURIS. 12466-JF/0000)]».* (24 noviembre 2005, rec. 1481/1999)

«El médico, en su ejercicio profesional, es libre para escoger la solución más beneficiosa para el bienestar del paciente poniendo a su alcance los recursos que le parezcan más eficaces al caso a tratar, siempre y cuando sean generalmente aceptados por la Ciencia médica, o susceptibles de discusión científica, de acuerdo con los riesgos inherentes al acto médico que practica, en cuanto está comprometido por una obligación de medios en la consecución de un diagnóstico o una terapéutica determinada, que tiene como destinatario la vida, la integridad humana y la preservación de la salud del paciente. El médico es, por tanto, el encargado de señalar el tratamiento terapéutico individualizado en función de la respuesta del paciente y de prescribir el uso o consumo de un medicamento y su control, proporcionando una adecuada información sobre su utilización, al margen de la que pueda contener el prospecto. La Ley del Medicamento, en su art. 19, hace referencia a la ficha técnica, no dirigida al usuario, sino al médico y farmacéutico. Tanto para la información del prospecto, como de la ficha técnica, lo referente a indicaciones, contraindicaciones, efectos adversos y precauciones particulares en su empleo, han de estar en congruencia con los resultados de los estudios farmacológicos y clínicos, sobre garantías de seguridad, ausencia de toxicidad o tolerancia y de eficacia (STS 4 abril de 2001)». (8 febrero 2006, rec. 2297/1999)

«la imputación objetiva al recurrente [o atribución del resultado, quaestio iuris (cuestión jurídica) revisable en casación en el ámbito de la aplicación del art. 1902 CC, citado como infringido: STS de 21 de octubre de 2005 (LA LEY JURIS. 1930/2005)] de las consecuencias de la extirpación total de la trompa izquierda practicada por otro médico que realizó una valoración laparoscópica inexacta apoyándose en la ecografía que constaba en el historial clínico de la paciente —cuando no se deriva de los hechos declarados probados que en esta valoración y prueba ecográfica interviniese el recurrente, que había realizado el legrado con anterioridad—, significa, sin más fundamento que ser anteriores en el tiempo y constituir eslabones en el curso de los acontecimientos que condujo al resultado, un regreso a conductas anteriores de otros sujetos, en este caso el médico recurrente que practicó el legrado, en el momento de cuya realización, sin intervención en el curso posterior de la paciente, no podía preverse racionalmente el resultado final producido, relacionado directamente con un error en el diagnóstico posterior y, por ello, anudado causalmente y de manera más inmediata a la negligencia posterior de otro facultativo». (14 febrero 2006, rec. 2249/1999)

«Las complicaciones derivadas de la intervención se presentaron inmediatamente, una vez finalizada la operación, y de este hecho probado la sentencia obtiene la conclusión de que hubo un actuar negligente, pues "ante la previsibilidad de que las complicaciones surgidas en el posoperatorio inmediato trajeran causa de una operación que por sus concretas circunstancias, era originadora de un riesgo importante, no dio lugar a la actuación inmediata, demorando el diagnóstico de lo sucedido hasta pasadas dos semanas de realizada la intervención", es decir, entiende que desde la aparición de la sintomatología, el diagnóstico y tratamiento debió ser lo más precoz posible para garantizar la recuperación sin secuelas del paciente desde la idea de que el retraso supone empeorar el pronóstico y las posibilidades de recuperación, y ello se vio dificultado por el hecho de haberse realizado una resonancia magnética catorce días después». (21 diciembre 2006, LA LEY 175840/2006)

«La responsabilidad médica sólo puede apreciarse cuando existe culpa o negligencia por parte del facultativo, que se concreta paradigmáticamente en la infracción de la lex artis ad hoc *[reglas del oficio adecuadas al caso]. No es aceptable la objetivación de la responsabilidad en un sistema de responsabilidad subjetiva o por culpa, como el que establece el artículo 1902 CC, ni tan siquiera mediante la doctrina del resultado desproporcionado, que sólo es admisible como procedimiento racional encaminado por vía de inferencias lógicas a la demostración de la culpabilidad del autor del daño (SSTS de 30*

de enero de 2004, 15 de febrero de 2006, 26 de julio de 2006, 18 de diciembre de 2006 y 14 de febrero de 2007, entre las más recientes). Para que exista responsabilidad no es suficiente, sin embargo, con el elemento de la negligencia, pues se requiere la existencia de un nexo de causalidad establecido entre la conducta culposa del agente y el daño padecido. En el ámbito de la responsabilidad médica, la exigibilidad y características de este requisito han sido destacadas por las más recientes sentencias de esta Sala: SSTS de 15 de febrero de 2006, 18 de julio de 2006 y 24 de enero de 2007, entre otras». (7 mayo 2007, LA LEY 51866/2007)

— Nexo causal:

«La cuestión esencial estriba en la prueba del nexo causal entre la actuación del médico y el resultado dañoso, que acredita la culpa del mismo. En caso de obligación de actividad, se prueba el nexo causal (caso de la S 13 Dic. 1997) o se prueba que no lo hubo (SS 31 Dic. 1997 y 13 Abr. 1999) o se aplica la doctrina del resultado desproporcionado (sentencias, entre otras, de 29 Jun. 1999 y 9 Dic. 1999). En caso de obligación de resultado, acreditado el nexo causal de que la actividad médica no produjo el resultado previsto, la jurisprudencia ha aplicado la obligación de reparar en SS 28 Jun. 1997, 2 Dic. 1997, 28 Jun. 1999, 24 Sep. 1999, y 2 Nov. 1999». (11 diciembre 2001, LA LEY 83/2003)

«La relación de causalidad se debe a un complejo de factores en que colaboraron necesariamente en el fatal desenlace las conductas de los demandados ahora recurrentes. No puede negarse la relación causal en la actuación de esta demandada porque preparó, condicionó y completó la acción de la causa originadora del evento dañoso que, por un complejo causal se produjo, como señalan las sentencias de esta Sala de 18 Oct. 1979, 28 Abr. y 4 Jun. 1980. Por otra parte, la falta de eficacia operativa para atajar contingencias es negligencia, incapacidad para evitar o disminuir el resultado lesivo en la paciente, como destacó la sentencia de esta Sala de 15 Oct. 1996. La causa eficiente para producir el resultado es aquella que aun concurriendo con otros prepara, condiciona o completa la acción de la causa última —sentencias de 19 Feb. 1985, 23 Ene. 1986, 8 Jul. 1991 y 11 Feb. 1992—». (31 julio 2002, LA LEY 7733/2002)

«La valoración del nexo de causalidad exige ponderar que el resultado dañoso sea una consecuencia natural, adecuada y suficiente, valorada conforme a las circunstancias que el buen sentido impone en cada caso, y es evidente que para responsabilizar una determinada actuación médica no sirven simples hipótesis o especulaciones sobre lo que se debió hacer y no se hizo, cuando la extracción por vagina estaba médicamente justificada y no era posible exigirle otra distinta una vez conocido el resultado. La lex artis *supone que la toma de decisiones clínicas está generalmente basada en el diagnóstico que se establece a través de una serie de pruebas encaminadas a demostrar o rechazar una forma de actuación. Implica por tanto la obligación del médico de realizar aquellas pruebas necesarias atendiendo el estado de la ciencia médica en ese momento, incluidos los protocolos indicativos para seguimiento de un embarazo y de un parto normalizado, de tal forma que, realizadas las comprobaciones que el caso requiera, sólo el diagnóstico que presente un error de notoria gravedad o unas conclusiones absolutamente erróneas, puede servir de base para declarar su responsabilidad, al igual que en el supuesto de que no se hubieran practicado todas las comprobaciones o exámenes exigidos o exigibles (SSTS 15 de febrero y 18 de diciembre de 2006; 19 de octubre 2007); todo lo cual conduce a criterios de limitación de la imputabilidad objetiva para recordar que no puede cuestionarse esta toma de decisiones si el reproche se realiza exclusivamente fundándose en la evolución posterior y, por ende, infringiendo la prohibición de regreso que imponen los topoi (leyes) del razonamiento práctico (SSTS de 14 de febrero de 2006, 15 de febrero de 2006, 7 de mayo de 2007)».* (29 enero 2010, rec. 2318/2005, LA LEY 1534/2010)

— Resultado desproporcionado:

«la misma jurisprudencia —SS 2 Dic. 1996, 18 Feb. 1997, 19 Feb. 1998 y 9 Dic. 1999, entre otras— ha venido a establecer, cuando el mal resultado obtenido es desproporcionado a lo que comparativamente es usual, una presunción desfavorable al buen hacer exigible y esperado, y también propuesto desde su inicio, que ha de desvirtuar el interviniente, y no el paciente, justificando su adecuada actividad en una impuesta inversión de la carga de la prueba según aquellas sentencias reseñadas, esencialmente la última de ellas, que han venido estableciendo por razón de aquella desproporción de resultados que, con más facilidad que nadie, puede justificar el autor de la actividad de la que el mal resultado surge si es que éste ha sido por propia culpa o por causa inevitable e imprevisible». (19 julio 2001, LA LEY 10070/2003)

«Tal como exponen las sentencias, entre otras, de 29 Jun. 1999, 9 Dic. 1999 y 29 Nov. 2002 el profesional médico debe responder de un resultado desproporcionado, del que se desprende la culpabilidad del mismo, que corresponde a la regla res ipsa liquitur *(la cosa habla por sí misma) de la doctrina anglosajona, a la regla Anscheinsbeweis (apariencia de la prueba) de la doctrina alemana y a la regla de la faute virtuelle (culpa virtual), que significa que si se produce un resultado dañoso que normalmente no se da más que cuando media una conducta negligente, responde el que ha ejecutado ésta, a no ser que pruebe cumplidamente que la causa ha estado fuera de su esfera de acción».* (30 enero 2003, LA LEY 39017/2003) (doctrina reiterada por las sentencias de 31 enero 2003, LA LEY 998/2003 y 8 mayo 2003, LA LEY 1976/2003 y 26 mayo 2005, rec. 3971/1998)

«La doctrina jurisprudencial sobre el daño desproporcionado, del que se desprende la culpabilidad del autor (así, las SSTS de 13 de diciembre de 1997 y 9 de diciembre de 1998) —que, como expresa la STS 29 de junio de 1999, "corresponde a la regla res ipsa loquitur (la cosa habla por sí misma) que se refiere a una evidencia que crea una deducción de negligencia y ha sido tratada profusamente por la doctrina angloamericana y a la regla del Anscheinsbeweis (apariencia de prueba) de la doctrina alemana y, asimismo, a la doctrina francesa de la faute virtuelle (culpa virtual), lo que requiere que se haga efectivo un evento dañoso de los que normalmente no se producen sino por razón de una conducta negligente, que dicho evento se origine por alguna conducta que entre en la esfera de la acción del demandado aunque no se conozca el detalle exacto y que el mismo no sea causado por una conducta o una acción que corresponda a la esfera de la propia víctima"—, no es de aplicación al supuesto debatido, al no quedar demostrado en autos que la parálisis facial surgida al demandante se haya producido por una acción u omisión integrada en el ámbito de la actuación quirúrgica del médico». (26 mayo 2005, rec. 3971/1998)

«La aplicación en algunas sentencias de esta Sala de la doctrina llamada del daño desproporcionado no comporta, en consecuencia, al menos en sentido propio, la de un criterio de imputación por responsabilidad objetiva fuera de los casos previstos en la ley sustantiva ni la aplicación de una regla procesal de inversión de carga de la prueba en supuestos no previstos en la ley procesal, sino el reconocimiento de que la forma de producción de determinados hechos es susceptible de evidenciar en principio, con sujeción a reglas de experiencia, la concurrencia de la falta de medidas de diligencia, prevención y precaución exigible según las circunstancias (de especial intensidad en los casos de actividades creadoras de riesgos extraordinarios), sólo susceptible de ser refutada por parte de quien tiene en sus manos el dominio de la actividad y la proximidad y disposición de los instrumentos aptos para justificar lo ocurrido. Esta conclusión deriva de una combinación de los principios de facilidad de la prueba y de existencia de la llamada carga natural de la prueba, que recae sobre aquel a quien perjudican los hechos inicialmente probados por la contraparte, si, por su naturaleza y circunstancias, son susceptibles de ser desvirtuados». (5 enero 2007, LA LEY 237/2007)

«la Sala de instancia acude a uno de los expedientes paliativos del principio de culpabilidad, que es la llamada teoría del daño desproporcionado (Fundamentos Jurídicos Segundo y Cuarto, in fine), *al que se han referido múltiples decisiones [Sentencias de 12 de febrero de 1990 (LA LEY 12762-R/1990), 15 (LA LEY 22522-JF/0000) y 23 de febrero de 1993, 6 de julio de 1995 (LA LEY 858/1995), 13 de diciembre de 1997 (LA LEY 1471/1998), 9 de diciembre de 1998 (LA LEY 27/1999) etc.] adaptando la tesis de la* faute virtuelle *de la jurisprudencia francesa y la doctrina de "prueba aparente"* (Anscheinsbeweis) *de la jurisprudencia alemana o la técnica anglosajona de la evidencia que crea o hace surgir una deducción de negligencia, pues se presenta un resultado dañoso, generado en la esfera de acción del demandado, no en la de la víctima, de los que habitualmente no se producen sino por razón de una conducta negligente (Sentencia de 29 de junio de 1999). Ello, en buena técnica, permite no ya deducir la negligencia, ni establecer directamente una presunción de culpa, sino aproximarse al enjuiciamiento de la conducta del agente a partir de una explicación cuya exigencia se traslada a su ámbito, pues ante el "daño desproporcionado", habitualmente no derivado de la actuación ni comprensible en el riesgo generalmente estimado en el tipo de actos o de conductas de que se trate, se espera del agente una explicación o una justificación cuya ausencia u omisión puede determinar la imputación por culpa que ya entonces se presume. Y así, no se ha producido por parte del demandado, en el procedimiento a que nos referimos, una explicación que excluya la apreciación de negligencia por falta de atención durante el postoperatorio a los problemas que presentaba la paciente».* (16 abril 2007, LA LEY 20295/2007)

«El daño médico desproporcionado es aquél no previsto ni explicable en la esfera de su actuación profesional (SS. 23 de mayo y 8 de noviembre de 2007, Recursos 40 y 3976 de 2000). En el caso de daño desproporcionado, o resultado "clamoroso", el profesional médico está obligado a acreditar las circunstancias en que se produjo el daño por el principio de facilidad y proximidad probatoria (S. 10 de junio de 2008, núm. 508). Se le exige una explicación coherente acerca del porqué de la importante disonancia existente entre el riesgo inicial que implica la actividad médica y la consecuencia producida (SS. 16 de abril de 2007, núm. 417; 30 de abril de 2007, núm. 465; 14 de mayo de 2008, núm. 431), de modo que la ausencia u omisión de explicación puede determinar la imputación (S. 23 de mayo de 2007, núm. 546), creando o haciendo surgir una deducción de negligencia (SS. 16 y 30 de abril de 2007). La existencia de un daño desproporcionado incide en la atribución causal y en el reproche de culpabilidad, alterando los cánones generales sobre responsabilidad civil médica en relación con el "onus probandi" de la relación de causalidad y la presunción de culpa». (23 octubre 2008, rec. 870/2003, LA LEY 152119/2008)

«la tradicional jurisprudencia de esta Sala sobre la obligación del profesional sanitario como una obligación de medios y no de resultado, con la consiguiente carga del demandante de probar la culpa o negligencia de aquél por no serle aplicable criterios objetivadores de responsabilidad, se viene manteniendo hasta la fecha salvo en los casos de resultado desproporcionado». (30 junio 2009, rec. 137/2002, LA LEY 112712/2009)

«El daño desproporcionado que se invoca en el motivo es aquél no previsto ni explicable en la esfera de su actuación profesional y obliga al médico a acreditar las circunstancias en que se produjo por el principio de facilidad y proximidad probatoria. Se le exige una explicación coherente acerca del porqué de la importante disonancia existente entre el riesgo inicial que implica la actividad médica y la consecuencia producida, de modo que la ausencia u omisión de explicación puede determinar la imputación, creando o haciendo surgir una deducción de negligencia. La existencia de un daño desproporcionado incide en la atribución causal y en el reproche de culpabilidad, alterando los cánones generales sobre responsabilidad civil médica en relación con el onus probandi *de la relación de causalidad y la presunción de culpa (STS 23 de octubre de 2008, y las que en ella se citan)».* (8 julio 2009, rec. 2508/2004, LA LEY 125065/2009)

«El daño médico desproporcionado es aquél no previsto ni explicable en la esfera de la actuación profesional médico-sanitaria (SSTS 23 de mayo y 8 de noviembre de 2007). En estos casos en virtud del principio de facilidad y proximidad probatoria, el profesional médico puede estar obligado a probar las circunstancias en que el daño se produjo si se presenta en la esfera de su actuación profesional y no es de los que habitualmente se originan sino por razón de una conducta negligente, cuyo enjuiciamiento debe realizarse teniendo en cuenta, como máxima de experiencia, la necesidad de dar una explicación que recae sobre el que causa un daño no previsto ni explicable, de modo que la ausencia u omisión de la misma puede determinar la imputación (SSTS de 23 de mayo de 2007, 8 de noviembre 2007; 10 de junio y 23 de octubre 2008)». (20 noviembre 2009, rec. 1945/2005, LA LEY 217910/2009) (Doctrina reiterada por la sentencia de 18 diciembre, 2009, rec. 73/2006, LA LEY 247499/2009)

«El daño médico desproporcionado es aquél no previsto ni explicable en la esfera de la actuación profesional médico-sanitaria (SSTS 23 de mayo y 8 de noviembre de 2007). En estos casos en virtud del principio de facilidad y proximidad probatoria, el profesional médico puede estar obligado a probar las circunstancias en que el daño se produjo si se presenta en la esfera de su actuación profesional y no es de los que habitualmente se originan sino por razón de una conducta negligente, cuyo enjuiciamiento debe realizarse teniendo en cuenta, como máxima de experiencia, la necesidad de dar una explicación que recae sobre el que causa un daño no previsto ni explicable, de modo que la ausencia u omisión de la misma puede determinar la imputación (SSTS de 23 de mayo de 2007, 8 de noviembre 2007; 10 de junio y 23 de octubre 2008). En el presente caso, se explica el daño y la actuación del facultativo que le intervino, habiendo descartando las pruebas cualquier mala praxis causalmente vinculada a las lesiones padecidas por el actor». (29 octubre 2010, rec. 951/2007, LA LEY 195096/2010)

«La doctrina llamada del daño desproporcionado no comporta, al menos en sentido propio, la de un criterio de imputación de responsabilidad objetiva por una mala praxis médica fuera de los casos previstos en la ley sustantiva ni la aplicación de una regla procesal de inversión de carga de la prueba en supuestos no previstos en la ley procesal, sino el reconocimiento de que la forma de producción de determinados hechos es susceptible de evidenciar en principio, con sujeción a reglas de experiencia, la concurrencia de la falta de medidas de diligencia, prevención y precaución exigible según las circunstancias (de especial intensidad en los casos de actividades creadoras de riesgos extraordinarios), sólo susceptible de ser refutada por parte de quien tiene en sus manos el dominio de la actividad y la proximidad y disposición de los instrumentos aptos para justificar lo ocurrido (SSTS 5 de enero y 19 de octubre 2007). La existencia de un daño desproporcionado incide, en suma, en la atribución causal y en el reproche de culpabilidad, alterando los cánones generales sobre responsabilidad civil médica en relación con el onus probandi *de la relación de causalidad y la presunción de culpa (STS 23 de octubre 2008; 20 de julio 2009), por lo que su aplicación deberá hacerse valer en el recurso de casación mediante la cita del artículo 1902 y la doctrina so sustentada de forma reiterada por el Tribunal Supremo».* (20 enero 2011, rec. 1565/2007, LA LEY 1011/2011)

— Medicina voluntaria: obligación de resultado:

«si a la finalidad curativa de la intervención se añade la satisfactiva, participando entonces la prestación médica de un doble carácter de obligación de medios y de resultado; si el demandado-recurrido se ofreció personalmente a practicarla pese a no ser especialista en cirugía plástica, estar próxima su jubilación como catedrático de patología quirúrgica y no haber llevado a cabo intervenciones similares sino muchos años antes, cuando ni siquiera había especialistas en la materia; si no informó a la paciente del concreto riesgo de necrosis subsiguiente a la intervención; si aplicó una técnica de los años 60; si intervino una sola

mama cuando todo apuntaba a una única intervención para las dos; si la intervención tuvo una duración de cuatro horas que tampoco se corresponde con la normalidad; si la atención postoperatoria no fue la mejor de las posibles, puesto que diez días después de la intervención el demandado-recurrido autorizó a la actora-recurrente a regresar al pueblo de su residencia, citándola para diez días después, siendo entonces cuando detectó la necrosis, y, en fin, si los peritos informantes en el litigio "constantemente se han referido a la falta de datos" para poder responder a preguntas sobre la intervención, es evidente que no puede imponerse a la actora-recurrente la carga de probar que la intervención fue técnicamente correcta, pues sería tanto como repercutir en su contra el patente, absoluto y reprobable oscurantismo propiciado por el demandado-recurrido y sólo a él imputable (...) pudiendo citarse como representativas de la doctrina sobre obligación de resultado en los casos de medicina satisfactiva las sentencias de 11 de febrero de 1997 (LA LEY JURIS. 3248/1997) (recurso n.º 627/1993), 28 de junio de 1999 (LA LEY JURIS. 8619/1999) (recurso n.º 3617/1994) y 11 de diciembre de 2001 (LA LEY JURIS. 473/2002) (recurso n.º 2017/1996), imponiendo al médico la carga de probar la debida información al paciente las sentencias de 28 de diciembre de 1998 (LA LEY JURIS. 1202/1999) (recurso n.º 2134/1994), 19 de abril de 1999 (LA LEY JURIS. 6184/1999) (recurso n.º 3326/1998), 12 de enero de 2001 (LA LEY JURIS. 1255/2001) (recurso n.º 3688/1995) y 8 de septiembre de 2003 (LA LEY JURIS. 2687/2003) (recurso n.º 3583/1999) y, finalmente, resaltando la especial intensidad de ese deber precisamente en los casos de medicina no estrictamente necesaria las sentencias de 28 de junio de 1997 (LA LEY JURIS. 7888/1997) (recurso n.º 1789/1993), 27 de abril de 2001 (LA LEY JURIS. 5133/2001) (recurso n.º 1216/1996) y 22 de julio de 2003 (LA LEY JURIS. 2627/2003) (recurso n.º 3871/1997)». (22 junio 2004, rec. 2417/1998)

«con independencia de que las doctrinas sobre medicina curativa-medicina satisfactiva, y sobre obligación de medios-obligación de resultado, no se resuelven en respuestas absolutas, dado que según los casos y las circunstancias concurrentes caben ciertos matices y moderar las consecuencias; de cualquier forma, la problemática no es relevante en el caso porque el evento del fallecimiento se produjo en el desarrollo del embarazo, y la causa del mismo fue la clampsia, notoriamente agravada con la alteración de la coagulación (síndrome de Hellp), la que se puede producir en el embarazo por fecundación "in vitro", o en el embarazo natural. Por consiguiente, aún admitiendo que la aplicación de la técnica de la fecundación "in vitro" forme parte de la medicina voluntaria o satisfactiva, el evento dañoso, consistente en el fallecimiento de la Sra. Catalina, no se produjo por una causa o circunstancia relacionada con la misma, sino en el desarrollo del embarazo, al que es razonable dar el tratamiento correspondiente a la medicina necesario o curativa». (23 octubre 2008, rec. 870/2003, LA LEY 152119/2008)

«La responsabilidad del profesional médico es de medios, y como tal no puede garantizar un resultado concreto. Obligación suya es poner a disposición del paciente los medios adecuados comprometiéndose no solo a cumplimentar las técnicas previstas para la patología en cuestión, con arreglo a la ciencia médica adecuada a una buena praxis, sino a aplicar estas técnicas con el cuidado y precisión exigible de acuerdo con las circunstancias y los riesgos inherentes a cada intervención, y, en particular, a proporcionar al paciente la información necesaria que le permita consentir o rechazar una determinada intervención. Los médicos actúan sobre personas, con o sin alteraciones de la salud, y la intervención médica está sujeta, como todas, al componente aleatorio propio de la misma, por lo que los riesgos o complicaciones que se pueden derivar de las distintas técnicas de cirugía utilizadas son similares en todos los casos y el fracaso de la intervención puede no estar tanto en una mala praxis cuanto en las simples alteraciones biológicas. Lo contrario supondría prescindir de la idea subjetiva de culpa, propia de nuestro sistema, para poner a su cargo una responsabilidad de naturaleza objetiva derivada del simple resultado alcanzado en la realización del acto médico, al margen de cualquier otra valoración sobre culpabilidad y relación de causa-

lidad y de la prueba de una actuación médica ajustada a la lex artis, cuando está reconocido científicamente que la seguridad de un resultado no es posible pues no todos los individuos reaccionan de igual manera ante los tratamientos de que dispone la medicina actual (STS 12 de marzo 2008)». (30 junio 2009, rec. 222/2005, LA LEY 125075/2009)

— Responsabilidad del centro médico:

«la posición de la entidad recurrente se aviene mal con las modernas directrices jurisprudenciales que, a la vista de la gravedad del resultado, toman en cuenta el conjunto de deficiencias del Centro para establecer el nexo causal con aquél y el título de imputación que se extiende a la propia entidad, aunque no figuren especificados los agentes concretos que contribuyeron al mismo. En este sentido la sentencia del TS de 16 Dic. 1987 declaró que en materia de responsabilidad y muy especialmente cuando su causa originadora se encuentra en esos complejísimos establecimientos asistenciales dirigidos a la atención sanitaria de cada vez más amplios grupos de población, para inquirir cuál pueda ser la de alguno o varios de sus miembros, se hace preciso acudir a una interpretación no sólo lógica sino también sociológica de los preceptos reguladores de dicha institución, sin olvidar el soporte de la aequitas aquí siembre conveniente». (11 noviembre 2002, LA LEY 366/2003)

«No cabe estimar la pretensión ejercitada contra el Centro Médico Sanatorio Virgen del Mar, Cristóbal Castillo, S.A., de Almería. Su relación con el supuesto de autos no aporta base fáctica alguna en que fundamentar una responsabilidad civil contractual o extracontractual, ni por hecho propio, ni por hecho ajeno. Nada tiene que ver con el daño el servicio de hospitalización, ni nada tiene que ver con el Centro la Doctora P. la cual se limita a utilizar las instalaciones contratadas por la paciente para el ejercicio concreto de su profesión en cada parto, pero sin relación jurídica con el mismo, por lo que no existe por parte de aquél una hipotética culpa in vigilando o in eligendo». (23 diciembre 2002, LA LEY 814/2003)

«entró para ser tratada de unas lesiones leves en un centro sanitario, y por no ser atendida en el mismo de las elementales y fáciles medidas para evitar una infección por tétanos, falleció por esta causa unida al padecimiento de una hipertensión anterior. Por ello hay que afirmar que nos encontramos en el típico caso de seguir una línea de responsabilidad prácticamente objetiva, que obliga a indemnizar por virtud del resultado nefasto acaecido, sin tener en cuenta el acreditamiento de la responsabilidad de los facultativos que hayan intervenido en la acción sanitaria. O sea que surge la técnica aplicable al caso del conjunto de posibles deficiencias asistenciales, o sea la existencia de defectos o negligencias en el funcionamiento de actividades hospitalarias o sanatoriales, cuando no pueden tipificarse conductas negligentes personales de los profesionales que trabajan en dichos centros. Todo ello a tenor de lo dispuesto en numerosas sentencias de esta Sala, como son, entre otras, las de 3 de septiembre de 1996, 7 de mayo de 1997 y 12 de junio de 1997». (20 mayo 2004, rec. 1078/1998)

«probada la transfusión de sangre y la relación de causalidad entre ésta y la hepatitis C, se parte de la realidad del hecho acaecido en el centro médico y de la responsabilidad del mismo, que no informó mínimamente de los riesgos que se daban en la misma. Pero no se imputa la responsabilidad por acto u omisión concreta en relación al médico; es decir, dicho llanamente: entra un joven sano, se le practica una sencilla operación y sale del centro médico infectado. La responsabilidad del centro es indiscutible, pero la del médico no aparece. Cada vez más, se desplaza la responsabilidad del médico a la responsabilidad del centro médico: si consta la actuación de aquel que con nexo causal produce un daño, es clara la responsabilidad; pero si no consta cómo, en qué forma y por quién se ha producido, la responsabilidad es directa del centro (...). La jurisprudencia esta Sala ha mantenido, en casos de infecciones hospitalarias, la responsabilidad del centro médico que no ha adoptado las precauciones debidas, es decir, la diligencia precisa para evitarlas. La sentencia de 18

de febrero de 1997 (LA LEY JURIS. 3760/1997) mantuvo la exclusión de la fuerza mayor y la responsabilidad del centro en caso de infección, por transfusión de sangre, en 1983, de hepatitis conocida como no A no B; la de 11 de abril de 2002 (LA LEY JURIS. 5871/2002); también condenó al centro médico por la infección de hepatitis producida tras una serie de transfusiones de sangre; por último, la de 18 de marzo de 2004 (LA LEY JURIS. 12910/2004), condenó al médico y al centro médico por la infección causada a una joven paciente en el curso de una intervención quirúrgica». (10 junio 2004, rec. 2354/1998)

«arts. 1.º y 28 de la Ley General para la Defensa de los Consumidores y Usuarios. Ninguna duda cabe, a la luz de la dicción literal del art. 1.º de la expresada ley, que el recurrente en cuanto "persona física" que utiliza unos "servicios", reúne la condición de "usuario" "cualquiera que sea la naturaleza pública o privada, individual o colectiva de quienes los producen, facilitan, suministran o expiden". Conforme al sistema de "garantías y responsabilidad" que establece el capítulo VIII de tal cuerpo normativo el usuario tiene derecho a ser indemnizado de los daños y perjuicios demostrados que la utilización de los servicios les irroguen salvo que aquellos daños y perjuicios estén causados por su culpa exclusiva». Expresamente el apartado 2 del art. 28 que particulariza, con acentuado rigor, la responsabilidad civil incluye entre los "sometidos a su régimen" los "servicios sanitarios", conceptos que a no dudar comprenden los prestados en el Insalud. Esta responsabilidad de carácter objetivo cubre los daños originados en el correcto uso de los servicios, cuando "por su propia naturaleza, o estar así reglamentariamente establecido, incluyen necesariamente la garantía de niveles determinados de pureza, eficacia o seguridad, en condiciones objetivas de determinación y supongan controles técnicos, profesionales o sistemáticos de calidad, hasta llegar en debidas condiciones al usuario". Estos niveles se presuponen para el "servicio sanitario", entre otros». (1 julio 1997, LA LEY 7787/1997) (doctrina reiterada por las sentencias de 21 julio 1997, LA LEY 8586/1997; 9 diciembre 1998, LA LEY 2377/2000; 29 junio 1999, LA LEY 11350/1999; 22 noviembre 1999, LA LEY 171637/2000 y también por la de 19 junio 2001, LA LEY 5043/2001, 24 septiembre 1999, LA LEY 12031/1999, 5 febrero 2001, LA LEY 3065/2001, 31 enero 2003, LA LEY 998/2003).

«Las SSTS de 28 de diciembre de 1998 y 9 de marzo de 1999, rec. 2650/1994, han declarado que lo dispuesto en los artículos 25, 26 y 28, apartados 1 y 2, LCU, que establecen el derecho de consumidores y usuarios de productos farmacéuticos y servicios sanitarios a ser indemnizados por parte de quienes suministran o facilitan los mismos —disposición que estaba vigente cuando acaecieron los hechos objeto del debate (en la actualidad ha sido completada por el régimen introducido por la Ley 22/1994, de responsabilidad civil por los daños causados por productos defectuosos, que ha introducido en nuestro derecho la Directiva 374/1985 de la CEE, del Consejo de 25 de junio de 1985)— es aplicable a las transfusiones sanguíneas respecto de los centros hospitalarios en que se practican. Ello determina que el centro médico debe responder del contagio en virtud de una transfusión verificada por sus servicios, de los que cabe esperar razonablemente por el usuario medio que reúnan las condiciones de calidad necesarias para no constituir causa de infecciones susceptibles de ser evitadas mediante los adecuados controles, en este caso, no sólo las pruebas practicadas, sino también los interrogatorios y análisis posteriores omitidos, a los que se refiere la sentencia recurrida, respecto de los cuales resulta indiferente, en virtud del criterio objetivo en que se funda este tipo de responsabilidad, que correspondiera o no su práctica al centro médico. Así se deduce de diversas sentencias de esta Sala en que así se declara (v. gr., SSTS de 18 de febrero de 1997, 18 de marzo de 2004, 10 de junio de 2004, rec. 2354/1998, y 11 de abril de 2002, rec. 711/1998)». (4 diciembre 2007, LA LEY 256484/2007)

«La deficiente prestación de un servicio médico o asistencial a un determinado paciente puede responsabilizar tanto a los profesionales que le trataron, como al establecimiento que lo proporciona cuando las deficiencias se producen dentro del círculo de los médicos, personal sanitario, centros y medios concertados o contratados a efectos de su realización,

supuesto en el que se permite al perjudicado accionar de forma directa contra cualquiera de los causantes, puesto que asumen la responsabilidad que resulta de los artículos 1902 y 1903, ambos del Código Civil, en el marco de la extracontractual... ... no se ha acreditado ninguna actuación imprudente de la enfermera demandada, y sin esta responsabilidad no es posible la de la Institución sanitaria por el defectuoso funcionamiento del servicio, al amparo del artículo 1903.4.». (6 febrero 2009, rec. 2640/2003, LA LEY 1907/2009)

— Consentimiento informado:

«De acuerdo con reiterada doctrina de esta Sala la exigencia de la constancia escrita de la información tiene, para casos como el que se enjuicia, mero valor ad probationem (SSTS 2 octubre 1997; 26 enero y 10 noviembre 1998; 2 noviembre 2000; 2 de julio 2002) y puede ofrecerse en forma verbal, en función de las circunstancias del caso (SSTS 2 de noviembre 2000; 10 de febrero de 2004), habiendo afirmado la sentencia de 29 de mayo de 2003, que "al menos debe quedar constancia de la misma en la historia clínica del paciente y documentación hospitalaria que le afecte", como exige la Ley de 24 noviembre de 2002, reguladora de la autonomía del paciente y de derechos y obligaciones en materia de información y documentación clínica, que constituye el marco normativo actual; doctrina, por tanto, que no anula la validez del consentimiento en la información no realizada por escrito, en la forma que previenen los números 5 y 6 del artículo 10 la Ley General de Sanidad, vigente en el momento de los hechos, pero que exige que sea el médico quien pruebe que proporcionó al paciente todas aquellas circunstancias relacionadas con la intervención mientras este se halle bajo su cuidado, incluyendo diagnóstico, pronóstico y alternativas terapéuticas, con sus riesgos y beneficios, como corolario lógico de que se trata de hechos que fácilmente pueden ser probados por él, y que integran, además, una de sus obligaciones fundamentales en orden a determinar la suficiencia o insuficiencia de la información y consiguiente formalización del consentimiento o conformidad a la intervención, como establece la jurisprudencia de esta Sala (SSTS 25 abril 1994; 16 octubre, 10 noviembre y 28 diciembre 1998; 19 abril 1999; 7 marzo 2000 y 12 enero 2001), y que hoy se resuelve a tenor de las reglas sobre facilidad probatoria contenida en el artículo 217.6 de la nueva LEC». (29 septiembre 2005, rec. 189/1999; doctrina reiterada por la de 17 noviembre 2005, rec. 793/1999, con las mismas palabras)

«Consentimiento informado constituye un presupuesto y elemento esencial de la lex artis (SSTS de 2 de octubre de 1997; 29 de mayo y 23 de julio de 2003, entre otras) y como tal forma parte de toda actuación asistencial hallándose incluido dentro de la obligación de medios asumida por el médico (SSTS 25 de abril de 1994; 2 de octubre de 1997 y 24 de mayo de 1999) (...) la información referente a que el feto estuviera afectado del Síndrome de Down, era el objetivo propio y específico de la misma y que al omitir esta información a los actores, se les privó de la posibilidad de ponderar la conveniencia de interrumpir el embarazo dentro de unos parámetros normales puesto que si hubieran sabido con el suficiente tiempo el resultado informado o explicado de las pruebas hubieran podido actuar en consecuencia al encontrarse en tiempo de abortar». (21 diciembre 2005, rec. 1986/1999)

«El daño que fundamenta la responsabilidad resulta de haberse omitido la información previa al consentimiento (...). La jurisprudencia de esta Sala ha puesto de relieve la importancia de cumplir este deber de información del paciente en cuanto integra una de las obligaciones asumidas por los médicos, y es requisito previo a todo consentimiento, constituyendo un presupuesto y elemento esencial de la lex artis para llevar a cabo la actividad médica (SSTS de 2 de octubre de 1997; 29 de mayo y 23 de julio de 2003; 21 de diciembre 2005, entre otras). Como tal, forma parte de toda actuación asistencial y está incluido dentro de la obligación de medios asumida por el médico (SSTS 25 de abril de 1994; 2 de octubre de 1997 y 24 de mayo de 1999». (10 mayo 2006, rec. 3476/1999)

«El consentimiento informado es de esa forma presupuesto y elemento esencial de la lex artis *y como tal forma parte de toda actuación asistencial [SSTS 29 de mayo (LA LEY 2157/2003), 23 de julio de 2003 (LA LEY 2835/2003), 21 de diciembre 2005, (LA LEY 121/2006)] constituyendo una exigencia ética y legalmente exigible a los miembros de la profesión médica, antes con la Ley 14/1986, de 25 de abril, General de Sanidad, y ahora, con más precisión, con la ley 41/2002, de 14 de noviembre de la autonomía del paciente, en la que se contempla como derecho básico a la dignidad de la persona y autonomía de su voluntad. Es un acto que debe hacerse efectivo con tiempo y dedicación suficiente y que obliga tanto al médico responsable del paciente, como a los profesionales que le atiendan durante el proceso asistencial, como uno más de los que integran la actuación médica o asistencial, a fin de que pueda adoptar la solución que más interesa a su salud. Y hacerlo de una forma comprensible y adecuada a sus necesidades, para permitirle hacerse cargo o valorar las posibles consecuencias que pudieran derivarse de la intervención sobre su particular estado, y en su vista elegir, rechazar o demorar una determinada terapia por razón de sus riesgos e incluso acudir a un especialista o centro distinto. Es razón por la que en ningún caso el consentimiento prestado mediante documentos impresos carentes de todo rasgo informativo adecuado sirve para conformar debida ni correcta información [SSTS 27 de abril 2001 (LA LEY 5133/2001), 29 de mayo 2003) (LA LEY 2157/2003). Son documentos ética y legalmente inválidos que se limitan a obtener la firma del paciente pues aun cuando pudieran proporcionarle alguna información, no es la que interesa y exige la norma como razonable para que conozca la trascendencia y alcance de su patología, la finalidad de la terapia propuesta, con los riesgos típicos del procedimiento, los que resultan de su estado y otras posibles alternativas terapéuticas. Es, en definitiva, una información básica y personalizada, en la que también el paciente adquiere una participación activa, para, en virtud de la misma, consentir o negar la intervención».* (15 noviembre 2006, LA LEY 135261/2006)

«El artículo 1902 del CC configura un criterio de imputación de responsabilidad a partir de un daño causalmente vinculado a una acción u omisión negligente o culposa, que en el médico no se asocia al resultado sino al hecho de no haber puesto a disposición del paciente los medios adecuados al caso concreto, lo que se conoce como **lex artis ad hoc**, *o criterio valorativo para calibrar la diligencia exigible en todo acto o tratamiento médico, en cuanto comporta no sólo el cumplimiento formal y protocolar de las técnicas previstas con arreglo a la ciencia médica adecuadas a una buena praxis, sino la aplicación de tales técnicas con el cuidado y precisión exigible de acuerdo con las circunstancias y los riesgos inherentes a cada intervención según su naturaleza y circunstancias (STS 23 mayo 2006). Lo contrario supondría poner a cargo del médico una responsabilidad de naturaleza objetiva, vinculada exclusivamente al resultado y al margen, por tanto, de cualquier valoración sobre culpabilidad y relación de causalidad, impidiéndole demostrar la existencia de una actuación médica diligente y ajustada a la* **lex artis** *encaminada a solucionar el problema sometido a su consideración. La* **lex artis** *entendida de esa forma, supone que la toma de decisiones clínicas está generalmente basada en el diagnóstico que se establece a través de una serie de pruebas encaminadas a demostrar o rechazar una sospecha o hipótesis de partida, pruebas que serán de mayor utilidad cuanto más precozmente puedan identificar o descartar la presencia de una alteración, sin que ninguna presente una seguridad plena. Implica por tanto un doble orden de cosas: en primer lugar, la obligación del médico de realizar todas las pruebas diagnósticas necesarias, atendido el estado de la ciencia médica en ese momento, de tal forma que, realizadas las comprobaciones que el caso requiera, sólo el diagnóstico que presente un error de notoria gravedad o unas conclusiones absolutamente erróneas, puede servir de base para declarar su responsabilidad, al igual que en el supuesto de que no se hubieran practicado todas las comprobaciones o exámenes exigidos o exigibles (STS 23 Sep 2004). En segundo, que no se pueda cuestionar el diagnóstico inicial por la evolución posterior dada la dificultad que entraña acertar con el correcto, a pesar de haber puesto para su consecución todos los medios disponibles, pues en todo paciente existe un margen de*

error independientemente de las pruebas que se le realicen (STS 15 de febrero 2006)». (18 diciembre 2006, LA LEY 154721/2006)

«como ha subrayado la jurisprudencia, la vulneración del deber de obtener el consentimiento informado constituye una infracción de la lex artis ad hoc *[reglas del oficio] [SSTS de 21 de diciembre de 2005 (LA LEY 121/2006), 26 de junio de 2006 (LA LEY 70307/2006), 26 de junio de 2006, 15 de noviembre de 2006 (LA LEY 135261/2006) y dos sentencias de 21 de diciembre de 2006 (LA LEY 175840/2006)]. El consentimiento informado, según reiterada jurisprudencia de esta Sala, presenta grados distintos de exigencia según se trate de actos médicos realizados con carácter curativo o se trate de la llamada medicina satisfactiva. En relación con los primeros puede afirmarse con carácter general que no es menester informar detalladamente acerca de aquellos riesgos que no tienen un carácter típico por no producirse con frecuencia ni ser específicos del tratamiento aplicado, siempre que tengan carácter excepcional o no revisten una gravedad extraordinaria. El art. 10.1 de la Ley 41/2002 incluye hoy como información básica los riesgos o consecuencias seguras y relevantes, los riesgos personalizados, los riesgos típicos, los riesgos probables y las contraindicaciones. La STS de 28 de diciembre de 1998 declara que, como reconoce unánimemente la doctrina más caracterizada en la materia, la obligación de información al paciente, sobre todo cuando se trata de la medicina curativa, tiene ciertos límites, y así se considera que quedan fuera de esta obligación los llamados riesgos atípicos por imprevisibles o infrecuentes, frente a los riesgos típicos, que son aquellos que pueden producirse con más frecuencia y que pueden darse en mayor medida, conforme a la experiencia y al estado actual de la ciencia».* (17 abril 2007, LA LEY 51881/2007)

«La problemática se plantea en exclusiva en que no hay constancia escrita de que se haya informado a los padres del menor de la concreta técnica quirúrgica que se iba a utilizar, por lo que no hay consentimiento autorizado específico para ello. Existe la autorización escrita, para la intervención quirúrgica, y hubo información verbal, pero no consta si ésta se extendió al particular expresado. Ello plantea el problema si se dio el debido cumplimiento al deber de informar ex art. 10.5 de la Ley de Sanidad 14/1986, de 25 de abril (de aplicación por razones de derecho intertemporal).

Ponderadas las diversas circunstancias concurrentes en el caso debe estimarse que la omisión expresada no supone incumplimiento del deber de información del art. 10.5 (y tampoco del 10.6, por cierto no aludido en el motivo) de la Ley de Sanidad. Al efecto debe tenerse en cuenta la absoluta necesidad de la intervención y que la técnica de implante de lente intraocular era ya técnica habitual, con claras ventajas y beneficios para el paciente respecto de alternativas operatorias anteriores, las que incluso son calificadas en uno de los informes periciales como obsoletas respecto de la efectuada. A ello debe añadirse, por un lado, que, según sienta la sentencia recurrida con sustento en la pericial médica, y ello ha devenido incólume y vinculante para ese Tribunal, no hay relación de causalidad entre la implantación de lente intraocular y la infección determinante de la pérdida de la visión, y, por otro lado, que el juicio médico acogido por el juzgador **a quo** *conceptúa la complicación de "causal", "poco frecuente", "excepcional" e "inevitable", cuya calificación excluye la apreciación, no ya del "alto riesgo" a que se refiere el motivo, sino incluso del "riesgo real y efectivo" respecto del que resulta exigible informar. Por lo demás no cabe desconocer que estamos en el campo de la medicina curativa, y ante una situación de especial necesidad quirúrgica, respecto de la que no cabe exigir una información acerca de todos y cada uno de los riesgos eventuales y potenciales que pueden producirse, máxime si se tiene en cuenta que, en el orden natural de las cosas, presidido por la regla de la razonabilidad, cabe presumir, dadas las circunstancias expuestas, que los padres demandantes, en bien de su hijo, no se habrían opuesto a la técnica empleada de haber sido consultados».* (30 abril 2007, LA LEY 17296/2007) *«el deber de información sobre la posibilidad de práctica de pruebas para comprobar la posibilidad de que el feto esté afectado por el síndrome de Down, con el fin de permitir a la gestante hacer efectivo su derecho a abortar por causas eugenésicas dentro de las veintidós semanas de embarazo, únicamente existe cuando se dan circunstancias que evidencien o permitan sospechar con arreglo a la* lex artis *[reglas del oficio] la existencia de un riesgo de que el feto presente algún tipo de anomalía psíquica, pero no en los casos de embarazos que pueden considerarse normales y no afectados por circunstancias extraordinarias. Así, en las sentencias más recientes esta Sala ha considerado infringido el deber de información sobre dichas pruebas en casos en los cuales existía un diagnóstico de alto nivel de riesgo y, a pesar de haberse practicado, se omitió comunicación del resultado de la prueba de amniocentesis (STS de 6 de junio de 1997) (LA LEY 6581/1997) se conocía la existencia de un pariente colateral con síndrome de Down y había fracasado la primera prueba (STS 18 de mayo de 2006) (LA LEY 60506/2006) concurría la circunstancia de una avanzada edad de la gestante (STS de 7 de julio 2002); o se daba esta misma circunstancia, junto con un resultado dudoso de la prueba primeramente realizada (STS de 21 de diciembre de 2005) (LA LEY 121/2006). Sólo cuando concurren hechos de naturaleza similar a los expresados, valorados siempre de acuerdo con el asesoramiento pericial que permite disponer de las orientaciones derivadas de la* lex artis *aplicable según las circunstancias, ajustada a los avances existentes en el momento temporal en que se producen los hechos, puede considerarse que la falta de información constituye un hecho negligente que, en caso de confirmarse el nacimiento con la expresada anomalía, causa daño a la madre por privarla de la posibilidad de decidir acerca de su situación personal y familiar y de consentir, en definitiva, dar vida a un nuevo ser, en circunstancias que afectarán profundamente a la suya en todos los sentidos, con independencia de la prueba acerca de que la madre alegue su intención de abortar, pues la discusión procesal sobre este punto constituye en la mayoría de las ocasiones un debate estéril fundado en especulaciones que generan una innecesaria complejidad probatoria en supuestos para cuyo enjuiciamiento resulta suficiente un simple juicio de probabilidad que puede efectuarse ponderando la edad y demás circunstancias de la madre y la posibilidad legal y física de interrumpir su embarazo en función del diagnóstico prenatal (STS de 21 diciembre de 2005) (LA LEY 121/2006)».* (19 junio 2007, LA LEY 72189/2007)

«La jurisprudencia es unánime en considerar que es al médico a quien corresponde la carga de la prueba de haber obtenido el consentimiento informado previo del paciente y ello basándose no sólo en las disposiciones legales, sino también en el criterio de la primacía y así se declara en las sentencias de 25 abril 1994, 31 julio 1996, 16 octubre, 10 noviembre y 28 diciembre 1998, 19 abril 1999, 26 septiembre 2000, 12 enero y 27 abril 2001, 29 mayo y 8 septiembre 2003, 7 abril y 29 octubre 2004, 29 septiembre 2005, 15 mayo y 26 junio 2006, 6, 19 y 29 junio 2007, 19 julio 2007, etc.». (23 noviembre 2007, LA LEY 193591/2007)

«como ha declarado la jurisprudencia, la vulneración del deber de obtener el consentimiento informado constituye una infracción de la lex artis ad hoc [reglas del oficio] (SSTS de 21 de diciembre de 2005, 26 de junio de 2006, 26 de junio de 2006, 15 de noviembre de 2006, dos sentencias de 21 de diciembre de 2006). El consentimiento informado, según reiterada jurisprudencia de esta Sala incluye el diagnóstico, pronóstico y alternativas terapéuticas, con sus riesgos y beneficios, pero presenta grados distintos de exigencia según se trate de actos médicos realizados con carácter curativo o se trate de la llamada medicina satisfactiva. En relación con los primeros puede afirmarse con carácter general que no es menester informar detalladamente acerca de aquellos riesgos que no tienen un carácter típico por no producirse con frecuencia ni ser específicos del tratamiento aplicado, siempre que tengan carácter excepcional o no revistan una gravedad extraordinaria (SSTS de 28 de diciembre de 1998, 17 de abril de 2007, rec. 1773/2000, y 30 de abril de 2007, rec. 1018/2000). El art. 10.1 de la Ley 41/2002, de 24 de noviembre, reguladora de la autonomía del paciente y de derechos y obligaciones en materia de información y documentación clínica [LAP],

incluye hoy como información básica los riesgos o consecuencias seguras y relevantes, los riesgos personalizados, los riesgos típicos, los riesgos probables y las contraindicaciones. Se exige que sea el médico quien pruebe que proporcionó al paciente todas aquellas circunstancias relacionadas con la intervención mientras éste se halle bajo su cuidado, pues se trata de hechos que fácilmente pueden ser probados por él, y que integran, además, una de sus obligaciones fundamentales (SSTS 25 de abril de 1994, 16 de octubre de 1998, 10 de noviembre de 1998, 8 de diciembre de 1998, 19 de abril de 1999, 7 de marzo de 2000, 12 de enero de 2001 y 26 de junio de 2006, rec. 4072/1999). De acuerdo con reiterada doctrina de esta Sala, la exigencia de la constancia escrita de la información tiene, para casos como el que se enjuicia, mero valor ad probationem *[a los efectos de la prueba] (SSTS 2 de octubre de 1997, 26 de enero de 1998, 10 noviembre 1998; 2 de noviembre de 2000; 2 de julio de 2002) y puede ofrecerse en forma verbal, en función de las circunstancias del caso (SSTS 2 de noviembre 2000, 10 de febrero de 2004, 10 de febrero de 2004, rec. 768/1998 y 29 de septiembre de 2005 rec. 189/1999), siempre que quede constancia en la historia clínica del paciente y documentación hospitalaria que le afecte (STS de 29 de mayo de 2003), como exige hoy la LAP. La falta de forma escrita no determina por sí, en consecuencia, la validez del consentimiento en la información no realizada por escrito, en la forma que previene el art. 10.5 y 6 LGS, vigente en el momento de los hechos».* (28 noviembre 2007, LA LEY 193584/2007)

«Esta Sala ha declarado reiteradamente que la información al paciente ha de ser puntual, correcta, veraz, leal, continuada, precisa y exhaustiva, es decir, que para la comprensión del destinatario se integre con los conocimientos a su alcance para poder entenderla debidamente y también ha de tratarse de información suficiente que permita contar con datos claros y precisos para poder decidir si se somete a la intervención que los servicios médicos le recomiendan o proponen; el consentimiento prestado mediante documentos impresos constituye una exigencia impuesta por el artículo 10.5 de la Ley General de Sanidad de 25 de abril de 1986, si bien se permite su práctica en forma verbal». (28 noviembre 2007, LA LEY 193549/2007)

«Cosa distinta son los efectos que producen esa falta de consentimiento informado, con independencia de que la intervención médica se realice correctamente, como pretensión autónoma que tiene como fundamento un daño y que este sea consecuencia del acto médico no informado. Sin daño no hay responsabilidad alguna. "La falta de información, dice la sentencia de 27 de septiembre de 2001, y reiteran la de 10 de mayo de 2006 y 23 de octubre de 2008, no es per se una causa de resarcimiento pecuniario", lo que parece lógico cuando el resultado no es distinto del que esperaba una persona al someterse a un determinado tratamiento médico o intervención quirúrgica; doctrina que se reitera en la Jurisdicción Contencioso-Administrativa para la que la falta de información no es per se una causa de resarcimiento pecuniario, salvo que haya originado un daño derivado de la operación quirúrgica, evitable de haberse producido (STS 9 de marzo de 2010)». (4 marzo 2011, rec. 1918/2007, LA LEY 14241/2011) (Doctrina reiterada por la sentencia de 16 enero 2012, rec. 2243/2008, LA LEY 3558/2012)

«Esta información que se proporciona al paciente antes de la intervención, y el correlativo consentimiento por parte de este es, por tanto, un presupuesto y elemento esencial de la lex artis para llevar a cabo la actividad médica. Como tal, debe hacerse efectiva con tiempo y dedicación suficiente para que el paciente pueda adoptar la solución que más interesa a su salud. Y hacerlo de una forma comprensible y adecuada a sus necesidades, para permitirle hacerse cargo o valorar las posibles consecuencias que pudieran derivarse de la intervención sobre su particular estado, y en su vista elegir, rechazar o demorar una determinada terapia por razón de sus riesgos e incluso acudir a un especialista o centro distinto (SSTS 15 de noviembre 2006; 20 de enero 2011, entre otras muchas). Se trata, como dice la STC 28 de marzo 2011, de "un procedimiento o mecanismo de garantía para la efectividad del

principio de la autonomía de la voluntad del paciente"». (13 mayo 2011, rec. 83/2008, LA LEY 44711/2011)

— Derecho a recibir información:

«si el resultado de esta intervención hubiera sido favorable, mejorando notablemente el estado de salud de la paciente, entonces la omisión o insuficiencia de la información previa habría sido irrelevante, porque pese a algunas sentencias de esta Sala que consideran esa omisión o insuficiencia como causante en sí misma de un daño a la libertad de elección del paciente (p. ej. SSTS 10-11 y 16-12-97), lo cierto es que difícilmente cabe sostener la existencia de daño ni perjuicio alguno cuando el resultado global de la relación entre médico y paciente haya sido la significativa mejoría del estado de salud de este último; en definitiva, su beneficio en lugar de su perjuicio, como por demás considera la jurisprudencia general sobre esta materia (SSTS 27-9-01, 10-5-06 y 14-5-98 entre otras)». (30 junio 2009, rec. 137/2002, LA LEY 112712/2009)

*«la sentencia recurrida aborda de forma minuciosa la cuestión relativa a la información para concluir que, no obstante no haberse hecho por escrito, se proporcionó al paciente. La información es una, más acusada en la medicina voluntaria, en la que el paciente tiene un mayor margen de libertad para optar por su rechazo habida cuenta la innecesidad o falta de premura de la misma, que en la asistencial, y por su propia naturaleza integra un procedimiento gradual y básicamente verbal, que es exigible y se presta por el médico responsable del paciente, por lo que si este da adecuada satisfacción al mismo no cabe pretenderlo también del centro hospitalario, sin perjuicio de que si el informe radica en la actuación de la entidad sanitaria sea esta la que se haga responsable de las informaciones de cuantos estén llamados a intervenir con arreglo a criterios uniformes, generalmente aceptados y conformes con el dictado legal». (*13 octubre 2009, rec. 1784/2005, LA LEY 191952/2009)

«También es doctrina reiterada de esta Sala que la exigencia de la constancia escrita de la información tiene, para casos como el que se enjuicia, mero valor "ad probationem" (SSTS 2 octubre 1997; 26 enero y 10 noviembre 1998; 2 noviembre 2000; 2 de julio 2002; 29 de julio de 2008), garantizar la constancia del consentimiento y de las condiciones en que se ha prestado, pero no puede sustituir a la información verbal, que es la más relevante para el paciente, especialmente en aquellos tratamientos continuados en los que se va produciendo poco a poco dentro de la normal relación existente con el médico, a través de la cual se le pone en antecedentes sobre las características de la intervención a la que va a ser sometido así como de los riesgos que la misma conlleva; habiendo afirmado la sentencia de 29 de mayo de 2003, que debe al menos "quedar constancia de la misma en la historia clínica del paciente y documentación hospitalaria que le afecte", como exige en la actualidad la Ley de 24 de noviembre de 2002; doctrina, por tanto, que no anula la validez del consentimiento en la información no realizada por escrito, y que exige como corolario lógico invertir la carga de la prueba para que sea el médico quien pruebe que proporcionó al paciente todas aquellas circunstancias relacionadas con la intervención mientras este se halle bajo su cuidado, incluyendo diagnóstico, pronóstico y alternativas terapéuticas, con sus riesgos y beneficios». (22 septiembre 2010, rec. 1004/2006, LA LEY 161977/2010)

«La información que se proporciona al paciente antes de la intervención, y el correlativo consentimiento por parte de este, es un presupuesto y elemento esencial de la lex artis para llevar a cabo la actividad médica, y se hace especialmente exigente en intervenciones médicas no necesarias, en las que el paciente tiene un mayor margen de libertad para optar por su rechazo habida cuenta la innecesidad o falta de premura de la misma y porque la relatividad de la necesidad podría dar lugar en algunos casos a un silenciamiento de los riesgos excepcionales a fin de evitar una retracción de los pacientes a someterse a la intervención (SSTS 21 de octubre de 2005; 4 de octubre 2006; 29 de junio 2007). Como tal, la información

debe hacerse efectiva con tiempo y dedicación suficiente y obliga tanto al médico responsable del paciente, en este caso el cirujano, como a los profesionales que le atiendan durante el proceso asistencial, como uno más de los que integran la actuación médica o asistencial, a fin de que pueda adoptar la solución que más interesa a su salud. Y hacerlo de una forma comprensible y adecuada a sus necesidades, para permitirle hacerse cargo o valorar las posibles consecuencias que pudieran derivarse de la intervención sobre su particular estado, y en su vista elegir, rechazar o demorar una determinada terapia por razón de sus riesgos e incluso acudir a un especialista o centro distinto (SSTS 15 de noviembre 2006, y las que en ella se citan; dice la STS 21 de enero 2009, 22 de septiembre 2010, entre otras)». (20 enero 2011, rec. 1565/2007, LA LEY 1011/2011)

«La falta de información configura en este caso un daño moral grave, al margen de la corrección con que se llevó a cabo la intervención, puesto que ningún daño corporal se produjo, según los hechos probados de la sentencia. Un daño que fundamenta la responsabilidad por lesión del derecho de autonomía del paciente respecto de los bienes básicos de su persona, como presupuesto esencial para poder decidir libremente sobre la solución más conveniente a su salud, a su integridad física y psíquica y a su dignidad». (13 mayo 2011, rec. 83/2008, LA LEY 44711/2011)

«El derecho a recibir información tiene por objeto no solo el conocimiento por la gestante de la finalidad y naturaleza de las pruebas que se realizan para seguir la evolución del embarazo, sino la que resulta de las pruebas en cuanto puedan tener incidencia en la lex artis. En el caso del diagnóstico prenatal, dice la sentencia de 21 de diciembre de 2005, se traduce en la información que por parte de los profesionales que practican la prueba, se debe de proporcionar a quien presta su consentimiento y se somete a ellas de todas las posibilidades efectivas de irregularidades o de riesgo para el feto, incluso las más remotas, que pudieran acaecer y tomarse en consideración en el plano científico y en el experimental, es decir, toda la información médicamente conocida y constatada, incluida la que resulta de una estadística de resultados, pues esto es en definitiva lo que representa su finalidad propia y lo que va a permitir a los interesados tomar la decisión que consideren más conveniente, tanto de presente como de futuro. La información errónea o incompleta equivale a la falta de información y conforma una actuación médica deficiente que resulta especialmente grave no solo en aquellos casos en que la mujer se somete voluntariamente a unas pruebas encaminadas al diagnóstico de una eventual patología prenatal, por la especial situación de riesgo de la gestante, como es la amniocentesis o la biopsia corial, sino en aquellos otros que se desarrollan a partir de un control ginecológico normalizado y continuado». (31 mayo 2011, rec. 128/2008, LA LEY 72143/2011)

«El daño que fundamenta la responsabilidad no es por tanto, atendidas las circunstancias de este caso, un daño moral resarcible con independencia del daño corporal por lesión del derecho de autodeterminación, sino el que resulta de haber omitido una información adecuada y suficiente sobre un riesgo muy bajo y de su posterior materialización, de tal forma que la relación de causalidad se debe establecer entre la omisión de la información y la posibilidad de haberse sustraído a la intervención médica cuyos riesgos se han materializado y no entre la negligencia del médico y el daño a la salud del paciente. La negligencia médica ha comportado una pérdida de oportunidad para el paciente que debe valorarse en razón a la probabilidad de que, una vez informado de estos riesgos personales, probables o típicos, hubiera decidido continuar en la situación en que se encontraba o se hubiera sometido razonablemente a una intervención que garantizaba en un alto porcentaje la posibilidad de recuperación, pues si bien no había necesidad vital para llevarla a efecto, sí era clínicamente aconsejable en razón a la existencia de una patología previa y al fracaso del tratamiento conservador instaurado durante algún tiempo». (16 enero 2012, rec. 2243/2008, LA LEY 3558/2012)

11.- ACCIDENTE LABORAL

«El arquitecto superior, director de la obra, en contrato de prestación de servicios, no tiene la función de controlar las medidas de seguridad en la obra en construcción; ni así lo exige la Ordenanza de trabajo de construcción, vidrio y cerámica de 28 de agosto de 1970 que es una norma de carácter laboral aplicable a las relaciones derivadas del contrato de trabajo entre empresario y trabajadores, que no es el caso del arquitecto que interviene en la obra de construcción como profesional independiente, vinculado por un contrato de prestación de servicios. Con ello, se reitera lo ya resuelto anteriormente por esta Sala. La sentencia de 22 de noviembre de 1971 dice: "en orden a la diligencia debida, que la normal previsión, exigible al arquitecto director de las obras, no cabe confundirla con la simple diligencia de un hombre cuidadoso, sino que es aquella diligencia obligada, por la especialidad de sus conocimientos y la garantía técnica y profesional, que implica su intervención en la obra, siendo esta especial diligencia lo que debe serle exigida"; y la de 27 de noviembre de 1993». (1 febrero 2001, rec. 73/1996; doctrina reiterada por la de 25 noviembre 2004, rec. 3154/1998, la de 16 marzo 2005, rec. 4001/1998 y la de 30 junio 2005, rec. 70/1999)

«El planteamiento no puede ser acogido porque ni la instalación, ni el funcionamiento de la grúa incidieron en absoluto en el desencadenamiento del evento. Lo dice con claridad meridiana la sentencia del Juzgado al señalar que las referidas infracciones no se ha acreditado que tuvieran influencia alguna en el desarrollo del nexo causal determinante del accidente, la cual además agota el discurso poniendo de relieve que no se ha acreditado la existencia de las irregularidades, y que, en su caso, tendrán la consideración de meras infracciones administrativas. Por lo tanto, no se probó el nexo causal, correspondiendo la carga de la prueba de su base fáctica, y por ende las consecuencias desfavorables de su falta, al demandante». (6 noviembre 2001, LA LEY 143949/2002)

«el exceso de confianza del trabajador, que en no pocas ocasiones contribuye a los daños sufridos por los empleados en el ámbito laboral, no borra ni elimina la culpa o negligencia de la empresa y sus encargados cuando faltan al deber objetivo de cuidado consistente que el trabajo se desarrolle en condiciones que no propicien esos resultados lesivos». (21 febrero 2002, LA LEY 62041/2002)

«concurre una omisión negligente —no tener en perfecto estado la toma de tierra y el interruptor diferencial instalado en el circuito eléctrico afectado—; un daño —la muerte del electricista que estaba instalando un sistema de refrigeración en el edificio propio de Inem—; y la necesaria causalidad entre ambos elementos —ya que si no hubiera habido tal deficiencia no hubiera acaecido tal fatal desenlace—. Con lo que se dan absolutamente todos los requisitos que la doctrina de esta Sala exige para la plena vigencia de la responsabilidad extracontractual que tipifica el art. 1902 del CC». (20 junio 2002, LA LEY 6544/2002)

«En cuanto a la Cooperativa, se tiene que, como promotora de la construcción del edificio en que se produjo el accidente y para la que trabajaba el operario demandante, su responsabilidad deriva, según se razonó debidamente en la sentencia de primera instancia, de que habiéndose ocasionado la caída de aquél a consecuencia del fallo del puntal de apoyo del fondillo de madera cuando se hallaba encofrando el techo de la planta baja, es claro que el defecto del puntal resulta atribuible a los trabajadores encargados de su colocación y vigilancia dependiendo de la Cooperativa demandada, por lo que se está en el caso previsto en el art. 1903.4.º CC (SS 17 Feb. y 8 May. 1999 y 24 Jun. 2000, entre otras)... Por lo que se refiere al Arquitecto Director de la obra, el Sr. P. G., ha de recordarse que tiene declarado esta Sala «que no existe precepto legal alguno que imponga a los Arquitectos Superiores la obligación de comprobar la correcta adopción por el contratista de las preceptivas medidas de seguridad en el trabajo» (S 27 Nov. 1993, cuya doctrina ratifica la dictada en 1 Feb. 2001); por tanto, procede su absolución y lo mismo sucede respecto al Arquitecto Técnico

Sr. V. F., pues ninguna intervención tuvo tampoco en la colocación del puntal ni es misión encomendada a los Arquitectos Técnicos la vigilancia de las medidas de seguridad, que es propia de los Jefes de Obra y Vigilantes de Seguridad». (22 enero 2003, LA LEY 1345/2003)

«La jurisprudencia de esta Sala relativa a la responsabilidad civil en accidentes laborales ha evolucionado cada vez más hacia la objetivación de la misma, como destacan las sentencias de 15 de abril de 1999, 29 de enero de 2003, 11 de marzo de 2004; esta última dice, como resumen: "De lo que se desprenden como conclusiones, que la responsabilidad civil, compatible con la laboral, por muerte o lesiones causadas en accidente de trabajo, es imputable al empresario, cuyo nexo causal aparece acreditado, incluso si aparentemente ha cumplido la normativa laboral y administrativa y también, aunque haya concurrido el propio trabajador en causa de su propio daño, lo que se valora en el cálculo del quantum indemnizatorio"». (14 julio 2005, rec. 365/1999)

«no son pocas las sentencias que, como la citada por el tribunal de apelación, han aplicado criterios o tendencias objetivadoras a la denominada responsabilidad civil del empresario por accidente laboral. Es más, en alguna de aquéllas se apunta incluso un "nuevo principio de la responsabilidad por riesgo o sin culpa, que responde a las exigencias de nuestros tiempos" (STS 17-10-2001); en otras, y con base en la "protección de la víctima", se mantiene una presunción de culpa del empresario con el argumento de que, aunque cumpliera toda la normativa de prevención de riesgos laborales, el propio accidente habría demostrado su insuficiencia y por tanto la omisión de algún grado de diligencia (SSTS 15-7- y 24-9-2002, 13-2- y 22-4-2003 y 18-6-2004); y en fin, en la de 29 de abril de 2004 se declara muy rotundamente que también en este ámbito de la responsabilidad civil la objetivación se acentúa cada vez más. Ahora bien, frente a esa línea marcada por la objetivación existe otra, representada por un número muy considerable de sentencias, que rechaza muy decididamente la aplicabilidad en este ámbito de la responsabilidad por riesgo y exige la prueba tanto del nexo causal como de la culpa del empresario. Así, la de 31 de marzo de 2003 rechaza explícitamente que el riesgo pueda erigirse en fuente única de la responsabilidad regulada en el artículo 1902 del Código Civil; la de 8 de octubre de 2001, al justificar la competencia del orden jurisdiccional civil en esta materia frente al orden social, puntualizó que en coherencia con ello sería preciso aquilatar cuidadosamente la concurrencia de todos los elementos de dicho artículo 1902, en la dirección marcada ya por la sentencia de 18 de noviembre de 1998; en las de 9 de julio y 6 de noviembre de 2001, 27 de mayo de 2003 y 17 de diciembre de 2004 se analiza muy detenidamente la concurrencia tanto de la culpa del empresario como del nexo causal; y en las más recientes, dos de 28 de octubre y una de 15 de noviembre del corriente año 2005, cabe advertir un especial esfuerzo por identificar con precisión cuál fue la omisión concretamente imputable al empresario o sus dependientes. Pues bien, siguiendo ahora decididamente este otro criterio de decisión procede estimar el único motivo del recurso, porque si el trabajador se hubiera servido del arnés de seguridad que le había facilitado el empresario demandado, como por demás sí hizo en sus tareas de antes de almorzar, no se habría producido la caída ni por tanto tampoco la muerte». (14 diciembre 2005, rec. 1733/1999)

«Si el ambiente en que el trabajo se desarrollaba, por razón de los productos tóxicos utilizados, generaba un riesgo superior al normalmente admitido, ello resulta imputable al empresario que no adoptó las medidas oportunas para neutralizar tal riesgo y garantizar la salud de los trabajadores a su servicio; de modo que, producido el resultado y concurriendo una causa imputable al empresario capaz de desencadenarlo, será a éste a quien incumba acreditar que la muerte se produjo por causa distinta, lo cual en absoluto objetiva la responsabilidad sino que deriva al empresario la carga de desvirtuar la relación causal establecida según el resultado de las pruebas practicadas. No se contradice así lo ya sostenido por esta Sala en relación con la responsabilidad derivada de accidentes laborales, entre otras en sentencia de 31 de diciembre de 2003, cuando, al descartar su exigencia basada en una

responsabilidad de carácter objetivo, recuerda cómo un "importante grupo de sentencias rechaza el riesgo como fuente única de la responsabilidad civil por culpa extracontractual, razonando que esta Sala, al sentar doctrina, ha negado la absoluta objetivación de la responsabilidad civil fundada en el art. 1902 del Código Civil y puntualizando que el riesgo tiene que excluirse como base del resarcimiento cuando de riesgos normales o razonablemente previsibles se trate (por todas, sentencia de 31 de marzo del corriente año, que se funda en los precedentes representados por las SS de 28-10-88, 21-3-91, 11-2-92, 8-3-94, 8-10-98, 18-11-98 y 8 y 16-10 y 6-11-01)"; situación de normalidad en el riesgo asumido que no es la presente cuando se apreciaron en la víctima tan altos índices de presencia de elementos tóxicos». (30 enero 2006, rec. 2188/1999)

«De acuerdo con lo anterior, debe considerarse que la responsabilidad por accidentes de trabajo nace del incumplimiento de una obligación legal, porque la ley está determinando el contenido obligacional del contrato de trabajo. La obligación de seguridad pertenece al ámbito estricto del contrato de trabajo, porque forma parte del contenido contractual al establecerlo la ley de Prevención de riesgos laborales en el artículo 14: se trata de una obligación general de diligencia incorporada por ley al contenido del contrato de trabajo. Esta Sala, por tanto, fija la doctrina según la cual y en virtud de lo dispuesto en el artículo 9 LOPJ, las reclamaciones por responsabilidad del empresario que sean consecuencia del incumplimiento del contrato de trabajo deben ser competencia de la jurisdicción social». (15 enero 2008, LA LEY 231/2008) (Sentencia del pleno muy reiterada posteriormente, como la de 25 febrero 2010, rec. 246/2005, LA LEY 3992/2010)

«La imposibilidad de compensación del recargo de prestaciones por accidente de trabajo como consecuencia del incumplimiento de las medidas de seguridad con la indemnización que corresponda percibir al trabajador accidentado por razón de responsabilidad civil del empleador ha venido siendo declarada reiteradamente por la jurisprudencia de la Sala Cuarta de este Tribunal, en doctrina consolidada a partir de la sentencia de Sala General de 2 de octubre de 2000... ... Esta doctrina ha sido aplicada por esta Sala en la reciente STS 24 de julio de 2008, rec. 1899/2001, en la cual, tras exponer los distintos razonamientos y posturas mantenidas en relación con la compatibilidad o incompatibilidad entre las indemnizaciones laborales y las prestaciones a cargo de la seguridad social, se concluye, en lo que aquí interesa, que "[e]n relación al recargo de prestaciones, la ley nos indica que se trata de un supuesto sancionador del empresario negligente, por lo que no debería acumularse esta cantidad, que no tiene como finalidad reparar el daño causado, sino sancionar a quien lo ha ocasionado"». (3 diciembre 2008, rec. 2604/2002, LA LEY 189355/2008)

«las reclamaciones por responsabilidad del empresario que sean consecuencia del incumplimiento del contrato de trabajo deben ser competencia de la jurisdicción social, sin embargo, cuando el lesionado no tiene relación laboral con una de las empresas demandadas, no existiendo, en definitiva, contrato de trabajo entre el actor y la citada empresa, como ocurre en el presente caso, en que el trabajador accidentado realizó los trabajos para la empresa del lugar del accidente por indicación de la otra empresa codemandada, con la que sí mantenía relación laboral, resulta competente para el conocimiento de la litis esta jurisdicción civil». (23 abril 2009, rec. 2441/2004, LA LEY 49541/2009)

«evidencia la concurrencia de una doble causalidad: física o material, por cuanto el fallecimiento del marinero se produjo como consecuencia de la caída al mar cuando trabajaba en el barco, y jurídica —susceptible de revisión casacional— desde el momento en que se introdujo en la relación laboral una situación de riesgo para el trabajador que se materializó al no haberse adoptado las medidas que eran necesarias para garantizar su seguridad. El juicio de reproche subjetivo recae sobre la dueña de la embarcación para la que trabajaba el marinero fallecido por cuanto es ella la que incumplió la obligación especial de diligencia para evitar el daño mediante la adopción de las medidas de seguridad necesarias que a la

postre hubieran evitado la situación de peligro previsible. Es cierto que los usos y costumbres de la mar aceptan determinados riegos. Ahora bien, estos riesgos están pensados más en la efectividad de la pesca que en la seguridad del trabajador, y en modo alguno puede proyectarse sobre quien, en estas condiciones, realiza las tareas para las que se le emplea, y si sobre quien se beneficia de las mismas. El golpe de mar es un hecho previsible y previsible era también que un marinero pudiera caer, como cayó, por efecto de este golpe de mar y de la inclinación del barco por un hueco que, de haber tenido unas dimensiones inferiores, nunca se hubiera producido». (11 septiembre 2009, rec. 1997/2002, LA LEY 187278/2009)

«A partir de la doctrina sentada por STS de Pleno, de 15 de enero de 2008, RC n.º 2374/2000, esta Sala viene considerando, en aplicación del art. 9 LOPJ, que en supuestos de reclamaciones civiles como consecuencia del incumplimiento de una relación laboral creada por un contrato de trabajo, para deslindar la competencia de cada uno de los dos órdenes en conflicto, civil y social, es decisivo determinar si el daño se imputa a un incumplimiento laboral o bien a una conducta ajena totalmente al contrato de trabajo, de manera que, encontrándose en el ilícito laboral el fundamento para imputar la responsabilidad en la infracción de una norma reguladora de esta materia, ya sea estatal, o colectiva, para delimitar el incumplimiento laboral se debe estudiar, por tanto, si existe la infracción del deber de protección y la calificación de los hechos, en los que se requiere que el empresario actúe como tal. Resultado de todo lo anterior es que será competente la jurisdicción social siempre que el daño dimane de la vulneración de normas reguladoras de la relación laboral, incluyendo las que desarrollan los deberes del empresario, entre los que se encuentra el de proteger eficazmente al trabajador en materia de seguridad e higiene (arts. 5 d) y 19 ET y 14 de la Ley 31/1995, de Prevención de Riesgos Laborales), siendo únicamente competente la jurisdicción civil cuando conste que el daño se funda en la infracción de normas distintas de aquellas que regulan el contenido de la relación laboral». (25 marzo 2011, rec. 754/2007, LA LEY 44716/2011) (Doctrina reiterada literalmente por la sentencia de 11 abril 2011, rec. 1731/2006, LA LEY 44721/2011 y de 27 febrero 2012, rec. 1421/2008, LA LEY 15723/2012)

«En supuestos de reclamaciones civiles por accidentes de trabajo constituye jurisprudencia de esta Sala, a partir de la STS de Pleno, de 15 de enero de 2008, RC n.º 2374/2000, que, en aplicación del artículo 9 LOPJ, será competente la jurisdicción social siempre que el daño dimane de la vulneración de normas reguladoras de la relación laboral, incluyendo las que desarrollan los deberes del empresario, entre los que se encuentra el de proteger eficazmente al trabajador en materia de seguridad e higiene [arts. 5 d) y 19 ET y 14 de la Ley 31/1995, de Prevención de Riesgos Laborales], y únicamente competente la jurisdicción civil cuando conste que el daño se funda en la infracción de normas distintas de aquellas que regulan el contenido de la relación laboral. Esa doctrina, cuya estricta aplicación permitiría a la Sala examinar de oficio su jurisdicción, tal y como hizo en SSTS de 17 de noviembre y 15 de diciembre 2008, ha sido después matizada por la STS de 11 de septiembre de 2009, RC n.º 1997/2002, seguida por la más reciente de 9 de marzo de 2010, RC n.º 1469/2005, ante la inoportunidad de aplicarla a procesos, como el presente, iniciados al amparo de una normativa orgánica, sustantiva y procesal interpretada ahora de forma distinta, a fin de no negar ahora legitimidad al orden jurisdiccional civil para conocer de un asunto que se inició con la cobertura que le proporcionaba una reiterada jurisprudencia al respecto. Esta doctrina, contraria a que se pueda apreciar de oficio la falta de jurisdicción en casos como el de autos, se sustenta en que tal solución resultaría contraria a la esencia misma del derecho a la tutela judicial efectiva, pues no se compadece con esa tutela que a partir de una interpretación posterior de la normativa, y después de pasar tanto tiempo desde que se interpuso la demanda, se declare inadmisible en la jurisdicción en la que había sido planteada vulnerando los derechos a la tutela judicial efectiva sin indefensión, y a la evitación de dilaciones indebidas». (11 abril 2011, rec. 1731/2006, LA LEY 44721/2011)

«Esta Sala se basa en la doctrina jurisprudencial de la causalidad adecuada o eficiente para determinar la existencia de relación o enlace entre la acción u omisión —causa— y el daño o perjuicio resultante —efecto—, pero siempre termina afirmando que opta decididamente por soluciones o criterios que le permitan valorar en cada caso si el acto antecedente que se presente como causa tiene virtualidad suficiente para que del mismo se derive, como consecuencia necesaria, el efecto dañoso producido, y que la determinación del nexo causal debe inspirarse en la valoración de las condiciones o circunstancias que el buen sentido señale en cada caso como índice de responsabilidad, dentro del infinito encadenamiento de causas y efectos, con abstracción de todo exclusivismo doctrinal, pues, como viene repitiendo con reiteración, si bien el artículo 1902 descansa en un principio básico culpabilista, no es permitido desconocer que la diligencia requerida comprende no sólo las prevenciones y cuidados reglamentarios, sino todos los que la prudencia imponga para prevenir el evento dañoso, con inversión de la carga de la prueba y presunción de conducta culposa en el agente, así como la aplicación, dentro de unas prudentes pautas, de la responsabilidad basada en el riesgo, aunque sin erigirla en fundamento único de la obligación a resarcir, todo lo cual permite entender que para responsabilizar una conducta, no sólo ha de atenderse a esta diligencia exigible según las circunstancias personales, de tiempo y lugar, sino, además, al sector de tráfico o entorno físico o social donde se proyecta la conducta, para determinar si el agente obró con el cuidado, atención y perseverancia apropiados y con la reflexión necesaria para evitar el perjuicio (STS de 3 de julio de 1998 y, en el mismo sentido, SSTS de 23 de marzo de 1984, 1 de octubre de 1985, 2 de abril y 17 de diciembre de 1986, 17 de julio de 1987 y 19 de febrero de 1992)». (25 octubre 2011, rec. 1737/2008, LA LEY 199832/2011)

12.- ACCIDENTE CAUSADO POR VEHÍCULO A MOTOR

«El triste suceso —muerte de dos jóvenes por inhalación de monóxido de carbono— no está comprendido en el concepto de circulación, ni en marcha ni en reposo; el monóxido de carbono procedía del vehículo, pero no de la circulación; ciertamente, esta Sala ha dicho que no se exige que el coche se mueva, puede estar detenido, en reposo (como dice el contrato de seguro), pero sí es preciso que esté en circulación, o derivada o inherente o accesoria, y no cabe que esté en situación ajena, extraña o independiente de la circulación: éste es el caso presente». (4 julio 2002, rec. 198/1997)

«respecto a lo que debe entenderse por hecho de la circulación: la regla general consiste en atribuir esta categoría a las situaciones en las que el vehículo se encuentra en movimiento, de modo que cuando está estacionado de forma permanente (caso de la sentencia de 10 octubre 2000), o bien cuando está siendo utilizado de forma distinta a la que resulta el uso natural de un vehículo (casos de las sentencias de 4 julio 2002 y 29 noviembre 2007), no nos hallamos ante un hecho de la circulación. A esta regla se le debe añadir la que ahora se formula en el caso de que el vehículo se halle aparcado por una parada efectuada durante un trayecto, ya sea por exigencias del propio trayecto, ya sea por exigencias legales, para facilitar el debido descanso del conductor: en estos casos se trata de un hecho de la circulación». (2 diciembre 2008, rec. 4017/2001, LA LEY 189372/2008)

«En el caso de que el accidente de circulación se produzca entre dos vehículos debe interpretarse que el principio de responsabilidad objetiva por riesgo comporta el reconocimiento de la responsabilidad por el daño a cargo del conductor del vehículo que respectivamente lo ha causado, pues resulta evidente que en este supuesto no puede hablarse con propiedad de compensación de culpas, sino que únicamente puede examinarse la concurrencia de causas en la producción del siniestro por parte de los conductores de los vehículos intervinientes». (16 diciembre 2008, rec. 615/2002, LA LEY 257239/2008)

«criterio de imputación de la responsabilidad derivada de daños a las personas causados con motivo de la circulación fundado en el principio objetivo de la creación de riesgo por la

conducción y este régimen de responsabilidad por daños personales derivados de la circulación solamente excluye la imputación objetiva cuando se interfiere en la cadena causal la conducta o la negligencia del perjudicado, única y de suficiente gravedad para que pueda ser considerada como hecho ajeno a la conducción o al funcionamiento del vehículo, o una fuerza mayor extraña a la conducción y al funcionamiento del vehículo, salvo, en el primer caso, que concurra también negligencia del conductor, pues entonces procede la equitativa moderación de la responsabilidad y el reparto de la cuantía de la indemnización. En el caso, resulta evidente que la conducta del conductor no tiene ninguna entidad cuantitativa y cualitativa que pudiera constituirse en causa del atropello, antes al contrario, los hechos probados de la sentencia ponen en evidencia que es la negligencia de la peatón la que se convierte en causa determinante para que este se produjera, circunstancia que de ninguna forma permite atribuir coparticipación culposa del conductor». (2 noviembre 2009, rec. 1677/2005, LA LEY 212161/2009)

«En lo que aquí interesa supone que un vehículo que invade en una curva la calzada opuesta por donde circula otro, colisionando ambos, supone que solo responde de un porcentaje porque el otro circulaba por su carril a velocidad excesiva, dando por supuesto que haciéndolo a la velocidad reglamentaria exigida el accidente se hubiera evitado, lo que representa una valoración jurídica inadecuada de los elementos de hecho concurrentes y una incorrecta atribución de las consecuencias derivadas de la misma, como en un supuesto similar tuvo ocasión de declarar la Sentencia de esta Sala de 26 de Mayo de 1997. El único factor objetivo a atribuir al conductor del autobús es el circular a velocidad superior a la autorizada y no hacerlo ceñido a su derecha, pero tales factores son irrelevantes en el plano de la imputación objetiva por cuanto no han supuesto ningún incremento del riesgo circulatorio ni han tenido influencia en el nexo causal del accidente o ha contribuido, de algún modo, en el resultado dañoso producido, pues no es posible olvidar que la colisión se produjo por una distracción del conductor del camión que invadió la calzada contraria en el sentido de su marcha». (20 noviembre 2009, rec. 2035/2005, LA LEY 223135/2009)

«El régimen de responsabilidad por daños personales derivados de la circulación (artículo 1.1 II LRCSVM) solamente excluye la imputación objetiva cuando se interfiere en la cadena causal la conducta o la negligencia del perjudicado (cuando los daños se deben únicamente a ella) o una fuerza mayor extraña a la conducción y al funcionamiento del vehículo, salvo, en el primer caso, que concurra también negligencia del conductor, pues entonces procede la equitativa moderación de la responsabilidad y el reparto de la cuantía de la indemnización —artículo 1.1 IV LRCSVM— (STS 12 de diciembre 2008). Y si bien es cierto que el conductor de un vehículo asume la carga de probar la culpa exclusiva de la víctima, incluso con acento de rigurosidad, para que no quepa ninguna duda de que solo fue la determinante del evento dañoso, ello no quiere decir que tal rigor se lleva a extremos tan severos que prácticamente anule la posibilidad probatoria que tal carga comporta». (22 febrero 2010, rec. 356/2007, LA LEY 3094/2010)

«La circulación ofrece, sin duda, circunstancias complejas, especialmente en algunas carreteras, a partir de una presencia combinada de vehículos de distinta naturaleza, potencial y riesgo: ciclistas, motoristas, motociclistas, peatones y, como en este caso, personas montadas a caballo. Todos ellos crean un riesgo previsible de daño y aunque en la LRCSVM este riesgo se impute exclusivamente al conductor de vehículos a motor, ello no supone desconocer la conducta desarrollada por la víctima. En un sistema de responsabilidad como el previsto en la LRCSVM, se debe limitar necesariamente la responsabilidad del conductor por negligencia de la víctima en razón a una ausencia, si no total, sí parcial de relación causal entre su conducta y el resultado producido, con evidente reflejo en cuanto al alcance de la responsabilidad civil dimanante de aquélla, como hicieron las sentencias de ambas instancias, cuyas conclusiones se admiten». (9 febrero 2012, rec. 127/2009, LA LEY 12829/2012)

13.- ACCIDENTE CAUSADO POR FERROCARRIL

«En primer lugar, porque, si bien la circulación ferroviaria es creadora de riesgos muy cualificados, en modo alguno lo es de una responsabilidad objetiva, no existe hasta ahora precepto legal que la declare, y la doctrina de la inversión de la carga probatoria hacia el autor de la acción dañosa no puede llevarse en su aplicación hacia extremos que prácticamente aboque a esa responsabilidad (sentencia de 17 mayo 2001). En segundo lugar, porque en este litigio el núcleo lo constituye el determinar si hubo culpa exclusiva de la víctima, y la responsabilidad extracontractual por riesgo deja de aplicarse cuando existe tal culpa exclusiva (sentencia 24 enero 2003)». (10 diciembre 2004, rec. 3283/1998)

«Las deficiencias de señalización en relación con la ubicación del paso a nivel y las condiciones defectuosas del cruce de la vía férrea, con la consiguiente peligrosidad, como concausas determinantes del accidente, ambas imputables a RENFE no suponen aplicación de doctrina objetiva alguna, sino esencialmente subjetivista, porque ambas circunstancias suponen una negligencia grave en la instalación y mantenimiento del lugar en el que se desarrolla una actividad y por el que tienen derecho a pasar otras personas (...). Obviamente, el ferrocarril supone un riesgo, probablemente el primero en el tiempo, o al menos uno de los primeros, que orientó a los juristas por sendas objetivizadoras, y se trata de un riesgo de gran entidad, dada la enorme desproporción existente entre el tren y los elementos personales y materiales con los que puede interferir en orden a la producción de resultados dañosos. Y por ello, en armonía con el riesgo creado, quien tiene el control de la utilización del ferrocarril, así como de las instalaciones de seguridad correspondientes, debe adoptar y extremar todas las medidas necesarias para evitar los resultados lesivos para quienes precisen usar de algún modo la vía». (19 mayo 2005, rec. 3542/1998)

«Desde la sentencia de 23 febrero 2001, esta Sala viene aplicando la doctrina de la imputación objetiva. Según la sentencia de 6 septiembre 2005, en casos como el presente nos encontramos ante un supuesto de imputación objetiva, que muchas veces se ha presentado en la jurisprudencia como una cuestión de relación de causalidad "sin deslindar con precisión entre la operación de fijación del hecho o acto sin el cual es inconcebible que otro hecho o evento se considere efecto o consecuencia del primero (nexo causal), y la que estriba en enuclear del conjunto de daños que pueda haber producido el evento lesivo cuáles son resarcibles y cuáles no"; pero esto no sería suficiente, puesto que hay que añadir que además ha de concurrir un reproche culpabilístico, es decir, que el comportamiento no se ajuste a los cánones establecidos, porque haya concurrido imprevisión, negligencia, impericia, etc. La doctrina de la imputación objetiva, en cuya virtud no pueden imputarse los daños a quien no parece que haya tenido ninguna intervención en su producción, ha sido admitida en casos semejantes por esta Sala en las sentencias de 29 marzo y 17 julio 2005 y 14 febrero, 27 febrero y 2 marzo 2006 ... no puede ponerse a cargo de la empresa de ferrocarriles el daño que sufre una persona por una enfermedad que ya conocía y de la que se estaba medicando desde hacía varios años, que sufrió un ataque en un viaje en tren, y que fue atendida en el hospital más próximo al lugar en que sufrió el ataque, siendo trasladada al mismo por los medios sanitarios al efecto, avisados por el responsable del viaje». (30 noviembre 2006, LA LEY 145014/2006)

«los razonamientos de la Sala, que sigue el criterio sentado por la Sentencia de esta Sala de 24 de febrero de 1993, y apuntado en otras sentencias, como la de 19 de enero de 2007, en tanto que hay que estar a las circunstancias de hecho apreciadas por la sala de instancia, entre las cuales se encuentra la de frecuencia de paso o las especiales que se presentan en cada situación (Sentencias de 24 de abril de 2003, 19 de mayo de 2005, etc.), y por otra parte es coherente con el criterio que decidió la solución en la Sentencia de 31 de diciembre de 1997, en la que se estima también concurrencia de culpas, pues, en este sentido, en cuanto el Ayuntamiento demandado no llevó a efecto el comportamiento requerido por el ordenamien-

to, en las concretas circunstancias concurrentes, para evitar la lesión de bienes o intereses ajenos, puede decirse que está en culpa, en el sentido que correctamente hay que dar a esta expresión. En este sentido, son las circunstancias de accesibilidad, frecuencia de paso y proximidad a zona populosa, además de la habitualidad de tránsito de los jóvenes, que pone de relieve la sala de instancia, los que han de decidir al Ayuntamiento, como cabe deducir del artículo 25 de la Ley de Bases de Régimen Local (Ley 7/1985 de 2 de abril, modificada por la Ley 57/2003 de 16 de diciembre) a ejercer sus competencias sobre seguridad en lugares públicos ordenación del tráfico de vehículos y personas y protección civil, o, en su caso, a exigir de las demás administraciones o de las entidades y organizaciones a las que se confían la policía y el control del uso de instalaciones y servicios, a los indicados efectos, las medidas adecuadas para salvaguardar los bienes y derechos de los ciudadanos que le han sido confiados». (15 junio 2007, LA LEY 72169/2007)

«La culpa de la víctima no se menciona expresamente en el artículo 1902 del Código Civil como causa exoneradora de la responsabilidad del agente, como por el contrario aparece en los textos que instauran alguna suerte de sistema de responsabilidad cuasi objetiva (así en la responsabilidad derivada de la circulación de vehículos de motor, por productos defectuosos, energía nuclear, etc.). En realidad la culpa de la víctima, en el sistema general de responsabilidad subjetiva, ha sido considerada tradicionalmente como una circunstancia que no incide sobre la actuación culposa del agente, sino sobre el nexo de causalidad entre la acción y el resultado. La culpa de la víctima es una cuestión fundamentalmente casuística que obliga, por tanto, a considerar el caso concreto sin que sobre ella puedan darse soluciones de carácter general y, en el caso de accidentes ferroviarios por atropello de peatones, ha de atenderse a distintos datos como son la propia velocidad del tren, la visibilidad del lugar en que se produjo el accidente, existencia de señales de atención o aviso, medidas adoptadas por el maquinista, etc. (sentencias de 10 marzo y 15 julio 1993, 18 julio 1996, 22 septiembre 1997, 28 noviembre 1998, 3 marzo 2000 y 12 junio 2001), refiriéndose concretamente a accidentes ocurridos en pasos a nivel las sentencias de 20 septiembre 1997, 3 abril 1998 y 8 noviembre 1999». (28 febrero 2008, LA LEY 17677/2008)

«La responsabilidad no surge exclusivamente del daño, sino de la concurrencia de los demás requisitos que integran el artículo 1902 del Código Civil. Lo contrario supone poner a cargo del demandado una responsabilidad de naturaleza objetiva, equiparando daño y resultado, al margen de cualquier otra valoración sobre culpabilidad y relación de causalidad, material y jurídica, por el simple hecho de ser trabajador de RENFE y de encontrarse en el lugar de los hechos cuando el accidente ocurre, puesto que su actuación no ha sido analizada en la sentencia, ni muchos menos valorada como causa, material y jurídica, determinante del daño». (25 marzo 2009, rec. 765/2004, LA LEY 14381/2009)

«En materia de accidentes ferroviarios, especialmente los producidos por cruces de pasos a nivel, la jurisprudencia de las últimas décadas ha introducido paliativos en el principio de responsabilidad por culpa del artículo 1902 CC, aplicando el principio de responsabilidad por riesgo. Sin embargo, se ha puntualizado que no queda excluido de nuestro sistema jurídico de responsabilidad civil el elemento de la negligencia como criterio de imputación subjetiva de responsabilidad. Se declara, en consecuencia, que si de la prueba practicada aparece plenamente acreditado que en la producción del resultado dañoso, por muy lamentable que sea, no intervino ninguna culpa por parte del demandado o demandados, ha de excluirse su responsabilidad (SSTS de 28 de noviembre de 1998, 30 de abril de 2003, 6 de febrero de 2008, RC n.º 971/2001)». (18 febrero 2010, rec. 2534/2005, LA LEY 3981/2010)

14.- RESPONSABILIDAD POR DAÑOS CAUSADOS POR PRODUCTOS

«La quaestio iuris se concreta a la responsabilidad derivada del daño causado por producto defectuoso. Hoy está regulada por L 22/1994, de 6 Jul.; anteriormente, por la Directi-

va de la Unión Europea 85/374/CEE, de 25 Jul. 1985 que aquélla traspuso; en España, por los arts. 25 y ss. de la L 26/1984, de 19 Jul., general para la defensa de los consumidores y usuarios. Responsabilidad que la primera de las leyes citadas califica, en la exposición de motivos, de "objetiva, aunque no absoluta, permitiendo al fabricante exonerante de responsabilidad en los supuestos que se enumeran"; y la Directiva dice: "únicamente el criterio de la responsabilidad objetiva del productor permite resolver el problema, tan propio de una época de creciente tecnicismo como la nuestra, del justo reparto de los riesgos inherentes a la producción técnica moderna"; y de la ley de consumidores y usuarios, la doctrina ha calificado la responsabilidad que contempla el art. 25, por el consumo de bienes o la utilización de productos o servicios al consumidor, de relativamente objetiva y la que establece el art. 28 para ciertos productos, entre los que se hallan los vehículos de motor, de objetiva pura. Cuya responsabilidad objetiva es mantenida explícitamente y como fundamento del fallo en la S 5 Oct. 1999 que la apreció en un caso de daño causado por producto farmacéutico, que se contempla en el art. 28.2. de la Ley de consumidores y usuarios junto a los vehículos de motor. Cuya responsabilidad, a su vez (haciendo abstracción de la sociedad vendedora, cuya responsabilidad no se plantea en casación), referida al fabricante o importador (a que se refiere el art. 26 de la misma ley) debe ser calificada de responsabilidad extracontractual, pues, como dice la S 22 May. 2001, el consumidor no tiene ninguna relación jurídica contractual con las sociedades que fabricaron, importaron o distribuyeron el producto y, añade esta sentencia, «no es razonable por carecer del menor fundamento legal que por razón de las responsabilidades que pudieran tener en virtud de la L 26/1.984, de 19 Jul., esa responsabilidad se convierta en contractual por la compra del producto por un tercero a quien previamente lo adquirió del distribuidor"». (14 julio 2003)

«No se cuestiona la responsabilidad de los fabricantes por los daños causados a los usuarios o consumidores de los productos que aquel fabrica, en base a la negligente fabricación o defectuosa instrucción o información. Lo que se cuestiona es la responsabilidad en unos hechos que se producen por causa exclusiva de quien compra el producto y lo aplica con desprecio absoluto de las indicaciones contenidas en su etiquetado, y ello es suficiente para exonerar de responsabilidad al fabricante, conforme a lo dispuesto en el artículo 9 de la Ley. "La sensibilidad, no sólo social, sino jurídica, en defensa de que los bienes y servicios ofrecidos, mediante la correspondiente contraprestación, no deben causar perjuicio alguno y si lo producen éste debe ser reparado dentro del marco jurídico aplicable", a que se refiere la sentencia, no es un criterio de imputación para fundamentar una responsabilidad, subjetiva o cuasi objetiva, dirigida a alcanzar la seguridad que para el eventual percibo de indemnizaciones supone incrementar el número de responsables. Su aplicación, loable ciertamente cuando están en juego valores importantes, pero siempre en función de los criterios de imputación que son propios de la responsabilidad demandada, lleva a advertir serias contradicciones al fundamentar la responsabilidad de unos y a otros, y es que no se puede, de un lado, poner a cargo de quien compra la falta de lectura del etiquetado de cualquiera de los cuarenta y siete botes que adquiere, lo que "le debería haber advertido que estaba tratando con un material inflamable, con riesgos, entre otros, de explosión" y de "estar manipulando una sustancia nociva en una cantidad realmente importante...", para seguidamente reprochar al fabricante carencias informativas que en aquel caso se consideraban suficientes para advertir del peligro, y establecer un nexo de causalidad entre su comportamiento y el daño mediante el regreso a conductas previas, que han sido determinantes, de forma directa e inmediata, del resultado dañoso». (21 noviembre 2008, rec. 2915/2001, LA LEY 184737/2008)

«El concepto de seguridad que cabe legítimamente esperar protege frente a las consecuencias dañosas que son producto de la toxicidad o peligrosidad del producto (prótesis mamaria.) De esto se sigue que no responden a la seguridad que cabe legítimamente esperar de su uso aquellos productos, entre otros, que pueden ofrecer riesgos derivados de la

falta de comprobación en el momento de la puesta en circulación de la falta de toxicidad o peligrosidad, cuando esta aparece como razonablemente posible. En estos casos solamente puede quedar eximido de responsabilidad el importador o fabricante cuando pruebe que la ausencia de estas comprobaciones responde al hecho de no ser exigibles de acuerdo con "el estado de los conocimientos científicos y técnicos existentes en el momento de la puesta en circulación". Defecto de seguridad es, en suma, no solamente aquel que se concreta en la existencia de riesgos derivados de la toxicidad o peligrosidad, sino también el que consiste en la ausencia de las comprobaciones necesarias para excluir dichos riesgos, pues esta ausencia constituye, por sí misma, un riesgo». (9 diciembre 2010, rec. 1433/2006, LA LEY 217641/2010)

15.- EN RELACIÓN CON MENORES

«Responsabilidad por consiguiente, que no puede exigirse con éxito en este supuesto, en el que no se aprecia culpa de las menores, en cuanto que las lesiones y su secuela se han producido, cuando la niña, la lesionada, y la que pudo ocasionar la lesión, junto a otras compañeras de la misma edad, jugaban a saltar a la comba, actividad lúdica inocua, y de general práctica entre las niñas de esa edad, y si se produjo ese resultado, fue por un fatal accidente como así se califica en la sentencia recurrida; juego que era practicado, en un recreo durante las horas lectivas con la vigilancia de una profesora, por lo que a los padres en forma alguna, se les puede imputar una actitud omisiva culposa, exigible para que la acción prospere (SS 18 Oct. 1999 y 16 May. 2000)». (28 diciembre 2001, LA LEY 22349/2002)

«invoca unilateralmente la culpa exclusiva (en todo caso de difícil encaje en un niño de once años), sin invocar error de derecho en la apreciación de la prueba con infracción de precepto procesal al respecto. En definitiva, el recurrente hace supuesto de la cuestión, determinante del decaimiento del motivo. La sentencia impugnada estima que no se agotaron las medidas posibles y previsibles para evitar el hecho en cuestión, ya que no dispuso el anclaje debido de la portería, cualquiera que fuera su situación y disponibilidad; y esta falta de anclaje fue la determinante de las lesiones y ulterior fallecimiento del menor de edad Javier. Así lo ha entendido el Tribunal Supremo en sentencias referidas a supuestos prácticamente iguales, como son, las de 1 de octubre de 2003 y 26 de mayo de 2004». (23 septiembre 2004, rec. 2500/1998)

«actuando como responsable de la orquesta y conociendo sus defectuosas instalaciones y habiendo advertido que una persona había sufrido un calambrazo, la más elemental prudencia aconsejaba revisar de inmediato aquéllas en lugar de restarle importancia y proseguir la actuación, y a mayor abundamiento, al haber admitido personalmente al menor para que aprendiera el oficio [de músico], en calidad de prácticas y sin cobrar sueldo por sus actuaciones (f. 199), pese a ello le permitía anunciar una orquesta de ocho componentes en lugar de siete (f. 303), apareciendo Augusto en las fotografías publicitarias (fs. 300 y 301), y de ello se deriva que también debía asumir un mayor control y supervisión del material utilizado por el menor, máxime cuando de la actividad de éste obtenían un beneficio material». (7 octubre 2004, rec. 2414/1998)

«Una nueva cuestión se plantea con relación al carácter penal o no de la responsabilidad declarada de un menor de edad penal, como resulta del caso que es objeto de este recurso. El acto cometido por el menor ha de consistir en un hecho tipificado como delito y, por tanto, serán los tribunales competentes, en este caso, la jurisdicción de menores, quienes deberán declarar los hechos probados y el juez civil queda totalmente vinculado por la resolución penal. Ahora bien, el menor no resulta imputable penalmente debido a su edad, de manera que se excluye la pena que correspondería según el Código penal, porque deben imponerse otras medidas con una finalidad distinta. La inimputabilidad, por tanto, excluye la responsabilidad penal, pero deja subsistente la civil para la reparación de los daños causados por

el hecho; para que esta responsabilidad tenga el mismo tratamiento que la derivada de un delito, es necesario que el tribunal competente haya declarado la existencia del hecho y la autoría del menor de edad». (14 enero 2009, rec. 2927/2001, LA LEY 590/2009)

«La imputación objetiva del incumplimiento de las medidas necesarias para preservar de riesgos a los usuarios del parque aparece moderada por el reconocimiento de la mayor relevancia de la conducta de la niña y de la madre en una proporción que se estima razonable habida cuenta el papel preponderante que, en orden a la concurrente imputación objetiva del perjuicio padecido, corresponde al proceder de una y de otra. El ámbito de juegos del parque público está claramente definido y separado del lugar donde se practica frontón, y esta separación es lo que hace que no se interfieran, en condiciones normales, niños y mayores, de tal forma que el libre acceso no resulta compatible con una puerta que estaba, pero que ya no está, porque los servicios municipales no se cuidaron de reponerla, y que lo impediría. Un frontón en estas circunstancias, como pretende quien recurre, no es una piscina necesitada de los cuidados y vigilancia por parte de los responsables municipales, ni genera más riesgo para las personas o las cosas que el que resulta del juego entre jugadores o el que proporciona los juegos infantiles, como es el columpio, o incluso el propio paseo si se combinan juegos como del balón, la bicicleta o las simples carreras de los niños, siempre en situaciones de normalidad en razón de la concurrencia de personas en el parque, como un espacio destinado al ocio y al esparcimiento público en general, que no tiene por qué estar cerrado o vallado, como tampoco lo están otros espacios públicos de mayor peligrosidad. Son los pequeños riesgos que la vida obliga a soportar (STSS 11 de noviembre de 2005; 2 de marzo de 2006), o los riesgos no cualificados, pues riesgos hay en todas las actividades de la vida (SSTS 17 de junio de 2003, y de 31 de octubre de 2006)». (30 enero 2009, rec. 2096/2003, LA LEY 1151/2009)

16.- FESTEJOS DE TOROS Y VAQUILLAS Y PIROTECNIA

«aun cuando el Ayuntamiento recurrente no fuera en puridad el organizador de la procesión acompañada de fuegos artificiales, tampoco podía considerársele en absoluto ajeno a unos actos que se repetían todos los años para celebrar al patrón de la localidad. Se trataba, por tanto, de unos actos conmemorativos de ámbito reconocidamente local, con afluencia masiva de los vecinos para presenciarlos y que, en fin, incluían el lanzamiento de fuegos artificiales de cierta importancia en cuanto éstos no se limitaban a cohetes al aire y al compás de la procesión sino que consistían en diversos ingenios colocados en la vía pública y conectados unos con otros. De aquí que existiera un ineludible deber por parte del Ayuntamiento de velar por la seguridad del numeroso público asistente a los actos, tanto delimitando las zonas para evitar una excesiva proximidad de los vecinos a los artefactos pirotécnicos como, en el caso examinado, cerciorándose de que la lluvia caída a lo largo del día no aumentaba el riesgo que de por sí conllevan los fuegos artificiales. Al no haberse probado por su parte nada de lo uno ni de lo otro, es clara su corresponsabilidad fundada en el art. 1.902 CC, no siendo aplicable al caso la doctrina contenida en sentencias de esta Sala como las de 12 May. 1964 y 14 May. 1991, citados en el motivo, referidas a supuestos de hecho muy diferentes, y sí, en cambio, la de la S 30 Ene. 1999 (Rec. 2426/1994), porque si bien en el caso examinado por esta última el Ayuntamiento era el organizador del festejo, en el sometido ahora a la consideración de la Sala al Ayuntamiento le incumbía, por la conocida dimensión pública de los actos conmemorativos del patrón de la localidad, un singular deber de procurar que la seguridad de los vecinos primara sobre el lucimiento de los actos». (11 abril 2000, LA LEY 78899/2000)

«las lesiones padecidas por el recurrente encuentran su causa directa y eficiente en su actitud de acudir con su vehículo al lugar en que se encontraba un animal peligroso para verle y se baja del coche y se sitúa en una proximidad y se descuida —en un descuido—, la res le cornea. No se puede buscar la causa en sucesos remotos y hacer responsables a

ganaderos por criar tales animales, hay que atender a la causa próxima, a la conducta del demandante que, sin razón, ni necesidad alguna, acude al lugar donde se encuentra el toro escapado, muy lejano con él, al punto que tiene que utilizar su vehículo e incluso acceder a una zona de árboles o alameda en que su furgoneta no tiene acceso y se acerca sí, se acerca para verlo y se descuida...». (15 noviembre 2001, LA LEY 4063/2002)

«el riesgo creado por el almacenamiento de sacas y cajas de petardos en la sala de entrada del Ayuntamiento, no puede ser desvirtuado por cualquier otra hipótesis no demostrada y que en todo caso pudiera constituir un supuesto de la cuestión, ya que pretender achacar el infausto evento a otra circunstancia externa —lanzamiento intencionado de una famella, cohete, desde el exterior rompiendo el cristal de la ventana que daba a la referida sala— pudiera en todo caso constituir una causa irrelevante en relación a tener almacenado tal material pirotécnico —absolutamente inflamable— cuando en los aledaños se estaba dando el espectáculo denominado mascletá, que supone una orgía de fuego y explosión de materiales inflamables e inflamadores. Todo lo cual significa que el riesgo creado con tal almacenamiento era considerablemente anormal en relación a los parámetros medios de atención, lo que hacía que la responsabilidad del Ayuntamiento y de las personas encargadas estuvieran impregnados per se por un principio básico de culpabilidad, porque no tuvieron el cuidado y reflexión necesaria para evitar el accidente, al almacenar dicho material pirotécnico, sin las más elementales medidas de seguridad y aislamiento». (24 abril 2002, LA LEY 4796/2002)

«la normativa ordena que la «empresa organizadora» (que podrá ser o no el Ayuntamiento, tantas veces involucrado directamente en la organización) pacte un contrato de seguros (en forma de póliza colectiva) que se define como seguro de accidente, cuyos riesgos son los propios del festejo y cuyo ámbito se extiende a los festejos o festejos concretos de que se trate. Preciso es señalar que, como las modalidades de estos festejos son variadas y su contenido responde a lo que son los usos, costumbres o tradiciones del lugar, los riesgos aceptables son los que se derivan, según éstos, de los comportamientos habituales o pautas de conducta que se espera deben seguir los participantes en los mismos, asumiendo los que conlleva el juego y, que afortunadamente, sea por destreza, sea por la experiencia que proporcionan los hábitos de la participación, se traducen en sustos, revolcones o contusiones de escasa entidad. Las mayores y más escasas consecuencias derivadas de los riesgos que origina el desarrollo lúdico (golpes graves, cornadas de resultados inciertos e incluso la muerte) son los que justifican la existencia y necesidad jurídica del seguro de accidente. Por supuesto que si el asegurado, fuera de lo que son las referidas pautas de comportamiento, provoca intencionalmente el accidente, el asegurador se libera del cumplimiento de su obligación (art. 102 L 50/1980, de 8 Oct. de Contrato de Seguro)». (10 febrero 2003, LA LEY 11443/2003)

«La jurisprudencia sobre muerte ocasional en festejo taurino, en relación a la responsabilidad por riesgo ha de ser tenida en cuenta siempre en relación a cada caso que resuelve. Y en este sentido y a efectos del presente caso, parece oportuno invocar la sentencia del Tribunal Supremo de 17 de septiembre de 1998 (LA LEY JURIS. 9844/1998), cuando manifiesta que producido el siniestro, y con independencia de cuál sea el comportamiento del autor del mismo, debe descartarse a priori que su supuesto comportamiento temerario produzca la exoneración de responsabilidad del ente por el juego de la culpa exclusiva de la víctima, ya que el riesgo creado por una actividad que el Ayuntamiento trata de fomentar para el mejor desarrollo o disfrute de las fiestas patronales, deriva en que, esa dinámica, así acorde con citada finalidad positiva, debe ser la fuente de imputación de responsabilidad por cualquier daño o menoscabo que se derive de todo el complejo de festejos así organizado y luego celebrado». (29 septiembre 2005, rec. 692/1999)

«esta Sala ha dicho que la prueba del nexo causal resulta imprescindible, tanto si se opera en el campo de la responsabilidad subjetiva como en el de la objetiva (SSTS 11 de

febrero de 1998, 30 de junio de 2000, 20 de febrero de 2003, etc.) y que ha de resultar de una certeza probatoria y no de meras conjeturas, deducciones o probabilidades (SSTS 6 de febrero y 31 de julio de 1999, 8 de febrero de 2000, etc.) aunque no siempre se requiere la absoluta certeza, por ser suficiente un juicio de probabilidad cualificada, que corresponde sentar al juzgador de instancia, cuya apreciación solo puede ser atacada en casación si es arbitraria o contraria a la lógica o al buen sentido (SSTS 30 de noviembre de 2001, 7 de junio de 2002, 29 de septiembre de 2005, etc.). En consecuencia, la sentencia recurrida es, desde este punto de vista, inatacable y el recurso ha de prosperar en cuanto pretenda la revisión del nexo de causalidad establecido, cuya base fáctica no ha sido atacada, además, por la vía procedente. Otra es la cuestión del posterior juicio de imputación, que es revisable como quaestio iuris, a partir de su antecedente insoslayable que es la causalidad material o física (SSTS 20 de febrero de 2003, 29 de septiembre de 2005, etc.) y que consiste en una valoración de las diversas conductas concurrentes y de su respectiva circunstancia a los efectos de determinar si puede ponerse a cargo del agente el daño, o en qué medida es justo hacerlo, lo que depende de una serie de criterios de imputación objetiva, en los cuales se encuentra el de la causalidad adecuada (SSTS 1 de abril de 1997, 15 de octubre de 2001, etc.). En un caso como el de autos, en que se parte de una actividad que implica un riesgo considerablemente anormal en relación con los estándares medios (SSTS 18 de julio y 24 de septiembre de 2002, 27 de junio de 2001, 30 de julio de 1998, etc.), como es la manipulación de fuegos de artificio, es forzoso partir de una acentuación de la diligencia requerida, por lo que se ha de entender que el Ayuntamiento debió analizar con atención la determinación del área de seguridad, para personas y vehículos». (19 octubre 2007, LA LEY 161993/2007)

17.- RESPONSABILIDAD DE LA ADMINISTRACIÓN

«Dice la sentencia de 19 de noviembre de 2001: "la vis atractiva que caracteriza a la jurisdicción civil o su condición de residual (art. 9.2 de la Ley Orgánica del Poder Judicial) aconseja atribuir a la expresada jurisdicción, especialmente, para evitar la posibilidad de fallos contradictorios de separarse la continencia de la causa, y en este sentido se decanta la mayor parte de la doctrina jurisprudencial". Añade la de 30 de abril de 2003 además de la mencionada vis atractiva: "El criterio de la vis atractiva de la Jurisdicción Civil se ve reforzado por el principio de unidad jurisdiccional sancionado en el artículo 117.5 de la Constitución y recogido en el artículo 3.1 de la Ley Orgánica del Poder Judicial (sentencia de 28 de abril de 1992), a lo que cabe añadir que remitir a estas alturas a los demandantes a entablar un proceso contencioso-administrativo, supone imponerles una larga peregrinación por distintas jurisdicciones que no resulta debidamente conforme al derecho fundamental a un proceso sin dilaciones que proclama el artículo 24 de la Constitución (sentencia de 26 de diciembre de 1996 —que cita las de 5-6-1983 y 1-7-1986—, y sentencia de 3 de marzo de 1998)". La de 26 de marzo de 2001 destaca que no ha variado la doctrina jurisprudencial con la promulgación de la Ley 30/1992, en estos términos: "Con sólo la Ley citada 30/1992, de 26 de noviembre, no hubiera sido suficiente y así lo ha entendido el propio legislador al promulgar las otras y lo ha recogido la sentencia de esta Sala de 7 de marzo de 2000, recopiladora de la doctrina jurisprudencial al respecto". La de 24 de diciembre de 2003 resalta otra idea que se viene manteniendo de siempre por esta jurisprudencia: "La sentencia recurrida decretó la competencia de la Jurisdicción civil, decisión que NOS hemos de mantener como acertada en sede casacional, pues ha de estarse a la consideración como `pretesta´ de la doctrina jurisprudencial que proclama la evitación del peregrinaje de jurisdicciones, que refiere la sentencia de 29 de abril de 2003". En definitiva: del artículo 9.2 de la Ley Orgánica del Poder Judicial que establece la naturaleza residual de la jurisdicción civil, que justifica su vis atractiva; de la necesidad de evitar fallos contradictorios si se divide la continencia de la causa, atentando al principio de seguridad jurídica que proclama el artículo 9.3 de la Constitución Española; del principio de unidad jurisdiccional que se apoya en el artículo 24.1 de la misma; y del derecho al proceso sin dilaciones indebidas del artículo 24.2 que

impide el peregrinaje de jurisdicciones; de la constatación que de la Ley 30/1992, de 26 de noviembre, ya citada, no se desprende la competencia del orden jurisdiccional contencioso-administrativo pues nada dispone sobre ello, ni podía disponer ya que es norma del alcance puramente administrativo; de todo ello se deriva la competencia de la jurisdicción civil en el presente caso y la dsestimación de ambos motivos primero de los dos recursos (...). El motivo se desestima. La culpa se plantea en las sentencias de instancia no tanto por infringir una norma administrativa —lo que es ajeno a la responsabilidad civil— sino por incumplir el deber de diligencia exigible en toda actuación que en este caso es aceptar una abertura en la malla que cierra la autovía que puede provocar resultados luctuosos, como efectivamente se ha dado. Respecto a la culpa, hay que añadir que la responsabilidad de la Administración es directa y es una obligación objetiva, que sólo se elimina cuando consta la ruptura del nexo causal». (25 enero 2005, rec. 3419/1998)

«Tal y como se indica en las Sentencias de esta Sala de 22 de diciembre de 2006 y de 8 de mayo de 2008, que examinaron unos supuestos que presentaban notoria semejanza con el presente, la doctrina jurisprudencial, después de unas iniciales vacilaciones, se ha decantado de manera resuelta por declarar la competencia del orden jurisdiccional civil para conocer de los juicios que tienen por objeto las pretensiones resarcitorias fundadas en la responsabilidad patrimonial de la Administración concurrentemente —y de forma solidaria— con la de los particulares, en el marco de las acciones de responsabilidad extracontractual derivadas de los artículos 1902 y siguientes del Código Civil, y ejercitadas tras la entrada en vigor de la Ley 30/1992, de 26 de noviembre, de Régimen Jurídico de las Administraciones Públicas y Procedimiento Administrativo Común, y del Real Decreto 429/1993, de 26 de marzo, de desarrollo de la anterior en materia de responsabilidad patrimonial de la Administración, pero con anterioridad a la Ley Orgánica 6/1998, de 13 de julio, que añadió al artículo 9.4 de la Ley Orgánica del Poder Judicial un segundo párrafo con un inciso según el cual "si a la producción el daño hubieren concurrido sujetos privados, el demandante deducirá también frente a ellos su pretensión ante este orden jurisdiccional (contencioso-administrativo)"». (18 septiembre 2008, rec. 636/2002, LA LEY 132368/2008)

18.- RESPONSABILIDAD DERIVADA DE LA INTERPOSICIÓN DE INTERDICTOS

«En esta insistente petición de la paralización de las obras que realizaba, sin haber sido demandada, basa su pretensión indemnizatoria, la sociedad que reclama la indemnización, suspensión pretendida con el fin de crear un clima de presión para obtener mayores beneficios en la negociación, con los que fueron los únicos demandados en el procedimiento interdictal, dando lugar con ello a que el proceso se desvíe de su función natural, lo que supone un ejercicio culpable de los derechos procesales, que en este caso no se ha cifrado solamente en el hecho de demandar a la Junta de Compensación o al Ayuntamiento de Santander, en el ejercicio de una acción que fue desestimada, sino en el de haber obtenido torticeramente, en ese proceso la limitación los derechos de un tercero, que no era parte en el proceso, habiéndose acordado contra él la suspensión de las obras que estaba realizando, por un período de veintiún días, obras que, legítimamente realizaba, solicitando al amparo del art. 1902 CC la indemnización de daños y perjuicios ocasionados por ello». (31 octubre 2002, LA LEY 692/2003)

«de la conducta del recurrente, en su día interdictante, que hace la sentencia recurrida, se revela que en el ejercicio de su derecho traspasó sus límites normales, sin ningún beneficio para él y produciendo daños para el interdictado». (14 marzo 2003, LA LEY 52142/2003)

«El abuso de derecho, considerado en el ámbito del ejercicio procesal de los interdictos, y que autoriza a invocar ante los Tribunales el artículo 7.2 del Código Civil y 11.2 de la Ley Orgánica del Poder Judicial —dice el precepto "manifiesto abuso del derecho"— exige, conforme a doctrina jurisprudencial reiterada para poder ser apreciado, que se den los

requisitos de que si bien puede tratarse de una actuación aparentemente correcta, no obstante representa en realidad una extralimitación a la que la ley no concede protección alguna, generando efectos negativos (los más corrientes daños y perjuicios), al resultar patente la circunstancia subjetiva de ausencia de finalidad seria y legítima, así como la objetiva de exceso en el ejercicio del derecho (sentencias de 8-7-1986, 12-11-1988, 11-5-1991 y 25-9-1996) (...) en el proceso sumario interdictal no se ejercitó una pretensión patentemente temeraria e infundada que suponga ejercicio abusivo del derecho (sentencia de 6 de febrero de 1999), y el solo hecho de desestimarse la demanda interdictal no hace nacer de modo automático el derecho a obtener sentencia judicial que acoge la pretensión indemnizatoria que ahora se reclama (sentencia de 21 de marzo de 1996)». (18 mayo 2005, rec. 4708/1998)

«si bien, en principio, el hecho de la formulación de interdictos de obra nueva no comporta sin más el derecho al percibo de una indemnización en favor del dueño de la obra, asimismo ha argumentado, con cita de varias sentencias de esta Sala Primera del Tribunal Supremo, que la viabilidad de la reclamación del resarcimiento de daños y perjuicios ocasionados por actuaciones judiciales, precisa que quien esgrimió las acciones interdictales haya actuado con voluntad dañosa o, al menos, con manifiesta negligencia e, igualmente, que los daños y perjuicios, que de manera probada fueran consecuencia directa e inmediata del ejercicio de un interdicto de obra nueva, han de reputarse indemnizables en vía de reparación cuando la acción resulte claramente infundada y así se declare en la sentencia o al menos resulte de ella sin asomo de duda». (16 julio 2009, rec. 1382/2004, LA LEY 125225/2009)

«En relación con la posible responsabilidad civil derivada de la desestimación de una acción de interdicto, se ha declarado que el solo hecho de la desestimación de una demanda no hace nacer inevitablemente el derecho a la indemnización de daños y perjuicios sufridos por el titular de la obra paralizada, ya que el derecho a la tutela judicial efectiva no se condiciona a la estimación de la petición. La posible exigencia de responsabilidad en relación con la interposición de demandas judiciales deriva de que el derecho de todo ciudadano a la tutela judicial efectiva —artículo 24 CE—, que incluye, además del acceso a los tribunales, la elección de la vía judicial más conveniente, no es absoluto, pues la regla qui iure suo utitur neminem laedit [quien hace uso de su derecho no daña a nadie] no significa que no esté sometido a límites institucionales ni, por ello, que se ampare su ejercicio abusivo (STC 160/1991, de 18 de julio, 32/1986, de 21 de febrero, y STS de 29 de diciembre de 2004). Como concluye la STS 4 de septiembre de 2008, RC n.º 1881/2001, para que haya abuso es necesario que el derecho se ejercite con la extralimitación, por causa objetiva o subjetiva (SSTS de 29 de diciembre de 2004 y 28 de enero de 2005), en que se asienta dicho concepto (SSTS de 18 de mayo de 2005 y 29 de septiembre de 2007), cosa que no puede afirmarse ocurra sin tener en cuenta las circunstancias de cada caso». (8 julio 2010, rec. 1987/2006, LA LEY 157546/2010)

19.- RESPONSABILIDAD EN CASOS DE INCENDIO

«En el tema de incendio, la doctrina jurisprudencial, siguiendo las pautas expuestas, las aplica en el sentido de que exige la prueba del incendio causante del daño, no la prueba —normalmente imposible— de la causa concreta que causó el incendio; el nexo causal es, pues, entre el incendio y el daño, no respecto a la causa eficiente (ni mucho menos, la culpa) del incendio causante del daño. Así, la S 22 May. 1999 expresa: aquellos trabajos se de-sarrollaban en el ámbito empresarial de la recurrente (que era la empresa donde se produjo el incendio) por lo que a ella, y no obviamente a la actora, le hubiera correspondido la prueba de un suceso extraño a su empresa como causa del siniestro. Y la de 31 Ene. 2000 dice: ha ocurrido (el incendio) dentro del círculo de su actividad empresarial sometido a su control y vigilancia y ajeno por supuesto al dañado y por ello debe responder y añade, para el caso concreto, luego aplicable a todo caso: los actores, en suma, han de probar, y eso lo han hecho, que su chalet se ha incendiado por la propagación del fuego iniciado dentro

del centro de transformación, no lo que ha ocurrido en él para que se produzca». (24 enero 2002, LA LEY 32448/2002)

«Se integra así el presupuesto de causalidad de probabilidad razonable y, por ende, por la inversión del onus probandi, se obtiene el actuar culpabilístico de la responsabilidad que se declara, que, por tanto, dista de la objetiva y no pugna con la clásica del reproche culpabilístico, del que, claro es, no cabe acusar a la propietaria del piso que fue por completo ajena a la citada causa productora del incendio». (29 abril 2002, LA LEY 4861/2002)

«en el tema de incendio, la doctrina jurisprudencial, siguiendo las pautas expuestas, las aplica en el sentido de que exige la prueba del incendio causante del daño, no la prueba —normalmente imposible— de la causa concreta que causó el incendio; el nexo causal es, pues, entre el incendio y el daño, no respecto a la causa eficiente, ni mucho menos, la culpa del incendio causante del daño. Así, la S 22 May. 1999, expresa: «aquellos trabajos se desarrollaban en el ámbito empresarial de la recurrente (que era la empresa donde se produjo el incendio) por lo que a ella, y no obviamente a la actora, le hubiera correspondido la prueba de un suceso extraño a su empresa como causa del siniestro». Y la de 31 Ene. 2000 dice: «ha ocurrido (el incendio) dentro del círculo de su actividad empresarial sometido a su control y vigilancia y ajeno por supuesto al dañado y por ello debe responder». Y añade, para el caso concreto, luego aplicable a todo caso: «los actores, en suma, han de probar, y así lo han hecho, que su chalet se ha incendiado por la propagación del fuego iniciado dentro del centro de transformación, no lo que ha ocurrido en él para que se produzca». (27 febrero 2003, LA LEY 1250/2003)

«que se haya inclinado por una causa probable no es de extrañar en sucesos como el incendio, pues la destrucción que provoca hace imposible en la mayoría de las ocasiones acudir a pruebas ciertas de su causa, debiéndose operar una reconstrucción a posteriori de lo que pudo acaecer». (3 junio 2003, LA LEY 12960/2003)

«el incendio fue provocado intencionadamente por un tercero que penetró clandestinamente en la nave industrial de los demandados; que en ésta se almacenaban productos de uso normal como plásticos para envolver y alcohol envasado en botellas y, en fin, que el descontrol del incendio se debió a la carencia de infraestructuras urbanas en el polígono industrial donde radicaban las naves industriales de ambas partes, ha de considerarse ajustada a derecho la sentencia recurrida, porque sobre la jurisprudencia de esta Sala que imputa a los dueños o arrendatarios de los edificios donde se declara un incendio por causas desconocidas el daño que sufren los inmuebles colindantes o próximos (p. ej., SSTS 27-4-01, 24-1-02 y 27-2 y 26-06-03) debe ser aplicada la que exonera a aquellos cuando en el nexo causal entre su conducta y el daño la imputabilidad se desdibuja por la concurrencia de otros elementos causales suficientemente probados (SSTS 8-10-96 y 16-7-03), como en este caso fueron la acción dolosa de un tercero y la carencia de infraestructuras urbanas adecuadas». (2 junio 2004, rec. 1963/1998)

«Cuando se produce un incendio en un inmueble, al perjudicado le corresponde probar su existencia y que se produjo en el ámbito de operatividad del demandado (SS 11 de febrero 2000, 16 julio 2003). A la persona que tiene la disponibilidad —contacto, control o vigilancia— de la cosa en que se produjo el incendio le corresponde acreditar la existencia de la actuación intencionada de terceros (SS 2 junio 2004, 22 marzo 2005) o de serios y fundados indicios de que la causa haya podido provenir de agentes exteriores —incidencia extraña— (SS 9 diciembre 1986, 4 junio 1987, 18 diciembre 1989, 2 junio 2004, 3 febrero 2005); admitiendo —incluso— alguna sentencia (S 24 octubre 1987), la posibilidad de exoneración cuando se pruebe que en el lugar no había nada que representase un especial riesgo de incendio. Esta Sala tiene declarado repetidamente que no todo incendio es debido a caso fortuito, sin que baste para atribuir tal carácter al siniestro

producido por causas desconocidas (SS 29 enero 1996, 13 junio 1998, 11 febrero 2000, 12 febrero 2001, 23 noviembre 2004, 3 febrero 2005), y "que no resulta suficiente que no esté probada la causa concreta del incendio" (SS 24 enero, 14 marzo y 29 abril 2002, 27 febrero y 26 junio 2003, 23 noviembre 2004 y 3 febrero 2005); habiendo aplicado dicha doctrina de la responsabilidad del dueño o del que tiene el control de la casa a los casos en que el incendio se produjo en el ámbito empresarial (S 22 mayo 1999), círculo de la actividad empresarial (S 31 enero 2000), o nave en la que se desarrolla tal actividad (S 23 noviembre 2004) del demandado. Con arreglo a esta doctrina no es preciso acudir a la responsabilidad por riesgo, ni se requiere discurrir acerca de la inversión de la carga de la prueba, pues es suficiente haberse declarado probado el almacenamiento de los materiales de combustión sin haber adoptado las medidas de seguridad adecuadas, respecto de cuyos materiales se beneficiaba la demandada con su actividad (S 29 abril 2002)». (20 mayo 2005, rec. 4491/1998)

«el fuego se produjo dentro del círculo de la actividad de la empresa demandada donde tenía apilados cajas de madera fina y cartón, habiendo condenado la sentencia no sólo por un riesgo objetivo creado sino también por culpa de los responsables al no tener el dominio de la situación desarrollada dentro del círculo de su actividad. En los casos de incendio, la jurisprudencia salva las dificultades de prueba de su causa, basando la imputación objetiva en la generación de un peligro jurídicamente desaprobado y en el control que se ejerce sobre las cosas que lo generan. De modo que admite un grado de razonable probabilidad cualificada, distinta de la certeza absoluta, en la reconstrucción procesal de la relación causal —sentencias de 30 de noviembre de 2001; 29 de abril de 2002; 15 de febrero 2008—. La sentencia de 20 de mayo de 2005, siguiendo la doctrina sentada en las que cita, precisa que, cuando se produce un incendio en un inmueble, al perjudicado le corresponde probar la realidad del mismo y que se produjo en el ámbito de operatividad del demandado, mientras que a quien tuvo la disponibilidad —contacto, control o vigilancia— de la cosa en que se originó el incendio le corresponde acreditar la existencia de la actuación intencionada de terceros o de serios y fundados indicios de que la causa hubiera podido provenir de agentes exteriores. Con arreglo a esta doctrina no es preciso acudir a la responsabilidad por riesgo, ni se requiere discurrir acerca de la inversión de la carga de la prueba, pues es suficiente haberse declarado probado el almacenamiento de los materiales de combustión sin haber adoptado las medidas de seguridad adecuadas, respecto de cuyos materiales se beneficiaba la demandada con su actividad (SSTS 29 abril 2002; 20 de mayo 2005)». (4 junio 2009, rec. 2293/2004, LA LEY 92016/2009)

«es unánime la jurisprudencia de esta Sala en considerar que el arrendatario es quien debe responder de los daños causados por el incendio ocasionado en la nave que tiene arrendada. La sentencia de 4 marzo 2004 señaló que "Para que el arrendatario quede liberado de responsabilidad debe probar que en el incendio no hubo por su parte culpa ni negligencia alguna o al menos que se había tomado las medidas de cuidado, vigilancia o previsión necesarias (S. 29 enero 1996)". La exigencia de probar la falta de culpa para quedar exonerado, —y ello comprende a los incendios (SS. 9 noviembre 1993, 29 enero 1996, 13 junio 1998, 12 febrero 2001, entre otras)—, constituye doctrina jurisprudencial pacífica, por más que unas veces se hable de inversión de la carga de la prueba (S. 25 septiembre 2000) o de regla especial de la carga de la prueba (que viene impuesta por la normativa legal específica a una de las partes en el proceso significada por la circunstancia de que por hallarse el arrendatario en posesión de la cosa se encuentra en situación de más fácil demostración de que el evento dañoso se produjo por causas a él no imputables: S. 12 diciembre 1988), y otras de presunción "iuris tantum" de culpabilidad contra el arrendatario (S. 9 noviembre 1993) o de presunción "iuris tantum", más que de culpa, de responsabilidad (SS. 28 noviembre 1991, 30 diciembre 1995, 29 enero 1996, 12 febrero 2001)». (24 septiembre 2009, rec. 2623/2004, LA LEY 191968/2009)

20.- ACCIDENTE EN PISCINA

«Esta Sala tiene declarado en la S 2 Sep. 1997 que para que un accidente fatal ocurrido con ocasión de bañarse en una piscina origine responsabilidad apoyada en el art. 1902 CC es preciso, o bien que los vigilantes no se hallen en el lugar del accidente (S 14 Jun. 1984), o que no exista personal adecuado (S 23 Nov. 1982), o que el propietario de la piscina no haya cumplido las exigencias administrativas que determinan la autorización de la apertura (S 10 Abr. 1988), o que se creen riesgos que agraven los inherentes al uso de una piscina (S 23 Feb. 1995), o cualquier otro análogo que permita fundar el reproche culpabilístico (S 22 Ene. 1996). En el caso, la insuficiencia de las medidas de vigilancia adoptadas dadas las circunstancias concurrentes, la inadecuada vigilancia y la deficiente actuación médica, justifican el reproche culpabilístico y la estimación de responsabilidad civil del Ayuntamiento titular de la piscina e instalaciones correspondientes, de conformidad con la doctrina de esta Sala representada por las SS 10 Abr. 1988, 2 Abr. 1993 y 30 Oct. 1996 (las dos primeras relativas a piscinas públicas y la tercera a un complejo acuático-deportivo)». (14 noviembre 2002, LA LEY 10678/2003)

«la jurisprudencia de esta Sala viene declarando que para apreciar responsabilidad en los casos de daños personales con ocasión de bañarse en una piscina "es preciso, o bien que los vigilantes no se hallen en el lugar del accidente (STS de 14 de junio de 1984) o que no exista personal adecuado de vigilancia (STS de 23 de noviembre de 1982) o que el propietario de la piscina no haya cumplido las exigencias administrativas que determinan la autorización de la apertura (STS de 10 de abril de 1988) o que se creen riesgos que agraven los inherentes al uso de una piscina (STS de 23 de febrero de 1995) o cualquier otro análogo que permita fundar el reproche culpabilístico" (STS 2-9-97 en recurso n.º 2043/1993, cuya doctrina se reproduce por la STS 14-11-02 en recurso n.º 1162/1997)». (6 junio 2007, LA LEY 42126/2007)

21.- ACCIDENTE DEPORTIVO

«La esencia de la culpa consiste en no prever lo que pudo y debió ser previsto o en la falta de adopción de las medidas necesarias para evitar el evento dañoso; como dice la sentencia de 10 de julio de 2003, "la previsibilidad del resultado es el presupuesto lógico y psicológico de la evitabilidad del mismo (sentencia de 9 de abril de 1963). La diligencia exigible ha de determinarse en principio según la clase de actividad de que se trate y de la que puede y cabe esperarse de la persona normalmente razonable y sensata perteneciente a la esfera técnica del caso", y la sentencia de 9 de octubre de 1999 afirma que "según reiterada doctrina jurisprudencial es esencial para generar culpa extracontractual el requisito en la actividad normal del hombre medio con relación a las circunstancias del momento, no en abstracto, en que puede estimarse previsible lo que no se manifiesta con constancia de poderlo ser". Atendidas las circunstancias concurrentes, que la pista por la que discurrían los accidentados y su compañero era una pista calificada como "negra", reservada su utilización a esquiadores expertos, que el accidente se produjo al inicio de la pista en un tramo recto, con poca pendiente y con un ancho considerable de pista (25 metros), no es previsible, en la explotación normal de esta actividad en un tramo de pista de esas características, no existiendo ningún obstáculo que aumente el riesgo propio de ese deporte, sino que a consecuencia de la caída se produzca un desplazamiento del accidentado fuera de la pista, que obligara al explotador de la pista a adoptar medidas de seguridad tendentes a evitar las consecuencias dañosas de esa salida de la pista, habida cuenta, por otra parte, de la configuración del terreno adyacente a la misma. No puede exigirse, por tanto, a la codemandada recurrida, la empresa explotadora de la pista una previsibilidad superior a la normal en el ejercicio de su actividad empresarial». (15 febrero 2007, LA LEY 2401/2007)

«el ciclismo deportivo no es una actividad peligrosa que implique un riesgo considerablemente anormal, antes al contrario se trata de una actividad reconocida y practicada por numerosos deportistas con los requisitos que la reglamentación impone, incluido el de la adecuación de la carretera a la prueba. Como tal no es posible convertir a los organizadores en responsables de todo cuanto acaezca en su desarrollo si esta se cumplimenta en un marco adecuado y previsible en cuanto a los riesgos que pueden derivarse para los que acuden a practicarla de una forma libre y espontánea. Es cierto que la norma reglamentaria exige al organizador tomar todas las medidas de seguridad que la prudencia imponga para salvaguardar la integridad de los participantes en la prueba, evitando en el recorrido o en el sitio de la competición, lugares o situaciones que presenten un riesgo particular para la seguridad de las personas (corredores, acompañantes, oficiales, espectadores, etc.). Ahora bien, cumplidos tales presupuestos, compete a los corredores estudiar con anticipación el recorrido y analizar las situaciones de riesgo que la carrera implica, a partir de los datos que se les proporciona y que en el caso venían referidos, entre otros, a una bajada "peligrosa" en el trazado del itinerario a recorrer». (11 diciembre 2009, rec. 1580/2005, LA LEY 237360/2009)

«La organizadora de la prueba conoce el riesgo que genera la carrera ciclista desde el momento en que da comienzo y como tal debe tomar todas las medidas de seguridad que la prudencia impone para salvaguardar la integridad de los participantes, evitando en el recorrido o en el sitio de la competición, lugares o situaciones que presenten un riesgo particular para la seguridad de las personas (corredores, acompañantes, oficiales, espectadores, etc.). Y es el caso que el accidente se produce no por la existencia de obstáculos no previstos en el momento en que se diseña la prueba, sino por algo que era perfectamente previsible como es el hecho de acercar u orientar a los ciclistas hacia una determinada trayectoria de la ruta previamente conocida y calculada. Obligación suya era, por tanto, controlar este riesgo mediante la adopción de las medidas más beneficiosas para todos». (9 abril 2010, rec. 580/2006, LA LEY 21087/2010)

«es acertado concluir que resultaba previsible que contra dicho elemento colisionaran los esquiadores en caso de las también previsibles, por habituales, caídas durante la práctica de este deporte, aún sin mediar culpa alguna del deportista, como fue el caso. Con esos datos, debe juzgarse como razonable la decisión de calificar como no diligente la conducta de la empresa titular de la estación pues, como en el caso mencionado del organizador de una carrera ciclista, el dueño de una estación de esquí se encuentra obligado a poner los medios adecuados para evitar el daño teniendo en cuenta la naturaleza de la actividad que gestiona, y con mayor motivo, cuando contribuyó a incrementar el riesgo propio de la actividad deportiva colocando en un lugar próximo a la pista un elemento artificial, rígido y duro, como un cañón artificial, que generaba riesgo evidente de lesiones en caso de colisión, incluso si esta se producía por consecuencia de un deslizamiento subsiguiente a una caída. Y siendo todo ello previsible, las caídas, las colisiones y el daño, no podía limitarse a señalizar el elemento sino que le incumbía adoptar medidas de seguridad encaminadas a evitar o a disminuir el riesgo de lesiones, lo que no hizo». (9 febrero 2011, rec. 2209/2006, LA LEY 2768/2011)

«desde el punto de vista de la imputación objetiva del resultado lesivo al agente, contrariamente a lo que se sostiene, la responsabilidad del piloto de la embarcación no se hace descansar únicamente en el riesgo creado por la conducción de una embarcación deportiva sino que, con absoluto respeto al sistema tradicional culpabilístico, se asienta en la omisión de la diligencia extrema que cabía exigirle en atención al extraordinario riesgo que origina quien conduce una embarcación de recreo, superior y completamente ajeno al asumido por la propia víctima con la práctica deportiva». (14 marzo 2011, rec. 1970/2006, LA LEY 6077/2011)

22.- EN RELACIÓN CON CAÍDAS

«Lo anterior debe ponerse en relación con el hecho sucedido. La empresa de mantenimiento Ascensores B. Rodríguez y Cía., S.A., conoció que el ascensor en el que se causaron graves daños, no estaba en perfecto estado de funcionamiento y, correctamente, lo comunicó a la comunidad de propietarios del que es un elemento común e, incorrectamente, no interrumpió el servicio del aparato, como prevé el RD 2291/1985, de 8 Nov., que aprobó el Reglamento de aparatos elevadores. A su vez, la comunidad supo, por la comunicación escrita de la anterior, que el ascensor precisaba de unas reformas y ni acordó que se practicaran, ni tampoco impidió su utilización, como prevé el mismo Reglamento. Por tanto, las conductas omisivas de la empresa y de la comunidad han sido las causantes de los daños personales que han sufrido las víctimas, demandantes. Y éste es el criterio que ha seguido la jurisprudencia; así, la S 2 Mar. 1994 que mantuvo la condena a la comunidad de propietarios y a la empresa de ascensores, apreciando la concurrencia de culpas; la de 4 Oct. 1994 que contempla el caso de rotura del cable del ascensor y condena a la empresa de mantenimiento y conservación y no a la propietaria del ascensor, aunque aquélla nunca advirtió a ésta de defecto alguno del mismo; la de 18 Dic. 1995 mantuvo la condena a los propietarios de la casa donde se hallaba el ascensor y a la empresa de mantenimiento del mismo». (25 octubre 2001, LA LEY 148716/2002)

«en relación con caídas en edificios en régimen de propiedad horizontal o acaecidas en establecimientos comerciales, de hostelería o de ocio, muchas sentencias de esta Sala anteriores a la ahora recurrida en casación ya exoneraron a la comunidad de propietarios o a los titulares del negocio demandados cuando la caída se había debido a la distracción del perjudicado por no advertir un obstáculo que se encontrara dentro de la normalidad (así, SSTS 28-4-97 y 14-11-97), declarándose en cambio la responsabilidad del demandado cuando su negligencia era identificable (p. ej., SSTS 21-11-97, por carecer de pasamanos una escalera, y 2-10-97, caída en una discoteca sin personal de seguridad); y aunque, entre las ya citadas, la STS 21-11-97 propugnara una objetivación máxima de la responsabilidad, línea que luego sería en cierto modo ratificada por la STS 31-3-03 al considerar aplicable en este ámbito una inversión total de la carga de la prueba en contra del demandado, lo cierto es que la jurisprudencia viene manteniendo hasta ahora la exigencia de una culpa o negligencia del demandado suficientemente identificada para poder declarar su responsabilidad. Así, la STS 30-3-06 exonera a la empresa titular de un restaurante de la responsabilidad por lesiones de un cliente que cayó al suelo cuando se dirigía a los aseos, porque la realidad del escalón debía ser conocida por la víctima; la STS 2-3-06 exonera a un Ayuntamiento por la caída de una persona que tropezó con una manguera de los servicios municipales de limpieza porque la manguera no suponía un riesgo extraordinario ni requería una señalización especial; la STS 10-12-04 declara la responsabilidad por caída en las escaleras de un gimnasio pero porque ésta no estaba en óptimas condiciones; la STS 26-5-04 también aprecia responsabilidad pero por no haberse limpiado el suelo de unos aseos; la STS 17-6-03, anteriormente citada, exonera de responsabilidad a una empresa hotelera porque la puerta giratoria con la que un cliente se dañó una mano no podía calificarse de elemento agravatorio del riesgo; la STS 20-6-03 sí declaró la responsabilidad de la parte demandada porque la caída se produjo en una zona recién fregada de una cafetería y dicha zona no se había delimitado debidamente, de modo semejante a la ya citada STS 31-3-03; las SSTS 16-2 y 12-2-03 y 10-12-02 no advirtieron responsabilidad alguna en los demandados por caídas en las escaleras de un hotel, en el terreno anejo a una obra y en una discoteca, respectivamente; la STS 12-2-02, en cambio, sí estimó la demanda por una caída durante un banquete de bodas pero por la insuficiente protección de un desnivel considerable; la STS 30-10-02 desestimó la demanda porque la víctima se había caído sola en un local; la STS 25-7-02 no apreció responsabilidad por la caída en una discoteca porque el actor no había conseguido probar la existencia de un hueco peligroso; y en fin, las SSTS 6-6-02, 13-3-02, 26-7-01, 17-5-01 y 7-5-01 tampoco

apreciaron responsabilidad por caídas al no haberse probado la culpa o negligencia de los respectivos demandados». (31 octubre 2006, LA LEY 119505/2006) (Doctrina reiterada por la sentencia de 22 octubre 2007, LA LEY 4500/2007)

«en atención a las circunstancias de las personas, del tiempo y del lugar, no puede concluirse que la hoy recurrente se ajustara a la normal previsibilidad y al principio de confianza, porque si ella misma no era huésped del hotel y, según su propia versión de los hechos, nunca había estado en la habitación, y además quien sí era huésped del hotel y conocía la habitación optó por no entrar para, por el contrario, comunicar a recepción la falta de luz, no cabe duda de que la posibilidad de un percance por tropiezo o caída distaba mucho de ser remota. Por ello la caída se presenta también como una consecuencia de la conducta un tanto ligera e inoficiosa de la recurrente, porque si el Sr. Ambrosio no la animó a entrar advirtiéndole de la existencia de la escalera, entonces la conducta que cabía esperar de una persona razonable era aguardar el retorno de aquél y no adentrarse totalmente a oscuras en la habitación». (5 enero 2010, rec. 1609/2005, LA LEY 24/2010)

«La jurisprudencia de esta Sala sobre daños personales por caídas en establecimientos abiertos al público se recopiló extensamente en su sentencia de 31 de octubre de 2006 (rec. 5379/99) que, por un lado, siempre con base en sentencias anteriores, descartó como fuente autónoma de responsabilidad el riesgo general de la vida, los pequeños riesgos que la vida obliga a soportar o los riesgos no cualificados; y por otro, aun reconociendo que algunas sentencias habían propugnado una objetivación máxima de la responsabilidad mediante inversión de la carga de la prueba en contra del demandado, concluyó que "la jurisprudencia viene manteniendo hasta ahora la exigencia de una culpa o negligencia del demandado suficientemente identificada para poder declarar su responsabilidad", conclusión ratificada por la sentencia de 17 de julio de 2007 (rec. 2727/00) en materia de "caídas en edificios en régimen de propiedad horizontal o acaecidas en establecimientos comerciales, de hostelería o de ocio" (FJ 3.º, consideración 3.ª)». (25 marzo 2010, rec. 1018/2006, LA LEY 8722/2010)

«Como declaran las SSTS de 31 de octubre de 2006, de 29 de noviembre de 2006, de 22 de febrero de 2007 y 17 de diciembre de 2007 en relación con caídas en edificios en régimen de propiedad horizontal o acaecidas en establecimientos comerciales, de hostelería o de ocio, muchas sentencias de esta Sala han declarado la existencia de responsabilidad de la comunidad de propietarios o de los titulares del negocio cuando es posible identificar un criterio de responsabilidad en el titular del mismo, por omisión de medidas de vigilancia, mantenimiento, señalización, cuidado o precaución que debían considerarse exigibles. Pueden citarse, en esta línea, las SSTS 21 de noviembre de 1997 (caída por carencia de pasamanos en una escalera); 2 de octubre de 1997 (caída en una discoteca sin personal de seguridad); 12 de febrero de 2002 (caída durante un banquete de bodas por la insuficiente protección de un desnivel considerable); 31 de marzo de 2003 y 20 de junio de 2003 (caída en una zona recién fregada de una cafetería que no se había delimitado debidamente); 26 de mayo de 2004 (caída en unos aseos que no habían sido limpiados de un vómito en el suelo); 10 de diciembre de 2004 (caída en las escaleras de un gimnasio que no se encontraba en condiciones adecuadas); 25 de marzo de 2010 (caída de una señora de 65 años, afectada de graves padecimientos óseos y articulares, al entrar en un restaurante y no advertir un escalón en zona de penumbra y sin señalización)». (31 mayo 2011, rec. 2037/2007, LA LEY 111562/2011)

23.- ACCIDENTE DE HELICÓPTERO

«El accidente se produce "como consecuencia directa del pilotaje del helicóptero" que, en unas condiciones indudablemente adversas, no solo inicia el vuelo con el helicóptero, sino que prosigue el mismo hasta situarse en medio de unos bancos de niebla dentro de los cuales o bien el piloto interpretó de forma errónea las referencias visuales externas o bien tuvo una

total desorientación espacial "en unas condiciones marginales por nulo visual", lo que le llevó a manejar el helicóptero de forma errática hasta impactar violentamente con el suelo. El vuelo, en suma, no era aconsejable porque la presencia de la niebla no era un hecho imprevisible para una persona de diligencia media (incluso el aparato había estado detenido varios días por dicha circunstancia), y menos aun para un piloto específicamente preparado para ello, como tampoco evitable no solo mediante una decisión tan simple como la de no volar ese día, sino volviendo al punto de origen, desviándose de la ruta o tomando tierra mientras hubiese visibilidad suficiente evitando el riesgo de maniobrar el aparato a ciegas, riesgo que finalmente se concretó en un daño. Los hechos expuestos permiten entender que concurren todos y cada uno de los requisitos necesarios para que prospere la acción de responsabilidad civil ejercitada. Se creó un riesgo innecesario, que se materializó en un daño, y no se adoptaron las medidas pertinentes para evitarlo. Hay causalidad física o material y jurídica, porque el daño se produjo como consecuencia de la caída del helicóptero, lo cual era previsible dada la forma en que se produjo el vuelo, y hay también culpa de la empresa propietaria del aparato, Heliswiss, para quien trabajaba el piloto fallecido, al no impedir el vuelo con la diligencia que imponía la situación meteorológica, priorizando, como dice la sentencia "la vida de las personas y los bienes a sus ordenes o cargo"». (5 julio 2010, rec. 1153/2006, LA LEY 109989/2010)

CONCORDANCIAS

Véase:
— arts. 220, 1.089, 1.093, 1.101, 1.108, 1.366 y 1.968.2.º de este Código.
— Código Penal: arts. 80.3, 110 a 122 y 625.

Artículo 1.903

La obligación que impone el artículo anterior es exigible, no sólo por los actos u omisiones propios, sino por los de aquellas personas de quienes se debe responder.

Los padres son responsables de los daños causados por los hijos que se encuentren bajo su guarda.

Los tutores lo son de los perjuicios causados por los menores o incapacitados que están bajo su autoridad y habitan en su compañía.

Lo son igualmente los dueños o directores de un establecimiento o empresa respecto de los perjuicios causados por sus dependientes en el servicio de los ramos en que los tuvieran empleados, o con ocasión de sus funciones.

Las personas o entidades que sean titulares de un Centro docente de enseñanza no superior responderán por los daños y perjuicios que causen sus alumnos menores de edad durante los períodos de tiempo en que los mismos se hallen bajo el control o vigilancia del profesorado del Centro, desarrollando actividades escolares o extraescolares y complementarias.

La responsabilidad de que trata este artículo cesará cuando las personas en él mencionadas prueben que emplearon toda la diligencia de un buen padre de familia para prevenir el daño.

COMENTARIO

1.- El artículo anterior contempla la obligación de reparar el daño causado por acto ilícito propio. Este art. 1.903 prevé la obligación de reparar el daño causado por acto ajeno, en que el deudor es persona distinta de aquella que causó el daño. Y esta última es una persona de quien debe responder aquel deudor: son las cosas de los padres o tutores, de los titulares de centros docentes y de las empresas.

El fundamento se ha basado siempre en que se estima que el obligado ha incurrido en culpa *in vigilando* o en culpa *en eligendo*, es decir, que es deudor de la obligación de reparar el daño causado por otro, porque a este último no le ha controlado o vigilado correctamente o no lo ha elegido adecuadamente.

Sin embargo, este fundamento ha variado actualmente, ya que se estima cada vez más que esta obligación tiene carácter objetivo. A consecuencia de aquel fundamento y, más aún, de esta objetivación progresiva, la obligación de reparar el daño surge directamente al deudor por el acto ajeno.

Como consecuencia de aquel fundamento, el párrafo último de este artículo establece una causa impeditiva de la obligación, consistente en que el deudor obligado por el acto ajeno, pruebe que empleó toda la diligencia normal y adecuada a su situación («diligencia de un buen padre de familia»), dice el texto legal para prevenir el daño.

2.- En primer lugar, responden los padres y tutores, como deudores, cuando el causante del daño lo ha sido el menor o incapacitado que se halla bajo su guarda y compañía. El segundo párrafo así lo establece respecto a los padres con relación a sus hijos menores y a los incapacitados que están bajo patria potestad prorrogada o rehabilitada; en todo caso, han de estar además, en su compañía y guarda (lo cual es importante es los casos de nulidad, separación o divorcio). El tercer párrafo viene a decir lo mismo respecto al tutor, en relación con los tutelados menores o incapacitados que viven en su compañía.

La responsabilidad de padres o tutores es directa y prácticamente objetiva, pues, aunque se puede aplicar el último párrafo del mismo artículo 1.903, la jurisprudencia lo ha estimado tan restringidamente que llega a la objetivación.

3.- El párrafo cuarto establece que por los daños causados por los empleados («sus dependientes» dice el texto legal) es el desempeño o con ocasión de su función. Es el caso que más se da en la práctica y más jurisprudencia ha producido.

El deudor es, pues, el empresario —persona física o jurídica titular de la empresa— y en este sentido el art. 1.903, dice «dueños o directores» pero el director no será deudor, ya que es también un empleado o «dependiente» por más que lo sea cualificado; sí será deudor, si el director es el empresario. Su responsabilidad tiene un matiz marcadamente objetivo, fundándose en la responsabilidad por riesgo, y en la culpa *in vigilando* o *in eligendo*. Asimismo, es obligación directa y solidaria con la del propio causante del daño. En cuanto al causante del daño, es el dependiente, empleado de aquella empresa con carácter de subordinación o dependencia y cuya actuación dañosa fue en ejecución o con ocasión de su trabajo.

4.- Por último, el párrafo quinto establece la obligación de los titulares de centros docentes por daños causados por sus alumnos menores, en enseñanza no superior.

El presupuesto objetivo es el Centro docente de enseñanza no superior, es decir, un Centro de enseñanza primaria o secundaria o de formación profesional. El presupuesto subjetivo, el causante del daño, es el menor de edad, alumno del Centro docente, cuyo daño ha sido causado en período de tiempo lectivo; tal como dice el texto legal: durante los períodos de tiempo en que los mismos se hallen bajo el control o vigilancia del profesorado del Centro, y además, desarrollando actividades escolares o extraescolares y complementarias. El sujeto pasivo de la obligación, deudor de la obligación de reparar el daño, es el titular del Centro docente, sea persona física, persona jurídica (lo normal, una empresa) o el Estado si es un Centro público. La obligación es la de reparar los daños y perjuicios que causen, dándose el presupuesto objetivo, los alumnos menores que integran el presupuesto subjetivo, que deberá cumplir el sujeto pasivo.

5.- En este artículo 1.903 existía un párrafo que se refería a la obligación de reparar daños, por el Estado, que fue derogado por Ley de 7 de enero de 1991 (Ley de modificación de los Códigos Civil y Penal en materia de responsabilidad civil del profesorado). Hoy tal obligación está regulada por la Ley 30/1992, de 26 de noviembre, de Régimen Jurídico de las Administraciones Públicas y del Procedimiento Administrativo Común y el Reglamento sobre responsabilidad patrimonial de la Administración, Real Decreto de 26 marzo 1993.

La obligación del estado de indemnizar, para reparar el daño, es objetiva. No se toma en cuenta la posible culpabilidad del funcionario. Por tanto, sí tiene especial trascendencia el nexo causal entre la actividad de la Administración y el resultado dañoso, excluyéndose cuando medie fuerza mayor.

La responsabilidad del Estado es directa, frente al perjudicado; no es subsidiaria respecto a la persona del funcionario que materialmente ha causado el daño. Sin perjuicio de que el Estado puede repetir contra el funcionario culpable del daño causado al particular.

En relaciones de derecho privado. Las Administraciones públicas, en relaciones de Derecho privado, responden directamente frente a los particulares, de los daños y perjuicios causados de este personal, como actos propios, de la Administración a cuyo servicio se encuentra.

En relaciones de derecho público. Las Administraciones públicas también en su actuación *iure imperium*, en las relaciones de Derecho público, responden directamente frente a los particulares, de toda lesión que sufran en sus bienes y derechos, salvo en los casos de fuerza mayor. Es preciso que el daño se produzca a consecuencia del funcionamiento normal o anormal de los servicios públicos y que sea efectivo, evaluado económicamente e individualizado (art. 139).

JURISPRUDENCIA

Sobre el párrafo primero, responsabilidad por actos ajenos en general:

«El primer párrafo del art. 1903 del CC establece un sistema de inversión de la carga de la prueba, ya que corresponde al responsable por el hecho u omisión de otro, acreditar que no tiene responsabilidad por haber obrado de acuerdo con la diligencia de un buen padre de familia para prevenirlo; si no lo acredita, demuestra su culpabilidad y por ello se le sanciona». (16 mayo 2003, LA LEY 2038/2003)

«la más reciente doctrina y la jurisprudencia vienen proclamando que la responsabilidad impuesta por este artículo a los que deben responder por otras personas que de algún modo les están sometidas, no es subsidiaria, sino directa, "ya que se establece por incumplimiento de los deberes que imponen las relaciones de convivencia social, de vigilar a las personas y a las cosas que están bajo la dependencia de determinadas personas y de emplear la debida cautela en la elección de servidores y en la vigilancia de sus actos" (sentencia de 16 de abril de 1973). Lo mismo declara la sentencia de 15 de febrero de 1975». (23 enero 2004, rec. 530/1998)

«Es doctrina reiterada de esta Sala la de que la acción derivada del artículo 1903 del Código Civil tiene la condición de directa en cuanto puede ser dirigida de este modo contra el empresario para exigirle responsabilidad por culpa in vigilando o in eligendo, pese a que

el artículo 1904 autorice la repetición contra el dependiente o empleado, por tratarse de una relación interna entre ambos responsables (entre otras, SSTS de 30 de abril de 1960 y 16 de abril de 1968), bien que haya de exigirse la prueba o realidad del actuar negligente del dependiente o autor material del daño (aparte de otras, SSTS de 3 de mayo de 1967 y 25 de octubre de 1980), ya que no basta la mera relación de dependencia para sentar la responsabilidad del empresario (SSTS de 30 de diciembre de 1981 y, en igual sentido, SSTS de 15 de julio de 1993, 20 de diciembre de 1996 y 31 de marzo de 1998)». (6 octubre 2005, rec. 1110/1999)

«con independencia de que el establecimiento en que se vendió la sustancia no fue una farmacia, sino de otro tipo, cuyo objeto es, entre otros aspectos, la expedición de sustancias químicas, no hay infracción del art. 1903 CC, que sanciona la responsabilidad por hecho ajeno, porque su aplicación, centrada en la existencia de una culpa in eligendo *o* vigilando, *exige la previa declaración de culpa extracontractual por parte de la persona de que se debe responder, respecto de la cual se ha producido la deficiente elección como empleado del establecimiento o la falta de la vigilancia adecuada en el desempeño del trabajo encomendado, y en el caso sucede que no se ha apreciado la existencia de un comportamiento negligente por parte del dependiente que vendió el producto tóxico, ya que en absoluto incurrió en la omisión de las más elementales cautelas que se le imputa por la parte demandante, aquí recurrente».* (16 octubre 2007, LA LEY 161995/2007)

«la doctrina jurisprudencial ha evolucionado en forma acomodada a las exigencias de la realidad social, a cuasi-objetivizar la responsabilidad extracontractual, sobre todo en casos como el presente, en que concurre un riesgo advertido y conocido y no obstante se mantiene, al no adoptarse medidas adecuadas para evitar lo que se presenta como peligro potencial y que se convirtió en realidad de efectivo peligro materializado (STS de 17 de abril de 1998, y, en la misma línea, SSTS de 24 de abril de 1986, 19 de julio de 1993 y 8 de octubre de 1996); igualmente, en los casos de grave riesgo, en que es necesario adoptar extremas, intensas y efectivas medidas previsoras y cuando se aprecia que las mismas no existieron, es precisamente lo que determina la negligencia empresarial y propicia la condena (STS de 12 de julio de 1999, y en parecidos términos, SSTS de 10 de marzo de 1994 y 18 de diciembre de 1997)». (7 febrero 2008, LA LEY 12927/2008)

«Responsabilidad por hecho ajeno dimanante de la existencia de una relación de dependencia contemplada en el artículo 1903 I y IV CC. La existencia de una relación de dependencia no parece ofrecer duda en aquellos supuestos en los cuales la relación de los médicos con la aseguradora de asistencia médica es una relación de naturaleza laboral. Sin embargo, en la mayoría de los casos esta relación es la propia de un arrendamiento de servicios entre la entidad aseguradora y el prestador sanitario, según la califica habitualmente la jurisprudencia (SSTS de 12 febrero 1990; 10 de noviembre de 1999). El hecho de que los facultativos presten sus servicios con total libertad de criterio, de acuerdo con sus conocimientos científicos y técnicos, sin interferencias de las aseguradoras, supone que en principio responde por sí mismo —siempre que reúna las cualidades adecuadas y por ello deba estimarse correctamente seleccionado por parte del empresario; y siempre que éste no ejerza una función de control sobre su actividad—, por lo que en alguna de estas sentencias se contempla algún elemento adicional, como el hecho de la elección directa del médico por la aseguradora». (4 junio 2009, rec. 2701/2004, LA LEY 92018/2009)

Sobre el párrafo segundo, responsabilidad de los padres:

«las medidas adoptadas por el padre para impedir que el menor, aficionado a las armas, la utilizara fueron insuficientes, y en consecuencia constitutivas de negligencia, y como, además, el art. 1.903, en su párrafo último, establece que "la responsabilidad de los padres cesará cuando ellos prueben que emplearon toda la diligencia de un buen padre de

familia", queda de manifiesto la infracción legal denunciada en el motivo y el error jurídico padecido por las sentencias de instancia, cuando afirma "que no ha quedado demostrado que el codemandado actuase sin la diligencia debida", cuando es a este a quien le incumbe demostrarlo». (24 mayo 1996, LA LEY 6108/1996)

«Se ha planteado en el presente supuesto la responsabilidad de los padres por el grave daño, consistente en la muerte de un niño de cinco años, causado por su hijo menor de edad, bajo su patria potestad y guarda. Su responsabilidad es directa y cuasi objetiva, se halla en el art. 1.903, segundo párrafo, del Código Civil y está desarrollada por la jurisprudencia: la S 22 de enero de 1991 dice que tal responsabilidad si bien se declara en el art. 1.903 siguiendo a un artículo que se basa en la responsabilidad por culpa o negligencia, no obstante no menciona tal dato de culpabilidad, por lo que acertadamente se ha sostenido que es una responsabilidad por riesgo o cuasi objetiva». (28 julio 1997, LA LEY 8446/1997)

«Ante la absoluta carencia de la prueba en contrario a su responsabilidad, impuesta por el art. 1.903 CC, es obvio que vagaba libremente, a su aire, y en ese vagar ocurrió el desdichado suceso que acabó con la vida de una persona sin que se le pudiese prestar el más elemento. Fuese o viniese de la piscina, una vigilancia somera sobre sus pasos hubiera sido necesaria». (12 mayo 1999, LA LEY 7365/1999)

«La acción por culpa extracontractual ejercitada deviene del suceso que ocurrió el día 11 Jun. 1985, cuando el hijo menor del que recurre, con ocasión de encontrarse jugando en la calle, recibió un impacto en su ojo izquierdo, que fue lanzado por el también menor, hijo de los demandados, D. Alex G. G., al dispararle con un tiragomas que el mismo había fabricado, valiéndose de la boquilla de una botella a la que sujetó un globo. Las graves lesiones oculares causadas, determinaron que se produjera intensa disminución de la visión del agredido. Los hechos probados conforman culpa del art. 1902 CC y según la jurisprudencia de esta Sala resultan responsables los padres que ostentan la patria potestad, al ser el causante menor de edad y vivir en su compañía, tratándose de una responsabilidad por semiriesgo, con proyección de cuasi objetiva que procede aunque los padres no estén presentes en el momento de cometerse el hecho (SS 10 Mar. 1983, 22 Ene. 1991 y 7 Ene. 1992). Se trata de culpa propia de los progenitores por omisión de los necesarios deberes de vigilancia y control de sus hijos menores de edad (SS 24 Mar. 1979, 1 Jun. 1980, 10 Mar. 1983, 7 Ene. 1994 y 29 May. 1996)». (11 marzo 2000, LA LEY 731/2001)

Sobre el párrafo cuarto, responsabilidad del empresario:

«Su aplicación deviene, también insoslayable cuando de los resultados de la prueba se desprende que el hecho dañoso se produjo por acción u omisión negligente acaecida en el círculo de actividad de la empresa y por circunstancias que, con criterios de normalidad y, según las reglas de la experiencia, cabe atribuir a empleados o dependientes de la misma, sin que sea condición necesaria la identificación de los concretos sujetos responsables, pues esta exigencia favorecería la impunidad en beneficio de las grandes y complejas organizaciones empresariales de nuestro tiempo y en perjuicio de las víctimas (TS S 9 Jun. 1998). En lo que se refiere a la exigencia de solidaridad la evolución jurisprudencial, ha llegado a plasmar una doctrina legal que se puede compendiar en el brocardo que determina que la responsabilidad extracontractual de las empresas en los supuestos del art. 1903 es directa y no subsidiaria (SS 16 Abr. 1968, 10 Mar. 1971, 20 Sep. 1983, 26 Jun. 1984, 22 Jun. 1988, 17 Jun. 1989, 30 Jul. 1991 y 28 Feb. 1992, entre otras), lo que significa que en la presente litis, la empresa, tiene una responsabilidad que no se puede determinar como de segundo grado o subsidiaria, sino que la misma, con todas sus consecuencias, debe ser calificada de directa, perfectamente compatible con la exigible a otras personas, con las que únicamente les vinculará, en su exigencia, una relación de solidaridad (TS S 31 Mar. 1998)». (29 octubre 2002, LA LEY 28/2003)

«A su vez, el párrafo cuarto del art. 1903 del mismo cuerpo legal establece la obligación de responder del daño causado por actos ajenos, concretamente de empleados en el ejercicio de sus funciones, al empresario, persona física o jurídica; obligación de reparar el daño, basado en culpa in vigilando o in eligendo, que tiene carácter objetivo y solidario con la obligación del propio causante». (12 diciembre 2002, LA LEY 11333/2003)

«La responsabilidad tipificada en el párrafo cuarto del art. 1903 requiere como presupuesto indispensable una relación jerárquica o de dependencia entre el ejecutor causante del daño y la empresa demandada, sin olvidar que cuando se trata de contratos entre empresas no determinantes de relación de subordinación entre ellas, falta toda razón esencial para aplicar la norma (SS 7 Oct. 1969, 18 Jun. 1979, 4 Ene. 1982, 2 Nov. 1983 y 3 Abr. 1984); se trata de una responsabilidad directa del empresario (SS 26 Jun. y 6 y 9 Jul. 1984 y 30 Nov. 1985), que requiere indefectiblemente una relación jerárquica o de dependencia entre el causante del daño y el primero (SS 3 Abr. y 3 Jun. 1984) y siempre, por supuesto, que se acredite la culpa o negligencia del dependiente (S 30 Nov. 1985), puesto que, como señala el último párrafo de dicho art. 1903, cuando se acredite el empleo de toda la diligencia de buen padre de familia para prevenir el daño cesará tal responsabilidad. De esta manera resume la responsabilidad por hecho ajeno la S 20 Dic. 1996». (16 mayo 2003, LA LEY 2038/2003)

«la ausencia de cualquier medida de cautela y prevención, ante la existencia de una situación de riesgo, genera responsabilidad en la empresa, que incluso se hace extensiva a la previsión de actuación negligente del operario y solo en caso de desobediencia voluntaria de instrucciones concretas o de actuación consciente contraria a las indicaciones de la empresa es aplicable culpa exclusiva a la víctima (sentencia del Tribunal Supremo de 11 de mayo de 1996)». (19 julio 2005, rec. 843/1999)

«Es reiterada y conocida la doctrina jurisprudencial que establece la compatibilidad, en cuanto a indemnizaciones por accidentes de trabajo, y las dimanantes del acto culposo, en su proyección civil, pues no se produce exclusión ni enfrentamiento entre ambas jurisdicciones, toda vez que las prestaciones de carácter laboral nacen de la seguridad social y por causa de la relación laboral, que preexiste a las responsabilidades de naturaleza extracontractual, surgiendo éstas de diferente fuente de obligaciones, como declaró la sentencia de 21 de noviembre de 1995 (sentencia del Tribunal Supremo de 12 de mayo de 1997)». (29 noviembre 2005, rec. 1434/1999)

«propietaria, la posesión y el control de la aeronave a través de la dotación, lo que supone, más que un arrendamiento de cosa, un arrendamiento de obra o locatio operis que obliga al propietario de la aeronave, que sigue controlando la aeronave, a la obtención de un resultado (los viajes encargados por la arrendataria) que es precisamente lo que retribuye el precio convenido, y no la detentación o el uso de la aeronave. Es ello coherente con que el que cabría denominar "fletador", aquí llamado "arrendatario", tenga atribuida durante un tiempo la "gestión comercial" de la aeronave (pasajeros, rutas, viajes), pero en ningún caso la gestión y el control de la navegación, que queda en poder de la entidad propietaria. Es claro, por ello, que la responsabilidad por hecho de los auxiliares o dependientes corresponde a la propietaria ahora recurrente, como ha establecido con acierto la Sala de instancia». (2 enero 2006, rec. 1845/1999)

«En los casos en los que la realización de la obra se encarga a un contratista, la jurisprudencia entiende que la responsabilidad corresponde exclusivamente a éste, como contratista independiente, siempre que dicho contrato no sea determinante de una relación de subordinación o dependencia entre la empresa promotora y la contratista (SSTS de 4 de enero de 1982 y 8 de mayo de 1999). Este concepto de dependencia requiere una interpretación amplia, en la que suele ser decisiva la apreciación de un elemento del control, vigilancia y dirección de las labores encargadas. En este supuesto concurrirá culpa in vigilando *[en la*

vigilancia] en el comitente (apreciada por lo general como responsabilidad por hecho de otro en aplicación del art. 1903 CC) si se omiten las debidas medidas de seguridad y si, como consecuencia de ello, en virtud de la concurrencia de un nexo causal entre ambos elementos, se produce el resultado dañoso. Cabe, también, incorporar al vínculo de responsabilidad extracontractual a la empresa comitente en aquellos supuestos en los cuales se demuestre la existencia de culpa in eligendo *[en la elección], cuya concurrencia depende de que las características de la empresa contratada para la realización de la obra no sean las adecuadas para las debidas garantías de seguridad, caso en el que podrá apreciarse la existencia de responsabilidad (que la más moderna doctrina y jurisprudencia no consideran como una responsabilidad por hecho de otro amparada en el artículo 1903 CC, sino como una responsabilidad derivada del artículo 1902 CC por incumplimiento del deber de diligencia en la selección del contratista: STS de 18 de julio de 2005). Esta misma doctrina se aplica a los casos de subcontratación. Según la STS de 18 de julio de 2005, para apreciar la responsabilidad por hecho de otro, la jurisprudencia exige de forma expresa que se pruebe que entre el contratista y el subcontratista ha existido dependencia, de forma que este último no era autónomo porque el contratista se reservó la vigilancia (dirección, supervisión o inspección) o la participación en los trabajos encargados al subcontratista (SSTS de 20 de diciembre de 1996, 12 de marzo de 2001, 16 de mayo de 2003 y 22 de julio de 2003, entre muchas otras)».* (7 diciembre 2006, LA LEY 160474/2006) (Doctrina reiterada por la sentencia de 25 enero 2007, LA LEY 1047/2007)

«El defectuoso funcionamiento de los servicios es susceptible de determinar la existencia de responsabilidad por hecho de otro con arreglo al artículo 1903 CC también en el ámbito de los servicios sanitarios (SSTS de 1 de julio de 1997, 26 de junio de 1999, 13 de diciembre de 1999, 20 de julio de 2000, 28 de diciembre de 2000, 24 de marzo de 2001, 8 de mayo de 2001, 11 de noviembre de 2002 y 19 de mayo de 2006; salvo que no haya dependencia funcional con el cirujano a quien se imputa la causación del daño: SSTS de 24 de marzo de 2001 y, entre las más recientes, 20 de diciembre de 2006). Como ha declarado reiteradamente la jurisprudencia, esta responsabilidad no tiene carácter objetivo, sino que se funda en el principio culpabilístico inherente al vicio in eligendo [en la elección] o in vigilando [en la vigilancia] respecto de las personas por quienes se debe responder (SSTS, entre otras, de 4 de enero de 1982, 4 de noviembre de 1991, 30 de junio de 1995, 7 de enero de 1992, 24 de mayo de 1996, 8 de mayo de 1999, 4 de julio de 1999, 5 de marzo de 1997, 11 de marzo de 2000 y 16 de mayo de 2000). En ocasiones la jurisprudencia ha hablado de responsabilidad cuasi objetiva, o de inversión de la carga de la prueba. Se trata de aquellos casos en que la producción de un daño desproporcionado o inexplicable constituye en determinadas circunstancias, como puede ocurrir en el ámbito de la sanidad, una evidencia o demostración de la existencia de negligencia por parte de los responsables del servicio en tanto por éstos no se pruebe haber actuado con diligencia y haber adoptado las medidas de prevención y de precaución adecuadas (entre otras, SSTS de 13 de diciembre de 1997, 9 de diciembre de 1998, 29 de junio de 1999, 23 de noviembre de 2002, 30 de diciembre de 2002, 30 de enero de 2003, 31 de enero 2003 y 8 de mayo de 2003). Este concepto ha sido especialmente aplicado para apreciar la responsabilidad de los servicios médicos por la infección que contrae el paciente con motivo de una intervención quirúrgica, sin perjuicio de la responsabilidad solidaria del cirujano cuando se acredita la falta de omisión de medidas de prevención o diagnóstico a él imputable (SSTS de 26 de mayo de 1997, 1 de julio de 1997, 21 de julio de 1997, 9 de diciembre de 1998, 20 noviembre de 2000, 9 de septiembre de 2003, 18 de marzo de 2004, 17 de noviembre de 2004 y 23 de junio de 2005)». (5 enero 2007, LA LEY 237/2007) (Doctrina reiterada literalmente por la sentencia de 22 mayo 2007, LA LEY 72160/2007)

«perfecto encaje en el artículo 1903 del CC a partir de la interpretación reiterada que este Tribunal ha hecho en el sentido de que en los casos en los que la realización de la obra se encarga a un contratista, la responsabilidad corresponde exclusivamente a éste, como

contratista independiente, siempre que dicho contrato no sea determinante de una relación de subordinación o dependencia entre la empresa promotora y la contratista, asumiendo de manera exclusiva sus propios riesgos (SSTS de 4 de enero de 1982; 8 de mayo de 1999), dependencia que se produce cuando el contratista no actúa formalmente como autónomo si, de hecho, está sujeto al control de la propiedad o promotora de la obra o se encuentra incardinado en su organización correspondiéndole el control, vigilancia y dirección de las labores encargadas, de tal forma que será posible responsabilizarle del daño en aquellos supuestos en que no solo encarga la obra a personal especializado y cualificado profesionalmente con suficientes conocimientos para un ejercicio normalmente correcto de la "lex artis", sino que designa al un director facultativo de la obra a quien compete exigir el cumplimiento de las especificaciones del proyecto, las normas de buena ejecución y las de Seguridad e Higiene en el Trabajo, pues ello es determinante de la responsabilidad por hecho de otro, según la interpretación jurisprudencial del artículo 1903, y ésta no puede ser enervada por la existencia de un pacto en contrario entre los responsables, que no puede producir efectos en perjuicio de terceros ajenos al ámbito contractual en virtud del principio de relatividad del contrato». (1 febrero 2007, LA LEY 1494/2007)

«El artículo 1903 del Código civil establece una presunción de culpa de los empresarios por el hecho de sus dependientes, que se fundamenta en la imposibilidad de evitar el resultado dañoso empleando la diligencia adecuada. Para ello, el artículo 1903.4 del Código civil exige que concurran dos requisitos para que opere la responsabilidad atribuida al empresario, es decir, que se trate de un dependiente y que éste actúe en el ejercicio de las funciones que le han sido conferidas; evidentemente, se requiere también que en este ejercicio se haya actuado ocasionando un daño a tercero. En consecuencia, debe examinarse si estos requisitos concurrían para que pueda atribuirse al recurrente la obligación de responder». (6 marzo 2007, LA LEY 8198/2007)

«El defectuoso funcionamiento de los servicios sanitarios es susceptible de determinar la existencia de responsabilidad por hecho de otro con arreglo al artículo 1903 CC, salvo que no haya dependencia funcional con el cirujano a quien se imputa la causación del daño (por todas, STS 5 de enero 2007) (LA LEY 237/2007) y es evidente que los hechos probados de la sentencia son suficientes para entender que hubo falta de negligencia en el funcionamiento del Centro en el que se atendió a Doña Estela, y, a su vez, ausencia de agotamiento de medios que debieron ponerse a su disposición para evitar el daño. A la evidente falta de coordinación asistencial, que impidió ofrecer una respuesta sanitaria correcta en el momento en que era necesaria, se debe añadir la serie de circunstancias que rodearon la intervención y que son en sí mismas relevantes para poner de manifiesto la ausencia de medios o de capacidad de quienes, ante la posibilidad de que pudiera producirse un incidente anestésico en el curso de la extracción de un quiste ovárico, no habían previsto una solución alternativa, rápida y eficaz para solucionarlo». (14 noviembre 2007, LA LEY 179992/2007)

«La existencia de una relación de dependencia no parece ofrecer duda en aquellos casos en los cuales la relación de los médicos con la aseguradora de asistencia médica es una relación de naturaleza laboral. Sin embargo, en la mayoría de los casos esta relación es la propia de un arrendamiento de servicios, según la califica habitualmente la jurisprudencia. Algunas sentencias de esta Sala han fundado la dependencia en la existencia de este tipo de relación (STS de 12 febrero 1990, y STS núm. 923/1999, de 10 noviembre). Para llegar a esta conclusión debe salvarse el escollo de que el médico es un profesional independiente, el cual, en principio, responde por sí mismo —siempre que reúna las cualidades adecuadas y por ello deba estimarse correctamente seleccionado por parte del empresario; y siempre que éste no ejerza una función de control sobre su actividad—, por lo que en alguna de estas sentencias se contempla algún elemento adicional (v. gr., la STS 923 /1999 parece apuntar a la elección directa del médico por la aseguradora, al afirmar que "[...] la resolución recurrida

no ha tenido en cuenta que el facultativo demandado no pertenecía a la plantilla de médicos adscritos a la recurrente")». (4 diciembre 2007, LA LEY 256484/2007)

«Esta Sala, efectivamente, tiene declarado que "la responsabilidad tipificada en el párrafo 4.º del artículo 1903 del Código Civil requiere como presupuesto indispensable una relación jerárquica o de dependencia entre el ejecutor causante del daño y la empresa demandada, sin olvidar que cuando se trata de contratos entre empresas no determinantes de relaciones de subordinación entre ellas, falta toda razón esencial para aplicar la norma (Sentencias de 7 de octubre de 1969, 18 de junio de 1979, 4 de enero de 1982, 2 de noviembre de 1983 y 3 de Abril de 1984, entre otras); se trata de una responsabilidad directa del empresario (Sentencias de 26 de junio y 6 y 9 de Julio de 1984 y 30 de noviembre de 1985), que requiere indefectiblemente una relación jerárquica o de dependencia entre el causante del daño y el primero (Sentencias de 3 de Abril y 4 de Julio de 1984) y siempre, por supuesto, que se acredite la culpa o negligencia del dependiente (Sentencia de 30 de noviembre de 1985)" (Sentencia de 13 de mayo de 2005)». (17 septiembre 2008, rec. 71/2002, LA LEY 142513/2008)

«no se ha acreditado ninguna actuación imprudente de la enfermera demandada, y sin esta responsabilidad no es posible la de la Institución sanitaria por el defectuoso funcionamiento del servicio, al amparo del artículo 1903.4, responsabilidad que, como reiteración ha declarado esta Sala, no tiene carácter objetivo, sino que se funda en el principio culpabilístico inherente al vicio in eligendo o in vigilando respecto de las personas por quienes debe responder (SSTS de 22 de mayo de 2007; 20 de junio de 2008, entre otras muchas), como tampoco es posible responsabilizarla del daño derivado de un posible defecto asistencial, en base al artículo 1902 del Código Civil, en la medida en que la sentencia también descarta que pueda serle exigida por hechos que sean directamente imputables a la organización o al desarrollo de su actividad». (6 febrero 2009, rec. 2640/2003, LA LEY 1907/2009)

«La existencia de culpa in eligendo [en la elección] o in vigilando [en la vigilancia] se sitúa en el ámbito de la responsabilidad por hecho de otro, a que se refiere el artículo 1903.4.º CC, y requiere, según reiterada jurisprudencia, la existencia de una relación jerárquica de dependencia entre el causante del daño y la empresa demandada (SSTS de 20 de diciembre de 1996, 20 de septiembre de 1997, 8 de mayo de 1999, 24 de junio de 2000 y 13 de mayo de 2005, entre otras muchas). Es una responsabilidad directa que tiene como presupuesto la culpa in operando [en la actividad] por parte del causante del daño (STS de 3 de abril de 2006, RC n.º 3100/1999)». (5 abril 2010, rec. 449/2005, LA LEY 41054/2010)

«puesto que los daños susceptibles de generar una responsabilidad civil no se han de producir necesariamente dentro del ámbito espacial concreto y delimitado del empleador, sino también en lugares donde se proyecten los deberes de vigilancia y atención. Lo cierto es que el menor no pudo realizar su trabajo al haber sido empujado de forma intencionada por el agresor y que esta persona no actuaba de forma autónoma sino sometido al cuidado y dirección de los mandos de la demandada, a cuyo cargo estaba el procurar las medidas apropiadas para que la orden de trabajo se cumplimentara en la forma para la que habían sido instruidos sus empleados, sin riesgo alguno para ellos, lo que no hizo. Como consecuencia de ello y en virtud de la concurrencia de un nexo causal entre ambos elementos, se produjo el resultado dañoso, susceptible de generar una responsabilidad civil por hecho de otro, en aplicación del artículo 1903 del Código Civil, que presupone una presunción de culpa que únicamente desaparece cuando las personas en él mencionadas prueben que emplearon toda la diligencia de un buen padre de familia para prevenir el daño, en este caso la diligencia dirigida a evitar sucesos como el acontecido, en un medio previsible como en el que acontece». (14 mayo 2010, rec. 1346/2006, LA LEY 55542/2010)

«En el caso enjuiciado, pese a una aparente ambigüedad en la determinación jurídica de la condena (se dice, de un lado, que puede ser discutible la responsabilidad de la empresa de seguros respecto de la actuación del médico y del propio concepto de dependencia, y admite, de otro su responsabilidad desde el "funcionamiento empresarial actual de la responsabilidad de la empresa por la prestación del servicio"), la posición de la compañía no es la de mero intermediario, sino la de garante del servicio, a los efectos de la diligencia exigible en los ámbitos de la culpa extracontractual y contractual, llegándose a la condena por vía del artículo 1903 CC a partir de la existencia de una relación de dependencia entre la sociedad de seguros y el médico demandado, por razón de la relación entre uno y otro, ya que la entidad aseguradora no actúa como simple intermediario entre el médico y el asegurado, sino que garantiza el servicio, dándose la necesaria relación de dependencia entre uno y otra bien sea por vínculos laborales, bien por razón de contrato de arrendamiento de servicios profesionales que pone a disposición de su asegurado-cliente. Al asegurado se le garantiza la asistencia médica, quirúrgica y hospitalaria que proceda, en los términos que autoriza la Ley de Contrato de Seguro y lo convenido en el contrato, y esta relación que se establece entre una y otra parte garantiza al asegurado, entre otras cosas, las prestaciones sanitarias incluidas en la póliza por medio de un cuadro médico que viene a actuar como auxiliares contractuales para la realización de las prestaciones, a partir de lo cual es posible responsabilizarla por los daños ocasionados, ya sea por concurrir culpa in eligendo *o porque se trata de la responsabilidad por hecho de tercero».* (16 enero 2012, rec. 2243/2008, LA LEY 3558/2012)

Sobre el párrafo quinto, responsabilidad del centro docente:

«Respecto a la responsabilidad del Colegio, y a tenor de lo expuesto en relación con la doctrina de esta Sala, hay que tener presente, que no se puede atribuir una responsabilidad culposa omisiva, ya que tenía el recreo vigilado por una profesora, que fue la que atendió en el primer momento a la menor lesionada, y que de acuerdo con la prueba practicada, el accidente se produjo cuando practicaban un juego sin riesgo y de general uso entre las niñas de esa edad, por lo que no se puede apreciar actitud omisivada de la vigilante del recreo de las niñas (SS 10 Oct. 1995, 10 Mar. 1997, 8 Mar. 1999 y 11 Mar. 2000). Supuestos distintos serían cuando los juegos o actividades lúdicas fueran peligrosos y entrañaren algún riesgo, como es el caso contemplado en las sentencias de esta Sala de 18 Oct. 1999 y 11 Mar. 2000, supuestos en los que aplicando la doctrina progresiva consistente en recaer la carga de la prueba de la culpa, en vez de en los demandantes en los demandados, inversión de la carga de la prueba, que en este caso, los demandados han acreditado que obraron con la debida diligencia, y el accidente se debió a caso fortuito, por la falta de previsibilidad de un resultado como el que se produjo». (28 diciembre 2001, LA LEY 22349/2002)

«La sentencia impugnada estima que no se agotaron las medidas posibles y previsibles para evitar el hecho en cuestión, ya que no dispuso el anclaje debido de la portería, cualquiera que fuera su situación y disponibilidad; y esta falta de anclaje fue la determinante de las lesiones y ulterior fallecimiento del menor de edad Javier. Así lo ha entendido el Tribunal Supremo en sentencias referidas a supuestos prácticamente iguales, como son las de 1 de octubre de 2003 y 26 de mayo de 2004». (23 septiembre 2004, rec. 2500/1998)

«No se aprecia responsabilidad directa, por cuanto falta el esencial presupuesto del nexo causal que exige el artículo 1902 del Código civil. No puede, ni por asomo, imputarse responsabilidad a un centro docente y a su director, por la omisión de vigilancia en el interior de un vestuario. Con un normal criterio de racionalidad no se puede llegar a los extremos que parece pretenderse en la demanda, como vigilar un vestuario, ya que se llegaría a extremos ad absurdum *como imponer, so pena de responsabilidad, vigilancia y control en comedores, vestuarios, lavabos, retretes, etc., llegando a la violación de la intimidad, derecho constitucional, para evitar riesgos imprevisibles».* (4 junio 2007, LA LEY 51867/2007)

«no sólo resulta que la entidad titular del centro docente no ha logrado probar que empleara toda la diligencia de un buen padre de familia para prevenir el daño, como le impone el párrafo último del art. 1903 CC, sino que, además, esta Sala comparte plenamente el juicio del tribunal sentenciador sobre la probada negligencia de dicha entidad y su relación causal con el resultado producido, ya que la lluvia no imponía necesariamente que los niños de varios grupos hubieran de concentrarse en el espacio común cubierto cuando se daba la alternativa de que cada grupo hubiera disfrutado del recreo en su correspondiente aula bajo la supervisión de la profesora encargada o de otra que la sustituyera durante el tiempo imprescindible para descansar, incumbiendo precisamente a la dirección del centro docente la organización necesaria para que tal solución alternativa fuera posible antes de permitir que trescientos niños se concentraran en 200 m2 en forma de L, y por tanto sin visibilidad simultánea por las tres profesoras presentes, para disfrutar del recreo, lo que por demás explica que a las tres les pasara inadvertido el empujón que a la niña le dio otro alumno». (30 junio 2009, rec. 365/2005, LA LEY 119098/2009)

«Descartada la incardinación de la conducta de los dos profesores demandados en el art. 1902 CC, queda descartada la responsabilidad de la cooperativa titular del colegio fundada en el párrafo cuarto del art. 1903 del mismo Cuerpo legal, pues esta última responsabilidad se predica en el recurso como derivada única y exclusivamente de la de aquéllos y no de la de ninguna otra persona ni, tampoco, como fundada en el propio art. 1902 por un fallo de las medidas organizativas del colegio para actividades de sus alumnos en el centro de la naturaleza». (5 noviembre 2009, rec. 1241/2005, LA LEY 226656/2009)

Sobre la responsabilidad del Estado:

«En primer lugar hay que afirmar que el art. 1.903.5 CC ha sido derogado por la L 1/1991, de 7 de enero, y se puede asegurar que la responsabilidad patrimonial del Estado en la actualidad se encuentra regulada en la Constitución (art. 106.2) y en la legislación administrativa; y cuando se habla de la responsabilidad del Estado, se puede decir de las Administraciones Públicas, y en concreto de las Comunidades Autónomas, y así la nueva L 30/1992, de 26 de noviembre, de Régimen Jurídico de las Administraciones Públicas y del Procedimiento Administrativo Común, regula en su Título X la responsabilidad de las Administraciones Públicas y de sus autoridades y demás personal a su servicio, y en concreto en su art. 139.1 se proclama el derecho de los particulares a ser indemnizados por las Administraciones Públicas correspondientes, de toda lesión que sufran en cualquiera de sus bienes y derechos, salvo en los casos de fuerza mayor, siempre que la lesión sea consecuencia del funcionamiento normal o anormal de los servicios públicos... Proclamado lo antedicho será preciso afirmar que esta responsabilidad, que se contempla, es objetiva y además directa, y que incluso la jurisdicción competente para exigir el cumplimiento de la obligación de reparar el daño es, en principio, la contenciosa-administrativa; sin embargo, con respecto a este punto competencial, hay que decir, que la jurisdicción civil ha aceptado y resuelto casos, y en el presente así lo va a hacer, en base fundamentalmente a la vis atractiva de la jurisdicción civil —hay particulares demandados— y para evitar un "largo peregrinaje" a través de las distintas jurisdicciones». (22 noviembre 1996, LA LEY 11294/1997)

«el Ayuntamiento de Grazalema omitió las más elementales medidas de seguridad hacia sus empleados: todos los testigos afirmaron tajantemente ser cierto que: 1.º) a pesar de encontrarse realizando un trabajo en altura (...) el Ayuntamiento consintió en que se siguiera realizando el trabajo a pesar de carecer de medidas de seguridad, motivo por el cual se produjo la caída que produjo la muerte». (2 febrero 2004, rec. 940/1998)

Sobre la cesación de responsabilidad del último párrafo:

«El Tribunal Supremo establece que cuando el elemento fáctico indica un dueño de una obra que encargó a personal especializado y cualificado profesionalmente con suficientes conocimientos para un ejercicio normalmente correcto de la lex artis *y para la realización de unas determinadas operaciones, desentendiéndose dicho dueño de como se efectuaron prácticamente las mismas, no se puede entonces olvidar que doctrina de esta Sala ha establecido que la cesación de responsabilidad establecida en el último párrafo del artículo 1903 del Código Civil parte de la base de la no existencia de una relación jerárquica o de dependencia entre el ejecutor causante del daño y la empresa, y así se proclama en la sentencia de 11 de junio de 1998, que recoge lo dispuesto en la de 7 de noviembre de 1985, entre otras muchas más (Sentencia de 18 de Julio de 2002), es decir: para que el dueño de la obra no responda de los actos realizados por terceros en la ejecución aquella, además de no estar unidos por una relación de jerarquía o dependencia, ha de haber elegido diligentemente a los profesionales encargados de dicha ejecución, de suerte que, de haber encargado la realización de las labores a personas no cualificadas, incurre en una responsabilidad directa ex art. 1903 CC por* culpa in eligendo*».* (17 septiembre 2008, rec. 71/2002, LA LEY 142513/2008)

«al tiempo de sobrevenir el accidente, el conductor accidentado utilizaba el vehículo de su propiedad para uso particular, fuera de las horas de trabajo, contraviniendo la prohibición que le imponía la empresa, que no le había autorizado expresamente su uso privado, como reconoce la sentencia, pues ello impide establecer una relación de dependencia entre uno y otra, como presupuesto inexcusable del artículo 1903 del Código Civil aunque se acudiese a la responsabilidad por riesgo, puesto que el vehículo se hallaba cedido exclusivamente para el desempeño de su trabajo, constituyendo un acto individual completamente desvinculado de la Empresa con la que estaba ligado laboralmente, desde la idea de que toda responsabilidad ha de conectarse con el servicio asignado al autor directo y que la conducta negligente del empleado se debe producir en el ámbito propio de la actividad empresarial quedando fuera de la misma los supuestos en que los comportamientos o conductas del agente se sitúan de manera totalmente ajena a la relación que lo liga con el principal, pues el hilo de la dependencia personal no puede justificar un vínculo de responsabilidad si los actos del sujeto no guardan conexión alguna con la función o servicio encomendado (STS 30 de diciembre 1992)». (6 mayo 2009, rec. 2019/2004, LA LEY 49546/2009)

CONCORDANCIAS

Véase Ley de Régimen Jurídico de las Administraciones Públicas y del Procedimiento Administrativo Común, de 26 noviembre 1992 *(«B.O.E.»,* 27 noviembre): arts. 139 y ss.

Texto vigente según Ley 1/1991, de 7 de enero (*«B.O.E.»,* 8 enero). Anterior texto según Ley 11/1981, 13 mayo (*«B.O.E.»,* 19 mayo).

Artículo 1.904

El que paga el daño causado por sus dependientes puede repetir de éstos lo que hubiese satisfecho.

Cuando se trate de Centros docentes de enseñanza no superior, sus titulares podrán exigir de los profesores las cantidades satisfechas, si hubiesen incurrido en dolo o culpa grave en el ejercicio de sus funciones que fuesen causa del daño.

COMENTARIO

1.- En el artículo anterior se establecía la obligación del empresario de reparar el daño causado por sus empleados en el ejercicio o con ocasión de sus funciones (párrafo cuarto).

Esta obligación es directa, no subsidiaria, y solidaria con la obligación personal del empleado causante del daño.

Si el empresario ha cumplido aquella obligación y ha reparado el daño, tiene el derecho de repetir contra el empleado que lo causó y obtener el reintegro de lo satisfecho a la víctima.

2. También en el artículo anterior se preveía la obligación del titular del centro docente de reparar los daños causados por sus alumnos.

Una vez cumplida tal obligación, el titular del centro docente tiene el derecho de repetir contra el profesor, no en todo caso, sino sólo si éste ha incurrido en dolo o culpa grave en el ejercicio de sus funciones, que fuesen causa del daño.

CONCORDANCIAS

Párrafo segundo introducido por Ley 1/1991, de 7 de enero (*«B.O.E.»*, 8 enero), sobre modificación de los Códigos Civil y Penal en materia de responsabilidad civil del profesorado.

Artículo 1.905

El poseedor de un animal, o el que se sirve de él, es responsable de los perjuicios que causare, aunque se le escape o extravíe. Sólo cesará esta responsabilidad en el caso de que el daño proviniera de fuerza mayor o de culpa del que lo hubiese sufrido.

COMENTARIO

1.- En este artículo y en los siguientes se contempla la obligación de reparar el daño causado por animales y cosas de que una persona es propietario o poseedor.

Este primer artículo establece la *obligación de reparar el daño causado por un animal.* Se impone la obligación al «poseedor» o al que «se sirve de él» lo que significa que la obligación recae, como deudor, al que tiene el poder de hecho (posesión de hecho, inmediata) o el interés en la utilización (servicio) respecto al animal, sin importar si es o no propietario ni quien sea el propietario. Y la obligación tiene como objeto la reparación del daño que cause el animal.

En el concepto de poseedor del animal, no se incluye al *servidor de la posesión,* que es quien ejerce el poder de hecho, sin ser poseedor; el poseedor es otro, que ejerce la posesión a través del servidor; en consecuencia, todos los efectos de la posesión, buenos (como la usucapión) o malos (como la responsabilidad civil), recaen sobre el único poseedor; el servidor es un instrumento posesorio, ejecutor material del señorío posesorio del poseedor, con quien está ligado por una relación jurídica, de Derecho civil (como la prestación de servicio) o laboral (un empleado) o de Derecho público (funcionario).

2.- Se trata de una mal llamada responsabilidad objetiva; es decir, responde el deudor (el poseedor del animal) objetivamente, prescindiendo del posible elemento de culpabilidad.

Por ello, la obligación se mantiene aunque el animal se le haya escapado o extraviado al poseedor.

Sin embargo, precisamente por la objetivación de la obligación, ésta no nace cuando se rompe el nexo causal. Este se rompe, tal como establece este artículo, en primer lugar, por fuerza mayor, sin incluir el caso fortuito, pese a la dificultad de distinguir una y otro, que sólo cabe hacer con el criterio de la gravedad e importancia mayor (es la fuerza mayor) o menor (en el caso fortuito); en segundo lugar, por culpa (realmente, por causa) del que ha sufrido el perjuicio. No menciona si es por causa de un tercero; evidentemente, se rompe el nexo causal de la obligación que prevé este artículo, pero no hace falta incluir este caso, puesto que para el tercero entraría en juego el art. 1.902 general de la obligación nacida de acto ilícito, aplicándose al mismo, que ha causado el daño por medio de un animal.

JURISPRUDENCIA

«estamos pura y simplemente ante un alquiler de un caballo para la práctica de la equitación, y no ante un supuesto de daño ocasionado a un tercero por un animal sin que medie relación jurídica alguna entre aquél y el propietario o quien se sirve del mismo. No se sirve de él, en el sentido del art. 1.905, quien lo arrienda sino que lo hace objeto de un negocio jurídico. La responsabilidad por riesgo que establece el art. 1.905 no beneficia al jinete que lo alquila, pues el animal deja de estar bajo la custodia o cuidado del arrendador, sometido entonces a su posesión real y efectiva, es, en suma, el poseedor que se sirve de él». (16 octubre 1998, LA LEY 43/2000) (doctrina reiterada por la de 24 noviembre 2004, rec. 3148/1998)

«Con precedentes romanos (actio de pauperie), nuestro Derecho Histórico se preocupó de la cuestión en forma bien precisada y así el Fuero Real (Libro IV, Título IV, Ley XX), obligaba al dueño de los animales mansos (que incluía a los perros domésticos) a indemnizar los daños causados. La Partida VII, Título XV, Leyes XXI a XXIII, imponía a los propietarios de animales feroces el deber de tenerlos bien guardados y la indemnización incluía el lucro cesante. El CC (Código Civil) español no distingue la clase de animales y su art. 1.905, como tiene establecido la jurisprudencia de esta Sala, constituye uno de los escasos supuestos claros de responsabilidad objetiva admitidos en nuestro Ordenamiento Jurídico (SS 3 Abr. 1957, 26 Ene. 1972, 15 Mar. 1982, 31 Dic. 1992 y 10 Jul. 1995), al proceder del comportamiento agresivo del animal que se traduce en la causación de efectivos daños, exigiendo el precepto sólo causalidad material... El referido precepto establece una presunción iuris et de iure de culpabilidad, en razón a que el hecho de tener y disfrutar los perros en interés propio, entraña riesgos que el propietario debe de asumir en sus consecuencias negativas, con lo que viene a ser decisivo que los daños hayan sido causados por animales identificados». (12 abril 2000, LA LEY 79967/2000)

«La obligación de reparar el daño causado por animales la contempla el art. 1905 CC: responsabilidad objetiva que deriva de la posesión del animal; sólo se evita que surja tal obligación cuando se rompe el nexo causal por fuerza mayor o por culpa del perjudicado. Es abundante y muy reiterada la jurisprudencia moderna sobre tal norma: destacan el carácter objetivo de la responsabilidad (rectius, obligación de reparar el daño) las SS 31 Dic. 1992, 21 Nov. 1998 y la de 12 Abr. 2000, que resume la doctrina jurisprudencial y recoge los precedentes en estos términos: "Con precedentes romanos (actio de pauperie), nuestro Derecho Histórico se preocupó de la cuestión en forma bien precisada y así el Fuero Real (Libro IV, Título IV, Ley XX), obligaba al dueño de los animales mansos (que incluía a los perros domésticos) a indemnizar los daños causados. La Partida VII, Título XV, Leyes XXI a XXIII, imponía a los propietarios de animales feroces el deber de tenerlos bien guardados y la indemnización incluía el lucro cesante. El CC español no distingue la clase de animales y su art. 1905, como tiene establecido la jurisprudencia de esta Sala, constituye uno de los escasos supuestos claros de responsabilidad objetiva admitidos en nuestro Ordenamiento Jurídico (SS 3 Abr. 1957, 26 Ene. 1972, 15 Mar. 1982, 31 Dic. 1992 y 10 Jul. 1995), al proceder del comportamiento agresivo del animal que se traduce en la causación de efectivos daños, exigiendo el precepto sólo causalidad material. El art. 1905 CC establece, como criterio de imputabilidad, la posesión del animal o el servicio del mismo: "el poseedor de un animal o

el que se sirve de él...", dice literalmente. Lo que significa que se impone la obligación de reparar el daño al que tiene el poder de hecho (posesión de hecho, inmediata) o el interés en la utilización (servicio) del animal, sea o no propietario. La S 28 Ene. 1986 precisa que se trata de una responsabilidad "por riesgo inherente a la utilización del animal"». (29 mayo 2003, LA LEY 2418/2003)

«la actividad deportivo-festiva de la monta en recorrido, se encuadra como de un cierto peligro, por lo que el Centro turístico que la ofrece impone animales suficientemente domesticados y preparados, siendo el recorrido por camino privado acotado y con la vigilancia de un guía o monitor. Partiendo de aquí, y dado el hecho de que el recorrido se hiciera por dos personas en sendas monturas, una de aquéllas más habituada a la monta que la otra, parece que influyó en el desarrollo del accidente, pues está probado que una de ellas (la que resultó accidentada) se adelantó al conjunto expresado, marchando sola por propia voluntad, mientras que el guía respondió como debía hacerlo, atendiendo preferentemente a la segunda, por su falta de experiencia al respecto (...) no nos movemos en el círculo del art. 1905 CC, pues las partes no discuten sobre él (el poseedor del animal, responsable, como dice la sentencia del Juzgado, no lo sería el dueño de él, sino el que lo montaba, que es el que lo debe de dirigir, por sí o compartiendo tal actuar con el guía, si bien de éste aquél se alejó), y por el otro, si bien sigue la discusión por el 1902 (y, en su caso, 1903), propiamente debería serlo —y algo también sobre ello se apunta en la demanda— por el 1104 (en relación con el 1091) del CC, pues efectivamente se trataría de una responsabilidad contractual, dado que entre las partes medió un contrato de arrendamiento de cosa y de servicios (arts. 1544 y ss. CC)». (24 octubre 2005, rec. 1492/1999)

«La responsabilidad por daños y accidentes causados por animales se rige, efectivamente, por lo dispuesto en la Ley de Caza. En la reciente sentencia de 22 diciembre 2006, esta Sala, examinando un supuesto sustancialmente igual al que origina el presente litigio, entendió que "el artículo 33 regula un supuesto de nacimiento de la obligación de indemnizar por la mera producción del daño, sin exigir culpabilidad alguna por parte del titular del aprovechamiento (sentencias de 27 mayo 1985 y 30 octubre 2000)". Sin embargo, debe recordarse que la imputación de responsabilidades que el mencionado artículo efectúa se realiza sobre la base de la determinación del lugar de procedencia de los animales y por ello resulta indispensable que la prueba acredite esta procedencia de manera inequívoca. Para determinar la procedencia de los animales causantes del accidente, no basta simplemente su presencia más o menos circunstancial en una finca concreta, ya que como afirma la sentencia citada "se hace precisa una cierta conexión entre la presencia del animal y el aprovechamiento". La atribución por parte del legislador de una naturaleza objetiva a la obligación de responder no invierte la carga de la prueba, sino que únicamente excluye la necesidad de que se pruebe la culpa del autor del daño y deben probarse todos los otros extremos exigidos por la norma para que pueda imputarse la responsabilidad en base a la misma». (23 julio 2007, LA LEY 79509/2007)

«La jurisprudencia ha destacado el carácter objetivo de esta responsabilidad, basada en el riesgo consustancial a la tenencia o a la utilización en propio provecho de los animales, la cual exige tan sólo una casualidad material, estableciendo la presunción de culpabilidad del poseedor del animal o de quien se sirve del mismo por su mera tenencia o utilización, con la única exoneración de los casos de fuerza mayor o de culpa del perjudicado (STS 20 de diciembre de 2007, y las que se citan en ella). En el sentido de la norma, no tiene la condición de poseedor del animal quien no tiene el poder de hecho ni se sirve de él quien carece del dominio o el control efectivo y real del mismo que le permita desplegar alguna acción o ejercer algún mando en el momento en que ocurren los hechos». (4 marzo 2009, rec. 711/2004, LA LEY 4670/2009)

CONCORDANCIAS

Véase:
— arts. 465, 612 y 613 de este Código.
— Código Penal: art. 631.

Artículo 1.906

El propietario de una heredad de caza responderá del daño causado por ésta en las fincas vecinas, cuando no haya hecho lo necesario para impedir su multiplicación o cuando haya dificultado la acción de los dueños de dichas fincas para perseguirla.

COMENTARIO

1.- Se impone en este artículo la obligación basada en la culpabilidad, por daños causados por los animales objeto de caza. Se impone al propietario de la finca en que se halle la caza. Y su objeto es la reparación del daño que hayan causado los animales de caza en las fincas vecinas.

2.- La obligación, como se ha dicho, se basa en la culpabilidad y ésta viene determinada en el texto legal. Sólo nace tal obligación cuando el propietario de la finca de caza no haya hecho lo necesario para impedir su multiplicación o cuando haya dificultado la acción de los dueños de las fincas vecinas para perseguirla.

Sin embargo, si los animales causan daño en las fincas vecinas, se invierte la carga de la prueba y el propietario de la finca de caza tendrá la obligación de reparar el daño causado, a no ser que pruebe que hizo lo necesario para impedir su multiplicación y que no dificultó la acción para perseguirla.

3.- La Ley de Caza de 4 abril de 1970, en su art. 33, establece una obligación objetiva cuyo deudor es el titular de un aprovechamiento cinegético, por la reparación de los daños causados por los animales de caza procedentes de los terrenos acotados.

CONCORDANCIAS

Véase:
— arts. 610 a 613 de este Código.
— Ley 1/1970, de 4 abril, de Caza («*B.O.E.*», 6 abril): art. 33.
— R.D. 63/1994, 21 enero («*B.O.E.*», 16 febrero), Reglamento del Seguro de Responsabilidad Civil del Cazador, de suscripción obligatoria. Publicado en A.C.L. 156/1994.
— Resolución 9 marzo 1994 («*B.O.E.*», 24 marzo), de la Dirección General de Seguros, por la que se aprueba el sistema de primas y recargos a percibir por el Consorcio de Compensación de Seguros para el cumplimiento de sus funciones en relación con el Seguro Obligatorio de Responsabilidad Civil del Cazador. Publicado en A.C.L. 302/1994.

Artículo 1.907

El propietario de un edificio es responsable de los daños que resulten de la ruina de todo o parte de él, si ésta sobreviniere por falta de las reparaciones necesarias.

COMENTARIO

1.- Se establece la obligación de reparar el daño que produzca un inmueble por su ruina. Se ha de poner en relación con el art. 389 que contempla el inmueble que amenaza ruina y si se produce efectivamente la ruina, el art. 391 se remite a este artículo 1.907 y al siguiente.

El 1907 impone al propietario del edificio que sufra ruina total o parcial la obligación de reparar el daño que esta ruina cause a un tercero.

2.- Esta obligación parece basarse en la culpa del propietario, ya que sólo nace si la ruina se ha producido por falta de las reparaciones necesarias. Se entiende (como en el artículo anterior) que se invierte la carga de la prueba, en el sentido de que si un tercero sufre daños por la ruina de un edificio, el propietario tiene la obligación de repararlas, a no ser que pruebe que la ruina se produjo por otra causa, no por falta de las reparaciones necesarias.

Pero la obligación se objetiviza por cuanto si la ruina se ha producido por falta de las reparaciones necesarias, no se tiene en cuenta si esto ha ocurrido por culpa o no del propietario.

JURISPRUDENCIA

«el precepto del art. 1907 CC, con arreglo al que el propietario de un edificio es responsable de los daños que resulten de la ruina de todo o parte de él, si ésta sobreviniere por falta de las reparaciones necesarias, es plenamente aplicable al supuesto de autos, en armonía con la base fáctica sentada en la sentencia impugnada, y en sintonía con la doctrina jurisprudencial de esta Sala (sentencias, entre otras, 6 de abril de 1987, 7 de octubre de 1991, 9 de marzo de 1998, 29 de octubre de 1999, 29 de septiembre de 2000 y 22 de julio de 2003), sin que obste la existencia de la causa desencadenante relativa a la obra de la finca contigua, porque no fue la causa determinante, dado que la causa originaria y fundamental radica en no haber cumplido los propietarios del edificio desplomado con la obligación que les incumbía de mantener el mismo en las necesarias condiciones de conservación y seguridad, y siendo patente la diversa incidencia o contribución a la producción del evento de las dos causas expresadas». (24 mayo 2004, rec. 1948/1998)

«para que prospere la pretensión con base en el artículo 1907, la actora ha de demostrar los daños que le ha ocasionado la ruina del edificio y la omisión de las necesarias reparaciones de la que se deriva la culpa de la demandada, mediante la acreditación del mal estado del edificio o de alguno de sus componentes (STS de 6 de abril de 1987); y, por su parte, la litigante pasiva, como sistema defensivo, deberá justificar que la falta de reparaciones no fue debida a su culpa, sino a caso fortuito, así como las restantes causas generales de exoneración de responsabilidad, cuales son la culpa exclusiva de la víctima o de un tercero, la ausencia de antijurídicidad y de causalidad; asimismo quedará eximido de la obligación de resarcimiento total o parcial cuando pruebe que el daño se produjo exclusivamente por consecuencia de vicios de la construcción dentro del plazo legal, en que serán de aplicación los artículos 1591 y 1909 del Código Civil (SSTS de 4 de diciembre de 1989, 29 de noviembre de 1990 y 29 de septiembre de 2000)». (19 julio 2007, LA LEY 79278/2007)

CONCORDANCIAS

Véase:
— arts. 389, 391, 575 y 576 de este Código.
— Ley 6/1998, 13 abril, sobre régimen del suelo y valoraciones (*«B.O.E.»*, 14 abril).

Artículo 1.908

Igualmente responderán los propietarios de los daños causados:

1.º Por la explosión de máquinas que no hubiesen sido cuidadas con la debida diligencia, y la inflamación de sustancias explosivas que no estuviesen colocadas en lugar seguro y adecuado.

2.º Por los humos excesivos, que sean nocivos a las personas o a las propiedades.

3.º Por la caída de árboles colocados en sitios de tránsito, cuando no sea ocasionada por fuerza mayor.

4.º Por las emanaciones de cloacas o depósitos de materias infectantes, construidos sin las precauciones adecuadas al lugar en que estuviesen.

COMENTARIO

1.- Establece la obligación de reparar el daño causado por una actividad peligrosa, que en varios casos concuerda con lo que hoy se denomina atentado al medio ambiente.

Se trata de obligación objetiva que se impone al propietario, si bien con algunas salvedades que se expresan explícitamente, que dan lugar a inversión de la carga de la prueba.

2.- En primer lugar, la obligación de reparar el daño que se cause por explosión de un máquina. Obligación que no nace si se prueba (inversión de la carga de la prueba) que se ha cuidado la máquina con la debida diligencia.

En segundo lugar, por la inflamación de sustancias explosivas. Obligación que no nace si se prueba (inversión de la carga de la prueba) que estaban colocadas en lugar seguro y adecuado.

En tercer lugar, por los humos excesivos, nocivos a las personas o a las cosas.

En cuarto lugar, por la caída de los árboles colocados en sitios de tránsito. Lo que debe ponerse en relación con los arts. 390 (amenaza de caída) y 391 (que se remite a éste). Si el daño se debe a fuerza mayor, se rompe el nexo causal, como en todo caso de obligación nacida de acto ilícito; y no nace de ésta.

En quinto lugar, por emanaciones de productos tóxicos, a no ser que se pruebe (inversión de la carga de la prueba) que se construyeron con las precauciones adecuadas.

3.- En todos estos casos en que este artículo habla de «debida diligencia», «lugar seguro y adecuado» (número 1.º) o «precauciones adecuadas» (número 2.º), se ha dicho que hay inversión de la carga de la prueba. Pero ciertamente, lo que hay es una objetivación de la obligación de reparar el daño, ya que —siguiendo la misma evolución que ha experimentado el art. 1.902— si se ha producido efectivamente el daño, nunca pudo haber diligencia «debida» ni colocar los explosivos en lugar verdaderamente «seguro y adecuado» o nunca se tomaron, de verdad, las «precauciones adecuadas». Si la diligencia hubiera sido la debida, si el lugar hubiera sido seguro y la precaución adecuada, no se habría producido el daño.

JURISPRUDENCIA

Sobre el supuesto del número primero:

«La deficiente y hasta arriesgada custodia de dichos explosivos en manera alguna ha de dejarse de lado como uno de los elementos cualificados que contribuyeron a la causación del accidente, y, a tal efecto, el art. 1908.1.º CC establece la responsabilidad de los propietarios por los daños causados a consecuencia de inflamación de sustancias explosivas que no estuviesen colocadas en lugar seguro y adecuado y una chabola en el campo, abierta del todo, donde los explosivos debían de estar a la vista, evidentemente no reúne las condiciones

de seguridad que requiere el depósito de este material tan peligroso». (24 junio 2005, rec. 364/1999)

Sobre el supuesto del número segundo:

«La protección del medio ambiente está proclamada en el artículo 45.1 de la Constitución Española, regulada en numerosas normas administrativas y la responsabilidad civil se desprende de las arcaicas previsiones de los números 2.º y 4.º del artículo 1908 del Código Civil que hablan de humos y emanaciones, pero cuya formulación se extiende a las inmisiones intolerables y a las agresiones al medio ambiente. Esta última puede considerarse en abstracto, como protección al ambiente sano y adecuado para el desarrollo de la persona, y en concreto, como protección específica a derechos subjetivos patrimoniales. La primera no ha sido objeto —difícilmente puede serlo en el ámbito del Derecho civil— de sentencia alguna de esta Sala; la segunda tiene —aunque no siempre se ha indicado explícitamente— una reiterada jurisprudencia civil: daños en fincas por emisión de sustancias contaminantes por una central térmica, sentencia de 12 de diciembre de 1980, que trata en general de la inmissio in alienum; daño en arbolado por el polvo contaminante emanado de fábrica de cemento, sentencia de 17 de marzo de 1981 (LA LEY JURIS. 6229-JF/0000) lo mismo, en naranjos, por polvo industrial, sentencia 14 de julio de 1982 (LA LEY JURIS. 13871-JF/0000) daños en fincas por humos sulfurosos procedentes de una central térmica, en sentencia de 27 de octubre de 1983; muerte de ganado por beber en aguas contaminadas por vertido de sustancias tóxicas en un río, sentencia de 31 de enero de 1986; muerte de truchas en la piscifactoría por vertidos en un río, sentencia de 13 de julio de 1988; daños en fincas y cosas por emisión de polvo por hornos de cal, sentencia de 16 de enero de 1989 (LA LEY JURIS. 58337-JF/0000). La sentencia, más reciente, de 7 de abril de 1997 (LA LEY JURIS. 4476/1997) que reitera la doctrina de la anterior de 24 de mayo de 1993 (LA LEY JURIS. 22753-JF/0000) contempla la responsabilidad civil por daños causados en fincas colindantes por emanaciones tóxicas de una fábrica». (28 enero 2004, rec. 882/1998; doctrina reiterada literalmente por la sentencia de 14 marzo 2005, rec. 3591/1998).

«El artículo 1908.2 del Código Civil contempla supuestos de las llamadas inmisiones. Con él, en conjunción con el artículo 590 del mismo Código y en contemplación de algún antiguo precedente [que proclamaba la licitud de utilizar lo propio, pero sin "introducir nada en lo ajeno" (Digesto 8.5.8.5: "in suo enim alii hactenus facere licet, quatenus nihil in alienum immittat") ni causar daño a los otros (Partidas 3.32.13: "dixeron los sabios antiguos, maguer el ome aya poder de fazer en lo suyo lo que quisiere. Pero deue lo fazer de manera que non faga daño, nin tuero a otro")], se trata de construir el régimen en el Código Civil relativo a aquellas injerencias intolerables en la finca ajena producidas con la penetración de sustancias molestas a consecuencia del ejercicio de la propiedad o el disfrute de otra. El referido precepto, que ha de interpretarse teniendo en cuenta la significación social y jurídica del medio ambiente (artículo 45 de la Constitución Española) y los cambios operados en la realidad industrial y tecnológica, regula supuestos de responsabilidad por daños causados por las cosas, que se caracterizan por un "facere in suo" que se proyecta en un "immittere in alieno", ya que la lesión directa de la propiedad de los demás ("facere in alienum") no necesita de norma especial para ser sancionada». (16 marzo 2007, LA LEY 8200/2007)

«Como es bien sabido, la respuesta del ordenamiento jurídico español y su complemento jurisprudencial al problema de los daños causados a particulares por inmisiones que hoy podríamos calificar de "medioambientales" no ha sido siempre homogénea. Es más, hasta cierto punto podría sostenerse que el muy notable y progresivo crecimiento de la normativa sobre esta materia, de ámbito tanto estatal como autonómico e incluso local, no necesariamente se traduce en una mayor protección efectiva del particular frente al daño medioambiental que le afecta directamente, pues no pocas veces es la propia sobreabundancia de

normas lo que dificulta la protección de sus derechos subjetivos». (31 mayo 2007, LA LEY 42135/2007) (Esta sentencia desarrolla con gran detalle la normativa y jurisprudencia nacional y del Tribunal europeo de Derechos Humanos).

«El art. 590 CC sirve de marco para proteger el medio ambiente en las relaciones de vecindad, ya que constituye el núcleo que permitió con posterioridad el desarrollo de la teoría de las inmisiones; se trata de un precepto genérico, que resulta efectivo porque la técnica utilizada en el mismo, la remisión a la legislación administrativa, facilita su adaptación a las necesidades de cada momento. Al no establecer directamente sanciones, sino únicamente los supuestos de hecho de la prohibición de lesión ambiental a las propiedades vecinas, debe completarse con lo dispuesto en el art. 1908 CC. El art. 590 CC contiene el supuesto de hecho consistente en la construcción, instalación y montaje de toda una serie de obras, artefactos y fábricas, junto a la cercanía de una pared. Ahora bien, ello no se ha interpretado por la jurisprudencia en el sentido restrictivo que pretende la parte recurrente. La doctrina ha repetido ya desde antiguo que no es preciso que la pared sea ajena o medianera, sino que se aplica a cualquier zona colindante o próxima, llegando a decir algún autor que "la pared por sí sola no cuenta". Actualmente se entiende que la proximidad se determina en función de la influencia que ejerza una finca sobre otra. La protección de los daños entre particulares, provenientes del mal uso de fincas vecinas, es decir, lo que técnicamente recibe el nombre de "inmisiones" aparece después recogido con este nombre u otros semejantes en la ley 351.2 del Fuero Nuevo de Navarra, y los arts. 546-13 y 546-14 del Código civil de Cataluña. Esta Sala ha venido aplicando desde antiguo el art. 590 CC para sancionar aquellas conductas que producen daños en las propiedades vecinas». (26 noviembre 2010, rec. 901/2007, LA LEY 203299/2010)

«según la jurisprudencia de esta Sala, la pre-ocupación, es decir, la circunstancia de ejercerse por el demandado la actividad industrial molesta antes de que el demandante se instalara en sus proximidades, no elimina por sí sola la obligación de indemnizar. Así lo declararon sentencias anteriores incluso al Código Civil, como la de 9 de abril de 1866, o posteriores pero que por razones temporales no pudieron aún aplicarlo al caso, como la de 12 de mayo de 1891, y así lo declaran también otras mucho más recientes, como la de 2 de febrero de 2001. Es asimismo una constante en la jurisprudencia que la autorización administrativa de una actividad industrial no excluye la obligación de reparar el daño que esta cause (SSTS 29-4-03 en rec. 2527/1997, 14-3-05 en rec. 3591/1998 y 31-5-07 en rec. 2300/00, entre otras). Y también que la propiedad no puede llegar más allá de lo que el respeto al vecino determina, por lo que en la lucha entre dos situaciones vecinales prevalecerá la que se apoye en el interés social si la vida íntima y familiar del vecino no se inquieta (SSTS 17-2-68 y 12-12-80), puntualizando esta última que "si bien el Código Civil no contiene una norma general prohibitoria de toda inmisión perjudicial o nociva, la doctrina de esta Sala y la científica entienden que puede ser inducida de una adecuada interpretación de la responsabilidad extracontractual impuesta por el artículo 1902 de dicho Cuerpo legal y en la exigencia de una correcta vecindad y comportamiento según los dictados de la buena fe que se obtienen por generalización analógica de los artículos 590 y 1908". Por otro lado, a partir especialmente de la ya citada sentencia de 29 de abril de 2003, la jurisprudencia de esta Sala incorpora la doctrina del Tribunal Europeo de Derechos Humanos en el sentido de que determinadas inmisiones pueden llegar incluso a vulnerar derechos fundamentales como el derecho a la intimidad y, por tanto, que para reaccionar frente a las mismas una de las vías posibles es la de la tutela de los derechos fundamentales (así, STS 31-5-07, también citada anteriormente). Ahora bien, una cosa es que la pre-ocupación o preexistencia de la actividad industrial y su autorización administrativa no excluyan la obligación de evitar o reparar el daño que tal actividad cause y otra muy distinta que ambas circunstancias sean irrelevantes a la hora de decidir si procede la evitación o reparación del perjuicio, pues la decisión que se tome nunca podrá prescindir de principios generales como el de la buena fe

en las relaciones de vecindad, reconocido por la jurisprudencia según se ha indicado ya, o el de la necesaria relación de causalidad entre la actividad del demandado y el daño que sufra el demandante». (12 enero 2011, rec. 1580/2007, LA LEY 1553/2011)

Sobre el supuesto del número tercero:

«Subyace, bajo el planteamiento del órgano colegiado de segunda instancia un trasfondo de confusión (explicable por otra parte) entre los ámbitos aplicativos de los arts. 1.908.3 y 1902 CC, respectivamente. El art. 1.902, tiene sentido general y se extiende a toda acción u omisión que causa daño a otro, interviniendo culpa o negligencia... El art. 1.908.3 tiene sentido específico, por cuanto se refiere al propietario y a un evento determinado ("caída de árboles colocados en sitios de tránsito"), pero, además, el supuesto normativo no exige directamente la culpa del propietario, por lo que se diferencia del supuesto anterior. Y esta diferencia, no carece de interés dado que, pese a las doctrinas sobre la inversión de la carga de la prueba, riesgos aportados, etc., que tienden a una aproximación de la culpa extracontractual con la responsabilidad objetiva, en aquélla no puede faltar el reproche culpabilístico, mientras que la responsabilidad que deriva del art. 1.908.3 se considera, junto con otros casos, como ejemplos dentro del Código Civil de responsabilidad objetiva (v. gr. no basta para excluirla una prueba del demandado sobre su actuación diligente; es preciso demostrar que el accidente no lo ocasionó "la fuerza mayor")». (17 marzo 1998, LA LEY 4216/1998) (doctrina reiterada por la de 19 junio 2003, LA LEY 2602/2003)

CONCORDANCIAS

Véase:
— arts. 390, 391 y 590 de este Código.
— Código Penal: arts. 325 a 328.

Artículo 1.909

Si el daño de que tratan los dos artículos anteriores resultare por defecto de construcción, el tercero que lo sufra sólo podrá repetir contra el arquitecto, o, en su caso, contra el constructor, dentro del tiempo legal.

COMENTARIO

1.- En los dos artículos anteriores se prevé la obligación de reparar el daño causado a tercero, que recae sobre el propietario de un edificio o de determinados objetos. Salvo en el caso del número tercero del artículo anterior (árbol), este artículo establece una norma complementaria tanto de aquéllas como del art. 1.591.

Hoy se debe entender la remisión al artículo 17 de la Ley de ordenación de la edificación 38/1999, de 5 de noviembre, aunque aquel artículo debe entenderse vigente para los casos que no prevé dicha ley y, en todo caso, sigue una larga vigencia temporal por mor de la disposición transitoria primera de la Ley.

El tercero que sufra el daño, además de la reclamación frente al propietario prevista en los dos artículos anteriores, puede reclamar (no «repetir», como dice el texto legal) al arquitecto (y por extensión, según la doctrina y jurisprudencia del art. 1.591, al arquitecto técnico o aparejador e ingeniero y/u otro técnico) y al constructor (y por extensión, al contratista y al promotor),la reparación del daño que ha sufrido, siempre que éste se haya producido por defecto de la construcción. Los agentes de la construcción a quien se les puede exigir responsabilidad, los enumera el artículo 17 de la mencionada ley de ordenación de la edificación.

2.- A su vez, si ha reparado el daño al propietario, éste podrá repetir contra arquitecto o constructor, y personas asimiladas por extensión, si la causa del daño lo hubiera sido un defecto de construcción.

3.- El plazo —tiempo legal— en el que se pueden ejercer las acciones es el de garantía que establece la Ley de Ordenación de la Edificación de 5 de noviembre de 1999, en su artículo 17: diez, tres o un año, según el tipo de defecto de construcción. Una vez producido el daño, el plazo de prescripción es, según el art. 18 de esta Ley, de dos años, siempre que no haya habido un incumplimiento contractual, en cuyo caso se aplica la prescripción ordinaria de quince años, del CC

JURISPRUDENCIA

«El carácter de solidaridad que, a la misma, atribuye la propia sentencia impugnada, se anuda no sólo al carácter legal y equiparación de la responsabilidad que nace del art. 1.591 del Código, sino también al insuficiente acreditamiento —respecto de su origen (construcción, dirección y proyecto)— en el caso presente, el razonamiento 2.º de la sentencia combatida hace (Sentencias de 5 de mayo de 1961, 10 de noviembre de 1970 y 10 de marzo de 1989). El dato que, subrayado por los diversos informes técnicos e incuestionado por los litigantes, recoge la sentencia combatida en punto a que el proceso dañoso, nacido dentro del plazo decenal a que los artículos 1591 y 1909 del Código Civil se contraen, está, todavía, en curso de agravación, abona contra la aplicación al caso del breve plazo de prescripción del art. 1.968, 2.º (Sentencias de 16 de diciembre de 1986 y 8 de octubre de 1988)». (24 enero 1990, LA LEY 264-1/1990)

«conforme establece el artículo 1.909 del Código Civil, requisitos que concurren en el presente caso, pues los vicios ruinógenos (por defectuosa construcción de la fachada) se produjeron dentro del plazo de garantía que establece el artículo 1.591 del Código Civil y la acción ha sido ejercitada antes de producirse la prescripción de la misma (los hechos ocurrieron el día 15 de abril de 1987 y la demanda iniciadora de este proceso se presentó en el Juzgado el 15 de abril de 1988), responsabilidad del constructor, que, por otro lado, es directa y principal». (21 abril 1993, LA LEY 13091/1993)

CONCORDANCIAS

Véase art. 1.591 de este Código.
Véase art. 1964 CC
Véase Ley de Ordenación de la Edificación de 5 noviembre 1999, arts. 17 y 18.

Artículo 1.910

El cabeza de familia que habita una casa o parte de ella, es responsable de los daños causados por las cosas que se arrojaren o cayeren de la misma.

COMENTARIO

Es un caso más de obligación objetiva plasmada explícitamente en el Código. Es el caso de caída de cosas de un vivienda o local.

El presupuesto de hecho es el daño causado «por las cosas que se arrojaren o cayeren» de una casa. El concepto de «cosas» es amplio y no es *numerus clausus* este o el de arrojar o caer; puede ser un ser humano. «De una casa o parte de ella» se refiere a una vivienda o a un local para uso distinto de vivienda, ocupado total o parcialmente.

El sujeto pasivo de la obligación el deudor, que debe reparar el daño, dice el texto de este artículo que es «el cabeza de familia», concepto ya desfasado (desaparecida la autoridad marital y compartida la patria potestad) y que debe ser entendido como titular del derecho que le permite ocupar y ocupe efectivamente la «casa» (es decir, vivienda o local), sea derecho real, como propiedad, usufructo o habitación, sea derecho obligacional, como arrendamiento, sea incluso precario.

No cabe duda que si éste ha cumplido la obligación, podrá repetir contra el verdadero causante del daño, si lo hay. El causante del daño puede serlo una persona que habite permanente o temporalmente en la «casa» o puede no ser persona concreta alguna (caída de un maceta que estaba en el balcón desde años ha, sin que pueda conocerse quién la colocó o si la situó mal).

La obligación, consiste, como en todos los casos de la nacida de acto ilícito, en reparar el daño causado: reparación *in natura* o indemnización.

JURISPRUDENCIA

«En materia de daños causados por filtraciones de agua desde los pisos superiores, dice la sentencia de esta Sala de 20 Abr. 1993 que: 1.ª Entre los preceptos que el CC dedica a regular las «obligaciones que nacen de culpa o negligencia» (Capítulo II del Título XVI del Libro Cuarto), el caso objeto de litis tiene una incardinación o subsunción normativa específica en el art. 1910 de dicho Cuerpo Legal (que es el que con acierto, aplican las coincidentes sentencias de instancia), cuyo precepto, ofreciendo una clara muestra de la denominada «responsabilidad objetiva» o «por riesgo» y refiriéndose exclusivamente al que llama «cabeza de familia» (con el que quiere denominar al que, por cualquier título, habita una vivienda, como personaje «principal» de la misma, en unión de las personas que con él conviven, formando un grupo familiar o de otra índole), responsabiliza a dicho «principal» o «cabeza de familia» de los daños causados «por las cosas que se arrojaren o cayeren de la misma», dentro de cuya expresión, al no tener la misma carácter de numerus clausus (sentencia de esta Sala de 12 Abr. 1984), han de incluirse tanto las cosas sólidas como las líquidas que, de una forma u otra, caigan de la expresada vivienda y causen daño a tercero en su persona o en sus cosas. 2.ª La mencionada responsabilidad ex art. 1910, limitada exclusivamente como acaba de decirse, al que, por cualquier título (arrendatario, en el caso que nos ocupa), habilita la vivienda como «principal» o «cabeza de familia» en la misma, no alcanza al propietario-arrendador de la vivienda que, como es obvio, no habita en ella. 3.ª Si bien podría también exigirse responsabilidad extracontractual o aquiliana al propietario-arrendador de la vivienda, aunque nunca con base en el citado precepto, sino en el genérico art. 1902 del CC, ello sería en el supuesto de que habiendo sido la causa determinante del daño el mal estado de las instalaciones de la vivienda, el propietario-arrendador conociendo dicha circunstancia, hubiera dejado de cumplir la obligación que le incumbe de repararlas (núm. 2.º, del art. 1554 del citado Código y art. 107 de la LAU)». (6 abril 2001, LA LEY 4648/2001)

«El citado art. 1910, que consideramos plenamente aplicable al caso, está pensado para situaciones que son homologables a la presente, tomando en cuenta, según sus antecedentes históricos, la «necesidad social del tiempo en que han de ser aplicadas, atendiendo fundamentalmente al espíritu y finalidad de la norma» (art. 3.1 del CC). Ya la «actio de effusis vel dejectis» (Fragmento primero del Título III, del Libro IX del Digesto) tenía un claro matiz objetivo, que recogieron las Leyes de Partidas y reprodujo, con mayor extensión en cuanto

a su contenido —dada su redacción— el art. 1910 del Código español que, en este extremo, orilló la exclusión de tales normas del Código francés, y, por tanto, la necesidad del fundamento culposo, lo que, desde la perspectiva práctica, elimina la exigencia de prueba, pero no significa que su razón ético-jurídica se desvincule del deber general de evitar peligros potencialmente causantes de daños, que asume institucionalmente, con mayor razón, el llamado por su especial posición, a crear las condiciones adecuadas para que no se produzcan. De aquí, la labilidad de la frontera entre las normas sobre responsabilidad extracontractual, las generales y las específicas, como el art. 1910. El «supuesto de hecho» anuda la responsabilidad al «cabeza de familia» «por los daños causados por las cosas que se arrojaren o cayeren de la casa que habita». Y tal figura se interpreta por la doctrina referida a la persona (o entidad) que como titular jurídico utilice la vivienda o local y tiene el deber de controlar lo que ocurre en su recinto. Ninguna regla impone, además, que la cosa arrojada tenga necesariamente que proyectarse fuera del recinto, esto es, impactar en la calle o en casa o local vecino. Más bien, el buen sentido impone una solución acorde con la finalidad del precepto, protectora igualmente de los que están dentro del local en cuestión». (21 mayo 2001, LA LEY 4546/2001)

«las malas condiciones del aro que sujetaba la maceta, amén de apuntarse únicamente como una hipótesis no confirmada de otra hipótesis (si la maceta no estaba en el alféizar de la ventana y sin protección, "estaría metida en un aro de hierro..., cuyo aro debía estar en malas condiciones-seguramente muy oxidado..."), no pueden imputarse sin más a la propietaria del edificio a falta de otros datos sobre quién instaló los aros, si la propietaria o la inquilina, y en qué momento; la infracción del art. 1910 CC, porque la jurisprudencia de esta Sala es clara al excluir de su ámbito "al propietario-arrendador de la vivienda que, como es obvio, no habita en ella" (SSTS 6-4-01 y 22-7-03) ... equivale a hacer responsable al arrendador de los daños causados a terceros por el inquilino, o dicho de otra forma, a extender el ámbito del art. 1910 CC a sujetos distintos del habitante de la casa, en contra de la doctrina contenida en las dos sentencias ya citadas y también en la de 5 de julio de 1989, mediante la imposición al propietario-arrendador de un exacerbado deber de vigilancia o supervisión de la conducta del inquilino. Y es que, en definitiva, a tal exacerbación conduce la exigencia al arrendador de un deber de advertir desde fuera del edificio que hay una maceta en el alféizar de una ventana de su quinto piso, primera hipótesis de la sentencia recurrida, o de que en el balcón del mismo piso hay una maceta dentro de un aro, segunda hipótesis, situado hacia fuera y no hacia dentro, tercera hipótesis encadenada». (4 diciembre 2007, LA LEY 202395/2007)

TÍTULO XVII
De la concurrencia y prelación de créditos

CAPÍTULO PRIMERO
DISPOSICIONES GENERALES

Artículo 1.911

Del cumplimiento de las obligaciones responde el deudor con todos sus bienes, presentes y futuros.

COMENTARIO

1.- En el concepto de obligación se distingue el débito y la responsabilidad (vid. comentario al art. 1.088, apartado 3). El débito es el deber del deudor de cumplir la obligación, es decir, ejecutar la prestación y el correlativo derecho del acreedor, que es el derecho de crédito, de exigir su cumplimiento; a la prestación se refieren los arts. 1.088 y ss. La responsabilidad es la sujeción del patrimonio del deudor al cumplimiento de la prestación y el derecho del acreedor a dirigirse contra el mismo, si incumple; así lo expresa el presente art. 1.911.

Es el *principio de la responsabilidad patrimonial universal del deudor*. Se compone de dos elementos: la patrimonialidad y la universalidad.

La patrimonialidad significa que la responsabilidad del deudor es patrimonial, no personal. Alcanza el patrimonio del deudor, comprendiendo el conjunto de relaciones jurídicas patrimoniales cuya titularidad le corresponde, sin incluir los derechos que carecen de valor patrimonial. En tiempos pretéritos, el deudor había respondido con su persona; era la prisión por deudas, hoy desaparecida.

La universalidad significa que la responsabilidad del deudor es universal, comprende «todos sus bienes, presentes y futuros» dice el texto legal.

No comprende los bienes, pasados, es decir, aquellos de que era titular el deudor, integraban su patrimonio pero no ya ahora. Sin perjuicio de que, por medio de las acciones subrogatoria o revocatoria y al amparo del art. 1.111, se hagan reingresar al patrimonio bienes que hayan salido de él.

Comprende todos los bienes presentes, aunque no en forma concreta o determinada (a no ser que constituya una garantía concreta que afecta con carácter real a ciertos bienes: caso de prenda, hipoteca y anticresis), sino en su conjunto como patrimonio. No es una garantía real, sino una sujeción general.

Comprende también los bienes futuros, en el sentido de que la responsabilidad alcanza no sólo a los bienes que tuviera el deudor en el momento de constituirse la obligación, sino todos en el instante de la reclamación o de la ejecución procesal.

2.- Esta norma es de derecho cogente, imperativa, sustraída de la autonomía de la voluntad de los sujetos de la obligación. Por lo cual, éstos no pueden dejarla sin efecto mediante las cláusulas de exoneración de la responsabilidad, que son aquellas en las que se establece que aunque el deudor incumpla la obligación no incurre en responsabilidad o que es intocable su patrimonio. Tal cláusula, de ponerse, es nula (art. 6.3 del CC).

Tampoco caben y son nulas las cláusulas de agravación de la responsabilidad, pues ésta es universal. Distinto es el caso de la concreción de la misma, a través de una especial garantía (como la prenda, hipoteca o anticresis, antes mencionados) o el aumento cuantitativo en una obligación por medio de cláusula penal (la cual, a su vez, se integra en el principio de la responsabilidad patrimonial universal: el deudor responderá con su patrimonio de la obligación y de la cláusula penal añadida).

Las cláusulas de limitación de la responsabilidad plantea más problemas, pues algunas son contempladas en el propio Código (art. 1.475, párrafo 3.º). En principio, se admite su validez, pero con límites. Cabe la cláusula que limita los supuestos que dan lugar a la responsabilidad. No cabe y es nula la que limite en general la responsabilidad patrimonial universal del deudor, salvo el caso del art. 140 de la Ley Hipotecaria que permite que se pacte que sólo los bienes hipotecados y ninguno más, responden de la obligación garantizada con hipoteca sobre tales bienes.

JURISPRUDENCIA

«La sentencia de esta Sala de 8 de noviembre de 1960 afirma que "instituida la hipoteca en nuestro Derecho, de acuerdo con su naturaleza tradicional, como un refuerzo, para el aseguramiento de una obligación Personal, ha de estimarse consecuencia. natural y lógica de ello que ésta quede amparada bajo aquella institución con todo el alcance y extensión que a la misma reconoce la Ley, y porque la acción hipotecaria, y precisamente en razón a la accesoriedad de la hipoteca, no puede imaginarse sin el prius que llega a constituir un elemento esencial de su concepto, del crédito asegurado y para el cual nace y adquiere la necesaria eficacia, extremo que no podría olvidar el legislador cuando al redactar el artículo 1964 del Código Civil fijó en veinte años el plazo prescriptivo de la misma, y mucho menos cuando en el propio precepto establece el de quince años para el de las acciones personales que no tuvieran plazo especial prescriptivo señalado, con referencia sin duda a las obligaciones que no estuvieran aseguradas con hipoteca, y no dándose en el derecho común, acciones personales de mayor plazo prescriptivo que las de los quince años no hubiera sido racional señalar un plazo mayor en cinco años a la prescripción de la acción hipotecaria si no había de comprenderse en ese plazo mayor la del crédito asegurado pues de otro modo y por el tiempo de la diferencia habría que admitir una hipoteca vacía, o hipoteca independiente, o deuda inmobiliaria que en nuestro Derecho no tiene cabida", y concluye esta sentencia: "Por todo lo cual, la prescripción del crédito asegurado ha de eliminarse como causa de extinción de la hipoteca que lo garantiza, sin que el carácter accesorio de ésta pueda imponerse en tal supuesto, no operando la prescripción del crédito simple cuando adquirió la de hipotecario". Este criterio implica la estimación del motivo examinado; a igual solución se llega desde aquellas posiciones doctrinales que, rechazando el criterio mantenido en la citada sentencia, distinguen entre la "acción personal" que protege específicamente el derecho garantizado, y la "acción real" del derecho de garantía, para quienes la prescripción de la acción personal (sea el plazo prescriptivo de veinte años o menor —caso del art. 950 del Código de Comercio—) no extingue la acción real; si la prescripción de la acción personal impide acudir al principio de la responsabilidad universal (art. 1911 del Código Civil), podrá acudirse, por el contrario, a hacer efectiva la responsabilidad exclusivamente sobre los bienes afectados, lo que implica admitir la subsistencia de la hipoteca aun prescrita la acción personal». (19 noviembre 2004, rec. 5320/1999)

«no se altera la naturaleza jurídica de préstamo, sino que se mantiene el principio de responsabilidad patrimonial universal que proclama el artículo 1911 del Código civil por lo que deberá devolver el capital prestado y los intereses pactados, en virtud de la naturaleza de préstamo (artículos 1740 y siguientes del Código civil y 311 y siguientes del Código de Comercio) y si debe aplicarse la prelación de créditos, quedará tras los comunes; lo cual ocurrirá tan sólo en el caso de insolvencia, pues si no se da ésta, la responsabilidad del prestatario es universal y deberá cumplir la obligación de devolución». (13 julio 2011, rec. 912/2007, LA LEY 165547/2011)

Artículo 1.912

Derogado por Ley 22/2003, 9 julio (*«B.O.E.»*, 10 julio), concursal, disposición derogatoria única 3.2.º.

Artículo 1.913

Derogado por Ley 22/2003, 9 julio (*«B.O.E.»*, 10 julio), concursal, disposición derogatoria única 3.2.º.

Artículo 1.914

Derogado por Ley 22/2003, 9 julio (*«B.O.E.»*, 10 julio), concursal, disposición derogatoria única 3.2.º.

Artículo 1.915

Derogado por Ley 22/2003, 9 julio (*«B.O.E.»*, 10 julio), concursal, disposición derogatoria única 3.2.º.

Artículo 1.916

Derogado por Ley 22/2003, 9 julio (*«B.O.E.»*, 10 julio), concursal, disposición derogatoria única 3.2.º.

Artículo 1.917

Derogado por Ley 22/2003, 9 julio (*«B.O.E.»*, 10 julio), concursal, disposición derogatoria única 3.2.º.

Artículo 1.918

Derogado por Ley 22/2003, 9 julio (*«B.O.E.»*, 10 julio), concursal, disposición derogatoria única 3.2.º.

Artículo 1.919

Derogado por Ley 22/2003, 9 julio (*«B.O.E.»*, 10 julio), concursal, disposición derogatoria única 3.2.º.

Artículo 1.920

Derogado por Ley 22/2003, 9 julio (*«B.O.E.»*, 10 julio), concursal, disposición derogatoria única 3.2.º.

CAPÍTULO II
DE LA CLASIFICACIÓN DE CRÉDITOS

Artículo 1.921

Los créditos se clasificarán, para su graduación y pago, por el orden y en los términos que en este capítulo se establecen.

En caso de concurso, la clasificación y graduación de los créditos se regirá por lo establecido en la Ley Concursal.

COMENTARIO

1.- Cuando el deudor tiene varias deudas que soportar, la regla general es la par conditio, la igualdad de todos sus acreedores: frente a cada uno responde el deudor con todos sus bienes presentes y futuros (artículo 1.911) y cada uno tiene el mismo derecho a cobrar su crédito. Pero esta regla general sólo puede hacerse efectiva cuando se observan determinadas formalidades, ya que cada acreedor ejercita su derecho de la mejor y más rápida manera independientemente del resto de los acreedores. Esto no se da en el momento en que el deudor se declara o es declarado en concurso o quiebra y también cuando hay acreedores a los que la ley concede preferencia es decir, derecho a cobrar primero. Esta figura es conocida con el nombre de privilegio.

2.- El privilegio puede definirse como la facultad que tienen determinados acreedores para cobrar con preferencia a otros sobre un bien o bienes del deudor común (definición de GULLON).

El privilegio puede ser especial o general. Es especial cuando recae sobre bienes determinados. Es general cuando recae sobre todos los bienes del deudor no afectos a uno especial.

3.- Los caracteres del privilegio son los siguientes: — Su constitución originaria es legal; únicamente puede ser determinada por ley. — Están taxativamente determinados legalmente. — Son accesorios respecto al crédito. — Son indivisibles: la división del crédito privilegiado sobre un bien mueble no hace divisible el privilegio.

4.- La preferencia de los créditos privilegiados puede hacerse efectiva no sólo en los procedimientos de concurso y quiebra, sino también mediante la tercería de mejor derecho (artículos 614 y siguientes de la Ley de Enjuiciamiento Civil).

5.- El Código Civil atiende para la clasificación de los créditos a las clases de bienes que responden del pago de los mismos, y distingue así cuatro categorías:

— Créditos preferentes con relación a determinados bienes muebles del deudor.

— Créditos preferentes con relación a determinados inmuebles o derechos reales.

— Créditos preferentes con relación a los demás bienes, muebles o inmuebles, del deudor.

— Créditos que carecen de toda razón de preferencia (ordinarios o comunes).

Las dos primeras categorías se incluyen en la denominación de créditos singularmente privilegiados. La tercera comprende los que pueden llamarse créditos simplemente privilegiados.

Desde este artículo hasta el 1.929 ha colaborado en sus comentarios Carlota O'Callaghan Rodríguez, Abogado.

CONCORDANCIAS

Véase Ley 22/2003, 9 julio, concursal (*«B.O.E.»*, 10 julio).

Artículo 1.922

Con relación a determinados bienes muebles del deudor, gozan de preferencia:

1.º Los créditos por construcción, reparación, conservación o precio de venta de bienes muebles que estén en poder del deudor, hasta donde alcance el valor de los mismos.

2.º Los garantizados con prenda que se halle en poder del acreedor, sobre la cosa empeñada y hasta donde alcance su valor.

3.º Los garantizados con fianza de efectos o valores, constituida en establecimiento público o mercantil, sobre la fianza y por el valor de los efectos de la misma.

4.º Los créditos por transporte, sobre los efectos transportados, por el precio del mismo, gastos y derechos de conducción y conservación, hasta la entrega y durante treinta días después de ésta.

5.º Los de hospedaje, sobre los muebles del deudor existentes en la posada.

6.º Los créditos por semillas y gastos de cultivo y recolección anticipados al deudor, sobre los frutos de la cosecha para que sirvieron.

7.º Los créditos por alquileres y rentas de un año, sobre los bienes muebles del arrendatario existentes en la finca arrendada y sobre los frutos de la misma.

Si los bienes muebles sobre que recae la preferencia hubieren sido sustraídos, el acreedor podrá reclamarlos de quien los tuviese, dentro del término de treinta días contados desde que ocurrió la sustracción.

COMENTARIO

1.- Este artículo desarrolla los privilegios especiales mobiliarios, en los que existe la afección de una cosa al pago de un crédito, pero no se trata de prendas legales, a pesar de la similitud de estas figuras. En primer lugar, porque la prenda requiere el desplazamiento de la posesión de la cosa a manos del acreedor o un tercero y no se produce tal desplazamiento en este artículo. En segundo lugar, el Código Civil no conoce la figura de la prenda legal. En tercer lugar el derecho de prenda, como derecho real de garantía tiene prelación para el cobro, en razón de la antigüedad de su constitución. En cambio los privilegios especiales mobiliarios se satisfacen por una regla diversa: a prorrata.

Por todo lo dicho, los privilegios mobiliarios no tienen naturaleza jurídica de prenda, pero sí tienen carácter real.

2.- Los apartados del artículo 1.922 son los siguientes.

Primero. Privilegio de los créditos por construcción, conservación o reparación de bienes muebles. Privilegio del vendedor de bienes muebles.

El requisito de que la cosa mueble afectada está en poder del deudor es común para el ejercicio del privilegio en todos los créditos enumerados en este apartado. Lo que se quiere decir con ello es que el privilegio se extingue cuando el bien mueble sale del poder del deudor, por tanto es efectivo incluso cuando está en poder del acreedor, pero lo que no puede ocurrir es que la cosa pase a dominio de un tercero, en cuyo caso se extingue el privilegio.

Este primer apartado del artículo 1.922 se refiere a supuestos bastante diferentes: — En primer lugar se refiere a los gastos de construcción y reparación, sin cuyos gastos la cosa no existiría. En cuanto a construcción se entiende que debe incluirse la transformación del bien mueble para hacer de él una cosa nueva. — En segundo lugar, se refiere a los gastos de conservación de la cosa. Son aquellos gastos que impiden su desaparición o degradación. — En tercer lugar, se refiere al privilegio del vendedor de bienes muebles. Se trata del crédito por venta.

Segundo. El privilegio de los créditos garantizados con prenda.

El artículo 1.922.2 reconoce la preferencia para el cobro al acreedor pignoraticio. Hay que tener en cuenta lo establecido por el artículo 1.865 del Código Civil, a cuyo tenor la prenda es eficaz contra tercero cuando la certeza de su fecha consta en documento público. Se exige que la cosa se halle en poder del acreedor, pero se ha de tener en cuenta que el artículo 1.863 del Código Civil permite que el objeto de la prenda se halle en poder de tercero.

Si se trata de hipoteca mobiliaria, regulado por Ley de 16 de diciembre de 1954, en su artículo 10 otorga al acreedor la misma preferencia que el acreedor prendario, al igual que ocurre con la prenda sin desplazamiento, regulado por la misma ley. En la venta a plazos de bienes muebles con reserva de dominio regulada por la Ley de 17 de julio de 1965 el acreedor tiene la garantía del acreedor prendario del Código Civil, artículo 1.9. Se le otorga la misma consideración que al acreedor prendario en el artículo 1.992.2 del Código Civil, en cuanto a la preferencia para el cobro.

Tercero. El privilegio de los créditos garantizados con fianza de efectos o valores.

Se trata en realidad de una prenda, la garantía en cuestión, a la que impropiamente se denomina fianza. La fianza es una garantía personal (artículo 1.822). En cambio aquí lo que procede es la satisfacción del acreedor sobre los efectos y valores. En realidad, se trata de una prenda sobre títulos valores.

Cuarto. El privilegio de los créditos por transporte.

El privilegio recae sobre los efectos transportados, sin que se exija que sean propiedad del deudor. Condición necesaria para el ejercicio de este privilegio es que los bienes se hallen en posesión del transportista o de aquel a quien se ha hecho la entrega. El privilegio subsiste durante treinta días después de la entrega, este tiempo es para el ejercicio del privilegio no para el cobro.

Quinto. El privilegio de los créditos por hospedaje.

Se privilegian los créditos de los que tengan como profesión la hospedería y que nazcan del hospedaje. Tiene como objeto los efectos introducidos en la posada y establecimientos similares, siempre que sean propiedad del deudor. Se pierde una vez que los bienes salgan de la posada.

Sexto. Privilegio por gastos de cultivo y recolección.

Se privilegian los créditos que surgen de un suministro de semilla y los que nacen de las labores de cultivos y recolección de las cosechas. Entre los gastos se ha de incluir el precio de los abonos, y los créditos por el alquiler de la maquinaria. Están afectados por el privilegio las cosechas, los frutos siempre que estén nacidos o manifiestos, pendientes o separados.

Séptimo. El privilegio de los arrendadores. La reclamación de los bienes sustraídos.

El último apartado del artículo 1.922 se halla dividido en dos apartados a su vez. — En lo referente a la primera parte se refiere al privilegio de los arrendadores. Este privilegio se establece en favor del arrendador tanto de fincas rústicas como urbanas. Recae sobre los bienes propiedad del arrendatario, introducidos por él en cualquier momento del contrato. Del objeto del privilegio hay que excluir los bienes que por la Ley de Enjuiciamiento Civil son inembargables.

La segunda parte se refiere a la facultad de persecución del arrendador; sólo a él le pertenece esta facultad, no a los acreedores del resto de los privilegios. La sustracción significa sacar los bienes sin consentimiento expreso o tácito del arrendador. El sujeto pasivo es el que tuviera la posesión de los mismos, independientemente de la buena o mala fe.

JURISPRUDENCIA

En general:

«En este sentido, el Código Civil, dedica los artículos 1922, 1923 y 1924 a enumerar los créditos preferenciales, agrupándolos en tres clases, según se proyecten sobre bienes muebles, inmuebles, derechos reales, y los que ostentan garantía general sobre las dos clases anteriores, incluyendo en este grupo los correspondientes a salarios y sueldos de los trabajadores por cuenta ajena (artículo 1.924.2.ºD), y en su precepto 1926 y siguientes, establece el orden de prelación de los créditos preferenciales concurrentes, sin que haga referencia alguna a créditos privilegiados». (29 abril 1991, LA LEY 1294-JF/0000)

Sobre el supuesto del número primero:

«Si bien el art. 1.922.1 CC establece que gozan de preferencia los créditos que corresponden al precio de venta de bienes muebles que están en poder del comprador, hasta donde alcance el valor de los mismos, sin embargo este privilegio cede cuando se trata de ventas a plazos sometidas a la L 17 Jul. 1965, que impone la necesidad de haber llevado a cabo inscripción registral de la relación convenida». (28 abril 2000, LA LEY 89842/2000)

«el artículo 1922.1 del Código civil se refiere a créditos por construcción o reparación de un bien mueble en poder del deudor, lo que da idea de que el legislador considera sólo al bien mueble tangible, corporal, ya que es el que efectivamente se puede reparar o construir. En cambio, un crédito, como bien incorporal no es susceptible de aquellas actividades». (4 diciembre 2006, LA LEY 149994/2006)

Sobre el supuesto del número segundo:

«cuando la prioridad o preferencia crediticia invocada lo es con relación únicamente a determinados bienes, en este caso concreto muebles, por razón de la prenda constituida

sobre ellos (núm. 2.º del art. 1.922 CC), lo verdaderamente determinante de dicha prioridad no es la fecha de nacimiento o de vencimiento del crédito, sino la de constitución de la prenda en garantía del mismo, al igual que cuando de inmuebles se trate (número 3.º del art. 1.923 del mismo Cuerpo legal), la referida prioridad o preferencia la determinará la fecha de constitución de la hipoteca sobre el inmueble respectivo y no la de nacimiento o extinción del crédito garantizado con ella». (14 noviembre 1995, LA LEY 559/1997)

Sobre el supuesto del número tercero:

«art. 1.922.3.º CC. Dicho artículo desarrolla los privilegios especiales mobiliarios, en los que existe la afección de una cosa al pago de un crédito. Asimismo, el derecho de prenda, como derecho real de garantía tiene prelación para el cobro, en razón de la antigüedad de su constitución, siempre que ésta pueda afectar a terceros (art. 1.865 CC) y reúna los requisitos (art. 918 CCom.). El núm. 3.º realmente trata de prenda, no fianza, sobre títulos valores». (26 marzo 1997, LA LEY 4174/1997)

«finalidad de la purga a que se refiere la recurrente atiende exclusivamente al interés del adjudicatario en subasta del bien hipotecado, teniendo como objetivo concreto que el derecho adquirido por el nuevo propietario se vea exento de todas las cargas establecidas con posterioridad a la fecha de constitución de la hipoteca que se ejecuta. Evidentemente, no se perturba tal finalidad con la conservación de las prioridades que establece el artículo 1923 del Código Civil si bien referidas al sobrante de la suma obtenida en la subasta. C) A esta conclusión ha llegado esta Sala en su reciente sentencia de 15 de octubre de 2003 (LA LEY JURIS. 10412/2004) al afirmar que la culminación de la ejecución hipotecaria no implica necesariamente la extinción de las cargas y gravámenes posteriores y no preferentes a las del actor, pues si bien éstas dejan de afectar al bien realizado, pasan a recaer directamente sobre el sobrante del precio de remate». (23 julio 2004, rec. 2761/1998)

CONCORDANCIAS

Véase:
— art. 1.600 de este Código.
— Código de Comercio: art. 340.
— Ley de Hipoteca Mobiliaria y Prenda sin Desplazamiento de Posesión, de 16 diciembre 1964 (*«B.O.E.»*, 18 diciembre): arts. 10 y 66.
— Véase Código de Comercio: art. 704.
— Véase Ley 22/2003, de 9 julio, concursal (*«B.O.E.»*, 10 julio).

Artículo 1.923

Con relación a determinados bienes inmuebles y derechos reales del deudor, gozan de preferencia:

1.º Los créditos a favor del Estado, sobre los bienes de los contribuyentes, por el importe de la última anualidad, vencida y no pagada, de los impuestos que graviten sobre ellos.

2.º Los créditos de los aseguradores, sobre los bienes asegurados, por los premios del seguro de dos años; y, si fuere el seguro mutuo, por los dos últimos dividendos que se hubiesen repartido.

3.º Los créditos hipotecarios y los refaccionarios, anotados e inscritos en el Registro de la Propiedad, sobre los bienes hipotecados o que hubiesen sido objeto de la refacción.

4.º Los créditos preventivamente anotados en el Registro de la Propiedad en virtud de mandamiento judicial, por embargos, secuestros o ejecución de sentencias, sobre los bienes anotados, y sólo en cuanto a créditos posteriores.

5.º Los refaccionarios no anotados ni inscritos, sobre los inmuebles a que la refacción se refiera, y sólo respecto a otros créditos distintos de los expresados en los cuatro números anteriores.

COMENTARIO

1.- En este artículo se recoge en el Código Civil lo que se disponía en la Ley Hipotecaria de 1869. Así, lo que hoy en día se conoce como los créditos singularmente privilegiados sobre inmuebles, eran, antiguamente, hipotecas privilegiadas.

2.- El privilegio del Estado por créditos tributarios que recaen sobre inmuebles.

Se trata de una preferencia que tiene el Estado que deriva de una hipoteca legal y tácita que tiene sobre esos bienes por razón de aquellos créditos. Este artículo se refiere a la contribución territorial, recogido en la Ley General Tributaria, artículo 73, que se extiende, en términos más generales, a los tributos periódicos sobre bienes inscribibles o sus productos, y favorece al Estado, provincia y municipio, y hoy en día, se debe de incluir a la Comunidad Autónoma. Con preferencia sobre cualquier acreedor o adquirente, aún con derecho inscrito para la percepción de la deuda tributaria.

3.- El privilegio de los aseguradores.

Procede de la Ley Hipotecaria.

4.- El privilegio del acreedor hipotecario y el privilegio del acreedor refaccionario.

Este apartado recoge dos supuestos, el acreedor hipotecario y acreedor refaccionario.

En el caso del primer supuesto, el acreedor hipotecario, su preferencia deriva de la propia naturaleza del derecho real de hipoteca.

En cuanto al acreedor refaccionario plantea más dificultades.

El privilegio del acreedor refaccionario opera sobre la base de que ha existido un aumento de valor en el patrimonio del deudor como consecuencia de las obras y le otorga a la anotación preventiva todos los efectos de la hipoteca. Es decir el privilegio del acreedor refaccionario nace de la equiparación a la hipoteca de su anotación preventiva o de su conversión en auténtica hipoteca.

Etimológicamente refacción significa reconstrucción o reparación de alguna cosa. Pero la legislación también ha protegido al acreedor que dé dinero para la refacción. Así en cuanto se refiere a la anotación preventiva del crédito refaccionario puede decirse que comprende todo crédito nacido o por nacer de la construcción.

La anotación preventiva de crédito refaccionario sólo puede obtenerse mientras duran las obras objeto de la refacción. Caduca a los sesenta días de concluidas.

5.- El privilegio del acreedor anotado en el Registro de la Propiedad.

Es el del acreedor que inscribe su crédito en el Registro de la Propiedad, pudiéndolo realizar de distintos modos:

— en virtud de mandamiento judicial

— por embargo

— por secuestro

— por ejecución de sentencia.

1.º- Mandamiento judicial. Si se realiza una anotación preventiva en el Registro de la Propiedad por virtud de un mandamiento judicial tiene un crédito singularmente privilegiado sobre el bien inmueble inscrito.

2.º- El embargo anotado determina una afección real de los bienes al pago de la deuda: los bienes embargados se hallan afectos a la satisfacción preferente del acreedor que consiguió la traba. Hay que tener en cuenta que la preferencia para el cobro es efectiva contra acreedores que tengan contraído un crédito con posterioridad a la anotación.

Por tanto la fecha de la anotación es decisiva.

3.º- El secuestro es un depósito judicial que tiene lugar cuando se decreta el embargo o aseguramiento de bienes litigiosos y puede recaer tanto sobre bienes muebles como inmuebles (arts. 1.785 y 1.786 CC). Al anotarse el secuestro sobre un inmueble se le privilegia su crédito igual que al acreedor embargante.

4.º- Ejecución de sentencia. En la ley hipotecaria, artículo 42.3, se regula el derecho a pedir la anotación preventiva al que obtuviese una sentencia condenando al demandado.

5.º- Privilegio del crédito refaccionario no anotado ni inscrito.

Teniendo en cuenta que el crédito refaccionario sólo puede ser anotado antes del comienzo de las obras, cuando en ese momento no se desconfía de no cobrar, la mayor parte de los créditos refaccionarios no constatarán en el Registro. Estos créditos están singularmente privilegiados pero no representan ninguna carga o hipoteca tácita sobre el inmueble. El privilegio se extingue en cuanto al bien salga del patrimonio del deudor.

JURISPRUDENCIA

«Es evidente, pues, que la preferencia de crédito hipotecario es inconcusa, ya que, por la afectación real y concreta de dichos bienes, es de aplicación el art. 1923 pfo. 3.º CC, al prescribir que, con relación a determinados bienes inmuebles, gozan de preferencia los créditos hipotecarios anotados en el Registro de la Propiedad, sobre los bienes hipotecados o que hubieran sido objeto de refacción, por lo cual, no puede frente a ello anteponerse la garantía genérica de la póliza de afianzamiento de crédito, suscrita a favor del recurrente pues (sin perjuicio del contraste entre las fechas indicadas, y que como hace constar la primera sentencia, el saldo deudor que fija la garantía afianzada lo fue con fecha posterior a la de la escritura de hipoteca) es inconcuso debe ceder ante el privilegio hipotecario del demandado ese afianzamiento». (20 septiembre 2001, LA LEY 7172/2002)

«El problema básico del proceso consiste, como se ha dicho, en si cabe plantear una ejecución hipotecaria separada con posterioridad a haber sido declarado el deudor hipotecario en situación de concurso voluntario de acreedores. Frente a las sentencias de instancia (la de la Audiencia asume los fundamentos de la apelada) que admiten la posibilidad de ejecución separada, por la parte recurrente se sostiene que sólo cabe con anterioridad a la

declaración de concurso (o de quiebra) pero no con posterioridad. La solución más ajustada al Derecho vigente es la mantenida por las sentencias de instancia». (12 diciembre 2001, LA LEY 4432/2002)

«finalidad de la purga a que se refiere la recurrente atiende exclusivamente al interés del adjudicatario en subasta del bien hipotecado, teniendo como objetivo concreto que el derecho adquirido por el nuevo propietario se vea exento de todas las cargas establecidas con posterioridad a la fecha de constitución de la hipoteca que se ejecuta. Evidentemente, no se perturba tal finalidad con la conservación de las prioridades que establece el artículo 1923 del Código Civil si bien referidas al sobrante de la suma obtenida en la subasta. C) A esta conclusión ha llegado esta Sala en su reciente sentencia de 15 de octubre de 2003 (LA LEY JURIS. 10412/2004) al afirmar que la culminación de la ejecución hipotecaria no implica necesariamente la extinción de las cargas y gravámenes posteriores y no preferentes a las del actor, pues si bien éstas dejan de afectar al bien realizado, pasan a recaer directamente sobre el sobrante del precio de remate». (23 julio 2004, rec. 2761/1998)

«Se refiere, sin duda, a que la jurisprudencia vino manteniendo que el privilegio general que consagra para los créditos tributarios no singularmente privilegiados el art. 71 LGT, sufría una restricción que imponía el art. 132 LGT cuando se remitía al art. 44 de la Ley Hipotecaria [LH]. En consecuencia, la anotación preventiva por débitos quedaba sometida a la normativa del art. 1923.4.º CC, y no a la preferencia general del art. 71 LGT, por fuerza de la doctrina de esta Sala sobre la ineficacia del embargo para alterar la naturaleza de los créditos. Tras la modificación en la redacción de los artículos 129, 132 y 134 LGT introducida por la Ley 25/1995, de 20 de julio, las SSTS de 19 de noviembre de 2004, 10 de mayo de 2005 y 20 de febrero de 2006 han declarado que no puede ya seguir manteniéndose esta doctrina, fundada en la referencia, ahora suprimida, que hacía el artículo 132 LGT al artículo 44 LH. Por consiguiente, no cabe mantener la restricción a la preferencia establecida en el artículo 71 LGT. La STS de 23 de octubre de 2006, rec. 5196/1999, ha declarado que la vieja jurisprudencia se apoya en la interpretación conjunta de los artículos 71, 132 y 134 LGT en la redacción que tenían con anterioridad a su modificación por la ley 25/1995. En consecuencia, la modificación de los mismos, que abre paso a la nueva interpretación, tiene vigencia a partir de la entrada en vigor de la Ley que introduce las respectivas modificaciones, es decir, la Ley 25/1995, la cual se produjo el 23 de julio de 1995, pero, en virtud del principio de irretroactividad de las leyes, no puede ser aplicada a créditos nacidos con anterioridad, a los que continúa siendo de aplicación la jurisprudencia sentada antes de la modificación. La conclusión que obtiene la sentencia recurrida parte de la aplicación del artículo 1923.4 CC, aplicando a los bienes muebles —en una aplicación extensiva cuya coherencia no se discute— la doctrina que sentó la expresada jurisprudencia en relación con la anotación de embargo de los bienes muebles. Refiriéndose la cuestión planteada a créditos anteriores a la entrada en vigor de la ley modificativa en que funda su interpretación el abogado del Estado, la interpretación que se sigue no puede entenderse enervada por ella». (1 febrero 2008, LA LEY 26025/2008)

«El crédito de los que ponen su trabajo y materiales en la obra son créditos refaccionarios, que tienen el privilegio reconocido en los números 3.º y 5.º del art. 1.923 CC. No aparece del texto del art. 1.597 nada que contradiga al art. 1.925, sino que consagra una excepción al principio de relatividad del contrato (art. 1.257 CC), en que por razones de justicia y para evitar enriquecimientos injustos, se aplica la regla o aforismo "el deudor de mi deudor es también mi deudor". Nada que ver con la materia de privilegios crediticios. Por lo tanto, el precepto no impide una concurrencia de acreedores, que habrá de ventilarse entre los mismos». (7 octubre 2008, rec. 2824/2002, LA LEY 137746/2008)

CONCORDANCIAS

— Véase Ley Hipotecaria, de 8 febrero 1946 («*B.O.E.*», 29 mayo): arts. 168.6.º, 194 y 197.
— Véase Ley Hipotecaria, de 8 febrero 1946 («*B.O.E.*», 29 mayo): arts. 195 a 197.
— Véase Ley Hipotecaria, de 8 febrero 1946 («*B.O.E.*», 29 mayo): arts. 42.8.º, 59 a 64 y 104.
— Véase Ley Hipotecaria, de 8 febrero 1946 («*B.O.E.*», 29 mayo): art. 44.

Artículo 1.924

Con relación a los demás bienes muebles e inmuebles del deudor, gozan de preferencia:

1.º Los créditos a favor de la provincia o del Municipio, por los impuestos de la última anualidad vencida y no pagada, no comprendidos en el artículo 1.923, número 1.º.

2.º Los devengados:

A. Por gastos de justicia y de administración del concurso en interés común de los acreedores, hechos con la debida autorización o aprobación.

Derogado por Ley 22/2003, 9 julio («B.O.E.», 10 julio), concursal, disposición derogatoria única 3.2.º.

B. Por los funerales del deudor, según el uso del lugar, y también los de su cónyuge y los de sus hijos constituidos bajo su patria potestad, si no tuviesen bienes propios.

C. Por gastos de la última enfermedad de las mismas personas, causados en el último año, contado hasta el día del fallecimiento.

D. Por los salarios y sueldos de los trabajadores por cuenta ajena y del servicio doméstico correspondientes al último año.

E. Por las cuotas correspondientes a los regímenes obligatorios de subsidios, seguros sociales y mutualismo laboral por el mismo período de tiempo que señala el apartado anterior, siempre que no tengan reconocida mayor preferencia con arreglo al artículo precedente.

F. Por anticipaciones hechas al deudor, para sí y su familia constituida bajo su autoridad, en comestibles, vestido o calzado, en el mismo período de tiempo.

G. Por pensiones alimenticias durante el juicio de concurso, a no ser que se funden en un título de mera liberalidad.

Derogado por Ley 22/2003, 9 julio («*B.O.E.*», 10 julio), concursal, disposición derogatoria única 3.2.º.

3.º Los créditos que sin privilegio especial consten:

A. En escritura pública.

B. Por sentencia firme, si hubiesen sido objeto de litigio.

Estos créditos tendrán preferencia entre sí por el orden de antigüedad de las fechas de las escrituras y de las sentencias.

COMENTARIO

1.- El artículo 1.924 enumera los privilegios generales que recaen sobre los restantes bienes muebles e inmuebles del deudor no afectos al privilegio especial.

El privilegio del municipio y provincia por créditos tributarios.

Como ya se dispone en el artículo 1.923.1, la provincia y el municipio gozan de un privilegio no general sino especial sobre el bien inmueble afectado, al igual que el Estado, de acuerdo con la Ley General Tributaria. Además la Ley de Régimen Local, artículo 664, otorga a la Provincia y al Municipio prelación para el cobro de sus créditos. Este privilegio también se extiende al Estado por el artículo 71 de la Ley General Tributaria.

2.- Privilegio por gastos funerarios.

El motivo de este privilegio es por consideración de humanidad y equidad. Se considera que el funeral ha de ser proporcional al uso del lugar y a la calidad de la persona. En cuanto al significado de calidad de la persona, se refiere a la posición tanto cultural, como social y económica.

3.- Privilegio por gastos de última enfermedad.

En cuanto a qué se considera por última enfermedad, pese a ciertas discusiones, es la enfermedad que termina con la muerte del deudor. La enfermedad no se considera que ha de ser larga y crónica, sino que cualquier accidente que necesite cuidados y que acabe con la vida es susceptible para generar el privilegio.

4.- Por sueldos y salarios.

En cuanto a este asunto se plantea una cuestión difícil ya que el artículo 32 del Estatuto de Trabajadores, Ley de 10 de marzo de 1980 (actualmente, Real Decreto Legislativo 1/1995, 24 marzo) ha ampliado este privilegio considerándolo especial. Con lo cual puede suponer una derogación indirecta de este artículo del Código Civil.

Como el privilegio se concede al crédito por salarios, se han planteado dudas acerca del alcance de esta última expresión. La sentencia del 29 de marzo de 1970 aclara este concepto definiendo el salario de la siguiente manera: dentro de un concepto amplio de salarios se ha de comprender la totalidad de los beneficios que obtenga el trabajador por razón del servicio o trabajo prestado, ya le sean entregados en mano, ya en forma diferida e incluso eventual por haber sobrevenido accidente, por lo cual a la hora de determinar el orden de prelación del crédito de un obrero contra la empresa en que trabajó, obtenido en una sentencia laboral, no es procedente discriminar los distintos conceptos que integran el *quantum* que le fue concedido por aquella jurisdicción, por que todas las partidas están comprendidas en el amplio concepto de la palabra *salario* empleada por el precepto civil.

5.- Por las cuotas de la Seguridad Social.

Este privilegio fue introducido por la Ley del 17 de julio de 1958 y ha sido ratificado por la Ley de Seguridad Social de 30 de mayo de 1974. El último inciso de este artículo, entra a detallar que los créditos por cuotas de seguros sociales pueden ser más privilegiados si se ha constituido hipoteca en garantía del pago de las mismas, o se hubieren anotado en el Registro en virtud de mandamiento judicial por embargo o ejecución de sentencia.

6.- Por suministros al deudor y a su familia.

Por familia constituida bajo su autoridad debe entenderse a las personas que por razón del parentesco vivan con el deudor, es decir, la esposa, domésticos y los hijos mayores que convivan en familia y dependan de aquél económicamente. Los suministros deben haberse realizado en el mismo período de tiempo.

7.- Privilegio de los créditos que constan en escritura pública o por sentencia firme.

A la escritura pública también se equiparan en la jurisprudencia: — los documentos intervenidos por corredor de comercio colegiado o agente de cambio, en base al artículo 93 del Código de Comercio; — las letras de cambio intervenidas por aquellos fedatarios; — los documentos privados reconocidos judicialmente. En cuanto a las sentencias firmes la jurisprudencia ha resuelto que las de remate también se pueden considerar incluidas en el artículo 1.924.

En cuanto al cómputo de las fechas, en las escrituras no se ha de tener en cuenta la fecha del vencimiento del crédito; en cuanto a la sentencia, ha de estarse a la fecha en que gana la firmeza.

JURISPRUDENCIA

«la Jurisprudencia de esta Sala tiene declarado que en el arrendamiento financiero la exigibilidad del precio del contrato surge desde el momento de la firma, aunque se establezcan cuotas periódicas de amortización, equiparando la relación de leasing a las pólizas de préstamo, por lo que ha de tenerse en cuenta la fecha del arriendo financiero, llevado a cabo con intervención de fedatario mercantil (S 8 May. 2001, que cita las de 9 Nov. 1998, 30 Dic. 1998 y 7 Abr. 2000), fecha que resulta anterior al crédito que pudiera derivarse del aval solidario referido y que ostenta la recurrente, procediendo, en consecuencia, la inaplicación del art. 1923.3.º y sí el 1924.3.º, que resultó correctamente aplicado». (7 marzo 2002, LA LEY 5508/2002)

«Como ha declarado la sentencia de esta Sala de 10 May. 1995 (que cita las de 29 May. 1991, 14 Jun. 1988 y 21 Sep. 1984, entre otras muchas), cuando el crédito conste en escritura pública o en póliza intervenida por Corredor de Comercio, la preferencia viene determinada por la fecha del título y no por la de la sentencia de remate recaída en el juicio ejecutivo a que haya habido necesidad de acudir para la efectividad de dicho derecho». (25 marzo 2002, LA LEY 5510/2002)

«Un problema que se plantea en este núm. 3.º del art. 1924, es el de si, cuando un crédito que conste en escritura ha ido a la ejecución, la preferencia respecto a otros acreedores que han embargado un mismo bien del deudor, se debe determinar exclusivamente por la fecha de las sentencias firmes o, por el contrario, por la antigüedad de uno u otros títulos, escritura o sentencia, independientemente de cuál de ellos se trate. La doctrina ha interpretado que debe prevalecer la fecha de la escritura, si es más antigua; de lo contrario, el acreedor escriturario debe esperar a que haya sentencia firme, con el riesgo de que el deudor que se oponga en el proceso demore a su conveniencia o a su mala fe la obtención por aquél de una sentencia firme, de forma que con esa demora el otro acreedor, cómplice del deudor o beneficiario de su mala fe, cobre por entero su crédito». (4 julio 2002, LA LEY 298/2003)

«como ha declarado más recientemente esta Sala, en S 24 May. 2001, ha de estar a lo dispuesto por el art. 15 L 40/1980, de 5 Jul., que tras su nueva redacción en el año 1990 estableció que los créditos por cuotas de la Seguridad Social, y conceptos de recaudación conjunta y, en su caso, los recargos e intereses que sobre aquéllos procedan, gozarán respecto de la totalidad de los mismos, sin limitación temporal alguna, de igual preferencia que

los créditos a que se refiere el apartado primero del art. 1924 CC». (10 julio 2002, LA LEY 336/2004) (Doctrina reiterada literalmente por la de 20 julio 2004, rec. 2685/1998)

«Conforme referido artículo 1924.2.º.A) para ser reputados los honorarios profesionales reclamados como gastos de justicia ha de tratarse de devengos en interés común de los acreedores, y además la norma exige que hayan sido hechos con la debida autorización o aprobación, es decir, se precisa la intervención en este sentido del órgano judicial correspondiente o, en su caso, de los órganos del concurso cuando se trata de este procedimiento». (3 junio 2004, rec. 2219/1998)

«Por el juego conjunto de los apartados A) y B) del artículo 1924.3 del Código Civil, la preferencia se determina entre sí por el orden de antigüedad de las fechas de las escrituras y de las sentencias, de modo que, equiparada la póliza original de un contrato mercantil intervenida por Corredor de Comercio a la escritura pública (SSTS de 27 de abril de 1985, 30 de diciembre de 1993, 12 de abril de 1994 y 9 de noviembre de 1998), y en atención a que, desde la perfección del contrato de préstamo, nace para el prestatario —y para sus fiadores obligados solidariamente con él— su obligación de restituir, que queda fijada en cuanto a lo debido desde el momento mismo de la perfección del contrato (STS de 30 de octubre de 1995), o, dicho de otro modo, "en el préstamo, la exigibilidad y determinación de la cantidad debida consta desde el momento de la suscripción de la póliza" (STS de 9 de noviembre de 1998), las fechas de antigüedad que se oponen entre los créditos de las partes, por razón de ser intercambiables los apartados A) y B) del artículo 1924.3 del Código Civil (STS de 6 de junio de 1995), son la de 8 de marzo de 1993 —la del Banco tercerista—, frente a la de 29 de junio de 1994 —la de Venagua, S.A.—. Además, si se considera que, por haber sido ambos créditos objeto de litigio, pugnan entre sí, a efectos de su antigüedad, las fechas de firmeza de las sentencias respectivas, lo que, con indicación a las pólizas, no altera el valor del crédito con certeza escrituraria (SSTS de 14 de junio de 1988 y 9 de noviembre de 1998), el crédito del Banco dataría de 25 de mayo de 1994 y el de la recurrente de 29 de junio del mismo año. Por último, si se compara la que, para la recurrente, es la fecha de antigüedad del crédito del tercerista, es decir, la de la certificación intervenida por fedatario mercantil expresiva de la deuda resultante de la liquidación del préstamo, que será así en los contratos de crédito con apertura de cuenta corriente pero no en los de préstamo (por todas, la STS de 9 de noviembre de 1998), con la de la firmeza de su sentencia de remate, tendremos que la antigüedad del crédito del Banco sería de 9 de diciembre de 1993 y la de Venagua, S.A., de 29 de junio de 1994. Respecto a la interpretación de que las fechas de antigüedad en pugna son la de dicha certificación —9 de diciembre de 1993— frente a las fechas de las diligencias de las domiciliatarias de las letras de cambio por su valor equivalente al protesto, las SSTS de 14 de junio y 19 de noviembre de 1988 y 6 de junio de 1996 han sentado que los protestos son meras actas notariales y no tienen el valor de escrituras públicas, sin que por ellos se reconozca una obligación por el deudor, que es lo esencial al objeto de conceder la preferencia aludida en el artículo 1924.3 del Código Civil». (22 noviembre 2004, rec. 3120/1998)

«Dice la sentencia de 30 de octubre de 1995 que "la póliza de préstamo documenta fehacientemente una cantidad ya recibida o que se recibe por el prestatario, naciendo desde la perfección del contrato su obligación de restituir, bien toda la cantidad, bien en la cuantía y plazo que se hayan pactado" y continúa diciendo que "aunque en la póliza de préstamo se hubiere pactado el reintegro parcial de lo prestado, ello no empece a la fijación desde el momento de la perfección del contrato de lo debido. No se precisa más que de una simple operación matemática posterior, por lo que no puede afirmarse, y sí en la póliza de crédito, que la cuantía esté indeterminada". Criterio mantenido igualmente en la sentencia de 6 de junio de 1995 y en la de 2 de noviembre de 2002 que cita las anteriores así como la de 30 de abril de 2002 que trata de un supuesto en que en la póliza de préstamo se contenía una estipulación del mismo contenido que la duodécima de la póliza en que se funda esta tercería; dice la sentencia de 30 de abril de 2002 que "la reseñada estipulación presenta la naturaleza

de un pacto procesal con finalidad de favorecer el acreditamiento de uno de los requisitos procesales del despacho de ejecución, cual es la liquidez de la deuda reclamada, y previene algo que si bien en este caso resulta superfluo, habida cuenta de la liquidez que por sí misma genera esta operación de préstamo, redundará en la demostración y concreción de la deuda para el caso de formular reclamación judicial de su importe, sin embargo lo debatido en este juicio de tercería es el mejor derecho dimanante de un negocio jurídico, que no nace de la certificación, sino de la póliza de préstamo donde fue formalizado, de manera que, al no resultar legalmente necesario no puede afectar a la determinación de la preferencia del crédito aquí discutida; en definitiva, esta obligación es líquida, toda vez que se perfeccionó por la entrega de la cosa, y no precisa de ulterior liquidación». (21 julio 2005, rec. 924/1999)

«La jurisprudencia ha venido aplicando el artículo 1924.3.º.A del Código Civil a las pólizas intervenidas por corredor colegiado de comercio o agente de cambio y bolsa, de modo que ha equiparado, a estos efectos, los créditos que constan en ellas a los que lo hacen en escritura pública (sentencias de 3 de noviembre de 1971, 21 de septiembre de 1984, 9 de julio de 1990, 28 de mayo de 1991, 20 de septiembre de 1991, 29 de octubre de 1991, 5 de diciembre de 1991, 31 de diciembre de 1993, 13 de marzo de 1995, 7 de abril de 1995, 6 de junio de 1995, 8 de mayo de 2001, entre otras). Cuando la cantidad debida por el deudor no consta en el propio título ni puede determinarse por simples operaciones aritméticas, se hace necesaria una operación complementaria de liquidación. Tal sucede si lo documentado en la póliza es el instrumento jurídico de financiación de la actividad empresarial que se conoce como contrato de apertura de crédito en cuenta corriente, ya que la concedente, obligada a tener a disposición del acreditado sumas de dinero dentro de los límites convenidos, sólo será efectiva titular de un derecho a exigir la devolución si la otra parte del contrato hubiera hecho uso del crédito con disposiciones de dinero. Además, la medida objetiva de tal derecho vendrá, en todo caso, determinada por el resultado de compensar, en el momento pactado, los fondos dispuestos con los ingresos realizados en la cuenta por el deudor acreditado (sentencias de 3 de noviembre de 1971 y 13 de marzo de 1995). En tales casos, según la jurisprudencia la preferencia se determina en función de la fecha de la liquidación o determinación del saldo deudor (sentencias de 21 de septiembre de 1984, 3 de noviembre de 1989, 9 de julio de 1990, 20 de septiembre de 1991, 29 de octubre de 1991, 5 de diciembre de 1991, 22 de marzo de 1994, 29 de marzo de 1994, 12 de abril de 1994, 13 de marzo de 1995, 7 de abril de 1995, 6 de junio de 1995, 2 de octubre de 1995, 14 de noviembre de 1995, 6 de junio de 1996, 8 de mayo de 2001, 19 de junio de 2002, 2 de noviembre de 2002, entre otras)». (25 octubre 2005, rec. 1526/1999)

«Las partes están contestes en que la preferencia ostentada por el crédito que esgrime la Seguridad Social es la que se fija en el art. 1924.1 CC. Así se infiere de lo dispuesto en el art. 22 de la Ley General de la Seguridad Social (modificado hoy por la Ley 22/2003 de 9 de julio), el cual dispone que los créditos por cuotas de la Seguridad Social y conceptos de recaudación conjunta y, en su caso, los recargos o intereses que sobre aquéllos procedan, gozarán, respecto de la totalidad de los mismos, de igual orden de preferencia que los créditos a que se refiere el artículo 1924.1 CC. Según la STS de 16 de marzo de 2006 (LA LEY 23394/2006) entre las más recientes, los créditos a favor de la Tesorería de la Seguridad Social por cuotas impagadas no tienen el trato de singularmente privilegiados que el artículo 1923.3 del Código Civil otorga a los hipotecarios, sino el de simplemente privilegiados (artículo 1924.1, en relación con el art. 1929 CC). Supuesto que el criterio de distribución del sobrante del precio del remanente no puede ser sólo el de la prioridad registral, sino que debe estarse a las normas del CC relativas a la clasificación y prelación de créditos, se plantea en este motivo la cuestión relativa a si los créditos garantizados por la segunda y tercera hipoteca en favor de la entidad actora le confieren el carácter de acreedor hipotecario, con la preferencia singular fijada en el artículo 1923.3 CC, o si por el contrario, cancelada su inscripción merced a la ejecución a que dio lugar la primera hipoteca, ostenta tan sólo la

preferencia del art. 1924.3 CC en calidad de acreedor escriturario y, por ende, debe ceder ante los créditos a la Seguridad Social». (22 septiembre 2006, LA LEY 110206/2006)

«La primera de estas dos cuestiones jurídicas debe resolverse en el sentido de que la fecha determinante del mejor derecho, es decir, la preferencia del crédito conforme dispone el art. 1924.3.º, CC es la del contrato de leasing, intervenido por fedatario público mercantil que equivale a la escritura pública que menciona el texto legal: éste es el negocio jurídico, base del crédito, cuya fecha no cede ante un aplazamiento del pago, ni ante la dilación de un proceso que termina por sentencia. En toda tercería de mejor derecho se fija la fecha para determinar la preferencia de los créditos por aquel negocio jurídico plasmado en escritura pública o equivalente que da lugar al crédito, sin que le afecten instrumentos de crédito, como letras de cambio o pagarés, ni tampoco un proceso que termina por sentencia. Este es el criterio jurisprudencial, que ahora se reitera». (11 octubre 2006, LA LEY 119521/2006) (Esta sentencia recoge la jurisprudencia que reitera).

«lo que establece la regla 2.ª del artículo 1927 del Código Civil (las normas de la Ley de Hipotecaria citadas como vulneradas sólo se refieren a la caducidad de las anotaciones preventivas) es que los créditos comprendidos en los números 3.º (hipotecarios y refaccionarios anotados o inscritos) y 4.º (créditos preventivamente anotados en el Registro de la Propiedad en virtud de mandamiento judicial) del artículo 1923, gozarán de prelación entre sí por el orden de antigüedad de las respectivas inscripciones o anotaciones en el Registro de la Propiedad, pero ello no excluye la previsión contenida en dicho n.º 4.º

del artículo 1923 en el sentido de que la preferencia de los anotados preventivamente sólo opera en cuanto a créditos posteriores, y es claro que la anotación de embargo letra b) que favorece a Mapfre Leasing S.A. es de fecha 21 de noviembre de 1994, mientras que el crédito de la demandada Esfinge Leasing S.A. es de fecha 23 de agosto de 1991, por lo que la simple anotación de embargo de la actora no le concede preferencia para el cobro; siendo así que dicha preferencia se estableció por la sentencia impugnada a favor de la actora comparando las fechas de los respectivos contratos de leasing, con aplicación de lo dispuesto en el artículo 1924-3.º del Código Civil». (29 noviembre 2006, LA LEY 145013/2006)

«como recuerda la sentencia de 11 diciembre 2001, con cita de la de 30 diciembre 1998, en cuanto a las pólizas mercantiles se han de distinguir dos supuestos: a) cuando la cantidad adeudada viene exactamente concretada desde el momento mismo del otorgamiento de la póliza, en cuyo supuesto, para resolver cuestiones sobre preferencia de créditos, habrá de atenderse a la fecha misma de la referida póliza, y b) cuando la cuantía de la deuda a exigir no puede conocerse de antemano y precisa de una posterior actividad complementaria que permita conocer el alcance de la obligación y la exigibilidad indubitada del crédito, cual es la oportuna liquidación y fijación del saldo, en cuyo caso la preferencia crediticia ha de venir referida, no a la fecha de suscripción de la póliza, sino a la de esa posterior operación de determinación o concreción del saldo exigible». (14 diciembre 2006, LA LEY 149991/2006)

«la cuestión estrictamente jurídica de si para los créditos por cuotas de la Seguridad Social rige o no la restricción a la última anualidad contenida en el art. 1924-1.º CC, ya que en la sentencia recurrida se afirma tal restricción y la parte recurrente, en cambio, la considera inexistente en virtud de normas no contenidas en el Código Civil pero que, al remitirse a éste, vienen a modificar aquel precepto en beneficio del sistema de Seguridad Social ... su único motivo ha de ser estimado porque la sentencia impugnada, al limitar la preferencia de la tercerista a la última anualidad vencida e impagada de las cuotas del Régimen General de la Seguridad Social y del Régimen Especial de Trabajadores Autónomos, efectivamente infringió el régimen de preferencia de tales créditos vigente desde el 1 de enero de 1988, fundándose en una sentencia de esta Sala cuyo punto de partida era precisamente la irre-

troactividad de dicho régimen, elemento que no opera en este caso porque tanto el contrato mercantil de arrendamiento financiero de la demandada-ejecutante como las primeras cuotas de la Seguridad Social impagadas eran posteriores a esa fecha». (3 enero 2008, LA LEY 19/2008)

«Cuya doctrina la recoge la sentencia de 11 octubre 2006 que reitera la doctrina y cita dos sentencias más que la abonan: la preferencia del crédito conforme dispone el art. 1924,3.º, CC es la del contrato de leasing, intervenido por fedatario público mercantil que equivale a la escritura pública que menciona el texto legal: éste es el negocio jurídico, base del crédito, cuya fecha no cede ante un aplazamiento del pago, ni ante la dilación de un proceso que termina por sentencia. En toda tercería de mejor derecho se fija la fecha para determinar la preferencia de los créditos por aquel negocio jurídico plasmado en escritura pública o equivalente que da lugar al crédito, sin que le afecten instrumentos de crédito, como letras de cambio o pagarés, ni tampoco un proceso que termina por sentencia». (18 junio 2008, rec. 2616/2001, sentencia que recoge las declaraciones de una serie de sentencias anteriores)

«la reciente Sentencia de 24 de julio de 2008, en la que se establece que "la doctrina general sobre la preferencia para el cobro de un derecho de crédito derivado de un contrato de préstamo que consta en escritura pública o póliza intervenida por fedatario mercantil establece que ha de atenderse a la fecha del instrumento público o póliza equiparada, por cuanto el préstamo mutuo es un contrato real que se perfecciona por la entrega de la cantidad dineraria objeto del mismo" (SS., entre otras, 3 de marzo y 4 de noviembre de 2.005 y 6 de junio de 2.006), que refleja una indiscutible realidad crediticia que comporta una deuda exigible (SS. 22 de septiembre de 2.005, 6 de junio de 2.006, 26 de abril de 2.007, 28 de junio de 2.008). Se trata de una deuda determinada, aunque se haya pactado con intereses, ya que el cálculo de éstos no afecta a su liquidez (SS. 7 de mayo de 2.003; 22 de septiembre y 4 de noviembre de 2.005). A tal doctrina no obsta que en la póliza de préstamo se haya previsto un pacto de liquidación (SS. 30 de octubre de 1.995; 30 de abril y 2 de noviembre de 2.002; 21 de julio de 2.005). Sin embargo, la doctrina no es aplicable: a) Cuando las pólizas aunque se denominen de "préstamo", en realidad constituyen o encubren una "póliza de crédito" "strictu sensu", de forma que habrá de estarse al régimen que para éstas se establece en relación con la preferencia o mejor derecho (SS. 29 de abril de 2.000; 28 de abril de 2.005), es decir, habrá de atenderse a la fecha de la liquidación del saldo deudor; y, b) Cuando la cuantía de la deuda a exigir no puede conocerse de antemano y precisa de una actividad complementaria que permita conocerla; en cuyo caso, la preferencia crediticia ha de venir referida no a la fecha de la suscripción de la póliza, sino a la de esa operación de determinación o de concreción del saldo exigible. Esta doctrina, de aplicación normal en relación con las pólizas de crédito (SS. 19 de junio y 23 de diciembre de 2.002, 7 de mayo de 2.003, 4 de noviembre de 2.005, 6 de junio de 2.006), lo es también a las pólizas de préstamo cuando para determinar la suma a pagar se hacen precisas operaciones que exceden de un sencillo cálculo matemático, casos en que no se puede decir que la deuda sea determinada —líquida— sin la operación de liquidación». (21 noviembre 2008, rec. 1838/2002, LA LEY 176068/2008)

«La calificación del contrato en que el BANCO tercerista basa su mejor derecho: si es contrato de préstamo en escritura pública, en cuyo caso la preferencia la marca su fecha, conforme al artículo 1924.3.º del Código civil, frente a la de la sentencia firme; o si es una póliza de crédito, cuya preferencia queda señalada por la fecha de la liquidación para determinar el saldo líquido y exigible. La distinción entre uno y otra se ha consolidado en la jurisprudencia. La póliza (rectius, el contrato) de préstamo es aquel contrato real que ha tenido por objeto la entrega de una cantidad dineraria por el prestamista y se constituye la obligación del prestatario de devolver dicha cantidad con los intereses convencionales y moratorios pactados». (25 febrero 2009, rec. 371/2004, LA LEY 4665/2009)

CONCORDANCIAS

Véase:

— R.D.-Leg. 1/1995, de 24 marzo, Estatuto de los Trabajadores (*«B.O.E.»*, 29 marzo): art. 32.

— R.D.-Leg. 1/1994, 20 junio (*«B.O.E.»*, 29 junio), texto refundido de la Ley General de la Seguridad Social.

— arts. 913 y 914 de este Código.

Texto vigente según Ley 11/1990, 15 octubre (*«B.O.E.»*, 18 octubre). Anterior texto según Ley 17 julio 1958 (*«B.O.E.»*, 18 julio).

Artículo 1.925

No gozarán de preferencia los créditos de cualquiera otra clase, o por cualquiera otro título, no comprendidos en los artículos anteriores.

COMENTARIO

Lo establecido en este artículo es la declaración legal de que la enumeración de los privilegios tiene carácter taxativo, es numerus clausus y no puede ampliarse. Sin embargo, sí pueden tener naturaleza de privilegio, aquellos otros que, fuera del Código Civil establece otra ley.

CONCORDANCIAS

Véase art. 1.929.3.º de este Código y modificado por Ley 22/2003, de 9 julio, concursal (*«B.O.E.»*, 10 julio).

CAPÍTULO III
DE LA PRELACIÓN DE CRÉDITOS

Artículo 1.926

Los créditos que gozan de preferencia con relación a determinados bienes muebles, excluyen a todos los demás hasta donde alcance el valor del mueble a que la preferencia se refiere.

Si concurren dos o más respecto a determinados muebles, se observarán, en cuanto a la prelación para su pago, las reglas siguientes:

1.ª El crédito pignoraticio excluye a los demás hasta donde alcance el valor de la cosa dada en prenda.

2.ª En el caso de fianza, si estuviere ésta legítimamente constituida a favor de más de un acreedor, la prelación entre ellos se determinará por el orden de fechas de la prestación de la garantía.

3.ª Los créditos por anticipo de semillas, gastos de cultivo y recolección, serán preferidos a los de alquileres y rentas sobre los frutos de la cosecha para que aquéllos sirvieron.

4.ª En los demás casos el precio de los muebles se distribuirá a prorrata entre los créditos que gocen de especial preferencia con relación a los mismos.

COMENTARIO

Este artículo establece unas reglas para solucionar la colisión que se puede producir entre varios créditos que recaigan sobre un mismo bien mueble. Así, en primer lugar, se puede decir que los créditos dotados con privilegios mobiliarios excluyen a los demás, y entre sí se clasifican de acuerdo con este artículo. En primer lugar, se encuentra el crédito pignoraticio; en segundo lugar, la fianza; en tercer lugar, los créditos por anticipos de semillas, gastos de cultivo y recolección. En último lugar, se establece que el precio del bien mueble se distribuirá en proporción entre los demás créditos.

JURISPRUDENCIA

«artículos 1922, 1923 y 1926 del Código Civil, plantea el tema de la preferencia entre una hipoteca mobiliaria inscrita y un embargo posterior a la fecha de otorgamiento de la escritura de constitución de dicha hipoteca y, además, no anotado en el Registro, que lógicamente ha de corresponder a aquélla sobre éste, como además se desprende de lo preceptuado en el artículo 10 de la Ley de Hipoteca Mobiliaria (que presuponiendo la inexistencia de ningún embargo anterior a la fecha de otorgamiento de la escritura pública de constitución de la hipoteca, pues si hubiera existido, no habría podido otorgarse la misma, como ya se ha dicho, ni luego inscribirse en el Registro), que establece que "el acreedor hipotecario gozará para el cobro de su crédito de la preferencia y prelación establecidas en los artículos 1922.2.ª y 1926.1.ª del Código Civil, dejando a salvo siempre la prelación por créditos laborales"». (29 marzo 1993, LA LEY 13082/1993)

«si sobre una cosa mueble (en este caso concreto, los créditos a cargo de Principado de Asturias y a favor de "C. del C., S.L.") se traba un embargo y con posterioridad al mismo, ese deudor

("C. del C., S.L."), faltando a los más elementales principios de la buena fe negocial, da esos mismos créditos como garantía pignoraticia del crédito de otro acreedor (en este caso, el Banco H., S.A.), es indudable que aquel crédito para cuya efectividad (en el juicio ejecutivo correspondiente) se trabó embargo sobre los expresados créditos (a cargo del Principado de Asturias) ha de ser preferente a aquel otro crédito (el del tercerista Banco H., S.A.) para cuyo cobro se dieron en garantía prendaria esos mismos créditos (a cargo del Principado de Asturias), pero con posterioridad a la traba del embargo sobre los mismos». (14 noviembre 1995, LA LEY 559/1997)

CONCORDANCIAS

Véase:
— arts. 1.028, 1.922, 1.928 y 1.929 de este Código.
— Ley de Hipoteca Mobiliaria, de 16 diciembre 1954 (*«B.O.E.»*, 18 diciembre): arts. 10 y 66.
— Ley 22/2003, de 9 julio, concursal (*«B.O.E.»*, 10 julio).

Artículo 1.927

Los créditos que gozan de preferencia con relación a determinados bienes inmuebles o derechos reales, excluyen a todos los demás por su importe hasta donde alcance el valor del inmueble o derecho real a que la preferencia se refiera.

Si concurrieren dos o más créditos respecto a determinados inmuebles o derechos reales, se observarán, en cuanto a su respectiva prelación, las reglas siguientes:

1.ª Serán preferidos, por su orden, los expresados en los números 1.º y 2.º del artículo 1.923 a los comprendidos en los demás números del mismo.

2.ª Los hipotecarios y refaccionarios, anotados o inscritos, que se expresan en el número 3.º del citado artículo 1.923 y los comprendidos en el número 4.º del mismo, gozarán de prelación entre sí por el orden de antigüedad de las respectivas inscripciones o anotaciones en el Registro de la Propiedad.

3.ª Los refaccionarios no anotados ni inscritos en el Registro a que se refiere el número 5.º del artículo 1.923, gozarán de prelación entre sí por el orden inverso de su antigüedad.

COMENTARIO

Este artículo sigue estableciendo un orden de prelación en caso de colisión, respecto a los créditos privilegiados sobre bienes inmuebles. Estos créditos excluyen a los demás sobre el bien afecto, hasta donde alcance el precio que por él se obtenga en su realización judicial. El orden de preferencia es el siguiente, en primer lugar, el Estado y los aseguradores; en segundo lugar se recoge el principio de prior tempore, potior iure, es decir, se establece la preferencia entre créditos hipotecarios y refaccionarios teniendo en cuenta la fecha de su inscripción o anotación en el Registro de la Propiedad. El último apartado del artículo 1.927 da una regla de colisión entre créditos refaccionarios no anotados ni inscritos, que serán preferentes por el orden inverso de su antigüedad.

JURISPRUDENCIA

«La prelación de créditos sobre un determinado bien inmueble, se regula en el art. 1927 CC, en el aspecto que aquí se estudia, y en relación a la preferencia establecida en el n.º

4.º del art. 1923, y aquél se tiene por infringido en el motivo 3.º del Recurso, referido ya al acceso de la anotación del embargo y de la escritura de compraventa de la finca (título del actor) al Registro de la Propiedad, en el que, por lo tanto, se trata del problema de la preferencia registral de un acceso u otro, el que ha sido correctamente resuelto en la sentencia recurrida, la que, partiendo de que accedió al Registro primero la anotación del embargo, no obstante, traslada la solución al aspecto de la "buena fe" o no, como "tercero hipotecario", del en principio titular preferente conforme al art. 34 LH protegible, al que se refiere ya de lleno el motivo 4.º, al que nos hemos de remitir en definitiva, teniendo en cuenta sólo aquí, dentro de lo dicho en el motivo 3.º, que la inscripción de la escritura de compraventa goza de preferencia, no en el momento de la propia inscripción, que depende de la actividad interna del propio Registro como Órgano administrativo en ese menester, sino desde el asiento de presentación del documento (arts. 24 LH y 425 y ss. RH), al que se retrotraen los efectos de aquélla, por ser un acto sujeto a la misma publicidad, frente a terceros, que aquél, y que sólo perderá fuerza jurídica si el Registrador, al calificar el documento, no accede a la inscripción o se produce la retirada del mismo por el presentante». (25 febrero 2005, rec. 3762/1998)

Artículo 1.928

El remanente del caudal del deudor, después de pagados los créditos que gocen de preferencia con relación a determinados bienes, muebles o inmuebles, se acumulará a los bienes libres que aquél tuviere para el pago de los demás créditos.

Los que, gozando de preferencia con relación a determinados bienes, muebles o inmuebles, no hubiesen sido totalmente satisfechos con el importe de éstos, lo serán, en cuanto al déficit, por el orden y en el lugar que les corresponda según su respectiva naturaleza.

COMENTARIO

1.- Este artículo tiene dos partes. La primera parte regula la posibilidad de que exista un remanente, después de haber sido pagados los créditos singularmente privilegiados. Este remanente se destinará, en primer lugar, al pago de los créditos privilegiados generales y en su caso, si siguiera habiendo remanente, a los créditos comunes.

2.- La segunda parte regula la situación contraria. El caso de que no hubieran podido ser satisfechos los créditos singularmente privilegiados. En este caso, los que falten por cobrar serán considerados como acreedores con privilegio general y acreedores comunes según la naturaleza de su crédito.

Artículo 1.929

Los créditos que no gocen de preferencia con relación a determinados bienes, y los que la gozaren, por la cantidad no realizada, o cuando hubiese prescrito el derecho a la preferencia, se satisfarán conforme a las reglas siguientes:

1.ª Por el orden establecido en el artículo 1.924.

2.ª Los preferentes por fechas, por el orden de éstas, y los que la tuviesen común, a prorrata.

3.ª Los créditos comunes a que se refiere el artículo 1.925, sin consideración a sus fechas.

COMENTARIO

Para terminar con la materia referente a la concurrencia y prelación de créditos, el último artículo, el 1.929 dispone de la prelación del pago de unos determinados créditos. Estos créditos son los siguientes: — los no protegidos con un privilegio especial, — los protegidos por un privilegio especial que tengan derecho de preferencia por la cantidad insatisfecha,

— y los créditos que, a pesar de estar garantizados con un privilegio especial, ha prescrito el derecho a la preferencia. En cuanto a estos últimos, realmente no es que el privilegio prescribe, sino que el privilegio especial desaparece si el crédito no es reclamado en el plazo fijado por la ley.

En los casos de estos tres créditos expuestos anteriormente, les sucede lo mismo, y es que todos ellos pierden su privilegio especial y requieren de una clasificación de los créditos para su pago. Esta clasificación será la de o privilegio general o privilegio común. Estos créditos serán satisfechos precisamente según lo dispuesto por el artículo 1.929.

En primer lugar, se cobrarán los créditos que estén garantizados con un privilegio general.

En segundo lugar, el segundo apartado del artículo 1.929 dispone de la prelación de los créditos por sus fechas, es decir, en caso de producirse una colisión entre los créditos con privilegio general. Este mismo apartado dispone que si se produjera un caso de colisión de varios créditos con la misma fecha, su satisfacción se hará a prorrata.

Para terminar, en cuanto a los créditos comunes se satisfarán a prorrata.

JURISPRUDENCIA

«el crédito de costas es una obligación de origen legal a la espera de que la sentencia la imponga, de cuantía indeterminada pero determinable y que no depende de que el beneficiado con ella pague o no a su abogado, no está causalizada ni imbuida en un sentido finalista que la impute a una deuda determinada (artículo 1.172 del Código Civil) ni sujeta a un orden de prelación (arts. 1.921 a 1.929 del Código Civil). Es pues un crédito que entra en el patrimonio de acreedor sin sujeción a un destino predeterminado». (24 marzo 1992, LA LEY 3100/1992)

«Desde la óptica de la sentencias referidas, no aparecen trabas para dar una respuesta positiva a la cuestión antes precisada, de manera que, en el juicio de tercería de mejor derecho, las partes pueden debatir sobre la preferencia de títulos, que se producirá sobre la totalidad del crédito, si el título es de grado superior, o sobre una parte del mismo, si tiene valor similar; de ahí, en el último supuesto, la factibilidad del prorrateo y, por consiguiente, de la aplicación del art. 1.929.2 CC». (16 febrero 1998, LA LEY 2232/1998)

TÍTULO XVIII
De la prescripción

CAPÍTULO PRIMERO
DISPOSICIONES GENERALES

Artículo 1.930

Por la prescripción se adquieren, de la manera y con las condiciones determinadas en la ley, el dominio y demás derechos reales.

También se extinguen del propio modo por la prescripción los derechos y las acciones, de cualquier clase que sean.

COMENTARIO

1.- Constituye el art. 1.930 el primer precepto de una serie de artículos que recogen las disposiciones generales aplicables a la prescripción entendida ésta como aquella institución que, uniendo el tiempo a otros requisitos, produce como efecto la extinción o adquisición de un derecho.

El precepto configura en sendos párrafos dos instituciones diferentes: la llamada prescripción adquisitiva, llamada usucapión y la prescripción extintiva o prescripción propiamente dicha.

2.- El primer párrafo del art. 1.930 se refiere sin duda a la usucapión cuando dispone que «por la prescripción se adquieren, de la manera y con las condiciones determinadas en le ley, el dominio y demás derechos reales». La manera y las condiciones determinadas en la ley se fijan en los arts. 1.940 y ss. y consisten básicamente en la posesión del derecho real de manera continuada durante el tiempo y con los requisitos legalmente establecidos.

En principio y puesto que el art. 1.930 no establece ninguna cortapisa parece que será usucapible cualquier derecho real, aunque la necesidad de posesión del derecho para adquirirlo por usucapión deja inevitablemente fuera todo derecho que no sea poseíble (así, la hipoteca).

Únicamente cabe usucapir derechos reales lo que excluye la adquisición por este medio de bienes y derechos de otro tipo (así, derechos de crédito).

3.- La prescripción extintiva supone, en cambio, la extinción de un derecho subjetivo por permanecer inactivo e irreconocido durante el tiempo que la ley señala. A ella se refiere el párrafo segundo del art. 1.930 cuando dice que «también se extinguen del propio modo por la prescripción los derechos y las acciones, de cualquier clase que sean».

Dados los términos literales del precepto la prescripción extintiva es aplicable a todo tipo de acciones y derechos tanto si son reales como personales o de crédito. Aunque no faltan excepciones establecidas en el propio Código *(vid.* art. 1.965) o derivadas de la propia naturaleza de la acción o derecho (así, acciones de carácter declarativo como la nulidad, o derechos y acciones relativos al estado civil, o los de la personalidad o los dimanates de situaciones de carácter familiar...).

De lo anterior se desprende que prescripción extintiva y adquisitiva son dos clases de prescripción distintas con distinto fundamento, naturaleza, ámbito y regulación.

Desde este artículo al 1954 ha colaborado a sus comentarios M.ª Ángeles FernÁndez GonzÁlez-REGUERAL, Doctora en Derecho, Profesora de Derecho civil en la Universidad San Pablo CEU.

JURISPRUDENCIA

Sobre la prescripción extintiva:

«la interpretación de la prescripción, como institución, no se funda en principios de estricta justicia, sino en los de seguridad jurídica y abandono del derecho subjetivo, por lo que viene declarando que su aplicación por los Tribunales debe ser cautelosa y restrictiva. De esta manera se atiende destacadamente a la faceta finalista del instituto como sanción, y a consideración de necesidad y utilidad social, que deben inspirar, conforme ordena el art. 3.1 CC, los criterios hermenéuticos de carácter lógico-jurídico, más dúctiles y acomodables a las exigencias de la vida real. Consecuencia de ello es la carga ineludible de acreditar el cese o abandono del ejercicio de los derechos, que no puede deducirse del afán o deseo de su mantenimiento o conservación, cese o abandono que se viene admitiendo, por ejemplo, de la presentación del escrito de asistencia gratuita, demanda de pobreza, reclamación previa en vía administrativa, y que también, siguiendo la misma doctrina, se debe admitir de la solicitud de procurador de oficio que formuló el actor y apelante, sólo cuatro meses después de haber percibido la cantidad líquida máxima en vía ejecutiva (STS 20 octubre 1988)». (26 diciembre 1995, LA LEY 111/1997)

«En relación con los efectos de la prescripción, tanto adquisitiva como extintiva, se plantea la cuestión de si los mismos se producen ex nunc o ex tunc, lo que es resuelto por la doctrina en el sentido de atribuir efecto retroactivo a la prescripción declarada; esta solución comporta que extinguida por prescripción la obligación principal y retrotraídos esos efectos extintivos al momento inicial del plazo prescriptivo, esta obligación no podrá seguir produciendo intereses, en virtud del principio accesorium sequitur principale; otra cosa conduciría al absurdo jurídico de que una obligación extinguida seguiría produciendo intereses moratorios nacidos, precisamente, del incumplimiento por el deudor de una obligación ya extinguida». (30 diciembre 1999, LA LEY 3213/2001)

«la excepción de prescripción extintiva (que es excepción en su sentido técnico, o, según indica la doctrina, hecho excluyente, como de diferente naturaleza que los hechos impeditivos, modificativos o extintivos) no es estimable de oficio, por lo que debe ser invocada como tal (o como acción), según reiterada jurisprudencia (entre otras 31 Mar. y 31 Oct. 1995, 21 Feb. 1997, 22 Ene. y 19 Mar. 1999)». (22 diciembre 2000, LA LEY 161542/2001)

«y una cosa es que el plazo de prescripción de un año establecido en nuestro ordenamiento jurídico para las obligaciones extracontractuales sea indudablemente corto y que su aplicación no deba ser rigurosa sino cautelosa y restrictiva, y otra distinta que la jurisprudencia pueda derogar, por vía de interpretación, el instituto jurídico que nos ocupa, pues ello aparece prohibido por el ordenamiento jurídico. El plazo prescriptivo es improrrogable y lo propio sucede con los iniciados en virtud de interrupciones anteriores como es el caso, y sería contrario a la seguridad jurídica distinguir entre pequeñas y grandes demoras, algo que no tiene el mínimo apoyo legal ni jurisprudencial, por lo mismo que siempre se ha negado la posibilidad de interpretación extensiva de los supuestos de interrupción (SSTS de 17 abril 1989; 26 septiembre 1997; 26 de febrero 2002)». (16 marzo 2010, rec. 1067/2006, LA LEY 8710/2010). Doctrina reiterada por la sentencia de 29 noviembre 2010, rec. 1032/2007, LA LEY 208818/2010.

«El principio —reiterado por la jurisprudencia— que sostiene la aplicación rigurosa de la prescripción, por ser una institución no basada en criterios de justicia material sino de seguridad jurídica, no es una regla de valoración de prueba, ni de distribución de la carga de la prueba. Este principio no puede amparar la carencia probatoria del hecho de la interrupción de la prescripción, pues de ser como pretende la recurrente, el instituto de la prescripción devendría inaplicable». (10 enero 2012, rec. 894/2009, LA LEY 6700/2012)

Sobre la prescripción adquisitiva o usucapión:

«La primera es relativa a la usucapión, como modo de adquirir el dominio, contemplada en el artículo 609 y regulada a partir del artículo 1930 del Código civil cuyos requisitos esenciales son la posesión en concepto de dueño, pública, pacífica y no interrumpida por el tiempo fijado en el código, requisitos únicos para la usucapión extraordinaria que exige el tiempo de treinta años para la de inmuebles y los requisitos de buena fe y justo título para la ordinaria. A su vez, la regla primera del artículo 1960 proclama la accessio possesionis *y el artículo 436 la* continuatio possesionis *que comprende la continuación de la posesión y la del concepto posesorio».* (10 mayo 2007, LA LEY 20324/2007)

Distinción entre caducidad y prescripción:

«A partir de la S 30 de abril de 1940 la jurisprudencia inició un camino constante y mantenido para distinguir la caducidad de la prescripción. La primera genera decadencia del derecho en forma automática, por el simple transcurso del tiempo legal o del previamente convenido, pues sólo atiende al hecho objetivo de la conducta inactiva del titular dentro del término que fija y controla su eficiencia, siendo causa de extinción de los derechos y fijación definitiva de lo acordado, con liberación de todo condicionamiento que supedite su efectividad y que en este caso hay que referir al documento-finiquito reseñado. La doctrina jurisprudencial, suficientemente conocida, viene manteniendo que en los casos de caducidad no inciden las causas de interrupción del art. 1.973 CC». (12 febrero 1996, LA LEY 761/1997)

«La caducidad es un modo de extinción de un derecho por el mero transcurso del tiempo señalado por la ley; se trata de un derecho que nace con un plazo de vida y que, pasado éste, se extingue; es un derecho de duración limitada. En este sentido, SS 26 de diciembre de 1970, 11 de octubre de 1985 y 14 de diciembre de 1993. No es éste el caso de prescripción anual que fija el art. 1.968.2, y que en el Código Civil se configura como prescripción, como no ha puesto en duda doctrina ni jurisprudencia. A su vez, la suspensión de la prescripción paraliza ésta, no corre el tiempo para la misma, pero no inutiliza el ya transcurrido y así, cuando desaparece la causa de suspensión, se reanuda el cómputo de prescripción. Pero el CC no la admite y han desaparecido antiguos supuestos en que se daba. Tan sólo existe cuando alguna específica y excepcional norma la ha establecido». (12 junio 1997, LA LEY 7332/1997)

«lo cierto es que prescripción y caducidad son términos distintos. La caducidad, como sí tiene señalado este Alto Tribunal es un término en donde fenece por el transcurso del tiempo señalado para ejercitar una acción en el presente caso, la del art. 1.469 pfo. 2.º CC. En cambio, la prescripción es la creadora de adquisición o extinción de Derechos, y consiguientemente, cualquier requerimiento o acción ejercitada interrumpirá la misma». (10 julio 1999, LA LEY 10535/1999)

CONCORDANCIAS

Véase:

— arts. 409.2.º, 468, 513.7.º, 537, 538, 546.2.º, 547, 548, 598, 646, 652, 1.472, 1.490, 1.620 y 1.939 y ss. de este Código.

— Código de Comercio: arts. 942 y ss.

Artículo 1.931

Pueden adquirir bienes o derechos por medio de la prescripción las personas capaces para adquirirlos por los demás modos legítimos.

COMENTARIO

1.- El art. 1.931 se refiere exclusivamente a la prescripción adquisitiva o usucapión, al disponer que «pueden adquirir bienes o derechos por medio de la prescripción las personas capaces para adquirirlos por los demás medios legítimos». La disposición, según se observa, es de mera referencia pues se limita a imponer en esta materia la aplicación de los principios generales sobre la capacidad para adquirir.

2.- La primera cuestión que se plantea es determinar a qué capacidad se refiere; es decir, si se exige simplemente capacidad para ser titular del derecho usucapido o si será precisa la capacidad para realizar el acto o negocio de adquisición. En el primer caso el precepto resultaría superfluo dado que la capacidad jurídica para ser titular de derechos se atribuye por el Ordenamiento a toda persona. Por tanto la capacidad precisa para usucapir será la exigida en general para la adquisición de derechos.

Nuestro Ordenamiento no establece un concepto de capacidad especial para adquirir como ocurre cuando lo que hay es la celebración de un negocio de disposición o enajenación. En realidad la capacidad para adquirir variará según cuál sea el negocio jurídico por el que tiene lugar la adquisición.

Tratándose de usucapión de un derecho es evidente que la capacidad exigida no puede ser la necesaria para la celebración de actos o negocios de adquisición pues la usucapión se produce por la mera posesión con ciertos requisitos durante el tiempo que señala la ley y, a tenor del art. 443 CC «los menores y los incapacitados pueden adquirir la posesión de las cosas». Por tanto en materia de usucapión la capacidad debe venir referida a la mera aptitud del sujeto para realizar actos posesorios y de ejercicio del derecho usucapido.

CONCORDANCIAS

Véase arts. 322, 466, 624 y ss., 662 y ss., 744 y ss. y 1.457 y ss. de este Código.

Artículo 1.932

Los derechos y acciones se extinguen por la prescripción en perjuicio de toda clase de personas, inclusas las jurídicas, en los términos prevenidos por la ley.

Queda siempre a salvo a las personas impedidas de administrar sus bienes el derecho para reclamar contra sus representantes legítimos, cuya negligencia hubiese sido causa de la prescripción.

COMENTARIO

1.- Este artículo viene referido tanto a la prescripción extintiva como a la adquisitiva o usucapión y establece que en ambos casos la pérdida del derecho perjudica a toda clase de personas incluidas las jurídicas. La disposición no tiene otra explicación que la intención del legislador de romper con los precedentes históricos de nuestro Derecho en el que se exceptuaba de la regla de que la usucapión perjudicaba a todos, excepto la que tuviera lugar en perjuicio de los menores, de las mujeres sometidas a la tutela de su marido y en general de cualquier persona sometida a tutela o curatela.

2.- Aplicando una regla rigurosamente objetiva dice el art. 1.932 que la prescripción opera en perjuicio de toda clase de personas, si bien queda a salvo el derecho de las personas impedidas para administrar sus bienes para reclamar contra sus representantes legítimos cuya negligencia hubiera sido causa de la prescripción».

Por tanto del art. 1.932 se extrae que la prescripción corre tanto contra las personas físicas como contra las jurídicas, y respecto a aquéllas tanto si son capaces como incapaces o con capacidad limitada, si bien el perjudicado tiene acción para ser resarcido del daño si la prescripción se produjo por el incumplimiento de los deberes legales de gestión de sus representantes, que hubieran debido adoptar las medidas necesarias para evitar la prescripción extintiva del derecho, o la usucapión por un tercero.

Artículo 1.933

La prescripción ganada por un copropietario o comunero aprovecha a los demás.

COMENTARIO

1.- La norma, claramente referida a la usucapión o prescripción adquisitiva, parte del derecho de cada comunero para ejercitar en solitario acciones en defensa y beneficio de la comunidad. En consecuencia dice el art. 1.933 que la prescripción ganada por uno de los copropietarios aprovecha a los demás. Lo que significa que basta con que uno de los comuneros haya poseído de forma pacífica, pública e ininterrumpida para que se consume la usucapión en favor de toda la comunidad dado que el poseedor no posee de manera propia y personal sino como miembro de aquélla.

2.- Se plantea si cabría la usucapión por un solo comunero de la totalidad del dominio. Evidentemente no sería posible mientras el comunero siguiera poseyendo como tal comunero, reconociendo la existencia de la comunidad. Sólo si se produjese una variación de la posesión o de la causa posesoria podría iniciarse la usucapión de la totalidad del dominio.

Sí en cambio parece posible la usucapión de una cuota indivisa cuando la posesión de la misma trajera su causa de un negocio jurídico realizado por un titular aparente en cuyo caso cabría la adquisición del dominio a través de la usucapión.

JURISPRUDENCIA

«para que la posesión convierta a un comunero, mediante la usucapión, en propietario de la cosa común, no basta con que la detente de modo exclusivo, como evidencia el art. 1933 CC. Antes bien, es preciso que la posea a título de dueño único durante todo el tiempo que la norma exige (en el caso, el art. 1955 CC). Por ello, cuando el señorío de hecho se comenzó a

ejercer como coposesión, al presumirse que continuó ejerciéndose en el mismo concepto (art. 436 CC), se hace necesaria una inversión del mismo, esto es, un cambio de aquélla en posesión exclusiva, con la misma apariencia que reclama su condición de instrumento para la adquisición de la titularidad del derecho real ejercitado de hecho». (18 julio 2005, rec. 353/1999)

CONCORDANCIAS

Véase arts. 450 y 548 de este Código.

Artículo 1.934

La prescripción produce sus efectos jurídicos a favor y en contra de la herencia antes de haber sido aceptada y durante el tiempo concedido para hacer inventario y para deliberar.

COMENTARIO

1.- Del art. 1.934 se desprende que la apertura de la sucesión no produce ningún efecto respecto a la prescripción tanto si ésta se produce a favor como en contra de la herencia. Se trata de la herencia yacente y es éste uno de los poquísimos artículos que a ella se refieren; en el período entre la apertura de la sucesión, producida por la muerte del causante y la adquisición de la herencia producida por la aceptación, hereditas jacet, decían las fuentes romanas; es la herencia yacente; puede estar en esta situación poco tiempo, cuando el heredero acepta inmediatamente, o mucho tiempo, si tarda en aceptar o no puede hacerlo, por estar la herencia bajo condición, por ejemplo. El precepto se refiere indistintamente a la prescripción adquisitiva y a la extintiva.

2.- Si se trata de prescripción adquisitiva cabe que sus efectos se produzcan tanto a favor como en contra de la herencia o mejor de aquéllos a quienes corresponderá la herencia.

La prescripción adquisitiva a favor de la herencia es posible gracias al art. 440 CC, según el cual la posesión de los bienes hereditarios se entiende transmitida al heredero sin interrupción desde el momento de la muerte del causante para el caso de que llegue a adirse la herencia.

3.- Por su parte la prescripción extintiva puede producirse también a favor y en contra de la herencia. En el primer caso la herencia yacente resultará favorecida por la prescripción

de acciones y derechos que terceras personas tuvieran contra el causante y sus herederos; en cambio, la prescripción se produce en contra de la herencia cuando derechos y acciones pertenecientes a la misma prescriben al no ser ejercitados durante la fase de yacencia, en cuyo caso cabe exigir indemnización por daños y perjuicios a quienes con su negligencia hubiesen provocado la desaparición del derecho.

CONCORDANCIAS

Véase arts. 440, 442, 989 y 1.010 a 1.034 de este Código.

Artículo 1.935

Las personas con capacidad para enajenar pueden renunciar la prescripción ganada; pero no el derecho de prescribir para lo sucesivo.

Entiéndese tácitamente renunciada la prescripción cuando la renuncia resulta de actos que hacen suponer el abandono del derecho adquirido.

COMENTARIO

1.- Este art. 1.935 relativo a la renuncia de la prescripción parte de la distinción entre la renuncia a una prescripción ya ganada y la renuncia anticipada de la prescripción.

Tratándose de prescripción extintiva es obvio que sólo puede hablarse de renuncia a la prescripción ya cumplida que tendría lugar cuando el demandado renunciase a plantear su excepción de prescripción en juicio. En tal caso, la renuncia no hace renacer el derecho extinguido por la prescripción sino que simplemente elimina un medio de protección que el Ordenamiento brinda al renunciante.

Si la prescripción fuese adquisitiva —usucapión— es indudable la posibilidad de renunciar a la prescripción ganada, en cuyo caso se plantea la duda de si la renuncia se refiere al propio derecho real que se hubiera adquirido a través de la usucapión o bien a lo que se renuncia es a adquirir el derecho a través de uno de los modos de adquisición previsto por el Ordenamiento como es la usucapión. La acertada es esta última opción porque en caso de renuncia el renunciante sigue manteniendo la posición jurídica previa a la consumación de la usucapión lo que no ocurriría si la renuncia alcanzase al propio dominio u otro derecho real usucapido en cuyo caso el derecho del renunciante se extinguiría de un modo total y absoluto. Además, téngase en cuanto que si la renuncia tuviese como objeto el derecho real, éste dejaría de pertenecer tanto al sujeto usucapiente como a su titular primitivo.

Admitida la renuncia a la usucapión el propio art. 1.935 permite que la misma sea expresa o tácita, ésto es, que el renunciante haga declaración expresa de su voluntad de renunciar o bien que la renuncia se derive de actos del usucapiente que evidencien su voluntad de renunciar a la prescripción ganada.

2.- Este artículo establece una regla de capacidad para la renuncia que parece solamente aplicable a la prescripción adquisitiva: sólo pueden renunciar las personas con capacidad para enajenar lo que sin duda alguna es predicable cuando la prescripción ganada sea la adquisitiva. Por el contrario, si la prescripción es extintiva la mera renuncia no elimina ningún derecho sino que únicamente permite que siga vivo frente al renunciante un derecho anteriormente existente, en cuyo caso para la renuncia bastará que el sujeto tenga la capacidad general de obrar.

3.- Del art. 1.935 se extrae sin problemas la posibilidad de renunciar a la prescripción ya cumplida. Sin embargo el mismo precepto prohíbe de manera taxativa la renuncia anticipada de la prescripción por entender el legislador que la prescripción es una cuestión de orden público que debe quedar fuera de la autonomía de los particulares. En este sentido se elimina el derecho a renunciar a prescribir en lo sucesivo tanto si la renuncia se pacta a través de un negocio bilateral como si procede de una declaración de voluntad de carácter unilateral.

La imposibilidad de renuncia anticipada no impide sin embargo que las partes puedan introducir cláusulas sobre acortamiento o alargamiento de los plazos de prescripción si bien en este último caso deberá tenerse en cuenta que un alargamiento excesivo de los mismos puede implicar una renuncia encubierta del derecho a prescribir.

JURISPRUDENCIA

«En cuanto a la posesión abandonada. El Ayuntamiento adquirió la propiedad del terreno objeto de este proceso por usucapión, tal como se dice en líneas anteriores. El abandono

del terreno y de la escuela en él construida es un hecho material, una dejación de hecho, pero que no implica ni la pérdida del derecho de propiedad, ni puede derivarse de ello la renuncia a la usucapión ganada, pues para ser tenida como renuncia tácita, debe resultar de actos que hacen suponer el abandono del derecho adquirido, como exige el artículo 1935 del Código civil, lo que no ocurre en el presente caso ya que cuando se le reclamó la propiedad en trámite administrativo, en 1997 se opuso frontalmente; y no se puede olvidar que todo caso de renuncia de derechos debe ser interpretado restrictivamente». (25 enero 2007, LA LEY 233/2007)

CONCORDANCIAS

Véase arts. 6.2 y 1.457 de este Código.

Artículo 1.936

Son susceptibles de prescripción todas las cosas que están en el comercio de los hombres.

COMENTARIO

Exclusivamente referido a la usucapión o prescripción adquisitiva, este art. 1.936 establece que son susceptibles de prescripción todas las cosas que estén en el comercio de los hombres. En virtud de este precepto se excluye la posibilidad de que sean usucapidos los llamados bienes comunes o de dominio público, cuya prescriptibilidad sólo será posible en caso de desafectación al bien o servicio al que estaban destinados. La determinación de las cosas que están en el comercio de los hombres y de las que están fuera debe hacerse con arreglo a los principios generales del derecho pues falta una disposición legal expresa en este punto. En cualquier caso conviene aclarar que las cosas extra commercium pueden serlo por su propia naturaleza como por ser ilícito o estar prohibido su tráfico.

CONCORDANCIAS

Véase arts. 1.271, 1.956 y 1.965 de este Código.

Artículo 1.937

Los acreedores, y cualquiera otra persona interesada en hacer valer la prescripción, podrán utilizarla a pesar de la renuncia expresa o tácita del deudor o propietario.

COMENTARIO

1.- El art. 1.935 contempla la posibilidad de renunciar a la prescripción ganada tanto si se trata de prescripción extintiva como adquisitiva. La renuncia a la prescripción es posible lo mismo que es posible renunciar a cualquier derecho por aplicación de la norma general contenida en el art. 6.2.º CC y tiene como única limitación que no vaya contra el interés o el orden público o en perjuicio de tercero.

Precisamente porque la renuncia no puede perjudicar los intereses de terceros, el art. 1.937 establece que los acreedores del renunciante así como cualquier otra persona interesada en hacer valer la prescripción podrán utilizarla a pesar de la renuncia expresa o tácita del deudor o propietario.

2.- El precepto es aplicable a los dos casos de prescripción —extintiva y adquisitiva— pues en ambos casos la renuncia implica una disminución del patrimonio que puede entrañar un grave perjuicio para los acreedores (bien por perder el renunciante el derecho usucapido, bien por mantener la existencia del derecho afectado por la prescripción extintiva).

En cualquier caso del texto del artículo se deduce que el perjudicado por la renuncia podrá hacer valer la prescripción frente al titular del derecho afectado por la misma sin necesidad de impugnar la renuncia lo que supone una cierta relatividad de la misma que podrá ser inoperante frente a cualquier interesado en hacer valer el derecho prescrito pero válida para el resto; lo que implica que el renunciante carece de la facultad de hacer valer la prescripción ganada que, sin embargo, conserva cualquier persona interesada.

CONCORDANCIAS

Véase arts. 6.2, 1.001, 1.111 y 1.935 de este Código.

Artículo 1.938

Las disposiciones del presente título se entienden sin perjuicio de lo que en este Código o en leyes especiales se establezca respecto a determinados casos de prescripción.

COMENTARIO

Este artículo establece la preferencia de aplicación en materia de prescripción de cualesquiera otros preceptos y leyes que contengan disposiciones relativas a esta materia, tanto si se trata de normas contenidas en el propio Código como si están contenidas en otros cuerpos legales. Por lo que se refiere al Código Civil, normas sobre prescripción y caducidad se contienen, por ejemplo, en los arts. 43, 141, 279...

En cuanto a otros cuerpos legales se aplicarán preferentemente las normas sobre prescripción que contengan las Compilaciones de Derecho foral, las contenidas en el Código de Comercio (arts. 942 y ss.) o leyes especiales. Bien entendido que por aplicación de lo previsto en el art. 4.3.º CC en lo no previsto por las leyes especiales se aplicarán como derecho supletorio las disposiciones del Código Civil.

Artículo 1.939

La prescripción comenzada antes de la publicación de este código se regirá por las leyes anteriores al mismo; pero si desde que fuere puesto en observancia transcurriese todo el tiempo en él exigido para la prescripción, surtirá ésta su efecto, aunque por dichas leyes anteriores se requiriese mayor lapso de tiempo.

COMENTARIO

1.- El precepto contiene una norma de derecho transitorio con la que se trataba de dar solución a aquellos casos de prescripción en que el comienzo de ésta se produjo antes de la publicación del Código.

La regla que se extrae es que la prescripción sea extintiva o adquisitiva se rige por la Ley que estuviere vigente en el momento en que empezó a producirse el fenómeno de la misma. En este sentido queda claro el carácter irretroactivo de las normas del Código relativas a la prescripción que serán aplicables sólo a aquellos casos que comiencen y se desarrollen bajo su vigencia.

2.- No obstante se observa en el último inciso cierto grado de retroactividad favorable a la prescripción, al establecer que aún comenzada la prescripción antes de la publicación del Código si desde la publicación de éste se cumple el plazo por él exigido la prescripción surtirá efecto aunque las leyes anteriores requirieran mayor lapso de tiempo.

JURISPRUDENCIA

«La prescripción extintiva de que se trata había comenzado, por lo tanto, con anterioridad a la mencionada fecha, de modo que, de conformidad con lo dispuesto en el artículo 1939 del Código Civil (que, según precisa la sentencia de 16 de noviembre de 1988, constituye norma de derecho transitorio común), hay que entender que se rige por los preceptos anteriores a la Ley 12/1992». (22 enero 2007, LA LEY 232/2007)

CONCORDANCIAS

Véase Disposición Transitoria 4.ª de este Código.

CAPÍTULO II
DE LA PRESCRIPCIÓN DEL DOMINIO Y DEMÁS DERECHOS REALES

Artículo 1.940

Para la prescripción ordinaria del dominio y demás derechos reales se necesita poseer las cosas con buena fe y justo título por el tiempo determinado en la ley.

COMENTARIO

1.- La norma del art. 1.940 se limita a determinar los requisitos de la usucapión ordinaria: posesión, buena fe y justo título por contraposición con la extraordinaria que requiere exclusivamente posesión ininterrumpida durante un plazo de tiempo más prolongado. La regulación de los mismos se contiene en las disposiciones siguientes, concretamente en los arts. 1.941 a 1.948 relativos a la posesión, 1.950 y 1.951 referentes a la buena fe y 1.952 a 1954 sobre el justo título.

2.- No suscita ninguna duda la admisibilidad de la usucapión del derecho de propiedad; sí en cambio surgen cuestiones respecto a la prescripción adquisitiva de los demás derechos reales pues, presupuesto que la usucapión exige la posesión del derecho que se usucape es evidente que sólo cabe usucapir los derechos reales poseíbles.

Así por ser poseíbles pueden usucapirse los derechos de usufructo (especialmente previsto en el art. 468 CC), de uso y habitación (art. 528) y el derecho de servidumbre siempre que se trate de servidumbres continuas y aparentes por entender que sólo en ellas puede darse una posesión que sea pública y no interrumpida (art. 537 CC). Incluso cabe la usucapibilidad de una servidumbre negativa, cuya prescripción, a tenor del art. 538 CC comienza a computarse desde el día en que el dueño del predio dominante hubiera prohibido por un acto formal al del sirviente la ejecución del hecho que sería lícito sin la servidumbre.

Más dudas se plantean sobre la posibilidad de usucapir el derecho de nuda propiedad o el derecho real de censo. No obstante respecto a la nuda propiedad no debe olvidarse la apariencia de señorío que existe sobre la cosa derivado precisamente de la posesión en concepto de usufructuario del titular del derecho real limitado que reconoce que la titularidad del dominio pertenece a otro sujeto.

Respecto al derecho del censualista puede también mantenerse su usucapibilidad si se tiene en cuenta que el percibo del puede considerarse como un derecho poseíble.

Respecto a la hipoteca debe mantenerse que su usucapión queda excluida pues su titular nunca es poseedor de la cosa hipotecada; lo mismo debe aplicarse a los derechos reales de adquisición.

JURISPRUDENCIA

«En cuanto al requisito de la buena fe, el art. 1950 del CC lo define en su aspecto positivo como creencia de que la persona de quien recibió la cosa era dueño de ella y podía transmitir su dominio, en tanto que en su faceta negativa el art. 433 de dicho Código lo define como ignorancia de que en su título o modo de adquirir exista vicio que lo invalide por otra parte es reiterada la doctrina jurisprudencial que afirma que la buena fe, en el campo de los derechos reales, no es un estado de conducta, como ocurre en las obligaciones y contratos, sino de conocimiento... Es doctrina reiterada de esta Sala la de que por justo título ha de

entenderse el que legalmente baste para transmitir el dominio o derecho real de cuya prescripción se trate y en este concepto podrán comprenderse los contratos anulables, rescindibles, revocables o resolubles (SS 25 Jun. 1966, 5 Mar. 1991, 22 Jul. 1997 y 17 Jul. 1999), cuyos respectivos vicios o defectos vienen a quedar subsanados por el transcurso del tiempo necesario para que se produzca la usucapión que de otro modo vendría a ser una institución inútil (S 25 Feb. 1991)». (28 diciembre 2001, LA LEY 12142/2002)

«el problema no era tanto el de la buena o mala fe de la hoy recurrente en relación con el poder de disposición de la persona que le transmitió formalmente los bienes (art. 1950 CC) cuanto el del concepto en que la hoy recurrente poseía dichos bienes, que frente a sus hermanos no podía ser el de dueña exclusiva porque no se tiene esta condición cuando los bienes se poseen en calidad de condueño, tal y como declara la jurisprudencia en los casos de posesión de los bienes hereditarios por un solo coheredero pero en beneficio de los demás (SSTS 24-7-98 y 6-11-98 entre otras)... ... como revela la lectura completa de la sentencia de 15 de diciembre de 1993, que a su vez se funda en la de 4 de diciembre de 1969, lo que se declara es que "para que la finca propiedad común pueda ser usucapida por uno o más condueños frente a otro u otros" es necesario "que aquellos ejerciten su posesión precisamente en concepto de dueños", lo que "comporta el carácter exclusivo de la posesión a título de dominio", de modo que cuando se ejerce un dominio en concepto de copropiedad, no de propiedad exclusiva, se da una "situación de copropiedad incompatible con la usucapión"». (27 abril 2011, rec. 2120/2007, LA LEY 37935/2011)

Artículo 1.941

La posesión ha de ser en concepto de dueño, pública, pacífica y no interrumpida.

COMENTARIO

1.- El art. 1.941 determina los requisitos que debe tener la posesión para ser considerada hábil para usucapir; deberá ser en concepto de dueño, pública, pacífica e ininterrumpida; son aplicables a toda usucapión tanto ordinaria como extraordinaria.

2.- Lo primero que debe destacarse de la norma contenida en el art. 1.941 es que se refiere exclusivamente a la usucapión del dominio pues exige que se posea en concepto de dueño; evidentemente si lo que se pretende usucapir es otro derecho real el usucapiente deberá poseer en concepto de titular del derecho que se usucape. Para calificar si la posesión se da o no en concepto de titular lo normal es atender a las circunstancias de su adquisición dada la presunción prevista en el art. 436 CC según la cual salvo que se pruebe lo contrario la posesión se seguirá disfrutando en el mismo concepto en que se adquirió. Cabe, no obstante, una mutación en el concepto posesorio si bien es necesario que el cambio en el título posesorio se revele socialmente de manera clara e indudable.

3.- La exigencia de que la posesión sea pública excluye toda aquella posesión que se disfrute ocultamente; publicidad que debe acompañar a la posesión en todo momento no sólo desde que se adquiere sino durante todo el tiempo necesario para usucapir. Con ello se evita que se frustre la posibilidad de que el verdadero titular pueda reclamar la cosa. Evidentemente la publicidad debe alcanzar no sólo al hecho de la posesión sino también al concepto en el que se posee.

4.- La posesión ha de ser pacífica, aclara el art. 1.941 lo que significa: que el poder de hecho sobre la cosa no se mantenga por la fuerza. Cabe, por tanto, que sea pacífica aún la posesión adquirida violentamente si después cesa la violencia.

Evidentemente, el plazo para usucapir comienza a computarse desde que, cesada la violencia, el poseedor posee ya pacíficamente.

5.- Finalmente, la posesión debe ser ininterrumpida durante todo el tiempo que la ley señala como necesario para usucapir. Si por cualquier circunstancia se interrumpe la posesión se invalida todo el tiempo transcurrido poseyendo; la regulación relativa a la interrupción de la posesión se contiene en los arts. 1.943 a 1.948.

JURISPRUDENCIA

«es doctrina de esta Sala la de que como dice de manera expresa el artículo 447 del Código Civil y reitera el 1941, sólo la posesión que se adquiere y disfruta en concepto de dueño puede servir de título para adquirir el dominio, y tan terminantes son estos preceptos que el Tribunal Supremo al aplicarlos hubo de declarar que tanto la prescripción ordinaria como la extraordinaria no pueden tener lugar en armonía con el artículo 1.941 sin la base cierta de una posesión continuada durante todo el tiempo necesario para prescribir en concepto de dueño (SS 17 febrero 1894, 27 noviembre 1923, 24 diciembre 1928, 29 enero 1953 y 4 julio 1963); que la posesión en concepto de dueño, como requisito esencial básico, tanto de la usucapión ordinaria como de la extraordinaria, no es un concepto puramente subjetivo o intencional, ya que el poseedor por mera tolerancia o por título personal, reconociendo el dominio en otra persona, no puede adquirir por prescripción, aunque quiera dejar de poseer en un concepto y pasar al animus domini (S 19 junio 1984) y, finalmente, que para que pueda originarse la prescripción adquisitiva, incluso la extraordinaria, como medio de adquirir el dominio, se requiere, no sólo el transcurso de los 30 años sin interrupción en la posesión, sino también que esta posesión no sea la simple tenencia material o la posesión natural, sino que sea la civil, es decir, la tenencia unida a la intención de haber la cosa como suya, en concepto de dueño (S 6 junio 1986)». (14 marzo 1991, LA LEY 13707-R/1991) (doctrina reiterada por la de 7 febrero 1997, LA LEY 2258/1997, 16 noviembre 1999, LA LEY 170397/2000 y 29 abril 2005, rec. 4508/1998)

«sólo la posesión que se disfruta en concepto de dueño puede servir de título para la usucapión del dominio, cuya exigencia es de aplicación tanto para la usucapión ordinaria como para la extraordinaria (SS 8 Oct. 1928, 9 Feb. 1935, 23 Abr. 1948, 3 Oct. 1962, 30 Sep. y 20 Nov. 1964, 23 Jun. 1965, 3 Oct. 1966, 19 May. y 26 Oct. 1984, 11 Mar. 1985, 6 Jun. y 5 Dic. 1986, 2 Jul. 1991, 24 Ene. y 10 Jul. 1992, 3 y 28 Jun. 1993, 7 Feb. y 17 Nov. 1997, 16 Nov. 1999 y 29 Dic. 2000). La Jurisprudencia viene reiterando que el requisito no es un concepto puramente subjetivo o intencional (SS 20 Nov. 1964, 6 Oct. 1975, 16 May. 1983, 19 Jun. 1984, 5 Dic. 1986, 10 Abr. y 17 Jul. 1990, 14 Mar. 1991, 28 Jun. 1993, 6 y 18 Oct. 1994, 25 Oct. 1995, 7 y 10 Feb. 1997 y 16 Nov. 1999) por lo que no basta la pura motivación volitiva (SS 6 Oct. 1975 y 25 Oct. 1995) representada por el ánimo de tener la cosa para sí, sino que es preciso, además, el elemento objetivo o causal (SS 20 Nov. 1964 y 18 Oct. 1994) consistente en la existencia de actos inequívocos, con clara manifestación externa en el tráfico (SS 3 Oct. 1962, 16 May. 1983, 29 Feb. 1992, 3 Jul. 1993, 18 Oct. y 30 Dic. 1994, 7 Feb. 1997), realización de actos que sólo el propietario puede por sí realizar (S 3 Jun. 1993); actuar y presentarse en el mundo exterior como efectivo dueño y propietario de la cosa sobre la que se proyectan los actos posesorios (S 30 Dic. 1994)». (17 mayo 2002, LA LEY 5890/2002) (Doctrina reiterada por la de 6 octubre 2011, rec. 1251/2008)

«La jurisprudencia enseña que tanto la prescripción ordinaria como la extraordinaria no pueden tener lugar en armonía con el artículo 1941 sin la base cierta de una posesión continuada, durante todo el tiempo necesario para conseguir la prescripción en concepto de dueño (sentencias de 17 de febrero de 1894, 27 de noviembre de 1923, 24 de diciembre

de 1928, 29 de enero de 1953 y 4 de julio de 1963); la posesión en concepto de dueño como requisito esencial básico, tanto de la usucapión ordinaria como de la extraordinaria, no es un concepto puramente subjetivo o intencional, ya que el poseedor por mera tolerancia o por título personal, reconociendo el dominio en otra persona, no puede adquirir por prescripción, aunque quiera dejar de poseer en un concepto y pasar al animus domini (sentencias de 19 de junio de 1984 y de 16 de noviembre de 1999)». (16 febrero 2004, rec. 958/1998)

«Si según el artículo 432 del Código Civil la posesión en los bienes y derechos puede tenerse en concepto de dueño o en el de tenedor de la cosa o derecho para conservarlos o disfrutarlos, perteneciendo el dominio a otra persona, es claro que cuando se constituye un usufructo no es el usufructuario, sino el propietario, llamado así y no nudo propietario en las normas del Código Civil sobre el usufructo (p. ej., arts. 489, 490 y 491), quien sigue poseyendo la cosa a título de dueño o como titular del dominio, ya que la posesión del usufructuario, a los hipotéticos efectos de una adquisición por usucapión, lo sería del propio derecho real de usufructo, destinado por ende a extinguirse con la muerte del usufructuario y a reunirse con la propiedad en una misma persona». (5 mayo 2005, rec. 4285/1998)

«La usucapión requiere la concurrencia de los requisitos establecidos en el artículo 1941 Código civil y así el usucapiente debe poseer en concepto de dueño, de forma pública, pacífica y no interrumpida; si además se prueba que se ha usucapido con justo título y buena fe, las consecuencias son las previstas en el artículo 1957 Código civil, es decir que sólo se requerirá que la posesión, con las características enunciadas, se haya prolongado durante 10 años. Pero la posesión ad usucapionem es un hecho que debe probarse (sentencia de 10 de febrero de 1997)». (16 noviembre 2005, rec. 1399/1999)

«La posesión para la prescripción ordinaria del dominio ha de ser en concepto de dueño y de buena fe (artículos 1940 y 1941 del Código Civil) y, contrariamente a lo sostenido por la parte recurrente, no existe posesión en concepto de dueño sobre un inmueble cuando, mediante negocio jurídico, se ha atribuido a otros determinadas partes indivisas del referido inmueble, como ocurrió al suscribir el documento de 13 de febrero de 1971 entre los hermanos Silvia, Matías, Baltasar». (30 octubre 2006, LA LEY 119540/2006)

«No han concurrido los presupuestos de la usucapión, entendida como modo de adquirir, cuyos presupuestos esenciales y comunes a toda clase de la misma son la posesión y el tiempo y aquella debe ser en concepto de dueño, como exige del artículo 1941 del Código civil y desarrollan las sentencias de 17 de mayo de 2002, 16 de febrero de 2004, 16 de noviembre de 2005». (23 junio 2008, rec. 3131/2001)

«Para la usucapión extraordinaria no se requiere justo título ni buena fe pero sí que la posesión pública ininterrumpida lo haya sido en concepto de dueño (arts. 1941 y 447 CC). Según la jurisprudencia de esta Sala, para que exista posesión en concepto de dueño no basta la pura motivación volitiva o intención de ser dueño, sino que es preciso además el elemento objetivo o causal consistente en la existencia de actos inequívocos con clara manifestación externa en el tráfico, actos que sólo el propietario puede realizar, presentándose en el mundo exterior como efectivo dueño y propietario de la cosa (SSTS 30-12-94 y 17-5-02 con cita en ambas de otras muchas)» (5 febrero 2010, rec. 109/2006, LA LEY 1541/2010)

CONCORDANCIAS

Véase arts. 430, 441, 444 y 447 a 449 de este Código.

Artículo 1.942

No aprovechan para la posesión los actos de carácter posesorio, ejecutados en virtud de licencia o por mera tolerancia del dueño.

COMENTARIO

1.- Requisito necesario para que tenga lugar la usucapión es que el sujeto usucapiente posea en concepto de titular del derecho de cuya prescripción se trate (art. 1.941 CC). Precisamente por ello, el art. 1.942 elimina la posibilidad de usucapir cuando la posesión se ejecute en virtud de licencia o por mera tolerancia del dueño o titular del derecho real sobre la cosa. En tales casos, falta la posesión en concepto de dueño o titular a que alude el art. 1.941. La licencia o tolerancia del titular, términos sinónimos, dan a la tenencia el sentido de posesión para otro por lo que la posesión no puede ser conceptuada como posesión en concepto de titular; ello es independiente de que el poseedor tenga o no tenga derecho a detentar la posesión en cuestión (piénsese en aquel supuesto en que la posesión se tenga en el mero concepto de precarista).

2.- En ambos casos, licencia o tolerancia del dueño, concurre la voluntad de éste en orden a permitir la posesión, si bien en el primer caso el poseedor apoya su posesión en un título específico que lo autoriza mientras que en el segundo la posesión se apoya en la mera benevolencia del titular. Lo importante, sin embargo, es que en los dos casos concurre la voluntad del dueño y la posesión se detenta reconociendo que la titularidad del derecho real pertenece a otro sujeto.

En cualquier caso, para excluir la usucapión es preciso que la tolerancia quede demostrada sin que baste probar que aquélla existió en un momento anterior y lejano.

En este sentido, es evidente que una posesión que en un principio obedeció a la licencia o tolerancia del titular del derecho puede tornarse en un momento posterior en posesión contra o sin la voluntad del dueño, en cuyo caso la posesión se hace apta para prescribir.

Es el problema de la mutación o cambio del concepto en el que se posee analizada en el comentario al art. 1.941 que da derecho a usucapir empezando a computarse el plazo desde el momento en que tuvo lugar la conversión.

CONCORDANCIAS

Véase arts. 444 y 447 de este Código.

Artículo 1.943

La posesión se interrumpe, para los efectos de la prescripción, natural o civilmente.

COMENTARIO

1.- Para que la posesión pueda valer para usucapir es necesario que concurran los requisitos exigidos por el art. 1.941 ininterrumpidamente durante el tiempo legalmente fijado.

Complemento de este artículo, el 1.943 establece que a efectos de prescripción, la posesión puede interrumpirse natural o civilmente.

Sea como sea la interrupción de la posesión, el efecto de la misma es la invalidación de todo el tiempo que se venía poseyendo pues la usucapión requiere que aquélla se mantenga continuadamente durante los plazos determinados por la ley. Obviamente, si después reaparece la situación posesoria apta para usucapir se reiniciará el cómputo necesario para la prescripción.

2.- La interrupción natural de la posesión se produce por la cesación de la misma de manera efectiva o material bien entendido que se interrumpe naturalmente la posesión tanto si se pierde el poder de hecho sobre la cosa como si cesa cualquiera de los caracteres que debe reunir. Por tanto, cesa naturalmente la posesión cuando el poseedor sigue siéndolo pero pierde el concepto de poseedor en concepto de titular, o la posesión deja de ser pública o pacífica.

La interrupción civil, en cambio, se produce por una reclamación judicial tendente a hacer cesar la posesión, lo que de suyo implica que por más que en tal caso se hable de interrupción todavía no ha cesado el poder de hecho sobre la cosa.

CONCORDANCIAS

Véase arts. 450, 459 y 466 de este Código.

Artículo 1.944

Se interrumpe naturalmente la posesión cuando por cualquier causa se cesa en ella por más de un año.

COMENTARIO

Interrupción natural de la posesión es aquella que se produce por parte del usucapiente, por obra de un tercero o simplemente por consecuencia de eventos de carácter natural; así, se pierde naturalmente la posesión en los casos previstos en el art. 460 CC: por el abandono de las cosas poseídas, por su cesión onerosa o gratuita a un tercero, por la destrucción o pérdida total de la cosa poseída o por su salida del comercio, o bien en los casos de despojo por la posesión continuada de otro durante más de un año.

Dice literalmente el art. 1.944 que se produce «cuando por cualquier causa se cesa en ella por más de un año». Sin embargo, la exigencia del transcurso de un año para entender cesada la posesión no es aplicable a todo caso de pérdida de la misma sino sólo al previsto en el apartado 4.º del art. 460 CC. Ello se debe a que el poseedor despojado conserva durante un año la posibilidad de recuperar la posesión de que fue privado; de forma que si recupera en tal término la posesión la interrupción se tiene por no ocurrida. Por tanto, en caso despojo sólo se interrumpe la prescripción si el despojado no interpone acción interdictal recuperatoria, o bien si la interpone transcurrido un año del despojo, o si interpuesta la demanda se desestima, o si estimada la demanda no es objeto de ejecución y la posesión no se recupera materialmente dentro de un año. Fuera del caso despojo previsto en el art. 460.4.º cualquier otro cese natural de la posesión determina la interrupción de la misma a efectos de prescripción adquisitiva a pesar de la dicción literal del art. 1.944.

CONCORDANCIAS

Véase arts. 460.4.º, 466 y 1.968.1.º de este Código.

Artículo 1.945

La interrupción civil se produce por la citación judicial hecha al poseedor, aunque sea por mandato de Juez incompetente.

COMENTARIO

1.- Complementario del art. 1.943, el 1.945 establece uno de los casos en que tiene lugar la interrupción civil de la prescripción, concretamente por la citación judicial hecha al poseedor.

Del precepto se desprende que la interrupción civil no comporta la pérdida material de la posesión siendo aquella que se deriva de actos meramente formales de carácter procesal.

La citación se produce en virtud de demanda presentada por un tercero en que contradice la posesión detentada por el actual poseedor. Y su efecto no es otro que el de adelantar los efectos de la pérdida física de la posesión que tendrá lugar en caso de que la demanda desemboque en una sentencia estimatoria de las pretensiones del demandante. Con ello se evita que, aunque la cesación material de la posesión tenga propiamente lugar con la sentencia, pueda consumarse la usucapión durante la tramitación del proceso.

Por citación debe entenderse el emplazamiento al demandado para contestar a la demanda interpuesta.

2.- Interesa analizar el último inciso del art. 1.945 según el cual la interrupción civil de la posesión tendrá lugar incluso si la citación procede de juez incompetente. En principio, parece difícil imaginar que la demanda puede ser deducida ante un juez que carezca de competencia con arreglo a las leyes procesales; pero caso de ocurrir es indiscutible que el efecto interruptivo tiene meramente carácter provisional pues como se sabe debe ser ratificado por la correspondiente sentencia estimatoria de la demanda entablada lo que no podrá tener lugar si la demanda fue interpuesta ante juez incompetente.

Por ello para conseguir una eficacia definitiva de la interrupción será precisa la interposición de una nueva demanda ante juez competente con la que se obtenga una sentencia condenatoria del poseedor usucapiente.

CONCORDANCIAS

Véase:
— arts. 1.947 y 1.973 de este Código.
— Código de Comercio: art. 944.

Artículo 1.946

Se considerará no hecha y dejará de producir interrupción la citación judicial:

1.º Si fuere nula por falta de solemnidades legales.

2.º Si el actor desistiere de la demanda o dejare caducar la instancia.

3.º Si el poseedor fuere absuelto de la demanda.

COMENTARIO

1.- Dado el carácter provisional y preventivo que los arts. 1.943 y 1.944 atribuyen a la interrupción civil de la prescripción que se deriva de la formalización de un conflicto judicial, el art. 1.946 establece que la citación judicial de emplazamiento) carece de trascendencia para interrumpir la prescripción cuando la misma se hizo incorrectamente desde un punto de vista formal o cuando a pesar de interponerse la demanda no culminase en una sentencia condenatoria.

En efecto la interrupción civil constituye una mera ficción jurídica que no alcanza virtualidad definitiva hasta que tiene lugar la interrupción efectiva de la posesión a través de una sentencia condenatoria que prive de la misma al poseedor usucapiente.

2.- Por tanto, no hay interrupción civil de la posesión cuando la citación fuere nula por falta de solemnidades legales, lo cual es lógico pues una citación nula ni es verdadera citación ni puede producir efectos. En este sentido, la citación será nula según el art. 166 LEC cuando no se practique con arreglo a la ley, aunque si a pesar de ello la persona citada se hubiera dado por enterada del juicio, la diligencia surtirá todos sus efectos; fuera de este supuesto el emplazamiento nulo carece de virtualidad para interrumpir la prescripción.

3.- Señalan los apartados 2.º y 3.º del art. 1.946 que tampoco se producirá interrupción civil de la posesión cuando el demandante desistiere de la demanda o dejare caducar la instancia y cuando el poseedor fuere absuelto de la misma. Lo cual no significa otra cosa que para que se puede tener por definitiva la interrupción civil es precisa la resolución favorable del litigio. En tal caso es evidente que el emplazamiento produjo en un primer momento el efecto de interrumpir la usucapión si bien por causas posteriores no pudo darse efecto definitivo a la interrupción. Producido el desistimiento, la caducidad o la absolución se trata de circunstancias sobrevenidas que operan *ex tunc*, es decir con efectos retroactivos, eliminado el efecto interruptivo inicial de la citación.

Artículo 1.947

También se produce interrupción civil por el acto de conciliación, siempre que dentro de dos meses de celebrado se presente ante el Juez la demanda sobre posesión o dominio de la cosa cuestionada.

COMENTARIO

1.- El art. 1.947 atribuye efectos interruptivos de la prescripción al acto de conciliación concluido sin avenencia, al que considera como un acto preparatorio de la contienda judicial.

No obstante la interrupción de la prescripción exige el cese efectivo de la posesión que por vía judicial sólo se consigue través de una sentencia condenatoria. Por ello, los efectos interruptivos del acto de conciliación se subordinan a la presentación de la oportuna demanda sobre la posesión o dominio de la cosa cuestionada dentro de los dos meses siguientes a la celebración del acto conciliatorio.

2.- Del art. 1.947 parece derivarse que, en principio, la interrupción de la prescripción no se produce hasta la celebración efectiva del acto de conciliación lo que de suyo implicaría que la usucapión podría consumarse aún después de que el propietario hubiere presentado demanda de la celebración del mismo. No obstante la usucapión queda interrumpida desde el momento en que se presente demanda o papeleta de conciliación, de acuerdo con lo que establece el art. 479 LEC.

3.- Requisito necesario para dar efectos interruptivos al acto conciliatorio concluido sin avenencia es la presentación de la demanda dentro de los dos meses siguientes a la celebración del acto. No obstante, la disposición contenida en el art. 1.947 debe interpretarse necesariamente en relación con los artículos precedentes que regulan la interrupción civil de la prescripción. En consecuencia, celebrado el acto de conciliación puede producirse una de estas dos situaciones:

Primera. Que la demanda se presente en el plazo de dos meses establecido por el art. 1.947. En cuyo caso la mera interposición de la demanda no consolida la interrupción de la prescripción sino que será necesario que la misma desemboque en una sentencia condenatoria que interrumpa de manera efectiva la posesión del usucapiente.

Segunda. Que la demanda no se presente en el plazo de dos meses, en cuyo caso el poseedor usucapiente puede computar como tiempo de su posesión el transcurrido desde el acto conciliatorio como si éste no se hubiera producido.

JURISPRUDENCIA

«la jurisprudencia de esta Sala ha declarado que el requisito de presentar la demanda dentro de los dos meses siguientes a la celebración del acto de conciliación, como contenida que está en el art. 1947 CC, es exigible para la interrupción civil de la posesión apta para la prescripción adquisitiva o usucapión, no para la interrupción de la prescripción de las acciones o prescripción extintiva (SSTS 20-9-84, 15-7-85, 8-6-87 y 15-12-93)». (5 marzo 2007, LA LEY 8188/2007)

CONCORDANCIAS

Véase art. 1.973 de este Código.

Artículo 1.948

Cualquier reconocimiento expreso o tácito que el poseedor hiciere del derecho del dueño, interrumpe asimismo la posesión.

COMENTARIO

1.- El precepto presupone una modificación o mutación del concepto en el que se venía usucapiendo, de manera que el poseedor usucapiente deja de poseer en concepto de titular para pasar a poseer alieno nomine, desapareciendo así uno de los requisitos necesarios para usucapir como es que la posesión se ejerza en concepto de titular del derecho que se usucape (art. 1.941).

2.- El supuesto encuadra en la hipótesis de interrupción natural de la posesión pues aunque realmente no se pierde la posesión como tal sí desaparece su condición de ser apta para usucapir. El reconocimiento del derecho del dueño puede ser expreso o tácito, derivado de hechos concluyentes del poseedor y se trata de una declaración de voluntad no recepticia, en el sentido de que no se precisa que vaya dirigida al titular del derecho en cuestión que puede incluso desconocer el reconocimiento que haga el poseedor de su derecho. En ocasiones el reconocimiento del derecho del verdadero titular podrá ir acompañado por actos de éste en orden a tolerar la posesión de otro en el sentido analizado en el art. 1.942.

3.- Sus efectos, que consisten en invalidar por completo la prescripción adquisitiva en curso, se derivan de la ley, independientemente de la voluntad del recognoscente.

Artículo 1.949

Contra un título inscrito en el Registro de la Propiedad no tendrá lugar la prescripción ordinaria del dominio o derechos reales en perjuicio de tercero, sino en virtud otro título igualmente inscrito, debiendo empezar a correr el tiempo desde la inscripción del segundo.

COMENTARIO

1.- Relativo a los casos de doble inscripción, el art. 1.949 exige para que pueda tener lugar la prescripción ordinaria contra tabulas en perjuicio de tercero adquirente, que el usucapiente tenga a su vez inscrito el título en el que se basa su posesión. Con ello se pretende posibilitar al titular inscrito contra el que se está prescribiendo la impugnación de la inscripción practicada contra el usucapiente y eliminar así la posibilidad de que éste adquiera el derecho real en los plazos más breves previstos para la prescripción ordinaria.

Este artículo parte de un supuesto de doble inscripción lo que tiene lugar cuando el inmueble sobre el que recae el derecho real en cuestión aparece inscrito por partida doble. En cuyo caso, la prescripción del usucapiente inscrito, transcurre por los plazos más breves previstos para la usucapión ordinaria. Obsérvese que la finalidad del precepto no es otra que la de dar protección a un tercero posible adquirente del titular registral que sólo se verá perjudicado por la usucapión ya consumada o en curso si el prescribiente fuese asimismo titular registral.

2.- De lo anterior se deduce: en primer lugar, que el tercero perjudicado a que se refiere el art. 1.949 debe tratarse de un tercero hipotecario que reúna los requisitos previstos en el art. 34 LH: adquirente oneroso, de buena fe, que traiga causa del titular registral y que además tenga inscrito su derecho; y en segundo lugar, que el poseedor usucapiente debe cubrir todas las exigencias para que tenga lugar la prescripción ordinaria: posesión, justo título y buena fe; y además su aparente derecho debe constar en la oportuna inscripción registral.

Se habla del aparente derecho del usucapiente pues si la titularidad del mismo fuese real no tendría sentido exigir para la adquisición del mismo que tuviese lugar la prescripción.

Por ello es absolutamente necesario que el usucapiente no tenga la consideración de tercero hipotecario pues en tal caso su adquisición sería inatacable y a *non domino* en virtud de lo dispuesto en el art. 34 LH. No obstante dadas las exigencias de la legislación civil en orden a la usucapión ordinaria: (buena fe y título inscrito), parece que el ámbito del precepto deberá ser necesariamente muy reducido: concretamente aquellos casos en que el título del poseedor usucapiente sea de carácter gratuito.

3.- La norma contenida en este art. 1.949 se complementa con lo establecido en el art. 36 LH relativo tanto a la prescripción ordinaria como extraordinaria de un poseedor no inscrito y su influencia en perjuicio de un tercero hipotecario. En cuyo caso se distinguen dos hipótesis:

Primera. Si al producirse la adquisición del tercero hipotecario la usucapión estaba ya consumada o se consumó dentro del año siguiente a la adquisición sólo prevalece frente al derecho del tercero hipotecario si se demuestra que éste conoció o tuvo medios racionales y motivos suficientes para conocer antes de su adquisición que la finca estaba siendo poseída por persona distinta de su transmitente.

Segunda. No obstante lo anterior, aun cuando el tercero desconozca o no hubiera podido conocer la posesión del usucapiente, surtirá efectos la usucapión si consiente o tolera la posesión durante el año siguiente a su adquisición. Si bien, si el derecho se trataba de una servidumbre negativa o aparente que el tercero hipotecario desconociese el plazo de un año indicado comenzará a computarse desde que hubiera podido conocer su existencia o bien desde que se produjo un acto obstativo a la libertad del predio sirviente.

JURISPRUDENCIA

«El art. 1.949 es terminante y no permite vacilaciones hermenéuticas: el tiempo empieza a correr desde la inscripción del segundo título, el de los reconvinientes. El art. 1.949 pone énfasis especial en la determinación del día inicial para el cómputo del período de prescripción. Este hace referencia a uno de los requisitos de la usucapión: "poseer durante el tiempo determinado en la ley". Y sobre todo es necesario "poseer". Y no puede argumentarse con la afirmación de que en favor de los demandados existió un acto judicial expreso de entrega de la posesión. Porque ello se neutraliza con la tradición instrumental a favor del demandante». (19 julio 1999, LA LEY 10227/1999)

CONCORDANCIAS

Véase:
— art. 462 de este Código.
— Ley Hipotecaria, de 8 febrero 1946 (*«B.O.E.»*, 29 mayo): arts. 32, 35 y 36.

Artículo 1.950

La buena fe del poseedor consiste en la creencia de que la persona de quien recibió la cosa era dueño de ella, y podía transmitir su dominio.

COMENTARIO

1.- Señalada la buena fe del poseedor usucapiente como requisito de la prescripción ordinaria en el art. 1.940, este art. 1.950 establece que la misma consiste en la creencia por parte del poseedor de que la persona de quien recibió la cosa era dueño de ella y podía transmitir su dominio. Es preciso advertir que el artículo parte de que el derecho que se prescribe es el de propiedad por lo que debe entenderse que la buena fe consiste en la creencia errónea de que quien transmitió el derecho real de que se trate era titular del mismo con facultad para transmitirlo (vid. art. 1.952).

La buena fe del poseedor es también objeto del art. 433 CC según el cual se reputa poseedor de buena fe al que ignora que en su título o modo de adquirir exista vicio o defecto que lo invalide, añadiendo que se reputa poseedor de mala fe al que se halla en el caso contrario.

2.- Llama la atención la diferencia de criterio en orden al concepto de buena fe que se observa entre los arts. 433 y el 1.950. El primero contempla la buena fe desde una vertiente negativa basándose en la ignorancia o falta de conocimiento por parte del poseedor de que está poseyendo injustamente; el 1.950, en cambio, parte de un hecho positivo: la creencia errónea de que la posesión es justa.

Podría pensarse que ambos preceptos ofrecen un concepto diferente de la buena fe según que se trate de una posesión *ad usucapionem* (art. 1.950) o de una posesión *ad interdicta* (art. 433). Sin embargo ambas disposiciones se refieren a un mismo fenómeno: el error por parte del poseedor en orden a su posesión, pues tanto puede hablarse de error cuando el poseedor desconoce la realidad (art. 433: ignorancia de la plena eficacia del acto adquisitivo) como cuando tiene un conocimiento equivocado de la misma (art. 1.950: creencia de haber adquirido la titularidad del derecho).

Los arts. 1.950 y 433 tal y como están formulados parecen configurar la buena fe como un mero estado psicológico del sujeto. Sin embargo, es preciso advertir que la buena fe no se tiene por el simple hecho de ignorar algo o de tener una creencia errónea, sino que es absolutamente necesario que el error del poseedor sea inexcusable en el sentido de que se produjo a pesar de la diligencia media empleada por aquél.

JURISPRUDENCIA

«En cuanto a la buena fe, definido en sentido negativo en el art. 433 y en sentido positivo en el art. 1.950, ambos CC, es la ignorancia del defecto o creencia en que no lo hay, que subsana la usucapión; viene referida a un "estado de conocimiento", como dicen las SS 16 de abril de 1990 y 5 de marzo de 1991. Asimismo, expresa la de 12 de junio de 1987 "la existencia de mala fe requiere una declaración expresa de los Tribunales"

(S 1 de febrero de 1964); que la buena fe es cuestión de hecho y de apreciación de la Sala sentenciadora (S 12 de marzo de 1963) o, si se quiere, como dice la S 29 de noviembre de 1985, que la buena o mala fe es un concepto jurídico que se apoya en la valoración de conductas deducidas de unos hechos; y añade la de 10 de julio de 1987 "esta buena fe es compatible con la posible insuficiencia o inexistencia de justo título, porque, aunque justo título y buena fe son materias de íntima relación, cabe que, por parte del poseedor, se haya producido un error en la interpretación de los hechos o documentos, excluyente, en principio, del dolo, término equivalente al de la mala fe y contrario al de buena fe"». (23 junio 1998, LA LEY 7521/1998)

«la buena fe, en el campo de los derechos reales, no es un estado de conducta, como ocurre en las obligaciones y contratos (arts. 1.269 y ss. CC), sino de conocimiento, según se evidencia con las dicciones de los arts. 433 y 1.950 del citado Código, que nada tiene que ver con las maquinaciones y el engaño, sino pura y simplemente con el creer o ignorar si la titularidad dominical del transferente era o no exacta». (17 julio 1999, LA LEY 11563/1999)

«Pues bien, de todo lo antedicho se desprende que no puede considerarse concurrente el requisito de la buena fe, consistente, según el art. 1950 CC, en la creencia del poseedor "de que la persona de quien recibió la cosa era dueño de ella, y podía transmitir su dominio". Cierto es que la jurisprudencia suele considerar la existencia o inexistencia de buena fe como una cuestión de hecho sujeta a la libre apreciación del juzgador de instancia; pero no lo es menos que la buena o mala fe también es un concepto jurídico sustentado en la valoración de una conducta según unos determinados hechos, valoración que sí puede someterse a revisión casacional (SSTS 5-7-90, 22-10-91, 8-6-92, 9-10-93, 9-10-97 y 17-7-99)». (5 febrero 2010, rec. 109/2006, LA LEY 1541/2010)

«Por ello el problema no era tanto el de la buena o mala fe de la hoy recurrente en relación con el poder de disposición de la persona que le transmitió formalmente los bienes (art. 1950 CC) cuanto el del concepto en que la hoy recurrente poseía dichos bienes, que frente a sus hermanos no podía ser el de dueña exclusiva porque no se tiene esta condición cuando los bienes se poseen en calidad de condueño, tal y como declara la jurisprudencia en

los casos de posesión de los bienes hereditarios por un solo coheredero pero en beneficio de los demás (SSTS 24-7-98 y 6-11-98 entre otras)». (27 abril 2011, rec. 2120/2007, LA LEY 37935/2011)

CONCORDANCIAS

Véase arts. 433 a 436 de este Código.

Artículo 1.951

Las condiciones de la buena fe exigidas para la posesión en los artículos 433, 434, 435 y 436 de este Código son igualmente necesarias para la determinación de aquel requisito en la prescripción del dominio y demás derechos reales.

COMENTARIO

1.- En orden a la buena fe del sujeto usucapiente dice el art. 1.951 que son de aplicación los arts. 433 a 436 relativos a la posesión de buena fe. Respecto a la aplicación en materia de usucapión de lo previsto en el art. 433 es preciso remitirse al comentario del artículo anterior.

El art. 434, aplicable también en materia de prescripción ordinaria, establece la presunción de la buena fe lo que dispensa al sujeto usucapiente de probar que se apoya en el desconocimiento de que quien se la transmitió carecía del derecho sobre la cosa. «La buena fe se presume siempre» dice el referido artículo, presunción *iuris tantum* que cede ante prueba en contra, lo que supone, en definitiva una inversión de la carga de la prueba correspondiendo al que afirma la mala fe del poseedor aportar prueba de la misma. Evidentemente, y dado que la buena fe se apoya en un estado psicológico del sujeto será preciso demostrar que el error del poseedor usucapiente se deriva de una falta de diligencia del mismo que hace inexcusable la creencia errónea de que su posesión es justa y legítima.

2.- La remisión del art. 1.951 se hace también al art. 435 relativo a la posibilidad de cambio en el concepto posesorio, admitiendo que quien inició su posesión de buena fe pueda transformarse en poseedor de mala fe si después llega a tener conocimiento de que su posesión es injusta; si bien la pérdida de la buena fe debe derivarse de actos concluyentes del poseedor.

En el Derecho Romano la buena fe originaria del poseedor determinaba definitivamente el carácter de la posesión tal y como se expresaba en la conocida máxima *«mala fides superveniens non nocet»*, según la cual quedaba excluida cualquier posible prueba en orden a la demostración de una alteración en el concepto posesorio. El derecho moderno, en cambio, soluciona el caso de manera más justa atribuyendo relevancia a la mala fe sobrevenida del usucapiente. La posibilidad de que la posesión iniciada de buena fe pueda trastocarse en posesión de mala fe es fácilmente comprensible pues para ello basta que el poseedor llegue a conocer que posee sin derecho, lo que naturalmente debe afectar al curso de su prescripción ordinaria que por este hecho se convertiría en extraordinaria. Obviamente toda alteración en el concepto de la posesión debe derivarse de hechos concluyentes del poseedor.

3.- El art. 434, el 435, de remisión también obligada por este art. 1.951, establece la presunción de continuidad del concepto posesorio de tal suerte que cualquier cambio en el concepto posesorio deberá ser objeto de prueba. Aunque, a tenor de lo previsto en el art. 434 sobre la presunción de la buena fe, parece que esta norma será aplicable sólo al caso en que la posesión inicialmente de buena fe se hubiese transformado en de mala fe.

CONCORDANCIAS

Véase art. 1.940 de este Código.

Artículo 1.952

Entiéndese por justo título el que legalmente baste para transferir el dominio o derecho real de cuya prescripción se trate.

COMENTARIO

1.- Complemento del art. 1.940 relativo a la prescripción ordinaria de los derechos reales, que establece como requisitos necesarios la buena fe y el justo título, este 1.952 señala los caracteres imprescindibles de este último para merecer el calificativo de justo.

Entiéndese por justo título el hecho que sirve de causa a la posesión, esto es, la razón determinante de la adquisición. En este sentido dice el art. 1.952 que justo título es «el que legalmente basta para transferir el dominio o el derecho de cuya prescripción se trate».

El acto en el que se apoya la adquisición de la posesión no debe provocar la adquisición del derecho real, que se adquiere precisamente mediante la usucapión transcurridos los plazos que la ley establece.

Dado que el título de la posesión coincide con el acto adquisitivo, es preciso distinguir entre adquisición ordinaria y derivativa pues ambas pueden servir de título para usucapir.

Dentro de la adquisición originaria se considera justo título la ocupación de una cosa con dueño, que no basta por sí sola para transferir el dominio pero sirve para justificar la usucapión ordinaria del mismo. Tratándose de una adquisición derivativa es absolutamente necesario que el título traslativo vaya acompañado de la entrega o tradición; entrega que debe apoyarse en el negocio celebrado pues sólo así se completa el fenómeno adquisitivo.

2.- Que el título sea justo significa que debe tratarse de un acto con virtualidad suficiente para producir, en principio, la adquisición del derecho real; negocio, por tanto traslativo que, sin embargo, no llega a producir la transmisión por las causas que después se analizarán.

Así, por tratarse de actos traslativos del dominio y demás derechos reales pueden constituir justo título la compraventa, la donación, la transacción, la dación en pago o cualquier otro supuesto de pago de una obligación (entrega *pro soluto*), el contrato constitutivo de usufructo o de servidumbre...; no hay justo título, en cambio, cuando el contrato celebrado no sea traslativo del dominio (como el arrendamiento, el depósito...). La jurisprudencia mantiene que es también justo título la sucesión hereditaria que justifica la posesión del heredero.

La existencia de justo título determina, pues, la existencia de un acto o negocio apto para transmitir el derecho real de que se trate, transmisión que sin embargo no se produce y por ello surge el remedio de la usucapión. Cual sea la razón por la que el acto carece de efectos traslativos es cuestión que es tratada en el comentario al art. 1.953 pues atañe a la validez del título aunque tal situación se produce normalmente cuando el transmitente no es titular del derecho.

3.- En cuanto a la relación entre el justo título y la buena fe del poseedor usucapiente que es también requisito de la prescripción ordinaria (art. 1.940) y que consiste en el desconocimiento por parte de aquél de la ineficacia del título y la creencia simultánea de que la persona de quien recibió la cosa era dueño de la misma. Como se observa, buena fe y justo título deben considerarse conjuntamente, sobre todo si se tiene en cuenta que para que pueda producirse la usucapión éste debe apoyarse en aquélla.

JURISPRUDENCIA

«como dice la sentencia de 28 de diciembre de 2001, "es doctrina reiterada de esta Sala la de que por justo título ha de entenderse el que legalmente baste para transmitir el dominio o derecho real de cuya prescripción se trate y en este concepto podrán comprenderse los contratos anulables, rescindibles, revocables o resolubles (sentencias de 25 de junio de 1966, 5 de marzo de 1991, 22 de julio de 1997 y 17 de julio de 1999), cuyos respectivos vicios o defectos vienen a quedar subsanados por el transcurso del tiempo necesario para que se produzca la usucapión que de otro modo vendría a ser una institución inútil (sentencia de 25 de febrero de 1991)». (10 febrero 2006, rec. 2182/1999)

«cuestión del justo título denunciando la infracción de los artículos 1952 y 1953, en relación con el 1940, todos del Código Civil y la jurisprudencia que cita. Se confunde el justo título con aquel que, en concreto, tiene eficacia traslativa del dominio, lo que no resulta admisible dado que si el título a que el Código Civil se refiere como apto para generar la usucapión hubiera transmitido el dominio o derecho de que se trate no sería necesario acudir al instituto de la prescripción adquisitiva. Cita para ello dos sentencias de esta Sala: la de 16 de abril de 1990, según la cual no puede ser justo título el contrato no traslativo del dominio, que se refiere a su consideración en abstracto, como ya se dijo, y no en concreto; y la de 5 de marzo de 1991, que precisamente considera justo título el contrato otorgado por quien no ostente la disponibilidad jurídica de la cosa, como ocurrió en el presente caso». (29 octubre 2007, LA LEY 170340/2007)

«El contrato de compraventa es evidentemente título hábil para adquirir el dominio (art. 1952). No es obstáculo a ello que la cosa vendida no sea del vendedor, que éste no tenga poder de disposición sobre ella; precisamente la prescripción sana ese defecto de titularidad (SS de 20 de octubre de 1992 y 22 de julio de 1997)». (26 febrero 2008, LA LEY 31930/2008)

«Deben considerarse también poseedores con justo título, que según el art. 1952 CC es aquel que basta legalmente para transmitir el dominio, porque precisamente es el vicio de la adquisición de una persona que no es propietaria el que se subsana mediante la usucapión (SSTS 5 mayo 2005, 22 febrero 2000, 22 julio 1997, 20 octubre 1992 y 25 febrero 1991, entre otras)». (23 septiembre 2011, rec. 1742/2007, LA LEY 185797/2011)

CONCORDANCIAS

Véase arts. 448, 464, 537, 539 a 541, 609, 1.940, 1.953, 1.954 y 1.959 de este Código.

Artículo 1.953

El título para la prescripción ha de ser verdadero y válido.

COMENTARIO

1.- El art. 1.953 dispone que la usucapión ordinaria exige no sólo la justicia del título sino también que éste sea verdadero y válido.

Que el título sea verdadero significa que el acto que potencialmente hubiera servido para transmitir el derecho exista lo que excluye sin lugar a dudas los llamados títulos putativos.

Así no hay título verdadero cuando éste carece de existencia real por ser simplemente imaginado por el poseedor sin existir realmente; tampoco el título es verdadero si se trata de un contrato simulado con simulación absoluta, ni tampoco en los casos de inexistencia del negocio por falta de consentimiento, objeto o forma en los negocios formales.

2.- Presupuesta la existencia del título el art. 1.953 exige además que éste sea válido, requisito cuya interpretación ofrece ciertas dificultades pues si se trata de un título válido cabe preguntarse qué objeto puede tener la usucapión de un derecho que ya ha sido adquirido a través del acto celebrado. En este sentido por válido debe tenerse aquel contrato en el que mediando consentimiento, objeto y causa (y en su caso forma) no viciados no produzca, sin embargo, efectos jurídicos. La validez del título se refiere, por tanto, a su perfección en cuanto que cumple las condiciones legalmente exigidas para su otorgamiento pero no a la posible eficacia o ineficacia del mismo pues no es lo mismo título válido que título eficaz. En este sentido se considera título válido aquel que carece de efectos traslativos porque el tradente carecía del derecho real o de poder de disposición, sobre la cosa en cuyo caso el adquirente adquiere la posesión y, cubiertos los plazos legales el derecho de que se trate.

De lo anterior se desprende que a efectos de prescripción adquisitiva carece de la consideración de válido el título nulo de pleno derecho y el inexistente.

3.- En el caso de que el acto celebrado sea anulable por defecto de capacidad o vicio de consentimiento, el negocio es anulable es válido mientras no se solicite su anulación. Tratándose de un negocio anulable, la usucapión no produce efectos entre las partes contratantes mientras dure el plazo de la acción de nulidad durante el cual la posibilidad de ser atacado no puede verse impedida por la usucapión. Aunque si el derecho sobre la cosa pertenecía a un tercero el poseedor puede oponer ante éste la usucapión ordinaria del mismo apoyándose en la existencia del justo título que se deriva de la celebración del contrato anulable. Por tanto, el negocio anulable tiene una doble consideración: Es justo título frente al *verus dominus* y carece de la consideración de justo título frente a la otra parte interviniente en el negocio.

4.- Con relación a la validez del título y el alcance del art. 35 LH según el cual la inscripción de un derecho constituye justo título para la usucapión del mismo lo que puede suponer una contradicción con lo previsto en el Código Civil al elevar a la categoría de justo título la celebración de actos o contratos nulos que hubiesen accedido al Registro. La norma indicada debe ser interpretada en el sentido de que la inscripción practicada en favor del poseedor usucapiente constituye justo título, es decir tiene el valor de éste; lo que supone que la inscripción no implica la presunción de justo título sino que hace sus veces.

JURISPRUDENCIA

«Lo que se deja estudiado encuentra apoyo en la jurisprudencia de esta Sala que tiene declarada la improcedencia de la prescripción adquisitiva al faltar justo título, ya que como declara la sentencia de 8 de mayo de 1993, el título adquisitivo aportado lo es respecto a la superficie que refleja y no justifica en forma alguna el exceso de la misma porque no se transmitió su dominio (sentencia de 20-11-1964) debiendo darse perfecta identidad entre el bien poseído que se pretende adquirir por prescripción y el que refiere la escritura, toda vez que la usucapión sólo debe operar sobre lo que el título que se invoca comprende (sentencias de 30-5-1958, 29-12-1959, 11-2-1968, 3-7-1981 y 28-11-1983). La sentencia de 7 de febrero de 1985 sienta la doctrina de que resulta imposible la prescripción ordinaria cuando no se ajusta el título a la finca que se pretende adquirir, debiendo, consecuentemente, darse perfecta identidad entre el inmueble que es objeto del título y el que es objeto de posesión y

prescripción adquisitiva que sólo es eficaz respecto a lo que el título contempla». (14 mayo 2004, rec. 1734/1999)

Vid. sentencia del 10 febrero 2006 que se halla relacionada en el artículo anterior .

Artículo 1.954

El justo título debe probarse; no se presume nunca.

COMENTARIO

1.- Según este art. 1.954 para que pueda apreciarse justo título éste debe resultar probado lo que, más que un requisito para la existencia del título, constituye un requisito de eficacia procesal del mismo. Tratamiento procesal diferente por lo que respecta a la buena fe del usucapiente que siempre se presume, pues el según el artículo comentado «el justo título... no se presume nunca» y, por tanto debe ser objeto de la prueba correspondiente.

La prueba del justo título debe alcanzar a su veracidad, a su validez y a su idoneidad o aptitud para, en abstracto, transmitir el dominio o el derecho real que se esté prescribiendo.

2.- La afirmación contenida en este artículo sobre la exigencia de prueba del justo título contrasta con lo previsto en los arts. 448 CC y 35 LH. Interesa, por tanto, analizar el sentido y alcance de estos últimos y su relación con el art. 1.954 del Código.

Dice el art. 448 CC que el poseedor en concepto de dueño (entiéndase titular) tiene a su favor la presunción legal de que posee con justo título y no se le puede obligar a exhibirlo. Como se observa la contradicción entre lo previsto en este artículo y la afirmación de que el justo título no se presume nunca proclamada por el 1954 es evidente. Realmente no hay tal contradicción si se tiene en cuenta el diferente campo de aplicación de una y otra norma: el 448 se refiere a la posesión en general y el 1954 a la posesión *ad usucapionem.* La relación entre uno y otro precepto es la que existe entre una norma general y otra especial; es decir, este art. 1.954 constituye una excepción a la regla general de presunción de justo título dados los efectos trascendentales que tiene la usucapión en orden a la creación y adquisición de derechos reales.

Por su parte, el art. 35 LH que se comenta en el artículo anterior no presenta ningún problema de interpretación con el 1.954 pues aquél no se limita a establecer una presunción en orden a la veracidad y validez del justo título que exima de probar el mismo, sino que atribuye a la inscripción registral el valor de justo título que, caso de no existir, queda sustituido por la inscripción registral; por ello, la destrucción del título en este caso exige de manera insoslayable la corrección registral y la anulación de la inscripción.

CONCORDANCIAS

Véase:
— arts. 448 de este Código.
— Ley Hipotecaria, de 8 febrero 1946 (*«B.O.E.»*, 29 mayo): art. 35.

Artículo 1.955

El dominio de los bienes muebles se prescribe por la posesión no interrumpida de tres años con buena fe.

También se prescribe el dominio de las cosas muebles por la posesión no interrumpida de seis años, sin necesidad de ninguna otra condición.

En cuanto al derecho del dueño para reivindicar la cosa mueble perdida o de que hubiese sido privado ilegalmente, así como respecto a las adquiridas en venta pública, en Bolsa, feria o mercado, o de comerciante legalmente establecido y dedicado habitualmente al tráfico de objetos análogos, se estará a lo dispuesto en el artículo 464 de este Código.

COMENTARIO

1.- Desde este artículo al 1.960 se regula el requisito común de toda usucapión, que es el transcurso de un plazo de tiempo. Es distinto según se trate de usucapión ordinaria o extraordinaria y según sea mobiliaria o inmobiliaria. El presente artículo contempla el requisito del tiempo en la usucapión mobiliaria, ordinaria (primer párrafo) y extraordinaria (segundo párrafo).

2.- La usucapión ordinaria de cosa mueble se produce en el plazo de tres años. Como toda usucapión precisa los requisitos comunes de posesión (en concepto de titular, pública, pacífica y no interrumpida) y de tiempo (el mencionado plazo de tres años) y debería reunir los requisitos especiales de buena fe y justo título. Sin embargo el presente artículo exige los tres años y la posesión (es decir, los dos requisitos de toda usucapión) y buena fe, como único requisito de la ordinaria.

Excluye el requisito del justo título, con aparente contradicción con los arts. 1.940 y 1.954. La explicación se halla en el art. 464: se ha mantenido (en el comentario al mismo, a sabiendas que no hay opinión unánime en la doctrina) la tesis germanista, entendiendo que el «título» a que se refiere dicho artículo, es el de propiedad; por tanto, la «posesión de los bienes muebles adquirida de buena fe» produce la adquisición de su derecho de propiedad; pero si el propietario había perdido la cosa o había sido privada de ella ilegalmente, no se produce, pero sí se puede producir por usucapión: tres años, con buena fe, sin necesidad de título, pues lo suple la adquisición de la posesión, de buena fe.

3.- La usucapión extraordinaria de cosa inmueble se produce por su posesión (con los requisitos comunes) y el transcurso del plazo de seis años. «Sin necesidad de ninguna otra condición», añade el texto legal, lo que no significa sino una reiteración del concepto de usucapión extraordinaria, que se forma con los requisitos (no "condiciones", como dice incorrectamente el texto) comunes —posesión y tiempo— sin los específicos de la ordinaria, buena fe y justo título.

4.- El tercer párrafo de este artículo es reiterativo y fuera de lugar. Se remite al art. 464, respecto al que era propietario de cosa mueble perdida o de que ha sido privado ilegalmente, o en los demás casos que enumera dicho artículo. No se aplica la adquisición de propiedad, por el tercero que adquiere la posesión de buena fe, pero sí se aplicará la usucapión.

JURISPRUDENCIA

«pretendiendo la prescripción adquisitiva de la parte del precio reclamadas en la demanda, sin tener en cuenta que lo que el precepto citado somete a la prescripción adquisitiva por el transcurso de tres o seis años, según que haya o no buena fe, es el dominio de las cosas muebles, pero no la reclamación de una cantidad pagada por exceso en el precio autorizado, pago este que origina un crédito al que ampara una acción personal

que, al no tener plazo especial de prescripción, debe entenderse cobijada en un término general de 15 años que señala el artículo 1.964 del mismo Código Civil». (11 mayo 1990, LA LEY 12972-R/1990)

CONCORDANCIAS

Véase:
— arts. 464 y 1.962 de este Código.
— Código de Comercio: arts. 85, 86, 324 y 545.

Artículo 1.956

Las cosas muebles hurtadas o robadas no podrán ser prescritas por los que las hurtaron o robaron, ni por los cómplices o encubridores, a no haber prescrito el delito o falta, o su pena, y la acción para exigir la responsabilidad civil, nacida del delito o falta.

COMENTARIO

1.- El artículo anterior, en su tercer párrafo, se remite al art. 464 en cuanto a la usucapión por un tercero de una cosa mueble cuyo dueño la ha perdido o ha sido privado de ella ilegalmente: no la adquiere por la posesión de buena fe (primer inciso del primer párrafo del art. 464) sino que la adquiere por usucapión ordinaria o extraordinaria (art. 1.955, dos primeros párrafos).

El presente artículo contempla lo anterior, en el sentido de que añade un régimen sancionador al caso de que el usucapiente que haya privado de la cosa mueble, ilegalmente, al propietario, lo haya hecho por medio de hurto o robo. Y tal régimen es el retraso del *dies a quo* de comienzo del cómputo del plazo de tiempo para la usucapión.

2.- Este régimen sancionador se aplica: criterio objetivo: al caso de robo o hurto de cosa mueble (arts. 237 y ss. y 234 y ss. respectivamente, del Código Penal, Ley Orgánica 10/1995, de 23 noviembre); criterio subjetivo: al autor cómplice (arts. 27 y ss. del mismo Código Penal) o encubridor (arts. 451 y ss. del Código Penal).

El contenido —la especialidad— de este régimen es que no comienza a computarse el plazo de tiempo, sino a partir de que ha prescrito el delito de hurto o robo (art. 131 Código Penal) o la pena (art. 133 Código Penal) y la acción de responsabilidad civil (arts. 109 y ss. Código Penal) que se produce a los quince años (por aplicación del art. 1.902 CC y al carecer de un plazo específico, el general de las acciones personales, del art. 1.964).

CONCORDANCIAS

Véase art. 1.962 de este Código.

Artículo 1.957

El dominio y demás derechos reales sobre bienes inmuebles se prescriben por la posesión durante diez años entre presentes y veinte entre ausentes, con buena fe y justo título.

COMENTARIO

1.- Prevé este artículo la usucapión ordinaria respecto a bienes inmuebles. Enumera los requisitos comunes de la usucapión: posesión, que no desarrolla, pero hay que remitirse al art. 1.941 y ss.; y tiempo, que sí contempla explícitamente.

Y los requisitos específicos de la usucapión ordinaria: buena fe y justo título, que simplemente menciona en su último inciso, siendo sus conceptos y requisitos, generales y previstos en otros artículos.

2.- Con respecto al tiempo, que contempla específicamente este artículo, dispone que, para dicha usucapión ordinaria del dominio o de otros derechos reales sobre cosa inmuebles, el plazo es de diez años entre presentes y veinte entre ausentes, distinción que aclara el artículo siguiente.

JURISPRUDENCIA

Vid. la jurisprudencia relacionada en el art. 1.952 respecto a la existencia de justo título necesario para la usucapión ordinaria que prevé el presente artículo. También la relacionada en el artículo 1941 respecto a los requisitos de la usucapión.

CONCORDANCIAS

Véase:
— art. 1.949 de este Código.
— Ley Hipotecaria, de 8 febrero 1946 (*«B.O.E.»*, 29 mayo): arts. 35 y 36.

Artículo 1.958

Para los efectos de la prescripción se considera ausente al que reside en el extranjero o en Ultramar.

Si parte del tiempo estuvo presente y parte ausente, cada dos años de ausencia se reputarán como uno para completar los diez de presente.

La ausencia que no fuere de un año entero y continuo, no se tomará en cuenta para el cómputo.

COMENTARIO

1.- La distinción que hace el artículo anterior, para el tiempo de la usucapión ordinaria de inmuebles, entre presentes y ausente, es aclarado en el presente artículo. Ante todo, hay que advertir que la palabra «ausente» no es utilizada en el sentido técnico-jurídico, sino en sentido gramatical. Es considerado el término «ausente» como la persona «que reside en el extranjero o en ultramar». El término «extranjero» es claro, aunque no muy lógico actualmente, en que la facilidad de comunicaciones y de tránsito no justifican un trato distinto al que está en territorio que, geográficamente, es como el nacional (como Portugal, Francia, Andorra, Gibraltar), aunque sea «extranjero».

2.- Presente es la persona que reside, en el sentido de tener el domicilio real, en territorio nacional. Ausente es la persona que reside en país extranjero. La residencia en ultramar perdió el sentido desde que, poco después de promulgado el Código (1889), España dejó de tener el territorio nacional más allá del mar (1898), es decir, Cuba, Puerto Rico y Filipinas.

3.- El concepto de ausencia, para este cómputo, es, como mínimo, de un año entero y completo residiendo en el extranjero (tercer párrafo de este artículo). De no llegar, se computa como presente.

Por otra parte, también respecto al cómputo, si el usucapiente reside parte en territorio nacional y parte en el extranjero, cada dos años de ausencia se reputan uno de presencia (segundo párrafo de este artículo).

CONCORDANCIAS

Véase arts. 181 y ss. y 198.1.º de este Código.

Artículo 1.959

Se prescriben también el dominio y demás derechos reales sobre los bienes inmuebles por su posesión no interrumpida durante treinta años, sin necesidad de título ni de buena fe, y sin distinción entre presentes y ausentes, salvo la excepción determinada en el artículo 539.

COMENTARIO

1.- Establece este artículo el plazo de treinta años para la usucapión extraordinaria de cosa inmueble, sea de su derecho de propiedad, sea de otro derecho real poseíble.

Los requisitos precisos son los comunes a toda usucapión: posesión, que debe ser en concepto de titular, pública, pacífica y no interrumpida, y tiempo, que es de treinta años. No se exigen más requisitos: expresamente dispone que se produce esta usucapión extraordinaria, «sin necesidad de título ni de buena fe», que son los dos requisitos especiales de la usucapión ordinaria.

2.- El cómputo de este tiempo se hace según la norma general del art. 5, sin la distinción entre presentes y ausentes del artículo anterior.

3.- La usucapión es la adquisición del derecho de propiedad u otro derecho real por su posesión durante el tiempo fijado por la ley. El último inciso de este artículo reitera la norma que sobre la usucapión del derecho real de servidumbre establece el art. 539. No cabe adquisición por usucapión del derecho real de servidumbre continua no aparente, ni de la discontinua sea o no aparente.

JURISPRUDENCIA

«artículo 1959 del Código Civil y doctrina legal que aplica el aforismo nemo sibi ipse causam possesionis mutare potest (Paulo, 1-3-19 Digesto) —nadie puede cambiarse asimismo la causa de la posesión—, como base del argumento casacional que se expone de que la rendición de cuentas de la administración que practicó el Ayuntamiento con fecha 21 de abril de 1954 no resulta eficaz para cambiar en animus domini lo que era tenencia no dominical». (19 mayo 2005, rec. 4534/1998)

«Una donación de inmueble sin escritura pública es inexistente jurídicamente por falta de un elemento esencial (artículo 633 del Código civil), por lo que no es justo título, pero sí puede ser base de usucapión extraordinaria, que se produce por mayor tiempo, sin necesidad de título (artículo 1959) y aquella donación no es un título, no es nada jurídicamente, pero su ausencia no impide la posesión que da lugar a la usucapión extraordinaria, ni tampoco obsta a que el poseedor sin título (porque la donación no lo es) lo sea a título de dueño». (25 enero 2007, LA LEY 233/2007)

«el juego de los artículos 441 y 444 del Código Civil impide cualquier consideración acerca de una eventual adquisición del dominio por el Estado en virtud del instituto de la prescripción adquisitiva o usucapión al haber poseído por más de treinta años (artículo 1959 Código Civil), pues no puede aceptarse que la posesión material del inmueble por el Estado en virtud de su incautación fuese apta para adquirir por usucapión pues se trató de una adquisición forzada y unilateral por su parte frente a la que no cabía oposición alguna y en consecuencia asimilable a la posesión adquirida de modo violento». (29 marzo 2010, rec. 169/2006, LA LEY 41052/2010)

Vid. jurisprudencia relacionada en el artículo 1.941.

CONCORDANCIAS

Véase Ley Hipotecaria, de 8 febrero 1946 (*«B.O.E.»*, 29 mayo): art. 36.

Artículo 1.960

En la computación del tiempo necesario para la prescripción se observarán las reglas siguientes:

1.ª El poseedor actual puede completar el tiempo necesario para la prescripción, uniendo al suyo el de su causante.

2.ª Se presume que el poseedor actual, que lo hubiera sido en época anterior, ha continuado siéndolo durante el tiempo intermedio, salvo prueba en contrario.

3.ª El día en que comienza a contarse el tiempo se tiene por entero; pero el último debe cumplirse en su totalidad.

COMENTARIO

1.- Siguiendo, y terminando, con las normas sobre el tiempo en la usucapión, el presente artículo da tres distintas sobre su cómputo.

La primera de ellas es la llamada *accessio possessionis*, en el sentido de que el poseedor actual une el tiempo en que él posee al que poseyó su causante; se entiende que se trata de transmisión singular de la cosa poseída, por compraventa, donación, legado, etc. Si lo fuera por su cesión universal, hereditaria, no es que produzca una *successio possessionis* sino que es una sola y única posesión que ha empezado el causante y ha seguido el causahabiente.

2.- La segunda norma es una presunción coincidente con la del art. 459. Se presume la posesión en el tiempo intermedio: probada la actual y la pretérita, se presume la intermedia. Presunción *iuris tantum*, que permite prueba en contrario.

3.- La tercera es sobre el cómputo: se sigue el sistema civil, en el sentido de que los días se tienen por enteros, sin tener en cuenta fracciones menores de tiempo; y el día inicial se tiene por entero y el final debe transcurrir por completo.

JURISPRUDENCIA

«Si bien es cierto que, en la computación del tiempo necesario para la prescripción, el poseedor actual puede completar dicho tiempo uniendo al suyo el de su causante (regla 1.ª del art. 1.960 CC), ello ha de entenderse, obviamente, en el sentido de que la posesión de dicho causante lo hubiera sido en concepto de dueño». (1 julio 1999, LA LEY 9324/1999)

CONCORDANCIAS

— Véase arts. 440 y 442 de este Código.
— Véase art. 459 de este Código.

CAPÍTULO III
DE LA PRESCRIPCIÓN DE LAS ACCIONES

Artículo 1.961

Las acciones prescriben por el mero lapso del tiempo fijado por la ley.

COMENTARIO

1.- El párrafo segundo del art. 1.930 da una norma general sobre la prescripción extintiva que reproduce el presente artículo. Este destaca lo que prescribe («las acciones») y cómo prescribe («por el mero lapso del tiempo») y ambos extremos deben ser matizados, porque el texto del mismo no es exactamente cierto.

2.- El texto legal expresa que «las acciones prescriben» pero se plantea la duda de si realmente se extinguen «las acciones» sin afectar al derecho subjetivo, extinguiendo tan sólo la defensa procesal del mismo (producida la prescripción, subsistiría el derecho subjetivo, sin posibilidad de protección procesal), o se extingue el derecho subjetivo. Esta última es la respuesta acertada, aunque matizándola: se extingue el derecho en cuanto al poder de ser exigido a otro, el perder la facultad de coercibilidad, ya que el tercero puede rechazar el ejercicio intempestivo del mismo. En este sentido, pues, se extingue el derecho.

3.- Esta extinción no se produce inmediata y automáticamente —*ipso iure*— al concurrir los presupuestos (inactividad del derecho y plazo de tiempo), sino que al cumplirse éstos, el favorecido por la prescripción (así, por ejemplo, el deudor respecto a un crédito prescrito) tiene la facultad de alegar la prescripción: el cumplimiento del plazo de prescripción, automáticamente, no produce otro efecto jurídico que el de atribuir al interesado una facultad, llamada «facultad de prescripción», los demás efectos jurídicos derivan del acto de ejercicio de la misma. Lo anterior parece contradicho por este artículo 1.961, que dice que «las acciones prescriben por el mero lapso del tiempo fijado por la ley», pero esta norma se interpreta en el sentido de que la prescripción, al contrario de la usucapión, no precisa de más requisitos que el lapso del tiempo unido a la inactividad del derecho. En consecuencia de lo anterior, el titular del derecho prescrito, puede reclamarlo judicial o extrajudicialmente al obligado. La prescripción no puede ser apreciada de oficio. Debe ser alegada expresamente por el favorecido por ella, por medio de excepción en proceso, que será el caso normal, o por el ejercicio de una acción, o incluso, puede ser alegada y mantenida fuera del proceso.

JURISPRUDENCIA

Vid. la jurisprudencia relacionada en el art. 1.930 sobre el concepto general y fundamento de la prescripción extintiva.

CONCORDANCIAS

Véase:
— arts. 1.930, párrafo 2.º y 1.965 de este Código.
— Código de Comercio: arts. 942 y ss.

Artículo 1.962

Las acciones reales sobre bienes muebles prescriben a los seis años de pérdida de la posesión, salvo que el poseedor haya ganado por menos término el dominio, conforme

al artículo 1.955, y excepto los casos de extravío y venta pública, y los de hurto o robo, en que se estará a lo dispuesto en el párrafo tercero del mismo artículo citado.

COMENTARIO

1.- Los presupuestos o requisitos de la prescripción son la inactividad del derecho, que es el no ejercicio de éste y su no reconocimiento por el sujeto pasivo (el derecho no se ejercita y no se reconoce; es el «silencio de la relación jurídica» según una clásica expresión) y el transcurso del tiempo.

A este último se refiere el presente artículo, concretado a las *cosas muebles*. Los derechos reales prescriben (además de su no ejercicio y de su no reconocimiento) a los seis años. Además de las excepciones que contempla el mismo artículo, no se aplicará este plazo si el código prevé otro distinto para casos concretos: así, la acción posesoria prescribe al año (art. 1.968.1.º).

El comienzo del plazo lo sitúa este artículo en el momento de la pérdida de la posesión, que significa extinción completa de la misma para su titular (art. 460); no, en el caso, por ejemplo, que pierda la inmediata pero continúe la mediata.

2.- Una excepción a este plazo, es que por menos tiempo, un tercero, poseedor de la cosa mueble, la adquiera por usucapión con buena fe en tres años (art. 1.955, primer párrafo; la usucapión del segundo párrafo es coincidente con el plazo de seis años de este artículo). Una vez adquirida la cosa mueble por un tercero, por usucapión, el anterior titular ya ha perdido su derecho sobre la misma y no cabe hablar de prescripción extintiva. Lo mismo ocurre (que no menciona este artículo) si el tercero adquiere la posesión de la cosa mueble de buena fe, con aplicación del art. 464.

Y en caso de extravío y venta pública de la cosa mueble o de hurto o robo, el presente artículo se remite al 1.955, párrafo 3.º, el cual se remite al 464, y, en definitiva, no se aplicará la usucapión al poseedor de la misma, sino desde que éste comience a ejercitar la posesión idónea para la usucapión, aplicándose también el art. 1.956.

CONCORDANCIAS

Véase arts. 460.4.º, 464, 615 y 1.956 de este Código.

Artículo 1.963

Las acciones reales sobre bienes inmuebles prescriben a los treinta años.

Entiéndese esta disposición sin perjuicio de lo establecido para la adquisición del dominio o derechos reales por prescripción.

COMENTARIO

1.- Como continuación de lo dispuesto en el artículo anterior, éste establece el transcurso del tiempo para la prescripción de las acciones (más bien, derechos, según se ha expuesto al comentar el artículo 1.961) reales sobre cosas inmuebles: treinta años.

2.- Se prevé la misma excepción que en el artículo anterior. Si en un plazo inferior, un tercero adquiere por usucapión el derecho sobre cosa inmueble, su anterior titular pierde y ya no tiene sentido hablar de su prescripción extintiva (sobre un derecho que ha perdido). Este plazo es de diez o veinte años (art. 1.957) con buena fe y justo título, no hay tal excepción, porque el plazo es de treinta años (art. 1.959) coincidente con el del presente artículo.

Dicha excepción la establece este artículo, en su párrafo segundo, que termina con la palabra «prescripción» cuando, con precisión terminológica, debería decir, «usucapión».

JURISPRUDENCIA

«El acto de ámbito público referido derivó de una acción política efectuada durante las circunstancias extraordinarias concurrentes en los primeros momentos de la guerra civil de España, y no hay duda que significó un acto de fuerza, arbitrario e ilegal, y, una vez finalizada la contienda, el inmueble fue utilizado, entre otros usos, como comedor de Auxilio Social, hasta que, aproximadamente en el año 1950, fue abandonado por los incautadores, empero no devuelto a sus legítimos propietarios, y más tarde de la indicada dejación, en una época no concretada con exactitud, mas situada durante la década iniciada en el año 1950, mediante un cálculo prudencial proveniente de la resultancia de la prueba testifical, ha sido detentada por D. Manuel V. S., padre de uno de los codemandados, hasta el fallecimiento de aquél, ocurrido el 14 Ene. 1983... Habida cuenta de que el edificio no fue reintegrado a sus legítimos propietarios, la cuestión estriba en determinar si la acción reivindicatoria pudo ser utilizada por los dueños del inmueble, no sólo en el ciclo de la guerra civil, sino después, durante la permanencia del régimen político instaurado en España. Es evidente la situación coactiva y de omisión de Estado de derecho que prevaleció en España hasta la publicación de la CE en fecha de 29 Dic. 1978. De lo explicado, se deduce que los dueños del inmueble objeto del debate tenían imposibilitado el ejercicio, pero no prescrita la acción que les asistía, y que recobró plena eficacia a partir del 29 Dic. 1978, en que se publicó la CE (disp. final)... desde la reseñada fecha de la publicación de la CE hasta la de la presentación de la demanda, que tuvo entrada en el JPI Decano de Corcubión el día 2 Jul. 1991, no ha transcurrido el tiempo determinado en el art. 1.963 CC para la prescripción de las acciones reales, y la que se ejercita lo es sobre bienes inmuebles». (25 enero 2000, LA LEY 235512/2000)

«para la prescripción no sólo es preciso el transcurso del tiempo, sino también la inactividad del derecho ("el silencio de la relación jurídica" se ha dicho por la más clásica doctrina) y ésta no se ha producido en el presente caso y así se declara en las sentencias de instancia, como hecho acreditado, lo que es inamovible en casación; dice explícitamente la de primera instancia que "hasta 1994 existió una situación de comunidad en la que permanecieron todos los pozos, fincas propiedades de la herencia" y, efectivamente, las demandantes y los demandados, todos hermanos entre sí, integraban la comunidad hereditaria formada por la muerte de su padre, lo que implica que mantenían la titularidad y el ejercicio del derecho sobre el pozo». (14 octubre 2005, rec. 438/1999)

«se alega la infracción del artículo 1963 del código civil en cuanto dispone que las acciones reales sobre bienes inmuebles prescriben a los treinta años y se olvida del artículo 1969 que dispone que el dies a quo *para el cómputo es el de la* actio nata, *es decir, cuando el poseedor de la finca de la que el demandante es propietario se coloca en posición obstructiva de la propiedad, es a partir de este momento cuando el verdadero propietario puede accionar y el transcurso del plazo le haría prescribir la acción, pero no antes; sin perjuicio, claro está, de que el poseedor adquiera por usucapión el dominio, lo que prevé el párrafo segundo del artículo 1963 y no es el caso presente».* (26 febrero 2007, LA LEY 3270/2007)

CONCORDANCIAS

Véase arts. 1.940 y 1.957 a 1.960 de este Código.

Artículo 1.964

La acción hipotecaria prescribe a los veinte años, y las personales que no tengan señalado término especial de prescripción a los quince.

COMENTARIO

1.- Siguiendo y contemplando lo que disponen los artículos anteriores, el presente artículo fija el transcurso del tiempo para la prescripción de la acción hipotecaria. Prescribe a los veinte años, lo que coincide con lo dispuesto en el art. 128 de la Ley Hipotecaria.

Se trata de la prescripción del derecho de crédito, en el supuesto de que se realice sobre los bienes hipotecados en garantía del mismo. Si aquél se pretende ejecutar sobre el patrimonio universal del deudor, al amparo de los dispuesto en el art. 1.911, el plazo será el de cualquier acción personal (quince años: segundo inciso de este mismo artículo).

2.- Las *acciones personales*, prescriben a los quince años. Es decir (como se dijo al comentar el art. 1.961), los derechos personales, no reales. Si algunos de ellos tienen señalado un plazo especial de prescripción, será éste y no el general del presente artículo. Plazos especiales determinados en los arts. 1.966 y ss.

JURISPRUDENCIA

Sobre la acción hipotecaria:

«la posición que mantuvo esta Sala en su sentencia de 8 de noviembre de 1960 que ahora se reitera y forma jurisprudencia, complementando el ordenamiento jurídico, tal como dispone el artículo 1.6 del Código civil. Dice así, literalmente: "instituida la hipoteca en nuestro derecho, de acuerdo con su naturaleza tradicional, como un refuerzo y, conforme declara el artículo 105 de la Ley Hipotecaria, para el aseguramiento de una obligación personal, ha de estimarse consecuencia natural y lógica de ello que ésta quede amparada bajo aquella institución con todo el alcance y la extensión que a la misma reconoce la Ley... la acción hipotecaria, y precisamente en razón a la accesoriedad de la hipoteca en relación con la obligación personal que garantiza, no puede imaginarse sin el **prius** *que llega a constituir un elemento esencial de su concepto, del crédito asegurado y para el cual nace y adquiere la necesaria eficacia, extremo que no podía olvidar el legislador cuando al redactar el artículo 1964 del Código civil fijó en veinte años de plazo prescriptivo de la misma, y mucho menos cuando en el propio precepto establecido el de quince años para el de las acciones personales que no tuvieran plazo especial descriptivo señalado, con referencia sin duda a las obligaciones que no estuvieran aseguradas con hipoteca... no dándose dentro del derecho común, acciones personales de mayor plazo prescriptivo que las de los quince años a que alude dicho artículo 1964, no hubiera sido racional señalar un plazo mayor en cinco años a la prescripción de la acción hipotecaria si no había de comprenderse asimismo en ese plazo mayor la del crédito asegurado, pues de otro modo y por el tiempo de la diferencia habría que admitir una hipoteca vacía, o hipoteca independiente, o deuda inmobiliaria que en nuestro Derecho no tiene cabida ... el crédito hipotecario, dados los términos del artículo 104 de la expresada ley hipotecaria, constituye una carga o gravamen del inmueble o derecho real de igual naturaleza que la hipoteca, que como de mayor rango que el simple crédito personal, ha de prevalecer sobre éste; por todo lo cual la prescripción del crédito asegurado ha de eliminarse como causa de extinción de la hipoteca que lo garantiza, sin que el carácter de accesoriedad de la última pueda imponerse en tal supuesto, no operando, como queda dicho, la prescripción del crédito simple, cuando adquirió la superior condición que hipotecario».*
(10 diciembre 2007, LA LEY 202397/2007)

Sobre la prescripción de las acciones personales:

«como ya ha tenido ocasión de declarar esta Sala en sentencias recientes de 7 de octubre de 1983 y 21 de marzo de 1984, reiterando doctrina sentada en las de 22 de enero de 1919, 12 de marzo de 1934 y 4 de julio de 1970, en la que hay que insistir, cuando, como en el presente caso ha ocurrido, el hecho originado de posible responsabilidad civil ha dado lugar a un proceso penal, que termina por sobreseimiento producido por causa de un hecho impeditivo de su continuidad, como es el fallecimiento —supuesto actual—, indulto anticipado, u otro motivo legal, a la acción nacida ex delicti, que es la ejercitada a medio de la demanda en cuestión no presentada por la meritada Procuradora, no le es aplicable el plazo de prescripción de un año establecido por el número 2.º del artículo 1.968 del Código Civil, y sí el de quince años que para la prescripción de las acciones personales que no tengan fijado plazo especial de prescripción señala el artículo 1.964 del referido Cuerpo legal sustantivo, al regir al respecto las normas de los artículos 19 y siguientes y 101 y siguientes del Código Penal, por remisión del artículo 1.092 del Código Civil, pues de no entenderlo así se llegaría al absurdo de hacer de peor condición al perjudicado por consecuencia de un hecho delictivo que no fue enjuiciado por impedirlo una causa legal, que aquel que genera responsabilidad civil por producirse el enjuiciamiento del hecho delictivo en el ámbito penal»; en el mismo sentido 1 abril 1990, LA LEY 1579-JF/0000, 19 octubre 1990, LA LEY 2717/1991 y 10 mayo 1993, LA LEY 13112/1993 relativas a supuestos de indulto y 31 enero 2004, rec. 983/1998)

«Es claro que cuando los hechos dan lugar a actuaciones penales éstas paralizan la posibilidad de actuar en vía civil o el proceso que haya comenzado, al imponerlo así el art. 114 LECrim., hasta que recaiga sentencia firme, obligando tal precepto a la jurisprudencia a extender la apertura de la vía civil a los supuestos de sobreseimiento libre e incluso a los de sobreseimiento provisional o al archivo de diligencias (SS 16 de noviembre de 1985; 20 de octubre de 1987; 30 de noviembre de 1989; o 20 de enero de 1992), pero en tal caso la acción civil que se ejercite ha de ser la del art. 1.902, que prescribe al año conforme al art. 1.968, mas no la ex delicto que requiere la existencia de condena así declarándolo, condena que existe en los supuestos de indulto o de muerte del reo, pero no cuando se produce el sobreseimiento o el archivo sin previa condena, ya que antes de la condena pervive la presunción de inocencia; podrá nacer la acción por culpa extracontractual o aquiliana, que examinó el Juzgado para declararla prescrita, pero si por eso o por seguir el principio de congruencia se insiste en la acción civil ex delicto sin previa declaración penal al efecto, mal puede nacer la acción civil de él derivada, que efectivamente se extinguiría de igual modo que las demás obligaciones personales, con sujeción a las reglas del derecho civil (art. 117 CP anterior) y prescripción extintiva de los 15 años a tenor del art. 1.964 CC». (20 septiembre 1996, LA LEY 9819/1996) (doctrina reiterada por la Sentencia de 20 noviembre 2001, LA LEY 4057/2002)

«excepción —sustantiva— de la prescripción de la acción. Debe desestimarse por dos razones: la primera, porque no cabe aplicar la prescripción anual del artículo 1968 del Código civil sino la de quince años de las acciones personales, del artículo 1964, ya que la relación jurídica médico-hospitalaria deriva de la contractual, a través del contrato de asistencia con "Adeslas" y no se puede mantener que el centro médico y el propio médico actuaran fuera de todo vínculo contractual; la segunda, por la yuxtaposición de responsabilidad —contractual y extracontractual— que ha mantenido reiteradamente esta Sala en este tema; la sentencia de 30 de diciembre de 1999 (LA LEY JURIS. 5159/2000) recogiendo jurisprudencia anterior y siendo desarrollada por posterior, dice, en este sentido, aunque se refiere a un caso en que el centro médico pertenecía a la Seguridad social: "la doctrina establecida por esta Sala acerca de la yuxtaposición de responsabilidades y del tratamiento procesal unitario de la pretensión fundada en culpa». (10 junio 2004, rec. 2354/1998)

«La acción de reclamación de que se trata surge por haber nacido la responsabilidad (STS de 15 de mayo de 1995), y la doctrina jurisprudencial considera aplicable el plazo de quince años previsto en el artículo 1964 del Código Civil con carácter general para las obligaciones personales; como día inicial de su cómputo, se ha declarado en esta sede que habrá de estarse a la fecha en que se produjo la ruina o manifestó el vicio ruinógeno (SSTS de 15 de octubre de 1990 y 28 de diciembre de 1998), desde la de la aparición de los vicios de la construcción (SSTS de 6 de abril de 1994 y 3 de mayo de 1996), desde que se aprecie la ruina (STS de 17 de septiembre de 1996), o desde el momento en que se detecta el desperfecto en que el vicio se hace patente (STS de 29 de diciembre de 1999); esta Sala tiene exigido, en numerosas sentencias (entre otras, SSTS de 11 de octubre de 1974, 4 de diciembre de 1989, 14 de febrero, 15 de julio y 15 de octubre de 1991, 6 de abril y 30 de diciembre de 1994), el requisito de que los vicios ruinógenos se manifiesten dentro del plazo de garantía». (23 mayo 2005, rec. 4524/1998; doctrina reiterada por la de 2 junio 2005, rec. 4691/1998)

«Se entiende, pues, que la compraventa a que se refiere este proceso, es mercantil, interpretando extensivamente el artículo 325 del Código de Comercio ya que el ganado, si no para ser revendido, se integró en la actividad empresarial de venta de queso producido por aquél; sin que sea de aplicación, por no constituir el supuesto, el artículo 326.2.º del mismo Código. Por lo cual, en virtud de la remisión del artículo 944 del Código de Comercio, el plazo de prescripción es de 15 años, según el artículo 1964 del Código civil». (7 octubre 2005, rec. 707/1999)

«la acción ejercida, mediante la denuncia de los defectos de calidad en las viviendas respecto de las que habían sido contempladas a la hora de contratar, es la general derivada del incumplimiento contractual; acción que, al no estar sujeta a plazo especial de prescripción, ha de vincularse al plazo general de quince años para el ejercicio de las acciones personales que prevé el artículo 1964 del Código Civil. En tal sentido, la sentencia de esta Sala de 30 de junio de 1997, para un supuesto de denuncia de vicios ocultos, señala que "los artículos 1490 y 1484 del Código Civil resultan inaplicables cuando la demanda no se dirige a obtener las reparaciones provenientes de los vicios ocultos de la cosa vendida, sino las derivadas del defectuoso cumplimiento de la obligación contractual, cuestión distinta y compatible con la contemplada en aquellas normas legales y sometidas a distinto plazo de prescripción (sentencias de 23 junio 1965 y 10 junio 1986)"». (12 diciembre 2005, rec. 1817/1999)

«Esta jurisprudencia, sin embargo, deja de lado que el propio Tribunal Supremo ha aplicado a las acciones de reclamación de la responsabilidad civil derivada de delito cometido por mayores de edad el plazo de 15 años, porque el artículo 1968, 2.º CC incluye exclusivamente en el plazo de prescripción de un año las obligaciones que nacen en virtud de lo dispuesto en el artículo 1902 CC. Las que surgen como consecuencia de daños producidos por delitos que no sean la calumnia o la injuria no están incluidas en esta disposición, en virtud de lo que establece el artículo 1092 CC. Esta doctrina ha sido sostenida reiteradamente en sentencias de 7 enero 1982, 7 octubre 1983, 1 abril 1990, 19 octubre 1990, 10 mayo 1993 y 4 julio 2000 y 31 enero 2004, entre muchas otras... ... En coherencia con la doctrina anteriormente expuesta, hay que concluir que en el actual estado de cosas, debe aplicarse la regla, de acuerdo con la que al tratarse de un hecho delictivo de un inimputable que ha sido objeto de sanción en la jurisdicción competente de menores, debe aplicarse la doctrina sostenida por esta Sala en relación al plazo de prescripción de las acciones de responsabilidad civil por daños derivados de hechos delictivos y, por tanto, el plazo será de 15 años por aplicación del artículo 1964 CC. La aplicación de este plazo requiere que haya habido una resolución de la jurisdicción de menores declarando que los hechos probados están tipificados como delito que han sido cometidos por un menor no imputable». (14 enero 2009, rec. 2927/2001, LA LEY 590/2009)

Sobre la prescripción de la acción hipotecaria:

«Prestamista y prestataria pactaron en el contrato las condiciones para la constitución de ésta en mora (artículo 1100.1 del Código Civil) y el tipo conforme al que debía determinarse el importe de los intereses moratorios (artículo 1108 del Código Civil). Pero no establecieron una regla negocial que posibilite entender que la acción para reclamarlos queda incluida en la previsión del artículo 1966.3.ª del Código Civil (al menos así se da por supuesto en la instancia, sin impugnación por vía adecuada). Por ello, la prescripción de la acción a aquellos referida se rige por el artículo 1964 del Código Civil, aplicable a todas las personas que no tengan señalado plazo especial (sentencias de 17 de marzo de 1994 y 17 de marzo de 1998)». (30 enero 2007, LA LEY 1068/2007)

«coincide con la posición que mantuvo esta Sala en su sentencia de 8 de noviembre de 1960 que ahora se reitera y forma jurisprudencia, complementando el ordenamiento jurídico, tal como dispone el artículo 1.6 del Código civil . Dice así, literalmente: "instituida la hipoteca en nuestro derecho, de acuerdo con su naturaleza tradicional, como un refuerzo y, conforme declara el artículo 105 de la Ley Hipotecaria, para el aseguramiento de una obligación personal, ha de estimarse consecuencia natural y lógica de ello que ésta quede amparada bajo aquella institución con todo el alcance y la extensión que a la misma reconoce la Ley ... la acción hipotecaria, y precisamente en razón a la accesoriedad de la hipoteca en relación con la obligación personal que garantiza, no puede imaginarse sin el prius *que llega a constituir un elemento esencial de su concepto, del crédito asegurado y para el cual nace y adquiere la necesaria eficacia, extremo que no podía olvidar el legislador cuando al redactar el artículo 1964 del Código civil fijó en veinte años de plazo prescriptivo de la misma, y mucho menos cuando en el propio precepto establecido el de quince años para el de las acciones personales que no tuvieran plazo especial descriptivo señalado, con referencia sin duda a las obligaciones que no estuvieran aseguradas con hipoteca... no dándose dentro del derecho común, acciones personales de mayor plazo prescriptivo que las de los quince años a que alude dicho artículo 1964, no hubiera sido racional señalar un plazo mayor en cinco años a la prescripción de la acción hipotecaria si no había de comprenderse asimismo en ese plazo mayor la del crédito asegurado, pues de otro modo y por el tiempo de la diferencia habría que admitir una hipoteca vacía, o hipoteca independiente, o deuda inmobiliaria que en nuestro Derecho no tiene cabida ... el crédito hipotecario, dados los términos del artículo 104 de la expresada ley hipotecaria, constituye una carga o gravamen del inmueble o derecho real de igual naturaleza que la hipoteca, que como de mayor rango que el simple crédito personal, ha de prevalecer sobre éste; por todo lo cual la prescripción del crédito asegurado ha de eliminarse como causa de extinción de la hipoteca que lo garantiza, sin que el carácter de accesoriedad de la última, pueda imponerse en tal supuesto, no operando, como queda dicho, la prescripción del crédito simple, cuando adquirió la superior condición que hipotecario».* (10 diciembre 2007, LA LEY 202397/2007)

«el accidente ocurre en el marco de esta relación de contrato lo que impide apreciar la prescripción invocada y estimada en la sentencia recurrida, que será de quince años y no de un año, conforme a lo dispuesto en el artículo 1964 del Código Civil, pues una cosa es que la empresa concesionaria de autopistas deba responder de las consecuencias del accidente de un automóvil que circula por sus instalaciones como consecuencia del incumplimiento de su deber de garantizar la conducción en condiciones de segura transitabilidad, con plazo de prescripción de quince años, y otra distinta que el accidente ocurra por razones ajenas a esta relación de contrato, como la propia imprudencia de la víctima, en cuyo caso ninguna acción tiene el perjudicado contra la concesionaria cuyo ejercicio pueda verse afectado por el transcurso del tiempo». (15 abril 2009, rec. 1191/2004, LA LEY 49532/2009)

«la doctrina de esta Sala sobre la inaplicabilidad del art. 1966-3.º CC, y la aplicabilidad de su art. 1964, a las acciones para reclamar una única prestación debida pero cuyo cumplimiento se facilita mediante entregas periódicas, lo mismo que a los intereses de demora, a diferencia de los remuneratorios a los que sí se aplica el plazo de cinco años (SSTS 17-3-94

en rec. 1346/1991, 31-5-03 en rec. 2788/1997, 30-1-07 en rec. 1386/00, 23-9-08 en rec-711/02 y 25-3-09 en rec. 2623/05)». (8 julio 2010, rec . 1940/2006, LA LEY 114025/2010)

«La obligación de rendir cuentas no está contemplada como supuesto para alguno de los casos de prescripción de 5 años, recogidos en el art. 1966, 3.º CC, puesto que no se trata de "pagos que hayan de hacerse por años", sino de una obligación general de rendición de cuentas, que generará o no unos pagos. Al no tener atribuido un plazo específico, entonces deberíamos aplicar el art. 1964 CC, por lo menos, pero es más correcto entender que en realidad se trata de una acción de restitución entre coherederos sobre la base del artículo 1063 CC (Sentencia de 10 junio 2010)». (19 julio 2010, rec. 2060/2006, LA LEY 148068/2010)

CONCORDANCIAS

Véase:
— Ley Hipotecaria, de 8 febrero 1946 (*«B.O.E.»*, 29 mayo): art. 128.
— Ley de Hipoteca Mobiliaria y Prenda sin desplazamiento de posesión, de 16 diciembre 1954 (*«B.O.E.»*, 18 diciembre): art. 11.
— Ley de Hipoteca Naval, de 21 agosto 1893 (*«Gaceta»*, 23 agosto): art. 49.

Artículo 1.965

No prescribe entre coherederos, condueños o propietarios de fincas colindantes la acción para pedir la partición de la herencia, la división de la cosa común o el deslinde de las propiedades contiguas.

COMENTARIO

1.- Aunque sean patrimoniales, no prescriben las facultades inherentes a los derechos: in facultativis non datur praescriptio. Las facultades forman parte del derecho subjetivo y son posibilidades de actuación dentro del mismo: éste se descompone en una serie concreta de aquéllos. La facultad, por tanto, carece de autonomía; está dentro del poder que constituye el derecho subjetivo. Precisamente por carecer de tal autonomía, las facultades son imprescriptibles; puede prescribir el derecho subjetivo (que prescribirá con todas sus facultades), pero no puede prescribir, independientemente una facultad.

2.- El presente artículo declara expresamente imprescriptibles tres concretas facultades. En primer lugar, la facultad que corresponde al coheredero (titular del derecho sobre la herencia) de pedir la partición de la herencia, prevista en los arts. 1.051 y ss.

En segundo lugar, la facultad del copropietario (titular del derecho de propiedad) de pedir la división de la cosa común, *actio communi dividundo*, que contempla el art. 400.

En tercer lugar, la facultad del titular del derecho de propiedad sobre una finca, de deslindar su propiedad, tal como regulan los arts. 384 y ss.

JURISPRUDENCIA

«la doctrina jurisprudencial relativa a que la imprescriptibilidad de la acción para pedir la división de la herencia no puede invocarse cuando uno de los coherederos ha poseído todos los bienes de la herencia en concepto de dueño y por el tiempo suficiente para ganarla por prescripción, porque la expresada acción descansa necesariamente en la posesión de consuno o proindiviso de los bienes hereditarios (aparte de otras, TS SS de 15 Abr. 1904,

6 Jul. 1917, 4 Abr. 1960, 13 Oct. 1966 y 7 Feb. 1997)». (29 diciembre 2000, LA LEY 809/2001)

«la prescripción extintiva de la acción de partición adicional que regula el art. 1079 CC está regulada, en contra de lo que el Tribunal de apelación declaró, no por el art. 1964 CC, que establece el plazo aplicable a las acciones personales que no tengan señalado uno especial, sino por el 1965 CC, dadas su identidad con la acción de partición de la herencia (en los dos casos incompleta); su semejanza con la actio communi dividundo, puesta de relieve en el Digesto (X.II.XX.IV), que, tras destacar que la acción de partición no podía ser ejercitada más que una vez, remitía a la de división de la cosa común en el caso de que hubieran quedado algunas indivisas (quodsi quaedam res indivisae relictae sunt, communi dividundo de his agi potest); y, finalmente, la regla in facultate non datur praescriptio, en que se inspira el art. 1965 CC, pues mientras se mantenga la comunidad hereditaria, no hay justificación para declarar prescrita la acción para poner fin a la indivisión, aunque sea de una parte de los bienes». (18 julio 2005, rec. 353/1999)

CONCORDANCIAS

Véase:
— arts. 384 y ss. y 400, párrafo 1.º de este Código.
— Ley Enjuiciamiento Civil de 1881: arts. 2.061 y ss.

Artículo 1.966

Por el transcurso de cinco años prescriben las acciones para exigir el cumplimiento de las obligaciones siguientes:

1.ª La de pagar pensiones alimenticias.

2.ª La de satisfacer el precio de los arriendos, sean éstos de fincas rústicas o de fincas urbanas.

3.ª La de cualesquiera otros pagos que deban hacerse por años o en plazos más breves.

COMENTARIO

1.- Establece este artículo la prescripción quinquenal de las prestaciones periódicas, de plazo anual o inferior al anual, derivadas de derechos de crédito. No se trata de una prestación única, que cumpla fraccionadamente, sino del cumplimiento de obligaciones, cuyas prestaciones son periódicas. Normalmente, son obligaciones pecuniarias, aunque no necesariamente.

2.- Las prestaciones periódicas —no el derecho de crédito que da lugar a las mismas— que prescriben a los cinco años, son las siguientes.

Primero. Las pensiones alimenticias. No se refiere al derecho de alimentos, que se mantiene mientras se den los presupuestos del mismo (arts. 142 y ss.), sino a las pensiones alimenticias periódicas, derivadas de aquel derecho. Y tal derecho de alimentos puede ser voluntario, establecido por negocio jurídico *inter vivos* o por testamento, o legal, que es, la más común, la obligación de alimentos entre parientes (arts. 142 y ss.) o bien, impuesto por otra norma (como el caso del art. 964).

Segundo. La renta en los arrendamientos, de finca rústica o urbana, y también, aunque no lo diga expresamente el texto legal, de cualquier arrendamiento de cosa, aunque sea mueble.

Tercero. Cualesquiera otras prestaciones que deban hacerse por años o en plazos más breves. En principio y aunque no sea totalmente claro (así, la jurisprudencia es confusa), se incluyen en este apartado los intereses, siempre que se haya pactado su pago en forma periódica, en períodos anuales o más breves.

JURISPRUDENCIA

Sobre la prescripción del pago de pensiones alimenticias (núm. 1.º):

«la solicitud de abono de pensiones alimenticias efectuada por la demandante D.ª Hortensia María Luisa de C.M. alcanzan solamente a las correspondientes a los cinco años anteriores a la presentación de la demanda del juicio de que dimana el presente recurso, claro es que no produce la resolución impugnada infracción del precitado artículo 1.966 del Código Civil, sino por el contrario correcto acomodo a la normativa que ese precepto contiene, pues que la prescripción que reconoce con relación a pensiones alimenticias ya devengadas se refiere a las referentes a las que provengan del período de tiempo precedente a los indicados cinco años anteriores a la presentación de la demanda en que se solicitan». (24 febrero 1989, LA LEY 11675-R/1989)

Sobre la prescripción de los pagos periódicos (núm. 3.º):

«En tal conmutación del usufructo vidual los demandados deberán satisfacer la cantidad con la pertinente revalorización prevista en aquel negocio jurídico, en cuanto a una cuarta parte y, tal como se ha alegado en su contestación a la demanda, tan sólo la que corresponde a los últimos cinco años, ya que se trata de un pago que se hace por meses y el artículo 1966.3.º del Código civil prevé la prescripción quinquenal en tal caso». (30 junio 2006, rec. 4602/1999)

«La jurisprudencia de esta Sala ha declarado reiteradamente que la acción para reclamar los intereses moratorios está sujeta al plazo de prescripción general que establece el artículo 1964 del Código Civil, y no al que fija el apartado tercero del artículo 1966 del mismo cuerpo legal, reservado para los intereses remuneratorios (Sentencias de 30 de enero de 2007 y 23 de septiembre de 2008, entre las más recientes), habiendo diferenciado asimismo, y a estos efectos, entre uno y otro tipo de intereses, los moratorios y los compensatorios (Sentencias de 30 de diciembre de 1999 y de 30 de enero de 2007, entre otras muchas), y habiendo declarado que, conforme al principio general del derecho accesorium secuitur principale, estando prescrita la obligación de pagar intereses remuneratorios, éstos no pueden dar lugar a intereses moratorios por su impago, cuando así procediera, o cuando entre las partes hubiera mediado un pacto de anatocismo». (26 enero 2009, rec. 1721/2004, LA LEY 1152/2009)

«se ajusta a la doctrina de esta Sala sobre la inaplicabilidad del art. 1966-3.º CC, y la aplicabilidad de su art. 1964, a las acciones para reclamar una única prestación debida pero cuyo cumplimiento se facilita mediante entregas periódicas, lo mismo que a los intereses de demora, a diferencia de los remuneratorios a los que sí se aplica el plazo de cinco años (SSTS 17-3-94) en rec. 1346/1991, 31-5-03 en rec. 2788/1997, 30-1-07 en rec. 1386/00, 23-9-08 en rec- 711/02 y 25-3-09 en rec. 2623/05)». (8 julio 2010, rec. 1940/2006, LA LEY 114025/2010)

«la prescripción de los intereses convencionales, llamados también compensatorios o remuneratorios. La posición de la jurisprudencia ha sido la de entender que siendo unos

pagos que deben hacerse por años o en plazos más breves, como dice el artículo 1966, número 3.º, se les aplica la prescripción quincenal. Esta es la posición que ha mantenido la jurisprudencia, con alguna aislada excepción (como la de 3 de febrero de 1994) en sentencias que vienen de la de 14 de noviembre de 1934, que casó la sentencia de la Audiencia Provincial que no había aplicado el artículo 1966 del Código Civil a los intereses del préstamo; la de 31 de mayo de 1957 que dice que "la invocación del recurrente en el quinto motivo, de la no aplicación de los artículos 1961 y número tercero del 1966 del Código Civil, con relación a los intereses de los préstamos, resulta inoperante..."; la de 10 de octubre de 1959 apreció la prescripción quinquenal de los intereses; la de 14 de marzo de 1964 mantiene rotundamente la prescripción quinquenal y cita las sentencias anteriores como "el pensamiento actual del Tribunal Supremo"; doctrina que sigue la de 12 de marzo de 1985 a un caso de los intereses de un préstamo hipotecario; la de 17 de marzo de 1994 que dice "la aplicación del número 3.º del artículo 1966 al abono de intereses, se encuentra reconocida jurisprudencialmente..." y añade: "aplicable la prescripción del artículo 1966.3, a los intereses compensatorios"; se mantiene este criterio en la de 17 de marzo de 1998: afirma que "el artículo 1966.3.º, es aplicable a los intereses compensatorios, no a los moratorios..."; lo mismo, la de 30 de diciembre de 1999 que aplica el anatocismo, pero no a los intereses compensatorios previstos por el transcurso de cinco años... ... Sin embargo, en el caso presente, como en tantos en la realidad social, no se aplica esta prescripción, sino la ordinaria para las acciones personales, de quince años conforme al artículo 1964, segundo inciso. Ello, porque cuando los intereses se capitalizan y reclamados judicialmente resultan de una resolución judicial como es el auto aprobando el remate, los intereses han perdido su naturaleza jurídica propia y han pasado a formar parte del capital, constituyendo un todo con éste». (23 septiembre 2010, rec. 1657/2006, LA LEY 203287/2010)

Véase la jurisprudencia del artículo 1.964.

CONCORDANCIAS

Véase arts. 142 y ss. y 1.620 de este Código.

Artículo 1.967

Por el transcurso de tres años prescriben las acciones para el cumplimiento de las obligaciones siguientes:

1.ª La de pagar a los Jueces, Abogados, Registradores, Notarios, Escribanos, peritos, agentes y curiales sus honorarios y derechos, y los gastos y desembolsos que hubiesen realizado en el desempeño de sus cargos u oficios en los asuntos a que las obligaciones se refieran.

2.ª La de satisfacer a los Farmacéuticos las medicinas que suministraron; a los profesores y Maestros sus honorarios y estipendios por la enseñanza que dieron, o por el ejercicio de su profesión, arte u oficio.

3.ª La de pagar a los menestrales, criados y jornaleros el importe de sus servicios, y el de los suministros o desembolsos que hubiesen hecho concernientes a los mismos.

4.ª La de abonar a los posaderos la comida y habitación, y a los mercaderes el precio de los géneros vendidos a otros que no lo sean, o que siéndolos se dediquen a distinto tráfico.

El tiempo para la prescripción de las acciones a que se refieren los tres párrafos anteriores se contará desde que dejaron de prestarse los respectivos servicios.

COMENTARIO

1.- Establece este artículo la prescripción trienal: prescriben a los tres años los créditos derivados de la obligación de pago de honorarios (art. 1.967), que su pago es normal que se haga de manera rápida o inmediata y que derivan del contrato de prestación de servicios, o por lo menos, de carácter mixto con compraventa: a profesionales jurídicos (Abogados, Notarios, etc.), farmacéuticos, profesores, maestros, trabajadores (no sometidos al Derecho laboral) hosteleros y —es importante— por compraventa a comerciantes.

2.- Los casos concretos de prescripción trienal que enumera este artículo son los siguientes.

Primero. El pago de honorarios y de gastos o reembolsos de los profesionales del derecho. Así, Abogados, Procuradores de los Tribunales y también, los que siendo funcionarios, perciben honorarios, como los Notarios y Registradores de la Propiedad. Asimismo, se incluyen los peritos, respecto a los servicios que han prestado en un proceso. El texto legal enumera también unos cargos judiciales, a los que quizá se podía aplicar esta norma al tiempo de su promulgación del CC, pero no actualmente, pues no perciben ni pueden percibir honorarios, gastos o desembolsos: Jueces, Secretarios (a los que llama, con antiquísima terminología «Escribanos»), oficiales y auxiliares (a los que llama «curiales») y agentes.

Segundo. Los derechos de créditos que tienen los farmacéuticos, por la medicinas que vendieran; es compraventa, que se ha querido separar de los productos vendidos por comerciantes, que recoge el número 4.º. Asimismo, los derechos de crédito de los Profesores y Maestros por la enseñanza o por los servicios que prestaran.

El concepto de Profesores se ha ampliado de profesional (por ejemplo, médico) y así, su derecho de crédito por los servicios profesionales se incluye en esta prescripción trienal.

Tercero. El derecho de crédito por los servicios, suministrados y desembolsos de que sean titulares «los menestrales, criados y jornaleros» con lo que se incluyen todos los empleados, artesanos o artista, con contrato de prestación de servicios o de obra, que no están sometidos al Derecho laboral, que tiene su normativa específica.

Cuarto. Los créditos por hospedaje, que comprenden los de comida y habitación, como dice el texto legal, y deben añadirse, los de cualquier tipo derivados del hospedaje, como pueden ser los demás servicios del hotel.

Los créditos de comerciantes por el precio de la compraventa hecha a no comerciantes o a comerciantes dedicados a otra actividad, es decir, a consumidores.

3.- El cómputo de esta prescripción trienal comienza el día en que terminó el servicio que dio lugar al crédito a que se refiere la prescripción. Así lo dispone el último párrafo de este artículo, que contiene un error: dice que «para la prescripción de las acciones a que se refieren los tres párrafos anteriores...» y no hay tres párrafos, sino cuatro y a todos ellos se aplica tal norma, aunque se han planteado dudas sobre ello; de entender otra cosa, carecería de sentido no aplicarla al número 1.º.

JURISPRUDENCIA

«último párrafo del art. 1967, que establece que «el tiempo para la prescripción a que se refieren los tres (hay que entender los cuatro) párrafos anteriores, se contará desde que se dejaron de prestar los referidos servicios», y en cambio la sentencia recurrida, prescinde para determinar el «dies a quo» de lo dispuesto en este párrafo para el cómputo del plazo prescriptivo de la acción, partiendo desde la fecha de la concesión administrativa que ocurrió tres años antes, sin tener en cuenta que el Letrado reclamante siguió prestando los servicios a la Cooperativa de forma ininterrumpida, como la propia parte hoy recurrente lo tiene reconocido, hasta primero de diciembre de 1985, por lo que es esta fecha de la que ha de partir para el cómputo de tres años, en atención a lo dispuesto en el párrafo señalado del art. 1967, y cuya aplicación también al núm. 1.º de acuerdo con la jurisprudencia actual no ofrece duda (SS 12 Feb. 1990, 24 Jun. 1991 y 15 Nov. 1996); por lo que hay que a partir de primero de diciembre de 1985, no ha transcurrido el plazo de tres años, hasta el 23 Feb. 1987, fecha en la que se presentó la factura de honorarios a cobro». (16 abril 2003, LA LEY 2170/2003)

«Son debidos tanto los honorarios del Letrado como los derechos del Procurador, ya que conforme a reiterada jurisprudencia, el derecho a ser resarcido de las costas es propio de la parte vencedora en juicio frente a la condenada al pago, y, por ello, no procede la aplicación del plazo previsto para la prescripción del artículo 1967.1, sino el plazo prevenido por el artículo 1964, ambos del Código civil». (14 enero 2005, rec. 434/1996)

«El artículo 1967.4.ª, in fine, *del mismo Código contiene una regla sobre el comienzo de la prescripción extintiva que constituye una especialidad respecto de la general establecida en el artículo 1969. Dispone aquel precepto que "el tiempo para la prescripción de las acciones a que se refieren los tres párrafos anteriores se contará desde que dejaron de prestarse los respectivos servicios". Como el artículo 1967 se compone de cuatro párrafos numerados, además de otro inicial que no lo está, y como el último se divide en dos partes, se ha planteado cuestión sobre cual debe entenderse excluido (si la primera mitad del cuarto o íntegramente el primero). La jurisprudencia, en su labor complementaria del ordenamiento jurídico (artículo 1.6 del Código Civil), ha resuelto el debate en el sentido de que la regla especial que, sobre el cómputo del plazo, contiene la parte final del artículo 1967 resulta aplicable a todos los casos que el mismo regula en los que el derecho que prescribe tenga su causa en la prestación de servicios y, en particular, al que contempla en su regla primera (sentencias de 12 de febrero de 1990, 15 de noviembre de 1996, 8 de abril de 1997 y 16 de abril de 2003)».* (22 enero 2007, LA LEY 232/2007)

«el empleo de los muebles adquiridos para quedar instalados en un complejo hotelero excluye la nota de especulación propia de la compraventa mercantil, que requiere la adquisición con ánimo de reventa y de obtención de lucro en la misma; por lo cual el contrato fue correctamente calificado como de compraventa civil con la consecuencia de resultarle aplicable el referido plazo de prescripción de tres años previsto en el artículo 1967-4.ª del Código Civil ... claramente se ajusta el supuesto enjuiciado a lo allí previsto y en tal sentido las sentencias de esta Sala de 10 abril 2003 y 12 mayo 2006 recuerdan cómo "ya las añejas sentencias de 14 de mayo de 1969, como la de 30 de mayo de 1979, declararon la aplicación del artículo 1967, 4.º del Código Civil al supuesto de venta de cosas muebles por parte de vendedor comerciante a otro que se dedique a tráfico distinto del de aquél y estar excluido dicho contrato del ámbito mercantil, conforme a lo dispuesto en el artículo 325 del Código de Comercio, ante la no reventa. Pues si el negocio fuera mercantil procedería la aplicación del artículo 1964 del Código Civil, con la prescripción genérica de quince años por la superioridad del texto civil ante la laguna del mercantil en este punto (Sentencias de 14 mayo 1969 y 30 de mayo de 1979, 12 de diciembre de 1983, 3 de mayo de 1985, y 30 de noviembre de 1988)». (9 julio 2008, rec. 4029/2001)

«la inclusión en la expresión genérica del artículo 1967.1.º ("agente") a todos los que tienen por oficio gestionar negocios ajenos, con independencia por tanto, ha de entenderse, de si se desempeña tal función con carácter esporádico o de forma estable, justificando tal interpretación del precepto controvertido en virtud del precedente representado por el artículo 1972.3.º del Proyecto de Código Civil de 1851, que se refería a "la obligación de pagar: a los agentes de negocios, sus salarios". De la doctrina anterior se deriva que dicha inclusión lo es con independencia de si se desempeña tal función con carácter esporádico o de forma estable». (25 febrero 2009, rec. 1627/2004, LA LEY 4663/2009)

«esta Sala ha declarado la aplicación a la reclamación de comisiones formulada por los agentes de la propiedad inmobiliaria del plazo trienal previsto en el n.º 1.º del citado artículo 1967 del Código Civil. Ya lo daba por supuesto la sentencia de 27 de febrero de 1997 y lo reiteran las más recientes de 22 de enero de 2007, 25 de febrero y 15 de octubre de 2009. La sentencia de 22 enero 2007 establece claramente la aplicación de dicho plazo trienal de prescripción a las relaciones jurídicas de agencia. La de 25 febrero 2009, citando las anteriores de 18 abril 1967 y 22 enero 2007, confirma "la inclusión en la expresión genérica del artículo 1967-1.º ('agente') a todos los que tienen por oficio gestionar negocios ajenos, con independencia por tanto, ha de entenderse, de si se desempeña tal función con carácter esporádico o de forma estable, justificando tal interpretación del precepto controvertido en virtud del precedente representado por el artículo 1972-3.º del Proyecto de Código Civil de 1851, que se refería a 'la obligación de pagar: a los agentes de negocios, sus salarios'". De la doctrina anterior se deriva que dicha inclusión lo es con independencia de si se desempeña tal función con carácter esporádico o de forma estable. Por último, la sentencia de 15 de octubre de 2009, con cita de la doctrina sentada por las dos anteriores, vuelve a declarar que las acciones de reclamación por parte de los agentes prescriben en el plazo trienal que establece el artículo 1967 del Código Civil, por ser aplicable su regla 1.ª». (22 noviembre 2010, rec. 360/2007, LA LEY 203288/2010)

«El fundamento jurídico del acortamiento de los plazos de prescripción de las acciones a que se refiere el artículo 1967 CC está en la circunstancia de que se trata de obligaciones de las que derivan créditos cuyo pago es habitual que se haga de una manera inmediata o muy rápida, de forma que la inactividad respecto a estos créditos conduce al olvido. La norma les da el impulso que deriva de su cotidianeidad. El ámbito propio de aplicación de la prescripción trienal es el de la prestación de servicios por profesionales, es decir la remuneración de servicios. Son créditos nacidos del ejercicio profesional. Como declara la STS de 10 de julio de 1995, RC n.º 757/1992, la prescripción trienal guarda relación con los conceptos de honorarios o estipendios debidos y generados por una actividad directa o personal del sujeto que los devenga. Esta Sala ha mantenido un criterio estricto en la aplicación de la prescripción trienal negando su procedencia cuando nos encontramos ante un proceso con origen en una relación jurídica compleja. Muestra de este criterio son las siguientes sentencias: la STS, ya citada, de 10 de julio de 1995, RC n.º 757/1992, que siguiendo la línea marcada por la STS de 31 de marzo de 1943, declara no aplicable la prescripción trienal a los contratos de obra con aportación de materiales y ratifica el criterio —sostenido por la sentencia allí impugnada— de que es necesario diferenciar entre las deudas ocasionadas por el trabajo personal y las que devienen de un contrato de obras en que el contratista pone el trabajo de los demás operarios, la STS de 10 de octubre de 2003, que declara la improcedencia de aplicar la prescripción trienal en un contrato en el que una de las entidades en litigio se comprometía a prestar los servicios médicos complejos que requirieran los clientes de otra entidad que no podía asumirlos directamente, la STS de 17 de junio de 2002, RC n.º 77 / 1997, que excluye la prescripción trienal en una relación de arrendamiento de obra con suministro de materiales, y la STS de 11 de diciembre de 2001, RC n.º 2017 / 1996, en la que se rechaza la aplicación de la prescripción trienal por no tratarse de una reclamación de honorarios, sino de reclamación de indemnización por incumplimiento de la obligación

de resultado derivada del contrato de obra carente de plazo de prescripción específico». (14 febrero 2011, rec. 603/2007, LA LEY 2763/2011)

«Así ha de entenderse en virtud de lo sentado en Sentencia de 22 de enero de 2007, que, siguiendo la misma línea argumental que la anterior de 18 de abril de 1967, la que ahora invoca el recurrente, ha confirmado la inclusión en la expresión genérica del artículo 1967.1.º ("agente") a todos los que tienen por oficio gestionar negocios ajenos, con independencia por tanto, ha de entenderse, de si se desempeña tal función con carácter esporádico o de forma estable, justificando tal interpretación del precepto controvertido en virtud del precedente representado por el artículo 1972.3.º del Proyecto de Código Civil de 1851, que se refería a "la obligación de pagar: a los agentes de negocios, sus salarios". De la doctrina anterior se deriva que dicha inclusión lo es con independencia de si se desempeña tal función con carácter esporádico o de forma estable". En definitiva, tal y como ya señaló la sentencia dictada y las posteriores dictadas por esta Sala el 7 de octubre de 2010 y el 15 de octubre de 2009, las acciones de reclamación de las retribuciones debidas al agente, como efecto del contrato de agencia, prescriben en el plazo de tres años que establece el artículo 1.967 del Código Civil, por ser aplicable su regla 1.ª, por lo que el recurso de casación debe ser desestimado». (29 junio 2011, rec. 957/2008, LA LEY 98623/2011)

«El día inicial para el cómputo del plazo de prescripción de tres años, a que están sometidas las acciones derivadas del contrato de prestación de servicios origen del proceso, es el día en que dejaron de prestarse los respectivos servicios, como de modo expreso impone el artículo 1967 CC (SSTS de 24 de abril de 2001, RC n.º 726 / 1996, 7 de noviembre de 2002, RC n.º 1025/1997)». (10 enero 2012, rec. 894/2009, LA LEY 6700/2012)

Artículo 1.968

Prescriben por el transcurso de un año:

1.º La acción para recobrar o retener la posesión.

2.º La acción para exigir la responsabilidad civil por injuria o calumnia, y por las obligaciones derivadas de la culpa o negligencia de que se trata en el artículo 1.902, desde que lo supo el agraviado.

COMENTARIO

1.- La prescripción anual está recogida en este artículo, en tres supuestos específicos, en las que el tercero de los cuales ha provocado más procesos y más abundante jurisprudencia que todos los demás casos de prescripción juntos.

2.- Tales supuestos de derechos (con la expresión de «acciones) que prescriben al año. Son los siguientes:

Primero. Las acciones posesorias: «la acción para recobrar o retener la posesión» dice este artículo, en su número 1.º; guarda relación con el art. 460, número 4.º que establece la pérdida de la posesión por el transcurso de un año, que la posea otro.

Segundo. La acción (realmente el derecho de crédito) para exigir la responsabilidad civil por injuria y calumnia. Es la acción civil *ex delito*, es decir, la obligación nacida de acto ilícito, llamada comúnmente responsabilidad extracontractual, el cual es el delito de injuria y calumnia (arts. 208 y ss. y 205 y ss. respectivamente, del Código Penal, Ley Orgánica

10/1995, de 23 noviembre). Distinto es el caso de la protección civil del derecho al honor, a la intimidad y a la imagen, contemplada en la Ley Orgánica 1/1982, de 5 mayo, que tiene el plazo de caducidad de cuatro años (art. 9.5 de dicha ley).

Tercero. El derecho de crédito del perjudicado frente al causante del daño, en la obligación derivada de acto ilícito; es la llamada responsabilidad extracontractual; o, como dice este artículo, «la acción para exigir la responsabilidad civil... por las obligaciones derivadas de culpa o negligencia de que se trata en el art. 1.902», que incluye también los artículos siguientes (salvo el derecho de repetir, de que trata el art. 1.904 que tiene el plazo normal de 15 años de las acciones personales y el caso del art. 1.909 que tiene un plazo específico).

Si el acto ilícito es constitutivo de delito y se sigue proceso civil porque se ha hecho reserva de acciones civiles en el proceso penal, o ha habido indulto, o ha muerto el responsable criminalmente, se estima no aplicable el presente artículo, ya que se aplica el art. 1.092 (no el 1.093), que no se remite al 1902 (como sí lo hace el 1.093), por lo que el plazo de prescripción no es el del año, de este artículo, referido sólo al 1.902, sino el general de las acciones personales, que es de quince años (art. 1.964).

3.- Con relación al plazo del año de la acción tratada en último lugar (la llamada responsabilidad extracontractual), el último inciso de este artículo aclara la importante norma del art. 1.969 sobre el comienzo del cómputo del plazo de prescripción, al disponer que se producirá «desde que lo supo el agraviado». Significa que el plazo comienza a correr, no desde el momento objetivo de producción del daño, sino desde el momento subjetivo de conocimiento del mismo por el perjudicado; lo que tiene importancia y se ha aplicado con frecuencia en la práctica, especialmente en los daños personales en los que se estima que no comienza a correr aquel plazo, sino desde el momento en que la víctima es dado de alto definitivamente, incluso en lo que respecta a las secuelas.

JURISPRUDENCIA

«Después de ciertas vacilaciones, esta Sala tiene declarado que el plazo de prescripción de las acciones de responsabilidad contra los administradores societarios, independientemente de su respectiva naturaleza, es el de cuatro años a partir del cese del cargo de administrador (SSTS, entre las más recientes, de 26 de mayo de 2004, 22 de marzo de 2005, 13 de diciembre de 2005, 22 de diciembre de 2005, 16 de diciembre de 2005, 2 de febrero de 2006, 6 de marzo de 2006, 9 de marzo de 2006, 23 de junio de 2006, 26 de junio de 2006, 9 de octubre de 2006, 27 de octubre de 2006, 28 de noviembre de 2006 y 13 de febrero de 2007). En efecto, la jurisprudencia de este Tribunal no ha seguido una línea uniforme en la determinación del plazo de prescripción de esta acción hasta que la STS de 20 de julio de 2001, seguida por las que se acaban de reseñar, ha establecido, con designio unificador, que el plazo de prescripción de este tipo de acciones es el de cuatro años fijado en el artículo 949 CCom.». (14 marzo 2007, LA LEY 11179/2007)

«La cuestión de la prescripción de la acción de responsabilidad civil cuando se ha producido un supuesto de solidaridad impropia, ha experimentado una evolución bien conocida en la jurisprudencia de esta Sala. Hasta las sentencias de 23 junio 1993 y 13 octubre 1994, se seguía el criterio aplicado por la Audiencia Provincial, de acuerdo con la cual, el artículo 1974 CC se aplicaba a la responsabilidad extracontractual cuando debía condenarse solidariamente a varios causantes por el mismo daño. Sin embargo, estas sentencias se apartan de la doctrina general. El problema se planteó en la STS de 14 marzo 2003, que provocó la reunión de la Junta General de los Magistrados de la Sala 1.ª quienes con fecha 27 marzo 2003, tomaron el acuerdo siguiente: "el párrafo primero del artículo 1974 del Código Civil únicamente contempla efecto interruptivo en el supuesto de las obligaciones solidarias en

sentido propio cuando tal carácter deriva de norma legal o pacto convencional, sin que pueda extenderse al ámbito de la solidaridad impropia, como es la derivada de responsabilidad extracontractual cuando son varios los condenados judicialmente". Las sentencias de 14 marzo y 5 junio 2003 introdujeron la salvedad de que lo acordado debía entenderse "sin perjuicio de aquellos casos en los que por razones de conexidad o dependencia, pueda presumirse el conocimiento previo del hecho de la interrupción, siempre que el sujeto en cuestión haya sido también demandado". A partir de estas resoluciones, la Sala 1.ª ha aplicado el acuerdo de una manera uniforme, de la que son testimonios las sentencias de esta Sala de 6 junio 2006 y 28 mayo 2007, que expresa la doctrina consolidada de esta Sala de acuerdo con la que "si la solidaridad no nace sino de la sentencia, que es la llamada solidaridad impropia, la interrupción de la prescripción respecto a uno de los deudores no alcanza a otro, ya que no era deudor solidario y sólo lo fue desde la sentencia que así lo declaró, no antes"». (19 octubre 2007, LA LEY 179983/2007)

«la doctrina de la yuxtaposición de responsabilidades contractual y extracontractual y la teoría de la unidad de la culpa civil no pueden llevarse hasta el extremo de rechazar la aplicabilidad del art. 1968-2 CC en favor de la empresa demandada que lo alegue frente a una reclamación de daños y perjuicios por culpa extracontractual en un accidente de trabajo, bajo el argumento de que la culpa no sería extracontractual sino contractual, y, al mismo tiempo, rechazar también la aplicabilidad del art. 59 del Estatuto de los Trabajadores bajo el argumento de que, siendo contractual la culpa del empresario en la causación del accidente por inobservancia de las normas sobre seguridad e higiene en el trabajo vigentes a la sazón, el cumplimiento de estas normas no dimanaría del "contenido literal" del contrato de trabajo sino del principio general establecido para todos los contratos en el art. 1258 CC, pues la propia sentencia impugnada razona, para rechazar la prescripción del art. 1968-2 CC, que "el daño generado se incardina dentro de la esfera de las obligaciones y derechos que integran el contenido de la relación contractual existente al tiempo de su producción entre el finado y las empresas constructoras"». (5 enero 2008, LA LEY 17679/2008)

«Según la norma general contenida en el art. 1968.2 del CC, la acción para exigir responsabilidad por las obligaciones derivadas de culpa o negligencia de que se trata en el artículo 1902 prescribe por el transcurso de un año desde que lo supo el agraviado. Este necesario conocimiento ha de relacionarse con la posibilidad efectiva de ejercitar la acción, de tal manera que la noticia directa de los hechos de que deriva la responsabilidad ha de conjugarse con el poder hacer posible su viabilidad, y ello es coherente con la llamada teoría de la realización, según la cual el nacimiento de la acción se produce cuando pueda ser realizado el derecho que con ella se actúa (SSTS de 26 de noviembre de 1943; 22 de diciembre de 1945; 29 de enero de 1952; 25 de enero de 1962; 19 de mayo de 1965; 10 de octubre de 1977; 29 de enero de 1982; 14 de octubre de 1991; 8 de junio de 2007). Esta circunstancia sólo concurre a partir del momento en que el perjudicado toma conocimiento de los presupuestos subjetivos, objetivos y causales que deben concurrir para la estimación de la acción por culpa extracontractual». (2 octubre 2008, rec. 2669/2002, LA LEY 152123/2008)

«debe aplicarse la regla, de acuerdo con la que al tratarse de un hecho delictivo de un inimputable que ha sido objeto de sanción en la jurisdicción competente de menores, debe aplicarse la doctrina sostenida por esta Sala en relación al plazo de prescripción de las acciones de responsabilidad civil por daños derivados de hechos delictivos y, por tanto, el plazo será de 15 años por aplicación del artículo 1964 CC. La aplicación de este plazo requiere que haya habido una resolución de la jurisdicción de menores declarando que los hechos probados están tipificados como delito que han sido cometidos por un menor no imputable». (14 enero 2009, rec. 2927/2001, LA LEY 590/2009)

«STS 11 de junio de 2001, siguiendo el precedente sentado por la STS 12 de febrero de 2000, RC n.º 1562/1996, pone de manifiesto que la inmensa mayoría de las sentencias de

esta Sala que estudian la prescripción en casos semejantes al presente lo hacen dando por supuesto que el plazo aplicable es el de un año del art. 1968.2.º CC y rechaza la calificación de contractual para la relación entre el paciente de la Seguridad Social y el centro hospitalario partiendo de la configuración constitucional de la Seguridad Social como un régimen que los poderes públicos tienen que mantener para garantizar a todos los ciudadanos la asistencia y prestaciones sociales suficientes (art. 41 CE) y de su consideración como una función del Estado sujeta a un régimen de configuración legal y de carácter público según la doctrina del Tribunal Constitucional (SSTC 65/1987 y 37/1994). Finalmente la STS de 11 de julio de 2001 sienta la conclusión de que no puede decirse que la naturaleza contractual de la relación y la consiguiente aplicabilidad del plazo de prescripción de quince años constituyan jurisprudencia en el sentido del art. 1.6 CC, y considera en definitiva aplicable el plazo de un año del art. 1968.2.º CC. Esta doctrina ha sido posteriormente seguida por las SSTS 15 de octubre de 2008, RC n.º 2721/03 y 19 de diciembre de 2008, RC n.º 2075/2002 y debe considerarse como manifestación del criterio jurisprudencial ya consolidado de esta Sala». (26 marzo 2009, rec. 2024/2002, LA LEY 34589/2009) (Doctrina reiterada por la sentencia de 29 mayo 2009, rec. 2745/2004, LA LEY 84756/2009)

«sí es pertinente al caso examinado el criterio seguido por la sentencia de 28 de octubre de 2009 distinguiendo entre el daño continuado y el daño duradero o permanente, que es aquel que se produce en un momento determinado por la conducta del demandado pero persiste a lo largo del tiempo con la posibilidad, incluso, de agravarse por factores ya del todo ajenos a la acción u omisión del demandado. En este caso de daño duradero o permanente el plazo de prescripción comenzará a correr "desde que lo supo el agraviado", como dispone el art. 1968-2.º CC, es decir desde que tuvo cabal conocimiento del mismo y pudo medir su transcendencia mediante un pronóstico razonable, porque de otro modo se daría la hipótesis de absoluta imprescriptibilidad de la acción hasta la muerte del perjudicado, en el caso de daños personales, o la total pérdida de la cosa, en caso de daños materiales, vulnerándose así la seguridad jurídica garantizada por el artículo 9.3 de la Constitución y fundamento, a su vez, de la prescripción». (14 julio 2010, rec. 1968/2006, LA LEY 148064/2010)

«Esta Sala tiene declarado que la prescripción de la acción para reclamar por secuelas se inicia con la determinación de su alcance o de los defectos permanentes originados, pues hasta que no se determina ese alcance no puede reclamarse por ellas (SSTS de 20 de mayo de 2009, 14 de julio de 2008, 13 de julio de 2003 y 26 de mayo de 2010, RC n.º 764/2006). El conocimiento del daño sufrido que ha de determinar el comienzo del plazo de prescripción lo tiene el perjudicado al producirse el alta, en la medida que en esta fecha se declaran estabilizadas las lesiones y se concretan las secuelas o, lo que es igual, se determina en toda su dimensión el daño personal y los conceptos que han de incluirse en la indemnización (SSTS, de Pleno, de 17 de abril de 2007, RC n.º 2908/2001 y de 17 de abril de 2007, RC n.º 2598/2002, así como SSTS de 7 de mayo de 2009, RC n.º 220/2005,, 9 de julio de 2008, RC n.º 1927/2002, 10 de julio 2008, RC n.º 1634/2002, 10 de julio de 2008, RC n.º 2541/2003, 23 de julio de 2008, RC n.º 1793/2004, 18 de septiembre de 2008, RC n.º 838/2004 y 30 de octubre de 2008, RC n.º 296/2004». (18 julio 2011, rec. 2043/2007, LA LEY 165552/2011)

«es pertinente hacer una distinción entre el daño continuado y el daño duradero o permanente, que es aquel que se produce en un momento determinado por la conducta del demandado pero persiste a lo largo del tiempo con la posibilidad, incluso, de agravarse por factores ya del todo ajenos a la acción u omisión del demandado. En este caso de daño duradero o permanente el plazo de prescripción comenzará a correr "desde que lo supo el agraviado", como dispone el artículo 1968.2.º CC, es decir desde que tuvo cabal conocimiento del mismo y pudo medir su trascendencia mediante un pronóstico razonable, porque de otro modo se daría la hipótesis de absoluta imprescriptibilidad de la acción hasta la muerte del perjudicado, en el caso de daños personales, o la total pérdida de la cosa, en caso de daños materiales, vulnerándose así la seguridad jurídica garantizada por el artículo 9.3 de la Constitución y

fundamento, a su vez, de la prescripción. En cambio, en los casos de daños continuados o de producción sucesiva no se inicia el cómputo del plazo de prescripción, hasta la producción del definitivo resultado (STS 28 de octubre de 2009 y 14 de julio de 2010), si bien matizando que esto es así "cuando no es posible fraccionar en etapas diferentes o hechos diferenciados la serie proseguida" (SSTS 24 de mayo de 1993, 5 de junio de 2003, 14 de marzo de 2007 y 20 de noviembre de 2007)». (30 noviembre 2011, rec. 1692/2010, LA LEY 231614/2011)

Vid. jurisprudencia relacionada en el artículo 1.964, muchas de cuyas sentencias plantean el problema del plazo de prescripción de uno o de quince años en casos dudosos como el de la acción civil *ex delicto*.

CONCORDANCIAS

Véase:
— art. 460.4.º de este Código.
— Código Penal: art. 1.31.

Artículo 1.969

El tiempo para la prescripción de toda clase de acciones, cuando no haya disposición especial que otra cosa determine, se contará desde el día en que pudieron ejercitarse.

COMENTARIO

1.- Para el cómputo del plazo de prescripción es preciso conocer cuál es el comienzo de éste, dies a quo. El presente artículo recoge, con la expresión posibilidad de ejercicio, la antigua doctrina de la actio nata, determinante del comienzo de la prescripción. Es decir, un concreto derecho que puede ejercitarse (un derecho de crédito a partir del día en que se puede exigir, un derecho real a partir de su vulneración o desconocimiento), no se ejercita (extrajudicialmente o judicialmente, por una actio) y, por tanto, permanece inactivo; a partir de este momento en que, pudiéndose ejercitar, queda inactivo, se produce el comienzo: por tanto, concurren los dos presupuestos, inactividad del derecho y transcurso del tiempo cuyo comienzo se ha producido.

El comienzo se da, pues, por la posibilidad del ejercicio: en principio, ésta tiene carácter objetivo y, así, desde que hubo tal posibilidad objetiva, comenzó la prescripción, pero la Jurisprudencia ha entendido que no hay tal posibilidad cuando el hecho determinante se oculta o se desconoce, en cuyos casos comienza el cómputo de la prescripción cuando se tuvo conocimiento del acto perjudicial o del daño objeto de reclamación. Lo cual implica cierto acercamiento al criterio subjetivo.

2.- Consecuencia del comienzo de la prescripción, por la posibilidad de ejercicio objetivamente del derecho que prescribe, es que es intrascendente la imposibilidad material de ejercitar el derecho —extrajudicial o judicialmente— en que una persona se halle, según se deduce del art. 1.932, o la fuerza mayor que le impide tal ejercicio o, en principio y salvo excepciones, el desconocimiento del titular del derecho que éste comienza a prescribir.

Por el contrario, sí evita comienzo de la prescripción la incoación de un proceso penal (si se incoa comenzada la prescripción, producirá su interrupción) que según el artículo 114 de la Ley de Enjuiciamiento Criminal impide todo pleito civil, por lo que la prescripción no comenzará hasta que termine el proceso penal (caso muy frecuente en los casos de obligaciones derivadas de actos ilícitos del artículo 1.902).

3.- Hace este artículo una referencia general a que el comienzo del cómputo del plazo de prescripción que determina puede ser, fijado de otra manera, por alguna norma específica. Efectivamente, normas del propio código que lo fijan, son: art. 1.968.2.º, relativo a la acción de la llamada responsabilidad extracontractual del artículo 1.902, que comienza «desde que lo supo el agraviado»; art. 1.967, último párrafo, en relación con obligaciones derivadas del contrato de prestación de servicios, en que comienza «desde que dejaran de prestarse los respectivos servicios»; art. 1.970: en caso de obligaciones en que exista interés o renta, el comienzo de la prescripción de la obligación en sí misma es desde el último pago de la renta o del interés: así mientras se pague el interés o renta, el capital no prescribe; art. 1.971: para el cumplimiento de obligaciones declaradas por sentencia, comienza desde que la sentencia quedó firme, que significa el día en que se notificó a las partes la sentencia definitiva. Y por último, los casos del art. 1.972.

JURISPRUDENCIA

«la jurisprudencia de esta Sala se ha orientado definitivamente en el sentido de considerar que el plazo de prescripción aplicable para el ejercicio de la acción individual de responsabilidad de administradores sociales es el de cuatro años previsto en el artículo 949 del Código de Comercio. La reciente sentencia de 22 de marzo de 2005, tras reconocer cierta oscilación jurisprudencial respecto al referido plazo de prescripción en función de la naturaleza extracontractual o contractual de la relación jurídica causante de la reclamación, afirma que "no obstante, la sentencia de 20 de julio de 2001, recoge ya un propósito unificador, fundado en diversos argumentos en favor del plazo de cuatro años, criterio que, finalmente, ha prevalecido, de modo que la jurisprudencia actual de esta Sala es la de que el plazo de prescripción de la acción es de cuatro años del artículo 949 del Código de Comercio (sentencias de 20 de julio de 2001, 7 de junio de 2002, 19 de mayo de 2003 y 26 de mayo de 2004)"; plazo que ha de computarse no como afirma la parte recurrente desde que la obligación, cuyo cumplimiento se exige del administrador, resultó insatisfecha, sino lógicamente desde el momento en que tal acción pudo ejercitarse (artículo 1969 del Código Civil) que no es otro que aquel en el que nació la especial responsabilidad ex lege que se exige del demandado, ahora recurrente en casación, la cual nace por disposición legal de lo dispuesto en el artículo 262.5 del Texto Refundido de la Ley de Sociedades Anónimas, aprobado por Real Decreto Legislativo 1564/1989, de 22 de diciembre, una vez transcurridos dos meses desde que, existiendo causa de disolución prevista en el artículo 260.1 de dicha Ley, el administrador estaba obligado a convocar junta general al efecto de acordar la disolución y, sin embargo, omitió dicha convocatoria». (13 diciembre 2005, rec. 1638/1999)

«La cuestión se centra en el **dies a quo,** *esto es, si hay que contar desde que se produjo el hecho lesivo del que traen causa todos los daños (con las interrupciones), o si el día inicial ha de fijarse en aquel en el que es posible ya reclamar, por haberse producido el daño que es consecuencia del primero. El artículo 1969 CC señala que se empezará el cómputo en el día en que las acciones pudieran ejercitarse cuando no haya disposición especial que otra cosa determine. Tal disposición especial ha de encontrarse en el artículo 1968.2 CC al indicarse "desde que lo supo el agraviado" (Sentencias de 3 de noviembre de 1992, 19 de noviembre de 1996, etc.). Este necesario conocimiento, como ha dicho la sentencia de 14 de octubre de 1991, ha de relacionarse con la posibilidad efectiva de ejercitar la acción, de tal manera que la noticia directa de los hechos de que deriva la responsabilidad ha de conjugarse con el poder de hacer posible su viabilidad, y ello es coherente con la llamada teoría de la realización, según la cual el nacimiento de la acción se produce cuando pueda ser realizado el derecho que con ella se actúa (Sentencia de 26 de noviembre de 1943, 22 de diciembre de 1945, 29 de enero de 1952, 25 de enero de 1962, 19 de mayo de 1965, 10 de octubre de 1977, 29 de enero de 1982, etc.). Ha de esperarse al resultado definitivo, como señalan las Sentencias de 15 de marzo de 1993, 11 de febrero de 2003, 4 de julio de 1998 y 7 de abril de*

1997, entre otras, cuando se trata de daños de producción sucesiva. En todo caso, como han señalado las Sentencias de 22 de marzo de 1985 y 30 de noviembre de 1996, se trata de una cuestión de hecho, se han de aplicar las reglas de la sana crítica (Sentencias de 26 de septiembre de 1994, 3 de septiembre de 1996 y 12 de mayo de 1997, entre otras), y, finalmente, ha de darse a la cuestión de la prescripción un tratamiento restrictivo, en perjuicio de quien la alega, pues se trata de una cuestión de seguridad, y no estricta justicia (Sentencias de 7 de marzo de 1994, 25 de abril de 2000, 27 de marzo de 2003, etc.). La prescripción ha de empezar a correr desde que la acción puede ejercitarse, y el ejercicio de la acción es posible desde que tiene el agraviado noticia de los daños, siempre que se mantenga la relación causal entre el hecho generador de los daños y la consecuencia dañosa, lo que en el caso es claro, pues producido por el derribo se causan graves daños en el edificio en que radica el establecimiento y se está discutiendo la reparación cuando, años más tarde, se resuelve la franquicia por razón del estado del edificio». (8 junio 2007, LA LEY 60945/2007)

«Esta Sala tiene declarado reiteradamente que, según los artículos 111 y 114 de la Ley de Enjuiciamiento Criminal, promovido juicio en averiguación de un delito o falta, no podrá seguirse pleito sobre el mismo asunto mientras el proceso penal estuviere pendiente y si tales preceptos se ponen en relación con el artículo 1969 del Código Civil, el plazo de prescripción de las acciones ejercitadas al amparo del artículo 1902 del Código Civil empezará a contarse desde el día en que pudieron ejercitarse, o sea, desde que la sentencia penal recaída o el auto de sobreseimiento, en su caso, hayan adquirido firmeza, que se produce por ministerio de la ley, unas vez agotados los recursos legales o transcurrido el término sin interponerlos, con independencia a estos efectos de cuándo sea declarada la firmeza y cuando sea notificada [entre otras, SSTS de 28 de enero de 1983 (LA LEY 7547-JF/0000), 8 de noviembre de 1984 (LA LEY 53674-NS/0000) y, en el mismo sentido, STS de 23 de mayo de 1998 (LA LEY 6025/1998)]. Asimismo, se ha manifestado en esta sede que el perjudicado en el proceso penal no puede reiniciar el ejercicio de la acción civil para la reparación del daño causado hasta que hayan terminado las actuaciones penales, dato que, por sí solo, pone de relieve que el conocimiento de la fecha en que han finalizado constituye un presupuesto necesario para el ulterior ejercicio de la acción civil ante otro orden jurisdiccional (aparte de otras, SSTS de 30 de junio de 1993 y 3 de marzo de 1998). (LA LEY 5926/1998)». (19 julio 2007, LA LEY 79297/2007)

«Para el cómputo del plazo de prescripción es preciso conocer cuál es el comienzo de éste, que conlleva la posibilidad del ejercicio de la acción; la doctrina jurisprudencial ha entendido que no hay tal posibilidad cuando el hecho determinante se oculta o se desconoce, en cuyos casos comienza el cómputo de la prescripción cuando se tuvo conocimiento del acto perjudicial o del daño objeto de reclamación. La jurisprudencia ha declarado que, como ha señalado la STS de 21 de marzo de 2005, el artículo 1968.2 del Código Civil sustituyó, conforme a un criterio subjetivo, la referencia a la posibilidad abstracta de ejercicio contenida en el artículo 1969, por una posibilidad en concreto, al señalar como día inicial de la prescripción de las acciones para exigir responsabilidad por las obligaciones derivadas de culpa o negligencia, de que se trata en el artículo 1902, aquel "en que lo supo el agraviado" (STS de 13 de febrero de 2007)». (29 octubre 2008, rec. 942/2003, LA LEY 158321/2008)

«Con carácter general, como recuerda, entre otras muchas, la Sentencia de esta Sala de 14 de marzo de 2007, "el dies a quo o día inicial para el ejercicio de la acción por responsabilidad extracontractual es aquél en que puede ejercitarse la acción, según el principio actio nondum nata non praescribitur [la acción que todavía no ha nacido no puede prescribir], al que se acoge el Código Civil (STS 27 de febrero de 2004)"». (6 mayo 2009, rec. 292/2005, LA LEY 49539/2009)

«La doctrina relativa a que "en caso de reclamaciones por lesiones, se computa el plazo prescriptivo a partir de la determinación del quebranto padecido", constituye una constante

en las declaraciones de esta Sala, y se encuentra recogida en numerosas sentencias (Sentencias de 3 de octubre de 2.006, 20 de septiembre de 2.006, 22 de julio de 2.003, 13 de febrero de 2.003, 22 de enero de 2.003, o 13 de julio de 2.003, que a su vez cita las de 22 de marzo de 1985, 21 de abril de 1986, 3 de abril y 4 de noviembre de 1991, 30 de septiembre de 1992, 24 de junio de 1993 y 26 de mayo de 1994). En el mismo sentido, la Sentencia de 3 de octubre de 2006 distingue entre el alta médica y la determinación de las secuelas invalidantes, con mención de numerosa jurisprudencia, concluyendo, "en los casos de lesiones corporales y daños consiguientes, que la determinación del evento indemnizable no se configura hasta que no se establezcan, con carácter definitivo, las secuelas causadas por el suceso lesivo, de manera que el 'dies a quo' para el cómputo del plazo anual comienza a partir de la fecha en que se tiene constancia del alta médica definitiva o, en su caso, a partir del momento de fijación de la incapacidad o defectos permanentes originados por aquél"». (20 mayo 2009, rec. 328/2005, LA LEY 67150/2009)

«cuando, como en este caso, el demandante no se hubiera conformado en su día con la resolución administrativa correspondiente sobre el grado de su incapacidad, la jurisprudencia, sin dejar de aplicar la misma doctrina de la que parten las sentencias anteriormente citadas, toma como día inicial del cómputo aquel en el que se resuelva definitivamente la reclamación del perjudicado contra la decisión administrativa sobre el grado de su incapacidad, pues sólo entonces podrá detallar en su demanda civil el definitivo quebranto sufrido y cuantificar con claridad y precisión, como exigen los arts. 253 y 254.4 LEC de 2000 y resulta del art. 219 de la misma ley al tratar de las sentencias con reserva de liquidación, la indemnización pretendida, ya que, como en el recurso se alega en relación con el concreto caso examinado, el daño es mayor si incapacita para todo tipo de trabajo que si sólo incapacita para determinados trabajos, y precisamente sobre esta cuestión versó la controversia del proceso seguido ante el orden jurisdiccional social». (7 octubre 2009, rec. 1207/2005, LA LEY 191960/2009) (Doctrina reiterada por la sentencia de 11 febrero 2011, rec. 1418/2007, LA LEY 2159/2011)

«siendo doctrina jurisprudencial reiterada que tratándose de daños corporales el plazo de prescripción no puede contarse desde la fecha de producción de la lesión, sino desde aquel en que el perjudicado tuvo un conocimiento cierto, seguro y exacto de la entidad del mismo. Es lo que se conoce como determinación invalidante de las secuelas que sitúa el dies a quo no a partir de la fecha en que el perjudicado tiene constancia del alta médica definitiva sino del momento en que queda determinada la incapacidad o defectos permanentes originados cuando tras el alta médica se mantienen secuelas residuales que precisan un tratamiento posterior, o, como sucede en el caso de autos, cuando se ha seguido expediente para dirimir definitivamente cuáles han sido las consecuencias de repercusión de las lesiones en la capacidad laboral del trabajador pues solo entonces se dispone de un dato —incapacidad— que afecta esencialmente a la determinación del daño padecido (SSTS 22 de noviembre y 21 de diciembre de 1999; 22 de enero; 13 de febrero 2003; 1 de febrero 2006)». (15 octubre 2009, rec. 2191/2003, LA LEY 196263/2009)

«elementales razones de seguridad jurídica, fundamento de la prescripción extintiva, se oponen a que si una determinada actividad causa un daño fácilmente detectable por el perjudicado mientras esa actividad se realiza o dentro del año siguiente a haber cesado, la acción de dicho perjudicado contra quien en su momento hubiera ejercido la actividad pueda permanecer viva indefinidamente mientras a lo largo del tiempo se van añadiendo factores del todo extraños a tal actividad y que sin duda alguna contribuyen a agravar el daño cuya indemnización se solicita, cual es el caso de procesos geológicos influidos por la actividad humana, como los que afectan a los acuíferos subterráneos». (28 octubre 2009, rec. 170/2005, LA LEY 200559/2009)

«El recurso ha de prosperar por cuanto el día inicial para el cómputo del plazo de prescripción de la acción real de que se trata ha de fijarse a partir de la publicación de la Constitución Española de 27 de diciembre de 1978 (B.O.E. núm. 311, de 29 de diciembre). Así lo ha declarado esta Sala en sentencias n.º 1017/1994, de 16 de noviembre (Rec. 484/1992) y 16/2000, de 25 enero (Rec. N.º 1176/1995), referidas a supuestos que, contrariamente a lo razonado por la Audiencia, guardan estrecha relación y similitud con el presente caso pues en ambos casos contemplados por las indicadas sentencias se trata de la práctica imposibilidad, por razones de carácter político, del ejercicio de las correspondientes acciones recuperatorias, hasta la entrada en vigor de la Constitución Española. Se dice en la primera de dichas resoluciones —la de 16 de noviembre de 1994— que "el recurrente tenía imposibilitado el ejercicio, pero no prescrita la acción que le asistía, y que recobró plena eficacia a partir de la fecha de 29 de diciembre de 1978, en que se publicó la Constitución Española (Disposición Final), fecha que ha de tenerse en cuenta como el momento inicial desde el cual pudo ejercitarse la acción de recobro e indemnizatoria que esgrime en el pleito (artículo 1969 del Código Civil). La segunda —sentencia de 25 de enero de 2000— en referencia a la incautación por el Estado del edificio en que se alojaba el 'Casino de Artesanos de Muxía', y constatada la realidad de que el edificio no fue reintegrado a sus legítimos propietarios, afirma que 'la cuestión estriba en determinar si la acción reivindicatoria pudo ser utilizada por los dueños del inmueble, no sólo en el ciclo de la guerra civil, sino después, durante la permanencia del régimen político instaurado en España'; para sostener posteriormente que 'los dueños del inmueble objeto del debate tenían imposibilitado el ejercicio, pero no prescrita la acción que les asistía, y que recobró plena eficacia a partir del 29 de diciembre de 1978, en que se publicó la Constitución Española (Disposición final)' —en cuyo artículo 33.3, por cierto, se establece que 'nadie puede ser privado de sus bienes y derechos sino por causa justificada de utilidad pública e interés social, mediante la correspondiente indemnización y de conformidad con lo dispuesto en las leyes'—, y España se constituyó en un Estado social y democrático de derecho, cuya fecha ha de tenerse en cuenta como el momento inicial desde el que pudo ejercitarse la acción de recobro esgrimida en el pleito"». (29 marzo 2010, rec. 169/2006, LA LEY 41052/2010)

«Como resulta de los artículos 111 y 114 de la LECrim, en relación con el 1969 CC, la tramitación de un proceso penal sobre los mismos hechos retrasa el inicio del cómputo del plazo de prescripción extintiva de la acción civil, al constituir un impedimento u obstáculo legal a su ejercicio (STS de 5 de julio de 2007, RC n.º 2167/2000, 3 de mayo de 2007, RC n.º 3667/2000 y 6 de marzo de 2008 RC n.º 5474/2000). Una vez concluido el correspondiente proceso penal previo, el plazo de prescripción de las acciones, cuando las partes están personadas en el procedimiento, empezará a contarse desde el día en que pudieron ejercitarse, a tenor de lo establecido en el artículo 1969 CC, en relación con los artículos 111 y 114 LECrim y 24.1 CE. Este día debe situarse en el momento en que la sentencia penal recaída o el auto de sobreseimiento, notificados correctamente, hayan adquirido firmeza, puesto que en ese instante se conoce el punto final de la paralización operada por el proceso penal y la correlativa posibilidad de actuar en vía civil». (24 mayo 2010, rec. 644/2006, LA LEY 86114/2010)

«Esta Sala tiene declarado que la prescripción de la acción para reclamar por secuelas se inicia con la determinación de su alcance o de los defectos permanentes originados, pues hasta que no se determina ese alcance no puede reclamarse por ellas (SSTS de 20 de mayo de 2009, 14 de julio de 2008 y 13 de julio de 2003). El conocimiento del daño sufrido que ha de determinar el comienzo del plazo de prescripción lo tiene el perjudicado al producirse el alta, en la medida que en esta fecha se declaran estabilizadas las lesiones y se concretan las secuelas o, lo que es igual, se determina en toda su dimensión el daño personal y los conceptos indemnizables (SSTS, de Pleno, de 17 de abril de 2007, RC n.º 2908/2001 y de 17 de abril de 2007, RC n.º 2598/2002, así como SSTS de 7 de mayo de 2009, RC n.º 220/2005; 9 de julio de 2008, RC n.º 1927/2002; de 10 de julio 2008, RC n.º 1634/2002; de 10 de julio de 2008, RC n.º 2541/2003; de 23 de julio de 2008, RC n.º 1793/2004; de 18 de septiembre de

2008, RC n.º 838/2004 y de 30 de octubre de 2008, RC n.º 296/2004, las cuales, al referirse a la distinción entre sistema legal aplicable para la determinación del daño y cuantificación económica del mismo refrendan el criterio de que el daño queda concretado, como regla general, con el alta médica, y que esto obliga a valorarlo con arreglo a las cuantías actualizadas vigentes para todo el año en que ésta se produjo)». (26 mayo 2010, rec. 764/2006, LA LEY 76110/2010)

«Es reiterada y pacífica doctrina de esta Sala la de que en los supuestos de lesiones que dejan secuelas físicas o psíquicas susceptibles de curación o mejora, mediante el oportuno tratamiento continuado de las mismas, el cómputo del plazo para el ejercicio de la correspondiente acción de responsabilidad civil por culpa extracontractual no puede comenzar a contarse desde la fecha del informe de sanidad o de alta, en el que se consignen o expresen las referidas secuelas, sino que ha de esperarse en conocer el alcance o efecto definitivo de éstas, consecuente al tratamiento que de las mismas se ha venido haciendo, en cuyo supuesto la fijación de dies a quo, para la computación del plazo prescriptivo de la acción, ha de determinarlo el juzgador de instancia con arreglo a las normas de la sana crítica». (19 enero 2011, rec. 1331/2007, LA LEY 1008/2011)

«es reiterada la doctrina jurisprudencial de que no puede entenderse como fecha inicial del cómputo la del alta en la enfermedad, sino la de la determinación del efecto de invalidez de las secuelas, es decir, el momento en que queda determinada la incapacidad o los defectos permanentes originados, pues hasta que no se conoce su alcance no puede reclamarse con base en ellas, ya que es en ese momento cuando el perjudicado tiene un conocimiento preciso de la entidad de los perjuicios (SSTS de 20 de mayo de 2009, 14 de julio de 2008, 3 de octubre de 2006, 20 de septiembre de 2006, 22 de julio de 2003, 13 de febrero de 2003, 22 de enero de 2003 y 13 de julio de 2003). STS, Civil sección 1 del 25 de Mayo del 2010 (STS 3064/2010)». (7 diciembre 2011, rec. 765/2009, LA LEY 290527/2011)

«cuando sobre un accidente de circulación se han seguido diligencias penales concluidas mediante sentencia absolutoria, una vez dictado el llamado auto ejecutivo de cuantía máxima por el órgano judicial penal, el perjudicado puede ejercitar "bien la acción ejecutiva si con ella pretende obtener la reparación que entiende le es debida, bien la ordinaria reclamando mayor cantidad, o compatibilizar ambas, y ello hasta el punto de que si inicialmente sólo dedujo la acción ejecutiva, la raíz del inicio para el cómputo de la prescripción de la ordinaria, que también le asiste hay que referirla a la fecha en que la sentencia que haya recaído en aquel procedimiento especial hubiera adquirido firmeza" (SSTS de 29 de marzo y 27 de mayo de 1983, 26 de junio de 1984, 15 de abril de 1987, 22 de diciembre 1989, entre otras). La acción no ha prescrito si se tiene en cuenta el curso procesal que se inicia una vez notificado el auto dictado en el juicio ejecutivo previo —19 de septiembre de 2006— hasta que la demanda se formula —14 de septiembre 2007—». (22 febrero 2012, rec. 522/2009, LA LEY 12844/2012)

Artículo 1.970

El tiempo para la prescripción de las acciones, que tienen por objeto reclamar el cumplimiento de obligaciones de capital con interés o renta, corre desde el último pago de la renta o del interés.

Lo mismo se entiende respecto al capital del censo consignativo.

En los censos enfitéutico y reservativo se cuenta asimismo el tiempo de la prescripción desde el último pago de la pensión o renta.

COMENTARIO

1.- Como norma especial a que se refiere el artículo anterior, o más bien, como norma aclaratoria, sobre el comienzo del cómputo del plazo de prescripción, el presente artículo lo determina respecto a las obligaciones pecuniarias que produzcan interés o renta. Se establece que mientras se pague el interés o renta, el «capital», es decir, la obligación, no prescribe; mientras se paga, hay reconocimiento de parte del deudor y no hay abandono por parte del acreedor. El comienzo del cómputo es el último pago de intereses o de la renta.

2.- La prescripción de los censos consignativo y reservativo y de la enfiteusis la contempla el art. 1.620 *(vid.* su comentario). El presente artículo establece el comienzo del cómputo del plazo de prescripción, no del canon, sino del derecho a percibir el canon, que es el derecho real de censo (consignativo o reservativo) o el derecho del dueño directo en la enfiteusis. Tal comienzo es el último pago del canon.

JURISPRUDENCIA

«el artículo 1970 del Código Civil para poder ser aplicado nítidamente en una relación negocial hay que esgrimirlo a partir del momento en que la obligación sea exigible, ya que como dice la sentencia de esta Sala de 22 de mayo de 2008 "nuestro Código Civil, superando la teoría de la 'actio nata', afirmativa para ser posible la prescripción, de que la acción hubiera nacido, dejando sin resolver la cuestión de cuando debe entenderse que nació, afecta, a través de la normativa del artículo 1969 de dicho Código, la teoría de la realización, sosteniéndose del nacimiento de la acción cuando puede ser realizado el derecho que con ella se actúa, o más concretamente al tiempo al que pudiere ejercitarse eficazmente para lograr su total efecto, según tiene reconocido este Tribunal en Sentencias de 26 de noviembre de 1943, 29 de enero de 1952 y 25 de enero de 1962, reiterando criterio ya sostenido en otras precedentes, porque, como se proclama en la última de las relacionadas resoluciones, si la prescripción extintiva comenzara a correr antes de que la acción pudiera ejercitarse, se daría el contrasentido de que se castigaba al titular de un derecho por una inactividad que le imponía la Ley o la propia convención, y de ahí que no se pueda reprochar al titular de un derecho el no haberlo actuado en una época en la cual no podía ponerlo normal y eficazmente en ejercicio, por no conocer todavía las bases para actuario (Sentencia del Tribunal Supremo de 10 de octubre de 1977). Análoga la Sentencia de 29 de enero de 1982". Además como afirma la parte recurrida, dicho precepto no puede ser tenido en consideración si no ha nacido la exigibilidad por aplicación de la regla general del artículo 1969 del Código Civil ya que no puede iniciarse la prescripción de algo que todavía no se puede reclamar. Pero como conclusión es preciso afirmar que el referido artículo 1970 no establece una norma especial en materia que sirva para el cómputo de la prescripción, sino que en concreto supone una particular y específica aplicación de las normas sobre interrupción de la prescripción». (25 marzo 2009, rec. 2623/2005, LA LEY 14612/2009)

CONCORDANCIAS

Véase arts. 1.620, 1.623, 1.639 y 1.646 de este Código.

Artículo 1.971

El tiempo de la prescripción de las acciones para exigir el cumplimiento de obligaciones declaradas por sentencia, comienza desde que la sentencia quedó firme.

COMENTARIO

1.- Como desarrollo del art. 1.969 y acerca del momento del comienzo del plazo de prescripción, el presente artículo dispone que el derecho de crédito que ha sido declarado en sentencia, comienza desde la fecha de su firmeza.

Se trata, pues, del cumplimiento de una obligación. Al no cumplirse voluntariamente, comienza a correr el plazo de prescripción (desde que pudo ejercitarse la acción de reclamación), que se interrumpe en el momento en que se ejercita la acción, es decir, en que se inicia el proceso civil (art. 1.973). Dictada sentencia condenatoria, lo que significa que se condena al demandado a cumplir la obligación, comienza a correr el plazo de prescripción en la fecha de la sentencia firme.

2.- Sentencia firme es la que, debidamente hechas las notificaciones pertenecientes, no admite recurso.

CONCORDANCIAS

Véase L.O. 6/1985, 1 julio (*«B.O.E.»*, 2 julio), del Poder Judicial: art. 245.3.

Artículo 1.972

El término de la prescripción de las acciones para exigir rendición de cuentas corre desde el día en que cesaron en sus cargos los que debían rendirlas.

El correspondiente a la acción por el resultado de las cuentas, desde la fecha en que fue éste reconocido por conformidad de las partes interesadas.

COMENTARIO

1.- Este artículo se refiere a los casos en que por relaciones de Derecho de familia o sucesorio o derivados de contrato, una persona tiene la administración de bienes ajenos. Así, el titular o titulares de la patria potestad o el tutor (relaciones familiares) o el albacea (relación sucesoria) o el mandatario (contrato de mandato).

2.- Es una situación estable que provoque comunidad o relaciones económicas internas y duraderas: el comienzo de la prescripción es el de terminación de aquella situación; al caso de rendición de cuentas se refiere el art. 1.972: comienza la prescripción «desde el día en que cesaron en sus cargos los que debían rendirlas»; sin embargo, respecto al resultado de tal cuenta el comienzo es de la liquidación o fijación definitiva («desde la fecha en que fue éste reconocido por conformidad de las partes interesadas», dice el segundo párrafo del art. 1.972).

Artículo 1.973

La prescripción de las acciones se interrumpe por su ejercicio ante los Tribunales, por reclamación extrajudicial del acreedor y por cualquier acto de reconocimiento de la deuda por el deudor.

COMENTARIO

1.- La interrupción de la prescripción es el acto que evita la consumación de la misma. Su efecto es que el derecho vuelve a tener plena eficacia y, por ello, el tiempo debe volver a comenzar a contarse de nuevo para dar lugar a una nueva prescripción. Cuyo cómputo empieza al día siguiente al en que termina el acto interruptivo.

La interrupción es contemplada por este artículo 1.973, que enumera las causas de la misma. Son la acción procesal, la reclamación extrajudicial y el reconocimiento del derecho. Y también, el proceso penal, que no se enumera en este artículo.

2.- La acción procesal y el ejercicio del derecho en un proceso, «su ejercicio ante los Tribunales», dice este artículo.

Debe darse, entre la acción ejercitada y el derecho cuya prescripción se interrumpe, una identidad subjetiva y objetiva. Los sujetos deben ser los titulares activo y pasivo del derecho, no un tercero, aunque sí puedo serlo un representante o incluso un mandatario verbal; en caso de obligación solidaria, cualquier acreedor o deudor solidario puede interrumpir la prescripción (art. 1.974). El objeto, derecho que prescribe y derecho reclamado judicialmente, debe ser el mismo.

La acción que interrumpe la prescripción puede plantearse no sólo por medio de demanda, sino también por reconvención, siempre que una u otra sea admitida a trámite: no produce la interrupción si es denegada su admisión *ad limine*, a no ser que valga como reclamación extrajudicial. Interrumpe aunque se presente ante Juez incompetente *(ex* art. 1.945). La interrupción se produce en el momento de la presentación de la demanda con la *conditio iuris* de que sea admitida (interrumpe cuando se admite, pero desde que se presentó).

También produce interrupción de la prescripción el acto de conciliación, como dice expresamente el art. 479 de la Ley de Enjuiciamiento Civil de 1881, redactado por Ley de 6 agosto de 1984, que se mantiene vigente tras la nueva LEC. Se produce la interrupción en el momento de la presentación (con ulterior admisión) de la petición de conciliación,

Produce asimismo la interrupción la demanda de justicia gratuita, siempre que se concrete la acción de reclamación del derecho que está prescribiendo.

3.- La reclamación extrajudicial debe tratarse de una auténtica y seria reclamación, fuera de proceso, con la misma identidad subjetiva y objetiva que en la acción procesal.

Como acto jurídico, es acto unilateral que consiste en una declaración de voluntad recepticia, cuya interrupción se produce no por el efectivo conocimiento del sujeto, sino por la emisión de tal voluntad y en este momento (así, en un requerimiento notarial, se produce en el día en que el titular comparece y emite su declaración recepticia de reclamación ante el Notario, aunque el efectivo requerimiento se haga más tarde).

No exige una forma especial de la reclamación: forma notarial, documento privado (como una simple carta o fax o telegrama) o verbalmente.

4.- El reconocimiento del derecho no se trata de un auténtico negocio jurídico de reconocimiento de deuda o un negocio jurídico de fijación, sino que basta cualquier conducta del sujeto pasivo, con palabras o hechos concluyentes, de la que se desprenda su aceptación de la existencia del derecho que estaba prescribiendo.

El artículo 1.973 se refiere sólo a reconocimiento de la deuda, pero es también aplicable este acto interruptivo a todo derecho, no solamente, el de crédito, como un derecho real (así el poseedor respecto a la prescripción de un derecho real sobre su cosa).

5.- El proceso penal es una causa de interrupción de la prescripción que no prevé este ar-tículo y que tiene su base en el artículo 114 de la Ley de Enjuiciamiento Criminal, que establece que mientras está en trámite no podrá seguirse pleito sobre el mismo hecho, debiendo suspenderse, si se hubiere iniciado, hasta que el proceso penal concluya, a partir de cuyo momento comienza de nuevo la prescripción civil del derecho. Es causa de interrupción, no de suspensión.

Esta causa tiene gran importancia práctica en los frecuentes casos de responsabilidad extracontractual del artículo 1.902, cuyo plazo de prescripción es tan breve (un año: art. 1.968.2.º).

La interrupción se produce mientras está abierto el proceso penal, y al no poderse ejercitar la acción civil hasta que sea firme la resolución que ponga término definitivo o provisional al proceso penal subsiste la interrupción, que se mantiene hasta la notificación a las partes de la resolución o sentencia firme.

JURISPRUDENCIA

«Una reiterada doctrina de esta Sala, dictada en orden a la correcta interpretación de tal precepto, tiene declarado que los casos de interrupción no pueden interpretarse en sentido extensivo, por la inseguridad e incertidumbre que llevaría consigo la exigencia y virtualidad del derecho mismo —sentencias de 31 de diciembre de 1917, 2 de mayo de 1918, 8 de noviembre de 1958 y 3 de junio de 1972— (sentencia del Tribunal Supremo de 18 de abril de 1989). En igual sentido la sentencia de 26 de septiembre de 1997. La sentencia del Tribunal Supremo de 20 de octubre de 1988 (en igual sentido las de 16 de enero de 2003, 30 de septiembre de 1993 y 6 de noviembre de 1987) declara lo siguiente: la doctrina de este Tribunal, abandonando la rigidez de la interpretación estrictamente dogmática de la prescripción que venía siguiéndose hasta aproximadamente el último decenio e inspirándose en unos criterios hermenéuticos de carácter lógico-sociológico, siempre más dúctiles y acomodables a las exigencias de la vida real, criterios que el artículo 3.1 del Código Civil más que pregonar, impone, ha señalado como idea básica para la exégesis de los artículos 1969 y 1973 del Código Civil, el que siendo la prescripción una institución no fundada en principios de estricta justicia sino en los de abandono o dejadez en el ejercicio del propio derecho y en el de la seguridad jurídica, su aplicación por los Tribunales no debe ser rigurosa sino cautelosa y restrictiva (sentencias de 8 de octubre de 1981, 31 de enero de 1983, 2 de febrero y 16 de julio de 1984, 9 de mayo y 19 de septiembre de 1986 y 3 de febrero de 1987); esta construcción finalista de la prescripción, verdadera alma mater o "pieza angular" de la misma, tiene su razón de ser tanto en la idea de sanción a las conductas de abandono en el ejercicio del propio derecho o de las propias facultades, como en consideraciones de necesidad y utilidad social; consecuencia todo ello, es que, cual tiene igualmente declarado esta Sala reiteradamente en su indicada última fase o etapa interpretativa de la prescripción, cuando la cesación o abandono en el ejercicio de los derechos no aparece debidamente acreditado y sí por el contrario lo está el afán o deseo de su mantenimiento o conservación, la estimación de la prescripción extintiva se hace imposible a menos de subvertir sus esencias. La interrupción de la prescripción extintiva por vía de la reclamación extrajudicial, supone una singularidad en nuestro derecho en relación al derecho comparado. Es más, nuestro Código Civil, en el mencionado artículo 1973, no exige fórmula instrumental alguna para la reclamación extrajudicial como medio para interrumpir la prescripción por lo que cualquiera de ellos, puede servir para tal fin; es por lo que siguiendo una importante corriente doctrinal,

se puede afirmar que esta cuestión puede plantear un problema de prueba (de la existencia de la reclamación y de su fecha) pero no un problema de forma. Y en este sentido se explicita la sentencia de esta Sala de 6 de diciembre de 1968 (sentencia del Tribunal Supremo de 16 de noviembre de 1998). El intercambio de correspondiencia por cartas es suficiente para fundamentar una interrupción extraprocesal del plazo de prescripción (sentencias de 16 de marzo de 1961, 22 de septiembre de 1984 y 12 de julio de 1990, entre otras; sentencia del Tribunal Supremo de 21 de noviembre de 1997). En igual sentido la sentencia de 21 de marzo de 2000». (2 noviembre 2005, rec. 605/1999)

«se confunde la interrupción de la prescripción con la suspensión de la misma. La primera está recogida en el artículo 1973 del Código civil y es el acto —uno de los cuales es el ejercicio de la acción ante los Tribunales— que evita la consumación de la prescripción y su efecto es que el derecho vuelve a tener plena eficacia y, por ello, el tiempo tiene que volver a comenzar a contarse para dar lugar, en su caso, a una nueva prescripción; por tanto, en el presente caso, la prescripción quedó interrumpida por el ejercicio de la acción (27 de marzo de 1985) y no llegó a transcurrir un lustro de transcurso de tiempo e inactividad del derecho que provocara de nuevo la prescripción. La interrupción, pues, es acto obstativo de la prescripción, que revigoriza el derecho subjetivo y que no sólo impide el curso de la prescripción, sino que inutiliza el tiempo transcurrido para el cómputo de ésta. Por el contrario, la suspensión de la prescripción paraliza ésta, no corre el tiempo para la misma, pero no inutiliza el ya transcurrido; así, cuando desaparece la causa de suspensión, sigue —no comienza de nuevo, como en la interrupción— el cómputo del tiempo para la prescripción. La suspensión no está recogida, con carácter general, en Derecho español y el motivo la confunde con la prescripción, por lo que debe desestimarse». (16 marzo 2006, rec. 1760/1999)

«El artículo 1973 del Código civil establece que "la prescripción de las acciones se interrumpe por su ejercicio ante los Tribunales [...]". La doctrina y la jurisprudencia han venido entendiendo que esta disposición contempla una causa natural de interrupción de la prescripción, de manera que estos actos son conservativos y de defensa del derecho del titular. Ahora bien, para que una demanda produzca el efecto interruptivo de la prescripción, se requiere que en ella concurran los requisitos legales y, más concretamente, la jurisprudencia de esta Sala, en la interpretación del artículo 1973 del Código civil, ha venido entendiendo que los actos interruptivos deben tener como objeto la pretensión que se encuentra en curso de prescripción y no otra y que el ejercicio de la acción debe proceder del titular del derecho que se encuentra en curso de prescripción, o de su representante, legal o voluntario. Así las sentencias de 16 noviembre 1985, 21 julio 2004 y 14 julio 2005, entre otras». (23 enero 2007, LA LEY 228/2007)

«Es esencial la norma del artículo 114 de la Ley de Enjuiciamiento Criminal que dispone en su primer párrafo: Promovido juicio criminal en averiguación de un delito o falta, no podrá seguirse pleito sobre el mismo hecho; suspendiéndole, si le hubiese, en el estado en que se hallare, hasta que recaiga sentencia firme en la causa criminal. En una causa de interrupción de la prescripción que, no prevista en el artículo 1973 del Código civil, se basa en el citado artículo de la Ley de Enjuiciamiento Criminal. Se mantiene la interrupción mientras se mantiene el proceso penal. La interrupción se produce mientras está abierto el proceso penal, y al no poderse ejercitar la acción civil hasta que sea firme la resolución que ponga término al proceso penal subsiste la interrupción, que se mantiene hasta la notificación a las partes de la resolución o sentencia firme». (30 mayo 2007, LA LEY 42123/2007)

«Dice el art 1973 del Código civil que "la prescripción de las acciones se interrumpe por su ejercicio ante los Tribunales, por reclamación extrajudicial del acreedor y por cualquier acto de reconocimiento de la deuda por el deudor". La interrupción de la prescripción extintiva por vía de la reclamación extrajudicial, a que se refiere la norma, "supone una singularidad en nuestro derecho en relación al derecho comparado. Es más, nuestro Código

Civil, en el mencionado artículo 1973, no exige fórmula instrumental alguna para la reclamación extrajudicial como medio para interrumpir la prescripción por lo que cualquiera de ellos, puede servir para tal fin" (STS 2 de noviembre de 2005), si bien se exige para ello que aparezca clara la "voluntad conservativa del derecho suficientemente manifestada, por la que expresamente reclame —exija— de su deudor el cumplimiento de una obligación al mismo atribuida, quedando vedado a los Tribunales interrumpir la prescripción cuando en autos se carece de datos fácticos que así lo revelen" (SSTS 6 de diciembre de 1969; 22 de febrero de 1991), siendo asimismo doctrina jurisprudencial constante e invariable que la apreciación de la prueba suministrada por los litigantes, respecto a la interrupción o no del plazo prescriptivo, es de la exclusiva soberanía del Tribunal de Instancia (por todas la sentencia de 1 de febrero 2006)». (20 noviembre 2007, LA LEY 185149/2007)

«La interrupción de la prescripción por la interposición de un procedimiento criminal tiene lugar cuando los hechos que afectan a ambos procedimientos son presupuesto uno del otro, o bien cuando la cuestión penal debe ser enjuiciada antes que la que se presenta en el proceso civil. Por ello, esta Sala ha venido entendiendo que en las acciones en las que se reclaman los daños de los que el demandado debe responder en virtud de las obligaciones generadas por la responsabilidad civil, si antes se ha presentado una querella que trata sobre la misma cuestión, se suspende el procedimiento civil si este ya se había iniciado, doctrina tradicional de la Sala, confirmada en el art. 40.2, 1.º LEC y se interrumpe el plazo de prescripción, suspendiéndose hasta la notificación de la decisión en la vía penal a la parte (SSTS 14 julio 1982, 3 febrero 1994, 14 marzo 2002 y 27 octubre 2005, entre muchas otras)». (11 febrero 2009, rec. 2101/2002, LA LEY 1898/2009)

«El Código civil permite esta interrupción en el Art. 1973 por medio de tres vías: a) la interposición de una reclamación judicial; b) la reclamación extrajudicial, y c) "cualquier acto de reconocimiento de la deuda por el deudor". Como afirma la jurisprudencia de esta Sala (SSTS de 11 febrero 1966 y 11 marzo 2004), la reclamación es un acto de naturaleza conservativa, que tiene como finalidad la defensa del propio derecho. Nos encontramos en este supuesto ante la necesidad de interpretar la primera de las causas de interrupción permitidas en el Art. 1973 CC, es decir, el ejercicio de la acción ante los tribunales, en un caso en que se presentó la demanda, pero al adolecer ésta de unos defectos que produjeron el requerimiento judicial para su subsanación, fue retirada por la demandante, volviendo a presentarse un mes después, y transcurrido ya el año previsto para la prescripción en el Art. 1968, 2.º CC, acabado el proceso penal seguido por el accidente que produjo el fallecimiento del marido de la actora. La doctrina civilista ha estado dividida desde la publicación del Código civil acerca del efecto interruptivo de una demanda que después se retira. La tesis de la negación del efecto interruptivo fue la tradicional, porque se consideraba que abandonar el pleito o dejarlo caducar podía significar dos cosas: o que se reconocía que no se tenía derecho, o que se había producido una negligencia en la reclamación. La doctrina más moderna considera, sin embargo, que se ha producido la interrupción, al haberse ya ejercitado la acción. Esta Sala ha venido manteniendo una tesis mixta entre las dos descritas, de acuerdo con la cual, si la demanda había sido ya comunicada a la parte demandada, de modo que ésta conociera la reclamación, se había producido el efecto interruptivo». (30 septiembre 2009, rec. 2209/2004, LA LEY 187271/2009)

«Aunque algunas sentencias de esta Sala contengan pasajes que, aislados de su contexto, permitan imaginar que la prevalencia del art. 1973 CC sobre el art. 944 C.Com. es absoluta, en el sentido de considerar totalmente derogado este último por el primero, basta con leerlas por entero para comprobar que tal prevalencia se afirma única y exclusivamente para justificar la eficacia de la reclamación extrajudicial como medio de interrumpir la prescripción extintiva de las acciones también en el ámbito mercantil, pues de esto es de lo que tratan (p. ej. SSTS 4-12-95 en rec. 1638/1992, 4-4-03 en rec. 2619/1997 y 8-3-06 en rec. 2414/00), como se desprende del sentido que a la jurisprudencia de esta Sala atribuye la sentencia de 6 de octubre de 2006 (rec. 4813/1999)... ...No hay, en realidad, ninguna razón de peso para

considerar derogado el párrafo segundo, como tampoco el tercero, del art. 944 C.Com. Sea por la mayor agilidad del tráfico mercantil, sea por razones históricas, lo cierto es que el Código de Comercio de 1885 tiene un régimen con sus propias peculiaridades en relación con el Código Civil de 1889; que la remisión del art. 943 C.Com. a las disposiciones del Derecho común debe entenderse sólo al plazo de ejercicio de las acciones; y que el art. 4.3 CC dispone su aplicación a las materias regidas por otras leyes sólo como supletoria. Además, el argumento del art. 14 de la Constitución invocado por la parte recurrente conduciría a dar por suprimidas todas las peculiaridades de los contratos mercantiles que tuvieran sus correlativos regulados en el Código Civil; en cambio el art. 9 de la Constitución, en cuanto garantiza la seguridad jurídica, fundamento a su vez de la prescripción extintiva, sí es un argumento de peso para atenerse escrupulosamente a lo que dispongan las normas más específicas sobre cada materia». (8 octubre 2009, rec. 1099/2005, LA LEY 191959/2009)

«La interrupción de la prescripción —STS 21 de julio 2008— es una forma de mantener la vigencia del derecho, porque el efecto extintivo propio de la prescripción deja de producirse cuando se demuestra que se ha ejercitado la acción o reclamado el derecho antes de la llegada del plazo. El Código civil prevé tres formas de interrupción, de acuerdo con el artículo 1973 CC: a) la reclamación judicial; b) la reclamación extrajudicial, y c) cualquier acto de reconocimiento de deuda efectuado por el deudor, siendo jurisprudencia reiterada de esta Sala que la interrupción de la prescripción es una cuestión de hecho, cuya existencia compete a la sala de instancia (SSTS de 29 junio 1964; 31 mayo 1965; 11 febrero 1966; 30 diciembre 1967; 2 junio 1987; 14 mayo 1996; 29 octubre 2001; 28 octubre 2003 y 21 de julio 2008, entre muchas otras)». (19 octubre 2009, rec. 1129/2005, LA LEY 196259/2009)

«Es jurisprudencia de esta Sala que la interrupción de la prescripción implica la amortización del tiempo pasado, que se tiene por no transcurrido, de suerte que a partir de la interrupción hay que comenzar a computar el nuevo plazo para que se cumpla el tiempo de la prescripción (SSTS 6-3-03 en rec. 2250/1997, 2-11-05 en rec. 605/1999 y 16-4-08 en rec. 113/01). 2.ª.- Dicha jurisprudencia es aplicada también por otras sentencias, como las de 16 de marzo de 2006 (rec. 1760/1999) y 12 de junio de 2007 (rec. 2322/00), al señalar la primera que tras la interrupción "el tiempo tiene que volver a comenzar a contarse para dar lugar, en su caso, a una nueva prescripción", así como que la prescripción "inutiliza el tiempo transcurrido para el cómputo" mientras que la suspensión paraliza la prescripción, y al indicar la segunda que, interrumpida la prescripción por haberse promovido acto de conciliación y celebrado éste sin avenencia, "a partir de ese momento pudo ejercitarse nuevamente la acción"». (10 septiembre 2010, rec. 1627/2006, LA LEY 157543/2010)

«Para que opere la interrupción de la prescripción, es preciso que la voluntad se exteriorice a través de un medio hábil y de forma adecuada, que debe trascender del propio titular del derecho, de forma que se identifique claramente el derecho que se pretende conservar, la persona frente a la que se pretende hacerlo valer y que dicha voluntad conservativa del concreto derecho llegue a conocimiento del deudor, ya que es doctrina reiterada que la eficacia del acto que provoca la interrupción exige no sólo la actuación del acreedor, sino que llegue a conocimiento del deudor su realización (SSTS 13 de octubre de 1994, RC n.º 2177/1991, 27 de septiembre de 2005, RC n.º 433/1999, 12 de noviembre de 2007, RC n.º 2059/2000, 6 de mayo de 2010, RC n.º 1020 / 2005), y su acreditación es carga de quien lo alega». (10 enero 2012, rec. 894/2009, LA LEY 6700/2012)

CONCORDANCIAS

Véase:
— arts. 1.943 a 1.948 de este Código.
— Código de Comercio: art. 944.
— Ley Cambiaria y del Cheque, de 16 julio 1985 (*«B.O.E.»*, 19 julio): arts. 88 y 158.

Artículo 1.974

La interrupción de la prescripción de acciones en las obligaciones solidarias aprovecha o perjudica por igual a todos los acreedores y deudores.

Esta disposición rige igualmente respecto a los herederos del deudor en toda clase de obligaciones.

En las obligaciones mancomunadas, cuando el acreedor no reclame de uno de los deudores más que la parte que le corresponda, no se interrumpe por ello la prescripción respecto a los otros codeudores.

COMENTARIO

1.- El primer párrafo de este artículo hace aplicación a la interrupción de la prescripción, del régimen de la solidaridad activa y pasiva. Se establece que la interrupción de la prescripción de una obligación solidaria, por una de las causas del art. 1.973 hecha por un solo

acreedor o respecto a un solo deudor, produce su efecto a favor y en contra de todos los deudores y acreedores solidarios.

2.- La misma regla se aplica en caso de interrupción de la prescripción de un derecho de crédito, cuyos deudores son los herederos del deudor originario, que ha fallecido.

3.- En las obligaciones mancomunadas, el tercer párrafo dispone que si el acreedor interrumpe la prescripción respecto a uno de los codeudores, sólo en la parte de la deuda a que éste corresponde, la interrupción se produce sólo respecto al mismo y a su parte de los deudores, sin alcanzar el efecto de la interrupción a la parte de deuda que corresponde a los demás deudores mancomunados.

A sensu contrario, si el acreedor interrumpe la prescripción de todo su derecho de crédito, aunque lo haga sólo frente a uno de los deudores, el efecto de la interrupción se produce para toda la obligación y para todos los deudores mancomunados.

JURISPRUDENCIA

«En consecuencia la cuestión se centra en si dicha interrupción del plazo prescriptivo afecta al codemandado don D. como deudores solidarios frente al demandante. No se ha producido interrupción de la prescripción. En la solidaridad que nace convencionalmente o por disposición legal, se aplica claramente la interrupción de la prescripción a todos los deudores solidarios por aplicación del artículo 1974 del Código civil. Pero si la solidaridad no nace sino de la sentencia, que es la llamada solidaridad impropia, la interrupción de la prescripción respecto a uno de los deudores no alcanza a otro, ya que no era deudor solidario y sólo lo fue desde la sentencia que así lo declaró, no antes. Así, el acuerdo del pleno de la Sala 1.ª del Tribunal Supremo de 27 de marzo de 2003 es del siguiente tenor literal: El párrafo primero del artículo 1974 del Código civil únicamente contempla efecto interruptivo en el supuesto de las obligaciones solidarias en sentido propio, cuando tal carácter deriva de norma legal o pacto convencional, sin que pueda extenderse al ámbito de la solidaridad impropia, como es la derivada de responsabilidad extracontractual cuando son varios los condenados judicialmente. Se había dictado sentencia de 14 de marzo de 2003 que reiterando doctrina jurisprudencial de las anteriores de 21 de octubre de 2002, 23 de junio de 1993, dice: la doctrina ha reconocido junto a la denominada "solidaridad propia", regulada en nuestro Código civil (artículos 1.137 y siguientes) que viene impuesta, con carácter prede-

terminado, ex voluntate o ex lege, *otra modalidad de la solidaridad, llamada "impropia" u obligaciones* in solidum *que dimanan de la naturaleza del ilícito y de la pluralidad de sujetos que hayan concurrido a su producción, y que surge, cuando no resulta posible individualizar las respectivas responsabilidades. A esta última especie de solidaridad no son aplicables todas las reglas prevenidas para la solidaridad propia y, en especial, no cabe que se tome en consideración el artículo 1974 del Código civil en su párrafo primero, mucho menos, cuando el hecho alegado quedó imprejuzgado, por propia definición, respecto de los que no fueron traídos al proceso, basándose en una presunta responsabilidad* in solidum *(la solidaridad no se presume conforme al artículo 1137 del Código civil), que fue declarada para unos sujetos distintos de los luego por designio del reiteradamente actor vinculados, a los que no puede extenderse la singularidad de un pronunciamiento que se establece con base en las circunstancias fácticas alegadas y probadas en el asunto previo, sin que fuera de tal condena, precisamente, por inexistencia del expresado vínculo antecedente* ex voluntate o ex lege, *puedan formularse representaciones unilaterales de solidaridad sin causa demostrada*». (4 junio 2007, LA LEY 51867/2007) (Doctrina reiterada por la sentencia de 19 octubre 2007, LA LEY 179983/2007)

«De ahí que proceda recordar la declaración jurisprudencial de la Sentencia del Tribunal Supremo de 13 de marzo de 1998 en el sentido de que no existe litis consorcio pasivo necesario (Sentencias de 10 de marzo, 17 de junio y 22 de diciembre de 1989), pues, aun concurriendo pluralidad de agentes, la causa es única y no es posible establecer distintas responsabilidades (Sentencias de 13 de septiembre de 1985, 7 y 17 de febrero y 8 de mayo de 1986 y 12 de mayo de 1988); y es que el vínculo de solidaridad es el procedente por ser el más adecuado con relación al perjudicado, para la efectividad de las indemnizaciones correspondientes. "A sensu contrario" aclara lo anterior la declaración de la Sentencia de 19 de julio de 1996: como en el caso que nos ocupa no hay concurrencia causal única, sino acciones u omisiones causales concurrentes, y su relevancia en relación al resultado ha podido individualizarse por la Sala de instancia, no procede declarar solidaria la obligación de los condenados frente a los perjudicados. Cuando a todos los demandados les alcanza la responsabilidad solidaria, la actividad interruptora de la prescripción producida con relación a uno sólo de los responsables solidarios alcanza a los demás con respecto a los que esa actividad no se haya producido, como consecuencia de lo normado en el párrafo primero del artículo 1974 del Código Civil». (16 diciembre 2008, rec. 853/2002, LA LEY 189393/2008)

«consolidada doctrina de esta Sala a partir de la sentencia de 14 de marzo de 2003, referida a la llamada solidaridad impropia, en contraposición a la propia regulada en el Código Civil, que se dicta previa consulta a la junta general de los Magistrados de la Sala Primera del Tribunal Supremo, celebrada el día 27 de marzo de 2003, que adoptó, por amplia mayoría de votos el acuerdo que se transcribe: "el párrafo primero del artículo 1974 del Código civil únicamente contempla efecto interruptivo en el supuesto de las obligaciones solidarias en sentido propio cuando tal carácter deriva de norma legal o pacto convencional, sin que pueda extenderse al ámbito de la solidaridad impropia, como es la derivada de responsabilidad extracontractual cuando son varios los condenados judicialmente"». (29 noviembre 2010, rec. 1032/2007, LA LEY 208818/2010)

«Es reiterada la jurisprudencia que declara que existe solidaridad impropia entre los sujetos a quienes alcanza la responsabilidad por el ilícito culposo, con pluralidad de agentes y concurrencia de causa única. Esta responsabilidad, a diferencia de la propia, no tiene su origen en la ley o en pacto expreso o implícito, sino que nace con la sentencia de condena (SSTS 17 de junio de 2002, 21 de octubre de 2002, 14 de marzo de 2003, 2 de octubre de 2007, RC n.º 3779/1999). Se trata de una responsabilidad in solidum [con carácter solidario], que obedece a razones de seguridad e interés social, en cuanto constituye un medio de protección de los perjudicados adecuado para garantizar la efectividad de la exigencia de la responsabilidad extracontractual, pero exige para su aplicación que no sea posible

individualizar los respectivos comportamientos ni establecer las distintas responsabilidades (SSTS 18 de mayo de 2005, 15 de junio de 2005, 28 de octubre de 2005, 17 de marzo de 2006, 18 de abril de 2006, 31 de mayo de 2006, 7 de septiembre de 2006, 2 de enero de 2007, RC n.º 1340/2006, 20 de mayo de 2008, RC n.º 1394/2001). B) Desde la STS de 14 de marzo de 2003, RC n.º 2235/1997, esta Sala ha mantenido el criterio según el cual el párrafo primero del artículo 1974 CC únicamente contempla el efecto de interrumpir la prescripción en el supuesto de las obligaciones solidarias en sentido propio cuando tal carácter deriva de norma legal o pacto convencional, sin que pueda extenderse al ámbito de la solidaridad impropia, como es la derivada de responsabilidad extracontractual cuando son varios los condenados judicialmente. Este criterio se considera sin perjuicio de aquellos casos en los que por razones de conexidad o dependencia, pueda presumirse el conocimiento previo del hecho de la interrupción, siempre que el sujeto en cuestión haya sido también demandado». (18 julio 2011, rec. 2043/2007, LA LEY 165552/2011)

CONCORDANCIAS

Véase arts. 1.139, 1.143, 1.146, 1.148, 1.150 y 1.933 de este Código.

Artículo 1.975

La interrupción de la prescripción contra el deudor principal por reclamación judicial de la deuda, surte efecto también contra su fiador; pero no perjudicará a éste la que se produzca por reclamaciones extrajudiciales del acreedor o reconocimientos privados del deudor.

COMENTARIO

1.- De acuerdo con la naturaleza accesoria de la fianza, respecto a la obligación principal garantizada por ella, el primer inciso de este artículo dispone que la interrupción de la prescripción del derecho de crédito, producida por su reclamación judicial (acción procesal) del acreedor —no por las demás causas del art. 1.973— alcanza al fiador respecto a la fianza que garantiza aquél.

2.- Por el contrario, el segundo inciso dispone que no afecta al fiador, por su fianza, la interrupción de la prescripción del derecho de crédito, producida por reclamación extrajudicial del acreedor o por reconocimiento del derecho del deudor principal.

3.- Este artículo no se aplica si la fianza es solidaria (párrafo 2.º del art. 1.822), en cuyo caso se aplicará la norma del primer párrafo del art. 1.974).

JURISPRUDENCIA

«aun cuando es cierto que, a tenor de lo dispuesto en el artículo 1.975 del Código Civil, no perjudica al fiador la reclamación extrajudicial hecha al acreedor principal, también lo es que, en el presente supuesto, en el que consta como probado que dentro del plazo de prescripción de la acción de reclamación del importe de la letra se instaron unas diligencias preparatorias de ejecución contra los avalistas demandados, diligencias que, obviamente, tienen el carácter de una reclamación judicial dirigida contra los mismos, no puede entenderse que haya prescrito la acción principal, y menos aun cuando su importe se reclama de los aludidos avalistas, pues si, por una parte, no lo indica así el referido artículo 1.975, que, además, y como relativo a la prescripción,

debe ser interpretado de manera restrictiva, como tiene indicado una constante doctrina de esta Sala, por otra, y constituyendo el fundamento de la prescripción extintiva de las acciones el abandono o dejadez en el ejercicio del propio derecho (SS entre otras de 20 de octubre de 1988), mal podrá entenderse que ha habido dejadez o abandono en el ejercicio de su derecho de reclamación de la deuda en el acreedor que, como hemos dicho, formuló una reclamación judicial contra los hoy demandados». (14 julio 1993, LA LEY 45269-JF/0000)

CONCORDANCIAS

Véase arts. 1.814 y 1.835 de este Código.

DISPOSICIÓN FINAL

Artículo 1.976

Quedan derogados todos los cuerpos legales, usos y costumbres que constituyen el Derecho civil común en todas las materias que son objeto de este Código, y quedarán sin fuerza y vigor, así en su contenido de leyes directamente obligatorias, como en el de derecho supletorio. Esta disposición no es aplicable a las leyes que en este Código se declaran subsistentes.

COMENTARIO

1.- Termina el Código con una disposición final, este art. 1.976, que deroga toda la legislación anterior salvo las leyes (como las llamadas especiales inmediatamente anteriores) que el propio Código declara subsistentes.

El Código Civil reemplazó los cuerpos legales que formaban el Derecho civil de Castilla; por tanto, el derecho privado, salvo el mercantil; así el contenido del Código Civil es el contenido básico del Derecho privado general.

2.- El texto concreto de este artículo es la *disposición derogatoria* que en muchos textos legales se coloca fuera del mismo. Refleja la idea del Código y la finalidad que buscaba el legislador: sustituir el ordenamiento de Derecho privado que existía por el nuevo, representado por el Código Civil y acabar con la diversidad legislativa.

Comienza con la derogación general de «todos los cuerpos legales», que comprende todas las normas que, con gran variación terminológica, seguían vigentes. Deroga también los «usos y costumbres» anteriores, pero el propio Código los declara fuente del derecho, subsidiaria a la ley, por lo que debe entenderse que quedan eliminados las costumbre que sean contrarias a las normas que se hallan en el Código Civil.

En todo caso, la derogación afecta a los cuerpos legales del Derecho civil, no a los extraños a éste: «en todas las materias que son objeto de este código», dice este artículo. Así se mantienen vigentes las normas anteriores sobre títulos nobiliarios.

3.- Esta derogación general de leyes y costumbres se refiere a las «que constituyen el Derecho civil común», por lo que no alcanza al Derecho foral cuya subsistencia respeta el Código en su título preliminar (art. 12, segundo párrafo del texto originario y actual 13.2).

4.- La derogación general que establece el presente artículo, no alcanza, tal como concluye en su último inciso, «a las leyes que en este Código se declaran subsistentes», las cuales son, esencialmente, las que se dictaron tras el fracaso del Proyecto de 1851 y la promulgación del Código, que éste, en los respectivos artículos que tratan del tema, se remite a ellas: Ley del Registro civil, de Minas, de Propiedad intelectual, de Aguas, etc.

DISPOSICIONES TRANSITORIAS

Las variaciones introducidas por este Código, que perjudiquen derechos adquiridos según la legislación civil anterior, no tendrán efecto retroactivo.

Para aplicar la legislación que corresponda, en los casos que no están expresamente determinados en el Código, se observarán las reglas siguientes:

Primera

Se regirán por la legislación anterior al Código los derechos nacidos, según ella, de hechos realizados bajo su régimen, aunque el Código los regule de otro modo o no los reconozca. Pero si el derecho apareciere declarado por primera vez en el Código, tendrá efecto desde luego, aunque el hecho que lo origine se verificara bajo la legislación anterior, siempre que no perjudique a otro derecho adquirido, de igual origen.

Segunda

Los actos y contratos celebrados bajo el régimen de la legislación anterior, y que sean válidos con arreglo a ella, surtirán todos sus efectos según la misma, con las limitaciones establecidas en estas reglas. En su consecuencia, serán válidos los testamentos aunque sean mancomunados, los poderes para testar y las memorias testamentarias que se hubieren otorgado o escrito antes de regir el Código, y producirán su efecto las cláusulas ad cautelam, los fideicomisos para aplicar los bienes según instrucciones reservadas del testador, y cualesquiera otros actos permitidos por la legislación precedente; pero la revocación o modificación de estos actos o de cualquiera de las cláusulas contenidas en ellos no podrá verificarse, después de regir el Código, sino testando con arreglo al mismo.

Tercera

Las disposiciones del Código que sancionan con penalidad civil o privación de derechos, actos u omisiones que carecían de sanción en las leyes anteriores, no son aplicables al que, cuando éstas se hallaban vigentes, hubiese incurrido en la omisión o ejecutado el acto prohibido por el Código.

Cuando la falta esté también penada por la legislación anterior, se aplicará la disposición más benigna.

Cuarta

Las acciones y los derechos nacidos y no ejercitados antes de regir el Código subsistirán con la extensión y en los términos que les reconociera la legislación precedente; pero sujetándose, en cuanto a su ejercicio, duración y procedimientos para hacerlos valer, a lo dispuesto en el Código. Si el ejercicio del derecho o de la acción se hallara pendiente de procedimientos oficiales empezados bajo la legislación anterior, y éstos fueren diferentes de los establecidos por el Código, podrán optar los interesados por unos o por otros.

CONCORDANCIAS

Véase art. 1.939 de este Código.

Quinta

Quedan emancipados y fuera de la patria potestad los hijos que hubieren cumplido veintitrés años al empezar a regir el Código; pero si continuaren viviendo en la casa y a expensas de sus padres, podrán éstos conservar el usufructo, la administración y los demás derechos que estén disfrutando sobre los bienes de su peculio, hasta el tiempo en que los hijos deberían salir de la patria potestad según la legislación anterior.

Sexta

El padre que voluntariamente hubiese emancipado a un hijo, reservándose según derecho sobre sus bienes adventicios, podrá continuar disfrutándolo hasta el tiempo en que el hijo debería salir de la patria potestad con arreglo a la legislación anterior.

Séptima

Los padres, las madres y los abuelos que se hallen ejerciendo la curatela de sus descendientes, no podrán retirar las fianzas que tengan constituidas, ni ser obligados a constituirlas si no las hubieran prestado, ni a completarlas si resultaren insuficientes las prestadas.

Octava

Los tutores y curadores nombrados bajo el régimen de la legislación anterior y con sujeción a ella, conservarán su cargo, pero sometiéndose, en cuanto a su ejercicio, a las disposiciones del Código.

Esta regla es también aplicable a los poseedores y a los administradores interinos de bienes ajenos, en los casos en que la ley los establece.

Novena

Las tutelas y curatelas, cuya constitución definitiva esté pendiente de la resolución de los Tribunales al empezar a regir el Código, se constituirán con arreglo a la legislación anterior, sin perjuicio de lo dispuesto en la regla que precede.

Décima

Los Jueces y los Fiscales municipales no procederán de oficio al nombramiento de los consejos de familia sino respecto a los menores cuya tutela no estuviere aún definitivamente constituida al empezar a regir el Código. Cuando el tutor o curador hubiere comenzado ya a ejercer su cargo, no se procederá al nombramiento del consejo hasta que lo solicite alguna de las personas que deban formar parte de él, o el mismo tutor o curador existente; y entretanto quedará en suspenso el nombramiento del protutor.

CONCORDANCIAS

Téngase en cuenta que el Consejo de Familia fue suprimido por Ley 13/1983, de 24 de octubre (*«B.O.E.»*, 26 octubre).

Undécima

Los expedientes de adopción, los de emancipación voluntaria y los de dispensa de ley pendientes ante el Gobierno o los Tribunales, seguirán su curso con arreglo a la legislación anterior, a menos que los padres o solicitantes de la gracia desistan de seguir este procedimiento y prefieran el establecido en el Código.

Duodécima

Los derechos a la herencia del que hubiese fallecido, con testamento o sin él, antes de hallarse en vigor el Código, se regirán por la legislación anterior.

La herencia de los fallecidos después, sea o no con testamento, se adjudicará y repartirá con arreglo al Código; pero cumpliendo, en cuanto éste lo permita, las disposiciones testamentarias. Se respetarán, por lo tanto, las legítimas, las mejoras y los legados; pero reduciendo su cuantía, si de otro modo no se pudiera dar a cada partícipe en la herencia lo que le corresponda según el Código.

Decimotercera

Los casos no comprendidos directamente en las disposiciones anteriores, se resolverán aplicando los principios que les sirven de fundamento.

DISPOSICIONES ADICIONALES

Primera

El Presidente del Tribunal Supremo y los de las Audiencias Territoriales elevarán al Ministerio de Gracia y Justicia al fin de cada año, una Memoria, en la que, refiriéndose a los negocios de que hayan conocido durante el mismo las Salas de lo civil, señalen las deficiencias y dudas que hayan encontrado al aplicar este Código. En ella harán constar detalladamente las cuestiones y puntos de derecho controvertidos y los artículos u omisiones del Código que han dado ocasión a las dudas del Tribunal.

Segunda

El Ministro de Gracia y Justicia pasará estas Memorias y un ejemplar de la Estadística civil del mismo año a la Comisión general de Codificación.

Tercera

En vista de estos datos, de los progresos realizados en otros países que sean utilizables en el nuestro, y de la jurisprudencia del Tribunal Supremo, la Comisión de Codificación formulará y elevará al Gobierno cada diez años las reformas que convenga introducir.

Cuarta

La referencia que a personas con discapacidad se realiza en los artículos 756, 822 y 1041, se entenderá hecha al concepto definido en la Ley de protección patrimonial de las personas con discapacidad y de Modificación del Código Civil, de la Ley de Enjuiciamiento Civil y de la Normativa Tributaria con esta finalidad.

CONCORDANCIAS

Introducida por Ley 41/2003, 18 noviembre (*«B.O.E.»*, 19 noviembre).

ÍNDICES

ÍNDICE ANALÍTICO

A

D

H

I

T

ÍNDICE SISTEMÁTICO

LA LEY • Ovid • Lippincott

• A3 Software • CISS • LA

Adis International • Bank

• IPSOA • Norstedts Juri

Loislaw • Lamy • Croner

ProSystem *fx* • Telerout

Indicitalia • LA LEY • E

Redaktion D • Bildungsve

• LA LEY • Moorhouse B